中国图书馆学著作书目提要

（1909—2009）

卓连营　李晓娟　主编

國家圖書館出版社

图书在版编目(CIP)数据

中国图书馆学著作书目提要(1909—2009)/卓连营,李晓娟主编. —北京:国家图书馆出版社,2012.8

ISBN 978-7-5013-4570-0

Ⅰ.①中… Ⅱ.①卓… Ⅲ.①图书馆学—著作—内容提要—中国—1909~2009 Ⅳ.①Z89:G25

中国版本图书馆 CIP 数据核字(2011)第003923号

责任编辑:金丽萍 杨璇 李家儒

书名 中国图书馆学著作书目提要(1909—2009)

著者 卓连营 李晓娟 主编

出版 国家图书馆出版社(原北京图书馆出版社)

(100034 北京市西城区文津街7号)

发行 010-66114536 66126153 66151313 66175620

66121706(传真) 66174391(门市部)

E-mail btsfxb@nlc.gov.cn(邮购)

Website www.nlcpress.com→投稿中心

经销 新华书店

印刷 北京亚通印刷有限公司

开本 889×1194(毫米) 1/16

印张 56.5

版次 2012年8月第1版 2012年8月第1次印刷

字数 1400(千字)

书号 ISBN 978-7-5013-4570-0

定价 660.00元

本书系中国图书馆学会专项资助项目

主　编　卓连营　李晓娟
副主编　赵　红　金丽萍　胡月平

《中国图书馆学著作书目提要(1909—2009)》编纂委员会

主　任:戴龙基
副主任:汤更生　郭又陵　卓连营(常务)
委　员:李晓娟　赵　红　金丽萍　胡月平

本书编纂工作具体分工:

卓连营:负责全书的策划、组织、协调,编制《编纂大纲》及数据库,统稿审定。

李晓娟:主要负责49年后部分书目提要的组织撰写及初审。

赵　红:主要负责港台部分书目提要的撰写及初审。

胡月平:主要负责民国时期部分书目提要的撰写及初审。

金丽萍:主要负责全书的审校。

参与本书编纂者(按姓氏笔画排列):

于　静　王旭东　王效良　石　剑　杨　靖　张收棉　张　玲
卓连营　金丽萍　金晓明　赵　红　胡月平　胡秋玲　袁　皓
崔　彤　崔明明　韩　丽

编纂说明

1.《中国图书馆学著作书目提要(1909—2009)》(以下简称《提要》)共收录1909年至2009年百年间我国出版的图书馆学相关著述6361种,包括内地出版图书馆学相关著作5819种及1949年后港台地区出版的部分图书馆学著作542种。

2.《提要》收录范围不仅限于学科意义上的图书馆学范畴,所收图书参照中图法分为24个类别:图书馆学、图书馆事业综论(G25)、图书馆学综论(G250)、图书馆管理(G251)、读者工作(G252)、藏书建设和藏书组织(G253)、文献标引与编目(G254)、各种文献工作(G255)、文献学(G256)、目录学(G257)、各类型图书馆(G258)、世界各国图书馆事业(G259)、情报学情报工作综论(G35)、情报学综论(G350)、文献与情报检索(G252、G354)、情报过程自动化的方法和设备(G356)、世界各国情报事业(G359)、管理信息系统(C931.6)、信息经济学(F062)、信息理论与技术(G201、G202)、信息资源及其管理(G203)、信息传播(G206)、图书目录、文摘、索引(Z8)等。

3.《提要》中同类著作按出版时间先后依次排列;同一著作的重印、再版本附首次出版项后,不再单独立目。

4.《提要》条目内容主要由著录项和"提要"两部分组成。著录项包括书名、责任者、出版地、出版者、出版年月、页码、开本、丛书、装帧项,以及统一书号或国际标准书号。原则上依照所见图书原有款项著录。

5."提要"是本书的主体部分。每条"提要"200—400字,依其繁简程度及价值含量而定。要求以精练朴实的语言,概括该书各章节及基本大要,行文力求客观、准确,脉络清楚,提纲挈领,重点突出,以使读者浏览之后即可对该书的主要内容及学术价值有一基本了解。

6.《提要》之编纂,实行"见书提要"原则,并署该书藏所,凡因各种客观原因而未能亲见其书者,均署"未见书",仅署著录项供参考。

7.《提要》书目来源,主要参考《图书馆学书籍联合目录》(李钟履编,中华书局1958年版)、《民国时期总书目·文化教育》(北京图书馆编,书目文献出版社1994年版)、《全国总书目》(新闻出版总署信息中心、中国版本图书馆编,中华书局出版)、国家图书馆馆藏目录、CALIS联合目录中心数据库,以及上海图书馆、浙江图书馆、重庆图书馆等馆藏目录。

8.为方便检索,书后附"书名索引"、"著者索引"。

9.全书篇幅约为140万字。

目　　录

前　　言

六易寒暑，几经伏起，由中国图书馆学会专项资助的《中国图书馆学著作书目提要（1909—2009）》（以下简称《提要》），在各方帮衬扶持下，终于交付国家图书馆出版社排印出版了。该书共收录1909年至2009年百年间我国出版的图书馆学相关著述6361种（包括内地出版图书馆学相关著作5819种及1949年后港台地区部分图书馆学著作542种），应该说这是迄今为止收录国内图书馆学著述最为详尽的一部重要参考工具书。朝花夕拾，其嘉惠图林者自不待言，而更为重要的是，我们可以藉此推演百年来我国图书馆学研究及图书馆事业的发展轨迹，并在跌宕起伏的脉动中探寻可资借鉴的重要影响因子。正所谓前事不忘，后事之师。

兹就《提要》中反馈出的我国图书馆学著作出版的基本状况，撮其数端，分述如下：

我国图书馆学著作出版的年代分布状况

我国图书馆学著作出版经历了1949年前后两个大的发展时期。按《提要》所录，1909至1949年，40年间我国共出版705种图书馆学相关著述，年均出版18种；1949至2009年，60年间出版5114种，年均出版85种。仅就年均出版数量而言，1949年后是1949年前的4.7倍。而就绝对数量而言，705种对5114种，后者是前者的7倍有余。个中原因是多重而周知的：时局由战乱而趋稳定，内容由简约而至丰繁，载体由单一而为多元，以及图书馆事业与出版业的日渐隆盛，等等。（《提要》中收录的542种港台图书因只是部分收录，未能反映全貌，故在此不做比较，下同，参见表1。）

表1　我国图书馆学著作出版年份（1909—2009）分布情况

年代	数量	年代	数量	年代	数量	年代	数量	年代	数量	年代	数量	年代	数量	年代	数量	年代	数量	年代	数量	小计
09–10	2	11	1	12		13		14	1	15	2	16		17	4	18	5	19		15
20	3	21	4	22	5	23	3	24	5	25	16	26	11	27	8	28	19	29	26	100
30	34	31	39	32	29	33	51	34	75	35	57	36	84	37	37	38	16	39	12	434
40	10	41	20	42	9	43	7	44	4	45	3	46	10	47	18	48	28	49	3	112
不详	44																			44
小计																				705
49–50	4	51	10	52	3	53	8	54	18	55	12	56	11	57	28	58	16	59	18	128
60	2	61	4	62	6	63	8	64	1	65	2	66	0	67	0	68	0	69	0	23
70	0	71	1	72	0	73	4	74	1	75	5	76	6	77	5	78	8	79	25	55
80	65	81	60	82	91	83	81	84	79	85	124	86	117	87	124	88	213	89	162	1116

续表

年代	数量	年代	数量	年代	数量	年代	数量	年代	数量	年代	数量	年代	数量	年代	数量	年代	数量	年代	数量	小计
90	148	91	149	92	157	93	136	94	131	95	100	96	152	97	113	98	125	99	139	1350
00	153	01	159	02	235	03	223	04	241	05	177	06	235	07	324	08	399	09	296	2442
小计																				5114
合计																				5819

（注:再版者只著录首版年份）

就年代出版总体趋势而言,1949 年前 40 年,我国图书馆学著作出版经历了 10、20 年代的兴起与发展、30 年代的兴盛及 40 年代的渐入消歇等 3 个重要时段。而 1949 年以后 60 年,则经历了 50 年代的初起、60、70 年代的沉寂、80 年代的复苏、90 年代的发展、21 世纪前 10 年的兴盛这样一个曲折发展的过程。整体态势,以 1980 年为分水岭,前 30 年的寂寞枯竭与后 30 年的迅猛发展形成强烈反差,大相径庭。而这一过程与中国社会发展历程亦步亦趋,从一个方面印证了我国图书馆学、图书馆事业与生俱来的显著的社会属性。参见图 1、图 2。

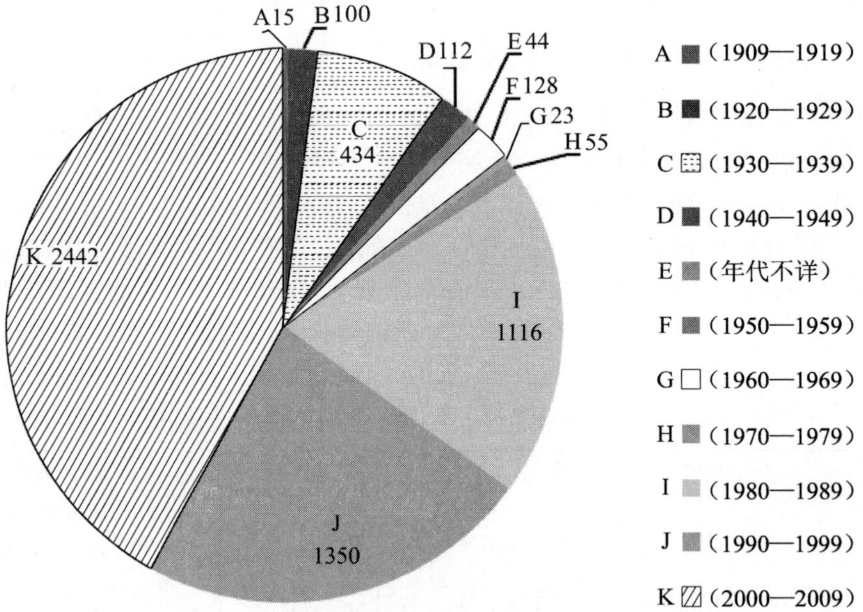

图 1　我国图书馆学著作实际年代出版分布图

（时限:1909—2009;总量:5819）

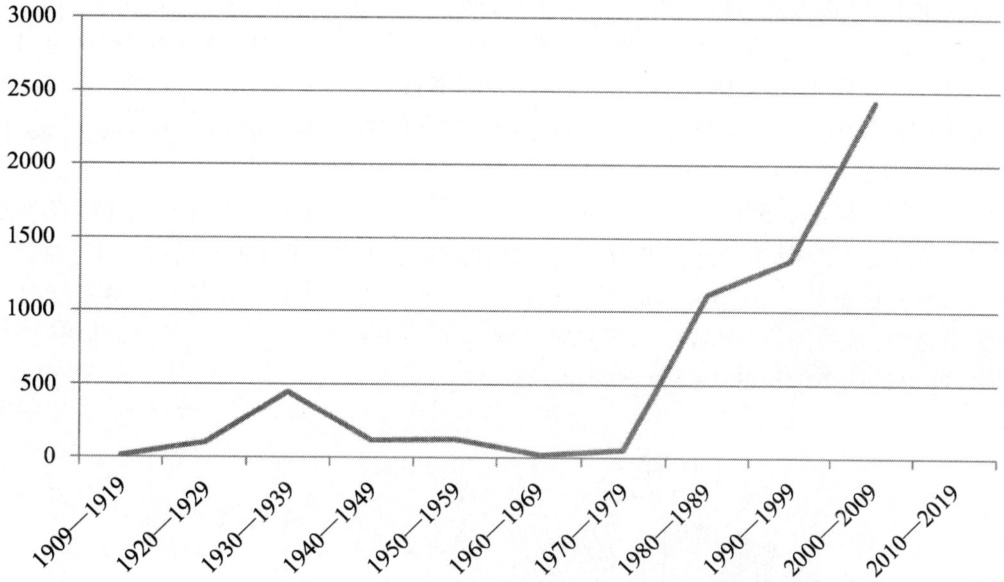

图 2　我国图书馆学著作年代出版曲线图

我国图书馆学著作出版的种类

中国的图书馆学是一门发展中的实用型学科，既与传统的文献学、目录学、图书学相依相伴，又与现代意义的档案、情报、信息管理、阅读等相关学科彼此交融，密不可分。有鉴于此，《提要》的收录范围也并没有完全局限在学科意义上的图书馆学范畴，所收录的内地出版的 5819 种图书馆学相关著作参照中图法分成了 24 个类别：

表 2　《中国图书馆学著作总目提要》分类表（总）

类　别	种数	类　别	种数
1. 图书馆学、图书馆事业综论（G25）	350	13. 世界各国图书馆事业（G259）	709
2. 图书馆学综论（G250）	266	14. 情报学、情报工作综论（G35）	155
3. 图书馆自动化网络化（G250.7）	136	15. 情报学综论（G350）	181
4. 图书馆管理（G251）	134	16. 情报过程自动化的方法和设备（G356）	27
5. 读者工作（G252）	168	17. 世界各国情报事业（G359）	47
6. 文献与情报检索（G252、G354）	1319	18. 管理信息系统（C931.6）	91
7. 藏书建设和藏书组织（G253）	125	19. 信息法与知识产权（D912）	14
8. 文献标引与编目（G254）	547	20. 信息经济学（F062）	44
9. 各种文献工作（G255）	134	21. 信息理论与技术（G201、G202）	20
10. 文献学（G256）	700	22. 信息资源及其管理（G203）	22
11. 目录学（G257）	205	23. 信息传播（G206）	5
12. 各类型图书馆（G258）	332	24. 图书目录、文摘、索引（Z8）	88
合　计			5819

如表 2 所示，就各类别所占比重而言，《提要》所收录的 5819 种图书，明确在图书馆学、图书馆事业范畴（G25—G259）的有 4743 种，占总数的 81.5%。其他相关图书有 1076 种，占 18.5%，包括：①情报学、情报工作（G35—G359）792 种；②图书目录、文摘、索引（Z8—Z89）88 种；③管理信息系统（C931.6）91 种；④信息与传播理论（G20）47 种；⑤信息经济学（F062）44 种；⑥信息法与知识产权（D912）14 种。

如果按照新制定的中图法第五版的分类，合并 G25、G35 图书馆学情报学体系，修改 G25 类名为“图书馆事业、信息事业”，把 G350/G359 全部合并到 G250/G259 类目体系中，则前述图书馆学类图书所占比重将从 81.5% 增加到 95% 以上，由此可见，中国的图书馆学科虽然其外延始终处于变量之中，未曾闭合，但其核心部分还是保持了一个相当稳定的态势，并随时代的推演而不断充实，这也是这个学科的生命力之所在。参见图 3。

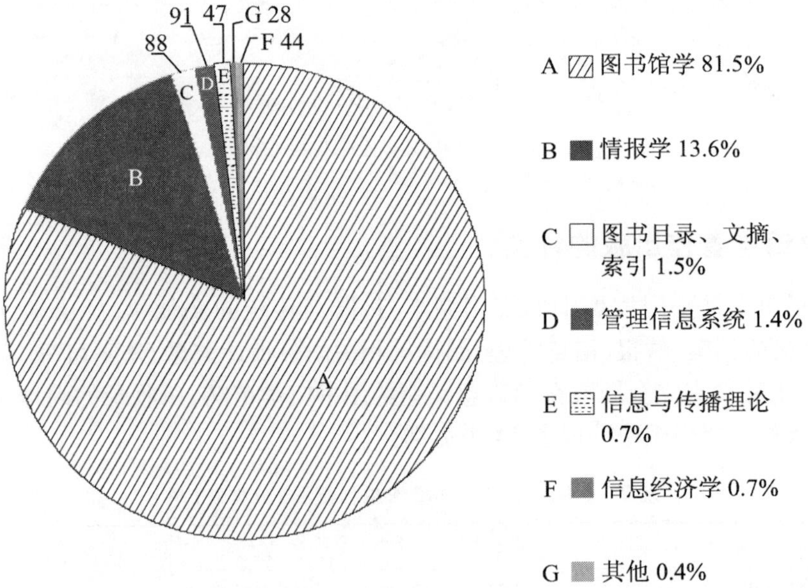

图 3　各类图书所占比重

我国图书馆学著作出版的机构与作者

（一）1949 年前

在 1949 年前出版的 705 部图书馆学相关著作中，机构作者为 348 部，个人著述者为 357 部，基本上各占 50%。

1. 出版机构

民国时期图书出版无正式与非正式一说，无论个人、机构，凡有能力而欲为者均可为之。这一时期，出版图书馆学相关著作的机构主要有两类，一是传统意义上的出版机构，二是各类图书馆及相关组织。前者首推商务印书馆（67 种），其次是中华书局（28 种）；后者首推国立北平图书馆（32 种），然后是中华图书馆协会（31 种）、文华图书馆专科学校（19 种）。

2. 作者

在 1949 年前出版的 357 部个人著述中，涉及编、译、著者 200 余人，其中个人著述 5 种以上的有 7 人，而杜定友一人编、译、著图书馆学相关著述高达 44 部，占全部个人著述总量的 12%，杜氏其于中国图书馆学研究与事业发展贡献之著，可见一斑。其后依次为吕绍虞（15 部）、钱亚新（13 部）、桂质柏（9 部）、蒋复璁（6 部）、马宗荣（6 部）、陈子彝（6 部）。

（二）1949 年后

1. 出版机构

1949 年后出版的 5114 种图书学相关著作中，属于内部出版物的有 501 种，其余 4613 种正式出版物分别由 444 家出版社在 60 年间陆续出版发行。据国家新闻出版总署新近公布的《2010 年全国新闻出版业基本情况》，2010 年全国共有出版社 581 家（包括副牌社 33 家），则 60 年来出版过图书情报类图书的出版社占出版社总数的 76.42%，平均出版图书情报学图书（4613/444）10.4 种，就涉及的出版单位而言，范围相当广泛。而另一个值得关注的现象是，在这些涉及的出版单位中，出版数量在 50 种以上的又主要集中在 10 家出版社（参见表 3），这 10 家出版社共出版图书馆情报学类图书 1701 种，约占总数 4613 的 37%，又突出地反映了专业而集中的特点，这是我国图书馆学著述出版中值得注意的一个特殊现象。其中国家图书馆出版社（其早期名称曾先后为书目文献出版社、北京图书馆出版社）自 1979 年成立后的 30 年间，共编辑出版图书馆学相关图书 637 种，占已出版图书馆学相关图书总数的 13.8%，成为国内图书馆学相关图书编辑出版的最大贡献者（参见表 3）。

表 3　出版图书馆学著作 50 种以上的 10 家出版社（单位：种）

出版社		出版种数	
国家图书馆出版社	国家图书馆出版社	37	637
	书目文献出版社	241	
	北京图书馆出版社	359	
科学技术文献出版社		277	
科学出版社		162	
武汉大学出版社		136	
北京大学出版社		115	
中华书局		100	
高等教育出版社		89	
海洋出版社		64	
东南大学出版社		62	
清华大学出版社		59	
合　　计		1701	

2. 作者

按《提要》所录，1949 年后正式出版的 4613 部图书馆学相关著述涉及作者 2895 人，人均出版图书 1.59 部，其中出版 1 部著作的多达 2200 余人，约占作者总数的 79%，而出版 10 部以上的仅有 25 人，仅占作者总数的 0.8%。说明在我国涉足图书馆学领域者相对广泛，而术有专攻、持之以恒者则为数有限，因而造成多者恒多、寡者恒寡的畸形态势，也从一个侧面折射了我国图书馆学研究现状的缺陷与弊端（参见表4）。

表4　作者编著出版状况

个人出版状况（部）	涉及作者状况（人）	涉及图书数量（部）	占作者总量比重（%）	占图书总量比重（%）
1	2292	2292	79.17	49.69
2	251	502	8.67	10.88
3	117	351	4.04	7.61
4	78	312	2.69	6.76
5	54	270	1.87	5.85
6	33	198	1.14	4.29
7	17	119	0.59	2.58
8	16	128	0.55	2.77
9	12	108	0.41	2.34
10	7	70	0.24	1.52
11	2	22	0.07	0.48
12	6	72	0.21	1.56
14	2	28	0.07	0.61
15	3	45	0.10	0.98
16	2	32	0.07	0.69
17	1	17	0.03	0.37
22	1	22	0.03	0.48
25	1	25	0.03	0.54
合计	2895	4613	100.00	100.00

历史是无可更改的，无论以怎样的情状展露在我们面前，成功也罢，遗憾也罢，它都已是一种注定，一种抉择。呈现在《提要》中的数千部专书，每一部都是一个真实的历史节点，而问题的关键在于，我们能否通过这些节点所串联起的历史轨迹，准确地解读它们所传达给我们的深刻含义，以备未来者借鉴。我想，这也是我们编纂这部参考工具书的初衷以及它的价值所在吧。

是书之编，始于2006年初，其时我在学会秘书处负责编辑出版工作，为对我国图情专业出版状况有一清晰了解，继而策划相关编纂项目，遂提议编纂《中国图书馆学著作总目提要》，并草拟了编纂大纲。适逢中国图书馆学会第七届编译出版委员会成立，该书的编纂提议，旋即得到了戴龙基主任和汤更生秘书长的高度重视和积极支持。2007年中国图书馆学会设立“专项资助项目”，该书的编纂也成为被资助的项目之一（项目负责人为戴龙基，执行人为卓连营）。该书原计划于2008年成稿并出版，后因人事及机构变迁，几殆废辍。加之编纂工作愈到后期，困难愈多,正所谓“行百里路半九十”,故迁延至今终始告罄。抚今追昔,其间艰辛委曲,非亲历者莫能体尝,然聊以自慰者,兹事肇因于我辈,卒成于我辈,庶乎有始有终之望。

“提要”不同于一般书目索引,所谓“记事者必提其要,纂言者必钩其玄”。每一条目均需经过选目、阅书、撰写、录入、审核、校订等数道程序,6000余种提要,百余万字的篇幅,可谓工程浩大,其间凝聚了国家图书馆、学会秘书处、北京大学图书馆、北京师范大学图书馆、上海图书馆、浙江省图书馆以及国家图书馆出版社同仁的集体智慧与辛劳,在此一并致以最诚挚的谢意!

卓连营

2012年2月

图书馆学、图书馆事业综论

0001

图书馆指南 / 顾实编纂,丁福保校阅. -- 上海:医学书局,1918. -- 112 页;线装,1 册. -- 医学书局上海铅印本(国家图书馆)

该书对图书馆之由来、必要性、创立及经费,甚至图书馆职员及其职务都做了全面介绍,对目录学以及分类法等也有初步的讨论,是了解我国近代图书馆发端的重要材料。(石剑)

0002

图书馆学指南 / 杨昭悊. -- 政法学报社,1920

未见书。见录于李钟履《图书馆学书籍联合目录》。参加北京高等师范学校开办的图书馆讲习会期间的译著。(胡月平)

0003

无锡县立图书馆汇刊 / 无锡县立图书馆. -- 编者刊,1920. --118 页:图表;24 开(浙江图书馆)

记述历年纪事、法令、管理规程、函牍、经费报告、图书纪数、阅览状况和艺文等馆情。后附各省、县图书馆地址表。(王效良)

0004

图书馆学术研究号 / . -- 上海:中华书局,1923

未见书。见录于李钟履《图书馆学书籍联合目录》。《教育丛书》第三卷进第六集专号,包括戴志骞在北京高师举行暑期图书馆学讲演的讲演稿等。(胡月平)

0005

中国加入国际交换出版品协约之经过 / 北海图书馆. -- 北平:北海图书馆编印,1929. -- 20 页;23cm(国家图书馆)

介绍了中国加入国际交换出版品协约的经过情形。附录各国参与 1886 年 3 月 15 日北京会议国际交换出版品一览表、《国际交换公牍科学文艺出版品公约》(附原文)等 9 种。(胡月平)

0006

图书馆学 / 杜定友. -- 上海:中华书局,1932

未见书。见录于李钟履《图书馆学书籍联合目录》。(胡月平)

0007

现代图书馆事务论 / 马宗荣. -- 上海:世界书局,1934. -- 128 页:图表;25 开(国家图书馆)

分 3 章论述现代图书馆的常务与事物、图书的选择、订购与登记。书前有马宗荣先生著书要目、著者序、新序及凡例。(胡月平)

0008

图书馆指南 / 钱亚新. -- 天津省立师范学院,1934

未见书。见录于李钟履《图书馆学书籍联合目录》。《河北省立女子师范学院图书馆指南》,88 页,作者任教时编写,介绍图书馆的沿革、设备、经费、藏书、分类编目、阅览、出纳等情况。(胡月平)

0009

书籍杂志报纸处理法 / 柳宗浩. -- 上海:长城书局,1935. --16,170 页;18cm(国家图书馆)

分书籍、杂志、报纸 3 编,介绍书籍、杂志、报纸的处理方法。有杜定友、俞颂华序及自序。(胡月平)

0010

书籍、杂志、报纸处理法 / 柳宗浩. -- 上海:长城书局,1935,1939. -- 16,170 页:图表;32 开(浙江图书馆)

分 3 编详述对书籍、报纸、杂志的利用和处理保存。前有李公朴作《校阅后的一点意见》,杜定友,俞颂华及作者的序和凡例。(王效良)

0011

图书馆博物馆美术馆间的关系 / 罗伯赐(H. D. Roberts)口述;章新民译. -- 北平中华图书馆协会,1936. --14 页;16 开(国家图书馆)

论述了图书馆博物馆美术馆之间的关系。《图书馆学季刊》第 10 卷第 4 期单行本。原文载 Library Association Record,4th, ser. ,v. 1,P69 – 75,1934。(胡月平)

0012

书的故事 /(苏)伊林著,张允和译. -- 上海:中华书局,1936(浙江图书馆)

分上下卷,共 12 章,全面介绍文字与书籍的关系和书籍本身的有趣故事。前有译者序。(王效良)

0013

图书馆 / 陈友松,刘伍夫. -- 上海:商务印书馆,1937. -- 71 页;图表;32 开. -- 社会教育小丛书(浙江图书馆)

系社会教育小丛书之一。全书 10 章,从图书馆服务对象的需求和立场出发,论述了图书馆设立原则、经费收支、组织管理、业务工作、建筑设备等,其中相当篇幅涉及图书馆与社会教育之关系。篇后转载了 1936 年江西新闻日报刊登的《全国图书馆最近统计》。卷首有凡例。(王效良)

0014

书的故事 /(苏)M. 伊林著;胡愈之译. -- 上海:生活书店,1937. -- 108 页;19cm(上海图书馆)

儿童科学故事,根据法译本转译。一名“白纸上写黑字”。(金晓明)

0015

图书馆学函授讲义 / . -- 上海:商务印书馆编印,1937。

未见书。见录于李钟履《图书馆学书籍联合目录》。(胡月平)

0016

图书馆学及书志学关系文献合同目录 / 青年图书馆员联盟图书馆学关系文献合同目录编纂委员会. -- 青年图书馆

员联盟图书馆学关系文献合同目录编纂委员会编印,1938

未见书。见录于李钟履《图书馆学书籍联合目录》。(胡月平)

0017

国难杂作 / 杜定友. -- 上海 著者刊,1938. -- 262 页;32 开(国家图书馆)

收录作者的杂文、书序、信函、诗、小说、剧本、歌词等。图书馆相关文章有:《图书与逃命》《对日问题与圕》《非常时期圕工作目标与态度》《非常时期圕工作办法》《圕战时组织》《圕抗敌后援工作》《杜氏图书分类法(序)》《中学图书馆最低限度书目(序)》《致馆员(函)》。书前有编者序,书后附《战地地名索引》《战时图书千种目录(1937—1938)》。(胡月平)

0018

图书馆 / 蒋复璁. -- 教育部社会教育司,1940. -- 102 页;表;32 开. -- 社会教育辅导丛书. 2(辽宁省图书馆)

共 9 章,主要包括图书馆的创立与发展、方针与目标、组织与人员、行政与经费、建筑与设备、选购与登记、分类与编目、出纳与指导等内容。前有陈礼江的《社会教育辅导丛书序》及编辑凡例,末附重要法令等。(卓连营)

0019

图书馆 / 蒋复璁. -- 重庆:正中书局,1941,1943,1946. -- 99 页:表;32 开. -- 教育部社会教育辅导丛书. 2 教育部社会教育司主编

分 9 章,分别论述了图书馆的创立与发展、方针与政策、组织与人员、行政与经费、建筑与设备、选购与登记、分类与编目、出纳与指导等。前冠陈礼江《社会教育辅导丛书序》及凡例。后附重要法令等。(胡月平)

0020

杂志报纸小册处理法 / 陈长伟. -- 编者刊,1946,1947. -- 油印本

未见书。见录于李钟履《图书馆学书籍联合目录》。(胡月平)

0021

图书馆参考资料 / 商务印刷所图书馆用品部. -- 上海:编者刊,1949(前). -- 92 页:图表;36 开(国家图书馆)

分图书的征集和选购、验收和盖章、图书的登记、图书的分类、图书的编目和排卡、图书的流通、期刊的处理、图书馆规则、卡片用品说明 9 节。有绪言。(胡月平)

0022

图书馆与文化学习 / 洪焕椿撰. -- 北京:开明书店,1951. --72 页;18cm. -- 开明青年丛书(北京师范大学图书馆)

书中举出了 1950 年时期国内图书馆的实际例子。包括学习离不开图书馆、图书馆的种类和内部组成、图书馆怎样为我们收集图书、图书馆里的图书是怎样归类的、灵活运用图书馆里的目录、踊跃参加图书馆的各种活动、图书馆如何帮助我们学习、当你开始和图书馆接近的时候等内容。(张玲)

0023

怎样办图书馆 / 邵牧编撰;群众书店编辑部编辑. --上海:群众书店,1951. -- 31 页;17cm

未见书。

0024

图书馆参考资料二 · 图书加工工作 / 杜定友编. -- 上海:商务印刷所图书馆用品部,1954. -- 34 页;17cm

图书馆的图书必须经过加工,才能供应读者的借阅。本书从盖章、登记、分类、编目、贴标、排架等方面介绍了图书加工工作。书中还附有图书分类体系表、十类表和百类表。(张玲)

0025

图书馆 / 北京图书馆译. -- 北京:北京图书馆(内部出版),1954. -- 14 页;26cm

未见书。

0026

图书馆基本技术:区、市、村图书馆和儿童图书馆 / 俄罗斯苏维埃联邦社会主义共和国文化部文化教育机关管理总局图书馆管理处编;苏大悔译. -- 北京:大众出版社,1955. -- 77 页;19cm(北京师范大学图书馆)

本书内容包括对于区、市、村图书馆和儿童图书馆在图书馆藏书的组织工作、目录组织工作以及使用藏书对读者服务的组织工作上基本过程的通则性指示。全书包括通则,图书馆藏书登记,图书分类,图书馆的目录,图书馆的图书整理,图书排架,图书外借(外借处)的技术,阅览室借书的技术,图书馆分馆(借书站)的技术,流动工作和图书派送工作的技术,馆际借书技术,通信借书技术,图书保管,工作登记,图书馆文件的保管,收取、保管和使用罚金、押金和读者丢书赔偿金的手续等十五章内容。(张玲)

0027

武林藏书录 / 丁申著. -- 上海:古典文学出版社,1957. -- 98 页;19cm. -- 10080. 164(国家图书馆)

本书分卷首、卷上、卷中、卷下、卷末五卷。卷首记清代建造文澜阁的经过,卷上记自宋至清,杭州一地官家藏书、刻书、抄书与地方选书的概略,中间并载录一些当地藏书的图书版本的目录。对于研究版籍者,或有其史料的价值。卷中至卷下,列载杭州历代私家藏书的故事,起于孙吴时的范平,迄于清代的朱学勤。卷末载侨寓杭州的几个藏书家,而这几个藏书家,同时又是文学家或校刻家。最后本书附以《释道经版》记载杭州佛寺道观经版聚散之经过。本书虽然记述的范围只限于杭州一地,但也可以得见我国文物传统之如何深远,先人求知精神之如何辛勤。(于静)

0028

苏联图书馆学专家雷达娅同志关于图书馆工作报告集 / 中华人民共和国文化部社会文化事业管理局编辑. -- 北京:北京图书馆(内部出版),1958. -- 341 页;21cm. -- 铅印本(中国科学院国家科学图书馆)

本书收录了苏联图书馆专家雷达娅关于图书馆的工作报告,内容涉及公共图书馆、高等院校图书馆、工会图书馆和

少年儿童图书馆 4 个部分,包括 1956 年 6 月在全国图书馆工作会议上介绍苏联图书馆如何为科学研究服务的报告、1955 年 8 月关于苏联图书馆网及其藏书情况的介绍、1956 年 3 月 20 日对上海市公共图书馆工作人员所作关于图书馆工作的报告、1955 年 12 月 12 日对社会文化事业管理局关于北京市建立市区图书馆问题的谈话、1957 年 4 月对甘肃省公共图书馆工作人员所作关于业务问题的解答报告、1956 年 3 月 28 日在武汉大学图书馆座谈会上关于业务问题的解答报告、关于苏联工会群众文化工作的几个问题、苏联的儿童图书馆工作、中学图书馆管理员如何指导学生阅读、苏联图书馆事业和苏联图书馆员学习的方法等。(张玲)

0029

图书馆学基础 / 周文骏编. -- 北京:北京市图书馆中等业余学校(内部出版),1958. -- 62 页;26cm. -- 油印本(国家图书馆)

该书是北京市图书馆中等业余学校讲义。全书共分五题。第一题图书馆与图书馆学,第二题图书馆学理论基础,第三题图书馆方针任务,第四题图书馆工作,第五题我国图书馆事业建设。书前有作者本人的"一点说明"。(胡秋玲)

0030

图书馆学论文索引(第二辑):1949 年 10 月至 1957 年 12 月 / 南京图书馆编. -- 北京:商务印书馆,1959. --140 页;21cm. -- 图书馆学参考资料. -- 17017. 70(北京师范大学图书馆)

本辑所收图书馆学论文索引从 1949 年 10 月中华人民共和国成立之日起到 1957 年年底为止,共计 2000 多条,在时间上与"图书馆学论文索引"第一辑相衔接。我国的图书馆事业在这个时期由于党和政府的不断关怀,以及努力学习苏联先进经验的结果,已有了飞速发展,而这里所收录的资料索引正是体现了这个发展的面貌。全书篇目按类排列,著录项目较为详尽,末附著者辅助索引,便于检索。(张玲)

0031

怎样开展图书馆工作 / 天津市人民图书馆集体编著. -- 天津:天津人民出版社,1960. -- 110 页:图表;19cm. -- 7072. 87(北京师范大学图书馆)

本书是由天津市人民图书馆集体编写的一本图书馆工作读物,全书共 5 章,分别论述了社会主义图书馆的基本方针和主要任务、图书馆事业的建设、积极开展读者工作、图书馆管理工作和业务辅导工作。(张玲)

0032

美国图书馆业务 / 李志钟. -- 台北:远东图书公司,1972. --172 页;20cm(国家图书馆)

该书是 1972 年在台湾举行的"美国图书馆业务专题研讨会"的论文集。编著者在前言中概括简要地介绍了各篇论文的内容。共收集了 10 位作者的 16 篇论文。标题依次为:(一)美国图书馆的图书调查;(二)美国图书馆的服务标准;(三)美国图书馆的技术服务;(四)美国杜威十进分类法;(五)美国图书馆的参考服务;(六)美国参考书的类型;(七)美国图书馆的出纳工作;(八)美国的官书及其处理;(九)美国图书馆的儿童服务;(十)美国的远东图书馆;(十一)美国大学图书馆所面临的几个问题;(十二)美国大学图书馆聘用亚洲人的情形;(十三)美国图书馆工作自动化的问题;(十四)美国的报导科学;(十五)美国的国会图书馆;(十六)美国总统图书馆。(赵红)

0033

列宁论图书馆 / 北京大学图书馆学系编. -- 北京:北京大学图书馆学系(内部出版),1973. -- 135 页;19cm. -- 非正式出版物(国家图书馆)

本书是《列宁论图书馆》编译小组于 1973 年编译完成的一本书。编者从《列宁全集》第四版中译本、《列宁论图书馆工作》(克鲁普斯卡娅著,李哲民译,1957 年,时代)中译本以及《列宁论图书馆事业》(1960 年,莫斯科)俄文本三种书中,汇集了列宁关于图书馆事业的论文、演说、书信、签署和修改过的文件、意见等共 60 多篇,克鲁普斯卡娅的论文 5 篇,题为《列宁论图书馆》,以供图书馆学专业学员学习。本书采用逐年按著作日期(或发表日期)排列资料。(张玲)

0034

湖北省图书馆学会 1979 年年会论文选 / 湖北省图书馆学会编. -- 武汉:湖北省图书馆学会(内部出版),1979. -- 145 页;26cm(国家图书馆)

本书是从湖北省图书馆学会 1979 年年会的 66 篇交流论文中挑选出的 15 篇,它们是"新中国图书馆事业三十年"、"湖北省公共图书馆的三十年"、"关于做好检索工具利用问题的浅见"、"谈谈高等学校图书馆的科技文献检索工作"、"关于我国目录学研究的几个问题"、"目录学与科学研究"、"试谈目录工作中的几个问题"、"文献情报存贮检索系统结构方案探索——以图书馆学情报学文献存储检索系统的设计为例"、"关于'标准'集中归类的设想"、"大城市中小学图书馆网建设初探"、"对古籍善本一些问题的看法"、"试论'辨章学术、考镜源流'的'校雠心法'——章学诚目录学思想初探"、"浅谈《中图法》改编线装书"、"关于我国第一部综合《汉语主题词表》的编制与使用"、"汉字查字法的回顾与探讨"。(张玲)

0035

图书馆学系论文选:复旦大学分校校庆科学报告会 / 复旦大学分校图书馆学系编. -- 上海:复旦大学分校图书馆学系(内部出版),1980. -- 66 页;26cm(中国科学院国家科学图书馆)

本书收录了复旦大学分校 1980 年校庆科学报告会图书馆学系的相关论文,包括"图书馆学教育机构行政管理探索"、"图书馆学教育改革探讨"、"版刻琐议"、"也谈中国雕版印刷术的起源"、"《中国近代期刊篇目汇录》的材料处理问题试析"、"中国旅法知识分子与华工——谈《旅欧杂志》《华工杂志》《少年》的札记"、"情报检索初步"。(张玲)

0036

湖北省图书馆学会 1980 年年会论文选 / 湖北省图书馆学会编. -- 武汉:湖北省图书馆学会(内部出版),1980. -- 115 页;26cm(国家图书馆)

湖北省图书馆学会1980年年会于1980年11月在黄石市召开,此次年会上一共交流学术论文55篇,本论文集就是从中挑选出的17篇具有代表性的文章而编成的。这些论文包括"关于省级图书馆的为科学研究服务的工作"、"根据儿童心理展开图书活动"、"论我国图书馆现代化的道路"、"现代科学与藏书建设"、"对当前高等学校图书馆藏书建设中几个问题的认识"、"专业情报机构文献资料分类特点"、"科技会议资料管理的初步探讨"、"西文会议录的著录标目与书名目录的组织探讨"、"科技书刊资料与教学科研"、"谈谈汉语拼音音序排检法"等。书中还包括"湖北省图书馆学会1978—1980年工作汇报"、"湖北省图书馆学会1981年工作计划"、"1980年年会交流论文目录"、"湖北省图书馆学会本届理事会名单"及"湖北省图书馆学会会员名单"等内容。附录中还附有长江日报记者撰写的"图书馆工作怎样才能更好地为'四化'建设服务"的文章。(张玲)

0037

英汉图书情报学词汇 / 姜继编. -- 福州:福建省图书馆(内部出版),1980. -- 305页;19cm(国家图书馆)

本词汇主要根据美、荷、日、苏以及我国历年来出版的有关词典收集编译而成。全书共收入词目10000余条。收录范围包括书刊采购、分类、编目、加工、典藏、流通、参考咨询、情报收集、整理、研究、报导、存储、检索、传播等各个方面,此外还收入了一定数量的文献工作词汇。本书按照英文字母顺序排列,为了区别某些词目或者译名在不同学科中的含义和作用,编者还对其中少数条目加注了学科略语。(张玲)

0038

福建省图书馆学会1980年科学讨论会论文和经验交流材料选编 / 林列等著. -- 福建:福建省图书馆学会(内部出版),1980. -- 165页;26cm(中国科学院国家科学图书馆)

福建省图书馆学会1980年年会和第二次科学讨论会于1980年9月12日至18日在福州举行,这次科学讨论会共收到34个单位的80为同志提交的学术论文和经验交流材料计101篇。这些论文从不同角度反映了福建省图书馆事业发展的面貌,检阅了学会成立以来福建省图书馆学的研究成果。为了进一步交流,学会理事会从101篇论文和经验交流材料中选出一部分编印了本书。(张玲)

0039

图书与图书馆论述集 / 王锡璋. -- 台北:文史哲出版社,1980. -- 266页;21cm(国家图书馆)

本书选录了作者个人17篇文章,是作者在1976—1980年间所写的一些有关图书馆及图书、书评方面的论述。内容包括:"中国图书分类法、中国图书十进分类法之比较研究"、"图书馆的公众关系"、"国内外文图书经营概况"、"公共图书馆的服务问题"。书前有王振鹄序、作者自序。(赵红)

0040

中国科学院第二次图书馆学情报学科学讨论会文集 / 中国科学院图书馆编. -- 北京:北京图书馆出版社,1980. -- 258页; 26cm(国家图书馆)

中国科学院第二次图书馆学情报学科学讨论会分区会议于1980年10月至11月在各分院举行,会议共收到学术论文和文章近三百篇,各分院在评议的基础上,推荐了87篇参加12月份在沈阳召开的全院第二次图书馆学情报学科学讨论会。为了进行广泛交流,中国科学院图书馆研究辅导部根据各方面的意见,从中选出47篇文章汇编成本书。这些论文涉及图书情报理论及一般问题、图书情报工作体制问题、组织管理与规章制度、文献工作及情报研究工作等方面。编者还在书后附有本次讨论会的论文目录。(张玲)

0041

湖北省图书馆学会1981年年会论文选 / 湖北省图书馆学会编. -- 武汉:湖北省图书馆学会(内部出版),1981. -- 274页;26cm(国家图书馆)

湖北省图书馆学会第二次会员代表大会和第三届年会同时于1981年12月11日至14日在宜昌市举行。会议期间,交流学术论文83篇。本论文集开篇收录了"湖北省图书馆学会工作报告"、"湖北省图书馆学会章程(1981年12月14日修订通过)"、"湖北省图书馆学会第二届理事会名单"和"湖北省图书馆学会1982年工作计划要点",另收录"图书馆管理的系统论"、"图书馆科学管理的概念及其构成问题的初探"、"《中图法》的修订与图书改编"、"谈谈教师科技参考室的读者工作"、"试谈中文期刊的分类排架问题"、"目录学和科技情报学"等学会交流学术论文25篇。(张玲)

0042

湖南师范学院图书馆学术讨论会文集 / 黄青廉等撰. -- 湖南:湖南师范学院图书馆(内部出版),1981. --38页;26cm(中国科学院国家科学图书馆)

本书是湖南师范学院图书馆1981年学术讨论会的论文选集,书中收录了"高等学校图书馆采购工作中的几个问题"、"谈谈高等师范院校图书馆藏书建设的几个问题"、"试论高校图书馆读者工作规律"、"小议高校书刊采购的基础工作"、"梁启超《西学书目表》初探"、"建立报刊中论文目录势在必行"、"郭沫若的治学经验"、"谈谈阅览服务在图书馆工作的地位和作用"、"试论过渡时期图书馆的情报服务机构"、"赶上形势,做好图书流通"、"应加强资料室的建设"等论文。(张玲)

0043

图书馆学暨资讯科学常用字汇 / 李德竹编著. -- 台北:枫城出版社,1981. -- 291页;21cm(国家图书馆)

本书包括图书馆学及资讯科学常用字汇总共约5480项,后来又鉴于当前的需要,另增附录七项,将图书馆学及资讯科学相关的其他数种常用字汇词语如罗马拼音系统、特殊符号、常用缩写字、排字技术及字体等一并列入。该书并列题名为:English – Chinese Library & Information Science Terminology。(赵红)

0044

图书馆学情报学参考资料 / 书目文献出版社编辑组编. -- 北京:编者,1981. -- 7辑;26cm. -- 7-5013-0432-7(7);7-5013-0431-9(6)(国家图书馆)

本书是由书目文献出版社在1981年至1988年期间编

辑出版的系列论文选集，主要收录了在此期间国内外的相关论文，共七辑。第一辑收录了“图书馆与情报时代”、“国际图书馆协会联合会书目著录标准化工作的十年”等方面的论文 20 篇；第二辑收录了“三角编码法汉字情报处理系统 WIDES－80”、“中国纪传体史书的检索工具”、“评介台湾图书馆学、目录学论文索引”、“杜威以后一百年间的分类法”等论文 22 篇；第三辑收录了“开展图书馆研究工作”、“科研情报在美国科学技术发展中的意义”等论文 24 篇；第四辑包含“美国图书馆网络”、“国际出版物交换的背景与简史”等论文 20 篇；第五辑为中文书目自动化国际会议专辑；第六辑为国外图书情报专业书刊评介专辑，介绍了《图书馆服务的计划》《论冒号分类法》等 29 本书刊；第七辑为图书情报工作标准化专辑，介绍了“美国大学图书馆标准”、“关于图书馆事业的术语标准”等。（张玲）

0045

图书馆员手册 ／（英）彻格温，奥尔德菲尔德著；邓荣先译. -- 沈阳：辽宁省图书馆学会（内部出版），1982. -- 72 页；19cm（国家图书馆）

本书是英国图书馆工作者彻格温和奥尔德菲尔德合著的一本书，由我国学者邓荣先翻译。这两位作者都是以图书馆馆员开始他们的生涯，后来一直担任图书馆学的教学工作。全书共 10 章，本书只翻译了其中的前九章，主要叙述了英国图书馆的结构、类型及其职能；图书馆的日常工作，包括书刊资料的征集、整理、价格、分类、编目、保管、读者服务和参考咨询工作等。本书并非技术性手册，只是一种入门书，内容通俗易懂，适合新从事图书馆工作的人员或即将参加图书馆工作的人员阅读。（张玲）

0046

北京科学技术情报学会第一届学术年会论文选编：1982 ／北京科技情报学会编辑. -- 北京：北京科技情报学会（内部出版），1982. -- 87 页；26cm（中国科学院国家科学图书馆）

1982 年 6 月 29 日，北京科技情报学会召开了首届学术年会。京区各单位科技情报工作专家、骨干和积极分子云集一堂，对共同感兴趣的学术问题认真研讨，切磋琢磨。会上，共宣读和交流了论文 60 篇，涉及情报工作的方针、政策和管理，情报科学的理论和方法，机器检索，各级情报机构的工作和评价，情报研究成果的评价，标准，情报刊物的编辑、翻译技巧，新技术在情报工作中的应用等，内容极为丰富。由于篇幅有限，常务理事会和各专业组长联席会推荐其中的 13 篇论文全文在本书中全文发表，其余的论文仅刊登提要。（张玲）

0047

福建省图书馆学会第二次会员代表大会和第三次科学讨论会论文专辑 ／福建省图书馆学会编印. -- 福建：福建省图书馆学会（内部出版），1982. -- 44 页；26cm（中国科学院国家科学图书馆）

本书收录了福建省图书馆学会第一届理事会工作报告、《福建省图书馆学会通讯》编辑出版工作汇报、福建省图书馆学会章程、福建省图书馆学会 1982 年下半年工作计划、福建省图书馆学会第二次会员代表大会和第三次科学讨论会会议总结、福建省图书馆学会第三次科学讨论会论文及经验交流材料目录等内容。（张玲）

0048

湖北省图书馆学会 1982 年年会论文选 ／湖北省图书馆学会编. -- 武汉：湖北省图书馆学会（内部出版），1982. -- 251 页；26cm（国家图书馆）

湖北省图书馆学会 1982 年年会于 1982 年 11 月在武汉举行，本届年会共收到全省各类型图书馆提交的论文一百余篇，经论文组评审，挑选出 49 篇在年会上交流。本论文集是这届年会交流论文的汇辑，反应了这届年会的概貌和成果，由于篇幅有限，本论文集对所辑论文以全文和摘要两种形式印出。其中论文全文有 22 篇，论文摘要有 27 篇。这些论文内容涉及图书馆学基础理论、图书馆科学管理与建筑设计、图书馆藏书建设、图书分类编目以及读者服务工作 5 个方面，集中讨论了图书馆在大力推进社会主义精神文明和物质文明建设中的作用以及现代图书馆科学管理的问题，并总结了图书馆自身与业务工作的问题。（张玲）

0049

湖南省图书馆学会 1982 年年会论文集 ／湖南省图书馆学会编. -- 长沙：湖南省图书馆学会（内部出版），1982. -- 165 页；26cm（中国科学院国家科学图书馆）

本书为湖南省图书馆学会 1982 年年会论文集，其中收录了“知识能源的利用与科学技术的发展”、“计算机在图书情报工作中的应用”、“谈谈高等学校开设文检课的几个问题”、“图书馆在精神文明建设中的作用”、“开创大学图书馆工作新局面的管见”、“试论图书馆于科学人才成才之作用”、“略谈高等师范院校图书馆的藏书特色”、“县市图书馆藏书补充要种精册少”、“试谈研究所图书馆的图书采购工作”、“我国图书馆法初探”、“对等级体系分类语言与叙词描述语言的对比分析”、“试读书次号标准化的问题”等论文。（张玲）

0050

图书情报工作概论 ／辛希孟，孟广均编著. -- 北京：中国科学院图书馆（内部出版），1982. -- 114 页；26cm. -- 中国科学院图书情报工作教材之一（中国科学院国家科学图书馆）

为了加强中国科学院图书情报业务人员业务基础知识的教育和培训，中国科学院文献情报中心于 1982 年组织院内一部分同志编写出版了一套《中国科学院图书情报工作教材》。本书为整套教材中的一册。全书共 9 章，详细论述了图书情报工作的基本概念、性质、作用和地位、内容和要求、我国图书情报工作的历史和现状、国外图书情报工作概况、新技术在图书情报工作中的应用、图书情报工作的组织与管理、图书情报工作的理论研究等内容。（张玲）

0051

第四届科学报告会图书馆学系论文选 ／姚鸿恩等编. -- 上海：复旦大学分校图书馆学系（内部出版），1982. -- 103 页；26cm（中国科学院国家科学图书馆）

本书收录了 1980 年复旦大学分校第四届科学报告会的

相关论文。这些论文包括"图书馆职能与图书馆立法"、"2*2列联表在图书馆管理中的运用"、"论图书分类法的编制原则——兼答孙济庆同志"、"《中图法》传记类得失谈"、"形式逻辑与分类主题一体化"、"论呆滞书刊的剔除——兼及文献存储最佳策略"、"藏书保护的环境因素"、"论图书情报一体化"、"浅论档案工作的性质"等。(张玲)

0052

图书馆工作概论 / 喻子兵编著. -- 南宁:广西人民出版社,1982. -- 127页;19cm. -- 图书馆专业进修教材. -- 7113.440(国家图书馆)

本书是20世纪80年代编写的图书馆专业进修系列教材中的一册,全书共6章,分别是图书馆的产生和发展、图书馆的性质与职能、图书馆的基本业务工作、图书馆的业务辅导工作、图书馆的组织机构与管理、图书馆网与分工协作。本书适于图书馆中等专业学校或函授学校教学使用。对于没有受过图书馆学专业教育的、特别是参加图书馆工作时间不长的青年同志进行自学也颇为适用。(张玲)

0053

浙江省图书馆学会第二次科学讨论会论文选编 / 浙江省图书馆学会编. -- 浙江:浙江省图书馆学会(内部出版),1982. -- 109页;26cm(中国科学院国家科学图书馆)

浙江省图书馆学会第二次科学讨论会于1981年11月21—25日在杭州召开。这次科学讨论会共收到学术论文和经验交流材料计112篇,从不同角度反映了浙江省图书馆事业发展的面貌,体现出学会成立两年以来浙江省图书馆学的研究成果和在四化建设中的作用。为了促进图书馆事业的发展,提高浙江省图书馆学研究的水平,经学会理事会研究,编印了本书。由于篇幅有限,本书分为论文、论文摘要和大会收到的全部论文目录。(张玲)

0054

中国科学院第三次图书馆学情报学科学讨论会文集 / 中国科学院图书馆编. -- 北京:中国科学院图书馆出版组(内部出版),1982. -- 2册(226,233页);26cm(中国科学院国家科学图书馆)

中国科学院第三次图书馆学情报学科学讨论会分区会议于1982年举行,为了进行广泛交流,中国科学院图书馆研究辅导部根据各方面的意见,从中选出部分文章汇编成本书。书中包含"关于研究所开展二次文献服务的探讨"、"浅谈开展二次文献工作中的几个关系问题"、"做好二次文献工作,提高服务效益"、"浅谈参考咨询与情报研究"、"定题服务是情报工作的有效方法"、"现代化前一个专业图书馆的咨询工作"、"从三次文献论研究所的情报工作"、"情报与科研计划"、"浅谈综合性研究所情报工作的任务和方向"、"科学情报工作的服务目标与情报服务的特点和内容"等论文。(张玲)

0055

中国图书馆学会第一、二次科学讨论会论文摘要 / 中国图书馆学会论文摘要编辑组编. -- 北京:书目文献出版社,1982. -- 368页;26cm. -- 7201.38(中国科学院国家科学图书馆)

本汇编论文内容涉及图书馆学与图书馆工作各方面的问题,系两次科学讨论会的论文摘要合编。全书按论文主题分为图书馆学基础理论研究,图书馆建设,图书馆教育及人员培养,图书采访及藏书建设,读者工作、图书利用与经济效果,文献检索方法、分类法与主题法,情报资料工作,图书编目,目录学、图书学,图书馆工作现代化、图书馆建筑与设备十类。两次论文按类合编在一起。同类论文的排列以第一、二次科学讨论会为序,第一次在先。有些类目包括几个主题,所以在同一类目内的编排上,尽力将论述同一主题或相关方面的文章排在一起,以利参阅。(张玲)

0056

图书馆业务考核学习参考资料 /《图书馆工作与研究》编辑部编. -- 天津《图书馆工作与研究》编辑出版(内部出版),1983. -- 180页; 26cm(中国科学院国家科学图书馆)

为了配合图书馆界专业干部业务职称评定工作,根据广大图书、情报、资料工作者的要求,《图书馆工作与研究》编辑部与1983年4月重印了本书。本书为图书馆业务考核学习参考材料,包括"图书馆学基础知识问答"、"图书分类知识问答"、"图书编目知识问答"、"《目录学概论》学习问答"、"《科技文献检索》课程学习问答"、"中文工具书使用法问答"等内容。此次重印增辑了目录学和科技文献检索两门课程的问答材料,基本上按照文化部图书馆事业管理局规定的图书馆专业全部6个科目的复习材料。(张玲)

0057

图书馆工作基础知识 / 程长源著. -- 杭州:浙江人民出版社,1983. -- 251页;19cm. -- 7103.1237(国家图书馆)

本书共8章,介绍了图书馆工作的基础知识。第一章图书馆的任务和图书馆员;第二章图书知识与检字法知识;第三章图书采购和图书财产的登记,包括采购图书的原则性和计划性、采购工作的进行、图书登记的制度和方法;第四章图书分类法,包括图书分类法的发展和结构,图书分类的一般问题和若干具体工作,各类图书分类的一些情况、索书号、分类号和著者号码;第五章图书馆的目录和编目,介绍了图书馆的目录,目录的著录和编制,分类、字顺和主题目录等内容;第六章藏书组织和保管制度,包括藏书及其设备、书籍的排列、藏书的保护、藏书的保管;第七章读者工作,包括图书阅览部的工作、图书宣传与介绍、关于图书开架的问题、借书制度和工作方法;第八章图书馆的资料工作,包括资料的索引工作、报刊资料工作、剪贴资料工作、图书资料参考工作。(张玲)

0058

湖北省图书馆学会1983年年会论文集 / 湖北省图书馆学会编. -- 武汉:湖北省图书馆学会(内部出版),1983. -- 223页;19cm(中国科学院国家科学图书馆)

湖北省图书馆学会1983年年会于12月8日至14日在长沙市召开,共交流论文52篇,其中大会交流7篇,小组交流45篇。书中包括黄宗忠所作"湖北省图书馆学会1983年工作报告"及湖北省图书馆学会1984年工作计划要点。刊载了“探索具有中国特色的图书馆的现代化道路——学习《邓小平文选》的体会”、“浅谈图书馆的改革”、“结构与功能原理对图书馆学研究的意义”、“加强对古代私人藏书的研究”、“论典藏在图书馆工作中的地位和作用”、“几种确定藏书重点的数学方法的浅析”、“论高校图书馆的馆际互借工作”等论文全文，另刊载十余篇论文的摘要。这些论文内容包括图书馆工作改革的基本经验和初步成果，图书馆学、目录学、藏书建设、分类编目、读者工作以及现代技术应用方面的研究成果。（张玲）

0059

刘国钧图书馆学论文选集 / 刘国钧著；史永元，张树华编辑. -- 北京：书目文献出版社，1983. -- 432 页；21cm. -- 7201.34（北京师范大学图书馆）

刘国钧字衡如，我国著名图书馆学家，多年从事图书馆学研究和教育。在图书馆学、图书分类学、图书编目学、图书学等方面有很深入的研究，撰写了许多有价值的著作。本书选集了刘国钧先生关于图书馆学方面的重要文章 38 篇，包括“近代图书馆的性质和作用”、“儿童图书馆和儿童文学”、“现时中文图书馆学书籍评”、“图书目录略说”、“关于新中国图书分类法的一个基本问题”、“图书馆与民众动员”、“美国公共图书馆之精神”、“四库分类法之研究”、“一九六五年来美欧图书馆学论文简介”、“中国古代书籍制度史话”等。全书内容丰富，书后还附有《刘国钧著译系年目录》。（张玲）

0060

湖北省图书馆学会 1984 年年会论文选 / 湖北省图书馆学会编. -- 武汉：湖北省图书馆学会（内部出版），1984. -- 284 页；26cm（国家图书馆）

湖北省图书馆学会 1984 年年会于 1984 年 10 月在十堰市召开。本次年会共收到论文 150 余篇，其中交流论文 51 篇。本论文集是这届年会交流论文的汇辑，其中论文全文有 31 篇，论文摘要有 20 篇。其中全文论文包括“走向信息时代的图书馆与图书馆学”、“试论图书馆事业与图书馆学的系统结构”、“探讨形成具有中国特色的图书馆现代化体系”、“县图书馆工作的重点应放到农村”、“谈书院刻书”、“浅谈农村图书馆阅览事业发展的新趋向”、“谈谈有关保存本书库的几个问题”、“图书分类法应当增设横断学科和综合性学科这一新部类”、“谈高校图书馆流通工作中服务效能、人员的知识结构与新技术革命的关系”等，这些论文内容涉及图书馆学基础理论、图书馆改革与科学管理、图书分类编目与检索、藏书建设与读者工作、城乡图书馆网络化建设等方面。（张玲）

0061

湖南省图书馆学会 1984 年年会论文集 / 黎盛荣等著. -- 长沙：湖南省图书馆学会（内部出版），1984. -- 145 页；26cm（中国科学院国家科学图书馆）

本书为湖南省图书馆学会 1984 年年会论文集，其中收录了“第五次信息革命与第三代图书馆”、“中国图书馆事业发展的三大趋势”、“开发利用图书文献资源的科学——试论图书馆学的发展”、“高校图书馆在学校教学和科学研究工作中的地位和作用”、“大力加强社科藏书建设，充分发挥省馆社科藏书服务”、“我国古代的官家书目工作”、“列宁的读者工作思想”、“面对新技术革命，图书馆管理者应树立十大理念”等 26 篇论文。（张玲）

0062

图书馆专业基本科目名词简释 / 李纪有等编. -- 北京：书目文献出版社，1984. -- 87 页；19cm. -- 17201.43（国家图书馆）

本书包括了图书馆学专业的主要几门课程的基本名词术语。除图书馆学外，还收录了目录学、情报学的有关词条。每一词条由定义和解释两部分组成。对较为复杂的名词术语，还举例子说明。考虑到本书主要是为本专业干部学习基本业务知识作参考，所以词条一律不附外文译名。全书按图书馆学基础、图书分类、图书馆目录、目录学、科技文献检索五门课程分为五部分，每一部分按课程的体系及逻辑次序编排。书后附有字顺总索引，以便查找。本书可供图书情报专业工作者和本专业师生学习基本专业理论知识作参考。（张玲）

0063

列宁论图书馆 / 列宁著；周文骏编. -- 北京：北京大学出版社，1984. -- 212 页；19cm. -- 1209.1（北京师范大学图书馆）

列宁以论文、演说、书信、批示等形式发表了大量关于图书馆事业的论述，内容涉及图书馆事业建设原理、组织方法和图书馆工作技术等各个方面。本书以《列宁全集》俄文第五版主题索引中“图书馆与图书馆事业”，“苏联图书馆与图书馆事业”主题词所示相关文献为基础，稍加增减，汇集而成。总共收入全文和摘录近 90 篇，文献数量超过以往国内出版的同类出版物，其中有一部分著作是初次公开发表。为了保证质量，译文全部采自《列宁全集》（人民出版社，1955 年—1963 年）和《列宁文稿》（人民出版社，1977 年—1980 年）；保留了一部分注释，并于每篇之后标明来源，以备查考。书中文献按写作或发表日期排序，以便于读者考察其写作背景，探究列宁关于图书馆事业的思想的立式发展。本书译文相当广泛，革命前的俄国图书馆、世界各国的图书馆、社会主义社会的图书馆事业建设、图书馆网、藏书建设、图书馆目录、读者服务、书目和书目工作等问题均有记载和论述。它不仅对于图书馆和书目工作，而且对于科学技术情报、档案、出版发行业务也同样具有现实的指导意义。（张玲）

0064

图书与图书馆利用法 / 吴哲夫. -- 台北：行政院文化建设委员会，1984. -- 221 页；21cm. -- 文化设施丛书. 2（国家图书馆）

全书分 4 篇。第一篇：文化的结晶——图书，论述了台湾图书的起源与发展、台湾历代图书的形制的演变、图书的结构和款识、图书资料的类型。第二篇：知识的宝库——图书馆，论述了图书馆的演进、图书馆的类型与功能、图书馆的目录组织、图书馆的读者服务。第三篇：图书馆的钥匙——参考书，论述了参考书的认识与利用、参考书的排检法、指引性参考书、资料性参考书。第四篇：图书馆的资源——台湾公藏图书文献简介，论述了珍善本图书与其他远古书写记录、一般图书资料、明清及近代史资料、区域研究资料。（赵红）

0065

图书馆学辞典 / 杨若云主编. -- 台北:五洲出版社(发行),1984. -- 423 页;22cm. -- English Chinese Dictionary of Library Science(南区工具书阅览室)

本词典收录词汇万余条,除了附中文词义的对译之外,还有详明的注释,选词范围广泛,除了图书的分类、编目、管理之外,举凡与图书馆学有关的,如:图书之制作、装潢、印刷、摄影、世界著名图书馆、出版社、图书馆学者学会等机构、世界著名刊物名称等均予收录。(赵红)

0066

中国科学技术情报学会学术年会论文选:1982 / 中国科学技术情报学会编. -- 北京:科学技术文献出版社,1984. -- 361 页;20cm. -- 17176.381(中国科学院国家科学图书馆)

中国科学技术情报学会第二次学术年会于 1982 年 11 月在成都召开。此次年会共收到来自全国各地的学术论文 240 篇。现根据会议代表的要求及科技情报工作学术交流的需要,将会议论文编辑出版。全书分三个部分,其中全文收录 34 篇,摘要收录 65 篇,题录 10 篇。全文论文包括"科技情报源初探"、"用回归分析法对图书、资料的预留发展位置的计算"、"我国检索刊物的现状和发展方向"、"论文献检索的效率的影响因素及其改善方法"、"科技人员在科研工作中的情报活动能力及其对情报需求的分析"、"试谈情报工作在实现中医现代化中的重要作用"等。(张玲)

0067

中国科学院第四次图书馆学情报学科学讨论会文集 / 中国科学院图书馆编. -- 北京:北京图书馆出版社,1984. -- 280 页;26cm(国家图书馆)

中国科学院第四次图书馆学情报学科学讨论会于 1984 年 12 月在昆明举行,本次会议的中心议题是二次文献工作的理论与实践。会议期间共收到中国科学院院内的图书情报工作者所撰写的论文 137 篇。经过科学讨论会领导小组审定,从中选出 57 篇,汇集成本文集。这些论文的内容涉及二次文献工作总论、文献检索体系的建设、研究所的二次文献工作、二次文献工作的技术方法、二次文献服务等几个方面的内容。文集后附有本次讨论会所收论文的全部目录。(张玲)

0068

2000 年的中国研究资料. 第 18 集. 我国图书馆事业的发展及与国外的差距 / 中国图书馆学会编. -- 北京:中国科协 2000 年的中国研究办公室(内部出版),1984. -- 99 页;26cm(国家图书馆)

本书是中国科协中国研究办公室编辑的 2000 年的中国研究资料中的第十八集。全书包括"我国图书馆事业的现状"、"馆际合作与资源共享——2000 年中国图书馆事业的一个重要课题"、"美、苏、日、印四国图书馆学教育的基本情况"、"我国图书馆学教育的发展和现状(资料)"、"图书馆干部的在职教育"、"国外八十年代初图书情报工作自动化的情况、我们的差距与努力方向"、"国外图书情报工作应用新技术的水平与模式"、"发展中国家图书情报工作自动化的现状、问题与经验"、"建国以来图书分类法的发展与改进"、"我国图书馆事业中的两个薄弱环节——为伤残人员服务与文献保护问题"、"国外非印刷资料应用情况及我们的差距"等 11 篇论文。(张玲)

0069

图书馆手册 /(日)清水正三等编著;舒天霖等译. --沈阳:辽宁省图书馆学会(内部出版),1984—1985. --2 册(上,下):图;19cm(中国科学院国家科学图书馆)

本书由日本图书馆协会《图书馆手册》编辑委员会主编,六十余名专家、学者分章执笔而成。自 1952 年初版以来已刊印了四版,在日本享有较高的声誉。全书共八个部分,分上下两册。上册包括总论、职员、馆员、图书资料等内容;下册包括整理技术、利用服务、设备、年表。并附有图书馆法、宣言、大事记等近八十万字,资料丰富,颇有实用价值。书后还附有主要的日本固有名词及缩、略语释表,以便读者查阅。(张玲)

0070

中国古代图书学文选 / 安徽师范大学图书馆编. -- 芜湖:安徽师范大学图书馆(内部出版),1985. -- 215 页;19cm(国家图书馆)

为了帮助馆内人员学习业务知识和进行对外资料交换,安徽师范大学图书馆编印了本书。书中所录正篇十篇,是我国古代有关图书学、目录学、版本学、校勘学久经传诵、最有代表性的经典文章;附录四篇,也是具有一定学术性的今人讨论。这些文章讲的都是我国古籍的著述体例和学术源流的产生及演变。本书是治学的门径、书海的津梁,是了解和指示学术门径的最基本的必备参考书,也可作为图书馆人员学习古代汉语的基本参考书。(张玲)

0071

国学图书馆年刊. 第一册. 第一年刊 / 江苏省立国学图书馆编. -- 台北县:成文出版社有限公司,1985. --306 页:照片;26cm. -- 民国十七年十一月创刊中国期刊汇编第二种(国家图书馆)

本刊为中央大学国学图书馆第一年刊目录。内有图像:本馆职员摄影十帧、本馆各部摄影四帧、本馆附近名胜摄影二帧。专著:《唐代刊书考附唐本摄影四帧》《虚抱经先生年谱》《南献遗徵笺》。表格:宋元本行格表、馆藏名人手校书表、档案分部表、善本书阅览统计年表。簿录及纪事:访购部购置图书登记、保管部收到赠送图书登记、阅览部收到赠送图书馆登记。版本附注:据中央大学国学图书馆第一年刊中华民国十七年初版重印。逐页题名:中央大学国学图书馆第一年刊。(赵红)

0072

国学图书馆年刊. 第三册. 第三年刊 / 江苏省立国学图书馆编. -- 台北县:成文出版社有限公司,1985. --701 – 1136 页:照片,肖像;26cm(国家图书馆)

本刊为江苏省立国学图书馆第三年刊目录。内有插图:本馆馆员范君耒研遗像、本馆书画展览会摄影。专著:《书目答问补正》《馆藏历代名人年谱集目补》。

表格:本馆藏书统计表、十八年度普通阅览统计表。簿录及纪事:访购部购置图书登记、阅览部收到赠送公报杂志登记。版本附注:据国学图书馆第三年刊中华民国十九年初版重印。版本附注:民国十七年十一月创刊中国期刊汇编第二种。逐页题名:江苏省立国学图书馆 第三年刊。(赵红)

0073

国学图书馆年刊. 第四册. 第四年刊上 / 江苏省立国学图书馆编. -- 台北县:成文出版社有限公司,1985. -- 1137—1614 页;26cm. -- 民国十七年十一月创刊中国期刊汇编第二种(国家图书馆)

本刊为江苏省立国学图书馆第四年刊目录。内有插图:馆藏四库底本书影、馆藏进呈四库书影、馆藏高丽本书影。专著:《江苏书陆军志初稿》《江苏社会志初稿》《馆藏清代禁书述略》《馆藏历代名人年谱集目续补》。表格:本馆藏书统计表、十九年度全馆工作表、本馆最近四年中善本阅览统计表。簿录及纪事:访购部购置图书登记、阅览部收到赠送公报杂志登记。版本附注:据江苏省立国学图书馆第四年刊中华民国二十年初版重印。逐页题名:江苏省立国学图书馆 第四年刊。(赵红)

0074

国学图书馆年刊. 第八册. 第六年刊上 / 江苏省立国学图书馆编. -- 台北县:成文出版社有限公司,1985. -- 2861 - 3320 页;26cm. -- 民国十七年十一月创刊,中国期刊汇编第二种(国家图书馆)

本刊为江苏省立国学图书馆第八年刊目录。内有插图:馆藏四库底本俞汝言春秋平义手稿、馆藏四库底本黄玠弁山隐吟录、馆藏陈仲鱼跋文两则并藏印十三方。专著:江苏艺文志稿、吕氏春秋补注。表格:本馆藏书统计表、二十一年度全体工作表、二十一年度阅览部概况、二十一年度阅览普通书类统计表、二十一年度传钞部概况。簿录及纪事:本馆最近五年善本书库入藏图书登记、访购部购置图书登记。版本附注:据江苏省立国学图书馆第六年刊中华民国二十二年初版重印。逐页题名:江苏省立国学图书馆 第六年刊。(赵红)

0075

国学图书馆年刊. 第十册. 第七年刊上 / 江苏省立国学图书馆编. -- 台北县:成文出版社有限公司,1985. -- 3691 - 4258 页:图;26cm. -- 民国十七年十一月创刊中国期刊汇编第二种(国家图书馆)

本刊为江苏省立国学图书馆第七年刊目录。内有插图:本馆新得蒋春农先生指点韩集书影、馆藏顾涧蘋校广雅书影附王晚闻跋语、馆藏顾涧蘋校易林书影。专著:江苏艺文志稿续、墨辩疏证通论。表格:本馆藏书统计表、二十二年度全馆工作报告表、民国二十二年度之阅览概况、二十二年度传钞字数工作表。簿录及纪事:善本书库入藏图书登记、阅览部收到赠送公报杂志登记。版本附注:据江苏省立国学图书馆第七年刊中华民国二十三年初版重印。逐页题名:江苏省立国学图书馆 第七年刊。(赵红)

0076

国学图书馆年刊. 第十二册. 第八年刊上 / 江苏省立国学图书馆编. -- 台北县:成文出版社有限公司,1985. -- 4733 - 5086 页:图,照片;26cm. -- 民国十七年十一月创刊中国期刊汇编第二种(国家图书馆)

本刊为江苏省立国学图书馆第八年刊目录。内有插图:陆放翁定林题名拓本、书籍字画展览会摄影、鬼子终图卷。专著:江苏艺文志稿续、大错和尚集拾遗、本馆二十四年四月展览会纪事。表格:本馆历年藏书统计表、二十三年度全馆工作报告表、民国二十三年度之阅览概况、二十三年度阅览普通书类统计表、二十三年度传钞种册叶片数工作报告表。簿录及纪事:善本书库入藏图书登记访购部购置图书登记。版本附注:据江苏省立国学图书馆第八年刊中华民国二十四年初版重印。逐页题名:江苏省立国学图书馆 第八年刊。(赵红)

0077

国学图书馆年刊. 第十五册. 第九年刊上 / 江苏省立国学图书馆编. -- 台北县:成文出版社有限公司,1985. -- 5791 - 6232 页:图;26cm. -- 民国十七年十一月创刊中国期刊汇编第二种(国家图书馆)

本刊为江苏省立国学图书馆第九年刊目录。内有插图:赵诚夫三国志注补稿本书影、米元章行书长卷。撰著:本馆图书总目序、本馆图书总目叙例。表格:本馆历年藏书统计表、二十四年度全馆工作报告表。概况:本馆图书统计表、二十四年度藏书统计表、阅

览部概况。薄录及纪事:善本书库入藏图书登记、阅览部收到赠送公报杂志日报登记。版本附注:据江苏省立国学图书馆第九年刊中华民国二十五年初版重印。逐页题名:江苏省立国学图书馆 第九年刊。(赵红)

0078

湖北省公共图书馆工作会议材料选编 / 湖北省公共图书馆工作会议办公室编著. -- 武汉:湖北省公共图书馆工作会议办公室(内部出版),1985. -- 94 页;19cm(中国科学院国家科学图书馆)

本书是 1985 年 3 月湖北省公共图书馆工作会议的部分材料,书中收录了湖北省图书馆、孝感市图书馆、湖北省文化厅及石首、武昌、嘉鱼、安陆等部分县级图书馆各项工作的总结及认识,包括"转发《湖北省公共图书馆工作会议纪要》的通知"、"关于兴建县图书馆的几点体会"、"湖北省公共图书馆工作会议纪要"、"快速建成县图书馆 为四化建设早作贡献"、"合理调整馆藏结构 逐步提高馆藏质量"、"深受欢迎的竞赛活动 令人感奋的读书热潮"、"试行采编工作承包责任制的做法和体会"等内容。(张玲)

0079

湖南省图书馆学会 1985 年年会暨图书馆改革学术讨论会论文集 / 湖南省图书馆学会学术委员会编. -- 长沙:湖南省图书馆学会学术委员会(内部出版),1985. -- 168 页;26cm(中国科学院国家科学图书馆)

湖南省图书馆学会 1985 年年会、图书馆改革学术讨论

会于1985年12月18—20日在益阳市举行。这次讨论会的内容,是以图书馆改革为中心,探讨与图书馆改革有关的理论与实践问题。会议共收到各单位为这次会议撰写的论文67篇。经学术委员会审定,将其中33篇会编成文集出版,内部发行。文集按文章内容分为图书馆改革、新技术应用、文献服务、文献标引、目录学等五部分。为了反映本次讨论会的文章和便于大家查考,编制者还将会议交流而未编入文集的文章目录复印在文后。(张玲)

0080

湖南图书情报学校校庆两周年论文集 / 湖南省图书情报学校. -- 长沙:湖南图书情报学校(内部出版),1985. -- 112页;26cm(中国科学院国家科学图书馆)

本书是湖南省图书情报学校于一九八五年十二月出版的湖南图书情报学校校庆两周年论文集,书中收录论文三十余篇。“专业教育理论与实践”部分包含“图书馆学中专教育的实践与探讨”、“从我国图书情报部门的人才结构谈图书情报中等专业技术教育的培养目标”、“大力发展急需的档案中等专业教育”、“图书馆学英文资料查找途径浅谈”等14篇;“基础课教学研究”部分包含“中等专业学校图书馆专业古代汉语教学大纲”、“编撰《中国历代文学选》和《古代汉语》的设想”、“提高学生学习数学的兴趣 促进良好学风校风的形成”、“对计算机原理课程中因材施教方法的探索”等十一篇论文;“译文选登”部分刊载了“情报学教育的趋势”译文;“学生习作”部分刊登了“图书馆在四化建设中的职能及作用”、“我热爱图书馆专业”两篇文章;“校史资料”刊载了“湖南图书情报学校建校两周年大事记”。(张玲)

0081

图书与图书馆论述集:续集 / 王锡璋. -- 台北:文史哲出版社,1985. -- 248:图;21cm(国家图书馆)

本书收集了作者个人五年来有关图书馆及图书、书评、书介等方面的文章28篇。内容包括:“馆藏发展与本馆采访作业”、“日本国立国会图书馆简介——其组织、功能及活动”、“设法使图书馆活起来”、“由新书介绍专栏谈到图书的分类”等。书前有自序。(赵红)

0082

中国图书馆学会第三次科学讨论会论文摘要 / 中国图书馆学会论文摘要编辑组编. -- 北京:书目文献出版社,1986. --122页;16开. -- 7201.89(国家图书馆)

本书是中国图书馆学会于1982年10月29日—11月2日在昆明召开的第三次科学讨论会的论文摘要。这次讨论会的题目是“图书馆在社会主义物质文明和精神文明建设中的地位和作用”、“图书馆学研究和图书馆事业发展中新问题的探讨”。第一题内容在本汇编中占较大比重。第二题内容涉及面较广、类目多,为了便于查看,粗分了6个类目。(金丽萍)

0083

湖南省图书馆学会1986年年会论文集 / 湖南省图书馆学会学术委员会编. -- 长沙:湖南省图书馆学会学术委员会(内部出版),1986. -- 58页;26cm(中国科学院国家科学图书馆)

湖南省图书馆学会1986年年会于1986年12月25—27日在湖南图书馆举行,这次会议总结了一年来的学会工作,研究了1987年度的工作计划,并探讨了有关图书馆事业发展战略、图书馆学基础理论、图书馆读者服务工作以及图书分类编目等有关问题。会议共收到论文130篇,经学术委员会评定,将其中58篇编入本论文集,33篇作为大会交流,为了全面反映这次讨论会的学术成果,湖南省图书馆学会还把会议交流未编入论文集的文章,作为题录附印在论文集目录之后,便于大家参考。(张玲)

0084

图书使用指南 / 马学宽,李凤竹编译. -- 北京:知识出版社,1986. -- 330页;19cm. -- 根据美J. K. 盖茨《图书与图书馆使用指南》一书编译而成. -- 7214.70(国家图书馆)

本书是根据美国J. K. 盖茨所著的《图书与图书馆使用指南》一书编译而成。本书在扼要介绍图书和图书馆历史的基础上,比较详细地向读者介绍了有关工具书的内容和使用方法。首先按工具书的类型,然后按不同学科分别论述,内容结合实际,浅近实用。本书共分5章,23节。前两部分为有关图书馆本身方面的常识,即图书馆、图书馆资料的组织与整理;后两部分为综合性情报源、学科领域的情报资料。(张玲)

0085

从图书馆学情报学到文献信息学:初稿 / 万良春. --北京:中国科学院管理干部学院(内部出版),1986. -- 141页:图;28cm(国家图书馆)

本书是一部就我国20世纪80年代中后期图书情报事业的某些基本问题,概述其历史、剖析其现状、探索其未来,而以剖析现状和探索未来为主的,比较侧重理论方面的学习研究笔记。全书共7章。第一章引论,讨论了人类社会发展的历史规律及如何迎接新的时代;第二章科技图书情报史略,包括文化的起源和文献的产生、从图书馆出现到情报工作兴起、图书情报工作的社会意义三节内容;第三章“情报爆炸”及其后果的清除,详细论述了“情报爆炸”的后果、从科技文献质量下降到科技期刊的改革、开发科技文献手稿、“情报爆炸”后果的消除等问题;第四章加强科技图书馆的情报职能,包括为什么要加强该功能、科技文献的层次与专业情报“资源”开发、从传统服务到情报保证、现代科学技术研究中的情报保证等内容;第五章新技术革命对图书情报事业的挑战;第六章文献信息学的建立及其人才培养;第七章分析面临的问题并提出积极改革的措施。(张玲)

0086

中国科学技术情报学会学术会议论文选:1983—1984 / 中国科学技术情报学会编. -- 北京:科学技术文献出版社,1986. -- 664页;20cm. -- 17176.448(中国科学院国家科学图书馆)

本书是中国科学技术情报学会在1983—1984两年中举办各种学术会议的论文汇编,其中包括情报研究、情报理论方法、情报工作实践、情报手段现代化(计算机翻译与检索)、情报刊物编译报道、情报人才开发和利用、情报的经济管理以及情报工作在新技术革命中的对策和在经济体制改革中所面临的任务。这是一本普及、提高兼容的综合性学术图书,可供各级、各部门在职图书情报工作者以及大专院校师生等阅读。(张玲)

0087

中国科学院第五次图书馆学情报学科学讨论会文集 / 中国科学院图书馆编. -- 北京:北京图书馆出版社,1986. -- 260 页;26cm(国家图书馆)

中国科学院第五次图书馆学情报学科学讨论会于1986年6月在武汉举行。会议期间共收到中国科学院图书情报工作者所撰写的论文95篇。经过科学讨论会领导小组审定,从中选出36篇,汇集成本文集。这些论文涉及中国科学院文献情报工作的方向、任务和体制,中国科学院文献情报工作的发展战略,中国科学院文献情报工作的特点、内容和方法,中国科学院文献情报工作的政策,中国科学院文献情报工作的队伍建设等几方面的内容。文集后附有本次讨论会所收全部论文的目录。(张玲)

0088

北京图书馆同人文选(1912—1987) /《北京图书馆同人文选》编委会编. -- 北京:北京图书馆出版社,1987. -- 480;26cm(国家图书馆)

1987年,为纪念开馆七十五周年和新馆落成而编辑出版了第一辑,收录了1912年开馆以来在北京图书馆工作过的同人在馆工作期间发表的部分作品。反映了北京图书馆的学术研究水平,也展示了北京图书馆重视科学研究的传统。(张玲)

0089

华东六省一市图书馆学会协作会论文集 / 安徽省图书馆学会编. -- 合肥:安徽省图书馆学会(内部出版),1987(国家图书馆)

本书是1987年华东六省一市图书馆学会协作会的会前出版论文集,由安徽省图书馆学会编。全书共收录论文35篇,这些论文的内容从纵向来看,有从全国图书馆事业着眼作全景鸟瞰的,有以一省一市图书馆战略目标为出发点,以当地的政治、经济、文化、科学发展水平为背景作战略探讨的;也有解剖一个县、一个乡镇图书馆战略要素的特写。横向而论,无论是公共系统、科研系统还是高校系统图书馆事业的战略,都注重对所在系统宏观环境下发展态势的研究,从而显示出各个系统的各自特色。(张玲)

0090

图书馆与资料室管理手册 / 郭星寿编著. -- 成都:四川科学技术出版社,1987. -- 614 页;20cm. -- 7-5364-0214-7(中国民航大学图书馆)

本书是一本对图书馆和资料室工作人员比较实用且有指导意义的参考书,它将图书馆管理的基础知识与图书馆业务工作流程、行政等管理工作的基本内容、方法有机地结合起来进行论述,显示出本书的知识性与实用性相结合的特点。全书共分八章,内容涉及图书馆与资料室管理的基础知识,业务与行政管理工作的基本内容与方法,但以各种管理方法的介绍为重。本书不仅可以作为图书馆与资料室管理人员从事业务活动的检索工具书,也是一本关于图书馆管理业务学习的重要专著。(张玲)

0091

杭州市图书馆学会1986年论文集 / 杭州市图书馆学会秘书处编. -- 杭州:杭州市图书馆学会秘书处(内部出版),1987. -- 174 页;26cm . -- 图书馆系统内部交流(杭州图书馆)

杭州市图书馆学会于1986年5月成立。在成立的第一年,学会组织了几次学术活动。本文集就是杭州市图书馆学会1986年学术活动(包括1986年11月举办的"杭州文化发展战略和图书馆事业建设研讨会"、12月召开的第一次年会、"七五期间杭州少儿图书馆事业发展座谈会")的记录。全书收录论文56篇,还包含"杭州市图书馆学会成立"、"杭州市图书馆学会第一届理事会、常务理事会名誉理事长、顾问及其秘书处名单"、"杭州市图书馆学会章程"等文件。(张玲)

0092

英汉图书情报文献学词汇 / 刘子亚,陆宗城主编. --北京:书目文献出版社,1987. -- 1031 页,[1]叶图版:折表;20cm. -- 英文题名:English – Chinese glossary of library information and documentation terms. -- 7201.84(国家图书馆)

书共收图书情报文献学专业词汇约二万八千余条。书中对国内还比较生疏的词汇加了简要的注释并对某些词条的译法,作了一些新的尝试。本书还编列了八种文字月份名称缩写对照表、美国五十州全称—缩写对照表、罗马数字—阿拉伯数字对照表等6个附录,供图书情报界日常工作时参考。(张玲)

0093

上海市图书馆学会论文集 / 上海市图书馆学会编. --上海:上海市图书馆学会(内部出版),1987. -- 315 页;18cm. --《图书馆杂志》特辑(国家图书馆)

1987年,上海市图书馆学会分设的13个专业课题组组织会员开展了经常性的学术活动,不少会员和图书馆工作者积极撰写论文,上海市图书馆学会共收到论文150余篇。经过筛选,本书收录了50余篇。这些论文内容涉及到图书馆事业战略发展的研讨、图书馆如何深化改革、文献信息资源的进一步开发和利用,加强图书馆之间的协调和协作、实现资源共享等各个方面。上海市图书馆学会在郭学群和顾廷龙两位图书馆界老前辈捐助给学会的学术基金的支持下,编辑了这本论文集,并将其作为会刊《图书馆杂志》的特辑出版,免费赠送给全体会员,以更好地交流学术研究成果。(张玲)

0094

四川省图书馆学会第三届会员代表大会文集 / 四川省图书馆学会编. -- 四川省图书馆学会编印(内部出版),1987(国家图书馆)

四川省图书馆学会第三届会员代表大会于1986年6月

21日至22日在新都召开,本书为此次大会的文集。书中收录了四川省图书馆学会第三届会员代表大会纪要、四川省图书馆学会第二届理事会工作报告、四川省图书馆学会章程、关于第三届理事候选人产生情况及学会章程修改说明、四川省图书馆学会第三届理事会工作设想建议、四川省图书馆学会第三届理事会成员名单、四川省图书馆学会第三届理事会机构及其成员名单、四川省图书馆学会1979—1985年优秀科研成果获奖名单。(张玲)

0095

国际图书馆协会联合会第48届至50届大会论文选译/文化部图书馆事业管理局科教处等编. -- 北京:书目文献出版社,1987. -- 376页;26cm. -- 7201.147(北京师范大学图书馆)

本书选译国际图联第48届、第49届、第50届三届大会的论文共70篇,内容涉及图书馆学理论探讨、技术研究、人员培训、图书保护、馆舍建筑、图书馆统计、国际连续出版物编号以及图书馆界的国际活动和各国各种类型图书馆的工作情况等多方面,其中论述"技术革命对图书馆的影响"、"图书馆的标准化与网络化"等都是当时图书馆界最为关心的课题,可供文化界、图书情报界研究参考。(张玲)

0096

西北五省(区)图书馆第二次科学讨论会/新疆图书馆学会编. -- 乌鲁木齐:新疆图书馆学会(内部出版),1987. -- 100页;26cm(国家图书馆)

1986年9月5日至11日,在新疆维吾尔自治区乌鲁木齐召开了西北五省(区)图书馆第二次科学讨论会。这是继1984年在青海召开的第一次科学讨论会后,召开的又一次讨论会。大会以西北地区图书馆如何适应时代的要求,搞好改革以及其他各项工作,更好地发挥图书情报的职能作用,为社会主义两个文明建设和开发大西北为主题,交流了论文94篇。本文集共收摘编的论文88篇,并分为图书馆改革与立法、图书馆建设与协作、图书馆科学管理与队伍建设、藏书建设与地方文献工作、图书分类与编目、情报咨询与新技术应用、读者服务工作及其他。(张玲)

0097

图书馆常用词汇手册/杨多编. -- 昆明:云南教育出版社,1987. -- 283页;19cm. -- 7-5415-0067-4(华南理工大学图书馆)

本书收集的内容,主要是图书馆工作、学习中常碰到的有关名词、术语,共千余条,内容涉及图书馆学基础知识、图书分类、图书馆目录、目录学、情报学、科技文献检索及图书知识、版本知识等有关学科、门类的知识。词目按第一笔画数排列。对词目中的同义词、简称词等以及内容有相互联系的名词、术语,有的解释集中于一条下,用"见"引见有关词条,有的则各列词条及内容,用"参见"指出其相互关系。(张玲)

0098

信息学常识77则——通往21世纪的护照/(日)日比野省三著;邵占波译;王育林校. -- 北京:北京图书馆出版社,1988. -- 203页;32开. -- 7-5013-0542-0(国家图书馆)

本书共分77个题目,以常识的形式阐述了信息的概念,信息的产生、传播、处理和管理,信息的生成和剔除以及信息化社会等问题。(金丽萍)

0099

图书情报研究·建系四十周年纪念刊:1947—1987/《图书情报研究》编辑部编. -- 北京:北京大学图书馆学系情报学系(内部出版),1988. -- 433页;26cm(中国科学院国家科学图书馆)

为纪念北京大学图书馆学情报学系建系四十周年,特编辑本集,其中收录了北京大学图书馆学情报学系教工在20世纪80年代发表在各种刊物中的论文。全书50余万字,包含62篇论文。书中内容分为关于学科的基本理论问题,关于图书馆学、情报学专业教育,图书馆学的诸方面,情报学的一般问题,情报技术方面的研究成果,目录学、图书馆学领域6个部分。收录"概论图书馆学"、"中国目录学本是致学之用"、"论情报学的体系与范围"、"学习理论在大学图书馆用户教育中的应用"、"对我国文献工作标准化专业人员培训问题的几点看法"、"我国图书馆学教育的发展与现状"、"大型图书馆应当控制藏书的增长速度"、"在版编目研究"、"我国图书馆服务理念和服务工作的变迁和发展"、"科学交流及其障碍"、"中国近代高校图书馆的历史作用"、"我国年鉴编纂出版的回顾与展望"、"西方传记和传记辞典概述"、"研究美国政治的基本文献指南"、"敦煌汉文遗书中有关图书文献资料札记"等论文。(张玲)

0100

图书馆事业建设/杜克,吴慰慈主编. -- 北京:学苑出版社,1988. -- 300页;19cm. -- 中国图书馆学自学系列丛书. -- 7-80060-215-X(国家图书馆)

本书是中国图书馆学自学系列丛书之一,书中分上、下编。上编用九章的内容介绍了中国图书馆事业的发展、现状、我国各类型图书馆分述、中国图书馆学教育、中国图书馆学研究、中国图书馆馆际协调和协作、中国图书馆网的建设、中国图书馆事业的管理和发展展望等内容;下编用5章内容介绍了图书馆事业的广泛国际性及美国和西欧、苏联和东欧、日本和亚洲、澳大利亚和非洲及拉丁美洲的图书馆事业。(张玲)

0101

杭州市图书馆学会1987—1988年论文集/杭州市图书馆学会秘书处编. -- 杭州:杭州市图书馆学会秘书处(内部出版),1988. -- 264页;26cm. -- 图书馆系统内部交流(杭州图书馆)

本书是杭州市图书馆学会的第二本论文集,书中汇集了96位作者在1987年至1988年间撰写的91篇文章。这些论文涉及成人高校图书馆、教育学院图书馆、高校资料室、公共图书馆读者服务、工厂企业图书馆、研究所专业图书馆、林业馆藏资源开发利用、标准文献管理、地区文献资源协调、工会图书馆藏书结构、县馆藏书工作、技工学校图书馆藏书建设、杭州市医学情报资源利用与协作、馆藏古籍丛书建设、高等

专科院校采访人员的素质、图书馆微机管理、新技术革命与图书馆的未来发展等内容。(张玲)

0102

图书文献资讯辞典 / 洪进德,李之为编著. -- 台北:五洲出版社,1988. -- 728 页;21cm. -- 中英文本(国家图书馆)

本书共收词条约28000余条,6 个附录,供图书资讯情报界日常工作时参考。书内分前言、辞典正文(A – Z),附录一"拉丁字母与日文字母音译对照表";附录二"俄文—英文字母音译对照表";附录三"罗马数字—阿拉伯数字对照表";附录四"美国五十州全称—缩写对照表等"。(赵红)

0103

王崇德选集 / 吉林省图书馆学会, 四川省图书馆学会, 成都东方图书馆学研究所合编. -- 成都:成都东方图书馆学研究所(内部出版),1988. -- 125 页:图, 肖像;20cm. -- 图书馆学论丛个人自选集(国家图书馆)

本书是为庆祝中华人民共和国成立四十周年,由吉林省图书馆学会、四川省图书馆学会和成都东方图书馆学研究所联合编辑出版的图书馆学论丛个人自选集丛书中的一册。本书收集了王崇德先生在 20 世纪七八十年代撰写的文献计量学方面的论文 10 篇,它们是"定量地研究科技文献情报流——纪念布拉德福定律发表五十周年"、"文献计量与预测情报"、"我国科技期刊文献的引文分析"、"化学基础研究论文的引文统计与评价"、"我国省际医学情报流的分析"、"科技期刊的选择原则"、"科技期刊订户的研究"、"期刊的一次引文评价比较"、"科学论文作者的研究"、"情报学基础——哲学方面"。这些论文尤以引文分析为主,其中"情报学基础"是王崇德先生与他人合译英国情报学家布鲁克斯(B. C. Brooks)的系列文章。(张玲)

0104

邵国秀选集 / 吉林省图书馆学会, 四川省图书馆学会, 成都东方图书馆学研究所合编. -- 成都:成都东方图书馆学研究所(内部出版),1988. -- 133 页:图, 肖像;20cm. -- 图书馆学论丛个人自选集(国家图书馆)

本书是为庆祝中华人民共和国成立四十周年,由吉林省图书馆学会、四川省图书馆学会和成都东方图书馆学研究所联合编辑出版的图书馆学论丛个人自选集丛书中的一册。本书收录了时任甘肃省图书馆馆长邵国秀先生所撰写的论文 11 篇,分别是"科学交流系统和图书馆"、"略论图书馆藏书的研究方法"、"略论图书馆藏书的再选择"、"略论藏书建设的馆际协调"、"谈谈科技文献在期刊中的分布规律"、"关于核心期刊的形成机制"、"论'综合科学'在《中图法》中的位置"、"《中图法》加'0'问题产生的原因及解决方法"、"再谈《中图法》加'0'问题的解决方法"、"论标记符号的容纳性"。(张玲)

0105

倪波选集 / 吉林省图书馆学会, 四川省图书馆学会, 成都东方图书馆学研究所合编. -- 成都:成都东方图书馆学研究所(内部出版),1988. -- 131 页:图, 肖像;20cm. -- 图书馆学论丛个人自选集(国家图书馆)

本书是为庆祝中华人民共和国成立四十周年,由吉林省图书馆学会、四川省图书馆学会和成都东方图书馆学研究所联合编辑出版的图书馆学论丛个人自选集丛书中的一册。本书收录了时任南京大学图书馆学系副教授倪波撰写的论文 14 篇,分别是"浅释活字印本"、"古籍及其著者所属朝代名称著录简论"、"关于抗日战争时期延安出版之丛书的见闻"、"也谈期刊的排架方法"、"论纯笔形读者目录及其他"、"多轨著者目录新探"、"论文献流通工作中的两种流系"、"关于编写《理论图书馆学教程》的思考"、"论高等学校图书馆改革"、"我国图书馆学理论研究工作的新发展"、"纪念我党创办图书馆事业的先驱者应修人同志"、"李大钊著译系年考录"、"试论李大钊同志对我国无产阶级图书馆事业的杰出贡献"。(张玲)

0106

汪应文选集 / 吉林省图书馆学会, 四川省图书馆学会, 成都东方图书馆学研究所合编. -- 成都:成都东方图书馆学研究所(内部出版),1988. -- 165 页:图, 肖像;20cm. -- 图书馆学论丛个人自选集(国家图书馆)

本书是为庆祝中华人民共和国成立四十周年,由吉林省图书馆学会、四川省图书馆学会和成都东方图书馆学研究所联合编辑出版的图书馆学论丛个人自选集丛书中的一册。汪应文曾任国立女子师范学院史地系教授兼图书馆馆长、重庆西南人民图书馆图书部主任、南充师范学院中文系教授兼图书馆馆长、中华图书馆协会监事、南充图书馆学会顾问等职。本书收录了他当时所撰写的论文 18 篇,包括"版本研究和目录学的关系"、"图书馆教育的过去、现在和未来"、"图书馆学简论(叙论之部订正稿)"、"图书馆将如何迎接信息时代"、"读书的艺术"、"图书馆起源于档案库考"、"论索引的来龙去脉"、"南充师院线装书草目序例"、"近现代西方档案馆事业的发展"、"版本余话"、"图书类分准则(草案)"、"简论西方出版事业的起源与发展"、"文献工作兴起与活动情况"、"公共图书馆的未来"等。(张玲)

0107

王振东选集 / 吉林省图书馆学会, 四川省图书馆学会, 成都东方图书馆学研究所合编. -- 成都:成都东方图书馆学研究所(内部出版),1988. -- 110 页:图, 肖像;20cm. -- 图书馆学论丛个人自选集(国家图书馆)

本书是为庆祝中华人民共和国成立四十周年,由吉林省图书馆学会、四川省图书馆学会和成都东方图书馆学研究所联合编辑出版的图书馆学论丛个人自选集丛书中的一册。王振东多年来一直在辽宁省图书馆从事科技情报工作,本书收录他当时撰写的相关论文 15 篇,分别是"图书馆的科技服务与科技情报工作"、"论现代图书馆及其科技情报服务工作"、"试探图书馆科技服务工作的新发展"、"公共图书馆如何开展科技情报服务工作"、"简论科技情报的作用"、"科研与文献"、"试论情报的商品性质和情报服务的报酬问题"、"这种办法好——谈谈科技情报工作的收费问题"、"也谈点看法——兼论图书馆业务范围的新发展"、"对收费的理论与争论的一些看法——再谈科技情报服务工作的收费问题"、

"我馆科技服务工作概述"、"辽宁省图书馆为科技读者服务的几点做法"、"辽宁省图书馆开展科技服务工作的新探索"、"图书情报机构的本质作用"、"改革中,图书馆的出路在哪里"。(张玲)

0108

雍桂良选集 / 吉林省图书馆学会,四川省图书馆学会,成都东方图书馆学研究所合编. -- 成都:成都东方图书馆学研究所(内部出版),1988. -- 103 页:图,肖像;20cm. -- 图书馆学论丛个人自选集(国家图书馆)

本书是为庆祝中华人民共和国成立四十周年,由吉林省图书馆学会、四川省图书馆学会和成都东方图书馆学研究所联合编辑出版的图书馆学论丛个人自选集丛书中的一册。雍桂良自 1958 年从北京大学图书馆学专修科毕业后,一直在中共中央党校图书馆工作,时任书目参考部主任,是全国党校文献情报学会常务理事、学术委员会主任委员。本书收录了他当时所撰写的论文 31 篇,包括"我做图书馆资料工作的体会"、"加强党校图书馆的参考咨询工作"、"党政干部要增强文献检索和利用的能力"、"社会科学文献检索的途径与方法述略"、"编制《报刊论文资料分类法》(社科)的构想"、"像革命导师那样重视和利用工具书"、"马克思与图书馆"等。另外,由于当时雍桂良先生所著的《马列著作在中国》和《马列著作文献学》两本书的书稿尚未出版,在本书收录的 31 篇论文中,还包括从中选录的一些文章。(张玲)

0109

赵琦刘发选集 / 吉林省图书馆学会,四川省图书馆学会,成都东方图书馆学研究所合编. -- 成都:成都东方图书馆学研究所(内部出版),1988. -- 80 页:图,肖像;20cm. -- 图书馆学论丛个人自选集(国家图书馆)

本书是为庆祝中华人民共和国成立四十周年,由吉林省图书馆学会、四川省图书馆学会和成都东方图书馆学研究所联合编辑出版的图书馆学论丛个人自选集丛书中的一册。赵琦、刘发是当时活跃在东北地区的图书馆工作者,本书收录了赵琦女士撰写的"东北图书馆的阅览工作——一九五二年四月在东北地区改革图书馆工作会议上的发言"、"读者服务的新形式——介绍苏联图书馆如何实行图书开架借阅"、"列宁图书馆的书目咨询工作"、"全苏国立外文图书馆概况"、"在党的光辉照耀下,我与'我馆'共成长"、"鉴往昭来"等,本书还收录了刘发先生撰写的"科学分类与图书分类——关于图书分类的对象、方法和体系"、"东北地方文献论略"、"东北图书馆简史"三篇论文。(张玲)

0110

白国应论文选 / 吉林省图书馆学会,四川省图书馆学会,成都东方图书馆学研究所合编. -- 成都:成都东方图书馆学研究所(内部出版),1988. -- 123 页:图,肖像;20cm. -- 图书馆学论丛个人自选集(内部出版)(国家图书馆)

本书是为庆祝中华人民共和国成立四十周年,由吉林省图书馆学会、四川省图书馆学会和成都东方图书馆学研究所联合编辑出版的图书馆学论丛个人自选集丛书中的一册。白国应时任中国科学院出版图书情报委员会委员、中国科学院文献情报中心研究员、学术委员会副主任等职。长期从事图书馆分类学研究,曾参加《中国科学院图书馆图书分类法》的编辑出版工作。本书收录了他撰写的论文 10 篇,分别是"试论图书馆情报化"、"关于图书馆工作改革中的几个问题"、"关于图书馆的发展战略问题"、"我们对图书馆进行了学术评议"、"试论图书分类与科学分类的关系"、"论'0'的用法"、"刘向、刘歆与我国第一部图书分类法——七略"、"刘国钧先生在图书分类学上的卓越贡献"、"杜定友先生与图书分类学"。(张玲)

0111

鲍振西论文选 / 吉林省图书馆学会,四川省图书馆学会,成都东方图书馆学研究所合编. -- 成都:成都东方图书馆学研究所(内部出版),1988. -- 165 页:图,肖像;20cm. -- 图书馆学论丛个人自选集(国家图书馆)

本书是为庆祝中华人民共和国成立四十周年,由吉林省图书馆学会、四川省图书馆学会和成都东方图书馆学研究所联合编辑出版的图书馆学论丛个人自选集丛书中的一册。鲍振西时任全国文献工作标准化技术委员会第三届委员会委员,中国大百科全书图书馆学编委会副主任。本书收录了他撰写的论文 15 篇,包括"国外图书馆事业见闻与观感"、"日本图书馆现代设备情况考察见闻"、"巴基斯坦的图书馆事业——访问见闻"、"埃及的图书馆事业——中国图书馆代表团埃及访问记"、"英国图书馆事业"、"苏联图书馆事业——见闻与观感"、"保加利亚的图书馆事业——见闻与观感"、"澳大利亚图书馆事业——见闻与观感"、"参加国际图联第 48 届大会和访问美、加的一些观感"、"文献工作标准化是图书馆工作科学管理的重要环节——参加国际标准化组织第 46 技术委员会第十九届会议有感"、"进一步加强与国际图书馆界的联系——国际图联主席、秘书长应邀来我国参观访问"、"为促进国际图书馆事业的发展而努力"。(张玲)

0112

谭祥金赵燕群选集 / 吉林省图书馆学会,四川省图书馆学会,成都东方图书馆学研究所合编. -- 成都:成都东方图书馆学研究所(内部出版),1988. -- 110 页:图,肖像;20cm. -- 图书馆学论丛个人自选集(国家图书馆)

本书是为庆祝中华人民共和国成立四十周年,由吉林省图书馆学会、四川省图书馆学会和成都东方图书馆学研究所联合编辑出版的图书馆学论丛个人自选集丛书中的一册。本书收录了当时在广东中山大学两位教师谭祥金、赵燕群所撰写的论文。其中谭祥金先生的论文有"国家图书馆在图书馆事业中的地位和作用"、"访问澳大利亚图书馆见闻"、"国内外图书馆现状及其发展趋势"、"大学的心脏——澳大利亚的大学图书馆见闻"、"关于资源共享的几个问题"、"新的技术革命与图书馆现代化"、"馆际合作与资源共享——2000 年中国图书馆事业的一个重要课题"、"向现代化迈进——谈北京图书馆新馆";赵燕群女士的论文包括"美国国会图书馆标题表结构"、"检索刊物主题索引初析"、"科技书刊资料收集工作"。(张玲)

0113

丁宏宣王学熙选集 / 吉林省图书馆学会，四川省图书馆学会，成都东方图书馆学研究所合编. -- 成都：成都东方图书馆学研究所（内部出版），1988. -- 136 页：肖像；20cm. -- 图书馆学论丛个人自选集（国家图书馆）

本书是为庆祝中华人民共和国成立四十周年，由吉林省图书馆学会、四川省图书馆学会和成都东方图书馆学研究所联合编辑出版的图书馆学论丛个人自选集丛书中的一册。本书收录了丁宏宣撰写的“试论省公共图书馆业务辅导工作”、“略谈藏书统一管理与调度”、“县馆应重视图书目录的作用”、“对中文报刊管理工作的探讨”、“目录的作用、产生、形式、种类和现状”、“略谈主题目录的作用”、“试论公共图书馆藏书特色的形成与发展”、“略论辅导人员的基本业务修养”、“开架借书中值得注意的几个问题”等 22 篇论文，还收录了王学熙撰写的“关于县图书馆工作中的几个问题”、“制定我国公共图书馆法的几个问题——兼评《中华人民共和国公共图书馆法（草案）》”、“省图书馆目录工作的现状及其建立目录组织的必要性”等 4 篇论文。（张玲）

0114

江乃武选集 / 吉林省图书馆学会，四川省图书馆学会，成都东方图书馆学研究所合编. -- 成都：成都东方图书馆学研究所（内部出版），1988. -- 118 页：图，肖像；20cm. -- 图书馆学论丛个人自选集（国家图书馆）

本书是为庆祝中华人民共和国成立四十周年，由吉林省图书馆学会、四川省图书馆学会和成都东方图书馆学研究所联合编辑出版的图书馆学论丛个人自选集丛书中的一册。本书收录了江乃武先生在 20 世纪七八十年代所撰写的 11 篇论文，包括“我国连续出版物管理研究路向”、“农业系统连续性出版物布局刍议”、“连续性出版物单独管理是发展之必然”、“试论‘连续出版物’”、“再论‘连续出版物’”、“期刊无号排架法探讨”、“书刊划界问题讨论评述”、“论需要提高期刊管理的经济效果”、“近十年来我国农业期刊概况及其展望”等。（张玲）

0115

孟广均选集 / 吉林省图书馆学会，四川省图书馆学会，成都东方图书馆学研究所合编. -- 成都：成都东方图书馆学研究所（内部出版），1988. -- 128 页：肖像；20cm. -- 图书馆学论丛个人自选集（国家图书馆）

本书是为庆祝中华人民共和国成立四十周年，由吉林省图书馆学会、四川省图书馆学会和成都东方图书馆学研究所联合编辑出版的图书馆学论丛个人自选集丛书中的一册。本书收录了孟广均先生自 20 世纪 50 年代末至 1988 年所撰写的论文 13 篇，分别是“试论图书情报服务——其概念、范围和基本原则”、“我国图书馆和科技情报机构的发展方向”、“图书情报工作发展动向”、“国外图书馆学研究方面的一些情况”、“情报概念管见”、“也谈情报工作的地位和作用”、“近两年我国情报科学研究概况”、“目前国外关于几个情报理论问题的讨论”、“组织统一的图书馆网——我国图书馆事业现代化的课题之一”、“面对新的技术革命，迎接信息时代的到来”、“从国际上图书情报发展趋势所想到的”、“中国科学院文献资源布局问题初探”、“图书馆技术的发展趋势”。（张玲）

0116

赵世良选集 / 吉林省图书馆学会，四川省图书馆学会，成都东方图书馆学研究所合编. -- 成都：成都东方图书馆学研究所（内部出版），1988. -- 133 页：图，肖像；20cm. -- 图书馆学论丛个人自选集（国家图书馆）

本书是为庆祝中华人民共和国成立四十周年，由吉林省图书馆学会、四川省图书馆学会和成都东方图书馆学研究所联合编辑出版的图书馆学论丛个人自选集丛书中的一册。本书收录了时任黑龙江图书馆学会常务理事、学术工作委员会主任赵世良在 20 世纪七八十年代所撰写的 15 篇论文，包括“专题文献志及其编制”、“咨询工作分析”、“‘检索工具’名实辨”、“开架服务研究”、“图书馆藏书建设的基本任务及其有关因素”、“图书馆管理的基本理念”、“关于当前图书馆学研究之我见”、“阅读行为与读者需求”、“图书馆的演化及其依据”、“图书馆社科参考咨询的理论与实践——哈尔滨社科参考咨询研讨会学术总结”、“‘读者学’刍议”、“组织馆员熟悉藏书是图书馆的经常任务”、“图书馆科学的关键问题”、“图书馆藏书建设理论的发展趋势”、“读者工作的研究对象和基本概念”。（张玲）

0117

范铮选集 / 吉林省图书馆学会，四川省图书馆学会，成都东方图书馆学研究所合编. -- 成都：成都东方图书馆学研究所（内部出版），1988. -- 140 页：图，肖像；20cm. -- 图书馆学论丛个人自选集（国家图书馆）

本书是为庆祝中华人民共和国成立四十周年，由吉林省图书馆学会、四川省图书馆学会和成都东方图书馆学研究所联合编辑出版的图书馆学论丛个人自选集丛书中的一册。本书收录了时任天津大学图书馆文献检索教研室主任兼参考咨询部主任范铮在 20 世纪七八十年代所撰写的“高等工科学校图书馆咨询工作的探讨”、“工科大学图书馆配合毕业设计的探讨”、“科技文献咨询工作的分析”、“天津大学图书馆开展咨询服务和情报工作的介绍”、“有关学位论文的设想”、“在大学计算机系开设文献学课程的一些体会”、“从国外带回资料的初步研究”、“美国大学图书馆的用户教育”、“工科大学教授查阅文献困难情况的调查和分析”、“世界上第一个机器检索的一些启示”、“如何查找国外科技人物”等论文。（张玲）

0118

侯汉清选集 / 吉林省图书馆学会，四川省图书馆学会，成都东方图书馆学研究所合编. -- 成都：成都东方图书馆学研究所（内部出版），1988. -- 128 页：图，肖像；20cm. -- 图书馆学论丛个人自选集（国家图书馆）

本书是为庆祝中华人民共和国成立四十周年，由吉林省图书馆学会、四川省图书馆学会和成都东方图书馆学研究所联合编辑出版的图书馆学论丛个人自选集丛书中的一册。本书收录了时任中国图书馆学会学术工作委员会分类法与主题法研究组副组长、《情报科学》杂志及《江苏图书馆学报》的编委侯汉清先生在20世纪七八十年代所撰写的论文11篇,包括"《联合国教科文组织叙词表》评介"、"关于分类标记制度的商榷"、"也谈分类法和主题法的异同"、"电子计算机与文献分类"、"关于分类目录主题索引的改进"、"盖士纳的《世界书目》与盖士纳分类法"、"关于编制标题目录的几点意见"、"分类法的发展趋势简论"、"分类法与主题法结合的成功尝试——分面叙词表"、"《国际十进分类法》新评"。(张玲)

0119

史永元选集 / 吉林省图书馆学会,四川省图书馆学会,成都东方图书馆学研究所合编. -- 成都:成都东方图书馆学研究所(内部出版),1988. -- 127页:肖像;20cm. -- 图书馆学论丛个人自选集(国家图书馆)

本书是为庆祝中华人民共和国成立四十周年,由吉林省图书馆学会、四川省图书馆学会和成都东方图书馆学研究所联合编辑出版的图书馆学论丛个人自选集丛书中的一册。本书收录了史永元先生当时所撰写的论文16篇,分别是"干支数计算法"、"浅议高校图书馆业务人员的培养"、"刘国钧教授的图书分类学术思想"、"刘国钧教授解放后撰写的图书分类学论文摘要"、"新中国图书分类学研究中的若干问题"、"类分农业技术资料的探讨"、"关于如何使用国际十进分类法"、"什么是图书馆员的基本功"、"我国图书分类法发展的情况"、"关于图书类号采用数字制的意见"、"在分类法中集中归为一类的意见"、"关于马克思列宁主义经典著作"、"对'中国人民大学图书馆图书分类法评介'一文的商榷"。(张玲)

0120

吴慰慈论文选 / 吉林省图书馆学会,四川省图书馆学会,成都东方图书馆学研究所合编. -- 成都:成都东方图书馆学研究所(内部出版),1988. -- 145页;21cm. -- 图书馆学论丛个人自选集(国家图书馆)

本书是为庆祝中华人民共和国成立四十周年,由吉林省图书馆学会、四川省图书馆学会和成都东方图书馆学研究所联合编辑出版的图书馆学论丛个人自选集丛书中的一册。本书收录了吴慰慈先生在1973年至1984年间撰写的"我国图书馆事业的现状"、"论我国图书馆网的建设"、"新中国图书馆事业三十年(1949—1979年)"、"略论省图书馆业务辅导工作"、"我国图书馆学教育的现状与展望"、"谈谈《图书馆学基础》课的教学"、"大型图书馆应当控制藏书的增长速度"、"论大型图书馆藏书布局的改革"等11篇论文以及"解放思想 勇于探索 积极开展图书馆学研究——第一次全国科学讨论会述评"、"一九八三年我国图书馆藏书建设研究的综述与展望"2篇综述和中国图书馆事业大事年表(1949—1979年)。(张玲)

0121

杨廷郊选集 / 吉林省图书馆学会,四川省图书馆学会,成都东方图书馆学研究所合编. -- 成都:成都东方图书馆学研究所(内部出版),1988. -- 125页:图,肖像;20cm. -- 图书馆学论丛个人自选集(国家图书馆)

本书是为庆祝中华人民共和国成立四十周年,由吉林省图书馆学会、四川省图书馆学会和成都东方图书馆学研究所联合编辑出版的图书馆学论丛个人自选集丛书中的一册。本书选录了杨廷郊在20世纪80年代所撰写的论文9篇,分别是"情报科学的产生和发展"、"试论科学情报学及其若干基本理论问题"、"知识、情报和科学情报学"、"机编关键词文摘索引的形态及特征"、"研究微观科学结构的方法——引文分析"、"《科学引文索引》的检索策略"、"主题索引及其计算机编制"、"布拉德福定律的基本原理及应用"、"征询法在图书馆学研究中的应用"。这些论文涉及三方面的内容,即情报学基础、索引法和索引的检索、文献计量学方法及应用。(张玲)

0122

陈源蒸选集 / 吉林省图书馆学会,四川省图书馆学会,成都东方图书馆学研究所合编. -- 成都:成都东方图书馆学研究所(内部出版),1988. -- 116页:图,肖像;20cm. -- 图书馆学论丛个人自选集(国家图书馆)

本书是为庆祝中华人民共和国成立四十周年,由吉林省图书馆学会、四川省图书馆学会和成都东方图书馆学研究所联合编辑出版的图书馆学论丛个人自选集丛书中的一册。陈源蒸先生从事图书馆自动化的研究与探索多年,本书收录了由他撰写的该领域的相关论文9篇,包括"国外八十年代初图书情报工作自动化的情况、我们的差距与努力方向"、"高校图书馆要积极做好应用计算机的准备工作"、"北京地区西文图书机读目录研制进展"、"图书馆网与计算机的应用"、"应用计算机试验编制《北京地区西文新书联合通报》的成就、存在问题与改进意见"、"图书馆学教育要适应图书馆自动化建设的需要"、"图书馆系统分析概要"、"北京大学图书馆应用计算机系统分析报告(摘要)"、"高校图书馆的情报服务工作"。(张玲)

0123

胡继森选集 / 吉林省图书馆学会,四川省图书馆学会,成都东方图书馆学研究所合编. -- 成都:成都东方图书馆学研究所(内部出版),1988. -- 106页:肖像;20cm. -- 图书馆学论丛个人自选集(国家图书馆)

本书是为庆祝中华人民共和国成立四十周年,由吉林省图书馆学会、四川省图书馆学会和成都东方图书馆学研究所联合编辑出版的图书馆学论丛个人自选集丛书中的一册。胡继森同志自1961年起一直在重庆图书馆工作,1984年任重庆图书馆副馆长,先后从事俄文图书分类编目、中外书刊采购和科技参考咨询工作,撰写了大量相关论文。本书收录了他撰写的论文11篇,分别是"图书馆发展史话"、"应重视图书馆藏书建设研究"、"对图书个别登记的一点看法"、"关于公共图书馆工作任务的探讨"、"城市公共图书馆发展战略思考"、"关于公共图书馆为四个现代化服务的几个问题"、"锐意改革,开拓前进,为两个文明建设作出新贡献"、"谈中文科技资料及其处理"、"世界主要图书馆介绍"、"关于建立重庆地区情报系统的设想"、"国际法律图书馆协会简介"、

"公共图书馆开放时间小议"。(张玲)

0124

华勋基选集/吉林省图书馆学会，四川省图书馆学会，成都东方图书馆学研究所合编. -- 成都:成都东方图书馆学研究所(内部出版),1988. -- 113页:图，肖像;20cm. -- 图书馆学论丛个人自选集(国家图书馆)

本书是为庆祝中华人民共和国成立四十周年,由吉林省图书馆学会、四川省图书馆学会和成都东方图书馆学研究所联合编辑出版的图书馆学论丛个人自选集丛书中的一册。华勋基先生对情报学、图书馆学的基础理论、发展战略以及教育等方面有着广泛的研究,本书收集了他自1979年至1988年期间发表的10篇论文,包括"图书情报纵横谈"、"图书—情报系统初步研究"、"试论我国科技情报战略"、"关于我国情报学教育的思考"、"科技情报学的对象、内容及任务"、"论情报调研"、"情报、预测、决策"、"论开放地区情报调研的特点"、"经济情报工作初探"、"信息革命与图书馆学教育"。(张玲)

0125

李更旺选集/吉林省图书馆学会，四川省图书馆学会，成都东方图书馆学研究所合编. -- 成都:成都东方图书馆学研究所(内部出版),1988. -- 140页:图，肖像;20cm. -- 图书馆学论丛个人自选集(国家图书馆)

本书是为庆祝中华人民共和国成立四十周年,由吉林省图书馆学会、四川省图书馆学会和成都东方图书馆学研究所联合编辑出版的图书馆学论丛个人自选集丛书中的一册。李更旺曾任辽源市图书馆馆长、东北师范大学图书馆学系副系主任。任教期间编写了《中国书籍史》《中国古代图书馆事业史》和《中国古代文史文献概述》三本讲义。本书选录了他撰写的"先秦文字的书写材料和书写工具概述"、"试论刘向等创立的图书校雠义例"、"关于中国古代图书馆起源的若干问题"、"西周至战国藏书考略"、"秦代藏书考略"、"西汉藏书事业"、"东汉藏书考略"、"三国两晋时期私人藏书概述"、"卷轴书籍材质源流考"、"古书史中竹木制书写材料考析"、"敦煌石室佚书和内阁大库档案文献概述"、"少数民族古代文史文献概述"、"古代文学文献分类立目沿革概述"等16篇论文。(张玲)

0126

刘启柏选集/吉林省图书馆学会，四川省图书馆学会，成都东方图书馆学研究所合编. -- 成都:成都东方图书馆学研究所(内部出版),1988. -- 130页:图，肖像;20cm. -- 图书馆学论丛个人自选集(国家图书馆)

本书是为庆祝中华人民共和国成立四十周年,由吉林省图书馆学会、四川省图书馆学会和成都东方图书馆学研究所联合编辑出版的图书馆学论丛个人自选集丛书中的一册。刘启柏先生1950年1月参加工作,1952年调川南人民图书馆工作。1954年调中央文化部图书馆干部训练班学习,1956年考入北京大学图书馆学系。至1986年,他不断结合图书馆业务实践,进行理论探索研究,发表了多篇论文。本文收录了其中的13篇,分别是"国家书目与呈缴本制度"、"活页索引"、"文献分类同类分散失误原因分析"、"中型图书馆建筑问题探讨"、"文献采访八忌"、"咨询服务成功因素"、"图书馆部分有偿服务的区分、内容和预测"、"实验图书馆初议"、"馆员论著浅述"、"县市图书馆刍议"、"谁是农村图书馆事业的组织者和领导者"、"农村图书馆事业经济问题分析"。(张玲)

0127

卢泰宏论集/吉林省图书馆学会，四川省图书馆学会，成都东方图书馆学研究所合编. -- 成都:成都东方图书馆学研究所(内部出版),1988. -- 120页:图，肖像;20cm. -- 图书馆学论丛个人自选集(国家图书馆)

本书是为庆祝中华人民共和国成立四十周年,由吉林省图书馆学会、四川省图书馆学会和成都东方图书馆学研究所联合编辑出版的图书馆学论丛个人自选集丛书中的一册。卢泰宏先生是20世纪七八十年代活跃在我国科技情报界中的中年代表。本书收录了当时他所撰写的论文12篇。这些论文涉及"学科建设"和"情报定义的争鸣和非本质主义的回答"两大主题。前者涉及的论文包括"近几年来我国情报科学研究的进展"、"我国情报学学科建设面临的几个问题"、"情报学的方法"、"从科学哲学看情报学理论的建设——情报定义的非本质主义的回报";后者涉及的论文包括"用什么方法来创建情报学'大厦'——兼评'定义学派'"、"系统、功能、机理"、"论情报和情报系统的作用机理"、"论情报的社会功能"、"按功能区分的四种服务模式"、"我国科技情报工作研究"、"论'适用情报'"、"再论'适用情报'"。(张玲)

0128

卢子博论文选/吉林省图书馆学会，四川省图书馆学会，成都东方图书馆学研究所合编. -- 成都:成都东方图书馆学研究所(内部出版),1988. -- 134页:图，肖像;20cm. -- 图书馆学论丛个人自选集(国家图书馆)

本书是为庆祝中华人民共和国成立四十周年,由吉林省图书馆学会、四川省图书馆学会和成都东方图书馆学研究所联合编辑出版的图书馆学论丛个人自选集丛书中的一册。卢子博1960年毕业于北京大学图书馆学系,在武汉大学图书馆学系任教,担任过南京金陵图书馆馆长、南京时代信息资料公司董事长、金陵图书馆读者协会会长等职,时任南京图书馆副馆长。本书收录了他撰写的论文18篇,包括"传统图书馆面面观"、"对图书馆开放观念的再认识"、"公共图书馆资源布局之我见"、"关于公共图书馆图书资源布局的构想"、"读者服务的一项开创性工作——介绍金陵图书馆读者协会"、"对读者分类目录组织方法的探讨"、"图书分类法类目设置的基本原则"、"论图书分类法的稳定性"、"试论文学图书的分类问题"、"怎样看待图书分类法的思想性"、"关于图书馆改革的一些设想"、"关于图书馆创办信息资料公司的几个问题"、"试论我国社会主义图书馆法——兼谈图书馆道德规范问题"等。(张玲)

0129

陆伯华选集/吉林省图书馆学会，四川省图书馆学会，成都东方图书馆学研究所合编. -- 成都:成都东方图书馆学研究所(内部出版),1988. -- 113 页:图, 肖像;20cm. -- 图书馆学论丛个人自选集(国家图书馆)

本书是为庆祝中华人民共和国成立四十周年,由吉林省图书馆学会、四川省图书馆学会和成都东方图书馆学研究所联合编辑出版的图书馆学论丛个人自选集丛书中的一册。陆伯华长期从事外国书刊的进口及编辑工作,时任《世纪图书》杂志副主编,以及《情报科学》杂志编委、全国文献工作标准化委员会第七分会委员等职。本书收录了他撰写的论文24篇,包括"国外科技期刊现状与发展趋势浅析"、"书刊引进与国外书刊的发展"、"80年代美国图书馆和情报科学研究重点"、"谈谈西方通货膨胀对图书外采的影响"、"怎样评价学术期刊的质量"、"谈谈情报学常用期刊"、"国际翻译中心在情报传递中的作用"、"用文摘法确定核心期刊及其局限性"、"未来情报系统初探"、"从几个数字看美国情报学会的会员结构"、"美国联机数据库概述"、"世界数据库知多少"、"世界三大农业数据库比较分析"等。(张玲)

0130

钱亚新论文选 / 吉林省图书馆学会, 四川省图书馆学会, 成都东方图书馆学研究所合编. -- 成都:成都东方图书馆学研究所(内部出版),1988. -- 109 页:肖像;20cm. -- 图书馆学论丛个人自选集(国家图书馆)

本书是为庆祝中华人民共和国成立四十周年,由吉林省图书馆学会、四川省图书馆学会和成都东方图书馆学研究所联合编辑出版的图书馆学论丛个人自选集丛书中的一册。钱亚新时任南京图书馆研究员,江苏省图书馆学会编辑出版委员会主任,本书收录了他在十一届三中全会拨乱反正以后所写关于目录学的文章9篇,内容涉及"《隋书经籍志》新探"、"我国四种公藏目录的研探"、"《崇文总目》"、"《文渊阁书目》"、"《四库全书总目提要》"、"《江苏省立国学图书馆图书总目》"、"尤袤《遂初堂书目》初探"、"试论《百川书志》在我国目录学史上的价值"、"余嘉锡与目录学"等内容。(张玲)

0131

乔瑞泉选集 / 吉林省图书馆学会, 四川省图书馆学会, 成都东方图书馆学研究所合编. -- 成都:成都东方图书馆学研究所(内部出版),1988. -- 112 页:图, 肖像; 20cm. -- 图书馆学论丛个人自选集(国家图书馆)

本书是为庆祝中华人民共和国成立四十周年,由吉林省图书馆学会、四川省图书馆学会和成都东方图书馆学研究所联合编辑出版的图书馆学论丛个人自选集丛书中的一册。乔瑞泉自1951年至1988年一直在内蒙古自治区图书馆从事图书馆专业工作,曾负责筹组内蒙古自治区图书馆学会、倡议开展制定图书馆法学术研究和建立华北图协及开展少数民族地区图书馆工作研究。本书收录了他撰写的相关论文7篇,分别是"图书馆与信息时代"、"'中华人民共和国公共图书馆法'建议草案"、"关于我国公共图书馆法具体条文的设想建议——试拟定《中华人民共和国公共图书馆法》(建议草案)的说明"、"图书馆关于出版物类型的划分"、"大型图书馆应当控制藏书的增长速度"、"评定图书馆学研究成果的建议"、"图书馆科学管理"、"省、市、自治区公共图书馆读者工作浅析"。(张玲)

0132

丘东江王培章论文选 / 吉林省图书馆学会, 四川省图书馆学会, 成都东方图书馆学研究所合编. -- 成都:成都东方图书馆学研究所(内部出版),1988. -- 101 页:图, 肖像; 20cm. -- 图书馆学论丛个人自选集(国家图书馆)

本书是为庆祝中华人民共和国成立四十周年,由吉林省图书馆学会、四川省图书馆学会和成都东方图书馆学研究所联合编辑出版的图书馆学论丛个人自选集丛书中的一册。丘东江时任中国图书馆学会常务副秘书长。本书收录了他撰写的"图书馆学"、"图书馆学和情报学研究"、"美国图书馆教育课程"、"比较图书馆学教育"等几篇论文;王培章时任全国高等院校图书专款采购办公室副主任,本书收录了他撰写的"图书馆"、"国际出版物交换的背景与简史"等几篇论文。(张玲)

0133

丘峰选集 / 吉林省图书馆学会, 四川省图书馆学会, 成都东方图书馆学研究所合编. -- 成都:成都东方图书馆学研究所(内部出版),1988. -- 140 页:图, 肖像; 20cm. -- 图书馆学论丛个人自选集(国家图书馆)

本书是为庆祝中华人民共和国成立四十周年,由吉林省图书馆学会、四川省图书馆学会和成都东方图书馆学研究所联合编辑出版的图书馆学论丛个人自选集丛书中的一册。丘峰自1965年起一直在航空工业部科学技术情报研究所工作,主要从事图书分类编目、检索咨询、科技情报工作理论与方法研究等业务工作。至1988年,他先后参加过我国《汉语主题词表》《国防科学技术主题词表》《航空科技资料主题表》的编辑、定稿工作,发表了相关论文40余篇。本书主要收录了相关论文8篇,包括"主题法与分类法"、"关于主题目录的若干问题——兼谈我们是怎样组织主题目录的"、"关于《专业主题表》和《综合主题表》关系的几个问题"、"关于编制词族的若干问题"、"情报检索语言的组织与展示"、"办好航空检索刊物,健全全国检索刊物体系"、"关于提高检索效率的途径和措施"、"文献工作标准化概况"、"我国检索语言文献剖析"。(张玲)

0134

绍森万选集 / 吉林省图书馆学会, 四川省图书馆学会, 成都东方图书馆学研究所合编. -- 成都:成都东方图书馆学研究所(内部出版),1988. -- 130 页:图, 肖像; 20cm. -- 图书馆学论丛个人自选集(国家图书馆)

本书是为庆祝中华人民共和国成立四十周年,由吉林省图书馆学会、四川省图书馆学会和成都东方图书馆学研究所联合编辑出版的图书馆学论丛个人自选集丛书中的一册。绍森万时任四川省图书馆学会理事、学术委员、基础理论研究委员会主任。本书收录了他撰写的论文13篇,分别是"图书馆学的哲学问题"、"试论图书馆的生产力性质"、"新的技术革命与图书馆的社会职能"、"开拓图书馆与经济建设结合的新渠道"、"对图书馆基本属性的生产性和二重性的再认识——兼与张仲乾同志商榷"、"图书馆的产业性质和产业化问题"、"产业化是图书馆在社会主义历史时期发展的必然趋势"、"促进图书馆与经济的结合"、"软科学研究的历史使命"、"社会主义商品经济的发展与图书馆的观念更新"、"论变革图书馆界的十大传统观念"、"图书馆产业化趋势的再思考"。(张玲)

0135

沈家模论文选 / 吉林省图书馆学会，四川省图书馆学会，成都东方图书馆学研究所合编. -- 成都:成都东方图书馆学研究所(内部出版),1988. -- 123 页:图，肖像;20cm. -- 图书馆学论丛个人自选集(国家图书馆)

本书是为庆祝中华人民共和国成立四十周年,由吉林省图书馆学会、四川省图书馆学会和成都东方图书馆学研究所联合编辑出版的图书馆学论丛个人自选集丛书中的一册。沈家模时任江苏省社会科学院情报所副所长,长期从事情报工作和情报学研究。本书收录了他撰写的相关论文 17 篇,包括"关于建立情报心理学的若干问题"、"情报工作的兴趣和动机"、"情报人员的情感和意志"、"情报人员的心理挫折及其调节"、"情报传递中的观察"、"试论中小城市公共图书馆的科技情报与文献检索工作"、"谈谈工艺美术的情报工作"、"科技情报的研究"、"《汉语主题词表》结构及其使用方法"、"技术档案工作"、"加强经营管理信息 提高经济效益"、"乡镇企业信息管理的基本内容"、"乡镇企业的信息咨询"、"乡镇企业新产品开发中的信息工作"、"乡镇企业信息人才的培养"、"乡镇企业信息网络的组织"、"情报人员的道德修养和智力开发"等。(张玲)

0136

戴克瑜选集 / 吉林省图书馆学会，四川省图书馆学会，成都东方图书馆学研究所合编. -- 成都:成都东方图书馆学研究所(内部出版),1988. -- 109 页:图，肖像; 20cm. -- 图书馆学论丛个人自选集(内部出版)(国家图书馆)

本书是为庆祝中华人民共和国成立四十周年,由吉林省图书馆学会、四川省图书馆学会和成都东方图书馆学研究所联合编辑出版的图书馆学论丛个人自选集丛书中的一册。书中收录了戴克瑜先生撰写的论文 12 篇,包括"论工具书学"、"什么是工具书"、"工具书的类型及其划分标准"、"部首检字法简介"、"世界百科全书发展历史概述"、"字典、辞典论略"、"类书引论"、"类书'功''过'随谈"、"大力开展学术研究活动"、"图书馆与智力资源开发"、"市场情报调研与产品开发"、"新的技术革命与企业情报工作改革初探"。(张玲)

0137

王桂云选集 / 吉林省图书馆学会，四川省图书馆学会，成都东方图书馆学研究所合编. -- 成都:成都东方图书馆学研究所(内部出版),1988. -- 125 页:图，肖像; 20cm. -- 图书馆学论丛个人自选集(国家图书馆)

本书是为庆祝中华人民共和国成立四十周年,由吉林省图书馆学会、四川省图书馆学会和成都东方图书馆学研究所联合编辑出版的图书馆学论丛个人自选集丛书中的一册。王桂云长期从事古籍整理工作,撰写了大量相关的论文。本文收录了他所撰写的古籍整理工作的论文 40 余篇,包括"古籍书目概述"、"班固与《汉书艺文志》"、"卢文弨与《宋史艺文志补》"、"钱大昕与《补元史艺文志》"、"王鸿绪与《明史艺文志》"、"毛晋与《汲古阁珍藏秘本书目》"、"江标与《宋元本行格表》"、"钱曾与《读书敏求记》"、"雷梦水与《古书经眼录》"等。(张玲)

0138

项弋平选集 / 吉林省图书馆学会，四川省图书馆学会，成都东方图书馆学研究所合编. -- 成都:成都东方图书馆学研究所(内部出版),1988. -- 139 页:肖像; 20cm. -- 图书馆学论丛个人自选集(国家图书馆)

本书是为庆祝中华人民共和国成立四十周年,由吉林省图书馆学会、四川省图书馆学会和成都东方图书馆学研究所联合编辑出版的图书馆学论丛个人自选集丛书中的一册。项弋平同志自 1961 年起一直在浙江图书馆工作,本书收录了截至 1988 年他所撰写的论文 24 篇,包括"关于图书馆的阶级性和社会性"、"论图书馆学的结构"、"谈谈图书馆的社会教育职能"、"从'知识老化'再谈图书馆社会教育职能"、"现代教育与图书馆"、"论图书馆学由封闭向开放的发展"、"1984 年我国图书馆学基础理论研究情况综述"、"浙江省新时期十年图书馆学研究综述"、"浙江图书馆小史"、"浙江的公共图书馆"、"明州天一阁藏书——介绍宁波天一阁"、"嘉业堂藏书楼"、"文渊阁与《四库全书》"、"浙江图书馆刻书述略"、"关于市图书馆的任务"、"关于县图书馆藏书建设的几个问题"、"关于建立图书馆中专教育体系的设想"、"发挥函授优势 搞好函授教育"等。(张玲)

0139

谢灼华论文选 / 吉林省图书馆学会，四川省图书馆学会，成都东方图书馆学研究所合编. -- 成都:成都东方图书馆学研究所(内部出版),1988. -- 110 页:图，肖像; 20cm. -- 图书馆学论丛个人自选集(国家图书馆)

本书是为庆祝中华人民共和国成立四十周年,由吉林省图书馆学会、四川省图书馆学会和成都东方图书馆学研究所联合编辑出版的图书馆学论丛个人自选集丛书中的一册。谢灼华曾任武汉大学图书情报学院图书馆学系主任,中国图书馆学会学术委员会委员、目录学专业组组长等职。本书收录了他撰写的论文 11 篇,分别是"中国图书馆学史序论"、"公藏是主流——中国封建社会藏书制度的历史特点"、"私藏的功绩——中国封建社会藏书制度的特点之二"、"我国古代藏书建设理论之发展"、"近代我国封建藏书楼之衰落"、"维新派与近代中国图书馆"、"论'古越藏书楼'在中国近代图书馆史上的地位"、"辛亥革命对我国图书馆事业的影响"、"胡应麟在中国文献史研究上的贡献"、"简论鲁迅著作的版本特点"、"再谈鲁迅著作的版本特点"。(张玲)

0140

徐文绪邢淑贤选集 / 吉林省图书馆学会，四川省图书馆学会，成都东方图书馆学研究所合编. -- 成都:成都东方图书馆学研究所(内部出版),1988. -- 120 页:图, 肖像; 20cm. -- 图书馆学论丛个人自选集(国家图书馆)

本书是为庆祝中华人民共和国成立四十周年,由吉林省图书馆学会、四川省图书馆学会和成都东方图书馆学研究所联合编辑出版的图书馆学论丛个人自选集丛书中的一册。徐文绪1949年至1986年工作于北京图书馆,主要从事过俄文图书编目、报告会组织和各种专题外文书刊展览、书目索引编制以及咨询解答和各种目录辅导等工作。本文收录了他撰写的论文包括“书刊展览浅识”、“图书馆——谁需要她们?(应新西兰图书馆协会之约而作)”、“中国图书馆网的回顾与前瞻——中国图书馆学会提交国际图联第四十八届大会论文”、“图书馆工作中的行为科学”、“胜似春光——中国图书馆学会成立大会见闻侧记”、“咫尺千里思念弥深——记中国图书馆学会理事会的一次记者招待会”、“中国图书馆学会四年来学术活动综述”。邢淑贤也是长期工作在北京图书馆的一位图书馆员,本文收录了她撰写的论文5篇,分别是“社会科学参考工作”、“北京图书馆今昔谈”、“浅谈社科参考咨询服务中的形象咨询”等。(张玲)

0141

严怡民选集 / 吉林省图书馆学会, 四川省图书馆学会, 成都东方图书馆学研究所合编. -- 成都:成都东方图书馆学研究所(内部出版),1988. -- 111 页:图, 肖像; 20cm. -- 图书馆学论丛个人自选集(国家图书馆)

本书是为庆祝中华人民共和国成立四十周年,由吉林省图书馆学会、四川省图书馆学会和成都东方图书馆学研究所联合编辑出版的图书馆学论丛个人自选集丛书中的一册。严怡民先生长期从事科技情报理论研究与组织管理工作,本书收录了他在20世纪七、八十年代所撰写的论文9篇,分别是“试论科技情报工作”、“情报与情报学”、“试论科学情报学及若干基本理论问题”、“情报科学理论体系初探”、“情报学和情报学教育”、“论我国情报学教育”、“企业与情报”、“回顾与展望——纪念我国科技情报事业创建三十周年”、“情报系统管理研究试探”。(张玲)

0142

阎立中选集 / 吉林省图书馆学会, 四川省图书馆学会, 成都东方图书馆学研究所合编. -- 成都:成都东方图书馆学研究所(内部出版),1988. -- 101 页:图, 肖像;20cm. -- 图书馆学论丛个人自选集(国家图书馆)

本书是为庆祝中华人民共和国成立四十周年,由吉林省图书馆学会、四川省图书馆学会和成都东方图书馆学研究所联合编辑出版的图书馆学论丛个人自选集丛书中的一册。阎立中时任中国科学院图书馆副馆长、研究员及北京大学图书馆学系兼职教师。本书收了他所撰写有关编目工作的论文8篇,包括“编目和目录工作的现状和发展趋势”、“现代国外图书著录条例发展史略”、“字顺目录中主要款目的职能(国际编目原则会议工作报告第2号)”、“字顺目录中主要款目的职能(国际编目原则会议工作报告第3号)”、“对字顺目录中主要款目的职能的意见(国际编目原则会议工作报告第4号)”、“《英美编目条例》(第二版)概述”、“关于制定目录著录标准的几个问题”、“编目领域中国际标准的进展”。(张玲)

0143

黄宗忠选集 / 吉林省图书馆学会, 四川省图书馆学会, 成都东方图书馆学研究所合编. -- 成都:成都东方图书馆学研究所(内部出版),1988. -- 114 页:肖像; 18cm. -- 图书馆学论丛个人自选集(国家图书馆)

本书是为庆祝中华人民共和国成立四十周年,由吉林省图书馆学会、四川省图书馆学会和成都东方图书馆学研究所联合编辑出版的图书馆学论丛个人自选集丛书中的一册。在本书中,黄宗忠先生选择了自己从1959年至1988年在国内外报刊上公开发表的学术论文七篇,包括“新中国图书馆事业三十年”、“信息、知识、图书和图书馆”、“加强图书馆学基础理论的研究与发展”、“试论变革中的中国图书馆”、“建立和发展我国图书馆管理科学”、“试论我国图书馆教育的发展与改革”。这些论文涉及图书馆学基础理论、图书馆管理和图书馆学情报学教育等内容,有一定的学术性、资料性和实用性。(张玲)

0144

张琪玉选集 / 吉林省图书馆学会, 四川省图书馆学会, 成都东方图书馆学研究所合编. -- 成都:成都东方图书馆学研究所(内部出版),1988. -- 130 页:图, 肖像; 20cm. -- 图书馆学论丛个人自选集(国家图书馆)

本书是为庆祝中华人民共和国成立四十周年,由吉林省图书馆学会、四川省图书馆学会和成都东方图书馆学研究所联合编辑出版的图书馆学论丛个人自选集丛书中的一册。张琪玉时任武汉大学图书情报学院教授、图书馆学情报学研究所所长,主要从事情报语言学研究。本书收录了他撰写的论文15篇,分别是“列宁与图书馆”、“论情报检索语言的研究、创制与普及”、“关于情报语言学”、“情报检索语言(第一章)”、“情报检索语言方法综述”、“情报检索语言语法体系初探”、“文献主题的构成因素及层次”、“体系分类法中‘集中与分散’的矛盾”、“关于《中图法》增加组配成分的可能性和方法的探索(第三部分)”、“分类目录产生漏检和误检的原因”、“认识分类表的内部规律性是辨类的基本方法”、“体系分类法中的交替法”、“用《汉语主题词表》可编制什么样的检索工具”、“关于分类法和词表标准化的几点建议”、“纯标识检索系统还有实用价值——一个计算机应用课题的重新提出”。(张玲)

0145

周智佑选集 / 吉林省图书馆学会, 四川省图书馆学会, 成都东方图书馆学研究所合编. -- 成都:成都东方图书馆学研究所(内部出版),1988. -- 120 页:图, 肖像; 20cm. -- 图书馆学论丛个人自选集(国家图书馆)

本书是为庆祝中华人民共和国成立四十周年,由吉林省图书馆学会、四川省图书馆学会和成都东方图书馆学研究所联合编辑出版的图书馆学论丛个人自选集丛书中的一册。周智佑毕业后前期主要从事矿山机械教学、设计与研究,1962年起逐渐转入情报学特别是情报检索的教学与研究,本书刊载了他在情报学方面的部分论文，分别是“美国军事技术情报处及其AD报告”、“略论美国政府的科技研究报告”、“国外特种科技文献及其检索方法”、“AEC报告与核子科学文摘”、“国外建立科技情报检索系统的若干问题”、“从MEDLINE系统看我国的联机情报检索系统”、“科技情报检索的理论与实践”、“对情报检索效率的若干理论探讨”。（张玲）

0146

李明华选集 / 吉林省图书馆学会等编辑. -- 成都：成都东方图书馆学研究所（内部出版），1988. -- 120页；20cm. -- 图书馆学论丛个人自选集（国家图书馆）

本书是为庆祝中华人民共和国成立四十周年，由吉林省图书馆学会、四川省图书馆学会和成都东方图书馆学研究所联合编辑出版的图书馆学论丛个人自选集丛书中的一册。本书收录了李明华先生在当时所撰写的论文8篇，分别是“关于加速浙江省图书馆事业建设的建议”、“科学图书馆——生产力”、“图书馆事业的调整、改善、整顿、提高”、“略谈高等学院图书馆工作重点的转移”、“高等学校图书馆是分担教学科研任务的学术性机构”、“铁道系统工科院校图书馆的藏书建设”、“图书馆学的对象、内容和性质”、“信息交流与图书情报”。书中还包括作者为本书撰写的自序“敢于挑头、敢于冒尖、敢于创新”。（张玲）

0147

倪波论文选 / 倪波著；张德芳主编. -- 成都：成都东方图书馆学研究所（内部出版），1988. -- 138页；20cm. -- 图书馆学论丛个人可选集（国家图书馆）

本书是为庆祝中华人民共和国成立四十周年，由吉林省图书馆学会、四川省图书馆学会和成都东方图书馆学研究所联合编辑出版的图书馆学论丛个人自选集丛书中的一册。倪波时任南京大学图书馆学系副教授、江苏图书馆学会理事、教育工作委员会副主任、出版编辑委员会委员、图书馆学基础理论研究组负责人等职。本书收录了他撰写的“试论李大钊同志对我国无产阶级图书馆事业的杰出贡献”、“李大钊著译系年考录”、“纪念我党创办图书馆事业的先驱者应修人同志”、“我国图书馆学理论研究工作的新发展”、“论高等学校图书馆改革”、“关于编写《理论图书馆学教程》的思考”、“论文献流通工作中两种流系”、“关于文献拒借率、缓借率的探索”、“多轨著者目录新探”、“论纯笔形读者目录及其他”、“也谈期刊的排架方法”等15篇论文。（张玲）

0148

彭斐章选集 / 彭斐章著. -- 成都：成都东方图书馆学研究所（内部出版），1988. -- 114页；19cm. -- 图书馆学论丛个人自选集（北京师范大学图书馆）

本书是为庆祝中华人民共和国成立四十周年，由吉林省图书馆学会、四川省图书馆学会和成都东方图书馆学研究所联合编辑出版的图书馆学论丛个人自选集丛书中的一册。本书收录了彭斐章在20世纪60至80年代所撰写的12篇论文，内容主要涉及目录学。论文包括“迎接信息时代的科学——目录学的现状和未来”、“评新中国成立四十年来的目录学研究”、“新中国目录学研究述略”、“学习列宁目录学的宝贵遗产——为纪念伟大的列宁诞辰九十周年”、“学海浩渺话舟楫——试论目录学知识普及问题”、“国家书目述略”、“书目之书目述略”、“论苏联图书馆事业发展中观念的变革”、“苏联目录学研究的现状与前景”、“苏联目录学的理论与实践——《目录学普通教程》评介”、“苏联省图书馆书目工作的组织”、“苏联图书馆学目录学教育”。（张玲）

0149

图书馆学与图书馆事业：沈宝环教授图书馆学论文选集 / 沈宝环. -- 台北：台湾学生书局，1988. -- 320页；21cm. -- 图书馆学与资讯科学丛书（国家图书馆）

本书收沈宝环教授有关图书馆学方面的论文20余篇。内容有：资源共享——图书馆事业的新趋势、21世纪的公共图书馆、图书馆事业的国际关系、图书馆作业计划与系统分析、图书馆运用电脑辅导读者有关问题的研究、从美国图书馆的进展谈到当前的任务等。书前有沈宝环教授自序。（赵红）

0150

英汉图书情报缩略语词典 / 田苍林，赵雁碧编. -- 北京：科学技术文献出版社，1988. -- 385页；19cm. -- 7-5023-0678-1（中国科学院国家科学图书馆）

本词典共收集了近年来国外图书情报学书刊中出现的图书情报专业缩略语共13400条，内容包括图书情报方面的组织、学协会、计划、资源、服务、技术词汇、系统和数据库等，并涉及到档案、专利、图书贸易、教育、管理、计算机和复制技术等领域。词典正文部分按照缩略语英文字母顺序排列，词典款目由缩略语、原文全称、汉语译文、注释四部分组成，其中注释部分包括国别、所述机构（或所在地）、参照和说明，其间用分号隔开；另有“特殊符号表”、“编目用三十一种文字对照月份缩略语表”、“联合国组织机构缩略语表”、“联合国各组织机构所属情报系统与数据库缩略语表”、“加拿大、美国地名缩略表”、“罗马数字对照表”6个附录。适合于各级图书情报机构、本专业的大专院校师生、工程技术人员和广大翻译工作者参考。（张玲）

0151

武汉大学图书馆一九八八年学术研讨会论文（摘要）集 / 武汉大学图书馆编. -- 武汉：武汉大学图书馆（内部出版），1988. -- 印刷型（国家图书馆）

按照《普通高等学校图书馆规程》的规定，开展学术研究和交流活动，是高校图书馆主要任务之一。为此，武汉大学图书馆在1988年举办了学术研讨会，先后汇集论文60多篇，本书就是这些论文的摘要。编者将这60多篇论文分成9个主题进行整理。第一部分基础理论，包括“关于大学图书馆‘双创’问题的思路”、“大学图书馆队伍素质谈”、“图书资料工作的发展战略问题”、“美国伊利诺大学图书馆管理制度剖析”等6篇论文；第二部分藏书建设，包括“从近五年藏书统计看我馆藏书结构体系”、“灰色文献的开发与利用”等9篇论文；第三部分图书分编，包括“谈现代科学发展对图书分类的影响”、“浅谈《科图法》历史类目设置的几点修订意见”

等7篇论文;第四部分读者服务,包含论文16篇;第五部分参考咨询,收录论文5篇;第六部分期刊管理,含论文9篇;第七部分古籍整理,含论文两篇;第八部分资料室建设,含论文6篇;第九部分其他,含论文两篇。(张玲)

0152

张树华选集 / 张德芳,金恩辉主编. -- 成都:成都东方图书馆学研究所(内部出版),1988. -- 105页;28cm. -- 图书馆学论丛个人自选集(国家图书馆)

本书是为庆祝中华人民共和国成立四十周年,由吉林省图书馆学会、四川省图书馆学会和成都东方图书馆学研究所联合编辑出版的图书馆学论丛个人自选集丛书中的一册。本书收录了北京大学教师张树华所撰写的论文9篇,包括"试谈图书馆工作的规律性"、"试谈图书馆工作中的辨证关系"、"论图书馆资源共享"、"读者工作的性质和功能"、"读者工作学科的构成"、"论图书馆读者的结构"、"我国图书馆服务观念和服务工作的变迁和发展"、"三十五年来我国图书馆读者工作的发展与趋势"、"新技术革命与读者工作"。书后还给出作者的论著目录。(张玲)

0153

浙江省图书馆学会第四次科学讨论会论文选编 / 浙江省图书馆学会编. -- 浙江:浙江省图书馆学会(内部出版),1988. -- 158页;26cm(中国科学院国家科学图书馆)

浙江省图书馆学会第四次科学讨论会于同年11月3—4日在衢州召开。此次会议以图书馆的改革为中心,征集到论文160余篇。本着质量第一、照顾全面、调动多方面积极性的精神,选出论文50多篇编辑成本书。这些论文内容涉及到图书馆学基础理论、采编、读者、期刊工作、现代技术应用和古籍整理等各个方面,具有一定的质量。(张玲)

0154

中国科学技术情报学会学术会议论文选:1987 / 中国科学技术情报学会编. -- 北京:科学技术文献出版社,1988. -- 201页;20cm. -- 7-5023-0664-1(中国科学院国家科学图书馆)

本书精选了1987年中国科学技术情报学会召开的各种学术会议论文46篇,其内容不仅能反映科技情报编译报道、情报教育、文献标引、情报研究与理论方法等科技情报领域的学术水平,而且还有许多对学科发展和情报工作的积极建议,并且收录了第二届青年情报理论与实践学术讨论会和国防科技情报学术讨论会的论文及所有国内情报学术讨论会的题录。是广大科技情报、图书情报专业师生、情报管理干部的学习、工作参考书。(张玲)

0155

中国科学院第六次图书馆学情报学科学讨论会文集 / 中国科学院图书馆编. -- 北京:北京图书馆出版社,1988. -- 285页;26cm(国家图书馆)

中国科学院第六次图书馆学情报学科学讨论会于1988年8月在长春举行。会议共收到中国科学院文献情报工作者提交的论文112篇。经会议组织委员会评审,选出63篇到会交流,又从其中选出40篇汇集成本文集。此次科学讨论会的主题有两个方面:其一是文献资源的合理布局与开发利用,本文集中收录了"文献资源的合理布局及其资源共享"、"论我院文献情报资源的布局、共享及其建议"、"从藏书量和利用率的矛盾看文献资源的合理布局与利用"、"论地区文献情报网络的建设"、"生物科技外文期刊学科与地域分布状况的初步调研和定量分析"、"中国科学院文献情报中心收藏国外自然科学博士论文的情况简析"等论文;其二是文献情报检索(包括情报检索、数据库和网络的建设),收录了"中国科学院文献情报检索体系发展模式初探"、"关于提高我院检索刊物质量和建立中国基础学科文献库的探讨"、"主题法情报检索方法与技巧"、"谈科技文献手工检索系统的主题标引"。(张玲)

0156

中国科学院文献情报中心首届中青年学术讨论会论文选 / 中国科学院文献情报中心编. -- 北京:中国科学院文献情报中心(内部出版),1988. -- 2册;26cm(中国科学院国家科学图书馆)

本书分上下两册。收录了中国科学院文献情报中心首届中青年学术讨论会的部分论文。这些论文包括"科学论文频率分布的研究方法初探"、"中文图书订重问题初探"、"南朝鲜的技术开发之路"、"中国科学院文献情报中心收藏国外自然科学博士论文"、"谈谈我中心的业务干部队伍建设问题"、"谈谈中国科学院文献情报中心的编辑出版工作"、"新技术革命对参考咨询工作的影响和我们的对策"、"图书馆藏书的维护"、"中国科学院文献情报系统八年来的网络活动"、"文献搜集工作的实用性原则"、"迈向文献情报产业化的道路"、"试论中国科学院文献情报系统体制模式"等。(张玲)

0157

国防科技大学图书馆学论文选 / 中国人民解放军国防科技大学图书馆编. -- 北京:中国人民解放军国防科技大学图书馆(内部出版),1988. -- 256页;图;21cm. -- 书脊题名:图书馆学论文选(北京大学图书馆)

这本论文集收录了自1983年9月第一次学术研讨会以来,国防科技大学图书馆的工作人员在学术研究上的基本成果。书中收录了"试论制定图书馆事业发展战略的客观依据"、"图书馆在高校思想政治工作中应充分发挥自己的优势"、"高等学校图书馆要健全目录体系"、"目录学在科研中的作用"、"论文理渗透和理工科院校图书馆的对策"、"提高社会科学在理工科院校重要作用的认识"、"培养青年干部热爱图书馆工作的事业心"、"外文专题会议名称有效词目录及丛书、机构出版物名称目录介绍"、"英文科技文献出版类型的识别方法"、"关于读者文献检索心理和检索意识的分析与探讨"等论文。(张玲)

0158

周文骏选集 / 周文骏著. -- 成都:成都东方图书馆学研究所(内部出版),1988. -- 129页;19cm. -- 图书馆学论丛个人自选集(国家图书馆)

本书是为庆祝中华人民共和国成立四十周年,由吉林省图书馆学会、四川省图书馆学会和成都东方图书馆学研究所联合编辑出版的图书馆学论丛个人自选集丛书中的一册。本书收录了周文骏先生的论文、调查报告和资料等16篇。其中20世纪50年代和60年代所做的论文各一篇，70年代3篇，80年代11篇。这些文章分属三组：马克思、恩格斯、列宁与图书情报工作，包括“马克思恩格斯论图书馆工作”、“革命导师与情报工作”、“列宁与图书馆事业——学习列宁关于图书馆工作指示的笔记”、“马克思、恩格斯与图书馆事业——文献举要”等；图书馆学对象及某些相关学科，包括“什么是图书馆？什么是图书馆的基本矛盾”、“我国图书馆学研究的对象和内容管见”、“走向科学的情报学”等；图书馆的性质与作用，包括“图书馆工作的传递作用、体系和发展”等。（张玲）

0159

杨廷郊论文选 / 杨廷郊著；张德芳主编. -- 成都：成都东方图书馆学研究所（内部出版），1988. -- 140页；20cm. -- 图书馆学论丛（天津医科大学图书馆）

该书是图书馆学论丛个人自选集之一。书中收录了著者在图书馆学、情报学期刊上发表的9篇文章，内容包括情报学基础、索引法和索引的检索和文献计量学方法及应用。书前有目录、简历和著者的话，部分文章后有参考文献。（胡秋玲）

0160

鄂西土家族苗族自治州图书馆学会成立暨首届学术探讨论文集 / 鄂西自治州图书馆学会，鄂西自治州图书馆编. --（内部出版），1989（国家图书馆）

本文集是鄂西土家族苗族自治州图书馆界的第一部成果汇编，其出版意在存史资治，交流经验，推动鄂西土家族苗族自治州图书馆事业的发展。本书收录了鄂西自治州图书馆学会成立大会主要文件和与会代表提交的论文共51篇，选登论文的主要内容涉及鄂西土家族苗族自治州图书馆事业历史的回顾、现状分析，未来的思考以及图书情报各学科、各领域、各部门及各环节的评论、估价与探索，从不同角度荟萃了采访、分类、编目、典藏、流通以及传递手段，服务方式中实际工作者的基本智慧和结晶。（张玲）

0161

徐雁论文选 / 吉林省图书馆学会，四川省图书馆学会，成都东方图书馆学研究所合编. -- 成都：成都东方图书馆学研究所（内部出版），1989. -- 134页：图，肖像；20cm. -- 图书馆学论丛个人自选集（国家图书馆）

本书是为庆祝中华人民共和国成立四十周年，由吉林省图书馆学会、四川省图书馆学会和成都东方图书馆学研究所联合编辑出版的图书馆学论丛个人自选集丛书中的一册。徐雁当时在国家教委高校文科教材办公室做编审教材工作，任北京大学学海社首任社长。主要从事中国历代藏书研究。收入本集的文章，是作者从已发表的四十篇文章中选择出来的，内容涉及我国古代藏书保护技术、封建时代私家藏书历史价值的评价标准、古今中外的缴送本制度、《书林余话》的史料价值等。本集收录的还包括系列文章，如“书山雾岩”是作者在当年所写的一部书话集。（张玲）

0162

中国图书馆馆长名录 / 刘景龙，胡家柱主编. -- 南京：南京大学出版社，1989. -- 500页；20cm. -- 7-305-00519-3（中国科学院国家科学图书馆）

本名录是一部专收我国各系统、各类型图书馆馆长的工具书，收录时间自1949年中华人民共和国建国时起，截至1988年止，极个别馆收录至1989年上半年。收录范围包括全国（不含台湾省）各级公共图书馆、高等院校图书馆、科研单位图书馆以及部分军事院校图书馆、党校图书馆、机关和企事业单位图书馆等。总共收录2008个图书馆、4937位馆长。对名录中各位馆长的介绍，原则上包括：姓名、年龄、籍贯、已评定的职称、最高学历、党派关系、任职起迄时间、成果（包括主要著作、译著、论文、先进事迹、获奖和荣誉等）。为了便于读者利用，本名录编排顺序，主要依照国家颁布的“中华人民共和国行政区划一览表”进行编排，即把全国各类型图书馆都划入各省、自治区、直辖市的名下；各省、自治区、直辖市各自范围内的图书馆，下分公共、高等院校、科研、其他这四类图书馆系统类型。（张玲）

0163

中国信息机构指南 / 朱建亮主编. -- 长沙：湖南大学出版社，1989. -- 586页；19cm. -- 7-314-00486-2（中国科学院国家科学图书馆）

本书是我国第一部多类型信息机构的综合性指南。全书分八大部分，系统介绍了我国各类型信息机构的职能作用、事业发展和利用方法。其中，图书馆系统、情报系统、档案馆系统、出版发行系统、新闻系统、期刊编辑系统和经济信息系统附有机构名录，共11000个，并对博物馆、邮电部门、科研机构、高等院校、金融机构、律师事务所以及民间信息机构作了事业发展和利用途径的一般介绍。本书的主要读者对象是上述各信息机构、党政机关和企事业资料室的各种信息工作人员，尤其可供各类咨询人员和写作爱好者撰稿、投稿、检查、思考，亦可作为图书馆、情报、档案、新闻、文秘、经济信息、管理等专业的教学参考书。（张玲）

0164

图书馆学导论：建立学科体系的探讨 /（日）加藤一英著；东北工学院图书馆译. -- 长春：吉林省图书馆学会（内部出版），1989. -- 98页（北方工业大学图书馆）

加藤一英所著《图书馆学导论》是一本关于图书馆学的颇具学术价值的纯理论性著作。书中关于图书馆学体系的建立和图书馆性质的探讨，是当时论述较为全面、系统的文献之一，对图书馆学基础理论的研讨颇具实际指导意义。无论是对于图书情报界还是学术界，也无论是对于图书馆学系的教师、研究生和本科生，都是一本自学或进修的不可或缺的参考书。本书根据加藤一英著《图书馆学序说》日本学艺图书1982年版译出。全书分总论，信息传递与图书馆，图书馆句法理论，附论中井正一的哲学、美学与图书馆学思想四部分。（张玲）

0165

图书馆目录 / 李纪有等主编. -- 北京:学苑出版社,1989. --346 页;19cm. -- 中国图书馆学自学系列丛书. -- 7 - 80060 - 336 - 9(国家图书馆)

该书为中国图书馆学自学系列丛书之一,是在吉林省图书馆学会 1980 年出版的《图书馆目录(中西文)》一书的基础上,经过重新设计、修订、重写而成。全书分为 4 个部分,分别阐述了图书馆目录的一般原理和文献著录标准化的理论问题,各类文献的著录技术和方法,图书馆目录的组织、目录体系以及西文图书编目的有关知识。书前有丛书总序,书后有复习思考题、主要参考文献及后记。(胡秋玲)

0166

杭州市图书馆学会 1989—1990 年论文集 / 杭州市图书馆学会秘书处编. -- 杭州:杭州市图书馆学会秘书处(内部出版),1990. -- 284 页;26cm . -- 图书馆系统内部交流(杭州图书馆)

本书是杭州市图书馆学会的第三本论文集,书中汇集 96 篇论文、2 篇译文。其中 96 篇论文内容涉及图书馆发展的内在动力、馆长负责制、图书馆改革、大中型公共图书馆社会科学研究职能的建立、图书馆学电大教育、图书馆工作者的职业道德、乡镇图书馆的读书活动、乡镇图书馆藏书建设、加强县区党校图书资料室建设、图书馆如何为科技兴农服务、高校图书馆读者工作人员修养、外文图书采访、图书分类、采编工作、浙江省档案馆馆藏资料的建设、决策信息剪报资料分类研究等内容,2 篇译文为“指导阅读的设计——增强文献目录的效应”、“女馆员问题——美、英、日现状比较”。(张玲)

0167

图书资讯组织原理 / 何光国. -- 台北:三民书局,1990. -- 379 页;21cm. -- 图书资讯学丛书. -- 957 - 14 - 0061 - 0(国家图书馆)

全书分共分 18 章。第一章概论,第二章资讯之意义及组织,第三章知识之意义及组织,第四章图书资讯与媒体,第五章图书资讯组织之意义,第六章图书资讯编目,第七章知识组织之意义,第八章图书资讯分类的思想体系,第九章图书资讯分类发展之历史背景,第十章分类之基本体系,第十一章分类层次及其意义,第十二章类目之结构及复分原理,第十三章索书标记,第十四章图书资讯目录,第十五章索引之编制,第十六章非书资料之组织,第十七章图书资讯组织自动化,第十八章结论。书前有编者的话、沈宝环序、自序等。(赵红)

0168

日汉图书情报工作词汇 / 纪昭民, 徐引篪编. -- 北京:北京大学出版社,1990. -- 376 页;19cm. -- 7 - 301 - 00118 - 5(国家图书馆)

随着我国图书情报事业的发展,图书情报工作者的国际交流活动日趋频繁,阅读外文资料的人也越来起多,对相应工具书的需求也越来越迫切。近年来,我国先后出版了几种英汉图书情报工作词典,但日汉图书情报工作词典却很少见。为此,编者参考日本出版的几种有关图书情报工作的词典及我国出版的有关工具书,编辑了这本《日汉图书情报工作词汇》,共收录词条 8017 条,附日汉索引。(张玲)

0169

蔡元培李大钊与中国大学图书馆 / 李树权编著. -- 长春:吉林大学出版社,1990. -- 154 页;19cm. -- 7 - 5601 - 0451 - 7(国家图书馆)

本书内容分两部分,第一部分收集 11 篇文章,包括“蔡元培与中国大学图书馆事业”、“谈蔡元培办大学注重图书馆建设”、“蔡元培对图书馆藏书建设贡献”、“校长如何领导和支持大学图书馆工作——从蔡元培支持李大钊办好北大图书馆谈起”、“中国现代大学图书馆开端——李大钊同志 1918 年在北大图书馆”、“发挥图书馆的作用,传播新思想培育青年——李大钊同志 1919 年在北大图书馆”、“谈李大钊领导藏书建设的思想方法”、“我国大学图书馆的新篇章——谈李大钊《在北京高等师范图书馆第二周年纪念会的演说词》”、“李大钊办馆的群众路线”等论文,这些论文,其中多半发表在《大学图书馆学报》《高校图书馆工作》等刊物上;第二部分是两份资料《蔡元培谈大学图书馆》和《李大钊在北京大学图书馆史料》,主要摘自中华书局出版的《蔡元培全集》前四卷和 1918—1922 年《北京大学日刊》。(张玲)

0170

图书馆工作手册 / 上海图书馆主编. -- 北京:中国国际广播出版社,1990. -- 705 页;26cm. -- 内部发行. -- 7 - 80035 - 453 - 9(国家图书馆)

本书汇集了 20 世纪 80 年代散见于图书馆学、情报学专业书刊上的有关资料和最新研究成果,其内容几乎涵盖了图书情报工作的方方面面。本书资料性很强,除专列一章图书馆学基础知识外,还在有关章节中附有国内外图书馆简介等方面的资料。全书共两部分,第一部分是党的十一届三中全会以来的图书馆的主要文件,其中收录了党和政府对图书馆工作的指导性文件和条例,这不仅向人们提供了有关的政策依据,从中还可以窥见我国图书馆事业十余年来发展的脉络;第二部分为图书馆工作,其中又细分有图书馆学基础知识、藏书建设、图书编目、图书分类、主题法、西文编目等 13 章内容。本书具有一定的实用性,既是图书情报工作者必备的参考工具书,也是图书馆读者的指导性读物。(张玲)

0171

中国图书情报工作实用大全 / 武汉大学图书情报学院主编. -- 北京:科学技术文献出版社,1990. -- 7 - 5023 - 1250 - 1(国家图书馆)

本书是一部系统介绍图书馆学情报学知识的大型工具书,是由我国图书馆学情报学专家和多年从事图书情报专业富有经验的学者撰写而成的,全书共分六篇,文献篇,管理篇,服务篇,事业篇和人物、组织、机构篇。本书既有理论的阐述,又有实际操作的经验与方法介绍。结构严谨,层次分明,内容丰富,数据翔实,是一部有价值的参考书,可供各级图书、情报、文献、档案部门的工作人员以及本专业的师生参阅。(张玲)

0172

图书情报工作概论(修订本) / 辛希孟，孟广均编著. -- 北京:中国科学院文献情报中心(内部出版),1990. -- 212页;20cm(中国科学院国家科学图书馆)

为了加强中国科学院图书情报业务人员业务基础知识的教育和培训,中科院文献情报中心曾于1982年组织院内一部分同志编写出版了一套《中国科学院图书情报工作教材》。七年来,这套教材被院外许多图书情报业务训练班采用,受到广大图情人员的热情鼓励和支持。随着图书情报工作的全面深入改革,并根据各方面的迫切需要和意见,1990年编者对这套教材进行了修订。此次修订在内容上力求反映出科学院文献情报工作的特色,即以图书情报一体化为主导思想,注重理论和实践相结合,内容主要结合科技专业,帮助学员对于图书情报工作这一行业的性质、地位、作用、主要内容、工作组织、事业管理、发展情况以及国内外情况、新技术应用等有一个全面而概况的认识和了解。(张玲)

0173

中小型公共图书馆建筑设计之研究 / 俞芹芳. -- 台北:汉美图书公司,1990. -- 120页;21cm. -- 图书馆学资讯科学论文丛刊. 第一辑. 8. -- 957-9005-13-3(国家图书馆)

该书主要探讨公共图书馆建筑设计的基本原则,了解内部设计的重要因素,以发现它们对读者和业务的影响,举出图书馆在权衡读者和馆员最大效益时,考虑的条件与方向作为图书馆设计上的参考。本文着重于中小型公共图书馆的建筑设计,馆藏在二十万册以下,相当于小型文化中心图书馆的规模。

全书分6章。第一章绪论,论述研究目的与范围、研究方法与参考资料;第二章公共图书馆的机能与建筑特性,论述公共图书馆的功能与系统、公共图书馆的业务机能、台湾公共图书馆的法规与标准、公共图书馆之建筑特性;第三章公共建筑设计之原则,公共图书馆之建筑计划、空间的设计与安排、无障碍之建筑设计;第四章公共图书馆的家具设计,论述家具设计之原则、家具的配置与要求、办公室家具系统;第五章公共图书馆之环境设计,论述采光与音效的控制、颜色与指标的运用;第六章结论与建议,建议为国内小型公共图书馆之模拟计划书。书前有主办者弁言,书后有参考书目及索引。(赵红)

0174

中国科学院文献情报工作改革经验座谈会文集:1990 / 中国科学院出版图书情报委员会,中国科学院文献情报中心编辑. -- 北京:中国科学院出版图书情报委员会,中国科学院文献情报中心(内部出版),1990. -- 266页;20cm(中国科学院国家科学图书馆)

为了总结经验、交流信息、集思广益,力求百尺竿头,更进一步,中国科学院出版图书情报委员会在1990年3月27日至31日在上海召开了为期三天的全院文献情报工作改革经验座谈会。本书为此次座谈会的论文集,包括"中国科学院文献情报工作改革经验座谈会纪要"、"中国科学院地学情报网工作的回顾与展望"、"文献情报体制改革的尝试"、"成都文献情报中心改革工作的几点体会"、"主动开展多样性文献情报服务 促进科研和生产的发展"、"数学专业图书馆的组织管理改革浅析"等论文。这些论文不仅反映了十年来中国科学院文献情报工作的成果,而且具体展示了全院文献情报系统工作的潜在优势和力量。(张玲)

0175

名人论图书馆 / 朱立文编. -- 厦门:厦门大学出版社,1990. -- 151页;19cm. -- 7-5615-0298-2(国家图书馆)

本书汇集了近百年来我国三十多位社会活动家、教育家和科学家有关图书馆的五十余篇文章,包括于光远的"要特别重视图书馆工作"、"在全国高等学校图书馆工作委员会委员馆长研讨会上的讲话"、"图书馆和时代",王蒙的"在吉林省图书馆学会学术研讨会上的讲话",白寿彝"为了我们学术事业的繁荣",郁达夫"图书馆与学者",蔡元培"《图书馆学》序"、"东南大学孟芳图书馆募图书启"、"中国科学社明复图书馆开幕礼及中国版本展览会开会词",陶行知"流通图书馆与普及教育",郑振铎"漫步书林·谈访书"、"漫步书林·谈整书"、"漫步书林·谈分书"等,钱三强"图书情报工作必须现代化",钱学森"情报资料、图书、文献和档案工作的现代化及其影响"等文章。这些文章论述图书馆的性质与职能、发展途径与趋势等内容,旨在增进人们对图书馆的了解和重视,加强对图书馆的开发和利用。(张玲)

0176

基层图书资料工作与情报服务 / 白坤,肖走主编. --北京:兵器工业出版社,1991. -- 316页;19cm. --7-80038-410-1(国家图书馆)

本书在大量实践材料和进行深入调查研究的基础上,从实用性的原则出发,系统地论述了基层单位进行图书资料的收集、分类、编目、著录、典藏以及组织管理等方面的工作内容和方法;全面阐述了基层图书资料情报单位如何开发情报资源,进行情报研究的程序和方法;详细论述了如何为企业、学校、科研机构、领导机关以及乡镇企业、个体工商户提供及时、准确有价值的信息情报的原则、内容、步骤和方法。本书重点分析和论述了进行多种情报产品加工与制作的方法,并对实用性情报开发与利用的理论进行了建设性的探索。(张玲)

0177

西北高校图书馆年鉴1949—1988 / 本书编辑委员会编. -- 西安:西北工业大学出版社,1991. -- 553页:图;大32开. -- 7-5612-0332-2(国家图书馆)

本书是西北五省(区)高等学校图书馆协作组为庆祝中华人民共和国成立四十周年而编写的一部资料性工具书。本书内容以反映西北地区高校图书馆的现状为主,着重反映党的十一届三中全会以来西北地区高校图书馆的发展变化及新的成就。所收各种资料和数据截止时间均为1988年12月31日。全书共46万字,分11个部分:事业概况,图书馆简介,五省(区)教育行政部门对图书馆事业的领导、图工委的组织及活动,图书馆学研究现状概述,协作活动,图书馆学专业教育,获省级表彰的先进集体(单位)和个人,高级专业职

称人员简介,香港及国外一些团体和个人对图书馆的赞助、大事记、图书馆剪影。(张玲)

0178

图书馆学情报学档案学简明辞典 / 来新夏主编. -- 天津:南开大学出版社,1991. -- 63, 744 页;19cm. -- 7 - 310 - 00284 - 9(北京大学图书馆)

本辞典收录内容包括图书馆学、情报学、档案学的名词、术语、著名人物、重要著作、事件和组织机构等方面的条目共4222 条。国内在世人物及其著作一般不收。正文条目按汉语拼音音序排列,同音同调者,以汉字笔画数为序。条目首字相同者按第二字音序排列,第二字相同者按第三字音序排列。依次类推。以外文字母起头的条目则分别按英文、俄文字母顺序排在汉语音序之后。书前所载《笔画索引》,按条目首字笔画数顺序排序。编者还在附录中给出"中国出版的图书馆学情报学档案学专著一览表(1949 年 10 月至 1986 年 12 月)"、"中国图书馆学情报学档案学刊物一览表"、"中国图书馆学情报学档案学专业设置一览表"、"常见机构术语缩略语一览表"、"各国标准化组织一览表"、"ISO 各技术委员会名称及其创立年代一览表"等内容。(张玲)

0179

世界图书馆与情报服务百科全书 / 孙光成主编. -- 成都:四川民族出版社,1991. -- 518 页;26cm. -- 7 - 5409 - 0502 - 6(国家图书馆)

本书收入包括世界各国图书馆的历史、发展状况及各种资料,图书馆学、图书学、目录学、图书馆事业、情报学及情报服务等方面的条目。(张玲)

0180

图书馆利用与文献检索 / 张立堂等编. -- 北京:石油工业出版社, 1991. -- 294 页;20cm. -- 中等专业学校教学用书. --7 - 5021 - 0483 - 6(国家图书馆)

本教材是根据国家教委关于要使中专生具有"获取信息的能力"的精神编写的。目的是向中专生普及图书馆利用和文献检索知识,提高他们的自学能力、独立获取知识的能力、分析和解决问题的能力以及收集、整理和筛选科研资料的能力,增强其适应性。本教材分上、下两编,上编为图书馆利用,主要介绍了馆藏文献及其组织、图书馆目录、图书馆的服务及其利用、工具书使用方法等内容,适用于刚入学的中专生,下编为文献检索,介绍了文献检索的概念和意义、文献检索工具、文献检索方法、资料积累方法、科技写作常识等内容,适用于即将做毕业设计或写毕业论文的中专生。文后还附有复习思考题及实习参考题。(张玲)

0181

中国图书馆名录 /《当代中国的图书馆事业》编辑部编. -- 北京:书目文献出版社,1992. -- 629 页;26cm. -- 7 - 5013 - 0927 - 2(北京师范大学图书馆)

本名录共收录我国各类型图书馆 6809 所,以列表形式反映各馆的基本情况,包括:馆名、邮编、馆址、电话、建馆时间、藏书总数、馆舍面积、持证读者、阅览座位、现有工作人员数及图书流通情况等。本名录将图书馆分为五大类,即公共图书馆(公共图书馆再分为省级以上、市级、区县级、少年儿童图书馆),学校图书馆(学校图书馆再分为普通高等学校、军事院校、成人高等学校、中等专业学校、党校图书馆),科研、技术图书馆(科研、技术图书馆按照主管系统和专业持点划分为中国科学院系统、社会科学研究机构、医学科学研究机构、农林水产地质科研机构、其他研究、设计单位以及厂矿企业科技图书馆),工会、工厂图书馆(室),机关、团体、企事业单位图书馆。(张玲)

0182

北京大学图书馆同人论文集:纪念建馆九十周年 / 北京大学图书馆编. -- 北京:北京大学图书馆(内部出版),1992. -- 404 页;26cm(北京大学图书馆)

1992 年是北京大学图书馆建馆九十周年纪念,为了迎接并纪念这个喜庆的日子,北京大学图书馆各业务部门撰写了相关的论文,后编辑成本文集。文集中收录文章 60 篇,包括"北京大学图书馆馆藏文献调查评估综合分析报告"、"北大图书馆文献采访方针的几点思考"、"大学图书馆图书经费分配诸多因素的探讨"、"试谈连续出版物的特性及在采集中的一些问题"、"北京大学图书馆编目工作的历史沿革"、"试论图书馆编目工作从手工操作向自动化作业的转化"、"试论图书馆工作人员的素质及其提高途径"、"北京大学图书馆中文期刊订购质量评估"、"努力开发资源为教学科研服务"、"燕京引得丛刊:从历史到现实"、"古代年鉴发展史初探"等。(张玲)

0183

杭州市图书馆学会 1991—1992 年论文集 / 杭州市图书馆学会秘书处编. -- 杭州:杭州市图书馆学会秘书处(内部出版),1992. -- 271 页;26cm . -- 图书馆系统内部交流(杭州图书馆)

本书是杭州市图书馆学会的第四本论文集,汇集 78 篇论文,反映了公共图书馆、乡镇图书馆、高校、中小学校、科研单位、工厂企业等不同类型图书馆的工作,文章内容涉及到图书馆学、情报工作的基础理论研究、文献信息开发、流通阅览、分类编目、期刊管理、计算机应用等各个方面。本书除汇编会员论文外,还登载了《杭州市图书馆学会章程》、学会第二次代表大会工作报告、《杭州市 1992 年度自然科学优秀论文获奖目录》、学会纪事等,从中可以了解学会在 20 世纪 90 年代初的概况和会员的学术成就,并可作为资料保存。(张玲)

0184

国际图书馆协会联合会第 56 届大会论文选译 / 丘东江主编. -- 北京:书目文献出版社,1992. -- 173 页;26cm. -- 7 - 5013 - 0935 - 3(北京师范大学图书馆)

国际图书馆协会联合会第 56 届大会于 1990 年 8 月 18 日至 24 日在瑞典斯德哥尔摩举行。本次大会的主题是"图书馆,为知识服务的信息"。经过国际图联专业委员会审核,在这次大会上交流的论文共 117 篇。本书选译了其中的 37 篇论文,内容涉及国际图联核心计划、部组工作以及一些国家对图书馆工作的理论探讨、新技术研究和读者服务、采访、编目、网络建设、国际交换及人员的培养与使用等方面的经验,本书对图书馆工作、情报工作以及图书情报教学和科研具有参考价值。(张玲)

0185

英俄汉图书情报学词典 / 孙瑞年主编. -- 北京:科学技术文献出版社,1992. -- 1456,692 页;19cm. -- 英文题名:English – Russian – Chinese dictionary of library and information science. -- 7 – 5023 – 1573 – X(国家图书馆)

本词典是一部比较完整的英俄汉图书情报学词典,以便查询日常阅读和翻译国外图书情报文献中所遇到的各种生词。全书收词量约四万余条,涉及图书馆学、图书分类法、情报学、情报源和文献搜集、文献整理与管理、情报检索与咨询、计算机、复制技术、编辑、出版、印刷、装订等。词典正文中还附有俄语词汇索引,该索引按照俄文字母顺序排列。本词典可供图书、情报、资料、档案、出版部门、科研单位工作人员和翻译人员参考。(张玲)

0186

北京图书馆同人文选(第二辑) / 唐绍明主编;《北京图书馆同人文选》编委会编. -- 北京:北京图书馆出版社,1992. -- 445 页;26cm. -- 7 – 5013 – 0946 – 9(国家图书馆)

本书是北京图书馆为纪念开馆八十周年暨新馆开馆五周年,反映国家图书馆工作人员近几年开展自身学术研究的一些新成果而选编的文集。为与 1987 年已出版的《北京图书馆同人文选》相衔接,本书为第二辑。所选文章达 60 多篇,内容包括图书馆学与图书馆工作、图书馆自动化研究与实践、文献开发与研究、文史哲等学科的研究。本书不仅可资国内外图书、情报及其他各类文献工作者参考,文史哲及相关学科研究者爱好者也均可从中获益。(张玲)

0187

文献情报知识问答 / 西南石油学院图书馆等编. -- 成都:四川教育出版社,1992. -- 225 页;19cm. -- 7 – 5408 – 1657 – 0(国家图书馆)

在四川省高校图书情报工作委员会秘书处统一指导下,南充高校图书情报工作协作组编写了本书。此书集有关图书馆学、情报学、历史、地理等多种教科书、专著及竞赛试题之精华,分门别类加工整理,编纂成册。它既是广大图书情报人员业务学习、专业技术职务考试、参加业务知识竞赛的重要学习资料,又是大、中专图书情报专业学生的必备参考书,也是为社会各界朋友提供学习有关知识的一本工具书。全书共有 1400 余题及参考答案,分 5 个部分,分别为:图书馆业务基础知识(包括图书馆业务基础理论、基础知识和基本技能等内容);第二部分,科技文献技索(包括情报学、情报检索语言、检索工具和自然科学情报检索等内容),社会科学情报检索基础知识(包括哲学、社会科学情报检索等内容),历史知识(包括中国古代、近现代和世界古代、近现代史等有关内容),地理知识(包括中国自然地理与人文地理和世界自然地理等有关内容)。(张玲)

0188

中国科学院第八次图书馆学情报学科学讨论会文集 / 中国科学院图书馆编. -- 北京:北京图书馆出版社,1992. -- 310 页;26cm(国家图书馆)

中国科学院第八次图书馆学情报学科学讨论会于 1992 年 9 月在兰州举行,本次讨论会以"迎接 21 世纪的挑战——90 年代的情报研究和文献数据处理"为主题,并结合中国科学院文献情报工作的理论与实践以及深化改革的有关问题进行了深入的研究和探讨。本次会议共收到论文 142 篇,经科学讨论会组织委员会评审,选出 65 篇汇集成本文集。其中,情报研究讨论的内容包括:情报基础理论与政策研究;情报调研在现代决策管理与科学研究中的地位和作用;如何发展合作研究,建立全员情报研究和决策咨询服务体系;如何进一步增强情报商品化和情报服务的经营观念;科技情报查新工作的理论与实践;情报基础建设与情报工作现代化等内容。文献数据处理讨论的内容包括:21 世纪文献分类、主题及其标引加工的概念和方法,文献数据处理的标准化、规范化、网络化和自动化建设,文献加工、机读数据制作及数据库建设的理论与实践,90 年代国内外文献数据处理的现状与发展趋势等。(张玲)

0189

俄汉、汉俄图书馆学情报学词汇 / 姜继主编. -- 北京:书目文献出版社,1993. -- 707 页;32 开. -- 7 – 5013 – 0874 – 8(国家图书馆)

根据前苏联和国外最新出版的多种专业术语词典和教科书编译而成。全书共收词目(包括缩略语)近 2 万条。收录范围包括:图书采购、分类、编目、加工、典藏、流通和参考咨询等图书馆学方面的专业术语,以及情报收集、整理、报道、存贮、检索和传递、研究等情报学方面的术语。此外,还收集了编辑、出版、印刷、复制、计算机技术方面的部分术语。书后附缩略语、汉俄拼音对照表。(金丽萍)

0190

图书情报学研究 / 陈宝珍著. -- 广州:华南理工大学出版社,1993. -- 263 页;19cm. -- 7 – 5623 – 0631 – 1(国家图书馆)

该书是一本图书情报学论文集。全书收录的 33 篇论文,选于作者从事图书馆工作 20 年所著的 60 余篇论文。全书共分 4 个部分:图书馆的管理与建设、阅读倾向与阅读辅导、"文献检索与利用"教育及工具书研究。书前有内容提要、序,书后附"1979—1992 年作者发表文章一览表"和后记。(胡秋玲)

0191

汉英图书情报词汇 / 高民等编. -- 北京:北京大学出版社,1993. -- 553 页;19cm. -- 7 – 301 – 02046 – 5(国家图书馆)

本书收词条约 1.3 万,其中包括近年来出现的大量专业新词汇和术语及本专业和邻近专业的词汇,并酌收与本专业紧密相关的专业和邻近专业的词汇。词条按汉语拼音音序排列,同音字按声调顺序排列。为了便于查检,书前附有学科名称和词条类属略语表、音序索引和词条首字笔画索引。(张玲)

0192

图书馆学与资讯科学海峡两岸名词对照表 / 汉美编辑委员会编. -- 台北:汉美图书公司,1993. -- 332 页;27cm. -- 图书馆学与资讯科学基本丛书. 6. -- 957-9005-54-0(国家图书馆)

本书为图书馆学与资讯科学词汇的工具书。除简体中文、英文、繁体词汇对照外,还包括:主编者弁言、序、凡例、名词对照表附录一"繁体简体字对照表"、附录二"简体繁体字对照表"。(赵红)

0193

金恩辉图书馆学文选 / 金恩辉著. -- 长春:吉林人民出版社,1993. -- 603 页, 2 页图版:图;20cm. -- 7-206-01930-7(国家图书馆)

金恩辉 20 世纪 50 年代考入北京大学读书,师从王重民、刘国钧、周文骏等先生治图书馆学和文献学,后 30 多年来一直工作在图书馆岗位上。他以学于斯、作于斯、献身于斯的敬业精神,孜孜不倦地研究、分析本专业、本学科的各种实际问题。本书从金恩辉先生已发表的文章中选出百余篇编纂而成。全书分理论研究、文献检索、事业建设 3 个部分,涉及到国内外多类型、多系统、各级图书馆的宗旨、经费、人员、业务和各项事业建设等大量的实际问题、图书馆界敏感的热点问题或有争议的问题。(张玲)

0194

图书馆事业何去何从 / 沈宝环. -- 台北:台湾学生书局,1993. -- 283 页;21cm. -- 957-15-0536-6(国家图书馆)

该书为沈宝环教授学术论文集中最新的一部著作。作者认为图书馆事业正在不断转变之中,最近三年是极为重要的关键,世界各国文化事业因为经济冲击普遍呈现一种消沉的气氛,台湾图书馆事业却一枝独秀。作者这册论文集就是具有历史价值的记录。该论文集收录作者论文 20 篇,内容包括:"图书馆事业何去何从"、"图书馆事业的未来走向"、"图书馆参考工作是否需要理论的基础"等。书前有作者自序。(赵红)

0195

汉、英、俄图书馆学信息学词典 / 孙世菁, 吴新民, 郑莉莉编. -- 北京:印刷工业出版社,1993. -- 33, 471 页;19cm. -- 7-80000-136-9(北京师范大学图书馆)

本书共收词目 3362 条,以书刊采购、编目、加工、信息收集等词汇为主。(张玲)

0196

千帆竞发:图书馆界名人论改革 / 夏国栋主编. -- 哈尔滨:黑龙江人民出版社,1993. -- 263 页;19cm. -- 7-207-02543-2(国家图书馆)

党的十四大把建立社会主义市场经济确立为我国经济体制改革的目标,这是建设有中国特色的社会主义理论的重大突破。市场经济模式的建立必将对我国各个领域的改革和发展产生广泛而深远的影响,也必将给图书馆带来前所未有的巨大冲击。面对新形势的挑战,如何把握有利时机、加快图书馆事业改革的步伐成为摆在广大图书馆理论研究者和工作者面前的现实问题。为了给大家提供研究的线索和改革的路向。在此背景下,作者约请了部分在图书馆学理论研究方面颇具建树的专家和学者围绕图书馆改革这一议题撰写论文。陈誉、黄宗忠、吴慰慈、辛希孟等图书馆界名人的论文均收录其中。此外,书中还刊载了 1992 年 12 月文化部在广西召开全国公共图书馆工作会议上刘德有副部长和杜克司长分别在开、闭幕式上所做的重要报告。(张玲)

0197

面向二十一世纪五四科学讨论会论文集(1994 年卷) / 北京大学图书馆编. -- 北京:北京大学图书馆(内部出版),1994. -- 1 册;26cm(北京大学图书馆)

本书为 1994 年北京大学图书馆召开的五四科学讨论会的论文集,全书共收录了"美国马里兰州立大学图书馆组织机构及其功能的比较分析"、"合理布局,把握未来——关于北京大学图书馆新馆建设之我见"、"科技文献检索的发展趋势"、"北京大学科技论文的统计与分析"、"浅论高校图书馆信息职能如何与市场经济接轨"、"简论专业阅览室的读者群与沟通方式"、"发挥检索刊物作用,提高外文刊利用率"、"关于本馆开架阅览室的读者群与沟通方式"、"论北大图书馆金石拓片特藏的建设"、"加强高校图书馆灰色文献资源建设的探讨"、"北京大学图书馆馆藏早期革命文献综述"、"以人物定版本的几个实例"、"书目数据的格式转换"等论文。(张玲)

0198

图书馆管理词典 / 黄方正,王可权主编. -- 北京:知识出版社,1994. -- 36, 638 页:图;20cm. -- 7-5015-1124-1(国家图书馆)

本词典收录了图书馆管理常用的名词术语 2200 余个,书中将这些名词术语分为图书馆管理总论、图书馆干部队伍管理、图书馆行政管理、图书馆法规制度、图书馆文献资源开发馆藏补充和藏书组织管理、图书馆读者工作管理、图书馆建筑与设备管理、图书馆岗位职责及考核、图书馆计划管理目标管理和系统管理、图书馆计量管理、图书馆评价、国内外图书情报机构等 12 个部分。全书概括了图书馆宏观管理和微观管理两方面的内容,包括了图书馆工作与图书馆事业的科学管理,也包括了与图书馆管理相联系的管理学知识,内容系统、全面,释文简明,资料翔实。从词典中,读者能够查到我国图书馆工作传统的、手工管理的专业词汇,也能检索到采用计算机管理的图书馆业务的专业术语。书后还附有若干附表、实例、辅助索引。(张玲)

0199

图书情报工作理论与实践 / 黄晓鹂, 刘瑞兴主编. --北京:中国科学技术出版社,1994. -- 344 页;20cm. --7-5046-1825-X(国家图书馆)

本书是一本以探讨图书情报工作理论与实践为主旨的图书情报工作论文集,内容涉及图书馆改革、图书馆管理、情报工作、期刊管理与应用、文献检索课教学和继续教育等重要课题。本书集多种学术观点于一书,汇百家之言于一炉,突出了新形势下的图书馆改革与管理,注重理论与实践相结

合,深入浅出。本书适合各类图书情报服务部门的领导、工作人员及高等学校图书情报学系的师生阅读。(张玲)

0200

汉英对照图书馆接待用语 / 天津市高等学校图书情报工作委员会,《津图学刊》编辑部. -- 天津:南开大学出版社,1994. -- 192 页;19cm. -- 并列题名:Chinese-English Library Reception Usage. -- 7-310-00779-4(国家图书馆)

图书馆与社会的联系日益密切,不仅国内往来日益繁忙,海外的交流参观亦更显频繁。为了便利接待工作的开展,加强国际交流,天津市高等学校图书情报工作委员会和《津图学刊》编辑部经反复调查研究,编纂了本书。全书分一般情况、采访工作、分类与编目、流通借阅、典藏工作、参考阅览工作、期刊工作、古籍与特藏工作、馆际交换与合作、现代化技术应用、高校图书馆之间的组织与协调及座谈交流等12类,共300句。(张玲)

0201

当代图书馆事业论集:庆祝王振鹄教授七秩荣庆论文集 / 王振鹄教授七秩荣庆论文集编辑小组编著. --台北:正中书局,1994. -- 844 页:照片;26cm. -- 957-09-0928-5(国家图书馆)

该论文集从台湾的图书、图书馆事业,文献学、目录学,图书馆技术服务,图书馆读者服务几方面收录台湾图书馆学界相关论文55篇。书前有卢荷生"寿序"、李华伟"我所认识的王振鹄"的序言,书后有王振鹄教授著作目录及编后记。(赵红)

0202

图书馆理论与实践文集 / 张世荣,安银海主编. -- 太原:山西高校联合出版社,1994. -- 859 页;26cm. -- 7-81032-438-1(国家图书馆)

本书是1994年由山西高校联合出版社出版的一本论文集。全书共分图书馆事业、图书情报理论研究、图书馆组织与管理、馆员队伍建设、市场经济与图书馆改革、文献开发与利用、文献资源建设、图书分类与编目、读者服务、期刊工作、情报工作、图书情报教育、图书馆自动化、资料室工作等15个栏目,收录论文两百余篇。这些论文以图书馆方方面面的工作实践为基点进行总结、探讨、分析、研究图书馆学理论及图书馆实践中的各种问题。(张玲)

0203

图书馆绩效评估之研究 / 张淑惠. -- 台北:汉美图书公司,1994. -- 138 页;21cm. -- 图书馆学与资讯科学论文丛刊. 第五辑. -- 957-9005-58-3(国家图书馆)

该论文分为6章。第一章绪论,第二章图书馆绩效评估概述,第三章美国图书馆绩效评估之实施,第四章美国学术图书馆绩效评估实施之探讨,第五章台湾大学图书馆绩效评估实施之探讨,第六章结论与建议。书前有主编者弁言、图表目次,书后有参考书目,并附录美国"评量学术图书馆之绩效"手册问卷。(赵红)

0204

台湾著作权法对图书馆视听服务之规范与影响 / 张钰旋. --台北:汉美图书公司,1994. -- 157 页;21cm. -- 图书馆学与资讯科学论文丛刊. 第五辑. -- 957-9005-57-5(国家图书馆)

该论文分5章,主要内容包括中西文文献分析、视听媒体与著作权法之关系、媒体科技对著作权法之影响、台湾著作权法对图书馆视听服务之规范、台湾著作权法对图书馆视听服务之影响、台湾图书馆视听服务适用著作权法规范所遭遇之困难及其处理原则。书前有主编者弁言,书后有参考书目、附录、索引。(赵红)

0205

图书馆学理论与应用文集 / 郑玉池等主编. -- 北京:中国矿业大学出版社,1994. -- 429 页;21cm. -- 7-81021-977-4(武汉大学图书馆)

本书内容广泛,不但有图书馆理论研究,而且有图书馆工作实践经验的总结,还有现代技术在图书馆的应用和情报信息工作的研究及资源的开发利用,对图书馆当时存在的一些问题进行了广泛讨论。收录本书的论文按照理论探讨、图书馆改革之路与科学管理、馆员队伍建设、采访工作与藏书建设、读者工作、信息理论与应用、图书馆的现代技术应用及其他几个专题进行组织,多数论文是作者在长期的工作实践中,通过观察、分析、研究和探索图书馆的工作规律,针对具体问题撰写而成。(张玲)

0206

台湾地区化学期刊引用文献老化之研究 / 周晓雯. --台北:汉美图书公司,1994. -- 149 页;21cm. -- 图书馆学与资讯科学论文丛刊. 第五辑. -- 957-9005-63-X(国家图书馆)

该论文以书目计量法中引用文献分析法,分析1989—1993年间台湾地区化学研究人员引用文献之特性,如平均引文数量、引用资料类型、引用资料时间分布及最常被引用之化学核心期刊,并据统计数据计算化学领域引用文献半衰期实际观察值,及利用以伯顿—凯布勒公式推算半衰期之理论推测值,而后加以比较,以证明伯顿—凯布勒公式之适用性,进而分别计算期刊文献及图书两种不同类型资料半衰期实际观察值及理论推测值,以说明不同资料类型资料对半衰期的影响。另以每种核心期刊为对象,计算各时期期刊半衰期实际观察值及理论推测值,再与查得之期刊被引半衰期相互比较。

本研究籍由引用文献分析法进行文献老化研究,希望能因此了解文献老化之趋势,并验证数学模式之适用性,以提供图书馆制定馆藏发展淘汰政策时参考。书前有主办者弁言、图表目次,书后有参考书目。(赵红)

0207

文献信息管理 / 李景正,冷伏海主编. -- 哈尔滨:黑龙江科学技术出版社,1994. -- 359 页;20cm. -- 7-5388-2457-X(国家图书馆)

该书作者试图以信息观的角度审视、研究、探讨图书情报这一信息管理领域。全书共分10章,介绍了文献信息、文献信息资源体系等基础、文献信息控制与整理基础知识,文献分类标引语言、主题标引语言、文献信息著录以及文献信息目录组织,详述了文献信息报道的意义和类型、程序与方法以及文献信息报道体系等基本问题,简述了文献信息开发与服务、文献信息工作现代化的有关问题。(胡秋玲)

0208

汉英图书馆学情报学词典 / 方小容,郑勇主编. -- 西安:三秦出版社,1995. -- 7,460 页;19cm. -- 封面书名:汉英图书馆学情报学辞典. -- 7-80546-902-4(国家图书馆)

本词典的编纂是为图书馆界同仁在汉英、英汉互译工作中,尤其是为1996年国际图联第62界大会论文作者提供一部较为方便的参考工具书。本词典主要收录了图书馆学、情报学以及与其密切关系的编辑、出版、印刷、装订、发行等方面的名词术语,并注意收录了当时涌现出来的最新词目,如"信息高速公路"等。词典中的词目按首字的汉语拼音字母顺序排列,首字相同的按第二字排列。词典后还附有按字母顺序排列的英文索引。(张玲)

0209

图书情报工作实务 / 高淑华主撰. -- 延吉:延边大学出版社,1995. -- 297 页;20cm. -- 7-5634-0688-3(天津师范大学图书馆)

全书共8章。第一章图书馆概述,包含图书馆的定义、职能、类型、源流、机构设置、人员素质、图书馆的未来与发展;第二章图书采访工作实务,介绍了图书采访工作的原则、图书采访工作的内容与程序、图书采访方法;第三、四章介绍了编目工作实务,包含图书馆目录概述,图书编目工作流程,文献著录的一般原理,普通图书著录法,丛书、多卷书著录法,连续出版物著录法,特种类型出版物著录法、目录组织法;第五章典藏流通工作实务,包含图书排架与保管,流通工作流程,外借的原则与方法,出纳工作的统计与分析,读者目录的组织、管理与使用辅导;第六章报刊阅览工作实务,包括报刊的选定与补缺,报刊阅览工作流程,现刊的加工与流通,过刊的装订与管理,读者阅读倾向研究与引导;第七章情报资料工作实务,包括情报资料工作概述,情报网与资料交流,情报资料的传递,二、三次文献的加工,服务方法概述,积累资料的方法,情报工作效果评估;第八章读者服务工作实务,介绍了读者服务工作的内容与范围,读者心理研究,提供原件服务,提供线索服务,文献助检服务,解答咨询服务,读者服务工作效果评估。(张玲)

0210

图书馆管理学 / 黄宗忠. -- 台北:天肯文化出版公司,1995. -- 742 页;21cm. -- 957-8871-15-5(国家图书馆)

本书是第一本由大陆国家教委组织编写出版的图书馆管理学教材。其特色有二:一是有系统地吸取国际图书馆管理学及相关学科的先进成果,并以中国大陆图书馆管理具体情况为例,因而实践性即可操作性很强;二是不仅力图全面论述图书馆管理方法,而且侧重探讨图书馆管理学研究方法,因而具有方法学性质。

全书共4编20章。第一编为论述图书馆管理学的基本理论;第二编论述图书馆管理的职能;第三编论述图书馆管理的方法;第四编论述图书馆人员、藏书、经费等具体管理操作过程。(赵红)

0211

公共图书馆设置区位之研究 / 苗蕙芬著. -- 台北:汉美图书公司,1995. -- 140 页;21cm. -- 图书馆学与资讯科学论文丛刊第六辑. 9. -- 957-9005-75-3(国家图书馆)

公共图书馆是一以读者为导向的公共设施,由于图书馆必须透过区位来完成其设立的各种功能及目标,因此设置区位在图书馆服务的指令性计划与读者的利用上,扮演着相当重要的角色。本研究旨在探讨公共图书馆设置区位的有关问题,包括理想的设置地点应具备的区位条件、选择时应考虑之区位因素及其程序与方法,并透过对读者在区位上意见的了解,掌握读者之需要,以谋求整体之规划与配置,藉由位置上的优越特性吸引读者,使图书馆成为人们方便并乐于前往的处所。本研究综合文献分析提出了区位决策之基本架构,藉由一系列过程与步骤,包括订定区位发展政策、服务区域界定、区位因素分析等,用以评选出理想适当的设置区位。此外,采问卷调查法,以台北市立图书馆作为实证研究的对象,问卷内容包括读者分布概况、利用行为特性与区位之关系、对设置区位之意见与分馆整体区位评价等。全书共分为六章:第一章绪论,第二章文献分析,第三章公共图书馆区位选择之模式,第四章研究设计与实施,第五章调查结果分析与讨论,第六章结论与建议。书后有附录"公共图书馆设置区位调查问卷"。(赵红)

0212

市场经济与图书馆建设 / 全国铁路高校图书情报工作委员会编. -- 成都:西南交通大学出版社,1995. --2 册(134,156)页;26cm. -- 7-81022-810-2(北京交通大学图书馆)

全国铁路高校图书情报工作委员会曾于1994年和1995年连续两年举办题为"市场经济与图书馆建设"的研讨会。两次会议收到各类稿件162篇,陆续发表81篇,编者从中选择了部分论文编辑成本论文集,分上下两集出版。上册收录论文39篇,下册收录42篇。本文集包括市场经济与文献信息、现代化管理、文献工作、文献研究、读者工作、探索与争鸣6个栏目,广泛探讨了社会主义市场经济条件下图书馆所面临的各种问题及其对策。(张玲)

0213

参与式管理在大学图书馆管理之应用 / 张郁蔚. -- 台北:汉美图书公司,1995. -- 126 页;21cm. -- 图书馆学与资讯科学论文丛刊第六辑. -- 957-9005-67-2(国家图书馆)

该论文涉及大学图书馆的管理、资料探访、馆藏淘汰、利用指导等之探讨,公共图书馆分馆设置区位之研究,机读书目记录品质控制、电子业从业人员资讯需求、资讯中介服务业之研析,以及科学类儿童读物之调查等,篇篇内容充实,资料丰富,值得读者参考。具体内容分为五章。第一章绪论,第二章参与式管理,第三章图书馆参与式管理,第四章参与式管理在大学图书馆管理之应用,第五章结论与建议。(赵红)

0214

国际图书馆协会联合会第60届大会论文选译 / 96 北京国

际图联大会中国组委会秘书处编. -- 北京:书目文献出版社,1996. -- 190 页;26cm. -- 7 - 5013 - 1270 - 2(北京师范大学图书馆)

国际图书馆协会联合会第 60 届大会于 1994 年 8 月 21 日至 27 日在古巴首都哈瓦那举行。这是首次在拉美和加勒比地区举行的国际图联大会,有来自 80 个国家的共 938 名代表出席大会。这届大会的主题是"图书馆为社会发展服务",共 187 篇论文入选。本书从这 187 篇论文中精选出来部分论文翻译汇编而成。内容涉及图书馆自动化服务,图书馆的网络化发展,多媒体等高新技术在图书馆的应用,图书馆的馆际合作、资源共享,图书馆采访、分类、编目及书目工作,图书馆建筑,图书馆统计,图书馆专业教育,图书馆用户教育等各个领域以及国际图书馆各核心计划和部分部组的工作报告。(张玲)

0215

中国图书馆学会综览 / 《中国图书馆学会综览》编写组编. -- 北京:书目文献出版社,1996. -- 130 页;26cm. -- 7 - 5013 - 1274 - 5(国家图书馆)

本书旨在向全世界图书馆界的同行、专家学者较全面、系统地介绍中国图书馆学会自成立以来的发展状况,介绍中国图书馆学会在改革开放的新时期为繁荣图书馆学研究、推进图书馆事业发展所起的积极作用;同时,也介绍中国图书馆学会作为国际图联的团体会员,积极参与国际图联的活动及开展国际学术交流所取得的成绩。本书为中英文双语版,分中国图书馆学会的历史沿革、组织概况、学术活动、编译出版工作、科普和继续教育工作、国际交往与学术交流、中国筹备第 62 届国际图联大会的情况 8 个部分。编者还在附录中给出中国图书馆学会章程及各省、市、自治区及各专业系统图书馆学会简况表。(张玲)

0216

国际图书馆协会联合会第 58、59 届大会论文选译 / 96 北京国际图联大会中国组委会秘书处编. -- 北京:书目文献出版社,1996. -- 320 页:图;26cm. -- 7 - 5013 - 1260 - 5(北京师范大学图书馆)

本书选译了国际图联(IFLA)58 届和 59 届大会的部分论文。国际图联 58 届大会于 1992 年 8 月 30 日至 9 月 5 日在印度新德里召开,大会的主题是"图书馆与信息政策展望",大会论文共 155 篇;国际图联 59 届大会于 1993 年 8 月 22 日至 28 日在西班牙巴塞罗那召开,大会主题是"全球图书馆:图书馆作为世界可利用的信息中心",大会论文共 207 篇。本书编者自收见的两届大会的 200 余篇论文中挑选并组织翻译了 62 篇,挑选论文时,考虑到了图书馆和信息科学的各个领域、世界各个地区的状况、自动化技术应用和国际图联学术活动动态等。(张玲)

0217

澳门第一届国际图书馆专业人员交流会论文集 / 澳门中央图书馆主编;朱斌等译. -- 澳门文化司署,1996. -- 341 页;30cm. -- 含索引. -- 972 - 35 - 0281 - X(国家图书馆)

该论文集收集了"历史、发展与未来——北京大学图书馆的道路"、"试论中国图书馆政策思想的演进"、"关于中文书目规范控制工作"、"台湾地区大学图书馆资讯系统之发展"、"澳门图书馆概览"等 28 篇论文。书后有著者索引及简介。(赵红)

0218

面向二十一世纪五四科学讨论会论文集(1996 年卷) / 北京大学图书馆编. -- 北京:北京大学图书馆(内部出版),1996. -- 1 册;26cm(北京大学图书馆)

本书为 1996 年北京大学图书馆召开的五四科学讨论会的论文集,全书共收录了"迎接图书馆现代化的挑战"、"信息高速公路与高校图书馆的发展机遇"、"多媒体技术与图书馆现代化"、"加速我国图书馆网络化建设"、"信息技术与文献信息交流"、"科技查新咨询工作浅议"、"北京大学图书馆信息资源服务系统的建设与发展"、"北大新馆藏书布局初探"、"论现代图书馆的参考咨询服务"、"文献资源建设及信息资源共享之管见"、"书目实体、书目关系与目录的职能"、"中文图书回溯建库工作回顾"等论文。(张玲)

0219

新编图书馆学档案学理论与实践研究文集 / 胡喜成,周文儒主编. -- 太原:山西高校联合出版社,1996. -- 774 页;26cm. -- 7 - 81032 - 924 - 0(国家图书馆)

本书汇集了图书馆学、情报学、档案学的理论与实践研究的论文,全书分上、中、下三篇。上篇图书馆建设,收录论文 209 篇,内容涉及理论研究、市场经济与图书馆、科学管理与改革、专业队伍建设、工作实践研究、读者服务工作、文献资源建设、文献开发与利用、文献分类及编目、期刊开发利用、情报工作研究、用户教育、自动化建设等内容;中编资料室建设,收录论文 45 篇,细分为科学管理与改革,资料室的性质、地位及作用,专业队伍建设,工作实践研究,文献资源建设,情报工作研究,期刊工作研究等内容;下篇为档案馆建设,收录论文 45 篇,内容涉及理论研究、科学管理与改革、专业队伍建设、工作实践研究、读者服务工作、文献开发与利用、自动化建设。(张玲)

0220

信息交流与现代图书馆系统 / 李明华著. -- 北京:书目文献出版社,1996. -- 638 页,2 页图版:图;21cm. --7 - 5013 - 1318 - 0(北京师范大学图书馆)

本书是向 1996 年北京国际图联第 62 届大会的献礼。上编"信息交流与图书馆学情报学"为全面系统的阐述。中编"现代图书馆系统诸问题研究",分述理论、图书馆事业、图书馆服务和自动化等方面。下篇"积极参加国际交流",为参加国际图联大会及其他国际会议交流论文集相关分析。全书对当时图书馆事业和图书馆学中的诸多重点、难点和热点问题作了深入的探讨并提出独立的判断,视野广阔,见解新颖,论证实事求是。本书可供图书馆与情报事业的管理者及有关专业师生学习参考,也可作为馆长和干部在职培训进修的教材。(张玲)

0221

图书馆与经济发展 / 刘经宇主编. -- 哈尔滨:黑龙江人民

出版社,1996. -- 12,333 页;20cm. -- 英文题名:Library and Economic Development. -- 7-207-03479-2(北京师范大学图书馆)

1996 年 8 月在北京召开了第 62 届国际图联大会。为了迎接这次大会的召开,黑龙江省图书馆学会从 1994 年开始组织全省会员和图书馆工作者围绕 96 年北京国际图联第 62 届大会主题"变革的挑战:图书馆与经济发展",进行了针对性较强的学术调研,并在 1995 年先后召开了两次专题研讨会。这本书中所收录的 53 篇论文就是 1994—1995 年间黑龙江省图书馆学会会员和图书馆工作者的部分优秀论文。其中有关事业发展 22 篇,馆员继续教育 8 篇,用户教育 4 篇,服务工作 12 篇,文献资源建设 7 篇。这些论文从不同角度和侧面论述了图书馆事业在经济变革的大潮中面临的新问题和新变化,提出了利用大好时机尽快发展图书馆事业的对策。论文撰写既有实践工作的提炼与升华,又有较为深刻的理论上的概括与认识,具有较强的实用意义和参考价值。(张玲)

0222

国际图书馆协会联合会第 57 届大会论文选译 / 丘东江主编. -- 北京:书目文献出版社,1996. -- 210 页:图;26cm. -- 7-5013-1261-3(北京师范大学图书馆)

国际图书馆协会联合会第 57 届大会于 1991 年 8 月 18 日至 24 日在苏联莫斯科召开。本次大会的主题是"图书馆与文化——它们之间的关系",意在探讨图书馆在世界各国文化发展和交流中所起的作用。本书共收入大会论文 40 篇,内容涉及国际图联一些部、组的工作情况,少数有代表性的国家的图书馆工作理论与实践、技术方法、人员培训及建筑规划等方面。(张玲)

0223

赤子白话 / 谭斌著. -- 北京:北京图书馆出版社,1996. -- 407 页, 1 页图版:照片;19cm. -- 7-5013-1287-7(北京师范大学图书馆)

本书收录作者在国家图书馆工作期间的一些讲话、拟文和对外发表的文章,包括"在中层干部工作讲评会上的讲话"、"北图自动化漫谈"、"切实加强党的建设"、"绿色文化宣言"等 44 篇。(张玲)

0224

21 世纪图书馆展望:访谈录 / 吴建中编著. -- 上海:上海科学技术出版社,1996. -- 157 页;20cm. -- 7-5439-0974-X(北京师范大学图书馆)

本书是时任上海图书馆副馆长、上海科技情报研究所副所长的吴建中先生编著的一本访谈录。全书收录了吴建中先生采访澳大利亚国立大学图书馆馆长 Colin Robert Steele 等国内外知名图书馆学、情报学领域的 14 位专家的访谈录,内容涉及图书馆与网络专家和软件开发专家的合作、公共图书馆为市民服务时的角色定位、保护文化遗产抢救文献资源、有偿与无偿、图书馆与知识产权、信息服务的价值和效益、面对新技术图书馆如何始终站在新技术发展的前沿、社区与阅读的关系、情报检索语言的发展趋势、图书馆网络化发展的趋势、电子环境下资源共享发展的模式、图书馆管理的新理念和新方法、图书馆学教育等问题。(张玲)

0225

中国图书情报工作文库 / 辛希孟主编. -- 北京:中央编译出版社,1996. -- 5 册(6811 页);28cm. -- 7-80109-116-7(北京大学图书馆)

本书根据理论联系实际,专家、学者和专业人员并重的原则,通过约稿和征文方式,共收录作者新作和作者自荐 1990 年以来发表在全国各图书馆学、情报学及有关专业刊物上的论文和文章 3600 余篇(暂缺港、澳、台地区者),所收各文凡发表过者,均在文后注明原刊刊名或会议名称,凡未注明者,均为新作。所收论文和文章均依类排序。(张玲)

0226

图书馆利用指南 / 杨来保等主编. -- 天津:天津人民出版社,1996. -- 279 页;20cm. -- 7-201-02655-0(西安交通大学图书馆)

本书是为满足高校"图书馆利用"教育的需要,逐步完善教材体系,帮助大学生尽快地提高利用图书馆的能力而编写的。本书从实用性出发,分别介绍了图书馆及其地位与作用,图书馆的组织机构、服务内容与规章制度,图书馆原理,工具书综合论述,文献检索的途径和方法,如何查找社科文献资料,如何查找科技文献资料,图书馆现代化,如何阅读与积累资料,如何撰写学术论文,未来图书馆展望等内容。通过本书的编写,意在向大学生介绍学校的知识环境及图书馆的性质、地位和作用,使大学生意识到图书馆是学习的第二课堂。同时,向大学生介绍图书馆的物质设备,部门设置和服务内容、规章制度,让大学生初步了解并学会利用图书馆,激发大学生到图书馆借阅文献资料的积极性。另外,也使大学生掌握文献及文献检索的基本知识,掌握搜集文献、获取文献资料的基本技能,掌握论文选题和写作的方法。(张玲)

0227

考铨与图资之省思 / 张鼎钟. -- 台北:台湾学生书局,1996. -- 325 页;21cm. -- 957-15-0759-8(国家图书馆)

本书收录 20 篇文章,依性质分为考铨篇、图资(图书及资讯)篇。考铨篇中收集了作者对人事行政、考铨政策和业务的意见,包括对"宪法"增修有关考试院功能与职掌的看法;分析考试与分发任用间的实务问题,并运用人力规划理论,提出改善作业的建议等。图资篇涉及图书资讯多方面的理论与实务,如"国家图书馆"与书目控制、汉学资料书目控制、国际标准书号之应用问题及图书馆馆藏发展政策、线上资料库之检索服务及展望、"国家图书馆"组织条例初探等。书前有作者自序,书后附有"1986 年任用计划需要人数、考试及格人数与实际分发人数统计分析表"、"参考服务与资讯科学的关系"等多幅图表。(赵红)

0228

中国科学院第四次文献情报工作会议文集 / 中国科学院出版图书情报委员会, 中国科学院文献情报中心编. -- 北京:中国科学院出版图书情报委员会,中国科学院文献情报中心(内部出版),1996. -- 1 册;26cm(中国科学院国家科学

图书馆）

中国科学院第四次文献情报工作会议于1995年11月21日至26日在广西桂林召开。这是中国科学院文献情报系统迎接21世纪的一次重要文献情报工作会议，也是一个总结“八五”，进军“九五”的动员大会。来自全院84个单位的126名代表出席了会议。为了全面贯彻此次会议的精神，特将有关资料汇编成本书，供院内外相关单位学习、参考和交流。（张玲）

0229

图书馆学研究论文集／中国图书馆学会编译出版委员会主编；周文骏，倪波，杨晓骏编. -- 北京：书目文献出版社，1996. -- 370页：图表；21cm. -- 献给96IFLA北京大会. -- 7－5013－1269－9（国家图书馆）

为了迎接1996年的IFLA大会，在中国图书馆学会编译出版委员会的倡议和支持下，编者筹备出版了本书。书中内容涉及图书馆学理论、图书馆事业、图书馆工作、目录学和图书馆学教育等方面，包含了“理论图书馆学：问题域和切入点”、“文献传播的人文研究”、“图书馆事业的人文化转轨”、“图书馆文献揭示深化论”。（张玲）

0230

甬图文萃／陈宁雄，张树声主编. -- 宁波：宁波出版社，1997. -- 341页；19cm. -- 7－80602－174－4（中国科学院国家科学图书馆）

《甬图文萃》——宁波市图书馆学会、宁波市图书馆论文选集是为庆祝宁波市图书馆建馆七十周年、宁波市图书馆学会成立十周年而编辑出版的一本论文集。书中部分选取了除专著以外的55篇论文。这些论文分为改革与发展、立法与建筑、科学管理、信息服务、文献检索、乡镇图书馆、学校图书馆、藏书与古籍等几个部分，包括“必须用立法来保证我国图书馆事业的发展”、“图书馆管理体制的改革探讨”、“我国公共图书馆事业的发展方向”、“发展中国家图书馆的特殊使命”、“高校图书馆期刊服务中的几个转变”、“企业市场情报的搜集途径”、“社会科学研究的文献利用特征”、“高专开展《文献检索与利用》课之我见”、“发展乡镇图书馆事业的依据和调控”等论文。（张玲）

0231

改革与探索：面向21世纪的中国图书情报事业：第八届全国中青年图书馆学情报学学术研讨会论文集／高家望主编. --北京：中国档案出版社，1997. -- 499页；26cm. -- 第八届全国中青年图书馆学情报学学术研讨会论文集. -- 7－80019－724－7（中国科学院国家科学图书馆）

21世纪将是信息资源作用更大、图书情报事业加速发展的时期，中国图书情报事业以何种姿态进入21世纪，在21世纪又将如何发展？结合这些问题，第八届全国中青年图书馆学情报学学术研讨会于1997年召开，编者从500篇投稿中精选了145篇论文编入本文集，这些论文内容涉及世纪之交的图书馆学情报学基础理论、图书馆改革与管理、现代信息技术对图书情报事业的影响与对策、信息资源建设与开发、文献信息服务、信息产业与信息市场、图书情报政策与法规、图书情报人才培养等理论与实践问题。（张玲）

0232

杭州市图书馆学会1997年论文集／杭州市图书馆学会秘书处编. -- 杭州：杭州市图书馆学会秘书处（内部出版），1997. -- 154页；26cm. -- 图书馆系统内部交流（杭州图书馆）

本书也是自1986年杭州市图书馆学会成立以来出版的一本论文集。与以往所出版论文集的不同之处在于，它汇集的是杭州市图书馆学会举办的“中青年会员征文竞赛”活动的文章。“中青年会员征文竞赛”是杭州市图书馆学会第三次代表大提出的一项任务，并在1997年举办，先后收到40多位会员的文章，专家评审组进行认真评议后，评出优秀论文一等奖6篇，优秀论文奖20篇，征文奖17篇。此次会议结束后，这些论文结集出版。这些论文内容涉及贯彻“十五大”精神、图书馆跨世纪发展、电子阅览室、自动化网络化与Internet等。（张玲）

0233

图书情报工作论坛／黄晓鹂主编. -- 北京：中国科学技术出版社，1997. -- 324页；27cm. -- 7－5046－2348－2（北京师范大学图书馆）

本书是一部论文集，内容包括图书情报工作研究与研讨、图书采编与藏书建设、读者服务工作、期刊工作、情报工作、文献检索课教学、文献计量学、市场经济与图书馆、资源开发利用与资源共享、图书馆现代化、队伍建设与继续教育等。这些论文是广大图书情报工作者多年实践经验的总结和艰辛劳动的结晶，论文反映了当时图书情报工作的现状，从不同角度对图书馆情报工作的各个方面进行了探讨，提出了许多可供借鉴的新观点、新经验。本书适合图书情报工作者及高等院校图书情报学系的师生阅读。（张玲）

0234

桂林工学院图书馆管理理论与实践：1984年—1996年／黄意信编. -- 桂林：广西师范大学出版社，1997. --313页；20cm. -- 7－5633－2397－X（北京师范大学图书馆）

1996年是桂林工学院建校建馆40周年，该校图书馆编辑出版了本书。本书收录了桂林工学院图书馆从1984年6月至1996年12月的工作文件和部分论文，客观反映出该馆的阶段工作水平和发展轨迹。全书分上下两篇，上篇“管理方法改革与总结”包括桂林工学院图书馆12年工作简要回顾、高等工科院校图书馆的藏书特色、藏书结构与教师智力结构的关系、桂林工学院图书馆规章制度和岗位职责、图书馆履行教育职能的做法、图书馆服务育人实施计划等文件；下篇“学术探讨与科研成果”收录了“对《中图法》某些类目调整的体会”、“文献课教学内容与方法的理论与实践”、“浅谈市场经济中事业型情报部门的对策”、“地学特种文献分类著录标引要则”等论文。（张玲）

0235

现代信息环境下图书馆的发展／刘方健，董健民主编. -- 成都：西南财经大学出版社，1997. -- 362页；20cm. -- 7－81055－232－5（四川大学图书馆）

1996年10月,四川省图书馆学会基础理论委员会和西南财经大学图书馆在成都举办了以“现代信息环境下图书馆的发展”为中心议题的图书馆学术讨论会。与会者就图书馆改革与发展、机构设置与科学管理、自动化、现代化、馆藏建设、文献整序、流通阅览、咨询情报、信息服务、文献检索、馆员素质与继续教育等图书馆发展面临的各方面现实问题,从理论和实践的各种不同角度进行了认真的探讨,其中不乏有独到见解的力作。本书即为此次会议交流的论文集。(张玲)

0236

北京图书馆同人文选(第三辑) / 任继愈主编;《北京图书馆同人文选》编委会编. -- 北京:北京图书馆出版社,1997. -- 518页;26cm. -- 7-5013-1418-7(国家图书馆)

本书所编文章是编委会从馆内员工自1992年至1996年在北京图书馆工作期间发表的学术性、理论性、专业性及其总结工作经验的文章中遴选的,共80篇。文章涉猎的内容大体为图书馆管理、图书馆基础业务、图书馆现代技术及其有关政治、文学、哲学、历史等学科的学术探讨、文献研究。本辑文章以《中国图书馆图书分类法》为根据分类、编排,相同类别的文章以发表时间先后为序。这些文章从不同角度探索了新时期关于图书馆的管理经验、服务手段和理论研究。(张玲)

0237

中国科学院第十次图书馆学情报学科学讨论会文集 / 中国科学院图书馆编. -- 北京:北京图书馆出版社,1997. -- 140页;26cm(国家图书馆)

中国科学院第十次图书馆学情报学科学讨论会于1997年9月在大连举行,本次讨论会的主题是“文献信息资源:开发与利用”。这次会议共收到院内56个文献情报机构的论文108篇,经中国科学院文献情报系统专家评选,共选出69篇到会交流,并在此基础上,又选出31篇汇编成本文集。这些论文内容涉及文献信息资源共建、共享与人才培养,网络建设和资源开发与利用,文献数据库建设与文献情报工作等几个方面。文集后附有本次讨论会所收论文的全部目录。(张玲)

0238

第62届国际图联大会会议录 /《第62届国际图联大会会议录》编辑组编. -- 北京:北京图书馆出版社,1998. -- 188页:彩照;26cm. -- 7-5013-1477-2(国家图书馆)

第62届国际图联大会于1996年8月25日至31日在中国首都北京举行,有来自世界93个国家和地区的近2500名代表和陪同人员出席,是世界图书馆界规模宏大的一次盛会。大会的主题是“变革的挑战:图书馆与经济发展”。代表们围绕这一主题进行了广泛的研讨。编辑出版的本会议录,包括大会文献、大会纪实、大事记和论文(摘要)四部分,全面反映了大会全部活动和进程,它是一本历史性文献,提供了许多有益的经验,也提供了展望未来的有价值的参考。(张玲)

0239

面向二十一世纪五四科学讨论会论文集(1998年卷) / 北京大学图书馆编. -- 北京:北京大学图书馆(内部出版),1998. -- 1册;26cm. -- 1998年卷为纪念北京大学建校一百周年专辑(北京大学图书馆)

1998年,北京大学图书馆举办了两年一届的“面向二十一世纪”为主题的五四科学讨论会。本论文集就是这次讨论会的成果。全书收录了“关于北京大学图书馆新信息技术应用及自动化系统发展的建议书”、“信息时代的到来对图书馆事业的冲击”、“图书馆现代化与图书馆社会化”、“计算机网络环境下我国馆际互借服务发展刍议”、“知识经济时代的到来及其对信息服务业的机遇和挑战”、“参考咨询与现代化检索工具”、“迎接网络环境下参考咨询工作的挑战”、“试论我国文献情报检索语言分类主题一体化的理论与实践”、“北京大学图书馆连续出版物编目工作的回顾与探讨”、“中文早期科技期刊评述”、“论文献资源共享”、“中国古籍名词术语英译初探”、“关于澳门历史的文献资料”、“试论北大图书馆编目员的培训与继续发展”、“人口学研究信息用户特征、需求及其服务对策”等论文。(张玲)

0240

图书情报工作研究论坛 / 林英主编. -- 北京:学苑出版社,1998. -- 723页;21cm. -- 7-80060-516-7(天津商业大学图书馆)

本书是一部有一定学术价值、实用价值、交流价值又有一定可读性的专业论文集。文集所收录的152篇文章按照图书馆自动化研究、信息服务研究、图书馆改革与管理研究、文献检索课教学研究、文献资源建设研究、读者服务研究、采编工作研究、期刊管理与利用研究、公共图书馆研究、人才培养研究及其他等几个专题组织。这些论文紧紧围绕图书馆现代化管理这一主题,或从宏观概论,或从微观探究,或长于理论分析,或重在实践应用,或在继承传统的基础上讲创新,或用现代意识去扬弃传统中的某些事理。它涉及到了图书情报界在建设与发展中所要探讨的各方面的问题,也基本上代表了广大图书情报科研工作者目前的研究成果与水平。(张玲)

0241

知识信息管理研究进展 / 马费成编. -- 武汉:武汉大学出版社,1998. -- 545页:图表; 20cm. -- 7-307-02630-9(北京师范大学图书馆)

本书共收录25篇论文,约44万字,内容涉及图书馆学、情报学、档案学和出版发行管理学四大学科及部分分支学科领域。这些论文以综述、述评、进展或者学科前沿的专论、报告或趋势展望为表现形式,信息含量大、参考文献多,基本反映了国内外(特别是国内)在知识信息管理这一学科领域在90年代以来,特别是1995年至1997年的研究现状、重要进展和发展趋势。(张玲)

0242

文献信息工作研究论丛 / 张怀涛,柯平主编;河南省高校图书情报工作委员会编辑. -- 郑州:中州古籍出版社,

1998. --425 页;26cm. -- 7 - 5348 - 1734 - X(中国农业大学图书馆)

为了总结文献信息工作经验,探索文献信息工作规律,升华文献信息工作理论,指导文献信息工作实践,河南省高校图书情报工作委员会编辑出版了本书。全书分文献信息理论研究、图书馆事业、市场经济与图书馆、图书馆管理、图书馆队伍建设、文献资源建设与开发、文献标引与编目、图书馆服务、用户教育与文献检索课教学、连续出版物管理、信息工作、网络建设与现代技术应用、资料室工作、文献研究等几部分。(张玲)

0243

社会科学信息学引论 / 周晓英主编. -- 北京:中国人民大学出版社,1998. -- 353 页;21cm. -- 7 - 300 - 02351 - 7(国家图书馆)

全书共分 4 大部分:第一部分论述社会科学信息学产生和发展的两大基础——情报学和社会科学,论述了社会科学信息基本理论问题及社会科学信息学方法论问题;第二部分论述社会科学信息源及组织管理、信息检索的方法与技术;第三部分论述社会科学信息交流的理论及技术问题;第四部分论述社会科学信息需求与服务问题。全书以社会科学信息基础理论为引导,形成社会科学信息由源到流再到接收与利用的线索构造理论体系,内容深入浅出,具有可读性。(张玲)

0244

一代宗师——纪念刘国钧先生百年诞辰学术论文集 / 北京大学信息管理系、南京大学信息管理系、甘肃省图书馆编. --北京:北京图书馆出版社,1999. -- 530 页:32 开. -- 7 - 5013 - 1682 - 1(国家图书馆)

本书为纪念刘国钧先生百年诞辰学术研讨会论文集。文集共分五部分:刘国钧先生的生平及有关纪念性文章;论述刘国钧先生在图书馆学各个有关领域的学术成就;本学科领域更加广泛的论文;20 篇征文的摘要;刘国钧先生著译系年目录。(金丽萍)

0245

面向 21 世纪的图书馆与图书馆学:华南师范大学图书馆同仁文集 / 本书编委会主编. -- 广州:暨南大学出版社,1999. -- 330 页;20cm. -- 7 - 81029 - 886 - 0(北京师范大学图书馆)

为向华南师范大学新图书馆献礼,华南师范大学图书馆出版编辑了这本论文集。这本文集共收录论文 32 篇,其中,包括系所资料室工作人员撰写的 5 篇,原属本馆但后于去年 9 月分离出去的信息管理系教师供稿 3 篇。这些论文涉及基础理论、馆舍建设、管理与改革、资源建设、目录学与读者工作、信息服务与信息开发、资料工作等内容。书后附录《华南师范大学图书馆教职工论著目录(1978—1999)》,共收录公开发表及出版的论著 790 余篇,其中著作 50 多种,论文 700 多篇。(张玲)

0246

新世纪图书馆展望 / 高淑华等主编. -- 长春:吉林大学出版社,1999. -- 422 页; 20cm. -- 7 - 5601 - 2296 - 5(国家图书馆)

本书分 9 个专题进行了讨论:知识经济与图书馆、图书馆自动化与网络化、21 世纪图书馆展望、文献开发与利用、馆员素质研究、信息服务工作研究、图书馆管理与事业建设、期刊工作研究、图书馆与教育。(张玲)

0247

国外图书馆学情报学研究进展 / 孟广均, 徐引篪主编; 霍国庆, 汪冰等编著. -- 北京:北京图书馆出版社,1999. -- 464 页:图; 21cm. -- 国家社会科学资助研究项目成果. -- 7 - 5013 - 1633 - 3(国家图书馆)

本书由孟广均、徐引篪二位主编组织一批 20 世纪 90 年代我国颇有研究能力的博士或教授如汪冰、霍国庆、罗曼等共同编著完成。全书在参考大量国内外最新资料的基础上,从基础理论、技术、服务、管理 4 个方面,每个方面又紧抓 90 年代国外较有现实意义和指导价值的若干论题开展专题研究。全书开篇第一部分以三章的内容分别论述了情报科学、图书馆、信息资源管理 3 个学科的基础理论问题;技术部分论及网络信息资源的选择与组织、信息检索技术的现状和发展趋势、数字图书馆的社会信息学、电子文献研究的发展趋势;服务部分主要讨论了传统服务的拓展、网络环境下传统服务项目的开展及新型服务,并由此预测了图书馆信息服务的未来;管理部分则详细论述了图书馆的战略规划、信息资源共建共享及图书馆全面质量管理等问题。本书对国外图书馆学情报学研究进展的情况进行了比较充分的反映,使读者能够从总体上了解 20 世纪 90 年代国外图书馆学情报学研究进展的情况。(张玲)

0248

跨世纪的图书馆改革与建设:图书情报系统工程论文集 / 沈禄赓, 林淑华主编. -- 北京:北京广播学院出版社,1999. --233 页;20cm. -- 7 - 81004 - 807 - 4(中国科学院国家科学图书馆)

在世纪之交,图书馆正处于从传统图书馆向现代化图书馆转型的过程中,而且形势发展比预料的还要快。怎样适应这种要求、这种转型中的内涵是什么? 有哪些新内容? 正在从事图书资料工作的人员应该补充和更新哪些新知识、新技术? 本书为此作了多方面的探讨,组织了 40 多篇文章,涉及图书馆管理改革与建设、图书馆自动化建设及其网络系统、音像室所媒体服务与建设、跨世纪的图书馆人员素质培养和提高、信息资源的多样化与改革等内容。(张玲)

0249

信息管理与利用 /《图书情报工作》杂志社编. -- 北京:科学技术文献出版社,1999. -- 283 页:图;26cm. -- 7 - 5023 - 3354 - 1(国家图书馆)

本论文集共收录论文 127 篇,分为 7 个部分:一般理论研究;文献信息事业管理;文献信息采编与流通;文献信息组织与检索;文献信息服务与用户教育;数据库建设与自动化;人才培养与教育。这些文章大多出自文献信息实际工作者之手,从宏观上和微观上探讨了信息社会文献信息工作的重要性、体制改革和事业发展、资源共享、新技术的应用所带来的冲击与变革等一系列现实而又迫切需要认清和解决的问题,既有各自的见解,又有较强的可操作性,相信对于广大业内人士尤其是从事具体工作的人员会具有较大的参考与借鉴作用。(张玲)

0250

中国图书馆信息服务指南 / 王世伟主编. -- 上海:上海科学技术文献出版社,1999. -- 402 页;26cm. -- 7 - 5439 - 1497 - 2(北京大学图书馆)

本书是1998年新一届图书馆学会信息服务专业委员会的学术项目成果之一。本书共收录中国的图书馆和信息服务机构总计192家,全书按照公共图书馆(77家)、高校、党校图书馆(84家)、科学院图书馆(9家)、部委及其他系统图书馆(22家)4个系统排列,每个系统又按照华北地区、东北地区、华东地区、中南地区、西南地区、西北地区顺序编排(港澳台地区暂缺)。书中内容按照四部分撰写:信息机构概况,包括信息服务部门名称、通讯地址、邮政编码、联系电话、传真及人员组成;服务项目与内容,突出特色服务,根据篇幅,有的馆省略了一般的信息服务,如借阅服务等;特色馆藏与设备,包括馆藏简介;信息服务的效果和影响,反映各图书馆所取得的社会效益、经济效益、获奖情况及社会地位等。书后设各单位名称索引及内容索引。(张玲)

0251

面向21世纪文献信息工作研究 / 郑章飞,罗益群主编. -- 长沙:中南工业大学出版社,1999. -- 501 页;26cm. -- 7 - 81061 - 184 - 4(国家图书馆)

本书是一本论文集,收录了"知识经济时代的高校图书馆"、"试论新形势下的高校图书馆的教育职能"、"市场经济条件下图书馆发展的困境与对策"、"图书馆与科教兴国"、"高校图书馆如何迈进21世纪"、"让军校图书馆成为学习邓小平理论的重要阵地"、"论信息高速公路与图书馆的发展"、"高校图书馆社会服务浅议"、"信息技术的发展对图书馆的影响"、"研究科学技术的发展趋势,迎接知识经济时代的挑战"、"试论现代图书馆的特征"、"论图书文化与图书馆的保护与继承"、"湖南省信息产业的现状与发展研究"、"试论高校信息资源开发"、"高校图书馆的读者需求与馆藏优化"、"漫谈新闻资料的作用"近200余篇论文。(张玲)

0252

中国科学院第十一次图书馆学情报学科学讨论会文集 / 中国科学院图书馆编. -- 北京:北京图书馆出版社,1999. -- 210 页;26cm(国家图书馆)

中国科学院第十一次图书馆学情报学科学讨论会于1999年10月在湖北宜昌举行,本次讨论会的主题是"知识经济和网络时代图书情报事业的发展与变革",副主题为"信息经济和网络环境对图书馆学情报学理论与实践的影响"等8个子议题。会议共收到论文共80余篇,其中50余篇参会交流。根据会议论文评委会专家评审结果,共选出41篇汇编成本文集,以供参考。这些论文内容涉及知识经济与文献情报工作,知识创新与文献情报服务;网络环境下文献情报工作的发展,数字图书馆和图书馆服务系统建设等几个方面。文集后附有本次讨论会所收论文的全部目录。(张玲)

0253

世纪之交:图书馆事业回顾与展望 / 中国图书馆学会编. --北京:北京图书馆出版社,1999. -- 365 页;26cm. -- 庆祝中国图书馆学会成立20周年. -- 7 - 5013 - 1639 - 2(国家图书馆)

为庆祝中国图书馆学会成立20周年暨1999年会的隆重召开,回顾与总结我国图书馆理论研究与事业发展的成就和经验,展望与探索新世纪图书馆的发展,中国图书馆学会向全国各地会员和广大图书馆工作者征文,并从近700篇征文中精选出60余篇汇成此书,内容涉及数字图书馆与网上图书馆、网络环境下的文献资源建设与共享,新世纪图书馆管理与改革,走向21世纪的文献信息服务,文献信息标引与编目工作的发展趋势和知识经济与图书馆等6个方面。(张玲)

0254

面向二十一世纪2000年五四科学讨论会论文集 / 蔡蓉华,史复洋,张彩珠编. -- 北京:北京大学图书馆(内部出版),2000. -- 406 页; 26cm(北京大学图书馆)

本书是2000年北京大学图书馆五四科学讨论会论文集,全书收录了"关于高校图书馆管理改革的思考"、"借鉴IE方法:提高现代图书馆的管理水平"、"网上英语教学项目的实现与经验——北京大学图书馆数字化建设与探索之一"、"数字图书馆与著作权保护"、"电子期刊服务:图书馆服务的新内容和新思路"、"图书馆多媒体阅览室建设浅谈"、"中国网络电子期刊的发展历史、现状及分析"、"对国内主要光盘数据库系统的分析与评价"、"高校图书馆文献资源建设的现状、困境与对策"、"北京大学图书馆科技图书采访的思考与原则"、"并存时期的文献咨询服务"、"北京大学图书馆馆藏古籍之评介"、"改进预约服务中的通知方式的设想"等论文。(张玲)

0255

图书馆工作概论 / 程亚男主编. -- 北京:北京图书馆出版社,2000. -- 195 页:图;21cm. -- 图书馆岗位培训教材. -- 7 - 5013 - 1730 - 5(北京师范大学图书馆)

本书为图书馆基本知识和图书馆工作入门的基础课教材。全书共6章。第一章图书馆知识,介绍了图书与图书馆基本知识、图书馆产生及其发展、图书馆的性质、职能、类型等内容;第二章图书馆业务工作概述,包括图书馆业务工作体系和工作流程、基本原则及基本内容等;第三章图书馆工作评估,包括基本内容、图书馆服务效益及如何提高图书馆的服务效益等内容;第四章图书馆事业,介绍了新中国图书馆事业的建设和发展、建设成就和世界图书馆事业等问题;第五章图书馆工作研究,包括图书馆学研究、图书馆工作研究的内容及进展等内容;第六章图书馆工作的发展,包括图书馆发展趋势、网络环境下图书馆工作的变革、网络信息资源的管理等内容。(张玲)

0256

知识经济与图书馆 / 丁有骏主编. -- 北京:北京图书馆出版社,2000. -- 275 页;21cm. -- 7 - 5013 - 1617 - 1(国家图书馆)

随着知识经济和网络技术的蓬勃发展,高校图书馆的各项工作在迎来了极好的发展机遇的同时,也面临着严峻的挑战和考验。在这种形势下,北京高校情报资料工作研究会决定在2000年上半年举办北京高校情报资料工作研究会第五次学术研讨会,并征稿出版了本文集。本书从征稿中选录了51篇论文。这些论文从不同角度对知识经济与高校图书馆、图书馆的自动化与网络化建设、现代图书馆的馆藏建设与读者服务、新形势下资料室的建设、用户教育与图书馆人员的继续教育等方面的问题进行了探讨研究,其内容基本上展示和荟萃了当时北京市高校图书馆工作者的实践经验和科学研究成果。(张玲)

0257

图书馆事业导论 / 佘诗武等主编. -- 长春:吉林人民出版社,2000. -- 477 页;21cm. -- 7 - 206 - 02896 - 9(华南师范大学图书馆)

上编图书馆史略,介绍了古代、中古时代早期、中古时代、中古时代晚期世界各国的图书馆发展历史;下编介绍图书馆类型及图书馆服务,包括图书馆作业(含图书馆管理、建立馆藏、分类编目、读者服务、图书馆职位等内容)、联邦政府之图书馆及其服务、州政府之图书馆服务职责、市立公共图书馆、学校图书馆媒体中心、学术图书馆、研究图书馆、专门图书馆与资讯中心、图书馆自动化等内容。作者还在附录中给出一九七五年职业道德宣言、学校图书馆权利宣言、书籍区分声明、阅读自由声明、图书馆权利宣言等内容。(张玲)

0258

知识信息管理 / 夏侯炳, 谭兆民编著. -- 南昌:江西人民出版社,2000. -- 513 页;图;20cm. -- 7 - 210 - 02370 - 4(国家图书馆)

作者首先在引论部分从社会经济、同业竞争、用户需求、结构模式、技术支撑等方面阐述了世纪之交图书馆的内外环境。接着用15章内容探讨世纪之交的图书馆工作。第一章论述信息、知识与知识信息资源,第二章介绍知识信息管理系统及其工作流程,第三章介绍知识信息源,第四章介绍知识信息搜集,第五至七章分别介绍文献型知识信息整序、非文献型知识信息及网络知识信息的组织利用,第八章知识信息服务总论,第九章详细研究了知识信息用户,第十至十二章分别介绍了中介型、检索型、再生型知识信息服务,第十三章知识信息资源的保护,第十四章为现代技术在知识信息管理中的应用,第十五章作者从管理体制、人员管理、建筑、设备、经费、规章制度与工作评价等方面论述了知识信息工作的科学管理。(张玲)

0259

知识经济与图书资料工作 / 徐汉燕, 黄家发, 邱汉松主编. -- 海口:南海出版公司,2000. -- 351 页;20cm. -- 7 - 5442 - 1619 - 5(国家图书馆)

知识经济对国家的发展既是机遇也是挑战,对各个行业亦不例外。在历史上曾为集聚和传播知识发挥过重大作用的图书馆,如何抓住机遇、迎接挑战?如何更好更快地集聚和扩散知识,帮助人们更便利地获取和利用信息,在新的时代发挥更大的作用?新形势新课题使图书馆人深感责任重大。为此,本书汇编了90篇论文,就知识经济对图书情报工作和图书馆人带来的机遇和挑战,并围绕办馆方针、队伍建设、人员素质及新技术、新要求带来的服务模式、工作方式的变革等方面,阐述了各自的认识和感悟,提出了自己的见解和建议。(张玲)

0260

我们的使命:2000 全国图书馆学情报学研究生学术研讨会论文集 / 中国科学院文献情报中心等编. -- 北京:中国科学院文献情报中心(内部出版),2000. -- 422 页; 26cm(中国科学院国家科学图书馆)

本书收录了2000年在北京举办的全国图书馆学情报学研究生学术研讨会的相关论文,包括"世纪之交信息分析研究的现状与发展趋势统计——1995—1999 年 5 种核心期刊论文统计分析"、"竞争情报系统中的信息收集与信息分析"、"企业竞争情报系统的构建与运行——某集团公司个案研究"、"关于情报研究工作方式转变的几个问题"、"网络环境下对体系分类法改进的探讨"、"图书情报学应加强在实践上的投入"、"新的历史条件下图书馆的职业定位及其发展方向的思考"、"对中国现今互联网业的思考"、"我国信息产业的发展现状与发展战略"、"探索我国互联网业的风险投资发展途径"、"XML 及其在图书馆和情报检索中的应用"等论文。(张玲)

0261

海峡两岸第五届图书资讯学学术研讨会论文集. A 辑 / 中国科学院文献情报中心编. -- 北京:中国科学院文献情报中心(内部出版),2000. -- 234 页;26cm(中国科学院国家科学图书馆)

海峡两岸第五届图书资讯学学术研讨会于2000年8月28日至30日在四川省成都都江堰市隆重举行。此次会议由中国科学院文献情报中心联合台湾"中华图书资讯学教育学会"共同主办,会议主题是"图书资讯交流标准化"。会议邀请了海峡两岸暨香港和澳门高校图书资讯系、重点图书情报机构的专家学者参会。为培养年轻学者,还邀请了两岸图书资讯学博士、硕士研究生代表参会。会议代表共约100名。共收到交流论文58篇,其中内地40篇,台湾地区18篇,分别编印为A、B两辑。本书即为此次研讨会的A辑论文集。论文涉及图书资讯学标准、数字图书馆、图书资讯学教育、标准化比较及其他等内容。(张玲)

0262

书海听涛——图书馆散论 / 程亚男著. -- 北京:北京图书馆出版社,2001. -- 272 页;32 开. -- 7 - 5013 - 1782 - 8(国家图书馆)

本书体裁新颖,内容充实,将作者多年来历任湖南省图书馆副馆长及深圳南山图书馆馆长时的一些工作经验及关于图书馆理论与实践问题的思考述诸笔端,内容涉及图书馆管理、图书馆与网络、图书馆建筑、图书馆学的走向,以及国外与港台图书馆发展的先进经验等。(金丽萍)

0263

海峡两岸图书资讯相关标准之比较研究 / 李德竹. --台北:文华图书馆管理资讯公司,2001. -- 107 页:图表;26cm. --957 - 8708 - 51 - 3(国家图书馆)

本书介绍图书资讯相关标准的意义、重要性、种类以及其阶层体系和世界上重要标准组织机构。本书主要研究目的是汇集、整理及分析比较内地与台湾海峡两岸图书资讯方面的标准,其主管单位、制定现况、制定程序与所采用的分类系统等,并对两岸已制定的图书资讯相关标准数量与内容作深入的比较与分析,同时提出两岸图书资讯标准拟定的合作可行性建议。书前有作者自序、前言;书后有两岸图书资讯标准附录及图表。(赵红)

0264

图苑探真:图书馆散论 / 林汉城, 黄俊贵著. -- 广州:广东人民出版社,2001. -- 350 页:图;21cm. -- 7 - 218 - 03799 - 2(国家图书馆)

本书收录"图书馆原理论略——从阮冈纳赞五定律及戈曼新五定律说起","产业化:21 世纪中国图书馆事业的发展点","我国图书馆事业系统结构探索","关于建立图书馆新的运行机制的思考","图书馆的转型与发展散论","图书馆有偿服务纵横谈","培养和弘扬图书馆精神","办馆效益探微","广东珠江三角洲经济区公共图书馆事业发展研究","建设农村图书馆网络是科技兴农的基础工程","图书馆信息产业及其市场营销","书目控制论思辨","中文书目规范控制"等 27 篇文章。(张玲)

0265

网络时代的图书情报工作 / 刘俊熙, 樊松林, 陈守福主编. -- 北京:北京图书馆出版社,2001. -- 270 页:图;21cm. -- 7 - 5013 - 1779 - 8(国家图书馆)

为了顺应未来图书情报工作的需要,上海大学图书馆在 2000 年 12 月 12 日至 14 日举行了"网络环境下信息理论与实践研讨会",收到论文 200 余篇。会议秘书处对所有征文进行评审,最终筛选"知识创新离不开图书情报工作"、"现代图书馆的重组和整合"、"网络时代图书馆发展模式和应变对策"、"20 世纪中国情报检索语言发展成就与未来展望"、"资讯使用:以艺术教师为例"、"数字图书馆的发展和研究"、"网络环境下高校图书馆服务模式的思考"、"论信息犯罪及其防范"、"论网络时代目录学研究重点的转移"等 50 余篇汇集成本书。书中论文的作者来自国内三大系统图书馆及我国台湾、香港地区、美国华人图书馆员协会。全书 50 余篇论文分为图书馆发展模式与管理、情报检索与信息服务、数字化建设等部分。(张玲)

0266

图书馆实用百科 / 任宝祯主编. -- 北京:中国环境科学出版社,2001. -- 649 页:图; 22cm. -- 7 - 80135 - 721 - 3(武汉大学图书馆)

本书是为我国中小型图书馆(尤其是公共系统的中小型图书馆)的初、中级专业人员系统学习和掌握图书馆学及其相关学科基础知识,提高他们的业务素质、管理水平和实际操作能力,以适应图书馆业务工作的需要而编写的。全书共四部分。第一部分业务篇,介绍了藏书建设、文献分类、文献编目、报刊管理、读者工作、书目工作、文献检索、业务辅导工作、古籍整理与利用、乡镇图书馆工作、少年儿童图书馆工作、图书馆现代化技术、图书馆学新书选介(1996—1999)、图书馆学小辞典等内容;第二部分知识篇,包含图书馆学基础知识概说、目录学知识概说、信息管理知识概说、图书馆学学术论文写作知识概说、中国图书馆学期刊名录等内容;第三部分导读篇,编者给出了《世界文学名著百部》简目、"世界华语小说百年百强"书目解题、国内外图书馆网址、常用工具书使用指南等内容;第四部分附录篇,包含省(自治区、市)图书馆工作条例、普通高等学校图书馆规程、上海市公共图书馆管理办法等内容。(张玲)

0267

学术文献管理与利用研究 / 佘广和等主编. -- 上海:中国纺织大学出版社,2001. -- 643 页:图;21cm. --7 - 81038 - 365 - 5(国家图书馆)

本书结合图书情报工作实际,扼要介绍了各种类型文献,以及在网络环境下的图书馆藏书建设、文献采访、文献分类、主题标引、文献编目、图书馆目录、文献检索、参考工具书使用等课程的基本内容。(张玲)

0268

图书情报工作研究. 2001. 1 / 叶素萍等主编. -- 北京:中国科学技术出版社,2001. -- 509 页;26cm. -- 7 - 5046 - 3034 - 9(国家图书馆)

本论文集内容包括:图书情报工作实践与改革、知识经济与图书馆建设、分类编目与藏书建设、期刊管理与利用研究、读者工作与读者服务工作、情报信息工作研究与探讨、文献检索课教学与文献检索、自动化管理系统开发与利用、资源开发利用与资源共享、基层图书馆建设、队伍建设与继续教育、档案工作管理与利用等。论文集所收录的文章反映了当前各种类型图书馆和情报工作部门的工作改革概貌,揭示了新时期图书情报工作所面临的挑战、机遇与对策,探讨了新形式对图书情报人员的要求,提供了许多可供学习和借鉴的新观点、新经验、新技术。本书适合各类型图书情报部门工作人员及高等院校图书情报专业师生阅读。(张玲)

0269

图书情报工作研究. 2001. 2 / 唐品, 李纯芳, 李黎明主编. -- 北京:中国科学技术出版社,2001. -- 260 页;26cm. -- 7 - 5046 - 3208 - 2(国家图书馆)

本论文集内容包括:图书情报工作实践与改革、自动化管理系统开发与利用、分类编目与藏书建设、期刊管理与利用研究、读者工作与读者服务工作、情报信息工作与文献检索、图书馆队伍建设与继续教育、档案工作管理与利用等。论文集所收录的文章反映了当前各种类型图书馆和情报工作部门的工作改革概貌,揭示了新时期图书情报工作所面临的挑战、机遇与对策，探讨了新形式对图书情报人员的要求，提供了许多可供学习和借鉴的新观点、新经验、新技术。本书适合各类型图书情报部门工作人员及高等院校图书情报专业师生阅读。（张玲）

0270

文化大省建设中的图书馆现代化：浙江省图书馆学会第八次学术研讨会论文集 / 浙江省图书馆学会编. -- 宁波：宁波出版社，2001. -- 270 页；26cm. -- 7 - 80602 - 471 - 9（国家图书馆）

本书为浙江省图书馆学会第八次学术研讨会论文集，本书共收录论文 242 篇，从各个方面反映了浙江省图书馆界在近几年积极探索图书馆事业的发展规律，努力开拓图书馆工作新领域，推进图书馆现代化进程，提高图书馆工作的学术水平和服务质量的实践和创新精神。（张玲）

0271

21 世纪图书馆可持续发展战略 / 中国图书馆学会编. -- 北京：北京图书馆出版社，2001. -- 262 页：图；26cm. -- 中国图书馆学会 2001 年年会论文集. -- 7 - 5013 - 1818 - 2（国家图书馆）

本书是中国图书馆学会 2001 年学术年会会议论文集，全书包含“试论西部数字化公共图书馆网络建设”、“开发信息资源 推动西部经济发展”、“西部大开发与西部图书馆发展研究”、“共建湖南农业文献信息资源体系的思考”、“关于我国文献信息资源共享的进程及其法律保障问题的思考”、“谈地理信息与图书馆地图数据库的建设”、“论数字图书馆的知识管理”、“数字图书馆实现模型研究”、“文献信息工作在科技创新中的作用”、“政府功能转换和图书馆公益性服务产品的打造”等 56 篇论文，这些论文涉及图书馆在实施西部大开发战略中的作用、图书馆资源的交流与共享、数字图书馆研究、文献信息情报工作在科技创新和立法决策中的作用、图书馆管理与改革、新时期图书馆理论研究及其他等内容。（张玲）

0272

知识导航与图书馆服务：第一届国际图书馆论坛论文集 / 上海：上海科学技术文献出版社，2002. -- 436 页，14 页图版：图，摹真；26cm. -- 7 - 5439 - 1988 - 5（国家图书馆）

本书是 2002 年 7 月 5 日至 18 日在上海举办的主题为“知识导航与知识服务”的第一届国际图书馆论坛的论文集。本文集内容由 4 部分组成，它们是：知识管理与知识导航，图书馆的参考服务，图书馆合作与资源共享，数字图书馆与资源数字化建设。共收录来自世界各地的优秀中英文论文 77 篇，对当代世界图书馆活动所面临的主要课题进行了探讨。（张玲）

0273

北京大学图书馆 2002 年五四科学讨论会论文集 / 北京大学图书馆编. -- 北京：北京大学图书馆（内部出版），2002（北京大学图书馆）

两年一届的“五四科学讨论会”是总结和展示北京大学图书馆同仁工作和研究成果的窗口。2002 年“五四科学讨论会”适逢百年馆庆，北京大学图书馆将本届讨论会的研究成果汇集成《北京大学图书馆 2002 年五四科学讨论会论文集》编辑出版，书中收录了“CALIS 数字图书馆理念与北京大学数字图书馆实践”、“关于数字图书馆建设的思考”、“电子资源导航及整合”、“图书馆集成管理系统的发展现状及未来趋势”、“基于古文献特藏的数字图书馆系统的设计与实现”、“规范的管理模式——香港中文大学图书馆自动化工作介绍”、“CALIS 中文现刊目次库查重结果分析”、“北京大学图书馆分馆建设的规划与实践”、“网络环境下高校图书馆的发展趋势”、“大学图书馆理想的采访模式”、“高校图书馆中文期刊采访工作的障碍及对策”等论文。（张玲）

0274

图书情报事业与社会经济的发展 / 蔡曙光著. -- 北京：中国物资出版社，2002. -- 257 页；21cm. -- 7 - 5047 - 1880 - 7（国家图书馆）

知识经济时代，图书馆在人类知识传播和实现自我教育中占据了优势地位，成为人类文化知识进步的阶梯。基于这一理念，编者收集了大量的论文，并整理为 5 编内容。第一编从图书馆事业本身发展的角度，论述了国际图书情报界在近 20 多年来的发展变化过程、面对的机遇和挑战，以及未来发展趋势；分别阐述了有关政策和发展战略的制定，先进技术的应用和自动化发展水平，国际间图书情报工作的合作状况等，此外还论述了当前我国图书情报事业遇到的一些问题以及与发达国家相比存在的差距；第二编紧紧围绕图书情报工作对社会经济发展的影响，比较系统地研究图书情报工作与信息资源的开发、利用之间的关系；第三编主要介绍西方图书情报界著名人士的生平事迹，简要评述了他们的理论与实践对推动图书情报事业的发展所做的杰出贡献；第四编论述国内外与分编工作有关的理论与实践；第五编论述与图书情报工作有关的一些主题，从词语的概念、科学文献的结构、信息存储载体的进步到出版工作规范等方面展开讨论。（张玲）

0275

图书馆使命与文化视野 / 金明生著. -- 北京：中国文联出版社，2002. -- 345 页；20cm. -- 金华作家文库. -- 7 - 5059 - 4070 - 8（国家图书馆）

本书分 5 部分内容，介绍了图书馆的现状与前景、管理创新与理论构建、信息检索与技术应用、文献开发与阅读引领、图书馆文化视野等内容。（于静）

0276

图书资讯学词汇暨重要参考资料 / 李德竹. -- 台北：文华图书馆管理资讯股份有限公司，2002. -- 602 页；30cm. -- 957 - 8708 - 60 - 2（国家图书馆）

本书内容大致分为两部分：第一部分为词汇部分，以图书资讯学相关词汇为主；第二部分包括“图书馆法”、“图书馆事业发展白皮书”、“美国图书馆学会图书馆权利宣言”、“书面文献章节层次”、“常用电脑字型与字体”等 12 篇文章。书前有自序及凡例。（赵红）

0277

知识管理的理论与实践 / 李华伟，董小英，左美云著. -- 北京:华艺出版社,2002. -- 13，471 页:图;20cm. -- 二十一世纪图书馆学丛书. -- 7 – 80142 – 369 – 0(国家图书馆)

全书分为两大部分。第一部分从知识管理产生的背景与需要分析知识管理的必要性、主要领域、战略选择,阐述知识管理的研究现状,并根据知识分类和知识挖掘分析隐性知识的价值、信息与知识价值链,讨论知识创新理论。第二部分重点阐述知识管理的应用与实践,论及知识管理战略与激励机制设计、知识创新与研发机制、知识管理的技术基础与软件工具、知识管理在IT企业的应用与需求分析、知识管理与图书馆在二十一世纪所扮演的角色等问题。该部分还深入详细地介绍了美国的知识创新与研发状况和国内外知识管理应用的成功与失败案例。(张玲)

0278

广东省立中山图书馆同人文选 / 李昭醇主编. -- 北京:北京图书馆出版社,2002. -- 671 页;20cm. -- 7 – 5013 – 1956 – 1(国家图书馆)

2002 年是广东省立中山图书馆建馆九十周年。为回顾建馆历史、总结学术研究成果,该馆编辑出版了这本同人文选,收录了广东省立中山图书馆馆员发表的学术论文,包括"公共图书馆的转型与定位的探索"、"图书馆人事管理制度改革初探"、"世界史上广东学术源流与发展"、"广东藏书记略"、"图书馆学家杜定友先生"、"广东文化与广东文献——研究乡邦文化 发扬民族精神"、"地方文献工作六十年之探讨"、"我馆数字化图书馆服务的实践"、"地方文献工作自动化建设中存在的问题及其解决办法"、"广东省立中山图书馆缩微文献数字化系统的建设与发展"、"数字图书馆参考咨询服务的实践与研究"、"新形势下我馆馆藏资源开发利用走出新路"、"网络环境下公共图书馆期刊资源建设策略探索"、"广东省立中山图书馆馆舍建设蓝图——关于图书馆建设若干问题的思考"等。(张玲)

0279

现代图书馆管理与图书馆分类法实务全书 / 王颖波主编. --西安:西北大学出版社,2002. -- 3 册(2154 页);27cm. --7 – 5604 – 1777 – 9(国家图书馆)

随着我国图书馆事业的不断完善,为满足广大图书馆工作者的实际需要,提高管理者的业务素质,方便图书馆工作者全面系统地学习和掌握图书馆管理的内容和方法,中国图书馆学会、北京大学和西北大学的专家学者和图书馆工作者根据长期的工作实践和教学经验倾力编写了本书。全书共18 章,分别为现代图书馆总论、现代图书馆事业管理、现代图书馆行政管理、现代图书馆人事管理、现代图书馆公共关系管理、现代图书馆馆长工作方法、现代图书馆馆员工作与教育培训、现代图书馆读者工作、现代图书馆馆藏建设、图书古籍收藏整理与修复、现代图书馆建筑设计与设备布置、现代图书馆分类方法、现代图书馆分类标引方法、现代图书馆自动化管理、现代图书馆网络化与资源共享、数字图书馆建设、学校与基层各类图书馆现代化管理与建设、现代图书馆信息分类检索技术。(张玲)

0280

当代图书馆学情报学前沿探寻 / 吴慰慈，张久珍编著. -- 北京:北京图书馆出版社,2002. -- 228 页:图;21cm. -- 7 – 5013 – 1899 – 9(国家图书馆)

本书对当前图书馆学、情报学的一系列前沿问题进行了深入探讨。本书共分 11 章,主要介绍了当代图书馆学情报学发展特征,新技术革命对传统学科研究领域的影响,对学科教育体系的影响,学科生长点的形成与发展,分支学科的建构,信息技术与图书馆工作、电子图书馆发展,图书馆学由传统向现代的过渡等问题。本书为"九五"国家教委博士点人文社会科学研究基金项目"信息技术革命对我国图书馆学情报学学科体系的影响"的研究成果,是图书情报专业人士及高校相关专业师生研究、学习的重要参考资料。(张玲)

0281

回眸与前瞻——西域图书馆论坛文萃 / 香翠真主编;新疆维吾尔自治区图书馆学会编. -- 乌鲁木齐:新疆人民出版社,2002. -- 465 页;19cm. -- 丝路文库丛书. -- 7 – 228 – 07060 – 7(国家图书馆)

为了展示新疆维吾尔自治区图书馆学理论研究的成果,特别是展示中青年图书馆学研究者辛勤耕耘的丰硕成果,促进新疆维吾尔自治区图书馆学理论研究的深入,扩大与全国图书馆学理论研究信息的交流,著者及所在新疆维吾尔自治区图书馆学会编著了本文集。文集选录了 1990—2000 年十年间发表在《西域图书馆论坛》的优秀论文,内容包括西部大开发与图书馆、理论研究、业务探讨、文献信息开发与利用、图书馆自动化与数字图书馆、读者工作和队伍建设等方面的67 篇论文。(胡秋玲)

0282

信息·网络·咨询 / 叶春峰，佘诗武，杨顺云主编. -- 西安:世界图书出版公司西安公司,2002. -- 347 页:图;26cm. --7 – 5062 – 2642 – 1(西安交通大学图书馆)

陕西省科技情报学会于2002 年11 月15 日至17 日特别筹划召开了陕西省情报学、图书馆学学术论文研讨会。本次会议先后收到论文210 篇,经专家审阅后精选出 100 篇论文并加以斧正录用,其中优秀论文 38 篇,会议交流论文 62 篇。这些论文在书中划分为信息与网络技术、信息咨询与服务、机构管理改革和资源建设、信息队伍建设、信息学研究 5 个部分,这些论文从不同程度反映了我国图书情报事业发展的现状,极具代表性。(张玲)

0283

21 世纪中国图书馆建设与发展 / 中国图书馆学会，中国图书馆学报编. -- 北京:北京图书馆出版社,2002. -- 4 册(2411 页):肖像;26cm. -- 7 – 5013 – 2069 – 1(国家图书馆)

全书分 4 册,反映了 21 世纪中国图书馆建设与发展规律的思考,各级图书馆管理者和业务实践者的学术水平以及图书馆员努力开拓图书馆服务新思路,进一步推动图书馆现代化进程的全貌。(张玲)

0284

图书馆理论与实践新探 / 中国图书馆学会编. -- 北京:北京图书馆出版社,2002. -- 306 页:图;26cm. --7 - 5013 - 1928 - 6(国家图书馆)

本书是中国图书馆学会 2002 年年会的论文集,全书收录了中外图书馆工作者撰写的近百篇论文,包括“图书馆在实施西部大开发战略中怎样树立自己的形象”、“图书馆在实施西部大开发战略中的作用”、“从服务西部大开发谈西部地区党校图书馆的生存发展”、“西部地区公共图书馆业务辅导之我见”、“浅谈黑龙江地区图书馆文献资源的交流与共享”、“贫困地区专科学校图书馆在西部大开发中的优势和作用”、“数字图书馆的知识产权问题”、“数字图书馆对传统图书馆的影响及对策”、“高校图书馆在知识创新中的发展”、“浅谈县级公共图书馆的求变思异”、“新世纪中小学图书馆馆长的形象”、“网络环境对图书馆采访工作的影响及对策”等。这些论文从不同角度对图书馆的工作进行了研究,较全面地反映了不同规模,不同类型图书馆的现状及未来发展趋势,具有较高的学术价值和现实意义。(张玲)

0285

图书馆学情报学论文索引:1990—1994 / 卢子博主编,南京图书馆编. -- 北京:北京图书馆出版社,2002. -- 24,706 页;20cm. -- 7 - 5013 - 1865 - 4(国家图书馆)

该索引收录了自 1990 年 1 月至 1994 年 12 月的图书馆学情报学论文篇目共 26088 条。所收论文选自 115 种专业及相近专业期刊和十余种论文集及相关书籍,以省级以上刊物发表的论文为主,省级图书馆、省级以上图书馆学会和高等院校图书馆出版的图书情报学论文集兼收之。该书分类详表的制订参考了《中国图书馆分类法》,所收文献条目一般按内容归类排序。书前有序、编辑说明、收录期刊、论文集一览表和分类详表。(胡秋玲)

0286

王重民先生百年诞辰纪念文集 / 北京大学信息管理系编. --北京:北京图书馆出版社,2003. -- 520 页:16 开. -- 7 - 5013 - 2157 - 4(国家图书馆)

本纪念文集包括 6 个方面的论文:①反映王重民先生生平事迹的文章;②反映王重民先生在目录学领域重要贡献的文章;③反映王重民先生在敦煌学方面的特殊贡献,以及这一领域研究成果的文章;④反映版本学方面的研究文章;⑤反映图书馆学与文献学方面的研究文章;⑥王重民先生从未发表过的 13 篇文章,这是本论文集的一个亮点。(金丽萍)

0287

图书馆组织心理研究:馆员的认知观点 / 陈书梅. --台北:文华图书馆管理资讯股份有限公司,2003. -- 238 页;23cm. -- 7 - 8708 - 66 - 1(国家图书馆)

作者透过图书馆馆员的认知观点,分别就馆员于图书馆组织工作中,有关其个人心理环境的 4 个层面:对馆长领导风格的认知、图书馆工作生活品质的认知、工作压力的认知及负面工作情绪的认知等,对台湾图书馆馆员的心理状态作初步介绍,以供图书馆管理实务及后续研究之参考。书前有作者自序,书后附“图书馆组织的内在环境与馆员的心理环境”、“各年龄层馆员工作压力指数”等图表。(赵红)

0288

不惑集:程焕文论文选集 / 程焕文著. -- 广州:竹帛斋印行(内部出版),2003. -- 3 册;26cm(中国科学院国家科学图书馆)

本论文集分为上中下三册,收录了程焕文教授于 1983 年至 2002 年期间撰写发表的论文 100 多篇及相关评论等。论文集分为 9 卷。上册:卷一,图书馆学理论研究;卷二,古代藏书研究;卷三,图书馆事业研究。中册:卷四,图书馆人物研究;卷五,札记;卷六,会议综述。下册:卷七,目录学;卷八,外文著述;卷九,社会反响。另外,附录中附有程焕文教授个人著述的系年索引及程焕文教授的详细个人简历,介绍了其个人基本情况、教育背景、工作经历、主讲课程、学术兼职、获奖情况、培养情况、在研项目,科研成果以及参加学术会议情况等内容。(张玲)

0289

同等学力人员申请硕士学位图书馆、情报与档案管理学科综合水平全国统一考试大纲及指南 / 国务院学位委员会办公室编. -- 北京:高等教育出版社,2003. -- 390 页;21cm. -- 7 - 04 - 013464 - 0(北京大学图书馆)

为了规范同等学力人员申请硕士学位的工作,确保学位授予的质量,国务院学位委员会第十六次会议决定对同等学力人员申请硕士学位增设学科综合水平全国统一考试。为了加强国家对授予同等学力人员硕士学位的宏观质量控制、规范管理,特编写了本书。该大纲及指南是图书馆、情报与档案管理学科综合水平全国统一考试命题的依据和范围,是各学位授予单位教学和辅导应试者复习和备考的重要参考资料。全书包括考试大纲和复习指南两大部分,其下又分别列出信息资源管理导论、图书馆学、情报学、档案学 4 个部分考试大纲和复习指南。(张玲)

0290

图书馆改革与发展 / 陕西省社会科学信息学会编. --陕西:陕西旅游出版社,2003. -- 492 页;21cm. --7 - 5418 - 1955 - 7(西安交通大学图书馆)

本文集收录的 104 篇论文,是从会员向陕西省社会科学信息学会第六次学术讨论会提交的 136 篇文章中遴选出来的。另外,全国建筑院校图书情报协作组织也提供了一批同行的论文,其中有 8 篇文章被选入论文集。本论文集的内容基本上围绕“图书馆事业与社会科学信息工作的改革与发展”这个主题,既有宏观发展的改革思路与对策,也有对图书馆在改革与发展的实践中遇到的许多现实问题的解决方法与建议。(张玲)

0291

图书情报工作研究. 2003.1 / 邵胜春,李黎明,郭亚臣主编. -- 北京:中国科学技术出版社,2003. -- 418 页;26cm. -- 7 - 5046 - 3535 - 9(国家图书馆)

本论文集内容包括:图书情报工作实践与改革、现代信息技术、资源共享与资源建设、分类编目与藏书建设、期刊管理与利用研究、读者工作与读者服务、情报信息工作研究与探讨、信息检索教学与信息素质教育、队伍建设与继续教育、基层图书馆工作、档案工作管理与研究等。本论文集所收录的文章反映了当前各种类型图书馆和情报工作部门的工作改革概貌,揭示了新时期图书情报工作所面临的挑战、机遇与对策,探讨了新形式对图书情报人员的要求,提供了许多可供学习和借鉴的新观点、新经验、新技术。本书适合各类型图书情报部门工作人员及高等院校图书情报专业师生阅读。(张玲)

0292

图书馆可持续发展与创新研究文集 / 徐引篪主编. --成都:西南交通大学出版社,2003. -- 377 页:图;26cm. -- 7 - 81057 - 800 - 6(国家图书馆)

本书收录论文 50 余篇,内容涉及图书馆管理创新、服务创新与图书馆可持续发展,数字图书馆技术与发展模式,知识组织与知识管理等领域。(张玲)

0293

迈向 21 世纪的复合图书馆 / 杨向明编著. -- 北京:大众文艺出版社,2003. -- 524 页;21cm. -- 图书馆学人文稿丛书. -- 7 - 80171 - 393 - 1

本书是作者收集了大量资料,结合工作实践,深入、系统研究的成果。全书共分 8 章:复合图书馆的来龙去脉、网络环境、实现模式、技术研究、信息服务、用户教育,复合图书馆的未来发展展望及与复合图书馆建设有关大事回顾。在介绍了复合图书馆的概念模式、相关技术、运作管理、合作机制,剖析了复合图书馆的各个功能模块后,结合我国国情、技术水平、设备条件、用户需求,提出了一套复合图书馆管理和服务系统设想。(胡秋玲)

0294

信息・知识时代的图书情报事业 / 《图书情报工作》杂志社编. -- 北京:北京图书馆出版社,2004. -- 320 页:图;23cm. --7 - 5013 - 2617 - 7(国家图书馆)

本书是图书情报事业研究论文集,主要从图书馆事业与管理、信息资源建设、信息服务、信息技术与网络化建设、人力资源建设等诸方面论述了图书馆事业的新发展,通过对图书馆在新形势下面临的机遇与挑战的分析,为图书馆在信息知识时代的发展进行了规划。(张玲)

0295

信息时代的图书情报事业:机遇与挑战 / 蔡曙光著. -- 北京:中国社会科学出版社,2004. -- 237 页;21cm. -- 7 - 5004 - 4641 - 1(国家图书馆)

世纪之交,飞速发展的数字、网络技术给处于低谷的传统图书情报事业注入了新的活力,借助现代最新技术成果,图书情报机构又有了更大的展示自身价值的机会和拓展空间的可能。但是,在信息时代,又面临新的问题:文献信息生产与交流方式的改变使得图书情报机构不再成为读者或用户获取有关文献资料的惟一来源,技术本身的局限性和涉及的知识产权保护问题使图书情报机构固有的文献保存和提供职能受到挑战;处于转型期的图书情报机构怎样定位;在全球经济一体化的发展趋势下,图书情报机构如何通过信息和知识服务在强化企业知识产权保护意识,提高国际竞争力以及在提高国民整体素质增强综合国力中发挥作用;图书情报领域如何进行专业教育改革,培养适合时代要求的专业队伍。书中从不同的视角对上述问题进行了较为深入的探讨。(张玲)

0296

图书情报工作研究. 2004.1 / 李黎明, 安秀芬主编. -- 北京:中国科学技术出版社,2004. -- 348 页;26cm. -- 7 - 5046 - 3816 - 1(国家图书馆)

本论文集内容包括:图书情报工作实践与改革、现代信息技术、资源共享与资源建设、分类编目与藏书建设、期刊管理与利用研究、读者工作与读者服务、情报信息工作研究与探讨、信息检索教学与信息素质教育、队伍建设与继续教育、基层图书馆工作、档案工作管理与研究等。本论文集所收录的文章反映了当前各种类型图书馆和情报工作部门的工作改革概貌,揭示了新时期图书情报工作所面临的挑战、机遇与对策,探讨了新形势对图书情报人员的要求,提供了许多可供学习和借鉴的新观点、新经验、新技术。本书适合各类型图书情报部门工作人员及高等院校图书情报专业师生阅读。(张玲)

0297

图书馆学理论与方法 / 吴慰慈著. -- 北京:北京图书馆出版社,2004. -- 479 页:图;21cm. -- 20 世纪中国图书馆学研究文库;本书出版得到"北京大学创建世界一流大学计划"经费资助. -- 7 - 5013 - 2462 - X(国家图书馆)

本书是图书馆学领域的泰斗人物——吴慰慈先生的论文汇编集,收录了他自进入图书馆学研究领域以来至今公开发表过的图书馆学基础理论文章,包括信息技术推动社会信息化、1990 年以来的中国图书馆学基础理论研究、数字时代大学图书馆的战略对策、现代产业观与图书馆的产业属性分析、建设面向 21 世纪的图书馆学学科体系、图书馆自动化与网络化之现状及展望、现代信息技术与图书馆学情报学新的学科生长点 、信息技术对图书馆学基础理论的影响、网络信息资源管理的标准化体系研究、从传统图书馆学向现代图书馆学的转型与过渡——1996—2000 年的中国图书馆学基础理论研究、中国数字图书馆的研发情况、合理使用原则的系统思考、21 世纪图书馆学理论建设的基本任务、关于图书馆学研究的理性思考、数字时代图书馆学研究的重点领域、网络环境下信息存储与检索技术的发展、我国信息化建设的进展与对策。阅读本书可以使读者对 70 年代以来我国图书馆学研究的发展过程有一个清晰的了解。(张玲)

0298

现代文献信息工作探索 / 张怀涛,崔波主编;河南省高校图书情报工作委员会编. -- 西安:西安地图出版社,2004. -- 465 页;26cm. -- 7 - 80670 - 670 - 4(国家图书馆)

本书分为河南省高校图书情报事业、图书馆事业、图书馆人力资源建设开发、信息素质教育等栏目,收 200 多篇论

文。(张玲)

0299

图书馆人的思考与探索 / 中国图书馆学会编. -- 北京:北京图书馆出版社,2004. -- 4, 402 页:图;26cm. -- 7 - 5013 - 2411 - 5(国家图书馆)

本书收入论文近百篇,编为:社会角色与职业理念、知识导航与信息服务、信息技术与资源管理、专业教育与终身学习、人力资源开发与管理、职业道德与法制环境建设 6 个部分。(张玲)

0300

图书馆的现代化服务 / 中国图书馆学会编. -- 北京:北京图书馆出版社,2004. -- 578 页:图;26cm. -- 7 - 5013 - 2614 - 2(国家图书馆)

本书为中国图书馆学会 2004 年年度交流论文集,共收入论文 170 余篇,分百年图书馆精神、百年图书馆建设历程、图书馆法治建设与知识产权、清除数字鸿沟与资源共享、图书馆与学习型社会、图书馆数字化与现代化服务六部分。(张玲)

0301

百年大势:历久弥新 / 中国图书馆学会主编. -- 北京:科学出版社,2004. -- 255 页:图, 肖像;24cm. -- 中国图书馆百年系列丛书. -- 7 - 03 - 013924 - 0(国家图书馆)

本书是由中国图书馆学会主编的《中国图书馆百年系列丛书》中的一册。该书分为两大部分:“世纪回眸”浓缩、提炼百余件重要历史片段,图文并茂,生动描述了 20 世纪初到 21 世纪初百余年间中国图书馆事业从兴起、成长、发展乃至兴盛的全过程;“前景展望”深刻剖析了目前中国图书馆学的现状与架构、图书馆行业的生存环境与发展机遇,进而勾勒出未来中国图书馆事业发展前景的宏伟蓝图。吴慰慈、詹福瑞、张晓林、倪晓建、吴建中、李国新、陈传夫、杨沛超、程焕文、胡越、柯平、赵红川等 12 位被采访者是目前国内图书馆界的精英,他们的学术思想、行业知名度、政策水准以及洞察力,都代表了国内的最高水平,因而具有相当的感召力和垂范作用。前后两部分相互呼应,共同构撰了中国图书馆事业的百年大势。

本书在描述历史时用辞精到,力求客观准确,让史实说话,而不作过多的主观评价;展望前景时力戒官话、套话,见解精辟透彻,富于创新意识和前瞻性。凝重与睿智结合,回首历史与展望前景相贯通,因而具有很强的说服力和冲击力。(卓连营)

0302

百年情怀:天堂图书馆的模样 / 中国图书馆学会主编. -- 北京:科学出版社,2004. -- 337 页:图;24cm. -- 中国图书馆百年系列丛书. -- 7 - 03 - 013923 - 2(国家图书馆)

书中所收 212 篇作品系从全国各地 1400 多篇征文中精选而来。作者既有于光远先生这样德高望重(89 岁)的世纪老人,也有豆蔻年华的青春少年;有桃李满天下的教授、博导,也有孜孜以求的莘莘学子;有威重一方的馆长、书记,也有默默无闻、无私奉献的普通馆员;有功德圆满、闲适在家的退休干部,也有下岗待业、生活困顿的国企职工;有游历中西的饱学之士,也有行动不便、渴望美好生活的先天残障人士。他们资质不同,景况迥异,但却都有一个挥之不去、难以割舍的共同爱好——热爱读书、热爱图书馆。

本书集中体现了丛书的一个重要方面——人文情怀。图书馆学是一门应用学科,在馆舍、馆员(读者)、馆藏(书刊文献)这图书馆三要素当中,人是第一要素,承载着守护人类文化遗产、传承人类智慧的重要职责,而生动展现馆员(读者)对书、对图书馆的真情实感、爱恋情怀,正是本书的价值所在。

本书作者年龄不同、文化素养不同、身份地位不同,故作品风格亦各有千秋,或清新灵秀,或精到透辟,或酣畅淋漓,但所言所述均系发自内心的真情道白,故能感人至深,催人泪下,具有很强的可读性。(卓连营)

0303

图书馆服务效益策略:广东省图书馆服务效益与发展政策研究 / 朱建亮主编. -- 广州:暨南大学出版社,2004. -- 225 页:图;26cm. -- 7 - 81079 - 455 - 8(国家图书馆)

本书是华南师范大学图书馆馆长朱建亮主持完成的课题“广东省图书馆服务效益与发展政策研究”的研究成果。课题组对广东省图书馆事业作了系统的调查和分析,对提高服务效益的理论和途径作了详尽的阐述,又专门对各类型图书馆的服务效益策略独立组织了多篇文章。全书分 8 个部分:第一部分是“总体策略”;第二至第七部分是根据图书馆服务效益与功能提高、读者利用、服务实践、办馆成本、效益评估等关系来安排的,每部分都是一般理论在前,具体操作在后;第八部分“结束语”是“政策建议”。全书内容涵盖了图书馆总体策略、革新结构与提高功能、服务受众与服务效益、强化和拓展服务实践降低办馆成本策略、以及各类图书馆服务效益综合研究,涉及公共、高校、科学、中专等各类图书馆的事业建设与管理。(张玲)

0304

百年文萃:空谷余音 / 中国图书馆学会主编. -- 北京:中国城市出版社,2005. -- 328 页;24cm. -- 中国图书馆百年系列丛书. -- 7 - 5074 - 1696 - 8(国家图书馆)

本书甄选百年来中国图书馆学精粹文论 60 篇,作者既有罗振玉、梁启超、沈祖荣、刘国钧、杜定友、王重民等文化名人、学界耆宿,也有近年来在业内崭露头角的年轻才俊。全书按时间脉络及学术特点,划分为 9 个发展段落,并采取分段评述,逐篇导读的形式,提要钩沉,剖文析理。原著与导读有机结合,厚重与睿智双重并举。俯仰之间,百年精粹洞然于胸。实为图书情报工作者研习之必备者。(卓连营)

0305

以人为本 服务创新 / 中国图书馆学会编. -- 北京:北京图书馆出版社,2005. -- 555 页:16 开. -- 7 - 5013 - 2797 - 1(国家图书馆)

本书为中国图书馆学会 2005 年年会优秀论文集,围绕着“以人为本,服务创新”这个主题,具体讨论了以下问题:1. 人文视野中的图书馆学;2. 图书馆权利;3. 信息素养教育与导读;4.图书馆信息资源的建设模式与规范;5.文献信息描述、组织、进展与展望;6.参考咨询服务及其管理;7.图书馆建筑与人文关怀;8.专业图书馆的改革、发展与深化服务。(金丽萍)

0306

图书情报工作研究2005 / 黄晓鹏,李黎明主编. -- 北京:中国科学技术出版社,2005. -- 433页;26cm. -- 7-5046-4082-8(国家图书馆)

本论文集内容包括:图书情报工作实践与改革、数字图书馆与现代信息技术、信息资源建设与共享、分类编目与藏书建设、读者工作与读者服务、期刊管理与利用研究、信息咨询服务工作研究与探讨、信息检索教学与信息素质教育、文献计量学、基层图书馆工作、队伍建设与继续教育等。本论文集所收录的文章反映了当前各种类型图书馆和情报工作部门的工作改革概貌,揭示了新时期图书情报工作所面临的挑战、机遇与对策,探讨了新形势对图书情报人员的要求,提供了许多可供学习和借鉴的新观点、新经验、新技术。本书适合各类型图书情报部门工作人员及高等院校图书情报专业师生阅读。(张玲)

0307

复合型图书馆的建设 / 刘传标著. -- 北京:北京图书馆出版社,2005. -- 244页;21cm. -- 7-5013-2760-2(国家图书馆)

本书是作者对图书馆发展问题的一些体认,旨在强调网络环境下我国图书馆建设要走中庸之路——融传统图书馆与数字图书馆于一体,集传统图书馆与数字图书馆优势于一体。全书共5章。第一章复合型图书馆的资源建设,包括复合型图书馆的建设、资源建设、网络化建设三节;第二章复合型图书馆资源配置和布局;第三章复合型图书馆的读者服务工作,详细论述了复合型图书馆读者服务工作内涵、复合型图书馆服务介质、复合型图书馆读者服务工作的机制体系;第四章复合型图书馆的管理与文化建设,作者详细论述了复合型图书馆的"人本"与"能本"管理、业绩考核与激励、"人本"与"能本"管理文化培育;第五章复合型图书馆的工作者队伍建设,主要包括复合型图书馆工作者的素质要求、人力资源开发、人才选拔、复合型图书馆工作者的能力测评。(张玲)

0308

战略思考:图书馆管理的10个热门话题 / 吴建中编著. -- 上海:上海科学技术文献出版社,2005. -- 239页:图;23cm. --7-5439-2483-8(国家图书馆)

本书围绕科学发展观与图书馆事业、战略规划、组织文化、绩效评估、服务价值链与核心竞争力、新公共管理与图书馆改革、知识管理、全面质量管理、营销管理、危机管理这10个现代图书馆管理的热点问题,探讨在新的环境下如何借鉴和引进现代社会新的管理思潮和方法,推动图书馆管理与服务的改进,发展适应现代社会需要、以人为本的图书馆知识服务体系。(张玲)

0309

图书馆创新服务战略研究 / 张晓林主编. -- 北京:北京图书馆出版社,2005. -- 335页:图;26cm. -- 7-5013-2816-1(国家图书馆)

本书是2005年在兰州召开的"中国科学院图书馆学情报学第十四次科学讨论会"的论文集。全书从不同角度,研讨了我国文献情报服务所面临的问题、实践上的创新进展和理论上的深层思考。(张玲)

0310

百年建筑:天人合一 馆人合一 / 中国图书馆学会主编. -- 北京:中国城市出版社,2005. -- 335页:插图;24cm. -- 中国图书馆百年系列丛书. -- 7-5074-1697-6(国家图书馆)

本书收录国家图书馆、北京大学图书馆、清华大学图书馆、上海图书馆、浙江图书馆等21家国内著名图书馆的建筑人文历史资料,其中包含数百帧珍贵照片。同时,与其馆舍的兴废相关联,还有不同时期政界、文化教育珍贵历史图片。这些馆大都具有较深厚的历史渊源,且传承关系明晰,新旧界等社会名流的襄赞与关注,人文气息亦较浓厚,比如梁启超与国立北平图书馆、李大钊与北京大学图书馆、朱自清与清华大学图书馆,以及民国政府与罗斯福图书馆、齐燮元与孟芳图书馆等等。所以,书名虽曰"百年建筑",初衷则是希图以图文并茂的形式,反映百年来中国图书馆建筑人文的兴衰起落,借以传达深刻而厚重的历史信息。故本书读者不仅限于图书馆界人士,凡关注中国近现代人文历史者,均会于本书中获得相当助益。(卓连营)

0311

北京大学信息管理系继续教育50周年纪念文集 / 北京大学信息管理系编. -- 北京:北京图书馆出版社,2006. -- 254页:16开. -- 7-5013-3175-8(国家图书馆)

本纪念文集包括北大信息管理系自1956年开展函授教育以来的历史回顾、继续教育研究、继续教育学员的成才之路、学员的论文选萃、函授站的总结等。此外,还收录了50年来继续教育的珍贵镜头——师生情谊、学期考试、会议交流、教授授课、毕业典礼等。(金丽萍)

0312

人文视野中的图书馆学 / 中国图书馆学会编. -- 北京:北京图书馆出版社,2006. -- 728页:16开. -- 7-5013-3009-3(国家图书馆)

本书是中国图书馆学会2005年年会的交流论文集。内容涉及以下主题:人文视野中的图书馆学,图书馆权利,信息素养教育与导读,图书馆信息资源的建设模式与规范,文献信息描述、组织进展与展望,参考咨询服务及其管理,图书馆建筑与人文关怀,专业图书馆的改革、发展与深化服务,和谐社会中的图书馆等,其中包括几篇美国图书馆界同仁撰写的论文。(金丽萍)

0313

中国图书馆学会年会论文集(2006年卷) / 中国图书馆学会编. -- 北京:北京图书馆出版社,2006. -- 376页:16开. -- 7-5013-3152-9(国家图书馆)

本书为中国图书馆学会2006年年会优秀论文集。全书包括四方面内容：面向大众的图书馆关怀；中国图书馆法制环境构建：法制保障与行业自律；图书馆数字资源的建设、共享与服务；大众阅读指导与和谐社会。（金丽萍）

0314

图书情报工作研究2006 / 黄晓鹂，李黎明主编. -- 北京：中国科学技术出版社，2006. -- 277页；26cm. -- 7-5046-4275-4（国家图书馆）

本论文集内容包括：图书情报工作实践与改革、数字图书馆与现代信息技术、信息资源建设与共享、分类编目与藏书建设、读者工作与读者服务、期刊管理与利用研究、信息咨询服务工作研究与探讨、图书馆与信息素质教育、基层图书馆工作、队伍建设与继续教育、档案工作等。本论文集所收录的文章反映了当前各种类型图书馆和情报工作部门的工作改革概貌，揭示了新时期图书情报工作所面临的挑战、机遇与对策，探讨了新形式对图书情报人员的要求，提供了许多可供学习和借鉴的新观点、新经验、新技术。本书适合各类型图书情报部门工作人员及高等院校图书情报专业师生阅读。（张玲）

0315

图书馆文化集萃 / 孙国霞，高静，孙慧荣主编. -- 哈尔滨：哈尔滨地图出版社，2006. -- 383页；20cm. -- 7-80717-435-8（国家图书馆）

本书共4章，主要介绍了图书馆期刊文献的内涵、特征和功能，以及期刊文献成长的历史，通过对这一篇篇文章的阅读，读者可以领略到历史的沧桑，追溯到历史的足迹。第一章报刊知识珍藏，介绍了老报纸和老期刊；第二章五彩斑斓的图书馆，编者介绍了中国最古老的图书馆、中国图书馆类型、世界著名的图书馆、多种形式的图书馆及人们心中的图书馆；第三章馆藏期刊目录摘要，编者将山东经济学院图书馆馆藏的期刊文献加以编辑，共录入了该馆1950至2005年700余种共计22500余册的期刊文献资料；第四章馆藏报纸文献，收录该馆1961年至2005年91种共计5100余份的报纸文献，解放前报纸共计8种621份。（张玲）

0316

爱上图书馆 / 王岫. -- 台北：九歌出版社有限公司，2006. --262页：图；21cm. -- 九歌文库. 746. -- 957-444-286-1（国家图书馆）

这是一本通俗读物。作者多年从事图书馆工作，书中收录了著者于2001至2005年间发表的有关图书馆和图书馆相关的人物、书业及阅读等方面的文章。共分4卷。卷一“与书最接近”。包括“来自集中营的明信片”、“读完《大英百科全书》的人”、“作家、历史学家、图书馆馆长”、“真诚文献”等文章13篇。卷二“不一样的书店”，包括“不退书的书店”、“杀人犯书店”、“四代女人经营的书店”、“双胞胎作家同时出版新作”等文章14篇。卷三“流浪的图书馆”，包括“第一夫人图书馆”、“世界最大的图书馆”、“美国国会图书馆的故事”、“天一、嘉业书乡行”、“海上图书馆”、“付费图书馆”等文章19篇。卷四“放下一切，阅读”、，包括“除了老花镜之外”、“放下一切而阅读”、“《湖滨散记》出版150周年”等18篇。书后附录“图书馆员常用的欧美书评、书讯杂志”。（赵红）

0317

图书馆事业与图书馆学教育 / 吴慰慈著. -- 北京：北京图书馆出版社，2006. -- 435页；21cm. -- 20世纪中国图书馆学研究文库；本书出版得到“北京大学创建世界一流大学计划”经费资助. -- 7-5013-3011-5（北京大学图书馆）

本书为吴慰慈教授历年来有关图书馆事业发展与图书馆学教育的论文结集。全书对图书馆事业的发展趋势、存在问题及解决方案，图书馆学教育的现状，教育改革，课程体系建设，学位教育问题等都进行了详细分析与讨论。（张玲）

0318

知识交流与交流的科学 / 黄纯元著. -- 北京：北京图书馆出版社，2007. -- 208页；23cm. -- 国家“十一五”重点图书出版规划项目. -- 978-7-5013-3440-7（北京师范大学图书馆）

黄纯元先生是一位英年早逝的图书馆学理论家，在研究图书馆学基础理论方面成果丰硕。本文集收入黄纯元先生1984年以后的学术论文18篇，主要包括“知识交流和交流的科学——关于图书馆学基础理论的建设”、“我国图书馆事业发展战略的若干思考”、“近年来我国图书馆学基础理论研究的主要进展”、“全国中青年图书馆学情报学新观点、新思想、新方法研讨会综述”、“论我国图书馆事业的基础结构”、“市场经济体制下的宏观信息控制问题——日本的信息政策及其对我国的启示”、“新的信息环境下的图书馆和图书馆情报学”、“关于《电子图书馆的神话》”、“图书馆与网络信息资源”、“论芝加哥学派”、“政治经济学视角中的未来图书馆论——读哈里斯和翰奈的《走向未来：后工业化时代的图书馆情报服务的基础》”、“变与不变之间——读伯克兰德的《图书馆服务的再设计》”、“追问图书馆的本质”等。这些论文对于我们了解国内国际图书馆学理论的发展，研究图书馆学理论的变革，具有重要的参考价值。（张玲）

0319

流转河畔光影：高雄市电影图书馆 / 黄婉玲，李孟哲撰稿. -- 台北：台湾“行政院文化建设委员会”，2007. -- 67页：彩图，彩照；23cm. -- 978-986-00-9186-1（国家图书馆）

本书介绍了高雄市电影图书馆的历史、发展及当地的文化特色。（赵红）

0320

典籍文化研究 / 刘文田主编. -- 赤峰：内蒙古科学技术出版社，2007. -- 332页；20cm. -- 978-7-5380-1543-0（山东财政学院图书馆）

本书主要包括：综合素质的提高与科学思维的形成，图书馆与社会，文献资源与人才成长，学习知识与自读技巧。（张玲）

0321

复合图书馆论纲 / 马谦著. -- 银川：宁夏人民出版社，

2007. -- 251 页;23cm. -- 本书为宁夏大学优秀学术著作出版基金资助项目. -- 978 - 7 - 227 - 03687 - 6(清华大学图书馆)

复合图书馆是20世纪末出现的新事物,很快为图书馆界同仁关注、研究、探索、实践。本书吸收了诸多复合图书馆研究论文成果,系统阐述了复合图书的理论与建设问题。全书共分7篇。理念篇集中阐述对复合图书馆重大问题的认识,应树立哪些理念;资源建设阐述网络环境下复合图书馆信息资源的采集、整理、组织与管理;服务篇系统说明复合图书馆的服务资源、服务方式、服务评估;管理篇运用当代管理科学理论阐述图书馆的全面质量管理、人力资源;馆员篇从馆员队伍建设角度阐述了复合图书馆的馆员队伍结构、质量与技能、培训、职业资格与职业精神;高校篇阐述高校复合图书馆建设中的个性问题;展望篇阐述了复合图书馆如何以创新精神应对挑战,完善发展。(张玲)

0322

北京地区图书馆大事记:1949—2006 / 倪晓建主编. -- 北京:北京图书馆出版社,2007. -- 244 页;21cm. -- 978 - 7 - 5013 - 3431 - 5(北京大学图书馆)

全书编排分为3个部分。第一部分:大事记。这一部分全面、系统地记载了58年来北京地区图书馆大事,为研究新中国建立以来北京地区图书馆史填补了史料连续记载方面的空白。第二部分:部分团体名称索引、人物索引。这部分内容为读者提供了查阅上的快捷。第三部分:公共图书馆馆史沿革。这一部分为关注和研究北京地区公共图书馆的沿革发展提供了较为详细的资料,其中还包括各个图书馆的馆藏特色,最大限度地方便和满足了广大读者不同的读书需求。本书具有时间最新、覆盖面广、内容详尽、编排科学、实用方便的特点。读者通过本书记载的北京地区不同类型图书馆发生的大事,可以全面客观地了解新中国成立以来至今北京地区图书馆事业发展的概况。(张玲)

0323

非营利事业的品质管理与行销 / 潘连乡著. -- 高雄县:高雄复文图书出版社,2007. -- 286 页;25cm. -- 英文题名:Total Quality Management and Marketing Management of Non - profit Organizations. -- 978 - 957 - 555 - 894 - 9(国家图书馆)

本研究针对台湾地区县市文化中心、乡镇公共图书馆在"全面品质管理"、"行销管理"方面做研究,针对"推行行销管理满意度"、"馆藏利用满意度"、"馆舍环境满意度"、"馆藏服务满意度"四大构面及人口变项,了解在此四项构面满意度的认知程度。

本书共分5章。第一章绪论包括研究背景、动机和目的等。第二章文献探讨与历史回顾,第三章研究方法,第四章实证结果与分析,第五章研究结论及建议。书前有江西城市学院副教授邹兵的序及本书的中英文摘要。书后有参考文献及附录。(赵红)

0324

传薪集:祝贺吴慰慈教授七十华诞文集 / 沈乃文主编. -- 北京:北京图书馆出版社,2007. -- 479 页, 28 页图版:图(部分彩图),肖像,摹真;25cm. -- 978 - 7 - 5013 - 3601 - 2(北京师范大学图书馆)

本书收录了业界为庆贺吴慰慈教授七十华诞而写的贺信、贺词与反映吴慰慈教授成长历程的资料性照片,同时收录了业界一些知名专家学者的学术论文,其中绝大部分是首次发表。这些论文包括"扩大看图书馆学基础理论的角度——为吴慰慈老师七十华诞而作"、"吴慰慈教授印象"、"引领图书馆学基础理论研究的持续创新——吴慰慈先生图书馆学思想探微"、"春风雨露润心田 学才德品誉学界——恭祝吴慰慈教授七十华诞"、"良师益友学林垂范——恭贺吴慰慈教授七秩华诞"、"青年的良师 珞珈之益友"、"与图书馆学理论共同成长——吴慰慈老师印象"、"师恩不言谢——我与吴慰慈老师交往的感受"、"从几件小事看吴慰慈老师的品格"、"深藏在记忆中的吴慰慈先生二三事"、"我的老师吴慰慈——献给吴老师七十寿辰"、"不懈的跋涉——记北京大学信息管理系教授吴慰慈"、"育人创新奉献——记北京大学信息管理系教授吴慰慈先生"、"一位令人如沐春风的学者——我认识的吴慰慈老师"、"金针度人启迪后学——师从吴老读博二三事"、"图书馆事业社会化断想——为庆祝吴慰慈老师七十诞辰而作"、"21世纪理论图书馆学的理论起点、历史任务与研究思路一基于知识"、"社会图书馆事业发展需要的21世纪图书馆学理论体系的构建"、"近代美国公共图书馆运动的精神成果"、"借鉴韦一麦模式构建以教育为导向的图书馆知识传播模式"等。(张玲)

0325

变革·发展·前瞻:第二届中美数字时代图书馆学情报学教育国际研讨会论文集 / 武汉大学信息管理学院,武汉大学信息资源研究中心,武汉大学图书馆学情报学国际合作研究院. -- 武汉:武汉大学出版社,2007. -- 631 页:图;26cm. --978 - 7 - 307 - 05649 - 7(武汉大学图书馆)

该论文集由2006年10月在武汉大学召开的"第二届中美数字时代图书馆学情报学教育国际研讨会"入选论文编成,共辑中国大陆和台湾省作者的69篇论文。论文集围绕8个问题探讨了数字时代我国图书馆学、情报学、档案学面临的挑战与发展机遇,探讨了在国家大力推进信息资源开发利用的实践中,图书馆学、情报学、档案学学科的变革与创新问题,加强中美在图书情报档案学领域的合作。(张玲)

0326

图书馆·情报与文献学研究的新视野:中国社会科学情报学会成立20周年学术论文集 / 中国社会科学情报学会编. --北京:社会科学文献出版社,2007. -- 507 页:图;24cm. --978 - 7 - 80230 - 865 - 7(北京师范大学图书馆)

2006年9月,中国社会科学情报学会在广西南宁召开了学会成立20周年庆祝大会,并举办了学术征文评奖活动。本论文集收集了全部获奖论文。同时,为了使论文集的涵盖面更加广泛,更加具有代表性,我们又单独约请了少数同志专为本论文集撰写了论文,同时从未获奖的征文中选取少量比较优秀的论文,重新加以编排,汇集成册。本论文集的作者来自全国“五大系统”的图书、情报、档案领域的教学和科研机构,其中既有领导干部、教授、研究人员,又有在一线从事实际工作的业务人员。论文内容几乎涵盖了图书、情报、档案领域的方方面面。其中既有系统和部门的业务工作探讨,又有某些专门领域的深入研究;既有传统领域的持续研究,又有前沿领域的不懈探索;既重视理论研究,又关注案例和实证分析;既有知名学者的引领性研究,又不乏后起之秀的大胆探索……所有这些,构成了本论文集百花齐放和多姿多彩的特点。(张玲)

0327

中国图书馆学会年会论文集(2007 年卷) / 中国图书馆学会编. -- 北京:北京图书馆出版社,2007. -- 477 页:图;26cm. --978 -7 -5013 -3495 -7(北京师范大学图书馆)

本论文集收录了中国图书馆学会 2007 年年会征文的一等奖论文。全书收集论文 85 篇,包括“图书馆核心价值的思考”、“我国数字图书馆立法问题思考”、“从职业需求角度反思当今图书馆学教育”、“近年来我国本体研究进展及其发展对策”等。(张玲)

0328

图书馆发展与和谐社会构建 / 中国图书馆学会编. --北京:北京图书馆出版社,2007. -- 460 页:图;26cm. -- 978 -7 -5013 -3434 -6(北京师范大学图书馆)

本书收 2006 年中国图书馆学会论文,涉及图书馆事业的发展,图书馆法治环境构建,数字资源建设、共享与服务,大众阅读指导,图书馆创新及高科技应用等论题。论文包括“人文关怀与图书馆文化建设的思考”、“论图书馆的文化责任”、“永恒的理念 不懈的实践——和谐社会图书馆奏响人文关怀的新乐章”、“面向大众的公共图书馆如何体现人文关怀”、“公共图书馆对社会弱势群体实施知识援助的探讨”、“边远落后地区图书馆发展与和谐社会构建”、“蔡元培与故乡图书馆事业”、“文献提供服务的发展的演变”、“贫困民族地区公共图书馆发展浅见”、“图书馆与和谐社会的关系:析 20 世纪末苏州乡镇图书馆建设历程”、“论中国图书馆立法”、“试论我国图书馆立法的重要性”、“从社会发展看图书馆立法的紧迫性”、“试论加快图书馆立法 促进公共图书馆行业自律”、“行业自律与图书馆法之生成”、“网络环境下医院图书馆的导读工作与文献资源建设”、“浅议图书馆古籍数字化工作”、“大学园区图书馆运作的实践与思考——以宁波大学园区图书馆为例”、“文献资源现状调研与整合建设——以西南大学图书馆为例”、“网络环境下科技资源建设实践及探讨——以空间生命科学与技术学科信息门户建设为例”、“科技创新与网络信息资源检索”、“基于知识决策的数字图书馆个性化推荐服务及模型的建立”、“浅述图书馆在树立社会主义荣辱观中的作用”、“和谐社会与和谐图书馆”、“建设和谐图书馆之我见”等。(张玲)

0329

夜晚的书斋 /(加)阿尔贝托·曼古埃尔(Alberto Manguel)著;杨传纬译. -- 上海:上海人民出版社,2008. -- 319 页:图,照片;21cm. -- 978 -7 -208 -07644 -0(国家图书馆)

本书生动讲述了书斋或图书馆在人类文明中的重要作用。曼古埃尔在法国的家里策划修建了一个书斋,他受到这件事的启发,进而告诉我们书斋或图书馆怎样体现了诸多个人乃至整个文明的回忆。本书轶事连篇,扣人心魄,从作者幼时的书架一直说到国际互联网的“全套”图书,从古代埃及、希腊到阿拉伯世界,从中国、罗马讲到谷歌。(韩丽)

0330

学海掬浪:大连民族学院图书馆同仁文集 / 包和平主编;大连民族学院图书馆编. -- 沈阳:辽宁民族出版社,2008. -- 963 页;24cm. -- 大连民族学院图书馆文库. -- 978 -7 -80722 -663 -5(国家图书馆)

本书分图书馆学、图书馆事业,文献资源开发与利用,少数民族文献学三部分,收集了大连民族学院图书馆老师公开发表的文章。(韩丽)

0331

高雄市电影图书馆的典藏文物委托研究计划. Ⅰ / 陈龄慧,林启寿计划主持. -- 高雄:高雄市政府,2008. --106 页:照片,剧照;30cm. -- 台湾数位内容计划研究(国家图书馆)

本书为灰色文献。本研究旨在透过对高雄市电影图书馆 4556 件电影文物(包括本事、唱片、电影宣传物、海报、照片、器材实物、书刊等七大类别)进行馆藏文物归纳与特色分析,并提出可供馆方未来收藏方向与文物展出之规划建议。在研究背景与现况中,首先分析七大类别文物件数占总馆藏件数比例,以提供文物典藏现况之整体概念;而后阐述本案所采行的研究方法、研究过程与研究困难所在。在研究分析中,分别对各项文物内容特色、分布年代与分布国别三层面说明七大类别文物特色。提出本案文物的年代集中于 1950—1979 年之间,文物集中于中国香港、中国台湾与美国三地,以及可呈现台湾及香港类型电影之脉络等三大主要研究发现。在建议事项中,对于馆藏方式提供收藏方式的短期建议。长期建议则从馆藏方向规划、数位典藏规划、展示主题规划等 3 个方向提出具体规划。附录六位口述访谈者的文字记录,并且附上馆藏文物的个别文物档案。(赵红)

0332

高雄市电影图书馆的典藏文物委托研究计划. Ⅱ / 陈龄慧,林启寿计划主持. -- 高雄:高雄市政府,2008. --222 页;30cm. -- 台湾数位内容计划研究(国家图书馆)

本书为灰色文献。本研究旨在透过对高雄市电影图书馆 4556 件电影文物(包括本事、唱片、电影宣传物、海报、照片、器材实物、书刊等七大类别)进行馆藏文物归纳与特色分析,提出可供馆方未来收藏方向与文物展出之规划建议。在研究背景与现况中,首先分析七大类别文物件数占总馆藏件数比例,以提供文物典藏现况之整体概念;而后阐述本案所采行的研究方法、研究过程与研究困难所在。在研究分析中,分别从各项文物内容特色、分布年代与分布国别三层面说明七大类别文物特色。提出本案文物的年代集中于 1950—1979 年之间,文物集中于中国香港、中国台湾与美国三地,以及可呈现台湾及香港类型电影之脉络等三大主要研究发现。在建议事项中,对于馆藏方式提供收藏方式的短期建议。长期建议则从馆藏方向规划、数位典藏规划、展示主题规划等3个方向提出具体规划。最终于附录上,整理出六位口述访谈者的文字记录,并且附上馆藏文物的个别文物档案。(赵红)

0333

中国古代文论与文献探微 / 陈应鸾著. -- 成都:巴蜀书社,2008. -- 361页;22cm. -- 比较文学与文艺学丛书,四川大学"211工程"重点建设学科项目,四川大学"九八五工程"文化遗产与文化互动项目. -- 978-7-80752-197-6(国家图书馆)

本书内容包括古代诗文论、古代小说戏曲论、古代文献论等四卷。(张玲)

0334

图书馆绩效评估 / 方小苏著. -- 杭州:浙江大学出版社,2008. -- 189页;24cm. -- 978-7-308-06080-6(国家图书馆)

本书通过对中外图书馆绩效评估的实践与研究综述,对影响图书馆绩效的因素的深度分析,构建了科学合理的图书馆绩效评估指标体系,并提出了多种评估方法。(韩丽)

0335

知识经济时代的图书馆发展与管理 / 高青著. -- 济南:山东省地图出版社,2008. -- 129页;24cm. -- 978-7-80754-170-7(国家图书馆)

本书内容包括:知识经济时代的图书馆发展、知识经济时代的数字图书馆、我国数字图书馆的建设、知识经济时代的图书馆管理。(张玲)

0336

图书馆文化馆工作论坛 / 河南省图书馆编. -- 西安:西安地图出版社,2008. -- 308页;28cm. -- 978-7-80748-307-6(国家图书馆)

本书收录图书馆事业、人力资源管理、信息服务等方面的论文。(张玲)

0337

图书馆服务的学科化与个性化:2008:图书馆学科化、个性化国际学术研讨会文集 / 胡越主编. -- 北京:首都师范大学出版社,2008. -- 704页;26cm. -- 978-7-81119-385-5(国家图书馆)

本书为"2008·图书馆学科化、个性化服务的发展"国际学术研讨会的论文集,共收录海内外学者的论文数十篇。(韩丽)

0338

图书情报工作研究. 2008 / 黄小鹏,刘梅申主编. -- 北京:中国科学技术出版社,2008. -- 286页;26cm. -- 978-7-5046-5224-9(国家图书馆)

本论文集内容包括图书情报工作实践与改革、数字图书馆与现代信息技术、信息资源建设与共享、分类编目与藏书建设、读者工作与读者服务等。(张玲)

0339

子部要籍概述 / 黄永年著. -- 南京:江苏教育出版社,2008. -- 171页;23cm. -- 古文献学基础知识丛书,普通高等教育"十一五"国家级规划教材,全国高校古籍整理研究工作委员会规划重点项目. -- 978-7-5343-8522-3(国家图书馆)

本书共分为17章,内容包括绪论、汉魏以下议论、理学、考证之学、法律,农艺工技、医药、天文算法等。(张玲)

0340

图书馆在和谐社会中的作用研究 / 李英著. -- 兰州:甘肃民族出版社,2008. -- 232页;21cm. -- 978-7-5421-1426-6(国家图书馆)

本书分为6章,内容包括构建和谐社会是中国社会主义的实践总结、图书馆致力资源整合与和谐社会共赢、图书馆建设在和谐社会中的创新对策、图书馆事业发展需要法律保障等。(韩丽)

0341

文献资源建设与共享的思考:北京市宣武区图书馆论文集 / 林凤兰编著. -- 北京:中国人口出版社,2008. -- 353页;26cm. -- 978-7-80202-936-1(国家图书馆)

本书内容包括:图书馆建设与发展、图书馆服务与创新、阅读指导与阅读服务、特色资源建设、图书馆馆员的职业精神等。(韩丽)

0342

现代文献信息资源建设 / 刘秉文,王志国,李志勇主编. -- 呼和浩特:内蒙古人民出版社,2008. -- 238页;26cm. -- 图书馆文献信息业务工作实用丛书. -- 978-7-204-09648-0(国家图书馆)

本书从实用角度出发,较全面、系统地阐述了文献信息资源建设的基础知识、基本概念、基本理论和基本原则,现代文献信息的类型及其特征,文献信息资源建设工作的内容和文献信息的组织管理。(韩丽)

0343

北京师范大学图书馆庆祝建馆105周年论文集 / 刘利主编. -- 北京:北京图书馆出版社,2008. -- 502页;21cm. -- 978-7-5013-3595-4(国家图书馆)

本书收录北京师范大学图书馆工作人员所著论文计67篇,内容涉及文献资源建设、信息服务、信息技术与数字图书馆、图书馆管理及学科专题研究诸方面。(韩丽)

0344

南京图书馆新馆开放暨百年馆庆学术研讨会论文集 / 南京图书馆编. -- 扬州:广陵书社,2008. -- 455页:照片;29cm. --978-7-80694-360-1(国家图书馆)

本书收录了南京图书馆新馆开放暨百年馆庆学术研讨会的论文一百余篇,反映了图书馆界近年来对事业发展和素质提高的思考和研究成果。(张玲)

0345

知识创新与图书服务:第四届上海国际图书馆论坛文集 / 上海图书馆编. -- 上海:上海科学技术文献出版社,2008. -- 365页;26cm. -- 978-7-5439-3671-3(国家图书馆)

本书是第四届上海国际图书馆论坛文集,分为数字时代

的图书馆与情报服务、Web 2.0 背景下的图书馆、图书馆的核心竞争力与图书馆职业的未来等部分。(张玲)

0346

二十世纪中国古旧书业资料丛刊 / 上海图书公司编. -- 扬州:广陵书社,2008. -- 12 册:摹真;38cm. -- 978 - 7 - 80694 - 337 - 3(国家图书馆)

含古旧书刊介绍、金陵刻经处流通经典目录、解放后图书收集价格目录、上海古籍书店编印古籍报价单、泰州市古籍书店图书目录。(张玲)

0347

图书馆建设与发展 / 史红艳执行主编. -- 北京:华艺出版社,2008. -- 256 页;24cm. -- 版权页题:高源主编. -- 978 - 7 - 80142 - 938 - 4(国家图书馆)

本书包括图书馆的职能与服务创新、图书馆现代化建设与服务、少儿图书馆工作、业务研究、资源共享以及社区乡镇图书馆等内容。(韩丽)

0348

图书馆服务均等化与资源共享 / 万群华,胡银仿主编. -- 武汉:湖北科学技术出版社,2008. -- 2 册(653;568 页);26cm. -- 978 - 7 - 5352 - 4223 - 5(国家图书馆)

本书内容涉及:图书馆服务均等理论研究、文献资源建设与文献资源共享、社会主义新农村建设与图书馆信息服务、图书馆延伸服务与大众阅读、社区乡镇图书馆与少年儿童阅读、馆员素质与图书馆服务等方面。(韩丽)

0349

书香 / 王红卫编著. -- 合肥:安徽美术出版社,2008. -- 221 页:图(部分彩图),肖像;23 × 25cm. -- 978 - 7 - 5398 - 1806 - 1(国家图书馆)

好的书籍设计师知道如何让自己的设计在感情的层面上触动人心,知道如何让文字讲述故事,如何让色彩创造情绪,如何让版面施放信息,如何让图像传达情感。该书正是在实践着这样的理想。本书中作品既是设计者对书籍设计感悟的过程,也是作者与同学互动的过程。从形态到编排,每一个细节都进行了周密的斟酌。(张玲)

0350

城市图书馆公共文化服务体系论丛 / 王世伟主编. -- 上海:上海社会科学院出版社,2008. -- 298 页;21cm. -- 本书获上海图书馆上海科学技术情报研究所学术带头人基金资助. --978 - 7 - 80745 - 308 - 6(国家图书馆)

本书收录了"关于加强图书馆公共文化服务体系结构与布局的若干思考"、"坚持四大创新,推进国际大都市文化共享工程建设"、"图书馆文化多样性服务述略——以上海图书馆为例"等文章。(韩丽)

0351

文献・信息・教育:王酉梅文集 / 王酉梅编著. -- 北京:(内部出版),2008. -- 592 页;21cm(北京师范大学图书馆)

本文集是作者自 1979 年 3 月以来陆续发表的文章汇编,包括图书馆学、文献信息学与教育问题三方面内容。全书分为图书馆学与文献信息学、国外图书馆与比较图书馆学、历史文献与中国图书馆史、教育问题、英文篇目等五部分,收录文献 69 篇。(张玲)

0352

图书馆与图书馆学 / 王志国,王泽武,马淑坤主编. --呼和浩特:内蒙古人民出版社,2008. -- 302 页;图;26cm. -- 图书馆文献信息业务工作实用丛书. -- 978 - 7 - 204 - 09648 - 0(国家图书馆)

本书从实用角度出发,通过图书馆概述、图书馆类型、图书馆工作、图书馆事业的发展等章节,对图书馆和图书馆学作了简明系统的阐述,并对国内外著名图书馆进行了介绍。(韩丽)

0353

中国高校哲学社会科学发展报告:1978—2008. 图书馆学、情报学与文献学 / 吴慰慈主编. -- 桂林:广西师范大学出版社,2008. -- 409 页:图;25cm. -- 978 - 7 - 5633 - 7866 - 1(国家图书馆)

本书总结了改革开放 30 年来图书馆学、情报学、文献学学术发展的进程,描述了 30 年来图书馆学、情报学、文献学学术发展的重大事件及标志性成果,展示了 30 年来图书馆学、情报学、文献学的学术发展成就。一是图书馆学研究的进展,包括文献信息交流理论的形成、现代图书馆管理理论的提出、传统的文献揭示和整序理论的进一步发展;二是情报学研究,主要在基础理论研究、情报检索方面,全面地吸收了苏联和美、英、德、日、法等国家的情报学理论,构建具有中国特色的情报学学科体系;三是文献学研究成果,主要表现在古文献整理、古典文献学、分科文献学、综合文献学、现代文献学、档案学与出版学等领域。(张玲)

0354

名人与图书馆 / 徐铁猊著. -- 北京:国家图书馆出版社,2008. -- 238 页:照片;21cm. -- 978 - 7 - 5013 - 3660 - 9(国家图书馆)

本书将图书馆发展历程中值得记取的事物和人物连缀成篇,从一个侧面品味历史、品味文化。(韩丽)

0355

文津论丛:国家图书馆第九次科学讨论会获奖论文选集 / 詹福瑞主编. -- 北京:北京图书馆出版社,2008. -- 280 页;26cm. -- 978 - 7 - 5013 - 3603 - 6(国家图书馆)

本书收录了国家图书馆第九次科学讨论会上的获奖论文,其内容涉及国家图书馆书目数据整合与质量控制、家谱数据库建设、元数据整合、网络资源与规范记录维护等。(韩丽)

0356

图书馆质量评估体系与国际标准 / 张红霞著. -- 北京:国家图书馆出版社,2008. -- 264 页;26cm. -- 978 - 7 - 5013 - 3641 - 8(国家图书馆)

本书内容包括国际图书馆质量评估体系概述、国际图书馆绩效评估体系、国际图书馆成效评估。(韩丽)

0357

书苑文丛 / 张厚生著. -- 南京:东南大学出版社,2008. --

515 页;24cm. -- 封面英文题名:The Collection of Zhang Housheng's Articles on Library and Information Science. -- 978 -7 -5641 -1164 -9(国家图书馆)

本书收录了著者关于书、读书、文献利用、图书馆、图书馆理论与方法、目录学研究、信息技术应用与网络信息获取、书评、记述及有关图书馆用户培训、图书馆学情报学专业教学等方面的文章。(韩丽)

0358

新信息环境下图书馆合作与资源共享 / 张会田,巩林立,白兴礼著. -- 兰州:甘肃民族出版社,2008. -- 307 页;21cm. --978 -7 -5421 -1332 -0(国家图书馆)

本书重点对图书馆合作与资源共享的基本理论、国内外图书馆合作与资源共享发展现状、图书馆联盟建设实践模式与运行机制等问题进行了较为详尽的论述。(韩丽)

0359

图书馆与文献信息检索 / 赵丽君主编. -- 哈尔滨:东北林业大学出版社,2008. -- 230 页;19cm. -- 978 -7 -81131 -262 -1(国家图书馆)

本书主要讲述了 4 方面的内容:一是对图书馆的认识;二是对文献的检索、检索工具的认识;三是社科、科技文献的检索方法;四是计算机文献检索的认识。(韩丽)

0360

不朽的图书馆精神:汶川地震与家园重建:中国图书馆学会 2009 年学术年会论文集 / 中国图书馆学会主编 ;程焕文编. -- 北京:国家图书馆出版社 ,2009. -- 222 页;21cm. -- 北京世纪超星有限公司赞助出版. -- 978 -7 -5013 -4177 -1(国家图书馆)

本书是入选中国图书馆学会 2009 年学术年会分主题“不朽的图书馆精神:汶川地震与家园重建”的优秀论文专集,内容包括:不朽的精神、不屈的脊梁、重建的思考、社会的援助、灾害的防范、精神的弘扬等。(张收棉)

0361

图书情报工作研究. 2009 / 黄晓鹂,刘梅申主编. -- 北京:科学普及出版社,2009. -- 244 页;26cm. -- 978 -7 -110 -07116 -8(国家图书馆)

本论文集内容包括:图书情报工作实践与改革、文献资源建设与共享、数字图书馆与现代信息技术、信息素质教育与信息服务、分类编目与藏书建设、读者服务工作与读者服务等。(赵红)

0362

图书馆与多样化服务 /《图书情报工作》杂志社编. -- 北京:海洋出版社,2009. -- 439 页;21cm. -- 978 -7 -5027 -7327 -4(国家图书馆)

本书共分为 6 个专题,包括:国际大都市图书馆指标体系研究、城市中心图书馆向社区基层延伸、民营图书馆研究、多元化用户需求呼唤多样化图书馆服务、语义网格环境下数字图书馆知识组织理论研究、推荐系统与数字图书馆。(赵红)

0363

图书馆延伸服务 / 陈克杰主编. -- 上海:上海科学技术文献出版社,2009. -- 234 页:照片;24cm. -- 978 -7 -5439 -3816 -8(国家图书馆)

本书总结出图书馆延伸服务工作中带有规律性的认识与举措,基于对沿海和中西部不同地区图书馆延伸服务案例资料的具体分析,提供了破解发展瓶颈难题的成功经验。(赵红)

0364

图书馆管理与利用 / 程应红编著. -- 合肥:安徽大学出版社,2009. -- 170 页;24cm. -- 978 -7 -81110 -606 -0(国家图书馆)

本书共分 7 章,主要内容有图书馆概述、图书馆藏书、图书馆读者服务工作、图书馆目录、文献信息检索、工具书的使用、数字图书馆。书前有作者写的前言。(赵红)

0365

复合图书馆理论与方法 / 初景利等著. -- 上海:上海交通大学出版社,2009. -- 185 页;24cm. -- 国家社会科学基金项目研究成果. -- 978 -7 -313 -05656 -6(国家图书馆)

本书是国家社会科学基金项目“复合图书馆理论与我国复合图书馆建设模式研究(批准号:03BTQ005)”的最终研究成果。本书站在国际图书馆的大背景下,从多个方面、不同角度,系统而深刻地剖析了“复合图书馆是图书馆发展的战略选择”这一重大命题,以翔实的理论和大量的事实,对数字图书馆和传统图书馆的关系作了有说服力的分析研究,梳理和提出了复合图书馆存在和发展的理论基础,通过国内外大量的优秀实践(best practice)总结并阐述了复合图书馆在信息资源、用户服务、人员队伍、技术支撑等方面的建设策略。(赵红)

0366

图书馆工作论丛 / 黄俊贵,张晓源主编. -- 北京:首都经济贸易大学出版社,2009. -- 412 页;21cm. -- 978 -7 -5638 -1714 -6(国家图书馆)

本书共收入论文 57 篇,按内容划分为 7 个专题。包括:图书馆事业建设与管理工作、图书馆读者服务工作、社会阅读与公益讲座工作、文献采选与编目工作、图书馆自动化、数字化建设工作、古籍与地方文献工作、图书馆馆员素质教育工作。(赵红)

0367

图书馆服务转型研究与实践 / 李宏荣,周金龙主编;广东省科技图书馆编. -- 汕头:汕头大学出版社,2009. -- 336 页;24cm. -- 978 -7 -81120 -645 -6(国家图书馆)

本书是“图书馆服务转型:研究与实践”学术研讨会的重要成果之一,共收录 53 篇论文,内容涉及图书馆服务转型战略、情报研究与科学决策的理论与实践等。(王旭东)

0368

信息社会与多元化:云南省图书馆百年馆庆国际学术研讨会论文集(1909—2009) / 李友仁主编. -- 昆明:云南大学出版社,2009. -- 285 页;26cm. -- 978 -7 -81112 -881 -9(国

家图书馆)

本书收录了公共图书馆在多层次、多文化、多民族的信息社会中的地位和作用、多元民族文化和资源建设、民族文化探索与资源多元化、多民族文化的传承与共享、参会论文摘要选登等五方面的论文。(赵红)

0369

西部图情论丛:川陕甘毗邻地区图书情报协作网第九届年会学术论文集 / 刘军主编;川陕甘毗邻地区图书情报协作网编. -- 成都:西南交通大学出版社,2009. -- 316 页;26cm. -- 978 - 7 - 5643 - 0491 - 1(国家图书馆)

本书收录了 78 篇论文,从目录学和文献、目录、校对、版本等学科,题目涉及传统图书馆业务、图书馆服务、图书馆自动化、图书馆数字化和网络化、图书馆管理等诸多方面。(赵红)

0370

吉林省图书馆学术文集 / 孙利民主编. -- 长春:吉林人民出版社,2009. -- 430 页;29cm. -- 978 - 7 - 206 - 06173 - 8(国家图书馆)

本书收录 111 篇吉林省图书馆馆员在期刊或报纸上公开发表的文章,时间范围为 1979 年至 2008 年末,内容涉及图书馆学基础理论、图书馆管理、数字化等。(赵红)

0371

四川省图书馆学会成立 30 周年纪念专集 / 唐岚主编;四川省图书馆学会编. -- 成都:四川人民出版社,2009. -- 2 册(220;450 页):照片,彩图;24cm. -- 978 - 7 - 220 - 07999 - 3(国家图书馆)

本书上卷《回眸与展望》选编了四川图书馆界以及学会同仁的纪念和回忆文章;下篇《同人文集》汇集了 40 余篇曾发表在全国相关图书情报专业类学术期刊上的学术论文。(赵红)

0372

春花秋实 / 王红著. -- 上海:上海社会科学院出版社,2009. -- 186 页:照片;21cm. -- 978 - 7 - 80745 - 617 - 9(国家图书馆)

本书收录的是作者工作二十多年来所写的二十多篇论文,从文章中可以读出作者的工作轨迹,读出作者的工作心态。(王旭东)

0373

图书馆服务标准论丛 / 王世伟主编. -- 上海:上海社会科学院出版社,2009. -- 322 页;21cm. -- 978 - 7 - 80745 - 613 - 1(国家图书馆)

本书收录的文章包括:“数字图书馆的技术服务及其相关规范”、“创新型示范企业综合评估体系研究”、“主题图书馆述略”、“新中国图书馆服务理念与实践 60 年管窥”、“上海图书馆网上自助服务探索与实践”等。(王旭东)

0374

现代图书馆资源开发与利用 / 徐娜,陆桂霞,许雪梅主编. --哈尔滨:东北林业大学出版社,2009. -- 387 页;21cm. -- 978 - 7 - 81131 - 468 - 7(国家图书馆)

本书分开发篇和利用篇两部分,共分 12 章。开发篇主要介绍了现代图书馆资源开发与利用的理论视角、复合图书馆业务流程开发、数字化图书馆的开发、网络环境下图书馆服务管理的开发、图书馆人力资源开发等内容。利用篇主要包括手工信息检索、光盘检索、国内外主要网络数据库检索利用、网络信息检索、联机检索系统、科学研究信息检索等内容。(赵红)

0375

图书馆理论与实践的发展热点研究 / 杨勇著. -- 长沙:中南大学出版社,2009. -- 229 页;21cm. -- 978 - 7 - 81105 - 824 - 6(国家图书馆)

本书简单概括了图书馆产生、发展的历史及其不同阶段的形态特征,简要归纳了图书馆学科理论系统的演进,对图书馆面向多样化、开放性的知识信息环境的发展做了研究。全书共分 9 章。第一章图书馆的产生和发展,第二章图书馆发展的三种形态,第三章图书馆学的基本理论,第四章开放存取运动,第五章信息共享空间,第六章资源整合,第七章知识管理,第八章知识服务,第九章发展热点和前景展望。书前有前言。(赵红)

0376

留住渐渐远去的歌:非物质文化遗产保护与图书馆的地域性 / 游明元著. -- 北京:中国科学技术出版社,2009. -- 188 页:照片,图;21cm. -- 978 - 7 - 5046 - 5541 - 7(国家图书馆)

本书立足图书馆这一主体与非物质文化遗产这一客体之间的关系展开论述。书的上篇是对理论建构的探讨,下篇是在理论指导之下的案例分析。(王旭东)

0377

国家图书馆同人文选. 第四辑 / 詹福瑞主编;《国家图书馆同人文选》编委会编. -- 北京:国家图书馆出版社,2009. -- 543 页;26cm. -- 978 - 7 - 5013 - 4074 - 3

本书所选文章按照“图书馆管理”、“图书馆基础业务”、“数字图书馆研究”、“文献学研究”四部分分类编辑,包括“论国家图书馆分层服务”、“国图收藏的美国政府出版物及其开发利用研究”、“试论国家图书馆元数据整合”、“北京房山十字寺辽元碑质疑”等文章。(赵红)

0378

图书馆建设 / 张存生著. -- 北京:军事谊文出版社,2009. --110 页;21cm. -- 978 - 7 - 80150 - 769 - 3(国家图书馆)

本书介绍了我国图书馆建设的历史,阐述了作者对于图书馆建设事业中有关图书馆馆舍建设、馆藏文献资源建设、图书馆的专业队伍建设、图书馆的规章制度建设的看法等。(王旭东)

0379

南开大学图书馆建馆九十周年纪念集:1919—2009 / 张毅主编;南开大学图书馆编. -- 天津:南开大学出版社,2009. --399 页:照片;26cm. -- 978 - 7 - 310 - 03274 - 7(国家图书馆)

本书收录了“我与近三十年的南开图书馆”、“我和图书馆一起成长”、“建国以来史学期刊及史学问题之我见”、“浅谈高校图书馆建筑设计”、“浅谈高校图书馆古籍修复”等文章。(王旭东)

0380

创新与发展:信息时代的图书馆:第三届中美图书馆论坛/张仲华,张帆,廖寅主编. -- 昆明:云南人民出版社,2009. -- 317页:照片;29cm. -- 978-7-222-05988-7(国家图书馆)

本书收录了2008中美图书馆实务论坛中的部分内容,包括图书馆建设与管理、图书馆服务创新与信息咨询、图书馆学科建设与信息素质教育、图书馆员队伍建设与文化建设、图书馆对建筑的要求等。(王旭东)

0381

图书馆学科服务研究/郑邦坤编著. -- 成都:电子科技大学出版社,2009. -- 184页;26cm. -- 978-7-5647-0383-7(国家图书馆)

本书立足于我国图书馆学科服务的实际,研究了信息环境变化下的学科服务相关问题,包括学科馆员制度建立、学科服务队伍建设等。(王旭东)

0382

创新图书馆工作研究/唐蒙编. -- 昆明:云南美术出版社,2009. -- 210页:照片;21cm. -- 978-7-80695-893-3(国家图书馆)

本书共分6章,包括读者服务与管理、公安文献检索与信息利用、图书馆素质教育、信息检索系统与检索工具、图书馆建设、特色数据库研制与开发等章节。(王旭东)

图书馆学综论

0383

图书馆教育/(日)户野周二郎撰,谢荫昌译. -- 奉天图书发行所,1910. -- 206页(辽宁省图书馆)

全书共有图书馆之要旨、关于图书馆发达之意见、欧美学者关于学校图书馆之名论、欧美各图书馆及日本各图书馆之概况等18章,后附日本图书馆令、日本图书馆规程、日本公立学校图书馆职员退隐金及遗族扶助金制度等10项。(卓连营)

0384

图书馆小识/通俗教育研究会. -- 编者刊,1917. -- 218,10页:表;24开(国家图书馆)

共22章,论述图书馆之必要、效果,介绍图书馆之种类、创立及经费、职员及职务,图书馆的建筑、器具,普通图书馆、儿童图书馆、学校图书馆,讲述图书的选择、购买、目录、分类法、阅览及出纳,分馆、巡回文库、家庭文库等。原著者为日本图书馆协会。书前有绪言,书末附录图书分类准绳。(胡月平)

0385

图书馆简说/蔡莹. -- 上海:中华书局,1922,1924,1928,1932,1935. -- 43页:图表;24开. -- 教育丛书(国家图书馆)

分绪言、分类、子目、登载、目录、编目、入架、装订、借书、杂志、购书、设备12节。(胡月平)

0386

图书馆学(上、下册)/杨昭悊. -- 上海:商务印书馆,1923,1926,1928,1933. -- 2册,496页:图表;32开. -- 尚志学会丛书(国家图书馆)

分总论、图书馆和教育、图书馆经营法、图书馆组织法、图书馆管理法、图书分类、图书目录、促进图书馆教育的机关8篇。有蔡元培、戴超、林志钧的序及编者序,共4篇。有凡例。附录教育部图书馆规程、中华图书馆协会组织大纲、图书馆学用语英汉对照表等9种。(胡月平)

0387

图书馆学通论/杜定友. -- 上海:商务印书馆,1925,1928,1931,1933. -- 53页;32开. -- 上海图书馆协会丛书

未见书。见录于《民国时期总书目·文化教育分册》。共四章,论述了图书馆教育、图书馆与教育、图书馆与社会、图书馆与图书馆学。前冠丛书总序。(胡月平)

0388

图书馆通论/杜定友. -- 上海:商务印书馆,1925,1928,1933. -- 53页;19cm. -- 上海图书馆协会丛书(国家图书馆)

分图书馆教育、图书馆与教育、图书馆与社会、图书馆与图书馆学4章。前有《上海图书馆协会丛书总序》。(胡月平)

0389

图书馆学概论/杜定友. -- 上海:商务印书馆,1927. -- 136页;48开. -- 百科小丛书. 第13辑. 第154种/王云五主编(国家图书馆)

分40章,介绍图书馆的意义、略史、组织、经费、建筑、行政、馆员、设备、规则、统计等,以及图书的选择、购订、编目、典藏、阅览、参考等各项业务工作,各种类型的图书馆、图书馆学书目。(胡月平)

0390

图书馆学ABC/沈学植. -- ABC丛书社,1928,1929. -- 130页:表;32开;精装. -- ABC丛书(国家图书馆)

分现在需要哪种图书馆、图书馆组织和职务、图书选择与购置、日报杂志公报小册、参考用书、分类编目、图书馆公开的办法、图书馆的用具、图书馆与教育、图书馆学与图书馆事业10章。有徐蔚南的《ABC丛书发刊旨趣》及著者序言。末附参考书及ABC丛书目录。(胡月平)

0391

现代图书馆序说/马宗荣. -- 上海:中华学艺社,1928,1933. -- 63页:像及表;25开. -- 学艺会刊. 16(国家图书馆)

共6章,论述图书馆的意义及任务、沿革、类别,现世的图书馆,图书馆的必要与效果。有著者序及凡例。(胡月平)

0392

图书馆之使命及其实施 / 蒋镜寰. -- 中央大学区立苏州图书馆,1929. -- 15 页;32 开(国家图书馆)

分上、中、下三部分,主要论述了图书馆的使命,以及图书馆的实施。(胡月平)

0393

图书馆学九国名词对照表(中、英、德、法、意、西、荷、瑞、丹) / 徐能庸编译. -- 上海:商务印书馆,1930,1933. -- 87 页;32 开. -- 图书馆学丛书(国家图书馆)

中文名词顺序依照王云五的四角号码检字法排列。前有编者小引。按 Axel Moth's Grossary of Library Terms 一书编译而成。(胡月平)

0394

图书管理学 / 杜定友. -- 上海,中华书局,1932. -- 362 页

一部专业性教科书,遵照当时教育部颁行的相关课程标准标制。全书有导言,正文 38 课,1 – 14 课论述了图书馆及参考书的用法,15 – 38 课论述了图书馆的各种管理方法。末有附录 7 件和附图目次。(胡月平)

0395

图书馆学要旨 / 刘国钧. -- 上海:中华书局,1934,1949. -- 10,162,12 页:图表;32 开. -- 中华百科丛书(国家图书馆)

共 8 章,论述图书馆学的意义与范围,参考部与参考书,图书的阅览与推广,图书的分类,编目,选购与登录,建筑与设备,以及图书馆行政。有舒新城的总序、例言。附录中文图书编目片之格式、中文名词索引、西文名词索引 3 种。(胡月平)

0396

比较图书馆学 / 程伯群编著;杜定友校订. -- 上海:世界书局,1935. -- 252 页:表;25 开(国家图书馆)

分图书馆行政、图书馆技术、分类编目学、书志目录学 4 编,共 25 章。有杜定友、崔竹溪的序及编者自序。(胡月平)

0397

图书馆简说 / 蔡莹,楼云林. -- 上海:中华书局,1936,1941. -- 36,50 页:图表;32 开. -- 初中学生文库(国家图书馆)

分绪言、分类、子目、登载、目录、编目、入架、装订、借书、杂志、购书、设备 12 节。卷首有《编印"初中学生文库"缘起》及"初中学生文库总目"。(胡月平)

0398

图书馆学通论 / 俞爽迷. -- 南京:正中书局,1936,1947. -- 10,221 页:图表:32 开. -- 师范丛书(浙江图书馆)

为图书馆工作者的入门学习范本。共分 25 章,的内容包含图书馆定义、发展、组织、经营、管理,图书馆学的研究,图书的订购、整序、修补、使用以及公众享受图书馆权利等众多问题。孙贵定、钟鲁斋、吴家镇三人作序。本书原为江苏省立教育学院民众教育学系讲稿。(王效良)

0399

实用图书馆学 / 喻友信. -- 上海:中国图书馆服务社,1937. -- 232 页:图表;36 开. -- 现代图书馆丛书

分图书馆通论、图书馆学论、图书馆杂论 3 编。前有杜定友、蒋复璁、沈祖荣为其作序,有自序。末附 1930 年 5 月 9 日教育部公布的图书馆规程。(胡月平)

0400

图书馆学论丛 / 吕绍虞. -- 杭州:浙江省立英士大学图书馆印行,1938. -- 188 页. -- 浙江省立英士大学图书馆丛书(上海图书馆)

分 9 部分,主要包括通论、分类与编目、大学图书馆、儿童图书馆、各国图书馆概况、书报批评及介绍、其他及附录九部分。(金晓明)

0401

图书馆 / 杜定友. -- 长沙:商务印书馆,1940,1941. --58 页:图表;32 开(国家图书馆)

内容包括引言、概论、组织、图书、分类、编目、典藏、阅览、流通。有著者序,附录图书馆学参考书、各种规则举例。(胡月平)

0402

图书馆学书目 / 冯爱琼. -- 广州:广东省立图书馆,1947. --油印本

未见书。见录于李钟履《图书馆学书籍联合目录》。(胡月平)

0403

图书馆学论丛续集 / 吕绍虞. -- 南京大学书店,1947. -- 44 页;32 开(国家图书馆)

收"创设图书馆学研究所刍议"、"略评现行图书馆法规"、"我国大学教育的一个缺陷"、"新时代图书馆的使命"等 10 余篇。前有"纪念先父清澄公"一文写作时间。(胡月平)

0404

图书馆简说 / 楼云林. -- 上海:中华书局,1948. -- 45 页:图表;32 开. -- 中华文库. 初中第 1 集

介绍了图书馆的组织、建筑、设备、征购分类、编目、典藏、出纳等,共 10 节。(胡月平)

0405

实用图书馆学讲义 / 胡卓. -- 编者刊,1949 (前). --62 页:表;32 开

未见书。见录于《民国时期总书目 · 文化教育分册》。(胡月平)

0406

图书馆通论 / 马宗荣. -- 大夏大学部,1949 (前). --49 页;16 开

封面、封底缺,年代不详,主要内容包括图书馆的意义、任务,以及中国图书馆的沿革效果等。(胡月平)

0407

图书馆学教学大纲 / 北京大学图书馆专修科译. -- 北京:北京大学图书馆专修科(内部出版),1951. -- 35 页;26cm

未见书。

0408

新图手册 / 杜定友编. -- 上海:中华书局,1951. -- 179 页;

17cm(北京师范大学图书馆)

全国解放后,图书馆事业也有新的转变,作者为了适应各方需求,特编本手册。书中对于图书馆的设置、行政的处理、图书的整编、阅览的指导、公物的管理,均列举具体的办法,并附有图表三十余种。全书注重实务,不尚理论,最适合中小学图书馆及一般公共图书馆之用。书中内容为:000 设置、100 选购、200 登记、300 分类、400 编目、500 典藏、600 流通、700 参考、800 杂件、900 附表。书中条目,采用十进制,以便各馆遇到特别情形时,可以依次删减,不至于影响全书的次序。(张玲)

0409

图书馆 / 江夏明编撰. -- 上海:友联出版社,1951. --53 页;17cm. -- 通俗百科小丛书

未见书。

0410

怎样创办图书馆 / 杨宗虎编撰. -- 上海:文化出版社,1953. -- 111 页;18cm

本书系统的叙述创办图书馆的方法和手续,着重在说明新旧图书馆的不同和当时图书馆工作的方式方法,以及工作人员的修养问题,另外,还介绍了当时苏联在这方面的先进经验。(张玲)

0411

列宁论图书馆工作 /(苏)列宁(В. И. Ленин)著;苏大悔译;中央人民政府文化部社会文化事业管理局辑. -- 北京:中央人民政府文化部社会文化事业管理局(内部出版),1954. -- 49 页;18cm

收录列宁的“论彼得格勒公共图书馆的任务”和“致教育人民委员部”两文。附录《真理报》社论《图书馆员社会论》等内容。

0412

列宁论图书馆工作 /(苏)克鲁普斯卡娅(Н. К. Крупекая)著;李哲民译. -- 北京:时代出版社,1957. --67 页;19cm

本书是前苏联列宁图书馆出版的一本专集,收集了列宁论图书馆的一些著作、书信和演说。前有第一、二、三、五版的序言及列宁夫人克鲁普斯卡娅的“列宁在图书馆从事研究工作”。末有附录及注释。

0413

图书馆事业论 / 王省吾. -- 台北:华夏文化出版社,1963. --242 页;21cm(国家图书馆)

本书收集了台湾图书馆专家王省吾多年对图书馆事业研究的论文 24 篇。内容涉及台湾及英美等国公共图书馆事业的发展状况。主要有“图书馆与加速学术发展”、“论发展台湾公共图书馆事业”、“图书馆的分类工作”、“美国图书馆事业最近的发展”、“世界上最进步的公共图书馆”、“图书馆的分类工作”等。书前有作者自序。(赵红)

0414

图书馆学基础 / 北京大学图书馆学系,武汉大学图书馆学系合编. -- 北京:北京大学图书馆学系;武汉:武汉大学图书馆学系(内部出版),1979. -- 107 页;26cm(北京师范大学图书馆)

本书是由北京大学图书馆学系和武汉大学图书馆学系的几位教师为高等学校图书馆学专业合作编写的一本专业基础教材,已经列入教育部文科教材出版计划之中,但还未正式出版,仅是一个征求意见稿。本书重点阐述图书馆学的基本理论和基本知识,对于图书馆工作的技术方法问题,未做详细的介绍。全书包括九章内容,论述了图书馆学的对象和任务、图书馆的性质和职能,我国图书馆事业建设、图书馆网、图书馆的藏书、图书馆的读者服务、图书馆业务的研究和辅导、科学管理和图书馆的现代化等内容。(张玲)

0415

图书馆事业导论 / 高祀熹. -- 台北:文史哲出版社,1980. --310 页;21cm(国家图书馆)

著者以美国图书馆事业发展为重点论述依据,内容包括图书馆、图书馆工作者、图书馆事业三项主题,并就三者的过去历史、目前现状、应有发展及未来趋势作了简要论述。全书分为三编:上编图书馆史略,中编图书馆事业专业化,下编图书馆类型暨图书馆服务。该书原名 Introducting to Librarianship,著者 Jean Key Gates 女士。(赵红)

0416

比较图书馆学概论 /(美)丹顿(J. P. Danton)著;龚厚泽译. -- 北京:书目文献出版社,1980. -- 131 页;19cm. -- 书名原文:The Dinensions of Conparative Librarianship. -- 7201. 17(国家图书馆)

本书是美国图书馆学家丹顿(J. P. Danton)在 20 世纪 70 年代所著 The dinensions of conparative librarianship 一书的中译本,由龚厚泽于 1980 年翻译出版。比较图书馆学是 20 世纪 50 年代起逐步形成的一门新兴学科。它以探索各国、各地区图书馆事业的发展规律,国际图书馆事业的协作以及调查研究的方法等为其主要目标。本书作者在批判地考察图书馆学和其他学科经验的基础上,试图对比较图书馆学的基础理论提出自己的见解。作者系统地澄清了比较图书馆学在定义、术语、范围、目的等方面的混乱概念,着重探讨了比较图书馆学的研究方法,并在附录部分列出了详细的“比较图书馆学课程大纲或研究大纲”。本书搜求和引用了许多关于比较图书馆学的材料,并做了分析与评论,对我们了解比较图书馆学的内容范围,掌握国外比较图书馆学研究进展情况和从事这项新学科的钻研都有一定的参考价值。(张玲)

0417

美国图书馆学专家讲演集 / 上海市图书馆学会编印. -- 上海:上海市图书馆学会(内部出版),1980. -- 184 页. --《图书馆学研究》增刊;中美图书馆业务研讨会(上海地区)资料(北京师范大学图书馆)

中国图书馆学会和美国国际交流总署合办的图书馆业务研讨会于 1980 年 3 月 29 日在北京开幕,并按计划在 4 月 9 日到 12 日在上海继续举行。美国国家交流总署派出的图书馆学专家、耶鲁大学图书馆馆长拉瑟福德·罗杰斯博士就图书馆的组织和管理、藏书建设、馆员培养,美国图书馆资源

委员会主席华伦·哈斯博士就美国图书馆概况、书目工作、自动化及网络、图书馆建筑和设备,侯思诺先生就图书馆员的培养和提高等专题分别进行了讲学,并对大家共同感兴趣的问题开展了学术讨论和答问。最后美国学者还集中解答了我国图书馆工作者提出的问题。本书就是由上海图书馆、中国科学院上海图书馆、上海交通大学图书馆等单位的同志根据当时美国专家的讲课和解答问题的录音重新进行翻译并整理而成的。(张玲)

0418

《图书馆学基础》教学参考材料汇编 / 图书馆学教学小组. -- 北京:北京大学图书馆学系(内部出版),1980. -- 414页;19cm(北京师范大学图书馆)

为了便于函授生学习,北京大学图书馆学系《图书馆学》教学小组将"学习指导书"中所列主要参考材料,按照图书馆学的对象和任务、图书馆的性质和职能、我国图书馆事业建设、图书馆网、图书馆藏书建设、图书馆读者服务、图书馆业务辅导和研究工作、科学管理、图书馆现代化 9 章的内容顺序汇集在这里,供大家学习、参考。为了使函授生了解各种不同的观点,贯彻"百家争鸣"的精神,书中选编不同观点的文章,目的在于帮助学生开阔眼界,促进思考。(张玲)

0419

图书馆工作概要 / 周文骏著. -- 天津:天津人民出版社,1980. -- 176 页;19cm. -- 17072.3(国家图书馆)

本书是一本关于图书馆学的基础知识和技术的基础读物。作者立足于我国 20 世纪 80 年代图书馆工作的实际以国内图书馆工作为主,并局限于传统的手工操作方式。内容包括:第一章藏书建设,介绍了藏书成分、特点、补充及书刊登录;第二章图书分类法,介绍了图书分类法的基本体系、组织分类表的依据和原则、类目之间广泛和深入的联系、标记制度、分类工作方法;第三章主题法,介绍了主题法的种类、主题表、主题标引工作;第四章图书著录,包括普通图书著录、丛书和多卷书著录等内容;第五章图书馆目录,介绍了目录的种类和编制过程、目录组织、目录体系;第六章藏书组织,包括书库组织、图书排列和保护;第七章读者工作,包括如何组织读者、流通推广、图书宣传与辅导阅读等内容;第八章文献检索,包括检索工具、分析任务和选择工具、检索途径、检索结果处理等内容;第九章业务工作组织,包括业务工作的整体性、业务机构、业务统筹等内容。(张玲)

0420

图书馆学基础 / 北京大学图书馆学系,武汉大学图书馆学系合编. -- 北京:商务印书馆,1981. -- 266 页;19cm. -- 高等学校文科教材. -- 17017.116(北京师范大学图书馆)

本书是高等学校图书馆专业专用的基础教材,系统地概述图书馆学的基本理论和基本知识,对图书馆工作的技术方法,不作详细介绍。全书共 10 章,分别介绍了图书馆学的对象和内容,图书馆的性质和职能,图书馆事业建设,图书馆网,图书馆藏书建设,图书馆目录,图书馆读者服务,图书馆业务辅导工作,图书馆的科学管理,图书馆的现代化等内容。本书对图书馆的在职干部也是一本很好的学习材料。本书属于教育部主持制定的"高等学校文科教材编选规划"中的一种。(张玲)

0421

图书馆业务自学大全(2):我国图书馆事业建设 / 杜克,吴慰慈,赵厚源编著. -- 长春:吉林省图书馆学会(内部出版),1981. -- 123 页;19cm. -- 吉林省图书馆学会丛书(国家图书馆)

本书是吉林省图书馆学会组织编写的图书馆业务自学大全丛书中的一册。全书共 6 章。第一章我国图书馆事业概况,简要介绍了我国图书馆事业发展概述、建设原则、结构和管理体制及我国图书馆的类型;第二章各类型图书馆,分别介绍了国家图书馆、公共图书馆、科学和专业图书馆、高等学校图书馆、学校和儿童图书馆、工会图书馆、军事系统图书馆、城市街道图书馆和农村图书馆;第三章我国图书馆学教育,作者简要介绍了我国图书馆学教育概况、结构,并作了一定的展望;第四章我国图书馆学研究,包括我国图书馆学研究近况、我国图书馆学的任务和方法、国际交流;第五章我国图书馆的协调和协作;第六章我国图书馆网的建设,编者论述了建立图书馆网的意义、图书馆网的组织、图书馆网的职责、电子计算机检索网络。书后还附有思考题,以便自学者检验学习效果。(张玲)

0422

图书馆业务职称测验复习题解 / 广西壮族自治区文化局图书资料业务职称考评办公室,广西壮族自治区图书馆学会编. -- 南宁:广西壮族自治区文化局图书资料业务职称考评办公室;广西壮族自治区图书馆学会(内部出版),1982. -- 2册;19cm(北京师范大学图书馆)

本书是广西壮族自治区图书馆学会和广西壮族自治区文化局图书资料业务职称考试评定办公室根据 1981 年 11 月广西壮族自治区文化局、人事局印发的《图书馆专业复习提纲》的要求,以武汉大学图书馆学系和北京大学图书馆学系的大学图书馆学专业本科教材为依据共同编写的一本复习题解。本书以助理馆员级职称所要掌握的内容范围为主,并照顾到申请馆员和管理员级职称者的需要。全书分上下两册,分八讲,包括八门课程的主要内容。上册包括图书馆学基础、图书分类学、中文图书编目,下册包括古籍编目、英文图书编目、目录学概论、中文工具书使用方法、科技文献检索。(张玲)

0423

图书馆知识的宝库 / 邱永,黄昕著. -- 长沙:湖南教育出版社,1982. -- 153 页;19cm. -- 7284.22(国家图书馆)

本书是湖南教育出版社于 1982 年出版的中学生课外读物。本书"从马克思的'足迹'说起",首先从书的身世、漫步图书馆、中外主要图书馆简介几方面介绍了图书馆是汇集百科知识的宝库;接着介绍了揭示图书内容的工具——图书分类法,包括什么是图书分类法、图书分类法的体系结构、确定图书类别的方法和应注意的问题;然后介绍了查找各类图书的指南——图书馆目录,主要介绍了什么是图书馆目录,如何利用分类、书名及著者目录查找图书;其次,作者介绍了打开知识宝库的钥匙——工具书,包括工具书简介、编排及使用,并教会学生如何查找字、词、成语、典故,人、地、事,及如何从书目、索引中搜集资料;再次,介绍了古籍的种类、体例和版本等有关知识;最后,作者介绍了做好读书笔记的好处和方法,及如何做好读书笔记。(张玲)

0424

图书馆专业基本科目复习纲要 / 文化部图书馆事业管理局主持编写. -- 北京:书目文献出版社,1982. --242 页;19cm. -- 图书馆业务职称考核用. -- 7201.37(国家图书馆)

本书是为了适应图书、资料专业干部业务职称评定工作的需要,由文化部国书馆事业管理局主持编写的。本书共分两个部分。第一部分所列 3 个科目,属中专水平,供申请“管理员”职称而不具备中专水平的图书资料专业干部复习、测验使用;第二部分所列 6 个科目,属大专水平,供申请“助理馆员”以上职称而不具备大专水平的图书资料专业干部复习、测验使用。本书各科复习纲要,均提示了该科目的基本要求、基本内容和基本要点,但要深入理解和系统掌握各科知识,尚需选学各科复习纲要之后所列的主要参考教材或参考书。(张玲)

0425

英汉图书馆学词典 / 张蕴珊等编. -- 北京:商务印书馆,1982. -- 578 页;13cm. -- 9017.968(国家图书馆)

建国 30 年来,我国各类图书馆和情报资料部门的业务有了飞速发展,所入藏的外国书刊文献资料以及从事外文书刊文献的采访、编目、典藏、流通的人员与日俱增,再加上从事科技情报、外文书刊进口合法性工作人员形成了一支庞大的专业队伍。随着业务的发展,许多同志迫切需要一本英汉图书馆学词典,以便查找一般英汉字典中查不到的图书馆、情报专业用语,从而帮助他们解决日常工作中的困难。全书所选条目按英文字母顺序排列,加撰中文注释,简明通俗。(张玲)

0426

英汉情报图书工作词汇 / 中国科学技术情报研究所重庆分所编辑. -- 重庆:科学技术文献出版社重庆分社(内部出版),1982. -- 676 页;19cm(国家图书馆)

为了研究和借鉴国外情报图书工作的经验,便于阅读和翻译情报学与图书馆学方面的英文文献,编者参考国内外有关词典和书刊,编辑了这本《英汉情报图书工作词汇》,供广大情报图书工作者和高等院校情报系或图书馆学系师生参考。本词汇共收录情报图书工作的名词术语一万九千余条,内容包括分类、编目、存储、检索、传递、报道、分析研究以及复制、装订等各方面词汇,同时还适当收集了与情报图书工作有关的计算技术、语言学等方面的词汇。文末还附有情报与图书馆书刊中常见的英文缩略词 3700 余条。(张玲)

0427

普通图书馆学 /(苏)丘巴梁著;徐克敏译. -- 北京:书目文献出版社,1983. -- 317 页;19cm. -- 7201.39(国家图书馆)

普通图书馆学是研究图书馆学基本问题和图书馆事业基础理论的分支学科。其研究内容包括图书馆和图书馆学的性质、研究对象和研究内容,图书馆事业的性质、结构、职能、管理体制和建设原理,以及图书馆在社会中的地位与作用等基础问题。此外,图书事业史和图书馆学发展史也属于普通图书馆学的研究范畴。本书为前苏联著名图书馆学家丘巴梁的一部著作,由徐克敏在 1983 年翻译出版。书中将图书馆学定位于社会科学,在第一章论述了 1917 年前的俄国图书馆学、苏联图书馆学的几个主要发展阶段、图书馆学与其他学科之间的相互联系;第二章主要讨论图书馆与社会,涉及图书馆的社会作用、群众阅读与图书馆、图书馆的类型与种类等内容;后四章分别论述了苏联的图书馆事业、苏联图书馆事业的组织原理、苏联图书馆如何为各类型居民服务及苏联图书馆事业的管理问题。(张玲)

0428

图书情报数学 / 邓珞华编. -- 长春:东北师范大学(内部出版),1983. -- 256 页;26cm(北京师范大学图书馆)

本书系统阐述了图书情报领域中常见的数学基础知识及其应用原理,列举了大量应用实例,并搜集有国内外运用数学方法对图书馆学、情报学进行定量化描述的最新研究成果。全书共 11 章,分别介绍了线性代数、集合论、概率论、数理统计、数论、微分方程、信息论等理论在图书情报领域中的应用;对图书情报领域的新学科——文献计量学作了较为详细的介绍;同时为图书馆工作人员专设一章“图书馆统计学”。为了帮助读者理解和巩固所学知识,每一章后都编有一定数量的习题和思考题。这是我国第一本较为全面介绍数学理论在图书情报领域应用的书,可作为大专院校情报专业、图书馆专业的学生、研究生和教师的教学用书,也可作为广大数学工作者、科技情报工作者及图书馆工作人员的参考用书。(张玲)

0429

图书馆专业基本科目百题解答 / 电子工业部雷达工业管理局编辑. -- 北京:编著(内部出版),1983. -- 2 册;19cm(国家图书馆)

本书系根据电子工业部拟定的图书馆专业基本科目重点复习题,参照北京大学图书馆学系、武汉大学图书馆学系、中国科学院图书馆、文化部图书馆事业管理局等单位编写的有关教材及复习提纲编写而成,供申请图书馆专业技术职称而不具备规定学历的科技图书、资料专业技术干部复习、测验使用。本书包括 6 个科目,采用一问一答的形式深入浅出、突出重点,以帮助大家在较短的时间内全面学习各科知识的基础上,深入理解和系统掌握各科的要点。全书分上、下两册。上册内容包括图书馆学基础、图书分类、图书馆目录、目录学概论等内容的复习解答题;下册内容包括科技文献检索、中文工具书使用法等内容的复习解答题。本书也可供其他从事科技图书、资料专业工作的干部学习、使用。(张玲)

0430

图书馆学概论 / 四川省图书馆学会主编. -- 成都:四川省中心图书馆委员会(内部出版),1983. -- 158 页;19cm(国家图书馆)

本书是四川省图书馆学会所编《图书馆学知识丛书》中的一册。全书共7章。第一章图书馆学的性质和对象;第二章图书馆学的由来和发展,介绍了我国图书馆学的产生,我国古代的图书馆学,近、现代图书馆学的发展;第三章图书馆的发生与发展,包括我国图书馆的变迁、新中国图书馆三十年、外国图书馆的发展、外国现代图书馆的一些特点、图书馆的现代化建设;第四章图书馆在社会生活中的地位和作用,论述了图书馆作为社会教育机构、保存精神资源的设施、科学研究的一个方面军、学术活动的场所四个作用;第五章图书馆的类型,介绍了划分图书馆类型的依据、三大系统图书馆;第六章图书馆网,包括图书馆网的由来和发展、建立图书馆网的意义、建立图书馆网的步骤和方法;第七章图书馆管理,包括图书馆科学管理的内容和方法、图书馆的内部结构、业务活动的组织和管理等内容。(张玲)

0431

图书馆学目录学论文集 / 武汉大学图书馆编. -- 武汉:武汉大学图书馆(内部出版),1983. -- 286 页:表;20cm(中国科学院国家科学图书馆)

1983 年 11 月是武汉大学建校七十周年。趁大庆之时,武汉大学图书馆将解放后曾在该馆工作过和现在仍在该馆工作的部分同志的有关图书馆学、目录学的论著收集起来,汇为一编。本集共收录该馆同志在国内刊物上公开发表的部分论著 41 篇,未公开发表的论著暂未收列。本集中的论文、译著、心得,都未加选择。这次只是按照他们的历史旧貌重印。文集收录的文章大致按照内容性质分为图书馆工作一般论述、读者服务工作、图书采编工作、典藏、情报学和目录学等几类,每类之下,再按论文发表时间先后为序。(张玲)

0432

图书馆通论 /(日)石冢正成著;抚顺市图书馆学会编译组译. -- 沈阳:辽宁省图书馆学会(内部出版),1984. -- 346 页:图;19cm. -- 本书据日本东京明治书院 1970 年版译出(国家图书馆)

本书根据日本东京明治书院 1970 年出版的日本图书馆学家石塚正民的著作译出。全书共分基础、设施、资料、干部和读者工作五编。基础编中详细论述了图书馆的意义、历史,图书馆学的研究历史,图书馆行政管理,各类图书馆的职能,馆际协作等问题;设施编详细论述了图书馆的建筑,图书馆馆内设备,流动书车等问题;资料编论述了图书馆与图书馆的资料,图书资料及其整理,特种资料,视听资料,古文献资料,地方文献资料和文书档案等资料的管理等问题;干部编详细论述了图书馆馆长,专业干部制度,干部培训与职称确定等问题,详细介绍了日本图书馆的干部培训制度及美、英、法等各国的干部培训;读者工作编详细论述了读者工作的目的、计划、种类,参考咨询工作,提供文献资料工作等内容。(张玲)

0433

图书馆学与情报科学词典 / 李蘅编著. -- 慕尼黑:K. G. Saur,1984. -- 327 页;24cm(北京师范大学图书馆)

这是一本英汉对照的专业性词典。本词典共收 1800 条术语条目,详加解说或叙述。在编写过程中尽可能地收入学者、图书馆工作人员、图书馆学系学生在工作、学习中经常遇到的专业用语。词典的正文按照英文字母逐字排列,带有连字符号的术语条目作为两个单词来安排。本词典编有按照汉语拼音顺序排列的索引,并和汉字及英译词语并列对照。该索引的特点是便利读者用汉语拼音音节来检索词条。各条目的首字音节和其相继音节,不论是单音节还是组合音节,也不记四声先后,一律按逐字排列的规则顺序排列。(张玲)

0434

图书馆专业基本科目学习问答 / 书目文献出版社编. -- 北京:书目文献出版社,1984. -- 367 页;19cm. --7201.55(北京师范大学图书馆)

本书根据文化部图书馆事业管理局主持编写的《图书馆专业基本科目复习纲要》的内容,把"复习纲要"提出的图书馆学基础、图书分类、图书馆目录、目录学概论、科技文献检索和中文工具书使用法六门课程的学习要点和学习要求归纳成具体问题,并逐一解答。书中回答问题较准确、具体、详细,基本上是"复习纲要"中指明的参考教材观点的精练和概况。本书可以帮助图书情报专业干部做好业务考核复习,也可供该专业师生和干部学习业务知识时参考。(张玲)

0435

图书馆学目录学资料汇编 / 书目文献出版社编. -- 北京:书目文献出版社,1984. -- 569 页;30cm. -- 7201.46(国家图书馆)

本书是一部关于图书馆学、目录学的资料集。它选收了 20 世纪 50 年代我国图书馆界著名学者、专家以及图书馆工作者和高等学校图书馆学系的教学人员的文章、讲义和实习报告等。此外,还收集了四篇国外资料,如"列宁论图书馆事业"、"采访、分类、编目和书目参考工作"、"图书馆的显微照相"等。这本资料的内容比较广泛,涉及采访、分类、编目、参考工作、馆际协作以及目录学等方面。作者还在附录中给出了马克思、恩格斯、列宁、斯大林著作完全分类号码表。(张玲)

0436

图书馆学概论学习指导书 / 吴慰慈,邵巍编著. --北京:书目文献出版社,1985. -- 7201.92(北京师范大学图书馆)

本书为电大专业用书,内容包含绪论及图书馆学的学科体系、图书馆的社会职能、图书馆的类型、图书馆事业、图书馆网、图书馆工作、图书馆科学管理、图书馆现代化等 8 章内容。作者还在附录中给出图书馆学基础理论论文索引。(张玲)

0437

电子时代的图书馆和图书馆员 /(美)兰开斯特(F. W. Lancaster)著;郑登理,陈珍成译校. -- 北京:科学技术文献出版社,1985. -- 204 页;19cm. -- 书名原文:Libraries and Librarians in an Age of Electronics. -- 17176.445(国家图书馆)

本书介绍了电子时代图书情报界可能出现的新技术,如信息处理技术、信息存储技术、计算机会谈、电子信件与无纸办公、传真发送、双向电视等,并预测这些新技术对未来图书馆的发展和图书馆员的作用。作者通过系统全面的阐释,从主观和客观两个方面论述了随着电子资源的日益重要和纸质资源的日益减少、随着计算机终端在办公室和家庭日渐普及,图书馆不可避免地走向衰落。从客观上讲,他认为纸印刷社会向无纸通信社会转变是不可避免的趋势;从主观上讲,如果图书馆员不进行革新,仍然按照传统的方法工作,那么他们就有被情报工业所取代的危险,就有被非图书馆机构直接为家庭提供服务所取代的危险。(张玲)

0438

图书馆学情报学简明辞典 /《图书馆学情报学简明辞典》编写组编. -- 天津:儿童图书馆与中小学图书馆(内部出版),1985. -- 410 页;64 开(中国科学院国家科学图书馆)

本辞典由南开大学图书馆学系、天津医学情报站、天津市少年儿童图书馆及天津图书馆于 1985 年共同编制而成,主要面向儿童图书馆和中小学图书馆使用。全书拥有词条 2500 条,并按音序排序组织。(张玲)

0439

图书馆专业职务(职称)考试复习资料 / 安徽省文化厅图书馆处编. -- 合肥:(内部出版),1985. -- 324 页;19cm(国家图书馆)

为配合图书资料专业干部职务(职称)评定工作,特编写了《图书馆专业职务(职称)考试复习资料》一书。本书根据《图书馆专业基本科目复习纲要》的范围,内容包括图书馆学基础、图书分类、图书馆目录、目录学概论、科技文献检索、中文工具书使用法等六门主要专业课。编者广泛吸取其他同类资料的优点,力求做到内容丰富、重点突出,使每门课程的基本知识条理化。本书主要供申请"助理馆员"以上职务(职称)而不具备规定学历的图书资料专业干部复习使用,同时,也兼顾了申请"管理员"职务(职称)的同志复习之用。对于图书情报专业干部日常业务学习来说,也不失为一本学习和研究的参考资料。书后还附有《普通图书著录规则》和《连续出版物著录规则》内容简述,以供学习参考。(张玲)

0440

图书馆学研究论丛 / 北京师范大学图书馆编;陶秉福主编. -- 北京:北师范大学图书馆(内部出版),1985. -- 3 册(380,315,223 页);19cm(国家图书馆)

本书采取编年法按论文、资料发表的先后时间进行编排。全书分总论、图书馆的组织与管理、藏书建设、图书的分类与编目、图书的流通与保管、参考阅览工作、开架问题、技术经验总结与革新、图书馆学论著评介、小型图书馆的管理工作、图书馆建筑、图书馆简介、中国图书馆事业史等几个部分,按照这几部分组织归类所收录于此的论文,旨在为图书馆界从事图书馆学研究和学习提供一套系统的资料。(张玲)

0441

图书馆学情报学研究生、本科、函授、职称试卷汇解 / 葛光编撰. -- 合肥:安徽省文化厅图书馆处(内部出版),1985. -- 452 页;19cm(国家图书馆)

试卷答案选编的形式,对于学习者来说,具有基础知识的综合性,学科课程的资料性和学术研究的参考性等特点。本书汇集了 20 世纪 80 年代武汉大学、北京大学图书馆学系研究生入学考试试卷,本科、函授试卷以及 1983 年全国图书馆专业干部业务职称考试的部分试卷,答案供参考。全书共 4 个部分,依次为研究生入学考试试卷及试卷解答、本科生专业课考试试卷及试卷解答、函授生专业课考试试卷及试卷解答、业务职称考试卷及解答和考试失误分析。(张玲)

0442

图书馆学导论 / 黄宗忠编著. -- 武昌:湖北省高等学校图书馆工作委员会(内部出版),1985. -- 682 页;20cm(北京师范大学图书馆)

全书共 17 章,分别为绪论,信息、知识、科学、图书文献,图书馆学的研究对象和定义,图书馆学的体系结构,图书馆学的学科性质与相关学科,图书馆学方法论,图书馆学思想的发展,图书馆和图书馆的性质、职能,图书馆系统与结构,图书馆与社会,中国图书馆事业的建设与发展,图书馆类型,图书馆网络,图书馆管理,图书馆队伍建设与图书馆学教育,图书馆的现代化,新的技术革命与未来的图书馆。(张玲)

0443

图书馆学暨资讯科学字汇 / 李德竹编著. -- 台北:汉美图书公司, 1985. -- 418 页; 22cm. -- English – Chinese Terminology of Library & Information Science(国家图书馆)

本书为 1981 年版的再版书。此版用新书名:《图书馆学暨资讯科学字汇》。本书内容仍以图书馆学与资讯科学之字汇为主,较旧版,新增添字汇约 910 项,其中约 70% 为资讯科学方面新字汇,次为视听方面,全书共约 6390 项字汇。附录方面视需要另增添了 7 项,包括纸张种类、单位、尺寸及开数表,英文校对用符号、中国朝代与西元年代对照表,台湾地区出版者代码等。(赵红)

0444

图书馆学论文集 / 曲阜师范学院图书馆编辑. -- 曲阜:曲阜师范学院图书馆(内部出版),1985. -- 274 页;19cm(国家图书馆)

20 世纪 80 年代初期,高校图书馆走上了全面发展的道路。图书馆学研究和学术活动也开始活跃起来。在这种形式下,曲阜师范学院图书馆的许多同志根据自己多年的图书馆工作经验及研究、学习体会,写出了一些文章。编者收集并筛选了其中的 50 余篇编写为本书,书中的文章按照性质分成图书馆事业总论,图书馆组织与管理,藏书建设,图书分类与编目,读者工作,图书学,图书馆职业道德,国外图书馆介绍,治学及其他等 9 个专辑。(张玲)

0445

图书馆学概论 / 桑健编著. -- 沈阳:辽宁人民出版社,1985. -- 602 页;19cm. -- 17090.66(国家图书馆)

本书对图书馆学的基本理论、应用理论和技术方法等问题做了较为系统的阐述。全书分绪论,信息革命与图书馆,图书的起源及其历史，图书馆的产生及其发展，我国现代图书馆事业的建设，图书馆的性质、职能、方针和任务，图书馆的读者工作，图书馆的科学管理，图书馆的现代化建设，图书馆建筑与用品设备，图书馆学研究等12章内容，各章附有复习思考题、参考和引用文献及附录。本书可作为高等院校图书馆学和情报学专业教学参考书或图书情报工作者的培训教材，也可供图书情报工作者自学和工作时参考。（张玲）

0446

图书馆学概论教学参考文选 / 吴慰慈，邵巍编. -- 北京：书目文献出版社，1985. -- 434 页；19cm. -- 7201.88（国家图书馆）

本书是为中央广播电视大学图书馆专业学员学习《图书馆学概论》课程而编辑的。书中收录了20世纪80年代公开发表的论文29篇，包括“概论图书馆学”、“知识交流和交流的科学”、“关于开展‘知识学’的研究的意义”、“图书馆学的哲学研究述评”、“三十五年来图书馆学基本理论研究的进展情况和发展趋势”、“对图书馆学研究对象的初步探索”、“东西方图书馆学奠基者事略”、“试论图书馆学中的方法论问题”、“我国图书馆网络建设初探”、“图书馆管理的系统论”、“图书馆工作的评价”、“新技术革命和情报图书工作的未来发展”、“建立在新技术基础之上的美国图书情报工作”等。全书内容大体按照《图书馆学概论》一书的内容体系为序排列。（张玲）

0447

图书馆学概论学习指导书 / 吴慰慈，邵巍编. -- 北京：书目文献出版社，1985. -- 84 页；19cm. -- 7201.92（国家图书馆）

图书馆学概论是中央电大图书馆学专业的基础理论课之一，本书为本门课程的学习指导书，全书共8章，包含图书馆学的学科体系、图书馆的社会职能、图书馆的类型、图书馆事业、图书馆网、图书馆工作、图书馆科学管理、图书馆现代化等内容。作者在每一章都给出了内容要点和学习的基本要求，并指定了阅读教材和教学参考资料。为了加深学习、检验学员的学习效果，作者还在每章结尾处给出复习参考资料。在全书最后，作者还在附录中给出图书馆学基础理论论文索引。（张玲）

0448

图书馆学概论 / 吴慰慈，邵巍编著. -- 北京：书目文献出版社，1985. -- 254 页：图表；19cm. -- 7－5013－0337－1（国家图书馆）

本书系统概述了图书馆学的基本理论和知识，是一本导论性的教程。（张玲）

0449

图书馆学基础理论论文集 / 中国图书馆学会基础理论研究组编. -- 北京：中国图书馆学会基础理论研究组（内部出版），1985. -- 245 页；19cm（国家图书馆）

中国图书馆学会基础理论讨论会于1984年11月1日至7日在杭州召开。这是建国三十五年来召开的第一次全国规模的图书馆学基础理论专题学术讨论会。这次讨论会共收到论文74篇。为了交流这些学术成果，促进基础理论研究的深入开展，特编辑了本论文集。全书分三个部分：第一部是中国图书馆学会基础讨论会论文选编，共11篇；第二部分是近年来刊物中有关基础理论方面的论文选编，共6篇；第三部分是图书馆学基础理论参考资料索引（1949年—1983年），分9个主题，包括论文和专著。（张玲）

0450

理论图书馆学教程 / 南开大学图书馆学系编. -- 天津：南开大学出版社，1986. -- 361 页；20cm. -- 图书馆学情报学系列教程. -- 7－310－00063－3（国家图书馆）

本书由南开大学、山西大学、中山大学、兰州大学、杭州大学、黑龙江大学、湖北高校图工委等十一所高校及单位的有关图书馆学专业教师集体编写而成，试图作为当时高等学校图书馆专业本科的教材。本书冠以“理论”二字以试图突破旧教材的结构体系，不过多地对图书馆工作的技术方法做横向的描述，以避免与其他课程的重复，而从理论的高度探讨图书馆学的基础理论，使读者能够纵观图书馆学的精髓，横览图书馆学的各个分支学科，提高思维能力，借以推动图书馆学专业课程设置的变革。全书共10章，分别为信息、知识与文献，图书馆学研究对象和学科性质，图书馆学体系结构，图书馆学的形成和发展，图书馆的性质和职能，图书馆事业的组织与原理，图书馆类型研究，图书馆管理，比较图书馆学，信息时代的图书馆。（张玲）

0451

图书馆学研究的科学基础 /（苏）克列伊坚科著；何士彬译. -- 北京：书目文献出版社，1986. -- 156 页；19cm（北京理工大学图书馆）

本书是根据苏联莫斯科《书籍》出版社1983年出版的一本著作翻译而来。该书是苏联文科院校和教育院校图书馆学系的教学参考书，也是当时苏联唯一一本较系统地介绍图书馆学研究方法论和方法的专著。全书共10章内容，全面地分析了图书馆学研究的目的、意义、对象和基本概念，详尽地介绍了图书馆学研究的方法论和方法、过程和阶段，以及科研成果在图书馆实践应用。同时，还引进了一些其他学科的研究方法和原则，如内容分析法、观察、实验、调查、鉴定等，并运用心理学、哲学、逻辑学、数学的方法和原理等，极大地丰富了图书馆学研究的理论和方法体系。作者还在附录中给出了“青年研究工作者参考书目”、“全科学与社会学推荐书目”、“图书馆学、目录学、情报学、图书学推荐书目”。（张玲）

0452

图书馆学研究方法 /（美）A. 杰斯顿费尔德编；王恩光译. --北京：科学出版社，1986. -- 562 页；19cm（国家图书馆）

全书共5部分15章。第一部分科学与图书馆学，包括第一章研究与科学方法，即导论、研究的基本概念、科学方法的组成部分、对科学探讨一般模型的定义、寻找研究课题、研究工作在道德方面的考虑、评价已完成的研究工作等内容。第二部分研究方法，包含第二至六章。第二章图书馆学中的实验研究：实验导论，包括基本概念、四格实验设计、使用随机数字表、评价实验、追溯研究、图书馆研究中的实验与准实验例子;第三章图书馆学中的调查研究;第四章图书馆学中的历史研究;第五章图书馆学中的运筹学研究:管理问题分析的定量方法;第六章图书馆学中的其他研究方法。第三部分描述统计,即第七至十章,包括计量统计方法导论、数据的图示、集中趋势与变化性、正态分布。第四部分推理统计,即第十一、十二章,包括线性回归与相关、统计显著性与假设检验。第五部分研究工具,即第十三至十五章包括计算机与计算器作为研究工具、写研究建议书、写研究报告等内容。(张玲)

0453

图书馆学情报学研究(1—3辑) / 北京图书馆文献信息服务中心剪辑. -- 北京:书目文献出版社,1986. --3册:图;26cm. -- 7201.81(1),7201.82(2),7201.83(3)(武汉大学图书馆)

为使广大科学研究人员,文化、教育工作者以及党、政有关领导机关更多地了解台湾省和港澳地区的现状及学术研究动态,北京图书馆文献信息服务中心在1986年编辑了本书,并委托书目文献出版社出版。本书共三册,所收资料按照专题选编,照原报刊版面影印。第一册收录了“图书馆员继续教育调查研究”、“台湾图书馆工作”、“美国资讯与图书馆科学之课程修订”等18篇论文;第二册收录了“图书馆学研究”、“公共图书馆建筑设计浅谈”、“哈佛燕京学社引得编纂处的引得丛刊”、“韩国图书馆教育”、“印度图书馆学与资讯科学教育的趋势与问题”等12篇论文;第三册收录了“活泼的天地——儿童图书馆”、“九龙中央图书馆”、“台北市私立图书馆巡礼”等40余篇论文及介绍性文章。(张玲)

0454

现代图书馆系统综论 / 黄世雄. -- 台北:台湾学生书局,1986. -- 503页;21cm(国家图书馆)

全书分6部分。第一部分资讯与图书馆,论述资讯社会、资讯社会的图书馆、资讯科学定义、资讯科学理论与应用、资讯科学与图书馆学教育、专业人才与培育。第二部分电脑与图书馆,包括图书馆管理与作业系统(图书馆管理系统、图书馆作业系统、线上系统)、图书馆电脑化系统设计实务(图书馆电脑化系统计划与人员、现行系统分析与评估、新系统目标及需求、系统设计的要求、系统的安装与运作)、线上资讯查询系统(线上查询服务、线上查寻的利弊、建立线上查寻系统、终端机选择、实施线上查寻、查询参考工具、国际百科资讯供应业务简介)、资料档组织(资料档组织方法、线上系统资料档结构)、微电脑与图书馆(记忆容量与CPU速度、微电脑的选择)。第三部分索引与媒体,介绍调和索引法、美国ISI科技资讯系统及其用法、缩影资料问题、缩影资料运用趋势。第四部分服务与合作,介绍大学教育与大学图书馆、图书馆服务的现在与未来、台湾图书馆事业未来三十年展望、美国图书馆合作组织、美国新著作权法、电脑辅助教学系统、美国国会图书馆及其服务、美国农业图书馆。第五部分附录。第六部分索引。(赵红)

0455

图书馆情报学概论 / 津田良成编;楚日辉,毕汉忠译. -- 北京:科技文献出版社,1986. -- 279页;19cm. --17176.454(国家图书馆)

本书由日本图书馆界学者津田良成原著,我国图书馆界的两位学者楚日辉和毕汉忠编译而成。全书共8章。第一章图书馆情报学的定义,作者介绍了图书馆情报学的目的与对象、范围、历史与趋势;第二章情报交流,论述了情报的产生与流通,生产、流通与情报机构,情报交流涉及的各种问题及情报交流系统如何改善;第三章情报的需求与使用,详细介绍了研究人员与情报之间的关系、情报需求、情报的使用、用户的调研等问题;第四章情报载体,包括各种情报载体的种类、特征,并简要介绍了主要二次文献指南;第五章情报的存贮与检索,包括情报检索系统、存贮与检索的基本事项、标引、情报的检索与提供、联机情报提供服务等内容;第六章情报管理组织的管理与经营;第七章图书馆服务工作原理;第八章研究入门,详细介绍了研究的意义与特点、研究程序、图书馆情报学的主要情报源。(张玲)

0456

图书馆学基础知识(试用教材) / 谭迪昭主编;胡继武等编. -- 广州:中山大学出版社,1986. -- 201页;19cm. -- 7-306-00089-6(北京师范大学图书馆)

全书共10章内容,主要论述了信息、知识、图书和图书馆,图书馆学研究的基本问题,图书馆的性质与职能,图书馆事业的组织,各类型图书馆,图书馆业务工作素质,信息时代与图书馆的现代化,图书馆管理,图书馆藏书与读者,读者怎样利用图书馆等问题。这是一本“图书馆学概论”课的教材,也是一本介绍怎样管理和利用图书馆的知识性读物。它扼要地阐述了图书馆学的基础理论和读者怎样利用图书馆的知识。(张玲)

0457

图书馆学引论 /(美)谢拉著;张沙丽译. -- 兰州:兰州大学出版社,1986. -- 440页;19cm. -- 7402.1(国家图书馆)

《图书馆学引论》集中体现了谢拉一贯强调的使全社会最大限度地利用有关文字记载的人类知识的基本思想。这部著作1976年由美国科罗拉多州图书馆无限公司出版后,引起国内外图书馆学界的广泛重视。本书为《图书馆学引论》的中译本,全书共8章。第一章苏莫古国以后的若干世纪,第二章图书馆与社会,第三章了解读者与图书,第四章机器的神通,第五章图书馆学的新方法,第六章结构、组织、资料,第七章教育与研究,第八章图书馆与情报服务。书后还附有著者生平及其全部著作目录。(张玲)

0458

图书馆学专业英语 / 张若衡编. -- 长沙:湖南省中心图书馆委员会(内部出版),1986. -- 197页;19cm(国家图书馆)

本书是湖南省中心图书馆委员会和湖南省图书馆在20世纪80年代编辑出版的普及性专业英语读本。全书内容共分为14课。第一、二课内容为图书馆和图书馆学;第三、四课内容为图书馆史;第六课借阅处;第七课图书采集;第八课图书分类;第九课编目;第十课报纸和期刊;第十一课读者工作;第十二课情报服务;第十三课协作咨询服务和计算机辅助咨询服务;第十四课新技术,包括记录和传递情报的新手段、计算机在图书馆中的应用。其中大部分内容都附有参考译文。有很多章节还在附录中添加相关的内容,以便让读者扩大知识面,加深对某一专题的理解。(张玲)

0459

图书馆学研究方法:技术与阐述 /(美)布沙,(美)哈特著;吴彭鹏译. -- 北京:书目文献出版社,1987. -- 562 页;19cm. -- 书名原文: Research Methods Librarianship: Techniques and Interpretation. -- 7201.152(国家图书馆)

全书讨论了研究与科学方法,论述了图书馆学中的实验研究、调查研究、历史研究、运筹学研究、观察与描述、用户研究、评价研究、文献研究等研究方法,还详细介绍了计量统计方法、数据的图示、集中趋势与变化性、正态分布、推理统计、统计显著性与假设检验等描述统计方法,简要介绍了计算机、计算器作为研究工具的使用及撰写研究建议书、研究报告的方法。(张玲)

0460

图书馆学基础 /(英)哈里森著;佟富译. -- 北京:书目文献出版社,1987. -- 175 页;19cm. -- 书名原文: First Steps in Librarianship。根据英国 1980 年第 5 修订版译出. -- 7201.159(国家图书馆)

本书根据英国著名图书馆学家 K. C. 哈里森所著 First Steps in Librarianship 一书 1980 年第五修订版译出。该书自 1950 年初版以来,经几次修订。书中以英国图书馆学为背景,系统地阐述了国家图书馆、大学图书馆、专业图书馆及公共图书馆的情况,并对图书馆的业务建设、工作方法、行政管理、人员组织等问题,用专门章节进行了论述。(张玲)

0461

图书馆系统分析概论 / 陈源蒸,陈维新编著. -- 北京:书目文献出版社,1987. -- 178 页;19cm. -- 7 – 5013 – 0331 – 2(国家图书馆)

本书对图书馆工作中运用系统分析技术的一些问题作了论述,并利用系统论的观点和方法对图书馆工作进行了简要分析,对建设图书馆系统的方法和建设什么样的系统等问题提出了看法。全书分上、下两编。上编除简述系统科学外,主要是对图书馆系统的划分和内部构成、计算机对该系统的影响和系统分析技术在图书馆工作中的应用、图书馆系统分析的技术和步骤,以及图书馆应用系统分析技术的条件等问题做了详细的论述。下编分别对图书馆各个分系统做了系统分析,这些分系统包括行政管理分系统、采购分系统、编目分系统、流通分系统、期刊管理分系统、参考服务分系统、情报服务分系统、馆际互借分系统及图书馆网。(张玲)

0462

杜定友先生遗稿文选 / 杜定友著. -- 南京:江苏省图书馆学会(内部出版),1987. -- 253 页;20cm(中国科学院国家科学图书馆)

本书内容分为两大部分。一为杜定友先生的生平事迹,本来由"读书生活"、"治书生活"、"教书生活"、"著书生活"四篇组成为一部"自传",但在十年浩劫中佚失了第一、三两篇;另一篇是"中西两杜",内容是把美国图书馆学家"杜威传记"中的有关材料和杜定友先生的生平事迹中相类似的地方加以逐条对比,涉及家庭、读书、从业、办学、创办专刊、学术研究等内容。本文选的第二部分是关于图书分类法的,其中的一篇是"图书资料分类法",这是杜定友先生毕生研究图书馆分类法的重要著作之一。(张玲)

0463

图书馆与情报科学纵横谈 / 戈松雪编译. -- 北京:书目文献出版社,1987. -- 140 页;19cm. -- 7201.16(国家图书馆)

本书选译自印度出版的 Perspectives in Library and Information Science 一书,包括图书情报领域的论文 11 篇。该书由印度及各国图书情报界的著名专家、学者撰文,是一部学术水平较高的论文集,内容涉及图书情报领域的许多重要问题,如"情报科学和技术的新天地"、"用图书馆学的五条法则评价图书馆工作"、"图书馆里的知识组织"、"对文摘和索引工作的一些看法"、"美国、英国、印度的图书馆关于情报科学研究工作综述"、"图书馆教育的结构"、"对图书情报界今后十年的人员发展和继续教育问题的看法"、"联合国教科文组织在图书馆发展方面所起的作用"等。(张玲)

0464

图书馆学引论 / 梁德林著. -- 长春:吉林省图书馆学会(内部出版),1987. -- 118 页;19 cm. -- 吉林省图书馆学会丛书(国家图书馆)

本书是《图书馆业务自学大全》一套教材中的一册,本教材的目的是在 20 世纪 80 年代作为培训图书馆各类专业人员的教材或教学参考书。全书共 6 章。第一章图书馆学,介绍了学习和研究图书馆学的意义、图书馆学概念与研究对象、图书馆学的内容与结构、图书馆学的性质和特点;第二章图书馆学的相关学科和研究方法;第三章图书馆,介绍了图书馆的性质及其社会职能;第四章中国古代图书馆学思想发展史略,介绍了图书馆学知识的萌芽和积累、经验图书馆学思想的形成和发展;第五章中国现代图书馆学发展概述,包括解放前我国图书馆学研究的主要成果及解放以来我国图书馆学发展概述;第六章国外图书馆学研究,着重介绍了基本理论问题研究综述和当时的研究动向。(张玲)

0465

俄汉图书馆学情报学词汇 / 刘葆光主编. -- 北京:中国科学院文献情报中心(内部出版),1987. -- 246 页;26cm(国家图书馆)

本词典共收词 12000 条,内容包含图书的分类、编目、典藏、印刷、装订、出版,情报的整理、存储、检索以及缩微、复制、计算机等方面的词汇。文后还附有图书馆学情报学常用缩写词、罗马数字与阿拉伯数字对照表。(张玲)

0466

图书馆学基础理论研讨笔会文集 / 中国图书馆学会基础理论研究组编. -- 杭州:中国图书馆学会(内部出版),1987. --319 页;19cm(国家图书馆)

1986年,中国图书馆学会基础理论研究组在杭州举办了“图书馆学基础理论研讨笔会”,本论文集是在研讨笔会的论文基础上编成的。本次研讨笔会的主题是研究在当时的体制改革、加强信息交流的客观形势下,图书馆的性质、职能所发生的变化,以及图书馆学理论领域内需要研究的其他课题。研究笔会共收到论文81篇。经全国学会秘书处组织评审小组进行评审,共选出59篇。其中29篇全文收录在本论文集的第一部分,30篇摘要收录在本文集的第二部分。本论文集主要包含四方面的内容:图书馆的改革和管理,图书馆学理论基础的研究,图书馆学其他理论问题和相关学科、图书馆的社会作用、性质及职能。反映出当时我国图书馆学基础理论探究的最新成果。(张玲)

0467

图书馆学五定律 /(印)阮冈纳赞著;夏云等译. -- 北京:书目文献出版社,1988. -- 405页;19cm. --7 - 5013 - 0466 - 1(北京师范大学图书馆)

本书是阮冈纳赞的一部很有影响的图书馆学理论专著,从1931年问世以来,被译成多种文字,在世界各国广为流行,其中许多内容至今仍被图书馆界奉为圭臬。全书阐述了图书馆学五定律中每一个定律的由来、发展以及所相应涉及的图书馆工作的内容,从而深刻地阐述了图书馆的性质和任务,指明了图书馆工作的出发点和目的,总结了图书馆工作的一些基本规律,是便于我们系统研究国外图书馆学理论的重要著作。(张玲)

0468

图书馆的未来 /(英)汤普森著;乔欢, 乔人立译. --北京:书目文献出版社,1988. -- 141页;19cm. -- 著者原题:詹姆斯・汤普森. -- 7 - 5013 - 0542 - 0(国家图书馆)

全书首先从图书馆规模过大、文献资源揭示体系复杂难用等角度向读者描述了无法利用的图书馆;第二章则从计算机与电信有效结合所形成的新技术入手,讨论了先发制人的技术能够为读者查找、利用信息带来极大的便利;第三章详细论述了电子存贮在存贮和记录大量信息方面的潜力;第四章论述了文献提供服务、传真发送、全文系统、电子出版、光符识别和机器翻译等数据桥梁带给图书馆的挑战及机遇。最后,作者大胆预测了图书和图书馆的未来。作者认为,新时代图书的主要形式是电子形式,同时,如果图书馆员不接受新技术带来的变化,图书馆可能采取博物馆形式,并告别印刷时代,图书馆员和图书馆都将成为新技术进化过程中的牺牲品。(张玲)

0469

现代图书馆学探讨 / 顾敏. -- 台北:台湾学生书局,1988. -426页;21cm. -- 图书馆学与资讯科学丛书(国家图书馆)

本书先以“现代图书馆学的理念”叙述图书馆学成长的轨迹,再以“资讯与自动化”的方向说明电脑科技对资讯服务与图书馆事业的影响,其次藉着“知识传播”探索问答式传播的利用途径,说明“缩影媒体”在多媒体图书馆经营体制中所扮演的角色与意义,继而以“索引技术”比较资讯储存与检索系统在中英文资料库上的应用特性。关于读者服务方面,以“参考资源”介绍属于第二类知识服务的书目产品制作方法,附及提供世界各国图书馆发展的若干资料,以为“比较研究”之参考。书后附作者两篇英文论文:“台湾地区图书馆自动化资讯服务的发展”、“中英文资料库文献索引方法比较研究”。(赵红)

0470

图书馆学导论 / 黄宗忠编著. -- 武汉:武汉大学出版社,1988. -- 398页; 20cm. -- 高等学校文科教材. --7 - 307 - 00211 - 6(国家图书馆)

全书从信息、知识、科学、图书文献等科学概念入手,提出图书馆学的起源是由于科学和生产发展的需要,是同信息、知识、科学、图书文献等密切相联的。作者认为“图书馆学”是研究图书馆收集、加工、整理、保藏、控制图书与一定社会读者利用藏书之矛盾产生与发展规律的科学,并由此论述了图书馆学的研究对象、体系结构、学科性质与相关学科,建立了以马列主义为指导思想的图书馆学基础理论体系。书中系统地提出了图书馆学方法论的体系与结构,并站在历史的高度来解释图书馆学思想的发展。书中还论及图书馆的性质、职能、图书馆系统与内部结构,图书馆与社会,图书馆事业建设与发展,图书馆类型、网络,图书馆学教育及图书馆管理等问题,并对图书馆现代化及未来的发展趋势等问题做了相应研究。全书系统地概述了图书馆学基本理论和基础知识,对于图书馆学的技术方法未作详细论述,因此,本书是一本导论性的图书馆学基础理论教材。(张玲)

0471

英语基础选读:图书馆信息学专业用 / 李季方编. --北京:外语教学与研究出版社,1988. -- 2册(209,236页);21cm. --图书馆信息学专业用. -- 7 - 5600 - 0230 - 7(1);7 - 5600 - 0328 - 1(2)(北京师范大学图书馆)

本书是图书馆信息学专业学生使用的英语教材之一。本教材分两册,共选编了40篇文章,每篇讲清图书馆信息学涉及的一个方面。第一册偏重传统的图书馆工作和理论介绍,第二册重点介绍一些当今图书馆信息学的新的理论与发展。为了加深学生对教材内容的理解,编者对教材中涉及的重要背景、人物、事件加了注释(附录Ⅰ)。同时,每篇之后,还设计了两组选择性练习题,包含内容练习(附录Ⅱ)及词义选择(附录Ⅲ)。练习题答案附在书后便于查阅。附录Ⅳ是调研性报告写作题目,帮助学生把文章学到的东西与所在单位的图书馆现实联系起来。(张玲)

0472

李小缘纪念文集 / 马先阵, 倪波编. -- 南京:南京大学出版社,1988. -- 371页:照片及摹真;20cm. -- 7 - 305 - 00212 - 7(国家图书馆)

本书共选图书馆学专家李小缘先生文章13篇,“李小缘先生学术研讨会“中纪念和研究他的文章20篇。(张玲)

0473

图书馆学原理 / 宓浩主编. -- 上海:华东师范大学出版社,1988. -- 319页; 20cm. -- 高等学校文科教材. -- 7 -

5617 - 0140 - 3(国家图书馆)

本书是高等学校图书馆学专业的基础理论课教材,全书分上、中、下三编。上编重在宏观考察,由知识、文献引出知识交流中的图书馆活动,从社会知识交流的历史进程来探讨图书馆的起源演化,说明图书馆的社会化过程和整体化过程。中编是对构成图书馆活动的内在基本要素的考察,讨论图书馆的工作对象和服务对象——文献和读者,图书馆的工作内容及其内在机理。下编专论图书馆学——学科的基本理论问题、方法论、学科史,以及未来展望。贯穿始终的是把图书馆活动放在知识交流的框架中运转。(张玲)

0474

图书馆学情报学论文集:1986—1988 / 南方冶金学院图书馆编. -- 南昌:南方冶金学院图书馆(内部出版),1988. -- 205 页;19cm(中国科学院国家科学图书馆)

为祝贺江西南方冶金学院成立三十周年,南方冶金学院图书馆将 1986—1988 年期间该馆同志在省以上的图书情报刊物上发表或在省以上学术会议上交流的论文结集付印。全书分改革研讨、书刊采编、读者工作、情报教育与情报检索、情报工作等几个部分,包括"积极进取,大胆改革,为开拓我馆工作新局面而努力"、"如何强化高校图书馆的教育职能和情报职能"、"论当前高校图书馆工作开拓的主攻方向"、"提高队伍素质是高校图书馆当务之急"、"引文法确定工程技术科学核心期刊的局限性"、"信息与情报的哲学辨异"、"图书流通部门实行责任制的好处"、"浅谈俄文期刊的分编著录工作"等论文。书后附南方冶金学院图书馆简介、未选入论文集的论文目录。(张玲)

0475

杜定友图书馆学论文选集 / 钱亚新, 白国应编. -- 北京:书目文献出版社,1988. -- 439 页;20cm. -- 7 - 5013 - 0450 - 5(国家图书馆)

杜定友是我国近代图书馆事业和近代图书馆学的奠基人之一,是我国图书馆学史乃至世界图书馆学史上屈指可数的理论大家之一,他在图书馆学的诸多领域都作出了杰出的贡献,他融东西方图书馆学为一体而形成的具有中国特色的图书馆学理论尤为值得称道。1988 年,为了纪念与研究他,书目文献出版社出版了本书。全书收录了杜定友先生所撰写的论文 30 余篇,内容涉及图书馆学的内容和方法、图书馆学的研究、图书馆怎样更好地为科学研究服务、图书分类法、分类与编目、目录改造、目录体系、地方文献的搜集整理与使用、图书馆建筑面积的节约问题、书目与提要、民众检字心理略论等内容。(张玲)

0476

文献计量学 / 邱均平编著. -- 北京:科学技术文献出版社,1988. -- 452 页;19cm. -- 7 - 5023 - 0677 - 3(国家图书馆)

本书是著者在研究和教学实践基础上撰写而成,内容包括:绪论、科学文献的增长规律、科学文献的老化规律、布拉德福定律、齐普夫定律、洛特卡定律、文献计量学的理论基础研究、文献统计分析方法、数学模型分析法、引文分析法、文献计量学在图书情报管理与研究中的应用、文献计量学在科技管理与预测中的应用等。本书从总体上看,结构严谨,层次清楚,内容丰富,论述全面,实现了理论与实践、研究与应用的统一。本书既是一本适用的教材,从学术观点看也是对文献学、情报学的贡献。这本书不仅可以作为情报学、图书馆学、档案学专业的有关课程的教科书,而且对于科学计量学、科学学、未来学、人才学、管理科学等许多学科领域的教师、学生和研究工作者都很有参考价值。(于静)

0477

图书馆学简明教程 / 吴慰慈等编著. -- 北京:科学技术文献出版社,1988. -- 234 页;19cm. --《企业标准化与实用情报》函授教材. -- 7 - 5023 - 0699 - 4(国家图书馆)

为了促进企事业单位的科学管理,提高它们在改革开放中获得国内外标准化信息的能力,以便于充分利用国内外的先进标准,促进企业积极开发新产品,中国标准情报中心、北京大学成教学院、北京大学图书馆学情报学系联合举办了企业标准化与实用情报函授培训班,设置六门课程,编写了六本教材。本书是该系列教材之一。书中简要地介绍了图书馆、资料室的专业人员和管理人员必备的基本知识;概括地论述了图书馆学的对象、内容和方法,以及图书馆的性质、职能和类型;较为详细地阐述了图书馆藏书建设、图书分类和主题法、图书馆目录、藏书组织、读者服务和工作组织等,并附有必要的图表。本书是一本具有知识性和实用性的教材。(张玲)

0478

武汉大学图书馆 1988 年学术研讨会论文(摘要)集 / 武汉大学图书馆编. -- 武汉:武汉大学图书馆(内部出版),1988. -- 195 页;19cm(国家图书馆)

为了加强图书馆员对自身学术研究活动的重视,活跃学术气氛,提高科研水平,武汉大学图书馆在 1988 年将开展学术研究列入工作计划。经过广泛动员,图书馆各部门和院系资料室的馆员纷纷投稿,先后汇集论文 60 多篇,并召开学术研讨会交流。会后,武汉大学图书馆将论文编辑成册,但为了减少篇幅,只编印了论文摘要,并用基础理论、藏书建设、图书分编、读者服务、参考咨询、期刊管理、资料室建设、其他等 9 个主题将所收录的文章进行分类排序,以便检索使用。(张玲)

0479

图书馆业务自学大全(14):图书馆学论文索引 / 邢淑贞编著. -- 长春:吉林省图书馆学会(内部出版),1988. -- 171 页;19cm. -- 吉林省图书馆学会丛书(国家图书馆)

本书是吉林省图书馆学会组织编写的图书馆业务自学大全丛书中的一册。为了配合图书馆员业务学习和图书馆学教学的需要,特编写了本索引。书中所收文章与报道,是从 1958—1979 年(其中 1966 年 8 月至 1976 年 10 月暂缺)报刊中选出的。本索引上限时间,与 1959 年出版的《图书馆学论文索引》(第二辑)相衔接。本索引所收论文,以论述图书馆学、目录学、图书学及图书馆各项具体业务工作等内容为主,也酌收一部分与图书馆工作有关的情报学文章。索引著

录项目依次为:篇名、著译者、报刊名称、报纸的年月日和版面或期刊的年卷(期)和起始页。(张玲)

0480

图书情报知识手册 / 叶冰冰等编. -- 北京:学苑出版社,1988. -- 400 页;19cm. -- 7 - 80060 - 011 - 4(中国科学院国家科学图书馆)

本书分正文、附表、汉语拼音索引三部分,正文分图书馆学,情报学,目录学,与图书、情报工作相关的学科,语言·符号,文献,图书分类,图书馆目录,文献工作的组织与管理,情报检索语言·情报检索,图书情报服务,信息传递,计算机技术,出版工作,复印·复制,图书情报机构,图书情报界人物18个部分,共收词2345条。附表中收有"中国图书情报事业大事年表"和"文献与情报工作标准目录一览表"。(张玲)

0481

外国图书馆学名著选读 / 袁咏秋,李家乔主编. -- 北京:北京大学出版社,1988. -- 461 页;20cm. -- 7 - 301 - 00148 - 7(国家图书馆)

本书收录20篇文章,其中12篇选自西方名家著作,其余的选自有名的百科全书辞条。内容大部分是论述近代图书馆工作的,也有几篇年代较早,是有关西方图书馆早期发展史的。全书共分6个部分。第一部分为图书馆百科词条,选择了当时最新版《不列颠百科全书》《拉鲁斯百科全书》及《苏联大百科全书》的"图书馆"、"图书馆学"和"目录学"词条全文和《美国百科全书》"图书馆"条的部分内容;第二部分为引论,为谢拉《图书馆学引论》的第一章内容;第三、四、五部分为专著、译述、传略,系跟踪两部分论及的人物及其历史地位和作用,从中世纪以来的数百年间各国图书馆众多的名人名著中选译了12位杰出学者关于图书馆的最精彩的论著全文或主要观点,并介绍了35位名家的事迹;第六部分是前五部分史实和史料性的补充,为我们提供近百年来世界图书馆的状况。本选读可供图书馆学专业的学生及已经走上图书馆工作岗位需要补课的人使用。(张玲)

0482

图书馆业务自学大全(13):图书馆现代化简介与展望 / 张琪玉;刘彭;宋桂文编著. -- 长春:吉林省图书馆学会(内部出版),1988. -- 129 页;19cm. -- 吉林省图书馆学会丛书(国家图书馆)

本书是吉林省图书馆学会组织编写的图书馆业务自学大全丛书中的一册。全书共5章。第一章图书馆现代化的基本概念,作者交代了国外图书馆现代化的背景、图书馆现代化的主要标志、图书馆现代化的结果和影响;第二章图书馆工作的电子计算机化,作者简要介绍了电子计算机技术简介,又分节论述了图书编目的计算机化、情报检索的计算机化、机读目录网络和情报检索网络,图书馆流通、采访等业务管理的计算机化等内容;第三章缩微复制技术和静电复印技术在图书馆中的应用;第四章声像技术在图书馆中的应用;第五章我国图书馆现代化的进展与展望,作者论述了我国图书馆现代化的必要性、近几年来我国图书馆现代化的进展、我国图书馆现代化的道路。(张玲)

0483

图书情报工作手册 / 张润生等主编. -- 哈尔滨:黑龙江人民出版社,1988. -- 50, 805 页:图;21cm. -- 7 - 207 - 00483(国家图书馆)

本书主要内容包括马克思、列宁和我国领导人关于图书情报工作的论述,图书馆学、目录学、情报学基础知识、图书资料情报工作专业知识、现代化问题,图书馆建筑与设备,图书情报教育事业,国内外部分图书馆简介,以及书刊知识等11部分内容。全书正文共编写1300多条目,并附有"关于图书资料情报工作的规定"、"图书情报学术团体"、"图书出版发行机构"、"图书馆设备用品生产经销单位"、"中国大型公共图书馆一览表"等10个附录。本书既是一本学习研究业务的入门书,也是一本工具书。(张玲)

0484

克鲁普斯卡娅图书馆学文选 /(苏)克鲁普斯卡亚著;尤小明译. -- 南宁:广西教育出版社,1989. -- 543 页;19cm. -- 7 - 5435 - 0613 - 0(国家图书馆)

列宁的革命伴侣克鲁普斯卡娅不但是杰出的马克思列宁主义者,而且还是卓越的教育家和图书馆事业家。十月革命后,她直接领导世界上第一个社会主义国家——苏联的图书馆事业的建设,对于列宁的图书馆思想、图书馆事业建设的重大理论与实践问题、自学的组织和方法等问题,都有深刻的认识和研究,发表了一系列有关的论文、报告、讲话、信函、计划、方案等。本书是我国图书馆界对克鲁普斯卡娅图书馆学研究成果的一本比较全面而系统的译文集,内容包含克鲁普斯卡娅生平简介,列宁与图书馆,图书馆的性质、地位与作用,图书馆事业建设,农村、工厂图书室,儿童图书馆与儿童读物及图书馆教育等方面。(张玲)

0485

宏观图书馆学 / 陈源蒸著. -- 北京:北京大学出版社,1989. -- 259 页;20cm. -- 7 - 301 - 00641 - 1(北京大学图书馆)

本书着重对图书馆事业进行整体研究。宏观图书馆学是从图书馆事业的整体去研究各项业务的社会化问题,而且研究图书馆与社会的关系、与文献信息系统的关系,以及图书馆事业的同族关系(图书馆之间的关系)等,旨在阐明图书馆的生存条件与社会功能,建设原理与发展战略,系统工程与网络前景,说明办好一个具体图书馆与图书馆事业整体建设的关系,从而推动图书馆网络和各项社会化的业务工作顺利进展。本书作者将图书馆置于文化发展的大背景下,以清晰的思路,层层阐述图书馆宏观问题的方方面面。作者从图书馆作为人类社会文明的柱石所发挥的作用谈起,分析了图书馆与出版、发行、档案和情报等部门的内在联系,对图书馆的网络建设、资源布局、书目编排、文献检索和计算机应用等问题进行了广泛的探索。作者注重应用新理论来研究图书馆面临的新问题。书中应用系统论、信息论和控制论的原理来分析图书馆的结构和功能,将图书馆看作文献信息系统的组成部分,分析了文献资源的共享及保障体制,以及图书馆系统的反馈控制等问题,从而大大拓展了图书馆学的研究视

野,为图书馆事业的发展提供了决策依据。(张玲)

0486

图书馆学导论 / 胡述兆,吴祖善. -- 台北:汉美图书公司,1989. -- 600 页;23cm. -- 图书馆学与资讯科学基本丛书. 1. --957-9005-01-X, 957-9005-00-1(国家图书馆)

该书是“图书馆学与资讯科学基本丛书”的第一册,由王振鹄、胡述兆主编。本册共分7章。第一章图书馆的意义、起源与功能,第二章图书馆学的界说,第三章图书馆的组成,第四章图书馆资料采访,第五章编目分类与排片,第六章读者服务,第七章馆际合作。书前有自序,书后有附录和索引。(赵红)

0487

图书馆学引论 / 金恩晖主编. -- 北京:学苑出版社,1989. --306 页;18cm. -- 中国图书馆学自学系列丛书. -- 7-80060-216-8(北京师范大学图书馆)

本书是中国图书馆学自学系列丛书中的一册。本书是在原吉林省图书馆学会出版的《图书馆学引论》一书的基础上,经重组结构、扩大章节、补充内容而编撰的一部著作。全书试图从解剖图书、图书馆、图书馆学这三方面,通过历史的和现实的、纵向的和横向的研究来构筑全书的框架。本书共12章,分别论述图书馆学及其学科体系,图书馆及其性质、社会职能和作用,中国古代图书馆的孕育和萌芽,西方图书馆史,图书馆学及其研究对象,内容和结构、性质和特点,图书馆学的相关学科和研究方法,中国古代图书馆学思想发展概述,中国现代和当代图书馆学发展概述,中国新时期图书馆学的研究,国外图书馆学发展历史概述和当代世界图书馆学的现状和发展趋势等问题。(张玲)

0488

图书馆工作概论 / 倪波, 黄俊贵主编. -- 北京:书目文献出版社,1989. -- 135 页;19cm. --《图书馆学情报学知识》丛书. -- 7-5013-0615-X(国家图书馆)

本书是《图书馆学情报学知识》丛书的第一分册。《图书馆学情报学知识》丛书是20世纪80年代为具有中等以上文化水平图书情报工作人员编辑的一套关于专业理论和工作技能的自学读物。丛书内容深度以中级职称应达到者为限,以中专生应掌握者为准。本书对图书馆学基础知识及图书馆工作作了较为系统、全面的介绍。主要内容有图书馆的产生、发展及其性质和作用,图书馆类型分析及图书馆工作介绍,图书馆网及图书馆现代化展望。本书对从事图书情报工作的同志学习专业知识、掌握工作技能有一定的参考价值,也可作为图书馆学、情报学中专教材或教学参考书。(张玲)

0489

沈宝环教授七秩荣庆祝贺论文集 / 沈宝环教授七秩华诞筹备委员会编. -- 台北:台湾学生书局,1989. --441 页:照片;21cm(国家图书馆)

沈宝环(1919—2004)先生是湖北武昌人,沈祖荣先生之子,台湾著名的图书馆活动家、教育家,中国图书馆学界泰斗。沈宝环先生文华图专卒业后,留校任课并掌教务。1948年赴美入柯罗拉多州丹佛大学图书馆学研究所进修,获得硕士学位后入丹佛市公共图书馆,担任读者指导及参考咨询工作。1955年返台,在东海大学教授图书馆学课程,并兼任图书馆馆长。服务东海大学18年后,受聘于台湾教育学院。1979年应台湾中山大学之聘,主持图书馆的设计与规划,一年后转任台湾大学图书馆学研究所专任教授。1989年6月23日(农历5月20日)是沈宝环教授七秩华诞佳辰,为祝贺此日,沈宝环教授的门生故旧纷纷撰写文章并结集成册以示纪念。本书共收文章33篇,其中贺文13篇,论著20篇。书后附沈教授门生贺词和编后语。(崔彤)

0490

图书馆效用分析的数学模型——图书馆运筹学 / 唐建华著. -- 北京:学苑出版社,1989. -- 255 页;20cm. -- 7-80060-756-9(国家图书馆)

本书将信息论、排队论和控制论等现代科学方法用于文献信息学的研究,将运筹学与图书馆学有机地结合起来,建立了图书馆运筹学,在图书馆学的研究中做了一次大胆的尝试。在论述了文献信息的可控性以后,提出和阐述了文献信息控制学的基本内容、意义和作用,然后突破传统的定性分析法,广泛应用概率论、马尔可夫过程论、排队论和搜索论等数学工具分析了文献收集加工过程,特别是文献传播过程中的特性和基本规律,建立了一系列图书馆效用分析的数学模型。

全书共分3章9节。第一章引论,第二章图书馆效用分析模型概论,第三章效用分析模型应用举例。全书既有理论模型,又有具体应用实例、公式计算程序,有图38幅。可供图书馆学系情报学系师生参考,也可供广大图书馆情报工作人员及文化教育工作人员参考。(张玲)

0491

图书馆工作实用手册 / 王风主编. -- 沈阳:白山出版社,1989. -- 2册(714页);19cm. -- 7-80566-056-5(国家图书馆)

本书分上下两册。上册一至五编,下册六至十一编,分别论述了读者工作、情报检索基础知识、目录学与工具书、报刊工作、古籍工作、图书馆现代技术。(张玲)

0492

图书馆学辞典 / 吴雪珍, 张念宏主编. -- 深圳:海天出版社,1989. -- 492 页;20cm. -- 7-80542-182-5(国家图书馆)

本词典共收词目1600余条,包括理论图书馆学、图书馆藏书建设、图书馆读者工作、图书馆目录、图书分类学、目录学等方面的名词术语。(张玲)

0493

图书馆学基础 / 杨筱玉编著. -- 南宁:广西教育出版社,1989. -- 印刷型. -- 全国图书馆学中专系列教材. -- 7-5435-0497-9(国家图书馆)

20世纪80年代,我国图书情报中专教育事业有了长足发展,为了满足中专教育事业迅速发展,1985年至1987年,中国图书馆学会学术工作委员会组织编写了一套具有中专层次特色的图书馆学中专教材,共计13种,本书为其中一册。全书共8章,分别介绍了什么是图书馆学、图书馆的性质和职能、图书馆的产生和发展、图书馆的类型、图书馆网、图书馆的业务工作、图书馆的管理、现代技术与图书馆工作等。编者还在每一章之后给出思考题,以备大家学习掌握。(张玲)

0494

图书情报新学科概要 / 黄建明著. -- 广州:广东高等教育出版社(内部出版),1990. -- 181页;19cm. -- 7-5361-0514-2(北京大学图书馆)

本书分"正篇"、"附篇一"和"附篇二"。"正篇"汇集图书情报学领域较为成熟、有代表性的新兴学科,加以科学分类,逐一介绍各学科的产生背景(或发展过程)、研究对象、主要内容、学科性质、研究方法和研究现状,并附录主要参考资料。"附篇一"按照"正篇"体例介绍出版学领域新学科。"附篇二"是其他新学科名录。全书反映了图书馆情报科学与出版学的发展概貌,学科体系及其内在联系,预示了其发展的趋势。本书可作为图书、情报科研人员与教学人员的参考书,也可作为图书馆学、情报学、出版专业学生及有关爱好者的自学用书。(张玲)

0495

文献情报专业英语 / 倪波,黄俊贵主编;孙心菲执笔. -- 北京:书目文献出版社,1990. -- 175页;19cm. --《图书馆学情报学知识》丛书. -- 7-5013-0767-9(国家图书馆)

本书是《图书馆学情报学知识》丛书之第14分册。《图书馆学情报学知识》丛书是20世纪80年代所编辑的为具有中等以上文化水平图书情报工作人员提供一套关于专业理论和工作技能的自学读物。丛书内容深度以中级职称应达到者为限,以中专生应掌握者为准。本书选编的有关图书情报专业内容的对话材料与文章多篇,分为15课。前4课以有关图书流通内容的对话为主,逐步引导学员熟悉有关图书情报的专业用语与词汇;后11课是介绍图书情报专业各领域情况的文章,专业内容逐渐加强。为了方便使用,每课结合课文出现的难点与重点,配以必要的注释和语法说明,并在每课之后附有与此相应的练习题。本书共收专业词汇约400多个,书后附有总词汇表。(张玲)

0496

高校图书馆履行教育职能经验交流会文集 / 全国高等学校图书情报工作委员会秘书处编. -- 北京:北京师范大学出版社,1990. -- 219页;20cm. -- 7-303-01054-8(北京师范大学图书馆)

1988年11月20日至12月4日,由全国高等学校图书情报工作委员会主办的高校图书馆履行教育职能经验交流会在武汉举行。会议交流了高校图书馆几年来在履行教育职能方面的经验,并探讨了有关的理论和实践问题。本文集即为这次会议的论文和经验探讨材料的汇集,这些材料内容涉及广泛,有对大学生课外阅读特点的分析,有探讨教育职能与教育导读工作的,也有探讨如何更新教育观念以强化高校图书馆教育职能等。(张玲)

0497

图书情报词典 / 王绍平等编著. -- 上海:汉语大词典出版社,1990. -- 1168页;19cm. -- 7-5432-0025-2(国家图书馆)

本词典收录图书情报工作以及与之关系密切的档案工作、文献出版发行工作等方面的名词术语,共计5200条,所收录的资料截止到1989年1月。编者将图书馆学与情报学融为一体,既体现了两者的不可分割性,又体现了图书馆情报化的时代趋势。在内容方面也包含了图书馆学情报学的一些相关领域,这有利于相关学科之间的相互参考和利用,使得提供的知识更系统、更全面。本书在收词和释文方面反映了理论与应用兼顾的原则,并把重点放在应用方面,更好地体现了学科的应用性,更加适合词典使用者的需要。另外,全书附插图近200幅,还包括《图书情报事业史略年表》《中外图书馆学情报学刊物选编》《文献采购工具一览表》和《图书情报工作外文缩略语选编》。(张玲)

0498

图书情报管理学概论 / 王学东编著. -- 北京:中国商业出版社,1990. -- 458页;19cm. -- 7-5044-0811-5(国家图书馆)

本书是根据图书情报学专业教学的需要,以及作者多年学习、研究和专业教学经验的总结编著而成的一本教材。图书情报管理学是图书馆学、情报学与管理学交叉而形成的一本综合性应用学科,研究内容广泛。为了实现其知识体系的系统、严谨与科学性,全书共分五大部分。第一部分主要探讨图书情报管理学的学科基础,明确管理学与图书情报管理学之间的联系、思想发展及图书情报一体化管理原理;第二部分主要概括和抽象图书情报管理学的理论原理,阐述研究对象、学科性质、任务、体系结构及管理原理与原则,旨在认清学科内涵与外延;第三部分主要从宏观、微观及整体战略规划3个层面对图书情报系统的组织与结构进行了描述;第四部分主要阐述图书情报管理机构的具体内容,分为资源管理系列和管理评价系列;第五部分是图书情报管理的技术方法,从横向方面吸收和利用其他学科的技术方法,结合图书情报机构的实际,叙述了目标管理、计量统计管理、全面综合质量管理等一系列管理方法。(张玲)

0499

未来图书馆学 / 徐竹生著. -- 南京:南京大学出版社,1990. -- 286页;19cm. -- 7-305-00635-1(国家图书馆)

本书作者长期关注国外图书馆学未来研究的动向,并积极搜集相关资料,认真进行思考和探索。作者运用未来学的理论、原则和方法,以新技术革命给人类社会带来的巨大变革为背景,回顾了近150年来人们勾勒图书馆未来的漫长历程,分析了我国图书馆学的现状,在此基础上,作者设计了信息时代图书馆学发展的蓝图。全书划分有"未来在召唤"、"大趋势"、"重温图书馆史"、"传统图书馆的危机"、"探索图书馆未来的漫长历程"、"新技术的挑战"、"未来图书馆学"、"实现'无纸通讯系统'的障碍"、"未来全球信息系统"、"图书馆员的前途"等几部分。作者还在附录中给出DIALOG系

统数据库目录及分类检索论文索引。(张玲)

0500

图书馆心理学 / 盛赋霞,陈吉凤编著. -- 长沙:中南工业大学出版社,1990. -- 7-81020-323-1(国家图书馆)

全书共分3编10章,以普通心理学为基础,综合了管理心理学、儿童心理学、青年心理学、发展心理学、老年心理学的相关知识,论述了心理学的基础理论、基本知识,分析研究了各年龄段读者心理、馆员心理和管理心理。书前有内容简介和出版说明,各章后均有复习思考题和主要参考资料。(胡秋玲)

0501

图书馆学基础 / 北京大学图书馆学情报学系,武汉大学图书情报学院编. -- 北京:商务印书馆,1991. --279页;20cm. -- 7-100-00887-5(北京师范大学图书馆)

本书是高等学校图书馆专业专用的基础教材,系统地概述图书馆学的基本理论和基本知识,于1981年版的基础上修订而成。全书共14章,分别介绍了图书馆学的对象、内容和方法,图书馆学的发展,图书馆的产生和发展,图书馆的性质和职能,图书馆事业建设,图书馆的类型,图书馆网,图书馆藏书建设,图书馆目录,图书馆读者服务,图书馆管理的概念、系统与体制,图书馆管理工作的内容与方法,图书馆管理方法和标准,现代技术在图书馆的应用。编者还在结尾给出了"图书馆未来"的内容。(张玲)

0502

图书馆学的世界观:1963~1989论文选集 / 李华伟. -- 台北:台湾学生书局,1991. -- 332页. -- 957-15-0256-1(国家图书馆)

该书收录了李华伟教授1963—1989年期间发表的论文8篇,全部为英文论文。书前有前言,书后有参考书目及索引。(赵红)

0503

图书馆学系实习课程之探讨 / 林淑芬. -- 台北:汉美图书公司,1991. -- 245页;21cm. -- 图书馆学与资讯科学论文丛刊. 第三辑.10. -- 957-9005-37-0(国家图书馆)

本书共分4章。第一章为序论,第二章为文献探讨,第三章为台湾图书馆学系图书馆实习课程实施调查分析,第四章为结论与建议。书前有主编者前言、编者致谢和摘要。书后有参考书目及附录。(赵红)

0504

图书馆心理学 / 潘伯善,王香君编著. -- 武汉:武汉大学出版社,1991. -- 378页;20cm. -- 7-307-01091-7(国家图书馆)

本书着重从心理学的角度对图书馆工作的一些基本规律进行了新探讨,提出了新见解。通过对读者、馆员和管理人员在图书馆工作过程中的心理活动及其规律的研究,力图为提高他们的心理素质、协调他们之间的关系、提高图书馆管理水平和服务质量提供心理依据。全书共分4篇15章。第一篇绪论,介绍了图书馆心理学研究的对象、任务和方法,图书馆心理学与普通心理学之间的关系,图书馆心理学与分支心理学、图书馆学及管理科学等相关学科的关系;第二篇读者心理,详细论述了图书馆读者类型及其心理特点,分析了读者的借阅心理,并研究了读者的阅读倾向;第三篇详细论述了馆员心理,包括馆员服务的心理过程、馆员服务的个性倾向性、馆员服务的个性特征、馆员服务艺术和心理对策、馆员的心理障碍及其调节等内容;第四篇管理者和队伍建设,包括图书馆管理群体研究、管理对策的若干理论依据、图书馆队伍建设与心理、图书馆环境与心理等内容。本书可作为广大图书资料工作者业务学习的参考书。(张玲)

0505

中国图书馆学史 / 吴仲强等著. -- 长沙:湖南出版社,1991. -- 348页;20cm. -- 7-5438-0267-8(国家图书馆)

图书馆学史在图书馆学学科体系中既不属于技术图书馆学的范畴,也不属于应用图书馆学的范畴,而属于理论图书馆学的范畴。全书分9章,详细论述了中国图书馆学史这一问题。第一章作者阐述了中国图书馆学史的研究对象、研究内容、分期、研究意义、研究原则与方法;第二、三章从中国古代、近代、现代、当代4个时期,分别论述了完整的中国图书馆学史和中国图书学史;第四章从古代藏书学、近现代藏书学、当代藏书学论述了完整的中国藏书学史的内容;第五、六、七、八章分别论述了中国图书分类学史、中国目录学史、中国版本学史及中国文学史的内容;最后一章作者论述了中国图书馆学教育史的内容。(张玲)

0506

图书馆经济学 / 杨伟真著. -- 成都:成都出版社,1991. -- 311页;20cm. -- 7-80575-167-6(国家图书馆)

本书共分12章。内容涉及图书馆与经济的关系,图书馆服务的生产、分配与交换,图书馆服务消费,图书馆经济效益及其评价和计量,图书馆服务的需求与供给,图书馆投资与经营的经济学分析,图书馆的经济来源、财政管理及有偿服务的开展与管理等问题。着重研究和分析了图书馆活动的经济规律,以及图书馆所面临的各种现实经济问题,提出了图书馆经济学管理方法和理论等。(张玲)

0507

英法德西俄汉图书馆学情报学词汇 / 赵福来等编. --北京:商务印书馆,1991. -- 995页;19cm. -- 7-100-00514-0(国家图书馆)

本词典共收词5596条,内容包含图书的分类、编目、典藏、印刷、装订、出版,情报的整理、存储、检索以及缩微、复制、计算机等方面的词汇。(张玲)

0508

图书馆学情报学词典 / 周文骏主编. -- 北京:书目文献出版社,1991. -- 734页;19cm. -- 7-5013-0861-6(国家图书馆)

本词典收录截止到1989年的图书馆学、情报学、目录学、文献学以及编辑、出版、发行、电子计算机技术等方面的名词术语、机构、人物和书刊等词目共3500多条。所收词目大致分属于以下17个方面,分别是:(1)学科的名称、对象和研究方法;(2)图书馆事业史、情报事业史、书史、图书馆学史、情报学史、目录学史;(3)图书馆事业和情报事业的立法、方针、任务,国家职能部门,图书情报机构的类型,图书情报统计,干部培养,科学研究与学会;(4)图书情报工作的协作、网络和资源共享;(5)文献和情报的收集、书库组织与管理及文献保护;(6)文献著录、分类和主题标引,目录组织和目录体系;(7)书目、索引、文摘;(8)情报整序和分析研究;(9)参考工具书与参考咨询;(10)检索和检索系统;(11)读者和用户服务;(12)读者和用户研究及其培训;(13)图书情报工作自动化;(14)文献和情报计量研究;(15)图书情报机构的部门设置、业务组织、劳动组织、工作计划和规章制度等;(16)图书馆和情报所的建筑和设备;(17)图书馆、情报和文献工作的国际组织与活动。(张玲)

0509

现代图书馆学教程 / 郭星寿著. -- 太原:山西高校联合出版社,1992. -- 317 页;20cm. -- 7 - 81032 - 126 - 9(国家图书馆)

全书分上、中、下 3 篇。上篇通过现代图书馆学的研究对象与主体结构、现代图书馆学的学科群与相关学科、现代图书馆学的学科属性与研究方法 3 章的内容论述“独立于学科之林的现代图书馆学”这一内容;中篇为“图书馆及其活动”,主要论述了图书馆的演变历程、现代图书馆系统及其活动与运转机制、现代图书馆的类型等问题;下篇从国际图书馆事业概览、图书馆事业发展的宏观调控与网络化以及中国图书馆事业的发展等 3 个方面论述了现代图书馆事业的发展。(张玲)

0510

图书馆理论与利用研究 / 李上文, 左正红主编. -- 武汉:武汉出版社,1992. -- 427 页. -- 7 - 5430 - 0715 - 0(国家图书馆)

本书是一本图书馆学和情报学研究的论文集,全书内容涉及面广,既有图书馆学理论研究,又有图书馆工作实践经验总结,还有现代技术在图书馆的应用和情报工作研究。全书分基础理论、科学管理、馆员修养、采访编目、文献建设、资源开发、读者服务、读者教育、情报工作、现代技术应用等几个主题,在每个主题下各有多篇学术论文,旨在为广大图书馆界同仁提供一个研究和讨论问题的机会,以便于今后的图书情报研究工作有一个新的进展。(张玲)

0511

大学生情报检索入门:怎样利用图书馆 / 王金祥, 张志海主编. -- 西安:陕西科学技术出版社,1992. -- 172 页;20cm. --7 - 5369 - 1244 - 7(北京师范大学图书馆)

本书是一本参考读物,目的在于使新入学的大学生增强情报意识,提高情报检索能力、吸收能力与创造能力,以培养新大学生的自学能力与科学研究能力。这本书简要地论述了对大学生进行情报教育的重要性,附录了国家的有关政策法规,讲述了作为大学图书情报中心的图书馆的组织机构、文献情报源、目录检索系统、服务内容与形式、工具书及其使用、计算机情报检索,还对新入学的大学生在读书方法、学术论文写作等方面,提出了一些要求和建议,内容丰富、文字简练,具有较高的理论水平和实用价值。(张玲)

0512

北京师范大学图书馆馆庆九十周年论文集 / 于天池主编. --北京:北京师范大学出版社,1992. -- 443 页;20cm. -- 7 - 303 - 01757 - 7(北京师范大学图书馆)

本书是纪念北京师范大学图书馆馆庆九十周年的学术论文专集。共收入论文 56 篇,内容涉及分编、典藏、流通、阅览、采访、古籍、情报检索、自动化、声像技术和图书馆管理等。(张玲)

0513

图书馆学情报学基本理论论文选 / 中国图书馆学会主编; 周文骏, 吴慰慈编. -- 北京:书目文献出版社,1992. -- 423 页;20cm. -- 中国图书馆学情报学论文选丛(1949—1989). --7 - 5013 - 0903 - 5(国家图书馆)

本书是《中国图书馆学情报学论文选丛(1949—1989)》系列丛书中的一册,全书收集了图书馆学情报学领域基本理论研究方面的论文 30 余篇。论文包括“我国图书馆学情报学基础理论概述”、“什么是图书馆学”、“概论图书馆学”、“试论图书馆学研究中的方法论问题”、“图书馆的演化及其依据”、“我国情报学研究进展”、“情报学和情报学研究”、“情报学的研究对象及其体系结构”、“理论情报学结构与内容初探”、“论比较图书馆学的特征、目的、内容和方法”、“三十五年来我国图书馆学基本理论研究的进展情况”、“国家情报系统的功能模式及其封闭反馈原则”、“论情报和情报系统的作用机理”等。(张玲)

0514

图书馆公共关系概论 / 罗式胜编著. -- 合肥:安徽人民出版社,1992. -- 293 页;20cm. -- 7 - 212 - 00690 - 4(北京师范大学图书馆)

本书是由全国 15 所大学图书情报学系(图书馆学系)和图书馆联合编著。图书馆公共关系,是图书馆应用公共关系和信息传播的原理和方法,协调和完善内外关系的一种管理职能,旨在协调和理顺图书馆与社会的各种关系(特别是读者关系),为图书馆广结良缘,建立良好的组织形象和社会声誉,为促进图书馆事业的发展创造良好的社会环境。本书共分 18 章,系统地阐述了图书馆公共关系的基本涵义、工作基本程序、工作内容和具体方法,并结合我国的具体情况列举了大量的图书馆公共关系实践的案例以供分析。(张玲)

0515

图书馆与社会 / 程亚男. -- 北京:书目文献出版社,1993. --224 页;19cm. -- 7 - 5013 - 1087 - 4(国家图书馆)

全书分 8 章讨论了图书馆与社会这个论题。第一章从现实出发,透视了图书馆现状评估与面临的问题及图书馆与社会研究方法论;第二章从历史的角度,深入剖析了我国图书馆事业发生、发展过程及其原因;第三章从图书馆发展的基础、图书馆投资分析、图书的商品属性和图书馆的有偿服务等方面,讨论了图书馆与社会经济的关系;第四章讨论了图书馆与文化、科技的关系;第五章从出版和阅读两个方面,论述了图书馆的社会交流系统;第六章论述了文献的价值及

效益以及实现文献价值的社会机制;第七章用比较研究的方法论述了中外图书馆事业的差异;第八章论述了图书馆的未来。(张玲)

0516

图书馆学情报学概要 / 武德运主编. -- 北京:科学技术文献出版社,1993. -- 407 页;20cm. -- 7 – 5023 – 1906 – 9(北京师范大学图书馆)

图书馆学是一门研究图书馆和图书馆事业发生、发展及其变化规律的科学,大体上可以分为理论图书馆学和应用图书馆学两部分,情报学是一门研究情报的产生、构成、处理、储存、查找、传播、收集以及利用规律的科学。它们的研究内容都十分丰富。本书就是将图书馆学、情报学的一些主要课程编为一册。其中有关图书馆学的内容包括了图书馆学基础、藏书建设、图书分类、主题法、图书馆目录、读者工作等部分;有关情报学的内容包括情报学基础、科技文献检索和主题法 3 个部分;另外,还包括与图书馆学、情报学十分密切的目录学、中文工具书和中国书史 3 个部分。本书是图书馆学情报学的入门读物,既可以提供自学,又可作为培训教材,方便读者。(张玲)

0517

图书馆情报业务培训全书 / 叶千军主编. -- 北京:中国科学技术出版社,1993. -- 584 页:图表;21cm. -- 图书馆和情报机构工具书系列. -- 7 – 5046 – 1012 – 7(国家图书馆)

全书共 10 篇。第一篇图书馆学情报学基础理论,介绍了图书馆与图书馆工作、图书馆事业、图书馆学的基本问题;第二篇军事图书情报事业,介绍了我军图书情报事业的发展历史、现状及建设问题;第三篇馆藏文献建设,包括藏书建设总论、藏书结构体系、藏书补充与剔除、藏书组织管理;第四篇文献编目,包括图书馆目录概述、文献著录的基本原理、普通图书著录法、检索点与标目法、连续出版物著录法、字顺目录组织法及图书馆目录体系;第五篇文献分类,介绍了文献分类的实质和作用,文献分类表的结构及其组织知识的规律,文献分类标引的要求、准备和一般方法,《中图法》文献分类标引规则,分类检索系统的组织;第六篇主题法与主题标引,概述了主题法系统语言,介绍了叙词法的原理与结构、《军用主题词表》等内容;第七篇情报检索,介绍了检索工具书与文献检索、联机与光盘检索等内容;第八篇读者与图书情报服务,介绍了读者研究、图书借阅服务、阅读指导与情报服务;第九篇图书馆管理,介绍了人员、经费及设备管理,图书馆公共关系及图书馆评估;第十篇图书情报现代技术,介绍了电子计算机、信息存储等技术及图书情报加工与业务管理自动化等内容。(张玲)

0518

图书馆学研究与方法 / 赵云龙编著. -- 北京:兵器工业出版社,1993. -- 393 页:表;19cm. -- 7 – 80038 – 755 – 0(国家图书馆)

全书共分两部分,第一部分论述了什么是图书馆学研究及图书馆学研究的原则、程序;第二部分按照章节详细论述了图书馆学研究中所使用的各种方法,包括观察法、调查法、专家咨询法、实验法、文献研究法、术语分析法、典型分析法、比较分析法、文献计量学方法、引文分析法、推理统计法、控制论方法等 20 种方法。(张玲)

0519

图书馆学百科全书 / 中国大百科全书出版社. -- 北京:中国大百科全书出版社,1993. -- 731, 77 页;21cm. -- 7 – 5000 – 5248 – 0(国家图书馆)

本书以《中国大百科全书·图书馆学情报学档案学》卷的“图书馆学”部分为基础,增补和更新部分资料编纂而成。全书共分 4 个部分:概观性文章、条目分类目录、条目正文和内容索引。概观性文章是从总体上介绍本学科的基本概念、历史发展及与相关学科关系的重要条目。文中设有参见,以与正文中的条目相联系;条目分类目录可供从学科知识体系检索条目之用,亦可使读者一览而知本学科的知识全貌;条目正文的每页上角均设有书眉,表明本页条目标题的首字及汉语拼音,以便于读者直接查找条目;内容索引收录了本书全部条目的标题和在释文中隐含的有检索价值的主题词。本书所用的数据和资料截止到 1992 年底。(张玲)

0520

比较图书馆学引论 / 钟守真编著. -- 天津:南开大学出版社,1993. -- 383 页;20cm. -- 图书馆学情报学系列教程. -- 7 – 310 – 00614 – 3(国家图书馆)

比较图书馆学是 20 世纪的一门新兴学科,它在图书馆学学科体系中具有重要意义。本书全方位地叙述了国内外比较图书馆学方面的主要论点,论述了比较图书馆学的定义、研究对象、范围、模式、方法、程序以及它的历史发展和现状等,以明确比较图书馆学的基础理论和学科历史。这些内容构成了本书的核心部分,即理论研究;与其对应的是比较图书馆学的应用研究,通过“中西图书馆起源的比较”、“中美信息产业的跨国比较”、“当代中美之百科全书比较研究”、“比较研究中美法苏科学技术数据库系统”等比较研究的论文,向读者展示了比较图书馆学的研究模式。另外作者还在附录中给出比较图书馆学的德尔菲调查报告、美国图书馆学院开设比较与国际图书馆学课程的调查报告、比较图书馆学的主要情报源、比较图书馆学的相关学术机构等内容。(张玲)

0521

当代图书情报管理的理论与实践 / 周清荣主编. -- 北京:兵器工业出版社,1993. -- 875 页;20cm. -- 7 – 80038 – 554 – X(国家图书馆)

本书为一本论文集。其中:“图书情报管理基础理论”篇收录了“现代教育与图书馆”、“论高校重点学科建设与图书情报工作”、“论高校图书馆的学术性和服务性”、“科技文献的历史地位及其情报作用”等 10 余篇论文;“图书情报管理方式与方法”篇收录“图书采集的系统管理法”、“以我馆为例谈谈高校图书馆的藏书建设”、“图书查重失误分析及改进方法”等 20 余篇论文;“图书情报管理模式”篇收录“情报室结构与模式初探”、“现代高校图书馆的管理系统”等 10 余篇论文;“图书情报管理现代化与网络化”篇收录“台湾图书资讯管理现代化的研究"等9篇论文;"图书情报开发与利用"篇收录论文36篇;"图书情报组织管理篇"收录相关论文20余篇。(张玲)

0522

图书馆信息科学的理论与实践 /(美)迈克尔.K.巴克兰德著;严吉森译. -- 上海:复旦大学出版社,1994. --218页;20cm. -- 据珀格蒙出版社1988年第二版译. -- 7-309-01310-7(国家图书馆)

本书是美国图书馆学著名理论家迈克尔·巴克兰德的代表作的中译本。全书根据珀格蒙出版社1988年出版的第二版翻译,但对其中的内容略作调整。原书共20章,从实践角度提出和分析了图书馆业务与管理中各种原有的和新产生的问题,并根据信息科学的理论原理,以"图书馆—信息—系统"为构型,建立当代图书馆学的理论框架,探讨如何提高图书馆在信息时代的工作质量和效率,指导读者有效地利用图书馆的信息服务。书中还针对图书馆建设、使用图书馆、对图书馆的评估等一系列主要问题指出新的思考角度,提出解决问题的办法,颇有启发性和指导性。(张玲)

0523

图书馆学概论考试参考书 /《图书馆学概论考试参考书》编写组. -- 北京:中央广播电视大学出版社,1994. -- 203页;21cm. -- 根据国家教育委员会制订的《复习考试大纲》编写. --7-304-01109-2(国家图书馆)

1993年国家教育委员会制订了《全国各类成人高等学校专科起点本科班招生(非师范类)复习考试大纲(试用本)》。本书就是遵照大纲的要求编写的一套《专升本(非师范类)入学考试参考丛书》中的一册。全书内容包括图书馆学基础理论、图书馆事业组织、文献资源建设、图书馆读者服务、图书馆管理、图书馆现代化等6章内容。本书实用性和针对性较强,可以帮助考生提高知识和能力水平。(张玲)

0524

汉英图书馆词汇 / 江文忠, 陆志民编. -- 上海:上海外语教育出版社,1994. -- 327页;19cm. -- 7-81009-700-8(国家图书馆)

《汉英图书馆词汇》是一部专门收集与对译图书馆学词汇的专科双语词典,它的编辑与出版是我国图书馆学情报学学科发展的产物,反映了我国图书馆事业的进步和初步繁荣,也反映了图书馆界国际交流与合作日益加强的需要。这部词典收词1万余条,是一部中型的专业词汇对照手册,其中还包括一部分与图书馆工作密切关系的文献学、情报学、档案学、出版学所常用的科技术语。另外,该词典含有汉字笔划索引、汉语拼音索引、英文字母索引,参照系统比较完善,有极强的检索功能。(张玲)

0525

信息馆理论与实践 / 徐国定著. -- 成都:成都科技大学出版社,1994. -- 181页;19cm. -- 7-5616-1174-3(武汉大学图书馆)

本书为特区图书馆研究课题之一,属于特区图书馆与传统图书馆比较研究的范围。全书分7部分。第一部分,信息馆理论研究,作者给出"特区图书馆模式——信息馆图案研究"这篇论文,并列出北京大学图书馆馆长庄守经教授、中国科学院情报文献中心学术委员会副主任白国应研究员、武汉大学图书馆馆长沈继武研究员等人关于该论文的鉴定意见;第二部分,介绍信息馆思想产生的诱因,即新技术革命;第三部分介绍了信息馆基础理论,包括图书馆现代化基础和综述;第四部分信息馆科研课题成果,即《图书馆计算机管理系统》研制报告和成果鉴定;第五部分信息馆理论的实践;第六部分信息馆实践的附件;第七部分给出了信息馆理论与实践结合的社会反馈。(张玲)

0526

图书馆心理学 / 徐莲芳, 姜德学主编. -- 成都:四川教育出版社,1994. -- 242页;19cm. -- 7-5408-2026-8(武汉大学图书馆)

本书共11章。第一章绪论,作者从心理学的基本原理出发,论述了图书馆心理学的对象和内容、图书馆心理学的任务、图书馆心理学研究的方法;第二至十一章,作者基于心理学的基本原理,论述了读者需求心理、图书馆宣传的心理、馆员心理、采访心理、咨询心理、馆长心理、管理心理、阅览心理、情报心理、现代化心理等图书馆一系列心理问题。本书还在心理学的前提下,对建国以来图书馆工作的经验作了比较系统的总结,是一本具有一定理论水平和实践性强的专著。(张玲)

0527

比较图书馆学导论 / 薛理桂主编. -- 台北:台湾学生书局,1994. -- 14,291页;21cm. -- 957-15-0614-1(精装)(国家图书馆)

本书共分为6章。第一章绪论,包括比较图书馆学的定义、研究范围及目的等;第二章发展历史与研究现况;第三章方法论;第四章个案研究;第五章国际图书馆组织;第六章结论与建议。书前有王振鹄先生的序及薛理桂教授的序、本书的图目次及表目次。书后有比较图书馆学课程大纲、国际图书馆学与比较图书馆学课程大纲、一个国家(地区)研究大纲范例等附录。(赵红)

0528

图书馆学问题研讨(二):参考资料与参考服务 / 张慧铢. -- 台北:文华图书馆管理资讯公司,1994. -- 318页;21cm. -- 957-8708-05-X(国家图书馆)

本书为台湾参考资料与参考服务历年考题与答案参考书。分为7个部分:(1)参考服务部门;(2)参考资讯服务;(3)参考馆员所应具备的条件及如何因应资讯时代的冲击;(4)参考资料;(5)各类型参考工具书;(6)各类工具书的功用与特征;(7)解释名词。书前有编者序、参考资料与参考服务历年考题分类表。书后附录:(1)历年考题参考资料与参考服务部分——代索引;(2)参考书目:A.参考资料与参考服务相关图书;B.参考资料与参考服务相关期刊论文。附录有历年考题参考资料与参考服务部分——代索引等。(赵红)

0529

利用图书馆基本知识 / 张继儒，杨堤主编. -- 西安:陕西人民美术出版社,1994. -- 142 页;20cm. -- 7 - 5368 - 0688 - 4(国家图书馆)

本书是专门为中等学校学生进行书刊文献检索、利用图书馆方法教育而编写的,目的在于通过利用图书馆知识的学习,掌握查检利用文献的方法,提高自学能力,拓宽知识视野。全书包括:图书馆、图书分类、图书馆目录、工具书略述、图书馆的管理与服务、读书方法与读书笔记等 6 个部分。著者在附录中给出《中国图书馆图书分类法》基本类表和中文工具书选目。(张玲)

0530

图书馆学与资讯科学大辞典. 上册 / 台湾"国立编译馆"主编. -- 台北:汉美图书公司,1995. -- 1 册;27cm. -- 957 - 9005 - 78 - 8(精装)(国家图书馆)

本词典分上中下三册。本书为上册。本大辞典涵盖的范围,除图书馆学与资讯科学外,还包括目录学与档案学两个相关学门,凡与这些学门有关的知识及人物,均择要立目介绍。本书的主要构成部分,包括编例、正文、附录及索引。编例:举出编辑时的各种特例,并说明其处理方法,期对读者利用本书时有所助益。正文:正文辞目名称,分为中文与英文两部分。中文辞目依笔画多少排列,笔画相同之字,依其首笔之点、横、直、撇、捺顺序排列,首笔相同,再依次笔之上列顺序排列。英文辞目依字母顺序排列,首字相同,则依第二字的字母顺序排列,余类推。附录中附"图书馆学与资讯科学海峡两岸名词对照表"外,尚有两岸主要图书馆名录、两岸图书馆学与资讯科学系所名录、两岸主要图书馆学与资讯科学专业期刊名录、中文简繁体字对照表。索引包括全书中的所有相关名词,分为中文与英文两部分。书前有曾济群先生的序及总编辑胡述兆弁言。(赵红)

0531

图书馆学与资讯科学大辞典. 中册 / 台湾"国立编译馆"主编. -- 台北:汉美图书公司,1995. -- 1 册;27cm. -- 957 - 9005 - 79 - 6(精装)(国家图书馆)

本词典分上中下三册。本书为中册。本大辞典涵盖的范围,除图书馆学与资讯科学外,还包括目录学与档案学两个相关学门,凡与这些学门有关的知识及人物,均择要立目介绍。本书的主要构成部分,包括编例、正文、附录及索引。编例:举出编辑时的各种特例,并说明其处理方法,期对读者利用本书时有所助益。正文:正文辞目名称,分为中文与英文两部分:中文辞目依笔画多少排列,笔画相同之字,依其首笔之点、横、直、撇、捺顺序排列,首笔相同,再依次笔之上列顺序排列。英文辞目依字母顺序排列,首字相同,则依第二字的字母顺序排列,余类推。附录中附"图书馆学与资讯科学海峡两岸名词对照表"外,尚有两岸主要图书馆名录,两岸图书馆学与资讯科学系所名录、两岸主要图书馆学与资讯科学专业期刊名录、中文简繁体字对照表。索引包括全书中的所有相关名词,分为中文与英文两部分。书前有曾济群先生的序及总编辑胡述兆弁言。(赵红)

0532

图书馆学与资讯科学大辞典. 下册 / 台湾"国立编译馆"主编. -- 台北:汉美图书公司,1995. -- 1 册;27cm. -- 含索引. -- 957 - 9005 - 80 - X(精装)(国家图书馆)

本词典分上中下三册。本书为下册。本大辞典涵盖的范围,除图书馆学与资讯科学外,还包括目录学与档案学两个相关学门,凡与这些学门有关的知识及人物,均择要立目介绍。本书的主要构成部分,包括编例、正文、附录及索引。编例:举出编辑时的各种特例,并说明其处理方法,期对读者利用本书时有所助益。正文:正文辞目名称,分为中文与英文两部分。中文辞目依笔画多少排列,笔画相同之字,依其首笔之点、横、直、撇、捺顺序排列,首笔相同,再依次笔之上列顺序排列。英文辞目依字母顺序排列,首字相同,则依第二字的字母顺序排列,余类推。附录中附"图书馆学与资讯科学海峡两岸名词对照表"外,尚有两岸主要图书馆名录、两岸图书馆学与资讯科学系所名录、两岸主要图书馆学与资讯科学专业期刊名录、中文简繁体字对照表。索引包括全书中的所有相关名词,分为中文与英文两部分。书前有曾济群先生的序及总编辑胡述兆弁言。(赵红)

0533

图书馆学的哲学 / 赖鼎铭. -- 台北:文华图书馆管理资讯公司,1995. -- 295 页;21cm. -- 957 - 8708 - 03 - 3(国家图书馆)

本书就图书馆学是否为科学与图书馆员是否为专业两方面进行论述。第一编论述"图书馆学是否科学及其研究的典范";第二编论述"图书馆员是否专业及其问题"。书前有他序、表目次。书后有中英文参考书目及中英文索引。(赵红)

0534

知识的门径:图书馆、读书与出版 / 王锡璋. -- 台北:文史哲出版社,1995. -- 287 页;21cm. -- 图书与资讯集成. 21. -- 957 - 547 - 986 - 6(国家图书馆)

本书从向公众普及图书馆知识的角度向读者介绍有关图书馆方方面面的知识。全书分 4 章。内容包括"细述国家图书馆功能"、"话说图书馆员"、"大英图书馆第七千万件借约者诞生"、"美国出版界的书目中心——鲍克公司"、"OCLC 书目资料库中的百位作家"等。书前有他序和自序。(赵红)

0535

图书馆学问题研讨(三):图书馆自动化 / 张慧铢. -- 台北:文华图书管理资讯公司,1995. -- 290 页;21cm. -- 957 - 8708 - 12 - 2(国家图书馆)

本书为图书馆自动化历年考题与答案。分"问题研讨——历年考题"、"人工与自动化作业之比较"、"全国图书馆资讯网路的建立及发展"。附录历年考题——代索引及参考书目。(赵红)

0536

信息环境论 / 岳剑波著. -- 北京:北京图书馆出版社,1996. -- 304 页;32 开. -- 7 - 5013 - 1267 - 2(国家图书馆)

本书论述了人与信息的关系和信息对人的巨大影响。共9章:(1)从信息资源论到信息环境论;(2)信息环境系统;(3)信息环境与社会;(4)信息与人;(5)信息危机;(6)信息技术与新媒介;(7)信息政策;(8)信息环境管理;(9)国际信息环境问题。(金丽萍)

0537

图书馆学情报学文献源 / 董小英主编. -- 北京:书目文献出版社,1996. -- 297页;20cm. -- 7-5013-1283-4(国家图书馆)

随着图书馆情报事业以及图书馆学情报学的不断发展,专业文献的数量和种类也在迅速增多,为便于图书馆学情报学领域的本科生、函授生、研究生、教学和科研人员以及从事图书馆和情报实际工作的专业人员更快和更多地掌握和利用专业文献,编者编写了本书。书中对图书馆学和情报学领域里最重要的文献源进行了比较全面的调查,并作了系统的分析和评价,这些重要的文献源包括:古籍、专著、期刊、会议录、标准和法规、学位论文、检索工具书、统计资料。本书可帮助读者全面了解古今中外重要的图书馆学情报学的研究成果和出版物。(张玲)

0538

图书馆学基础教学大纲 / 国家教委高教司编. -- 北京:高等教育出版社,1996. -- 74页;19cm. -- 7-04-005522-8(国家图书馆)

文科教学大纲是文科教育的基本文件之一。它是规范教学内容、指导教学工作、保证教学质量的重要手段,也是强化教学管理、搞好教材建设、进行教学评估的重要依据。本书是国家教委组织编写的高等学校图书馆学专业核心课程教学大纲之一。本书共7章,分别为信息、知识与文献、图书馆学研究对象与学科性质、图书馆学学科体系、图书馆的性质和职能、图书馆的类型、图书馆事业组织原理、图书馆现代化。(张玲)

0539

信息资源与社会发展:1996信息资源与社会发展国际学术研讨会论文集 / 马费成, 邱均平, 黄宗忠主编. -- 武汉:武汉大学出版社,1996. -- 766页:图;26cm. -- Proceedings of the 1996 International Symposium on Information Resources and Social Development. -- 7-307-02221-4(北京师范大学图书馆)

本书为1996年9月3—6日在武汉召开的信息资源与社会发展国际学术研讨会的会前正式出版论文集。全书按照文章内容的主题大致可分为3个部分:(一)信息资源与社会发展总论、信息资源建设、信息交流与传播、信息产业、信息市场、信息技术、信息高速公路,以及农业、企业、金融等专业信息资源的管理、开发和利用等;(二)图书馆与社会发展、图书馆的改革与建设、图书馆的信息资源与信息服务,以及各类型图书馆的相关问题探讨等;(三)档案学、出版发行管理学、专业教育与人才培养,以及其他问题的探讨。书后还设有主题索引和著者索引。(张玲)

0540

图书馆学概论 / 石呈祥著. -- 保定:河北大学出版社,1996. -- 308页;20cm. -- 河北大学教材出版资助基金资助出版. -- 7-81028-365-0(北京师范大学图书馆)

本书是作者在多年教学实践和认真研究的基础上,吸收已有的研究成果而编写的图书馆学专业教材。该书运用系统科学的理论,采用从实践到理论的逻辑顺序,从认识图书馆入手,对当代图书馆学基本问题作了概要的介绍。既可作为高校图书馆学专业教材,又可作为非专业人员学习图书馆学专业知识的入门之书和供图书、情报、档案、图书出版发行界的实际工作者参考。(张玲)

0541

图书馆学概论 / 谭迪昭编著. -- 广州:中山大学出版社,1996. -- 189页:图;19cm. -- 7-306-01113-8(国家图书馆)

本书是在《图书馆学基础知识》(试用教材)的基础上进行重新编写而成的。全书分上、中、下三编,共13章。上编"图书文献"概述了信息、知识与图书文献的关系及图书文献的产生、发展、类型和作用;中编"图书馆与图书馆事业"详细阐述了收集、整理、贮存和利用图书馆文献的图书馆和图书馆事业,以及读者怎样利用图书馆的知识和方法;下编"图书馆学"论述了作为一门学科的图书馆学的产生和发展、研究对象与研究内容、学科体系与相关学科等方面的基本理论。全书各编自成体系,可单独学习使用;又连为一体,构成一门学科的综合知识。它既是一本有基础知识、基本理论、参照考试大纲而编写的概论性教材,也是一本图书文献知识和怎样利用图书馆查找资料的知识性、使用性的读物,还是一本论述图书馆学基本知识、基本理论的专业书。因此,本书可供各类型图书馆、情报信息、档案工作者、文秘人员和利用图书馆的读者学习和使用。(张玲)

0542

浙江省图书馆学会论文选集 / 浙江省图书馆学会编. -- 杭州:杭州大学出版社,1996. -- 163页;26cm. --英文题名:Selected Papers of Zhejiang Provincial Library Society. -- 7-81035-912-6(国家图书馆)

为了迎接第62届国际图联大会在北京召开,充分展示浙江省图书馆学会会员的学术成果,更好地宣传浙江,加强浙江省图书馆学会与国内、国际图书馆届的学术交流,在浙江图书馆和兄弟图书馆的大力协作下,浙江省图书馆学会编辑出版了本文集。本书包含三部分内容:第一部分是为了迎接第62届国际图联学术研讨会,浙江省图书馆学会发动全省图书馆同仁撰写论文中的12篇优秀论文;第二部分是获得中国图书馆学会成立十周年优秀论文奖的论文;第三部分是1985年至1995年浙江省的图书馆学学者在《中国图书馆学报》上发表的较高质量的部分论文。(张玲)

0543

图书情报学中的数理统计 / 周士本等编著. -- 北京:地质出版社,1996. -- 224页;20cm. -- 7-116-02149-3(国家图书馆)

数学方法是科学研究方法的重要部分,正逐步广泛应用于各个学科及许多事业领域,图书馆学情报学就是其中的一个重要方面。本书是将数学与图书馆学情报学有机地结合在一起开展的研究成果。全书共4篇。第一篇概率论基础,简要论述了概率论的基本知识、随机变量及其分布、随机变量的数字特征、大数定律和中心极限定理;第二篇描述性统计分析,简要介绍了数据的收集与整理、集中量与差异量分析的内容;第三篇推理性统计分析,简要介绍了参数估计、假设检验、方差分析、回归分析、排队服务分析等内容;第四篇综合应用,详细介绍了文献的增长与老化、词频统计分析、回归分析的应用等内容。另外,作者还在文后附录中给出图书情报学中的常用数学公式、泊松分布表等内容。(张玲)

0544

21世纪图书情报资料工作展望 / 北京高校情报资料工作研究会编. -- 北京:北京图书馆出版社,1997. --238页;19cm. -- 7-5013-1349-0(国家图书馆)

北京高校情报资料工作研究会第四次学术研讨会于1997年9月召开。在征集论文的基础上,编者选编了这本文集,作为此次研讨会的一个成果。此次研讨会的主题是:图书信息资料工作如何迎接21世纪的挑战。围绕这一大会主题,编者在征文中选用32篇论文,内容涉及21世纪图书信息资料工作展望、图书信息资料人员的素质、图书信息资料工作在精神文明建设中的地位和作用、图书信息资料工作网络化建设等。(张玲)

0545

人文社会科学教育改进计划:图书馆学系核心课程之规划研究成果报告 / 陈雪华研究主持. -- 台北:台湾教育主管部门顾问室,1997. -- 110页;29cm. -- 灰色文献图书馆学研究计划报告(国家图书馆)

本论文系台湾图书馆学系核心课程之规划研究成果报告。本计划主要配合资讯环境的变迁与图书馆教育的迫切需求而规划图书馆学系核心课程,希望达成下列目标:探讨核心课程的界说;图书馆学系主要领域与其核心课程名称;研拟图书馆与资讯研究核心课程草案。本计划分为4章。第一章绪论,说明计划缘起、研究目的、研究范围与限制等。第二章文献分析,第一节介绍美国图书馆与资讯科学系所必修课程,第二节台湾图书馆学系必修课程,第三节内地图书资讯学核心课程研讨。第三章焦点团体与座谈会之讨论架构,第一节核心课程之界说,第二节学科设置核心课程之必要性,第三节图书资讯学主要领域与其核心课程名称。第四章结论与建议。(赵红)

0546

索引技术和索引标准 / 侯汉清主编. -- 北京:北京图书馆出版社,1997. -- 326页;21cm. -- 索引研究论丛. -- 7-5013-1452-7(国家图书馆)

本书为一本索引研究论丛,深刻而详细地阐述了索引技术和索引标准。索引技术方面涉及情报检索语言的发展趋势、后控制词表、分类法主题法一体化自动标引系统的基本原理和方法、中国生物医学文献光盘数据库检索系统、自由标引、中美科学引文索引之比较等内容;全书还给出了多个文献索引标准,如文献审读、主题分析与选定标引词的国际标准、我国文献叙词标引规则国家标准、英国图书、期刊及其他文献索引的编制的国家标准、美国的图书馆学、情报学及出版工作——索引的基本标准等内容。全书内容系统、全面,是索引工作者不可多得的参考工具书。(张玲)

0547

图书馆学暨资讯科学词汇 / 李德竹. -- 台北:文华图书馆管理资讯公司,1997. -- 790页;24cm. -- 957-8708-28-9(国家图书馆)

本书为图书馆学与资讯科学的词汇工具书。除英文、繁体词汇对照外,还包括作者序、凡例、图书馆学暨资讯科学词汇、12篇附录及中西文参考文献。(赵红)

0548

图书馆社会教育学 / 夏侯炳,吴乔生,王淑瑛著. --南昌:江西教育出版社,1997. -- 401页;20cm. --7-5392-2840-7(国家图书馆)

图书馆进行社会教育的主要形式是通过读者的自学和研究。本书是一本对图书馆社会教育学进行全面研究的著作,全书分3部分。第一部分为理论篇,作者从理论上分析了图书馆社会教育学这一交叉学科在教育学和图书馆学中的地位、作用,并对学科的内容及学科所涉及的各个问题作了全面的理论论述;第二部分为职能篇,论述了图书馆如何在多方面发挥社会教育职能。它包括向读者进行品德教育、心理素质教育、文献利用方法和检索方法教育、自学方法和研究方法教育等。第三部分为手段篇,主要论述了现代化技术在图书馆的应用,对图书馆的读者教育提出的新要求,即对读者进行计算机文献检索、光盘检索、Internet网络检索等方面的知识教育和操作技术的培训等。(张玲)

0549

文献资源共享理论与实践研究 / 肖希明著. -- 南宁:广西教育出版社,1997. -- 278页;20cm. -- 7-5435-2583-6(中国科学院国家科学图书馆)

本书以对国内外文献资源共享的思想和实践活动进行回溯性研究为起点,探讨文献资源共享的若干基本理论问题,在对文献资源共享系统各要素以及系统内外环境进行综合分析,探讨其优化对策的基础上,提出我国文献资源共享系统的目标及构想模式。全书共6章。第一章文献资源共享:历史与现实。介绍了文献资源共享的历史演进和现实背景,并分析了当今文献资源共享面临的问题。第二章文献资源共享的理论基础。介绍了一种思想、一项运动的文献资源共享,及文献资源共享的信息学基础、文化学基础、经济学基础与系统论基础。第三章文献资源共享系统分析,作者依次分析了文献的生产与供应、文献收集、服务、保存子系统。第四章文献资源共享中的技术因素,包括书目控制和信息技术。第五章文献资源共享中的人文因素,包括国家信息政策、知识产权制度、社会经济的影响、信息人:教育与文化传统。第六章我国文献资源共享系统的模式,阐述了文献资源共享系统的功能与结构,我国文献资源共享系统模式构想及

其建设的保障机制。(张玲)

0550

情报文献工作标准化概论 / 朱南编著. -- 北京:北京图书馆出版社,1997. -- 318 页:图表;21cm. -- 7 - 5013 - 1424 - 1(国家图书馆)

本书是我国第一部专门阐述情报文献工作标准化的著作。书中系统地论述了情报文献工作标准化的理论及其发展历程,并比较全面地介绍了符号与编码、文字罗马化、术语、情报文献工作自动化、情报文献数据单元的著录与标引等与情报文献工作相关的国际标准和国家标准。(张玲)

0551

两岸三地图书馆学研究与发展 / 澳门图书馆暨资讯管理协会. -- 澳门:澳门图书馆暨资讯管理协会,1998. -- 143 页;23cm. -- 澳门图书馆暨资讯管理协会学刊. 第 2 期. -- 972 - 97922 - 1 - 6(国家图书馆)

本书收两岸三地图书馆学论文 19 篇。内有:澳门提供资源共享与馆际合作调查初步结果、台北市立图书馆与中小学图书馆之馆际合作、北京图书馆的学术论文的收藏和借阅工作等。书前有序,书后附录澳门图书馆暨资讯管理协会1995—1998 大事纪要、澳门图书馆学、图书馆及印刷史论文索引。(赵红)

0552

图书馆·文献检索 / 高云,滕胜娟主编. -- 北京:中国纺织出版社,1998. -- 262 页;20cm. -- 7 - 5064 - 1512 - 7(北京师范大学图书馆)

全书分上、下两篇。上篇论述图书馆学的基本知识,涉及图书馆史略、高等学校图书馆的职能、图书馆文献的分类与典藏、图书馆的目录组织与使用、图书馆组织机构与服务功能等内容。下篇论述文献信息检索。在此篇中又详细论述了文献信息检索的基础知识、常用中文科技参考工具书(包括词典、百科全书、年鉴、手册等)、常用中文科技检索工具的体系与结构体例、世界主要文摘及其检索、专利文献检索、会议文献及其检索、标准文献及其检索、计算机检索知识等内容。上篇的研究注重探讨图书馆的理论研究,下篇在论及文献检索理论的同时更加注重文献信息检索的实践性,作者在相应章节给出了相关的检索实践,并在附录中给出文献检索实习题汇编,以供读者边学边用。(张玲)

0553

现代图书学探讨 / 顾敏著. -- 台北:台湾学生书局,1998. --18,489 页;21cm. -- 图书馆学与资讯科学丛书. -- 957 - 15 - 0886 - 1(国家图书馆)

本书为增订版,共有 9 个部分:现代化图书馆学的理念;资讯与自动化;知识传播;缩影媒体;索引技术;全文检索;参考资源;比较研究;英文论文。书后附参考书目、著作目录。(赵红)

0554

知识经济时代:图书馆的生存与发展 / 陈子玲编著. -- 天津:天津人民出版社,1999. -- 215 页;20cm. --7 - 201 - 03258 - 5(国家图书馆)

全书详细论述了知识经济的含义、特征、动力与功能,知识经济与图书馆的基本性质、知识经济与图书馆的科学管理、知识经济与 21 世纪图书馆、知识经济与图书馆信息资源的传播、图书馆在知识创新体系中发挥的作用、知识经济与图书馆的人才教育、知识经济与图书馆的信息服务、知识经济与图书馆自动化、国内外适应知识经济的举措等问题。(张玲)

0555

图书馆理论与实践 / 栗祥忠,李明军,刘桂珍主编. -- 北京:北京图书馆出版社,1999. -- 631 页;21cm. -- 7 - 5013 - 1608 - 2(国家图书馆)

1999 年,在潍坊市图书馆学会成立十周年之际,栗祥忠、李明军、刘桂珍三位主编选择了一些学术论文编成此书。本书所选论文从不同角度对图书馆的各项工作开展研究,提出了许多新观念、新方法。本书分为图书馆科学管理、图书馆与市场经济、乡(镇)图书馆建设、图书馆精神文明建设、图书馆队伍建设、图书馆现代化技术、图书馆读者工作、图书馆藏书建设、图书馆学教育等栏目内容,在各栏目之下汇编相关的学术论文,以展示各类图书馆工作者在不同领域从事学术研究所取得的成绩。(张玲)

0556

图书馆的未来 / 刘爱荣著. -- 北京:当代世界出版社,1999. -- 243 页,4 页图版:图;20 cm. -- 7 - 80115 - 240 - 9(国家图书馆)

知识经济的崛起,信息社会的来临,要求图书馆在基础设施、人才结构、管理体制、服务方式、业务理念等各个方面实行全方位、立体式的变革。作者根据国内外有关情况和自己从事文献信息工作 20 年来的切身体会,对未来图书馆的发展趋势作了比较全面、系统的阐述。全书共 13 章,内容涉及传统图书馆不会在 21 世纪消失、21 世纪传统图书馆与虚拟图书馆将共存互补、转型中的图书馆及其发展前景、信息环境下的图书馆走势、未来图书馆的产业化倾向、未来图书馆的资源共建共享与馆藏特色、21 世纪的图书馆与网络信息资源、图书馆与因特网、新环境下图书馆用户的需求及对用户的培训、知识经济条件下的图书馆、未来图书馆的职能、21 世纪的图书馆学研究、未来图书馆人才的培养。(张玲)

0557

全国图书档案管理论文选集 / 王昕主编. -- 北京:中国档案出版社,1999. -- 947 页,1 页图版:图,摹真;26cm. -- 7 - 80019 - 697 - 6(华东师范大学图书馆)

本书是编者广泛涉猎、反复推敲,从全国近百种图书情报及档案学科的专业刊物近万篇的论文中筛选出来有代表性、学术性和实用性的论文选集,旨在帮助用户概观学科的发展,获取大量有价值的信息。全书共分两编。第一编图书情报管理,包含发挥教育职能、落实服务宗旨、改革创新发展、实现自动化管理、加强队伍建设、开发馆藏功能、深入业务探讨、重视期刊效应等专题的 300 余篇论文;第二编档案文献管理,收录论文 60 余篇。(张玲)

0558

文献信息服务论文集 / 辛希孟主编. -- 北京:书目文献出版社, 1999. -- 259 页;26cm. -- 7 - 5013 - 1604 - X(北京师范大学图书馆)

文献信息服务是指以文献为媒体(介质)的信息传播与交流等活动和这一活动过程中的实践与效果。作为文献信息业主体的图书馆和文献情报中心,随着市场经济体制的确立与发展,随着计算机网络等技术设施的广泛应用,无论是工作对象、工作内容、管理机制,还是其服务手段、模式和政策都已经发生了巨大的变换,为适应这种变化,中国图书馆学会特举办了"全国文献信息服务专题学术研讨会"。会后,将部分学术会议论文收录本文集。本文集坚持学术民主、理论联系实际的编辑原则,所收论文包括以下主要内容:(1)文献信息服务理论和基础工作;(2)文献信息服务方法和技术;(3)不同系统、不同规模图书馆和情报单位文献信息服务工作的具体成效、组织管理之经验;(4)文献信息服务人员的素质和培养;(5)文献信息服务业现存问题和展望。(张玲)

0559

现代图书馆学理论 / 徐引篪,霍国庆. -- 台北:台湾学生书局,1999. -- 464 页;21cm. -- 图书馆学与资讯科学丛书. -- 957 - 15 - 0979 - 5(国家图书馆)

本书为中国科学院文献情报中心研究员徐引篪及曾在该院攻读博士的霍国庆共同编写。全书分 8 章:"图书馆学研究对象及学科体系"、"图书馆学流派与学说论评:西方"、"图书馆学流派与学说论评:东方"、"图书馆透析"、"图书馆类型的理论重组"、"人类需求的图书馆"、"信息市场的图书馆"、"网络时代的图书馆"。书前有图书馆学家黄宗忠、孟广均、顾敏序。书后附"世界各国图书馆的分布状况"、"中国公共图书馆的分布及特色分析(1995)"。(赵红)

0560

现代图书馆学理论 / 徐引篪,霍国庆著. -- 北京:北京图书馆出版社,1999. -- 384 页:图;20cm. -- 7 - 5013 - 1614 - 7(北京大学图书馆)

本书共八章,介绍了图书馆学研究对象及学科体系、东西方图书馆学流派与学说论评、图书馆透析、图书馆类型的理论重组、人类需求的图书馆、信息市场中的图书馆、网络时代的图书馆等内容。(张玲)

0561

书间觅理:图书馆学文选 / 张怀涛著. -- 北京:海洋出版社,1999. -- 347 页;20cm. -- 7 - 5027 - 4715 - X(国家图书馆)

本书收录了作者发表在各种专业杂志上的关于高校图书馆研究的论文,是一本应用图书馆学知识服务于实践的文选,是作者近 20 年工作的总结,也是丰富阅历的回顾。全书涉及高校图书馆改革、目录工作、图书馆服务、藏书建设、读者教育、文献检索课教学、期刊工作信息化、图书馆队伍建设及管理、现代信息技术对连续出版物管理的影响等内容。(张玲)

0562

图书情报与信息科学研究. 第一辑 / 张志弘等主编. -- 北京:北京图书馆出版社,1999. -- 530 页;20cm. -- 7 - 5013 - 1599 - X(1)(北京师范大学图书馆)

改革开放以来,我国的图书情报信息产业得到迅速发展,从事图书情报信息工作的同仁不断探索新知识领域,撰写了大量的有理论、有实践的学术性文章。《图书情报与信息科学研究》第一辑收录了"浅谈知识经济与图书馆发展方向"、"图书馆社会形象的塑造"、"论文献信息服务的成本与补偿"、"信息高速公路与电子图书馆"、"知识经济条件下图书馆员的素质"等论文 100 余篇。论文内容涉及图书馆管理改革与发展、情报与信息服务、图书馆现代化与自动化、人才培养、文献资源建设、读者服务工作、采编工作、期刊管理工作等方面。(张玲)

0563

陕西图书馆学理论研究文集 / 杨昌俊,徐荣主编. --西安:西安地图出版社,1999(国家图书馆)

为庆祝中华人民共和国建国 50 周年,回顾解放以来陕西省图书馆事业发展的辉煌成就和历史经验,展望 21 世纪图书馆事业的美好前景,编委会编辑出版了本书。本书收录范围主要是陕西省高校、科研、公共图书馆专业人员当时的研究成果,有回顾展望、理论研讨、业务方法、经验总结等,内容涉及图书馆工作的诸多方面。所编 93 篇文章,理论联系实际、深入探讨、思路新颖,反映出陕西省三大系统图书馆的研究水平。(张玲)

0564

陈誉先生八秩华诞图书馆学情报学论文集 / 黄秀文,范并思,余海宪主编. -- 北京:北京图书馆出版社,2000. -- 398 页,2 页图版:图;20cm. -- 7 - 5013 - 1738 - 0(国家图书馆)

陈誉先生是我国著名的图书馆学家,他长期工作在图书馆情报学领域的最前沿,他不仅是上海图书馆学教育事业的开拓者,创办了上海第一个图书馆学系,为图书情报界输送了大批优秀人才,而且对图书馆学理论进行了大量深入的研究和探索。特别在高校图书馆的办馆理念与工作实践上形成了自己的特色,对图书馆的功能及其结构和管理的研究,提供了图书馆现代化的改革思路和原则取向。本书是为庆祝陈誉先生八秩华诞而编写的论文集,收录了陈誉先生自己所作的论文、他人研究陈誉先生论文以及新时代图书馆界人士关于图书馆各方面工作研究文章共计 40 余篇。(张玲)

0565

资讯科学与图书馆学专题论辑 / 李德竹. -- 台北:文华图书馆管理资讯公司,2000. -- 511 页;23cm. -- 957 - 8708 - 42 - 4(国家图书馆)

本书收录 11 篇图书馆学论文。有"台湾与美加地区图书资讯学资讯科学课程之研究"、"英美编目规则之原则与未来发展"、"PUSH 科技及其在图书馆之应用"等。书前有作者序,书后有作者简介。(赵红)

0566

毛坤图书馆学档案学文选 / 梁建洲,廖洛纲,梁鳣如编. --成都:四川大学出版社,2000. -- 17, 389 页, 4 页图版:图, 肖像;21cm. -- 7-5614-2034-X(国家图书馆)

本书收录毛坤先生的“版本溯源”、“著录西洋古印本书应注意的几个问题”、“标题目录与专门目录”、“论联合目录”、“图书馆的职责”等40余篇有关图书馆学、档案学方面的文章。具有选材精良、编排科学、校勘严谨的特点。(张玲)

0567

社会科学图书情报工作特殊性研究 / 刘纪兴著. -- 武汉:武汉大学出版社,2000. -- 381 页;20cm. -- 国家社会科学基金“九五”资助项目. -- 7-307-03049-7(国家图书馆)

本书作者以面向21世纪哲学社会科学大发展为时代背景,对社会科学的地位和作用、社会科学图书情报工作的功能、研究对象及其特殊性作了系统阐述,尤其是对社科图书情报为科研服务、为党政决策服务、为企业服务及其实证研究等作了深入、独到的论述。(张玲)

0568

图书馆理论与实践 / 卢子博, 王学熙主编. -- 北京:中国文联出版公司,2000. -- 7-5059-2374-9(国家图书馆)

未见书。(张玲)

0569

网路时代科技文献之研究 / 宋雪芳. -- 台北:文华图书馆管理资讯公司,2000. -- 219 页;21cm. -- 957-8708-41-6(国家图书馆)

本书分“网路上的灰色文献”、“学术会议文献的传播”、“网路化会议资讯形态探析”、“网路时代科技学会角色的改变”、“网路时代工商企业机构期刊的变革”、“台湾图书馆学系科技文献课程的教学”、“美国图书馆研究所科技文献课程之探讨”。(赵红)

0570

图书馆学文献学论丛 / 王世伟著. -- 上海:上海书店出版社,2000. -- 578 页;20cm. -- 7-80622-565-X(北京大学图书馆)

本书收录了作者在各种刊物上发表的图书馆学文献学的71篇文章,分为4部分:图书馆事业发展研究、工具书研究、古文献研究及图书馆著名人物印象。第一部分包括:跨世纪时期中国图书馆界面临的五大竞争、论中国大城市图书馆综合文化功能及其开发、图书馆应成为读者的上帝、中国应当以更加积极的姿态参加图书馆国际大家庭;第二部分包括论现代信息技术对工具书的影响、关于中文工具书类型划分的若干问题、工具书与图书馆、工具书名实论、论工具书的模糊性、字书、辞书、工具书考略;第三部分包括历代官刻本述略、书版黑口说略、传世孤本明版《三峡通志》考略、说校勘、校勘与考证、《历史文献的开发与利用》序、长泽规矩也的《支那书籍解题》;第四部分包括顾廷龙、陈誉、访台人物印象等。(胡秋玲)

0571

文献信息服务基础教程 / 严峰主编. -- 北京:北京图书馆出版社,2000. -- 239 页;20cm. -- 7-5013-1718-6(国家图书馆)

本书从现代图书馆功能和手段变化的视角,以崭新的观点系统论述图书馆文献信息服务工作的基础知识,特别对当前图书馆自动化管理、网络信息的组织与检索、文献信息资源的开发、业务统计和业务档案管理的规范化等实践性的课题作了概括论述,对图书馆实际业务工作有一定指导作用。本书注重实用,避免就纯学术理论观点展开讨论,是图书馆工作人员进行专业基础知识培训和中小型图书馆业务辅导用书,也是图书馆工作者进行业务自修的基础性读物。(张玲)

0572

图书馆基础知识概要 / 郑惠生主编. -- 北京:海洋出版社,2000. -- 269 页:图;21cm. -- 7-5027-4833-4(北京师范大学图书馆)

随着科学技术的进步,尤其是电子信息技术的飞速发展,图书馆的业务工作也发生了实质性的进展和变化。现代化的服务手段逐渐代替传统的手工操作,计算机编目、光盘数据库和网络检索技术等新型的业务项目开始在图书馆领域普及。为了适应图书馆事业发展的需要,作者编写了这本教材。全书共十章,内容涉及图书馆的性质和职能、文献采访的技术和方法、中文图书的分编、西文文献的分编、图书的外借流通、图书阅览、图书典藏、中文报刊的分编与阅览、文献信息服务的技术与方法、现代图书馆的管理机制等内容。(张玲)

0573

图书馆学情报学青年文丛. 第一辑 / 宾锋等主编. --上海:上海科学技术文献出版社,2001. -- 196 页;20cm(国家图书馆)

本书收录了上海图书馆上海科学技术情报所首届青年学术研讨会优秀论文23篇,从图情界思想政治建设、信息资源建设、信息资源服务等各方面提出了新的理论研究观点。(张玲)

0574

文献信息开发工作 / 杜克主编. -- 北京:北京图书馆出版社,2001. -- 206 页:图;21cm. -- 图书馆岗位培训教材. -- 7-5013-1732-1(国家图书馆)

随着社会和科学技术的不断进步,人类知识总量的急剧膨胀,学科分类的深化、细化,知识载体的多样化,计算机和网络技术的普及,对图书馆原有的文献开发工作不仅提出了新的更高的要求,也为其提供了充分的知识和技术基础。本书是《图书馆岗位培训教材》系列丛书中的一个分册。全书论述了文献信息开发的意义与作用,一次、二次、三次文献信息开发工作,数据库开发工作,因特网信息资源的开发与利用等内容。(张玲)

0575

图书馆学理论基础 / 何光国. -- 台北:三民书局,2001. -- 445 页;21cm. -- 图书资讯学丛书. -- 957-14-3279-2(国家图书馆)

全书分七篇:概论;图书馆学哲学基础;图书馆发展的历

史性;图书馆学知识论;图书馆学资讯基础;图书馆学通讯基础;"新经济"与未来图书馆发展。书前有他序、自序。书后有后记、图次、表次。附"使图书馆为社会工作"、"从《红楼梦》论齐普夫律中文之适用性"。(赵红)

0576

黄纯元图书馆学情报学论文集 / 黄纯元著. -- 上海:上海科学技术文献出版社,2001. -- 227 页,1 页图版:彩图;21cm. -- 7 - 5439 - 1788 - 2(国家图书馆)

黄纯元,又名黄纯原(1956—1999),华东师范大学国际商学院信息学系副教授,日本东京大学博士,我国中青年图书馆学家。本书收录了黄纯元先生的论文 20 余篇,包括"自然科学技术情报工作和社会科学情报工作应当协调发展"、"社会科学研究方法与情报工作"、"略论社会科学文摘"、"传播学与情报学"、"试论我国社会科学情报工作的发展道路"、"我国图书馆事业发展战略的若干思考"、"市场经济体制下的宏观信息控制问题——日本的信息政策及其对我国的启示"、"新的信息环境下图书馆和图书馆情报学"、"信息政策的体系结构"、"政治经济学视角中的未来图书馆论——读哈里斯和翰奈的《走向未来:后工业化时代的图书馆情报服务的基础》"等。(张玲)

0577

图书资讯学概论 / 赖鼎铭等编著. -- 台北县:空中大学,2001. -- 321 页;21cm. -- 空中大学用书,人文学系传播与图书资讯学类,2005 年再版. -- 957 - 661 - 416 - 3(国家图书馆)

本书共 8 章,依次为:图书资讯学的内涵;资讯传播媒体;出版与馆藏采访;资讯组织与分析;资讯资源与检索;资讯行为;资讯服务与行销;图书资讯学的未来议题。每一章前均有:学习目标;本章纲要;中、英文参考文献。书前有刘水深所作出版弁言和著者序。(赵红)

0578

卢荷生教授七秩荣庆论文集 / 卢荷生教授七秩荣庆论文集编委会编. -- 台北:文史哲出版社,2001. -- 586 页:肖像,照片;21cm. -- 957 - 549 - 365 - 6(国家图书馆)

本书为卢荷生教授纪念文集,内收论文 25 篇,包括"图书馆与现代神学教育"、"论公共图书馆提供资讯的特性"、"四库全书与西学"、"大学图书馆馆藏发展的探讨"等。书前有卢荷生教授照片,王振鹄、黄世雄等贺文。书后有卢荷生教授门生贺文,卢荷生教授著作目录。(赵红)

0579

图书馆学情报学教育的创新与发展:首届中美数字时代图书馆与情报学教育发展国际研讨会暨 2000 数字时代图书馆与情报学教育发展高级研讨班论文集 /马费成,周欣平,陈传夫主编. -- 武汉:武汉大学出版社,2001. -- 373 页;26cm. --7 - 307 - 03418 - 2(国家图书馆)

随着数字化技术的飞速发展,图书馆学、情报学教育面临前所未有的挑战与机遇。图书馆学、情报学教育的改革与创新已成为世界各国积极探索的重要课题。为加强国际交流,促进合作,进一步探索数字环境下图书馆与情报学教育的发展趋势,经国家教育部批准,武汉大学主办了 2000 年"数字时代的图书馆与情报学教育发展高级研讨班"。同时,受亚洲高等教育联合董事会资助,武汉大学与匹兹堡大学联合主办了 2000 年"首届中美数字时代图书馆与情报学教育发展国际研讨会"。此次国际学术研讨会暨高级研讨班于 2000 年 11 月 6 日至 10 日在武汉大学召开。会议讨论的主题非常广泛,本论文集收入会议论文 60 余篇,内容涉及数字化时代图书馆与信息科学课程设计、21 世纪图书馆与信息学教育的发展趋势、信息人才的知识结构与图书馆与信息科学核心课程、师资素质与教学方法、因特网资源与数字图书馆教育研讨、图书馆数字化技术的应用与专业教育、数字化时代美国图书馆学信息学教育的变革等。(张玲)

0580

世代相传的智慧与服务精神:文华图专八十周年纪念文集 / 马费成主编. -- 北京:北京图书馆出版社,2001. -- 351 页,4 页图版:图;21cm. -- 7 - 5013 - 1797 - 6(北京师范大学图书馆)

本书收录文华图专八十周年纪念文章 20 余篇,包括"文华精神与中国图书馆学教育之父沈祖荣"、"台湾地区图书馆学教育之回顾与现况"等。(于静)

0581

当代图书馆学目录学研究论集:庆祝彭斐章教授七秩寿庆论文集 / 彭斐章教授七秩寿庆论文集编辑小组. -- 武汉:湖北人民出版社,2001. -- 514 页:图;20cm. -- 7 - 216 - 03056 - 7(国家图书馆)

彭斐章教授是当代著名的图书馆学家、目录学家。为庆祝先生七秩华诞,并为推动图书馆学、目录学研究的发展,彭门弟子编辑了《当代图书馆学目录学研究论集》一书。全书分情满珞珈、先生学术思想研究、专访、先生自选论文和论文五个部分,结尾为"先生自况"和"先生著录目录"两个部分。书中收录了彭斐章教授所著"新中国图书馆学教育的回眸与思考"、"数字化时代的图书馆学研究"、"90 年代的中国目录学研究"、"中国目录学的今天和明天"、"论书评中编辑主体意识"等文章。(张玲)

0582

图书资讯学汇辑——考试选择题型考试指南 / 吴英美. -- 台北:文华图书馆管理资讯公司,2001. -- 398 页;24cm. -- 考试图书馆类科参考丛书 1. -- 957 - 8708 - 46 - 7(国家图书馆)

该书为台湾图书馆考试参考用书。全书分 7 章。第一章图书资料与图书馆;第二章图书馆管理学;第三章技术服务(一);第四章技术服务(二);第五章读者服务;第六章资讯服务;第七章图书馆网路与资源应用。前言:如何阅读本书。(赵红)

0583

后现代与图书资讯服务 / 叶乃静. -- 台北:文华图书馆管理资讯公司,2001. -- 234 页:图;21cm. -- 957 - 8708 - 48 - 3(国家图书馆)

全书共 10 章。第一章后现代社会下的图书资讯学研究;第二章后现代的数位图书馆及其目的;第三章后现代社会下的馆藏发展政策;第四章后现代社会下的资讯服务的困难:从资讯商品化的挑战谈起;第五章后现代社会下的阅读研究;第六章大众文化与后现代社会下的图书馆服务;第七章后现代社会下的阅读:通俗读物的兴起;第八章后现代社会下的阅读:漫画对大学生的意义研究;第九章后现代社会下的知识管理及图书馆的未来;第十章网路时代的资讯加值服务。书后附参考书目、中文索引、英文索引。(赵红)

0584

中国图书馆学教育概论 / 郑章飞,黎盛荣,王红主编;陈少舟等编著. -- 长沙:国防科技大学出版社,2001. -- 282 页;20cm. -- 湖南省自然科学专著出版补贴经费资助出版. -- 7 - 81024 - 703 - 4(国家图书馆)

本书是一部反映半个多世纪以来中国图书馆学教育事业的学术性专著。全书共 9 章。第一章绪论,介绍了中国图书馆教育学的研究对象与任务、体系结构与内容、学科性质及与相关学科的关系;第二章中国图书馆学教育史发展概况,介绍了起步(1920—1949)、调整期(1950—1977)、发展(1978—现在)三个时期内我国图书馆学教育发展状况;第三章中国图书馆学高等教育,作者分别介绍了大陆地区、中国台湾地区、香港地区的高等学校图书馆学教育;第四章介绍了中国图书馆学中等教育,包括发展概况、管理体制、办学模式、特点等内容;第五章中国图书馆学成人教育,作者从函授教育、业余大学教育两个方面进行了介绍,并在第三节给出中国图书馆学成人教育的模式结构与发展趋势;第六章中国图书馆学教育管理,论述了教育管理体制、教育管理的意义和作用、内容与方法;第七章中国图书馆学教育现代化,作者论述了其概念、内容和基本特征,发展概况及信息高速公路的崛起与中国图书馆学现代远程教育,并预测了面向 21 世纪的中国图书馆学教育发展趋势;第八章中国图书馆学教育家和学科带头人选介;第九章中国图书馆学教育机构选介。(张玲)

0585

20 世纪图书馆学情报学 / 戴维民主编. -- 北京:北京图书馆出版社,2002. -- 462 页;20cm. -- 7 - 5013 - 1959 - 6(国家图书馆)

本书论述了 20 世纪图书馆学情报学的十个分支学科或领域,包括基础理论、图书馆管理学、文献编目学、情报语言学、信息资源管理学、文献保护技术学、信息计量学、信息经济学、情报研究学、信息检索技术新进展。分别从图书馆学情报学理论、图书馆管理学、中外文献编目学的经历与发展作了论述,并对情报语言学的发展、语言体系的建立及信息资源管理的理论和实践进行了探讨,总结了文献保护技术学的经验与教训。同时,从纵向、横向两个角度,探讨了信息计量学和信息经济学的发展以及情报研究学和信息检索技术的新进展。在总结 20 世纪图书馆学情报学发展成就的同时,对 21 世纪图书馆学情报学作了展望。(胡秋玲)

0586

国外图书馆学重要著作选译 / 刘嘉等编译. -- 北京:华艺出版社,2002. -- 218 页:图;20cm. -- 二十一世纪图书馆学丛书. -- 7 - 80142 - 371 - 2(国家图书馆)

二十世纪是图书馆学从初创阶段逐步走向成熟的重要阶段,在此期间,产生了很多影响以后学科发展方向的经典之作。本书是《21 世纪图书馆学丛书》中的一册,作者选择性地译介了一些 20 世纪在整个世界范围内占据重要地位的图书馆学重要著作片断编成本书。书中选择了管理学派的代表作 C. 哈里森和 R. 比哈姆合著的《图书馆事业基础》、M. 高斯瓦米尼的《图书馆管理之管理》,社会学派的代表作 J. H. 谢拉的《图书馆学的社会学基础》《图书馆学导论》,新技术学派的代表作 F. W. 兰开斯特编著的《电子时代的图书馆和图书馆员》,信息管理学派代表作 B. 科宁和 E. 达文波特合著的《信息管理原理》等内容。旨在让读者通过阅读本书,接受图书馆学文化传统的熏陶,对图书馆学在 20 世纪发展的脉络有个基本的印象,以激发其对图书馆学的反思。(张玲)

0587

图书馆信息服务与管理 / 刘荣主编. -- 北京:北京图书馆出版社,2002. -- 346 页:图;20cm. -- 国家社会科学基金项目《现代化过程中我国社科图书信息工作管理模式及发展研究》研究组. -- 7 - 5013 - 1913 - 8(国家图书馆)

本书探讨了现代化过程中图书馆信息工作的外部运行机制及现代化过程中图书馆信息工作社会化、产业化、综合化和层位化服务模式;分析了网络环境下图书馆信息服务工作模式及发展,图书馆信息工作在市场经济环境下的管理模式,我国信息资源开发机制、策略与发展模式及现代化过程中我国图书馆信息工作政策与法律保障体系等问题;通过具体实例研究了省级、城市、高级工科院校、军队院校等各种类型图书馆的管理模式及发展。(张玲)

0588

探索与反思:图情一体化管理之路 / 缪国琴,吴建中主编. -- 上海:上海科学技术文献出版社,2002. -- 161 页:图;21cm. -- 7 - 5439 - 2002 - 6(国家图书馆)

为把上海图书馆上海科学技术情报研究所建设成为精神文明的重要基地和重要信息枢纽,更好贯彻"三个代表"重要思想,在认真回顾这几年工作的基础上,进一步从图情事业功能定位、管理模式、未来发展趋势等方面展开讨论,编写了本书。全书分创新与突破、改革与发展、未来与思考三篇,共收录论文 15 篇,这是上海图书馆上海科学技术情报研究所数年来管理理念和管理实践的思考。(张玲)

0589

中国藏书文化 / 桑良至著. -- 北京:中国财政经济出版社,2002. -- 378 页, 2 页图版:彩图;21cm. -- 7 - 5005 - 5912 - 7(东南大学图书馆)

作者首先在导言中介绍了藏书与文化;第一章介绍了藏书家相关流派;第二章介绍藏书楼、藏书室;第三章介绍国家、团体藏书与宗教藏书;第四章私家藏书,包括徽州文化、士子藏书、官吏藏书、商人藏书等内容;第五章社会文明与藏书,着重介绍了主要的藏书世家、功名士第有关的诗书文章及藏书与经济发展之间的联系等内容;第六章介绍了与藏书有关的文化情结;第七、八章介绍了藏书的作用。作者还在附录中给出各书院藏书之目录、阅藏知津序、杭州灵隐书藏记、赞四库全书等内容。(张玲)

0590

杜定友和中国图书馆学 / 王子舟著. -- 北京:北京图书馆出版社,2002. -- 315 页:照片;21cm. -- 7 - 5013 - 1889 - 1(国家图书馆)

本书包括图书馆之观念、图书馆学基本要义、图书分类学之贡献、杜定友图书馆学之特征等内容。

0591

图书馆学概论 / 吴慰慈,董焱编著. -- 北京:北京图书馆出版社,2002. -- 339 页; 21cm. -- 21 世纪高等学校核心课程教材. -- 7 - 5013 - 1911 - 1(国家图书馆)

本书是吴慰慈教授对其本人在 1985 年所编著的《图书馆学概论》一书的修订版。此版《图书馆学概论》不仅注重对原教材的继承,也反映出作者长期以来对图书馆学理论与图书馆实践问题的独立思考,并广泛吸收了国内外图书馆工作实践与理论研究的最新成果,以适应信息社会与网络环境下图书馆事业不断发展变化的形势。作为图书馆学专业的基础理论教材,本书在担负专业启蒙教育任务的同时,对现代图书馆学理论与图书馆实践各种综合性问题进行了总体把握。全书内容包括:图书馆学研究对象、体系与内容,性质方法与趋势,图书馆及其社会职能,图书馆类型,图书馆事业,图书馆微观工作体系,图书馆管理原理与实务,信息高速公路与数字图书馆建设,文献数字化工作与电子版权,网络环境下图书馆的发展方向等。(张玲)

0592

南京大学百年学术精品(图书馆学卷) / 叶继元主编. -- 南京:南京大学出版社,2002. -- 999 页:图,肖像;22cm. -- 7 - 305 - 03920 - 9(国家图书馆)

本书是《南京大学百年学术精品》中的"图书馆学卷"。全书总结百年南大的学术成果,发掘前辈学人的学术财富,彰显他们的治学精神。本卷收录有汪辟疆的"目录与目录学"、陈中凡的"论读古书之旨趣"、朱家治的"杜威及其十进分类法"、桂质柏的"大学图书馆之标准"、卢震京的"论参考资料的搜集工作"等文章,使今天的南大学人借以"辨章学术,考镜源流",更好地了解、继承和发扬百年南大的学术传统。(张玲)

0593

图书馆理论与实践 / 张建等主编. -- 长春:吉林人民出版社,2002. -- 652 页;21cm. -- 7 - 206 - 02497 - 1(北京师范大学图书馆)

本书是一本论文集,全书分 8 个专题。第一专题图书馆事业建设,包括"高校图书馆如何缓解经费不足的问题"、"论兴教扩招更需要图书馆立法"、"新世纪图书馆事业的发展方向"、"网络环境下图书馆的变革"等 20 余篇论文;第二专题信息资源建设,包含"关于公共图书馆外文期刊建设的思考"、"网络环境下图书馆的馆藏建设——建立虚拟图书馆"等 20 篇论文;第三专题图书馆管理,收录"关于数字图书馆人才激励机制的构想"、"论图书馆知识管理"等 11 篇论文;第四专题分类与编目,有 10 篇论文;第五专题图书馆网络化;第六专题信息服务,收录论文近 40 篇;第七专题图书馆与素质教育,包含"高校图书馆馆员素质的提高"、"图书馆与少儿教育"等多篇论文;第八专题文献研究,包含"中国古代辞典采珍"、"信息、知识、文献辨析"等 3 篇论文。(张玲)

0594

中国科学院第十二次图书馆学情报学科学讨论会文集 / 中国科学院文献情报中心编. -- 北京:北京图书馆出版社,2002. -- 218 页:图;26cm. -- 7 - 5013 - 1897 - 2(国家图书馆)

本书为中国科学院第十二次图书馆学情报学科学讨论会文集,共分 6 个部分。第一部分文献情报工作的发展与创新,收录了"中国科学院文献情报系统近 5 年的发展和面向新世纪的创新"、"构建研究型大学图书馆服务创新体系"、"论网络环境下高校图书馆创新机制的转变"等 11 篇论文;第二部分网络环境下的信息服务,收录"发展与创新:谈图书馆开发信息服务的设想"、"如何做好研究所图书馆的读者服务工作"、"信息时代如何搞好专业图书馆的读者服务工作"等 13 篇论文;第三部分网络信息资源开发和利用,收录"当前我国图书馆馆藏文献数字化问题的思考"、"从《乌利希国际期刊指南》分析期刊出版现状与趋势"等 8 篇论文;第四部分数字图书馆,收录"关于发展中国数字图书馆事业的几点思考"、"数字图书馆发展对传统文献工作的影响"、"网络环境下高校图书馆用户信息需求的新变化";第五部分队伍建设和教育,收录了相关论文 9 篇;第六部分其他,收录论文 6 篇。(张玲)

0595

知识经济时代图书馆的发展趋向 / 中国图书馆学会编. -- 北京:北京图书馆出版社,2002. -- 218 页:图;26cm. -- 7 - 5013 - 1935 - 9(国家图书馆)

本书为中国图书馆学会 2002 年年会优秀论文集。全书共六部分。第一部分图书馆的社会职能与作用,收录"新时代图书馆的职能与服务模式"、"图书馆社会职能与作用的深层次思考——图书馆与生产力的关系"、"论知识经济环境下创建'学习型图书馆'的内涵"等 7 篇论文;第二部分图书馆管理与改革,收录相关论文 12 篇;第三部分图书馆信息资源建设,收录相关论文 11 篇;第四部分图书馆用户需求与服务,收录论文 7 篇;第五部分数字图书馆的建设与研究,收录论文 5 篇;第六部分图书馆立法与知识产权保护,收录论文 2 篇。全书系统论述了在知识经济时代,图书馆所面临的挑战与机遇,以及图书馆求生存、求发展的具体措施。(张玲)

0596

信息文化论:数字化生存状态冷思考 / 董焱著. -- 北京:北京图书馆出版社,2003. -- 250 页:32 开. -- 7 - 5013 - 1941 - 3(国家图书馆)

本书对信息与文化的关系、信息文化的基本概念及特征予以详述,提出了组成信息文化的四个子系统:物质形态、精神观念、制度规范与行为方式,并论述了信息文化影响下的四类机制:信息生产机制、信息传播机制、信息选择与利用机制、信息行为的社会控制机制。(金丽萍)

0597

信息生态与社会可持续发展 / 蒋录全著. -- 北京:北京图书馆出版社,2003. -- 262 页;32 开. -- 7-5013-2131-0(国家图书馆)

信息生态环境是信息科学的前沿学科,信息生态环境将生态环境科学与信息科学结合起来,形成了一个新的横断学科。本书综合计算机科学、信息科学、生态学、社会学等多种学科,以全新的、综合的观点来看待社会信息问题,从一个新的生态角度对人类社会中的信息进行分析研究,对于影响信息生态的因素进行剖析,从而得出优化信息生态环境是促进人类可持续发展的新途径。(金丽萍)

0598

两岸三地信息管理与服务 / 澳门图书馆暨资讯管理协会编;邓志斌主编. -- 澳门:澳门图书馆暨资讯管理协会,2003. --159 页;23cm. -- 澳门基金会赞助部分出版经费. -- 99937-31-03-X(国家图书馆)

本书收录了两岸三地信息管理与服务方面的论文 14 篇。包括信息咨询在因特网上实现的构想、比较中国国家图书馆与大英图书馆数字的推广活动、1980—2000 年中国出版史研究综述、中国古代私家藏书及其文化贡献、浅谈澳门儿童图书馆发展、参考咨询服务:崭新的角色和机会等。(赵红)

0599

裘开明图书馆学论文选集 / 程焕文编. -- 桂林:广西师范大学出版社,2003. -- 424 页:图表;20cm. -- 哈佛燕京图书馆学术丛刊. 第二种. -- 7-5633-4192-7(中国科学院国家科学图书馆)

裘开明是 20 世纪西方最伟大的东亚图书馆先驱和华美图书馆学家,又是学贯中西的图书馆学术大师,在图书分类学、编目学、目录学、版本学等诸多方面,裘开明先生融中国的传统学术成就与西方的近现代学术精华于一炉,开创了既与中西图书馆学术迥异其趣,又与中西图书馆学术兼容并蓄的独特的"东亚图书馆学术"体系。这个学术体系几乎影响了整个 20 世纪西方东亚图书馆的发展,而东亚图书馆的发展又极大地推动了西方的亚洲研究。裘开明先生的著述不仅数量较多而且涉及的学科领域非常广泛。这部选集中仅收录了裘开明先生发表的图书馆学术论文与未刊稿 38 篇,其中:回忆录 1 篇,图书馆事业 8 篇,图书分类 4 篇,图书编目 15 篇,古籍研究 7 篇,哈佛燕京图书馆 3 篇。这些论文可以大致反映出裘开明先生在图书馆学术研究领域的主要特点和成就。(张玲)

0600

图书馆学情报学方法论基础与发展研究 / 党跃武主编. -- 成都:四川大学出版社,2003. -- 316 页:图;21cm. -- 教育部人文社会科学研究"九五"规划项目 98JC870001. -- 7-5614-2538-4(北京科技大学图书馆)

本书共分基础研究和发展研究两大部分,包含图书馆学情报学方法论创新研究概述、图书馆学情报学方法论基本概念辨析、图书馆情报学方法论基本功能研究、图书馆学情报学方法形成规律研究等八章。(张玲)

0601

应用图书馆学教程 / 郭依群编著. -- 北京:清华大学出版社,2003. -- 184 页:图;21cm. -- 7-302-06001-0(国家图书馆)

本书是为大学图书馆的读者教育编写的教材,目的是把现代图书馆的运作规律和使用方法系统地介绍给读者,帮助读者解决使用过程中遇到的问题。作者用浅显易懂的语言论述现代图书馆的运作规律、资源整理过程和利用方法,亦用相当多的篇幅介绍电子图书馆和网络资源的特点和利用,以便读者能够了解现代图书馆,掌握利用图书馆、获取网络信息资源的基本方法和技能。此外,本书还可以作为信息管理专业的教学参考书。全书共分 7 章,内容包括:现代图书馆,文献、图书的整序及其检索方法,期刊及其检索方法,参考工具书及其使用,大学图书馆的读者服务,网络环境下的文献信息服务。(张玲)

0602

转型期图书馆工作研究 / 国家图书馆发展研究院著. -- 北京:北京图书馆出版社,2003. -- 401 页:图;21cm. -- 7-5013-2147-7(国家图书馆)

所谓转型期,主要是指我国的社会正处在一个转型期,而由这个社会转型所引发的"社会宏观结构、微观基础、社会关系、价值观念、文化心理等全方位的变革,涉及到社会所有构成要素系统的相应变化和调整"。图书馆的范式转型与此密切相关,并受计算机技术、网络技术和数字化技术的直接影响。这两股力量作用于图书馆,促使图书馆的范式也发生全面的转型。以此为背景,全书收录了转型期图书馆发展的战略定位、转型期图书馆工作研究、国家图书馆在我国入世后的应对及发展政策、国家图书馆的绩效评估体系研究等领域的研究论文 20 余篇。(张玲)

0603

概说特色图书馆 / 何鑫龙编著. -- 北京:中国文联出版社,2003. -- 395 页;21cm. -- 龙文文丛. -- 7-5059-4365-0(北京师范大学图书馆)

本书是关于特色图书馆事业发展和特色图书馆业务工作的一般理论知识的普及读物。全书共 15 章,系统阐述了特色图书馆的思想形成与演进,特色图书馆的产生与发展,特色图书馆的性质与特点,特色图书馆的结构与职能,特色图书馆的地位和作用,特色图书馆事业与建设、特色图书馆组织与管理,特色图书馆干部队伍的培养与造就,特色图书馆的文献信息资源建设,特色图书馆的读者工作,特色图书馆的咨询检索工作,特色图书馆的信息化服务,特色图书馆的网络化建设,特色图书馆的现代化与未来等多方面内容。(张玲)

0604

图书馆学基础教程 / 王子舟著. -- 武汉:武汉大学出版

社,2003. -- 306 页:图;21cm. -- 高等学校图书馆核心课教材. -- 7-307-03813-7(国家图书馆)

本书系统地阐述了图书馆学研究对象、发展简史、内容体系、学科性质、相关学科、研究方法等基本原理和内容。以知识论为立场,对图书馆学众多理论问题进行了深入的梳理与研究,提出了"知识集合"等重要命题,认为应该根据客观知识、知识集合、知识受众及其相互之间的关系来建立图书馆学的内容客体体系。书中内容在大量吸取其他人文社会科学学术资源的同时,还参考、借鉴了图书馆学近年的最新研究成果,并对图书馆学的未来发展作出了分析和预测。本书可作为高等学校图书馆学、情报学专业的教科书或参考书,也可供图书馆及其他知识信息管理部门的人员学习使用。(张玲)

0605

英汉—汉英文献信息词汇 / 邬淑珍, 都平平主编. --南京:东南大学出版社,2003. -- 622 页;19cm. --7-81089-412-9(国家图书馆)

本书收录了图书馆学、情报学近年来出现的新词汇,并兼收与之相关的 Web 及 Internet 技术词汇以及相应的交叉学科的词汇近 1 万条。全书以英汉和汉英两种方式编排。本词典可以作为图书馆学、情报学的师生、文献管理人员、图书情报研究部门的研究人员以及书刊出版发行部门的工作人员从事翻译、研究和开展对外交流的实用参考工具。为方便读者使用,本书附录主要高校的英文名称、国外主要数字化资源的英汉对照等内容。(张玲)

0606

书城人事两依依 / 张白影著. -- 长沙:湖南大学出版社,2003. -- 403 页, 8 页图版:彩图;20cm. -- 7-81053-587-0(国家图书馆)

本书收入了作者在图书馆多年从业体会的文章,记下的是中国乃至世界古今文坛上享有盛誉的名人的读书情趣和作者近年来赴美、日、俄罗斯等地考察、参观后写下的随笔等。全书共分为五辑:感悟、人物、文论、序跋、游踪。感悟辑收入的是有关作者在图书馆多年从业体会的文章,包括作者本人的经历及与其有直接联系的人事、书事和文事。人物辑中的文章是作者的读书笔记,记下的是在中国乃至世界古今文坛上享有盛誉的名人的读书情趣。游踪辑所收的是作者今年来赴美、日、俄罗斯和我国港、澳考察、参观后写下的随笔。文论辑主要是图书馆学的学术论文。(张玲)

0607

图书馆发展与创新 / 中国图书馆学会编. -- 北京:北京图书馆出版社,2003. -- 363 页:图;26cm. -- 7-5013-2133-7(国家图书馆)

本书是 2003 年中国图书馆学年会论文集。该书收录了 6 个主题、共计 80 余篇论文。主题"加入 WTO 后图书馆立法与知识产权保护",包含"浅议中国加入 WTO 后图书馆立法与知识产权保护"、"中国加入 WTO 与西部图书馆信息产业发展的 BOT 项目战略措施研究"、"数据库的知识产权保护"等论文;主题"数字图书馆建设与研究",包含"数字图书馆与中小型图书馆的发展之路"、"论省级党校数字图书馆的建设和利用"、"欠发达地区图书馆数字化建设的思考"、"加快数字化图书馆建设的步伐"等论文;主题"图书馆信息资源建设"包含"网络环境下中小型图书馆实现文献信息资源共建共享的思考"、"论网络环境下图书馆信息资源的开发和利用"、"网络环境下信息资源共享"、"灰色数字文献是数字图书馆的重要信息源"等论文;书中还涉及的主题包括"图书馆服务模式与需求"、"图书馆的社会职能与作用"、"图书馆管理与改革"等。(张玲)

0608

新世纪的图书馆员 / 中国图书馆学会主编. -- 北京:北京图书馆出版社,2003. -- 397 页:图;26cm. -- 7-5013-2165-5(国家图书馆)

本书为一本论文集,分 6 个主题,收录 80 篇优秀论文。主题"社会角色与职业理念"包括"战略选择:新世纪图书馆事业发展的决定性因素"、"角色转换与形象再塑——新课程背景下学校图书馆员的新使命"等论文;主题"知识导航与信息服务"包含"图书馆服务标准体系的构建"、"知识导航与数字图书馆的信息服务模式研究"等论文;主题"信息技术与资源管理"包含"文献信息资源共建共享障碍新论"、"我国高校图书馆引进网络版全文数据库的综合评价模型"等论文;主题"专业教育与终身学习"收录"建立学习型图书馆:现代图书馆发展的必然趋势"、"平台学习:图书馆员提高自我素质的新途径"等论文;主题"人力资源开发与管理"包含"美国图书馆员职业资格认证"、"新世纪我国图书馆人力资源管理的六个新动向"等论文;主题"职业道德与法制环境建设"包含"论图书馆馆员职业道德的核心及对中华伦理的继承"、"从中外缴送制度的立法与实践看我国制定缴送法规的必要性"等论文。(张玲)

0609

为了明天 / 周青等. -- 香港:华夏文化出版有限公司,2003. -- 10,371 页;21cm. -- 962-5529-35-7(国家图书馆)

该书为大陆地区图书馆、博物馆论文集。内收论文 223 篇。分"改革创新"、"基础建设"、"网络环境"、"素质教育"、"院校之声"、"少儿天地"、"文博论坛"、"艺术百家"八个专题。(赵红)

0610

图书馆学导论 / 于良芝著. -- 北京:科学出版社,2003. -- 10,214 页;24cm. -- 21 世纪高等院校教材信息管理系列. -- 7-03-011659-3(国家图书馆)

本书以图书馆实现知识、信息传递的原理为核心内容并以此为出发点,概述了图书馆职业进行知识与信息组织整理的基本理论和方法、各类型图书馆进行知识与信息传递的基本途径等。(张玲)

0611

图书馆公共关系概论 / 赵红著. -- 海口:海南出版社,2003. -- 302 页;21cm. -- 7-5443-1097-3(国家图书馆)

本书是一部图书馆公共关系学的论著。全书分八章,多角度地论述了图书馆公共关系的理论和技巧。在介绍了公共关系的基本知识后,分析了公共关系在图书馆工作中的地位和作用以及图书馆公共关系的结构要素和特点,讲述了图书馆形象建设的重要性、做好公共关系调查是有效开展图书馆公共关系活动的前提、图书馆公共关系的传播活动、对策和措施以及管理等。书前有序言和绪论,书后有后记,封二印有作者简介。(胡秋玲)

0612

图书馆学通论 / 朱华平, 高健主编. -- 北京:中国文史出版社,2003. -- 393 页;20cm. -- 7 - 5034 - 1234 - 8(深圳大学图书馆)

本书是图书馆学理论的专著。全书共分 3 个部分(二十个章节)。引论中介绍了图书馆学学科系统的定位。第一部分(第二章—七章)讲述了图书馆学基本理论,包括图书馆学原理、图书馆的性质、功能与价值、图书馆的管理、图书馆的业务、图书馆的分类、图书文献与读者。第二部分(第八章—第十六章)阐述了图书馆目录学、分类学、文献学、情报学、教育学、心理学、语言学、统计学、工程学。第三部分(第十七章—第二十章)分别从图书馆史、图书馆学与其它领域、图书馆现代化与未来的展望及图书馆学经典理论几方面论述。(胡秋玲)

0613

晚清图书馆学术思想史 / 程焕文著. -- 北京:北京图书馆出版社,2004. -- 20, 349 页;21cm. -- 7 - 5013 - 2409 - 3(国家图书馆)

本书主要研究的是鸦片战争至辛亥革命之间(1840—1911)的图书馆学术思想史,清晰明了地向读者展示了中国古典藏书思想向近代图书馆学术思想转变的过程,是中国第一部晚清图书馆学术思想史专著。全书阐述了在社会发展剧烈动荡、社会思潮汹涌澎湃的晚清时代中国近代图书馆学术思想的产生、发展和演变过程,从而第一次完整而清晰地展示了中国近代图书馆学术思想的历史画卷。它对于现代图书馆在中国的发端、发展以及在晚清之际的彻底变革进行了详细的论述,重点通过对于这些现象的分析,对引起这场变革的社会、文化、政治、经济等因素所起的作用加以明确,这对于处在转型期的当代图书馆而言无疑具有极大的借鉴作用。(张玲)

0614

20 世纪西方与中国的图书馆学:基于德尔斐法测评的理论史纲 / 范并思等编著. -- 北京:北京图书馆出版社,2004. --359 页;21cm. -- 教育部人文社会科学研究"十五"规划课题成果. -- 7 - 5013 - 2441 - 7(国家图书馆)

本书是一部从图书馆学基础理论的角度研究西方与中国的图书馆学理论史的著作。本书分为三个部分。第一部分对 20 世纪西方图书馆学进行了纲要式的介绍与点评;第二部分在遵从测评结果的基础上,对理论素材进行了舍弃与补充;第三部分将信息分析方法用于图书馆学基础理论史的研究等内容。与通常的纯图书馆学基础理论研究相比,本书的主要特点是:第一,尊重图书馆学的技术情结,注重从应用图书馆学领域发掘对图书馆学产生了重大影响的文献、人物与事件,将其纳入图书馆学基础理论史的范畴。第二,采用信息分析的方法,力求通过系统的、公正客观的方法,全方位地考察 20 世纪图书馆学的主要理论创新之处。第三,不拘泥于信息分析结果。由于我国关于图书馆学理论的资料工作的薄弱,基于现有文献的信息分析得出的结论,完全可能会遗漏某些重要的文献、人物与事件,也可能高估某些不太重要的文献、人物与事件。(张玲)

0615

孟广均文选 / 孟广均著. -- 北京:科学出版社,2004. -- 387 页, 14 页图版:彩图, 肖像, 摹真;24cm. --7 - 03 - 014460 - 0(国家图书馆)

本书收录了我国图书馆与情报学家、信息资源管理专家孟广均教授在期刊、文集和中国大百科全书中正式发表的有代表性的文章 37 篇,分别归入基础理论、学科建设、资源建设、事业建设、编辑工作、教育工作等主题下,各有 5—8 篇不等,其中又各有 1 篇英文文章。附录包括自传性的人生体验、座右铭、访谈和评说。最后是论著目录。从该书可大致看出国内外图书馆与情报学和信息资源管理的一些发展脉络和研究热点。本书可供图书馆、情报、信息管理等领域的管理者、实际工作者、研究人员、教师和大学以上的学生阅读、参考。(张玲)

0616

网络时代的图书馆 / 缪其浩主编. -- 上海:上海科学技术文献出版社,2004. -- 360 页;21cm. --《图书馆杂志》理论学术年刊. -- 7 - 5439 - 2258 - 4(国家图书馆)

为了加强基础理论和文献研究,《图书馆杂志》于 1997 年起,开始利用增刊号编辑出版"理论学术年刊"。本书即为 2004 年编辑出版的一本。全书收录了"网络文化的作用和建设研究、"网络空间中的道德失范与道德危机"、"迎接知识服务需求的挑战"、"数字图书馆发展动态"、"'要素说'本义探"、"顾廷龙先生著述目录"、"魏晋南北朝时期的图书流通方式"、"网络信息资源整合"、"数字资源及其统一检索"、"图情机构的可持续发展与服务"、"中外图书馆学教育比较"、"中美图情学研究生课程设置比较"、"民国时期的陕西省图书馆"、"美国 VRD 服务评价体系"等文章。(张玲)

0617

世界图书馆学教育进展 / 潘燕桃, 程焕文主编. -- 北京:北京图书馆出版社,2004. -- 628 页:图;26cm. --7 - 5013 - 2423 - 9(国家图书馆)

本书主要内容包括:回顾了 1999 年以前我国图书馆学专业教育的发展历史,简明扼要地说明了我国 1999—2003 年图书馆学教育进展;详尽介绍了中国大陆 22 所图书馆学教育机构的基本情况(包括各教育机构的概况、基本情况、教师情况、学生招生与就业情况、本科教学计划、研究生培养方案等详细情况),中国台湾 11 所图书馆学教育机构有关图书馆学教育的基本情况(包括各教育机构的基本情况、课程设置等情况),亚洲、欧洲、非洲、大洋洲、美洲等五大洲 50 个国家 249 所图书馆学教育机构的基本情况(包括各图书馆学教育的基本情况、培养计划、课程设置等情况)。全面反映了世界各国和地区图书馆学教育的基本情况,而且重点介绍了国内外图书馆学专业设置与课程体系,同时又将事实和数据寓于教育理论和课程体系之中,使教育实践与教育思想融为一体。(张玲)

0618

徘徊集 / 沈宝环(Harris Seng). -- 台北:台湾学生书局有限公司,2004. -- 357 页:图;21cm. -- 图书馆学与资讯科学丛书. -- 957-15-1211-7(国家图书馆)

该书为作者从事图书馆事业多年的心得。内容有:“21世纪资讯社会即将来临,图书馆事业何去何从”、“大学图书馆和大学是生命共同体”、“公共图书馆社区服务管见”、“义工制度与公共图书馆”、“一人图书馆”、“图书馆事业发展的新方向”等18篇文章。书前有作者自序。(赵红)

0619

现代图书馆与信息资源共建共享导论 / 王超湘著. --北京:北京燕山出版社,2004. -- 357 页;21cm. --7-5402-1628-X(国家图书馆)

本书从现代图书馆的高度对数字图书馆、文献信息资源建设、现代信息技术及网络化建设等课题进行论述,并从实用的角度研究了文献资源共建共享的历史、发展、实验和例证,这些研究对我国正在进行的文献资源共建共享建设都是有益的,具有参考和实践意义。(张玲)

0620

书的传人:王国强图书馆学论集 / 王国强. -- 澳门:澳门文化广场,2004. -- 301 页;23cm. -- 澳门基金会、澳门文化局赞助部分经费. -- 99937-685-1-0(国家图书馆)

本书收录了作者自1984年至2003年间较具代表性的作品39篇,全书分为四个部分。第一部分为“澳门篇”共计13篇,主要是论述澳门图书馆事业的发展。第二部分为“技术篇”,共10篇,先后探讨图书馆分类、主题、编目、期刊使用、剪报管理等多个技术服务问题。第三部分为“辅仁篇”,收录了作者在求学时期所发表的有关辅仁大学图书馆发展的研究与调查,共5篇。最后一部分为“传人篇”,收录了杂文及新诗11篇。书后附录作者目录、作者简介。(赵红)

0621

图书馆文化论 / 王惠君,荀昌荣主编. -- 长沙:湖南大学出版社,2004. -- 469 页;21cm. -- 7-81053-865-9(国家图书馆)

本书是我国多年来图书馆文化研究的学术总结,是第一部全面系统论述图书馆文化的专著。远涉图书馆文化萌芽的先秦两汉,近及网络时代图书馆文化的最新发展,并联系西方发达国家图书馆发展历程和经验,对中西图书馆文化进行了全方位的比较研究。本书既对图书馆文化的内涵、特征和功能作了深入的阐述,又对图书馆物质文化、制度文化和精神文化的构建作了有益的探索。既有理论价值,又具有可操作性,对实际工作有指导作用。是广大图书馆工作者和高等院校图书馆学专业师生不可不备的参考书。(张玲)

0622

图书馆管理与信息服务 / 王运堂主编. -- 北京:北京图书馆出版社,2004. -- 699 页;24cm. -- 7-5013-2442-5(国家图书馆)

本书共收入论文百余篇,内容涉及图书馆队伍建设、图书馆管理、图书馆资源建设、图书馆信息服务工作等各个方面。(张玲)

0623

图书馆学基础 / 吴慰慈主编. -- 北京:高等教育出版社,2004. -- 283 页;23cm. -- 面向21世纪课程教材. -- 7-04-015337-8(国家图书馆)

本书是教育部“面向21世纪课程教材”,是由教育部高等学校图书馆学学科教学指导委员会组织编写的高等学校图书馆学专业核心课程系列教材之一。本书系统地阐述了图书馆学的研究对象、体系结构、相关学科、研究方法、发展趋势、图书馆事业组织、网络信息资源开发与利用、信息资源管理、图书馆馆藏文献数字化与电子版权问题、信息社会中的图书馆等,并对虚拟图书馆、图书馆转型策略与目标、信息资源网络建设、知识管理与图书馆、未来图书馆形态等前沿问题进行了深入解析。(张玲)

0624

鼎钟文集 / 张鼎钟. -- 台北:秀威资讯科技股份有限公司,2004. -- 426 页;21cm. -- 986-7614-23-2(国家图书馆)

该书收录了作者一生大部分作品。图书馆资讯篇收录了台湾图书馆资讯现况与展望、公共图书馆服务的理念、资讯政策刍议、图资教育问题、图书资讯服务的标准、自动化的评鉴等19篇文章。书评篇介绍图书馆资讯界出版品。考铨篇包括作者对工作的省思、工作的历练、回忆及检讨、身心障碍特考的回顾与展望,以及个人对考试委员提名的基本原则的看法。译述方面,翻译了美国图书馆建筑学专家所著的二十五年来学术图书馆建筑之规则。贺辞与讲词篇收录了对沈宝环教授七十华诞的贺辞及八十荣寿的贺联。访问篇包括作者被访问的内容、在电视接受访问的几个节目。书前有作者自序。(赵红)

0625

中日图书情报学研究进展 / 北京大学信息管理系,(日)筑波大学图书馆情报学系编. -- 北京:北京图书馆出版社,2005. -- 217 页:图;23cm. -- “北京大学创建一流大学计划”资助出版. -- 7-5013-2776-9(国家图书馆)

本书是中日两所著名大学合作编辑出版的论文集,书中收集了北京大学与日本筑波大学两所学校学者撰写的论文18篇,包括《中国图书馆学情报学教育的改革与发展》《中国的图书馆学研究》《图书馆与著作权》《现代社会与图书馆》《中国的文献计量学研究》《中国历史文献学研究》等,这些研究均是关于图书学、情报学的最新研究成果,反映了当前的研究热点,对于促进两国之间的学术交流,扩大中日双方在图书情报领域的合作将起到积极作用。(张玲)

0626

现代图书馆学 / 傅正著. -- 合肥:安徽大学出版社,2005. --203 页;20cm. -- 7-81110-030-4(国家图书馆)

本书分为九章。第一章图书馆学理论研究,介绍了图书馆学研究的指导思想和意义、图书馆学方法论、研究对象;第二章图书馆现象与本质,介绍了中国图书馆事业发展沿革、图书馆现象和本质、图书馆作用的中介性;第三章图书馆与社会,包括图书馆与科学技术、与先进文化、与社会的可持续发展等内容;第四章图书馆事业与文化产业,作者详细阐述了文化产业及其门类、图书馆事业是文化产业两个问题;第五章当代图书馆事业建设,作者介绍了社区图书馆建设、高校图书馆文献保障系统建设;第六章现代图书馆管理,介绍了影响现代图书馆的管理理论、图书馆业务管理和图书馆管理中的异化现象;第七章图书馆人力资源管理,介绍了图书馆人力资源的社会化管理、图书馆人才的内部管理;第八章图书馆用户服务,介绍了21世纪服务理念、图书馆用户研究、服务方式与内容;第九章网络时代的图书馆,包括社会环境信息化、网络图书馆、历史与现实的结合三节内容。(张玲)

0627

博物馆与图书馆的对话研讨会论文集 / 戈思明主编. -- 台北:历史博物馆,2005. -- 255 页:图;30cm. -- Dialogue Between Museums and Libraries. -- 986-00-3039-1(国家图书馆)

2005年时逢台湾历史博物馆五十周年与"国立中央图书馆"台湾分馆九十周年馆庆,共同举办了"博物馆与图书馆的对话"研讨会。本研讨会所探讨的议题,主要是回顾半世纪来,博物馆与图书馆经营管理的发展趋势。这些议题包含:博物馆与图书馆在研究与展示的经验上,公共资源与民间资源的交流与利用、国际与两岸文化之交流、闽南与台湾地区文物及文献之研究、原住民文物之发掘与保存以及21世纪科技在文物、文献保存上之运用等。主要收有8篇论文:"台湾总督府博物馆的殖民性与现代性","博物馆、图书馆之同异与教学之道","档案数位典藏之加值应用"等。书前有台湾历史博物馆代理馆长曾德锦写的序。书后附有附录:会议议程,议事备忘录,与会人员名单等。(赵红)

0628

根的回响:庆祝建馆九十周年论文集 / "中央图书馆"台湾分馆编;李玉瑾总编辑. -- 台北县:"中央图书馆"台湾分馆,2005. -- 522 页:彩照,肖像;26cm. -- 庆祝建馆九十周年论文集. -- 986-00-1778-6(国家图书馆)

本书是庆祝台湾图书馆成立九十周年的论文汇编。本书共分四部分。第一部分图版,包括历届馆长肖像、仪式照片及廖又生馆长写的出版序。第二部分感言篇,包括贺"国立中央图书馆"台湾分馆九十周年馆庆、"国立中央图书馆"台湾分馆建馆九十周年志庆等。第三部分论文篇,包括"台湾早期两愿离婚制度之研究"、"电子期刊资料库介面之探讨"、"以学习型图书馆迎接县级公共图书馆之发展"等7篇论文。第四部分回顾与前瞻,包括"台湾地区公共图书馆近三年发展概况"、"'国立中央图书馆'台湾分馆馆藏南洋资料及其价值"、"'国立中央图书馆'台湾分馆亲子资料室的发展与展望"等14篇文章。(赵红)

0629

图书馆新定义 / 胡述兆,王梅玲主编. -- 台北:台湾图书馆学会,2005. -- 205 页;23cm. -- 957-29266-7-5(国家图书馆)

图书馆面对新时代的社会亟需重新定义,胡述兆教授发表论文为图书馆建构一个新定义,引起许多图书馆同道的热情讨论,本书目的在呈现海峡两岸学者专家的论坛成果,共收论文20篇,台湾地区11篇,包括王梅玲副教授的从网际网路谈现代图书馆的新意涵、傅雅秀教授的也谈"为图书馆建构一个新的定义"、蔡明月教授的从图书馆与资讯科学的递嬗反思图书馆的定义、卢秀菊教授的从图书馆史谈图书馆之意义、谢宝煖副教授的图书馆的定义等。大陆地区9篇,包括"读懂图书馆——试评胡氏定义"(于鸣镝)、"图书馆学的学科性质"(王子舟)、"对图书馆定义的再思考"(黄宗忠)等。书前有台湾图书馆学会理事长庄芳荣写的序,胡述兆教授写了本书出版缘起。(赵红)

0630

资讯科学先驱 / 李德竹教授七秩荣庆筹备小组编. --台北:文华图书馆管理资讯股份有限公司,2005. -- 10,512 页:图;23cm. -- 英文题名:Pioneers of Information Science. -- 957-8708-81-5(国家图书馆)

李德竹教授毕生从事图书资讯学教育,对于资讯科学理论、图书馆自动化、资讯科技发展等课题研究作出了卓越的贡献。在李德竹教授七十大寿之际,李教授的学生为了表示对老师的庆贺与感念,将美国资讯科学与技术学会选出的资讯科学最佳贡献者,介绍其生平、理论与贡献,编撰成此书,书中依1964—1987年的顺序共介绍了24位突出贡献者。包括汉兹·彼得·鲁恩、查尔斯·鲍尼、摩提玛·陶佰、罗伯·费桑恩等。书前有李德竹教授写的序言,书后有附录:"美国资讯科学与技术学会最佳奖项"、"资讯科学先驱撰写者简介"。(赵红)

0631

彭斐章文集 / 彭斐章著. -- 武汉:武汉大学出版社,2005. --490 页,7 页图版:彩图,肖像;25cm. -- 武汉大学人文社会科学资深教授文丛. -- 7-307-04691-1(北京大学图书馆)

本书是堪称我国目录学界泰斗——彭斐章老先生倾注多年心血编著而成的。本文集选录了在期刊、论文集正式发表的有一定代表性的学术论文31篇,按内容分别归入目录学研究、图书馆学教育、图书馆事业与图书馆学研究和其他等主题。文集还包括作者的学术访谈及国内外学者撰写的评说。(张玲)

0632

英美与亚太地区图书资讯学教育 / 王梅玲. -- 台北:文华图书馆管理资讯股份有限公司,2005. -- 473 页;23cm. -- 957-8708-75-0(国家图书馆)

本书从国际观点，采用比较研究方法，探讨英美与亚太地区图书资讯学教育。第一章论述社会变迁、资讯科技进步与高等教育改革引起图书馆学教育的变革，并说明研究目的与研究方法。第二章探讨图书资讯学教育的原理与发展，归纳重要理论与要件以作为研究国际图书资讯学教育的理论基础。第三章到第九章探讨英美与亚太地区图书资讯学教育，分成英国、美国、澳洲、日本、韩国、中国，研析各国图书资讯学教育，每章涵盖各国图书馆事业概述、图书资讯学教育历史发展、图书资讯学教育制度、课程设计、图书资讯学教育的评鉴、教育变革与发展趋向。第十章作各国图书资讯学教育的比较研究，第十一章总结并提出建议。（赵红）

0633

图书馆学情报学探索的足迹：陈光祚文集 / 陈光祚著. -- 北京：北京图书馆出版社，2006. -- 398 页；24cm. -- 7 - 5013 - 3166 - 9（北京大学图书馆）

收录了陈光祚教授从教以来在目录学、文献检索课教学、电子出版物研究及个人数字图书馆研究等方面的论文和成果。（于静）

0634

图书馆与非物质文化遗产 / 方允璋著. -- 北京：北京图书馆出版社，2006. -- 318 页：图；21cm. -- 7 - 5013 - 3133 - 2（北京师范大学图书馆）

本书共 8 章。第一章引言，概述非物质文化遗产及其介入图书馆的重要意义；第二章国内外非物质文化遗产抢救保护工作研究，着重介绍了国外非物质文化遗产抢救保护工作、国内非物质文化遗产抢救保护现状、国内外非物质文化遗产研究比较、文献化资源整合与共享状况；第三章图书馆支持参与非物质文化遗产抢救保护工作的意义；第四章中国图书馆参与非物质文化遗产抢救保护的角色辨析；第五、六、七章，作者从知识集合特点、知识本体与元数据特点、知识元素内容特征三个方面论述了非物质文化遗产知识组织研究；第八章非物质文化遗产知识受众与服务的研究。（张玲）

0635

图书馆学情报学青年文丛. 第二辑 / 共青团上海图书馆上海科学技术情报研究所委员会编. -- 上海：上海科学技术文献出版社，2006. -- 216 页；20cm. -- 7 - 5439 - 3010 - 2（国家图书馆）

本书收录了“浅谈数字图书馆信息服务”、“浅议社区图书馆的读者服务工作”、“如何提高县级图书馆服务质量的探讨”、“新时期县级图书馆的信息服务工作”、“信息资源共享下的和谐社区文化的建设”、“图书馆人本思想基本要素浅析”、“浅谈电子阅览室管理员的角色定位”、“论无线网络技术在图书馆中的应用”、“企业识别系统（CIS）在公共图书馆应用之探讨”、“从专利和论文考察中国高校的创新能力”、“竞争情报服务在图书馆应用滞后的原因及对策”、“计量方法在图书馆管理实务上的应用初探”等上海图书馆上海科学技术情报所第二届青年学术研讨会优秀论文 30 篇。（张玲）

0636

新编图书馆学情报学辞典 / 丘东江主编. -- 北京：科学技术文献出版社，2006. -- 1245 页；26cm. -- 7 - 5023 - 5223 - 6（国家图书馆）

本书是一部以图书馆学与情报学为主的百科辞典。辞典设独立辞目约 1 万多条，总计约有 240 万字。涉及范围包括图书馆学、情报学、目录学、档案学、图书学、计算机科学和传播学等。（张玲）

0637

树根集（续集）：信息管理文集 / 沈国强. -- 香港：天马图书有限公司，2006. -- 181 页；21cm. -- 962 - 450 - 812 - 7（国家图书馆）

该书汇编了作者在刊物上公开发表部分有关图书馆学、信息管理、文献学、科技目录学、情报学方面的文章、论文、译文、报道 34 篇。内容主要涉及到图书馆事业、文献分编、参考咨询、文献信息服务、读者教育；科技目录学、索引、文摘与检索刊物的编制，光盘、专家系统、人工智能、计算机、通讯网络等现代化技术在图书馆工作中的应用。（赵红）

0638

英汉图书馆情报学词汇 / 孙平编. -- 北京：清华大学出版社，2006. -- 822 页；21cm. -- 7 - 302 - 13539 - 8（北京师范大学图书馆）

本书收编了图书馆学，情报学和档案学领域基本的、常用的以及最新的术语，共 5 万余词条，除涵盖编辑、出版印刷、传媒、文化教育、语言等领域外，还涉及当前相关的一些重要专业协会、学会、著名大学、图书馆以及服务、系统、项目软件等的名称等内容。（于静）

0639

图书馆与资讯利用 / 王梅玲等编著. -- 台北县：空中大学，2006. -- 331 页：图；26cm. -- 空中大学用书共同科通识类规划课程. -- 978 - 957 - 661 - 749 - 2（国家图书馆）

本书是台湾空中大学共同科教科书之一。刘水深作出版弁言，其后是著者序。共分为 10 章。第一章到第四章是关于资讯社会与资讯资源意涵；第五章到第八章是关于各类型资源的资讯检索；第九章、第十章是资讯评选、组织、创作与传播。附参考书目：（1）中文参考书目；（2）英文参考书目；（3）网络资源。书后有索引。（赵红）

0640

图书馆通论 / 武德运著. -- 西安：陕西人民出版社，2006. --16，422 页：图；21cm. -- 7 - 224 - 07375 - X（北京师范大学图书馆）

本书从一个新的角度，将图书馆学基础理论、图书馆事业、图书馆工作及图书馆管理融为一体，既重视宏观把握，又照顾到微观处理，并对图书馆理论、图书馆事业、图书馆学、图书馆学教育、图书馆工作的过去、现状和未来的发展都进行了梳理，且辅以相关知识的介绍。全书共 3 编 17 章。上编概要介绍了图书知识、图书馆、图书馆的类型、图书馆事业、图书馆学、图书馆学教育和图书馆队伍建设；中编介绍文献资源建设、文献分类、文献编目、读者服务工作、馆藏文献的布局和保管、参考咨询、文献检索、报刊工作；下编介绍图书馆管理原理、图书馆管理实施、图书馆建筑与设备用品管理、图书馆现代化技术及其未来。它不仅对图书情报人员日常学习、业务的提高有所帮助,而且对大专院校的相关专业师生有一定的参考价值。同时,也可以为有关部门了解图书馆情况提供方便。(张玲)

0641

图书馆权利与道德 / 程焕文,张靖编译. -- 桂林:广西师范大学出版社,2007. -- 2 册(17,870 页);25cm. -- 978 - 7 - 5633 - 6885 - 3(北京师范大学图书馆)

本书是以 IFLA 和 ALA 网站为基本信息源,通过对这两个图书馆组织,特别是其中的 FAIFE 和 IFC 所制定或采用的图书馆权利相关政策加以梳理和分类,并不断根据线索补充其他国际图书馆组织(如其他国家图书馆协会)制定或采用的图书馆权利相关政策,全书分为六个部分,收录 124 份国际图书馆组织制定或采用的图书馆权利相关政策,并选译了其中的 96 份进行详细讲解。(张玲)

0642

两岸三地图书馆事业论述 / 澳门图书馆暨资讯管理协会编;李星儒等编辑. -- 澳门:澳门图书馆暨资讯管理协会,2007. -- 215 页;23cm. -- 978 - 99937 - 31 - 11 - 5(国家图书馆)

本书为澳门图书馆暨资讯管理协会学刊第 8 期,集中了本地与两岸专家的撰文,内文提及的图书馆层面多样,除了综述事业发展外,也有探讨市场、管理等,亦谈图书馆建筑、古文献、校书等事业。在多项事业层面中能令读者从多方面认识图书馆事业。共收录 16 篇文章。书前有主编李星儒写的前言。(赵红)

0643

图书馆精神 / 程焕文著. -- 北京:北京图书馆出版社,2007. -- 278 页:肖像; 23cm. -- 国家"十一五"重点图书出版规划项目. -- 978 - 7 - 5013 - 3448 - 3(北京师范大学图书馆)

本文集是迄今为止我国第一部专门研究图书馆精神的著述。全书共分实在的精神、宗师之精神、大师之精神、事业之精神、精神的实在等五个部分,系统地论述了图书馆精神的发展演变、基本内容、体系结构等基本理论,重点总结了一批成就卓著的图书馆学大师和图书馆专家爱国、爱馆、爱书、爱人和智慧与服务的图书馆精神。(张玲)

0644

图书馆信息学 / 储荷婷,张茵主编. -- 北京:中国人民大学出版社,2007. -- 346 页;23cm. -- 7 - 300 - 08268 - 8(北京师范大学图书馆)

本书围绕信息、信息用户和信息技术三要素,介绍了图书馆信息学领域的主要著述,并且讨论了该领域的发展动向、研究热点和最新趋势。全书共分 11 章,每章重点介绍图书馆信息学领域的一个分支,内容涉及信息检索、数字图书馆、用户服务、信息伦理、信息政策、信息计量学等诸多方面,选题和选材的时间范围侧重于最近的十余年,集中展示了图书馆信息学的研究前沿。(张玲)

0645

图书馆学理论变革:观念与思潮 / 范并思著. -- 北京:北京图书馆出版社,2007. -- 236 页;23cm. -- 国家"十一五"重点图书出版规划项目. -- 978 - 7 - 5013 - 3439 - 1(北京师范大学图书馆)

本文集收入作者自 1986—2005 年间公开发表的 26 篇学术论文,内容主要为图书馆学基础理论和公共图书馆研究。20 世纪 80 年代以来,中国图书馆学经历着从经验图书馆学到新图书馆学的理论变革。作者始终关注这一变革,并以一系列充满激情、视角独特的论文记述了这场变革。文集中对新时期图书馆学理论观念与思潮的研究,对新图书馆学理论特征的研究,从基础理论的角度对信息技术的观察,对图书馆制度和公共图书馆精神的研究等,如实记载了一位学人对新图书馆学的探索历程。(张玲)

0646

图书馆文化研究 / 黄建铭著. -- 福州:海风出版社,2007. --333 页;21cm. -- 978 - 7 - 80597 - 728 - 7(北京师范大学图书馆)

本书以专题形式对图书馆文化中一些公认的最为重要的问题作了较为深入的理论探讨和实证分析,在介绍文化与图书馆文化之后,从文化学的角度对图书馆文化作了界定,系统分析了图书馆文化系统、群体意识、伦理、形象等,从整体结构上研究图书馆文化建设。(张玲)

0647

构建面向图书馆职业的理论体系:第五次全国图书馆学基础理论研讨会论文集 / 刘兹恒,张久珍主编. --北京:北京图书馆出版社,2007. -- 314 页:图;23cm. -- 978 - 7 - 5013 - 2420 - 0(清华大学图书馆)

本书为第五次全国图书馆学基础理论研讨会论文集。论文既有全面总结图书馆学基础理论当代发展的,也有系统论述图书馆职业核心能力的;既有对公共图书馆理念的思想价值进行深入讨论的,也有对中国语境下的图书馆学新术语进行科学辨析的;既有分析现代图书馆发展中技术、人文或制度关系的,也有探讨图书馆人文精神的起源与发展的。所涉及的内容基本反映了我国图书馆学基础理论研究的现状。(张玲)

0648

图书馆学研究的本土化思考 / 刘兹恒著. -- 北京:北京图书馆出版社,2007. -- 243 页;23cm. -- 国家"十一五"重点图书出版规划项目. -- 978 - 7 - 5013 - 3441 - 4(北京师范大学图书馆)

本文集选收作者 1986—2004 年间公开发表的图书馆学论文 27 篇,主要包括:"试论我国图书情报资源整体布局的原则"、"我国图书馆藏书建设的发展趋势及我们的任务"、"论图书馆在信息社会中的地位及其今后的生存发展"、"论图书馆意识"、"评八十年代我国图书馆学基础理论研究的两次高潮"、"我国图书馆网理论与实践的几个问题"、"对我国高等图书馆学教育走出困境的几点意见"、"中美图书馆学(协)会的比较研究"、"构建网上学术信息资源共建共享系统”、“图书馆学专业学生不愿从事图书馆工作的社会心理因素浅析”、“论公共图书馆精神在数字时代的弘扬和延伸”、“中国的图书馆学研究”、“对图书馆学本土化的思考”、“试论图书馆学国际化与本土化的关系”、“试论图书馆学本土化的目的与特征”。这些论文的内容主要集中在图书馆学基础理论和文献资源建设两个方面，不仅集中反映了作者在这个时期所取得的图书馆学研究成果，也在一定程序上反映出了世纪之交我国图书馆学研究者对图书馆事业发展和图书馆学研究的思考。（张玲）

0649

图书馆文化的守望者 / 缪其浩主编. -- 上海：上海科学技术文献出版社，2007. -- 321 页：图；21cm. -- 978 -7 -5439 -3313 -2（北京师范大学图书馆）

本书是一本论文集，收录了“国内图书馆信息资源许可证研究综述”、“国内 CKO 研究综述”、“近年来我国地方文献信息资源研究的综述”、“数字图书馆知识产权研究进展述评”、“FRBR 研究进展及其重点问题述评”、“数字技术影响下的知识产权法”、“知识管理对信息管理的影响”、“科学信息开放获取的可持续发展探究”、“商业图书馆的建立与服务模式初探”、“上海市中心图书馆一卡通的创始与发展论略”、“中世纪西欧修道院图书馆析论”、“明清时期松江‘衣破天下’史料初探”、“‘中华眼镜鼻祖’吴良材家谱的新发现”、“《书目答问》版刻：校补记略及著作人归属问题”等论文。（张玲）

0650

图书馆学新探 / 吴慰慈主编. -- 北京：北京图书馆出版社，2007. -- 472 页：图；21cm. -- 本著作的出版得到“北京大学创建世界一流大学计划 ”的经费资助. --978 -7 -5013 -3487 -2（北京师范大学图书馆）

本书从新的视角对新形势下图书馆学理论与实践问题进行新的思考，推进图书馆理论研究，提高图书馆学理论的前瞻性和对实践的指导性。全书共 8 章。第一章介绍图书馆学基础理论研究；第二章论述数字图书馆技术、开发、管理研究；第三章讨论网络信息资源开发与利用；第四章论述信息资源共享研究；第五章读者需求与服务方式研究；第六章文献计量学研究；第七章文献类型研究；第八章图书馆专业教育研究。作者还给出数字时代图书馆学研究的重点领域及 1995—2004 年图书馆学基础理论研究述评。（张玲）

0651

图书馆学研究进展 / 肖希明主编. -- 武汉：武汉大学出版社，2007. -- 932 页：图，肖像；24cm. -- “十一五 ”国家重点图书. -- 978 -7 -307 -05381 -6（北京师范大学图书馆）

这是一本关于图书馆学学科年度进展的论文集。收录了“数字时代的图书馆学教育：变革的力量与方向”、“21 世纪图书馆学研究的现状与进展”、“目录学理论的创新与发展——1994 年以来的中国目录学理论研究综述”、“国内外信息资源建设理论与实践的发展”、“近五年来国内外文献分类学研究热点探寻”、“近年来主题检索语言理论及应用研究进展”、“近年来我国文献信息编目研究综述”、“近年来信息用户与服务研究进展”、“近五年国内外信息检索研究述评”、“2001—2005 年我国参考咨询研究综述”、“图书馆管理研究进展和发展趋势”、“图书馆自动化建设与集成系统的发展”、“信息资源公共获取与知识产权问题研究动向”、“信息资源数字化研究进展”、“中国高等教育数字图书馆建设与发展”、“数字资源长期保存瞭望”、“信息资源数据库的发展趋势”、“开放存取及其研究进展”、“图书馆知识管理研究综述”、“关于古籍版本学历史的研究”、“近十年来四库学研究综述”、“近五年文献遗产保护研究的进展”等论文。书中相关领域的权威学者及众多专家、研究者共同探讨了在数字化时代背景下图书馆学面临的机遇与挑战以及发展的方向，体现了我国图书馆学的最新研究成果。（张玲）

0652

创意城市：图书馆 / 游弋主编. -- 成都：成都时代出版社，2007. -- 136 页：图（部分彩图）；28cm. -- 978 -7 -80705 -605 -8（北京理工大学图书馆）

本书希望在视觉上有所突破，它注重设计，影像、色彩既不过分复杂，也不简单呈现，希望有一种新鲜的冲击。它还会在形式上有其他的突破和创新。本书的题名、责任者取自封面，内容包括：观点、成都图书馆调查、你去图书馆吗、人民为什么不进图书馆、我与图书馆、理想图书馆、图书馆以外等八部分。（张玲）

0653

图书馆学实用研究法 / 于鸣镝著. -- 北京：海洋出版社，2007. -- 265 页；21cm. -- 二十一世纪图书馆学丛书第二辑. --978 -7 -5027 -6798 -3（北京师范大学图书馆）

写作是学术研究的有机组成部分，也是学术活动的必然要求。怎样把学术成果通过写作表现出来，或者说怎样写好学术文章，这是很多图书馆人感到头疼的事。作者立足当前中国图书馆事业和学术研究的现状，从实际出发，结合自己 40 年的工作实践和从事图书馆学研究的体会，总结出了一种实用、有效、可行的研究方法。对初学者在写作过程中遇到的各种问题，作者逐一阐述并予以指导。（张玲）

0654

图书馆学导论 / 吉士云编. -- 内蒙古：远方出版社，2007. --468 页；19cm. -- 现代图书馆人丛书. -- 7 -80723 -215 -3（福建中医学院图书馆）

本书主要介绍了图书馆学的形成与发展、研究对象、学科体系，图书馆的性质与职能、类型划分，图书馆事业，图书馆网络，图书馆工作系统，图书馆管理，未来的图书馆管理等内容。（张玲）

0655

竹帛斋图书馆学论剑：用户永远都是正确的 / 程焕文，王蕾编. -- 广州：广东人民出版社，2008. -- 355 页；21cm. -- 本著作由新世纪优秀人才支持计划资助. -- 978 -7 -218 -05696 -8（国家图书馆）

本书收“信息资源共享基本定理”、“用户永远都是正确的”、“公理还是利器”等文章。（张玲）

0656

21世纪中美图书馆的创新与实践 / 迟玉华,朱曦,杨丽娟主编. -- 昆明:云南人民出版社,2008. -- 317页;29cm. -- 978-7-222-05302-1(国家图书馆)

本书共分图书馆与和谐社会构建、图书馆管理与建设、图书馆建筑与文化建设、图书馆队伍建设、图书馆服务工作、图书馆专项业务研究、图书馆文献资源建设研究、信息素质教育、图书馆营销策略研究九个方面,收录113篇论文。(张玲)

0657

宁夏图书馆同人文集 / 丁力,张欣毅. -- 银川:宁夏人民出版社,2008. -- 273页:图;24cm. -- 宁夏回族自治区图书馆成立50周年暨新馆建成开放纪念丛书. -- 978-7-227-03837-5(国家图书馆)

本书收录了宁夏图书馆馆员的专业学术研讨论文成果,以图书馆学、文献学、图书馆事业和工作研究为主,选取了36篇论文,基本反映了宁夏图书馆专业学术成果的概貌。(韩丽)

0658

图书馆学情报学新论 / 黄建年著. -- 镇江:江苏大学出版社,2008. -- 300页;21cm. -- 978-7-81130-032-1(国家图书馆)

本书以多年图书馆情报工作成果,分图情档理论、图书馆生态、文献资源建设、特色资源库建设等8个篇章,将读者逐步引入一个图书馆学情报学的神奇殿堂。(张玲)

0659

新编图书馆学 / 纪敬则主编. -- 济南:黄河出版社,2008. --421页;26cm. -- 978-7-80152-959-6(国家图书馆)

本书分为4编,介绍了图书馆学基础知识,图书馆现象与本质,图书馆的业务,图书馆的管理,图书馆的建设。(韩丽)

0660

石渠论坛:图书文献信息研究文集. 第一辑 / 李德龙主编. -- 北京:北京图书馆出版社,2008. -- 383页:图;21cm. -- 978-7-5013-3656-2(国家图书馆)

本书分为“图书馆学研究”、“文献研究”、“信息技术研究”等几个部分,收录了“论加强高校图书馆管理决策民主化科学化的制度建设”、“论数字图书馆馆员的角色定位”等文章。(韩丽)

0661

图书情报学领域中的知识问题研究 / 李后卿著. -- 长沙:湖南科学技术出版社,2008. -- 190页;23cm. -- 978-7-5357-5520-9(国家图书馆)

本书主要探讨知识论及其各个分支在图书情报学基础理论中的应用研究、知识管理与图书情报学的关系以及知识管理时代图书情报学的理论基础等共四章内容。(韩丽)

0662

图书馆工作理论与实践 / 李书源主编. -- 北京:机械工业出版社,2008. -- 241页:图;26cm. -- 978-7-111-05790-1(内蒙古大学图书馆)

未见书。(张玲)

0663

中国图书馆思想探究 / 刘中威著. -- 北京:现代教育出版社,2008. -- 246页;21cm. -- 978-7-80196-464-9(国家图书馆)

本书针对与图书馆关系密切的历史名人,在他们人生经历、工作实践和言论著作中,探究他们在中国古代、近代和现代时期,为图书馆事业作出的贡献及其思想观念。(韩丽)

0664

川陕甘毗邻地区图书情报协作网第八届年会西部少数民族地区图书信息协作网第十七届年会论文集萃 / 师智勇主编. -- 成都:四川大学出版社,2008. -- 475页;21cm. -- 西部图情论丛. -- 978-7-5614-4116-9(国家图书馆)

本书收录图书情报专业文章,包括图书馆服务、图书馆科学管理、图书馆文献资源建设、数字图书馆建设等几个部分。(韩丽)

0665

21世纪图书馆论坛. 第二辑 / 天津师范大学图书馆编. -- 天津:天津科学技术出版社,2008. -- 324页;21cm. -- 978-7-5308-4760-2(国家图书馆)

本书收“大学图书馆员的学习及其特征”、“数字信息资源建设概述”、“高等职业教育特色数据库的开发实践”等几十篇图书馆学方面的论文。(张玲)

0666

图书馆学是什么 / 王子舟著. -- 北京:北京大学出版社,2008. -- 13,373页:图;21cm. --《人文社会科学是什么》丛书,封面英文题名:What is Library Science. -- 978-7-301-13463-4(国家图书馆)

本书主要介绍了图书馆学是研究什么的、图书馆学的基本内容有哪些、学了图书馆学有什么用途、图书馆学是如何产生与发展起来的、图书馆学大家及其贡献有哪些、图书馆学专门方法有哪些、书籍的发展及未来命运是怎样的、图书馆职业有怎样的发展前景、图书馆学研究的趋势和重点是什么等内容。(张玲)

0667

图书馆学概论(修订2版) / 吴慰慈,董焱编著. -- 北京:国家图书馆出版社,2008. -- 376页;21cm. --“十一五”规划高等学校核心课题教材. -- 978-7-5013-3642-5(国家图书馆)

本书共分11章,主要包括图书馆学:对象、体系与内容,图书馆及其社会职能,图书馆的类型,图书馆微观工作体系,图书馆管理实务,复合图书馆,图书馆现代化与电子版权问题等内容。(张玲)

0668

信息资源建设 / 肖希明编著. -- 武汉:武汉大学出版社,2008. -- 359页;24cm. -- 高等学校图书馆学专业核心课教材;普通高等教育“十一五”国家级规划教材. -- 978-7-

307－06090－6(国家图书馆)

本书主要介绍了信息资源建设概论、信息资源建设的基本理论、影响因素、信息资源建设政策、文献采访的理论与方法、印刷型文献的采访、数字信息资源建设、馆藏信息资源的组织管理、信息资源共建与共享、信息资源保障体系建设等内容。(张玲)

0669

藏书与读书 / 徐雁著. -- 北京:国家图书馆出版社,2008. --247页;22cm. -- 当代中国图书馆学研究文库,国家"十一五"重点图书出版规划项目. -- 978－7－5013－3748－4(国家图书馆)

本书立足于中国图书文化史学的学术背景,探讨了我国图书馆古籍典藏保护、明清私家藏书楼规制和藏书资源利用等问题,评介了《书林清话》等名著要籍。(韩丽)

0670

图书馆信息资源建设 / 游丽华编著. -- 北京:中国社会科学出版社,2008. -- 262页;21cm. -- 978－7－5004－6452－5(国家图书馆)

本书介绍了信息资源的概念、特征、类型、作用以及图书馆主要信息资源的类型,探讨了图书馆信息资源建设的现实馆藏和虚拟馆藏的问题。(韩丽)

0671

20世纪以来中国的图书馆事业 / 张树华,张久珍编著. -- 北京:北京大学出版社,2008. -- 477页:图;26cm. -- 978－7－301－13710－9(国家图书馆)

本书论述了各个历史时期我国图书馆观念的变化、各类型图书馆事业的发展、图书馆各项业务工作的进展、图书馆学研究和图书馆学教育的发展、图书馆协作组织的建立以及图书馆之间的资源共享等内容。(张玲)

0672

新编图书馆学情报学辞典 / 张文军主编. -- 北京:科学技术出版社,2008. -- 1245页:图;26cm;光盘1片. -- 其他题名"图书馆学情报学辞典". -- 978－7－86518－251－1(东北师范大学图书馆)

本辞典是一部以图书馆学与情报学为主的百科辞典。共设独立辞目约1万多条,总计240万字,包括图书馆学、情报学、目录学、档案学、图书学、计算机科学、传播学等。(张玲)

0673

中国图书馆学会年会论文集(2008年卷) / 中国图书馆学会编. -- 北京:北京图书馆出版社,2008. -- 506页;26cm. -- 978－7－5013－3658－6(国家图书馆)

本书收集的论文包括:"文化创意产业链上的图书馆研究"、"公共图书馆事业均衡发展研究"、"论高校图书馆员的职业生涯规划激励机制"、"图书馆员的职业生涯规划与管理"等。(张玲)

0674

当代图书馆学情报学研究与探索 / 朱琴华主编. -- 镇江:江苏大学出版社,2008. -- 300页;21cm. -- 978－7－81130－031－4(国家图书馆)

本书汇集了南京财经大学图书馆十年来关于图书馆学情报学的主要研究成果。(韩丽)

0675

资讯管理教育研究 / 邹永利,张洋主编. -- 广州:中山大学出版社,2008. -- 425页;23cm. -- 中山大学资讯管理丛书. --978－7－306－03205－8(国家图书馆)

本书收录了论文29篇,分为理论研究、教育事业、课程建设、国外教育和教书育人5个专题,集中地展示了近年来中山大学资讯管理系教师在专业教育、教学等方面的成果。(张玲)

0676

图书馆学情报学教育与人文 / 《图书情报工作》杂志社编. -- 北京:海洋出版社,2009. -- 388页;21cm. --978－7－5027－7328－1(国家图书馆)

本书对当前图书馆学、情报学的一系列前沿问题进行了深入探讨,主要涉及:iSchool运动与图书馆学情报学教育变革、近10年国外图书馆学情报学研究新进展、图书馆业务外包、当代图书馆员"快乐指数"研究、20世纪中国文献学家研究等问题。(赵红)

0677

知识产权与图书馆权利的协调与平衡 / 陈伟,汪琼著. -- 北京:化学工业出版社,2009. -- 147页;24cm. --978－7－122－06777－7(国家图书馆)

本书着重分析了国内外研究现状,分别从图书馆权利和知识产权制度的视角中深入阐述双方存在的意义,通过分析双方矛盾之所在,提出协调两者的合理化建议;同时对国际知识产权及图书馆权利相关法律制度给予合理罗列。(王旭东)

0678

图书馆学通论 / 蒋永福. -- 哈尔滨:黑龙江大学出版社,2009. -- 418页;26cm. -- 978－7－81129－218－3(国家图书馆)

本书共分7章,内容包括:图书馆的产生;图书馆的发展;现代图书馆:类型、资源共享与评估;现代图书馆理念;图书馆治理:公共物品视角;图书馆制度等。(王旭东)

0679

社会科学信息前沿探索 / 靳岭,杨梅著. -- 成都:四川大学出版社,2009. -- 155页;21cm. -- 978－7－5614－4266－1(国家图书馆)

本书共分3篇8章。第一篇:社会科学信息服务的信息化背景,内容包括国家信息化推进与发展要义是社会科学信息服务创新的前提,决策信息需求为社会科学信息提供了深度服务的主渠道;第二篇:社会科学信息服务的创新空间,内容包括电子政务发展使社会科学数字信息服务面临机遇与挑战,电子政务资源与技术需求为社会科学数字信息搭建更多平台提供了发展空间,面向企业信息化的信息服务软环境;第三篇:社会科学信息应用对策研究探索专题,内容包括信息化研究专题——热点关注,文化研究专题——关于文化

信息化的思考,信息服务研究专题——数字信息。(赵红)

0680

国外图书馆学情报学最新理论与实践研究 / 孟广均等著. --北京:科学出版社,2009. -- 459页;23cm. --国家社会科学基金项目. -- 978-7-03-023196-3(国家图书馆)

本书对近年来一些发达国家在图书情报事业发展和图书情报学科建设方面所取得的主要成就,分为基础理论(数字图书馆、复合图书馆、信息资源管理、知识管理、信息构建等研究进展)、新技术应用(图书馆资源采集、信息资源组织、图书馆服务、数字资源长期保存、数字图书馆中的ETL应用等)、组织管理(图书馆职业发展、图书馆管理等)和教育(院系名称、教育计划、课程设置、研究领域、其他)4个部分,做了较为全面系统的论述,对于我国图书情报事业发展和学科建设有重要的借鉴意义。(赵红)

0681

新技术背景下的图书馆:理论学术年刊 / 缪其浩主编. --上海:上海科学技术文献出版社,2009. -- 346页;21cm. -- 978-7-5439-3859-5(国家图书馆)

本书收录了"概述图书馆2.0:从哪里来,向何处去"、"图书馆2.0环境下的参考咨询研究"、"面向服务SOA的数字图书馆"、"美国图书馆管理模式探述"、"钱存训与交通大学图书馆"等21篇文章。(赵红)

0682

山西省图书馆职工优秀论文集:2004—2009 / 石焕发主编;山西省图书馆编. -- 太原:山西人民出版社,2009. -- 310页;24cm. -- 978-7-203-06511-1(国家图书馆)

本书共收录山西省图书馆职工近年来省级以上学术会议上获得一、二、三等奖的论文,以及在省级以上正式刊物发表的论文,共计46篇,分为理论研究、实践研究、综述评介三部分,反映了山西图书馆近年来的研究水平。(赵红)

0683

特色图书馆散论 / 王一鸣著. -- 武汉:长江出版社,2009. --286页;21cm. -- 978-7-80708-614-7(国家图书馆)

本书论述了特色图书馆理论与方法论、特色图书馆队伍建设、特色图书馆文献资源建设与特色文献数据库建设、特色图书馆的特色服务、特色图书馆实践等。书前有湖北省图书馆馆长万群华的序。(赵红)

0684

河南省图书馆同仁文集 / 夏雁主编. -- 长春:吉林文史出版社,2009. -- 503页;24cm. -- 978-7-80528-144-5(国家图书馆)

本书收录论文83篇,包括:"明清河南省志叙录"、"汉代河西军屯劳动者成份和生活状况"、"河南省图书馆馆藏《捻军闻见录》手稿考略"等。(赵红)

0685

图书馆科学发展研究:中共中央党校图书馆2008年论文集 / 肖勤福,朱满良主编. -- 北京:中共中央党校出版社,2009. -- 160页;24cm. -- 978-7-5035-4215-2(国家图书馆)

本书收集论文内容涉及在新的历史条件下图书馆发展的宏观思考、资源建设、服务提升、工具运用、队伍建设、管理改革等方面,对党校图书馆发展中的一些问题作了探讨。(王旭东)

0686

北京大学图书馆学开放论坛演讲集 / 许欢主编;北京大学信息管理系,东莞图书馆编. -- 北京:国家图书馆出版社,2009. -- 259页:照片;24cm. -- 978-7-5013-4176-4(国家图书馆)

本书收录了18篇国内外图书馆学家在北京大学的演讲稿,探讨了许多重要的图书馆问题,如图书馆的未来、图书馆学发展趋势、信息资源开发与利用的热点、图书馆的阅读指导服务、信息科学的理论与方法、图书馆法等。(赵红)

0687

数字时代图书馆的创新与共享 / 中国科协学会学术部编. --北京:中国科学技术出版社,2009. -- 174页;23cm. -- 978-7-5046-4966-9(国家图书馆)

面向未来、面向实际需求、面向改革创新,近几年在国内外图书馆界出现了许多新的观点、学说和实践。为此,中国科协学会学术部以"数字时代图书馆的创新与共享"为主题召开第24期新观点新学说学术沙龙。本书收录了"图书馆信息化与诺贝尔奖突破的思考"、"台湾大学图书馆的创新服务"、"斯坦福大学图书馆在数字知识环境中的创新与实践"等21篇论文。(赵红)

图书馆自动化、网络化

0688

图书馆自动化资料汇编 / 北京大学图书馆学系,北京大学图书馆编. -- 北京:北京大学图书馆(内部出版),1981. -- 233页;19cm(北京大学图书馆)

本资料汇编是为配合图书馆自动化的教学与科研而准备的。在本辑中,选编了有关机读目录的研制与发展历史、磁带格式及相应的国际标准等重要资料,同时收选了在图书馆自动化中常会遇到的ISBN、ISSN和CODEN等号码的资料。(于静)

0689

计算机化图书馆系统引论 /(英)特德著;史鉴等译. -- 北京:书目文献出版社,1981. -- 329页:图;19cm. -- 15201.3(国家图书馆)

本书是译者根据特德1977年出版的《计算机化图书馆系统引论》一书译出的。全书分为三部分:一是从图书馆工作者的角度介绍计算机系统;二是介绍计算机应用于图书馆采访、编目、流通与连续出版物处理等各管理过程的情况;三是介绍计算机化情报检索系统。全书共11章,每章后均附有参考资料;书末附有计算机词汇、缩写词索引、全书索引等。本书可作为图书馆学和情报学系学生的参考书,对图书馆和情报资料部门业务人员以及计算机应用工作者也有一定的参考价值。(于静)

0690

电子计算机在图书情报工作中的应用 /沈迪飞,余光镇编. -- 北京:中国科学院图书馆出版组(内部出版),1982. -- 161页;25cm(北京大学图书馆)

本书内容包括:图书情报工作手段现代化的发展、电子计算机、图书情报的数据结构、图书馆自动化系统与机读目录、采购、流通与连续出版物管理系统、情报检索、情报的提供、图书情报计算机系统的建议。可供从事图书情报工作的同志学习计算机应用时参考。(于静)

0691

电脑辅助之科学技术资料处理技术及服务 /(美)林奇 M. F. -- 台北:"行政院"科学技术资料中心,1983. -- 140页;21cm. -- 科技专辑.11(国家图书馆)

本书为译著。共分9章,分别是:概说、资讯的呈现方式与储存、电脑系统的组成要件、原文资讯的电脑化操作处理、资料库的编辑与发行的自动化、串列及直接存取查询系统、查询系统的使用、资讯传播中心、问题与展望。(赵红)

0692

图书馆网络:1976—1977 /(美)马丁(S. K. Martin)著;邓琼芳,蔡非译. -- 北京:书目文献出版社,1983. --123页;19cm. -- 7201.40(国家图书馆)

本书主要内容包括:图书馆网络——理想的资源,网络化的范围,网络的基础——机读数据,俄亥俄学院图书馆中心,其他网络,商业部门的作用,全国性网络化计划,网络的管理——争论与问题,网络及其未来,书后附网络简表与缩写词表。本书除阐述图书馆网络的现状之外,还试图对网络的发展和实施过程中出现的某些有待解决的问题进行探讨。本书的编写目的,在于使读者了解图书馆工作的基本情况,并不一定要读者通晓各种系统和工作过程计算机化的技术细节。图书馆工作人员和图书馆专业学生将会发现本书是一本深入钻研网络化和自动化文献之前的有益的启蒙读物。商业部门的读者也会发现,本书对网络化的论述,对于他们了解当代图书馆使用数据处理技术方面的某些复杂问题,提供了基本依据。(于静)

0693

图书馆自动化系统 /(美)萨蒙(S. R. Salmon)著;胡世炎等译. -- 北京:书目文献出版社,1984. -- 305页;19cm. -- 7201.18(国家图书馆)

本书综述了20世纪30年代中期到70年代后期这四十年间美国图书馆界在书刊采购、编目、流通等方面关于自动化的种种试验、方法、设计与实施结果,并对图书馆自动化系统存在的问题和发展前景作了综述。本书内容包括:背景与缘起,概述了图书馆自动化系统演进的过程;采购系统,述评采购工作中的自动化,所有从发订单、收书、登记、付款、催欠一直到交付分编的步步工序都涉及到了,只有选择书刊这一步没有讨论;全书的重点是三、四、五三章。著者列举了60年代以来美国形形色色的自动化编目系统,并着重叙述了几个比较成功的系统,自动化对编目工作的影响,连续出版物程序处理的自动化,流通系统的功能与使用,图书馆自动化将来的展望。为了使读者了解美国图书馆自动化工作的近期情况,本书还择译《美国图书馆工作自动化的十年(1969—1979)》一文,作为本书补篇。(于静)

0694

图书馆自动化基础 /刘荣,毛玉姣著. -- 武昌:《湖北高校图书馆》杂志社(内部出版),1985. -- 418页;21cm(国家图书馆)

本书主要以计算机的应用为重点,对图书馆自动化系统的整体结构和系统建立的基本原理作了论述,对机读目录、编目子系统、索引编制子系统、连续出版物管理子系统、图书采购子系统、流通管理子系统以及网络化处理等主要系统的设计原理和处理技术作了介绍。(张玲)

0695

图书馆系统分析:问题与回答方法 /(美)高夫(C. Gough),(美)斯里坎泰亚(T. Srikantaiah)著;陈源蒸译. -- 北京:北京大学出版社,1986. -- 98页;19cm. -- 7209.5(国家图书馆)

图书馆系统分析在图书馆现代化建设与管理中的作用越来越重要。国外图书馆学、情报学专业早在20世纪70年代初就开设了这门课程。切特·高夫与塔维雷克尔·斯里坎泰亚这一著作是他们在加利福尼亚大学富勒顿分校图书馆学系执教时编写的教材。本书总结了美国图书馆界系统工作的成就和他们自己的经验。本书的目的是选择系统分析的一些最重要的题目,尽可能简明扼要地加以描述,并选择一些参考文献,以提供一个指南。本书共10章,详细介绍了系统的定义、图书馆系统的特征和构成、系统描述方法、系统工程、计算机的发展、程序设计语言、图书馆自动化、费用研究、系统评价,表明了系统研究的进程。全书每一章都是通过叙述课文和一系列问答,说明各个关键的概念。文中还对涉及的名词作了介绍,以便读者熟悉,从而阅读全书。此外,文中所给出的问答内容,是估计在开始系统分析调查时,会遇到的系统研究方面的一些困难。每章的末尾列了参考书目,以扩大正文资料的来源。(张玲)

0696

微型计算机与图书馆 /(美)罗文(M. E. Rovig)著;刘中堂等译. -- 长沙:中南工业大学出版社,1986. -- 253页;26cm. --17442.010(北京师范大学图书馆)

本书是中南工业大学计算机科学系出版的《计算机与图书馆》专著译丛的第一卷。原著于1982年出版,本书于1986年翻译出版,旨在适时地系统翻译国外本领域的优秀著作,侧重结合我国国情的需要,寻找对我国图书馆现代化有用的资料。全书共7章,分别为微型计算机与图书馆概述,通晓微型计算机技术,图书馆的应用软件及其他产品,集成的图书馆应用:某些问题的分析,微型机文献、信息交换和网络,

微型计算机系统的评价与选择,微型计算机在图书馆的前途。(张玲)

0697

图书馆和计算机 /(日)坂本彻朗著;金凤吉,孙蓓欣译. -- 北京:书目文献出版社,1986. -- 219页;19cm. -- 7201.143(国家图书馆)

本书不是从讲述程序编制、硬件、数据库等计算机固有的概念出发,而是面对当前向信息化社会变革,即托夫勒所说的第三次浪潮,试就图书馆的处境将如何变化,同计算机将发生什么样的关系等问题,从图书馆应如何应用计算机的角度,阐述图书馆的计算机化。不仅介绍了图书馆计算机化的必要性和可能性,还详细论述了实现计算机化的方法、步骤及有关技术问题。而且列举了世界各国各类图书馆应用计算机的例子,总结了成功的经验和失败的教训,并加以理论化。本书分为四部分:新型图书馆,介绍信息化社会图书馆不得不面对新技术应用而考虑可行的措施;图书馆计算机化的状况,就图书馆计算机化的历史和现状从编目、外借、机器可读目录(MARC)和图书馆网络四部分加以概述;BALLOTS,介绍了斯坦福特大学的BALLOTS系统;系统开发的指导思想。(于静)

0698

图书馆现代技术教学参考资料 / 刘荣等编. -- 武汉:武汉大学出版社,1986. -- 411页;20cm. -- 中央广播电视大学图书馆学专业用书. -- 7279.58(国家图书馆)

本书内容包括:图书馆自动化,论述系统分析和系统设计、系统实施与评价、自动化系统失败的原因和成功条件、文献目录信息交换用磁带格式、美国三大联机书目系统、外文文献管理系统、汉字主题索引自动编制方法、电子计算机与文献分类、我国情报检索专用计算机的分布和应用情况、光学录像盘和光盘技术等;视听技术,介绍声学基本原理、立体声、录音室、电视演播室、磁带录像播放系统等;文献缩制技术,介绍缩微复印、阅读器、COM系统、缩微技术对图书馆建筑的要求、国外报纸的缩微与寄存、文献资料的照相复制;图书保护技术,探讨了图书保护的重要性、纸的强度、损坏图书制成材料的因素、温度和湿度对图书的损害、生物及其他因素对图书的损害、图书保护措施等问题。(于静)

0699

图书馆现代技术学习指导书 / 刘荣主编. -- 武汉:武汉大学出版社,1986. -- 104页;20cm. -- 中央广播电视大学图书馆专业用书. -- 7279.57(国家图书馆)

本书以计算机的应用为重点,对机读目录、计算机编目子系统、索引编制子系统、连续出版物子系统、图书流通子系统、图书采访子系统、情报检索系统以及网络化处理等自动化系统的设计原理作了具体论述,使学习者通过学习能够掌握建立自动化系统的基本方法和技能,掌握视听技术、文献复制技术和图书保护技术的应用原理和方法,为从事图书馆现代技术工作和进一步学习有关知识打下基础。本书用了较大的篇幅系统地论述了计算机及其应用中各个自动化系统的设计原理和方法。第一章从宏观上论述了图书馆面临的一场巨大变革及图书馆现代技术体系的基本理论和概念,是绪论;第二章和第三章是计算机的硬件和软件知识;第四章是建立一个图书馆自动化系统的方法和步骤;第五章到第十二章是各系统的设计和处理技术;第十三章是视听技术的应用;第十四章是文献复制技术的应用;第十五章是图书保护技术的应用。(于静)

0700

图书馆出纳自动化系统之探讨 / 李惠中. -- 台北:书棚出版社,1987. -- 255页;21cm(国家图书馆)

作者从整合性系统的角度探讨图书馆出纳自动化的理论与实务。全书分6章。第一章概述出纳控制作业的特性,出纳自动化的效益、发展历史与现况,以及台湾出纳自动化发展的现况。第二章讨论出纳自动化系统的一般需求以及所应具备的功能。第三章探讨出纳自动化系统运作所需的各种资料档及其相互关系,并论及各档的建立与维护作业,以及制备标签的工作。第四章叙述规划出纳自动化系统的过程。第五章说明在出纳自动化系统实施的阶段所应从事的各项工作,主要包括位置准备、系统文件汇整、测试、系统启动等。第六章则放眼出纳自动化未来的趋势。(赵红)

0701

图书馆自动化导论 / 张鼎钟. -- 台北:台湾图书馆学会出版社,1987. -- 192页;21cm. -- 图书与资讯丛书.3(国家图书馆)

全书分10章,论述图书馆自动化的定义、功能与目的;图书馆自动化的范围和类别;图书馆自动化的电脑设备;图书馆自动化的标准;图书馆自动化的采访与编目作业;图书馆自动化出纳制度、期刊管理与行政作业;图书馆自动化参考服务;图书馆自动化与馆际合作和资讯网;图书馆自动化作业的设置与选择;图书馆自动化作业的趋势。书前有序、自序、附图。书后有附录、参考书目、中英文索引。(赵红)

0702

图书馆现代化技术 / 黄万新编著. -- 北京:书目文献出版社,1988. -- 365页;20cm. -- 7-5013-0435-1(国家图书馆)

本书对图书馆工作中的现代化技术方法及实现图书情报工作现代化的一些问题作了基础性的论述。主要内容有:对图书情报工作应用电子计算机技术的分析研究;对图书馆自动化及建立图书馆自动化系统等问题的研究阐述;对图书情报各个工作阶段上的现代化技术方法,诸如编目工作现代化、连续出版物管理自动化以及标引技术、索引和文摘编制技术、文献检索技术、缩微复制及声像技术等新的技术方法的阐述等。(张玲)

0703

微电脑在图书情报工作中的应用 / 梁素珍编著. -- 北京:中国农业科技出版社,1988. -- 251页:图;19cm. -- 7-80026-074-7(国家图书馆)

本书重点介绍了微电脑(即微型电子计算机,本文正文简称为微型机)在国内外图书情报工作中的应用情况、发展趋势及典型实例,还介绍了选择和建立微电脑系统时应该注意的事项。全书共7章:第一章概论;第二章微型机的基本结构;第三章微型机的软体;第四章微型机在书刊管理与情报检索中的应用;第五章微型机的建立和评价;第六章微型机在我国图书情报部门的应用实例;第七章微型机在国外图书情报部门的应用实例。(张玲)

0704

图书馆现代化技术 / 裴兆云主编. -- 北京:学苑出版社,1989. -- 330页;18cm. -- 中国图书馆学自学系列丛书(国家图书馆)

本书是《中国图书馆学自学系列丛书》中的一册。本书重点阐述图书馆现代化的手段——图书馆现代化技术。由于科学技术发展很快,在图书馆中新技术的应用日益广泛,因此,很难用固定不变的尺度来确定图书馆现代化技术的范畴。本书只介绍现代图书馆某些应用广泛的,特别是在20世纪80年代我国急需引用的新技术。全书共11章,分别是绪论、计算机技术及其在图书馆中的应用、电子计算机系统简介、图书馆业务应用系统与成套转让系统、缩微摄影技术及其在图书馆的应用(一、二)、音像技术及其在图书馆的应用、音像技术设备、复印技术及其在图书馆中的应用、现代图书保护技术(一、二)。(张玲)

0705

高校图书馆计算机应用经验交流会文集 / 全国高等学校图书情报工作委员会秘书处编. -- 北京:北京师范大学出版社,1990. -- 367页. -- 7-303-01063-7(国家图书馆)

1988年9月2日至4日,全国高校图书情报工作委员会秘书处在北京召开了高校图书馆计算机应用经验交流会,本书为本次交流会的会议论文集。书中收录了“我国高校图书馆自动化的发展模式”、“关于我国图书情报界计算机应用的几点想法”、“深大图书馆计算机管理集成系统实现的环境和产生的效益”、“图书馆自动化进程中值得注意的几个问题”、“图书馆管理系统成功的起点”、“软件的编制要注意实效性”、“计算机图书馆集成系统”、“联机检索对高等院校图书馆情报职能的影响”、“对我国中小型大学图书馆自动化发展前途的分析”、“图书馆微机局部网络系统”、“网络多用户流通管理系统”、“图书馆图书采编微机系统”、“期刊信息管理系统设计”、“多用户联机书目检索管理系统的研究与实现”等论文60余篇。(张玲)

0706

图书馆:微机DBASEⅢ业务教程 / 宛福成等主编. -- 北京:机械工业出版社,1990. -- 132页;26cm. --7-111-02430-3(国家图书馆)

《图书馆——微机DBASEⅢ业务教程》一书,是根据微机DBASEⅢ关系型数据库管理系统的基本原理,结合图书馆业务工作的具体实际,立足科学性并突出实用性,编写的一本主要供未受过计算机专业训练的图书馆工作者和未受过图书馆专业训练的计算机程序设计工作者使用参考的专业书籍。本书以图书馆工作的业务流程为编排体例,并兼顾程序设计一般方法,在总控模块的前提下,将图书馆各部门业务设为子模块。书中所列程序,均经运行调试通过,大、中型图书馆可直接采用,小型图书馆将其简化则更为适宜。书中还配有程序功能示意图,可方便非计算机专业的图书馆工作者对该程序的理解和选用,对一些不必重复的程序和功能示意图作了省略。(于静)

0707

图书馆自动化系统 / 杨宗英主编;颜莼编. -- 上海:上海交通大学出版社,1990. -- 243页;26cm. -- 7-313-00657-8(国家图书馆)

本书系统地阐述了图书馆计算机管理集成系统及其各子系统的基本知识和原理,包括图书馆自动化系统的建立条件、分析及设计,图书情报的数据结构和机读目录,图书馆数据库管理系统,图书采购系统,图书编目系统,图书流通管理系统,连续出版物管理系统,情报检索系统,自动化系统的网络系统,并提出应用数据库理论对上述系统进行数据库的文档结构分析和设计的基本方法。(张玲)

0708

计算机图书情报管理系统 / 张永宁,高维浦编著. --北京:航空工业出版社,1990. -- 205页;19cm. --7-80046-251-X(北京师范大学图书馆)

本书介绍如何使用电子计算机进行图书、文献、档案等管理与检索,并结合一个实用的系统——HK-PC情报管理系统,介绍了图书情报管理系统的设计和实现。全书分9章,第一章介绍了计算机情报管理的国内外现状,并简要论述了情报管理系统中涉及的几个值得注意的问题。第二章介绍了HK-PC系统的概况和如何安装运行。本书从第三章到第九章,每章分别介绍了HK-PC系统的一个子系统。每章的结构是,首先叙述子系统的功能、结构及其设计和实现,然后给出其操作步骤。第三章是数据录入,其中包括数据库的定义、数据录入、数据格式的自行校对、数据修改等。第四章为数据库处理,不仅提供了HK-PC系统内部的数据文件转换,而且提供了HK-PC系统和ISO数据格式的相互转换。第五至七章详细论述情报检索,包括联机检索和定题检索。第八、九章论述情报自动化的内容。另外,附录中给出ISO2709数据交换格式、EDLIN命令说明和计算机读航空文献目录数据交换格式。(张玲)

0709

图书馆自动化入门 / 倪波,黄俊贵主编. -- 北京:书目文献出版社,1991. -- 192页;19cm. --《图书馆学情报学知识》丛书. -- 7-5013-0866-7(国家图书馆)

本书是《图书馆学情报学知识》丛书之第十分册,该丛书是20世纪80年代所编辑的,旨在为具有中等以上文化水平图书情报工作人员提供一套关于专业理论和工作技能的自学读物。丛书内容深度以中级职称应达到者为限,以中专生应掌握者为准。全书共9章。第一章概述,介绍了图书馆自动化的背景和历史、概念和内容;第二章图书馆自动化系统的建立,包括系统分析与系统设计、系统的运行与系统评价;第三章介绍了机器目录MARC的概况、格式、编制、应用;第四章详细介绍了采访子系统和编目子系统;第五章索引编制子系统;第六章连续出版物管理,介绍了记录格式与文件建立、号码处理子系统;第七章图书流通管理,详细介绍了NDTLT的构成、功能、数据结构、应用程序设计;第八章情报的存储与检索;第九章视听技术和文献复制技术。本书对从事图书情报工作的同志学习专业知识、掌握工作技能很有参考价值,也可作为图书馆学、情报学中专教材或教学参考书。(张玲)

0710

图书馆自动化系统设计 / 宛福成等编著. -- 北京:书目文献出版社,1991. -- 286 页;19cm. -- 7-5013-0878-0(国家图书馆)

全书共8章,分别是绪论、设备与环境、图书馆自动化系统计划、系统开发与维护、图书文献管理系统、情报检索系统、自动化网络与应用、软件设计与技巧。作者重点探讨了馆际之间自动化网络的设计方法,提出了系统的优化原则和系统的设计技巧,还简要介绍了与图书馆自动化系统设计密切相关的现代科学技术及其在图书馆领域应用的情景。作者还在附录中提供了"文献书目信息交换用软盘格式"、"国内主流微型机一览表"、"国内部分高校、科研机构自动化系统"等内容。(张玲)

0711

图书馆新技术应用国际学术讨论会文选(中文本) / 西安交通大学图书馆编. -- 西安:西安交通大学出版社,1991. -- 286 页;20cm. -- 7-5605-0416-7(国家图书馆)

本书选译了 1988 年 9 月召开的"图书馆新技术应用国际学术讨论会"会议文集的 34 篇报告和论文,内容包括八个方面:CD-ROM 在图书馆中的应用、计算机编目系统、计算机流通系统、联机情报检索系统、图书馆自动化、计算机在图书馆中的应用、图书馆与情报服务部门、其他方面,重点是在光盘技术应用和计算机应用方面。这些不同的方面包括了图书馆与情报部门使用的多项新技术,如 CD-ROM、人工智能、专家系统等。这些报告和论文内容丰富、思想新颖、写作认真,是专家、学者和教授们当时新近的研究成果,从一个侧面反映了世界范围内图书馆新技术应用方面的最新成就,对图书馆建设将有很大的参考价值,而且也将促进新技术在图书馆管理工作中的应用。(于静)

0712

图书馆自动化基础 / 赵永同等编译. -- 西安:陕西科学技术出版社,1991. -- 303 页;20cm. -- 7-5369-1042-8(国家图书馆)

本书主要以 Joan I. Tracy 编著的 Library Automation for Library Technicians:An Introduction 和 Silver Platter Information Inc. 的 Silver Platter Information System - MEDLINE Manual 为基础编译而成。全书共 11 章,分别详细论述了图书馆与自动化、计算机在图书馆的应用、自动化系统的运转、微型机在图书馆的应用、采访工作自动化、编目和加工工作自动化、目录的维护、连续出版物控制自动化、自动化流通系统、读者服务自动化、自动化辅助功能、图书馆情报检索自动化等内容。附录中给出图书馆自动化术语汇编。(张玲)

0713

中国科学院第七次图书馆学情报学科学讨论会论文集:文献情报自动化 / 中国科学院文献情报中心编. -- 北京:中国科学技术大学出版社,1991. -- 215 页;62cm(国家图书馆)

中国科学院第七次图书馆学情报学科学讨论会于 1990 年 10 月 25 日至 31 日在青岛举行。此次科学讨论会的主题为文献情报工作的自动化建设,目的在于促进中国科学院文献情报工作自动化的发展。讨论的内容包括文献情报自动化系统、数据库的建设和应用、微机应用和情报检索系统等。会议共收到论文 90 篇,经讨论会组织委员会评审,选出 52 篇到会交流。后又从中选取 45 篇,汇编成本文集,以供参阅。(张玲)

0714

图书资讯学导论 / 周宁森. -- 台北:三民书局,1991. -- 227 页;21cm. -- 图书资讯学丛书. -- 957-14-1760-2(国家图书馆)

本丛书分 5 部分。第一部分图书、资讯、文化、社会。第二部分图书、图书馆、图书资讯学,详细论述了古代的图书馆及图书资讯的管理、中国早期的图书资讯整理、现代图书资讯学的萌芽、十九世纪的美国图书资讯事业等。第三部分图书馆在中国,详细论述了战前的图书馆事业、中央图书馆、北京图书馆、中央图书馆与北京图书馆的比较。第四部分图书馆的现代化与电子计算机,详细论述了现代化的意义、图书资讯的自动化、早期的计算机、电子计算机的萌芽期、线上系统等。第五部分图书资讯学未来的展望,论述了资讯网的意义、语音识别与图书资讯。书前有编者的话、他序和自序,以及图表目录。书后有中西文参考资料及索引。(赵红)

0715

北京大学图书馆自动化集成系统使用手册 / 北京大学图书馆自动化部编. -- 北京:北京大学图书馆自动化部(内部出版),1992. -- 1 册;26cm(北京大学图书馆)

北京大学图书馆自动化集成系统使用手册是为使用该系统的读者、馆员、系统管理员等人编写的。手册简要介绍了 PULAIS V1.0 系统的功能、特点、运行环境,比较详尽地描述了系统各功能的操作和使用方法。该手册分 8 章。第一章概述,简要介绍了 PULAIS 系统的功能、特点、运行环境、系统主菜单;第二至六章分别介绍了流通子系统、编目子系统、查询子系统、期刊管理子系统、采访子系统;第七章介绍了各种数据的加工处理;第八章系统维护。(张玲)

0716

图书馆现代化技术 / 贾璐编著. -- 北京:文津出版社,1992. -- 183 页;19cm. -- 7-80554-154-X(国家图书馆)

本书对图书馆工作中的现代化技术方法及实现图书情报工作现代化的一些问题作了基础性的论述。主要内容有:对图书情报工作应用电子计算机技术的分析研究;对图书馆自动化及建立图书馆自动化系统等问题的研究阐述;对图书情报各个工作阶段上的现代化技术方法,诸如编目工作现代化,连续出版物管理自动化,以及标引技术、索引和文摘编制技术、文献检索技术、缩微复制及声像技术等新的技术方法

的阐述等。本书可供图书情报专业师生和广大图书情报工作者学习和参考。(于静)

0717

图书馆自动化应用基础 / 沈迪飞主编. -- 武汉:湖北科学技术出版社,1992. -- 234 页:图;19cm. -- 7 - 5352 - 0796 - 0(国家图书馆)

这是一本关于图书馆自动化基础知识的实用教材,主要介绍了图书馆自动化的基本知识,并结合一个实用的图书馆自动化集成系统——ILAS 详细地介绍了硬件配置、软件设计技术、书目数据库建设和应用环境等图书馆自动化建设四大要素研究之成果及图书馆自动化计划、组织与实施方案等内容。本书是针对我国图书馆自动化的发展特点和自动化系统应用人员的需要而编写,全书内容丰富、通俗易懂、实用性强。此书可以作为各种类型图书馆自动化培训教材,也可以作为大专院校图书情报学专业的教学参考书,亦可供从事图书、情报、档案工作的一般科技人员和领导干部学习。(张玲)

0718

现代资讯科技与图书馆 / 薛理桂. -- 台北:台湾学生书局,1992. -- 265 页;21cm. -- 图书馆学与资讯科学丛书. 23. -- 957 - 15 - 0328 - 2(国家图书馆)

本书共分两篇:"微电脑在图书馆的应用"与"现代资讯科技在图书馆的应用"。第一篇包括三章。第一章探究微电脑的发展经过,其中对于微电脑的硬体、输入法、软体、以及内码都有详细的说明。第二章陈述微电脑如用于图书馆,应如何做规划的工作,包括:事前的规划、成立的小组,以及硬体/软体的选择等项目。第三章是具体的实施工作,包括计划实施表、微电脑系统的实施,以及微电脑使用在图书馆。第二篇是探讨现代资讯科技在图书馆的应用情形,除了对现代科技的发展作背景研究之外,对国内外的发展现况也作了解,并说明现代资讯科技在图书馆的使用状况。书前包括自序、图目次、表目次、缩写名词对照表。书后有参考书目及索引。(赵红)

0719

图书情报自动化 / 马自卫等编著. -- 北京:北京邮电学院出版社,1993. -- 295 页:图;26cm. -- 7 - 5635 - 0144 - 4(北京师范大学图书馆)

作者根据多年的图书情报自动化系统开发和研究的实际体会写成。全书共 9 章。前三章论述了计算机硬件、计算机软件及数据处理等图书馆自动化系统设计基础知识,后六章分别论述了自动化编目系统、流通管理系统、采购自动化与连续出版物自动化系统、情报检索服务子系统、微机光盘系统、联机系统设计等图书情报自动化所包含的各个子系统的设计问题。(张玲)

0720

图书情报管理自动化基础 / 毛玉姣, 刘荣主编. -- 武汉:武汉大学出版社,1993. -- 2 册(621 页,442 页);20cm. -- 高等学校文科教材. -- 7 - 307 - 01409 - 2(上); 7 - 307 - 01410 - 6(下)(国家图书馆)

本书为高等学校文科教材。全书分上、下两册。上册共 11 章,介绍了图书馆自动化的基本概念、国内外图书馆自动化发展概况、计算机基础知识、磁盘操作系统、汉字信息处理、数据库基本操作、dBASE 程序设计、数据库的基本知识、图书馆自动化应用软件程序设计等基本知识。书中还详细介绍了图书馆自动化应用软件程序设计的技巧、单汉字自动标引技巧等问题。下册共 9 章,介绍了如何建立图书馆自动化系统、机读目录与数据库、图书编目子系统、图书采访子系统、索引编制子系统、连续出版物子系统、图书流通管理子系统、情报检索子系统、图书馆自动化集成系统与网络等内容。作者还预测了图书馆自动化发展趋势。(张玲)

0721

计算机图书馆管理系统设计与实例 / 刘启茂主编. --北京:电子工业出版社,1994. -- 301 页;19cm. --7 - 5053 - 2355 - 5(北京师范大学图书馆)

全书共 7 章,论述了计算机图书馆管理系统的相关问题。第一章详细论述图书馆自动化的概念、内容,图书馆集成系统发展的概况。第二章论述了计算机图书馆管理系统的硬件环境,如硬件环境选择、微机网络系统、局域网操作系统、局域网传输介质、机房建设。第三章阐述计算机图书馆管理系统的软件环境,包括软件环境的组成、操作系统、数据库管理系统、程序语言设计等问题。第四章论述应用软件设计问题,主要论及系统分析、设计、测试与运行。本章还分别详细论述了采购、流通、期刊管理 、书目查询等子系统的设计问题。第五、六章分别论述数据库建设和现代技术的应用问题。第七章分析了 MTLIS、TOTALS、UNLIS、ILAS 等计算机图书馆管理系统的典型实例。(张玲)

0722

文献信息系统自动化 / 张晓林编著. -- 成都:成都科技大学出版社,1994. -- 404 页:图;19cm. -- 7 - 5614 - 2541 - 4(国家图书馆)

文献信息系统自动化是利用现代信息技术,对文献资料的收集、组织加工、检索和传递等工作实现自动控制和处理的过程。全书共 12 章。第一章概述,论述了文献信息系统自动化的基本定义、产生与发展根据、特点、效能要求,文献信息系统自动化的结构、发展进程、与文献信息系统现代化的关系等问题;第二章计算机数据组织、记录,包括记录基本结构、记录格式、格式的多样化与标准化等问题;第三、四、五章分别介绍了计算机数据组织的 MARC 记录、文件、数据库等内容;第六章文献信息系统自动化系统总体设计,包括总体目标与任务、总体结构设计、集成化问题、人机界面设计问题等;第七、八、九、十、十一章分别论述了文献采购管理自动化系统、文献编目自动化系统、文献流通管理自动化系统、文献检索自动化系统设计、连续出版物管理自动化系统设计等问题;第十二章从系统建设的若干基本问题、规划、分析、选择、设计、时限等方面,详细阐述了文献信息系统自动化系统的建设。(张玲)

0723

图书馆微机网络系统设计及软件实例 / 钟新革主编. --

长春:东北师范大学出版社,1994. -- 214 页;26cm. -- 7 - 5602 - 1357 - X(国家图书馆)

本书从我国中小型图书馆的实际出发,立足科学性并突出实用性,以人们普遍容易掌握的 Foxbase + 关系型数据库开发的图书馆微机网络系统为核心,详细地阐述了开发图书馆微机网络系统的必要性、图书馆微机网络系统的基本理论、系统分析与设计、系统结构及程序设计、数据结构和程序流程等内容,并在附录中列出了本书所介绍的所有系统的源程序(该系统曾经过国家教委的鉴定,已在国内多家图书馆中应用)。所列程序均经过调试通过,中小型图书馆直至大型图书馆可直接采用。(张玲)

0724

图书情报自动化实用技术 / 陈岗编著. -- 北京:中国标准出版社,1995. -- 311 页;26cm. -- 7 - 5066 - 1165 - 1(国家图书馆)

全书共 10 章。第一章阐述了图书情报自动化的历史及其技术体系,并介绍了图书情报自动化的概念与内容,着重介绍了建立图书情报自动化系统的方法和步骤以及今后的发展方向;第二章介绍了图书情报自动化系统的评价标准及各子系统的功能标准;第三章介绍了中文图书机读目录的标准——中国机读目录通讯格式;第四章介绍了计算机硬件设备的选购及维护保养,并介绍了 IBM PC 系列微机常见故障现象与故障的排除;第五章介绍了计算机软件基础,着重介绍了操作系统的日常命令的使用知识和数据库知识;第六章介绍了 XBASE 开发的图书情报自动化系统流通统计查询子系统的部分程序实例;第七章介绍了计算机机房的建设与管理;第八章图书情报自动化新技术,介绍了计算机网络技术和多媒体技术及其在图书情报工作中的应用;第九章介绍了静电复印机的原理、选购、使用、维护及简单故障的排除,还介绍了缩微资料的复制法。第十章详细介绍了视听技术方面的内容。(张玲)

0725

从编目作业探讨网路资源的整理 / 陈亚宁著. -- 台北:文华图书馆管理与资讯公司,1995. -- 317 页;21cm. -- 图书馆学与资讯科学论文丛书. 1. -- 957 - 8708 - 18 - 1(国家图书馆)

卷首作者序。该论文分 10 章。第一章导论,第二章文献探讨,第三章 Archie 系统简介与探讨,第四章 Gopher 系统,第五章 Toplxode Propject 计划简介,第六章人文电子文件中心计划简介,第七章美国机读编目格式的现况讨论,第八章 URN URL 简介,第九章电子文件分析及其实作结果,第十章结论。书后有附录及参考书目。(赵红)

0726

图书资讯学研究 / 陈攸华. -- 台北:文华图书馆管理资讯公司,1995. -- 232 页;21cm. -- 957 - 8708 - 17 - 3(国家图书馆)

这是一本研究图书资讯学的专著。卷首是美国马里兰大学教授 Dr. Marchionini 的英文前言,其后是自序。全书共 6 章。依次为:绪论;资讯描述;资讯储存;资讯检索;资讯服务;资讯社会图书馆的趋势。附录有:(1)立法期刊文献系统的现状与发展;(2)立法院电脑化业务现况与未来;(3)专案管理制度在立法资讯系统的应用;(4)英文摘要;(5)中文索引;(6)参考书目。(赵红)

0727

计算机应用与图书馆自动化 / 秦建宁编著. -- 北京:科学技术文献出版社,1995. -- 293 页:图;21cm. --7 - 5023 - 2594 - 8(国家图书馆)

本书详细地论述了计算机应用与图书馆自动化问题。全书共 14 章。计算机应用部分内容涉及计算机应用基础知识、汉字操作系统、汉字输入技术、CCED 中文编辑软件、WPS 文字处理系统、FOXBASE 关系型数据库;图书馆自动化部分详细介绍了图书馆自动化的历史、发展及实现的技术环境,图书馆计算机自动化的目的和意义等,并详细论述了图书馆计算机自动化系统建立的过程和条件、图书采购计算机系统的建立、图书编目计算机管理系统、图书流通计算机管理系统、连续出版物计算机管理系统、情报检索计算机管理系统、图书馆计算机网络系统等内容。(张玲)

0728

图书馆与网路资源 / 陈雪华著. -- 台北:文华图书馆管理资讯公司,1996. -- 436 页;21cm. -- 957 - 8708 - 24 - 6(国家图书馆)

本书以网际网路资源在图书馆的应用作为研究对象。卷首为著者序。共分 10 章。第一章叙论;第二章网际网路的缘起与发展;第三章网际网路的功能;第四章网际网路的学术性资源;第五章网路资源与图书馆服务;第六章网路资源与图书馆利用教育;第七章网路资源与图书馆技术服务;第八章网路资源与图书馆藏发展;第九章网路资源使用之研究;第十章结论与建议。书后附:参考书目、附录:图书馆与图书资讯学资源、中文索引、英文索引。(赵红)

0729

图书馆自动化基础教程 / 傅守灿,陈文广编著. -- 北京:北京大学出版社,1996. -- 213 页;26cm. -- 7 - 301 - 03210 - 2(国家图书馆)

本书主要介绍图书馆自动化系统的基本概念、计算机应用于书目文献的基本原理及建立图书馆自动化集成系统采用的方法。书中系统分析了机读目录的结构特点,全面研究了自动化系统开发中所涉及到的采购、编目、流通、连续出版物、公共查询、机编索引等子系统开发的有关问题和技术,并介绍了计算机网络环境下的图书馆自动化系统、图书馆自动化中的数据库技术。对 Internet 信息资源、电子图书馆、电子出版物等相关技术进行了介绍。本书包括实例,并配有教学辅助软盘。(张玲)

0730

图书馆现代技术课程教学大纲 / 国家教委高教司编. -- 北京:高等教育出版社,1996. -- 46 页;19cm. -- 7 - 04 - 005647 - X(国家图书馆)

本书共 9 章。第一章绪论,介绍了科技进步与图书馆现代化、图书馆现代技术体系;第二章汉字信息处理技术,包括汉字信息处理系统概述、汉字磁盘操作系统的组成与操作;第三章计算机与图书馆自动化,详细介绍了计算机在图书馆自动化中的地位和作用、机编索引的原理与设计、集成化系统、现代通信与图书馆网络、电子出版物与电子图书馆、多媒体技术等;第四章摄影技术,包括透镜与照相机、感光材料的种类和特性、暗室洗印技术、彩色摄影等;第五章复印技术,包括复印技术概述,静电复印原理,静电复印机的种类、结构、使用及维护等内容;第六章缩微技术,介绍了缩微技术的发展与作用、缩微设备的结构和性能等内容;第七章声像技术,包括幻灯机、投影仪、录音技术、电视与摄像、电影技术等;第八章激光技术,包括激光全息照相、激光光盘存储、激光条形码等内容;第九章图书保护技术。通过阅读本书可以帮助学生明确现代科学技术在实现图书馆现代化过程中的意义和作用。(张玲)

0731

图书馆自动化课程教学大纲 / 国家教委高教司编. --北京:高等教育出版社,1996. -- 64 页:图;19cm. -- 7 - 04 - 005646 - 1(国家图书馆)

本书是由国家教委高教司于 1993 年组织编写的,1994 年底编写定稿。本大纲以软件开发为主线,强调以实践为基础来组织教学体系。大纲开篇给出本课程的教学目的与要求,然后从概论、图书馆自动化系统分析、图书馆自动化系统设计、图书馆自动化系统的系统实现和测试、图书馆自动化系统的使用和维护、我国图书馆自动化面临的形势和任务六章内容分别详细论述每一章的教学目的、每一章内每一节的教学主要内容及教学要点、本章的实习(实践)总结、复习思考题等内容。(张玲)

0732

图书馆自动化理论与实务 / 林孟真著. -- 台北:五南图书出版公司,1996. -- 613 页;21cm. -- 大专用书. --957 - 11 - 1152 - X(国家图书馆)

卷首为自序。本书分理论与实务两部分剖析当前图书馆自动化的问题。共分 8 章。第一章导论;第二章图书馆自动化理论;第三章图书馆自动化的发展;第四章图书馆自动化之建立;第五章图书馆自动化效益作业;第六章图书馆自动化作业之实施;第七章未来展望;第八章图书馆自动化之检讨与建议。(赵红)

0733

Internet 最新实用技术及其应用 / 孙辨华,沈正华,柳纯录编著. -- 北京:北京大学出版社,1996. -- 8 页, 329 页;26cm. --7 - 301 - 03236 - 6(北京师范大学图书馆)

本书介绍了 Internet 的基本工具 Telnet、FTP、Email 的概念、功能和使用说明;叙述了网上交互及其有关服务的工具 News、whois 和 Archie 等;特别讲述了二十世纪末获取信息资源的最先进、最重要的工具 Gopher、WAIS、WWW;涉及了如何实现计算机与 Internet 网的连接技术;几乎包括了 Internet 在二十世纪末所有的工具及其最新发展。本书最突出的特点是内容最新,技术最实用。本书引用了大量实例,具有简要的注释和小结说明,适合于在网络互联领域工作的广大工程技术人员、管理人员和科研人员及大专院校师生作为手册,也可以作为培训教材和自学参考书。(张玲)

0734

网路资源利用教育与网路资源相关课程之研究 / 陈雪华计划主持. -- 台北:台湾“行政院”科学委员会(内部出版),1997. -- 1 册;29cm. -- 灰色文献图书馆学研究计划报告(国家图书馆)

本书研究目的在于探讨网路资源利用教育的内涵与方法,满足读者需求,发挥图书馆教育功用。研究方法为问卷调查方式。书前有中、英文摘要。共 5 章,依次为:绪论;文献分析;研究设计与实施;研究结果分析与比较;结论与建议。书后附:参考书目;附录 1“调查单位”;附录 2“问卷”。(赵红)

0735

Internet 使用指南:当代最新技术 / 储荷婷编著. -- 北京:科学出版社,1997. -- 230 页:图表;21cm. -- 7 - 03 - 005833 - X(中山大学图书馆)

本书是作者根据自己几年来讲授、使用和研究国际互联网的经验和体会,并参考有关书刊资料编撰而成。本书首先回顾了国际互联网(Internet)的产生和发展,然后在介绍并解释计算机信息网络的基本概念和内容的基础上,对主要的国际互联网工具的使用和用途逐一进行了介绍,其中既包括知名度较高的电子邮件(E - mail)和万维网(World Wide Web),也含有远程登录(Tetnet)、文件传送协议(File Transfe Protocol)、考访服务站(Gopher)和用户网(Usenet)等国际互联网工具。最后对国际互联网的各种工具和资源进行了概括和总结,并讨论了一些与国际互联网相关的议题,如网络安全问题和网络资源的版权问题。本书作者在美国从事信息技术的教学和科研工作,熟悉专业名词概念和中英两种文字,对包括 Internet 在内的网络术语的翻译和解释有独到的见解。全书内容深入浅出,通俗易懂,不要求读者具备网络知识。另外,书中附有练习,可供读者选用。本书可供想了解和学习使用国际互联网的读者阅读,也可供从事计算机网络研究、开发、管理的科技人员和广大计算机爱好者参考。(张玲)

0736

图书馆自动化系统软硬体共通规范研究报告书 / 胡欧兰. --台北:1997. -- 158 页;30cm(国家图书馆)

书前有中、英文摘要。本书共 4 章,依次为:绪论;文献分析;图书馆自动化系统软硬体共通规范;结论与建议。附录有四:(1)大学校院图书馆自动化系统整合暂行规范;(2)中小型图书馆自动化整合暂行规范;(3)台湾省公共图书馆自动化及咨询网路规划要点;(4)“图书馆自动化系统软硬体共通规范”厂商座谈会议记录。书后附参考标准。(赵红)

0737

图书馆与当代资讯科技 / 景懿频等著. -- 台北:三民书局,1997. -- 207 页;21cm. -- 957 - 14 - 2530 - 3(国家图书馆)

书前有丛书主编周宁森所写“编者的话”,其后是自序。本书分两部分。第一部分图书馆技术的沿革,主要介绍过去的图书馆技术。第二部分当代图书馆资讯科技,主要内容有图书馆区域网络、光碟技术及其在图书馆和资讯的应用、国际电脑网路、电子图书馆等。书后有英汉词语对照表。(赵红)

0738

资讯科学与技术专题论辑 / 李德竹. -- 台北:文华图书馆管理资讯公司,1997. -- 397 页;23cm. -- 957 - 8708 - 30 - 0(国家图书馆)

卷首为编者序,书中选论文 8 篇。分别是:李德竹的"EDI 与图书馆应用",王慧玉的"ISDN 及 ATM 在图书馆自动化的应用",许丽娟的"SGML、HTML 及 VRML 之比较研究",黄倩茹的"无限区域网络",吴秀兰的"平行资讯处理",曾繁绢的"专家系统浅论",黄丽虹的"地理资讯系统在图书馆服务之应用"。书后附作者简介。(赵红)

0739

电子图书馆理论与实践研究 / 汪冰著. -- 北京:北京图书馆出版社,1997. -- 295 页; 20cm. -- 7 - 5013 - 1467 - 5(国家图书馆)

本书是国内有关电子图书馆方面的第一部专著。书中对电子图书馆的概念、电子图书馆产生的思想基础与现实背景、电子图书馆对传统图书馆的影响等若干基础理论做了深入的开拓性研究,系统全面地总结了 20 世纪 80 年代末 90 年代初以来美国、日本、英国、法国、荷兰、澳大利亚、新加坡等在电子图书馆方面的实验、技术开发活动,并详细讨论了中国发展电子图书馆的现实问题。另外,书中列出了数百篇参考文献,是一份相对完整的电子图书馆研究书目。(张玲)

0740

图书馆自动化与数据库应用必读 / 汪金蕊, 吴继伟编著. --青岛:青岛海洋大学出版社,1997. -- 284 页;19cm. -- 7 - 81026 - 907 - 0(北京大学图书馆)

该书是对情报用户进行图书馆现代化与计算机情报检索教育的教材,其主要内容为对计算机在图书馆的应用和计算机情报检索技术的讲解。本书共 6 章,分别为图书馆自动化系统、电子计算机在图书馆管理自动化中的应用、图书馆自动化系统、图书馆自动化的数据库建设、图书文献的计算机情报检索、ILAS 系统在图书馆的应用。根据不同需要,书中内容有详有略,力求通俗易懂,以使情报用户对图书馆现代化与文献情报检索技术能有一个较系统、明晰的了解。(张玲)

0741

图书馆自动化 / 袁名敦, 耿骞编著. -- 北京:北京师范大学出版社,1997. -- 346 页;26cm. -- 7 - 303 - 04437 - X(北京师范大学图书馆)

全书共 7 章内容。第一章详细论述了图书馆自动化的基本概念、我国图书馆自动化系统的发展情况、软件工程、标准化等问题;第二章对图书馆自动化的系统进行分析,包括可行性研究与计划、需求分析、数据流图和系统功能、数据字典、模型和原型法、图书馆自动化系统分析的特点等内容;第三章从概要设计、详细设计、结构化设计和图形工具、内聚度和耦合度、面向数据结构的设计方法等方面论述了图书馆自动化系统的设计问题;第四章主要论述了图书馆自动化系统的系统实现和白盒法、黑盒法等测试方法;第五章论述了图书馆自动化系统的使用和维护问题;第六、七章分别论述了面向对象的技术以及我国图书馆自动化面临的形势与任务。本书在以软件开发为主线的原则下,尽可能全面地把图书馆自动化的各个方面都结合起来,同时本书还兼顾了微观和宏观两个方面,既重视图书馆自动化建设的各种具体问题的叙述,也同样着力于我国图书馆现代化、自动化的宏观发展的展示。(张玲)

0742

图书资讯点滴 / 曾济群著. -- 台北:汉美图书有限公司,1997. -- 188 页;21cm. -- 957 - 9005 - 97 - 4(国家图书馆)

本书系作者从事图书馆工作心得的文集,涉及图书馆工作的各个方面。(赵红)

0743

图书馆自动化与网路论集:海峡两岸第四届图书资讯学学术研讨会 / 台湾"中华图书资讯学教育学会". -- 台北:文华图书馆管理资讯公司,1998. -- 219 页;30cm. -- 957 - 8708 - 34 - 3(国家图书馆)

本书系研讨会文集。会议主题是:图书馆自动化与网路之现状与展望;资讯系统规划的设计与管理;图书馆学教育与培训;图书馆服务与资讯共享;两岸图书馆合作与交流。共辑论文 15 篇。书前有台湾大学图书资讯系教授李德竹序,书后附论文提交者的简介。(赵红)

0744

图书情报管理自动化基础 / 刘荣主编. -- 武汉:武汉大学出版社,1998. -- 442 页:图;20cm. -- 高等学校文科教材. -- 7 - 307 - 02549 - 3(国家图书馆)

本书为高等学校文科教材,分上、下两册。本册为下册,分章介绍图书馆自动化系统的建立、机读目录与数据库、图书编目子系统、图书采访子系统、索引编制子系统、连续出版物子系统、图书流通管理子系统、情报检索子系统等子系统的总体设计、功能分析及详细设计的内容。另外还用一个章节详细介绍了图书馆自动化集成系统与网络的内容,并在最后一章论述了图书馆自动化发展趋势。(张玲)

0745

电脑管理图书馆学 / 王晓平主编. -- 北京:北京图书馆出版社,1998. -- 188 页;19cm. -- 7 - 5013 - 1479 - 9(北京师范大学图书馆)

电脑管理图书馆学是一门研究应用了电脑以后的图书馆、图书馆工作、图书馆事业及其发展规律的科学。全书共 6 章。第一章绪论,探讨了电脑管理图书馆学的由来、电脑管理图书馆学专业知识的特征;第二章电脑管理图书馆学是图书馆学的新阶段,论述了电脑管理图书馆学是时代的产物,也是图书馆学的新成果;第三章电脑管理图书馆学的基本问题,包括研究对象、学科定位、研究方法等内容;第四章电脑管理的图书馆,论述了图书馆的起源与发展,图书馆的性质,电脑管理图书馆的职能、构成及特点等问题;第五章电脑管理图书馆工作,包括图书馆工作的基本规律,电脑管理图书馆的藏书工作、读者工作、统计工作、行政工作等内容;第六章电脑管理图书馆事业建设,论述了图书馆事业的构成原理和原则、中国图书馆事业的结构、电脑管理图书馆的网络建设、图书馆法等内容。为加深读者对本书内容的理解,每章之后给出了相关的思考题。(张玲)

0746

图书馆自动化新论:信息管理自动化 / 郑巧英,杨宗英编著. -- 上海:上海交通大学出版社,1998. -- 318 页;26cm. -- 上海研究生教育用书;上海市研究生教育专项经费资助项目. -- 7 - 313 - 01809 - 6(国家图书馆)

本书提出了图书馆自动化发展的三阶段理论,阐述了基于此理论的图书馆管理集成系统的体系结构和基本设计方法,图书馆利用网络进行全球性、整体化电子文献信息服务的理念,数字图书馆的基本知识、特征、模式以及原型的范例。全书共分 10 章。第一章至第四章介绍了图书馆自动化的基本理论,包括计算机网络、因特网和信息高速公路,图书馆数据库管理系统及客户机/服务器结构以及文献信息系统的数据结构和机读目录格式。第五章至第十章介绍了如何将数据库理论和客户机/服务器结构应用于图书馆管理集成系统,包括图书采购、编目、流通系统,连续出版物管理系统,WEB OPAC 系统,情报检索及其系统,网上电子信息服务及数字图书馆。在应用篇中,提出了具体设计方法并列举了实例。书前有序和前言,书后有附录"中国电子杂志和报纸的网上地址"及参考文献。(胡秋玲)

0747

Internet 网络信息检索:原理、工具、技巧 / 储荷婷,张晓林,王芳著. -- 北京:清华大学出版社,1999. -- 306 页:图;26cm. -- 7 - 302 - 03813 - 9(北京师范大学图书馆)

本书利用作者在国内外长期从事情报检索研究和实践的知识与经验,结合实例深入描述了各种主要网络信息检索工具(如 A1taVista、Yahoo!、Excite、infoseek、HotBot、Northern Light、OpenText、webcrawler、eBLAST、搜狐、悠游、若比邻、网易等)的基础检索与高级检索功能、各种检索选择、检索语法与技巧、检索修改与扩展方法、特殊检索功能,详细介绍了综合多种搜索引擎的集合型检索工具,具体剖析了地址、电话、电子邮件及相关信息的专门检索工具,专门讨论了地图、地区信息和查询图像、影像及相关信息的专门检索工具以及 FTP 文件、新闻组(Newsgroups)、邮件群(LISTSERV 和 Mailing Lists)、Telnet 和 Gopher 系统的专门检索工具,并首次详细介绍了各个专业领域的网络信息检索工具。本书旨在帮助读者系统掌握网络信息检索原理与检索技术,深入了解各种检索工具的适用领域和使用技巧,帮助读者在网络海洋里进行"精确制导式"信息检索,在信息竞争中能技高一筹、领先一步。本书作为国内首部系统介绍网络信息检索的专著,内容全面系统、及时新颖,并兼顾技术原理和应用技巧,适用于信息社会和网络时代的各类专业人士、高校师生、管理人员和技术人员,也可为从事信息组织、检索、传播、管理的专业人员和教学科研人员提供参考。(张玲)

0748

地方文献数位化模式及相关标准研究研究报告 / 苏忠研究主持. -- 台北:台湾省公共图书馆资讯网路辅导咨询委员会地方文献数位化模式及相关标准研究小组,1999. -- 148 页;29cm. -- 台湾省公共图书馆资讯网络辅导咨询委员会 1989 年度研究计划之二(国家图书馆)

地方文献数位化模式及相关标准研究是台湾省公共图书馆自动化与网路系统咨询委员会三个研究计划之一。本研究小组的研究成员及研究助理在短短的时间内,完成了地方文献之定义、种类、收集、整理、电子化等相关问题的访谈及问卷,进行了电子化的系统架构、资讯组织、各类型资料数位化的标准探讨,同时也发展了以新竹地方文献数位化为例的雏形系统。本报告共分七章。第一章绪论,第二章地方文献之定义及类型,第三章台湾地区地方文献收集现况,第四章地方文献的数位化模式与系统架构,第五章地方文献数位化相关标准与做法,第六章分散式资料库的检索,第七章结论与建议。书前有台湾省政府文化处代理处长陈倬民写的总序及"地方文献数位化模式及相关标准研究"计划主持人苏忠写的序。(赵红)

0749

数字化图书馆文集 / 王荣国,卢朝霞主编. -- 沈阳:东北大学出版社,1999. -- 361 页;20cm. -- 7 - 81054 - 405 - 5(国家图书馆)

本书收录了 40 余篇有关数字图书馆研究方面的论文,包括"数字图书馆与中国图书馆自动化的发展路向","国家数字图书馆——我国信息资源建设的主体工程","论 21 世纪的虚拟图书馆与传统图书馆","数字图书馆及其对文献检索工作的影响","论电子图书馆的馆舍建设","清华大学图书馆的电子化、网络化发展","数字图书馆用户界面的工效学研究","数字图书馆与古籍整理","数字图书馆与图书馆信息服务","数字化图书馆信息内容选择之探索","上海交通大学数字图书馆雏形"等。(张玲)

0750

网路资源的利用 / 杨美华. -- 台北:台湾图书馆,1999. -- 72 页:照片;21cm. -- 图书馆与资讯素养丛书. 6. -- 957 - 678 - 271 - 6(国家图书馆)

该书为普及图书馆知识与素养系列丛书之一。本册着重介绍网络资源的使用,内容包括网络资源的简介、如何利用网络资源、网络的功能、网络服务提供者的选择、网络遨游、学术研究资源的探勘、网络资源的评价、网络社区与终身教育等。书前有台湾图书馆馆长庄芳荣的序。(赵红)

0751

文献资源网络建设 / 尚志明,董勇敏,陈曙主编. -- 上海:上海科学技术文献出版社,1999. -- 495 页;20cm. -- 7 - 5439 - 1283 - X(国家图书馆)

本书共分 19 章展开论述。书中揭示了文献资源网络建设的性质,阐述了文献资源网络建设的采购网络化、编目网络化、存贮网络化、传播网络化、检索网络化和资源共享网络化等内容,分析了文献资源网络建设的制约因素、基本原则、发展模式以及社会、经济、思想、法律、行政和技术保障,涉及了文献资源网络的数据库建设,对中外文献资源网络建设作了比较研究,强调文献资源建设的控制、评价和人才培训。最后,从起源和发展、网络内在的学科进展、网络外在的社会互动及网络的趋势和展望等四方面对文献资源网络建设研究加以述评。书前有序。书后有参考文献。(胡秋玲)

0752

数字图书馆:原理与技术实现 / 高文, 刘峰,黄铁军等. -- 北京:清华大学出版社,2000. -- 474 页:图,摹真; 26cm. -- 7 - 302 - 04079 - 6(国家图书馆)

本书力图从数字图书馆的概念原理到其系统实现的各阶段所需要的理论、算法与系统等角度介绍数字图书馆,为从事此领域的科技人员和管理人员提供帮助。全书分为 17 章,内容包括数字图书馆设计与建设所涉及的标准化问题、置标语言问题、数字图书与音视频作品的录入问题、多媒体数据的压缩与检索问题、版权保护问题、宽带多媒体网络问题、高性能计算机平台问题、与远程教育的关系、与电子商务的关系,以及传统图书馆的数字化改造问题等等。本书既可以作为教材或教学参考书,也可以作为工程开发的技术参考书,其读者对象为计算机、图书情报、网络文化教育等领域的研究人员和工程技术人员、管理人员、研究生、大学生。(张玲)

0753

图书馆信息技术工作 / 沈迪飞主编. -- 北京:北京图书馆出版社,2000. -- 294 页:图;21cm. -- 图书馆岗位培训教材. --7 - 5013 - 1699 - 6(国家图书馆)

本书共 8 章。第一章图书馆信息技术概述,包括现代信息技术与图书馆、图书馆现代信息技术的应用与发展、图书馆现代信息系统;第二章图书馆现代信息技术基础,包括计算机硬、软件系统,文献信息编码与存储,汉字信息处理与汉字编码等内容;第三章图书馆业务工作自动化,包括业务工作自动化概述,采访工作、编目工作、流通工作、连续出版物管理工作等自动化及公共查询系统;第四章图书馆文献信息服务自动化,包括面向用户的文献信息服务自动化、基于因特网的文献信息服务、电子出版物及其类型、电子出版物服务系统、电子阅览室等内容;第五章图书馆办公自动化,详细论述了图书馆办公自动化系统、文秘管理、业务管理、人事管理、行政管理、信息交流、图书馆办公自动化系统的建设与维护等内容;第六章网络技术及其在图书馆的应用;第七章数字图书馆;第八章图书馆信息系统的建设和管理。(张玲)

0754

数字图书馆:从理念走向现实 / 吴志荣著. -- 上海:学林出版社,2000. -- 200 页; 20cm. -- 7 - 80616 - 937 - 7(北京师范大学图书馆)

本书论述了数字图书馆理念的形成、数字图书馆得以构成的基础条件、数字图书馆的组织模式以及运作方式、数字信息资源的建设、数字信息资源的整序、数字信息资源的长期存取、数字图书馆的社会价值及其利用等问题。(张玲)

0755

数字图书馆概论 /(美) William Y. Arms 著;施伯乐, 张亮, 汪卫等译. -- 北京:电子工业出版社,2001. --205 页:图; 24cm. -- 国外计算机科学教材系列. -- 7 - 5053 - 6294 - 1(国家图书馆)

全书共分 14 章,基本涵盖了数字图书馆的各个领域,内容主要包括:图书馆、技术、人,因特网与万维网,图书馆和出版机构,人、机构与变革,经济和法律,访问管理与安全等问题。作者力图避免无用的推测,而把注意力放在介绍当前的活动、趋势和研究方面。书中部分内容涉及技术,同时着重讨论人和组织。数字图书馆领域集合了众多学科的方方面面,汇集了不同背景的各路专家。书中描述了这些学科的贡献以及它们之间的相互影响,讨论信息创建者和信息使用者的需求、目的和经济动机,分析发生在出版业和图书馆界的重大变革,描述基于因特网和万维网的新技术探索。另外,书后还附有术语表。数字图书馆从计算机、图书馆、出版、法律等许多领域吸收术语,该书对当今数字图书馆领域中使用的各种术语给出了简要解释,有利于研究数字图书馆的人们对术语、缩略语的判断和认识。(张玲)

0756

数字图书馆引论 / 刘炜等著. -- 上海:上海科学技术文献出版社,2001. -- 237 页:图;20cm. -- 7 - 5439 - 1689 - 4(国家图书馆)

全书共有 7 章内容,开篇首先阐述了数字图书馆的特点、功能及传统图书馆面临的挑战,详细介绍了数字图书馆的出现及其在世界各国的发展、国内数字图书馆研究开发现状。随后深入讨论了数字图书馆在数字资源建设、电子文献整理标准、读者服务、资源共享网络、市场营销等方面对传统图书馆的挑战,数字图书馆建设的需求决策、体系结构、相关技术以及数字图书馆建设中的著作权保护、人才队伍建设等问题。(张玲)

0757

数字图书馆的建设与发展:国际医学图书馆科学大会论文集 / 娄建石, 刘昌宁主编. -- 天津:天津人民出版社,2001. --720 页;21cm. -- 7 - 201 - 03828 - 1(国家图书馆)

2001 年 6 月在津门召开的"国际医学图书馆科学大会"上,中外图书情报界的专家学者齐聚一堂,讨论了数字图书馆建设最新进展、应用技术、未来发展趋势以及深层次的资源共享等现代图书馆建设与发展的诸多问题,交流了各自的经验与体会。大会共收到了来自美国、印度、日本、新加坡等国内外 100 多所大学和科研院所的会议代表的论文 140 篇。本书从中精选了 120 篇,内容包括会议报告人的学术报告和与会代表的论文,涉及"图书馆数字化、网络化建设"、"图书馆网络资源开发与利用"、"数字图书馆管理技术"、"图书馆数据标准与法规"、"网络信息服务"等 10 个部分。(张玲)

0758

资讯时代的图书馆——新教育思潮与图书资讯 / 吴美美. --台北:师大书苑有限公司,2001. -- 338 页:图;23cm. -- 师苑教育丛书. 272. -- 957 - 496 - 218 - 0(国家图书馆)

本书分为4篇。第一篇探讨新教育思想与图书资讯服务演进，涵盖资讯素养教育和未来资讯研究方向；第二篇是资讯服务内涵，包括网路资源汇集和组织、参考服务、图书馆员的自我期许等；第三篇是资讯服务政策，包括中美图书馆服务相关法案比较、资讯自由和图书馆发展、图书馆事业发展白皮书研拟过程；第四篇是未来虚拟时代资讯服务，包括虚拟社群与图书资讯服务探讨。本书适合阅读的对象，包括对资讯和学习有热情的教师和学生，以及对资讯时代图书资讯服务专业有兴趣的图书资讯系学生和专业工作者。（赵红）

0759

中文资讯检索系统使用研究 / 吴美美. -- 台北：台湾学生书局，2001. -- 254页；21cm. -- 新图书馆学丛书. -- 957-15-1066-1（国家图书馆）

本书探讨中西文资讯检索研究，以及实务系统运作情形。全书分10章。第一章绪论；第二章资讯检索研究范畴；第三章中西文资讯检索系统；第四章使用研究；第五章检索系统案例评鉴；第六章研究方法；第七章检索问题和检索词汇；第八章检索案例分析；第九章系统使用满意度调查；第十章建立中文资讯检索研究环境。书前有"自序"，书后附参考书目、附录、中文索引、英文索引。（赵红）

0760

数字图书馆概论 / 杨向明编著. -- 北京：中国致公出版社，2001. -- 15页，310页；21cm. -- 图书馆治学文集. -- 7-80096-662-3（国家图书馆）

第一章绪论，阐述了数字图书馆的概念、特点、功能，与传统图书馆、自动化图书馆的关系；第二章全球数字图书馆建设现状，介绍了国外及国内数字图书馆发展，并对中外数字图书馆建设进行了比较，并综述了中国数字图书馆学术研究，介绍了中国数字图书馆信息资源开发及网络建设的现状；第三章数字图书馆应解决的问题，介绍了数字图书馆的相关标准、亟待解决的技术难题、应当引起注意的非技术因素问题；第四章数字图书馆未来发展展望，阐述了数字图书馆网络建设应遵循的原则、促进我国数字图书馆建设的措施、数字图书馆及其对图书馆员的影响、数字图书馆的未来发展展望；第五章对IBM数字图书馆、中国国家数字图书馆的解决方案进行了评介；第六章介绍了辽宁省数字图书馆建设、上海数字图书馆、上海交通大学数字图书馆等国内数字图书馆典型实例；第七章河南省数字图书馆方案启动；第八章20世纪全球信息产业回眸；第九章与数字图书馆建设有关的大事记。（张玲）

0761

颠覆、冲突与对话：数位图书馆愿景研讨会实录 / 台湾图书馆学会编辑. -- 台北：台湾图书馆，2002. -- 123页；26cm. --957-678-355-0（国家图书馆）

本书为台湾图书馆的传统与未来研讨会会议录。内有开幕演讲"图书馆的传统与未来"实录、第一场"人与媒体的对话：数位图书馆的典藏愿景"实录；第二场"知识域社区的对话：数位图书馆的经营服务愿景"实录；第三场"人与空间的对话：数位图书馆的建筑愿景"实录；综合讨论实录。（赵红）

0762

网络资源的组织与管理 / 《图书馆杂志》编辑部，上海市图书馆学会编. -- 北京：北京图书馆出版社，2002. -- 258页：图；20cm. -- 7-5013-1916-2（国家图书馆）

本书论述了大专院校和地县级公共图书馆在网络环境下信息资源的特点和现状，探讨了网络信息资源组织管理及对策，介绍了组织和揭示网络信息的方法，为更好地优化、开发和利用网络信息资源，利用现代信息，以及电子信息系统满足社会的需求提出了切实有效的办法和建议。另外，从构建数字图书馆信息网络的视角，审视国内外信息资源的实践和理论，并阐述了21世纪数字图书馆对人类的影响。（张玲）

0763

数字化与图书馆 / 丁有骏主编. -- 北京：中国农业科学技术出版社，2002. -- 388页；21cm. -- 7-80167-343-3（国家图书馆）

北京高校情报资料研究会科技分会第六届学术研讨会于2002年在中国农业大学图书馆举办。本书为此次会议的论文集。本文集共5个部分，收录论文49篇。其中"数字图书馆建设"部分收录"大学图书馆数字资源网络的建设与发展"、"元数据与建筑学知识管理——以营造学术数字图书馆的建设为例"、"高校数字图书馆的信息资源建设"等7篇论文；"馆藏建设与网络资源开发利用"部分包含"网络环境下高校图书馆信息资源建设"、"在网络环境下建设大学图书馆专业分馆的尝试"、"从研究生学位论文引文分析看我馆外文期刊馆藏建设"、"农业情报信息资源建设与农业软件的商品开发"等19篇论文；"信息服务与文献检索教学"部分包含"图书馆信息服务数字化"、"高校图书馆应加强信息服务以适应网络时代的发展" 等14篇论文；"知识管理与人力资源开发"部分包含"新时期中小型图书馆人力资源创新能力的开发与培养"、"图书馆知识管理及创新机制的建立"等9篇论文。（张玲）

0764

中国图书情报网络化研究 / 黄长著，周文骏，袁名敦主编. -- 北京：北京图书馆出版社，2002. -- 414页：图；21cm. -- 国家社科基金"九五"重大课题；中国社会科学院出版基金资助项目. -- 7-5013-1886-7（国家图书馆）

本书为国家社科基金"九五"重大课题成果。图书情报网络化是世纪之交发展非常迅速的一个领域，特别是因特网、数字图书馆及信息技术的发展，给图书情报学带来了许多新的课题。本书介绍了中国图书情报网络化的现状，并与国外情况进行了对比；对CNNIC的数据进行了分析。在此基础上，从信息资源共享、图书情报网络化平台、软件系统、数字图书馆及网络环境中图书情报事业的选择机制等几个方面提出了创新方案。（张玲）

0765

面向21世纪的中国图书情报工作网络化研究报告 / 黄长

著,周文骏,袁名敦主编. -- 北京:北京图书馆出版社,2002. --194 页:图;21cm. -- 7 - 5013 - 1879 - 4(国家图书馆)

本书是中国社会科学院出版基金资助项目、国家社科基金"九五"重大课题研究成果。第一章提出了图书情报网络化研究的意义;第二章为国外图书情报工作网络化现状;第三章介绍我国图书情报工作网络化现状;第四章为网络用户信息需求调查与分析;第五章探讨信息资源共建共享研究问题;第六章为图书情报网络平台研究;第七章论述图书情报软件系统;第八章论述数字图书馆研究问题;第九章详细论述了网络环境中图书情报事业的机制选择问题;第十章结语部分,就如何发展中国特色的图书情报网络提出了建议。(张玲)

0766

数字图书馆研究 / 李冠强著. -- 北京:北京图书馆出版社,2002. -- 175 页;21cm. -- 7 - 5013 - 1922 - 7(国家图书馆)

本书是一部系统研究数字图书馆的著作。全书共 7 章,内容由微观至宏观。首先介绍了数字图书馆及相关概念,其次对数字图书馆的网络系统建设、信息资源建设、网络信息安全等数字图书馆自身建设问题进行论述。继而将数字图书馆与传统图书馆加以比较,指出二者将长期共存,而数字图书馆是发展方向。最后着力论述了数字图书馆的社会作用,以及中外数字图书馆建设的现状。该书综合了大量资料,并加以创新,提出了许多新的观点与内容,颇具学习、参考价值。(张玲)

0767

数字图书馆:新世纪信息技术的机遇与挑战国际研讨会论文集 / 孙家正主编. -- 北京:北京图书馆出版社,2002. -- 906 页:图;26cm. -- 7 - 5013 - 1931 - 6(国家图书馆)

本书为 2002 年 7 月 8 日至 10 日在北京举办的"数字图书馆——新世纪信息技术的机遇与挑战"国际研讨会会议论文集,收录了中、外论文 100 余篇。全书汇集了国内外众多专家、学者和具体从事数字图书馆构建工作的技术人员的研究和实践成果,既有理论上的探讨,又有实例剖析,既涉及到了数字图书馆建设过程中的法律问题、标准问题、资金问题等信息环境问题,也详细讨论了其具体数字图书馆建构的总体框架、所采用技术、所遵循的标准、规范、资源建设情况等。本书从不同角度探讨并试图解决数字图书馆建设过程中出现的带有共性的问题。(张玲)

0768

数字图书馆技术与应用 / 田捷编著. -- 北京:科学出版社,2002. -- 345 页:图;26cm. -- 7 - 03 - 010378 - 5(北京师范大学图书馆)

本书是关于数字图书馆原理、方法、技术及应用方面的书籍。全书共 11 章,介绍了国内外有关数字图书馆的概念、起源与发展,数字图书馆的构成,数字图书馆的技术原理与实现方法,数字图书馆的应用和典型案例,可以让读者对数字图书馆的实现方法与应用前景有一个直观的认识。本书内容新颖,学术水平高,文字流畅,可读性和实用性强,是广大图书馆工作者、文献情报工作者、计算机软件开发以及互联网从业人员必不可少的工具书,也是高等院校信息管理专业难得的一本教学参考书。(张玲)

0769

信息时代的数字图书馆 / 王志昆,邵康庆编著. -- 成都:西南交通大学出版社,2002. -- 185 页;19cm. -- 7 - 81057 - 654 - 2(国家图书馆)

本书用 7 部分内容深入浅出地介绍了有关数字图书馆的基本知识。第一部分什么是数字图书馆,首先介绍了数字图书馆产生的背景、虚拟图书馆、数字图书馆等内容;第二部分为什么要建设数字图书馆,包括数字图书馆产生的外因、内因,网络环境下信息资源的变化等内容;第三部分如何认识数字图书馆,介绍了数字图书馆的发展历程、国外及我国数字图书馆的开发情况、我国信息化的现状;第四部分从馆藏虚拟化、服务方式多元化、图书馆馆员将成为信息整合专家等方面介绍了数字图书馆与传统图书馆的异同;第五部分介绍了信息时代的数字图书馆所面临的问题、数字图书馆的模式结构、数字图书馆和网络信息资源的利用等问题;第六部分数字图书馆的知识产权保护问题,包括数字化信息资源建设和数字化信息资源使用中的著作权问题及相关解决办法;第七部分未来数字图书馆展望。(张玲)

0770

数字图书馆 / 王忠华,周勇编著. -- 北京:北京邮电大学出版社,2002. -- 113 页:图;21cm. -- 现代信息网络实用技术讲座. -- 7 - 5635 - 0595 - 4(国家图书馆)

本书共 5 章。第一章数字图书馆简介,介绍了数字图书馆的基本概念、功能及作用;第二章数字图书馆的基本原理与技术,介绍了因特网与万维网,数字图书馆的基本结构与组成、基本原理与技术,信息检索技术及数字图书馆涉及的其他问题和技术;第三章文献分类与数据库描述标准,包括文献及其分类标准,描述性元数据及其标准,XML 及其标准;第四章数字图书馆的建设初探,包括数字图书馆解决方案概述、几种数字图书馆解决方案介绍、数字图书馆资源建设、我国数字图书馆的建设情况及数字图书馆建设面临的挑战和技术;第五章数字图书馆的研究与应用实例。(张玲)

0771

网络环境下的著作权与数字图书馆 / 肖燕著. -- 北京:北京图书馆出版社,2002. -- 350 页;20cm. -- 7 - 5013 - 1920 - 0(国家图书馆)

本书从理论与实践两个方面对网络环境下的著作权法与图书馆相关问题展开了研究。全书系统论述了著作权法的基本理论、发展简史、修订过程与现状,网络技术对著作权法的挑战,不断变化中的著作权法对图书馆信息资源建设与服务模式、服务政策的影响,特别是对数字图书馆建设的影响,并从图书馆、信息中心和读者使用的角度,向国家新闻出版、图书馆管理部门及立法机构提出具有前瞻性的意见和建议。书后附录有中华人民共和国国家版权局关于制作数字化制品的著作权规定、最高人民法院关于审理涉及计算机网络著作权纠纷案件适用法律若干问题的解释、全国人民代表大会常务委员会关于维护互联网安全的决定、美国六家图书馆协会联合制定的电子资源许可原则、中华人民共和国著作权法及世界知识产权组织著作权条约等。(胡秋玲)

0772

中国数字图书馆:数字资源的开发与研究 / 徐文伯著. -- 北京:人民出版社,2002. -- 360 页,1 页图版:图;20cm. -- 7-01-003664-0(国家图书馆)

随着信息技术的不断发展,数字资源已成为社会的核心资源之一,是各国政治和经济发展的制高点。1998 年,我国文化部提出了建设"中国数字图书馆工程"的设想,并将其列入"863"计划和国家"十五"重点项目。数字图书馆是数字化的信息资源库,是一个具有深远意义的工程,在这方面我国虽然起步晚,但发展速度非常快。本书以详尽的资料记载了中国数字图书馆概念的提出及发展历程,对数字图书馆的建设等相关理论进行了全面的论述。本书作者徐文伯具体领导、组织和实施了中国数字图书馆的建设工作,对这一领域有着深刻的研究和思考。本书是他在中国数字图书馆建设方面所作探索成果的汇集。在某种意义上可以说,该书是中国数字图书馆建设理论和实践方面最系统的著作。(张玲)

0773

虚拟图书馆的昨天、今天和明天 / 袁海旺著. -- 北京:华艺出版社,2002. -- 261 页:图;20cm. -- 7-80142-374-7(国家图书馆)

本书作者是美国肯塔基大学图书馆暨博物馆网站的虚拟图书馆主任。作者在书中介绍了自己参加国外虚拟图书馆建设的具体经验、教训和所得到的感想及体会。全书共分四篇。开篇论及为什么要建设虚拟图书馆、什么是虚拟图书馆;上篇讨论虚拟图书馆产生的渐进过程和技术准备;中篇论述目前虚拟图书馆的特征、模式及建设状况;下篇是对虚拟图书馆未来的展望,详细论述了未来虚拟图书馆的走向、虚拟图书馆给"公平使用"带来的冲击、虚拟图书馆不会取代传统图书馆、传统图书馆及其馆员的前途等问题。(张玲)

0774

社会科学信息资源网络建设 / 袁名敦,刘时衡,赖茂生主编. -- 北京:北京图书馆出版社,2002. -- 558 页;20cm. -- 国家社会科学基金"九五"重点项目成果. -- 7-5013-1866-2(国家图书馆)

本书是国家社科基金"九五"重点课题"社会信息化和我国社会科学信息资源网络建设"的最终成果。书中对我国社科信息资源网络建设所涉及的理论和实际问题进行了全面探讨,诸如重要意义、与精神文明建设的关系、各相关概念及其内涵与外延、资源配置与管理、资源子网构建、网络逻辑结构及模式、数字图书馆建设、信息服务产业化、数据库建设、信息自主权、资源共享与知识产权、立法、发展规划、政策建议等。全书共分 7 章,主要内容包括:概论,国外社会科学信息资源建设概况,我国社会科学信息资源建设的历史、现状和展望,我国社会科学信息资源网络的结构体系,数字图书馆的发展和我国社会科学信息资源网络建设,信息化和法制建设以及我国社会科学信息资源网络的发展战略等。书前有序和前言。书后附录了该课题调查研究中所写的部分报告:附录一"我国社会科学信息资源网络现状调查报告",附录二"适应信息社会 满足读者需求——图书馆读者调查报告",附录三"发达国家社会科学信息资源网络建设概况",附录四"关于信息服务产业化的调查报告"。(胡秋玲)

0775

网络环境与图书馆信息资源 / 张怀涛,索传军,代根兴主编. -- 郑州:郑州大学出版社,2002. -- 406 页;20cm. -- 国家社会科学基金项目研究成果. -- 7-81048-641-1(国家图书馆)

本书是国家社会科学基金项目"基于网络的图书馆信息资源的组织与服务"(98BTQ001)的最终成果之一。全书分 10 章,分别探讨了网络环境下图书馆信息资源组织与服务的理论和方法。内容包括网络环境给图书馆带来的影响,图书馆的网络化、数字化、虚拟化建设,信息资源的虚拟馆藏与现实馆藏,图书馆信息资源的采集与评价,图书馆信息资源的组织与共享,电子文献的管理技术与方法,图书馆网站建设原则与网页制作,图书馆信息服务与用户教育,为用户介绍网络信息查询。书中举例论证了图书馆作为庞大的社会子系统如何在知识经济时代获取更大的社会效益与经济效益。每章后附有参考文献,书后附录为项目研究说明。(胡秋玲)

0776

数字图书馆企业化经营与管理 / 常友寅主编. -- 北京:北京图书馆出版社,2003. -- 487 页;20cm. -- 7-5013-2177-9(国家图书馆)

本书是论述数字图书馆经营与管理的专业书籍。全书分 15 章对处理数字图书馆与社会经济环境的关系以及内部管理问题作了有益的探索:在概述了数字图书馆与数字图书馆企业化运营后,分述了企业化运营是数字图书馆的正确选择,数字图书馆企业化运营必须以资本运营为前提,数字图书馆实施资本运营的现实性及理论基础,推进以资本运营为核心的数字图书馆企业化运营,数字图书馆实施资本运营存在的问题、需要解决的几个认识问题、应具备的基本条件、过程、有效途径、环境基础、实务操作,数字图书馆资产形态、资本重组、无形资产运营以及数字图书馆企业标准规范及运营模式等。书前有序一、序二、序三和前言。书后有结束语、参考文献和后记。(胡秋玲)

0777

数字图书馆理论与应用 / 崔永琳主编. -- 北京:中共中央党校出版社,2003. -- 243 页:图;27cm. -- 国家社科规划基金"十五"重点项目. -- 7-5035-2616-5(国家图书馆)

本书作为国家社科规划基金"十五"重点研究项目的成果,在吸收前人研究成果的基础上提出了一系列新的观点,并力图找到把数字图书馆的理论与技术转化为实践的有效机制。全书分 8 个专题:(1)关于数字图书馆的几个基本问题;(2)党校系统建设数字图书馆的可行性;(3)数字图书馆的技术功能设计;(4)党校系统数字图书馆系统设计方案;(5)关于党校图书馆数字资源建设的思考;(6)数字图书馆建设的版权问题与对策;(7)党校系统数字图书馆运营管理机制;(8)数字图书馆建设中的人才培训。该书对于党校系统进行数字图书馆建设具有指导意义,对其他系统的数字图书馆建设有重要的参考意义,是学习和研究数字图书馆的参考书之一。(张玲)

0778

网站图书馆:知识管理与创新 / 顾敏著. -- 台北:扬智文化事业股份有限公司,2003. -- 17 页,271 页;21cm. -- NEO 系列丛书. 10. -- 957 - 818 - 487 - 5(国家图书馆)

卷首是丛书总序,解释书名的由来。其后是成嘉玲序和自序。本书共 5 章,依次为:知识与知识管理;新世纪知识媒体;现代化知识领航;网站图书馆的组成;网站图书馆的服务。书后有附录、参考书目、索引。(赵红)

0779

数字图书馆标准研究成果使用指南 / 梁占平主编. --北京:科学技术文献出版社,2003. -- 786 页:图;29cm. -- 7 - 5023 - 4246 - X(北京大学图书馆)

数字图书馆是信息资源共享的典型实例,是国家信息基础设施的核心。标准化是开发和利用信息资源的基本保障。应广大用户的要求,全国信息与文献标准化技术委员会将近年来制定的数字图书馆相关标准(报批稿)以指南的形式编辑、出版。该指南的出版可满足数字图书馆建设的急需,确保信息表达、存储、检索、传输的顺利进行。全书共两部分,第一部分“数字图书馆标准研究成果”介绍,包括文献著录规则、开放系统互联、书目数据元目录、信息检索、文献管理及统计等内容。第二部分为第一部分中各项内容的研究成果。(张玲)

0780

图书馆现代技术应用教程 / 秦建宁, 苗喜德编著. --成都:西南交通大学出版社,2003. -- 413 页;20cm. -- 图书馆岗位培训教材. -- 7 - 81057 - 753 - 0(国家图书馆)

本书对计算机技术应用基础、图书馆自动化管理系统、信息检索技术、数字技术与数字图书馆建设、多媒体技术等各种现代技术的应用进行阐述。全书共 16 章,分别为图书馆现代化技术概述、计算机技术应用基础、图书馆自动化管理系统应用、信息检索技术应用、数字技术与数字图书馆建设、高密度存储技术应用、多媒体技术应用、条形码技术应用、触摸屏技术应用、复制技术应用、声像技术应用、计算机网络技术应用、图书馆网站建设、图书馆信息安全技术应用、电子阅览室的建设与管理。(张玲)

0781

高校图书馆数字化建设研究 / 张怀涛主编. -- 西安:西安出版社,2003. -- 453 页:图;21 页. -- 河南省哲学社会科学“十五”规划项目. -- 7 - 80594 - 916 - 6(国家图书馆)

本书包括研究报告和子课题两部分。子课题共 12 项,主要对河南省高校图书馆数字化建设的发展历程、国内外经验借鉴、技术方法等进行了介绍。(张玲)

0782

数字图书馆企业化运营实务操作 / 常友寅主编. -- 北京:北京图书馆出版社,2004. -- 311 页;21cm. -- 7 - 5013 - 2615 - 0(国家图书馆)

本书从数字图书馆建设与发展的实际出发,对在市场经济条件下如何按照现代企业模式对数字图书馆进行改制,建立数字图书馆企业,构建决策权、指挥权和监督权三权分立的权责分明、相互制衡、运作合理、管理科学的现代企业法人治理结构进行了研究。全书包含数字图书馆企业化运营的可行性分析、构建数字图书馆现代企业、构建数字图书馆企业治理结构、数字图书馆企业化重组、数字图书馆企业生存与发展的核心、数字图书馆企业的经营形式、数字图书馆企业初创时期的主要任务、数字图书馆发展的几个战略问题、数字图书馆市场的开拓、数字图书馆企业经营策略、营造数字图书馆企业运营环境、数字图书馆企业化运营的人力资源问题等 12 章内容。(张玲)

0783

图书馆信息化建设 / 陈能华主编. -- 北京:高等教育出版社,2004. -- 533 页:图;23cm. -- 面向 21 世纪课程教材(图书馆学类). -- 7 - 04 - 015343 - 2(国家图书馆)

本书是针对目前我国图书馆的现状和社会发展对图书馆专业人才知识结构的需求而编写的,全书分 4 个部分:(1)图书馆信息化的基础理论与基本技术:主要包括图书馆现代化建设的历史、现状和发展趋势,图书馆信息资源规划、信息资源组织、信息系统的分析与设计;(2)图书馆自动化系统建设的理论与方法:包括图书馆自动化系统的一般原理,图书馆自动化系统的体系结构,条形码、代码设计,监测仪器等相关技术;(3)数字图书馆理论与相关技术:包括数字图书馆的一般原理,数字图书馆的体系结构,以及数据挖掘、采集等相关技术;(4)实例分析:分析目前国内图书馆使用的几个主要自动化系统,分析在国外有一定影响的数字图书馆。(张玲)

0784

台湾图书馆学会 1994 年度数位学习与图书馆研习班研习手册 / 政治大学图书资讯与档案学研究所. -- 台北:台湾图书馆学会,2004. -- 264 页;26cm. -- 957 - 29266 - 4 - 0(国家图书馆)

数位学习与图书馆研习班由台湾图书馆学会与政治大学图书资讯与档案学研究所主办。该手册收集研习班全部资料,包括:授课讲师介绍;研习班课程表;招生简章;课程目录;专题论著选目。主要内容为课程讲义,题目有:数位学习认证与发展策略;图书馆在数位学习中的角色;多媒体影音教材制作;数位学习传播通讯;数位信息与知识管理;数位时代的咨询服务等。(赵红)

0785

数字图书馆建设理论与应用技术 / 蒋太岩等主编. --北京:高等教育出版社,2004. -- 581 页:图;21cm. --7 - 04 - 009498 - 5(吉林大学图书馆)

本书用 13 章的内容介绍了数字图书馆建设的理论与应用技术,包括数字图书馆概述、数字图书馆的基本系统构成、数字图书馆存储技术、数字图书馆的主要标准规范、数字图书馆信息安全技术、电子出版物的基本类型、数字图书馆知识产权保护、基于内容管理平台的数字图书馆、存储设备和数据库、数字图书馆软件平台及图书馆建设、数字图书馆建筑等内容。附录中给出与数字图书馆知识产权保护相关的国际公约简介、与数字图书馆相关的国际组织、国外与数字图书馆相关的法律法规内容简介、国内与数字图书馆相关的法律法规条款及国内外重要图书馆网站网址。(张玲)

0786

资讯科学的思考 / 赖鼎铭著. -- 台北:文华图书馆管理资讯股份有限公司,2004. -- 247 页;23cm. -- 957 - 8708 - 68 - 8(国家图书馆)

卷首是写于 2004 年的再版序,其后是写于 1999 年的自序。该书为论文集,论文从资讯科学的角度而非图书馆学角度进行思考,论及:从口语到书写传播;资讯科学的起源;资讯研究的典范变迁;知识社会学与图书资讯学的学术基础;读者服务的人文观点;美国公共图书馆的社会教育理想及其省思等方面。书后有中文索引、英文索引。(赵红)

0787

数字图书馆原理及应用 / 李培主编. -- 北京:高等教育出版社,2004. -- 367 页:图;23cm. -- 面向 21 世纪课程教材图书馆学类. -- 7 - 04 - 015341 - 6(国家图书馆)

本书是教育部"面向 21 世纪课程教材",是教育部高等学校图书馆学学科教学指导委员会组织编写的高等学校图书馆学专业和情报学专业的核心课程教材。本书以国内外数字图书馆研究和建设的最新成果为基础,以相关信息技术为主线,突出理论的严谨性、技术的先进性、方法的系统性、实例的实用性。全书由数字图书馆理论、技术、应用三大部分组成,主要内容包括:数字图书馆理论基础、数字图书馆的发展、数字图书馆的体系结构、数字图书馆的支撑技术、数字图书馆资源描述标准与规范、数字图书馆信息存储与检索技术、数字图书馆的互操作、数字图书馆的知识产权保护、数字图书馆的服务、数字图书馆应用系统的分析和设计、原型研究与应用系统案例。本书可作为图书馆学、档案学、信息管理与信息系统、计算机科学等专业相关课程的教材,也可供从事数字图书馆研究开发和建设的有关技术人员和管理人员参考。(张玲)

0788

数字图书馆导论 / 夏立新编著. -- 武汉:湖北人民出版社,2004. -- 326 页:图;24cm. -- 7 - 216 - 04019 - 8(国家图书馆)

本书系统阐述了数字图书馆的相关概念、发展背景、体系结构、技术架构,信息资源的组织技术,文本信息检索,多媒体信息检索,著作权保护问题,中外数字图书馆发展比较以及数字图书馆的应用等问题。作为一本数字图书馆方面的著作,本书内容较为全面详实,适合于作为信息管理与信息系统专业、图书馆学专业的教材,同时也适合于作为因特网环境下从事信息资源开发和利用的实际工作者的参考书。通过对本书的学习,读者能够较为系统地了解和掌握数字图书馆方面的基本知识、基本理论和基本技能,能够从事数字图书馆的规划、设计、建设和管理等具体实务。(张玲)

0789

河南省数字化图书情报系统研究 / 崔慕岳主编. --郑州:郑州大学出版社,2005. -- 344 页:图;24cm. -- 河南省哲学社会科学"十五"规划项目;郑州大学文献信息资源研究中心研究成果. -- 7 - 81106 - 020 - 5(国家图书馆)

本书是在河南省哲学社会科学"十五"规划项目研究报告的基础上修订完成的一部专著。全书共分 10 章,主要讨论了数字图书馆的特征与功能、河南省信息网络环境、河南省公共图书馆、各类型图书情报机构和信息服务业以及河南省数字化图书情报系统规划、技术、效益等问题,并全景式地调研了河南省图书情报系统各分支的发展现状,提出了信息网络系统、公共图书馆系统、高校图书馆系统、科研图书馆系统、科技情报系统、信息服务业系统现存的问题和发展策略。全书内容丰富,思路新颖,证据翔实,立论严谨,适合于各类信息管理专业、图书馆专业、计算机网络专业等方面的人员阅读。(张玲)

0790

从传统到数位图书馆 / 顾敏(Karl Min Ku)编著. -- 台北:文华图书馆管理资讯股份有限公司,2005. -- 10 页,522 页:图;23cm. -- 英文题名:An International Librarian with His Frontiers in the Digital Age. -- 957 - 8708 - 77 - 7(国家图书馆)

本书分 4 部分。第一部分亚洲成功范例——立法资讯暨研究服务发展计划;第二部分为 1984 至 2004 年的开拓与奋斗,收录 9 篇专论;第三部分 1984 至 2004 年新闻媒体采访选录;第四部分发展大事记要。(赵红)

0791

21 世纪数位图书馆发展趋势 / 胡欧兰教授七秩荣庆筹备小组编著. -- 台北:文华图书馆管理资讯股份有限公司,2005. -- 515 页;23cm. -- 957 - 8708 - 79 - 3(国家图书馆)

本书为庆祝胡欧兰教授七十岁生日,由胡欧兰教授七秩荣庆筹备小组策划编辑成书。本书共分 6 章 24 篇论文。第一章数位资讯组织,包括资讯资源识别码初探、新闻数位典藏之 metadata 探讨等 4 篇。第二章数位典藏与数位内容,包括数位内容产业与数位典藏、台湾地区档案资源数位化与资源共享机制等 4 篇。第三章数位资讯系统,包括建置华文图书资讯规范工具应用系统刍议、整合图书馆自动化与数位典藏资料处理之系统架构研究等 4 篇。第四章数位学习与终身教育,包括数位时代武汉大学信息管理学院的发展与调变、数位环境下大学图书馆的教学与学习空间规划趋势等 3 篇。第五章数位图书馆经营管理,包括网路环境下的图书馆经营、医院资讯中心组织之知识管理初探等 5 篇。第六章数位图书馆趋势与愿景,包括数位科技对大学图书馆的冲击、国内外影音视讯数位发展趋势等 4 篇。

0792

数字图书馆原理与技术 / 黄如花主编. -- 武汉:武汉大学出版社,2005. -- 404 页:图;21cm. -- 高等学校图书馆学核心

课教材. -- 7 - 307 - 04557 - 5(北京师范大学图书馆)

本书共11章,阐述了数字图书馆概念、数字图书馆建设与发展的社会环境、数字图书馆的研究与建设、数字图书馆的组织与实施、数字图书馆的构建、数字图书馆信息资源的建设与处理、数字图书馆的信息检索、数字图书馆的信息服务等问题。(于静)

0793

版权制度下的数字信息公共传播 / 江向东著. -- 北京:北京图书馆出版社,2005. -- 344页;21cm. -- 陈德仁育才基金资助. -- 7 - 5013 - 2624 - X(国家图书馆)

本书较系统地论述了信息技术进步引起的版权制度变革以及这种变革对信息生产与传播产生的影响。在此基础上,重点讨论了网络环境下版权制度对图书情报工作的影响,包括版权制度对数字图书馆建设与网络传播服务的制约,数字图书馆利用版权制度保护自己知识版权的方法等,资料新颖、翔实,案例丰富,是一本理论意义与实践价值俱佳的学术著作。(张玲)

0794

元数据与图书馆 / 缪其浩主编. -- 上海:上海科学技术文献出版社,2005. -- 360页:图;21cm. --《图书馆杂志》理论学术年刊. -- 7 - 5439 - 2551 - 6(北京师范大学图书馆)

本书选择"元数据在图书馆的应用"为核心内容,汇集了当代图书馆元数据应用领域中前沿研究即古典文献研究领域的重要著述,共收入论文20篇。(张玲)

0795

资源数字化标准问题研究 / 彭绪庶,蒋颖著. -- 北京:北京图书馆出版社,2005. -- 283页:图;21cm. -- 中国社会科学院重大课题. -- 7 - 5013 - 2738 - 6(北京大学图书馆)

本书是中国社会科学院2002年度B类重大课题"资源数字化标准问题研究"的研究成果。全书共6章。第一章导论,主要论述了标准发展简史、标准的定义与分类、标准的基本要求与特性、标准规范是信息系统建设的首要考虑、标准是数字图书馆建设的内在要求、资源数字化及其标准问题等内容;第二章国内外数字图书馆标准规范的制定和实践;第三章资源数字化相关标准和规范;第四章资源数字化标准的评估与运用;第五章资源数字化的标准选择和适用策略;第六章国内数字资源建设中的标准规范问题。(张玲)

0796

数字化图书与数字图书馆应用研究 / 王建文编著. --北京:北京工业大学出版社,2005. -- 197页:图;25cm. -- 21世纪的数字富翁. -- 7 - 5639 - 1553 - 2(国家图书馆)

本书以国内外数字图书馆研究和建设的最新成果为基础,以相关信息技术为主线,力求突出理论的严谨性、技术的先进性、方法的系统性。全书内容体现了数字图书馆理论、技术、应用三大组成部分,力求全面揭示数字图书馆的整体构架及核心要素。本书尽量做到立足当前,面向未来,资料翔实,深入浅出,可读性较强。全书内容包括:概述、数字图书馆的功能与价值、图书馆数字化是实现数字图书馆的基础、实现数字图书馆的关键技术、数字图书馆的未来前景展望等8章。(张玲)

0797

实用信息管理技术 / 严彬,柴晓娟编著. -- 北京:北京邮电大学出版社,2005. -- 290页:图;23cm. -- 7 - 5635 - 1042 - 7(国家图书馆)

本书是一本复合型的研究专著,内容涉及面比较广泛,大量引用管理学中的新理念,从管理到经营,从机构重组到客户(读者)关系管理,从信息执行官(CIO)到实物文献物流、再到制造需求,对图书馆的馆藏揭示、利用价值、共建共享提出新的概念;也通过采用条码技术,介绍光盘技术、计算机技术,解读机读目录(MARC)来提高系统的设计标准和规范;以电子出版物的馆藏管理为实例,把检索理论与系统设计结合起来。主要是针对图书馆管理系统或以图书馆管理为研究对象,从数据采用的格式标准,数据库规范化设计的要求,检索理论的应用,大数据量的影响与解决办法,提出建立"前信息管理系统"和"后信息管理系统"的设计理念,搭建以服务器群为物理构架的数据管理和应用模型。采用《设计指导书》为软件工程文档的撰写形式,使开发出的应用系统更加适合用户的需要。(张玲)

0798

多元文化下的资讯行为研究 / 叶乃静著. -- 台北:文华图书馆管理资讯股份有限公司,2005. -- 279页;23cm. -- 957 - 8708 - 74 - 2(平装)(国家图书馆)

本书汇集了资讯行为理论及老年人、女性、原住民和视障者等族群的资讯行为实证研究。这些实证研究反映了全球对"多元文化"的提倡和对不同文化兼容并蓄、尊重不同族群生活方式的重视。本书内容分12章。第一章楔子:现象、思考与实践;第二章多元文化与资讯服务;第三章日常生活资讯行为理论;第四章惯习与资讯行为;第五章探索的路径;第六章女性资讯行为研究;第七章老年人的资讯行为:理论部分;第八章老年人的资讯行为:实证研究部分;第九章鄒族原住民的资讯行为;第十章雅美族原住民的资讯行为;第十一章视障者的资讯行为;第十二章省思、议题与愿景。书后附参考书目和索引。(崔彤)

0799

数字图书馆操作与实务 / 张永忠主编;张义兰等编著. -- 上海:复旦大学出版社,2005. -- 172页:图;26cm. -- 复旦卓越·公共课系列. -- 7 - 309 - 04372 - 3(国家图书馆)

随着计算机技术、通信技术和网络技术的迅速发展,图书馆的环境和条件有了巨大的变化,数字化信息资源的建设和使用已成为图书馆使用和发展的主流方向。本书选取了当今数字图书馆的几个热门应用方面,详细介绍了书目系统、常用文献数据库、电子图书、因特网搜索引擎等的具体使用方法,力图使读者掌握信息检索的基本理论和操作技能,学会写论文的基本方法。本书共分7章,第一章数字图书馆及其相关概念;第二章信息资源基础;第三章书目信息检索;第四章文献数据库及其检索;第五章电子图书的使用;第六章因特网信息资源检索;第七章论文的撰写和投稿。(张玲)

0800

虚拟图书馆与网上信息检索 / 朱江岭等编著. -- 北京:海洋出版社,2005. -- 269 页:图;26cm. -- 河北省哲学社会科学规划研究项目. -- 7-5027-6190-X; 7-89995-974-8(国家图书馆)

本书是一本全面的信息检索工具书。书中对虚拟图书馆、数字图书馆、网上图书馆的概念进行了界定,并以虚拟图书馆的形式对国内外网上信息资源及检索方法进行了介绍。学科范围涉及自然科学、农学、医学、经济、人文社科、法律等领域,包括国内外重要数据库和著名网站、检索网上信息所需的软硬件环境及技术平台、浏览和下载网上信息常用工具等技术内容。(张玲)

0801

文献数位典藏之建构模式及其自动化系统研究 / 蔡辉振著. -- 高雄:高雄复文图书出版社,2006. -- 334 页;29cm. -- 978-957-555-827-7(国家图书馆)

本书共分 7 章。第一章导论,包括文献数位典藏研究的动机、目的、方法等。第二章文献数位典藏发展历史之回顾,第三章文献数位典藏建构模式之探讨,第四章文献数位典藏理想模式之建构,第五章文献数位典藏自动系统之开发,第六章文献数位典藏附加价值之应用,第七章结论。书前有作者的序言、小传及本文摘要。书后有参考书目及附录"传统中国文学"网站典藏文献资料错误统计表。(赵红)

0802

数字时代的图书馆信息资源组织 / 段明莲, 沈正华编著. --北京:北京图书馆出版社,2006. -- 274 页:图;26cm. -- 数字时代的图书馆丛书. -- 7-5013-2824-2(国家图书馆)

随着网络技术和数字出版技术的发展, 图书馆正在面临信息资源整合的问题。本书介绍了数字时代图书馆信息资源组织的新问题、新动向, 介绍了目前数字资源组织的基本原理、基本方法和基本手段, 从而进一步加强信息检索工具的功能, 提高图书馆的信息组织能力, 强化图书馆服务质量, 最终达到共建共享全球信息资源的目的。(张玲)

0803

现代图书馆自动化建设 / 顾玉青编著. -- 北京:海洋出版社,2006. -- 202 页:图;26cm. -- 现代图书馆馆员职业技术培训丛书. -- 7-5027-6659-6(北京师范大学图书馆)

全书共 12 章。第一章概论,介绍了图书馆自动化系统的基本概念、现代图书馆自动化建设的发展、现代图书馆自动化系统特点;第二章从计算机硬件系统和软件系统、图书馆计算机网络建设、图书馆综合布线系统介绍了计算机技术在图书馆中应用;第三章机读目录,介绍了机读目录的产生和发展、机读目录的格式;第四至七章分别介绍了图书采访子系统、图书编目子系统、图书流通管理子系统、连续出版物子系统;第八章图书馆自动化网络;第九章图书馆自动化集成系统;第十章图书馆办公自动化系统;第十一章我国目前常用图书馆管理软件;第十二章图书馆信息安全技术应用。(张玲)

0804

数字图书馆概论 / 过仕明, 杨晓秋编著. -- 哈尔滨:黑龙江科学技术出版社,2006. -- 347 页;19cm. -- 7-5388-5183-6(国家图书馆)

数字图书馆已成为全球范围内信息基础设施建设的热点领域,是 21 世纪全球文化与科技竞争的焦点之一。本书主要以国内外有关数字图书馆的最新研究成果为基础,分 8 章内容,概述了数字图书馆的相关概念、数字图书馆的体系结构、数字图书馆的关键技术、数字图书馆标准规范的制定和应用、数字图书馆信息存储与检索技术、数字图书馆信息服务和知识产权问题等内容,并预测数字图书馆未来发展走向。(张玲)

0805

水利数字图书馆 / 李晶, 姜斌, 刘蒨等编著. -- 北京:知识产权出版社,2006. -- 267 页:图;23cm. -- 7-80198-658-X(北京大学图书馆)

水利数字图书馆建设是水利信息化建设的重要组成部分。水利信息化建设规划为水利数字图书馆明确了建设目标,即应用现代信息技术,对水利文献信息资源进行联合编目,按统一标准进行数字化加工,逐步形成能够在网上实现远程查询、异地阅览的水利文献信息服务系统,最终建成能够进行网上浏览、网上下载的水利专业数字图书馆,并成为国家数字图书馆的组成部分。本书紧密结合水利数字图书馆建设的需求,系统总结了水利数字图书馆试验工程研究的经验与教训,描绘了水利数字图书馆的总体框架和蓝图,较全面地介绍了水利数字图书馆涉及的主要技术,内容丰富,深入浅出,可作为普及推广水利数字图书馆知识的重要素材和参考资料。(张玲)

0806

数字资源长期保存的管理机制 / 宛玲著. -- 北京: 北京图书馆出版社,2006. -- 252 页:图;21cm. -- 信息管理科学博士文库. -- 7-5013-3010-7(北京师范大学图书馆)

本书详细阐述了管理机制中的权益关系结构、权益转移内容、责任体系等内容及权益转移实施的方法和实现途径,试图解答如何通过有效的机制来保证数字资源长期保存活动中各方面的权利、责任和义务能够被明确地确定、保护、协调、平衡和管理,以保证数字资源在经济有效的责任体系下获得可靠的长期保存和持久利用。(张玲)

0807

网络教育资源的传播与合理使用 / 肖燕, 花芳, 曾婷著. --北京: 北京图书馆出版社,2006. -- 475 页:图; 20cm. -- 中美英教育数字图书馆研究报告. -- 7-5013-3181-2(北京师范大学图书馆)

20 世纪 90 年代以来,以计算机、多媒体和网络通信为基础的现代信息技术的日益普及,推动了全球教育信息化的进程。通过网络获取教学资源的社会需求日益增长,推动了社会各界纷纷参与支撑多学科、多层次教学的教育数字图书馆建设活动,与此同时,国际著作权保护立法也处于变化之中。经过两年多的努力,课题组成员为国家社会科学基金项目

"教育数字图书馆建设中的著作权问题研究"完成了四份系列研究报告;为北京高校图书馆科研基金项目"电子教参系统建设与服务有关的著作权问题研究"完成了一份研究报告。上述项目分别于2005年上半年结题,顺利通过了专家鉴定。目的是为了促进研究成果的传播交流,让更多的研究者和实际工作者分享研究体验,借鉴国外著作权立法经验以及网络教学资源合理使用解决方案。本书即为上述研究成果的汇集。全书共分电子教参系统建设与服务有关的著作权问题研究、我国著作权法合理使用条款适用性与修订路向研究、教育数字图书馆著作权技术保护措施调查研究、英国教育数字图书馆建设与著作权解决方案研究、美国教育数字图书馆建设与著作权解决方案研究五个部分。(张玲)

0808

数字时代的图书馆网络信息系统 / 李广建主编;李广建,汪语宇,张丽编著. -- 北京:北京图书馆出版社,2006. -- 364页:图;26cm. -- 7-5013-3138-3(北京师范大学图书馆)

本书主要介绍了图书馆网络系统、图书馆计算机系统、图书馆存储系统、数字资源建设等内容。(于静)

0809

使用者导向之网路资源组织与检索 / 卜小蝶著. -- 台北:文华图书馆管理资讯股份有限公司,2007. -- 14,275页:图;23cm. -- 978-957-8708-84-6(国家图书馆)

本书内容共分四部分:(1)第一章介绍使用者导向之网路资源服务的发展,以提供阅读本书的背景资讯。(2)第二至四章则介绍使用者导向之网路资源组织,主要探讨图书资讯专家为使用者收集及使用者自行收集整理网路资源的两种组织模式;并介绍如何以资料探勘方法分析使用者借阅记录,来了解图书分类关联的实证研究。(3)第五至七章则介绍使用者导向之网路资源检索,主要介绍利用大量网路检索记录,分析网路使用者之网页与图像检索需求及行为特性;再进一步探讨整合检索记录及文件词汇,应用于网路术语推荐之实证研究。(4)第八章以个人化资讯服务相关技术及应用,来探讨使用者导向之网路资源服务的发展趋势。书前有作者自序,书后有附录。(赵红)

0810

数字时代之图书馆 / 方东权主编. -- 北京:线装书局,2007. -- 267页:图;21cm. -- 978-7-80106-715-9(清华大学图书馆)

本书以数字时代图书馆雏形模式为基础,以读者信息需求为出发点,系统地探讨了信息时代图书馆的建设、运作、社会需求、管理、技术、服务、问题等理论和实践,并对数字时代图书馆的未来作了分析与预测。(张玲)

0811

从传统图书馆到数字图书馆 / 富平著. -- 北京:北京图书馆出版社,2007. -- 259页:图,肖像;23cm. -- 国家"十一五"重点图书出版规划项目;当代中国图书馆学研究文库·第一辑. -- 978-7-5013-3444-5(北京师范大学图书馆)

本文集是作者从自己发表的50多篇论文中选出来的,主要包括两方面的内容:一是有关传统图书馆文献编目、读者服务与业务管理的内容;二是有关转型期图书馆与数字图书馆的建设发展过程中的理论模型、资源建设、标准规范、用户服务等业务研究与管理方面的内容。这些论文主要有"国家数字图书馆建设思路和发展前景"、"数字图书馆信息资源建设探析"、"全国文化信息共享工程资源建设与图书馆数字资源建设"、"网络环境下图书馆学研究——全国文化信息资源共享工程概述"、"图书馆统计的国际、国家标准"、"确立和完善国家图书馆绩效评估体系"、"北京图书馆中文书目数据库建设的回顾与展望"、"中国书目控制现状"、"中文机读书目数据质量控制的几个问题"、"港澳台地区及其他国家中文图书书目数据制作特点"、"网络环境下国家图书馆编目工作展望"、"国家图书馆文献信息资源和自动化网络建设调查报告"、"从文献编目到资源整合"、"数字资源整合与元数据标准"。(张玲)

0812

国际学术电子图书馆建置探讨 / 黄鸿珠. -- 台北:台湾图书馆,2007. -- 14,161页;23cm. -- 978-957-678-458-3(国家图书馆)

第一序是丛刊序,由台湾图书馆馆长王文陆作;第二序是本册序,由主编黄鸿珠作。本书主要探讨对象是国际知名学术电子图书馆、与台湾状况相似的电子图书馆两类,以获取经验。分为四章。第一章绪论;第二章国际间各学术电子图书馆建置探讨;第三章台湾学术电子资源联盟之探讨;第四章建置台湾学术研究电子图书馆新模式的建议。后附参考书目、附录"国际学术电子图书馆建置之状况探讨专家座谈会记录"、索引。(赵红)

0813

国际学术电子图书馆建置探讨 / 黄鸿珠等著. -- 台北:台湾图书馆,2007. -- 14,161页;23cm. -- 978-957-678-458-3(国家图书馆)

本书共分4章,第一章绪论,包括国际学术电子图书馆建置探讨缘起、目标及研究方法等;第二章国际间各学术电子图书馆建置探讨;第三章台湾学术电子资源联盟之探讨;第四章建置台湾学术研究电子图书馆新模式的建议。书前有台湾国家图书馆馆长王文陆的序及作者黄鸿珠的序。书后有附录:国际学术电子图书馆建置及现况探讨专家座谈会纪录。(赵红)

0814

图书馆资讯运用 / 黄湫淑编著. -- 台北县:新文京开发出版股份有限公司,2007. -- 113页;23cm. -- 978-986-150-681-4(国家图书馆)

本书共分5章。第一章图书馆与资讯素养;第二章认识图书馆;第三章馆藏资源;第四章资讯检索;第五章撰写报告。书前有作者序。(赵红)

0815

数字图书馆 / 江南大学图书馆著. -- 北京:中国轻工业出版社,2007. -- 245页:图;25cm. -- 978-7-5019-6286-0(北京师范大学图书馆)

本书在分析比较数字图书馆概念的基础上,阐述了国内外数字图书馆的现状与发展趋势。以教育部专项项目——江南大学文科数字图书馆的建设为例，论述了数字图书馆的体系结构，实现数字图书馆的关键技术，以及江南大学数字图书馆的服务项目。以文科为重点分析了数字资源的特点，论述了文科数字资源的建设。论述了数据库检索技术，以及文科数字图书、期刊、学位论文的检索技巧，对免费网络数字资源与检索技巧进行了详细介绍。（张玲）

0816

中小型图书馆数字化建设应用读本 / 李青，张丽红主编；黄素君编著. -- 北京：北京图书馆出版社，2007. -- 266 页：图；21cm. -- 978 - 7 - 5013 - 3436 - 0（北京师范大学图书馆）

图书馆数字化建设是当前每个图书馆必须面对的实际问题，这个问题解决得如何直接关系到文献资源管理质量的提升和开发利用的程度。本书即是介绍“中小型图书馆数字化建设应用”的专著，具体包括图书馆数字化建设概述、数字信息资源建设、数字图书馆信息组织、网上信息资源利用、图书馆数字化设计方案与实例等方面的内容。（张玲）

0817

数字化进程中的图书馆 / 李哲汇著. -- 北京：北京图书馆出版社，2007. -- 232 页：图；21cm. -- 海南大学学术著作出版资金资助出版. -- 978 - 7 - 5013 - 3437 - 7（北京师范大学图书馆）

作者分析了中国图书馆在数字化进程中存在的种种问题，结合具体实践，以海南数字图书馆建设为主要案例，详细探讨了数字化进程中的种种难题的解决方案。本书所讨论的问题实质上是对在人本主义的文化哲学思想观照下技术社会中的信息组织机构——现代图书馆运行的几个基本要素的探讨，故相关讨论将涉及若干不同的理论视域，不仅包括图书馆学、信息工程、现代管理理论、信息管理学，还应包括哲学、心理学、行为科学理论等。（张玲）

0818

图书馆信息技术应用指南 / 刘晓清主编. -- 北京：海洋出版社，2007. -- 333 页：图；21cm. -- 978 - 7 - 5027 - 6793 - 8（北京师范大学图书馆）

本书以信息技术的应用为背景，以图书馆信息技术的实践为核心，系统地阐述了图书馆信息技术的基础设施、网络和存储技术、识别技术、图书馆自动化管理系统、图书馆网络和电子阅览室建设、机房建没、网上服务系统、数字图书馆和图书馆信息技术战略规划等问题。本书紧密结合当前图书馆信息技术应用的实际，追踪信息技术的发展，系统地梳理、分析和总结图书馆信息技术应用的水平、环境和具体环节，为信息技术应用和图书馆的信息化建设提供参考。（张玲）

0819

数字资源整合：理论、方法与应用 / 马文峰，杜小勇著. -- 北京：北京图书馆出版社，2007. -- 328 页：图；21cm. -- 国家社会科学基金项目. -- 978 - 7 - 5013 - 3535 - 0（北京师范大学图书馆）

本书论述了数字资源整合的一些基本理论问题，着重探讨了数字资源整合的三种基本表现形式——数据整合、信息整合和知识整合的基本理论、体系结构和主要应用，集中研究基于知识整合的技术、方法与应用，并着重探讨了领域本体构建的方法与工具，讨论了基于本体的语义标注系统的设计方案，并结合“经济学学科知识检索系统 ” 开发实例，具体说明领域本体的构建、进化、标注与展示的原理、过程与方法。（张玲）

0820

数字图书馆应用指南 / 孙继林主编. -- 北京：科学出版社，2007. -- 126 页：图；24cm. -- 科技信息素养丛书. -- 978 - 7 - 03 - 019868 - 6（北京师范大学图书馆）

本书全面介绍世界各国主要数字图书馆项目，详尽分析了数字图书馆各种高新技术的服务功能，以通俗简要的方式指导读者使用数字图书馆，获取所需的信息资源，并且展示了数字图书馆今后在网络信息技术的发展和服务创新方面的前景，适合大专院校学生及国家机关和企事业单位相关人员参考使用。（张玲）

0821

数字馆藏评价与绩效分析 / 索传军编. -- 北京：北京图书馆出版社，2007. -- 360 页；21cm. -- 978 - 7 - 5013 - 3585 - 5（北京师范大学图书馆）

本书是国家社科基金项目数字馆藏评价与绩效分析（04BTQ001）的研究成果，其原型是项目的研究报告，作者在此基础上，增加了数字馆藏发展和国外部分项目介绍两部分，并对原报告的内容作了调整、补充和完善。本书分三部分，共 12 章。第一部分数字馆藏发展，概述了数字馆藏，介绍了数字馆藏发展政策、数字馆藏管理与政策及数字馆藏发展模式；第二部分数字馆藏质量评价，包含数字馆藏质量评价与影响因素分析、数字馆藏服务质量评价、基于层次分析法的数字馆藏质量评价指标体系三章内容；第三部分数字馆藏绩效分析与评估，分析了影响数字馆藏服务绩效的因素，论述了数字馆藏服务绩效评估指标体系构建、数字馆藏评价与评估指标的分类与获取、数字资源使用数据的收集与分析、数字馆藏评价/评估机制与方法。（张玲）

0822

数字图书馆技术：信息集成与信息检索 / 王兰成，敖毅著. -- 北京：国防工业出版社，2007. --330 页：图；21cm. -- 本书由国防科技图书出版基金资助出版. -- 978 - 7 - 118 - 04951 - 0（北京师范大学图书馆）

本书的主要内容是对数字图书馆实现中的方法和技术的研究，重点放在对数字图书馆的信息集成和信息检索关键技术的研究。因而，本书共分为以下 9 章：第一章总体引论数字图书馆技术、计算机信息集成技术和计算机信息检索技术，介绍本书的内容概览；第二章研究数字图书馆的信息组织技术，包括元数据技术与应用，MARC 和 DC 的信息组织及映射技术，XML MARC（XMARC）的信息描述理论，XMARC 的 DTD/SCHEMA 的两种实现方法；第三章综述异构数据的集成架构与方法，包括异构数据集成基本架构与研究现状，几种主流异构数据集成架构，数字图书馆的异构数据集成架构;第四章研究语义数据词典的结构与开发,提出主题概念与主题词典的知识表示、主题词语义关系的组织与实现、K-S-C主题概念知识库方法;第五章研究系统信息集成的基础平台及其技术,包括XML与信息集成、数据仓库与信息集成、Web Services与信息集成;第六章研究信息内容检索的预处理技术,包括中文信息的自动标引、基于K-S-C语义关系的自动标引、XMARC主题信息的标引挖掘技术;第七章研究数字图书馆信息集成技术的开发,使用XMARC建立全局模式,进行元数据设计与维护、数据集成器设计以及性能的优化;第八章研究基于主题范畴的数字图书馆信息检索技术,包括研究实现基于K-S-C语义关系的概念检索、XMARC主题分类概念检索;第九章为信息集成与信息检索系统的设计,包括异构数据集成架构应用层设计、系统检索功能设计、基于用户反馈信息的主题调整,最后总结与展望所做的工作,实现了军事训练数字图书馆的数据集成和检索实验系统,提供了对研究中的主要工作的实践和检验。(张玲)

0823

异构分布式环境下的数字图书馆互操作技术 / 张付志著. --北京:电子工业出版社,2007. -- 255页:图;21cm. -- 978-7-121-05560-7(北京师范大学图书馆)

本书系统地论述了异构分布式环境下的数字图书馆互操作技术。全书分为6章:第一章介绍了数字图书馆的概念、分类、特点和发展趋势以及数字图书馆互操作的概念,研究数字图书馆互操作的目的、意义和面临的困难;第二章对数字图书馆互操作的研究现状及关键技术进行了综述与讨论;第三章介绍了基于元级搜索服务的数字图书馆互操作解决方案;第四章介绍了数字图书馆包装层的生成技术;第五章介绍了数字图书馆元搜索引擎的实现及评价;第六章介绍了基于移动Agent的数字图书馆互操作方案。本书内容丰富、语言精炼,论述深入浅出、通俗易懂。在撰写过程中力求理论与实践相结合,突出实用性。本书适合计算机、图书情报、网络文化教育等领域的研究人员、工程技术人员、研究生和本科生阅读,也可作为数字图书馆技术研发人员的技术参考书。(张玲)

0824

数字图书馆理论、方法与技术 / 张晓林著. -- 北京:北京图书馆出版社,2007. -- 303页:图,肖像;23cm. -- 国家"十一五"重点图书出版规划项目. -- 978-7-5013-3443-8(北京师范大学图书馆)

本书收录作者自2000年以来就数字图书馆的体系架构、核心技术、标准规范、建设管理、发展趋势等方面所撰写的主要文章。主要包括:"数字图书馆机制的范式演变及其挑战"、"从数字图书馆到e-Knowledge机制"、"建立有机融合数字科研空间的数字图书馆机制"、"国家科学数字图书馆数字资源采购的技术要求"、"管理元数据的原理与应用"、"国家科学数字图书馆开放描述与标准应用指南(一)"、"国家科学数字图书馆开放描述与标准应用指南(二)"、"开放元数据机制:理念与原则"、"异构系统开放封装的技术分析与实现框架"、"数字图书馆的工程化建设原则"、"Semanticweb与基于语义的网络信息检索"、"数字图书馆建设中的开放描述机制"、"分布式数字图书馆机制"、"开放数字信息服务体系:概念、结构与技术"、"数字信息的长期保存问题"、"虚拟信息资源体系的用户使用管理"、"虚拟信息服务体系的资源建设"等。(张玲)

0825

数字图书馆标准与规范建设 /《数字图书馆标准与规范建设》编写组. -- 北京:中国时代科技出版社,2008. -- 2册(990页):图;27cm;光盘1片. -- 978-7-5487-4638-5(辽宁大学图书馆)

本书主要介绍数字图书馆标准规范,服务标准和协议应用,数字资源标准规范,元数据标准规范,基本元数据标准规范,专门元数据标准规范,古籍元数据规范及其著录规则等内容。(张玲)

0826

数字图书馆与文化共享工程 / 陈雪樵编著. -- 北京:中国环境科学出版社,2008. -- 194页:图;21cm. --978-7-80209-790-2(国家图书馆)

本书分四章对数字图书馆和文化信息资源共享工程进行了介绍,包括数字图书馆、全国文化信息资源共享工程、文化信息资源共享工程在四川的实施、文化信息资源共享工程的技术运用。(张玲)

0827

本体与数字图书馆 / 董慧著. -- 武汉:武汉大学出版社,2008. -- 333页,4页图版:图(部分彩图);24cm. -- 数字时代图书馆学情报学研究论丛. -- 978-7-307-06392-1(北京师范大学图书馆)

本书内容包括数字图书馆概述、数字图书馆技术、本体概述、本体技术、本体分子理论与应用、基于本体的数字图书馆检索模型等。(于静)

0828

数字图书馆研究 / 李友诚,安月英主编. -- 西安:西安地图出版社,2008. -- 454页;24cm. -- 978-7-80748-333-5(国家图书馆)

本书论述了数字图书馆建设以及发展的有关问题。全书由数字图书馆理论、技术、应用三大部分组成。(韩丽)

0829

图书馆数字化管理 / 林雅萍著. -- 上海:上海辞书出版社,2008. -- 221页;21cm. -- 薪火学术丛书. -- 978-7-5326-2430-0(大连交通大学图书馆)

本书以信息资源、知识管理、知识服务等前瞻性视角,重新审视图书馆的传统服务(如文献检索)与工作内容(如图书编目的应用),并探讨数字化应用对图书馆理论与实践的影响(包括书目数据库建设的规划与建设,以及数字化阅读对图书馆的"转范")。

0830

数字图书馆技术导论 / 苏东出,石晓东,孙萍著. -- 西安:西安地图出版社,2008. -- 210页;26cm. -- 978-7-80748-

244 - 4(国家图书馆)

本书讲述了数字图书馆发展的现状以及在当今知识经济时代的特殊意义,介绍网络数据以及开发接口技术、Web开发技术和 ASP. NET、数字图像处理技术,探讨了数字图书馆数据安全、著作权、人才培养问题等。(韩丽)

0831

图书馆2.0:升级你的服务 / 图书馆 2.0 工作室编. --北京:北京图书馆出版社,2008. -- 351 页;26cm. -- 978 - 7 - 5013 - 3611 - 1(国家图书馆)

本书共分三大部分:第一部分论述了 Web 2.0 与图书馆 2.0 的基本思想等;第二部分分别论述了 RSS、Blog、Wiki、Tag 和 SNS 在图书馆的应用;第三部分论述了 Web 2.0 在参考咨询、个性化服务、OPAC 和图书馆员中的应用等。(张玲)

0832

数字图书馆评价的理论和方法 / 王居平著. -- 合肥:安徽大学出版社,2008. -- 203 页;24cm. -- 图书馆管理学丛书;安徽省教育厅人文社科重点基金资助项目;安徽省自然科学基金资助项目;国家自然科学基金资助项目. -- 978 - 7 - 81110 - 451 - 6(国家图书馆)

本书主要内容有数字图书馆评价指标体系、数字图书馆评价的方法、数字图书馆的效益评价、数字图书馆的馆藏文献评价等。(韩丽)

0833

数字图书馆与版权保护 / 王小会著. -- 北京:国家图书馆出版社,2008. -- 227 页;21cm. -- 海南省教育厅高等学校科研资助项目研究成果. -- 978 - 7 - 5013 - 3578 - 7(国家图书馆)

本书内容包括:版权平衡理论的思想溯源、版权视野中的数字图书馆、数字图书馆资源建设与版权利益平衡、数字图书馆用户服务与版权平衡、技术防范措施与利益平衡、数字图书馆侵权案管辖权的困境、数字环境下版权利益平衡机制的构建等。(韩丽)

0834

网络环境下图书馆信息资源组织与评价 / 肖琼编著. -- 北京:兵器工业出版社,2008. -- 182 页;21cm. --978 - 7 - 80248 - 046 - 9(国家图书馆)

本书着重讨论了图书馆如何对网络信息资源进行组织、管理、开发、利用,以及在网络资源组织中如何对其进行评价、选择标准、建立标准体系等问题。(韩丽)

0835

网络资源下的学术研究:以丁玲研究为例 / 许馨著. -- 合肥:合肥工业大学出版社,2008. -- 229 页;21cm. -- 978 - 7 - 81093 - 784 - 9(国家图书馆)

本书以现代文学作家丁玲为主题展开研究,通过信息检索、信息整理、得出结论等步骤,展示完成这一主题的科研过程。(韩丽)

0836

数字图书馆的服务转型 / 展晓玲,高兴国著. -- 兰州:甘肃民族出版社,2008. -- 284 页;21cm. -- 978 - 7 - 5421 - 1315 - 3(国家图书馆)

本书共分 8 章,具体内容包括数字图书馆服务转型的基本理念、数字信息资源:数字图书馆服务转型的资源基础、信息网络化:数字图书馆服务转型的变革等。(韩丽)

0837

智能信息系统 / 张玉峰等著. -- 武汉:武汉大学出版社,2008. -- 544 页;24cm. -- 数字时代图书馆学情报学研究论丛;“十一五”国家重点图书. -- 978 - 7 - 307 - 06180 - 4(国家图书馆)

本书分两篇 13 章,主要内容包括:知识处理与知识管理的基本理论方法,如知识获取、知识表示、知识组织、知识推理、知识检索;智能信息系统的设计与开发方法学;智能人机接口与用户知识管理的方法及技术;典型智能信息系统的实现及应用研究。(韩丽)

0838

图书馆信息化建设 / 周欣娟,陈臣编著. -- 成都:电子科技大学出版社,2008. -- 248 页;21cm. -- 978 - 7 - 81114 - 781 - 0(国家图书馆)

本书论述了信息化资源、信息化建设平台、信息化建设相关技术、数字图书馆、信息化服务、信息化用户群和服务人员分析与研究等问题。(韩丽)

0839

图书馆网站建设 / 赵惠著. -- 长沙:中南大学出版社,2009. -- 274 页;21cm. -- 978 - 7 - 81105 - 968 - 7(国家图书馆)

本书内容包括图书馆网站建设概述、图书馆网站策划、图书馆网站结构、图书馆网站网页设计及制作、图书馆网站资源建设、图书馆网站服务模式、图书馆网站多媒体应用、图书馆网站运营与维护、图书馆网站推广。(赵红)

0840

数字信息服务系统的比较研究 / 周敬治,张晓青等著. -- 北京:科学出版社,2009. -- 10,213 页;21cm. -- 鲁东大学出版基金资助出版. -- 978 - 7 - 03 - 023061 - 4(国家图书馆)

本书明确提出了数字信息服务系统的整体概念,对我国数字资源的发展现状展开了调查、分析,总结和剖析了我国数字资源建设取得的主要成绩、存在的主要问题及其发展趋势。(赵红)

0841

网络环境下图书馆管理研究 / 兰孝慈,王江,李霞主编. -- 哈尔滨:哈尔滨地图出版社,2009. -- 357 页;21cm. -- 978 - 7 - 5465 - 0027 - 0(国家图书馆)

本书以提高图书馆管理水平为着眼点,介绍了图书馆管理的基础理论和近年来我国企业流行的一些新型管理理论,分析了图书馆管理中存在的问题并提出了相应对策。本书分为宏观管理篇、微观管理篇、行政管理篇三部分,共计 11 章。内容包括:图书馆管理发展的历史进程、图书馆管理的基础理论、图书馆管理的相关问题分析、图书馆业务管理、数字化图书馆的开发与管理、网络环境下图书馆服务的创新、图书馆的全面质量管理、图书馆的量化管理、图书馆行政管

理、图书馆人力资源管理、图书馆评估。(赵红)

0842

数字图书馆技术研究与应用 / 李华著. -- 成都:电子科技大学出版社,2009. -- 246 页:图;21cm. -- 978 - 7 - 5647 - 0296 - 0(国家图书馆)

本书共分 6 章,从技术角度论述了数字图书馆的建设与发展问题,内容包括:地方高校合并后的图书馆定位问题、数字图书馆服务平台的搭建、现代识别技术在数字图书馆中的应用、自建数据库与检索技巧等。(赵红)

0843

数字图书馆信息资源建设 / 孙长怡著. -- 沈阳:辽宁大学出版社,2009. -- 289 页;21cm. -- 978 - 7 - 5610 - 5752 - 0(国家图书馆)

本书是从数字图书馆信息资源建设的理论出发,力求对数字图书馆信息资源建设的理论、方法、内容、原则等方面加以系统地阐述,结合国外的经验和国内的实践,试图对数字图书馆信息资源建设进行一些有创见性的指导。内容包括:数字图书馆的信息资源、数字图书馆信息资源建设、馆藏建设的原则与构成、数字图书馆藏书建设、实体图书馆藏书建设、数字馆藏资源的存储与组织、数字馆藏信息资源评价体系、信息资源共建共享共管、信息资源的知识产权保护。(赵红)

0844

网络信息计量理论、工具与应用 / 孙建军,李江主编. -- 北京:科学出版社,2009. -- 275 页;24cm. -- 本书得到“985”二期工程“南京大学中国人文社会科学评价国家创新基地”的资助. -- 978 - 7 - 03 - 023961 - 7(国家图书馆)

本书系统介绍了网络信息计量的理论、工具和应用。具体内容包括:网络信息计量理论,如 Web 理论、网络链接分析理论、网络引文分析理论、网络日志分析理论、网络信息分布理论以及网络信息增长和老化理论;网络信息计量工具,如样本量控制工具、数据获取工具、统计分析工具、可视化工具等;网络信息计量学的应用,如网络环境下的学术信息交流、网络信息资源评价、网站健康度检查与网站设计,以及网络挖掘等。书前有作者孙建军写的序。(赵红)

0845

中国数字图书馆宏观管理研究 / 田国良主编. -- 湘潭:湘潭大学出版社,2009. -- 282 页;21cm. -- 国家社会科学基金重点课题. -- 978 - 7 - 81128 - 107 - 1(国家图书馆)

本书主要介绍了数字图书馆宏观管理概论、数字图书馆宏观管理机构、数字图书馆信息资源的宏观管理、数字图书馆技术和人才资源的宏观管理、数字图书馆知识产权的宏观管理等内容。(赵红)

0846

图书馆电媒工作原理 / 王达生,王先冲编著. -- 北京:中国水利水电出版社,2009. -- 235 页;26cm. -- 21 世纪高等学校精品规划教材. -- 978 - 7 - 5084 - 7088 - 7(国家图书馆)

本书系统阐述电磁物质现象及其运动规律,内容包括:真空中的电磁场,电流的磁场及电磁感应,电磁场中的动态位、能量及力,二维稳恒场的保角变换,电磁场的广义能量及其应用,运动系统与电磁现象等。(赵红)

0847

网络环境下图书馆服务的理论与实践 / 王居平编著. -- 合肥:安徽大学出版社,2009. -- 267 页;24cm. --978 - 7 - 81110 - 608 - 4(国家图书馆)

本书探讨网络环境下图书馆服务的理论和实践,内容包括:网络环境下的图书馆、网络环境下的图书馆服务理念、网络环境下图书馆服务的环境与资源、网络环境下的图书馆服务形式等。(赵红)

0848

数字图书馆的知识组织系统:从理论到实践 / 王军著. -- 北京:北京大学出版社,2009. -- 200 页;23cm. --北京市社会科学理论著作出版基金资助. -- 978 - 7 - 301 - 14903 - 4(国家图书馆)

本书分三篇:上篇介绍了网络知识组织系统的发展,重点是如何基于传统的知识组织资源来构造数字图书馆的知识组织系统,以支持概念检索和知识管理等服务;中篇探讨了词表的自动丰富机制;下篇以国际上使用广泛的杜威十进制分类法为例,研究了如何改造图书分类法来实现自动分类。(赵红)

0849

数字图书馆评价方法 / 吴建华著. -- 北京:科学出版社,2009. -- 285 页;24cm. -- 知识管理与知识服务研究/王伟军主编. -- 978 - 7 - 03 - 024573 - 1(国家图书馆)

本书主要内容有:数字图书馆评价问题产生的背景,国内外研究与实践现状,研究方法、评价活动的信息原理等。(赵红)

0850

数字图书馆导论 / 夏立新,黄晓斌,金燕等编著. -- 北京:科学出版社,2009. -- 328 页;24cm. -- 普通高等教育“十一五”国家级规划教材;精品课程立体化教材系列. -- 978 - 7 - 03 - 023536 - 7(国家图书馆)

本书系统介绍了数字图书馆的体系结构、设计与开发、“馆藏”发展与维护、信息组织、标准与操作、用户接口、检索与利用、建设的现实问题。通过本书内容的系统学习,读者能够较系统地了解和掌握数字图书馆方面的基本知识、基本理论和基本技能,能够从事数字图书馆的规划、设计、建设和管理的具体实务。(赵红)

0851

图书馆自动化建设 / 杨永梅主编. -- 北京:海洋出版社,2009. -- 217 页;26cm. -- 图书馆馆员业务学习与岗位培训教程. -- 978 - 7 - 5027 - 7096 - 9(国家图书馆)

本书共分 12 章,主要包括计算机技术在图书馆中的应用、机读目录、图书采访子系统、图书编目子系统、图书流通管理子系统、连续出版物子系统、图书馆自动化网络、图书馆自动化集成系统、图书馆办公自动化系统、我国目前常用图书馆管理软件、图书馆信息安全技术应用等内容。(赵红)

0852

基于网格的数字图书馆应用系统框架构建 / 张继东著. -- 北京:经济日报出版社,2009. -- 206 页;21cm. -- 国家自然科学基金项目"基于语义网格的数字图书馆应用模型研究"(项目批准号:70803009)的成果之一. -- 978 - 7 - 80180 - 999 - 5(国家图书馆)

本书在研究数字图书馆互操作协议及网格技术的基础上,提出了数字图书馆网格应用系统的框架模型,介绍了框架中使用的关键技术,并给出了这个框架模型的解决方案。全书共 9 章,可分为三部分:第一部分主要介绍本书的研究背景,第二部分介绍并分析了数字图书馆网格应用系统的基本技术,第三部分设计并初步实现了数字图书馆网格应用系统。(赵红)

0853

数字图书馆工程项目研究 / 赵鹏,严武军编著. -- 北京:冶金工业出版社,2009. -- 342 页;20cm. -- 978 - 7 - 5024 - 5011 - 3(国家图书馆)

本书按照计算机软件项目管理研究思路分为四部分,分别叙述了数字图书馆工程项目分析、设计、实施和应用,每一部分首先提出项目管理学科研究内容,随后论述数字图书馆工程项目的研究内容,并且在每一部分附有具体研究实例。(赵红)

图书馆管理

0854

图书馆管理法 / 朱元善. -- 上海:商务印书馆,1917. -- 179 页:图表:50 开. -- 教育丛书. 第 3 集. 第 11 编(浙江图书馆)

全书 18 章,分述图书馆之种类、意义、创建、建筑、书架构造、馆务概要,书籍的选择、订购、登记、整序、出借、保护、装订,目录之建立,杂志参考书和巡回文库等内容。(王效良)

0855

图书馆管理法 / 郑韫三. -- 著者刊,1920. -- 105 页:图表:50 开(国家图书馆)

分 11 章,介绍图书馆的种类、建筑、主要器具、职员与职务,图书分类法、出纳法、陈列法,以及巡回文库等。刘仁航及赵良桂作序。(袁皓)

0856

图书馆组织与管理 / 洪有丰. -- 上海:商务印书馆,1926,1931,1933,1935. -- 260 页:图像,表:24 开(国家图书馆)

本书分 16 章,论述了图书馆学的意义、图书馆与教育的关系,介绍了图书馆的沿革、种类、创设与经费、建筑与设备、馆员与职务、参考部,以及图书的选购、鉴别、登录,分类法、编目法、出纳法、装订修补法等。书前有自序及凡例。(胡月平)

0857

中国图书馆计划书 / 李小缘. -- 南京:著者自刊,1927. -- 28 页

从缘起、图书馆之目的、国民政府对于中国图书馆发达国立中山图书馆、省立图书馆、公共图书馆、学校图书馆等方面,对中国图书馆事业的发展进行了全面的计划。(胡月平)

0858

现代图书馆经营论 / 马宗荣. -- 上海:中华学艺社,1928,1931,1933. -- 206 页:图像,表;25 开. -- 学艺汇刊. 18(国家图书馆)

本书分八章,论述了图书馆的创立、经费、组织、设备、用具及用品、规章的编制等。有著者序及凡例。再版本和国难后 1 版本为 32 开。(胡月平)

0859

图书馆员之训练 /(美)佛里特尔(J. A. Friedel)著;杨昭悊,李燕亭译述. -- 上海:商务印书馆,1929,1933. -- 244 页:表;32 开. -- 尚志学会丛书(国家图书馆)

本书共 21 章,论述了图书馆员的职业,图书馆的技术和管理,公立图书馆,公立图书馆的社会服务和特殊服务,私有图书馆和集资图书馆,学校图书馆,专门图书馆,农业图书馆,商业图书馆,财政图书馆,法律图书馆,医学和慈善团体图书馆,工业图书馆,神学图书馆,省立立法市政参考图书馆,图书馆委员会,图书馆学校和别种图书馆研究机关,图书馆协会,特别的事业。第 20 章是结论,最后一章为关于图书馆员训练的参考书。书前冠范源濂先生序、译者序。另有一本的版权页题:中华民国十七年十一月初版。书名原文:Training for Librarianship。(胡月平)

0860

中国报馆图书室之设计 / 高清孝. -- 编者刊,1932. --燕大学士毕业论文

未见书。见录于李钟履《图书馆学书籍联合目录》。(胡月平)

0861

新中华图书管理学 / 杜定友. -- 上海:新国民图书社,1932. -- 290 页;19cm. -- 高级中学师范科用(国家图书馆)

本书介绍了书籍的结构、种类、排列,检字法、目录检查法、借书还书法、读书法、研究法、图书参考法、字典辞典类书索引书目的用法,图书馆组织法、设备法,图书的选择、购订、归类等内容。前有导言,末附图书分类表、姓氏号码表、类名表、普通参考书目、教授用书、图书馆学目录及索引。(胡月平)

0862

图书馆的财政问题 /(美)卫迟(C. P. P. Vitz)编,戴镏龄译. -- 武昌文华图书馆学专科学校,1934. -- 135 页;32 开. --文华图书馆学专科学校小丛书(国家图书馆)

共 7 编,论述了图书馆的立场、税收的来源、公共税收的低落、图书馆预算、撙节图书馆的经费、明计事功而求得社会

的认识、努力求得经费。有沈祖荣序,格拉海的导言,原编者序,译者序。书名原文:Current Problems in Public Library Finance。(胡月平)

0863

民众图书馆的行政 /(美)骆约翰亚当(John Adam Lowe)著,章新民译. -- 武昌文华图书馆学专科学校,1934. -- 128 页:图表;32 开. -- 文华图书馆学专科学校丛书(国家图书馆)

共 7 章,论述了馆长的行政职权、馆长与董事、财务、图书与用品的采购、行政组织、统计的意义、民众图书馆的发展机关。书中有美国图书馆协会统计格式、总账、杂费账等图表 16 张。书前有沈祖荣的序、译者序及作者原序。书名原文:Public Library Administration。(胡月平)

0864

简明图书馆管理法 / 吕绍虞. -- 上海:商务印刷所图书馆部,1935. -- 30 页:图;32 开(国家图书馆)

本书内容有:引言、图书之搜集与整理、分类编目前之准备、图书之登记与分类、图书之记号、图书之排列与入架、图书之流通、书架目录、图书之编目、图书之检点、重要用品一览。(胡月平)

0865

编目部的组织与管理 /(美)曼音原著,钱亚新编译. -- 北平:中华图书馆协会,1936. -- 34 页. --"图书馆学季刊"抽印本

未见书。见录于李钟履《图书馆学书籍联合目录》。(胡月平)

0866

县政府档案管理法 / 程长原. -- 上海:商务印书馆,1936. --211 页;19cm(河南省图书馆)

分 20 章,介绍档案室的组织与行政、分类、编目、立卷与排架、检字法、目录的编排、装订及修补、曝晒及消毒、参考书的置备等,附录分类表、分类标引等三种。(杨靖)

0867

图书馆管理经验论文集 / 萨士武. -- 撰者自刊,1936. -- 40 页

未见书。见录于李钟履《图书馆学书籍联合目录》。(胡月平)

0868

公共图书馆预算 /(美)锡尔曼撰,陈宗登译. -- 北平:中华图书馆协会,1937. -- 11 页. --"图书馆学季刊"抽印本

分 8 节,论述了预算编制之原则、预算之种类、预算估计之标准、预算中收入之地位、预算项目之分类、预算之分析、预算了另外伸展等问题。(胡月平)

0869

图书馆管理程序 / 杜定友. -- 编者刊,1941. -- 油印本

未见书。见录于李钟履《图书馆学书籍联合目录》。(胡月平)

0870

图书室管理法 / 蒋复璁. -- 重庆:正中书局,1941,1943,1946,1947. -- 42 页:表;32 开. -- 民众教育馆实施小丛书. 5/教育部社会教育司主编(国家图书馆)

分布置与设备、征购与登录、分类与编目、典藏与阅览、宣传和推广 5 章。有编辑凡例。每章末附讨论问题及主要参考书报。(胡月平)

0871

图书馆行政(1—4 册) / 商务印书馆函授学校图书馆学科. -- 编者刊,1949(前). -- 4 册(172 页):图像;32 开(上海图书馆)

全书共 9 章,分别介绍图书馆的历史、种类、性质、经费、馆舍、设备与用品等。本书与《目录学》《图书选择法》《图书分类法》《图书编目法》《图书运用法》等书合订。(金晓明)

0872

小型图书馆图书管理法 / 周文骏编著. -- 太原:山西人民出版社,1956. -- 63 页;图(国家图书馆)

本书是学习小型图书馆图书管理法的入门读物。作者参考苏联的两本相关著作《苏联大学图书馆工作》和《图书馆技术》及其他参考资料,并根据我国小型图书馆的具体情况写成。作者从管理图书的意义讲起,循序渐进地讲述了管理图书的各种办法和步骤,最后一直讲到怎样管理报纸和杂志及怎样做阅览室工作。书中所介绍的各种管理方法是从二十世纪五十年代我国小型图书馆的实际情况出发,有的工作有两三种管理办法,以便图书馆工作者根据自己的情况来选择运用。本书不但讲解通俗易懂,而且还有插图多幅,便于初学者学习。(张玲)

0873

三大系统图书馆的协调工作 / 汪长炳. -- 南京:省市图书馆工作人员进修班(内部出版),1957. -- 9 页;19cm

本材料是省市图书馆工作人员进修班讲稿,主要介绍了公共图书馆、高等学校图书馆和科学院图书馆三大图书馆系统的协调工作,主要包括协调的背景、协调的必要性和重要性、协调的具体措施、协调时应应注意的关键问题。(张玲)

0874

武汉大学图书馆规章制度汇编 / 武汉大学图书馆编. -- 武汉:武汉大学图书馆(内部出版),1963. -- 69 页;26cm(国家图书馆)

1963 年为武汉大学建校五十周年,为了以实际行动迎接校庆,武汉大学图书馆将在近一年内先后制定和修订的规章制度汇编成本书。书中收录的规章办法包括"武汉大学图书馆工作暂行条例"、"武汉大学系图书资料工作暂行条例"、"武汉大学图书馆书刊采购办法"、"武汉大学图书馆文科分馆暂行管理办法"、"报刊工作细则"、"武汉大学图书馆馆际互借办法"等。本书是当时武汉大学图书馆工作经验的总结,也是当时武汉大学图书馆馆员同志进行工作的依据。(张玲)

0875

图书馆专业英语选读·英汉对照(第一辑) / 图书馆专业英语选读注译小组编. -- 北京:书目文献出版社,1981. -- 258 页;32 开. -- 9201.1(国家图书馆)

本书以列宁对图书馆工作的指导性文章为首篇，另从英、美等国出版的图书馆学刊物中选出文章11篇，内容涉及著录编目、参考咨询、联合目录、机读目读、国际交换、图书馆建筑及图书馆工作自动化等方面。注译人对每篇文章作了简介、注释和翻译。书后附有图书馆专业术语词汇表。（金丽萍）

0876

图书馆统计学的理论与实践 / 丁道谦著. -- 成都：四川省图书馆学会（内部出版），1981. -- 301页；19cm. -- 四川省图书馆学报丛刊（北京师范大学图书馆）

图书馆统计学是研究图书馆现象过程中的数量规律性的科学。本书用十二章内容讨论了图书馆统计学的理论与实践问题，包括图书馆统计学的性质、对象和任务，图书馆统计工作的组织，图书馆统计基本分组、归纳，统计学基本原理在图书馆统计学中的应用，图书馆统计表与统计图，图书馆藏书统计，图书馆读者统计，图书馆借阅统计，图书馆的几种辅助统计，图书馆工作人员统计，图书馆财务统计等内容。作者还在附录中给出图书馆统计学常用词汇英汉对照表。（张玲）

0877

图书馆业务自学大全（3）：图书馆工作管理科学化概论 / 辛希孟，江乃武编著. -- 长春：吉林省图书馆学会（内部出版），1981. -- 122页；19cm. -- 吉林省图书馆学会丛书（国家图书馆）

本书是吉林省图书馆学会组织编写的图书馆业务自学大全丛书中的一册，主要介绍图书馆工作管理科学化的问题。全书共4章。第一章图书馆事业的组织与管理，作者详细论述了图书馆事业组织管理的意义和原则、任务和内容、体系与机构、规章制度；第二章图书馆工作的计划管理，包括图书馆工作计划管理的意义，图书馆计划的种类和内容，图书馆计划编制的原则和要求，图书馆工作计划的评价、执行和控制；第三章图书馆人员管理，作者详细论述了图书馆人员管理的内容和意义、图书馆人员结构、对图书馆人员的要求、图书馆人员组织、人员培养；第四章图书馆经费、建筑与设备管理。作者在每一章后都附有复习思考题，以供自学者检验学习效果。（张玲）

0878

图书馆助理员手册：英汉对照 /（英）彻格温，（英）奥德菲尔德著；图书馆助理员手册翻译组译. -- 北京：书目文献出版社，1982. -- 299页；19cm. -- 7201.31（北京师范大学图书馆）

本书系由英国弗·约翰·彻格温、菲利斯·奥德菲尔德合著的《图书馆助理员手册》的正文部分译成的，并以英汉对照的形式贡献给广大的读者。本书浅显易懂，以通俗的语言介绍了图书馆业务的基本原则和工作程序。内容包括公共图书馆、学校和专业图书馆的读者及其需求，组织和行政领导，采购和库藏登记，分类和编目，非书资料，良好的内部管理，借阅程序，咨询和参考资源，办公室事务工作等，共十章，有基础理论，也有具体的实践。本书对图书馆工作者，尤其是对初参加图书馆工作的青年同志有较高的参考价值。由于是英汉对照的形式，对希望熟悉图书馆专业的英语词汇和表达方式的同志会有所补益。（张玲）

0879

图书馆规章制度便览 / 倪波等编. -- 南京：江苏省图书馆学会（内部出版），1982. -- 767页；21cm. -- 图书馆学小丛书. 第五辑（国家图书馆）

图书馆的规章制度和条例，是图书馆科学管理的依据和准绳。为便于各馆在建立与健全各种规章制度时有点参考资料，满足图书馆工作者进行业务学习的需要，特编选了本书。书中汇辑了各馆自党的十一届三中全会以来所制定的各种规章制度，具有一定的参考性与资料性。本书涉及的内容较为广泛，包括有关主管部门所公布的条例，中心图书馆委员会组织与协作条例，各类型图书馆从图书采购、分类编目，到流通阅览，从期刊管理、古籍整理，到资料工作、科技文献，乃至复印、书库管理等诸方面。编排时亦按上述先后为序，同一个部分基本上再以公共图书馆、学校图书馆、科学和专业图书馆为序。（张玲）

0880

图书馆管理学纲要 / 于鸣镝编著. -- 大连：大连海运学院出版社，1982. -- 137页；26cm. -- 17090.78（天津体育学院图书馆）

图书馆管理学是研究图书馆管理活动及其客观规律的科学，是管理学理论同图书馆工作实践相结合的产物。从另一个角度讲，图书馆科学管理的理论化和系统化就是图书馆管理学。全书围绕图书馆管理学，详细论述了图书馆管理学的基本问题、图书馆科学管理原则、管理体制、人员的管理、读者服务工作的科学管理、图书的管理、馆舍与设备的管理、经费的管理、工作组织、规章制度、图书馆统计和图书馆标准化等内容。（张玲）

0881

图书馆工作与研究（1983增刊）：图书馆业务考核学习参考资料 /《图书馆工作与研究》编辑部编. -- 天津：天津图书馆（内部出版），1983. -- 180页；26cm（天津财经大学图书馆）

为了配合图书馆界专业干部业务职称评定工作，根据广大图书、情报、资料工作者的要求，特重印了本书。本书包含"图书馆学基础知识问答"、"图书分类知识问答"、"图书编目知识问答"、"《目录学概论》学习问答"、"《科技文献检索》课程学习问答"、"中文工具书使用法问答"。本书内容的编著者，是北京大学和武汉大学图书馆学系的教授和教师，他们大多是文化部图书馆局主持编写"复习纲要"的编者，他们不仅对图书馆学、目录学、情报学等基础理论有较深研究，而且具有很丰富的教学经验。为此，本书不仅是业务职称评定的应考人员的自学材料，也是从事图书、情报、资料工作的青年同志日常学习和提高不可缺少的自学教材。（张玲）

0882

华东师范大学图书馆规章制度汇编 / 华东师范大学图书

馆编. -- 上海:编者刊(内部出版),1983. -- 190 页;19cm(天津财经大学图书馆)

图书馆的规章制度,是图书馆工作规律的客观反映,是图书馆进行科学管理的基础。高等学校图书馆的工作,是一门科学性很强的工作,各个环节,各道工序,都有其客观规律,只有建立和健全了各项规章制度,工作才能依章循规,有条不紊。为此,华东师范大学图书馆根据 1981 年全国高等学校图书馆工作会议精神和该馆的实际情况,编制了各项规章制度,后汇编为本书。本书包含四个方面:(1)职责范围,包含华东师范大学图书馆概况、组织体系及图书馆、馆办公室、采编组、流通组、参考阅览组、期刊组的职责范围;(2)工作细则,包括采编组、流通组、参考组、期刊组的工作细则;(3)职工考勤暂行规定;(4)读者规则,包含借书规则,入库制度,遗失、损坏书刊赔偿规则和阅览规则。(张玲)

0883

图书馆业务辅导工作 / 四川省图书馆. -- 成都:四川省中心图书馆委员会(内部出版),1983. -- 174 页;19cm. -- 四川省图书馆学报丛刊(国家图书馆)

“文革”十年造成图书馆工作人员青黄不接的状况,构成了图书馆事业前进中的新的严重困难。为了尽快地培养出一批青年图书馆工作者,以适应图书馆事业大发展的需要,四川省中心图书馆委员会于 1978 年组织编写了一套图书馆学知识教材。本书就是其中的一册。全书主要论述了图书馆业务工作辅导的目标,业务辅导工作的条件,干部培养工作,组织科学研究工作,业务资料编辑工作,图书馆的个别辅导,工矿、农村及少年儿童图书馆的业务辅导,业务资料的建设,业务辅导工作现代化等内容。(张玲)

0884

图书馆管理 /(美)斯图亚特(R. D. Stueart),(美)伊斯特利克(J. T. Eastlick)著;石渤译. -- 北京:书目文献出版社,1984. -- 243 页;19cm. -- 7201.56(北京师范大学图书馆)

全书主要包括三部分内容:一是管理与管理科学的发展简史,管理科学各个学派的理论与代表人物;二是图书馆管理的基本内容,作者系统地论述了计划、组织、人事、指挥和控制五个方面;三是美国图书馆管理与图书馆管理学九十多年来的发展情况。该书出版以后,受到美国图书馆界的重视,被列为美国图书馆学教科书丛书之一,供美国图书馆学专业大学生、研究生作为课本及图书馆和情报中心工作人员自学之用。本书是美国第一本比较系统地论述图书馆管理的专著,它不仅总结了美国图书馆管理的经验,而且注重学习和吸收管理科学的许多共同理论和方法,结合图书馆的特点,应用于图书馆管理,特别是将企业管理、商业管理、行政管理等许多理论与方法吸收进来。同时,这本书并不是停留在经验管理阶段,而注意了管理科学的新发展。此外,作者还在本书中强调了人的管理、人的培养和指挥的重要性,并总结了一套适应美国社会制度需要的人才培养与成长的做法。(张玲)

0885

图书馆的组织管理 /(印度)沙尔玛·贾格迪斯·萨兰著;黎肇汉等译. -- 广州:广东省中心图书馆委员会(内部出版),1984. -- 243 页;19cm. -- 图书馆文献集刊. 第四集(北京师范大学图书馆)

本书是印度旁遮普大学图书馆馆长、图书馆学教授沙尔玛编写的一部图书馆学基础理论教科书。作者在书中对印度图书馆学之父阮冈纳赞的“图书馆学五定律”十分推崇,对西方学者关于现代图书馆强调“读者服务”高于一切的思想也很欣赏。作者试图从管理学的角度来论述和解决图书馆管理业务的问题,重视现代科学技术应用于图书馆业务的作用。沙尔玛根据印度的历史和观状,对妨碍印度图书馆事业发展的某些因素发表了个人的见解并提出解决办法,值得我们深思。本书共分 12 章,论述了图书馆管理、图书馆组织、图书馆馆舍的设计与建筑、财政、图书馆人员的专业训练、图书馆资源的组织、核实馆藏、剔除和注销无用资料、非书资料与视听设备、图书馆的几个重要部门、印度图书馆事业当前的发展趋势、图书馆管理大事记等问题。(张玲)

0886

图书馆科学管理 / 张德芳著. -- 成都:四川省中心图书馆委员会(内部出版),1984. -- 142 页;19cm. --《图书馆学知识》丛书(国家图书馆)

本书是四川省图书馆学会和四川省中心图书馆委员会合作出版的《图书馆学知识》丛书中的一册。全书用八章内容讨论了图书馆科学管理问题。第一章图书馆科学管理理论基础,包括概述、辩证唯物主义与图书馆科学管理、应用数学与图书馆科学管理——运用的可能性和待探讨的方面、行为科学和图书馆的科学管理;第二章图书馆科学管理的意义和内容;第三章图书馆科学管理的基础性工作,包括做好图书馆工作的标准化工作、定额和统计——从数量上进行科学管理、信息工作、经济核算——图书馆科学管理的重要方法、人员同藏书——图书馆科学管理的两个重点等内容;第四章图书馆的人员,包括图书馆人员比率、质量、待遇、培养与教育等内容;第五章图书馆的经费管理,包括图书馆事业的经费投资、图书馆内部经费的分配、业务费用、购书费用和节约问题等;第六章图书馆建筑与设备的管理;第七章图书馆工作的改革——业务、机构、规章;第八章方法,包括目标及目标制定、目标分析和实施、统计及数学原理的应用、突破和创新、反馈等内容。(张玲)

0887

图书馆的组织与管理 /(苏)福鲁明著;赵连生等译. -- 北京:书目文献出版社,1985. -- 237 页;19cm. --根据 1980 年俄文本译. -- 7201.65(国家图书馆)

本书由赵连生、王靖元、杭志高、王桂兰四位同志根据苏联 И·М·福鲁明著《图书馆的组织与管理》一书 1980 年修订的第二版翻译而成。原书是经苏联文化部学校与科学机关管理局批准的教科书。全书共 9 章,内容包括:图书馆操作规程;图书馆的劳动组织与劳动定额,社会主义竞赛;图书馆的机构管理;核算和报表,图书馆统计;图书馆工作计划;图书馆的经费和经济;区(市)级图书馆为居民服务的组织,图书馆网集中化的组织原则;苏联图书馆事业的管理、工作

方法;图书馆的监督。本书可供大专院校图书馆系师生或图书馆研究和工作的人员参考。(张玲)

0888

图书情报科学管理讲座 / 北京地区高校图书馆工作委员会秘书处主编. -- 北京:北京地区高校图书馆工作委员会秘书处(内部出版),1985. -- 365 页;21cm(国家图书馆)

为加强图书情报工作队伍的建设,提高图书情报工作管理水平,以适应图书情报工作改革的形势和事业发展的需要,北京地区高校图书馆工作委员会和北京地区高校图书馆学会于 1985 年 8 月在北京举办了“图书馆管理干部研习班”。该班研习的主要内容包括四个方面:(1)关于图书馆现代化和科学管理;(2)从传统图书馆到现代化图书馆过渡中的几个问题;(3)加强图书情报资料信息资源的开发与利用;(4)当前图书馆事业与新技术革命的关系。上述几方面的问题分别由北图、北大、清华、人大、科图、中情所等图书馆(学系)和情报部门的研究人员和负责同志作了 17 场专题报告。根据研习班学员的要求和考虑到这些报告对图书情报工作有参考价值,编者对这些报告在加以整理后汇编成本书,提供给大家参考。(张玲)

0889

图书馆法规文件汇编 / 王振鸣编辑. -- 石家庄:河北大学图书馆学系(内部出版),1985. -- 500 页;20cm(国家图书馆)

为配合图书馆学教学、科学研究需要,河北大学图书馆学系于 1985 年编制了本书。本书收录范围以我国各历史时期国家制定颁发的主要政策规定为主,同时也收录有重要指导意义的通知、文件。全书共收录有关图书馆法规、文件 134 篇,其中包括国内各个历史时期以及台湾省 115 篇。编排上共分为五个部分:第一部分,1898 年至 1949 年,为旧中国部分,包括了清末至全国解放前夕;第二部分,1949 年至 1978 年,包括了新中国建立以来至党的十一届三种全会以前;第三部分:1978 年至 1985 年。这三个部分按照年代顺序排列,从一个侧面反应了我国图书馆事业发展的历程。第四部分,我国台湾省;第五部分为附录,收录了联合国和苏联、美国、日本等国家的有关图书馆法规和标准。(张玲)

0890

图书馆英语常用词汇和句子 / 庄义逊编著. -- 广州:广东省中心图书馆委员会(内部出版),1985. -- 243 页;19cm(武汉大学图书馆)

本书是为有英语基础知识而不熟悉图书馆专业词汇及其用法的图书馆工作人员和专业学生编写的英语自修读物。全书共选录图书馆专业词汇、词组和短语 1600 多个,常用句子 360 多句,分成 17 个专题,内容力求反映我国图书馆的实际情况。书中还附录有英汉对照的《中华人民共和国的图书馆事业》一文,并对文中的一些词汇和语法作简要的注释。由于该文是从国外的书刊辑录的,目的仅在于进一步提供有关图书馆专业的常用词汇和句子,故不追求材料的完整性和准确性,尤其是其中的某些数字不一定反映当前的状况,并且保留原作者的语气。(张玲)

0891

图书馆行政 / 卢荷生. -- 台北:文史哲出版社,1986. -- 180 页;21cm. -- 图书文献丛刊(国家图书馆)

全书分总论与分论。总论中论述图书馆行政的基本概念、图书馆行政的基本原则。分论中论述法令规章、组织编制、人事管理、财务处理、建筑设备、事务工作等。附录有四:图书馆学的实用价值、台湾当前图书馆教育任务之探讨、澄清图书馆行政上的几个观念、参考书目。(赵红)

0892

图书资料专业职称考题与答案汇编 / 陕西省图书馆学会编. -- 西安:陕西省图书馆学会(内部出版),1986. -- 164 页;19cm(国家图书馆)

为了便于图书资料专业人员职称考试复习的需要,陕西省图书馆学会将收集到的部分省(市)1983 年职称统考试题及有关资料汇编成集,形成本书。书中收录了部分省(市)中专《图书馆学基础》《中文工具书使用法》统考、补考试题及答案,大专《图书馆学基础》《图书分类》《目录学概论》《中文工具书使用法》《科技文献检索》统考、补考试题及答案及部分管理员级、助理馆员级等统考试题及答案等。(张玲)

0893

图书馆规章制度新编 / 王学熙, 丁宏宣编. -- 南京:江苏省图书馆学会(内部出版),1986. -- 656 页;19cm. -- 江苏图书馆学报专辑(国家图书馆)

本书是江苏省图书馆学会于 1982 年 11 月编辑出版的《图书馆规章制度便览》的续编。它搜集了 1983 年到 1985 年 11 月各系统图书馆在各个进程中所制定或者修订过的各项规章制度,具有一定的实用性、参考性和资料性。本书涉及的内容比较广泛,在编排体例上,按图书馆岗位责任制、行政管制、干部培养、考核奖惩、书刊的采访分编、流通阅览、期刊工作、书库管理等各个方面先后为序。同一部分基本上再以公共图书馆、学校图书馆和专业图书馆为序。凡入选本书的各种规章制度,一律按照原文排列,未加删改。由于时间仓促及当时的条件所限,本书所征集到的各种规章制度在范围上还是有一定的缺陷。(张玲)

0894

图书馆管理学纲要 / 于鸣镝著. -- 沈阳:辽宁人民出版社,1986. -- 289 页;19cm. -- 图书情报业务丛书. --17090.78(国家图书馆)

图书馆管理学是研究图书馆管理活动及其客观规律的科学,是管理学理论同图书馆工作实践相结合的产物。从另一个角度讲,图书馆科学管理的理论化和系统化就是图书馆管理学。全书围绕图书馆管理学,详细论述了图书馆管理学的基本问题,如图书馆管理学的演进、定义、研究对象、研究内容、相关学科等,并详细论述了图书馆系统分析、图书馆科学管理原则、图书馆科学管理的体制、图书馆科学管理的技术、图书馆法、图书馆的规章制度、图书馆人员管理、读者工作的科学管理、藏书的管理、馆舍与设备的管理、经费的管理、图书馆统计、图书馆的标准化管理与现代化管理等图书馆管理工作中所涉及到的各种问题。(张玲)

0895

图书情报专业英语教材 / 范崇淑主编,阮珅审校. --北京:书目文献出版社,1987. -- 339 页;32 开. -- 7 - 5013 - 0322 - 0(国家图书馆)

本书是为适应图书馆学、情报学专业师生学习英文的需要而编写的。共 25 课,均是从国外出版的原文书刊上选出的文章,每课附有单词及词义,课文有注释、复习题及练习,正课后还有补充阅读材料 10 篇。(金丽萍)

0896

图书情报专业英语教材教学参考书 / 范崇淑主编,石渤审校. -- 北京:书目文献出版社,1987. -- 7201. 151(国家图书馆)

本书是《图书情报专业英语教材》一书的学习参考书,内容为教材中 25 篇课文及 10 篇补充阅读材料的译文,并附有中译英的练习参考答案。(金丽萍)

0897

图书馆管理统计学基础 /(英)I. S. Simpson 著;毕强,宏大均译. -- 长春:吉林省图书馆学会(内部出版),1987. -- 209 页:图;19cm(国家图书馆)

本书是英国纽卡斯尔廷德图书情报学院 Simpson, I. S. 为图书情报专业的本科生、研究生而设计编写的,由毕强和宏大钧二位在 1987 年翻译而成。本书介绍在图书馆工作中最常用的一些数理统计方法:定量数据的表达方式、平均数、离散趋势、抽样、典型统计量和参量、概率、统计检验、指数、时间序列、方差分析、相关关系和回归等。本书对图书馆工作如何运用数理统计方法作了扼要的论述,内容充实,实践与理论并重。为了帮助读者尽快掌握和运用,书中附有大量实例。(张玲)

0898

图书馆统计学基础 /(英)辛普森著;崔巍,崔岳译. --北京:书目文献出版社,1987. -- 236 页;19cm. --书名原文:Basic Statistics for Librarians. -- 7201. 150(国家图书馆)

本书是根据英国克莱夫·宾利公司 1983 年再版的 Basic Statistics for Librarians 一书翻译而成的。本书是为图书馆专业的学生和图书馆工作人员编写的一本统计方法入门读物。书中涉及的课题包括:数据资料的图示方法、平均数、离散、抽样、参数、统计量、概率、统计检验、方差分析、指数、时间序列和回归等。各种方法都用实例加以说明,这些实例均取自统计学在图书馆工作和图书馆学中的实际运用。每一章的结尾都配有一组例题,用以检查读者对该章内容的理解。(张玲)

0899

图书馆系统管理:现代管理方法在图书馆的应用 / 胡伟编著. -- 沈阳:辽宁人民出版社,1987. -- 209 页;19cm. -- 图书情报业务丛书. -- 7 - 205 - 00433 - 0(国家图书馆)

本书是 20 世纪 80 年代我国图书馆界编辑出版的《图书情报业务丛书》中的一册,全书共 10 章内容,分别为导论、办馆基点、管理原理、管理内容、管理程序、管理方法、管理技术、管理规范、管理方式、管理手段。(张玲)

0900

图书馆统计学 / 李景春编著. -- 大连:东北财经大学出版社,1987. -- 260 页;19cm. -- 7 - 81005 - 022 - 2(国家图书馆)

图书馆统计是图书馆事业管理的重要手段,是制定方针政策、采取战略措施、进行整体建设的科学依据。在图书馆微观建设上,它又是图书馆科学管理的得力助手,还是图书馆安排计划和制定规划的前提,检查和总结工作的起点。本书着重阐述了图书馆统计的基本理论、基本知识和一般的计算方法。全书共 12 章,内容涉及图书馆统计学的研究对象和任务、图书馆统计调查、图书馆统计资料整理、图书馆统计综合指标、图书馆统计的动态数列、图书馆统计指数、图书馆藏书统计、图书馆读者统计、图书馆借阅统计、图书馆服务统计、图书馆统计分析、图书馆统计图等。(张玲)

0901

图书馆工作者职称考试辅导纲要 / 李严等编著. -- 牡丹江:黑龙江朝鲜民族出版社,1987. -- 254 页;19cm. -- 7 - 5389 - 0025 - 1(国家图书馆)

为了帮助图书馆工作者有针对性的学习,确切、系统地领会图书馆学、图书分类和图书馆编目等这些图书馆学专业教育的基础内容的要点,编者以问答的形式编撰了本书。全书重点在实用性和知识性,文字通俗明了,表述完整系统。全书分三部分:第一部分图书馆学基础知识,包含 63 个问答;第二部分图书编目知识,包含 70 个问答;第三部分图书分类基础知识,包含 55 个问答。作者还在附录中给出"图书分类主要名词解释"。(张玲)

0902

图书馆管理学 / 鲍林涛主编. -- 北京:学苑出版社,1989. --300 页;18cm. -- 中国图书馆学自学系列丛书(国家图书馆)

本书是《中国图书馆学自学系列丛书》中的一册。图书馆管理学,是管理学和图书馆学的交叉学科。在 20 世纪 80 年代,图书馆管理学还是一门新兴学科。在本书编写时,这门学科中的各种探索和争鸣还在热烈地进行着。本书力图从理论和实践两方面来探讨图书馆管理中的问题。全书共 14 章。分别是图书馆管理学的基本问题、图书馆管理思想发展概述、图书馆管理学原理、图书馆事业的管理、图书馆的组织管理、图书馆的业务管理、图书馆的人事管理、图书馆的经费管理、图书馆的设备与设施、计划与制度、统计分析报告、图书馆的公共关系、管理人员与管理艺术、图书馆管理研究的动态与发展趋势。(张玲)

0903

图书馆定量管理 / 陈和平著. -- 峨眉:西南交通大学出版社, 1989. -- 164 页;26cm. -- 铁路高校图书情报丛书. -- 7 - 81022 - 136 - 1(国家图书馆)

本书是作者根据其本人在兰州铁道学院图书馆任馆长时多年的累积经验而完成的,用数学方法定量地研究图书馆的管理问题。全书分五章内容,分别深入论述了图书馆管理中存在的图书信息流通量与人才开发间的关系规律、流通量、流通量的分布、藏书结构、服务等问题,创造性地提出几种新概念,如折算流通率、过中率、剔旧率、新书率等,在定量中重视质量的问题,因而把图书馆管理水平提到新的高度。(张玲)

0904

现代图书馆管理 / 王淑惠著. -- 石家庄:河北人民出版社,1989. -- 320 页;19cm. -- 7 - 202 - 00492 - 5(国家图书馆)

图书馆管理是一门发展中的新兴综合学科。学习和探讨图书馆管理,培训图书馆管理人才,对于提高图书馆管理水平、促进图书馆事业的发展均有着极其重要的意义。为了向图书馆学情报学专业学生提供教材,向图书馆管理工作者提供学习参考资料,作者着力编写了本书。本书以我国大、中型图书馆为主要研究对象,在总结具有普遍意义的图书馆管理经验基础上,与现代管理科学、领导科学相结合,力求做到科学性、系统性、实用性。本教材从应用管理角度详细论述了图书馆管理简史、图书馆科学管理的必要性、图书馆科学管理的基本原理与相应原则、图书馆的目标管理、图书馆的组织管理、图书馆领导体制和管理系统、图书馆领导素质与领导艺术、图书馆资源管理、图书馆人员管理、图书馆读者管理、图书馆文献资源管理、图书馆经费管理、建筑和设备管理、图书馆的思想政治工作、图书馆管理的手段和方法、图书馆工作的评估、图书馆的公共管理、图书馆法等内容。(张玲)

0905

目标管理与图书情报工作 / 吴廷华著. -- 天津:南开大学出版社,1989. -- 195 页;20cm. -- 图书馆学情报学系列教程. --7 - 310 - 00160 - 5(国家图书馆)

目标管理法是 20 世纪 80 年代美国很多企业及事业机构普遍使用的颇有成效的方法,它对图书情报管理工作现代化有一定的参考意义。本书用九章内容对目标管理法在图书情报领域的应用进行了详细的介绍。第一章系统分析与目标管理法;第二章目标和目的;第三章计划的制定与实施;第四章策略和决策;第五章机构设计与运转;第六章人事管理与干部制度;第七章领导与信息;第八章信息反馈与控制;第九章目标管理法的实例——零度基础预算编制法。著者还在附录中给出美国图书馆现代化的发展情况简介、中国图书情报管理教育及其发展方向之我见两项内容。(张玲)

0906

实用图书馆统计学 / 张占荣,郑小月主编. -- 北京:中国矿业大学出版社,1989. -- 277 页;19cm. -- 7 - 81021 - 232 - X(北京师范大学图书馆)

图书馆统计学是融图书馆学、统计学于一体的一门新兴的学科。本书作者以自身在高等学校图书馆工作中积累多年的实际统计经验为基础,学习与参考有关资料、文献,使实践与理论相结合,经过多次总结、推敲和修改后编著本书奉献给读者。全书共九章,分别为导论(介绍图书馆统计学及一些基本术语)、统计调查与统计整理、统计分析、藏书建设统计、图书分编工作统计、流通系统的统计、期刊工作的统计、图书馆人事统计、图书馆经费与设备的统计。(张玲)

0907

台湾大学图书馆馆员继续教育之研究 / 黄丽虹. -- 台北:汉美图书公司,1990. -- 138 页;21cm. -- 图书馆学与资讯科学论文丛刊. 第一辑. 6. -- 957 - 9005 - 11 - 7(国家图书馆)

本书主要目的是了解台湾大学图书馆馆员参加继续教育之态度。除分析国内外相关研究以为理论之基础外,并参考已有之问卷,及配合台湾大学图书馆的实际情况,研拟一份“台湾大学图书馆馆员参加继续教育之态度与意见调查问卷”作为研究工具,并以 26 所公私立大学及独立学院图书馆的全体馆员为调查对象。

该书分 5 章。第一章绪论。说明研究动机与目的、研究范围与限制、研究方法与步骤。第二章图书馆馆员继续教育之基本要素。论述继续教育的重要性、影响因素,继续教育的需求。第三章台湾图书馆馆员继续教育的现况。论述台湾图书馆学会举办的继续教育活动、其他机构及学校举办的继续教育活动。第四章台湾大学图书馆馆员继续教育的态度与意见调查分析。第五章结论与建议。书前有主编者弁言、书后附录“台湾大学图书馆馆员参加继续教育之态度与意见调查问卷”。(赵红)

0908

图书馆推广业务概论 / 许壁珍. -- 台北:台湾学生书局,1990. -- 179 页;21cm. -- 图书馆学与资讯科学丛书. 20. -- 957 - 15 - 0181 - 6(国家图书馆)

本书分 8 章。第一章绪论,第二章图书馆推广业务发展探微,第三章推广业务的行政问题,第四章推广活动项目一,第五章推广活动二,第六章推广活动三——图书馆利用,第七章公共关系与图书馆推广业务,第八章推广业务的困境与未来展望。书中详细论述了西洋图书馆史中的推广业务、中国图书馆史中的推广业务、中西图书馆史中推广业务发展之比较;中西图书馆史中推广业务发展的不同之处;图书馆推广业务人员需具备的相关知识、基本条件;图书馆推广业务未来的展望等。书前有自序;书后附录参考书目。(赵红)

0909

图书馆评估 /(美)F. W. 兰卡斯特著;郭西山,姜渭洪译. --西安:陕西人民教育出版社,1991. -- 231 页:图;19cm. -- 7 - 5419 - 2950 - 6(北京师范大学图书馆)

本书是美国图书馆学教育家、情报系统和图书馆服务评价领域中颇具影响的人物——兰开斯特在 1988 年撰写的一本专著,在 1991 年由郭西山和姜渭洪翻译出版。本书分文献提供服务评价、参考服务评价及其他方面评价 3 个部分 15 章的内容。第一章绪论,介绍图书馆评价所涉及的基础理论;第二至九章论述文献提供服务评价,包括藏书评价,内阅,期刊评价,老化、剔除与空间利用,目录的利用,书架上的获得率,决定文献提供成败的若干因素等内容;第十、十一章介绍了问答式检索服务及文献检索服务等参考服务评价;第十二至十四章介绍了资源共享,费用—效益探讨、费用—收益等内容。(张玲)

0910

图书馆的管理和利用 / 陈誉，徐鹏，周铭德等编. --上海：华东师范大学出版社，1991. -- 402 页；20cm. -- 7－5617－0822－X(国家图书馆)

本论文集根据上海地区三大系统图书馆的部分同志的研究成果编辑而成。文集选收了“论图书馆的组织管理”、“论图书馆的目标管理”、“实行工资包干，加强人员管理”、“对公共图书馆管理体制改革的探讨”、“对高校图书馆评估和自测的几点认识”、“图书馆经济学在藏书管理中的应用”、“西汉文兼容图书馆联机管理集成系统的经验和体会”、“建立图书馆计算机综合管理系统的尝试”、“高校图书馆的教育职能——导读刍论”等63篇论文。所收论文按其内容，分为图书馆总体管理、图书馆的教育职能与情报职能、图书馆的具体业务、图书馆的学术研究四个部分。(张玲)

0911

图书情报事业的组织与管理论文选 / 杨东梁等编. --北京：书目文献出版社，1991. -- 375 页；20cm. --中国图书馆学情报学论文选丛：1949—1989. 3 / 中国图书馆学会主编. -- 7－5013－0858－6(国家图书馆)

为庆祝中华人民共和国成立40周年暨中国图书馆学会成立10周年，中国图书馆学会编辑出版了《中国图书馆学情报学论文选丛(1949—1989)》，共10集。本书为其中的一集。书中收录了近30篇有关我国图书情报事业的组织与管理的论文，如我国图书情报事业的组织与管理、新中国图书馆事业40年、成长中的我国社会科学情报事业、十年国际学术交流的回顾与反思、我国图书馆事业管理体制的发展方向、论科学技术进步对图书馆管理活动的影响等。(张玲)

0912

图书馆管理学 / 黄宗忠. -- 武汉：武汉大学出版社，1992. --625 页；20cm. -- 高等学校文科教材. --7－307－00911－0(北京大学图书馆)

本书是第一本由国家教委组织编写出版的图书馆管理学教材。其特色有二：一是系统吸取国际图书馆管理学及相关学科的先进成果，并使之与中国图书馆管理具体情况相结合，因而实践性即可操作性很强；二是不仅力图全面论述图书馆管理方法，而且侧重探讨了图书馆管理学研究方法，因而具有方法学气质。全书共四编20章。第一编论述了图书馆管理学的基本理论；第二编论述了图书馆管理学的职能；第三编论述了图书馆管理学的方法；第四编论述了图书馆人员、藏书、经费等具体管理的实际操作过程。本书材料丰富、内容新颖、体系完整。可作为图书、情报、档案等学科的研究生、本科生的教材或教学参考书；也可供有关方面的理论研究与实际工作者参考。(张玲)

0913

怎样当好馆长：现代图书馆改革与科学管理 / 李洪福主编；重庆图书馆编. -- 成都：成都科技大学出版社，1992. -- 182 页；18cm. -- 7－5616－1068－8(国家图书馆)

馆长是图书馆管理工作中的一个最重要的因素。本书是一本论文集，汇集了全国单列市等图书馆馆长所作的有关图书馆管理工作经验的论文近三十篇。“馆长议论篇”包含“论实行馆长负责制”、“公共图书馆馆长自我完善刍议”、“找准心理平衡点”、“馆长观念论与馆长艺术论”等7篇论文；“改革管理篇”收录“馆长与沟通”、“如何提高馆长的思维能力”、“管理观念的变革”、“馆长用权方圆艺术”等7篇论文；“方法经验篇”包含“思想政治工作是图书馆工作的保证”、“服务社会是馆长要抓的头等大事”、“当好馆长的几点思考”等6篇论文；“借鉴篇”包含“日本图书馆馆长的素质要求”、“图书馆科研工作的改革”、“大型图书馆读者需求的分析方法”等10篇论文。(张玲)

0914

图书馆管理定律之研究：科际整合研究取向 / 廖又生. -- 台北：台湾学生书局，1992. -- 412 页；21cm. -- 图书馆学与资讯科学丛书. 25. -- 957－15－0342－8(国家图书馆)

本书分三部分。第一部分图书馆管理哲学，第二部分图书馆作业管理，第三部分图书馆组织管理。全书共收16篇文章，包括“从图书馆学五定律论图书馆组织系统分析”、“科学管理定律与公共图书馆儿童图书室之经营”、“跳板原则与图书馆组织沟通”等。书前有自序、图表目次。书后有索引、后记、附录。(赵红)

0915

图书馆业务工作统计手册 / 俎浚编. -- 西安：陕西省图书馆学会印(内部出版)，1992. -- 111 页：图；19cm. --(北京师范大学图书馆)

本书共分8个部分，分别是图书馆办公室，采购、验收、分类、编目，书库、借书处，阅览室，期刊、杂志、报纸，复印、装订、视听，科技文献检索，图书馆统计工作的几项规定。各种业务统计表60余幅，以表格为主，并配以文字说明。表文并茂，简单清楚。对于及时掌握藏书及其流通情况、读者需要和动态，业务活动的发展变化，经费及设备的现状、变化、效益，专业人员的状况等，有着极为重要的作用。(张玲)

0916

图书馆统计标准之研究 / 陈雪华计划主持. -- 台北：台湾“行政院”科学委员会，1993. -- 320 页；29cm. -- 灰色文献图书馆学研究计划报告(国家图书馆)

本书共分5章。第一章绪论，介绍了图书馆统计标准研究的动机、背景、目的、范围与限制及研究的价值。以下各章包括文献分析、研究设计与实施、研究结果分析与比较、结论与建议等。(赵红)

0917

图书信息工作者职业道德简明教程 / 李希孔等编著. -- 北京：北京农业大学出版社，1993. -- 140 页；19cm. -- 7－81002－566－X(国家图书馆)

本书力求从理论与实际的结合上论述社会主义的图书信息工作职业道德。一至三章论述了道德、共产主义道德、职业道德的一般知识、发生发展及其特征等；第四章论述图书信息工作职业道德的基本特征；第五章论述图书信息工作职业道德的基本要求；第六章论述图书信息工作职业道德的社会作用；第七章论述图书信息工作职业道德规范；最后一章主要论述如何加强图书信息工作者职业道德的修养。全书内容层层深入,密切结合我国图书信息工作的特点和实际情况而展开。(张玲)

0918

图书馆管理学概论 / 林增铨编著. -- 南京:南京大学出版社,1993. -- 180 页;19cm. -- 7-305-02308-6(国家图书馆)

安徽大学受国家教委的委托,从一九八五年起举办了全国高校图书馆专业干部进修班。根据培养目标,图书馆管理列为必修课之一。本书原名《高校图书馆管理》,系应教学急需编写而成,先后多次在干部进修班和图书馆学专业作为教材进行讲授。这次出版只对部分章节作了修改,改名为《图书馆管理学概论》。本书共七章内容,分别论述了图书馆管理学的发展、定义及研究对象,图书馆管理学的基本原理,图书馆管理学的基本职能、行政管理和组织,人员的管理,图书馆管理方法等问题。全书系统地讲述了图书馆管理学的基本理论和基本知识,探讨了一般管理学同图书馆管理实践的关系,力求理论联系实际。(张玲)

0919

图书馆管理工作指南 / 刘迅等主编. -- 沈阳:东北工学院出版社,1993. -- 23,695 页;19cm. -- 图书馆和情报机构工具书系列. -- 7-81006-432-0(北京师范大学图书馆)

20 世纪 90 年代初,随着我国图书情报事业的迅速发展,图书情报工作的现代化及标准化问题日益为人们重视。为满足我国图书情报工作对有关专业工具书的需求,中国图书馆学会组织国内图书馆学、情报学领域的有关专家编辑《图书馆和情报机构工具书系列》,以期为我国图书情报工作的理论研究和实践提供系统和实用的知识、方法、技术和数据。本书为其中一册。全书收录了与图书馆管理工作相关的词条 530 余条,共四篇。第一篇为管理科学知识篇,包括管理学理论、管理心理学、管理的职能、图书馆管理学、图书馆管理工作;第二篇为管理工作行为篇,包括管理者行为、图书馆管理者、图书馆部门职责;第三篇图书馆理论篇,包括图书馆学概论、图书馆学方法论、情报学概论、图书馆学新学科;第四编图书馆业务工作知识篇,包括藏书建设、图书分类、主题法、图书编目、读者工作、书目工作、期刊工作、图书馆评估技术等内容。全书还在附录部分给出普通高等学校图书馆评估指标体系大纲、全国图书协调方案(1957)、国务院批转《图书、档案、资料专业干部业务职称暂行规定》的通知等内容。(张玲)

0920

图书馆实用管理学 / 赵国庆编著. -- 徐州:中国矿业大学出版社,1993. -- 245 页;20cm. -- 7-81021-819-0(国家图书馆)

本书分 3 部分共 12 章。前四章阐述图书馆管理的基本理论,包括图书馆管理学的基本问题、管理目标、管理原则、管理过程与方法、管理组织形式等。第二部分是图书馆的实务管理,详细论述了图书馆诸要素的科学管理,如文献管理、馆舍管理、设备管理、经费管理、人员管理、读者管理等;比较系统地介绍了图书馆的统计工作;探讨了图书馆的思想政治工作;尤其对图书馆馆长问题进行了多角度的论述,提出了馆长领导艺术的八个方面。第八部分是图书馆的评估,全面介绍了图书馆评估工作的意义、原则与组织,提出了评估指标体系的设想,对评估人员影响评估质量的各种心理因素进行了分析和探讨。本书的重点不在于对图书馆管理理论进行新的探讨,而侧重于对图书馆管理工作实践经验的总结.以为图书馆管理工作的操作和运转提供借鉴。(张玲)

0921

台湾公共图书馆人力资源培训之探讨 / 陈丽玲. -- 台北:汉美图书公司,1994. -- 224 页;21cm. -- 图书馆学与资讯科学论文丛刊. 第五辑. -- 957-9005-59-1(国家图书馆)

该论文以文献分析法,就相关人力资源培训之文献,择其与本研究主题有关之重要者进行分析;以问卷调查汇集事实性资料,从中了解台湾公共图书馆人力资源培训情况,并探讨其所遭遇的困难;根据问卷分析,整合归纳出几项结论;提出建议供日后规划与实施人力资源培训活动参考。全书共分七章。第一章绪论,叙述研究目的与方法,研究范围与限制,并就与本研究主题有关的中西文献择要分析。第二章人力资源概念,叙述人力资源的概念、意义、演进、范围等,以及其在公共图书馆之运用。第三章人力资源培训的相关理论,叙述影响培训活动的主要理论基础与学习原理,及其运用。第四章有效培训计划的拟订与实施,叙述如何决定培训之需要、培训之种类与方法,及如何拟订有效的培训计划。第五章台湾公共图书馆人力资源培训的现况,叙述台湾图书馆及其他有关机构的培训活动。第六章台湾公共图书馆人力资源培训现况的分析与检讨,根据问卷调查结果,分析事实性资料,以了解馆员对现有培训活动的满意度及相关意见。第七章结论与建议,根据问卷分析归纳出受访者对此的态度反应与意见表示,并提出建议供作参考。(赵红)

0922

美国图书馆学教育认可制度之探讨 / 丁友贞. -- 台北:汉美图书公司,1994. -- 185 页;21cm. -- 图书馆学与资讯科学论文丛刊. 第五辑. -- 957-9005-66-4(国家图书馆)

本论文共分为 5 章。第一章为总论,说明研究动机、文献分析、研究目的、研究范围与限制、研究方法及名词解释。第二章至第四章为正文部分。第二章介绍美国高等教育认可制度的概况,说明认可的意义、认可制度的缘由、认可的目的、认可制度的特色、认可机构的分类及负责认可的机构。第三章探讨美国图书馆学教育认可制度的发展,以 1924 年为界,说明认可制度的发展过程,并分析 1951 年及 1992 年认可标准的内容。第四章说明美国图书馆学教育认可制度的施行,介绍认可的机构,分析目前施行程序,并评估目前的认可制度。最后,分析前三章的内容,归纳出美国图书馆学教育认可制度的诸点特色,并以此配合台湾现行评监制度提出建议,建议台湾可由教育主管部门负责机构认可事项,而各专科学会则负责专业学院及科系的评监,例如图书馆学系的评监可由台湾图书馆学会负责。除此之外,建议最好能成立一专责机构以负责认可事宜。书后附录 1951 年、1972 年、

1992 年三份认可标准。(赵红)

0923

文献信息机构管理实用教程 / 葛敏编著. -- 北京:军事译文出版社,1994. -- 317 页:图表;19cm. -- 7 - 80027 - 375 - 1(国家图书馆)

本书是图书情报和档案专业的教材。全书共分 13 章,作者力图从文献信息的层次综合论述图书、档案、情报等文献信息机构的管理过程和发展规律。全书内容丰富、全面,比较系统地论述了文献信息机构的诞生、发展、特征、社会职能,文献信息机构管理的意义、管理层次、管理对象、管理程序、管理目的、管理特征、管理原则;在管理方法中叙述了行政管理方法、法规管理方法、经济管理方法、目标管理方法、统计和统计管理;在文献信息机构的组织管理中,论述了组织管理的原则、管理体制、部门设置、非正式组织;在文献信息机构的人事管理中,论述了人员编制、人员素质要求、人才结构、人员录用、职称评聘、人员培训与考核、人员激励等;在劳动管理中论述了劳动组织、劳动环境、劳动效率;在业务管理中论述了业务管理的任务等;在文献信息机构的经营中,论述了文献信息机构经营的内涵、经营活动组织、经营内容、经费管理;最后论述了文献信息机构的设备管理、公共关系、文献信息机构的评估。(张玲)

0924

图书馆公共关系研究 / 李昭醇主编. -- 广州:广州出版社,1994. -- 365 页;20cm. -- 7 - 80592 - 249 - 7(国家图书馆)

图书馆公共关系发端于图书馆现代化发展较快的美国。20 世纪 90 年代初,随着我国改革开放的深入和经济的持续发展,图书馆作为知识、信息收集、整序、开发和利用的实体,它与社会公众及各种经济、技术和文化活动,都有着广泛而密切的联系。如果离开了社会公众和参与各项服务,图书馆就失去了其社会职能,也就谈不上它在社会上所处的地位与所起的作用。因此,公共关系逐渐为内地图书馆界所认识,成为一种自觉与有计划有目的的行动,给图书馆工作注入新的动力,并取得了一定成就。本书围绕图书馆公共关系这一议题收集了相关论文 33 篇,检阅了 20 世纪 90 年代我国图书馆界对图书馆公共关系研究的初步成果,研究领域遍及公共、高校和科研三大系统图书馆,研究课题涉及基本涵义、内容方法、实务程序、具体案例,理论与实践研究有一定的深度和广度,应用性、可操作性强。这一批优秀论文及一些学术创见,对于丰富和发展图书情报学研究具有开创性的意义。(张玲)

0925

大学图书馆设置学科专家之研究 / 林荷鹃. -- 台北:汉美图书公司,1994. -- 118 页;21cm. -- 图书馆学与资讯科学论文丛刊. 第五辑. -- 957 - 9005 - 65 - 6(国家图书馆)

该论文探讨欧美国家学科专家的意义与在大学图书馆的实施状况,采纳值得借鉴的部分;并择要访问国内几所大学图书馆馆长与学者专家,探取其对台湾设置学科专家的意见,供未来采用学科专家时参考。(赵红)

0926

社会主义市场经济与图书馆管理改革:关于创收与创优问题的探讨 / 张安珍编著. -- 长沙:湖南科学技术出版社,1994. -- 376 页;19cm. -- 7 - 5357 - 1561 - 5(国家图书馆)

本书是一本全面论述图书馆管理改革的专著。全书共 4 篇。第一篇总论,论述了社会主义市场经济与图书馆管理改革的关系、图书馆管理改革的趋向——创收与创优、图书馆的领导制度变革与竞争;第二篇创收,详细论述了图书馆经济体制改革的道路与创收活动的开展、图书馆有偿服务收费标准和利润分配;第三篇从图书馆创优的标准、创优要进行科学决策、正确指挥、有效地控制和协调、加强时间管理、创立优良馆风、实行多种科学管理方法等方面详细论述了图书馆如何创优;第四篇主要论述了创收与创优评估。(张玲)

0927

图书馆暨有关书刊管理法规汇览 / 郭锡龙主编. -- 北京:中国政法大学出版社,1995. -- 49,1093 页;20cm. -- 7 - 5620 - 1239 - 3(国家图书馆)

图书馆法是由国家立法机关制定或认可的有关图书馆事业和活动的专门法规,是一个国家对图书情报(信息)政策的法律体现,是图书馆设立的依据、治馆之本和图书馆事业发展的保障。本书是一本较大型的图书馆管理用书,共收录 280 个法规和法规性文件,24 个"标准"目录,是我国第一部公开出版的图书馆和书刊管理法规总集。全书分上下两编,上编为中国图书馆及有关书刊管理法规,下编为各国图书馆及有关书刊管理法规。中国部分又分三个历史阶段,即清以前、辛亥革命后至 1949 年、中华人民共和国(附港台地区),每个历史阶段收录了图书馆和书刊管理方面的法律、法规和规章。以 1990 年 2 月 18 日国务院第 48 号令为依据,将中华人民共和国部分划分为法律、行政法规、行政规章三大类。外国部分收录了世界主要国家的图书馆法(宪法条款和图书馆法规)。本书着眼于法规的历史性、平衡性及实用性。(张玲)

0928

湖南师范大学图书馆管理规程 / 湖南师范大学图书馆编. --长沙:湖南师范大学图书馆(内部出版),1995. -- 147 页:图:19cm(湖南师范大学图书馆)

本书收录了 20 世纪 90 年代湖南师范大学图书馆的管理规程。全书分行政管理制度、书刊借阅制度、部室及工作人员岗位职责、业务工作细则等四个部分。涉及到的管理规程包括"图书采购原则及标准"、"图书编目人员岗位职责"、"技术服务部主任岗位职责"、"阅览室报刊剔除原则"、"西文文献著录规则"、"俄文图书目录组织规则"、"中文古籍书字顺目录组织细则"、"中文期刊分编规则"、"办理读者证件规定"、"基本书库借还书规则"、"学生阅览室管理规则"、"职工考勤制度"、"本校职工向图书馆推销图书的有关规定"、"安全管理制度"等。(张玲)

0929

中国民族图书馆理论与实践 / 包和平,许斌主编. --北京:中国华侨出版社,1996. -- 530 页;19cm. --7 - 80074 -

994－0（北京大学图书馆）

本书收录了我国不同民族、不同年龄、不同专业、不同地区的59位民族图书馆学专家和学者在国家和省（区）级以上学术刊物发表的论文60篇，其中多篇获国家、省（区）级优秀论文奖。这些论文不仅内容丰富、资料翔实，而且涉及面很广，既有理论问题，也有实际问题；既有宏观问题，也有微观问题；既有古代问题，也有当代问题。从不同侧面记载了我国民族图书馆战线广大工作者为我国民族图书馆事业建设和发展所做的贡献。（张玲）

0930

图书馆管理学教学大纲 / 国家教委高教司编. -- 北京：高等教育出版社，1996. -- 74 页；19cm. -- 7－04－005648－8（武汉大学图书馆）

20 世纪 90 年代，为规范教学内容、指导教学工作、保证教学质量、强化教学管理，国家教委高教司组织开展文科教学大纲编写工作。《图书馆学管理》是图书馆学专业教育的一门专业基础课，在广泛听取有关方面意见后，国家教委高教司组织编写小组编写了本教学大纲。本书共十章，涉及管理与管理学、图书馆管理与图书馆管理学、图书馆计划与目标管理、图书馆组织与管理体制、图书馆人员管理、图书馆领导与决策、图书馆财力资源的管理、图书馆建筑与设备管理、图书馆评价、图书馆管理方法等内容。（张玲）

0931

图书馆的创造力：革新与企业化 / 李海靖，贺西安编译. --乌鲁木齐：新疆人民出版社，1996. -- 236 页：图；19cm. -- 7－228－03954－8（国家图书馆）

本书根据美国 Journal of Library Administration 1989 年第 10 卷第 2—3 期“图书馆的创造力、革新与企业化”专集编译而成，个别文章选自美国 Special Libraries。书中所收录的文章包括“创造力探讨”、“创造性气候的形成：影响创造力的组织工作的诸方面”、“创造力与领导”、“高等院校图书馆的创造力：空板教训”、“读者服务工作的创造力与革新”、“技术服务工作的创造力、革新与企业化”、“专业图书馆的创造力、革新与企业化”、“开发图书馆支持者的策略”、“图书情报学教育的创造力：课程设计的蕴含”、“开拓图书馆网络服务工作的新天地”、“作为革新者的图书馆员”、“革新性信息技术的管理”、“州立图书馆的革新”、“发扬图书馆的企业精神：馆长的作用”、“图书馆、企业化与风险”、“战略规划中的企业精神”、“销售计划编制——图书馆与情报中心取得重大效益的工具”等文章，这些文章从各个不同侧面较为详细地探讨了图书馆的创造力、革新与企业化问题。（张玲）

0932

现代化图书馆管理 / 李华伟著. -- 台北：三民书店，1996. --257 页；21cm. -- 图书资讯学丛书. -- 957－14－2380－7（国家图书馆）

本书主要涉及了图书馆管理的现代化和发展趋势，包括绪言、二十世纪西方管理学的发展、图书馆的规划、图书馆的组织、图书馆人才资源管理、图书馆的领导和作业、图书馆的控制与评估、跨世纪的图书馆发展等。书前有主编周宁森的序、王振鹄的序和作者的自序。（赵红）

0933

图书馆偷书、撕书相关因素与防制之研究 / 邱淑苹著. -- 台北：文华图书馆管理资讯公司，1996. -- 205 页；21cm. -- 图书馆学与资讯科学论文丛书. 第一辑. --957－8708－23－8（国家图书馆）

本书分析图书馆偷书、撕书相关因素，期能研拟出一套具体有效的防治方法，提供图书馆管理者改善此类问题参考。主要内容包括绪论、文献探讨、犯罪学相关理论、研究设计与实施、研究结果与分析、访谈结果与分析、结论与建议等。书前有作者的序，书后有“图书馆安全管理”调查表等四条附录。（赵红）

0934

图书馆专业伦理 / 庄道明著. -- 台北：文华图书馆管理资讯公司，1996. -- 271 页；26cm. -- 957－8708－21－1（国家图书馆）

本书共分 7 章。包括伦理学基本概述、道德伦理决策、专业伦理之意义与内涵、图书馆技术服务与馆藏发展之专业伦理、图书馆读者与资讯服务之专业伦理、资讯社会的新伦理与新秩序等。书前有作者的序。（赵红）

0935

甘肃省地县图书馆规章制度选编 / 甘肃省图书馆（内部出版），1997（国家图书馆）

本书共三部分。第一部分，24 条行政管理后勤工作制度，包含张掖市图书馆行政管理制度、正宁县图书馆工作制度、天水市图书馆考勤奖罚条例、兰州市图书馆财产管理制度等；第二部分，37 条业务工作规划，包括庆阳地区图书馆图书资料采购准则、兰州市图书馆图书资料过期罚款和遗失损坏赔偿的规定、兰州市图书馆文献资料部工作细则、兰州市图书馆汽车图书馆（流动图书车）管理使用暂行办法等；第三部分，34 条岗位责任制，包括张掖市图书馆岗位责任制试行方案，武都县图书馆书库管理岗位责任制，兰州市图书馆政工干部岗位责任，武都县图书馆古籍、文献、报刊工作人员岗位责任制等。（张玲）

0936

图书馆管理综论 / 谭祥金著. -- 北京：北京图书馆出版社，1997. -- 205 页：表；21cm. -- 7－5013－1357－1（国家图书馆）

图书馆管理是图书馆通过专门的机构和人员合理配置和使用图书馆资源，达到预期目标的过程。本书开篇先用两章内容分别论述了管理论和图书馆管理论的基本内容；第三章介绍了目标论，包括目标的概念、岗位责任制、目标管理，并用北京图书馆从 1986—1995 年十年的奋斗目标这一案例加以说明；第四章计划论，介绍了计划的作用、类型、制定、实施等内容，并在案例分析中给出北京图书馆 1986—1987 年的工作计划及北京图书馆搬迁计划；第五章人员论，包含管理学对人的认识、图书馆员是图书馆事业的灵魂等内容；第六章激励论，包括需求层次论、图书馆员的需要、图书馆激励的方式及艺术等内容；第七至十章分别论述了图书馆的领导

论、决策论、系统论和改革论。(张玲)

0937

图书情报管理工作学术研讨会论文集 / 《图书情报工作》编辑部编. -- 北京:新世纪出版社,1998. -- 154 页;26cm. -- 7-80005-434-9(国家图书馆)

鉴于新形势下管理工作的重要性,《图书情报工作》杂志社 1997 年 10 月在黄山召开了"图书情报管理工作学术研讨会"。本论文集就是其中部分论文的汇编,计 60 篇。根据文章内容,本论文集大致分为四个部分。第一部分"图书情报工作组织与管理",收录了"论图书馆的目标管理与岗位责任制"、"略谈我国图书馆机制转变和社会效益"、"发展中的图书馆与行业文化建设"、"我国医院图书馆图书情报工作的发展与展望"等论文;第二部分"图书情报政策与立法",收录"制定中国图书馆法的必要性和设想"、"图书情报立法与修改(普通高等学校图书馆规程)"等论文;第三部分"图书情报队伍建设",包括"现代图书馆员群体形象设计"、"情报管理人员继续教育刍议"、"图书馆员的职业道德"等论文;第四部分"图书情报业务工作",包括"试论强化公安高校图书馆的情报职能"、"航空医学文献信息资源的发展与管理"、"试论图书情报服务工作的集成管理"等论文。(张玲)

0938

图书馆工作人员职业道德 / 刘毓璞等著. -- 天津:天津古籍出版社,1998. -- 147 页;20cm. -- 封面题:刘毓璞主编. -- 7-80504-637-9(国家图书馆)

本书力图运用马克思主义的立场、观点和方法,对图书馆工作人员职业道德进行比较系统的阐述,着重阐述了图书馆工作人员职业道德的基本原则、主要特点、道德规范,图书馆工作人员职业道德与两个文明建设的关系、与人才培养的关系等。本书共九章。第一章道德与职业道德的形成与发展;第二章图书馆工作人员的职业道德及其教育的现实意义;第三章图书馆工作人员的职业道德基本原则和主要特点;第四章至第七章图书馆工作人员职业道德的主要规范;第八章图书馆工作人员职业道德与两个文明建设的关系;第九章图书馆工作人员职业道德与人才培养的关系。(张玲)

0939

图书馆管理改革 / 王石生著. -- 北京:经济科学出版社,1998. -- 124 页;19cm. -- 7-5058-1310-2(国家图书馆)

本书从理论与实践相结合的角度分析研究了我国中小型专业图书馆,在分析了国内外图书馆现状的基础上,提出我国图书馆管理改革的一些对策。全书共三篇。第一篇"关于中小型专业图书馆改革的探索",作者分析了中小型专业图书馆的性质、职能、任务、特点、现状,论述了市场经济和新技术革命对中小型专业图书馆的冲击和影响,介绍了世界上主要国家和地区图书馆的管理经验,并提出了改革中小型专业图书馆的思路;第二篇"改进管理方法",介绍了影响文献分类编目、读者查询的一个问题——浅议在国际标准书号使用中发现的误区、关于在我国推广分面叙词表若干问题的设想、斯洛特藏书剔除观点评析等内容;第三篇"发挥计算机的作用",包括采用微机进行图书编目初探、计算机检索文献工作的初探、从财政部科研所图书馆目录索引方式的发展看机读目录数据库的优越性等内容。(张玲)

0940

图书馆馆长手册 / 张爱芳主编. -- 北京:专利文献出版社,1998. -- 2 册(1586 页):图表;27cm;光盘 1 张. -- 7-80011-320-5(中国科学院国家科学图书馆)

本书全面地对图书馆馆长的工作做了翔实阐述。手册分上下两册,共 8 篇内容。第一篇图书馆馆长工作概述,阐述馆长在整个图书馆中的组织工作和指挥工作;第二篇图书馆业务知识篇,阐述图书馆的具体业务工作;第三篇图书馆馆长素质修养篇,对馆长的素质提高做了全面的要求和总结;第四篇图书馆馆长用人篇,要求馆长充分运用用人艺术,做到知人善用;第五篇图书馆馆长公共关系篇,要求馆长运用公关理论,把图书馆推向社会、服务社会;第六篇图书馆新技术应用篇,阐述日新月异的新技术在图书馆实际工作中的应用;第七篇图书馆馆长实用文体篇,阐述图书馆馆长对各种实用文体在工作中的应用;第八篇图书馆馆长法律规章篇,要求馆长了解法律,运用法律手段管理图书馆。全书从各个方面对馆长的实际工作重点进行总结、分析。书后附录为我国各大图书馆地址、邮编。(张玲)

0941

图书馆行政论集 / 廖又生. -- 台北:台湾东方出版社股份有限公司,1999. -- 380 页;21cm. -- 图书资讯研究系列. -- 957-570-601-3(国家图书馆)

卷首有题为"花朵飘零及灵根自植"的自序。本书共五章。第一章图书馆行政基本概念,第二章图书馆行政组织法,第三章图书馆行政作用法,第四章图书馆行政程序法,第五章图书馆行政救济法。书后附"作者著作一览表"、索引。(赵红)

0942

中国图书馆学情报学档案学人物大辞典 / 吴仲强主编. -- 香港:亚太国际出版有限公司,1999. -- 700 页;26cm. -- 962-245-052-0(中国科学院国家科学图书馆)

学习和研究中国图书馆学情报学档案学人物的生平、著述、学术思想,是弘扬我国优秀文化传统,促进中国图书馆学情报学档案学发展的一项重要工作。本书是我国第一部全面、系统、完整记载从古至今图书馆学情报学档案学人物生平传记、学术著作、学术贡献和学术思想的大型学术著作。本书注重真实性和学术性,既是一部权威性的学术著作,又是一部高等学校图书馆学情报学档案学专业师生和相关研究人员的重要教科书。全书为一卷本,卷内学科按图书馆学情报学档案学顺序排列,各学科内再以姓氏笔画为序,方便读者检索。书后附有人名索引和姓氏汉语拼音音序索引。(张玲)

0943

图书馆业务研究与业务辅导 / 王学熙主编. -- 北京:北京图书馆出版社,2000. -- 213 页;20cm. -- 图书馆岗位培训教材. -- 7-5013-1723-2(国家图书馆)

本书论述了图书馆业务研究与辅导工作的意义、作用与内容,并系统地论述了图书馆员的继续教育、图书馆业务档案的管理,以及业务辅导工作的原则、形式与方法。本书共分9章,分别为:业务研究与辅导工作概论、业务研究、图书馆员的继续教育、图书馆业务档案的管理、图书馆辅导工作的内容与原则、辅导工作的形式与方法、协作协调、图书馆学术组织、学术交流。(张玲)

0944

书山问路——图书馆运作 / 刘俊英,赵秀娟主编. --哈尔滨:黑龙江人民出版社,2000. -- 418 页;19cm. --黑龙江大学人文社会科学文献开发丛书. -- 7-207-03979-41(国家图书馆)

本书为提高高等学校大学生的信息意识、信息获取能力而编写。书中介绍了图书馆运作的基本知识,包括图书馆学基础、分类学、目录学、文献检索及分类出版的理论、模式、运作效果,未来图书馆模型,CALIS 项目,其中对电子阅览室服务的详细介绍和对 CALIS 项目的介绍较有特色。全书共分8章:高等院校与图书馆,高校图书馆的设备、机构、队伍建设,图书馆藏书建设、利用,图书馆自动化和科学管理等。书前有序,书后有参考文献和后记。(胡秋玲)

0945

图书馆规章制度选编 / 刘小琴主编. -- 北京:北京图书馆出版社,2001. -- 416 页:图;21cm. -- 图书馆岗位培训教材. --7-5013-1733-X(国家图书馆)

本书共选入了 180 余项规章制度,分为 14 编,分别为:文献采访工作规章制度;文献标引、编目工作规章制度;连续出版物工作规章制度;藏书管理与保护工作规章制度;读者服务工作规章制度;文献信息开发与参考咨询工作规章制度;自动化网络化建设规章制度;缩微、视听工作规章制度;业务研究与辅导工作规章制度;缩微、视听工作规章制度;业务研究与辅导工作规章制度;业务统计与档案管理工作规章制度;行政管理工作规章制度;少年儿童图书馆工作规章制度。(张玲)

0946

图书馆管理工作 / 潘寅生主编. -- 北京:北京图书馆出版社,2001. -- 337 页:图;20cm. -- 图书馆岗位培训教材. -- 7-5013-1729-1(北京师范大学图书馆)

本书共 10 章。第一章图书馆管理的基本理论,介绍了管理科学与图书馆管理,图书馆管理的意义和原则、对象和职能;第二章图书馆管理体系,介绍了图书馆事业管理、管理体制、管理系统、管理系统运行机制、各级管理者的管理工作;第三章图书馆组织机构,介绍了组织机构的作用和设置原则、图书馆组织机构设置、图书馆机构改革;第四章图书馆规章制度,介绍了规章制度的意义和作用、制定原则和种类、制定的程序和实施、图书馆政策与法规;第五章图书馆管理方式方法,包括计划管理、岗位责任制、定量管理、质量管理、参与管理及目标管理等内容;第六章图书馆人事管理,介绍了人员结构、人员组织管理、人员的培养与教育;第七章图书馆业务管理,包括业务管理的内容和任务、图书馆基础业务管理、读者服务工作管理及业务工作标准化和业务统计;第八章图书馆行政管理,包括经费、建筑与设备的管理及安全保卫工作;第九章图书馆管理效益评价;第十章图书馆管理的发展趋势。(张玲)

0947

图书馆管理理论与实践 / 佛山市图书馆主编. -- 广州:广东人民出版社,2001. -- 387 页; 20cm. -- 7-218-03725-9(北京师范大学图书馆)

本书是由佛山市图书馆馆内 5 名年轻的专业研究生、本科生、业务骨干撰写,是对本地区改革开放以来,特别是近 10 年的管理实践进行系统总结。为了使理论知识有更多的现实支持,他们走访、考察了公共图书馆事业比较发达的珠江三角洲和长江三角洲地区,总结研究、寻找规律,是一线工作者的指导用书。本书共分 8 章,分别从图书馆管理理论、管理方法、管理内容、管理效益等方面进行全面、系统阐述,内容贴近群众、贴近决策、贴近实用,具有可操作性。书后附参考文献及附录。(胡秋玲)

0948

数字化图书馆与人力资源建设研究 / 李景文主编. --北京;中国文史出版社,2002. -- 527 页;21cm. --中华学人丛书. -- 7-5034-1234-8(北京大学图书馆)

本书是 2002 年在河南郑州召开的数字化图书馆与人力资源建设研讨会的会议论文集。开篇收录即为"河南省'数字化图书馆与人力资源建设'研讨会综述"。全书分数字化图书馆、人力资源建设、图书馆管理、读者服务、古籍文献等五个部分,共收录"我国数字图书馆建设的现状、问题及对策"、"数字图书馆面临的不安全因素及对策"、"网上电子期刊的产生、发展及特点"、"数字化参考咨询服务平台的开发与建立"、"高校图书馆视频点播工作初探"、"知识创新过程中所需社科文献情报信息的来源分布与获取"、"论图书馆人力资源管理的绩效评估"、"知识经济时代图书馆员素质及培养"、"加强高校图书馆学术性建设势在必行"等百余篇论文。(张玲)

0949

图书馆管理:协调图书馆人行为的艺术 / 刘喜申著. -- 北京:北京图书馆出版社,2002. -- 237 页;21cm. -- 7-5013-1958-8(北京师范大学图书馆)

本书所称"图书馆管理",是指图书馆的主管者,通过实施决策、组织、领导、控制和创新等职能来协调工作人员的行为,以达到图书馆预期目标的活动过程。作者系统论述了图书馆管理的决策过程、图书馆管理的组织工作、图书馆的领导工作以及图书馆的控制工作等。第一章总论,论述了图书馆管理的必要性、职能、基本原理、基本方法。第二章图书馆管理的决策过程,作者详细论述了决策的前提、决策的目标和方法、计划工作在决策中的地位和作用等内容。第三章图书馆管理的组织工作,包括图书馆的组织运作、图书馆的人力资源开发与管理等内容。第四章图书馆的领导工作,从领导者和激励两个方面开展论述。第五章图书馆管理的控制工作,包括控制工作的类型、重要性及作用、步骤等内容。本书适合图书馆的各层领导及工作人员研阅。(张玲)

0950

图书馆物业管理实施2000版ISO 9001标准实用指南 / 上海图书馆编. -- 上海:上海科学技术文献出版社,2002. -- 409页;26cm. -- 7-5439-1846-3(国家图书馆)

本书是上海图书馆在2001年导入ISO 9001:2000质量标准、实践于后勤保障工作的体会和成果。书中介绍了图书馆物业管理的质量特性,ISO 9001:2000质量标准概要,上海图书馆尚图物业公司导入ISO 9001:2000标准的实践,以及质量体系文件参考样本。全书共分三篇。第一篇为图书馆物业管理质量体系的建立,第二篇是上海图书馆尚图物业公司导入ISO 9001:2000标准的实践,第三篇参考文件。书前有序言,书后附有参考文献。(胡秋玲)

0951

图书馆文明服务手册 / 程亚男主编. -- 北京:北京图书馆出版社,2003. -- 169页:图;21cm. -- 7-5013-2082-9(国家图书馆)

本书从职业道德的高度,立足于图书馆服务的实际,对图书馆文明服务进行了规范。全书共8章,分别详细论述了图书馆职业道德、文明服务、行为举止、服务语言、仪容仪表、办公与外事礼仪等问题,并结合图书馆服务中的实例进行评析。书后附录有:服务英语100句。(张玲)

0952

图书馆全面质量管理 / 罗曼著. -- 合肥:安徽大学出版社,2003. -- 194页:图;21cm. -- 国家社会科学基金资助项目. -- 7-81052-662-6(国家图书馆)

本书是国家社会科学基金资助项目研究成果,是我国第一部系统论述图书馆全面质量管理的著作。全书分绪论、理论篇、实践篇、应用篇4部分。绪论部分简单阐述了信息技术对图书馆的冲击、图书馆的竞争加剧及用户需求的变化对图书馆管理工作带来的影响;理论篇详细介绍了质量与全面质量管理、图书馆全面质量管理解析、图书馆服务绩效测量等内容;实践篇详细论述了国内外图书馆实施全面质量管理的实践、经验及教训;应用篇详细介绍了图书馆全面质量管理模型、全面质量管理在图书馆技术服务中的应用。作者还在文后附录中给出"中山大学图书馆服务质量问卷调查"和"图书馆馆际互借服务质量调查表"。(张玲)

0953

图书馆管理百科:图书馆管理标准规范与图书分类法 / 徐帮学主编. -- 长春:吉林音像出版社,2003. -- 3册(1870页):图;27cm. -- 7-88833-275-7(国家图书馆)

本书内容包括图书馆与图书馆管理总论、图书馆规章制度典范、图书馆适用技术标准、图书馆馆长基本素质与工作艺术、图书馆馆员工作技能要求、网络时代对图书馆馆员的要求、图书馆员的继续教育、图书馆的服务工作等18章。(张玲)

0954

中国图书馆员职业道德准则(试行) / 中国图书馆学会. -- 北京:北京图书馆出版社,2003. -- 55页;21cm. --7-5013-2093-4(国家图书馆)

为切实贯彻党的"十六大"精神,努力实践江泽民同志"三个代表"的重要思想,进一步落实中共中央关于加强《公民道德建设纲要》的部署,加强图书馆职业道德建设,提高图书馆员的思想道德素质,强化从业人员的社会责任感,树立正确职业理念;优化图书馆队伍结构,提高图书馆的服务质量和服务水平,中国图书馆学会制定并在全行业颁布、施行《中国图书馆员职业道德准则》(试行)。《中国图书馆员职业道德准则(试行)》是以中共中央颁布的《公民道德建设实施纲要》为指导,总结我国图书馆活动的实践经验,为履行图书馆承担的社会职责而制定的行业自律规范。由中国图书馆学会六届四次理事会2002年11月15日通过。本书中还包括美国图书馆协会的伦理守则、英国图书馆协会专业行为守则、日本图书馆协会图书馆员伦理纲领。(张玲)

0955

现代图书馆管理 / 徐建华著. -- 天津:南开大学出版社,2003. -- 299页:21cm. -- 7-310-02018-9(国家图书馆)

本书分理论篇、战略篇、运作篇、专项管理篇等四篇十章,介绍了现代图书馆管理的一般原理。在理论篇中探讨了管理理论的产生与发展,图书馆管理的历史发展,现代图书馆管理内容、适用原理、适用方法、基本职能,研究了近代图书馆到现代图书馆的过渡问题,如何建立现代图书馆的管理体制问题。在战略篇中,作者从现代图书馆的发展战略、战略管理、宏观管理的角度,阐述了现代图书馆的理念与实践。在运作篇中,作者从现代图书馆的再造工程、业务流程、组织结构、质量管理、服务对象等管理中确定现代图书馆的办馆宗旨,提出了"以用户为中心"的服务理念。在专项管理篇中,作者将现代图书馆的管理划定为人力资源管理、经费管理、组织文化、形象策划、公共关系、危机管理等,阐述了现代图书馆机构的设置、构想及现代图书馆要从用户出发等观点。书前有来新夏先生所作序言,书后附有参考文献和后记。(胡秋玲)

0956

图书馆管理析论:历年考题精解 / 程麟雅. -- 台北:文华图书馆管理资讯股份有限公司,2004. -- 578页;23cm. -- 957-8708-69-6(国家图书馆)

本书是权威性公务人员统考用书,收录图书馆管理综论及历年考题精解。共分10章,包括图书馆管理泛论、法令规章、规划与预算、组织与分工、图书馆经营实务、人力资源管理、图书馆的建筑与空间配置、图书馆统计、图书馆绩效评估、名词解释等。书后附有历年选择题型考题及答案。(赵红)

0957

网络环境下图书馆人力资源的开发研究 / 贺子岳著. -- 北京:北京图书馆出版社,2004. -- 202页:图;21cm. -- 7-5013-2469-7(国家图书馆)

人力资源是图书馆最重要的资源之一,在图书馆工作中起着主导作用。高质量的人力资源也是图书馆的实力所在,是图书馆事业持续发展的基础。本书介绍了人力资源的相关理论,综述了国内外人力资源管理和开发的研究情况;根据国内图书馆人力资源和人事管理现状,指出了人力资源队伍中存在的主要问题、总结了图书馆人事管理的主要特点,并结合武汉地区四所图书馆馆员的调查,进一步说明图书馆人力资源开发的必要性;鉴于图书馆自动化、数字化和网络化的必然趋势,通过案例分析,比较中外图书馆组织变革的不同,并对国内图书馆组织的变革与创新提出了新的建议;结合图书馆员的职业需求,探讨了图书馆员的继续教育和职业开发问题;还论述了图书馆的绩效管理和图书馆组织文化的塑造等内容。(张玲)

0958

数字图书馆管理论纲 / 李冠强著. -- 南京:东南大学出版社,2004. -- 261 页;21cm. -- 7 - 81089 - 580 - X(国家图书馆)

全书共 11 章,分别是“数字图书馆概述”、“知识管理与数字图书馆”、“信息系统管理”、“数字信息资源管理”、“数字信息生产与加工管理”、“数字信息服务管理”、“设备管理”、“安全管理”、“知识产权管理”、“资金管理”、“人力资源管理”。作者简要介绍了数字图书馆的产生与发展,阐明了知识管理在数字图书馆建设中的地位与作用,详细论述了数字图书馆各项业务的管理内涵,并提出了许多新颖的观点,对如何建设与管理数字图书馆具有一定的指导意义。(张玲)

0959

图书馆管理与服务论丛 / 王世伟主编;王世伟等撰稿. -- 上海:上海社会科学院出版社,2004. -- 435 页:图;21cm. -- 上海图书馆科技情报研究所学术带头人基金资助. -- 7 - 80681 - 362 - 4(国家图书馆)

本书为上海图书馆科技情报研究所学术带头人基金资助项目成果。全书收录了图书馆管理与服务方面的论文 60 余篇,有“论图书馆管理的时代特征”、“论树立跨世纪图书馆的七大形象”、“重视图书馆的公共关系”、“PFI 在日本公共图书馆的实践”、“图书馆精神文化的整合与创新”、“世界图书馆建筑入口设计的文化象征和人文功能”、“论中国图书馆职业资格证书制度的建立”、“新世纪图书馆人力资源开发的实践探索”、“建立知识与用户之间的便捷通道”、“当代图书馆读者服务的特点、问题与未来的发展”、“构建信息无障碍的图书馆服务理念和体系”、“论网络环境下图书馆的六大重建”、“论图书馆讲座及其功能与发展”、“关于图书馆工作全球化问题的若干思考”、“中国图书馆与世界发达国家图书馆之间的差距”等。(张玲)

0960

图书馆工作散论 / 曾祥云, 蔡瑾, 白建明. -- 长春:吉林人民出版社,2004. -- 643 页;21cm. -- 7 - 206 - 03319 - 9(武汉大学图书馆)

本书是一本论文集。全书共分基础理论研究,事业建设,图书馆管理,数字化、网络化,信息服务,读者工作,素质教育,期刊工作,采编与检索,文献研究等十个专题,收录“图书馆教育职能 20 年研究与实践”、“美国图书馆信息科学理论花絮”、“图书馆的经济学分析”、“新世纪高校图书馆可持续发展构想”、“从新馆落成运行到选址的逆向反思”、“图书馆为学习型社会服务的构想”、“少年儿童图书馆多媒体软件的类型及其利用”、“数字图书馆与中专图书馆建设”、“知识经济时代图书馆员的角色定位”、“信息素质教育与数字图书馆队伍建设”、“从期刊市场的变化看图书馆期刊采购工作”、“图书在版编目问题”等百余篇论文。(张玲)

0961

图书馆评价理论与方法 / 张健编著. -- 成都:西南交通大学出版社,2004. -- 189 页:图;21cm. -- 7 - 81057 - 870 - 7(国家图书馆)

本书是一本关于图书馆评价理论与方法的专著,全书综合了近年来评价理论的研究成果,对图书馆评价的理论与方法进行了较全面的论述,着重阐述了图书馆评价的理论、方法和应用。其主要内容包括:评价标准、评价体系及权重的确定,各种评价方法的应用,以及如何对图书馆的效益、文献、自动化系统、网站、室内环境等进行评价。作者运用了大量的数学方法,涉及管理评价、多元统计、线性规划、模糊数学等,使得定性评价和定量评价有机的结合起来,从而使评价过程更具有可操作性、实用性。本书在对图书馆工作评价的策划上,着意于复合图书馆,即传统图书馆向数字化图书馆转型中出现的前沿问题和热点问题,如网络文献资源、自动化系统、网站建设、参考咨询服务、馆内环境、馆舍建筑等方面,进行了较为系统的阐述,对复合图书馆的管理与发展具有指导意义。本书理论联系实际,内容新颖,既可以作为图书馆评价人员的参考资料,也可以供从事图书馆管理和实际工作的人员参考。(张玲)

0962

国家职业标准·文献修复师 / 中华人民共和国劳动和社会保障部,中华人民共和国文化部制定. -- 北京:北京图书馆出版社,2005. -- 20 页;32 开. -- 7 - 5013 - 2826 - 9(国家图书馆)

本标准以《中华人民共和国职业分类大典》为依据,以客观反映文献修复师的业务水平和对从业人员的要求为目标,对一至五级文献修复师的工作,从职业功能、工作内容、技能要求和相关知识四个方面做出了明确的规定。(金丽萍)

0963

国家职业标准·图书资料馆员 / 中华人民共和国劳动和社会保障部,中华人民共和国文化部制定. -- 北京:北京图书馆出版社,2005. -- 43 页;32 开. -- 7 - 5013 - 2828 - 5(国家图书馆)

本标准以《中华人民共和国职业分类大典》为依据,以客观反映本职业水平和对从业人员的要求为目标,对职业活动范围、工作内容、能力要求和知识水平做出了明确的规定。本标准包括职业概况、基本要求、工作要求和鉴定比重等四个方面的内容,并将图书资料馆员这一职业分为五个等级,对每个等级的职业功能按工作领域进行划分。(金丽萍)

0964

国家职业标准·古籍馆员 / 中华人民共和国劳动和社会保障部,中华人民共和国文化部制定. -- 北京:北京图书馆

出版社,2005. -- 29 页;32 开. -- 7 - 5013 - 2825 - 0(国家图书馆)

本标准以《中华人民共和国职业分类大典》为依据,以客观反映古籍馆员的业务水平和从业人员的要求为目标,针对一至五级古籍馆员的工作,分为文献信息采集、文献信息组织、古籍流通管理、咨询服务、业务管理和科学研究六部分,分别从职业功能、工作内容、技能要求和相关知识四个方面做出了明确的规定。(金丽萍)

0965

现代图书馆理念论纲 / 王超湘著. -- 北京:北京燕山出版社,2005. -- 333 页;21cm. -- 7 - 5402 - 1705 - 7(国家图书馆)

本书在综合考察了 20 多年来我国的图书馆理念研究的基础上,对现代学习型社会中图书馆在进行知识管理时的新特点和新职能做了透彻分析,对图书馆工作人员和用户的新角色也进行了阐述,提出了图书馆应该重点把握的九种理念,即:开放理念、知识理念、人本理念、效益理念、全面质量管理理念、信息资源共享理念、特色理念、学习理念和法制理念。作为一本概论性的学术作品,本书概要介绍了每一种理念的相关研究及应用于图书馆的意义,重点阐述了理念创新引起的相应机制的变革,提出了可以体现相关理念的解决措施,具有较强的可参考性和可操作性。(张玲)

0966

数字时代的图书馆与图书馆员 / 董焱,邢素丽著. --北京:北京图书馆出版社,2006. -- 166 页;16 开. -- 7 - 5013 - 2821 - 8(国家图书馆)

本书围绕数字时代的图书馆与图书馆员,回顾了图书馆发展的历史,梳理了传统图书馆向电子图书馆、数字图书馆、虚拟图书馆转化的过程,较全面地反映了国内外图书馆实践和图书馆学研究领域的基本面貌。本书还分析了数字时代图书馆员的队伍结构、职业素养与任职资格要求、图书馆学专业教育和图书馆员从业资格认证等问题。(金丽萍)

0967

数字时代的图书馆管理 / 熊丽主编. -- 北京:北京图书馆出版社,2006. -- 404 页;16 开. -- 7 - 5013 - 3177 - 4(国家图书馆)

本书论述了图书馆管理的基本原理,分析了图书馆管理的内外环境及管理理念,介绍了图书馆人力资源及行政管理,图书馆的公共关系,图书馆的条例、法规、标准、著作权及质量管理体系,图书馆评估程序、方法与内容,以及各种设备及应用系统的安全管理。(金丽萍)

0968

现代图书馆信息服务 / 蔡莉静,陈曹维编著. -- 北京:海洋出版社,2006. -- 205 页:图;26cm. -- 现代图书馆馆员职业技术培训丛书. -- 7 - 5027 - 6661 - 8(北京师范大学图书馆)

本书分上下两篇。上篇信息基础篇,包含信息、知识、情报、信息资源,信息的采集与加工,信息服务,网络信息资源四章内容;下篇信息检索篇,介绍了信息检索基础知识,中文检索工具,外文检索工具,特种文献信息及其检索,专利文献信息及其检索等内容。(张玲)

0969

图书馆员:职业精神与核心能力 / 缪其浩著. -- 上海:上海科学技术文献出版社,2006. -- 291 页;21cm. --7 - 5439 - 3027 - 7(北京师范大学图书馆)

本书收录了多篇探讨图书馆员职业精神的文章,包括《建立什么样的图书馆职业精神》《图书馆的核心竞争力浅析》《不可轻言"知识服务"》等。(张玲)

0970

图书馆岗位设计 / 沈飒,荣杰,刘博涵等编著. -- 北京:北京图书馆出版社,2006. -- 143 页:图;26cm. --7 - 5013 - 2822 - 6(北京师范大学图书馆)

本书包含岗位管理工作概述、岗位设计的可行性论证、岗位设置、岗位聘用、岗位考核五章。全面介绍了岗位设计的理念、技术、方法,对图书馆岗位管理方法、各类岗位设置、岗位名目、岗位级次、岗位职数等方面进行了详细介绍,并附有大量统计图表。对各类型图书馆岗位设置和岗位管理具有现实的参考价值。作者还给出国家图书馆部分职能部门岗位设计表、国家图书馆部分职能部门岗位设计图、国家图书馆部分业务部门岗位设计表、国家图书馆部分业务部门岗位设计图、国家图书馆部分业务部门岗位设计表分类索引五个附录,以备参考。(张玲)

0971

图书馆知识管理研究 / 柯平等著. -- 北京:北京图书馆出版社,2006. -- 477 页:图;21cm. -- 国家社会科学基金项目成果. -- 7 - 5013 - 3167 - 7(北京大学图书馆)

本书内容包括:知识管理理论与研究现状、图书馆知识管理研究综述、知识管理应用于图书馆的分析、图书馆知识管理的理论基础、图书馆知识管理的模式与应用等。(于静)

0972

图书馆动态模糊评价与实证分析 / 曹志梅著. -- 北京:北京图书馆出版社,2007. -- 229 页:图;21cm. --978 - 7 - 5013 - 3361 - 5(北京师范大学图书馆)

全书共分理论篇、方法篇、实证篇三篇。理论篇阐述了动态模糊相关理论和图书馆评价基础理论;方法篇介绍了动态模糊综合评价、动态模糊关系评价、动态模糊评价中的相关技术方法;实证篇介绍了图书馆服务质量的动态模糊综合评价、图书馆用户满意度的动态模糊关系评价和动态模糊评价应用系统的设计与实现。这三篇内容逐层递进地介绍了动态模糊评价的有关知识,提出的两种动态模糊评价方法,是对目前图书馆评价方法的丰富和发展,尤其是动态模糊关系评价提供了一个全新的视角。最后通过具体的应用实例验证了新建理论和方法的可行性和可操作性。(张玲)

0973

现代图书馆管理概论 / 李松妹著. -- 北京:北京图书馆出版社,2007. -- 281 页;21cm. -- 978 - 7 - 5013 - 3488 - 9(北京师范大学图书馆)

本书以提高图书馆管理水平为着眼点,介绍了图书馆管理的一般适用原理和一些新的管理理论在图书馆的应用问题,分析了图书馆管理中存在的一般性问题,并提出了相应对策。本书分基础理论、业务管理、行政管理3篇,共10章。书中的内容既有对图书馆管理实践发展历程的梳理和总结,也有作者本人从事管理实践的经验总结,其出发点则在于用创新新的理念来审视现代技术条件下的图书馆管理,进而提高图书馆管理水平。总体来讲,该书的出版是作者多年辛勤探索的结果,它对图书馆工作者和图书馆管理者来说,应该是有益的参考书。而对于图书馆管理研究者来说,也应该是一部有价值的学术专著。该书虽然在体例上以及一些章节、一些观点的论述上存在着某些不足之处,但仍不失为一部颇具深度的理论专著和全面而实用的管理参考书。(张玲)

0974

图书馆知识管理理论与实践 / 刘传和, 陈界主编. --北京:海洋出版社,2007. -- 199页:图;26cm. -- 978-7-5027-6908-6(北京大学图书馆)

本书通过分析与综合近几年来国内外关于知识管理的研究成果,较全面而深入地对图书馆知识管理的理论与实践进行阐述。全书内容分为四大部分。第一部分介绍知识的含义、分类、属性和转化理论,以及知识管理的时代背景、产生与发展、基本理论与技术等;第二部分讨论图书馆与知识管理的关系,以及图书馆实施知识管理的必要性与可行性;第三部分是本书的核心内容,阐述图书馆知识管理的各种问题,包括图书馆知识管理的产生与发展、目标与对象、任务与内容、工具与技术、典型案例分析,以及图书馆显性知识的管理、隐性知识的管理、知识创新与知识服务、管理模式与实施策略等;第四部分综述国内外图书馆知识管理的研究现状、存在的问题及发展展望。(张玲)

0975

图书馆知识管理 / 刘贵琴著. -- 合肥:安徽大学出版社,2007. -- 249页:图;20cm. -- 978-7-81110-256-7(北京师范大学图书馆)

本书理论结合实践,用八章内容对图书馆知识管理进行了深入的探讨和论述,并前瞻了图书馆知识管理未来的发展。第一章绪论,介绍了本书的研究背景及研究方法等内容;第二章知识管理与图书馆,论述了知识管理与文献管理、图书馆知识管理体系的构建和完善、高校图书馆的知识管理、图书馆员的个人知识管理等内容;第三章知识管理与图书馆创新,包括图书馆管理的本质在于创新、图书馆知识管理创新、知识管理的服务方式三节内容;第四章知识管理与知识产权,论述了网络环境下的知识产权、数字图书馆与知识产权、图书馆的知识产权保护;第五章知识管理与馆员激励机制,论述了信任、激励、图书馆的激励机制问题;第六章知识管理与数字图书馆,介绍了数字图书馆建设、数字图书馆的知识管理、数字图书馆的人本管理等内容;第七章知识管理与图书馆员的终身教育,包括新形势对馆员的新要求、终身教育与继续教育、终身(继续)教育中的网络教学模式;第八章国外图书馆知识管理,包括国外图书馆的人才培养、国外虚拟参考咨询服务、国外图书馆的特色服务和国外数字图书馆的发展趋势。(张玲)

0976

图书馆防灾与危机管理 / 刘秀娥主编. -- 北京:海洋出版社,2007. -- 251页:图;21cm. -- 978-7-5027-6792-1(北京师范大学图书馆)

面对日趋频发的社会危机和城市灾害,图书馆作为公共场所,也面临着许多危机和突发事件的侵袭,如何更深刻、全面地认识图书馆各类潜在或可能遭遇的若干突发事件和灾害,增强危机意识和突发事件的应对措施建设,正成为我国图书馆界面临的重要课题。本书运用理论与实际相结合的方法,尽可能汲取人类防灾减灾的研究成果和知识精华,试图通过"聚集图书馆安全、传播防灾减灾知识、构建危机管理体系"这一主题来统领研究内容。既注意了对图书馆防灾及危机管理的系统介绍,又充分汲取了我国防灾减灾研究的最新成果。本书适应广大图书馆研究者、管理者、工作者和相关行业人员阅读,也可用作图书馆专业高校教材。(张玲)

0977

图书馆知识资本概论 / 毛赣鸣主编. -- 北京:中国社会科学出版社,2007. -- 274页,4页图版:图;24cm. --978-7-5004-6569-0(北京师范大学图书馆)

本书是国家社会科学基金项目"图书馆的知识转移机制研究——图书馆知识资本运营机制研究"(批准号:05BTQ005)的最终成果。作者运用知识资本理论分析了图书馆知识资本结构,以无形资本为切入点,探讨了图书馆无形资产的性质、内容和评估方法。本书还将图书馆人力资源管理、信息资源管理、知识管理在图书馆知识资本结构框架内进行整合研究,并就网络环境下图书馆的有关权限和立法、发展趋势进行了阐述。本书可供大学师生和图书馆同仁参考。(张玲)

0978

图书馆常用英语900句 / 潘华栋, 陈兆能主编. -- 上海:上海交通大学出版社,2007. -- 245页:图;21cm. -- 978-7-313-0473(北京师范大学图书馆)

本书是根据原名为《图书馆常用英语100句》的小册子内容编写及扩展,并配以录音光盘一并发行。本书按图书馆的功能特性分为:开放时间;位置及设施;流通与阅览服务;参考咨询服务;分类与编目;图书馆目录、图书馆规章制度;数据库(资料库)和网络资源;活动及展览;复印及视听设备;电话英语;接待来宾(参观图书馆);建议及投诉处理;礼貌用语及其他;以及自我评核等,约900句。全书强调实用性,严谨中带着轻松,偏重现代化之余也不忘传统工具的应用,并融入了多元文化。(张玲)

0979

图书馆员英语选读 / 丘东江等编著. -- 北京:海洋出版社,2007. -- 201页;21cm. -- 21世纪图书馆学丛书. -- 978-7-5027-6795-2(北京师范大学图书馆)

本书是《21世纪图书馆学丛书》第二辑中的一册。书中内容取材于以英语为母语国家的多种类型图书馆网站,旨在提高图书馆员的专业英语阅读能力和理解能力。全书包含五个部分。第一部分 About the Library,含有 Brief Introduction to Libraries 和 History of Libraries 两个单元;第二部分 Our Mission and Vision,包含 Mission Statement 和 Library vision 两个单元;第三部分 Policies(Rules and Regulations),选辑了 Library Loan、Collection Development、Computer Use and Internet Access、Copyright Matters 和 Patrons Responsibilities 等内容;第四部分为 Employment Oppoutunities;第五部分为 Services for Library Users with Disabilities。所选部分内容新颖、适用性强、难度较小,侧重图书馆具体工作,适合图书馆员从图书馆工作实际的角度学习专业英语,开阔视野,了解国外图书馆工作现状和发展趋势,为深入进行国际交流打好基础。(张玲)

0980

图书馆员怎样走出国门 / 丘东江主编. -- 北京:海洋出版社,2007. -- 226 页;21cm. -- 21 世纪图书馆学丛书. -- 978 - 7 - 5027 - 6794 - 5(北京师范大学图书馆)

本书是《21 世纪图书馆学丛书》第二辑中的一册。本书较为详细地介绍了国际学术会议的一般流程,以及会议各个环节的主要内容和特点,重点叙述了学术会议论文、英语学术期刊论文的写作方法和演讲技巧以及投稿的注意事项。同时还介绍了世界主要国家图书馆学情报学研究生院的概况,比较集中地从努力学好外语、文明礼貌与安全、留学择校、出国考试、护照与签证、保护留学人员的权益等方面进行了阐述,并备有 5 个较为实用的附录。对于准备参加国际学术会议、希望学习用英文写作论文或打算出国留学的图书馆员,都具有一定的启迪、借鉴和帮助作用。(张玲)

0981

图书馆管理理论与实践 / 邱小红主编. -- 北京:对外经济贸易大学出版社,2007. -- 240 页, 10 页图版:图(部分彩图);23cm. -- 978 - 7 - 81078 - 963 - 9(北京大学图书馆)

图书馆从业人员之于学习、研究,既有自身修身弘道之需要,又有服务读者之需求。尤其是进入 21 世纪以来,图书馆学科无论理论与实践都发生了天翻地覆的变化,这就要求图书馆人努力学习,不断进取,以跟上学科与时代发展的步伐。本书是一本图书馆管理理论与实践的论文集。内容涉及图书馆信息经济初探、日本专业图书馆的专题情报、著者号的非常规选取、图书馆伦理学初探、20 世纪日本漫画书刊回顾、高校知识管理中的学科馆员、试论大学图书馆核心价值观等。本书内容是对图书馆工作的总结与反思,适合对外经济贸易大学图书馆工作人员阅读参考。本书既是对外经济贸易大学图书馆人献给新馆的一份礼物,更是我们多年的图书馆工作的总结与反思。(张玲)

0982

图书馆知识管理引论 / 盛小平著. -- 北京:海洋出版社,2007. -- 177 页:图;26cm. -- 978 - 7 - 5027 - 6738 - 9(北京师范大学图书馆)

本书应用知识管理理论,融合现代图书馆学与图书馆管理学学科知识,构筑了图书馆知识管理理论框架,系统而深入地探讨了图书馆引入知识管理的必要性与可行性、图书馆知识管理基本原理、图书馆知识管理对图书馆管理的创新、图书馆知识组织、图书馆知识管理模式与策略、基于知识视角的现代图书馆学研究对象和以知识为中心的现代图书馆学学科体系等主要议题,全面评述了图书馆管理和知识管理研究进展,重点介绍了 6 个图书馆知识管理案例。全书资料翔实,论述富有见地,对图书馆学理论研究与图书馆管理实践均有重要的参考价值,可作为图书馆学、情报学及相关学科的教学参考书和图书情报领域实践人员的专业参考书。(张玲)

0983

图书馆管理与实务 / 张兵主编. -- 沈阳:辽宁大学出版社,2007. -- 510 页;21cm. -- 978 - 7 - 5610 - 5332 - 4(浙江大学图书馆)

本书共十章,内容包括图书馆管理原理、图书馆管理实务、图书馆日常业务工作规章制度、文献标引编目工作规章制度、藏书管理与保护规章、图书馆服务工作规章制度等。(张玲)

0984

全国文化信息资源共享工程基层点操作员简明读本 / 汤文琴等编. -- 北京:北京图书馆出版社,2008. --176 页:32 开. -- 978 - 7 - 5013 - 3609 - 8(国家图书馆)

本书简要介绍了"共享工程"的基本含义、计算机基础知识、网络操作基础、相关制度汇编等,以当前的基层点操作员日常工作为主,详细介绍了工作中的基本操作。(金丽萍)

0985

知识图书馆:理论与模式 / 陈雅著. -- 南京:南京大学出版社,2008. -- 376 页;23cm. -- 978 - 7 - 305 - 05266 - 8(国家图书馆)

本书讨论了在知识社会图书馆的定位、职能和管理模式转型的理论问题。(张玲)

0986

图书馆信息服务工作手册 / 杜希林主编. -- 沈阳:沈阳出版社,2008. -- 207 页;21cm. -- 辽宁省图书馆 60 年馆庆业务丛书. -- 978 - 7 - 5441 - 3666 - 2(国家图书馆)

本书共 4 章,包括图书馆信息服务概述、图书馆信息服务工作内容与形式、图书馆信息服务部门的人才建设与业务管理、图书馆信息服务工作未来展望等内容。(韩丽)

0987

图书馆人文管理 / 方敏编著. -- 哈尔滨:黑龙江人民出版社,2008. -- 271 页;21cm. -- 978 - 7 - 207 - 07947 - 3(国家图书馆)

本书内容包括人文主义思想概述、图书馆的人文主义思想发展历程、图书馆人文管理实质和内涵、图书馆人文主义的主要原理、图书馆人文管理的理论基础、图书馆的人文管理与读者服务等。(韩丽)

0988

图书馆信息服务理论与实践 / 方意平著. -- 武汉:武汉出版社,2008. -- 289 页;21cm. -- 封面英文题名:Theory and practice of library information services. -- 978 - 7 - 5430 -

3849 – 3(国家图书馆)

本书共分 6 章,内容涉及图书馆信息服务的基本理论、图书馆信息服务的相关方法与技术、图书馆信息服务用户管理、网络环境下的图书馆信息服务、图书馆信息服务的评价及图书馆信息服务实践典型案例。(韩丽)

0989

图书馆人力资源管理 / 刘贵勤著. -- 合肥:安徽大学出版社,2008. -- 210 页;24cm. -- 图书馆管理学丛书. -- 978 – 7 – 81110 – 485 – 1(国家图书馆)

本书包括图书馆人力资源管理、图书馆员的使用、图书馆员的绩效评估、图书馆员的培训、图书馆员的心理关怀、图书馆员的伦理建设等内容。(韩丽)

0990

现代图书馆知识管理 / 张兵著. -- 北京:知识产权出版社,2008. -- 309 页;24cm. -- 978 – 7 – 80247 – 185 – 6(国家图书馆)

本书从知识管理的概述、现代图书馆管理、图书馆知识管理基本原则与方法、数字图书馆知识管理、知识管理与图书馆文化创新等方面对图书馆知识管理进行了探讨和论述,并前瞻图书馆知识管理的未来和发展。(韩丽)

0991

现代图书馆信息管理 / 赵茹林著. -- 北京:科学出版社,2008. -- 206 页;24cm. -- 现代管理理论与方法丛书;封面英文题名:Information management of modern library. -- 978 – 7 – 03 – 023030 – 0(国家图书馆)

本书共分六章,内容包括:科学管理图书馆、现代图书馆管理、知识管理图书馆、参考咨询服务、信息检索、现代图书馆信息技术的整合等。(张玲)

0992

图书馆内部管理沟通 / 唐承秀著. -- 天津:天津大学出版社,2009. -- 220 页;26cm. -- 978 – 7 – 5618 – 3289 – 9(国家图书馆)

本书运用实证方法,依据相关管理理论与调查资料,对图书馆管理实践中内部沟通的规律、特点和问题,从不同角度进行了调查与分析。主要考察了图书馆内部管理沟通的国内外研究与实践状况、当代图书馆员的沟通满意感、图书馆内部管理沟通存在的障碍、馆领导的沟通模式对内部沟通的影响、图书馆内部沟通的主要媒介与渠道等内容。(赵红)

0993

图书馆信息服务 / 蔡莉静主编. -- 北京:海洋出版社,2009. -- 251 页;26cm. -- 图书馆馆员业务学习与岗位培训教程. -- 978 – 7 – 5027 – 7153 – 9(国家图书馆)

本书主要包括信息的采集与加工、信息服务、网络信息资源、信息检索基础知识、中文网络检索工具、外文检索工具、特种文献信息及其检索等内容。(赵红)

0994

图书馆竞争情报服务 / 董素音,蔡莉静主编. -- 北京:海洋出版社,2009. -- 210 页;26cm. -- 图书馆馆员业务学习与岗位培训教程. -- 978 – 7 – 5027 – 7261 – 1(国家图书馆)

本书讨论图书馆开展竞争情报服务的必要性和可行性,阐述了竞争情报的基础理论知识、竞争情报工作的组织与规划、常用的竞争情报搜集方法、竞争情报的加工与整理方法、竞争情报的传播方法等内容。(赵红)

0995

图书馆信息共享与信息集群服务 / 金中仁等著. -- 北京:人民邮电出版社,2009. -- 214 页;26cm. -- 浙江省哲学社会科学规划重点课程——“图书馆信息集群服务网络模式与机制研究”的研究成果. -- 978 – 7 – 115 – 21222 – 1(国家图书馆)

本书收集和分析大量国内外图书馆现有的信息共享的各种类型和模式,并分析了信息共享中存在的主要问题和不足之处。全书共分 12 章。主要内容包括图书馆信息共享的现状、国外图书馆信息共享建设、国内图书馆信息共享建设、图书馆信息共享的比较与分析、图书馆信息集群概述、图书馆信息集群管理研究、图书馆信息集群内动力研究、图书馆信息集群文化、信息集群系统网络架构、信息集群绩效评价体系、图书馆信息集群的发展思路、信息集群趋势与展望。(赵红)

0996

图书馆核心价值论 / 李严著. -- 北京:中国戏剧出版社,2009. -- 186 页;21cm. -- 978 – 7 – 104 – 02952 – 6(国家图书馆)

本书共分 6 章,内容包括:拥有馆藏资源是图书馆核心价值产生的前提;论历代“人类记录”的现实价值;教育与学习是馆藏价值的主要体现;自由和平等获取知识、彰显图书馆社会共享价值;服务是图书馆核心价值之首;图书馆人是创造图书馆核心价值的动力。(王旭东)

0997

知识管理与图书馆服务 / 李玉梅,赵万明,杨静著. --天津:天津人民出版社,2009. -- 346 页;23cm. -- 天津市哲学社会科学规划课题成果. -- 978 – 7 – 201 – 05799 – 6(国家图书馆)

本书论述了图书馆实行知识管理的可行性与必要性,研究了图书馆业的知识管理内容及实施策略,提出了图书馆知识管理的运行机制,分析了图书馆知识服务的模式,为图书馆业应用知识管理、提高行业的竞争优势,提供了一些具体可行的方法。(赵红)

0998

图书馆管理:理论与实务 / 李作化著. -- 北京:团结出版社,2009. -- 318 页;21cm. -- 978 – 7 – 80214 – 825 – 3(国家图书馆)

本书以类似专题的形式对图书馆管理理论与实践进行了全面系统的阐述,内容涉及了战略管理、数字资源建设与管理、业务流程再造与团队管理、知识管理、管理文化研究等图书馆管理研究的热门话题。(王旭东)

0999

图书馆质量管理体系研究 / 罗曼,陈定权,唐琼等著. -- 成都:西南交通大学出版社,2009. -- 281 页;24cm. -- 国家社

会科学基金资助项目. -- 978 - 7 - 5643 - 0155 - 2(国家图书馆)

本书共分五篇16章。第一篇总论,主要包括我国图书馆内外环境扫描、当代质量管理理论、当代质量管理理论在图书馆的应用、图书馆质量管理体系的构建。第二篇图书馆服务质量管理,主要包括图书馆服务及其质量管理、图书馆服务质量评价模型及其应用、数字参考咨询服务的质量管理、分布式合作化数字参考咨询服务的质量管理。第三篇图书馆信息资源质量管理,包括印刷型信息资源质量管理、电子资源及其质量管理、电子资源质量评价模型及其应用、与电子资源质量管理相关的几个问题。第四篇图书馆人力资源质量管理,包括图书馆人力资源质量管理的基本问题、(赵红)

1000

文献传递理论与实务 / 涂湘波,陈有志编著. -- 北京:知识产权出版社,2009. -- 292页;21cm. -- 978 - 7 - 80247 - 627 - 1(国家图书馆)

本书共11章,内容包括:概述;文献传递与资源优化配置;文献传递服务模式;文献传递的成本、定价与补贴政策;文献传递软件技术等。(王旭东)

1001

馆员职业生涯的塑造 / 汪宇彤著. -- 沈阳:东北大学出版社,2009. -- 149页;23cm. -- 978 - 7 - 81102 - 775 - 4(国家图书馆)

本书从馆员自我成长、自我塑造、自我完善的角度,系统介绍了身为一名图书馆馆员做好图书馆各类工作的技巧和方法以及如何塑造自己的馆员生涯。(王旭东)

1002

图书馆管理 / 张存生著. -- 北京:军事谊文出版社,2009. --123页;21cm. -- 978 - 7 - 80150 - 770 - 9(国家图书馆)

本书阐述了作者对于图书馆经费的使用和管理、图书馆专业队伍管理、图书馆馆藏文献资源管理的看法,探讨了专业技术职务评聘工作中存在的有待完善的问题等。(王旭东)

读者工作

1003

图书馆与市民教育 / 杜定友. -- 广州:市民大学出版部,1921

未见书。见录于李钟履《图书馆学书籍联合目录》。(胡月平)

1004

图书馆与平民教育 / 杜定友. -- 广州:广东全省教育委员会,1922. -- 256页

未见书。见录于李钟履《图书馆学书籍联合目录》。(胡月平)

1005

图书馆活用办法建议 / 河北教育厅. -- 保定:河北教育厅编印,1930

未见书。见录于李钟履《图书馆学书籍联合目录》。(胡月平)

1006

图书馆参考论 / 李钟履. -- 北平:中华图书馆协会,1933. --196页:16开(国家图书馆)

内容包括参考工具(参考书籍与参考材料)、参考事务、参考行政3部分。有著者序。(胡月平)

1007

图书之流通 / 许振东. -- 杭州:杭州省立图书馆,1933. -- 73页:图表;24开. -- 省立图书馆辅导丛刊.2(国家图书馆)

分绪言、流通种类、流通用具、图书交换、实施要点、章则表式6章。有陈训慈的序。(胡月平)

1008

图书馆与成人教育 / 杜定友. -- 上海:中华书局,1933,1948. -- 164页:图表;24开(辽宁省图书馆)

此书由美国图书馆协会出版的 Libraries and Adult Education 一书编译而来,略有删节。分两编,共20章。主要内容为图书馆与成人教育的理论,以及施行的方法等。有作者自序及导言。末附参考选目。版权页题:中华文库民众教育第1集。(卓连营)

1009

参考书问题专号 / 浙江省第一学区图书馆协会. -- 编者刊,1934. -- 28页:图;16开(国家图书馆)

收陈伯衡著《工具参考书略说》、潘淦鎏著《使用普通参考书的方法》、许雪昆著《参考问题论文集目》3篇文章。末附浙江第一学区各图书馆参考书联合目录(中、日、西文)。此书各篇原载《浙江省第一学区图书馆协会会刊》第二期。(胡月平)

1010

图书馆使用法 / 吕绍虞. -- 上海:教育编译馆,1934. -- 46页:图;32开(浙江图书馆)

系吕绍虞据 M. S. and E. F. Rowse 的 How to Use the Library 编译。从读者易于理解的角度出发阐明书籍结构、书籍排架整序、卡片目录、工具书使用和读者指导等八个方面的内容。书后附名词索引和译者译著介绍。(王效良)

1011

图书馆使用法的指导 /(美)哈勤斯(Hutchins),江生(Johnson),威廉斯(Williams)著;喻友信译. -- 武昌:文华图书馆学专科学校,1934. -- 244页:图表;32开. -- 文华图书馆学专科学校丛书(国家图书馆)

分29章,介绍图书馆分类、目录等。有译者序及绪言。书名原文:Guide to the use of Libraries。(胡月平)

1012

图书馆利用法 /(美)勃朗(Z. Brown)著,吕绍虞译述. -- 上海:商务印书馆,1935. -- 10,181 页:图表;32 开. -- 图书馆学丛书(国家图书馆)

分 10 章,介绍图书馆书籍的排置、购书与藏书、工具书与索引、书目编制法等。有沈祖荣序及原著者序。书名原文:The Library Key:an Aid in Using Books and Libraries。(胡月平)

1013

乡村巡回文库经营法 / 赵建勋. -- 上海:商务印书馆,1935. -- 49 页:图表;32 开. -- 师范小丛书(浙江图书馆)

系师范小丛书之一。内容"注重经营方法及实施步骤",分文库架构,图书选择、分类、编目,巡回路线,代办处所,流通准备,交接运输,视导,读书会组织等部分。附录刊《巡回文库暂行规程》。(王效良)

1014

中文参考书指南 / 何多源. -- 广州:岭南大学图书馆,1936. -- 12,778 页:表;24 开. -- 岭南大学图书馆丛书(上海图书馆)

全书分上、下两编:上编包括通论、字典、辞典、类书、百科全书、普通书目等内容;下编包括图书馆新闻学、经学、哲理科学、社会科学、自然科学等内容。设补遗。附录中文参考书百种选等四种。(金晓明)

1015

小学中高级自由阅览指导之研究(北平师大附一小儿童图书馆工作报告) / 王柏年. -- 北平:国立北平师范大学出版课,1936. -- 54 页;表格;26cm. -- "师大月刊"抽印本(浙江图书馆)

为师大月刊第二十九期抽印本。6 章内容分述自由阅览要旨、阅览指导、阅览前准备、读者分类、成绩考查和将来希望。后附参考书目。(王效良)

1016

图书流通法 / 俞素味. -- 上海:商务印书馆,1936. --11,170 页:图表;32 开. -- 图书馆学丛书(国家图书馆)

共 19 章,论述了图书流通的必要,图书流通与民众教育的关系,图书流通与家庭教育及学校教育的关系,图书流通的种类、用具,以及到馆借书的办法、通信借书的办法、陈列图书的办法、巡回图书的办法、车送图书的办法、代理图书的办法 6 种图书流通的方法;随后论述了图书流通应注意的工作、实施的要点、章则表式,流通图书馆的前途,发展流通图书馆的几个先决问题;最后介绍了各国图书流通事业的概况及中国境内图书流通事业的概况。书前有杜定友、吴家镇、詹汝嘉、查修的序及编辑要旨。(胡月平)

1017

图书馆服务门径 / 段怀民. -- 上海:图书馆学函授学校毕业同学会,1936. -- 10 页

未见书。见录于李钟履《图书馆学书籍联合目录》。(胡月平)

1018

怎样利用图书馆 / 吕绍虞. -- 上海:中国图书服务社,1938. -- 40 页:表;32 开. -- 上海图书馆协会丛书(上海图书馆)

前有著者序。附录杜氏图书分类法简表。主要内容为图书馆及图书的排列,参考书、工具书的利用等。(金晓明)

1019

中文参考书指南(增订本) / 何多源. -- 长沙:商务印书馆,1939. -- 23,961 页:表;25 开. -- 岭南大学图书馆丛书(国家图书馆)

增订本。分上、下编,上编包括通论、字典、辞典、类书百科全书、普通书目、丛书、杂志日报、学术机关刊物、政府机关刊物 9 章;下编为 14 章,包括图书馆学新闻学、国学、经学、哲理科学、社会科学、语文学、自然科学、应用科学、艺术、文学、历史、传记、地理指南地图、古物学考古学,其中国学、传记、古物学及考古学为新增。另设补遗。书前有谭卓垣、陈受颐、杜定友、严文郁 4 人的序及著者自序、再版自序,凡例。书后附录中文参考书百种选、英文关于中国之参考书举要、全国出版家指南、书名著者类目索引四种。(胡月平)

1020

图书流通法 / 陈长伟. -- 编者刊,1940、1943. -- 油印本;118 页;21cm(国家图书馆)

分图书流通法、流通部组织法、典藏法、出纳法、公共图书馆出纳法、学校图书馆出纳法、指定参考书、普通参考书、杂志报纸、阅览、广告、统计、推广、互借、馆员之训练,共 15 章。附录图表 73 种,信 16 种。(胡月平)

1021

图书馆与民众教育 / 徐旭. -- 长沙:商务印书馆,1941. -- 213 页:表;36 开(国家图书馆)

分 10 章,介绍挂图识字法、民众识字班、阅读辅导法、民众读书会、职业补习班、图书巡回法、连环教学法、读书比赛会、图书展览会等图书馆开展民众教育的方法。书前有自序及绪论,书后附录《上海小书摊调查》《上海小报摊调查》。(胡月平)

1022

图书出纳 / 杜定友. -- 广州:中山大学图书馆油印,1941. --27 页

未见书。见录于李钟履《图书馆学书籍联合目录》。(胡月平)

1023

怎样利用图书馆 / 洪焕椿. -- 上海:开明书店,1946,1947,1947. -- 216 页:图表;36 开. -- 开明青年丛书(国家图书馆)

分 10 章,介绍图书的结构、书籍的分类、图书馆的目录、一般工具书的使用方法等。有自序。(胡月平)

1024

图书馆推广事业 / 广东省中山图书馆. -- 广州:广东省中山图书馆油印,1947. -- 10 页

未见书。见录于李钟履《图书馆学书籍联合目录》。(胡月平)

1025

怎样在图书馆里看书 / 叶绍钧. -- 上海:中华书局,1948(北京师范大学图书馆)

本书阐述了为什么要到图书馆里去看书、图书馆是怎样的(图书馆内的设备、借书和还书、图书馆的规则)、到图书馆去看书应该带什么工具、到图书馆去怎样选择图书、怎样看出某书的要点、看书时应有的态度、怎样做笔记等内容。(张玲)

1026

图书运用法(上、下) / 商务印书馆函授学校图书馆学科编. -- 编者刊,1949(前). -- 2 册(65 页); 32 开(上海图书馆)

全书分上下两册,有图书馆的认识、参考、馆外贷出、巡回文库、读书指导五章。本书与《图书馆行政》《目录学》《图书选择法》《图书编目法》等书合订。(金晓明)

1027

图书馆与读者 /(苏)沃兹涅新斯卡娅(T. Вознесенская)著;严华,张先模译. -- 汉口:中南人民出版社,1953. -- 80 页:图; 18cm(国家图书馆)

莫洛托夫汽车工厂图书馆,是前苏联工会图书馆中最好的图书馆之一。本书是该馆读者工作的经验介绍,叙述该馆宣传书籍吸引读者的方法和经验。他们有明确的工作方针,经常向读者宣传和推荐最有价值、最富于思想性的图书,尤其是社会政治书籍和马克思列宁主义的经典著作,帮助读者掌握马克思列宁主义的理论。该馆工作的特点,是密切地结合生产,帮助先进工人改进工作方法,提高劳动生产率。该馆通过各种活动,加强与读者的亲密联系吸引并且依靠各种不同职业和具有专长的读者积极分子,共同做好图书馆的工作。(韩丽)

1028

苏联大众图书馆怎样宣传自然科学书籍 / 张造勋译;中央人民政府文化部编. -- 北京:中央人民政府文化部(内部出版),1954. -- 1 册:图

未见书。

1029

图书馆怎样做好社会政治书籍的宣传工作 /(苏)哈扎诺夫(А. Л. Хазанов)著;苏大悔译. -- 北京:时代出版社,1954. --87 页:图;19cm(北京师范大学图书馆)

做好社会政治书籍的宣传工作是图书馆的重要任务之一。苏联图书馆在这件工作上已经获得了显著的成功,本书的意图就是把这方面的各种各样工作经验加以手机和推广,全书分 6 章,说明了图书馆处理社会政治书籍这一工作的意义和任务,工作的具体内容,工作的成功条件、工作中可以使用的工具等。本书适合一般图书馆及资料室工作人员学习苏联先进经验用。(张玲)

1030

图书馆怎样指导青少年阅读 /(苏)伊日芙斯卡娅(М. А. Ижевская)编著;予达,宗全译. -- 北京:五十年代出版社,1955. -- 188 页;18cm(北京师范大学图书馆)

全书包括阅读的个别指导、群众工作、图书馆的积极分子与读者小组、图书目录、解答咨询工作、图书馆与学校的联系等内容,协助学校图书馆、与共青团及少先队员组织的联系等内容。(张玲)

1031

图书馆参考论 / 李钟履. -- 台北:德浩书局,1974. -- 194 页:16 开(北京师范大学图书馆)

全书共三章,第一章参考书籍与参考材料,介绍了参考书籍和参考材料的种类,审查优劣法、购求与管理;第二章参考事务。介绍了参考事务的相关理论、参考事务的处理、参考事务的类别及各种图书馆参考事务之间的异同等问题;第三章参考行政,介绍了参考部、参考主任及其他职员、训练民众、房屋及设备等内容。(张玲)

1032

图书流通基础知识问答 / 卢子博,倪波主编;周治华执笔. --北京:书目文献出版社,1981. -- 98 页;19cm. -- 图书馆业务基础知识问答. -- 7201. 26(国家图书馆)

本书是由卢子博、倪波主编的《图书馆业务基础知识问答》丛书的第三分册,由周治华执笔。编者从图书流通工作的各个方面,归纳了 35 个问题,逐一进行解答。本书的主要内容是:图书流通工作的意义和作用;不同类型图书馆应怎样搞好图书流通工作;图书流通人员应具备哪些修养等。内容中还涉及到对少年儿童、农村读者的图书流通问题。针对这些问题,编者采用问答的形式给予了简明扼要的回答。本书可供各类型图书馆工作者参考,特别对新参加图书流通工作的青年同志具有实际指导意义。(韩丽)

1033

参考服务与参考资料:图书馆参考服务之理论与实务 / 薛文郎. -- 台北:台湾学生书局,1981. -- 349 页;21cm. -- 大学用书(国家图书馆)

著者曾担任台湾“国立中央图书馆”分馆参考服务组主任,致力于将参考服务学术化。该书共 11 章。第一章导论;第二章参考服务的人力要素——参考馆员;第三章参考服务的物质要素——参考用书;第四章参考服务部门的组织;第五章参考服务的基本态度;第六章参考工作的实物;第七章参考馆员与国学;第八章参考馆员与科技知识;第九章中、西文百科全书;第十章重要参考书选介;第十一章资讯检索与参考服务。(赵红)

1034

图书馆业务自学大全(9):图书馆读者工作 / 张树华;张嘉澍编著. -- 长春:吉林省图书馆学会(内部出版),1981. -- 93 页;19cm. -- 吉林省图书馆学会丛书(国家图书馆)

本书是吉林省图书馆学会组织编写的图书馆业务自学大全丛书中的一册。本书共 6 章。第一章读者工作的作用和关系,论述了读者工作的作用和原则、规律和体系,并回顾了建国以来我国图书馆的读者工作;第二章做好读者工作的条件,包括服务对象的分析研究,藏书的调查研究,掌握工作方法、树立全心全意为读者服务的思想;第三章图书流通工作,详细介绍了借书处、阅览室的作用和设置,借书处和阅览

室的技术工作、文献复制工作和馆外流通工作;第四章图书宣传和阅读辅导工作;第五章参考咨询工作,包括参考咨询工作的任务与内容、书目参考、解答咨询工作三节内容;第六章正确处理读者工作中的各种关系,包括藏与用的关系,供与求、借与还的关系,现代化技术与传统技术方法之间的关系等。(张玲)

1035

图书馆读者服务工作资料选编 / 邓俊刚等编纂. -- 杭州:浙江省高等学校图书馆工作委员会(内部出版),1982. -- 274 页;19cm(北京师范大学图书馆)

本书为适应党的十一届三中全会以来全国高等学校图书馆建设事业蓬勃发展的新形势以及改进、完善图书馆读者服务工作的要求,为满足高校图书馆工作人员学习、参考需要,编纂而成。全书共分 6 部分:第一部分为读者服务工作的地位和作用;第二部分为读者阅读规律;第三部分为图书流通;第四部分为阅览室服务工作;第五部分为参考咨询;第六部分为情报服务和系资料室工作。(韩丽)

1036

怎样利用图书馆 / 刘久昌,宁国誉著. -- 北京:书目文献出版社,1982. -- 193 页;19cm. -- 7201.19(国家图书馆)

图书馆是人类的知识宝库,是人们终身学习的场所,也是国家整个科学技术情报体系中的重要组成部分,具有重要的社会地位和作用。本书针对有些读者对图书馆很陌生,在查找书刊资料方面的困难,向他们介绍图书馆工作的常识,帮助他们尽快地学会利用图书馆。全书共分 8 章,主要介绍了图书馆及图书馆藏书的概况,重点介绍了图书馆各种服务的内容,阐述了图书馆目录、工具书的基本知识,然后详细介绍了怎样检索文献资料、怎样借阅图书报刊,最后对现代化图书馆进行了展望。(韩丽)

1037

图书馆:知识的宝库 / 邱昶,黄昕编著. -- 长沙:湖南教育出版社,1982. -- 153 页;19cm. -- 7284.22(国家图书馆)

本书在扼要介绍图书和图书馆历史的基础上,比较详尽地向读者介绍了图书分类法、图书馆目录、工具书和古籍的有关知识及其使用方法,同时介绍了做好读书笔记和读书卡片的基本方法。作者是图书馆学专业人员,有实践工作经验,文字又力求通俗、易懂,所以虽然是专业性著作,读起来却妙趣横生、引人入胜,使人受到一次生动活泼的图书馆学教育。对于在校的中学生,和具有中学文化程度的广大读者来说,本书是一本较好的自学入门的参考工具书。(韩丽)

1038

读者服务工作 / 朱洪林编著. -- 南宁:广西人民出版社,1982. -- 92 页;19cm. -- 7113.445(国家图书馆)

本书是中南地区省级图书馆共同组成的“业务研究讨论会”于 1980 年在长沙召开关于专业干部培训问题的讨论会后,决定编印的一套《图书馆专业进修教材》中的一册。本书共分为 5 章,首先对读者服务工作的意义和作用、原则、内容等进行了概述,然后从图书流通工作、宣传辅导工作、参考咨询工作等方面介绍了读者服务工作的意义和作用,以及如何开展读者服务工作,最后介绍了少年儿童读者工作的意义、作用、特点,及其对图书借阅工作和少年儿童图书宣传、阅读的指导作用。本教材适合图书馆中等专业学校或函授学校教学使用,也适合刚参加图书馆工作的青年同志自学。每章末附有思考题供读者参考。(韩丽)

1039

读者工作经验汇编 / 全国读者工作研讨班编. -- 杭州:全国读者工作研讨班(内部出版),1983. -- 153 页; 18cm(国家图书馆)

为进一步开创图书馆工作新局面,改革读者工作,文化部图书馆事业管理局于 1983 年 6 月 1 日至 21 日在杭州举办了全国省市公共图书馆读者工作研讨班。来自全国 27 个省市自治区图书馆和部分省辖市图书馆的 60 多位同志广泛地交流了读者工作的经验,其中有关于读者工作内容形式的改革,关于馆风馆纪的整顿,关于开展文明礼貌服务,关于在读者工作部门制订岗位责任制实行劳动定额管理,关于为工农业生产和科研服务等方面的经验,也有图书馆馆长对读者工作的认识以及如何当好阅览部主任的体会。它们各具特色,各有侧重,反映了党的十一届三中全会以来,我国图书馆界在开展读者服务工作方面出现的大好形势,为社会主义物质文明和精神文明建设服务所取得的初步成果。本书就是为了向全国图书馆界广泛介绍这些经验,因此将交流的经验材料汇集而成的。(韩丽)

1040

图书馆参考工作 / 四川省图书馆学会主编. -- 成都:四川省中心图书馆委员会(内部出版),1983. -- 144 页;19cm(中国科学院国家科学图书馆)

本书共 7 章。第一章参考工作概说,包括参考工作的范畴、意义、来源、内容和方法、条件等内容;第二章参考工作的组织,介绍了参考工作组织的作用、形式和人员构成;第三章介绍了咨询解答工作的宣传工作、接待读者、分析判断、答复咨询等问题;第四章参考文献的收集,介绍了图书目录、工具书、资料性图书和咨询档案及其他;第五章查找文献的方法,介绍了一般文献查找的方法,马列主义经典著作查找法,字、词、音、义查找法,语句、典故、史料查找法,历代典章制度查找法,历代人物生卒查找法,历史年代和古今地名查找法,文献查找法;第六章书本式目录编制法;第七章参考咨询的群众活动。(张玲)

1041

读者工作概说 / 四川省图书馆学会主编. -- 成都:四川省中心图书馆委员会(内部出版),1983. -- 131 页;20cm. -- 图书馆学知识丛书(国家图书馆)

本书是《图书馆学知识丛书》中的一本。主要内容包括:读者工作的内容、意义和作用,读者研究的意义、内容和方法,了解图书的特点、类型,熟悉工具书、书目等基础知识,藏书的组织与管理,馆内阅览读者的分析及阅览室的设置、设备、管理、工作等,图书流通工作的情况,图书宣传工作的条件、作用与宣传方式,查找资料、读书方法等读者辅导工作,读者工作的基础理论、社会效果等问题的探讨。本书在当时思想比较解放,强调理论联系实际,有广泛的适用性,适合对在各类型图书馆工作者的培训,也适合情报系统培训业务人员的需要。(韩丽)

1042

书僮书话 / 唐润钿. -- 台北:文史哲出版社,1983. --316页:照片;21cm(国家图书馆)

全书分4章。第一章介绍了图书馆的服务与资料的利用,图书馆的参考服务,参考问题选录及其求解过程或解答等。第二章介绍图书,其中如"《女诫》作者究竟是谁"、"魔术方块"及"浅论子弟书"等篇,都是著者为读者解答问题时实际查找资料的经验。第三章序记与漫谈,包括了自序文字和新书评价。第四章为附录,系著者选录其他作家对其著作的序文和评价文字。书前有序。(赵红)

1043

北京图书馆参考工作:资料汇编 / 北京图书馆参考研究部马列著作研究室编. -- 北京:编者(内部出版),1984. -- 140页;19cm(国家图书馆)

参考工作是图书馆业务的一个重要组成部分,本书是对北京图书馆在解答咨询、编制书目、研究文献等方面许多参考咨询工作的一个总结。本书分为多辑,分别有北京图书馆参考研究部的工作、工作人员和出版物介绍,问题探讨,咨询举例,图书和工具书介绍,展览工作介绍,国外图书馆参考工作的一些资料文献,国外图书馆学辞典词条的介绍,读者来信选登等内容。本书可供图书馆工作人员以及图书馆学术界的有关人员参考,对有关单位和个人都有一定的参考价值。(韩丽)

1044

读者学与读者工作文选 / 何广荣主编. -- 南宁:武汉大学图书馆学函授专修科南宁函授辅导站(内部出版), 1984. -- 298页; 19cm(北京师范大学图书馆)

本书是1979年至1983年各图书馆学刊上发表的有关文章汇辑而成的。主要内容包括读者学、读者工作、读者心理学、读者统计以及国外读者工作介绍等方面,内容丰富,反映了我国读者学与读者工作的最新研究成果和水平,可供广大图书、情报、资料工作者和在校图书、情报专业师生参考阅读使用。全书共选录了26篇文章,约17万字。书后附有未收入"文选"的读者学和读者工作等方面的一百多篇文章的篇目索引。(韩丽)

1045

读者工作录验 / 孙九权等著. -- 哈尔滨:哈尔滨师范专科学校图书馆(内部出版),1984. -- 211页;19cm(南开大学图书馆)

本书是作者从其自己的工作实际出发,具体问题具体分析,通过其具体实践总结了若干经验编写而成的一册参考资料。全书对图书流通、图书宣传、阅读指导、参考咨询和检索工具的组织等方面均有涉猎,其中对流通规律、辅导规律和读法规律都有所窥测,并努力向这些规律的关系的公式化前进。本书所提到的问题都来自于高校图书馆工作的第一线,因此,不仅对在高校系统图书馆从事读者工作的同志有所借鉴,其他系统图书馆从事读者工作的同志也可以得到某些启发。(韩丽)

1046

读者工作概论 / 沈继武编著. -- 武昌:湖北师范学院出版社,1985. -- 198页;19cm(国家图书馆)

本书是图书馆学自学丛书之六,该丛书是20世纪80年代中期湖北省高等教育自学考试图书馆学专业主要参考书,武汉大学图书馆学系函授教育的正式教材。本书共分为6章,每章前均有各章的学习目的要求,主要内容包括:读者工作原理,如读者工作的含义、内容、意义及其基本原则等;读者结构,包括读者成份、读者类型、读者的范畴体系等;读者心理,如读者心理学的原理、读者心理的研究方法、读者的阅读心理等;读者阅读需要,包括阅读需要的实质与过程、需要的类型与特征、需要特点等;读者服务方法体系,包括了外借、阅览、复制、咨询、检索、定题、报道、编译、情报等服务方法;读者工作的组织管理,如开架阅览的体制、外借与阅览的管理等。(韩丽)

1047

图书馆和情报源利用指南 /(美)盖茨(J. K. Gates)著;邵萍等译. -- 北京:北京大学出版社,1986. -- 398页;20cm. -- 7209.14(国家图书馆)

本书作者编写此书的目的,是为了使高等院校的师生们,通过各种实践,更好地掌握利用图书馆及其情报资源的方法。本书对包括图书卡片著录格式、图书馆目录体系,直到各种类型工具书的内容和使用法逐一作了简明扼要的介绍。本书列举的工具书数量较多,包括综合性的和专科性的,还对图书馆现代化的有关知识,如缩微品、其他非书资料、计算机数据库和参考工作等内容作了概括性介绍。本书内容是介绍美国大学图书馆情况的,其中关于图书馆的介绍和所列举的大量工具书,对我国进行各种学习和研究而需要利用图书馆的广大读者有较大的参考价值。(韩丽)

1048

参考工作导论:基本参考工具书 /(美)卡茨(W. A. Katz)著;戴龙基译. -- 北京:书目文献出版社, 1986. -- 482页; 20cm. -- 书名原文: Introduction to Reference Work. -- 7201.94(国家图书馆)

本书是一部关于西文主要参考工具书的专著,是美国著名情报学、图书馆学专家威廉·卡茨所著两卷本《参考工作导论》的第一卷。在1985年由戴龙基教授组织编译。本书导论一章介绍了参考咨询工作、参考工具书及电子计算机在图书馆的应用。此后各章节均依传统工具书的类型来划分,诸如书目、索引、百科全书等等。每章讨论一类工具书各方面的基本情况,以及它们与解答咨询问题的关系。全书从图书馆参考咨询的角度出发,系统阐述了各类型工具书的特性及功用,比较详细地介绍、分析和评价了各类工具书中基本的、具有代表性的重点书例,内容详实,选例精当,立论中肯,对工具书的选择、甄别和使用提供全面的指导。本书可作为图书情报专业教学参考用书,对于经常使用工具书从事其他各门学科研究工作的人员也具有实用价值。这是一部在西方学术界很有权威性的著作。不仅对图书馆参考咨询、图书采购工作起着指导作用,而且对学术界掌握、利用西文工具书也有很大帮助。(张玲)

1049

河北省图书馆学会读者工作论文集 / 河北省图书馆学会读者工作组编辑. -- 石家庄:河北省图书馆学会(内部出版),1986. -- 379 页;19cm(武汉大学图书馆)

本书编辑出版的目的,主要是全面反映河北省图书馆学会成立以来,读者工作研究的成果,以促进河北省图书馆界在了解、总结现有研究成果的基础上,进一步深入研究,开拓新的研究领域,并求得全国图书馆学界专家、学者的指导,把河北省的读者工作研究水平再提高一步。本论文集的编排分两个部分:一是全文刊载的文章,系为在省级以上刊物发表过的文章(包括未参加研讨会交流的论文)和被省学会推荐参加全国科学讨论会的文章 58 篇;二是以题录刊载的被评选参加河北省历次研讨会交流的文章 62 篇。(韩丽)

1050

参考咨询基础知识问答 / 卢子博, 倪波主编. -- 北京:书目文献出版社,1986. -- 127 页;19cm. -- 图书馆业务基础知识问答. -- 7201.93(国家图书馆)

本书是由卢子博、倪波主编的《图书馆业务基础知识问答》丛书的第八分册,本分册由周治华、倪波、程德璋执笔。编者从图书馆参考咨询工作的不同角度,总结归纳 45 个问题,这些问题涉及到图书馆参考咨询工作的性质、任务,如何建立参考咨询工作队伍,以及如何提高参考咨询工作的质量和效果等。针对这些问题,编者采用问答形式给予简明扼要的回答。本书对从事图书馆、图书情报、参考咨询工作的同志具有一定的参考价值,尤其对新参加工作的青年同志更具有实际意义。(韩丽)

1051

图书馆读者工作教程 / 张树华. -- 北京:北京大学出版社,1986. -- 237 页;19cm. -- 7209.15(北京大学图书馆)

本教材是供图书馆学专业学生学习使用的。全书共分 7 章:第一章总论,主要介绍了读者工作的定义、性质、职能、原则及构成;第二章为读者研究,分别介绍了阅读、读者、社会阅读活动和图书馆读者;第三章为阅读指导,介绍了阅读指导的原理、内容、图书馆的宣传及其方式方法等;第四章为图书流通,介绍了图书流通方式、文献提供方式和流通业务工作内容;第五章为情报服务,主要介绍了咨询服务、书目服务和定题服务;第六章为组织管理,介绍了图书馆的服务设施管理、机构与人员管理、读者工作效益评价、读者工作统计等;第七章为读者工作的发展,介绍了我国读者工作的发展历史及发展趋势。(韩丽)

1052

中国图书馆学会读者服务工作经验交流及学术讨论会文集 / 中国图书馆学会编辑. -- 贵阳:贵州省图书馆学会(内部出版),1986. -- 316 页;26cm. --(国家图书馆)

本书是 1985 年于贵州召开的中国图书馆学会读者服务工作经验交流及学术讨论会的论文集。会议收到文字材料 48 篇,全书编为五个部分,前三个部分是依图书馆类型区分的科研与经验材料,包括了高校图书馆、省级公共图书馆和市县公共图书馆的经验。第四部分是研究论文,涉及问题较广,也包括了为精神文明建设服务方面的内容。第五部分是关于新技术手段应用方面的文章。除此之外,在本书的开始部分还有会议三个专题组的主持人的专题总结文章。(韩丽)

1053

阅读学概论 / 高瑞卿主编. -- 长春:吉林教育出版社,1987. -- 389 页;20cm. -- 7-5383-0275-1(国家图书馆)

本书共分为 14 章,从阅读学的基本知识讲起,介绍了阅读的起源及其作用、阅读的目的、阅读材料的选择、阅读的原则、阅读的过程和阅读的类型以及阅读的方式方法、阅读的知识结构和阅读能力的构成。然后分类对一般文章的阅读、科技文章的阅读和文学作品的阅读进行了论述,介绍了阅读和工具书的使用,如何做读书笔记,如何进行阅读与信息及其文献资料的检索,介绍了阅读技能的训练和阅读的修养。本书主要供广大阅读者、研究者参考,也可以作为一门学科在教学中试用。(韩丽)

1054

图书馆用户教育 /(瑞典)菲埃尔勃兰特(N. Fjallbrant),(英)马利(I. Malley)著;刘松甫译. -- 北京:科学技术文献出版社,1988. -- 300 页:图;19cm. --书名原文:Vser Education in Libravies. -- 7-5023-0072-4(国家图书馆)

用户教育是指图书情报部门对图书情报系统的潜在用户和现行用户实施情报意识和情报技能的教育,这是用户开发的根本途径。《图书馆用户教育》第一版由菲埃尔勃兰特博士与英国专家史蒂文森合著,发表于 1978 年。本书为第二版,作者南希·菲埃尔勃兰特和伊恩·马利分别是瑞典和英国的用户教育专家。全书共 14 章,分别论述了为何需要图书馆用户教育、用户教育大纲的目标和目的的确定、图书馆用户教育的教学方法和介质、联机情报检索的用户教育、用户教育大纲的评价、公共图书馆的用户教育、中小学图书馆的用户教育、国家用户教育信息交流中心、合作与协调、英国的用户教育、美国的用户教育、澳大利亚高校图书馆的用户教育、用户教育与图书馆等内容。(张玲)

1055

图书馆读者工作 /(苏)B. Φ. 萨哈罗夫等著;赵世良译. -- 沈阳:辽宁人民出版社,1988. -- 355 页:图;20cm. -- 7-205-00432-2(国家图书馆)

本书是《图书情报业务译丛》中的一册,全书共分四大部分,主要围绕读者工作的学术问题与实践问题进行了研究。首先概述了读者工作的研究对象、原则、任务和方向,介绍了社会主义社会中的阅读活动和各种原则,并论述了读者工作的任务;分析了读者工作的学术问题和实践问题,对读者研究和阅读研究的理论与方法以及读者工作的方式方法进行了分析;最后对读者工作的组织进行了研究,重点讨论了借书处与阅览室的工作组织,馆际互借和邮递借书的工作组织。(韩丽)

1056

医学信息资源的利用 / 董炳琨,余国膺. -- 北京:中国科学技术出版社,1988. -- 406 页;21cm. -- 大学后教育书系;医生必读丛书. -- 7-5046-0062-8(清华大学图书馆)

本书根据临床科研的需要,介绍了各类医学文献资料的内容特点、用途和对使用者的价值,详细介绍了如何利用常用的医学参考资源,如何查找国内外医学文献和会议文献,及如何利用世界卫生组织(WHO)出版物;还简要地介绍了医学与专利的关系和专利利用及申请的知识;最后介绍了计算机情报检索和撰写医学文献与做学术报告的各种形式、写作方法、表达技术和通用规则。总之,本书的任务就是帮助青年医生学会读"书"、用"书"和向"书"输入新鲜血液的方法。(韩丽)

1057

图书馆读者工作 / 浦保清编著. -- 南宁:广西教育出版社,1988. -- 161 页;19cm. -- 全国图书馆学中专系列教材. -- 7-5435-0417-0(国家图书馆)

本书是全国图书馆学中专系列教材中的一册。全书共分为 7 章,主要内容包括:绪论,介绍了读者工作的意义、原则、内容和读者工作人员的修养;读者组织,讲述了读者组织的作用、读者发展和读者教育;读者研究,包括读者心理、读者分析和读者研究的方法;图书流通,介绍了流通图书的管理、阅览、外借、复制等服务;宣传辅导,介绍了图书宣传和阅读辅导工作;参考工作,包括了咨询、检索、定题、报导、编译、情报等服务;最后介绍了少年儿童读者工作的服务体系、特点,以及少年儿童图书流通工作和宣传辅导工作。(韩丽)

1058

参考工作与参考工具书 / 戚志芬编著. -- 北京:书目文献出版社,1988. -- 723 页;20cm. -- 7-5013-0341-X(国家图书馆)

本书是北京图书馆职工业余大学开设"参考工作与参考工具书"课程的讲义,目的是供图书馆工作者或一般文史工作者使用,并供青年自学时参考。本书分为上下两编,上编侧重社会科学的参考工作,介绍了参考工作的意义、地位、发展方向、方式及内容范围,并对参考咨询工作的组织分工和机构的设置、解答咨询的方式方法进行了分析,介绍了参考目录的编制、参考工作中的规章制度及参考工作人员应具备的条件及其培养和使用等;下编专讲参考工具书,首先对参考工具书的概况进行了介绍,然后主要介绍了中文和西文文史工具书,如字词典、类书、政书、百科全书、年鉴、书目索引、人物传记工具书、地理资料、工具书指南等。(韩丽)

1059

中国图书知识 / 谢俊贵编著. -- 南宁:广西教育出版社,1988. -- 219 页;19cm. -- 全国图书馆学中专系列教材. -- 7-5435-0420-0(国家图书馆)

该书为 1985 年中国图书馆学会学术工作委员会教育组成立的"全国图书馆学中专教材编写组"组织、编写、出版的"全国图书馆学中专系列教材"之一。全书共分六章,系统地讲述了图书的性质与职能、图书的内容特征、图书物质材料的演进、图书形制的发展、图书制作方法简史及图书的类型。书前有总序,各章后有复习思考题,书后有主要参考文献书目。(胡秋玲)

1060

科技文献编目 / 徐海初编著. -- 北京:科学技术文献出版社,1988. -- 123 页;19cm. -- 科技情报业务丛书. -- 7-5023-0607-2(国家图书馆)

本书是《科技情报业务丛书》中的一册,全书简要叙述了传统的著录方法,概括了国际著录标准、英美编目条例和机读目录的基本内容及其发展情况,重点介绍了我国各类科技文献的著录标准和目录组织方法。可作为文献工作者的业务参考,大专院校图书情报专业本科生和研究生的辅助资料。本书共分 7 章,主要包括概论,文献著录及其标准化,中文科技文献著录,西文科技文献著录,日文、俄文及其他外文文献著录,计算机编目系统与机读目录,编目的组织与管理等内容。(韩丽)

1061

图书馆读者工作 / 赵世良,贺达主编. -- 北京:学苑出版社,1988. -- 217 页;19cm. -- 中国图书馆学自学系列丛书. -- 7-80060-217-6(烟台大学图书馆)

本书是中国图书馆学自学系列丛书中的一册,该丛书是在原《图书馆业务自学大全》的基础上修订、重编的。本书共分为 9 章,第一章读者工作概说,介绍了什么是读者工作及读者工作的意义、作用与原则;第二章读者研究,介绍了阅读、读者、社会阅读活动和图书馆读者等基本知识;第三章阅读指导,介绍了阅读指导的原理、内容和工作层次;第四章图书宣传,介绍了什么是图书宣传以及几种不同的宣传方式;第五章图书流通,介绍了阅览服务、外借服务和复制服务;第六、七章介绍了情报服务,包括咨询服务、书目服务、检索服务、定题服务和情报调研;第八章介绍了服务设施、机构与人员管理、读者工作的评价和统计等组织管理工作;第九章则介绍了国内外读者工作的发展概况及其发展趋势。书后附有思考题。(韩丽)

1062

图书馆员和参考咨询:系统研究 /(美)G. 杰霍德,J. S 布朗纳吉尔合著;徐祥盛译. -- 成都:成都科技大学出版社,1989. -- 192 页;19cm. -- 7-5616-0483-1(天津理工大学图书馆)

本书根据系统论的原理,分析研究文献检索和参考咨询工作的理论与技巧,介绍详尽,并附有大量实用的练习材料。全书共分为 11 章,其中文献检索模式、信息筛选、选定工具书、确定检索标题、选择答案、咨询接谈和联机检索等内容在当时国内尚属初见或少见。书后附录有参考咨询题解,适合图书情报工作人员进修或自学,也可作《文献检索与利用》课的教材,一般专业的学者和研究人员也可以此作为工具,解决文献检索中的疑难问题。(韩丽)

1063

图书馆使用指南 / 葛玉龙等编. -- 上海:上海交通大学出版社,1989. -- 111 页;19cm. -- 7-313-00434-6(国家图书

馆）

本书共分为8章，首先介绍了图书馆的简史和大学图书馆的地位、作用、任务等基础知识；然后重点介绍了利用图书馆的一些基本知识，介绍了图书馆参考工具书的种类，以及各类参考工具书的使用方法，并提出参考工具书选择的要点，举出了参考工具书选择的实例加以说明；最后介绍了现代化图书馆的概况，以及怎样利用图书馆撰写研究论文。本书既可以作为对高等学校入学新生开展图书馆基础教育的教材，也是普通读者提高利用图书馆能力的参考读物。（韩丽）

1064

图书馆与阅读指导 / 胡炼辉. -- 台北：台湾书店，1989. -- 260页；19cm. -- 957-567-000-0（国家图书馆）

全书分两篇。在第一篇"图书馆"中论述了台湾省县市文化中心图书馆营运情形、新竹市小学图书设备与运用之调查研究、小学图书馆之管理与服务、日韩小图书馆参观记、学校如何办理图书展览等。在第二篇"阅读指导"中论述了新竹市小学生阅读课外书刊之调查、书香学校之建立、怎样充分运用中华儿童丛书、世界各国都重视阅读教学等。附录：台湾省国民中小学图书馆（室）教育及阅读指导实施要点、小学图书设备标准、中学图书资料设备标准。

1065

书海探微 / 李宜涯. -- 台北：黎明文化事业公司，1989. -- 248页；21cm. -- 青年文库. 第一辑. 8（国家图书馆）

著者将其读过的好书分门别类地推介给读者。全书分为5辑。第一辑散文·杂感类，共26篇；第二辑小说，共10篇；第三辑励志·修身，共16篇；第四辑时论，共8篇；第五辑学术评论，共8篇。每篇文章含图书内容简介和简要评论。

1066

大学生怎样利用图书馆 / 阮彦林主编. -- 济南：山东教育出版社，1989. -- 186页；18cm. -- 7-5328-0835-1（北京师范大学图书馆）

本书主要针对大学生，向大学生介绍了怎样读书、检索书籍文献信息，以及如何利用图书馆以助学习的各种方法。（韩丽）

1067

全国高校图书馆履行情报职能经验交流会论文集 / 上海交通大学图书馆，上海交通大学情报学技术研究所编. -- 上海：编者（内部出版），1989（北京理工大学图书馆）

本论文集收录了1989年在上海交通大学召开的全国高校图书馆履行情报职能经验交流会上的论文共计71篇。包括吴善勤的《加强高校图书馆的情报职能》，谢宇平的《关于大学图书馆如何履行情报职能的问题》，何大镛的《对如何加强情报职能的再认识》，叶志超的《高校情报服务工作的特点和实践》，葛玉龙的《浅论高校图书馆情报工作为高科技服务问题》等。（韩丽）

1068

读者学与读者服务工作论文选 / 张树华，项弋平编. -- 北京：书目文献出版社，1989. -- 330页；20cm. -- 中国图书馆学情报学论文选丛. -- 7-5013-0789-X（国家图书馆）

为庆祝中华人民共和国成立40周年暨中国图书馆学会成立10周年，中国图书馆学会决定编辑出版《中国图书馆学情报学论文选丛（1949～1989）》，每集包括前言、综述和论文三部分。本书即为该丛书的第八集，共选收论文三十余篇，力求反映建国40年以来图书馆学情报学中读者服务工作的主要建设成就。收录的论文主要有《四十年图书馆读者服务的实践和理论进展》《读者工作的性质和功能》《再论读者学》《公共图书馆的读者类型及特点》《读者学刍议》等。（韩丽）

1069

中文工具书知识 / 赵德煌，翟嘉福编著. -- 南宁：广西教育出版社，1989. -- 182页；19cm. -- 全国图书馆学中专系列教材. -- 7-5435-0484-7（国家图书馆）

本书是全国图书馆学中专系列教材中的一册。全书共分为9章，主要内容包括：绪论，介绍了什么是工具书、工具书的类型和用途，工具书的主要排检方法，怎样选择理想的工具书等；然后详细介绍了怎样利用工具书查文字、查语词、查知识、查图书、查报刊、查人名和地名、查历史等；最后介绍了工具书的综合运用，并举例说明。（韩丽）

1070

查书读书写书手册 / 朱建亮编写. -- 太原：书海出版社，1989. -- 470页：图；19cm. -- 7-80550-058-4（国家图书馆）

本书的编写目的在于帮助和指导未能考入大学的中学毕业生、社会青年、企业职工和科研工作者有效地利用图书馆，提高读书效率，排解疑难。本书共7章，从介绍图书馆的作用和图书文献知识开始，到怎样选书、借书、阅览、咨询、查资料、积累和引用资料，最后到撰写学术论文、编书著书结束。读书治学的内容首尾皆有涉及，而最主要的内容是如何查找资料，包括利用卡片目录、工具书和利用其他文献综合查找等。本书积编者多年实际工作之心得，编排新颖，内容丰富，简单实用。（韩丽）

1071

读者学 / 梁彦斌著. -- 哈尔滨：黑龙江教育出版社，1990. -- 307页；20cm. -- 7-5316-1057-4（国家图书馆）

本书共分为9章，绪论首先介绍了读者学的研究内容、任务、意义、学科性质、研究方法等概况，然后借鉴相关学科的研究成果，结合出版发行工作的具体实践，研究了读者、读者阅读心理、读者购买行为和读者的个性，从而研讨了影响读者行为的个人因素、政治因素、经济因素和社会因素，并分别对少年儿童读者、青年读者、大学生读者、工人读者、知识分子读者、老年读者等进行了研究，探讨了读者心理与图书市场营销策略、读者和营业员的关系。（韩丽）

1072

台湾人文社会及科技馆际合作组织馆际互借现况及问题之研究 / 吴淑芬. -- 台北：汉美图书公司，1990. -- 168页；21cm. -- 图书馆学与资讯科学论文丛刊. 第一辑. 4. --

957-9005-09-5(国家图书馆)

本书以台湾最大的两个馆际合作组织——人文社会科学图书馆合作组织及科技图书馆暨资料单位馆际合作组织的212个图书馆为研究对象,以问卷法调查其馆际互借的现况及问题,分析影响其馆际互借功能的三个要素,以为评估此两个馆际合作组织馆际互借实施成效之依据。全书分五章。第一章绪论,论述研究动机及目的、研究范围及限制、研究方法及步骤。第二章文献探讨,论述台湾人文社会及科技馆际合作组织历年来会员大会及研讨会有关馆际互借问题重要之研究报告、评估馆际互借功能的要素。第三章台湾人文社会及科技馆际合作组织馆际互借现况及问题分析,论述馆际互借的组织人员及政策分析、馆际互借使用的传递方式及处理的步骤分析等。第四章台湾人文社会及科技馆际合作组织馆际互借问题股综合讨论,论述馆际互借的资料获得率及其问题讨论、馆际互借回复的时效性及其他问题讨论、馆际互借申请量的问题讨论。第五章结论及建议:探讨进一步研究的建议。书前有主编者弁言、图表目次等。书后有五个附录及索引。(赵红)

1073

好书齐齐讲:香港杰青读书手记 / 香港杰出青年协会. -- 香港:三联书店(香港)公司,1990. -- 120页;21cm. -- 年青人书系. -- 962-04-0858-6(国家图书馆)

本书根据香港电台邀请多位杰出青年在电台节目所谈读书心得整理而成。书中收录了"成龙谈读书"、"李伟才谈读《爱因斯坦传》"、"汪明荃谈读《资治通鉴》"、"王津谈读《领导新论》"、"黄安源谈读《居里夫人》"等57篇心得。

1074

公共图书馆读者与非读者特质分析:台北市民生社区抽样调查 / 曾淑贤. -- 台北:汉美图书公司,1990. --216页;21cm. -- 图书馆学与资讯科学论文丛刊. 第一集. 5. -- 957-9005-10-9(国家图书馆)

本书探讨公共图书馆读者与非读者在人口统计变项、媒体利用行为、生活型态及对公共图书馆态度上的差异,并分析读者与非读者对公共图书馆之态度是否与其生活型态有关。

全书分5章。第一章绪论,论述研究动机与目的、研究范围与限制。第二章相关理论与文献分析,论述生活型态理论与相关研究、态度理论与相关研究、图书馆读者与非读者人口统计变项及媒体利用行为之相关研究。第三章研究设计与实施,论述研究问题、研究假设与研究架构,抽样方法,研究工具,预试,调查实施,资料分析。第四章调查结果与综合讨论,论述受试者人口统计变项及媒体利用状况之分析、读者与非读者生活型态之分析、读者与非读者之生活型态与其对公共图书馆态度之相关性分析。第五章结论与建议,对公共图书馆之建议、进一步研究之建议。

书前有主编者弁言、图表目次等。书后附录:台北市民生社区区域图、公共图书馆读者与非读者特质调查问卷、台北市民生社区各里位置图。(赵红)

1075

读者心理学 / 张元璞,厉淑纯著. -- 北京:学苑出版社,1990. -- 181页;19cm. -- 7-5077-0226-X(国家图书馆)

本书共分10章,首先针对读者心理学研究的对象、任务、目的、意义、方法及其发展的情况进行概述,阐明普遍心理学与读者心理学的关系以及研究读者心理学的社会意义,叙述了读者心理学的基本原理;分别从图书馆流通工作、阅览工作、采编工作、参考咨询工作、宣传辅导工作等多个方面对读者的心理影响以及读者心理、行为、需求进行了研究,并就图书馆建筑、布局、设备对读者心理的影响进行了研究;最后对图书馆的管理工作与读者心理之间的关系、现代化图书馆对读者心理的影响都进行了研究和论述。(韩丽)

1076

大学生学习与图书馆 / 郑州纺织工学院图书馆等编. -- 郑州:中州古籍出版社,1990. -- 191页;19cm. --7-5348-0371-3(国家图书馆)

本书是专门为高校图书馆对新大学生开展怎样利用图书馆的教育而编写的。全书共分八章,主要内容包括:大学生的学习,大学图书馆,大学图书馆的文献,大学图书馆文献的组织,图书馆目录,工具书的使用,大学图书馆的利用,读书与读书技法等。本书具有以下几个特点:角度新颖,从大学生的学习特点和能力培养出发阐述图书馆的作用,最后落脚于对大学生读书的指导;逻辑性强,条例清晰,体例合理;适应性好,通俗易懂,举例照顾到综合性,既适合作为各类高校新生利用图书馆的教材,也适合作为广大青年朋友利用图书馆的指南。(韩丽)

1077

著名学者谈利用图书馆 / 庄焕先主编. -- 济南:山东大学出版社,1990. -- 216页,88页. -- 7-5607-0366-6(国家图书馆)

本书选择了我国46位学者,分别谈论了自己利用图书馆的经验及图书馆的重要性。本书的主要目的在于论证了图书馆在高校的突出地位。作者多是学有成就的专家学者,他们以亲身的体会与成功的经验,论述图书馆和利用图书馆的作用,因而具有较强的典型性和巨大的说服力。学者们的经验从更高层次上验证了一个结论:有效地利用图书馆是大学生提高全面素质、培养"通才"能力的重要途径。本书附有每篇文章的英文摘编。全书收录的文章包括:《图书馆是太上研究院》《没有围墙的大学》《我是怎样指导研究生利用图书馆的》等。(韩丽)

1078

图书馆专业人员群众服务导论 /(美)布卢姆伯格(M. Bloomberg)著;吴彭鹏,叶明芬译. -- 北京:书目文献出版社,1991. -- 309页;20cm. -- 书名原文:Introduction to Public Services for Library Technicians. -- 7-5013-0840-3(国家图书馆)

流通文献,为读者开展各项咨询服务工作是图书馆的一项重要任务。完成这项任务,既需要高级馆员,更需要大量的中级干部。在美国图书馆界称这一阶层工作人员为"图书馆媒体技术助理”(Library media technical assistant,简称LMTA)。本书就是美国为LMTA编写的教材,书中对图书馆流通、参考各项业务都作了系统的、具体的介绍。由于切合需要,已修订再版三次。本书可供我国图书馆学教学人员编写同类教材时借鉴和参考;也可作为学员的辅助读物、图书情报工作者的业务参考书和广大读者了解图书馆、利用图书馆的读物。(韩丽)

1079

咨询馆员与咨询问题:一种系统方法 /(美)杰霍达(Jahoda Gerald)等著;童菊明译. -- 北京:书目文献出版社,1991. -- 187页;20cm. -- 7-5013-0854-3(国家图书馆)

本书将图书馆咨询工作的各个环节与方法从系统与决策的高度进行概括,并具体介绍了各决策步骤中的各种技巧。全书共分为11章,内容主要包括信息的选择、提供答案的工具书类型的选择、提供答案的工具书类型、引导型的工具书、查找标目的选择、答案的选择、咨询对话及其技巧、书目数据库的联机检索等。书中举有大量咨询问题实例,是一本实践性与指导性很强的教科书。可作为图书情报专业在校学生的教材,也可作为图书情报部门参考咨询人员参考学习用书。(韩丽)

1080

中学生图书情报知识教育 / 葛民主编;华晓芳等编写. -- 上海:上海科学技术文献出版社,1991. -- 229页; 19cm. -- 7-80513-864-8(北京师范大学图书馆)

本书的编写目的在于引导中小学生正确对待读书,重视读书,并且学会利用图书馆,培养他们的阅读能力;更好地向中学生普及图书情报知识,提高他们的阅读能力和利用图书馆的技能。全书共分为7章,主要内容包括:中学生与图书馆,图书馆的过去、现在与未来,掌握开启知识宝库的钥匙,从吸收知识到积累知识,学一点目录学知识,学会利用工具书和增强情报意识。书后附录有名人与图书馆。本书从中学生的角度出发,适合中学生阅读和学习,便于他们了解图书馆,掌握利用图书馆的知识技能。(韩丽)

1081

大学生利用图书馆指南 / 郭煜等编写. -- 西安:西北大学出版社,1991. -- 192页;19cm. -- 7-5604-0291-7(国家图书馆)

为了培养大学生利用图书馆的意识和加强基础技能的培训,从20世纪80年代以来,我国越来越多的大专院校都相继开设了利用图书馆的专题讲座和文献检索与利用课程。本书立足多年来从事新生图书馆讲座以及文献检索与利用教学的实践经验,形象生动,简明扼要,具有较强的针对性和实用性,适用于各类师专学生以及大学低年级学生。全书共六章,主要内容包括图书馆藏书、图书分类法、掌握知识宝库的钥匙、期刊工作概况、学会使用工具书、现代技术在图书馆的应用简介等。(韩丽)

1082

青少年阅读心理与阅读方法 / 李广建编著. -- 北京:海洋出版社,1991. -- 185页;19cm. -- 7-5027-1301-8(天津师范大学图书馆)

本书从阅读辅导角度出发,全面阐明了阅读心理和读书方法的基本知识和基本原理,旨在解决如何培养青少年,特别是中小学读者的阅读技能问题。全书注意理论联系实际,文字力求深入浅出。本书适于中小学图书馆工作者、普教系统工作者、中小学生家长阅读。(张玲)

1083

中国历代名著名家评介 / 皮高品著. -- 北京:学苑出版社,1991. -- 1010页;21cm. -- 7-80060-344-X(国家图书馆)

本书选录评介了我国历史上杰出的思想家、发明家、作家的优秀图书,包括经学、哲学、文学、文字学、自然科学、史学等文化典籍。(韩丽)

1084

参考问题选粹. 第七辑 / 台北市立图书馆. -- 台北:编者,1991. -- 307页;21cm(国家图书馆)

本选辑中参考问题主要编排体例依中国图书分类法为序,每一问题包括以下款目:问题、解答、资料来源。书前有沈宝环教授的“有关当前台湾公共图书馆参考工作的几点建议”、侯瑶吟的“寻宝乐”两篇文章。(赵红)

1085

为科研生产服务论文选 / 项弋平主编. -- 杭州:浙江省图书馆(内部出版),1991. -- 402页;20cm(四川大学图书馆)

本书是1991年在大连召开的中国图书馆学会读者工作为科研生产服务理论与实践研讨会的论文集。来自30个省、市、自治区,10个兄弟民族的图书馆工作者广泛总结了他们为经济建设服务的经验,向大会递交了论文。论文集由三部分内容组成。第一部分是中国图书馆学会读者工作研究分委员会主任张树华教授所作的开幕词和会议总结;第二部分是63篇大会交流论文;第三部分是142篇书面交流论文摘要。第二、三部分大体按为高新技术服务、为农业服务、三大系统图书馆的读者服务工作、理论与方法等问题的顺序排列。由于篇幅有限,对文章作了某些删节。(韩丽)

1086

图书馆咨询 / 张帆,安民编译. -- 武汉:华中师范大学出版社,1991. -- 284页;19cm. -- 7-5622-0644-9(国家图书馆)

本书主要论述狭义的参考咨询工作,即“图书馆员亲自给查找信息资料的单个读者所提供的直接帮助”,较系统地介绍了世界著名的图书馆学家如英国的丹尼斯·格罗根教授、美国威廉·凯茨等的有关参考咨询工作的论述,并提供了有关的情报源资料。全书分为两大部分:第一部分“实用参考咨询”根据英国威尔士图书馆学院书目研究系主任丹尼斯·格罗根教授编著的《实用参考咨询》一书直接翻译而成,概述了参考咨询工作、咨询问题以及参考咨询的程序、咨询双方的接谈、如何检索与回答;第二部分“咨询问题与情报源”主要根据美国著名的参考咨询专家威廉·凯茨所编著的《你的图书馆——参考指南》译编而成,主要按学科分别论述了如何查找到与咨询问题相关的资料。(韩丽)

1087

大学生怎样利用图书馆 / 钟晨发主编. -- 武汉:华中师范大学出版社,1992. -- 325 页;20cm. -- 7 - 5622 - 0808 - 5(北京师范大学图书馆)

利用图书馆检索信息已成为大学生必备的一项技能,全书开篇论述读书与大学生成才之间的各种关系,如读书与德行培养、读书与获取知识、读书与发展智能、读书与参加实践等。此后全书分三篇向大学生讲授读书方法、文献检索方法和利用图书馆的方法。在第一篇读书方法中,作者详细介绍了读书的方法论原则、一般读书方法、程序化读书方法、读书笔记法、读书与学术论文写作及阅读能力等问题;第二篇文献检索方法中,详细阐述了文献检索的意义和一般方法、工具书刊的作用和排检方法、检索性工具书举要和用法、语文性工具书举要和用法、科技文献检索工具举要和用法、当代时事资料查找等内容;第三篇着重介绍了大学图书馆的职能与服务方法、藏书与图书分类法、目录及检索方法、现代技术及其使用方法。最后还在附录中给出若干选录的读书箴言。(张玲)

1088

现代人读书知识大观 /《文汇读书周报》编. -- 杭州:浙江人民出版社,1992. -- 670 页;图;19cm. -- 7 - 213 - 00657 - 6(国家图书馆)

本书是《文汇读书周报》编辑部从 1985 年创刊到 1991 年六年多在该报发表的报道和文章中,选择了一批反映书和读书本质性问题的作品,并从一些兄弟报刊中选取了部分作品,也请人撰写了少数文章,汇辑成 28 个专题,来反映与现代中国人读书活动直接有关的情况和知识。书的开头节录了鲁迅《读书杂谈》一文,旨在说明这本书里所要提倡的读书,不是被动的读书,而是自动的、嗜好的读书。本书的正文是 28 个专题文汇:读书大潮;知识发展大趋势;书籍发展简史;中国图书新貌;实践和研究是写书的基础;为吸收外国优秀文化开路的翻译工作;编辑的追求与职责;图书"附件"的编辑功夫;事业有成赖读书;读书人的修养;在读书中完善知识结构;读书,方法比天分重要;阅读的战略;读书方法简介;年轻父母要引导孩子读书;关心中学生的课外阅读;大学生的自主性读书学习;研究阶段的读书;自学是终身学习的基本方式;古书今用;汉语词典和文史工具书的使用;书评和读书笔记等。(韩丽)

1089

书中趣 / 房国忠主编. -- 长春:吉林人民出版社,1992. -- 298 页;20cm. -- 7 - 206 - 01181 - 0(国家图书馆)

该书汇集了编者在多年的读书生涯中所遇、所集的书中奇趣。全书分为劝读谚语、书海抒怀、作家心曲、读后遐思、书海求疵、读法指南、读书动向、"扫黄"除害、趣味资料、书海拾趣及书业常识等 11 部分。书前有编者絮语,书后附有版本知识、版权知识及装帧知识。(胡秋玲)

1090

参考资讯服务 / 胡欧兰. -- 台北:台湾学生书局,1992. -- 366 页;21cm. -- 图书馆学与资讯科学丛书. 13. -- 957 - 15 - 0358 - 4(国家图书馆)

本文就传统图书馆的参考服务的理论与实务,探讨其过去的背景,目前国内外现况,以及电脑化资讯系统的运用,对图书馆服务的影响,并集个人多年来在图书馆服务于教学上的收获与经验;参考国内外各专家学者的立论,提出几点建议,供图书馆界同业参考。全书分八章。第一章绪论,论述了参考服务的缘起、参考资讯服务的定义与范围、参考服务员与读者。第二章参考服务部的组成,论述了参考服务部的设置、当前台湾图书馆参考服务部的组织与功能。第三章参考资料与参考书,论述了参考资料与参考书的定义与范围、参考资料的结构与参考书的种类、参考书的选择与评价。第四章参考服务程序,论述了参考问题、参考晤谈、资料的查寻、专题选萃服务于学术研究。第五章电脑辅助参考服务,论述了图书馆自动化与参考资讯服务、资讯与资讯中心、书目资料库。第六章资讯系统与线上资讯检索。第七章馆际合作与图书馆资讯网,论述了馆际合作、图书馆网的发展,图书馆网与图书馆服务的新趋向。第八章结论。(赵红)

1091

图书馆读者服务 / 沈宝环. -- 台北:台湾学生书局,1992. --438 页;21cm. -- 图书馆学与资讯科学丛书. 27. -- 957 - 15 - 0363 - 0(国家图书馆)

本书为论文集。收录了图书馆读者服务方面的论文 17 篇。内容有沈宝环教授的"公共图书馆儿童服务的新课题"、"论公共图书馆的青少年读者服务"、"论公共图书馆对老人读者的服务";林荷鹃的"学科专家与读者服务";周利玲的"线上检索服务"等。书前有沈宝环教授的"我们为什么要写图书馆读者服务"作为代序。(赵红)

1092

知识之钥:图书馆利用教育 / 苏国荣. -- 台北:台湾学生书局,1992. -- 111 页;21cm. -- 图书馆学与资讯科学丛书. 24. -- 957 - 15 - 0334 - 7(国家图书馆)

全书分 5 章,论述如何指导学生利用图书资料、如何落实"中小学图书馆利用教育"、图书教师与小学图书馆、如何训练"小小图书馆员"担任图书馆助理员等。(赵红)

1093

德育与读者工作 / 铁路高校图书情报协助委员会编. -- 成都:西南交通大学出版社,1992. -- 145 页;26cm. -- 7 - 81022 - 339 - 9(武汉大学图书馆)

这是一本关于读者工作的论文集,是由铁路高校系统 15 所院校于 1991 年 10 月底至 11 月初在南昌华东交大召开的"德育首位论文报告暨经验交流会"论文选集。该会上提交论文和总结 49 篇,不乏见解新颖、发人深思的好文章,编者选择了部分,组成本集德育首位的专栏,并特别选载了西南交大副校长李植松教授的"为什么把德育放在首位"的文章,论述了高等学校加强德育的若干想法和做法。在德育首位的栏目后,还开辟了读者服务、图书馆与读者、读者研究、阅览工作、读者与文献、书评等专栏。在这些专栏中,包容了读者工作的各个方面,较为深入地发掘在这一领域的若干有实质性的问题。(韩丽)

1094

文献知识与中小学常用工具书 / 姚伯岳，肖珑编著. -- 北京:海洋出版社,1992. -- 198 页;19cm. -- 中小学图书馆(室)必备书目;中小学图书馆员业务培训教材. -- 7 - 5027 - 1299 - 2(北京师范大学图书馆)

在日常工作和生活中,中、小学图书馆员经常碰到教师和学生询问有关图书文献的各种知识,图书馆本身的工作性质也要求馆员了解一些图书文献知识,并具备查检、利用各种工具书的能力。本书将图书文献的知识、历史和检索利用合为一体进行编写。全书共 6 章,基本上分为图书文献知识、图书文献发展史、工具书知识及其利用三大部分,并按中小学各科教学分类,开列了为数众多的各类工具书。文后给出了内容索引和书名索引,以便读者查检、阅读本书。(张玲)

1095

图书情报用户教育 / 林平忠编著. -- 上海:上海社会科学文献出版社,1993. -- 280 页;19cm. -- 7 - 5439 - 0117 - X(国家图书馆)

本书系统地阐述了有关图书情报用户教育的一系列教育学问题,主要介绍了用户教育的基本概念和指导原则、用户教育的基本理论、教学大纲的制订、教学方式方法的选用、教学质量的评估、计算机情报检索的用户教育,并以文献统计与调研为手段,从定量和定性两方面就国内外高等学校用户教育的概况进行了比较和分析,揭示了国内外高校用户教育的异同,探索国内图书情报用户教育的发展道路。本书是对我国十多年来用户教育丰富实践经验的系统归纳和对用户教育原理的较为深入的探讨,既有理论又有实践,既重视总结国内的经验又注意吸取国外的成果,并且论述深入浅出,是一部具有较大学习和参考价值的著作。(韩丽)

1096

实用图书馆读者手册 / 刘飞著. -- 石家庄:河北教育出版社,1993. -- 284 页;20cm. -- 7 - 5434 - 1564 - X(国家图书馆)

本书有助于一般读者了解和认识图书馆、利用图书馆各种资源,是一部有价值的实用读物。从内容上看,既有图书馆历史的追溯,又有各种类型图书馆和图书馆内部业务范畴的知识介绍,是一部通俗易懂的普及图书馆知识、引导人们熟悉图书馆业务的书,也是引导人们使用图书馆的工具式的书。本书共分九部分,包括图书馆的性质、职能和简史,图书馆的类型,图书馆内部的机构设置,图书馆藏书常识,书刊分类常识,图书馆目录及其利用,图书馆读者服务,中文工具书使用法举要,科技文献检索等内容。(韩丽)

1097

参考服务概论 / 刘圣梅，沈固朝编著. -- 南京:南京大学出版社,1993. -- 466 页:图;20cm. -- 高等学校文科教材. -- 7 - 305 - 01685 - 3(国家图书馆)

本书是“七五”期间的全国高等学校文科教材规划的一本书,全书共分为 9 章,包括参考服务的起源与发展,参考服务的概念和术语的演变,参考服务中各项主要工作内容和方法,参考服务的评价,参考服务的一些理论和问题的综述与探讨。由于国外参考服务具有极为丰富的经验,资料较为系统,因此本书引用国外的参考资料,尤其是美国学者的著述较多。(韩丽)

1098

参考咨询与参考源 / 彭淮源,陈树铭,丁丽华编著. --北京:中国科学院文献情报中心(内部出版),1993. -- 309 页;20cm. -- 中国科学院图书情报工作教材(中国科学院国家科学图书馆成都分馆)

本书是在调整原《中国科学院图书情报工作教材》之九的《参考咨询与文献检索》中的“参考咨询”部分,与“教材”之十《科技工具书使用法》一书合并的基础上而改写修订的。全书共分 12 章,主要包括:参考咨询工作,咨询服务工作的方法、程序、技巧和策略,咨询工作的组织保证和服务措施,字典和词典,百科全书,专科全书,手册,公式、数据和规格,图谱和表谱,年鉴和指南,传记参考源,书目性参考源等内容。(韩丽)

1099

参考工作与参考资料:英文一般性参考工具书指南 / 沈宝环编著. -- 台北:台湾学生书局,1993. -- 427 页;21cm. -- 图书馆学与资讯科学丛书. 30. -- 957 - 15 - 0573 - 0(平装)(国家图书馆)

沈宝环教授曾在美国丹佛市立公共图书馆担任参考专业馆员、读者顾问,在东海、台湾大学讲授参考资料多年,本书为作者精心之作。本书内容共 10 章,分别讨论了参考服务与参考资料、百科全书、快速参考资料、字典、期刊索引摘要、传记、地理、目录及美国政府出版品,推荐主要英文参考资料 300 多种。本书中所收集的资料以美国出版的普通参考书为主。(崔彤)

1100

读者工作与藏书建设 / 张树华,刘兹恒编著. -- 北京:北京大学图书馆未名科技文化发展公司函授教学部(内部出版),1993. -- 161 页(辽宁大学图书馆)

本书是图书馆学函授专用教材中的一册。全书共分为 17 章,主要内容包括:藏书建设总论,现代文献的类型及其整体特征,图书馆藏书的主要来源,图书馆藏书补充的原则,图书馆藏书补充规划,图书馆藏书补充的方法,图书馆藏书的验收与登记,图书馆藏书的组织,图书馆藏书的控制与评价,图书馆藏书建设协调,读者工作的性质、作用和内容,做好读者工作的条件,图书流通工作,图书宣传和阅读辅导工作,参考咨询工作,正确处理读者工作中的各种关系,现代化技术在读者工作中的应用等。(韩丽)

1101

读书学导论 / 钟晨发著. -- 武汉:湖北辞书出版社,1993. --270 页;20cm. -- 7 - 5403 - 0109 - 0(北京大学图书馆)

本书是对读书学的初步探讨。全书共分 12 章。在介绍了图书的要素与概念后,阐明读书生活的社会能力和历史意义,描述读书主体与客体的矛盾运动,寻求解决此矛盾的科学方法,揭示读书过程的认识论原理,并系统论述读书目的、读物选择、读物结构、读书能力、读书心理、读书方法、读书程序以及读书的时间运筹和空间开拓等方略性问题,还指出读书活动的归宿和进一步升华读书生活的途径。(胡秋玲)

1102

大学生情报教育基础 / 陈建龙编著. -- 北京:北京大学出版社,1994. -- 265 页; 20cm. -- 7 - 301 - 02600 - 5(北京师范大学图书馆)

对大学生进行情报基础教育是在全国高校业已广泛开展的《文献检索与利用》课程教学和大学生培养实践中提出的亟待解决的问题。北京大学信息管理系陈建龙同志以崭新的视野和科学的态度,在总结大学生情报教育的基础上编写了《大学生情报教育基础》一书。全书共 13 章,主要内容包括大学生情报意识与智能培养、科学文献、文献情报分布规律、高校图书馆文献整序、高校图书馆读者目录、高校文献情报交流、高校图书情报现代技术、基本工具书的查找和使用、大学生情报思维、大学生读书策略与方法、大学生情报写作等。(韩丽)

1103

世界 100 名著排行榜 / 胡艳红, 古丽扎尔, 杨则瑞编著. --北京:中国经济出版社,1994. -- 310 页;21cm. -- 热门知识系列丛书. -- 7 - 5017 - 2193 - 9(北京师范大学图书馆)

本书系统地介绍了 100 部古今中外对人类进程具有深远影响和重大作用的名著,如柏拉图的《理想国》、达尔文的《物种起源》、马尔萨斯的《人口论》、毛泽东的《新民主主义论》、马克思的《资本论》、爱因斯坦的《相对论》、斯密的《国富论》、卢梭的《社会契约论》、尼采的《权力意志》、孟德斯鸠的《论法的精神》、叔本华的《作为意志和表象的世界》等都被列入其中。(韩丽)

1104

导读工作概论 / 周金林编著. -- 南京:南京大学出版社,1994. -- 274 页: 图;21cm. -- 7 - 305 - 02646 - 8(国家图书馆)

本书在我国图书馆导读工作实践的基础上,第一次系统地从理论方法上,总结了具有中国特色的导读工作的原理、内容、任务以及与之相关的馆藏文献宣传、图书馆读者研究、导读工作人员的职业素质等问题,有一定的理论价值和实践指导意义,填补了我国图书馆导读研究工作的空白。本书由北京大学图书馆导读室齐宝惠同志撰序。全书共 12 章,首先概述了导读工作的内涵和外延、历史和现状、规律和特点、作用和意义等基本知识;然后介绍了导读工作的原理和基础,重点介绍了图书馆馆藏文献的宣传,开展导读工作的方法,导读工作的主要任务和内容,开展导读工作的艺术;并对图书馆的读者及其类型、心理、阅读倾向和阅读需求进行了研究,讨论了作为导读工作者应该具备的职业道德素质、知识素质、心理素质和能力素质,以及现代化图书馆对导读工作的要求及其发展趋势。本书系江苏省教育委员会"八五"社会科学基金研究课题成果之一。(韩丽)

1105

台湾资讯中介服务业之研究 / 陈晓理. -- 台北:汉美图书公司,1995. -- 132 页;21cm. -- 图书馆学与资讯科学论文丛刊第六辑. 2. -- 957 - 9005 - 68 - 0(国家图书馆)

本书探讨各国资讯中介服务业的意义与发展,研究资讯中介服务在资讯工业社会中所扮演的角色,其服务的种类、汇集资料的技术、计价的标准以及与图书馆服务的关系。同时选择台湾 12 家业者,包括专门图书馆中介服务与营利性的商业资讯中介公司,进行问卷访谈调查,分析其经营的理念、态度、人力、经费、资讯查寻的途径、提供服务的项目及遭遇的困难等,并探究台湾资讯中介服务业与图书馆间的关系。(赵红)

1106

大学图书馆利用指导之规划:以台湾大学文学院图书分馆为例 / 董小菁. -- 台北:汉美图书公司,1995. --175 页;21cm. -- 图书馆学与资讯科学论文丛刊第六辑. 7. -- 957 - 9005 - 73 - 7(国家图书馆)

该书引介图书馆的利用指导与教学设计的基本概念,说明教学设计模式运用在图书馆利用指导的理论与实例。综合各种设计理论,并以 Kemp 的教学设计模式为主,提出了一套适当的模式。全书共六章,第一章绪论;第二章文献分析;第三章研究设计与实施;第四章台大文学院图书分馆利用指导计划之规划;第五章台大文学院研究生使用图书馆之需求分析;第六章结论与建议。附书中引用图表的目次。(赵红)

1107

图书馆读者学概论 / 李希孔主编. -- 北京:北京农业大学出版社,1995. -- 298 页;20cm. -- 7 - 81002 - 696 - 8(国家图书馆)

全书共 16 章,主要阐述了图书馆读者学的基本原理、图书馆读者学的产生与发展、读者研究、读者工作和读者服务理论以及未来读者学,对读者结构、读者需求、读者心理、读者服务进行了研究,并从图书馆文献流通服务、信息咨询服务、现代化技术服务、编译及其他服务等角度进行了论述,最后讲述了读者教育、读者统计分析及读者工作者的自身建设,是目前我国图书馆读者学的专著。可作为图书馆工作者学习或研究的参考书,也可作为图书馆学系(信息管理系)师生教学或学习的参考书。(韩丽)

1108

读者服务工作指南 / 麦群忠主编. -- 北京:书目文献出版社,1995. -- 163 页;19cm. -- 7 - 5013 - 1220 - 6(国家图书馆)

本书是为了帮助从事读者服务工作的同志提高业务技能而编的,它是一本集体编写的关于读者服务工作的知识性普及读物。全书共分为 11 个部分,主要介绍了读者服务工作的基本原则、方针和工作的开展,并具体介绍了读者服务、读者阅读、读者心理学的一些常识性问题,然后从情报服务工作、参考咨询工作、文献借阅工作、图书宣传工作、图书馆有偿服务、读者教育和读者统计工作等角度进行了详细的介绍,最后论述了图书馆员的职业道德等问题。(韩丽)

1109

图书情报工作方法谈 / 董乃强著. -- 北京:现代出版社,1996. -- 224 页:图;20cm. -- 7-80028-297-X(国家图书馆)

本书以编者讲授"社会科学情报工作"课的部分内容和关于编制工具书的经验介绍文字为贯串线,重在介绍一次文献、编纂二次文献、撰著三次文献的具体方法,对编者所发表的文字的编写起因、步骤、特点、问题及反映逐一讲评,以给图书情报专业师生提供一些可资教学研究的实例。本书共分三部分,第一部分介绍了图书情报工作方面论文的写作,第二部分介绍了工具书的编纂方法,第三部分则介绍了综述类、书评类文章的撰著法。书后附录有回答读者咨询技巧示例。(韩丽)

1110

读者服务与研究教学大纲 / 国家教委高教司编. -- 北京:高等教育出版社,1996. -- 77 页;19cm. -- 7-04-005523-6(国家图书馆)

文科教学大纲是文科教育的基本文件之一。它是规范教学内容、指导教学工作、保证教学质量的重要手段,也是强化教学管理、更新教材建设、进行教学评估的重要依据。读者服务与研究是图书馆学专业本科生的必修课程之一。这门课程的内容包括读者服务与读者研究的基本理论问题,图书馆读者服务机构、服务方式与组织管理等问题。编写《读者服务与研究教学大纲》,适应了图书馆学教学实践发展的需求,对于推动高等院校图书馆学专业教学和管理的正规化具有重要的推动作用。全书共 12 章,主要内容包括读者研究的学科内容、读者与社会、读书阅读心理、文献信息开发、决策信息服务、科技信息服务、生产信息服务、文化教育服务、读者服务方法体系、读者服务管理等。(韩丽)

1111

阅读学基础 / 黄葵,俞君立编著. -- 武汉:武汉大学出版社,1996. -- 342 页;20cm. -- 武汉大学本科生系列教材. -- 7-307-02180-3(北京师范大学图书馆)

本书共 9 章。第一章阅读学的研究对象、内容和方法,第二章阅读学的形成与发展,第三章阅读观与阅读目标,第四章阅读的生理基础,第五章阅读的心理基础,第六章阅读类型与阅读方式,第七章阅读方法体系中的哲学方法,第八章阅读方法体系中的一般科学方法,第九章阅读方法体系中的专门阅读方法。本书在构思、写作过程中,从加强阅读学学科建设出发,注重总结和吸收已有的阅读理论、阅读经验、阅读方法,力求反映国内外阅读研究的新成果。(张玲)

1112

大学生与图书馆 / 胡刚主编. -- 北京:中国工人出版社,1997. -- 236 页:图;19cm. -- 7-5008-1954-4(国家图书馆)

本书共分为 10 章,首先介绍了有关大学图书馆、文献和文献检索的基础知识;然后重点介绍了图书馆图书文献的收集、分类法和主体法、目录组织工作和流通工作,图书馆报刊文献的收藏、分类与目录管理、利用等知识,图书馆的自动化管理,包括自动化系统的结构和功能、机读目录、数据库建设、计算机情报检索系统等;还介绍了图书馆各类工具书及其利用,并简介了图书馆的其他服务;最后讨论了图书馆在大学生生活学习中的作用和图书馆的发展及对未来的展望。(韩丽)

1113

图书馆使用者浏览行为之研究:结果、成功及影响因素之分析 / 林珊如. -- 台北:台湾"行政院"科学委员会,1997. -- 91 页;29cm. -- 灰色文献图书馆学研究计划报告(国家图书馆)

本书是台湾(1996 年 8 月 1 日至 1997 年 7 月 31 日)灰色文献图书馆学研究计划报告。本研究利用问卷、观察、访谈和电脑检索记录,以内容分析法及统计法分析归纳三种类型图书馆(公共、学术及专门图书馆)的三十三个实际个案及其浏览活动,以实证资料获知浏览行为的真正结果、构成成功的浏览之要件,以及影响浏览状况的因素。本计划报告分为 5 章。第一章绪论,第二章文献分析,第三章研究设计与实施,第四章资料分析结果与诠释,第五章结论与建议。(赵红)

1114

读书会专业手册 / 邱天助著. -- 台北:张老师文化事业股份有限公司,1997. -- 267 页:照片;21cm. -- 生活技巧系列. 13. -- 957-693-295-5(国家图书馆)

台湾师范大学成人教育研究中心一向致力于民间成人教育的推动。该中心自 1993 年开始投入社会读书会的研究与实验。四年来,经过不断的探索和实践,形成了比较系统的读书会的理论和带动模式。本书共分 4 篇。第一篇理念篇,阐述了读书会的本质,简单介绍了瑞典、美国和中国台湾社区读书会的起因、发展和现状;第二篇方法篇,探讨了阅读的方法和要决;第三篇技巧篇,探讨了读书会的组成与带领等运作技巧;第四篇实践篇,探讨了读书会活动的评鉴和方案设计,并列举了读书会活动的六个设计实例。本书以读书会的专业化发展为意图,以期通过理论知识和实践经验的指导使台湾的读书会达到专业水平。(崔彤)

1115

图书馆的参考服务:理论与实务 / 王锡璋著. -- 台北:文史哲出版社,1997. -- 362 页;21cm. -- 图书与资讯集成. 23. --957-549-061-4(国家图书馆)

作者曾在图书馆做过典藏、编目、西文采访和参考服务工作。他将研究参考服务的理论及 11 年的参考服务实际工作经验进行归纳总结,结集成册。本书探讨了参考服务的起源及未来电子时代的发展趋势,论述了参考服务工作的组织、政策、服务空间和参考馆藏的发展,介绍了狭义参考服务——咨询台服务和广义的各种参考服务项目——如图书馆利用指导、资讯转介服务和馆际合作等等。书中不仅介绍中外专家学者之说,更有亲身工作经验的心得,可供图书馆工作人员及图书馆学系学生参考。本书共分 10 章:第一章绪论,第二章参考服务的起源和发展,第三章参考服务的组织和人员,第四章参考服务的政策或准则,第五章参考服务空间的规划和设施,第六章参考馆藏的发展,第七章参考咨询的过程与参考咨询台服务,第八章其他参考服务项目,第

九章参考服务的评鉴,第十章结论——回顾与前瞻。书后附参考文献和索引。(崔彤)

1116

大学生与图书馆 / 范宝民,史敏,李志鹏主编. -- 北京:新华出版社,1998. -- 273 页:图;20cm. -- 7-5011-4202-5(国家图书馆)

本书是一部指导阅读的工具书,实用性是其主要特点。全书共分 12 章,书中介绍了利用图书馆获取知识、资料的方法和技能,如图书的分类、图书馆的目录、图书馆自动化,同时特别介绍了一些有关书籍方面的知识内容,如工具书的利用、世界名著简介、读书方法,还介绍了如何利用图书馆获取的知识、资料撰写论文的写作方法和技巧,使其达到了实用性与知识性兼容,增添了其使用价值。本书内容充实,通俗易懂,是大学生利用图书馆必备的工具。(韩丽)

1117

书与社会 / 江畅,冯军主编. -- 武汉:湖北人民出版社,1998. -- 392 页;19cm. -- 7-216-02465-6(国家图书馆)

本书分为 8 章,分别是:书与人生、书与事业、书与文化、书与经济、书与社会、书之读评、书之传播、书之撰著。本书是由湖北大学哲学研究所组织该所部分中青年学者共同编著的,书后附录有名家论书和读书。本书讲述了书和我们的生活之间的关系,对读书活动进行了研究,引导学生多读书,读好书。(韩丽)

1118

大学生导读 / 李广建编著. -- 北京:北京图书馆出版社,1998. -- 352 页;21cm. -- 本书系北京市哲学社会科学"八五"规划项目成果. -- 7-5013-1499-3(国家图书馆)

本书分为上下两篇,上篇有总论、当代大学生阅读状况剖析、导读工作的方法和程序、阅读训练、导读教育、导读工作的组织与管理、图书馆导读工作发展研究等,对导读工作的理论和方法、大学生的阅读状况、阅读能力培养等问题做了比较深入的研究。下篇按照学科门类,对哲学、法学、心理学、教育学、社会学、科学学、语言学、文学、历史学、经济学、体育学等各个学科的发展历史作了简要介绍,并且列出了学习和研修各个学科的入门书、研读书和参考书的书目。本书既可作为教育工作者、图书馆工作人员开展导读工作的参考书,也可为广大读者自学研修提供了一条捷径。(韩丽)

1119

走进图书馆·小学生读本 / 沈岩,宁国誉编著. -- 北京:北京图书馆出版社,1998. -- 61 页:插图;19cm. --7-5013-1512-4(国家图书馆)

本书主要目的在于向小学生介绍图书馆的利用知识,使他们了解图书分类,学会查阅目录、使用工具书。全书共分为 9 章,针对小学生的特点,采用较为生动、形象的语言,首先深入浅出地介绍了有关图书馆的机构特点、基本工作,然后介绍了书的相关知识,以及如何办理借书证、怎样借书等图书馆的基本常识,还介绍了正确的读书方法和如何做一名合格读者等内容,最后介绍了未来图书馆的相关预测。力求使每一位读过此书的小读者,都能对图书馆有一概括了解,产生渴望"走进图书馆"的热情。(韩丽)

1120

利用图书馆 ABC / 王瑞华主编. -- 大连:东北财经大学出版社,1998. -- 227 页;20cm. -- 7-81005-788-X(国家图书馆)

为了使读者真正了解信息时代图书馆内涵所发生的深刻变化,了解信息时代图书馆所提供的信息的形式、服务的方式,了解信息技术环境下图书馆的工作方法、工作特点,使读者能够充分、熟练地利用图书馆,本书写进了大量的新知识和新内容,如图书馆的未来,未来的图书馆,文献资源的组织与管理,图书馆信息服务新技术,国内外最新应用的计算机集成管理系统,数字图书馆的概念,数字图书馆的模型,数字图书馆的信息、资源及利用等,希望读者能够在利用图书馆获取文献信息方面有所裨益。(韩丽)

1121

图书馆资源的利用 / 王锡璋. -- 台北:台湾书店,1998. -- 288 页;21cm. -- 中山文库. 社会系列. A225. --957-567-200-3(国家图书馆)

本书撰写的主旨,是希望能让青少年、大学生或民众读者认识图书馆的基本功能,了解图书馆资料的组织方式,以及各项图书馆资料的利用。书中首先介绍了图书馆的意义、历史发展及图书馆的类型和图书馆各部门的组织概况等;其次介绍了图书馆资料的组织方式,包括主要的图书馆分类系统和各种目录的认识和利用等;最后,介绍了图书馆里各项资源的利用、对图书馆参考服务的认识及目前应用相当广泛的资讯检索利用等。

本书也可视为图书馆利用教育的参考书。阅读本书读者可以了解图书馆有哪些资料内容、如何使用图书馆、图书馆有哪些服务、图书馆有哪些设施可以利用,等。(崔明明)

1122

书海探索:家庭、学校好书指引 / 王锡璋. -- 台北:南宏图书公司,1998. -- 456 页;21cm. -- 金牌教师系列.6. -- 957-9508-50-X(国家图书馆)

这是一本不仅能指引你去看好书,也会让你学会如何赏析的好书。本书帮读者选出了值得看和需要看的书,所列出的图书选目,打破了图书馆专业的分类系统,而以实际内容,分为亲子家庭类、教育文化类、语文文学类、心灵励志类、生活健康类、历史地理类、传记人物类、休闲旅游类、科学环保类、阅读图书类等类目,洋洋洒洒共有 204 篇。(崔明明)

1123

读者服务的组织与管理 / 袁琳编著. -- 武汉:武汉大学出版社,1998. -- 306 页;20cm. -- 7-307-02559-0(国家图书馆)

本书是为了适应读者服务理论与实践发展的需要,在总结现有的读者服务理论成果与实践成就的基础上,结合教学工作中的心得体会,从理论上对读者服务的基本原理、基本方法和组织管理进行了全面的阐述和探讨。本书共分 8 章,从图书馆读者服务工作的实践出发,分别论述了读者服务理论基础、读者队伍的组织与发展、读者心理研究、读者文献需求与行为规律、图书馆读者教育、读者服务方法体系及读者服务工作的组织与管理等问题，力图使读者服务实践经验与理论研究相结合，从而构成“读者服务研究”的完整体系。（韩丽）

1124

简明读者心理学 / 张国印，张天元主编. -- 北京：中国财政经济出版社，1998. -- 281 页；19cm. -- 7-5005-3689-5（国家图书馆）

本书是一本研究读者心理学的专著。全书共 10 章。第一章绪论。第二章读者购买行为心理活动过程，阐述读者购买行为发生时的认识过程、情绪过程、意志过程等。第三章读者的个性心理，介绍读者的兴趣、需要、动机、个性心理特征等。第四章不同类型读者的心理。第五章读者的图书商品心理，介绍图书内容、图书书名、图书目录、图书序跋、图书装潢、图书选题、图书作者和出版者、图书定价等与读者心理的关系。第六章读者的图书市场心理，介绍现代图书市场、图书市场供求关系、图书市场的热效应等与读者心理的关系。第七章读者的图书广告宣传心理，阐述图书广告宣传与读者心理、图书广告类型及其心理功能、读者图书广告宣传的一般心理等。第八章读者的诸多因素影响心理。第九章读者的服务心理。第十章读者的读书方法心理，介绍几种不同读者方法与读者心理之间的关系。（韩丽）

1125

大学图书馆导读教程 / 张世良主编. -- 北京：北京图书馆出版社，1998. -- 185 页；21cm. -- 高等学校信息用户教育课程系列教材. -- 7-5013-1504-3（北京师范大学图书馆）

本书是《科技文献检索教程》的姊妹篇。作为信息用户教育系列教材之一，重点对低年级同学进行图书馆入门教育，以便提高大学生的信息意识和获取信息、利用信息的能力，使大学生适应信息时代的挑战和要求。全书共 9 章，主要内容包括大学生与图书馆、高等学校图书馆、图书馆藏书与目录、工具书的使用、期刊的使用、文献的搜集与积累、文献与文献检索、图书馆现代化技术及其应用、图书馆规章制度、世界主要图书馆简介、未来图书馆展望等。（韩丽）

1126

公共图书馆读者资讯需求与资讯寻求行为之研究 / 公共图书馆读者资讯需求与资讯寻求行为之研究小组编辑. -- 台湾省政府文化处，1999. -- 94 页；30cm. -- 研究报告：台湾省公共图书馆资讯网路辅导咨询委员会 1989 年度研究计划之三. -- 957-02-4544-1（国家图书馆）

该书为台湾省立台中图书馆研究课题报告。本研究采取抽样问卷调查研究方法，针对全台湾北、中、南、东以及离岛等五个地区，文化中心以及乡镇图书馆之承认使用者与 12 岁以下儿童图书室使用者进行调查，探讨城乡之间、图书馆类型之使用者对图书馆的态度、资讯需求、使用情形及资讯寻求行为，以改进图书馆服务，并希望藉此研究建立一公共图书馆掌握使用者需求的模式，建立相关调查模式、问卷及分析方法，提供其他图书馆调查分析之参考。全书分 5 章。第一章绪论，第二章文献探讨，第三章研究方法，第四章研究结果，第五章结论与建议。书前有台湾省政府文化处代理处长的序，研究报告子计划主持人程良雄的序。书后附“公共图书馆读者资讯需求与资讯寻求行为研究问卷（成人）”、“公共图书馆读者资讯需求与资讯寻求行为研究问卷（儿童）”、“公共图书馆读者研究手册”。（赵红）

1127

阅读的愉悦 / 邱天助. -- 台北：台湾图书馆，1999. -- 64 页：照片；21cm. -- 图书馆与资讯素养丛书. 10. -- 957-678-275-9（国家图书馆）

该书为普及图书馆知识与素养系列丛书之一。本册从人生的阅读、四季的阅读、心情的阅读三方面谈论读书的种种益处。书前有庄芳荣的序。（赵红）

1128

咨询纪录辑要. 第四十一辑 / 施慧如. -- 台中：台中图书馆，1999. -- 73 页；21cm. -- 957-02-5278-2（国家图书馆）

现阶段台中图书馆除了提供书面、口头、电话、传真、电子邮件等方式的参考服务外，还通过答客问资料库系统提供网络检索，24 小时服务，实现了全年无休参考服务目标。主要服务项目有：答复读者咨询、解答读者疑难、协助读者利用各种资料、馆际合作服务、留学资讯服务等。

台中图书馆出版咨询组为读者提供咨询服务，并将读者所提出的各项问题，进行了记录和整理。由于其中许多问题具有共通性且具参考价值，所以加以整理、归纳，每半年汇编成册，本书收录 152 件，按类排列，寄赠台湾地区各类级图书馆典藏，提供读者参考。（崔明明）

1129

书虫读书会：书虫啃光我的书 / 张嘉真. -- 台北县：富春文化事业公司，1999. -- 171 页：图；21cm. -- 读书乐系列. 1. --957-0398-29-9（国家图书馆）

作者提出了引导语文表达的基本方法，例如布置快乐的读书环境、无障碍的语言空间、无所不在的谈话场所、营造互动情境和如何选书等多项具体实用的方法，供读者参考。最重要的是，如何导读和教学，都有具体的实例说明，可供同行老师们参考。在所举的教学实例中，她将儿童文学融入语文教学活动，让儿童在愉快的阅读中学习成长。她还利用阅读来增进学生的写作内涵，在读书会中不但让学生了解有形的文字，更将阅读提升到心灵体会，融入作者的感情中。读书会是好书的代言人，可以协助儿童语文发展，提升人文思想。（崔明明）

1130

现代大学图书馆使用指南 / 李健，张德书主编. -- 北京：北京图书馆出版社，2000. -- 207 页：图；21cm. --7-5013-1255-9（国家图书馆）

本书主要介绍了图书馆简史、大学图书馆；图书馆自动化与计算机管理系统；图书馆的藏书类型和主要工具书及其使用法；馆藏文献的组织与目录，介绍馆藏文献的分类与图书馆目录的使用；图书馆的服务内容，包括文献外借、馆内阅览、用户教育、文献复制、参考咨询、信息检索与定题服务以及文献编译等；馆藏文献的借阅方法，详细介绍了办理借阅证、如何借书和阅览、如何办理馆际借书、怎样取得馆员的帮助各流程;文献信息的积累,介绍了掌握科学的阅读方法与文献资料的积累方法;文献检索的途径与方法,介绍了文献检索的方法、途径和步骤、文献检索工具的类型、如何检索国内外医学文献、计算机文献检索、如何获取原始文献等内容。本书从馆藏资源、电子资源使用、借阅、服务等各个角度向学生展示如何使用图书馆,目的是给大学生熟悉和利用图书馆提供必要的帮助,学会利用图书馆的必要知识和技能。

1131

参考咨询工作 / 马远良主编. -- 北京:北京图书馆出版社,2000. -- 158 页;21cm. -- 图书馆岗位培训教材. -- 7-5013-1724-0(国家图书馆)

现代参考咨询工作涉及参考文献、参考设备、咨询形式、检索技能、信息加工、人才素质、咨询评估、计算机网络技术等,是贯穿图书馆整个业务流程,影响图书馆各个工作环节的系统工程。深化参考咨询工作是传统图书馆向现代图书馆转变的关键,也是图书馆计算机管理和数字化建设中,由设备硬件建设上升到管理和服务软件建设的核心所在。本书吸纳了20世纪70年代以来国内外图书馆参考咨询领域成熟的理论和有效的方法技能,针对国内图书馆初级和中级参考咨询员的实际需要编撰而成。内容上以实际操作为主,辅助以理论阐述,涉及参考咨询工作的构成、参考咨询员的培养、参考咨询技能、参考咨询业务的管理和考核、数字化参考咨询的发展趋势等各个方面。(韩丽)

1132

大学生与图书馆 / 马孔琛,罗颖主编. -- 沈阳:辽宁民族出版社,2001. -- 251 页:图;21cm. -- 7-80644-502-1(国家图书馆)

本书共分12章,介绍了图书馆的发展简史,大学生素质教育,图书馆基本知识,查阅文献的方法,网络化技术的应用等内容。(于静)

1133

科技查新教程 /《科技查新教程》编写组. -- 北京:机械工业出版社,2001. -- 401 页:图;28cm. -- 7-111-08899-9(国家图书馆)

本书主要介绍了科技查新的基本概念、管理制度、有关规定、相关法律制度和政策,文件检索基础,计算机检索资源与利用,医学、农业、林业等专业和专利方面检索资源与查新实例。全书分6部分,第一部分科技查新纵论,介绍了查新的基本概念、由来、作用、原则、程序、质量评价,查新机构与人员管理。第二部分文献检索基础,介绍了文献检索的基础知识,包括文献的概念、等级、类型,文献检索的涵义、分类、基本原理,文献检索语言、工具、方法、途径、程序,以及计算机检索基础。第三部分计算机检索资源与利用,介绍了世界著名的两大联机检索系统(DIALOG 与 STN)、Internet 网络基础和国内外主要信息资源系统。第四部分是若干专业文献检索资源与查新实例。第五部分科技查新相关法律制度,介绍了科技法律制度、合同法律制度、诉讼与仲裁等与查新相关的法律知识。第六部分收录了三个与查新相关的政策文件。(韩丽)

1134

从听故事到阅读 / 蔡淑媖. -- 台北县:富春文化事业股份有限公司,2001. -- 183 页:照片;21cm. -- 读书乐系列. 2. -- 957-0398-56-6(国家图书馆)

作者从事推广亲子共读、说演故事和主持儿童读书会工作。她将自己多年来在幼稚园、小学和社区等地以"故事妈妈"的身份为小孩说故事的心得体会如实记录下来结集成册,以便探讨工作经验,并提供给家长、教师、故事妈妈团成员和读书会引领人共享。本书共收录文章47篇,分四篇。第一篇亲子共读,第二篇说演故事,第三篇儿童读书会,第四篇故事会妈妈团。前三篇的文章还分别按观念与技巧和实例记录排列。(崔彤)

1135

读书会任我游 / 林贵真著. -- 台北:尔雅出版社有限公司,2001. -- 334 页:图;21cm. -- 尔雅丛书. 365. --957-639-317-5(国家图书馆)

作者从教师岗位退休后,积极参加读书会活动,并从参加读书会到带领读书会进而成为读书会的培训讲师。1991—2001年,作者参与推动的读书会有60多个,因此大多数时间游走在成人的读书会里。本书收录了作者有关读书会的文章50篇,内容包括对不同类型读书会的介绍,读书会的经营心得,参加读书会的感受及带领经验,作者的阅读心得和参加读书会的心路历程等。本书文章共分为四辑。辑一:读书会面面观;辑二:我的阅读笔记;辑三:读书会与带领讨论;辑四:"素直友会"与我。(崔彤)

1136

读者工作 / 刘久昌编著. -- 北京:北京图书馆出版社,2001. -- 166 页;21cm. -- 图书馆岗位培训教材. -- 7-5013-1842-5(国家图书馆)

本书是图书馆在职工作人员系列培训教材之一。本书重点描述的内容主要包括读者工作概述、图书馆读者及其需求、图书馆读者的组织、文献流通服务、宣传推广工作、图书馆用户教育、读者工作管理等七个方面。本书从理论和实践相结合的高度,对图书馆读者工作的基本理论、基本内容和基本方法,以及读者工作管理等方面进行了言简意赅的阐述。该书基本内容多源于图书馆的具体实践,在图书馆具体工作中操作性较强,对于图书馆有关工作人员有一定的参考价值,对图书馆读者工作也有一定的指导意义,可作为读者工作专业研究工作者和文献信息专业师生的参考读物。(韩丽)

1137

亲子共学:客厅里的读书会 / 王淑芬. -- 台北:幼狮文化事业公司,2002. -- 182 页:插图;21cm. -- 新 High 亲子手记. 6. -- 957-574-394-6(国家图书馆)

全书共分6章,依家庭读书会建立流程分章介绍:为什么在家设立读书会、读书会前置准备、引起动机阅读术、阅读一本好书的程序、阅读讨论后的延伸活动及阅读活动实例设计。(赵红)

1138

读书会结知己:实务运作手册 / 方隆彰著. -- 台北:尔雅出版社有限公司,2003. -- 200 页;19cm. -- 尔雅丛书.413. -- 957-639-373-6(国家图书馆)

方隆彰,1975 年东吴大学物理系毕业,工作 11 年后转读社会工作,1991 年获东吴大学社会工作硕士。1990 年自组读书会,并在实践中学习总结读书会运作之道。1994 年将读书会的经验和体会逐步上升到理论,并开办了第一期"读书会领导人训练团体",后不断总结读书会实务运作经验,为推广读书会、培训读书会带领人陆续开办"进阶课程"。本书即是一本传授读书会经验的读物。全书共分 4 篇。第一篇明确的基本概念——读书共修,永结知己;第二篇有效的消解材料——客观理解,用心通透;第三篇灵活的带领讨论——对话激荡,源头活水;第四篇有效的经营运作——欢喜甘愿,甜蜜承担。书后有附录和作者简介。(崔彤)

1139

出版·阅读与图书馆:台湾图书馆七十周年馆庆研讨会展览专辑 / 李莉茜,俞小明主编. -- 台北:台湾图书馆,2003. --123 页:彩图;21cm. -- 957-678-371-2(国家图书馆)

2003 年,台湾图书馆为庆祝建馆七十周年举办了一系列活动。在世界阅读日前夕举办的"图书馆与阅读运动研讨会"是一系列馆庆活动的重要组成部分,配合研讨会还举办了"阅读运动展览"。本书是这次研讨会和展览的专辑。书中有馆庆系列活动时间安排表和"图书馆与阅读运动"研讨会会议议程。同时书中收录了有关阅读的文章 13 篇,按"阅读·新主张"、"阅读·读书会"、"出版·阅读运动"、"阅读·国际观点"和"专题选目"等栏目编排。(崔彤)

1140

图书馆馆藏引擎 / 社会科学文献出版社编. -- 北京:社会科学文献出版社,2003. -- 1 册:图;23cm. -- 7-80149-862-5(北京大学图书馆)

社会科学文献出版社是直属于中国社会科学院的专业出版机构,出版图书内容遍及人文社会科学各传统领域和新兴边缘学科。本书是为了方便国内外各类图书馆、资料室及时掌握社科文献版图书出版信息,而特将社会科学出版社的精品图书编辑而成的,所选图书按不同学科进行分类,同时附有社科文献版图书在全国各地的经销商地址和电话。全书所选图书分为文献类、皮书类、工商管理类、财政金融类、经济类、社会学、社会工作、心理学类、政法类、哲学宗教类、史学类、文学类、文化教育类、旅游用书和声像电子出版物等。(韩丽)

1141

读书会难不倒你! / 沈惠芳著. -- 台北:天卫文化图书有限公司,2003. -- 151 页:图,照片;26cm. -- 小鲁优质教学. -- 957-490-102-5(国家图书馆)

作者将多年来从事儿童读书会的经验进行总结,并结集成册。本书包括儿童读书会的 7 个主题活动的企划。(1)大家一起来跳动唱!——人际关系与沟通活动;(2)把猪"钓"起来!——资讯教育活动;(3)我的未来不是梦!——自我探索与了解活动;(4)炸弹 Go away!——危机意识与处理活动;(5)活出生命的色彩!——生命教育活动;(6)爱的宣言——环境教育活动;(7)发现之旅——人权教育活动。每个主题企划包括单元名称、单元主题、学习目标、活动准备和活动内容。通过 7 个主题企划,作者推荐了与主题相关的儿童文学书,也提供不少阅读教学策略和游戏方法,借此引导教师和家长开启自己和孩子互动的方式,并通过引导孩子阅读,提升孩子的想象力和创造力。(崔彤)

1142

图书馆利用教育与资讯素养教育:技专校院相关课程设计之研究 / 于第著. -- 台北:文华图书馆管理资讯股份有限公司,2003. -- 392 页;23cm. -- 技专校院相关课程设计之研究. -- 957-8708-67-X(国家图书馆)

本书共分 8 章,内容包括绪论、图书馆利用教育、资讯素养教育、图书馆利用教育与资讯素养教育相关课程设计之探讨、技专校院教师调查资料分析、技专校院学生调查资料分析、教师与学生对课程设计意见之综合讨论、结论与建议等。书前有景文技术学院王清峰的序以及作者的序言。书后有受访教师访谈记录、技专校院图书馆利用教育课程调查问卷(教师部分)、技专校院图书馆利用教育课程调查问卷:(学生部分)等附录。(赵红)

1143

如何使用大学图书馆 / 陈森,叶升阳编著. -- 北京:北京图书馆出版社,2004. -- 213 页:图; 21cm. -- 7-5013-2594-4(北京师范大学图书馆)

本书旨在帮助大学生,特别是刚刚步入大学校园的大学生尽可能多地了解图书馆的整体情况和具体运作,学会利用图书馆的必要知识和技能,掌握打开知识宝库的钥匙,为以后走上社会进行独立研究和接受终身教育打下坚实的基础。全书共分为 7 章:第一章大学生和大学图书馆,第二章文献类型和特征,第三章图书馆藏书的组织与检索,第四章文献信息检索基本理论与方法,第五章国内文献信息检索工具,第六章参考工具书及其利用,第七章图书馆现代化。(韩丽)

1144

二十世纪图书馆与文化名人 / 陈燮君,盛巽昌主编. -- 上海:上海社会科学院出版社,2004. -- 474 页;21cm. -- 7-80681-500-7(中国科学院国家科学图书馆)

本书是上海社会科学院出版社在 2004 年推出的一项"助读活动"的重要阅读材料,旨在通过尝试借本书所开展的"助读活动",提倡多读书、读好书的社会风气。二十世纪中国的文化名人与图书馆有哪些交往,他们的文化成就与图书馆究竟有何关系?本书以以翔实的资料、通俗的描述,记录了其中许多鲜为人知的故事。读者可以利用本书的内容,在丰富知识的同时,积极参与有奖读书活动。书中"正文"部分介绍多位名人(如冯友兰、胡道静、周而复、巴金、季羡林、林语堂、许地山、顾颉刚、范文澜、钱穆等)与图书馆的关系;"链接"部分提供与此相关的背景资料;"余思"则帮助读者作进一步的思考。读者阅读时,对正文、链接和余思三部分融会

贯通，可加深理解。（张玲）

1145

图书馆知识服务战略研究 / 初景利，邵正荣主编. --北京：北京图书馆出版社，2004. --265页：图；21cm. --7-5013-2609-6（国家图书馆）

本书是2004年10月25—28日中国科学院文献情报中心主办、中国科学技术大学图书馆承办的“图书馆知识服务研讨会”的论文选集。共收录论文30篇，反映了中国图书情报工作者从不同方面对这一问题的研究、思考和实践。本书收录的论文包括以下几个方面：知识服务战略与特征，知识服务模式与体系，知识服务构建与技术。本书收录的论文包括：《研究所图书馆信息服务与创新》《论数字图书馆的知识服务模式》《中国科学院广东地区文献信息资源的构建与利用》等。（韩丽）

1146

图书馆数字参考咨询服务研究 / 初景利著. --北京：北京图书馆出版社，2004. --316页：图；21cm. --信息管理科学博士文库. --7-5013-2417-4（国家图书馆）

数字参考咨询是网络环境下图书馆深化服务和服务创新的需要。本书总结了从传统图书馆参考咨询到数字参考咨询的演进、国内外数字参考咨询的研究、国内外数字参考咨询的实践发展，探讨分析了数字参考咨询服务模式、数字参考咨询质量控制与评价、数字参考咨询工作框架的建立与运行，具有较强的理论探索意义和实际参考价值。书后附有图书馆参考咨询问卷调查及统计结果、网上参考咨询服务用户需求调查统计和美国图书馆协会实施与维护虚拟参考咨询准则。（韩丽）

1147

认识及利用图书馆 / 黄丽纯. --台南县：复文书局，2004. --205页：图；21cm. --957-536-488-0（国家图书馆）

本书共分11章，包括图书馆的种类、图书馆的功能、图书馆服务、资料产生及咨询检索途径、图书馆的推广服务、图书馆的组织、参考书及参考服务、期刊的特性、资料的采访与登录、图书的分类编目、使用图书馆的注意事项等。书前有作者自序。书后附录有图书馆法、大学图书馆设立与营运基准及索引。（赵红）

1148

数字参考咨询服务初探 / 李昭醇主编. --北京：北京图书馆出版社，2004. --279页；图；21cm. --7-5013-2447-6（国家图书馆）

本书是我国第一代图书馆数字参考咨询馆员的第一个论文集。该书收录了26篇论文，包括“数字图书馆参考咨询系统的建设与服务”、“数字化参考咨询服务中心的建设与应用”、“网上参考咨询资源整合建设与应用”、“数字化参考咨询常用搜索引擎的应用研究”、“网上咨询服务软件平台的设计与实现”、“网上参考信息源的应用”、“信息服务中常用网络信息源的使用与实践”、“网上参考咨询与新型图书馆员”、“网上参考咨询服务的基本方法与技巧”、“数字化参考咨询服务的现状与未来”、“数字参考服务理论与实践研究”等。（韩丽）

1149

参考咨询新论 / 夏侯炳著. --南昌：江西人民出版社，2004. --511页：图；21cm. --7-210-03031-X（国家图书馆）

本书共分12章，主要包括：业务拓展论，工作特性论，社会功能论，组织建设论，参考馆藏论，引文索引论，馆员素质论，专业写作论，服务对象论，信息服务论，翻译服务论，科学管理论等内容。本书力求勾勒出参考咨询工作这个图书馆学分支的完整体系，以弥补以往有关论著之不足。在内容层次上既重视可操作性，又重视理论深度，以回应业界有关“参考咨询理论研究有待加强”的呼吁。（韩丽）

1150

知识服务模式与创新 / 杜也力等著. --北京：北京图书馆出版社，2005. --279页；32开. --7-5013-2766-1（国家图书馆）

本书为河北省哲学社会科学规划项目。书中论述了知识社会与知识创新、知识管理的理论探索、图书馆知识服务、知识服务的创新、知识服务的评价、知识服务的产业化发展方向等。（金丽萍）

1151

藏书之爱 /（美）A. 爱德华. 纽顿著；陈建铭译. --重庆：重庆出版社，2005. --32，664页：图，肖像；24cm. --7-5366-7191-1（北京师范大学图书馆）

这是一部搜罗广博、幽默诙谐、妙趣横生的藏书经。包括藏书之乐，及其相关逸趣；洋相百出话藏收，兼谈藏书家的其他消遣；最伟大的书，与其他零篇；以及搜书之道等内容。（韩丽）

1152

图书馆导读方法与策略 / 林运卓编著. --广州：暨南大学出版社，2005. --422页：图；21cm. --7-81079-503-1（北京师范大学图书馆）

华南师范大学附中图书馆阅读指导工作在中学图书馆界具有较高的知名度，本书在该校导读实践课的基础上，参考了国内外大量有关资料写就。全书共7章，第一、二章主要介绍了图书馆导读工作的基础理论和基础工作，第三、四、五章详细探讨了导读工作的内容，第六、七章介绍了现代图书馆导读技术、课程化导读方法与策略。全书既有理论性探讨，又有不少经验总结、案例，提供阅读指导活动的理论知识和可操作性的材料。可帮助广大中小学图书馆同行明确导读工作的要求，学习导读知识，掌握导读的方法和策略，积极参与校本课程建设。本书是全国中小学图书馆岗位培训教材，也可作为高等学校图书信息管理专业师生的参考书。（韩丽）

1153

图书馆服务理论与实践 / 鲁黎明著. --北京：北京图书馆出版社，2005. --318页；21cm. --浙江省社会科学联合会2005年课题研究成果. --7-5013-2804-8（北京师范大学图书馆）

本书作者在进行大量调查研究的基础上,借助其长期从事图书馆学研究和图书馆管理的优势,结合复合型图书馆的服务工作实践,采用调查、统计和文献资料分析等方法,在对图书馆服务的理论和实践进行研究的基础上完成的一本著作。全书共10章,介绍了现代服务理论与图书馆服务、图书馆服务理念、图书馆服务资源、服务环境、图书馆员的社会角色与素养、图书馆用户研究、图书馆服务形式、用户教育及图书馆服务评价等内容。(张玲)

1154

数字时代的图书馆信息服务 / 张树华等著. -- 北京:北京图书馆出版社,2005. -- 241 页:图; 26cm. -- 数字时代的图书馆丛书. -- 7-5013-2818-8(北京师范大学图书馆)

本书是《数字时代的图书馆丛书》之一,可供图书馆的中、高级技术人员培训和继续教育使用。全书共分为四个部分。第一部分从理论上论述了从传统图书馆服务,发展到复合图书馆、数字化图书馆信息服务的过程,论述了图书馆信息服务的功能、原则以及服务模式等。第二部分是对用户的研究,重点分析了用户构成的变化、影响用户利用各种信息的心理机制和行为机制等。第三部分重点介绍了图书馆如何从传统服务向数字图书馆信息服务转变,并阐述了在数字时代图书馆各种服务工作的作用、内容、方式、方法等。第四部分阐述了图书馆信息服务的效益、效果评价及数字图书馆信息服务的发展趋势和展望。(韩丽)

1155

逛书架 / 《逛书架》编辑小组编. -- 重庆:重庆出版社,2006. -- 187 页:图(部分彩图);26cm. -- 7-5366-7498-8(中国人民大学图书馆)

本书有相当高的品位。它从"书架"这一特定载体出发,分门别类描述了台湾各阶层的读书人富有特色的藏书,从中重现台湾的当代文化地图,缕析西学东渐的一般路径,勾勒当代出版重点图景,展示读书人对于书籍的品位与趣味。内容相当丰富,亦饶有情趣。编排上采取了个案铺陈的方式,精心选择了十数个面目各异的书架,以夹叙夹议的方式娓娓写来,兼具新闻报道与人物特写各自的长处;语言文白交杂,亦庄亦谐,干净利落而又有一定的文化内蕴,与内容相得益彰,很适合一般读书人的阅读习惯。对于处在社会转型期的中国大陆知识界与出版界来说,可以从书中了解不少信息:诸如华语世界如何接受海外引进版图书,内地图书与台湾读者市场的关系,读书人的趣味与图书出版市场的互动等等,因而有一定的参考价值。(韩丽)

1156

两岸三地阅读文化研究 / 澳门图书馆暨资讯管理协会编;李星儒等编辑. -- 澳门:澳门图书馆暨信息管理协会,2006. --223 页:图;23cm(国家图书馆)

本书为澳门图书馆暨资讯管理协会学刊第7期,全书共分三部分,第一部分两岸三地阅读文化研究,共录有关阅读研究文章16篇。第二部分为特邀稿件,共收5篇。第三部分附录澳门图书馆暨资讯管理协会2003—2005年第五届理事会工作总结报告。书前有澳门图书馆暨资讯管理协会理事长王国强写的前言。(赵红)

1157

人生如戏:平镇市民大学94年社区影像读书会成果分享 / 陈彩鸾,平镇市民大学社区影像读书会学员著. -- 台北:秀威资讯科技股份有限公司,2006. -- 13,251 页:照片,图;21cm. -- 986-6909-15-8(国家图书馆)

本书记录1993年平镇市民大学社区影像读书会上课点点滴滴。全书共分7篇。第一篇大家来看戏;第二篇演员上场;第三篇好戏开锣;第四篇戏外戏——社区服务;第五篇巡回展演——读书会分支;第六篇人生如戏——回顾与展望;第七篇附录——茶余饭后论戏码。(赵红)

1158

上海书展会标设计专集 / 顾行伟主编. -- 上海:文汇出版社,2006. -- 128 页:彩图;19cm. -- 7-80676-647-2(国家图书馆)

本书收录了2006年上海书展向全社会征集书展会标的参选作品385件。作为上海标志性文化活动之一,上海书展办公室自2005年10月起,和上海《文汇报》《新民晚报》联合开展向全社会广泛征集书展会标的活动。本书即此次会标征集活动的全部385件参选作品,由上海书展办公室整理编辑出版。(韩丽)

1159

法国推动阅读国际研讨会会议实录 / 台中图书馆编;郑幕宁等编辑. -- 台中县:台中图书馆,2006. -- 128 页:图;26cm. --986-00-8467-X(国家图书馆)

本书为在台湾召开的国际研讨会会议录。书中收录了本次会议的开幕词、大会主要议题,有法方主讲人约翰马里·哈诺先生的发言。法方其他发言还有"法国图书馆之特色"、"法国地方公共图书馆相关服务资源利用介绍"、"图书馆是推动读书乐的最佳场所及交流中心"。台湾方主讲人游常山副总的发言为"全球化下的台湾问题落差——城乡、贫富与性别"。另外该会议录还收录了主讲人员和参加学员资料、工作人员名录、法国推动阅读国际研讨会实施计划。书末有附录。(赵红)

1160

现代图书馆参考咨询 / 罗彩冬,杨永梅主编. -- 北京:海洋出版社,2006. -- 219 页:图; 26cm. -- 现代图书馆馆员职业技术培训丛书. -- 7-5027-6658-8(北京师范大学图书馆)

"现代图书馆馆员职业技术培训丛书"是编者根据长期工作中经常遇到的各种实际问题和困惑以及切身体会,并查阅了大量的有关参考文献,总结出的经验之谈。丛书基本涵盖了现代图书馆工作的主要领域,以满足各类图书馆工作者继续教育和广大读者参考的需要。本书为丛书之一,系统介绍了现代图书馆的参考咨询知识,内容包括:图书馆咨询用户的类型与需求、参考咨询服务形式、参考咨询服务内容与工作程序、参考咨询人员的素质等。(韩丽)

1161

图书馆利用与文献信息检索教程 / 那春光等编. -- 大连:大连海事大学出版社,2006. -- 258 页:图;21cm. -- 7-

5632 -1875 -0(大连理工大学图书馆)

本书分为上下两篇共10章,上篇图书馆利用,重点介绍了大学生与图书馆、图书馆的文献资源、图书馆的服务、图书馆的规章制度以及大连海事大学图书馆的概况。下篇文献信息检索,则主要介绍了文献信息检索的基本原理、手工检索、网络信息检索、数据库文献信息检索以及文献信息检索过程分析。本书力图从读者角度进行组织和编写,努力帮助读者分析归纳利用图书馆和文献信息检索的规律,并将大连海事大学图书馆的情况作为案例进行介绍。该书的宗旨在于帮助大学生认识图书馆,掌握利用图书馆的方法和手段,学习文献信息检索的知识和技能,提高大学生获取文献信息的能力。(韩丽)

1162

图书馆数字参考咨询研究 / 王红著. -- 武汉:武汉出版社,2006. -- 222页;21cm. -- 7 -5430 -3480 -8(国家图书馆)

全书共分为12章,主要包括数字参考咨询与传统参考咨询的比较、数字图书馆与数字参考咨询的关系、数字参考咨询服务的模式、数字参考咨询服务体系架构、数字参考咨询服务的质量评估、数字参考馆员的素养与培训等。(韩丽)

1163

CRM与图书馆读者服务 / 王美玉,萧文娟,冯秋萍著. -- 台北:秀威资讯科技股份有限公司,2006. -- 202页;21cm. -- 978 -986 -6909 -19 -1(国家图书馆)

CRM是Customer Relationship Management的简称,意为顾客关系管理。本书共分8章。第一章绪论,说明了本书的缘起以及架构;第二章CRM;第三章行销与CRM;第四章知识管理与CRM;第五章资讯科技与CRM;第六章应用CRM于图书馆读者服务;第七章运用e -CRM于图书馆实例:PISC;第八章结语,介绍了国内建置及导入e -CRM的概况、图书馆导入e -CRM系统的步骤、CRM未来趋势与图书馆读者服务。书后有附录:“PISC”系统功能画面。(赵红)

1164

青年必读书:一九二五年《京报副刊》“二大征求”资料汇编 / 王世家编. -- 开封:河南大学出版社,2006. -- 331页;23cm. -- 7 -81091 -487 -1(北京师范大学图书馆)

1925年1月,在孙伏园主持笔政的《京报副刊》上,发出“青年必读书十部”与“青年爱读书十部”的征求启示。七十余位名流学者,三百多位青年,应征作了答卷,并陆续在《京报副刊》上刊出。鲁迅的“我以为要少——或者竟不——看中国书,多看外国书”的主张发表后,又引起了一场激烈争论。有关文章达六十余篇,成为当年学界的一桩公案,产生了深远的影响,至今尚为诸多学者所关注。本书辑印了有关这场征求与争论的全部文字材料,以供读者研究参考。(韩丽)

1165

现代图书馆读者服务 / 姚新茹,刘迅芳主编. -- 北京:海洋出版社,2006. -- 134页;26cm. -- 现代图书馆馆员职业技术培训丛书. -- 7 -5027 -6660 -X(北京师范大学图书馆)

本书为“现代图书馆馆员职业技术培训丛书”之一,全书共分为九章,系统介绍了现代图书馆读者服务知识,主要内容包括:读者工作、读者结构、读者心理、读者需求、读者服务、文献的流通服务、图书馆读者导读工作、读者教育和读者工作者的自身建设等。(韩丽)

1166

明白为谁读书 / 庄恩岳著. -- 杭州:浙江人民出版社,2006. -- 227页,4页图版:图(部分彩图);26cm. --7 -213 -03382 -4(国家图书馆)

明白为谁读书,决定未来命运!现在有不少孩子对于读书是异常的烦恼和痛苦,甚至非常恐惧,而许多家长也为了孩子的读书问题苦恼万分。其实,逼着孩子苦读书不但家长孩子都很累,而且学习效果也不好。生活要快乐,读书更要快乐。要让孩子自愿去读书,让他们明白读书是为了自己的前途和命运,这很关键。孩子自愿勤奋地去读书,并且讲究学习方法,这样才能事半功倍。本书是著名畅销书作家庄恩岳先生专为青少年读者写的一本如何愉快读书的“忠告”书,书中用轻快的语气,格言的形式,分12个月,按月份的时间一天一个哲思故事,告诉你:一个人从小就明白为谁读书,那么长大了就一定能获得人生的幸福!(韩丽)

1167

数字参考咨询服务的质量评价 /(美) C. R. 麦克卢尔等著;卢海燕,王磊译. -- 北京:北京图书馆出版社,2007. -- 182页:图;21cm. -- 978 -7 -5013 -3546 -6(国家图书馆)

当今图书馆领域发展最快、最具创新性的服务是数字参考咨询服务。如果数字参考咨询要想得到改进,要能够更好地满足读者的需求并逐渐发展为有成效的高质量的服务,开展数字参考咨询服务的评价工作是必不可少的。这本书就是通过面谈、网站访问、文献回顾和与虚拟参考咨询工作者进行深入讨论而得到的结果。本手册是开始确认、描述和研究评价数字参考咨询服务标准流程的初步努力。其全部目的是改善数字参考咨询服务质量,帮助图书馆员设计、开展良好的参考咨询服务。本书共分为7章,主要讨论如何对图书馆的数字参考咨询服务进行评价。作者推荐了多种评价办法,每一种办法分定义、基本原理、数据收集方式、操作步骤等内容作详细讲解,对具体的评价工作有很好的指导作用。(韩丽)

1168

书的罗曼史 /(美)马歇尔·布鲁克斯编;高桦,高飞译. -- 北京:新星出版社,2007. -- 236页:图; 21cm. -- 978 -7 -80225 -211 -0(北京师范大学图书馆)

本书是马歇尔·布鲁克斯撰写的关于爱书人谈书的合集,作者本人从事文学创作和出版工作长达数十年,藏书甚丰,读书、写书、藏书,与天下读书人分享读书的快乐是他一生的追求。本书共收录了科莱特、费思·鲍德温、弗雷德里克·道格拉斯、乔治·艾略特、本杰明·富兰克林、爱伦·坡、彼特拉克和梭罗等著名作家和知名人物的30余篇文章,无论对于爱书人、著书人还是藏书人来说都是难得的珍品。在电子图书日益流行的当今时代,倾听那些伟大的爱书人讲述他们与书的故事,漫谈他们对书的感受,品味书的独特魅力,相信会对广大读者有所启迪。(韩丽)

1169

帮助孩子爱上阅读：儿童阅读推广手册 / 阿甲著. --北京：少年儿童出版社，2007. -- 246 页：图；26cm. --978 - 7 - 5324 - 7445 - 5(国家图书馆)

本书主要面向家长和老师，以及有志于从事儿童阅读推广的人士，介绍引导儿童阅读的基本原理和一些在世界范围内通行的思路与方法，同时探讨构成儿童阅读社会生态环境的基本要素，探寻改善儿童阅读社会生态环境的基本思路与方法，并倡导社会各界的有心人共同参与到儿童阅读推广的事业中来。本书侧重于从社会学的角度探讨引导儿童阅读的思路和方法：从单个个体、家庭、学校出发，拓展到不同社会范围内的儿童阅读问题；从引导儿童个体和群体的阅读方法出发，拓展到在社会各个层面上推广儿童阅读的方法。本书探讨的内容，从基本的儿童阅读学原理和方法出发，到图画书研究领域的新思路，拓展到对生态学与传播学中一些重要思路的借鉴，构建了一个独特的儿童阅读引导与推广体系。同时，也介绍了大量英美的、中国台湾地区的以及内地的阅读实例和推广实例。本书对于相关领域的理论研究者也颇具参考价值。(韩丽)

1170

阅读行为的调查与分析 / 陈燕丽等著. -- 天津：天津教育出版社，2007. -- 408 页；21cm. -- 978 - 7 - 5309 - 5053 - 1(国家图书馆)

本书共分为 5 章，主要内容包括：读者阅读价值取向调查，包括阅读价值取向概述、读者阅读价值取向调查与结果分析、讨论；读者图书类型阅读调查研究，包括图书类型阅读概览、读者图书类型阅读调查与结果分析、讨论；读者购书情况调查问卷研究，包括读者购书情况概述、读者购书情况调查与结果分析；购买图书的影响因素调查，包括购买图书的影响因素概述、购买图书的影响因素调查结果及其讨论；少儿读者家长调查，分析了少儿读者阅读需求与现状、少儿读者家长调查与结果分析及其讨论。(韩丽)

1171

图书馆利用技能与实务 / 林运卓，林翠贤主编. -- 广州：暨南大学出版社，2007. -- 244 页：图；21cm. -- 图书馆利用教育与阅读推广活动用书. -- 978 - 7 - 81079 - 751 - 1(国家图书馆)

本书是华南师大附中图书馆新生入馆教育和阅读指导选修课的学生用书，它将中学生最需要掌握的图书馆利用知识用简洁、活泼的形式加以解说，配有生动的漫画插图，通俗易懂，每章都精心设计了许多研习作业，让学生体会学以致用的乐趣，借以获得利用图书馆解决问题所需的技能与实务经验。全书共分为 6 章，主要内容包括：漫话图书馆、认识图书馆的藏书、怎样借阅图书资料、ebook 与网络信息资源、研究性学习与资料积累、图书馆利用教育与阅读推广。书后附有华南师大附中图书馆读者指南。本书可作为图书馆义工培训、读者教育的教材，也是高等院校图书馆学专业师生的教学参考读物。(韩丽)

1172

互联网信息服务理论与实证：用户使用、服务提供与行业发展 / 刘渊著. -- 北京：科学出版社，2007. -- 208 页：图；24cm. -- 978 - 7 - 03 - 019003 - 1(北京师范大学图书馆)

本书立足于信息化和网络化环境，系统地阐述了互联网信息服务的基本理论和现实应用问题。从用户使用、服务提供和行业发展的三个视角，研究了与互联网信息服务相关的重要问题，其中包括：互联网信息需求、互联网信息载体、互联网用户使用行为、互联网使用价格和互联网信息安全等内容。本书理论分析深入、实际可操作性强，适合从事信息管理、电子商务领域教学与科研的高等院校学生、教师以及科研机构的研究人员阅读与参考；同时也非常适合从事互联网信息服务的专业人员和互联网信息服务有关政府主管部门决策人员的工作参考。(韩丽)

1173

蒙古学研究参考工具书指南 / 萨日娜编著. -- 呼和浩特：内蒙古大学出版社，2007. -- 73 页，634 页；21cm. -- 教育部人文社会科学重点基地内蒙古大学蒙古学研究中心学术著作系列. -- 978 - 7 - 81115 - 380 - 4(国家图书馆)

本书是由内蒙古大学图书馆蒙古学文献中心副研究馆员萨日娜编著，由内蒙古大学蒙古学研究中心资助出版的。该书对现已出版的大量国内外工具书进行调研遴选，并按学科分类和便于检索的编排形式，较完整地汇编了与蒙古学研究内容相关的基本参考工具书 1600 余种。所选图书主要以内蒙古大学图书馆、内蒙古师范大学图书馆、内蒙古社会科学院图书馆为主，兼收中国国家图书馆、中国民族图书馆、中央民族大学图书馆、中国考古研究所等多个单位的个别收藏。(韩丽)

1174

北京人的读书生活 / 宋贵伦，刘勇主编；陈忠实著. -- 北京：文化艺术出版社，2007. -- 326 页：图；25cm. -- 本书为北京社会科学院立项资助课题成果，同时得到北京市教育委员会专项资助. -- 978 - 7 - 5039 - 3444 - 5(北京师范大学图书馆)

本书从平民的视角，用平实的文字，叙述平凡的生活，回忆往昔亦真亦幻，距离现实亦远亦近，再现刚刚逝去的生存方式和生活形态。本书就是"老百姓自己的东西"，因而也就是"真正的平民历史"。全书分为 9 大部分，主要内容包括：绪论，北京人读书分类调研，北京市未成年人阅读生活特别关注，北京图书馆及相关读书场所调研，北京图书出版和销售情况调研，"世界读书日"在北京，媒体与读书生活的互动，新媒体与读书，京味文学阅读调查，创意文化与北京人的读书等。(韩丽)

1175

走进图书馆 / 孙自炜编著. -- 西安：陕西旅游出版社，2007. -- 110 页：图；21cm. -- 978 - 7 - 5418 - 2296 - 4(国家图书馆)

本书在扼要介绍图书馆历史、数字图书馆的基础上，比较详尽地向读者介绍了图书馆分类法、图书馆目录、工具书和古籍的有关知识,同时介绍了做好读书笔记和读书卡片的基本方法。本书旨在帮助广大读者掌握打开知识宝库的金钥匙,在今后的学习和研究实践中,用最少的时间和精力,在文献的大海里迅速而准确地获得涉猎知识的主动权。(韩丽)

1176

难忘的25年:上海市振兴中华读书活动回眸 / 汪兰洁,陈振民主编;上海市振兴中华读书指导委员会编. -- 上海:上海三联书店,2007. -- 243页:照片;26cm. -- 978-7-5426-2583-0(国家图书馆)

本书主要回顾了由上海工人阶级首创的振兴中华读书活动,该活动已经举办了25年,其影响波及全国,成为持续时间最长、社会影响最大、参加人数最多的一项群众性读书学习活动。全书共分为四部分,书中阐述了上海市振兴中华读书活动读书改变命运的理念;回顾人们心目中最难忘的活动或事件,展示上海读书活动25年发展历程;诠释好书与个人成长的关系。(韩丽)

1177

阅读疗法 / 王波著. -- 北京:海洋出版社,2007. -- 338页:图,摹真;21cm. -- 二十一世纪图书馆学丛书. -- 978-7-5027-6799-0(北京师范大学图书馆)

本书是《21世纪图书馆学丛书》中的一册,全书共分为五章,对英、美阅读疗法的概念、类型、适应对象、推荐书目等进行了系统的分析,并对阅读疗法的原理进行了本土化再造,梳理出了阅读疗法在中国的发展简史,包括思想史和医察史;同时,对阅读疗法当前在中国的研究和实践作了相当全面的总结,展望了阅读疗法在中国发展的前景,对广大从事图书馆事业的人员进一步提高专业素质提供了有力的帮助。书后附录有图书疗法(Bibliotherapy)、图书疗法综述、阅读疗法放异彩和阅读疗法研究中文资料目录。(韩丽)

1178

数字参考咨询服务——我国图书馆的实践与研究 / 谢美萍著. -- 长沙:湖南师范大学出版社,2007. -- 236页:图;23cm. -- 978-7-81081-708-0(国家图书馆)

本书主要内容包括:引论,数字参考咨询服务在我国图书馆开展的现状研究,图书馆数字参考咨询服务与用户利用流程,数字参考咨询工作的服务模式与内容等。(韩丽)

1179

享用一生一世的恩赐 / 杨薇编著. -- 北京:北京工业大学出版社,2007. -- 184页:图;23cm. -- 978-7-5639-1770-9(国家图书馆)

本书精心筛选了足以影响人一生信仰的49本书,包括《老人与海》《忏悔录》《钢铁是怎样炼成的》《贝多芬传》《悲惨世界》《简·爱》《人生的智慧》《约翰·克里斯朵夫》《活着》《复活》《小王子》《圣经》《围城》《吉檀迦利》《瓦尔登湖》《哈姆莱特》《追忆似水年华》《渴望生活》《假如给我三天光明》等,旨在帮助广大读者,特别是青少年读者,树立正确的价值观和人生追求,使他们无论是在心灵蒙受伤害的时候,还是在寂寞孤独、彷徨无助,乃至悲观厌世、对未来对生活失去希望时候,都能从中汲取医治心灵创伤的灵丹妙药,都能获取生活的勇气、奋斗的力量。(韩丽)

1180

读书治学十二环 / 于鸣镝,那春光著. -- 北京:海洋出版社,2007. -- 150页;21cm. -- 二十一世纪图书馆学丛书. 第二辑. -- 978-7-5027-6796-9(国家图书馆)

本书是《21世纪图书馆学丛书》中的一册。本书系作者在个人读书学习、研究写作以及教学过程中对读书治学方法的探索、体会和总结。作者以"蝉联回环"的手法,用"十二环"进行布局,即:合刃三点—点石成金—金匙在手—手不释卷—卷闭口开—开物成务—务本求专—专心致志—志在必得—得寸进尺—尺幅千里—里应外合。书中引用了古今中外名人学者的论述以及故事,增添了本书的趣味性和可读性。(韩丽)

1181

大学生信息素质初级教程 / 袁润,沙振江主编. -- 镇江:江苏大学出版社,2007. -- 211页:图;23cm. -- 高校信息素质教育丛书. -- 978-7-81130-002-4(清华大学图书馆)

本书着眼于大学生信息素质教育"起好步,开好头"的出发点,重点关注高校图书馆如何将入馆教育与信息素质教育有机地结合起来,为下一步在更高层次上推进信息素质教育奠定良好的基础。全书的结构布局和内容取舍,都是围绕这个焦点和中心安排的。本书阐述了信息素质的内涵、信息素质教育的意义、高校图书馆在信息素质教育中的优势及其在信息素质教育中的初级目标和任务。在系统介绍图书馆的性质、职能和发展历程的基础上,帮助刚刚跨入高等院校的大学生充分利用图书馆,培养并提高自身的信息素质。(韩丽)

1182

图书馆读者工作研究 / 赵子夫,高月起编著. -- 沈阳:辽海出版社,2007. -- 297页;21cm. -- 978-7-80711-819-0(国家图书馆)

本书的撰写兼顾传统图书馆读者服务工作原则和现代图书馆读者服务工作发展的两个方面,力图使读者通过阅读本书了解图书馆读者服务工作的运作模式及发展规律,掌握读者工作在图书馆工作中的重要性,为读者了解图书馆读者工作提供一个良好的空间。全书共分8章,主要内容包括:读者工作、读者队伍结构、读者心理探析、读者阅读需要、读者服务内容、读者工作管理、文献资料的整序及利用、信息时代读者服务工作的拓展等。(韩丽)

1183

图书馆读者手册 / 高贤主编. -- 沈阳:沈阳出版社,2008. --412页;21cm. -- 辽宁省图书馆60年馆庆业务丛书. -- 978-7-5441-3666-2(国家图书馆)

本书包括文献基础知识、文献版本知识、图书馆知识、文献检索知识、检索工具知识、计算机检索应用、阅读方法知识以及文献收集整理等内容。(张玲)

1184

耕读传家 / 何江涛主编. -- 北京:北京图书馆出版社,

2008. -- 250 页:彩图;24cm. -- 978 - 7 - 5013 - 3604 - 3(中国人民大学图书馆)

为了推动全民阅读的开展,加强全民阅读的理论建设,中国图书馆学会科普与阅读指导委员会主持编辑了《中国阅读报告》,本书即其中的一册。阅读让家庭更和美,我们关注家庭阅读。从家庭阅读传统到中外家庭阅读的成功经验,从家庭阅读的理论分析到具体建议,本书涉及家庭阅读的方方面面,旨在帮助更多的家庭成为书香之家,对于图书馆等社会机构更好地帮助家庭开展阅读活动也有启发。本书由五部分组成:耕读传家;当代家庭阅读事件;家庭阅读的理论探讨;社会发展与家庭阅读;关于家庭阅读的建议。(韩丽)

1185

书香社会 / 李东来主编. -- 北京:北京图书馆出版社,2008. -- 263 页:彩照;24cm. -- 中国阅读报告丛书. -- 978 - 7 - 5013 - 3626 - 5(国家图书馆)

本书内容包括社会阅读行动、大众阅读推广、社会阅读研讨、社会阅读机构、社会阅读调查、海外社会阅读情报站、阅读观察、年度社会阅读研究综述共八篇。(韩丽)

1186

联合参考咨询与文献传递服务:文化共享工程网上信息咨询教程 / 李昭醇,莫少强主编. -- 广州:广东人民出版社,2008. -- 355 页:图;29cm. -- 978 - 7 - 218 - 05898 - 6(国家图书馆)

本书内容包括:网络信息检索、主要的网络信息检索工具、学科信息资源检索、专题信息资源检索、其他主题的信息资源检索、外文文献的检索与文献传递、网络信息资源评价与利用。(韩丽)

1187

阶梯 / 刘富,王立夫主编;大庆钻探党委宣传部编. --北京:中国工人出版社,2008. -- 201 页;24cm. --978 - 7 - 5008 - 4077 - 0(国家图书馆)

本书是征集到的读书心得,有些写得非常深刻,体现了大庆钻探集团职工的思想素质和文化修养。其内容包括感时篇、感事篇、人生篇。(韩丽)

1188

现代图书馆利用指南 / 罗志尧,周群芳编著. -- 杭州:杭州出版社,2008. -- 187 页;21cm. -- 978 - 7 - 80758 - 103 - 1(国家图书馆)

本书共分 7 章,具体内容包括:图书馆概述、图书馆馆藏的认识、图书馆常用数字资源的检索与利用、读书方法等。(韩丽)

1189

爱书人的世界 / 邱冠华编著. -- 北京:北京图书馆出版社,2008. -- 239 页:彩图;24cm. -- 中国阅读报告/中国图书馆学会科普与阅读指导委员会编. -- 978 - 7 - 5013 - 3596 - 1(国家图书馆)

本书主要内容包括:中外爱书人的故事和感悟,适合阅读和收藏的 14 种有趣书目,买书、读书、藏书和捐书的方法和经验;并通过对公共图书馆全年借阅情况的分析统计,列出了被借得最多的前 50 种图书;还研究了中外推荐书目的过去、现在和未来。(张玲)

1190

让更多的人读更多的书:《我与数字图书馆》网上征文活动获奖作品汇编 / 史超,莫少强主编. -- 北京:中国书籍出版社,2008. -- 242 页:照片;21cm. -- 978 - 7 - 5068 - 1690 - 8(国家图书馆)

本书分"我的数图情缘"、"我的良师益友"、"阅读改变人生"、"知识搜索利器"四部分。(韩丽)

1191

阅读推广指导手册 / 王国强编著. -- 澳门:澳门图书馆暨资讯管理协会,2008. -- 287 页:图;26cm. -- 978 - 99937 - 31 - 12 - 2(国家图书馆)

本指导手册成书的目的是让阅读推广人员可藉此寻找到他们所需的讯息。本书的内容主要参阅及引用五百多种与阅读相关的著作、学位论文、网页、期刊文章等而摘录而成,共分为 16 个内容,主要有阅读推广人员、阅读原理及阅读策略、阅读教学法、阅读教学的内容、阅读能力、有效的阅读方法等。书前有前言;书后有阅读常用表格、阅读金句、阅读活动设备列表、阅读活动常见的问题等 9 条附录。(赵红)

1192

图书馆用户教育 / 游丽华编著. -- 北京:中国社会科学出版社,2008. -- 182 页;21cm. -- 978 - 7 - 5004 - 6453 - 2(国家图书馆)

本书内容包括:图书馆用户教育的历史、意义和任务,图书馆用户教育的基本知识,图书馆用户教育的环境,图书馆用户教育的内容和教学方法等。(韩丽)

1193

青少年阅读心理学概论 / 张汉强编著. -- 武汉:武汉出版社,2008. -- 388 页;21cm. -- 978 - 7 - 5430 - 3759 - 5(国家图书馆)

本书从广义的范畴研究青少年读者阅读心理的一般规律,对青少年读者在阅读过程中的心理特征、个性心理、青少年阅读类型划分、图书馆环境因素以及新技术革命对青少年阅读带来的影响等问题作了系统的研究和阐述。(韩丽)

1194

现代图书馆读者工作 / 张素杰,刘文慧主编. -- 呼和浩特:内蒙古人民出版社,2008. -- 269 页;26cm. -- 图书馆文献信息业务工作实用丛书. -- 978 - 7 - 204 - 09648 - 0(国家图书馆)

本书重点阐述了读者工作基本概念、读者研究、读者教育及读者服务工作内涵等几方面内容。(韩丽)

1195

30 年中国人的阅读心灵史 / 张维特主编. -- 北京:中国对外翻译出版公司,2008. -- 303 页:照片;23cm. --中国书业书系;聚焦书业 30 年丛书. -- 978 - 7 - 5001 - 2046 - 9(国家图书馆)

本书试图从阅读变迁的角度,找寻中国 30 年别样的变迁轨迹。全书由上篇"改革开放 30 年个人阅读心灵史"、中

篇“改革开放30年阅读文化流向变迁”、下篇“改革开放30年中国阅读状况调研报告”三大篇组成。(韩丽)

1196

一个人的阅读史 / 张颐武著. -- 沈阳:辽宁人民出版社,2008. -- 242页;23cm. -- 978-7-205-06321-4(国家图书馆)

本书内容包括:“生命的滋养:面对人生的书”、“想象的空间:和中国小说一起成长”、“世纪思想的痕迹”、“世界和我们之间”等。(韩丽)

1197

我家有书香:2007中共湖南省委宣传部“家书” / 中共湖南省委宣传部编. -- 长沙:湖南人民出版社,2008. -- 449页;24cm. -- 978-7-5438-5153-5(国家图书馆)

本书采用了部机关152位同志的文章,收录的家书有:“为了我们共同的家园——读《难以忽视的真相》”、“公民的价值观与国家的软实力——读《我们是谁:美国国家认同面临的挑战》”、“买书记”、“记得当时年纪小”、“毛主席的书我最爱读”等。(张玲)

1198

图书馆读者服务的艺术 / 蔡冰编著. -- 北京:国家图书馆出版社,2009. -- 258页:图;21cm. -- 978-7-5013-4049-1(国家图书馆)

本书为图书馆服务工作人员提供一把规范性、灵活性、创造性开展服务的钥匙;确立员工服务行为准则与礼仪规范,并通过图书馆服务工作人员文明的语言、热情的态度、优雅的举止、儒雅的风度、娴熟的技能等为读者提供超越其心理期待的、超越常规的满意服务;追求一种超凡的理想服务效果和完美服务境界,从而建立起图书馆和谐服务文化,提升图书馆的整体服务水平和服务形象。(赵红)

1199

图书馆参考咨询工作 / 程应红编著. -- 合肥:安徽大学出版社,2009. -- 178页;24cm. -- 978-7-81110-623-7(国家图书馆)

本书共分7章,内容包括:图书馆参考咨询概述、参考咨询工作的组织机构与管理、参考咨询馆员的素质要求与培训、图书馆参考信息源建设、通才咨询服务的形式与工作程序、参考咨询服务内容、图书馆数字参考咨询服务。(赵红)

1200

阅读改变人生:新闻出版总署“对我帮助最大的一本书”农家书屋读书征文优秀作品选 /《阅读改变人生》编委会主编. -- 北京:人民出版社,2009. -- 239页;23cm. -- 978-7-01-008392-6(国家图书馆)

本书内容包括:在希望的田野上——实用科技篇,生活的滋味——人生感悟篇,点一盏心灯——励志篇,书香飘农家——文化生活篇,我的工作好参谋——管理篇等五篇。(王旭东)

1201

阅读心灵:浙江省职工读书征文活动获奖作品集 / 陈世权,杨谷人主编. -- 北京:人民出版社,2009. -- 278页;23cm. --978-7-01-007853-3(国家图书馆)

本书是浙江省职工读书征文活动获奖作品的文章,共分特等奖、一等奖、二等奖、三等奖四篇,收录的有:“生命的活水”、“读书与我们终生相伴”、“一生读你”、“知识改变命运学习成就未来”、“读书时我的最爱”等。(赵红)

1202

让读书成为时尚 / 侯溪萍主编. -- 济南:山东科学技术出版社,2009. -- 238页:彩照;24cm. -- 978-7-5331-4378-7(国家图书馆)

本书分五篇。第一篇:引一道清泉,收有“做一个真正的老师”、“行而复活”、“学问改变气质”等14篇文章;第二篇:造一方沃土,收有“收获”、“在读书中成长”、“读书贵得法”等26篇文章;第三篇:品翰墨留香,收有“爱的浸润”、“老鹰的启示”、“生命的和谐”等34篇文章;第四篇:香满园秀色,收有“向挫折挑战”、“我是小书迷”、“我爱看书”等30篇文章;第五篇:读书影像记,收有“书香伴我成长”、“书香蕴心香”、“书缘”等38篇文章。书前有山东省教师教育学会会长张志勇写的序及本书主编写的前言。(赵红)

1203

向阅读致敬:深圳读书月历届嘉宾回望与回访 / 胡洪侠,张清主编. -- 深圳:海天出版社,2009. -- 327页:照片,图;26cm. -- 978-7-80747-742-6(国家图书馆)

本书分回望、回访、回放三编。通过对深圳读书月历届嘉宾的回望与回访,回顾了深圳读书月10年的发展历程,记录了名人名家的阅读经历。(王旭东)

1204

图书馆参考咨询服务 / 罗彩冬主编. -- 北京:海洋出版社,2009. -- 218页;26cm. -- 图书馆馆员业务学习与岗位培训教程. -- 978-7-5027-7097-6(国家图书馆)

本书内容包括:参考咨询工作概论、图书馆咨询用户的类型与需求、参考咨询服务形式、参考咨询服务内容与工作程序等。(赵红)

1205

书香为雅:西北工业大学首届“读领风骚”读书文化节文集 / 王少华,郭海东主编. -- 西安:西北工业大学出版社,2009. -- 167页:图;21cm. -- 978-7-5612-2580-6(国家图书馆)

本书将同学们的读书心得与体会以文章形式展现,从而为大家提供一个交流思想的平台,与其他同学一起分享读书后的所思、所感。(王旭东)

1206

读书改变命运 / 肖卫,杨辉著. -- 北京:中国华侨出版社,2009. -- 245页;24cm. -- 978-7-5113-0090-4(国家图书馆)

本书内容包括:“未来的成功从今天的读书开始”、“明白人生道理,懂得读书的价值”、“知识之光给人带来光明”、“读书使人生之路越走越宽”、“读书是对父母最好的回报”、“苦难是最好的营养,读书能够改变命运”、“有志气有理想,读书才有劲头”、“不能盲目读书,要提高读书效率”、“学会快乐读书,享受读书的乐趣”、“成为最好的你自己”10章,向青少年朋友阐述了读书的真正目的,指明了读书的方向,切

实激发青少年学习的潜能。(赵红)

1207

高校图书馆读者服务新探 / 臧鸿妹编著. -- 合肥:安徽大学出版社,2009. -- 217 页;24cm. -- 978 - 7 - 81110 - 625 - 1(国家图书馆)

本书共分 8 章,内容包括:读者服务工作概述、高校图书馆服务概述、高校图书馆读者服务对象分析、读者服务体系构建、高校图书馆服务数字化、高校图书馆服务创新、高校图书馆发展趋势、读者需要理解的名词。(赵红)

1208

图书馆读者服务 / 张枫霞主编. -- 北京:海洋出版社,2009. -- 134 页;26cm. -- 图书馆馆员业务学习与岗位培训教程. -- 978 - 7 - 5027 - 7095 - 2(国家图书馆)

全书共分 9 章。内容包括:读者工作、读者结构、读者心理、读者需求、读者服务、文献的流通服务、读者导读、读者教育、读者工作者的自身建设。书后有附录:《图书馆学五定律》简介、《未来的图书馆:梦想、疯狂与现实》评介。(赵红)

文献与情报检索

1209

工具书使用法 / 楼云林. -- 上海:中华书局,1947. --112 页;32 开. -- 中华文库初中第 1 集(国家图书馆)

共八章,分总论、字典与辞典、韵书与类书、目录解题索引、图谱表、统计与年鉴、指南与宝鉴、检字法,介绍了各种工具书的概念、种类及用法。末附参考书目。(胡月平)

1210

医学文献检索工具书录 / 朱允尧编. -- 兰州:甘肃省科学技术情报研究所;甘肃省中心图书馆委员会(内部出版),1964. -- 186 页;19cm(国家图书馆)

本书所称检索工具书,系专指查找文献资料的书目、索引、文摘而言,其他评论、综述性书刊,以及词典、百科全书、手册等,除极少数被收录外,一般不在本书收录范围之内。所收各书,中文部分以 1949 年以后出版或重印者为限。本书收录医学及相关学科领域内的检索工具书 261 种,按类编排:一是医学卫生总论 45 种;二是基础医学 23 种;三是预防医学 20 种;四是中国医药学 22 种;五是临床医学 80 种;六是药学 5 种;七是生物科学 13 种;八是化学 13 种;九是综合性检索工具书 40 种。(韩丽)

1211

常用国外科技文献检索工具简介 / 武汉大学 72 级工农兵学员,上海科学技术情报研究所编写. -- 上海:上海科学技术情报研究所(内部出版),1975. -- 157 页;19cm(国家图书馆)

本书是在 1974 年批林批孔运动的背景下编辑出版的,主要为了给广大读者及初次从事科技情报工作的同志提供检索科技文献方法的参考,以进一步提高对国外文献的检索效率。全书共分为 11 个部分,重点介绍了美国化学文摘,美国工程索引,日本科学技术文献速报,英国科学文摘,美国生物学文摘,PB、AD 报告及其主要检索工具,AEC 报告及其主要检索工具,NASA 报告及其主要检索工具,美国专利,日本专利,英国专利等。本简介所报道的主要检索工具和各种资料,上海科学技术情报研究所大部分有收藏。(韩丽)

1212

科技文献检索 / 武汉大学图书馆学系本书编写组编. -- 长春:吉林市科学技术局(内部出版),1976. -- 256 页;26cm(国家图书馆)

本书内容包括:绪论,介绍文献检索工作的意义和作用、沿革、现状和发展趋势;科技文献的类型及其特点;文献检索工作的职能和种类;排检方法与检索系统;国内外主要检索刊物介绍,如:美国《化学文摘》、英国《科学文摘》、日本《科学技术文献速报》等;国内科技文献及其检索方法;科技报告、政府出版物及其检索方法;会议文献及其检索方法;专利文献及其检索方法;标准资料及其检索方法;图书馆和情报资料单位的检索服务工作。本书比较全面、系统地介绍了科技文献检索的有关知识,适合科技情报工作与图书馆工作人员业务学习之用,也可供读者检索科技文献时参考。(于静)

1213

社会科学参考工具书使用法 / 武汉大学图书馆学系编. -- 武汉:武汉大学图书馆学系(内部出版),1977. -- 320 页;19cm(国家图书馆)

本书是 1977 年武汉大学图书馆学系在该系 1974 级和 1975 级学员编写的《哲学社会科学参考工作》试用教材的基础上,根据教学实践的体会修订而成的。全书共分为 14 讲,以阶级斗争为纲,结合图书馆工作实际,介绍解答社会科学咨询问题的方法和途径,如介绍了关于字、词、成语典故、诗词文句、年月日、历史人物、历史事件、法令条约、地理资料、统计资料等的查找,并且简介部分常用工具书和谈点有关的文化知识,以使图书馆学专业学员和图书馆工作者了解并掌握开展社会科学参考工作的一般方法,也可供文史专业的同志参考。(韩丽)

1214

电子计算机情报检索系统 / 中山大学数学力学系,中山大学计算机软件教研室编. -- 广州:编者(内部出版),1978. --105 页(国家图书馆)

本书内容包括:什么叫电子计算机情报检索系统,电子计算机在情报管理中的应用;情报检索系统的组织;多用户小型检索系统 MIRS-H;MIRS-H 的情报库建立与应用;联机情报检索语言 IRL/1;HOS-130 小型操作系统的设计。本书为了初接触计算机情报系统的同志阅读方便,补充了情报检索系统基本知识,并列举了国外计算机情报检索系统的一些例子。(于静)

1215

文史工具书及其使用法 / 朱一清编写. -- 北京:中华书局,1979. -- 149 页;19cm. -- 17018.82(国家图书馆)

本书是介绍文史工具书基本常识的小册子,是供初中以上文化水平的读者学习马列著作和文史知识参考使用的。全书共分为八章,它着重辅助读者学会使用字典、词典、书目、索引、年表、政书、类书等常用工具书,主要介绍了怎样查找马列、毛泽东著作中的有关问题,怎样查找字音、字义和词义,怎样查找语句、典故、历史人物及其生平、历代典章制度、历史年代、古今地名等,最后介绍了怎样掌握工具书的检字法。同时附录《文史工具书选目》,供有关专业工作者参考。(韩丽)

1216

怎样检索科技文献 / 林尧泽, 刘明起, 白光武编. -- 北京:科学技术文献出版社,1979. -- 39 页;20cm. -- 17176.183 (北京大学图书馆)

本书首先介绍了检索科技文献的意义和作用;详细介绍了期刊、图书、科技报告、会议文献、政府出版物、学位论文、专利文献、标准资料、产品样本和产品说明书等科技文献定义、种类及特点;确定了检索科技文献的基本步骤:分析研究课题,确定检索范围和检索标志,选定检索工具,确定检索途径和方法及具体查找过程,查找和获取原始文献;列举了美国《化学文摘》、美国《生物学文摘》、西德《国际科学期刊论文目录》、英国《科学文摘》、美国《工程索引》、法国《文摘通报》、苏联《文摘杂志》、美国《科学引文索引》等主要国外检索工具的特点及其检索途径示意图。(于静)

1217

情报检索理论概述 /(苏)切尔内著;赵宗仁, 许恒泰译. -- 北京:科学技术文献出版社,1980. -- 267 页;19cm. -- 17176.251 (国家图书馆)

本书内容包括:情报检索基本原理、情报检索语言、输出标准、情报检索效果、检索档的组织方式、实现情报检索系统的技术工具、情报检索系统的工作方式、情报检索理论方面使用的主要术语、附俄汉术语对照索引。本书以浅显的语言概述了情报检索的一般问题、情报检索效果、各种情报检索语言和实现情报检索系统的重要设备。书后对 200 多个情报检索中常用术语给出了定义。本书是联合国教科文组织和工业发展组织在莫斯科举办的地区际工业情报和文献工作培训班上讲课的教材。本书可供普通情报检索人员、计算机情报检索人员以及广大情报、图书工作者参考,也可作为情报检索训练班教材使用。(于静)

1218

化学化工文献的检索 / 河北省化工学会科普工作委员会编辑. -- 石家庄:河北省化工学会科普工作委员会(内部出版),1980. -- 264 页;19cm(国家图书馆)

本书内容包括:介绍了化学、化工类重要文献,如:美国《化学文摘》、日本《科学技术文献速报》、苏联《化学文摘杂志》、美国《科学引文索引》的特点和检索方法。专利文献及其检索,介绍了美国、日本、温德特公司的专利检索工具、我国自编的专利文献检索工具的概况、分类体系与检索方法;综合性参考书与工具书,介绍综合性参考书、专业性参考书、数据手册的使用方法;文献检索的步骤与检索策略等。(于静)

1219

情报检索系统 / 中国科学技术情报研究所编辑. -- 北京:科学技术文献出版社,1980. -- 111 页;21cm. -- 17176.259 (国家图书馆)

本教材分上下篇,由学员根据听课笔记和有关参考材料整理而成,内容包括:国外几种情报检索工具书介绍;词表;文献的标引;定题情报服务;回溯与联机检索系统——法国 MISTRAL 系统;ORBIT 软件;DIALOG 软件;情报检索系统中的策略选择;专利文献;情报系统的网络;联机系统的问题和好处。(于静)

1220

国际专利分类表 A 部(农轻医) / 中国专利局文献服务中心翻译. -- 北京:中国技术文献出版,1980. -- 371 页;16 开. -- 17176.197(国家图书馆)

国际专利分类表英文原版共包括九个分册。除 A—H 八册外,第九分册是《使用指南》,其中译文已作为第二版 B 分册中的附录刊出。A—H 各分册的中译本名称依次为:A—人类生活必需(农、轻、医);B—作业、运输;C—化学、冶金;D—纺织、造纸;E—固定建筑物(建筑、采矿);F—机械工程;G—物理;H—电学。本书是 A 分册,适用于农、林、牧、食品、个人与家用物品、医疗保健、文娱体育用品、消防、救生等领域。(于静)

1221

科技文献检索工具书使用法 / 辽宁图书馆编. -- 沈阳:辽宁省图书馆(内部出版),1980. -- 399 页;19cm(国家图书馆)

本书是辽宁省图书馆举办的“科技文献检索方法”讲座和学习班的讲稿整理而成,全书共分 12 讲,内容包括科技文献与科技文献检索工具,国内中文科技文献检索工具书及美国、日本、苏联部分检索工具书使用方法介绍,并详细介绍了国外专利文献的查找方法,如德温特专利情报系统的介绍、美国和日本专利文献检索方法的介绍等。讲稿的编写,力求深入浅出,联系实际,侧重使用方法。编写人员都是从事科技咨询的同志。主要供科技人员、图书情报人员、理工科大专院校师生学习参考。(韩丽)

1222

文史工具书的源流和使用 / 王明根,吴浩坤,柏明著. -- 上海:上海人民出版社,1980. -- 389 页;19cm. --11074.45 (国家图书馆)

本书共有 11 章,首先将工具书的名称和作用、我国工具书发展的简况、工具书的种类和本书的介绍方式、怎样使用工具书等问题,作一个概括的说明,然后分章节主要介绍了查考书籍的工具书、查考字词的工具书、查考专书中字词和句子出处的工具书、查找古诗文的工具书、查考年代月份日期和大事的工具书、查考人物的工具书、查考地名的工具书、查考古代典章制度的工具书、查考古代事物的工具书、查找报刊和论文资料的工具、查找文物图像的工具书。(韩丽)

1223

科技文献检索知识 / 赵世良编著. -- 长春:吉林省图书馆

（内部出版），1980. -- 110 页；19cm. -- 吉林省图书馆学会丛书；图书馆业务自学大全（北京师范大学图书馆）

科技文献检索是当代图书馆工作和情报服务工作的重要环节之一。编写这本小册子的目的在于帮助青年图书情报工作人员通过自学初步掌握这方面的业务知识，包括有关科技文献检索和科技文献检索工具的基本概念与基础理论、国内科技文献检索工具的全面情况、国外主要科技文献检索工具的概貌、科技文献检索的方法和科技文献检索服务工作等。关于国内外各类型科技文献的详细介绍，需参阅《图书馆业务自学大全》的有关部分。全书共分为六讲，书后附有自修作业和参考书目。（韩丽）

1224

查阅外文冶金文献参考资料 / 赵天从编. -- 中南矿冶学院科技情报科（内部出版），1980. -- 329 页；26cm（国家图书馆）

本书分为 13 章，主要内容包括 9 个方面：首先在概论中阐述"冶金"一词含义及冶金文献的广泛性，着重说明冶金学科的内容划分及其与其他学科的关系；其次叙述国外有关冶金的学会和协会；有关图书，其中包括字典、词典、百科全书及教科书、专论、专著、科技小册子等参考书；有关期刊，包括期刊的性质、类型、名称、缩写、音译，并对美、英等各国出版的各种有关期刊的出版情况和基本内容作介绍；专利文献，包括专利的性质、特点、重要性、分类及查阅方法；政府科研机构出版物，并对美国的四大特刊作了简介；其他科技文献，包括标准、会议、学位论文等文献；科技文献检索工具；最后提出按照文献工作的目的和要求建议采用的查阅外文冶金文献的步骤和方法。（于静）

1225

中文工具书使用法参考资料 / 武汉大学图书馆学系《中文工具书》教学小组编. -- 武汉：武汉大学（内部出版），1980. --333 页；26cm（国家图书馆）

该书汇集了中文工具书著作研究资料和使用法等资料。全书分正文和附录两个部分。正文部分选录了 1949 年至 1980 年发表的有代表性的论文资料；附录为有关研究中文工具书的专著目录和论文索引。书前有说明。（胡秋玲）

1226

科技文献检索 / 北京大学图书馆学系情报学教研室编. -- 北京：北京大学图书馆学系情报学教研室（内部出版），1981. --302 页；26cm（国家图书馆）

本书是北京大学图书馆学系对为该系学生开设的一门选修课程的讲义进行修改和扩充的基础上编写的。本课程涉及的问题较多，内容很丰富，本书充实了有关文献检索基本原理和方法的内容，并扼要介绍了一部分有代表性的、适用面较宽的检索工具。全书共分为 8 章，主要内容包括：绪论，科学技术文献，检索工具及其编制方法，索引和索引法，索引的类型，专业性检索工具选介，综合性检索工具选介，检索服务与检索效果评价。书后附录有国外检索工具选目。（韩丽）

1227

怎样查阅美国化学文摘 / 陈慎意，王琏编. -- 北京：北京师范大学出版社，1981. -- 104 页；19cm. -- 17243.1（国家图书馆）

美国化学文摘（CA）是化学工作者查阅外文文献时最常用的工具书之一，本书详细地介绍了 CA 的使用方法。本书共分五部分，首先是 CA 概述和 CA 的分类，然后分类详细介绍了 CA 的编排和标题，CA 的索引及其使用法，最后重点介绍了如何查阅 CA。书后的附录有：CA 使用的略语，CA 引用的文献、文种名称略语，专利名称略语，俄文—英文音译对应字母表，日文—英文音译对应字母表，常用的英文词头词尾和国际单位制的词头及解释。（韩丽）

1228

英文工程文献的查阅方法 / 陈寿祖编著. -- 北京：机械工业出版社，1981. -- 201 页；19cm. -- 15033.4982（国家图书馆）

本书是一本介绍查阅文献方法的书。书中介绍了不同类型工程书籍、期刊与专利文献的特点以及它们的用法，介绍从不同角度查阅工程文献资料的方法，包括通过英文查非英语国家资料的方法。书中也指出了许多查阅中可能遇到的问题及解决途径，并附有许多实例。为帮助读者进行文献内容的整理，书末备有五个附录，如"英文科技文献中出现的其他文种的短语与略写"，"重要学术团体、企业名称缩写"等。（韩丽）

1229

近三十年国外"中国学"工具书简介 / 冯蒸编著. -- 北京：中华书局，1981. -- 358 页：照片；21cm. -- 17018.95（国家图书馆）

本书主要介绍了国外编纂的中国学工具书，包括有关汉语的字典词典类、基本目录类、索引通检类，图表类和百科全书类，并介绍了关于中国少数民族的工具书，如字典词典、目录和索引等。通过本书可以使读者了解近三十年来国外大致编纂了多少种有关中国学的工具书，借此可以了解国外研究中国学的一般情况和某些动向；使读者了解国外编纂中国学工具书的门类、主要内容和编纂体例，以及它们的使用价值等，以充分利用这些工具书。（韩丽）

1230

文史哲工具书简介 / 南京大学图书馆、中文系、历史系编写组编. -- 天津：天津人民出版社，1981. -- 794 页；21cm. -- 17072.2（国家图书馆）

本书从实际应用的角度将各种工具书作了一个粗略的分类，分别介绍，说明遇到哪类问题可以查什么工具书。其次是介绍一些关于工具书的基本知识。全书共分 9 章，第一章概括说明工具书的性质、类型和各种检索方法；然后按照问题的性质和查阅文献资料的需要介绍工具书的检索，分别说明了如何查文字、查词语、查篇名、查书刊、查年代、查地名、查人物、查事物，同时在简述其使用方法时，也作了一些简单的评论。本书收录介绍的是属于哲学、社会科学方面的和综合性的工具书，共 1300 余种。（韩丽）

1231

社会科学文献检索百例 / 潘树广编. -- 南京:江苏省图书馆学会(内部出版),1981. -- 140 页;21cm(国家图书馆)

本书是作者在总结"文献检索"课长期教学实践的基础上,为了提高学生的自学能力和从事早期研究的能力,而撰写的一本实用性和应用性较强的文献检索参考书籍。全书共收集了查找马克思恩格斯著作、查找列宁著作、查找毛主席著作、查哲学论文、查外国六十年代以前经济统计资料、查外国近几年经济统计资料、了解出版界大事、查图书馆学论文、查藏书家、查古代诗文集及其注本、查近代书籍、查丛书子目、查中国近代现代丛书、查中文旧期刊、查近代期刊、查五四时期期刊、找语言学论文、查冷僻字、查古代语句出处、查十三经语句释疑、查中国古典文学论文、了解古代文体知识、查先秦至唐宋诗句等各类具体实例百余例,每个例子大体都分为课题、分析、检索、附记四项。适用于各类文科学生以及青年文史资料工作者。(韩丽)

1232

古典文学文献检索 / 潘树广著. -- 南京:江苏师范学院中文系(内部出版),1981. -- 437 页;19cm(北京师范大学图书馆)

本书分上、中、下三编。上编《古典文学文献概说》,简要勾勒出我国古籍的概貌,并分门别类地介绍古典文学的基础文献和参考资料,试图让读者对古典文学的研究对象有初步的了解;中编《相关学科文献概说》,阐述了古典文学与历史学、目录学、语言学、考古学等学科的关联性,介绍这些相关学科常用的文献资料,使读者对学科之间交叉渗透的关系有一个初步的了解,以开拓视野、启迪智慧;下编《检索工具与检索方法》,介绍常用的检索工具,并讲述查阅图书资料解决具体问题的途径。全书末尾还给出辅助索引,便于读者查找书中提到的重要概念、术语、书名和作家名等。(张玲)

1233

如何查阅化学文献 / 西南师范学院科技情报室;西南师范学院化学系. -- 成都:西南师范学院科技情报室(内部出版),1981. -- 103 页;19cm(北京师范大学图书馆)

本讲稿是编者为西南师范学院化学系编写的,目的是帮助学生学习查找化学文献的初步知识。本书结合实际情况,主要介绍英、日两种文种的有关资料,兼及俄、德文资料。本书还注重从实用出发,重点放在检索刊物的介绍上,尽可能用较少篇幅讲清楚查阅这类刊物的方法。全书共分为六章,主要内容包括:绪论,美、日、苏几种化学文摘和题录期刊,专利文献,综合性参考书与工具书,期刊,中文化学文献检索工具等。书后附录有 CA 常用缩写词和 CPI 分类表。(韩丽)

1234

科技资料查阅指南 / 邢声远,揭培礼编. -- 长春:吉林人民出版社,1981. -- 236 页;19cm. -- 15091.176(国家图书馆)

本书分为绪论和上、中、下三编,共 10 章。绪论大概介绍了科技资料的重要性及如何对待科技资料、科技情报的分析研究等;上编科技资料的来源,主要包括第一至第六章,介绍了教科书,专著、论文集、会议文集,工具书,期刊,专利说明书等;中编是科技资料的查阅,主要包括了第七章和第八章,介绍了图书和期刊的查阅及检索,特种科技文献的查阅;下编为科技资料的阅读和积累,主要包括第九章和第十章,介绍了科技资料的阅读法和科技资料的积累法。(韩丽)

1235

史学工具书参考书内容简介 / 郑州大学历史系资料室著. --郑州:郑州大学历史系资料室(内部出版),1981. -- 154 页;19cm(国家图书馆)

本书共分三大部分,第一部分是工具书部分,主要介绍了阅读古代史书所需的主要字典、词典,图、表类,目录、索引类,类书、政书类的工具书;第二部分是中国古代史籍部分,主要介绍了纪传体史籍、编年体史籍、纪事本末体史籍和诸子、诸经等史籍;第三部分是附表部分,附录有汉字繁简体对照表,各时代兴亡简表,中国历史上主要朝代起讫年、历年等一览表,中国历代主要帝王重用年号鉴别一览表等。此外,书内还附有甲子表、历代会要表、二十四史简表、周秦十六诸子简表等。(韩丽)

1236

文科工具书简介 / 朱天俊,陈宏天等编. -- 长春:吉林人民出版社,1981. -- 326 页;19cm. -- 17091.28(国家图书馆)

本书主要介绍国内出版的社会科学方面中文工具书,其中包括少量可作为工具书使用的参考读物及译成中文的外文工具书。本书采用工具书类型与问题查找相结合的编排方法,即先按工具书的类型分成六大类,主要包括字典、词典,年鉴、手册,类书、政书,书目、索引,历表、年表,历史地图、历史图谱,再按问题的查找分若干小类。每大类、小类前具有简短的说明文字,介绍本类内容、范围及重点,可帮助读者选择所需的工具书。所收工具书大都作简单介绍,有些还举例说明查检方法。(韩丽)

1237

中文工具书参考资料 / 朱天俊,倪晓建编. -- 北京:北京师范大学出版社,1981. -- 423 页;19cm. -- 7243. 304(国家图书馆)

本书编者针对高等院校图书馆学专业学生学习中的难点与实际需要,选录了 38 篇文章,编成《中文工具书课程参考资料》,可以作为学习中文工具书课程的阅读资料。这些文章既包括对常用工具书的评介及查阅方法,也包括利用工具书所需的有关知识,书后还选录了部分中文工具书研究资料的索引,供读者参考。

本书不仅适用于图书馆学专业的学生,对于图书资料工作者、编辑出版与社会科学情报人员以及广大文学、史学爱好者,也有参考价值。(韩丽)

1238

电子计算机情报检索 / 闻振远编著. -- 北京:人民邮电出版社,1981. -- 272 页;19cm. -- 15045(国家图书馆)

计算机情报检索系统是科技情报现代化的重要手段。本书以文献情报检索为主系统地介绍了文献情报的服务方式,文献资料档和数据库的建立、管理,以及情报的检索方法。并详细分析了情报检索用电子计算机的特点、要求以及计算机情报网的构成。最后介绍了电话查号系统、订票系统、银行账户情报系统的应用,并对电话查号系统作了较详细的叙述。本书是为情报和图书部门的科技人员、计算机工作人员写的有关计算机情报检索系统的入门读物,本书也可作为有关学校计算机专业的教学参考书。(于静)

1239

高校理工科技情报检索课程教材 / 谢天吉编著. -- 北京:书目文献出版社,1981. -- 2 册(95,328 页) 26cm(国家图书馆)

本书系《第一篇:情报检索基础知识》的续编。本篇比较系统地介绍了国内外主要的综合性、专业性、单一性检索工具的内容结构;对如何选择与使用这些检索工具查获所需文献的检索方法,作了比较详细的阐释。情报检索包括文献检索、数据检索和事实检索 3 种类型;而文献检索既是情报检索中的基本检索,又是难度较高的检索,所以本篇是《高校理工科科技情报检索课程教材》中的重点部分。编写者为使教材的内容既能作为高校图书馆理工情报检索课程讲习班学员,即培养未来高校检索课程教师的教材;又能作为高校理工科学生和科技人员学习情报检索的参考读物。(于静)

1240

特殊二次资料的使用方法 / 中国科学技术情报研究所编辑. -- 北京:科学技术文献出版社,1981. -- 175 页;19cm. -- 17176.303(北京大学图书馆)

本书介绍了统计资料的二次资料,地图的二次资料,新闻消息的二次资料,会议资料的二次资料,"进行中的研究"的二次资料,电子计算机程序和软件包、商业数据的二次资料,学位论文的二次资料,人物资料的二次资料的特点和使用方法。(于静)

1241

专利文献中的技术情报 / 中国科学技术情报研究所专利馆编. -- 北京:科学技术文献出版社,1981. -- 163 页;25cm. --17176.310(北京大学图书馆)

本书是《专利事业丛书》的第二辑。本辑介绍世界知识产权组织(WIPO)1978 年在曼谷召开的"专利文献中的技术情报讨论会"的全部文件和 1979 年在北京举办的"专利情报和国际专利分类法讨论会"的部分发言稿。(于静)

1242

技术经济信息分类编码统一系统 /(苏)特卡琴科主编;赵艳华,郑四特编译. -- 北京:中国标准化综合研究所(内部出版),1982. -- 244 页;21cm(天津商业大学图书馆)

本书是由全苏技术信息分类编码科学研究院的一批专家学者,积多年之工作经验,集体编写而成,后经苏联国家标准委员会干部教育管理局审定为苏联高等院校的教科书。本书是目前发现写的比较全面和比较系统的一本有关信息分类编码的书籍。本书比较完整地论述和研究了苏联技术经济信息分类编码的普遍原则、编制方法,及其在制定分类目录方面的应用。书中还有大量的篇幅,阐述了各种全苏分类目录的编制及其结构,对全苏分类目录在组织管理方面的问题。此外,本书还介绍了经互会各国的一些分类目录及其相互的关系。各类问题,均有实例说明。本书可以说是苏联及东欧国家信息分类编码体系的代表作,它不仅总结了他们十多年来在这方面的科研和实践方面的成果,而且也反映了目前国际上信息分类编码科学研究工作的一个重要方面。(于静)

1243

国外文献介绍和检索:电气与电子类 / 冯子良编. -- 北京:清华大学图书馆(内部出版),1982. -- 201 页(北京理工大学图书馆)

本书首先介绍科技文献的载体形式、级别、出版类型及其分辨、文种与检索知识;详细介绍了国外有关期刊、工具书的相关知识;详细列举了国外科技文献主要的检索工具书刊的具体使用方法,如:英国《科学文摘》、美国《工程索引》、苏联《文摘杂志》、日本《科学技术文献速报》、电气与电子类专业性检索工具刊等;介绍了科技报告、会议文献、学位论文、专利等特种文献及其检索方法。(于静)

1244

化学情报实用指南 / 杨善济,程宗德编. -- 上海:上海科学技术文献出版社,1982. -- 144 页;19cm. -- 17192.46(国家图书馆)

本书内容包括:概论,赶上时代——了解近况的计划,《美国化学文摘》,CA 化学专利情报联机检索的评价,其他文摘和索引文献、评论、大全及其主要参考书,物理性质及其有关数据的查找利用,有关安全和环境的情报资料,能源、化工和企业情报源。主要讨论:国内外较新和较重要的化学情报工具;最重要和久经考验的经典工具;为适应化学情报来源和工具不断更新改进所需掌握的原则和基本方法,以帮助我国化学工作者和情报人员提高寻找、利用和评价化学情报的能力。本书适于大专院校化学化工系师生和化学化工等有关专业的科研和技术人员阅读。(于静)

1245

科技文献检索工具使用法 / 岳开峰,迟忍编. -- 长春:《情报知识》编辑部(内部出版),1982. -- 704 页(北京理工大学图书馆)

本书分 8 章,内容包括国内出版的中、英、俄、日、西文等主要检索工具书的使用方法,并附有参考价值较大的大量附录。本书力求深入浅出,理论联系实际,侧重于使用方法。(于静)

1246

国外科技文献检索讲座(2):技术报告的检索 / 中国科学技术情报研究所编辑. -- 北京:科学技术文献出版社,1982. --79 页;19cm. -- 17176. 324(北京师范大学图书馆)

本书介绍了技术报告的检索一般概况、特点、各国技术报告概况以及检索工具及其使用等内容。(于静)

1247

情报检索计算与理论引论 /(加拿大)H. S. 希普斯著;武汉大学图书馆学系研究室译. -- 武汉:武汉大学出版社,1982. -- 253 页;26cm(国家图书馆)

该书为译本,原著者是加拿大魁北克蒙特利尔康克迪亚大学计算机系 H. S. 希普斯。书中介绍了情报检索的基本概念、研制适用的计算机程序所需的技术和计算机程序的通用结构。全书共分14章,包括绪论、一般概念、供计算机检索的文献数据库、提问的逻辑和格式、供存贮和检索的数据结构、检索程序结构、文献数据库的词汇特性、情报理论研究、数据库的编码和压缩文献检索系统设计举例文献标引和词的关联、自动提问修改、自动文献分离等。书前有译者前言和前言,书后有主题索引。(胡秋玲)

1248

国外科技文献检索讲座(1):科学引文索引及其使用方法 / 杜宝荣编. -- 北京:科学技术文献出版社,1982. -- 56页;19cm. -- 17176.323(国家图书馆)

本书首先介绍了《科学引文索引》的概况,然后介绍了传统主题索引的问题,引文索引的创始、编制过程和使用情况,详细介绍了引文索引的著录格式与编排细则,包括引文索引、来源索引、轮排主题索引及对若干具体问题的处理方法等。介绍了引文索引使用条例,基本检索方法。最后介绍了引文索引的评价,包括多学科检索的可能性、关于语义的问题、引文索引独具的能力、引文索引数据库及有关服务、将来的改进和应用等。(韩丽)

1249

国外科技文献检索讲座(4):科技期刊的检索 / 刘明起编. -- 北京:科学技术文献出版社,1982. -- 56页;19cm. -- 17176.351(国家图书馆)

本书一共分为五个部分:第一部分概况,介绍了期刊的定义,科技期刊的特点、由来与发展;第二部分科技期刊的类型,分别按报道内容的学科范围、期刊的出版单位、期刊的内容性质对科技期刊进行了划分;第三部分期刊和期刊论文检索工具的类型与品种,介绍了查找期刊和期刊论文的各种检索工具;第四部分国外几种检索期刊的检索工具书介绍,主要介绍了乌利希新刊季报、国际科学期刊论文目录、现期期刊目录、杂志记事索引(科学技术编);第五部分则介绍了日文和俄文科技期刊刊名的音译问题。(韩丽)

1250

科技工具书使用法 / 彭桂源等编. -- 北京:中国科学院图书馆出版组(内部出版),1982. -- 86页;25cm(北京师范大学图书馆)

本书是中科院组织编写的《中国科学院图书情报工作教材》中的一册,经过修订、调整和补充之后,本套科技图书情报工作教材包括13门课程。本书即为其中的一册。本套教材大体相当于大学教材程度,主要适用于培训科技图书情报业务人员,也可供其他有关人员自学或研究时参考。本书共分为8章,主要内容包括:工具书导论,字典和词典,百科全书、专科全书及年鉴,手册,公式、数据和规格,图谱和表谱,人名录和机构名录,索引、文摘和目录等。书后附录有科技工具书举要。(韩丽)

1251

参考咨询与文献检索 / 彭湃源等合编. -- 北京:中国科学院图书馆出版组(内部出版),1982. -- 174页;26cm(天津理工大学图书馆)

本书是中国科学院图书馆组织编写的《中国科学院图书情报工作教材》中的第9分册,全书共分10章,主要包括概述,参考咨询工作的内容、方法和步骤,参考咨询工作的组织,检索工具概述,检索工具的编制方法,文献检索的方法、步骤和途径,主要检索工具介绍——综合性工具,主要检索工具介绍——学科性工具,特种文献及其检索工具——专检工具,参考咨询和文献检索工作展望。书后附有各类型参考工具书举要。本书适用于培训科技图书情报业务人员,也可供其他有关人员自学或研究时参考。(韩丽)

1252

怎样查找电子技术文献 / 沈家模著. -- 南京:江苏科学技术出版社,1982. -- 180页;19cm. -- 13196.086(国家图书馆)

本书主要阐述查找电子文献的方法,把各种文字电子技术文献的常用检索工具和使用方法介绍给读者,以供参考。全书共分四章:第一章讲文献检索的一般概念;第二章介绍检索工具;第三章讲中文、国内电子技术文献的查阅;第四章讲外文(英文、日文、俄文、德文、法文)电子技术文献的查阅。书中还举例说明怎样从多种途径查阅文献资料。本书可供图书馆和情报所工作人员、电子工业各部门情报工作人员和科技人员查阅文献资料所用,也可作为有关培训班的教材及大专院校电子专业文献课的参考书。(韩丽)

1253

政府出版物的检索 / 孙琦编. -- 北京:科学技术文献出版社,1982. -- 57页;19cm. -- 17176.334(国家图书馆)

本书主要介绍了美、英、日、加、法、德等国各种政府出版物及其检索。全书共分七部分,第一部分介绍了美国的《美国政府出版物目录月报》及其他政府出版物的检索工具;第二部分介绍了《英国政府出版物目录月报》《英国政府出版物年度目录》和《英国政府出版物每日目录》;第三部分介绍了日本的《政府出版物月报》《纳本周报》等政府出版物;第四部分介绍了加拿大的《加拿大政府出版物目录季报》;第五部分介绍了《法国政府出版物选目》《法国书目》和《公报目录》;第六部分介绍了西德的《西德政府出版物每月目录》《德意志全国书目》等。最后本书还介绍了查阅世界各国政府出版物的主要检索工具书。(韩丽)

1254

中国文史工具资料书举要 / 吴小如,吴同宾著. -- 北京:中华书局,1982. -- 333页;21cm. -- 17018.108(国家图书馆)

本书是根据作者为北京大学中文系、中国人民大学新闻系和北京市首都图书馆进修班讲授"工具书"的提纲编写而成的。本书的主要对象是文科各系的大学生、研究生和青年教师。本书共分为10讲,首先介绍了广义的工具书和几种常用的检字法,然后着重介绍有关文史范围工具书的内容和使用方法,包括一般综合性的字典和辞典,查人名的工具书,查地名的工具书,年表和历表,关于文字、声韵、训诂、方言俗谚方面的工具书,查古典文学作品词语的工具书,类书和政书,书目和索引,目的在于给青年文史工作者提供一些线索和门径。(韩丽)

1255

化学文献基础知识 / 杨善济,杨静然编著. -- 北京:书目文献出版社,1982. -- 288 页;19cm. -- 13201.1(国家图书馆)

本书是作者在中国科学院长春应用化学所为研究生讲课时的讲稿,经过不断修改和补充而成的。本书共包括 12 章,着重介绍了国外常见的化学化工文献,也涉及了一些其他有关化学的科技出版物。书中介绍的文献有期刊、会议录、科技报告、专利等,也有文摘、综论、丛刊、辞典及各种大型参考书等。各章后编有习题,书末还附有习题解答注释和参考书。这些都对读者巩固和提高化学文献基础知识有一定的帮助。本书可供从事化学、化工科研、教学和生产的科技人员参考。(韩丽)

1256

有机化学文献及其查阅法 / 张明哲编. -- 北京:高等教育出版社,1982. -- 429 页; 21cm. -- 13010.0762(国家图书馆)

本书是在作者讲授化学文献的一份讲义基础上写成的。本书首先介绍了无机化合物和有机化合物的命名,然后介绍了有关化学的辞典、手册、大型工具书和参考书,并重点详细介绍了拜耳斯坦有机化学大全的概况、编制规律和查阅方法,美国化学文摘的分类目录、编排著录、各种索引和用法。此外介绍了有关的化学期刊杂志和快速报道、化学专利文献的基本知识,并介绍了各国的专利检索和使用。最后讲述了化学结构的线型式化学符号的表示法。本书每章都配有简单的习题以练习。(韩丽)

1257

国内科技文献检索工具书简介 / 中国科学技术情报研究所编辑. -- 北京:科学技术文献出版社,1982. --86 页;25cm. --17176.321(国家图书馆)

为了便于广大科技人员和图书情报单位的工作人员了解和掌握国内出版的各种检索工具书的品种、沿革、报道内容等,中国科学技术情报研究所编辑了本书。本《简介》主要介绍本所收藏的国内出版的有关文摘和目录,以中国科技情报编委会统一组织的检索工具书为主,也介绍一些其他单位出版的文摘或目录,共收录 228 种。全书着重介绍检索工具书的沿革,收录文献类型、范围,报道条数和主要内容。卷前编有"使用说明",为了便于读者查阅,卷后附有"刊名字顺索引"和"主题索引"。(韩丽)

1258

文史工具书手册 / 朱天俊,陈宏天著. -- 北京:中国青年出版社,1982. -- 392 页;19cm. -- 7009.289(国家图书馆)

文史方面的资料浩如烟海,为了帮助读者开拓视野,迅速掌握查找文史工具书的方法,本书拟定了 53 个题目,向读者提示遇到什么问题,应该找什么书,以及怎样查检等等。在每一题目之下,先把该类工具书作些知识性的介绍,帮助读者认识它们的性质、概况和价值,然后逐一说明每本书的具体内容和使用方法。本书介绍的五百多部书,其中也包括一些可作为工具书使用的资料书、参考书、知识性读物和专门著作,因此内容丰富,方便实用,是自学文史的必备书。(韩丽)

1259

怎样查找医学文献 / 崔慎之编著. -- 广州:广东科技出版社,1983. -- 214 页;19cm. -- 14182.88(国家图书馆)

本书是为了辅导广大医学科研工作者和医务人员提高阅读医学工具书、参考书和查找医学文献的技能,从而提高医疗、教学和科研工作的质量而编写。书中着重介绍了如何根据我国图书馆的条件,多、快、好、准地找到所需的医学、药学,以及有关的生物学、化学等工具书和文献资料;同时还详细地介绍了图书馆的藏书及其编排法,以及各种工具书、参考书和医学书刊文献资料、索引的出处和内容。为了医学科研工作者个人收集文献资料的方便,本书还专门介绍了文献档案保管与整理的方法,如练习本法、活页法、卡片法等,便于医学科研工作者在日常工作中,随时收集保管各种文献资料。本书可供医学院校教师、研究生、学生,以及广大医药卫生、农业、兽医、生物学和化学等工作者参考。(韩丽)

1260

美国"应用力学评论"(AMR)的检索方法 / 葛冠雄,赵颖,李荫文等编. -- 哈尔滨:哈尔滨工业大学图书馆(内部出版),1983. -- 86 页; 25cm(北京师范大学图书馆)

本书共分为上中下三篇,上篇为《应用力学评论》的检索方法,主要介绍了美国《应用力学评论》的概况、文摘本结构、卷索引本结构以及检索方法。《应用力学评论》1948 年创刊,共收录世界重要专业出版物 1440 种,其收录文献范围较广,编辑著录质量较高,因此是从事理论和实践的工程技术人员所必须学会和掌握的重要检索工具。中篇为《应用力学评论》的索引词表(英—汉),该词表共收录 AMR 索引词约 2500 个。下篇为《应用力学评论》索引词表的汉英索引。(韩丽)

1261

中文工具书参考资料选辑 / 华东师范大学图书馆系编. -- 上海:编者(内部出版),1983. -- 660 页;19cm(国家图书馆)

本书是为了配合华东师范大学图书馆系的专业基础课《中文工具书》的教学而编辑的资料选辑。本资料集主要选录有关中文工具书的资料,依课程章节内容为次,择要选录,并以近年来报刊上发表的新资料为主。全书共选录了 36 篇相关文章,主要收录了由来新夏、孙公望、王德春等人撰写的涉及工具书概论、词典、辞书、百科全书、类书、历法、年表、人物传记、年谱、方志等的文章。书后附录有四篇关于参考咨询工作方面的著作。本书的编写目的在于,既要帮助系统地掌握工具书,又要知晓问题、资料的检索途径和方法。(韩丽)

1262

中文工具书知识 / 梁仁居,陈桂芬编著. -- 南宁:广西人民出版社,1983. -- 180 页;19cm. -- 图书馆专业进修教材. -- 7113.451(国家图书馆)

本书是《图书馆专业进修教材》中的一册,全书共分 6 章,主要内容包括:工具书概说,字典、词典,类书、政书,年鉴、手册,表谱、图录,书目、索引等。分别介绍了工具书的特征、类型和功用,我国工具书的源流简况,工具书的排检法,并详细介绍了各种工具书及如何利用这些工具书查找相关的文献。本书适合图书馆中等专业学校或函授学校教学使用,也适合刚进入图书馆的工作人员进行自学时参考使用。书中每章之末附有复习思考题,供读者参考。(韩丽)

1263

文史工具书选要 / 吴国宁编. -- 西安:陕西人民出版社,1983. -- 202 页;19cm. -- 17094.2(国家图书馆)

本书是一种作为工具使用的特定类型的书籍。本书共分10部分,第一部分是字词典类,介绍了各种字典、词典、虚词字典、方言俗语词典、成语典故词典、人名词典、地名词典;第二部分是表谱类,介绍了历表、年表、职官表;第三部分索引类,包括人名索引、室名别号索引、词语典故索引、书名篇目传目索引等;第四到第十部分,则分别介绍了避讳类、地理类、书目类、辨伪类、类书类、政书类、诗文评类。书后附有夏历月份别名表。本书内容广泛,类目明晰,便于查检,实用性强。(韩丽)

1264

化学文献及查阅方法 / 余向春编著. -- 北京:科学出版社,1983. -- 394 页;21cm. -- 13031.2140(国家图书馆)

本书是作者根据在浙江大学化学系担任化学文献课的教学工作实践而编写的,对化学工作者和有关专业的研究生有一定的帮助,对新接触化学文献的同志和高年级学生能起到入门领路的作用。全书共分为九章,对各种文献的基础知识及它们的查阅方法作了全面系统的介绍,重点介绍了20世纪80年代国外几个主要国家的文献检索工作,介绍了化合物的各种编码法,对于软件编制人员和有机化学工作者有一定的参考价值。本书也介绍了部分国内的有关文献。书后附录有国外有关学术机构和文献名称缩写。(韩丽)

1265

情报检索入门 /(日)长泽雅男著;抚顺市图书馆学会编译组译. -- 沈阳:辽宁省图书馆学会(内部出版),1983. -- 187 页(国家图书馆)

本书内容包括:情报检索、情报的存贮、情报的压缩和变换、分类法、标引、标引语言、情报查寻、机械的利用等。(于静)

1266

文献检索基础 / 高崇谦,朱孟杰著. -- 北京:书目文献出版社,1983. -- 181 页;19cm. -- 7201.50(国家图书馆)

本书内容包括:概述,介绍了文献及其类型、情报检索的定义对文献检索的要求以及文献检索的基本过程;情报检索语言,内容有概述、分类语言、主题语言、分类语言与主题语言的比较;主题标引工作,内容有概述、标引工作条件与组织、标引的一般过程、标引规则的基本内容、标引实例;手工检索工具,内容有检索工具的概念及其要求、检索工具的种类及其特点、检索工具的编制方法;机读检索工具(市售磁带档),内容有概述、软件、磁带档再加工、标准化、磁带档记录格式;文献检索系统,内容有概述、手工检索系统、穿孔卡片检索系统、电子计算机检索系统、缩微胶片检索系统;文献检索效率,内容有概述、影响检索效率的因素、提高检索效率的措施。(于静)

1267

科技文献分类工作手册 / 关家麟,张涵,朱孟杰编. -- 北京:科学技术文献出版社,1983. -- 199 页;19cm. -- 17176.361(北京大学图书馆)

本书是一本论述科技文献分类标引工作理论、方法、技术的小册子。编写的目的是向科技情报部门与图书馆部门从事文献工作的同志提供一熟悉业务、掌握分类的参考工具,向情报学、图书馆学的教师和学生提供一个科技文献分类标引的参考资料。全书共分四章:文献分类基本知识;文献分类工作程序和方法;文献分类基本规则;科技文献分类要求。附录:有关《中图法》《资料法》参考资料目录。(于静)

1268

科技文献检索 / 何善祥编著. -- 南宁:广西人民出版社,1983. -- 124 页;19cm. -- 7113.461(国家图书馆)

本书内容包括:概说、科技文献检索工具、国内编印的中文科技文献检索工具、国内编印的外文科技文献检索工具、科技文献检索程序。(于静)

1269

科技情报检索与服务 / 四川省图书馆学会主编. -- 成都:四川省中心图书馆委员会(内部出版),1983. -- 198 页(国家图书馆)

本书内容包括:情报检索概述、情报检索的基本原理、情报检索方法、人工情报检索系统、电子计算机检索系统、科技情报检索服务。(于静)

1270

医学情报检索 / 叶铭主编. -- 上海:第二军医大学(内部出版),1983. -- 174 页;26cm(天津医科大学图书馆)

本书介绍了中文医学文献检索的基本知识,介绍了《医学索引》《医学文摘》《生物学文摘》《化学文摘》、日本《医学中央杂志》、日本《科学技术文献速报》、苏联《医学文摘杂志》《国际药学文摘》、科技会议、国外科技报告、专利及专利文献、标准及标准文献的概况及其使用与检索法。(于静)

1271

计算机情报检索导论 /(加)H. S. 希普斯著;张承庆,顾慧芳译. -- 北京:知识出版社,1984. -- 389 页;19cm. -- 13214.19(国家图书馆)

本书系统阐述了情报检索的基本概念和一般技术,并反映了20世纪70年代情报检索的新方法和新成果。全书共分14章,其内容包括:引言,论述了知识记录的增长、情报检索学科、计算机学习与自适应感等内容;一般概念,探讨了文献数据库和数据的选择提供、符号化缩写、图书数据库等内容;计算机检索用的文献数据库,涵盖了磁带存储与磁盘存储、数据存储的位代码等内容;提问逻辑与格式,阐述了截断的说明、比较和终端模式等内容;存储和检索的数据结构,探讨了排序数的结构、采用字符数的词典存储等内容;查找程序的结构;文献数据库的词汇特性;信息论的研究;数据库的编码和压缩;文献检索系统的设计举例;文献标引和词的结合;提问的自动修正;文献自动分类及现有方法的局限性等方面。(于静)

1272

情报检索系统:特性、试验与评价 /(美)兰卡斯特(F. W. Lancaster)著;陈光祚等译. -- 北京:书目文献出版社,1984. --399 页;20cm. -- 7201.45(国家图书馆)

本书内容包括:情报检索系统的功能;匹配子系统;计算机在情报检索中的应用:脱机批处理系统;联机情报检索;机读数据库的增长;缩微资料与缩微资料检索系统;情报中心与情报服务;情报服务的评价标准;情报服务效果的评价;潜在的需求;数据库的选择与检索;词表控制;标引子系统;根据评价结果改进情报服务的性能;机读数据库及其情报服务的评价;费用/效果评价与费用/效益评价;国家情报系统的评价;适用性与相关性;情报系统评价概述;情报检索中的自然语言;自动系统;非正式交流的作用;用户与用户需求;情报服务的设计;未来:无纸情报系统;附主题索引、人名机构名索引、缩略词语表。(于静)

1273

专利情报入门 /(日)大川晃著;钱美珍译. -- 北京:科学技术文献出版社,1984. -- 271 页;19cm. -- 17176.382(国家图书馆)

本书内容包括:信息社会和专利情报;什么是情报;专利情报工作的重要性;专利情报的调查目的;专利情报工作的做法,论述了专利资料的种类、收集、专利文摘的编写和利用方法、专利资料的整理和存储方法、专利资料的检索方法、机器检索系统的实例;主要国家的专利资料及其调查方法,介绍了主要专利资料阅览部门的利用方法、日本、美国、联邦德国的专利资料及其调查方法,日本及各国专利情报工作现状。本书对全面系统地介绍专利情报知识进行了尝试,但是在情报基础理论和电子计算机应用的有关知识方面内容较少,需要参考其他专著。本书是为企业等基层部门的专利情报工作者写的,其内容能够满足专利情报工作者基本业务知识的需求。此外,对各行各业职工学习专利情报知识也是一本较好的教科书。(于静)

1274

科技文献检索参考资料:工程索引简介及英汉对照 1983 年主要主题表 / 大连工学院图书馆参考咨询部编. -- 大连:编者(内部出版),1984. -- 139 页;26cm(内蒙古大学图书馆)

本书是大连工学院图书馆根据参考咨询、定题服务和教学上的需要,陆续将馆藏的主要的外文检索工具书进行广泛宣传和介绍并编制的辅助性检索工具。本书是该馆根据工程索引 1983 年月刊、1982 年年刊和工程主题表(SHE)1983 年版编写的,对工程主题表的介绍比较全面。工程索引的编排,是按主题词字母顺序排列的,所以在查阅工程索引时,首先要在主题词表上选好主题词,然后再按主题词查找文摘。本书的主题词表是从 1983 年月刊中核对抄录下来的,既包括工程主题表上的主要主题词,也包括它采用的自由词,可起完整的目次表作用,在查阅时,是必不可少的。(于静)

1275

高校理工科技情报检索课程教材初稿:第二篇:科技文献检索 / 杜桑海编写. -- 北京:全国高校图书馆工作委员会(内部出版),1984. -- 328 页(国家图书馆)

本书主要介绍了情报检索基础知识。内容包括:情报传递与文献结构,探讨了情报的基本概念、情报的来源和作用、情报传递的渠道和过程以及情报检索与情报检索系统;情报检索的基本原理与方法,论述了直接检索与间接检索、间接检索的原理、检索的程序和方法以及检索效率的分析;检索工具,概述了检索工具的种类和内容结构、目录、题录、文摘、索引以及检索工具中文献来源的识辨;检索语言,介绍了检索语言的基础和种类、体系分类语言、标题词语言、关键词语言以及叙词语言。(于静)

1276

微型计算机在书刊情报资料工作中的应用 / 龚国伟编. -- 武汉:湖北科学技术出版社,1984. -- 210 页;19cm. -- 15304.72(国家图书馆)

本书介绍了微型机的基本知识,微型机在文献管理中的应用,微型机在情报检索领域中的应用,国外适用于图书情报业务的市售微型机软件系统,微机在图书情报部门中应用的主要问题和发展趋势,如何选择一个适用于图书情报业务的微机系统,并论述了推广应用微型机是我国图书情报工作现代化的必然途径。同时还介绍了国外微型机硬件生产厂商、国外微型机软件生产公司、几种典型的 16 位微型机产品、我国主要微机厂家及其产品一览表、我国生产的中文微计算机系统一览表等资料。本书可供科技人员、图书馆和情报资料部门的工作人员,以及对这方面的工作感兴趣的广大读者阅读。(于静)

1277

情报检索自动化基础 / 王永成编. -- 北京:知识出版社,1984. -- 348 页;19cm. -- 13214.1014(国家图书馆)

本书依据各国最新自动检索资料并结合我国情报检索的现况编写而成。共分 10 章,包括:电脑的一般知识、自动检索的数学基础、情报检索自动化概论、自动检索的系统设计、情报的存贮、轮排索引及排序技术、情报的检索、中文检索中的若干问题、联机检索与网络简述、智能检索简介。书中并附有不少国内外有关情报检索的图表。本书可作为大专院校计算机、图书、档案、情报检索及其应用软件自动化专业的教材,对于科研单位、文字翻译、医疗诊断和管理部门也有参考的价值。(于静)

1278

怎样查找化学情报 /(美)R. E. 梅泽尔著;胡安群译. -- 哈尔滨:黑龙江科学技术出版社,1984. -- 250 页;21cm. -- 13217.137(国家图书馆)

本书首先介绍了情报利用中的一些基本概念,然后介绍了化学领域中的情报流通和交流方式以及查找的策略,讲述了如何掌握最新资料、如何快速而有效地查找论文、图书、专利和其他文献,介绍了化学文摘社和其他文摘及索引服务、电子计算机的联机和脱机情报检索系统与服务、百科全书和其他主要参考书,还介绍了物理性质及其相关数据的查找和利用、化学品市场和商业情报源,最后介绍了生产情报及专门化服务。(韩丽)

1279

专利与专利文献查阅法/(美)梅纳德(J. T. Maynard)著;张玉华译. -- 北京:化学工业出版社,1984. --202页;19cm. --15063.3602(国家图书馆)

本书是作者1976年在杜邦公司实验站技术人员短训班讲课的产物,力求解答化学家和工程师一些急切的实际问题:如何阅读与了解专利,如何利用专利作为一种情报源,如何确认一件发明已经完成,如何与律师或代理人一起工作,如何提防专利侵权等。全书共分为13章:引言(专利的意义);如何阅读专利文献;专利——重要的情报源;如何决定是否申请专利;获得专利保护——独立发明人;申请专利的准备工作——发明人的确定;对专利申请案的受理;抵触——记录的重要性;侵犯专利权——对专利权项的了解;专利的利用——执行与许可证;受雇的发明人。转让与雇佣合同;版权。商标和贸易秘密、外观设计专利等;专利法的发展趋势。书后附有词汇和缩写字,《国际专利分类法》简介,美国、日本专利的检索方法等。(韩丽)

1280

国外工具书指南/陆伯华等编辑. -- 北京:中国学术出版社,1984. -- 314页;25cm. -- 17262.007(国家图书馆)

本书共分八大部分,主要收录了英文、法文、德文、西班牙文、俄文和日文六个文种的工具书,由于篇幅所限,本书只收综合与社会科学类工具书,不包括科学技术类。全书分别介绍了书目索引文摘、词典、百科全书、年鉴手册、便览指南名录、传记资料、地理资料、政府出版物、视听资料及缩微复制品的概况和检索方法。本书收录范围较广,内容丰富,有较强的资料性,适合广大图书情报工作者和外语工作者使用,也可作为大学图书馆系或专业师生的参考读物。(韩丽)

1281

古典文学文献及其检索/潘树广编著. -- 西安:陕西人民出版社,1984. -- 527页;19cm. -- 10094.465(国家图书馆)

本书共分为上中下三编20章,上编六章分门别类地介绍古典文学的基础文献和研究资料等概况;中编五章介绍了古典文学的相关学科的重要文献资料及利用方法,阐述它们在古典文学研究工作中的作用;下编九章则重点介绍古典文学文献常用的检索工具,并以检索课题为单元,讲述解决实际问题的具体途径。本书对古籍、诗文、戏曲小说,目录学、综合性目录、专科目录;古典文学、古汉语论著要目,索引、类书、诗词格律、年谱传记等作了详尽的介绍,具有较高学术价值。(韩丽)

1282

书海求知:文科文献检索方法释例/潘树广编著. --上海:知识出版社,1984. -- 224页;19cm. -- 7214.1009(国家图书馆)

本书通过130个有代表性的实例,从问题实例出发,讲述查找文科文献资料的常用方法与途径,重在检索方法,培养与提高读者分析问题与检索文献的能力。内容涉及政治经济、文化教育、语言文学、音乐美术、戏剧电影、历史地理、文物考古等学科领域,每例分问题、分析、检索、附记四项,不仅提出了问题,而且通过清晰的思路分析,说明了检索文献的方法、步骤与过程,书末附辅助索引。(韩丽)

1283

报刊论文资料查检工具书选介与使用/孙继亮,周洪才编写. -- 曲阜:曲阜师范学院图书馆(内部出版),1984. -- 260页;19cm(国家图书馆)

本书是一本关于报刊资料工具书的工具书。通过选择全国各地公开出版、内部发行以及书后所附报刊资料工具书汇编成册,并对报刊及报刊目录、索引的源流、使用方法分别予以简介,以期开阔读者视野,掌握检索方法。它不仅基本上反映了我国报刊资料工具书的编制情况,而且对每一种工具书的性质特点、收录范围、用途等,也不同程度的作了介绍。本书共分三大部分,分别讲述了报刊源流及报刊目录索引产生与发展,报刊论文资料查检工具书选介和报刊论文资料查检及注意问题。(韩丽)

1284

科技文献查找方法/武汉钢铁学院图书馆编. -- 武汉:湖北教育出版社,1984. -- 233页;19cm. -- 7306.3(国家图书馆)

本书的编写要求是:讲授内容深入浅出,易于掌握,理论与应用相结合,但偏重应用。书中较系统、全面地介绍了查找科技文献的基础知识,国内外主要科技文献和检索工具的特点及用法,从不同途径查找科技文献的方法,指出了在查找中可能遇到的问题及解决途径,并附有许多实例。全书共分13部分,分别讲述了有关科技文献检索的基本知识,我国检索刊物体系及检索方法,美国《工程索引》检索法,美国《金属文摘》检索法,美国《化学文摘》检索法,苏联的文摘杂志及检索方法,日本《科学技术文献速报》检索法,美国专利检索法,英国德温特公司的专利检索工具及使用法,英国专利检索法,日本专利检索法,国际专利分类法简介,技术标准资料及其检索方法等内容。(韩丽)

1285

读书箴言/姜继译辑. -- 北京:书目文献出版社,1985. -- 164页;32开. -- 7201.74(国家图书馆)

根据前苏联莫斯科书籍出版社1981年出版的《书话》(第三版)译辑而成。编者E.C.里赫登施坦因将世界各国数百位名人关于书籍的名言汇编成册。本书以"读书"为中心,从中精选了300多位伟人的近千条名言。共分10篇:图书篇、读书篇、图书与作者篇、读者篇、图书爱好者篇、图书馆篇、图书与科学篇、图书与情报篇、图书谚语篇、讽刺与幽默篇。(金丽萍)

1286

科技文献检索/陈光祚主编. -- 武汉:武汉大学出版社,1985. -- 2册(582页);19cm. -- 7279.29(北京师范大学图书馆)

本书是在武汉大学图书馆学系1974年的教材《科技文献检索》的基础上修订而成的。本书除更新原教材中若干材料外,还加强了检索理论部分,并增写了有关使用计算机情报检索系统的基本知识,使手工检索与计算机检索的理论与方法互相结合起来,既反映了这门学科的进展,也更符合要求全面掌握检索知识的人们的愿望。为了兼顾广大科技工作者的要求,本书还附有大量检索实例和图表,在一定程度上可以起到"科技文献检索手册"的作用。书后附录有国内外主要科技词表一览,20 世纪 80 年代以来我国科技检索刊物一览表和苏联文摘杂志一览。(韩丽)

1287

国外科技文献介绍和检索:电气与电子类 / 冯子良,李京华编著. -- 北京:清华大学出版社,1985. -- 267 页;26cm. -- 15235.158(北京师范大学图书馆)

本书是编著者在清华大学为大学生和研究生多次开设的"科技文献检索"课程讲义的基础上进行补充和修改而成的。本书内容除绪论外,共分四篇,第一篇国外科技文献主要的检索工具书刊介绍,主要介绍了文献检索工具的一般问题以及英国《科学文摘》、美国《工程索引》、美国《科学引文索引》、苏联《文摘杂志》、日本《科学技术文献速报》和专业性单卷式检索工具;第二篇特种文献及其检索,主要介绍了科技报告及其检索、会议文献及其检索、学位论文及其检索、专利文献及其检索;第三篇电子计算机文献检索,主要介绍了电子计算机文献检索的基本知识和电子计算机文献检索系统及其使用;第四篇国外有关期刊和工具书简介,主要介绍了国外有关期刊、工具书的基本情况及其使用。本书从实际出发,比较详细地介绍了电气与电子类常用的检索工具书刊的内容、特点、编排及使用,并有较多的检索实例。另外,对电子计算机文献检索的基本知识、检索系统及使用方法也举例作了说明,从而可学到国内外计算机联机资料查索知识。(韩丽)

1288

怎样查找中医文献 / 黄清平编著. -- 武汉:湖北科学技术出版社,1985. -- 121 页;19cm. -- 14304.46(国家图书馆)

本书是作者在从事中医中药图书情报工作的过程中,着力收集资料,系统整理编写而成。本书网络资料丰富,涉及古今中外,将有关查找中医中药图书、期刊及资料的各种检索工具(既包括检索刊物,又包括单卷检索工具)分类编次,给予简介,并举有实例,为读者提供了较好较完备的中医中药二次文献和若干其他工具书。本书前半部所述有关文献知识和检索方法,也较为简要,使读者举一反三,便于自学。本书还介绍了如何利用电子计算机情报检索系统查找中医中药文献资料的途径和方法,开阔了读者的眼界,扩大了取得情报的范围。(韩丽)

1289

专利文献及其检索方法 / 吉林省科技情报所编. -- 长春:吉林省科技情报所(内部出版),1985. -- 508 页;21cm(北京师范大学图书馆)

全书共分 13 章,外加附录。内容包括专利基础知识,专利文献概述,美、日、英、苏、西德、法国、瑞士和英国德温特公司的专利文献工具书以及两个地区专利组织的专利文献检索方法;并附有按照中文音顺排列的英国德温特公司的世界专利索引,机电综合类关键词表和化工综合类关键词表,国际专利分类和德温特分类对照表等。内容丰富,讲求实效,系统完整,侧重使用方法。在内容先后安排上打破常规,前三章为专利文献基础知识和国际专利分类法介绍。此书为内部发行,可供科技人员、图书情报人员、理工科大专院校师生学习参考。(韩丽)

1290

科技文献检索简明教程 / 焦玉英编著. -- 武汉:湖北省高等学校图书馆工作委员会(内部出版),1985. --203 页:图;19cm(国家图书馆)

本书是 20 世纪 80 年代中期湖北省高等教育自学考试图书馆学专业主要参考书,武汉大学图书馆学系函授教育的正式教材。本书共分为四部分,主要内容包括:情报、文献、检索工具,检索工具的原理,检索工具的类型,文献检索方法。在此基础上,吸收了国内外关于情报检索的专著及论文,简明、系统地介绍了文献检索的入门知识与方法。为了帮助初学者较快地、便利地掌握查找各类型文献资料的方法,书中附了大量示例。书后附录有检索实例和情报检索常用名词术语。本书内容丰富,具有较强的实用性。(韩丽)

1291

科技文献检索 / 赖茂生等编. -- 北京:北京大学出版社,1985. -- 474 页;20cm. -- 13209.99(北京师范大学图书馆)

本书是作者根据在北京大学图书馆讲授的《科技文献检索》讲义,进行修改和校订后编写而成。全书共分为 9 章,内容包括三部分。第一部分(一至五章)基本原理和基本方法,主要介绍科技文献检索的基本知识。第二部分(六至八章)基本工具,重要介绍分析国内外一些有代表性且适用面较宽的检索工具的结构、特点和使用方法。第三部分(第九章)应用与评价,主要介绍如何综合运用基本原理方法和工具去开展检索工作,以及如何评价和改进检索工具或系统的性能,提高检索效果。本书内容主要立足于手检,但也在某些章节中适当地增加了机检方面的内容。(韩丽)

1292

中医药文献查阅法 / 林文超编. -- 福州:福建科学技术出版社,1985. -- 271 页;19cm. -- 14211.93(国家图书馆)

本书主要以综合文集的形式介绍了查阅中医药文献的知识和方法。全书包括 27 篇文章,其中 11 篇是约请作者或者由编者撰写的,其他 16 篇则选自当年的中医药期刊。这些文章分为五个部分:查阅中医药文献的一般知识;中医药各学科文献介绍;中医药文献的检索;国内外中医药期刊简介;怎样撰写中医论文。该书基本上反映了 20 世纪 80 年代初期,我国中医药文献检索指南方面的新资料概况。本书各篇文章的作者都是具有较高造诣或一定水平的高、中级专业人员。(韩丽)

1293

国外科技文献检索讲座(6):美国化学文摘社及其《化学文摘》 / 孙琦,林尧泽编. -- 北京:科学技术文献出版社,1985. -- 64 页;19cm. -- 17176.44(国家图书馆)

本书主要介绍美国化学文摘社的发展历史、组织机构、服务的种类和方式、活动范围、情报服务的现代化、工作任务及其主要出版物。还介绍了《美国化学文摘》的出版形式、文摘和各种索引和编制过程及如何查找书本式的《化学文摘》

等。(韩丽)

1294

科技文献检索方法:掌握信息的金钥匙 / 王振东等编. -- 沈阳:辽宁科学技术出版社,1985. -- 408 页;20cm. -- 17288.19(国家图书馆)

本书首先介绍了科技文献和科技文献检索工具书以及国内中文科技文献检索工具书的概况,然后详细介绍了美国《工程索引》、美国《化学文摘》、美国《化学题录》、前苏联《机械制造工艺》、前苏联《化学文摘》和日本《科学技术文献速报》及其检索方法,还详细介绍了专利文献、德温特专利情报系统以及美国、日本的专利检索方法。全书共分 12 篇 37 章,编写时力求联系实际,侧重使用方法。本书可作为理工科高等院校文献检索课试用教材。(韩丽)

1295

科技文献检索与利用 / 于尔壬, 黎难秋主编. -- 合肥:安徽科学技术出版社,1985. -- 181 页;19cm. -- 17200.25(国家图书馆)

本书供未受过专门文献学训练的科技人员和大学生作入门之用,主要是讲具体方法和某些方法原理。对读者来说,关键是要经常接触文献,在利用文献中有意识地运用本书所述的方法。本书共分 9 章,分别介绍了信息社会与情报的关系、人类知识与科技文献、科技文献的类型与结构、科技文献的检索、科技文献机构的服务内容、科技文献的阅读笔记与翻译、科技参考工具书述要、科技情报资料与论文的编写、信息技术与情报检索自动化等内容。(韩丽)

1296

科技文献检索简明直观教材(理工科用) / 余向春,周华编著. -- 杭州:浙江大学出版社,1985. -- 211 页:图;26cm. --17337.001(北京师范大学图书馆)

本教材的底本是一册纯样页集,经过进修班、普通大学生班及研究生班的多次使用,修改、增补、编写而成的。本书对每种检索工具的各个部分尽可能都给出原文样页。全书共分为 14 章,主要内容包括:美国《工程索引》,英国《科学文摘》,日本《科学技术文献速报》,苏联《文摘杂志》,美国《科学引文索引》,美国《数学评论》,美国《化学文摘》,美国《生物学文摘》,美国《金属文摘》,专利文献及其检索,会议文献的检索,学位论文的检索,科技报告的检索,电子计算机情报检索等。(韩丽)

1297

中文工具书概论 / 詹德优,李建民编著. -- 武汉:湖北省高等学校图书馆工作委员会秘书处(内部出版),1985. -- 220 页;20cm. -- 图书馆学自学丛书之二(华中科技大学图书馆)

本书共分为三编,第一编为工具书绪论,主要介绍了中文工具书的定义、类别、作用、历史、排检方法、鉴别和选择等概况;第二编为工具书介绍,分别介绍了字典词典、类书政书、百科全书、年鉴手册、书目索引、表谱、图录、总集汇编等各种工具书;第三编为工具书使用,则主要按类型分别介绍了关于马列主义经典著作资料、字、词语、诗词文句、年月日、历史人物、历史事件、地理资料、法规制度、统计资料、图像资料、书刊论文资料等的查找。(韩丽)

1298

类书流别 / 张涤华著. -- 北京:商务印书馆, 1985. --156 页;19cm. -- 17017.47(国家图书馆)

本书除冠以《重版自序》《杨大铋序》《刘永济序》和殿以《旧跋》外,分为六篇内容,分别为义界第一、缘起第二、体制第三、盛衰第四、利病第五、存佚第六。其中《义界》确定类书的性质和范围;《缘起》《盛衰》总述类书演变、发展;《体制》介绍类书的体系和形制;《利病》评论类书的利弊;《存佚》反映类书流传存佚的情况。其中《存佚》篇情况最为复杂,作者根据掌握的大量资料,对类书的存、阙、佚、伪等情况作了确凿的考订。《存佚》中所录的为历代撰写的类书,以时代排列,起自魏代《皇览》,至于清代的《新策》,再加上存疑、黜伪补遗二类,约 700 种。本书系统地介绍了总集和类书,考镜源流,评价得失,对于读书治学很有价值。(张玲)

1299

文史工具书手册 / 朱天俊,陈宏天. -- 台北:明文书局,1985. -- 328 页;21cm(国家图书馆)

本书为青年读者提供查找工具书的方法。本书拟定了 52 个题目,向读者提示遇到什么问题,应该找什么书,以及怎样查检等。在每一个题目之下,先把该类工具书作些知识性的介绍,帮助读者认识它们的性质、概况和价值,然后逐一说明每本书的具体内容和使用方法。内容有:怎样查难字、怎样查现代国语语词、怎样查古代汉语语词、怎样查方言、怎样查谚语、怎样查古文字、怎样查历表、怎样查官名、怎样查典章制度等。书前有内容提要和编者的话。(赵红)

1300

化学化工文献实用指南 / 邹荫生等编. -- 武汉:华中工学院出版社,1985. -- 394 页;20cm. -- 高等学校教学参考书. -- 17255 - 006(国家图书馆)

本书共分为 14 章,首先介绍了科技文献及其检索工具、检索方法,然后重点介绍了各国化学化工文摘及其检索、各类专业性化学化工文摘、技术经济情报文摘和其他与化学化工专业有关的重要文摘,还详细介绍了国内编制的科技文献检索工具、专利文献及其查阅方法、化学化工的重要参考工具书、化学化工的重要期刊、化学化工文献检索的技巧和策略、工厂企业的技术经济情报工作、电子计算机情报检索、科技情报的搜集以及科技情报的调研工作等。(韩丽)

1301

国际联机情报检索 / 邓汉成, 李鸿梁主编. -- 南京:华东工学院(内部出版),1985. -- 400 页(国家图书馆)

本书主要内容包括:探讨了国际联机情报检索的产生背景,国内外发展概况,服务方式及其主要优点;论述了以美国 DIALOG 系统作为国际联机情报检索系统的一个例子,主要介绍其基本检索功能,如数据库中文献记录的著录格式,常用的指令和运算符等,并通过一些例子使读者对国际联机情报检索的基本功能有一了解,为后面学习联机检索的检索原理和检索方法提供一些必备的基础知识;概述了国际联机情报检索的基本原理和基本检索途径；介绍了情报需求、主题分析、数据库选择、检索单元的确定与组配以及检索信息的反馈等联机检索的基本问题；简要介绍了 ESA/IRS 和 ORBIT 系统的基本情况；探讨了 DIALOG 系统 VERSION2 的检索功能和特点；介绍 DIALOG 系统的 GA、SEARCH 数据库的主要特点与基本检索方法；探讨了《世界专利索引》数据库概况和联机检索专利文献的基本方法；论述了 DIALOG 系统中有关 Predicasts 公司编制的 PTS 数据库的主要特点与基本检索方法。（于静）

1302

电子专利查阅指南 / 江镇华编著. -- 北京：人民邮电出版社，1985. -- 210 页；19cm. -- 15045（国家图书馆）

本书扼要地阐述了专利的基本知识，系统地介绍了检索专利文献的方法，详细地讲解了英文专利文献中的疑难词句，并提供专利文献实例。内容主要包括：专利与专利文献概述；专利检索和专利分类法；专利文献的查找方法；英文专利文献阅读方法；附录有 IPC 电类部分简表、美国专利分类简表、WPI/WPA 常用缩写词表、专利说明书各地馆藏情况简表、中国发明专利申请审查程序简图。本书可供电子专业及其他各专业的科技人员、大专院校师生及科技管理干部等学习使用，也可作教材或教学参考书。（于静）

1303

美国 DIALOG 国际联机情报检索系统用户使用手册 / 康紫波等编译. -- 北京：兵器工业部第二一〇研究所（内部出版），1985. -- 193 页（北京理工大学图书馆）

本书内容包括：DIALOG 系统简介、DIALOG 文档主题分类、DIALOG 文档一览表、DIALOG 可提供定题服务文档一览表、DIALOG 系统指令简介、DIALOG Version 2 使用说明、DIALOG 系统工作时间表以及主要参考资料八部分。（于静）

1304

科技文献检索与利用：化学. 化工类 / 李京华，冯白云编. --北京：清华大学图书馆（内部出版），1985. -- 320 页；26cm（武汉大学图书馆）

本教材是在 1983 年编写的化学、化工类《国外文献介绍和检索》（试用教材）及 1984 年编写的化学、化工类《文献检索和利用》（补充教材）的基础上，经过两年多的教学实践，补充、修改而成的一部较为完整的化学、化工类的科技文献检索课程教材。全书共分 5 编 15 章，及两个总附录；内容包括文献和文献检索的基本知识，化学、化工类的综合性检索工具，单一文献类型检索工具，化学、化工类工具书，计算机文献检索，以及其他化学、化工类检索工具和期刊简介等。各类原始文献的索取方法、途径及与此有关的工具书，则分别置于各相关编章中介绍。本书的读者对象是化学、化工类的研究生和大学生，可以作为化学、化工类科技文献检索课程的教材及生物化学、药学化学等有关专业的参考教材；也可以作为化学、化工类的教师和科学技术人员的文献检索参考用书。（于静）

1305

国际联机检索概论 / 李平源著. -- 重庆：重庆大学图书馆（内部出版），1985. -- 印刷型（国家图书馆）

本书内容包括：国际联机情报检索的一般问题；数据库及其检索途径；联机检索系统的基本检索功能，包括布尔逻辑算符、位置逻辑算符、字段限制、截词算符及其他功能；联机检索的方法步骤及基本指令；联机检索的辅助检索功能，主要有：查询功能、保留检索和定题服务、联机订购原始文献；检索策略，介绍了构造检索策略的几个主要环节、调节检索策略的若干方法；国际联机检索实例，列举了一般文献检索和专利文献检索实例。（于静）

1306

欧洲空间组织情报检索系统：ESA-QUEST / 李秀锦等编. --北京：科学技术文献出版社，1985. -- 145 页；19cm. -- 17176. 425（国家图书馆）

本书内容包括：概论，介绍欧洲空间组织的概况、情报检索服务中心 ESA-IRS 及其联机情报检索系统、IRS 网络情况；文献数据库的建立、更新及维护；QUEST 系统检索指令的实现过程，论述了输入/输出数据集、部分检索指令的具体实现和 CCL 指令系统；QUEST 系统的处理控制流程，阐述初始化控制、任务的创立及任务之间的调用、起动和再起动、QUEST 双机运行控制系统；QUEST 的数值数据库，介绍一般数值数据库和时间系列数值数据库；QUEST 的其他辅助子系统，介绍联机定购子系统 PRIMORDIAL、联机数据输入子系统 ODE、联机信息交换子系统 DDS。（于静）

1307

美国 ORBIT 国际联机情报检索系统用户使用手册 / 梁幼眉等编写. -- 北京：兵器工业部第二一〇研究所（内部出版），1985. -- 56 页（北京理工大学图书馆）

目前，ORBIT 系统拥有可联机检索的文档已超过 80 个，内存二次文献量约 5500 万篇。该系统每天 22 小时为全世界用户服务，数据库内容非常广泛，包括自然科学和社会科学的各个专业领域，有工程技术、经济管理、市场行情、政府文件、专题研究报告、学位论文、专利文献、会议录、产品标准和统计资料等。ORBIT 系统文献量虽较 DIALOG 系统少，但却有其特色，它以汽车工程、医学、化工、石油、环境科学、安全科学、运动科学等专业文献较为齐全而著称，其中约 1/3 的文档为该系统的独特文档。（于静）

1308

体育文献检索与利用 / 林思桐编著. -- 西安：西安体育学院教务处（内部出版），1985. -- 127；19cm（天津体育学院图书馆）

本书分 7 章 24 节对体育文献与体育文献检索的基本知识，体育文献的检索、阅读与利用的基本方法，常用检索工具和参考工具书的内容与结构等进行简单介绍。（于静）

1309

国外科技文献检索讲座（5）：会议和会议资料的检索 / 林尧泽，孙琦编. -- 北京：科学技术文献出版社，1985. -- 50 页；19cm. -- 17176. 423（国家图书馆）

本书介绍了会议的类型,会议资料的类型,简述了查找会议资料的方法。书中重点介绍了几种具有代表性的查找会议或会议资料的检索工具书,如《世界会议预报》《会议论文索引》《科技会议录索引》《已出版的会议录指南》《英国图书馆出借部馆藏会议录索引》《连续性出版物所藏目录》《国际科学会议公报》等。书后附查会议和会议资料的检索工具列表。(于静)

1310

各国标准资料查找方法 / 饶广平编著. -- 北京:中国标准出版社,1985. -- 200 页:图;20cm. -- 3-258(国家图书馆)

本书共分 9 章,主要内容包括:标准资料的概念、种类及特点;标准文献检索工具的概念、种类、特点、编制原理与方法;查找标准文献的几种基本方法(主要阐述了如何利用检索工具查找标准文献);各国标准化专著及标准化期刊论文的查找方法等。本书还以大量的文字和表格简要介绍了世界近千种主要标准文献的代号、发布机构名称、检索工具名称、标准化期刊名称等。(于静)

1311

国外科技文献检索讲座(3):政府出版物的检索 / 孙琦编. -- 北京:科学技术文献出版社,1985. -- 57 页;19cm. -- 17176. 334(北京师范大学图书馆)

主要介绍了美国、英国、日本、加拿大、法国、西德等政府出版物的概况及检索方法。(于静)

1312

专利分类对照简表:国际专利分类与苏联、英国、联邦德国、美国、日本和德温特专利分类 / 铁道部科学技术情报研究所铁路专利咨询服务中心编. -- 北京:中国铁道出版社,1985. -- 161 页;26cm. -- 17043. 1023(北京邮电大学图书馆)

本书是为了帮助科研、生产、情报、教学、外贸等单位的广大科技、设计、文献、情报工作者查阅美国、英国和德温特公司的专利分类号以及 1971 年前苏联、联邦德国和 1980 年前日本的专利分类号,以国际专利分类为基础编制的对照简表。(于静)

1313

欧洲空间组织 ESA-IRS 联机检索系统及用户手册 /王太和编写. -- 北京:科学技术文献出版社,1985. --242 页;19cm. -- 17176. 446(国家图书馆)

本书是根据欧洲空间组织情报检索中心(ESA-IRS)在京举办的 ESA-IRS 联机检索系统的用户培训班教材整理编成的。主要内容包括:ESA-IRS 系统构成和服务情况;ESA-IRS 系统联机检索的基本步骤及 ESA-IRS 系统的操作指令。并附有 ESA-IRS 系统各文档情况介绍。本手册可供使用 ESA-IRS 系统终端的用户使用,并供具有终端的客户参考。(于静)

1314

国际联机检索系统使用手册 / 中国建筑技术发展中心文献部. -- 北京: 编者(内部出版),1985. -- 105 页(北京师范大学图书馆)

《世界专利索引》数据库和《美国专利》数据库都是目前收录专利较为完整的大型数据库。用户从这些数据库中可以掌握到世界上主要国家近 10 年至 15 年的专利情报。本资料主要介绍这两个数据库的检索方法,内容包括:第一篇:"ORBIT 系统世界专利索引(WPI)数据库",包括世界专利索引数据库概况、联机检索世界专利索引数据库的条件和限制、ORBIT 联机检索系统、各数据项(字段)的检索方法;第二篇:"DIALOG 系统美国专利数据库",包括美国专利数据库概况、美国专利文摘数据库、美国专利引文索引数据库、美国专利分类法索引数据库。本书可供联机用户进行联机检索之用,也可供研究和了解这些数据库的人员参考。(于静)

1315

联机检索策略:查找文献的方法与技巧 /(美)胡佛主编;龚国伟译. -- 武汉:湖北科学技术出版社,1986. -- 2 册(163,216 页);26cm. -- 15304. 92(上),15304. 129(下)(国家图书馆)

本书详尽地叙述了如何有效地利用国际上通行的联机情报检索服务系统去查找文献资料的各种方法与技巧。书中收入并分析了大量的检索实例与图表,是一本实用性和学术性都很强的书。全书分为上、下两册,上册有 5 章:美国政府文献的检索、化学情报的检索、生物学情报检索、能源与环境科学情报的检索、社会与行为科学情报的检索;下册 5 章:专利情报的检索、法律资料的检索、医药卫生情报的检索、新闻资料的检索、商业与经济情报的检索。书末还附有一些数据库的生产单位和联机情报检索服务系统(公司)的名址目录,并列出了大量可供读者进一步参考阅读的书目。(于静)

1316

联机检索入门 /(英)W. M. 亨利著;国际联机检索部译. -- 北京:科学技术文献出版社,1986. -- 315 页;19cm. -- 17176. 487(国家图书馆)

本书译自 1980 年版本的 Online Searching an Introduction。是一本全面介绍电子计算机联机检索知识的科普性读物。该书介绍了当前世界上通用的几个国际联机检索系统。包括联机发展历史、硬件、文献检索方法、数据库结构、实用检索方法、检索准备工作和检索策略编制、联机检索员作用、联机检索的管理工作、教育和培训等方面内容。该书内容丰富、生动、文字通俗易懂,并附有图表。书后附录有 DIALOG、ORBIT、ESA-IRS、Blaise、Info-line 等系统的数据库名称、内容、使用费用等详细数据一览表。该书也是目前我国唯一全面地、系统地、完整地介绍联机检索的书籍。(于静)

1317

科技情报检索基础 / 杜桑海主编. -- 成都:四川科学技术出版社,1986. -- 661 页;19cm. -- 15298. 209(国家图书馆)

本书是介绍科技情报检索原理、学习情报检索方法,提高情报检索实际技能的指导性参考工具书。全书共 8 章,约 40 万字,具体包括:科技情报检索概论、情报检索的基本原理与实践、综合性检索工具的使用方法、专业性检索工具的使用方法、特种科技文献检索方法、科技参考工具书及其使用方法、计算机情报检索原理与实践。本书从科技人员的实际需要出发,在简要介绍情报检索基本原理的基础上,比较详细地介绍了各种类型常用检索工具和主要参考工具书的特点和使用方法,以及电子计算机情报检索和国际联机情报检索方法等,着重于实际应用,每一章节都附有检索实例及复习参考题目和作业参考题目。(于静)

1318

科技文献检索:如何查找科技文献 / 范承庄等编. --西安:西北工业大学出版社,1986. -- 247 页;20cm. --17433. 038(国家图书馆)

全书共分 18 章,内容包括:科技文献检索基础;我国科技文献检索工具体系;美国《工程索引》及其使用方法;英国《科学文摘》及其使用方法;日本《科学技术文献速报》及其使用方法;苏联《文摘杂志》及其使用方法;美国《国际航宇文摘》及其使用方法;美国《化学文摘》及其使用方法;科技报告及其检索;科技会议文献及其检索;专利文献及其检索;标准文献及其检索;学位论文及其检索;产品资料及其检索;计算机文献检索等。(于静)

1319

社会科学文献检索教程 / 贺修铭等编著. -- 长沙:湖南人民出版社,1986. -- 415 页;20cm. -- 3109. 532(国家图书馆)

本书包括 3 个方面的内容。第一部分是绪论,第一章至第四章,主要介绍文献与文献检索的基础知识以及文献检索系统。这一部分占篇幅较多,目的是为了便于自学,帮助学生建立文献、文献检索、文献交流、检索语言、文献检索系统和检索工具等要领。第二部分是第五章至第十三章,主要论述社会科学各专题文献检索的问题,即综合运用各种检索工具解答有关需要检索的课题。这是本书的重点。第十四章是本书第三部分,即社会科学文献检索和社会科学研究,意在让学生弄清社会科学文献检索与社会科学研究的关系,并自觉地运用社会科学文献检索的各种方法为社会科学研究服务,从而提高学生独立研究问题的科研能力以及正确表述科研成果的写作能力。(于静)

1320

文献信息自动化检索 / 胡凤振, 梁妙凤编著. -- 郑州:河南科学技术出版社,1986. -- 212 页;20cm. -- 15245. 65(国家图书馆)

本书是学习情报、图书及档案等文献信息自动化检索系统的基础知识教材。书中详细地介绍了文献信息自动化检索的服务方式,以及文献信息的收集、加工、存贮、检索的方法与步骤,还有供实现电子计算机自动检索编程用的工作流程图,以及自动化检索系统设计的方法、步骤和设计实例,另外,还介绍了汉字信息处理及学习本书所需要的基础知识。本书可作为大专院校情报、图书和档案管理专业的教科书,也可供从事上述专业自动化管理的科研人员、工程技术人员和其他有关人员参考。(于静)

1321

煤炭科技文献检索词典 / 李晓山等编. -- 北京:煤炭工业出版社,1986. -- 620 页;26cm. -- 15035. 2855(国家图书馆)

本《词典》是煤炭科技文献检索系统的组成部分,是标引和检索煤炭专业文献用的工具书,主要供煤炭科技情报图书部门管理科技文献使用。本《词典》共收录叙词 6623 条,非叙词 1079 条。体系结构与《汉语主题词表》基本一致。由词典正文、范畴索引和词族索引 3 个部分组成。词典正文收编全部叙词与非叙词;范畴索引是从专业分类角度查找叙词而编制的;词族索引是从族系角度查找叙词而编制的。它既可用于煤炭科技文献的手工检索,又适用于电子计算机存储与检索。(于静)

1322

《世界专利索引》查阅法 / 彭海卿编. -- 天津:天津科学技术出版社, 1986. -- 107 页;19cm. -- 17212. 18(国家图书馆)

本书全面介绍《世界专利索引》的报道内容,通过四个查阅实例,阐明了从《世界专利索引》中查找专利文献的方法。具体内容包括:《世界专利索引》概述、专利权人索引查阅实例、国际专利分类索引查阅实例、相同专利的查找、总结。本书是一本实用性较强的指导使用《世界专利索引》的工具书,可供科研部门和各行各业科技人员、情报人员以及高等院校师生使用。在本书指导下,可以学会查找《世界专利索引》的方法。(于静)

1323

医学情报 / 日本科学技术厅著;李元龄, 张虎林编译. -- 北京:科学技术文献出版社,1986. -- 137 页;19cm. -- 14176. 210(国家图书馆)

本书由总论和各论两部分组成。总论主要介绍了医学与医疗情报的产生与流通、医学与医疗情报的利用、医学文献情报的处理和加工、医学情报的查找方法、医学与医疗情报专家的培养、医学教育等。各论主要介绍了诊疗情报科学、医学与医疗统计情报、医药品情报、国民健康对策与医学情报、国民安全情报系统等。该书对了解当前日本及国际医学情报有一定参考价值。本书可供我国医学情报工作人员、医学研究人员、临床医生、医学图书馆员以及卫生行政管理人员参考。(于静)

1324

科技情报检索手册 / 上海科学技术情报研究所编. -- 上海:上海科学技术文献出版社,1986. -- 981 页;20cm. -- 17192. 126(北京师范大学图书馆)

本书包括两篇,第一篇科技情报检索工具及其使用方法,介绍了 16 种国外检索工具书及其使用方法;第二篇电子计算机情报检索,介绍了电子计算机情报检索和联机情报检索的方法。同时,为使读者对国外文献检索有一个概貌了解,编写了"科技文献检索概论"一文;此外,在附录中还以简介的形式,概略介绍了 17 种读者常用的检索工具书,以题录的形式介绍了收藏的 400 种工具书。(于静)

1325

计算机情报检索 / 邵品洪编著. -- 北京:电子工业出版社,1986. -- 199 页;26cm. -- 15290. 315(国家图书馆)

本书内容包括:引论,概述了信息与情报、情报工作的意义与内容、计算机情报检索系统的分类及发展史;情报检索系统的数学模型,介绍了集合模型、代数模型、相似性模型、概率模型;系统分析和设计,论述了建立情报检索系统的步骤,包括系统分析、系统设计、系统实现,介绍了情报检索系统的服务方式、汉字情报检索的特点;存储技术,介绍了文档的种类、数据的采集和加工整理、情报数据的压缩技术;叙词表,讲述了叙词表的构造、数据的计算机处理和汉语主题词表;提问逻辑,讲解提问逻辑的表示、逻辑式的表达及用户提问文档的编制;检索技术,介绍检索类型及步骤,顺排文档和倒排文档的检索方法、联机检索等;索引编制与文献分类自动化,介绍关键词索引的自动编制和文献分类自动化;情报检索系统评价及展望;最后介绍了国内外情报检索系统概况。(于静)

1326

化学化工情报检索 / 许家琪, 邹荫生主编. -- 武汉:华中师范大学出版社,1986. -- 351 页;19cm. -- 17406.05(国家图书馆)

本书内容包括:情报检索基础知识,阐述了情报检索的意义和作用、科技文献的出版形式和级别、检索工具的概念和种类及检索方法;美国《化学文摘》、美国《工程索引》、英国《科学文摘》、日本《科学技术文献速报》、苏联《化学文摘》,介绍其概况、内容、编排、著录格式、各种索引使用方法、索引指南、资料来源索引、检索应用实例;论述了专利文献、标准文献、特种文献的使用方法并举出实例应用;中文检索工具,介绍国内外科技文献检索工具及中文化学化工文献检索刊物;参考工具书,介绍了化学化工主要参考工具书的使用方法;专业期刊,介绍化学化工检索期刊的使用;化工企业信息的搜集;电子计算机情报检索简介;情报利用。(于静)

1327

文献检索基础知识与检索工具 / 郑州工学院图书馆编. -- 河南:编者(内部出版),1986. -- 244 页;26cm(天津科技大学图书馆)

本书是在为郑州工学院的本科生和研究生讲授文献检索课而自编的教材的基础上进行多次修改和补充而成的。书中以“对文献检索及其教材编写的一些认识和实践”一文为“代序”,阐述了对文献检索的基本认识和本书编写的指导思想、编排体系及其特点;本书第一章联系图书馆的实际介绍了一些读者须知的文献检索基础知识;第二章和第三章从纵、横两个方面介绍了二百余种中、外文献检索工具和对检索工具的两种基本的掌握方法,即:“微观纵向掌握法”和“宏观横向掌握法”;第四章介绍了计算机检索。(于静)

1328

经济文献检索与利用 / 周子希编著. -- 大连:东北财经大学出版社,1986. -- 365 页;19cm(国家图书馆)

本书内容包括:绪论;检索语言;检索工具;经济专业工具书及其使用方法;利用百科全书、类书、政书查找经济文献;关于利用古代文献进行科学研究问题;先秦经济思想要籍简介;历代“食货志”及有关经济史资料简介;近代经济学文献简介;政治经济学、经济史学部分文献简介;部门经济文献简介;我国经济主要报刊资料简介;外国经济信息与目前电子计算机;专题资料与文献综述。(于静)

1329

大学生学习方法与文献检索 / 曲阜师范大学图书馆编. -- 曲阜:曲阜师范大学图书馆(内部出版),1986. -- 146 页;19cm(国家图书馆)

该书汇编了有关大学生学习方法、学习外语的经验以及文献检索技能等方面的资料。收录文章按大学生学习方法、怎样学好外语、怎样利用图书馆和检索文献资料、怎样做好课堂笔记,积累资料和复习考试以及怎样写毕业论文等方面排列。书前有前言和目录,书中有名人论学习的名句。(胡秋玲)

1330

联机检索基础 /(美)梅多,(美)科克伦著;陶涵彧, 任月娟译. -- 重庆:科学技术文献出版社重庆分社,1986. -- 339 页;19cm. -- 7-5023-0131-3(国家图书馆)

本书的目的是向那些经验甚少或尚无经验的人介绍交互文献检索的原理。内容主要包括:绪论,探讨了文献数据库、联机检索的定义、检索服务机构、联机检索服务的利用;交互检索原理,论述了数据库的组织、用户和数据库的连接等方面的内容;情报专家和情报需求者的预检商谈;介绍了通信与计算机、终端的使用、通信故障内容;检索命令语言简介,概述了命令语法、检索方式等内容;数据库,探讨了可用数据库的范围、记录结构、文档的组织、维护内容;论述了基本命令的功能、选词的命令、集的组配等方面的内容;概述了文本检索的起源、规范词表和非规范词表等方面的内容;介绍了检索的开始与结束、检索结果的存储和定题服务、辅助系统、检索策略等方面的内容。(于静)

1331

读者手册 /《读者手册》编写组编. -- 石家庄:河北人民出版社,1986. -- 578 页;19cm. -- 17086.73(国家图书馆)

本手册是一部适合具有中等和中等以上文化程度的读者参阅的工具性图书。它为读者特别是青年读者提供了一些阅读方面的知识,包括读书方法、世界名著、中外历史纪年、各国图书馆情况以及工具书的介绍等。本书在编写之前,曾就编写指导思想、内容和方法广泛征求了一些学生、青年、工人、专业工作者等同志的意见,编写过程中参阅、采录了一些图文报刊的有关资料,因而有较强的针对性和实用性。(韩丽)

1332

国外现代辞书选介 / 陈炳迢编写. -- 福州:福建人民出版社,1986. -- 135 页;20cm. -- 7173.808(国家图书馆)

本书和福建人民出版社出版的《辞书概要》,原是辞书学讲义相辅相成的两个部分。《辞书概要》主要介绍有关理论和国内辞书,本书则主要介绍国外有代表性的一些辞书,目的是通过本书的介绍,使读者知道在什么地方可以找到自己所需要的信息和知识;另一方面,使读者了解一下国外辞书的品种和各自的性质、特点,供进一步研究。入选的书主要是词典和百科全书,共有 26 种,多数是 20 世纪 80 年代世界的辞书名著,兼顾不同类型和世界的主要语种。(韩丽)

1333

中医工具书使用法 / 程宝书编著. -- 哈尔滨:黑龙江科学技术出版社,1986. -- 139 页;19cm. -- 14217.1(国家图书馆)

本书在"中医工具书使用法讲座"长期教学实践的基础上,为帮助攻读硕士学位的研究生和中医专业的本科生学习和研究中医药学,编纂而成。共分 10 章。第一章概说,介绍中医工具书的特点、用途、类别、重要性;第二章中医工具书举要;第三章几种常用的检字法,包括汉语拼音字母检字法、注音字母检字法、韵部检字法、部首检字法、四角号码检字法和笔划检字法;第四章中医文献中生字僻词(实词)的查找方法;第五章中医文献中古今字、通借字、异体字、繁简字、避讳字的查找方法;第六章中医古籍中文言虚词和成语典故的查找方法。第七章中医古籍文献的查找方法;第八章中国古代医家名传的查找方法;第九章中医古籍中历史年代的查找方法;第十章中医古籍中地名的查找方法。(韩丽)

1334

经济文献检索与利用 / 丁道谦等编著. -- 成都:四川科学技术出版社,1986. -- 499 页;20cm. -- 4298.25(北京大学图书馆)

本书内容包括:文献检索的意义和作用,经济文献的分类及其应用,检索文献的排检法,用百科全书查检经济文献,用中文字、词典查经济文献,用外文词典查检经济文献,用目录索引文摘查检经济文献,用年鉴、手册和表谱、图录查检经济文献,检索文献的途径和方法。本书注意知识性、实用性和资料性,取材比较广泛,对于中外古今著名的检索文献的经济部分的性质、内容、结构体系及其使用方法等,作一简明扼要的介绍,并列举百余条实例,为读者提供方便。本书可作为文法财经大专院校开设文献检索课的试用教材,也可供学习研究经济学、从事图书资料情报文献工作及社会科学的读者查检经济文献的参考。

1335

科技文献检索(上册) / 董若琼, 杨大启著. -- 北京:冶金工业出版社,1986. -- 291 页;19cm. -- 15062.4493(国家图书馆)

本书阐述了科技文献基本知识和文献检索基本原理,介绍了用中文、英文、日文和俄文检索工具查找国内外期刊论文、会议论文、学位论文、科技报告、专利情报、技术标准、科技图书、内部资料等各类科技文献的具体方法;在讲述每种检索工具之后,列举了不同类型的检索实例,用流程图对各种外文检索工具的检索步骤进行了小结,表达形象,便于掌握。本书可作为高等工科院校研究生、本科生文献检索课的教材,特别适用于金属材料、金属冶炼、金属加工各类专业。(韩丽)

1336

科技文献检索与利用 / 龚忠武编. -- 上海:上海交通大学出版社,1986. -- 316 页;26cm. -- 17324.26(国家图书馆)

本书是在给理工科学生讲授"科技文献检索与利用"课的教学实践基础上编著而成。其内容主要介绍了国外科技文献检索刊物,包括科技文献检索概论,美国政府四大科技报告,英国科学文摘,美国工程索引,化学文摘及专利文献等,并对国际联机检索进行了简介。本书在叙述上述检索工具的编排原则的同时,结合专业实例,重点讲述了科技文献的查找方法和途径。本书适用范围较广,既可选作理工科高等院校和军事院校教材,又是广大科技人员和图书情报人员不可缺少的参考用书。(韩丽)

1337

社会科学文献检索与利用 / 来新夏等著. -- 天津:南开大学出版社,1986. -- 334 页;20cm. -- 7-310-00064-1(国家图书馆)

本书共分 7 章,首先介绍了文献与文献检索的基本知识,然后讲述了社会科学文献情报组织与机构的概况,介绍了社会科学工具书的编排法,国内外主要检索工具书与参考工具书的内容、作用和使用方法,以及电子计算机社会科学文献检索系统,并在此基础上,根据实际需要和可能的条件适当论述了阅读方法与技巧,文献资料搜集、利用的一般方法,文献整理与综述,情报分析研究以及读书治学、论文写作等内容。书后附录有常用检索工具书刊、参考工具书举例、社会科学机读数据库简介等。(韩丽)

1338

文史工具书 200 种 / 梁信义,李钟诚编. -- 哈尔滨:黑龙江人民出版社,1986. -- 376 页;19cm. -- 17357.1(国家图书馆)

本书是为普及文史工具书的基本知识而编写的,书中所介绍的 200 种工具书,也都是最常见、最常用的。本书第一、二章着重介绍有关文史工具书的综合性知识;第三到十二章是正文,分门别类地介绍各种文史工具书;各章节的开头有简短的说明文字,讲述本章节所涉及的工具书的源流和现状,使读者先有概括的了解,然后介绍其中一种或数种。本书的读者对象,主要是具有初、高中文化程度而又有志于自学文史知识的广大青年。(韩丽)

1339

国外科技文献检索讲座(7):美国政府科技报告的检索 / 林尧泽编. -- 北京:科学技术文献出版社,1986. -- 113 页;19cm. -- 17176.503(国家图书馆)

美国政府科技报告是美国科技文献的重要组成部分。这类报告涉及的面很广,发表的文献量也很大,尤其是 PB、AD、NASA、DOE 四大类报告(现在习惯称之为"四大套"报告)。本文着重介绍如何利用检索工具来查找有关美国政府科技报告。内容包括美国政府科技报告的概况、检索工具的使用方法(包括查找 PB、AD、NASA、DOE 等报告的检索工具)。主要供科技人员、大专院校的师生和图书情报专业人员学习和查找之用。(韩丽)

1340

科技文献检索 / 刘明起等著. -- 北京:北京科学技术出版社,1986. -- 391 页;26cm. -- 17274.027(国家图书馆)

本书是教学实践的产物,也是咨询检索工作经验的总结。其前身为 1982 年中国科学技术情报研究所咨询服务部的《科技文献检索讲义》。本书试图在科技文献检索的基础理论和实际使用方面提供一些基本知识和技能,供读者参考使用,具有较高的实用性。本书共分七章,分别讲述了科技文献检索的基本知识,检索工具的概况与发展趋势,检索语言和检索效果,科技文献的检索方法,科技文献资料类型及其检索方法,中文检索工具书,国外几种主要检索工具书介绍等内容。(韩丽)

1341

生物科学文献情报指南 / 邱均平著. -- 武汉:湖北科学技术出版社,1986. -- 341 页;21cm. -- 13304.12(国家图书馆)

本书较为系统全面地介绍了生物科学、生物工程的各种类型文献及其查阅方法,其中包括国内外常用期刊 262 种,参考工具书 128 种,检索工具刊物 100 余种,以及专著、会议录、专利文献、学位论文、科技报告等;特别是对美国《生物学文摘》《化学文摘》和前苏联的《生物学文摘》等的介绍尤为详细;并扼要介绍了与生物学有关的农学、林学、医学等方面的文献以及电子计算机情报检索基础知识等。该书内容丰富、取材新颖、资料详尽、比较实用,可作为高等院校生物学、生物工程、农学、林学、医学、科技情报学、图书馆学专业学生和研究生学习"生物文献学"课程的教材或参考书。(韩丽)

1342

国内工具书指南(辞书部分) / 上海交通大学辞典编辑部编. -- 上海:上海交通大学出版社,1986. -- 451 页;19cm. -- 17324. 29(国家图书馆)

本书介绍国内出版的各类辞书,包括字典、词典、百科全书和专科词典等,共约 2400 种。主要是建国以来国内出版的各类辞书,其中包括台湾、香港地区出版的一些辞书;同时兼收建国前部分有重要价值的辞书,建国来翻译的部分国外辞书,以及部分百科和专科年鉴。所收辞书,按内容和专业进行分类。对每种书的出版情况和内容,一般均有简要介绍。(韩丽)

1343

国内工具书指南(手册部分) / 上海交通大学辞典编辑部编. -- 上海:上海交通大学出版社,1986. -- 602 页;12cm. -- 17324.52(国家图书馆)

本书是一本介绍国内出版的各类手册等的工具书,是《国内工具书指南》(辞书部分)的姊妹篇。全书共选收约 2500 种出版物,主要是政治、哲学、法律、军事、经济、文化教育、语言文字、文学艺术、医药卫生、农业科学、工业技术、交通运输、航空航天、环境科学、数理化、天地生、综合性图书等方面的各类手册、指南、指导的内容简介,及其编(译)者、出版者、出版年月、定价和读者对象等。全部书目按中国图书分类法进行分类编排。书末附有书名笔画索引和全国出版单位、新华书店名录。(韩丽)

1344

社会科学文献检索基础 / 魏克智,杨秀君,李景文编著. -- 长春:吉林省图书馆学会(内部出版),1986. --583 页; 19cm. -- 吉林省图书馆学会丛书(北京师范大学图书馆)

本书综合了图书馆学、情报学、目录学、文献学和中文工具书使用法的知识,结合了社会科学和科技文献检索的共性问题,从高校学生的接受能力和教学需要的实际出发,比较系统地叙述了文献及文献检索的基本常识和基础理论,注意收录了 20 世纪 80 年代初期出版的最新的参考工具书,及时反映了当时哲学、社会科学战线的研究成果,并能从学科门类角度介绍检索工具和方法。全书共分为 12 章,主要内容包括:绪论,社会科学文献概述,社会科学文献检索的原理和方法,社会科学文献检索工具与工具书,社会科学文献的分类检索与主题检索,检索社会科学期刊文献,检索马列主义经典著作,检索哲学、政治、经济文献,检索文化、艺术、教育、体育文献,检索语言、文学文献,检索史、地文献,文献利用与论文写作。(韩丽)

1345

文史工具书评介 / 张旭光编著. -- 济南:齐鲁书社,1986. --479 页;20cm. -- 11206.11(国家图书馆)

本书是在作者多年于高等学校讲授文史工具书课程的讲稿基础上编写而成。本书内容共分四章:一是字书、字典与辞典;二是目录与索引;三是表谱与图绘;四是类书。书中从学术史角度,评介了各类书籍的优缺点。列入本书正式评介的文史工具书共有 180 种,并附有数量较大的各种评介。从古到今的各类重要著作,尽量搜求网罗,使得读者通过查考这些工具书,可以解决阅读古今典籍的疑难问题,也让读者通过查考使用这些工具书,可以获得更广泛的文史知识。(韩丽)

1346

体育文献检索与利用 / 周静华著. -- 北京:北京体育学院出版社,1986. -- 198 页;20cm. -- 7451.8(国家图书馆)

本书是一门研究如何有效地使用体育文献的科学。它的基本内容是:弄清体育文献的类型和特点;探讨体育文献的检索、选择、阅读、积累及评价的方法。它的基本任务是:普及体育文献知识,开发体育信息,指出读书门径,传授学习方法。全书共分为 7 章,主要介绍了体育文献的基本知识,体育文献检索的原理、方法和检索语言,检索工具基本知识,体育文献主要检索工具,体育参考工具书及资料汇编,体育文献的收集、阅读和积累。本书主要是为体育院校师生和体育科技人员编写的。但是,对于从事体育图书情报工作的人员,也有一定的参考价值。(韩丽)

1347

科技文献检索 / 陈光祚等编著. -- 武汉:武汉大学出版社,1987. -- 527 页;19cm. -- 中央广播电视大学图书馆学专业用书. -- 7 - 307 - 00160 - 8(国家图书馆)

本书共分为 15 章,主要内容包括:第一章绪论,介绍了文献检索的意义和作用,文献检索工作的沿革、现状和发展等;第二章科技文献源及情报用户的检索需求;第三章文献检索系统与检索工具;第四章索引语言和检索词表;第五章各种类型索引及其检索方法;第六章国内科技文献及其检索方法;第七章国外综合型科技文献检索工具及其检索方法;第八章介绍了科技报告及其检索方法;第九章会议文献及其检索方法;第十章专利文献及其检索方法;第十一章标准文献及其检索方法;第十二章产品样本及其检索方法;第十三章介绍了文献检索方式;第十四章介绍了怎样利用计算机情

报检索系统查找资料;最后介绍了图书馆和情报资料单位的检索服务工作。(韩丽)

1348

工程文献的检索与利用 / 陈寿祖编著. -- 北京:高等教育出版社,1987. -- 372 页;20cm. -- 7 - 04 - 000185 - 3(国家图书馆)

本书是从使用者的角度编写的。全书的特点是“检索”与“利用”并重,书中通过大量实例介绍各种工具书、刊的使用方法与阅读要点,随时指出检索或使用过程中可能遇到的困难与解决途径,实用性较强。全书共分 9 章,系统地介绍了文献的基本知识与阅读外文科技书刊的注意要点。分章介绍了常用工具书、国外标准、科技报告、会议论文的查阅方法。第五章还专门介绍了机、电类 14 个常设专业的 100 种期刊。全书讲授重点是六、八、九三章:第六章较详细地分述了几种作为检索工具的大型文摘性期刊用法,介绍了有关《词表》的使用;第八章介绍了专利制度与专利文献的特点、国际专利分类法,重点示范了美国与英国德温特公司专利检索书刊的用法;第九章系统地介绍三个最大的国际联机检索系统及它们的科技类文档,以及检索词的选择、常用算符的用法。通过一些实例展示了计算机检索的全过程及其检索结果。(韩丽)

1349

化学化工国外专利文献检索方法 / 陈淑珍编著. -- 北京:北京大学出版社,1987. -- 240 页; 19cm. -- 13209. 151(北京师范大学图书馆)

本书重点介绍了美国、英国、日本、前联邦德国、前苏联、欧洲专利局及国际专利合作条约组织的专利文献的编辑形式及检索方法。书中通过许多实例,着重介绍了使用英国德温特出版公司的专利检索工具书查找各国基本专利及相同专利文献的方法。同时,对美国、英国及国际专利分类法的编辑原则及使用方法也分别作了介绍。(韩丽)

1350

生物学文献检索及常用工具书 / 陈贤钦编. -- 北京:北京师范大学出版社,1987. -- 203 页;19cm. -- 7 - 303 - 00134 - 4(北京师范大学图书馆)

本书包括两个部分。第一部分生物学文献查阅方法,着重介绍了美国《生物学文摘》(BA)和《近期生命科学期刊目次》(CC/Life Science)等近 40 种中外文检索工具书及查阅方法。第二部分常用工具书选介,分百科全书,年鉴和年评,手册,词汇和词典,动物志和植物志,有关化学品、药物、试剂的工具书,查阅动物、植物和微生物名称的工具书,还原音译外文期刊刊名的参考工具书等八类,介绍了 130 余种常用的和重要的工具书。书后编有重要的西文期刊刊名缩写及其全称对照等四个附录。(韩丽)

1351

科技文献检索 / 陈馨武编. -- 北京:高等教育出版社,1987. -- 331 页;20cm. -- 15010. 082(国家图书馆)

本书目的在于为高校的电子和计算机专业本科生和研究生的文献检索课提供一本实用的教学参考书。全书共分为 14 章,书中第一至三章简明扼要地介绍了科技文献检索的基础知识;第四到第十一章介绍了各种类型文献的检索工具、检索途径与步骤,包括英国的《科学文摘》、美国《工程索引》、日本《科学技术文献速报》、美国政府四大报告、会议文献、学位论文、专利文献等;第十二章介绍了如何解决在获取原始文献过程中遇到的问题;第十三章介绍了计算机检索的概况、检索步骤与方法;最后从文献的角度,介绍了一些撰写学术论文的知识。(韩丽)

1352

化学化工文献及查阅方法 / 傅若农编著. -- 北京:北京工业学院出版社,1987. -- 284 页;19cm. -- 13434. 83(国家图书馆)

本书是作者在近八年来讲授“化学、化工文献”课所用讲义的基础上,经过大小五次修改后写成的,是作为化工专业大学生或尚未系统地学习过这门课的研究生的教学用书。本书的重点放在化学、化工专业大学生必须掌握的内容上,即:化学、化工方面的重要手册、数据表册、举世闻名的几部大全(如 Mellor, Gmelin, Beitein, LBT 等);美国化学文摘(CA);专利和科技报告以及重要期刊。根据作者多年科研的体会,对上述内容如能较熟练的掌握,就会较好地利用世界上的重要化学化工文献。本书不是化学、化工文献手册,所以不作面面俱到的阐述。此外,掌握化学、化工文献查阅方法只靠讲授不行,更重要的是结合讲授必须做大量的练习,这也是使用本书时至为重要之点。(韩丽)

1353

海洋文献检索 / 国家海洋局海洋科技情报研究所编. -- 北京:海洋出版社,1987. -- 92 页;26cm. -- 7 - 5027 - 0119 - 2(天津理工大学图书馆)

本书主要针对海洋和水产科学领域文献检索工作的实际需要,详细介绍了主要中外文献检索工具的结构、内容及其使用方法。(韩丽)

1354

电子科学技术工具书指南 / 韩飘扬, 刘迅编. -- 北京:电子工业出版社,1987. -- 333 页;20cm. -- 7 - 5053 - 0058 - X(国家图书馆)

本书主要对电子科技领域的工具书进行了分析。全书共分为 6 章,重点介绍了 375 种工具书的特点、作用及使用方法,其中查找名词术语的辞典 120 种,百科全书和年鉴 30 种,查找文献的检索工具 62 种,查找产品数据的手册 143 种,查找机构和人物的工具书 20 种,最后还附录有电子科技领域常用的期刊。本书旨在对我国电子科技工作者使用有关工具书时有所帮助,可供从事科研、生产、教学等方面的人员参考使用,也可作为科技情报检索课程的参考书。(韩丽)

1355

科技文献检索教学参考资料 / 何绍华, 李湘东编. --武汉:武汉大学出版社,1987. -- 444 页;19cm. --中央广播电视大学图书馆学专业用书. -- 7 - 307 - 00027 - X(国家图书馆)

本书是为了配合中央广播电视大学图书馆学专业《科技文献检索》课程的教学而汇编的,也可供普通高等院校的图书馆学专业和科技情报专业《科技文献检索》课程的学习者参考。本资料是在焦玉英同志1984年编辑的《科技文献检索参考资料》(校内印刷)的基础上修订、增删而成的。本书资料均选自国内公开发行的图书情报刊物和著作。为便于读者加深对教材内容的理解,选编时对参考教材的章节作了分类,并根据原文内容加了小标题。因限于篇幅,对教材中已作了详尽介绍的内容,如国内外各种检索工具的使用方法等,本书不再作介绍;对少数原文及原文注释作了适当的删节,删节处均加了省略号。(韩丽)

1356

科技文献手工检索实用手册 / 何绍华编. -- 北京:科学技术文献出版社,1987. -- 186页:图;19cm. -- 7-5023-0024-4(国家图书馆)

本书是《科技情报业务丛书》中的一册,全书共分为两大部分:科技文献检索理论和国内外各种检索工具简介图表及习题。全书采用图表的形式对科技情报检索的基本知识和方法作了简明系统的表达。这种图表表示法的特点具有概括性、直观性、启发性和易记性,便于熟悉和掌握有关的检索工具和检索途径。读者在查找目的情报时,能很好地节省人力、物力、财力和时间。本书适合于各级图书、文献和情报单位的工作人员、大专院校的师生和有关读者阅读。(韩丽)

1357

科技文献检索学习指导书 / 焦玉英编著. -- 武昌:武汉大学出版社,1987. -- 122页;19cm. -- 7-307-00028-8(国家图书馆)

《科技文献检索》是中央广播电视大学图书馆学专业开设的一门专业选修课程。内容包括情报检索的基本概念和所涉及的各种基本理论问题;国内外各种类型科技文献检索工具的检索方法介绍(包括机检在内);图书馆与情报部门开展文献检索服务的主要方法。本书即是此课程的学习指导书,帮助学生掌握以下内容,包括:检索工具的构成原理;各种情报检索语言与检索方法;检索系统与检索方式;检索策略与检索效果评价方法。在掌握情报检索基本理论基础上,进一步学习以综合类型文献为摘录对象的检索工具的使用方法,各种以单一类型文献为摘录对象的检索工具的使用方法与技巧。书后附实习指导示例。本书为学生从事科研、教学,或从事图书馆、情报部门的咨询服务工作打下基础。(韩丽)

1358

医学文献检索工具实习与指导 / 李占兵, 王一煦编著. -- 北京:科学出版社,1987. -- 595页;26cm. -- 14031.118(国家图书馆)

本书详细地介绍了《中文科技资料目录(医学)》《医学论文累积索引(1949—1979)》《国外科技资料目录(医学)》,以及美国《医学索引》、荷兰《医学文摘》、美国《生物学文摘》和《化学文摘》、日本《医学中央杂志》八部主要的医学检索工具的使用方法及检索技巧,精心设计了这些工具书的模拟件,并提供了利用这些模拟件实习的练习题。读者只要掌握书中各类习题的查阅方法,就能熟练地使用原工具书检索所需要的文献。本书把检索指导与实习工具融为一体,作为教材时,可使讲解与实习同步进行,省时、省力且能收到较好的教学效果。本书可作医学院校研究生、大学生及医学科技人员文献检索课的教材或参考书,也可供自学者使用。(韩丽)

1359

数学文献检索与利用 / 欧阳绵等编著. -- 南京:江苏教育出版社,1987. -- 465页:表;20cm. -- 7-5343-0094-0(北京师范大学图书馆)

本书是为数学系高年级学生、研究生开设数学文献检索与利用课程而编写的教科书。主要内容分为6章,包括概论、数学文献的类型、主要检索工具和方法的详细介绍,以及计算机情报检索系统简介。书后附有丛书、工具书刊、美国《数学评论》(西德《数学文摘》)、1980年主题分类表(英汉对译)四个附录。本书不仅是一本教科书,还是一本数学文献检索手册,可供与数学有关专业师生、科技人员和图书情报资料工作者使用。(韩丽)

1360

书海求知:文科文献检索方法释例(续编) / 潘树广编著. --上海:知识出版社,1987. -- 207页;19cm. --7-5015-5155-3(国家图书馆)

本书是1984年版《书海求知》的续编,通过101个有代表性的实例,讲述查找文科文献资料的常用方法。内容涉及哲学、美学、心理学、社会学、文化教育、新闻出版、语言文字、音乐美术、电影电视、历史地理等20多个学科,书末有《积累资料的意义和方法》等附录。本书可供文科师生、社会科学工作者、干部、图书资料员和自学青年参考使用。(韩丽)

1361

社会科学文献检索与利用 / 赵国璋主编. -- 武汉:武汉大学出版社,1987. -- 306页; 20cm. -- 文献检索与利用课系列教材. -- 7-307-00103-9(北京师范大学图书馆)

本教材共分为上下两编,共16章。上编包括第1-6章,是文献检索基本知识的概述,以及字词、书刊、人物三个专题的检索。下编包括第7-16章,是分学科介绍有关文献:马列经典著作、哲学、政治、法律、经济、教育科学、语言学、文学、艺术、历史学、地理、体育及其他学科。各学科一般介绍三类参考工具书:查名词术语的,查阅本学科论著的,其他参考工具书和参考资料。某些专门性参考工具书,如年表、历表、地图、典章制度、法规条约、统计资料等,则单独列目。(韩丽)

1362

中文工具书学习指导书 / 朱天俊, 李国新编. -- 北京:书目文献出版社,1987. -- 52页; 19cm. -- 中央广播电视大学图书馆学专业用书. -- 7201.154(北京师范大学图书馆)

本书是中国广播电视大学图书馆学专业用书。全书共分11章:第一章工具书概说;第二章查考汉语字、词;第三章查考古今图书;第四章查考古籍篇目文句;第五章查考报刊论文;第六章查考人物传记;第七章查考地方文献;第八章查考历表年表;第九章查考百科资料;第十章查考时事文献;第十一章查考马列主义经典著作。本书对于帮助广大学生和图书馆工作人员了解工具书的使用特点、类型,掌握工具书的主要编排法,熟悉字、词、文句、成语、典故、人名、条约、法规、纪年、典章制度等的查找方法和途径,引导他们将工具书基本知识较好地运用到图书馆工作中去,具有重要参考价值。(韩丽)

1363

中文工具书教学参考资料 / 朱天俊, 李国新编. -- 北京:书目文献出版社,1987. -- 331 页;20cm. -- 7 - 5013 - 0435 - 1(国家图书馆)

学习中文工具书课程,有助于利用工具书解难释疑,获得检索文献的途径与方法。要使用好工具书,不但需要掌握《中文工具书》教材中所讲述的内容,而且还需要了解一些必要的文献知识以及查阅工具书必备的相关知识。为此,根据学习的需要与可能,针对学习当中的难点,并考虑到国内电子计算机在文献检索和工具书编纂方面运用的趋势,本书选录了 17 篇文章,如"谈古籍的普查和情报","类书常谈","百科全书概论","中国古人的姓名字号",及"电子计算机检索系统"等,以供参考。(韩丽)

1364

中文工具书 / 朱天俊, 李国新编著. -- 北京:书目文献出版社,1987. -- 422 页;19cm. -- 中央广播电视大学图书馆等专业用书. -- 7201. 153(国家图书馆)

本书共分为 11 章,主要介绍了工具书的特点、功用、类型及主要排检方法,论述了如何利用中文工具书查考古代与现代汉语字词、成语典故、方言谚语、古今图书、古籍篇目诗词文句、报刊论文资料、人物生平与传记资料、地方文献,如何查考历表年表、古代与近现代百科资料、典章制度、图像资料,如何查考时事文献,如年度资料、机构简况、法规条约,以及如何查找马列主义经典著作的原著与参考资料等。书后附录有主要工具书书名索引。(韩丽)

1365

社会科学文献检索实习用书:参考图录 / 朱天俊等编. -- 北京:北京大学出版社,1987. -- 315 页;20cm. --7209. 19(国家图书馆)

为了配合社会科学文献检索课程,编者编辑了这本教学参考图录。可以借助图录,向学生指明工具书书影与内容,并结合书中所附练习题,讲清某一部工具书的编例、特点、用法等;学生课外自学,阅读教材时,在工具书有限的情况下,又可借助于图录,熟悉有关的工具书,从而巩固与加深社会科学文献的检索知识,提高检索文献的能力。图录中所选列的工具书,有些虽是常见的,但是基本的,例如《辞源(修订本)》《辞海》(1979 年版)等;有些虽不是常见的,但却是有代表性的,例如《永乐大典》《古今图书集成》等。书中编选的工具书,不追求版本的名贵,重在实用。从工具书选入的材料,大体包括内封、说明、编例、目录、正文样张,以及必要的附录(如索引),以便反映工具书的概貌,由此可对一书有比较具体的了解。为了发挥本书的教学参考作用,书后附有查考用的 22 个练习题。本书对于社会科学文献检索与利用、中文工具书使用法一类课程的教学,都有一定的参考价值。(韩丽)

1366

中文工具书及其使用 / 祝鼎民编著. -- 北京:北京出版社,1987. -- 468 页; 20cm. -- 7 - 200 - 00102 - 3(北京师范大学图书馆)

本书是北京师范大学中文系从 1981 年开设的工具书使用法课程的讲义。书中介绍了中国语言文学及其有关方面的近 900 种工具书,根据读者需要进行了分类讲述。全书分为十章,主要内容包括了工具书概述和字词、人物、地名的查找。书后有书名索引。全书知识介绍全面,讲述详细,有助于读者中文学习和研究。本书主要供中文系同学学习使用,故有关工具书的介绍与章节安排力求适合中文专业的需要。(韩丽)

1367

经济科学工具书指南 / 左大钺, 王定芳编. -- 长沙:湖南人民出版社,1987. -- 607 页;19cm. -- 7 - 217 - 00239 - 7(国家图书馆)

本书专门汇辑并介绍了各种有关经济和经济学的工具书,从而为这些工具书的利用,以及经济文献的检索创造了便利条件。从内容上看,本书分类编排,包括政治经济学、世界经济、经济计划与管理、农业经济、工业经济、交通运输经济、贸易经济、财政金融、统计、人口经济、经济法规、经济类综合性工具书等 12 类(外文工具书部分无综合类),共收录 1194 种出版物。从语言上看,本书对所收录的工具书按中文、外文两大部分分类编排,它包括中、英、俄、德、西班牙、日等多种文字,其中中文工具书部分收书 704 种,外文部分包括 7 个文种 490 种工具书。本书每个条目无论中外文种著录项目包括著者、出版地、出版日期、内容提要,部分条目还介绍了该书的编排体例。无疑这是一本较为全面地介绍经济和经济学工具书的指南,可以说它是一本有关经济和经济学的工具书的工具书。(韩丽)

1368

科技文献检索 / 葛玉龙, 何大镛主编. -- 上海:上海交通大学出版社,1987. -- 197 页;26cm. -- 7 - 313 - 00037 - 5(国家图书馆)

本书内容包括:科技文献检索基础知识,介绍了文献检索的基本原理和方法、检索工具及检索语言概述;国内外主要检索工具及其使用方法,介绍了国内科技文献检索刊物体系,详细介绍了美国《工程索引》、英国《科学文摘》、美国《化学文摘》、美国《科学引文索引》、日本《科学技术文献速报》、苏联《文摘杂志》《金属文摘》及其各自的使用方法,此外,还介绍了特种文献及专利文献的检索方法;计算机情报检索,介绍了计算机检索基础知识、世界上著名计算机检索系统的联机检索概述、检索效率评价。本书旨在使学生对情报的需求,情报检索行为及情报的利用具有比较明确的认识,从而逐步具有自觉的意识;掌握科技文献检索的基本方法,以便充分利用图书情报系统所贮存的文献信息。(于静)

1369

计算机情报检索 / 江向东, 李秋山编. -- 北京:机械工业

出版社,1987. -- 330 页;26cm. -- 15033. 6579(国家图书馆)

本书比较详尽地介绍了计算机情报检索系统和数据库管理系统原理、设计及应用方面的知识,主要内容有:情报检索一般知识,计算机情报检索基本原理,数据库管理系统,情报系统设计和开发,情报检索程序设计,联机检索,联机情报检索系统和软件分析,数据通讯和汉字信息的计算机处理。书中给出了作者自行设计的定题服务检索系统和微型机联机检索系统的完整流程图和详细说明,对国外 9 个比较著名的数据库管理系统进行了介绍,对国内 8 个著名的联机检索系统(DIALOG、ORBIT、ESA-IRS、BIRDS、STAIRS、ISIS、MINISIS 和 JOIS)的数据结构和检索命令进行了详细的分析。(于静)

1370

史地文献检索与利用 / 金恩晖主编. -- 长春:吉林文史出版社,1987. -- 445 页;20cm(国家图书馆)

本书内容包括:史地科学情报与史地文献检索,阐述了史地科学情报与科学研究,史地文献检索及其意义和作用、特征及学习的目的与方法;中国古代史地文献;近现代历史文献;近现代地理文献;少数民族史地文献;地方史地文献及地方志;中国研究世界的史地文献;世界对中国史地的研究及其文献(西欧、美国、俄苏、日本);史地检索工具,目录、索引、文摘;史地工具书,涵盖了政书、类书、丛书、辞书、百科全书、年鉴、手册、表谱及图录;史地文献检索的原理和方法;查历史人物、历史事件、典章制度、法规法典、年月日、地名、疆域、城镇沿革、文物、古迹、名胜、交通、气象、自然资源文献、统计资料、民俗、宗教及会党文献;报刊史地文献检索;史地文献研究与论文写作;史地文献检索释例。(于静)

1371

科技情报检索 / 罗美依编. -- 重庆:重庆大学出版社,1987. -- 252 页:图;26cm. -- 7-5624-0077-6(国家图书馆)

全书共分 15 章,内容涉及 6 个方面:按课程的体系较系统地介绍了情报检索的基本理论和原理,包括检索概论、检索语言、检索工具、检索程序和方法;主要检索工具的编排结构和使用方法,重点介绍了使用中、英、日、俄文检索工具、参考工具及国际联机检索终端来查找国内外科技情报(包括各类文献、数据情报和事实性情报)的方法,包括国内外主要的综合性、专业性及检索特种文献(会议文献、科技报告、专利文献、标准文献)的检索工具及其使用方法;计算机检索及其检索方法,手工检索和国际联机检索均密切联系专业实际举例,通过各种不同的实例来向读者展示从科研课题提出情报要求到查得切题情报的全过程;科技参考工具书简介,包括国内外百科全书、年鉴、词典、数据手册、设计手册、人名录和地名录以及国际学术机构指南等;此外,还扼要地介绍了所得情报的加工、整理与积累及学术论文的撰写方法。(于静)

1372

情报检索导引 / 沈关龙编著. -- 北京:水利电力情报研究会(内部出版),1987. -- 483 页; 19cm(国家图书馆)

本书共分 10 章:对情报、文献及其检索的基本要领和方法作了论述;对中国检索刊物体系及其利用作了简单介绍;对世界工程技术文献、世界科学文献、世界化学化工文献、美国科学技术研究报告、世界专利文献和世界标准文献的主要检索工具及其使用方法结合检索实例作了重点介绍;对计算机情报检索系统的建立、国际联机情报检索及其在我国的利用等作了概述,作为微机情报检索系统的一个实例,对《国外飞灰文献微机检索系统》(FARS)的数据准备、基本功能、检索操作等内容作了详细报告。(于静)

1373

情报检索 / 王和珍编著. -- 上海:上海交通大学出版社,1987. -- 394 页:图表;19cm. -- 7-313-00 104-5(国家图书馆)

情报管理自动化是利用电脑系统地、科学地管理情报资料;情报检索自动化就是借助于计算机从存储的众多信息中检出所需情报的过程。本书介绍了这一领域的基本知识、实现技术和发展动向,强调实际、着眼应用。目的是普及情报检索自动化的知识;推动我国情报检索自动化的发展。全书一、二章扼要叙述了情报检索自动化的基本知识;第三至六章介绍了情报检索的主要技术,包括:文档、文献的自动标引、主题词表、检索技术;第七章着重讲述了实现微型机情报检索的必要性、可能性和微型机情报检索系统的具体构造方法;最后两章涉及汉字检索技术和国际联机情报检索系统的使用。本书可作为大专院校计算机专业、图书情报专业的教材或教学参考书。(于静)

1374

计算机情报检索:讲义 / 王能琴,景玉峰编著. -- 北京:科海培训中心(内部出版),1987. -- 142 页(北京理工大学图书馆)

本讲义主要结合一个实用的情报检索系统——中国计算机科学技术文献库系统,介绍建立一个情报检索系统的全过程。第一篇,编制主题词表,介绍主题词表的基本概念、规范化、主题词选择、组织、展示、参照关系等;第二篇,词表自动管理系统 TMS,介绍其使用说明;第三篇,文献主题标引;第四篇,介绍 PDP-11 小型机;第五篇,文献检索系统;第六篇,论文选登。(于静)

1375

实用科技文献检索 / 吴伟涤等编著. -- 西安:西北电讯工程学院出版社,1987. -- 151 页;26cm. -- 7-5606-0033-6(国家图书馆)

本书内容概括为 3 个方面:科技文献检索的基本原理与概念;国外几种重要检索工具介绍(如英国《科学文摘》、美国《工程索引》、日本《科学技术文献速报》及国外专利文献、《科学引文索引》《文摘杂志》及其他检索工具、数据与事实检索、国内科技文献检索工具介绍等);国际联机情报检索的策略与技巧。书中附有多种样页,是为那些缺少检索工具书的单位与个人提供感性认识,以及实际练习检索时使用的。全书编写重点突出、简单明了、通俗易懂。(于静)

1376

计算机情报检索 / 袁鹤龄编著. -- 长沙:湖南大学出版社,1987. -- 239 页;26cm. -- 7-314-00113-8(国家图书馆)

本书共分7章。第一章是情报检索导论，介绍情报检索的基本概念、工作内容和发展概况，使读者对计算机情报检索有一个总的轮廓性的了解。第二章是联机情报检索。是为适应国际联机检索在我国迅速开展的需要，专门一章介绍了联机检索的有关内容。特别是对著名的 DIALOG 国际联机检索系统的检索指令、检索方法和检索实例进行了介绍。第三章介绍情报检索系统对计算机系统的资源要求。第四章介绍计算机情报检索系统。第五章列举了用于情报存储与检索的数据结构。第六章用较大的篇幅介绍计算机情报检索系统的设计。第七章是应用实例，主要介绍我国自建的几个中小型情报检索系统，特别是汉字情报检索系统；也介绍了几个著名的国际联机检索系统。书后附录包括了三大国际联机情报检索系统的主要文档等内容。（于静）

1377

情报检索 / 张厚生，路小闽主编. -- 南京：东南大学出版社，1987. -- 345 页；20cm. -- 7-81023-001-8（国家图书馆）

本教材内容主要包括：情报检索的基本原理、方法与步骤，中文文献和社会科学情报查找途径，事实和数据的检索，国外情报的检索，对外国的主要检索工具如美国《工程索引》、英国《科学文摘》、苏联《文摘杂志》、日本《科学技术文献速报》、美国《科学引文索引》、英国《世界专利索引》等分别作了阐述，最后，对于国际联机检索系统和电子计算机情报检索技术及应用也作了介绍。本教材具有以下四个特点：第一，取材比较广泛，具有适用性，适用面广，不仅可作理工科各专业的教材，也可作其他有关各类学科以及从事情报工作的人员的参考或指导书；第二，理论紧密联系实际，结合情报检索语言介绍了典型检索工具的使用，有利于解决检索中的共性问题；第三，内容新实，在选择教材内容上，不仅注重了扎实的基础，而且收集了不少新颖和实用的材料，特别是专利文献、标准文献、科技报告、会议文献等内容，有利于学生及工程技术人员的创造发明；第四，利于教学。（于静）

1378

情报语言学基础学习指导书 / 张琪玉编著. -- 武昌：武汉大学出版社，1987. -- 91 页；19cm. -- 7-307-00157-8（国家图书馆）

本书既介绍了情报语言学的一般问题、情报检索语言的基本理论和基本方法，也对各种类型情报检索语言的原理、编制法、使用法、性能、在方法上互相吸取的情况、文献分析与标引问题进行了详细说明，最后对情报检索计算机化与情报语言学的发展作了概述。本书的教学目的，是使学习者在学完图书分类学课程后，进一步拓宽知识面，更全面地、系统地掌握情报语言学的基础知识，即掌握情报检索语言的基本理论和基本方法，了解更多种类型情报检索语言的原理、性能、编制法和使用法，并大概了解在情报检索计算机化过程中出现的属于情报语言学领域的许多新事物、新进展，对情报语言学这门学科有一个较完整的认识。（于静）

1379

情报语言学基础问题选讲 / 张琪玉编著. -- 武汉：武汉大学出版社，1987. -- 365 页. -- 7-307-00156-X（国家图书馆）

本书是中央广播电视大学教材《情报语言学基础》的学习辅助读物，必须与该教材结合起来阅读，不宜单独使用。本书正文即问题选讲部分是对《情报语言学基础》教材中较不易理解的或叙述较简略的那些问题的讲解，并没有包括教材中的全部问题。这部分内容针对性较强，对于自学会有较大帮助。本书附录部分收了6篇文章，其目的是：一是作为教材和本书选讲部分的补充；二是作为学习、研究情报语言学如何深入、如何联系实际的实例。（于静）

1380

化纤科技文献查阅方法 / 赵琪编著. -- 广州：华南工学院出版社，1987. -- 184 页；19cm. -- 15410.028（中国纺织大学图书馆）

本书系统地介绍了中外化纤期刊杂志，中外文摘和专利等内容和检索的方法，特别较详细地介绍了美国 CA 和专利文献的检索。这很有助于读者能在较短时间内学会和掌握查阅文献的基本方法。本书内容虽然主要联系化纤，但查阅文献的基本方法，还适用于化学、化工方面其他专业人员的学习参考。（于静）

1381

化学化工文献国际联机检索技术 / 周泰应著. -- 北京：科学出版社，1987. -- 189 页；26cm. -- 13031.3923（国家图书馆）

本书结合 DIALOG 系统，介绍了化学化工文献国际联机检索技术。全书共分6章，第一章是绪言，介绍了国际联机检索技术的一般情况、现实意义和常用术语。第二章首先以一个简例向读者展示了这项技术的全流程，随后阐述了它的基本原理、步骤和工作过程，是这项技术的主要理论基础。第三章结合国际上知名的 DIALOG 系统对这项技术的主要内容作了介绍，如数据库文档、算符及语法符号、指令系列、打印格式和能力制约等。第四章在传统手检技术及了解了机用文档记录构造的基础上，以较多的实例，讨论了化学化工文献的国际联机检索技术。第五章介绍了 DIALOG 系统第二版本软件新增的及改进的功能部分。第六章阐述了联机检索产品的质量指标。（于静）

1382

通向无纸情报系统 /（美）兰开斯特（F. W. Lancaster）著；庄子逸，许文霞译. -- 北京：科学技术文献出版社，1988. -- 212 页；19cm. -- 7-5023-0542-4（国家图书馆）

本书章节包括：引言；计算机在情报贮存、检索和传播方面的应用；无纸情报系统在情报界的实施；科学技术交流；科技领域正式交流中的某些问题；2000 年电子情报系统的梗概；电子系统的可行性和效益；实施问题。全书简明扼要地阐述了 1963 年以来计算机应用于情报检索方面的成就，评述了谍报部门应用无纸情报系统的情况，探讨了无纸系统对于科学技术交流的可行性，描述了 2000 年可能实现的系统的大致情况，最后提出了全面实现无纸情报系统以前需要解决的各种问题。（于静）

1383

情报存贮技术 / 曹剑奇，孙志坚编著. -- 北京：科学技术

文献出版社,1988. -- 123 页. -- 7-5023-0700-1(国家图书馆)

本书较全面地介绍了印刷型文献的存贮、缩微存贮技术、磁存贮技术、光盘存贮技术、计算机存贮技术,并对几种主要情报存贮技术作了比较,指出了情报存贮技术的发展方向。(于静)

1384

科技文献检索 / 冯子良等编著. -- 北京:中国科学技术出版社,1988. -- 339 页;21cm. -- 7-5046-0046-6(国家图书馆)

本书内容包括:科技文献基础知识,多种类型文献的检索(美国《工程索引》、英国《科学文献》、美国《化学文摘》及中文检索工具的使用方法)、专利文献、科技报告及会议文献的使用方法等。(于静)

1385

电气与电子工程文献检查与利用 / 冯子良,任其荣编. -- 大连:大连理工大学出版社,1988. -- 322 页;21cm. -- 7-5611-0084-1(北京师范大学图书馆)

本书共分 5 篇 12 章。第一篇:文献检索的基本知识,主要介绍电气与电子工程领域的情报、文献及其检索(包括检索语言和词表)。第二篇和第三篇分别是多种类型和单一类型文献的检索,较详细地介绍国内外几种最常用的和有代表性的检索工具的特点、结构及使用方法;另外还有一些不很常用的检索工具也作简介或选目。第四篇:事实与数据的检索,主要介绍若干种常用的辞典、百科全书、年鉴、手册等参考工具书及其使用。第五篇是计算机文献检索的基本知识和计算机情报检索系统的利用。(于静)

1386

科技检索工具书综录 / 关一明. -- 辽宁:辽宁人民出版社,1988. -- 2 册;19cm. -- 7-205-00430-6(国家图书馆)

本书收录中外文科技文献检索工具书共 2451 种,其中拉丁文 1534 种,中文 290 种,日文 58 种,俄文 569 种。不包括社会科学以及综合性工具书,如:词典、年鉴、手册、百科全书等。全书上、下两卷分拉丁文、中文、日文、俄文四部分。卷首有中国图书进出口总公司编的《外国报刊目录》分类表,每一部分均按此表进行分类编排。后附索引:拉丁文题名字顺索引、中文题名汉语拼音索引、日文题名音序索引、俄文题名字顺索引。索引的著录项目包括:分类号、题名、顺序号。本书正文的每一条款目均按国家标准《检索期刊条目著录规则》(GB 3793—83)进行著录。(于静)

1387

国际连续出版物数据系统(ISDS)手册 / 姜树森等译. -- 北京:科学技术文献出版社,1988. -- 240 页;19cm. -- 7-5023-0507-6(国家图书馆)

本书对国际连续出版物数据系统的组织形式、管理方法以及国际连续出版物数据系统的国际中心和国家、地区中心的构成、职能及工作情况作了全面的介绍,对该数据系统的数据交换呈送单和磁带格式以及各著录项的定义和内容进行了严格、详细的说明。本书对从事计算机处理并管理期刊等连续出版物数据的图书情报单位的管理人员、文献前处理人员及连续出版物数据系统的计算机软件设计人员具有现实的指导作用。(于静)

1388

科技文献检索 / 李伦良编. -- 兰州:甘肃科学技术出版社,1988. -- 216 页;19cm. -- 7-5424-0032-0(北京林业大学图书馆)

本书内容包括:文献学基础、文献检索知识、文献的阅读和积累、检索工具、国内中文农业文献检索工具、国外期刊检索工具简介、科技报告、会议文献和专利文献检索、其他一次文献及参考工具书、电子计算机文献检索、农业科技情报调研、如何撰写科技论文。(于静)

1389

生物与农业文献检索 / 李明德,郭景孝编. -- 天津:南开大学出版社,1988. -- 271 页;19cm. -- 7-310-00098-6(国家图书馆)

本书内容包括:生物学及农学文献,探讨了什么是生物学及农学文献,生物学及农学文献的特点、类型,文献检索的意义和作用及一般方法;文摘,论述了中文文摘、美国《遗传学文摘》《生物化学文摘》《微生物学文摘》《昆虫学文摘》等内容;美国《生物学文摘》,阐述了出版情况介绍、结构与编排方式、著录格式、著者索引、生物分类索引等内容;索引与题录,介绍了中文索引、外文索引及动物学记录;学位论文;评述文献,论述了概况、评述文献的类型及科学评论索引;学术会议及其文献的类型与检索;图书馆利用,介绍了如何充分利用图书馆、我国图书馆的类型、图书馆分类法、图书馆目录、中外文图书的检索工具;英文专利文献阅读,阐述了专利基础知识、国际专利分类法、世界专利索引、专利文献通报、专利说明书及英文专利文献中的代字及常用词汇。(于静)

1390

社会科学文献检索与利用简明教程 / 李永璞主编. -- 济南:山东大学出版社,1988. -- 234 页;19cm. --7-5607-0061-6(国家图书馆)

本书内容包括:社会科学文献及其检索与利用的基本知识;文献检索与利用工具书刊的编制法;检索——利用工具书刊查找社会科学文献;阅读——使用参考性工具书刊对社会科学文献解难释疑;利用——社会科学文献的整理和再生。本教材在内容的取舍和分量的轻重上,根据教学计划和图书馆的馆藏状况,力求做到少而精,具有可教性和可学性。在正文部分,把该课程的体系分为概念、工具、检索、阅读、利用 5 个方面;对其基本知识、要领和方法只作简要说明,多未详加阐发;对工具书刊的叙述,只写出可以利用哪些查阅,一般举一例加以说明。根据教材的内容布置了复习题和实习题,供教学、实践使用。在附录部分,选收了 300 多种工具书刊,均系正式出版的,中文的和常用的,并以新编或新版的为主;简介则着重其主要内容、应用范围和排检方法,一般不做评价。还选列了现已出版的其他教材若干种,供教学参考使用。(于静)

1391

情报检索与主题词表 / 丘峰著. -- 北京:书目文献出版

社,1988. -- 445 页:图;19cm. -- 7 - 5013 - 0433 - 5(国家图书馆)

本书从情报检索角度出发,以主题词表为引线,概括和论述了情报检索的各个不同侧面。书中涉及国内外 30 多种主题词表,但介绍的重点是《汉语主题词表》和国家标准《文献主题标引规则》。全书共分八章,系统地介绍了主题词表的理论基础、结构及编制技术,利用主题词表标引文献、建立检索工具、查找所需情报,以及主题词表的现状、管理和发展趋势等内容。书中穿插有 200 多种图表。书末附有主题词表汉英、英汉常用词汇等 5 个附录。本书可作为大专院校图书馆学、情报学专业师生的参考教材,也可以作为各类图书馆、情报机构和档案部门的工作人员研究主题词表的参考工具。(于静)

1392

国外机械文献查找法 / 邵本述编. -- 上海:上海科学技术文献出版社,1988. -- 109 页;19cm. -- 7 - 80513 - 052 - 3(国家图书馆)

本书介绍了当前国外常用的 30 种机械文献的检索工具使用方法,利用它们可找到机械工业中各类机械,例如矿山冶炼机械、起重运输机械、动力机械、机械制造、机械设计、仪器仪表、通用机械和其他机械方面的方献,其中包括机械期刊、会议录、科技报告、专利文献和标准资料。还叙述了各种检索工具的特点,并举出了很多实例,为读者迅速找到某种机械专业的国外文献提供了多种捷径。全书分为 5 个部分:概述,国外机械文献的种类,国外机械文献查找法,各种机械文献检索工具的特点比较,结论。(于静)

1393

分析化学文献 / 宋俊峰编著. -- 西安:西北大学出版社,1988. -- 217 页;19cm. -- 7 - 5604 - 0010 - 8(国家图书馆)

本书的内容力求在较全地介绍化学文献的基础上,重点介绍分析化学文献及检索的基本知识。其中,较详细地介绍了美国《化学元素文摘》、苏联《化学文摘》、英国《分析化学文摘》等多种检索工具的内容、结构和检索方法,并反映了这些文摘的最新变更情况;还较详细地介绍了分析化学专业的核心杂志,著名的分析化学手册、大全、专著等参考书;并用一定的篇幅,结合实例,介绍分析化学文献的检索方法与技巧。本书在编排方式上,以介绍英文文献为主,兼顾其他文种的文献,对书中引用的外文加以注释,并选用较为常见的分析化学课题为例,以缩短读者与文献之间的距离。对近代仪器分析及专利文献等内容,本书没有收入。(于静)

1394

微型机情报自动化系统设计与应用 / 王大可编. -- 武汉:武汉大学出版社,1988. -- 354 页;20cm. -- 7 - 307 - 00177 - 2(国家图书馆)

本书根据图书情报管理人员学习计算机的要求,从应用的角度,侧重介绍了怎样利用微型计算机来处理图书情报资料。全书共分 11 章,主要内容包括:微型计算机硬件与软件基础、中文信息处理技术、图书情报自动化系统软件设计方法与应用程序模块,同时系统地介绍了一个已投入使用的微型机多功能图书情报综合处理系统。书中不仅叙述微型计算机的一般知识和程序设计技术,而且给出了图书情报自动化系统的大量实际应用程序,以便帮助读者掌握如何编制图书情报应用软件。为了满足教学实习的需要和便于读者学习,备有与本书配套的 WZCX 系统辅助教学软件包。本书主要以国内图书情报界应用最普遍的 PC 机为模型机进行介绍,但为了帮助其它微型机使用人员学习,也涉及到其它一些机型,应用程序例题大都采用可通用的基本语言集语句编写,以便于移植到其微型机上应用。(于静)

1395

国际联机情报检索方法 / 王术和编著. -- 北京:中国科技情报国际联机情报检索服务部(内部出版),1988. -- 158 页;26cm(国家图书馆)

本教材分为两大部分,设 11 章。第一部分:概论,概述了国际联机情报检索的概况和检索技术以及三大系统的检索方法。第二部分:常用数据库,介绍了世界专利索引、美国化学文摘、世界产品市场信息、美国国家技术情报服务处数据库、英国科学文摘、英联邦农业文献、美国工程索引 7 个数据库的检索方法。(于静)

1396

国内外经济与管理情报检索 / 王跃德主编. -- 重庆:重庆大学出版社,1988. -- 264 页;19cm. -- 7 - 5624 - 0148 - 9(国家图书馆)

本书立足于"用",在简要阐述文献检索基础知识的基础上,着重讲述了各种检索工具的使用方法,并配以适当的检索实例,表达形象,便于掌握,以期读者掌握方法后确实能查获所需文献资料。全书共 10 章,第一至四章,主要介绍了情报检索的基本原理和方法,国内外经济与管理文献检索工具 150 余种;第五至九章,重点介绍了国外一些有代表性和适用面较宽的检索工具的特点及使用方法;第十章概述了国际联机情报检索基础知识,着重介绍了如何制定联机检索策略、检索系统以及数据库的选择,并配有联机检索策略的制定实例。(于静)

1397

科技文献检索与利用 / 文甲龙主编. -- 长沙:湖南大学出版社,1988. -- 358 页; 20cm. -- 7 - 314 - 00249 - 5(国家图书馆)

本文内容包括:导言;科技文献及检索工具概述;我国科技文献检索刊物;美国《工程索引》《科学文摘》、日本《科学技术文献速报》、苏联《文摘杂志》《科学引文索引》《金属文摘》及其索引、美国《化学文摘》《数学评论》与《应用力学评论》、英国《近期工艺索引》、专利文献及其检索、科技报告及其检索、会议文献、学位论文及其检索、标准文献及其检索、科技参考工具书、电子计算机检索、科技文献利用。(于静)

1398

图书馆利用与情报检索 / 武汉城市建设学院等编. -- 武汉:武汉工业大学出版社,1988. -- 322 页(国家图书馆)

本书内容包括:图书馆利用,介绍高校图书馆的性质、职能、服务、文献类型与层次、图书分类及《中图法》等;情报检索基础,介绍情报检索概论、原理、系统、工具、检索语言与方法;社会科学文献检索,介绍语言艺术文献、历史性文献、经济管理文献等社会科学图书报刊的检索;我国的科技文献检索体系,介绍科技图书、科技报刊、科技资料、特种文献、专利文献、译文资料等专业性检索工具的使用;重点介绍了美国《工程索引》、英国《科学文摘》、日本《科学技术文献速报》、美国《科学引文索引》、美国《化学文摘》以及典型的专业性文献检索工具《应用力学评论》《艺术索引》《污染文摘》的使用方法;特种文献的检索,介绍了学位论文、会议文献、科技报告、标准文献的检索;专利文献的检索;计算机检索,介绍计算机检索的基础知识、主要国际联机检索系统,以及我国的计算机检索服务;最后介绍了情报利用和科技文献的写作。(于静)

1399

高等学校文献检索与利用课程教学研究 / 肖自力主编. -- 哈尔滨:哈尔滨工业大学出版社,1988. -- 204 页;26cm. -- 7-5603-0061-8(国家图书馆)

本书是全国第一部文献检索与利用课教学研究专题文集,收录综合论述、教学法研究、教学内容设计、师资素质培养、教材建设、教学实习及教学评估等专题论文 92 篇,本书收录了“1987 年全国高等学校文献检索与利用课教学研讨会”的会议总结及全国高等学校图书情报工作委员会秘书处的课程开设情况调查报告。本书内容全面、系统、实用,重点突出、资料新颖,可供全国高等学校文献检索与利用课教学人员、各系统图书情报资料专业人员、图书情报学专业师生及从事用户研究人员参考使用。(于静)

1400

国际联机情报检索 / 鄢百其编. -- 武汉:华中理工大学出版社,1988. -- 155 页;19cm. -- 7-5609-0164-6(国家图书馆)

本书将理论紧密结合实际,介绍了国际联机检索技术,阐述了计算机情报检索的基本原理的方法;介绍了国内最常用的美国 DIALOG 系统和欧洲 ESA/IRS 系统,并重点讲述了这两个系统最新的检索功能及特点,分析、比较了各自的优缺点;最后,以这两个系统为例,讲解了联机检索策略,如扩检与缩检、多途径检索、反馈调节等常用的方法与技巧,并附有实例。本书的取材兼顾了理、工、农、医各学科专业的内容;每章后备有习题和复习思考题(并附有解答),以供学生练习用。本书主要用于高校研究生和本科生的文献检索课教学,也可作为各种国际联机检索学习班的培训教材,对广大科技人员也可作为自学参考书。(于静)

1401

中小企业实用情报方法 / 张百伟, 宋家明主编. -- 沈阳:辽宁科学技术出版社,1988. -- 510 页:图;19cm. -- 7-5381-0254-X(国家图书馆)

本书就中小企业在决策、经营、产品开发、技术引进、市场调查、人才使用,以及查找和利用科技文献、技术经济数据诸多方面,力图结合实际,注重方法,讲究实用,简明方便地为中小企业提供一本情报工具书,希望它能帮助中小企业开展情报工作,加快利用和吸收国内外科技成果的速度,灵敏地觉察市场经济信息,增加企业的竞争能力,提高其劳动生产率和经济效益。(于静)

1402

化学文献检索与利用 / 张静贞, 严俊, 杨善济. -- 上海:华东师范大学出版社,1988. -- 355 页;21cm. -- 7-5617-0121-7(北京师范大学图书馆)

本书内容包括:科技文献检索概述,介绍科技文献及其类型、重要的文献情报源、科技文献检索的作用和意义、科技文献检索工具的职能和种类、检索语言和检索途径、检索的方法和步骤;图书及其流通利用;期刊及我国检索刊物;美国《化学文摘》,论述概况及 CA 的各种索引;苏联文摘杂志及其他检索刊物;专利文献及其检索;大全及其他主要参考工具书;理化数据及光谱资料汇编;电子计算机情报检索;文献资料的积累与利用。本书是在教学经验的基础上,内容上尽可能选用了国内外的最新资料,穿插了在情报服务中积累的检索实例,每章后附有从教学实习习题中精选出来的练习题,可作为文献检索与利用课的教材。(于静)

1403

经济文献与经济情报检索概论 / 周嘉硕, 赵学濂主编. -- 北京:北京经济学院出版社,1988. -- 370 页;21cm. -- 7-5638-0033-6(国家图书馆)

本书内容包括:导论;经济文献概述,论述文献的概念和意义、主要类型、经济文献的范围和特点;经济情报概述,论述经济情报的概念和功能、特点和传递通道、主要部门经济情报的类型及来源;经济文献与经济情报检索工具概述,检索的种类、作用及方式、检索工具的概念和职能、排检方法、主要类型;经济资料的检索;经济图书、报刊及论文检索;其他专题资料的检索;检索策略的制定与经济情报的选择;文献资料的利用与撰写学术论文的一般方法。(于静)

1404

科技文献检索与利用 / 蔡葛龄主编. -- 沈阳:东北工学院出版社,1988. -- 360 页;20cm. -- 冶金高等学校教材. -- 7-81006-062-7(北京理工大学图书馆)

本书是在冶金高等院校原有试用教材基础上编写的。主要阐述了科学技术文献基础知识和检索原理、我国检索工具体系、国外主要检索工具及其使用方法、计算机情报检索以及科技文献评价和情报分析。结合实例,介绍了各种检索途径,着重叙述了主题途径。全书既突出冶金院校的特点,又照顾其他理工科院校的需要;既着眼实用,又考虑检索技术的发展。(韩丽)

1405

教育科学情报与文献检索 / 陈坚, 金恩晖主编. -- 长春:吉林教育出版社,1988. -- 383 页;19cm. -- 7-5383-0431-2(国家图书馆)

教育情报,是任何教育活动中不可缺少的内容,是教育领导决策的基础,是教育者治学的门径,是受教育者读书的钥匙,因而也是培养教育人才知识结构中不可缺少的重要环节。本书重点阐述的基本主题和特定内容就是教育科学领域的情报理论与方法研究。本书是全国图书馆学、教育学有关专家集体合作的产物，全书共分为19章，主要介绍了教育情报学，教育文献检索，教育科学情报源，中外教育文献，教育科学分支学科及其文献，教育情报检索语言，教育文献检索原理与方法，教育文献检索工具书的类型与排检法，中国教育制度、机构和法规的简介与查检，怎样查检教育思潮、流派和教育概况、教育名词术语、教育界人物和事件、教育科学研究论著、教育科学的新兴学科和相关学科文献等。最后还介绍了教育情报研究成果、教育科学情报研究与管理机构、教育情报工作的现代化等。（韩丽）

1406

实用科技文献检索 / 范铮编著. -- 天津：天津大学出版社，1988. -- 292页；21cm. -- 7-5618-0057-6（北京师范大学图书馆）

本书是大学科技文献检索课程的实用教材。书中着重理工专业常用的检索刊物的使用方法。前七章包括工程索引、世界专利与德温特出版物、国际博士论文文摘、会议论文索引、美国政府报告通报与索引、利用计算机检索文献等，为工科各专业必需。后七章介绍应用力学评论、科学文摘、化学文摘、金属文摘、机械工程情报服务通报、日本科学技术文献速报、苏联文摘杂志，供选修或自学。本书可作为理工科大学生、研究人员、管理人员、图书情报工作人员自学和参考使用。（韩丽）

1407

生物化学文献及情报检索 / 华士锦编. -- 北京：高等教育出版社，1988. -- 291页：图；26cm. -- 7-04-000065-2（北京师范大学图书馆）

本书共15章，全书以探讨人类知识的媒介工具—索引语言为线索，贯穿始终。分为四大单元，第一单元介绍了文献学与情报学的基础知识，并结合专业推荐了一批著名生化书刊；第二单元介绍世界几大著名二级期刊正文的著录格式；第三单元介绍二级期刊里各种索引的编制方法；第四单元介绍了科学引文索引的特点。本书前六章是关于文献和文献检索的基本知识，分别介绍了文献调研的重要性、生化文献的发展趋势、科技文献的分级和分类、情报工作和情报系统、情报检索理论和情报检索工具以及机读文献与国际联机检索等。第七章则介绍了目录、索引、题录和文摘，兼及美国费城科技情报所出版的《科学引文索引》。第八章和第九章集中介绍各种重要的检索工具，包括检索刊物的出版情况、编排体例和著录格式等，而第十章重点介绍汉语主题词表和美国《化学文摘索引指南》，第十一至十四章集中介绍了各种索引。本书最后一章介绍了检索工具发展的新趋势——手册化。本书各章均列出一定数量的参考文献，读者可据以深化学习。（韩丽）

1408

新史料检索与利用 / 黄晓斧编著. -- 成都：四川大学出版社，1988. -- 376页；19cm. -- 7-5614-0086-1（国家图书馆）

本书从其内容而言，又可以说是中国甲骨学、金文学、简牍学、敦煌学、明清档案学的一本简明扼要的学术史、史学史。同时，它包含了较多的文献解说的内容，不是简单的索检，通过解说和介绍，将海内外对于这些学科研究的芳踪雅迹、成就得失，予以客观分析和实事求是的评价。本书是以新史料为对象，以目录学的原理为基础，并运用考释、注释、校勘、编纂、辨伪、著录等文献知识和检索的理论与方法，研究组织、检索新史料的工作规律和方法原则等。本书的核心是新史料和书目，也就是新史料的内容和目录学的结合。本书的宗旨就是通过新史料的查明、揭示和宣传，把有关的文献及时地、全面地传递给人们，帮助人们阅读利用新史料。本书分五个章节，分别讲述了甲骨史料、青铜铭文史料、简牍史料、敦煌遗书、明清档案等五个方面，并将不同时地、不同文字的大量论文、著作资料，详细占有，深入介绍。（韩丽）

1409

新编文献检索（理科） / 蒋法庵，文雄达主编. -- 郑州：河南高校图书馆工作杂志社（内部出版），1988. -- 322页；21cm（北京师范大学图书馆）

本教材以情报理论为指导，遵循科学性、思想性和实用性的原则，阐明文献检索的基本原理、基本方法和技能。通过本教材的学习，能提高学生对文献检索的基本原理、作用和意义的认识，掌握文献检索的基本知识、技能和方法，有效地吸取情报知识。本教材的主要服务对象是大专学生，也适用于本科教学及图书馆工作者阅读。全书共分为8章，主要内容包括：科技情报和文献检索，检索语言，检索工具，文献检索方法，中文科技文献检索工具书，国外著名检索工具简介，数据检索，电子计算机检索简介等。（韩丽）

1410

语言文学文献利用指南 / 金恩晖，滕吉海主编. -- 北京：学苑出版社，1988. -- 389页；18cm. -- 7-80060-364-4（国家图书馆）

本书共分为20章，主要内容包括：语言文学研究与情报检索，语言文学文献检索，语言学文献、文学文献的特点及述要，语言文学检索工具书，中文检索工具书查检法，外文检索工具书排检法，现代汉字的检索，古文字（词）的检索，词语的检索，诗词文句的检索，文艺政策与文艺理论的检索，文学作品评论与研究的检索，文学思潮、流派、社团的检索，语言学家、文学家传记资料的检索，年代、事件、地名、民俗等相关问题的检索，文学创作问题的检索，文学作品的选择、阅读与鉴赏，语言文学积累与研究，选题与写作。书后附录有国内语言文学检索工具书题录。（韩丽）

1411

中外工具书使用指南 / 林申清，胡卓澄编著. -- 南京：江苏科学技术出版社，1988. -- 683页；20cm. -- 7-5345-0404-X（国家图书馆）

本书将中外文工具书按参考情报源类型加以集中介绍，打破了历来中外文工具书分别介绍的传统习惯。其主要内容包括：英语词典、字典，日、法、俄、德语词典，汉语字典、词典，国外书目，中文书目，中外报刊目录，索引，文摘，百科全书，类书、政书，年鉴手册，国内外传记资料，国内外机构名录，地理资料、地图集，国际和部分国家统计资料等。全书内容充实、条理分明，逻辑性、科学性和实用性较强。（韩丽）

1412

语言文学文献检索与利用 / 潘树广主编. -- 武汉:武汉大学出版社,1988. -- 289 页;20cm. -- 文献检索与利用课系列教材. -- 7 - 307 - 00322 - 8(国家图书馆)

本书是文献检索与利用课系列教材中的一册。全书分上编、下编和附编三大部分。上编六章是总论性质,讲述语言文学文献检索的基本理论和基础知识,主要内容包括:文献和语言文学文献检索、检索工具与参考工具书的排检法、检索工具分类示例、参考工具书分类示例、汇纂型资料书、语言文学期刊与报纸;下编前六章是分论性质,讲述语言文学各分支学科和相关学科文献资料的查找方法,主要包括语言文字与语言学文献的检索、中国古典文学文献检索、中国现代当代文学文献检索、外国文学文献检索、文艺理论与美学文献检索、艺术文献检索等;最后两章讲述计算机检索、资料积累和论文写作的初步知识。附编是国内外语言文学期刊选目。(韩丽)

1413

文献检索与利用 / 王酉梅, 倪晓建编著. -- 北京: 北京师范大学图书馆,1988. -- 421 页;19cm. -- 7 - 303 - 00191 - 3(国家图书馆)

本书为高等学校各系"文献检索与利用"公共课教材,也可供一般教学、科学研究人员和实际工作者参考使用。掌握知识情报的意识,获取与利用文献的技能,是提高自学和独立研究能力的重要问题。为此,本书安排了三部分内容:一是关于搜集整理文献、情报加工与研究、阅读方法和论文写作等方面的基本知识;二是按检索问题介绍了有关的工具书及参考书;三是简介国内外现代化情报检索的技术手段与服务。全书在编写过程中,力图从大学生和一般专业人员利用文献的实际需要出发安排内容,既有国内文献情报检索基本知识以及计算机检索的内容,也有国外文献情报技术的介绍;既包括社会科学方面的检索工具书简介,也注意了介绍科学技术方面的检索工具书。为了便于组织教学或学习,各讲之后附有思考题和实习题。(韩丽)

1414

社会科学文献与情报检索 / 魏克智, 金恩晖主编. -- 北京:学苑出版社,1988. -- 386 页;19cm. -- 7 - 80060 - 339 - 3(国家图书馆)

本书是供我国高等学校各社会科学专业师生使用的一部文献检索教材。其意义有以下几点:一是普及社会科学文献检索知识,为读者提供开辟社会科学多学科知识宝库的钥匙;二是培养学生的情报意识,提高读书治学的基本技能;三是充分揭示和报导社会科学文献资源,使读者对多学科文献源流、发展脉络、文献类型及其中代表性的文献有概要性地了解;四是介绍社会科学文献检索工具书,并在此基础上阐述社会科学文献检索的原理和方法,使读者通过学习,提高文献检索能力,以便在文献—工具—检索课题这一链条中,充分发挥主观能动作用。(韩丽)

1415

新编文献检索(文科) / 文雄达, 李华瑛主编. -- 郑州:河南高校图书馆工作杂志社(内部出版),1988. --362 页; 21cm(武汉大学图书馆)

本教材以情报理论为指导,遵循科学性、思想性和实用性的原则,阐明文献检索的基本原理、基本方法和技能。通过本教材的学习,能提高学生对文献检索的基本原理、作用和意义的认识,掌握文献检索的基本知识、技能和方法,有效地吸取情报知识。本教材的主要服务对象是大专学生,也适用于本科教学及图书馆工作者阅读。全书共分为 12 章,主要内容包括:绪论,文献检索基础,文献检索工具,文献检索语言,书刊检索,篇章检索,字、词、句检索,人名、职官、地名检索,事物检索,年月日检索,英文工具书简介,电子计算机检索简介等。(韩丽)

1416

医学文献检索与利用 / 吴观国主编. -- 武汉: 武汉大学出版社,1988. -- 371 页; 19cm. -- 7 - 307 - 00116 - 0(国家图书馆)

本书是全国高等学校文献检索与利用系列教材之一,该系列教材力求理论联系实际,注意基础知识的传授和检索能力的培养,反映最新研究成果,以适应不同层次、不同专业的大学生的情报需求。本书简明扼要、联系实际、深入浅出、重在实用。全书共分为 14 章,主要内容包括:医学文献概论,文献检索工作,文献检索的方法、步骤和途径,中文医学文献检索工具及使用法,美国《医学索引》,荷兰《医学文摘》,美国《生物学文摘》,美国《化学文摘》,日本《医学中央杂志》,苏联《化学文摘杂志》,其他利用价值较大的检索工具,特种文献及其检索,电子计算机在医学文献检索中的应用,医学文献利用与写作等。本书适用于本科生及研究生。(韩丽)

1417

中国工具书使用法 / 吴则虞著;吴受琚整理. -- 上海:上海古籍出版社,1988. -- 142 页;19cm. -- 7 - 5325 - 0106 - X(国家图书馆)

本书首先系统地介绍了中国各类工具书的知识,如工具书的意义、类型、起源、用途等,然后分章重点介绍各类工具书,包括文字、姓名、舆地、年历、事类、书籍等方面,以及索引、图谱、年鉴的源流、种类、体裁、用法,例证丰富,条理清晰,为初学者指点治学门径,对大学文科师生和文史工作者也有参考价值。

全书共分为 10 章,所介绍的有详有略,主要掌握了两个原则:一是少谈理论,多举具体事物;二是所举的书,现存而切实用的列举较详。(韩丽)

1418

矿业工程文献检索 / 张占荣,孙圣薇主编. -- 徐州:中国矿业大学出版社,1988. -- 285 页;26cm. -- 高等学校教学用书. -- 7 - 81021 - 029 - 7(国家图书馆)

本教材系根据原教育部《关于在高等学校开设文献检索与利用课的意见》,并结合我国煤炭高校的实际情况与专业特点而编写的。本书内容包括:科技文献检索基础理论,国内出版的科技文献检索工具及其使用方法,国外科技文献检索工具及其使用方法等三篇共 23 章。教材以当时较新的资料为依据,以采矿学科为主要对象,系统地讲述了文献检索的基本原理与方法,国内外主要检索工具的内容、特点、编排与使用方法等。此外,对电子计算机情报检索的基本知识也作了扼要介绍。

本教材可供当时矿业类和设置采矿专业的高等学校开设文献检索与利用课时使用,也可供其他理工科高等学校学生参考,同时,对从事教学、科研、生产及图书情报工作的专业人员也具有参考和实用价值。(韩丽)

1419

生物学文献检索 / 陈乐明著. -- 兰州:兰州大学出版社,1989. -- 407 页;19cm. -- 7-311-00215-X(国家图书馆)

本书是作者在为兰州大学生物系学生开设文献检索课的基础上编写的。全书共分 10 章,包括:情报的作用及情报意识培养;文献检索概述;检索工具的索引;国内检索工具简介;国外专业性及综合性检索工具选介;计算机情报检索概述;情报检索方法;生物学科研题目的选定;文献资料的积累与撰写综述的方法。本书有如下的特点:(1)强调了情报意识的培养,并对大学生如何进行情报意识的自我培养提供了具体的方法;(2)理论联系实际,为了使读者懂得检索的基本原理,了解检索的规律,在介绍具体检索方法的同时,阐述了文献检索的理论。(韩丽)

1420

机械工程文献检索与利用 / 范铮编著. -- 大连:大连理工大学出版社,1989. -- 378 页;20cm. -- 文献检索与利用课系列教材. -- 7-5611-0133-3(国家图书馆)

本书共分为 7 章,主要内容包括机械工程与文献,工具书的使用,文献检索与中文检索工具,外文检索期刊中传统与机械专业文摘、与机械工程密切有关的文摘,特种文献的检索,以及电子计算机情报检索等。全书配有大量的实例和图表。书后附录有符号与代号表、EI 的通用小主题词表、ISMEC 分类表和索引。(韩丽)

1421

纺织文献检索与利用 / 冯秀玉等编写. -- 大连:大连理工大学出版社,1989. -- 307 页;20cm. -- 文献检索与利用课系列教材. -- 7-5611-0111-2(国家图书馆)

本书主要内容包括:科技文献检索概述,介绍了科技文献情报检索的一般理论和方法;常用的纺织文献检索工具;常用的纺织专业性外文检索工具,其中对英国《世界纺织文摘》和美国《纺织技术文摘》的介绍较为详细;常用纺织综合性外文检索工具、纺织学科机电专业常用检索工具,分别对美国《化学文摘》、美国《工程索引》、日本《科学技术文献速报》、英国《科学文摘》、美国《金属文摘》作了阐述;对标准文献和专利文献检索、科技参考工具书及其使用方法、电子计算机情报检索也作了介绍。在附录还以简介形式,介绍了 14 种常用检索工具和 78 种国外主要纺织期刊。(韩丽)

1422

科技文献检索基础 / 何善祥,杜云编著. -- 南宁:广西教育出版社,1989. -- 245 页;19cm. -- 全国图书馆学中专系列教材. -- 7-5435-0584-3(国家图书馆)

本书是 20 世纪 80 年代编写的全国图书馆学中专系列教材之一。全书共分为 7 章,主要内容包括:科学技术、科学技术文献概述,科技文献检索工具介绍,检索语言介绍,国内编印的科技文献检索刊物《全国报刊索引》《中文科技资料目录》《国外科技资料目录》等的介绍,外国编印的学科性检索工具选介,如美国出版的科技文献检索工具、英国出版的《科学文摘》、前苏联出版的《文摘杂志》、日本出版的《科学技术文献速报》等,还介绍了专利、标准、科技报告、会议文献等特种科技文献检索方法以及科技文献检索程序等。(韩丽)

1423

科技文献检索与利用 / 胡安朋编著. -- 天津:南开大学出版社,1989. -- 413 页:图;20cm. -- 图书馆学情报学系列教程. -- 7-310-00089-7(北京师范大学图书馆)

作为图书馆学系列教程之一,本书简明而精当地讲述了科技文献检索的原理与方法,为大学图书馆学情报学系提供教材,供大学理工科开设文献检索课作参考工具,亦可作为科技人员进行情报检索的指导书。全书共分为 7 章,主要内容包括:科技文献及其传递情报的作用,检索工具基础知识,科技文献检索的基本原理和方法,各类索引,期刊式检索工具选介,专利文献的检索,会议文献、科技报告、标准文献及产品样本资料的检索等。本书介绍的检索工具多数为 80 年代版本,术语和内容符合国家标准规范,举例具有代表性和实用性,以手检为主,兼顾计算机检索。(韩丽)

1424

哲学文献检索 / 金恩晖,曹培根,刘汉兴主编. -- 南京:江苏教育出版社,1989. -- 294 页;19cm. -- 7-5343-0761-9(北京师范大学图书馆)

本书的编撰,是结合我国高校有关师生和图书馆、情报、资料工作者的实际工作需要而进行的。本书在国内首次将文献检索的一般原理和方法引入哲学科学领域。本书大体上分原理、文献、工具和方法四个部分,皆以检索问题为主线。原理部分为第 1、15、16、17 章,第 1 章哲学研究与哲学文献检索,介绍了有关的概念、范畴、意义等方面的基本理论知识;第 15 至 17 章分别介绍哲学文献检索的原理、途径和方法,以及文献资料的积累和运用,哲学问题的综述、述评和论文撰写方法。文献部分为第 2、3 章,分别介绍了中国哲学文献和外国哲学文献及其在中国的流传。工具部分包括第 4 至第 7 章。第 4 章为检索工具,介绍了书目、索引和文摘的概况和使用方法;第 5、6 章介绍主要参考工具书:字典、词典、百科全书、类书、政书、年鉴、手册、名录、表谱、图录等;第 7 章为工具书的排检法,依字序、分类、主题、时序和地序等分别列出。方法部分(第 8—14 章)是应用文献检索原理,利用各种类型的工具书、参考书,去具体地查找有关哲学咨询课题的例释和方法。(韩丽)

1425

自然科学文献检索 / 金恩晖,幸志明主编. -- 北京:学苑出版社,1989. -- 374 页:图;19cm. -- 7-80060-338-5(国家图书馆)

本书共分为21章,首先介绍了自然科学的发展与情报检索工作概况、文献检索概述、自然科学文献情报源、自然科学情报检索语言以及文献分类与图书馆目录,分学科介绍了自然科学、数学、物理学、化学、天文学、地学和生物学等专业的文献检索工具书,然后介绍了中外文的自然科学综合性的检索工具书,书中还详细介绍了专利文献、特种文献及其检索,讲述了如何综合利用上述各种检索工具书。最后介绍了计算机情报检索的概况、自然科学情报研究工作和自然科学情报研究成果及科技写作。(韩丽)

1426

艺术文献检索与利用 / 潘树广主编. -- 杭州:浙江美术学院出版社,1989. -- 326页,6页图版:图,摹真;20cm. -- 文献检索与利用课系列教材. -- 7-81019-040-7(北京师范大学图书馆)

本书是为提高艺术院校学生情报意识、创作水平和研究能力而编写的教材,也是我国第一部艺术文献指南。全书共分四编:上编是总论,讲述艺术文献检索的基本原理和方法;中编是分论,阐述美学和造型艺术、音乐、舞蹈、戏剧、戏曲、电影、电视等艺术门类的基本特征、重要参考书和文献信息的获取途径;下编是目录编,列举艺术工具书和艺术报刊要目;附编包括全国艺术院校名录和艺术研究机构名录。本书兼顾理论性、知识性和实用性,可供艺术院校师生、文艺工作者、艺术爱好者和图书情报工作者使用。(韩丽)

1427

文献检索与利用 / 石岩等编著. -- 北京:开明出版社,1989. -- 178页;19cm. -- 中等专业、职业技术学校教学适用. --7-80077-002-8(国家图书馆)

该书是中等专业、职业技术学校的文献检索课程教材,书中简明地叙述了文献检索与利用的基础知识,重点讲授了科技文献的种类、检索工具书、参考工具书,文献检索的途径、方法和步骤,利用图书馆的有关知识及读书与积累资料的方法。书前有内容简介、前言、代序言、绪论,第一至第四章后附有思考题。书后有附录一中国图书馆分类法二级类目表,附录二中国主要图书馆分类法大纲,附录三知识检索工具书分类选择简表,附录四参考文献。(胡秋玲)

1428

俄文工具书指南 / 涂尚银著. -- 成都:四川人民出版社,1989. -- 386页;19cm. -- 7-220-00595-4(国家图书馆)

本书是作者在历年为学生开设《俄文工具书简介》讲座的讲稿基础上整理而成的,目的是帮助读者,特别是青年学生、科技工作者和翻译工作者掌握俄文工具书的知识,了解前苏联和我国出版的各类俄文工具书的概貌,学会鉴别和使用。本书选择了349部内容较重要而且有较大使用价值的俄文工具书。通过具体的实例,分类逐一扼要地介绍了它们的特色、内容和优缺点。词典的介绍是书中的重点。书后附《书名索引》,供读者查阅。读者还可利用《附录》中提供的线索进一步了解有关工具书的情况。(韩丽)

1429

林业文献检索与利用 / 王礼先主编. -- 武汉:武汉大学出版社,1989. -- 326页;20cm. -- 7-307-00491-7(武汉大学图书馆)

本书是全国高等学校文献检索与利用课系列教材之一。全书共分为7章,主要内容包括:绪论,文献及文献检索基本知识,国内外出版的主要文献检索刊物及其使用方法,国外特种文献的检索方法,国内外主要林业参考工具书简介,计算机检索基本知识以及文献阅读与科技论文写作方法。书后附录有外文检索工具中的语种缩写、国内外林业核心期刊、DIALOG系统常用文档目录、我国主要林业科研机构与主要图书情报机构。本书力求理论联系实际,注意基础知识的传授和检索能力的培养,适于各高校相关专业的学生使用。(韩丽)

1430

农业文献检索 / 于尔壬编著. -- 北京:农业出版社,1989. --280页;19cm. -- 7-109-00672-7(北京师范大学图书馆)

本书是在安徽农学院《农业文献检索与利用》课讲义的基础上编写而成的。编写过程中对原讲义作了较大的增删。本书以一定篇幅介绍了俄文农业文献的各种检索工具。在内容上,本书除了编入有关农业科技文献的检索工具外,还兼及生物科学的检索工具。但对与农业科学关系十分密切的《化学文摘》未作介绍,原因是有关此的介绍的书籍颇多,不作重复叙述。全书共分为10章,主要内容包括:农业文献的类型和特点,文献检索及其原理、工具、途径和方法,我国出版的文献检索工具,英语农业科技文献检索工具,俄语农业科技文献检索工具,日本的科技文献检索工具,专利文献及其检索方法,电子计算机检索简介,参考工具书述要,个人资料的累积和检索等。(韩丽)

1431

中文工具书实用教程 / 袁正平编著. -- 成都:四川大学出版社,1989. -- 448页;19cm. -- 7-5614-0269-4(国家图书馆)

本书共分13章,首先介绍了我国辞书事业发展史、工具书的概述和排检法,然后详细介绍了古现代字词、古代文学作品词汇、专门学科名词等的查找,人名及人物生平简历的查找,人物传记资料、年谱、个人文集的查找,中外地名及地理沿革的查找,古籍图书的查找,近现代图书的查找,报刊资料的查找,古代典章制度的查考,百科知识、法规条约、时事统计资料的查考,历法、历表的查找和马列主义经典文献的查找。书后附录有主要工具书书名索引。(韩丽)

1432

给大学生一把钥匙:实用英文工具书举要 / 张诚编著. -- 广州:中山大学出版社,1989. -- 414页;19cm. --7-306-00152-3(国家图书馆)

图书馆及情报所所收藏的如海洋一般广博的知识,具体由图书、期刊、学位论文、会议文献、专利说明书、科研报告、技术标准等来体现,需要通过各种不同的检索途径、运用各种不同的检索工具来获得。本书正是根据我国大学生、研究生的实际需要,提供了各类型较常用的英文工具书刊,通过实例深入浅出地加以系统介绍。它不仅能为大学生、研究生

当前撰写毕业论文、学位论文,更为今后进行科研、教学、生产等提供了掌握文献资料的方法与能力。(韩丽)

1433

社会科学文献检索与利用 / 张家蹯,何林夏主编. --广西:广西师范大学出版社,1989. -- 454 页;20cm. --7 - 5633 - 0621 - 8(国家图书馆)

本书编写目的在于帮助学生掌握文献检索的理论与知识,学会使用文献检索工具,培养情报意识,增强获取、处理和利用文献与情报的能力。全书共分为 21 章,首先介绍了社会科学文献的基本知识,社会科学文献检索的基本理论,社会科学文献检索的工具,综合性书刊的检索,人物资料的检索,然后分学科介绍了马克思主义经典文献、哲学及社会科学综合文献检索,政治学、法学及社会学文献检索,经济学,教育学,语言文字学,文学等学科的文献检索;然后重点介绍了国际联机检索系统;最后介绍了文献的阅读与学术论文的写作。书后附有思考练习题。(韩丽)

1434

科技文献检索与利用 / 赵国庆主编. -- 北京:煤炭工业出版社,1989. -- 165 页;26cm. -- 高等学校教学用书. -- 7 - 5020 - 0320 - 7(国家图书馆)

本书是按照原教育部规定的《文献检索与利用》课程要求而编写的。本书的主要内容包括:科技文献检索的基本知识,包括文献检索意义、科技文献类型、检索语言、检索工具、检索方法和效率分析等。书中介绍了中外主要检索工具和中文主要参考工具书,讲述了计算机检索、读者与写作的基本方法,并附有《与煤炭专业有关的国外主要检索刊物目录》。

本书是煤炭高等院校《文献检索与利用》课教材,亦可供其他工科院校使用和科研、厂、矿工程技术人员参考。(韩丽)

1435

法学文献检索与利用 / 郑治发主编. -- 武汉:武汉大学出版社,1989. -- 279 页:图;20cm. -- 文献检索与利用课系列教材. -- 7 - 307 - 00405 - 4(北京师范大学图书馆)

本书系高等学校文献检索与利用课系列教材之一。全书共分 3 编 10 章,讲述了法学文献检索与利用的基础理论、基本技能和方法。第一编为中文法学文献与检索工具,第二编为外文法学文献与检索工具,第三编为法学文献的检索方法与利用。本书由多位作者集体编写,经过文献检索与利用课系列教材编审委员会专门聘请的审稿组审定。本书是同类教材的第一部全国统编教材,可供法学各类专业学生、教师、研究者,以及广大法律工作实践者学习和参考。(韩丽)

1436

国际数学文献手册 / 郑祖庥编. -- 南京:东南大学出版社,1989. -- 208 页;19cm. -- 7 - 81023 - 129 - 4(国家图书馆)

本书介绍了数学文献的查阅与摘引方法,对 630 种公开发行的期刊作了介绍,包括刊名的中译名,发表论文所用文字类型、涉及内容等。(韩丽)

1437

计算机情报检索 / 毕强等编著. -- 长春:吉林大学出版社,1989. -- 155 页;19cm. --7 - 5601 - 0334 - 0(国家图书馆)

本书主要阐述计算机情报检索的基本原理、类型及其历史沿革,分析联机情报检索的全过程,情报检索程序设计的几种方法。(张收棉)

1438

文献学与排序论:情报检索理论和实践教程 /(德)高斯(W. Gaus)著;史秀英, 于良娇译. -- 北京:科学技术出版社,1989. -- 528 页;20cm. -- 7 - 5023 - 0829 - 6(国家图书馆)

本书用大量实例详细地阐述了文献加工的重要性及其具体方法。本书内容新颖、条理清楚、通俗易懂。除文献加工的一般方法和问题外,本书还介绍了有关情报工作的基本概念、情报检索、情报服务以及计算机在情报检索中的应用等方面内容。这些正是目前从事情报、图书和档案工作的人员所必须学习和掌握的。本书不强调全面性和科学的彻底性,而是一种教学和实际应用两方面的融合,并留有余地,供读者思考。章节按认识的发展安排,较少地考虑事物的类别关系。有些课程是为概括了解、加深认识或复习安排的。六种排序原则也是主要从实际应用方面确定的,而比较少地从纯科学理论出发。为了使教程更加直观和便于讨论,本书收进了一些实习用的词表和资料。每章后面附的习题是测试题。供自学读者练习和自我测试用。(于静)

1439

新一代的情报检索系统 /(英)德斯基(F. N. Teskey)著;陈光祚, 吴跃进译. -- 北京:科学技术文献出版社,1989. -- 68 页;19cm. -- 7 - 5023 - 0811 - 3(国家图书馆)

本书分为用户需求、实现方法、新型情报检索系统的设计三部分,具体包括:全文文本检索系统导论、全文文本检索的基本功能、主要问题总结、附加功能;传统方法、数据库专用机、软件方法、专用硬件系统;系统概述、知识库、用户接口、可能的应用、结论。全书通过用户调查,提出了对情报系统的两个基本功能要求,并对这些功能的实现方法作了研究。这些方法已用于研究新型情报检索系统的一般设计原理。笔者希望这项未来的研究工作能完善一个更详细的设计方案并实现一个原型系统。(于静)

1440

航空航天文献检索与利用 / 北京航空航天大学编. -- 大连:大连理工大学出版社,1989. -- 401 页;20cm. -- 7 - 5611 - 0148 - 1(国家图书馆)

本书包括航空航天文献检索基础知识、有关各类中外文综合性检索工具书和科技报告、专利文献等专业类型文献的检索、计算机检索、航空航天参考工具书等共 15 章;另有航空航天方面常用会议录、核心期刊和机构缩写等 3 个附录。本书详细介绍了美国《工程索引》及其使用方法、英国《科学文摘》及其使用方法、美国《国际航宇文摘》及其使用方法、美国《应用力学评论》《冲击与振动文摘》及其使用方法、《金属文摘》及其使用方法、美国《化学文摘》简介、美国《科学引文索引》简介等,具有很强的针对性和实用性。本书取材新颖,内容精炼;各章具有相对独立性,可根据不同专业的教学需要进行模块式组合。本书可作为理工科高等院校航空航天类及有关专业“文献检索和利用”课的教材,也可供从事科研、生产的科技人员和从事图书情报工作的人员参考。(于静)

1441

科技检索期刊使用指南 / 北京图书馆科技文献检索室编著. -- 北京:书目文献出版社,1989. -- 297 页;19cm. -- 7-5013-0456-4(国家图书馆)

本书内容包括:概论、科技文献的类型及其检索期刊、综合性大型检索期刊、国外重要专业检索期刊、检索常识。本书是在总结北京图书馆多年科技文献检索工作经验的基础上编写的。其重点内容是介绍各种科技检索期刊。书中对不同类型的几十种科技检索期刊的编制特点、应用范围、使用方法,以及使用中常见问题的处理方法等,作了系统论述;并对科技文献检索的基本理论和方法作了介绍。作者注重理论联系实际,尤其注重于实用方法的阐明。本书是图书情报工作者的参考工具书。也可供广大科技工作者学习和参考。(于静)

1442

国际联机情报检索原理与实践 / 邓汉成著. -- 北京:兵器工业出版社,1989. -- 279 页;19cm. -- 7-80038-063-7(国家图书馆)

本书内容包括:绪论,介绍国际联机情报检索产生的背景、发展简况、系统组成、服务方式、检索范围、主要优缺点;数据库结构,介绍国际联机情报检索系统的数据库类型、文献记录的结构与特点、文档结构与特点;DIALOG 系统的基本检索功能,介绍检索终端与国际联机检索系统的联机过程、DIALOG 系统的基本检索指令、逻辑算符与截词符、检索结果的输出格式等;DIALOG 系统的主要辅助检索功能,论述数据库词表的联机查询、联机检索中的字段与特征限定、范围检索、检索保留、多文档同时检索、定题检索与联机订购及其他功能;国际联机情报检索的基本原理与评价标准,论述检索的一般过程、逻辑过程与评价标准;联机情报检索策略,阐述情报需求分析、检索途径选择;概念组配、标识组配的含义、分类、关系及检索方法;联机检索的信息反馈;国际联机情报检索中的质量要求,论述查全率与查准率。(于静)

1443

国际联机情报检索原理与方法 / 龚国伟编著. -- 武汉:湖北科学技术出版社,1989. -- 250 页; 26cm. -- 7-5352-0386-1(国家图书馆)

本书全面系统地阐述了国际联机情报检索系统的基本工作原理、系统结构与设备配置、检索策略的编制与技巧的运用,分别介绍了 Dialog、ESA、STN、BRS 和 Orbit 五大国际联机检索系统的发展历史与特点、数据库及其文档结构、检索功能与技法及其 1987、1988 两年的最新发展等,并对比分析了这些系统的优缺点,提出了改进的方法与建议。书中既有各类具体的检索实例分析,又有多种指导学员上微机实习联机检索模拟系统的操作指导书。书末还附有“国际联机情报检索”课考试试题及参考答案。本书可作为高等院校图书馆学、情报学、经济管理学和计算机科学等专业以及其他专业的研究生和高年级本科生“情报检索”课的教材,也可供一切想掌握现代化信息检索方法与技巧的科技人员、经营管理人员、大专院校师生和图书情报工作者学习参考。(于静)

1444

图书情报计算机应用技术 / 顾耀芳编著. -- 上海:上海科学技术文献出版社,1989. -- 285 页;19cm. -- 7-80513-370-0(国家图书馆)

本书共分 13 章。第一章从现代图书情报技术的内容引出了计算机技术,进而简单介绍了计算机在图书情报领域中的各种应用。第二章介绍计算机系统的基本组成。第三至第八章,详细剖析了计算机情报检索的各个方面,包括计算机情报检索系统的整体结构;系统输入数据的分析;机读目录;顺排检索系统和倒排检索系统的数据库结构以及检索原理和程序设计技巧;检索系统的评价和用户的提问策略。第九章阐述了图书情报管理的自动化技术,包括机助采编;检索刊物的计算机编辑; 现代化的文献流通管理和标引工作管理。第十章介绍了文献数据库前处理的自动化技术,包括自动标引、自动校对等技术。第十一章及第十二章阐述了数据处理中的一些通用技术即排序技术、数据压缩技术以及词典结构。最后一章介绍了图书情报自动化系统的软件开发过程。(于静)

1445

科技文献资料的检索与查阅方法 / 郭成勋编著. -- 北京:轻工业出版社,1989. -- 184 页;19cm. -- 7-5019-0330-1(国家图书馆)

本书章节包括:介绍科技文献资料检索的意义、作用、沿革与发展;论述检索工具的概念、种类和出版形式;介绍了追溯法、常用法、分段查找法等检索方法;详述科技期刊、科技报告、会议资料、学位论文、政府出版物、标准、专利、样本、图书、文摘和其他资料的一般检索方法;介绍科技文献的机械检索。全书广泛地介绍了图书、期刊、论文、报告、文摘、专刊、样本及标准等资料的检索、识别和查阅方法。特别是关于食品工业方面,包括粮油、发酵、糖、盐、烟、香料、茶、营养卫生、冷藏、贮运等方面,举例介绍了简便快速的检索和查阅方法。本书原系大连轻工业学院食品工程系研究生及本科高年级学生的专业技能授课讲义,现可供有关科研、教学、设计、生产、卫生检测及商业、外贸等方面的科技人员自学和参考应用。(于静)

1446

灵通情报检索:最优化检索决策手册 / 蒋炜著. -- 成都:四川科学技术出版社,1989. -- 66 页;26cm; 附图 4 幅. -- 7-5364-1481-1(国家图书馆)

本书内容包括:情报检索基础知识,介绍检索决策研究内容和系统、检索系统、类型、方法和途径、文献分类法及文献检索工具类型等;最优化情报检索决策,介绍情报检索的决策理论、情报检索需求的描述、诊断和评估、优化检索、检索决策行为的诊断及检索决策的九种典型方案;情报检索技巧和实例分析,介绍情报检索技巧的内容、检索需求的估计、检索起点、方法、途径、工具、决策的选择和使用技巧,并提供

情报检索实例分析。(于静)

1447

科技文献检索 / 倪波, 杨晓骏执笔. -- 北京:书目文献出版社,1989. -- 175 页;19cm. -- 图书馆学情报学知识丛书. 9. --7 -5013 -0541 -2(北京师范大学图书馆)

本书是倪波、黄俊贵主编的图书馆学情报学知识丛书的第九分册。本分册由倪波,杨晓骏执笔,阐述了科技文献检索的基础理论、较详细地介绍了各类型科技文献检索的常用工具书,还简介了计算机检索的基础知识。(张玲)

1448

医学科技文献检索 / 欧阳兆明主编. -- 武汉:中国地质大学出版社,1989. -- 291 页;26cm. -- 7 -5625 -0359 -1(国家图书馆)

本书介绍了医学科技文献检索的概念、教学目的、性质和任务、研究对象、范围和内容、教学的产生和发展、教学的地位和作用;介绍了医学科技文献的检索特征,包括医学科技图书、医学科技期刊、医学科技会议文献、专利文献、科技报告和学位论文及其各自的检索特征;概述了医学科技文献检索系统与检索工具,包括检索工具的类型、结构和编制、种类和形式、质量及展望;具体论述了索引和索引语言,包括索引语言的概念、意义、和用、分类,特别详细说明了标题词语言、元词语言、叙词语言、关键词语言、引文索引、著者索引和文献序号索引;叙述了手工、计算机等文献检索方式;介绍了我国医学科技文献的检索刊物体系和工具简介;列举了国外如《医学文摘》《生物学文摘》《化学文摘》等医学科技文献检索刊物;介绍了专利文献和其他特种文献的检索;介绍了文献检索服务工作(咨询、定题、专题索引、宣传与教学)以及计算机情报检索。(于静)

1449

中药文献检索与应用:供中药专业用 / 施顺清主编. -- 上海:上海科学技术出版社,1989. -- 148 页;26cm. -- 7 -5323 -1122 -8(国家图书馆)

本书根据中药专业的特点,结合国内科技情报工作的现状而编写,既作为中药专业科技情报专业课的选修课(试用)教材,又供从事中药专业教学、科研、生产、经营管理和情报编辑工作的同志参考。全书共分 12 章。第 1—3 章论述中药文献的作用、类型,以及国内外有关中药与药学期刊的种类、性质和特点。第 4—6 章介绍国内中药文献检索工具及应用方法,国外主要药学文献检索工具及应用方法。第 7—8 章叙述我国历代的主要本草和方书古籍的种类、性质、特点及其查阅方法。第 9 章扼要地报道了使用电子计算机检索文献的优点、基本程序和发展前景,为检索手段的现代化开阔思路。第 10—12 章讨论如何迅速有效地阅读和积累文献资料,怎样撰写文献综述和科研论文,为正确、充分地应用中药文献提供借鉴。本书各章之间既有连贯性,可逐章系统地阅读,又有一定的独立性,读者可选择针对性强的章节参考。(于静)

1450

化学化工文献检索教程 / 施正洪等编. -- 上海:华东化工学院出版社,1989. -- 151 页;21cm. -- 7 -5628 -0024 -3(国家图书馆)

本书是为了适应文献检索课教学的需要而编写的,内容包括:科技文献检索概论,概述科技文献的基本常识、科技文献检索基础知识;美国"化学文摘"(CA),内容有概况、CA 的文摘、CA 的索引、辅助工具、检索方法及检索实例、附录;德温特世界专利检索体系,包括专利的基本概念、德温特"世界专利索引"的检索体系、附录;其他常用检索工具,包括英国"科学文摘"(SA)、美国"工程索引"(Ei)、美国"生物学文摘"(BA)、"化学工业摘记"(CIN);中文科技文献检索工具,包括综合性检索工具、化学化工类检索工具。本书以文献检索为主,并尽可能全部内容与教学内容相符,以使学生能尽快掌握文献检索的知识与技能。(于静)

1451

医学情报利用基础 / 宋余庆等编著. -- 北京:高等教育出版社,1989. -- 253 页;20cm. -- 7 -04 -002592 -2(国家图书馆)

本书作者立足于医学科研工作者的实际要求,考虑到医学生的学习特点,从情报利用的角度,将情报和情报利用的基本理论与情报检索实践融为一体,用 6 个章节系统介绍了医学情报的基本知识;各种医学情报源的获取和情报服务的利用;得到的情报如何进行整理、摘录,组成个人情报资料库以及怎样利用医学情报指导自己的科研和工作等医学情报利用的全过程。本书适用于医学领域各学科专业使用。(于静)

1452

科技文献检索指南 / 王雁等编. -- 长春:吉林省图书馆学会(内部出版),1989. -- 454 页;19cm(国家图书馆)

本《指南》是以理工科为主,全书分 4 部分。(于静)

1453

美国 DIALOG 国际联机检索方法 / 张惠惠编. -- 上海:上海交通大学出版社,1989. -- 242 页;26cm. -- 7 -313 -00361 -7(国家图书馆)

本书主要介绍美国 DIALOG 联机检索系统使用方法。全书共分 DIALOG 系统介绍、检索项、检索逻辑、DIALOG 系统指令、检索输出、检索实例、DIALOG 系统其他检索功能和服务、DIALOG 系统数据库专业介绍、附录等 8 章。本书可作为广大图书馆或情报工作人员、科技干部和其他工程技术人员自学使用美国 DIALOG 联机检索的参考书,也可作为从事美国 DIALOG 联机检索工作人员的必备使用手册或培训教材。(于静)

1454

化学化工情报手册 / 张文朴, 穆召编著. -- 长春:东北师范大学出版社,1989. -- 363 页;20cm. -- 7 -5602 -0312 -4(北京航空航天大学图书馆)

本书内容包括:各类文献情报,市场情报,实物情报,企事业单位的生产、科研与管理情报的搜集获取与利用方式;手工检索与计算机检索;化工领域主要的企事业单位及图书情报部门的概况等。(于静)

1455

五对照简字手册 / 张意声,董志翘著. -- 南京:江苏科学

技术出版社,1989. -- 515 页;20cm(内蒙古大学图书馆)

未见书。(于静)

1456

科技情报检索指南 / 郑守瑾主编;王文英等编. -- 北京:中国铁道出版社,1989. -- 242 页;19cm. -- 7-113-00342-7(国家图书馆)

本书论述了国内外理、工、医、师范专业文献检索工具书的使用方法和实例,介绍了电子计算机检索的具体方法。具体内容包括:中文检索刊物查找法、美国《工程索引》、英国《科学文摘》、美国《金属文摘》、美国《科学引文索引》、美国《化学文摘》、美国《生物学文摘》、美国《医学文摘》、标准与专利文献检索、苏联《文摘杂志》、日本《科学技术文献速报》、苏联《医学文摘杂志》、日本《医学中央杂志》、电子计算机检索以及 DIALOG 系统数据库目录。(于静)

1457

环境科学文献检索与利用 / 周克元主编. -- 重庆:科学技术文献出版社重庆分社,1989. -- 375 页;19cm. -- 7-5023-0395-2(国家图书馆)

本书内容包括:环境科学及其分支学科、文献标引、文献检索工具与检索方法、中国环境科学文献检索体系、国外环境科学文摘及其使用方法、美国三大文摘及其在环境科学文献检索中的使用、环境专利文献的检索、环境科技报告与学位论文的检索、环境会议与环境标准文献的检索、环境科学期刊、环境科学参考工具书、环境科技情报工作概论与国内外环境情报系统、环境科学文献工作现代化。全书重点介绍了环境科学文献的查阅使用方法,目前国内外常用的环保专业检索工具书、参考工具书及专业期刊。另外还介绍了专利文献、科技报告、标准文献、会议资料和学位论文的查阅使用方法,环保情报工作与文献工作现代化也在最后两章作了一般介绍。该书编排合理,重点突出,内容新颖实用,语句通俗易懂,很适合大专院校环保专业师生科研与教学的需要,同时,对其他环保科研所、监测站等有关人员也有参考价值。(于静)

1458

情报检索与咨询指南 / 岑石,黎难秋编著. -- 北京:中国科学技术大学出版社,1990. -- 469 页;20cm. -- 7-312-00059-2(国家图书馆)

本书分为绪论、文献检索篇、数据检索篇、实用情报与计算机情报检索篇四部分,具体内容包括:情报检索基础知识;我国的检索刊物体系、国外综合性检索刊物选介、国外专业性检索刊物选介、专类文献检索(科技报告、政府出版物、会议文献、学位论文、专利文献、标准文献);参考工具书概述、百科全书、年鉴、手册、字典和词典、表册、图集、名人录、机构名录;学者外访情报检索、留学情报检索、技术市场情报、经济情报检索、电子计算机情报检索。本书是编著者积累多年情报教育和情报实践之经验,参阅了大量检索参考工具书刊和有关著作,在原有讲义的基础上,进行修订、补充而成的。内容全面论述了情报检索的各个方面,不仅包括科技情报源的体系和特点、检索基础知识、各种类型的检索工具及其使用方法、计算机情报检索基本知识等,而且对各种中外文参考工具书;以及学者外访、学生留学、技术市场和经济等方面的实用情报也作了较全面的介绍。(于静)

1459

水科学和渔业情报系统数据库标引与用户指南 / 盖明举等编著. -- 北京:海洋出版社,1990. -- 234 页;26cm. -- 7-5027-1017-5(国家图书馆)

水科学和渔业情报系统(ASFIS)是一个国际合作情报系统。其主要产品是《水科学和渔业文摘》(ASFA)。ASFA 覆盖了全世界有关海洋和淡水资源以及环境领域的科学、技术和管理方面的文献。ASFA 产品有书本式文摘、磁带、光盘和联机检索系统。书中全面系统地介绍了 ASFA 的内容和使用方法。全书包括 7 章和 1 个附录。首先对 ASFIS 及其数据库有关背景作了简要介绍。然后详细阐述了 ASFA 标引单的著录格式、ASFA 叙词表的结构和使用以及 ASFA 文献标引与文摘编写方法。后 3 章着重介绍了书式 ASFA 文摘、磁带和光盘及其使用方法。这三种载体中的文献内容完全一致。书中以具体例证和各种插图详述了上述三种 ASFA 产品的使用方法和上机操作的指令与步骤。该书是海洋、水生物、水产和环境科学工作者不可缺少的工具书之一。对其他专业的词表专家、文献标引和检索工作者来说,也具有重要的参考价值。(于静)

1460

国际联机检索概论 / 何翠华等编著. -- 天津:南开大学出版社, 1990. -- 635 页;20cm. -- 7-310-00275-X(国家图书馆)

本书共由 7 章组成,其内容主要包括:国际联机情报检索概况、途径、常用指令、基本方法、步骤及检索结构处理、策略及检索实例;附录提供了可供参考的系统和磁带数据库目录,包括:可提供联机情报检索资料的单位、提供联机情报检索的数据库、DIALOG 系统数据库目录、ORBIT 系统数据库目录、ESA-IRS 系统数据库目录、美国 BRS 系统数据库目录、STN 系统数据库目录、法国 QUESTEL 系统数据库目录、全苏科技情报研究所磁带数据库目录、日本 JOIS 系统数据库目录及 ECHO 系统数据库目录。(于静)

1461

实用咨询基础 / 侯青云编著. -- 北京:气象出版社, 1990. --261 页;19cm. -- 7-5029-0471-9(天津商业大学图书馆)

本书详细阐述了咨询业的性质、特点、职能,介绍了国外发展概况和可供借鉴的经验;重点对我国 10 年来咨询工作的实践,包括我国咨询机构类型、机构设置和人员配备、经济、法律地位、咨询程序管理,以及咨询方法等,进行了系统的总结;对咨询业与技术市场、金融信贷、工商税收的关系和发展趋势,作了有益的探讨。涉及的咨询业务比较全面,具有系统性和程序化特点。作者对一些理论与实践问题有创见和发挥。本书尤以可供实际应用和操作为一大特色,是各类咨询机构、技术市场管理部门、大专院校、科研院所技术开发部门的专、兼职咨询人员的必备参考书。(于静)

1462

轻工文献检索与利用 / 胡世炎等编. -- 大连:大连理工大学出版社,1990. -- 284 页;20cm. -- 7 - 5611 - 0267 - 4(天津商业大学图书馆)

本书介绍了综合性检索工具 3 种,专业性检索工具 6 种,相关性检索工具 3 种,特种文献检索工具 14 种,以及国外出版的主要的轻工业参考工具书。(于静)

1463

科技情报检索 / 黄子春, 孙吉祥主编. -- 青岛:青岛海洋大学出版社,1990. -- 182 页;26cm. -- 7 - 81026 - 063 - 4(国家图书馆)

本书内容包括:科技情报检索概论、情报检索的基本原理、分类法语言及其检索工具的使用、标题法与关键词法语言及其检索工具的使用、叙词语言及其检索工具的使用、典型的专业性文献检索工具、特种文献的检索、资料的积累与科技论文的撰写方法。本书在编写内容和编排体例上注重了理论与实践的统一,即力求在讲解某一种检索语言的同时,紧接着介绍与其相适应的典型检索工具的检索方法,改变了传统的“三大段”编写体例,有助于学者将所学到的检索理论在实践中得到巩固和提高,而且在实践中又得到所学理论知识的具体指导,从而达到解决难点、掌握方法、获取情报的目的。(于静)

1464

现代情报检索理论 / 康耀红著. -- 北京:科学技术文献出版社,1990. -- 313 页;19cm. -- 7 - 5023 - 0973 - X(国家图书馆)

本书主要对已应用于商用系统的情报检索理论作较详尽的介绍和进一步讨论,另一方面,对那些在不久的将来可能影响到情报检索领域的理论也作深入的探讨。书中对情报检索理论的新领域,如模糊检索、代数检索、概率检索、多值检索、多值相关性检索、布尔检索的新发展等,从基本内容到当前进展作了比较系统的介绍,对与情报检索有关的文献内容的自动分析与自动标引、检索策略、查询加权、系统评价、查全查准互逆关系的数学解释等作了比较充分的论述,其中对国外某些理论和方法的介绍在我国还是第一次见到。本书结合了国际国内的现状研究,还融合了本人的一些观点和研究成果。如:布尔检索中的双曲模型,概论检索中对于词相依性的不相关化处理,词关联性测度、多值相关性判定检索理论、关于情报检索的哲学问题等,都含有作者独立研究或具有独到见解的一些研究成果。本书写作注意语言表述的通俗性和数学论证的严密性,具有一定学术价值。(于静)

1465

联机与光盘检索原理与方法 / 徐晓, 王惠芬编著. -- 北京:人民军医出版社,1990. -- 354 页;20cm. --7 - 80020 - 205 - 4(国家图书馆)

本书包括国际联机检索与光盘检索两篇,内容包括:联机检索概况、联机检索设备、联机数据库和联机服务机构、联机检索的基本方法;光盘检索概况、光盘检索系统的操作和检索、检索技巧及实例分析;附 DIALOG 系统数据库指南与光盘产品目录。本书从内容上看,既有深入浅出的理论探讨,也有实际操作与应用的介绍;既可作为科技人员学习与应用机检的教材、参考书,又可作为图书情报人员的工具书和参考书。(于静)

1466

经济情报与文献检索 / 杨秀君等主编. -- 北京:学苑出版社,1990. -- 333 页;19cm. -- 7 - 80060 - 899 - 9(国家图书馆)

本书具有以下特色:(1)结构完整,分为经济文献检索的基础理论、工具书与检索工具、经济文献检索实例和经济文献利用四部分。各部分循序渐进,构成了全书的总体框架。(2)编排体例得当,不仅按经济文献检索的常见问题展开论述,而且按诸问题所涉及的主要工具书或检索工具的类型论及检索方法。(3)内容有深度,如第 22 章通过经济史料的检索实例,侧重论述多种检索工具书的配合使用问题。第 23 章通过部门经济文献的检索,侧重论述曲折反复的检索过程。这两章不仅是对检索实例的概括和总结,而且又将文献检索开拓到更深的层次。(于静)

1467

科技文献检索简明直观教材(修订本) / 余向春, 黄文林编著. -- 杭州:浙江大学出版社,1990. -- 128 页;26cm. -- 7 - 308 - 00481 - 3(国家图书馆)

本书没有论述科技情报检索概论,开篇直述各种国外检索工具的检索方法及特点。全书具有以下特点:第一,在收录综合性检索工具的基础上,适当扩大范围兼收部分专科性的检索工具,以满足某些专业的需要;第二,检索举例主要着重介绍主题途径和分类途径,以减少篇幅;第三,文字说明和样页以现期内容为准,考虑到回溯检索的需要,也简略地叙述某些检索工具的沿革情况;第四,为了使篇幅紧凑,对部分样页进了剪辑;第五,本书只收国外检索工具,对于国内检索工具以及某国外检索工具的译著则未介绍;第六,为配合说明检索途径,在继检索刊物介绍之后,对大部分文摘作了检索举例,并辅以样页和图示说明,以便于理解并掌握一个检索实践的全过程;第七,所选检索工具的语种以英语为主,日语和俄语次之;第八,国外各类快速报道的题录性检索工具尽可能查获最新有关情报的重要检索工具,其排检索方法各具特色。(于静)

1468

计算机检索与国际联机 / 郑守瑾主编. -- 峨眉:西南交通大学出版社,1990. -- 206 页;26cm. -- 7 - 81022 - 127 - 2(国家图书馆)

本书内容包括:介绍电子计算机检索的历史、沿革、用途及优缺点、必备条件;介绍数据库与数据库管理系统、数据库的建立、选择与发展、联机联网、国内数据库;国际联机情报检索的基本原理、途径、检索提问标识切题与匹配、联机服务方式及联机检索应知事项;计算机检索技术与手段,介绍情报需求与课题分析、检索单元的确定及逻辑组配、选择数据库、联机检索的信息反馈;详细介绍美国 DIALOG 国际联机检索系统的标引方式、常用指令与运算符、联机检索的基本过程;简介美国 DIALOG 系统第二版本;介绍美国 ORBIT 与 BRS 国际联机情报检索系统、欧洲空间组织 ESA-IRS 系统、STN 国际联机检索系统及其他有关数据库联机检索。(于静)

1469

国外基本科技工具书指南 /(美)希伊(E. P. Sheehy)编;邵献图等译. -- 北京:北京大学出版社,1990. --417 页;20cm. --7 -301 -0942 -9(国家图书馆)

本书是一本工具书的工具书,是揭示工具书的钥匙,具有很高的实用价值。本书注重内容的分析,及时反映世界工具书出版之最新动向,所介绍的是科技领域的核心工具书,是各类型科技专业图书馆的基本藏书。本书分五部分,其中第五部分"科技和医学工具书"是全书精华之所在。它收录了这一领域"标准的"、"基本的"、"最有参考价值的"工具书达 2000 种,涉及科学技术总论、天文、生物、化学、地球科学、数学、物理、农业、工程、医学保健诸学科。出版物类型包括书刊、政府文件、视听资料和缩微品等,以英文为主,兼收法、俄、德、西班牙文许多语种的出版物。不但以新版书为重点,又保留若干目前仍有参考价值的早期出版物。各学科的工具书均分别由有关专家协助选定,质量得到充分保证。这为研究人员、理工科师生选择和利用科技工具书提供了十分有用的资料。(韩丽)

1470

文献情报检索 / 陈桂馨等编著. -- 北京:中国科学院文献情报中心(内部出版),1990. -- 304 页;图;21cm. -- 中国科学院图书情报工作教材. --(国家图书馆)

本书是中国科学院图书馆编写的一套《中国科学院图书情报工作教材》中的一册,主要是当时为了加强其图书情报业务人员业务基础知识的教育和培训而编写的。经过修订、调整和补充后,再次出版发行。本教材大体相当于大学教材程度,主要适用于培训科技图书情报业务人员,也可供其他有关人员自学或研究时参考。全书共分 10 章,主要内容包括:绪论,情报检索,情报检索语言,事实资料型检索工具,线索指示型检索工具,综合性文献检索工具,学科性文献检索工具,特种文献及其检索,计算机情报检索。(韩丽)

1471

科技文献检索与利用 / 陈英, 曾光仲编著. -- 成都:成都科技大学出版社,1990. -- 248 页;19cm. -- 7 -5616 -0558 -7(国家图书馆)

本书以成都科技大学开设的"文献检索与利用"课程多种教材和参考资料为基础编写而成,以培训学生独立检索和利用各种类型文献的能力为主线,着眼于"应用",重点讲述各种类型文献的性质、特点和用途,以及检索这些文献的工具和方法,同时兼顾文献检索、数据检索、事实检索、手工工具检索、电子计算机检索、检索方法实践、文献检索基本原理等方面。全书共分 9 章,主要包括六个方面的内容:文献及文献检索概论;各种类型文献及其检索工具与使用方法;数据检索、事实检索及参考工具书;文献检索的基本原理;电子计算机检索系统与检索方法;文献的收集、分析与利用。(韩丽)

1472

经济文献检索与利用 / 惠世荣主编. -- 大连:大连理工大学出版社,1990. -- 297 页;20cm. -- 文献检索与利用课系列教材. -- 7 -5611 -0184 -8(国家图书馆)

本书是文献检索与利用课系列教材之一,可供全国经济、财经、外贸、商业等高等院校的高年级学生和青年经济工作者使用。全书共分为 10 章,主要内容包括:绪论、经济文献概述,经济文献情报源,情报检索语言与排检法,国内外主要经济检索工具书刊简介,国内外主要经济参考工具书刊简介,经济专业文献的查找,经济事项的查找,经济统计资料与数据的查找,利用电子计算机检索经济文献与情报,经济文献与情报的搜集、整理与利用等。书后附有国内外经济报刊要目。(韩丽)

1473

经济文献检索与利用简明教程 / 李滨主编. -- 沈阳:辽宁大学出版社,1990. -- 214 页;21cm. -- 7 -5610 -0941 -0(国家图书馆)

根据原教育部《关于在高等学校开设〈文献检索与利用〉课的意见》,立足当前我国财经高校的教学实际,编写了这本简明教材,旨在介绍情报学的基础知识,阐述工具书及检索工具的内容和使用方法,并在培养提高学术自学能力、分析能力、综合能力、研究能力的前提下,适当写进了文献积累、整理、综述、分析研究以及论文写作的一般知识。教材共八章,主要内容包括文献与文献利用、工具书基础知识、工具书概览、文献检索的一般原则、如何查找经济史实资料、如何查找经济学词语和经济人物资料、如何查找马列经典著作、如何查找经济法律文献、如何查找经济类著作论文、如何查找百科资料、文献资料的收集和学术论文的写作等。(韩丽)

1474

世界史工具书指南 / 林铁森,高倬贤,马红娟编. -- 北京:高等教育出版社,1990. -- 645,10 页; 19cm. -- 7 -04 -002039 -4(北京师范大学图书馆)

本书系国家教委"高等学校历史专业教材编选计划(1985—1990 年)"中的教学参考书,收集了世界史的中外文工具书 1000 多种,每一条目均提供简明扼要的介绍评价。全书以世界史工具书为主体,酌收部分相关学科(如政治、经济、军事、宗教、文化及科学技术)的工具书。在编排上基本采取历史学科分类的方法。(韩丽)

1475

物理电子类文献检索与利用 / 刘元奎等编著. -- 成都:四川大学出版社,1990. -- 213 页; 19cm. -- 文献检索理论与实践丛书. -- 7 -5614 -0324 -0(北京师范大学图书馆)

本书共分为七章,第一章为科技文献检索概述,主要介绍文献学与文献检索的基本概念与基础知识。第二章至第四章分别介绍英国《科学文摘》、美国《工程索引》、美国《科学引文索引》三大检索工具的使用,并紧密结合了这些专业学生的需要。第五章介绍科技报告和会议文献的检索,第六章介绍专利文献的检索。第七章介绍国外科技参考源,主要列举了涉及物理、无线电、计算机专业国外的词典、年鉴、指南和期刊。为了配合教学实习的需要,本书还编写了检索实习指导书,指导四个检索工具的实习。书后附录了本专业国外科技文献检索缩略语汇编。(韩丽)

1476

生物学文献检索与利用 / 陆宝树主编. -- 大连:大连理工大学出版社,1990. -- 458 页;20cm. -- 文献检索与利用课系列教材. -- 7 - 5611 - 0320 - 4(国家图书馆)

本书内容包括:绪论,文献、文献的控制、文献检索工作;国内出版的生物学文献检索刊物;国外生物学文献检索刊物(一),如美国《生物学文摘》、美国《化学文摘》等;国外生物学文献检索刊物(二),如医学文献的检索、农业文献的检索;国外特种文献的检索,例举了专利文献、标准文献、科技报告、会议文献和学位论文的检索;事实检索,介绍了事实检索的特点、步骤、方法及工具;计算机情报检索,介绍了原理和方法;文献检索的工作过程,包括准备工作、主题分析、工具和途径选择、原始文献的获取以及检索效果的分析等。(韩丽)

1477

教育文献检索与利用 / 罗友松等主编. -- 武昌:武汉大学出版社,1990. -- 292 页;20cm. -- 7 - 307 - 00743 - 6(武汉大学图书馆)

本书系全国高等学校图书情报工作委员会委托编写的文献检索与利用课系列教材之一,主要供教育系学生使用,同时可供广大教育学科教师、教育科研工作者、教育部门工作者参考。全书共分为 4 章,较全面地阐述了教育文献在专业及相关领域的分布情况,有助于教育文献资源的开发利用。它是我国目前收录和系统介绍国内外教育文献检索工具和参考工具书资料最丰富的一部,有专门章节介绍联机检索并提供检索实例,检索策略、方法、步骤分析较细致。(韩丽)

1478

农业文献检索与利用 / 马国庆等编. -- 武汉:武汉大学出版社,1990. -- 374 页;20cm. -- 文献检索与利用课系列教材. --7 - 307 - 00493 - 3(国家图书馆)

本书是国家教委全国高校图书馆工作委员会文献检索与利用课教材编审委员会组织编写的系列教材的一个分册。全书共 17 章。第一章绪论,讲述科技文献的一般知识,情报检索的意义与作用;第二章数据、事实的检索,讲述参考工具书的作用、种类及常用的排检法;第三章文献检索,介绍文献检索系统、原理,检索工具的职能、种类,检索期刊的结构,情报检索语言以及文献检索的方法与步骤;第四章国内出版的主要农业文献检索工具,讲述我国科技文献检索刊物体系;第五至第十五章为国外农业文献主要检索工具选介,分别介绍英、美、日、苏、荷兰和联合国出版的最常用的十余种农业及相关科技文献检索刊物,对会议文献、科技报告、学位论文、技术标准、专利文献的检索也做了简明介绍;第十六章电子计算机在文献检索中的应用,介绍电子计算机的基本知识及机检;第十七章文献利用与科技写作,讲述原始文献的获取、阅读、资料积累以及科技论文、综述、调查报告等的一般写作方法。(韩丽)

1479

社科文献检索 / 倪波,黄俊贵主编. -- 北京:书目文献出版社,1990. -- 139 页;19cm. -- 图书馆学情报学知识丛书. -- 7 - 5013 - 0795 - 4(国家图书馆)

本书为《图书馆学情报学知识》丛书之第八分册。全书共分为五大部分,首先概述了社会科学及社会科学文献的基本情况;然后论述了文献检索和社会科学文献检索的基本理论和一般特点;介绍了一批社会科学文献检索工具书和社会科学文献检索的一般方法和个别方法;最后对社会科学文献检索的各阶段质量分析、结果的审核与整理及文献检索档案等作了简明论述。本书可作为图书情报工作者自学用书,也可用作图书情报中专教材或教学参考书。(韩丽)

1480

国内外科技文献检索 / 邱祖斌,佟春临主编. -- 北京:航空工业出版社,1990. -- 416 页; 26cm. -- 7 - 80046 - 256 - 0(北京师范大学图书馆)

本书除系统地介绍了国外科技领域主要检索工具书的专业内容和使用方法外,对国内的科技文献检索刊物也较全面地作了阐述,还提供了国内几家大的专业情报单位卡片目录的组织和使用方法。本书的重点是利用手工检索工具进行文献检索,但也介绍了利用计算机进行文献检索。所介绍的各种检索工具,对科技图书、技术报告、期刊论文、会议文献、学位论文、技术标准、专利文献、产品样本等都做了丰富的报道,充分利用这些工具可满足读者多层次的需要。本书可作为科技情报工作者业务培训的教材,也可作为工程技术高等院校情报检索课程的教学参考书。同时,本书对广大科技工作者来说也是有益的。(韩丽)

1481

西文工具书概论(第 2 版 增订本) / 邵献图,戴龙基著. -- 北京:北京大学出版社,1990. -- 326 页;26cm. -- 7 - 301 - 01269 - 1(北京大学图书馆)

本书共 13 章。第一章介绍情报源的利用与参考咨询工作。从第二至十三章,分别介绍了工具书评介书刊、书目、索引、百科全书、传记资料、地理资料、年鉴及手册、机构名录(附会历)、语文词典、统计资料、政府出版物、数据库与声像资料等类型的工具书。全书以介绍英美出版的英文工具书为主,侧重社会科学的内容,讨论和提及的工具书约有 1000 种。作者还在文后给出常用缩略语表、基本西文工具书选目、西文书名人名索引等内容。(张玲)

1482

中国古今工具书大辞典 / 盛广智等主编. -- 长春:吉林人民出版社,1990. -- 1835 页;27cm. -- 7 - 206 - 00847 - X(国家图书馆)

本词典选收中国古今各类工具书两万余种。上编汇编中国古代及近、现代中国内地出版的各类工具书,下编选收台湾、香港、澳门地区出版的各类工具书。(韩丽)

1483

军事文献检索 / 苏桂亮等编著. -- 北京:军事科学出版

社,1990. -- 317 页; 20cm. -- 7-80021-245-9(北京师范大学图书馆)

本书阐述了文献检索的基本知识,重点讨论了军事文献检索的方法和途径,以及军事专科工具书的编制特点和功能,并介绍了近五百种工具书和参考书。全书分为上下两编共14章,上编(第一章至第四章)讨论了文献检索的一般知识和文献检索的一般方法,以及军事文献的基本特征和概况;下编(第五章至第十四章)介绍了常用军事文献的检索实例。书后附录有引用工具书、参考书索引。本书内容充实,理论联系实际,有助于对军事文献的了解和利用,适合部队官兵和军事爱好者阅读,也可供军事院校教学参考。(韩丽)

1484

社会科学文献检索与利用 / 西南师范大学图书馆等编. -- 成都:巴蜀书社,1990. -- 399 页; 20cm. -- 高等师范院校图书馆利用丛书. -- 7-80523-361-6(北京师范大学图书馆)

本书是由西南师范大学图书馆、四川师范大学图书馆、四川师范学院图书馆和重庆师范学院图书馆联合编写的一套适合高等师范院校使用的"文献检索与利用"教材。全书共分为13章,主要内容包括:绪论,社科文献检索语言,社科工具书的类型及其评介文献的利用,文字和词语的检索,古今图书和报刊文献的检索与利用,中外历代人物的检索,哲学、政治、经济文献的检索与利用,教育学、心理学文献的检索与利用,语言学、文学文献的检索与利用,历史与历史地理文献的检索与利用,艺术文献的检索与利用,国外中国学文献的检索与利用,文献利用与论文写作等。书后附录有思考与练习。(韩丽)

1485

英语语言、文学工具书及其使用 / 肖时占著. -- 北京:学苑出版社,1990. -- 226 页;19cm. -- 7-80060-871-9(国家图书馆)

本书是一本研究英语语言、文学工具书的专著。它由上、中、下三篇组成。上篇系统地介绍了英语工具书的类型、体例及流派;中篇介绍了一定数量的工具书,论述其特色,指出其不足;下篇对怎样有效地利用工具书作了具体指导。全书内容丰富,观点新颖,论证详实。它不仅适合具有一般英语水平的大学生参考,而且也适合研究生、大中学校英语教师参考。同时可以让人们了解英语工具书的类型、体例及流派,帮助人们正确地使用工具书,提高使用工具书的能力。(韩丽)

1486

土木建筑文献检索与利用 / 肖友瑟主编. -- 大连:大连理工大学出版社,1990. -- 331 页;20cm. -- 文献检索与利用课系列教材. -- 7-5611-0078-7(国家图书馆)

本书是文献检索与利用课系列教材之一,适用于土木建筑类专业。全书分三大部分:第一部分介绍文献、情报基本知识,文献、情报环境,文献检索基本原理和方法(第一至第四章);第二部分结合土建类专业,介绍国内外的主要检索工具及计算机检索(第五至第七章);第三部分为文献利用方法的知识简介(第八至第九章)。(韩丽)

1487

哲学文献检索与利用 / 徐昌明,罗庆华编著. -- 成都:四川大学出版社,1990. -- 434 页; 19cm. --文献检索理论实践丛书. -- 7-5614-0294-5(北京师范大学图书馆)

《哲学文献检索与利用》一书是为高等学校哲学系学生和广大哲学社会科学工作者检索和利用哲学文献而编写的读物。全书共分为上、中、下三编:上编中国传统哲学文献检索与利用,包括先秦诸子前哲学、先秦诸子哲学、秦汉哲学、魏晋南北朝哲学、隋唐五代哲学、宋元哲学、明清哲学和近代哲学;中编马克思主义哲学检索与利用,包括马克思主义哲学的创立,马克思主义哲学的应用、验证和发展,马克思主义哲学在欧洲的早期传播,列宁哲学思想的形成和发展以及毛泽东哲学思想的形成和发展;下编西方哲学文献检索与利用,包括古希腊罗马哲学、中世纪经院哲学、十七世纪英国经验论派与大陆唯理论派、十八世纪法国唯物主义哲学与英国唯心主义经验论、德国古典哲学和现代西方哲学。(韩丽)

1488

物理学文献检索与利用 / 杨福征,胡昌平主编. -- 武汉:武汉大学出版社,1990. -- 333 页;20cm. -- 文献检索与利用课系列教材. -- 7-307-00492-5(国家图书馆)

本书内容包括:绪论、物理学文献概述、文献检索与检索工具、物理学检索期刊及其使用、特种文献的检索、物理学参考工具书及其使用、电子计算机文献检索系统的利用、课题的文献情报保证。附录包括:物理学主要专业性检索期刊、物理学部分参考工具书、国内外主要物理学学术组织及其出版物。本书作为全国高等学校文献检索与利用系列课教材之一,从物理学和相关学科专业学生的实际需要出发,根据教学大纲的要求,将文献检索理论方法的阐述,物理学文献源分析,物理学检索工具与参考工具书的使用和物理学文献的评价与利用介绍融于一书,强调内容的系统性和实用性,因而具有较广的适用范围和读者对象。对于相关专业的科学研究人员和工程技术人员来说,本书同样具有一定的参考价值。(韩丽)

1489

社会科学文献检索指南 / 雍桂良主编. -- 北京:中共中央党校出版社,1990. -- 354 页;20cm. -- 7-5035-0204-5(国家图书馆)

本书针对党校学制长短不一和课程设置特殊的实际情况,在体例上,打破常规,采用分学科叙述办法。在内容上,对党校所设置主要学科的工具书的功能及利用,各类检索工具编排和检索方法等作了介绍,还对这些学科的专题资料、要籍和主要报刊作了简介,有助于培养学生掌握获取和利用文献技能,增强情报意识和开阔视野,提高自学和研究能力。全书共分11章,包括社科文献及检索基础知识,社科文献检索工具简述,社科文献检索的途径和方法,马列主义、毛泽东思想文献的检索与利用,哲学文献、经济学文献、政治法律文献、科学社会主义文献、中共党史、党建文献、文史文献及社会科学其他学科文献的检索与利用。(韩丽)

1490

化学化工文献检索与利用／余向春等主编. -- 大连:大连理工大学出版社,1990. -- 339 页;20cm. -- 文献检索与利用课系列教材. -- 7－5611－0265－8(北京师范大学图书馆)

本书是在《化学文献及查阅方法》(余向春编著,科学出版社 1983 年出版)和《化学化工情报检索》(许家琪、邹荫生主编,华中师范大学出版社 1986 年出版)这两本书的基础上,集全体编写成员多年来的教学经验,并经过充分讨论和磋商,取得统一意见,然后分工改写而成的。全书共分 17 章,主要内容包括:绪论,情报检索基础知识,化学化工核心期刊,参考工具书,题录索引,美国《化学文摘》,美国《生物学文摘》,美国《工程索引》,日本《科学技术文献速报》,英国《科学文摘》,其他相关的重要文摘,专利文献及其检索,标准文献,科技报告、会议文献及学位论文,电子计算机检索,化工企业情报信息需求与搜集,情报利用等。(韩丽)

1491

石油文献检索与利用／张景河, 吴伟主编;王文礼等编写. -- 东营:石油大学出版社,1990. -- 385 页;20cm. -- 文献检索与利用课系列教材. -- 7－5636－0117－1(国家图书馆)

本书由全国各石油高等院校中具有多年文献检索与利用课教学经验的教师,在全国高等学校文献检索与利用课系列教材编审委员会的指导协助下,经多次研究、讨论、修订编写大纲后,集体分工编写而成。全书内容包括:文献检索基本知识、各专业石油工作者常用的各种检索工具和参考工具书及其使用方法、计算机文献检索等。本书内容密切结合现代石油的科研、生产和管理等工作的实际,同时着重注意从一般非图书情报专业的科技、管理工作者的实际需要出发,阐释现代文献检索技术,从而体现了最适于各类石油专业人员使用的特色。(韩丽)

1492

经济信息检索与利用／张丽,詹仁锋主编. -- 大连:大连理工大学出版社,1990. -- 338 页;21cm. -- 科技信息检索与利用课系列教材. -- 7－5611－0184－8(大连理工大学图书馆)

本书是在"经济文献检索与利用"的基础上,吸收了多门学科的理论成果所形成的一门社会科学中的综合性学科,全书共 11 章,可分成三个部分:(1)基础理论和方法;(2)计算机信息检索;(3)各类型经济信息的检索。本书是高校信息检索与利用课系列教材之一,适用于经济专业。本书首先介绍了信息与经济信息的基本概念;接着论述了经济信息资源的分类,计算机信息检索的基础知识、信息光盘数据库、检索的方法与实践,国际互联网信息检索基本知识;最后,介绍了各种经济文献检索工具的分类和使用方法。为了确保教材的质量,本书力求体现以下特色:系统性、新颖性和实用性。本书内容全面系统,基本囊括了古今中外的各种经济信息知识,给读者提供了一个完整的知识体系。本书可供高校经济、财经、外贸、商业等专业大学生作为教材使用,也可供有关科研和实际工作者参考。(韩丽)

1493

医学文献检索手册／朱允尧等编. -- 兰州:兰州大学出版社,1990. -- 222 页;19cm. -- 7－311－00337－7(国家图书馆)

本手册是兰州医学院医学文献检索教研室集体编写的,目的是为医学科学工作者和医学图书情报工作者提供一本医学文献检索的工具书,手册内容着重于普及医学文献检索的知识和技能,并希望通过它能使更多的医学工作者在浩如烟海的文献中,能及时、迅速而准确地获取有价值的情报信息,解决教学、科研、医疗工作中遇到的问题,并增加自学能力和对信息社会的适应能力,从而有助于生物医学文献资源的开发和利用。全书共 12 章。主要内容包括绪论、国内医学文献检索、美国《医学索引》、荷兰《医学文摘》、美国《生物学文摘》、美国《化学文摘》、美国《近期期刊目次》、苏联《医学文摘杂志》、美国《科学引文索引》、日本《医学中央杂志》、电子计算机在文献检索中的应用、医学参考工具书简编等。(韩丽)

1494

文史工具书词典／祝鸿熹,洪湛侯主编. -- 杭州:浙江古籍出版社,1990. -- 995 页;19cm. -- 7－80518－133－0(北京师范大学图书馆)

本辞典共收录国内出版的历代和当代各种类型的文史工具书凡 3000 余种,包括字典、词(辞)典、韵书、书目、索引、类书、政书、年鉴、手册、年表、历表、图录、百科全书等。某些带有工具书性质的资料书,如年谱、方志、资料汇编、传记、丛书、总集等亦择要选录,对有关工具书知识及当代工具书概论亦作了简介。所收工具书或资料书力求以常用为主,新编的及当代重印的文史工具书尤注意广搜博采,还附有《我国历史朝代公元对照简表》《我国历代纪元表》《年号通检》等附录八种,使有助于实用。书前有分类目录,书后附有词目笔画索引。(韩丽)

1495

台湾地区国际百科线上资讯检索服务调查之研究／庄道明. -- 台北:汉美图书公司,1990. -- 166 页;21cm. -- 图书馆学与资讯科学论文丛刊. 第一辑. 2. --957－9005－07－9(国家图书馆)

全书分 5 章。第一章绪论:陈述研究的目的、研究范围及限制、研究方法等。第二章文献分析:论述国内外重要书目、线上资讯检索服务的起源与发展、线上资讯检索服务调查之研究文献等。第三章研究设计与实施:论述研究程序、问卷设计、研究对象与调查实施、资料处理分析。第四章调查结果之分析与讨论:国际百科线上资讯检索服务机构之现况、国际百科线上资讯检索服务馆员服务现况、读者使用次数统计及未来使用预测、资料库检索次数统计、国际百科线上资讯检索读者使用现况。第五章结论与建议。书前有主编者弁言、致谢、摘要等,书后有参考书目及 8 个附录。(赵红)

1496

台港工具书指南／北京图书馆工具书室编. -- 北京:书目文献出版社,1991. -- 216 页; 21cm. -- 7－5013－0863－2(北京师范大学图书馆)

本书收录的是1970年至1987年间由台湾和香港学人自己编译、出版的中文工具图书,共4000种,其中200种附有内容提要。收录范围以20世纪70年代以后的出版物为主,为使所收工具书在学科的分布上尽可能广泛一些,对少量看起来并不重要的图书或影印本(包括旧书和外国人编的中文工具书)以及翻印内地的出版物,也酌量选录。人物传记,只收百人以上的传记汇集;多次印刷或再版的图书,只收录最新一版(以编者所能见到的为限)。本书资料来源,一是北京图书馆馆藏台港工具书;二是台湾、香港出版的各种书目。本书以工具书的习惯类分方法,分为八类:类书政书百科全书;字典词典;年鉴统计;目录索引;年表历表;人物传记资料;舆图地志;手册指南。(韩丽)

1497

线上资讯检索:理论与应用 / 蔡明月. -- 台北:台湾学生书局,1991. -- 415页;21cm. -- 图书馆学与资讯科学丛书. 22. -- 957-15-0238-3(国家图书馆)

全书共分18章。第一章绪论,论述线上资讯检索系统、检索人员、未来趋势。第二章论述线上检索系统发展过程。第三章线上检索的优缺点。第四章资料库,论述资料库的定义、资料库的制作者、资料库的类型、资料库的经销商、线上检索服务处的评估。第五章书目与名录资料库,论述书目资料库结构、名录资料库、书目资料库与名录资料库的选择与评估。第六章全文资料库,论述全文资料库的应用。第七章数字资料库,论述其资料内容、检索策略。第八章资料库结构论述资料库组织、资料库结构、资料库索引法、辅助检索法。第九章检索语言,论述自然语言、控制词汇。第十章索引典,论述索引典定义、索引典结构、索引典的维护与更新、索引典与标题表之比较。第十一章检索指令,各系统指令语的介绍。第十二章检索策略,论述简易检索、分区组合检索、主题层面检索、事实检索、多资料库检索。第十三章检索晤谈,论述读者与系统交互作用、晤谈目的、晤谈类型、晤谈准则、晤谈步骤。第十四章检索人员,论述检索人员的训练、检索人员的管理、检索人员必备的条件。第十五章检索评估,资料库主题范围的完整性、评估调查、检索者评估。第十六章微电脑与线上检索。论述检索软件。第十七章CD-ROM资料库,论述CD-ROM定义、系统配备、馆员对CD-ROM的影响。第十八章线上检索未来发展趋势。书前有自序,书后有中英文索引。(赵红)

1498

医学文献检索与利用 / 陈鹤林,常兴哲主编. -- 天津:天津科技翻译出版公司,1991. -- 184页;26cm. -- 7-5433-0344-2(国家图书馆)

本书共分14章,对国内外医学文献的检索语言、工具、方法、步骤和技巧等方面都作了论述。首先综述了文献检索的基本知识,介绍了检索工具和检索语言,文献检索的原理、方法、步骤、途径、策略等;然后介绍了中文医学检索工具及其使用法,并特别介绍了中医文献的检索;然后分章重点介绍了国外几大重要的有关医学的文摘索引工具,如美国的《医学索引》,荷兰的《医学文摘》等,并对前苏联、日本的文献检索工具及其使用进行了介绍;最后介绍了专利文献的检索和计算机在医学文献检索中的应用。(韩丽)

1499

中文社会科学工具书实用图表 / 丁力,张欣毅编著. -- 银川:宁夏人民出版社,1991. -- 107页:图;26cm. -- 7-227-00597-6(国家图书馆)

本书是一本"工具书的工具书"。全书由图表和目录组成,内容分为五部分:A部分是检索策略图表,分14类问题(每类再分为若干小类),告诉读者什么问题查检哪几种工具书比较有效,实际上就是从功能角度来揭示工具书。B部分是常用年表、历表例解。C部分是性质相近之工具书比较图表。D部分是常用备查图表。E部分是工具书目录,收录了847种社会科学方面较常用的工具书。本书犹如中文社会科学工具书使用方面的一部分图解索引,对于正在学习"文献检索与利用"一类课程的文科大学生、进修生、研究生来说,是一本十分有益的辅助工具书。对于大中型公共图书馆,社会科学研究机构图书馆,综合大学图书馆,文科院、校、系图书馆(室)来说,本书还可作为工具书入藏方面的基本书目,对照、补充、优化馆藏。(韩丽)

1500

化学化工文献检索与利用 / 冯白云,李京华编著. --北京:清华大学出版社,1991. -- 282页; 20cm. --7-302-00785-3(北京师范大学图书馆)

本书是作者在清华大学化学化工类文献检索与利用课程讲义的基础上,结合长期教学实践经验进一步精选和扩充编写而成的。本书全面系统地阐述了化学化工类文献检索与利用的基本原理和方法,并对重点检索工具作了详尽的介绍和剖析。全书内容共分五部分:总论;多类型文献检索刊及其查阅方法;单类型文献检索刊及其查阅方法;数据、事实检索及参考工具书;电子计算机文献检索等。本书通俗易懂、适于自学,可作为化学化工类专业(包括环境化学、生物化学、材料)的"文献检索与利用"课的教材,也可作为科技人员及图书情报人员的参考书。(韩丽)

1501

中外科技工具书实用手册 / 冯宗菽,唐永林编. -- 上海:华东化工学院出版社,1991. -- 221页;19cm. -- 7-5628-0116-9(国家图书馆)

本手册采用了与传统工具书编排方式不同的形式——从学科分类,按工具书类别展开的角度,向读者介绍了一般科技、数理化、化工、机电、自控、计算机、环保等专业的中外近十年来出版的科技工具书的书名、编著者、出版年份及简要内容。全书共精选1280种工具书,可满足各类专业人员及大专院校各年级学生迅速了解和掌握本专业的各类工具书的需要,具有一定的实用价值,并对新接触科技文献的教师学生和科技人员如何选用本专业工具书具有入门领路的作用。(韩丽)

1502

高校文科文献检索教程 / 蒋涛,臧铁柱,蔡永忠主编. -- 沈阳:辽宁教育出版社,1991. -- 376页;19cm. --7-5382-

1604 - 9(大连理工大学图书馆)

本书是为了适应高等院校文科文献检索课教学的需要而编写的,以提高大学生情报意识和情报技能,提高学生独立分析与解决问题的能力为侧重点。全书分总论编、分论编、利用编和附录编四个部分,11 章,25 万余字,涉及古今中外文献几千种,工具书数千种,凡涉及到的文献与工具书,遵照常见、通用的原则,既有其代表性,又有一定深度,并从选择版本及出版时间上均加注意尽取其优。本教程适于高校文科文检课教学使用。(韩丽)

1503

社会科学文献检索与利用 / 马明琴等编著. -- 济南:山东人民出版社,1991. -- 370 页;20cm. -- 7 - 209 - 00959 - 0(国家图书馆)

本书不仅注重教会学生掌握图书文献检索的技能,更重视培养学生具有社会科学的情报意识,对各类工具书从总体上加以介绍,在此基础上授之以查阅的方法,并将计算机的运用引进教学内容之中。全书共分 14 章,主要介绍了社会科学情报与情报服务、社会科学文献和文献检索、社会科学文献存储和文献网络、社会科学文献检索工具及排检法、图书目录及其应用、索引文摘及其应用、字词典、类书政书百科全书的应用、年鉴手册资料汇编的应用、表谱图录及其应用、外文工具书及其应用等,并介绍了计算机在文献检索中的应用、文献检索的基本要求和方法、研究文献和论文的撰写。(韩丽)

1504

史学文献检索 / 孟宪恒编著. -- 西安:陕西师范大学出版社,1991. -- 461 页;19cm. -- 7 - 5613 - 0412 - 9(国家图书馆)

全书共分为 9 章,主要内容包括:文献检索基本原理,中国古代史基本文献综述,中国古代史重要课题论点及文献线索,中国近代史基本文献线索,中国近代史重要课题论点及文献线索,中国现代史基本文献线索,中国现代史重要课题论点及文献线索述要,世界史文献概述,世界史重点课题观点及文献线索述要等。(韩丽)

1505

地球科学文献检索与利用 / 任天培,谭维治主编. --武汉:武汉大学出版社,1991. -- 420 页;20cm. -- 文献检索与利用课系列教材. -- 7 - 307 - 01063 - 1(国家图书馆)

本书是文献检索与利用课系列教材之一,全书共分为 6 章,首先介绍了科学技术文献的基本知识、文献检索原理,然后系统全面地介绍了地球科学文献检索与利用的知识和方法;较为详细地介绍了国内外常用的地球科学文献检索工具及其使用方法、地学参考工具书、电子计算机情报检索、文献分析与利用等。书后附录有地球科学核心期刊与国内有关地学主要图书情报机构。(韩丽)

1506

分析化学文献简介 / 孙亦毛,官宜文编著. -- 北京:北京大学出版社,1991. -- 263 页;19cm. -- 7 - 301 - 01676 - X(国家图书馆)

本书在重点介绍分析化学文献的同时,也注意适当涉及化学其他分支学科的文献。全书共分 9 章,首先介绍了化学文献和图书馆的基本知识,然后主要介绍了国内外常用的分析化学文献,包括期刊、文摘、百科全书、各类参考工具书、专利等,以及各自不同的内容、形式、作用与查阅方法等,最后提出了使用文献时应注意的事项。书后附录有杜威十进分类法、美国国会图书馆分类法、中国科学院图书分类法和中国图书馆图书分类法中有关分析化学的细目,以及分析化学常见期刊全文与缩称对照表等。(韩丽)

1507

铁路科技文献检索与利用 / 屠良娟主编. -- 成都:西南交通大学出版社,1991. -- 226 页;26cm. -- 7 - 81022 - 250 - 3(国家图书馆)

本书根据原教育部(84)教高字(004)号文件的规定和要求,为铁路理工科专业学生编写的《铁路科技文献检索与利用》课程教材。全书共分为 8 章,主要内容包括:文献检索基础知识;国内科技文献检索体系;国外综合性检索工具;科技报告、会议文献、标准文献及其检索方法;专利和专利文献检索;专业性检索工具简介;国际联机检索系统简介;常用工具书的简介等。本书结合铁路理工科专业及铁路运输专业,在第六章专业检索工具简介中专设"铁路科技文献检索工具"一节,专门介绍了铁路运输、机车车辆、铁道线路、铁路经营管理等专业学科查找文献的检索工具,这是之前其他检索教材没有论述过的。(韩丽)

1508

文献检索与论文写作(社会科学部分) / 汪恩来等编著. -- 成都:成都科技大学出版社,1991. -- 303 页;19cm. -- 7 - 5616 - 0972 - 8(国家图书馆)

在为数众多的成人高校中,由于尚未正式开设《文献检索与利用》课程,就读的学生与普通高校学生相比,既没有藏书丰富的图书馆可资利用,也缺乏通过图书馆查询和检索文献的知识和技能。广播电视大学、各类职工业余大学的学生,每每在撰写毕业作业时遇到不会搜集和查询资料,不知如何着手写论文的困难。为了满足各类成人高校学生和广大自学者搜集和查询资料的迫切需求,作者编写了《文献检索与论文写作(社会科学部分)》这本书。全书共 8 章:第一章文献概述;第二章文献的社会功能和特点;第三章文献排检;第四章文献检索的程序与策略;第五章社科检索工具书举要;第六章社科参考工具书举要;第七章地方文献的利用;第八章文献检索与论文写作。(韩丽)

1509

环境科学文献检索 / 王其庄编著. -- 北京:高等教育出版社,1991. -- 288 页;20cm. -- 7 - 04 - 003516 - 2(国家图书馆)

本书是以编者多年讲授《环境科学文献检索》教材为蓝本,并参考国内外有关资料,增补修订而成的。在介绍文献检索基本理论时以够用为度,侧重应用;以环境科学类检索工具刊为主要介绍对象,辅以其他有关的检索工具;理论联系实际,结合各种实例,讲解各类检索工具的使用方法。本书简要介绍环境科学文献的主要检索工具及其使用方法,内容包括:文献检索基础与原理、国外环境科学类文献检索工具及其应用等。本书可作为高等院校各类环境科学专业师生的选修课教材和重要参考书,亦可供从事环保工作各类人员作为实用文献检索指南,也适合于其他有关专业人员参考。(韩丽)

1510

英文工具书 / 王秀兰编著. -- 武汉:武汉大学出版社,1991. -- 456 页;20cm. -- 7 - 307 - 01061 - 5(国家图书馆)

本书是高等学校图书馆学情报学专业中的重要课程之一。本书上编主要介绍了外文工具书的概况、书目控制和选择;中编则分类详细介绍了书目、索引和文摘,百科全书,英语词典和其他查考型工具书;下编则从应用的角度出发,介绍了如何应用外文工具书,详细介绍了如何查找西文文献、词语资料、传记资料、统计资料、法规资料、图像资料及事件等信息。本书主要供图书馆学情报学专业教学使用,也可供图书馆情报工作者、青年学生、研究人员,以及编译、出版、图书发行部门人员阅读和参考。(韩丽)

1511

哲学文献检索方法 / 卫忠海,罗庆华编著. -- 西安:陕西人民出版社,1991. -- 206 页;19cm. -- 7 - 224 - 01590 - 3(国家图书馆)

本书共分八章,主要介绍了哲学文献和文献检索的基本知识、马克思主义哲学经典文献、马克思主义经典哲学文献的查检、马克思主义经典哲学名著的查检、马克思主义哲学基本原理的查检、马克思主义哲学研究资料的查检、中国传统哲学文献的查检、外国哲学文献的查检等内容。本书在编写中注意从我国哲学专业的实际出发,从广大哲学工作者和哲学爱好者查检哲学文献资料的需要考虑,突出哲学专业文献检索的方法,着眼于知识性、实用性、资料性。(韩丽)

1512

社会科学文献检索与利用教程 / 武汉大学图书馆等编. -- 武汉:武汉大学出版社,1991. -- 402 页; 20cm. -- 7 - 307 - 01018 - 6(国家图书馆)

本书分为三编,共 19 章。基础编叙述文献检索、文献检索系统、检索工具及工具书的基础知识;检索编主要介绍了各类型、各学科文献的检索方法、途径和所使用的检索工具,是本书的主体,包括图书和期刊文献的检索,马列主义经典文献检索,哲学社会学文献检索,民族文献检索,管理学文献检索,政治、政治学文献检索,法学文献检索,经济学文献检索,新闻学文献检索,语言文字学文献检索,文学文献检索,历史、历史学文献的检索;利用编介绍了文献的搜集与整理、研究与利用的方法。本书不仅是大学社会科学文献检索与利用的教材,而且是哲学、社会科学工作者和图书情报工作者必备的参考书。(韩丽)

1513

金钥匙:教你查资料 / 许京生,刘培培编著. -- 北京:中国经济出版社,1991. -- 218 页;19cm. -- 7 - 5017 - 1156 - 9(国家图书馆)

本书的主要读者对象是中等和高等文化程度的自学青年及各类同等水平的干部与管理人员。本书的章节安排与内容阐述很有特点。全书具有实用、集中、简明的特色。共 6 章,分别介绍查询资料前应掌握的基本知识、文献检索知识、怎样查找社会科学文献、怎样利用类书政书、怎样借阅书刊等,每一部分都是对查找资料非常必要而有用的。介绍这些知识时,不枝不蔓,不广泛征引,只将最紧要、最实用、最关键操作性的内容,精炼扼要地加以阐述。(韩丽)

1514

政治法律文献检索 / 张太洪等主编. -- 长春:吉林大学出版社,1991. -- 279 页; 19cm. -- 7 - 5601 - 0809 - 1(北京师范大学图书馆)

本书是“十六校系列文献检索专著”之一。全书共分为 21 章,主要内容包括:导论,哲学文献述要,经济学文献述要,政治学、伦理学文献述要,法学文献述要,文献贮存系统,工具书、检索工具概论,工具书、检索工具的类型,工具书、检索工具的排检法,政治法律文献检索的步骤和方法,政治法律名词术语的检索,政治法律人物资料的检索,政治法律事件的检索,古代典章制度的检索,现代法规的检索,典型案例的检索,报刊论文的检索,政治法律文献的计算机检索,政治法律文献积累,政治法律文献研究等。(韩丽)

1515

机械文献检索和利用 / 郑品恩,任其荣编著. -- 北京:清华大学出版社,1991. -- 326 页:图;21cm. -- 7 - 302 - 00905 - 8(国家图书馆)

本书的主要内容曾用作机械类各专业的研究生和高年级学生的教材,也曾用作清华大学机械类部分教师文献检索短训班教材。本书是根据作者多年咨询经验,并参考有关检索工具而编写的。本书介绍科技文献检索的基本知识,阐述了综合性检索工具和机械类科技文献主要检索工具的概况、检索方法、途径和步骤,介绍了科技报告、会议文献、学位论文和技术标准资料及专利文献的概况及其检索,还介绍了国内科技文献检索刊物和参考工具书,并介绍计算机情报检索、国际联机情报检索系统的利用等。(韩丽)

1516

经济文献经济资料经济情报检索手册 / 周嘉硕,臧平分主编. -- 北京:经济日报出版社,1991. -- 354 页;19cm. -- 7 - 80036 - 088 - 1(国家图书馆)

本书以问答的方式分专题逐一介绍了有关文献检索的基本概念和基本知识,介绍了各类经济文献、经济资料、经济情报的检索途径、检索方法,列举了大量的检索工具,回答了在检索过程中经常遇到的问题,希望能够对广大经济研究人员、经济管理人员、经济专业教学人员等有所裨益。本书重点突出的是有关经济文献检索的内容,突出实用性,用检索实例加以说明,并从当时我国的实际情况出发,重点介绍手工检索方式。全书分为上下两编,上编主要介绍了经济类图书、报刊、论文、统计资料、法规法令、事实型资源、会议资料等的查找与利用,下编则主要介绍了经济类专利文献、标准文献及情报检索的相关知识。书后附录有工具书使用方法简介。(韩丽)

1517

中文工具书教程 / 朱天俊,李国新著. -- 北京:北京大学出版社,1991. -- 423 页;20cm. -- 7-301-01456-2(国家图书馆)

为了培养大学生的情报意识,提高他们在读书治学中使用工具书释疑解难、检索文献的能力,本书根据多年来的教学实践,对《中文工具书》做了较大的修改编写而成。本书增加对工具书类型结构的剖析,归纳综述使用工具书解决问题的思路与方法,介绍计算机化工具书方面的内容。从实用的角度考虑,删除了一部分工具书,并增补了近年来新出版的工具书,力求在总体上基本反映到 20 世纪 80 年代末国内中文工具书的概貌。中外工具书很多,本书介绍的只是中文的,而且是常见的、重要的工具书,并力求系统化。工具书能解决的问题是多方面的,本书讲述的只是基本的、主要的问题。(韩丽)

1518

实用化学情报指南 /(以)沃尔曼(Y. Wolman)著;肖念华,厉森梁译. -- 北京:北京大学出版社,1991. --257 页;19cm. -- 7-301-01470-8(国家图书馆)

与许多同类著作相比,本书的最大特点和优点在于它在系统地介绍有关化学情报的知识时,是从化学工作者可能遇到的问题出发,通过大量具体实例详细讨论检索和搜集化学情报的方法与工具,因此本书不仅是一部系统学习化学情报检索知识的教材,而且可以作为化学情报检索工作的指导手册来使用。其次,本书对于化学情报的定义较为广泛,除了包括化学的各个专业以外,还几乎涉及具有化学专业背景的人员可能感兴趣的一切领域,例如物理、化工、生命科学、医药、材料科学、安全与卫生、环境保护等。再次,本书不但介绍了大量化学期刊、手册、二次文献源和化学情报服务机构,还介绍了新闻报道、市场与工艺信息、专利、书评与综述、学位论文、专题报告以及标准与法规等各类情报的检索方法和有关工具。适用范围较广。(于静)

1519

如何迅速获取国际经贸与产品信息:图书情报人员联机检索须知 / 龚国伟著译. -- 武汉:湖北科学技术出版社,1991. -- 217 页;19cm. -- 7-5352-0688-3(北京师范大学图书馆)

本书详尽地叙述了国际经济信息的概念、内容、作用与特点;检索国际经济与贸易、工业与产品信息的途径;国际联机情报检索系统中的各种经贸商情与产品信息数据库及其分类;选择与检索这些数据库的方法与技巧;不成功的检索实例剖析;世界上最大的产品技术与市场信息库——PTS 数据库的特点、词表与代码表结构及其检索方法等。书末还附有英汉外贸、金融、保险、税务、财会、商检、运输、装卸、仓储与包装行业常用缩略语词典。本书可作为各类图书情报人员、企业管理与外贸人员以及广大科学技术人员的参考资料与辅助检索工具书,也可作为大专院校“文献检索与利用”类课程的教材与教学参考书。(张玲)

1520

情报检索入门 / 吴桂英,玉人编. -- 长春:吉林大学出版社,1991. -- 200 页:图;19cm. -- 7-5601-1099-1(国家图书馆)

本书内容包括:科技文献概述,论述科技文献的种类、现代科技文献发展的特点、情报检索在科学研究中的作用等;科技文献检索工具概述,介绍了检索工具的类型;科技情报检索步骤和方法;中文检索工具及使用方法,介绍国内外科技文献的主要检索工具及国内检索工具的特点;特种文献及其检索方法,介绍了科技报告、学术会议文献及其各自的检索方法;专利文献及其检索方法,列举了英国德温特专利情报系统及美国专利的检索方法;标准文献及其检索方法,介绍了标准文献的种类、级别、范围、分类方法、检索方法与途径;计算机情报检索,介绍了计算机检索的基本原理、联机检索系统及几个著名的数据库、联机检索系统的基本检索功能、基本过程及要求。(于静)

1521

情报检索概论 / 谢元泰编著. -- 北京:学术期刊出版社,1991. -- 185 页;20cm. -- 7-80045-193-3(华中师范大学图书馆)

本书叙述怎样从浩如烟海的文献中寻找自已所需文献的理论与方法。(于静)

1522

医学情报检索 / 徐延香等. -- 南京:南京大学出版社,1991. -- 459 页(国家图书馆)

本书汇集了医学情报和图书工作者多年情报、图书工作的智慧结晶。本书具有鲜明的特色,不仅介绍文献情报的检索,而且还介绍了非文献情报的检索;不仅介绍人们熟知的大型检索工具如美国《医学索引》《化学文摘》《生物学文摘》、荷兰《医学文摘》等外,而且还介绍了人们鲜知的世界卫生组织出版物、会议文献的检索与利用等;不仅介绍传统的手工情报检索方法,而且还介绍了现代化的电子计算机情报检索方法;不仅介绍医药卫生科技人员经常所需的检索内容,而且还介绍了管理决策人员和进行国内外学术交流人员所需的情报检索内容,以适应改革开放新形势的需要。本书对强化社会情报意识,促进情报工作发展,提高广大医药卫生科技人员、管理决策人员、高等医药院校学生学习、研究和及时查找、掌握、利用情报信息的能力,有积极意义,对医学情报、图书专业人员来说,是一本较好的参考书。(于静)

1523

社会科学文献检索新编 / 杨秀君编. -- 长春:长春出版社,1991. -- 358 页;19cm. -- 7-80573-671-5(国家图书馆)

本书内容包括:导论,介绍社会科学文献与文献检索、社会科学文献检索的意义及学习方法;社会科学文献的类型和特点;文献贮存系统及利用;工具书、检索工具概论,介绍工具书、检索工具的源流、发展、特点、功能、结构和类型;工具书、检索工具的排检法,有形序排检索法、音序排检法、其他排检法;社会科学文献检索常识,介绍检索课题的分析、工具书、检索工具的选择、检索途径的确定、检索方法的优选;汉字形、音、义的检索;社会科学专业词语的检索;社会科学人物资料的检索;社会科学历史事件的检索;人文地理资料的检索;历史时间换算与检索;古代典章制度与近现代法规的检索;社会科学统计资料的检索;社会科学书刊的检索;社会科学论文的检索;社会科学文献的计算机检索;研究课题的多元性检索;多种检索工具书配合使用的综合性检索;研究性文献阅读与积累;文献研究的方法;文献研究的成果。(于静)

1524

工程技术文献检索与利用 / 张鼎衡主编. -- 武汉:武汉大学出版社,1991. -- 328 页. -- 7 - 307 - 00920 - X(国家图书馆)

本书共 12 章,包括文献检索与图书馆利用、文献检索基础知识、专利文献检索、标准文献检索、产品文献检索、工程技术文献检索、专业文献检索等,国外检索工具名著单独编成一章,其后是数据与事实检索、计算机情报检索和工程技术文献写作,最后是附录:检索工具简介。本书从教学实践经验的基础上,理论联系实际,注重实用,简明扼要地阐述了文献检索与利用的有关基础知识和基本方法。本书的结构体系具有自己的特色:以中文检索工具书为主体,检索方法为主线,文献类型检索与专业文献检索并举;使用面广,覆盖工程专科的各个专业。与第 1 版比较,本版增加了工程技术文献检索、专业文献检索、计算机情报检索和工程技术文献写作 4 章,另加附录——检索工具简介。为了增加教材的工程专业的通用性和各专业应用的灵活性,专业文献检索只以机械专业为例,删去了第一版所列的各专业文献检索。(于静)

1525

近期化学化工文献检索教程 / 张雨秋等主编. -- 长春:吉林科学技术出版社,1991. -- 319 页;19cm. -- 7 - 5384 - 0892 - 4(大连理工大学图书馆)

本书内容包括:情报检索基础知识,介绍情报检索的概念、基本类型,检索工具的种类、结构以及检索一般程序;中文检索工具,介绍了检索国内外科技文献的主要工具、中文化学化工文献检索刊物、中文检索工具的检索实例;详细介绍了美国《化学文摘》、美国《工程索引》、英国《科学文摘》、日本《科学技术文献速报》、苏联《文摘杂志》的概况、结构、编排、检索方法等;此外,还介绍了专业期刊、参考工具书、专利文献的一些基本知识与检索方法;计算机检索的基本知识,介绍了国际国内机检应用、机检系统的主要检索功能、检索的利用步骤和方法;文献情报利用,介绍了文献情报利用的目的、文献的阅读与鉴别、文献情报分析方法、情报分析举例、情报的综合归纳等。(于静)

1526

文献情报自动化:中国科学院第七次图书馆学情报学科学讨论会论文集 / 中国科学院文献情报中心编. -- 北京:中国科学技术大学出版社,1991. -- 215 页:表;26cm. -- 7 - 312 - 00342 - 7(国家图书馆)

本书为中国科学院第七次图书馆学情报学科学讨论会的论文集,包括论文 45 篇。内容包括:回顾与展望,回顾中国科学院文献情报系统自动建设的取得的成就、工作现状及规划设想;图书馆自动化,探讨中国科学院文献情报工作自动化的发展、数据库设计、管理系统应用等各方面的建设;文献数据库,探索中国科学院文献数据库建设、质量及其评价标准等问题;此外,本书还收集了有关数值数据库、微机应用、情报检索、计算机网络方面的工作和研究论文。(于静)

1527

情报检索论文选 / 中国图书馆学会主编;纪昭民,陈源蒸编. -- 北京:书目文献出版社,1991. -- 321 页;20cm. -- 7 - 5013 - 0846 - 2(国家图书馆)

本书为《中国图书馆情报学论文选丛(1949—1985)》第 7 集。(于静)

1528

情报检索词汇控制 /(美) F. W. 兰开斯特著;侯汉清,戴维民,陆宝树译. -- 上海:同济大学出版社,1992. -- 177 页;26cm. -- 7 - 5608 - 0977 - 4(国家图书馆)

本书共分 22 章,内容包括:控制词汇的目的、先组系统与后组系统、词表结构与词表显示、原始材料的收集、标准和准则、词汇组织等级关系、词汇组织相关关系、词汇:词形与复合词、入口词表、同形异义词与范围注释、叙词表显示、词表的扩充和更新、计算机的作用、名称标识符和核查表、词表对检索系统性能的影响、叙词表的评价、自然语言检索和后控词表、混合型系统、兼容与互换、叙词表的自动编制、词汇控制的成本效益问题。全书比较全面地阐述了情报检索词汇控制的目的、作用、方法以及新趋势和进展,主次分明,体系得当,文字精练、图文并茂,内容新颖、充分反映新进展,实用性较强。(于静)

1529

情报检索 BASIC 程序设计 / 东雪琴编译. -- 西安:西北工业大学出版社,1992. -- 322 页;26cm. -- 7 - 5612 - 0321 - 7(国家图书馆)

本书是以情报检索、图书管理为主题的计算机化情报处理方面的教科书,内容丰富,编排循序渐进,深入浅出地对计算机在图书馆管理和文献检索领域的具体应用作了系统全面的介绍。内容包括:计算机基础知识;程序设计基础;图书目录的制作;书库管理与流通处理系统;连续出版物的检索;文献文件的制作及其检索;情报检索与数据库。程序集部分向读者展示了约 20 个实用价值较高的商品型程序,详述了这些程序的设计思想及运用技巧,每个程序均附有流程图。因此,它又是一本较好的参考书,无疑对于教学与实际应用都将起到积极的作用。(于静)

1530

生物、农林科技文献检索 / 金祖荫等编著. -- 成都:成都科技大学出版社,1992. -- 338 页;20cm. -- 7 - 5616 - 1461 - 6(国家图书馆)

本书共分 10 章,其主要内容包括:文献及文献检索的基本知识(形式、级别、类型与识别),主要检索工具和参考工具书的利用技巧,文献利用和科技写作方法。在安排上既有检索者必须的主要检索工具和检索方法,并注重 20 世纪 80 年代以来新的参考工具书的介绍。本书作为教材,有它的完整性和系统性,为提高大学生迅速掌握学科现状、发展、动态以及科研选题、开展科研活动的能力服务；作为参考工具书，有它的实用性和新颖性，为提高生产第一线广大农林科技人员检索文献的能力，开阔科研视野，更新知识结构以及提高表达能力和科技交流能力服务。此外，本书在注重生物专业文献检索的同时，又重点安排了农林专业的检索工具和参考工具书，使两个学科的文献检索融为一体，以便于生物专业和农林专业的学生和广大科技人员使用，具有很强的实用价值。（于静）

1531

医学情报检索 / 景来江等主编. -- 北京：科学出版社，1992. -- 278 页；26cm. -- 7 - 03 - 003229 - 2（国家图书馆）

本书详细论述了在当今信息社会情报意识和情报检索技能的重要性、医学情报检索的理论与方法；具体介绍了国内外常用的医学情报检索工具书的检索方法，如：IM，BA，EM，CA，CC，SCI，日本医学中央杂志、WPI、目录周报等，中文工具书如中目医药卫生、中草药、环境科学等分册及中国药学文摘、中国生物学文摘、外目等以及国际联机检索与光盘检索的基本知识与方法。本书将各有关内容取实物原件片段照相制版，此外，各种工具书及其辅助索引本均附有照片。本书既可作为医学院校大学生、研究生教科书，又可作为医疗卫生科技人员、医疗卫生事业管理人员、图书情报等工作者的参考书。（于静）

1532

专利情报利用方法与技巧 / 刘汉鼎主编. -- 西安：西安交通大学出版社，1992. -- 324 页：折表；20cm. -- 7 - 5605 - 0453 - 1（国家图书馆）

本专利文献是一个极其丰富的情报资料宝库，利用价值极大。但要能很好地利用这一极其丰富的情报资源，一是要对专利情报的性质、特性、价值有所了解，增强专利情报意识；二是要学会专利文献检索，掌握一定的检索方法；三是能对检索得到的专利文献具有分析、整理、综合的能力，学会分析情报的本领，能从检索出的专利文献中分析、综合、提取有用的情报成分，用于行动决策，以达到行动的目的。这三大内容是能否充分利用专利情报的基本技能。本书即是围绕这三大内容，分五大篇、十九章分别叙述。全书按照侧重实用、贯穿理论的原则，以专利情报利用为中心，依据专利—情报—专利情报、知识—技术、方法—技巧、一般—具体这一逻辑顺序，简明扼要地对专利情报利用及相关内容的概念与认识、性质与特点、价值与作用、方法与技能、技术与技巧等进行全面、系统的阐述和介绍。（于静）

1533

国际联机与光盘检索策略 / 温有奎编译. -- 西安：陕西科学技术出版社，1992. -- 281 页；19cm. -- 7 - 5369 - 1121 - 1（国家图书馆）

本书对联机情报检索的基本原理、过程，特别是查找情报的方法与策略，数据库建设及相应软件接口，光盘检索与联机检索进行精辟论述。具体内容包括：人—机交互的能力与局限、联机检索中的数据与情报、国际联机检索系统、检索基础、检索策略、检索原理、选择数据库、心理因素、检索辅助软件、数据库结构和工作站、光盘情报检索。本书可供情报学系（专业）、高校理、工、农、医、文各专业开设的“文献检索与利用”课的师生，各级情报单位的情报工作者使用。（于静）

1534

文史哲资料工具书检索 / 夏南强编著. -- 武汉：华中师范大学出版社，1992. -- 398 页；19cm. -- 7 - 5622 - 0839 - 5（国家图书馆）

本书收集近 10 多年来最新出版的文史哲重要资料工具书 2000 余种，按文史哲三大部分编排，大体依历史朝代顺序，分别将有关诗词、小说、散文、戏曲等作品体裁的资料工具书；史料典制、人物传记、研究论著、名词术语、年表历表等不同类型的资料工具书一一评述。另有附编，介绍甲骨、金文敦煌学、类书等资料工具书，讲解最常用的检索方法。既便于对文史哲三门学科进行整体的、纵的学习研究，又便于对某一时期文学、史学、哲学，甚至是某一种文学体裁，某一历史现象，某一种哲学观点等进行横截面的研究解剖。可作为高等院校、专科学校文科各专业、图书情报专业教材或教学参考书，也可供社会上爱好文史哲的青年及文史哲研究学习参考之用。（于静）

1535

医学文献查阅与论文撰写 / 周形海，陈卫主编. -- 北京：人民军医出版社，1992. -- 309 页；19cm. -- 7 - 80020 - 263 - 1（国家图书馆）

本书内容包括：医学文献概述、科技文献的查找、常用检索工具的使用法、怎样阅读医学文献、怎样撰写医学论文、怎样编写医学专著。重点介绍了医学文献的查找和检索，医学文献的阅读，医学论文、专著的撰写等。在介绍这些基本理论和技术方法的同时，著者们结合自己的实践，把在查找、阅读文献和写作中的经验体会、技巧介绍给读者。本书还对计算机文献检索、文献综述、英文摘要及专著的写作作了专门介绍。（于静）

1536

药学文献检索 / 陈建茹编. -- 北京：中国医药科技出版社，1992. -- 124 页；19cm. -- 7 - 5067 - 0673 - 3（国家图书馆）

为适应国内广大从事于药学、化学、化工等领域的中级技术人员及中等专业技术学校的师生检索科技文献的需要，并根据 1988 年全国医药中专课程设置的要求，特编写此书。本书以中级医药专业人员所必须具备的专业知识和基本技能为基础，主要介绍了药学专业技术工作常用的中外文辞典、手册、工具书的基本内容和使用方法，美国化学文摘（CA）的简介和查阅方法，药学及其相关学科的期刊简介，各国化学专利的基本知识，英文药品说明书的翻译技巧，药典的使用方法等。（韩丽）

1537

大气科学文献检索 / 范家珠等编著. -- 北京：气象出版社，1992. -- 246 页；20cm. -- 7 - 5029 - 0987 - 7（国家图书馆）

本书是在南京气象学院、成都气象学院和北京气象学院三所院校原文献检索课教材的基础上，经过几年来的教学实践，修改完善而写成的。为了便于大气科学类各专业学生掌握文献检索知识和技能,并为广大气象科技人员提供检索文献和参考资料的科学方法,书中力求系统全面地阐述文献检索的一般知识和方法,紧密结合大气科学实际需要,重点介绍大气科学常用的国内外检索工具,并注重理论与实际的联系,使读者学懂会用、融会贯通、举一反三。在章节安排上考虑到各专业的差异,采用模块式结构。除基础知识外(第一、二章),其它内容可在教学中自由组合,既便于学生自学,又便于广大读者查阅参考。(韩丽)

1538

电气与电子工程文献检索与利用(第二版) / 冯子良,任其荣编. -- 大连:大连理工大学出版社,1992. -- 310 页;20cm. -- 文献检索与利用课系列教材. -- 7-5611-0602-5(国家图书馆)

本书是文献检索与利用课系列教材之一。全书共分五篇 12 章。第一篇:文献检索的基本知识,主要介绍电气与电子工程领域的情报、文献及其检索(包括检索语言和词表)。第二篇和第三篇(第二至九章)分别是多种类型和单一类型文献的检索,较详细地介绍国内外几种最常用的和有代表性的检索工具的特点、结构及使用方法;另外还有一些不很常用的检索工具也作简介或选目。第四篇:事实与数据的检索,主要介绍若干种常用的辞典、百科全书、年鉴、手册等参考工具书及其使用。第五篇(第十一至十二章)是计算机文献检索的基本知识和计算机情报检索系统的利用。(韩丽)

1539

科技文献检索指导 / 赖茂生编著. -- 北京:北京大学出版社,1992. -- 294 页:图;20cm. -- 7-301-01667-0(北京师范大学图书馆)

本书系大学科技文献检索课教材。它简要阐述了各种文献情报源、文献信息组织方法和检索方法,系统介绍了自然科学和工程技术领域的文献构成、检索工具和数据库,介绍了专利文献、研究报告、会议文献、技术标准、学位论文、新闻资料、研究情报、人物与机构情报等多种特殊情报源的用途和检索方法,并介绍了计算机情报检索的原理和方法。全书内容简明扼要,综合性强,适用面广,并有丰富的实例、图解、实习题和思考题,便于自学。本书既可作为图书馆学和情报学专业的函授教材,又是理工科学生掌握文献查找方法的速成指导书,还可作为各类图书馆、情报服务机构和信息中心工作人员的参考书。(韩丽)

1540

文献检索概论 / 雷润玲编著. -- 上海:立信会计图书用品社,1992. -- 274 页;19cm. -- 7-5429-0122-2(国家图书馆)

本书第一章至第六章是概论,详细地论述了检索对象、检索语言、检索工具、检索系统、检索方法、检索途径、检索步骤和检索效果等;第七章至第十六章为专论,分别论述了图书、报刊、标准、专利、学位论文、会议录、产品样本、科技报告、政府出版物、非印刷品等十大类文献情报源的概念、种类、特点、检索方法等;第十七章简略地介绍了字典、词典、年鉴、手册、政书、类书、百科全书、历表、年表、图谱、图录等各类参考工具的概念及排检方法。(韩丽)

1541

情报检索实例集 / 李庶荣主编;朱志坚等编. -- 南京:东南大学出版社,1992. -- 227 页;19cm. -- 7-81023-562-1(国家图书馆)

本书的编写目的在于对各种检索工具书的检索途径与步骤有一个参考的范例,供工科高校学生阅读和有关教师参考。全书以实例形式介绍了国外主要几种检索工具的概况、结构与检索方法。本实例集包括:美国《工程索引》《政府报告通报及索引》《数学评论》《化学文摘》《科学引文索引》,英国《科学文摘》《世界专利索引》以及英美联合出版的《金属文摘》,其检索的课题包括土木、机械、电子、计算机、生物医学工程、电气等 50 余例,可供各专业选择使用。每个题例都从分析课题入手确定主题词和检索途径,并找出切题的文摘。多数文摘还附有译文,便于同学自学。(韩丽)

1542

中国历史工具书指南 / 林铁森主编. -- 北京:北京出版社,1992. -- 823 页; 20cm. -- 7-200-01547-4(北京师范大学图书馆)

《中国历史工具书指南》是一部以介绍史学工具书为内容的专科工具书。它提供有关历史工具书的线索,共收工具书 2500 多种。本书有三个特点:一是介绍史学工具书的种数多,数量超过国内出版的任何一部同类书;二是种类丰富,包括我国(含台湾省)以及国外学者用中、日、西、俄文编写的各种工具书,如类书、百科全书、词典、年鉴、手册、文摘、数目论文索引、年表、历表、图录等;三是内容广泛,所搜集的是广义的史学工具书,以通史和断代史为主,兼及政治、经济、文化、科技、宗教、考古等相关学科。(韩丽)

1543

医学文献检索评价与利用 / 刘淑璋主编. -- 北京:中国科学技术出版社,1992. -- 286 页;19cm. -- 7-5046-0710-X(国家图书馆)

本书共分为 20 章,主要介绍了医学文献检索工具的概念、种类、沿革情况、编排体系和主要医学文献检索工具及其使用方法等,并介绍了医学文献的计算机及联脱机检索和医学文献的评价及利用。从实用角度考虑,本书重点突出了查全率与查准率以及两者相关性的介绍。本书是医学文献检索知识的普及性读物及常用工具书,适用于在读医学学生以及医务人员。它不仅可作为医学院校开设选修或必修课的参考教材,也是医务工作者在职培训的良好教材。(韩丽)

1544

科技文献检索 / 刘学和,赵金楼主编. -- 哈尔滨:哈尔滨船舶工程学院出版社,1992. -- 436 页;19cm. --7-81007-220-X(国家图书馆)

本书是为适应现代信息社会中广大科技工作者和在校就读人员对科技情报日益增长的需求而编写的,旨在培养其科技情报意识,掌握科技情报检索理论与方法,不断提高检索能力与技巧。因此本书在内容设计和文字编写上通俗易懂、简明扼要、讲究实际、突出实用,既有利于授课时的教学安排,又便于工程技术人员自学。它既可作为理工普通高校文献检索课程的专门教材，又可供广大科技人员和企业经济管理人员自我学习之用。全书共分13章，主要包括：导论，科技文献情报源，情报检索原理与方法，检索工具，期刊论文检索(中文部分)，期刊论文检索(外文部分)，学术会议文献检索，科技报告及其检索，学位论文检索，专利文献及其检索，标准文献检索，企业文献情报检索，计算机情报检索等内容。(韩丽)

1545

国外科技工具书指南 / 陆伯华主编. -- 北京：中国书籍出版社，1992. -- 1051页；26cm. -- 7-5068-0049-7(国家图书馆)

本书是《国外工具书指南》(中国学术出版社，1984年版)的姐妹篇，编者邀集了中央8个部委情报研究所、8所高等院校和8个研究院(所)的近百名专家和专业工作者撰稿。本书是一部全面系统地反映国外科技工具书的工具书，它全面报道了自1976年以来国外出版的有关数学、力学、物理学、化学、天文学、地球科学、生物科学、农业科学、工业技术、交通运输、航空航天和环境科学等学科的工具书，品种齐全，除收录印刷型工具书外，还兼收磁带版工具书。本词典采用按学科分类和按工具书类型排列相结合的编排方法，先按学科分类排列，大类之下再按工具书类型细分。著录项目完备，每一个大类之前撰写了一篇概论，叙述本学科文献的发展、特点和分布状况，每一部工具书编写了简明精当的内容提要。本书正文之后附有中文书名索引、西文书名索引、俄文书名索引、日文书名索引，为读者利用工具书提供了方便。(韩丽)

1546

数学文献检索与利用 / 马国选等编. -- 天津：天津大学出版社，1992. -- 273页；19cm. -- 7-5618-0302-8(国家图书馆)

本书既针对数学专业的特点，又兼顾了师范院校师生的实际需要，力求理论联系实际，注意基础知识的传授和检索能力的培养。全书共分5章，主要内容包括数学文献概论、数学文献介绍、数学文献检索的基本知识、国内外数学文献主要检索工具及其应用、数学情报分析和数学创作方法等。书后附录有国内部分数学丛书目录，国内外数学核心期刊介绍，国内外数学组织及其出版机构，国内数学学术活动纪事，国际数学家大会简介，数学学位常识等。全书取材广泛，系统性与科学性较强。(韩丽)

1547

中共党史党建文献检索 / 毛昨非主编. -- 长春：长春出版社，1992. -- 268页；19cm. -- 7-80573-703-7(国家图书馆)

本书内容包括：中共党史党建文献概述与查阅系统、党史党建工具书与检索原理、党史党建文献检索方法与实例。(于静)

1548

化学文献检索与利用 / 倪光明，宫庆章主编. -- 合肥：安徽教育出版社，1992. -- 372页；20cm. -- 中国化学化工情报教育丛书. -- 7-5336-1098-9(南京师范大学图书馆)

本书是《中国化学化工情报教育丛书》中的一册，是我国高等师范院校第一部"化学文献检索与利用"课程教材。(韩丽)

1549

国外社会科学工具书要览 / 邵献图主编. -- 北京：北京大学出版社，1992. -- 419页；20cm. -- 7-301-01947-5(国家图书馆)

本书按照《中国图书馆图书分类法》，并参照国内高校课程设置的实际情况，分为哲学、心理学、社会科学总论、社会学、政治、国际关系、法律、军事、经济、图书馆学、教育、语言文学、历史、中国学、地理16章。本要览收国外出版的社会科学和某些人文科学领域的主要工具书约1100种，以英文为主，旁及法、德、俄、日文等。时间下限一般为1991年底。每一学科，冠以概述性文字，介绍学科定义、研究对象、历史、范围、流派、方法及文献特征，然后列举重要检索工具和主要工具书。本书涉及社会科学各学科领域，覆盖了重要的检索工具和主要的工具书，对广大图书情报部门工作人员和社会科学各学科各领域的研究人员有较大的参考价值。(韩丽)

1550

文献检索与实践 / 史京山，孟庆湖主编. -- 长沙：中南工业大学出版社，1992. -- 371页；19cm. -- 7-81020-525-0(国家图书馆)

本书首先概述了科技文献检索的意义、方法和步骤，介绍了情报检索语言和科技文献检索的基本规律。然后对中外文检索工具，如专利文献、科技报告、会议文献、标准文献等，以及计算机检索技术与应用均作了全面而又详细的介绍。对于每种检索工具，本书不但介绍其内容，还编有思考题、实习题和检索示例。书末编有检索用综合性习题和简易汉英日词汇对照表。(韩丽)

1551

自然科学文献检索与利用 / 苏凡，廖海丽主编. -- 桂林：广西师范大学出版社，1992. -- 316页；20cm. -- 7-5633-1287-0(国家图书馆)

本书介绍了自然科学综合性文献，教育学、心理学等学科文献及各类型特种文献的检索、利用和写作。本书作为高等师范院校理科系使用的教材，它紧密结合高师的特点，全面系统地介绍了文献检索与利用的知识与方法，比较详细地介绍了自然科学综合性文献检索和教育、心理学、数学、物理、化学、生物等各学科以及各类特种文献的常用检索工具、参考工具书和重要的期刊，计算机情报检索、文献馆藏系统和科技文献利用与写作等内容。(韩丽)

1552

中英文工具书举要 / 闻梁，鹿庆芳，岳仁堂等著. --北京：北京燕山出版社，1992. -- 476页；19cm. --7-5402-0304-8(国家图书馆)

本书是给青年教师、大中学生以及社会知识青年等读者提供的一本工具书选编。同时，它也适合中小型图书馆参考使用，有助于中小型图书馆工作人员搞好咨询服务工作。本书注重常用性、实用性，所收录的工具书以综合性为要，而对于研究性较强的、学科知识较专深的工具书则收录较少。本书收录的工具书是以北京大学图书馆馆藏为主,共 784 种,分为中文和英文两部分,中文部分为 504 种,外文部分为 280 种。所收集的材料截至 1990 年 6 月。(韩丽)

1553

科技文献检索与利用 / 吴朝元主编. -- 重庆:西南师范大学出版社,1992. -- 320 页;19cm. -- 7 - 5621 - 0677 - 0(国家图书馆)

本书是供高等院校理科各系新开课程使用的教材。科技文献检索是一门具有工具性质的学科,本书目的就在于让高等院校的学生学会利用图书馆的丰富文献,增强情报意识,掌握获取文献与利用情报的技能。本书共分 8 章,主要包括:科技文献检索概论,检索语言,国内检索工具,国外专业性检索工具,国外综合性检索工具,国外特种文献及其检索工具,计算机检索,科技情报的搜集、整理与利用等内容。(韩丽)

1554

分析化学文献及其检索 / 吴水生编. -- 北京:高等教育出版社,1992. -- 275 页;20cm. -- 7 - 04 - 002304 - 0(国家图书馆)

本书重点介绍各类有关印刷型分析化学文献的基础知识,从实用角度出发,介绍了分析化学学科中较为重要的图书、期刊、特种文献和各种检索工具及它们的使用方法。其次,对如何利用计算机情报检索系统查阅分析化学文献作了比较深入的介绍,列举了检索实例。最后,讨论了文献调研工作和科研论文写作的一般方法。(韩丽)

1555

地质科技文献检索与利用 / 武宁生,屠涌泉主编. --北京:地质出版社,1992. -- 188 页;20cm. -- 7 - 116 - 01083 - 1(国家图书馆)

本书编者在长期从事地质文献工作实践和讲授地质文献检索课的基础上,综合国内外地质文献检索的理论和实践,编写了这本书。本书共分 8 章,内容主要涉及:地质文献检索基本知识,包括地质文献的特点和类型、文献检索基本原理、检索语言、文献检索的方法和途径,检索工具的结构和使用方法;计算机检索的原理和方法;国内外主要地质文献检索刊物、文献数据库和检索系统介绍,地质学常用参考工具书简介,包括百科全书、词典、年鉴、述评、手册和名录等。(韩丽)

1556

科技信息检索与利用 / 杨建东主编. -- 武汉:华中师范大学出版社,1992. -- 339 页:图;20cm. -- 中国企业信息工作丛书. -- 7 - 5622 - 0897 - 2(武汉大学图书馆)

本书的目的在于使包括企业科技人员在内的专业人员和高校师生有效地掌握科技文献信息检索与利用的基本知识与技能。全书共分为 14 章,全面而系统地介绍了科技文献信息源,科技文献信息的组织与检索方法,国内外各种综合性和专门性检索工具的使用,电子计算机信息检索系统的利用,光盘检索技术,会议、报告、专利、标准、产品样本等特种文献的利用技巧和科研与技术工作中的文献信息保证等内容。在编写中,立足于实际工作的需要,除适当介绍文献组织理论外,将重点放在培养解决实际问题能力和技能方面,对科技专业人员有较强的实用性。(韩丽)

1557

科技文献检索与论文写作 / 张承华主编. -- 济南:山东大学出版社,1992. -- 269 页;20cm. -- 7 - 5607 - 0656 - 8(国家图书馆)

本书的编者大都是从事科技文献检索教学的老师,在其多年实践经验基础上,调查研究,几经修改补充编写成此书。本书阐述了科研工作的程序、方法以及文献检索的基本原理和基本方法,介绍了国内外科技文献检索工具和使用方法,并介绍了科技论文写作的步骤、格式等。本书提供一种新书目录作附录,并融科技论文的写作为一体,既有一定的理论概括,又有技术方法的详细介绍,是一部实用性较强的教材和图书情报工作者的参考书。全书共分 8 章,主要包括:科技文献检索概论,检索语言,检索工具,专利文献和标准文献的检索,计算机文献检索,检索实例,科技论文的写作等内容。(韩丽)

1558

财经文献检索手册 / 张继光主编;王宪洪等撰稿. --北京:社会科学文献出版社,1992. -- 304 页;20cm. -- 7 - 80050 - 277 - 5(国家图书馆)

本书编者根据其从事财经学习与研究中查找文献资料的实际需要,拟定了 40 余个专题,向读者介绍遇到什么问题,应查找什么书刊,以及怎样査考等。在每个专题下,先对该类工具书进行知识性的介绍,以帮助读者认识它们的性质、概况和价值,然后逐一说明每本书的具体内容和使用方法。本书精选并详细介绍了有关财经学科方面的工具书四百余种,列目三百多种,书后附有所介绍工具书刊的索引,使读者既可按专题得到查找资料的线索,又可按索引了解工具书的内容,既有可读性又具资料性。编排体例比较实用,是从事财经学习、研究和教学的参考工具。(韩丽)

1559

图书检索与利用研究文集 / 张幼林,张雪林主编. --济南:山东大学出版社,1992. -- 342 页;20cm. --7 - 5607 - 0706 - 8(南开大学图书馆)

本书是组织全国 60 多所高校的 80 多位图书馆工作者编写的,结合他们的实际体会,对图书馆如何加强科学化管理,做好分类编目、藏书建设、期刊工作、流通、读者工作、情报信息、图书馆改革与管理、馆员教育等多种服务工作,开展馆际协作,实现资源共享等一系列问题进行了研讨。全书将所收录的论文分为 13 部分:图书采访、分类编目、藏书建设、期刊工作、流通工作、读者工作、经费问题、科学情报工作、资源开发、改革与管理、资料室工作、馆员教育、探索与思考等。(韩丽)

1560

医学文献检索 / 朱允尧,朱象喜,崔竹金主编. -- 北京:北京医科大学 中国协和医科大学联合出版社,1992. -- 256 页;26cm. -- 全国高等学校文献检索与利用课系列教材. -- 7 -

81034－175－8(国家图书馆)

本书详细介绍中、英、日、俄四种语种与医药有关文献检索工具的编排结构、著录格式和使用方法,并具体介绍联机检索和光盘检索、情报调研及文摘、综述和论文撰写的方法,简要介绍各种特种文献和参考工具书。本书特点是内容新、文字简、重实用、兼提高。多数章节还附有思考题供学生实习时练习使用。本书经全国高等学校文献检索与利用课系列教材编审委员会审查认可,作为全国高校文献检索与利用课系列教材之一,可作为医药院校本科生、研究生选修课和必修课的教材,也可作为学校教师、医院医生、医学科研人员继续教育的教材,也可作为图书情报专业师生的教学参考。(韩丽)

1561

典故·知识·查检 / 祝鼎民著. -- 北京:知识出版社,1992. -- 307 页;19cm. -- 7－5015－0662－0(北京师范大学图书馆)

本书是一本全面系统介绍典故知识及其查法的专书。全书共分为 6 章,通过本书可以知道什么是典故,典故的来源,古人是怎样概括和运用典故的,典故的妙用和用典的十大避忌以及怎样查检典故。本书能够帮助广大文化干部及大学文科学生、中学文科教师系统掌握典故知识及懂得查检方法,从而更好地接受我国优秀文化遗产。(韩丽)

1562

自然科学文献检索与利用 / 祝希龄主编. -- 武昌:武汉大学出版社, 1992. -- 310 页;21cm. -- 7－307－01205－7(国家图书馆)

本书是作为高等师范院校理科系使用的教材,它紧密结合高师的特点,全面系统地介绍了文献检索与利用的知识与方法,比较详细地介绍了自然科学综合性文献检索和教育、心理学、数学、物理、化学、生物等各学科的以及各类特种文献的常用检索工具、参考工具书和重要的期刊;计算机情报检索、文献馆藏系统和科技文献利用与写作等内容。本书内容全面、系统、实用,重点突出,资料新颖,适用面广,可作为高等师范院校、综合性大学、工科院校有关专业的文献课教材,也可作为科技人员和教育工作者的参考书。本书除绪论外,共 14 章,主要包括:文献概述,检索工具,检索语言,检索方法,自然科学综合性文献检索,教育学、心理学文献检索,数学文献检索,物理学文献检索,化学文献检索,生物学文献检索,特种文献及其检索,计算机情报检索,文献馆藏系统简介,科技文献的利用与写作等。(韩丽)

1563

信息检索与数据库 /(日)中原启一, 三次卫主编;张在浩译. -- 北京:煤炭工业出版社,1993. -- 357 页: 图;20cm. -- 7－5020－0783－0(国家图书馆)

当今的时代是一个充满信息的时代,任何一个部门或行业都离不开信息。本书原著是由日本中原启一、三次卫主编的,主要介绍了信息的收集、分类、管理及其数据库的建立方法;依据各部门、各行业的特点列举了多种系统与数据库之间的关系,以便充分利用数据库和检索技术而获取集萃于一库、检索于一瞬的效果和达到资源共享的目的。全书共分为 10 章,主要包括:什么叫信息检索,信息结构,软件技术,文件装置,业务领域中的适用例子,工程领域中的适用例子,文献查询领域中的适用例子,经营领域中的适用例子,数据库产业,信息检索与数据库领域的今后课题。(韩丽)

1564

法学文献情报检索基础 / 陈光馨等编著. -- 重庆:重庆大学出版社,1993. -- 272 页:图; 19cm. -- 7－5624－0794－0(北京师范大学图书馆)

本书在国内填补了"计算机法律数据库"和"档案文献检索"的空白。全书将中外文文献检索融为一体,共分为四个部分:文献检索基础理论,系统地阐述了检索原理、文献检索学科研究内容和文献情报源及其交流;文献检索工具及其排检法以及组建个人"文库"的知识与方法;中外文专题检索途径、方法和步骤;计算机检索系统和中外法律数据库。(韩丽)

1565

医学文献检索 / 方平主编. -- 长沙:国防科技大学出版社,1993. -- 210 页;26cm. -- 7－81024－242－3(国家图书馆)

本书是全国高等医药院校面向 21 世纪课程临床医学七年制专业系列教材之一。全书共分 8 章 27 节:绪论对本课程中涉及的重要概念,如文献、文献检索、检索语言、光盘数据库检索、远程数据库检索等作了简明扼要的阐明;第二章图书馆藏书及其利用,主要着眼于图书馆实有书刊查寻的共性规律以及如何有效利用医学工具书解难释疑;第三章介绍了科技期刊和医学期刊;第四章重点介绍了美国《医学索引》与 MEDLINE 数据库检索;第五章国外其他重要医学文献检索系统,选择性地介绍了 EM、BA、CA 等国际知名的英文、日文检索系统;第六章中文医学文献检索,重点介绍了当前可获得的光盘及网上中文医学文献数据库检索;第七章介绍特种文献的检索;第八章互联网及其医学信息资源,简要全面地概括了有关国际互联网、搜索引擎、虚拟图书馆等方面的基本概念、原理以及主要医学信息资源的具体获取方法。章节之间和书末设有一些重要的实用性与资料性附录,并编有书后索引。每章后列有思考题。(韩丽)

1566

文史工具书入门 / 郭子直,李岩编. -- 西安:未来出版社,1993. -- 574 页;20cm. -- 7－5417－0480－6(国家图书馆)

本书是作者在多年从事大学中文系高年级学生"工具书使用法"一课的教学实践的基础上,经过反复推敲修订最终编纂成集的。本书从读者的需要出发,从解决读书、写作时的疑难问题的角度出发,涵盖了查找生字、查找难词、查找古今古籍、查找古代人物的姓名或别号、查找历史上的典章制度等内容。本书收录的资料,是截至 1988 年底出版、重版和修订的书刊,主要是中国内地出版的,同时也介绍了中国香港、中国台湾、日本等地出版的汉文有关读物,共约 800 余种。本书既可作为大专院校文史科系文献检索课的教材或参考书,也可作为广大青少年同志在阅读文史书籍时,查阅一些有关工具书的指导读物。(韩丽)

1567

石油检索工具指南 / 何新中,王成龙主编. -- 东营:石油大学出版社,1993. -- 648 页; 20cm. -- 7 - 5636 - 0437 - 5(国家图书馆)

本书是石油领域检索工具书,介绍了世界上重要检索工具200余种,涉及英、俄、日、汉等语种。本书内容新而实用,适用于石油领域各科研、院校、企业、管理等部门。本书由三部分构成:第一部分是综合性检索工具及手工检索的途径和方法。这部分提出约98种和石油工业相关的综合性检索工具书,将各检索工具书的检索途径和方法作了具体介绍。第二部分是专业性检索工具及其检索途径和方法。这部分提出的94种检索工具书,按专业又分作石油、天然气及能源;数学及计算机;物理、化学、化工及分析;机械、力学及仪表自动化;其他等四类。第三部分是计算机情报检索系统,介绍了计算机检索的概况,并列举了当时世界上使用广泛的计算机检索系统,对各系统的算符及具体运用作了详细说明,为读者上机检索提供了基本知识与方法。(韩丽)

1568

如何掌握经济及商业文献信息 / 惠世荣主编. -- 北京:华夏出版社,1993. -- 232 页;26cm. -- 7 - 5080 - 0349 - 7(国家图书馆)

本书包括理论、检索、治学三编,共17章。理论编共5章,主要内容包括经济与商业文献概述、经济与商业文献信息资料的种类与形式、经济与商业文献的信息源;检索编共8章,主要介绍了国内外主要经济与商业文献信息检索工具书刊,国内外主要经济与商业参考工具书,经济与商业文献的查找,经济与商业实体及事项的查找,经济、商业统计资料与数据的查找,以电子计算机为主导的现代技术在经济与商业文献信息检索中的应用,非文献手段、非常规手段在经济与商业情报搜集中的地位等;治学编则介绍了读书方法,如何科学地积累资料,治学与科学研究的方法及学术著作的写作等。(韩丽)

1569

科技文献检索 / 蒋时雨, 龚礼明主编. -- 上海:上海科学技术文献出版社,1993. -- 217 页;26cm. -- 7 - 5439 - 0395 - 4(国家图书馆)

本书主要介绍科技文献情报检索的基础和国内外主要科技文献检索工具及结构、内容和使用方法等。(韩丽)

1570

科技文献检索教程 / 靳小青主编. -- 青岛:青岛海洋大学出版社, 1993. -- 265 页;26cm. -- 7 - 81026 - 498 - 2(天津工业大学图书馆)

本书是在多年教学实践的基础上编写的,旨在增强读者的情报意识,把握和利用科技文献的能力。首先讲述了科技文献的概况,介绍了文献检索必备的理论和方法。详细介绍了各种参考工具书和中外文的检索工具,如美国《工程索引》、英国《科学文摘》等,并介绍了一些重要的外文专业检索工具,此外,还对专利基础知识、专利文献检索工具、特种文献检索工具都有介绍。最后介绍了国际联机情报检索和信息收集与论文写作。本书列举了大量的图表及各学科的检索实例,并在每章末附有思考与练习题。(韩丽)

1571

医学文献检索 / 蓝庭剑主编. -- 北京:科学技术文献出版社,1993. -- 181 页:图; 26cm. -- 7 - 5023 - 1094 - 2(北京师范大学图书馆)

本书依据国家教委"关于印发《文献检索课教学基本要求》的通知",根据华西医科大学等西南地区几所高校长期开设"医学文献检索"课程的实践经验编写而成。全书共分四篇。第一篇总论,介绍情报与文献、文献检索基础等知识;第二篇主要中外医学文献检索工具与参考工具书,介绍中外医学文献检索工具、外文医学文献检索工具等;第三篇计算机检索,介绍内容包括计算机检索概述、国际联机检索等;第四篇情报利用,介绍情报的收集、整理和积累,情报分析与研究,医学文献写作等。(韩丽)

1572

机电类科技文献检索教程 / 李亨标, 陈逸民主编. --北京:北京理工大学出版社,1993. -- 26cm(北京理工大学图书馆)

本书是在1987年编写的《科技文献检索教程》基础上重编的,其内容可以适应机械制造、车辆工程、飞行器工程、工程光学、自动控制、计算机、电子工程等多种专业科技文献检索课的需要。

书中首先简述科技信息概念和文献检索基础知识。随后着重叙述国内外一般科技文献、特种科技文献和专利文献的主要检索刊物内容及其使用方法。接着对各国标准文献的检索方法和一般参考工具书作了阐述。与兵器工业有关的美国科技报告、美国军用标准和防务市场出版物在相应的章节中作了介绍。为了适应情报检索现代化的发展,最后还叙述了计算机情报检索方面的内容。由于各种文献出版物和检索工具刊的内容经常更新,本书中引用的材料和著录格式实例,尽可能自最新资料中选取。视具体专业的不同,在讲授中可对本教材中的内容作适当的取舍。(韩丽)

1573

科技文献检索与利用 / 陆锴书,王淑莲主编. -- 武汉:武汉测绘科技大学出版社, 1993. -- 244 页; 19cm. -- 7 - 81030 - 304 - X(国家图书馆)

本书分为12章,全面阐述了文献检索的基础理论知识,介绍了国内外几种主要检索工具书的编制原理与检索方法,并专辟了测绘文献检索内容。基于计算机网络的高速发展,本书加强了计算机文献检索内容,包括计算机检索原理、基本技术与检索策略的实施技巧;简述了Internet信息检索和国内主要四大网络检索及其最新发展;选介了国际著名的联机检索系统;在光盘检索中,讲述了KR OnDisc for Windows-Ei Compendex(R)、ProQuest - INSPEC、中文科技期刊篇名与中国学术期刊数据库光盘的检索方法;介绍了电子情报检索系统与测绘科技资料文摘库的使用与检索。(韩丽)

1574

中华社会科学工具书辞典 / 潘寅生, 郭建魁主编; 王韵秋等撰稿. -- 兰州:甘肃人民出版社,1993. -- 1 册;20cm. -- 7-226-00966-8(国家图书馆)

本辞典收录了哲学社会科学工具书 5000 多种,包括百科全书、字典、词典、类书、政书、年鉴、手册、书目、索引、图表等。所收工具书上起古代,下迄 1990 年底。本词典重点收录内地正式出版的中文工具书,兼及少数民族语文版工具书、少数民族语言与汉语对照的双语工具书;另外,还尽量收录了台港版中文工具书、外国编辑出版的中文工具书以及译成中文的外文工具书。凡外文原版及外文与汉语对照的工具书概不收录。本工具书具有收录全面、介绍简明、编排科学、检索方便等特点,使得读者既可从宏观上驾驭中文社会科学工具书,又能从微观上具体了解并进而查到自己需要的工具书。(韩丽)

1575

信息检索指南 / 沈传尧等编著. -- 长沙:湖南科学技术出版社,1993. -- 360 页;19cm. -- 7-5357-1113-8(国家图书馆)

本书包括信息检索(主要是文献检索)的基础理论知识,主要检索工具书使用方法的介绍,以及计算机检索的一般原理与方法;同时,为适应当前经济改革与发展的需要,增加了技术市场信息的内容。全书共 18 章,首先介绍了文献检索的基础知识和中文文献检索;然后重点介绍美、英、日、苏等国的重要信息检索工具及其检索方法,并配有检索实例说明,还介绍了专利文献、会议文献、学位论文、标准文献、数据与事实等信息的检索;最后论述了技术市场信息和计算机信息检索。(韩丽)

1576

科技文献检索与利用 / 孙圣薇,赵国庆主编. -- 天津:南开大学出版社,1993. -- 423 页;19cm. -- 7-81040-195-5(辽宁石油化工大学图书馆)

未见书。(韩丽)

1577

社会科学信息检索教程 / 王金祥等主编. -- 西安:陕西科学技术出版社,1993. -- 305 页;图;21cm. -- 7-5369-1870-4(国家图书馆)

本书是信息管理科学研究丛书中的一册。全书分总论篇、分论篇和利用篇三编 18 章。第一编为一到八章,主要讲信息与信息载体——文献、信息检索的意义、信息资料存贮系统、检索语言、检索工具、咨询工具书、计算机检索系统、检索的途径与策略,通用于第二编的各门学科;第二编为第九到十五章,主要讲哲学、经济学、法学、军事学、语言学、历史学、统计学的信息检索,按各院校文科课程设置选用;第三编为第十六到十八章,主要讲学术论文的选题、资料收集与研究以及学术论文写作等,通用于第二编的各门学科。(韩丽)

1578

科技信息检索与利用 / 王立诚主编. -- 南京:东南大学出版社,1993. -- 314 页;20cm. -- 英文题名:Retrieval and Application of Science and Technology Information. -- 7-81023-845-0(国家图书馆)

本书旨在提高读者的信息意识和增强其信息检索与利用能力,详细阐述了信息检索的基本知识和常用方法;系统地介绍了十几种综合性和专业性检索刊物的历史、现状和应用;加强了电子计算机检索和信息利用的内容;国内检索刊物介绍、国外检索刊物简介和参考工具书等章节将有助于扩展读者的知识视野;为适应新的形势,本书还对企业信息的有关问题作了介绍,正文后的附录会给读者一定的帮助。(韩丽)

1579

中文工具书使用指南 / 王世伟编著. -- 上海:华东师范大学出版社,1993. -- 412 页;20cm. -- 7-5617-1000-3(国家图书馆)

本书分为综合论述、历史源流和检索方法三大篇。综合论述主要介绍了工具书的定义与特点、类型与功用、体例与编纂及中文工具书的指南评介。历史源流篇则讲述了字典、辞典、百科全书、书目、索引、文摘、年鉴、手册、类书、政书、表谱、图录、地图等工具书的产生及发展,并对现代中文工具书的发展作了概述。最后从检索的角度,介绍了查字词文句、查书籍、查报刊文章、查年月时日、查人物资料、查地名和地方概况、查事物机构、查资料的途径,并提出在中文工具书检索中应注意的一些问题。(韩丽)

1580

中国文史工具资料书举要 / 吴小如,庄铭权. -- 台北:天工书局,1993. -- 371 页;21cm(国家图书馆)

中国文史范围以内的工具书,绝大部分是抗战前编写的,有些还是古代人的著作。这些工具书无论在内容、观点、方法上,当然都有不同程度的错误和局限。可是在目前,人们还不可能把这些工具书全部重新编写,在一定时期内,对这些工具书还得充分利用。本书着重介绍了有关文史范围工具书的内容和使用方法,给文史工作者提供了一些线索和门径,对于某些工具书中的一些重大缺点和错误,也略有谈及。本书分为十讲,分别讲述了广义的工具书,几种检字法,一般综合性的字典和辞典,查人名的工具书,查地名的工具书,年表和历表,关于文字、声韵、训诂、方言俗谚的工具书,查古典文学作品词语的工具书,类书和政书,书目和索引。(崔明明)

1581

中国古代史文献检索 / 宣守有编著. -- 合肥:黄山书社,1993. -- 378 页;20cm. -- 7-80535-594-0(国家图书馆)

本书共分三编。第一编"检索对象",对我国古籍,特别是历史要籍作了简略的介绍,具体内容包括古籍概况和古代史籍;第二编"检索工具",介绍了文史工具书的种类和重要读史工具书,具体内容包括工具书综述、诠释性工具书、指引性工具书、资料性工具书、综述性工具书、表图型工具书六章;第三编"检索内容和方法",介绍了怎样查阅有关中国古代史的各种资料,是全书的主要部分,具体内容包括史学理论问题的检索、通史和断代史文献资料的检索、民族史和地方史文献资料的检索、专史文献资料检索例说和专题文献资料检索例说等。(韩丽)

1582

化学化工国际文献检索 / 杨洪武主编. -- 开封:河南大学出版社,1993. -- 491 页;20cm. -- 7 - 81018 - 852 - 6(国家图书馆)

本书把提高读者的情报意识放在首位,阐述了信息时代科技情报教育的重要意义,着重介绍了美国化学文摘(CA)、世界专利索引(WPI)和国际联机检索的使用方法,CA 侧重报道学术论文,WPI 侧重生产技术,国际联机检索为综合性快速检索文献的现代化手段,三者具有互补性;并介绍了日本《科学技术文献速报》、前苏联《化学文摘》和中文检索工具,以及文摘的组成、分类、功能、用途和中英文文摘的写法。检索实例详尽。附录中列有 IPC,CPI 专利分类与化工专利关键词表,及缩写、音译、专利文献馆藏表等,为检索提供了必要的方便。为配合课堂教学内容,优选 100 余个检索题目,以便读者在检索实践中增加对文献的感性知识,掌握检索技能和技巧。(韩丽)

1583

社会科学文献检索 / 杨建东主编. -- 郑州:中州古籍出版社,1993. -- 471 页;20cm. -- 7 - 5348 - 0967 - 3(国家图书馆)

本书是专供师范专科学校文科各专业用的文献检索课程教材。全书分为 12 章,除全面系统地介绍文献检索与图书馆利用、文献检索基础知识、检索工具与参考工具、书刊文献检索以及利用文献读书治学外,还根据全国师专所设文科各专业,为马列主义、哲学、政法、法律、经济、语言文字、文学、艺术、历史、教育学、心理学、地理和体育等专业的文献检索分章进行了详细地介绍。(韩丽)

1584

中国工具书大辞典(社会科学卷) / 杨牧之主编;于青等撰稿. -- 哈尔滨:黑龙江人民出版社,1993. -- 523 页;26cm. --7 - 207 - 01837 - 1(国家图书馆)

本书的编写目的在于为使用工具书的读者提供方便,使他们能够快速便捷地了解在某一方面都有哪些工具书,它们各自的情况和特点如何,从而帮助读者更快更好地做出工具书选择。本书共收中国古代至 1989 年的哲学、社会科学中文工具书 7200 余种。国外编写的有关中文工具书亦酌情收入。全书将工具书按类型划分为辞书、类书、政书、百科全书、年鉴、手册、资料汇编、书目、索引、表谱、地图、图录、名录 13 大类。各类工具书参照"中国图书馆分类法"及各类工具书的自身特点,再进一步划分为不同类目。本书堪称是一本高质量的、实用性较强的工具书的工具书。(韩丽)

1585

计算机情报检索系统导论 / 陈光祚主编. -- 北京:书目文献出版社,1993. -- 410 页:图;20cm. -- 7 - 5013 - 1055 - 6(国家图书馆)

本书全面论述了计算机情报检索系统的建立、维护与使用,并介绍了相关的数学、计算机科学和情报科学方面的背景知识,概述了国内外计算机情报检索系统的发展历史与状况,以及计算机情报检索工业的现状。全书共分 6 篇 18 章,主要内容有:计算机情报检索系统及其构成,计算机情报检索工业的发展和检索服务,非书目数据库检索系统,基于新型载体的检索系统,计算机情报检索若干技术研究,情报检索系统的构成、使用、分析、设计及有关技术问题,是一部全面介绍情报机检理论和方法的教科书。(于静)

1586

科技情报检索 / 丁自改等编. -- 西安:西安交通大学出版社,1993. -- 285 页;20cm. -- 7 - 5605 - 0553 - 8(国家图书馆)

本书是高等院校机电类文献检索与利用课教材。全书共 12 章,内容包括:情报检索基础知识,国内外机电类几套常用检索工具的特点、结构与使用方法,事实与数据检索,联机与光盘检索,情报分析与综合利用等。(于静)

1587

科技文献检索 / 胡养儒主编. -- 开封:河南大学出版社,1993. -- 403 页;20cm. -- 7 - 81018 - 854 - 2(国家图书馆)

本书内容包括:文献概述,介绍文献的基本概念、科技文献及文献收藏系统;科技文献检索系统,介绍文献检索系统与工具、文献的检索途径及检索标识辨析;科技名词术语和数据检索,论述科学技术词典利用、科学技术手册检索、图表册、研究机构和人物资料检索;科技知识与进展检索,介绍百科全书、年鉴、述评文献的利用;科技文献资料检索,阐述文献著录的目的和意义、科技文献目录;科技论文检索;美国《数学评论》、英国《科学文摘》、美国《化学文摘》、美国《生物学文摘》、美国《科学引文索引》、美国《工程索引》及其各自的检索方法;介绍专利文献、标准及其他特种文献检索;电子计算机文献检索,论述计算机文献检索系统的构成、脱机和联机检索、机检服务的种类、我国机检服务系统概况。(于静)

1588

过程控制文献检索 / 纪兴权主编. -- 北京:化学工业出版社,1993. -- 260 页;19cm. -- 7 - 5025 - 1085 - 0(国家图书馆)

本书内容包括:科技文献检索导论、中文检索工具的使用、美国《工程索引》的使用、英国《科学文摘》的使用、美国《化学文摘》的使用、前苏联《文摘杂志》的使用、日本《科学技术文献速报》的使用、专利文献检索、利用计算机检索文献、参考工具书介绍、过程控制专业期刊简介、会议文献与学位论文、文献情报利用方法。本书以教学实践为基础,汲取国内理工科文献检索与利用课教材的优点,在内容上尽可能选用最新资料,结合过程控制专业教学与在情报服务中积累的检索实例进行编写。编写过程中依据科学性、系统性、针对性和专业实用性原则,在处理理论与实践,外文与中文检索工具,讲授与自学等诸方面关系的同时,力求具有自己的特色。(于静)

1589

计算机情报检索 / 赖茂生等编著. -- 北京:北京大学出版社,1993. -- 361 页;20cm. -- 7 - 301 - 02062 - 7(国家图书馆)

本书是在总结多年教学实践的基础上,参考了国内外一些有代表性的教材和大量文献资料编撰而成。本书系统介绍计算机情报检索的原理和技术方法,全书共分为 13 章:计算机情报检索的基本原理与发展概况、情报检索系统构成、文献数据库、非文献型数据库(数值数据库、指南数据库、术语库、图像库、光盘数据库)、国内外主要联机情报检索系统、检索策略与步骤、检索技术、文档检索技术、光盘数据库及其应用、情报检索系统设计与开发、系统评价、文献处理自动化(自动标引、自动摘录和自动分类)、计算机情报检索的发展趋势。内容新颖、涉及面广、分析阐述深入、注重实用。(于静)

1590

中国专利文献及检索 / 李杰编写. -- 北京:专利文献出版社,1993. -- 62页:图;26cm. -- 7-80011-068-0(首都师范大学图书馆)

本书首先概述了专利文献的概念、使用等基本情况。然后,介绍了中国专利文献出版物的情况,即中国专利公报的种类、出版周期,中国专利公报的编号与内容,介绍了中国专利说明书的种类、内容、代号以及编号,介绍了中国专利索引和缩微型中国专利文献。最后,介绍了中国专利文献的检索,主要有以下几种方式:利用申请人、专利权人途径检索,利用IPC分类号检索,利用申请号检索,外观设计专利分类检索方法以及其他检索途径。(于静)

1591

农业文献库与计算机检索 / 刘源甫等著. -- 北京:中国科学技术出版社,1993. -- 450页;19cm. -- 7-5046-0717-7(国家图书馆)

本书是从1980年以来,在开展农业文献计算机检索服务所积累的工作学习笔记、短期培训及为中国农科院研究生讲课手稿和答疑琐记的基础上,汲取了国内外诸多有关论述的精华整理而成。它以农业文献计算机检索为论述核心,融会了文献库、计算机检索系统和检索技术三个方面内容,进行了比较系统的论述。在论述中,力求理论联系实际,深入浅出,侧重实用,并以大量的农业文献检索实例予以说明。内容共分7章:农业文献计算机检索的现状与未来;计算机检索系统简介;文献库基础;机检原理;农业文献机检途径和方法;CABI联机检索;检索技术和建库若干问题讨论。(于静)

1592

知识产权情报教程 / 祁延莉等编著. -- 北京:书目文献出版社,1993. -- 360页;19cm. -- 7-5013-1049-1(国家图书馆)

本书由4部分组成,介绍了知识产权的基本要领、知识产权制度的形成与发展以及知识产权的国际合作。将知识产权情报的主体——专利情报的各个方面予以介绍,内容包括专利法知识,专利情报与专利情报系统,专利情报的分类、管理、检索以及企业专利情报等。介绍商标法及商标情报的获取,重点讨论著作权法和著作权与图书情报工作的关系两个问题。本书对知识产权的内容、形成与发展,国际条约、各国专利的申请与审批,专利文献的分类、整理与检索,商标、著作权及其保护等都作深入的论述。本书内容全面,既有理论分析,又注重实用技能;既讲手工检索,也讲计算机检索。本书除了可作为图书馆学情报学专业教材和图书情报人员自学用书外,还可作为广大工程技术人员、企业管理人员、大中专学生的参考书。(于静)

1593

情报技术 / 石履超等编著. -- 北京:科学技术文献出版社,1993. -- 463页;20cm. -- 7-5023-1834-8(国家图书馆)

本书是一部全面介绍情报(信息)技术基础知识的著作。其内容涉及20世纪80—90年代情报技术的各个领域,主要包括:情报技术概论,探讨了情报技术的定义、学科范围、我国情报技术的发展、情报技术未来的发展动向;计算机硬件,论述了计算机的组成与结构、计算机输入/输出设备、计算机存储设备等;计算机语言与软件,阐述了计算机软件概述、语言、操作系统以及计算机病毒与防治;数据库技术,涵盖了数据库定义与类型、结构、管理系统等内容;通信与网络,论述了传真技术、视频数据技术等内容;情报存贮与检索,探讨了自动标引与分类、联机检索技术;缩微、复制与出版,阐述了缩微摄影技术、复制技术及电子出版系统;声像技术;新情报技术,介绍了RISC技术、第五代计算机系统、机器翻译、专家系统、人工智能、计算机图像处理及光纤通信。(于静)

1594

科技文献检索教程 / 孙维钧, 陈寿祺编著. -- 天津:天津科技翻译出版公司,1993. -- 238页;26cm. -- 7-5433-0437-6(国家图书馆)

本书内容包括:科技文献,介绍科技文献的概念、作用、系统结构与类型、整体特征与规律;科技文献检索,介绍科技文献检索的目的与意义、检索工具、检索语言、检索步骤和方法;国内科技文献检索工具,介绍国内科技文献检索工具体系、体例与结构、工具选介;具体介绍了美国《工程索引》、英国《科学文摘》;科技报告及其检索;美国《科学引文索引》的编排方法、著录格式、使用方法与检索途径;学术会议文献的检索;《金属文摘》及其检索;专利和中国专利文献检索;英国《世界专利索引》及其检索;标准文献及其检索;事实与数据检索;计算机检索与国际联机检索。本教材简明扼要,通俗易懂,既对文献检索的基本理论作了较深的讲解,又注重结合实例,对检索工具的使用方法作了较完整的阐述。(于静)

1595

科技信息检索与利用 / 王均林. -- 郑州:河南科学技术出版社,1993. -- 7-5439-1492-1(国家图书馆)

本书内容包括:绪论、文献信息检索基本知识、检索语言、国内检索工具利用、美国《工程索引》、英国《科学文摘》、美国《化学文摘》、特种文献检索、专利常识及国际专利分类法、专利文献检索、美国《生物学文摘》、英联邦农业局(CAB)文摘、联合国粮农组织《农业索引》、日本《科学技术文献速报》、其他外文检索刊物简介、科技参考工具书、计算机信息检索、信息利用、企业信息、附录。本书与常见的检索课教材相比,加强了信息检索基础理论和基本知识、信息意识培养、信息利用和计算机检索等教学内容;为开阔读者知识视野,增加了企业信息、其他外文检索刊物介绍等章节及较多篇幅的附录。本书突出信息意识培养和方法论教学,资料新颖,结构严谨,理论与实践相联系,广博与专深相结合,集新颖、通用和资料性为一体,是本书的显著特点。(于静)

1596

农业信息、情报理论与实践 / 王贤甫主编. -- 北京:中国农业科技出版社,1993. -- 792页;20cm. -- 7-80026-537-

4(国家图书馆)

本书是在总结我国36年农业情报工作经验的基础上,吸收发达国家的先进经验编撰而成的。内容包括:情报、信息的概念及情报属性;信息与认知及知识表示;信息与生产力;农业情报的产生和发展;我国农业情报工作的发展与国内外农业情报系统;农业情报特性、种类及发展规律;农业信息资源;农业文献计量;农业文献分类与编目;农业情报文献标准化及检索语言;农业科技信息有序化处理;农业信息计算机系统及其应用;农业数据库建设;光盘及其在农业情报文献中的应用;农业情报通信网络;农业情报检索;农业情报研究;农业情报咨询;农村信息服务;农业情报教育与用户培训;农业情报发展趋向及情报理论体系的形成等。本书阐述、介绍农业情报与信息的理论、方法、技术和手段,颇具先进性;内容丰富,资料翔实,可操作性强。对农业情报与信息理论和实际工作者,以及广大用户有较大的启迪、参考和指导作用。(于静)

1597

化学化工科技文献检索 / 姚钟尧编著. -- 广州:华南理工大学出版社,1993. -- 302页;20cm. -- 本书于2001年再版. --7-5623-0636-2(北京师范大学图书馆)

内容包括:文献检查基本知识,期刊论文、图书、会议文献、标准文献、中国专利文献、美国专利文献和学位论文的检索,中文检索刊物概述、美国《化学文摘》的应用以及计算机文献检索。(于静)

1598

情报联机检索 / 张惠惠编. -- 上海:上海交通大学出版社,1993. -- 329页;26cm. -- 7-313-01190-3(国家图书馆)

本书是有关联机情报检索的实用性教科书,具体内容包括:概论、联机情报检索语言、联机情报检索的检索项、联机情报检索逻辑、联机情报检索数据库结构、联机情报检索的基本原理、联机情报检索过程与信息反馈、联机检索策略及其评价、联机数据库贮存载体、DIALOG联机系统的检索方法、ESA/IRS联机系统的检索方法、ORBIT联机系统的检索方法、STN联机检索系统的检索方法、BRS联机系统的检索方法、DIALOG联机系统常用文档检索、DIALOG联机系统常用数据库专业介绍、其他联机系统特有数据库专业介绍。附录:联机检索工作单。其中,第一章至第九章,主要介绍联机情报检索的原理,由作者通过简易的描述向读者介绍联机情报检索这样一个先进技术的大概情况。第十章至第十五章,主要介绍几个著名联机系统、联机数据库的使用方法,使读者对这些联机检索系统和数据库不仅有一定了解,而且可以入手使用。全书贯穿作者在联机检索实践使用中的经验和体会,有利于帮助初学者更快入门。(于静)

1599

兵工情报工作手册 / 张力治主编. -- 北京:兵器工业出版社,1993. -- 831页;20cm. -- 7-80038-561-2(内蒙古大学图书馆)

本书阐述了兵器工业科技情报工作体系,兵工情报文献资源的特点及分布,国内外与兵工相关的检索工具的内容及检索方法等。(于静)

1600

科技文献检索与利用教程 / 朱晓观等主编. -- 天津:南开大学出版社,1993. -- 350页;19cm. -- 7-310-00658-5(国家图书馆)

本书包括文献检索基础、检索工具原理、各类文献检索、文献的利用与产生四篇,内容包括:科技文献概论,介绍科技文献的涵义、特点及功能、科技文献源的结构与形式;科技文献存贮机构,介绍概况及文献存贮机构服务体系;科技文献检索基础,概述科技文献检索工具及检索方法;自然科学工具书常识,论述工具书的功用、参考工具书、检索性工具书;自然科学工具书排检法,包括字序排检索法、分类排检法、主题时地排检法;中文科技文献检索工具,介绍国内外科技文献检索工具;综合性科技文献的检索,介绍美国《工程索引》、日本《科学技术文献速报》的检索方法;专业性外文科技文献的检索,介绍了美国《化学文摘》、美国《生物学文摘》、英国《科学文摘》的概况及检索方法;特种科技文献的检索,论述了科技报告、会议文献、学位论文的检索方法;专利文献检索;联机信息检索;自建个人文献存贮系统;科学研究程序与论文撰写。(于静)

1601

国外科技信息及文献检索 / 陈国理等编著. -- 广州:华南理工大学出版社,1994. -- 393页;26cm. -- 7-5623-0520-X(国家图书馆)

本书分为科技信息及文献检索基础知识、一般文献、特种文献及电子计算机检索四篇,内容包括:科技信息及文献检索概论、科技信息及文献检索的基本技术;论述了美国《工程索引》、美国《化学文摘》、英国《科学文摘》、英美《金属文摘》、日本《科学技术文献速报》的使用方法;以实例说明美国科技报告、会议文献、专利文献的使用方法;最后,简介国际联机检索的概况,并列举了国外主要联机检索系统。本书引用的著录格式尽可能按照国外版本原样编排,以便于对照掌握。在对各种检索工具作详细介绍之后,还附有检索途径与步骤的图解,并列举具有代表性的检索实例。本书可作理工类高校本科生、研究生、大专院校学生,以及教师、科研、工程技术人员和图书资料情报人员的学习参考。(于静)

1602

情报检索语言综论 / 戴维民著. -- 北京:军事谊文出版社,1994. -- 419页:表;21cm. -- 7-80027-5181-3(国家图书馆)

本书收载了37篇论文和5个附录,这些文章涉及情报检索语言领域的许多方面,旁征博引,内容丰富,是学习和研究情报检索语言不可忽略的一部著作。(于静)

1603

科技文献检索与利用:机械工程分册 / 何立民等编著. -- 杭州:杭州大学社,1994. -- 402页;20cm. -- 7-81035-632-1(国家图书馆)

该书为地方工科院校文献检索课系列教材的机械工程分册。全书分11章,介绍了文献检索的基本知识、国内外机械类学科检索用综合检索工具、专用检索工具、科技报告、会议文献、标准文献、专利文献的检索，讲述了计算机情报检索、事实与数据及各类数据库的检索，介绍了常用参考工具书的使用方法。书前有内容提要和前言，书后附录：(1)国内部分图书情报机构一览表；(2)国内外经济商情数据库举要；(3)设置国际联机检索终端单位一览表；(4)中国专利局专利文献馆馆藏专利简表；(5)上海科技情报研究所专利阅览室专利文献馆藏情况；(6)江苏省科技情报研究所馆藏专利简表，以及主要参考文献。(胡秋玲)

1604

科技文献检索与利用：电气电子分册 / 何秀成等主编. -- 杭州：杭州大学社，1994. -- 350 页；20cm. -- 7－81035－633－X(国家图书馆)

本书为地方工科院校文献检索课系列教材的电气电子分册。全书的重点在于介绍各种常用检索工具的使用以及专业文献的查找、利用方法。本书对教学内容作了如下安排：(1)各种大型检索工具均以结构框图示意，便函于读者提纲挈领；(2)检索语言结合具体检索工具和实例介绍，便于读者领会和举一反三；(3)事实数据检索分普通工具书、产品数据和技术经济信息三种情报单独设章，以突出专业文献特色，拓宽教学内容；(4)侧重讲解典型检索工具，附带列出其他实用检索工具，重点反映各种检索工具的最新状况。全书共分五部分14章。第一部分为信息情报、文献和检索的基本概念；第二部分为事实和数据检索；第三部分是与本专业相关的常用国内外检索工具和检索方法；第四部分是计算机情报检索方法；第五部分是情报的开发利用方法。(于静)

1605

情报检索与咨询 / 焦玉英编著. -- 北京：科学技术文献出版社，1994. -- 450 页：图；19cm. -- 7－5023－2148－9(国家图书馆)

本书是根据图书、情报专业《情报检索》和《咨询学》教学实际需要编写的。全书分为两大部分：第一部分包括一至五章。主要以科技文献内、外特征描述为依据，揭示文献情报检索工具构成的一般原理。在此基础上，对国内外主要文献类型的检索工具进行剖析。写作的方式是：归纳各种类型的文献描述体、检索语言、检索工具和检索方法所具有的共性方面，提炼出它们各自具有的独特面。其目的是：使读者在掌握文献情报检索工具基本原理的基础上，能举一反三、变通地使用世界上任何一种类型的文献和任何一种专业的检索工具。第二部分包括六、七章。主要概述了情报服务方式中最活跃的部分——咨询服务。本书不限于原有意义上图书情报参考咨询服务，而着重于科技与经济信息咨询服务。为了适应当前经济改革需要，这一部分以企业管理咨询为主论述咨询服务的概念、类型、服务程序、服务工具与服务方法，并附大量企业管理咨询常用图例、表解和计算公式。(于静)

1606

中国农业气象情报概论 / 太华杰等编著. -- 北京：气象出版社，1994. -- 416 页；20cm. -- 7－5029－1407－2(国家图书馆)

本书是我国近10年农气情报业务建设和服务经验的总结，系统地介绍了农气情报的内容、功能和特色，包括：概论，介绍我国农业气象情报业务的概况和国内外农业气象情报的发展；农业气象情报的理论基础，介绍作物发育速度与气象条件、作物的生产力要素与气象条件、作物与气候；农业气象情报信息的监测与传输，介绍监测站网、监测实施、监测信息传输；农业气象情报的编制，介绍编制农业气象情报的原则和准备工作、工具、作物农业气象条件评判指标集、农业气象灾害评判指标集；国家级农业气象情报自动化系统，介绍农业气象情报自动化系统设计、数据处理自动化方法、信息分析与输出自动化程序设计方法、自动化系统的发展与设想；农业气象情报服务产品，编制产品的原则和产品类型、编制流程、编制方法与实例；农业气象情报预测服务系统，介绍数据库、预测模式、实时预测；省级农业气象情报服务系统，介绍服务系统的任务和特点、设计与功能。(于静)

1607

医学图书情报信息实践 / 王汝宽，徐延香主编. -- 太原：山西科学技术，1994. -- 651 页；20cm. -- 7－5377－1016－3(国家图书馆)

本书是1994年全国医学图书情报信息学术研讨交流会议论文集。全书涵盖图书情报信息研究、图书情报教育及查新检索、市场经济条件下的图书情报工作、情报商品化及有偿服务、文献开发利用与资源共享、图书情报服务、图书馆管理、藏书建设、读者工作、队伍建设等12个方面的问题。全书课题广泛、内容翔实、立意新颖，反映了全国图书情报信息的热点问题、大趋势，尤其是广大基层的状况及其转变观念，深化改革，努力为医疗、教学、科研服务的做法、体会和经验，为进一步研究、发展全国医学图书情报信息事业积累、提供了宝贵史料。(于静)

1608

化学物质结构图形联机检索入门 / 谢湘音编著. -- 北京：科学技术文献出版社，1994. -- 360 页：图；20cm. -- 7－5023－2121－7(国家图书馆)

本书共分5章。第一章主要介绍国际联机检索基本知识，其目的是为让读者初步了解STN国际联机系统的基本检索方法。第二章概括介绍了STN国际联机检索系统中美国化学文摘社提供的“化学物质登记数据库”的内容及其检索功能，特别是把结构图作为检索项进行检索的功能揭示给读者。第三章为学习本书重点部分(第四章、第五章)提供一般性基本知识。第四章重点介绍如何在ASCII终端，通过STN系统，利用化学物质登记数据库提供的各种作图指令建立化学物质结构图形。第五章重点介绍如何检索建立好的结构图形，并以此为手段获取化学物质情报及其相关参考文献。本书的目的是引进和介绍联机图形检索技术，使之应用于化学化工等情报领域；普及和推广化学情报联机检索技术，使其更好地为广大科技人员服务；解决目前手工检索化学物质的一些困难，甚至一般联机检索都难于实现的化学物质子结构检索技术。(于静)

1609

商业经济信息处理和检索 / 谢新洲编著. -- 北京:书目文献出版社,1994. -- 365 页;19cm. -- 7-5013-1132-3(北京大学图书馆)

本书包括:商业经济信息特征分析、联机情报检索概论、公司信息数据库及其检索等 12 章。(于静)

1610

文献检索基础教程 / 徐兴余等主编. -- 天津:天津人民出版社,1994. -- 421 页;19cm. -- 7-201-01922-8(内蒙古大学图书馆)

未见书。(于静)

1611

获取国内外医药卫生信息的捷径:医药卫生科技人员事业成功指南 / 詹正嵩主编. -- 北京:人民军医出版社,1994. -- 456 页;26cm. -- 7-80020-421-9(国家图书馆)

本书内容包括:如何结合临床与科研课题,了解自己学科专业的国内外研究现状、水平与发展趋势;医、教、研人员常用的 50 种国内外专利,非专利检索工具书收录的文献内容及查找技巧,立题查新前应做的准备工作;课题研究中应注意的问题;申报成果奖研究报告的撰写技巧和报奖查新;如何收集、整理和撰写反映自己学科专业国内外研究进展的文献综述等专题报告。本书可供军事医学和临床科研人员,医院管理、科管人员,医药卫生情报、查新人员使用。(于静)

1612

计算机信息检索软件设计原理 / 张进著. -- 武汉:武汉大学出版社,1994. -- 391 页;20cm. -- 7-307-01776-8(国家图书馆)

本书较为详细地介绍了信息检索软件设计的基本过程、原理和技术。侧重于理论上分析各类检索系统的检索算法和实用技术,结合我国国情,综合国内外先进理论,全面地、由浅入深地阐述了信息存贮结构、信息的组织、数据压缩技术、脱机批处理检索系统、联机检系统、汉字信息处理技术、形式语言、自动机理与信息检索等内容。本书可用作大专院校计算机信息处理、图书馆自动化、档案自动化等专业的教材或参考书,同时也可作为各类计算机信息系统设计人员,情报、图书和档案自动化实际工作人员的参考书。(于静)

1613

美国法律文献检索 /(美)科恩著;夏登峻译. -- 北京:商务印书馆,1994. -- 354 页;地图,书影;21cm. -- 7-100-01471-9(国家图书馆)

本书是一部全面论述美国法律原始资料和二次文献状况及其检索方法的专著。这里的原始资料是指从联邦到各州的立法、上诉法院的判决以及联邦和各州发布的行政条例、规定、命令,同外国签订的条约、协定等;二次文献是指法学百科全书、法律词典、法学专著和法学期刊等。本书还对英国法的情况也作了些介绍,对另一法系——大陆法系也作了比较,还概述了国际法与国际司法机构的情况。本书详细分析了记载美国各种法律和各种司法判例汇编的情况及其使用方法。(韩丽)

1614

医学文献检索 / 陈界主编. -- 北京:中国科学技术出版社,1994. -- 375 页;26cm. -- 7-5046-1654-0(国家图书馆)

本书较详细地阐述了医学文献检索的基础理论与方法,同时对中、西、日三种文字与医学有关的主要检索刊物作了详尽的介绍,对一些主要的参考工具书、联机检索与光盘检索、查新咨询、情报调研、论文的撰写、医学文献的阅读与积累等也作了必要的介绍。全书共 19 章,其特点是:内容新颖、文字简练、注重实用、兼顾提高。(韩丽)

1615

中药文献检索与利用 / 黄坚主编. -- 北京:中国中医药出版社,1994. -- 210 页:图;26cm. -- 7-80089-374-X(国家图书馆)

本教材的编写,旨在培养中药类各专业学生的情报意识,改善知识结构,掌握文献检索与利用技能,以不断提高学生的自学能力和研究能力。根据这一指导思想,在编写过程中,从内容上,注重突出中药专业特色,反映最新研究成果,力求理论联系实际,注意基础知识传授和检索能力培养。在使用层次上,竭力通过内容的合理安排,形成立体结构,使其既适用于中药专业、药学专业的本科生、研究生,又适用于大专和在职培训。本书共分 15 章,主要包括:中药文献概述,文献检索基本知识,参考工具书概要,检索工具基础知识简介,中文中药文献检索工具,美国《化学文摘》,美国《生物学文摘》,美国《医学索引》,荷兰《医学文摘》,国外其他检索工具书,专利文献检索,现代化检索工具,文献的阅读与积累,中药学术论文的写作,文献的开发与利用等内容。(韩丽)

1616

医学文献检索理论与方法 / 黄晓鹂主编. -- 北京:中国科学技术出版社,1994. -- 368 页;19cm. -- 7-5046-1817-9(国家图书馆)

本书较系统地阐述了医学文献检索的基础理论与方法,同时对与医学有关的主要检索刊物作了较为详尽地介绍,对医学图书馆的利用,联机检索与光盘检索,医学主要的参考工具书,医学文献资料的搜集、整理、阅读和积累以及医学科技查新与文献写作也作了必要的介绍,具有科学实用、新颖和针对性强的特点。(韩丽)

1617

科技文献检索与利用 / 赖金福等编. -- 北京:电子工业出版社,1994. -- 306 页;19cm. -- 7-5053-2505-1(广西师范大学图书馆)

本教材是根据国家教委高教司[1992]44 号文件关于"文献检索课教学基本要求"的通知精神,结合电子工业部三所院校的实际情况与专业特点而编写的。全书共分为 11 章,主要内容包括:科技文献检索的基本知识、原理和方法;国内外几种常用检索工具和参考工具书的编排结构和使用方法;计算机联机信息检索介绍;科技文献利用的基本方法和技巧。书后附录有实习指导书和字母音译对照表。(韩丽)

1618

科技文献检索(第2版)/赖茂生,徐克敏等编著. --北京:北京大学出版社,1994. -- 489页;20cm. --7-310-02531-9(国家图书馆)

本书结合当前科技文献检索教学和实际工作的需要,系统阐述了科技文献检索的基本原理和基本方法,介绍了国内外一些重要的检索工具和使用方法。全书内容充实,不仅有传统的文献索引方法的介绍,还以较多的篇幅介绍了当前的检索新技术和新方法,如元词法、叙词法、挂接主题索引法、保持原意索引法、引文索引法、自动标引与自动化文摘工作、新的检索技术及评价方法等等。本书第二版对第一版进行了全面修订,以便把科技文献检索领域的新变化和新发展反映到书中,使之更加完善。(韩丽)

1619

农业科技信息检索与利用/李希孔主编. -- 北京:中国农业科技出版社,1994. -- 420页;20cm. -- 7-80026-776-8(国家图书馆)

该书系统介绍了信息检索的基本知识、基本原理和基本技能,讲述了国内外出版的农业科技信息检索工具及相关检索工具的结构和使用方法、电子计算机检索知识、光盘检索技术及特种文献的检索,讲授了检索工具的综合运用与检索策略及其检索技巧,信息的利用与信息研究等内容。书前有内容简介、编者的话,每章后都有思考题,书后附有参考文献。(胡秋玲)

1620

军事科学文献检索/刘相吉,王冀生主编. -- 北京:中国检察出版社,1994. -- 560页:图;20cm. -- 7-80086-243-7(北京大学图书馆)

本书共分八章30节,收录中外军事文献检索工具900余种。第一章主要介绍有关文献检索的基础知识,包括文献检索的定义,文献检索发展的历史,文献检索工具的类型、特点和排检法等。第二章和第六章主要介绍综合性的社会科学领域的检索工具,以及与军事技术密切相关的文献检索工具。第三、四、五章,分诸多专题详细介绍了有关军事科学的文献检索工具,涉及面非常广泛。第七章主要讲述国内外计算机文献检索的基本原理、主要数据库及其内容。第八章主要总结军事文献检索的过程、方法,并举实例说明。(韩丽)

1621

中国的类书政书与丛书/戚志芬著. -- 台北:台湾商务印书馆股份有限公司,1994. -- 138页:插图;19cm. -- 中国文化史知识丛书; 1995、2004年再版. -- 957-05-0967-8(国家图书馆)

中国是世界文明古国之一,历史文化典籍浩如烟海。为帮助青少年了解这些珍贵的文化遗产,本书选择其中的类书、政书和丛书,分为三部分扼要介绍。第一部分首先介绍了类书的性质和分类,然后按时代顺序,介绍历代重要类书的作用和发展道路。第二部分首先介绍了政书的性质、类型,例如政书中通古今的“三通”、“九通”和“十通”,及断代的“会要”和“会典”等,同时也简要介绍了不同政书的特点和作用。第三部分介绍了丛书的性质、类型和历史,特别着重简要介绍了丛书的鼻祖——《儒学警悟》和中国最大的丛书——《四库全书》。(崔彤)

1622

英美文学工具书指南/钱青编著. -- 上海:上海译文出版社,1994. -- 358页;20cm. -- 7-5327-1377-6(国家图书馆)

本书主要向我国读者推荐一些常用英美文学工具书并介绍它们各自的收录范围及特点,使读者可迅速查到他们所需要的资料;有关单位可参考此书目购买所需要的基本参考书。本书全用英文撰写,但附有简单中文注释,分别介绍近700种编者认为较有价值、有代表性,对读者有用的英美文学工具书,每种除注明作者姓名、书名、出版社、出版地点及年代外,还附有简单介绍,包括主要内容、范围、特点及简评等。本书按号码编写,每一号码代表着一本书或一套系列丛书。书后附索引。(韩丽)

1623

生物学与生物技术情报检索/邱均平等主编. -- 北京:中国科学技术出版社,1994. -- 575页:图;20cm. -- 7-5046-0871-8(国家图书馆)

本书为了满足广大生物工作者学习的需要而编写,全书结构力求完整、系统,内容力求理论联系实际;既重点论述了生物学与生物技术的各种类型文献资料及手工检索工具和参考工具书的查阅方法,又对生物情报的计算机检索,特别是国内引进的美国《生物技术文摘》《化学文摘》,前苏联《生物学文摘杂志》和生物学情报资料计算机检索系统作了较为详细的介绍;为了适应当代生物工程技术迅速发展的需要,还系统介绍了生物技术情报源及检索途径;最后一章介绍的“生物文献的利用与写作”,对于青年学生和专业工作者了解科技写作知识和提高表达能力,也是必要的。书末列有8个常用资料附录,可方便读者查阅。(韩丽)

1624

科技文献检索/商国云, 严文主编. -- 北京:兵器工业出版社,1994. -- 276页;26cm. -- 7-80038-787-9(国家图书馆)

本书在内容上有两个侧重点,即侧重于文献检索的基本理论、基本知识和基本技能。涉及九个方面内容,即文献的基本知识、文献检索的基本原理、检索工具书的类别和特点、计算机检索、掌握若干常用中外文检索工具书、初步了解与掌握计算机检索的方法、综合使用多种检索工具完成检索课题、掌握获取原始文献的主要方法、初步整理与撰写文献资料的方法。本书共16章,介绍了科技文献和科技文献检索的基本知识、检索语言和检索方法、中文检索工具及其体系、美国《工程索引》、英国《科学文摘》、前苏联《文摘杂志》、日本《科学技术文献速报》、美国《金属文摘》、美国《化学文摘》、英国《管理与销售文摘》、科技报告、专利文献、特种文献、兵工科技文献、联机检索以及科技论文的撰写方法等。(韩丽)

1625

国际经贸情报源 / 施士宇主编. -- 北京:对外经济贸易大学出版社,1994. -- 755 页; 19cm. -- 7-81000-664-9(北京师范大学图书馆)

本书是一本反映信息渠道的经贸综合性情报源工具书。本书的编写参照了国外商业情报源一类图书的编排体系,又注意吸取了对外经济贸易大学文献检索课程教学的实践经验,还兼顾到外贸专业公司的经营需要。它在一般介绍经贸文献检索知识的同时,着重揭示经贸专题情报源及经贸专业公司情报源,包括一般文献、书目、文摘、索引、词典、百科全书、年鉴、手册、名录、统计情报源、价格情报源、报刊、联机数据库以及专业组织等,共收录中外文情报源三千余种。它以经贸院校师生、经贸专业公司以及外向型企业业务干部为读者对象。(韩丽)

1626

科技文献信息学导论 / 索大武, 乔文明, 郑建华编著. -- 北京:中国矿业大学出版社,1994. -- 235 页:图表;21cm. -- 7-81040-297-8(华东师范大学图书馆)

本书为了使读者掌握查找科技文献信息的方法,便于读者自学,尽可能充分地介绍了各种科技文献信息的来源,各种科技文献资料的搜集方法,各种科技文献检索工具和检索设施的利用方法。本书的内容综合性较强,对数、理、化、生、地、医、工业技术、专利、特种文献等科技文献的检索与利用都进行了详细的阐述,并专门介绍了如何利用计算机检索文献和科技文献的写作。叙述方法点面结合,并提供了许多实例和图解。(韩丽)

1627

科技文献检索示例与习题 / 王德义等编. -- 天津:天津大学出版社,1994. -- 217 页;19cm. -- 7-5618-0621-3(国家图书馆)

科技文献检索是一门实践性强的课程,涉及专业面广,需要密切联系实际,本书就是编者在各自拥有的专业知识基础上编写的。在编写过程中,注重收集各学科的最新科技动态、检索工具书的内容和结构上的新变化等。本书内容涉及诸多技术领域,重点介绍了美国《工程索引》、英国《科学文摘》、美国《化学文摘》《金属文摘》等重要的检索工具,并介绍了世界专利检索、学位论文检索、会议文献检索和计算机情报检索的方式方法,每章后都附有相关的习题。(韩丽)

1628

林学文献检索与利用 / 王礼先主编. -- 北京:中国林业出版社,1994. -- 221 页;26cm. -- 全国高等林业院校试用教材. --7-5038-1326-1(国家图书馆)

全书共分为 8 章,其主要内容包括科技文献信息检索基本知识,国内外中文、英文、日文和俄文的林学主要期刊、检索刊物及其使用方法,各类参考工具书的使用方法,国内外特种文献的检索工具,还介绍了计算机检索、文献的阅读与综述、科技论文的写作方法。书后附录有国际组织及其出版物选介、DIALOG 系统常用文档目录、与林学有关的国内主要的信息服务机构简介、国内主要的林学学术组织等。(韩丽)

1629

文献信息检索与利用 / 王秋香主编. -- 西安:西北大学出版社,1994. -- 198 页;26cm. -- 7-5604-0772-2(国家图书馆)

本书遵照国家教委教育司[1992]44 号文件"文献检索课教学基本要求"精神拟定编写大纲。全书共分为 18 章,与过去的同类书相比,本书突出了文献信息的基础知识及基本理论,增加了信息意识对科技活动及个人知识的增值作用、专利文献信息检索、计算机文献信息检索、信息利用等内容,对各种检索工具的介绍注重反映了最新变化。整个教材以培养信息意识与检索信息的技能并重,理论性和实用性相结合。(韩丽)

1630

化学文献及查阅方法(第 2 版) / 余向春编著. -- 北京:科学出版社,1994. -- 435 页; 20cm. -- 7-03-003594-1(北京师范大学图书馆)

全书共分为 15 章,是在第一版的基础上修订而成。第一章绪论,介绍了化学文献的发展、化学文献源概述、化学情报检索系统的建立和发展、怎样查阅化学文献等基本知识;第二章期刊,介绍了综合性化学期刊、各专业主要期刊、题录索引等,然后详细介绍了美国化学文摘、原苏联化学文摘和生物化学文摘、日本的科学技术文献速报、其他化学化工文摘及专业性文摘等,还介绍了专利文献及其检索、科技报告及有关文摘、会议文献的检索、理化数据、光谱资料和各种化学手册与大全、标准、产品样本和说明书的检索;最后则介绍了电子计算机情报检索和化学物质结构信息的表示与检索。(韩丽)

1631

中文工具书导论 / 詹德优编著. -- 武汉:湖北教育出版社,1994. -- 472 页:图;20cm. -- 7-5351-1364-8(北京师范大学图书馆)

本书是在完善修订《中文工具书概论》的基础上,为满足高等学校图书馆专业教学和高等教育自学考试的需要编撰而成。全书共分 3 篇:总论篇介绍了工具书研究概述、工具书一般理论、工具书的产生与发展、工具书的排检方法、工具书的控制与检索、工具书的鉴别与选择等;分论篇包括书目、索引和文摘,字典与词典,类书与政书,百科全书,年鉴、手册与名录,表谱,图录,丛集汇要等;应用篇介绍工具书综合利用的原理与要领、查找资料的基本方法、查找资料的一般途径等内容。(韩丽)

1632

医学文献检索与查新 / 张厚德主编. -- 北京:人民卫生出版社,1994. -- 232 页;26cm. -- 7-117-02099-7(国家图书馆)

济南军区医学情报中心组织编写的这本《医学文献检索与查新》,是继续医学教育公共必修课教材之一。全书共分七章,包括医学文献检索概论;怎样利用图书馆;常用中文医学文献检索工具及其使用法;常用外文医学文献检索工具及其使用法;计算机检索(联机检索及光盘检索);特种文献及其检索工具简介以及医药卫生科技项目查新咨询等。(韩丽)

1633

职业技术教育文献检索 / 张仁凤主编. -- 北京:中国劳动出版社,1994. -- 298 页:图; 20cm. -- 7-5045-1556-6(北京师范大学图书馆)

作为专业文献检索的工具,一本好的职业技术教育文献检索教材应该使学生在掌握基础理论和基本技能的基础上,全面了解这一专业的核心文献及相关文献的分布情况。本书就是为了达到这一目的,编者结合自己多年的工作实践而编写的。全书共分为六章,主要内容包括:文献及文献检索概论,国内外常用工具书举要,专利文献检索,职业技术教育专题文献检索,计算机文献检索系统,读书治学与论文写作等。书后附录有《中国图书馆图书分类法》基本大类表、G 类内教育科学细目表,中国职业技术教育大事记等。(韩丽)

1634

水产文献检索 / 钟家瑞主编. -- 北京:中国农业出版社,1994. -- 113 页;26cm. -- 7-109-03080-6(国家图书馆)

本书按照水产高等院校的专业课程设置详细介绍了水产文献检索的方法和技巧,实例取自水产科研实践,不仅针对性强,而且使用面广,在文献检索中具有代表性和典型性。对于文献检索涉及到的图书情报学基础理论,本书虽然由于篇幅所限未能详细叙述,但却能深入浅出、恰到好处地与实践联系在一起,贯穿始末。鉴于计算机在文献检索中的应用日益广泛,为了满足读者对于这方面的兴趣和需要,帮助他们尽快地掌握先进的检索手段,书中又充实了机检的内容。(韩丽)

1635

中药文献检索与利用实习指导 / 黄坚主编. -- 北京:中国中医药出版社,1994. -- 100 页; 26cm. -- 7-80089-390-1(北京师范大学图书馆)

本书是《中药文献检索与利用》的配套教材,在国家教委高教司和国家中医药管理局人事教育司的积极支持下,由江西中医学院等六所高等中医药院校协作编写。本实习指导共分 9 章,根据中药专业特点,把教学和实习融为一体,侧重于指导学生实际操作,巩固课堂教学效果,深化理论知识,训练学生查找文献的方法和技巧,培养学生分析问题和解决问题的实际能力,使他们掌握若干种综合性和专业性中外文文献检索工具的基本技能。本书在编写中力求理论联系实际,突出中药特色。全书分别介绍了几种主要的中外检索工具的使用说明和使用方法,并编制了相应的检索示例,使学生能举一反三,融会贯通。每章后面附有实习题目,使学生通过习题的练习,能将检索工具的结构、功能及文献分布规律等知识,更好地消化和巩固。(韩丽)

1636

科技文献检索与利用 / 陈荣祥, 贺慧生主编. -- 重庆:重庆大学出版社,1995. -- 225 页;26cm. -- 7-5624-0974-9(国家图书馆)

本书是从使用者的角度编写的,特点是"检索"与"利用"并重,通过大量实例介绍了各类工具书、刊的特点与使用方法,使读者触类旁通,以此提高其科技情报意识。全书内容涉及:信息、知识、情报、文献及文献的出版形式与发展趋势;科技文献检索的基本知识,介绍了信息检索与信息系统,检索原理与检索语言;综合性与专业性、专利与科技报告、会议文献、学位论文与数据事实检索,计算机服务系统与国际联机情报检索;信息利用与情报再生以及应读者要求增编了"编译书稿书写格式"。本书特色是采用知识—方法—利用结构模式;教材内容注意了知识性与实用性、理论性与实践性、综合性与专业性以及传统检索方法与现代检索方法相结合;教材重点突出一个"用"字,即检索工具与方法内容占全书 60% 以上,保证了检索技能的训练的需要;强化了专利文献知识与检索、计算机检索系统与国际联机检索。(韩丽)

1637

文史参考工具书指南 / 陈社潮著. -- 台北:明文书局,1995. -- 418 页;21cm. -- 957-703-066-1(国家图书馆)

本书作者为香港中文大学教授。该书是为了提高读者遇上疑难问题时利用工具书解决疑难的本领而编写的。书中介绍了如何掌握笔画查字法,如何运用音序排检法,怎样查成语,善本书如何查考,怎样利用地图,如何查找版刻、绘画、雕塑等 63 篇文章。书前有作者自序和引言;书后有综合性参考工具书书目、方志参考工具书书目、资料汇编参考工具书书目等七条附录。(赵红)

1638

医学、生物学文献方法学 / 陈卫主编. -- 北京:人民军医出版社,1995. -- 473 页; 图;26cm. -- 7-80020-504-5(国家图书馆)

作者根据自己几十年的医学、生物学文献方法学研究和教学的经验,系统地阐述了医学、生物学文献方法学的理论和方法,详细地介绍了科研与情报信息意识的关系、医药学和生物学领域的科研论文撰写方法、文献综述的撰写技巧、英文摘要的写作要点、关键词和主题词的提取方法、图书馆的利用方法、各种情报源的利用、各种手工检索工具的使用方法及计算机情报检索的使用方法等。内容概括了文献产生、传播和利用的全过程。本书既可作为医药专业和生物学专业研究生的教学用书,也可作为科研和技术人员利用或撰写文献的参考书。书中详尽的实例和经验体会有助于各类人员尽快掌握医学和生物学文献方法学的基本理论和方法。(韩丽)

1639

文献检索与利用 / 郭兰英编著. -- 北京:中国农业出版社,1995. -- 256 页:图;20cm. -- 7-109-04069-0(北京师范大学图书馆)

本书是作者依照中外文检索工具内容的实体,根据多年教学经验及社会需要,参考兄弟单位的文献编写而成的。全书共分为 8 章,主要内容包括:绪论,文献检索原理,专利文献的利用,中文文献检索工具,外文文献检索工具,参考工具书简介,计算机信息检索和文献检索的综合检索方法等。(韩丽)

1640

轻工文献检索与利用(2 版, 修订版) / 胡世炎, 周海鹏,冯素兰主编. -- 大连:大连理工大学出版社,1995. -- 293 页:图;21cm. -- 文献检索与利用课系列教材. -- 7 - 5611 - 0267 - 4(国家图书馆)

本教材为文献检索与利用课系列教材编审委员会组织编定的系列教材之一。本书系统地讲述了轻工业科技文献情报的类型、特点,科技文献的检索原理,通用的检索工具和轻工业各专业检索工具,轻工业常用的特种文献以及国际联机检索和科技论文的写作方法。全书共分 10 章,介绍了综合性检索工具 3 种,专业性检索工具 6 种,相关性检索工具 3 种,特种文献检索工具 14 种,以及国内外出版的主要的轻工业参考工具书,基本上覆盖了轻工业系统常用的各类检索工具书刊。(韩丽)

1641

信息检索 / 蒋非非主编;张炎等编写. -- 北京:科学技术文献出版社,1995. -- 269 页;18cm. -- 7 - 5023 - 2553 - 0(国家图书馆)

本书论述了信息的基本概念,文献信息源,信息检索基础,检索工具、语言、途径与方法,中文检索工具书,经济信息和经济文献的检索。具体介绍了《工程索引》《化学文摘》《金属文摘》《科学文摘》《专利文献检索》《标准文献检索》和《计算机信息检索》等内容。在阐述理论的同时,列出大量检索不同主题、不同数据库的图表和实例。指出在检索不同数据库时采用不同的检索方法、检索策略和选择合适的词表才能达到较为理想的检索效果。本书是作者在多年教学工作经验的基础上编写成的一本教材,以深入浅出、通俗易懂的语言,讲明检索的原理、方法、策略和技巧,是一本实用性较强的检索工具书。(韩丽)

1642

科技文献检索与利用 / 潘松华,张智松主编. -- 徐州:中国矿业大学出版社,1995. -- 324 页;20cm. -- 7 - 81040 - 414 - 8(国家图书馆)

本书是高等工科院校"科技文献检索与利用"课的教材。它简要概述了文献检索的基本概念和基本知识;系统介绍了中文检索工具的使用方法和常用外文检索工具的使用方法;并重点阐述了专利文献、标准及其特种文献的检索与利用的方法。另外对计算机的光盘、多媒体、网络亦作了较为全面的介绍,同时对参考工具书的使用方法及文献的筛选和利用也作了充分说明。(韩丽)

1643

科技文献检索方法 / 田德祥,赵向方编. -- 北京:原子能出版社,1995. -- 181 页;20cm. -- 7 - 5022 - 1445 - 3(国家图书馆)

本书是编者在为北京大学原子核物理专业和应用化学专业讲授《科技文献检索概论》课程的讲义基础上,经过修改补充而成的。全书共分 9 章,首先介绍了科技文献的现状及特点,然后介绍了科技图书和科技期刊的分类与检索工具,然后重点阐述了特种文献、专利文献及其检索方法,介绍了国外主要的科技文献检索工具,如美国《化学文摘》、英国《科学文摘》、日本的《科学技术文献速报》等,还介绍了手工检索方法、计算机检索和光盘检索的相关知识。(韩丽)

1644

机电文献信息检索与利用 / 王均林,王播生主编. --郑州:河南科学技术出版社,1995. -- 350 页;21cm. -- 7 - 5349 - 1240 - 7(深圳大学图书馆)

全书旨在提高读者的信息意识和检索利用文献信息的能力并加强其基础理论素养,重点介绍了国内外机电类各种文献及检索工具的使用,数据、事实检索及计算机检索的方法,而检索策略、文献与信息利用、论文写作及企业信息等章节则有助于扩大读者的知识视野、提高其利用能力。(韩丽)

1645

美国政府四大科技报告实用指南 / 王维亮编著. -- 北京:科学技术文献出版社,1995. -- 331 页:图;20cm. -- 7 - 5023 - 2275 - 2(北京师范大学图书馆)

美国政府科技报告,是美国政府科学研究、设计、制造、试验和鉴定工作的记录和成果总结,对我国工业、农业、国防和科学现代化的研究、设计、制造、试验和鉴定工作有着重要的借鉴和参考作用。本书基于作者 30 多年的研究和工作实践,系统地介绍了美国政府四大科技报告及相关文献,内容包括 AD 报告、NASA 报告、DE 报告、PB 报告等的产生、发展、出版、分类、来源、密级与编号规律、机构的任务及变化、文献的查询和通报目录的使用方法等。对我国的科技报告及相关文献工作有着重要的参考作用,对科学界和科技情报界、图书馆学界的工作者都会有所裨益。(韩丽)

1646

文献检索教程 / 王照军, 王体全主编. -- 北京:石油工业出版社,1995. -- 325 页:表;21cm. -- 大中专文献检索课教材. -- 7 - 5021 - 1452 - 1(沈阳师范大学图书馆)

本书是为了培养大中专学生的图书情报意识,满足新生入学图书馆教育和开设文献检索课的需要而编写的。全书共分 10 章,主要内容包括:文献信息源,文献检索基本知识,文献信息的提取与组织,检索语言,文献检索工具,文献检索方法,哲学、社会科学文献检索,科技文献检索,计算机文献检索,文献检索与论文写作等。(韩丽)

1647

新编文献检索教程 / 徐兴余, 刘淑贤, 乔文明主编. -- 天津:天津人民出版社,1995. -- 359 页:图;21cm. -- 7 - 201 - 02341 - 1(华东师范大学图书馆)

本书是为改革文献检索理论体系而作的一次尝试,不仅吸收了我国十多年来文献检索课教学研究的最新成果,而且从编写体例、结构形式和内容都做了重大革新,建立了新的文献检索体系。本书共分 13 章,主要内容包括:文献的基本知识,文献检索的原理和方法,文献检索工具,辞书、字典和词典,类书、政书、百科全书,年鉴、手册、资料汇编,表谱、图录、名录、文献指南,书目,索引,文摘,特种文献,计算机情报检索,文献检索与论文写作等。(韩丽)

1648

中医文献检索 / 严季澜主编. -- 北京:学苑出版社,1995. --257 页:图;26cm. -- 7 - 5077 - 1016 - 5(国家图书馆)

本书是高等中医院校“中医文献检索”课程的教材，是根据国家教委1992年颁布的“文献检索课教学基本要求”并结合中医专业的特点而编写的。它吸收了以往同类教材的优点及近年来文献检索研究的最新成果。全书共分18章，系统介绍了中医文献的类型、各类重要的中医文献、中医文献的存贮机构及文献检索的方法、途径、步骤；重点介绍了中医字词语句、中医图书、中医论文、现代医学文献、医学研究进展、当代中医人物与中医机构、国外医学文献的检索方法，同时还对计算机检索、中医情报的收集整理和分析研究、综述及学术论文的撰写等也作了较为深入的阐述。（韩丽）

1649

中西医学文献检索与利用 / 张令铮主编. -- 上海：上海中医药大学出版社，1995. -- 168页：表；26cm. -- 7-81010-279-6（国家图书馆）

本书内容涉及古今中外、文史医等各个方面，需掌握古汉语及外语知识方可使用，它较之西医文献检索更为博杂精深。全书以编章结构，各编内容均可独立，但通篇贯穿总论—事项、数据检索—文献检索—文献利用这一脉络。第一编为概论，介绍文献和文献检索的基本知识，是全书内容的总论；第二编是近代参考工具书及其使用，对字词典、百科全书、年鉴、手册等参考工具书的类型、特点和作用作知识性简介，详述参考工具书的排检方法，并举要介绍常用参考工具书；第三编为中医药古代文献检索，重点是古籍，详述中医书目及各中医专题检索的途径和方法，是中医文献事项和数据检索的重要组成部分；第四编是近代国内外医学文献检索，重点是期刊，旨在查找论文，各章分述查找中外医学论文所常用的检索刊物及其使用方法，并由手工检索引申至当代计算机检索概况；第五编是文献的利用，属情报研究，涉及搜集、阅读、鉴别、综述撰写和个人文档的建立。（韩丽）

1650

农业信息检索指南 / 赵华英主编. -- 北京：中国农业科技出版社，1995. -- 377页：图；20cm. -- 7-80026-982-5（东北农业大学图书馆）

为了满足农、林、牧、渔各业的科研、教学、推广、生产、贸易、管理和信息部门工作人员对信息的需求，根据广大用户在实际工作中经常提出的有关农业信息检索与利用的180多个问题，用问答和图解的形式编写了本书，简明而有针对性地介绍了农业信息源，农业文献、事实和数据手工查检和计算机检索的基本知识、捷径与方法。本书致力于普及性和实用性，在写法上力求通俗易懂，一目了然，具有可操作性。全书共分为七部分：农业信息资源，各类农业文献的检索，《生物学文摘》（BA）及其检索方法，《化学文摘》（CA）及其检索方法，《科学引文索引》（SCI）及其检索方法，农业数据库检索，农业名词、事实和数据查检方法。（韩丽）

1651

新编化学化工信息检索 / 孙济庆，杨永厚主编；朱月兰等编写. -- 上海：华东理工大学出版社，1995. -- 236页；21cm. --7-5628-0636-5（北京师范大学图书馆）

介绍化学化工文献检索的知识、方法及常用中外文检索工具的模式，电子文献出版物，计算机情报检索，光盘数据库，情报调研等内容。（于静）

1652

信息资源的开发与利用 / 陈宝珍著. -- 广州：广东高等教育出版社，1995. -- 130页；20cm. -- 7-5361-1647-0（吉林大学图书馆）

现代竞争，不仅仅是金钱、产品和科学技术的竞争，而且是信息的竞争。随着信息高速公路的兴建，信息资源的开发与利用已成为当今社会的一个重要课题。本书条分缕析，介绍了各类工具书的种种排检方法，概说了古今书籍和报刊如何查找的各种门路，指出了古今中外人物有关资料如何使用的各种手段，阐明了检索汉语字词、诗词文句、时事信息、学科情报、历史典帮、典章制度等浩如烟海的资料的种种途径。作者还用专章论述了对信息资源如何加工与整理的见解，全书内容丰富，材料充实，而又提纲挈领，简明扼要。本书从实际出发，着重探讨了信息资源开发的着眼点、内容、原则与方法等问题，并借鉴了图书馆专业研究的最新成果，注意实用性和指导性，阐述具体而又简明扼要。本书可供图书情报工作者参考。（于静）

1653

国际STN信息检索系统使用手册 / 冯佩娟编. -- 北京：中国环境科学出版社，1995. -- 141页；19cm. -- 7-80093-805-0（国家图书馆）

本书是以德国提供的《STN系统检索语言》和《STN系统数据库说明》为素材，结合中国国情，根据实际的检索需要编写而成的实用手册。全书共分6章，第一章至第五章主要介绍国际STN系统的特点、使用方法等知识，第六章按专业大类介绍了该系统目前拥有的约200个数据库的简介。本书内容实用性强，文字通俗易懂，是我国唯一全面、系统地介绍国际STN系统检索等知识的手册。本书集STN系统的使用方法和STN系统数据库介绍于一体，不仅可作为联机检索人员的工具书，也是广大科研人员、大专院校师生、研究生、信息界人士的学习参考书与教材。（于静）

1654

科技文献的检索与利用 / 刘国威主编. -- 北京：机械工业出版社，1995. -- 227页；32开. -- 7-111-04738-9（国家图书馆）

本书内容包括：有关文献检索与利用的基本知识，科技文献的类型，各类型图书馆及特点，图书馆藏书的组织与文献分类，图书馆目录及其使用方法，工具书的基本知识，常用文献检索工具，国内外几种重要类型科技文献的检索，文献检索的原理、方法与步骤，怎样写科技论文等。本书是一门方法课，介绍有关图书馆类型与作用、图书分类、目录组织、文献查找方法、工具书使用、怎样读书和撰写文章等知识，向学生阐述查找与利用文献的方法，培养学生的情报意识和提高学生的文献检索技能。（于静）

1655

中外经济技术信息查询指南 / 刘敏，陈捷主编. -- 北京：企业管理出版社，1995. -- 308页：图；26cm. -- 7-80001-

499－1(国家图书馆)

本书内容包括:经济技术信息服务业与企业信息工作,专利信息与检索,技术标准文献的检索,常用经济信息检索工具书,常用科技信息检索工具书,国外经济技术信息数据库的使用,经济技术类核心期刊概览。全书主要介绍企、事业单位如何开展信息工作,获取中外经济技术信息的的途径与方法,主要介绍中外专利技术信息、标准技术信息和其他常用经济技术类信息检索工具书,简要介绍我国经济技术类核心期刊概况,重点介绍现代化的信息查询手段——国内外联机检索数据库的使用。介绍的信息传播媒介都是质量上乘、易于接触到的,它们的共同特点是某一方面的信息收全率和有序化程度高、便于查询、时效性强、可信度高、用户使用率高。通过阅读本书,读者可以在从事经济技术活动中,准确、及时地捕捉到所需要的信息。(于静)

1656

社会科学文献信息检索概论 / 马文峰编著. -- 北京:中国人民大学出版社,1995. -- 10,448 页;20cm. -- 7－300－02091－7(国家图书馆)

本书内容包括:社会科学文献信息概述,介绍了社会科学的概念、文献信息的概念、社会科学文献信息的特点和功能、社会科学文献信息交流、社会科学文献信息源;社会科学文献信息检索,包括社会科学文献信息检索概述,社会科学文献信息检索的途径、方法和步骤、社会科学文献信息检索工具(卡片式目录、工具书);社会科学工具书排检法,介绍了字顺排检索法、类序排检法、自然顺序排检法;书目、索引、年鉴、文摘、辞书、类书、政书、百科全书、手册、表谱、图录、名录、资料汇编的内容与应用方法;计算机文献信息检索,介绍数据库系统、联机检索系统及现代技术在计算机检索中的应用。本书具有书名新颖,立论有据、编例独特,设计周详、内容充实,涵盖面宽的特点,适合大学文科多种专业学生使用,是一部比较有特色而又实用的好教材。(于静)

1657

情报检索技术 / 沈关龙编著. -- 上海:同济大学出版社,1995. -- 315 页;20cm. -- 7－5608－1447－6(国家图书馆)

本书是作者从事国内外科技情报工作 30 年的实践总结,是面向能源、电力、机械和电子等工业领域科技文献情报的检索理论与检索技术的简称。全书共 11 章,内容包括:情报检索概论,对情报、文献及其检索的基本概念和方法作了论述;对中国科技情报检索刊物体系及利用作了简介;对世界工程技术文献、世界科学文献、世界化学化工文献、世界科研报告和能源研究报告、世界科技会议文献、世界专利文献和世界技术标准文献的主要检索工具及其利用方法,结合能源技术工程、热能动力工程、电力系统及其自动化工程、环境工程、电厂化学工程、动力经济管理和计算机应用等领域的科技文献的检索实例进行了重点介绍;计算机情报检索,对计算机情报检索系统的组成、国际联机情报检索系统及其检索实例作了概述和介绍;专题文献检索与研究,是作者近年来从事国外电力专题文献检索,应用情报科学基本定律开展情报计量学研究所取得的科研成果与经验总结。(于静)

1658

科技信息检索 / 孙滨丽,李琳,吴雯主编. -- 哈尔滨:哈尔滨船舶工程学院出版社,1995. -- 299 页:图;19cm. -- 7－81007－592－6(北京大学图书馆)

本书为地方工科院校文献检索课系列教材的机械工程分册。本教材根据国家教委《文献检索课教学基本要求》编著。全书分 11 章,内容包括基本知识介绍,国内外机械类学科检索用综合检索工具、专用检索工具,科技报告、会议文献、专利文献的检索,介绍了计算机情报检索,事实与数据及各种数据库的检索,介绍了常用参考工具书和如何获取原文的方法。(于静)

1659

犯罪情报学教程 / 王志华主编. -- 北京:警官教育出版社,1995. -- 293 页;20cm. -- 7－81027－700－6(国家图书馆)

本书内容包括:犯罪情报学概论、犯罪情报搜集、犯罪情报的整理、犯罪情报的存贮与检索、犯罪情报的传递、犯罪情报研究、犯罪情报的利用、刑事犯罪情报资料工作的组织管理。(于静)

1660

情报系统 / 朱庆华编著. -- 南京:南京大学出版社,1995. --344 页;20cm. -- 7－305－02802－9(国家图书馆)

本书以系统科学的理论和方法为指导,对情报学研究的主要课题之一的情报系统进行了较为全面的论述。全书共 10 章,分 3 个部分,内容涉及系统科学和情报系统的概念、情报系统的开发,包括系统分析、系统建模、系统设计、系统评价、系统实施以及与情报系统有关的专题讨论,包括情报系统的控制、情报网络、国家情报系统等。(于静)

1661

电子出版物及其制作技术 / 陈光祚等编写. -- 武汉:武汉大学出版社,1995. -- 161 页;19cm. -- 7－307－01836－6(国家图书馆)

本书内容包括:电子出版物是一种新型出版物,介绍电子出版物的基本特征、范围、种类、独特功能、给出版业带来的深刻影响以及电子出版物的发展概况;电子出版物对图书情报工作的影响;利用全文检索技术制作电子出版物;全文数据库系统软件实例剖析;三部电子出版物简介。(于静)

1662

Internet 资源使用手册 /(美) Harley Hahn, Rick Stout 著;陈河南等译. -- 北京:科学出版社、龙门书局,1996. -- 553 页;26cm. -- 7－0300－5644－2(清华大学图书馆)

本书是著名作家 Harley Hahn 等的重要著作,是在前一版本《Internet 资源参考手册》的基础上经过修订、增补而写成的。全书按字母顺序详细列出了 Internet 互联网络上各方面的各种资源的详细目录,以方便用户对 Internet 进行访问。内容包括工业、农业、科技、计算机、文艺、医学、心理学、哲学、人文、考古、建筑、天文、生物、出版业、商务与金融、地学、经济、教育、工程设计、环境、食物和饮料、历史、家庭料理、法律、数学、军事、摄影、运动与竞技、天气,几乎无所不包,应有尽有。本书是 Internet 用户的必备手册,可供用户快速、方便

地查询 Internet 网上的各种资源，提高用户的工作效果。（于静）

1663

现代网络信息与文献检索 / 郭吉安主编. -- 重庆：重庆大学出版社，1996. -- 282 页：图表；19cm. -- 7-5624-1273-1（东北师范大学图书馆）

本书介绍了现代信息网络环境下信息获取与文献检索的基础知识和基本方法，全书共分 10 章，内容涉及 3 个部分：(1)信息网络基础，包括信息网络环境、网络信息资源、Internet 基本功能、网络信息检索工具；(2)联机检索系统与检索工具，包括中文工具与联机系统、国际联机与光盘检索、综合性检索工具选介、专业性检索工具选介、单一检索工具选介；(3)情报研究与信息咨询，包括情报研究与咨询概述、科技查新咨询、经济信息咨询。本书内容上取材新颖，结构上有所创新，可作为相关人员工作和学习的参考。（于静）

1664

现代实用信息检索：获取经贸、科技和法规信息的方法和技巧 / 黄瑞华主编. -- 西安：西安交通大学出版社，1996. -- 8，494 页：图；19cm. -- 7-5605-0779-4（国家图书馆）

本书内容包括：信息检索概述，介绍信息的概念、类型及特点，信息的载体形式与传播渠道，信息检索的原理、类型与渠道，检索语言及效率等；信息手工检索，介绍手工检索工具的类型与特点、内容结构与排检索方法及信息检索方法；计算机检索基础，介绍计算机检索及数据库的基本知识，探讨检索策略与检索技术；DIALOG 国际联机检索，论述 DIALOG 数据库及其检索策略及其优化；光盘检索和国内联机检索，介绍光盘检索的基本原理、CD-ROM 数据库、光盘检索系统的组成和使用、《美国商业管理文摘》光盘数据库的使用、国内联机检索；INTERNET 检索，介绍 INTERNET 的操作基础、信息查询工具；详细论述了金融与统计信息检索，市场与产品信息检索，科技信息检索，专利、标准与法规信息检索，图书、期刊与经济论文的检索，机构与人物信息检索的方法。（于静）

1665

社会科学文献检索基础教程 / 姜汉卿主编. -- 南京：南京师范大学出版社，1996. -- 290 页；20cm. -- 7-81047-057-4（北京大学图书馆）

本书内容包括：导论；社会科学文献检索概述；社会科学文献检索工具书；社会科学文献检索工具书的排检法；字、词的检索；书刊的检索；人物资料的检索；统计资料的检索；马列主义经典文献和哲学文献的检索；教育学、心理学文献的检索；语言文学的检索；政治、法律、经济文献的检索；历史文献的检索；地理文献的检索；艺术文献的检索；计算机检索；社会科学文献资料的积累、整理与论文写作。（于静）

1666

情报检索教程 / 刘文云，刘淑华. -- 东营：石油大学出版社，1996（国家图书馆）

本书为文献检索课教材，内容包括：文献，介绍文献的特点、类型与核心期刊；情报检索基本知识，介绍情报检索原理、语言、工具和检索方法；中文检索工具，介绍检索图书、期刊、专利文献、技术成果、会议文献、学位论文、报刊论文的检索工具；中文参考工具书，介绍百科全书、年鉴、机构名录、《辞海》的使用方法；外文检索工具，介绍美国《工程索引》、英国《科学文摘》、美国《化学文摘》《造纸科学与技术协会文摘通报》、英国《食品科技文摘》、美国《陶瓷文摘》、德温特专利文献及其检索；计算机情报检索，介绍国际联机情报检索与国内联机情报检索；查新咨询工作，介绍查新工作的规范要求等。本书具有以下特点：以国家教委印发的《文献检索课教学基本要求》为依据，尽可能吸收新知识，并将其有机地结合在一起；充实文献检索的基本知识、基本理论和基本方法；加大计算机检索的内容等。（于静）

1667

科技信息检索与开发利用 / 刘新华，彭长城主编；王冠炬等编写. -- 北京：科学技术文献出版社，1996. --351 页；19cm. -- 7-5023-2618-9（国家图书馆）

本书内容包括：绪论、科技文献信息源、科技信息检索的原理和方法、科技信息检索语言与检索效率、中文检索工具及使用、美国《工程索引》、日本《科学技术文献速报》、英国《科学文摘》、美英《金属文摘》《英国海运技术文摘》、美国《科学引文索引》及使用、科技报告及其检索、会议文献信息检索、产品资料信息检索、其他特种文献信息检索、数据与事实信息检索、专利基础知识、中国及日本专利文献信息检索、英国《世界专利索引》及使用、经济与市场信息检索、计算机信息检索、科技信息分析研究与科技论文写作。全书的特点是：内容除采用最新的信息检索的基本理论和基本知识、基本技能外，加了中文文献信息和计算机光盘检索；增加了市场与经济信息检索、科技论文写作以及其他特种文献信息的检索等内容。本书通俗易懂，便于自学，内容新颖，注重理论联系实际，适应面广，有利于培养市场经济条件下需要的科技开发、管理、经营等复合性人才。（于静）

1668

文献信息分类原则、方法与技巧 / 刘延章编著. -- 天津：天津人民出版社，1996（国家图书馆）

本书全面系统地阐述了文献信息分类工作程序，文献信息的复分、仿分与组配中应注意的问题，综合性学科、交叉学科等文献信息分类的基本原则、分类思路、分类步骤、分类技巧、多重列类、多次复分、《中图法》加“0”等问题的分析和处理以及其他文献信息分类疑难问题详解。书后附：文献分类工作要决、《中图法》类分文献的一般与特殊、类目分界与文献分类、文献信息分类实习题及参考答案。本书举例较多、资料新颖、思路清晰、分析透彻，特别是对于文献信息分类工作中的疑难问题能够讲深、讲透，且行文简洁、明了，适合为广大文献信息分类工作者解决分类工作中的疑难问题作参考。（于静）

1669

文献检索简明教程 / 刘志涛主编. -- 西安：西北大学出版社，1996. -- 274 页；20cm. -- 7-5604-1129-0（国家图书馆）

本书分为基础篇、检索篇和须知篇三篇，内容包括：信息和情报;文献和文献检索;马列主义经典文献、哲学文献检索;政治、法律、经济文献检索;教育学、心理学文献检索;语言学文献检索;文学文献检索;史地文献检索;体育、音乐、美术文献检索;数学文献检索;物理文献检索;化学文献检索;大学生与图书馆;阅读方法与技巧;怎样撰写学术论文;常用工具书简介。(于静)

1670

光盘数据库检索指南 / 毛文敏等编著. -- 上海:上海科学技术文献出版社,1996. -- 217 页;26cm. -- 7 – 5439 – 0536 – 1(北京大学图书馆)

本书介绍了目前国内利用较广泛的 10 种光盘数据库。(于静)

1671

食品科技文献检索 / 王骊, 孟培丽编著. -- 北京:北京大学出版社,1996. -- 350 页;20cm. -- 7 – 301 – 03248 – X(国家图书馆)

本书系高等院校食品科学与技术类专业文献检索课教材。它较系统地介绍了文献及其检索、计算机情报检索的基础知识、国内外食品科技文献及数据库的概况,重点介绍了食品科技及其相关学科重要检索工具和数据库的检索。并将计算机情报检索与专业文献检索有机地结合起来,该书备有典型检索实例剖析,重要检索工具的检索习题和答案;附有 DIALOG 系统食品科技数据库的最新目录和主题指南、国内外食品科技核心期刊表及参考工具书目录。本书材料翔实新颖、叙述深入浅出、实用性强,便于自学。(于静)

1672

纺织工程情报检索教程 / 吴兴春等编著. -- 上海:中国纺织大学出版社,1996. -- 141 页;26cm. -- 7 – 81038 – 075 – 3(国家图书馆)

该书系统地阐述了科技情报检索的基本概念、原理和方法,重点介绍了国内外常用的纺织专业检索工具及使用方法。全书从四个方面展开:(1)情报检索基础知识,内容为情报来源及交流渠道、检索语言、检索工具结构及基本检索方法;(2)国内外常用纺织专业性、综合性检索工具的编排和使用方法;(3)纺织参考工具书介绍;(4)计算机情报检索基础知识及国际联机检索系统介绍。书前有内容提要和前言,书后附有参考文献。(胡秋玲)

1673

Internet 网络资源使用手册 / 曾明, 杜秀敏编著. -- 北京:人民邮电出版社,1996. -- 470 页:图;26cm. -- 7 – 115 – 06207 – 2(北京师范大学图书馆)

本手册是一本 Internet 实用参考书。它按照自然科学、社会科学、工程技术、政府部门与国际机构、财经商业、教育、图书馆书目、文体娱乐休闲 8 个类别,介绍了全世界最大的计算机互联网络 Internet 提供的 60 余个领域的信息资源 1100 多个,网络新闻组信息资源 5000 多个。本书在介绍中对每个信息资源提供的内容、资源的网络地址和访问这些资源的操作方法都作了详细说明。为了帮助那些对 Internet 还不十分熟悉的读者也能够顺利地利用本手册提供的资料进行信息查询,特编写了专门章节介绍连入 Internet 网的方法以及如何使用 Internet 的基本信息服务。本手册简明实用,可供大专院校师生、专业研究人员、图书情报人员和所有的 Internet 用户作为联机查询 Internet 信息资源的索引,对于希望了解 Internet 的一般读者,本书也很有参考价值。(于静)

1674

文献检索课教学研究手册 / 张怀涛, 倪延年主编. -- 北京:海洋出版社,1996. -- 2 册(402, 485 页);20cm. -- 7 – 5027 – 4186 – 0(国家图书馆)

本手册辑录了国家教委所颁布的有关文献检索课的文件,撰写了 400 余种教材、著作的内容提要,编制了论文题录,并综述了文献检索课或类似课程在国内外的发展概况,书中还选介了重要的、常用的、基本的检索工具与参考工具书,介绍了专著目录、论文索引、名词术语解释、检索刊物、检索系统以及公开发行的光盘、磁盘数据库。全书内容涉及文、理、农、工、医文献检索知识,中外结合,手检、机检结合,融传统文献检索方法与文献检索新技术于一体。(于静)

1675

计算机情报技术导论 / 张立公, 吴新年编著. -- 兰州:兰州大学出版社,1996. -- 368 页:图;26cm. -- 7 – 311 – 01108 – 6(国家图书馆)

本书内容包括:绪论、计算机及其通信、人工科学的产物——计算机情报检索系统、情报数据库技术、情报的收集与整理、情报数据的压缩存贮技术、计算机情报检索方法、检索系统的实现、系统评价、中文信息的计算机处理、世界主要联机情报检索系统简介。全书以人工科学的理论作为指导,围绕情报数据库的数据收集、系统建立、数据的组织、存储、检索、系统评价等侧面展开对计算机情报技术的理论和实践的探讨,从计算机情报系统的整体概念和外部环境出发,然后深入到每一个组织环节,着重介绍了相关的构成理论和应用技术,并介绍了计算机情报检索系统未来发展方向,试图为情报数据库的生产、计算机情报系统制作提供一本既有理论参考价值又有实践指导意义的书籍,使读者基本掌握计算机情报技术的基本原理和技能,并为将来的深入研究打下必要的基础。(于静)

1676

图书资讯检索技术 / 卜小蝶著. -- 台北:文华图书馆管理资讯股份有限公司,1996. -- 336 页:图;21cm. --957 – 8708 – 27 – 0(国家图书馆)

作者以多年从事图书资讯服务及资讯检索教学研究的心得,观察国外发展现况与趋势,选择一些对图书资讯服务发展有相当影响的资讯检索技术为主题撰写此书。本书在前言里首先阐述资讯检索技术对未来的资讯服务形态的冲击。本书共分 8 章。第一章较全面地介绍了资讯检索技术的发展,第二章深入浅出的介绍了电子资料库检索服务,第三章探讨了全文检索技术,第四章主要介绍 Internet 资源及搜寻的基本方法,第五章则介绍 Internet 资源搜寻系统的种类、特色、评估等项目,第六、七章探讨了内容新颖的网路资讯过滤技术和智慧型资讯检索技术,第八章介绍了资讯检索

技术在图书资讯服务中的重要应用实例。书后附参考书目和索引。(崔彤)

1677

教师获取信息技能 / 陈钧，田赞明，贺修铭编著. --长沙：湖南师范大学出版社，1996. -- 254 页；21cm. --7 -81031 -499 -8(国家图书馆)

本书首先介绍了社会信息化趋势对教师获取信息技能的要求以及教师获取信息技能的内容和构成。然后介绍了各种检索工具书、参考工具书、边缘工具书和现代化技术以及如何利用这些工具书获取所需信息。全书融信息基本知识、信息获取理论与技能于一体，既注重传统文献信息获取，又专辟章节讨论现代化信息获取。本书在内容框架上采用纵横结合的编写方式。在纵向上，以获取文献信息为主线，着重阐述信息获取的基本知识，介绍工具书的分布情况，讨论工具书的使用方法。在横向上，每一章在阐明理论与技能原理之后，都设计了相应的技能训练项目，为受训者提供获取信息的模拟范例，以期能使师范生在职前受到严格而系统的信息获取技能训练。(韩丽)

1678

实用科技文献检索教程 / 陈雅芝，李东来编著. -- 北京：人民交通出版社，1996. -- 202 页；26cm. -- 7 -114 -02300 -6(国家图书馆)

本书共有 13 章，主要包括：高校图书馆利用，高校图书馆信息保障，信息检索的基本原理，检索语言，美国工程索引，英国科学文摘，美国科学引文索引，中国专利文献检索，英国德温特公司世界专利索引，美国公路研究文摘，美国机动车工程师学会论文集、汇刊、手册，计算机信息检索，信息检索指南等内容。本书主要贯穿一条基本思路：提高高校文检课课程教学质量，增强大学生获取和利用信息的能力，必须对大学生实现四年不断线的信息意识、检索技能的培养和教育。本书实用性突出，书中精选了许多样页，使学生不仅能了解原刊全貌，而且还保证了实例中的检索课题都能在样页中找到，大大增强了教学的直观性。(韩丽)

1679

科技文献信息检索 / 陈英等编著. -- 成都：成都科技大学出版社，1996. -- 332 页；图；19cm. -- 7 -5616 -3280 -0(国家图书馆)

本书是在总结多年教学实践经验的基础上，以大量的最新信息为素材，从实际需求出发，着重于一个“用”字，据此撰写而成。本书是一本通用的学习文献信息检索的专著，既充分考虑了国家教委关于文献检索与利用课程的基本要求，又兼顾了各级各类有关人员学习、掌握文献信息检索方法的实际需要。全书着重四个方面的内容介绍：一是文献信息及其检索原理；二是国内外著名手工检索工具及使用方法；三是国内外著名计算机联机检索系统及光盘检索系统的使用方法；四是文献信息的综合利用与再生。(韩丽)

1680

社科文献检索教学大纲 / 国家教委高教司编. -- 北京：高等教育出版社，1996. -- 91 页；19cm. -- 7 -04 -005653 -4(国家图书馆)

本书共分三大部分，上编绪论部分先介绍了社科文献检索的特点、作用、范围、类型、程序、步骤以及社科文献检索的途径方法和原理策略，概述了社科文献检索的工具书。中编是中文工具书部分，分别详细介绍了如何利用中文工具书进行字词文句的检索，图书文献的检索，报刊文献、人物资料、史事历日的检索，讲述了地理资料、百科知识、信息动态和图象资料的检索。下编是外文工具书部分，重点介绍了引词引语、图书论文、人物资料、组织机构、史地资料及其他资料的检索。(韩丽)

1681

科技文献检索教学大纲 / 国家教委高教司编. -- 北京：高等教育出版社，1996. -- 86 页；图；19cm. -- 7 -04 -005652 -6(国家图书馆)

本书重点介绍科学技术文献的手工检索和计算机检索的基本知识和技能。全书共分为 11 章，首先对科技文献检索进行了简介，然后介绍了科技文献情报源及其检索特点、文献检索系统与检索效率、国外综合性科技文献检索刊物及其检索方法、国外科技报告、政府出版物及其检索、国外学术会议文献及其检索、专利文献及其检索、技术经济信息及其检索、国内科技文献及其检索、计算机情报检索，最后介绍了代检服务、查新服务、咨询解答等多种检索服务。(韩丽)

1682

资讯检索 / 黄慕萱. -- 台北：台湾学生书局，1996. --343 页；21cm. -- 图书馆学小丛书. -- 957 -15 -0738 -5(国家图书馆)

本书从理论和实务两个不同的层面探讨资讯检索。在理论方面，本书首先介绍资讯系统的基本架构，其次说明检索必备的资料库结构、资料库索引法及索引典结构等知识，而后探讨参考晤谈的重要性及其理想的进行方式，最后则尝试从各种不同的角度探讨检索评估，以期掌握高品质的检索结果。在实务方面，本书除以功能分析的方式介绍大型线上检索系统——STICNET 的选项式语言及世界最大书目资料库——Dialog 系统的指令式语言外，更详加说明各种检索策略和检索技巧，并进一步区分检索类型，以期读者能视需求的不同适时地加以运用。为搜集检索实例，作者实际上线查询 Dialog 系统，以求得较具代表性的检索实例，使理论与实务的说明更趋完善。书后附参考书目和中、英文索引。(崔彤)

1683

资讯检索中“相关”概念之研究 / 黄慕萱著. -- 台北：台湾学生书局，1996. -- 298 页；21cm. -- 957 -15 -0749 -0(国家图书馆)

本书从理论与实证两个不同的观点研究相关概念。在理论方面，首先介绍以相关为核心的资讯检索五大基本概念，其次介绍相关概念之历史、发展及其实证型研究结果，而后探讨相关概念在系统评估上的应用、争议及其所带来的省思。在实证方面，本书分为两大部分探讨，第一部分的重点在描述资讯需求者相关判断的结果，除实际分析访问所得之每一次相关判断评级、浏览栏位、判断依据和所耗费时间外，并企图探讨可能影响相关判断结果之因素。第二部分则从引用文献的角度探讨心理相关,除设法了解检索所得书目和实际引用书目间的差异外,并系统化地研究相关书目不被使用的原因及其他非线上检索所得之参考书目来源,企图深入探讨相关概念和读者使用间微妙而复杂的关系。(赵红)

1684

文献检索教学与图书情报工作 / 黄晓鹏主编. -- 北京:中国科学技术出版社,1996. -- 329 页;26cm. -- 7-5046-2288-5(国家图书馆)

本书是一本论文集,由上、下两编组成。上编为文献检索教学,内容包括教学探讨与改革、教学内容设计、教材建设、教学法研究、教学心理学、师资队伍建设、计算机检索与科技查新、文献检索与继续教育、情报检索语言与文检课教学等,反映了文献检索课教学现状,从不同角度对文献检索教学进行了研究探讨,提出了许多新观点、新经验、新技术。下编为图书情报工作,内容包括工作探讨与改革、队伍建设、图书采访与分类编目、期刊工作、读者服务与藏书建设、情报工作、图书馆现代化技术等,揭示了在当前形势下图书情报工作面临的挑战、机遇与对策,为进一步搞好图书情报工作提供了可以借鉴的方法与措施。(韩丽)

1685

科技文献检索与利用指南 / 黄秀莲,朱月兰编著. --上海:华东理工大学出版社,1996. -- 318 页;20cm. -- 7-5628-0695-0(国家图书馆)

本书是一本跨学科的科技文献检索与利用的著作。本书运用情报检索原理,用提问的形式全面、系统地阐述了美国《化学文摘》《德温特世界专利索引》、英国《科学文摘》、美国《工程索引》、英国《科学引文索引》、英国《生物技术文摘》、美《国数学评论》、国外科技会议与会议文献、美国《市场与技术预测综览》、美国《化学工业摘记》、中文检索工具和计算机情报检索等检索工具的检索原理和检索方法。本书还结合化工、数理、经济类等各专业的大量专题(实例)进行详尽的介绍和剖析,引导读者快速入门,理论密切联系实际。本书资料翔实、通俗易懂、便于自学、实用性强。(韩丽)

1686

科技文献检索实用教程 / 穆安民编著. -- 重庆:重庆大学出版社,1996. -- 222 页;图;26cm. -- 7-5624-1099-2(国家图书馆)

本书以科技文献检索基础知识和技能为主线,以计算机检索和互联网上信息资源检索为重点,介绍了万维网、HTTP、URL、IP 地址结构、子网掩码、搜索引擎、计算机文本技术的发展、布尔逻辑的最新理解、各种全文本阅读器和 PDF 文件阅读器、有关机读文献的各种国际标准、CNKI、书生之家和 Ei Village、INSPEC 等大型数据库的检索、万维网操作技巧等,是一本力图适应科技最新发展的文献检索与利用方面的教材。同时本书还提出崭新的"信息利用三原则",即信息适度原则、信息帮助原则和信息素质原则以及做一个真正的"信息人"的基本要求等。(韩丽)

1687

医学文献检索 / 任效娥主编. -- 兰州:甘肃文化出版社,1996. -- 166 页;26cm. -- 7-80608-224-7(国家图书馆)

本书选择了国内外有关生物医学方面的文献检索工具,较偏重于临床医学以及国内中文检索工具的介绍。另外,介绍了计算机文献检索、光盘检索以及世界上主要的大型生物医学文献联机检索系统和有关常用的数据库。全书共分为九章,主要内容包括医学文献检索概论,《中国图书资料分类法》和《医学主题词表》简介,中文医学文献检索工具,国外几种主要医学文献检索工具,特种文献及其检索工具,计算机检索概论,医学参考工具书,医学文献写作等。(韩丽)

1688

针灸推拿骨伤气功养生文献检索与利用 / 王德深主编. -- 北京:中国医药科技出版社,1996. -- 251 页;26cm. -- 文献检索与利用课系列教材. -- 7-5067-1447-7(国家图书馆)

本书是为适应高等中医院校开设"针灸、推拿、骨伤和气功养生文献检索与利用"课程的需要而编写的。全书分四编 18 章:第一编针灸文献检索与利用;第二编推拿按摩文献检索与利用;第三编骨伤文献检索与利用;第四编气功养生文献检索与利用。本着实用的原则,简要地介绍了有关四部分文献的基本知识、检索方法与步骤和常用的本专业文献检索工具书。书后附有世界卫生组织(WHO)1989 年审定采纳的《国际标准针灸穴名》与标准针灸穴位图、中国历代简表。(韩丽)

1689

新闻广播电视系统社会科学文献检索方法释例 / 王铎,林淑华著. -- 北京:中国石化出版社,1996. -- 319 页;21cm. --7-80043-648-9(国家图书馆)

本书共分十章,全面概括了社会科学文献检索的各门类内容。全书以问题、分析、检索并兼有附记等十分周详的体例设计,给读者以极大的方便和启迪。该书在内容上,选材丰富、系统,能够满足未来新闻广播电视工作者对文献资料多方面的需求。同时本书在形式与体例上"方法释例"这种新方式克服了一般同类教材的局限。本书在运用传统古典文献材料及最新出版成就上,都表现了广阔的视野和较深的功力。(韩丽)

1690

中文参考资源 / 谢宝暖. -- 台北:文华图书馆管理资讯股份有限公司,1996. -- 408 页;21cm. -- 957-8708-26-2(国家图书馆)

网路资讯时代,图书馆可用以解答读者问题的来源已不限于传统印刷型的参考工具书,有越来越多的答案,尤其是即时性的资讯,可以通过网路检索得到,也有越来越多的出版机构将其印刷型的参考工具书以电子形式出版。因此,本书所探讨的中文参考工具书范围不限于印刷形式,也扩及电子形式。全书内容共分 13 章。首章参考服务导论,论述参考服务的意义、功能,参考馆藏,以及空间规划;第二章参考资源导论,介绍参考资源的定义、中文参考书的排检方法以及评鉴参考书的原则。第三至十三章,则依参考资源的类型，如字辞典、百科全书、类书、书目、索引摘要、传记资料、地理资料、年鉴、名录与手册、统计资料和法规资源等，分章介绍其定义、源起、功用、体例，并选择介绍重要的参考书，兼及电子形式的出版品以及网路资源。（崔彤）

1691

中国工具书大辞典 / 徐祖友，沈益续编. -- 福州：福建人民出版社，1996. -- 1277 页；20cm. -- 7－211－02393－7（国家图书馆）

本书为《中国工具书大辞典》的续编，其正文和附录一共收录了1987年至1994年间中国正式出版的各类工具书1万余种。范围包括字典、词典、百科全书、年鉴、年表、手册、名录、书目、索引、名人传记等。条目著录的内容有书名、作者、出版者、出版时间、开本、页数，大部分条目有内容提要，少数工具书有简要评介。书后附有《1992、1993、1994年工具书简目》。本书对我国辞书编纂、辞书研究、图书在版发行、古籍整理、高校教学及科研等工作，都具有非常重要的参考价值。（韩丽）

1692

四大文献索引及联机检索 / 杨均辉，刘娅，廖小翎编著. --广州：中山大学出版社，1996. -- 135 页：图；21cm. -- 7－306－01139－1（国家图书馆）

本书简明扼要地阐述了四大索引——《科学引文索引》《工程索引》《科学评论索引》和《科技会议录索引》的编排结构、著录格式、收录文献的学科内容，以及手工与联机检索方法。文字叙述通俗易懂，名词术语用中英文对照，检索方法示例典型，方便读者在检索中参考使用。本书所介绍的“四大索引”都是综合性的科技文献索引，内容包括：基础理论学科、技术应用学科和工程学科等各个领域。（韩丽）

1693

中文工具书使用法 / 詹德优等主编. -- 北京：商务印书馆，1996. -- 653 页；20cm. -- 7－100－01510－3（北京师范大学图书馆）

本书系原教育部批准出版的“六五”高校文科统编教材之一，它自1983年问世以来，为满足高等学校教学及图书馆界业务学习与职称考核的需要，曾经逐年重印过。本书分上、中、下三篇：上篇工具书总论，包括绪论、工具书排检法、工具书的控制与检索、工具书的鉴别和选择等；中篇工具书分论，包括书目、索引、文摘介绍，字典、词典介绍，类书、政书介绍，百科全书介绍等；下篇工具书利用，包括工具书的综合利用、古今书籍检索、报刊论文资料检索、字和词的查找、诗文典故的查找、历史人物的查找、地名资料的查找、法规制度的查找、图像资料的查找等。（韩丽）

1694

科技文献检索与利用 / 张白影主编. -- 武汉：华中理工大学出版社，1996. -- 236 页；26cm. -- 7－5609－1251－6（国家图书馆）

本书共分为9章，首先介绍了文献检索在科学研究中的作用、文献检索工具和文献检索的一般方法、途径、步骤与效率。然后介绍了科技文献信息源，科技文献常用的中文检索工具及其检索，对科技文献主要外文检索工具，如《工程索引》《科学文摘》《化学文摘》等也作了详细介绍。还介绍了知识产权与专利文献、会议文献、科技报告、标准文献、产品资料等特种文献的检索，介绍了科技参考工具书和计算机文献检索。最后介绍了科技文献的利用和科技论文的撰写。（韩丽）

1695

文献信息利用通论 / 张怀涛，代根兴主编. -- 北京：原子能出版社，1996. -- 270 页；20cm. -- 7－5022－1465－8（国家图书馆）

本书共10章，主要包括文献信息的基本知识，文献信息需求与获取，文献信息检索原理，文献信息的手工和自动化检索，文献信息检索策略，文献信息机构，文献信息的阅读、个人积累与存贮、研究与利用等内容。本书结构体例新颖，将文献信息利用看做是一个用户需求、检索、获取、阅读、积累、存贮、整理、研究、运用、再生文献信息的过程，并按此逻辑顺序安排章节，构建了一个以文献信息利用为中心的知识体系。其次是注重理论与方法的结合，在理论抽象方面做了很多努力，如关于文献信息及其需求规律的阐述，关于文献信息检索原理、阅读原则与方式的探讨。同时也介绍了一些实用的方法，如文献信息的检索方法、获取方法、阅读方法、记忆方法、利用与再生方法等，做到了理论与方法的有机结合。第三是立足用户和读者。（韩丽）

1696

经济文献检索与利用 / 张家明主编. -- 北京：中国物价出版社，1996. -- 237 页；20cm. -- 7－80070－676－1（国家图书馆）

本书是作者近年来从事文献检索与利用课程教学与研究的结晶。该书比较全面地阐述了文献检索基本理论知识和基本方法，结合专业的特点和需要，重点介绍了有关经济事实、数据的检索，内容比较广泛。该书在工具书选择上立足于‘新”，尽可能选择能够反映我国改革开放和经济体制改革形势的具有代表性的最新出版的工具书进行介绍，以适应时代的呼唤和读者的实际需要。为了适应计算机文献信息处理技术的发展，该书对计算机情报检索的有关知识和我国近年来经济文献数据库的建设状况进行了比较详细的介绍，为读者利用有关数据库提供了方便。（韩丽）

1697

科技文献检索教程 / 张秀珍，宋凤兰主编. -- 沈阳：东北大学出版社，1996. -- 258 页；26cm. -- 7－81054－042－4（国家图书馆）

本书是为了满足高等院校开设《文献检索与利用》课程的需要，根据国家教委关于“文献检索课教学基本要求”的精神，结合编者多年教学实践编写而成。本书可作为冶金高校及其他理工科院校的研究生、本科生文献检索课教材，也是工程技术人员较好的参考书。全书共分15章，主要包括三部分：第一部分文献检索基本原理和基本方法，阐述科技文献检索的基本知识、检索工具、检索语言、检索方法和检索工具质量评价；第二部分基本工具，重点介绍国内外一些有代表性且使用面较宽的综合性、专业性检索工具的编排结构、特点和使用方法;第三部分检索效果评价,论述了如何改进检索工具或系统的性能,提高检索效果。(韩丽)

1698

社会科学信息咨询指南 / 朱建亮主编. -- 长沙:湖南出版社,1996. -- 1217 页;26cm. -- 7-5438-1413-7(国家图书馆)

本书是咨询领域一部颇具实用价值的工具书。本书全面系统地介绍了信息检索工具,将工具书分为 80 个专题,精选收录工具书 4000 种,中外社会科学经济技术数据库 320 多个,并详细介绍了各种工具书的收录范围、主要功用、编排体例和检索方法,并列表介绍了各种数据库,最后提出了社会科学信息检索模式。全书共分五编,第一至第三编为理论探讨和应用研究,第四编为社会科学工具书表解,第五编为附编。本书还提供了信息鉴别、推导和研究的方法,具有一定的参考价值。(韩丽)

1699

农业科技资源分类配置与光盘检索指南 / 白磊著. --北京:科学出版社,1997. -- 166 页; 26cm. -- 7-80111-221-0(北京师范大学图书馆)

本书是在总结多年实践经验基础上,围绕我国农业科技文献资源、科研成果资源和科技人才资源的合理开发与利用,建立网络系统,实现农业文献信息资源共享与提高农业科技资源管理水平,借鉴国外经验促进我国农业图书情报单位的现代化建设,对世界农业文献三大光盘数据库(AGRICOLA、AGRIS、CABICD)的开发与利用进行了较深层次的科学研究。全书极具参考价值。(韩丽)

1700

实用医学文献检索 / 陈荔子, 李道苹, 朱金城主编. -- 北京:北京医科大学,中国协和医科大学联合出版社,1997. -- 224 页:图;26cm. -- 7-81034-660-1(国家图书馆)

本书共 12 章,介绍了医学文献及医学文献检索的基本知识、参考工具书、国内外主要的检索工具、特种文献检索、专利的基本知识和专利文献检索、中医药学文献检索及情报调研分析方法等。重点介绍了国外一些著名的医学类检索工具。同时,为了适应因特网的发展,本书将国际互联网的基础知识和医学文献检索的关系作了简介。本书从实用出发,只介绍常用的英语检索工具。用了较多的检索实例充实内容,以便于读者掌握理解。(韩丽)

1701

化学化工工具书指南 / 冯白云主编. -- 北京:化学工业出版社,1997. -- 285 页;19cm. -- 7-5025-1847-9(国家图书馆)

本书系统介绍各学科综合性工具书和化学化工综合性工具书。然后按学科分支具体介绍了无机化学、有机化学、分析化学、物理化学、化工过程、化学工程、高分子化学化工、放射化学、生物化学等工具书的类型及用途。全书汇编入各类工具书 524 种,选材比较得当,内容繁简有序,实用性和可读性都比较强。(韩丽)

1702

科技文献检索 / 胡德华主编. -- 北京:机械工业出版社,1997. -- 207 页;26cm. -- 7-111-05666-3(国家图书馆)

本书分为四大部分。第一部分是文献检索基础知识、中文检索工具及数据事实检索、单一类型文献检索的介绍,可以帮助读者了解科技文献检索类型、程序和方法,检索工具的类别、特点及辅助索引,参考工具书的类别、特点、功用等。第二部分介绍综合性常用检索工具,如 EI、CA、SA、SCI 等的编排、检索方法及如何获取原文。第三部分是理工科专业性常用检索工具的介绍。第四部分是计算机检索,介绍了如何选择数据库,如何制定检索策略和光盘检索、联机检索、国际互联网检索等方法。(韩丽)

1703

经济文献检索与利用 / 胡刚主编. -- 昆明:云南大学出版社,1997. -- 219 页; 19cm. -- 高校文献检索课丛书. -- 7-81025-736-6(北京师范大学图书馆)

本书是为了配合文献检索课的教学而编写的。全书共分为 9 章,主要内容包括:文献与经济文献概述,文献检索语言,常用检索工具,计算机文献检索,经济文献检索方法概述,经济图书、报刊、地方文献的检索,经济专业词语检索,统计资料及图表数据的检索,经济政策法规、人物、大事的检索等。书后附录有经济类工具书简介和经济类核心期刊的简介。本教材突破了以往文献检索教材的编排体例,特别注重实用效果,从内容、结构上都做了一些尝试。(韩丽)

1704

书目选择行为之研究 / 黄慕萱计划主持人. -- 台北:台湾"行政院"科学委员会,1997. -- 1 册;29cm. -- 灰色文献图书馆学研究计划报告(国家图书馆)

本研究分析台湾大学教职人员和学生在撰写学期报告或硕博士论文时的书目选择行为。本计划的终端使用者共有 33 位,他们在接受 30 分钟的检索课程训练后,总共完成了 41 次检索和 40 份报告。本计划将深入了解实验对象的书目选择行为,除探讨线上检索支援学生学期报告或参考书目的程度之外,还将分析报告中其他非线上检索书目的来源,从而了解学生们选择每一书目资料的原因,以期对大学生及硕士班研究生的书目选择行为有一全面的了解。本书共分 6 章:第一章绪论,第二章文献分析,第三章研究设计与实施,第四章书目选择行为中相关判断之实证分析,第五章书目选择行为之实证探讨,第六章结论。书后附参考书目和附录。(崔彤)

1705

中医药文献检索 / 吉文辉,梁延光主编. -- 上海:上海科学技术出版社,1997. -- 204 页;26cm. -- 全国高等院校文献检索与利用课系列教材. -- 7-5323-4452-5(国家图书馆)

本书是全国高等院校文献检索与利用课系列教材之一,全书主要介绍了中医药词语、中医药图书、中医药论文和专利、中医古代专题资料等的检索途径和检索方法等。(韩丽)

1706

医学文献检索 / 李秉严等主编. -- 成都:成都科技大学出版社,1997. -- 216 页;26cm. -- 7-5616-3317-3(国家图书

馆)

本书是编者针对教学中所反映出的问题,认真学习研究了国内外医学文献检索工具的最新版本,翻译、查阅核对了大量的新资料编写而成的。书中针对近年来全球兴起的“信息高速公路”这一热点问题,增加了 Internet 介绍及联机检索的有关章节,充实了内容。为了便于学生更好地掌握课程的重点内容,加深理解,在每章节后附有思考题和实习题,力求使本书更符合教材的规范要求。全书共分为 4 篇 11 章,第一篇总论介绍了医学文献及医学文献检索的基本概念;第二篇医学文献检索工具与参考工具书,重点介绍了中外文医学文献检索工具和参考工具书;第三篇计算机检索,主要包括计算机检索概述、CD – ROM 医学文献检索、联机检索、Internet 简介;第四篇则介绍了医学文献利用与写作。(韩丽)

1707

科技信息检索 / 孙平, 任其荣编著. -- 北京:清华大学出版社,1997. -- 261 页;图;20cm. -- 7 – 302 – 02372 – 7(国家图书馆)

本书第一章介绍信息的基本特征,使读者对当代信息的概念、特点有一个清醒的认识。第二章论述信息检索的一般原理与检索系统的基本类型及功能。第三章将手工检索与计算机检索相结合,综合叙述信息查询的一般法则和方法、技术。第二章、第三章是本书的核心和枢纽,引导读者正确利用各类检索系统去有效地获取所需要的信息。在此基础上,第四至第六章有选择、有重点地对科技信息的多种检索系统加以介绍,包括多种出版类型的和单一出版类型的参考资源以及事实资源等各种检索工具。第七章论述 Internet 网络信息资源的存取技术,这是在文献检索一类书中首次引入的内容。此章以简明的方式介绍现代计算机网络的基本概念及其信息资源的基本查询工具,把读者引进一个崭新的检索领域,以适应当代全球信息环境。(韩丽)

1708

党政干部信息资源综论 / 王宝沅, 李淑华主编; 谢冈等编著. -- 天津:天津人民出版社,1997. -- 588 页; 21cm. -- 7 – 201 – 02581 – 3(北京师范大学图书馆)

本书的编写,主要是为党政干部强化信息意识,增强信息能力,开辟信息途径,提供理论知识与实践经验。全书共 20 章,主要内容包括党政干部文献信息,党政干部文献信息检索,文献信息检索的方法和途径,现代化文献信息检索手段,党政干部文献信息检索工具书,文献信息检索工具的编排与检索方法,文献信息检索系统,马克思列宁主义文献信息检索知识,毛泽东、邓小平理论文献信息检索知识,老一辈无产阶级革命家、党和国家领导人文献信息检索知识,哲学文献信息检索知识等。(韩丽)

1709

体育科技文献学 / 王书元主编. -- 哈尔滨:哈尔滨工程大学出版社,1997. -- 233 页;19cm. -- 7 – 81007 – 756 – 2(国家图书馆)

本书是研究如何有效运用体育文献的新科学,包括体育文献的类型和特点,体育文献的检索、选择、阅读、积累及评价方法等。旨在加强体育工作者的情报信息概念,培养获取和利用体育信息的技能,指导读书门径,介绍学习方法,促进体育工作者科技素质和水平的提高。作者在长期从事体育科技文献工作实践中,积累了大量的应用知识和经验,并在广泛借鉴的基础上,博采众长。该书对体育科技文献进行了较为全面深入的研究与总结,文字简明,注重实用,特别对现代化检索方法作了系统介绍。(韩丽)

1710

医学文献检索教程 / 王有伟等主编. -- 沈阳:沈阳出版社,1997. -- 266 页;图;26cm. -- 7 – 5441 – 0870 – 8(国家图书馆)

本书共分 17 章,主要内容包括:信息及医学文献的基础知识,医学文献检索基础知识,中文医学文献检索工具,美国《医学索引》,荷兰《医学文摘》,美国《生物学文摘》,美国《化学文摘》,美国《近期期刊目次》,日本《医学中央杂志》,引文索引,联机检索,CD – ROM 光盘检索,特种文献检索,医学科技查新,医学参考工具书,医学情报调查研究,医学文献的积累与医学论文撰写等。本书的特色在于:增加了实习指导,增加和充实了《中文科学引文索引》,加强了计算机检索内容,以适应当前机检的现状和发展趋势。(韩丽)

1711

现代文献信息检索教程 / 翁永卫,蒋媛媛主编. -- 合肥:安徽大学出版社,1997. -- 372 页;20cm. -- 7 – 81052 – 111 – X(国家图书馆)

本书系统介绍了现代文献信息的检索原理和检索方法,旨在提高读者的信息素养和信息检索与利用技能。全书内容包括:文献信息基础知识、事实型和数据型信息检索、文献信息检索基础理论、中文文献检索工具与数据库、外文文献检索工具与数据库、特种文献信息检索、现代信息应用技术、计算机信息检索技术、信息的选择分析与利用、科研选题和科技写作等。书中较重视充实有关数据库技术、电子文献、多媒体技术、CERNET、INTERNET 等现代信息技术的相关内容。(韩丽)

1712

科技文献检索教程 / 张世良主编. -- 北京:北京图书馆出版社,1997. -- 222 页:图;21cm. -- 7 – 5013 – 1425 – X(北京师范大学图书馆)

本教材是编者在归纳总结科技文献检索课长期教学经验的基础上,为满足日益增长的科技文献检索需求编撰而成。全书共 8 章,主要内容包括文献与文献检索工具、检索语言与检索词表、综合检索工具、专业性检索工具、专利文献及其检索方法、国内科技文献及其检索工具、特种文献及其检索方法、计算机文献检索等。(韩丽)

1713

文献信息检索与利用 / 赵燕群主编. -- 广州:广东高等教育出版社,1997. -- 294 页;26cm. -- 7 – 5361 – 2013 – 3(国家图书馆)

本教材共分为 10 章,系统地介绍了文献信息的基本知识和基础理论,检索原理和方法,重点介绍计算机检索,各类型文献信息的检索与利用。最后介绍我国文献信息资源的分布,怎样利用图书馆,以及毕业论文写作方法。书后附录有国内文献信息资源分布。(韩丽)

1714

WWW 查询指南 /(美)Brad Hill 等著;刘南,唐万斌等译. -- 北京:电子工业出版社,1997. -- 279 页:图;26cm. -- 7-5053-4001-8(北京师范大学图书馆)

Internet 是世界上最大的知识和信息宝藏,是人类聪明才智的结晶,而且正在爆炸似地迅猛增长,完全不愧为一个取之不尽用之不竭的巨大的财富和资源。这一结论已为人所共识,但是对你来说如何探索查寻及利用这一资源却是一个迫切需要解决的问题。本书正是打开这一宝库的一把金钥匙。本书内容新颖、通俗详细、生动风趣,无须专业知识都能读懂。书中还列举了大量常用的信息资源地址,因此也可作为案头必备的手册。本书不仅适合于广大没有基础的爱好者,对于有一定基础的人士也大可受益。(于静)

1715

Internet 资源参考及其使用大全 / 何胜利,万小环,刘晓丽等编. -- 上海:同济大学出版社,1997. -- 489 页;26cm. -- 7-5608-1733-5(清华大学图书馆)

Internet 是目前用户最多的全球信息网。联上 Internet 之后,用户足不出户就可以获知天下事,找到自己感兴趣的信息,真正做到"运筹帷幄",本书是一本有关 Internet 资源的参考手册,尽可能详尽地收集了目前 Internet 网上的信息资源及其 Internet 地址。全书收集的资源涉及大千世界的方方面面,可大致分为 9 大类:计算机科学;学科;科学技术;政治、经济、宗教、教育和文化;文学、艺术、体育和娱乐;新闻、电影、人物、出版和写作;Internet;综合知识;其他。本书所收集的资源健康、全面,是所有 Internet 用户必备的工具书。(于静)

1716

人工智能与情报检索 / 贾同兴编著. -- 北京:北京图书馆出版社,1997. -- 265 页:图;20cm. -- 7-5013-1341-5(国家图书馆)

本书分 5 章。第一章,从认知科学的高度评述了传统情报检索的功过,揭示了人工智能与情报检索在实质上的等同关系,提出了情报系统框架。第二章人工智能,概括地探讨了人工智能 40 年来的成就、研究现状及存在的问题,指出继续研究的路线,同时深入浅出地介绍了人工智能的基本假设、基本知识和技术,为第三章情报检索提供反思的背景。第三章情报检索,深入地探讨了情报检索的超文本技术、情报检索的自然语言处理、知识库的组织技术、并行情报检索、情报检索的不确定性及情报检索的理论基础。第四章是国外 3 个处于实验原型阶段的智能情报检索系统,它们被引率很高,对我们设计智能情报检索系统很有参考价值。第五章探讨了情报检索的基础理论科学,介绍了它们的基本理论、研究对象、研究现状和展望,同时介绍了基本知识,提出了情报检索的知识结构图。(于静)

1717

计算机信息检索 / 李莹等编著. -- 北京:机械工业出版社,1997. -- 255 页:图;26cm. -- 7-111-05536-5(国家图书馆)

本书内容包括:机检导论,介绍机检与手检的异同、机检理论基础;Internet 信息检索,内容有 Internet 概述、WWW 信息检索、FTP 信息检索、BBS 信息检索、Gopher、WAIS 等其他 Internet 信息检索;Dialog 联机检索,简介了 Dialog 联机检索系统、系统检索终端的建立、Dialog 数据库组织特征、Dialog 联机检索基础、Dialindex 及 Dialog Finder 的使用、Dialog One search 的使用、改进和控制检索结果、显示和提取检索结果、检索范例及检索技巧、Dialog 系统所提供的其他服务、Dialog 系统新推出的检索界面;光盘检索系统,介绍了 KR OnDisc 检索系统与 Ei Compendex Plus 光盘数据库、ProQuest 检索系统与 INSPEC 光盘数据库、《化学文摘》《中文科技期刊篇名》《中国专利文摘》《中国学术期刊(光盘版)》光盘数据库的使用;书目机检,介绍计算机书目检索及工具、检索类型与方法。(于静)

1718

中外专利数据库检索指南 / 刘延淮主编. -- 北京:专利文献出版社,1997. -- 508 页:图表;26cm. -- 7-80011-228-4(国家图书馆)

本书对专利文献的计算机检索发展历史、特点和作用,以及国内外各系统中的主要专利数据库的著录形式、分类及标引体系、检索工具书、各种检索途径和检索技巧等作了较为全面而详细的介绍,并加入了大量具有代表性的检索实例和附图,对指导专利文献的计算机检索实践具有重要的意义。(于静)

1719

Netscape Navigator Gold 3.0 与网络资源搜寻 / 彭季尧著;徐菲改编. -- 北京:机械工业出版社,1997. --156 页:图;26cm. -- 7-111-05472-5(北京邮电大学图书馆)

本书介绍了计算机网络的基础知识。从 Window3.1 与 Windows95 的拨号上网方法到如何设定用网络卡连接 Internet,都进行了详细的介绍。书中包含了使用 Netscape Navigator Gold3.0 设计 Homepage 的各项技巧。全书通过轻松易懂的方式指导完成每一项操作,采用了大量的插图、照片,使读者在较短的时间内学会运用网络获取需要的资料,在网络上找到所需的资源。(于静)

1720

社科信息检索.上册 / 孙凡等主编. -- 哈尔滨:黑龙江人民出版社,1997. -- 12,523 页;20cm. -- 7-207-03890-9(国家图书馆)

该书是"社科信息检索"课程的教材,根据国家教委颁布的《文献检索课教学基本要求》(1992)和《社科文献检索教学大纲》(1995)编写,全书共两册,此书为上册。该册分为检索基础篇、综合检索篇、专题检索篇及信息利用篇,侧重基础理论与基础知识。下册为与上册配套的图录与习题,附有参考答案。书前有内容简介、序言、前言,每章后有思考题,书

后附有主要书名索引和主要参考文献。(胡秋玲)

1721

计算机通信与信息检索 / 孙济庆等编著. -- 上海:华东理工大学出版社,1997. -- 182 页;20cm. -- 7-5628-0819-8(南京大学图书馆)

由于计算机网络的普及与发展,利用计算机网络获取文献信息将成为人们获取信息的基本手段之一。本书全面阐述了计算机检索的手段与方法、国内外著名的计算机光盘文献信息数据库及其检索方法、联机检索、计算机通信等内容。适宜作为大专院校计算机检索课程的教材和作为科技人员信息检索的参考书籍。(于静)

1722

光盘情报检索方法与技巧 / 王云编著. -- 北京:国防工业出版社,1997. -- 189 页;26cm. -- 7-118-01734-5(国家图书馆)

本书对具有通用性的计算机光盘情报检索一般技巧,作了系统的总结和深入的探讨,具体内容包括光盘情报检索通用技巧和四大光盘检索方法两大部分。第一部分以面向实用为中心,从查找检索词、构造检索式以及根据课题检索实际经验和文献分布规律制定检索策略三个方面,系统地总结和探索了计算机光盘情报检索通用的操作技巧,包括查找检索词的衍生法,构造检索式的规范性方法(聚类组合法),并在研讨切题文献分布案例的基础上提出了有关检索策略的见解,对有关文献分布的情报学三大定律给出了一个简单而通用的直观模型——树型金字塔模型。第二部分从教学和专业的角度,介绍国内引进较多的四大光盘数据库的检索方法,它们是:物理电子电气计算机与控制及信息科学文摘、工程索引、美国政府科技报告、中文科技期刊,另附四大光盘检索分类表。本书可作为计算机及光盘情报检索入门读物和培训教材,也可作为专业检索人员的备查工具。(于静)

1723

Internet 石油信息资源应用手册 / 文新辉主编. -- 北京:石油工业出版社,1997. -- 172 页;26cm. -- 7-5021-1959-0(国家图书馆)

本手册是在对 Internet 上的石油信息资源进行全面调查的基础上,经过一年的研究、开发、分类、整理编写而成的。该书精选了石油、地质、化工相关的节点地址 595 个。本手册内容包括:概述、石油公司及相关服务公司、石油及相关专业的院系、石油及相关专业的协会和联合会、实验室研究机构和政府部门、石油综合信息、图书期刊与图书馆、地质调查所、地图与图像、金融信息、其他 Web 节点、新闻组、邮件组资源列表。本手册对 Internet 上的石油用户作了一些基础性工作,使用户能用较低的代价获取有用的国际石油信息,是实用的检索工具。本书可供石油、地质、化工部门的科技工作者参考。(于静)

1724

信息检索:《情报检索》修订版 / 张厚生主编. -- 南京:东南大学出版社,1997. -- 467 页:图表;21cm. -- 7-81050-240-9(上海交通大学图书馆)

本书初版于 1987 年 1 月出版,书名为《情报检索》,英文书名为 Information retrieval。本书每章后附参考文献。附录:(1)BDSIRS 系统主要数据一览表;(2)TRIP 系统主要数据库一览表;(3)DIALOG 部分数据库简介。(于静)

1725

情报语言学基础 / 张琪玉著. -- 武汉:武汉大学出版社,1997. -- 334 页:图;21cm. -- 高等学校文科教材. -- 7-307-02379-2(国家图书馆)

本书是高等学校文科教材之一。本书以检索效率问题为中心,系统地讲述和讨论了情报语言学的一般问题、情报检索语言的基本理论和基本方法、各种类型情报检索语言(包括等级体系型分类检索语言、分析综合型分类检索语言、标题词型主题检索语言、单元词型主题检索语言、叙词型主题检索语言、关键词型主题检索语言)的原理、编制法、使用法、性能、在方法上互相吸取情况、文献分析与标引、分类法主题法一体化检索语言、自然语言在情报中的应用,以及情报检索计算机化与情报语言学的发展等。力求使学习者获得有关情报检索语言的比较完整、系统的基本知识,对各种类型语言所存在的问题的解决有所思考,并使它能反映情报语言学学科在近年来的发展。本书可作为高等学校信息管理系图书馆学专业和情报学专业教材,也可供各类型图书馆、情报机构、资料室、档案部门的工作人员学习参考。(于静)

1726

实用光盘检索技术 / 郑燕华编著. -- 上海:上海科学技术出版社,1997. -- 163 页:图;26 cm. -- 7-532-34358-8(国家图书馆)

本书着重介绍光盘实用检索技术。内容共分 7 个部分。(1)光盘检索系统;(2)光盘数据库检索原理;(3)KR Information OnDisc 软件及其应用,其中介绍了综合性的工程类数据库(美国工程索引数据库 Ei);(4)ProQuest 软件及其应用,其中介绍了电子工程类数据库(IEEE/Iee Publications Ondisc)、博士论文数据库(DAO)、美国商务信息数据库(ABI/Information);(5)SPIRS 软件及其应用,其中介绍了美国政府研究报告数据库(NTIS),美国、加拿大高校就学指南类数据库(GRADLINE);(6)《中文科技期刊篇名数据库》软件及其应用;(7)《中国专利文献数据库》软件及其应用。该书较全面地反映了目前国内外应用广泛的光盘数据库的情况。本书以论述光盘数据库的结构和检索方法为核心,以介绍实用光盘检索技术为重点,突出理论联系实际。书中例举了一些应用实例,侧重于实用。(于静)

1727

现代科技信息检索 / 周瑞馨主编. -- 哈尔滨:哈尔滨工业大学出版社,1997. -- 224 页:图;19cm. -- 7-5603-1257-8(国家图书馆)

本书分为 4 篇。第一篇介绍科技信息检索基础知识,包括意义、概念、情报检索语言和文献源剖析;第二篇为计算机信息检索,内容包括:计算机信息检索基础知识、美国 DIALOG 国际联机情报检索系统、光盘信息检索、Internet 信息检索;第三篇为手工信息检索,内容包括:四大检索工具及

IEEE 出版物索引、专业性检索工具、特种文献及其检索、经济市场商品及社会科学信息检索;第四篇为文献利用,介绍了科学研究和文献利用的关系、文献资料的积累与整理、科技论文的撰写。(于静)

1728

医学文献检索 / 朱象喜等主编. -- 杭州:杭州出版社,1997. -- 344 页:图;26cm. -- 7 - 80633 - 051 - 8(国家图书馆)

本书内容包括:绪论,介绍医学文献的形式、类型、发展特点与作用,文献检索的原理与作用,检索工具的形式、类型与结构,检索的方法、途径与步骤;例举了中外文医学文献检索工具,如《中外文科技资料目录:医药卫生》与美国《医学索引》等;详细介绍了药学文献、口腔医学文献、特种文献以及参考工具书的检索方法;计算机情报检索,介绍了中国生物医学文献光盘检索、中国科技期刊光盘检索、MEDLINE 光盘检索以及 Internet 医学信息资源的查询方法等;文献的利用,介绍了文献的收集、积累与整理、医学情报调查研究、医学查新咨询工作以及论文写作方法等。(于静)

1729

国际 STN 信息检索系统专利数据库检索指南 /(德) E. 托梅,(德) R. 特里比安,(德) F. 波姆编;冯佩娟, 赵书杰译. --北京:中国环境科学出版社,1998. -- 243 页;19cm. -- 7 - 80135 - 510 - 5(国家图书馆)

本书首选对每个 STN 专利数据库进行概括性的介绍,重点放在数据库更新内容;其次讲述最重要的检索类型,有的还附以评注,论述中尽可能地包括所有相关数据库,各个数据库的独特特点还连带检索实例进行说明;再次,通过检索实例具体说明数据库的基本检索程序;最后,在附录中给出了一些被证明对实际工作非常有帮助的有关数据库专利文献出版等级、数据库字段和检索类型的总览信息。(于静)

1730

科技文献检索 / 曹楠灵主编. -- 济南:山东大学出版社,1998. -- 321 页:图;20cm. -- 7 - 5607 - 1976 - 7(山东大学图书馆)

全书共分 9 章,内容包括 4 部分。第一部分,介绍科技文献学的有关知识;第二部分,介绍文献检索基础知识;第三部分,介绍各种检索工具,如:专业性检索工具、综合性检索工具以及事实与数据检索等;第四部分,介绍计算机检索知识、国际联机检索、光盘检索以及 Internet 国际互联网知识。本书的内容与同类教材相比,有两个特点,增加了专业文献的知识,增加了计算机文献检索知识。(于静)

1731

医学信息检索与利用 / 陈界, 李健康, 赵琼瑶主编. -- 北京:中国科学技术出版社,1998. -- 242 页:图;26cm. -- 7 - 5046 - 2459 - 4(北京大学图书馆)

本书的作者站在信息时代的角度,以科学的态度,从实用出发,较充分地论述了医学信息检索与利用的理论和方法。书中对中西文医学文献信息的主要检索工具作了比较详细的介绍,同时对一些主要参考书、中医药信息检索、联机联网检索、光盘检索、信息高速公路和 Internet、查新咨询、情报调研、医学文献的阅读与积累、论文写作等也作了必要的介绍。全书共二十章,其特点是:注重创新和实用,科学性、针对性、新颖性、继承性、学术性均较强。(于静)

1732

电子信息资源检索教程 / 何翠华主编. -- 天津:南开大学出版社,1998. -- 297 页;26cm. -- 7 - 310 - 01175 - 9(国家图书馆)

本书在简要介绍电子信息资源的历史与现状、类型与特点的基础上,讲了 Internet 的起源与发展、入网方式和网上运行协议等知识,重点介绍了 Internet 上共享性信息资源系统和商业在线数据库的检索方法与步骤、应用策略与技巧,以及单机版、局域网和远程光盘数据库的检索方法与步骤。书中给出了许多上机检索实例,并按步骤给予指导说明。同时还介绍了 Web 主页的制作方法和 Internet 的三项基本服务功能:E-mail、Telnet 和 FTP。该书在附录中提供了常用 WWW 网址及其网页简介、Dialog 最新数据库目录及其常用数据库简介、OCLC 数据库简介和美国、加拿大部分大学入学办公室的 E-mail 地址。本书既可作为高校师生"文检课"及"电子信息资源检索培训班"的教材,也可作为广大科技工作者、教师、学生和社会各界信息用户的参考书。(于静)

1733

国内外最新 Internet 站点资源精选 / 廖庆扬, 孙大勇主编. -- 北京:高等教育出版社,1998. -- 269 页:图;26 cm. -- 7 - 0400 - 6803 - 6(北京邮电大学图书馆)

本书是作者对海量 Internet 信息进行的整理和分类,加入了详细的特色说明。书中大量的中文站点资源更是国内用户迫切需要的。它将网上资源分为八大类:新闻、计算机(公司、技术)、计算机软件、Internet(ISP、搜索引擎)、教育科研、娱乐(音乐、电影)、商业应用及其他(生活、医药、时尚、旅游、文学、法律、哲学等)。附录中列出了国内著名的 BBS 站点。本书是一本使用 Internet 的实用的漫游,可以快速指导读者在网上找到所需要的信息。(于静)

1734

计算机情报检索 / 慎金花, 何惠芬, 陈欣编著. -- 上海:同济大学出版社,1998. -- 294 页;21cm. -- 7 - 5608 - 1971 - 0(国家图书馆)

本书从用户使用的角度来介绍计算机情报检索的原理和方法,并且结合具体检索实例,力求做到重点突出、浅显易懂、实用性强,尽量不涉及过于深奥的计算机情报检索专业知识,使用户能够很快掌握计算机情报检索的基本方法和技巧,并熟练地应用于学习和科研之中;本书在完整系统地介绍计算机情报检索的基本原理和基本知识的基础上,尽量使用最新的数据和资料,并且加入了这些年来飞速发展的光盘检索和 Internet 利用等内容,使用户能够跟踪并掌握当今世界最新的计算机情报检索技术。本教材的特点是,在介绍一般基本原理与方法的基础上,突出实用性;在介绍一般计算机检索知识的基础上,突出新颖性;恰当地处理了重点突出、照顾全面,即点深面广的关系。(于静)

1735

Internet 中文、西文网址精萃 / 唐利主编. -- 北京:电子工业出版社,1998. -- 262 页;20 cm. -- 7 - 5053 - 4553 - 2(北京师范大学图书馆)

本书精心筛选、收集了近 3000 个热门 Internet 站点的地址,并对其中一部分站点的内容进行了较为详细的介绍。这些站点是从大量的 Internet 网络地址中精选出来的,所有的站点地址都经过了上网验证。本书收集的站点几乎涉及各个领域的方方面面,内容丰富,信息量大;本书所收集的站点都是各个领域内广受"网民"欢迎、比较知名的站点,站点地址以 WWW 地址为主,其实用性和趣味性会让你"流连忘返";中文站点多,占到 1/3 左右;分类科学,便于查找。本书既非常适合 Internet 的初学用户和爱好者使用,也适合各领域、各层次的广大人员在 Internet 网上查找信息和资料时查阅使用;既能满足读者学习、工作的需要,也能满足读者生活、休闲娱乐的需要,是一本上网"淘金"时不可缺少的工具书。(于静)

1736

经济情报研究 / 徐友才主编. -- 上海:上海科学技术文献出版社,1998. -- 238 页;20cm. -- 7 - 5439 - 1241 - 4(国家图书馆)

本书共分三大部分,第一部分论述经济情报学的含义和发展;第二部分介绍作为经济情报基础的经济信息,并分别叙述它的含义、来源、搜集、整理、加工、存贮、传递以及质量评估方法;第三部分介绍经济情报的研究方法、情报调研报告的撰写方法以及情报调研人员的培训方法等。本书是国内较早介绍这门新学科的著作,内容翔实,有一定的理论性,更注重于实践性,是广大经营管理人员的良师益友。(于静)

1737

中国人读书透视:1978—1998 大众读书生活变迁调查 / 康晓光等著. -- 南宁:广西教育出版社,1998. -- 171 页:图;21cm. -- 7 - 5435 - 2715 - 4(国家图书馆)

本书是由中央电视台社教中心专题部"读书时间"栏目委托中国科学院生态环境研究中心国情研究室对 1978 年以来中国公众的读书生活及其历史变迁进行调查和研究后,在项目技术分析报告等基础上撰写的总报告。全书共分为五章,首先介绍了本研究项目的意义与目的、研究方法与理论框架等,然后从读书生活、读书生活的外部环境、读书生活与外部环境的相互作用等方面回顾了改革开放 20 年来的中国公众读书生活及其历史变迁,还考察了出版业的状况及其变迁以及改革开放的进程,对公众读书生活、出版业发展状况、社会政治经济体制三者之间的相互作用机制进行了深入系统的分析。(韩丽)

1738

走进图书馆·初中生读本 / 高欣祯,降绍瑞编著. --北京:北京图书馆出版社,1998. -- 120 页:32 开. -- 7 - 5013 - 1526 - 4(国家图书馆)

本书共 6 章:(1)爱书吧! 它是你知识的源泉;(2)漫话图书馆;(3)请你走进图书馆;(4)学会利用图书馆;(5)学点读书的艺术;(6)迈向新世纪的图书馆。(金丽萍)

1739

走进图书馆·高中生读本 / 康军,杜琛编著. -- 北京图书馆出版社,1998. -- 168 页:32 开. -- 7 - 5013 - 1525 - 6(国家图书馆)

本书共 5 章:(1)书海漫游;(2)图书馆——又一位好老师;(3)出纳台内外;(4)交给你一串金钥匙;(5)未来的图书馆。书后附录:(1)常用参考工具书简目;(2)对世界各国青少年成长起过重大影响的名著;(3)推荐报刊简目;(4)《中图法(少图版)》大类及部分类目简表;(5)《中图法(第三版)》大类及部分类目简表。(金丽萍)

1740

检索问题、检索词汇及心智模型对资讯寻求和资讯检索之影响 / 黄慕萱计划主持. -- 台北:台湾"行政院"科学委员会,1998. -- 109 页;29cm. -- 灰色文献图书馆学研究计划报告(国家图书馆)

本专题研究光碟资料库终端使用者之检索问题、检索词汇及心智模型对资讯寻求和资讯检索之影响。本计划共有 52 位检索者,进行 58 次检索,选用了 532 个检索词汇。本研究将分析检索者检索问题之性质、检索词汇选用之决策树、个人词汇选用之心智模型,以及检索问题、检索词汇及心智模型对检索结果之影响,以期将研究结果作为光碟资料库教育训练以及系统设计之参考。本书共分为 6 章。第一章绪论,第二章文献分析,第三章研究方法,第四章检索问题与检索结果之关系研究,第五章词汇选用之决策树、心智模型与检索问题之关系研究,第六章结论与建议。书前有中英文摘要,书后有"检索者背景问卷"、"检索问题背景问卷"、"PsycLIT 光碟资料库使用说明"等 6 条附录。(赵红)

1741

经济文献检索与利用 / 贾男男著. -- 天津:天津科学技术出版社,1998. -- 180 页;20cm. -- 7 - 5308 - 2526 - 7(国家图书馆)

本书是根据国家教委"文献检索与利用"课程的要求编写而成,主要论述了文献及其检索,经济文献及其检索的含义、内容及方法。全书共 10 章,主要内容包括绪论、国内外主要经济文献检索和参考工具书刊、马列经典文献的检索、经济书刊的检索、经济法律文献的检索、经济事项的检索、主要经济统计数据与统计资料的检索、主要相关文献信息的检索、国际联机检索及国内外主要经济数据库简介、经济文献信息的研究等。(韩丽)

1742

文献信息检索教程 / 李慧敏,赵辰光主编. -- 哈尔滨:黑龙江人民出版社,1998. -- 371 页;20cm. -- 7 - 207 - 04016 - 4(国家图书馆)

本书系高等学校文献检索与利用课教材,全书共 12 章,系统地介绍了文献信息及文献检索的基本概念、文献信息检索基础、信息检索途径、中文文献信息检索工具、外文文献信息检索工具、参考工具书类型及排检、社会科学文献信息检索、科技文献信息检索、计算机信息检索及光盘信息检索、国际联机信息检索。可指导科研人员及高等院校师生快速准确地检索所需文献信息,有较高的使用价值。本书内容简明扼要,综合性强,使用面广,涉及的检索工具及文献类型广泛。(韩丽)

1743

西文工具书概论 / 邵献图主编. -- 北京:北京大学出版社, 1998. -- 315 页;26cm. -- 7 - 301 - 01269 - 1(北京师范大学图书馆)

本书系统介绍西方国家出版的百科全书、书目索引、词典、传记和地理资料、经济统计。以英美出版的英文工具书为主,侧重社会科学内容的传统印刷型工具,兼及法文、德文、西班牙文出版物,并介绍缩微品、声像资料和数据库等情报媒介。著者结合本人参考工作经验,对工具书的源流、类型、编制体例、评介准则、使用方法加以叙述。重点图书附有样条。每章有实习题。此次再版,编者作了大量的修订和补充。资料时限截至 1997 年夏,以保持内容新颖及时。(张玲)

1744

科技文献检索与利用 / 王立诚,邵婷芝主编. -- 南京:东南大学出版社,1998. -- 352 页;20cm. -- 7 - 81050 - 362 - 6(国家图书馆)

本书注重实用性、针对性、实践性,系统地阐述了科技文献检索与利用的基本原理和基础知识;以介绍国内编印的中文手工检索工具为主,有选择地介绍应用性较强的国外检索工具;在介绍手工检索的同时,也加强了计算机情报检索的介绍;结合工科院校学生需要,对专利、标准等特种文献及检索作了重点介绍;为了适应学生今后专业学习和工作的需要,对科技文献的综合使用按专业作了示例,并结合计算机检索发展需要增加了光盘检索和 Internet 利用介绍。本书不仅作为高等院校有关专业教材,还可供图书情报工作者、科技工作者和信息管理人员使用。(韩丽)

1745

医学文献检索学 / 王元禄,孟宪芬主编. -- 北京:北京工业大学出版社, 1998. -- 219 页:图;26cm. -- 7 - 5639 - 0683 - 5(国家图书馆)

本书是根据国家教委高教司[1992]44 号文件关于文献检索课教学基本要求的通知精神编写的,内容包括中文版医学文献检索工具,英文版及其他外文版医学文献检索工具,特种文献检索,计算机情报检索,医药卫生科技项目查新咨询,医学文献利用与写作等。全书内容新颖,,结构严谨,深入浅出,注重实用,全面、系统、深入地论述了医学文献检索和利用的各个方面,反映了近几年医学文献检索的新理论、新方法、新技术以及作者多年的教学经验和研究成果。(韩丽)

1746

石油科技文献检索 / 谢锟主编. -- 北京:石油工业出版社,1998. -- 323 页;20cm. -- 7 - 5021 - 2348 - 2(国家图书馆)

本教材从我国高等工科学校专业文献检索课的实际需要出发,全书以培养学生信息意识和实际检索技能为宗旨,以检索方法及操作技巧为主线,手检工具及机读文档并举;文字浅显易懂,并配有近几年的检索实例,便于自学。全书共 6 章,主要包括科技文献基础知识,中文科技文献检索,英文检索工具,俄文、日文检索工具,计算机检索,因特网的应用及附录。附录中介绍了科技写作常识。(韩丽)

1747

电子信息源与网络检索 / 谢新洲编著. -- 北京:北京图书馆出版社,1998. -- 362 页:图; 21cm. -- 7 - 5013 - 1618 - X(北京师范大学图书馆)

本书共分为 10 章,既对基于因特网的电子信息源特别是数据库和网络信息作了论述,又对网络检索的各种基本技术和在因特网上搜索、浏览信息的方法、工具作了介绍,还全面、系统地说明了电子图书、电子期刊、电子报纸的内容、类型和特点,以及检索这类网络空间内书报刊的方法。此外,书内专辟一章,详细介绍了因特网上的国内外主要的著名图书馆。最后介绍了网络环境下电子信息服务的有关问题。书后附录有中国及世界主要图书馆网址、主要期刊网址、主要报纸网址和主要出版社网址。(韩丽)

1748

中小学图书馆文献知识与文献检索 / 姚伯岳, 肖珑, 汤立峰编著. -- 北京:北京图书馆出版社,1998. --277 页:图;19cm. -- 7 - 5013 - 1472 - 1(国家图书馆)

本书结合中小学图书馆工作的实际,较为简明而又系统地介绍了文献的基本知识、图书的有关常识、文献的发展历史、文献检索的基本理论与方法,并按检索的内容着重介绍了一些中小学图书馆必备的常用工具书,具有很强的实用性。全书共分 11 章,主要包括:文献的基本知识,认识图书,文献形制的演变与发展,文献检索的理论与方法,工具书的概念和类型,工具书排检法,字词句的检索,物和地名的检索,年月日和百科知识的检索,图书报刊资料的检索,中小学各科工具书简介等内容。(韩丽)

1749

旅游文献检索与利用 / 张伯山编著. -- 天津:南开大学出版社,1998. -- 282 页: 图;21cm. -- 7 - 310 - 01109 - 4(国家图书馆)

在信息时代的今天,信息情报发挥着日益重要的作用,文献资料检索能力成为当代各类专业人员应具备的必要才能之一。作者自 20 世纪 90 年代初开始,在南开大学旅游学系开设了"旅游文献检索与利用"课程。在课程讲授中,除了必要的文献检索基础知识和一些个人经验之外,作者还着重突出了这门课程的实践性和应用性,对于课程内容辅以大量实习作业。本书共分 7 章,主要内容包括:旅游科学与旅游文献,旅游文献的收藏,旅游文献的分类,旅游文献检索工具的使用,各类参考工具书的使用,旅游文献资料的计算机化检索和旅游专业学术论文与应用文的撰写。(韩丽)

1750

医学信息检索与利用 / 张自钧,陈桂章主编;李晓玲等编写. -- 上海:上海医科大学出版社,1998. -- 248 页;26cm. -- 7 - 5627 - 0424 - 4(国家图书馆)

本书突破了当时文献检索教材以手工检索为主的模式,侧重于计算机检索以及信息利用,新增了光盘数据库、电子出版物、Internet、情报调研、查新咨询、综述及论文写作等内容。本书注重实用,书后还编有附录和索引,便于读者查阅。(韩丽)

1751

中文工具书基础 / 朱天俊,李国新编著. -- 北京:北京图书馆出版社,1998. -- 431 页;21cm. -- 7-5013-1496-9(国家图书馆)

本书是在《中文工具书》(书目文献出版社,1987)的基础上编写的,它是一本关于中文工具书理论知识与实际应用的教程。在内容上强调了对工具书类型及结构的解说与剖析,提出了有关工具书鉴别、评论的机理与原则,归纳了利用工具书解决实际问题的思路、途径与方法,选收了近年来出版的重要工具书,力求反映 20 世纪 90 年代以来国内中文工具书的概貌。本书提出并增加了计算机化的工具书,对计算机化工具书的定义、类型、特点、优势,以及与书本型工具书的依存关系,作出了理论阐述。中外工具书很多,本书涉及的只是中文的,而且是基本的、常见的、重要的,并强调对具体工具书的系统化,以便实际利用。工具书能解决的问题是多方面的,本书讲述的也只是基本的、主要的问题。使用工具书,不可避免地需要了解一些学科知识、文献知识、文化背景,对此,本书也作了必要而简明的介绍。(韩丽)

1752

科技与商情信息检索 / 柴雅凌编. -- 天津:天津大学出版社,1999. -- 319 页;20cm. -- 7-5618-1239-6(国家图书馆)

本书在阐述了各种文献资源、参考工具书与理工类学生必须掌握的手检知识与技能之外,对光盘数据库检索、联机检索与 Internet 网络资源的利用也作了充分介绍。编者认为手检是基本,机检是发展方向,并在两者的有机结合上作了新的探索。本书共分 11 章,主要包括:科技文献检索概论、常用中文检索工具、参考工具书、英文文献检索工具、会议文献与博士论文、《科学引文索引》与《Predicasts 市场与技术综览》、专利文献检索、标准文献检索、光盘数据库、联机检索与 Internet 网络查寻、常用工具性资料汇编等内容。(韩丽)

1753

医学文献检索与利用 / 常兴哲主编. -- 北京:人民军医出版社,1999. -- 229 页;26cm. -- 7-80020-882-6(国家图书馆)

本书共分为 14 章,第一章绪论介绍了学习文献检索与利用课的意义,信息、知识、文献、情报的概念及其关系,医学文献的类型与特点;第二章介绍了检索工具的类型、职能和检索语言;第三章介绍了文献检索的原理、方法,文献检索的步骤、途径和策略;第四章介绍了主要中文医学检索工具及其使用方法;第五、六章介绍了国外医学检索工具,包括美国《医学索引》、荷兰《医学文摘》、美国《生物学文摘》、美国《化学文摘》、日本《科学技术文献速报》、俄罗斯《医学文摘杂志》等;第七章介绍了专利文献及其检索;第八至第十三章则着重介绍计算机检索、计算机光盘检索、Internet 检索和 Internet 搜索引擎,介绍了 PubMed 检索系统以及 Internet 上的生物医学信息资源;最后介绍了医学文献的获取和利用。(韩丽)

1754

医学文献检索 / 陈勇主编. -- 贵阳:贵州科技出版社,1999. -- 203 页;26cm. -- 7-80584-887-4(国家图书馆)

该书阐述了医学文献和文献检索的基本知识、理论与方法,介绍了国内外常用的医学信息检索工具和药学文献检索、计算机信息检索、光盘检索、网络技术、医学文献的阅读与积累、查新咨询等。各章后基本都有练习题。书前有内容提要和前言,书后有七个附表:文种代码表、世界各国和地区名称代码表(附:拉丁三字符代码索引)、地区名称缩写表、威妥玛拼法和汉语拼音对照表、俄文字母与拉丁字母音译表、日文假名和拉丁字母音译表(ISO 3602)以及黑本式、训令式、日本式音译差别。(胡秋玲)

1755

农业文献信息检索与利用 / 陈有富,魏秀娟主编. --北京:中国农业大学出版社,1999. -- 372 页;20cm. -- 7-81066-154-X(国家图书馆)

本书共分 17 章,主要介绍了文献信息的基本知识,文献信息检索基础理论和基本概念,国内外的主要农业文献检索工具,特种文献、专利文献、标准文献及其检索,并吸收了最新的研究成果,重点介绍了计算机信息检索、光盘信息检索、国际互联网(Internet)信息检索、计算机书目信息检索、参考工具书的利用、农业文献信息的研究与利用等内容。(韩丽)

1756

化学文献检索与应用导引 / 陈子康编著. -- 北京:北京师范大学出版社,1999. -- 298 页;20cm. -- 7-303-05198-8(国家图书馆)

本书是作者在北京师范大学化学系开设的化学文献课程讲义的基础上,根据十余年来的教学实践经验,并参阅了国内外 20 世纪 90 年代中后期化学文献信息学方面的新著作和网络信息检索方面的新情况、新技术而写成的。本书较系统又简明扼要地介绍了各类化学文献及其检索与应用。共 12 章,其中对化学文摘,化学期刊、参考书和工具书,化学专利,各类化学数据库和计算机情报检索等章节介绍得尤为详细。内容力求反映 20 世纪 90 年代中后期化学文献信息的新情况和检索利用方面的新技术和新水平。(韩丽)

1757

医学文献检索 / 成海龙,秦红兵主编. -- 上海:上海第二军医大学出版社,1999. -- 112 页:图;26cm. -- 7-81060-049-4(国家图书馆)

本书为中等卫生学校试用教材,对国内外常用几大检索工具书作了详细分析与介绍,尤其侧重于检索基本方法的讲解。本书主要供口腔医学、护理、药剂、医学影像诊断类专业用。(韩丽)

1758

医学科技信息检索 / 方平主编. -- 长沙:湖南人民出版社,1999. -- 316 页. -- 7-5438-1993-7(中南大学图书馆)

本书系统介绍了各种中外文医学信息检索工具及系统、网上信息资源查询技术与方法,包括一体化医学语言系统(UMLS)、ENTREE Thesaurus、Internet 医学信息资源分布、生

物信息学及生物信息查询等。该书还增加了核心期刊、期刊影响因子等内容,并有多种常用附表。(韩丽)

1759

信息检索实务 / 黄正祥主编. -- 南京:江苏科学技术出版社,1999. -- 120 页:图;26cm. -- 7 - 5345 - 2741 - 4(国家图书馆)

本书在概略介绍因特网信息资源基本知识的基础上,描述了国内外著名的英文搜索引擎、简体中文搜索引擎、繁体中文搜索引擎、区域搜索引擎的特色和应用范围,列举详实丰富的例证说明查找各种网上信息的检索策略和使用技巧。其中介绍的多内码转换工具解决了中文多内码系统并存问题,避免了在查找香港、台湾地区的繁体中文资源时可能遇到的麻烦;特种搜索工具介绍了如何在因特网上找软件、找工作、寻访亲友、查询电话号码及电子邮件地址等;专题信息查找为科研、信息工作者给出各个专业领域的查找例证,以便读者举一反三,掌握专题查找技巧。(韩丽)

1760

信息检索教程 / 姜效先, 吴美健, 刘二灿主编. -- 北京:中国物资出版社,1999. -- 221 页;26cm. -- 7 - 5047 - 1506 - 9(国家图书馆)

本书全面介绍了文献信息检索基础理论和基本概念、国内外的主要文献检索工具以及专利文献和标准文献的检索,详细阐述了计算机信息检索的基本知识、信息检索技术、检索策略,还用较多篇幅介绍了国际互联网络和光盘信息检索,新增加了书目信息检索。此外,附录中还介绍了 Internet 网络资源、国外联机检索系统命令以及国内外主要数据库。(韩丽)

1761

中医药情报信息方法 / 蒋永光主编. -- 北京:中国医药科技出版社,1999. -- 285 页;26cm. -- 7 - 5067 - 1824 - 3(国家图书馆)

本书是高等中医药院校"中医药文献检索"课程教材,是根据国家教委 1992 年颁布的"文献检索课教学基本要求"编写的,并结合信息科学的发展,以及当前中医药临床和科研工作的现实需要,对教材内容进行了深化和扩充。全书 40 余万字,从古代到现今,由中国到海外,对几乎所有中医药信息源进行了广泛介绍,以工具书、检索系统和 Internet 医药网点为核心,着重阐述了各类中医药情报信息的查检和分析的方法及其原理,并配之以大量样页、示例和简表。(韩丽)

1762

现代科技信息检索与利用 / 蒋永新等编著. -- 上海:上海大学出版社,1999. -- 299 页;26cm. -- 7 - 81058 - 144 - 9(国家图书馆)

本书为文献信息检索与利用课教材。全书内容包含五个部分,分设 11 章:(1)基础知识,包括印刷型文献的出版类型及其识别,专业相关文献的分布和期刊、会议文献的获取方法;(2)手工检索方法,包括国内外主要检索工具书、索引排检方法以及检索语言一般使用方法;(3)计算机检索,包括计算机检索的一般概念、光盘检索方法和联机检索语言一般使用方法;(4)因特网的基本利用方法,包括主要的因特网信息工具、搜索引擎、网上文献信息数据库的利用方法等;(5)信息收集、研究方法和信息研究成果的表述,包括收集和研究信息的一般方法,以及如何利用已获信息写作综述性报告等。(韩丽)

1763

信息英语:信息源与信息获取 / 李季方编. -- 北京:外语教学与研究出版社,1999. -- 304 页; 21cm. -- 7 - 5600 - 1652 - 9(北京师范大学图书馆)

本书是一本引导信息管理专业学生以及其他英语专业学生熟悉并学会使用各种信息资源的选读课本。书中将信息资源分为印刷资料和非印刷资料两大部分分别进行介绍,涉及到图书馆信息中心馆藏、联机数据库服务、光盘数据库服务和国际网络资源,提供了帮助读者获取所要查询的信息的不同方法。本书特别介绍了图书结构、图书索引和其他查询工具,各种图书馆目录,如卡片目录和计算机目录等;重点地介绍了各种新型的信息服务,如多媒体数据库服务和国际网络服务;还特别介绍了几个重要的美国数据库服务公司。总之,本阅读教材的目的在于帮助专业学生和其他读者了解他们做学问时有哪些可能的信息资源可供使用,以及到何处去查询到这些信息从而满足信息需求。为了使学生和其他读者在使用信息资源、查询信息方面取得一些实际经验,本书还设计了整套的课后作业,供学生和读者练习。(韩丽)

1764

中国社会科学工具书检索大典 / 刘荣主编. -- 北京:北京图书馆出版社,1999. -- 2 册(1612 页); 26cm. -- 7 - 5013 - 1345 - 8(北京师范大学图书馆)

本书是目前国内最大、收书最早、包罗范围最全的一部关于社会科学工具书的大典。本大典第一次采用"检索课题"的编排方式设计全书,把18000多种中文社科工具书按 2000 多个检索课题进行分类,每个课题的设计都充分考虑了读者查检的习惯。不但极大地方便了读者查检,而且具有相当的科学性。(韩丽)

1765

民族文献检索与利用 / 刘维英主编. -- 长春:吉林人民出版社, 1999. -- 307 页;21cm. -- 中国少数民族图书馆学丛书. -- 7 - 206 - 02999 - X(国家图书馆)

本书是中国少数民族图书馆学丛书中的一册。全书共分为 11 章,主要内容包括:民族文献研究及开发利用,民族文献检索概述,民族文献检索工具书,民族史地文献检索,民族经济文献检索,民族科技文献检索,民族文学艺术文献检索,民族统计、宗教、民俗文献检索,民族地方志文献检索,民族名胜文物古迹文献检索和民族文献工具书题录。本书内容结构相联紧密,比较细致地阐述了民族文献检索的有关理论,比较完整、全面地揭示了民族文献的概况。(韩丽)

1766

社科文献检索(附社科文献检索自学考试大纲) / 马文峰主编. -- 北京:中国人民大学出版社,1999. -- 523 页; 20cm. --7 - 300 - 02811 - X(国家图书馆)

本书是为高等教育自学考试档案专业组编的一套教材中的一种。本教材是根据专业考试计划，从造就和选拔人才的需要出发，按照全国颁布的《社科文献检索自学考试大纲》的要求，结合自学考试的特点，由高等院校的专家学者编写而成的。本书共分13章，主要内容包括：社会科学文献概述，社会科学文献信息检索，社会科学工具书排检法，书目与应用，索引与应用，年鉴、文摘与应用，辞书与应用，类书、政书与应用，百科全书、手册与应用，表谱与应用，图录与应用，名录、资料汇编及应用，计算机信息检索等。书后附录有《社科文献检索自学考试大纲》(韩丽)

1767

文献信息检索教程 / 任胜国，周敬治主编. -- 北京:北京图书馆出版社，1999. -- 331页:图;27cm. -- 7-5013-1666-X(国家图书馆)

本书为高校文献检索课教材。全书共分为11章，书中首先系统地论述了文献信息的基本知识、文献信息的检索原理和事实、数据检索及社科参考工具书的使用，介绍了国外重要的综合性检索工具，如EI、SCI、日本的《科学技术文献速报》与俄罗斯的《文摘杂志》等，还介绍了国外专业性科技检索工具，如美国《化学文摘》《生物学文摘》《数学评论》等及其检索，介绍了特种文献及其检索，并重点论述了计算机信息检索的基本原理及联机检索、光盘检索、网络信息检索。最后讲述了学术论文的写作。本书资料丰富翔实，且能反映本领域的最新动态。(韩丽)

1768

电气电子工程信息检索与利用 / 孙平编著. -- 大连:大连理工大学出版社，1999. -- 312页:图;20cm. --7-5611-0602-5(国家图书馆)

本书是为了适应21世纪知识经济时代的需要而编写出版的，书中将传统的书本型检索工具和现代计算机检索技术、网络存取技术结合起来，并选择有代表性的检索工具，展示它们各种媒体检索系统的特点和使用方法，包括印刷型版本、光盘版本、联机版本和网络版本，引导读者到更广阔的空间去查询、获取信息，适应全球信息环境。全书共分为8章，主要内容包括：电气与电子工程文献，文献检索与检索系统，检索方法与检索技术，联机检索服务系统，多种类型文献的检索，单一类型文献的检索，事实与数据的检索以及Internet基础知识。(韩丽)

1769

经济文献检索与利用 / 谭乃立主编. -- 北京:中国铁道出版社，1999. -- 269页:图;20cm. -- 7-113-03351-2(国家图书馆)

本书是作者经过多年教学实践，为适应信息时代的新形势而编写的，内容包括：经济文献与经济文献检索导论，经济文献检索工具简介，文献分类法与文献主题法，如何利用图书馆，目录的利用，索引文摘的利用与经济论文的查找，类书、政书、地方志、百科全书、字典、词典、年鉴、手册与机构名录、表谱、图录等的利用，人名及经济人物传记资料、地名及经济地理资料、革命导师经典著作及相关资料、经济法令法规和条约等的查找，计算机情报检索概论，利用有关文献撰写经济学术论文。(韩丽)

1770

文史文献及其检索 / 王纯著. -- 济南:山东友谊出版社，1999. -- 500页;20cm. -- 7-80642-276-5(国家图书馆)

本书从文献总体入手，分门别类地介绍了文献和相关研究资料，对文献资料的介绍，着重从文献学的角度，讲述了编撰者、版本及资料价值。(韩丽)

1771

参考工具书的利用 / 王锡璋. -- 台北:台湾图书馆，1999. --64页:照片;21cm. -- 图书馆与资讯素养丛书. 8. -- 957-678-273-2(国家图书馆)

该书为普及图书馆知识与素养系列丛书。本册着重介绍参考工具书的使用，从什么是参考工具书、参考工具书的种类、怎样利用参考工具书几个方面介绍。书前有馆长庄芳荣的序。(赵红)

1772

现代化学文献检索 / 王源编著. -- 上海:上海科学技术文献出版社，1999. -- 237页:图;26cm. -- 7-5439-1415-8(国家图书馆)

这是一本关于化学文献检索的教科书，内容除了对现代化学文献的检索作了全面详细的介绍外，还综述了国内化学文献的利用现状、现代化学文献及其检索技术的最新发展等。编著者结合本人长期从事化学文献管理、化学文献数据库开发和利用的丰富经验，全面而系统地讲解了包括CA、Beilstein、SCI等著名工具类书刊以及化学数据库、谱图数据库等各自的特点和使用技巧，实用性、指导性强是本书的特色。(韩丽)

1773

科技文献检索与利用 / 文耀智编著. -- 长沙:湖南师范大学出版社，1999. -- 315页;20cm. --"师范教育面向现代化的若干理论与实践问题研究"课题专著. --7-81031-785-7(国家图书馆)

本书是在《化学文献检索简介》讲义的基础上，在教授、专家的指导下，听取了各方面的意见，再次修改而成。全书共分为8章，比较全面、系统地阐述了图书资料分类法、情报检索的基本知识、检索工具书、检索参考工具书、特种文献的检索、化学数学物理文献的检索以及科技论文的写作等方面的内容。本书主要针对化学专业，亦适用于数学、物理专业。考虑到当时专科院校的实际，本书注重手工检索基本知识的介绍，为适应情报检索的发展趋势，用一定的篇幅，介绍了机检基本知识。(韩丽)

1774

科技文献检索教程 / 易富尤主编. -- 北京:冶金工业出版社，1999. -- 181页:图;26cm. -- 7-5024-2271-4(国家图书馆)

本书第一章介绍了文献的基本特征，使读者对文献的概念、特点有一个认识。第二章论述了检索的原理、检索语言、检索工具。在此基础之上，第三章、第四章、第五章有选择、有重点地对多种检索工具加以介绍。第六章、第七章和第八章对计算机文献检索加以重点介绍,把读者引进一个崭新的检索领域。本书内容既综合又精炼,注重最新查询工具与实用技术。(韩丽)

1775

农林文献检索教程 / 尹仙香, 章玉兰主编. -- 杭州:浙江科学技术出版社,1999. -- 196 页:图;26cm. --7 - 5341 - 1344 - X(国家图书馆)

本书针对当前文献检索课教学和实际工作的需要,系统阐述了文献检索的基础知识和基本原理,国内外农业及其相关学科文献检索工具和特种文献检索工具的结构与使用方法,计算机文献检索、Internet 与信息检索等。全书内容力求实用、新颖,如中文文献检索工具增加了"使用"一节;CABI、Agrindex、BA、CA 等主要外文检索工具突出了主题索引及其他索引的使用;计算机检索部分的比重加大至全书的 1/3,重点介绍计算机检索基础知识、中文科技期刊数据库、中国科技文献数据库、中国学术期刊(光盘版)全文数据库、CABI 光盘数据库的检索方法和使用要点,以及 Internet 上信息检索的基本知识和查询方法;增加了文献检索技术的综合运用、信息源及信息搜集等内容。(韩丽)

1776

工具书应用通则 / 于翠玲著. -- 沈阳:春风文艺出版社,1999. -- 346 页:图;21cm. -- 7 - 5313 - 1961 - 6(国家图书馆)

本书共有 11 章,主要内容包括:中文工具书概论、查检汉语文字、查检汉语语词、查检典故引言、查检百科专科知识、查检报刊资料、查检人名及人物传记、查检地名和地方文献、查检古今纪年和编年大事、查检资料汇编等。本书综述中文工具书的基本常识、中文工具书的特色,以及研究情况等问题,以中文社会科学类工具书为主要介绍对象,古今兼顾,重点在于举例介绍工具书的各种类型,以及常用工具书的新近版本,并简要说明各类型工具书的应用范围和实用价值。书后附录所列举的主要书名索引,按汉语拼音顺序排列,以备查检。本书所收录的新近出版的工具书,一般截止于 1997 年,少数为 1998 年上半年的出版信息。本书以比较广泛的中等文化程度的读者为对象。(韩丽)

1777

科技文献检索与利用 / 张有云编著. -- 合肥:中国科学技术大学出版社,1999. -- 263 页;21cm. -- 7 - 312 - 01130 - 6(国家图书馆)

本书是一本为在校学生编写的选修课教材,旨在培养在读大、中专学校学生的情报意识和合理利用信息资源的观念,提高学生自学能力、独立研究能力和知识创新能力。全书分为上下两篇,共 12 章,上篇(五章)为图书馆利用,下篇(七章)为科技文献检索,简要介绍了图书馆的利用与文献检索基本知识、工具书的使用、计算机情报检索、科技资料的积累方法和科技写作常识等。(韩丽)

1778

现代信息检索 / 郑章飞主编. -- 武汉:华中理工大学出版社,1999. -- 467 页:图;20cm. -- 7 - 5609 - 1994 - 4(北京师范大学图书馆)

本书讲述现代信息检索的必备知识。全书共分为基础知识、科技信息检索、社科信息检索、计算机信息检索和信息利用 5 篇。主要介绍了科技和社科信息的检索方法、检索途径和常用工具及其使用指南,网络信息的利用,科技论文的写作和投稿方法等。书后附录有 Internet 常用搜索引擎选录,图书馆网址选录和其他相关网址选录。(韩丽)

1779

文科文献检索(第二版) / 朱建亮,柳励和编著. -- 武汉:华中理工大学出版社,1999. -- 351 页;20cm. -- 7 - 5609 - 1887 - 5(国家图书馆)

本书是高等学校"文科文献检索与利用"课程的教材。全书 3 编 12 章,介绍了文科文献检索课题,检索途径、方法、策略;介绍了查科学进展,查图书报刊的出版和流传,查图书报刊的篇目和图书内客,查古书佚文,查专题资料和诗词文句,查典章制度和历史事件,查经济信息等方面的检索工具及其使用方法;同时,还介绍了在阅读文献的过程中,怎样查解疑难字词、人名、地名、专业名词术语以及换算年月日的方法。(张玲)

1780

台湾史料数位化资源组织之研究 / 陈雪华计划主持. -- 台北:台湾"行政院"科学委员会,1999. -- 11,380 页:图;29cm. --(国家图书馆)

本研究探讨国内外数位图书馆统计或资讯界已发展出来的电子资讯诠释资料以及资讯组织系统,并针对国内珍藏文物及文献的特性,建议一套适用之资讯组织模式,作为建立中文环境数位图书馆/博物馆系统设计之基础。本书共分 6 章。第一章绪论;第二章文献分析;第三章研究设计与实施;第四章台湾史料数位化资源;第五章中文诠释资料交换格式栏位表的发展过程;第六章结论与建议。书前有摘要,书后有台大电子图书馆与博物馆古文书 Metadata 栏位名称、台湾史料 Metadata 栏位一览表(草案)(1998. 06. 09)、青年守则、地图 Metadata 栏位一览表(1999. 01. 21)等 18 条附录。(赵红)

1781

科技信息检索 / 沈传尧主编. -- 徐州:中国矿业大学出版社,1999. -- 298 页:图;20cm. -- 7 - 81070 - 126 - 6(北京大学图书馆)

本书在阐述信息检索基本理论的基础上,重点介绍了与建筑和环境科学相关的国内外检索工具的编制与使用。(于静)

1782

机械工程信息检索与利用 / 王娟萍,李秋实主编. -- 大连:大连理工大学出版社,1999. -- 299 页;20cm. -- 7 - 5611 - 0133 - 3(国家图书馆)

本书是高等学校科技信息检索与利用课系列教材之一。书中较为全面地论述了现代的信息检索手段和方法,使之具有时代性和实用性。本书内容主要分以下 6 章:第一章,机械工程学会的网址及其检索的基本知识和检索的一般技能;第二章,介绍了中文检索刊物与几种常用的数据库的检索方法;第三、四章,系统地介绍了国外著名检索刊物及其数据库的检索方法;第五、六章分别对国际联机检索系统和INTERNET网络查询方法作了较为详细的介绍。本书可作为全国高等学校机械类专业的信息检索教材,也可供机械类专业科技人员参考。(于静)

1783

电脑网络信息检索方法 / 王云编著. -- 北京:国防工业出版社,1999. -- 11,236页:图;26cm. -- 7-118-02142-3(国家图书馆)

本书的主要内容包括:Internet的浏览工具(Explorer、Netscape、Lyns);Internet信息检索工具(名址查询工具、文件检索服务器、广域信息服务器、考访服务站、Veronica服务、万维网、检索引擎);Internet信息传递工具(电子邮件、通信讨论组、文件传送服务、远程登录、用户新闻网、网络交谈与网络会议、网络测试);Internet信息资源、网络信息资源访问渠道、网络信息资源管理;联机信息检索方法、Internet时代的联机信息检索系统;光盘出版物信息检索;信息检索中的需求表达;信息检索中的取名分析方法、定义分析方法、内容分析方法;信息检索中的词素查找法、语篇查找法、同构查找法;检索问题的重定义和问题转换;信息检索的词组组合方法、检索式的生成方法;循环检索与反馈检索方法;通配符、主题词、作者检索及其效果;在不同字段中进行检索的注意事项;通用检索程序及其设计;电脑信息检索的应用实例;国内电脑信息检索理论与实践。(于静)

1784

土木建筑信息检索与利用 / 肖友瑟主编. -- 大连:大连理工大学出版社,1999. -- 217页;20cm. -- 7-5611-0078-7(国家图书馆)

本书为全国高校文献检索与利用课系列教材之一,是专为高等工业院校土木、建筑类专业学生学习《文献检索与利用》课程而编写的教材。书中第一至四章,介绍了文献检索的基本知识、基本原理和方法,以及土建文献源;第五至六章,结合专业需要,介绍了国内外的主要检索工具;第七章介绍了计算机检索,也引入了光盘使用方面的知识;第八至九章,简介了文献利用方面的知识(包括在科技论文撰写中的具体应用)。本书也可作为土建类专业的工程技术人员和科技情报工作人员的参考书。(于静)

1785

医药学文献计算机检索:光盘、Internet联机信息资源和联机检索方法及技巧 / 于泓,魏良,张红萍主编. -- 长春:吉林科学技术出版社,1999. -- 275页:图;26cm. -- 7-5384-2154-8(北京大学图书馆)

本书为我国第一部专门论述计算机检索医学文献的实际操作、指导性用书。重点阐述了国内外12种生物医学及相关科学光盘数据库检索方法,并详尽介绍了Internet上的各种一般检索引擎、医学检索引擎,还特别介绍了三个站点中免费MEDLINE的检索方法,以及最新国际联机检索方法。其中,中国生物医学光盘数据库(CBMdisc)、中文生物期刊数据库(CMCC)、MEDLINE光盘数据库等Windows版本的操作方法介绍,以及美国化学文摘光盘数据库操作方法介绍,这在我国尚属首次。MEDLINE数据库的资料介绍截止到1999年9月。全书共4篇30章,其特点是:注重创新、循序渐进、图文并茂、实例丰富,科学性、新颖性、针对性、实用性较强。(于静)

1786

现代信息检索技术 / 陈梅花,杨妙君主编. -- 武汉:武汉工业出版社,2000. -- 286页:图;26cm. -- 7-5629-1552-0(武汉大学图书馆)

本书紧密结合当前网络时代的信息环境和检索系统,分为手工信息检索和计算机信息检索上、下两篇,全面深入地介绍了现代信息检索技术。(于静)

1787

科技信息检索与利用 / 陈如好主编. -- 广州:广东省地图出版社,2000. -- 392页;21cm. -- 7-80522-633-4(华南师范大学图书馆)

本书以原国家教委提出的《文献检索与利用课》教学要求为依据,阐述了文献信息检索的基础知识和基本原理,以手工检索工具为基础,介绍了网络检索基础知识、检索技术以及网络检索工具的使用方法。(于静)

1788

Internet搜索及光盘数据库信息检索 / 董远达,刘俊熙,王芝英主编. -- 上海:上海大学出版社,2000. -- 174页:图;26cm. -- 7-81058-205-4(北京师范大学图书馆)

本书介绍信息和信息检索知识,着重介绍计算机检索方法与技术,其中包括计算机检索的一般概况和CD-ROM检索、国际联机检索、Internet网络资源检索等项内容 。(于静)

1789

因特网信息资源检索与利用 / 符绍宏,雷菊霞,饶伟红编著. -- 北京:清华大学出版社,2000. -- 227页:图;23cm. -- 7-302-03822-8(北京大学图书馆)

本书系统地介绍因特网信息资源的特点、种类、信息利用价值及评价、鉴选标准;各类型常用网络信息检索工具的特点、比较、评价、使用和检索方法;详细介绍了学术性、研究性及各类专门信息的网上检索与查找方法、途径及重要站点。(于静)

1790

网络与光盘科技文献检索:化学化工、医药卫生 / 胡先明主编;胡先明,周彩霞,罗嘉惠编著. -- 武汉:武汉大学出版社,2000. -- 269页:图;26cm. -- 7-307-03031-4(国家图书馆)

本书是化学工作者根据自己教学和科研实践编写而成的计算机应用书籍,旨在介绍在计算机网络与光盘上的化学化工、医药卫生文献资料的实用查阅方法。第一章主要介绍计算机情报检索的基本原理和方法;第二至四章主要介绍当今世界上几个著名的联机检索系统,是按照从原理到方法,再到实例逐层展开的;第五至七章选择CA和CCWIN等为代表,向读者具体介绍光盘检索系统的有关知识和国内外大型光盘数据库实例;第八至十章针对专利和标准,从光盘到网络予以全面介绍,重点介绍了国内外网络上免费检索专利的网址和相关的检索方法;第十一至十五章收集了国内外Internet上大量可用资源,包括化学化工、医药卫生及相关领域的多学科网站,并介绍了使用E-mail上网查阅化学化工文献资料的方法;在附录中列入了数百个免费发布信息的网址和中英文搜索引擎等内容。本书不仅对化学化工、医药卫生工作者有帮助,还可以满足社会各界在这些方面的需求。(于静)

1791

中医药信息检索新编 / 林丹红主编. -- 上海:文汇出版社,2000. -- 159页;26cm. -- 7-80531-560-4(天津科技大学图书馆)

本书突破了传统的中医药文献检索书籍和相关教材以手工检索为主的模式和局限,将重点放在中医药机读文献和网络信息的检索和应用上,侧重介绍各种类型的医学电子出版物及其检索方法。在内容上首次突出网络中医药各类专题信息的采集和利用,信息量大、注重实用、图文并茂。(于静)

1792

科技信息检索 / 刘志坚等编. -- 武汉:武汉水利电力大学出版社,2000. -- 171页:图;20cm. -- 7-81063-079-2(国家图书馆)

本书共分11章,加强了基础理论,充实了一些新的概念,全面系统地介绍了科技信息基本知识、信息检索的基本原理与方法、国外重要检索工具和水利电力专业性检索工具的使用,采用了最新的检索工具内容,计算机信息检索、光盘和WEB检索技术,突出了三大检索途径,重点放在培养学生解决实际问题和利用检索工具的技能方面。书中的检索实例都是从实践中摘取来的。本书可作为大学生、研究生及函授生的教材,也可供工程技术、科教、图书情报人员的参考书。(于静)

1793

现代网络信息检索 / 孟惠玲等. -- 武汉:华中科技大学出版社,2000. -- 159页:图;21cm. -- 7-5609-2281-3(国家图书馆)

本书共分5章,包括:绪论、检索语言、计算机文献检索、文献数据库的使用方法、检索服务(代检索、查新、定题)。书后附国外主要联机检索系统命令一览表、常用国际联机数据库、俄—英字母音译对照表、日—英字母音译对照表、部分拉丁文缩写—全称对照表。全书重点介绍了科技文献检索及计算机文献检索的基本知识,以及国外大型数据库的使用方法。本书特点在于将科技文献的基本知识、文献检索的基本方法、检索语言与国际联机检索、各种网络数据库的使用方法融合在一起,使用户不仅能掌握获取信息的基本知识,而且也能掌握在最短的时间内,以最快的速度获取信息的方法与技能。本书不仅可以作为高等院校文献检索课的教材,而且也可作为广大用户自学检索方法的指南。(于静)

1794

现代化学信息基础教程 / 沈勇,张大经,郑康成编著. -- 广州:中山大学出版社,2000. -- 280页:图;26cm. -- 7-306-01709-8(国家图书馆)

这是一本现代化学信息检索与化学图文综合处理的教科书,本书除了对现代化学文献信息与检索系统作全面介绍外,还着重介绍现代化学文献的检索方法,包括网络检索、光盘检索、联机检索和手工检索等,特别介绍化学建模等方法,是化学图文处理及功能分子设计、物质结构与性质分析的重要工具,具有综合、交叉、实用与指导性的特色。(于静)

1795

INTERNET和信息检索 / 唐永林,葛巧珍主编. -- 上海:华东理工大学出版社,2000. -- 177页;26cm. -- 7-5628-1064-8(国家图书馆)

本书介绍了世界各国著名信息数据库的状况及使用,以所选典型的检索界面为叙述对象。全书分5章介绍了信息的特点、现代信息的传播及检索、INTERNET信息检索、网上数据库资源及检索、光盘数据库检索及有关计算机信息检索的策略与技巧。(胡秋玲)

1796

网络时代的电子资源检索与利用 / 王晓玲,高锦春,罗翠玲编著. -- 北京:北京邮电大学出版社,2000. -- 164页:图;26cm. -- 7-5635-0427-3(国家图书馆)

本书介绍了国外著名的各种数据库检索系统及其信息的范围、用户检索界面、使用方法等;给出了国内外著名数据库系统的WWW网站地址及这些站点上提供的免费信息等。全书共分11章,其中前7章包括:科技信息检索的基本知识与概念;国内重要信息源与检索工具简介,介绍新兴的国内数据库光盘或联机数据库系统,包括中国学术期刊全文数据库、中国科技期刊数据库、万方数据等;国外数据库检索系统,介绍美国《工程索相》、英国《科学引文索引》、美国《科技会议录索引》、美国《政府报告通报及索引》等使用方法;专利与国际专利分类、中国专利检索工具、《世界专利索引》,介绍了国内外专利知识与专利文献的检索方法。(于静)

1797

生物学文献信息及网络检索 / 魏小平编著. -- 兰州:兰州大学出版社,2000. -- 146页;26cm. -- 7-311-01590-1(兰州大学图书馆)

本书重点围绕网络环境展开论述,使读者通过这本书了解网络、认识网络、加入网络、应用网络,从而更有效地获取网络信息。(于静)

1798

实用计算机信息检索 / 邹忠民主编. -- 苏州:苏州大学出版社,2000. -- 289页;26cm. -- 7-81037-761-2(华南师范大学图书馆)

本书介绍了计算机信息检索基础知识、中外重要数据库和网络检索技术三大块内容,重点通过具体实例介绍各类数据库和网上资源的利用方法。(于静)

1799

军事科学文献信息检索指南 / 陈浩良主编. -- 北京:军事科学出版社,2000. -- 542 页;21cm. -- 7 - 80137 - 408 - 8(国家图书馆)

本书是一部军事科学文献信息检索工具书。全书系统介绍了军事文献检索的基本知识,军事思想、战略、战役战术、军事历史等 25 个学科或专题文献信息的检索途径、检索方法,以及众多的因特网站和文献信息数据库的内容。本书内容丰富,文字精炼,结构合理,体例规范,在军事科研信息检索方面达到了国内领先水平。全书共分 28 章,主要包括军事科学文献信息检索、常用工具书,计算机检索,军事哲学、思想文献信息检索,战略学、战役战术、军队指挥、国防与军队建设、军制、战争动员、军事教育训练、军队管理、军事地理学、军队政治工作、军队后勤、军事历史、军事人物、军事运筹学、国防经济、军事法、军事心理学、军事社会学、军事技术和武器装备、军事科研管理、高技术战争及新军事革命和信息战文献信息检索等内容。(韩丽)

1800

信息资源开发与利用基础:文献检索 / 邓荣先,张莉华,焦中铎编著. -- 汕头:汕头大学出版社,2000. -- 155 页;26cm. --7 - 81036 - 426 - X(国家图书馆)

本书是作者根据多年文献检索教学的实践经验,参考了一些较有代表性的同类教材和近几年发表的有关资料而写成的。本书分为 3 篇共 13 章。第一篇系统地介绍了信息、文献、文献资源、文献检索、检索系统、检索语言以及检索方法、步骤和检索提问式等基本知识;第二篇以二次文献检索为主题,注重从用户需要出发,将传统的手工检索系统与相应的计算机检索系统紧密结合,有选择、有重点地剖析了国内外不同载体检索系统的结构和使用特点;第三篇集中介绍了全文检索系统和网络资源开发利用的工具、技术和方法。(韩丽)

1801

信息检索学 / 董源主编. -- 北京:中国林业出版社,2000. --259 页:图;26cm. -- 7 - 5038 - 2565 - 0(国家图书馆)

本书内容共分七章,除介绍信息和信息检索基本知识、主要检索类期刊,特种文献检索和参考工具书使用知识之外,着重介绍计算机检索方法与技术,其中包括计算机检索的一般概况和 CD - ROM 检索、国际联机检索、Internet 网络资源检索等项内容。目的是为读者运用计算机进行信息检索打下一个比较坚实的其础。为了更深刻地理解文献信息检索的理论和实践,从宏观上更好地把握科技文献信息的脉络与走势,从理性上为掌握文献信息线索,准确而全面地检索文献信息提供思路。本书最后一部分介绍文献信息的数量特征与引文分析,为读者进一步地学习和研究指出方向,留用参考。由于各林业院校专业面的拓宽和学科的相互渗透,本书内容既涉及到林业方面的知识,又涉及到与其相关学科的知识,既兼顾社会科学也兼顾自然科学,因此,本书也可作为其他高等院校师生、科技工作者及一般信息用户的参考用书。(韩丽)

1802

信息检索 / 郭吉安编著. -- 重庆:重庆大学出版社,2000. --259 页:图;26cm. -- 7 - 5624 - 2104 - 8(国家图书馆)

本书从知识经济和信息社会的新时空论述了信息化生存策略与信息检索的意义;介绍了现代信息资源、信息检索基础知识及基本方法;着重介绍了 Internet 信息检索、国际联机检索系统的功能、检索策略和检索技巧;介绍了光盘检索系统,特别是科学研究常用的信息检索系统以及 Internet 网上的商情信息检索等。本书的特点在于,力求突破传统文献检索教材的检索刊物介绍式的框架,根据信息环境的最新变化,增加和更新了网络与机检的内容,介绍了手工检索与光盘、联机相结合的检索系统。(韩丽)

1803

现代信息检索教程 / 郭吉安主编. -- 重庆:重庆大学出版社,2000. -- 260 页:图;26cm. -- 7 - 5624 - 1273 - 1(国家图书馆)

本书介绍了现代信息环境下信息检索的基础知识和基本方法。全书共 10 章,内容涉及三个部分。第一部分为知识信息篇,包括知识经济与信息社会、文献信息资源;第二部分为信息检索篇,包括信息检索基础、Internet 信息检索、国际联机信息检索系统、国内信息检索系统、国外综合性科技信息检索系统、专业性信息检索系统和特殊类型文献信息检索系统;第三部分为情报研究篇,包括情报研究与咨询、科技查新咨询、经济信息咨询。本书内容取材新颖,结构合理,注意了手工检索、光盘检索和联机检索系统综合集成的介绍。(韩丽)

1804

情报检索教程 / 贺志刚, 李修波主编. -- 北京:地震出版社,2000. -- 209 页:图; 26cm. -- 7 - 5028 - 1836 - 7(北京师范大学图书馆)

本书系作者积累多年科技情报检索的教学经验,汇集各方资料编写而成。本书共 12 章,主要内容包括科技文献检索绪论,科技文献检索的基本原理,国内检索工具使用简介,国外综合性检索工具及其利用,专利及专利文献的检索,计算机情报检索,光盘检索,国际互联网,情报的收集、分析与整理等。本书内容系统丰富,通俗易懂,可指导广大科研人员、大专院校师生快速、准确地查找所需情报资料,有较高的实用价值。(韩丽)

1805

现代科技信息检索 / 赖金福等编. -- 西安:西安电子科技大学出版社,2000. -- 349 页;20cm. -- 高等学校教材. -- 7 - 5606 - 0809 - 4(国家图书馆)

本教材是根据原电子工业部五所院校信息检索课的教学计划,并结合各校的教学实践和专业特点而编写的。全书内容主要包括:现代科技信息检索的基本知识、原理和方法,国内外常用检索工具和参考工具书的编排结构和使用方法,联机信息检索、光盘信息检索和网络信息检索系统及其检索方法和技巧。(韩丽)

1806

怎样浏览与查询数据库 / 李超编著. -- 北京:人民邮电出版社,2000. -- 265 页:图; 23cm. -- 政府上网工程与办公自动化丛书. -- 7 - 115 - 08812 - 8(北京师范大学图书馆)

本书结合具体实例通俗地介绍了怎样浏览与查询数据库,目的是帮助读者尽快掌握浏览与查询数据库的方法。本书共分为八章:第一章介绍了数据库的基本知识;第二章至第五章依次介绍了 SQL Server 数据库、FoxPro 数据库和 DB2 数据库的访问;第六章介绍了因特网的一些使用方法;第七章介绍了文献检索;第八章介绍了 Unix 与数据库。此外,书后附录介绍了常见病毒的预防及清除。(韩丽)

1807

中国古代工具书举要 / 李峰主编. -- 郑州:中州古籍出版社,2000. -- 245 页;20cm. -- 7 - 5348 - 1978 - 4(国家图书馆)

本书共分两编,上编从纵的方面集中介绍字书、辞典、韵书、石书等工具书的产生渊源、发展过程以及各朝代的代表著作;下编从横的方面分成辞书篇、类书篇、书目篇、综合篇,介绍书的成书过程、编制体例等。本书主要介绍了文史类工具书的内容和使用方法。由于文史研究者面对着浩如烟海的古典书籍,一些资料性质的古籍,从广义上讲也可算是工具书了,如《十三经》《二十四史》等。所以本书作者从治学的角度着眼,也收录相当一部分资料书。(韩丽)

1808

文献信息检索学 / 李建主编. -- 南京:南京师范大学出版社,2000. -- 358 页;21cm. -- 7 - 81047 - 533 - 9(国家图书馆)

本书较为系统地论述了文献信息检索的基本理论、基础知识和操作技能。分为:文献信息的基本知识、文献信息检索原理、文献信息检索工具、文献信息检索工具常用排检法、图书文献信息的检索、报刊文献信息的检索、字词的查考和检索、人物研究资料与组织机构的检索、统计资料与数据的检索、法规条约与案例的检索以及计算机文献信息检索等 14 章。本书提供的知识信息和检索技能,是经过精选的检索工具书和参考工具书评介,可以帮助检索、选择、获取自己学习、生活和研究所需要的文献信息,解决现实中的问题。(韩丽)

1809

Internet 上的化学化工资源 / 李晓霞,郭力编著. -- 北京:科学出版社,2000. -- 543 页:图;20cm. -- 计算机化学化工丛书. -- 7 - 03 - 008584 - 1(国家图书馆)

由于 Internet 化学化工资源具有分布广、数量巨大、高度动态的特点,如何充分有效地利用 Internet 化学化工资源依然是一项具有挑战性的工作。本书面向对 Internet 化学化工资源感兴趣的广大读者,重点介绍了获取 Internet 化学化工资源的主要工具和方法,以及不同类型资源的基本特点与概貌。除介绍获取 Internet 资源的通用方法和搜索引擎,重点介绍专门帮助获取 Internet 化学化工资源的资源导航系统以及近来出现的集中提供综合性化学化工信息服务的虚拟社区。作为本书的主要内容,系统介绍了 Internet 上与化学化工有关的数据库、软件、期刊、图书、会议信息、讨论组和新闻组、新闻、专利、公司及网上贸易、学会及组织、教育等资源。(韩丽)

1810

社会科学信息检索与利用 / 廖梅主编. -- 长沙:中南大学出版社,2000. -- 208 页;26cm. -- 7 - 81061 - 292 - 1(国家图书馆)

本书是编者结合自身的教学实践而编写的。本书突出了在现代网络环境下的社会科学文献信息检索的知识、技术及其应用,内容上涵盖了社会科学信息检索的基本概念、方法技巧和现代信息检索的新技术,以及社会科学信息在信息调研、分析与预测和社会科学论文撰写中的运用方法与步骤等各个方面。

全书共分为四个部分,共 11 章。第一部分(第一至第三章)论述了信息、信息检索、信息检索技术等基本概念与基础理论知识。第二部分(第四章至第六章)主要介绍了社会科学的相关文献信息源,按文献类型对各种工具书在社会科学文献信息检索中的运用详细地加以叙述。第三部分(第七章至第八章)介绍了联机检索数据库、光盘检索数据库,以及网络检索基础知识与网上信息资源。第四部分(第九章至第十一章)结合在社会科学研究工作中社会科学文献信息检索工具的利用,介绍了社会信息调研及社会信息的预测与咨询,并针对大学生进行社会科学学术论文写作进行了指导,为他们初步开展学术研究打下基础。(韩丽)

1811

网络环境下社会科学信息检索 / 刘俊熙,赵伯兴,蒋时雨编著. -- 上海:上海大学出版社,2000. -- 231 页:图;26cm. -- 7 - 81058 - 215 - 1(国家图书馆)

本书介绍了社科类文献信息的一般概念、检索原理、检索语言和检索工具;重点介绍了社科类光盘数据库检索和网络资源检索,并以具体实例和图解方法讲解了光盘数据库和网络资源检索的具体过程和方法;还介绍了社科文献研究及成果的表述方法。全书共分为 12 章,理论性表述部分阐明了文献的特征与类型、文献交流的模式、文献检索原理、文献检索语言;文献信息检索的实践部分既综合介绍检索工具,又分科列举文献参考源,且配有检索举例,内容涵盖了哲学、经济、文学、史学、政治、法律、社会学,基本能适应社会科学各院系学生的需要。(韩丽)

1812

情报检索教程 / 潘一辅, 任安良, 程良堂编著. -- 广州:华南理工大学出版社,2000. -- 137 页:图;26cm. -- 7 - 5623 - 1592 - 2(国家图书馆)

本书共分 9 章,主要包括:绪论,美国《工程索引》,英国《科学文摘》,美国《化学文摘》,专利文献检索,科技报告和会议文献的检索,参考工具书简介,计算机检索,Internet 上的情报检索等内容。本书在传统的情报检索内容基础上增加了篇幅较大的有关 Internet 的情报检索内容,以适应互联网的迅猛发展所带来的诸多新内容的要求。(韩丽)

1813

体育文献检索 / 全国体育院校教材委员会审定. -- 北京:

人民体育出版社,2000. -- 163 页:图;21cm. -- 体育院校通用教材. -- 7-5009-1888-7(国家图书馆)

本教材适用于体育院校本科教学使用,也可供专科、高职、高专等专业教学使用。本教材是在全国体育院校教材委员会的领导下,由《文献检索》教材小组组织,根据国家教委规定的要求编写的通用教材。全书共分为八章,主要内容包括:体育文献、体育文献检索、体育文献检索工具基础知识、体育文献检索的方法与步骤、体育文献检索工具举要、体育文献计算机检索、体育文献的积累整理和利用、体育文献检索实例等。书后附录有《中国图书馆分类法》体育类目表和常用体育网址。(韩丽)

1814

现代医学信息检索与利用 / 任效娥主编. -- 北京:科学出版社,2000. -- 280 页:图;26cm. -- 7-03-008661-9(国家图书馆)

本书共分 12 章,首先介绍了开设医学信息检索课的意义和医学文献的基本知识,然后详细介绍了医学文献检索的基础理论、检索语言、检索方法、检索效果的评价、医学参考工具书以及信息领域最新发展趋势。本书内容充实,图文并茂,压缩了传统手工检索工具所占篇幅,增加光盘检索及网络检索内容。全书突出实用性、易掌握、易操作的特点,重在培养医学专业人员及学生的文献检索能力以及科研能力,使他们能适应信息时代的快速发展,为较好的医学专用教材。(韩丽)

1815

西文工具书概论 / 邵献图主编. -- 台北:书林出版有限公司,2000. -- 402 页;26cm. -- 含西文书名索引. --957-586-863-3(国家图书馆)

本书系统介绍西方国家的工具书,以英美出版的英文工具书为主,兼及法文、德文、西班牙文出版物,侧重社会科学的内容。书中系统介绍了西方国家出版的百科全书、书目索引、词典、传记、统计、年鉴手册等主要工具书,并介绍了缩微、视听资料和数据库等媒介;作者还根据丰富的参考工作经验,介绍了工具书的源流、类型、编制体例、评介准则和使用方法等。本书介绍的西文工具书可帮助图书馆参考咨询人员和有关研究人员在对外国的政治、经济、法律、文化和教育等方面进行参考咨询服务和研究时有效地获得相关资料。为了有效地指导西文工具书的使用,作者根据教学经验,配置了一些具有代表意义的样条,以实用性和知识性相结合的原则,在各章之后附有实习题。本书经北京大学出版社授权书林出版有限公司在台湾出版发行。(崔彤)

1816

网络信息资源搜集与利用 / 孙建军主编. -- 南京:东南大学出版社,2000. -- 395 页:图; 21cm. -- 新编计算机网络技术系列教材. -- 7-81050-648-X(北京师范大学图书馆)

本书从信息检索的历史和发展讲起,追溯了信息检索与利用的发展历史,具体介绍了信息检索的基本原理、基本方法、基本模型等内容,进而详细描述了网络基础概念、搜索引擎的简单原理、书目数据库的网上检索以及常用的搜索引擎,并介绍了 Internet 的几种重要应用。本书除了对网络信息资源的原理、方法与应用有较深的介绍外,还融入了大量作者实际经验,故本书不仅可作为大专院校检索课的新型教材,也可供广大科研工作者参考。(韩丽)

1817

常用社科文献信息源 / 王锦贵主编. -- 北京:北京图书馆出版社,2000. -- 244 页;21cm. -- 7-5013-1712-7(国家图书馆)

本书为北京大学信息管理系教材,比较全面系统地介绍了社会科学研究及学习过程中所必需的信息源的类型、特点、重要典籍及其检索方法,具有较高的实用性。全书共分为 5 编 15 章,其内容包括:著述信息源,主要介绍了丛书、总集、别集、全集、选集、论文集、传记、史志、政书等及其检索;史料信息源,主要介绍了方志和档案文献的特点及检索;资料信息源,包括参考资料和报刊资料;咨询工具信息源,包括了书目、索引、文摘、类书、年鉴等。(韩丽)

1818

新编医学文献检索 / 杨克虎等主编. -- 兰州:甘肃教育出版社,2000. -- 254 页;26cm. -- 7-5423-0974-9(国家图书馆)

本书分为基础知识、中文医学文献检索工具、外文医学文献检索工具、特种文献检索、医学文献光盘数据库检索、Internet 医学信息资源利用六篇。

1819

Internet 上的化学信息资源 / 俞庆森, 商志才, 杨敏编著. -- 北京:化学工业出版社,2000. -- 226 页:图; 26cm. -- 7-5025-2984-5(国家图书馆)

本书对 Internet 上的化学信息资源进行了系统地归纳,按其资源的类型、分布,以及搜索、下载方法和注意事项等作了全面的阐述;介绍了国内外一些主要网站和部分网站的主页以及一些著名的搜索引擎,特别是对搜索化学资源的引擎作了重点介绍;还对化学资源中的一项重要信息资源——化学数据库进行了分类叙述,并对化学科技工作者经常用到的专利文献查阅、下载方法和步骤进行了概括性阐述;还罗列了大量网址供读者查阅。本书对希望在 Internet 上快速、准确地查阅化学及相关学科的科研、教育等信息资源的人们将有很大帮助。(韩丽)

1820

数字化信息资源检索与利用 / 袁毅, 郭太敏编著. --徐州:中国矿业大学出版社,2000. -- 224 页:图; 21cm. -- 7-81070-234-3(北京师范大学图书馆)

本书精心挑选并介绍了目前国内普遍使用的最新、最权威、集成化程度最高、覆盖面最广的中外文数据库。中文数据库主要介绍了中国学术期刊数据库、万方资源数据库、中国科学引文数据库、人大复印资料系列光盘数据库以及中文期刊数据库。外文数据库主要介绍了 EI、SCI、ISTP 光盘检索以及 EI、SCI 现行的基于 Web 方式数据库的使用方法,同时介绍我国 61 所进入"211"工程的高等院校普遍使用的 OCLC、UnCover 等数据库的服务方式和一些著名专业光盘数据库的使用方法。此外,本书对如何进行 Internet 网络检索以及计算机信息检索所需要的基础知识也做了必要的讲解。本书旨在帮助读者系统地掌握数字化信息资源检索的实用方法,适用于一切需要信息的人们。(韩丽)

1821

信息检索 / 张惠惠主编. -- 北京:机械工业出版社,2000. --317 页:图;21cm. -- 7 - 111 - 08199 - 4(国家图书馆)

本书首先对信息检索的相关概念和基本知识进行了概述,然后精炼介绍了手工信息检索的途径和方法,介绍了计算机检索的基本原理、基本概念和检索策略的构建调整,然后详细介绍了网络数据库和 Internet 信息检索与利用方面的知识,尤其对国内外一些重要的网络数据库检索系统、搜索引擎、书目数据库、虚拟图书馆和专业网站等方面的知识作了深入的介绍,最后对文献信息的收集、整理和分析、调研等利用配合实例进行了论述。(韩丽)

1822

现代信息检索 / 张曼玲,张桂香,于瑛编著. -- 北京:哈尔滨工程大学出版社,2000. -- 231 页:图;20cm. -- 7 - 81073 - 063 - 0(国家图书馆)

本书主要是为普通信息检索用户编写的,力求从用户角度组织内容,侧重实际应用。在编著过程中考虑到一般用户多是信息的需求者,虽然具有某一方面的专业知识,但还是对信息检索知识了解较少。因此,本书在第一至五章里介绍了信息检索的基础知识。对于不熟悉信息检索、没有检索经验的读者,最好先仔细阅读前五章。在这五章中详细介绍的信息检索的基本知识,是每个检索者应具备的。对于较熟悉手工检索的读者,可以只读第五章,了解计算机检索的基本常识。第六至第八章介绍了中外各种数据库检索系统(光盘版)的使用。本书仅选择部分一般用户常用的、具有一定代表性的数据库检索系统进行了介绍。第九章介绍了图书馆局域网的使用。目前我国各图书馆使用的管理系统约有十几种,有国内研制的,也有从国外引进的,本书向读者介绍的是国内用户使用较多的 ILAS 系统。第十章介绍了国际联机检索方法,重点介绍了 DIALOG 系统和 OCLC 系统使用方法。第十一、十二章是目前最热门的 Internet 信息检索方法。(韩丽)

1823

文献检索与利用 / 张美芳,王者乐主编. -- 上海:上海社会科学院出版社,2000. -- 203 页:图;21cm. -- 7 - 80618 - 748 - 0(国家图书馆)

本书的目的在于帮助学生学会寻找信息和利用信息,提高获取信息的技能,提高对信息的选择和利用能力,提高解决问题的能力,更好地适应快速发展的信息社会对人才的各种要求,因此具有较强的实用性。本书分为 8 章,其主要内容包括:文献与文献检索的基本知识,图书馆的利用,工具书的使用,文献检索的基础知识,文献检索工具,专利和标准文献的检索,计算机文献检索,文献资料的利用及论文的撰写等知识。书中有的章节后附有思考题供学生学习解答。(韩丽)

1824

信息(情报)检索基础教程 / 张清华主编. -- 北京:中国林业出版社,2000. -- 251 页:图;21cm. -- 7 - 5038 - 2622 - 3(北京师范大学图书馆)

本书比较详细、系统而简明地介绍了国内外信息检索的基本理论和检索方法,全书共分 5 章:第一章为信息(情报)检索概论;第二章为标准文献卡制作;第三章为科技信息(情报)检索;第四章为社科信息(情报)检索;第五章为计算机信息(情报)检索。(韩丽)

1825

科技文献检索与 Internet / 赵飞,吕瑞花编. -- 北京:国防工业出版社,2000. -- 200 页:图;26cm. -- 7 - 118 - 02338 - 8(国家图书馆)

书中首先简述科技信息概念和文献检索的基础知识,随后着重叙述国外一般科技文献、特种科技文献特别是专利文献的主要检索刊物的内容及其使用方法,接着对各国标准文献的检索方法和一般参考工具书作了阐述。为了适应 Internet 网络环境下信息检索的需要,本书在后半部分重点介绍了计算机情报检索的基础知识、国际联机检索及 Internet 环境下获取信息的方法。由于各种文献出版物和检索工具的内容经常更新,本书中引用的材料尽可能从最新资料中选取。视具体专业的不同,在讲授中可对本教材中的内容作适当取舍。本教材对于课堂组织教学、课下学生自学,都有较强的可操作性。(韩丽)

1826

商情信息资源检索 / 郑燕华编著. -- 上海:上海财经大学出版社,2000. -- 182 页:图;19cm. -- 电子商务应用丛书. -- 7 - 81049 - 484 - 8(北京邮电大学图书馆)

本书共分 5 章,内容包括:商情信息概述、信息资源管理、信息资源检索、WWW 资源检索技术、光盘检索技术。本书是为有志于信息化建设、电子商务活动的各类管理人员、技术人员和广大青年学生提供的电子商务基本知识和技术的书籍,其重点在于介绍商情信息资源检索的基本原理和方法,讨论网络信息资源应用技术。本书是在总结多年专业教学、应用开发经验的基础上,参考国内外有关书籍和资料组织编写而成的,既注重理论联系实际,又尽量反映国内外最新成果和应用方法。(韩丽)

1827

信息资源检索与利用 / 周文荣主编. -- 北京:化学工业出版社,2000. -- 190 页:图;26cm. -- 7 - 5025 - 2952 - 7(国家图书馆)

随着信息技术的快速发展,计算机与网络检索日益普及,为适应现代科学技术与信息发展的需要,本书在阐述各种文献信息资源、参考工具、手检知识与技能之外,新增加了信息资源的变化及特点,电子信息与网络信息检索的基础,数据库检索、网络信息检索、网络环境下的图书馆服务及信息利用与科技情报研究成果的写作等内容。本书实用性强,适用面广,具有鲜明的时代特征。(韩丽)

1828

科技信息检索 / 邓滨,方小容主编. -- 西安:陕西科学技术出版社,2000. -- 214 页;26cm. -- 高等院校理工科类专业

文献检索课教材. -- 7 - 5369 - 3136 - 0(国家图书馆)

本书为高等院校理工科专业文献检索课教材。全书共分三篇,第一篇为总论,讲述了信息检索的目的和意义及文献、文献类型、检索语言、检索工具、检索方法和效果评价等信息检索的基础知识。第二篇为手工检索方法,重点介绍了国内文献检索工具、国外综合性检索工作及专业性检索工具、特种文献及其检索方法及参考工具书。第三篇为计算机信息检索,分别阐述了计算机检索技术、光盘检索系统及Internet信息检索方法等。书前有内容简介和前言,书后有"按文档号排序的DIALOG数据库名称表(摘选)"和"书目型文献数据库蓝页样例(摘选)"两个附录和参考文献。(胡秋玲)

1829

信息检索教程 / 包和平,宛文红主编. -- 赤峰:内蒙古科学技术出版社,2001. -- 404 页;20cm. -- 7 - 5380 - 0875 - 6(国家图书馆)

本书系大学信息检索教材。全书共分九章,系统而简洁地阐述了信息检索所必备的基础知识、中外文检索工具书、途径与步骤。本书结合信息知识与信息技术的发展,大幅度增加了计算机检索篇幅,其内容包括中外文光盘数据库检索、联机检索与Internet网上资源建设。全书内容丰富,综合性与实用性强,适用面广,有鲜明的时代特征。(韩丽)

1830

科技信息检索 / 陈英主编;王红兵,赵宏铭,蔡书午编著. --北京:科学出版社,2001. -- 191 页;图;23cm. -- 7 - 03 - 009520 - 0(国家图书馆)

本书是作者在从事信息检索教学20年的基础上,总结教学实践经验,结合现代信息资源及信息检索技术的动态变化撰写而成的。本书立足于系统介绍科技信息检索的方法与技能,从信息检索方法与技术、信息资源检索及信息资源的再生与利用三方面进行了全面的阐述。全书共分8章,主要包括信息概论,信息检索原理及检索技术,印刷型信息资源的检索,电子信息资源检索概论,联机和光盘数据库信息的检索,网络数据库信息的检索,网络搜索引擎,信息资源的利用与再生等内容,重点介绍了计算机联机信息、光盘信息和网络信息检索。(韩丽)

1831

法律文献检索教程 / 戴勇敢主编. -- 北京:中国人民公安大学出版社,2001. -- 276 页:图;21cm. -- 7 - 81059 - 727 - 2(国家图书馆)

本书是为法学专业学生编写的法律文献检索教材,分为引论、总论、分论三大块。引论是为一年级新生准备的文献检索入门知识,介绍了图书馆的历史、现状与类型,图书的分类原理与目录的使用方法等。总论是文献检索基础知识,依据文献检索原理的内在逻辑,按照文献—文献存储—文献检索的顺序逐步展开,内容包括:文献的概念、类型与中外法律文献概述;文献的存储方式;工具书与文献数据库的类型、检索语言与排序法;文献检索的基本方法以及几种流行文献数据库的检索方法。分论主要讲解运用基础知识,去查找法律图书、报刊、法规、标准、案例等常用法律文献的具体方法。本课程主要是一门方法课,更是一门技能课,因此课本中的许多内容,需要学生在课外阅读,并结合学习课加以理解和运用。(韩丽)

1832

当代信息检索 / 邓亚桥主编. -- 长春:吉林人民出版社,2001. -- 243 页:图;26cm. -- 7 - 206 - 02832 - 2(北京师范大学图书馆)

本书从当代信息的特点出发,论述了当代信息源及其检索原理、检索途径和检索工具等方面的基础知识。全书共分为四章,详细介绍了计算机联机检索知识、光盘检索和Internet网上检索的有关知识和实际检索途径、方法。本书从实际出发,充分利用20世纪90年代后期的最新资料和研究成果,结合教学实践,力图构筑一个能适应当代信息需求的文献检索课框架。作为替代传统文献检索课教材的当代信息检索教材和参考书,本书对广大科技工作者和工程技术人员掌握获取信息的手段,亦是一个比较系统、全面的参考指南。(韩丽)

1833

科技信息检索 / 邓要武,王星华编著. -- 北京:北方交通大学出版社,2001. -- 279 页:图;26cm. -- 7 - 81082 - 024 - 9(国家图书馆)

本书是按国家教委对文献检索课的基本要求,在吸取国内有关教材精华的基础上,结合作者从事文献检索课教学和科技信息检索的实践撰写的科技信息检索教材。全书共4篇分10章,内容包括:科技信息检索的基础知识、检索语言与检索词表、数据与事实型信息检索、单一类型的科技文献检索、综合类型的科技信息检索、计算机信息检索的基本知识和原理、国际联机信息检索、光盘数据库检索、网络信息资源检索与利用和科技文献信息服务机构。本书囊括手工检索、联机检索、光盘检索和网络检索,内容全面系统,取材新颖、精炼。(韩丽)

1834

社科中文工具书使用 / 邓宗荣编著. -- 沈阳:辽海出版社,2001. -- 495 页:图;21cm. -- 7 - 80649 - 849 - 4(国家图书馆)

本书包括了9章,即工具书概述、字典的使用、语文词典的使用、类书与政书的使用、年鉴和手册的使用、目录和索引的使用等。(韩丽)

1835

法学信息资源与文献检索 / 董晓春,徐静,邹育理编著. --北京:法律出版社,2001. -- 252 页;20cm. -- 7 - 5036 - 3447 - 2(国家图书馆)

本书是全国重点政法院校系列教材之一,是作者近20年的《法学文献检索与利用》课教学实践经验的总结。全书内容包括:信息与信息社会、网络信息资源及其检索、中文法学文献检索、外文法学文献检索等。本教材的特点是注重阐释各门学科的基本理论和基础知识,吸纳各门学科的最新研究成果和前沿研究信息,突出理论和实践的有机结合,力求

具有科学性、系统性、新颖性和适应性。(韩丽)

1836

医学文献检索 / 方平主编. -- 北京:人民卫生出版社,2001. -- 192 页;26cm. -- 7-117-04080-7(国家图书馆)

本书是全国高等医药院校面向21世纪课程临床医学七年制专业系列教材之一,也可用于五年制本科生以及研究生教学。五年制学生使用时可在侧重文献和文献检索基本知识与基本技能训练的同时,根据教学时数适当调节选修内容。全书共八章27节,章节之间和书末设有一些重要的实用性与资料性附录,并编有书后索引。每一章之后列有若干思考题,一般通过阅读教材、思考或基本技能训练之后都不难得到答案,编者试图以此启发同学们的学习兴趣。本书在内容结构框架设计时特别考虑到医学临床和科研对文献信息的独特需求和学生在学习过程中的认知规律。在绪论中对本课程中涉及的重要概念,如文献、文献检索、检索语言、光盘数据库检索、远程数据库检索等作了简明扼要的阐述,这对于初次涉足该领域的医学生来说,是学好本课程后面各章节的基础。(韩丽)

1837

药学文献检索与利用 / 符雄主编. -- 北京:科学出版社,2001. -- 269 页:图; 26cm. -- 7-03-009556-1(北京师范大学图书馆)

本书全面系统地阐述了药学专业文献信息的查找及利用,以较大篇幅介绍了 Internet 医药文献信息资源的获取方法,可操作性强。第一章总论,介绍药学文献、文献检索、文献利用的概念及相关概念;第二章计算机文献检索,介绍光盘、Internet 及国际联机检索;第三章中文医药文献检索工具;第四章外文医药文献检索工具;第五章医药文献信息的利用;第六章医药工具书查找与利用。(韩丽)

1838

文献检索与信息咨询教程 / 郜明,陆惠鸿,李雅仙编著. --北京:中国民航出版社,2001. -- 233 页;图;26cm. -- 7-80110-191-X(北京师范大学图书馆)

本书共分11章,主要内容包括:文献信息及信息检索概况,检索标识系统,文献信息检索与线索型检索工具的使用,文献信息检索与资料检索工具的使用,文献信息检索与便捷式参考资料的使用,文献信息检索与辞书型检索工具的使用,特种文献信息检索,国外著名检索工具概述,计算机信息检索,Internet 网络信息资源检索,咨询与文献检索等。本书的特点是文献检索与信息咨询结合,具有科学性、实用性和趣味性。本书所涉及的检索工具,从时代说,以今为主,兼及古代;从文字说,以中文为主,兼及外文;从学科说,以综合性为主,兼及社会科学、自然科学技术,文理交叉,数量适当。(韩丽)

1839

信息检索与利用 / 顾文佳主编. -- 北京:经济科学出版社,2001. -- 142 页:图;26cm. -- 7-5058-2634-4(国家图书馆)

本书不仅介绍了各种参考工具和各类文献信息资源的手检知识和技能,更新增了信息学的知识、电子信息和网络信息检索的知识,以及网络环境下图书馆的信息服务等内容。全书共分6章,主要介绍了图书与知识型信息、数据与事实型信息、科技与特殊型信息、电子与网络信息的检索与利用,并配有信息检索实例及课后练习,既可作高校文献(信息)检索课教材,又可作科研技术人员、图书情报工作者了解掌握信息检索知识的参考书。(韩丽)

1840

文献检索概论 / 何华连编著. -- 杭州:浙江科学技术出版社,2001. -- 229 页:图;26cm. -- 7-5341-1683-X(国家图书馆)

本书包括文献检索基本原理、文献源概述、相关知识、文献的具体查考、资料的积累等五方面的内容。文献源概述部分,印刷型出版物与电子出版物并重;文献的具体查考部分,传统检索手段与参考工具书共存;文献的搜集利用部分,文献的获取、整序、分析与利用结合;材料安排上,教材的主体内容与重要工具书图录、文献检索实习题统一。从全书看,文献检索基本知识、参考工具书、中文检索工具、外文检索工具、计算机检索基础、光盘检索、Internet 信息检索等方面的内容都兼收并蓄。本书虽然只单列一章专门介绍计算机检索知识,但由于在涉及文献具体查考的各章节中都穿插了计算机检索的内容,故计算机检索方面的内容已非点缀而为图书馆转型期文献检索中手检方法与机检方法相辅相成的写实。(韩丽)

1841

数字信息检索 / 何晓萍主编. -- 北京:海洋出版社,2001. --227 页:图; 26cm. -- 7-5027-5218-8(北京师范大学图书馆)

本书主要分成三大部分。第一部分为数字信息检索基础,包括计算机技术、网络技术、多媒体技术、数字信息的特点、载体形式、组织形态等,由两个章节组成;第二部分为光盘数字信息检索及应用,包括《中国学术期刊(光盘版)》《人大复印资料(光盘版)》《美国工程索引(光盘版)》等数字信息的检索应用,由15个章节组成;第三部分为网上信息资源与信息检索,包括国家文献保障中心(CALIS)引进数据库的网上检索应用、Internet 网上信息检索应用。(韩丽)

1842

经济信息检索与利用导论 / 黄孟黎,童国强编著. --武汉:湖北科学技术出版社,2001. -- 372 页:图;21cm. -- 7-5352-2574-8(国家图书馆)

本书共分为10章,主要介绍了文献、信息与经济信息源,经济信息资源管理和利用,经济文献检索工具,经济信息检索语言,印刷型经济信息的检索与利用,电子型经济资源,计算机信息检索基础知识,Internet 网络信息检索工具与基础知识等内容,并介绍了我国因特网经济信息的检索、文献型经济信息检索、事实型经济信息检索和数据型经济信息检索。本书收入了大量当前国内外信息资源开发与利用的研究成果,力图反映经济信息资源的最新发展状况,并突出了因特网信息资源的利用。(韩丽)

1843

怎样检索中外专利信息 / 江镇华主编. -- 北京:知识产权出版社,2001. -- 300 页;图;21cm. -- 7-80011-548-8(国家图书馆)

本书全面、详尽地讲述国内外专利信息,如中国专利、中国台湾地区专利、美国专利、欧洲专利、日本专利、俄罗斯专利等。书中还介绍了德温特专利出版物、国际专利文献中心和 DIALOG 系统中的专利文献检索,以及国际专利分类法、美国专利分类法和德温特专利分类法等。本书内容全面,兼顾书本式检索与计算机网络检索,提供了一系列专利信息网站网址及其检索入口和检索指令,使读者能迅速地获取自己需要的信息,并有利于读者随时参考查阅。本书是作者多年从事专利信息检索工作和教学实践的结晶。可有效地帮助读者解决检索实践中的疑难问题,既可作为教材,亦可为相关人士提供参考。(韩丽)

1844

科技文献信息检索与利用 / 蒋子春,陈有富主编. --西安:西安出版社,2001. -- 383 页;21cm. -- 7-80594-756-2(国家图书馆)

本书在吸取众多教材优点的基础上,适应人才培养的要求,增加了文献信息基础知识内容,并按文献信息基础知识、数据和事实检索(参考工具书及其使用方法)、文献信息检索(中外文检索工具及其使用方法)、计算机文献信息检索(网络信息检索、光盘信息检索)、文献信息研究与利用五个知识模块构建知识体系,使其更具合理性和系统性,既方便组织教学,又便于学生自学。全书共 11 章,内容包括:绪论、文献信息的基本知识、数据事实的检索、文献信息检索的基本原理、中文检索工具及利用方法、外文检索工具及其利用方法、特种文献检索、计算机信息检索基础知识、国际互联网信息检索、光盘数据库的信息检索方法、文献信息的研究与利用。(韩丽)

1845

信息检索 / 焦玉英,符绍宏,何绍华编著. -- 武汉:武汉大学出版社,2001. -- 433 页:图;21cm. -- 7-307-03150-7(国家图书馆)

信息检索综合利用作为一个学科的历史可以追溯到 20 世纪中期。本书首先对信息检索进行了概述;然后介绍了文献信息检索基础,现代信息检索技术,国内文献信息检索的发展概况和主要检索工具与检索系统,国外综合文献信息检索;重点介绍了几个重要的文摘索引,还介绍了国外科技报告文献检索概况、检索工具和检索方法,国外会议文献检索、国外专利文献检索、数据与事实参考工具等,计算机检索系统及其使用、因特网信息检索,信息检索与咨询服务及其效果评价。(韩丽)

1846

网络竞争情报源 / 李广建, 黄永文编著. -- 北京:华夏出版社,2001. -- 342 页:图;21cm. -- 7-5080-2428-1(国家图书馆)

本书论述了竞争情报重要内容之一的网上竞争情报获取技术。全书共分 5 章,从因特网的概述开始,分别论述了网络对竞争情报活动的影响,从传统竞争情报源到网络竞争情报源的发展;介绍了网上竞争情报的查询工具——搜索引擎,对其概念、分类、工作过程、发展趋势及其使用步骤和技巧进行了说明;介绍了结构化的竞争情报源——网络数据库,网站中的竞争情报源,网络多媒体与交互式竞争情报源,如图像型竞争情报源、网上广播电视、网络广告、网络调查,以及网上情报的获取方法和案例分析等。(韩丽)

1847

Internet 与化学信息导论 / 李梦龙等编著. -- 北京:化学工业出版社,2001. -- 208 页:图; 26cm. -- 7-5025-3158-0(北京师范大学图书馆)

本书着重介绍 Internet 上重要的化学化工资源及站点,分门别类地对电子期刊、网络杂志、在线会议、各种化学化工及涉及化学化工的数据库、专利检索、软件、宏站点、搜索引擎、化学教育、特种文献以及电子论坛、讨论组、邮件列表等方面进行了系统地整理和归纳,并加以评述。对 Internet 上查询文献资料的方法、途径也作了详尽介绍,即使是未上过 Internet 的人看了本书,通过实践也能熟练查找所需信息资源。(韩丽)

1848

医学信息检索与利用(第 2 版) / 李晓玲主编;王宇芳等编写. -- 上海:上海医科大学出版社,2001. -- 257 页:图;26cm. --7-5627-0629-8(武汉大学图书馆)

本书进一步体现医学信息检索与利用课程教学的基本点,即着眼于现代信息技术的发展和现代医学教育的需求。由于信息的概念及其内涵日益丰富,在立足基本点的基础上开展检索与利用两个方面的内容相结合的教学,完善教学则依靠查、读、写三种方法贯穿于教学整体中。第二版在信息的检索部分,进一步加强现代信息技术的运用,光盘数据库的内容更为丰富,网络信息资源获取技术及时更新。全书共分为上下两篇 14 章,主要包括计算机信息检索基础知识,常用中西文医学文献光盘数据库,网络信息检索基础知识,医学网络检索引擎和数据库,医学网站介绍,网络信息检索综合利用,美国《化学文摘》《生物学文摘》《科学引文索引》介绍,怎样利用图书馆,医学情报调查与研究,医学写作等内容。(韩丽)

1849

文献信息检索与利用 / 刘永等编著. -- 北京:航空工业出版社,2001. -- 178 页;26cm. -- 7-80134-910-5(国家图书馆)

本书吸收和采纳了信息学、网络资源学等多学科的最新成果,在原有文献检索理论和实践基础上编著而成。全书共分十章,五个部分:第一部分,文献信息检索的基础理论和方法;第二部分,电子信息源及检索方法;第三部分,网络信息资源检索;第四部分,文献信息检索实例;第五部分,文献信息的积累与利用。本书本着面向各类信息检索技术应用的原则编写,既可以作国内普通高等学校相关专业的教材,也可以供有关在职人员使用和自学者参考。(韩丽)

1850

信息检索:从手工到联机、光盘、因特网 / 陆建平著. -- 上海:华东师范大学出版社,2001. -- 256页:图;26cm. -- 7-5617-2380-6(国家图书馆)

本书共分4篇,主要介绍了信息检索的概念、类型及其发展等概况,揭示了信息检索的原理和本质,介绍了信息检索语言的基本知识和信息检索的途径、方法和步骤。分别讲述了手工信息检索的检索工具书概况及手工信息检索途径、特点和检索策略,介绍了计算机信息检索的发展进程及其检索特点,从联机信息检索、光盘信息检索到因特网信息检索的发展概况和特点,以及计算机信息检索的策略。最后介绍了对信息检索效率的评价和信息检索系统的评价。(韩丽)

1851

化学信息学导论 / 缪强编著. -- 北京:高等教育出版社,2001. -- 214页:图;23cm. -- 面向21世纪课程教材. -- 7-04-009331-6(北京师范大学图书馆)

本书是教育部“高等教育面向21世纪教学内容和课程体系改革计划”的研究成果,是面向21世纪课程教材。全书分为三部分,共10章。第一部分是化学、化工信息资源的检索与利用;第二部分介绍化学数据信息的处理方法;第三部分是化学知识的计算机推演和计算机实验方法。本书可作为高等院校化学化工专业的“化学信息学”课程的入门教材。书中附有一些软件的应用说明、示例、重要的科学与技术信息源和化学、化工网址,因而也可以作为相关领域科研工作人员的参考书和应用工具书。(韩丽)

1852

科技文献检索手册 / 潘家祯主编. -- 北京:化学工业出版社,2001. -- 335页:图;26cm. -- 7-5025-3086-X(国家图书馆)

本书共分5章,系统介绍了美国《工程索引》(EI)、美国《化学文摘》(CA)、英国《世界专利文献》(WPI)、美国《科学引文索引》(SCI)等检索工具书的检索方法;详细介绍了上述检索工具书的计算机检索方法;介绍了工程主题表的编制方法;列出了《科学引文索引》(SCI)收录的2800多种期刊名称;系统介绍了国际专利分类法及国际专利分类表;详细介绍了美国《化学文摘》80大类的收录范围和编排格式。(韩丽)

1853

网络学术信息资源及其检索 / 潘卫主编. -- 南京:东南大学出版社,2001. -- 325页:图;26cm. -- 7-81050-823-7(国家图书馆)

本书详细介绍了各种权威中外综合性、专业性学术数据库、多数据库集成检索系统、全文数据库及其检索性能与检索方法;介绍了网络专利信息检索、网络学位论文检索;推荐了几个重要的网络虚拟学科信息资源导航工具;最后详尽描述了国内外著名第一代、第二代搜索引擎,元搜索引擎的典型代表及其检索体系的总体框架。本书适合广大工程技术与社会科学学术工作者查询与获取网络学术信息资源使用,同时也可供一般网络用户、在校大学生了解网络学术信息资源与利用时参考。(韩丽)

1854

医学信息检索 / 邱飏曾主编. -- 北京:科学出版社,2001. --301页;26cm. -- 7-03-009101-9(国家图书馆)

在当今信息社会,掌握现代信息技术、利用信息资源是每个科技工作者必备的素质。本书重点论述现代医学方面的信息检索与利用,内容包括绪论,现代图书馆利用,参考工具书,中文信息检索工具及数据库、外文医学文献检索工具及数据库,世界著名科技文献检索工具,特种文献及其检索,Internet与网上检索工具,网络信息资源,信息的收集与利用,医学科技写作以及有关的Internet医学信息网址。本书突出了信息利用的基本知识和最新进展,知识面宽,实践指导意义强,重在培养医学专业人员及学生的信息意识、综合利用信息的能力及科研能力。(韩丽)

1855

法律信息的计算机检索:原理与操作 / 王钜春著. --北京:中国人民公安大学出版社,2001. -- 250页:图; 21cm. -- 7-81059-719-1(北京师范大学图书馆)

本书紧密结合法律学术研究与法律工作实际需要,突出现代化手段在法律信息检索中的应用,具有较强的理论创新意义与较高实际应用价值。书中对法律信息特别是法律电子出版物、法律数据库、法律网站等做了详细的分析和介绍,注意跟踪最新的计算机信息检索技术,使用最新的数据和资料,注重基本的检索理论与检索实际相结合,达到了理论创新与实际操作性的有机统一。(韩丽)

1856

信息检索与网络应用 / 王梦丽,张利平,杜慰纯编著. -- 北京:北京航空航天大学出版社,2001. -- 220页:图;26cm. --7-81077-070-5(国家图书馆)

本书是为高等院校理工科信息用户教育课程而编写的教材。本书在详细论述信息检索基本知识和方法的基础上,突出了计算机信息检索的有关内容;针对互联网飞速发展的现状,加强了网络信息检索以及网络数据库的使用等反映信息检索系统最新进展等内容。在编排体系上,针对典型的信息检索系统,将传统的印刷型工具、光盘数据库和网络数据库结合在一起进行介绍,给读者以直观、完整、鲜明的印象。基础篇对文献信息及文献信息检索的诸多环节及其相互关系进行了详细的论述;应用篇则对国际上各有特色的几大著名检索系统的光盘版和网络版都做了详尽的图文并茂的讲解;网络篇对网络及网络检索的有关概念进行了叙述,引入了利用互联网检索信息的知识,从而把传统的文献检索扩展到现代化的信息查询。(韩丽)

1857

信息检索利用技术 / 信息检索利用技术编写组编著. -- 成都:四川大学出版社,2001. -- 296页:图;26cm. -- 7-5614-2171-0(国家图书馆)

本书包括概论、事实数据信息检索、综合文献信息检索、专业文献信息检索、计算机信息检索、互联网络检索、信息分析研究与利用7章内容。本书的特点在于既兼顾了传统信息检索方法,又突出了现代信息检索利用技能,古今贯通、文理兼容。在编写手法上,借鉴了国内现有“文献检索与利用”和“信息检索与利用”教材与专著的长处,分合统一、前后连贯、纵横交错,知识衔接上具有现代网络的超链接关系。文理科各专业既相对独立,又相互渗透,有助于扩大学生信息检索与利用的视野,也有助于教师组织教学,给人一种鲜活感和强烈的时代特征感。(韩丽)

1858

信息检索教程 / 许增福, 吴春玉, 金秋颖主编. -- 北京:石油工业出版社,2001. -- 181 页;20cm. -- 7 - 5021 - 3423 - 9(国家图书馆)

本书共分为 9 章,主要内容包括信息检索基础理论和基本概念,国内检索工具,国外综合性检索工具,国外专业性检索工具,特种文献及其检索,计算机信息检索概述,国际联机信息检索系统,光盘信息检索,Internet 信息检索等。本书重点介绍了国内外主要文献检索工具及特种文献的检索过程,计算机信息检索的基本知识、信息检索技术、检索策略,联机检索、光盘检索和网络检索的过程,文献利用,以及科技论文的撰写。(韩丽)

1859

文献信息检索与利用教程 / 姚海法主编. -- 北京:解放军出版社,2001. -- 275 页;26cm. -- 75065. 150(天津商业大学图书馆)

本书共分为 12 章,系统地讲述了文献信息检索的基本概念和原理、传统文献资料检索方法和技能,对重要的中外文检索工具,特别是对专利、标准等特种文献重点作了介绍。依据信息技术的发展及其检索工具、检索手段的现代化,论述了计算机信息检索原理,全面介绍了联机信息检索、Internet 信息检索的基本知识、方法以及各类网络信息资源的检索方式和途径,最后论述了信息资源的利用与学术论文的写作。(韩丽)

1860

化学化工信息资源检索和利用 / 袁中直, 肖信, 陈学艺编著. -- 南京:江苏科学技术出版社,2001. -- 310 页:图;26cm. --Internet 信息资源检索丛书. -- 7 - 5345 - 3353 - 8(北京大学图书馆)

Internet 的出现必将从根本上改变化学工作者查阅文献、获取信息和进行研究的习惯,本书是专门研究和介绍 Internet 上的化学化工专业信息搜索方法及技巧的专业书籍。本书是一本教材,所有的文献、资源、检索工具都有重点的介绍和剖析,结合化学检索课题实例,举一反三地使读者学会这一类资源的检索方法,并以大量的实例重点介绍了网上化学化工资源的构成,如何在 Internet 上有效地检索到所需要的信息资源,从一般检索、分类检索和基于 Internet 的联机文献检索三个方面详细介绍了检索方法和提供检索服务的工具,并对 Internet 资源检索的辅助技术与前景进行了展望。(韩丽)

1861

经济信息检索与利用 / 詹仁锋, 张丽主编. -- 大连:大连理工大学出版社,2001. -- 396 页:图;21cm. --7 - 5611 - 0184 - 8(武汉大学图书馆)

本书共有 11 章,其内容主要包括:经济信息资源管理和利用,经济文献检索工具概述,计算机信息检索概述,计算机信息检索的基本方法、策略与实践,因特网信息资源系统概论,因特网信息检索,我国因特网经济信息资源,文献型经济信息检索,事实型经济信息检索和数据型经济信息检索等。本书吸收了大量当前国内外信息资源开发与利用的研究成果,力图反映经济信息资源的最新发展状况,并突出了因特网信息资源的利用。(韩丽)

1862

医学信息检索 / 张长生, 丁菊芳, 朱象喜主编. -- 杭州:杭州出版社,2001. -- 275 页:图;26cm. -- 7 - 80633 - 358 - 4(国家图书馆)

本教材以浙江大学和浙江中医学院为主,联合国内 12 所医学院校和医情所的 16 名正副教授、7 名讲师共同编辑、手工检索与计算机检索并重,大量增加机检内容。全书共分为六章,主要章节包括绪论、中目医、外目医、中国医学文摘、中国生物学文摘、中医药学信息检索、IM、EM、BA、CA、SCI、CBMdisc、CM - CC、BA 光盘、SCI 光盘、中国学术期刊全文数据库、ProQuest 全文数据库、Internet 信息检索,文献的收集和整理、医学情报调研、医学查新咨询、医学论文写作、医学文献主题标引等。(韩丽)

1863

体育信息检索与利用 / 张大为主编. -- 石家庄:河北人民出版社,2001. -- 202 页;21cm. -- 7 - 202 - 02890 - 5(国家图书馆)

本书包括体育信息检索、体育文献手工检索、光盘检索、联机检索、Internet 网络检索和阅读、资料积累与科技写作等 9 章 26 节。(韩丽)

1864

电子商务信息检索 / 张基温主编. -- 大连:东北财经大学出版社,2001. -- 203 页:图;23cm. -- 21 世纪高等院校电子商务系列教材. -- 7 - 81044 - 886 - 2(国家图书馆)

本书是“21 世纪高等院校电子商务系列教材”之一,旨在从电子商务对信息的需求出发,介绍信息检索与利用的基本工具、技术、方法和一些规则。本书在写作过程中注意了知识的系统性、适用性,希望向读者提供一个完整的知识体系;也希望读者能通过本书的学习既构筑起坚实的理论基础,又能掌握灵活的信息检索技术和方法。本书还注意了如何帮助读者建立一个基于建构模式的学习过程。全书共分 7 章,内容包括:信息资源与信息优势,电子信息检索基础,WWW 信息资源,搜索引擎,Internet 上的其他信息服务,光盘数据库检索,电子商务信息资源的利用。本书适合本科层次的学生使用。(韩丽)

1865

网络信息检索原理与技术 / 张明珍主编. -- 成都:电子科技大学出版社,2001. -- 387 页:图; 21cm. -- 7 - 81065 - 633 - 3(北京师范大学图书馆)

本书介绍了获取信息的基本技术,培养读者利用信息并创造知识信息的能力,提高综合素质。全书共分为两篇十章,其中原理篇介绍网络信息检索基本原理,网络资源的分布、类型及服务方式;技术篇着重介绍网络信息资源的检索利用及其发展。本书还有选择地介绍了国内外著名的综合性和专业性的信息资源,便于读者参阅使用。(韩丽)

1866

医学文献检索 / 赵文龙,吕长虹主编. -- 北京:科学出版社,2001. -- 286 页:图;26 cm. -- 7 - 03 - 008915 - 4(国家图书馆)

本书是在借鉴国内同行编著的 10 余种不同类型教材的基础上,结合多年的教学实践,总结经验,力求实用,编写了这部教材。全书共 12 章 53 节,涵盖了文献检索基础、手工检索工具、光盘检索、Internet 检索、文献利用和文献写作等内容,还另辟章节专门介绍了经典医学文献的概况。根据文献检索课的发展趋势,精简了手工检索部分的内容,加强了文献主题标引和计算机检索的内容。本书各章内容相对独立,教学过程中可根据需要选择不同内容进行讲授,既可作为本科生、研究生、专科生教材,也可作为中等医学专业学校教师、临床医师、基础学科教师继续教育培训的选用教材和参考书。(韩丽)

1867

网上百科资料查询指南 / 李京涛,邓要武,王新婷编著. --北京:中国致公出版社,2001. -- 178 页:图;26cm. -- 7 - 80096 - 935 - 5(北京师范大学图书馆)

本书试图从方式、方法、途径和技巧方面向读者介绍如何利用现有的互联网络查找、获取自己学习、工作和研究所需要的相关文献、信息、资料。(于静)

1868

中国环境无害化技术信息源指南 / 施涵,谭亚军,刘冲编著. -- 北京:化学工业出版社,2001. -- 468 页;26cm. -- 7 - 5025 - 3377 - X(国家图书馆)

本书的主要内容是介绍与环境无害化技术有关的直接和间接信息源,共分 6 章,包括:“环境无害化技术及其信息共享”,主要介绍无害化技术概念、分类和国内外信息共享现状等内容;“环境无害化技术信息源及其因特网检索”,引导读者如何检索本指南的环境无害化技术信息资源;“因特网站”,介绍与环境无害化技术有关的国内、国际网站;“出版物”,对目前已有的与环境无害化技术有关的主要报刊、图书和技术汇编等出版物加以介绍;“国内重要机构/公司”,介绍国内与环境有关的政府机构、大学、研究单位和公司;“国际重要机构/公司”,列出国际一些重要的环境保护国际组织、各国重要环境技术机构、驻华机构以及在华部分公司的名录。(于静)

1869

文献与网络信息检索 / 谈大军,李志义编著. -- 广州:华南理工大学出版社,2001. -- 302 页:图;26cm. -- 7 - 5623 - 1745 - 3(北京大学图书馆)

本书以信息检索基本理论及手工检索为基础,以计算机检索为重点;突破学科界线,融社科文献检索和科技文献检索为一体;融手工检索和计算机检索为一体;注重理论与实践相结合。本书重点介绍了计算机网络、光盘、联机检索的基本知识、检索技巧和检索案例分析,介绍了 Internet 的基础知识以及搜索引擎的原理、类型,世界知名的几大搜索引擎的使用。(于静)

1870

科技文献检索与利用(第 2 版) / 王立诚,邵婷芝主编. -- 南京:东南大学出版社,2001. -- 360 页,2 页图版:图,折图;21cm. -- 7 - 81050 - 778 - 8(北京大学图书馆)

本书系统地阐述了科技文献检索与利用的基本原理和基本知识;介绍了国内外主要科技文献检索工具和使用方法;结合学生在校学习期间以及今后走向工作岗位的需要,按专业对科技文献的综合使用作出了示例,并结合计算机检索发展需要增加了光盘检索和 Internet 网络利用介绍。(于静)

1871

Internet 信息资源检索和利用 / 杨晓宁,黄正祥编著. -- 南京:江苏科学技术出版社,2001. -- 172 页:图;26cm. -- 7 - 5345 - 3315 - 5(国家图书馆)

本书共分 4 章。第一章介绍 Internet 信息搜索引擎的检索原理、类型、检索功能及特点。第二章介绍网上主要通用搜索引擎和检索实例。第三章着重介绍 OCLC、Dialog、UMI、中国万方数据资源系统等网上综合数据库。第四章对网上其他重要信息资源,例如网上参考工具书、政府报告、工程索引、会议文献检索等,进行了详细地描述。(于静)

1872

科技信息资源与网络检索 / 于光主编. -- 哈尔滨:哈尔滨工业大学出版社,2001. -- 363 页;20cm. -- 7 - 5603 - 1609 - 3(国家图书馆)

本教材对基于网络环境下的文献信息资源和电子信息资源作了详细论述,特别着重介绍科技信息数据库和网络信息方面的内容,并对传统检索工具和网络数据库的检索方法和各种检索技术进行了全面的介绍,对在因特网上搜索、浏览信息的方法、工具作了介绍,同时还全面系统地说明了电子图书、电子期刊、网上专利、报告、会议文献信息的内容、类型和特点以及检索方法。(于静)

1873

科技信息检索 / 中国人民解放军总装备部军事训练教材编辑工作委员会. -- 北京:国防工业出版社,2001. -- 508 页:图;21cm. -- 7 - 118 - 02533 - X(国家图书馆)

本书主要介绍科技信息检索的原理、特点、功能、途径和方法,对传统文献检索和现代计算机情报检索及因特网信息查询都作了详尽叙述。本书的主要特点是理论联系实际,突出一个“用”字,着重于引导读者正确利用各检索工具有效地获取所需要的信息,有较强的实用性和可操作性。全书共 16 章,分为:概论、卡片式和书本式检索工具、计算机信息检索、北京文献服务信息检索、DIALOG 系统信息检索、因特网及其信息资源、因特网信息检索工具——搜索引擎、因特网科技信息检索与获取、光盘技术与光盘检索、美国科技报告、美国航空航天科技报告、美国军用标准、美国《工程索引》、美国

《化学文摘》、英国《科学文摘》、专利与专利文献。其中重点论述了信息及其检索原理、传统检索工具及其使用方法、计算机联机(及光盘)检索方法、因特网信息资源及其查询方法4个方面内容。全书内容丰富、注重实用、适用面广。(于静)

1874

科技信息检索 / 朱永康主编. -- 西安:西北大学出版社,2001. -- 208页;21cm. -- 7-5604-1560-1(北京大学图书馆)

本书主要介绍了科技信息检索的基本概念和类型、方法与技术以及国内外主要信息检索工具的使用方法,重点介绍了光盘检索和网上检索,并将军队院校图书馆网络系统专门作为一节作介绍。全书分为9章,内容包括:科技信息概论、科技信息检索工具与检索语言、检索方法与技术、国内科技信息检索工具及其检索方法、美国四大科技报告及其检索方法、国外科技信息检索工具及其检索方法、NM2000系统与联机检索、光盘信息检索、网上信息检索。书后附有参考文献。(胡秋玲)

1875

网络信息的检索与利用 / 黄如花编著. -- 武汉:武汉大学出版社,2002. -- 16, 358页:图;21cm. -- 高等学校图书馆学核心课教材. -- 7-307-03490-5(国家图书馆)

本书信息量大,论述了网络信息检索的基本知识和方法、国内外重要网络搜索引擎及其检索技巧,介绍了国内外重要的联机信息系统、各类型网络信息和重要专题性信息的检索技巧,阐述了网上电子图书、电子期刊、电子报纸等的内容、特点及使用方法,探讨了网络信息的收集、选择、开发利用与服务等问题。此外,还附录了经过精选的500余个常用网址。本书内容新颖,比起同类著作,本书较为系统地论述了网上各种类型信息的检索方法,阐述了网上电子图书、期刊、报纸等的内容、特点及使用方法。尤其是关于Internet专题性信息检索和网络信息收集的基本策略等的阐述与图示,更具新颖性。本书可操作性强,书中注重理论与实践的结合,在介绍网络信息检索基本知识与方法的基础上,论述了国内外重要的网络搜索引擎及其使用方法。其论述不拘泥于理论介绍,所指引的步骤具有可操作性,读者"按图索骥",可达到"自助上网"的目的。(于静)

1876

网络医学信息检索与发布 / 李健康,吴少华,夏旭主编. -- 长沙:湖南科学技术出版社,2002. -- 310页;26cm. -- 7-5357-3521-5(华南师范大学图书馆)

本书系统阐述常用光盘数据库、生物医学数据库、全文数据库和引文检索的特点与使用方法;以搜索引擎为重点,全面介绍因特网医学信息检索的方法和特点。(于静)

1877

网络与化学化工信息检索 / 刘键, 曹芳. -- 长沙:湖南科学技术出版社, 2002. -- 261页;26cm. -- 7-5357-3610-6(国家图书馆)

本书从网络信息检索的发展历史和常见软件讲起,具体介绍了网络信息检索的基本方法和常用搜索引擎的基础知识及应用,讲解了化学化工网站和化学化工虚拟社区,以帮助读者掌握网络信息检查方法和具体操作。本书系统介绍了Internet和局域网上的化学化工资源的基本检索方法,包括化学数据库、专利、期刊、软件、学会及学术组织、网上商业信息、电子图书馆、CA光盘数据库和EI光盘数据库、中国期刊网数据库和维普中文期刊数据库等。本书融入了作者的多年教学经验和科研工作成果,是一个比较系统、全面的化学化工网络信息资源检索指南。(于静)

1878

因特网基础和网上资源查询 / 罗嘉惠主编. -- 武汉:武汉大学出版社,2002. -- 375页:图;26cm. -- 7-307-03532-4(国家图书馆)

本书编写的目的是帮助读者全面了解Internet的基本知识,重点就怎样利用Internet查找各类专题信息和各类数据库为读者提供了有效的检索方法和技巧。全书分为基础篇、工具篇和技巧篇三部分。其中基础篇着重介绍Internet网络基础知识和基本概念、上网的接入方式、Internet的主要服务应用。工具篇主要介绍网络免费信息资源及查找工具、WWW搜索引擎及各类网上数据库的检索方法。技巧篇主要介绍网上图书、期刊及特种文献的查找技巧。本书的最大特点是收集了当前最新的网上资料,最新的检索技术,材料丰富、语言通俗、内容翔实;对网络基础、网上各类信息查询工具和数据库的检索叙述深入浅出,可操作性强;既考虑到初学者必须掌握的基础知识的需要,又考虑到熟练者提高的要求,循序渐进,有利于读者全面了解和掌握网上信息查询的基础和技巧。本书偏重于网上学术性信息的查询,较为系统地论述了各类主要文献的查询方法,可作为高校教材及检索工具书。(于静)

1879

因特网上查专利 / 孙艳玲主编. -- 北京:知识产权出版社,2002. -- 295页:图;21cm. -- 7-80011-642-5(国家图书馆)

本书内容包括:因特网和专利检索基本知识的概述;介绍因特网上的国内外免费专利数据库网站及其检索方法,包括:中国国家知识产权局网站、中国专利信息网、中国知识产权网、世界知识产权数字图书馆、欧洲专利局网站、美国专利商标局网站、加拿大专利数据库网站、日本特许厅工业产权数字图书馆、韩国专利数据库网站、澳大利亚知识产权网、Dilphion知识产权网、台湾APIPA专利数据库网站、NCBI基因序列数据库;介绍国际著名的商业性国际联机检索系统。本书顺应了社会广大公众对因特网专利信息资源的需求,全面而深入地介绍了因特网专利信息资源的分布、特点及具体详细的检索方法和步骤,为广大专利信息用户有效利用因特网专利信息资源提供了极大的方便。(于静)

1880

论文写作与网络资源 / 田力平编著. -- 北京:北京邮电大学出版社,2002. -- 164页;26cm. -- 7-5635-0622-5(北京大学图书馆)

本书内容包括:跨文化思维、学术论文的语法特征、选择准确的词汇、怎样使句子简练、怎样给论文选题等。(于静)

1881

生物医学搜索引擎与网络信息资源建设 / 吴校连, 夏旭, 黄开颜主编. -- 上海:第二军医大学出版社,2002. -- 331 页:图;26cm. -- 7 - 81060 - 283 - 7(国家图书馆)

本书从当前网络医学信息检索与利用的现状出发,详细介绍网络与搜索引擎基础知识、各种搜索引擎检索特点与使用方法、通用与医学搜索引擎的比较研究、离线式搜索引擎、汇集型搜索引擎、生物医学搜索引擎使用原则、网络生物医学信息资源、网络医学专题信息资源、网络生物医学信息资源评价、因特网生物医学应用新进展、网络生物医学信息资源建设等内容,还提供了有关生物医学搜索引擎与网络信息资源建设前景展望。在医学新进展方面,着重介绍了搜索引擎、元数据研究、网络资源联合编目、网络公共联机检索、生物信息学、序列类似性检索、网络信息计量学等方面的最新进展。本书既适用于医学本科生、研究生网络信息检索之用,也适用于医、教、研人员和网络用户查询网络信息时参考,还是一本图书信息从业人员案头参考必备之书。(于静)

1882

实用信息检索方法 / 杨永厚, 赵乃瑄主编. -- 南京:河海大学,2002. -- 333 页:图;21cm. -- 7 - 5630 - 1733 - X(四川大学图书馆)

本书以数据库检索和网络信息利用为主, 结合检索实例, 着重介绍国内外理工科领域最重要的数据库的检索方法, 检索技巧以及检索策略的制定和调整, 突出了实用性。(于静)

1883

互联网信息检索 / 曾祥瑞编著. -- 武汉:华中科技大学出版社,2002. -- 320 页:图;20cm. -- 7 - 5609 - 2847 - 1(国家图书馆)

本书主要介绍了网上图书、期刊、报纸和新闻、文献数据库、综合信息和电子商务信息的检索方法。本书共分 9 章,第一章为网上信息检索基本知识,介绍了网上信息检索的基本工具、技术、技巧、资源和超文本的基本知识;第二章为网上信息检索基本策略与技巧,以中外文搜索引擎为基础,介绍了网上信息检索的基本策略与技巧;第三章为网上图书检索,介绍了网上中外文图书检索的方法;第四章为网上期刊检索,介绍了网上中外文期刊的检索方法;第五章为网上报纸与新闻检索,介绍网上中外文报纸与新闻的检索方法;第六章为网上数据库检索介绍;第七章介绍了网上综合信息检索、ICQ 的基本知识;第八章介绍了电子商务信息检索的基本知识;第九章介绍了电子邮件以及免费电子邮件帐号的申请及使用方法。本书较为全面地介绍了网上信息检索技巧和方法,可作为网上信息检索的入门教材和参考书。(于静)

1884

网络拾珠:WWW 资源的查询 / 张奇, 陈顺忠主编. -- 上海:上海科学技术文献出版社, 2002. -- 234 页: 插图; 21cm. --7 - 5439 - 1990 - 7(国家图书馆)

本书以帮助人们消除数字鸿沟,滤清信息垃圾为宗旨,采用深入浅出的写作手法和图文并茂的风格从互联网基础知识开始,带您走上采集信息之旅。工具篇中介绍了一系列信息搜索工具,并通过资源查询实例介绍获取信息的最佳方法。资源篇和提高篇旨在让读者获得一些理论知识、辅助工具和资源积累。全书包括五章内容,采用深入浅出的写作手法和图文并茂的风格从互联网基础知识开始,介绍了使用 WWW 资源查询的方法。(于静)

1885

实用电子信息检索技术 / 张义兰主编. -- 上海:上海交通大学出版社,2002. -- 366 页;26cm. -- 信息技术应用系列. -- 7 - 313 - 02993 - 4(国家图书馆)

本书是基于计算机网络的信息检索教材,并具有手册和指南性质。全书分为 3 个大部分共 21 章。第一部分主要介绍 Internet 的信息服务和应用;第二部分介绍国内外主要光盘系统的概况、检索方法与检索实例;第三部分介绍世界著名的四大联机检索系统(DIALOG、ESA、ORBIT、STN)书目数据库和网络数据库的概况、检索方法与检索实例。全书内容新颖,是第一部集 Internet、国际联机、光盘数据库、网络数据库介绍于一体的综合著作。本书可作为图书信息专业本科生及研究生教材,也可作为各学科科技工作人员的培训教材,还可供有关研究和管理人员在对信息检索时参考。(于静)

1886

科技信息检索教程 / 章云兰, 郑江平主编. -- 杭州:浙江科学技术出版社,2002. -- 207 页:图;26cm. -- 7 - 5341 - 1951 - 0(中山大学图书馆)

本书系统地介绍了农林科技信息检索的方法与技能,从信息检索的基本原理、信息资源检索及原文获取方法三方面进行了全面系统的阐述。(于静)

1887

网上多媒体信息分析与检索 / 庄越挺, 潘云鹤, 吴飞编著. -- 北京:清华大学出版社,2002. -- 364 页:图;26cm. -- 7 - 302 - 05584 - X(北京大学图书馆)

本书系统地讲述了网上多媒体分析与检索技术,全书共六部分,分别讲述了基于内容的图象检索、视频结构化与视频检索,基于内容的音频检索、多媒体融合分析与检索、网上多媒体信息检索系统等内容。(于静)

1888

基于 Web 的信息服务:OCLC FirstSearch 服务分析 / 刁维汉, 王行仁, 周德明主编. -- 上海: 上海科学技术文献出版社,2002. -- 358 页:图;21cm. -- 7 - 5439 - 1942 - 7(北京师范大学图书馆)

本书是专门为信息最终用户和信息专业人员而写的,读者通过本书可以了解和学会使用世界上使用频率最高的以 Web 为基础的联机信息检索系统——OCLC 第一检索服务(FirstSearch Service),从而达到在网络环境下以全新的方式提供和获取信息。本书的主要内容分为四个方面,即 OCLC 电子信息管理与信息服务、OCLC FirstSearch 管理、OCLC FirstSearch 检索和 OCLC FirstSearch 数据库。书后附录有数据库检索索引实例说明和 OCLC FirstSearch 英文术语表。本书是由 OCLC 资助的一项国际合作研究项目“基于 Web 的信息

服务”(Web – based Information Service)的最终成果。(韩丽)

1889

因特网资源及其利用 / 刘喜申,许敏佳,张天俊,丁大可著. -- 北京:北京图书馆出版社,2002. -- 337 页;32 开. -- 7 – 5013 – 1947 – 2(国家图书馆)

本书的写作目的,是为了帮助大家解决如何高质量、高速度地使用信息的问题。先从计算机网络说起,由局域网而广域网,由网络互联而因特网,对如何使用因特网作了具体而详尽的描述,介绍了因特网的基本工作原理、常见的服务、搜索引擎、万维网检索系统的类型与主要功能等。书后附录:(1)中国互联网络信息中心第五次网站影响力调查结果;(2)中国部分网站名录;(3)全球网上数字图书馆资源;(4)中国部分图书馆网站名录。(金丽萍)

1890

科技信息检索教程 / 蔡莉静,侯殊芬主编. -- 北京:海洋出版社,2002. -- 245 页:图;26cm. -- 7 – 5027 – 5518 – 7(国家图书馆)

本书是一本实用性很强的理工科院校检索课教材,它综合了已经出版的其他检索课教材的优点,把计算机检索和传统手工检索的内容融为一本,并且根据我国加入 WTO 后所面临的新形势,结合当前理工科院校在校大学生自身的特点和知识结构,介绍了科技信息检索基础知识与基本理论,知识产权信息及其检索,电子信息资源及其检索,特种文献及其检索等内容。此外,本书还将科技论文写作的基本知识作了简单明了的论述,增加了实用性。(韩丽)

1891

医学药学信息资源检索和利用 / 曹永晖,于毅编著. -- 南京:江苏科学技术出版社,2002. -- 157 页:图;26cm. -- 7 – 5345 – 3520 – 4(国家图书馆)

本书共分 5 章。第一章概述了 Internet 的由来与发展以及网上的医学药学信息资源。第二章介绍了网上中文医学药学搜索引擎的使用方法及有关网站,并重点介绍了期刊原文网站——万方数据资源系统。第三章介绍了英文医学药学搜索引擎及有关网站,以专业搜索为主,辅以介绍医学药学文献检索网站。第四章对医学药学专业讨论组、在线帮助及远程医疗会诊内容作了简要阐述。第五章详尽介绍了目前较流行的中英文医学药学光盘数据库的使用方法,为医学药学工作者提供了本地检索的案头工具。(韩丽)

1892

因特网上生物医学信息检索指南 / 崔雷,刘树春,沈秀丽主编. -- 北京:科学出版社,2002. -- 341 页:图;27cm. -- 7 – 03 – 010483 – 8(国家图书馆)

本书主要介绍因特网上医学信息资源的检索与利用。分为两大部分,第一部分介绍因特网上的检索系统,包括文献检索系统、医学数据与事实检索系统和医学专业搜索引擎,着重介绍其收录范围和使用方法。第二部分按医学各个学科、专业介绍因特网上的重要医学网站,包括主要网站、学(协)会、图书期刊、多媒体、教学资料等。本书覆盖了因特网上医学信息检索的各个方面,资料新颖,实用性强,并具有很强的指导性,适合于高等医学院校学生学习使用,也可供医学各专业人员和医学信息专业人员作为参考资料使用。(韩丽)

1893

法学文献信息检索 / 戴守义主编. -- 北京:中国政法大学出版社,2002. -- 180 页:图;20cm. -- 7 – 5620 – 2196 – 1(国家图书馆)

本书分两编,分别介绍了中文法学文献信息检索和外文法学文献信息检索的内容。第一编先介绍了法学文献信息的相关知识,然后介绍了法学文献信息检索及其检索工具、参考工具书和计算机法学文献信息检索;第二编首先对国外法律文献信息检索进行了简介,然后介绍了英美法系国家法律文献信息检索和国际法文献信息检索的相关知识。(韩丽)

1894

医学信息检索教程 / 董建成,周晓政主编. -- 南京:东南大学出版社,2002. -- 327 页:图;26cm. -- 7 – 81050 – 971 – 3(国家图书馆)

本书详细介绍了医学信息检索的基本原理、方法和发展趋势。内容包括:信息检索基础,经典的医学检索工具书和数据库,如《中目医》和 CBMDisc、美国《医学索引》和 MEDLINE 及 PUBMED 等;网络基础知识、数字图书馆、电子期刊、目前热门搜索引擎和电子论坛的使用,医疗卫生工作者通过网络能够进行会诊并获得国内外专家的指点和帮助;及时反映最新的检索状况,如 CNKI 最新网络服务平台 KNS3.5 版检索系统、中国医院知识仓库的介绍和科技查新的最新规范,资料截止于 2002 年 7 月。为满足医务工作者适应经验医学向循证医学转变所需的知识信息,详细介绍了循证医学的概念、国内外发展情况、循证医学的文献类型以及如何及时获取有关疾病诊断、病因、治疗、预后的最新权威文献信息,指导临床实践。本书数据库检索介绍详细,通过具体的检索实例使读者能够掌握检索的精华,便于读者自学,研究生、医务工作者以及医药学信息相关人员作为教科书和参考书。(韩丽)

1895

实用网络医学信息手册 / 杜永莉等主编. -- 北京:人民军医出版社,2002. -- 214 页:图;26cm. -- 7 – 80157 – 667 – 5(国家图书馆)

本书由长期从事医药信息检索和教学工作的专家集体编写而成,共十章,详细介绍了 Internet 概况,Internet 信息资源检索工具,网上浏览及网络文件传输,网络医药文摘数据库检索,分子生物学数据库检索,原始文献获取,专利文献检索,会议信息、科技报告、学位论文和标准的查询,网络医药 BBS 和新闻组的利用,重要医学网站介绍,基金、奖学金的申请,科技文献投稿技巧等内容。简明实用,图文并茂,可操作性强。适合临床医疗、护理人员和基础医学研究者参考阅读。(韩丽)

1896

现代信息检索 / 段明莲等编著. -- 北京:高等教育出版社,2002. -- 113 页:图;26cm;光盘 1 片. -- 教育部高职高专

规划教材. -- 7 - 900090 - 91 - 6(国家图书馆)

本书是教育部高职高专规划教材。全书简明扼要地阐述了现代文献信息资源检索的基本概念、检索原理以及检索技术;重点介绍了经济、工程、法律、科技、统计资料、报刊资料方面新近出版的常用工具书,尤其是常用的文献数据库、专业网站、数字图书馆以及网络信息资源的搜索引擎等检索工具,并借助检索实例讲解了现代信息资源检索的思路、步骤和方法。全书共九章,每章后附有思考题或习题,书末附光盘。光盘内容包括使用说明、教学幻灯片、内容提要、补充资料和习题答案。光盘可方便教师授课投影,取舍授课内容,也方便学生复习。(韩丽)

1897

科技文献检索与利用 / 樊玉敬主编. -- 北京:煤炭工业出版社,2002. -- 220 页;26cm. -- 高等院校规划教材. -- 7 - 5020 - 2225 - 2(国家图书馆)

本书共 9 章。第一章科技文献检索概论,包括科技文献基本概念、现代科技文献发展特征、科技文献检索的意义和作用;第二章文献检索语言,包括检索语言概述、分类检索语言、主题检索语言;第三章文献检索工具,包括检索工具概述、检索工具的结构和类型、几种常用的文献检索工具、数据库;第四章文献检索技巧,包括手工文献检索方法、计算机文献检索策略、专题文献检索步骤、专题文献检索实例分析;第五章图书检索,包括手工检索工具、馆藏数据库的应用、外文馆藏图书的检索;第六章学术论文检索,包括手工检索工具、数据库及网络检索、国外检索工具及国际联机检索系统;第七章特种文献检索,包括专利文献检索、标准文献检索、会议文献检索、学位论文检索、科技报告检索;第八章数据与事实检索,包括数据与事实检索概述、参考工具书、数据与事实检索方法、数据与事实网络检索;第九章科技论文写作,包括写作概述、科技论文选题、科技论文的构成部分、科技论文写作步骤。书后附有《中国图书馆图书分类法》(第四版)、部分高校图书馆网址、DIALOG 系统数据库选介等。(韩丽)

1898

医学文献检索实用指南 / 方平主编. -- 北京:人民卫生出版社,2002. -- 134 页:图;26cm. -- 7 - 117 - 05142 - 6(国家图书馆)

本书系全国高等医药院校七年制规划教材《医学文献检索》的配套教学参考书,主要用于基础技能训练。全书共 7 章。第一章中文医学文献检索,介绍中国生物医学文献数据库、中国药学文献数据库、全国报刊索引、中国期刊网全文数据库等;第二章 INDEX MEDICUS 和 MEDLINE,介绍 INDEX MEDICUS、MEDLINE 光盘数据库、PUBMED 检索系统等;第三章国外其他重要检索系统,介绍荷兰医学文摘、生物学文摘、化学文摘等;第四章循证医学资源,介绍 COCHRANE LIBRARY、MEDLINE 数据库中的循证医学信息、OVID 循证医学数据库等;第五章引文检索,介绍 SCIENCE CITATION INDEX、WEB OF SCIENCE、中国科学引文数据库等;第六章网络信息资源,介绍 GOOGLE 搜索引擎、国家科技图书文献中心等;第七章参考工具书,介绍医学词典和药典、医学百科全书、医学手册等。(韩丽)

1899

网络应用与生物医学信息检索 / 高东怀主编. -- 西安:第四军医大学出版社,2002. -- 445 页:图;26cm. -- 7 - 81086 - 008 - 9(国家图书馆)

本书旨在将网络应用与生物医学信息检索与利用紧密结合起来,既充分反映生物医学网络信息资源检索利用的新理论、新方法和新技术,又注意介绍生物医学传统手工检索工具的基本检索技能,达到承前启后,与时俱进,配合高等医学院校信息素质教育的要求。本书共分 11 章,内容包含绪论、网络应用基础、网上常用工具、网络生物医学信息检索、常用中文生物医学信息检索系统、常用外文生物医学信息检索系统、生物医学信息手工检索、生物医学特种文献信息检索、医学参考工具书的利用、生物医学信息综合检索与利用、生物医学信息研究与应用等。本书内容新颖,深入浅出,注重实用,融汇编写人员多年工作和教学经验,运用实例增强可读性,不仅可作为高等医学院校的教学用书,也可以作为医、教、研人员的自学参考用书。(韩丽)

1900

现代信息资源检索与利用 / 高润芝主编. -- 北京:经济管理出版社,2002. -- 276 页:图;21cm. -- 7 - 80162 - 307 - X(国家图书馆)

本书编写的目的在于向高校的本专科学生和研究生提供一本有关信息检索与利用的理论和实际相结合的入门性书籍。全书共分为 10 章,首先介绍了现代信息资源检索的基础知识,然后介绍了图书馆利用的相关知识,并对工具书基础知识进行了概述。本书着重介绍了中文社科检索工具书体系、中文科技检索工具体系,对国外综合性科技检索工具、专业检索工具书、特殊类型文献信息检索系统、知识产权与专利文献检索都作了详细介绍,最后一章则介绍了计算机信息检索、联机信息检索、光盘和网络信息检索。(韩丽)

1901

文献检索与利用(理工版) / 韩惠琴主编. -- 杭州:浙江教育出版社,2002. -- 231 页;26cm. -- 浙江省高等教育重点教材. -- 7 - 5338 - 4459 - 9(国家图书馆)

本书主要内容分 7 个部分,包括文献检索原理、国内外检索工具书、参考工具书、特种文献及网络信息检索等内容,系统地介绍了文献检索从理论到实践方方面面的知识。本书较好地处理了信息检索理论与实践的关系,在介绍典型的检索工具书时考虑到印刷型和光盘、网络型的有机结合,使得检索方法在不同的检索环境中得到验证,让学生真正掌握检索工具的使用方法,强化信息意识。(韩丽)

1902

实用文献信息资源检索 / 何丽梅等编著. -- 北京:化学工业出版社,2002. -- 198 页:图;26cm. -- 7 - 5025 - 3665 - 5(国家图书馆)

本书共分 7 章。首先阐述了信息检索的基础知识,包括情报检索基础理论、计算机检索基础知识、Internet 信息检索和搜索引擎概述;然后分别介绍了几种国内科技文献计算机检索系统,如中国期刊网全文数据库、维普中文科技期刊数据库等;还介绍了国外几种综合性和专业性的检索系统及其使用方法,每种检索工具都由手检和机检两部分组成,如科学引文索引、化学文摘等;然后介绍了国外网络数据库检索系统;最后是特种文献的手检和计算机检索方法的介绍。(韩丽)

1903

信息检索 / 何晓萍,胡德华主编. -- 北京:海洋出版社,2002. -- 315 页:图;26cm. -- 7-5027-5440-7(南京大学图书馆)

本书主要分成三大部分。第一部分为数字信息检索基础,包括计算机技术、网络技术、多媒体技术,数字信息的特点、载体形式、组织形态等,由两个章节组成;第二部分为光盘数字信息检索及应用,包括《中国学术期刊(光盘版)》《人大复印资料(光盘版)》《美国工程索引(光盘版)》等数字信息的检索应用,由 15 个章节组成;第三部分为网上信息资源信息检索,包括国家文献保障中心(CALIS)引进数据库的网上检索应用、Internet 网上检索应用。(韩丽)

1904

中医药文献检索 / 胡滨,黎汉津主编. -- 上海:上海科学技术出版社,2002. -- 177 页:图;26cm. -- 全国中医院校本科中医药文献检索教材;全国高等院校文献检索与利用课系列教材. -- 7-5323-6606-5(国家图书馆)

本书是全国中医院校本科中医药文献检索教材,由浙江中医学院、广州中医药大学等 20 所中医院校在全国中医药信息工作委员会的组织和领导下协作编写而成。教材贯彻理论与实践相结合的原则,突出中医药学的特色,除系统阐述文献检索的基本理论和一般规律外,还分别介绍中医药词语、人物、机构与古代专题资料、中医药图书、中医药论文与特种文献、中医药外文文献的检索途径和检索方法。为适应信息时代的需要,将中医药文献计算机检索和网络资源检索单独成章,并补充了许多新的内容。(韩丽)

1905

轻工信息检索与利用 / 胡世炎等主编. -- 大连:大连理工大学出版社,2002. -- 422 页:图;21cm. -- 文献检索与利用课系列教材. -- 7-5611-0267-4(国家图书馆)

本书是高等学校文献检索与利用课系列教材之一,其前身是 1995 年出版的《轻工文献检索与利用》(修订版)。在此版的框架上,编者重新加以编写,大幅度压缩了传统的印刷型手工检索部分在全书中的比例,增加了光盘数据库检索和网上资源查询,并开辟了专章介绍轻工业经济信息检索,力图反映信息检索从手工到联机、光盘直至因特网的进程,使本书兼具时代性和实用性;教会学生使用新的信息检索手段与方法,善于从信息海洋中获取所需信息,从而提高自学能力、研究能力、思维能力,激发创新能力。全书共分 12 章,主要包括轻工信息检索概论、我国的检索工具体系、美国工程索引、美国《化学文摘》、英国《科学文摘》、轻工专业文献检索工具、轻工业常用的特种文献检索、轻工业经济信息检索、轻工业常用的参考工具书、计算机信息检索、Internet 信息检索、文献的利用和学术论文的撰写方法等内容。(韩丽)

1906

网络学术信息资源检索与利用 / 华薇娜编著. -- 北京:国防工业出版社,2002. -- 274 页:图;26cm. -- 7-118-03078-3(国家图书馆)

本书根据最新的网络信息资源实况,系统地介绍综合性的和各学科网络信息资源的种类、来源、沿革、特点、使用方法,并推荐了一些重要的站点。此外,还有对网络信息分析利用方法的具体介绍。本书对于培养广大网络用户检索和利用网络学术信息的能力,提高用户在网络环境下的生存与学习能力,具有较高的实用价值。(韩丽)

1907

光盘数据库检索使用指南 / 金红亚主编. -- 上海:上海科学技术文献出版社,2002. -- 295 页:图;21cm. --7-5439-1993-1(国家图书馆)

本书共分 10 章,主要介绍光盘数据库检索的相关知识。首先介绍了光盘数据库检索的基本原理和常用检索系统,美国银盘公司光盘检索系统和 DIALOG 光盘数据库检索系统;其次分别介绍了一些经济商业信息资源检索、化工冶金信息资源检索、农业轻工信息资源检索、生物医学信息资源检索、专利标准信息资源检索、社会科学信息资源检索、会议论文和学位论文信息资源检索以及引文索引信息资源检索等常用的光盘数据库检索系统。全书对各种光盘数据库检索作了详细的介绍和说明,具有较强的实用性。(韩丽)

1908

Z39.50 的原理、应用与技术 / 金培华等编著. -- 北京:华艺出版社,2002. -- 347 页:图;20cm. -- 二十一世纪图书馆学丛书. -- 7-80142-373-9(北京师范大学图书馆)

Z39.50 作为一种通过因特网共享数据的信息传播标准,将为图书馆界多年积累的书目资源提供一种有效的交流环境。本书的目的是为了向图书馆界同仁揭开 Z39.50 的"神秘"面纱,展示这项技术或标准的真实含义。本书主要介绍了与 Z39.50 相关的基础概念、Z39.50 的基本知识及其在普及推广中的问题和在未来信息服务中的地位及发展趋势。然后通过介绍一个 Z39.50 客户端程序的使用过程来了解这项技术的应用。最后从技术的角度介绍了与 Z39.50 标准相关的技术文献资源概况,讨论 Z39.50 应用技术方面的一些问题。本书中所提供的信息,可以帮助更好地理解这种技术手段的基本情况,以便理解 Z39.50 在实际应用中表现出的各种现象。(韩丽)

1909

中医药文献检索 / 黎汉津主编. -- 广州:广东高等教育出版社,2002. -- 188 页:图;26cm. -- 7-5361-2652-2(国家图书馆)

本书是全国中医院校研究生中医药文献检索教材(第二版),由广州中医药大学等十所中医院校在全国中医药信息工作委员会的组织和领导下协作编写而成。全书内容突出中医药学的特色,对检索古代和现代、国内和国外的中医药文献信息作了全面的介绍,为了适应信息时代的需要,增加了计算机检索、Internet 医学信息检索、情报调研、查新咨询等内容。各章节理论讲述与实例介绍相结合,每种工具书都列举检索示例加以说明;并特设一章,详细介绍各类中医药科研课题的检索实例,供借鉴和参考。(韩丽)

1910

环境科学文献检索与信息利用 / 李坚编著. -- 杭州:浙江大学出版社,2002. -- 149 页;26cm. -- 7 - 308 - 02533 - 0(国家图书馆)

本教材是编写者在多年教学实践基础上,结合环境保护学科特点,选用了适合于本学科的文献检索工具,同时根据时代发展,着重叙述了各种数据库的计算机检索、网上环境科学文献资源的开发利用。除此之外,本教材还提出了教学过程中的信息重组概念,旨在探索创新教育新途径。全书共分为 10 章:概论介绍了信息与文献、文献检索的基本知识;第二章环境科学中文期刊文献检索,介绍了环境科学相关的期刊及期刊数据库的检索;第三章概述了环境科学外文期刊文献检索;第四到第七章分别介绍了美国《化学文摘》、美国《污染文摘》、美国《工程索引》和美国《环境文摘》及其检索;第八章和第九章介绍了环境科学标准文献、专利文献及其检索;第十章则介绍了参考工具书及工具型数据库。(韩丽)

1911

计算机信息检索 / 李景文等编著. -- 开封:河南大学出版社,2002. -- 309 页;21cm. -- 7 - 81041 - 993 - 5(国家图书馆)

本书内容包括:概论、信息检索、信息检索工具和参考工具、Internet 检索工具与搜索引擎、学术信息检索、事实数据信息检索、特种文献信息检索及附录等。书中介绍了信息、文献、信息资源及信息检索的基本概念与基础知识、国内外主要的信息查询工具、各种类型数据库及多种信息的检索。其重点是介绍国内外主要的信息检索工具和参考工具、网上信息查询工具、各类数据库及多种信息的检索与利用。特别是对 Internet 资源、功能、搜索引擎及主要的信息发现工具等现代信息技术及利用作了较多的论述。本教材在注重其内容的全面性和系统性的同时,力争突出新颖性和实用性。(韩丽)

1912

信息检索 / 刘俊熙,王立义编著. -- 北京:北京图书馆出版社,2002. -- 233 页, 1 页图版;图, 折图;26cm. -- 7 - 5013 - 1953 - 7(国家图书馆)

本书是一部介绍信息检索的力作。全书共分为 12 章,首先从理论上着重描述了信息系统的组织和存储、信息检索原理与检索语言;然后对综合信息系统,书目、论文信息系统等不同系统的检索进行了举例说明;作者还着力介绍了计算机信息检索,对国内外诸多重要的数据库和光盘数据库进行了详尽描述,尤其突出了在因特网环境下,信息资源的查找方法与策略;最后介绍了社科信息研究成果的表述。本书的一大特点是实例丰富,让抽象的检索理论变为可操作的知识。(韩丽)

1913

文献信息检索与利用 / 卢云, 杨琳欣主编. -- 汕头:汕头大学出版社,2002. -- 218 页;26cm. -- 7 - 81036 - 426 - X(山东大学图书馆)

本书包括文献检索基础知识、社科及科技检索工具、计算机信息检索、网络信息检索,另外还收载了科技查新及学术论文写作,并收录了一些常用的附录资料。本书注意以二次文献检索为主题,注重从用户需求出发,有选择、有重点地剖析了国内外不同载体检索系统的结构和使用特点,注重计算机信息检索和网络资源开发利用的工具、技术和方法介绍。(韩丽)

1914

电子电信信息资源检索和利用 / 路克强等编著. --南京:江苏科学技术出版社,2002. -- 213 页:图;26cm. -- 7 - 5345 - 3550 - 6(国家图书馆)

本书重点介绍了电子电信工作者利用 Internet 资源所必须具备的检索技能。按照 Internet 电子电信资源检索与利用的各个阶段,全书分别叙述了 Internet 电子电信资源检索的各类应用功能和使用方法,详细介绍了搜索引擎、检索技巧、分类导航、专业检索、特种文献检索、数据库检索、检索与安全、资源利用等内容。本书内容丰富,叙述清晰,实用性和可操作性强,融入了作者丰富的 Internet 资源检索经验,备有操作实例,便于自学。本书可供电子电信工作者使用,也可供大专院校相关专业师生教学使用,对于应用 Internet 进行资源检索的其他专业人员也有较高的参考价值。(韩丽)

1915

E-mail 访问网络生物医学资源实用指南 / 吕军主编. -- 上海:上海科学技术出版社,2002. -- 237 页:图;19cm. -- 7 - 5323 - 6535 - 2(国家图书馆)

本书是一本介绍如何通过 E - mail 获取 Internet 上医学和生物学信息资源的基本原理和方法的工具书。包括的内容有:检索 Medline——蛋白质、核酸与三维结构数据库;检索分析与人类基因组研究相关的一些重要的网络数据库,如序列的同源性、开放阅读框架(ORF)预测、蛋白质二级结构分析、RNA 二级结构预测、分子模建等,这些都是生命科学最前沿的研究热点。现代科学研究的一个显著特点就是综合性大研究,学科之间交叉、联系日益紧密。本书介绍了如何通过 Internet 上邮件列表和新闻组这两种形式在世界范围内与同行或非同行交流、联系、协作、探讨;如何访问 WWW 上的医学生物学资源和 WWW 的各类检索引擎;如何访问 FTP 资源,寻找和下载有用的一些生物学档案资料;附录介绍一些使用 E - mail 的技巧,使各章介绍的方法事半功倍。(韩丽)

1916

网络信息资源检索 / 彭一中主编. -- 长沙:湖南大学出版社,2002. -- 295 页: 图;26cm. -- 7 - 81053 - 470 - X(国家图书馆)

本书分 12 章,系统介绍了网络信息检索的基础知识,全面概述了因特网及网上信息资源的分布状况,描述了国内外部分著名网上数据库及中国经济信息网、国务院发展研究中心信息网的结构、资源及检索方法。本书是一本网络信息资源检索理论与方法的专著,是各类科研机构与企业的科研人员、管理人员、工程技术人员从事文献信息检索的案头书和参考书,可作为高等学校文献检索课教材,又可作为高校各专业教师、学生的教学参考书和学习参考书。(韩丽)

1917

信息检索(多媒体)教程 / 沈固朝主编. -- 北京:高等教育出版社,2002. -- 522 页:图;23cm;光盘 1 片. -- 7-04-010126-2(国家图书馆)

本书分为三部分,共 15 章。第一部分为信息检索的基础知识;第二部分为社科信息检索知识;第三部分为科技信息检索知识。(韩丽)

1918

药学信息资源检索 / 孙忠进,何华主编. -- 南京:东南大学出版社,2002. -- 259 页:图;26cm. -- 7-81050-972-1(国家图书馆)

近年来,信息技术的发展呈突飞猛进的态势,与信息技术密切关联的计算机检索及国际互联网迅速发展,对信息检索原有的方法或手段都产生了很大的影响,本书从现代信息技术的实际出发,全面系统地介绍了药学专业文献信息资源检索与利用的理论和方法。在阐述了各种文献信息特点、信息检索原理、参考工具和手检工具知识的基础上,着力加强计算机检索方面的知识,对光盘检索、联机检索与网络信息资源的利用都作了较为充分的介绍。(韩丽)

1919

现代信息检索 / 滕胜娟,唐丽菲主编. -- 北京:中国纺织出版社,2002. -- 200 页;21cm. -- 7-5064-2156-9(国家图书馆)

本书为《图书馆·文献检索》的姊妹篇。在全球信息化的今天,如何以最快的速度查找和利用现代信息,已成为提高市场经济环境下生存、竞争和发展能力的关键。本书主要介绍光盘数据库检索、网络信息检索、国际联机检索等计算机信息检索的基本原理和方法,几种常用的手工检索工具。机检与手检相结合,突出检索技能的训练与培养;取材新颖精炼,注重实用。(韩丽)

1920

电子信息资源与检索 / 田丽君主编. -- 北京:人民教育出版社,2002. -- 254 页:图;21cm. -- 师范大学图书馆教育丛书. -- 7-107-15777-9(国家图书馆)

本书是《师范大学图书馆教育丛书》之一。全书共 8 章。第一章信息与电子信息资源,主要阐述信息与电子信息资源的类型与特点等;第二章主要电子信息资源概述,介绍网络信息资源和数据库资源;第三章 WWW 信息检索技术,介绍检索方式、WWW 信息检索工具分类和检索策略等;第四章其他网络信息资源检索简介,介绍检索 FTP 信息资源、GOPHER 信息资源查询、用户新闻网和电子邮件的检索、WAIS 信息检索简介;第五章专门、专题信息资源搜索,包括地图和地区信息的获取、图像信息检索工具等内容;第六章国外数据库及信息检索系统,包括 OCLC、DIALOG、MEDLINE、UNCOVER、SCI 等数据库的检索等;第七章中文数据库检索,介绍各类中文数据库的检索方法和实例;第八章其他电子信息资源检索,包括电子图书馆及其电子信息资源的获取等内容。(韩丽)

1921

文献信息检索与利用 / 汪继英主编. -- 成都:四川人民出版社,2002. -- 411 页;20cm. -- 7-220-06025-4(国家图书馆)

本教材紧跟信息革命、知识经济、网络技术的新潮流,将最新的信息和检索介绍给广大读者,尤其是大学生。全书共分 10 章,主要内容包括:信息与信息检索相关知识概述;检索标识系统,包括分类法标识系统、主题法标识系统、分类主题法标识系统、自然语言标识系统、字顺排检方法等;文献信息检索工具及类型,介绍了检索工具书和参考工具书;社会科学信息检索,分别介绍了语言文学信息、历史地理信息、艺术信息、民族学信息、政治法律信息、经济管理与旅游信息、哲学宗教信息的检索;科技信息检索,包括专业检索工具和综合性检索工具的检索;特种文献检索,介绍了专利文献、标准文献和其他特种文献的检索;计算机信息检索,包括联机检索系统、光盘检索系统等;Internet 信息资源的利用;信息资源的收集整理与利用等。(韩丽)

1922

网上医学信息检索技巧与医学相关网站介绍 / 汪晶主编. --北京:北京医科大学出版社,2002. -- 170 页:图;26cm. -- 7-81071-243-8(国家图书馆)

本书对 75 个国内外权威性较强或较有特色的医学相关网站进行了详尽的介绍,内容包括网站的主办者、网站的特色和重点栏目、访问网站的简单操作等。这些网站既包括检索信息所必需的检索服务器,也包括综合医学网站和专业医学网站。除重点介绍了 75 个网站之外,通过附录读者还可以查找到更多的医学网站的网址。在每个医学网站页面的左下角都附有一段医学信息检索知识与技巧的文字,内容包括检索服务器的相关知识和使用技巧、互联网上可以提供信息的各种服务器的使用方法、对网站的评价方法、特定信息的检索途径等。本书是为已经掌握了互联网基本使用方法的读者编写的。(韩丽)

1923

社会科学文献信息检索 / 王俊杰主编. -- 宁波:宁波出版社,2002. -- 347 页:图;21cm. -- 7-80602-522-7(国家图书馆)

本书结合社会科学相关专业的学科特点,全面系统地叙述了文献信息检索的基本理论、方法、手段;介绍了各种检索工具、设备、数据库的类型、作用、特点和利用方法。本书在选材上注重专业特点、典型性和实用性,贯穿"让读者利用所学知识,用于创新能力培养"的主旨。还介绍了信息时代特征、学术发展动态、读书治学门径,以提高科研、生产能力等。针对当前计算机技术及其在文献管理、信息储存与传递方面的作用,计算机文献信息检索占了相当大的篇幅。全书分 23 章、主要包括:文献基础知识,文献交流,文献检索原理和语言,社科工具书编排法,文献检索工具及参考工具,古今图书,报刊资料、字词、成语典故、诗词语句、专科词语和百科知识的检索,人物资料、地名资料、不同历法年月日、历史事件、当代大事的检索,典章制度和图录的检索,法规、条约和统计资料的检索,马列主义经典著作的检索,计算机检索,以及国内外常用数据库和搜索引擎、积累资料和读书治学。(韩丽)

1924

社会科学文献检索与利用 / 王立诚主编. -- 南京:东南大学出版社,2002. -- 327 页:图;20cm. -- 7 - 81050 - 976 - 4(国家图书馆)

本书为文科院校文献检索课教材。该书系统地阐述了社会科学文献检索与利用的基本原理和基础知识,介绍了社会科学文献检索工具的编排方法和使用方法;结合文科类专业学生在校学习期间以及今后走上工作岗位的需要,按社会科学文献的综合使用作出了示例。该书结合计算机检索发展需要,较多地介绍了计算机联机检索、光盘文献检索和网上信息资源检索最新内容。(韩丽)

1925

化学化工信息检索 / 魏振枢主编. -- 北京:化学工业出版社,2002. -- 241 页:图;26cm. -- 7 - 5025 - 3611 - 6(国家图书馆)

本书共有 6 章,比较系统地介绍了化学化工科技文献的基本知识。主要内容有文献基础知识、常见化学化工专业文献和如何进行科技论文的写作、美国化学文摘、专利文献和标准文献的查阅检索、计算机情报信息的检索等。(韩丽)

1926

中国文史工具资料书举要 / 吴小如, 吴同宾编著. --天津:天津古籍出版社,2002. -- 297 页;21cm. --7 - 80504 - 892 - 4(国家图书馆)

本书主要介绍文史类工具书的内容和使用方法。由于文史研究者面对着浩如烟海的古典书籍,一些资料性质的古籍,从广义上讲也可算是工具书了,如《十三经》《二十四史》等。所以本书作者从治学的角度着眼,也收录相当一部分资料书。又由于本书作者是为北京大学、人民大学中文、历史、图书馆专业学生讲授工具书课程,本书就是在此基础上整理的,所以其实用性是很强的。本书共分 10 讲,包括广义的工具书、几种检字法、一般综合性的字典和辞典、查人名的工具书、查地名的工具书、年表和历表等(韩丽)

1927

医学文献检索 / 谢志耘主编. -- 北京:北京医科大学出版社,2002. -- 214 页:图;26cm. -- 7 - 81071 - 239 - X(国家图书馆)

本书的目的是使学生了解各自专业及相关专业文献的基本知识,学会常用的手工文献检索工具和计算机文献检索工具的使用方法,懂得如何获得与利用文献情报,增强自学能力和研究能力。本教材是为卫生事业管理专业的学生专门编写的,针对该专业的特点和教学要求,对教材内容、结构进行了规划和设计,强调理论联系实际,具有深入浅出、文字简明等特点。为适应信息电子化、网络化时代的要求,在内容上压缩手工检索比例,突出基本知识和方法,适当扩充计算机检索比例,尤其增加了当前流行的光盘数据库、网络数据库和 Internet 信息检索与利用方面的知识。从实用的角度出发,还重点讨论了美国《科学引文索引》的检索方法以及特种文献的利用,对于非重点的手工检索工具只作简单介绍,使之更适合于卫生事业管理专业的教学需要。另外,对文献信息的分析和利用、学术论文和综述的写作也作了详细介绍。本书适合卫生管理专业学生学习。(韩丽)

1928

现代信息检索技术 / 许增福, 吴春玉主编. -- 北京:石油工业出版社,2002. -- 264 页: 图;20cm. -- 7 - 5021 - 3826 - 9(国家图书馆)

本书内容包括信息及信息检索基本概念和信息检索基础理论,国内外主要手工检索工具的检索及其相关的数据库和网络资源,计算机检索基础知识、信息检索技术、检索策略,联机检索、光盘检索和网络检索方法和过程,以及信息的利用等。(韩丽)

1929

科技文献信息检索 / 曾仁侠, 肖颖喆, 向贤伟编著. -- 长沙:国防科技大学出版社,2002. -- 201 页:图;26cm. -- 7 - 81024 - 822 - 7(国家图书馆)

本书是株洲工学院在其开设的科技信息检索课程原有讲义的基础上编写而成的。全书共分为 7 章,全面介绍了文献信息检索的基本理论知识、文献检索语言和方法,国内外主要文献检索工具,国外科技文献检索,知识产权、专利文献基本知识,专利文献检索,学位论文、科技会议文献、科技报告及标准文献等特种文献的检索,计算机信息检索基本知识,计算机网络及国际互联网等。书后附录有常用中文数据库光盘,Internet 常用搜索引擎选录和图书馆网址选录。(韩丽)

1930

信息检索 / 张厚生. -- 南京:东南大学出版社,2002. -- 413 页:图;21cm. --《情报检索》修订版. -- 7 - 81050 - 240 - 9(上海交通大学图书馆)

本书为适应信息检索向知识检索的转变,以及印刷型文献资料查询向电子文本、多媒体信息搜索方向的转变,使读者增强信息素养,掌握检索和利用信息资源的技能并为终身学习打好基础而修订编写。其内容有:信息检索和科技查新的基本理论与方法,事实、数据检索及中文数据库的查询使用,数字化、网络化信息资源的检索,电子报刊、光盘数据库、国际联机系统检索,Internet 搜索引擎和信息导航,并对世界著名检索系统,如美国《工程索引》、英国《科学文摘》、美国《科学引文献索》和《医学索引》及 Medline 数据库等最新体例变化分别作了研究和介绍。本书讲究方法与实用,适合作为大学生、研究生教科书,也可作为科技人员、管理业者、上网"网民"及一切与信息工作相关的大众读者的参考书。(韩丽)

1931

Cochrane 协作网及 Cochrane 图书馆 / 张鸣明, 李幼平主编. -- 北京:科学出版社,2002. -- 105 页:图;24cm. -- 7 - 03 - 009982 - 6(国家图书馆)

本书是中国循证医学/Cochrane 中心编写的《循证医学

系列丛书》之一。主要介绍 Cochrane 协作网、Cochrane 系统评价、Cochrane 图书馆、循证医学研究证据的来源与检索、参与 Cochrane 协作网的研究和实践以及 Cochrane 协作网相关信息。编者为国内从事相关领域研究和教学的专家,内容很具权威性,资料来源于 Cochrane 图书馆的最新信息。通过阅读可对循证医学和 Cochrane 协作网的概貌有所了解,并学会快速、准确地从 Cochrane 图书馆查询有关临床证据。全书篇幅不大,简明扼要,实用性强。(韩丽)

1932

网海拾珠:WWW 资源的查询 / 张奇, 陈顺忠主编. -- 上海:上海科学技术文献出版社,2002. -- 234 页:图;21cm. -- 7 - 5439 - 1990 - 7(国家图书馆)

本书是一本专门介绍万维网资源查询(万维网情报检索)的工具书。全书有五个章节,即基础篇、工具篇、方法篇、资源篇和提高篇,采用深入浅出的写作手法和图文并茂的风格,从互联网基础知识开始,介绍了使用 WWW 资源查询的方法。(韩丽)

1933

医学文献检索 / 张文浩, 仇晓春, 崔竹金主编. -- 北京:科学出版社,2002. -- 301 页:图;24cm. -- 7 - 03 - 010704 - 7(国家图书馆)

本书针对新形势下医学文献检索教材改革目标的要求,为适应新形势下的学科教学任务而编写。本书主要介绍医学文献检索的理论及各常用医学检索系统的使用方法与注意事项,主要包括 IM、EM、BA、CA 等手工检索工具,Medline、CBMdisc、Embase、UMI、SCI、CS 等光盘检索工具,Google 等搜索引擎及以 CNKI、OVID 等为代表的最新中外文网络全文数据库检索系统的使用方法,新增了 BLAST 等常用生物信息学工具软件的使用方法的介绍。本书供高等医学院校临床医学(五年制、七年制)、口腔医学、预防医学、法医学、护理学(五年制)学生使用。(韩丽)

1934

信息检索与利用 / 赵兵等主编. -- 沈阳:东北大学出版社,2002. -- 263 页;26cm. -- 7 - 81054 - 778 - X(国家图书馆)

本书的目的在于使学生们能掌握信息检索的基本原理与方法,了解信息检索在科研立项、研究过程及成果鉴定工作中的作用与意义,培养学生的情报意识与参与习惯,使其具有一定的检索技能和查询能力。

全书共分为 8 章,内容包括三大部分:第一部分检索的基本原理和基本方法,主要介绍信息的基本知识、索引语言和索引方法、科学研究过程与信息检索的关系、检索工具等;第二部分计算机检索、数据库检索、网络检索,重点介绍国内外一些有代表性且适用面较宽的检索数据库,搜索引擎等;第三部分信息检索思路与情报分析方法,主要介绍信息收集、整理及检索的全过程,情报分析方法、信息资源开发与利用等。(韩丽)

1935

农业信息检索与利用教程 / 赵立桢, 赵欢乐主编. --北京:中国农业大学出版社,2002. -- 267 页:图;23cm. -- 7 - 81066 - 419 - 0(国家图书馆)

本书全面系统地介绍了信息检索的基本知识和基础理论,国内外主要农业及相关学科中外文检索工具的结构和使用方法,计算机检索、光盘数据库检索及信息的搜集与利用等。本书注重科学性、系统性、新颖性和实用性,力争做到检索理论与检索方法有机结合,手工检索与计算机检索有机结合,信息检索与信息利用有机结合,使教材更具有科学性和系统性。为适应知识经济发展的需要,提高学生信息素质及创新能力,本书增加了信息标引、科学研究与文献信息检索、国际互联网与信息检索等章节,使本书具有新颖性。为了增强学生对信息检索技术综合运用的能力,本书还增加了检索工具与检索技术的综合运用一章,使本教材更具有实用性(韩丽)

1936

医学信息检索 / 赵玲秀主编. -- 北京:中国协和医科大学出版社,2002. -- 240 页: 图;26cm. -- 7 - 81072 - 270 - 0(国家图书馆)

本书较详细地阐述了医学信息检索的基础理论与方法,并对印刷型中、英文医学文献检索刊物作了详尽的介绍,还对联机检索、光盘检索、Internet、网上 MEDLINE 检索及医学信息的获取等作了介绍。本书所有的材料、例子、著录格式等尽量采用最新的,紧跟时代步伐,图文并茂,增加直观感和可读性,介绍的手检、机检及网上检索的方法注重实用性。(韩丽)

1937

医学生物信息学 / 赵雨杰主编. -- 北京:人民军医出版社,2002. -- 288 页:图; 26cm. -- 7 - 80157 - 646 - 2(北京师范大学图书馆)

本书综合运用了医学分子生物学的理论与生物信息检索的方法,分别介绍了网上生物医学和生物信息资源的检索,基因和蛋白同源比较、序列分析的方法及软件的应用,限制性酶切位点的确定,引物的设计,利用核酸序列、蛋白序列进行功能及结构预测的软件应用方法,编码区、非编码区、启动子等的识别,分子进化、进化树分析软件及其原理,基因组序列分析的原理及方法,向数据库提交 DNA 序列的软件,基因芯片的原理,基因芯片获取信息的分析和处理方法。本书内容全面,简明扼要,图文并茂。(韩丽)

1938

科技信息检索 / 周和玉,郭玉强主编. -- 武汉:武汉理工大学出版社,2002. -- 188 页:图;26cm. -- 7 - 5629 - 1834 - 1(北京大学图书馆)

本书是图书馆文献工作者十几年教学经验的总结,全书共分 21 章,其内容充分体现了新形势的需要,在阐述文献信息检索基本原理、方法以及手工检索工具知识外,新增加了大量网络信息检索知识,并对专业名词术语列出了相应的英语单词,为以后该课程的双语教学创造了条件。该教材的编写以信息检索工具的利用为主线,以电子与网络信息数据库、数字图书馆与因特网等专门信息的检索为重点,全面系统地介绍了信息资源的变化与特点,信息检索的基本知识,信息资源类型,各种信息检索工具及其利用的方法,情报分析与科技论文的写作等。该教材在科技信息检索与利用方面的叙述具有系统性、新颖性、实用性等特点。(韩丽)

1939

现代医学信息检索与利用 / 周毅华编著. -- 南京:东南大学出版社,2002. -- 230 页:图; 26cm. -- 7 - 81050 - 942 - X (北京师范大学图书馆)

本书从医学信息检索与利用的现代化教学出发,简要介绍了信息检索的基本概念,信息源与信息媒体的含义,信息媒体的特点、类型与用途;重点介绍了医学信息检索的原理、方法、途径和步骤,以及主要医学文献检索工具的使用方法;在系统介绍计算机信息检索的基本概念和检索技术的基础上,着重介绍常用医学文献光盘数据库、网络搜索引擎、常用网络医学文献数据库的使用方法,以及其他网络医学信息资源的检索与利用;还介绍了医学信息利用技巧、医学信息调研、医学科研基础与查新咨询和医学论文写作等反映医学信息综合应用方面的知识。本书力求反映医学信息检索领域的新变化和新发展,图文并茂,实例直观、清晰,实用性和可操作性强。(韩丽)

1940

图书馆利用与文献信息检索教程 / 祝希山, 那春光, 毕宏主编. -- 大连:大连海事大学出版社,2002. --200 页;图; 21cm. -- 7 - 5632 - 1559 - X(国家图书馆)

本教程内容共分 7 章。第一章为大学生与图书馆,第二章为图书馆利用指南,第三章为信息检索的基本知识,第四章为检索工具书及其使用方法,第五章为计算机检索,第六章为 Internet 信息资源的检索,第七章为信息检索过程与方法。全书内容概括起来可以分为图书馆利用和信息检索两部分。图书馆利用部分结合大连海事大学图书馆的具体情况,对图书馆的馆藏文献、服务工作和规章制度进行了阐述,并对 2001 年建成并投入使用的大连海事大学新图书馆的文献布局、服务模式和方法、规章制度进行了介绍;信息检索部分在概述文献信息检索知识和如何使用手工检索工具书的基础上,结合该图书馆收藏的电子文献资源,着重介绍了计算机检索的知识和技能,并介绍了 Internet 信息资源检索的基本知识。本教程对大学生充分认识和利用图书馆及其馆藏文献具有很强的指导性和实用性。(韩丽)

1941

中国环境信息共享示范实例 / 高振宁等主编. -- 北京:学苑出版社,2002. -- 161 页:图;26cm. -- 7 - 5077 - 1950 - 2 (国家图书馆)

本书是"九五"国家重点科技攻关项目成果。本书内容包括:中国环境统计信息共享示范研究、全国矿区生态环境破坏与重建调查信息共享示范研究、中国工业污染源数据信息共享示范研究等部分。每一部分分别就项目简介、技术路线、数据收集与数据库创建等内容作了详细的介绍。(韩丽)

1942

现代图书馆入馆指南 / 蔡莉静, 姚新茹, 顾玉青主编. -- 北京:海洋出版社,2003. -- 194 页:图;26cm;光盘 1 片. -- 7 - 5027 - 5155 - 6(国家图书馆)

本书是一部崭新的图书馆读者教育用书,主要内容包括图书馆概述、图书馆资源、图书馆服务、图书馆利用、网上图书馆概论等 13 章内容。本书有如下几个显著的特点:首先,本书立足于图书馆的广大用户,向读者介绍了图书馆的机构组成、图书馆的各业务部门以及各部门的主要业务内容和图书的加工程序,使读者对图书馆有一个感性认识。其次,这本书力争将图书馆最新的内容展现给读者,并用具体实例向读者介绍了如何借助于图书馆计算机管理系统在图书馆这个知识的海洋中迅速准确地找到自己所需的文献信息。而且还向广大读者介绍了网上图书馆、数字图书馆、虚拟图书馆等现代图书馆的基本概念,用翔实的资料介绍了大型数据库的使用和检索。另外,附书光盘由于有软件的支持,可以方便安装在图书馆的主页上,从而实现了图书馆读者教育的网络化。读者只需登录图书馆的主页,根据需要点击鼠标,即可查看自己所需要的内容,了解图书馆的使用。(韩丽)

1943

Internet 专利检索指南 /(美)D. 希考科(David Hichcock)著;何绍华等译. -- 沈阳:辽宁科学技术出版社,2003. -- 228 页:图;24cm. -- Internet 信息检索系列. -- 7 - 5381 - 3914 - 1 (国家图书馆)

本书主要分为三部分共 10 章:第一部分专利检索基础,介绍了专利及专利检索,工具与资源;第二部分专利初级检索方法,介绍了如何在 PTO 网站进行简单的关键词检索、IBM 网站专利检索和 PTDL 网站专利检索;第三部分专利高级检索方法,介绍了 Internet 专利高级检索方法、PTDL 高级专利检索、Internet 上的其他专利检索资源及其他技术资源等,最后针对专利的申请等问题作了进一步的讨论。书后附录有专利和商标典藏图书馆(PTDL)清单、分类检索表单及名词解释等。此书经武汉大学信息管理学院、武汉大学信息资源研究中心审定并推荐。(韩丽)

1944

看不见的网站:Internet 专业信息检索指南 /(美) C. 谢尔曼, G. 普赖著;马费成等译. -- 沈阳:辽宁科学技术出版社,2003. -- 352 页:图;24cm. -- 7 - 5381 - 3915 - X(国家图书馆)

看不见的网站拥有检索人员难以置信的有价值的资源。看不见的网站是网上数量庞大,很难查询的重要信息资源。本书从 Internet 的发展历史出发,分别讨论和介绍了看不见的网站存在的原因、什么是看不见的网站以及怎样查询看不见的网站。在这本书里,作者的目标是为读者提供一张巨大的赛伯空间的详细地图,地图上仍有未被标明的领域,读者可以大胆地进入搜索引擎未曾进入的领域。本书还按专业领域分类,给出了大量的网上看不见网站资源,是广大专业人员可以利用、不可多得的一部参考工具书。(韩丽)

1945

怎样利用 Internet 写论文 /(美)D. 罗德里格斯, R. 罗德里格斯著;姜婷婷, 马宇宁译. -- 沈阳:辽宁科学技术出版社,2003. -- 235 页:图; 24cm. -- Internet 信息检索与应用系

列. -- 7－5381－4057－3(北京师范大学图书馆)

本书主要内容包括:在信息时代检索论文、选题与检索、从问题检索到方案检索、资源检索、资源评价、资源与笔记的组织、将调查落实到书面、文档资源、网络论文撰写等。书中对众多撰写论文过程中会遇到的问题给予指导和建议,例如:如何将搜集到的材料转换成观点、让自己的观点更加鲜明等。(韩丽)

1946

Internet医学信息检索指南 /(英) R.凯利著;马费成,杨颖,刘兴君译. -- 沈阳:辽宁科学技术出版社,2003. -- 228页:图;24cm. -- Internet信息检索与应用系列. -- 7－5381－4034－4(北京师范大学图书馆)

本书既可作为网络爱好者的自学参考,也可作为各大专院校相关师生的教材,具有一定的学术价值、社会价值和经济价值。本书将帮助医务人士高效检索Cochrane和Medline等专业数据库,并对各种医学专业搜索引擎作以介绍。全书共分为四部分18章,首先系统地讲述了连接、浏览与通信知识等上网基础知识,然后详细介绍了网络上的医学数据库、网络检索工具及通用和医学专用的搜索引擎、医学专业网站、交互式教学、网上医学期刊、医学门户网站、医学图片检索、医学信息的质量问题及未来发展趋势等。(韩丽)

1947

信息检索 / 毕强,张海涛主编;黄微编写. -- 长春:吉林大学出版社,2003. -- 374页:图;26cm. -- 7－5601－2823－8(国家图书馆)

本书是由吉林大学管理学院信息管理系与长春工程学院的教师共同编写完成的。全书由信息检索基础知识、传统的科技文献检索、网络信息检索和计算机联机检索四部分组成。分四篇共14章。第一篇共三章,主要介绍了有关信息检索的基础知识;第二篇科技文献及其检索,介绍了科技文献的定义、类型、特点与功能,科技文献检索的方法、途径及步骤、策略,介绍了中外文科技期刊及其检索,专利文献、科技报告、会议文献、标准文献、学位论文等特种文献及其检索;第三篇为网络信息资源及其检索,主要介绍了网络信息检索的基本知识、网络信息检索工具及其使用;第四篇计算机信息检索,主要介绍了计算机信息检索的基本知识、计算机信息检索的基本原理与技术、联机信息检索和光盘信息检索。(韩丽)

1948

国外科技信息及文献检索 / 陈柏暖主编. -- 北京:机械工业出版社,2003. -- 248页:图;26cm. -- 7－111－12525－8(国家图书馆)

本书分三篇共11章,主要介绍科技信息及文献检索的基础知识和基本检索技术。根据国内情况,选择介绍一些主要而又常用的国外检索工具,如美国《工程索引》《化学文摘》、英国《科学文摘》、日本《科学技术文献速报》、英国德温特公司《世界专利》等的结构编排和使用方法。为适应科技发展的需要,本书还详细介绍相应的国际联机检索、光盘检索和网络检索技术,从而使读者掌握检索国外期刊论文、会议论文、科技报告、专利文献等各类型科技文献的检索方法,获取世界最新科技信息。本书注重实用,在介绍每种检索工具时,着重介绍近年来在内容、分类、著录格式等方面的最新变化情况和各种检索工具提供的检索途径和检索步骤,并附有结合科研、工程技术的检索实例,解释详尽。(韩丽)

1949

网络信息技能教程 / 崔晓西编著. -- 厦门:厦门大学出版社,2003. -- 227页:图;26cm. -- 7－5615－2139－1(国家图书馆)

本书在概括演绎网络信息的一般概念、知识背景及基本技能的基础上,重点介绍了典型而又多样的网上信息资源,每章配备的思考和练习则有很强的操作性和通用性。全书共13章,分上下两编。上编知识技能篇重在信息观念、知识背景以及基本技能的掌握上。从第一章到第七章,内容涉及:认识网络信息技能的内容和目标;了解网络信息的组织标引与合理要素;懂得信息网络构成与网络数据库服务;学习网络信息的检索策略与评估方法;建立自身的信息交流网络尝试网络信息的编辑与发布。下编信息资源篇旨在认识和使用各种不同的网络信息资源。它们分别是:网上非正式交流资源;各种类型的数据库;多种渠道的电子期刊;数量惊人的电子图书与报纸;综合联机系统与虚拟图书馆;网上商情信息与商务网站。(韩丽)

1950

循证医学证据的检索与利用 / 邓可刚,何庆编著. --北京:人民卫生出版社,2003. -- 364页:图;21cm. -- 7－117－05294－5(国家图书馆)

本书分为基础篇、检索篇和利用篇,较为详细地介绍了当前检索循证医学证据的常用数据库检索系统,特点是收集和整理了一些重要的中外生物医学文献数据库检索循证医学证据的检索策略,其中既有国外学术团体和医学信息专家的研究成果,也有我们对此的探索。读者通过对这些数据库检索规则和检索策略的了解,对检索循证医学证据定会有所裨益或有所启发。本书适合作为临床医师、医学科研工作者、医学生(尤其是研究生)、卫生管理干部检索和利用循证医学证据的工具书,也可作为医学信息工作者从事医学文献检索大学教学的参考书和继续医学教育培训班的教材。(韩丽)

1951

互联网信息资源的检索利用与服务 / 董小英,马张华等著. -- 北京:北京大学出版社,2003. -- 238页:图;26cm. -- 7－301－06368－7(国家图书馆)

本书的编写出版是国家社科基金和联合国教科文组织资助项目,全书围绕互联网信息的检索、利用与服务三个方面展开叙述。在信息检索方面,本书着重介绍了使用互联网搜索引擎的检索技能、中英文搜索引擎、元搜索引擎、分类搜索引擎、搜索引擎的服务质量评价等内容。在信息利用方面,重点介绍了作者对学术用户使用互联网的情况所做的调查研究。在信息服务方面,重点介绍了虚拟参考咨询服务、数据库服务、面向企业的信息服务等。全书的特点是注重理论与实践的结合,资料翔实,内容丰富,适用于信息管理专业

的学生和广大互联网用户。(韩丽)

1952

网络医学资源检索与利用 / 方平主编. -- 北京:科学出版社,2003. -- 297 页:图;26cm. -- 7 - 03 - 011471 - X(国家图书馆)

本书着眼于医学信息的检索利用及教学的实际需要,详细介绍网上的各种学术资源、搜索引擎、电子图书、学术期刊、循证医学资源、WWW 文献检索系统、特种文献、多媒体资源及生物信息学资源的检索与利用;对最新的网上医学资源如可视人计划、全脑图谱、循证医学证据、生物信息学数据库等进行了详细论述。本书注重实用,对科研工作者所关心的网络学术期刊全文的获取、引文相关数据的检索与利用、如何获取医学网站学术资源等问题也有详细论述。(韩丽)

1953

化学及相关学科信息源:信息检索、分析与管理 / 冯白云,林佳编著. -- 北京:清华大学出版社,2003. --314 页:图;23cm. -- 7 - 302 - 06383 - 4(国家图书馆)

本书以信息源为本,紧密联系信息源,全面系统地阐述信息检索、检索结果分析评估及信息成果组织管理的原理和方法。它们是科学活动的重要组成部分,是创新的基础,也是科研人员必须具备的基本素质和能力,即信息素养(information literacy)。全书共 12 章。第 5 至第 11 章为与化学及相关学科有关的主要信息源的剖析和介绍,原理、思路和方法寓于其中;第 1 至第 4 章、第 12 章则概括地阐述了相关领域的基础知识,是原理、思路和方法的深化。信息资源电子化、运行网络化是基本信息环境,所以本书以计算机检索、分析和组织管理为主,传统的手工方式只作为比较和参照。本书为化学及相关学科(包括化工、环境、生物、材料等)信息素养教育的基础课程教材,也可以作为相关领域专业人员及图书馆人员的参考用书。(韩丽)

1954

信息检索与利用 / 韩颖,王园春主编. -- 北京:石油工业出版社,2003. -- 311 页;21cm. -- 7 - 5021 - 4325 - 4(国家图书馆)

本书详细论述了信息检索基础知识,对国内文献信息的手工检索及网上查询、国外综合型检索工具的使用、特种文献及网上检索、联机检索及光盘检索、信息检索与咨询服务、文献信息利用等方面的知识进行了详细介绍,并在原有教材基础上加大了网络信息检索与利用的比重,还针对不同专业的信息检索方法与途径进行了深入剖析。在编排体系上,针对典型的信息检索系统,将传统的手工检索工具、光盘数据库与网络数据库结合在一起进行介绍,力求做到深入浅出,给读者创造直观、鲜明的阅读环境。本书可作为高等院校学生"科技文献检索与利用"课程的教材,也可作为广大信息用户及科研人员进行信息检索的指导书。(韩丽)

1955

知识信息的获取与利用 / 何立民主编. -- 北京:科学普及出版社,2003. -- 236 页;26cm. -- 7 - 110 - 05491 - 8(国家图书馆)

该书讲述了大学生的知识信息素养、信息与知识、非文献型知识信息和文献型知识信息、文献的查找、网络知识信息的查找、知识信息源等内容。(王旭东)

1956

现代信息检索 / 贺志刚, 李修波主编. -- 济南:山东大学出版社,2003. -- 264 页:图; 23cm. -- 7 - 5607 - 2591 - 0(北京师范大学图书馆)

本书注重实用性与操作性,全书共分为 10 章,首先讲述了信息与信息检索的概念,然后介绍了信息检索概论、传统检索工具概述、传统检索工具检索及利用,还介绍了电子检索工具的应用、因特网信息检索、特种文献的检索、事实与数据检索等,最后介绍了信息整理、分析与利用。(韩丽)

1957

网络信息组织:模式与评价 / 黄如花著. -- 北京:北京图书馆出版社,2003. -- 297 页;20cm. -- 信息管理科学博士文库. -- 7 - 5013 - 2180 - 9(国家图书馆)

本书是信息管理科学博士文库中的一册,同时是教育部人文社会科学重大项目"网络信息资源组织与开发模式"的成果之一。本书从网络信息组织模式评价的角度切入,试图通过对各种网络信息组织模式的考察,指出网络信息组织中存在的主要问题并探讨解决对策。全书共分为八章,主要内容包括:网络信息组织概述,网络信息的微观组织模式,网络信息的宏观组织模式——网络资源指南和搜索引擎,网络信息的重组模式——编目,网络信息的深层组织模式——学科信息门户,网络信息的分布式组织模式——数字图书馆,网络信息组织的发展趋势等。(韩丽)

1958

人文社会科学信息检索教程 / 蒋永新等编著. -- 上海:上海大学出版社,2003. -- 148 页;26cm. -- 本书于 2005 年再版,2007 年三版. -- 7 - 81058 - 631 - 9(国家图书馆)

本教材主要面向高校人文社科各个专业的本科生和研究生。本教材共分六部分内容:文献信息概论,信息检索原理,人文社会科学参考信息源及其使用方法,图书报刊文献检索原理,互联网信息检索原理,文献信息的收集、分析和利用方法。本教材的特点是以信息素养教育作为指导思想,以支持学术研究的信息检索利用技能作为目标,以信息用户必需的基本技能作为重点,以文献信息的客观现实作为基点,突出图书和期刊等常用文献的检索方法,兼顾会议等特种文献,在强调计算机和网络检索的同时,重视手工检索方面的知识和技能。书中还配备有人文社科信息检索和利用的案例以及一定数量的练习题目。(韩丽)

1959

Internet 航运信息检索 / 蒋志伟编著. -- 上海:复旦大学出版社,2003. -- 212 页:图;23cm. -- 7 - 309 - 03454 - 6(国家图书馆)

全书分为四个部分。第一部分是关于因特网信息检索的基本知识和技巧,内容包括因特网的发展史、基本概念和主要服务内容,因特网信息资源的特点、组织和类型;第二部分是普通搜索引擎的基本使用方法,包括网络信息检索工具、万维网上的搜索引擎使用方法等,主要介绍了四个常用英文搜索引擎和四个中文搜索引擎;第三部分是因特网上航运信息的导航站点介绍,读者可以从这些站点直接查找到航运业的许多专业网站;第四部分是主要航运信息的查找。由于航运类信息数量很大,好的站点也是百里挑一,为此,本书从航运知识点入手查找信息,为读者提供了一条很具体的途径。(韩丽)

1960

信息检索进展 / 焦玉英主编. -- 北京:科学出版社,2003. --309 页:图;24cm. -- 7 – 03 – 011646 – 1(国家图书馆)

本书内容包括信息检索基本理论、现代信息检索技术、信息检索服务三个部分。本书简要概述了从文献到网络环境下信息检索的发展进程中,国内外在信息检索基本理论,特别是数据信息描述机制和网络信息检索原理、工具与策略方面的最新进展、主要学术见解和研究成果;介绍了全文检索、多媒体检索、超文本及超媒体检索、联机及光盘检索、网络信息检索等当代信息检索技术的发展趋势及主要研究成果;总结了传统信息检索服务方法与策略,对计算机、光盘和因特网的检索服务系统及其相关技术研究与应用进行了评价。(韩丽)

1961

信息组织与检索 / 李国辉,汤大权,武德峰编著. -- 北京:科学出版社,2003. -- 320 页:图;24cm. -- 7 – 03 – 011037 – 4(北京师范大学图书馆)

本书系统、全面地介绍和阐述了现代信息组织和检索的原理、方法以及最新发展。它把多媒体信息检索和常规的文本信息检索技术融合在一起,从计算机科学和信息技术的角度来看待信息组织和检索中的问题。本书由三大部分组成:信息及其组织、信息检索、应用。“信息及其组织”部分介绍数据和信息的概念、信息检索的数据模型、多媒体信息的内容描述、数据预处理和媒体结构化问题。“信息检索”部分介绍信息检索的方法和技术,包括用户查询接口、检索和索引算法、基于内容的多媒体信息检索方法和算法。“应用”部分介绍两种典型的信息检索应用:Web 检索引擎和数字图书馆。本书可作为计算机科学、管理科学与工程、图书馆科学、电子商务、信息管理与信息系统等专业的教材,也可以供从事 Web、Intranet、信息系统、数字图书馆、文档管理系统、专业媒体库系统和技术的研究、设计和开发的工程技术和管理人员参考。(韩丽)

1962

基础化学信息学 / 李欣,齐晶瑶,韩喜江编著. -- 哈尔滨:哈尔滨工业大学出版社,2003. -- 237 页:图;26cm. -- 7 – 5603 – 1831 – 2(北京师范大学图书馆)

本书是一本介绍化学信息学及其应用的技术型图书。以实用性为特点,强调实践并侧重于计算机技术与计算机网络技术的应用。全书主要内容为:Internet 上的化学信息检索工具,化学数据库、化学虚拟图书馆与电子期刊,分子图形学软件,计算化学软件与资源,化学专家系统,计算机辅助合成设计,化学 CAI 教育与远程信息资源,虚拟仪器及其在化学中的应用,科学计算可视化,Internet 与化学软件等。书中介绍了很多常见的、功能强大的化学软件与系统,如 ISIS/Draw、Chem Window、ChemSketch、ChemOffice、DS ViewerPro、HyperChem、KnowItAll、ChemLab、DENDRAL LHASA 等等。本书可作为高等院校化学化工及其相关专业的“化学信息学”教材,亦可作为相关领域广大科研工作者的参考书和应用工具书。(韩丽)

1963

学术资料的检索与利用 / 林庆彰主编. -- 台北:万卷楼图书股份有限公司,2003. -- 395 页;21cm. -- 957 – 739 – 433 – 7(国家图书馆)

学术资料是从事学术研究的基础,要检索学术资料,往往先利用工具书,本书即为使用工具书检索学术资料的指南。为了能切实指导读者找到所需资料,本书围绕设计的 31 个主题,共撰写了 31 篇文章,指导读者从某一主题入手利用工具书等检索所需要资料。例如古代典籍的检索与利用、典章制度的检索与利用、期刊论文的检索与利用、学位论文的检索与利用、敦煌遗书的检索与利用、器物图像的检索与利用等,每一主题请相关的年轻学者和研究生来撰写,每篇字数限 5000 字左右。这种以主题为主,告知读者检索方法的安排,可以说是本书在既有的工具书指引之外的另一种尝试。(崔彤)

1964

信息检索 / 卢小宾,李景峰主编. -- 北京:科学出版社,2003. -- 317 页:图;24cm. -- 7 – 03 – 010955 – 4(国家图书馆)

本书共分为 9 大部分,主要介绍了信息检索的基本原理、信息检索工具的编排体例与检索方法,重点论述了信息检索的基本理论问题、信息检索领域的综合性问题和技术方法、基于 Web 的信息检索系统等几个部分,具有较强的科学性、创新性、系统性和实用性。书后附录有国内外主要检索系统简介。(韩丽)

1965

文献信息检索与利用 / 罗志尧,胡优新,张永红主编. -- 北京:科学技术文献出版社,2003. -- 338 页:图;26cm. -- 7 – 5023 – 4423 – 3(国家图书馆)

本书共分 16 章,内容涵盖文献的基本知识、文献源、文献检索的原理、工具书的利用、计算机检索方法、网络数据库的利用、搜索引擎、知识产权、学术论文的写作等,内容丰富,信息量大。其特点是:体现大学生文献信息检索与利用课的基本要求,结合学院专业设置、图书馆的特点,增强针对性和有效性,增强人文社会科学文献信息检索与利用、中外文网络数据库的检索与利用的内容。书中所用的数据和示例,体现了信息技术动态的发展。因此,它不仅可以作为教材使用,还是一本现代文献的指南。(韩丽)

1966

科技信息检索与利用 / 宋如忆主编. -- 上海:同济大学出版社,2003. -- 250 页:图;26cm. -- 7 – 5608 – 2663 – 6(国家图书馆)

本书是为了适应高等学校文献检索课教学的需要，由同济大学、安徽建工学院合作编写的。本书的编写力求做到学以致用，不仅适合高校作教材之用，也可以作为广大教师、科研工作者掌握信息检索技术和技能的自学用书。全书共分为7章，主要阐述了检索基础知识，电子信息资源检索概述，国内主要计算机检索系统，国外主要检索系统，特种文献检索等，是既有理论又重实用和通用性的教材。(韩丽)

1967

新编化学化工信息检索(第2版) / 孙济庆，杨永厚主编. --上海:华东理工大学出版社,2003. -- 199页:图;21cm. -- 7-5628-1462-7(国家图书馆)

21世纪的信息技术飞速发展，计算机检索日益普及，为适应学科发展的需求，本书不仅系统地介绍了化学化工文献检索的知识、方法及常用中外文检索工具的模式，而且也包含了电子文献出版物、计算机情报检索、全文数据库、科研立项与新产品开发、情报调研等内容，能较好地适合信息(文献)检索课课程发展的需求。(韩丽)

1968

网络时代信息基础与检索 / 唐永林，葛巧珍主编. --上海:华东理工大学出版社,2003. -- 217页:图;23cm. -- 7-5628-1477-5(国家图书馆)

本书是为高校开设的"文献检索课"所编写的教材，侧重于计算机信息检索。旨在提高学生有效利用文献信息、熟练使用数据库的能力，使其更好地为今后的工作、学习服务。本书共分10章，除了介绍信息的一般知识外，重点介绍了全文数据库、文摘型数据库、专利数据库等的使用方法和使用技巧。另外，本书也介绍了学术论文的撰写和投稿的基本方法。(韩丽)

1969

经贸文献信息检索 / 滕颖主编. -- 南京:东南大学出版社,2003. -- 296页:图;24cm. -- 7-81089-114-6(国家图书馆)

本书根据高等学校经管类专业学生的学习和以后走上工作岗位的需要，对文献信息检索的原理和方法作了详细介绍。在写作方法上，本书在介绍了常用中文手工检索工具的同时，有选择地介绍了应用性较强的国内外网络检索工具；为了拓宽学生视野，对专利、标准等利用率较高的特种文献也作了介绍；为了适应学生今后专业学习和工作的需要，对经贸工作中经常遇到的文献检索作了示例。附录部分对文献信息检索中涉及的计算机常用软件、国际著名学术网站、学位论文评价体系作了介绍。(韩丽)

1970

Engineering Village 2 检索指南 / 田达，王新英编译. -- 天津:天津大学出版社,2003. -- 166页:图;19cm. -- 7-5618-1747-9(国家图书馆)

为了更好的服务中国用户，帮助读者快速掌握Engineering Village 2的检索方法和技巧，Ei公司将Engineering Village 2 Search Guide翻译成中文。本书共分为五大部分，首先对数据库和检索的基本知识进行了简介，然后详细介绍了EI数据库，对于数据库的快速检索和高级检索分别进行了说明；详细介绍了其检索结果的处理，包括摘要格式和详细格式、精简检索结果、删除重复记录等；最后介绍了EI数据库的其他功能和服务，如怎样向工程师咨询、怎样向图书馆员咨询、其隐私政策等。(韩丽)

1971

网上医学信息检索知识与实例 / 汪晶主编；祁国明等编. --北京:人民卫生出版社,2003. -- 137页:图;26cm. -- 7-117-05815-3(北京师范大学图书馆)

本书由两部分内容组成，第一部分介绍网上医学信息检索的基本知识。网页是网上信息的载体，检索服务器是专门用来检索网页信息的工具。因此，第一部分首先对检索服务器作了详尽的介绍，包括其概念、分类、功能、使用技巧及被使用得较为普遍的检索服务器。除了网页，互联网上还存在着大量的数据库，它们提供的信息量并不亚于网页，所以第一部分用相当篇幅介绍了数据库，包括网上数据库的概念、检索数据库的服务器及几个知名的医学相关信息数据库。此外，第一部分还对利用医学网站检索医学信息的方法及其他网上医学信息检索手段作了介绍。第二部分以实例诠释了网上医学信息检索的技巧，以使读者通过实例更好地理解第一部分内容，同时更进一步熟悉操作技巧。(韩丽)

1972

新编科技信息检索与利用(修订版) / 王均林，武志朝，王进杰主编. -- 郑州:河南科学技术出版社,2003. -- 385页;21cm. -- 7-5349-2112-0(武汉大学图书馆)

本书共分为21章，主要内容包括：文献信息检索基础、国内文献信息检索、美国《工程索引》、英国《科学文摘》、美国《化学文摘》、专利常识及国际专利分类法、专利文献检索、参考工具书、计算机信息检索基础知识、网络信息资源利用、国外检索系统及数据库检索、检索策略、文献阅读、信息研究、成才与知识结构和信息利用、情报意识及其培养、知识创新中的信息需求、知识创新中信息的功能和作用、知识创新与信息利用、科技论文写作、企业经营与信息等。本书为修订版，以新颖、通用、实用和资料性强为宗旨，在减少手工检索工具介绍的同时，大幅度增加了计算机检索和信息利用的内容；注重对大学生成才、知识结构、知识创新与信息意识、信息利用之间关系的论述；理论联系实际地介绍了知识创新与信息利用的许多具体方法。突出计算机检索(特别是网络信息检索)和知识创新与信息利用，是本次修订的显著特点。(韩丽)

1973

化学化工信息及网络资源的检索与利用 / 王荣民主编. -- 北京:化学工业出版社,2003. -- 245页:图;26cm. -- 本书于2007年再版. -- 7-5025-4339-2(国家图书馆)

本书重点突出对网络化学化工信息和《美国化学文摘》的介绍，同时对化学化工检索工具、专业搜索引擎、期刊、图书、专利知识及专利文献查阅方法、其他化学化工信息源及网络资源等进行了介绍，并介绍了科技论文撰写的要求与方法，以及化学软件的免费下载与使用方法。为了便于查阅，在有关章节中提供了大量相关网络资源地址和各种化学化工类工具书简介,以便读者迅速获得化学化工信息。本书信息量大,实用性强。作者在多年科研工作中查阅化学化工信息和讲授《化学文献》课的基础上编撰此书,试图为化学化工科技工作者、高等院校相关专业学生、科技情报人员及化学爱好者查询和利用化学化工传统和网络信息提供一种方便快捷的途径。(韩丽)

1974

信息检索与利用 / 王荣主编. -- 中国:电子工业出版社,2003. -- 174 页:图;26cm. -- 7 - 5053 - 8192 - X(国家图书馆)

本书结合中、高职院校学生的实际知识结构和培养目标,根据信息时代对中等职业技术人才的要求,系统地叙述了文献的手工检索和信息的计算机检索方法。本书在信息分析研究和信息的开发利用方面作了较为详细的论述。通过本书的学习可使学生在掌握信息检索方法的同时,学会开发和利用信息资源,具有"内容丰富、简明扼要、通俗易懂、适应面广"的特点。本书共分7章,主要讲述了有关信息、传统图书馆及数字图书馆的概念,文献检索的基本知识,信息检索的基本原理,信息分析研究与信息资源的开发利用,一般文献与特种文献检索,文献信息的计算机检索,信息检索在参考学习中的应用等。每章都附有复习思考题和检索实例。(韩丽)

1975

文史文献检索教程 / 王彦坤编著. -- 广州:暨南大学出版社,2003. -- 396 页;21cm. -- 7 - 81079 - 177 - X(国家图书馆)

本书分为上下两编,系统地介绍了文史文献检索的基本知识以及其检索方面的专题指导。上编有四章,主要讲述了文史文献检索的基本知识、文史文献检索中的工具书应用、文史文献检索中的计算机应用等内容;下编为第五到第十二章,主要介绍了字词要素的检索、古今图书的检索、报刊信息的检索、引文典故的检索、人物资料的检索、历史旧事的检索、典制法规的检索和地理资料的检索。全书内容丰富翔实、知识含量大、涉及面广,语言精炼,而且对每一文献既注重收集以往的成果,又及时追踪其最新的发展动态,是对相关书籍一次极好的归纳总结。(韩丽)

1976

科技信息检索 / 王知津, 崔永斌主编. -- 天津:南开大学出版社,2003. -- 402 页:图;21cm. -- 7 - 310 - 01788 - 9(国家图书馆)

本书为图书馆学情报学专业试用教材。全书分为绪论、科学信息与科技文献、检索系统与检索工具及数据库、文摘刊物及数据库、检索语言、学科性检索工具及数据库、专门性检索工具及数据库、网络信息检索工具和检索服务及其评价等13章,比较全面、系统地介绍了科技信息检索的原理与方法。本书重点介绍了国内外多种重要的文摘索引型检索工具,并对国内外重要的专利文献检索工具、科技报告、政府报告、会议文献、学位论文及事实型检索工具都作了详细的介绍和说明,具有较高的实用性。(韩丽)

1977

数字信息资源的检索与利用 / 肖珑主编. -- 北京:北京大学出版社,2003. -- 404 页:图;26cm. -- 7 - 301 - 06369 - 5(北京师范大学图书馆)

本书是在北京大学"电子资源的检索与利用"公共选修课讲义的基础上编写而成的。全书内容共10章,分为4个部分:第一章为方法论,对数字信息资源及其结构、基本检索方法进行了概述。第二章至第九章对不同的数字资源按照参考数据库、全文数据库、事实数据库、电子期刊、电子图书、电子报纸和其他数字学术资源等类型分别进行了介绍,同时尽量采取了相同的体例,每种资源的介绍大致包括:数据库内容、检索方法、用户检索界面、检索结果的图片及相关说明。第十章则是数字信息资源的综合利用。(韩丽)

1978

生物医学信息检索 / 邢美园, 苏开颜主编. -- 杭州:浙江大学出版社,2003. -- 227 页:图;26cm. -- 7 - 308 - 03276 - 0(国家图书馆)

本书共分7章,主要介绍了生物医学信息检索的基本原理、概念及意义,图书馆馆藏资源的利用,中文生物医学信息检索工具(包括《中文科技资料目录》等印刷型检索工具和中国生物医学文献光盘数据库 CBMdisc 等)、外文生物医学信息检索工具(包括美国《医学索引》与 MEDLINE 光盘数据库、美国《科学引文索引》与 Web of Science、BA 与 BIOSIS Previews、CA 与 CA on CD、EM 与 EMBASE)、网络电子出版物(包括电子图书、期刊)、网上生物医学信息资源检索(包括 Internet 基础知识、网络信息资源、网络信息检索工具,如搜索引擎、网上生物信息学数据库资源、网上特种文献的检索、常用生物医学网站)、循证医学与医学信息检索等。本书涉及检索工具内容全面,从手工检索、光盘检索到网络检索,从题录型检索工具到文摘型、全文数据库作了由浅入深的介绍,可作为临床、护理、口腔、影像等专业学生的医学文献检索教科书,也可作为教学、科研、医学及医药、卫生管理人员医学信息检索的培训教材,或者作为专业人员自学课本。(韩丽)

1979

搜索引擎与信息获取技术 / 徐宝文, 张卫丰著. -- 北京:清华大学出版社,2003. -- 268 页:图;21cm. -- 7 - 302 - 06135 - 1(国家图书馆)

互联网提供了海量信息资源,新的信息获取技术和搜索引擎技术可以帮助我们快速准确甚至个性化地从海量信息中挑选出需要的信息。本书主要介绍搜索引擎和信息获取技术,包括:信息获取的基本原理与技术,实现用户个性化搜索的相关技术,面向普通用户需求从不同角度讨论搜索引擎的使用。(韩丽)

1980

医学信息技术应用 / 徐一新, 夏知平, 顾剑芳主编. -- 上海:复旦大学出版社,2003. -- 218 页:图;26cm. -- 7 - 309 - 03579 - 8(国家图书馆)

本书被列入医学高等职业教育基课程系列教材,是医学高等职业教育重视信息素质教育的体现。本教材简洁明了地阐述了计算机网络基本知识、Internet、远程医学、医学信息学的新知识与新进展。着重介绍网络浏览、E - mail 与 FTP、BBS 与 Newsgroup、ICQ 及 OICQ、网络媒体播放、个人主页设计与发布、个人电脑网络安全防范等技能,并介绍医学专业常用的 Medline、中国生物医学等文摘数据库,中外文网络全文数据库 UMI、OVID、Elsevier、Ebsco 及中国学术期刊网等数据库的检索技巧,推荐一些高效 Web 检索工具及优秀医学网站。帮助学生,同时也使从事医药卫生工作各级人员通过自学能充分享受网络给工作、生活带来的种种便利,并轻松成为运用网络技术掌握医学信息资源的行家里手。(韩丽)

1981

麻醉信息学 / 薛张纲,朱彪主编. -- 北京:中国协和医科大学出版社,2003. -- 395 页:图;26cm. -- 7 - 81072 - 392 - 8(国家图书馆)

有关医学信息的网络利用已经有较多的书籍面市,但医学信息与麻醉学信息有很多不同特点,而且医学信息书籍的编写大多是图书情报人员,对麻醉学的信息了解甚少,因此本书的编者通过对浩如烟海的麻醉学信息进行合理的取舍,为全国广大麻醉从业人员推荐优秀的麻醉专业网站,为他们的科研和临床工作开展提供一点帮助。本书由复旦大学中山医院麻醉科主任薛张纲编写,共 23 章,详细介绍了 Internet 和计算机信息检索的基础知识,介绍了网络医学信息搜索引擎及其使用技巧,如何进行麻醉学文献检索、全文数据库检索,如何进行麻醉会议信息交流,如何收集麻醉学新进展,介绍了麻醉期刊影响因子和科研价值,如何进行麻醉文献的写作和阅读,并推荐了一些优秀的麻醉相关专业的网站。本书适于医学麻醉从业人员信息检索用。(韩丽)

1982

信息检索基础 / 杨昌俊,杨九龙编著. -- 西安:西北大学出版社,2003. -- 277 页:图;21cm. -- 7 - 5604 - 1637 - 3(国家图书馆)

本书内容系统全面,从信息检索概念、信息类型、信息资源、信息检索原理等诸方面作了比较全面系统的理论阐述。在检索工具的介绍上,既包括综合性检索工具,也包括专业性检索工具,既有中文信息检索工具,也有外文文献检索工具,同时还具有手工检索和网络检索的内容。本书在编辑过程中参考了同类专业近几年出版的新书刊和网络上的最新资料,在举例上注意了操作性较强的特点。在检索途径上既注意检索方法介绍,同时,也列有信息检索实例,使读者从中掌握检索途径、查找方法。全书共 10 章,内容包括:信息概述,信息资源,信息检索的基本原理,国内主要检索工具,国外综合性检索工具,国外专业性检索工具,专利文献检索工具,标准文献及其检索,数据、事实检索,计算机信息检索。(韩丽)

1983

网络信息检索与利用 / 杨坚争主编. -- 上海:百家出版社,2003. -- 335 页;26cm. -- 上海理工大学沪江商学丛书;教育部人文社会科学研究"九五"规划项目. -- 7 - 80656 - 943 - X(国家图书馆)

本书共分为 8 章。第一章主要探讨了网络信息膨胀与信息膨胀问题的解决思路。第二章阐述了网络信息检索系统特点与结构,详细介绍了网络信息检索工具及原理。第三章侧重研究了网络信息处理技术,包括网络信息的获取技术、推送技术、数据挖掘技术。第四章主要研究网络信息管理,包括网络信息管理基本技术,个人数据库的建立,网络信息的整理以及个人网络信息查询系统的设计。第五章介绍了网络信息在科研中的应用。第六章介绍了网络信息在企业营销中的应用。第七章介绍了网络信息在普通用户中的应用。第八章是五个网络信息检索的实际案例,以使读者能够了解网络信息检索的具体过程。(韩丽)

1984

信息检索导论 / 叶继元主编. -- 北京:电子工业出版社,2003. -- 412 页:图;23cm. -- 7 - 5053 - 8694 - 8(国家图书馆)

本书介绍了信息检索的基本知识和最新知识,着重讲述了各学科中外文最常用、最重要的检索工具、检索数据库和搜索引擎。全书共分为 8 章,包括信息检索概述、信息检索理论与方法、信息检索工具与数据库、手工检索、光盘检索、联机检索、网络检索、信息检索效果评价等内容。每章后都附有一定数量的习题,全书后附有可供继续阅读的参考书目和实用性很强的各学科检索学位论文、专利、标准、会议录、研究报告的常用检索工具、数据库和网址一览表,旨在培养学生的信息意识和信息查找能力。(韩丽)

1985

文史文献检索概论 / 叶守法著. -- 徐州:中国矿业大学出版社,2003. -- 292 页;20cm. -- 7 - 81070 - 728 - 0(国家图书馆)

本书逐一介绍了文史工具书的概述和文史工具书举要、各国文学作品、史学文献等内容。全书共分为三部分 16 章,本书所说的文史,是指文学和史学。第一部分文史工具书,包括文史工具书综述,文史工具书的内容、类型、编排、检索与功用及文史工具书举要;第二部分各国文学作品,包括小说概览、散文、诗歌、剧本、说唱文学作品、文艺评论;第三部分史学文献,包括史学文献综述,典章体史学文献,纪传体史学文献,编年体、传记体、方志体史学文献,纪事本末、纲目、学案体史学文献和舆地、史评、史考体文献。(韩丽)

1986

化学文献及查阅方法(第 3 版) / 余向春编著. -- 北京:科学出版社,2003. -- 384 页;24cm. -- 21 世纪高等院校教材. --7 - 03 - 011041 - 2(北京师范大学图书馆)

本书是一本化学文献手工检索和计算机检索双用的指南和教材。它系统和全面地介绍了各类化学文献检索工具书及其手检和机检的方法、计算机检索的各种渠道、网上检索和阅览技能以及相关网站。书中对美国《化学文摘》的介绍尤为详细,从文摘编排类目、子目、著录、十一种索引到现代化光盘检索和 DIALOG 检索,从化合物命名法及索引词选择到检索和阅览过程中常见问题解答等等,都作了详尽介绍,它约占本书篇幅的 1/5,是重中之重。书中不少章节编有检索实例和原书或网上的直观样例,读者在学习时有较强的直观感。本书可作为高等院校化学、化工、材化、石化、生化、医学、药学、能源、轻工、冶金、地质、农业等各专业本科生、研究生的教材或教学参考书。(韩丽)

1987

文献信息检索通用教程 / 张白影主编. -- 广州:广东高等教育出版社,2003. -- 257 页:图;26cm. -- 7 - 5361 - 2911 - 4(国家图书馆)

本书共分 9 章,结合插图,分别讲述了文献信息检索原理与方法,手工中文文献检索工具,外文期刊和特种文献的手工检索,计算机信息检索基础知识,中文数据库检索,国外引进的数据资源检索,Internet 信息查询,以及数字图书馆等内容。本书旨在增强大学生文献信息意识,帮助掌握文献信息检索技能,培养学生的自学能力和独立研究能力,更贴近教学对象和教学实践。本书在叙述文献信息一般知识的基础上,着重加强计算机信息检索和网络信息检索的内容,力求体现时代特色。(韩丽)

1988

医学信息检索学 / 张长生, 胡小君, 朱象喜主编. --杭州:杭州出版社,2003. -- 313 页:图;26cm. -- 7 - 80633 - 537 - 4(国家图书馆)

本书是在《医学信息检索》的基础上进行修订而成的,新增了信息素养等新的概念、中文医学信息网络资源检索、网上医学专利信息检索和常用医学网站、新增生物信息学数据库及其利用、获取文献全文的方法和网上免费资源,并列出 677 种免费获取全文的期刊刊名和域名。全书共分 6 章,主要对医学信息检索学的基础知识、中文科技资料目录、国外科技资料目录、中国医学文摘、中医药学信息检索、万方数据资源系统等六篇内容作了阐述。(韩丽)

1989

信息存储与检索 / 张帆等编著. -- 北京:高等教育出版社,2003. -- 472 页:图;23cm. -- 7 - 04 - 012713 - X(国家图书馆)

本书是高等学校信息管理与信息系统专业的系列教材之一,系统介绍了现代信息资源存储与检索的原理和技术;信息存储与检索学科基础;信息存取系统的功能与检索机制;现代信息检索技术及事实数据型检索工具、索引语言的结构与类型;国内外著名综合性与专业性信息存取系统及其检索方法,如 CA、INSPEC、CSA、SCI 及 CNPAT、CNKI 资源系统和 DIALOG、OCLC First Search、EI Village 联机存取等系统;网络信息检索工具的种类与使用技巧;各类搜索目录与搜索索引的性能与使用等。为配合各类信息存取系统理论的阐述,本书列有许多检索实例,以帮助读者进一步学习与实践。本书内容丰富,体例新颖,理论与实践密切结合,对于培养读者信息存储与检索技能,提高在网络信息环境下的生存与发展能力具有实用价值。(韩丽)

1990

信息资源检索与利用 / 赵小龙, 刘士俊主编. -- 北京:中国工商出版社,2003. -- 364 页:图;24cm. -- 7 - 80012 - 870 - 9(国家图书馆)

为了适应手工检索向计算机检索过渡的需要,本书加强了有关信息检索的一般概念、知识、检索语言与检索工具、中文检索工具书、外文检索工具书、特种文献的纸质文献和电子文献数据库的介绍。同时,对参考工具书及其应用、计算机信息检索原理、常用中外文数据库的构成、国际联机信息检索的基本原理、网络信息资源检索的方法、检索后信息的筛选和利用等进行了详细的阐述。本书内容翔实、资料全面、实用性强,不仅可作为教材,而且可作为案头工具。(韩丽)

1991

农业信息检索 / 包平主编. -- 南京:东南大学出版社,2003. -- 347 页;24cm. -- 7 - 81089 - 254 - 1(国家图书馆)

本书是一本农业信息检索的参考工具书,可作为非图书情报专业本科生、研究生的教材。全书从八个方面阐述了信息检索的相关概念、基本原理与技术,重点介绍了国内外农学、生物学及相关领域数据库、电子图书和电子期刊,详述了各种检索工具的使用方法和技巧,网络环境下数字资源的作用和数字图书馆的概念与发展,列举了以了解科研动态、科技查新、撰写综述、查找专利信息为目的的多个信息检索实例,有助于自学者和初学者在实际检索中参考应用。书后附有参考文献。(胡秋玲)

1992

信息与网络资源检索 / 程发良,陈莉,李玮平编. -- 上海:上海三联书店,2003. -- 334 页;21cm. -- 7 - 5426 - 1792 - 3(国家图书馆)

本书为高校文献检索课的教材。全书汇集了国内外文献检索方面的研究成果,结合多年教学实践工作的经验,着重介绍、研究、分析了网络环境下信息检索原理、网络信息资源基础、搜索引擎及其使用等。全书共分 5 章,内容包括:信息与信息检索的原理与方法、信息检索的手工检索工具和网络搜索引擎、信息检索语言与词表、网络信息传输、信息检索效果评价、单一类型的信息检索(图书和期刊)、综合类型的信息检索(标准文献、专利文献、学位论文、会议文献和科技报告)、常用国外信息检索工具等。书前有序言和前言,书后有附录"优秀网站名录"。

1993

文献信息检索通论 / 刘景会,杨建民, 范明祥编著. -- 北京:中国科学技术出版社,2003. -- 544 页;20cm. -- 7 - 5046 - 3668 - 1(国家图书馆)

本书系统介绍了文献信息检索、利用的基本理论和相关知识,全面阐述了国内外图书馆及相关机构中传统文献信息资源和电子文献信息资源的现状,论述了各种检索工具和检索系统的使用方法以及网络信息的检索方法。同时,详尽论述了文献信息的生产和利用规范。全书共分 12 章,包括文献检索概述、文献知识基础、图书馆利用、参考工具书的使用、中文期刊论文的检索、英文检索刊物、国内外电子文献信息资源及其检索与利用、特种文献及其检索、科技文献信息生产规范。书前有序一、序二。书后附有参考文献总目和后记。(胡秋玲)

1994

信息检索与网络利用 / 马海群,刘俊英主编. -- 哈尔滨:哈尔滨工程大学出版社,2003. -- 218 页;26cm. --7 - 81073 - 515 - 2(国家图书馆)

本书结合网络信息检索技术与工具的发展现状,在讲授文献检索原理、介绍基本知识的同时,扩大了现代技术课程的内容比例,形成印刷型、光盘型、网络型三位一体的教学体系。(张收棉)

1995

Internet 数据检索指南 /(美) P. 贝琳斯丁著;杨颖译. -- 沈阳:辽宁科学技术出版社, 2003. -- 221 页;24cm. -- 武汉大学信息管理学院、武汉大学信息资源研究中心审定并推荐. -- 7 - 5381 - 3952 - 4(国家图书馆)

本书内容包括:迅速开始、统计学的基础知识、数据的来源、通用检索方法、美国的行业资源、其他地区和国家的行业资源、市场研究资源、经济和财政数据、公司信息、人口统计数据、特殊的检索技巧、检索数据的评价。系统阐述统计学的基础知识,介绍数据的来源,通用检索方法,特殊检索技巧,估算利用已知情况不能查到的公司数据等内容。同时给出了许多简明的检索实例,列举了在检索数据时可能碰到的问题,并给出解决这些问题的方法,用以帮助读者制定自己的检索策略,读者也很容易查到不同类型的数据。(于静)

1996

Internet 通用搜索引擎检索指南 /(美) R. 霍克著;金丽华译. -- 沈阳:辽宁科学技术出版社,2003. -- 191 页:图;24cm. --7 - 5381 - 3849 - 8(北京大学图书馆)

本书介绍了网络搜索引擎的发展历史,详细介绍了它们的工作原理、不同搜索引擎的检索方法和选择;转论了 8 个先进的搜索引擎的情况等诸多内容。(于静)

1997

计算机信息存储与检索 / 陈次白等编著. -- 北京:国防工业出版社,2003. -- 222 页:图;26cm. -- 7 - 118 - 03139 - 9(北京邮电大学图书馆)

本书详细全面地介绍了信息的获取技术与存储技术,信息编码技术,信息处理自动化技术,信息系统数据库的特征,计算机信息检索技术等内容。(于静)

1998

现代网络医学技术 / 顾萍, 孙大成主编. -- 北京:人民军医出版社,2003. -- 502 页:图;21cm. -- 执业医师临床技术操作高级教程. -- 7 - 80157 - 847 - 3(国家图书馆)

本书是《执业医师临床技术操作高级教程》丛书之一,介绍了网络基础知识,网络资源浏览与下载,国内外生物医学信息的获取与交流,查询网上常用的生物医学数据库与专业网站,获取网上专利、公议、人物的专题信息及医学全文文献的方法等,并就虚拟医院与虚拟实验室、远程医学、数据保护等内容做了翔实的说明与论述。本书旨在帮助广大医学工作者尽快成为网络医学信息检索的熟练驾驭者,成为能够高效率检索的内行。本书适合临床各学科医师、技师、实习医师及医学院校师生参考使用。(于静)

1999

网络搜索高手 / 合合工作室编著. -- 重庆:重庆出版社,2003. -- 234 页:图;26cm. -- 7 - 5366 - 6135 - 5(首都师范大学图书馆)

本书精心挑选了国内外著名的 Web 搜索引擎、FTP 搜索引擎, 详细介绍它们的使用方法, 同时还介绍了论坛信息的搜索方法。(于静)

2000

有害生物风险分析 / 李尉民主编. -- 北京:中国农业出版社,2003. -- 13, 435 页:图;26cm. -- 7 - 109 - 08369 - 1(中国农业大学图书馆)

本书回顾了有害生物风险分析(PRA)的历史和发展,介绍了联合国粮农组织(FAO)等国际组织和发达国家的 PRA 程序、标准和技术指南以及世界贸易组织的相关法规等内容。(于静)

2001

搜索引擎与 Web 挖掘进展 / 李晓明, 李星主编. -- 北京:高等教育出版社,2003. -- 225 页;26cm. -- 7 - 04 - 012706 - 7(天津职业大学图书馆)

本论文集的内容涉及搜索引擎和海量 Web 信息挖掘领域的相关技术与方法,包括海量网络信息收集、组织与存储、网上文件的搜索与索引服务、主题搜索等。(于静)

2002

网络环境下数字信息资源的检索与利用 / 李晓燕主编. -- 长春:吉林文史出版社,2003. -- 235 页;26cm. -- 7 - 80626 - 621 - 6(东北师范大学图书馆)

本书内容包括:数字信息资源及其检索概述,介绍了数字信息资源的概念、类型、检索方法及检索技术;参考数据库,介绍了数据库、参考数据库、科学引文索引、社会科学引文索引、人文科学引文索引、工程索引、科学技术会议录索引以及社会科学与人文科学会议录索引;常用中文参考数据库,介绍了中国科学引文数据库、中文科技期刊数据库、万方数据资源系统、中国专利数据库、中文社会科学引文索引、全国报刊索引数据库、人大复印报刊资料索引、CALIS 数据库以及国家科技图书文献中心数据库;常用英文参考数据库,介绍了科学文摘、化学文摘、生物学文摘和生物学信息数据库、OCLCFirstSearch 系统数据库等;全文数据库与全文服务,列举了部分常用全文数据库及其特点;事实和数值型数据库,介绍了使用方法;此外,本书还介绍了电子期刊、电子图书和报纸的使用方法,最后介绍了数字信息资源的综合利用,包括课题查询、论文搜集资料、学位论文开题及写作、科技查新等。(于静)

2003

现代科技信息检索 / 林燕主编. -- 北京:机械工业出版社,2003. -- 189 页:图;24cm. -- 高等学校教材. -- 7 - 111 - 12993 - 8(国家图书馆)

该教材共 8 章。分别讲述了信息检索的基本原理与方法;手工检索工具,包括国内外重要的综合性和专业性检索工具及专利文献等内容。(于静)

2004

网络药学信息检索 / 钱宗玲主编. -- 南京:东南大学出版社,2003. -- 365 页:图;24cm. -- 7 - 81089 - 511 - 7(国家图书馆)

本书是一本关于 Internet 上药学信息检索与应用的实用性读物,重点介绍了网络药学信息检索方法、重要药学数据库及与药学相关的重要网络资源。全书由四部分组成,第一章简述了 Internet 与网络药学信息检索的基本概念;第二章详细介绍了各种搜索引擎的利用;第三至五章重点介绍了国内外常用药学数据库、专利数据库、药学期刊数据库及检索方法;第六至十章分别介绍了与药学有关的网上图书馆、组织机构、药学院校、制药公司以及常用药学网站等药学信息资源。本书内容充实、讲解清晰、易掌握、突出实用性和可操作性;重在培养医药人员的网上信息检索能力,适合广大医药工作者、学生及相关科技人员参考阅读。(于静)

2005

常用医学生物信息学数据库 / 尚彤, 国强华, 景霞主编. --北京:北京大学医学出版社,2003. -- 414 页:图;26cm. -- 7 - 81071 - 434 - 1(国家图书馆)

本书以医学生物信息数据库为中心,主要介绍了国内外近百个知名度高、可信度强、应用范围广的生物医学数据库或网站;着重介绍这些数据库的结构、内容、资源、用法及主要特点。全书共分为 9 章。第一章简要介绍医学信息学的基本概念;第二章主要介绍几种医学生物学综合数据库;第三、四章着重介绍核酸和蛋白质相关数据库;第五、六章主要介绍几个细胞生物学和微生物学数据库;第七至九章主要介绍一些与疾病相关的临床和药物专业数据库。本书可作为医学、生物学、计算机科学和信息科学的研究人员和教学人员从事科研、教学、医学和开发的参考书。(于静)

2006

网络科技信息检索 / 苏莉主编. -- 天津:天津科学技术出版社,2003. -- 189 页:图;26cm. -- 7 - 5308 - 3454 - 1(国家图书馆)

本书内容包括:计算机信息检索基础;网络信息搜索引擎;国内网络信息资源库;国外网络综合信息资源库;国外网络信息资源库;中国专利与外国专利的网上查询;会议信息文献的网络检索;学位论文的网上检索;网上标准文献与检索;科技报告及其网上检索。本书的特点是从信息资源获取与信息服务手段的基点出发,向读者阐述检索的基本原理,并重点讲述了网上资源的类型和分布,信息获取的途径与工具。书中附有大量的网页,可引导读者进入文献检索的海洋。(于静)

2007

网络信息资源检索与利用 / 王曰芬, 李晓鹏, 丁晟春编著. -- 南京:东南大学出版社,2003. -- 308 页:图;24cm. -- 7 - 81089 - 322 - X(国家图书馆)

本书全面地介绍了与网络信息资源相关的基本知识、信息检索技术及发展、信息检索的基本原理与方法;在对比评价搜索引擎技术与功能的基础上,结合实例讲解了几种常用搜索引擎的使用方法与技巧;重点描述了国内著名的图书馆、主要专职信息机构、综合数据库、专业数据库、特殊文献类型数据库网上资源的分布及提供的主要信息服务,并结合实例详细地阐述了这些网上信息资源的使用方法、策略和检索步骤;此外,还专门地论述了 FTP、E-mail 等交互式网络信息资源的使用,以及从网上下载专用软件的技巧与安装方法。本书将重点放在那些信誉高、来源权威、内容可靠、最新发布的学术性信息资源的介绍上,同时兼顾学科专业的分布和每个网站或数据库资源的特色;注重检索过程的实际操作方法,以实践课题为例详细讲解各种网络信息资源的使用流程与技巧;本书强调从宏观上全面揭示网站和数据库资源的整体布局,在微观上选择有代表性的内容着重推荐。(于静)

2008

科技信息检索 / 夏萍, 侯福丽, 王学东编著. -- 北京:高等教育出版社,2003. -- 311 页:图;21cm. -- 7 - 04 - 011205 - 1(清华大学图书馆)

本书重点论述检索工具书、计算机数据库、联机检索、网络检索等实际检索环节,分析了传统信息检索方法、主要检索工具,介绍了现代信息检索与利用技能的培养等。(于静)

2009

基于内容的视觉信息检索 / 章毓晋著. -- 北京:科学出版社,2003. -- xxiii, 494 页, 2 页图版:图(部分彩图);26cm. -- 图象图形科学丛书. -- 7 - 03 - 011311 - X(国家图书馆)

本书结合对基于内容视觉信息检索进行的研究和工作,全面系统地介绍其主要概念、基本原理、典型方法、实用技术以及国际上有关研究的新成果和新动向。本书分为 4 个部分。第一部分概括介绍基于内容视觉信息检索的主要概念和基本原理,以及典型系统的特点;第二部分介绍基于特征的图象检索方法和系统,讨论了采用不同图象特征的技术;第三部分介绍基于内容的视频检索方法,涉及表达、分析、组织等不同技术;第四部分介绍一些当前研究动态和方向,并讨论最新发展趋势。考虑到基于内容的视觉信息检索涉及的学科多、范围广,本书选取了一些比较有特色的技术方法进行介绍,并结合科研成果给出形象的实例,以使本书既能较好地反映该领域的全貌,也有一定的层次,方便读者学习和使用。(于静)

2010

资讯检索服务与协定 / 资讯检索服务与协定修订小组编撰. -- 台北:台湾图书馆,2003. -- 1 册;26cm. --图书馆法图书资讯技术规范丛书. 6. -- 957 - 678 - 369 - 0(国家图书馆)

该书为图书馆资讯检索服务与技术规范系列丛书之一。Z39. 50 是美国图书馆界为实践"连结系统计划"而制定的标准之一,该计划以 OSI 为基础架构,发展一系列的协定,称为"连结系统协定",这些协定包括 Record Transfer、Information Retrieval、Message Transfer and Test。(赵红)

2011

化学化工及相关网络信息资源 / 蔡志勇编著. -- 北京:国防工业出版社,2004. -- 301 页:图;26cm. -- 7 - 118 - 03526 - 2(国家图书馆)

本书是作者长期从事科技文献检索工作,并对如何利用Internet快速、准确查找科技文献信息进行了大量的研究工作,从实践中总结出的实用技巧。本书侧重对化学化工领域数据库的介绍,但介绍了很多综合性的数据库,对于其他行业也是非常有用的;同时书中介绍的一些检索方法与检索技巧也具有通用性,对于其他领域的文献检索也可以借鉴。本书所介绍的文献资源,包括石油、石化、材料、环境等很多领域都可以使用,因此本书具有广泛性,可以作为高校"网络文献检索"教材使用。(于静)

2012

互联网信息检索 / 刘杰编著. -- 兰州:甘肃科学技术出版社,2004. -- 110 页:图;24cm. -- 7 - 5424 - 0957 - 3(上海财经大学图书馆)

本书根据互联网信息的主要类型与特点简要介绍了互联网信息检索方法,内容包括:互联网信息检索基本方法、关键词检索,以及FTP、论坛、新闻组、点对点等几种类型信息的检索方法。(于静)

2013

信息检索实用教程 / 秦亚欧主编. -- 长春:吉林人民出版社,2004. -- 15, 380 页:图;21cm. -- 7 - 206 - 03653 - 8(华南理工大学图书馆)

未见书。(于静)

2014

网络化学 / 史永刚, 李子存编著. -- 北京:中国石化出版社,2004. -- 259 页:图;20cm. -- 7 - 80164 - 616 - 9(国家图书馆)

本书共分5章,内容有:计算机网络的概念;网上化学资源(通用搜索引擎检索、联机文献检索、网上图书馆和期刊、化学专利、网上数据库资源、化学资源导航网站、网上化学机构和商业信息);网上化学计算(计算化学、化学计量学、谱图模拟);网上化学交流(网络化学会议、通信讨论组);网上化学教学。本书重点介绍:网上的化学资源及其检索,包括化学专利、化学数据库、谱图(红外光谱、紫外光谱、质谱、核磁共振、X射线光电子能谱等)检索、化学知识等的检索与查询;网上化学计算,即网上计算化学计算和网上化学计量学计算;网上化学教学。本书是一本应用性的书籍,强调内容的实用性,可以使读者了解网上现有的、常见的化学资源及其查询技术;能够利用网上的化学教学资源与软件进行化学知识的获取或进行教学;学会利用网上化学计算资源提高工作的效率和水平。(于静)

2015

高手就是不一样:搜索从入门到精通 / 搜索引擎9238著. --上海:上海远东出版社,2004. -- 241 页:图;20cm. -- 7 - 80661 - 759 - 0(东南大学图书馆)

本书详细地对计算机网络的信息检索进行介绍, 从搜索基本知识入手、阐述了搜索方法与技巧、并介绍各种搜索引擎等。(于静)

2016

科技情报检索 / 田质兵, 王志坚, 谈春梅编著. -- 北京:清华大学出版社,2004. -- 126 页:图;26cm. -- 7 - 302 - 08907 - 8(国家图书馆)

本书是面向高等学校"科技情报检索"课的教材。作者言简意赅而又比较系统地讲解了信息检索和数据库资源的使用方法、科技情报检索的基本概念和原理、检索语言和检索工具。本书重点放在对常用中外文计算机检索数据库系统的检索方法和检索技巧的讲解上,同时结合时代的发展讲解了网络信息资源搜索与利用的相关知识和科技信息资源实例。本书不仅可以作为工科院校学生的"科技情报检索"教材使用,还可以作为广大师生使用数据库的参考手册。(于静)

2017

电子资源检索方法与技巧 / 王杰英主编. -- 长春:吉林人民出版社,2004. -- 288 页:图;20cm. -- 7 - 206 - 03498 - 5(东北农业大学图书馆)

未见书。(于静)

2018

科技查新手册 / 谢新洲, 滕跃主编. -- 北京:科学技术文献出版社,2004. -- 815 页:图;27cm. -- 7 - 5023 - 4424 - 1(国家图书馆)

本书是一部关于计算机信息检索的专业著作,具有较高的理论、实用价值。分为信息检索基本知识、科技查新实践、科技政策法规、各种专业标准四部分。第一部分为计算机检索知识,内容包括计算机检索基本原理与过程,详细介绍了DIALOG国际联机检索系统与STN国际联机检索系统的信息资源、检索方法、检索技巧及检索案例,检索结果反馈与调节,Internet网络信息检索的方法等。第二部分为科技查新实践,列举了若干详细完整的科技查新案例,归纳了案例著述形式,并推荐了科技查新工作的实施细则。第三部分为与科技查新业务相关的法规及相关法律条文,极具权威性和指导性。第四部分为附录,收录了查新业务中常用的有关资料。本书适合科技查新专业人士、信息服务与咨询人员使用,也适合相关专业师生及科研人员使用。(于静)

2019

科技文献检索 / 徐军玲, 洪江龙编著. -- 上海:复旦大学出版社,2004. -- 194 页:图;26cm. -- 7 - 309 - 04099 - 6(国家图书馆)

本书是在借鉴了国内已有科技文献检索教材和专著的长处基础上,结合作者多年从事文献检索应用与教学经验编著而成的。本书是介绍科技文献检索的原理和方法及中外最常用的检索工具(包括计算机检索)的教材,主要内容有文献检索的意义、原理、方法,检索语言,检索工具的分类、编制和应用,各种载体文献的检索工具(包括目录、索引、文摘、百科全书、年鉴、词典等)的特点和应用,手工检索、联机检索和网络检索的实现等,目的是使学生掌握文献信息检索的基本知识和基本能力,为以后的学习和工作打下坚实的基础。全书共分9章,结合最新信息技术,全面介绍了科技文献检索的理论知识和具体操作方法。内容结构安排如下:绪论、科技文献检索基础知识、中文检索工具、事实与数据检索及检

索示例、特种文献检索、国外主要综合性检索工具举要、计算机检索、光盘检索、网络信息检索 9 章。(于静)

2020

Internet 上的农药信息资源 / 杨新玲主编. -- 北京:化学工业出版社,2004. -- 190 页:图;20cm. -- 7-5025-5297-9(国家图书馆)

该书介绍了 Internet 上的各种农药信息资源。书中共分 8 章,包括 Internet 信息检索、农药网站、农药学期刊资源、农药数据库资源、专利信息资源等。(于静)

2021

现代信息查询与利用 / 赵静编著. -- 北京:科学出版社,2004. -- xx, 389 页:图;24cm. -- 21 世纪高等院校教材. -- 7-03-013626-8(国家图书馆)

本书旨在满足现代信息化社会条件下人们对各种信息资源的查询需求,在分析各种类型信息资源的基础上,重点介绍了针对不同文献源类型的检索工具及其使用方法。全书由绪论、基础知识篇、工具篇、应用篇四部分组成,结构合理,内容系统,注重实用。本书是一本工具指南型书籍,既可供普通读者查询信息时学习参考,也可作为信息专业人员推广信息资源的参考书,还可作为信息素质教育的教材。(于静)

2022

网络信息资源组织和检索 / 赵志坚主编;赵志坚, 何平, 杜方冬编著. -- 北京:人民邮电出版社,2004. -- 341 页:图;26cm. -- 7-115-12229-6(国家图书馆)

本书系统地介绍网络信息资源组织、存储和检索的基础知识和基本概念,详细地阐述因特网上信息资源的分布状况及网络检索工具,描述国内外部分著名网络数据库的结构、资源及检索方法,全面地介绍全文电子期刊、电子图书、电子报纸的相关知识及资源,分析部分学科领域网络信息资源的综合利用,初步阐述新时期信息服务部门如何利用网络信息检索来进行网络信息咨询、定题服务和科技查新等信息服务。本书是一本网络信息资源组织和检索的著作,可作为高等学校信息检索课程的教材,也可作为广大网络用户与企业的科研人员、管理人员、工程技术人员从事文献信息管理应用的实用参考书。本书具有以下特点:体系结构新、检索方法全、编写目的实。(于静)

2023

信息咨询理论与方法 / 詹德优主编;王梅等编著. --武汉:武汉大学出版社,2004. -- 301 页:图;21cm. -- 7-307-04250-9(国家图书馆)

本书系统地论述了信息咨询的特点和原理、由来与发展,信息咨询机构及参考资源建设、咨询馆员与用户、咨询程序和方法、网上咨询服务平台构建、咨询接谈与服务评价、信息咨询市场化管理及产业化发展等内容。尤其对网络环境下信息咨询的发展、电子阅览室与电子参考源建设、网络检索策略及网络咨询服务平台构建等现实问题,进行了具体的分析与设计。本书可作为高等学校图书馆、情报与档案管理学科的专业教科书或参考书,亦可供图书情报机构及其他信息部门实际工作者学习使用。(韩丽)

2024

现代化工信息资源实用手册 / 蔡永源主编. -- 北京:化学工业出版社,2004. -- 337 页:图;26cm. -- 7-5025-4979-X(国家图书馆)

本书内容理论结合实际,重点强调实用,既论述了信息的基本理论及信息检索各个环节的工作原理,同时也阐述了化工信息的收集、处理、查找和使用的具体方法和策略。本书分 27 个专题,主要叙述了网络、数据库、专利、标准、图书馆及科技期刊网络、科技报告、会议文献、学位论文、产品样本、化学化工数据库及化学化工工具书,书末还介绍了国内外有关信息机构。(韩丽)

2025

网络文献检索 / 柴雅凌主编. -- 天津:天津大学出版社,2004. -- 321 页:图;21cm. -- 7-5618-2019-4(北京师范大学图书馆)

本书阐述了各种文献信息资源、参考工具书与文献检索知识,重点介绍常用的和著名数据库的信息收集范围、检索系统的功能、检索方法与检索规则。鉴于熟悉印刷版检索工具对了解与使用其对应的网络数据库有很大的帮助,因此,作者在阐述网络数据库之前,先介绍其印刷版的内容特点、编排结构与使用方法。本书内容,尤其是网络数据库知识均来自最新的资料。(韩丽)

2026

信息检索与利用 / 陈惠兰主编. -- 上海:东华大学出版社,2004. -- 302 页:图;23cm. -- 7-81038-846-0(国家图书馆)

本书从系统的角度出发,对手工检索进行了适当介绍,重点介绍了国内外重要数据库的特点、检索方法及利用情况等内容。全书内容丰富,图文并茂,注重对实践检索的指导,可为读者准确、快速、全面查找所需信息提供有效的帮助。本书可作为普通高等院校信息检索课程教材及工程技术人员、科研工作者查找与应用信息的参考书籍。使读者在了解并掌握具体数据库使用方法的同时,能比较全面、深入地体会当前网络条件下所形成的新的学术信息交流环境与模式,从而有效满足其教学与科研过程中对各类学术信息的需求。(韩丽)

2027

医学信息检索与利用(第 3 版) / 陈界等主编. -- 北京:中国科学技术出版社,2004. -- 305 页:图;26cm. -- 7-5046-1447-5(国家图书馆)

本书是在《医学信息检索与利用》(第二版)的基础上,遵循继承和创新的方针,吸收了近三年来国内外医学信息检索与利用的最新成果和我们在教学中的经验,并从我国目前医学信息检索与利用教学的实际着眼,系统地阐述了医学信息检索与利用的基础理论与技术方法;对仍然在不少医疗卫生单位使用的主要中英文检索工具作了详细的介绍;对迅速发展并被广泛使用的现代化信息检索技术,特别是网络检索、光盘检索进行了全面系统的介绍;对本书新增加的循证

医学证据检索也进行系统的介绍;还对科技查新、医学信息调研、论文撰写及其他也作了深刻的论述。(韩丽)

2028

法律文献检索 / 戴勇敢主编. -- 北京:中国人民公安大学出版社,2004. -- 251 页:图;26cm. -- 7 - 81087 - 839 - 5(国家图书馆)

本书是为法律专业学生编写的文献检索教材。教材分为引论、总论、分论、附论四部分,共 15 章。引论是为一年级新生准备的文献检索入门知识,介绍了图书馆的历史、现状与类型,图书的分类原理与目录的使用方法等。总论是文献检索基础知识,它据文献检索原理的内在逻辑,按照文献—文献存储—文献检索的顺序逐步展开,内容包括:文献的概念、类型与中外法律文献概述;文献的存储方式;工具书与文献数据库的类型、检索语言与排序法;文献检索的基本方法以及几种流行文献数据库的检索方法。分论主要讲解运用基础知识,去查找法律图书、报刊、法规、标准、案例等常用法律文献的具体方法。附论简要讲述了网络资源利用中的安全、道德与著作权保护问题。本书是编者总结多年讲授文检课的教学经验,查阅了大量相关论著,采用最新的文献检索知识,把法律知识与文献检索知识相衔接,手工检索方法与计算机检索方法相融合而编写的。(韩丽)

2029

信息资源检索与利用 / 丁传奉主编. -- 北京:知识产权出版社,2004. -- 224 页:图;23cm. -- 7 - 80198 - 021 - 2(国家图书馆)

本书分上下两篇共 12 章,上篇主要介绍了信息基本知识、文献信息与图书馆、馆藏文献的分类与组织、图书馆服务体系、图书馆自动化、大学生与图书馆;下篇主要介绍信息检索的基础知识、国内外文献检索、联机与光盘检索、网络信息资源检索、信息利用与论文写作。(韩丽)

2030

信息检索教程 / 冯惠玲, 王立清主编. -- 北京:中国人民大学出版社,2004. -- 301 页:图;22cm. -- 7 - 300 - 05947 - 3(国家图书馆)

本书力求探究网络环境下信息检索的新变化,系统介绍信息检索原理和方法以及各类型检索工具的使用,反映信息检索领域的新动态新方法,推进信息检索教育。本书包括四部分内容:信息检索基础理论、印刷型工具书检索、光盘检索和联机检索、网络信息检索。主要内容包括信息检索的原理、方法、意义,检索评价,检索语言,信息著录与标引,检索策略,印刷型工具书的概况和使用,光盘检索概况及主要光盘数据库检索,联机检索系统的特点及利用,网络检索的特点,网络检索工具的原理和使用方法,网络数据库等。本书具有以下几个特点:全面与重点结合,突出网络检索;理论与实践相辅助,突出实用性和可操作性,并附有检索实例和思考题;反映信息检索领域的新成果、新趋势,内容新颖;脚注详尽、规范,便于相关知识的扩展学习。(韩丽)

2031

信息检索 / 符绍宏主编. -- 北京:高等教育出版社,2004. --409 页:图;23cm. -- 7 - 04 - 014624 - X(国家图书馆)

本书是面向 21 世纪课程信息管理与信息系统专业系列教材之一。本书主要介绍网络环境下信息检索的基本知识和基本技能,从信息检索的理论基础开始,详细地介绍了信息检索的方法,文献、数据与事实、计算机、因特网等多种形式的信息检索,并在每章后设计了检索实习题,供学习实践。本书的主要内容包括:信息检索概述、信息检索基础理论、信息检索基本方法、文献信息检索、数据与事实信息检索、计算机信息检索、因特网信息检索、信息服务及其利用等。本书在使学习者了解信息检索的基础理论知识,掌握检索工具的选择与检索策略的制定、调整和实施的同时,让学习者了解网络化信息环境下文献信息资源的分布、类型和用户检索需求的特点,熟悉重要的国内外检索系统,掌握各类型检索工具的查找及使用方法。本书既可作为信息管理与信息系统、图书馆学、情报学专业教材,也可作为高等学校信息检索类公共课教材。(韩丽)

2032

医学文献检索 / 郭继军主编. -- 北京:人民卫生出版社,2004. -- 282 页:图;26cm. -- 7 - 117 - 06324 - 6(国家图书馆)

本教材共 9 章,主要介绍了医学文献检索基础知识、常用中外文检索工具和数据库、医学论文写作等。主体内容包括中文医学文献检索工具、中文医学全文检索数据库、外文医学文献检索工具、外文医学全文检索数据库、特种医学文献检索工具、引文检索系统、网络信息资源检索等。本教材具有以下特点:(1)在内容的编排上,将文献检索数据库和全文数据库分开介绍,强调两种类型的数据库在文献检索工作中的不同作用;(2)适当介绍重要的手工检索工具,删除陈旧过时的内容,介绍新的使用方法,使学生了解最基本的手工检索工具;(3)扩大了计算机文献检索的内容,尤其是全文数据库检索,成为本书的重点,力争介绍最新的文献检索理论、技术和材料;(4)增加了循证医学证据检索与利用的内容;(5)增加了医学论文写作内容,因为论文写作已经逐渐成为医学生必须具备的能力。(韩丽)

2033

信息资源检索与利用 / 郭太敏主编. -- 徐州:中国矿业大学出版社,2004. -- 319 页:图;26cm. -- 7 - 81070 - 518 - 0(国家图书馆)

本书作为高等学校(矿业类)"十五"规划教材,包括信息资源与现代社会、文献检索的基本理论与方法、网络信息检索基础知识、国内主要的检索工具及数据库使用方法、国外主要检索工具及数据库使用方法信息资源的综合利用等九章内容。本书的最终目的是要明确现代信息素质教育在大学生素质教育中的重要地位和作用,明确信息素质教育教学目的。为达到信息教育的培养目标,强调整体素质的培养,本书增加了信息意识、网络伦理方面的内容,通过综合网络信息资源介绍,与具体的学科专业对接,鼓励学生将网络运用于学术,并通过实例分析与介绍,提高综合获取和利用信息的能力。本书具有明确的针对性,在体例上、内容上进

行了改革和创新,拓展了教学模式。(韩丽)

2034

信息检索与利用 / 和正荣等编著. -- 重庆:重庆大学出版社,2004. -- 223 页:图;26cm. -- 7 - 5624 - 2226 - 5(国家图书馆)

本书主要介绍信息检索的基础知识、基本原理、基本理论;结合国内外检索工具典例,深入讲授检索语言与检索技巧;突出了国际联机检索、因特网检索及光盘检索等计算机检索的内容;新增了企业竞争信息的检索、加工整理、分析研究及研究成果写作等篇章,从而较全面地反映了这门课程的最新进展。全书具有结构合理、重点突出、系统简明、取材新颖、理论联系实际、易于掌握和实用性强等特点。(韩丽)

2035

信息文化教程 / 蒋永新, 叶元芳编著. -- 上海:上海大学出版社,2004. -- 213 页:图;26cm. -- 7 - 81058 - 574 - 6(国家图书馆)

本书系统介绍了信息检索与利用的基础理论和基本技能。基础理论知识部分包括文献信息的基本知识,文献检索的基本原理,检索工具书的类别、特点及其辅助索引,还包括数据库、计算机检索基本知识。基本技能部分包括掌握若干种基本的综合性和专业性中外检索工具书,还包括掌握计算机检索和网络信息检索的方法以及整理分析文献信息的方法。全书在内容上涵盖印刷型、电子型和网络型信息,精选了数据库、网络信息资源及其利用技能。书中示例和习题内容丰富,实用性强。(韩丽)

2036

中国文献信息资源与检索利用 / 李国新编著. -- 北京:北京大学出版社,2004. -- 281 页:图;21cm. -- 7 - 301 - 07677 - 0(国家图书馆)

本书主要介绍产生在中国的文献信息资源及其检索利用的知识。本书以现有的中文工具体系中的主要类型和主要品种为主,涉及传统的印刷版检索工具,及基于计算机和网络环境的电子版、网络版检索工具的利用。内容包括主要类型文献信息资源的原理性介绍,重要检索工具内容与特点、性质与功用的介绍分析,检索与利用文献信息资源基本思路、基本方法、基本技能的阐述和引导。全书内容在时间上,通贯古今;在体裁形式上,既包括传统的纸质资源和检索工具,又包括新兴的数字资源及其检索系统;在资源类型上,包括迄今为止在中国积淀形成的主要文献信息资源类型。(韩丽)

2037

现代科技信息检索导航 / 李济群主编. -- 北京:中国纺织出版社,2004. -- 385 页:图;21cm;光盘 1 片. --7 - 5064 - 3041 - X(国家图书馆)

本书在简明扼要介绍了信息检索基本知识的基础上,有针对性地分类介绍了科技图书、科技期刊、科技报告、会议文献、标准文献、学位论文以及国内外专利信息的检索方法和检索路线图,也介绍了美国《工程索引》《化学文摘》等综合性检索工具的使用方法和检索路线图,同时专门设章介绍了纺织信息的检索途径。本书在强调手工检索基础作用的同时,注重现代检索手段的介绍,并突出对网络信息检索的利用。本书特别设计了相对独立的配套光盘,方便实用,真实感强,具有网络信息检索工具的现实意义。它可引导读者直接进入互联网,目的明确、方便快捷地打开所需信息宝库的大门,畅游浩瀚的信息海洋。(韩丽)

2038

水环境信息学 / 李欣等编著. -- 哈尔滨:哈尔滨工业大学出版社,2004. -- 209 页:图; 23cm. -- 市政与环境工程系列丛书. -- 7 - 5603 - 1978 - 5(北京师范大学图书馆)

本书是一本介绍水环境信息学及其应用的技术类图书。以实用性为特点,强调实践并侧重于计算机技术与计算机网络技术的应用。全书主要内容为:Internet 上的水环境信息检索工具,Internet 上的有关水环境内容数据库,Internet 上的与水环境相关的虚拟图书馆与电子期刊,3S(遥感、遥测、全球定位系统)水环境系统,水环境专家系统,给排水管网信息管理系统,水质变化模拟模型,虚拟仪器及其在水环境中的应用,虚拟现实与科学计算可视化,常用化学和生物学软件及其应用。书中选择介绍了部分常见和功能强大的专业与工具软件,如 visual modflow、wasp、epanet、arcgis、mapinfo professional、erdas imagine、chemoffice 等。本书可作为高等学校环境科学、环境工程、市政工程及其相关专业的"水环境信息学"教材,亦可作为相关领域的广大科研工作者的参考书和应用工具书。(韩丽)

2039

科技信息检索 / 李站兵主编. -- 长春:吉林大学出版社,2004. -- 376 页:图;26cm. -- 7 - 5601 - 3062 - 3(国家图书馆)

本书是吉林大学研究生立项教材之一,全书共分 4 篇。第一篇基础知识介绍了科技文献;第二篇检索工具及检索介绍了常用的国内检索工具及其检索、主要 Web 信息检索工具及其检索、重要的虚拟图书馆及其应用;第三篇特种文献检索,介绍了专利文献及其检索和标准文献及其检索;第四篇信息资源的利用,介绍了如何阅读、积累知识、开发创新,介绍了循证医学及其检索,以及与市场竞争相关的信息研究。各篇教学内容的选择始终以有助于研究生提高信息综合运用能力,以及未来市场竞争的应变能力为基准目标。(韩丽)

2040

法律文献检索:方法、技巧和策略 / 林燕平主编. --上海:上海人民出版社,2004. -- 373 页:图;26cm. -- 7 - 208 - 05012 - 0(国家图书馆)

本书是一本全面介绍法律文献检索的方法、技巧和策略的教材。全书共分为 10 章,从检索基本原理入手,介绍了关于传统书目、电子期刊、光盘以及在 Internet 上的法律文献检索方法;并且分别结合英美法系、大陆法系、中国法律以及国际法专题领域的特点,提供了丰富的检索资源和多样的检索方法。本书能帮助读者迅速找到自己所需的法律文献资源,是相关专业人士在学习、研究和工作中的重要参考资料和得

力助手。(韩丽)

2041

工具书学概论 / 林玉山主编. -- 广州:广东教育出版社,2004. -- 386页;21cm. -- 7-5406-5397-3(国家图书馆)

本书从介绍工具书与工具书学入手,对工具书方面的理论进行了论述,目的在于更早更好更完善地建立具有中国特色的工具书学理论体系。全书共十章,分别介绍了工具书和工具书学、工具书的性质、工具书的类型、工具书的结构、工具书编纂法、工具书排检法、计算机和工具书、工具书使用法、工具书编纂史略和外国工具书编纂史略。附录有常用工具书目录。本书内容丰富、资料丰富、实用性强。(韩丽)

2042

中小学教师信息检索与利用技能 / 林运卓编著. -- 广州:暨南大学出版社,2004. -- 367页:图;21cm. -- 7-81079-385-3(北京师范大学图书馆)

本书是作者在广泛研究中小学教师信息素质教育现状的基础上,专门针对中小学教师教育教学与科学研究的需要而撰写的。全书共分为7章。第一至第二章引导读者认识文献信息;第三至第六章为文献信息检索的基本理论与方法,还专门介绍了网络信息检索的原理与技术,以相当多的篇幅联系国内外的机检状况,概述电子计算机检索的知识与技能;第七章为教育文献信息的分析利用。每章后面都精心设计了思考题或技能训练题,不仅给读者提供知识理解的入口,更注重启发读者积极思考,掌握必需的基本知识和技能。(韩丽)

2043

医药学信息检索与利用 / 刘传和,杜永莉主编. -- 北京:化学工业出版社,2004. -- 544页;20cm. -- 7-5025-4808-4(国家图书馆)

本书共分为5篇15章,主要内容包括检索常识,光盘与网络数据库检索,书本式检索工具及其使用方法,因特网上的医药学BBS与新闻组,世界重要医药学网站介绍,以及检索结果的管理与利用等。其中,光盘数据库和网络数据库(包括事实与数值数据库和期刊全文数据库)检索,医药学BBS与新闻组以及重要医药学网站等是本书推荐和介绍的重点。此外,本书对手工检索工具及其使用方法给予简明扼要的阐述,以满足没有条件使用网络和光盘数据库进行检索的读者的需要。

本书的目的是向医药科研、临床、教学、生产及经营等人员推荐目前医药学领域权威性的常用信息检索工具,介绍全面且准确查找医药学信息的基本理论、方法与技巧,为知识创新及医药管理与经营活动服务。(韩丽)

2044

科技信息检索与利用 / 刘红光,周金元主编. -- 南京:东南大学出版社,2004. -- 286页;26cm. -- 7-81089-697-0(国家图书馆)

本书从培养大学生的信息素养出发,体现了从知识性教学向发展性教学转变这一现代教学理念,目的就是要帮助学生构建科学的智能结构,培养学生的思维能力、获取知识的能力和分析问题的能力,从而不断获取、驾驭新知识,开拓、发展新知识。此外,从实用的角度突出计算机检索技能的训练,对理工科、医科和社会科学所涉及的主要信息系统的特点和检索方法进行了叙述,并对原文获取途径进行了较全面的介绍。因此,本书也适用于理工科、医科和师范类院校的文献信息检索教学。(韩丽)

2045

漫游虚拟法律图书馆:在线法律资源研究指南 / 刘丽君,于丽英主编. -- 北京:法律出版社,2004. -- 250页,188页:图;23cm. -- 7-5036-4645-4(国家图书馆)

本书为Starr基金会资助的2002年清华大学法学院暑期项目成果,是目前国内出版的第一部关于法律电子信息资源的获取与利用的权威中英文双语参考指南。书中所有的网址(URL)都以2003年10月的检索状态为准。本书的宗旨是向中国法学界提供一本较为全面介绍法律文献信息资源系统,法律信息获取的策略,尤其是电子法律资源,包括中国法、外国法、国际法的资源搜索指南。本书分为上、中、下三篇。书中对各种资源的内容、特点、获取方法等进行了分析和评价,讨论了计算机网络技术对中国法律信息的标准化和世界化的作用等内容。本书还对中国法律信息体系的未来发展提出了设想、建议以及策略。书后附录有关于中国法、外国法和国际法的非电子文献书目以及电子资源的网址。本书内容丰富,信息量大,所有介绍均为最新资源;书中提供有检索策略和检索实例,针对性和实用性强。(韩丽)

2046

机电工程网络信息资源检索与利用 / 陆刚,张智松主编. --南京:东南大学出版社,2004. -- 299页;图;24cm. -- 网络信息资源检索与利用系列丛书. -- 7-81089-445-5(国家图书馆)

本书满足了机电工程专业人员的需求,详细论述了机电工程各种类型网络信息资源的检索方法;叙述清晰,条理性和逻辑性强,便于用户阅读;同时本书具有较强的实用性和可操作性,用户按照书中操作实例,在因特网上照此操作,便可以完成检索步骤,得到所需要的检索结果。本书共分4编11章。第一编从理论上阐述了机电工程网络信息资源的概念、分类和特点,以及机电工程网络信息资源检索技术的原理与检索评价;论述了检索工具——搜索引擎的使用方法。第二编论述了机电工程行业网络信息资源和电子出版物的检索方法。第三编介绍了如何利用各种中外文数据库来检索机电工程信息资源。第四编阐述了机电工程特种文献信息资源的类型、特点和检索技术。本书可供高等院校相关专业师生教学使用,也可供机电工程专业人员参考,对于使用因特网进行信息资源检索的其他人员也有较高的参考价值。为适应用户不同的检索需要,每章节的内容安排有一定的独立性,可供灵活选用。(韩丽)

2047

医学网址大全 / 罗书练主编. -- 北京:人民军医出版社,2004. -- 346页;21cm;光盘1片. -- 7-80194-123-3(国家图书馆)

本书是根据多年工作实践与网络信息检索经验，综合国内外关于网络医学信息查找与评价方面的最新研究成果，对互联网上的医学信息进行详细学科分类、分析、比较和评价而写成的。编写本书的目的，旨在满足广大读者获取国内外医学信息资源的需求。本书对互联网上的医学资源按“中图法”进行学科分类，分别介绍了国内外医学信息资源的网页、网站。第一部分共收录有近2000个网址，介绍了各类医学及综合医学网址和国内医学院校的网址、大型搜索引擎等，并对国内网上200多种医学期刊的网址也分类进行了介绍。第二部分主要介绍了国外医学资源网站、网页，包括国外医学各分学科专业、免费医学资源、医学教育与医学相关的搜索引擎、医学图书资源、医学期刊、医学文献数据库、虚拟网络医学论坛、网络会议信息、学术团体等近3000个网址，并按照网址名称、网址、内容简介进行排列。对一些大型的优秀医学网站的资源还进行了专门描述。（韩丽）

2048

实用信息检索教程 / 马景娣主编. -- 杭州：浙江教育出版社，2004. -- 267页：图；26cm. -- 7-5338-5119-6（国家图书馆）

本书作为文献检索与利用课的教材，它与传统教材的区别在于：把手工检索与计算机检索融为一体，并把计算机信息检索作为重点，介绍Internet、联机检索、数据库、检索的基本方法和技术。现代信息技术的发展，特别是计算机技术、电子技术、远程通讯技术、光盘技术、网络技术的发展，使信息的载体从传统的纸质印刷型媒介向光学、磁性媒介发展，信息的传递速度越来越快，传播面也越来越广，信息检索手段越来越先进，联机检索、交互式图文检索、电子原文传递等现代化信息传播方式已进入了实用阶段。信息检索也从传统的以手工检索为主逐渐发展为手工和计算机检索并重，而且日益占据主导地位。本书总结以往文献检索课教学实践的经验，参考吸收了国内外有关教学资料的精华，从实用的角度考虑，详略结合，力求把最新的检索方法介绍给读者。它同样也是社会各行各业人员学习信息检索知识、掌握信息检索技能的有效参考资料。（韩丽）

2049

人文社会科学信息检索 / 马文峰主编. -- 北京：北京图书馆出版社，2004. -- 418页；21cm. -- 7-5013-2453-0（国家图书馆）

本书为高等院校文献检索课教材，从手工检索、计算机检索和网络检索三个方面对人文社会科学领域内的主要数据库、检索系统、检索途径等作了详细的介绍。全书共分13章，层次分明，结构严谨，重点突出，目标明确，系统性强。本书不仅阐述了信息检索的基本概念、基本知识和基本方法，还分别介绍了书目信息、索引信息、文摘信息、事实信息、数值信息等的检索与利用。第一章至第四章论述了人文社会科学信息检索的理论与方法；第五章至第十三章阐述了人文社会科学信息检索的内容与实践，使信息检索的理论与方法和实际操作过程融为一体。（韩丽）

2050

医学查新手册 / 买买提·牙森，崔建中，吴曰铭著. -- 北京：中国医药科技出版社，2004. -- 194页：图；19cm. -- 7-5067-2829-X（国家图书馆）

本书明确了查新咨询的标准概念，分析查新咨询的工作过程，提出了三段十二分的工作步骤，结合实例论述了每个步骤中的各个工作环节和具体做法等，然后建立起了适应查新咨询工作的新的服务模式等。本书除了绪论外，共分14章，主要内容包括：查新委托，查新项目中的信息分析，查新咨询对话，查新咨询对话技巧，查新所用的信息源类型，选择查新检索的方法，检索式的确立，查新检索，对比分析，查新报告，查新审核，查新咨询的质量控制和查新档案等。（韩丽）

2051

现代医学文献检索教程 / 梅谊主编. -- 苏州：苏州大学出版社，2004. -- 225页：图；26cm. -- 7-81090-290-3（国家图书馆）

本书共分九章，内容包括医学文献概论、医学文献检索基础、中文医学文献检索工具（包括CBM、CMCC等光盘数据库）、外文医学文献检索工具（包括IM、Medline、EM、BA、CA等数据库）、药学文献检索（包括中外药典和药物索引等）、常用中外文全文数据库、循证医学资源及其检索、网络医学资源利用、医学论文写作、附录等。本教材在借鉴国内已经出版的一些比较好的教材的基础上，结合作者实际教学经验编写而成。除系统地、全面地介绍了中外文印刷型检索工具的使用方法外，主要介绍了常用的医学文献光盘数据库和网络数据库的检索方法及Internet医学信息资源的利用，对重点内容采用原件或图片示例，具有真实、直观、形象的特点，是医学专业学生、临床医生及医学研究工作者必备的工具书。（韩丽）

2052

大学生文献信息检索指南 / 潘薇主编. -- 北京：中国农业大学出版社，2004. -- 278页：图；23cm. -- 7-81066-761-0（国家图书馆）

本书是中国农业大学图书馆文献检索课教研组与河北农业大学文献检索教研组，在多年文献检索课的教学实践基础上编写而成的。本书围绕本科生的知识结构、学习特点和学习要求，结合我国高等教育人才培养目标，从信息素养教育和培养终身学习者的角度，组织和安排全书内容。全书共分为九章，主要包括了：信息检索导论，图书馆资源与利用，参考工具书，信息检索方法，原文文献的获取，综合性文献信息检索指南，人物、机构类信息检索，专业信息资源检索，特种文献信息资源检索等内容。（韩丽）

2053

搜索革命 / 彭鹏，梁春晓编著. -- 北京：企业管理出版社，2004. -- 288页：图；23cm. -- 7-80197-120-5（国家图书馆）

本书以丰富的资料、清晰的体系和创新的观点，从横向和纵向两个维度对搜索进行了全景式介绍。全书分为9章：第一章简要叙述和归纳网上搜索的发展历程；第二章介绍2002年以来发生的搜索大变局；第三章阐述搜索在互联网中的位置、搜索革命以及搜索的价值来源;第四章从人物和机构两个角度介绍了活跃在搜索行业的各路英雄;第五章介绍搜索引擎技术;第六章系统分析各类搜索应用模式;第七章和第八章介绍搜索平台、搜索增值服务、搜索方式;第九章分析和展望搜索的未来和机会。(韩丽)

2054

网络信息检索:工具·方法·实践 / 沈固朝主编. --北京:高等教育出版社,2004. -- 512 页:图;23cm. --7 - 04 - 015342 - 4(国家图书馆)

本书共 14 章,内容包括:网络信息资源检索概述、网络信息检索工具概述、网络信息检索的一般方法、综合性搜索引擎、大型综合性检索系统等。本书是教育部"面向 21 世纪课程教材",是教育部高等学校图书馆学专业教学指导委员会推荐的教材,也是情报学专业核心课程教材。本书的目的是为在网上查询信息的用户提供搜索工具的基本知识,介绍网络信息检索的理论基础及其应用,信息检索技术的发展,网络信息检索的一般方法,综合性网络信息搜索工具的类型、原理、特点、功能,各类搜索引擎(包括单一引擎、元引擎、自然语言引擎、网络搜索软件、搜索智能代理等),大型综合性检索系统,学科门户,专题检索工具,基于 Web 的咨询工具,以及人文科学、社会科学和科技领域内的网络检索工具。(韩丽)

2055

科技文献信息检索与利用 / 时雪峰等编著. -- 北京:清华大学出版社,2004. -- 173 页:图;23cm. -- 21 世纪高职高专规划教材·公共基础系列;四川省新世纪教育教学改革项目规划教材. -- 7 - 81082 - 421 - X(国家图书馆)

本书针对工科类高职高专院校学生掌握技术信息获取意识和能力的培养,以中文信息、电子网络信息为主,介绍了检索原理、检索方法、检索工具、技术信息获取渠道和技术信息的利用。为突出实用性,对检索方法介绍极其详尽,并附以大量的最新实例及图例。特别在标准文献、专利文献、档案文献等章节,从技术信息源的角度加以介绍,突出了高职院校文献检索实用技术性强的特点。(韩丽)

2056

科技工具书及其使用(修订本) / 宋鸿国,关志英,宋成斌编著. -- 沈阳:辽海出版社,2004. -- 306 页:图;21cm. -- 教育部"八五"规划教材;原新闻出版署专业系列教材重点项目. -- 7 - 80649 - 851 - 6(浙江大学图书馆)

本书共有 10 章,主要介绍了科技工具书的基本知识,科技工具书的质量、评价与选择,科技文献指南、文摘、索引与书目,科技百科全书,科技手册与年鉴,科技机构名录,科技人物及史地工具书,科技术语与缩略语词典,数据库、光盘与网络,科技工具书的使用等内容。书后附有工具书书名索引及外文译音表。本书对学习、使用科技工具书的特殊性作了系统的介绍;既了解并学会使用重要的科技工具书,又知道利用工具书检索资料和查检数据之间的区别。作者从中外科技工具书的内容与使用的基础性讲起,涵盖了重要的中外科技工具书的各种类型、内容编排和利用;对 100 余种中外科技工具书、10 余个专业方面的内容使用中应该注意的必要知识作了说明。在阐述科技工具书性质、作用、特点时,注重综合性、专科性工具书简介及科技工具书使用,不仅是编辑出版专业师生、科技编辑人员使用的基础教程,也是图书情报专业及理工科专业必备的工具书。(韩丽)

2057

信息检索理论与技术 / 苏新宁主编. -- 北京:科学技术文献出版社,2004. -- 385 页:图;23cm. -- 7 - 5023 - 4684 - 8(国家图书馆)

本书为情报学研究生系列教材之一,全书共分为 10 章,全面系统地阐述了信息检索研究领域所涉及的相关内容,其主要内容包括信息检索导论、信息检索数学模型、文本信息检索技术、多媒体信息检索、跨语言检索与分布式检索、信息检索评价、信息标引方法与技术、文本聚类与分类、信息摘要技术与方法、Web 信息处理等。(韩丽)

2058

信息检索技术 / 孙建军等编著. -- 北京:科学出版社,2004. -- 477 页:图;24cm. -- 7 - 03 - 014244 - 6(国家图书馆)

本书系统地介绍了信息检索的原理与技术。全书共分为 12 章,首先简要介绍了信息检索技术的基本知识,讨论的中心问题是如何能迅速地检索到相关信息。具体内容包括:信息检索的布尔模型、向量空间模型、概率模型,以及逻辑模型;文献自动处理技术:自动分类、自动聚类、自动文摘;查询的扩展与精化、相关性、Z39.50,以及搜索引擎等。(韩丽)

2059

信息资源检索与利用 / 孙丽芳等编著. -- 北京:电子工业出版社,2004. -- 374 页:图;26cm. -- 7 - 121 - 00106 - 3(国家图书馆)

本教材对基于网络环境下的信息资源作了详细论述,特别着重介绍信息资源检索的基础知识和网络数据库的内容,并对数据库检索的各种技术进行了论述,对因特网上搜索、浏览信息资源的方法和工具也作了介绍,同时阐述了网上特种文献信息资源的内容、类型、特点以及网上检索方法,并对信息资源的综合利用作了论述。本书共分九章,包括:绪论、信息资源检索基础知识、常用中文数据库的检索、英文数据库的检索、特种信息资源检索、数据与事实信息资源检索、网络信息资源的检索与利用、图书馆信息资源利用和信息资源综合利用。(韩丽)

2060

图书馆资源共建共享论著选目 / 台北:台湾图书馆参考组编. -- 台北:台湾图书馆,2004. -- 306 页. -- 957 - 678 - 286 - 4(国家图书馆)

本书目收录中、西、日文有关图书馆资源共建共享之论著,分为分类目录与著者目录两部分,分类目录共收录条目 1735 笔,著者目录则收录 1810 笔;分类目录依主题分为"资源共建共享"、"馆际合作"、"图书馆合作组织与图书联盟"、"合作采访"、"合作馆藏发展"、"合作编目"、"馆际互借"、"合作参考"等类,每篇条目除著录相关书目资料外,分类目录之部分,同著者则以论著的题名笔画多寡排列。书末并附

录台湾图书馆馆际合作大事记要等重要参考资讯。(赵红)

2061

体育文献检索 / 谭华著. -- 北京:高等教育出版社,2004. --294 页:图;23cm. -- 7-04-014889-7(国家图书馆)

本书内容包括体育文献资源的构成、图书馆体育文献的检索、Internet 体育资源的一般检索、Internet 体育资源的分类检索、基于 Internet 的联机体育文献资源检索、体育文献的整理与利用等,是高等学校体育教育专业一门实用课程。本书内容分四个部分:第一部分着重介绍了文献检索的基本概念和基本原理;第二部分先集中介绍了基于传统图书馆的检索工具和检索方法,然后分别介绍了互联网体育资源搜索的常用工具和大体按二级学科介绍的体育学专业常用电子数据库;第三部分从文献的阅读批判、文献的整理积累和文献综述写作三个方面介绍了体育文献的整理与利用;第四部分是附录。为了便于应用,除了介绍体育文献检索的有关知识和技能之外,本书还介绍了有关体育文献服务的一些机构,在附录中列举了更多的资源网站。为了帮助使用者对体育文献的学术价值进行判断,还附录了中文体育核心期刊的目录和国外主要索引工具的目录及使用方法。(韩丽)

2062

现代药学信息技术 / 汤韧,易涛,张宜主编;王平等编著. --北京:人民军医出版社,2004. -- 213 页:图;26cm. -- 7-80157-829-5(国家图书馆)

本书是作者在长期从事药学信息技术应用研究的基础上,结合现代信息技术的发展所编写的关于药学信息技术的专著。全书共九章,内容主要介绍了现代信息科学与药学信息技术的基础理论,药学信息获取与检索技术,药学数据挖掘、存储、处理技术,网络应用知识,医院药学信息系统和网络药学安全技术及人工智能在药学领域的应用等内容。(韩丽)

2063

生物医学信息检索 / 王秀平主编. -- 北京:科学技术文献出版社,2004. -- 227 页:图;26cm. -- 7-5023-4516-7(国家图书馆)

本书是详细介绍生物医学信息检索的一本教材,共分九章,内容主要包括信息与文献的基本知识,中文医学信息检索工具,国外医学信息检索工具,网络信息资源检索,生物医学信息检索的基本理论和知识,中外文生物医学检索的主要工具,Internet 网络信息资源的基础知识,网上免费及常用生物医学数据库的使用,网络出版物的使用和检索,特种文献检索,图书馆的利用和循证医学信息检索。(韩丽)

2064

化学化工文献检索与利用 / 王正烈,王元欣编著. --北京:化学工业出版社教材出版中心,2004. -- 324 页:图;20cm. -- 7-5025-4569-7(国家图书馆)

本书是化学化工文献检索课教材,由浅入深、从易到难地介绍了最常用的检索工具书。其中包括有代表性的《化学文摘(CA)》以及鲜见既往出版物有介绍的《Gmeilin 无机和有机金属化学手册》《Beilstein 有机化学手册》《Landolt-Born-stein》。还包括《科学引文索引》《工程索引》《科学技术会议录索引》《国际学位论文文摘》《世界专利索引》等。全书涉及美国、德国、原苏联、日本、法国、中国等国家出版的文摘、索引等检索工具书,结合读者实际情况列举了大量实例,并专章介绍了计算机检索方法和数据库。本书涉猎广泛,有介绍和分析,还有大量实例。(韩丽)

2065

网络信息资源检索 / 吴桂金主编. -- 哈尔滨:东北林业大学出版社,2004. -- 219 页:图;26cm. -- 7-81076-636-8(国家图书馆)

本书围绕国内外著名的检索系统和数据库,分别介绍了检索图书的数据库、检索期刊论文的数据库、检索专利的数据库、检索标准的数据库、检索会议的数据库、检索学位论文的数据库和综合性的数据库。对网络资源的介绍采用了检索基础知识与数据库结合,对各类数据库的检索列举了实例,对国际著名的 DIALOG 系统、STN 系统和 EI 系统的免费检索进行了导航。(韩丽)

2066

图书馆学书目举要 / 吴慰慈主编. -- 北京:北京图书馆出版社,2004. -- 11, 214 页;20cm. -- 20 世纪中国图书馆学研究文库. -- 7-5013-2416-6(国家图书馆)

本书介绍了图书馆学最基本、最具代表性的 242 部学术著作,内容涵盖了图书馆学的基本领域。(张玲)

2067

信息检索 / 郄少青主编. -- 成都:西南交通大学出版社,2004. -- 386 页:图;21cm. -- 7-81057-823-5(国家图书馆)

本书介绍了在现代信息环境下信息检索的基本知识、基本原理及其步骤方法、检索语言、检索方法和检索技巧。在介绍国内外印刷型检索工具的同时,侧重于对电子型、光盘型、网络型及 Internet 信息源的介绍,并增加了信息资料的收集整理和科技查新的知识。本书具有信息量大、将多种类型检索工具结合于一体、易于掌握、实用性强的特点。(韩丽)

2068

基于 WWW 的学术信息检索策略 / 夏立新著. -- 武汉:华中师范大学出版社,2004. -- 134 页:图;26cm. -- 7-5622-2982-1(国家图书馆)

随着因特网的普及及其应用的深入,网上各种信息和大量的数据库等构成了庞大的多学科、多语种又异常分散的网上信息资源。从用户角度讲,检索策略研究,可优化检索过程,以最小的花费、最短的时间获得最佳的检索效果,对保障用户的信息需求有十分重要的现实意义。本书在分析 WWW 信息检索策略与联机检索、光盘检索策略异同的基础上,全面系统地研究了检索策略所涉及的用户信息需求分析、网上学术信息资源的分布情况调查,主要检索工具或系统的分析评价,检索过程的科学控制(包括构造检索提问表达式,及根据检索结果反馈信息,调整和优化检索提问表达式)、检索结果的管理、检索效果的分析与评价等多个方面,既有理论的归纳总结,又有具体检索方法与步骤的阐述,试图为学术信息检索提供理论上和技术方法上的支持。(韩丽)

2069

医学信息检索与利用(第三版) / 夏知平主编;王宇芳等编写. -- 上海:复旦大学出版社,2004. -- 269 页:图;26cm. -- 7 - 309 - 03877 - 0(国家图书馆)

本书提供了快速有效获取医学信息的技能与方法,介绍了信息检索基础知识、图书馆资源利用、原始文献获取、常用生物医学文摘数据库、全文数据库、引文索引、Web of Knowledge 学术信息资源体系、搜索引擎、常用医学网站、网上免费电子期刊查询、在线医学图谱、生物信息数据库、药物信息检索、专利检索、会议论文检索、学位论文检索、循证医学信息检索、医学信息调查研究、医学综述文献写作等内容。全书基本反映了国内外现有的与生物医学有关的重要数据库。(韩丽)

2070

水科学网络信息资源导论 / 谢友宁,武晓峰主编. --南京:东南大学出版社,2004. -- 318 页;图;24cm. -- 网络信息资源检索与利用系列丛书. -- 7 - 81089 - 659 - 8(国家图书馆)

本书分为 4 篇,即概论篇、国内篇、国外篇和数据库篇,共计 16 章。概论篇作为基础部分,通过介绍 Internet 的由来与发展及其带来的文化与学习模式方面的冲击与变化,突出评价现有网络信息资源,介绍搜索引擎与搜索方法。国内篇和国外篇着重介绍国内外水利行政主管部门、水行业协(学)会组织、水利工程项目和水文、地质、海洋、农业、土木工程、港口、环境等各专业网络信息资源站点。数据库篇重点介绍与水科学相关的全文、二次文献、会议论文等教育、学术数据库 40 余个。全书在描述检索方法时强调实践,穿插列举了 30 余个案例,较好地体现了实用性和示范性。(韩丽)

2071

信息检索与利用 / 徐庆宁主编. -- 上海:华东理工大学出版社,2004. -- 221 页:图;26cm. -- 7 - 5628 - 1558 - 5(国家图书馆)

本书在对现代信息环境特征进行分析的基础上,主要介绍了计算机信息检索的必备知识、基本技能及信息利用的正确方法,尤其对国内外一些著名检索系统的使用,给出了检索实例,对学术论文的撰写与投稿以及相关的学术规范也进行了必要的阐述。本书是一部关于计算机检索技术的理论专著,内容涉及文献信息资源利用基础、文献信息数据库及计算机检索、常用中文数据库、常用国外全文数据库、事实型数据库等,适合计算机文献检索人员参考学习。(韩丽)

2072

医学信息检索 / 徐一新主编. -- 北京:高等教育出版社,2004. -- 229 页: 图;21cm;光盘 1 片. -- 7 - 04 - 013923 - 5(国家图书馆)

本书由复旦大学图书馆副馆长徐一新教授担任主编,全国近 10 所医学院校的教授担任编委,10 位编者中有 8 位曾主编过同类教材。全书共 33 万字,每章均配有操作图示,分为信息及网络信息检索基础知识、图书馆资源利用、与生物医学有关的文摘数据库和全文数据库使用介绍、网络检索工具的使用、医学网站介绍和网络专类医学信息的查询等章节。与以往同类教材相比本书有如下特点:(1)内容全面。本书不仅介绍了信息、信息资源,还包括网络信息资源和信息素养教育等内容。(2)以计算机检索为主。介绍国内外生物医学数据库的品种齐全,内容新颖,举例通俗。(3)书后附有光盘。光盘主要内容包括所有的操作图示、各章节的习题分析和解答、教学课件等,可供教师教学和学生复习参考。(韩丽)

2073

信息检索 / 许家梁主编. -- 北京:国防工业出版社,2004. --251 页:图;26cm. -- 7 - 118 - 03423 - 1(国家图书馆)

本书设置了信息意识基础篇、信息检索基础篇、专业文献检索篇三大部分。本书以各种类型信息的利用作为传授该种信息的检索知识、方法、技能的出发点和落脚点,不拘泥于图书馆学、情报学的知识体系和知识结构;在内容安排上把手检和机检串在一起,避免不必要的重复;突出“信息检索”本身就是“授人以渔”课程的特色,引导学生通过运用所学的信息检查原理和方法,接触、认识并掌握书中尚未收入的信息库和检索工具,勇于探索和掌握新知识。在培养学生信息获取能力方面,力求培养学生开拓信息视野的能力、获取尚未进入正规文献和尚未进入信息库的活信息的能力以及开辟信息来源渠道的能力;在培养学生加工处理所获取的信息能力方面,突破原来在图书馆学、情报学范畴内进行信息加工的局限,将信息的处理、加工延伸到治学、科研和社会实践中,将信息的处理利用与大学生的学习、成才、就业、深造“挂钩”。(韩丽)

2074

情报检索与计算机信息检索 / 杨桂荣,蔡福瑞,刘胜群编著. -- 武汉:华中科技大学出版社,2004. -- 225 页:图;26cm. --7 - 5609 - 3239 - 8(国家图书馆)

本书分情报检索基础、手工检索工具和参考工具及其使用方法、计算机信息检索等 3 篇共 12 章。情报检索基础篇全面系统地介绍了情报检索概念,情报信息源,情报检索语言,情报检索工具与参考工具,情报检索程序、途径与方法,情报源整序,情报调查研究等基础理论知识。手工检索工具和参考工具及其使用方法篇详细介绍了中外文综合性检索工具、专科性检索工具和单一(特种)文献检索工具等的使用方法,知识产权与专利情报检索方法,以及数据与事实型资料的查找工具和查找方法。计算机信息检索篇系统地介绍了电子计算机联机信息检索、网络信息检索和光盘及镜像网站数据库检索等的检索方法。本书重点放在解决实际问题和培养检索技能等方面。本书既可作为“文献检索”课教材,也可供从事教学和科技工作的其他读者作参考书。(韩丽)

2075

新编医学文献检索(第 2 版) / 杨克虎,张晓华, 王慧忠主编. -- 兰州:甘肃教育出版社,2004. -- 286 页:图;26cm. -- 7 - 5423 - 0974 - 7(超星数字图书馆)

本书是在第一版的基础上进行修订而成的。除保留了第一版编排独特,实用性强,图文并茂,对重点内容取原件或图示,真实、直观、形象,易教易学等特点外,增加了最新的文摘数据库、全文数据库、Internet 网上医学信息资源、循证医学信息资源、药学文献信息和数字图书馆的内容,基本反映了医学文献信息检索的最新内容和研究进展。全书分为基础知识、中文医学文献检索工具、外文医学文献检索工具、特种文献检索、医学文献光盘数据库检索、Internet 医学信息资源利用六篇。(韩丽)

2076

文史工具书应用基础 / 杨敏, 北辰编著. -- 上海:上海古籍出版社,2004. -- 296 页;21cm. -- 7 - 5325 - 3932 - 6(国家图书馆)

本书内容包括:工具书的查检法、查字词的途径、查典故出处和语句出处、查诗文和专题资料的途径、查书籍和刊物的途径、查年代和事件的途径、查地名和地理沿革的途径、查人名和人物事迹的途径、查古今事物和典章制度的途径。本书为了帮助具有中等以上文化程度的人了解和掌握文史工具书的一般应用知识与查考方法、也为大学毕业生撰写毕业论文查找传统资料提供方便而编撰。全书共列目介绍国内出版的常用或常见的各类中文工具书以及工具资料书近三百种,其中作简要介绍的有近二百种。在选收书目时,注意到了以下 3 个方面:(1)选使用范围较广、应用价值较高的,故也酌收了一部分工具资料书;(2)选版本较为流行、读者易得易查的;(3)选收面适当放宽一些,以兼顾到各个类型。(韩丽)

2077

美国《化学文摘》查阅法 / 姚荣余编著. -- 北京:化学工业出版社化学与应用化学出版中心,2004. -- 138 页:图;20cm. --7 - 5025 - 4905 - 6(国家图书馆)

美国《化学文摘》(Chemical Abstracts,缩写为 CA)是美国化学文摘社编辑出版的一种特大型文献检索工具书,出版历史已有 90 多年,摘引了世界上化学化工文献的 98%,被称为"打开世界化学文献的钥匙"。因此,对于从事化学研究工作的单位和个人来说都是必不可少的重要工具书。本书比较系统全面地介绍了美国《化学文摘》各方面的内容,而且对 CA 的印刷版和光盘版都作了详细介绍;深入浅出地介绍了它的查阅方法,重点介绍了主题索引和索引指南的使用方法,同时也介绍了著者索引、分子式索引等其他索引的使用,并以大量的实例加以示范。(韩丽)

2078

医学信息检索与利用 / 叶春峰, 韦经坤主编. -- 西安:西安交通大学出版社,2004. -- 290 页;23cm. -- 7 - 5605 - 1811 - 7(国家图书馆)

本书从当前我国医学文献信息检索与利用及其教学的实际需要出发,系统地论述了医学文献信息检索与利用的理论和方法,对当前我国医药卫生人员使用的中、英文方面生物医学信息数据库作了详细的介绍。同时,对药学文献信息检索、专利文献信息检索、会议文献信息检索、主要参考工具书等作了必要的介绍。本书以较大篇幅对现代化信息检索,包括医学信息的计算机光盘检索,特别是互联网上的信息检索作了详尽的介绍。此外,对医学论文写作、期刊论文投稿、世界权威医学数据库收录期刊的情况、医学领域的一流期刊、发表论文的伦理、科研与信息、文献查新等进行了深刻地阐述。本书既适用于医学本科生、硕士生文献信息检索与利用教学之用,也适于医疗、教学、科研人员继续教育之用,还可作为本专业工作人员自学参考用书。(韩丽)

2079

信息检索:理论与方法 / 叶鹰主编. -- 北京:高等教育出版社,2004. -- 391 页:图;23cm. -- 7 - 04 - 015036 - 0(国家图书馆)

本书是教育部"面向 21 世纪课程教材",是教育部高等学校图书馆学学科教学指导委员会推荐的图书,也是情报学专业核心课程教材。本书针对新世纪图书情报专业教学的需要编写,兼顾高校信息检索与利用课的要求。全书从理论到方法系统阐述了信息检索的基本知识和核心技术,内容覆盖科技信息检索和文科信息检索,贯通机检和手检,整合古代与现代,并以结合最新的理论探索与技术进展为特色。本书可作为高等学校的教学用书,也可作为各类图书馆和信息机构的岗位培训教材和业务参考书。(韩丽)

2080

现代信息检索与利用 / 袁豪杰, 颜先卓主编. -- 北京:北京邮电大学出版社,2004. -- 228 页:图;23cm. --7 - 5635 - 0935 - 6(国家图书馆)

本书主要结合高职高专师生的应用性、实践性和技能性的特点,搜集了目前最新的信息检索方法,详细阐述了检索的基本方法、主要途径和操作步骤。本书突出实例和技巧,侧重于实际应用方面,是高职高专学生掌握现代信息检索技术的教材和课外参考书,是一般专业技术人员的使用参考书。

全书共 9 章,分 5 个部分。第一部分重点介绍了信息检索的基本知识和基本原理;第二部分介绍手工信息检索的有关知识;第三部分是计算机信息检索、数据库和网络信息检索部分,重点介绍了目前使用广泛的最新的数据库信息检索方法和技巧,以及网络检索的基本方法等内容,以适应现代信息检索技术的发展和当前普遍检索应用的需要;第四部分介绍了目前网络环境下的图书馆如何开展信息服务及今后数字图书馆的发展趋势;第五部分介绍了如何搜集信息以及进行科技论文写作的基本知识。(韩丽)

2081

生物学网络信息资源检索与利用 / 岳泉主编. -- 南京:东南大学出版社,2004. -- 295 页;24cm. -- 网络信息资源检索与利用系列丛书. -- 7 - 81089 - 525 - 7(国家图书馆)

本书根据最新的网络信息资源情况,立足生物学科,在重点介绍生物学领域网络信息资源的基础上,大量介绍了生物学相关学科领域的网络信息资源,综合性的网络信息资源,特种文献类型的网络信息资源,网络搜索引擎和电子图书、电子报刊;对于一些国际国内著名的数据库、搜索引擎、电子期刊等的特点、使用方法进行了详尽的介绍,对一些关键检索步骤做了示例。(韩丽)

2082

中学网络学习资源检索与利用 / 张宏,肖立荣主编. -- 南京:东南大学出版社,2004. -- 142 页;24cm. --网络信息资源检索与利用系列丛书. -- 7 - 81089 - 468 - 4(国家图书馆)

本书分为网络、学习资源、创新三篇。第一篇介绍了因特网的历史、发展、接入和常用功能,论述了搜索引擎的原理和种类,归纳总结出使用搜索引擎查找信息的方法和技巧,全面探讨了提高浏览效率的常用方法以及文字、图片等各种媒体信息的下载与保存。第二篇首先按照学习活动将互联网中各种教育资源网站作了分类,并介绍了相关网站的栏目、栏目特色、重要特征和具体的用法。第三篇将网络作为重要的工具,引导学生改善学习方式,开展探究实践活动,并按照学科分类,列举、推荐了常用的网络资源。(韩丽)

2083

大学信息检索 / 张基温等编著. -- 北京:中国水利水电出版社,2004. -- 330 页:图;26cm. -- 大学信息素养教育示范教材. -- 7 - 5084 - 2386 - 0(国家图书馆)

基于资源的学习是信息时代的一种重要的学习途径。本书就是为此目的而编写的一本教材和参考书,全书共分 8 章。第一章介绍有关信息素养和信息时代的学习方法的有关知识;第二章介绍有关文献信息资源及其检索的基本知识;第三章介绍如何用手工方式利用传统的图书馆信息资源;第四章介绍基于数据库的信息资源的利用方法;第五章介绍 Internet 上的信息资源的利用方法;第六章介绍特种文献(标准、专利、科技报告、会议文献、学位论文和引文索引)的利用方法;第七章介绍有关科技查新的意义和方法;第八章介绍如何建立个人信息资源库。书后还有两个实用性较强的附录:A. 各学科及主要特种文献常用检索工具、数据库、网址一览表;B. 科技论文写作及投稿。本书可作为大学各专业本科和研究生的信息检索课程的教材,以及信息管理与信息系统专业的核心课程教材;也适合大学教师、其他科学工作者和工程技术人员参考使用。(韩丽)

2084

信息存储与检索 / 张景元著. -- 北京:高等教育出版社,2004. -- 268 页:图;26cm. -- 高等学校教材. -- 7 - 04 - 014623 - 1(国家图书馆)

利用计算机进行科技信息(或文献)检索是工程技术人员和科技工作者所必需具备的基本技能之一。本书主要介绍了计算机技术和网络技术在信息存储与检索中的应用、最新成果和发展趋势;介绍了工程索引、科学引文索引等国外主要信息检索工具的基本知识等。本书的内容紧跟信息检索技术的发展,特别是基于 Web 平台的信息检索方法和技术。本书主要通过三大主线,对计算机信息检索进行阐述和介绍:其一,利用计算机进行信息检索的方法与技术;其二,计算机科学技术方面信息的检索方法与技术;其三,计算机信息检索系统开发的相关技术。(韩丽)

2085

医学文献检索(第 2 版) / 赵文龙主编. -- 北京:科学出版社,2004. -- 392 页:图;26cm;光盘 1 片. -- 中国科学院教材建设专家委员会规划教材;全国高等医药院校教材. -- 7 - 03 - 013912 - 7(国家图书馆)

本书是作者根据第一版使用中的反馈意见并结合有关文献检索的最新进展和教学实践经验而编写的。全书分为四大板块:第 1—2 章为检索基础;第 3—11 章为检索工具介绍;第 12 章为文献利用与资源共享;第 13—14 章介绍了医学论文写作常识和经典的医学文献。修订中对计算机检索的内容作了较大的变动,特别是因特网上的数据库(如搜索引擎、PubMed)的检索,增加 WebSPIRS、OVID、EBSCO、SCI、CSCD 以及 VIP 引文数据库等内容。为便于学习,作者设计了活泼生动的版式,使读者感到焕然一新;对检索中需要特别注意的问题,设计了"Notice"格式;为便于读者更好地掌握课程内容,在适当位置设计了一定数量的思考题;为配合本书的教与学,制作了全部内容的电子教案,以光盘形式附于书中。这些都是本书有别于其他图书的优点。(韩丽)

2086

信息检索原理与方法教程 / 赵岩碧主编. -- 北京:化学工业出版社,2004. -- 251 页:图;26cm. -- 7 - 5025 - 6431 - 4(国家图书馆)

本书以计算机信息检索基本原理知识为主线,全面系统地介绍了当前电子信息资源检索的基本方法。全书内容涉及信息资源的概念、信息检索原理、中文文摘型数据库检索、外文文摘型数据库检索、中文全文型数据库检索、外文全文型数据库检索、各种特种文献数据库检索和因特网上信息资源检索等。在基本原理的指导下,主要介绍信息载体的不同形式及其特点,特别是各种载体信息资源的新内容、新结构和新方法。根据目前各种类型检索工具的实际使用情况,对个别数据库介绍了对应的印刷型手工检索工具,少量数据库介绍了其光盘版,大多数数据库则只介绍它们的网络版。(韩丽)

2087

信息检索与情报分析 / 周和玉, 郭玉强主编. -- 武汉:武汉理工大学出版社,2004. -- 230 页;图;26cm. --7 - 5629 - 2115 - 6(国家图书馆)

本书在全面介绍了信息检索的一般概念、基本原理及手工检索工具的基础上,重点介绍了网络信息资源并以具体实例讲解了网络资源检索的过程和方法。本书还阐述了情报分析的方法及调研报告的撰写。全书共分 4 篇 17 章。第一篇信息检索基础,包括信息检索概述、文献信息源及其特点、信息组织方法、信息检索工具与步骤、专利基础知识和专利文献;第二篇手工检索工具,介绍了中文检索工具、美国《工程索引》及其使用、英国《科学文摘》及其使用、美国《化学文摘》及其使用;第三篇计算机检索及网络数据库,介绍了计算机信息检索基础、网络信息检索技术、国内网络数据库、国外网络数据库等;第四篇情报分析与调研,介绍了信息分析的基本方法和情报调研及调研报告的撰写。全书内容新颖,自成体系,将传统的教学内容与现代信息检索技术进行有机的结合,具有很强的实用性和通用性。(韩丽)

2088

信息资源检索与应用 / 朱丽君主编. -- 北京:化学工业出版社,2004. -- 211 页:图;26cm. -- 7-5025-5891-8(国家图书馆)

本书以信息资源检索工具及其数据库为主线,结合计算机网络技术对文献检索的影响,介绍了信息资源检索基础知识、计算机检索概况、网络信息资源的检索与应用、常用中文数据库、常用英文检索系统、信息资源的综合应用、参考工具书及其应用等内容。在介绍文献检索方法的同时,注意对读者信息意识的培养及检索思路的引导;并结合网络信息的特点,介绍了如何利用网络信息资源,建立具有个性化的信息库。本书可作为高等院校的本科生、研究生文献检索课教材,也可指导科研、生产、管理等专业的技术人员、图书情报工作者了解掌握信息检索,尤其是计算机检索方面的知识。(韩丽)

2089

文献信息检索 / 朱宁编著. -- 武汉:华中科技大学出版社,2004. -- 314 页:图;21cm. -- 7-900655-91-3(武汉大学图书馆)

本书以文献信息为对象,涵盖了社会科学和自然科学众多学科领域,根据纸质文献和数字文献检索的不同特点,采取传统手工检索和现代计算机网络检索并重的原则,系统地介绍了文献的类型和检索工具的类型,以及文献信息的检索途径和方法。书中实例丰富,内容详尽,既注重检索方法和技巧的介绍,又不忽略检索基础理论知识的阐述。常用检索工具书和知识数据库表述具体,具有较强的实用性和参考价值。(韩丽)

2090

化学信息学教程 /(德)约翰·加斯泰格尔,托马斯·恩格尔编著;梁逸曾,徐峻,姚建华等译. -- 北京:化学工业出版社,2005. -- 541 页;图;25cm. -- 7-5025-6139-0(北京师范大学图书馆)

本书系统地介绍了化学信息学的各个研究方向,深入浅出地评述了化学信息学各领域的现状和今后的发展动向。全书共分为 11 章,重点阐述了化学分子结构及反应的表征,数据类型与数据库,检索方法,数据分析方法,以及化学信息学在结构解析、反应模拟、合成与药物设计方面的应用。同时还介绍了常用计算机软件与因特网资源。本书的目标是为学生、教师和其他在化学、生物、信息和医学领域工作的科学家提供一个化学信息学的全貌,既适合作为化学系高年级本科生和研究生的教材,同时也可为从事化学和药学的科研人员提供参考。(韩丽)

2091

Internet 第一搜索引擎:Google 检索指南 /(美)弗莱茨·施耐德,南希·布莱克曼,埃里克·费雷德里克森著;杨廷郊等译. -- 沈阳:辽宁科学技术出版社,2005. -- 306 页:图;24cm. -- Internet 信息检索与应用系列. -- 7-5381-4219-3(北京大学图书馆)

本书内容涉及的范围包括 Google 所提供的全部服务——从检索网页的普通工作,直到可以查找专门信息,如图像、联机新闻等不为人熟知的服务。它深入浅出地讲解了 Google 的每种功能,同时还包括了中级用户所感兴趣的重要讨论。对于高级读者——专业网络开发者和 Google 迷,还介绍了一些资料。全书共分为上下两篇共 14 章,上篇主要介绍了 Google 的 Web Search 功能,下篇则介绍了 Google 的其他功能。(韩丽)

2092

Internet 免费资源检索与利用指南 /(美)尼古拉斯. G. 托麦悠罗著;何绍华,方清华,师艳等译. -- 沈阳:辽宁科学技术出版社,2005. -- 251 页:图;24cm. --Internet 信息检索与应用系列. -- 7-5381-4408-0(北京大学图书馆)

本书是一本有关因特网基本知识的书籍,全书共分 9 章,主要介绍了网上免费期刊论文全文与索引、网上新闻、网上参考工具书、网上专家咨询与数字参考服务、网上电子图书、网上图片、网上数字化展览和网络图书馆所需的关键软件等。每章均配有实例和可选方案,并介绍了构建个人免费虚拟资源收藏的策略和服务,在实际图书馆中通常都能找到相对应的资源和服务。(韩丽)

2093

现代信息检索 /(智利)Ricardo Baeza - Yates,(巴西)Berthier Ribeiro - Neto 等著;王知津,贾福新,郑红军等译. --北京:机械工业出版社,2005. -- 388 页;图;27cm. -- 计算机科学丛书;据 ACM Press 1999 年英文版译出. -- 7-111-15878-4(北京师范大学图书馆)

本书分为两大部分。第一部分以数学理论为基础,深入浅出地分析了信息检索的模型、评价、查询语言与操作、文本语言与操作、多媒体语言及其特征、标引与检索、并行与分布式检索等。后一部分是计算机科学应用于信息检索领域的最新成果,主要涉及用户界面与可视化、多媒体信息检索的模型与语言及其标引与检索、Web 检索、图书馆与书目系统、数字图书馆等,这部分是前一部分的合乎逻辑的延伸和扩展。从事信息检索研究的人们可以此为开端,了解新形势下的信息检索。此外,每一章都有"发展趋势与研究课题"和"书目讨论"两节,给读者提供了广阔、深入的进一步学习和研究的空间。本书的两位主要作者是现代信息检索领域的代表人物。书中还提供了由多个国家、多所大学计算机教授和研究者编写的关于相关领域的新研究成果及发展现状的内容,充分展现了现代信息检索领域的新趋势和各重要部分。(韩丽)

2094

环境科学信息资源检索 / 卜欣欣编著. -- 北京:中国环境科学出版社,2005. -- 186 页:图;23cm. -- 高等院校环境类系列教材. -- 7-80209-238-8(北京师范大学图书馆)

本书详细介绍了环境科学信息检索的知识和技巧,覆盖了环境科学所有信息资源类型,尤其是收入了本学科在 Internet 上的大量免费资源。主要内容包括环境科学文献信息资源检索的基础知识——检索方法技巧,中外环境科学检索的主要工具,中外主要参考数据库和全文数据库的检索和利用,环境科学特种文献检索,环境科学专利,学位论文,会议论文检索与利用,环境电子图书及电子报纸的检索,以及网上常用环境科学免费资源等。本书可作为环境科学信息检索课程的教材,适用于广大研究生、本科生和教师,对从事环境保护工作的科研和管理人员同样具有指导意义。(韩丽)

2095

文献信息检索与利用 / 陈冬花主编. -- 上海:上海交通大学出版社,2005. -- 276 页;26cm. -- 7-313-04164-0(国家图书馆)

本书是按照教育部颁发的《文献检索课程教学基本要求》,根据编者多年的教学实践编写的。本书内容分三大部分共 12 章:第一部分为文献信息检索的基础理论和基础知识;第二部分为国内外参考工具书及检索工具书的概述;第三部分为计算机检索、网络检索和数据库的使用,以及论文的写作等。(韩丽)

2096

工具书之用法 / 陈新雄著. -- 台北:台湾学生书局有限公司,2005. -- 256 页;21cm. -- 957-15-1276-1(国家图书馆)

本书主要讲述了各类工具书,包括"检查字义的工具书"、"检查文章辞藻的工具书"、"检查事物掌故事实的工具书"、"检查十三经经文之书名篇名的工具书"、"检查古今人名的工具书"等 16 篇文章。书前有作者的序。(赵红)

2097

科技信息检索(第 2 版) / 陈英主编. -- 北京:科学出版社,2005. -- 212 页:图; 24cm. -- 7-03-014610-7(北京师范大学图书馆)

本书立足于系统介绍科技信息检索的方法与技能,从信息检索方法与技术、信息资源检索及信息资源的分析与利用三方面进行了全面的阐述。本书是在第一版的基础上修订而成,在内容上作了较大的突破和扩展。全书在压缩、精炼传统手工检索的基础上,着重扩展、充实了现代信息检索部分,重点深入介绍了信息检索技术、联机数据库信息、光盘数据库信息和网络数据库信息的检索方法与技巧,充分反映了信息检索的最新进展。不仅为初学者提供了一个学习现代信息检索方法与技能的空间,同时也为人们学习利用现代信息检索技术,全方位获取有关信息提供了相关的知识和必备的技能。本书结构合理,内容全面、系统,取材新颖,注重实用,是一本通用性、实用性很强的学习信息检索方法和技能的著作。(韩丽)

2098

化学化工期刊图书的检索与利用 / 董慧茹,唐伽拉,淮晓永编著. -- 北京:化学工业出版社,2005. -- 293 页:图;24cm. -- 实用化学化工信息检索丛书. -- 7-5025-6150-1(国家图书馆)

本书是《实用化学化工信息检索丛书》之一,是一本介绍化学化工期刊、图书检索与利用的基础型图书。全书共分两篇 8 章。第一篇为化学化工类期刊及检索利用,内容包括:化学化工类期刊的特点及评价;化学化工期刊的类型;重要化学化工期刊简介及电子期刊;化学化工类期刊的手工检索、光盘检索、网络检索及全文数据库。第二篇为化学化工类图书及检索利用,内容包括:化学化工类图书的特点、作用及类型;图书馆简介(包括图书馆系统、图书分类系统、数字图书馆);重要化学化工类科技图书简介;化学化工类图书的检索工具;化学化工类图书的检索途径(包括手工检索和联机书目检索)。(韩丽)

2099

化学化工信息检索基础知识和检索工具 / 董慧茹等编著. --北京:化学工业出版社,2005. -- 281 页:图;24cm. -- 实用化学化工信息检索丛书. -- 7-5025-6652-X(国家图书馆)

本书从化学信息源的学科特殊性出发,扼要地介绍了化学化工信息的检索语言、检索工具、检索途径、检索步骤和检索策略,以使读者能较快地掌握检索原理和方法。全书共分 7 章,内容包括化学化工信息检索概论、科学与工程综合性检索工具、化学化工综合性检索工具、各类专业性化学化工文摘、化学化工信息的联机检索工具、网络环境下化学化工信息的光盘检索工具、化学化工信息的 Internet 检索工具。(韩丽)

2100

信息检索与利用 / 冯凯,王筱明主编. -- 上海:华东理工大学出版社,2005. -- 240 页:图;26cm. -- 7-5628-1711-1(北京师范大学图书馆)

信息检索是指将信息按一定的方式组织和存储起来,并根据信息用户的需要找出有关信息的过程。本书共分为 6 章,首先介绍了信息检索的基本知识及信息检索原理、类型、方法和途径,然后详细介绍了中文检索工具及其使用方法,介绍了美国《化学文摘》《地质学题录与索引》《工程索引》《科学引文索引》等国外检索工具及其检索方法,还介绍了时间与事实检索、古籍资料的检索等。(韩丽)

2101

经济信息检索 / 高峰主编. -- 北京:经济科学出版社,2005. -- 306 页:图; 21cm. -- 7-5058-3899-7(北京师范大学图书馆)

随着计算机网络技术的迅速发展以及文献信息的数字化、模拟化,因特网信息检索、光盘信息检索、联机信息检索已成为人们迅速获取信息资源的必不可少的途径与手段。原有的手工检索方式与信息时代的需求远不相适应,为了适应时代的发展,编者根据多年从事经济文献检索教学的实践和信息技术的发展现状,编写了《经济信息检索》一书。其目的是通过本书的学习,使学生树立强烈的情报意识,掌握经济信息检索的技能和方法,培养自己生存能力和独立研究问题的能力。本书内容包括:经济信息,经济信息的搜集与组织,经济信息检索的基本原理和基本方法,印刷型经济文献检索和电子经济信息检索等内容。本书系统介绍了纸型文献条件下和数字文献条件下的经济信息检索的基础和知识。本书在注重其内容的全面性和系统性的同时,力争突出新颖性和实用性。(韩丽)

2102

科技信息检索 / 高祀亮等编著. -- 北京:国防工业出版社,2005. -- 201 页:图;23cm. -- 7-118-04035-5(北京师范大学图书馆)

本书以最新检索理论、检索技术为主线,整合手工检索、计算机检索及网络信息检索的基本方法,并融合了最新的检索技术和方法。分别介绍了中、外文著名的检索工具及数据库,对同一检索工具及其数据库同时介绍用传统检索手法和现代检索手段进行检索的方法,在检索原理、检索技术、检索工具、检索方式等方面形成了较合理的逻辑关系和层次,具有原理新颖、技术先进、工具系统、方式全面等特点。适合作为高等院校理工科科技信息检索课程教材,也可作为科技工作者信息检索的参考。(韩丽)

2103

工具书使用和文献检索 / 高小方, 顾涛编著. -- 南京:南京大学出版社,2005. -- 318 页:图, 摹真; 23cm. -- 7-305-04296-X(北京师范大学图书馆)

本课程的教学目的,是加强"通识"教育,增强学生的民族自信心和创新意识,增长学生的基础知识,提高学生的基本技能,使他们学会开发利用各类图书文献资料,大大增强自学能力,也为今后独立地考镜学术源流和高效率地进行科学研究打下坚实的基础。本课程的全名是"工具书使用和文献检索",其主要内容有三:(1)文、史、哲、经、法各类工具书(字典、词典,类书,政书,百科全书,年鉴,手册,索引,文摘,目录,表谱等)的性质、源流和使用;(2)文化常识专题(天文、历法,地理、宫室,职官,科举,乐律、姓氏,古文体裁、诗词格律,阴阳五行,经学历史、对联撰写等);(3)资料的搜集和整理。本课程精讲与多练相结合(课内精讲,课外多练),动脑与动手相结合,读、查、写、议相结合,训练基本技能与学习做人相结合。课内与课外并重,传统方法与现代化手段并用,形式多样,讲求实效,全面提高教学质量。(韩丽)

2104

实用药学信息检索技术 / 顾东蕾主编. -- 北京:化学工业出版社,现代生物技术与医药科技出版中心,2005. -- 342 页:图;21cm. -- 7-5025-4799-1(国家图书馆)

本书从实用角度出发,介绍了各种药学光盘数据库、联机数据库、网络数据库的检索技术,并针对不同领域研究人员,将药学信息分为新药开发、药物分析、临床应用等几大模块来介绍各自常用的数据库及其检索技巧、检索途径。全书分为 5 章,具体内容包括:药学信息检索概述、药学信息光盘数据库检索、药学信息联机数据库检索、因特网药学信息检索技术和因特网药学信息检索技巧。本书注重实际需求,图例丰富,内容翔实,可供药学研究人员和高等院校药学专业学生使用。(韩丽)

2105

信息资源组织与检索 / 郝风素等编著. -- 北京:机械工业出版社,2005. -- 193 页:图;26cm. -- 7-111-16050-9(国家图书馆)

本书介绍了信息检索的知识与各种方法,在实践的基础上强调通俗易懂的信息利用理论,加强了网络信息检索及网络数据库的使用等反映信息检索系统最新进展的内容。在编排体系上,本书针对典型的信息检索系统,将传统的印刷型工具和网络数据库结合在一起进行介绍,给读者以直观、完整、鲜明的印象,对不同信息环境下的读者都有所裨益。每章均配有思考题,以指导读者深入地进行学习。(韩丽)

2106

文献检索教程 / 何华连,方宝花编著. -- 上海:上海辞书出版社,2005. -- 208 页;26cm. -- 7-5326-1840-4(国家图书馆)

本书包括文献检索基本原理、文献源概述、相关知识、文献的具体查考、资料的积累等五方面的内容。文献源概述部分,印刷型出版物与电子出版物并重;文献的具体查考部分,传统检索手段与参考工具书共存;文献的搜集利用部分,文献的获取、整序、分析与利用结合;材料安排上,教材的主体内容与重要工具书图录、文献检索实习题统一。从全书看,文献检索基本知识、参考工具书、中文检索工具、外文检索工具、计算机检索基础、光盘检索、Internet 信息检索等方面的内容兼收并蓄。本书虽然只单列一章专门介绍计算机检索知识,但由于在涉及文献具体查考的各章节中都穿插了计算机检索的内容,故计算机检索方面的内容已非点缀而为图书馆转型期文献检索中手检方法与机检方法相辅相成的写实。(韩丽)

2107

医药卫生科技查新教程 / 霍仲厚, 刘胡波主编. -- 北京:军事医学出版社,2005. -- 356 页:图;26cm. -- 7-80121-614-8(国家图书馆)

本书内容分为三部分,其中介绍了医药卫生科技查新项目的概况,阐述了医药卫生常用数据库及专利文献的检索技巧,论述了生物科学、预防医学与卫生学、基础医学等学科的查新特征、检索工具的选择、检索策略的制定等问题。本书的特点在于:一是把生物医学、情报学、图书馆学这三门学科专业融为一体,形成一套医药卫生科技查新业务的理论体系,是目前我国比较难得的指导性工具书;二是按照医药卫生学科分类,重点介绍了生物科学、预防医学与卫生学、基础医学、临床医学、特种医学、中医药学、药学、生物医学工程学科的查新特征。检索策略以及具有专业特色的数据库与检索方法,使该书内容丰富、条理清晰、专业性强;三是列举了相关学科的查新案例,并采用情报学的对比分析方法逐项分析和论述,易为读者领会接受,具有较强的实用性。(韩丽)

2108

信息素养与信息检索概论 / 柯平主编. -- 天津:南开大学出版社,2005. -- 258 页:图;26cm. -- 7-310-02293-9(国家图书馆)

全书共分 4 部分,共 15 章。第一部分为"概论",即第一章绪论,主要概述关于信息、知识、文献等基本知识,以及信息素养与信息检索的基本概念与意义,它既是学习信息素养与信息检索的基础,又是全书主旨的体现。第二部分为"信息素养",全面介绍信息素养以及与信息素养相关的知识。

第三部分为“信息检索”,介绍信息检索的实用知识,包括检索的基本原理、检索的主要工具、检索的主要方法和技巧,突出计算机检索。第六、七章介绍计算机文献信息检索的基本原理,第八、九、十章围绕当代网络检索、联机检索和光盘检索三大检索进行专门介绍,第十一、十二、十三章介绍常用的学术数据库及其检索方法。考虑到传统检索工具仍然发挥作用,第十四章介绍了各类型工具书的特点以及中、外文工具书与学科信息检索。最后一部分介绍了大学生的科学研究基础。(韩丽)

2109

化学化工特种文献及其检索 / 柯以侃,周心如编著. -- 北京:化学工业出版社,2005. -- 229 页:图; 24cm. -- 实用化学化工信息检索丛书. -- 7 - 5025 - 7157 - 4(北京师范大学图书馆)

本书是《实用化学化工信息检索丛书》之一。本书共分为5章,主要介绍了化学化工科技报告、学位论文、学术会议和标准文献四类文献资源的特点、分类,以及印刷型及网络检索工具和检索方法,并以检索实例加以说明。本书后两章还介绍了化工技术经济及商业信息的网络检索和化学化工教育资源的网络检索,可方便读者获取各类化学化工信息。(韩丽)

2110

本体理论在文献检索系统中的应用研究 / 李景著. --北京:北京图书馆出版社,2005. -- 321 页;21cm. -- 信息管理科学博士文库. -- 7 - 5013 - 2737 - 8(国家图书馆)

本书是信息管理科学博士文库中的一册。全书共分为7部分,首先是引言以及关于本体研究的概述、本体相关理论探讨,然后介绍了本体的主要技术方法,以花卉学文献试验性本体检索系统的构建为例介绍了基于领域本体的文献检索,最后是总结与讨论。书后附录有本书所用英文缩略术语表、AIFB 研究所的知识本体相关研究项目一览表、主要本体表示语言一览表和本体编辑工具一览表。(韩丽)

2111

信息资源检索 / 李谋信编著. -- 北京:机械工业出版社,2005. -- 287 页:图;24cm;光盘 1 片. -- 7 - 111 - 15067 - 8(国家图书馆)

本书共分9章,系统介绍了信息检索基本理论和概念分析方法,重点介绍了多样化的互联网检索工具和各种类型网络资源,如网上搜索引擎、科研论文检索资源、专利文献检索资源、技术标准和法律法规资源、商情信息检索资源、数字图书馆资源等,兼及传统检索工具书的使用,文献类型和学科范围涉及面广。本书所附教学软件集成了教学演示、模拟检索、分类表查询等子系统,功能灵活强大,可供教学和实习之用。(韩丽)

2112

搜索引擎:原理、技术与系统 / 李晓明,闫宏飞,王继民著. -- 北京:科学出版社,2005. -- 248 页:图;24cm. -- 7 - 03 - 014633 - 6(国家图书馆)

本书比较系统地介绍了互联网搜索引擎的工作原理、实现技术及其系统构建方案。全书分 3 篇共 13 章内容,从 Web 搜索引擎基本工作原理和技术的概述开始到一个小型简单搜索引擎实现的具体细节,进而详细讨论了大规模分布式搜索引擎系统的设计要点及其关键技术。最后介绍了面向主题和个性化的 Web 信息服务,阐述了中文网页自动分类等技术及其应用。本书由浅入深,层次分明。既有深入的理论分析,也有大量的实验数据,具有学习和实用双重意义。(韩丽)

2113

科技网络信息资源检索与利用 / 刘阿多主编. -- 南京:东南大学出版社,2005. -- 386 页;24cm. -- 网络信息资源检索与利用系列丛书. -- 7 - 5641 - 0071 - 0(国家图书馆)

本书通过对网络信息资源检索基础知识的介绍,引导读者对网络信息进行检索、分析与利用。全书对科技领域 30 余个学科的网络资源进行了整合,收录了 1500 余个网站的资料,并对部分重要网站进行了介绍。本书除每章附有一定数量的实例外,还专列数字信息资源检索综合示例一章,以引导读者正确使用网络资源。(韩丽)

2114

中医药网络信息资源检索与利用 / 刘学华,李文林主编. --南京:东南大学出版社,2005. -- 268 页;24cm. -- 网络信息资源检索与利用系列丛书. -- 7 - 5641 - 0072 - 9(国家图书馆)

本书根据最新的网络信息资源,立足中医药学科,从网络时代加强个人信息素养的重要性谈起,介绍了中医药领域国内外相关网络信息资源的获取方法与途径。内容包括常用搜索引擎、综合性网站、中医药专业网站、与中医药有关的网络数据库、电子期刊、网络特种文献等信息资源。在阐述各种信息资源的检索方法、获取途径及介绍相关的医药学网站时,立足特色,突出实践,详略得当,穿插列举了一些检索例与注意事项,较好地体现了针对性与实用性。(韩丽)

2115

化工文献搜寻与整理 / 吕维明,童国伦编著. -- 台北:五南图书出版股份有限公司,2005. -- 331 页;26cm; 光盘 1 片. --957 - 11 - 3881 - 9(国家图书馆)

本书主要介绍了化工文献的搜寻与整理,内容包括文献之种类、特性和搜寻,简介化工相关期刊杂志与工具书,图书馆的利用,化工相关之摘要与索引期刊,化学摘要,化工相关资料库,专利与其检索,资料之线上检索,搜集资料之筛选、分析与管理,网际网路(Internet)之应用等。书前有作者吕维明的序,书后有汉字或日文期刊、化工期刊及其缩写法、全球资讯网上的化工资源等附录。(赵红)

2116

化学化工网络信息资源检索与利用 / 钱树云,杨海平主编. -- 南京:东南大学出版社,2005. -- 243 页;24cm. -- 网络信息资源检索与利用系列丛书. -- 7 - 5641 - 0073 - 7(国家图书馆)

随着计算机和网络技术的飞速发展,大量的化学化工信息,包括可以控制的三维分子结构图形、软件资源、网络期刊杂志、电子会议论坛等在 Internet 上涌现出来,给化学化工领域的信息检索开辟了新的天地。本书正是为了适应这一新的发展格局,本着学术性、专业性、易用性的原则,结合作者多年来的信息检索教学实践,全面细致地对化学化工领域的相关网络信息资源进行了搜集、筛选、分析、研究。全书共八章,可分为三大部分:第一部分主要研究了网络信息资源的概念、特点、种类、组织、检索技术,以及化学网络信息资源的概述、搜索引擎与化学网络信息资源导航相关问题;第二部分主要讨论了综合性和专门性化学网络信息资源的检索;第三部分主要针对化学网络信息资源的特点,研究了如何对其加以分析与利用等。(韩丽)

2117

化学信息学 / 邵学广, 蔡文生编著. -- 北京:科学出版社, 2005. -- 344 页:图; 24cm. -- 科学版研究生教学丛书. -- 7 - 03 - 014628 - X(北京师范大学图书馆)

本书为《科学版研究生教学丛书》之一。本书介绍了计算机与计算机网络的一些基础知识以及如何利用 Internet 上的化学资源,并对化学信息学在化学、生物化学领域中的应用进行了详细论述。主要内容有计算机与 Internet 基础、联机文献检索、网络图书与网络杂志、数据库资源、化学信息资源查询、化学信息的计算机管理与应用、化学信息的计算机模拟、多元校正与因子分析、人工神经网络、遗传算法和模拟退火算法、小波分析、免疫算法等。(韩丽)

2118

科技文献信息检索与利用(第 2 版) / 时雪峰,陈萍秀,刘艳磊编著. -- 北京:北京交通大学出版社,清华大学出版社, 2005. -- 165 页; 23cm. -- 21 世纪高职高专规划教材公共基础系列; 四川省新世纪教育教学改革项目规划教材. -- 7 - 81082 - 270 - 5(国家图书馆)

为了加强对高职高专院校学生技术信息获取意识和能力的培养,本书以中文信息、电子网络信息为主,介绍了检索原理、检索方法、检索工具、技术信息获取渠道和技术信息的利用。检索方法介绍极详尽,并附以大量的最新实例及图解。在标准文献、专利文献、档案文献等章节介绍上,突出了它们作为实用技术信息源的作用,是本书的一大特点。(韩丽)

2119

经济文献信息检索与利用 / 谭乃立,杨燕玲主编. --北京:中国铁道出版社,2005. -- 274 页;24cm. --7 - 113 - 06695 - X(国家图书馆)

本书以编者 1999 年主编的《经济文献检索与利用》为参考,大量吸收电子计算机及其网络技术、数字化信息资源及其传递技术等方面的内容,合理兼顾传统化与现代化、文献检索理论与实践、纸质文献与电子文献、手工检索与计算机检索、馆藏资源与网络资源、经济学文献检索与其他学科文献检索、中文检索工具与外文检索工具的关系,而编成了本教材。全书共分为 12 章,包括经济文献信息与经济文献信息检索导论,如何利用图书馆,工具书的利用,数字信息资源及其检索概述,国际互联网资源的检索与利用,参考型数据库的利用,全文数据库的利用,事实和数值型数据库,电子期刊、图书和报纸的利用,综合利用文献信息资源进行专题检索,课题研究、学术论文、科技查新的资料查询与写作。(韩丽)

2120

科技信息检索与网络应用 / 田红梅编著. -- 北京:气象出版社,2005. -- 262 页:图;23cm. -- 7 - 5029 - 3929 - 6(国家图书馆)

本书讲述网络环境下信息检索的必备知识,主要介绍科技信息检索的方法、技术和途径,以及常用检索工具和网络资源系统,尤其对网络环境下大气科学、海洋学、电子工程与信息资源的检索与利用作了重点介绍。全书共分 8 章,内容包括信息检索概述,计算机联机和光盘检索,因特网信息检索,国内科技文献信息检索,国外大气科学、海洋学信息检索,国外数理、电子工程类信息检索,特种文献及其检索,数据、事实检索。(韩丽)

2121

气象水文网络信息资源检索与利用 / 田红梅编著. --南京:东南大学出版社,2005. -- 283 页;24cm. --网络信息资源检索与利用系列丛书. -- 7 - 5641 - 0151 - 2(国家图书馆)

本书针对气象水文专业人员的需要,论述了因特网上气象水文信息资源及其组织与检索的基本方法,详细介绍了各种气象水文网络信息资源的存在形式、获取途径、检索方法等,并对现在的网络信息资源进行了分析和评价。全书共分 9 章,内容包括网络信息资源概述、网络信息资源的组织与检索、气象水文相关网络数据库及其检索、气象水文网络电子期刊及其检索、气象水文网络电子图书及期检索、气象水文网络特种文献资源及其检索、气象水文网站资源及其检索、数字图书馆气象水文信息资源检索以及网络信息资源的分析、评价与利用。(韩丽)

2122

化学化工专利文献及其检索 / 王崇臣等编著. -- 北京:化学工业出版社,2005. -- 195 页:图; 26cm. -- 实用化学化工信息检索丛书. -- 7 - 5025 - 6814 - X(北京师范大学图书馆)

本书是《实用化学化工信息检索丛书》的一个分册,着重介绍化学化工专利文献的检索方法。全书分为 6 章。第一章介绍了专利、专利文献和专利申请的基础知识。第二章介绍了化学类国际专利分类号的确定方法。第三章至第五章介绍了中国、美国、英国、日本、俄罗斯、欧洲专利及国际专利组织的专利文献查找方法,特别着重介绍了英国德温特世界专利检索体系、检索工具和检索方法。第六章介绍因特网上的免费专利信息资源的检索途径和检索方法。全书还列举了许多实例,说明如何查找专利文献。(韩丽)

2123

医学信息资源检索与利用 / 王庭槐主编. -- 北京:高等教育出版社,2005. -- 324 页:图;26cm. -- 7 - 04 - 016181 - 8(国家图书馆)

本书以数字资源检索为主,其特点包括:一是系统性、新颖性和实用性。全书内容丰富,安排紧凑,力求反映网络环境下医学信息资源检索与利用的新特点、新变化。除各种常用的文摘型生物医学数据库及多种国内新引进的全文库外,还介绍了特种信息资源的检索,包括国内教科书很少提及的Micromedex全文事实型数据库。"生物信息检索"介绍目前可供分子生物学工作者使用的生物信息资源及其查询方法。"网络信息资源"以搜索引擎为重点,突出了最新的医学专业搜索的使用方法。二是注重自主学习和研究性学习,每章的开篇"本章导读",引导读者把握每一章的主要内容、特色及重点,每章附有导航网站。在网络医学信息检索中专门列出了网络资源评价一节。"医学信息评价与利用"一章则以循证医学及其信息检索为切入点,介绍了Meta分析这种全新的文献定量综合方法。"医学科学论文写作"概述了医学科学论文的特点、类型、体裁及评估原则,介绍了撰写医学科学论文的步骤及文献综述的撰写方法。(韩丽)

2124

文献信息方法论 / 卫传荣, 陈晓波主编. -- 北京:机械工业出版社,2005. -- 270页:图;24cm. -- 7-111-16065-7(国家图书馆)

本书分为上、中、下三篇。上篇是针对大众信息素养积累的教育,讲述了图书的发展简史和人类文献信息的庞大体系及其价值鉴别,介绍了人们日常生活学习中科学地积累知识和信息的方法和素养,以及如何利用图书馆,论述各种工具书的类型和作用以及如何快速准确地从工具书中检索事实数据的方法。中篇编写了针对数学、物理、化学、农业、生物、工程技术等专业的专门信息获取方法,并介绍了各个专业有代表性的信息系统。特别是针对文学、史学这类非常依赖史料的专业设置了专门章节,既有专业工具书知识,又有重要文摘刊物知识,同时还有专门的数据库内容。本书将通用性工具全部分解到上篇和下篇中。在下篇里,主要介绍了大型综合性信息系统和数据库;同时介绍了在大学期间学生科研工作和毕业设计中的信息活动特点和规律,阐述了国家对科学研究的管理方式,引出了信息分析的基本方法和手段。(韩丽)

2125

计算机文献检索 / 夏淑萍, 邓珞华主编. -- 武汉:武汉大学出版社,2005. -- 326页, 2页图版:图;21cm. -- 7-307-04460-9(国家图书馆)

本书系统地论述了计算机文献检索的理论和方法,并对最新、最常用的中外文资源数据库及网络检索工具进行了全面介绍。全书分为3篇:上篇为基础篇,对文献检索特别是计算机文献检索的应用作了介绍;中篇为资源篇,介绍了最新、最权威的资源数据库的检索方法;下篇为技巧篇,对如何利用专业网站和搜索引擎检索文献以及事实、数据、工具书作了介绍。(韩丽)

2126

网络信息检索技术与案例 / 谢新洲主编. -- 北京:北京图书馆出版社,2005. -- 420页:图;21cm. -- 7-5013-2778-5(国家图书馆)

本书共分为10大部分,首先介绍了网络信息检索的发展和网络信息检索工具搜索引擎的使用、评价与发展等概况,然后介绍了元搜索引擎和多媒体搜索引擎的特点与使用方法,重点介绍了化学化工网络信息检索、生物医学网络信息资源检索、农业网络信息资源检索、外国军事网络信息检索和专利网络信息资源检索,最后介绍了网络信息资源的评价。本书附有大量的案例,内容丰富,具有较强的实际指导意义。(韩丽)

2127

信息检索 / 阎维兰, 刘二稳主编. -- 北京:北京邮电大学出版社,2005. -- 201页:图;23cm. -- 7-5635-1108-3(国家图书馆)

本书编者根据多年的教学实践,结合相关理论的学习,编写了本书。本书从系统的角度出发,对于手工检索进行了适当介绍,重点介绍了国内外常用数据库的特点、检索方法及利用,可为读者准确、快速、全面查找所需信息提供有效的帮助。使读者在了解并掌握具体数据库使用方法的同时,能比较全面、深入地体会当前网络条件下所形成的新的学术信息交流环境与模式,从而有效满足教学和科研过程中对各类学术信息的需求。

本书共分9章,主要包括绪论,信息检索的基本知识,一般文献的手工检索途径,文献信息数据库及计算机检索,常用中文数据库,常用外文数据库,专利文献检索,Internet信息的检索与利用,文献信息的利用等内容。(韩丽)

2128

药学文献检索与利用 / 于占洋主编. -- 北京:中国医药科技出版社,2005. -- 308页;26cm. -- 7-5067-3201-7(国家图书馆)

本书重点介绍了药学相关学科的文献检索工具和检索方法,包括手工检索工具、专利文献检索、计算机检索和文献利用四篇。(王旭东)

2129

实用信息资源检索与利用 / 喻萍, 严而清, 江惜春等编著. -- 北京:化学工业出版社,2005. -- 264页:图;26cm. -- 7-5025-6443-8(国家图书馆)

本书将信息的收集、分析、利用与科学研究流程相结合,在《实用文献信息资源检索》教材的基础上,进一步丰富了信息组织与检索的理论知识,增加了信息分析、评价、利用方面的知识,更新了网络数据库的检索内容及技巧,深入浅出,简洁实用。全书共分九章,第一至三章阐述信息资源分布、信息资源科学研究的关系以及信息组织检索的基础理论知识;第四章介绍Web网信息检索知识和技巧;第五至八章介绍国内外各种类型检索工具和数据库检索方法,信息的一般评价和论文撰写基本知识;第九章为学术信息的收集、评价与利用。附录列出目前各学科一些有参考价值的网站地址。本书可作为电子、机械、计算机、控制、生物、化学、化工、食品、材料、环境等理工科专业的教材。(韩丽)

2130

医学文献数据库检索技术与操作教程 / 张桂云,龙莉艳,赵炜主编. -- 北京:中国科学技术出版社,2005. -- 142 页;29cm. -- 7 - 5046 - 4099 - 9(国家图书馆)

本书介绍了信息检索的基本知识,挑选了 7 个常用的中西文临床医学文献数据库,详细介绍其使用流程和检索技巧,并将众多的检索规则从实用的角度进行归纳和总结。(王旭东)

2131

网络生物医学信息资源及其利用 / 张世红,刘会霞,琚文胜主编. -- 北京:北京图书馆出版社,2005. -- 464 页:图;21cm. -- 7 - 5013 - 2841 - 2(北京师范大学图书馆)

本书介绍了网络通用搜索工具及医学专业搜索工具,分析了网络上各种优秀的生物医学信息资源的特点及检索功能。内容包括:网络信息资源检索工具、网络生物医学文摘数据、网络医学全文文献获取、网络生物医学特种文献、网络中医药信息资源、重要生物医学网站介绍以及网络生物医学信息资源导航等。(韩丽)

2132

信息检索与档案管理 / 张予宏主编. -- 郑州:郑州大学出版社,2005. -- 204 页:图;26cm. -- 7 - 81106 - 018 - 3(国家图书馆)

随着计算机网络技术的飞速发展,传统的手工信息检索将逐步为自动化信息检索所取代。为了适应信息检索技术飞速发展的需要,本书从整体上跨专业详细地介绍了信息检索技术的基本概念、检索工具、检索语言,并且介绍了流行的数据库信息检索等相关知识;从实用的角度和新技术的角度重点叙述了网络信息检索等最新技术;最后站在信息检索与档案管理相结合的角度,讲述了信息检索在现代档案管理中的应用。(韩丽)

2133

社会科学文献检索 / 赵国璋等编著. -- 北京:北京大学出版社,2005. -- 408 页:图;21cm. -- 7 - 301 - 07975 - 3(国家图书馆)

本书分为文献编、工具编、检索编与附录四编。文献编是对社会科学文献的概述;工具编则介绍了各种检索工具和工具书的类型与排检方法;检索编是本书的重点,分为手工检索和计算机检索两部分。手工检索部分,讲述了传统的文献检索中工具书的应用;计算机检索部分,以 4 章篇幅,简明而具体地讲述了计算机文献检索的意图和策略,并讲述了光盘检索、网络检索的原则和方法。附录编"综合检索示例",是前三编内容的综合应用,试图收到以实例启发学生思考的效果。(韩丽)

2134

信息可视化与知识检索 / 周宁,张玉峰,张李义著. -- 北京:科学出版社,2005. -- 339 页:图;24cm. -- 7 - 03 - 016251 - X(国家图书馆)

信息可视化与知识检索不仅是当今世界的热点研究课题,而且是信息管理与知识管理的重要内容。本书系统地阐述了信息可视化与知识检索的理论方法与实现技术。结合信息可视化与知识检索原型系统的详细论述,具体展现了信息可视化与知识检索系统的主要内容与实现方法、信息管理与知识管理的理论创新与技术创新成果及其广阔的应用前景。(韩丽)

2135

网络信息过滤原理与应用 / 黄晓斌等编著. -- 北京:北京图书馆出版社,2005. -- 353 页;32 开. -- 7 - 5013 - 2786 - 6(国家图书馆)

本书是在国家社会科学基金项目"图书馆对网络信息过滤问题的研究"和教育部人文社会科学"十五"规划研究项目"网络信息过滤及应用"的部分成果基础上改编与补充而成。书中系统地探讨了网络信息过滤的基本原理、主要方法和技术;具体分析了网络信息过滤系统的结构和功能;评述和比较了目前常见的各种网络信息过滤软件;介绍了网络信息过滤在反垃圾电子邮件、虚拟社区管理、电子商务推荐系统、图书馆及网吧等部门的网络信息管理中的应用。(金丽萍)

2136

中国图书馆、科技信息机构、新闻出版机构信息检索系统 / 蔡莉静等著. -- 北京:海洋出版社,2005. -- 364 页:图;26cm;光盘 1 片. -- 7 - 5027 - 6103 - 9(北京师范大学图书馆)

本系统收录全国公共图书馆信息 2628 条,高校图书馆信息 1249 条,工厂企业图书馆信息 543 条,党校图书馆信息 627 条,中央机关和科研院所及信息机构信息 829 条,医疗图书馆信息 1564 条,中等专业学校图书馆信息 857 条,新闻出版机构和报刊信息 3728 条,港澳台地区图书馆信息 185 条。截至 2003 年 12 月。(于静)

2137

信息与文献. 交互式文本检索命令集 / 蔡志勇起草. -- 北京:中国标准出版社,2005. -- 22 页;30cm. -- 155066 · 1 - 23010(西北工业大学图书馆)

未见书。(于静)

2138

因特网信息资源检索与利用(第 2 版) / 符绍宏等编著. -- 北京:清华大学出版社,2005. -- 370 页:图;23cm. -- 面向 21 世纪课程教材:信息管理与信息系统专业教材系列. -- 7 - 302 - 11459 - 5(国家图书馆)

本书面向广大因特网用户,针对利用网络检索和获取对其研究开发、工作学习有价值的网络信息资源的迫切要求,系统地介绍因特网信息资源的特点、种类、信息利用价值及评价、鉴选标准;介绍因特网信息检索的基础知识,各类型常用网络信息检索工具(包括搜索引擎、网络资源目录、多元搜索引擎、专门信息检索工具和其他网络信息检索工具)的功能、特点以及评价、使用和检索方法;特别针对学术性、研究性信息的网上检索与获取介绍有关的查找方法、途径及重要站点。本书着重讨论因特网信息检索,是在读者对因特网已有基本了解、掌握其基本应用的前提下,着眼于其更高层次、更深入的信息需求并给予指导,对培养读者的网络信息查找与利用能力,提高其在网络信息环境下的生存和发展水平,具有很强的实用价值。(于静)

2139

网络医学信息资源检索 / 高岚主编. -- 北京:化学工业出版社,2005. -- 351:图;26cm. -- 7 - 5025 - 6749 - 6(国家图书馆)

本书在简要介绍网络医学信息资源检索常识的基础上,从用户查找信息资源的角度,重点介绍了各种医学信息资源的检索方法、文献收录范围、学科优势等。这些医学信息资源主要包括世界知名生物医学文献数据库、美国国立医学图书馆的主要生物医学信息资源、常用医学专题文献信息资源、学位论文信息资源、医学会议信息资源、网络参考工具书、专利信息资源以及著名医学搜索引擎和网站等。全书内容结合实例、图文并茂,对于用户制定正确的检索策略具有很重要的指导意义。本书可作为医学院校开展信息检索和利用的教学用书。另外,还可帮助医护人员更好地进行医学信息资源检索和利用,以及供医学情报人员开展网络医学信息服务时参考。(于静)

2140

大学知识检索教程 / 郭吉安主编. -- 成都:电子科技大学出版社,2005. -- 238 页;26cm. -- 7 - 81094 - 924 - 1(重庆大学图书馆)

本书从知识经济时代对现代人才知识素质培养的最新要求出发,为提高大学生知识学习和知识创新的能力,对原大学文献检索课的教学内容和结构进行了全面的改革,将信息素质教育与创新素质教育有机融合,并集成当今有关知识研究的一些最新理念,构建集知识资源、知识学习知识系统、知识产权、知识管理和知识创新为一体的全新的知识学习与创新的课程体系。(于静)

2141

数字音乐信息组织 / 韩圣龙著. -- 北京:北京图书馆出版社,2005. -- 212 页:图, 乐谱;21cm. -- 信息管理科学博士文库. -- 7 - 5013 - 2779 - 3(北京师范大学图书馆)

本书包括引言、本领域研究综述、音乐信息数字化基本问题研究、数字音乐元数据方案研究、基于旋律的数字音频音乐信息分析与检索基本技术研究等内容,作者从理论上探讨了数字音频音乐信息自动分析和检索基本技术,主要研究了音乐旋律的表示方法以及基于旋律匹配算法,并以此为基础提出了新的旋律表示法和与此相对应的旋律匹配算法。(张玲)

2142

网络信息挖掘 / 黄晓斌编著. -- 北京:电子工业出版社,2005. -- 239 页:图;24cm. -- 新编高等院校信息管理与信息系统专业核心教材. -- 7 - 121 - 00520 - 4(国家图书馆)

本书按照原理、技术、方法和应用的体例进行编写,共分9 章。第一章介绍了知识发现的基本定义、相关研究的发展和网络信息挖掘与知识发现的意义;第二章分析了基于网络的信息挖掘系统的基本要求和功能、知识发现的过程和方法、数据挖掘语言、数据挖掘系统的结构和评价;第三章论述了网络信息集成的特点、作用和方式;第四章对网络信息的结构挖掘进行分析;第五章对网络信息的内容挖掘进行分析;第六章对网络信息的使用记录的挖掘方式方法进行研究;第七章讲述了常见的网络信息挖掘的策略;第八章介绍了网络信息的挖掘应用的一些实例;第九章着重分析网络信息挖掘存在的一些难点和知识发现的研究方向,并对中文网络信息挖掘和知识发现问题提出了一些看法。本书可作为信息管理和计算机类本科生和研究生的专业课程教材。(于静)

2143

计算机信息检索 / 刘俊熙, 应允主编. -- 北京:中国铁道出版社,2005. -- 315 页;26cm. -- 7 - 113 - 06626 - 7(南京大学图书馆)

本书讲述了信息的基础知识,信息源,信息技术,数据库技术,信息检索原理、步骤和方法,检索策略的制定,检索技术的使用,网络数据的应用,搜索引擎,多媒体检索,国际联机检索和学术论文的撰写等内容。(于静)

2144

基于数据库方式的遥感图像库内容检索 / 陆丽珍著. -- 北京:气象出版社,2005. -- 208 页:图;23cm. -- 7 - 5029 - 4028 - 6(北京理工大学图书馆)

本书针对遥感图像检索研究中存在的主要问题,充分借鉴了国内外相关研究成果,合理界定遥感图像内涵,提出了可重用的遥感图像概念模型 uRSICM,融合主数据等发展了融合颜色纹理和基于 G2S 语义的遥感图像检索新方法,实际应用中通过基于 uRSICM 的遥感图像检索引擎 RSIRE 的设计等完成遥感图像库内容检索原型系统 RSIQuery 的开发。(于静)

2145

网络电子资源搜索基础 / 马武仙主编. -- 昆明:云南大学出版社,2005. -- 233 页:图;26cm. -- 7 - 81112 - 000 - 3(武汉大学图书馆)

本书内容包括:计算机网络基础、网络检索工具、数据库及网络数据库系统检索、电子期刊报纸图书、联机及光盘资源检索等。(于静)

2146

网络信息采集与应用 / 南京航空航天大学图书馆组编. -- 北京:清华大学出版社,2005. -- 366 页:图;26cm. -- 7 - 302 - 10861 - 7(国家图书馆)

本书立足于网络信息资源的采集与应用,对网络信息资源概况、网络信息处理方式及关键技术进行了系统阐述,对搜索引擎及其使用、网络信息检索工具的使用、联机检索技术及其应用、网络学术数据库信息采集、非 WWW 网络信息的采集和网络竞争情报的采集与分析进行了详细的讨论。本书对培养广大信息用户检索和利用网络信息的能力,提高他们在网络环境下的生存和发展水平,都具有较高的实用价值。本书可作为高等院校网络信息检索课程的教材,也可作为学术和专业图书馆馆员、信息服务从业人员以及广大网络用户的实用参考书。(于静)

2147

Internet 网络信息资源的分析与利用 / 吴桂金编著. -- 哈尔滨:东北林业大学出版社,2005. -- 228 页:图;23cm. -- 7 -

81076-768-2(北京理工大学图书馆)

本书介绍了国内外的各类数据的资源和检索技巧,对大量的免费资源进行了充分的介绍,为科研人员和研究生参加国际会议及投稿提供了参考性数据。(于静)

2148

可移动文化遗产保护策略研究 / 周耀林著. -- 北京:北京图书馆出版社,2006. -- 326 页;32 开. -- 7-5013-3150-2(国家图书馆)

本书探讨了可移动文化遗产的概念、范围及对象,力图建立一个能够融合图书馆、档案馆、博物馆资源的综合保护平台,并探讨了可移动文化遗产的保护策略,以便从制度上建立更加完善的保护机制。(金丽萍)

2149

GOOGLE HACKS 巧妙使用网络搜索的技巧和工具 / (美) Tara Calishain, Rael Dornfest 著;卞军, 谢伟华, 朱炜译. -- 北京:电子工业出版社,2006. -- 496 页:图;23cm. -- 7-121-01451-3(北京邮电大学图书馆)

本书介绍了 Google 搜索指令,并着眼于挖掘实用的搜索技巧。主要内容包括:网页、高级网页、图像、新闻组和论坛、附加功能、Gmail、广告、Web 网站管理、Google 编程等。(于静)

2150

搜商:人类的第三种能力 / 陈沛著. -- 北京:清华大学出版社,2006. -- 207 页:图;23cm. -- 7-302-13875-3(北京师范大学图书馆)

本书介绍了作为人类第三种能力的搜商的概念、功能及其在现代生活中的作用,说明了掌握获取知识的能力比掌握知识更为重要的观点。(于静)

2151

卫生政策研究信息资源与检索 / 代涛, 高军主编. -- 北京:人民卫生出版社,2006. -- 181 页:图;27cm. -- 978-7-117-10583-5(复旦大学图书馆)

本书从卫生政策研究和医学信息学的学科特点出发,描述卫生政策研究信息资源的类型、分布特点,介绍不同研究资源的检索方法、适宜检索策略,注重科学性与实用性相结合。(于静)

2152

科技信息检索(修订本) / 邓要武, 王星华编著. -- 北京:清华大学出版社:交通大学出版社,2006. --302 页:图;26cm. -- 7-81082-024-9(天津城市学院图书馆)

本书共 4 篇分 10 章, 内容包括:科技信息检索的基础知识、检索语言与检索词表、数据与事实型信息检索、单一类型的科技文献检索、综合类型的科技信息检索、计算机信息检索的基本知识和原理、国际联机信息检索、光盘数据库检索、网络信息资源检索与利用和科技文献信息服务机构。(于静)

2153

网络信息资源检索 / 丁传奉, 张克, 薛蕊编著. -- 北京:中国铁道出版社,2006. -- 303 页:图;26cm. -- 7-113-07209-7(武汉生物工程学院图书馆)

本书共包括 10 章,系统介绍了网络信息资源和网络信息资源检索的基础知识、基本概念, 详细介绍了国内外主要网络数据库等信息资源的检索方法、途径。本书既可作为高等院校信息资源检索课程的教材, 也可作为广大读者学习网络信息资源检索的参考书。(于静)

2154

网络信息实用检索 / 高飞主编. -- 北京:中国计量出版社,2006. -- 209 页:图;26cm. -- 7-5026-2449-X(北京大学图书馆)

本书主要内容包括:中文数据库检索、数字图书馆与专业资源网站检索、外文全书数据库检索等。(于静)

2155

互联网信息服务系统安全保护技术措施. 信息代码 / 顾健起草. -- 北京:中国标准出版社,2006. -- 6 页;30cm(武汉大学图书馆)

本标准内容包括:范围、规范性引用文件、术语和定义、信息代码(包括:互联网信息服务单位编码、互联网信息服务类型代码、互联网信息服务点编码、审计措施代码、审计对象代码、审计对象关键字类型代码、用户活动类型代码、审计规则名称代码和审计策略 ID 编码)。(于静)

2156

网络学术资源应用导览 / 郭依群, 关志英主编. -- 北京:中国水利水电出版社,2006. -- 448 页:图;23cm;光盘 1 片. --7-5084-4072-2(北京师范大学图书馆)

本书介绍如何利用基于因特网的各种学术资源,涉及近 200 种国内外重要的人文社科网络学术资源,详细分析了其中有代表性的资源的内容及功用、检索技巧及检索结果的利用。(于静)

2157

中国教育科研网格图像处理网格应用平台设计规范 / 金海等著. -- 北京:清华大学出版社,2006. -- 296 页:图;26cm. --7-302-12692-5(北京大学图书馆)

本书详细介绍了图像处理网格应用平台的总体结构、服务运行管理、信息服务等;基于网格环境的数字化虚拟人组织器官的识别与分割等;基于网格环境的遥感图像处理并行处理算法和开发工具;基于 Web 服务框架 DICOM 服务实现、存储管理等内容。(于静)

2158

计算机情报检索(第 2 版) / 赖茂生等编著. -- 北京:北京大学出版社, 2006. -- 298 页:图;23cm. -- 北京市高等教育精品教材立项项目. -- 7-301-02062-7(北京师范大学图书馆)

本书系统介绍计算机情报检索的原理和技术方法。全书共分 13 章, 包括:概述、情报检索系统、文献数据库、非文献型数据库、联机情报检索系统、搜索引擎等。(于静)

2159

网络数字信息资源及其利用 / 赖宁, 杨翠明主编. -- 长沙:湖南地图出版社,2006. -- 10, 193 页;21cm. -- 7-80552-633-8(中南大学图书馆)

本书介绍网络信息资源,包括:电子图书数据库、电子期

刊数据库、学位论文数据库、专利数据库、会议文献数据库等。(于静)

2160

征服 Ajax + Lucene 构建搜索引擎 / 李刚，宋伟，邱哲编著. -- 北京:人民邮电出版社,2006. -- 369 页:图;24cm;光盘1片. -- 7-89488-063-9(北京理工大学图书馆)

本书分 Ajax 和 Lucene 两部分,内容涵盖了JavaScript的基础、层叠样式表 CSS、DOM 与 JavaScript、Ajax 工作流程、Ajax 实例等方面。(于静)

2161

生物医学信息检索 / 梁蜀忠，孙金立主编. -- 西安:第四军医大学出版社,2006. -- 308 页:图;26cm. -- 7-81086-187-5(北京师范大学图书馆)

本书共分 9 章,内容包含绪论、网络生物医学信息检索基础、常用中文生物医学信息检索系统、常用外文生物医学信息检索系统、特种文献信息检索与参考工具书查询以及如何查找生物医学专著等各种类型网络信息。并简论军事医学信息的获取利用、医学论文的撰写等。(于静)

2162

Internet 网络信息资源检索 / 林希森等主编. -- 哈尔滨:东北林业大学出版社,2006. -- 215 页:图;26cm. -- 7-81076-917-0(北京大学图书馆)

本书侧重介绍了数字资源类型、数据库组成原理、各类信息的实际应用、国内范围及检索技巧。(于静)

2163

文献信息检索教程 / 刘富霞主编. -- 北京:机械工业出版社,2006. -- 170 页:图;26cm. -- 2009 年再版. -- 7-111-18506-4(上海交通大学图书馆)

本书介绍了与文献信息检索相关的基本原理、检索方法、检索工具、获取文献信息的途径及文献信息的综合利用。(于静)

2164

数字信息检索教程 / 刘廷元主编. -- 上海:华东理工大学出版社,2006. -- 260 页:图;26cm. -- 7-5628-1928-9(北京师范大学图书馆)

本书介绍了数字信息资源及其时空分布、数字信息服务系统及利用途径、数字信息源及其检索、搜索引擎及其开放获取以及信息利用及论文写作等。(于静)

2165

科技文献信息溯源:科技文献信息检索教程与学科资源实用指南 / 孟连生主编. -- 北京:高等教育出版社,2006. -- 22,422 页;24cm. -- 7-04-020013-9(北京大学图书馆)

本书分为上下两篇，上篇主要阐述信息与信息检索的基本概念、信息资源的类型与特点等;下篇以学科分类为主线，着重介绍每一个学科领域目前所能够利用的相关检索工具和主要信息资源，同时列出可以获取这些资源的方法与途径。(于静)

2166

信息检索技术导论 / 郃晓英，北研二编著. -- 北京:科学出版社,2006. -- 213 页:图;24cm. -- 7-03-017844-0(北京大学图书馆)

本书系统地介绍了信息检索的原理与技术。具体内容包括:基于向量空间模型的检索、全文信息检索的各种方法及实现算法、图像检索技术以及 Web 信息检索等。(于静)

2167

网上搜索一点通 / 王哲著. -- 广州:广东人民出版社,2006. -- 172 页:图;26cm. -- 7-218-05156-1(华南师范大学图书馆)

本书基于当前互联网上为我国网民最常用的 Google 和百度两大搜索引擎所采用的搜索方式，介绍如何方便快捷地利用搜索引擎及其他网络途径找到自己想要的信息。(于静)

2168

计算机信息检索教程 / 吴六爱等编著. -- 兰州:甘肃人民出版社,2006. -- 291 页;26cm. -- 7-226-03386-0(厦门大学图书馆)

本书包括信息检索绪论、检索语言、计算机信息检索技术、Internet 信息资源检索、网络数据库介绍、图书馆信息利用、参考工具书、特种文献的检索等 11 部分。(于静)

2169

网络信息检索与利用 / 许春芳主编. -- 长春:吉林科学技术出版社,2006. -- 184 页:图;26cm. -- 7-5384-1838-5(厦门大学图书馆)

网络信息资源无限、无序,在这浩瀚的信息海洋中,如何快速、准确地获取所要找的信息,是我们每个人都要面临的问题,本书系统、全面地介绍了网络信息资源的基础知识,网络信息检索的基本原理、基本方法,各种网络检索工具的功能、特点和使用方法,分门别类地介绍了学术研究性信息及各类参考信息的检索途径及检索方法。本书系统全面,自成体系,内容丰富、新颖,实用性强,可作为高等学校各专业本科生、研究生网络信息资源检索与利用的教材与教学参考书,是广大网络信息用户的工具指南。(于静)

2170

食品行业网络信息资源检索指南 / 杨卫华主编. -- 北京:中国轻工业出版社,2006. -- 354 页;26cm. -- 7-5019-5076-8(中国农业大学图书馆)

本书跟踪国际互联网上食品行业信息资源的发展，精选网上内容，重点介绍了网上与食品有关的特色资源，如 500 强中的食品生产企业、食品跨国公司、食品管理机构、食品类期刊和综合性数据库、知名大学和科研单位的食品研究机构以及其他网上著名的学术资源、搜索引擎。书中对每个网站都提供了网址和简要介绍。(于静)

2171

图书馆利用指南 / 赵慧清，常俐，鞠建伟主编. -- 杨凌:西北农林科技大学出版社,2006. -- 233 页:图;26cm. -- 7-81092-298-X(国家图书馆)

本书是一本如何利用图书馆资源的实用指南。全书共分为 10 章。第一章是有关图书馆的概述;第二章讲述了图书馆信息资源;第三章是图书馆工作概述;第四章介绍了图书馆的利用;第五章介绍了数字图书馆的基本知识;第六章介绍了电子文献资源及其检索技术;第七章介绍公共联机目录检索;第八章讲解常用中文数据库检索;第九章讲解常用外文数据检索;第十章则是特种文献数据库检索。(韩丽)

2172

法律检索之道 /(英)戴维·斯托特(David Stott)著;郭亮译. -- 北京:法律出版社,2006. -- 152 页:图;21cm. -- 中华全国律师协会审定; 英国律师协会推荐律师必读书目. -- 7-5036-6612-9(国家图书馆)

法律检索技巧是律师日常工作中的内容。一个有效率的律师必须能够经常地以最有效的方式更新他的法律知识。本书描述了法律研究过程的三个阶段:计划阶段、执行阶段、展示阶段。本书给出了详细的标准研究参考书目,包括图书馆检索和计算机检索,同时给读者介绍了标准的实习者的研究工作,并通过图解和实例练习对全书内容作了充分的说明。第二版对正文进行了全面修改,特别包括了使用计算机数据库、互联网的最新资料。"职业之道:法律职业技巧快速指南丛书"的宗旨是为法律职业培训者增加法律技巧,每一本书都专门用来讨论一个特殊的法律技巧,这些内容是被作为法律协会的法律实践培训课程教授和实施的,但是它同时对于希望改进处理日常法律业务能力的任何阶段的法律专业学生也同样适用。每本书都是由具有丰富法律职业培训经验的作者编写的,同时还包含了很多实用性练习和反馈信息。本书为该套丛书中的一册。(韩丽)

2173

信息存储与检索技术 / 陈次白等编著. -- 北京:国防工业出版社,2006. -- 269 页:图;26cm. -- 21 世纪高等院校规划教材. -- 7-118-04735-X(北京大学图书馆)

本书是在 2003 年出版的《计算机信息存储与检索》一书的基础上,经过进一步精简、更新,加强技术性,充实新内容,历时数载而成。它既可以看做是原书的再版,又可以认为是重新编著。本书以技术,特别是计算机技术为主,兼顾传统的技术(如印刷、缩微、条码等技术)。本书注重内容的新颖性,同时又考虑到系统性和继承性,并尽量反映最新的相关技术。本书在讨论信息技术与计算机信息系统概念的基础上,较为详细、全面地介绍了信息的获取与存储技术、信息编码(包括压缩编码)技术、文本信息处理的自动化技术、文件组织与文件格式、信息检索模型、信息检索技术和信息检索系统及其应用等问题。本书主要讨论信息存储与检索及其系统设计中的技术性问题,全书共分为 9 章,涉及的内容较广,对当前新的信息技术有较多的体现。通过阅读本书,可以对信息存储与检索的相关技术有较全面的了解和认识。(韩丽)

2174

大学文献信息检索教程 / 陈树年主编. -- 上海:华东理工大学出版社,2006. -- 235 页:图;26cm. -- 7-5628-1944-0(国家图书馆)

在知识经济时代,信息素质教育已经成为大学综合素质教育的重要内容。本书立足信息意识与文献信息检索和利用的基本功,系统讲述了文献信息检索的原理和技能。第一章介绍信息资源知识和信息素质教育的意义;第二章介绍文献信息检索的基础知识;第三章介绍网络信息及其检索方法;第四章介绍电子图书数据库及利用方法;第五章介绍中文文献信息数据库;第六章介绍外文文摘数据库;第七章介绍外文全文数据库;第八章介绍专利、标准、科技报告等数据库;第九章介绍信息收集与整理、信息评价与分析、信息开发利用、学术论文开题与写作、科技查新等。本书每章附有思考题、关键词、参考文献。本书注重全面信息素质教育,是一本通用性、实用性很强的教材。(韩丽)

2175

信息检索 / 陈雅芝等编著. -- 北京:清华大学出版社,2006. -- 414 页:图; 27cm. -- 高等学校教材. -- 7-302-12051-X(北京师范大学图书馆)

本书为适应"信息检索"课程发展的需要,系统地阐述了信息检索的基本理论和方法,并适时地把信息检索领域的最新知识和成果充实进来。全书内容包括:信息检索的基本理论和知识;中文工具书与中文数据库;国外几种在编排结构上具有代表性的著名综合性检索系统;公路、汽车、地质专业重要检索系统;专利信息检索及计算机信息检索——联机、光盘、因特网和搜索引擎的相关理论和知识。本书是高等院校"信息检索"课程通用教材,同时也适用于对信息检索感兴趣的读者。书中对检索工具、数据库及其检索方法的介绍突出实用性。无论是印刷版的检索工具,还是网络版的数据库,都详细介绍其检索方法与步骤,并精选了大量的样页、网页样图和检索实例,改变了以往信息检索只能由专业人员完成的印象,使一般读者也能"按图索骥",依照书中检索实例的介绍,学会使用各种检索工具和数据库系统。(韩丽)

2176

专利信息采集与分析 / 陈燕, 黄迎燕, 方建国等编著. -- 北京:清华大学出版社,2006. -- 371 页:图; 26cm. -- 信息分析丛书. -- 7-302-13242-9(北京师范大学图书馆)

本书内容包括专利信息概论、专利信息与企业专利战略、国际专利信息源、专利信息采集与分析方法等,也包括国家知识产权局部分资深审查员、专利检索咨询专家专利信息分析实例。本书的主要特点是:一是系统性,它第一次系统而全面地在介绍各国专利信息源的基础上阐述专利信息采集和分析方法;二是具有较强的可操作性,企事业单位可以据此对本企业专利技术现状、本行业专利技术发展趋势及竞争对手专利技术状况作有效的分析;三是注重理论与实践相结合,书中有专门的章节介绍经典专利信息分析案例。(韩丽)

2177

医学文献检索 / 仇晓春, 张文浩主编. -- 北京:科学出版社,2006. -- 311 页:图; 24cm. -- 高等医学院校新世纪教材. --7-03-017857-2(北京师范大学图书馆)

本书主要介绍医学文献检索的理论及各常用医学检索系统的使用方法与注意事项,主要包括 Medline、Pubmed、Embase、Biosis Preview、Scifinder Scholar、Web of knowledge、

CBMdisc、Micromdex 等医学类常用文献数据库检索工具,以及 CHKD、Elsevier、Springer、Blackwell、Proquest、EBSCO、OVID 等为代表的最新中外文网络全文数据库检索系统的使用方法;另外,本书新增了循证医学的知识及 Cochrance 等循证医学文献数据库检索的介绍。本书内容由浅入深,基本反映我国医学文献检索系统的现状与国外相关检索系统的最新进展,内容组织也按读者实际检索习惯编排章节。本书是生命科学与医学工作者及时、高效、准确获取专业信息的指南。(韩丽)

2178

公安文献检索 / 戴勇敢主编. -- 北京:中国人民公安大学出版社,2006. -- 273 页;25cm. -- 7 - 81109 - 317 - 0(国家图书馆)

本书是编者总结了多年的教学经验,查阅了大量的相关论著,为公安专业学生编写的文献检索教材。教材分为引论、总论、分论三部分。引论是为一年级新生准备的文献检索入门知识,它介绍了图书馆的历史、现状与类型,图书的分类原理与目录的使用方法等。通过这一阶段的学习,学生应该掌握查找和利用图书馆藏书的技能,了解学习文献检索课的意义,为下一阶段的学习打好基础。总论和分论将在二年级或三年级讲授。总论是文献检索基础知识,它依据文献检索原理的内在逻辑,按照文献—文献存储—文献检索的顺序逐步展开,内容分别包括:文献的概念与类型、中外警察文献概述;工具书与文献数据库的类型、检索语言与排序法;文献检索的基本方法以及几种流行文献数据库的检索方法。分论主要讲解运用基础知识去查找公安图书、报刊、法规、标准、案例等常用公安文献的具体方法。本课程是一门方法课,更是一门技能课,因此课本中的许多内容,需要学生在课外阅读,并结合实习课加以理解和运用。(韩丽)

2179

科技信息检索 / 邓学军等编著. -- 西安:西北工业大学出版社,2006. -- 251 页:图; 26cm. -- 978 - 7 - 5612 - 2116 - 7(北京师范大学图书馆)

本书全面系统地介绍了数据库检索与利用的主要内容。全书分为 7 章,分别介绍了图书馆与数字图书馆、信息检索基本原理、常用数据库简介、世界著名三大检索系统、特种文献检索、常用专业检索系统与科技报告和科技论文写作。在介绍各种数据库使用过程中,本书基本采用相同的体例。例如,数据库的概况,包括出版商、收录的学科范围、更新频率等;数据库的检索方式,包括菜单检索、命令检索等;数据库的检索技术,包括截词检索、位置算符检索等;检索结果的输出格式。在介绍每种数据库时如果有印刷版,均先介绍印刷版后再介绍电子版。全书体系完善,内容循序渐进,各章节又具有一定的独立性,在使用过程中可根据不同层次的教学需要进行模块式组合。(韩丽)

2180

建筑与土木工程信息检索 / 都平平主编. -- 南京:东南大学出版社,2006. -- 209 页:图;24cm. -- 网络信息资源检索与利用系列丛书. -- 7 - 5641 - 0587 - 9(国家图书馆)

本书作者基于多年图书资料的管理经验和电子信息利用、开发的实践,对网络信息资源及其检索、查询的办法作了非常实用的介绍,并汇集、分类和整理了建筑与土木工程领域的网络资源,介绍了 100 余个网站资料。因而本书既是一本认识和利用网络资源的实用教材,又是一本可作为操作指南的关于建筑与土木工程各类信息资源的工具书。利用本书不仅可以显著提高检索效率,提高查询命中准确率,充分有效利用网络资源信息,而且能够比较全面地了解建筑与土木工程网络信息资源的全貌,以提高建筑与土木工程领域的研究者、工作者和学习者的信息素养。(韩丽)

2181

中文法学工具书辞典 / 杜学亮编著. -- 北京:知识产权出版社,2006. -- 573 页; 21cm. -- 7 - 80198 - 419 - 6(北京师范大学图书馆)

本书收录了 2004 年 12 月以前出版的法学工具书 1715 种。所收工具书,从时间上,以建国以后出版的为主,同时,选收了一部分 1949 年以前出版的有影响的法学工具书;从范围上,以中国内地出版的工具书为主,同时选收了一部分香港、澳门、台湾地区出版的法学工具书和与法学相关的综合性社会科学工具书。本书以是否具有检索价值为标准,不以传统的工具书形式为限。所选工具书,百分之九十以上经编者查阅,以著录项齐全为标志。少部分图书(著录项不全的)选自有关的工具书辞典,之所以选入,以其利用价值的大小为标准。收入本书的工具书类别包括词典、辞典、辞源、百科全书、年鉴、手册、年谱、全书、大全、法律汇编、书目、索引,同时包括具有检索价值的词语解释、法律之最、大事记、综述、文献检索以及领袖人物有关法律的论述等。(韩丽)

2182

现代信息检索 / 樊爱国, 薛德钧主编. -- 北京:北京大学出版社,2006. -- 247 页:图;26cm. -- 21 世纪全国高等院校实用规划教材. -- 7 - 301 - 10233 - X(国家图书馆)

本书是 21 世纪全国高等院校实用规划教材。本着理论与实践相结合的原则,本书系统介绍了信息的理论基础、信息检索的原理、信息检索的途径和方法,还分别介绍了中文检索工具书、外文检索工具书的使用方法与检索技巧。为了适应新世纪社会信息化与现代信息技术迅猛发展的需要,着重讲述了中文数据库、外文数据库及 Internet 信息的检索方法及需要注意的事项。各章节理论讲述与检索实例的介绍相结合,既充分注重教材的基础性和实践性,又强调教材的科学性和先进性。(韩丽)

2183

医学信息检索与利用 / 范吉莲, 张静昌主编. -- 上海:第二军医大学出版社,2006. -- 327 页:图; 26cm. -- 7 - 81060 - 593 - 3(国家图书馆)

本书旨在提供快速而高效地获取医学信息的技能与方法。根据当前信息环境的特点,以及医药卫生工作者的信息需求,本书融合了传统文献检索和现代信息检索的理论,以信息检索语言、计算机检索基础、互联网及其搜索引擎知识为基础,选择中外经典和重要的医学数据库进行系统论述,介绍了信息检索基础知识、图书馆资源利用、常用生物医学文摘数据库、全文数据库、引文检索、搜索引擎、常用医学网站、生物信息数据库、网上免费电子期刊、专利检索、会议信息检索、机构及个人信息搜索、循证医学信息检索、医学情报调研、综述文献写作等内容。(韩丽)

2184

经济管理信息资源导航 / 冯勤等编著. -- 北京:中国科学技术出版社,2006. -- 224 页:图;26cm. --全国高等院校 21 世纪教学用书. -- 7 - 5046 - 4478 - 1(国家图书馆)

信息化的程度已成为衡量一个国家综合技术水平和综合国力的一个重要标志。国务院《关于深化教育改革全面推进素质教育的决定》中指出:"重视培养学生处理信息的能力、获取新知识的能力。"本书是按教育部对文献检索课的基本要求,在吸取国内有关教材精华的基础上,结合编者从事经济管理文献检索的教学与实践撰写的经济管理文献检索与论文写作教材。本书共分 4 篇 15 章。从信息检索的基本知识入手,系统介绍了网络信息资源的检索与利用,检索与利用网络信息资源的技能,实习报告、文献综述、经济论文和创业计划书的写作,竞争情报管理。同时还附有精选例文供学生参考。(韩丽)

2185

Internet 医学信息检索 / 顾顺德, 章鲁, 朱浩栋编著. -- 上海:上海科学技术出版社,2006. -- 139 页:图;26cm. -- 7 - 5323 - 8384 - 9(国家图书馆)

本书主要介绍 Internet 上医学信息资源的检索方法与技巧,全书共分为 6 章,主要内容包括:Internet 基本概念、接入方式、网络安全等基础知识;电子邮件、网络新闻、即时通讯等网上常用工具;常用的中文及国外的通用搜索引擎;医学专业搜索引擎;中外医学信息数据库检索系统,如中国生物医学文献数据库、中国知网全文数据库检索系统、万方数据资源系统、PubMed 检索系统、循证医学数据库检索系统等;国内外著名的医学网站。(韩丽)

2186

美术信息检索 / 黄清, 郭映红主编. -- 北京:高等教育出版社,2006. -- 241 页:图;23cm. -- 高等学校现代文献信息检索系列教材. -- 7 - 04 - 020159 - 3(北京理工大学图书馆)

本书是高等学校现代文献信息检索系列教材之一。本书共包含 8 章内容,第一、二章介绍美术信息的概念、基本特征、基本模式及检索语言、途径和方法;第三、四、五章介绍美术信息检索系统,并例举国内外有影响的数据库,提供获取免费美术信息的方法;第六章重点介绍电子资源、网络资源获取、查询技巧及效果评价;第七章介绍信息资源搜集、整理的方法及个人信息数据库的建立;第八章介绍美术类学术论文写作的基本方法。本书旨在帮助读者全面掌握美术信息资源检索的基本知识、基本技能及数据库的使用技巧,增强读者的自学、科研能力,提高写作水平。(韩丽)

2187

医学信息检索教程(第 2 版) / 姜振儒主编. -- 北京:中国环境科学出版社,2006. -- 172 页:图;26cm. -- 7 - 80135 - 809 - 0(国家图书馆)

本书是编者在总结近几年来教学实践的基础上,结合国内已有的比较好的教材,对原教材进行了修订。与原教材相比,新的《医学信息检索教程》具有以下几个特点:(1)内容新,许多数据资料截至 2006 年 6 月;(2)实用性强,新收入的检索工具和数据库多数是平时经常使用的或是能在网上免费查询的;(3)编排合理,将传统的手工检索工具和与其配套的电子版数据库放在一起编排,如美国 IM 与 Medline,荷兰 EM 与 Embase 等,使学生在学习时能由浅入深,相互对照,加深理解;(4)形象直观,对重点内容采用原件或图片示例,图文并茂,便于学生自学。本书共分 7 章,内容包括医学信息检索的基本理论和基本知识、中文医学信息检索工具及数据库、外文医学信息检索工具及数据库、网络医学信息检索系统及数据库、药学信息检索工具、循证医学检索系统及数据库和特种医学文献检索。(韩丽)

2188

生物科学文献信息获取与论文写作 / 蒋悟生, 顾颉刚. -- 北京:高等教育出版社,2006. -- 208 页:图;26cm;光盘 1 片. -- 7 - 04 - 018664 - 0(清华大学图书馆)

本教材结合当前文献信息检索教学和实际工作的需要,系统阐述了文献信息检索的基本原理和基本方法。本书内容包括:科学研究与文献信息;文献基础知识;国际重要文献检索工具,如 Web of Knowledge、Science Citation Index、Biological Abstracts、Index to Scientific Reviews 等;生物科学文献信息的获取;文献信息获取途径与技巧;项目申请书、研究论文、学位论文的撰写;期刊的选择与投稿;稿件的回修与校对等。本书附有光盘,以多种形式,为读者详细演示利用数据库检索文献的过程;提供国内外重要学术期刊目录;介绍期刊影响因子和期刊名称及其收录的数据库;附有国家职能部门所制定的有关标准、条例、规定等。(韩丽)

2189

信息检索课程习题指导 / 蒋永新, 毛琴芳主编. -- 上海:上海大学出版社,2006. -- 137 页;21cm. -- 信息素质教育丛书. -- 7 - 81058 - 463 - 4(清华大学图书馆)

本书的内容分成要点练习、参考答案和知识延伸三部分。要点练习和参考答案部分的内容由 9 个章节组成,它们是文献信息概论、检索原理、书目信息与 OPAC 系统、中国学术期刊全文数据库、EBSCO 数据库、Compendexweb 数据库、互联网信息检索和利用以及信息收集和利用方法。各个部分给出的练习,原则上一个知识点配一个习题。有些需要从不同侧面分别揭示的知识点,则配以多个习题。知识延伸部分给出的是与本课内容相关的举一反三的知识或资源,供教师和学有余力的学生参考使用。(韩丽)

2190

数字信息检索技术 / 金秋颖, 韩颖, 王园春编. -- 北京:石油工业出版社,2006. -- 127 页:图;26cm. -- 高等学院研究生教学用书. -- 7 - 5021 - 5419 - 1(北京大学图书馆)

本教材针对研究生学习以研究为主的特点,重点放在学术性数字信息检索技术上。本书共分 5 章,主要介绍了信息

资源及其检索基础,常用中、英文数据库系统,专利与标准文献检索及论文写作方法等内容。(韩丽)

2191

社科信息检索与利用 / 金秋颖, 韩颖主编. -- 北京:石油工业出版社,2006. -- 138 页:图;26cm. -- 高等学校教材. -- 7 - 5021 - 5557 - 0(北京大学图书馆)

全书共分 6 章,主要介绍了信息检索的基本理论知识以及计算机信息检索系统和检索技术,中文常用的检索工具和检索数据库,大型的英文检索系统,电子书报、数据和事实、网上搜索引擎的检索方法和技术,信息利用以及论文写作的有关知识。(韩丽)

2192

大学生信息检索概论 / 李爱华, 华丽主编. -- 北京:中国计量出版社,2006. -- 151 页:图;24cm. -- 黄河科技学院系列教材. -- 7 - 5026 - 2440 - 6(首都师范大学图书馆)

本书是黄河科技学院系列教材丛书中的一册,本书汇集了多方面现代检索技术,内容系统丰富,通俗易懂,并具有网络检索的特点。全书共分为 9 章,其主要内容包括:大学生与知识信息,图书馆与文献信息,文献分类,文献信息检索基础,计算机信息检索基础,手工检索技术,信息检索策略与方法,图书馆电子资源检索实例,如何撰写毕业论文等。(韩丽)

2193

现代信息检索与利用 / 李朝云, 傅正编著. -- 合肥:安徽大学出版社,2006. -- 302 页:图; 24cm. -- 7 - 81110 - 153 - X(北京师范大学图书馆)

本书讲述网络环境下信息检索的理论与实践。全书共分为 4 篇 12 章:文献检索理论篇、手工文献检索篇、电子信息检索篇和文献获取、利用篇,主要介绍了传统文献、电子文献检索的理论、方法与信息检索的实际应用,对网络环境下的电子文献及网络搜索引擎的利用作了较为详细的介绍。本书还论述了文献在论文写作中的作用、学术论文的写作,以及对学术成果的著作权保护问题,具有较强的时代感与实用性。本书系图书情报工作者开展信息检索工作用书,亦为高校开展学生信息素质教育的教材。(韩丽)

2194

信息检索与利用 / 李瞳主编. -- 南京:南京大学出版社,2006. -- 276 页:图; 26cm. -- 7 - 305 - 04836 - 4(北京师范大学图书馆)

本书共分为 4 大部分 11 章,第一部分为总论,主要介绍了信息与信息素养,信息检索概论和信息检索语言;第二部分为印刷型资源的检索,介绍了印刷型的核心期刊、中外工具书、国外著名检索工具的检索;第三部分为电子型信息资源的检索,首先是计算机检索概论,然后详细介绍了中外文学术数据库资源、网络信息检索基础、搜索引擎及其使用、各种网络信息资源及其使用;第四部分为学术信息资源的综合利用,介绍了信息资源共享、信息资源分析、信息资源再生及航空航天类学术信息资源的利用。每章后均有习题。(韩丽)

2195

信息检索与利用 / 李跃珍主编. -- 杭州:浙江大学出版社,2006. -- 230 页:图;23cm. -- 7 - 308 - 04849 - 7(北京师范大学图书馆)

本书系统地介绍了信息检索基本知识、印刷型检索工具、专利文献检索、数据和事实检索、中外文数据库、网络信息资源检索等内容,以培养学生的信息素养为宗旨,通过重点对几种常用的中外数据库的收录特点、基本检索方法与技术及网络信息检索技巧等的介绍,以期提高网络环境下信息资源的利用能力。在此基础上,增加了文献信息利用的相关内容,如资料整理、学位论文摘要与正文的写作方法、参考文献的标准著录等内容。(韩丽)

2196

法学信息检索 / 刘莉, 袁曦临主编;刘莉等编著. -- 南京:东南大学出版社,2006. -- 319 页:图; 24cm. -- 网络信息资源检索与利用系列丛书. -- 7 - 5641 - 0555 - 0(北京师范大学图书馆)

本书从网络时代实际需要出发,全面而系统地介绍了法学信息资源检索的理论和方法。全书共分为 9 章,重点介绍了各类法学网络信息资源检索途径和方法。同时,本书在全面考察、研究的基础上对网络法学信息资源进行了筛选和整合,收录了近 1000 个国内外法学信息网站,按学科进行了分类介绍。(韩丽)

2197

实用信息检索技术概论 / 刘振西, 李润松, 叶茜编著. -- 北京:清华大学出版社,2006. -- 305 页:图; 26cm. -- 7 - 302 - 13068 - X(北京师范大学图书馆)

本书立足于系统介绍科技信息检索的方法与技能,从信息检索方法与技术、信息资源检索以及信息资源的再生利用三方面进行了全面阐述。本书压缩、精简了传统的手工检索部分,仅重点介绍国内外著名检索工具的结构和使用方法,为初学者提供一个学习信息检索方法与技能的空间。本书着重扩展、充实现代信息检索部分,深入地介绍了计算机联机信息检索、光盘信息和网络信息检索,为人们学习利用现代信息检索技术,全方位获取有关信息提供了相关的知识与技能。(韩丽)

2198

信息检索 / 马桂琴主编. -- 兰州:兰州大学出版社,2006. --323 页:图;26cm. -- 7 - 311 - 02804 - 3(兰州大学图书馆)

本书系统地阐述了信息检索的基本理论和方法。从信息检索的存储开始, 从手工到计算机再到因特网讲解具体的信息查找方法。同时在每章开始说明本章的组织思路,在每章后设计了信息检索思考题。(韩丽)

2199

实用社会科学文献信息检索 / 毛一国, 卓勇编著. -- 杭州:浙江大学出版社,2006. -- 230 页:图; 26cm. -- 7 - 308 - 04591 - 9(北京师范大学图书馆)

本书系统地介绍了社会科学文献检索和使用的原理、方法。按社会科学检索工具书的类型,下设书目、索引、词典、百科全书、年鉴、机构名录、传记资料、地理文献、统计资料、典制与法规、计算机网络文献等共13章分别予以详细论述。本书的特点在于:把中文工具与外文工具结合起来,增加了重要的外文工具书的介绍,使中外文工具书融为一体;把传统的印刷型工具书与现代网络检索工具结合起来,克服了传统中文工具书只收录印刷型工具书的局限,增加了网络资源,使之更具时代感,并且所收内容也是国内在版同类图书中最新的。(韩丽)

2200

信息检索与利用教程 / 彭奇志主编. -- 北京:中国轻工业出版社,2006. -- 260页:图;26cm. -- 高等学校专业教材. -- 7-5019-5191-8(国家图书馆)

本书是为了满足现代社会信息活动不断发展变化的需要,提高人们信息获取的知识能力而编写的。该书对信息资源进行了较好的剪裁与组织,对传统的手工检索工具进行了大量压缩,对数据库与网络检索工具重点进行了论述,有些内容甚至进行了全面的剖析,充实了该书的内容与实际应用价值。同时该书对检索方法与技术也进行了很好的安排,按照教学的需要逐步地展开这些内容,循序渐进,便于读者学习和阅读。全书主要内容包括:信息检索基础理论及基本原理,信息检索方法,检索途径及检索策略,工具书及其网络资源检索,Internet信息搜索,国内外综合性检索系统,中外文专业性检索系统,专利、研究报告、学位论文、会议论文等信息检索,专题信息资源检索,信息分析、课题选题、学位论文撰写与投稿、学术论文评价体系等。(韩丽)

2201

信息检索概论 / 祁延莉, 赵丹群主编. -- 北京:北京大学出版社,2006. -- 248页:图; 26cm. -- 7-301-10446-4(北京师范大学图书馆)

本书是为高等院校信息管理本科的信息检索课程编写的教材。全书共分为12章,主要内容包括:信息检索概述、信息源、信息检索系统、文本信息检索技术与方法、多媒体信息检索技术、信息的组织与检索、常用搜索引擎简介和信息检索评价研究等。书后附录有课程实习作业。(韩丽)

2202

生物医学信息检索 / 乔中, 王贤超主编. -- 北京:高等教育出版社,2006. -- 225页:图;23cm. -- 高等学校现代文献信息检索系列教材. -- 7-04-020161-5(国家图书馆)

本书是高等学校现代文献信息检索系列教材之一。该书是在深入研究我国高等学校生物医学信息检索教学现状的基础上,结合当前我国信息检索教学实际和编者多年来的教学经验,吸收国内外生物医学信息检索的最新成果编写而成的。在系统论述信息检索基础理论及其相关知识的基础上,重点介绍了信息检索原理、信息检索系统、信息检索途径与方法、计算机信息检索技术与方法、网络信息检索技术与方法等基本知识,并详细介绍了国内外常用的计算机生物医学信息检索、网络生物医学信息检索、循证医学、科研查新和生物医学论文写作。(韩丽)

2203

中文法律文献资源及其利用 / 渠涛主编;中国社会科学院法学研究所图书馆编写. -- 北京:法律出版社,2006. -- 343页; 21cm. -- 法学论文写作指南. -- 7-5036-6389-8(北京师范大学图书馆)

本书介绍了各种中文法律文献资源的检索以及使用途径,全书共分为8章,主要内容包括:法律文献及文献利用的基础知识,一般法律文献的分类检索,法律法规类文献的检索,法律研究类文献的检索,法律工具书的利用,港澳台地区法律文献及利用,各种相关机构中的法律文献资源利用,法律文献电子资源利用等,书后附录有京城法律购书指南、法律文献相关网站和法学刊物注释体例。本书是法学学习的良伴,法学论文写作的有效工具书,适合高等院校法学师生学习参考使用。(韩丽)

2204

药学信息检索技术 / 全国医药职业技术教育研究会组织编写;周淑琴主编. -- 北京:化学工业出版社,2006. -- 152页:图;26cm. -- 7-5025-8063-8(武汉大学图书馆)

本书是在全国医药职业技术教育研究会的组织指导下,贯彻教育部《面向21世纪教育振兴行动计划》中提出的"职业教育课程改革和教材建设规划"和《关于全面推进素质教育深化中等职业教育教学改革的意见》而编写的。本书新颖实用,简明扼要,富有特色。全书共有5章,分别为入门检索、手工检索 、光盘检索、网络检索、运用文献及科技论文写作;每章在学习要点、基础知识、技能训练、课后练习、知识网络方面展开。(韩丽)

2205

信息传播与文献检索 / 阮海红, 王志华主编. -- 杭州:浙江大学出版社,2006. -- 367页:图; 23cm. -- 浙江省文化与传播研究中心成果; 浙江广播电视研究院资助项目. -- 7-308-04800-4(北京师范大学图书馆)

本书以信息传播领域的文献检索为切入点,探索网络环境下文献检索原理及其应用,并系统地介绍了相关知识,包括信息传播理论、信息资源管理、信息素质教育、信息资源的开发和利用,力求新颖和实用。(韩丽)

2206

护理科研与医学文献检索 / 宋向东主编. -- 南京:东南大学出版社,2006. -- 176页;图;27cm. -- 安徽省五年制护理专业高职规划教材. -- 7-5641-0325-6(国家图书馆)

本书分两篇。上篇护理科研主要介绍护理科研的原则和基本方法、护理科研的基本程序和内容、护理科研选题、护理科研设计、护理科研论文、护理科研管理;下篇医学文献检索主要介绍医学文献检索的基础知识、计算机检索、中文医学文献检索工具、外文医学文献检索工具、医学参考工具书、科技查新等。(韩丽)

2207

现代信息检索教程 / 孙济庆等编著. -- 上海:华东理工大学出版社,2006. -- 261页:图; 26cm. -- 7-5628-1950-5(北京师范大学图书馆)

本书以提高大学生信息素质为宗旨,以现代信息检索为主线,全面介绍了信息检索的基础、文摘型数据库、全文数据库、参考工具书、网络信息检索,对信息检索的方法作了深入的探讨,并编有详尽的检索实例。特别是为适应从信息检索向信息素质教学改革的转变,本书增加了信息意识、知识产权与创新、信息鉴别与分析3个方面的内容,为配合案例教学编写了9个代表性案例。全书完整体现了在信息检索课程中信息素质教育应包含的知识体系,在数据库检索方法中强调学科适用性与典型性,以满足各学科的教学需求。(韩丽)

2208

现代信息检索与利用 / 陶颖主编. -- 哈尔滨:黑龙江教育出版社,2006. -- 252页:图;21cm. -- 7-5316-4645-5(浙江大学图书馆)

本书共分为8章,主要内容包括:绪论;信息检索基础知识;参考工具书及其网络资源;特种文献信息检索,介绍了专利信息、学位论文、标准信息的检索;网络信息资源的检索与利用;网络信息检索工具;国内外网络数据库检索;电子图书、电子期刊、电子报纸的检索等。书后附录有中国图书馆分类法简表以及Internet上部分重要学术信息网址参考。(韩丽)

2209

经济法律信息检索 / 王汉桥, 宁浩主编. -- 北京:高等教育出版社,2006. -- 216页:图;23cm. -- 高等学校现代文献信息检索系列教材. -- 7-04-020157-7(北京理工大学图书馆)

本书是高等学校现代文献信息检索系列教材之一。在信息社会里,信息是一种重要的资源、机会和财富,信息素养成为评价人才综合素质的一项重要指标。在网络环境下,利用计算机与因特网获取、开发与利用信息资源的能力已成为当代大学生的必备素质,是实现终身学习的需要,也是提高社会信息化水平的需要。本教材即为满足现阶段高等教育培养新型人才的要求而编写,分为4篇13章。第一篇介绍了有关信息检索的理论基础知识和手工检索方法,系统地阐述了文献信息之间的相互关系,文献信息检索原理、检索语言、检索策略以及工具文献等。第二篇在概述经济和法律文献的基础上,以数据库为线索对国内外著名的数据库检索系统进行了详细的图文并茂的讲解。第三篇系统介绍了网络信息资源及其检索、常用搜索引擎和经济、法律专业网站。第四篇则注重引导学生对检索后的信息进行分析整理和利用。全书强化实践检索环节,适合于经济、法律专业学生、研究人员和实际工作者使用。(韩丽)

2210

互联网医学信息资源与检索 / 王红, 涂勇编著. -- 北京:人民军医出版社,2006. -- 163页:图;20cm. -- 7-5091-0057-7(北京大学图书馆)

互联网正逐渐取代其他途径,成为医务人员获取信息的主渠道。掌握国际互联网的医学信息资源和检索技术的基本知识,已成为广大医学工作者必须掌握的现代技能之一。本书以普及医学网络信息的资源检索知识,解决实际问题为主要目的,主要介绍了互联网的发展概况和基础知识、互联网信息资源的分类管理与检索技术、互联网搜索引擎的使用、互联网数据库的使用、重要的医学网站、互联网的其他信息资源与检索服务等。所选网站都是经过作者亲自在大量网站中比较测试、精选出来的最好的医学信息资源网站,并列举了大量检索实例,使读者能更快掌握有关检索知识及检索技术。书中还附有大量参考图,使内容更直观。(韩丽)

2211

常用社科文献信息源(2版) / 王锦贵主编;王波, 张积, 刘耀编著. -- 北京:北京图书馆出版社,2006. -- 342页:图;21cm. -- 7-5013-3153-7(北京师范大学图书馆)

本书比较全面系统地介绍了社会科学研究及学习过程中所必需的信息源的类型、特点、重要典籍及检索方法。其内容包括著述信息源(丛书、总集、别集、全集、选集、论文集、传记、史志、政书等)、史料信息源(方志、档案)、资料信息源(参考资料、报刊资料)、咨询工具信息源(书目、索引、文摘、类书、年鉴等)。本书保留了第一版对著述信息源、史料信息源、资料信息源、查询工具信息源的特点及检索方法的系统论述,并应广大读者和高校师生的要求,增加了"电子信息源"的类型和检索方法。此外,还在各章正文之后,增加了提供读者进一步研究的思考题,以及课外参考文献。(韩丽)

2212

科技文献检索与利用(第3版) / 王立诚主编. -- 南京:东南大学出版社,2006. -- 213页:图;24cm. -- 978-7-5641-0347-7(北京师范大学图书馆)

本书在第二版的基础上,吸收了近年来编者在教学科研过程中许多体会和经验。它系统地阐述了科技文献检索与利用的基本原理和基础知识,介绍了国内外主要科技文献检索工具及其使用方法,结合学生在校学习期间以及今后走向工作岗位获取文献的需要,按文献出版类型分别介绍了获取的方法和途径,并结合计算机检索发展需要,增加大量数据库利用介绍。第三版与第二版相比,内容有较大补充和更新。(韩丽)

2213

人文信息资源检索 / 王立革主编. -- 哈尔滨:东北林业大学出版社,2006. -- 179页:图;26cm. -- 7-81076-925-1(哈尔滨工程大学图书馆)

本书讲解了信息与信息检索、人文工具书类型及其概述、字词检索、书目与古今图书查找、法律法规类文献检索、文学信息资源检索等内容。(韩丽)

2214

现代信息检索教程 / 王树亮, 武群辉主编. -- 北京:中央编译出版社,2006. -- 166页:图;23cm. -- 7-80211-273-7(北京师范大学图书馆)

全书共分为8章,针对当前飞速发展的信息技术、日益发展的网络环境和不断涌现的新的数字资源、新的检索内容和手段,以最新检索理论、检索技术为主线,整合手工检索、计算机检索及网络信息检索的基本方法,结合普通高校信息检索课时少、教学时间短、实践性强的特点进行编写,紧紧围绕信息时代如何对传统资源和数字化资源进行高效检索,可操作性强。力求内容新颖、技术先进、工具系统、方式全面。

(韩丽)

2215

现代科技信息检索 / 王希民等编著. -- 长春:吉林人民出版社,2006. -- 306 页;26cm. -- 7 - 206 - 05093 - X(国家图书馆)

本书包括信息基本知识概论、科技文献知识概论、科技信息检索基础、中文科技信息检索、美国《化学文摘》检索、美国《工程索引》检索、英国《科学文摘》检索、美国《科学引文索引》检索、美国《生物学文摘》检索、特种文献信息检索、专利文献信息检索、计算机信息检索等 12 章。全书以化学工程检索为主线,兼顾机械工程、材料工程、计算机工程、生物环境工程和管理工程的检索,适应不同专业和多层次的教学需要,可作理工科高等学校科技信息检索的教材。(韩丽)

2216

文献信息检索与论文写作 / 王细荣, 韩玲, 张勤编著. -- 上海:上海交通大学出版社,2006. -- 270 页:图;26cm. -- 7 - 313 - 04514 - X(北京师范大学图书馆)

本教材是作者多年来研究与教学实践的结晶,2006 年 8 月于上海交通大学出版社出版,曾在上海、山东、江苏、浙江、河南、福建、湖南、四川等省市 20 多所高校试用,得到了广大师生的积极回应和评价。本书以全新的方式介绍了各种文献特点与分布,一些著名传统文献检索工具的编排组织规则和使用方法,电子文献信息检索技术,国内外著名的题录或文摘数据库、引文数据库、全文数据库的特点及使用方法,纸质文献与电子文献合理使用的范畴,学术论文的写作规范、撰写方法以及投稿技巧等。本书对提升读者信息素质,培养终身学习能力,提高网络信息环境下的文献检索与利用能力具有重要的作用。(韩丽)

2217

文献信息检索与利用 / 王新荣主编. -- 上海:上海交通大学出版社,2006. -- 212 页:图; 26cm. -- 7 - 313 - 04164 - 0(北京师范大学图书馆)

本书根据教育部颁发的《文献检索课程教学基本要求》编写,注重贯彻素质教育和创新教育的精神,突出当代大学生对文献信息利用能力的培养。全书共分为 10 章:绪论,文献信息检索,图书馆文献分类,图书馆目录组织,文献检索工具,参考工具书,网络信息检索,中文数据库检索,数字图书馆,文献检索与论文写作。其主要内容分三部分:文献信息检索的基础理论和基础知识,国内外参考工具书及检索工具书概述,计算机检索、网络检索和数据库的使用。(韩丽)

2218

科技信息检索与利用 / 王园春,李瑞斌主编. -- 北京:石油工业出版社,2006. -- 188 页:图;26cm. -- 高等学校教材. --7 - 5021 - 5621 - 6(北京理工大学图书馆)

本书是高等学校教材中的一册,全面介绍科技信息检索与利用的原理与知识,介绍国内外主要科技文献检索系统及使用方法并辅助以相关示例。本书主要内容包括:信息检索基础知识、现代信息检索基础知识、中文科技信息的综合性检索、外文科技信息的综合性检索等。(韩丽)

2219

信息检索与利用 / 吴高魁,伊雪峰主编. -- 长春:吉林大学出版社,2006. -- 186 页:图;26cm. -- 7 - 5601 - 3374 - 6(国家图书馆)

本教材以培养大学生的信息意识和信息能力为前提来构思教材结构及相应的教学内容,并力求使之能反映科学性、系统性和实用性。同时,根据本课程具有实践性强的特点,对检索工具除阐述了编排原则外,还着重对各种检索途径的步骤和方法作了较详细的介绍,对当时国内外流行的检索新技术及新方法做了系统介绍。另外,为了便于对大学生进行图书馆利用入门教育,使大学生充分利用图书馆,还增加了图书馆利用指南方面的内容。(韩丽)

2220

现代信息检索简明教程 / 吴新博编著. -- 北京:清华大学出版社,2006. -- 241 页:图; 26cm. -- 新编高等院校经济管理类规划教材. -- 7 - 302 - 13791 - 9(北京师范大学图书馆)

本书从介绍学科的基本理论和重大发展阶段入手,对计算机信息检索的理论进行了研究和探讨。教材系统介绍了信息资源及其类型;信息检索的系统与类型;信息检索的语言、基本程序;信息检索的基本方法;联机检索系统;光盘数据库检索;网络信息检索;数字图书馆等方面的内容。同时,本书利用大量的范例来帮助学生提高实际操作能力,以提高学生在网络信息环境下的实践与发展能力。(韩丽)

2221

信息检索与利用 · 农业 / 夏继明,杨长平主编. -- 成都:四川科学技术出版社,2006. -- 218 页;26cm. -- 四川省新世纪教育教学改革项目规划教材. -- 7 - 5364 - 5927 - 0(国家图书馆)

本书是四川省新世纪教育教学改革项目规划教材中的一册,全书共分八章,包括信息与信息资源、信息检索基础知识、中文信息检索系统、外文信息检索系统、特种文献检索、引文数据库、Internet 网络信息资源等。本教材紧密围绕培育大学生信息技能素养的基本目标,体现了科学方法课的特点。在内容上力求反映最新的信息检索理论与技术,与快速发展的信息技术相衔接。(韩丽)

2222

现代文献综合信息检索 / 夏淑萍, 王真主编. -- 北京:高等教育出版社,2006. -- 256 页:图;23cm. -- 高等学校现代文献信息检索系列教材. -- 7 - 04 - 020162 - 3(国家图书馆)

本书是高等学校现代文献信息检索系列教材之一。本书系统地论述了现代文献信息检索的理论和方法,对中外最新、最常用的文献资源数据库及网络检索工具进行了全面的介绍。全书分为三篇。第一篇为基础篇,介绍了文献检索的内容、方法与意义,发生、发展与成熟的历史。第二篇为资源篇,详细论述了中外多种最新、最权威的资源数据库及检索方法,内容十分丰富。第三篇为技巧篇,对各类文献及一些事实、数据和网络型工具书的检索,对专业网站、搜索引擎的利用都有精当的介绍。(韩丽)

2223

信息检索与利用(第2版) / 谢德体，宛章齐，骆云中主编. -- 北京:中国农业出版社,2006. -- 203页:图;23cm. -- 全国高等农林院校"十一五"规划教材；获2005年度全国高等农林院校优秀教材. -- 7-109-11027-3(国家图书馆)

本教材作为全国高等农林院校"十一五"规划教材。内容包括:信息检索基础、搜索引擎、事实和数值型检索、图书信息检索、期刊信息检索、专利及商标信息检索、其他信息检索、检索案例选编、信息系统与分析。其特点包括:一是将文献检索课定位为工具课,增加了提高检索效率的案例评析(第九章)。第九章的写作风格独特,融题解、案例评析、基础理论三位一体,可作为专题讲座、实行"2+1"学期制度的暑假段学期的短期培训教材。二是在章节安排上层层递进,体现了螺旋上升结构的教育思想,突破寻常教材的直线串联式的格局。第一至三章主要讲授基础知识,适合大学低年级学生的层次;第四至八章是检索工具的各论,属于实习指南;第九、十章主要适合大学高年级学生和研究生的层次,是对课程的总结提高,体现了针对本科生不同年级和研究生实行各取所需、因材施教的教育理念。三是打破专业局限,选材广泛。四是从教学实际规律出发,某些重要内容适当重复安排在不同章节,以利加深印象。(韩丽)

2224

实用生物医学信息检索 / 谢志耘主编. -- 北京:北京大学医学出版社,2006. -- 376页:图;26cm. -- 高等医学院校教材；北京大学医学部科学出版基金资助出版. -- 7-81116-047-1(北京大学医学部图书馆)

本教材专为医药院校在读研究生或在职医学教研人员编写,全书共分9章。为了满足当前信息素质教育的需要,帮助读者了解、熟悉和掌握当前生物医学信息资源及其获取方法,教材编写力求结构合理、内容丰富、实用性强。主要内容包括信息检索的基本概念和知识、国内外主要的医学文献检索刊物的使用、特种文献检索以及文献信息资源的综合利用等内容。同时,为了适应信息电子化、网络化时代的要求,简要介绍了计算机信息检索基本理论及Inernet基本知识,重点探讨了与生物医学相关的文摘索引型、事实数值型、引文分析型及电子期刊全文型光盘或网络数据库的检索方法与技巧,同时还对生物信息学、循证医学等与信息科学密切相关的新学科所涉及的专业数据库也给予详细的讲解。本书从实用出发,采用较多的实例,并以图文并茂的方式表达,便于读者理解与掌握,也便于学生自学。(韩丽)

2225

医学文献检索 / 邢美园,梁玲芳,何立芳主编. -- 杭州:浙江大学出版社,2006. -- 344页:图;26cm. -- 7-308-05055-6(国家图书馆)

从教学角度看,本教材体系完整,内容丰富,整本教材通过以下几条主线贯穿始终,真正体现培养学生的信息素养。从文献检索的基础知识→书目检索工具→全文数据库→医学论文写作,为学生提供了一个完整的文献检索与信息获取的思路;从书本的理论知识→图书馆馆藏资源的利用→医学论文的写作,为学生从理论知识的获取到图书馆实践应用,最后到科学研究应用提供了完整的思路。特别值得一提的是,教材所有章节有关数据库、网络资源的利用都结合了实例操作,通过举例将数据库的应用讲解透彻;在循证医学检索这一章还通过台湾彰化财团某医院的教学实例进行了案例分析。案例的选用,不仅能够有利于培养学生的信息意识,而且还可以使学生通过案例分析掌握如何通过文献检索获取证据,真正应用于临床实践。(韩丽)

2226

信息检索 / 徐天秀主编. -- 北京:科学出版社,2006. -- 320页:图;24cm. -- 21世纪高等院校教材. -- 7-03-016640-X(北京大学图书馆)

本书立足于介绍现代信息检索的方法与技术,在对信息检索基本知识、信息检索工具及系统进行了全面阐述的基础上,重点介绍了国内外重要电子信息资源、网络信息资源的检索与利用,也对部分重要的印刷型检索工具书进行了介绍,为读者提供了较全面的信息检索知识。本书是一本工具型书籍,提供的信息检索学科范围广,内容尽量以最新版本为主,是一本实用性强的学习信息检索方法和技巧的专著,尤其是本书配制的多媒体光盘,为本课程的学习提供了便捷。(韩丽)

2227

信息检索与利用 / 徐学锋主编. -- 北京:煤炭工业出版社,2006. -- 163页;26cm. -- 高等院校规划教材. -- 7-5020-2923-0(国家图书馆)

全书共分为10章。第一至三章主要介绍信息检索的基本知识,包括信息检索概述、信息资源类型特点、检索工具、检索方法、检索途径、检索程序等;第四至六章介绍计算机信息检索知识,包括计算机信息检索原理、检索类型、检索技术和各种中外文数据库等;第七章介绍网络信息检索基本知识,包括网络信息资源类型特点、常用搜索引擎的使用技巧;第八章介绍了特种文献信息的检索知识,包括各种特种文献的手工检索、数据库检索和网络检索;第九章介绍了数据与事实检索的基本知识,包括参考工具书的类型、编排结构和检索方法;第十章主要介绍信息利用与论文写作的基本知识,包括信息的分析、信息的综合及论文写作等方面的知识。(韩丽)

2228

文献信息检索与利用 / 薛琳主编. -- 郑州:河南人民出版社,2006. -- 355页;26cm. -- 7-215-06054-3(国家图书馆)

本书以文献信息检索工具的利用为主线,以电子与网络信息、数据库与因特网上专门信息的检索为重点,全面地介绍了文献信息检索的基本知识、信息资源类型、各类信息检索工具及其利用方法以及网络环境下的图书馆服务、利用文献信息撰写毕业论文和文献信息检索与利用中的知识产权问题等方面的内容,以适应当时信息技术发展的要求,为培养大学生多方面技能提供帮助。(韩丽)

2229

信息检索 / 闫凤云主编. -- 哈尔滨:哈尔滨工业大学出版

社,2006. -- 263 页:图;21cm. -- 7-5603-2404-5(北京大学图书馆)

本书共分为九章,书中详细介绍了信息资源及其检索。其中包括图书信息检索,期刊信息检索,会议文献及其检索,学位论文及其检索,专利文献信息的检索方法、技术和特点;同时,还介绍了一些重要的参考数据库与网络搜索引擎的检索技巧。(韩丽)

2230

社会科学信息检索 / 严大香主编;严大香等编著. -- 南京:东南大学出版社,2006. -- 358 页:图; 24cm. -- 网络信息资源检索与利用系列丛书. -- 7-5641-0225-X(北京师范大学图书馆)

本书分为三篇:基础篇、运用篇和专业篇。基础篇介绍了信息检索的基本知识、搜索引擎的原理以及各种搜索引擎的使用;运用篇按资源类型介绍了社会科学相关的数据库和检索系统的使用;专业篇则按不同学科介绍了各学科相关的专业网络资源。运用篇和专业篇中的内容除了数据库和检索系统外,还收录了大量的网上免费资源以及各学科相关的专业网站。另外,除在每章中结合实例介绍资源的使用方法外,还在专业篇中结合典型学科提供了大型的检索实例,这些检索实例可以帮助读者提高检索技巧。本书旨在培养社会科学领域的研究者、工作者和学习者的信息素养,提高其信息检索技能,以方便快捷地查找到宝贵的网络信息资源,节省在查找资源上所花费的时间。(韩丽)

2231

农业信息检索 / 叶勤主编. -- 北京:高等教育出版社,2006. -- 153 页:图;23cm. -- 高等学校现代文献信息检索系列教材. -- 7-04-020160-7(北京理工大学图书馆)

本书是高等学校现代文献信息检索系列教材之一。信息素质和信息利用能力是现代信息社会人们必备的素质之一,也是大学生综合素质的构成部分。本书针对农林高校大学生信息素质教育的需要和特点编写。全书共9章。第一章至第三章为基础篇,阐述了文献信息的基本概论、信息检索原理与方法等理论问题;第四章至第八章为资源篇,详细介绍了各种农业及其相关的文献信息资源与检索方法,包括纸质资源检索、电子资源检索、与农业相关的免费资源检索,重点介绍了中外文农业电子期刊、电子图书、数据库等网络信息资源及其检索;第九章为技巧篇,主要介绍了信息检索在学术论文写作和课题研究中的应用。全书理论与实践相结合,内容全面,体系结构较为合理,可作为大学生、研究生文献信息检索课教材或农林科技人员自学及检索参考用书。(韩丽)

2232

医学信息检索与利用 / 余鸣主编. -- 合肥:安徽大学出版社,2006. -- 329 页;26cm. -- 7-81110-199-8(国家图书馆)

本书共分为九章,内容包括:概论,常用书目数据库检索,中文全文数据库检索,英文全文数据库检索,引文检索,搜索引擎,其他文献信息检索,重要医学网站,生物信息学数据库检索等。重点介绍了国内外医学信息资源,并用大量的篇幅突出介绍了中外文全文数据库检索、网络信息资源检索和生物信息学检索。书中附有大量的图片和检索实例。(韩丽)

2233

文献信息检索与利用 / 曾德良,赵承开主编. -- 长沙:湖南科学技术出版社,2006. -- 314 页;26cm. -- 7-5357-4738-8(国家图书馆)

本书共 12 章,分为 4 大部分。第一部分概述了文献信息的类型、特征以及文献信息检索的意义,详细介绍了信息检索的概念、原理、类型、语言、方法、途径、步骤以及信息检索工具的类型与结构;第二部分具体介绍了报刊与图书文献信息、词语信息、事实信息、数值信息、特种文献及网络信息的检索,将信息检索的理论与方法寓于检索工具的介绍之中,将手工检索与计算机检索融为一体;第三部分主要介绍信息的利用,包括信息的阅读与积累、信息的利用与学术论文的写作,侧重于方法的介绍;第四部分为附录,包括图书馆简介、《中国图书馆分类法》(第四版)简表和中文核心期刊表。(韩丽)

2234

化学化工文献与信息检索 / 张翠梅, 周激编著. -- 北京:国防工业出版社,2006. -- 167 页:图; 23cm. -- 21 世纪高等院校规划教材;本书于 2008 年再版. -- 7-118-04116-5(国家图书馆)

本书主要介绍了文献检索的一般知识以及各类文献的检索方法。全书共分为 7 章,其内容主要包括:期刊论文、专利文献、标准文献、CA、EI、SCI、化工技术信息等。书中对各类文献的网上检索也作了介绍,并提供了大量相关网络资源地址,以方便读者上网检索。本书注重实用性,对常用化学化工文献检索工具的使用和检索方法进行了较详细的介绍,并列举了一些实例。既可作为高等院校化学化工类各专业的教材,也可作为相关科技人员的参考工具书。(韩丽)

2235

信息检索 / 张海涛等编著. -- 北京:机械工业出版社,2006. -- 294 页:图;26cm. -- 21 世纪高等院校专业课系列教材. -- 7-111-19640-6(北京师范大学图书馆)

信息检索是现代信息管理过程中的核心内容,是信息服务业的研究重点,随着社会信息化的全面发展,它已显现出在经济发展中的重要性。本书由多年从事高校教育的老师结合教学经验和体会编写而成。全书共分为 4 部分 12 章,主要内容包括:信息检索基础知识、信息检索的原理与技术方法、信息检索的语言、科技图书及其检索、特种文献及其检索、计算机信息检索概述、联机信息检索、光盘信息检索、网络信息检索概述、网络信息检索工具和网络信息检索工具的使用。该书对研究、学习信息检索的广大读者十分适用。(韩丽)

2236

信息检索(4 版) / 张厚生主编. -- 南京:东南大学出版社,2006. -- 431 页:图; 24cm. -- 7-5641-0505-4(北京师范大学图书馆)

本书为“信息素养”课程教材,在阐述信息检索基本理论和方法的基础上,对信息检索领域最新进展作出介绍和分析,以Web信息检索、数据库检索内容为侧重,兼容对以印刷型文献为载体的知识信息检索的研究和讲授,并对数字化资源、网络资源及其检索工具、多媒体信息、全文检索、网上跟踪、搜索引擎和信息导航技术使用等分别进行了剖析,具有较强的科学性、系统性和实用性。(韩丽)

2237

信息检索与利用 / 张辉编著. -- 济南:山东人民出版社,2006. -- 348页:图;23cm. -- 21世纪管理学系列教材. -- 7-209-03949-X(北京师范大学图书馆)

信息检索课程不仅是信息管理与信息系统专业、图书馆学专业的主干课程之一,同时也是一门面向高等院校的所有学科专业学生开设的公共课程。现在是一个数字资源与纸质资源并存的时代,对于当代大学生来说,不仅需要了解和掌握传统的手工检索方法,更需要熟悉和掌握计算机检索尤其是网络信息检索的理论与技术。本书充分考虑信息资源的广泛性,系统地阐述了传统的信息检索理论基本知识与检索工具体系,同时也紧密结合数字化、网络化信息环境的特点和实际的检索需要,综合全面地介绍广泛分布的信息资源、多样化的信息检索系统、检索技术方法和检索手段等。本教材既可作为信息管理与信息系统专业、图书馆学专业信息检索课程的教材,也可作为高等院校《文献检索与利用》(《信息检索与利用》)公共课的教材。(韩丽)

2238

汽车专业资料检索 / 张琴友主编. -- 北京:人民交通出版社,2006. -- 256页:图;26cm. -- 高等职业教育汽车运用技术专业规划教材. -- 7-114-06075-0(国家图书馆)

本书是高等职业教育汽车运用技术专业规划教材,也是汽车运用与维修专业技能型紧缺人才培养培训教材。由交通职业教育教学指导委员会汽车运用与维修学科委员会根据教育部颁布的《汽车运用与维修专业领域技能型紧缺人才培养培训教材指导方案》以及交通行业职业技能规范和技术工人标准组织编写而成。本书内容主要包括:信息检索的基本知识;十大信息源;数据库检索与利用;利用因特网查找资料;汽车维修资料的选择与使用;文献资料的选择与使用等。(韩丽)

2239

数字资源检索教程 / 章云兰, 万跃华, 舒炎祥编著. -- 北京:科学出版社,2006. -- 366页:图;26cm. -- 高等院校公共基础课系列教材;浙江省高等教育重点建设教材. -- 7-03-016123-8(北京师范大学图书馆)

本书系统地介绍了数字资源及其检索的基本知识以及中文文献数据库、外文文摘数据库、外文全文数据库、事实数值型数据库以及电子期刊、电子图书、电子报纸、特种文献等数字信息资源的检索方法与技巧,并就网络学术资源的收集方法进行了介绍。此外,还对信息资源的收集技巧和分析利用、信息管理工具E-Reference Tool以及论文写作与投稿指南等作了具体介绍。本书基本反映了国内外主要的数字资源,内容新颖实用、全面系统,编排结构合理,展示了最新的检索方法。(韩丽)

2240

文史工具书概述 / 赵国璋, 王长恭, 江庆柏著. -- 南京:江苏教育出版社,2006. -- 333页;23cm. -- 古文献学基础知识丛书; 普通高等教育“十一五”国家级规划教材. -- 978-7-5343-7871-3(南京大学图书馆)

本书作者为原南京师范大学古文献整理研究所教授赵国璋先生等人。本书是为古文献专业编写的文史工具书使用法教材。全书分三编。“基础编”介绍工具书的基本知识和常用的基本文献。“类型编”按类型介绍1000余种文史工具书的特点、结构及功用。“使用编”以古文献阅读和整理中可能遇到的各种疑难问题为纲,讲述解决问题的思路和方法,并通过各种实例介绍解决同一问题的不同途径,以及综合利用各类工具书解决某一问题的方法。(韩丽)

2241

常用文献信息数据库检索指南 / 赵岩碧, 苟文选编著. -- 北京:化学工业出版社,2006. -- 200页:图; 21cm. -- 7-5025-8655-5(北京师范大学图书馆)

本书是一部关于常用文献信息数据库检索的实用指南,本指南在扼要介绍计算机信息检索基本原理知识的精华部分——计算机信息检索技术的基础上,重点对当前常用的一些中外文文献信息的光盘和网络数据库进行了全面系统的介绍。有文摘型数据库检索,也有全文型数据库检索;有网上电子期刊检索,也有网上电子图书检索等。在对不同载体和不同类型数据库使用方法进行介绍时,一方面突出各种数据库的特点,另一方面尽量采用统一的编写体例,使读者易于理解和掌握各类数据库的内容及其检索方法。(韩丽)

2242

理工信息检索 / 郑章飞主编. -- 北京:高等教育出版社,2006. -- 231页:图;23cm. -- 高等学校现代文献信息检索系列教材. -- 7-04-020311-1(北京理工大学图书馆)

本书是高等学校现代文献信息检索系列教材之一。该书共分3篇11个章节,以现代文献信息检索为切入点,对文献信息检索的基本原理、运用和操作技巧等诸多理论与实践问题进行了深入研究与探讨,充分体现了文献信息检索的理论指导性和现代检索技术的实用性。本书针对高等学校理工类专业的特点和对文献信息检索的需要编写,系统介绍了信息检索的基本知识、常用工具以及检索方法与技巧,内容贯通机检和手检,整合传统检索工具与网上数字资源,并以突出网络信息资源检索工具和网上免费学术资源检索为特色。(韩丽)

2243

信息检索应用技术 / 钟云萍, 高健婕主编. -- 北京:北京理工大学出版社,2006. -- 222页:图, 摹真; 26cm. -- 7-5640-0824-5(北京师范大学图书馆)

本书共分为8章,内容包括绪论、信息检索基本知识、事实数据信息检索、综合文献信息检索、专业文献信息检索、计算机信息检索、信息分析研究与合理利用等知识。本书以培养信息意识、提高信息获取能力、培养信息素养为主导思想，以支持学术研究的信息检索利用技能为目标，以信息用户必需的基本技能作为重点，并配有检索实例。（韩丽）

2244

医药信息检索与利用 / 周晓政主编；王彪等编写. -- 南京：东南大学出版社，2006. -- 412 页；24cm. --封面英文题名：Medicine Information Literacy. --7 – 5641 – 0344 – 2（国家图书馆）

全书共分为 10 部分，主要内容包括：信息检索基础，介绍了信息概论、知识情报和文献、信息源、信息交流和信息素养、信息检索等基础知识；中文数据库，重点介绍了中国生物医学文献数据库、维普、中国知网、万方、中国药学文摘数据库等；外文数据库，重点介绍了 Entrez 与 PubMed 检索系统、EMBASE. com、美国《化学文摘》、STN 系统、Dialog 检索系统等；引文数据库检索，主要介绍了美国《科学引文索引》、Web of Knowledge、引文分析工具、Medline 等；外文电子全文数据库，重点介绍了 ScienceDirect、MD Consult、EBSCOhost、OVID、ProQuest、Blackwell 等全文数据库；特种文献检索，介绍了会议文献、专利信息、科技报告、标准信息、学位论文的检索；常用电子参考工具，包括词典、百科全书、年鉴、药典、手册、循证医学证据等；网络信息资源的检索；数字图书馆的知识产权问题；科技查新工作等。（韩丽）

2245

药物信息应用 / 周怡主编. -- 北京：人民卫生出版社，2006. -- 230 页：图；28cm. -- 全国高等医药教材建设研究会和卫生部规划教材. -- 7 – 117 – 07746 – 8（国家图书馆）

本书是根据社会的需要和科学技术的发展，以及全国高等医药教材建设研究会和卫生部教材办公室的要求组织编写的。本书首先强调药学人才的信息意识。为了使药学人才在新药研发、药品监督管理、药业决策和产品定位环节中把握好方向，成为科技、社会和市场竞争中的赢家，充分利用好现有信息资源，强化信息利用手段日益重要，医药企事业单位要建立自己的信息优势和知识优势，使之逐步变为医药企事业单位发展的最大的竞争优势，从而提高竞争能力。本书压缩了原来药学情报检索的教学篇幅，加入了药物信息咨询、药物信息评价、医药市场分析、医药信息分析方法、药物专利信息应用和医药竞争情报利用等新的内容。各章节均采用了相当的实例来促使学生接受新方法和新思想，并且具有较强的可操作性，学生可以边学边操作以加深理解。（韩丽）

2246

实用医学信息资源检索与利用 / 周毅华编著. -- 南京：南京大学出版社，2006. -- 327 页：图；26cm. -- 7 – 305 – 04710 – 4（国家图书馆）

本书针对医学文献数据库和网络医学信息资源的变化特点，围绕医学信息教育的目标与内容而编写。其内容包括：信息检索基础知识，医学文献检索工具的使用方法，计算机信息检索的基本概念和检索技术，医学文献光盘和网络数据库、网络信息检索工具、医药信息网站资源的检索与利用，会议文献等特种文献的网络检索，循证医学信息资源的网络检索，人物与机构、免费电子期刊、在线医学图谱、电子医学词典等专门信息的网络检索，网上书目数据库的检索与数字图书馆的利用，以及医学信息利用的技巧与再生医学信息的形成与处理等。本书对医学文献数据库和网络医学信息资源的检索与利用介绍详细、系统，充分反映现代医学信息检索领域的新变化、新发展，检索实例丰富，图文并茂，界面直观、清晰，可操作性强，通过具体的检索实例使读者如同亲临操作之境，便于掌握检索要领。（韩丽）

2247

文理信息检索 / 郑章飞，陈希主编. -- 北京：高等教育出版社，2006. -- 242 页：图；23cm. -- 高等学校现代文献信息检索系列教材. -- 7 – 04 – 020310 – 3（国家图书馆）

本书是高等学校现代文献信息检索系列教材之一——文理信息检索，针对高等学校文理类专业的特点和对文献信息检索的需要编写，分三篇系统介绍了信息检索的基本知识、常用工具以及检索方法与技巧。兼顾检索工具书和参考工具书，并整合传统纸质工具与网上数字资源；贯通机检和手检，并以突出网络信息资源检索工具和网上免费学术资源检索为特色。（韩丽）

2248

农业信息检索与利用 / 左文革，吴秀爽主编. -- 北京：中国农业出版社，2006. -- 278 页：图；22cm. -- 全国高等农林院校"十一五"规划教材. -- 7 – 109 – 09781 – 1（中国农业大学图书馆）

本教材阐述了信息检索的基础理论，系统介绍了国内外主要农业及相关学科信息资源及其检索，原始文献获取及其利用，事实与数据检索，信息资源的利用。主要特色是以实用性为主，兼顾理论及系统性；以计算机信息检索为主，兼顾手工检索工具；以介绍文献型数据库为主，兼顾网络信息资源；以文献信息检索方法为主，兼顾文献信息利用。本书共分十章，每章后附有思考练习题。（韩丽）

2249

中国阅读文化史论 / 王余光等著；许欢，李雅编. -- 北京：北京图书馆出版社，2007. -- 338 页：图；21cm. -- 20 世纪中国图书馆学研究文库；教育部人文社会科学研究博士点基金项目成果；"北京大学创建一流大学计划"的经费资助出版. -- 978 – 7 – 5013 – 3474 – 2（北京师范大学图书馆）

本书共分为四编，主要从阅读文化、阅读史、书的选择与阅读、网络阅读等四个方面对古今中外的阅读文化和阅读史进行了研究，重点研究了信息时代的阅读、家庭阅读、图书馆与大众阅读、出版与大众阅读、中国阅读史、各时期的阅读特点、如何推荐选择图书、中学生与少儿的阅读选择、网络阅读的发展、Blog 阅读、BBS 阅读等问题，反映了当前国内外阅读研究的热点和最新成果。多位研究者从不同角度考察了阅读这种文化现象及其历史，总结了中国阅读史的优良传统，并构建了中国阅读史的研究内容。（韩丽）

2250

如何查找文献 /（英）萨莉·拉姆奇著；廖晓玲译. --北京：北京大学出版社，2007. -- 237 页：图；23cm. --21 世纪引进版精品教材；学术道德与学术规范系列；据英国 British Library 2004 英文版译出. -- 978－7－301－10672－3(北京师范大学图书馆)

本书共分为17个部分,系统地论述了文献检索的全过程,从研究计划的初步拟定直到最终阶段的文献评估和使用,所涉及的内容包括制定一个研究策略以发现和评估最重要的文献、如何使用在线文献和互联网检索,以及参考文献、版权、抄袭、追踪最新的学术进展等各个方面。本书涵盖了众多学科领域的文献检索的技能。它所提供的指导,无论对于训练有素的学者,还是刚刚开始研究尝试的大学本科生和研究生都具有重要的作用。(韩丽)

2251

转折:在情境中集成信息查寻与检索 / Peter Ingwersen, Kalervo J. rvelin 著;张新民等译. -- 北京:科学技术文献出版社,2007. -- 30, 439 页:图;24cm. -- 据 Springer 出版社 2005 年英文版译出；科学与管理译丛. -- 978－7－5023－5674－3(北京大学图书馆)

本书从英格沃森于1992年出版的专著提出的观点、思想和发现出发,反映了信息查寻和检索的认知观的进一步发展,提供了一个与情境相关的整体主义认知观,展现了 IS & R 的宽广视野。它覆盖了信息行为的个体和社会这两个方面,包括信息的产生、搜索、检索和利用。针对传统的实验室信息检索研究,本书提出要将研究向行动者、搜索和工作任务、信息检索交互和信息使用等方向扩展;针对传统的信息查寻研究,本书提出要向信息获取技术和工作任务情境方向扩展。本书首次在广泛的信息查寻与检索领域实现了研究的集成——从系统导向的实验室信息检索研究到社会科学导向的信息查寻研究。(韩丽)

2252

信息检索基础 / 安新华主编. -- 西安:西安地图出版社,2007. -- 288 页;26cm. -- 978－7－80748－167－6(国家图书馆)

本书包括信息检索基本知识、图书馆的利用、中文科技检索工具、参考工具书、计算机信息检索基础等章节。(韩丽)

2253

文献信息检索概论及应用教程 / 包忠文主编. -- 北京:科学出版社,2007. -- 276 页:图;24cm. -- 978－7－03－018547－1(北京师范大学图书馆)

本书是以普通高等院校专业设置为基础,结合民办院校专业设置与市场需求密切相关的特点,编写的一套适合民办本科院校学生使用的综合性文献信息检索教材及配套的实习题集。内容分为两部分:(1)文献信息检索纲要,包含通用的检索教程和各专业特色文献信息资源的介绍;(2)结合各专业特点和文献检索的相关知识点,列举典型实习题并附解题提示。本教材力争以浅显易懂的文字对文献信息检索的基本理论进行描述,对传统的系统化文献信息检索教材内容进行了删减,以中文信息、电子网络信息为主,着重介绍了检索原理、检索方法、检索工具、各类数据库和数据库的使用方法以及网络资源的获取途径,力求使学生在掌握必备的文献信息检索的基本原理后,即能选择与所学专业相关的实习题进行操作和练习,达到学以致用的目的。(韩丽)

2254

信息检索与利用(第2版) / 陈多, 许建男主编. -- 上海:上海交通大学出版社,2007. -- 280 页;图;26cm. -- 978－7－313－01190－9(西安交通大学图书馆)

本书为适应高等工程院校各学科及专业的发展,形成工科文献信息检索课程独具的特色,满足教学活动的需要而编写,目的是为了促进学生综合素质的发展,帮助学生构建科学的智能结构,培养他们吸收、运用发展科学知识的能力,从而成为不断获取驾驭新知识、开拓发展新知识的创新型人才。本书分别阐述了信息检索的基本知识、计算机检索技术、中文数据库信息检索、外文数据库信息检索等内容。(韩丽)

2255

文献信息检索实用教程 / 陈萍秀编. -- 北京:机械工业出版社,2007. -- 266 页:图;26cm. --"十五"高职高专公共基础课规划教材. -- 978－7－111－20512－8(国家图书馆)

本书是在多年从事文献检索应用、教学实践和研究的基础上,结合高职高专院校对人才培养目标的要求以及课程自身的特点编写而成的。全书共分四篇14章,主要内容包括:文献信息检索基础知识,文献信息检索基本原理,计算机信息检索,网络信息检索工具,常用中文搜索引擎,常用英文搜索引擎,专题型、专门型搜索引擎,书目检索系统,中文网络数据库检索系统,行业信息资源系统,电子图书系统,特种文献信息检索,国外综合性检索工具,国外专业性检索工具。(韩丽)

2256

信息检索与利用(第3版) / 陈蔚杰, 周带娣, 于淑惠主编. -- 北京:中国农业出版社,2007. -- 181 页:图;23cm. -- 全国高等农林院校"十一五"规划教材. -- 978－7－109－11838－6(浙江大学图书馆)

本教材是全国高等农林院校"十五"、"十一五"规划教材《信息检索与利用》的第三版修订本。本次修订主要体现在:实现检索与分析一体化;增加图片、图解;增加案例,且都是来自教学一线的原创。本书包括绪论、信息检索与分析的步骤、搜索引擎、事实和数值型信息检索、图书信息检索、期刊信息检索、专利信息及商标信息检索等10章内容。(韩丽)

2257

科技信息检索(第3版) / 陈英主编;赵宏铭等编著. -- 北京:科学出版社,2007. -- 222 页:图;24cm. -- 978－7－03－019689－7(北京师范大学图书馆)

本书以第二版为基础,紧密结合信息检索系统的最新发展动态,再次修订而成。本书以现代信息检索技术为核心,对信息检索原理与方法、信息资源检索及信息资源的分析与利用三方面进行了全面的阐述。重点深入介绍了联机数据库信息、光盘数据库信息和网络数据库信息的检索方法与技巧,充分反映了现代科技信息检索的最新进展。本书内容全面、系统性强,结构合理,取材新颖,注重实用,是一部通用性和实用性很强,适应网络环境下学习现代信息检索方法和技能的专著,不仅为初学者提供了一个学习现代信息检索方法与技能的空间，同时也为人们学习、利用现代信息检索技术，全方位获取有关信息提供了相关的知识和必备的技能。本书既可作为高校本科生和研究生学习现代信息检索方法与技能的教材，又可作为教学、科研、工程技术人员和社会各界人士检索信息时的必备参考工具书。（韩丽）

2258

农业科技文献信息检索与利用 / 董京，王郁葱主编. -- 合肥：安徽教育出版社，2007. -- 304 页：图；26cm. -- 978 – 7 – 5336 – 4345 – 4（武汉大学图书馆）

本教材共分 4 篇。第一篇从信息、知识、文献入手，重点介绍了图书馆从信息管理向知识管理、知识服务的角色转变；第二篇、第三篇分别从手工、计算机两个视角，系统阐述了农业文献信息检索的方法与技巧；第四篇简单论述了图书馆与大学生知识结构的拓展与能力的培养、农业科技文献信息的利用与大学生信息素质的培养。该教材立足于“农”，但又不拘泥于“农”；立足于“本科生”，同时兼顾研究生的检索课程教学。知识、能力、素质是本教材的三大核心“关键词”，教授大学生文献信息检索的方法与技巧，提高大学生信息素质是贯穿本教材始终的一条“主线”。（韩丽）

2259

保健食品与食品信息资源检索与利用 / 范青生，余爱国主编. -- 北京：中国医药科技出版社，2007. -- 257 页：图；23cm. -- 保健食品研究与开发系列. -- 978 – 7 – 5067 – 3691 – 6（清华大学图书馆）

本书根据保健食品与食品科学研究与开发特点，对国内外相关网站及计算机检索进行了较全面的介绍，尤其对各检索系统科学的检索方法、检索技巧进行了详细的说明，有利于使用者迅速掌握检索方法，尽快查询到所需的国内外文献。由于中文文献及国内数据库查找比较容易，故本书重点介绍难度较大的外文文献的检索方法。本书系统介绍了信息检索概论、计算机检索、Dialog 国际联机检索和一些常用的保健食品与食品检索系统和数据库，如工程索引网络数据库、Kluwer 电子期刊检索、Kluwer online journals 期刊数据库、Elsevier 全文数据库的检索、PubMed 检索系统、PQDD 博硕士论文文摘数据库、Scirus 搜索引擎、世界科技期刊网、科学文摘、Blackwell Synergy 检索、食品科技文摘、科学引文检索、中国期刊网、剑桥科学文摘网络数据库、食品科学中心网等，归纳总结了国内外保健食品的主要期刊和网站，便于使用和查询。（韩丽）

2260

信息检索与利用 / 谷茂兰，黄云主编. -- 北京：北京理工大学出版社，2007. -- 246 页：图；23cm. -- 978 – 7 – 5640 – 1142 – 0（北京师范大学图书馆）

本书共分为 8 章，首先介绍了信息和信息资源、图书馆、信息检索的基本知识；然后详细介绍了计算机信息检索，包括联机信息检索、光盘信息检索、因特网信息检索和搜索引擎，介绍了中文文献信息检索，包括中国知识基础设施工程、维普资讯数据库、万方数据资源系统等；国外网络数据库中，介绍了美国《工程索引》《科技会议录索引》《科学引文索引》《化学文摘》和 EBSCO、Springer verlag 等数据库。此外，还介绍了特种文献及其检索，以及论文写作的相关知识。本书注重检索过程的实际操作，难易程度适合高职高专、应用型本科学生的实际。（韩丽）

2261

实用文献信息检索 / 何晓萍，罗时民主编. -- 北京：机械工业出版社，2007. -- 248 页：图；26cm. -- 高等院校教学用书. -- 978 – 7 – 111 – 21946 – 0（北京师范大学图书馆）

本书共分为 8 章，包括三部分。第一部分基础篇，概括阐述了信息检索相关知识、信息检索方法和技术；第二部分应用篇，系统阐述了期刊文献检索、学位论文文献检索、专利文献检索、会议文献检索和电子图书检索，详细介绍了中国期刊全文数据库、万方数据资源系统、维普科技期刊全文数据库、人大复印报刊资料全文数据库、Elsevier Science 全文数据库、Springer Link 全文数据库、World SciNet 全文数据库、EBSCO host 系统全文数据库、SCI（Science Citation Index）、OCLC FirstSearch 基础组数据库、PQDD 博硕士论文全文数据库、超星电子图书等重要数据库；第三部分提高篇，重点阐述了学术文献检索与信息服务。（韩丽）

2262

信息检索与利用 / 洪全主编. -- 北京：清华大学出版社，2007. -- 217 页：图；26cm. -- 978 – 7 – 302 – 15918 – 6（北京师范大学图书馆）

为了使手工检索与计算机检索相衔接，本教材既注重基础理论知识和手工检索方法的介绍，系统阐述了文献、信息、知识之间的相互关系，文献信息检索历程、检索原理、检索语言、检索策略等，又加强了数据库检索、网络检索以及搜索引擎的知识内容，以专业为线索介绍国外文献信息，以数据库为线索对国内外著名的数据库检索系统进行讲解，以附录的形式列举社会科学、自然科学等方面的常用检索工具、数据库、网站。全书共分为 8 章，主要介绍信息检索的基础知识、手工检索、计算机和网络信息资源检索、各专业文献检索、工具书应用、网络环境下图书馆服务与论文写作等内容。（韩丽）

2263

中医药文献检索 / 胡滨主编. -- 上海：上海科学技术出版社，2007. -- 210 页：图；29cm. -- 卫生部“十一五”规划教材；新世纪全国高等中医药院校改革教材；供研究生及七年制中医学等专业用. -- 978 – 7 – 532 – 38998 – 8（武汉大学图书馆）

本书系中医药高等教育研究生和七年制中医学等专业文献检索课程教材，由浙江中医药大学和广州中医药大学等 10 多所高等中医药院校在全国中医药科技信息工作委员会的组织和指导下编写而成。现为第三版，并被选入“卫生部‘十一五’规划教材”。全书系统阐述文献检索的理论与方法，在各类型文献检索论述中突出中医药学特色和注重实用，并用较多的篇幅论述中医药古籍检索，讲解计算机检索技术、中外文文献数据库及网络信息资源检索。对古今中医药学专题资料检索也作了介绍，还论述了知识产权与专利知识，介绍了情报调研与课题查新方面的方法与技术。为融会

贯通上述内容,还例举了若干检索实例以资参考。(韩丽)

2264

文献信息检索与利用 / 黄卫春主编. -- 南昌:江西高校出版社,2007. -- 319 页;23cm. -- 华东交通大学教材建设基金资助项目. -- 978-7-81075-926-7(国家图书馆)

本教材根据教育部颁发的《文献检索课程教学基本要求》编写,注重贯彻素质教育和创新教育的精神,突出当代大学生对文献信息利用能力的培养。本着理论与实践相结合的原则,内容上系统介绍了信息检索的基本知识、理论,信息检索的方法、技术,着重介绍了计算机电子文献数据库及网络信息检索的基本知识和检索技巧,以及学术论文的写作及文献的信息利用等内容。本书力求探索网络环境下信息检索的新变化,系统介绍信息检索的原理、方法及各类型检索工具的使用,反映信息检索领域的新动态、新方法,推进信息检索教育,努力加强大学生信息素质教育。(韩丽)

2265

怎样检索中外专利信息(第2版) / 江镇华主编. -- 北京:知识产权出版社,2007. -- 333 页:图;21cm. -- 实用专利丛书. -- 978-7-80198-554-5(北京师范大学图书馆)

本书全面、详尽地讲述国内外专利信息,如:中国专利、中国台湾地区专利、美国专利、欧洲专利、日本专利、俄罗斯专利等。书中系统讲述专利信息的检索方法与技巧,既讲到传统的书本式检索,又突出了现代化的计算机网络检索,同时还提供了一系列专利信息网站网址及其检索入口和检索指令,使读者能迅速地获取自己需要的信息,并有利于读者随时参考查阅。(韩丽)

2266

汽车资讯检索 / 康桂英,赵飞主编. -- 北京:中央广播电视大学出版社,2007. -- 221 页:图;26cm. -- 教育部人才培养模式改革和开放教育试点教材;中央广播电视大学汽车维修(专科)系列教材. -- 978-7-304-03845-8(国家图书馆)

本教材依据中央广播电视大学汽车专业教学计划和汽车资讯检索课程教学大纲编写。本教材编写过程中,既注重汽车文献的内涵与外延,又突出专业教材的特征,主要阐述汽车文献的基本概念以及汽车文献检索的基本方法。重点介绍图书及其检索系统,期刊报纸及其检索系统,事实、数据以及手册资源的检索,标准、科技报告及其检索系统,学位论文及其检索系统,专利及其检索系统,会议信息、政府信息及其检索系统,馆际互借系统及其使用,搜索引擎检索汽车文献,免费检索因特网汽车资源等方面的知识。本教材适用于汽车专业(专科)学生学习,力求培养和提高学习者检索汽车文献、鉴别汽车文献的能力;同时也可为汽车相关专业的技术人员和管理人员提供必要的专业基础知识参考。(韩丽)

2267

信息资源(文献)检索与利用 / 来玲,陈文生主编. -- 大连:东北财经大学出版社,2007. -- 255 页:图;24cm. -- 978-7-81122-178-7(北京师范大学图书馆)

本书是编者按照教育部颁发的《文献检索课程教学基本要求》,结合多年的教学实践经验写作完成的。本书是针对文、理科兼有的专业特色和高校图书馆信息收藏的实际情况,专为高等学校的学生编写的教材。"信息资源(文献)检索与利用"是一门实践性很强的课程,除了对学生讲授与信息检索相关的基本理论知识外,更加侧重信息的获取、筛选、综合利用能力的讲解。本书内容分为三大部分:第一篇为基础篇,简要介绍信息资源检索相关基础知识及一般参考工具书;第二篇为资源篇,主要介绍各类电子信息资源、中外文数据库检索方法及搜索引擎的使用方法;第三篇为实践篇,按照学生实际需求,分四章将各类型学术信息资源逐一介绍,侧重科学研究方法的培养,使学生逐步建立起创造型思维方式,从而达到信息能力培养的教育教学目标。(韩丽)

2268

医学研究必备手册:文献与评价信息快速获取 / 来茂德,马景娣主编. -- 杭州:浙江大学出版社,2007. -- 221 页:图;23cm:光盘 1 片. -- 978-7-308-05492-8(清华大学图书馆)

本书以手册的形式讲述了医学研究信息获取、研究论文质量评估信息获取、研究项目和成果新颖性查证、研究论文投稿期刊选择及投稿信息获取、常用医学信息资源,还介绍了一些数据库、隐蔽信息的检索方法,旨在为读者带来实用的方法。全书共分为 5 部分 11 章,主要内容是:第一部分医学研究信息获取,包括医学定题文献检索和文献全文获取;第二部分研究论文质量评估信息获取,包括论文被文献数据库收录情况查证、论文被引用情况查证及如何以引文为切入点进行学科跟踪;第三部分研究项目和成果新颖性查证;第四部分研究论文投稿期刊选择、投稿信息获取及期刊影响力查询等;第五部分常用医学信息资源,包括互联网上免费医学信息和常用医学信息搜索工具(韩丽)

2269

新农村信息工作 / 李翠平著. -- 长沙:湖南人民出版社,2007. -- 205 页:图(部分彩图),肖像,摹真;21cm. -- 978-7-5438-5031-6(中南大学图书馆)

本书主要从新农村信息工作的内容、特征与要求,新农村信息用户的信息需求与信息意识培养,现代信息技术与新农村建设,新农村文献信息资源的开发与利用,新农村信息服务人员素质的培育及队伍管理等五个方面进行了较为系统的阐述,是作者多年从事农村信息服务工作心血的结晶。该书理论与实践相结合,对农村信息服务工作者及理论研究者均具有较好的参考价值。(韩丽)

2270

怎样利用计算机检索生物、农业、医学、水产与环境科学文献 / 李明德编著. -- 天津:南开大学出版社,2007. -- 39 页;30cm. -- 7-320-00882-6(北京师范大学图书馆)

本书是为了适应信息时代的需求而编著的,与李明德、郭景孝 1988 年的《生物与农业文献检索》一书是姐妹篇,读者阅读时,最好两书同时阅读,以及全效。本书共分为 4 章。第一章期刊,介绍了期刊的概况、分类及核心期刊;第二章联机检查,介绍了国内外联机检索,如 Dialog 系统和 SIN 系统;

第三章全文数据库检索系统，介绍了一些重要的中外文全文数据库和中外文学位论文数据库；第四章引文数据库与图书数据库，介绍了一些重要的引文和图书数据库。（韩丽）

2271

信息检索与信息融合 / 李培编著. -- 北京：人民邮电出版社，2007. -- 228 页：图；24cm. -- 国家社会科学基金项目资助（项目编号：05BTQ026）；普华经管学术文丛. -- 978 – 7 – 115 – 17379 – 9（北京师范大学图书馆）

本书以国内外理论研究和技术开发的最新成果为基础，以信息检索与信息融合两大信息管理手段的紧密结合为主线，借鉴已有研究先进之处的同时，在多个方面实现了创新。全书在介绍信息检索和信息融合基本原理方法的基础上，对国外的相关研究进行了梳理，在信息检索的查询处理、分布式多代理检索、分布式检索中的资源选择、检索结果排序、自动标引、多媒体检索等领域对信息融合的应用进行了系统深入的研究。（韩丽）

2272

信息存储与检索 / 李四福，叶玫编著. -- 北京：机械工业出版社，2007. -- 303 页：图；24cm. -- 普通高等教育规划教材. -- 7 – 111 – 20229 – 5（北京师范大学图书馆）

本书是普通高等教育规划教材之一，是高等教育面向 21 世纪信息素质教育课程体系改革的研究成果。本书从信息素质的内涵、现代信息资源存储与检索的基本知识入手，全面系统地阐述了各种信息资源的特征和检索方法，国内外著名检索工具的适用领域和使用技巧，科学研究与学位论文撰写过程中检索工具的利用等内容。全书分为“基础知识篇”、“信息检索篇”和“信息利用篇”三个部分共九章，并附有较多的实例和习题。（韩丽）

2273

计算机医学信息检索 / 李永强主编. -- 北京：中国中医药出版社，2007. -- 254 页：图；26cm. -- 新世纪全国高等中医药院校规划教材. -- 978 – 7 – 80231 – 305 – 7（武汉大学图书馆）

本教材内容覆盖面广，信息量大。通过本教材的学习可了解信息与信息检索的基本知识，熟悉医学信息源的分布与流变规律以及信息媒体的特点、类型与用途，学会常用医学信息检索系统的使用方法，重点掌握计算机信息检索的基本概念和检索技术，熟练掌握医学光盘数据库、网络检索工具、网络医学数据库以及其他网络医学信息资源的检索与利用，系统掌握整合与利用国内外医学信息的途径与技巧。本书共 9 部分，第一部分是信息检索概论，第二部分介绍计算机信息检索基本知识，第三部分介绍网络信息检索基本知识，第四部分介绍中医药网络数据库，第五部分介绍全文信息数据库检索，第六部分介绍特种医学信息检索工具，第七部分是世界著名医学文献检索工具介绍，第八部分介绍文献管理软件，第九部分为附录。适合各院校根据不同专业、不同层次，选择相关内容进行教学，亦可供学生自学，或在工作中参考使用。（韩丽）

2274

信息检索基础教程 / 梁晓天主编. -- 北京：科学出版社，2007. -- 153 页：图；24cm. -- 高等教育“十一五”规划教材公共课教材系列. -- 978 – 7 – 03 – 018663 – 8（国家图书馆）

本书旨在教授大学生有关信息检索的基本知识、基本理论和基本技能。全书主要内容包括信息与信息资源概述、信息检索概述、现代图书馆的功能、计算机信息检索基础、印刷型文献检索工具、竞争情报概述等。通过介绍图书馆的资源与服务，特别是基于网络的服务模式和服务方式，使学生对图书馆有一个整体的认识，为充分利用图书馆信息资源进行学习与研究打下一个良好的基础。本书用一个专题来介绍了竞争情报的基本概念、功能及其在企业的应用，帮助学生建立起较强的竞争情报意识和观念，掌握基本的竞争情报理论及搜集、分析和综合的方法和手段，具备情报搜集、分析、综合与利用能力，为后续相关课程学习，为投身企业发展打下良好的基础。（韩丽）

2275

信息资源检索与利用 / 林豪慧，孙丽芳主编. -- 北京：电子工业出版社，2007. -- 351 页：图；26cm. -- 高等学校规划教材. -- 978 – 7 – 121 – 04167 – 9（北京大学图书馆）

本书全面系统地介绍了信息资源检索的基础知识，共 10 章分 5 部分介绍。第一、二章为基础篇，介绍信息资源检索的基本原理与方法；第三、四章数据库篇，介绍国内外参考数据库和全文数据库的检索；第五章为搜索引擎篇，介绍各种搜索引擎检索方法与技巧；第六章至第九章为专题检索篇，介绍专利与标准信息资源的检索、在线参考工具资源检索、多媒体信息资源检索和电子传媒信息资源；第十章为应用篇，介绍信息资源分析方法、综述写作、述评写作、学术论文写作、学位论文写作和科技查新。（韩丽）

2276

互联网上的免费学术信息源及其获取 / 凌美秀，曹春晖主编. -- 长沙：湖南大学出版社，2007. -- 225 页；21cm. -- 978 – 7 – 81113 – 170 – 3（北京师范大学图书馆）

本书主要介绍了网络免费学术资源概述、互联网上的免费全文信息源、免费网络数据库、免费参考工具与参考信息源、免费网络信息资源检索工具与检索平台等内容。书中提供的网络免费学术信息源，包括各种全文信息源、网络数据库以及能提供信息检索的检索工具与检索系统，涉及字/词典、百科全书、年鉴、手册、指南、年表、历表在内的许多免费参考信息源。可作为从事科学研究、科技创新、教学等工作的读者获取网上免费信息资源的操作指南。（韩丽）

2277

信息检索（第 2 版） / 刘二稳，阎维兰主编. -- 北京：北京邮电大学出版社，2007. -- 246 页：图；23cm. -- 978 – 7 – 5635 – 1108 – 2（北京师范大学图书馆）

随着计算机技术和网络技术的发展，信息交流与传递的速度也不断提高，面对浩如烟海的信息，要想快速、准确地获取所需，就必须掌握相关信息检索的知识技能。本书系统地介绍了现代信息资源存储与检索的原理、检索语言及检索技术,并对手工检索进行了简单的介绍,重点介绍了国内外常用的数据库及 Internet 网络资源的检索方法和技巧。本书内容丰富、图文并茂、理论与实践相结合,对于培养读者的信息存储与检索技能、提高其在网络环境下的检索能力具有实用价值。(韩丽)

2278

网络医学信息应用 / 刘汉义主编;刘明等编著. -- 北京:清华大学出版社,2007. -- 392 页:图;26cm. -- 高等学校教材·计算机应用. -- 978 -7 -302 -14269 -0(国家图书馆)

本书宗旨是帮助读者掌握常用的计算机网络技术,利用各种网络服务工具,获取网上各种医学信息资源,更好地指导临床实践,并将网络作为终身学习的重要途径。本书以应用为主要特色,介绍工具软件和资源站点。全书共分为 4 篇 18 章。第一篇为网络基础知识,介绍了网络医学信息应用概述、计算机网络应用基础、计算机网络连接技术和计算机网络安全基础。第二篇为网络服务应用,有电子邮件服务与使用、医学新闻讨论组使用、网上交流服务与使用、WWW 服务与浏览器使用、FTP 服务与资源下载和搜索引擎服务与使用。第三篇为网络资源应用,包括医学数据库资源检索、医学电子期刊与图书、医学网站机构信息和中文医学网站使用。第四篇为网络高级应用,介绍远程医学应用、网络常用多媒体技术、多媒体演示文稿制作和医学网站设计与制作。(韩丽)

2279

信息资源检索与应用 / 刘怀亮,孙延海编著. -- 北京:冶金工业出版社,2007. -- 189 页:图;26cm. -- 普通高等教育"十一五"规划教材;高等院校计算机技术系列教材. -- 978 -7 -5024 -4308 -5(国家图书馆)

本书是根据普通高等教育"十一五"国家级规划教材的指导精神而编写的。本书以信息资源检索方法及其所使用的工具为主线,结合计算机和网络技术对文献检索的影响,介绍了信息资源检索基础知识、手工检索方法、计算机检索概况、网络信息资源的检索与应用、常用中英文检索系统、信息资源的综合应用等内容。在介绍信息资源检索方法的同时,注意对读者信息意识的培养及检索思路的引导;并结合网络信息的特点,介绍了网络信息资源的检索与应用。(韩丽)

2280

电子信息检索与利用 / 刘绿茵主编. -- 北京:机械工业出版社,2007. -- 294 页;26cm. -- 21 世纪高等院校计算机教材系列. -- 7 -111 -19845 -X(国家图书馆)

本书是 21 世纪高等院校计算机教材系列中的一册。全书共分为四篇。第一篇基础篇,介绍了文献信息基础理论和信息检索基本理论。第二篇综合篇,详细介绍了图书、学位论文文献、电子报纸文献及学术会议文献的电子查找。第三篇专题篇,介绍了专利文献、标准文献、科技报告文献和统计数据的电子查找。第四篇网络篇,介绍了网络信息资源和虚拟学科信息资源的查找。本书以电子信息资源的检索与利用为主题,帮助读者认识电子信息源,并有效地利用这些资源。(韩丽)

2281

信息资源检索与利用 / 刘英华,赵哨军,汪琼主编. -- 北京:化学工业出版社,2007. -- 223 页:图;26cm. -- 高等学校教材. -- 978 -7 -5025 -9986 -7(国家图书馆)

本书以信息素养为视角展开课程内容,通过教学要求达到培养和提高学生信息素质和信息能力的教学目的,借助现代计算机辅助教学手段及其他灵活的教学方式,培养学生的信息兴趣,提高教学质量和效果。全书共分 9 章。第一章从信息素养入手,介绍和分析信息及信息资源的概念、特性和类型。第二章和第三章主要揭示信息组织和检索的一般理论。第四章主要以现在仍然使用的部分参考工具书为对象,揭示其编排体例和检索方法。第五章介绍计算机信息检索的理论、原则、方法,着重论述计算机信息检索策略。第六章主要介绍现有的数据库信息资源及其检索方法。第七章以网络信息资源为主线,以搜索引擎为主要检索手段,论述目前最重要的信息检索形式。第八章介绍以专利、标准、会议文献、科技报告等为主要形式的特种文献信息的检索方法。第九章以网上图书馆的内容展开,论述网上图书馆的应用。

2282

中医药文献信息检索 / 陆伟路主编. -- 上海:上海中医药大学出版社,2007. -- 308 页:图;26cm. -- 978 -7 -81121 -025 -5(武汉大学图书馆)

本书共分为 10 章,除了阐述中医药文献检索、中医古代文献检索、中外文医学文献检索工具、计算机信息检索的基础知识外,详解了中外文生物医学文献数据库,说明网络信息与特种文献的检索方法,介绍了中外一些重要医学网站的检索途径,最后还介绍了图书馆文献资源的利用和综述写作。为方便读者复习与掌握,章节后设计了相关的练习。本书既有必要知识的传授,更多专门技术的讲解,基本上反映了医学信息检索与利用的主要内容,为学人,尤其是习医、业医者准备了案头必备的检索用书。(韩丽)

2283

现代信息检索与利用 / 罗敏编著. -- 重庆:西南师范大学出版社,2007. -- 297 页:图;23cm. -- 978 -7 -5621 -3777 -1(国家图书馆)

全球信息化是现代社会的重要特点,对于海量信息和种类繁多的信息源,必须掌握相关的信息检索与利用的知识,才能以最快的速度和最便捷的方法,获取所需信息并加以开发利用。本书在对现代信息环境特征进行分析的基础上,主要介绍了信息检索的必备知识、基本技能及信息利用的主要方法,尤其对网络检索工具和国内外重要数据库的特点、检索方法进行了比较全面的阐述,对学术论文的撰写以及相关的学术规范也进行了必要的介绍。(韩丽)

2284

现代信息检索 / 马国华主编. -- 西安:西北工业大学出版社,2007. -- 309 页:图;26cm. -- 高等学校教材. -- 978 -7 -5612 -2209 -6(北京师范大学图书馆)

本书从信息检索导论、检索工具、索引语言与索引方法、计算机检索基础、联机检索和网络检索等方面系统全面地介绍了信息检索的基本知识、基本理论,选择介绍了国内外一些检索工具和网络数据库的检索方式、检索方法和检索技术。其主要特点:精炼阐述信息检索的基础知识,跟踪信息检索发展新技术,注重检索实践、知识巩固和实用性环节。(韩丽)

2285

材料与能源信息检索 / 潘卫主编. -- 北京:科学出版社,2007. -- 205 页:图;24cm. -- 科技信息素养丛书. -- 978 - 7 - 03 - 019713 - 9(北京师范大学图书馆)

本书针对我国 21 世纪将重点发展的材料与能源产业,从培养和提高普通公众和从事这些行业(企业)的普通管理和技术人员信息素养的角度,介绍网络环境下材料与能源学科的一般信息类型、信息源及这两个学科中外信息的基本检索方法,从而能在日常生活和工作中根据自己的实际需求,利用相关的工具快速、准确、科学、有效地查找到相关的信息,并具备在如今信息过载的条件下评价、筛选所查信息的能力。全书共分为 6 章,首先介绍了学科信息源及其检索快速入门,然后分别介绍了材料与能源学科中文信息检索、外文信息检索、专利与标准信息检索、特种信息检索,最后则是材料与能源信息资源导航。(韩丽)

2286

文献信息检索与利用 / 彭绍平主编. -- 哈尔滨:黑龙江科学技术出版社,2007. -- 260 页;21cm. -- 978 - 7 - 5388 - 5488 - 6(国家图书馆)

本书的目的在于向高职高专学生提供一本关于文献信息检索与利用的理论和实际相结合的入门性书籍,使读者通过学习这本教材,能够掌握现代信息资源检索的基础知识、基本原理和实际检索的基本技能,以提高高职高专学生的信息素质。全书共分 9 章,全面地介绍了文献信息检索的基本知识、图书馆的利用、各类信息检索工具及其利用方法、特种文献的检索、网络信息检索、信息积累与存贮、信息研究与信息利用以及信息写作与论文撰写等方面的内容。(韩丽)

2287

汽车专业资讯检索形成性考核册 / 汽车专业资讯检索课程组编写. -- 北京:中央广播电视大学出版社,2007. -- 13 页;26cm. -- 中央广播电视大学汽车维修(专科)系列辅助教材. -- 978 - 7 - 304 - 03845 - 8(国家图书馆)

本书是根据课程教学大纲和考核说明的要求,结合学生的学习进度而设计的测评、要求与试题的汇集。(韩丽)

2288

人文社科信息检索与利用教程 / 沙振江,张晓阳主编. -- 镇江:江苏大学出版社,2007. -- 250 页:图;23cm. -- 高校信息素质教育丛书. -- 978 - 7 - 81130 - 003 - 1(北京师范大学图书馆)

本书是高校信息素质教育丛书中的一册,主要阐述了人文社科信息检索的目的、特点和意义,结合人文社科的专业特点和不同信息载体的使用效应、功能,分别介绍了人文社科工具书、电子图书、电子报刊、特种文献、网络信息资源的整合与利用等方面的知识及其检索方法,有助于人文社科专业的大学生进行信息的综合利用。(韩丽)

2289

数字资源检索与利用 / 沈传尧主编. -- 南京:江苏人民出版社,2007. -- 338 页:图;26cm. -- 978 - 7 - 214 - 04566 - 9(北京理工大学图书馆)

本书为网络信息资源检索与利用的教材,是供环境工程系、城市环境与科学系的检索课使用的教材。本书共分为 9 章,主要内容包括:网络信息资源检索基础理论,搜索引擎的相关知识及其代表性搜索引擎的使用方法,常用中文网络数据库(如 CNKI 数字图书馆、万方数据资源系统、中文科技期刊数据库等),常用外文网络数据库(如 DIALOG 系统、OCLC、Elsevier SDOS、Springere - Link 数据库、EBSCOhost 系统全文数据库、Ei Village 等),电子图书及其利用,电子期刊资源及其利用,事实和数值型数据库,专业性网络信息资源检索和网络学术信息资源的开发与利用。(韩丽)

2290

信息资源检索与利用 / 施蓓,杨光武,唐艳等编. -- 北京:高等教育出版社,2007. -- 249 页:图;26cm. -- 全国高职高专教育“十一五”规划教材. -- 978 - 7 - 04 - 023088 - 8(国家图书馆)

本书作为信息资源检索与利用课的教材,力图从检索源的类型、专业等角度揭示各类信息的检索途径和检索方法,同时介绍了信息综合利用常用方法。目的是使学生对信息资源的检索与利用有一个较全面的认识,从而有效地选择信息检索与利用的策略。全书内容包括信息资源概述、图书馆服务与馆藏书刊的利用、事实与数据参考资源的检索与利用、文献型数据库检索与利用、网络信息的检索与利用、专业信息资源的检索、特种信息资源的检索、信息综合分析与应用等。(韩丽)

2291

现代文献信息检索教程 / 孙桂荣,乔博,史留功主编. -- 郑州:河南人民出版社,2007. -- 253 页;23cm. -- 978 - 7 - 215 - 06349 - 5(国家图书馆)

本书内容共有 12 章,主要包括文献信息基本知识,文献检索语言和检索方法,文献检索工具和检索系统,参考工具书的使用,书目、文摘、索引、文献指南检索工具的使用,电子文献资源的检索与发展,电子期刊数据库的检索,电子图书数据库的检索,联机书目检索(OPAC),常用外文参考数据库,网络信息资源及检索工具,学术论文的写作等。(韩丽)

2292

网络信息检索技术实训教程 / 谭力红主编. -- 北京:科学普及出版社,2007. -- 185 页:图;26cm. -- 21 世纪创新型人才培养高职高专“信息技术”系列规划教材. -- 978 - 7 - 110 - 06611 - 9(东南大学图书馆)

本书包含了数字化图书、期刊资源的检索,专利、标准、科技成果的检索,政策法规、企业与机构信息以及商务信息等方面的检索等内容。全书分为两部分。第一部分的检索教程共五章,第一章介绍了计算机信息检索的基本知识;第二章至第五章使用了丰富的案例图片,详尽地叙述了目前广泛使用的中文数据库和中文搜索引擎及其操作流程以及网络信息检索实训的操作步骤,力求信息检索过程的实用性和可操作性。第二部分的检索实训强化案例教学,使学习者进一步实践信息检索的过程,体现信息检索课程的实践性和开放性。本书可以作为高职高专相应课程的教材、计算机信息技术培训教材以及网络爱好者的参考资料;也可以作为高校学生准备毕业论文写作,或科研人员研究论文写作时的信息检索指南;同时适合从事公务、商务和科研等社会活动的人们能及时有效地获取与自身需求相关的信息。(韩丽)

2293

信息检索与利用 / 唐晓应主编;湖南省高职教育图书馆管理研究会编. -- 北京:对外经济贸易大学出版社,2007. -- 184 页;26cm. -- 湖南省高等职业院校统编教材. -- 978 -7 -81078 -814 -4(北京师范大学图书馆)

本书分 5 部分 10 章,主要从信息检索概论、手工信息检索理论与方法、网络信息检索理论与方法以及学术论文写作、网络环境下图书馆服务等方面作了详细的论述和检索实例讲解,着重强调培养职业院校大学生的信息检索实际操作技能。每章前列出本章学习目标,使学习者明确掌握知识点和学习重点,每章后布置有本章学习思考题,对进一步学习和掌握信息检索理论与检索方法有一定的实际指导意义。书后附有部分推荐网站和中国图书馆图书分类法。(韩丽)

2294

现代科技信息检索 / 滕胜娟, 蓝曦主编. -- 北京:中国纺织出版社,2007. -- 180 页:图;26cm. -- 普通高等教育"十一五"部委级规划教材. 本科. -- 978 -7 -5064 -4464 -4(武汉大学图书馆)

本书系统地论述了现代科技信息检索的理论和方法,主要内容包括信息检索基础理论及基本原理,信息检索方法、检索途径及计算机信息检索技术,搜索引擎的工作原理及使用技巧,电子图书、电子期刊、学位论文、专利、标准、会议论文的检索特点及常用的国内外相关数据库的使用方法,信息资源在课题检索和科技查新方面的综合利用等。(韩丽)

2295

文献信息与当代社会 / 王安功,赵长明主编. -- 西安:西安地图出版社,2007. -- 288 页;26cm. -- 978 -7 -80748 -180 -5(国家图书馆)

本书共分为上中下三篇共 11 章,主要内容包括:上篇资源论,主要介绍了文献与信息资源、文献信息资源概述、工具书图书资源、网络信息资源概述、数字信息资源概述等;中篇技术论,介绍了文献信息检索理论、图书文献信息检索技术、数字信息检索技术、网络信息资源检索技术等;下篇社会效应论,主要介绍了文献信息检索效果评价、文献信息的运用与当今社会等内容。(韩丽)

2296

军事情报网络资源检索理论与应用 / 王冰,曹开玉著. -- 北京:军事科学出版社,2007. -- 566 页;26cm. -- 978 -7 -80237 -014 -2(国家图书馆)

本书的编写目的是为了解决庞杂的网络信息与特定信息需求之间的矛盾,帮助军事人员有效便捷地利用军事情报网络资源。全书共分为 12 章,主要内容包括:军事情报搜索基础、军事情报网络资源、因特网概述、因特网的信息传递与服务功能、网络检索基础、网络检索技术、搜索引擎基础、主要搜索引擎及使用方法、网上电子期刊的检索、图书报纸及其他传媒的搜索、特种文献的检索、军事学科专题检索等。(韩丽)

2297

信息检索与利用教程 / 王怀诗主编. -- 兰州:兰州大学出版社,2007. -- 373 页:图;24cm. -- 978 -7 -311 -02927 -2(清华大学图书馆)

本书根据当代信息检索与利用的发展现状与趋势,全面阐述和介绍信息检索的基本知识、基本原理、基本技能以及信息分析与利用的基本素质。全书共分为 9 章,主要内容包括:信息与信息检索、文献信息源及其特征、信息组织与检索语言、信息检索策略、信息检索工具、数据库与网络信息检索、特种文献检索、信息分析与利用技能、科学研究与论文写作等。书后附录有信息检索发展大事记、DIALOG 系统主要数据库一览表、文摘编写规则和文后参考文献著录规则等。(韩丽)

2298

社会科学文献检索与利用(第 2 版) / 王立诚主编. -- 南京:东南大学出版社,2007. -- 238 页:图;24cm. -- 978 -7 -5641 -0837 -3(北京师范大学图书馆)

本书是在第一版的基础上,吸收了近年来编者在教学过程中许多体会和经验。它系统地阐述了社会科学文献检索与利用的基本原理和基础知识,介绍了社会科学文献检索工具的编排方法和使用方法;根据文科类专业学生在学校学习期间以及今后走上工作岗位的需要,按文献出版类型分别介绍了获取的方法和途径,并结合计算机检索发展的需要,增加了大量数据库利用介绍。第二版与第一版相比,内容有较大的补充和更新。本书不仅可以作为文科院校教材,还可供图书情报人员、科技人员和管理干部使用。本书为《科技文献检索与利用》的姊妹篇。(韩丽)

2299

现代领导干部信息化应用和信息检索教程 / 王丽丽主编. --上海:上海人民出版社,2007. -- 357 页:图;26cm. -- 21 世纪领导干部培训系列教材. -- 978 -7 -208 -06757 -8(国家图书馆)

本教程由导言和 7 个章节组成,在编写过程中,一直坚持以多媒体信息检索为核心,以清晰实用为原则,体例简单、图文呼应,力求使本书能够有较强的实用性、参考性和一定的针对性。全书全面系统地归纳介绍了从操作系统到主要办公常用软件的特点、操作技巧和使用方法,特别是网上多媒体信息的检索、加工、整理以及以数字图书馆为重点的信息服务、信息的开发利用等方面的内容。用较大篇幅论述了如何综合利用现有的常用软件、多媒体数据库、数字图书馆管理信息技术和信息平台,快、准、精、深地获取有效信息,为领导干部的科学决策、有效管理和持续科学的发展提供个性化的先进服务。这些都有助于我们的领导干部能及时把身边发生的事和眼前出现的问题,放到全国乃至全球范围去作全面的分析,作出正确而富有远见的判断,并把发生于世界各地的种种现象,归纳上升为理性与本质的思考,在实践中形成新的观念、思想和理论,做到"运筹于帷幄之中,决胜于千里之外"。(韩丽)

2300

现代文献信息检索 / 吴贤奇主编. -- 南京:东南大学出版社,2007. -- 271 页:图;24cm. -- 978-7-5641-0673-7(北京师范大学图书馆)

本书详细阐述了在现代信息技术环境下,文献信息检索的相关概念、基本原理以及常用技术。以文献信息数据库和各种常用检索系统为重点,详细介绍了国内外常用的学术性文献数据库以及其他信息资源数据库,详细叙述了各种检索工具的使用方法和技巧,突出了在现代网络环境下数字化信息资源的检索和利用。(韩丽)

2301

电子技术与IT信息检索 / 夏佩福主编. -- 北京:科学出版社,2007. -- 173 页;24cm. -- 科技信息素养丛书. -- 978-7-03-019801-3(国家图书馆)

本书详细、系统地介绍了信息检索的基本原理、检索方法和检索工具,以图文并茂的形式对电子与信息技术类数据库资源的综合利用进行了广泛的介绍。最大特点是重视网络环境下信息资源的检索和利用,摒弃了以前多种文献检索类图书中涉及的手工检索的内容,并在介绍各种类型的中外文数据库资源的基础上增加了电子与信息技术类其他信息资源的导航,突出了本书的实用性。(韩丽)

2302

生命科学与医学信息检索 / 肖宏编著. -- 北京:科学出版社,2007. -- 205 页:图;24cm. -- 科技信息素养丛书. -- 978-7-03-018989-9(北京师范大学图书馆)

本书详细、全面地介绍生命科学和医学领域的信息资源,系统地阐述了生命科学和医学信息检索与利用的基础理论与技术方法,分析了各种资源的利用特点及功能。内容包括中文文献信息检索资源的检索和利用、重要的外文检索资源平台的利用、重要的生命科学与医学出版物及出版机构的介绍、生物信息学资源的利用方法、国际专利与会议论文检索方法、重要的生命科学与医学网络资源以及生命科学和医学领域其他相关的资源介绍等。(韩丽)

2303

信息检索教程 / 肖亚明,李世龙主编. -- 北京:人民邮电出版社,2007. -- 184 页:图;26cm. -- 978-7-115-16581-7(北京大学图书馆)

本书是在多年教学实践的基础上编写而成的,为适应数字化、网络化的时代特征,本书内容紧跟计算机信息检索技术的最前沿,以手工检索为基础,以计算机检索为重点。本书主要内容包括一条主线、三个层次、五个知识模块:一条主线即素质与能力的培养;三个层次即信息素养、信息获取能力、信息利用能力;五个知识模块即信息、信息检索基础、网络信息技能、信息机构利用和特种信息。(韩丽)

2304

信息检索与分析利用 / 谢德体,陈蔚杰,徐晓琳主编. -- 北京:清华大学出版社,2007. -- 207 页:图;26cm. -- 高等学校教材·信息管理与信息系统. -- 978-7-302-14436-6(北京师范大学图书馆)

本书是一本介绍信息检索理论、工具及其利用的通用教材。本教材在满足高校综合型人才培养的基础上,结合科研、教学的大量实例,注重内容的原创性,体系严密,内容全面,写作风格及编排体例新颖独特。内容包括信息检索基础,搜索引擎,事实和数值型检索,图书、期刊、专利、商标及其他信息的检索,理、工、农、医、商、法等主要学科的综合检索案例,检索效率,撰写开题报告和综述等。本书在农业部"十一五"规划教材、全国高等农业院校优秀教材《信息检索与利用》的基础上,增补大量实例,重新编写而成,可作为各类高等院校开设"信息检索与利用"课程的通用教材,以及图书情报工作者和科技工作者的参考书。(韩丽)

2305

信息素质论:信息检索与利用 / 熊菊敏,李江丽主编. -- 西安:西安地图出版社,2007. -- 557 页;21cm. -- 978-7-80748-136-2(国家图书馆)

本书以知识经济为切入点,论述信息素质概念的内涵、外延和国内外标准及信息文化、信息技术的有关内容,介绍了信息(文献)检索的基本原理和方法,探讨了成功、成才、知识结构、知识创新与信息利用的关系,理论联系实际地展示了信息调研、信息利用和学术论文撰写的基本方法。(韩丽)

2306

环境与生态学信息检索 / 熊利红主编. -- 北京:科学出版社,2007. -- 193 页:图;24cm. -- 科技信息素养丛书. -- 978-7-03-019855-6(北京师范大学图书馆)

本书系统地介绍了环境与生态学科相关的各种中外文学术资源及其检索方法,围绕典型案例探讨了信息检索的基本方法和步骤。信息检索技能的介绍分快速入门和技能提高两个章节,内容由浅入深,结构合理。本书对网上环境与生态学科相关的主要学术站点进行了收集和整理,为相关人员综合利用网络资源提供了全面、实用的指南信息和导航工具。(韩丽)

2307

音乐音响文献检索与利用 / 徐波编著. -- 哈尔滨:哈尔滨地图出版社,2007. -- 146 页;21cm. -- 978-7-80717-662-6(国家图书馆)

本书根据当时教育部颁发的《文献检索课程教学基本要求》编写,注重贯彻素质教育和创新教育的精神,突出当代大学生对音乐音响文献检索能力的培养以及音乐作品文献的整理研究。全书内容分三部分,包括:文献信息检索的基础理论和基础知识、音乐音响文献各体裁类型的数据检索和利用、国内外音乐参考工具书概述等。(韩丽)

2308

信息检索与利用(修订) / 徐庆宁主编. -- 上海:华东理工

大学出版社,2007. -- 237 页;26cm. -- 978 - 7 - 5628 - 1558 - 7(国家图书馆)

本书在对现代信息环境特征分析的基础上,主要介绍了计算机信息检索的必备知识、基本技能及信息利用的正确方法,尤其对国内外一些著名检索系统的使用,给出了检索实例,对学术论文的撰写与投稿以及学术规范也进行了必要的阐述。本次修订的内容主要集中在第四章(常用中文数据库)及第五章(常用国外全文数据库),其他部分根据教学需要做了适当的补充和调整。(韩丽)

2309

信息检索与利用新编教程 / 许忠锡, 姚中平主编. -- 杭州:浙江大学出版社,2007. -- 270 页:图;26cm. -- 978 - 7 - 308 - 05504 - 8(北京师范大学图书馆)

本书共分为 12 章,作者针对当代大学生与科技工作者如何检索信息、获取信息这一问题,从信息检索的基础理论到信息检索方法,系统地阐述了信息检索的基本知识与核心技术,详细介绍了文献、信息资源、信息组织、检索系统、信息利用等知识,还介绍了手工检索与各类计算机网络数据库信息检索、互联网信息检索等内容。(韩丽)

2310

信息检索与利用 / 鄢春根主编. -- 北京:人民邮电出版社,2007. -- 219 页;26cm. -- 21 世纪高等学校系列教材. -- 978 - 7 - 115 - 17252 - 5(北京大学图书馆)

本书共分为 7 章,作者以对学生的信息素质教育为出发点,首先介绍了信息与信息资源的基本知识,然后在阐述信息检索理论与方法的基础上,重点介绍搜索引擎、常用国内外文献信息数据库的概况、检索平台、检索方法与技巧,以及信息的综合利用等内容,还详细介绍了专利与专利信息的检索,最后介绍了信息的综合利用,图文并茂,具有较强的系统性与实用性。(韩丽)

2311

信息检索与利用 / 杨玉林,丛淑丽,龚旭主编. -- 哈尔滨:东北林业大学出版社,2007. -- 215 页;26cm. -- 978 - 7 - 81076 - 981 - 5(国家图书馆)

本书共分为 8 章,主要介绍了信息检索基础、手工信息检索、网络信息检索、国内外主要信息检索数据库检索与利用、联机信息检索、光盘信息检索系统、科学研究信息检索等方面内容。(韩丽)

2312

化学化工科技文献检索(第三版) / 姚钟尧编著. -- 广州:华南理工大学出版社,2007. -- 374 页:图;21cm. -- 978 - 7 - 5623 - 2567 - 3(国家图书馆)

本书针对高分子材料和化学化工专业科技人员检索文献的实际需要而编写,具有实用性、工具性和可读性。主要内容有:文献检索基本知识,期刊论文、图书、会议文献、标准文献、中国专利文献、美国专利文献和学位论文的检索,中文检索刊物(含化学化工专业)概述,美国《化学文摘》(CA)的应用以及高校文献信息资源介绍。全面修订的第三版,资料新,描述准确,尤其是第八章,包括了世界著名的三大检索工具的网络版和美国《化学文摘》的网络版 SciFinder Scholar 等等,全面反映了华南理工大学图书馆文献资源的情况。(韩丽)

2313

社会科学文献信息检索与利用 / 易斌编著. -- 北京:中国广播电视出版社,2007. -- 344 页;21cm. -- 978 - 7 - 5043 - 5518 - 8(国家图书馆)

本书主要面向高校社会科学的各个专业。根据文科学生的特点,较好地兼顾了手工检索和计算机检索的关系,即用一定篇幅对印刷型检索工具加以介绍,又对因特网、网络数据库、搜索引擎的基本知识及各学科的电子信息资源的检索和利用进行了重点介绍。全书共分为 10 章,主要内容包括:文献信息检索概论,指示型检索工具,参考型检索工具,计算机信息检索概论,计算机联机检索和光盘检索,Internet 信息检索,网络数据库的利用,搜索引擎的利用,社会科学分类信息检索,网络信息利用应注意的问题等。(韩丽)

2314

现代出版信息检索 / 于翠玲编著. -- 苏州:苏州大学出版社,2007. -- 309 页;23cm. -- 现代出版学丛书. 第三辑. -- 978 - 7 - 81090 - 859 - 7(北京师范大学图书馆)

本教材作为一本与“现代出版”概念相关的专业教材,立足于本专业的总体培养目标和编辑出版工作的实际需要,具有以下方面的特点:第一,知识内容丰富,以人文社会科学的基本知识信息为主,也包括自然科学的一般知识信息;第二,章节编排合理,全书具体章节的展开,针对编辑出版工作可能遇到和需要解决的问题,介绍检索工具的各种类型及其检索方法,列举有代表性的工具书的新近版本,尽量结合检索实例来说明其应用范围和实用价值;第三,信息来源权威可靠,且较为新颖。全书共分为 11 章,主要内容包括:现代出版信息检索概论,汉字信息检索,汉语语词检索,百科、专科知识检索,典故、引言检索,古今图书信息检索,报刊资料信息检索,古今人物信息检索,地名和地方文献检索,古今纪年及编年资料检索,综合资料信息检索等。(韩丽)

2315

实用科技信息资源检索与利用 / 袁丽芬, 王苏海主编. -- 南京:南京大学出版社,2007. -- 240 页:图;26cm. -- 978 - 7 - 305 - 04988 - 0(北京师范大学图书馆)

本书以培养理工科学生的信息意识、检索理念和检索技能为主线,阐述了科技信息资源的类型及其保障体系、计算机信息检索原理及其过程、检索策略的构建及其调整方法、国内文献信息检索系统及其利用、国外文献信息检索系统及其利用、特种文献信息资源及其检索利用、互联网信息资源搜索及开放存取资源的利用以及信息资源的综合利用等。书中从多个角度反映了国内外信息检索系统的最新态势,突出了新颖性;章节结构符合认知规律,各章内容循序渐进,由浅入深,突出了科学性;检索理论充分融入检索方法中,并精选了大量具有典型性和启发性的检索实例,突出了实用性;此外,除最后一章外,各章还配有清新有趣的练习与思考题,帮助读者深入掌握信息检索技巧。(韩丽)

2316

现代信息检索 / 袁学松，宋雯斐主编. -- 北京：中国水利水电出版社，2007. -- 182 页：图；26cm. -- 21 世纪高职高专规划教材. -- 978 - 7 - 5084 - 4299 - 0（福州大学图书馆）

本书共 9 章，讲述现代信息检索的必备知识。主要内容包括：信息检索基本概念，实体图书馆和数字图书馆，事实、数据检索，网络信息资源检索，国内著名数据库系统，国外著名数据库系统，特种文献检索，科技查新与科技论文写作，信息检索综合实例。每章后附思考或实习题。不仅为初学者提供了一个学习现代信息检索方法与技能的空间，同时也为人们学习利用现代信息检索技术，全方位获取有关信息提供了相关的知识和必备的技能。全书结构合理，内容全面、系统，取材新颖，注重实用，是一本通用性、实用性很强的学习信息检索方法和技能的教材。（韩丽）

2317

新编文献信息检索通用教程 / 张白影主编. -- 北京：首都经济贸易大学出版社，2007. -- 387 页：图；24cm. -- 978 - 7 - 5638 - 1455 - 8（国家图书馆）

为了适应科学技术和社会进步的需要，高等学校在给学生传授基本知识的同时，有责任培养学生的自学能力和独立研究能力。作为一门旨在增强大学生文献信息意识、掌握文献信息检索技能的公共课程——"文献检索课"在 20 世纪 80 年代应运而生。编者应首都经济贸易大学出版社之约，组织新编本教材时便十分明确，在阐述文献信息检索一般知识的基础上，应侧重介绍计算机信息检索和网络信息检索方面的内容，力求体现时代特色，同时为兼顾图书馆用户教育之需，增加了关于图书馆知识的普及教育内容。全书共分为 10 章，主要内容包括：文献信息中心——图书馆、文献信息资源概论、文献信息检索基本原理及方法、传统文献信息检索工具及利用、计算机信息检索基础、网络信息资源检索利用、特种文献、数字图书馆及其检索、大型综合性检索系统、科技论文写作等。（韩丽）

2318

信息存储与检索（第 2 版） / 张帆等编著. -- 北京：高等教育出版社，2007. -- 519 页：图；23cm. -- 普通高等教育"十一五"国家级规划教材；面向 21 世纪课程教材；高等学校信息管理与信息系统专业系列教材. -- 978 - 7 - 04 - 022236 - 4（北京师范大学图书馆）

本书系统地阐述了现代信息存储与检索的基本原理与技术、信息存储与检索学科基础、信息存取系统的结构检索机制、索引语言的概念与类型、国内外著名信息存取系统的性能与检索策略，重点介绍了文本信息存取、多媒体信息存取、联机信息存取、因特网信息存取系统及其检索方法，如万方数据资源系统、维普资讯系统、EBSCOHost 全文存取系统、SpringerLink 全文存取系统、、Elsevier Science 全文存取系统、中国经济网（教育版）、高等教育文献保障系统（CALIS）、网络（字）词典及百科全书等。本书内容丰富、体例新颖、理论与实践密切结合，对于培养读者信息存储与检索技能、提高在网络环境下的生存与发展能力具有实用价值。（韩丽）

2319

信息检索 / 张海政，王建涛，金雪梅编著. -- 合肥：安徽科学技术出版社，2007. -- 284 页；23cm. -- 安徽省图书资料系列培训教材. -- 978 - 7 - 5337 - 3696 - 5（国家图书馆）

本书介绍了信息检索的基本知识和最新知识，着重讲述了中外文最常用、最重要的检索工具、检索数据库和搜索引擎的使用方法。全书共分为 7 章，包括信息检索的基础理论、信息检索的基本技术、中文信息资源检索、国外信息资源检索、特种文献信息检索、网络信息检索、信息资源综合利用等内容，具有全面性、新颖性、实用性和简明性等特色。本书是安徽省图书资料专业技术职称考试的教材之一，也可以作为图书资料专业继续教育的培训教材和图书情报专业人员的参考书。（韩丽）

2320

信息素养能力与教育 / 张静波等编著. -- 北京：科学出版社，2007. -- 167 页；24cm. -- 科技信息素养丛书. -- 978 - 7 - 03 - 019856 - 3（国家图书馆）

本书包括基础篇、能力篇和教育篇，分别阐述了信息素养的基础与发展概况、信息素养知识与技能、信息素养教学模式与技术方法。本书有助于读者提高自身的信息素养能力，也为各类学校的教育工作者开展信息素养教学提供了理论基础与实践指南。（韩丽）

2321

信息检索 / 张文德主编；王征清等著. -- 福州：福建科学技术出版社，2007. -- 358 页；26cm. -- 978 - 7 - 5335 - 2980 - 2（国家图书馆）

本书是著者在总结了自己长期从事信息工作的经验基础上，参考了大量的国内外研究成果而编写成的。全书共分 6 章，主要内容包括：网络信息检索基础；网络资源；中文检索工具，介绍了中国知识资源总库（CNKI）、万方数据资源系统、人大复印报刊资料数据库、全国报刊索引、中文科技期刊数据库等；外文检索工具，介绍了美国《工程索引》、美国《化学文摘》、美国化学学会 ACS 数据库、美国《科学引文索引》、英国《世界专利索引》等；网上其他学术信息资源；信息的利用。力求使读者通过本书的阅读，能较好地了解信息检索的基本内容，增强信息意识，掌握打开知识宝库的钥匙。（韩丽）

2322

现代信息检索与利用 / 章云兰，王学勤主编. -- 杭州：浙江科学技术出版社，2007. -- 257 页：图；26cm. -- 世纪高等教育精品大系、计算机系列. -- 978 - 7 - 5341 - 3131 - 8（北京工业大学图书馆）

本书是世纪高等教育精品大系丛书中的一册，是高校大学生、研究生的信息检索课程教材。全书共分为 11 章，主要介绍了信息与信息资源的基本知识、现代信息检索技术与策略、中文文献数据库的检索、外文参考数据库的检索、外文全文数据库的检索以及电子图书、电子报纸、特种文献、事实与数据信息和网络免费学术资源的检索方法及技巧等内容，最后还介绍了各种信息资源的综合利用情况。（韩丽）

2323

文献检索与利用 / 赵金海，高伟，王洪志编著. -- 天津：天津教育出版社,2007. -- 334 页;27cm. -- 978 - 7 - 5309 - 4972 - 6(北京大学图书馆)

本书内容包括文献检索导论、传统文献检索工具书、电子文献检索工具与应用、文献的搜集整理与论文撰写四个部分。从文献检索原理、检索方法、检索策略等基本知识,概括性介绍了文献资源布局(包括传统文献资源和数字文献资源)、特征和类型;详细阐述了文献检索工具的类型、构造和排检法,列举了大量相关专题文献检索工具。另外,本书主要从综合性学科的角度,兼顾文、理学科和兼收古今中外优秀文献检索工具,按传统文献检索工具划分种类的方法分目录、索引、文摘、字典词典、百科全书、年鉴、手册、表谱、特种文献(专利、标准、学位论文等)等,介绍了中文文献、外文文献、光盘文献、网络文献、数据库文献、原始文献的检索方法,并列举了重要的检索工具,起到举一反三的作用。(韩丽)

2324

信息检索实习指导 / 赵军,赵立桢主编. -- 北京:中国农业大学出版社,2007. -- 233 页:图;26cm. -- 普通高等教育“十一五”精品课程建设教材. -- 978 - 7 - 81117 - 343 - 7(国家图书馆)

本书针对当前“信息检索”课教学的实际需要,总结编者多年教学实践经验,参阅大量文献资料编写而成。全书内容丰富,共分 6 章,系统收录了农业、生物、化学、食品、环境、机电、水利、农林经济等学科使用的手工检索工具及网络数据库模拟件 30 余种,精选了各种典型检索实例,编入了大量检索实习题,使读者在学习时有较强的直观感。本书是一本兼手工检索和计算机检索双用的指南和教材,既可作为农业高校各专业本科生、研究生信息检索教学的直观教材和实习工具,又可作为科研人员继续教育的自学用书。(韩丽)

2325

化学化工电子文献检索与分析策略 / 赵乃瑄，冯新编著. --北京:化学工业出版社,2007. -- 339 页:图;26cm. --“研究生教育创新工程”化工类研究生教学用书. -- 7 - 122 - 00268 - 3(清华大学图书馆)

本书首先简要介绍了电子文献信息源的基础知识以及电子图书和书目数据库的检索方法。在此基础上,详细介绍了化学化工领域国内外最著名的电子文献信息源,包括中文期刊全文数据库、中文科技期刊数据库、化学文摘(CA)数据库、科学引文索引(SCI)数据库、工程索引(EI)数据库等。对于专利和标准这两类特殊电子文献信息源的检索方法以及其他化学化工电子文献信息源的检索方法(如搜索引擎、化学化工专业导航系统、学位论文数据库),本书也进行了介绍。最后,从科研的角度介绍了电子文献的信息组织与评价分析、文献信息管理工具、科学研究中的文献检索与分析策略、信息检索与科研创新等内容。(韩丽)

2326

医学文献检索 / 赵玉虹主编. -- 北京:人民卫生出版社,2007. -- 237 页:图;26cm. -- 卫生部“十一五”规划教材；全国高等医药教材建设研究会规划教材；全国高等学校医学成人学历教育(专科起点升本科)教材. -- 978 - 7 - 117 - 09053 - 7(浙江大学图书馆)

本教材以医学文献检索工具的利用为主线,以电子与网络文献信息、数据库以及 Internet 上医学文献信息的检索为重点,系统介绍医学文献检索的相关知识,同时加入了国际上关于医学生进行信息素质教育的新理念。全书共分为 9 章,主要内容包括:医学信息检索概述、图书馆文献的利用、中文医学文献数据库、英文医学文献数据库、引文数据库、网络信息资源检索、特种文献类型网络信息资源检索、循证医学文献信息检索、医院信息系统等。每章后均有练习题,书后附录有 MeSH 副主题词的使用范围及 MeSH 树状结构表主要类目。本教材适合临床预防、口腔护理、检验影像等专业的学生使用。(韩丽)

2327

网络信息检索与运用 / 仲星明主编;仲惠圣编著. -- 沈阳:辽宁美术出版社,2007. -- 96 页:彩图;29cm. -- 21 世纪高等院校数码艺术设计专业教材;指南针系列教材. -- 978 - 7 - 5314 - 3734 - 5(武汉大学图书馆)

本书内容包括:网络信息概述、网络信息检索工具及使用方法、网络信息检索方法与技巧、网络信息检索综合运用。本书适合文献工作者阅读。(韩丽)

2328

信息资源检索实务 / 周理盛主编. -- 北京:化学工业出版社,2007. -- 195 页:图;26cm. -- 高等学校教材. -- 978 - 7 - 122 - 00912 - 8(国家图书馆)

本书主要分 9 个部分,从信息资源检索的实用角度出发,首先介绍了信息资源基础知识、信息资源检索基本知识,然后围绕信息检索过程中常用检索工具的使用而展开,分别介绍了传统文献检索工具、常用的国内主要计算机检索系统、Internet 及网络信息资源、联机检索与 Dialog 系统、特种文献检索、参考工具书检索等,最后介绍了科技查新的概念和程序等。书中系统介绍了文献检索从理论到实践方方面面的知识,特别强化了网络信息资源检索。本书列举了一些实用检索案例并配有大量的检索图示,其中一些源自湖南省科技信息研究所为用户检索的实例,具有较强的实用性。在写作过程中,凡涉及技术方法写作(主要指多媒体、超文本等)的部分,都进行了反复实践和体会,所配实例确保操作过程的准确性,力求达到理论与实践的完美结合。(韩丽)

2329

网络信息资源检索与利用 / 朱江岭主编. -- 北京:海洋出版社,2007. -- 279 页:图;26cm. -- 978 - 7 - 5027 - 6759 - 4(国家图书馆)

本书共分 14 章,系统介绍了信息检索的方法与技能,在精炼了传统手工检索知识的基础上,重点介绍了网络信息资源的检索,包括国内外重要数据库和著名网站的检索,以及浏览网络信息常用的工具、著名的信息检索服务机构等内容,从基础理论知识到检索数据库内容上作了较大的突破和拓展。学科范围涉及自然科学、社会科学、法律、经济等领域,是科研人员、工程技术人员、图书情报人员和网上信息用户不可缺少的信息检索工具书,尤其适合作为大学、大中专院校学生的信息检索课程教材。(韩丽)

2330

实用信息检索 / 朱俊波编著. -- 成都:西南交通大学出版社,2007. -- 289 页:图; 21cm. -- 978 - 7 - 81104 - 637 - 3(北京师范大学图书馆)

本书共分为 10 章,主要内容包括:信息素质教育与文献信息源、文献信息检索基础、信息检索工具、网络信息检索概述、网络搜索引擎、数字图书馆与学科门户、特种文献检索、中外文常用网络数据库及其检索及学术论文写作与文献信息的收集与整理。全面介绍了信息检索基础、信息检索途径和方法及中文检索工具和外文检索工具的使用方法与技巧;着重介绍了国内外主要的数据库、著名网站、网上图书和期刊、特种文献、Internet 信息和搜索引擎的相关知识与检索方法以及检索实例。(韩丽)

2331

现代信息检索技术 / 祖彬,于纯良主编. -- 哈尔滨:哈尔滨工程大学出版社,2007. -- 181 页;26cm. -- 978 - 81073 - 959 - 7(国家图书馆)

本书是编者根据多年的教学实践经验,结合当时信息科学的技术发展,汇集多方面有关资料编写而成。全书共 7 章,内容包括文献基础知识、文献信息检索、文献检索工具、专利文献检索、计算机信息检索、数字图书馆电子图书数据库检索、Internet 信息资源及其检索。该书引证了当时最新检索工具的体例和用法,并配有大量检索实例,内容系统,适用性强。(韩丽)

2332

守护 e 时代的记忆——网络信息资源保护研究 / 赵俊玲著. -- 北京:北京图书馆出版社,2007. -- 308 页:32 开. -- 978 - 7 - 5013 - 3366 - 0(国家图书馆)

本书为河北大学出版基金资助项目。书中深入探讨了网络信息资源保存的系统模型、技术支撑体系、法律框架、责任体系以及我国网络信息资源保存策略。(金丽萍)

2333

解密 SEO:搜索引擎优化与网站成功战略 / 欧朝晖著. -- 北京:电子工业出版社,2007. -- 372 页:图;24cm. -- 978 - 7 - 121 - 04315 - 4(北京师范大学图书馆)

本书帮助读者建立搜索营销的概念, 分析搜索营销中几种形式的手段, 并从认识搜索引擎的原理开始, 导出搜索引擎优化的具体解释, 向读者引入以引擎优化为宗旨的网站建设的新观念和设计理念。(于静)

2334

搜索引擎优化 /(美) Jennifer Grappone, Gradiva Couzin 著;杨明军译. -- 北京:清华大学出版社,2007. -- 305 页:图;23cm. -- 978 - 7 - 302 - 15390 - 0(哈尔滨工业大学图书馆)

本书分 3 部分。第一部分基础知识:确立目标, 定制方法, SEO 的真谛, 搜索引擎的工作原理及现状;第二部分策略:组建团队, 基线和关键字;第三部分 SEO 计划:开始, 习惯养成, 生活方式, 额外任务和偷懒技巧。(于静)

2335

搜索引擎营销:网站流量大提速 /(美) Mike Moran, Bill Hunt;董金伟, 祝贺译. -- 北京:电子工业出版社,2007. -- 526 页:图;24cm. -- 978 - 7 - 121 - 04008 - 5(清华大学图书馆)

本书用最新的知识介绍了搜索的基础:搜索引擎进化的过程、搜索引擎的工作原理、搜索者思考的方法以及网站访客在寻找信息时的思路。(于静)

2336

GOOGLE HACKS 探索和利用全球信息资源的技巧和工具 /(美) Rael Dornfest, Paul Bausch, Tara Calishain著;邢艳茹, 徐罡译. -- 北京:电子工业出版社,2007. -- 30, 513 页:图;23cm. -- 978 - 7 - 121 - 04579 - 0(北京师范大学图书馆)

本书内容包括:网页、高级页面、新闻组和博客、拓展 Google、Google 地图、Gmail、Web 管理、Google 编程等。(于静)

2337

教你免费查专利 / 蔡志勇编. -- 北京:化学工业出版社,2007. -- 186 页:图;24cm. -- 978 - 7 - 122 - 00233 - 4(北京工业大学图书馆)

本书对 Internet 上主要专利网站的收藏内容、数据格式、使用方法、注意事项等进行了详细阐述,涵盖欧洲专利局、美国专利局、日本专利特许厅、世界知识产权组织、Delphion、中国国家知识产权局、国家科技图书文献中心以及其分国家专利组织的网站。(于静)

2338

怎样在 Internet 上查找图像 / 储荷婷, 敖毅著. -- 沈阳:辽宁科学技术出版社,2007. -- 245 页:图;23cm. -- 978 - 7 - 5381 - 4915 - 9(东北师范大学图书馆)

本书旨在向读者介绍怎样利用互联网上的各种检索系统,查找可以免费获取的图像。全书共分 10 章, 介绍了图像信息检索概述、图像信息检索的主要途径和方法等。(于静)

2339

现代信息资源检索与利用(第 2 版) / 高润芝主编. -- 北京:经济管理出版社,2007. -- 273 页:图;21cm. -- 978 - 7 - 80207 - 947 - 2(北京师范大学图书馆)

本书按照授课体例编排,共分 11 章,将传统检索工具与现代检索手段融为一体,内容涉及各种文献特点与分布,具体包括:信息检索基础知识、工具书的结构及排检法、计算机信息检索系统、计算机信息检索的基本知识、CNKI 清华同方系统数据库等方面的内容。(于静)

2340

网络学术资源应用导览.科技篇 / 关志英, 郭依群主编. --北京:中国水利水电出版社,2007. -- 551 页:图;23cm. -- 978 - 7 - 5084 - 4377 - 5(北京师范大学图书馆)

本书为介绍如何利用基于因特网的各种学术资源的应用指导性图书,涉及 350 多种国内外重要的科技网络学术资源,详细分析了其中有代表性的资源的内容及功用、检索技巧及检索结果的利用。(于静)

2341

走进搜索引擎 / 梁斌编著. -- 北京:电子工业出版社,2007. -- 272 页:图;24cm. -- 978 - 7 - 121 - 04922 - 4(北京大学图书馆)

本书共分 7 章,内容包括:搜索引擎概貌、搜索引擎的下载系统、搜索引擎的分析系统、搜索引擎的索引系统、搜索引擎的查询系统及搜索引擎的其他话题。(于静)

2342

基于对等计算的信息检索技术 / 凌波著. -- 上海:上海社会科学院出版社,2007. -- 134 页:图;21cm. -- 978 - 7 - 80745 - 095 - 5(北京师范大学图书馆)

本书内容包括:研究进展、体系结构与平台、资源定位和查询路由、检索结果排序与合并、检索优化与节点动态分析等。(于静)

2343

面向网络信息:数据库与搜索引擎 / 刘延章主编. -- 西安:西北工业大学出版社,2007. -- 433 页:图;26cm. -- 978 - 7 - 5612 - 2201 - 0(北京大学图书馆)

本书内容包括:网络信息的概念、功能、评价、组织;面向网络信息数据库的概念、结构、技术、功能;面向网络信息搜索引擎的概念、原理、评价、功能等。(于静)

2344

搜索引擎原理、实践与应用 / 卢亮,张博文编著. -- 北京:电子工业出版社,2007. -- 291 页:图;24cm. -- 978 - 7 - 121 - 04810 - 4(北京师范大学图书馆)

本书从搜索引擎的历史和现状开始展开,展现了搜索引擎简单界面背后的复杂技术、原理和应用,从数据挖掘到搜索引擎的数据结构,从搜索引擎爬虫到分布式搜索引擎的设计均是作者精心研究的结果和过程。(于静)

2345

多媒体数据库与内容检索 / 马修军著. -- 北京:北京大学出版社,2007. -- 325 页:图;26cm. -- 978 - 7 - 301 - 09920 - 9(北京师范大学图书馆)

本书内容包括:绪论、多媒体数据类型与编码、文本处理与信息检索、Web 信息检索、基于内容的音频检索等。(于静)

2346

网络信息资源组织 / 马张华,黄智生编著. -- 北京:北京大学出版社,2007. -- 222 页:图;23cm. -- 978 - 7 - 301 - 11580 - 0(北京大学图书馆)

本书在概要分析网络信息资源组织的特点、类型、方法等内容的基础上,系统分析了网上分类法、关键词法这两类主流检索系统的特点并对网络信息资源组织的发展趋势进行了概要论述。(于静)

2347

因特网上查专利(第 2 版) / 孙艳玲主编. -- 北京:知识产权出版社,2007. -- 502 页:图;21cm. -- 978 - 7 - 80198 - 558 - 3(北京大学图书馆)

全书分 4 章:因特网与专利信息资源概述、中国专利数据库网络及其检索方法、国外专利数据网站及其检索方法、国际商业化联机检索系统介绍。(于静)

2348

信息检索方法与实践 / 汪楠,张炎主编. -- 沈阳:东北大学出版社,2007. -- 160 页:图;26cm. -- 978 - 7 - 81102 - 390 - 9(北京大学图书馆)

本书阐述了在现代信息技术环境下,信息检索的相关概念、基本原理以及常用技术和方法,从多种信息资源检索出发,详细介绍了国内外常用的学术性文献数据库以及其他信息资源数据库等。(于静)

2349

迅速搭建全文搜索平台:开源搜索引擎实战教程 / 于天恩编著. -- 北京:清华大学出版社,2007. -- 287 页:图;26cm. -- 978 - 7 - 81123 - 156 - 4(北京大学图书馆)

本书共两部分:建立搜索引擎的方案和架设网络搜索引擎。(于静)

2350

做自己的搜索引擎:搜索引擎精解案例教程 / 于天恩编著. -- 北京:清华大学出版社,2007. -- 285 页:图;26cm. -- 978 - 7 - 81123 - 141 - 0(北京大学图书馆)

本书共 3 部分:搜索引擎概论,搜索引擎原理和相关技术,基于数据库的全文搜索,以及 6 个附录。(于静)

2351

计算机信息检索实用教程 / 张晓芳主编. -- 西安:西安电子科技大学出版社,2007. -- 223 页:图;20cm. -- 978 - 7 - 5606 - 1896 - 8(厦门大学图书馆)

本书从系统的角度出发,详细介绍了信息检索的原理与技术,主要讨论了如何迅速地检索到相关信息,主要内容包括:信息的基础知识,信息检索的原理和方法,搜索引擎与网上工具书的使用等内容。(于静)

2352

搜索引擎技术 / 赵杰著. -- 哈尔滨:哈尔滨工程大学出版社,2007. -- 181 页:图;23cm. -- 978 - 7 - 81133 - 125 - 7(北京理工大学图书馆)

本书比较系统地介绍了互联网搜索引擎的工作原理、信息预处理和查询过程及其用到的关键技术。(于静)

2353

基于计算机网络的信息检索 / 钟哲辉编著. -- 北京:电子工业出版社,2007. -- 378 页:图;26cm. -- 978 - 7 - 121 - 03795 - 5(北京师范大学图书馆)

本书分为理论部分和实践部分,逐步阐述信息检索的基本原理、与信息检索相关的计算机及其网络常识,以及计算机网络、多媒体信息检索的相关理论原理。(于静)

2354

基于内容图像检索技术 / 周明全,耿国华,韦娜著. -- 北京:清华大学出版社,2007. -- 254 页;26cm. -- 978 - 7 - 302 - 14797 - 8(北京师范大学图书馆)

本书分为 12 章,内容包括基于内容图像检索技术概述、基于颜色特征的图像检索、基于形状特征的图像检索、基于纹理特征的图像检索等。(于静)

2355

Google 入门与实例教程 / 周元兴等编著. -- 北京:电子工业出版社,2007. -- 175 页:图;26cm. -- 978-7-121-03910-2(北京大学图书馆)

本书图文并茂地介绍 Google 所提供的多种实用型服务,使得读者能够更好地享受 Google 带来的各种便利服务。(于静)

2356

搜索引擎优化高级编程:ASP. NET 版 /(美) Cristian Darie,(美) Jaimie Sirovich 著;邓少鹍译. -- 北京:清华大学出版社,2008. -- 375 页:图;26cm. -- 据原文 2007 年英文版译出. -- 978-7-302-18553-6(国家图书馆)

本书内容涵盖了从 Web 站点的最初设想、技术规划、可视化设计到具体实现的整个过程,讨论了各种用于提升站点知名度的技术和服务,为 ASP. NET 开发人员避免常见的网站缺陷和理解 Web 网站构架在搜索引擎优化中扮演的角色提供了大量提示。(张玲)

2357

网络农业科技信息资源的开发与利用 / 常青著. -- 长沙:湖南人民出版社,2008. -- 204 页:图;24cm. -- 978-7-5438-5220-4(国家图书馆)

本书系统地分析了网络农业科技信息资源的类型、分布特点及开发与利用的价值,对网络农业科技信息资源开发的原则和模式进行了研究;就目前我国网络农业科技信息资源开发与利用现状和存在的问题,提出了促进我国网络农业科技信息资源的有效开发与利用的策略。(张玲)

2358

信息存储与检索技术(2 版) / 陈次白等编著. -- 北京:国防工业出版社,2008. -- 10,269 页:图;26cm. -- 21 世纪高等院校规划教材. -- 978-7-118-05862-8(国家图书馆)

本书共分 9 章,分别就信息获取技术、信息存储技术、信息编码技术、文本信息处理的自动化技术、文件组织与文件格式、信息检索模型、信息检索技术和信息检索系统及其应用等进行了讨论。(张玲)

2359

卫生政策研究信息资源与检索 / 代涛,高军主编. -- 北京:人民卫生出版社,2008. -- 181 页;26cm. --978-7-117-10583-5(国家图书馆)

本书从卫生政策研究和医学信息学的学科特点出发,描述卫生政策研究信息资源的类型、分布特点,介绍不同研究资源的检索方法、适宜检索策略,注重科学性与实用性相结合。(张玲)

2360

循证医学证据的检索与利用(2 版) / 邓可刚编著. -- 北京:人民卫生出版社,2008. -- 330 页;21cm. --978-7-117-09841-0(国家图书馆)

本书对第 1 版的内容进行了全面的更新。作者将在培训、教学和咨询工作中经常遇到的问题列在专章或专节讲述。此外,此版中还较翔实地介绍了国外有影响的机构和学术团体制定循证临床实践指南的过程和评价方法等。(张玲)

2361

科研信息检索指南 / 高继红,潘辉,邓宗极主编. -- 哈尔滨:东北林业大学出版社,2008. -- 239 页;26cm. -- 978-7-81131-311-6(国家图书馆)

本书从课题研究的各个方面对各类信息进行了分类,主要针对研究人员获取信息中的途径、方法、技巧和数据源进行了全面介绍,侧重从方法上进行重点介绍。(张玲)

2362

法律信息资源研究与实务 / 何灵巧等著. -- 杭州:浙江大学出版社,2008. -- 284 页;24cm. -- 978-7-308-06200-8(国家图书馆)

本书共分为 7 章,内容包括法律信息资源概述、法律信息资源的利用和整合、法律信息资源图书分类法比较研究、我国法律信息资源的检索及利用等。(张玲)

2363

Google API 开发详解:Google Maps 与 Google Earth 双剑合璧 / 江宽,龚小鹏等编著. -- 北京:电子工业出版社,2008. --469 页:图, 地图;26cm;光盘 1 片. -- 程序天下. -- 978-7-121-05569-0(北京大学图书馆)

本书从易到难、由浅入深、循序渐进地介绍了 Google Maps API 和 Google Earth API 的开发技术。本书知识讲解通俗易懂,并有大量的实例供读者更加深刻地巩固所学习的知识,帮助读者更好地进行开发实践。全书共 19 章。第 1—8 章讲解 Google Maps API 的使用。内容包括环境配置、IP 可视化查询、BLOG 访客地域来源记录、地图天气预报服务、Google Maps API 高级应用。第 9—19 章讲解 Google Earth API 的使用。内容从 Google Earth 客户端的功能介绍开始,然后具体分析各个功能的实现,最后从 Google Earth COM API 的角度,利用代码实例来扩展这些功能。对于 Google Earth COM API,本书先介绍 COM 编程思想和 KML 文件,为读者后面的开发打下基础。然后具体介绍 Google Earth COM API 类库,从如何利用外部程序启动 Google Earth 起步,到最后完成一个具有一定功能的 Google Earth 应用系统。本书内容紧凑、实例丰富、结构严谨、深入浅出,适合广大 Web 网站开发人员、Google 地图爱好者、专业 GIS 开发人员和大中专院校学生阅读,尤其适合有一定 JavaScript 编程基础的相关人员。(张玲)

2364

科技查新工作与创新体系 / 江南大学图书馆编著. -- 北京:中国轻工业出版社,2008. -- 193 页;24cm. -- 978-7-5019-6837-4(国家图书馆)

本书重点介绍了国家创新体系的建设与发展现状,以及创新体系中科技查新工作对科学研究与管理和企业技术创新的重要作用,同时系统介绍了科技查新工作与信息资源检索的概况。(张玲)

2365

个性化搜索引擎原理与技术 / 李树青,韩忠愿编著. -- 北京:科学出版社,2008. -- 125 页;24cm. -- 978-7-03-022255-8(国家图书馆)

本书介绍了利用搜索引擎服务器日志中所具有的关键词序列得到用户模式，并按照事务模式聚类的方法实现用户个性化特征的表达，在搜索引擎的网页索引中，利用得到的用户个性化特征改进传统的 PageRank 算法。（张玲）

2366

网络药学信息检索（2 版）／钱宗玲主编．-- 南京：东南大学出版社，2008．-- 411 页；26cm．-- 高等医药院校药学专业教材．-- 978－7－5641－1280－6（国家图书馆）

本书介绍了网络药学信息检索方法、重要药学数据库及与药学相关的重要网络资源，重点介绍了国内外常用药学数据库、专利数据库、药学期刊数据库及检索方法等内容。（张玲）

2367

科技信息检索／饶安平编著．-- 成都：四川科学技术出版社，2008．-- 152 页；24cm．-- 978－7－5364－6247－2（国家图书馆）

本书内容包括：信息检索概论、信息检索语言、中文检索工具、美国《工程索引》、美国《化学文摘》、英国《科学文摘》、日本《科学技术文献速报》等。（张玲）

2368

科技信息资源检索教程／佘诗武，陈玉春主编．-- 西安：陕西科学技术出版社，2008．-- 267 页；26cm．-- 978－7－5369－4543－2（国家图书馆）

本书内容包括：信息资源检索的有关基础知识以及检索工具的概况，介绍了 CNKI、万方、维普网络数据库资源；ISI Web of Knowledge 平台下的网络数据库检索、Ei 数据库检索、Science Direct 数据库检索以及 Google 搜索引擎和文献服务知识等。（张玲）

2369

图像检索与压缩域处理技术的研究／沈兰荪，张菁，李晓光著．-- 北京：人民邮电出版社，2008．-- 13，496 页：图；24cm．-- 高新技术专著系列．-- 978－7－115－18994－3（国家图书馆）

本书第一篇为基础知识，介绍数字图像与编码的基础知识、图像编码的基本方法；第二篇为基于视觉感知的个性化图像检索技术，分析论述视觉注意机制及视点跟踪技术等内容；第三篇为基于压缩域的图像处理技术，阐述压缩域纹理图像分类、DCT 域处理等内容；第四篇为结束语，介绍了当前的研究热点。（张玲）

2370

网络信息检索与利用／隋莉萍主编．-- 北京：清华大学出版社，2008．-- 11，334 页；26cm．-- 高等学校计算机基础教育教材精选．-- 978－7－302－17969－6（国家图书馆）

本书包括网络信息资源检索概论、中文网络数据库的检索、西文网络数据库的检索、著名的学术评价检索系统、特种文献信息的网络检索等。（张玲）

2371

科技文献检索／王彩云编著．-- 沈阳：辽宁科学技术出版社，2008．-- 296 页；19cm．-- 978－7－5381－5052－0（国家图书馆）

本书共分 8 章，对科技文献检索的基本概念、基本原理以及各种科技文献检索工具的内容、使用方法等进行了介绍。（张玲）

2372

网络信息资源管理／王雅丽主编．-- 北京：经济管理出版社，2008．-- 346 页：图；26cm．-- 广东省哲学社会科学“十五”规划项目．-- 978－7－5096－0087－0（国家图书馆）

本书分别阐述了网络信息生命周期管理、网络信息资源人文管理、网络信息资源经济管理、网络信息资源管理的应用、网络信息资源管理的现状与发展等内容。（张玲）

2373

实用网络信息检索／王雅南编著．-- 北京：高等教育出版社，2008．-- 275 页；26cm．-- 银领工程．-- 978－7－04－026249－0（国家图书馆）

本书系统地介绍了信息及信息检索的基本理论知识、网络信息检索工具的使用方法与技巧及检索结果的获取和利用。从信息检索原理到网络信息检索技术，网络搜索引擎的使用方法和技巧，网络数据库的检索方法、途径和程序等方面进行了全面阐述。（张玲）

2374

网络信息与检索／王妍编著．-- 沈阳：辽宁美术出版社，2008．-- 96 页；28cm．-- 中国高等院校美术·设计教材/范文南总主编．-- 978－7－5314－3999－8（国家图书馆）

本书介绍了网络信息概述、网络信息检索工具及使用方法、网络信息检索方法与技巧、网络信息检索综合运用等内容。（张玲）

2375

SEO 教程：搜索引擎优化入门与进阶／吴泽欣编著．-- 北京：人民邮电出版社，2008．-- 254 页；24cm．-- 978－7－115－18995－0（国家图书馆）

本书是作者从事搜索引擎优化 5 年以来的经验总结，书中剖析了搜索引擎优化的每个细节，包括关键字策略、URL 优化、代码优化、网页结构、网站结构及链接策略等。（张玲）

2376

科技查新：研究与实践／肖沪卫主编．-- 上海：上海科学技术文献出版社，2008．-- 545 页；25cm．-- 情报工作研究丛书．-- 978－7－5439－3669－0（国家图书馆）

本书总结国内外相关理论及实践，构筑了科技查新工作的完整框架和方法体系，全面深入阐述了科技查新的基本原理、操作方法和各类查新报告的撰写技巧。（张玲）

2377

科技查新与创新评估／谢新洲，李永进主编．-- 北京：北京科技术出版社，2008．-- 498 页；26cm．-- 现代公益技术与公共服务丛书．-- 978－7－5304－3661－5（国家图书馆）

本书内容包括：科技情报检索概论、科技信息源及其特征、联机检索、网络信息检索、科技查新概述、科技查新工作组织、科技计划评估等 12 章内容。（张玲）

2378

数字信息资源检索 / 杨九龙，龚爱红编著. -- 西安：陕西科学技术出版社，2008. -- 316 页；26cm. -- 978－7－5369－4533－3（国家图书馆）

本书共9章，内容包括：数字信息资源概述、数字信息资源检索基础、基于搜索引擎的信息检索、中文数字信息资源检索、外文数字信息资源检索、特种类型数字信息资源检索等。（张玲）

2379

数字信息资源检索与利用 / 杨守文主编. -- 北京：化学工业出版社，2008. -- 181 页；26cm. -- 高等学校教材. -- 978－7－122－01277－7（国家图书馆）

本书介绍了信息资源检索的一般知识，重点介绍了参考型数据库、事实型数据库、全文数据库、专利数据库、网上信息资源等使用方法和检索技巧。并对竞争情报基础知识、信息综合利用和论文写作与投稿的方法等作了相应的介绍。（张玲）

2380

网络信息资源检索与利用 / 叶晓风主编. -- 南京：南京大学出版社，2008. -- 199 页；26cm；1 光盘. -- 978－7－305－05351－1（国家图书馆）

本书主要介绍了文献信息的基本概念、信息素质教育的基本内涵、文献信息检索的基本原理和方法、网络浏览器的使用、网络信息资源检索工具、数字图书馆资源检索与利用、远程开放教育教学资源检索与利用、毕业论文写作中的文献资源检索与利用等。（张玲）

2381

Lucene 搜索引擎开发权威经典 / 于天恩编著. -- 北京：中国铁道出版社，2008. -- 629 页，1 页图版：图；26cm；光盘 1 片. -- 978－7－113－09251－1（国家图书馆）

本书基于 Lucene 的当前最新版本（2.1）精解了 Lucene 搜索引擎的相关知识。本书包括6部分、16章内容。第1部分：Lucene 基础。介绍了 Lucene 的基础知识，包括 Lucene 的历史和发展情况、使用 Lucene 创建索引和执行搜索的基本方法以及中文分词的应用，最后做了两个应用项目。第2部分：数据解析。介绍解析不同格式数据（如 Word、PDF 等）的方法，包括常用的数据解析组件、Lucene 自身的数据解析机制和 Lius 类库。第3部分：索引的高级知识。介绍了 Lucene 建立索引的过程，索引的查看和删除，索引的同步，索引的合并和优化等内容。第4部分：搜索的高级知识。介绍使用不同的 Query 对象构建搜索请求，使用 QueryParser 解析用户的搜索请求，搜索结果的过滤和排序等内容。第5部分：Lucene 应用实例。应用本节介绍的所有知识构建一个桌面搜索引擎和一个 Web 搜索引擎。这部分作为对前面所有内容的总结。第6部分：Nutch 搜索引擎框架。介绍了基于 Lucene 的完整搜索引擎 Nutch。本书适合从 Lucene 初学者到高级开发人员之间的一切 Lucene 爱好者。（张玲）

2382

搜索引擎原理与实践 / 袁津生，李群，蔡岳编著. -- 北京：北京邮电大学出版社，2008. -- 329 页；26cm. -- 978－7－5635－1861－6（国家图书馆）

本书从教学的角度出发，全面阐述了搜索引擎的原理和实践，内容包括：搜索引擎的基本原理与技术、搜索引擎的数据结构和搜索引擎的爬虫、多媒体信息检索技术以及搜索引擎开发技术等。（张玲）

2383

搜索引擎与信息检索教程 / 袁津生，赵传刚等编著. -- 北京：中国水利水电出版社，2008. -- 278 页；26cm. -- 21 世纪高等学校精品教材. -- 978－7－5084－5394－1（国家图书馆）

本书全面阐述了搜索引擎技术和信息检索技术，包括：搜索引擎的基本原理与技术、搜索引擎的数据结构和搜索引擎的爬虫、信息获取与信息检索技术、分类与聚类技术以及 Web 信息检索技术。（张玲）

2384

DIALOG 国际联机实用手册 / 张柏秋，王超主编. -- 北京：化学工业出版社，2008. -- 165 页：图；24cm. -- 978－7－122－03350－5（北京师范大学图书馆）

Dialog 是迄今最大的国际联机检索系统，覆盖各行业的600多个数据库。在 Dialog 系统资源中，各种类型的商业性数据库多达400个左右，占有举足轻重的地位。本书以作者在教育部举办的历届科技查新培训班的讲稿及长期应用 Dialog 检索经验为基础整编扩充而成，详尽介绍了 Dialog 系统的常用检索平台——Dialog Select（简易平台）、Dialog Web（综合平台）、Dialog Classic（高级平台）、Dialog Link（高级平台）的检索方法和指令，并结合 Dialog 系统的检索指令学习，提供了一系列科技查新常用文献数据库（SCI、EI、Derwent、CA 等）的检索应用实例，以使读者更加直观地了解 Dialog 系统的功能和特征。本书对于广大科研工作者、科技查新工作者及利用 Dialog 作为外文资源补充与替代的检索人员和科研人员都具有较高的参考价值。（张玲）

2385

科技论文检索、写作与投稿指南 / 张天桥，李霞主编. -- 北京：国防工业出版社，2008. -- 11，380 页；21cm. -- 论文写作与投稿指南系列. -- 978－7－118－05695－2（国家图书馆）

本书阐述了科技论文写作程序、技术规范，科技论文资料搜集技术以及科技论文投稿策略及投稿过程。（张玲）

2386

科技信息检索与利用 / 周晓兰，金声，谢红主编. -- 北京：中国电力出版社，2008. -- 211 页；26cm. -- 978－7－5083－7160－3（国家图书馆）

本书全面整合了计算机信息检索及网络技术、数字化资源及其传递技术等方面的内容，系统地说明了信息检索的基础知识和基本原理。（张玲）

2387

Lucene + nutch 搜索引擎开发 / 王学松编著. -- 北京：人民邮电出版社，2008. -- 452 页；24cm；1 光盘. --978－7－115－18216－6（国家图书馆）

本书以 Lucene 构建搜索引擎的开发过程为主线，由浅入深,循序渐进,为读者展示如何使用 Lucene 开发自己的搜索引擎系统。全书内容包括搜索引擎概述和原理、Lucene 部署安装、Nutch 网络蜘蛛与数据获取、Lucene 索引建立、Lucene 检索与查询、搜索结果排序、文档分析器与中文分词、格式化文本分析、分布式搜索与缓存等。为便于读者理解搜索引擎快速开发过程,本书最后几章进行了应用实例的讲解,包括 Nutch 构建专题搜索、Lucene 构建企业级搜索实例以及相关的整体工程性能测试。本书适合对搜索引擎开发有兴趣的读者阅读,包括搜索引擎开发的初学者、高等院校、信息专业学生、从事搜索开发的程序设计人员等。(张玲)

2388

化学文献检索与应用导引(2 版) / 陈子康,张连水,李华民编著. -- 北京:北京师范大学出版社,2008. -- 363 页:图;23cm. -- 新世纪高等学校教材;化学专业系列教材. -- 978-7-303-05198-4(国家图书馆)

本书内容包括:绪论;图书馆及图书分类法和使用;科技期刊;百科全书、词(辞)典、手册、数据集、图谱集等工具书;化学文摘及引文索引刊物等。本丛书共 9 册。(张玲)

2389

化学化工信息检索与利用 / 曹彩英,左惠凯主编. -- 北京:海洋出版社,2008. -- 251 页;26cm. -- 全国高等院校统编教材·信息检索. -- 978-7-5027-7041-9(国家图书馆)

本书包括文献检索的基础知识、检索系统的各种功能、化学化工软件和论文写作等内容。(韩丽)

2390

医学信息检索与利用 / 曹洪欣主编. -- 上海:第二军医大学出版社,2008. -- 336 页;26cm. -- 高等医药院校规划教材. --978-7-81060-854-1(国家图书馆)

本书系统阐述了信息检索基本原理、国内外生物医学信息数据库的使用方法和技巧、医学科技论文写作以及医学情报调研和循证医学等内容。(韩丽)

2391

信息检索问题集萃与实用案例 / 曹志梅,范亚芳,蒲筱哥编著. -- 北京:北京图书馆出版社,2008. -- 252 页;26cm. -- 978-7-5013-3615-9(国家图书馆)

本书从实用的角度出发,结合编者多年的图书馆工作经验及信息检索课的教学实践,精炼了信息检索过程中可能遇到的各种各样问题,以简捷明了的问答方式,试图向读者提供解决问题的方法和技巧。(韩丽)

2392

机电信息检索与利用 / 董素音,蔡莉静主编. -- 北京:海洋出版社,2008. -- 327 页;26cm. -- 图书馆学情报学档案学理论与实践系列丛书;全国高等院校统编教材·信息检索. --978-7-5027-7063-1(国家图书馆)

本书内容包括:信息与信息资源、信息检索、搜索引擎、机电专业图书的检索、机电专业中文期刊检索、机电外文科技期刊检索、机电标准文献的检索、机电专利文献的检索、机电专业会议文献的检索等。(韩丽)

2393

文献信息资源检索 / 宫庆艳,王玉香,马兴亚主编. -- 沈阳:辽宁大学出版社,2008. -- 247 页;26cm. --978-7-5610-5713-1(国家图书馆)

本书内容包括:科技文献信息检索基础知识、计算机信息检索的基本知识、现代化图书馆 OPAC 检索系统、电子图书、中文检索工具、国外主要网络数据库及检索使用方法等。(韩丽)

2394

医学文献检索(3 版) / 郭继军主编. -- 北京:人民卫生出版社,2008. -- 237 页;26cm;1 光盘. -- 卫生部"十一五"规划教材;全国高等医药教材;建设研究会规划教材全国高等学校教材. -- 978-7-117-10172-1(国家图书馆)

本书共分 9 章,内容包括中文医学文献检索工具、中文医学文献全文数据库、外文医学文献检索工具、英文医学文献全文数据库等。(张玲)

2395

医学文献检索 / 韩立民,徐庆有主编. -- 南昌:江西高校出版社,2008. -- 290 页;26cm. -- 全国高等医学院校教材. -- 978-7-81132-459-4(国家图书馆)

本书以医学文献检索工具利用为主线,以电子与网络文献信息、数据库以及 Internet 上医学文献信息为检索重点,系统介绍了医学文献的相关知识。(张玲)

2396

文献信息检索概论 / 贺继康主编;陕西教育学院图书馆,陕西教育学院图书文献与信息传播研究所编. -- 西安:西安地图出版社,2008. -- 202 页:图;21cm. -- 978-7-80748-236-9(国家图书馆)

本书介绍了文献信息的基本知识、检索原理、各类检索工具的使用、计算机与网络信息资源检索、学术论文写作等内容。(韩丽)

2397

现代信息检索教程 / 胡春,王筱明,冯凯主编. -- 北京:北京交通大学出版社,2008. -- 256 页;26cm. --"十一五"高等院校精品规划教材. -- 978-7-81082-802-4(国家图书馆)

本书系统地讲述了信息的相关知识和现代信息环境下信息检索的基础理论,选择介绍了常用的中外工具书、文献数据库及重要网络信息资源。(韩丽)

2398

文本信息分析与全文检索技术 / 化柏林编著. -- 北京:科学技术文献出版社,2008. -- 301 页;26cm. -- 情报学论丛. -- 978-7-5023-6180-8(国家图书馆)

本书主要从核心算法、关键技术、技术实例、发展趋势等方面对文本信息分析技术及全文检索技术进行了剖析与探讨。主要内容包括中文分词与语法分析、文献计量分析技术、网络搜索引擎原理与实例、全文检索技术与实例等。(韩丽)

2399

信息检索(2 版) / 焦玉英,符绍宏,何绍华编著. -- 武汉:

武汉大学出版社,2008. -- 389 页;24cm. -- 普通高等教育精品规划教材;面向 21 世纪课程教材;高等学校信息管理类专业核心课教材. -- 978 -7 -307 -06396 -9(国家图书馆)

本书内容包括信息检索与网络知识、信息查询的基础理论、方法、技术与检索策略、检索服务,国内外各类型文献信息检索工具的概述、检索体例剖析、检索实例展示、检索技巧等。(韩丽)

2400

信息检索新论 / 焦玉英,温有奎,陆伟等编著. -- 武汉:武汉大学出版社,2008. -- 462 页;24cm. -- 数字时代图书馆学情报学研究论丛;"十一五"国家重点图书. -- 978 -7 -307 -06390 -7(国家图书馆)

本书在保持传统检索的基本理论体系的同时,特别梳理了近年来信息检索领域的最新成果,如信息过滤、网格信息检索、知识元检索、跨语言检索、语义网检索、信息抽取等。(韩丽)

2401

信息情报与检索 / 金泽龙编著. -- 广州:华南理工大学出版社,2008. -- 314 页;26cm. -- 21 世纪高职高专信息管理专业精品教材. -- 978 -7 -5623 -2818 -6(国家图书馆)

本书以信息检索工具的利用为主线,以电子与网络信息检索为重点,全面、系统地介绍了信息的基本概念、文献检索的基本知识、各类信息的检索方法,以及网络环境下图书馆的信息服务等。(张玲)

2402

专利信息检索与利用 / 阚元汉主编. -- 北京:海洋出版社,2008. -- 278 页;26cm. -- 图书馆学情报学档案学理论与实践系列丛书;全国高等院校统编教材·信息检索. -- 978 -7 -5027 -7042 -6(国家图书馆)

本书主要介绍了信息与信息资源,信息检索,专利、专利文献及专利信息,国际专利分类法,中国专利信息的网上检索,世界各国专利文献及其检索,国际性专利组织专利文献及其检索等内容。(张玲)

2403

信息咨询概论 / 柯平主编. -- 北京:科学出版社,2008. -- 449 页;24cm;光盘. -- 21 世纪信息管理丛书. -- 978 -7 -03 -021874 -2(国家图书馆)

本书内容包括三部分:信息咨询的产生与发展;信息咨询业管理;信息咨询的专门领域,分为科技、经济、决策、社会信息和数字参考咨询。(韩丽)

2404

信息资源检索与利用 / 匡松,洪平洲主编;王征等编著. -- 北京:人民邮电出版社,2008. -- 281 页;26cm. -- 21 世纪高等学校规划教材. -- 978 -7 -115 -18638 -6(国家图书馆)

本书内容包括信息检索基础、信息检索的原理与案例、网络信息检索、常用中文数据库、国外常用数据库、常用国外文摘的使用、事实和数值型数据库、专利与标准文献数据库。(韩丽)

2405

文献信息资源的社会学透视 / 黎刚著. -- 哈尔滨:黑龙江人民出版社,2008. -- 262 页;21cm. -- 978 -7 -207 -07791 -2(国家图书馆)

本书从社会学视角对文献信息及文献信息工作作了重新界定和分析,总体上从社会学的角度,关注文献信息的社会学内容、文化属性、社会属性,对文献信息工作的社会背景、概念、内容、改革方案、前景都进行了探讨。(张玲)

2406

经济管理文献与信息检索 / 黎文主编;石明辉等编著. -- 广州:华南理工大学出版社,2008. -- 224 页;24cm. -- 21 世纪高等院校经济管理实验实践教材. -- 978 -7 -5623 -2937 -4(国家图书馆)

本书主要围绕经济管理领域常用的文献及信息资源的检索,介绍了主要文献及信息资源检索的基础知识、实验目标与要求、实验指南、实验过程以及实验总结等内容,从而提供了极具操作性的检索方法和手段。(张玲)

2407

医学信息检索与利用(4 版) / 李晓玲,夏知平主编. -- 上海:复旦大学出版社,2008. -- 255 页;26cm. -- 博学·基础医学. -- 978 -7 -309 -06157 -4(国家图书馆)

本书介绍了信息检索基础知识、图书馆资源利用、原始文献获取、常用生物医学文摘数据库、药物信息检索、医学信息调查研究等。(韩丽)

2408

信息资源检索与利用(2 版) / 林豪慧,孙丽芳主编. -- 北京:电子工业出版社,2008. -- 351 页;26cm. --高等学校规划教材. -- 978 -7 -121 -04167 -9(国家图书馆)

本书立足于系统介绍信息资源检索的方法与技能,从信息资源检索方法与技术、各种信息资源的检索和信息资源的分析与利用三方面进行了全面的阐述。(韩丽)

2409

大学图书馆信息查询与利用 / 林玲编著. -- 北京:科学普及出版社,2008. -- 235 页;21cm. -- 978 -7 -110 -06933 -2(国家图书馆)

本书介绍了大学图书馆的功能、组织机构、服务方式及馆藏文献资源,并针对外语院校学生的需求特点,介绍各语种、各类型中外文工具书的编排体制和使用方法等。(韩丽)

2410

医学信息检索与利用 / 刘传和,杜永莉主编. -- 北京:军事医学科学出版社,2008. -- 198 页;28cm. -- 研究生教学丛书. -- 978 -7 -80245 -208 -4(国家图书馆)

本书共分 10 章,主要概述了信息检索的基本理论,介绍了文摘型文献数据库、全文型文献数据库、特种文献数据库、事实与数值型数据库、生物信息学数据库、引文数据库等的检索方法及利用。(韩丽)

2411

信息检索教程 / 刘廷元,邵卫东,汤凝编著. -- 北京:北京交通大学出版社,2008. -- 246 页;26cm. -- "十一五"高等院

校精品规划教材. -- 978 - 7 - 81123 - 270 - 7(国家图书馆)

本书内容包括:信息素质基础、计算机信息检索技术、中文图书期刊数据库、外文文摘数据库及特种文献信息检索等共九章。(韩丽)

2412

信息检索系统导论 / 刘挺等编著. -- 北京:机械工业出版社,2008. -- 257 页;26cm. -- 重点大学计算机教材. -- 978 - 7 - 111 - 24607 - 7(国家图书馆)

本书对信息检索及信息检索系统的基本概念、原理、算法进行详尽介绍。包括信息检索模型、文本操作技术、文本索引和搜索技术、查询处理与 Web 检索技术、分布式信息检索、文本分类与聚类、信息过滤等内容,并给出 Web 信息检索的实现实例。(韩丽)

2413

信息检索实验 / 陆伟等编著. -- 武汉:武汉大学出版社,2008. -- 162 页;24cm. -- 图书情报与信息管理实验教材. -- 978 - 7 - 307 - 06248 - 1(国家图书馆)

本书从网络信息采集的角度引导学生进行相关实验,侧重信息索引的机制及设计实现,介绍了几个典型的信息检索模型及其实现,对 XML 有关知识及其检索实验进行了介绍。(张玲)

2414

医学科技信息检索 / 罗爱静,胡德华主编. -- 长沙:中南大学出版社,2008. -- 323 页;26cm. -- 中南大学立项教材. -- 978 - 7 - 81105 - 728 - 7(国家图书馆)

本书系统介绍了医学科技信息检索与利用的基本原理与基本理论、技术方法和综合利用,内容涉及信息检索技术、检索方法、信息检索工具和系统、信息资源、综合利用等各个方面。(韩丽)

2415

网络科技文献出版、利用与评价 / 罗紫初,刘锦宏,代杨著. -- 武汉:武汉大学出版社,2008. -- 337 页;24cm. -- 数字时代图书馆学情报学研究论丛;“十一五”国家重点图书;国家社会科学基金项目“网上科技文献出版、利用与评价研究”的研究成果. -- 978 - 7 - 307 - 06449 - 2(国家图书馆)

本书以网上科技文献的出版、利用与评价为研究对象,对我国网上科技文献的出版、利用的现状与问题进行了分析,并提出了解决办法;对我国目前网络科技文献出版中两个最重要的问题——知识产权保护与质量控制问题进行了剖析,并设计出了具体的评价模型;还对网络科技文献出版与利用的发展趋势进行了描述,并提出了发展思路。(韩丽)

2416

现代文献信息资源检索与利用 / 马晓光,陈泰云,尹戎主编. -- 呼和浩特:内蒙古人民出版社,2008. -- 370 页;26cm. --图书馆文献信息业务工作实用丛书. -- 978 - 7 - 204 - 09648 - 0(国家图书馆)

本书在介绍文献信息资源检索基本原理和方法的基础上,重点论述了各类型检索工具的使用;传统手工检索和计算机检索方法;印刷型载体文献检索和数据库、网络文献资源的检索。(张玲)

2417

实用现代医学文献检索 / 梅谊,邱悦主编. -- 苏州:苏州大学出版社,2008. -- 259 页;26cm. -- 978 - 7 - 81137 - 035 - 5(国家图书馆)

本书主要介绍了常用的医学文献网络数据库和光盘数据库的检索方法及 Internet 医学信息资源的利用,同时介绍了目前常用的中外文全文数据库、循证医学及药学文献检索方法等。(韩丽)

2418

药学信息检索与利用 / 穆丽红,陈晓毅主编. -- 北京:海洋出版社,2008. -- 240 页;26cm. -- 图书馆学情报学档案学理论与实践系列丛书; 全国高等院校统编教材 · 信息检索. --978 - 7 - 5027 - 7043 - 3(国家图书馆)

本书内容包括:信息与信息资源、信息检索、搜索引擎、药学参考工具书、中文药学检索工具、外文药学检索工具、网络药学信息数据库、特种信息资源等。(韩丽)

2419

医学信息搜集的途径与方法 / 聂绍平主编. -- 北京:人民卫生出版社,2008. -- 613 页;26cm. -- 卫生部“十一五”规划教材; 全国高等医药教材建设研究会规划教材; 全国高等学校医学研究生规划教材. -- 978 - 7 - 117 - 10446 - 3(国家图书馆)

本书共分三篇,基础篇介绍了医学信息的来源与类型;技巧篇介绍了一些实用的网络检索与搜索技巧;实战篇用实际的检索个例介绍了医学信息检索的方法。(韩丽)

2420

国际互联网免费全文信息实证研究 / 宁浩编著. -- 武汉:湖北人民出版社,2008. -- 313 页:图;21cm. -- 978 - 7 - 216 - 05793 - 6(国家图书馆)

本书主要内容包括搜索引擎、中国政府网站的免费全文信息、美国政府网站的免费全文信息、中国新闻网站的免费全文信息、美国报纸网站的免费全文信息、中国研究机构网站的免费全文信息、美国研究机构网站的免费全文信息等。(韩丽)

2421

科技文献检索:入门与提高 / 潘杏仙编著. -- 合肥:安徽人民出版社,2008. -- 235 页;23cm. -- 安徽师范大学教材建设基金资助项目;安徽省教育科学研究重点项目;芜湖市科技计划(软科学)项目. -- 978 - 7 - 212 - 03285 - 2(国家图书馆)

本书系统地介绍了科技文献检索与利用的基本原理和基础知识及检索技能,着重介绍国内外常见理工科信息检索工具的实际使用方法。(韩丽)

2422

现代图书馆信息检索与利用 / 彭志宏,王家驹主编. -- 郑州:郑州大学出版社,2008. -- 279 页;26cm. -- 978 - 7 - 81106 - 532 - 9(国家图书馆)

本书介绍了文献信息检索的基础理论和基础知识,国内

外参考工具书以及检索工具和一些检索行业标准,计算机检索、网络信息资源检索和一些当前知名的数据库和搜索引擎。(韩丽)

2423

文献信息检索与利用 / 乔好勤,冯建福,张材鸿主编. -- 武汉:华中科技大学出版社,2008. -- 250 页;24cm. -- 978 - 7 - 5609 - 4821 - 8(国家图书馆)

本书共10章,内容包括:文献信息资源与文献信息检索、文献信息检索基本原理、工具书及其检索方法、网络信息资源检索工具、常用中文数据库及其检索、常用外文数据库及开放存取资源等。(韩丽)

2424

文献检索与信息素养教育 / 秦殿启编著. -- 南京:南京大学出版社,2008. -- 256 页:图;26cm. -- 978 - 7 - 305 - 05393 - 1(国家图书馆)

本书结合网络环境的特点和信息时代的趋势,将文献检索课和信息素养教育密切结合,从信息意识与信息理论、信息技能、信息资源、信息整合与信息创造、信息伦理与信息美学等五个方面来阐述信息素养的科学内涵以及文献信息检索的知识范畴和技能要素。(韩丽)

2425

医药信息检索与利用 / 沈光宝,张映芳,符雄主编. -- 北京:中国医药科技出版社,2008. -- 212 页;26cm. -- 978 - 7 - 5067 - 3813 - 2(国家图书馆)

本书重点介绍了信息检索的基础知识,包括信息检索原理、信息检索语言、信息检索技术与策略、中外文医药数据库、文摘数据库、网络信息资源、信息利用与知识产权保护等。(韩丽)

2426

医学信息检索 / 孙风梅主编. -- 北京:人民卫生出版社,2008. -- 347 页;26cm. -- 高等医学院校创新教材, 供基础、临床、预防类专业用. -- 978 - 7 - 117 - 09818 - 2(国家图书馆)

本书分为 11 章,介绍了医学信息检索基础知识、计算机信息检索基础、外文题录文摘型检索工具、外文全文数据库、网络信息资源检索、图书馆文献利用等内容。(韩丽)

2427

现代农业文献信息资源检索 / 唐圣琴编著. -- 贵阳:贵州大学出版社,2008. -- 364 页;26cm. -- 978 - 7 - 81126 - 016 - 8(国家图书馆)

本书在详细介绍文献、文献信息检索的基础知识和基本理论的基础上,重点介绍了搜索引擎的类型、特点及其检索方法等内容。(韩丽)

2428

信息检索教程(2 版) / 王立清主编. -- 北京:中国人民大学出版社,2008. -- 395 页;23cm. -- 普通高等教育"十一五"国家级规划教材; 21 世纪信息资源管理系列教材. -- 978 - 7 - 300 - 09671 - 1(国家图书馆)

本书主要内容包括信息检索概念和原理、信息检索系统、信息检索效果、检索语言、信息著录和标引、印刷型工具书检索、计算机检索概述、联机检索、网络信息检索等。(韩丽)

2429

经济信息检索与利用 / 王胜利,袁锡宏主编. -- 北京:海洋出版社,2008. -- 186 页;26cm. -- 全国高等院校统编教材 · 信息检索. -- 978 - 7 - 5027 - 7018 - 1(国家图书馆)

本书内容包括信息与信息资源、信息检索、搜索引擎、经济信息及其利用、印刷型经济信息检索、电子型经济信息及其检索等。(韩丽)

2430

学术文献检索 / 王宪洪编著. -- 北京:中国财政经济出版社,2008. -- 251 页;23cm. -- 978 - 7 - 5095 - 0941 - 8(国家图书馆)

本书内容包括:文献检索的基本知识、检索学术文献的途径和方法、文献的管理和利用等。(韩丽)

2431

现代信息检索技术 / 王学东等编著. -- 哈尔滨:哈尔滨工程大学出版社,2008. -- 174 页;26cm. . -- 学者书屋系列. -- 978 - 7 - 81133 - 225 - 4(国家图书馆)

本书从现代信息检索的基本知识为切入点,介绍了手工科技信息探索和计算机科技信息检索,并根据信息检索的发展,阐述了网络环境下文献检索的原理及其应用。(韩丽)

2432

社会科学信息检索与利用 / 王岩主编. -- 北京:海洋出版社,2008. -- 248 页;26cm. -- 全国高等院校统编教材 · 信息检索. -- 978 - 7 - 5027 - 7017 - 4(国家图书馆)

本书主要介绍了社会科学信息检索的基本原理和基本知识、信息资源的特点及分布、各类检索工具及数据库的检索与使用方法、信息利用的基本知识与技能等。(韩丽)

2433

医学文献检索(2 版) / 王者乐,纪霖,胡希俊主编. -- 北京:科学出版社,2008. -- 124 页;28cm. -- 教育部职业教育与成人教育司推荐教材; 全国卫生职业院校规划教材. -- 978 - 7 - 03 - 021030 - 2(国家图书馆)

本书主要讲述医学文献检索的基础知识、基本原理和检索方法,介绍各种中外文检索工具、工具书、数据库和网上医学文献资源的获取方法等。(韩丽)

2434

信息咨询与决策 / 文庭孝,张蕊,罗贤春等编著. -- 北京:科学出版社,2008. -- 392 页;24cm. -- 现代信息资源管理丛书. -- 978 - 7 - 03 - 022156 - 8(国家图书馆)

本书论述了信息咨询与科学决策的辩证关系、信息咨询及信息咨询工作、信息咨询机构、信息咨询程序与各类咨询公文编写、信息咨询管理和网络信息咨询等基本理论、方法与应用问题。(韩丽)

2435

信息检索与图书馆利用 / 吴沛主编. -- 西安:西北大学出版社,2008. -- 205 页;23cm. -- 21 世纪高等职业教育系列规

划教材. -- 978 - 7 - 5604 - 2499 - 6(国家图书馆)

本书共九章,内容包括:绪论,信息检索概述,实体图书馆,数字图书馆,全文数据库信息资源及其利用,专利、标准,参考工具书及其应用,网络信息资源的检索,论文的撰写和投稿。(韩丽)

2436

信息检索的理论与实践 / 吴志德,瞿其春,费业昆编著. -- 北京:中国电力出版社,2008. -- 159 页;26cm. -- 978 - 7 - 5083 - 7430 - 7(国家图书馆)

本书从系统角度出发,对理论性检索原理作了适当的介绍,并重点介绍了超星数字图书馆、Apabi 电子图书、电子期刊、SCI、Ei、ISTP、Inspec、CA、CSA、PQDD 等国内外常用数据库的特点、检索方法及应用。(韩丽)

2437

数字信息资源建设与服务研究 / 肖希明等撰著. -- 武汉:武汉大学出版社,2008. -- 475 页:图;24cm. -- 数字时代图书馆学情报学研究论丛;"十一五"国家重点图书;教育部哲学社会科学研究重大课题攻关项目"数字信息资源的规划、管理与利用研究"成果之一. -- 978 - 7 - 307 - 06383 - 9(国家图书馆)

本书包括数字信息资源建设与服务概论、数字信息资源建设规划、数字信息资源的组织、数字信息资源的开放存取等内容。(张玲)

2438

信息检索教程(2 版) / 肖亚明,张兵主编;尹志清,李宗艳,虞天国编著. -- 北京:人民邮电出版社,2008. -- 196 页;26cm. -- 978 - 7 - 115 - 18521 - 1(国家图书馆)

本书包括信息与信息素养、信息检索基础理论、计算机信息检索基础理论、局域网信息资源及其利用、Internet 信息资源及其利用等内容。(韩丽)

2439

医学信息检索与利用 / 谢英花,牛晓艳,马燕山主编. -- 北京:海洋出版社,2008. -- 188 页;26cm. -- 全国高等院校统编教材·信息检索. -- 978 - 7 - 5027 - 7027 - 3(国家图书馆)

本书介绍了信息检索利用的基础知识,同时还详细介绍了各种医学信息资源及其检索利用方法、文献收录范围、学科优势等。(韩丽)

2440

信息检索利用技术(2 版) / 信息检索利用技术编写组编著. -- 成都:四川大学出版社,2008. -- 409 页;26cm. -- 978 - 7 - 5614 - 3947 - 0(国家图书馆)

本书包括概论、事实数据信息检索、综合文献信息检索、专业文献信息检索、计算机信息检索、互联网络检索、信息分析研究与利用七章内容。(张玲)

2441

新编信息检索与利用 / 徐庆宁主编. -- 上海:华东理工大学出版社,2008. -- 231 页;26cm. -- 978 - 7 - 5628 - 2429 - 9(国家图书馆)

本书内容包括常用国内文献数据库、常用国外全文数据库、常用国外文摘数据库、网络资源及其检索利用、学术论文创作与发表、学术规范与合理使用。(韩丽)

2442

信息素质教程 / 燕今伟,刘霞主编. -- 武汉:武汉大学出版社,2008. -- 450 页;24cm. -- 978 - 7 - 307 - 06538 - 3(国家图书馆)

本书围绕国内外相关的高等教育信息素质能力标准,针对当代大学生的特点,全面介绍了信息素质的基础知识和实际技能,内容包括:信息素质基本知识、信息与信息源知识、文献信息源的选择和检索、非文献信息的收集和获取、信息的管理和评价、信息文化与信息产权等。(韩丽)

2443

法律文献检索教程 / 于丽英,罗伟编著. -- 北京:清华大学出版社,2008. -- 321 页;23cm. -- 清华大学法学系列教材. --978 - 7 - 302 - 18533 - 8(国家图书馆)

本书分 4 个部分,共 11 章,讲述了宪法及国家制度概述、法律资源与法律检索概述;阐述了各类法律资源形式和内容等。(韩丽)

2444

林业信息检索 / 于晓梅,高海钰,张静主编. -- 哈尔滨:东北林业大学出版社,2008. -- 239 页;23cm. -- 978 - 7 - 81131 - 153 - 2(国家图书馆)

本书内容包括信息检索理论基础、国内文献检索工具、国外学术性文献信息核心检索工具、国外林业及其相关专业文献检索工具、事实数据信息检索、书目信息的检索等。(韩丽)

2445

化学化工信息检索与利用 / 余向春主编;叶鹰,黄文林编著. -- 大连:大连理工大学出版社,2008. -- 241 页:图;26cm. -- 高等学校理工科化学化工类规划教材;本书第 1 版《化学化工文献检索与利用》. -- 978 - 7 - 5611 - 3943 - 1(清华大学图书馆)

本书依次对化学化工信息检索与利用的信息源、检索工具及参考工具,以及如何综合利用这些工具等进行了较全面和系统的梳理,让读者能够多方位地了解海量的网上信息资源,并为读者开发和利用信息引路。(张玲)

2446

理工科信息检索与利用教程 / 袁润,刘红光主编. -- 镇江:江苏大学出版社,2008. -- 370 页;23cm. --高校信息素质教育丛书. -- 978 - 7 - 81130 - 004 - 8(国家图书馆)

本书阐述了理工科信息检索的目的、特点和意义,结合理工科专业特点分别介绍了人文社科工具书、电子图书、电子报刊、特种文献等检索知识。(韩丽)

2447

国外参考资源检索与利用 / 张久珍编著. -- 北京:北京大学出版社,2008. -- 262 页;26cm. -- 978 - 7 - 301 - 13424 - 5(国家图书馆)

本书系统论述了西文书目、索引、百科全书、词典、传记、地理资料、年鉴、手册、机构名录、统计资料、政府出版物等主要工具书。对工具书的历史、源流、发展演变、版本更迭、编

排体例、收录范围、检索系统、使用方法、评价标准等方面逐一介绍，同时介绍了电子资源和网络资源的检索与利用。(张玲)

2448

现代信息检索:原理、技术与方法 / 赵丹群编著. -- 北京:北京大学出版社,2008. -- 374 页;26cm. -- 978 - 7 - 301 - 12926 - 5(国家图书馆)

本书内容包括信息检索概述、信息检索的数字模型、信息检索系统及其构成、文本信息检索技术与方法、多媒体信息检索技术与方法、信息检索评价研究、文本信息处理自动化技术等 11 章。(韩丽)

2449

现代信息查询与利用(2 版) / 赵静编著. -- 北京:科学出版社,2008. -- 337 页;24cm; 光盘. -- 普通高等教育"十一五"国家级规划教材. -- 978 - 7 - 03 - 020854 - 5(国家图书馆)

本书由观念篇、基础知识篇、工具篇和方法篇四部分构成,在分析各种类型信息资源特点的基础上,重点介绍了信息查询与利用的方法。(张玲)

2450

实用信息检索方法与利用 / 赵乃瑄主编. -- 北京:化学工业出版社,2008. -- 273 页;26cm. -- 高等学校规划教材. -- 978 - 7 - 122 - 03392 - 5(国家图书馆)

本书概述了现代计算机信息检索的基本概念和基础知识,介绍了各类常用中外文计算机信息检索数据库的使用方法和使用技巧,并阐述了专利、标准、学位论文等特种文献数据库以及网络信息资源、数字图书馆等检索与利用方法。(韩丽)

2451

信息检索 / 赵泉等编著. -- 北京:机械工业出版社,2008. --256 页;26cm. -- 高等院校规划教材·信息管理与信息系统系列. -- 978 - 7 - 111 - 23369 - 5(国家图书馆)

本书内容包括信息组织、信息存储和信息检索及其技术、信息资源及其使用、全文检索、搜索引擎和多媒体检索、信息分析、竞争情报、数据挖掘以及商务智能和个性化信息服务等内容。(韩丽)

2452

医药信息检索与利用教程 / 周金元主编. -- 镇江:江苏大学出版社,2008. -- 310 页;23cm. -- 高校信息素质教育丛书. --978 - 7 - 81130 - 005 - 5(国家图书馆)

本书概述了信息素质的含义和培育途径,介绍了信息资源和信息检索的基础知识、常用的中外文信息检索工具,在此基础上针对医学专业的特性,介绍了网络医学资源、医学信息的分析与利用。(韩丽)

2453

现代信息检索实用教程 / 朱静芳主编. -- 北京:清华大学出版社,2008. -- 278 页;26cm. -- 高等学校教材·信息管理与信息系统. -- 978 - 7 - 302 - 16466 - 1(国家图书馆)

本书整合了信息素质教育、各类信息检索方法、网络信息检索方法和技巧、学术论文撰写、信息综合运用和科技查新方法等方面的内容。(韩丽)

2454

中文工具书及其使用(增订本) / 祝鼎民编著. -- 北京:中华书局,2008. -- 625 页;23cm. -- 978 - 7 - 101 - 06062 - 1(国家图书馆)

本书针对中文工具书及其使用课程的教学要求编撰而成,内容涉及我国古代辞书和现当代辞书。(韩丽)

2455

现代信息资源检索与利用 / 邹雪明,宫力平,成琳主编. -- 哈尔滨:东北林业大学出版社,2008. -- 174 页;26cm. -- 978 - 7 - 81131 - 309 - 3(国家图书馆)

本书介绍了现代信息资源检索的基本知识,中文全文期刊数据资源检索,中文图书信息资源,外文网络、数据库资源检索,网络专类信息资源检索,网络图像检索,事实与数据检索等内容。(张玲)

2456

信息检索简明教程 / 刘允斌, 张英敏主编;丁学淑等编. -- 沈阳:辽海出版社,2008. -- 214 页:图;26cm. -- 21 世纪高等院校教材. -- 978 - 7 - 5451 - 0210 - 9(辽宁大学图书馆)

未见书。(张玲)

2457

文献检索 / 汤林芬,苏丽主编. -- 长春:吉林大学出版社,2008. -- 338 页;23cm. -- 封面英文题名:Information Retrieval. -- 978 - 7 - 5601 - 3795 - 7(国家图书馆)

全书共 7 章。内容包括:文献检索概论、参考工具书及检索工具书、国内主要检索工具、计算机信息检索概述、光盘信息检索等。(韩丽)

2458

信息检索与利用 / 薛平安,任淑敏主编. -- 北京:人民卫生出版社,2008. -- 256 页;26cm. -- 高等学校教材,供基础、临床、药学、预防、护理、精神类专业用. -- 978 - 7 - 117 - 10546 - 0(国家图书馆)

本书系统介绍了信息的作用、特点,信息检索与利用的基础知识,信息检索系统和检索工具特点、使用方法等,同时还介绍了信息收集、整理和调研等内容。(张玲)

2459

信息存储与检索 / 王知津主编. -- 北京:机械工业出版社,2009. -- 10,312 页;24cm. -- 普通高等教育"十一五"国家级规划教材;普通高等教育信息管理与信息系统专业规划教材. -- 978 - 7 - 111 - 25874 - 2(国家图书馆)

内容涉及信息检索的原理、方法、技术、系统以及相关的网络知识等。本书共分 9 章,包括信息检索基础理论、信息检索模型、文本信息存储与检索、多媒体信息存储与检索、Web 信息存储与检索、并行与分布式信息检索、人工智能与自然语言检索、用户界面与可视化、信息检索评价与实验等。(张收棉)

2460

信息检索(多媒体)教程(2 版) / 沈固朝,储荷婷,华薇娜主编. -- 北京:高等教育出版社 ,2009. -- 476 页;23cm. -- 普通高等教育"十一五"国家级规划教材;面向21世纪课程教材;高等学校信息检索管理与信息系统专业系列教材. -- 978-7-04-027541-4(国家图书馆)

本书共十章,可分为三部分,第一至三章是信息源和信息检索基础知识以及综合性信息检索工具;第四至六章为人文及社会科学类检索工具;第七至十章为科技类检索工具。(张收棉)

2461

数字信息资源开发与利用(第2版) / 毕强主编. -- 北京:科学出版社,2009. -- 399页;24cm+1光盘. -- 21世纪信息管理丛书. -- 978-7-03-023010-2(国家图书馆)

本书阐述了数字信息资源开发与利用的基本原理、基本理论与基本方法。内容涉及网络资源与数字信息资源、数字信息资源开发与利用、数字信息资源的分布与评价、数字信息资源采集、数字信息资源组织、数字信息长期保存、网络信息资源发布、网络信息资源检索、网络数字信息资源服务等。(张收棉)

2462

信息检索可视化 /(美)张进著;夏立新,陆伟,沈吟东等译. -- 北京:科学出版社,2009. -- 17,234页;24cm. -- 978-7-03-024743-8(北京师范大学图书馆)

本书对信息检索可视化领域最新进展进行了系统的阐述,集中介绍了信息检索可视化的基本原理及其结构、方法和算法,比较了多重参考点可视化模型、基于欧几里得空间特征的可视化模型、探路者关联网络、多维尺度模型、自组织图模型等五种主要的信息检索可视化模型,讨论了信息可视化系统的评估及信息可视化系统设计中人的行为,分析了信息可视化中的一些特有的歧义现象,并提出解决办法。(赵红)

2463

信息检索 / 程娟主编. -- 北京:中国水利水电出版社,2009. -- 264页;26cm. -- 高等学校"十一五"精品规划教材. --978-7-5084-6344-5(国家图书馆)

本书内容包括:信息素质教育、走进图书馆、信息检索概述、数据和事实检索与利用、专利文献信息检索、最新知识资源的检索与利用、数据库园地、网络免费信息的获取、看不见的网络及其检索利用。(赵红)

2464

文献信息检索 / 李晓艳等编著. -- 北京:中国石化出版社,2009. -- 147页:图;26cm. -- 高等院校"十一五"规划教材. -- 978-7-5114-0040-6(国家图书馆)

本书根据非图书馆学、情报学专业学生的特点,深入浅出地介绍了文献信息检索的基本理论知识,详细论述了各种检索工具书的使用方法,重点推出了计算机及网络技术在文献信息检索中的应用及相关的各种数据的使用方法。(赵红)

2465

信息检索与利用 / 杨长平主编. -- 北京:中国农业出版社,2009. -- 193页;23cm. -- 全国高等农林院校"十一五"规划教材. -- 978-7-109-13318-1(国家图书馆)

本书介绍了信息与信息资源、信息检索技术与策略、中文文献数据库检索、外文文献数据库检索、特种文献检索、网络信息资源检索、信息资源的综合利用等内容。(赵红)

2466

信息检索实用教程 / 周勤,周洪波编著. -- 北京:北京理工大学出版社,2009. -- 198页;24cm. -- 21世纪全国高等教育应用型精品课规划教材. -- 978-7-5640-2594-6(国家图书馆)

本书介绍了信息检索的基本知识、信息检索的技术与方法、检索信息的利用。(赵红)

2467

多媒体信息检索与管理 /(澳)冯大淦等著;刘晓冬译. -- 北京:清华大学出版社,2009. -- 400页:图;26cm. -- 978-7-302-21161-7(国家图书馆)

本书从理论基础和实践应用两个方面对当前流行的多媒体信息检索和管理领域的技术和系统进行了完整和详细的介绍。全书分为技术基础篇和应用篇,内容包括对于数字音频音乐、图像和视频基于内容检索的一套完整的技术等。(王旭东)

2468

如何阅读医学论文:循环医学的基础 /(英)格林哈尔希著;张七一,马红,马宏译. -- 北京:人民卫生出版社,2009. -- 244页;21cm. -- 978-7-117-11274-1(国家图书馆)

本书共分13章,内容包括:究竟为什么要阅读论文;检索文献;论文阐述的主题是什么;评估论文的方法学质量;非统计学家使用的统计学等。(王旭东)

2469

药学文献检索 / 毕玉侠,于占洋主编. -- 沈阳:东北大学出版社,2009. -- 243页;26cm. -- 978-7-81102-753-2(国家图书馆)

本书系统论述了药学文献检索的基本理论与方法,介绍了常用的中外文药学文献数据库的检索方法。(王旭东)

2470

现代药学文献利用指南 / 陈光,刘秉文主编. -- 北京:中国医药科技出版社,2009. -- 606页;26cm. -- 978-7-5067-4338-9(国家图书馆)

本书主要介绍了药学文献检索的基础,药学文献与图书馆的利用,中文药学文献,外文药学文献,国外药学及相关专业的数据库等相关知识。(王旭东)

2471

信息资源检索 / 程发良,陈伟主编. -- 北京:化学工业出版社,2009. -- 264页;26cm. -- 高等学校"十一五"规划教材. -- 978-7-122-05575-0(国家图书馆)

本书是针对大学生信息资源检索与利用需要而编写的,介绍了国内外最新的信息资源的形式与内容、检索与利用方法,内容包括信息资源基本知识、信息资源检索原理、工具书检索、数据库检索、网络信息资源检索与利用、特种文献检索、图书馆与信息资源组织、信息资源利用与知识产权保护等8章内容。(赵红)

2472

网络社科信息资源概论 / 程光著. -- 北京:知识产权出版社,2009. -- 273 页:照片;21cm. -- 978 - 7 - 80247 - 601 - 1(国家图书馆)

本书分 10 个章节,分别从互联网与网络信息、网络社科信息资源概述、网络社科信息资源的组织形式、网络社科信息资源组织的实际应用等方面详细论述网络社科信息资源特征与组织形式、网络社科信息检索工具的应用以及各类中外文网络社科信息资源。(王旭东)

2473

信息检索 / 戴建陆,张岚主编. -- 北京:中国电力出版社,2009. -- 267 页;26cm. -- 21 世纪高等学校规划教材. -- 978 - 7 - 5083 - 8188 - 6(国家图书馆)

本书共分 10 章,主要内容包括绪论、图书馆与馆藏文献检索、信息检索的基本原理与方法、中外文传统目录及文摘型检索工具、计算机与互联网信息检索、常用中文全文数据资源系统、常用外文全文数据资源系统、专利文献检索、其他特种文献检索、数据事实检索与工具书的使用。书后还附有各类信息资源网址,以供参考。(赵红)

2474

工业分析与检验信息检索方法与利用 / 丁敬敏,黄一波编. -- 北京:化学工业出版社,2009. -- 150 页;26cm. -- 978 - 7 - 122 - 05910 - 9(国家图书馆)

本书根据工业分析与检验专业的学生在就业岗位中面对的检索对象,介绍了信息检索和利用的方法与技巧。内容包括信息检索概论、信息检索内容及意义、信息检索方法、Internet 中的化学信息资源、信息的科学利用。(王旭东)

2475

医学信息检索教程 / 董建成主编. -- 南京:东南大学出版社,2009. -- 427 页;26cm. -- 2 版. -- 978 - 7 - 5641 - 1542 - 5(国家图书馆)

本书在阐述信息类型、检索语言、检索途径、检索技术、网络基础和数字图书馆等基本知识的基础上,详细介绍了各类医学信息资源及其检索方法。(王旭东)

2476

农业科技文献信息资源平台建设研究 / 杜春光著. -- 北京:中国农业出版社,2009. -- 177 页;21cm. --978 - 7 - 109 - 13926 - 8(国家图书馆)

本书内容包括:农业科技文献信息资源现状、农业科技文献平台建设的理论框架、农业科技文献平台主要建设内容研究、农业科技文献平台建设实证研究、农业科技文献平台各子模块开发研究等。(王旭东)

2477

信息检索 / 杜伟主编. -- 北京:科学出版社,2009. -- 271 页;26cm. -- 普通高等教育"十一五"规划教材. -- 978 - 7 - 03 - 023953 - 2(国家图书馆)

本书立足于介绍现代信息检索的方法与技术,在对信息检索基础知识、信息检索工具基础知识进行全面阐述的基础上,重点介绍国内外重要电子信息资源、网络信息资源的检索与利用,也对部分重要印刷型资源的检索进行了介绍,为读者提供了较全面的信息检索知识。(赵红)

2478

实用信息资源检索与利用(人文社科) / 端木艺主编. -- 南京:南京大学出版社,2009. -- 270 页;26cm. --978 - 7 - 305 - 06577 - 4(国家图书馆)

本书讲述了信息检索的原理和方法,包括人文社科信息资源的基本知识,文献信息整序和检索的原理与方法,信息检索工具,信息资源检索方法,信息分析筛选、加工利用,论文写作规范等基本理论和基本技能。(王旭东)

2479

文献信息资源检索与利用 / 段芸编著. -- 昆明:云南教育出版社,2009. -- 417 页;21cm. -- 978 - 7 - 5415 - 3823 - 0(国家图书馆)

本书从系统性、实用性和可操作性原则出发,介绍了文献信息检索相关基础知识,电子信息资源、中外文数据库检索及搜索引擎的使用方法。全书共分 13 章。第一章介绍文献信息检索的基础知识,第二章介绍图书馆资源利用,第三章介绍各种参考工具书的使用方法,第四章介绍计算机信息检索,第五章介绍数字图书馆及其利用,第六至第八章主要介绍网络信息检索和主要的中文、外文数据库检索,第九章介绍国外几种重要的专业性检索工具,第十、十一章介绍特种文献信息检索、信息咨询与信息服务的内容和方法,第十二章介绍如何通过 Internet 进行专题信息检索。(赵红)

2480

大学生信息利用与检索 / 方力主编. -- 延吉:延边大学出版社,2009. -- 378 页;24cm. -- 978 - 7 - 5634 - 2347 - 7(国家图书馆)

本书介绍了信息检索的基础理论知识,分别讲述了图书、期刊、会议文献、学位论文、专利文献等信息及其检索方法,以及国内外几种权威参考数据库及网络搜索引擎的使用和检索方法等。(王旭东)

2481

实用化学信息学 / 付云芝主编. -- 北京:中国物资出版社,2009. -- 339 页;24cm. -- 978 - 7 - 5047 - 3111 - 1(国家图书馆)

本书内容包括三个部分:第一部分主要是化学化工信息的检索;第二部分讲解了化学软件 Origin 7.5 的数据处理以及作图分析过程;第三部分阐述了复杂分子式的编辑、化学基础实验流程图。(王旭东)

2482

上下文检索理论与实践 / 郭少友著. -- 北京:兵器工业出版社,2009. -- 211 页;21cm. -- 978 - 7 - 80248 - 327 - 9(国家图书馆)

本书从分析信息检索中的上下文、上下文检索等基本概念入手,较为系统地梳理、总结了上下文检索的研究现状、相关理论和技术,并对上下文检索的四项关键技术,即词上下文向量生成技术、基于上下文的查询扩展技术、文档上下文向量生成技术、基于上下文的词语加权技术等进行了较为全

面的分析和改进研究。(赵红)

2483

现代信息检索与利用 / 郭玉强,付先华,周和玉主编. -- 武汉:武汉理工大学出版社,2009. -- 201 页:图;23cm. -- 978 - 7 - 5629 - 3025 - 9(国家图书馆)

本书简要介绍了信息检索的基本知识和基本方法,重点介绍了中外文数字资源的学科分布、检索途径、检索方法和检索操作步骤,突出实例和检索技巧。(王旭东)

2484

实用信息检索技术 / 韩国廷,孙峰,陈德富主编. -- 北京:化学工业出版社,2009. -- 244 页;26cm. -- 高职高专"十一五"规划教材. -- 978 - 7 - 122 - 05830 - 0(国家图书馆)

本书系统地介绍了国内外常用数据库的特点、使用方法及检索技巧,共 12 章,内容包括:信息检索的基本知识、国内主要检索工具、美国《工程检索》、中文数据检索、特种文献检索等。(赵红)

2485

知识信息的获取与利用 / 何立民主编. -- 北京:科学普及出版社,2009. -- 256 页;26cm. -- 2 版. -- 978 - 7 - 110 - 07121 - 2(国家图书馆)

本书包括大学生的知识信息素养、信息与知识、非文献型知识信息和文献型知识信息、文献的查找、网络知识信息的查找、知识信息源、高校图书馆的组织机构及服务体系等内容。(王旭东)

2486

医学信息检索实用教程 / 何怡,刘毅主编. -- 天津:天津科学技术出版社,2009. -- 198 页;26cm. -- 978 - 7 - 5308 - 5264 - 4(国家图书馆)

本书共分 8 章,内容包括:计算机检索与数据库、文摘数据库、全文数据库、引文数据库、医学专业搜索引擎、检索策略的制定与检索报告的书写等。(王旭东)

2487

信息检索与利用教程 / 洪全主编. -- 北京:清华大学出版社,2009. -- 276 页;26cm. -- 978 - 7 - 302 - 20654 - 5(国家图书馆)

本书主要介绍信息检索的基础知识、手工检索、计算机和网络信息资源检索、各专业文献检索、工具书及其应用、网络环境下图书馆服务与学术论文写作等内容。(赵红)

2488

信息检索与查询 / 侯戊非主编. -- 合肥:合肥工业大学出版社,2009. -- 179 页;26cm. -- 978 - 7 - 81093 - 949 - 2(国家图书馆)

本书全面阐述了信息检索基本知识体系,着重介绍了网络信息资源检索,内容分为信息与信息检索基本知识、传统信息检索技术、网络信息检索技术三大部分。(王旭东)

2489

文献检索 / 胡家荣主编. -- 北京:人民卫生出版社,2009. --192 页;26cm. -- 978 - 7 - 117 - 11066 - 2(国家图书馆)

本书共分 7 章,主要内容包括信息意识与信息道德法律、信息知识、搜索引擎与常用生物医药网络资源、特种文献检索、医药信息的筛选和分析等。(王旭东)

2490

文献检索与利用 / 花芳编著. -- 北京:清华大学出版社,2009. -- 275 页;23cm. -- 北京高等教育精品教材; 面向 21 世纪课程教材; 信息管理与信息系统专业教材系列. -- 978 - 7 - 302 - 21175 - 4

本书系统地介绍了文献检索与利用的全过程,从选择研究课题到最终的论文写作与发表,内容涉及制定研究策略、评估资料、发现重要文献,以及追踪最新的学术进展、撰写论文、参考文献、版权及学术规范等。(赵红)

2491

农村实用信息的收集与利用 / 黄晓斌主编. -- 北京:经济管理出版社,2009. -- 162 页;24cm. -- 978 - 7 - 5096 - 0506 - 6(国家图书馆)

本书介绍了农村信息的作用与价值、特点与种类,相关信息收集、分析和传播利用的方法与技巧等内容。(王旭东)

2492

信息检索与利用 / 黄亚男主编. -- 长沙:中南大学出版社,2009. -- 258 页;26cm. -- 978 - 7 - 81105 - 935 - 9

本书阐述了信息检索的基本理论与方法、不同文献类型的检索工具及其使用方法,大型的综合性检索系统,国外几种在编排结构上具有代表性的著名综合性检索工具,计算机信息检索——联机、光盘、因特网和搜索引擎的相关理论与知识等。(赵红)

2493

医学文献检索 / 黄燕主编. -- 北京:人民卫生出版社,2009. -- 221 页;26cm. -- 978 - 7 - 117 - 11997 - 9(国家图书馆)

本书分 9 章,内容包括信息素养和信息伦理道德的基本知识、信息检索的基础知识、数据库检索、文献信息资源的综合利用等。(王旭东)

2494

医学信息检索 / 姜振儒,翟俊霞主编. -- 赤峰:内蒙古科学技术出版社,2009. -- 154 页;26cm. -- 978 - 7 - 5380 - 1781 - 6(国家图书馆)

本书主要介绍了网络医学信息检索系统及数据库,药学信息检索系统及数据库,循证医学信息检索系统及数据库,以及医学信息查新等。(王旭东)

2495

中医药文献信息获取与利用 / 蒋永光主编. -- 北京:人民卫生出版社,2009. -- 201 页;28cm. -- 978 - 7 - 117 - 11116 - 4(国家图书馆)

本书主要内容包括中医药信息源及其特点、信息检索的原理与方法、中文医药文献检索、国外医药文献检索、中医药专利文献检索、古代医药文献检索等。(王旭东)

2496

信息检索课程习题指导 / 蒋永新,毛琴芳主编. -- 上海:上海大学出版社,2009. -- 150 页;21cm. -- 978 - 7 - 81118 -

285 - 9(国家图书馆)

本书以培养学生的信息意识、信息技能和信息道德为目的,以当代教育理念为指导,围绕文献信息的基本概念、检索基本原理、事实数据和互联网信息等内容,通过习题和答案形式,全面地列出了要求学生掌握的知识要点。全书突出学术型文献信息的实践应用、概念分析扩展和检索策略构成调整等基本方法和基本技能的培养,具有很强的系统性、典型性和实用性。(赵红)

2497

竞技体育信息集成服务 / 孔军著. -- 武汉:武汉大学出版社,2009. -- 261 页;24cm. -- 978 - 7 - 307 - 07367 - 8(国家图书馆)

本书围绕竞技体育发展中的信息资源保障和信息服务提供,以竞技体育用户信息需求为中心,在分布式环境下探索信息资源的整合机制与集成服务的组织理论,旨在解决竞技体育信息的集中需求与资源分散、异构分布之间的矛盾。(王旭东)

2498

医学文献检索 / 李修杰,张秀玲,孙金花主编. -- 天津:天津科学技术出版社,2009. -- 305 页;26cm. -- 978 - 7 - 5308 - 5343 - 6(国家图书馆)

本书分为 15 章,内容包括医学文献检索绪论、医学主题词表以及应用、图书馆文献信息利用、超星数字图书馆、中国生物医学文献数据库、维普信息资源系统、中国知识基础设施工程、万方数据资源系统等。(王旭东)

2499

信息检索与应用(面向经管类) / 刘峰涛主编. -- 北京:中国人民大学出版社,2009. -- 303 页;26cm. -- 978 - 7 - 300 - 11091 - 2(国家图书馆)

本书主要内容包括:信息论与信息检索原理、信息检索技术、搜索引擎与网络信息检索、经管类常用的综合性中文数据库和英文数据库、专利信息检索等。(王旭东)

2500

文献信息检索教程 / 刘富霞主编. -- 北京:机械工业出版社,2009. -- 170 页;26cm. -- 21 世纪高职高专规划教材(公共基础课). -- 978 - 7 - 111 - 27182 - 6(国家图书馆)

本书介绍了与文献信息检索相关的检索基本原理、检索方法、检索工具、获取文献信息的途径及文献信息的综合利用;重点结合图书馆、专职信息机构、各种数据库及网上各种信息源,讲解了各种文献信息的检索方法、策略和检索步骤。(赵红)

2501

现代信息检索与利用教程 / 刘培兰主编. -- 北京:北京交通大学出版社,2009. -- 359 页;26cm. -- 978 - 7 - 81123 - 556 - 2(国家图书馆)

本书系统讲述了信息素养教育、文献信息检索基础、网络信息资源检索、常用中外文献信息资源等内容。(王旭东)

2502

外语信息检索概论 / 刘日升等主编. -- 大连:辽宁师范大学出版社,2009. -- 328 页;21cm. -- 978 - 7 - 81103 - 952 - 8(国家图书馆)

本书涉及了网络环境下信息检索与利用的方法、途径、程序等内容,包括信息检索理论、网上工具书、电子图书、中外文网络全文数据库检索、搜索引擎等内容。(王旭东)

2503

民族医药文献检索与利用 / 刘同祥编著. -- 北京:中央民族大学出版社,2009. -- 472 页;25cm. -- 978 - 7 - 81108 - 752 - 9(国家图书馆)

本书介绍了常用中文医药文献检索数据库、常用外文医药文献检索数据库、网络医药信息资源检索、重要医药信息网站、特种信息资源检索、医药卫生科技查新、医药综述及学位论文撰写等内容。(王旭东)

2504

医学信息检索 / 刘薇薇,王虹菲主编. -- 天津:天津大学出版社,2009. -- 178 页;26cm. -- 978 - 7 - 5618 - 3220 - 2(国家图书馆)

本书是针对医学信息检索数据库和网络信息资源的变化特点,围绕"医学信息检索"课程的目标与内容编写而成,主要包括信息检索的基础知识、中外文医学信息检索数据库的检索与利用等内容。(王旭东)

2505

医学文献数据库检索技术与操作教程 / 龙莉艳,张桂云,夏蕾主编. -- 北京:中国科学技术出版社,2009. -- 203 页;26cm. -- 2 版. -- 978 - 7 - 5046 - 4099 - 4(国家图书馆)

本书介绍了信息检索的基本知识,挑选了九个常用的中西文临床医学文献数据库,详细介绍其使用流程和检索技巧,并将众多的检索规则从实用的角度进行归纳和总结。(王旭东)

2506

信息检索 / 卢小宾,李景峰主编. -- 北京:科学出版社,2009. -- 356 页;24cm; 光盘. -- 978 - 7 - 03 - 023645 - 6(国家图书馆)

本书主要介绍了信息检索的基本原理、信息检索工具的编排体例与检索方法,重点论述了信息检索的基本理论问题、信息检索领域的综合性问题和技术方法、网络信息检索等几个部分。(赵红)

2507

网络环境下的文科信息检索 / 陆宏弟编著. -- 上海:上海交通大学出版社,2009. -- 232 页;26cm. -- 978 - 7 - 313 - 05886 - 7(国家图书馆)

本书介绍了 Internet 网络环境下的人文社会科学信息检索的方法,内容包括:中外电子图书与网络参考工具书、中外电子期刊、中外报纸新闻信息检索系统、中外学位论文数据库、中外法律法规数据库、中外引文索引数据库、统计资料数据库、网络搜索引擎等。(赵红)

2508

面向信息检索的汉语同义词自动识别 / 陆勇著. -- 南京:东南大学出版社,2009. -- 134 页;21cm. -- 978 - 7 - 5641 -

1913－3(国家图书馆)

本书提出了特征模式匹配及基于 PageRank 算法等多种汉语同义词自动获取方法,并分析、阐述了汉语同义词自动挖掘系统的设计和构建。(王旭东)

2509

信息检索教程 / 马文峰著. -- 北京:国家图书馆出版社,2009. -- 203 页;26cm; 光盘. -- 普通高等教育"十一五"国家级规划教材; "十一五"规划高等学校核心课程教材. -- 978－7－5013－3969－3(国家图书馆)

本书论述了信息检索的基本概念、基本原理和基本方法,介绍各类学术信息源——图书、期刊论文、专利与标准等的检索与利用,阐述了如何设计并撰写出一篇有价值的、规范的学术论文。(赵红)

2510

信息检索与利用 / 穆颖丽,江涛主编. -- 郑州:中原农民出版社,2009. -- 424 页;26cm. -- 978－7－80739－441－9(国家图书馆)

本书从手工检索知识入手,引出计算机信息检索技术,归结于对信息的利用。重点介绍了常用检索工具的特点及使用方法。全书突出实例和技巧,侧重于实际应用,可为读者准确、快速、全面查找所需信息提供有效的帮助。(赵红)

2511

信息检索通用教程 / 潘燕桃主编. -- 北京:高等教育出版社,2009. -- 197 页;26cm. -- 普通高等教育"十一五"国家级规划教材. -- 978－7－04－025754－0(国家图书馆)

本书内容包括信息检索的基本原理与基础知识、万维网信息检索的途径与方法、各科各类信息检索的方法途径与资源工具等。在内容体系上,既突出了社会科学、自然科学等学术信息,又包罗了旅游、影视、美食和房地产等生活信息,以及百科知识、统计信息和人物机构信息等实用信息;在检索工具上,既选取了开放获取网络资源、学科信息门户和搜索引擎等万维网信息检索工具,又收集了索引、文摘、辞典、百科全书,以及年鉴、类书和表谱等常用工具书;在检索方法上,既提供了信息检索的基本方法,又增加了丰富的案例、独到的专家提示、实用的小提醒。(赵红)

2512

化学化工文献检索 / 齐忠恩,齐向阳,牛永鑫主编. -- 北京:化学工业出版社,2009. -- 198 页;26cm. --978－7－122－05904－8(国家图书馆)

本书介绍了化学化工文献查阅、搜集、调研的基础知识,重点是化学、化工方面的手册、词典、大全、化学文摘、重要期刊以及专利的检索;系统地论述了计算机文献检索的理论和方法等。(王旭东)

2513

中国文献信息资源与检索利用学习指导 / 史红改主编. -- 北京:中央广播电视大学出版社,2009. -- 88 页;26cm. -- 978－7－304－04274－5(国家图书馆)

本书共分七章,内容包括:辞书资源和汉语字词的查考,古籍资源和基本古籍的查考,近代以来的图书资源与查考,报刊资源与论文资料的查考,时事信息资源与事实、数据、法规的查考,外文信息资源的查考等。(赵红)

2514

图书馆利用与文献检索教程(自科版) / 汪英姿主编. -- 南京:河海大学出版社,2009. -- 273 页;26cm. --978－7－5630－2649－4(国家图书馆)

本书根据理工类高校的实际情况,将图书馆利用和文献检索的内容有机地组合在一起,分为图书馆利用、基础、化工、机电和综合五个部分。(王旭东)

2515

医药文献信息检索与利用 / 王平南,吴娅娜主编. -- 北京:科学技术文献出版社,2009. -- 221 页;26cm. -- 978－7－5023－6223－2(国家图书馆)

本书介绍了医药文献的基本知识、文献检索的原理、工具书的选用、计算机检索的方法、网络数据库的利用、中医药医学论文写作和科技查新的技巧等内容。(王旭东)

2516

文献信息检索与论文写作 / 王细荣,韩玲,张勤编著. -- 上海:上海交通大学出版社,2009. -- 270 页;26cm. -- 978－7－313－04514－0(国家图书馆)

本书介绍了各种文献特点与分布,传统文献检索工具的编排组织规则和使用方法,电子文献信息检索技术,国内外著名的题录、文摘或索引数据库、引文数据库、全文数据库的特点及使用方法,学术论文的写作规范、撰写方法、投稿技巧与校样审读要领等。(赵红)

2517

农村实用信息检索与利用 / 王亚秋,钟秀芬主编. -- 北京:金盾出版社,2009. -- 218 页:图;21cm. -- 978－7－5082－5548－4(国家图书馆)

本书在简要介绍信息检索的基础知识后,分别介绍了各类信息的检索,重点介绍了计算机检索与网络资源的利用。(王旭东)

2518

化学化工文献检索与利用 / 王正烈,王元欣编著. -- 北京:化学工业出版社,2009. -- 251 页;26cm. --2 版. -- 978－7－122－06034－1(国家图书馆)

本书共举 40 余个实例,以多种途径检索诸如化合物的制备、性质、应用等文献资料,对检索结果给以解释并说明,还指出其中存在的一些问题。(王旭东)

2519

工程信息检索教程 / 王知津主编. -- 北京:机械工业出版社,2009. -- 341 页;26cm. -- 978－7－111－25227－6(国家图书馆)

本书分为 4 篇,共 10 章,主要内容包括:中文信息检索、综合数据库检索、专业数据库检索、特种文献检索、事实与数据检索、联机信息检索、因特网信息检索、综合检索实例、科研能力拓展训练等。(王旭东)

2520

虚拟与现实:数字信息交流研究 / 吴志荣,胡振华著. --

上海:上海辞书出版社,2009. -- 209 页;21cm. -- 978 - 7 - 5326 - 2849 - 0(国家图书馆)

本书内容包括:数字信息与数字信息交流、数字信息交流的社会环境、数字信息交流的社会机制、数字信息交流的模式、数字信息交流的形式和障碍、数字图书馆——生存与发展。(王旭东)

2521

信息检索原理与技术 / 夏立新,金燕,方志等编著. -- 北京:科学出版社,2009. -- 316 页;24cm. -- 978 - 7 - 03 - 024870 - 1(国家图书馆)

本书对信息检索领域的相关问题进行了全面系统的研究,既有对其基本理论、方法、技术的论述,也有对其最新发展的系统阐述。具体内容包括:信息检索概论、信息检索模型、自动索引和文档组织、词汇控制、自动文摘技术、用户接口、信息检索系统的评价,以及联机信息检索、因特网信息检索、数字图书馆的信息检索等。(赵红)

2522

信息检索与利用 / 肖亚明,尹志清,王涛主编. -- 天津:天津大学出版社,2009. -- 255 页;26cm. -- 978 - 7 - 5618 - 3203 - 5(国家图书馆)

本书内容包括:信息与信息素养、信息检索基础理论、计算机信息检索基础理论、局域网信息资源及其利用、特种信息资源及其利用等。(赵红)

2523

信息检索与分析利用 / 谢德体等主编. -- 北京:清华大学出版社,2009. -- 238 页;26cm. -- 21 世纪信息管理与信息系统专业规划教材. -- 978 - 7 - 302 - 20062 - 8(国家图书馆)

本书是介绍信息检索理论、工具及其利用的通用教材。内容包括:信息检索基础,搜索引擎,事实和数值型信息检索,图书、期刊、专利、商标及其他信息的检索,理、工、农、医、商、法等主要学科的综合检索案例,检索效率,撰写开题报告和综述等。(赵红)

2524

医学信息检索 / 徐一新,夏知平主编. -- 北京:高等教育出版社,2009. -- 268 页:图;26cm. -- 2 版. -- 978 - 7 - 04 - 028141 - 5(国家图书馆)

本书主要内容有:信息检索基础、图书馆资源利用、图书馆学术资源门户、Medline、其他常用文摘数据库、引文检索、全文数据库、网络检索工具及其应用、常用医学网站、网络专类信息检索。(王旭东)

2525

信息检索 / 许家梁主编. -- 北京:国防工业出版社,2009. --279 页;26cm. -- 高等学校信息检索课教材. -- 978 - 7 - 118 - 06386 - 8(国家图书馆)

全书共分三篇。第一篇信息意识基础,内容包括:信息获取和利用对大学生成才的意义、高等学校的信息资源和图书馆服务。第二篇信息检索基础,内容包括:信息检索基本知识、计算机技术与网络技术在检索中的应用、特种文献及其检索、检得信息的加工与利用。第三篇专业文献检索,内容包括:若干信息库及其检索系统应用、搜索引擎、信息计量理论在信息检索中的应用、信息视野与信息渠道的开拓、检得信息的管理与处理、专业文献检索用于知识创新。书后附有:《中国图书馆分类法》简介、《国际专利分类表》简介、《国际外观设计分类表》简介。(赵红)

2526

生物医学信息检索与利用 / 杨克虎主编. -- 北京:人民卫生出版社,2009. -- 262 页;26cm. -- 978 - 7 - 117 - 11166 - 9(国家图书馆)

本书介绍了信息检索的基础知识和获得信息的方法与技能,并且对文献信息的分析、评价、研究、管理和利用也给予了关注。(王旭东)

2527

医学文献检索与论文撰写 / 杨耀防,陈先平主编. -- 南昌:江西高校出版社,2009. -- 202 页;26cm. --978 - 7 - 81132 - 703 - 8(国家图书馆)

本书内容包括:医学文献信息检索概述、Internet 与网络医学文献信息检索、中文医学文献检索工具等共 7 章。(王旭东)

2528

信息检索导论 / 叶继元主编. -- 北京:电子工业出版社,2009. -- 399 页;26cm. -- 普通高等教育“十一五”国家级规划教材;高等学校信息管理示范教材. -- 978 - 7 - 121 - 07988 - 7(国家图书馆)

本书介绍了信息检索的基本知识和最新知识,着重讲述了中外文各门学科最常用、最重要的检索工具、检索数据库和搜索引擎。(赵红)

2529

文献信息检索教程 / 叶艺林主编. -- 成都:西南交通大学出版社,2009. -- 244 页;26cm. -- 978 - 7 - 5643 - 0428 - 7(国家图书馆)

本书分为四篇:文献及其渊源、纸质文献检索、电子文献检索、特殊文献资料检索。(赵红)

2530

药学文献检索与利用 / 于占洋主编. -- 北京:中国医药科技出版社,2009. -- 363 页:图;26cm. -- 2 版. -- 978 - 7 - 5067 - 4317 - 4(国家图书馆)

本书介绍了药学文献检索的基本理论;中外文药学文献常用检索工具、中外文常用光盘数据库的检索方法及网络数据库的检索方法及技巧,尤其是对 Scifinder Scholar 检索系统的检索方法与应用进行了较全面的介绍。(王旭东)

2531

化学文献及查阅方法 / 余向春编著. -- 北京:科学出版社,2009. -- 409 页;24cm. -- 4 版. -- 978 - 7 - 03 - 022038 - 7(国家图书馆)

本书介绍了当今重要的、与化学相关的各类数据库和网络化检索知识,以及若干权威的、历史悠久的化学文献型和数值事实型检索工具和软件的检索方法;收录了各类文献(包括化学核心期刊)的网址;还介绍了化学门户网站及其相

关链接。(王旭东)

2532

医药信息检索技术与资源应用 / 余致力编著. -- 南京:南京大学出版社,2009. -- 291 页;26cm. -- 978 - 7 - 305 - 05710 - 6(国家图书馆)

本书介绍了信息检索基础、信息检索技术与服务系统、医药科技文献的手工检索与检索策略、开放存取资源、医药文献检索系统等。(王旭东)

2533

中文工具书使用基础 / 张广福,郭庆杰主编;闫巧琴等编著. -- 北京:国防工业出版社,2009. -- 310 页;26cm. -- 普通高等学校"十一五"规划教材. -- 978 - 7 - 118 - 06285 - 4(国家图书馆)

本书是关于中文工具书理论知识与实际应用的基础教程,强调了对工具书类型及结构的解释与分析,提出了工具书鉴别评论的原则,归纳了利用工具书解决实际问题的途径和方法,选收了各个时期较有代表性的工具书。(赵红)

2534

医学文献检索 / 张建军主编. -- 北京:军事医学科学出版社,2009. -- 100 页;26cm. -- 978 - 7 - 80245 - 357 - 9(国家图书馆)

本书内容包括医学文献检索的基本概念、基本原理,中、外印刷型文献检索工具的使用,各种医学文献数据库的使用,特种文献检索和医学论文写作内容。(王旭东)

2535

化学化工信息检索 / 张萍,高之清主编. -- 北京:高等教育出版社,2009. -- 175 页;26cm. -- 978 - 7 - 04 - 026789 - 1(国家图书馆)

本书内容包括信息检索的基础知识,化学化工领域各类参考工具书及网上图书资源简介,重要的数据库、网络信息资源、专利文献和标准文献知识及查询方法,学术论文写作等。(王旭东)

2536

文献信息检索 / 张玉辉编著. -- 长沙:湖南师范大学出版社,2009. -- 232 页;26cm. -- 978 - 7 - 5648 - 0031 - 4(国家图书馆)

本书内容包括信息基础知识、信息检索导论、工具书的使用、计算机信息检索基础、网络信息资源检索、网络数据检索、特种文献检索等 7 章。(赵红)

2537

工程信息检索与论文写作 / 张振华等编著. -- 北京:清华大学出版社,2009. -- 416 页;26cm. -- 978 - 7 - 302 - 20386 - 5(国家图书馆)

本书整合信息检索原理和信息检索技术,以国内外工程类重要数据库为主导,从数据库介绍、数据库检索方法和数据库检索实例三个方面,详细介绍重要数据库的整体检索和利用,并就学术规范、科技论文的写作和发表进行了深入的阐述,其价值是适应现代计算机检索的实际,突出电子资源的检索和利用,帮助读者掌握计算机信息检索理论和熟练使用国内外工程类重要数据库。(王旭东)

2538

药学文献检索 / 章新友主编. -- 北京:中国中医药出版社,2009. -- 297 页;25cm. -- 978 - 7 - 80231 - 664 - 5(国家图书馆)

本书介绍了药学文献检索基础、药学信息的获取、传统药学文献资源与检索、电子药学文献资源与检索、药学专利文献的利用、药学竞争情报的利用、药学信息数据挖掘等内容。(王旭东)

2539

数字资源检索教程 / 章云兰,万跃华,舒炎祥编著. -- 北京:科学出版社,2009. -- 352 页;26cm. -- 高等院校公共基础课系列教材;浙江省高等教育重点建设教材. -- 978 - 7 - 03 - 016123 - 9(国家图书馆)

本书系统地介绍了数字资源及其检索的基本知识以及中文文献数据库、外文文献数据库、外文全文数据库、事实数值型数据库以及电子期刊、电子图书、电子报纸、特种文献等数字信息资源的检索方法与技巧,并就网络学术资源的收集方法进行了介绍。此外,还对信息资源的收集技巧和分析利用、信息管理工具 E - Reference Tool 以及论文写作与投稿指南等作了具体介绍。(赵红)

2540

信息检索与利用 / 赵立桢,赵欢乐主编. -- 北京:中国农业出版社,2009. -- 315 页;26cm. -- 全国高等农林院校"十一五"规划教材. -- 978 - 7 - 109 - 13332 - 7(国家图书馆)

全书分 3 篇共 10 章。第一篇为基础理论篇,系统阐述了信息检索基础知识、信息检索理论与技术;第二篇为信息资源篇,全面介绍了二次文献信息检索、全文信息检索、特种文献信息检索,以及事实与数据检索等多种载体、多种类型的信息资源检索系统。在简略陈述书本式检索系统的基础上,重点介绍中外文数据库和网络信息资源。第三篇为实践应用篇,分别介绍了科学研究与学术论文写作、基于网络环境的图书馆服务、信息资源和检索技术综合利用案例。(赵红)

2541

信息资源检索与利用 / 赵玉冬主编. -- 广州:中山大学出版社,2009. -- 344 页;24cm. -- 普通高等学校教材. -- 978 - 7 - 306 - 03290 - 4(国家图书馆)

本书主要内容:信息与信息资源概述、信息资源检索基本理论、文献资源检索与工具书利用、网络信息资源搜索、电子图书检索与利用、特种文献检索与利用、事实与数值数据库检索与利用、国外著名大型检索工具等。(赵红)

2542

社会科学文献信息检索与利用 / 周向华编著. -- 合肥:安徽人民出版社,2009. -- 354 页;23cm. -- 安徽师范大学教材建设基金资助项目. -- 978 - 7 - 212 - 03602 - 7(国家图书馆)

本书系统地阐述了社会科学文献信息的基本概念、信息检索的流程及检索类型,论述了信息检索的基本原理、检索语言及相关信息检索工具的使用技巧等。它将传统的检索工具和计算机检索技术充分融合,重点介绍了网络检索工具

的使用方法及中外著名的数据库,同时兼及手工检索工具书的使用。既包含检索理论的探索,也有检索技术详解。(赵红)

2543

中外专利信息网络检索与实例 / 朱江岭,陈金梅主编. -- 北京:海洋出版社,2009. -- 239 页;26cm. -- 978 - 7 - 5027 - 7093 - 8(国家图书馆)

本书介绍了经济发达国家或地区如美国、日本、英国、欧洲专利信息以及国际专利组织等网络化信息的检索方法,详述了中国内地及港台地区专利信息的检索和国际工业品外观设计的检索。(王旭东)

2544

高校图书馆文献信息检索与利用研究 / 卓玛吉,马小鹰,艾赛丽古丽 · 吐尔迪编著. -- 兰州:甘肃民族出版社,2009. --317 页;21cm. -- 978 - 7 - 5421 - 1571 - 3(国家图书馆)

本书主要介绍了大学图书馆的情况、藏书、分类、目录及其使用方法等,讲述了常用文献检索工具书的排检方法,大学图书馆的服务内容及职能,大学生利用图书馆获取知识资料的方法、途径和技能,以及图书馆自动化、数字化、网络化概述,同时述及了各种文献及中文全文数据库的信息检索方法,还特别介绍了一些有关该方面的知识内容。(赵红)

2545

图书馆利用与文献检索教程(社科版) / 刘自强主编. -- 南京:河海大学出版社,2009. -- 173 页;26cm. --978 - 7 - 5630 - 2650 - 0(国家图书馆)

本书介绍了如何利用图书馆、社会科学文献检索与计算机检索的基础知识、如何手工检索社会科学文献中文工具书、国内外社会科学文献数据库检索结合等。全书共分 9 章。内容包括:大学生与图书馆、文献资源建设、图书馆的读者服务、科学利用图书馆、社会科学文献检索基础知识、社会科学文献信息检索、国内社会科学文献信息数据库、国外综合数据库、社会科学文献网络信息资源检索。(赵红)

藏书建设和藏书组织

2546

购求中国图书计划书 / 顾颉刚. -- 广州,国立中山大学图书馆研究会,1927. -- 39 页. --"国立中山大学图书馆丛书"第 1 种(上海图书馆)

杜定友跋。(金晓明)

2547

图书之选购 / 刘藻. -- 杭州 浙江省立图书馆,1931. -- 42 页; 表; 32 开. -- 浙江省立图书馆丛书(浙江图书馆)

为浙江省立图书馆丛书之一。以馆藏配置和读者统计为依据,阐明图书选购的原则,方法和应注意的要点。本书无目录。(王效良)

2548

图书选择法 / 杜定友. -- 上海: 商务印书馆,1926,1931. --46 页: 表; 32 开. -- 上海图书馆协会丛书(浙江图书馆)

本书详尽论述图书选择之宗旨、原理、方针、先决问题,以及选择图书之分配、选择判断的标准等内容。书前有杜定友撰写的《上海图书馆协会丛书总序》。(王效良)

2549

御书术 / 钱亚新. -- 河北省立女子师范学院图书馆出版课,1933. -- 14 页; 图; 16 开. -- 河北省立女子师范学院学校图书馆学丛书 1(国家图书馆)

所谓"御书术",就是控制图书的办法。作者分别介绍了图书的选择法、征购法、阅读法、研究法。(胡月平)

2550

图书之典藏 / 许振东,王文莱,郁望尧. -- 杭州,浙江省立图书馆,1935. -- 32 页. --"浙江省立图书馆辅导丛刊"第 3 种

未见书。见录于李钟履《图书馆学书籍联合目录》。(胡月平)

2551

儿童读物选择法 / 林斯德. -- 湖北大同书斋,1935. --48 页; 36 开. -- 上海图协会丛书 1(国家图书馆)

分孩子也要书籍、如何选择小孩子的书籍、选择书籍与儿龄、选择儿童读物应注意的几点、儿童读书参考书目 5 章。前有杜定友序、陶行知序、作者自序。(胡月平)

2552

西文图书修理法 / 洪偺训译. -- 编者刊,1936. -- 15 页; 图; 16 开(国家图书馆)

内分引言、西文图书的组成、本文所述图书修理之程序三部分。《图书展望》月刊抽印本。从 Donald M. Kidd 的 Book Craft 翻译而来。(袁皓)

2553

图书馆图书购求法 / 邢云林. -- 南京: 正中书局,1936. -- 12,182 页; 图表; 32 开. -- 师范丛书(国家图书馆)

共十章,介绍了图书经费的预算与使用,图书的选择、书店、订购、赠送与交换、登录、注销及杂务。前有沈祖荣、田洪都的序及自序。附录表格样章及书店举要。(胡月平)

2554

图书之征购 / 陈豪楚. -- 杭州: 浙江省立图书馆,1936、1938. -- 48 页. --"浙江省立图书馆辅导丛刊"第 1 种

未见书。见录于李钟履《图书馆学书籍联合目录》。(胡月平)

2555

图书选择法(上、中、下册) / 商务印书馆函授学校图书馆学科编. -- 上海: 编者刊,1949(前). -- 3 册(134 页); 32 开(上海图书馆)

全书共三册,设书籍的内容、外观,图书选择的目的与步

骤、手续与组织等10章。本书与《图书馆行政》《目录学》《图书分类法》《图书编目法》《图书运用法》等书合订。(金晓明)

2556

图书馆藏书的组织 /(苏)格里科尔耶夫著;杜定友,朱镇海译. -- 北京:中华书局, 1955. -- 264页;21cm(国家图书馆)

本书译自苏联国立莫洛托夫图书馆专科学院的课本。全书共分为5篇16章84节,附图75幅,表44张。主要内容包括:图书馆藏书组织的原则,藏书的制度,图书加工工作,图书登记的原则,登记的类别与形式,图书排列的原则,分类排列法,形式排列法,各类图书排列法,图书的技术处理,图书馆藏书的安全问题,图书的装订与修补,图书保管部的介绍,图书馆藏书的检查,图书馆藏书检查的组织,图书目录的检查等,是一本图书馆实务的指导书。(韩丽)

2557

图书馆藏书 / 陈鸿舜讲. -- 南京:省市图书馆工作人员进修班(内部出版),1957. -- 49页;19cm. -- 省市图书馆工作人员进修班讲稿(国家图书馆)

该书专为省市图书馆工作人员进修班编印。全书分6章讲述,包括图书馆藏书的意义和作用、图书馆藏书成分、藏书采购原则、藏书采购的调查研究、图书馆藏书采购计划以及图书馆藏书采购方法。(胡秋玲)

2558

图书馆学翻译丛刊(1—9辑) / 北京图书馆编译. -- 北京:中华书局. -- 1957—1959. -- 20cm(国家图书馆)

本丛刊系北京图书馆组织编译的前苏联相关图书馆著述,共分9辑,各辑内容分别为"图书馆如何为科学研究服务"、"图书馆目录"、"集中编目与简化编目"、"图书馆藏书的补充"、"苏联图书馆事业史:1917—1920年的苏俄图书馆事业"、"图书馆宣传工作"、"科学技术图书馆如何工作"等。(卓连营)

2559

图书馆藏书的保护:省市和大型区图书馆参考资料 /苏联国立列宁图书馆图书卫生修整部主编;李哲民等译. -- 北京:中华书局,1958. -- 106页;21cm. -- 图书馆学翻译丛书之一. -- 7018.13(北京师范大学图书馆)

本书以苏联国立列宁图书馆、萨尔蒂科夫—谢德林公共图书馆和国立公共历史图书馆在藏书保护方面的实际工作经验,以及苏联国立列宁图书馆和萨尔蒂科夫—谢德林公共图书馆科学研究实验室的部分研究成果为基础,阐明保护图书方面的有关问题。书中对制书材料的性质及其陈化的原因,纸张的自然陈化,光线,空气中温度、湿度对书籍的影响,昆虫和微生物对书籍的损害提供了实际的范例,并对延长图书寿命所采取的专门措施和图书补修的方法作了详尽的介绍。这是对我国图书馆工作者具有现实意义的读物。末附"图书馆的防火措施",也是图书馆工作人员的重要参考资料。(韩丽)

2560

图书馆采访学 / 顾敏. -- 台北:台湾学生书局,1979. -- 192页;21cm. -- 图书馆学与资讯科学丛书; 8. -- 957-15-0154-9(国家图书馆)

本书分8章24节向读者述说图书采访的问题:第一章绪论包括名词解释与定义、采访在图书馆工作中的地位、采访工作和其他工作的关系;第二章采访工作的特性,介绍了采访政策的设计规划与运作,对于作业项的分工以及各类型图书馆的采访重点与特色亦尽量提及;第三章书籍的选择方法,除说明选藏的范围外,利用经济计划和行政企划的观点阐述明选书的概念与原则,并兼及选核图书的实际作业和步骤;第四章图书订购作业,说明目前各图书馆所运用的各种订购方法,以及订购工作必要的程序和记录;第五章图书的赠送与交换,介绍购买之外的书刊征集方法,赠送与交换的注意事项及方式;第六章期刊资料的采访,述说了评选期刊的主要线索和客观方法,对于和征集作业密切相关的期刊登录工作连带并述;第七章缩影资料的采访,以缩影资料作为视听资料的例子,分别说明新兴媒体的调和与配合问题,视听媒体所独具的设备、规格与环境的问题等;第八章图书采访学的发展与趋势,以现实情况为例,分别就资源交流,出版品编号制度,自动化作业等三个角度叙述图书采访作业所面临的挑战,以及因作业压力而新辟的采访学研究领域。附录书籍登录规则和期刊记录程序办法,供读者对照参考。(赵红)

2561

克特号码表 / 克特号码表. -- 北京:书目文献出版社,1980. -- 10页; 8开(国家图书馆)

书名原文 Alphabetic Order Table。影印出版。(金丽萍)

2562

中国古籍装订修补技术 / 肖振棠,丁瑜编著. -- 北京:书目文献出版社,1980. -- 100页:照片;19cm. -- 7201.3(北京大学图书馆)

本书内容共5章。第一章简述书籍装订技术的起源和发展;第二章介绍装修古旧书籍常用的名词;第三章列举装修古旧书籍应有的设备及常用材料;第四章分述古旧书的修补与装订,其中包括装订的程序和修补古旧书的基本技法,并对虫蛀鼠咬、水湿粘连、糟朽焦脆的各种破损书叶的特殊修补法作了介绍;第五章对毛装、线装、包背装、折装、卷轴和金镶玉以及蝴蝶装各种不同形制书籍的装修方法分别作了介绍。为了保证装订修补的质量,还附有"装修书籍操作规程及成品检查标准",书末附有图版28幅。(韩丽)

2563

藏书建设基础知识问答 / 卢子博,倪波主编;顾传彪执笔. -- 北京:书目文献出版社, 1981. -- 68页;19cm. -- 图书馆业务基础知识问答. -- 7201.25(国家图书馆)

本书是《图书馆业务基础知识问答》丛书的第二分册,由南京市人民图书馆的顾传彪执笔。编者从藏书建设工作的各个不同角度,归纳成47个问题。本书着重提出了图书采购工作的具体方法和注意事项;书刊资料的编排方法;如何划分书库;如何防止书刊资料长霉以及搞好藏书的除旧更新工作等方面的问题。针对这些问题,编者采用了问答形式作了简明扼要的回答。本书对图书采购人员、书刊资料管理人员有一定的参考价值,尤其对新参加图书馆工作的青年同志,更具有实际意义。(韩丽)

2564

图书馆藏书建设 / 吴慰慈编著. -- 长春:吉林省图书馆学会(内部出版),1981. -- 115 页;19cm. -- 图书馆业务自学大全. --(国家图书馆)

本书原作为吉林省图书馆函授学校教材,后经过北京大学图书馆学系吴慰慈老师作了全面的修改和增删后,作为《图书馆业务自学大全》中的一册。全书共分为 5 章。第一章主要介绍了藏书建设的意义、作用和藏书成分,第二章则介绍了藏书建设的原则、调查研究工作和藏书的补充方法,第三章介绍了我国书刊出版、发行情况及报刊订购办法,第四章介绍了图书报刊的验收和登记,第五章介绍了藏书组织与保护,书后附有相关的思考题和编写本书参考的一些文献资料。(韩丽)

2565

图书馆藏书建设 / 许万雄编著. -- 重庆市图书馆学会,重庆市图书馆研究辅导部(内部出版),1981. -- 196 页;图;19cm. -- 图书馆业务学习资料(北京师范大学图书馆)

本书共分为 7 章,主要内容包括:图书的发展简史,从文字的产生、图书的起源到书籍制度、近代和现代的书作了简单介绍;介绍了图书馆藏书建设的作用、发展和意义,以及图书馆藏书建设的原则,包括图书及图书馆藏书的类型,藏书建设的基本原则、几个关系和调查研究;图书馆藏书建设的业务实施,包括藏书建设的计划、工作组织及其方式方法、技术措施和规章制度;图书馆藏书的登录,包括藏书登录的意义和作用、制度等;图书馆藏书组织,包括藏书组织的原则、意义、作用、类型等;最后介绍了图书馆藏书排列与保管。书后附有当时中央及各省市自治区出版社一览表。(韩丽)

2566

《图书分类目录导片》汉英对照类名简目 / 书目文献出版社编. -- 北京:书目文献出版社,1982. -- 65 页; 16 开. -- 7201.30 – 2(国家图书馆)

本书是书目文献出版社编辑、出版的《图书分类目录导片》(修订版)的类目索引。条目从原来的 878 条增加到 1296 条,其中科技类目增补较多。(金丽萍)

2567

图书馆藏书 /(苏)斯多利亚洛夫,(苏)阿列菲也娃著;赵世良译. -- 北京:书目文献出版社, 1983. -- 281 页;19cm. -- 7201.42(国家图书馆)

本书是由赵世良同志根据苏联斯多利亚洛夫、阿列菲也娃所著的《图书馆藏书》一书的 1979 年版译的,由李修宇同志校订。全书共分三编,图书馆藏书总论,图书馆藏书的补充,图书馆藏书的组织。主要内容包括:图书馆藏书体系,藏书建设,藏书补充理论的基本原则,藏书的完备性,复选,藏书供应体系,藏书补充计划,藏书补充的组织与方法,藏书的登记与清点,藏书的布局,藏书的排架,藏书的保管等,共 15 章。本书可供大专院校图书馆学系或专业的师生以及图书馆工作人员参考。(韩丽)

2568

文献与文献收集 / 四川省图书馆学会主编. -- 成都:四川省中心图书馆委员会(内部出版),1983. -- 135 页;19cm(国家图书馆)

本书是四川省中心图书馆委员会于 1978 年组织编写的一套图书馆学知识丛书中的一册。本书共分为 5 章。第一章绪论,简要介绍了文献的基本概念和作用、文献收集的目的和意义;第二章介绍了现代文献的主要类型及其发展趋势;第三章则是世界文献出版概况及中外主要出版机构的介绍;第四章是文献收集的基本原则,说明了各类型图书馆文献收集的特点、文献收集的分工与协调等;第五章则介绍了文献收集的主要途径、文献收集工作的先决条件、文献收集的技术性工作及怎样选好外文书刊。书后附有全国出版社一览表。(韩丽)

2569

图书馆藏书建设 / 四川省图书馆学会主编. -- 成都:四川省中心图书馆委员会(内部出版),1983. -- 120 页;19cm(国家图书馆)

本书是由四川省中心图书馆委员会 1983 年组织编写的图书馆学知识丛书中的一册。全书共分为 7 章,主要内容包括:有关图书馆藏书建设的绪论,图书馆藏书建设的重要意义,图书馆藏书建设的原则,图书馆藏书建设的组织,图书馆藏书的补充,图书馆藏书的剔旧,以及图书馆藏书的保护。本套丛书在当时具有思想解放、理论联系实际、引进了一些新研究成果等特点,因此有广泛的适用性,既可作为教材使用,又可作为图书馆工作人员业余自修使用。(韩丽)

2570

图书馆藏书的卫生与修复 /(苏)普列奥勃拉仁斯卡娅编;黄树开译. -- 北京:书目文献出版社, 1985. --142 页;19cm. --7201.69(国家图书馆)

本书是由普列奥勃拉仁斯卡娅等人根据苏联国立列宁图书馆藏书的卫生与修复工作经验编写出的一本主要阐述图书保护工作及方法的专著,书中较系统地分析了物理与化学性质等多种因素对图书造成的损坏和影响,并且详细地介绍了图书的保护及修复的种种措施和具体方法。本书由黄树开翻译,全书共分四章,主要内容包括:纸张损坏的物理化学因素及其预防的措施,生物的破坏因素及其预防措施,馆藏图书的修复与防腐,文献摄影修复法等。对我国图书的保护与修复有一定的借鉴作用。(韩丽)

2571

档案图书害虫及其防治 / 冯惠芬等编著. -- 北京:档案出版社, 1985. -- 202 页;19cm. -- 7283.04(国家图书馆)

本书编写的主要目的在于适应档案图书害虫防治工作的需要,帮助图书管理人员了解图书害虫的形态特征及生活习性,掌握防治方法。全书共 8 章。第一章绪论;第二章档案图书害虫的形态特征与生活习性;第三章档案图书害虫的传播途径与检查方法;第四章档案图书害虫的保管技术防治;第五章档案图书害虫的化学防治;第六章档案图书害虫的物理防治;第七章档案图书害虫的人工饲养;第八章档案图书害虫标本的制作与保管。书中介绍了在我国发现的图书馆害虫三十余种,并对一些常用的或有发展前景的防治方法进行了介绍。本书还较详细地介绍了档案图书害虫的饲养、标本制作与保管方法等。本书可供档案馆室、图书馆及教学使用。(韩丽)

2572

藏书建设论文集 / 全国高校图书馆工作委员会著. --天津:南开大学出版社, 1985. -- 363 页;19cm. --7301. 10(国家图书馆)

1984 年 9 月,全国高校图书馆工作委员会秘书处在大连工学院召开了藏书建设研讨会,来自全国 27 个省市自治区的高校图书馆的代表围绕八个专题,即文献的资源布局、藏书结构、藏书的复本剔除、复本问题、藏书建设人员的素质、藏书的组织、藏书建设的总体要求、核心期刊的确定方法进行了充分的讨论,本书即将在会议上宣讲或交流的论文以全文或文摘的形式汇编而成,以供相关的图书馆业务人员参考。全书共收录全文 25 篇,文摘 29 篇。(韩丽)

2573

藏书建设 / 沈继武, 杨建东编著. -- 武昌:湖北省高等学校图书馆工作委员会,武汉大学图书情报学院(内部出版), 1986. -- 270 页;19cm(兰州大学图书馆)

藏书建设是高等学校图书馆学专业基础课之一。它广泛吸取了当代国内外图书馆界的研究成果,参考并引用了许多专家与同行的著述。本书是根据 1978 年以来教学中多次编写的讲稿整理而成的。全书共分 8 章,主要内容包括:文献资源概念系统,现代图书文献的特征与类型,藏书建设原则,藏书发展规划,藏书结构体系规范,书源与书目,藏书补充与登记,藏书组织管理等。(韩丽)

2574

图书档案保护技术资料汇编 / 北京图书馆图书保护研究组编. -- 北京:书目文献出版社,1987. -- 258 页; 26cm. -- 7 – 5013 – 0330 – 4(北京师范大学图书馆)

本书是北京图书馆图书保护研究组根据图书档案保护技术工作的需要,较系统地搜集了有关方面的资料共 95 篇,五十余万字。全书的主要内容包括:图书、档案的纸张、字迹保护;库房温湿度的管理;库房建筑及其防有害气体、防光、防尘除尘、防水防火;还较详细地介绍了新型图书、档案材料——缩微胶片、磁带的保护技术等。书中还附有各种插图 53 幅。本书是集当时国内外有关图书、档案保护技术新成果和新经验之大成,是图书馆、档案馆、文物保护等单位应备之书,亦是从事图书、档案保护技术和有关教学人员研究和学习时有参考价值的书。(韩丽)

2575

书库管理实务 / 邱辉塘. -- 台北:文史哲出版社,1987. -- 129 页;21cm(国家图书馆)

全书分 7 部分。第一部分绪论首述典藏工作的重要。第二部分论述新书点收,叙述点书的方法、程序与步骤。第三部分叙述新书上架以前的整理。内容包括区分图书、检查图书、核卡、副本书的处理、排架号的组成、排架卡的排列等。第四部分叙述新书展览的方法。第五部分叙述组成索书号的介绍及拟建议改良的观点。第六部分书库的工作。叙述书库建筑及其相关设备、书架的设置、书架的排列、书库的通风与安全问题、图书的排架、书标的加固与维护。第七部分结论,阐述上述工作仅是典藏工作的初级,是书库管理的基础。书前有提要,书后有参考书目、图表目次。(赵红)

2576

藏书建设与读者工作学习指导书 / 沈继武编. -- 武昌:武汉大学出版社, 1987. -- 94 页;19cm. -- 中央广播电视大学图书馆学专业用书. -- 7 – 307 – 00024 – 5(国家图书馆)

本书将各种性质和类型的问题系统化,条理化,可以帮助学生系统复习,启发思考、深入理解教材中的有关重点,并可对照检验自己的学习效果。全书分为藏书建设和读者工作两大部分,藏书建设部分共有 8 章,分别介绍了文献资源概念系统,现代图书文献的特征与类型,藏书建设原则,藏书发展规划,藏书结构体系规范,书源与书目,藏书补充与登记,藏书组织管理等;读者工作部分共有 6 章,主要包括:读者工作原理,读者队伍结构,读者心理,读者阅读需要,读者服务方法体系,读者工作的组织管理等内容。(韩丽)

2577

藏书建设与读者工作 / 沈继武编著. -- 武昌:武汉大学出版社, 1987. -- 457 页;19cm. -- 中央广播电视大学图书馆学专业用书. -- 7 – 307 – 00019 – 9(国家图书馆)

本书是高等学校图书馆学专业基础课教材之一,也是中央广播电视大学图书馆学专业用书之一。本教材包括藏书建设与读者工作两大部分。它系统概述了图书馆藏书建设与读者工作的基本理论、基本知识和基本方法,对于具体方法技术,未作详细阐述。藏书建设部分共有 8 章,分别介绍了文献资源概念系统,现代图书文献的特征与类型,藏书建设原则,藏书发展规划,藏书结构体系规范,书源与书目,藏书补充与登记,藏书组织管理等;读者工作部分共有 6 章,主要包括读者工作原理,读者队伍结构,读者心理,读者阅读需要,读者服务方法体系,读者工作的组织管理等内容。(韩丽)

2578

藏书建设与读者工作教学参考文选 / 沈继武等编. --武汉:武汉大学出版社, 1987. -- 203 页;19cm. --7 – 307 – 00023 – 7(北京师范大学图书馆)

本书是为中央广播电视大学图书馆学专业学习“藏书建设与读者工作”课程编辑的。本书选收了近几年来公开发表的藏书建设论文 11 篇,读者工作论文 9 篇,大体上是按照教材的内容体系序列编排的。书中所选的论文,都按发表的原文排印,未作任何删节和修改。书中选收的论文有:肖自力的“我国文献资源建设和高校图书馆的使命”、“藏书稳定状态理论的由来与发展”、“试论藏书结构”,吴建中的“图书馆采访的理论问题初探”,张树华的“读者工作的性质和功能”、“读者工作学科的构成”等。(韩丽)

2579

藏书组织学概要 / 吴晞著. -- 北京:北京大学出版社, 1987. -- 131 页;20cm. -- 7209.24(国家图书馆)

图书馆藏书建设是图书馆学研究的一个重要领域。本书的目的就是在藏书组织学领域作些有益的探讨,对各大中型图书馆藏书的组织管理工作能够有所帮助和促进,为图书馆专业的大中专学生提供必要的教材和教学参考书。本书分为三部分:第一章到第三章和第十一章为藏书组织原理,第四章到第七章为藏书的布局,第八章到第十章为藏书的典藏。本书的主要内容包括:绪论,藏书组织的历史发展,现代文献的概念和类型,藏书的整体布局,藏书的建筑布局,藏书的室内布局,藏书的排列,藏书的典藏工作,藏书保护,藏书剔除,今后藏书组织学的发展等。书后附有参考文献 26 篇。(韩丽)

2580

国际出版物交换手册:第四版 /(美)范维卡尔登(F. Vanwijngaerden)编;王培章译. -- 北京:中国对外翻译出版公司, 1988. -- 166 页;20cm. -- 7-5001-0026-4(国家图书馆)

国际出版物交换手册第四版主要是通过增订第三版的内容,反映 1965 年至 1975 年十年来出版物国际交换的发展,特别是国际标准化方面的发展,以及各国际组织在促进出版物交换方面所起的作用,为出版物国际交换的方法、组织和管理提供一个指南;提供各国交换中心的最新详细名册,介绍它们的活动和服务的实际资料,使全世界的交换机构与合适的交换伙伴建立联系。本书主要提供给各国交换中心的图书馆员、图书馆学专业的师生、情报人员和文献资料人员使用。(韩丽)

2581

图书馆藏书剔除 /(美)斯坦利. J. 斯洛特著;陶涵彧,庄子逸译. -- 北京:书目文献出版社, 1988. -- 240 页;19cm. -- 7-5013-0437-8(国家图书馆)

本书译自斯坦利·詹姆斯·斯洛特撰写的专著《图书馆藏书剔除》,目的是借鉴国外同行的研究成果,促进我国图书馆界在该领域内的深入研究并推动实际剔除工作的进一步开展。本书论述的重点是对图书馆滞架书刊的甄别和剔除。由于这涉及到图书的使用状况,故书中报道了大量有关图书使用模式的研究分析和数据资料。本书部分地参考了一篇经常要引用的博士论文《五所图书馆研究》。在翻译过程中,深感我国图书馆界对图书使用的研究相当不够,本书提供的方法可资借鉴。全书分为两大部分。第一部分藏书剔除的背景与导论,共 7 章,讲述了藏书剔除的背景,传统的藏书剔除方法,有关藏书剔除的图书馆标准,以前以判断为基础的藏书剔除标准,推荐的藏书剔除目标,图书馆采用的藏书剔除方法,各类图书馆核心藏书;第二部分研究计划与藏书剔除方法综述,共 7 章,介绍了藏书剔除文献的分析和评论,五所图书馆研究概述,图书馆的使用模式,如何进行藏书剔除等内容。(韩丽)

2582

图书馆藏书 / 李平杰编著. -- 成都:四川大学出版社, 1988. -- 206 页;19cm. -- 7-5614-0181-7(国家图书馆)

本书是作者在教学讲稿的基础上修改整理而成的,编写中广泛吸取了国内外图书馆界的研究成果。全书共分 8 章,主要内容包括:绪论,现代图书文献的特点与类型,图书文献采集原则和藏书结构,藏书采集,藏书登记,藏书布局和排列,藏书清点和剔除,藏书保护等。主要介绍了图书馆藏书的各种规章制度、原则、工作方法等,每章后都附有具体实例,如某些图书馆的藏书补充条例、图书管理办法、国际书刊交换工作细则、藏书剔旧的原则和范围等。书后附有世界各国出版机构与书刊发行系统,采集出版物目录。(韩丽)

2583

图书馆业务自学大全(4):图书馆藏书建设 / 吴慰慈等编著. -- 长春:吉林省图书馆学会(内部出版), 1988. -- 146 页;19cm. -- 吉林省图书馆学会丛书(国家图书馆)

本书是吉林省图书馆学会组织编写的图书馆业务自学大全丛书中的一册。全书共 5 章。第一章藏书建设的意义、作用和藏书成分;第二章藏书建设的原则和途径,编者详细介绍了藏书建设的原则、藏书建设的调查研究工作、藏书补充方法;第三章我国书刊出版、发行情况及报刊订购办法;第四章书刊的验收和登记;第五章藏书组织与保护,包括藏书组织工作、藏书排列、藏书保护等内容。书后还附有复习思考题,以供自学者检验学习效果。(张玲)

2584

图书馆藏书建设 / 雪涛编著. -- 南宁:广西教育出版社, 1988. -- 174 页;19cm. -- 全国图书馆学中专系列教材. -- 7-5435-0419-7(国家图书馆)

本书是全国图书馆学中专系列教材中的一册。全书共分 12 章,主要内容包括:图书馆藏书和藏书建设,图书馆藏书建设概说,图书馆藏书的类型,图书馆藏书补充,图书的选择,图书馆藏书的登记与清点,图书馆藏书的布局和排架,图书馆藏书的保护,图书馆藏书的复选与剔除,图书馆藏书建设的协调,各类型图书馆藏书建设,图书馆藏书建设的科学管理等。(韩丽)

2585

国家采访方针与采访系统:现行系统与可能模式的对比研究 / 朱迪思·科林斯, 鲁斯·芬纳著;朱强等译. -- 北京:北京大学出版社, 1988. -- 172 页;19cm. --7-301-00564-4(北京大学图书馆)

编译本书的目的在于借鉴国外同行在文献资源布局方面的理论与实践的总结,从书名看,《国家采访方针与采访系统》与“全国文献资源布局”似乎相去甚远,但就其实质而言大体相同,不过着眼点与侧重点不同而已。作者使用“文献资源布局”一词是强调在国家的指导下,使各馆协同进行文献资源建设,达到全国资源的合理配置,它既指现状,也指对未来发展的规划。“国家采访方针与采访系统”所强调的是,制订国家的方针,构筑国家的采访系统,从而取得最适合全国需要的文献。分解开来看,两者的基本要素是共同的:(1)

国家的整体规划与方针。(2)形成全国的图书馆系统。(3)协同动作,以建立合理的文献资源。本书出版于1982年,所收集、利用的材料基本截至20世纪70年代末期,个别资料是1980年年底的。总的来说,资料略显陈旧。但是,本书收集材料全面,包括了很多国家,且对有关问题都作了较详细的论述,因此仍有其参考价值。(韩丽)

2586

书籍档案科学保护常识 / 李龙如编著. -- 长沙:湖南大学出版社, 1989. -- 178页; 19cm. -- 7-314-00377-7(国家图书馆)

本书从构成书籍的主要材料——纸的起源、形成和特性到危害书籍的各种不利因素及防治方法等加以介绍。同时对非印刷资料,如缩微复制品、声像资料、机读资料、卫星拍摄的地面照片等特性及其保护方法,亦作了简要介绍。为了能较全面地说明问题,不仅重点介绍当前的条件下应如何保护,同时亦扼要叙述了我国古代和国外在保护书籍方面的一些经验和方法。由于档案的主要构成材料与书籍的主要构成材料相同,书籍的一些保护办法,同样适用于档案,所以本书在谈到书籍的保护时,没有说档案,但严格说来,档案的构成材料与书籍的构成材料仍有其不同之处,因此本书第十四部分为"档案材料的特性及其保护"。(韩丽)

2587

文献收集 / 许鸿英,陈光楹编著. -- 北京:中国科学院文献情报中心(内部出版),1989. -- 177页;19cm(北京师范大学图书馆)

本书是1982年编写出版的《中国科学院图书情报工作教材》修订后的分册之一,全书共分8章,主要内容包括:情报源、文献与文献收集,文献的形式、结构及特点,文献收集工作的原则、计划和方式,各类文献的收集,国内文献的出版发行,国外文献的出版发行,文献收集工作的程序和必须抓好的几个工作环节,文献收集工作的发展趋势等。本教材大体相当于大专程度,主要适用于培训从事专业图书情报工作的业务人员,也可供其他有关人员自学或研究时参考。(韩丽)

2588

图书馆藏书建设/ 朱育培, 陈久仁主编. -- 北京:学苑出版社,1989. -- 306页;18cm. -- 中国图书馆学自学系列丛书,1993年再版(国家图书馆)

本书是《中国图书馆学自学系列丛书》中的一册。藏书是图书馆的物质基础,藏书建设是图书馆开展各项工作的前提条件,其质量是衡量图书馆水平的重要标志。全书用12章内容介绍了图书馆藏书建设的主要内容,包括文献资源概念、图书馆藏书及藏书建设,文献类型与特征,藏书建设中的实用性、系统性、分工协调、藏书复选与剔除等原则,藏书发展规划与补充计划,藏书规范与体系,藏书建设调查研究,藏书补充,藏书验收与登记,藏书来源与书目信息,藏书建设的人才管理与制度管理,藏书布局与排架,藏书保护。(张玲)

2589

档案文献保护技术学 / 宗培岭,赵秉中编著. -- 北京:航空工业出版社,1989. -- 493页;19cm. -- 7-80046-102-5(天津师范大学图书馆)

本书论述与介绍了档案文献保护技术学的基本理论与技术方法。全书共11章,第一章为档案文献保护技术学概述;第二至第四章分析了常见档案文献载体材料和记录材料主要组成部分的结构、性质等,从理论上分析了影响它们耐久性的内因;第五至第九章从库房管理角度分析了影响档案文献使用期限的理化因素与生物因素的来源、危害及防治的技术方法;第十章论述了库房建筑的设计原则;第十一章介绍了档案文献修复的内容与方法。本书广泛地吸取了相关学科和部门的有关成果与经验,内容较为全面,论述问题有独到之处,可供档案、图书工作者参考,亦可作为档案、文献、图书等专业的教学参考书。(韩丽)

2590

汉字与汉字排捡方法 / 黄俊贵执笔. -- 北京:书目文献出版社,1990. -- 196页;32开. -- 7-5013-0697-4(国家图书馆)

本书共8章:(1)绪论;(2)汉字结构的基本属性——汉字排检法的根据;(3)汉字的类型;(4)汉字简化;(5)汉语拼音;(6)汉字排检法的理论与方法;(7)各种汉字排检法简介;(8)汉字排检法的应用。书后附中文图书目录汉语拼音检字表。(金丽萍)

2591

文献保护学 / 刘家真等编著. -- 武汉:武汉大学出版社,1990. -- 412页;20cm. -- 7-307-00784-3(国家图书馆)

本书是受国家教育委员会委托而编写的高等学校文科教材。该教材主要是供图书馆学、档案学、情报学专业本、专科学生使用,同时也兼顾了广大图书、情报和档案工作者业务进修的需要。本书编写原则是根据图书、档案、情报事业发展的需要,结合教学改革的实际,力求体现教材的先进性、科学性和实用性。在坚持理论联系实际的基础上,为图书馆学、档案学、情报学专业的本科生提供保护文献的基本理论、基本知识和基本技能。全书分上下两编,每编各5章。上编为文献保护学基础知识,侧重阐述保护文献的基本理论及国内外研究概况;下编为保护文献的应用技术,结合我国图书馆、档案馆的特点,具体阐述保护文献的基本技能。(韩丽)

2592

文献采访理论与实践 / 刘祯臣主编. -- 济南:山东大学出版社, 1990. -- 315页;19cm. -- 7-5607-0347-X(国家图书馆)

藏书建设工作面临的困难越来越大,需要完善的理论与科学的方法进行指导。本书论文的作者大多是多年从事藏书建设工作的同志,不少作者不但有丰富的工作实践经验,而且也进行过较长时期的理论研究。收入本书的30篇论文,内容涉及采访决策的研究、资源布局与合作采访、书刊的选订与评价、国际交换、文献资源的开发与利用、新形势下藏书建设面临的问题及对策等许多方面。有结合实际的理论研究,也有实践经验的总结。理论研究需要实践作为基础,实践又需要理论来指导。本书意在推动藏书建设理论研究的发展,并希望能对实践工作有所指导与影响。(韩丽)

2593

台湾地区图书馆采访自动化现况与需求研究 / 郑玉玲. -- 台北:汉美图书公司,1990. -- 135 页;21cm. --图书馆学与资讯科学论文丛刊. 第一辑. 1. --957 - 9005 - 06 - 0(国家图书馆)

全书分 6 章探讨国外图书馆采访自动化系功能,了解图书馆国内采访自动化发展现况、问题及需求,进而提出若干建议,以作为台湾图书馆及电脑厂商规划或选择采访自动化系统时的参考。书前有主编者弁言、致谢、摘要等,书后有参考书目及索引。(赵红)

2594

图书馆藏书建设 /(美)柯利,(美)布罗德里克著;佟富译. --北京:书目文献出版社, 1991. -- 237 页;19cm. -- 7 - 5013 - 0831 - 4(国家图书馆)

本书是图书馆藏书建设的理论著作,对图书馆藏书建设的理论与范围、选书原则、选书方针、资源共享、采访、馆藏评价、藏书剔除、贮藏与保护等理论与实践作了系统全面的介绍,对馆藏建设工作、教学与图书馆学研究有一定的参考价值。全书共分 14 章,主要包括:图书馆为什么存在,图书馆社区研究,馆藏建设的理论与范围,公共图书馆的选书原则,各类图书馆的选书方针,选书工具,选书员与非书资料,审查与采选,出版业,资源共享,国家书目与商业书目,采访,馆藏评价,剔除、贮藏与保护等内容。(韩丽)

2595

甘肃省文献资源利用指南 / 甘肃省文献资源调查工作组编著. -- 兰州:兰州大学出版社,1991. -- 191 页; 19cm. -- 7 - 311 - 00403 - 9(北京师范大学图书馆)

本书是甘肃省文献资源调查工作的主要成果之一,它简明扼要地向读者揭示了甘肃省重点图书情报机构的文献资源状况及利用这一宝贵资源的有效途径和方法,是科研、教学、工矿企事业单位充分利用全省文献资源的理想工具书;也是广大图书情报工作者、大中专学生、社会青年工作、学习的参考指导书。本书内容包括:文献的基本知识,全省文献资源的状况和分布,全省重要文献情报工作机构介绍,文献利用的技术和方法等。(韩丽)

2596

进口图书采访论文集 / 杭志高, 陶慰宗主编. -- 北京:国际文化出版公司, 1991. -- 496 页;21cm. -- 7 - 80049 - 742 - 9(国家图书馆)

1991 年 4 月,中国图书进出口总公司图书部和上海分公司在江苏吴江联合举办了进口图书采访工作研讨会。会议期间及会议前后共收到 70 余篇学术论文和报告,全部收入本论文集。这些论文和报告,从图书馆藏书建设的原则、体系结构和收藏特色到建设可靠书源基地的重要性,从进口图书的利用、效益及资源共享到新形势下进口图书采访工作的方针与对策,从现代化手段在图书馆采访工作中的应用到改进进口图书采访工作的具体建议等,均作了详细的论述,具有较高的学术性、知识性和实用性。(韩丽)

2597

图书馆藏书采访业务知识大全 / 霍文杰主编. -- 沈阳:沈阳出版社,1991. -- 1649 页;20cm. -- 7 - 80556 - 586 - 4(华东师范大学图书馆)

本书是为了搞好图书馆藏书采访工作,适应形势的需要,帮助采访工作者熟悉业务知识,了解与采访工作相关的各学科知识,提高其专业素质和工作水准,经编者搜集有关资料,结合多年工作经验而编成的。全书共分为 10 章,其内容包括:藏书采访工作基础知识、藏书采访工作相关知识、图书文献基础知识、各国语言文字基础知识、采访工作职业道德基础知识、藏书采访工作的内容、藏书采访的书源与书目、藏书采访主要参考工具书使用方法、中外重要学科名著简介、有关名词术语简释,以及图书出版发行机构的邮编名录等。(韩丽)

2598

文献资源建设 / 沈继武,肖希明编著. -- 武汉:武汉大学出版社, 1991. -- 283 页;20cm. -- 7 - 307 - 00962 - 5(国家图书馆)

本书是国家教委“高等学校文科教材选编计划(1985—1990 年)”所列教材之一,可供高等学校图书馆学、情报学专业本科学生和广大图书情报工作者使用。本书是在中央广播电视大学图书馆学专业教材《藏书建设与读者工作》中藏书建设部分的基础上修订、扩充而成的。本书包括以下内容:社会文献资源是一个整体系统,图书情报部门的藏书是社会文献资源体系的基本组成部分,藏书建设实质上就是文献资源建设;文献资源整体化建设和分工协调,是当代图书情报事业发展的必然趋势之一;馆藏文献的剔除在原教材中曾列有一节,但对藏书剔除理论的发展、藏书剔除的标准、方法,贮存图书馆系统等重要问题未能涉及或阐述不够;对馆藏文献进行评价的实践活动和理论研究,是近年来文献资源建设的重要课题之一。(韩丽)

2599

馆藏发展 / 吴明德. -- 台北:汉美图书公司,1991. --329 页;21cm. -- 图书馆学与资讯科学基本丛书. 3. --957 - 9005 - 16 - 8(国家图书馆)

全书分 9 章。分绪论、图书馆社区分析、馆藏发展政策、图书选择、图书采访、馆藏评价、馆藏淘汰、合作馆藏发展、结论。书前有主办者弁言、作者自序。(赵红)

2600

图书馆藏书:补充、组织、控制与协调 / 吴慰慈,刘兹恒编著. -- 北京:书目文献出版社, 1991. -- 277 页:图;19cm. -- 7 - 5013 - 0821 - 7(国家图书馆)

图书馆藏书建设是图书馆学研究中的重大课题,也是当前国际图书情报学术界研究最活跃的专业领域之一。本书共分 12 章,较为全面、系统地对藏书建设的基本问题作了理论上的探讨和阐述,同时对一些技术方法问题也作了详细的介绍,内容包括:图书馆藏书的特征;图书馆藏书体系的构成;藏书建设的基本内容;现代文献的类型及整体特征,图书馆藏书的来源;图书馆藏书补充的原则和范围;图书馆藏书补充计划;图书馆藏书补充的组织与方法;图书馆藏书的验收与登记;图书馆藏书的组织;图书馆藏书的复选与剔除;图书馆藏书的数量控制与质量评价;图书馆藏书的保护;图书馆藏书建设的协调等。(韩丽)

2601

图书维护学:图书装钉、保存、修补的理论与实务 / 杨时荣. -- 台北:南天书局,1991. -- 550 页;22cm. -- 957 - 638 - 060 - X(国家图书馆)

全书分 4 篇。第一篇探讨图书纸张劣化原因及复原方法,并论述酸性纸与中性纸的持久性与简易鉴别法。第二篇介绍中国历代图书形制与制作方法,以作为中式旧书修补重装的参考依据。第三篇介绍西洋初期装订术及罗马帝国式、意大利式、法国式、德国式、荷兰式、英国式的各种装订法与特点,以及西式古书修补装订材料的探讨与修补方法。旧书修复重装最重要的认知,便是将旧书恢复原有形式风格,所以不论是中式或西式图书,认识其原有装订形式与特色是图书管理修复人员应备的知识。第四篇则提供图书典藏的各种方法及注意事项,如何防虫害、如何选择书架柜、如何保存皮革书、图书除酸法、上胶法、光碟处理法、污秽图书处理法、各类图书破损修复法等,也为一般图书管理人员所应具备的基本常识。书前有自序,书后有附录及表目次。(赵红)

2602

纪念建馆九十周年北京大学图书馆藏文献调查评估报告集 / 庄守经主编. -- 北京:北京大学图书馆(内部出版),1992. -- 517 页;26cm(南京大学图书馆)

本书是为了纪念北京大学图书馆建馆九十周年时编成的,是北大图书馆九十年来丰富文献收藏和近年来文献研究成果的一次集中、系统的展示。全书分为 5 编:第一编为文科文献,收录论文 13 篇;第二编为理科文献,收录论文 9 篇;第三编古籍特藏,收录论文 10 篇;第四编为其他特藏,收录论文 4 篇;第五编为馆藏文献统计。(韩丽)

2603

北京部分高校图书馆文献资源调查研究成果汇编 /北京地区高校图书馆工作委员会编. -- 北京:北京工业大学出版社,1992. -- 207 页;26cm. -- 7 - 5639 - 0255 - 4(国家图书馆)

历时三年的北京高校文献资源调查与布局的研究课题于 1990 年底基本结束。为了全面反映这次文献资源调查的情况,并为今后宏观建设、合理布局及开发利用北京高校的文献资源,特将这次调查研究的成果汇编成册。本次汇编的调查统计数据截止于 1987 年 12 月。本书内容包括两部分:一是北京高校文献资源调查研究报告;二是参加调查的图书馆部分文献资源调查报告选载。同时,还附录了文献资源调查主要数据分析表和北京地区高校图书馆基本情况一览表及通讯录。(韩丽)

2604

图书档案保护技术手册 / 李景仁,冯惠芬编著. -- 北京:档案出版社,1992. -- 600 页;19cm. -- 7 - 80019 - 306 - 3(北京师范大学图书馆)

本书既介绍了我国古代有价值的传统图书、档案保护技术,也介绍了现代图书、档案保护技术,以介绍现代技术为主;既阐述图书、档案保护技术理论,也介绍了图书、档案保护实用技术,以介绍实用技术为主。内容主要包括图书、档案损毁的基本因素,图书、档案纸张保护技术,图书、档案字迹保护技术,环境温湿度测试与控制技术,图书、档案害虫防治技术,图书、档案霉菌防治技术,图书、档案鼠害防治技术,图书、档案环境保护技术,图书、档案防灾技术,以及非纸图书、档案保护技术等百余项保护技术和方法。

本书还详细介绍了图书、档案保护的试验技术和方法,包括图书、档案制成材料耐久性试验、虫霉试验、胶片试验等。书后附有与图书、档案保护技术有关的附录十余项,为在图书、档案保护工作中查阅有关资料提供了方便。为便于读者使用,该书以技术专题分类编排,具有结构简单、层次清楚、使用方便等特点。(韩丽)

2605

图书馆文献资源建设 / 李祯臣等编著. -- 上海:上海科学技术文献出版社,1992. -- 225 页;20cm. -- 7 - 5439 - 0157 - 9(天津理工大学图书馆)

本书从微观和宏观两个层面上系统地对文献资源建设的基本问题进行了理论上的探讨和论述,同时,对实践工作的技术方法也作了详细的介绍。全书共分为 11 章,包括文献及文献资源;图书馆文献资源建设;图书馆的文献源与出版物目录;图书馆文献资源建设的原则与文献采集范围;图书馆文献资源的发展规划;文献采访调查与文献选择;文献采访实务;图书馆文献资源的组织与管理;图书馆文献资源的评价;图书馆文献资源的宏观控制;文献资源的整体化建设。本书是编者在近几年探索和实践工作的基础上编纂而成,理论与实践结合紧密,宏观与微观并重,对于深化图书馆文献资源的理论研究,对于指导图书馆工作者的文献资源建设实践,有着重要的参考价值。(韩丽)

2606

图书馆藏书采编工作手册 / 刘英麟,霍文杰,张汝文主编. -- 沈阳:沈阳出版社,1992. -- 1110 页;19cm. --7 - 80556 - 267 - 9(国家图书馆)

图书文献采编工作是图书馆藏书建设的基础工作,同时也是藏书建设的重要环节。为搞好图书馆藏书采编工作,帮助采编工作人员熟悉专业基础知识,提高业务素质和工作水平,特编写了本书。本书是一部实用性很强的工具书,从体例结构到内容都尽可能反映图书馆藏书建设、采访、分类、编目的专业理论和技术方法,并简明地介绍了有关技术方法、规则、标准、制度、名词术语、出版知识和专业知识等。它是图书情报资料工作者常用的案头工具书之一,对广大图书馆采编工作者熟悉专业知识、提高业务素质和工作能力都有实用价值。(张玲)

2607

第二届进口图书采访工作研讨会论文集 / 陶慰宗,熊朝智主编. -- 北京:原子能出版社,1992. -- 407 页;20cm. -- 7 - 5022 - 0844 - 5(首都师范大学图书馆)

本书分采访原则纵横谈、进口图书的开发、利用效益等7部分,重点介绍了进口图书采访工作经验、理论、方针及发展对策。(韩丽)

2608

第三届进口图书采访工作研讨会论文集 / 陶慰宗,熊朝智主编. -- 北京:原子能出版社, 1993. -- 352 页;20cm. -- 7-5022-1074-1(国家图书馆)

1993年2月,在昆明举办了第三届进口图书采访工作研讨会。本次会议是我国图书采访界的第三次经验交流会,此次会议就当前采访工作的经验和存在的问题进行了全面、系统、深入的研讨,还结合当前我国改革开放的形势,提出了采访工作如何走向市场经济的构思和设想。为广泛宣传、推广会议上交流的采访工作经验、理论、方针与对策,本文集从此次会议上挑选了49篇论文,肇庆会议14篇论文,以便使它更好地为我国图书采访界服务。全书共分7部分,将所收集的论文按主题分为采访原则纵横谈,新形势下如何做好采访工作及其对策,专业图书馆采访特点,藏书管理及采访工作自动化,进口图书的开发、利用、效益,信息工作要走向国内经济大市场,其他。(韩丽)

2609

文献资源建设与图书馆藏书工作手册 / 吴晞主编. --北京:书目文献出版社, 1993. -- 479 页;20cm. -- 图书馆和情报机构工具书系列. -- 7-5013-1155-2(国家图书馆)

本书是《图书馆和情报机构工具书系列》丛书中的一册。该系列涉及图书馆学、情报学及图书情报工作的各个领域,按专业分册出版。本书分为6篇:理论术语篇分6个部分,从理论的角度介绍了图书馆藏书与文献资源建设、文献类型及特征、藏书访问、藏书组织、藏书结构与藏书评价、藏书剔除与藏书保护等内容;实践工作篇分为8个部分,介绍了查访工作、采访规章制度、选书工作、采购工作、各类文献的收集、藏书组织工作、藏书剔除工作、藏书保护工作等具体的工作;采访工具篇分为两个部分,介绍了常用的一些中文采访工具和外文采访工具;研究文献篇分为两个部分,介绍了相关的中文研究文献和外文研究文献;文献资源篇介绍了国内外主要文献收藏机构文献资源状况;出版发行篇介绍了中国及其他国家的一些主要出版发行机构。书后附有文献资源建设理论发展综述、文献资源建设实践活动综述。本书力图成为文献资源建设研究及实践成果的集大成者,可供广大图书情报工作者参考使用。(韩丽)

2610

黑龙江省文献资源保障体系研究报告集 / 夏洪川主编. -- 哈尔滨:哈尔滨船舶工程学院出版社, 1993. --220 页;26cm. --7-81007-387-7(超星数字图书馆)

本书是黑龙江省图书情报工作协调委员会拟定的重要研究课题成果。此课题1991年10月14日纳入了黑龙江省社会科学"八五"研究规划,作为重点项目。研究组由公共、高校、科研等系统图书馆的专家11人组成。课题组从文献资源调查入手,进而分析全省文献资源建设中存在的问题,提出方案和建议,使文献资源保障体系趋于完善和科学。本研究报告集是研究组阶段性成果之一,包括方案、指南,文献资源调查报告,理论研究3个组成部分。研究报告执笔人除课题组成员外,还包括其他图书馆工作者。(韩丽)

2611

图书维护作业研究 / 杨时荣. -- 台北:南天书局,1993. -- 207 页;22cm. -- 957-638-176-2(国家图书馆)

该书对图书维护之理念、图书劣化原因及其防止之道、中西式图书装订、舆图裱作及剖纸修裱技术等都有详细论述。全书以一百余幅图(表)贯穿其中,对古代图书维护方法及修补裱褙技术多所援论,是图书馆图书保护工作者的重要参考书之一。作者基于多年实践经验与研究结果,认为图书馆之图书维护作业,要达到预期效果,应从观念的建立、人员培养、经费配置、技术研发等多方面着手,并提出建立图书馆工作人员维护观念及基本保护知识、研发图书保护新技术等八项建议,以供图书馆界参考。(崔明明)

2612

文献资源建设与布局论文选 / 中国图书馆学会主编;肖自力等编. -- 北京:书目文献出版社, 1993. -- 330 页;20cm. -- 7-5013-1019-X(国家图书馆)

本书共收入论文22篇,包括中国文献资源建设研究、文献资源布局、文献资源调查评估方法、我国科技文献布局优化方案、图书馆藏书(节选)、零增长理论与我国藏书建设事业、图书馆藏书建设与组织、文献资源共享、藏书结构、高等学校图书馆藏书建设的数量与质量、我国科技文献收集的现状及其方针政策、适度藏书建设及其实现、藏书剔旧、藏书审剔等。(韩丽)

2613

文献资源建设研究与利用文集 / 陈骥主编. -- 南京:东南大学出版社, 1994. -- 373 页;20cm. -- 7-81023-993-7(国家图书馆)

本书是东南大学图书馆1994年举办的"94国际、港台书展及文献资源建设业务研讨会"的论文集。这些论文从各个不同的角度、不同的侧面对文献资源建设与利用中的有关问题进行了有益的探讨,其内容不仅涉及文献资源建设的理论层面,而且也研讨了文献资源交流与协调、开发与利用、计算机管理与文献优选补充等实践中的具体问题。对在改革开放新形势下文献资源建设面临的许多新课题也进行了探讨。本文集所研究关心的有关文献资源建设与利用中的问题,对当时图书馆深化改革具有重要的现实意义,论文中的一些好的建议和设想,也可供图书馆改革时参考与运用。(韩丽)

2614

图书馆采访工作手册 / 陈珂等编著. -- 天津:百花文艺出版社, 1994. -- 259 页;18cm. -- 7-5306-1582-3(国家图书馆)

图书馆藏书采访工作是图书馆首要的基础工作,也是藏书建设的重要环节,没有藏书,就没有图书馆。为了全面、系统地介绍图书馆采访工作,满足采访人员的实际工作需要,不断提高专业素质和工作水平,并为采访界同仁撰写专题论述提供资料上的帮助,作者编写了本书。本书力求以最少的笔墨给采访人员提供最需要、最基本的知识。本书结合图书馆藏书采访工作实践性强这一特点,力求专业性、实用性、简明性。全书共9章,主要内容包括文献、藏书建设、采访原则与计划、期刊采访工作、计算机和其他载体文献、书目和书源、古籍版本、出版印刷等。(韩丽)

2615

图书馆采访理论与实践 / 万跃华, 张根彬主编. -- 北京:书目文献出版社, 1994. -- 280 页:图;26cm. -- 7-5013-1137-4(国家图书馆)

这本论文集共收入57篇论文,作者来自57个单位,其中包括大专院校图书馆49个单位,科研、情报系统4篇论文4个单位,公共图书馆1篇论文1个单位,情报教学单位3篇论文3个单位。论文的作者都是各单位从事或研究文献采访工作的中青年专家,他们对本职工作认真负责,实践经验丰富,在本领域内业务水平较高,肯于提出问题和探讨问题;他们以一种强烈的事业心和责任感去正视当前我国图书馆、情报资料单位在文献采访工作中所遇到的难题、所处的困境,以科学的精神从多个角度,提出了解决问题的办法。每篇文献都有一定的深度和新意,能给人以多方面的启迪。(韩丽)

2616

文献与文献收集 / 王燕来, 张木早编著. -- 北京:书目文献出版社, 1994. -- 165 页:图;19cm. -- 7-5013-1183-8(国家图书馆)

本书共分8部分,主要包括:文献概述,文献的出版,文献出版发行机构,文献出版的情报源,文献收集原则和选择标准,文献收集方式和过程,文献收集的组织和管理,文献收集现代化等内容。分别介绍了文献及现代文献的定义、类型和特点,从出版的角度介绍了文献的出版流程,印刷与装订方面的基本知识,国内外的文献出版、发行机构,及商业书目、国家书目、报刊目录、书评、新载体文献目录。然后详细介绍了文献收集工作的各个方面的知识。(韩丽)

2617

台湾地区大学暨独立学院图书馆馆藏淘汰之调查研究 / 黄靖斐. -- 台北:汉美图书公司,1995. -- 187 页;21cm. -- 图书馆学与资讯科学论文丛刊第六辑. 6. -- 957-9005-72-9(国家图书馆)

该书研究目的在于调查台湾地区大学暨独立学院图书馆实施馆藏淘汰之现状,探讨新科技对淘汰工作的影响。采用了问卷和电话访谈方式。全书共5章。第一章绪论;第二章文献分析;第三章研究设计与实施;第四章调查结果分析与综合讨论;第五章结论与建议。(赵红)

2618

家庭藏书指南 / 刘喜申编著. -- 北京:中国城市出版社, 1995. -- 217 页;19cm. -- 7-5074-0757-8(天津工业大学图书馆)

本书共分为4个部分。第一部分古今藏书漫话,介绍了书籍形式及其演变和藏书史略;第二部分如何组织家庭藏书,介绍了图书质量外观,图书内容的审视,根据需要收藏,有关书籍内容的某些称呼,了解出版销售信息,藏书印、藏书票和书籍保护;第三部分家庭参考书目,分学科介绍了一些参考书目信息;第四部分介绍了中外作家及其主要作品简目。(韩丽)

2619

古籍修复与装帧 / 潘美娣著. -- 上海:上海人民出版社, 1995. -- 252 页;20cm. -- 7-208-01929-0(国家图书馆)

本书共分为14章,主要内容包括:古籍的源流和种类,古籍装帧形式的演变,古籍装订形式的重大改革——线装书,古籍修复的材料、工具和设备,做好古籍修复工作的思想准备,古籍损坏的原因和症状,古籍修复技术操作的基本程序,古籍书页的修复,古籍装帧的基本技术,善本、珍本古籍的修复,线装书的一种精致装帧形式——金镶玉,特殊装帧古籍的修复,出土古籍的修复,中国古代论述装帧的五种著作等。(韩丽)

2620

第四届进口图书采访工作研讨会论文集 / 陶慰宗,熊朝智主编. -- 北京:原子能出版社,1995. -- 276 页;20cm. -- 英文题名: Proceedings of the Fourth National Symposium on Purchasing and Collecting Import Publications. -- 7-5022-1380-5(国家图书馆)

本书搜集了中国图书进出口总公司图书部于1994年11月在海南省三亚市举办的"第四届进口图书采访工作研讨会"上的44篇论文。这些论文重点介绍了在进口图书价格大幅度上涨的形势下,各单位采取的新对策、新经验以及进口图书如何提高利用率,文献工作如何走向国内经济大市场等新的观点和对策。这些经验、观点在我国现阶段甚至将来一个较长时期中,对图书采访工作都会起到重要的参考作用。本书可供图书馆工作人员、图书馆采访人员、情报人员以及对文献工作感兴趣的广大读者参考。(韩丽)

2621

台湾"国立大学"图书馆图书购前查证作业之研究 /张安明. -- 台北:汉美图书公司,1995. -- 182 页;21cm. -- 图书馆学与资讯科学论文丛刊第六辑. 5. -- 957-9005-71-0(国家图书馆)

本书探讨议题有:购前查证的意义与内容、查证工具及其效率与成本、采购单书目讯息、组织与人员、自动化的影响,以及本馆购前查证的作业现况及问题。全书分7章。第一章绪论;第二章购前查证作业探讨;第三章购前查证的工具;第四章购前查证作业的人员及组织;第五章研究设计与实施;第六章研究结果与分析;第七章结论与建议。书前有主编胡述兆弁言。(赵红)

2622

出版品国际交换 / 李筱眉著. -- 台北:文华图书馆管理资讯公司,1995. -- 281 页;21cm. -- 957-8708-38-6(国家图书馆)

本书主要对出版品国际交换进行研究,主要内容包括出版品国际交换概论、出版品国际交换的一般运作、出版品国际交换相关公约、美国出版品国际交换的历史与发展、美国国会图书馆的国际交换组织、美国政府出版品管理、台湾出版品国际交换的历史与发展、台湾图书馆出版品国际交换的运作、台湾政府出版品管理等。书后有布鲁塞尔公约原文(英文版)和中文翻译、出版品国际交换公约原文(英文版)和中文翻译、官书与公牍国际交换公约原文(英文版)和中文翻译等15条附录。(赵红)

2623

第五届进口图书采访工作研讨会论文集 / 陶慰宗主编. -- 北京:原子能出版社,1997. -- 238 页;20cm. --7 - 5022 - 1684 - 7(天津理工大学图书馆)

本书以总结以往成功经验,加速研讨会成果转化,全面推动我国图书采访工作更快向前发展为目标,选编了1996年8月第五届进口图书采访工作研讨会部分优秀论文。全书共包括4个部分:第一部分采访原则纵横谈,收录了"外文原版图书的引进实践与思考"、"关于高校图书馆以教师为主的选书体制的思考"、"西文环境、安全科学类图书的文献计量学分析"等论文;第二部分新形势下如何做好采访工作的对策,收录了"国防科技信息资源建设现状与对策分析"、"在采购中积极利用书评资源"等论文;第三部分藏书管理与图书馆工作自动化,收录了"中国的信息高速公路与图书馆"、"试论西文图书采访系统——BACS"等论文;第四部分进口图书的开放、利用、效益,收录了"医学科学的发展需要高水平的外文原版图书"、"让进口图书更好地为科研教学服务"等论文。本书吸纳了大量的新观点、新方法和新经验,对于提高广大采访工作者的理论和实践水平,有着十分重要的借鉴作用。(韩丽)

2624

文献资源建设概要 / 张玉礼编著. -- 北京:北京图书馆出版社, 1997. -- 208 页;19cm. -- 7 - 5013 - 1423 - 3(国家图书馆)

本书力图以建立新的文献资源建设理论体系为基点,努力体现文献资源建设理论的整体性和现实性特点。整体性特点主要表现在新的文献资源建设理论体系有别于传统的藏书建设的理论体系上,把文献资源建设当成是一个整体去研究。本书的整体性特点还表现在各章节之间的有机联系上。现时性特点主要表现在尽量吸取文献资源建设理论研究和实践的最新成果上,体现文献资源建设的时代特征,以适应文献资源建设理论研究和实践的需要。全书共分三编。第一编为总论;第二编微观文献资源建设,包括微观文献资源建设的基本任务和主要内容、微观文献资源建设的原则、馆藏文献资源结构与体系、馆藏文献资源补充、馆藏文献资源的组织、馆藏文献资源的复选与剔除、馆藏文献资源的评价;第三编宏观文献资源建设,包括宏观文献资源建设的基本任务和主要内容、文献资源整体布局、文献资源共享、国内外宏观文献资源建设的历史与现状及我国值得借鉴的经验、宏观文献资源建设的实施。(韩丽)

2625

中小学图书馆藏书建设 / 储若端,周华编著. -- 北京:北京图书馆出版社, 1998. -- 196 页;19cm. -- 7 - 5013 - 1481 - 0(国家图书馆)

本书结合中小学图书馆工作的实际,从实践的角度出发,较详细地介绍了中小学图书馆藏书建设的工作内容。全书共分6章,主要内容包括:文献的基本知识,中小学图书馆藏书建设,藏书补充的原则、组织与方法,资料室藏书的特殊性,藏书的组织与保护,计算机在文献采购工作中的应用等。还附有中小学图书馆推荐书目等,具有实用价值。本书可供中小学图书馆工作人员系统学习藏书建设方面的专业知识,也可供没参加过图书馆业务培训的或上岗时间较短的同志自学使用。(韩丽)

2626

北京图书馆的收藏与服务 / 段佩珠, 程真编著. -- 北京:北京图书馆出版社, 1998. -- 78 页;23x19cm. -- 7 - 5013 - 1492 - 6(国家图书馆)

本书是专门为读者编写的一本介绍北京图书馆馆藏与服务的册子。本书共分为5个部分。第一部分主要介绍了北京图书馆的概况;第二部分介绍了北京图书馆的馆藏体系及特点、馆藏结构,介绍了中外文普通图书、期刊、报纸的收藏概况、分布与查阅途径;第三部分则介绍了北京图书馆的善本特藏、普通古籍、地方志、家谱、少数民族文献、灰色文献、缩微文献、音像资料、多媒体电子出版物等特藏与专藏的情况;第四部分则介绍了北京图书馆的目录检索体系,如馆藏目录的构成及特点、主要分类工具、文献检索体系、书目与数据库、文献查询问答等。第五部分为服务从传统走向市场化,则介绍了北京图书馆的参考咨询服务、阅览服务、辅导培训等各种服务的概况。(韩丽)

2627

出版品国际交换研究:中美国家图书馆之比较 / 李筱眉著. -- 台北市:文史哲出版社,1999. -- 398 页;21cm. -- 图书与资讯集成. 28. -- 957 - 549 - 218 - 8(平装)(国家图书馆)

本书内容从两方面着手,首先从历史研究了解出版品国际交换的意义与实务运作原则,其次进行比较研究。比较研究方面,分别针对比较主体从三个方面进行探讨:第一,个别出版品国际交换历史研究,以正确分析比较主体相同点与相异点的成因;第二,交换组织结构研究,探讨出版品国际交换的定位与功能;第三,政府出版品管理研究,了解其对出版品国际交换成效的影响。结论中提出建设国际交换资讯中心的初步构想,从理念与技术层面阐述,探讨未来出版品国际交换发展的方向。(崔彤)

2628

第六届进口图书采访工作研讨会论文集 / 聂君庆主编. -- 北京:原子能出版社,1999. -- 306 页;20cm. --7 - 5022 - 2062 - 3(国家图书馆)

本书收录了中国图书进出口总公司于1999年3月在贵阳召开的"第六届进口图书采访工作研讨会"的58篇论文。这些论文重点介绍了在当时复杂多变的国际形势下,以信息产业为代表的图书情报部门在科技强国、强军的大战略中,加强信息资源建设,提高信息服务质量,提高进口文献利用率等新观点、新方法。这些经验与观点,在现阶段甚至将来一个较长时期内,对我国的图书情报工作都会起到较好的指导作用。本书可供图书馆工作人员、信息搜集加工和处理人员参考,亦可供对文献工作感兴趣的广大读者阅读。(韩丽)

2629

现代文献组织论 / 于学华编著. -- 济南:山东省地图出版社, 1999. -- 166 页: 图;21cm. -- 7 - 80532 - 294 - 5(武汉大学图书馆)

信息社会,文献信息浩如烟海。众多无序的文献只有经过图书情报部门系统地、有目的地加以搜集,整理成有序的文献资源,才能有效地提供给读者。文献由采访到分编需经过一系列整序过程,即文献的控制与组织。本书从文献采访、文献分类标引、文献主题标引、文献分类与主题一体化、文献的计算机编目等方面分 6 章对这一问题进行了介绍与探讨。经济体制的转轨与计算机、网络等信息技术的应用,赋予文献组织新的涵义与方法,本书旨在介绍与论述文献采编的新理论与新技术。(韩丽)

2630

文献资源建设工作 / 常书智主编. -- 北京:北京图书馆出版社,2000. -- 230 页;19cm. -- 图书馆岗位培训教材. -- 7 - 5013 - 1700 - 3(国家图书馆)

本书汲取了 20 世纪 80 年代以来图书馆学理论研究和图书馆工作实践取得的新成果,结合计算机信息网络技术在图书馆的运用,以及文献资源共建共享的要求,全面、系统,具体地阐述了文献资源建设工作者应具备的基本理论、基本知识和基本技能。本书内容包括:文献资源建设工作概述;馆藏文献资源结构与建设原则;文献资源的来源;馆藏文献的选择与采集;馆藏文献的布局与典藏;馆藏文献的评估与剔除;整体化文献资源建设;文献资源建设工作的组织管理。(韩丽)

2631

藏书与读者工作综论 / 于鸣镝等主编. -- 大连:大连出版社,2000. -- 303 页;21cm. -- 7 - 80612 - 506 - X(大连理工大学图书馆)

本书分为上下两编,共 11 章,上编讨论藏书工作,主要包括藏书论、选书论、购书论、复本论、布局论、排架论、剔除论、人员论和网络环境下藏书建设论;下编讨论读者工作,主要包括读者论、阅读论、成才论、服务论、培训论、管理论、参政论、书评论、规律论、学科论和网络环境下用户服务论等。本书编著者均系在图书馆里从事实际工作的人员,所讨论的都是在工作中遇到的并急需解决的问题。(韩丽)

2632

全国文化资料库系统架构、诠释资料规范及数位档案格式研究计画 / 陈昭珍研究主持. -- 台北:台湾图书馆,2001. -- 390 页;29cm(国家图书馆)

本书共分 8 章。第一章绪论,包括建置文化资料库相关问题陈述、研究目的与步骤及文献分析;第二章文化资料库系统架构与功能需求;第三章文化资料数位化之工作流程与步骤;第四章文化资料库数位档案命名原则;第五章文化资料库档案数位化参考格式;第六章文化资料诠释资料格式;第七章文化资料库、数位图书馆/博物馆系统之分散检索协定;第八章文化数位资料长久保存之转移原则。(赵红)

2633

文献采访学 / 黄宗忠主编. -- 北京:北京图书馆出版社,2001. -- 420 页;图;21cm. -- 7 - 5013 - 1827 - 1(国家图书馆)

本书比较全面系统地论述了文献采访工作和文献采访学,概括地介绍了古今中外文献采访工作与文献采访学的各家观点与做法。本书共 15 章,内容包括文献采访工作,文献采访学的研究对象、内容、任务、课题、方法,中外文献采访思想发展的历史与现状,文献采访的组织与原则,文献采访信息的收集、研究与利用,各类型图书馆文献采访的特点与任务,文献选择的范围、依据、机制与步骤,各类文献的采访,文献的赠送与交换,文献的采访与文献资源共享,文献采访工作自动化,文献资源经费,文献采访中公共关系理论的应用,文献采访工作的评估,21 世纪的文献采访人员,网上书店与图书馆文献采访的未来。与同类著作比较,全书内容全面系统,资料详细。既有较强的理论性,又具有可操作性;既是文献采访工作实践的总结,也是对未来的探索。本书可供图书馆文献采访人员,图书馆学研究生、本科生、教师参考,也可供图书出版、发行人员参考。(韩丽)

2634

外文图书采选工作 / 李伟, 朱硕峰, 顾犇编著. -- 北京:华艺出版社, 2001. -- 225 页;20cm. -- 7 - 80142 - 238 - 4(国家图书馆)

图书采选工作是图书馆的基础业务工作,其水平的高低直接关系到图书馆的馆藏质量,影响其对读者的有效服务。本书共分 11 章,主要介绍了外文图书采选工作的历史回顾,各种类型的出版物,外文图书的出版与发行,图书馆外文图书采选政策,外文图书采选的渠道——非购入方式,外文图书的采选渠道——购入方式,外文图书采选工作计划的制定与实施,外文图书的选择、收书、登录及送编,图书馆外文图书采选工作的经费、机构及人员设置,外文图书采选工作的自动化等内容。在本书的撰写过程中,作者参考了许多有关的著作和期刊文章,并利用了国家图书馆历代外文图书采选工作人员的劳动成果,包括许多未发表过的内部文字资料。(韩丽)

2635

东北地区社会科学文献信息资源保障体系建设研究 / 毛昨非主编. -- 长春:吉林人民出版社,2001. -- 292 页;20cm. -- 国家"九五"社会科学基金项目. -- 7 - 206 - 03300 - 8(武汉大学图书馆)

本书系统论证了构建东北地区社会科学文献信息资源保障体系的理论准备和实践方案,在对国家文献信息资源建设理论与实践分析研究,借鉴国外文献信息资源保障体系建设经验的基础上,对东北地区建设社会科学文献信息资源保障体系的意义、目标和原则,以及保障体系建设的基础条件,进行了深入缜密的分析和探讨。(韩丽)

2636

现代高校图书馆信息资源采访 / 张晓东编著. -- 北京:作

家出版社，2001. -- 216 页：图；21cm. -- 7-5063-1479-7

全书共分 5 章，第一章传统图书馆文献信息资源采访，包括采访的基本政策、项目与分工、采访工具书介绍、图书与期刊采访，介绍了传统图书馆采访的具体内容和方法，对现代高校图书馆转变为物理与虚拟合理搭配的综合馆藏结构，具有一定的参考价值。第二章文献信息载体的发展与特点分析，介绍了文献信息载体的演变和发展，电子出版物的发展综述、分类与特性比较及电子出版物的重要形态等。第三章数字图书馆及其文献信息资源采访，介绍了数字图书馆概念，国内外数字图书馆发展现状，并探讨了数字图书馆对于文献信息资源采访所产生的影响，着重从网络学术资源评价、网络书目以及网络文献信息资源采访技术等方面讨论了数字文献信息资源建设的基本策略。第四章在对中国高等教育文献保障系统——CALIS 综述的基础上，介绍了 CALIS 文理中心和工程中心的数据库引进情况。第五章重要电子文献信息资源指南，对目前国内图书馆引进的主要电子文献信息资源及其出版发行机构作了较详细的介绍。（韩丽）

2637

古籍修复技艺 / 朱赛虹著. -- 北京：文物出版社，2001. -- 265 页，12 页图版：图（部分彩图）；18cm. -- 7-5010-1306-3（国家图书馆）

本书是故宫博物院 2001 年科研项目的研究成果，主要讲解古籍修复技艺。书里有作者学习的传统技法，也有作者个人的点滴心得和所作的探讨，以及多年来跟踪收集的有关古今文献资料。内容的安排以技法为主，尽量将一道工序分解为若干简单的步骤，并尽可能多用图示，以便于操作。同时，择要介绍有关知识，推介相关文献，以便读者"既知其然，也知其所以然"，师法多人。全书共分为 6 章：术语篇，介绍了古书装帧形式、古书册结构、古书版式、护书用品和版本；器用篇，介绍了装裱室、修复设备、修补揭裱用具、装订用具；材料篇，介绍了纸张种类、辨别及配纸原则，纸张仿旧与染色，糨糊的制备；技法篇，介绍了修复前的准备、水湿古籍的干燥、污页的修补等详细的修复技法；探索篇，介绍了传统技艺及其发展；文献篇。（韩丽）

2638

书架的故事 /（美）亨利·彼得洛斯基（Henry Petroski）著；冯丁妮等译. -- 海口：海南出版社，2002. --305 页，15 页图版：图；21cm. -- 7-5443-0446-9（国家图书馆）

本书作者以其工艺、设计方面的专长，从卷轴、手抄书、印制书一路谈来，穿越藏书的书房、各大学图书馆，以及从古至今的书店，细述了书架的演变和来龙去脉，以及人类的阅读行为。为什么书是垂直放置？书背从什么时候开始朝外摆？古代书又为什么要链锁在读书柜上？此外，作者也谈及罗马大哲赛尼卡休会的"藏书之恶"，日记名家皮普斯藏书不超过三千册的原则，以及数百年来的卖书、买书、收藏书的轶闻。既讲书架的由来，也论藏书原委，是一部谈书的终极之窗。（韩丽）

2639

台湾图书馆学会 2002 年馆藏发展理论与实务专题研习班研习手册 / 台湾图书馆学会编. -- 台北：台湾图书馆学会，2002. -- 373 页；26cm. -- 957-30255-4-X（国家图书馆）

本书收录了参加研讨班的授课老师的 17 篇论文，内容包括台北市立图书馆馆长曾淑贤的"资讯时代公共图书馆馆藏发展的重要课题"、台湾政治大学图书资讯学研究所副教授王梅玲的"数位馆藏管理与馆藏发展政策"、南台科技大学图书馆馆长杨智晶的"多媒体馆藏发展"、吴敏宣的"多媒体馆藏建置"、景祥祜的"电子资源引进实务及联盟"、邱婉容的"电子资源选择政策——经验分享"、朱碧静的"合作馆藏发展之实例与问题探讨"、侯云卿的"三校合作期刊馆藏发展实例报告"，以及"地方文献与特藏资料馆藏发展"、"地方文献征集实务"、"馆藏维护理论与实务"、"馆藏评鉴与实务"、"馆藏发展政策撰写实作——以医学图书馆为例"、"馆藏发展政策撰写实作——以公共图书馆为例"、"馆藏发展政策撰写实作——以国家图书馆为例"、"图书馆馆藏资源建设与发展实务——以大学图书馆为例"、"图书馆馆藏资源建设与发展实务——以专门图书馆为例"。（崔明明）

2640

第三次中文文献资源共建共享合作会议 / 第三次中文文献资源共建共享合作会议工作小组. -- 澳门：澳门特别行政区政府文化局，澳门中央图书馆，2002. --1 册；30cm；光盘 1 片. -- 99937-0-029-0（国家图书馆）

澳门回归祖国后，历史翻开了新的一页。澳门文化局执行特区政府的文化政策，重视图书馆工作，澳门中央图书馆连同下属的八家图书馆着重改善馆藏质量，调整馆藏结构。近几年来，澳门中央图书馆扩大对外交流，与北京、上海等地的图书馆有密切的合作，此书即为澳门特区文化局、澳门中央图书馆承办的"第三次中文文献资源共建共享合作会议"的会议手册。

本手册包括会议简介、会议议程、与会学者名单、合作项目简介及会议报告、附录等内容。其中合作项目简介及会议报告部分有详细记述，具体项目有：中国古代版印图录、中文拓片数据库、古籍联合目录资料库、中国家谱总目、图书资讯术语规范数据库、中国科技史数字图书馆、孙中山数字图书馆、中文 Metadata 标准格式的研究与制订、中文名称规范数据库、中文法律资料库。（崔明明）

2641

闲话藏书 / 陆昕著. -- 北京：学苑出版社，2002. -- 359 页，28 页图版：图（部分彩图），摹真；21cm. -- 7-5077-1990-1（北京师范大学图书馆）

本书是一部关于藏书的通俗读物，不仅说"藏书"，而且用很大的篇幅说买旧书，书中涉及到版本学目录学的一般知识，更令人感兴趣的是作者买书的经历、体会和趣事。全书以生动的语言讲述了自古以来藏书的发展，内容涉及关于藏书的访谈记、古书、新文学、旧书、书话等内容，适合藏书爱好者阅读。本书有两个很鲜明的特点，一是行文通俗，一是叙述亲切。本书把既往的版本目录学家的研究都化作自己的理解，用很通俗的语言表达出来，并分成两人对谈，有问有答，化解了初学者的许多疑问。（韩丽）

2642

中国大陆古籍存藏概况 / 潘美月,沈津编著. -- 台北:“国立编译馆”,2002. -- 558 页;23cm. -- 人文社会科学丛书. -- 957 - 01 - 2831 - 3(平装)(国家图书馆)

本书介绍了中国大陆古籍存藏的概况。书中内容共分4章。第一章绪论,叙述1884年至1949年公家及私人藏书概况,由沈津先生撰写。第二章公共图书馆存藏古籍的现况,收录了中国国家图书馆,省、自治区、直辖市图书馆,市图书馆等22所著名图书馆,并附录5个其他类型图书馆,各馆古籍存藏的现况由各馆撰写。第三章大学图书馆存藏古籍的现况,收录了大陆23所著名的大学图书馆,各馆古籍存藏的现况由各馆撰写。第四章综合分析,将中国大陆著名图书馆收集古籍的资料,加以整理归纳,论述中国大陆存藏古籍在内容及版本两方面的共同特色,藏书目录的编撰及馆藏古籍的整理与利用等,本章由潘美月撰写。(崔彤)

2643

中国图书馆藏书发展政策研究 / 肖希明, 袁琳著. -- 南京:南京大学出版社,2002. -- 303 页;21cm. --国家社会科学基金资助项目. -- 7 - 305 - 03833 - 4(北京师范大学图书馆)

本书是作者在广泛调查各类文献的基础上,全面考察了国内外图书馆藏书发展政策研究的现状,认真分析并深入探讨了图书馆藏书的发展,是一部全面系统研究我国图书馆藏书发展政策的专著。全书共分为7章,主要包括:藏书发展政策,图书馆应该重视的研究领域,信息环境的变化及其对图书馆藏书发展的影响,影响图书馆藏书发展的社会因素,图书馆文献采访政策,藏书管理政策,合作藏书与资源共享政策,藏书发展政策文件的制定等。(韩丽)

2644

藏书发展与资源共享 / 余海宪主编. -- 北京:人民教育出版社,2002. -- 309 页;21cm. -- 师范大学图书馆教育丛书. -- 7 - 107 - 15379 - X(华东师范大学图书馆)

本书是师范大学图书馆教育丛书中的一册,全书共分为9章,主要内容包括:绪论,介绍了藏书、藏书发展的定义及电子资源对藏书发展的影响;图书馆读者分析,包含读者分析的意义、在藏书发展中的作用、项目和方法;藏书发展政策,介绍藏书发展政策的意义和作用、项目与内容、制定与修订,电子出版物的藏书发展政策;藏书的建设与补充;藏书的组织,如藏书布局、排架方法等;藏书评价,包含藏书评价的含义、目的、意义、理论与发展、方法等;合作藏书发展与资源共享;合作藏书发展与资源共享的实践;构建适合我国国情的资源共享体系等。(韩丽)

2645

图书馆信息资源建设与评价 / 曹作华著. -- 徐州:中国矿业大学出版社,2003. -- 261 页:图;21cm. -- 7 - 81070 - 803 - 1(国家图书馆)

本书分为上下两篇共8章。上篇分析了图书馆信息资源建设理论形成的思辨轨迹,探讨了信息资源建设的概念、基本原则、特征、理论体系及其要素、链状循环过程等相关理论问题,剖析了图书馆信息资源建设面临的若干瓶颈问题,解决方案。下篇在阐述信息资源建设评价基本理论与复杂性方法的基础上,构建了图书馆信息资源建设综合评价方法,并提出了相应的文献询价采购方案优选、藏书建设质量综合计量学评价、信息资源总体服务效益综合评价等的模型、评价指标及方法体系,通过实例研究展示出相关方法体系的应用前景。本书适合于图书馆,尤其是高等学校图书馆人员阅读,并对图书馆学情报学研究人员、研究生、高年级本科生的研究工作具有参考价值。(张玲)

2646

中国古籍修复与装裱技术图解 / 杜伟生著. -- 北京:北京图书馆出版社,2003. -- 466 页:照片;26cm. -- 全国古籍整理出版规划领导小组资助出版. --7 - 5013 - 2136 - 1(国家图书馆)

本书共分10章,主要内容包括:古籍修复基础知识;古籍修复用纸;中国古代书籍装帧形式;古籍修复技术分解动作;敦煌遗书的修复;字画装裱技术常识;字画装裱技术分解动作;拓片的装裱与修复;书套、盒、囊匣的制作。最后一章为附录,包括中国古书旋风装——敦煌遗书四种、敦煌古书缝缋装和粘叶装、古籍修复技术规范与质量标准等。(韩丽)

2647

网络时代的资源共享:中日文献信息资源共享比较研究 / 高波著. -- 北京:北京图书馆出版社,2003. -- 241 页:图;21cm. -- 信息管理科学博士文库;辽宁师范大学学术出版基金资助项目. -- 7 - 5013 - 2080 - 2(国家图书馆)

本书是中国大陆第一部关于中日图书馆文献信息资源建设与利用比较研究的著作。全书对中日图书馆的网络环境、中日文献信息资源共建理论与实践、中日图书馆文献信息资源共享理论与实践进行了比较研究,并深入论述了我国图书馆文献信息资源共建共享的障碍、体系和模式。作者强调文献信息资源共享是一个系统工程,其核心内容是文献信息资源的共建(协调采购、联合采购与协调建设数字化信息资源)、共知(联合建设书目信息数据库)和共享(馆际互借、文献传递、联合咨询等)。本书是一部网络时代在文献信息资源共享领域具有一定学术价值的理论专著。(张玲)

2648

台北市立图书馆馆藏发展政策 / 台北市立图书馆编. -- 台北:台北市立图书馆,2003. -- 93 页;26cm. -- 957 - 01 - 4301 - 0(平装)(国家图书馆)

台北市立图书馆馆藏发展政策的制订以达成下列目的:(1)标示该馆馆藏的现状,制定未来发展方向;(2)作为馆员选书的依据及与外界沟通的工具;(3)协助购书经费运用的合理分配,促进馆藏均衡发展;(4)奠定馆际合作与资源共享的基础。本书分两大部分,正文部分有9篇:(1)前言;(2)本馆简介;(3)馆藏概述;(4)馆藏发展原则;(5)馆藏资料之选择;(6)馆藏资料之采访;(7)馆藏维护;(8)预期目标;(9)馆藏发展政策之制定与修正。附录部分有9篇,主要包括分馆馆藏特色一览表,馆藏发展纲要,受赠图书处理要点,2003年图书、期刊、报纸采购合约,及与其他图书馆签定的交流协

约。(崔彤)

2649

信息资源共享 / 程焕文,潘燕桃主编. -- 北京:高等教育出版社,2004. -- 382 页;23cm. -- 面向 21 世纪课程教材(图书馆学类). -- 7 - 04 - 015338 - 6(国家图书馆)

本书是教育部"面向 21 世纪课程教材",是由教育部高等学校图书馆学学科教学指导委员会组织编写的高等学校图书馆学专业核心课程系列教材之一。内容包括信息资源共享的基本概念、基本定理、基本原则、基本政策、各种技术和方法,国内外信息资源共享的重要计划和典型案例等。本教材注重理论与实践相结合、传统方法与现代技术相结合、传统信息资源与数字信息资源相结合、中国国情与国际潮流相结合,特别突出了在网络环境下的信息资源建设、服务和共建共享,全面反映了网络信息参考咨询服务、馆际互借、电子文献传递等信息资源共享的新理论、新技术和新方法。本书可供图书馆学专业和信息管理与信息系统、档案学等相关专业的本科学生使用,也可供图书馆与信息管理从业人员进修提高使用。(韩丽)

2650

外文文献采访工作手册 / 顾犇主编. -- 北京:北京图书馆出版社, 2004. -- 274 页;26cm. --《图书馆文献采访工作手册》系列丛书. -- 7 - 5013 - 2412 - 3(国家图书馆)

本书的原型《外文图书采选工作》一书,作为国内出版的第一部系统论述图书馆外文图书采访工作的专著,受到图书馆和书业界的关注,也收到了不少宝贵的意见。进入 21 世纪,定义为信息载体的文献,尤其是外文文献的形态,发生了很大的变化。为了做到与时俱进,再加上原书限于篇幅,很多在采访实践中时常要查找的一些资料性的内容没有收入,给该书的使用带来不便,作者决定重新编写。书名中的"图书采选"一词改为更为广义的"文献采访",大大扩展了内容;增添了案头必备的手册性的"附录"部分,增强了可用性。本书共 15 章,4 个附录,编为 3 篇:外文文献采访工作概述、外文文献采访工作实务、外文文献采访人员素质修养。(韩丽)

2651

中文图书采访工作手册 / 李德跃主编. -- 北京:北京图书馆出版社, 2004. -- 359 页: 图; 26cm. --《图书馆文献采访工作手册》系列丛书. -- 7 - 5013 - 2413 - 1(国家图书馆)

中文图书采访工作是图书馆一项重要的基础性业务工作,它决定了一个图书馆信息资源的整体水平,对图书馆服务工作产生直接的影响。本书共分 17 章,10 个附录。本书分 3 编:采访工作概论,共 6 章,主要包括文献基础知识,文献采访思想的发展,图书馆采访工作,中文普通图书的采访工作,中文特种图书的采访,古籍、善本书的采访;采访工作实务,共 6 章,主要包括中文图书采购经费的保障与分配,中文图书采访信息的收集与利用,中文图书采访方法及其评价,中文图书采集方式,中文图书采访的具体操作,中文图书采访工作自动化;采访人员素质修养,共 5 章,主要包括信息素质修养,道德素质修养,知识素质修养,法律素质修养,公共关系修养。从三个方面对中文图书采访工作作了较全面的概括和阐述,并从实际工作需要出发,对一些理论相对从简,以采访工作实务和可查资料为重点,是一本内容较实际的案头工具资料。(韩丽)

2652

信息资源共享理论与模式 / 李家清著. -- 北京:经济日报出版社,2004. -- 142 页;26cm. -- 经济管理教程系列. -- 7 - 80180 - 301 - 9(国家图书馆)

本教材共分 11 章,论述了信息资源共享理论与模式,包括信息资源建设、信息资源共享、信息资源共享体系等内容。(韩丽)

2653

公共图书馆图书资料采购参考手册 / 台北市立图书馆. -- 台北:台湾图书馆,2004. -- 122 页:图;21cm. -- 957 - 678 - 396 - 8(国家图书馆)

本书是在对 2003 年"公共图书馆馆藏发展与采购实务研讨会"的部分内容与研讨结论进行归纳与编辑的基础上形成的,可使图书馆采购人员在最短时间内,对图书馆采购有全面性了解,并作为实际工作之参考。本书的"图书采购契约范例"一章,重点讲述了四种形式的采购契约。一是折扣标,列举了高雄市政府文化局"公共图书馆强化计划——充实图书馆馆藏"购置图书(含地图)、视听资料及编目加工需求说明书,埔里镇公所 1993 年度中文图书采购规格需求书,台北县政府文化局财务采购合约书;二是价格标,列举了台中图书馆 1993 年度中文图书资讯采购规格需求书;三是选择性招标,列举了台湾"中央图书馆"分馆图书采购投标须知;四是共同供应契约,列举了台湾出版之中文图书共同供应契约订购单、台湾出版之中文图书共同供应契约厂商一览表、台湾出版之中文图书共同供应契约财务结算验收证明书、台湾出版之中文图书共同供应契约验收记录。(崔明明)

2654

新形势下的图书馆采访工作:第一届全国图书采访工作研讨会论文集 / 国家图书馆图书采选编目部编. -- 北京:北京图书馆出版社,2005. -- 395 页;26cm. -- 7 - 5013 - 2823 - 4(北京师范大学图书馆)

本书为大中型公共图书馆、专业研究图书馆、高校图书馆采访工作论文集。本论文集收入了第一届全国图书馆采访工作研讨会优秀论文和交流论文两大部分内容,其中,优秀论文 17 篇,交流论文 60 篇,对新形势下的图书馆采访工作做了研究与探讨。其内容涉及馆藏建设方向,中外文献采访制度模式、流程方法、手段、策略、思路、评价;海外图书采选,出版商、发行商等各类书目,专家选书、读者调查、呈缴、捐赠、拍卖、预订、现购、售前、售中、售后服务等方方面面。第一届全国图书馆采访工作研讨会于 2005 年 11 月 3—4 日在昆明举行。(韩丽)

2655

文献遗产保护 / 刘家真主编. -- 北京:高等教育出版社,2005. -- 315 页:图;26cm;光盘 1 片. -- 7 - 04 - 017207 - 0(北京师范大学图书馆)

本教材融书、光盘与网络课程于一体,通过文字、音频、视频以及大量的网络资源,汇聚了丰富的文献遗产保护的知识与信息。本书站在图书情报与档案管理的一级学科层面上论述档案、图书等文献遗产保护的理论与方法,口径更宽,更有利于今天教学平台的整合与教学改革的需要。全书每章都有相关领域的研究动向与发展趋势,基本上涵盖了近五年来该领域的重大研究进展;大量的实例介绍、标准链接,使文献遗产保护的理论与实践有机地融合。因而可作为各类档案馆、图书馆、博物馆以及其他信息机构的业务参考书与岗位培训教材。本书涉及各类重要的信息载体(如纸张、胶片/照片、音像磁带与数字存储载体等)的损坏原因与机理、信息的挽救与恢复以及预防策略与方法等。随着光盘、磁盘与其他数字存储载体日益普及,书中的相关知识,无论是对文献收藏爱好者还是普通读者,都将大有裨益。(韩丽)

2656

文献采访学研究 / 杨肥生著. -- 合肥:安徽大学出版社,2005. -- 220 页;21cm. -- 7-81110-065-7(北京师范大学图书馆)

文献采访是图书馆的一项重要的基础工作,它随图书馆的存在而存在,随图书馆的发展而发展。文献采访工作与图书馆其他各项工作相比较,具有自身的重要性、复杂性和多样性。本书共分为 12 章,编者探讨了文献采访学的理论体系,试图研究和揭示图书馆文献采访工作的特点和规律,其主要内容包括:文献采访学引论、现代文献的概念与特征、图书馆的文献需求、文献采访能力、文献采访政策、图书馆文献的选择、文献获取方式、文献采访风险、文献采访系统与控制、文献采访评价、文献采访者的应有素质与技能等。(韩丽)

2657

文献资源建设的理论与实践研究 / 赵国忠编著. -- 兰州:甘肃民族出版社,2005. -- 268 页;21cm. -- 西北民族大学学科建设资助项目. -- 7-5421-1008-X(国家图书馆)

本书通过 10 个章节,以图书馆文献资源建设的历史为轨迹,以读者的信息需求为目的,全面系统地论述了文献、文献资源建设的概念,总结了文献资源建设的原则和规划方案,深入阐述了微观和宏观文献资源建设的原则、布局方式及最新成果,并结合信息化和网络化的发展,重点论述了网络环境下电子信息资源建设的策略,最后对建国以来我国文献资源建设研究进行了较为系统的总结和阐述,目的是抛砖引玉,推动图书馆文献资源建设的进一步发展。(韩丽)

2658

文献信息资源建设研究论析 / 赵元章著. -- 郑州:中州古籍出版社,2005. -- 304 页;21cm. -- 河南省教育厅"十五"教育科学规划项目主要成果. -- 7-5348-2566-0(国家图书馆)

本书分信息采集研究、信息管理评价和分析预测研究、信息开发研究、描述信息产品的开发研究、提炼性信息产品的开发研究、汇集性信息产品的开发研究等 8 章。(韩丽)

2659

图书馆馆藏建设论文集 / 中国图书馆学会高校分会,北京人天书店有限公司编. -- 北京:北京图书馆出版社,2005. --222 页:图;26cm. -- 7-5013-2765-3(北京师范大学图书馆)

本书为 2005 年首届全国图书馆馆藏建设论文集,论文作者多为高校图书馆著名专家、学者、教授、业务骨干。本书共收论文 37 篇,主题报告 5 篇,对图书馆藏书建设的基本问题,诸如馆藏建设现状、发展政策、特色馆藏、采访工作、信息构建、数据格式、跨文化交际学、光盘管理、馆藏服务、资源数字化等作了理论上的探讨与阐述,同时对一些技术方法问题也作了详细介绍。论文观点客观、全面,是对改革开放以来业界各种馆藏建设理论与实践的总结,对今后的图书馆馆藏建设工作有一定的指导意义。(韩丽)

2660

当 Google 向欧洲挑战的时候——为奋起辩护 /(法)让-诺埃尔·让纳内著;裴程译. -- 北京:北京图书馆出版社,2006. -- 110 页;32 开. -- 7-5013-3008-5(国家图书馆)

就 Google 2004 年 10 月推出 Google Print for Publishers 计划,法国国家图书馆馆长让-诺埃尔·让纳内指出了这一计划给不同文化带来的危险和挑战,对保持世界文化的多样性,捍卫各国及各地区的文化提出了倡议;并就各国数字化中自由联合、国家资金支持、数字化具体技术和标准选择、数字资源长久保存以及数字化工程的管理等问题都给出了自己的意见和建议。(金丽萍)

2661

数字时代的图书馆信息资源建设 / 代根兴主编;代根兴等编著. -- 北京:北京图书馆出版社,2006. -- 146 页:图;26cm. --数字时代的图书馆丛书. -- 7-5013-3126-X(北京师范大学图书馆)

本书共分为 8 章,首先介绍了信息资源的概念、构成与属性、类型,以及信息资源建设的概念与内容、理论体系与基本模式。然后详细论述了馆藏建设的原则与规划、馆藏信息资源的体系与结构、实体馆藏建设中实体馆藏的选择、信息资源的采集和组织,以及虚拟馆藏建设中商业电子资源的选购、特色数据库的自建、网上学术信息资源的建设和数字馆藏的安全管理策略等。然后论述了馆藏数字资源的存储与整合,网络环境下馆藏信息资源的评价,以及信息资源的共知、共建与共享。(韩丽)

2662

现代图书馆藏书建设 / 董素音,冯宝秀主编. -- 北京:海洋出版社,2006. -- 281 页:图;26cm. -- 现代图书馆馆员职业技术培训丛书. -- 7-5027-6280-9(北京师范大学图书馆)

本书是《现代图书馆馆员职业技术培训丛书》中的一册,这套丛书的作者均系图书馆一线工作者。这是他们根据本人长期工作中经常遇到的各种实际问题和困惑,以及切身体会,并查阅了大量的有关参考文献,总结出的经验之谈,因此具有较高的实用和参考价值。本书共分为 9 章,主要内容包括:藏书建设工作概论,图书采访工作,图书分类工作,文献主题标引工作,图书著录工作,计算机编目,文献标目法,统计报表及产品输出,图书典藏工作等。(韩丽)

2663

文献采访决策概要 / 杨肥生编著. -- 合肥:中国科学技术大学出版社,2006. -- 236 页:图;21cm. -- 7 - 312 - 01975 - 7(北京师范大学图书馆)

本书是论述图书馆文献采访决策的一本著作。全书从理论与实践的结合上对文献采访、文献采访决策以及决策系统、决策心理、决策素质、决策信息、决策方法等作了较为系统的介绍,对文献采访工作、馆藏文献建设和图书馆学研究有一定的参考价值。(韩丽)

2664

网络电子期刊质量控制研究 / 师曾志著. -- 北京:北京图书馆出版社,2007. -- 264 页:32 开. -- 978 - 7 - 5013 - 3428 - 5(国家图书馆)

本书从网络电子期刊在科学交流体系中的作用角度,对网络电子期刊的作用及质量控制进行了深入的探讨。(金丽萍)

2665

文献资源发展政策研究 / 戴龙基主编. -- 北京:北京大学出版社,2007. -- 346 页;23cm. -- 978 - 7 - 301 - 12828 - 2(北京师范大学图书馆)

本书是国内第一部系统地研究文献资源发展政策编制指南的著作。全书以研究报告的形式对文献资源发展政策中的几个关键问题进行了深入研究,并由此提炼出相应内容的编制指南。主要包括 8 个部分:文献资源发展政策编制指南、电子文献发展政策编制指南、文献经费预算与分配方案编制指南、文献采选原则与标准编制指南、馆藏复选指南、馆藏评价指南、文献资源发展协作指南和文献集中采购工作指南。本书着重解释和解决图书馆文献资源建设实践中出现的问题,其研究内容贯穿了图书馆文献资源发展的全过程,不仅对编制文献资源发展政策具有直接指导作用,而且对图书馆实际工作具有针对性指导意义。(韩丽)

2666

信息资源建设中的图书馆采访工作:第二届全国图书采访工作研讨会论文集 / 国家图书馆图书采选编目部编. -- 北京:北京图书馆出版社,2007. -- 521 页:图;26cm. -- 978 - 7 - 5013 - 3458 - 2(北京师范大学图书馆)

本书是第二届全国图书采访工作研讨会的论文集,共收录论文 116 篇,其中获奖论文 41 篇,内容涉及采访工作的各个环节和方面,包括采访工作管理、采访流程、采访方式方法、采访人员素质等。获得一等奖的论文共 11 篇,包括:文献竞买限价的结构分析与计算、《图书馆文献采访工作规范》的实证比较与分析——以上海图书馆中文图书采访工作为例、馆藏补缺——采访工作重要一环、图书灰色采购行为探究、国家图书馆台港文献采访的数理分析、信息资源采访与编目的协作与创新、关于外语院校图书馆文献资源共建共享的探讨、图书资料政府采购对图书馆业务的影响及对策、国内大学图书馆采访工作的变革、基于知识属性理念构建图书馆采编知识库等。(韩丽)

2667

文献信息资源建设理论与实践 / 黄筱玲编著. -- 长沙:湖南大学出版社,2007. -- 284 页:图;21cm. -- 978 - 7 - 81113 - 169 - 7(北京大学图书馆)

本书分为上下两编,上编是数字资源,分 11 章,侧重于指导文献信息资源建设的具体实践,按照图书、期刊、报纸、专利、标准信息、会议信息、学位论文、科技报告和科技成果信息、大型集成化信息、Internet 专题信息检索等专题,分门别类地收录了数百个最新的、重要的国内外数据库和网站,以适应资源数字化的发展趋势,还介绍了中外著名的信息资源保障体系。下编是学术论文,主要是对文献信息资源建设的实践工作进行理论探讨。本书内容丰富,讲解深入浅出,具有很强的实用性。(韩丽)

2668

图书馆采访工作规范与采访工作人员行为准则 / 王海涛主编. -- 北京:中国知识出版社,2007. -- 2 册(1113 页):图;26cm. -- 988 - 69886 - 9 - 7(天津大学图书馆)

本书分为上下两册,共 13 篇,主要内容包括:文献采访概述,文献采选方针及文献收集标准,文献采访经费管理,文献采访管理制度的建立,文献采访信息收集,文献选择,文献发订、验收与登记,采购方式,采访工作管理,采访工作自动化,信息检索工具及其使用,采访人员岗位规范与职责及采访工作管理制度等。本书可作为图书馆采访工作人员规范行为的准则,也可供图书馆学专业的师生以及图书馆从事图书采访的工作人员学习参考使用和阅读。(韩丽)

2669

期刊信息资源建设研究 / 叶继元著. -- 北京:北京图书馆出版社,2007. -- 297 页:图, 肖像;23cm. -- 当代中国图书馆学研究文库. 第一辑. -- 978 - 7 - 5013 - 3445 - 2(北京师范大学图书馆)

本文集精选了作者在 1982—2005 年期间撰写的有关期刊与信息资源建设方面的论文 30 余篇,主要内容涉及期刊及连续出版物概念、特点、定义、数量、类型、产生与发展原因,期刊刊号,期刊相关定律等期刊基础理论问题,也包括期刊评价、期刊价格及期刊采集、编目、利用等应用研究内容,特别集中了关于核心期刊、来源期刊、期刊引文数据库、全文数据库、引文分析、期刊与论文评价等内容。包括"关于组织西文期刊目录的几个问题"、"期刊及连续出版物定义之我见"等论文。(韩丽)

2670

国际交换论:国际文献交换研究 / 俞国琴著. -- 上海:复旦大学出版社,2007. -- 217 页:图;21cm. -- 978 - 7 - 309 - 05855 - 0(北京师范大学图书馆)

本书从国际文献交换发展的途径和方法出发,运用经济学理论探讨国际文献交换发展的基本规律及其实现条件。全书主要从以下几个方面来论述:首先,提出了国际文献交换市场相关概念,并用交易费用理论对其进行分析和解释,然后试图确立国际文献交换市场交易费用概念及模型。其次,针对国际文献交换市场的现实问题,提出建立一个文献交换交易费用的基本理论分析框架。第三,利用交易费用理论和微观经济学分析,从交换市场上所有文献的供求的相互影响、相互依存的前提出发,考察在国际文献交换中各种文献供求决定。第四,从合作博弈的角度,探讨了交换合作的前提条件和必要条件——交换各方之间的经济互补和互利性。同时,力求在理论和实际的结合点上把握国际文献交换市场的变化,并提出如何从国际文献交换市场内在联系和互动的层面来推进国际文献交换的发展。(韩丽)

2671

网络环境下高校图书馆信息资源采访 / 曹均编著. -- 成都:电子科技大学出版社,2008. -- 233 页;21cm. -- 978 - 7 - 81114 - 985 - 2(国家图书馆)

本书主要阐述了网络环境对高校图书馆信息资源采访产生的影响,网络环境下信息资源采访思想的演变、采访工作的基本原则和主要内容。(韩丽)

2672

馆藏标准文献管理系统 / 陈曹维,蔡莉静主编. -- 北京:海洋出版社,2008. -- 210 页;26cm; 1 光盘. -- 978 - 7 - 5027 - 6952 - 9(国家图书馆)

本书分为上下两篇,上篇围绕标准文献基础知识问题进行介绍;下篇主要对开发的馆藏标准文献管理系统作了详细介绍,包括系统概述、系统安装、系统个性化处理、系统的使用等。(张玲)

2673

西部地区信息资源共建共享概论 / 谷遇春著. -- 长沙:中南大学出版社,2008. -- 325 页;21cm. -- 978 - 7 - 81105 - 716 - 4(国家图书馆)

本书内容包括西部地区概况、西部地区信息业现状及信息教育、西部地区信息资源建设的内容和步骤、西部地区信息资源共建共享的理论与实践等。(韩丽)

2674

西泠印社藏旧画修复记 / 淮人,邓京编著. -- 杭州:西泠印社出版社,2008. -- 222 页:图;25cm. -- 978 - 7 - 80735 - 392 - 8(国家图书馆)

本书介绍了西泠印社经过四年的努力,终于向读者展示了 71 件古旧字画和 54 函古旧印谱,汇报了古旧字画抢救性修复的成果。(张玲)

2675

当代社会科学文献信息化建设 / 林祖藻主编. -- 杭州:浙江大学出版社,2008. -- 491 页;21cm. -- 信息学学术参考用书. -- 978 - 7 - 308 - 05847 - 6(国家图书馆)

本书以对浙江省社会科学文献信息资源和读者信息需求的调研为依据,提出了社会科学文献信息化建设的意义、原则、运行模式、需要解决的问题和多种实施方案,对近年来浙江省各个系统数字图书馆建设、网站建设、数字资源建设的经验以及知识产权和信息安全等方面的问题进行了总结、探讨和论证。(韩丽)

2676

馆藏知识双增规律研究 / 同悟著. -- 北京:中国人民公安大学出版社,2008. -- 398 页;21cm. -- 978 - 7 - 81139 - 281 - 4(国家图书馆)

本书共分 5 部分,通过对馆藏知识的实质、构成、特性和结构的研究,揭示了馆藏知识可增值与增值特性的内在原因,并提出了许多实现馆藏知识双增长的措施。(张玲)

2677

图书文献保存性修复 / 杨时荣著. -- 台北:南天书局有限公司,2008. -- 363 页:图;30cm. -- 978 - 957 - 638 - 703 - 6(精装)(国家图书馆)

本书共分 6 大篇论述。第六篇为结论。前五篇的主要内容为:图书文献维护体系的建构与管理、修复常用药品材料与专业术语、检测与纪录填制、修复处理的各式基本程序与步骤、修复案例的纪要与图示。书前有作者自序,书后有修复工作所需遵循的准则、参考资料、中英名词索引等附录。(赵红)

2678

古籍保护新探索 / 张志清,陈红彦主编;国家图书馆古籍馆编. -- 杭州:浙江古籍出版社,2008. -- 376 页:图;28cm. -- 978 - 7 - 80715 - 394 - 8(国家图书馆)

本书收入的文章包括"试述图书馆古籍保护的历史机遇"、"古迹保护的目的、理念、计划"、"实施古籍保护计划若干问题的思考"等。(韩丽)

2679

图书馆馆藏组织与管理研究 / 贺燕主编. -- 北京:国家图书馆出版社,2009. -- 221 页;23cm. -- 978 - 7 - 5013 - 4076 - 7(国家图书馆)

本书对图书馆馆藏与国内外主要图书情报机构馆藏文献现有的几种排架与描述方法进行了介绍分析,对当今国内外主要馆藏说明标准与馆藏 MARC 格式进行了介绍研究,并在此基础上,对文献馆藏信息揭示的方法进行了探讨与研究。同时,对数字馆藏揭示管理的唯一方式——数字对象唯一标识符进行了介绍,并对我国数字对象唯一标识符的管理机制提出了建议。(赵红)

2680

图书馆藏书建设 / 蔡莉静主编. -- 北京:海洋出版社,2009. -- 276 页;26cm. -- 图书馆馆员业务学习与岗位培训教程. -- 978 - 7 - 5027 - 7215 - 4(国家图书馆)

全书共分 9 章。内容包括藏书建设工作概论、图书采访工作、图书分类工作、文献主题标引工作、图书著录工作、计算机编目、文献标目法、统计报表及产品输出、图书典藏工作。(赵红)

2681

文献遗产保护技术管理理论与实践 / 张美芳,张松道主编. -- 长春:吉林文史出版社,2009. -- 276 页;24cm. -- 河南省图书馆百年馆庆丛书. -- 978 - 7 - 80528 - 144 - 5(国家图书馆)

本书内容包括:文献遗产保护技术管理概论、我国文献遗产保护技术管理现状、文献遗产保护技术管理目标的实现、文献遗产保护技术管理内容、数字遗产保存与管理等。

（赵红）

2682

新信息环境下图书馆资源建设的趋势与对策——第三届全国图书馆文献采访工作研讨会论文集 / 国家图书馆外文采编部编. -- 北京：国家图书馆出版社，2009. -- 462 页：16 开. -- 978-7-5013-1728-8（国家图书馆）

本书探讨了新信息环境下图书馆资源建设的趋势与对策，对于图书馆采访工作进行了总结与反思，以利制定更加合理的资源建设方案应对信息环境的变化.（金丽萍）

2683

文献修复师 / 苏品红主编；文化部文化艺术人才中心，文化部职业技能鉴定指导中心组织编写. -- 北京：国家图书馆出版社，2009. -- 353 页：图；29cm. -- 文化行业考试专用教材. -- 978-7-5013-4053-8（国家图书馆）

本书分为基础知识与技能两部分，介绍了文献修复师应具备的专业基本知识，以及各级修复师应具备的不同级别的工作要求。（赵红）

2684

文献研究与文献保护 / 苏品红著. -- 北京：国家图书馆出版社，2009. -- 340 页：图；23cm. -- 978-7-5013-4056-9（国家图书馆）

本书收录了作者在文献研究和文献保护方面的文章，分上下两篇。上篇辑录相关论文、报告、讲义等文献 21 篇。主要有"国家图书馆文献保护工作的一个片段"、"古籍修复人才的培养"、"鼓山涌泉寺所藏大藏经及应采取的保护措施"、"实施古籍保护计划若干问题的思考"等内容。下篇是文献修复基础知识，主要有文献修复师职业道德，古籍修复的基础知识、相关知识、相关法律法规知识、相关操作安全知识及相关卫生和环境保护知识等。（赵红）

2685

山东省古籍重点保护单位（第一批） / 赵炳武主编；山东省图书馆，山东省古籍保护中心编. -- 济南：齐鲁书社，2009. --152 页：图，照片；29cm. -- 978-7-5333-2208-3（国家图书馆）

本书介绍了山东省首批古籍重点保护单位，以及这些重点单位开展古籍保护工作的措施、设施、设备等。主要单位有山东图书馆、山东大学图书馆、曲阜市文物管理局孔府文物档案府、山东师范大学图书馆等 24 家单位。（赵红）

文献标引与编目

2686

仿杜威书目十类法 / 沈祖荣. -- 汉口：圣教书局，1917. -- 26 页；32 开（国家图书馆）

本书将古今中外书籍分为类书、哲学、宗教等 10 总类。前有沈祖荣原序、新序及凡例。（胡月平）

2687

国音分韵检字 / 张蔚瑜. -- 上海：中华书局，1922. --线装，1 册. -- 国语统一筹备会石印本（国家图书馆）

本书主要参照《国音字典》，同时参考清代李光地的《音韵阐微》和 Herbert A Giles 的《华音字典》等编辑而成。而字的分韵排列，是用注音字母韵母的次序为纲，每一韵母中又以声母的次序为目。书中所用的韵目，是"广韵"目。（石剑）

2688

世界图书分类法 / 杜定友著，穆耀枢译述. -- 广东全省教育委员会，1922. -- 63 页；24 开（国家图书馆）

本书介绍中国古代分类法、日本图书馆分类法、欧美图书馆分类法、世界图书分类法。卷首有弁言。（胡月平）

2689

杜威书目十类法补编 / 查修. -- 北京：清华学校图书馆，1924. -- 33 页

未见书。见录于李钟履《图书馆学书籍联合目录》。（胡月平）

2690

图书分类法 / 杜定友. -- 上海：上海图书馆协会，1925. -- 405 页：表；32 开. -- 上海图书馆协会丛书（国家图书馆）

本书分上、中、下 3 编：上编为说明，介绍中外图书分类法，附英文说明；中编为分类表；下编为中、西文索引。前有上海图书馆协会序。（胡月平）

2691

汉字排字法 / 杜定友. -- 上海：上海图书馆协会，1925. -- 36 页；19cm. -- 上海图书馆协会丛书（浙江图书馆）

本书系上海图书馆协会丛书之一。介绍汉字排字法之用途、方法、原则、规则，排字方法，检字方法以及汉字排字法的优点等，并作评述结论。附录收《目录排叠法规则》《排字盘用法》等 2 篇。（王效良）

2692

著者号码编制法 / 杜定友. -- 上海：上海图书馆协会，1925. -- 38 页：表；32 开. -- 上海图书馆协会丛书（浙江图书馆）

本书系上海图书馆协会丛书之一。介绍著者号码编制法之意义、方法和规则。（王效良）

2693

中文书籍分类法商榷 / 查修. -- 北京：清华学校，1925. -- 54 页：表；16 开（精装）（国家图书馆）

本书分上下两篇，上篇介绍了历史背景，下篇介绍了方法应用。附录中国历史年代分类法、中国地理分类法。原文载于《清华学报》第 2 卷第 1 期。（胡月平）

2694

杜威书目十类法 / 桂质柏. -- 济南：齐鲁大学图书馆，1925

未见书。见录于李钟履《图书馆学书籍联合目录》。（胡月平）

2695

中外一贯实用图书分类法 / 陈天鸿. -- 上海: 民立中学图书馆,1926. -- 110 页: 表; 24 开. -- 上海民立中学图书馆丛书(浙江图书馆)

本书系上海民立中学图书馆丛书之一。阐述图书分类法的发展过程,中外分类法的比较,现代图书分类要诀,分类大纲之层次意义等。后附《中外一贯实用图书分类法索引》。(王效良)

2696

四角号码检字法 / 王云五. -- 上海: 商务印书馆,1926,1928,1930,1933. -- 143 页; 19cm. -- 百科小丛书(国家图书馆)

本书有凡例、参考表、采用本法机关及出版物、蔡元培序、胡适序、高梦旦序、吴敬恒序、作者自序,统计、词语排列法等内容。前有胡适的笔画号码歌。书末附:检字表及说明。(胡月平)

2697

革命文库分类法 / 杜定友,蒋径三. -- 广州: 国立中山大学图书馆研究会,1927. -- 53 页: 表; 24 开. -- 中山大学图书馆丛书第 3 种(浙江图书馆)

本书系中山大学图书馆丛书第三种。囊括了以孙文主义、中国国民党及其党化教育为核心的历年出版物。前有中山大学图书馆丛书总序、杜定友序及例言,后附杜定友之《图书馆与党化教育》一文。(王效良)

2698

张凤形数检字法 / 张凤. -- 著者自刊,1927. -- 20 页; 25cm(浙江图书馆)

本书分述该法口诀、检字正例、排字附例和相应字表,中有张凤字典自序及说明,并附有本法实验之姓氏索引。(王效良)

2699

各家检字新法述评 / 万国鼎. -- 北平: 中华图书馆协会出版委员会,1928. -- 34 页. -- "图书馆学季刊"抽印本

未见书。见录于李钟履《图书馆学书籍联合目录》。(胡月平)

2700

中外图书统一分类法 / 王云五. -- 上海: 商务印书馆,1928. -- 275 页: 表; 32 开(精装). -- 新中学文库

未见书。见录于《民国时期总书目 · 文化教育分册》。(胡月平)

2701

拼音著者号码编制法 / 钱亚新. -- 武汉:汉口圣教书局,1928. -- 51 页,56 页;29cm. -- 文华图书科丛书.1(浙江图书馆)

本书分上、中、下 3 编:上编介绍著者号码及其功用、编制方法、原则等;中编为拼音著者号码表;下编附录笔画检字表等两种。有杜定友序、沈祖荣序及自序。(王效良)

2702

第二次改订四角号码检字法 / 王云五. -- 上海: 商务印书馆,1928,1930. -- 122 页: 表; 24 开(浙江图书馆历史文献部)

本书内容分别为检字法规则全文、词语排列法、统计、研究经过。前有作者说明和吴敬恒之序,附录刊作者首创的《中外著者统一排列法》。(王效良)

2703

中文图书编目条例草案 / 刘国钧. -- 北平: 中华图书馆协会,1929. -- 36 页. -- "图书馆学季刊"抽印本

分上下两编,上编"著录之事项",包括通则书名、卷数、著者、版本、稽核事项、附注、标题等内容共 17 节;下编"目片之格式",包括基本格式、名片式样举例、索引及导片等内容。前有导言。(胡月平)

2704

著者号码编制法 / 陈子彝. -- 苏州: 江苏省立苏州图书馆,1929. -- 20 页: 表; 16 开(国家图书馆)

本书介绍了著者号码表编制方法。(袁皓)

2705

中外图书统一分类法 / 王云五. -- 上海: 商务印书馆,1929. -- 310 页; 32 开. -- 万有文库 · 第 1 集 7 种;百科小丛书(国家图书馆)

本书共 5 章,分别介绍了中外图书馆统一分类法、中外著者统一排列法、标题法、索引法等。前有蔡元培序。末附分类表、中文索引、英文索引。(胡月平)

2706

中央大学区立苏州图书馆图书分类法 / 陈子彝. -- 苏州: 中央大学区立苏州图书馆,1929. -- 152 页: 表; 32 开(国家图书馆)

本书总纲分丛、经、史地、哲学宗教、文学、教育、社会科学、自然科学、应用科学、艺术 10 大类,分别列举了各类目。书前有编者序。书末附"助记表 1—5"。(胡月平)

2707

简明图书馆编目法 /(美)爱克斯(S. G. Akers)著; 沈祖荣译. -- 武昌文华图书科,1929. -- 128 页: 图; 32 开. -- 文华图书科丛书.3(国家图书馆)

本书根据 1927 年初版翻译。内容包括分类法、人名选择法、无著作之经典类书之名称之格式、小说之目录卡、非小说之著者目录卡、标题之选择、非小说之副目录卡、各机关名称之格式、整套书及续出刊物之目录卡、目录卡摆列法、美国国会图书馆印行之目录卡、总登记簿及编目用具。有译者序及导言。附录缩写字及参考书。书名原文:Simple Library Cataloguing。(胡月平)

2708

中国图书分类法 / 刘国钧. -- 南京: 金陵大学图书馆,1929,1936,1940. -- 10,58 页: 表; 24 开. -- 金陵大学图书馆丛刊. 第 2 种(国家图书馆)

本书分哲学、宗教、自然科学、应用科学、社会科学、史地、语文、美术 8 部。前有李小缘的序及自序、导言。附表"总论之复分"、中国时代表、西洋时代表、日本时代表、中国省区表、中国县市详表、分国表、机关出版品排列表。(胡月平)

2709

中国图书著者符号编列法之又一商榷 / 金云铭. -- 福州: 福建协和大学,1931. -- 6 页: 表; 16 开(国家图书馆)

本书介绍一种著者号的笔划排列法。用英文字母 A—M 对应姓氏的首笔,O—Z 对应姓氏的末笔,两位数字分别对应姓名第二字的首末笔,组成四位码。(袁皓)

2710

四角号码检字法教学法 / 王云五发明; 赵景源编辑. -- 上海: 商务印书馆,1931. -- 19 页

未见书。见录于李钟履《图书馆学书籍联合目录》。(胡月平)

2711

标准国音检字 / 陆衣言. -- 上海: 中华书局,1931

未见书。见录于李钟履《图书馆学书籍联合目录》。(胡月平)

2712

头尾号码标准国音检字 / 陆衣言,马国英. -- 上海: 中华书局,1931(上海图书馆)

本书按编者创编的"头尾号码检字法"检字。收字 8400 多个。有国语罗马字和注音字母两种注音。(金晓明)

2713

民众图书馆图书分类法 / 徐旭. -- 无锡: 江苏省立教育学院实验民众图书馆,1931. -- 28 页; 32 开. -- 民众图书馆丛书. 第 2 种(国家图书馆)

本书有编印民众图书馆丛书序、刊印民众图书馆丛书第二种(民众图书馆图书馆分类法)弁言及本分类法之标准要点说明。(胡月平)

2714

点直横斜检字法 / 蔡野渡等. -- 著者自刊,1931. -- 15 页

未见书。见录于李钟履《图书馆学书籍联合目录》。(胡月平)

2715

中国检字问题 / 杜定友. -- 著者自刊,1931. -- 62 页: 19cm(浙江图书馆)

本书阐述印刷业应用新检字法的好处和意义,内容有中国检字法评略、检字研究、检字试验、改良康熙字典式的建议、新部首与旧部首、"杜"字研究等部分。(王效良)

2716

分类编目与标题之方法 / 梁格. -- 广州: 国立中山大学图书馆,1931. -- 36 页: 表; 18 开(国家图书馆)

本书分 3 章,介绍图书分类、编目、标题的方法。出版年月为高廷梓写序时间。(袁皓)

2717

中国图书编目法 / 裘开明. -- 上海: 商务印书馆,1931,1933,1934. -- 119 页: 图; 24 开(国家图书馆)

本书分目录片应载事项、目录片之写法、目录之种类及其排法 3 编。有王云五的序及自序。附录目录之刊印、编目参考书举要。(胡月平)

2718

簿式目录中著录详略之研究(上篇) / 邢云林. -- 北平: 中华图书馆协会,1933. -- 34 页: 表; 16 开(国家图书馆)

本书前有导言,正文分 4 节,论述了研究簿式目录著录的原因及目的,著录详略之各方面、著录详略之概观及对著录详略原则的看法。载《图书馆学季刊》第 7 卷第 2 期。(胡月平)

2719

图书编目法 / 何多源. -- 广州: 广州大学图书馆,1933. -- 233 页: 图表; 16 开(浙江图书馆)

本书内容分 7 章,分别为总论、编目规则、编目方法、目录排叠法、定期刊物编目法、编目用具和图书目录史。前有作者自序和凡例。(王效良)

2720

中日著者号码表 / 张英敏. -- 杭州: 今天游及著者合刊,1933. -- 86 页

未见书。见录于李钟履《图书馆学书籍联合目录》。(胡月平)

2721

杜氏著者号码表 / 杜定友. -- 上海: 中国图书馆服务社,1933. -- 22 页: 表; 24 开(国家图书馆)

本书为《著者号码编制法》的增修本,新增姓氏 97 字。前有编者弁言。末附 Simplified Cutter's table by Ding U Doo。(胡月平)

2722

四周计头检字法 / 叶心安. -- 上海: 松光社,1933. --24 页. -- "松光社丛书"之一

未见书。见录于李钟履《图书馆学书籍联合目录》。(胡月平)

2723

一个新检字法——丙字检字法说明与应用 / 著者自刊,1933. -- 14 页

未见书。见录于李钟履《图书馆学书籍联合目录》。(胡月平)

2724

图书之分类与编目 / 吕绍虞. -- 上海: 大夏大学大夏学报社,1933. -- 52 页: 表; 16 开(国家图书馆)

本书共 2 章,介绍图书的分类及编目。图书的分类介绍了智识的分类、图书分类表、十进分类法、展开分类法、美国国会图书馆分类法、学科分类法、形式分类、图书分类方法。图书的编目介绍了编目中常用名词的定义、编目规则概要及编目方法。(胡月平)

2725

中国图书十进分类法 / 何日章, 袁湧进. -- 北平: 国立北平师范大学图书馆,1934. -- 250 页: 表; 24 开. -- 国立北平师范大学图书馆丛刊. 1(国家图书馆)

本书分总表、简表、详表、附表四部分。书前有编者序、凡例。(胡月平)

2726

图书分类法 /(日)村岛靖雄著,毛春翔译. -- 上海: 开明

书店,1934. -- 157 页: 表; 32 开(国家图书馆)

本书共 12 章,论述了图书分类的意义及目的,介绍了论理的分类法、论理的分类与图书的分类、分类记号、图书记号、图书分类的历史概观、附记号的分类表、日本图书的分类、帝国图书馆的分类、府县立图书馆的分类、分类表的实地应用、书架上的整理与函架目录。书前有陈训慈的序及译例。(胡月平)

2727

中外图书统一分类法 / 王云五. -- 上海: 商务印书馆, 1934. -- 333 页: 表; 32 开(国家图书馆)

本书分 5 章,介绍中外图书馆统一分类法、中外著者统一排列法、标题法、索引法等。末附分类表、中文索引、英文索引。(胡月平)

2728

图书馆编目用简字标准字表 / 杜定友. -- 上海: 中国图书馆服务社,1934. -- 10 页; 32 开(国家图书馆)

本书版权页署名"圕标准简字字表"。选字 400 多个,附条例 7 则及补遗、美国图书馆协会议定西文标准字帖(英文)。(袁皓)

2729

四角号码检字法学习法 / 赵景源. -- 上海: 商务印书馆, 1934. -- 26 页

未见书。见录于李钟履《图书馆学书籍联合目录》。(胡月平)

2730

图书馆简字标准字表 / 杜定友. -- 上海: 中国图书馆服务社,1934

未见书。见录于李钟履《图书馆学书籍联合目录》。(胡月平)

2731

类名标题目录 / 钱亚新. -- 天津: 河北省立女子师范学院,1934. -- 26 页. -- "女子师范学院期刊"抽印本

未见书。见录于李钟履《图书馆学书籍联合目录》。(胡月平)

2732

中国十进分类法及索引 / 皮高品. -- 武昌: 文华图书馆学专科学校,1934. -- 2 册. -- 文华图书馆学专科学校丛书(上海图书馆)

本书包括序言、正误表、类表、附录和索引等部分。(金晓明)

2733

标题目录要论 /(日)加藤宗厚著,李尚友译. -- 武昌: 文华图书馆学专科学校,1934. -- 156 页: 图; 16 开. -- 文华图书馆学专科学校小丛书(国家图书馆)

本书包括由分类目录到字典式目录、标题标目、名辞、标题标目名辞之选择、固有名辞的标目、标题细目、标题参照、标题标目文字及排列、标题之选择、形式标目、对于一书标目之数、标题实习 12 章。有译者弁言。附录标题标目表、标题标目参考资料、参考文献及问题。(胡月平)

2734

普通图书编目法 / 黄星辉. -- 武昌: 文华图书馆学专科学校,1934. -- 190 页: 图; 32 开. -- 文华图书馆学专科学校丛书(国家图书馆)

本书共 3 章,内容为卡片目录的编制方法。有沈祖荣序及著者弁言、导言。(胡月平)

2735

分类之理论与实际 / 刘子钦. -- 武昌文华图书馆学专科学校,1934. -- 64 页;16 开. -- 武昌文华图书馆学专科学校小丛书(国家图书馆)

共 7 节,介绍分类原理、分类法与科学的次第、图书分类法、中外历来重要图书分类法及分类表。(胡月平)

2736

综合检字法绪言 / 马瀛. -- 杭州: 浙江省立图书馆, 1934. --42 页. -- "浙江省立图书馆馆刊"抽印本(上海图书馆)

本书略述"检字法"的历史及对综合检字法的说明。分绪言、排字例言、检字例言 3 部分。(金晓明)

2737

合作图书分类法的研究 / 程君清. -- 南京: 中国合作学社仙舟合作图书馆,1934. -- 8 页

未见书。见录于李钟履《图书馆学书籍联合目录》。(胡月平)

2738

图书分类的原理与方法 / 吕绍虞. -- 上海: 大夏大学, 1935. -- 313 页: 表; 24 开(国家图书馆)

本书收录章新民、蒋复璁、吕绍虞、刘国钧等的译作、论文 15 篇。(胡月平)

2739

中外图书统一分类法 / 王云五. -- 上海: 商务印书馆, 1935. -- 228 页: 表; 32 开(上海图书馆)

本书共 5 章,主要内容为介绍中外图书馆统一分类法、中外著者统一排列法、标题法、索引法等。首蔡元培的序。末附分类表、中文索引、英文索引。(金晓明)

2740

首尾号码排检法 / 陈文. -- 上海: 中国科学图书仪器公司宣传本,1935. -- 23 页

未见书。见录于李钟履《图书馆学书籍联合目录》。(胡月平)

2741

图书分类指南 /(美)美利尔(W. S. Merrill)著,张鸿书译. -- 武昌: 文华图书馆学专科学校,1935. -- 128 页; 16 开. -- 文华图书馆学专科学校丛书(国家图书馆)

本书介绍图书分类规则。末附图书分类指南索引、图书分类指南注。(袁皓)

2742

中文图书索引与"半周笔法"——附汉字索引诸新法之比较与批评 / 周辨明. -- 厦门: 厦门大学图书馆,1935. -- 22 页

未见书。见录于李钟履《图书馆学书籍联合目录》。

(胡月平)

2743

铁道图书分类法 / 杜定友. -- 中国图书馆服务社,1935. -- 55 页; 32 开(上海图书馆)

本书系为整理铁道部图书室而编订的铁道图书分类法。原稿为英文,后由金敏甫代译中文。首编者引言。(金晓明)

2744

中文标题总录初稿 / 吕绍虞. -- 著者自刊,1935. -- 64 页. --"中央军校图书馆月报"抽印本

未见书。见录于李钟履《图书馆学书籍联合目录》。(胡月平)

2745

字首不字排检法 / 赵荣光. -- 广州: 培印中学图书馆,1935,1941. -- 84 页; 19cm(国家图书馆)

本书按照"不"字四法(一丿丶丨四笔的顺序)决定一切笔画的分类和次序。(胡月平)

2746

中国方志编目条例草案 / 毛裕良,毛裕芳. -- 北平,中华图书馆协会,1936. -- 10 页. -- 图书馆学季刊抽印本

未见书。见录于李钟履《图书馆学书籍联合目录》。(胡月平)

2747

美国图书分类法评论 /(美)H. E. Bliss 著,喻友信译. -- 编者刊,1936. -- 13 页; 16 开(上海图书馆)

本书含《评克特氏展开分类法》《评美国国会图书馆分类法》二篇。译自 The Organization of Knowledge in Libraries 一书的第 11、12 章。(金晓明)

2748

杜氏图书分类法中册修订表 / 杜定友. -- 编者刊,1936. -- 24 页: 表; 50 开(国家图书馆)

本书修正了 1935 年初版的杜氏图书分类法中册分类表。(袁皓)

2749

图书之分类 / 金天游. -- 杭州: 浙江省立图书馆,1936. -- 88 页: 表; 32 开. -- 浙江省立图书馆辅导丛刊 4(浙江图书馆)

本书系浙江省立图书馆辅导丛刊第四种。除大致说明图书分类的意义宗旨和中外分类法比较之外,着重介绍了《浙江省立图书馆十进分类法》和图书分类工作实务。有陈训慈的弁言。(王效良)

2750

杜氏图书分类法(中下册) / 杜定友. -- 上海: 中国图书馆服务社,1936. -- 2 册(636 页;347 页); 32 开; 精装(国家图书馆)

中册为杜氏图书分类表,下册为杜氏图书分类法索引。(胡月平)

2751

明见式编目法 / 杜定友. -- 上海: 中国图书馆服务社,1936,1939. -- 59 页. -- "上海图书馆学校丛书"(国家图书馆)

本书分总则、分类目录、分类目录排列法、字典式目录、字典式目录排列法、标题省略法、杂志登记法、杂志目录 8 部分介绍明见式目录的编制方法。前有导言,末附录《明见式目录之其他用途》及结语。(胡月平)

2752

四部分类号码表 / 张英敏. -- 北平: 中华图书馆协会,1937. -- 20 页: 表; 16 开(国家图书馆)

本书介绍并说明四部分类号码表,绪言说明了编写此书的缘由。此书为《图书馆学季刊》第 10 卷第 2 期抽印本。(胡月平)

2753

图书目录著录法与编辑法论 / 邢云林. -- 北平: 中华图书馆协会,1937. -- 38 页. -- "图书馆学季刊"抽印本

未见书。见录于李钟履《图书馆学书籍联合目录》。(胡月平)

2754

俄文著者排列法 / 胡正支. -- 北平: 国立北平大学法商学院印刷部,1937. -- 18 页: 表; 36 开(浙江图书馆)

本书介绍俄文著者排列法之号码表。(王效良)

2755

图书分类编目法讲义 / 沈学植. -- 江苏省立教育学校,1937

未见书。见录于李钟履《图书馆学书籍联合目录》。(胡月平)

2756

现代图书馆编目法 /(美)俾沙普(W. W. Bishop)著,金敏甫译述. -- 上海: 商务印书馆,1937. -- 108 页; 32 开. -- 图书馆学丛书(国家图书馆)

本书原书于 1914 年初版,据 1924 年再版译。正文共 7 章,分别是图书馆编目史略、编目室及其设备、目录设计法、编目部之组织、印刷目录卡之使用、编目方法、主题标题。有刘国钧、顾树森、杜定友的序及译者序、再版原序、初版原序。书名原文: Practical Handbook of Modern Library Cataloging。(胡月平)

2757

拼音著者号码编制法 / 钱亚新著;沈祖荣校订. -- 武昌: 文华图书馆学专科学校,1937. -- 18 页;27cm(浙江图书馆)

本书前有用法说明,后按英文字母排序列表。(王效良)

2758

标题总录 / 沈祖荣编译. -- 武昌: 文华图书馆学专科学校,1937

未见书。见录于李钟履《图书馆学书籍联合目录》。(胡月平)

2759

中文标题总录 / 吕绍虞. -- 中国图书馆服务社,1937. -- 175 页; 16 开. -- 现代图书馆丛书(上海图书馆)

本书汇录图书馆常用术语和词汇,依笔划排列,后附英文对照。(金晓明)

2760

中国图书分类之沿革 / 蒋元卿. -- 上海：中华书局,1937,1941. -- 272 页：图表；24 开(精装)(国家图书馆)

本书分 5 章,介绍中国图书分类的起源、分类法的两大系统,四部分类法的统一、盛衰,西学输入后的图书分类。书前有自序。附录最近各图书馆图书分类之鸟瞰、七略四部演变表、诸家分类大纲比较表。(胡月平)

2761

中国著者拼音号码表(图书馆编目用) / 景培元. -- 编者刊,1938

未见书。见录于李钟履《图书馆学书籍联合目录》。(胡月平)

2762

期刊论文索引编目条例 / 王柏年. -- 无锡：王氏勤圃油印,1938. -- 42 页

未见书。见录于李钟履《图书馆学书籍联合目录》。(胡月平)

2763

中国图书分类法补遗 / 北平：国立北平图书馆. -- 国立北平图书馆编印,1939. -- 油印本,28 页

未见书。见录于李钟履《图书馆学书籍联合目录》。(胡月平)

2764

盖斯图书馆检查法 /(加)盖斯(I. V. Gillis),白炳骐著. -- 北京：著者刊,1941. -- 94 页；16 开(国家图书馆)

本书分 9 节,重点论述了分类问题。目次及序言均为英文。(袁皓)

2765

四位著者号码表 / 梅展如. -- 编者刊,1941. --"福建省图书馆学林"抽印本

未见书。见录于李钟履《图书馆学书籍联合目录》。(胡月平)

2766

中国十进分类法节要 / 陈鸿飞. --"福建省图书馆学林"抽印本,1941

未见书。见录于李钟履《图书馆学书籍联合目录》。(胡月平)

2767

图书分类法 /(美)开利(G. O. Kelly)著,钱亚新译. --贵阳：文通书局,1942. -- 12,202 页：表；32 开(国家图书馆)

本书分读者的观点、美国图书分类法及其历史背景、图书的类次、影响分类法功用的十三要素、分类的研究、字典式目录中特有类名下图书分配的研究、结论等 7 章。有译序、原序。附录参考书目。(胡月平)

2768

三民主义化图书分类法(简本) / 杜定友. -- 广州：广东省立图书馆,1943. -- 84 页：表；32 开(国家图书馆)

本书分上、中、下三册,上册为说明,中册为类表,下册为索引。全书 15 章、10 表、2 引。卷首有弁言。(胡月平)

2769

汉和图书分类法(中英对照) / 裘开明. -- 华盛顿：美国学会委员会,1943. -- 361 页

未见书。见录于李钟履《图书馆学书籍联合目录》。(胡月平)

2770

新目录学的一角落 / 王云五. -- 重庆：商务印书馆,1943,1946,1947. -- 269 页：表；32 开. -- 新中学文库(辽宁省图书馆)

本书收《中外图书统一分类法绪论》《四角号码检字法序》《国学基本丛书四百种目录》《辑印丛书集成序》《丛书百部提要》《编印大学丛书之经过》《大学丛书全目与其在五年间之编印进展》《编纂中国文化史之研究》《编纂中山大辞典之经过》等 10 篇。首著者序。后附《十年来的中国出版事业》。(卓连营)

2771

中国图书编目法 / 裘开明. -- 重庆：商务印书馆,1944. -- 108 页：图；32 开(国家图书馆)

本书分 3 编,介绍目录片应载事项与写法,目录的种类与排法等。有王云五的序及自序。附录《目录之刊印》等 3 种。(胡月平)

2772

学术业务类码表 / 黎锦熙. -- 西安：西北师范学院出版组,1945,1947. -- 12 页：16 开：环筒页表(国家图书馆)

本书系图书分类表,供图书资料文献档案统一整理用。(胡月平)

2773

三民主义化的图书分类标准 / 沈宝环. -- 三民主义青年团中央直属文华图书馆学专科学校分团部,1946. -- 223 页：图表；25 开(国家图书馆)

本书内容包括绪论、分类须知、排架图、分类表、地域国别细分表、形式细分表、索引七部分。有汪应文的序及自序。(胡月平)

2774

三民主义化世界图书分类法简本 / 杜定友. -- 广州：广东省立图书馆,1946. -- 84 页

未见书。见录于李钟履《图书馆学书籍联合目录》。(胡月平)

2775

中国图书分类论 / 蒋复璁. -- 南京：中央图书馆,1946

未见书。见录于李钟履《图书馆学书籍联合目录》。(胡月平)

2776

图书编目学 / 金敏甫. -- 上海：正中书局,1946. -- 276 页：图表；25 开(辽宁省图书馆)

本书分上、下两编。上编共 11 章,论述了编目学的理论与经营方法；下编共 36 章,介绍了编目条例。有杜定友的序及作者自序。(卓连营)

2777

中外图书统一分类法 / 王云五. -- 上海: 商务印书馆, 1947. -- 299 页: 表; 32 开. -- 新中学文库(国家图书馆)

本书共5章,介绍图书分类法的概念、中外图书统一分类法、中外著者统一排列法、标题法、索引法。书前有蔡元培的序。末附分类表、中文索引、英文索引。(胡月平)

2778

中文图书编目法 / 楼云林. -- 上海: 中华书局, 1947. -- 226 页: 图表; 32 开(国家图书馆)

本书共8章,总论介绍了目录的沿革、定义、功用、地位、形式、种类等。第二章论述了分类与编目的区别,分类的意义、标准、原则、程序、符号,以及中外图书分类法。第三至七章分别介绍了普通书编目法、卡片目录的写法、善本书编目法、方志舆图年鉴等编目法 、定期刊物编目法。第八章介绍了关于编目的参考书籍。书前有自序。(胡月平)

2779

一三五九检字法 / 朱咏沂. -- 粤汉铁路同仁进德会, 1947

未见书。见录于李钟履《图书馆学书籍联合目录》。(胡月平)

2780

图书室分类法 / 蒋复璁. -- 上海: 正中书局, 1947

未见书。见录于李钟履《图书馆学书籍联合目录》。(胡月平)

2781

新发明国字自然排检法概要 / 丁德先. -- 青岛市劳山学会, 1948. -- 18 页(浙江图书馆)

卷首有自序。全文6章,内容为汉字"自然排检法"框架及其说明,排法,检法和排字实例的比较。附录收王云五《四角号码检字法》,陈立夫《五笔检字法》,杜定友《汉字形位排检法》和万国鼎《汉字母笔排列法》。(王效良)

2782

四库之门 / 韩非木. -- 上海: 中华书局, 1948. -- 127 页; 32 开(国家图书馆)

本书共6章,论述了四部分类的沿革和四库书门类的区分,介绍了经、史、子、集四部应选修的重要书目。末附本书重要参考书目。(胡月平)

2783

三民主义中心图书分类法 / 杜定友. -- 广州: 国立中山大学图书馆, 1948. -- 3 册. -- 油印

未见书。见录于李钟履《图书馆学书籍联合目录》。(胡月平)

2784

空军军用图书分类法草案 / 余炳元. -- 南京: 空军总司令部图书馆, 1948. -- 40 页

未见书。见录于李钟履《图书馆学书籍联合目录》。(胡月平)

2785

编目法(续) / . -- 编者刊, 1949(前). -- 40 页: 图表; 25 开(国家图书馆)

本书简介目录的定义、卡片目录、字典式目录、编目方法等。(胡月平)

2786

图书分类法(上、中、下) / 商务印书馆函授学校图书馆学科编. -- 编者刊, 1949(前). -- 3 册(113 页); 32 开(上海图书馆)

全书分三册,分别介绍图书分类的意义、功用、标准及其方法等。与《图书馆行政》《目录学》《图书选择法》《图书编目法》《图书运用法》等书合订。(金晓明)

2787

中国图书分类问题之商榷 / 蒋复璁. -- 编者刊, 1949(前). -- 42 页: 表; 16 开(国家图书馆)

本书分导言、过去之旧分类、现行之新分类、吾所希望之分类、结论五部分。《图书馆学季刊》第3卷第1期、第2期抽印本。(袁皓)

2788

日报索引分类大纲 /广东省立图书馆. -- 广东省立图书馆编印, 1949(前). -- 48 页. -- 油印本

未见书。见录于李钟履《图书馆学书籍联合目录》。(胡月平)

2789

图书编目法(1—4 册) / 商务印书馆函授学校图书馆学科编. -- 编者刊, 1949(前). -- 4 册(158 页): 图; 32 开(上海图书馆)

本书共4册,有6章,分别介绍中、西文目录编目法,索引与索引法等。与《图书馆行政》《目录学》《图书选择法》《图书分类法》《图书运用法》等书合订。(金晓明)

2790

目录排叠法规则 / . -- 编者刊, 1949(前). -- 5 页; 28 开(上海图书馆)

注录中文图书目录卡的排列规则。(金晓明)

2791

分类目录 / 钱亚新. -- 保定: 河北省立女子师范学校图书馆出版课, 1949(前). -- 28 页: 图; 16 开. -- 河北省立女子师范学院图书馆学丛书. 3

《女师学院期刊》第3卷第1期抽印本。共5节,介绍了分类目录的组织、著录、卡片,与其他目录的同异。(袁皓)

2792

南大图书分类法 / 南方大学图书馆编. -- 广州: 南方大学图书馆(内部出版), 1951. -- 51 页;26cm

未见书。

2793

图书分类法:初稿 / 范世伟编. -- 西安:西北农学院图书馆(内部出版), 1953. -- 1 册;26cm

未见书。

2794

图书怎样分类 / 刘国钧撰. -- 北京:开明书店, 1953. -- 145 页; 19cm(北京师范大学图书馆)

本书是一本关于图书分类技术方面的小册子。目的在

于对图书馆内实际从事分类工作的同志提供一些有关工作方法的参考资料。它不是关于图书分类理论的研究,更谈不上关于图书分类的全面讨论。本书的目的是比较明确的,它只是企图对于图书馆内分类工作者所可能遇到的疑难问题提出一些解决的意见。本书内的材料主要是从许多实际分类工作的同志处搜集而来。全书共分为三大部分:图书分类工作、图书分类条例(草案)和图书分类条例(草案)索引。(韩丽)

2795

图书馆目录讲义 / 第一届公共图书馆工作人员训练班编. --北京:第一届公共图书馆工作人员训练班(内部出版),1954. -- 1 册;28cm

未见书。

2796

图书加工工作 / 杜定友编. -- 上海:商务印刷所图书馆(内部出版),1954. -- 34 页;18cm. -- 小图书馆和文化馆图书室适用(国家图书馆)

图书馆的图书必须经过加工阶段,才能提供读者借阅。加工工作一定要简单快捷,力争确保每一本接收到的图书,能够在最短的时间内送到读者面前。手续要简单,但也要疏而不漏,而且有拓展加深的准备。图书馆是发展的,现在虽然图书不多,人力不足,但很快就会增长起来的,所以基础要打得好。本书主要内容包括图书的盖章、登记、分类、编目、贴标、排架、图书分类体系表、十类表、百类表等。(韩丽)

2797

图书整理与目录讲义 / 刘国钧著;第一届公共图书馆工作人员训练班编辑. -- 第一届公共图书馆工作人员训练班(内部出版), 1954. -- 1 册(国家图书馆)

本书是刘国钧主编的第一届公共图书馆工作人员训练班的讲义。全书分为 4 部分,第一部分为绪论,简要介绍了图书登录之后的整理工作,包括图书分类与编目。然后介绍了图书馆目录的意义与目录体系,包括图书馆目录的重要性,目录的性质、种类、体系等。本书还重点介绍了图书馆目录的结构和编制,包括图书馆编目工作的两个阶段、著录项目、著录事项的来源与著录规则的重要性、著录事项在卡片上的排列和款目种类、主要款目与辅助款目、书名目录与著者目录编制法。最后介绍了图书分类法与分类目录,包括为什么要分类、对图书分类法的要求、当前我国图书分类法的问题、同类书籍的排列、图书分类工作方法、分类目录编制法及图书分类法的局限性。(韩丽)

2798

笔画字顺著者号码表 / 王凤翥编. -- 北京:北京大学图书馆学专修科(内部出版),1954. -- 27 页;26cm. -- 油印本(国家图书馆)

该书是按笔画笔形法编制的著者号码表。编制方法:先按笔画的多少,笔画相同的按字的起笔排序,笔画起笔都相同的,再看第二或第三笔。全书分为目次、凡例、著者号码的功用及著者号码的使用法、著者号码表第一式排列——表列式、著者号码表第二式排列——行列式。附录为第一、二批试用简化汉字表。(胡秋玲)

2799

图书分类表 /(苏)安巴祖勉(З. Н. Амбарцумян)等编;陈天真译. -- 北京:北京图书馆(内部出版),1955. -- 168 页;25cm. -- 图书馆学翻译丛书之一

未见书。

2800

图书分类法 / 皮高品编著. -- 武昌:武汉大学(内部出版),1956. -- 94 页;26cm. -- 武汉大学讲义(武汉大学图书馆)

本书是 1956 年由皮高品先生编写的武汉大学讲义(油印本)。全书共分为五个部分。第一部分绪论,介绍了图书分类法、图书分类工作及学习图书分类法的基础知识;第二部分介绍了图书分类法的组成部分,包括分类表、分类号码、辅助表和相关索引;第三部分图书分类方法,介绍了具体在分类图书时的一些规则和方法;第四部分介绍了著者号码与索书号码;第五部分为分类目录及其组织,详细介绍了分类目录的意义、性质,各类型图书馆分类目录,分类目录与杂志目录及其特点,分类目录的原则、著录、提要、互著、参照、分析等。(韩丽)

2801

关于图书馆目录的几个问题 / 刘国钧. -- 南京:省市图书馆工作人员进修班(内部出版),1957. -- 40 页;19cm

未见书。

2802

图书分类目录编制法 /(苏)安巴祖勉著;刘国钧译. -- 北京:时代出版社, 1957. -- 203 页. -- 17013.25(国家图书馆)

本书是苏俄文化部学校管理局推荐的图书馆学院学生参考读物。原书出版于 1954 年。内容共分为八章,对图书分类方法和分类目录编制方法有极详尽的阐述。每章不仅有理论上的透辟发挥,并且举出许多实例作为说明,指出分类目录怎样才可以成为宣传图书、指导阅读的真正有效工具。对于马列主义经典著作、党和政府的文件以及关于现实问题的书籍的分类编目方法,都特辟专章,详细解说。本书不仅可以帮助图书馆编目工作者解决目前极迫切的问题,并且也有助于出版社、图书发行行业编制图书目录的工作。(韩丽)

2803

俄文三位数著者号码表 /(苏)哈芙金娜(Л. Б. Хавкина)著;陈国英,何兆莲译. -- 北京:中华书局,1957. -- 172 页;20cm. -- 图书馆学翻译丛书之一. -- 7018.6

未见书。

2804

图书馆目录 / 刘国钧, 陈绍业, 王凤翥编. -- 北京:高等教育出版社, 1957. -- 375 页;21cm. -- 17010.9(国家图书馆)

本书是基于图书馆学讲义编写而成的。本讲稿内容相当于图书馆工作中所说的编目法和分类法两部分,主要是阐明图书馆各种目录的性质、作用和编制方法。全书共分 22 章,主要内容包括:图书馆目录的性质和编制原则,中国图书

馆目录发展概略,图书著录法的一般原理和方法,主要著录法,辅助著录法,丛书、多卷书、期刊、报纸著录法,政府及机关团体出版物著录法,马克思列宁主义经典著作著录法,特种出版物著录法,简化著录法与分组著录法,书名目录及其组织,著者目录及其组织,图书分类原理概说,当前中国的图书分类法问题,图书分类方法,著者号码和索书号码,分类目录及其组织,图书标题法,主题目录及其组织,图书馆中其他形式的目录和儿童图书馆目录,图书馆目录制度,图书馆的编目工作。(韩丽)

2805

中国图书分类法 / 刘国钧原编; 北京图书馆修订. -- 北京:北京图书馆(内部出版),1957. -- 223 页;26cm(国家图书馆)

本分类法是由刘国钧先生原编、北京图书馆修订的。1957 年,在当时文化大革命的时代影响下,本书的修订目的在于建立一种完全合乎马克思列宁主义的图书分类法,因此“修改其中在思想上、政治上有显然重大错误的地方并使新出的图书有类可归”。当时修订的原则包括汰除其中显然违反马克思列宁主义基本原则的类目和政治上有重大错误的类目;在可能范围内调整其中显然有错误的类目次序;增加适合新事物、新思想以及适合各学科新发展的类目等。(韩丽)

2806

中小型图书馆图书分类表草案 / 中小型图书馆图书分类表编辑小组编. -- 北京:北京图书馆(内部出版),1957. -- 170 页;18cm

未见书。

2807

图书馆技术 /(苏)克连诺夫(А. В. Кленов)著;苏大悔译. --北京:中华书局,1958. -- 380 页;20cm. -- 图书馆学翻译丛书之一. -- 7018.5

未见书。

2808

大众图书馆的年度工作报告 /(苏)弗鲁明, И. М. 著;何政安译. -- 北京:中华书局,1958. -- 43 页. --7018.14(北京理工大学图书馆)

本书首先论述图书馆工作报告的意义和作用,其次说明图书馆年度工作报告的内容和区、村图书馆年度工作报告的特点,最后则谈到年度工作报告的装帧。全书说理清晰,举例生动,对图书馆工作各项指标的说明更为详尽。本书是我国图书馆工作者研究与编制年度工作报告的主要参考读物。(于静)

2809

图书分类表 /(苏)安巴祖勉(З. Н. Амбарцумян)主编;文敏等译. -- 北京:中华书局,1958. -- 168 页;20cm. -- 图书馆学翻译丛书之一. -- 7018.16

未见书。

2810

出版物的分组整理使用规则 /(苏)Н. Я. 高尔巴切夫斯卡娅,(苏)В. А. 诺维阔娃编;李哲民等译. -- 北京:北京图书馆(内部出版),1959. -- 90 页;18cm. -- 图书馆学翻译丛书之一

未见书。

2811

出版物著录与字顺目录 /(苏)节娃金娜. А. М. 等著;王宝贵等译. -- 北京:中华书局,1959. -- 223 页:图表;20cm. -- 图书馆学翻译丛书之一,据 1956 年俄文版译出. -- 7017.7

未见书。

2812

出版物著录统一条例:中小型图书馆目录及书目索引适用 /(苏)华西里夫斯卡娅. В. А. 等编;刘国钧译. -- 北京:商务印书馆, 1959. -- 172 页:表;20cm. -- 图书馆学翻译丛书, 据 1954 年俄文版译出. -- 17017.89(国家图书馆)

本《统一条例》的目的,在于保证各种目录、参考卡片和书目索引中的著录的正确、清楚和一致。大型图书馆的《统一条例》已于 1949 年出版。本《统一条例》适合于区、市、村和儿童图书馆,以及中小型的科学、科技、部队和工会图书馆使用。中小型图书馆的《统一条例》和大型图书馆《统一条例》的不同之处,在于前者简化了著录的方法,尤其是大大简化了政府出版物和机关出版物的著录规则,还减少了辅助著录的数量。全书共分 8 章,主要包括:出版物著录总则,标明著者和未标明著者的图书著录法,政府部门和机关团体出版物的著录法,多卷出版物和丛书的著录法,马克思列宁主义经典著作和论述马克思列宁主义经典著作的作品的著录法,汇编、书信、有关个人生平事业的著作、画册等的著录法,定期刊物和连续出版物的著录法,分析著录法等。(韩丽)

2813

武汉大学图书分类法 / 武汉大学图书馆学系编. -- 武汉:湖北人民出版社, 1959. -- 320 页;26cm. -- 7106.419(国家图书馆)

本书是在 1958 年的那场革命运动后诞生的。当时在批判图书馆学方面的资产阶级教育思想和学术思想,武汉大学图书馆学系会同图书馆工作人员将日常流通的二十三万多册图书重新分类编目,本书就是为了总结这一段工作而编制的新的图书分类法。在当时的历史条件下,这部分类法主要的编制原则:第一,马克思列宁主义和毛泽东思想的指导原则;第二,理论联系实际的原则;第三,厚今薄古的原则。(韩丽)

2814

西文普通图书著录条例 / 全国第一中心图书馆委员会西文图书卡片联合编辑组编. -- 北京:中国科学院图书馆(内部出版),1961. -- 222 页;19cm(国家图书馆)

本条例是在我国大跃进的历史背景下编制出来的,它提供了解决当时西文普通图书著录问题的途径。本条例的各项著录规定只限于一般西文图书,不包括善本书、挂图、乐谱、期刊、科技报告等类型的出版物。考虑到各单位目录体系、目录组织的要求不同,本条例只讨论款目的主要著录。至于附加、分析等辅助著录,除必要时略加指明外,原则上不作任何阐述。为了便于使用,书中还编制了许多附表,对字

顺目录的排检,也拟定了必要的规定,作为本条例的附录。(韩丽)

2815

图书编目基本知识讲授提纲:北京全国第一中心图书馆委员会图书馆红专大学第三期讲义 / 刘国钧编. -- 北京:全国第一中心图书馆委员会(内部出版),1962. -- 97 页;18cm(国家图书馆)

本书是刘国钧先生 1961 年 12 月编写的北京全国第一中心图书馆委员会图书馆红专大学第三期讲义。本讲义共分为 6 章,第一章为图书馆目录的意义和编制原则,介绍了图书馆目录的意义、作用、内容与形式及编目规则问题,图书馆编目的基本原则,编目工作在图书馆工作中的地位;第二章介绍了图书馆目录的种类和职能,分别介绍了读者目录和公务目录,书名目录、著者目录、分类目录和主题目录,专题目录;第三章为普通图书著录法,介绍了图书著录的意义和任务、内容,普通图书著录的基本款目等;第四章则分别介绍了多卷书、丛书、期刊及特殊形式出版物的著录法;第五章为目录组织,介绍了字顺目录、系统目录和混合目录的组织;第六章介绍了图书馆的目录体系,包括建立目录体系的意义、依据以及如何建立目录体系等。(韩丽)

2816

图书分类法(第 4 版 增订版) / 张照,程德清主编. -- 北京:中国人民大学出版社,1962. -- 1249 页(北京理工大学图书馆)

本分类法是由中国人民大学图书馆集体编著的,主要内容分为大纲、简表、基本类目表、详表、复分表五大部分。本分类法按照学科属性,将医药卫生、工程技术、农艺、畜牧和水产等作为广义的技术科学列入自然科学部分。本分类法共分出 17 个大类。对于图书分类法分类基本部分的序列问题,本分类法将社会科学列在前面,类号为展开层累制,采用阿拉伯数字。书后有索引,附录有书次号使用方法说明、文别号使用方法说明、俄译基本类目表和英译基本类目表。(韩丽)

2817

中国图书馆图书分类法草案．下册．自然科学综合性图书辅助表 / 中国图书馆图书分类法编辑委员会编. -- 中国图书馆图书分类编辑委员会(内部出版),1963. -- 682 页;27cm(北京师范大学图书馆)

本书是《中国图书馆图书分类法草案》的下册,包括自然科学部分、综合性图书和辅助表。自然科学各门类的详表,是由各专业图书馆起草,经过各有关专业单位和专家审阅、编辑委员会综合整理而编成的。本分类法把自然科学部分按顺序分为以下几大类:自然科学总论,数理科学和化学,地球科学,生物科学,医药科学,农业科学,工业技术,交通运输。标记符号制度采用了汉语拼音字母和阿拉伯数字相结合的混合号码。要求依总论复分,地区、时代和民族复分时,可以使用册末的各种辅助表。(韩丽)

2818

中国图书馆图书分类法(试用本) / 《中国图书馆图书分类法》编辑组编. -- 北京:北京图书馆(内部出版),1973. -- 673 页;26cm(国家图书馆)

本书是 20 世纪 70 年代初的特殊历史环境下,北京图书馆以大协作的方式,与全国各省、市、自治区图书馆,部分大专院校图书馆,及中国科学技术情报研究所等 36 个单位,共同完成的"中国图书馆图书分类法"的编辑工作。本分类法分为"马克思主义、列宁主义、毛泽东思想"、"哲学"、"社会科学"、"自然科学"、"综合性图书"5 个基本部类,二十大类。供分类法各类通用的复分表有:总论复分表、世界地区表、中国地区表、世界时代表、中国时代表和中国民族表。(韩丽)

2819

中国科学院图书馆图书分类法:自然科学 综合性图书 / 中国科学院图书馆编. -- 北京:科学出版社,1974. -- 420 页;26cm. -- 第二版. -- 17031.14(国家图书馆)

本书是《中国科学院图书馆图书分类法》的第二版,包括自然科学、综合性图书和附表部分。第一版是在 1958 年出版的。在当时的历史环境下,这次修订,首先考虑的是以马克思列宁主义、毛泽东思想为指导思想;其次是适应科学技术新的发展,对于一些新学科、新技术、新成就予以反映;此外还考虑到各单位的图书、资料、情报部门改编图书和修订目录的实际困难,所以原则上不作大的变动。全表仍分为五大部,首列马克思列宁主义、毛泽东思想,次为哲学、社会科学、自然科学,最后为综合性图书。但在类目上作了一些修改、补充,注释也有所增加。

本分类法适合大型图书馆和专业图书馆使用,也可供图书馆工作者以及情报资料工作者参考。

2820

中国图书馆图书分类法 / 《中国图书馆图书分类法》编辑组编. -- 北京:科学技术文献出版社,1975. -- 614 页;26cm. --17176.36(北京师范大学图书馆)

本分类法在 1973 年以试用本的形式印出后,陆续为许多省、市、自治区图书馆、大专院校图书馆和专业单位图书馆所采用。1974 年 7 月至 11 月,由编辑组在京六单位共同研究,并广泛征求了各地图书馆和专业单位的意见,对分类法进行了比较全面的检查和重点修订。首先着重在哲学、社会科学门类的政治思想内容上作了修订;其次根据情报资料分类的需要,在自然科学部分,突出了两个大类——"V 航空、宇宙飞行"和"X 环境科学",并把"武器制造"由三级类改作"TJ 武器工业",提为工业技术二级类。此外,还订正了一些类目、注释和标记符号。本分类法共分为五大部类:马克思主义、列宁主义、毛泽东思想,哲学,社会科学,自然科学,综合性图书。下设 22 大类。供分类法各类通用的复分表有总论复分表、世界地区表、中国地区表、世界时代表、中国时代表和中国民族表。(韩丽)

2821

中国图书资料分类法 / 中国图书资料分类法编辑组编辑. --北京:科学技术文献出版社,1975. -- 839 页;26cm. -- 7-5023-0908-X(北京师范大学图书馆)

《中国图书资料分类法》是在《中国图书馆图书分类法》

(试用本)的基础上,由中国科学技术情报研究所会同有关单位,根据科学技术文献资料的需要进行加细和适当修订而成。本书在编制体系结构、类目设置和标记符号等方面,都与《中国图书馆图书分类法》(试用本)相一致。全书分为22个大类,共约4万个类目。(张玲)

2822

中文常用工具书使用法 / 安徽大学中文系工具书使用法编写小组编著. -- 合肥:安徽人民出版社,1977. -- 117页;19cm(北京师范大学图书馆)

本书是安徽大学中文系工具书使用法编写小组为适应教学的需要而编写的。它比较详细地介绍了中文(特别是文史方面)常用工具书的使用法,全书共分为7章,主要内容粗略地按7个问题进行介绍:怎样查找马列、毛主席著作语词,怎样查找字音、字义和词义,怎样查找语句和典故的出处,怎样查找历史人物及其生平,怎样查找历代典章制度,怎样查找历史年代和查考古今地名,怎样搜集资料等。这7个方面,只是简略地介绍工具书的类别及其用途。本书对有关专业的工作人员及作者、编辑人员学习、写作、编稿都很有用处。(韩丽)

2823

国际专利分类表(第2版) / 中国科学技术情报研究所编辑. -- 北京:科学技术文献出版社,1978—1982. -- 8册;25cm. -- 17176.197等(国家图书馆)

1954年12月19日英、法、意、荷等15个国家在巴黎签定了"国际专利分类欧洲协定",由此而建立了国际专利分类体系。第一版国际专利分类表于1968年9月1日生效。第二版于1974年7月1日生效。为进一步在世界范围内推广采用国际专利分类法,1971年又签定了《关于国际专利分类的斯特拉斯堡协定》。本书即根据第二版《国际专利分类表》翻译而成的。此版本于1975年至1979年间使用。全书按该分类表A到H八部分成8个分册出版。各分册按次为:A,农、轻、医;B,各种作业和设备、运输;C,化工、冶金;D,纺织、造纸;E,建筑、采矿;F,机械、照明、加热、武器、爆破;G,物理;H,电学。(韩丽)

2824

怎样使用历史工具书 / 阚勋吾编著. -- 沈阳:辽宁人民出版社,1979. -- 186页;19cm. -- 2版(增订本). -- 11090.54(北京师范大学图书馆)

本书是再版,全书共分为8章,主要内容包括:绪论,目录和索引,表、年表和年谱,地图和历史地图,字典和词典,类书,通典、通考和会要,年鉴和手册等。本书较初版作了较大的修改和补充。如"目录"、"索引"部分,增加了专录马列著作、毛主席著作的书目和索引,年表中增录了《马克思恩格斯生平事业年表》介绍等。这次增订,在以下三个方面作了进一步的阐明:对各类工具书的作用和怎样使用以及某些工具书的源流进行了简述;列举有哪些工具书可以使用,并尽可能的作了一些简评,或总述,或单独指明;说明查阅某些工具书有关的一般常识。(韩丽)

2825

中国著者号码编制法 / 汪学文. -- 台北:台湾"中华书局",1979. -- 142页;19cm(国家图书馆)

本书分6部分。包括著者号码的意义、著者号码编制原则、著者号码编制方法、五笔检字著者号码表使用规则、五笔检字著者号码表。附录:边疆名姓号码表、特种著者号码表、常用姓氏号码表、姓氏考略。(赵红)

2826

图书文献分类学 / 文甲龙编. -- 长春:吉林师范大学图书馆学系(内部出版),1979. -- 131页;26cm(国家图书馆)

本书共分为7章。第一章是导言部分,介绍了图书文献为什么要分类及其与其他工作的关系;然后介绍了图书文献分类原理和图书文献分类法结构;第四章介绍了国内外从古至今的各种图书文献分类法;第五章详细介绍了图书文献分类工作方法,从主体分析、标记标引、组织标记到各类图书文献的分类方法等,都做了介绍和说明;第六章是图书文献主题法,介绍了主题法原理、主题表结构、主题款目、参照系统、主题标引等。最后介绍了分类与主题工作的组织。书后附有总复习题。(韩丽)

2827

文史工具书浅谈 / 张其中,施文义编著. -- 成都:四川人民出版社,1979. -- 106页;19cm. -- 17118.13(北京师范大学图书馆)

我国古今的文史工具书数量非常庞大,很难作一个精确的统计,只能大概将它们分为如下几种类型:字典、词典、韵书、类书、历表、年表、年鉴、手册、地图、书目和索引。这本小册子的编写目的,就是将常用的、易见的、价值较高的几十种古今文史工具书的内容及其用法,逐一作简要的介绍,以帮助读者了解一点文史工具书的基本知识,并学会使用它们,使这些文史工具书能在今天作出新的贡献。全书按照字典、词典,类书,历表、年表,地图,书目、索引五大类介绍了古今的文史工具书。(韩丽)

2828

中国科学院图书馆图书分类法(上):马克思列宁主义、毛泽东思想 哲学 社会科学 / 中国科学院图书馆编. -- 北京:科学出版社,1979. -- 234页;26cm. -- 第二版. -- 17031.86(国家图书馆)

本书是中国科学院图书馆图书分类法的第二版的上册,包括马克思列宁主义、毛泽东思想和哲学、社会科学部分,下册包括自然科学、综合性图书部分,已于1974年出版。本次修订的原则是,高举毛泽东思想伟大旗帜,完整地准确地体现马克思列宁主义、毛泽东思想体系,充分地反映党的十一大路线,认真地贯彻新时期的总任务,彻底清除林彪、"四人帮"的流毒和影响。在设置和安排类目上,以辩证唯物主义和历史唯物主义为依据,以科学分类为基础,贯彻"百花齐放、百家争鸣"的方针,排列时采取从中到外、以中为主和从古到今、厚今薄古的原则。原分类体系和号码制度不作大的变动。全表仍分为五大部二十五大类。但各大类增补了大量的细目,并统一了编制体例,增加了注释。本分类法适合

大型图书馆和专业图书馆使用,也可供图书馆工作者以及情报资料工作者参考。(韩丽)

2829

中文普通图书统一著录条例(试用本) / 北京图书馆编. -- 北京:书目文献出版社, 1979. -- 70页;20cm. -- 7201.1(国家图书馆)

本书对1974年编制的《中文图书著录条例》进行了修订、补充,并改名为《中文普通图书统一著录条例》。本条例作为一个试用标准,需要经过实践的检验以不断完善。本条例适用于中文普通图书的著录。本书共分五章,第一章为总则,介绍了本条例的编制目的、适用范围、著录根据、著录标目和著录内容等;第二章介绍了书名项、著者项、出版项、稽核项、附注项、提要项等基本著录;第三章介绍了补充著录;第四章为丛书、多卷书和连续性出版物的著录;最后为统一编目注记与图书馆业务注记。(韩丽)

2830

国际标准书目著录图例手册 /(美)塞尔(J. L. Sayer),汉伯格(R. Hamburger)编;北京图书馆联合目录组译. -- 北京:书目文献出版社, 1980. -- 158页;26cm. -- 书名原文:An Illustrated Guide to the International Standard Bibliographic Descriphic for Monographs. --7201.4(国家图书馆)

本书利用美国国会图书馆编辑的MARC Ⅱ机读目录的编目实例,用图例方式说明如何按照ISBD(M)国际标准书目著录规则进行编目,可以帮助读者了解和掌握ISBD(M)著录规则。全书分为序言、总则和索引三部分,总则又分为8章,分别介绍了书名与著录说明项、版本项、出版项、稽核项、丛书项、附注项、跟查和特殊规则等。本书对外文图书编目工作有一定的参考价值,对了解和掌握ISBD(M)著录规则是一本有用的参考书。为了避免编目术语译名的不统一,书内条文采用英汉对照方式。由于排版困难,删去了个别阿拉伯文及希伯来文卡片图例。(韩丽)

2831

中国图书馆图书分类法(简本) /《中国图书馆图书分类法》编辑委员会编. -- 北京:书目文献出版社,1980. -- 406页;19cm. -- 7201.10(北京师范大学图书馆)

为适应我国图书馆事业的发展,解决中小型图书馆图书分类的需要,于1975年将《中国图书馆图书分类法》节略编成"中小型馆试用本",供中小型图书馆内部使用。试用本印出后,较普遍地为我国中小型图书馆所采用。随着科学技术的发展和各馆在使用中提出的要求,加以1980年《中图法》已进行修订,因此,有必要对这本"中小型图书馆试用本"进行修订而正式出版。本版分类法简本即是委托黑龙江省图书馆组织该省中小型图书馆力量成立修订小组进行修订而成的。

本书是依据《中国图书馆图书分类法》1980年修订版节编而成的。在编制原则、体系结构、号码配备等方面都与修订版基本保持一致。既能满足中小型图书馆图书分类的需要,又有利于使全国图书分类法趋向统一化和标准化。(韩丽)

2832

图书分类理论与实践 / 白国应编著. -- 长春:吉林人民出版社, 1980. -- 260页;20cm(天津商业大学图书馆)

《图书馆通讯》从1979年总期第七期起连载中国科学院图书馆白国应编著的《图书分类理论与实践》,比较系统地介绍了图书分类的理论、基本知识和国内几种主要的图书分类法,内容全面,例证丰富,阐述详尽,观点明确,通俗易懂。本书是各系统图书馆工作者进行分类的得力助手,可作为图书馆业务训练的教材,以及图书馆专业学生的主要参考书。为了适应当前的需要,特汇辑成册,出抽印本,作为《图书馆学从刊》之一,内部发行。全书共分7章,主要包括:图书分类的意义与作用,图书分类的基本原则,图书分类表的结构分析,中国图书分类简史,我国当前使用的几种主要分类法,图书分类工作,图书分类方法等内容。(韩丽)

2833

《图书分类》教学参考资料 / 北京大学图书馆学系《图书分类》教学小组编. -- 北京:北京大学图书馆学系(内部出版),1980. -- 462页;19cm(国家图书馆)

本参考资料是为配合北京大学图书馆学系《图书分类》课函授教学使用的。全书主要选编了与图书分类有关的资料及文章共39篇,其中包括如《中科院图书馆图书分类法》第二版说明,《人大图书馆图书分类法》增订第四版说明等资料文件,还包括刘国钧、皮高品、杜定友、史永元、廖延唐、韩承铎、李严、黄俊贵、肖自力等人撰写的相关文章,内容涉及图书分类法、主题法、标记制度、图书分类史、种次号与著者号等多个方面,适合图书馆学专业作参考读物。(韩丽)

2834

现代西方主要图书分类法评述 / 刘国钧著. -- 长春:吉林人民出版社, 1980. -- 236页;19cm. -- 17091.29(国家图书馆)

这是一本资料性的图书,其目的在于为我国关心图书分类法的读者和研究者提供一些研究和批判的事实资料。书中较详细地评介了19世纪70年代以后西方七部主要的分类法,即杜威十进分类法,克特展开式分类法,美国国会图书馆分类法,国际十进分类法(通用十进分类法),英国布朗主题分类法,印度阮冈纳赞冒号分类法和布立斯书目分类法。作者逐一介绍了这些分类法的发展经过,然后分析其基本思想、类表结构和使用方法,并予以初步的评论,有其独到的见解和深刻的体会。(韩丽)

2835

《汉语主题词表》的理论和使用 / 刘湘生编著. -- 北京:书目文献出版社, 1980. -- 144页;19cm. -- 7201.14(国家图书馆)

全书共分7章,主要包括:绪论,叙词法的理论探讨,《汉语主题词表》的体系结构,《汉语主题词表》的编制和选词,《汉语主题词表》的使用,主题目录,主题词表的管理等内容。分别从理论和实践两个方面对《汉语主题词表》进行了论述和研究,对叙词表的概念、规范化、组配、语义性质、动态性等特点进行了解读,详细介绍了《汉语主题词表》的主表、附表、辅助索引。在使用方面,重点介绍了主题词表的作用和使用范围、标引的方法步骤、标引规则和组配规则等。(韩丽)

2836

分类目录主题索引编制法 / 肖自力等编译. -- 北京:书目文献出版社, 1980. -- 193 页;19cm. -- 7201.11(国家图书馆)

本书所介绍的分类目录主题索引是满足主题检索要求的途径之一。它要求完善现有的分类目录,为分类目录配备主题索引,索引与目录互相配合,共同完成分类和专题两种检索的任务。在已有分类目录的条件下,这是一条比较简单易行、见效迅速的捷径。本书由三部分内容组成。第一篇综述文章,从图书馆目录体系出发,介绍主题索引的作用和国外索引技术、编制方法的进展情况,其中着重介绍了近二十年来国内外对这种索引的评价和索引方法的最新进展。第二篇是日本标题目录专家山下荣为日本图书馆制定的索引规则,译自日本《图书馆界》第 30 卷。山下荣在研究标题目录的同时,针对日本广泛使用分类目录的状况,深入研究了分类目录与主题索引配对完成主题检索任务的可能性。第三篇原是苏联 Ц. М. 别尔基切芙斯卡亚关于科学图书馆分类目录主题索引的研究专著,它广泛利用了苏联和其他国家的资料,对索引编制中的主要问题,尤其是有争议的问题,阐明了独立的见解。(韩丽)

2837

汉语主题词表 / 中国科学技术情报研究所,北京图书馆编. -- 北京:科学技术文献出版社, 1980. -- 10 册;25cm. -- 17176.186 等(国家图书馆)

《汉语主题词表》是一部显示主题词与词间语义关系的规范化、动态性的检索语言词表。它是沟通情报文献工作者与情报用户之间的思维桥梁,是自然语言与情报系统语言之间的媒介,同时又是人与计算机之间在进行情报存储与检索方面的联系工具。本词表是我国第一部大型综合性叙词型检索语言词表,按社会科学与自然科学两个系统分别编列。全书包括主表(字顺表)、附表、词族索引、范畴索引和英汉对照索引。收录正式主题词91158条,非正式主题词17410条。主表(字顺表)是标引、检索和组织目录的主要工具。《汉语主题词表》分 3 卷 10 册:第一卷(2 册)为社会科学部分;第二卷(7 册)为自然科学部分;第三卷为附表,包括世界各国政区名称、自然地理区划名称、组织机构名称及人物名称。《汉语主题词表》涵盖各个学科专业,收词量大,编制体例规范,对推动中国主题标引工作的开展和促进专业叙词表的编制起了重要作用。1985 年获国家科学技术进步二等奖。(韩丽)

2838

中国科学院图书馆目录组织规则:图书部分 / 中国科学院图书馆编目部编. -- 北京:书目文献出版社, 1980. -- 64 页;19cm. -- 7201.13(国家图书馆)

本书是中国科学院图书馆编目部为了协助图书馆迅速开展业务工作,在多年工作实践的基础上,进行了多次补充修改而编写成的。本书内容包括:图书分类目录组织规则;中文图书字顺目录组织规则;日文图书字顺目录组织规则;西文图书字顺目录组织规则;俄文图书字顺目录组织规则;关于索书号中附加字母符号的规定;关于中、日文图书索书号附加符号的使用法;关于外文图书索书号附加符号的使用法。全书共分为八部分。本书为图书馆目录组织工作的必备书,可供各类型图书馆和大学图书馆系参考。(韩丽)

2839

中国图书馆图书分类法(第 2 版) / 中国图书馆图书分类法编辑委员会编. -- 北京:书目文献出版社,1980. -- 674 页;25cm. -- 7201.5(北京师范大学图书馆)

本书是 1975 年出版的。五年以来,已经广泛地为各省、市、自治区图书馆、大专院校图书馆和专业单位图书馆、情报所等单位所采用。在使用过程中,各单位不断地提出了一些问题和缺点,必须加以修订。修订时,考虑到全国已有较多图书馆使用,因此在不改变大类序列和符号制度的前提下,从实际出发,作了以下变动:(1)清除"四人帮"的流毒和影响,纠正有错误的类目;(2)改正各学科理论类目按思想观点列类的编制方法;(3)改正或调整立类不当而使用率又不高的类目;(4)根据图书分类的实际需要,增补一些新的类目或注释。

本分类法适于各省、市、自治区图书馆、大专院校图书馆和科研单位图书馆、情报研究所等大型和专业图书情报单位使用。(韩丽)

2840

俄文三位著者号码表:兼用两位 /(苏)Л. Б. 哈芙金娜编;北京图书馆俄文编目组译. -- 北京:书目文献出版社,1981. --155 页;19cm. -- 7201.24(武汉大学图书馆)

本书是根据苏联哈芙金娜编的《俄文三位著者号码表(兼用两位)》(1965 年莫斯科出版)翻译的。著者号是索书号的组成部分,在分编图书时,可以根据此表确定图书的著者号。本表为三位著者号码表,根据各图书馆的需要,也可以用两位号。书中附有"著者号码表的实质"和"著者号码表使用规则"两文,供使用时参考。为了外文图书加工的方便,书后还附有"外文著者号码表使用规则"。本书号码表适用于大型图书馆,也可供中小型图书馆使用。(韩丽)

2841

图书馆分类理论 /(英)B. 布坎南著;于鸣镝, 冯频译. -- 沈阳:辽宁省图书馆学会(内部出版),1981. -- 150 页;19cm(国家图书馆)

本书系英国 Clive Bingley 出版社出版的《现代图书馆学概要》丛书的第十一卷。作者 B. 布坎南是英国著名的图书馆学家,多年从事教学活动,该书就是他在拉夫巴勒工学院的图书馆专科学校讲课用的教材。在本书中,作者通过大量的实例深入浅出地论述了图书分类理论问题,同时又对传统分类法即"列举式分类法"和"分面分类法"的结构、标记符号的设计原理及使用方法都作了集中的、系统的介绍,对它们的优缺点也作了中肯的分析和全面的比较。本书最后一章还专门介绍了"自动分类"的有关问题,而且还把它与传统的手工分类进行了对比。全书共分 13 章,主要包括:分类的定义与用途,类目之间的关系,列举式分类法和分面分类法,判定,分面分类法的结构,标记符号,字顺主题索引,通用分类法,系统顺序的问题,自动分类等内容。(韩丽)

2842

编目工作 /(英)E. J. 亨特, K. G. B. 贝克韦尔著;林毅等译. -- 沈阳:辽宁省图书馆学会(内部出版),1981. -- 178 页:图;19cm(国家图书馆)

西文编目工作是图书馆中技术性较强的一项工作,译者翻译这本书就是为了介绍英美等国家编目工作的发展现状和一些先进的技术方法。这本书是英国 Clive Bingley 出版社在 1979 年出版的“现代图书馆学概论”丛书中的一本。本书对编目工作进行了广泛的论述,涉及机器编目检索、机读数据库、主题法、排列、标引技术、编目工作管理、编目工作的历史、目录形式等诸方面,而且对《英美编目条例》(第二版)作了详细的介绍和说明,并列举了许多例证。书前还附有缩语简称和术语汇编,因此对广大图书馆工作者尤其对外文分编人员有一定的参考价值。(韩丽)

2843

图书分类学:图书分类理论与实践 / 白国应编著. -- 北京:书目文献出版社, 1981. -- 561 页;25cm. --7201. 16(国家图书馆)

本书是作者二十多年来从事文献分类理论研究、编制文献分类法、讲授文献分类课程和从事图书分类工作的经验总结。本书编写的目的在于就图书分类学方面,包括图书分类原理、图书分类历史、图书分类表、图书分类工作、类分图书方法和图书分类应用等,作一比较全面、系统的研究和阐述。全书 17 章 80 多万字,分别阐述了图书分类学的基础理论、图书分类原理、图书分类历史、图书分类表、图书分类工作和图书分类应用等问题 。本书是我国文献分类学中比较系统、比较全面的一本专著。本书可供图书分类学研究人员,图书分类工作者,图书馆学系师生和图书、资料、情报人员参考。(韩丽)

2844

古籍整理编目:1949—1981 / 古籍整理出版规划小组编. --北京:中华书局, 1981. -- 121 页; 20cm(国家图书馆)

本书主要收入 1949 年 10 月至 1981 年 10 月出版的文、史、哲古籍,而农书、医书和各种选本均未列入。本编所收的古籍包括:辛亥革命以前的著作;辛亥革命以后对古籍整理加工的著作(包括点校注译);今人对古籍所作的系统专著;有关古籍的工具书。为了便于读者了解建国以来历年古籍整理出版情况,书目按年编排;同一种书,线装、平装本同时出版的,一般只列一种。本编所收书目,1976 年以前出版的,从版本图书馆编的《古籍目录》中选录;1976 年以后出版的,据《全国新书目》整理。(韩丽)

2845

图书分类学 / 吉林省图书馆学会编. -- 长春:吉林省图书馆(内部出版),1981. -- 265 页;19cm. -- 吉林省图书馆学会丛书;图书馆业务自学大全(北京师范大学图书馆)

本书是吉林省图书馆学会组织编写的图书馆业务自学大全丛书中的一册。全书共 7 章。第一章图书分类的意义和作用,详细论述了什么是图书分类、图书馆图书分类的任务和要求、图书分类在图书馆的应用;第二章图书分类法的结构剖析,详细介绍了类目表,标记符号,注释、索引,图书分类表的编制原则;第三章图书分类法发展简史,从解放前、解放后两个时期介绍了我国图书分类法发展简介,简要介绍了外国图书分类法的简史及国外几部主要分类法,并给出图书分类学研究中若干有争议的问题,还预测了分类法的发展趋势;第四章图书分类的准备工作和工作程序;第五章图书分类的原则和方法;第六章分类目录与分类排架,包括分类目录的组织、分类索书号的编制;第七章文献主题法,包括主题法原理、检字词表结构、文献主题标引。书后附有复习题和分类实习。(韩丽)

2846

图书分类基础知识问答 / 卢子博,倪波主编. -- 北京:书目文献出版社, 1981. -- 89 页;19cm. -- 图书馆业务基础知识问答. -- 7201. 20(国家图书馆)

本书是卢子博、倪波、程德璋、周治华和顾传彪五位同志编写的《图书馆业务基础知识问答》丛书的第一分册,由卢子博执笔。编者从图书分类工作的实践出发,总结归纳了分类工作中经常遇到的 53 个问题。本书涉及的内容有:图书分类的理论;图书分类法的体系结构;标记符号和辅助表的使用方法;图书分类工作的程序;各种图书的归类方法;怎样避免分类差错,如何提高分类工作质量等方面。本书以问答的形式编写,条理分明,浅显易懂,可供各类型图书馆工作者参考,特别对图书分类人员更具有实际指导意义。(韩丽)

2847

文献标引手册及实例 / 托德斯切尼(C. Todeschini)等;谭重安等译. -- 北京:科学技术文献出版社, 1981. -- 226 页;19cm. -- 17176. 308(国家图书馆)

本书是供计算机情报检索和手工检索兼用的文献标引工具书,译自国际核情报系统(INIS)“参考丛书”,是为文献检索标准化服务的。全书共分三部分。第一部分为标引手册,详细列出文献标引的各项规则与建议,阐明文献标引的方法与技巧;第二部分为标引实例,以 30 篇不同专业类型的文献为例作了主题分析和具体标引;第三部分为主题分类范畴与说明,是资料分类检索的重要依据。本书对全国各科技情报部门、图书馆、档案部门及全国高等院校师生是有用的指导性工具书。(韩丽)

2848

图书馆目录参考资料 / 武汉大学图书馆学系. -- 武汉:武汉大学图书馆学系(内部出版),1981. -- 353 页;26cm(南京大学图书馆)

本书是 1981 年武汉大学图书馆学系为了配合《图书馆目录》课程的教学而编辑的。选入参考资料中的文章少量刊载在过去编辑的参考资料上,多数为发表在当时各地出版的图书馆学的杂志上。所选内容根据教学内容分组排列,主要包括了图书馆目录工作概况、著录标准化、目录组织规则、图书馆目录体系、主题目录与分类目录、期刊分类等方面,为了帮助了解图书馆中编目工作的现代化新技术的应用,在资料中增加了这方面的内容。本书收集的文章比较有典型性,也选入了少量争鸣的文章,以启发思考。(韩丽)

2849

中国图书馆图书分类法使用说明 / 中国图书馆图书分类法编辑委员会编. -- 北京:书目文献出版社, 1981. -- 163页;19cm. -- 7201.27(国家图书馆)

《中国图书馆图书分类法》已于1980年修订再版。为了便于各单位统一使用,编写了这本使用说明。内容主要对分类体系结构有重点地加以解释;对图书分类方法的基本规则作了相应的规定;对A～Z各大类的编制结构和分类方法作了具体的说明和规定;对《中国图书馆图书分类法》(第二版)内容有必要改正的地方,进行了个别订正;此外,对同类书的排列、图书分类法的使用范围和改换分类法问题,作了概括的说明。本书可供使用《中国图书馆图书分类法》《中国图书资料分类法》和《中国图书馆图书分类法》(简本)的单位参考。(韩丽)

2850

《中国图书馆图书分类法》使用参考手册 / 何广荣等编写. -- 南宁:广西图书馆学会(内部出版),1981. -- 241页;26cm(国家图书馆)

该书汇编了《中国图书馆图书分类法》使用方面的知识,全书共分7章,包括《中图法》介绍、使用《中图法》分类的原则和方法、《中图法》各类图书的分布方法、《中图法》辨类分析表、《中图法》交替类目索引、同类图书的排列方法和图书分类名词、术语。书前有编者的话,书后附录包括:(1)马克思、恩格斯、列宁、斯大林、毛泽东主要著作索书号码表;(2)《中图法》和《人大法》《科院法》《中小型法》基本大类对照表;(3)《中图法》和《四库分类法》对照表;(4)解放前我国使用的图书分类法对照表;(5)国外几种分类法基本大类和标记制度比较表。(胡秋玲)

2851

图书馆目录 / 傅椿徽编. -- 武汉:武汉大学图书馆学系(内部出版),1981. -- 155页;19cm(国家图书馆)

该书的主要内容为图书馆目录的基础理论、基础知识与基本技能。全书分8章讲授了图书馆目录的种类和形式,图书馆著录的一般原则,基本著录法,辅助著录法,多卷书、丛书、期刊著录法,特种类型出版物以及图书馆目录组织与目录体系。书前有前言和目录。(胡秋玲)

2852

杜威十进分类法 /(美)杜威著. -- 北京:书目文献出版社,1982(国家图书馆)

本书为美国图书馆学专家杜威所著 Dewey Decimal Classification 的影印本。(金丽萍)

2853

情报检索词汇规范化 /(美)兰开斯特著;杨劲夫等译. -- 北京:科学技术文献出版社, 1982. -- 258页;26cm. -- 17176.353(国家图书馆)

本书的作者兰开斯特(Lancnster, F. W.)是美国伊利诺斯图书馆学院研究生院的副教授,生物医学图书馆馆员培训计划的导师。他担任情报存贮和检索、情报服务评价以及内容分析和词汇规范化等课程的教学。他还是政府的某些机构和商业公司的顾问。全书共分25章,主要讲述了分类法与主题法的词汇规范化,词汇的组织和展示,叙词表的若干规则和惯例,叙词表参照系统,叙词表数据的计算机处理,标引语言的特点与组成,自然语言数据库的查找,标引语言的自动产生,词汇的兼容性和互换性,联机检索用的词汇,词汇规范化的成本效益问题等。(韩丽)

2854

图书资料的分类 /(日)宫坂逸郎等编;宋益民译. -- 北京:书目文献出版社, 1982. -- 285页;19cm. --7201.6(国家图书馆)

本书是根据1978年日本国立国会图书馆宫坂逸郎、石山洋、金中利和、野村文保、丸山昭二郎等五位先生编写的《图书资料的分类》一书翻译的,该书是日本图书馆协会主编的《日本图书馆学讲座》第二卷。书中着重介绍了世界各国主要图书分类法的沿革过程及其应用情况。全书包括图书资料的分类理论,分类法,分类工作及标题法等四部分。本书是一部图书分类入门的通俗读物,其对象为大学图书馆系学生、图书馆工作者,也可供图书资料管理人员进行图书分类时参考。(韩丽)

2855

英美编目条例第二版简介 /(英)E. J. 亨特(E. J. Hunter)著;孔宪铠,万培悌译. -- 北京:书目文献出版社, 1982. -- 170页;19cm. -- 7201.28(国家图书馆)

英美编目条例第二版(AACR2)是为了适应电子计算机应用到图书馆所带来的新的发展趋向而编制的,它可以说是机读目录的产物。它将各种文字、各种载体、各种类型文献的著录融合在一起,实现了几个统一,为文献资源共享开辟了道路。AACR2不但包括著录的规则,而且在它第二部分中也包括选择标目(或排检点),应用附加著录参照、分析来组织目录的方法。AACR2是一部内容比较复杂、篇幅比较大的著作,初学者使用起来有一定困难。本书可以帮助学习掌握它的要领,起着指引入门的作用。(韩丽)

2856

图书分类 / 白国应编. -- 北京:中国科学院图书馆(内部出版), 1982. -- 136页;26cm(中国人民大学图书馆)

本书是中国科学院图书馆编写的一套《中国科学院图书情报工作教材》中的一册,主要是当时为了加强其图书情报业务人员业务基础知识的教育和培训而编写的。经过修订、调整和补充后,再次出版发行。本教材大体相当于大学教材程度,主要适用于培训科技图书情报业务人员,也可供其他有关人员自学或研究时参考。全书共分5章,主要包括了图书分类的意义和作用,图书分类的基本知识,图书分类工作,各部类图书的分类方法,主题法等内容。(韩丽)

2857

日文图书目录汉字检字表 / 北京图书馆东方语文编目组编. -- 北京:书目文献出版社, 1982. -- 124页;19cm. -- 7201.35(国家图书馆)

北京图书馆日文图书字顺目录的组织方法,是根据我国读者的习惯,按日本汉字笔画和笔形组织,没有采用日本汉字读音方法。为了便利日文图书目录的排检,并统一其字顺,特编制本书。本书参考了《北京图书馆中文图书卡片目录检字表》《日汉辞典》《中日大辞典》《大汉和辞典》《世界大百科辞典》《日本国语大辞典》等工具书。检字时先按笔画多少,再按起笔的笔形查找。字顺的排列方法,首先按字的笔画多少为序。为方便读者使用,书末附有日本简化字与繁体字检字参见对照表和中国汉字简化字与繁体字对照表。(韩丽)

2858

图书馆目录 / 李纪有,沈迪飞,余惠芳编著. -- 北京:书目文献出版社,1982. -- 214 页;19cm. -- 17201.25(国家图书馆)

本书是由北京大学图书馆学系李纪有同志在历次讲义的基础上,听取了各方面的反映意见后而编写的。本书是《图书馆专业基本科目复习纲要》所列主要参考书之一。全书共分 8 章,主要内容包括:图书馆目录的一般原理;国内外图书馆目录的发展概况;图书和丛书、多卷书、连续出版物等其他类型出版物著录的原理与方法,如基本著录法、辅助著录法等;目录组织法;机读目录介绍等。本书可供图书馆学专业师生使用,也可供图书情报单位编目人员参考。(韩丽)

2859

图书馆目录 / 李纪有等编著. -- 太原:山西图书馆学刊编辑部(内部出版),1982. -- 154 页. -- 山西图书馆学刊丛刊(北京理工大学图书馆)

本课程是图书馆学的一个组成部分,其研究对象是图书馆各种藏书目录的性质、作用及其编制方法。在内容上不仅要讲传统的图书馆目录的编制方法,也要讲计算机机读目录的编制方法。图书馆目录是一门实践性比较强的课程,因此本课程注重实习,需要把理论和实际更好地结合起来,以便深刻理解图书馆目录的编制原理,增强实际工作能力。全书共分 7 章,主要内容包括:图书馆目录的一般原理,图书馆目录的发展,基本著录法,辅助著录法,丛书、多卷书和连续出版物的著录法,特种类型出版物的著录法,字顺目录组织法等。(韩丽)

2860

中文图书编目与目录组织 / 刘国钧等编. -- 太原:山西图书馆学刊编辑部(内部出版),1982. -- 295 页; 19cm(北京理工大学图书馆)

本书是从刘国钧、陈绍业、王凤翥编的《图书馆目录》一书选编出来的。《图书馆目录》一书曾于 1957 年出版,是我国图书馆业务的主要参考书,深受广大图书馆工作者的欢迎。此书早已绝版。为了满足图书馆业务工作的迫切需要,特将图书馆目录的性质和编制原则、图书著录法的一般原理和方法、主要著录法、辅助著录法、书名目录及其组织、著者目录及其组织、分类目录及其组织、图书馆目录制度、图书馆的编目工作等主要章节汇辑成册,书后并附有关名词解释。本书是各系统图书馆进行编目和组织目录的得力助手和重要参考书,以及图书馆专业的学习用书。但由于出书时间较早,所举例子特别是著录格式已不完全合适,仅供参考。(韩丽)

2861

《中国图书馆图书分类法》评论集 / 武汉大学图书馆函授专修科南宁函授辅导站编. -- 南宁:编者(内部出版),1982. --231 页;25cm(国家图书馆)

该书是图书馆业务参考资料选编之一,汇编了登载于各地图书馆学会会刊和有关业务刊物上的图书馆学方面的文章,包括"关于《中国图书馆图书分类法》的评价问题"、"文献分类标准化初探"、"对图书分类法三性的重新认识"等 27 篇文章。(胡秋玲)

2862

西文图书编目 / 闫立中等编. -- 北京:中国科学院图书馆(内部出版),1982. -- 106 页(上海交通大学图书馆)

本书是中国科学院图书情报工作教材的第六分册,该教材大体相当于大学教材程度,主要适用于培训科技图书情报业务人员,也可供其他有关人员自学或研究时参考。本书是根据 1974 年北京大学图书馆学系关懿娴同志主编的教材《西文编目》,并参考 1978 年北京大学图书馆学系讲授该课程时使用的讲稿编写而成。全书共分 7 章,主要包括:西文图书编目概述,目录款目与著录项目,著录标目的选取原则及其著录格式,辅助著录,多卷书、丛书的著录,特种资料的著录,编目工作的发展趋向等内容。(韩丽)

2863

中文图书分类之原理及实务 / 张树三. -- 台北:台湾"中华书局",1982. -- 104 页;21cm(国家图书馆)

本书系作者五年来于私立世界新闻专科学校讲授中文图书分类编目与实习所编的讲稿。经过多次修正,内容理论与实务并重。全书分 8 章。第一章分类概论。第二章学术分类。第三章图书分类的意义及实务。第四章分类号和作者号。第五章清代以前中国图书分类方法简介。第六章近代中国图书分类法简介。第七章中文图书分类现况及趋势。第八章中文图书分类规则及实习书目。书前有作者前言。书后附录参考书目、十家中文图书分类大纲比较表。(赵红)

2864

中日文图书编目 / 张玉麟等编. -- 北京:中国科学院图书馆出版组(内部出版),1982. -- 107 页; 27cm(北京师范大学图书馆)

中国科学院图书馆为了加强中科院图书情报业务人员业务基础知识的教育和培训,以适应社会主义现代化建设的需要,于 1979 年组织编写了一套《中国科学院图书情报工作教材》。在此教材基础上修订、调整、补充而成一套科技图书情报工作教材。本书即为其中的一册。全书共分为 8 章,主要内容包括:图书馆目录的编制及其历史,图书著录的一般原理,基本著录法,辅助著录法,各种类型文献的著录,图书编目工作的程序,图书馆目录及其组织法,图书馆目录体系等。本教材大体相当于大学教材程度,主要适用于培训科技图书情报业务人员,也可供其他有关人员自学或研究时参考。(韩丽)

2865

中国科学院图书馆图书分类法索引(第 2 版) / 中国科学

院图书馆编. -- 北京:科学出版社, 1982. -- 383 页;25cm. -- 17031.156(国家图书馆)

本书是将《中国科学院图书馆图书分类法》第二版(上、下册,包括马克思列宁主义、毛泽东思想,哲学,社会科学,自然科学、综合性图书各类)的详表和附表的类目、注释、实例以及相关内容分别归纳为不同的标题,组成相关索引,按照《汉语拼音方案》的拼音字母顺序排列。附有《汉语拼音方案》《汉语拼音音节检字表》,供读者检索使用。另附有《标题首字笔画检字表》,为不熟悉汉语拼音的工作人员提供方便。本索引供图书情报资料工作者参考使用。(韩丽)

2866

中国图书资料分类法(第二版) / 中国图书馆图书分类法编辑委员会编;中国图书资料分类法修订组修订. -- 北京:科学技术文献出版社,1982. -- 923 页;26cm. -- 17176. 311(北京师范大学图书馆)

本书包括一切知识门类,能容纳古今中外图书资料,由五大部类所组成即:(1)马列主义、毛泽东思想;(2)哲学;(3)社会科学;(4)自然科学;(5)综合。图书共 22 个基本大类约 5 万个类目,是目前国内最大最新的一部分类检索工具书。它可供各级图书馆、情报单位和档案部门分类图书资料、组织藏书、编制目录和进行文献检索之用,同时亦可作为图书情报教学和图书馆、情报工作者参考。本书是对 1980 年版本的修订,修订后的版本无论在体系结构和类目设置方面或是在标记符号和复分手段方面都有明显的改进,并在思想性、科学性和实用性方面有了进一步提高。(张玲)

2867

医学主题词注释字顺表:英汉对照 / 中国医学科学院图书馆译. -- 北京:中国医学科学院医学情报研究所(内部出版),1982. -- 792 页;30cm. -- 据 1979 年版译出(天津医科大学图书馆)

本书是为了借鉴国外的经验,充分利用国内外医学、生物学的文献资料为我国医药卫生事业和四个现代化服务,而将美国国立医学图书馆 1979 年版《医学主题词注释字顺表》译成中文。在翻译过程中,适逢该馆 1980 年医学索引主题词表出版,因此将新增加的主题词一并收入,附在本表之前。同时将主题词编成索引,按汉语拼音顺序排列,附在本表之后。(韩丽)

2868

中国编目规则 / 台湾图书馆自动化作业规划委员会"中国编目规则研订小组"编订. -- 台北:"中央图书馆",1983. -- 200 页;21cm(国家图书馆)

该书以"'中央图书馆'中文图书编目规则"和"英美编目规则第二版"为参考蓝本。全书分为甲乙两编。甲编基本著录,含总则、图书、连续性出版品、善本图书、地图资料、乐谱、录音资料、电影片及录影资料、静画资料、立体资料、拓片、缩影资料、机读资料档、分析等 14 章;乙编标目,含检索款目之择定,人名标目、地名、团体目标、划一题名,参照等 6 章。

2869

图书分类 / 北京大学图书馆学系《图书分类》编写组编著. -- 北京:书目文献出版社,1983. -- 320;19cm. -- 7201.44(国家图书馆)

本书是由北京大学图书馆学系编写的图书馆学专业基础课教材之一。全书共分 7 章,主要内容包括:图书分类的基本理论;图书分类法的一般结构原理;古今中外图书分类法介绍;各类图书分类的技术、工作与方法;分类索书号的编制;分类目录的组织方法及图书分类的发展趋势等。为便于学生自学,书的每章之后都列有主要参考书目和思考题,有些章的后面还附有实习题。本书可供图书馆学、情报学专业师生做教科书,也可供图书馆工作者、情报工作者自学使用。(韩丽)

2870

国际标准书目著录:连续出版物 / 国际图书馆学会、学会联合会·国际连续出版物标准书目著录联合工作组编;夏文正译. -- 北京:书目文献出版社, 1983. -- 116 页;19cm. -- 7201.36(国家图书馆)

本书是国际图联工作组编的《国际标准书目著录》中的一种,是专门用来处理连续出版物(包括期刊、报纸、年刊和各种丛刊)的。本译本以 1977 年按照《国际标准书目著录(总则)》经过修订的第一标准版为依据。它可供图书情报工作者编制连续性出版物目录和研究文献著录方法时参考。本书对印刷型的连续出版物的著录要求作出了规定——各著录项目的安排及著录用标点符号系统的规定。主要用于现期出版物,也可用于已经停止出版或更名的连续出版物。(韩丽)

2871

中华人民共和国国家标准:文献著录总则(GB3792. 1 - 83) / 国家标准局批准. -- 北京:中国标准出版社, 1983. -- 6 页;30cm. -- 15169. 1 - 2097(北京大学图书馆)

本标准是为建立和健全我国统一的文献报道、检索体系,开展国际目录情报交流,更好地开发和利用文献资源制订的。本标准是与《国际标准书目著录》(ISBD)基本一致的。本标准是制订各种文献著录标准的依据。(韩丽)

2872

中国图书分类之沿革 / 蒋元卿. -- 台北:台湾"中华书局",1983. -- 272 页;19cm(国家图书馆)

全书分 5 章。第一章分类的起源,论述分类的定义与由来、学术分类之起源、图书分类之两大系统。第二章分类法之两大系统,论述七略分类法之起源、四部分类法的起源、七略分类法之统一。第三章四部分类法之统一,论述史家、官家、私家的分类。第四章四部分类法之盛衰,论述四部分类法之盛、盛极而衰的四部法。第五章西学输入后的图书分类,论述混乱时期的图书分类、杜威十分法的输入、新分类法的创造、今后分类法的趋势。书前有自序。书后附录:"最近各图书馆图书分类之鸟瞰"、"七略四部演变表"、"诸家分类大纲比较表"。(赵红)

2873

编目附注指南:中西文编目附注应用范例 / 梁津南. -- 台北:梁津南出版,1983. -- 127 页;21cm. -- 图书馆学丛书. 15(国家图书馆)

本书内容尽量配合 AACR2 及《中国编目规则》。同时,本书主要是参考美国国会图书馆所编的全国联合目录(National Union Catalog,简称 NUC)及台湾"国立中央图书馆"的目录资料而编成,但亦有些资料是由编者补充,使本书更为详尽、更适合读者需要。由于美国国会图书馆的编目资料是各国图书馆视之为"标准"的资料,因此,各国图书馆如能互相配合,则附注项的著录亦将能建立一个标准。(赵红)

2874

图书编目基础知识问答 / 卢子博, 倪波主编. -- 北京:书目文献出版社, 1983. -- 140 页;19cm. -- 图书馆业务基础知识问答. -- 7201.41(国家图书馆)

本书是《图书馆业务基础知识问答》丛书中的第四分册,由卢子博、倪波合编。编者从图书编目工作有关方面归纳了 61 个问题。针对这些问题,编者采用问答形式,以自己丰富的实践经验作了简明扼要的回答。本书对图书编目人员、图书管理人员有一定的参考价值,尤其对当时新参加图书馆工作的青年同志,具有实际意义。(韩丽)

2875

图书分类法评论选集 / 皮高品著. -- 成都:四川省图书馆学会(内部出版),1983. -- 390 页;19cm(国家图书馆)

本书是作者皮高品先生写的关于图书分类法的文章的选集,其目的在于:回顾我们编制图书分类法的工作达到了什么样的高度和存在哪些问题,以便在此基础上作进一步深入的研究。全书共收录 12 篇文章,都是没有公开发表的,主要包括三部分内容:对国内五家图书分类法的评论;对我国图书分类法专家如杜定友先生、刘国钧先生的论著的评论;国外三家图书分类法的评介和评论。此外还对关于编制图书分类法的几个有争论性的问题提出了作者自己的看法。(韩丽)

2876

汉字排检法 / 四川省图书馆学会编. -- 成都:四川省中心图书馆委员会(内部出版),1983. -- 154 页;19cm(国家图书馆)

本书是四川省图书馆学报丛刊中的一册。全书共分为 6 章,首先介绍了汉字排检法的定义、功用、与图书馆业务的关系等概况,并对汉字排检法的依据——汉字作了简介,然后详细介绍了部首法、笔画查字法、四角号码法、汉语拼音字母等常用的汉字排检法以及新近拟制的几种汉字排检法,如快速中文检字法、"见字识码"汉字编码法、上下形检字法等。书中还从实际工作角度出发,介绍了图书馆工作对汉字排检法的应用与选择,汉字简化与汉字排检法的关系及图书馆工作怎样适应汉字简化。本书初编于 1978 年,在当时注重理论联系实际,引进了当时的一些新的研究成果,有广泛的适用性。(韩丽)

2877

图书分类的理论与实践 / 四川省图书馆学会主编. -- 成都:四川省中心图书馆委员会(内部出版),1983. -- 221 页;19cm(山东大学图书馆)

本书是由四川省中心图书馆委员会 1983 年组织编写的图书馆学知识丛书中的一册。全书共分为八章,主要内容包括有:图书分类绪论,分类理论,图书分类法介绍,各类型文献及各学科图书的分类规则,分类方法,同类书区分号,我国及西方图书分类法的历史沿革及发展趋势。书后附录有近两个世纪主要图书分类法一览。本套丛书在当时具有思想解放、理论联系实际、引进了一些新研究成果等特点,因此有广泛的适用性,既可作为教材使用,又可作为图书馆工作人员业余自修使用。(韩丽)

2878

中文图书编目法 / 四川省图书馆学会主编. -- 成都:四川省中心图书馆委员会(内部出版),1983. -- 144 页:图;20cm(国家图书馆)

本书是由四川省中心图书馆委员会 1983 年组织编写的图书馆学知识丛书中的一册。全书共分为九章,主要内容包括:图书馆目录的意义、作用与编制原则,图书馆目录的种类,图书著录的意义、任务、内容、事项和基本格式,普通图书著录法,特种类型图书的著录,图书补充著录法,目录的组织,图书编目工作的程序,图书馆目录制度与宣传辅导等。(韩丽)

2879

国际专利分类法介绍 / 王凤琴编译. -- 北京:专利文献出版社, 1983. -- 84 页;19cm. -- 17242.9(国家图书馆)

《国际专利分类表》(简称 IPC),是世界各国统一使用的专利文献分类和检索的工具,现已被约 50 个国家和国际性专利机构所采用。随着我国科学技术的发展,与国际间技术、贸易交往的加强,特别是随着我国专利制度的建立,必然会有越来越多的人需要大量地利用专利情报。为了帮助科研、生产、情报、教学、外贸等单位的广大科技、设计工作者、文献工作者、情报工作者以及未来的专利审查员,熟悉检索各国专利文献的知识,根据有关资料,编写了这本小册子,试图较系统而概括地说明国际专利分类法的由来、原理及使用方法等方面的问题,以求读者对其有一初步的概念和了解。(韩丽)

2880

图书编目 / 肖凤生编著. -- 南宁:广西人民出版社, 1983. --158 页;19cm. -- 图书馆专业进修教材. --7113. 460(国家图书馆)

本书是 1982 年中南地区省级图书馆业务研究讨论会后建议联合编印的一套《图书馆专业进修教材》中的一册,全书共分 7 章,主要内容包括:图书馆目录,图书著录的一般原理,普通图书的著录,丛书、多卷书和连续性出版物的著录,其他类型出版物的著录,图书馆目录组织与目录体系,卡片印刷和图书加工等。本教材适于图书馆中等专业学校或函授学校教学使用。对于没有受过图书馆学专业教育的、特别是参加图书馆工作时间不长的青年同志进行自学,也颇适用。每章末附有复习思考题,供读者参考。(韩丽)

2881

情报检索语言 / 张琪玉编著. -- 武汉:武汉大学出版社,1983. -- 241 页;21cm. -- 13279.6(国家图书馆)

全书共分8章,主要包括绪论、等级体系分类语言、分析-综合分类语言、标题词标引语言、单元词描述语言、叙词描述语言、关键词描述语言、文献分析与标引问题等内容。本书首先介绍了情报检索语言在情报检索中的作用和分类等基本知识,然后按类别重点介绍了各种情报检索语言的原理、性能、特点以及与其他检索语言的比较。最后论述了文献的分析与标引是影响情报处理质量的关键性工序,介绍了文献分析与标引的一般方法和规则及其中存在的某些问题。(韩丽)

2882

中国科学院图书馆西文图书著录条例(试用本) / 中国科学院图书馆外文编目组编. -- 北京:中国科学院图书馆(内部出版),1983. -- 177 页;26cm(北京理工大学图书馆)

本条例(试用本)是中国科学院图书馆外文编目组根据多年的工作实践,并参考了《西文普通图书著者条例》和《英美编目条例2版》(AACR Ⅱ),对以前出版的《中国科学院图书馆西文图书著录法》进行了全面的修改和补充之后编辑而成的。考虑到中国科学院图书馆西文图书编目工作的历史情况和当时的客观条件,本条例没有采用国际标准数目《ISBD(M)》的著录格式。本条例分为总则、基本著录项目、丛书多卷集和连续出版物的著录及学术会议录的著录等部分,书后附录有各国主要出版家及其简称、各种文字的图书馆常用词汇等。(韩丽)

2883

国际专利分类表(第3版) / 中国专利局文献服务中心翻译. -- 北京:专利文献出版社,1983—1984. -- 8 册(167, 394, 263, 64, 91, 207, 180, 174 页);26cm. -- 17242.9 等(北京大学图书馆)

本分类表由中国专利局审查部据世界知识产权组织出版的第3版国际专利分类表(IPC)英文本译编。A 部:人类生活必需(农、轻、医);B 部:作业、运输;C 部:化学、冶金;D 部:纺织、造纸;E 部:固定建筑物(建筑、采矿);F 部:机械工程;G 部:物理;H 部:电学。(于静)

2884

叙词表编制实用手册 /(英)琼·艾奇逊,艾伦·吉尔克里斯特著;侯汉清,黄则译. -- 西安:山西省图书馆学会(内部出版),1984. -- 145 页;19cm(首都师范大学图书馆)

本手册是一个介绍性的教科书,作者介绍了在编制叙词表的工作开始之前应先研究使用的情报检索系统,从操作方面、叙词表方面的考虑,说明要为各种特定的检索系统设计叙词表,以及叙词表的特性,专指度和先组的程度,词表结构、词间关系和分类,辅助查准措施,专用叙词表,叙词表的编排方式,编制技术和叙词表的修订等。书后附录有本书引用的叙词表和分类表。(韩丽)

2885

中文图书标题总目初稿 / 台湾图书馆自动化作业规划委员会中文图书标题总目研订小组. -- 台北:"中央图书馆",1984. -- 198 页;26cm(国家图书馆)

"国立中央图书馆"为改进图书馆管理技术,加强资讯服务,于1980年与台湾图书馆学会合作组织"图书馆自动化作业规划委员会",先后成立了三个小组,邀请图书馆资讯界学者专家分别就图书资讯作业标准规范加以研究。经过三年来的努力,出版了《中国编目规则》《机读编目格式(中英文本)》等专书,公开发行,供图书资讯界作为改进技术服务的参考与作业的依据。本书分序、目次、编例、一般复分标题、总目几部分。(赵红)

2886

目录组织规则:图书部分 / 北京图书馆编目部编. -- 北京:书目文献出版社,1984. -- 172 页;19cm. --7201.48(国家图书馆)

本规则的各文种的图书分类目录部分,都是按照《中国图书馆图书分类法》的分类体系组织的。本规则分为中、西、俄、日文图书目录组织规则四大部分,各部分都分别介绍了总则、分类目录、字顺目录的组织规则。本规则是在多年实践基础上,几经修订、补充编成的。书中除有对各类目录组织方法的论述外,还有详细举例。可供各类型图书馆及情报单位参考。(韩丽)

2887

北京图书馆西、俄文图书编目条例 / 北京图书馆编目部编. -- 北京:书目文献出版社,1984. -- 223 页;19cm. -- 7201.49(国家图书馆)

北京图书馆西、俄文图书编目条例适用于本馆西、俄文图书的编目工作,亦可供各类图书、情报单位参考。本条例的制定,主要是为目录组织、读者检索及今后的图书馆工作自动化提供方便,为将来采用国际书目著录标准准备条件,一旦全国统一标准公布,则按标准执行。本条例的西文图书著录部分是在西编组多年工作实践的基础上,参考有关资料编辑的,不仅列举传统编目格式,也介绍《(普通图书)国际标准书目著录》的编目卡片格式。本条例的俄文图书著录部分是在俄编组1980年编印的《俄文普通图书著录条例》(试用本)的基础上进一步加以增补修改编制而成。(韩丽)

2888

文献著录标准化论文集 / 广西桂林图书馆编. -- 桂林:广西桂林图书馆(内部出版),1984. -- 246 页;19cm. -- 桂林图书馆业务参考资料选编之一(武汉大学图书馆)

文献著录标准化是文献工作发展的必然趋势,也是文献工作现代化的前提条件。本文集是为了配合当时国内图书情报界对文献著录标准化的学习、宣传、研究而编辑的。本书收集著录标准化方面的论文26篇,共15万字。内容包括:国内外图书情报界著录标准化的历史、现状及有关《国际标准目录著录》(ISBN)的介绍;关于我国文献著录标准化问题的研究、探讨;有关我国文献著录国家标准的实践经验介绍。(韩丽)

2889

《普通图书著录规则》例释 / 广西图书馆学会编. -- 南宁:

广西图书馆学会(内部出版),1984. -- 210 页;26cm(北京理工大学图书馆)

本书是为了给学习和采用《普通图书著录规则》国家标准的图书馆工作人员提供一点参考资料,加快文献著录标准化的进程而组织编写的。书中举了大量的例子,其目的在于说明著录规则的具体应用,与所举例图书本身内容的优劣无关。本书引用之标准,出自中国图书馆学会秘书处编印之《文献著录标准化学习参考资料汇编》(中国图书馆学会文献著录标准辅导班教材,1984 年 8 月)一书。(韩丽)

2890

文献标准著录与目录组织:新编图书馆目录 / 黄俊贵,罗健雄编著. -- 天津:天津图书馆(内部出版),1984. -- 221 页;26cm(内蒙古大学图书馆)

文献著录标准化是文献工作现代化的重要课题。本专辑根据我国国家标准《文献著录总则》和《国际标准书目著录(1SBD)》,并结合作者长期从事文献编目工作的实践经验,着重阐述了文献标准著录与目录组织的原理和方法。全辑内容包括:图书馆目录的意义、作用、类型及编制原则;文献著录的一般原理和各类型文献的标准著录方法;分类目录和字顺目录的意义、作用、种类及其组织方法;编目工作的组织管理和定额管理等。本专辑除供从事文献著录与目录组织工作的专业人员学习外,还可供高等学校图书情报专业、文献著录标准化培训班的师生参考。(张玲)

2891

文献著录总则概说 / 黄俊贵编. -- 北京:书目文献出版社, 1984. -- 110 页;19cm. -- 7201.60(国家图书馆)

本书对国家标准《文献著录总则》作了概括的论述。全书共分 12 部分,内容主要包括:实现文献著录标准化的意义;文献著录中的基本概念,我国文献著录标准的指导思想、编制体例及适用范围的阐述;按照《文献著录总则》对著录项目、著录用标识符、著录方法和款目类型、著录格式、著录项目的详简级次、著录用文字、文献类型标识符、著录根据和著录标目等诸多问题作了较详细的说明。本书可供图书馆、情报单位的工作人员及图书情报专业师生参考。(韩丽)

2892

仪器仪表主题词表 / 机械工业部技术情报研究所,机械工业部仪表局技术情报室编. -- 北京:机械工业部技术情报研究所;机械工业部仪表局技术情报室(内部出版),1984. -- 191 页;26cm(北京大学图书馆)

为了加速我国仪表工业的发展和适应四个现代化的需要,为了形成仪器仪表文献资料检索系统和尽快地发展、使用电子计算机检索,机械工业部技术情报研究所和机械工业部仪表工业局技术情报研究室组织了仪器仪表系统的 15 个研究所,针对《机械工程主题词表》中仪器仪表方面的主题词进行修订。在对仪器仪表文献作广泛的调查和试标引的基础上,经过反复审定而汇总编辑成《仪器仪表主题词表》。本表的编成,为我国仪器仪表行业的情报检索工作创造了良好的条件。

本表不仅收录了仪器仪表学科的主题词,同时还收录了相邻与相关学科的主题词和通用主题词。本词表的内容分为使用说明、字顺表、范畴索引、范畴目录和词族索引,它是仪器仪表文献资料的检索词典,是编制仪器仪表学科检索工具和广大科技工作者查询仪器仪表文献资料的重要工具书。(韩丽)

2893

医学主题词注释字顺表:1984 年版 / 美国国立医学图书馆编;《国外科技资料目录》(医学)编辑部译. -- 北京:中国医学科学院医学情报研究所(内部出版),1984. -- 914 页; 2 册. -- 根据 1984 年版译出(国家图书馆)

本表系美国国立医学图书馆为适应标引人员、编目人员及使用 MEDLARS - MEDLINE 情报系统的广大用户的需要而编制的。本表是查找国内外生物医学的必备工具书,也是讲授医学文献检索课的重要辅导教材,可供从事生物医学的科研、临床、教学、情报图书资料人员以及医学院校师生参考。英汉对照本照相排版以保持原表的结构特色,为方便读者查找中译名起见,特在表后附有按汉语拼音顺序排列的主题词索引。(韩丽)

2894

外交部图书分类法 / 外交部办公厅图书资料室. -- 北京:外交部办公厅图书资料室(内部出版),1984. -- 118 页; 26cm(国家图书馆)

本书是根据外交专业图书分类的需要,参照《中国图书馆图书分类法》编制而成。本分类法基本遵循《中国图书馆图书分类法》的编制原则,以科学分类为基础,结合外交部图书资料室藏书内容和特点,分门别类组成分类表。本分类法分为 5 个部类,在部类下展开为 18 个基本大类。分类表后附有 10 个辅助复分表,供细分各学科类目使用。全书分为编制说明、增订说明、基本大类、简表、正表、辅助表等部分。书后附有 1973 年分类法试用本和 1974 年分类法修订本说明。(韩丽)

2895

外交部图书分类法索引 / 外交部办公厅图书资料室编. -- 北京:外交部办公厅图书资料室(内部出版),1984. -- 95 页; 26cm(国家图书馆)

《外交部图书分类法》(增订本)附有 9 种索引,主要是供类分或者复分图书检索使用。这 9 种索引分别是:类目索引,政党中文名称索引,政党英文名称索引,国际组织中文名称索引,国际组织英文名称索引,国家中文名称索引,国家英文名称索引,语种中文名索引和语种英文名索引。本书是由外交部办公厅图书资料室于 1984 年编写的,主要内容为外交部图书分类法的九种索引,并详细地说明了这九种索引的选题原则、编排顺序及使用方法等。(韩丽)

2896

主题目录与主题索引文选 / 武汉大学图书馆学函授专修科编. -- 武汉:武汉大学图书馆学函授专修科;南宁:南宁函授辅导站(内部出版),1984. -- 246 页;19cm. -- 图书馆业务参考资料选编之三(北京师范大学图书馆)

本书是为了配合《主题法与标引》培训班的学习需要而

编印的。本书汇集了20世纪80年代初期各图书馆学刊发表的有关主题目录和主题索引方面的文章共15篇，如刘湘生的“主题法的历史沿革和发展概述”、“谈谈叙词法”，侯汉清的“关于分类目录主题索引的改进”、“也谈分类法和主题法的异同”等，考证翔实，多具独到之处，有很大的参考价值，可供图书、情报、资料工作者和在校的图书情报专业的师生参考。全书16万字，书后附有未收入文选的149篇文章的篇名索引。（韩丽）

2897

中国图书馆图书分类法(第二版)索引 / 中国图书馆图书分类法编辑委员会主编；武汉大学图书馆学会编辑. -- 北京：书目文献出版社，1984. -- 958页；25cm. -- 7201.47(国家图书馆)

本索引是《中国图书馆图书分类法》(第二版)和《中国图书资料分类法》(第二版)两部分类法的类目索引。由于这两部图书分类法的编制原则和体系结构是一致的，因而将其索引编列在一起，成为按主题检索这两部分图书分类法类目的辅助工具。这部索引是按汉语拼音字顺排列的，编有索引款目约八万条，收录两部图书分类法中出现的全部具有检索意义的各种概念，可以方便地查到所要查检的类目。这部索引可供图书情报工作人员使用《中国图书馆图书分类法》和《中国图书资料分类法》标引图书资料时使用，也可供广大读者利用藏书分类目录及标有这两部分类法号码的文摘、索引、书目时参考。（韩丽）

2898

国际专利分类表(第4版) / 中国专利局文献服务中心翻译. -- 北京：专利文献出版社，1984—1985. -- 9册；26cm. -- 17242.68等(国家图书馆)

国际专利分类表每五年修订一次。国际专利分类法是根据1954年一些欧洲国家签定的“发明专利分类欧洲公约”建立起来的。但正式被确认作为一部向全世界推广应用的分类法的标志是1971年签定的“国际专利分类斯特拉斯堡协定”。迄今国际专利分类法已被50多个国家正式采用。他们每年出版的大量专利文献都标有国际专利分类号。此外，根据我国国家科委的规定，各单位在申报国家发明奖时在申报书上也要加注国际专利分类号。所以对于各科研、生产、科技情报、图书资料、科技管理等单位，无论是分类发明、文献，或是检索资料，国际专利分类表都是一种需要经常参考的工具书。本分类表由中国专利局审查部据世界知识产权组织1984年出版的第4版国际专利分类表(IPC)英文本译编，第4版国际专利分类表于1985年至1989年间使用。本表英文原版共包括九个分册：A分册，人类生活必需(农、轻、医)；B分册，作业、运输；C分册，化学、冶金；D分册，纺织、造纸；E分册，固定建筑物(建筑、采矿)；F分册，机械工程；G分册，物理；H分册，电学；第九分册，使用指南。（韩丽）

2899

美国图书馆协会排片条例 /(美)P. A. 西利编；佟富，郝生源译. -- 北京：书目文献出版社，1985. -- 406页；19cm. -- 7201.51(国家图书馆)

为了适应图书馆目录著录条例的变化，1962年美国图书馆协会特别组织了一个分委员会，广泛搜集资料和意见，编辑出版了这一册新的排片条例。本条例基本适用于编制字典式目录，也可用于分类目录、书本目录、索引等。它是目前手工排列西文图书目录卡片的重要工具书，可供图书情报单位排卡工作参考。本书共分为两个部分：第一部分为字顺排列法，介绍了字顺排列法的基本规则、缩写形式、各种字形及名称、字顺；第二部分为款目顺序，介绍了人名款目顺序、特殊姓氏款目、著者款目排法和佚名经典著作款目排法。书后附录有略去不排的首冠词。书中绝大多数例子都是图书馆目录和国家目录中的实例，其基本来源是国会图书馆目录。（韩丽）

2900

冒号分类法理论与实践 /(印)塞克德瓦著；吴人珊译. -- 北京：书目文献出版社，1985. -- 327页；19cm. --7201.70(国家图书馆)

冒号分类法是印度图书馆学专家阮冈纳赞提出的一种新型分类法，在国际分类学研究中占有独特的地位。本书著者塞克德瓦是印度国家中心图书馆图书馆学高级讲师，他在本书中扼要阐述冒号分类法诸理论，对阮冈纳赞体系基本概念的解释力求明畅，使之较易理解，并以一定篇幅述及实际分类作业，对理解这个分类法有很大帮助。译者还编有“部分术语译名对照表”表(一)和表(二)，可作为阅读的辅助工具。全书共分17章，主要包括：序论，类目划分的基本概念，分面、分面序列原则与迭进分面，点与点序列原则，分区分析与区段标记，相与相分析，假定法，体系类目与专门类目，分类规则，地区变换，分类自主，标记，连接理论，冒号分类法第七版引论，实际分类程序，书号和基本大类。（韩丽）

2901

图书分类学文集 / 白国应等编. -- 北京：书目文献出版社，1985. -- 551页；19cm. -- 7201.63(国家图书馆)

本书选辑了我国35年来图书分类学方面有代表性的论文49篇。其中关于图书分类理论的23篇，关于图书分类历史的7篇，关于国内图书分类法的8篇，关于国外图书分类法的8篇，关于图书分类方法的8篇。目的是检阅我国图书分类学的成就，同时提供图书、资料、情报人员和大专院校图书馆学系师生研究参考。全书共分三大部分，收录了我国著名的图书馆学家，如白国应、韩承铎、皮高品、杜定友、刘国钧、张琪玉等人关于图书馆学的重要著作。（韩丽）

2902

图书馆古籍编目 / 北京大学图书馆学系，武汉大学图书馆学系编. -- 北京：中华书局，1985. -- 402页；19cm. -- 17018.64(国家图书馆)

本书为高等院校图书馆学系教学使用的一门专业课教材，是根据《高等学校文科教材编选规划》组织编写的，主要供图书馆学专业本科生、函授生使用，同时兼顾广大图书馆工作者业务进修的需要。本书力求贯彻古为今用、理论联系实际的原则，按照图书馆中进行古籍编目工作的一般程序来组织全书的内容，使学生通过学习，掌握做好古籍编目工作的初步知识和基本方法。全书分为四部分六章:第一、二章古籍著录部分,第三章古籍版本部分,第四、五章古籍分类部分,第六章古籍目录组织、藏书组织与保管部分。书后附录有相关的类目对照表、主要分类表举例、相关的纪元表、唐至清代帝讳略表、历代重要职官简表及古代地理沿革简表等。(韩丽)

2903

中文机读编目格式 / 北京大学图书馆自动化研究室编. -- 北京:编者(内部出版),1985. -- 314 页;26cm(北京大学图书馆)

本书首先给出了中文机读编目相关的定义和注释,如文献目录记录、记录头标区、数据字段、数据元、字段等的定义和子字段标识符、编码资料、必备字段等的注释,然后详细地说明了中文机读编目格式,包括交换格式结构框图、记录头标区、目次区、数据区、0—9 各个字段的详细说明等,书后附录有卡片格式举例,字段、子字段一览表,国家代码表,地区代码表,语言代码表,货币代码表,年代范围代码表等。同时附有北大图书馆馆藏资料字段和代码表。(韩丽)

2904

研究项目与研究机构机读著录参考手册 / 迪力克斯(H. Dierickss),霍普金松(A. Hopkinson)著;邱晓威,姜树森译. -- 北京:科学技术文献出版社,1985. -- 97 页;26cm. -- 书名原文:Reference Mamual for Machine - readable Descriptions of Research Projects and Institutions. -- 17176.416(国家图书馆)

这是一本规范性参考工具书,描述了建立进行中的科研项目数据库而规定的磁带格式。它是由联合国教科文组织综合情报规划处、世界科学情报系统和国际文献著录中心共同编制的,基本上是世界科学情报系统(UNISIST)机读目录著录参考手册的改写本,是为了适应研究计划或项目和研究机构的著录的特殊需要而编辑的。全书共分为 4 章。第一章介绍了定义、记录格式的概述和内容;重点是第二章,它规定了与登录科学研究项目和研究机构有关的数据单元(字段、子字段)的定义、著录格式并举出了实际例子;第三章是记录格式与有关说明;第四章则是数据库文件编制的简明指南。本书对于试用微型电子计算机进行科研成果资料管理特别有参考价值。(韩丽)

2905

图书分类 / 樊长新编著. -- 南宁:广西人民出版社,1985. --159 页;19cm. -- 图书馆专业进修教材. --7113. 452(国家图书馆)

本书是 1982 年中南地区省级图书馆业务研究讨论会后建议联合编印的一套《图书馆专业进修教材》中的一册,全书共分 8 章,主要内容包括:绪论,中国图书分类简史,现代图书分类法的结构,两种新编分类法(《中国图书馆图书分类法》和《中国科学院图书馆图书分类法》)简介,图书分类工作,图书分类的一般方法,各类图书分类方法,同类图书的排列等。本教材适于图书馆中等专业学校或函授学校教学使用。对于没有受过图书馆学专业教育的、特别是参加图书馆工作时间不长的青年同志进行自学,也颇适用。每章末附有复习思考题,供读者参考。(韩丽)

2906

国际标准书目著录发展史研究 / 方仁著. -- 台北:文史哲出版社,1985. -- 252 页;21cm. -- 图书文献丛刊(国家图书馆)

《国际标准书目著录》(International Standard Bibliographic Description,简称 ISBD),是一种国际图书馆界公认的书目著录标准,规定主要著录项目的次第及其标点符号,使各国采取一致的书目著录格式,以建立一个国际书目资讯交换系统。本书旨在研究 1969—1982 年间《国际标准书目著录》的发展历史及发展背景;各种《国际标准书目著录》发展情况,被中国、日本、韩国、英美、德国、法国、苏联等各国各种编目规则及标准的采用情况,及其相互间的关系;自 1980 年开始的评鉴计划;与国际标准、国际书目控制、国际机读编目格式、国际性区域性会议及其编订单位等有关问题;并综述其发展因素、成果、影响和对中文资料的适用性及可行性等。本书是作者的硕士论文,由王振鹄教授担任指导。(崔彤)

2907

图书馆目录 / 傅椿徽编著. -- 武汉:湖北省高等学校图书馆工作委员会,武汉大学图书情报学院(内部出版),1985. -- 275 页;19cm. -- 图书馆学自学丛书(国家图书馆)

本书是《图书馆学自学丛书》的分册之一。本书研究图书馆目录的基础理论、基本知识与基本技能。立足于我国图书馆目录工作实践与逐步走向图书馆自动化发展的需要,力求在现有条件下,不断提高图书馆目录的质量,使图书馆目录实现网络化、自动化,达到图书情报资源共享。因此,本书以图书情报学院图书馆学专业《图书馆目录》教材为基础,以国家标准为依据,以适应图书馆学专业自学考试达到大学专科水平的要求,全书共分为 9 章,主要包括了图书馆目录概述、文献著录的一般规则、图书基本著录法、辅助著录法、多卷书丛书著录法、连续出版物著录法、特种类型出版物著录法、图书馆目录组织及图书馆目录种类与目录体系等内容。除阐述这些主要内容外,在各章前后附有每章节的学习要点与要求、思考题、实习题、参考资料,供自学人员复习利用。(韩丽)

2908

中文图书编目 / 湖北省图书馆采编部编. -- 武汉:湖北省图书馆(内部出版),1985. -- 249 页;19cm(武汉大学图书馆)

本书是作者在肖凤生所著《图书编目》基础上编写的一本小册子,主要读者对象是中专生,因此,其内容除了简要阐述编目理论外,注重的是实践。目的是使学生们在学完该书后,基本能胜任编目工作。编写《中文图书编目》的主要依据是国家标准《文献著录总则》、国家标准《普通图书著录规则》(报批稿)、国家标准《连续出版物著录规则》(报批稿)、国家标准《文献类型与文献载体代码》,同时,也参考引用了傅椿徽老师主编的《图书馆目录》,黄俊贵、罗健雄编著的《文献著录标准化与目录组织——新编图书馆目录》等书。全书共分 9 章,主要包括:图书馆目录的一般原理,文献著录的一般原则,普通图书著录法,辅助著录,丛书、多卷书的著

录,连续出版物的著录,特种类型出版物的著录,图书馆目录组织与目录体系,卡片印刷和图书加工等。(韩丽)

2909

图书分类教学大纲 / 李严编. -- 北京:书目文献出版社,1985. -- 64 页; 19cm(国家图书馆)

本书是图书馆学专业基础课程之一的图书分类课程的教学大纲。本书首先是关于学习图书分类课程的说明,要求通过学习,能掌握图书分类的基本理论、基本知识和基本技能。导言则说明了图书分类的意义和作用,主要介绍了什么是图书分类,图书分类标准和图书分类的作用。全书共分 7 章,主要包括:图书分类法的结构剖析,我国图书分类法介绍,外国图书分类法介绍,图书分类工作与方法,各类图书的分类,分类索书号与分类目录,图书分类法的发展趋势等内容。(韩丽)

2910

图书分类教学参考资料 / 李严编. -- 北京:书目文献出版社, 1985. -- 444 页;19cm. -- 中央广播电视大学图书馆学专业用书. -- 7201. 76(国家图书馆)

本书是为了配合教材,供电大同学学习图书分类课程时使用的。它根据教学重点选编了有关的论文资料,目的是为了扩大学员的阅读范围,以掌握更多的资料,学习更多的知识。在编选过程中,编者力图使参考资料反映出近几年有关图书分类研究中的新问题、新观点,以启迪学员思考。为了使参考资料既能反映关于图书分类的现实研究情况和成果,又不割断历史,故对过去某阶段具有典型意义的论文,也编选了一些,供学员们在学习时参考。这本参考资料所选论文资料,大都在有关刊物上发表过。所选资料均为原文,编者未加删节。(韩丽)

2911

西文文献著录条例 / 刘光伟,韩荣宇主编;中国图书馆学会《西文文献著录条例》编辑组编. -- 北京:编者(内部出版), 1985. -- 278 页; 26cm. -- 并列题名: Descriptive cataloguing rules for western language materials(国家图书馆)

本书正文分为 3 部分,著录总则部分讲述了著录信息源、著录项目的组织、著录详简级次的规定、著录项目文字的规定、著录格式等;第二部分著录项目,介绍了题名与责任说明项、版本项、文献特殊细节项、出版发行项、载体形态项、丛编项、附注项、文献标准编号与获得方式项、补编资料的著录等;第三部分是检索点的选取,介绍了基本规则、特殊规则、法律文献、宗教经书、会议款目标目的选定等;第四部分是标目名称的规定,介绍了个人著者标目、机关团体标目,地理名称等;第五部分是统一题名,介绍了统一题名的职能及其选用、基本规则、单部作品的统一题名、作品集的统一题名和特殊规则等;第六部分为参照。(韩丽)

2912

主题法的理论与标引 / 刘湘生编著. -- 北京:书目文献出版社, 1985. -- 459 页; 图;19cm. -- 17201. 47(国家图书馆)

主题法是标引和检索图书资料的一种重要方法。随着科学技术的飞跃发展、图书资料的迅猛增长和电子计算机的广泛使用,主题法的地位和作用显得愈来愈重要。本书对主题法的理论和标引问题进行了探讨和研究。全书共分 16 章,主要内容包括:绪论,主题法的历史沿革和发展,主题法的基本要素、类型、性质和特点,主题法与分类法的关系,标题法,单元词法,关键词法,叙词法,《汉语主题词表》,文献标引的定义和类型,主题标引的基本理论,主题标引规则,文献标引的方法与步骤,主题词表的管理,主题目录,主题索引等。(韩丽)

2913

主题法基础知识 / 卢子博编著. -- 南京:江苏省图书馆学会(内部出版),1985. -- 140 页;20cm. -- 江苏图书馆学报专辑(北京师范大学图书馆)

本书共分为 7 章,分别介绍了主题法的定义、类型等基础知识,主题法编制原理,如主题词的选择、组配、规范,主题词的参照系统等,对《汉语主题词表》的编制、体系结构、附表及辅助索引作了简介,还介绍了图书资料的主题标引、主题目录的编制等知识,最后对主题法与分类法的特点、局限性进行了比较,探讨了二者如何取长补短。书后附录有主题标引实例及主题法名词浅释。本书专业性深,逻辑性强,语义确切,结构严谨,表达简明,适于初学者进行学习。(韩丽)

2914

《汉语主题词表》标引手册 / 钱起霖主编. -- 北京:科学技术文献出版社, 1985. -- 296 页;19cm. -- 17176. 419(国家图书馆)

本书详细介绍了《汉语主题词表》的结构和使用方法,重点阐述了文献主题标引的方法和步骤,并以实例说明如何进行主题分析、如何选用标引词以及标引应遵循的各种规则。本书是情报、图书、档案管理及检索刊物必备的一种标引工具书,也可作为高等院校图书情报系教学实习的参考书。(韩丽)

2915

文献工作国家标准汇编(1) / 全国文献工作标准化技术委员会编. -- 北京:中国标准出版社,1985. -- 215 页:图表; 26cm. -- 15169. 3 – 341(国家图书馆)

未见书。(韩丽)

2916

文献工作国家标准汇编(2):著录规则专辑 / 全国文献工作标准化委员会编. -- 北京:中国标准出版社, 1985. -- 96 页; 26cm. -- 15169. 3 – 410(国家图书馆)

文献工作标准化是实现文献工作现代化管理的必要前提和基础。为了使文献工作的国家标准得到进一步的贯彻和执行,以利于信息交换和资源共享,全国文献工作标准化技术委员会于 1985 年初曾将 10 多项有关文献工作的国家标准汇编成册出版。本书内容包括 1985 年国家标准局新发布的几项文献著录规则标准及文献工作用的名词术语标准。本汇编不仅可供各级图书、情报、档案、编辑出版等部门的同志使用,也可供高等院校有关专业的师生参考使用。(韩丽)

2917

国际专利分类法入门 / 世界知识产权组织国际局编;黎锦兴等译. -- 北京:专利文献出版社,1985. -- 42 页;19cm. -- 17242.78(国家图书馆)

国际专利分类法(IPC)是国际公认的一部专利分类法,目前世界上已有四十多个国家采用这部分类法对专利文献进行分类。世界知识产权组织(WIPO)是这部国际专利分类法的唯一管理机构,由 WIPO 国际局撰写的这本小册子,旨在宣传和普及 IPC 第四版的知识,以帮助那些对 IPC 不甚了解的使用者,按 IPC 进行专利文献的分类和查找专利文献中的技术情报。本书共 3 章:第一章专利文献,介绍什么是发明、如何保护发明、如何发布专利文献等;第二章国际专利分类法,介绍 IPC 的历史、基本原理、分类系统的表示、分类号的编排和用法等;第三章 IPC 的使用,介绍 IPC 用于分类和检索的方法等。(韩丽)

2918

图书分类中复分方法及其疑难解释 / 俞君立著. -- 武汉:湖北省高等学校工作委员会秘书处发行(内部出版),1985. --257 页;19cm(国家图书馆)

本书是作者为了帮助图书馆学专业的学生与自学者掌握类目复分的各种方法而编写的,主要解释《中图法》各种复分方法的要点与疑难问题。由于《科图法》与《中图法》在类目复分的原理与方法方面基本上是一致的,在介绍《科图法》复分方法时,不再重复解释与《中图法》相同的有关内容,只对其与《中图法》相异的部分或值得注意的问题加以介绍。全书共分为 7 大部分,分别从通用复分表、专类复分表、临近类目仿分、具体问题仿“一般性问题”分、组配编号法、类目复分中加“0”与不加“0”的主要类型等方面进行了说明,为便于自学,在介绍各种复分方法时,既从正面指出复分方法的原理与使用要点,通过实例加以说明。又运用差错分析法,通过对图书分类中常见错例的分析,从反面来解释各种疑难问题。在每种复分方法之后,均附有练习题与参考类号。(韩丽)

2919

《情报检索语言》学习辅导 / 张琪玉编著. -- 武汉:《湖北高校图书馆》杂志社(内部出版),1985. -- 426 页;19cm. -- 图书馆学自学丛书(国家图书馆)

本书是高等学校文科教材《情报检索语言》(张琪玉编著,武汉大学出版社 1983 年 6 月第一版)的学习辅导书,必须与该教材结合起来阅读,不能单独使用。《情报检索语言》教材有增补的一章,即《情报检索语言方法综述》一文,本书已收载。为了方便查阅、学习《情报检索语言》教材和本书的内容,对两书进行了编号,具体如下:A 为《情报检索语言》教材,B 为本书“情报检索语言课程学习方法”部分等,C 为本书“情报检索语言课程学习提纲”部分,D 为本书“情报检索语言课程选讲”部分,E 为本书“情报检索语言方法综述”部分,F 为本书“思考题”部分,G 为本书“实习题”部分,H 为本书“学习参考资料选目”部分,I 为本书“《情报检索语言》教材和本书内容索引”部分。(韩丽)

2920

医学文献主题标引 / 赵兴烈编. -- 北京:首都医学院图书馆(内部出版),1985. -- 401 页; 19cm(武汉大学图书馆)

本书是一本很有用的、切合我国实际的文献标引和检索工具书,它对我们的医学文献标引和检索工作有重要的参考和应用价值。本书分为总论和各论两大部分,总论介绍了有关文献标引、主题法、主题索引、医学主题词表、文献的主题分析、标引工作、标引深度、组配等相关的知识;各论则是按类别介绍了解剖学名词标引原则、动物植物微生物标引原则、疾病标引原则、肿瘤标引原则等医学 A—Z 类的标引原则,并有标记记录和标引实例。书后附录有本书中使用的名词术语注解和参考文献。(韩丽)

2921

主题法与主题标引参考资料 / 中国人民大学书报资料社编. -- 北京:中国人民大学(内部出版),1985. -- 190 页;26cm(天津师范大学图书馆)

本书是为了帮助从事图书、资料情报工作者了解和掌握关于主题法与主题标引方面的知识、动态,而选编了 1976—1984 年有关刊物上发表的部分文章,以供参考。本书首先选摘了文献主题标引规则、情报与文献工作词汇以及北京图书馆中文图书主题标引工作条例。然后选编了四个方面的文章:主题法的意义和历史发展,主题词表的编制与使用,主题标引工作和标引方法,情报检索刊物的主题索引等。(韩丽)

2922

社会科学资料分类法 / 中国社会科学院经济研究所学术资料室. -- 北京:中国社会科学院经济研究所学术资料室(内部出版),1985. -- 134 页;19cm. -- 影印本(国家图书馆)

本书是由中国社会科学院经济研究所学术资料室结合实际工作经验,在征求有关专家的意见的基础上编写的。本分类法一方面缩减和合并了大类,同时在专题分类法上又予以补充,以求体现社会科学资料的特点,目的在于方便分类、方便查阅。本分类法共分 45 大类,350 个专题,1500 多条,为了便于资料工作者使用,在类目安排和标记符号的设置上,力求简明、易懂、易记。类目安排上对新出现的学科、问题予以较充分地反映,对各个专题之间相互渗透的交叉关系也作了适当考虑。(韩丽)

2923

中国图书馆图书分类法修订研讨会议文集 / 中图法编委会. -- 西安:中国图书馆图书分类法编委会(内部出版),1985. -- 166 页;19cm(天津职业大学图书馆)

本书收录了《中国图书馆图书分类法》修订研讨会的相关论文,包括“关于《中图法》增加组配成分的可能性和方法的探索”、“《中国图书资料分类法》中多重列类法的运用”、“试论医学类表由列举式向分面组配的过渡”、“运用组配方法提高《资料法》的检索效率”、“《中图法》的去向与《资料法》组配编号初探”、“《中图法》的修订必须坚持分面组配的模式”、“组配是打破体系分类法局限性最有效的方法——关于如何组配的几点设想”、“科学的发展与图书分类法的发展”、“关于综合科学和横断科学图书的分类问题”等 32 篇论

文。(张玲)

2924

英美编目条例第二版简明本 /(美)迈克尔·高曼编著;叶奋生,吴龙涛译. -- 北京:中央国家机关和科学研究系统图书馆学会编(内部出版),1986. -- 151 页;26cm(国家图书馆)

《英美编目条例第二版》是目前世界上“多国系列”中最通用的一种。其内容丰富,结构复杂,一般非专业编目人员和图书馆学、情报学专业学生都一时难以掌握,广大中小型图书馆在使用时也普遍感到困难。本书即是为了解决这一问题而编写的。此简明本体例与原条例相同,但叙述简明、扼要,因此,可以作为中小型图书和情报单位正式著录条例,也可以作为学习、应用原条例的入门读本。对于图书情报专业师生来说,则可作为西文编目课程的补充教材。全书分为两大部分:著录部分和标目、统一题名与参照部分。书后有附录和索引。(韩丽)

2925

主题目录及标题方法 / 程长源, 张有葳著. -- 北京:中国社会科学出版社, 1986. -- 670 页; 20cm. -- 17190. 056(国家图书馆)

这是一本图书馆编制主题目录及采取标题的参考工具书。编者从理论和实践方面详细阐述了编制主题目录的意义、方法、组织和标题方法,副标题以及主题表的建立。占全书三分之二篇幅的标题试样——综合主题词表可供各种类型图书馆、资料、档案情报单位编制主题目录及主题表参考使用。全书共分 7 章,主要包括图书馆目录,图书馆的主题目录,主题目录的标题方法,主题目录的副标题,主题表,标题试样的若干说明,标题试样等内容,并附录标题首字汉语拼音索引和标题首字笔画索引。(韩丽)

2926

新编图书馆目录 / 黄俊贵, 罗健雄著. -- 北京:书目文献出版社,1986. -- 438 页;26cm. -- 7201.90(国家图书馆)

本书在当时是一本以新观点撰写的图书馆目录专著。编著者根据当时编目工作发展的特点,结合文献编目工作的实践经验,全面阐述图书馆目录的基本理论和基本方法,其中又以文献著录标准的论述为主要内容。全书分为绪论、文献著录、目录组织、编目工作组织管理等 4 编,共 15 章。内容丰富,具有一定的参考价值。本书可作大专院校图书情报学专业教材或主要教学参考资料,也是图书情报工作人员学习文献著录标准的重要参考书。(韩丽)

2927

中文图书分类编目学 / 黄渊泉. -- 台北:台湾学生书局,1986. -- 515 页;21cm. -- 图书馆学资讯科学丛书(国家图书馆)

本书所讨论的范围,主要属于中文图书资料的分类与编目,共分 6 章。第一章导论,共分 6 节。第一节前言,介绍本书内容;第二节名词,将分类编目有关的名词加以简单解释,一方面让读者对于编目时所用的术语有所认识,一方面也方便本书的阅读;第三节图书资料种类与形态,也是基于同样的目的;第四节目录种类与功能。讨论图书馆编制目录的种类及作用;第五节编目与目录学,说明编目与目录学的关系;第六节编目应备参考资料,概括列举编目时所应具备的参考资料。第二章编目法,分 9 节,讨论记述编目的技术方法。第三章分类法,分 6 节,介绍图书分类法的基本条件、常用中文图书分类法介绍、中国图书分类法、分类作业与分类规则、书号的配置。第四章目录排列法,分 8 节,介绍中文检字法、分类目录排列法、中外文目录排列问题、目录的检查与维护。第五章特种资料编目法,分 10 节,介绍连续性出版品著录法、善本图书著录法、图片与地图资料著录法、电影片及录影资料著录法、拓片著录法、立体资料著录法、机读资料档著录法。第六章中文图书分类编目的将来,分 3 节,介绍编目机械化问题、合作编目、编目标准化。书前有序;书后有附录。(赵红)

2928

图书馆目录教学参考资料 / 李纪有, 宋继忠编. -- 北京:书目文献出版社, 1986. -- 259 页. -- 7201.95(国家图书馆)

本书是为了配合中央广播电视大学图书馆学专业图书馆目录课的教学需要而编写的,是为学员学习该课程时作参考的。书中所选文章大都是图书馆学专业刊物上发表过的。在编辑过程中,注重选收那些对同一问题持有不同观点的文章,或者对同一问题论述得更为详尽的文章。由于篇幅有限,选编时有不少文章不得不割爱。考虑到更深入地研究和学习图书馆目录编制原理和方法的需要,编者还编辑了《图书馆目录参考文献索引》,附于书后,以供学习和研究者参考。(韩丽)

2929

图书馆目录学习指导书 / 李纪有著. -- 北京:书目文献出版社,1986. -- 189 页;19cm. -- 中央广播电视大学图书馆专业用书. -- 7201.100(国家图书馆)

本学习指导书是为中央广播电视大学图书馆学专业学员学习“图书馆目录”课程而写的。本指导书分为三部分:一是教学大纲,是本着能讲清本课程内容要点的精神编写的;二是实习题,是为配合讲授、自学而拟定的实习内容,以便学员能够理解所学内容;三是实习用书图例,选编了文献的题名页、版权页和必要的目次页及补充说明。(韩丽)

2930

连续出版物著录规则 / 全国文献工作标准化技术委员会起草. -- 北京:中国标准出版社,1986. -- 18 页; 30cm(国家图书馆)

中华人民共和国国家标准 GB3792.3 – 85 自 1985 年 10 月 1 日起实施。本标准规定了连续出版物的著录项目、项目顺序、项目标识符号,用以组成统一的著录格式。本标准适用于编制国家书目及各种类型的目录。(韩丽)

2931

汉字拼音著者号码表 / 上海社会科学院图书馆编. -- 上海:上海社会科学院图书馆(内部出版), 1986. -- 130 页; 27cm. -- 新增订本(北京师范大学图书馆)

本表始编于 1958 年,1979 年 5 月增订,本增订本增加新字 500 余个,全表合计 3300 余字。本表分为两个部分:前部分是汉字拼音著者号码表;后部分是笔画检字表和四角号码索引表。本表所列汉字,除中国人姓氏之外,并甄录一部分日本人姓氏、地名和其他可视作著者的字。本表是三位著者号码表,可供大、中型图书馆编制著者号码之用。本表所列汉字系按照拉丁字母顺序排列,其顺序为汉字拼音字首字母、音节、音调。本表号码设置采用小数制标记符号。(韩丽)

2932

冒号分类法解说及类表 / 宋克福,许培强译著. -- 北京:书目文献出版社,1986. -- 552 页;19cm. -- 7201.67(国家图书馆)

为了推动对阮冈纳赞《冒号分类法》的全面、系统、深入的研究和了解,作者编写了此书。分类法的研究和发展是同科学及文献的发展相辅相成的,是以组织及检索文献为依归的,本书的目的在于为我国的研究提供一些可供借鉴的原始资料,以开拓新的研究领域。全书分为上下两编,上编为冒号分类法解说,共分十章,包括有绪论、三个结构平面、概念平面和五个基本范畴、词语平面、标记平面、优惠范畴与地区变换、分类法规则与分类程序、书号、各类解说、《冒号分类法》第七版引论。下编为冒号分类法类表。(韩丽)

2933

《连续出版物著录规则》例释 / 吴龙涛,叶奋生编著. -- 沈阳:辽宁人民出版社,1986. -- 154 页;19cm. --图书情报业务丛书. -- 7090.414(天津师范大学图书馆)

本书内容包括:国家标准《连续出版物著录规则》(GB3792.3-85)简介,介绍该标准的指导思想、原则与依据、由来,我国连续出版物著录的现状,新规则与传统著录的异同;实例图解,介绍了名词、术语、著录项目、标识符、格式、详简级次文字、文献类型标识、信息源、著录项目细则等;附录,介绍标目、统一题名、跟查、改名等规则。本书以图书情报工作者和从事科研、生产、教学人员为主要对象,也兼顾有关专业的大学生及自学读者的需要。(韩丽)

2934

文体分类浅谈 / 徐召勋著. -- 合肥:安徽教育出版社,1986. -- 128 页;19cm. -- 7276.503(北京师范大学图书馆)

本书共分为三个部分:第一部分为文体分类学的基本理论,论述了建立文体分类学的必要性和可行性、文体分类学的研究对象和内容、文体分类的标准及文体的演变与文体分类;第二部分是文学文体和非文学文体如何区分,论述了神话宗教异同论、传记文学的归属、地理游记和游记文学、科学文艺姓什么、科学诗的归类范畴及报告文学属于哪一类等;第三部分是中国古代的文体分类思想,分别介绍了我国古代曹丕、刘勰、萧统、姚鼐、曾国藩的文体分类思想。(韩丽)

2935

军事图书资料分类法(试行稿) / 杨健编. -- 北京:军事科学出版社,1986. -- 247 页;26cm. -- 7291.001(国家图书馆)

本书是为了适应军事科学研究和教学工作的需要,完善文献检索工具,加强军事信息交流,对 1958 年军事科学院军事图书馆编印的《军事图书分类法》修订和扩充而成的。在编制原则上,坚持以科学分类为基础,采取从总到分,从一般到具体的逻辑系统,在编制体例、列类标准和标记制度等方面,都力求与《中国图书资料分类法》保持一致。在体系结构上,共分军事思想、军事学术、国防建设、军事历史、军事地理、军事技术、军事综合性图书 7 个部类、19 个基本大类。(韩丽)

2936

《普通图书著录规则》图例手册 / 朱育培,马书慧编写. -- 沈阳:辽宁人民出版社,1986. -- 303 页;19cm. -- 17090.79(国家图书馆)

本书是为了传播图书情报业务知识,交流学术研究成果,促进图书情报事业的发展而编辑出版的《图书情报业务丛书》中的一册。本手册以现代汉语图书及现代版古汉语图书为著录对象,对《普通图书著录规则》(GB3792.2-85)的著录项目和著录细则,款目及其著录格式,著录用标识符号等予以例解、注释。本手册的编者根据《普通图书著录规则》(GB3792.2-85)条文,以自己长期从事编目工作的实践和图书馆目录教学的经验,介绍了名词、术语、著录项目、著录用标识符号、款目及其著录格式、著录详简级次、著录用文字、文献类型标识符、著录来源和各著录项目细则,通过各种典型实例和扼要解说,使本手册资料所涉较广,力求简而又要,深入浅出,内容充实。本书所举实例,意在说明规则的具体运用。本书可作为图书情报工作者和从事科研、生产、教学者的参考用书,也可作为相关专业的大学生自学用书。(韩丽)

2937

《中国图书馆图书分类法》期刊分类表 /《中国图书馆图书分类法》编委会编. -- 北京:书目文献出版社,1987. -- 81 页;19cm. -- 7201.145(国家图书馆)

本表是在《中图法》体系结构的基础上,结合中外文期刊的出版情况编制的。对于分类深度,鉴于各科期刊的内容范围比较概括,因此在社会科学门类下,一般分到二、三级;在自然科学门类下,一般分到三、四级。分类体系和类目设置,主要按《中图法》序列,同时有个别类目结合期刊的综合性特点和实际情况,作了一些调整,以适应期刊分类的需要。本表是在北京图书馆期刊组、福建省图书馆期刊组和湖南省科技情报所罗斯静同志所提的期刊分类草案的基础上,综合整理的。(韩丽)

2938

主题标引与索引技术 / 傅兰生编. -- 北京:科学技术文献出版社,1987. -- 96 页;19cm. -- 科技情报业务丛书. -- 17176.515(国家图书馆)

本书共分 5 章。第一章概论,主要介绍了标引与索引的基本概念和基本知识;第二章主题分析,介绍了主题的概念与形式、主题分析的重要性、主题概念的语法与逻辑关系、主题分析的步骤、主题类型的模式化;第三章标引主题词与标引规则,则详细地介绍了标引方案、各种标引规则、标引方案的辩证选择、标引记录、选导词、标引结果的著录、标引规则的总结等;第四章标引深度与标引误差,介绍了不足标引与过度标引、标引不一致误差、上位标引与组配标引中的标引误差;第五章索引技术,论述了主题标引是检索系统的重要

组成部分,主题索引的典型款目形式与检索功能特点,主题索引的一些表现手法等。(韩丽)

2939

中华人民共和国国家标准:文后参考文献著录规则 GB 7714－87 / 国家标准局发布. -- 北京:中国标准出版社,1987. -- 18 页;26cm(中国科学院亚热带农业生态研究所文献信息室)

本标准规定了各类型出版物中的文后参考文献的著录项目、著录顺序、著录用的符号、各个著录项目的著录方法以及参考文献标注法。本标准专供著者与编者编纂文后参考文献使用,而不是图书馆员、文献目录编纂者以及索引编辑者使用的文献著录规则。本标准分别规定了专著、连续出版物、专利文献、专著中析出的文献以及连续出版物中析出的文献的著录格式。在五种著录格式中,凡是标注“供选择”字样的著录项目系参考文献的选择项目,其余的著录项目系参考文献的主要项目。(韩丽)

2940

河南大学图书馆馆藏善本书目录 / 河南大学图书馆编辑. --开封:《河南高校图书情报工作》编辑部(内部出版),1987. -- 40 页;20cm. -- 河南省高校图书馆目录索引丛编(河南大学图书馆)

本目录收录的图书主要依据《全国古籍善本总目》的收录范围,此外结合河南大学图书馆的实际,收录有部分残本和辛亥革命以后具有学术资料价值的少见的刻本、稿本、钞本。本目录著录和分类系依据《全国古籍善本总目》著录条例和分类表,另附有河南大学图书馆索书号。书后附有书名笔画索引,便于检索。(韩丽)

2941

中华人民共和国国家标准:古籍著录规则(GB3792.7－87) / 全国文献工作标准化技术委员会第六分委员会起草. --北京:中国标准出版社,1987. --17 页;30cm(北京大学图书馆)

本标准依据 GB 3792.1－83《文献著录总则》,结合我国古籍特点及著录传统制定。本标准主要著录对象为汉语文古籍,适用于编制各类型古籍目录。本标准共分为 10 部分:引言、古籍著录相关的名词术语、著录项目、著录项目标识符与著录内容识别符、著录格式、著录详简级次、著录用文字、文献类型标识符、著录来源、各著录项目细则等。书后有附录。(韩丽)

2942

水利水电科学技术主题词典 / 水利电力部科学技术情报研究所主编. -- 北京:科学普及出版社,1987. -- 707 页;26cm. -- 9051.1031(国家图书馆)

本词典是为了建立水利电力科学技术计算机情报检索系统,根据水利电力部的要求,科技情报研究所组织有关专家、工程技术人员和科技情报工作者编制的综合性情报检索工具书。本词典是全国检索工具书的水利水电专业分册,适用于水利水电科技文献的电子计算机存储与检索,亦可用于组织主题索引。在本词典的编制过程中,编辑部人员吸取和研究了国内外一些主题词表的经验,并注意到国外有关主题词表不同版本的变化。本词典的体系结构尽量同《汉语主题词表》一致。本词典由主表(字顺表)、附表、范畴索引、词族索引和英汉对照索引五部分组成。三部索引均为主表的辅助索引,以便读者和用户从不同途径查词。本词典共收录主题词 6760 条,其中主表收录 5504 条,附表收录 1256 条,共计含非正式主题词(又称非用词)746 条。(韩丽)

2943

英美编目规则第二版厘定原理之探讨 / 张慧铢. -- 台北:文史哲出版社,1987. -- 157 页;21cm. -- 图书与资讯集成(国家图书馆)

全书分 5 章。第一章绪论,探讨研究的动机及目的、研究范围、研究方法与参考资料。第二章西洋编目规则的发展,探讨大英博物馆编目规则、杰威特(Jewett)规则、普鲁士编目规则、1908 年的英美编目规则、1941 年的英美编目规则、梵蒂冈图书馆目录规则等。第三章英美编目规则第二版(AACCR2),探讨修订缘起及经过、AACCR1 与 AACCR2 在结构与理念上的比较、AACCR2 有关著录规则厘定原理的分析等。第四章英美编目规则第二版的应用,探讨美国国会图书馆应用概况及其困难、AACCR2 国际标准化的理想及展望。第五章结论。书前有沈宝环、蓝乾章和自序。书后有参考书目。(赵红)

2944

图书分类析疑 / 郑伦著. -- 昆明:云南教育出版社,1987. -- 272 页;20cm. -- 7－5415－0124－7(国家图书馆)

本书对图书分类工作中由于没有掌握好分类的基本功及没有透彻地理解分类学的某些理论而经常出现的“常见病”和“疑难病”,结合典型实例分别作了重点讲解和较详细的分析。为了使本书更加通俗易懂,又能突出重点,作者按问题的性质作了分类。全书共分为五章,第一章是图书分类概论,第二章介绍了图书分类的基本原则,第三章重点介绍了图书分类的常规和技巧,第四章和第五章则分别介绍了类分社会科学图书的方法和类分自然科学图书的方法。(韩丽)

2945

中国档案分类法 / 中国档案分类法编辑委员会. -- 北京:档案出版社,1987. -- 364 页;19cm. -- 7－80019－059－5(国家图书馆)

《中国档案分类法》是以科学分类的理论、原则为指导,结合我国档案管理的实际情况,吸收了国内外文献分类的经验而制定的。本分类法的编制和出版是我国档案分类方法的重大发展,对实现我国档案管理工作的现代化有着重要的意义。本分类分为编制说明、基本大类、主表、辅助表几大部分,主表共设置了 19 个大类,适用于我国各个历史时期所形成的各类档案的分类,书后附录有档案分类标引规则、《中国档案分类法》类目细分规则、清代档案分类表和民国档案分类表。

2946

国际专利分类表技术用语索引 / 中国专利局分类室编译. --北京:专利文献出版社,1987. -- 1537 页;19cm. -- 7－

80011 - 003 - 6(国家图书馆)

《国际专利分类技术用语索引》是帮助专利文献的使用者、分类人员和专利审查员掌握和使用《国际专利分类法》(IPC)的辅助工具。本索引主要是依据世界知识产权组织编写的 CATCHWORLD INDEX 和日本特许厅编写的《国际特许分类技术用语索引》编纂而成的。本索引的编译工作自1982年底开始,1984年4月完成,参加编译工作的人员主要是中国专利局分类室的全体同志和部分审查员。本索引充分贯彻了科学性、实用性的原则,具有收录完整、使用方便等优点。(韩丽)

2947

国际专利分类简表(中英文对照) / 中国专利局分类文献中心编译. -- 北京:专利文献出版社, 1987. -- 191 页; 17cm. --17242.203(国家图书馆)

第一次出版中英文对照的《国际专利分类简表》是在1983年,是根据第三版国际专利分类表编译的。那时中国专利法尚未颁布,我国的读者多是为了查阅外国专利文献才感到应该熟悉国际专利分类方法的必要。三年时间过去了,中国专利法实施已经年余,国内专利申请逾万,获批准而取得专利权者达数百,标有完整国际专利分类号而出版的中国专利文献已近两千件,专利知识的普及和专利信息之受重视比之往年均有发展;同时,第四版国际专利分类表1985年开始生效,并将适用五年,为此根据第四版国际专利分类表编译成本简表出版。第四版国际专利分类表共有 A—H8 个部(Section),20个分部(Subsection)和118个类(Class),这些都与第三版相同;至于小类(Subclass),第三版有617个,而第四版多了一个为618个。本简表就是这618个小类的中英文类目对照一览表。(韩丽)

2948

计算机编目 /(英)埃里克·亨特著;王怀毅等译. -- 成都:成都市图书馆(内部出版),1988. -- 146 页. -- 图书馆技术丛书(天津商业大学图书馆)

计算机在公共部门的应用技术发展十分迅速。本书旨在简要介绍这一复杂而又不断发展的问题。本书的主要目的是简明扼要地介绍计算机及其在图书编目方面的应用。全书共分10章,主要包括:为什么使用计算机,什么是计算机,文件、记录与字段,数据的输入与存储,数据处理,数据输出,检索,管理,网络和发展前景等内容。本书在写作过程中参考了大量的专业期刊。有关图书编目、索引工作的要点,本书未加以讨论。(韩丽)

2949

中国档案主题词表 /《中国档案主题词表》编委会编;李凤楼主编. -- 北京:档案出版社, 1988. -- 1658 页;26cm. -- 7 - 80019 - 165 - 6(国家图书馆)

本词表是一部反映档案内容的规范化词目组成的词典,是档案著录中主题词标引和进行检索的词语控制工具,可供档案馆、档案室及文书处理部门标引和检索档案、文件、资料之用。本词表的选词原则为:以马列主义毛泽东思想为指导,力求思想性、科学性和实用性的统一;能够反映档案内容的主题概念,具有实际检索意义;词形简练,概念明确,具有单义性。本词表选收明代以来(含明代)反映党、政管理工作的词目,党、政公文中经常涉及的科学研究、生产技术方面的专业词目,反映有影响的新生事物概念的词目。本词表主要由主表和范畴表索引组成。主表即字顺表,由按拼音结合汉字字形排列的全部词目组成。(韩丽)

2950

图书分类实用手册 / 高文翔主编. -- 延吉:延边大学出版社, 1988. -- 362 页;26cm. -- 7 - 5634 - 0125 - 3(国家图书馆)

本手册是以《中国图书馆图书分类法》为研究对象,结合图书分类规则,着重解释了分类表中的类目并结合具体图书举例加以说明。其目的在于解决图书分类人员在辨类、归类的过程中,查找各种工具书的难题。《手册》对《中图法》各级类目的解释,基本上包括了当时各个学科最基本、最常见、最实用的术语、学派、事件、人物等,并兼顾了普及与提高,力求做到科学性、知识性、稳定性、适用性的统一,尽量反映当时国内外科学研究的新成果和新动态。(韩丽)

2951

黄宗忠论文选 / 黄宗忠著;吉林省图书馆学会, 四川省图书馆学会, 成都东方图书馆学研究所合编. -- 成都:成都东方图书馆学研究所(内部出版),1988. -- 114 页;18cm. -- 图书馆学论丛个人自选集(北京师范大学图书馆)

本书是为庆祝中华人民共和国成立四十周年,由吉林省图书馆学会、四川省图书馆学会和成都东方图书馆学研究所联合编辑出版的图书馆学论丛个人自选集丛书中的一册。本书选自黄宗忠1959年至1988年在国内外报刊上公开发表的学术论文七篇,包括"新中国图书馆事业三十年"、"加强图书馆学基础理论的研究与发展"、"试论变革中的中国图书馆"、"试论图书情报档案一体化的发展趋势"、"试论我国图书馆教育的发展与改革"、"建立和发展我国图书馆管理科学"、"信息、知识、图书与图书馆"。(张玲)

2952

黄俊贵论文选 / 吉林省图书馆学会, 四川省图书馆学会, 成都东方图书馆学研究所合编. -- 成都:成都东方图书馆学研究所(内部出版),1988. -- 130 页:图, 肖像;20cm. -- 图书馆学论丛个人自选集(国家图书馆)

本书是为庆祝中华人民共和国成立四十周年,由吉林省图书馆学会、四川省图书馆学会和成都东方图书馆学研究所联合编辑出版的图书馆学论丛个人自选集丛书中的一册。黄俊贵时任北京图书馆中文采编部主任、中国图书馆学会秘书长、中国文献工作标准化技术委员会第六分委员会副主任等职,他长期从事中文图书分类编目工作,本书收录了他撰写的相关论文11篇,分别是"论图书情报名词、术语的规范化"、"关于中文图书著录标准化问题"、"关于文献目录著录标准格式问题"、"著录标目法述略"、"对《全国文献目录著录标准(总则)》(建议稿)的几点说明"、"'著者'与'责任者'初析"、"我国文献著录标准述略"、"中国国家书目工作的回顾与展望"、"中国国家书目计划及其进展"、"试谈书刊划分

标准及其整理原则"、"同类图书排列问题探讨"。(张玲)

2953

中国图书馆图书分类法中小学使用本 / 金沛霖,杜坤仓主编. -- 北京:科学普及出版社,1988. -- 333 页;19cm. -- 7 - 110 - 00850 - 9(天津市少年儿童图书馆)

《中国图书馆图书分类法(简本)》的编制是依据《中国图书馆图书分类法》1980 年修订版节编而成的。本《使用本》是根据中小学图书馆的藏书内容和特点,在《简本》的基础上增删整理,有些类目依据《中国图书馆图书分类法》进行扩充,并吸收了一些新成果。职业中学或中等专业学校使用本书时,其专业部分的图书,应按照学科内容入有关类目。本书在编制原则、体系结构、号码配备等方面与《简本》基本保持一致,既能适合学校图书馆图书分类的需要,又有利于使全国学校图书分类法趋向统一化和标准化。(张玲)

2954

文献工作国家标准汇编(3) / 全国文献工作标准化技术委员会编. -- 北京:中国标准出版社,1988. -- 277 页;29cm. --7 - 5066 - 0093 - 5(国家图书馆)

未见书。(韩丽)

2955

图书馆业务自学大全(5):图书分类学 / 史永元等编著. -- 长春:吉林省图书馆学会(内部出版),1988. --262 页;19cm. --吉林省图书馆学会丛书(国家图书馆)

本书是吉林省图书馆学会组织编写的图书馆业务自学大全丛书中的一册。全书共 7 章。第一章图书分类的意义和作用,详细论述了什么是图书分类、图书馆图书分类的任务和要求、图书分类在图书馆的应用;第二章图书分类法的结构剖析,详细介绍了类目表,标记符号,注释、索引,图书分类表的编制原则;第三章图书分类法发展简史,从解放前、解放后两个时期介绍了我国图书分类法发展简介,简要介绍了外国图书分类法的简史及国外几部主要分类法,并给出图书分类学研究中若干有争议的问题,还预测了分类法的发展趋势;第四章图书分类的准备工作和工作程序;第五章图书分类的原则和方法;第六章分类目录与分类排架,包括分类目录的组织、分类索书号的编制;第七章文献主题法,包括主题法原理、检字词表结构、文献主题标引。(张玲)

2956

计算机科技英语主题词表 / 中国科学院计算技术研究所第十九研究室编. -- 北京:科学技术文献出版社,1988. -- 713 页;19cm. -- 7 - 5023 - 0520 - 3(国家图书馆)

本词表由主题词表字顺表(主表)和词族表两个部分组成。第一次采用自编的词表自动管理程序,由计算机打印输出这次出版的原稿。本词表共设 116 个族首词,收录正式主题词 6817 条、非正式主题词 1019 条,还收有无关联词和一些计算机厂家、公司等,总共 8000 多条。收词范围包括:计算机科学与技术;计算机系统、部件、元器件、结构工艺;计算机软件;计算机在自然科学、社会科学、工程、教育、企业管理等方面的应用;计算机相关学科与技术等。

本词表可供从事文献标引与检索、图书资料的分类编目、计算机科学技术与编订、审定和阅读计算机专业英文文献的科技人员及大专院校师生参考使用。(韩丽)

2957

叙词表的编制和使用简明教程 /(美)F. W. 兰开斯特著;赵阳陵译. -- 北京:科学技术文献出版社, 1989. -- 111 页:图;19cm. -- 7 - 5023 - 0860 - 1(郑州大学图书馆)

本教程源起于阿根廷科技情报中心在联合国教科文组织赞助下,于 1978 年在布宜诺斯艾利斯举办的"标引语言地区研讨班"。原稿的作者正是该研讨班的主讲人。研讨班之后,阿根廷科技情报中心根据讲授内容,整理了一份有图例和文字辅助说明部分的教材 。1984 年,作者与联合国教科文组织签定了合同,进行本教程英文版的编写工作。英文版教程包括两部分主要内容:一套共计 84 张的图例,这套图例可转制成幻灯片或投影图片;一份对这套图例进行解说和详述的正文。正文部分由 14 个专题单元组成,包括:词表控制的目的,规范化词表的主要组成部分,收集词条,组织词条,族系关系的处理,相关关系的处理,叙词的特性,叙词表的入表款目词,注释和标识词,词表的编排格式和显示,增补和修订,计算机的使用,影响情报系统运行的词表因素,自然语言系统。本书不是课本,为使它的内容相对简明些,对有的主题只作扼要概述。(韩丽)

2958

图书分类法史略(第 2 卷) /(苏)E. И. 沙姆林著;何善祥,郑盛畴译. -- 北京:科学技术文献出版社, 1989. -- 811 页;19cm. -- 7 - 5023 - 0731 - 1(国家图书馆)

本书系前苏联沙姆林教授撰写的图书分类法发展史专著。原书共有两卷。根据译者的推荐,先出版了第 2 卷。《图书分类法史略》第 2 卷包括的时期从 1800 年至今。它从图书分类体系发展史的观点出发,对过去具有典型性的各种图书分类法进行了理论分析和总结。其中包括十九世纪法国、英国、美国、比利时、意大利、德国和俄国的,以及二十世纪资本主义国家和前苏联的图书分类法。本书对探索和揭示图书分类法的发展规律,汲取前人的研究成果和指导今后图书分类的发展具有重要意义。为了说明和证明某些论点,对文中提到的许多分类法,均在书末"注释与书目"里作了注释,以避免文字累赘,提供阅读方便。在"注释与书目"里还收进了大量的分类法,这不但使本卷具有参考性,而且在一定程度上填补了俄语文献中尼奥、佩茨霍利特、理查森等人有关分类法的主要著作的空白。本书可供科学学和科学分类学专家,高校图书馆学、情报学专业师生,图书情报工作者和研究人员阅读。(韩丽)

2959

西文编目入门(第二版) /(英)亨特,(英)贝克韦尔著;张蕴珊译. -- 北京:书目文献出版社, 1989. -- 259 页;19cm. -- 7 - 5013 - 0550 - 1(国家图书馆)

本书原著是英国利物浦工艺大学图书馆学和情报研究院高级讲师 E. J. 亨特和 K. G. B. 贝克韦尔合写的《编目》第二版,第一版曾列为《现代图书馆学概论》丛书之一,于 1979 年出版。新版根据编目领域发展的新情况,尤其是在自动化方面,做了增补和更新。全书涉及了西文编目工作的各个方面,叙述简明,并提供了一些调查数据和大量的参考文献,对增进编目工作者和学员们的专业知识及对国际图书馆界情况的了解,都很有助益;对研究工作者也有参考价值。(韩丽)

2960

环境科学叙词表 /《环境科学叙词表》编制组编. -- 北京:中国环境科学出版社, 1989. -- 624 页;26cm. -- 7 - 80010 - 387 - 0(国家图书馆)

《环境科学叙词表》是一部环境科学方面的专业性主题检索工具书,主要供环境科学研究、环境保护和环境监测系统各单位的图书情报部门加工处理科技文献使用,既可用于计算机存贮、检索,亦可用于组织卡片式主题目录和书本式主题索引。本表为实现环境科学图书资料自动化管理和检索,建立全国环境保护系统的科技文献联机检索网络提供了必要条件。本书包括主表、国家地区表、化合物名称表、词族索引、范畴索引、英汉对照索引及各部分使用说明等。本书适合于图书馆工作者、科技工作者及广大环境科学工作者使用、参考。(韩丽)

2961

文献分类 / 白国应编著. -- 北京:中国科学院文献情报中心(内部出版),1989. -- 284 页;20cm(北京师范大学图书馆)

本书是 1982 年编写出版的《中国科学院图书情报工作教材》修订后的分册之一,全书共分 9 章,主要内容包括:文献分类的意义和作用,文献分类法的基本知识,我国当前使用的几种主要分类法,文献分类工作,类分文献的原则和方法,各部类文献的分类方法,特种文献资料的分类方法,同类图书的排列,分类法与主题法的关系等。本教材大体相当于大专程度,主要适用于培训从事专业图书情报工作的业务人员,也可供其他有关人员自学或研究时参考。(韩丽)

2962

美国国会图书馆主题编目 / 陈麦麟屏,林国强. -- 台北:三民书局,1989. -- 367 页;21cm. -- 图书资讯学丛书. 8. -- 957 - 14 - 0045 - 9(国家图书馆)

全书分 10 章。第一章美国国会图书馆简介,介绍了国会馆草创的过程、今日的美国国会图书馆和美国国会图书馆组织简介。第二章主题编目处的组织与职责,介绍了主题编目的组织、主题编目的职责。第三章主题编目的理论,介绍了以读者为考虑的重点原则、主题标目的统一原则、主题标目的选择。第四章主题标目的结构,介绍了单字标题、形容词片语标题、连接词片语标题等。第五章主题标目的复分,介绍了内容复分、地区复分、年代复分、形式复分等。第六章主题的分析和主题标目的选择,介绍了主题的分析、主题标目的选择。第七章主题标目的参照,介绍了使用参照、参见参照、一般参照、标题引见专有名称参照。第八章主题编目处的作业程序,介绍了资料的来源及处理的优先次序、流程。第九章自动化资讯系统,介绍了美国国会图书馆资讯系统、主题内容检索的电脑线上资讯处理系统、多用途机读式目录系统等。第十章主题编目作业的主要工具,介绍了不可或缺的编目工具、备而待用的参考工具。书前有编者的话和著者序言。书后有英汉词语对照表、汉英词语对照表等。(赵红)

2963

纺织汉语叙词表 / 纺织工业部科学技术情报研究所编. -- 北京:人民交通出版社 , 1989. -- 415 页;26cm. -- 7 - 114 - 00818 - X(国家图书馆)

本书是针对纺织各行业而编制的叙词表,包括有范畴索引,英汉对照索引表,并附有全国政区名称和国外主要公司名称索引表。范畴索引是将全部叙词,按其所属性质,进行分门别类,供使用者从分类角度查找叙词。叙词范畴分类系统的确定,经多次讨论,参照国际上纺织文献分类中普遍采用的分类体系,确定按工艺过程即纤维、纺、织、染整、产品等的分类系统,并适当照顾棉、麻、毛、丝各行业的特点。此系统共分 21 个大类,在大类下展开成 107 个二级类目。它是从分类的角度查找叙词的索引。(韩丽)

2964

图书馆文献编目 / 傅椿徽主编. -- 武汉:武汉大学出版社, 1989. -- 393 页; 20cm. -- 高等学校文科教材. -- 7 - 307 - 00545 - X(国家图书馆)

本书是高等学校图书馆学专业基础课教材之一,主要供本科学生使用。本教材以讲授图书馆文献编目的基础理论、基本知识、基本技能等内容为主,立足于我国图书馆文献编目的工作实践,并为逐步实现图书馆文献编目自动化、网络化作应有的准备。本书原稿曾于 1981 年和 1984 年两次修订印刷过,除供武汉大学图书情报学院图书馆学专业本科学生使用外,还为其他一些院校图书馆学专业本科学生及武汉大学历届函授生、走读生、进修生所采用。全书共分 11 章,主要包括:图书馆文献编目概论,文献著录标准化,图书基本著录,著录标目、款目种类与参照法,多卷书、丛书著录,连续出版物著录,特种类型出版物著录,图书馆目录组织,图书馆目录种类与目录体系,计算机在编目工作中的应用,图书馆文献编目工作的组织管理等内容。(韩丽)

2965

中国标准文献分类法 / 国家技术监督局编制. -- 北京:中国标准出版社,1989. -- 171 页;26cm. -- 7 - 5066 - 0252 - 0(国家图书馆)

《中国标准文献分类法》是在原国家标准局组织编制的《中国标准分类法(试行)》基础上进行修订的。修订工作由国家技术监督局组织,经一年多工作完成的。修订后的版本,吸取了四年多试行的经验和意见,增加了 30 多个二级类目,对范围注释作了大量的补充,在二级类目设置和配号等方面作了较为合理的调整,更便于标准文献的检索和管理。本分类法由 24 个大类组成,每个大类有 100 个二级类目,能适应国内外标准文献的管理,是目前国内专门用于标准文献管理的一部检索工具书。(韩丽)

2966

中文图书编目 / 李光明等编. -- 南宁:广西教育出版社, 1989. -- 155 页;19cm. -- 全国图书馆学中专系列教材. -- 7 - 5435 - 0532 - 0(国家图书馆)

本书是1985年中国图书馆学会学术工作委员会教育组召开的"全国图书馆学中专教育座谈会"后确定编写的"图书馆学中专教育系列教材"之一。本系列教材共13种,具有新颖性、适用性、系统性、科学性、简明性的特点。本书共分为七章:第一章介绍了图书馆目录的定义、作用、类型、特点及图书编目工作的组织管理;第二章介绍了图书著录的一般原理,如著录项目、著录格式、著录用文字等;第三章详细介绍了普通图书的著录法;第四章则介绍了丛书、多卷书的著录法;第五章介绍了连续出版物的著录;第六章介绍了地图资料、技术标准资料、零散资料等其他类型文献的著录;最后介绍了图书馆目录的组织和目录体系。(韩丽)

2967

图书分类 / 陆宗城等编著. -- 南宁:广西教育出版社, 1989. -- 238页;19cm. -- 全国图书馆学中专系列教材. -- 7-5435-0454-5(国家图书馆)

本书是20世纪80年代编写的全国图书馆学中专系列教材之一。全书共分为6章,主要介绍了:图书分类的基本概念、基本原则及图书馆的图书分类,图书分类法的结构与使用,图书分类标引方法与规则,图书分类标引的过程,还介绍了马列主义、毛泽东思想部类,哲学、社会科学、自然科学等各类图书的标引,及综合性图书与综合性学科图书的分类,最后简单介绍了我国的图书分类法,如《中国科学院图书馆图书分类法》和《中国图书馆图书分类法》及其简本和详本等。(韩丽)

2968

国外情报检索语言研究:分类主题一体化的理论与实践 / 吕其苏等编译. -- 北京:社会科学文献出版社, 1989. -- 277页;19cm. -- 7-80050-089-6(国家图书馆)

为更深入地学习和借鉴国外在编制分面叙词表方面的理论、经验和技术,本书选择了9篇既有代表性又有实用性的论文和一篇综述国外分类主题一体化词表进展情况的文章,汇辑成册,奉献给我国图书情报界的同行。第一篇文章《统一的自动化检索系统中的主题法与分类法的相互关系》,选自1975年苏联的《国外图书馆学和目录学》杂志,为苏联学者维连斯卡娅撰写。此文较为全面地评述了国外情报系统发展中分类、主题一体化的新趋势,从理论与实践两个方面对这一新趋势进行了较深入的研究。此外,本书还收录了《十进分类法和叙词表概念的一体化》《用分类法提供的资料编制叙词表:用布利斯书目分类法作为叙词表的词汇和结构的来源》《社会科学叙词表的综合》《自然语言索引系统中的分类原则》《社会科学自动化情报系统的语言保障:组成与结构》《<分面叙词表>导言》《<基础叙词表>导言》《国外分类主题一体化词表的进展》等文章。(韩丽)

2969

查类手册 / 马志鑫主编;《查类手册》编辑组编. -- 北京:光明日报出版社, 1989. -- 626页;19cm. -- 7-80014-419-4(国家图书馆)

本手册根据"中国图书馆图书分类法"的分类体系编排。全书包括"类表"和"索引"两部分。"类表"选收类目两千余条,并且刊有英译类名;索引部分选收标题及相关标题近万条,按汉语拼音字顺排列。(韩丽)

2970

书目工作概论 / 倪波, 黄俊贵主编;吴式超,徐有富执笔. --北京:书目文献出版社, 1989. -- 125页;19cm. -- 7-5013-0695-8(国家图书馆)

本书系《图书馆学情报学知识》丛书第三册,该丛书是较全面地阐明图书馆学、情报学基本理论及工作方法的读物。其编写宗旨是为具有中等以上文化水平的图书情报工作人员提供一套关于专业理论和工作技能的自学读物,兼顾图书情报学中等专业教育之需,便于其用作教材或教学参考书。本书共分8部分,主要内容包括:阐明了书目及书目工作的本质和作用;系统地介绍了我国目录学及书目工作的历史;介绍了不同类型书目的特点及编制方法,以及索引、文摘、书评的编制和写作方法;还对书目工作的组织管理作了简要论述。(韩丽)

2971

ISBD(M)专著出版物国际标准书目著录(第2版) /全国文献工作标准化技术委员会第六委员会译. -- 北京:书目文献出版社, 1989. -- 74页;26cm. -- 国际标准书目著录(ISBD)译丛. -- 7-5013-0462-9(国家图书馆)

本书是《国际标准书目著录(ISBD)译丛》中的一册,是根据国际图书馆协会联合会(IFLA)1988年推荐的《国际标准书目著录(ISBD)》的第二版译出。本书详细地规定了著录和识别这类出版物的要求,确定了著录单元的顺序,并规定了著录的标识符系统。(韩丽)

2972

第四版国际专利分类表概况 / 世界知识产权组织国际局编译. -- 北京:科学技术文献出版社, 1989. -- 31页;26cm. --7-5023-0527-0(国家图书馆)

专利文献中包含着大量的情报,本书主要介绍了第四版国际专利分类表(IPC)。在第四版IPC中,将技术划分为58000多个领域或组,每个组用若干个词说明并且由数字和字母组成的分类符号加以识别,这58000多个组的所有类名用词都包含在书名为《国际专利分类表》的一套出版物中。IPC这个名称可表示分类法,又可表示分类表。本书详细说明了国际专利分类表的结构,1971年的IPC协定,国际专利分类法的基本原则,在各国专利文献分类中的使用及其在专利文献检索中的应用等。(韩丽)

2973

图书分类学 / 文甲龙,曹殿举. -- 北京:学苑出版社, 1989. -- 366页;19cm. -- 中国图书馆学自学系列丛书. -- 7-80060-360-1(中国科学院国家科学图书馆)

本书是中国图书馆学自学系列丛书中的一册,该丛书是在原《图书馆业务自学大全》的基础上修订、重编的。全书共分为6章,首先介绍了图书分类的有关知识及分类表的结构,包括类目表、类目、结构原理、标记制度、编制原则等,接着简要介绍了古今中外的一些主要的图书分类法,论述了图书分类工作的要求和程序,按类别介绍了马列主义、哲学、社会科学图书,自然科学图书,技术科学与工程技术图书,综合性图书的分类。最后介绍了主题法的原理、主题词表的结构及文献主题标引的知识。(韩丽)

2974

西文编目实用教程 / 夏勇,周子荣编著. -- 杭州:浙江大学出版社, 1989. -- 444 页;21cm. -- 7-308-00239-X(国家图书馆)

本书为高等学校教学用书。介绍了西文文献的著录总则,又叙述了普通图书、会议录、多卷书、丛书、合订书、连续出版物及地图资料等的著录。本书实用性强,内容丰富,取材精当,编列了大量图例,深入浅出,讲解透彻。全书共分 15 章,主要包括:导言,西文编目的历史概况,AACR-2 和《西文文献著录条例》简介,西文文献著录总则,普通图书的著录,主要款目标目,多卷书、丛书及合订书的著录,辅助著录和参照法,完全著录和规范档,连续性出版物的著录,地图和图片资料的著录,特种资料的著录,非印刷型资料的著录,计算机编目,字顺目录的组成等。本书适于用作高校图书馆系本科生的教学用书,也可省略部分内容作大专生的教材,还可供在职人员自学。(韩丽)

2975

中国档案分类法医药档案分类表 / 医药档案分类表编辑委员会编. -- 北京:中国医药科技出版社,1989. -- 79 页;19cm. -- 7-5067-0139-1(国家图书馆)

本表是《中国档案分类法》详表之一。其编制原则、方法、结构体系、标记符号完全与《中国档案分类法》相一致。本分类表主表体系的形成,实际上是对《中国档案分类法》中"NS 医药"类目的细分结果。本分类表的编制,系在 1986 年国家医药管理局试行的《国家医药管理局科技档案分类法》基础上,依据《中国档案分类法》类目细分规则进行修改的。本表是医药档案分类的依据,下设 9 个二级类目(相当于《中国档案分类法》的三级类目)。本表主要供医药档案进行分类标引、组织分类目录之用,并适用于对本类档案实体的分类整理,可供分类进行排架组织馆藏使用。(韩丽)

2976

中文文献编目 / 张玉麟编著. -- 北京:中国科学院文献情报中心(内部出版),1989. -- 224 页:表;21cm(北京师范大学图书馆)

本书是根据 1982 年出版的《中国科学院图书情报工作教材》修订而成的。全书共分为 13 章,主要内容包括:图书情报部门目录一般概念,文献著录的一般原理,一般图书著录法,分析著录与综合著录,丛书、多卷书著录法,其他类型文献著录法,图书在版编目,著录标目,字顺目录组织,分类目录组织,目录体系,文献编目工作程序,我国文献编目发展简史等。书后附录有著录实习题选,外国人的姓名及全国主要出版社所在地一览表。本书主要适用于培训从事专业图书情报工作的业务人员,也可供其他有关人员自学或研究时参考。(韩丽)

2977

中国图书资料分类法(第三版) / 中国图书馆图书分类法编辑委员会编辑;中国图书资料分类法修订组修订. -- 北京:科学技术文献出版社, 1989. -- 923 页;25cm. -- 17176.311. -- 7-5023-0908-X(国家图书馆)

《中国图书资料分类法》是全国各级图书馆和情报研究单位广泛采用的大型工具书。分类法是按学科系统编制的,其体系结构和类目设置,必然要受一定时间条件的限制。为此,随着科学技术的迅猛发展,新事物的不断涌现以及各类用户在使用过程中陆续提出问题和意见,必须对其加以充实和修订。这次修订的要点主要有:(1)立类问题;(2)类目的增订和加细;(3)类目符号的改动和调整;(4)类目的删除;(5)标记符号的修订;(6)组配方法和附加符号的使用等等。修订后的版本(第三版)不仅在数量(篇幅)方面,而且在质量(实用性)方面均有较大提高。本书可供各级图书馆、情报单位和档案部门类分中外文图书资料、组织藏书、编制目录和进行文献检索之用,还可作为图书情报教学和图书情报工作的参考。(韩丽)

2978

国际专利分类表(第 5 版) / 中国专利局审查部译编. -- 北京:专利文献出版社, 1989. -- 9 册;26cm. -- 7-80011-023-0(国家图书馆)

国家知识产权局专利局采用的国际专利分类表(IPC)是目前唯一国际通用的专利文献分类和检索工具,为世界各国必备。国际专利分类表是根据 1971 年签订的《国际专利分类的斯特拉斯堡协定》编制的,本套分类表是根据世界知识产权组织 1989 年出版的第五版国际专利分类表英文本翻译的。第五版国际专利分类表于 1990 年至 1994 年间使用。这套分类表共分九个分册,即 A 分册——人类生活需要;B 分册——作业、运输;C 分册——化学、冶金;D 分册——纺织、造纸;E 分册——固定建筑物;F 分册——机械工程;G 分册——物理;H 分册——电学;第九分册——使用指南。国际专利分类表由世界知识产权组织负责修订,每五年出版一次修订后的新版本。本书可供从事科研、设计、生产、情报、教学等工作的广大工程技术人员、科技情报人员、专利代理律师以及专利审查员和分类审查员在分类专利文献和查找专利文献中的技术情报和法律情报时使用。(韩丽)

2979

图书分类学(修订本) / 周继良主编;周绍萍, 俞君立编著. -- 武汉:武汉大学出版社,1989. -- 436 页;20cm. -- 高等学校文科教材. -- 7-307-00318-X(山东大学图书馆)

本书系国家教委选定的高等学校文科教材,是图书馆学专业基础课教材之一。全书共分 14 章(含结论),系统地介绍了图书分类的基本原理、图书分类法的基本知识、国内外主要图书分类法简况、同类书排列法、图书资料分类标引工作和方法等。内容丰富,资料新颖,理论联系实际。本书可作为高等学校图书情报专业本科生教材,对于各级各类型图书馆、情报机构、资料室、档案部门的工作人员也有重要的参考价值。(张玲)

2980

图书分类 / 北京大学图书馆学情报学系《图书分类》编写

组编著. -- 北京:书目文献出版社, 1990. -- 375 页;19cm. -- 7-5013-0815-2(国家图书馆)

本书是为图书馆学情报学系的学生编写的专业基础教材。书中系统地概述了图书分类的基本理论,图书分类史和图书分类的技术方法。为便于学生学习,书的每一章后面均列有思考题和主要参考书目,书末还附有实习题。本书增补了"分面组配式分类法剖析"一章,介绍了国内外有关分面组配式分类法的基本理论和应用,以及它的最新研究成果;加强了对专业名词术语理论性的概括,使其更加规范化。全书共分八章,主要包括:等级列举式图书分类法的结构剖析,分面组配式分类法剖析,图书分类标引工作与方法,各类图书的分类,同类书的排列与分类目录的组织,我国图书分类法的介绍,外国图书分类法简介,图书分类的发展趋势等内容。(韩丽)

2981

中国图书馆图书分类法简明教程 / 陈树年等编著. -- 宝鸡:宝鸡市图书馆学会(内部出版),1990. -- 330 页; 19cm (天津理工大学图书馆)

《中图法》第三版经过数年的努力,终于完成修订工作并出版发行。为满足《中图法》(三版)的学习、推广应用及教学需要,而编写了这本《简明教程》。本书与《中图法》编委会举办学习班的授课内容大致相同。它不是一本系统的分类教材,只是从《中图法》的历史发展、修订、使用及未来前景几方面进行概括介绍。鉴于《〈中图法〉使用手册》和《中图法》(三版)修订类目对照表即将出版,所以本书没有逐类介绍修订的详情,而是力求忠于《中图法》的编制理论和使用规则。(韩丽)

2982

中国图书馆图书分类法的理论与使用 / 陈树年等编著. -- 西安:陕西科学技术出版社, 1990. -- 397 页;19cm. -- 情报检索语言丛书. -- 7-5369-0836-9(国家图书馆)

本书是为了满足图书情报界学习、使用《中国图书馆图书分类法》(第三版)的需要而编写的。本书不是一本系统的分类教材,只是从《中图法》的历史发展、编制理论、修订、使用方法以及未来发展前景几个方面进行了阐述。全书共分为6章,主要内容包括:《中图法》的由来及发展,《中图法》的编制理论与技术,《中图法》的修订,《中图法》的使用,重新分类工作,《中图法》的未来。书后附录有《中图法》名词解释、相关章节练习题及其参考答案。(韩丽)

2983

图书分类手册 / 东北师范大学图书馆编;傅永生主编. -- 长春:吉林科学技术出版社, 1990. -- 878 页;21cm. -- 7-5384-0585-2(国家图书馆)

本书是为了配合《中图法》(第三版)的使用,推进分类主题一体化的进程,受全国高等学校图书情报工作委员会委托,由东北师范大学图书馆编制而成的。本手册依照《汉语主题词表》,将《中图法》(第三版)有检索意义的类目转换成相应的标题,与分类号一一对应,标题总数约五万个。本手册适用于使用《中图法》(第三版)的各类型图书馆,主要作为其主题索引,供分类人员定类使用。对于已开展主题标引工作的图书馆,可在人工标引方面起参考作用。(韩丽)

2984

文献分类与主题标引 / 黄俊贵, 倪波主编;赵燕群执笔. --北京:书目文献出版社, 1990. -- 162 页;19cm. -- 7-5013-0773-3(国家图书馆)

本书共分8个部分。第一部分是导言,介绍了文献标引的意义和分类法、主题法概述;第二部分是主题分析的方法,论述了主题的确认、形式、表达方式及数量;第三部分是《中国图书馆图书分类法》的结构与使用方法,包括分类表的结构、标记符号、索引;第四部分是分类标引工作,包括分类工作概述,分类规则和索书号的编制;第五部分是分类标引方法,介绍了马列主义、哲学、社会科学图书的分类,科技图书的分类及各类型文献的分类;第六部分是《汉语主题词表》的结构与使用方法,介绍了词表的结构、参照系统、语词特性等;第七部分是主题标引工作,包括主题标引工作概述,主题因素分解与主题词组配及各类型文献主题标引;最后是分类法与主题法的新发展。(韩丽)

2985

《军用主题词表》使用手册 / 军用主题词表编制委员会编. -- 北京:军事科学出版社,1990. -- 223 页;20cm. -- 军事学列入国家哲学社会科学"七五"规划重点课题. -- 7-80021-308-0(国家图书馆)

《军用主题词表》是我军第一部大型、综合性词表,收录了军事领域及其相关学科的常用名词术语五万余个,主要供军委、三总部、军兵种、大军区、集团军及军事院校、军事科学研究机构等部门进行公文、图书、档案、情报资料、学术论文、教材等文献的标引和检索之用。它的推广使用,对实现我军检索语言统一、情报资源共享和加速我军指挥、办公自动化的进程,具有重要意义。本书从介绍情报检索基本概念入手,重点阐述了《军用主题词表》的概念及特点、查词方法、主题标引步骤及方法、标引规则、计算机情报检索、主题目录和主题索引等方面知识。书后还附有50个军事文献标引实例和情报检索术语荟萃,可供参阅。本书是《军用主题词表》的配套工程项目,是推广使用《军用主题词表》的基础教材,也是我军标引人员学习主题法的入门工具书。(韩丽)

2986

军用主题词表. 第1卷. 主表(字顺表) / 军用主题词表编制委员会编. -- 北京:军事科学出版社, 1990. -- 1247 页; 26cm. -- 7-80021-305-6(国家图书馆)

本书是我军第一部大型综合性主题词表。编制《军用主题词表》是我军指挥、办公自动化的基础工程,是国家社会科学"七五"规划军事科研的重要课题,也是国家军用标准"七五"规划的重点项目。

本表是全表的第1卷主表部分,本词表共收词52500个,其中正式主题词47340个,非正式主题词5160个,内容涉及军事科学领域的军事理论、军事技术两大部类,87个学科、专业和部门的知识。(韩丽)

2987

军用主题词表. 第 2 卷. 范畴表、附表 / 军用主题词表编制委员会编. -- 北京:军事科学出版社,1990. -- 522 页;26cm. -- 7-80021-306-4(国家图书馆)

本表是全表的第 2 卷"范畴表、附表"部分,按主题词的隶属关系,范畴划分为三级:一级范畴 88 个,二级范畴 477 个,三级范畴 642 个。(韩丽)

2988

军用主题词表. 第 3 卷 汉英—英汉对照索引 / 军用主题词表编制委员会编. -- 北京:军事科学出版社,1990. -- 510 页;26cm. -- 7-80021-307-2(国家图书馆)

本表是全表的"汉英—英汉对照索引"部分。(韩丽)

2989

文献分类学 / 刘延章著. -- 郑州:中州古籍出版社,1990. -- 391 页; 20cm. -- 7-5348-0328-4(国家图书馆)

本书是作者长期从事文献分类实践的经验总结和多年来从事文献分类理论研究的结晶。其内容包括三个方面:一是文献分类的基本理论;二是文献分类的基本方法;三是文献分类学史和文献分类法史。作者在继承当代图书分类学研究成果的基础上进行了一系列探索,使该书与同类著作相比颇具特色。本书可作为图书馆学、情报学、档案学、图书发行学等专业师生、研究人员和实际工作者的教科书和参考书之用。(韩丽)

2990

主题检索语言 / 邱明斤编著. -- 成都:四川大学出版社,1990. -- 450 页;19cm. -- 7-5614-0312-7(国家图书馆)

本书是在编者讲授主题检索语言的《主题法讲义》的基础上改编而成的。主题检索语言是处理和查找文献的多种方法中的一种,与读者习惯的、从学科分类途径查找文献的分类检索语言,有相当的共性,都是表达文献主题内容的方法。本书立论的重要理论基础是分类主题一体化。研究与操作表明,分类检索语言与主题检索语言各有千秋,相互不能替代。二者应该互相补充,甚至融为一体,实现分类主题一体化。本书共分 6 章,主要包括:情报检索与主题检索语言、标题词语言、单元词语言和关键词语言、叙词语言、保留上下文索引系统、主题标引等内容。(韩丽)

2991

计算机科学技术汉语叙词表 / 王能琴主编. -- 北京:清华大学出版社, 1990. -- 648 页;19cm. -- 7-302-00617-2(国家图书馆)

《计算机科学技术汉语叙词表》(简称《计汉表》)是中国计算机科学技术(ZGJKJ)文献库系统的重要组成部分。《计汉表》与《计算机科学技术英语主题词表》(简称《计英表》)是 ZGJKJ 文献库文献处理和检索的重要工具。本书收集计算机软、硬件及其在各领域内的叙词,还有电子、电工、自动化、计算数学等学科的叙词,即计算机理论基础、体系结构、软件工程、操作系统、程序设计语言和方法学、人工智能、模式识别、图像处理、信息处理、数据库、网络系统等—百多个领域。《计汉表》是用作情报检索语言的工具,也可以作为计算机专业词汇英汉对照的参考。与一般词汇不同之处在于叙词表的结构和组成,反映了计算机及其相关学科的叙词之间的概念联系。因此,它可作为计算机与非计算机科技人员、高等院校及中等专业学校师生的参考书。它还可作为学习计算机专业及相关学科术语的导引书,是图书资料分类编目必备的参考书。(韩丽)

2992

台湾图书馆目录使用之研究 / 吴明德. -- 台北:台湾"行政院"科学委员会,1990. -- 92 页;29cm. -- 台湾"行政院"科学委员会专题研究计划成果报告:(国家图书馆)

该书为灰色文献图书馆学研究计划报告。本研究的主要目的在于分析台湾图书馆目录使用者的特质、探讨图书馆目录使用者使用目录的情形、分析图书馆读者对目录的看法、以及比较卡片目录和线上目录的使用情形。本研究以访谈法实地调查了大学、公共及专门图书馆的读者。全书分 5 章。第一章绪论,第二章文献分析,第三章研究方法与过程,第四章调查结果分析,第五章结论与建议。书后附录"图书馆目录使用调查问卷(卡片目录)"、"图书馆目录使用调查问卷(线上目录)"、"图书馆目录使用调查问卷(非使用者)"。(赵红)

2993

编目分类与排片 / 吴祖善. -- 台北:汉美图书公司, 1990. --209 页;21cm. -- 957-9005-02-8(国家图书馆)

本书分为编目、分类与排片三个单元,分别介绍编目及分类的意义、编目的目的、编目规则、编目层次、中西文目录排片规则等。(赵红)

2994

文献编目概论 / 谢宗昭主编. -- 南京:南京大学出版社, 1990. -- 557 页;21cm. -- 7-305-00634-3(国家图书馆)

本书主要包括中文及西文两大类文种的文献编目内容。本教材采取了新的编写体例。新体例的总精神是:基本理论及基本概念采用中、西编合一的办法。编目技术部分由于编目规则不一,则中、西编分别处理。全书共 4 编 28 章及 4 个附录。第一编"总论",共 5 章。包括文献编目的基本理论及基本概念,图书馆目录及其发展概况与趋势。第二编"文献著录",共 3 部分,18 章。包括文献著录的一般原理,中文各类文献著录法,西文各类文献著录法。第三编"主题编目"。仅从编目学角度重点论述主题编目的原理及《美国国会图书馆标题表》的评介与使用。第四编"目录组织与目录体系",共 4 章。包括目录组织与目录体系的基本理论、基本概念及各类目录的组织法。全书最后有 4 个附录备查。本书适用于高等院校文献情报学专业,也可供图书馆编目工作人员参考。(韩丽)

2995

《中国图书馆图书分类法》(第三版)类目复分方法及其疑难解释 / 俞君立, 黄葵编著. -- 西安:陕西科学技术出版社, 1990. -- 264 页;19cm. -- 7-5369-0747-8(国家图书馆)

《中国图书馆图书分类法》(简称《中图法》)是我国图书馆和情报单位广为采用的综合性图书资料分类法,也是我国目前唯一的一部系列化图书资料分类法，曾荣获 1985 年国家科学技术进步奖一等奖。对于图书分类工作者、图书馆学专业学生与自学者来说，正确理解与运用类目复分方法，是一个值得重视的问题。为了学习与宣传《中图法》第三版，编者编写了本书。《中图法》第三版的类目复分方法，其依据是概念的分析与综合原理，具有共性区分与分面组配的性质。采用这种方法，既能简化类表，使类目体系变得系统、简明，增强类目的细分化程度；又能在一定程度上表达新学科、新技术、新问题，提高类表容纳更多概念的能力。本书主要解释《中图法》第三版各种复分方法的要点与疑难问题。并对《科图法》第二版的类目复分方法也适当加以介绍。（韩丽）

2996

电力主题词表（辅表）／张金城主编. -- 北京：能源部水利水电情报研究所（内部出版），1990. -- 969 页；26cm（华北电力大学图书馆）

本词表是标引和检索电力专业文献的主要工具，既适用于计算机存储和检索，也可用于组织主题目录和主题索引。本词表收录电力专业及相关专业的主题词共11151个，其中正式主题词 9694 个，非正式主题词 1457 个，选词的主要依据是 1980 年版《汉语主题词表》、1987 年版的《美国能源数据库主题词表》、1985 年版的《美国电力研究协会主题词表》、1983 年版的《英国科学文摘主题词表》等。本词表由主表和辅表两部分组成，分两卷出版，主表按汉语拼音字顺排列，辅表又称辅助索引，包括范畴索引、轮排索引、英汉对照索引和字顺索引。（韩丽）

2997

情报检索语言论文选／张琪玉等编. -- 北京：书目文献出版社，1990. -- 375 页；20cm. -- 中国图书馆学情报学论文选丛. -- 7 - 5013 - 0790 - 3（国家图书馆）

为庆祝中华人民共和国成立 40 周年暨中国图书馆学会成立 10 周年，中国图书馆学会决定编辑出版《中国图书馆学情报学论文选丛（1949 ~ 1989）》。《中国图书馆学情报学论文选丛（1949 ~ 1989）》共 10 集，每集包括前言、综述和论文三部分，约 25 万字。本书即为该丛书的第六集。收录的文章包括：我国情报检索语言四十年文献简述，论情报检索语言的研究、创制与普及，主题法与分类法，关于图书分类学若干问题的探讨，编制图书分类法的几个基本问题，论西方图书分类法当前发展的趋势，图书分类法的路向等。（韩丽）

2998

主题检索系统设计选择／（美）杰西卡. L. 米尔斯蒂著；叶子军，吴人珊译. -- 北京：书目文献出版社，1991. -- 267 页；19cm. -- 7 - 5013 - 0832 - 2（国家图书馆）

本书从崭新的研究角度对 20 世纪 80 年代文献检索系统设计的理论与技术，作了全面、深入的阐述，并注意报道新的科学研究成果和进行实例的详尽评析。内容概括了文献检索系统中的文档、文献集合、索引词等各主要部分的设计问题。这是一本观点新颖、且较有分量的理论专著，对我国图书情报及档案学的理论研究和实践工作起到重要的指导作用。本书的目的就是填补在主题检索研究领域的空白，全书共分五部分，即导论、文档、文献集合、索引词、总结。分别论述了款目：检索特征，存贮与检索方式，可供排序的选择方案，参照系统，索引词来源：内部来源与外部来源，抽词标引选择方案，赋词索引，术语典据设计等内容。（韩丽）

2999

中国图书馆图书分类法（儿童图书馆、中小学图书馆版）／《中国图书馆图书分类法》（儿童图书馆、中小学图书馆版）分编辑委员会编. -- 天津：天津人民出版社，1991. -- 211 页；26cm. -- 7 - 201 - 00830 - 7（天津师范大学图书馆）

该书为《中国图书馆图书分类法》儿童图书馆、中小学图书馆版，是《中国图书馆图书分类法》系列中的一个专门性分类表。该分类法的编制坚持了《中国图书馆图书分类法》的编制思想和编制原则，突出了专门类分儿童图书馆、中小学图书馆馆藏普及型文献的个性特点，适用于各类型儿童图书馆、中小学图书馆。该书由编制说明、基本大类及辅助表三个部分组成，书后附有《中国图书馆图书分类法》（儿童图书馆、中小学图书馆版）分编辑委员会、综合编审、编辑人员及分编辑委员会办公室人员名单。（胡秋玲）

3000

中国机读目录通讯格式／北京图书馆自动化发展部编. -- 北京：书目文献出版社，1991. -- 131 页；26cm. -- 7 - 5013 - 0848 - 9（国家图书馆）

本格式于 1986 年着手编辑，1986 年年底完成讨论稿，1987 年 1 月寄送国内一些图书馆、情报部门征求意见。同时，又将以此格式记载的计算机编目的数据（MARC）提供北京、上海的一些图书馆试用。1987 年下半年，根据专家和试用用户的意见进行了修订。1987 年年底和 1988 年年初，又根据新出版的 UNIMARC Manual（IFLA Universal Bibliographic Control and International MARC Programme British library Bibliographic Services1987）作了补充修订。本书介绍了本格式的定义、格式设计原则、使用说明、格式结构、数据字段、字段和子字段一览表，并附录有世界国家和地区名称代码表，语言和语言代码表，文献类型与文献载体代码表，国内地区代码表等。（韩丽）

3001

西文文献编目／段明莲，关懿娴编著. -- 北京：北京大学出版社，1991. -- 327 页：图；19cm. -- 7 - 301 - 01451 - 1（国家图书馆）

本书共 12 章 18 万字，主要内容包括：导论，西文文献著录条例发展概况，文献结构，文献著录，主要款目的著录，辅助著录，多卷书与丛书著录，连续出版物著录，非书资料著录，舆图资料著录，目录组织法，文献目录的规范工作等。本书适合大学本科和函授专科用作教材，也可供一般的自学者学习和西编工作人员参考阅读。本书是以 1985 年出版的、基于 AACR2 编成的《西文文献著录条例》为依归。为适应我国图书馆文献著录标准化而采用了 ISBD 格式，同时注意到世界上有关内容的最新成果，本书注重实际应用，涉及的主要是一些基础知识和基本方法。（韩丽）

3002

测绘制图资料国际标准书目著录 ISBD(CM)(第二版) / 国际图书馆协会联合会编;全国文献工作标准化技术委员会第六分委员会译. -- 北京:书目文献出版社, 1991. -- 65 页;26cm. -- 7-5013-0873-X(国家图书馆)

本书是《国际标准书目著录(ISBD)译丛》中的一册,是根据国际图书馆协会联合会 1988 年推荐的《国际标准书目著录》(ISBD)的最新版本译出。本译丛是为了进一步推动我国文献著录标准化工作,不断完善各类型文献的著录标准方法,使我国在国际书目控制系统中发挥积极作用而组织翻译的,主要系统介绍各类型文献的书目著录标准,供作修订国家文献著录标准、进行文献著录理论与方法的研究和教学参考。本书详细地规定了著录和识别测绘制图资料的要求,确定了著录单元的顺序,并规定了著录的标识符系统。其规定首先涉及的是国家书目机构所编制的书目记录;其次是其他编目机构的书目记录。(韩丽)

3003

主题法导论 / 侯汉清,马张华主编;张涵等编著. -- 北京:北京大学出版社, 1991. -- 352 页;20cm. -- 7-301-01452-X(国家图书馆)

本书是一本全面论述主题法的著作,其中以主题检索语言为主线,对叙词语言、标题语言和关键词语言及其标引进行了详细的阐述,同时设置专章介绍了主题检索工具的编制。为了反映 20 世纪 80 年代以来国内外主题法研究和应用的最新成果,编者在书中介绍了在主题法领域出现的标准化、自动化、兼容化、自然语言化、分类主题一体化等趋向。这本书的写作也概括了编者多年来从事主题法教学、参加叙词表编制的实际经验。全书共分 9 章,主要包括:导言,主题法的原理,标题语言,叙词语言,分类主题一体化语言,主题标引工作,主题检索工具,自然语言标引与检索,主题法发展趋势等内容。(韩丽)

3004

文献著录与目录组织管理 / 黄俊贵,倪波主编;孙国华执笔. -- 北京:书目文献出版社, 1991. -- 332 页;19cm. -- 图书馆学情报学知识. -- 7-5013-0833-0(国家图书馆)

本书是《图书馆学情报学知识》丛书的第六分册。全书系统地论述了图书的著录方法和目录编排、管理方法,包括图书各著录项(书名与责任者项、版本项、出版发行项、载体形态项、丛书项、附注项、标准书号及有关记载项、提要项等)的著录法,丛书和多卷书著录法,分析著录法和综合著录法,著录标目法,图书馆目录、分类目录、书名目录、著者目录、主题目录等各类目录的编制和管理方法等。本书论述详细,附有大量实例,便于学习。可用作图书情报中专及业务培训教材,对广大图书情报工作者也很有参考价值。(韩丽)

3005

社会科学工具书七千种 / 赖伯年,杨邦俊主编. -- 西安:陕西人民出版社, 1991. -- 1028 页;20cm. -- 7-224-01667-5(北京师范大学图书馆)

本书所收社科与综合性工具书 7000 种;包括字典、辞典、百科全书、年鉴、书目、图谱等 12 个类型;收录范围以建国后至 1989 年出版的中文社科工具书为主。(韩丽)

3006

书目工作概论 / 倪晓建主编. -- 北京:北京师范大学出版社, 1991. -- 383 页;20cm. -- 7-303-01071-8(国家图书馆)

本书是国家教委 1985 年至 1990 年高等学校文科教材选编计划中的一种。本书共分为 15 章:书目工作的内容和意义,文献的收集和报导,文献著录法,提要编写法,书评编写法,综述编写法,文摘编写法,文摘刊物编制法,书目类型概述,书目编制法,索引和索引类型,索引编制法,书目情报服务,书目工作组织管理,书目工作现代化。本书注重教材的实用性,因此详细论述了提要、文摘、书目、综述的编写方法以及书目、索引、文摘等检索工具的编制方法,并对各自的内容或结构组成、编写或编制程序等作了具体的叙述;其次注意教材的系统性,根据课程的内容特点,安排了文献的收集报导、文献著录及书目情报服务的内容,对书目工作的组织管理和书目工作现代化等也作了概括的介绍。本教材可供图书馆学、情报学、档案学专业选择使用,亦可供广大图书情报工作者参考。(韩丽)

3007

《中国图书馆图书分类法》第三版理论与分类实践 /宛福成等编. -- 北京:机械工业出版社, 1991. -- 342 页;19cm. -- 7-111-02885-6(国家图书馆)

《中国图书馆图书分类法》自问世以来,经过多次修订,日趋完善。使用分类法,首先要学习分类法、掌握分类法,本书就是编者根据自己的学习和理解,参考有关著作而编写的。本书分为上、下两篇,上篇共两章,阐述了中图法的历史沿革,并按中图法的主表、附表和索引三部分阐述了中图法的体系结构;下篇以中图法各大类(A-Z 类)的学习与分类实践为单位,详述了类目的增减、注释文字的变化、类号的配制等内容。书后附有中图法第三版辅助表和主要参考文献。(韩丽)

3008

古籍知识分类辞典 / 王福庭,张心绰编著. -- 合肥:黄山书社, 1991. -- 508 页;19cm. -- 7-80535-173-2(国家图书馆)

本书是一部以文史知识为主的通俗性小型工具书,供中等以上文化程度的读者使用。本书的编写原则是实用性要强、读者面要广、部头要小。因此,本书在选词上注意常见常用、特称别称、难找难查等几个方面;在释义上注意简易通俗、流畅自然,不受一般辞书编写习惯和体式上的束缚,遵从以讲清问题为准的原则;在条目编排上注意知识的系统性和认识的渐进性。本辞典共收词目 2666 条,分类编排。共分 6 部 21 类,可按类检索条目。后附笔画索引和附录两则:古籍之最、古籍标称。(韩丽)

3009

钢铁工业主题词表(第二版) / 冶金部情报标准研究所总所著. -- 北京:冶金部情报标准研究所总所(内部出版), 1991. -- 544 页;26cm(北京科技大学图书馆)

本主题词表是在1987年第一版的基础上修订的。第二版增补了冶金地质专业、金属矿采矿专业、选矿专业和冶金建筑专业几个范畴，增加了主题词的英语对照译名，在“主题法—分类法一体化”方面作了初步尝试，即主题词范畴符号采用《中国图书资料分类法》(第三版)中的分类号。第二版还增设了词族参照系统等。

本词表共收入主题词16009条，其中正式主题词13689条，非正式主题词2140条。(韩丽)

3010

分类语言与主题语言 / 张帆编著. -- 武汉：华中师范大学出版社，1991. -- 407页：图；20cm. -- 7-5622-0772-0(武汉大学图书馆)

本书广泛吸收了当代国内外图书情报领域的有关研究成果，参考引用了许多专家、同行近年的最新著述。全书分为6个部分，第一部分(第1章)是关于情报语言基础知识的概述，包括情报语言的理论与方法基础、情报语言的类型与性质等。第二部分(第2—3章)是关于分类语言基本概念及其实体(体系分类法与组配分类法)体系结构的介绍，包括文献分类基本概念、分类法编制原则以及分类法(表)结构剖析。第三部分(第4—5章)包括主题语言基本概念、叙词表结构等内容。第四部分(第6—7章)以《中图法》和《汉语主题词表》为依据，系统介绍了主题分析与文献标引的方法，包括文献标引的意义、作用与种类，文献标引总则及各类型文献标引规则。第五部分(第8—9章)是关于国内外分类语言与主题语言发展情况的介绍，简介了世界上几部比较有影响的分类法(表)与主题词表。第六部分(第10—11章)是关于分类语言与主题语言性能与检索工具的比较，包括对分类语言与主题语言发展趋势的展望。(韩丽)

3011

水产科学叙词表 / 中国水产科学研究院科技情报研究所主编. -- 北京：中国农业科技出版社，1991. -- 283页；26cm. --7-80026-249-9(国家图书馆)

为适应水产事业的发展，建立全国水产科技文献检索体系，进行文献前处理工作的需要，编制了这本《水产科学叙词表》。《水产科学叙词表》是一部水产专业检索工具书，主要供水产系统图书情报档案部门加工处理文献用。本表的编制，对于建立手工主题检索系统、计算机情报检索系统，实现文献资料检索网络化、自动化提供了必要的条件。本书内容包括：水产资源、养殖、捕捞、水产品保鲜加工、渔船、渔业机械仪器等有关基础科学，全书词目3286条。(韩丽)

3012

中国图书馆图书分类法(简本)第三版 / 中国图书馆图书分类法编辑委员会编. -- 北京：书目文献出版社，1991. -- 449页；20cm. -- 7-5013-0867-5(国家图书馆)

《中国图书馆图书分类法(简本)》的编制是依据《中国图书馆图书分类法》1980年修订版节编而成的。在编制原则、体系结构、号码配备等方面都与修订版基本保持一致。这样，既能满足中小型图书馆图书分类的需要，又有利于使全国图书分类法趋向统一化和标准化。图书分类法是以科学分类为基础，结合图书的内容和特点，分门别类组成的分类表。本表分为五个部类，在部类下展开为22个大类。在22个大类下，又区分若干小类，层层隶属，逐级细分。本分类法的结构包括大纲、基本类表、正表和辅助复分表。(韩丽)

3013

中国图书馆图书分类法第二版与第三版修订类目对照表 / 中国图书馆图书分类法编辑委员会编. -- 北京：书目文献出版社，1991. -- 600页；26cm. -- 7-5013-0868-3(国家图书馆)

1990年2月，《中国图书馆图书分类法》(以下简称《中图法》)第三版正式刊行。新版《中图法》经过修订补充后，加深了类目的细分程度，增设了反映新学科、新事物的类目，从而适应了学科发展的需要，进一步增强了类表的实用性和科学性。为了让使用单位了解《中图法》第三版修订的详细情况，特编制《中国图书馆图书分类法第二版与第三版修订类目对照表》，以利于使用单位做好图书改编工作和新书分类工作，同时也为广大读者提供使用新旧两个版本检索图书的途径，作为使用《中图法》第三版的参考工具书。本对照表，按照《中图法》第二版类目体系的次序，将有关修订类目，根据不同修订类型，逐条摘录并与三版进行对照指引，使用十分方便。总之，本表对二、三两个版本的类目变化都力求作出交待，予以正确反映。(韩丽)

3014

中国图书馆图书分类法中国图书资料分类法(第三版)使用手册 / 中国图书馆图书分类法编辑委员会编. -- 北京：书目文献出版社，1991. -- 326页；20cm. -- 7-5013-0907-8(国家图书馆)

本书结合实例对分类法的编制原则和编制结构、标记符号和类目组配复分的方法等进行了详细的说明。(韩丽)

3015

目录学文献学论文选 / 中国图书馆学会主编. -- 北京：书目文献出版社，1991. -- 340页；20cm. -- 中国图书馆学情报学论文选丛. -- 7-5013-0862-4(国家图书馆)

为庆祝中华人民共和国成立40周年暨中国图书馆学会成立10周年，中国图书馆学会决定编辑出版《中国图书馆学情报学论文选丛(1949～1989)》，每集包括前言、综述和论文三部分。本书即为其中的一册，其内容包括：目录学的研究对象、学科性质、内容范围、理论体系及书目方法；文献学的内容、范围，以及文献学的结构、分支科学等。(韩丽)

3016

国际专利分类法概要及应用 / 中国专利局审查一部分类审查室编著. -- 北京：专利文献出版社，1991. -- 1册；26cm. --7-80011-068-0(国家图书馆)

国际专利分类法(IPC)是世界各国广泛采用的统一的专利文献分类法，是进行专利文献分类、排挡、检索的有效工具。我国自1985年实施专利法以来，也采用了该分类法。本书对IPC的分类表编制、等级结构、混合系统、分类规则、分类方法及其历史和发展作了较全面的介绍，结合典型例子作了解释；并着重介绍了现行IPC第5版的内容。本书具有完整、准确,通俗易懂、实用性强的特点,是研究、使用 IPC 的工具性参考书,也是 IPC 课程教材。本书可供从事科研、生产、情报、教学等工作的广大工程技术人员、科技情报人员以及专利工作者和研究人员阅读使用。(韩丽)

3017

中国新闻资料分类法 / 《新闻资料基础研究》课题组,新闻资料分类研究小组编制. --(内部出版),1992. -- 119 页;19cm(北京师范大学图书馆)

《中国新闻资料分类法》作为新闻资料分类基础研究的一项内容,是国家社会科学基金资助课题《新闻资料基础研究》成果的一部分。本分类法由以下三部分组成:国内新闻资料分类表;国际新闻资料分类表;音像新闻资料分类表。前两个表是通用表,最后一个则是专业表。本分类法是在研究和总结各新闻单位新闻资料分类的实践经验和有关新闻资料分类的理论探讨的基础上编制的,编制中也借鉴和参考了图书分类法的某些编制方法。本分类法面向全国新闻单位,主要考虑中小型新闻单位资料分类的需要,力求简明扼要。(韩丽)

3018

机读目录的结构编制与应用 / 冯泽泗主编. -- 成都:成都科技大学出版社, 1992. -- 188 页;26cm. -- 7 - 5616 - 1136 - 6(四川大学图书馆)

本书编写的目的在于让更多的文献工作者参与,推动文献工作现代化,创建我国自己的机读目录。按照国际标准建立书目数据库,形成我国自己的书目文献中心,既是我国文献工作现代化发展的战略决策,也是实现书目文献资源共享、图书馆自动化管理的基础。全书共分 7 章,主要包括:文献工作发展趋势,机读目录的产生与发展,机读目录基础,机读目录的格式与结构,机读目录的编制与组织,机读目录系统功能与应用,文献主题标引等内容。书后附有北京图书馆中文主题标引工作条例。(韩丽)

3019

图书分类 / 高信成等编著. -- 北京:中国书店, 1992. -- 145 页;20cm. -- 7 - 80568 - 463 - 4(国家图书馆)

本书在介绍图书分类的基本理论、一般原则、基础知识和发展概况的基础上,对书店图书分类的历史,书店图书分类的地位、作用,书店图书分类的特征,以及如何结合书店实际做好图书分类工作,进行了全面的论述,并提出了一些较为系统的书店图书分类的原则和方法。为了开阔视野,拓宽知识面,本书还简述了与分类有关方面的知识,如统一书号与中国标准书号、书店各类门市图书分类类目表举例等,是一本具有一定实用价值的教材。本书不仅是图书发行中等专业必修的基础知识教材,同时又是图书发行战线每一位工作者所应备的学习业务知识用书;对于一般读者来说,也不失为一本增进了解和选购图书知识和方法的有益读本。(韩丽)

3020

国防科学技术叙词表 / 国防科学技术叙词表编制组编. -- 北京:军事科学出版社, 1992. -- 2 卷(1081 页; 326,256 页). -- 7 - 80021 - 453 - 2(北京理工大学图书馆)

本叙词表(1991 年修订版)是经国防科工委批准的国家军用标准项目,分为两卷:第一卷,主表(字顺表);第二卷,英汉索引、范畴表、国防科技文献叙词标引规则。本词表是一部标引和检索国防科学技术领域国内外文献的动态性词表,既适用于建立文献数据库和计算机检索,也适用于组织中英文主题目录和主题索引。与 1985 年版对比,本版增选了与国防科学技术关系密切、文献标引和情报检索所需的名词术语10365条,删去了型号叙词、专有机构名称叙词以及相关学科方面使用频率低、专指性强的叙词 9975 条。总收词量为31816条,基本上覆盖了国防科学技术领域各学科、各专业及其相关专业的知识,是一部大型的技术专业词表。(韩丽)

3021

图书馆分类工作手册 / 侯汉清, 王荣授主编. -- 北京:中国科学技术出版社, 1992. -- 510 页;21cm. -- 图书馆和情报机构工具书系列. -- 7 - 5046 - 0696 - 0(国家图书馆)

本书是《图书馆和情报机构工具书系列》之一。本书为系统介绍文献分类工作的大型工具书。分为术语篇、工具篇、文献篇、人物篇、团体机构与会议篇和分类实践篇,具体介绍了中外文献分类工具,中外分类研究文献,中外文献分类学者和专家等,既有基本概念和方法的解说,又有实际操作经验的介绍及分类疑难问题的解答。书末还附有与文献分类有关的大事年表、统计数据、著作目录及其他参考资料。本书可供图书馆、情报及档案工作人员及教学人员参考。(韩丽)

3022

汉语拼音著者号码表 / 侯有德等主编. -- 郑州:河南教育出版社,1992. -- 53 页;26cm(河南工业大学图书馆)

为了促进中文同类书排列的规范化、标准化,实现在版编目,选定或新编一种科学的、理想的书次号码表,已成为图书馆界的共同愿望。本书编者根据对北京图书馆 47 万种、中国版本图书馆 46 万种、北京大学图书馆 28 万种及部分工、农、医专业图书馆中文图书著者名称首、二字出现频率的调查统计,参考全国人口普查姓名频率等有关资料,结合汉字特点,确定选字数量,合理分配号码,编著出查号法《汉语拼音著者号码表》。其号码采用汉语拼音字母与阿拉伯数字混合制;主体结构以汉语拼音字母顺序单线展开;所收汉字以中文图书著者首字为主,共 2727 个,系几个典型大馆共150 余万种图书著者首字中出现频率较高的汉字。(韩丽)

3023

文献编目论文选 / 黄俊贵,林德海编. -- 北京:书目文献出版社, 1992. -- 359 页;20cm. -- 中国图书馆学情报学论文选丛. -- 7 - 5013 - 0905 - 1(国家图书馆)

为庆祝中华人民共和国成立 40 周年暨中国图书馆学会成立 10 周年,中国图书馆学会决定编辑出版《中国图书馆学情报学论文选丛(1949—1989)》。《中国图书馆学情报学论文选丛(1949—1989)》共 10 集。每集包括前言、综述和论文三部分,约 25 万字。本书收录有关文献编目实践与理论方面的论文 28 篇,论述了文献著录标准体系及其内容、文献编目自动化、在版编目等方面的问题。其收录的文章包括:文献编目实践与理论进展综述,图书馆目录体系问题的探讨,编目工作的发展和目录著录的标准化,计算机编目和图书馆目录等。(韩丽)

3024

文献编目 / 康金锐编著. -- 北京:文津出版社, 1992. -- 232 页;20cm. -- 7-80554-123-X(国家图书馆)

本书是图书馆岗位培训系列教材的第三卷《基础理论与技术方法卷》中的“文献编目”篇,全书共分为 10 章:第一章是绪论;第二章介绍了文献编目岗位的业务基础知识,如图书馆目录的意义、作用、种类和编制原则等;第三章介绍了文献著录的常识,包括著录项目、著录详简级次、著录用标识符号和文字、著录格式、著录根据等;第四章详细介绍了普通图书著录法;第五章介绍了分析著录和综合著录;第六章介绍了丛书、多卷书的著录;第七章介绍了地图、标准、小册子、非书资料、特种科学技术资料等特种类型出版物的著录;第八章介绍了著录标目法;第九章介绍了各种目录的组织;最后介绍了文献编目工作的组织与管理。(韩丽)

3025

中国地震科学主题词表 / 李存悌主编;《中国地震科学主题词表》编委会编. -- 北京:地震出版社, 1992. -- 294 页;26cm. -- 7-5028-0615-6(国家图书馆)

本书的编写目的在于推动国内地震学界计算机情报检索及计算机情报系统的发展,促进地震学界科技论文作者、科技情报工作者和文献检索者之间建立起规范化的共同语言系统,从而提高相关文献检索的查全率和查准率,提高我国地震科研工作的效率和水平。本书共分 4 个部分:主表、范畴索引、词族索引和英汉对照索引,以便用户从不同角度查找自己所需要的词。共收集地震学和相关学科的主题词 3677 条,其中含非正式主题词 484 条,共分 6 个一级类目,43 个二级类目。它以规范化、动态化的地震学及与之相关学科的主题词作为基本成分,以主题词的参照系统显示词与词之间的语义关系,通过字顺表和辅助索引,形成了一个完整的地震科技情报语言词汇表。(韩丽)

3026

生物医学文献主题标引 / 李守谅主编. -- 长沙:湖南科学技术出版社, 1992. -- 509 页;20cm. -- 7-5357-0958-3(国家图书馆)

本书是由湖南医科大学、白求恩医科大学、同济医科大学及中国医科大学医学图书情报系协议共同编写,湖南医科大学图书情报系主编,供四校五年制医学情报专业学生共同使用的专业课程教材。本书参照中国医学科学院及中国中医研究院建立中国生物医学分析检索系统的标引规范,将传统中国医学与现代医学的标引规则融为一体,以保证学员通过学习本教材,准确掌握中国生物医学文献主题标引规范。本书介绍了医学文献主题标引的发展,主题词注释字顺表及树状结构与功能,医学文献标引辅助工具书及参考书等知识。本书在阐述问题时,均援引具体实例,并附有适量习题供学员练习之用。对于各类生物医学数据库标引人员的培训,图书馆生物医学图书资料主题编目,生物医学期刊杂志编辑部编制关键词、主题索引及医学文献检索用户,均具有参考价值。(韩丽)

3027

新学科文献分类手册 / 李兴辉等编著. -- 北京:中国科学技术出版社, 1992. -- 485 页;20cm. -- 7-5046-0687-1(国家图书馆)

本书是我国第一部按《中图法》对有关新学科文献进行分类的工具书,在图书馆分类标引中具有十分重要的作用。该书正文部分共列出新学科文献条目 535 条,将目前所接触到的新学科尽可能的收入,大大增加了该书的使用价值。该书分正文与索引两大部分,正文每个新学科条目下均列有学科释义和归类辨析,有利于标引人员理解和作出正确判断。索引部分容量大,共收录学科及主题11000多条,索引部分按主题编排,同一主题的文献集中在一起,查找非常方便,具有非常强的实用性。本书解决了基层图书馆分类标引人员在类分新学科文献时的困难,起到了很好的向导作用。(韩丽)

3028

中国图书馆图书分类法(R 类)与医学主题词表(MeSH)、中医药学主题词表对应表 / 林美兰主编. -- 北京:中国科学技术出版社, 1992. -- 476 页;26cm. -- 7-5046-0733-9(国家图书馆)

分类法和主题法是两种不同的情报检索语言。前者是通过学科的知识体系揭示文献,体现了学科的系统性;后者则通过主题词来揭示文献,有较强的专指性。两者各有优缺点,既有区别,又有联系,互为补充。《中国图书馆图书分类法(R 类)与医学主题词表(MeSH)、中医药学主题词表对应表》的编制即试图把分类法和主题法这两种情报检索语言趋向一体化,既方便了图书情报部门对医学文献的处理,也方便了广大用户对医学文献的检索。本对应表采用双向对应,即《中图法》R 类中已列出的全部具有检索意义的概念,均用 MeSH 和《中医药学主题词表》中相应的主题词对应。反过来 MeSH 中和《中医药学主题词表》中医学主题词及与医学有关的主题词,都对应出 R 类的相应分类号。本书对我国医学文献工作者有一定的参考和实用价值。(韩丽)

3029

通用汉语著者号码表 / 刘湘生主编;全国情报文献标准化技术委员会第五分会等编. -- 北京:海洋出版社, 1992. -- 111 页;26cm. -- 7-5027-1985-7(国家图书馆)

本表适用于在中文图书分类的基础上为同类书的排列编制汉语拼音著者号码及其他区分号,本表供全国各类型图书馆和情报机构配合图书分类使用,为使同类书书次号码的编制向规范化方向改进创造条件。本表采用查号法,即以著者号码表作为依据的一种著者号编制方法。本表编制的总的指导原则是科学性和实用性,具体要求是:(1)区分性强,重号少;(2)规律性强,一致性好;(3)便于取号,方便查检;(4)容量大;(5)篇幅和号码长度适中。全表共收汉字 2867 个,收录少量地区名称和机关团体名称。著者号码的标记符号,采用一个字母(汉语拼音首字母)和三位阿拉伯数字组成的混合号码。(韩丽)

3030

中国图书馆图书分类法二三版改版实用手册 / 马恒通,田文清主编. -- 北京:科学技术文献出版社, 1992. -- 385 页;26cm. -- 7-5023-1767-8(国家图书馆)

本书是主要供使用《中图法》的单位按照新版分类法进行藏书重新分类(改编)的参考手册,是与《中国图书馆图书分类法第二版与第三版修订类目对照表》属于同一性质的工具书。但本书与《修订类目对照表》相比,在编制方法上有不少改进,很有一些新意。该书包括"总论"以及4章28节。第一章类目,分为12节:新增类目;删除类目;类目合并;隶属关系变化等。第二章注释,分为9节:增加注释;删除注释;注释补充;仿分变化等。第三章复分表,分为2节,即辅助表变化等。第四章其他,分为5节,具体是:同类书排列;组配编号法;多重列类等。该书的特点在于,每节均分为两部分:第一部分对每种修订类型进行深入的分析,细分出各种差别情况,加以举例,并指出处理办法(对策)和说明其理由;第二部分则将全表中属于该修订类型的类目按分类号顺序列举出来,并指出属于第一部分所分析的哪种情况,这相当于书目文献出版社出版的《修订类目对照表》的功能。(韩丽)

3031

中文期刊机读目录编制细则 / 潘岩铭等编. -- 北京:北京大学出版社, 1992. -- 58 页;26cm. -- 7-301-01996-3(北京师范大学图书馆)

本细则为编撰《中文期刊大辞典》的印刷版(辞典形式)和机读版(期刊计算机可读数据形式)而制订,它所提供的方法适用于所有中文期刊。本细则是根据中华人民共和国国家标准《连续出版物著录规则》《国际标准书目著录(连续出版物)》和《中国机读目录通讯格式》,并结合我国部分图书、情报部门贯彻以上标准的实践经验编制而成。本细则规定了期刊机读形式书目记录的字段标识符、指示符、子字段代码及子字段内容,可供编撰连续出版物总目、国家书目、联合目录和其他目录参考。

3032

中国目录学史 / 乔好勤编著. -- 武昌:武汉大学出版社, 1992. -- 442 页;20cm. -- 7-307-01275-8(北京师范大学图书馆)

本书将新中国的目录学纳入到中国目录学史的体系中,对新中国40年目录工作发展的曲折过程、目录工作的组织管理、目录索引文摘的编纂及目录学的理论研究进行了系统的总结,使中国目录学史成为一部完整的通史。本书有史有论,史论结合,史料翔实,内容丰富,条理清楚,不仅是一部很好的教材,而且也是目录工作和文史爱好者不可缺少的参考书。(韩丽)

3033

非书资料国际标准书目著录:第二版 / 全国文献工作标准化技术委员会第六分委员会译. -- 北京:书目文献出版社, 1992. -- 82 页;26cm. -- 7-5013-0917-5(国家图书馆)

本书是《国际标准书目著录(ISBD)译丛》中的一册,是根据国际图书馆协会联合会1988年推荐的《国际标准书目著录》(ISBD)的最新版本译出。本译丛是为了进一步推动我国文献著录标准化工作,不断完善各类型文献的著录标准方法,使我国在国际书目控制系统中发挥积极作用而组织翻译的,主要系统介绍各类型文献的书目著录标准,供作修订国家文献著录标准、进行文献著录理论与方法的研究和教学参考。本书详细规定了著录和识别非书资料的要求,确定了著录单元的顺序,并规定了著录的标识符系统。其规定首先涉及的是国家书目机构所编制的书目记录;其次是其他编目机构的书目记录。(韩丽)

3034

图书分类学 / 孙冰炎编著. -- 北京:高等教育出版社, 1992. -- 220 页;19cm. -- 7-04-003554-5(国家图书馆)

图书分类学是高等学校图书发行学专业本科生和专科生的必修课程之一。本书在研究总结书店图书分类工作的基础上,结合图书馆学体系中的图书分类学的基本理论,探讨了图书商品的内容揭示、组织陈列及其与读者特定选购之间的矛盾变化的规律。作者从图书发行的角度,扬弃图书馆学体系中的图书分类学的研究成果,力图建立属于图书发行学领域的图书分类学,取得了一定的成功。本书构建了图书分类学的基本理论体系,介绍了图书分类法的体系结构,分析了各类图书的分类方法,简明系统地讲述了图书分类工作。全书共9章,主要包括:导论,科学分类与图书分类,图书分类法的编制原则及体系结构,中图法与人大法,一般图书资料分类方法,10个大类图书的分类方法,图书分类工作,国外两种主要图书分类法简介,我国图书分类法简史等内容。本书是一部具有一定学术价值和实用价值的教材,既可供大学本专科学生学习掌握图书分类的理论和方法,又可具体指导书店图书分类工作。(韩丽)

3035

图书分编工作手册 / 田辉编. -- 西安:陕西省图书馆(内部出版),1992. -- 294 页;19cm(中国海洋大学图书馆)

图书分编工作是图书馆业务工作的一个重要环节。本书是编者在几十年的图书分编工作实践中,广泛积累的试用资料,经过选择汇集而成的业务知识参考工具书。其中包括图书分编工作的基础知识和实际例证,以及与分编工作密切相关的一些文化科学常识。全书共分为9大部分,主要内容包括:基础知识,分编实践,有关表与代号,图书术语,作家笔名录,几种语言文字,常用工具书,其他。本书对于图书分编工作者有一定的实际指导作用,对于刚刚从事分编工作的青年同志,更具有实际意义。(韩丽)

3036

从机读编目的观点探讨台湾编目规则的未来发展 / 吴明德. -- 台北:台湾"行政院"科学委员会,1992. -- 50 页;29cm(国家图书馆)

本书是台湾"行政院"科学委员会专题研究计划成果报告(NSC 81-0301-H002-40),本计划执行时间为:1991年8月1日至1992年7月31日。

书目资料的转换、输入以及网上目录的利用都与图书馆所使用的编目规则有密切的关系。从机读编目的观点来看,编目规则必须考虑电脑处理书目资料的特性。本研究探讨了机读编目及网上目录对编目规则的影响,对未来编目规则的发展提出建议,对主要款目的意义及其在网上目录的角色也有所探讨。期刊编目一直是编目员感到困难的事情,本研究对编目规则中有关期刊的条文加以分析。在机读编目格式中有重复记载的书目资料,这些资料是可以归并或省略的。标目的一致性是目录所追求的目的,因此,权威控制就显得重要,本研究探讨了网上权威控制所面临的问题以及网上目录权威控制的设计。(崔明明)

3037

图书分类学 / 周绍萍, 俞君立编著. -- 武汉:武汉大学出版社,1992. -- 386 页; 21cm. -- 7 - 307 - 00318 - X(北京师范大学图书馆)

本书是高等学校文科教材系列丛书之一。全书共分为 15 章,系统地介绍了图书分类的基本原理、图书分类法的基本知识、国内外主要图书分类法的简况、同类书排列法、图书资料分类标引工作和方法、图书改编的理论与方法等。(韩丽)

3038

图书编目规范工作 /(美)罗伯特. H. 伯格著;熊光莹译. -- 北京:商务印书馆, 1993. -- 140 页:图;19cm. -- 7 - 100 - 01349 - 6(国家图书馆)

本书是按规范控制和规范工作的过程逐次编排的,论述了实现规范控制的重要性,全面介绍规范记录的制作、规范文档的建立以及手工和机器进行规范控制的特点,介绍规范系统的使用、维护、测试和评估。最后,作者提出一种结构,其目的是为将来讨论规范控制以及规范控制对于目录和图书馆的意义时提供一种模式。附录中重点介绍机读名称规范格式和术语汉英对照。全书共分 6 章,主要包括:规范控制的一般原理,建立规范记录和完成规范体系,规范体系的使用与维护,规范系统的测定与评估,规范系统的现状,结论等内容。(韩丽)

3039

计算机编目 /(英)埃里克. J. 亨特著;严建援等译. --北京:中国物价出版社, 1993. -- 140 页;20cm. -- 7 - 80070 - 297 - 9(国家图书馆)

本书介绍了将计算机应用于编目工作这一复杂而发展迅速的课题;着重阐述并展示了在保证快速检索图书和其他资料蕴藏的大量信息中计算机能够发挥极其重要的作用,并指出,如果恰当地选择使用计算机,可以节省开支,改善控制和效率,提高处理能力,并能扩展图书馆的服务领域,促进与其他图书馆和信息服务机构之间的合作。全书共分 10 章,主要包括:为什么使用计算机,什么是计算机,文件、记录与字段,数据的输入与存储,数据处理,数据输出,检索,管理,网络和发展前景等内容。(韩丽)

3040

文献分类岗位培训教程 /《文献分类岗位培训教程》编委会编. -- 北京:华艺出版社, 1993. -- 476 页: 图;20cm. -- 7 - 80039 - 835 - 8(国家图书馆)

本书是为了培养和训练合格的文献分类工作人员,提高文献分类工作的水平,促进图书馆事业的管理科学化、现代化和标准化而编写的。本教程共分 6 章,对文献分类的基本理论知识及实践操作技能方法,均作了较详细系统的讲述。这次文献分类工作岗位培训的宗旨是,使岗位工作人员在具有一定的文献分类基本理论知识的基础上,能较熟练地掌握文献分类实践应用的基本技能方法。因此,本教程遵循理论与实践相结合的编写原则。教程中的内容都是文献分类岗位工作人员所必备的。为了加深理解,教程中的部分内容从不同角度作了交叉重复。(韩丽)

3041

教育主题词表 / 曹青阳,赵燕群主编;《教育主题词表》编辑委员会编. -- 北京:教育科学出版社, 1993. -- 514 页; 26cm. -- 7 - 5041 - 1299 - 2(国家图书馆)

本书是以中央教育科学研究所教育信息中心为主,并组织全国教育情报界专家、学者共同协作完成的。本书为适应我国建立教育文献数据库及教育情报检索的需要,将《教育主题词表》与《中国图书馆图书分类法教育专业分类表》配套使用,从而使我国教育系统具有了分类主题一体化的检索语言。在此书的叙词表和分类表中,编列了教育和教育科学的许多新概念、新术语,时代特色与专业特色更加突出。因此,本书具有重要的学术价值和实用价值,是我国教育情报学科的重大发展,为教育文献数据库的建立和网络化,提供了一个必要的基础条件。(韩丽)

3042

图书分类基础 / 高炳礼编著. -- 广州:华南理工大学出版社, 1993. -- 189 页;19cm. -- 图书馆继续教育丛书. -- 7 - 5623 - 0615 - X(国家图书馆)

本书是《图书馆继续教育丛书》之一种。本套丛书主要以初、中级专业人员为使用对象,各种著作的内容深度因论述课题不同而有差别。本书共分 7 章,其内容概括为 4 个方面:一是略述图书分类的基本概念、图书分类的任务和作用;二是较系统地介绍《中国图书馆图书分类法》第三版的结构及使用方法,并用典型实例阐明图书分类的一般规则和各类图书的分类方法,这一部分是全书的重点;三是介绍同类图书区分号的组成及作用;四是简述我国图书分类法史。(韩丽)

3043

中小学图书馆图书分类工作 / 巩雪芹编著. -- 北京:海洋出版社, 1993. -- 177 页;19cm. -- 7 - 5027 - 1295 - X(国家图书馆)

本书是专门为中小学图书馆工作者而编写的业务培训教材之一。全书共分为 7 章,分为中小学图书分类的理论、中小学图书分类工作与方法、图书分类发展简史 3 大部分,主要内容包括中小学图书馆图书分类的意义和作用,中小学图书馆图书分类的基本理论,《中图法(儿童图书馆、中小学图书馆版)》简介,中小学图书馆图书分类工作与方法,中小学图书馆各类图书的分类,分类索书号与分类目录和图书分类的历史及发展等。本书紧密结合中小学图书分类工作的实际,理论部分尽量简明而易懂,方法部分例举大量分类实

例,以使中小学图书馆图书分类人员通过本书的学习,能够尽快掌握图书分类的理论与方法。(韩丽)

3044

当代分类法主题法索引法研究 / 侯汉清编著. -- 北京:书目文献出版社, 1993. -- 584 页;20cm. -- 7-5013-1129-3(国家图书馆)

本书分为国外分类研究、国外主题法研究、国外索引法研究 3 部分。国外分类法研究部分收录了如《国际十进分类法》新评、UDC 与资料法的异同比较、国外分类法人员通用复分表刍议等文章;国外主题法研究则收录了如中国、美国、英国主题标引方式比较,分类法与主题法结合的成功尝试——分面叙词表,分类主题一体化的新进展——英国《基础叙词表》评介,国外叙词表的概况及发展等;国外索引法研究收录《英国工艺索引》简评、一种半自动编制主题索引的方法——链式索引法、一种新颖的轮排主题索引法——保留上下文索引法、简易实用的计算机辅助索引系统——嵌套短语索引系统等。(韩丽)

3045

图书馆目录基础 / 林庆云编著. -- 广州:华南理工大学出版社, 1993. -- 215 页;19cm. -- 7-5623-0587-0(国家图书馆)

本书分 3 个部分,共 10 章。第一部分为图书馆目录的一般原理,介绍了图书馆目录的意义和作用,编目工作过程及图书馆目录类型;第二部分为各类型文献的具体著录方法,包括著录与款目,普通图书著录,丛书、多卷书著录,分析著录,特种类型出版物著录法,标目法;第三部分为图书馆目录管理,包括分类目录的组织,字顺目录组织法。本书阐述图书馆目录基础知识较全面系统,突出实用性和新颖性;对各类型文献的著录则以最新的文献著录国家标准为依据。本书适合中、初级人员业务学习。(韩丽)

3046

新主题文献分类指南 / 陆宗城主编. -- 北京:书目文献出版社, 1993. -- 532 页;19cm. -- 7-5013-1032-7(国家图书馆)

本书是中华社会科学基金项目"新主题文献分类研究"及浙江省哲学社会科学八五规划重点课题"新学科图书分类研究"的成果。主旨是帮助文献分类工作者解决新主题文献分类标引工作中的疑难问题。它对于文献分类法的编辑、修订和使用也具有一定的参考价值。本书所收新主题词目,内容包括新学科、新事物、新问题等,是目前国内文献分类工作中使用最普通的《中国图书馆图书分类法》三版(以下简称《中图法》)和《中国图书资料分类法》三版(以下简称《资料法》)的类目及其注释中没有反映的,绝大多数是 20 世纪 80 年代以后新出现或有了新发展的学科、事物、问题等。本书收录内容,时限截至 1991 年底,共收新主题词目 1297 个。新主题词目的构成大体是:(1)词目名称;(2)简要释文,包括定义、研究内容等;(3)分类标引意见(一律用《中图法》标引;凡《资料法》有较详类号的,也同时标明)。(韩丽)

3047

图书分类学概要:兼谈依《中图法》类分图书要点 / 闵景贤等编著. -- 西安:陕西人民出版社,1993. -- 238 页;19cm. --7-224-03086-4(国家图书馆)

本书是按照文化部图书馆事业管理局主持编写的《图书馆专业基本科目复习纲要·图书分类》的基本要求、基本内容和基本要点编写的。供图书馆中、初级专业人员自学图书馆分类知识和从事图书分类实际业务工作参考。本书内容体例按照"知识、方法、研究"的顺序,分为"图书分类学基本知识"、"图书分类"、"图书分类学史探述"三编。第一编图书分类学基本知识,包括分类学基本原理与图书分类法两部分内容,目的是明确概念,认识与掌握工具,解决入门问题;第二编图书分类,包括图书分类规则,依《中图法》类分各种图书的要领以及分类排架与目录组织等内容,联系到具体业务,解决实际工作方法和技术问题;第三编图书分类学史探述,包括中外图书分类法、图书分类学说简史与发展趋势,及史学的探求问题,是在前两编的基础上为进一步开展专业化的理论研究提供资料。(张玲)

3048

航空航天医学主题词表 / 吴国兴主编. -- 北京:中国科学技术出版社, 1993. -- 357 页;26cm. -- 7-5046-0972-2(国家图书馆)

该词表是我国航空航天医学的专业性叙词型检索语言词表,由字数表、分类主题词表、族首词索引、范畴类目表和英汉对照索引组成,其中字数表共收录正式主题词 3148 条,非主题词 342 条。该词表编制规范,在选词方面与 NASA 叙词表兼容,在编表技术上也作了大胆革新,实现分类主题词一体化。该词表是主题标引、文献检索和组织目录的主要参考工具,可供从事航空航天医学、工程技术和图书情报工作的同志使用,亦可作为一本专业性英汉词典使用。(韩丽)

3049

中文图书编目手册 / 吴瑠璃,江绣瑛编著. -- 台北:汉美图书有限公司,1993. -- 203 页;27cm. -- 图书馆学与资讯科学基本丛书; 5(王振鹄 胡述兆主编). -- 957-9005-51-6(国家图书馆)

本书共列举图书编目实例 100 种,依《中国编目规则》的条文顺序排列。每一实例包括书名页、版权页、卡片编目格式、机读编目格式等。为求真并保留完整书目资料,所选用实例图书的书名页和版权页以原书影印件列于本书复数页面,而卡片编目格式及机读编目格式,则列于本书单数页面,以便对照参考。本书所列实例依《中国编目规则》(台北市:"中央图书馆",1983)编目,采用第二著录层次,编目资料分别以卡片格式及机读格式展示。机读格式依《中国机读编目格式》第三版(台北市:"国立中央图书馆",1989)填具资料。(崔彤)

3050

中国图书分类学史 / 尹恺德,宋传山主编. -- 重庆:西南师范大学出版社,1993. -- 217 页;21cm. -- 7-5621-0927-3(北京师范大学图书馆)

本书对中国图书分类学的形成与发展,对中国一些图书分类学人物的思想与贡献等,作了系统、详实的论述。它于图书分类学的学习研究者具有参考性,于图书分类工作者具有实用性,于文献情报部门具有收藏性。全书共分为12章,分别从先秦西汉时期图书分类思想的萌芽、汉代图书分类法的产生及其理论、魏晋南北朝时期图书分类法及其理论、隋唐五代时期图书分类法及其理论、宋元时期书目类例及其理论、明代书目类例的发展变化、清代四部法由盛而衰,一直到中国近代图书分类的变革、现代图书分类学的形成、当代图书分类学的发展都作了论述,并介绍了中国图书分类学的人物。(韩丽)

3051

军用医学主题词表 / 张立平主编;《军用医学主题词表》编制委员会编. -- 北京:人民军医出版社, 1993. -- 34,1493页;26cm. -- 7-80020-419-7(国家图书馆)

军用医学主题词表是一部大型专业主题词表,是《军用主题词表》系列的组成部分。编制《军用医学主题词表》是中国人民解放军卫生系统实现指挥、办公自动化和信息管理现代化的基础工程,也是国家军用标准方面的重要研究项目。此表的问世,为统一和规范医药卫生用语,建立医学科学的各种数据库,对文献标引、检索和实现信息资源共享奠定了基础。本词表共收词23387条,其中正式主题词20662条,非正式主题词2725条,内容基本囊括了医学科学各专业和卫生行政管理方面的主要用语。本词表主要供军队卫生行政机构、医疗、预防、教学和科研等单位使用,也可供地方有关单位、部门参考使用。(韩丽)

3052

《中国图书馆图书分类法》期刊分类表(第二版) / 中国图书馆图书分类法编辑委员会编. -- 北京:书目文献出版社, 1993. -- 102页;19cm. -- 7-5013-1091-2(国家图书馆)

本表是在《中国图书馆图书分类法》(以下简称《中图法》)体系结构的基础上,结合中外文期刊的出版情况编制的。对于分类深度,鉴于各科期刊的内容范围比较概括,因此在社会科学门类下,一般分到二、三级;在自然科学门类下,一般分到三、四级。本表的分类体系和类目设置,主要按《中图法》序列。由于一、二级类目的综合性期刊过多,为了解决按形式进一步区分问题,编列了"形式复分表"。第二版的修订原则是维持原编体系、结构和标记制度不变,在原编类表基础上进一步充实、完善、提高。修订后的主类表计有各级类目约1300个,类目注释约500条,交替类目70个。为适应类目细分需要,"形式复分表"由原来的6个复分类目增至16个。表前对使用方法作了说明,表中对7个类目作了使用范围和使用方法注释。本版增加了依"世界地区表"和"中国地区表"复分的注释。(韩丽)

3053

ISBD(CF)计算机文档国际标准书目著录 / 国际图联编委会编;沈玉兰译. -- 北京:科学技术文献出版社, 1994. -- 108页;19cm. -- 7-5023-2200-0(北京师范大学图书馆)

ISBD系列是经过国际标准化组织认可的、由国际图联负责制定的国际标准书目著录,以实现对世界范围的书目进行控制和管理。随着计算机技术、缩微技术、光盘技术等高新技术在图书情报界的应用日益广泛,出现了非纸质文献的著录问题。ISBD(CF),即计算机文档的国际标准书目著录,就是为解决这些文献的著录而制定和出版的。本书分为概述、著录单元细则和附录三大部分。本书适合各级标准制定和管理部门、应用部门以及图书、情报部门参考使用。(韩丽)

3054

中国分类主题词表 /《中国图书馆图书分类法》编委会编;刘湘生主编. -- 北京:华艺出版社, 1994. -- 6册;26cm. -- 国家社会科学基金会资助项目. -- 7-80039-884-6(国家图书馆)

本词表是在《中国图书馆图书分类法》(含《中国图书资料分类法》)和《汉语主题词表》的基础上编制的两者兼容的一体化情报检索语言。这部分类主题词表的编成,对我国图书馆和情报机构文献管理及图书情报服务的现代化具有重大意义。本词表分2卷6册,第一卷为"分类号—主题词对应表"(2册),第二卷为"主题词—分类号对应表"(4册)。"分类号—主题词对应表"部分以《中国图书馆图书分类表》第三版为主体,将《汉语主题词表》的全部主题词置于相应类目下;"主题词—分类号对应表"部分以《汉语主题词表》的字顺表为主体,增加了大量主题词串,并将《中国图书馆图书分类法》的全部分类号置于相应主题词或主题词串下。本词表是我国目前规模最大的分类法主题法一体化情报检索语言,共收录分类法类目5万余个,主题词及主题词串21万余个,包括哲学、社会科学和自然科学所有领域的学科和主题概念,适用于各种类型图书馆和情报机构对文献进行分类标引和主题标引,既可用于手工检索系统,也可用于计算机检索系统。(韩丽)

3055

图书在版编目:书目数据的标准化与规范化 / 陈源蒸编著. -- 北京:北京大学出版社, 1994. -- 156页:图;19cm. -- 7-301-02337-5(国家图书馆)

本书包含两个部分:图书在版编目和书目数据的标准化与规范化。本书共分为7章,主要介绍了图书在版编目的发展和作用,我国对图书在版编目的研究情况,图书在版编目数据的内容,CIP数据的机读格式,中国图书在版编目的实施,以及图书在版编目的具体实施等。书目数据的标准化与规范化共分为三部分,主要介绍了建立计算机化的文献信息系统所涉及的三个方面:著录规则与机读格式;文献分类与主题标引;规范控制的实现方法。主要是讨论文献信息机读数据的制作,以中文文献书目记录的编制为重点,研究标准化与规范化的问题。(韩丽)

3056

现代文献编目教程 / 刁维汉主编;任有标等编著. -- 上海:华东师范大学出版社, 1994. -- 398页;20cm. -- 7-5617-1023-2(国家图书馆)

本书是供大学图书馆学、情报学系本科生使用的专业基础课教材,是文献信息处理系列教材中的一种。本教材由4

部分15章构成,导论介绍了编目基本概念,图书馆目录基本原理,编目工作规则;著录部分讲述了著录总则,专著出版物著录基本原则,专著出版物著录方法分析与综合著录;检索点与标目论述了检索点与标目的有关概念,检索点的选择,标目形式,参照法,规范工作;目录组织部分介绍了目录组织的主要工具著者号码表,中文文献目录组织,西文文献目录组织。本教材注意吸收了近年来国际、国内文献工作的新成果,如《国际标准书目著录》(ISBD)1987年修订版、《英美编目条例》第二版1988年修订版以及1984年出版的《规范款目和参照款目指南》(GARE)、1992年出版的《通用汉语著者号码表》等。本教材的编写以这些新成果为依据。(韩丽)

3057

中文机读权威记录格式 /“中央图书馆”中文机读权威记录格式修订小组编撰. -- 台北:台湾“中央图书馆”,1994. -- 205页;26cm. -- 957-678-170-1(国家图书馆)

本书包含两大部分。第一部分详释名词定义及特殊注释,说明中文机读权威记录模式结构及内容;第二部分为附录,包括语文代码、国家代码等五种代码表。书前有台湾“国立中央图书馆”馆长曾济群的序。(赵红)

3058

中文著者号码表 / 廉尚华,张治中主编. -- 北京:中国商业出版社,1994. -- 15页;26cm. -- 7-5004-2613-X(北京师范大学图书馆)

本表是为适应我国文献工作标准化的需要,应我国广大文献工作者的迫切要求而编制出的新型汉语拼音著者号码表。本表为查号法汉语著者号码表。标记符号采用一位拼音字母与三位阿拉伯数字的混合编号制度,并将一位字母和三位数字的号码作为基本号。本表将著者名称的汉字都作为取号依据,共收常用汉字3136个。本表由著者号码表主表和尾字母、韵母组成。本表力求达到科学性与实用性相结合的原则。(韩丽)

3059

最新西文分类编目样片实例 / 梁津南. -- 台北:编著者,1994. -- 317页;21cm. -- 图书馆学丛书.10(国家图书馆)

本书为非书资料。本书着重于实习,以最新的编目法为主,配合《英美编目规则》第二版(AACR Ⅱ)、《西文分类编目法》及《最新西文编目法》等书而编成的。实例中包括图书及非书资料,如图片、唱片、手稿、实物等。每张样片的分类号,采用《杜威十进分类法》(Dewey Decmal Classification),著者号采《克特表》,标题则采用美国国会图书馆 Library of Congress Subject Headings。(赵红)

3060

中文文献编目 / 刘苏雅编著. -- 北京:书目文献出版社,1994. -- 365页,2页图版;20cm. -- 7-5013-1136-6(国家图书馆)

分类标引和主题标引是标引工作的两项重要内容。它们的任务是以文献内容为根据,为文献提供检索途径。进行两种标引的先决条件,是对文献内容进行主题分析。分类语言和主题语言分别是分类标引和主题标引的工具。在图书情报专业,常分别设专课介绍这两种语言以及分类标引和主题标引工作。但是在实际工作中,分类标引和主题标引始终是编目工作的有机组成部分。本书主要介绍分类标引与主题标引以外的编目理论与方法。全书共分15章,主要包括:馆藏目录,文献著录的准备,文献著录标准化,普通图书著录,单卷书著录,丛书、多卷书著录,普通图书完全编目,连续出版物的著录与标引,目录的组织与管理,规范档,计算机编目,目录体系,编目工作组织管理,世界书目控制等内容。(韩丽)

3061

农业科学叙词表:第一分册 / 农业部情报研究所编. -- 北京:中国农业出版社,1994. -- 28,744页;30cm. -- 7-109-03573-5(国家图书馆)

本书是以情报学、语言学、逻辑学、信息系统学以及标准化学为基本理论,从我国农业科技情报、图书、档案工作现代化的实际情况和需要出发,遵照国际标准和国家标准,吸取和借鉴国内外叙词表编制经验,运用计算机编表等新技术,采用分类主题一体化编表新模式编制成的。它反映了我国农业科学学科范围大、交叉学科多、应用学科广的特点,是一部科学性、规范性和适用性较强的农业情报检索语言。本书是农业领域文献信息生产者与情报用户之间进行信息交流的桥梁,也是文献工作者、情报用户进行信息存贮与检索操作的必备工具。它主要供农业、林业、生物等领域以及县级以上的科研、高校、情报、专利等部门和单位进行农业及其相关学科的各种类型文献的主题标引和检索之用。它既适用于建立计算机检索系统,也适用于建立主题目录和主题索引,还可当作英汉、汉英综合性简明农业科技词典使用。同时它还是掌握农业知识体系的参考工具书。(韩丽)

3062

生物分类叙词表 / 农业部情报研究所编. -- 北京:中国农业出版社,1994. -- 3册;30cm. -- 7-109-03570-0(国家图书馆)

本叙词表是由农业部情报研究所编制的,共分为三册。字顺表又称主表,是《生物分类叙词表》的重要组成部分。它将全部生物名称款目按款目叙词(即主题词)的音序、调序、笔顺等排列。本书依生物的系统分类原则和应用分类的需要,以全国自然科学名词审定委员会出版物等权威性工具书为准,设立了涵盖全部生物领域的13个类别,共汇集国内外分布较广,有社会、经济、科研价值的汉—英/拉生物名称7万余条。它是主题标引、文献检索和组织目录、编制主题索引、建立文献信息数据库的必要工具。本词表主要供生物、农业、林业等领域及综合性的情报、信息部门,图书馆、档案、专利、科研、高等院校等单位处理情报图书资料之用。同时,还可作为简明汉—英/拉生物名称分类词典供撰稿人、编辑、翻译、大专院校师生及生物分类工作者参考使用。(韩丽)

3063

台湾“清华大学”线上公用目录使用调查 / 邱韵铃. -- 台北:汉美图书公司,1994. -- 118页;21cm. -- 图书馆学与资讯科学论文丛刊. 第五辑. -- 957-9005-64-8(国家图书馆)

该论文以台湾"清华大学"线上目录系统为个案研究对象，并以1993年11月1日至11月7日的"读者查询过程记录资料"来研究"清华大学"线上目录使用的情况。该书具体分为六章。内容包括研究动机、研究目的、研究范围及限制；查询过程记录分析法的探讨、线上目录使用者所使用的检索点、线上目录使用者得到零笔结果之分析；台湾"清华大学"线上公用目录介绍；研究设计与实施；研究结果分析与讨论；结论与建议等。书前有主办者弁言、图表目次，书后有参考书目。（赵红）

3064

图书在版编目工作手册 / 许绵主编. -- 北京：人民出版社，1994. -- 170页；19cm. -- 7-01-001949-5（国家图书馆）

本书共8章：第一章图书在版编目的概念；第二章图书在版编目发展概况；第三章图书在版编目的意义；第四章我国组织实施CIP标准的机构及其任务；第五章图书在版编目工作程序；第六章图书在版编目实施范围；第七章图书在版编目数据工作单填写说明；第八章问题解答与实例。本书对于各出版社负责CIP工作的人员、责任编辑、图书资料的分编人员，以及出版辅助单位的有关人员都具有指导作用，同时，它对高等学校图书馆情报专业的老师和学生也具有一定的参考价值。（韩丽）

3065

中国分类主题词表教程 / 张琪玉，刘湘生主编；侯汉清等编著. -- 北京：华艺出版社，1994. -- 301页：图；19cm. -- 7-80039-007-1

《中国分类主题词表》既是一部完整的《中国图书馆图书分类法》第三版和《中国图书资料分类法》第三版的合璧本，也是一部完整的《汉语主题词表》的增订本，同时又是一部《中国图书馆图书分类法》和《汉语主题词表》的双向对应互换、互为索引的工具书。因此，它的功能是很多的，远远超过了它们各自功能的总和。本书是为帮助全面理解《中国分类主题词表》的原理、结构和功能，掌握其使用方法，以充分发挥其潜在的多种功能而编写的。文献分类标引和主题标引是本书叙述的重点。全书共分九部分，主要包括：分类法和主题法的基本原理及一体化趋势，《中国分类主题词表》是分类主题一体化的检索语言，《中国分类主题词表》分类号/主题词对应表的编制，文献标引的第一个步骤——文献主题分析，文献分类标引及《中国分类主题词表》在文献分类标引中的应用，文献主题标引及《中国分类主题词表》在文献主题标引中的应用，文献分类标引与主题标引相结合的工作组织等。（韩丽）

3066

中国科学院图书馆图书分类法（第3版） / 中国科学院图书馆图书分类法修订委员会编. -- 北京：科学出版社，1994. --844页；26cm. -- 7-03-003782-0（国家图书馆）

本书是中国科学院图书馆编制的等级列举式分类法，简称《科图法》，是一部大型综合性图书分类法。1954年开始编写。《科图法》的体系结构设有马克思列宁主义、毛泽东思想，哲学，社会科学，自然科学，综合性图书等5大部类，共25大类。其结构包括主表和附表两部分，主表设有大纲、简表和详表。附表又分为通用附表和专类附表两种。《科图法》采用阿拉伯数字为类目的标记符号，号码分为两部分：第一部分为顺序数字，即用00~99标记五大部类25大类及主要类目；第二部分为"小数制"，即在00~99两位数字后加一小数点"."，小数点后基本上按小数体系编号，以容纳细分的类目。《科图法》的特点有：自然科学类目比较详细；采用交替、参见等方法，较好地解决了相关类别的图书在目录和藏书组织中既可集中又能分散的问题；标记符号单纯、简洁，易于排检；编有相关索引。本书在第二版基础上，增补了有关新学科、新技术、新事物、新问题的类目等。（韩丽）

3067

中文图书书名页著录格式标准之研究 / 周利玲. -- 台北：汉美图书公司，1994. -- 186页；21cm. -- 图书馆学与资讯科学论文丛刊. 第五辑. 6. -- 957-9005-62-1（国家图书馆）

该书为著者论文。本研究主要目的在于探讨台湾中文图书书名页即版权页上所记载的书目资料的项目与其著录格式，并分析比较国际标准组织与美国、德国、新加坡等国所制订的图书书名页标准，综合各项调查分析结果，研拟提出符合台湾中文图书出版特性的书名页著录格式标准，以提供台湾相关单位参考。全书分6章。分绪论、文献分析、研究设计与调查实施、研究结果分析与比较、台湾中文图书书名页著录格式标准、结论与建议。书前有主编者弁言，书后有参考书目及附录等。（赵红）

3068

文献机读目录数据处理手册（试用本） / 中国科学院文献情报中心编. -- 北京：中国科学院文献情报中心（内部出版），1995. -- 339页；26cm. -- 本手册是为建立中国科学院文献机读目录数据库而制定的（北京师范大学图书馆）

本手册是由中国科学院文献情报中心着手组织，根据国际和我国有关标准以及UNIMARC通信格式和我国机读目录格式等，制定出的适合中科院院情的数据处理规范，主要包括《总则》《中文图书机读目录数据处理细则》《中文连续出版物机读目录数据处理细则》《西文连续出版物机读目录数据处理细则》《俄文连续出版物机读目录数据处理细则》《日文连续出版物机读目录数据处理细则》等六个数据处理规范。本手册中的总则和各个分则都是根据中华人民共和国国家标准《文献著录总则》《普通图书著录规则》《连续出版物著录规则》，同时参考了《国际标准书目著录》的总则、专著及连续出版物分则等有关规定，并结合中国科学院的实际情况制定的。本手册的编排是按字段标号的顺序逐一叙述的。书后有附录。（韩丽）

3069

台湾大学图书馆书目记录品质控制实施之研究 / 陈秋枝. --台北：汉美图书公司，1995. -- 135页；21cm. -- 图书馆学与资讯科学论文丛刊. 第六辑. 4. --957-9005-70-2（国家图书馆）

该书为著者论文。研究目的在于探讨台湾大学图书馆书目记录品质控制实施方法的现况，包括人力资源的分配、书目记录审核的方式与项目、权威控制的工作,以及了解图书馆编目部门主管与馆员对于书目记录品质的看法与态度。全书分6章:绪论、自动化作业对于书目记录品质之影响、图书馆书目记录品质控制、研究设计与实施、调查结果分析与讨论、结论与建议。书前有主编者弁言,书后有参考书目及附录等。(赵红)

3070

现代文献编目参考资料 / 刁维汉主编. -- 上海:华东师范大学出版社, 1995. -- 207 页;20cm. -- 7-5617-1242-1(国家图书馆)

我国图书情报机构习惯将使用拉丁字母语种的文献称为西文文献,包括英文、法文、德文等文献。我国图书情报机构入藏的西文文献多以英文文献为主。在对西文文献信息进行处理时,不可避免地要遇到大写、缩写和数字的问题,它们涉及文献著录标准中的特殊要求,也涉及个人名称、法人团体名称、事件名称、宗教名称、学科术语甚至历法中各阶段的名称等。如何处理和著录它们? 对此英美编目条例以及我国西文文献著录条例都制定有专门的、严格的规则。本书按通则和细则的顺序对这些规则逐条加以介绍。此外,为了阐明这些严谨和枯涩的规则,本书还对所列举的实例作了说明。全书共分四部分,分别为西文大写通则、英文大写规则、缩写规则和数字规则。(韩丽)

3071

文献分类学论文荟萃 / 黄钢主编;白国应等编纂. -- 南昌:江西科学技术出版社, 1995. -- 369 页;20cm. -- 7-5390-0976-4(国家图书馆)

本书荟萃的学术论文为我国著名文献分类学家和图书情报工作者自1990年至1994年所撰写的新作,集中反映了我国当代文献分类理论和实践的研究水平。其内容新颖,涉及面广,有论述文献分类学的基本理论和科学方法论;有论述文献分类法的编制方式和体系结构、中外图书分类法之比较、分类法的发展动向及分面改造、分类主题一体化;有论述《中图法》第三版的若干问题及其修订意见;也有论述中国古籍分类、期刊分类及图书分类基本原则的发展概况和同类书排列诸问题。这些论文大都是专家们多年来潜心治学、深入研究的结晶。其理论精湛,资料翔实,例举得当。书中不少文章贯穿源流,开拓创新,既有颇深的理论水平,又有较强的实践性,是学习和研究文献分类的一本好书。(韩丽)

3072

文献编目教程 / 李晓新,杨玉麟,李建军编著. -- 天津:南开大学出版社, 1995. -- 531 页;20cm. -- 7-310-00788-3(北京大学图书馆)

本书共11章,主要包括:文献编目概述,普通图书的著录,款目与标目,标目的参照与规范,分析著录、综合著录和完全著录,丛书和多卷书的著录,连续出版物的著录,其他类型文献的著录,计算机编目,图书馆目录概述,文献编目理论与实践的发展等,并附录五种。本书的特点有:实践性,此书以文献编目基本理论为指导,从实际工作出发,突出编目技术和方法之实践性,无蹈空而论之弊;新颖性,此书融中西文文献编目方法为一体,其体例为国内创新之作,又力图反映国内外最新理论成果及应用技术,如光盘技术在编目中的应用更增新颖之感;适用性,此书多以实际文献著录为例,讲述编目原则,使读者易于接受,故其使用范围,既可适用于本科专业教育和专科教育以及师资培训,也适用于档案、出版部门和信息中心等单位。(韩丽)

3073

航天科学技术叙词表 / 罗瑛,王乃洪主编. -- 北京:宇航出版社, 1995. -- 1024229,176 页;26cm. -- 7-80034-823-7(国家图书馆)

《航天科学技术叙词表》(以下简称《航天表》)是由主表(字顺表)、辅表(范畴表、英汉对照表)和索引(首汉字汉语拼音索引、首汉字笔画索引、族首词和领词索引)等构成的一个完整的词表体系。每种表功能各异,互相配合使用,可以提供多种查词途径,能够充分、顺畅地反映文献的主题。《航天表》总收词量为25168条,基本覆盖了航天专业各个分支和有关学科,达到了科学性的要求,符合科技人员的使用习惯。适用于总公司所属各单位对信息、图书、档案、科技报告、学术论文等各种文献进行的叙词标引、建立文献数据库、积累知识资源、组织中文和英文检索工具,又适用于利用各种检索工具进行计算机检索和手工检索。(韩丽)

3074

国际专利分类表:第6版(1995—1999) / 世界知识产权组织编著;国家知识产权局专利局审查部编译. -- 北京:专利文献出版社, 1995. -- 9 册;26cm. -- 7-80011-176-8(北京大学图书馆)

国际专利分类表(IPC)是根据1971年签定的《关于国际专利分类的斯特拉斯堡协定》编制的,是各国专利文献分类及检索必备的工具书。本表是根据世界知识产权组织1994年出版的第6版国际专利分类表英文版翻译的。第6版国际专利分类表于1995—1999年间使用。这套分类表共分为9个分册,即A分册,人类生活需要(农、轻、医);B分册,作业、运输;C分册,化学、冶金;D分册,纺织、造纸;E分册,固定建筑物(建筑、采矿);F分册,机械工程、照明、加热、武器、爆破;G分册,物理;H分册,电学;I分册,使用指南。本书可供从事科研、生产、情报、教学等工作的广大工程技术人员、科研情报人员以及专利审查员和分类审查员在分类专利文献和查找专利文献中的技术情报时使用。(韩丽)

3075

金融分类主题词表 / 王定芳主编. -- 长沙:湖南科学技术出版社,1995. -- 292 页;20cm. -- 7-5357-1886-6(华南师范大学图书馆)

《金融分类主题词表》是一部以《中国分类主题词表》为模式编制而成的专科性词表。其体例、结构与《中国分类主题词表》基本保持一致,即:依从《中国分类主题词表》分类、主题二位一体结构;沿用以副表集中同一性质与同类型的主题词作为主表的基本组成部分与重要补充的做法。整部词表由以下五个部分组成:(1)扩充后的分类表:该部分保留了《中国图书馆图书分类法》第三版中F82、F85、F84三大类目的所有下属类目,对于新增加的学科内容在不变动基本结构的前提下作了些局部的调整与补充。(2)《分类号—主题词对应表》:该表系本词表的第二表。对词表所收正式主题词依据一定的概念对应原则和方法对应于相应的类目之下。它既是一种附有用主题词和主题词串作注释的专科分类表,又可视为学科主题词表的范畴索引;(3)《主题词—分类号对应表》:该表的编制以《中国分类主题词表》第二卷为蓝本;(4)词族索引;(5)人名附表和组织机构附表。(张玲)

3076

数学汉语主题词表 / 王声培等编著. -- 上海:上海教育出版社, 1995. -- 873 页;28cm. -- 7 - 5320 - 4330 - 4(国家图书馆)

本词表是我国第一部对数学专业文献进行标引和检索的大型叙词型检索语言工具书,是发展我国数学事业的一项基本建设工作。该书为建立中国数学文献数据库,加快信息交流奠定了重要基础。本词表从整体上反映了数学的学科结构和各种概念之间的联系,对数学文献用词规范化和准确标引具有重要的指导意义。作者以高度负责的敬业精神,广泛听取数学工作者与信息工作者的意见和建议,数次修正,各分支学科均通过专家审定。作者自行完成的计算机数据处理和排版工作也颇具特色。本词表可直接与计算机信息检索系统相连,随着"信息高速公路"等通信手段的超速发展,本书将成为数学界前沿工作者不可或离的工具。本词表由字顺表、等级索引、范畴索引、英汉对照索引四个部分组成。共收录主题词13186条,其中正式主题词12449条,非正式主题词 737 条。本词表既适用于数学文献的计算机标引、检索,也适用于手工标引、检索,还可作为数学及相关专业"汉英—英汉数学词典"使用。(韩丽)

3077

医学期刊工作 / 熊第志主编. -- 沈阳:东北大学出版社, 1995. -- 122 页;26cm. -- 7 - 81006 - 982 - 9(国家图书馆)

本书由白求恩医科大学、同济医科大学、湖南医科大学和中国医科大学四校医学信息学系联合编写,总结了当代期刊管理工作的理论、技术与实践成果。对生物学期刊变名、期刊评价与选订、核心期刊鉴定方法、资源共享与馆际互借、期刊管理自动化等问题都辟专章论述,并评价国际最新成就。本书尤其重视实际工作能力培训,除扼要论述期刊工作各个基础方面之外,又针对基层需要提出中小型图书馆常用中文及英文期刊推荐目录;收集馆际互借申请和论文参考文献中的常见错误,编出期刊管理练习题,提供实践教材。(韩丽)

3078

阮冈纳赞理论及其应用研究 / 叶千军著. -- 上海:同济大学出版社, 1995. -- 283 页;20cm. -- 7 - 5608 - 1520 - 0(国家图书馆)

本书是作者关于阮冈纳赞及其分面理论进行探索和研究的论文集。全书贯穿一个主题:循着阮冈纳赞理论基础,探索我国图书情报现代化,尤其是情报检索语言的理论和应用问题。全书共分 5 部分,前四部分将 23 篇文章按其内容分类,第五部分为索引。第一部分为阮冈纳赞及其理论,通过一篇反映阮冈纳赞学术生涯的文章和一篇他在分类学方面的大事记,让读者首先能了解这位伟人的经历和贡献。第二部分为现代文献主题和特点,这是分面理论的一个基础问题。第三部分是分面理论及其应用,这部分是从分面理论及其发展史入手,对这一理论的核心——分面分析、分面引用次序、文献主题关系和分面标记所作的研究基础上,进一步探讨了在体系分类法、叙词编制、叙词标引和检索、文摘编制等方面的应用。第四部分为现实问题的探索与争鸣,共有六篇文章。第五部分为文中关键词索引,这是为方便读者检索文章中涉及的问题、人名、机构名而专门编制的关键词索引。(韩丽)

3079

文献分类编目考试论与自测题 / 俞君立,黄葵主编. -- 武汉:武汉大学出版社, 1995. -- 342 页;19cm. -- 7 - 307 - 01963 - 9(国家图书馆)

文献分类编目考试作为评价课程教育质量与培养、选拔、使用专门人才的一种重要方式,应该对其从理论和实践上加以认真研究与总结。本书试图对文献分类编目考试经验进行总结和概括,对文献分类编目考试中的几个重要的理论和实践问题进行探讨和研究,为文献分类编目考试工作者提供考试工作的某些科学依据,并为应考者提供一些科学的应考方法。本书分为上、下两编。上编探讨文献分类编目考试的几个理论问题,包括八论:考试本质论、课程教育目标论、考试原则与考试方法体系论、考试的信度与效度论、考试试题与试卷编制论、应考复习方法论、应考心理调节方法论、应考生理调节方法论等;下编包括文献分类编目自测题选编及其参考答案。(韩丽)

3080

中国档案分类法科学研究档案分类表 / 中国档案分类法科学研究档案分类表编辑委员会编. -- 北京:科学出版社, 1995. -- 242 页;26cm. -- 7 - 03 - 3771 - 5(国家图书馆)

本分类表是《中国档案分类法》的重要组成部分,它是中国科学院和中国社会科学院受国家档案局的委托,组织有关专家、学者和档案专业工作者编制而成。全书由编制说明、基本大类、简表、主表、辅助表、分类标引规则、索引等 7 个部分组成。其编制原则和方法与《中国档案分类法》一致。根据社会赋予科研系统的主要职能和现代科学体系的构成情况,为体现科学研究档案分类体系结构的完整性、系统性,参照国际和国内有关科学分类体系的文献资料,并结合我国科学研究工作及其形成的档案实际,主表设置了"自然科学"、"工程和技术科学"、"医学科学"、"农业科学"、"人文和社会科学"、"科研事业管理"、"科研基本建设"、"科研仪器设备"八大门类。本书可用作全国科研系统和各级各类档案管理部门从事科学研究档案分类的工具书,也可供科研管理、科技开发工作者及高等院校相关专业师生参考阅读。(韩丽)

3081

中国图书馆图书分类法 · 测绘学专业分类表 / 中国图书馆图书分类法编辑委员会编. -- 北京:测绘出版社, 1995. --

135 页;19cm. -- 7 - 5030 - 0806 - 7(国家图书馆)

《中国图书馆图书分类法·测绘学专业分类表》是在中国图书馆图书分类法编辑委员会主持下,由全国测绘科技信息网组织测绘行业有关专家、学者成立编制修订组,根据《中国图书馆图书分类法》编制原则和类目细分规则,对"P2 测绘学"类目进行修订、扩充而成。它不仅为《中图法》系列版本增添了一个新品种,而且对于《中国法》的类目增删修订、宣传推广,以增强其专业适应性,提高其权威性,加快实现全国文献统一分类编目的进程具有重要意义。(韩丽)

3082

社会科学检索词表 / 《社会科学检索词表》编辑委员会编. -- 北京:社会科学文献出版社, 1996. -- 1032 页; 26cm. --7 - 80050 - 612 - 6(国家图书馆)

本书是国家社会科学"七五"规划重点科研项目,是我国第一部专供社会科学资料标引和检索的大型工具书,由中国社会科学院文献中心组织编纂。全书由主题词字顺表、分类表和英汉译名对照三部分组成,共收录词汇23000条。本词表采用了分类主题一体化的编制模式,通过一次标引即可得出两种检索标识——分类号和主题词,分类框架合理,选词详尽,质量较高,有较强的学术性。本词表可以促进社科文献的广泛使用与交流,为社科信息文献系统网络化建设奠定了基础。(韩丽)

3083

《中国图书馆图书分类法》《中国图书资料分类法》(第三版)规范化研究 / 高辉,钟旭著. -- 乌鲁木齐:新疆大学出版社, 1996. -- 134 页; 20cm. -- 7 - 5631 - 0616 - 2(国家图书馆)

本书作者对《中图法》两个版本共 320 万字的文本作了全面、细致的校订,把两个版本共约 8 万条类目是否符合规范化要求作了较彻底的考查,找出《中国图书馆图书分类法》中不符合规范化要求之处 141 条,《中国图书资料分类法》中不符合规范化要求之处 785 条,经过整理、分析、研究,并逐条提出修订意见或建议,写成本书。全书共分 7 部分,主要包括:类目名称的规范化问题,标记符号的规范化问题,类目注释的规范化问题,类目隶属关系表达规范化的问题,类目、注释及基本类目表的遗漏问题,《中图法》(第三版)法律类第二分类体系存在的问题的研究,对策与建议等。本书材料确凿有据,分析条理清晰,意见中肯,建议可行,无论是对《中图法》特别是《资料法》的订正,还是对于分类表规范化问题的研究,都有较大的参考价值。(韩丽)

3084

文献分类法与主题法教学大纲 / 国家教委高教司编. -- 北京:高等教育出版社, 1996. -- 72 页;19cm. -- 7 - 04 - 005521 - X(国家图书馆)

文献分类标引和主题标引是图书馆和情报部门的基础工作之一。要求学生通过学习,掌握文献分类法和主题法的理论及其编制技术;掌握文献标引的原则和方法;树立良好的敬业精神、认真细致的工作作风和从事图书情报工作所应具有的道德风范;具有初步分析和研究与本课程内容相关的各种问题的能力。全书分为上下两编共 15 章,主要内容包括文献分类法概论、体系分类法的结构原理、分面组配分类法的结构原理、文献分类标引的要求和一般方法、各学科文献分类标引规则、同类书排列和分类目录组织、文献工作管理和分类法的管理、文献分类法的发展与趋势、主题法原理、标题法和关键词法、元词法与叙词法、主题标引工作、主题法发展趋势等。(韩丽)

3085

文献编目基础教学大纲 / 国家教委高教司编. -- 北京:高等教育出版社, 1996. -- 97 页; 表; 19cm. -- 7 - 04 - 005691 - 7(国家图书馆)

文献编目基础是图书馆学专业的主要课程之一,重点讲授文献编目的基本理论和基本技术方法。要求学生在学习规定的理论知识和技术方法后,系统掌握中、西文文献编目的基础知识,了解各类型文献著录的方法和特点,熟悉目录组织法,初步掌握计算机编目技巧,对文献编目这门学科有一个较完整的认识。本大纲共 12 章,主要内容包括绪论、文献编目理论与实践的发展、文献著录、普通图书著录、分析著录与综合著录、多卷书与丛书著录、连续出版物著录、其他类型文献著录、著录款目及标目、标目参照与规范、目录组织与管理、计算机编目等。(韩丽)

3086

文献信息分类学 / 刘延章著. -- 北京:中国科学技术出版社, 1996. -- 296 页; 19cm. -- 7 - 5046 - 2216 - 8(中国科学院国家科学图书馆兰州分馆)

本书是在关于信息组织的新学科和知识领域发展的背景下,将文献分类学发展为文献信息分类学,为满足文献信息工作的理论指导和信息管理的教学需要撰写而成的。本书共 11 章,内容涉及文献信息分类学的基本理论,文献信息分类的意义与作用,等级列举式与分面组配式分类法的理论与使用,文献信息分类一般规律和各学科、各类型文献信息分类方法,中外文献信息分类法诸方面,全面反映了文献信息分类学的理论体系和方法体系,具有系统性和科学性。该书不仅重视理论的阐述,而且强调分类方法与分类工作,总结实践经验,适应了培养应用型人才的教学需要,具有适用性和可操作性。不仅如此,该书及时反映了我国分类学研究的最新成果,突出分面组配分类法,从质量保证体系来阐述文献信息分类工作,特别是增加分类法的编制、修订及发展趋势,使该书具有特色和新颖性。该书的价值在于提出"文献信息分类学"并构筑其学科体系,反映分类学的推陈出新。(韩丽)

3087

书目情报服务的组织与管理 / 彭斐章主编. -- 武汉:武汉大学出版社, 1996. -- 20, 246 页;20cm. -- 7 - 307 - 02297 - 4(国家图书馆)

本书是国家教委"八五"人文社会科学研究规划项目"我国书目情报服务体系的优化与改革"的主要研究成果。解决文献的不断增长与人们对文献信息特定需求之间的矛盾,其核心是解决书目情报服务问题,而要很好地开展书目情报服务,优化书目情报服务体制,就必须研究书目情报服务的组织与管理。本书以书目情报理论为基点，借鉴组织与管理理论，坚持书目情报与书目控制相结合，最新理论与现代技术相结合，以此作为研究的结合点，探索适合我国国情的社会主义书目情报服务管理的新体制。本书共分6部分：绪论；书目情报系统分析；书目情报服务产业化的组织与管理；书目情报服务现代化的组织与管理；文献情报保障体系的组织与管理；书目情报政策与体制。（韩丽）

3088

《中国图书馆图书分类法》类名词典 / 王金祥，赖伯年，杨邦俊主编. -- 西安：西安出版社，1996. -- 526页：图；27cm. --7-80594-270-6（北京师范大学图书馆）

图书分类法是依照图书的内容和特点，根据科学理论分门别类组成的分类体系。它是编制图书分类目录和进行调试分类排架的基本工具和重要依据。本书就是为了帮助熟悉掌握图书分类法，弄清楚各个类目名称的意义、内容和范围而编辑出版的。全书收集有关《中图法》类目名称近5000条，共120万字，在内容上，主要是供图书分类工作者在分类过程中查检类目的意义、内容和范围之用。本书具有科学性、知识性、实用性和可读性的特点，适合广大图书情报人员，特别是从事分类工作的人员阅读和参考。（韩丽）

3089

现代文献编目 / 王松林编著. -- 北京：书目文献出版社，1996. -- 420页：图；21cm. -- 7-5013-1291-5（国家图书馆）

本教材以教委通过的《文献编目教学大纲》为基本依据，并结合多年来笔者的编目实践、教学和科研成果进行编著。本教材主要以读者检索要求、馆藏文献特征和目录编制方法（包括手工编目和计算机编目）这三者之间的关系作为自己的研究对象，力图使学习者系统地掌握中、西文文献编目的基础知识，了解各类型文献著录的方法与特点，熟悉字顺目录组织法，并初步掌握计算机编目的理论和技巧。本教材力图反映两个特点，一是最新，二是实用。所谓最新，即以文献著录的最新国际标准和国家标准为依据，并将近年来无论是手工编目还是计算机编目提出的并经实践检验是可行的一些科研成果反映进来；所谓实用，即以最少的篇幅将中文编目和西文编目、手工编目和计算机编目中的最基础、最核心的内容反映出来，既适合图书情报专业的学生作为教材使用，也适合文献机构的馆员作为手册使用。（韩丽）

3090

管理科学主题词表 / 魏铁进主编. -- 北京：机械工业出版社，1996. -- 542页；19cm. -- 7-111-04958-6（国家图书馆）

本词表是为了适应管理科学发展的需要而编制的一部专业主题词表，由主题词表字顺表、范畴索引和词族索引三个部分组成。主题词表字顺表中，共收录主题词11200余条，汉英对照，覆盖了整个管理科学领域，特别是收录了近年来所出现的新的科学概念。范畴索引是依据管理科学的专业特点和图书资料单位的实际需要设置类目；词族索引则把主题词表字顺表中具有族性关系的词归纳在一起，以便于族性检索。本表以国内管理实践活动为基础，以管理科学文献为依据，力求收全我国国内收藏的管理科学文献所涉及的、具有检索意义的主题概念，并选择有相当数量的高频词组作为主题词。本词表可以单独使用，也可作为《汉语主题词表》和其他主题词表的辅助词表。它适用于管理科学领域的各种类型的标引工作，尤其适用于计算机的自动标引和编目，可以作为图书、情报和档案部门标引人员的工具书，也可以作为信息管理类专业人员的学习用书。（韩丽）

3091

中国中医药学主题词表 / 吴兰成主编. -- 北京：中医古籍出版社，1996. -- 1册；26cm. -- 7-80013-700-7（国家图书馆）

本词表包括6部分：（1）字顺表（又称主表）：是将全部主题词及入口词按汉语拼音顺序排列。主题词款目结构包括：汉语拼音、主题词名称、主题词英译名、树形结构号、注释及参照项。（2）树形结构表（又称范畴表）：系将主题词按学科门类划分，分列于14个类目，各类目之下列出隶属于该类目的主题词，按属分类关系逐级展开，呈树状结构，每个主题词均有双字母数字号码以显示主题词的级别。（3）副主题词表：包括专题副主题词表及编目副主题词表。（4）医学家姓名附表。（5）出版类型表。（6）索引表。本词表可供医药信息科研院所、大学院校、图书馆处理期刊、图书资料时进行标引、检索、编目使用。（韩丽）

3092

联机环境中的情报检索语言 / 曾蕾编著. -- 北京：书目文献出版社，1996. -- 263页：图；19cm. -- 7-5013-1293-1（国家图书馆）

本书汇集了作者多年来在情报检索语言研究领域发表的若干文章，重在反映联机环境中情报检索语言领域国内外的发展状况，对国内图书情报界了解国外有关方面最新动向有参考价值。文集中的一半文章是作者在出国之后写的，这些文章反映了国外情报检索语言领域的当前状况，能进一步开拓我们的视野，启发我们对国内情报语言学研究方向的思考。全书共分四部分，分别介绍和探讨了情报检索语言研究的趋向、课题及方法，情报检索语言专题探讨，西方有关人物与著作介绍，情报检索语言英文文献选目。（韩丽）

3093

中国人民大学图书馆图书分类法（第六版） / 中国人民大学图书馆图书分类法修订委员会编. -- 北京：中国人民大学出版社，1996. -- 354页；26cm. -- 7-300-02236-7（国家图书馆）

中国人民大学图书馆图书分类法由中国人民大学图书馆编制。它从1954年出版，到1962年增订第四版、1982年第五版，再到1995年的第六版，这期间国际、国内的社会政治和经济文化状况发生了巨大的变化，科学技术迅猛发展，在修订中，着重加强了科学性和实用性。社会科学类目力求详尽反映学术研究的新成果。对原来按政治观点或社会制度区别分类的，凡是能按学科性质区分的，改为按学科立类，加强了分类法的稳定性。对自然科学各类，根据科学技术的发展和人们认识的变化，作了必要的修订。详表前有第六版修订说明、图书分类法编制的简略说明、大纲及基本类目表，之后有复分表、书次号使用方法说明、文别号使用方法说明及第六版修订委员会名单、第六版修订工作人员工作范围及第六版修订咨询单位名单。(胡秋玲)

3094

中国文献编目规则 / 中国文献编目规则编撰小组编. -- 广州:广东人民出版社, 1996. -- 6, 312 页;26cm. -- 7 - 218 - 02219 - 7(国家图书馆)

本书共分为两部分 24 章,第一部分著录法,共 20 章,分别介绍了著录法总则、普通图书、标准文献、科技报告、学位论文、古籍、金石拓片、地图资料、乐谱、录音资料、影像资料、静画资料、连续出版物、缩微资料、计算机文档、多层次著录、分析著录等著录法;第二部分标目,共 4 章,分别介绍了款目的构成及其表示、标目范围、标目名称和标目参照。书后附录有名词术语。本书的编撰目的是在修订、完善各类型文献著录标准基础上,将各类型文献著录规则融为一体,通过标目法对文献题名和责任者名称予以规范控制,并确定不同名称的参照关系,以形成具有我国汉语言文字特点的目录传统,又与世界书目控制原则相吻合的一套完整、系统的文献编目规则。本书以《国际标准书目著录》(ISBD)和中国文献著录国家标准为依据,并参考《英美编目规则第二版》(AACR Ⅱ)1988 年修订版。(韩丽)

3095

图书分类学 / 周继良主编;周绍萍, 俞君立编著. -- 武汉:武汉大学出版社, 1996. -- 436 页;21cm. --7 - 307 - 00318 - X(国家图书馆)

本书系国家教委选定的高等学校文科教材,是图书馆学专业基础课教材之一。全书共分 15 章,系统地介绍了图书分类的基本原理、图书分类法的基本知识、标记符号与复分表、国内外主要图书分类法简况、图书分类法的发展与管理、同类书排列法、图书资料分类标引工作和方法、图书改编的理论与方法等。内容丰富,资料新颖,理论联系实际。(韩丽)

3096

国际十进分类法 / 澳门中央图书馆. -- 澳门:澳门文化司署,1997. -- 216 页;30cm. -- 972 - 35 - 0262 - 3(国家图书馆)

澳门中央图书馆由 8 家图书馆组成,为达到网络中的图书馆,采用统一的分类法进行分类工作,使得中、葡文文献资料能在新系统上并存,并可以通过同一主题检索中、葡文文献资料,因此翻译、出版了《国际十进分类法》。本书是根据葡文版 1993 年修订简本,并参考英文版翻译而成的。在翻译过程中,当遇到不同版本在同一分类号之间出现差异时,选择的是以英文版为准。本书包括:类表、简表、纲目表、辅表、详表、类目索引以及附录。(崔明明)

3097

北京地区高校图书馆学会编目工作研究会学术研讨会论文集:1996 / 北京地区高校图书馆学会编目工作研究会编. --北京:北京地区高校图书馆学会编目工作研究会(内部出版),1997. -- 112 页;26cm(北京大学图书馆)

本书是北京高校图书馆学会编目工作研究会于 1996 年 8 月为准备当年年底召开的第一届学术研讨会而征文的论文文集,目的是推动各馆编目工作的自动化、标准化、规范化,以实现联机、联网和书目、文献资源的共享。研究会从收到的征文中筛选出 26 篇,编成本文集。论文的内容相当丰富,几乎涵盖了编目工作的各个方面。有关于文献著录、图书分类、主题标引、《中图法》修订等编目基础工作的研究,也有关于机读目录、数据库建设、联机书目信息服务网络化等编目新技术课题的探讨,还有关于新形势下编目人员继续教育等方面的话题。(韩丽)

3098

西文文献编目 / 王作梅, 严一桥, 孙更新编著. -- 武汉:武汉大学出版社, 1997. -- 453 页;21cm. -- 7 - 307 - 02376 - 8(国家图书馆)

本书的主要特点,是将编目原则的阐述和编目的具体方式融会贯通于一体,便于在了解编目方法和历史演变与编目理论的形成和发展的基础上,掌握现代文献的编目方法,因此,也可以说,它是一部理论与实际相结合的入门教科书。全书共 17 章,大体分为概论、发展术略、条例简介、各类型文献著录法、目录组织法、计算机编目和规范工作几大部分,其结构安排基本上是从理论到实践,从一般到特殊,从传统编目方式到现代化编目手段,该书还力求从当前实际情况出发,将编目理论和编目的具体操作方法有机地结合在一起。在按编目工作的发展来论说编目基本概论、原理和方法论的同时,也注重按编目工作的流程来论述各项编目业务工作的操作方法,也便于人们系统地学习和掌握西文文献编目的基本理论、基本方法和基本技能。(韩丽)

3099

中国历代图书著录文选 / 袁咏秋,曾季光主编. -- 北京:北京大学出版社, 1997. -- 656 页;21cm. -- 7 - 301 - 01716 - 2(国家图书馆)

本书是国家教委高校文科教材编写计划审定编辑的文献资料书,其读者对象主要是我国高等院校文科和图书情报档案专业师生,也可供教学科研工作者研究参考。本书依据史纲,于通史中别析专门,辑录自秦汉至民国历代经籍艺文志和名家学者关于图书著录之论著,全书主要分为官录史志及书志、历代图书著录名著论评和私家选述各类书目举要三大部分,以供高等院校图书档案师生博览历代藏书、治书之渊源大略,用作教学讲授进修或研读比较参考。(韩丽)

3100

《中国图书馆图书分类法·期刊分类表》实用指南 /《中国图书馆图书分类法》编委会主编;安鸿书编著. -- 北京:北京图书馆出版社, 1998. -- 255 页;19cm. -- 7 - 5013 - 1511 - 6(国家图书馆)

本书除了对《中国图书馆图书分类法·期刊分类表》的编制原则、编制结构等进行了较详细的介绍外,主要对如何使用该表类分期刊进行了较系统的论述。书中所举的实例,都是国内外已经刊行过的重要期刊,因此具有较强的针对性和实用性。本书共分 7 章,主要包括:《中国图书馆图书分类法·期刊分类表》的编制原则、编制结构,期刊类分标引工作的质量要求及工作细则的编制方法,期刊分类标引工作的步骤、规则和方法,各大类分类标引方法要点,同类期刊的再次区分及刊次号的编制方法。书后附有《报刊分类表》与《中国图书馆图书分类法·期刊分类表》类目对照索引。(韩丽)

3101

《中国分类主题词表》标引手册 / 陈树年主编. -- 北京:北京图书馆出版社,1998. -- 2 册(518 页,957 页);20cm. -- 7-5013-1457-8(国家图书馆)

本书是为使《中国分类主题词表》的用户正确理解、学习和使用该词表而编写的一本工具书。全书分为上下两册,书中对分类主题一体化检索语言的理论、文献标引总论、文献分类主题标引的方法技术、各种主题形式与主题因素文献的标引、机读文档的标引、各学科文献的标引、各类型文献的标引等作了系统的论述。书后附有"化学元素、化合物组配标引细则"、"文献标引实例"和"人物主题词—分类号对照表"三个附录,以便与《中国分类主题词表》配套使用。(韩丽)

3102

中文普通图书编目手册 / 富平主编. -- 北京:北京图书馆图书采选编目部(内部出版),1998. -- 120 页;29cm(武汉大学图书馆)

为了实施全国中文联合编目工作,确保网上中文机读书目数据的质量,北京图书馆图书采选部门依据有关国际和国家标准,结合十年来中文普通图书用计算机编目的工作实践,编写了《中文普通图书编目手册》,作为全国联合编目中心中文图书联合编目的规则。全书分为三大部分:第一部分为中文普通图书机读目录数据处理细则,第二部分为中文图书分类标引规则,第三部分为中文图书主题标引工作条例。书后附有普通图书著录规则、中国文献编目规则、机读目录格式数据元素表、规范数据元素表等。(韩丽)

3103

中小学图书馆文献分类与主题标引 / 马张华,巩雪芹编著. -- 北京:书目文献出版社,1998. -- 299 页; 19cm. -- 中小学图书馆员业务学习指南. -- 7-5013-1478-0(北京师范大学图书馆)

本书是为了适应中小学图书馆文献分类和主题标引的实际需要编写的。本书是一本概要介绍文献分类法和主题法的书籍。根据中小学图书馆文献分类法和主题法的实际使用现状,本书采用了对分类法、主题法分别介绍,同时又在内容上适当照应、协调的办法。每一种检索方法,分别介绍了基本理论知识、类表和词表结构组成以及文献标引工作的知识和方法、分类和主题检索工具的编制方法等。根据多年来图书馆计算机使用的发展趋势,本书在主题检索工具一章中介绍了主题机械检索系统常识和主题数据输入方法。为了适合中小学图书馆的使用需要,本书在内容选材上,尽量贴近中小学图书馆分类和主题工作的实践,重视对分类法、主题法基本知识和实际技能的介绍,力图使本书既能有利于促进分类和主题的实际操作,又可供学习、了解中小学图书馆工作专业知识,提高专业素养之用。希望此书能够对中小学图书馆工作人员了解分类主题知识、进行分类主题标引实践能有一些实际帮助。(韩丽)

3104

水利水电科技主题词表 / 水利部信息研究所编. -- 郑州:黄河水利出版社, 1998. -- 773 页;21cm. -- 7-80621-176-4(国家图书馆)

本词表的编制目的是,为水利水电系统计算机检索提供规范化的检索语言,为建立各类计算机数据库提供统一的主题词。其体系结构、组织编排和收词原则,既力求实现思想性、科学性和实用性辩证统一,又注意充分发挥计算机的优越功能。本词表编辑遵循水利科学和主题科学的基本原理和要求,在最大限度地继承原主题词典合理内核的基础上,着眼于水利科技发展的需要,作了大量的增补和删改,在坚持突出一个"新"的前提下,拓宽了收词的范围,使词表适用于水利水电科研、设计、施工、运行、教学及管理领域的人员。(韩丽)

3105

中文普通图书机读目录著录细则 / 王鹤祥主编. -- 上海:上海交通大学出版社, 1998. -- 130 页:图;21cm. -- 7-313-01002-8(国家图书馆)

本书以国际、国内"著录"、"规则"、"格式"等标准为基础,结合近年来上海市中文图书编目的实践经验,从剖析《中国机读目录通讯格式》格式结构入手,以工作单填写细则的形式,用丰富的样例对各个字段的含义、内容、填写方法等作了既详尽又浅显的阐述。所选样例尽量贴近编目工作实践。书末附有多种附录及工作单样例,如启用字段一览表,中国MARC 编码信息块常用代码表等。本书适用于图书馆编目人员以及高等学校图书馆学专业师生作为教学参考书。(韩丽)

3106

中国图书资料分类法地震文献分类表 / 王洪珍主编;国家地震局编. -- 北京:地震出版社, 1998. -- 83 页;20cm. -- 7-5028-1504-X(国家图书馆)

《中国图书资料分类法地震文献分类表》是遵照《中国图书资料分类法》的编制体系,以学科分类为基础,并根据地震资料分类的特点,其类目设置既保持相对稳定,又反映新学科和新事物的发展,不断加以充实。本表主要在《中国图书资料分类法》第三版中"P31 固体地球物理"类,特别是"P315 地震学"已设类目不变的前提下,用增补下位类、扩大外延、借用复分和形成类组等方法加以修订,以适应地震科技资料分类的需要。本表填补了我国地震技术资料分类的空白,它的推广实施使系统内地震科技资料的管理从无序到有序,走上了科学化、规范化之路,它是一部既可与《中国图书资料分类法》接轨,又可在系统推广使用的行业规范。(韩丽)

3107

最新详解《简明英美编目规则,第二版,1988 修订本》 / 吴龙涛,吴建明翻译、解释、补充;上海图书馆编. -- 上海:上海科学技术文献出版社, 1998. -- 113 页;27cm. -- 7-5439-1279-1(国家图书馆)

本书的目的是介绍《英美编目规则》第二版修订本(AACR2R)的要点与基本规则,略去"全文本"中许多用于特殊和复杂资料的规则。对于取自"全文本"的规则都经过了改写、简化,并且一般都补充了新的例子。改写的目的是突出用于常见的图书资料的著录规则,让使用者容易理解这些规则。虽然表达的方法不同,但是,无论采用“全文本”还是“简明本”,其编目处理的结果是相同的。《简明 AACR2》的读者对象是学习编目的学生,各种类型文献、资料部门的编目员,以及图书馆员。(韩丽)

3108

最新详解英美编目规则,第二版,1988 修订本,包括 1993 年修订 / 吴龙涛,叶奋生翻译. -- 上海:上海科学技术文献出版社, 1998. -- 660 页;27cm. -- 7-5439-1280-5(国家图书馆)

本书是于 1998 年编译完成的由英、美、加三国授权的 1988 年出版的《英美编目规则,第二版,1988 修订本》及 1993 年的补充本。该规则内容覆盖了图书、报刊、古籍、手稿、地图、音乐、非书资料、计算机文件、图示资料、立体实物等编目规则,其标准化、规范化程度较高,适应性和应用性也较强,适合图书馆、情报所、博物馆、美术馆、档案馆等机构编制目录之用。本书同时还增加了提纲和说明,对需要解释的条文分别增加了释文和详细补充,以便对使用者有所帮助。为了便于计算机编目,附录之后增加了国内外图书馆采用较广的最新机读目录格式 UNIMARC(1994)各字段、子字段简表以供查阅。(韩丽)

3109

机读编目格式在都柏林核心集的应用探讨 / 吴政叡. -- 台北:台湾学生书局,1998. -- 234 页;21cm. -- 新图书馆学丛书. -- 957-15-0931-0(国家图书馆)

本书深入探讨都柏林核心集在图书、资料处理与检索等方面的理论与实务。第一章是元资料的兴起背景与简介,使读者对元资料兴起的背景有充分的了解,进而对未来资料处理与检索方面的发展趋势,能有更清晰的认识。第二章是有关都柏林核心集的详细介绍。第三章所谈的机读编目格式转换是本书主要探讨的两个课题之一,作者创造了几个转换的原则,不但顺利地将较复杂的机读编目格式转换成较简单的都柏林核心集,同时还达成了两个主要目标:一是不损伤都柏林核心集原有的架构和格式,另一个是资讯的损失非常低,几乎是没有什么资讯的流失。第四章主要介绍了都柏林核心集转换到国际机读编目格式(UNIMARC)、美国机读编目格式(USMARC)、“中国机读编目格式”(Chinese MARC)的分析。第五章详细介绍了分散式元资料系统(DIMES)。(崔明明)

3110

大气科学主题词表 / 中国气象科学研究院情报所编. -- 北京:气象出版社, 1998. -- 307 页;26cm. -- 7-5029-2518-X(国家图书馆)

本书是一部规范化的专业性词表,又称叙词表,内容涉及大气科学各分支学科及有关的基础学科、边缘学科和气象业务与服务等多个方面,是大气科学文献中自然语言与人工语言相互转换的媒介,是标引、检索专业文献,编制主题目录索引和建立气象科技文献数据库的重要工具。全书包括主表和辅表(索引)两大部分。共收录主题词 3408 条,内容主要包括气象、天气、大气探测、海洋气象、水文气象、应用气象等,以及一些密切相关的学科,按汉语拼音音序依次排列。辅表(索引)是主表的辅助检索工具,分为范畴索引、词族索引和英汉对照索引,其中范畴索引分为 9 个大类 43 个二级类,词族索引收录 263 个族首词、1994 条入族词,基本能满足不同用户的各种需求。本书可作为文献标引人员和情报检索人员的参考工具书,也可供大气科学及其相关学科的科研人员、院校师生和编译工作者使用,适用于计算机检索以及卡片式、书本式主题目录和索引的制作。(韩丽)

3111

农业专业分类表 / 蔡捷主编;《中国图书馆分类法》编辑委员会,中国农业科学院科技文献信息中心编. -- 北京:北京图书馆出版社,1999. -- 371 页;26cm. --《中国图书馆分类法》专业分类表系列. -- 7-5013-1673-2(国家图书馆)

本部分类表是我国正式公开出版的第一部农业专业分类表,共有 7000 余条类目。农业科学覆盖面广,农业类目细密,并为新科学、新主题、新术语设置类目,还照顾到一些非农业专业机构的特殊需要,增设较多交替类目。本书为《中国图书馆分类法》专业分类表系列之一,是按照科学知识体系,进行逻辑划分的概念等级分类体系。书中分编制使用说明、基本大纲、简表、详表、总论复分表、世界地区表、中国地区表、国际时代表、中国时代表、世界种族与民族表、中国民族表、通用时间地点表、通用环境表、植物器官复分表、索引等部分。(韩丽)

3112

OCLC 联机与光盘编目概论 / 刁维汉,王行仁,李华伟编著. -- 上海:华东师范大学出版社, 1999. -- 222 页:图;20cm. -- 华东师范大学教材出版基金资助出版. -- 7-5617-2101-3(国家图书馆)

OCLC 是世界上最大的国际性图书馆与信息中心自动化网络,它向全世界的用户提供以编目与资源共享为主的多种信息服务。享用 OCLC 编目服务,参与全球联机共享编目已经成为 IEDANGJIN 国际编目工作的趋势。目前,OCLC 已向 67 个国家和地区的34000多所图书馆和信息机构提供信息服务。自 1996 年以来,我国已先后有一些图书馆和信息机构成为 OCLC 用户,开始享用 OCLC 编目服务,如上海图书馆、上海交通大学、上海科技情报所等,并且越来越多的国内图书馆和信息机构正开始对 OCLC 编目服务产生兴趣。本书以 OCLC 官方提供的一系列指南、手册和电子版教程为依据,针对中国用户以及图书馆学、情报学和信息管理专业的学生在学习 OCLC 联机与光盘编目时遇到的一些难点问题,进行了较为清晰、严谨和详尽的解答和论述。全书共分 4 个部分:OCLC 联机与光盘编目导论;OCLC 联机与光盘编目的原理与方法;OCLC WORLDCAT 数据库联机检索和 OCLC WORLDCAT 数据库光盘检索。(韩丽)

3113

中国古代图书分类学研究 / 傅荣贤著. -- 台北:台湾学生书局,1999. -- 260 页;21cm. -- 文献学丛刊. -- 957-15-

0947－7(国家图书馆)

作者认为,中国古代图书分类学以历史悠久的华夏文化为底蕴,并不遵守近现代西方分类学的某些预先设定的理论范式。古代分类学超越了那种把分类学系统仅仅当作反映学科知识系谱的总结系统,以及作为知识信息的存取系统的操作层面,而努力将分类系统的文化建构和汉民族世界观的建构联系起来,具有一种极其深刻的分类本体论意识。本书旨在建构一个概括力强、概括方式准确、概括层次贴切的古代分类学理论系统,该系统要求能够分析并回答有关中国古代图书分类学的一般理论和实践问题。全书共分五章。第一章绪论,第二章制约中国古代图书分类学的因素,第三章中国古代图书分类的基本特征,第四章中国古代图书分类学之文化学透视,第五章中国古代图书分类学的现代价值。(崔彤)

3114

中国机读规范格式使用手册　中文图书名称规范数据款目著录规则　中文图书主题规范数据款目著录规则 / 国家图书馆采编部编. -- 北京:(内部出版),1999. -- 183 页;26cm(郑州大学图书馆)

本书包括三部分,第一部分为《中国机读规范格式使用手册》,该手册源于《中国机读规范格式(试用本)》。该试用本是接受文化部立项资助的科研课题,于 1989 年着手编写的。当时主要依据的是 IFLA UBCIM1987 年出版的《UNIMARC/规范格式》草案本和《规范款目和参照款目指南》(GARE,1984)。本手册对机读规范格式的定义、格式设计、功能块作了介绍,并对其使用说明、控制子字段、格式作了详细介绍。第二部分《中文图书名称规范数据款目著录规则》详细介绍了名称规范数据的款目结构和标识符号、款目的著录格式、款目的著录来源和文字、规范款目、参照款目和说明款目。第三部分为《中文图书主题规范数据款目著录规则》,介绍了其款目结构、款目著录格式与符号、著录款目细则。(韩丽)

3115

医学专业分类表 / 林美兰主编;《中国图书馆分类法》编辑委员会,中国医学科学院信息所图书馆编. -- 北京:北京图书馆出版社,1999. -- 22,173,72 页;26cm. --《中国图书馆分类法》专业分类表系列. -- 7－5013－1735－6(国家图书馆)

《中国图书馆分类法》是我国建国后编制出版的一部具有代表性的大型综合性分类法。本书是医学及与医学相关学科的专业分类表,是在《中图法》(第四版)R 类基础上编制的,体系结构、标记符号与《中图法》一致。它由 R1 预防医学、卫生学,R2/8 医学和 R9 药学三部分组成。本书为《中国图书馆分类法》专业分类表系列之一,是按照科学知识体系进行逻辑划分的概念等级分类体系。书中分编制说明、基本类目、简表、主表、相关的学科类目、辅助表、R 类对照表等部分。(韩丽)

3116

文献分类法主题法导论 / 马张华, 侯汉清编著. -- 北京:北京图书馆出版社, 1999. -- 393 页:图;21cm. -- 7－5013－1583－3(国家图书馆)

本书是一本全面阐述文献分类法、主题法理论和方法的著作。根据分类法、主题法的联系和不同特点,书中一方面从分类法和主题法结合的高度,对其基本理论、方法进行系统的阐述,重视对两者联系和共同规律的揭示;同时,也注意根据两者的不同特点,分别对分类语言、主题语言及其标引方法、检索工具编制等加以剖析和介绍。根据国内外这一专业领域的实践现状,分类法的介绍以等级列举式为中心,结合介绍分面分类的理论方法;主题法以叙词法为中心,并对分类主题高度结合的形式——分类主题一体化词表以及自然语言的使用进行了系统介绍。力求使读者对文献分类法、主题法的理论和方法以及各自特点有一个比较完整的了解。全书共分九章,主要包括:导言,检索语言原理,文献分类法,主题法,分类主题一体化词表,文献标引概述,分类标引与分类检索工具,主题标引和主题检索工具,自然语言标引和检索等内容。(韩丽)

3117

现代索引文摘法 / 王知津主编. -- 北京:北京图书馆出版社, 1999. -- 319 页;20cm. -- 7－5013－1592－2(国家图书馆)

索引和文摘通常被人们认为是文献检索的工具,但由于其内容和编制上的特点,除了可供检索之外,还起着积累、交流、统计、分析、评价和研究文献等等方面的作用。本书立足于实践,着眼于现代信息技术的应用,全面而又系统地介绍和论述了电子计算机自动或辅助进行文献标引、编制索引和文摘的工作,并于重要的题目之下,分别从理论、原理、语言学基础、数学模式、专门的技术方法和实施的组织与过程等方面作透彻的解释和中肯的论证。全书共分七章,主要包括:现代标引法基本原理,现代标引法及其技术,现代索引法基本原理,现代索引法及其技术,现代文摘法基本原理,现代文摘法及其技术,Internet 索引文摘服务等内容。(韩丽)

3118

都柏林核心集在 UNIMARC 和机读权威记录格式的应用探讨 / 吴政睿. -- 台北:台湾学生书局,1999. -- 256 页:图;21cm. -- 新图书馆学丛书. -- 957－15－0991－4(国家图书馆)

本书共分为 5 章。第一章为元资料与都柏林核心集的简介,一方面帮助读者形成一个对元资料清楚的整体概念;另一方面,非常详细的介绍了都柏林核心集的重要特色、基本栏位、修饰词。第二章详细分析和解说了从国际机读编目格式到都柏林核心集的转换方法与对照表,为满足不同读者的需求,制作了中英文两种表格。第三章探讨了中国机读权威记录格式到都柏林核心集的转换。第四章介绍梵蒂冈地区中文联合馆藏系统(UCS),这个系统是都柏林核心集在图书馆的应用实例。第五章是未来发展与结束语,主要介绍 DC/RDF 模型。(崔明明)

3119

计算机编目技术手册 / 熊光莹主编. -- 北京:北京图书馆出版社, 1999. -- 416 页;26cm. -- 7－5013－1615－5(国家图书馆)

本手册包含"书目数据库记录编制工作细则"、"机读目录格式指南"、"汉语主题标引工作细则"和"中文文献书目数据库数据质量控制工作规程"4个部分，是图书馆、情报所等各类信息机构进行计算机编目工作的必备工具书。书后附录有：输入工作单样例，字段和子字段一览表，关于名称规范的几点补充意见，《西文文献著录条例》(摘录)，语种代码，国家代码，责任关系词代码，地理区域代码，时期代码表，国际地区代码表、国内地区代码表等。(韩丽)

3120

张琪玉情报语言学文集 / 张琪玉著. -- 北京：北京图书馆出版社，1999. -- 478 页；表；21cm. -- 7 - 5013 - 1591 - 4(国家图书馆)

张琪玉的主要研究领域是情报语言学，他是该学科领域的开拓者。本书集作者几十年来潜心研究之成果而成，代表了我国在这一研究领域的最高水平，内容涉及情报语言学总论、分类检索语言、主题检索语言、自然语言在情报检索中的应用及索引学等各个方面。全书收集了按著作内容分类顺序和按著作完成时间顺序的文章，按著作内容分类又分为六部分，即：情报语言学总论，分类检索语言，主题检索语言，自然语言在情报检索中的应用，索引学等内容。(韩丽)

3121

文献机读目录数据处理手册 / 中国科学院文献情报中心，中国电化教育馆《文献机读目录数据处理手册》编写组编. -- 北京：中央广播电视大学出版社，1999. -- 676 页；26cm. -- 7 - 304 - 01740 - 6(国家图书馆)

本书的机读目录格式是以《中国机读目录格式》(WH/T0503 - 96)和 UNIMARC 格式为依据，并按字段标识号顺序进行叙述。文献著录是以中华人民共和国国家标准《文献著录总则》《普通图书著录规则》《连续出版物著录规则》《非书资料著录规则》为依据，同时参照了《国际标准书目著录(总则)》以及《中国文献编目规则》《西文文献著录条例》等。本书主要内容包括文献机读目录数据处理手册、中文文献机读目录数据处理细则、西文连续出版物机读目录数据处理细则、日文连续出版物机读目录数据处理细则、俄文连续出版物机读目录数据处理细则、非书资料机读目录数据处理细则和附录等。(韩丽)

3122

《中国图书馆分类法》(第四版)使用手册 / 中国图书馆分类法编辑委员会编. -- 北京：书目文献出版社，1999. -- 510 页；20cm. -- 7 - 5013 - 1623 - 6(国家图书馆)

为使《中图法》新老用户正确掌握这部分类法，进行文献分类标引工作，《中图法》编委会在原第三版使用手册的基础上，编写了《中国图书馆分类法(第四版)使用手册》一书。本书内容包括：《中图法》的编制理论和技术；同类书排列、文献改编问题；《中图法》版本及系列工具书介绍。另有附录。本书重点增加了《中图法》第四版新增内容、类目结构变化较大部分的说明，同时对第三版使用手册中阐述过于简略的内容进行了补充。《中图法》编委会具有对《中图法》一书使用解释的权威性，同时本书具有较强的学术性和实用性。(韩丽)

3123

中国图书馆分类法(第四版) / 中国图书馆分类法编辑委员会编. -- 北京：北京图书馆出版社，1999. -- 1141 页；26cm. -- 7 - 5013 - 1603 - 1(国家图书馆)

原名《中国图书馆图书分类法》，是我国图书馆和情报单位普遍使用的一部综合性的分类法。第四版把文献所包含的知识内容划分为：马列主义毛泽东思想、哲学、社会科学、自然科学、综合性图书 5 个基本部类和 22 个大类，每大类分别用一个大写字母表示，每一大类下又分成若干小类，如此层层划分，形成其知识体系。较第三版修订重点与特色主要有：(1)确定了重点修订大类：F 经济，TN 无线电、电子学、电信技术，TP 自动化技术、计算机技术等三类；(2)区分类分图书用类目和类分资料用类目；(3)调整类目体系，扩充加细类目，增改类目注释；(4)增设指示性类目等。书前有《第二版编制说明》《第四版编制说明》、基本大类简表。书后有《通用复分表》。(韩丽)

3124

劳动科学专业分类表 / 毕永英主编；《中国图书馆分类法》编辑委员会，中国劳动保障科学研究院编. -- 北京：北京图书馆出版社，2000. -- 90 页；26cm. --《中国图书馆分类法》专业分类表系列. -- 7 - 5013 - 1742 - 9(国家图书馆)

本表是劳动科学文献工作的基本工具之一，是按照科学知识体系进行逻辑划分的概念等级分类体系。书中分编制说明、基本类目、简表、主表、总论复分表、世界地区表、中国地区表、国际时代表、中国时代表、索引等部分。本书为《中国图书馆分类法》专业分类表系列之一。它是一部在《中图法》体系基础上编制的中国劳动文献情报部门通用的、具有权威性的文献标引与检索的基本工具。它的编制为我国劳动科学文献管理工作的科学化、规范化奠定了良好的基础，有利于劳动科学文献数据库的建设与发展，有利于信息数据的标准化、自动化、网络化，有利于资源共享，有利于为决策咨询服务。本分类表适用于我国不同规模的劳动专业图书馆和文献信息单位的文献分类标引、目录组织和文献检索，同时对综合性图书馆、文献信息单位了解劳动科学、分类检索劳动文献具有参考使用价值。(韩丽)

3125

信息组织的分类法与主题法 / 曹树金，罗春荣编著. -- 北京：北京图书馆出版社，2000. -- 464 页；图；20cm. -- 7 - 5013 - 1124 - 2(国家图书馆)

本书对分类法与主题法进行了全面系统的论述，并在三方面有所突破：一是在信息组织的范畴内，将分类法与主题法有机地结合起来，实现其理论、方法和规则的更加系统化；二是突破分类法与主题法的一些传统理论和方法在适用性上的局限，以顺应其新使用环境和应用范围不断扩展的要求；三是增强标引方法和规则的实用性，使其易于理解，便于操作。全书共分 11 章，主要包括：绪论，主题与主题分析，标引语言和信息/文献标引概述，分类语言，分类标引的方法和规则，标题语言和关键词语言，叙词语言，使用叙词语言的主题标引方法和规则，分类主题一体化语言及其应用，网络

信息组织的分类法和主题法,分类法和主题法的发展等内容。(韩丽)

3126

面向21世纪的情报语言学:全国第三次情报检索语言发展方向研讨会论文集 / 戴维民,赵建华,汪东波主编. -- 北京:北京图书馆出版社,2000. -- 240页:图;26cm. -- 7-5013-1693-7(国家图书馆)

本书是由中国图书馆学会、全国信息与文献标准化技术委员会、中国科技情报学会等单位联合举办的"全国第三次情报检索语言发展方向研讨会"的论文集。本书收录了"中国情报检索语言五十年"、"九十年代我国情报语言学研究进展"、"浅析线性检索语言"、"机读叙词表编制与维护技术的发展和未来"、"军用主题词表系列化建设现状与发展"、"《中国图书馆分类法》发展的历史回顾与展望"、"电子版叙词表及其编制技术"等29篇文章。(韩丽)

3127

文献信息资源编目 / 段明莲编著. -- 北京:北京大学出版社,2000. -- 327页:图;26cm. -- 7-301-04625-1(国家图书馆)

本书系统介绍文献信息资源编目的基本原理、技术和方法,国内外文献信息资源编目工作的发展概况,中西文普通图书、连续出版物、舆图资料、非书资料、计算机文件等文献信息资源的描述与揭示,中西文文献信息资源检索点的选取,CNMARC格式的结构与使用,USMARC格式与UNIMARC格式的分析比较,检索点的规范工作以及文献信息资源编目的发展趋势。全书共分为14章,每章后面附有思考题,书末附图书馆目录组织、CNMARC机读记录实例和参考文献三个附录。本书将中文文献编目、西文文献编目以及计算机编目三者有机地融为一体,将传统的手工编目理论与计算机编目原理相结合,沟通了各类型文献信息资源的编目理论与编目方法,深入浅出地论述了文献信息资源编目的一些基础问题,内容新颖、涉及面广、分析阐述深入、注重实用。本书可作为高等院校情报学、图书馆学等专业以及与信息管理有关学科的教材或教学参考书,亦可供各类信息中心、情报研究所、图书馆的工作人员及广大信息工作者学习参考。(韩丽)

3128

中文图书数据处理规程 / 甘琳编著. -- 北京:北京图书馆出版社,2000. -- 125页:图;26cm. -- 7-5013-1758-5(国家图书馆)

本书是ILAS培训教材及CRLNet指定使用书,全书共分4章,其主要内容包括:第一章中文图书数据处理质量控制要求,提出本规程执行《国际标准书目著录》总则及各分则、《中国文献编目规则》等标准和文件,并提出编目员素质和职责要求;第二章计算机编目概述,解释了机读目录数据处理、文献著录的相关术语,文献著录、标引的标准化原则,著录信息源与著录用文字,著录详简级次及其他说明等;第三章机读目录,介绍了机读目录的产生和发展、中国机读目录简介、卡片格式和机读格式、卡片目录和机读目录等;第四章中文图书数据处理规程等内容,介绍了功能块目录、记录头标著录、标识块著录、著录信息块等。(韩丽)

3129

文献编目工作 / 黄俊贵主编. -- 北京:北京图书馆出版社,2000. -- 323页;20cm. -- 图书馆岗位培训教材. -- 7-5013-1698-8(国家图书馆)

本书在编写指导思想上试图体现:一是实验性,适于操作,力避蹈空而论之弊;二是新颖性,反映最新编目工作进展;三是适用性,既兼顾手工编目与计算机编目的需要,也适应图书馆及其他文献信息机构使用。在教材内容上集优补缺,广采众说,并力创新意。本书在总结国内外编目理论与实践的基础上,系统论述了编目工作的组织管理、各类型文献的著录方法、计算机编目及其规范控制。全书共分九章,主要包括:文献编目工作概论,编目工作组织管理,文献著录的基本问题与图书著录法,其他类型文献著录,计算机编目,规范控制的基本原理,标目法的主要内容,计算机编目的规范控制,文献编目理论与实践的发展概述,参考文献等内容。(韩丽)

3130

编目规则 / 图书馆自动化作业规划委员会"中国编目规则"研订小组编订;台湾图书馆学会分类编目委员会修订. -- 台北:台湾图书馆学会,2000. -- 257页;21cm. -- 台湾图书馆学会丛书.1. -- 957-30839-3-0(国家图书馆)

编目规则是图书馆记述编目所遵循的规范。《编目规则》1983年出版,1995年修订,本版为第二次修订。本书的修订承续修订版的既定原则,保存《编目规则》原有的特色,参考《英美编目规则第二版》1998修订版,并配合编目实务的需要。在修订内容方面,除了第十三章章名由"电脑档"改为"电子资源",在条文有较大幅度的变动外,其余部分或是修正文字,或是删并条款,或是添加实例,都视需要而定。本书内容分甲编和乙编两部分。甲编著录,含总则、图书、连续性出版品、善本图书、地图资料、乐谱、录音资料、电影片及录影资料、静画资料、立体资料、拓片、微缩资料、电子资源、分析等章;乙编标目,含检索款目之择定、人名标目、地名、团体标目、划一题名、参照等章。(崔彤)

3131

DC元数据 / 吴建中主编. -- 上海:上海科学技术文献出版社,2000. -- 223页:图;20cm. -- 7-5439-1580-4(国家图书馆)

元数据的研究与开发正成为当今信息网络发展的一个热点。元数据,从定义上来讲,是关于数据的数据,或者说是关于数据的结构化数据。传统的图书馆卡片、图书的版权说明、磁盘的标签等都是元数据,MARC(机读目录格式)和AACR(英美编目条例)也是元数据的格式,但是由于元数据这一词汇概念起源于计算机科学,又是在人们急需解决网络资源无序化的环境下提出来的,所以当前元数据的研究主要还是网络下的数据描述和数据管理问题。全书共分五章,主要介绍了DC元数据发展简史,DC元素与修饰词,DC的应用句法与结构,DC与USMARC的比较,CORC系统简介,CORC寻路器的创建与CORC系统的管理等内容。(韩丽)

3132

高校图书馆编目工作研究 / 吴开华主编. -- 北京:北京图书馆出版社, 2000. -- 213 页;20cm. -- 7 - 5013 - 1687 - 2(国家图书馆)

本文集共收录论文 36 篇,内容涵盖编目工作方方面面。有关于文献分类、主题标引、著者号取号规则方面的心得体会;也有关于图书著录、机读格式应用等方面的经验总结。收录的论文有:"信息资源的共建、共知和共享——CALIS 联合目录数据库建设思路"、"浅析分类标引过程中的前后不一致"、"计算机及网络环境下的主题标引"、"机读目录著录计算机光盘方法初探"、"试论书目数据质量控制"、"虚拟图书馆的虚拟支持——网上资源与帮助"、"跨入 21 世纪图书馆的特征与功能"等。(韩丽)

3133

都柏林核心集与图书著录 / 吴政睿. -- 台北:台湾学生书局,2000. -- 218 页;21cm. -- 新图书馆学丛书. -- 957 - 15 - 1052 - 1(国家图书馆)

本书是作者有关都柏林核心集研究的第四部著作。全书共分 5 章,分别为"图书著录与都柏林核心集"、"'中国编目规则'的图书著录与都柏林核心集"、"'中国机读编目格式'与都柏林核心集"、"'中国机读权威记录格式'与都柏林核心集"、"结语与资料著录的未来趋势"。附录"'中国机读编目格式'(第三版)到都柏林核心集对照表"。本书还附有图表目次、参考书目、中文索引及英文索引。(崔明明)

3134

CALIS 联机合作编目手册 / 谢琴芳主编. -- 北京:北京大学出版社, 2000. -- 2 册(563 页,754 页);26cm. -- 7 - 301 - 04815 - 7(国家图书馆)

本书分上、下两册。上册以 CNMARC 格式为主体,下册以 MARC 21(USMARC)格式为主体。各分册均用较大篇幅规定了贯穿编制 MARC 记录全过程中应遵循的著录原则、主题分类标引原则和规范控制原则。(韩丽)

3135

情报语言学词典 / 张琪玉编著. -- 北京:北京图书馆出版社, 2000. -- 21, 386 页;21cm. -- 7 - 5013 - 1096 - 3(国家图书馆)

本书是由我国情报语言学领域的著名专家张琪玉教授精心编著的我国第一部该领域的专业词典,内容包括情报语言学总论、分类法、主题法、自然语言检索、索引法、文献标引和情报检索以及其他相关的名词术语,共 2300 余条(包括同义词),并有中国情报检索语言语种简目、外国情报检索语言语种简目、中国情报语言学文献简目等附录,具有很高的权威性、专业性和实用性。本词典对某些意义上互相有联系的名词术语采取设立并列词条的方式,使词义在相互联系中更易理解,并精简释文。本词典词条索引采取轮排形式,可从词条的任何词素入手查词,并可将字面成族的词条汇集到一起,在一定程度上起到对词条进行分类的作用。(韩丽)

3136

中国图书馆分类法简本:第四版 / 中国图书馆分类法编辑委员会编. -- 北京:北京图书馆出版社, 2000. -- 331 页;26cm. -- 7 - 5013 - 1735 - 6(国家图书馆)

本书在《中国图书馆图书分类法》第四版的基础上节编而成,在编制原则、体系结构、号码配备等方面都与修订版基本保持一致,主要适用于中、小型图书馆类分文献。本表分为 5 个部类:马克思主义、列宁主义、毛泽东思想,哲学,社会科学,自然科学,综合性图书。在部类下展开为 22 个大类,其下又区分若干小类,层层隶属,逐级细分。在各大类下,一般伸展到三级、四级。对于分类体系以及号码设置,一般均依照《中图法》编列,以便于各馆结合图书分类的实际需要,参考详表,补充使用。本分类表有两种性质的复分表,一是专类使用的复分表,二是在分类表后附有 6 个供全表使用的辅助复分表。在本表大部分类目下,编列有注释。(韩丽)

3137

中国图书资料分类法(第四版) / 中国图书馆图书分类法编委会编. -- 北京:科学技术文献出版社, 2000. -- 26, 1195 页;26cm. -- 7 - 5023 - 3392 - 4(四川大学图书馆)

《中国图书资料分类法》是全国各类情报与信息单位、图书馆、资料部门广泛采用的大型检索语言工具书。分类法是按学科系统编制的,其体系结构和类目设置,必然要受一定时间条件的限制。为此,随着科学技术的迅猛发展,新事物、新学科的不断涌现和深入以及各类用户在使用过程中陆续提出问题和意见,必须对其加以充实和修订。这次修订在第三版的基础上增、删、改约 4000 处,适合网络环境下联机编目和检索的需要,在组配技术手段上有新的突破,实用性强。本书可供各类情报与信息单位、图书馆、资料部门以及科研院所、大专院校类分中外图书资料、组织藏书、编制目录、建数据库和进行文献检索之用,还可作为图书情报教学人员和图书情报工作者参考。(韩丽)

3138

中文图书机读目录格式使用手册 / 周升恒主编;全国图书馆联合编目中心,国家图书馆图书采选编目部编. -- 北京:华艺出版社, 2000. -- 156 页;28cm. -- 7 - 80142 - 191 - 4(国家图书馆)

本书是依据 IFLA 2000 年最新修订的 UNIMARC Manual 而编写的编目工作工具书。本书与国家图书馆以前出版的格式使用手册相比,具有如下特点:(1)更加注重与有关国际标准的接轨;(2)更加注重与中文图书计算机编目实践与经验的紧密结合;(3)在编目工作中全面体现规范控制的概念,在字段设置和使用方面注重书目记录与规范记录在著录、维护与使用上的紧密结合;(4)对原有的主题标引方式做了重要调整。本手册是全国图书馆联合编目中心根据国际、国内机读目录格式标准编写的。目的在于指导中文图书机读目录的编制,使该中心生产的中文图书机读书目数据能实现国际、国内共享。(韩丽)

3139

佛教图书分类法 / 白化文编著. -- 北京:北京图书馆出版社, 2001. -- 149 页;21cm. -- 7 - 5013 - 1799 - 2(国家图书馆)

本书是在台湾香光尼众佛学院图书馆编辑,1996 年台湾出版的《佛教图书分类法》基本架构不变的前提下，对个别定名进行必要改动以及增加附录加以编著而成。这是在佛教图书分类法与中国图书馆图书分类法不能彻底符合的情况下的一个过渡性质的分类法，可以满足内地、港、澳、台及海外寺院及佛教图书馆当前编目的急需，实用性、可操作性极强。本书内容包括：改编《佛教图书分类法（详表）》的说明；《佛教图书分类法（详表）》；书后附录有“经藏内”、“藏经阁”与“天宫宝藏”，信息时代的藏经供养与内外典学习，对当前内地佛教寺院藏书编目的一个暂行性建议。（韩丽）

3140

美国国会图书馆与主题编目 / 陈麦麟屏，林国强著. -- 台北：三民书局，2001. -- 316 页；21cm. -- 增订 2 版. -- 图书资讯学丛书. -- 957-14-3336-5（国家图书馆）

本书作者在 1989 年版的基础上对该书进行大幅增订。它一方面介绍世界第一大图书馆——美国国会图书馆的历史渊源、组织、功能，以及其现阶段任务。另一方面阐述美国国会图书馆主题编目制度的理论，以及实际业务的执行。全书分 9 章。第一章介绍美国国会图书馆的昨日与今日；第二章介绍美国国会图书馆的组织；第三章介绍美国馆际合作编目计划；第四章主题编目的理论；第五章主题标目的结构；第六章主题标目的复分；第七章主题的分析和主题标目的选择；第八章主题标目的参照；第九章图书自动化资讯系统；第十章主题编目作业的主要工具。书前有编者的话、增订二版序言等。书后有：模范标题下的复分、地区之下的复分、水源之下的复分等九附录。并附“英汉、汉英词语对照索引表”。（赵红）

3141

中文连续出版物机读目录著录细则 / 陈源蒸，富平主编. --北京：华艺出版社，2001. -- 371 页：图；26cm. -- 7-80142-332-1（国家图书馆）

本书分为上下两编，上编为中文报纸机读目录著录细则，该细则为编撰“中文报纸书目数据库”的印刷版和机读版而制定，它提供的著录方法适用于所有中文报纸，该细则规定了报纸书目记录的著录项目，可供新闻界、发行界和图书馆界编撰各种中文报纸目录时参考。下编为中文期刊机读目录著录细则，该规则是为建立中文期刊数据库，在《中国机读目录格式使用手册》所规定的 CNMARC 格式的基础上，依据国家标准的连续出版物著录规则的有关内容，结合国家图书馆多年来的机读目录编目实践，并经有关专家充分讨论后而制定的。该规则立足于通用性、实用性和可操作性。（韩丽）

3142

机读目录文献著录图解 / 纪昭民主编. -- 北京：华艺出版社，2001. -- 291 页：图；20cm. -- 7-80142-333-X（国家图书馆）

本书收集了 150 多个例子，都是在实际工作中遇到的，在文献著录方面有一定特点的一些问题，并用图例的形式阐述对这些问题的看法及做法。全书共分两大部分，第一部分是关于文献著录的若干基本原则，包括著录信息源、著录用文字、著录用标识、著录繁简级次等；第二部分是文献各著录项目中若干问题的处理，主要包括题名与责任说明项，版本项，文献特殊细节项，出版、发行项，载体形态项，丛书项，附注项，标准编号与获得方式项，会议文献的处理，中国机读目录字段一览表等。（韩丽）

3143

实用图书分类 / 刘经宇，刘桑耘，刘耕编著. -- 哈尔滨：哈尔滨工业大学出版社，2001. -- 434 页；20cm. -- 7-5603-1631-X（国家图书馆）

本书共分 6 章，分别包括：第一章绪论，介绍了图书分类的基本知识；第二章图书分类法的体系结构，介绍了类目表、标记符号、中图法的标记符号和编号制度、类号的组合与复分表的使用等内容；第三章图书分类工作和方法，介绍了图书分类工作的程序、规则及更换分类法的问题等；第四章分类索书号与分类目录，介绍了同类书的排列、分类索书号的编制、著者号码表、分类目录及组织；第五章各大类图书的分类，按类分 22 节介绍了各类图书的分类；第六章中外图书分类法简介，介绍了我国古代、近代和解放后的图书分类法，以及外国的主要图书分类法。（韩丽）

3144

文献标引工作 / 刘湘生，汪东波主编. -- 北京：北京图书馆出版社，2001. -- 231 页：图；20cm. -- 图书馆岗位培训教材. -- 7-5013-1734-8（国家图书馆）

本书为图书馆岗位培训教材。全书共分 7 章，主要内容包括：文献标引语言与标引工具、文献标引工作概述、文献主题分析、文献标引的基本规则、手工检索系统的文献标引与书目索引的编制、计算机检索系统的文献标引与索引文档组织、各类文献的标引方法等。全书从文献标引语言、标引工具以及文献标引的基本理论知识和各类文献（历史著作、人物传记、多卷书、丛书、词典、个人文集、百科全书、年鉴、目录、连续出版物等）实际操作技能方面作了较为简明而系统的论述。（韩丽）

3145

中国机读目录格式使用手册 / 潘太明，朱岩，宋斐华修订. -- 北京：科学技术文献出版社，2001. -- 642 页；26cm. -- 7-5023-3733-4（国家图书馆）

鉴于国际图联（IFLA）近五年来对 UNIMARC 作了不少补充和修改，为使中国机读目录格式跟上国际发展，并适应国内编目工作需要，编者于 2000 年 7 月开始对第一版进行修订。修订工作的主要内容为：根据五年中所收的意见和建议，以及 UNIMARC 的最新版本进行补充和修改；更正原《手册》中一些不妥当或错误的文字表述；充实和更正一批应用实例。这次修订仍然在一些字段中保留了西方实例，目的是供我国图书馆在处理外文书目时参考。本手册详细说明了机读目录格式，对记录头标区和数据字段（编码信息块、著录信息块、附注块、款目连接块、相关题名块等）的使用有详细的说明。（韩丽）

3146

图书分类与编目概要 / 徐以升. -- 台北：大华传真出版

社,2001. -- 384 页;21cm. -- 基层特考考试用书. -- 957 - 479 - 202 - 1(国家图书馆)

台湾公务员的考试分为高等考试、普通考试、初等考试、特种考试和升等考试,特种考试是为了满足特殊性质机关的需要而举办的,如警察机关、情报机构以及安全部门的公务员等。本书是台湾"基层公务人员特种考试"的参考用书。本书内容共分两部分,第一部分内容精要含6章:第一章导论,第二章编目法,第三章分类法,第四章标题法,第五章目录排列法,第六章中文图书分类编目趋势,每章后含题库解析;第二部分相关考试历届试题与解析,收录了1992—2001年的18份图书馆管理和图书资讯管理方面的考试试题。(崔彤)

3147

文献分类学 / 俞君立, 陈树年主编. -- 武汉:武汉大学出版社, 2001. -- 384 页:图;20cm. -- 7 - 307 - 03424 - 7(国家图书馆)

本书共分为15章,系统地介绍了文献分类学的研究对象和内容、文献分类法的基本原理、体系分类法、分面分类法、网络信息分类法与《中图法》第4版及其电子版、《杜威十进分类法》第21版等十余部国内外主要文献分类法,以及《中图法》用于机读数据的标引与检索、各类型与各学科文献的分类标引方法、同类书书次号与图书改编的理论与方法等。(韩丽)

3148

汉语文古籍机读目录格式使用手册 / 中国国家图书馆编. --北京:北京图书馆出版社, 2001. -- 198 页;26cm. -- 7 - 5013 - 1841 - 7(国家图书馆)

本手册主要根据国家一系列标准及相关文献的基本原则,总结以往的古籍编目的实践和经验,选用了适合于汉语文古籍的字段和子字段,对有关的内容说明和应用实例着力进行了描述。本手册包括了古籍机读目录可能使用的所有字段、子字段以及古籍类型;也因为我国古籍的多样化和复杂性,手册提出了通用格式注释和古籍的主要类型样例,供编制古籍机读目录数据时参照使用。各古籍收藏单位或编目人员可根据本书原则制定更详细的古籍机读目录数据处理细则。(韩丽)

3149

国际专利分类表关键词索引 / 李建蓉主编;国家知识产权局专利局专利文献部编译. -- 北京:知识产权出版社, 2002. --18,822 页;20cm. -- 7 - 80011 - 649 - 2(北京工业大学图书馆)

本索引由与国际专利分类表有关的关键词(包括英文关键词)、指示条目和分类位置组成。全书共收录关键词5944个, 指示条目14640条。(于静)

3150

元数据导论 / 刘嘉著. -- 北京:华艺出版社, 2002. -- 395 页:图;20cm. -- 二十一世纪图书馆学丛书. 第二辑. -- 7 - 80142 - 370 - 4(国家图书馆)

本书通过采用历史回溯、文献探讨、个案分析、实证研究等研究方法,根据历史发展的脉络,在简述网络信息资源组织的发展历程之后,说明应用元数据成为网络信息资源组织的重要手段之必然性,进一步阐明元数据的定义、类型、功能和应用,并着重介绍两种典型的元数据格式。元数据也已被应用于中文网络信息资源的组织,笔者亦力求对中国内地和台湾在此方面的情况做一较为完整的描摹。全书共分九章,主要内容包括:网络信息资源的组织、元数据概述、资源描述框架、元数据的编码标准、元数据与描述、元数据的检索与检索控制、图书馆界的元数据格式——机读目录格式、都柏林核心元素集、元数据在中国内地与台湾的应用等。(韩丽)

3151

电子资源著录规则、电子资源机读目录格式使用手册 / 全国图书馆联合编目中心,国家图书馆图书采选编目部. -- 北京:全国图书馆联合编目中心(内部出版),2002. -- 226 页:图;29cm(国家图书馆)

该书根据有关国际标准,结合实际编目经验而撰写,适用于电子资源和非书资料的音像资料编目和机读记录的编制。该书分为两部分:第一部分是《电子资源著录规则》,此规则依据国际图联《电子资源国际标准书目著录 ISBD(ER)》的规定,结合我国电子资源书目著录的实际情况而制定。第二部分是《电子资源机读目录格式》,这是根据电子资源的特点,从 UNIMARC 格式中选出适用的相关字段定义汇编。书前有前言,《电子资源著录规则》后有附录 A:多层次著录; B:一般资料标识、资源标识和特定资料标识及其定义;C:实例; D:关于音像制品著录的某些特点。《电子资源机读目录格式》后有附录:常用语种代码,国家和地区名称的简称表,省、自治区、直辖市及特区代码表,常用符号区位码简表、常用汉字偏旁部首区位码简表。(胡秋玲)

3152

特种文献机读书目数据 / 韦衣昶著. -- 北京:北京图书馆出版社, 2002. -- 358 页;20cm. -- 7 - 5013 - 2064 - 0(国家图书馆)

特种文献指的是普通书籍以外的文献,包括古籍、地图、乐谱、金石等。这些特种文献在制作机读书目数据时有其特有的著录规则。本书就是专门针对特种文献的机读书目著录工作而作。本书主要介绍了特种文献机读目录的著录规则,结合具体实例,对于特种文献机读书目的各字段进行了讲解。本书内容充实,讲解详细。除绪论外,全书共分3章,主要包括:古籍机读书目数据,非书资料机读书目数据,其他类型文献的机读书目数据等内容,书后附有中国机读目录格式字段表、中国机读目录格式编码信息块常用代码表、古籍著录业务知识用表、名称规范说明等。(韩丽)

3153

图书分类 / 吴昌合编著. -- 合肥:安徽大学出版社, 2002. --222 页:图;21cm. -- 7 - 81052 - 581 - 6(北京师范大学图书馆)

本书由总论、各论两部分构成,针对图书出版发行工作实际,系统地论述了图书分类的基本知识、图书分类基础理论、图书分类一般方法、图书分类在出版发行工作中的应用等问题。上篇总论共有6章，主要包括：绪论，图书分类基础理论，图书分类法的体系结构，图书分类方法，图书分类在图书发行工作中的应用，书号与刊号等内容；下篇各论分为三章，主要根据马列主义、哲学类图书，社会科学类图书，自然科学、综合性图书三大类进行了论述。书后附有发行、出版统计分类对照表，《中图法》与《人大法》基本大类对照表及图书分类实习题。（韩丽）

3154

国际标准书目著录(ISBD) / 吴龙涛等译. -- 北京：华艺出版社，2002. -- 2册（328页，354页）；21cm. -- 二十一世纪图书馆学丛书. -- 7-80142-375-5（国家图书馆）

本书是《21世纪图书馆学丛书》中的一本，本丛书由国内外图书馆学专家学者合力而成，以探讨图书馆学情报学最新理论与实践为主要内容。本书分为国际标准书目著录总则ISBD(G)、连续出版物ISBD(S)、乐谱ISBD(PM)三大部分，分别详细地介绍了著录规则的范围、目的、应用、定义、标识符、信息源、著录语言和文字等，并就题目与责任说明项、版本项、出版发行项、载体形态项、丛编项、附注项等各著录单元作了详细说明。并在各部分后都附录有多层次著录、双向记录等特别说明。（韩丽）

3155

中国文献分类法百年发展与展望 / 俞君立主编；贺定安等编写. -- 武汉：武汉大学出版社，2002. -- 261页：图；21cm. --国家社会科学基金项目. -- 7-307-03777-7（北京师范大学图书馆）

本书是国家社会科学基金项目“20世纪我国文献分类法发展与2010年发展目标研究”的主要成果。本课题的研究，旨在总结20世纪的过去，面向21世纪的前十年，即：总结和阐明我国文献分类法发展的历史轨迹与历史经验；思考2010年前我国文献分类法发展的目标与任务。本课题是在俞君立主持下完成的。本书共分为四部分。第一部分：20世纪上半叶我国文献分类法的发展；第二部分：20世纪下半叶我国文献分类法发展中的学术争论与研究热潮；第三部分：20世纪我国文献分类学名著研究；第四部分：我国文献分类法发展目标思考。（韩丽）

3156

古代书目分类法与文学典籍崖略 / 袁学良著. -- 成都：巴蜀书社，2002. -- 331页；21cm. -- 7-80659-335-7（国家图书馆）

本书“绪论”开篇即言：独特的学术建树是建立在小心求证的基础上的，需要以自己的目光去审视各种古典文学原始资料。而查寻史料是离不开古典目录学的，其中，尤其是古代书目分类法，它几乎是我国古代对于图书文献进行编排整理的唯一方式。考虑到古代书目分类法对于查寻文学史料的意义甚为重要，因此，本书试图通过对古代书目分类法发展沿革的分析和对现存文学古籍的研究，为古典文学史料的查寻提供一个目录学门径。这便是撰写本书的缘由。全书共分13章，主要包括：古籍分类法溯源，我国第一部成熟的书目分类法——《七略》，魏晋南北朝时期分类法，四部分类法的发展，《四库全书总目》：四部分类法的集大成者，唐以后四分法之外的其他分类法，先秦文学典籍，秦汉魏六朝文学典籍，隋唐五代文学典籍，宋代文学典籍，元代文学典籍，明代文学典籍，清代文学典籍等。（韩丽）

3157

电力主题词表 / 张金城主编；中国电力信息中心编. -- 北京：中国电力出版社，2002. -- 11，1006页；26cm. -- 并列题Electric Power Thesaurus. -- 155083.524（国家图书馆）

本词表是一部供电力专业主题标引和检索以及组织目录和索引用的专业性工具书，共收录了电力及相关专业的主题词13376条，其中正式主题词11470条，非正式主题词1906条。内容包括电力工业各有关专业（火力发电、水力发电、核能发电、新能源发电、输配电、电力系统、供用电和电工技术基础等）以及自然科学和社会科学中的相关专业。本书可供电力行业和国民经济其他行业的有关工作人员和高等院校师生使用。（韩丽）

3158

中文拓片机读目录格式使用手册 / 中国国家图书馆编. -- 北京：北京图书馆出版社，2002. -- 103页；26cm. -- 7-5013-1877-8（国家图书馆）

本书包括“中文拓片机读目录格式使用手册”和“中文拓片编目规则”两部分内容，是依据《中国机读目录格式使用手册》和《中国文献编目规则·金石拓片部分》，并根据专家意见而编制的。书后还附有：中文拓片关键词表、世界语种代码、中文拓片机读目录格式字段表三个附录。（韩丽）

3159

“中国机读编目格式”：1991年版 / “中国机读编目格式”修订小组. -- 台北：台湾图书馆，2002. -- 1册；26cm；1附件（152页）. -- 图书馆法图书资讯技术规范丛书；1. -- 957-678-331-3（国家图书馆）

《“中国机读编目格式”》之编制与修订，自1981年迄今已经有20年时间，前后多达6次。台湾图书馆于2001年五月成立了“中国机读编目格式修订计划”小组，以“中国机读编目格式”第四版为基础进行修订工作。近年来网络及电子资源快速发展，图书馆自动化系统的功能也不断改进，因此，机读编目格式必须及时修订以适应变化。由于机读编目格式的修订与图书馆自动化相关，因此，小组成员针对使用不同自动化系统的图书馆实践中出现的问题提出分析报告，并作为修订工作的重要参考。

本书以UNIMARC为蓝本，但对台湾地区图书馆而言，在书目记录交换时较常应用的是“中国机读编目格式”与MARC21之间的交换。而且，MARC21近年来的修订更为频繁，更能反映网络及电子资源的发展，因此，本次修订仍以UNIMARC为基本框架，内容方面参考MARC21较多。综括起来，“中国机读编目格式”主要作用有四项，即编目作业之依据、编目规范化基础、编目自动化利器、书目交流之中介。（崔明明）

3160

图书分类法增订七、八版异动类目对照表 / 图书分类法增订七、八版异动类目对照表编辑小组. -- 台北:台湾图书馆,2002. -- 233 页;26cm. -- 957 - 678 - 346 - 1(国家图书馆)

本书包括 10 个对照表,分别是:总类异动类目对照表、中学类异动类目对照表、宗教类异动类目对照表、科学类异动类目对照表、应用科学类异动类目对照表、社会科学类异动类目对照表、史地类异动类目对照表、语文类异动类目对照表、艺术类异动类目对照表以及附表异动类目对照表。

对照表依增订八版十大类及附表顺序编排,每一大类之末均有附注文字,说明该大类"修订统计"及"注意事项"。对照表收录之类目资料,以增订八版在类号、类名及类目注释有增订、改订、删订的类目为主,新旧版间之类名,如仅字面改变而不涉及类目涵义的,则未收录其中。对照表自左至右分成四栏,即分为"增订七版、增订八版、修订方法、备注"四栏。

本书除对照表外,书末另有附录两种:一是增订八版使用解说;二是台湾图书馆目录改编作业办法,提供编目人员参考之用。(崔明明)

3161

医学主题词注释字顺表:(2002 年版) / 中国医学科学院医学信息研究所,中国协和医科大学医学信息研究所编. -- 北京:中国计量出版社,2002. --2 册(54,1382 页);29cm. -- 并列题 English - Chinese Medical Subject Headings Annotated Alphabetic List, 2002. --7 - 5026 - 1713 - 2(国家图书馆)

本书共分 12 部分,内容包括:词条示范举例,MeSH 词汇的特点,文献类型,专题副主题词及其范畴注释、缩写和可组配的主题词类目等。(韩丽)

3162

医学主题词注释字顺表(2002 年版) 中文索引 / 中国医学科学院医学信息研究所,中国协和医科大学医学信息研究所编. -- 北京:中国计量出版社,2002. --10,373 页;29cm. -- 7 - 5026 - 1713 - 2(国家图书馆)

本索引以中文汉语拼音为序,涵盖了 2002 版 MeSH 的 42752个词汇(包括主题词和款目词)。款目词用宋体显示,主题词用黑体显示。本索引排序时忽略了汉字前的英文字母和数字。(韩丽)

3163

中国机读规范格式:中华人民共和国文化行业标准(WH/Y 15—2002) / 中华人民共和国文化部发布. -- 北京:中华人民共和国文化部(内部出版),2002. -- 66 页; 30cm(天津师范大学图书馆)

《中国机读规范格式》(中华人民共和国文化行业标准(WH/T15 - 2002))规定了机读形式的规范款目、参照款目和说明款目记录的标识符号、指示符和子字段标识符。可记录的规范类型包括个人名称、家族名称、团体和会议名称、地理名称、各种统一题名、丛编题名和主题等。机读规范记录中的字段,根据其使用功能分为 10 个功能块。(韩丽)

3164

测绘学叙词表 /《测绘学叙词表》编辑委员会编. -- 北京:测绘出版社,2003. -- 393 页;30cm. -- 7 - 5030 - 1185 - 8(国家图书馆)

本书是我国第一部正式出版的测绘学科专业叙词表,其编制发挥了主题和分类两种检索语言的特点,同时标注了相应英文名称,书中包括字顺表、等级索引表、范畴分类索引表和英汉索引表四部分,共收录叙词 3000 余条。本叙词表的编制,不仅参考了《测绘学名词》《测绘科学技术主题词表》(试用本)及多年来《测绘文摘》实际标引的主题词,同时广泛吸收了十多年来国内外测绘及相关学科最新科技文献中使用频率较高且能充分反映文献信息内容的新词汇。叙词的体系结构遵循国家《汉语叙词表编制规则》。叙词的分类采用《中图法 · 测绘学专业分类表》进行类分,并根据学科的发展对"地理信息系统"类目进行了适当调整。考虑到学科分支相互交叉与渗透,某些叙词按学科属性划入了多个类目,对少数使用范畴较广的组配词未予分类,而只赋予了范畴号。(韩丽)

3165

中文图书 ECIP 与自动编目手册 / 陈源蒸编著. -- 北京:北京图书馆出版社, 2003. -- 436 页:图;26cm. -- 7 - 5013 - 2095 - 0(国家图书馆)

本书论述了中文图书出版过程中实现"自动编目"的技术原理与实现方法,结合软件设计需求,说明了对元数据格式与著录规则所进行的调整,使 DC 元数据与 CNMARC 一一对应。从中文图书出版的实际情况出发,对每条数据元素的处理,详加解释,列举例证,所附图例反映了中文图书的基本特征。该书分为五部分,主要内容包括 ECIP 概述、ECIP 机读格式、机读数据、版本记录页、插页等知识。附录中附有有关标准、代码表、标引规则。本书是"中文图书出版数字化系统"的使用手册,也是图书馆中文数字化信息资源建设的重要参考工具,可操作性强。(韩丽)

3166

联机编目与数字图书馆 / 胡广翔主编. -- 北京:科技文献出版社, 2003. -- 322 页:图;21cm. -- 中国社会科学院文献信息中心重点研究课题"全院联机编目研究与实践"研究成果. -- 7 - 5023 - 4358 - X(北京邮电大学图书馆)

本书是关于联机编目与数字图书馆的一本文集,立足于中国社科院图书馆系统联机联合编目的实践,将联机联合编目与数字图书馆建设和发展紧密联系在一起,比较全面地反映了国内外图书馆开展联机联合编目以及数字图书馆研究和建设的现状。本书共收录有 10 篇文章,包括"中国社会科学院联机联合编目系统——方案设计及实施","中国社会科学院联机联合编目研究与实践","数字化图书馆技术","中国数字图书馆研究综述","国外数字图书馆","韩国数字图书馆研究","数字图书馆英文参考书目"等。(韩丽)

3167

蒙古文文献编目规则 / 金香主编;蒙古文文献编目规则编撰组编. -- 呼和浩特:内蒙古人民出版社,2003. -- 269 页;26cm. -- 7 - 204 - 07129 - 8(国家图书馆)

该规则的编制既坚持以《国际标准书目著录》(ISBD)和国家标准 GB3792 系列为依据,在著录项目的设置、著录项目排列顺序，以及著录用标识符号等三方面与《中国文献编目规则》取得了一致，又充分体现了蒙古文文献的特点及蒙古文文字的书写习惯，并采用了蒙古文文献例证。该规则由“著录法”与“标目法”两部分组成。“著录法”部分，考虑了蒙古文文献的现状及发展的需要，在“总则”之后选编了六种文献类型和“多层次著录”、“分析著录”两种著录方法。“标目法”部分由两章组成，详简适宜，可操作性强。(胡秋玲)

3168

MARC 21 馆藏数据格式 / 美国国会图书馆网络发展与MARC标准办公室，加拿大国家图书馆标准规范办公室合作制定；国家图书馆文献馆藏数据格式研究课题组翻译. -- 北京：科学技术文献出版社，2003. -- 218页；26cm. -- 并列题名：MARC 21 Format for Holdings Data：Including Guidelines for Content Designation：2000 Edition. -- 7-5023-4356-3(国家图书馆)

本书是美国国会图书馆推出的MARC 21五种格式的中文译本。书中介绍了MARC 21五种格式：MARC 21书目数据格式、MARC 21著者格式、MARC 21馆藏数据格式、MARC 21分类格式、MARC 21团体信息格式。这五种格式是用机读形式表示与交换书目数据、规范数据、馆藏数据、分类数据和团体信息的标准。书前有序言。书末有附录A控制子字段、附录B所有级别的记录实例、附录C多种文字记录、附录D《MARC 21馆藏数据格式》中的ANSI/NISO Z39.71与ISO10324数据结构、附录E术语汇编、附录F格式变化。(胡秋玲)

3169

知识分类：以文献分类为中心 / 谭华军著. -- 南京：东南大学出版社，2003. -- 395页；21cm. -- 7-81089-022-0(国家图书馆)

在向知识经济时代转型的过程中，知识将成为企业管理的中心，企业的竞争实力主要体现为知识实力。知识分类，历来是中外科学家、哲学家和人文学者寄予极大兴趣的重大课题之一。本书以近年来备受各界重视的知识管理学科为背景，充分认识到在高度发达的市场经济社会里，“知识力”作为一种无形资产，可以转化为取之不尽的社会生产力。而转化的途径，必须也只能是在对“知识资源”进行科学分类的基础上，实现人类知识多快好省的分类—搜集—储备—整序—吸纳—科学管理和分类汲取的目标，而负载着“知识资源”的“文献”，则是当今社会所依然不可忽视的重要知识载体之一。本书广泛涉及知识的发展演化历史，知识分类管理和中外知名文献分类法的历史及其改革等内容。全书结构合理，层次分明，对掌握知识分类方法有很好的指导意义。(韩丽)

3170

中国实用书店陈列分类表大全 / 王建强编著. -- 北京：中国书籍出版社，2003. -- 208页：图；26cm. -- 7-5068-1142-1(国家图书馆)

本书介绍了主要出版物——纸质印刷图书、音像制品、电子出版物、期刊的书店陈列分类方法。本大全分为图书陈列分类表，音像制品、电子出版物陈列分类表以及期刊陈列分类表三大部分，对报纸、缩微图文、盲文、图片等在分类表中的某些类名中做作括介绍，没有专门制表。书中还包含了图书零售业许多经验和一些当今新的营销理念。(1)本书的编著意图和适用范围。我国书店陈列分类长期以来处于粗放和随意状态，水平差别很大，在一定程度上影响了读者选购和服务水平的提高，影响了书店的整体水准和形象。编著本书的愿望就是为全国众多的出版物零售商搞好书店陈列提供参考。此外，本书还为广大读者选购出版物的类别提供依据，也可对出版选题策划者提供一些帮助。(2)本书的编著依据和内容解释。本书主要依据是“中图法”图书在版编目数据及国家有关标准，并结合书店陈列的特点、读者选购的习惯，同时广泛汲取出版物零售业的经验。(韩丽)

3171

信息资源编目 / 王松林编著. -- 北京：北京图书馆出版社，2003. -- 487页：图；21cm. -- 7-5013-2137-X(国家图书馆)

对大量馆藏实体信息资源进行整理、整序和整合的工作，在图书馆界历来被称为文献编目。但是现在文献机构除藏有大量馆藏实体信息资源外，还可能或将有可能拥有一些或大量非馆藏网络信息资源。对于非馆藏网络信息资源同样存在一个整理、整序和整合的工作，所以本书将这两大部分的编目工作统称为信息资源编目。在信息资源编目工作后所形成的一系列信息增值新产品——二次文献或二次信息系统，不管是过去、现在和将来，都是人们检索、索取和利用信息资源的基础和工具。全书共分9章，主要内容包括：绪论，实体信息资源著录总论，实体信息资源著录方法，检索点的选取及其标目，中文机读书目档的建立与维护，中文机读规范档的建立与连接，西文机读书目档的建立与维护，网络信息资源编目，计算机联机编目等。(韩丽)

3172

普通图书机读书目数据 / 韦衣昶著. -- 北京：北京图书馆出版社，2003. -- 567页；21cm. -- 7-5013-2094-2(国家图书馆)

图书的著录是图书馆的基础性工作。随着信息技术的发展，机读书目变得越来越重要。本书就是针对普通图书的著录而作。以往图书著录工作常常将中文、西文编目分开，这就会造成不一致的情况。本书将中、西文编目结合起来，统一了编目中的不一致情况。该书内容丰富，条理清晰，与具体实例结合，使得其具有很大的实用价值。本书内容包括文献编目概论、文献著录总论、普通图书著录、普通图书CNMARC数据输入方法、连续出版物著录，并收录了中国机读目录格式字段表等内容。(韩丽)

3173

西文文献著录条例(修订扩大版) / 中国图书馆学会《西文文献著录条例》修订组. -- 北京：科学技术文献出版社，2003. -- 551页；26cm. -- 7-5023-4357-1(国家图书馆)

本书正文为两部分：著录，标目、统一题名和参照；全书编为：总则、普通图书、连续性资源、测绘制图资料、电子资源、非书资料、乐谱、分析、检索点的选取、标目的确立、统一题名、参照等12章。书后有10类附录。本书是1985年由中国图书馆学会组织编写的《西文文献著录条例》的修订版,本修订版不仅对原版内容进行修订,同时增加了连续性资源(第三章)、测绘制图资料(第四章)、电子资源(第五章)、非书资料(第六章)、乐谱(第七章)等出版物类型的著录规则,不仅反映了《英美编目规则》2002年修订的最新进展,也结合中国国情在西文文献著录的本地化方面做了很多努力。(韩丽)

3174

中文主题词表:人文社会科学类 / 中文主题词表编订小组. -- 台北:台湾图书馆,2003. -- 24,262页;26cm. -- 957-678-399-2(国家图书馆)

本词表以《中文图书标题表》为蓝本,参考各种专科辞典、专科主题词表及资料库等资源以及编目实践经验编辑而成。全书由序论、检字表、主表、附表组成,主表前另附检字表。本书收录中文主题词共12062条,其中包括少量英文主题词。

本词表的选词原则有四:以单一概念单词为主,并酌收部分单一概念复合词;以通用且见于文献者为主;选词以考量台湾文献出版情况及多寡为标准;被选词汇如为同义词,将最常用者选为正式主题词。本词表的条目结构是,每一条目包括标目词和注释文字两部分。标目词依其性质和作用,分为正式主题词和非正式主题词,注释文字依其性质和作用,包括释义、用法、原文、举例以及参照说明等。

为节省主表篇幅并方便使用者查询词目,本词表于书末附有6种附表:中国时代表、西洋时代表、世界分国表、世界民族表、世界语种表和乐器表。(崔明明)

3175

中国少年儿童文献分类主题词表 /《中国少年儿童文献分类主题词表》编辑委员会编. -- 北京:北京图书馆出版社,2004. -- 1505页;16开. -- 7-5013-2410-7(国家图书馆)

本书遵循国家标准GB13190—91《汉语叙词表编制规则》、GB/T3680—1995《汉语叙词标引规则》和《中图法》(第四版)编制修订原则,在《中图法(儿童馆、中小学馆版)》的基础上,依据分类法和主题法一体化检索语言的原理编制而成。全书分为两表:《分类号—主题词对应表》《主题词—分类号对应表》,在各大类后均附有详细的标引方法与规则的使用说明。(金丽萍)

3176

测绘制图资料机读目录格式使用手册 / 苏品红,陆希泰编撰. -- 北京:北京图书馆出版社,2004. -- 221页;16开. -- 7-5013-2470-0(国家图书馆)

本手册是以国际图联编制的2002年版《国际机读目录格式手册:书目格式》为主要依据,参照2004年版的《新版中国机读目录格式使用手册》和其他相关文献的机读目录格式编制的。主要供编制中文测绘制图资料及非测绘的其他地图资料的机编书目数据时使用。(金丽萍)

3177

图书资讯编目规范研习会讲义:1994年 / 辅仁大学图书馆编辑. -- 台北:台湾图书馆,2004. -- 167页;30cm. -- 957-678-409-3(国家图书馆)

此次研习会的目的,主要是针对以往制订和修订的编目规范进行研讨,包括:这些规范的研订是否合宜?研订是否周全?实际应用是否合乎需求?各项规范是否需要修订、增补或新订?会上广泛征求了各方意见,并有实质性的研讨。本书收录了几篇会议论文。讨论中国图书分类法的研订方面的文章是《中国图书分类法增订九版之研讨——兼谈图书馆编目人员因应之道》《分类法的研订及问题探讨》;讨论中文主题词表的研订方面的文章是《中文主题词表——人文社会科学类》《中文主题词表概述》;讨论中国编目规则的研订方面的文章是《编目研订概况与发展》;讨论中国机读编目格式的研订方面的文章是《中国机读编目格式之研订》。(崔明明)

3178

西文编目实用手册 / 高红,吴晓静,罗翀编著. -- 北京:北京图书馆出版社,2004. -- 316页;21cm. -- 7-5013-2414-X(国家图书馆)

西文编目是图书馆基础工作之一。本书从实用角度出发,通过实例分析使编目规则与MARC 21机读目录格式有机地结合起来。全书共分四大部分,首先从著录项目、著录信息源和著录用文字等方面说明了西文文献的著录总则,然后重点分析了西文文献各著录项目的处理细则、检索点选取的基本规则和特殊规则。书中列入200多个实例,并将图例、编目规则和机读格式结合在一起考虑。所选实例基本是实际工作中遇到的、在文献著录和检索点选取方面具有代表性的,对图书馆西文编目工作有极大的参考价值。(韩丽)

3179

新版中国机读目录格式使用手册 / 国家图书馆编. -- 北京:北京图书馆出版社,2004. -- 567页;26cm. -- 7-5013-2198-1(国家图书馆)

机读目录格式是各国编制书目数据普遍遵循的一种规范,从UNIMARC、USMARC、MARC 21到CNMARC等各种格式都在不断完善。《中国机读目录格式》曾于1996年作为文化行业标准(WH/T0503—96)开始实施,在我国图书馆书目数据制作工作中起了重要作用。与此同时,国家技术监督局通过文化部下达了国家图书馆研制机读目录格式的国家标准。经过近8年时间,国家标准《中国机读目录格式》已经通过文化部组织的专家鉴定。根据标准格式文本编写的本手册在参与标准制定的有关人员的共同努力下,出版供图书馆编目工作者使用。本书针对这一各国编制书目数据普遍遵循的规范,介绍机读目录格式基本知识,及其标识块、编码信息块、主题分析块等。(韩丽)

3180

信息描述 / 杨玉麟主编. -- 北京:高等教育出版社,2004. --415页;图;23cm. -- 7-04-015339-4(国家图书馆)

本书是教育部"面向21世纪课程教材",也是教育部图书馆学学科教学指导委员会组织编写的图书情报学专业核心课程教材。本书由西北大学公共管理学院杨玉麟担任主编。本书继承了传统的文献编目理论,在现代信息组织理论的指导下,全面介绍了信息描述的基本理论、《国际标准书目著录(ISBD)》格式和机读目录(MARC)格式,并重点讨论利用MARC格式对普通图书、多层次文献、连续出版物和地图等其他类型文献信息进行描述的方法,讨论MARC格式中检索点的选取与描述、规范文档的描述。为了适应网络信息资源的描述,本书还讨论了利用网络信息描述的标记语言基础知识、网络信息资源的元数据描述方法和MARC在网络环境下的发展等问题。(韩丽)

3181

CALIS联机合作编目手册例解:中文部分 / 张明东,喻乒乒,潘筠编著. -- 北京:北京大学出版社,2004. -- 330页:图;26cm. -- 7-301-07388-7(北京师范大学图书馆)

《CALIS联机合作编目手册例解 中文部分》是《CALIS联机合作编目手册》(上)的配套资料,本书为实施CALIS联合目录数据库建设而编,旨在通过详尽的例解为联机合作编目成员馆提供编制书目数据的具体规定。该书适用于中文图书和部分中文连续出版物的编目。编著者以"手册"为基础,并兼顾"CALIS联合目录中文图书著录细则"和"CALIS中文图书编目业务培训教材(普通班)"的有关规定,针对编目实践中的常见问题以及疑难问题搜集了大量实例,希望通过这些例解能够为编目员提供解决实际问题的参考依据。(韩丽)

3182

情报检索语言实用教程 / 张琪玉主编. -- 武汉:武汉大学出版社,2004. -- 357页:图;21cm. -- 7-307-04219-3(国家图书馆)

为了适应近年来高等学校图书馆学、信息管理学等专业教学改革的新趋势,减少情报语言学领域诸课程之间的重复,精简讲授内容、突出实用性,本教程从原有诸课程中选取最必要讲授的知识作重点讲授,减少了实际工作中不常用的知识,内容包括情报检索语言及情报语言学概论、等级体系型分类检索语言及其应用、叙事型主题检索语言(包括分类主题词表)及其应用、情报检索语言构造基本方法、自然语言在情报检索中的应用、文献数据库及计算机检索技术、互联网上资源的检索等。关于情报检索语言应用,以讲解其在计算机检索系统(数据库)方面的应用为主。最后设"进一步学习指导"一章,颇有特点。(韩丽)

3183

整合型态出版品编目研习会讲义 / 整合型态出版品编目研习会编辑小组. -- 台北:台湾图书馆学会,2004. -- 192页:图;30cm. -- 957-29266-6-7(国家图书馆)

本编目研习会课程依据AACR2改编后的第九章(Electronic Resources)和第十二章(Continuing Resources)编纂而成。其范围涵盖所有的整合型态出版品,并特别着重电子整合型态出版品的编目。此研习会详细解释了新版编目规则,并对整合型出版品的编目员提供具体指导。

本书分为两个部分,第一部分为整合型态出版品编目研习会手册,共有七章,内容分别是:整合型态出版品概论、整合型态出版品原始编目、整合型态出版品书目资料的修改、整合型态出版品转录编目及书目记录的修改与维护、案例讨论、活页出版品的选择及聚集型态活页出版品的编目——挑战与议题、电子出版品的选择及检索途径的提供;附录内容分别是:机读目录原始编目工作表、机读目录格式栏位及代码、练习作业答案、美国国会图书馆编目通释1.0、连续性出版品编目名辞——英中对照表、整合型态出版品编目参考工具、评鉴表。第二部分为台湾图书馆学会台湾编目规则修订二版,内容有连续性资源和电子资源。(崔明明)

3184

文后参考文献著录规则 / 段明莲起草. -- 北京:中国标准出版社,2005. -- 15页;30cm. -- 中华人民共和国国家标准. --155066·1-23053(武汉大学图书馆)

本标准由中华人民共和国国家质量监督检验检疫总局、中国国家标准化管理委员会于2005年3月23日发布,2005年10月1日实施。本标准代替GB/T 7714-1987。新版《规则》的特点:一是参照ISO 690和ISO 690-2两部国际标准修订GB/T 7714—1987,尽可能与国际标准保持一致,以达到共建共享信息资源的目的。二是吸收了一些著者和编辑的有益意见和建议。三是在原有GB/T 7714—1987的基础上修订、完善该标准。四是根据实际需要删除了GB/T 7714—1987中几个著录项目,明确了标志符号的使用方法。相比之下,新版《规则》更简洁,实用性和可操作性更强。本规则适用于著者和编辑著录的文后参考文献,而不能作为图书馆员、文献目录编制者以及索引编辑者使用的文献著录规则。(赵红)

3185

中国文献编目规则(第2版) / 富平,黄俊贵主编;国家图书馆《中国文献编目规则》修订组编. -- 北京:北京图书馆出版社,2005. -- 433页;26cm. -- 7-5013-2758-0(国家图书馆)

本书根据《国际标准著录规则》(ISBD)和《英美编目条例》(AACR)的最新版本,并适应中国文献编目工作的需要,对原《中国文献编目规则》进行了修订。全书在具体项目修改中,对规定信息源、版本信息选取、特殊文献著录对象的确立、分析著录的不同类型等著录项目进行了修改,同时对电子资源、连续性资源、测绘制图资料等章节作了补充与修改,特别是标目法部分,在内容、章节、结构上作了较大调整,增加了大量样例,使内容更加充实。(张玲)

3186

MARC 21书目数据格式使用手册 / 高红,顾犇主编;国家图书馆MARC 21格式使用手册课题组编著. -- 北京:北京图书馆出版社,2005. -- 789页;26cm. -- MARC 21格式使用手册之一. -- 7-5013-2814-5(国家图书馆)

MARC是用于描述、存储、交换、控制和检索机读书目数据的标准。本书遵循MARC 21书目数据格式标准,对于MARC 21的使用及常见问题进行了详细的讲解,并附有大量实例。《MARC 21格式使用手册》包括《MARC 21书目数据格式使用手册》和《MARC 21规范数据使用手册》,是各类图书馆及其他相关单位编制西文书目数据的工具书,也很适合大专院校图书情报专业师生作为教材和参考书使用。(韩丽)

3187

MARC 21规范数据使用手册 / 高红,顾犇主编;国家图书馆MARC 21格式使用手册课题组编著. -- 北京:北京图书馆出版社,2005. -- 491页;26cm. -- MARC 21格式使用手册之二. -- 7-5013-2763-7(国家图书馆)

规范控制是用规范文档对书目数据库中的检索点(标目)进行规范化校验的过程,以保证目录体系中标目的唯一性和一致性。本书遵循最新的国际标准,首次在国内较全面地介绍了MARC 21规范数据格式,通过大量实例深入浅出地讲解了规范数据格式的应用技巧,对每个字段的用法都有详细的说明,指导性强。(韩丽)

3188

编目规则 / 图书馆自动化作业规划委员会编目规则研订小组;台湾图书馆学会分类编目委员会增修. --台北:台湾图书馆学会,2005. -- 38,299页;21cm. --986-81530-1-8(国家图书馆)

《编目规则》系以《"中央图书馆"中文图书编目规则》及《国际标准书目著录》(ISBD)、《英美编目规则第二版》(AACR2)作为参考之蓝本,并依据台湾图书资讯著录的实际需要,以及媒体与资讯的变化、国际发展的趋势而持续研订发展。1980年,"台湾图书馆学会"及"台湾中央图书馆"邀集图书馆界专家积极研订编目规则,于1983年出版发行。以后陆续修订,本书为第三版。

本版的修订工作,由委员分别审阅条文、订正讹误。此版内容调整订正颇多,要点如下:(1)出版者以全称或简称直接著录;(2)出版年及经销年之记载得加注年份;(3)西元以外之纪年需换算为西元年代;(4)连续性出版品改称"连续性资源";(5)资料特殊细节项不使用于电子资源之著录;(6)划一提名使用范围增列音乐作品;(7)增列划一题名之参照。本次修订工作分为两个方面:其一,针对修订二版及其POD版二刷文字讹误部分,加以校订;其二,参考相关编目规范工具书,并斟酌编目实务经验,对部分条文内容予以增修。凡有增修的条文,其前均加注双圈号,以供识别,方便使用者查阅。(崔明明)

3189

中国分类主题词表(第二版) / 汪东波主编;国家图书馆《中国图书馆分类法》编辑委员会编. -- 北京:北京图书馆出版社,2005. -- 6册;30cm. -- 7-5013-2759-9(精装)(北京师范大学图书馆)

该典籍是在《中国图书馆图书分类法》(含《中国图书资料分类法》)和《汉语主题词表》的基础上编制的两者兼容的一体化情报检索语言,主要目的是使分类标引和主题标引结合起来,从而为文献标引工作的开展创造良好的条件。这部分类主题词表的编成,对我国图书馆和情报机构文献管理和图书情报服务的现代化具有重大意义,而且也是全国图书馆界和情报界又一项重大成果。《中国分类主题词表》第二版是以《中国分类主题词表》第一版编制规则和"主题词机读规范数据库"、"《中图法》第四版机读数据库"为基础,以满足电子版功能为主,兼顾手工印刷版需求的分类与主题、标引与检索一体化的实用工具。第二版对《中国分类主题词表》第一版进行了全面系统的修订,其中增补新学科、新事物、新概念的主题词20000多条,删除无使用频率的旧词包括修改为入口词的有12000多条,增补自然语言形式的入口词共21000多条,对《中图法》第四版类目做了部分修订和调整。本书共收录分类法类5万余个,主题词及主题词串21万余条,包括哲学、社会科学和自然科学所有各个领域的学科和主题概念。(韩丽)

3190

信息资源编目(修订版) / 王松林编著. -- 北京:北京图书馆出版社,2005. -- 488页;21cm. -- 7-5013-2827-7(国家图书馆)

本书是2003年版的修订版。在总体框架保持不变的前提下,本书内容方面的修订主要反映在:(1)随着国内外编目条例及机读目录格式方面的变化,对原书的第一章至第五章以及第七章,尤其是第三、四章的内容作了较大修订;(2)随着国内外的元数据和联机联合编目理论的发展,对原书的第八、九章的内容作了较大修订。全书共分为9章,主要内容包括:绪论,实体信息资源著录总论,实体信息资源著录方法,检索点的选取及其标目,中文机读书目档的建立与维护,中文机读规范档的建立与连接,西文机读书目档与规范档的特点,网络信息资源编目,计算机联机联合编目等。(韩丽)

3191

生物医学文献主题标引 / 肖晓旦主编. -- 长沙:湖南科学技术出版社,2005. -- 353页;26cm. -- 高等医药院校信息管理与信息系统专业教材. -- 7-5357-4205-X(国家图书馆)

本书以叙词法为主线,以目前世界上通用的美国国立医学图书馆编制的《医学主题词注释字顺表》及其标引规则为蓝本,全面介绍生物医学文献主题标引的原理与方法,在对叙词法的概念组配进行重点讨论的基础上,从多方面揭示了MEDLARS检索语言的构建基础与特点,探讨了特征词、副主题词和各类生物医学文献主题标引的规则,并对中医药文献的标引规则与自动标引的原理和方法进行了讨论。

本书为高等医药院校信息管理与信息系统专业教材之一,也可作为医学期刊编辑人员、生物医学文献信息检索系统与数据库构建人员、网络生物医学资源组织人员、图书馆生物医学文献主题目录和主题索引编制人员的重点参考书。(韩丽)

3192

析出文献著录及机读数据制作手册 / 苑克俪主编. -- 北京:北京图书馆出版社,2005. -- 393页;26cm. -- 7-5013-2764-5(国家图书馆)

本书共两部分。第一部分:析出文献著录细则。遵循《国际标准书目著录》(ISBDs)和中国国家标准GB 3792《文献著录规则》,提供析出文献在宿主文献中的准确位置的特点，分四个部分为析出文献的著录提供指导。第二部分：析出文献机读格式使用细则。依据2003年最新制定的中国国家标准《中国机读目录格式》，为制作析出文献篇目数据制定了规范的机读格式使用细则。（韩丽）

3193

信息组织学 / 张帆主编. -- 北京：科学出版社，2005. -- 12，431页；24cm. -- 信息管理与信息系统专业规划教材. -- 7-03-014883-5（国家图书馆）

本书从信息组织学的角度系统阐述了现代信息组织的原理、方法、发展历史与技术；信息组织学的研究对象、目标、任务和学科体系；信息组织的基本内容与形式。最后讨论了信息组织的研究与发展趋势，以及知识组织与知识管理原理和信息组织新技术及其评价等内容。本书可作为高等学校信息管理与管理信息系统专业的教学用书，亦可作为广大读者提高信息组织与信息检索能力的参考用书。（韩丽）

3194

信息组织的主题语言 / 张燕飞编著. -- 武汉：武汉大学出版社，2005. -- 310页；21cm. -- 高等学校图书馆学核心课教材. -- 7-307-04731-4（国家图书馆）

本书系统地介绍了主题语言的基本理论和基本知识；结合具体的词表分别论述了标题语言、叙词语言和一体化语言的构成原理和方法；阐述了主题标引、自然语言标引和检索、网络信息组织中的主题语言以及主题语言的发展等。本书可作为高等学校图书馆学、情报学、档案学专业本科生教材，对于各级各类型图书馆、信息机构、档案部门的工作人员也有重要的参考价值。（韩丽）

3195

综合电子政务主题词表（试用本）范畴表 / 赵新力主编；《电子政务主题词表》编制与应用系统课题组编. -- 北京：科学技术文献出版社，2005. -- 166页；29cm. -- 7-5023-5042-X（国家图书馆）

本表作为2004年度国家科技基础性工作和社会公益研究专项"《电子政务主题词表》编制及应用系统"开发研究中的主要部分，于2005年1月编制完成。这是我国第一部按国家标准编制的综合性电子政务主题词表，填补了我国在这方面的空白。本书共收录主题词20252条，其中正式主题词17421条，非正式主题词2831条，范畴索引划分为21大类，132个二级类，内容覆盖了我国电子政务各领域及相关知识范畴。本表主要供国家政府部门处理政务信息时使用，对处理非职务信息亦有借鉴作用。本表可作为母本与专业电子政务主题词表相结合，供各专业部门及广大用户参考使用。（韩丽）

3196

综合电子政务主题词表（试用本）字顺表 / 赵新力主编；《电子政务主题词表》编制与应用系统课题组编. -- 北京：科学技术文献出版社，2005. -- 33，641页；29cm. -- 7-5023-5043-8（国家图书馆）

本表作为2004年度国家科技基础性工作和社会公益研究专项"《电子政务主题词表》编制及应用系统"开发研究中的主要部分，于2005年1月编制完成。（韩丽）

3197

中文主题词表（2005年修订版） / 中文主题词表编订小组. -- 台北：台湾图书馆，2005. -- 44，572页；26cm. -- 957-678-430-1（国家图书馆）

本词表以1995年"中央图书馆"编印之《中文图书标题表》（以下简称《标题表》）为蓝本，加以增修编辑而成。除收录《标题表》主表中之标题词外，也收录《标题表》中部分复分标题词。另外，又参考各种专科辞典、主题词表及资料库等资源，并参酌编目实务经验，增加近年来常用的检索词汇，反映学术文化进展之史实及社会、经济、政治、教育等变迁之面貌。本词表属后组式检索语言，与原来《标题表》属前组式检索语言不同，它可由检索者在检索时进行主题词组配，以达到更精确的检索效果。本词表的选词原则是以单义词为准、以习用词为主、文献保证原则、同义词处理选其最常用者为正式主题词原则、条目依笔画—顺序排列、条目结构原则等。本词表的参照说明指出了两主题词间的关系主要有3种，即同义关系、隶属关系、相关关系，本词表为方便起见，将其归纳为两种，一种是同义关系，另一种是相关关系。本词表在增词范围方面，为节省编辑篇幅，并避免选词挂一漏万，部分类型的主题词仅收录少量具代表性的，其余部分可查检附表。此外，本词表还对增词范围进行了修订。（崔明明）

3198

云林佛教图书分类法 / 周子荣编. -- 香港：云林出版社，2005. -- 164页；21cm. -- 云林书藏. 13. -- 962-8858-91-2（国家图书馆）

灵隐寺于2003年初成立云林图书馆，为将丰富的佛教典籍进行分类管理，急需一部适合佛教图书分类的分类法。为此，该馆聘请浙江大学资深图书馆研究馆员周子荣先生负责图书分类及电脑著录工作。周先生以其数十年的图书馆学经验，不顾辛劳，在对台湾香光尼众佛学院图书馆《佛教图书分类法》的研究成果上，对《中国图书馆分类法》有关类目进行了改编，即将《佛教图书分类法》中的类目适当地充实到《中国图书馆分类法》B94的佛教类目中，将B94佛教类目进行了延伸和扩展，由此编制成了这本《云林佛教图书分类法》。本分类法分类缜密详尽，纲举目张，是一部佛教专业图书分类法。书中附录部分，还介绍了一种新型书次号。（崔彤）

3199

信息与文献. 书目数据元目录. 第2部分. 采访应用 / 朱献有起草. -- 北京：中国标准出版社，2005. -- 60页；30cm. -- 155066·1-23054（武汉大学图书馆）

本标准由全国信息与文献标准化技术委员会提出，起草单位是中国科学院文献情报中心，主要起草人朱献有等。本标准等同采用国际标准ISO 8459-2：1992《信息与文献 书目数据元目录 第2部分 采访应用》；本标准由中华人民共和国国家质量监督检验检疫总局，中国国家标准化管理委员会于2005年3月23日发布，2005年10月1日实施。本部分规定和描述书目资料采访过程中机构之间数据交换所需的数据元，也标识用于采访过程的消息及其数据元。本部分用于两类消息:一类是用特定数据元名称作为标题的打印好的表格传送的消息,另一类是通过自动化信息交换过程传送的消息。本部分不包含怎样将数据元构造成为消息。(韩丽)

3200

信息组织 /(美)Arlene G. Taylor 著;张素芳,李书宁,李金波译. -- 北京:机械工业出版社,2006. -- 14,286页;26cm. -- 据原书 2 版译出;美国 Greenwood Publishing Group 授权出版. -- 7 – 111 – 18971 – X(国家图书馆)

作为美国图书馆协会获奖教材,本书是理论、实践与技术相结合的一个典范。它系统阐述了隐藏在各种环境下的信息组织实践背后的力量、原则、标准和工具,既包括分类、主题、编目、排架的原理与方法等内容,也加入了新的信息组织方法,如信息构建、知识管理、学科主题门户、语义网、信息组织系统和网络资源分类学的概念等。本书重点讨论了元数据的相关知识,它和编目的关系以及各种类型的元数据,几种新的元数据管理工具、对元数据的深度描述、检索点和规范控制、新的元数据方案等,力求全面、准确地把信息资源组织的理论和操作知识系统化地描述出来,使广大读者能对信息资源组织与管理的历史和现状、内容与对象、理论与实践有一个全面的了解和认识。本书每章后都有大量的推荐读物,列举了最新的有关研究成果,书后附有术语表,是很好的教、学、研用书。

本书作为翻译版,可以与原版结合用作信息组织课程的双语教材,也可以单独作为高等院校信息管理类专业的教科书和教学参考书,也可供各种与信息资源组织有关的机构或部门中从事信息化工作的人员参考。(韩丽)

3201

国防科技工业数字图书馆元数据加工手册 /《国防科技工业数字图书馆元数据加工手册》编写组编著. -- 北京:航空工业出版社,2006. -- 12, 415 页;26cm. -- 7 – 80183 – 775 – 4

本手册以 CNMARC 为基准,重点参考了《新版中国机读目录格式使用手册》以及国内相关的编目手册或数据处理手册,结合国防科工委各文献信息资源部门的元数据加工现实情况和未来需求,简化了 CNMARC 的著录要求并作了少量修改。手册分为两部分,共 6 篇。第一部分为通用篇(总篇)。第二部分专用篇(分篇),按文献类型分为专著篇、连续出版物篇、会议文献篇、科技报告篇、论文篇等,并对其著录要求和著录细则作了介绍。书后附录有论文数据元素一览表和完整记录示例。(韩丽)

3202

《中国分类主题词表》(第二版)及其电子版手册 / 卜书庆主编. -- 北京:北京图书馆出版社,2006. -- 481 页:图;21cm. -- 7 – 5013 – 3002 – 6(北京师范大学图书馆)

本手册全面论述了《中国分类主题词表》的编制理论、体系结构及功能,系统归纳了它在文献信息标引和检索中的应用方法和技术。重点地介绍了《中国分类主题词表》的修订原则、程序和方法,修订技术和规范,并总结了《中国分类主题词表》修订的重点。同时,对修订重点之一的《中国分类主题词表》管理系统和电子版的研制理论、技术和使用方法作了详尽的分析和阐述。从应用角度全面论述了文献信息标引工作中的基本问题,同时还结合文献信息标引工作的实际,详细分析了利用《中国分类主题词表》对各类型主题、各类型文献信息、各类学科文献信息进行标引的方法。该书对检索语言的数字化理论发展与信息资源组织工具的实践具有指导性作用,是图书情报机构从事信息资源组织与检索工作的必备手册。(韩丽)

3203

网络时代的信息组织:第四次全国情报检索语言发展方向研讨会文集 / 戴维民, 汪东波, 赵建华主编. -- 北京:北京图书馆出版社,2006. -- 353 页:图; 26cm. -- 7 – 5013 – 2829 – 3(北京师范大学图书馆)

本论文集收编了我国情报检索语言研究方面的几乎所有专家和有代表性的新人的论文,除了情报检索语言的兼容性问题、自然语言与受控语言的结合模式问题外,重点还探讨了自动分类与自动标引的技术实现问题、网络信息组织的新工具——网络本体语言的介绍及标准体系解析、编辑工具的发展与评价。书中对网络信息资源的开发与利用所面临的问题及使用工具也有所介绍与讨论,基本上代表了当前我国情报检索语言领域的现状与水平。(韩丽)

3204

文后参考文献著录指南 / 段明莲, 陈浩元编著. -- 北京:中国标准出版社,2006. -- 187 页:图;21cm. -- 7 – 5066 – 4153 – 4(北京大学图书馆)

本书论述了 GB/T 7714 的修订背景、修订原则以及修订依据;分析比较了 GB/T 7714 – 2005 与 ISO 690、ISO 690—2、GB/T 7714 – 1987 之间的联系与区别;阐述了专著、专著中的析出文献、连续出版物、连续出版物中的析出文献、专利文献以及电子文献的著录方法;介绍了顺序编码制和著者—出版年制两种引文标注法。

本书的特点是将文献信息资源的图例、参考文献著录规则以及著录示例三者相结合,可供广大编辑、作者以及高等院校学位论文撰写者学习和使用。(韩丽)

3205

国防科技工业数字图书馆信息资源建设标准规范汇编 / 高英军主编;国防科技工业数字图书馆标准规范小组编著. --北京:航空工业出版社,2006. -- 217 页;26cm. -- 7 – 80183 – 838 – 6(国家图书馆)

本书根据国防科技工业数字图书馆信息资源建设的需要,结合国防科技工业各信息资源单位的特点,选编和制定了 44 项标准规范。本书内容包括:信息组织和检索语言的规范要求和规则,文献信息 MARC 和 DC 数据格式及元素,个人和团体机构信息数据元素,文献数据加工使用的各种代码,数字化扫描加工规范,特殊字符输入转写规则,系统建设中选用的标准与协议等。本汇编仅供国防科技工业数字图书馆资源建设者使用,也可为国内同行提供参考。(韩丽)

3206

21 世纪的信息资源编目:第一届全国文献编目工作研讨

会论文集 / 国家图书馆图书采选编目部编. -- 北京:北京图书馆出版社,2006. -- 402 页:图;26cm. -- 7 – 5013 – 3160 – X(北京师范大学图书馆)

2006 年 4 月 23 日,“第一届全国编目工作研讨会”在武汉隆重开幕,来自全国各地、各系统的 100 余名图书馆同仁参加了大会。本次会议是新世纪之初首次由国家图书馆和中国图书馆学会标引与编目专业委员会联合举办的盛会。这次会议是在文献编目工作全面向网络信息资源领域管理推进、面临新的挑战和机遇的背景下召开的,对文献编目工作的发展起到了总结和推波助澜的作用,凸显了理论指导实践的意义。本书是这次研讨会的论文集,内容涉及信息组织与编目原则问题、FRBR 的相关问题、编目实践问题、编目理论问题等,是一部对图书馆编目工作的实践有较大指导意义与参考价值的书。(韩丽)

3207

新编文献编目 / 李晓新主编. -- 天津:南开大学出版社,2006. -- 318 页;26cm; 1 光盘. -- 天津市高等学校“十五”重点教材. -- 7 – 310 – 02394 – 3(国家图书馆)

本书共分为 9 章,主要内容包括:文献编目的历史,文献编目概述,文献编目规则,普通图书的著录,检索点的选取,规范控制,连续出版物的著录,其他类型文献著录,综合与分析著录等。(韩丽)

3208

国际外观设计分类表 / 世界知识产权组织编; 国家知识产权局专利局译. -- 北京:知识产权出版社,2006. -- 151 页;29cm. -- 英文题名:International classification for industrial designs;据原文第 8 版译出. -- 7 – 80198 – 585 – 0(国家图书馆)

本书由世界知识产权组织于 2003 年对《国际外观设计分类表》第 7 版进行增加、删除、调整、修订而成。全书增加了分类表的应用说明和类别注释,更易于理解分类表的分类原则和体系。本第 8 版收录 2002 年 11 月之前的所有修订内容,大类和小类表包括 32 个大类和 219 个小类,产品目录表包含 6831 个具体项,分两部分:第一部分为单独依字母顺序排列而不考虑所属类别的全部产品列表;第二部分列出按小类分开的全部商品。(韩丽)

3209

国际专利分类表:高级版(第 8 版) / 世界知识产权组织编著;国家知识产权专利局译. -- 北京:知识产权出版社,2006. --9 册;29cm. -- 7 – 80011 – 176 – 8(国家图书馆)

根据原书 2005 年第 8 版译出。本书第 8 版 IPC 分为基本版和高级版两级结构。第 8 版 IPC 基本版约20000条,包括部、大类、小类、大级和在某些技术领域的少量多点组的小组。第 8 版 IPC 高级版约70000条,包括基本版以及对基本版进一步细分的条目。本书共分为九册:A 分册为人类生活必需;B 分册为作业、运输;C 分册为化学、冶金;D 分册为纺织、造纸;E 分册为固定建筑物;F 分册为机械工程、照明、加热、武器、爆破;G 分册为物理;H 分册为电学。还有一册为使用指南,是使用国际专利分类表的指导性文件,它对国际专利分类表的编排、分类原则、分类方法和分类规则等作了解释和说明。(韩丽)

3210

文献信息编目 / 孙更新编著. -- 武汉:武汉大学出版社,2006. -- 589 页:图;21cm. -- 普通高等教育“十五”国家级规划教材; 高等学校图书馆核心课教材. --7 – 307 – 04950 – 3(武汉大学图书馆)

本书是普通高等教育“十五”国家级规划教材。本书系统地论述了文献信息编目的理论与方法。内容包括文献信息编目原理、发展趋势、文献信息著录原理与著录规则、机读目录格式与新型元数据格式、各类型文献信息著录法、规范工作以及编目工作的组织管理等。本书参考借鉴了国内外编目领域的最新研究成果,积极推荐标准化的编目规则等规范工具,重点论述了计算机编目的理论与实践以及网络信息资源编目的应用及其发展前景。本书既可作为高等院校图书馆学、情报学、档案管理学的专业教科书或参考书,也可供图书情报机构及其他信息部门的工作人员学习使用。(韩丽)

3211

最新详解《英美编目规则, 第二版, 2002 修订本》 / 吴龙涛, 叶奋生, 吴晓静翻译 · 解释 · 补充. -- 北京:北京图书馆出版社,2006. -- xiii, 682 页;29cm. -- 英美加三国图书馆协会授权出版. -- 7 – 5013 – 3183 – 9(北京师范大学图书馆)

这是《英美编目规则》最新版的中文全译注释补充本,由两部分组成。第一部分: 著录; 第二部分: 标目、统一题名与参照。条文非常详细, 并有许多实例, 译者还加了许多注释, 是图书馆西文编目人员案头必备的工具书。(张玲)

3212

《水利公文主题词表》SL/Z347 – 2006 培训教材 / 吴文庆,陈献主编;水利部办公厅编. -- 北京:中国水利水电出版社,2006. -- 148 页;21cm. -- 978 – 7 – 5084 – 4145 – 0(国家图书馆)

在水利部办公厅的组织下,水利部发展研究中心词表修订组认真研究,多方调研,广泛征求部内外专家和各司局、直属单位、各省水利(水务)厅(局)意见,坚持尊重科学、尊重原词表的原则,遵照国家标准 GB/T19486—2004《电子政务主题词表编制规范》,参考国务院公文主题词表,在 2000 年版的基础上编制并更名为《水利公文主题词表》。此次修订版纳入了水利行业技术标准范畴,标准编号为 SL/Z347—2006。《水利公文主题词表》共 6 章 27 节,主要技术内容包括:总则、标引说明、主题词表说明、主表、范畴表和附表。其中,主表收录主题词 1994 条;范畴表将主表收录的主题词按 18 个范畴编制;附表收录水系、水利工程和行政、地理区划类主题词 570 条。本次修订工作,对原词表的每一款主题词均作了详细认真的研究,删除了诸如营业、自由、团体、支前、四化等词,删除量很小。但由于经济社会和水利的快速发展,新增词量较大,其中主表增词 620 条,增加 45%;附表增词 220 条,增加 63%;总增词 840 条,增加近 49%。(韩丽)

3213

网络信息资源组织与开发研究 / 杨嫚著. -- 武汉:华中科

技大学出版社,2006. -- 272 页;20cm. -- 7 - 5609 - 3577 - X (国家图书馆)

本书从我国网络信息资源组织与开发的战略及实施原则入手,在揭示网络信息资源结构和分布规律的基础上,研究网络信息资源组织与开发模式及其要素。从用户的网络信息资源需求和网络信息资源社会化共享机制出发,以优化网络信息资源结构、开发、服务与利用为目标,探索网络信息资源的调配体系、网络信息资源组织与开发中的技术推进及其保障体系。本书采取理论探讨与实例分析相结合、定性研究与定量研究相结合,以及系统分析等研究方法,力求增强研究结果的普遍适用性,以提高研究的可信度和实用性。(韩丽)

3214

缩微文献著录及机读数据制作手册 / 苑克俪主编. -- 北京:北京图书馆出版社,2006. -- 413 页:图;26cm. -- 7 - 5013 - 3124 - 3(北京师范大学图书馆)

本书对于缩微文献的著录及机读数据制作进行了详细介绍,全面阐述了文献特殊细节项、缩微文献著录及机读格式使用细则、通用处理数据、著录信息块等内容,是对缩微文献制作机读书目数据的权威性指南。本手册主要包括两部分内容:(1)缩微文献著录规则。(2)缩微文献机读格式使用细则,并附有大量实例。本手册具有很强的实践性和可操作性,是进行缩微文献编目的必备工具书。(韩丽)

3215

音像制品和机读资料著录手册 / 赵会平主编. -- 合肥:中国科学技术大学出版社,2006. -- 110 页;26cm. -- 7 - 312 - 01897 - 1(北京大学图书馆)

本书依据《国际标准书目著录(非书资料)》(ISBD(NBM))、《国际标准书目著录(电子资源)》(ISBD(ER))、《非书资料著录规则》(GB3792.4 - 85)、《中国文献编目规则》(第二版),与国家数字图书馆建设采用的“服务导向 + 需求驱动”战略保持一致,吸收了科技部科研项目《音频资料描述元数据著录规则》最新科研成果,在《CALIS 联机合作编目手册》和《新版中国机读目录格式使用手册》体系结构的基础上,具体细致地揭示了音像制品和机读资料的内部及外部特征,具有规范性、实用性、便捷性的特点,体现了音像制品和机读资料机读著录的系统科学。本书适用于各类图书情报机构教学和编目人员。(韩丽)

3216

中文图书分类法(2007 年版)索引编 / 台湾图书馆编目组编订. -- 台北:台湾图书馆,2007. -- 26,565 页;26cm. -- 978 - 957 - 678 - 466 - 8(国家图书馆)

中文图书分类法共分 2 册,本册为索引编。为方便检阅《中文图书分类法》(2007 年版)类目及其相关主题,特编制本索引。内容包括中文索引约 3 万条,英文索引约 1 万条,书前另有编例及检字表。(赵红)

3217

中文图书分类法(2007 年版)类表编 /《中文图书分类法》(2007 年版)修订委员会修订;李莉茜,吴英美主编. -- 台北:台湾图书馆,2007. -- 28,790 页;26cm. -- 978 - 957 - 678 - 465 - 1(国家图书馆)

中文图书分类法共分 2 册,本册为类表编,第 2 册为索引编。类表编除类目表(包括详表、通用复分表、专类复分表)外,另有序、编例、使用说明、参考图表、附录等相关资料。书前有台湾图书馆馆长黄宽重的序。(赵红)

3218

中文电子资源编目 / 陈和琴,陈君屏著. -- 台北:国家图书馆,2007. -- 15,183 页;23cm. -- 978 - 957 - 678 - 469 - 9 (国家图书馆)

本书共分 9 章,除第九章国内图书馆电子资源编目现况及问题由陈君屏执笔外,其余各章由陈和琴撰写。第一章绪论,包括电子资源的定义、种类和特性等;第二章编目规范概览;第三章电子资源著录与编码;第四章网路整合性资源;第五章电子期刊;第六章电子书;第七章检索款目;第八章主题分析。书前有台湾图书馆馆长黄宽重的序及作者陈和琴的序。书后有编目范例、名词解释等附录。

3219

信息组织学 / 储节旺, 郭春侠, 吴昌合编著. -- 北京:清华大学出版社;北京交通大学出版社,2007. -- 339 页:图;26cm. -- 现代信息管理与信息系统核心系列教材. -- 978 - 7 - 81123 - 130 - 4(北京师范大学图书馆)

本书是目前国内信息组织领域编排体系最完整的一本教材,不仅介绍了经典的信息组织研究成果,而且对信息组织研究的最新成果也尽可能予以收录和介绍,如 Web2.0、语义网、本体论、信息构建、知识组织等;不仅介绍了信息组织的基本理论,还将理论与实践紧密结合,穿插了大量的信息组织案例。本书基本内容包括:信息组织工作的背景和意义,信息组织概述(如特征、要素、类型、研究的对象与领域),信息组织的原理与方法(重点介绍了分类组织法、主题组织法),以及信息标引、信息描述、信息重组、信息组织技术、网络信息组织、信息构建、数字图书馆的信息组织、部门信息组织(包括企业、政府、医学卫生、教育)、知识组织。每章附有习题,以满足教学和自学的需要。本书适合作为信息管理与信息系统、图书情报、管理科学与工程、企业管理、工商管理和行政管理等专业本科生或研究生的教材,以及企事业单位信息管理人员的学习培训资料,还可以作为有志于信息开发的创业人员自学参考之用。(韩丽)

3220

中文书目规范控制的理论与实践 / 富平, 刘小玲主编. -- 北京:北京图书馆出版社,2007. -- 200 页:图;26cm. -- 978 - 7 - 5013 - 3489 - 6(北京大学图书馆)

本书是为了更好地规范我国中文文献书目控制工作,提高书目数据质量,因而在研究国内外规范控制理论与实践的基础上,结合我国中文文献规范工作的实际,具体介绍目前我国图书馆中文文献规范控制的规则、格式、系统以及实施情况,并进一步分析研究图书馆规范控制工作的管理模式和存在的问题,进而提出适合图书馆实际需要的中文文献书目规范控制实施方案与建议,最后对文献编目规范控制的发展方向作出展望。全书共分为5章,书后附录有规范记录样例、学科专业表、专业技术职务、职务名称表、博士论文学科专业表等。(韩丽)

3221

分类法研究与修订调研报告 / 国家图书馆《中国图书馆分类法》编辑委员会编. -- 北京:北京图书馆出版社,2007. -- 548页:图;27cm. -- 978-7-5013-3516-9(北京师范大学图书馆)

本书由分类法专题调研和《中国图书馆分类法》第四版各类修订调研两部分组成,第一部分主要探讨了国外分类法修订和发展、网络版编制进展以及分类法在当前环境下的编制规范、技术标准、专用软件、网络版的功能特点、列类问题和网络应用等专题内容;第二部分是《中国图书馆分类法》第四版各类的修订调研报告,重点对《中国图书馆分类法》第四版各类的使用情况、存在问题、学科领域发展动态进行调研分析并提出修订建议。书后附录有《中图法》第四版修订意见资料摘编。(韩丽)

3222

普通图书著录指南 / 胡广翔编著. -- 北京:中国标准出版社,2007. -- 210页:图;21cm. -- 978-7-5066-4548-5(北京大学图书馆)

本书介绍了《普通图书著录规则》的修订背景和过程以及修订原则和依据,分析比较了该国家标准前后两个版本的内容变化,以及新版国家标准与ISBD(M)2002年修订版的联系与区别,并阐述了在新形势下新版国家标准的使用与MARC机读目录的应用。该书结合标准,给出75项图书著录的完整示例,从理论与实践的结合上,充分诠释了图书著录规则新版标准的正确使用方法。本书可供从事图书著录与编目业务的研究人员和工作人员,信息管理系师生和广大图书、情报、资料系统的工作人员使用和参考。(韩丽)

3223

境外合作编目理论与实践 / 纪陆恩,庄蕾波编著. -- 北京:海洋出版社,2007. -- 223页:图;21cm. -- 二十一世纪图书馆学丛书. 第二辑. -- 978-7-5027-6800-3(北京师范大学图书馆)

本书从文献与文献编目工作入手,介绍了中国与西方文献编目发展历史和现状以及当今国际编目发展的最新进展和国内外联机编目、联合编目、合作编目等发展的现状,同时阐明了合作编目工作具备可持续发展的竞争优势。本书还结合境外合作编目工作具体实践,对境外合作编目数据的数据特征分析、编目细则、著录项目、著录字段、具体编目操作过程和质量管理等关键点作了详细介绍。读者从中能够体会境外合作编目工作的重要性,掌握境外合作编目工作的要领,可为各单位、各图书馆拓展新的业务增长提供技术支持和智力保障。(韩丽)

3224

交通汉语主题词表 / 交通部科学研究院编. -- 北京:人民交通出版社,2007. -- 988页;26cm. -- 7-114-06420-9(武汉大学图书馆)

本书采用了《汉语主题词表》及有关部委编制词表通常采用的组成部分与款目格式,对原词表的分类体系作了较大的改动,以交通行业的公路运输与水路运输两大类及其分类栏目为主要范畴体系,辅以相关学科词语及各学科、行业通用词语,形成4大体系;增加了与交通运输发展密切相关的生态与环境保护、能源等方面的词语,物流与管理方面的词语,以及近年来出现的新词语;对1990年第4版原词表作了大量的删改和增补,收词数量由3800个扩充到11167个;采用了计算机辅助编表技术,同时建立了相应的计算机数据库和计算机管理系统,为今后的词语更新、扩充和词表修订奠定了基础,提供了技术支撑。(韩丽)

3225

信息组织 / 阚华,高路克,周红雁编著. -- 合肥:安徽科学技术出版社,2007. -- 392页:图;23cm. -- 安徽省图书资料系列培训教材. -- 978-7-5337-3697-2(天津大学图书馆)

本书在传统文献分类编目理论和现代信息组织理论的指导下,全面介绍了信息组织的基本理论、信息分类标引与主题标引的简明理论与技术方法,同时还介绍了中西文信息资源编目的基本理论、基础知识、基本规则与方法。为了适应网络信息的组织需要,本书还讨论了网络信息资源的分类标引、主题标引与编目。本书不仅反映传统图书馆文献分编理论的精髓,也概要介绍现代图书馆信息组织理论的前沿理论。本书力求做到理论与实践结合,传统与现代兼顾,深入浅出,简明扼要,通俗易懂,便于操作。本书具有较强的实用性、针对性和系统性,适合作为图书资料专业的学生和在职人员学习、岗位培训与继续教育的教材,同时本书已被确定为安徽省图书资料专业技术职称考试的必读教材之一。(韩丽)

3226

图书分编与期刊利用 / 李建英著. -- 兰州:甘肃民族出版社,2007. -- 210页;21cm. -- 978-7-5421-1263-7(国家图书馆)

本书简要介绍了图书馆学的发展简史、学科性质,扼要讨论了图书馆的职能,较为全面地分析了高校图书馆的基本特点和现状及图书分编的发展趋势,比较系统地介绍了《CALIS联合编目》中的西文图书著录规则。着重阐述了高校图书馆中文图书I 24的细分方法、《CALIS联合编目》中西文套录存在的一些问题、授权影印本西文图书的著录、《CALIS联合编目》中中文图书著录中一些字段的正确使用、《CALIS联合编目》中中文多卷书籍丛书的著录以及期刊的利用等问题。同时,通过引用大量的《文献分类》资料和许多实例来说明编写的必要性和实际意义。本书可供各类图书馆和文献情报机构及其他知识信息管理部门的工作人员学习、工作与研究时参考使用。(韩丽)

3227

肿瘤专业文献分类主题一体化词表 / 廖先珍,黄钢编著. --长沙:湖南科学技术出版社,2007. -- 223页;26cm. -- 978-7-5357-4965-9(国家图书馆)

本书中所编肿瘤专业文献一体化词表是将《中国图书馆分类法》R73类目与MeSH词中C4主题词加以对应,为每个类号列出对应的主题词和主题词串,在每个主题词或主题词串下列出对应类号,从而实现了体系分类法和主题词法兼容,先组式语言和后组式语言兼容。在“分类号—主题词对应表”中其对应的主题词和主题词串后注有注释和组配项说明,减少了用户来回翻查两个对应表的次数。“分类号—主题词对应表”中选择了肿瘤专业领域的非正式叙词,并将其转译为正式叙词,为用户标引提供了辅助工具。同时在结构表中采用了分项、属项、族项,为用户进行标引提供了叙词的简易树状结构表。(韩丽)

3228

CALIS 联机合作编目手册例解:西文部分 / 刘素清,饶艳,董红霞编著. -- 北京:北京大学出版社,2007. -- 431 页:图;26cm. -- 978-7-301-12957-9(北京师范大学图书馆)

本书是为进一步实施 CALIS 联合目录数据库建设项目而编写的,是《CALIS 联机合作编目手册》(下)的配套资料,旨在为联机合作编目成员馆提供编制书目数据的参考和指导。

本例解分为 4 部分。第一部分以 MARC 21 为主线,针对西文编目中的常见问题、难点及重点问题精心选择了有代表性的实例并予以简明的解释。第二部分针对编目实践中常遇到的几类问题提供了实例和解释,有助于编目员澄清工作中的一些模糊概念和做法。第三部分针对各种类型文献的特点选择了典型的实例,以完整的书目记录呈现给编目员,对实际工作将很有帮助。第四部分通过记录修改前后的对比和说明,为套录编目提供了实用性的指导。(韩丽)

3229

信息组织与信息传播 / 卢盛华,李明理,金建军编著. -- 北京:中国人事出版社,2007. -- 353 页;26cm. -- 978-7-80189-690-2(国家图书馆)

本书共分为上下两篇 20 章,主要内容包括:上篇信息组织,包括绪论、信息资源组织分类法、信息资源组织主题法、信息标引、数字图书馆信息资源组织、网络信息资源组织、数据库信息资源组织、信息资源重组与开发;下篇信息传播,介绍了传播概述、信息与传播、信息传播符号、信息传播媒介、现代信息传播技术、网络信息传播、信息传播方法与技巧、信息传播主体——传播者、信息传播客体——受众、信息传播效果、信息传播学派和信息传播的社会控制等。(韩丽)

3230

KOS 在网络信息组织中的应用与发展 / 司莉. -- 武汉:武汉大学出版社,2007. -- 298 页:图;24cm. --“十一五”国家重点图书. -- 978-7-307-05898-9(武汉大学图书馆)

本书全面地考察知识组织系统用于网络信息组织的现状,提出优化的方法与措施,并对知识组织系统的互操作、数字图书馆的知识组织系统以及中小企业电子文档的分类组织进行深入探讨,拓展研究知识组织系统在网络环境中的应用领域。作者的研究思路是:首先全面考察梳理各种知识组织系统应用的现状;其次深入分析存在的问题;然后提出相应的优化对策。全书共 9 章。分别介绍了知识组织系统的演进及发展、搜索引擎组织方式及其优化、学科导航库组织方式及其优化、文献分类法在网络信息组织中的应用及其优化、叙词表在网络信息组织中的应用及其优化、本体在网络信息组织中的应用与发展、知识组织系统的互操作及其实现、知识组织系统在数字图书馆中的应用及其优化、企业数字信息组织——中小企业电子文档分类体系构建与实现等内容。(张玲)

3231

文献分类标引 / 宋学清,王双主编. -- 西安:西安地图出版社,2007. -- 419 页;29cm. -- 978-7-80748-060-0(国家图书馆)

本书从理论和实际应用两个方面探讨了文献分类标引:首先对文献分类标引的基础理论进行了准确分析,阐述了分类标引的理论依据;其次在实际应用上举例讨论了计算机分类标引的技术方法。全书共分 11 章,具体内容包括:分类标引的基本问题、文献分类法介绍、类目的复分方法、各类文献的分类标引方法、自然科学文献的分类标引方法、同类文献的排列与分类检索工具的组织等。(韩丽)

3232

新形势 新思考 新实践:北京高校编目研究会 2007 年学术论文集 / 吴开华主编. -- 北京:北京图书馆出版社,2007. -- 263 页:图;23cm. -- 978-7-5013-3538-1(北京师范大学图书馆)

随着计算机和网络技术的发展,图书馆的文献编目工作日新月异,如何应对新的挑战?在这本论文集中,多位作者从不同切入点讨论了这些问题。本论文集涉及以下专题:标准与规范研究、编目工作管理、著录与标引实践、非书资料编目及其他。本书对做好图书馆编目实际工作有很好的指导作用。本书编者针对编目工作不同历史时期和不同发展阶段所出现的不同情况、热点问题,办学习班,开研讨会,组织社会调查,举办学术报告会,还分别于 1997 年和 2002 年出版过两本学术研究论文集,希望通过沟通、交流、学习,解决实际问题和发展中的矛盾,得到理论上的充实与提高,推动各馆编目工作标准化、规范化,促进编目机构之间联机、联网,以实现书目和文献资源的共知与共享。(韩丽)

3233

中文元数据概论与实例 / 肖珑,赵亮主编. -- 北京:北京图书馆出版社,2007. -- 343 页;图;26cm. -- 978-7-5013-3423-0(北京大学图书馆)

本书对中文元数据进行了系统、全面的论述,概述了元数据的基本概念、作用以及在国内外的发展状况,论述了元数据体系中最重要、应用最广泛的描述元数据及其规范的结构框架、设计方法、应用规则及其开放和互操作机制等,并且重点介绍了已经设计完成并得到广泛应用的 11 种元数据规范实例。该书不仅在理论上有诸多创新之处,而且通过众多实例,大大丰富了本书的专业内涵和可读性。本书既是一部研究性的论著,又可作为图书馆以及资讯工作者学习和参考的教科书。(韩丽)

3234

书目记录功能要件最终报告 / 徐蕙芬,戴怡正译. -- 台北:文华图书馆管理咨询股份有限公司,2007. -- 182 页;23cm. -- 978-957-8708-90-7(国家图书馆)

书目记录功能要件(Functional Requirements for Bibliographic Records,简称 FRBR)是国际图书馆协会联合会(International Federation of Library Associations and Institutions,简称 IFLA)在 20 世纪 90 年代初期发展出的一新概念。长久以来,图书馆在建立书目记录时,忽视了读者的实际需要,造成现今图书馆的线上公用目录(OPAC)无法完全满足读者要求,因此国际图书馆协会联合会针对现行书目记录的缺失,成立 FRBR 专题研究小组。专题研究小组根据强关系模型,及书目记录的使用者行为分析,对书目记录功能及书目记录基本要求提供明确的定义。《FRBR 最终报告》于 1998 年出版。此书为中译本,译者希望以此推广 FRBR 的概念,能为全球中文编目界,图书馆及大专图书馆系所(包括中国内地、台湾、香港等地)接受并普遍应用。全书共分为 7 章,第一章简介;第二章研究目的、范围及研究方法;第三章实体;第四章属性;第五章关系;第六章使用者工作;第七章国家书目记录基本要件。书前有译者序。书后附有资料要素与属性对照表、名词对照表——英中对照。(赵红)

3235

新中国古籍整理图书总目录 / 杨牧之主编;全国古籍整理出版规划领导小组办公室编. -- 长沙:岳麓书社,2007. -- 12,768 页;26cm:光盘 1 片. -- 978-7-80665-767-6(北京师范大学图书馆)

本书是由全国古籍整理规划领导小组办公室编撰而成的。全书对建国 54 年(1949—2003)我国古籍整理出版的成绩作了系统的总结,为广大古籍整理工作者和全国学术界提供了一部十分有价值的古籍检索工具书。本书的基本编制原则,是以现代学科界域的划分作为设置类目。设置了五大部分,10 个大类,74 个二级类目,二级类目之下各有数量不等的三级类目和四级类目,个别四级类目下有五级类目。本书著录了新中国成立至 2003 年 12 月 54 年间的古籍整理图书14071种(未计丛书之子目,下同)。各类的著录情况是:文学类 5016 种、语言文字类 255 种、文化艺术类 745 种、历史类 1995 种、地理类 515 种、哲学类 659 种、宗教类 314 种、科学技术类 1876 种、综合类 700 种、普及类 1741 种。据此,新中国古籍整理图书的数量,有了一个相对准确的家底。(韩丽)

3236

学位论文编目实用指南 / 姚蓉,方怡编著. -- 北京:北京图书馆出版社,2007. -- 461 页:图;26cm. -- 978-7-5013-3533-6(北京师范大学图书馆)

本书是一部主要讨论学位论文编目的著作。全书共分 6 章,包括学位论文的定义、特点与结构,学位论文编目的基本原则,学位论文各著录项目的处理方法,学位论文检索点的选取及其形式,学位论文的标引,学位论文机读目录格式专用字段的著录等内容。书后还提供了大量附录,以利于编目人员查阅。书中所列实例,基本是编著者在实际工作中所遇,在著录和检索点选取方面颇具代表性。缩微品和电子版学位论文,目前编目实践较少,本书也作了一定的探索。(韩丽)

3237

CALIS 中文图书编目业务培训教材:普通班(修订本) / CALIS 联机合作编目中心编. -- 北京:CALIS 联机合作编目中心(内部出版),2008. -- 234 页:图;29cm(国家图书馆)

本次印刷是在 2006 年 4 月第三次印刷稿的基础上,对部分内容作了进一步修订。(张玲)

3238

CALIS 俄文联合目录 MARC 记录编制细则 / CALIS 联机合作编目中心编. -- 北京:CALIS 联机合作编目中心(内部出版),2008. -- 131 页;30cm. -- 本书可与《CALIS 联机合作编目手册》(下)配套使用(北京师范大学图书馆)

本书是为规范 CALIS 俄文联机合作编目的 MARC 数据而制定。《细则》依据 ISBD(“国际标准书目著录”)、俄罗斯的《国家标准 7.1-2003. 信息、图书馆和出版事业标准系统. 书目记录与书目著录》及《俄文书目著录条例》等国际、俄罗斯通行的文献著录标准。《细则》是根据俄文联合目录立项要求和现阶段仅启动俄文图书编目所制定的,字段子字段不能穷尽。《细则》在制定过程中,注重俄文编目实践,以便于编目人员理解和掌握。(张玲)

3239

网路主题式资源指引探讨 / 卜小蝶等著. -- 台北:台湾图书馆,2008. -- 20,315 页;23cm. -- 978-957-678-479-8(软精装)(国家图书馆)

本书内容包括 4 部分:首先是 SG 之意涵及背景探讨,同时在网路资源之选择政策与评鉴标准,及网路资源之组织整理模式,书中也有广泛探讨。而第二、三部分则分别就国外及国内重要 SG,进行观察及网站内容分析,除了解其发展现况及分析其资源选择评鉴与组织整理方式外,也深入探讨其服务模式及经营策略。最后第四部分则是结合前述 SG 之分析及专家座谈结果,分别针对台湾图书馆“知识之窗:网路资源选介”及 SG,提出一些改善建议。书前有台湾图书馆代理馆长宋建成写的序及作者自序。书后有“主题式网路资源指引专家焦点座谈”会议纪录、国外主题式资源指引网站盘点分析表、国内主题式资源指引网站盘点分析表等六条附录。

3240

语义网信息组织技术与方法 / 戴维民等著. -- 上海:学林出版社,2008. -- 318 页;23cm. -- 978-7-80730-724-2(国家图书馆)

本书通过对语义网信息组织原理与机制的剖析,通过对本体语言理论与方法的系统研究,发展了检索语言的传统方法,系统建立了本体语言的理论、技术与方法。编制规范可作为国家标准的基础,促使尽早出台国家标准,从一开始就对本体语言编制进行规范。(韩丽)

3241

信息资源编目(第 2 版) / 段明莲编著. -- 北京:北京大学出版社,2008. -- 356 页;26cm. -- 普通高等教育“十一五”国家级规划教材. -- 978-7-301-14264-6(国家图书馆)

本书系统地介绍了信息资源编目的基本原理和技术方

法,国内外信息资源编目工作的发展概况,中西文普通图书、连续出版物、测绘制图资料、录音资料、电影与录像资料、缩微品、电子资源等信息资源的描述与揭示等内容。(张玲)

3242

编目思想史 / 高红编著. -- 北京:北京图书馆出版社,2008. -- 350 页:图;21cm. -- 978 -7 -5013 -3608 -1(国家图书馆)

本书在客观梳理中西编目思想的发展脉络、追溯世界编目学的发展历程的基础上,对编目思想及其代表人物进行客观而详尽的分析。包括西方编目思想史、中国古代编目思想史、中国近现代编目思想史、书目记录的功能需求、国际编目新理念新标准对文献编目的影响、中国文献编目发展的路向等八章。(张玲)

3243

网络信息资源组织管理与利用 / 谷琦主编. -- 北京:科学出版社,2008. -- 254 页;24cm. -- 河南科技大学学术著作出版基金资助出版. -- 978 -7 -03 -021383 -9(国家图书馆)

本书介绍了网络信息资源的组织、网络信息资源检索的基础知识和基本概念,阐述了我国网络信息资源的现状,描述了国外著名数据库的结构等。(韩丽)

3244

国际标准书目著录(统一版) / 国际图书馆协会和机构联盟编;顾犇翻译. -- 北京:北京图书馆出版社,2008. -- 281 页;29cm. -- 封面英文题名:International standard bibliographic description. -- 978 -7 -5013 -3565 -7(国家图书馆)

ISBD 各个分则的发展趋势是趋于统一,2006 年 IFLA 就提出了 ISBD 统一版。2007 年正式出版了ISBD初级统一版。出版 ISBD 统一版的根本目的在于为全世界的描述性编目提供一致性的标准,以帮助在全世界图书馆与信息机构之间实现书目记录的国际交换;适应不同级别编目机构的需要;加强著录元素的识别与著录信息源的选择;克服书目记录的语言障碍;易于将书目记录转化为电子形式;关注编目工作的成本和效率。(张玲)

3245

军事信息资源分类法使用手册 / 军事信息资源分类法编制委员会办公室编. -- 北京:军事科学出版社,2008. -- 215 页;21cm. -- 978 -7 -80237 -186 -6(国家图书馆)

本书概述了信息资源组织的原理和方法,《军分法》的编制理论和技术,重点介绍了《军分法》的标记符号、复分表、主题词—分类号对应索引的编制技术和使用方法等。(张玲)

3246

《中国图书馆分类法》(第四版)实用指南 / 李璞编著. -- 成都:巴蜀书社,2008. -- 236 页;21cm. -- 978 -7 -80752 -250 -8(国家图书馆)

本书分为三章,主要内容包括使用原则、图书分类规则、各大类的分类方法。(韩丽)

3247

两岸三地图书分类与编目研究 / 李星儒主编. -- 澳门:澳门图书馆暨资讯管理协会,2008. -- 204 页:照片;23cm. -- 978 -99937 -31 -14 -5(国家图书馆)

本书为澳门图书馆暨资讯管理协会学刊第 10 期,包括 14 篇文章:分类法推手——致力于图书馆事业的赖永祥教授(林光美)、从《中国图书分类法》到《中文图书分类法》(吴英美)、"中国图书分类法"之修订及分类实务研讨(王国聪)、西方三大网路版分类法功能特点概述(马张华、张宇)、澳门地区图书馆应用中国图书分类法之概况(王国强)、DC 元数据与 MARC 元数据的比较分析研究等。书前有主编李星儒写的前言,书后有附录回顾与前瞻:赖永祥中国图书馆分类之实务与发展研讨会暨工作坊花絮。(赵红)

3248

CNMARC 书目数据编制方法及操作实例 / 刘小玲编著. --北京:国家图书馆出版社,2008. -- 319 页:图;26cm. -- 978 -7 -5013 -3646 -3(国家图书馆)

本书介绍了编目工作基本知识、CNMARC 格式介绍、CNMARC 数目格式编制方法、各类资源 CNMARC 书目格式编制特点、检索点的控制、著录方式的选取等内容。(韩丽)

3249

信息组织(3 版) / 马张华编著. -- 北京:清华大学出版社,2008. -- 334 页;23cm. -- 北京高等教育精品教材面向 21 世纪课程教材;信息管理与信息系统专业教材系列. -- 978 -7 -302 -17155 -3(国家图书馆)

本书内容包括:信息组织基本知识、信息组织原理、信息描述的理论和方法、分类法理论、典型类表以及分类实践、主题法理论和典型主题词评介、主题标引与主题检索工具的建立以及自然语言标引与检索等。(张玲)

3250

图书馆图书分类 编目 著录 标引 检索工作全书 / 沈文柱主编. -- 北京:中国知识出版社,2008. -- 3 册(1729 页):图;27cm. -- 988 -97526 -8 -9(山东大学图书馆)

全书共 3 卷 8 篇内容。第一篇绪论,介绍了相关基本概念和信息资源采集;第二篇信息编目工作,包含书目概述、文献编目、编目工作、网络信息资源编目、计算机编目、编目规范控制等内容;第三篇文献分类工作,介绍了文献分类法、中国图书馆分类法、各类图书分类、主题法、分类主题一体化;第四篇文献著录工作,包含文献著录总论、文献著录基本格式、文献著录基本方法、报刊著录基本方法、其他类型文献著录方法等章节;第五篇文献标引工作,包含标引工作总论、分类标引、主题标引、全文标引、文摘编制等章节;第六篇情报工作概述,介绍了情报工作现状、馆际合作、书目情报系统等内容;第七篇情报检索及情报索引,包含情报检索概述、情报检索语言、情报检索工具、信息检索技术四章内容;第八篇实用情报检索工具使用,包含中文信息检索工具及数据库、外文信息检索工具及数据库、网络检索等三章内容。(张玲)

3251

网络信息分类:原理与应用 / 施国良著. -- 北京:科学出版社,2008. -- 152 页;24cm. -- 978 -7 -03 -023763 -7(国家图书馆)

本书内容包括:网络信息分类研究进展评述、网络信息

分类的基本原理、分面分类法与网络信息组织、网络分面分类系统物理模型设计、网络信息分类的拓展等。(韩丽)

3252

信息组织Ⅰ实验教材 / 司莉主编. -- 武汉:武汉大学出版社,2008. -- 104 页;24cm. -- 图书情报与信息管理实验教材. --978 - 7 - 307 - 06254 - 2(国家图书馆)

本书介绍了文献分类法课程实习的主要内容,包括课程实习概述、《中图法》类目复分仿分方法、《中图法》(第四版)电子版的使用等。(韩丽)

3253

文献信息编目实习教程 / 孙更新主编. -- 武汉:武汉大学出版社,2008. -- 220 页:图;24cm. -- 图书情报与信息管理实验教材. -- 978 - 7 - 307 - 06251 - 1(国家图书馆)

本书主要设计了 6 个方面、20 个单元的实习项目,包括图书馆目录的检索与利用、各种类型文献信息目录款目与机读记录的编制、规范款目与规范记录的编制、图书编目工作组织管理与目录利用状况的调研等。(韩丽)

3254

农区生物多样性编目 / 陶战等主编;《农区生物多样性编目》编委会编. -- 北京:中国环境科学出版社,2008. -- 2 册(1532 页);30cm. -- 978 - 7 - 80209 - 741 - 4(国家图书馆)

本书筛选了 702 处能代表我国农区重要生态系统的地点,以"条目"形式对这些地点的气候状况,生物多样性状况和对农业的重要性,生物多样性受威胁的程度、原因和对策进行了描述。(张玲)

3255

现代文献信息资源编目 / 王鹤群,马家伟,李华主编. -- 呼和浩特:内蒙古人民出版社,2008. -- 302 页;26cm. -- 图书馆文献信息业务工作实用丛书. -- 978 - 7 - 204 - 09648 - 0(国家图书馆)

本书是在多年从事文献编目工作的基础上,从实用角度出发,较全面、系统地阐述了文献信息编目的基础知识、基本概念、基本理论和基本原则。(韩丽)

3256

现代文献信息资源标引 / 王清晨,李华主编. -- 呼和浩特:内蒙古人民出版社,2008. -- 255 页;26cm. -- 图书馆文献信息业务工作实用丛书. -- 978 - 7 - 204 - 09648 - 0(国家图书馆)

本书从图书馆业务工作实际角度,围绕文献标引工作的总主题,着重介绍文献标引的基本理论知识及分类标引与主题标引的基本规则和实际标引方法。(韩丽)

3257

中国中医药学主题词表 / 吴兰成主编;中国中医研究院中医药信息研究所编制. -- 北京:中医古籍出版社,2008. -- 2 册;26cm. -- 7 - 80174 - 359 - 8(国家图书馆)

本词表包括 6 部分:(1)字顺表(又称主表):系将全部主题词及入口词按汉语拼音顺序排列。主题词款目结构包括:汉语拼音、主题词名称、主题词英译名、树形结构号、注释及参照项。(2)树形结构表(又称范畴表):系将主题词按学科门类划分、分列于 14 个类目,各类目之下列出隶属于该类目的主题词,按属分类关系逐级展开,呈树状结构。(韩丽)

3258

医学文献主题标引 / 肖晓旦,张士靖主编. -- 北京:高等教育出版社,2008. -- 276 页;28cm. -- 全国高等学校医学规划教材(供信息管理与信息系统专业用). -- 978 - 7 - 04 - 023635 - 4(国家图书馆)

本书在阐述情报检索语言基本概念、类型及其作用的基础上,通过揭示 MEDLARS 检索语言的构建基础与特点,探讨了特征词、副主题词和各类生物医学文献主题标引的规则和方法。(韩丽)

3259

文献标引手册 / 杨鸣放主编. -- 沈阳:沈阳出版社,2008. --452 页;21cm.. -- 辽宁省图书馆 60 年馆庆业务丛书. -- 978 - 7 - 5441 - 3666 - 2(国家图书馆)

本书共 11 章,对文献标引工作进行了全面、系统、深入的研究,包括文献标引工作概述、《中图法》的体系与使用方法、文献主题标引的基本规则、各种类型文献的主题标引等内容。(韩丽)

3260

受控词表的互操作研究 / 戴剑波,刘华梅著. -- 南京:东南大学出版社,2009. -- 201 页;21cm. -- 978 - 7 - 5641 - 1913 - 3(国家图书馆)

本书在全面深入研究国内外关于互操作研究进展的基础上,构建了《中图法》与《杜威法》的映射系统和教育集成词库的构建系统。(王旭东)

3261

自然语言叙词表自动构建研究 / 杜慧平,仲云云著. -- 南京:东南大学出版社,2009. -- 169 页;21cm. -- 978 - 7 - 5641 - 1913 - 3(国家图书馆)

本书在借鉴国内外词表编制经验和相关研究的基础上,提出了中文叙词表自动构建方案,通过实证分析系统阐述了词表构建各个阶段的原理、方法和相关技术,并对所构建的词表进行测评和自动标引实验。(王旭东)

3262

学位论文撰写与参考文献著录规范 / 段明莲,张久珍,李凤棠编著. -- 北京:北京大学出版社,2009. -- 156 页;23cm. --978 - 7 - 301 - 15123 - 5(国家图书馆)

本书介绍了学位论文的特点、选题方法、科学研究的基本方法;检索工具的类型、信息资源检索步骤及检索技巧、素材整理的方法;重点阐述了学位论文的撰写要求和各类型参考文献的著录方法。(王旭东)

3263

文献分类理论的学习与研究 / 逄丽东,周红梅,付凯东主编. -- 牡丹江:黑龙江朝鲜民族出版社,2009. -- 134 页;21cm. -- 978 - 7 - 5389 - 1603 - 4(国家图书馆)

全书共分 4 篇 10 章。第一篇:文献分类学理论篇,内容包括:文献分类学的基本理论、文献分类法的基本原理。第二篇文献分类法体系篇,内容包括:体系分类法、分面分类法、网络信息分类法、《中国图书馆分类法》改编介绍。第三篇文献分类法应用篇,内容包括:同类书书次号、图书馆改编。第四篇历史与展望篇,内容包括:我国对外国文献分类法的研究、我国对书次号的历次研究介绍。(赵红)

3264

军事训练音像信息资源分类编目规范与应用指南 / 姚小明,唐清安主编. -- 北京:海潮出版社,2009. -- 352 页;26cm. --978-7-80213-795-0(国家图书馆)

本书根据军事训练音像信息资源的特点以及网络信息检索的要求,对军事训练音像信息资源分类编目规范及应用进行了全面阐述。(王旭东)

3265

文献数据库数据加工规范 / 张建勇主编. -- 北京:知识产权出版社,2009. -- 178 页;26cm. -- 978-7-80247-581-6(国家图书馆)

本书是国内第一部在文献数据库建设中基于元数据理论制订的数据加工和管理的规范性文档。该规范系统描述了各类文献数据的元数据描述框架、元数据的构成和元数据之间的关系。(王旭东)

3266

情报检索语言的兼容转换 / 张雪英著. -- 南京:东南大学出版社,2009. -- 174 页;21cm. -- 978-7-5641-1913-3(国家图书馆)

本书系统地阐述了情报检索语言兼容转换的研究意义、技术方法和应用案例,探讨了中文文本的关键词抽取技术和中图法知识库构建技术。(王旭东)

3267

文本自动标引与自动分类研究 / 章成志,白振田著. -- 南京:东南大学出版社,2009. -- 198 页;21cm. --978-7-5641-1913-3(国家图书馆)

本书由4部分构成:第一部分为基础部分,介绍研究背景和研究意义;第二部分介绍作者在自动标引方面的研究工作;第三部分介绍基于《中图法》分类知识库的文本自动分类系统:第四部分介绍基于统计与规则相结合的文本自动分类系统。(王旭东)

3268

中国图书馆分类法(维吾尔文) / 中国图书馆分类法编委小组著;热依汗等译. -- 乌鲁木齐:新疆人民出版社,2009. -- 1390 页;27cm. -- 978-7-228-12012-3(国家图书馆)

本书根据北京图书馆出版社 1999 年 3 月第一版、第一次印刷本翻译出版。(王旭东)

各种文献工作

3269

编辑中国史籍书目提要之商榷 / 傅振伦. -- 北平:中华图书馆协会,1933. -- 28 页; 16 开(国家图书馆)

本书为《图书馆学季刊》第7卷第2期单行本。(胡月平)

3270

善本图书编目法 / 于震寰. -- 编者刊,1933. -- 46 页:表; 16 开(国家图书馆)

本书共8节,介绍了善本的范围及分编目录的必要性、善本图书编目的体例,主文、篇卷、记述、通注、参证、特注。附录宋辽金元明清年号索引。(胡月平)

3271

编纂丛书子目类编义例 / 谢国桢. -- 南京:金陵大学金陵学报,1934. -- 5 页; 16 开(国家图书馆)

本书为《金陵学报》第4卷第2期抽印单行本。介绍了丛书编辑沿革、特点,论述了编纂子目的意义。(袁皓)

3272

新闻储藏研究(申报新闻函授学校讲义之六) / 上海市私立申报新闻函授学校. -- 上海:编者刊,1949(前). -- 158 页; 32 开(浙江图书馆)

论述新闻的系统储存,报纸剪报、装订、保存,报纸索引等内容,共14章。(王效良)

3273

非书资料管理(第三版) / 方同生. -- 台北:不详,1976. -- 450 页;23cm(国家图书馆)

本书为增订本。目的在于因应实际需要,就非书资料管理的理论与实务,从事有系统的探讨,作为图书馆教学与作业的参考。全书分31章。从图书馆与资料供应、资料与非书资料、连续性刊物、官书、索引、小册子、图表、剪辑与图片、简易视觉资料、实物投影机、地图、地球仪、模型、透明图片、透视放映机、幻灯卷片、缩影资料、电影片、电视录像带、唱片、录音带、非书资料的选择标准、非书资料的流通记录等方面介绍它们的特性、功能、来源、典藏与利用等。书前有增订本自序、初版自序、图例目次、编目片范例目次。(赵红)

3274

外国专利知识介绍、应用和查找 / 王正编著. -- 北京:中国纺织机械工业总公司(内部出版),1980. -- 158 页;18cm(扬州市图书馆)

本书是为了配合我国专利制度的逐步建立,综合有关资料编写而成的,其目的在于宣传普及专利知识。本书书名为《外国专利知识介绍、应用和查找》,但其内容安排上重点向广大读者介绍怎样掌握外国专利文献,世界专利索引(WPI)和中心专利索引(CPI)的应用与查找方法。其目的使广大科研、技术人员、情报研究人员,科学管理人员在设计研究新技术、发展新产品、鉴定新产品和全面质量管理新产品时借鉴国外先进技术和对口产品。全书共分为两章,主要包括:专利知识介绍、国外专利文献的检索工具及其使用的查找方法。(韩丽)

3275

科技情报资料工作 / 武汉大学图书馆学系编. -- 长沙:湖南省交通厅科技情报站(内部出版),1980. -- 138 页;19cm(国家图书馆)

本书为武汉大学图书馆学系编的《科技情报资料工作》课程的试用教材,内容包括资料的种类、搜集、整理、保管方法以及情报资料的提供利用。(胡秋玲)

3276

期刊工作浅说 / 赵燕群编著. -- 北京:书目文献出版社,1980. -- 166 页; 19cm. -- 7201.12(国家图书馆)

期刊工作是图书情报工作中的重要组成部分。鉴于目前国内论述期刊工作的书籍缺乏,本书作者参考了国内外有关资料,结合自己工作中的体会,试图对期刊工作进行较系统的论述。全书共分八部分,主要内容包括:期刊的产生与发展,期刊的特点与种类,期刊工作的内容与工作组织,期刊的收集,期刊的著录,期刊的目录组织,期刊索引和文摘的编制,期刊工作的现代化与标准化等。书后附录有期刊名称国际省略法,罗马数码表示法,俄英译音表等。(韩丽)

3277

缩微胶片技术 /(美)格伦厄姆. C. 门泽尔,杰弗雷. H. 特纳合著; 吴则田译. -- 北京:北京图书馆出版社,1982. -- 104 页:32 开. -- 7201.33(国家图书馆)

本书是美国"全国缩微摄影协会"出版有关缩微摄影技术的第一本书,根据柴特(xidex)胶片技术学院院长格伦厄姆. C. 门泽尔(Glenham C. Mezher)的缩微胶片技术训练手册,由杰弗雷. H. 特纳(Jeffrey H. Turner)作了大量修改而成。书中重点突出了广泛使用的银盐胶片技术。分 5 章:摄影原理、重氮胶片、银盐胶片、微泡胶片、缩微胶片的实际生产。书前有美国"全国缩微摄影协会"技术主任罗伯特. A. 格洛特费尔蒂(Robert A. Glotfelty)的绪言。(金丽萍)

3278

常用中文科技期刊简介 / 刘志富主编. -- 北京:科学技术文献出版社, 1982. -- 163 页;25cm. -- 17176.316(国家图书馆)

本书针对从建国到 20 世纪 80 年代以来,中文科技期刊名称、刊期、出版等方面的情况变化较多,给文献管理人员和期刊使用者带来了不便的情况,为了方便读者,提高期刊的利用率,密切期刊收藏者和期刊使用者之间的关系而编写了本书。收入本书的期刊,均为 1981 年度继续出版的刊物。本书详细著录了这些期刊现在的名称、刊期、编辑单位、通讯地址,介绍了期刊创刊、休刊、停刊、复刊等情况,并对期刊内容作了简单的概括。本书适合于期刊收藏单位的管理人员和咨询服务人员使用,也可作为科研、生产人员查找文献资料线索的工具书。(韩丽)

3279

广东省外文书刊使用和管理经验交流会会议专集 /广东省外文书刊使用和管理经验交流会编. -- 广东:广东省中心图书馆委员会(内部出版),1983. -- 99 页; 26cm(北京师范大学图书馆)

广东省中心图书馆委员会和广东省外文书店于 1983 年 5 月 10 日至 12 日在广州召开了"广东省外交书刊使用和管理经验交流会",本书汇编了出席领导的讲话、报告以及与会代表的发言,主要包括:连珍的"努力搞好协调工作,更好地为订户服务"、许秀芳的"保证重点,兼顾一般,合理使用外汇"、陶绍文的"中国图书进出口总公司致词"、王志华的"在闭幕会上的总结发言"、吴绳卿的"国外图书出版情况"、孟宪义的"外国报刊进口工作的几点情况"、王佩珠的"利用外文期刊,研制出具有中国特点的热带作物机械"等。(韩丽)

3280

期刊管理 / 江乃武编著. -- 长春:吉林省高等学校图书馆工作委员会期刊管理培训班(内部出版) , 1983. -- 194 页; 19cm(国家图书馆)

本书是由东北师范大学图书馆学系进修班编写的讲义改编而成的。全书共分为 6 章,首先介绍了期刊的定义、形式与分类、期刊出版简史与现状等概况,然后详细介绍了收集期刊的工作组织、现期期刊和缺藏期刊的收集方法,新到期刊的验收、散本期刊和装订期刊的登记、期刊统计,期刊的分类、期刊编目的意义、期刊著录的特点、著录方法等,然后介绍了期刊的保管、装订,以及做好期刊服务工作的前提、现期期刊阅览、过刊利用等服务方法。书后附录有期刊管理工作专题目录。(韩丽)

3281

中文资料管理 / 四川省图书馆学会主编. -- 成都:四川省中心图书馆委员会(内部出版),1983. -- 186 页;图;20cm(国家图书馆)

本书是由四川省中心图书馆委员会 1983 年组织编写的图书馆学知识丛书中的一册。全书共分为 7 章,主要内容包括有:绪论,资料的定义、性质、作用、类型等概况,资料的收集工作,资料的整理工作,中文资料编目,中文资料著录条例,资料的流通,资料的编辑报道工作等。书后附录有内部期刊目录。本套丛书在当时具有思想解放、理论联系实际、引进了一些新研究成果等特点,因此有广泛的适用性,既可作为教材使用,又可作为图书馆工作人员业余自修使用。(韩丽)

3282

中文期刊管理知识 / 四川省图书馆学会主编. -- 成都:四川省中心图书馆委员会(内部出版),1983. -- 160 页;20cm(国家图书馆)

本书是由四川省中心图书馆委员会 1983 年组织编写的图书馆学知识丛书中的一册。全书共分为 8 章,主要内容包括有:期刊的定义、类型、特征、作用等概说,期刊的形成与发展,期刊的收集工作,期刊的分类,期刊的编目,期刊的阅览与流通,期刊的宣传与辅导,报纸的定义、作用、类型、管理等

工作。书后附录有中文书刊划分条例、中文期刊分类法和中国地区表。(韩丽)

3283

外文期刊工作 / 吴龙涛, 叶奋生编著. -- 上海:上海科学技术文献出版社, 1983. -- 154 页;25cm. -- 17192.67(国家图书馆)

全书共分两大部分。第一部分叙述了外文期刊的采购、划到、装订、编目、管理等一整套工作方法,各个工序都附有工作流程图,各章所述的工作方法都附有实例,以利于初学者掌握。第二部分外文期刊编目规则系以 ISBD(s)的格式为基础,借鉴 AACR2 编写的编目规则,这样既符合国际标准书目的要求,又适合我们的传统习惯。特别是将 ISSN 与附注项易位,使 ISBD(S)更切合图书馆实际应用。其中将索取号与国际标准刊号相联系是作者提出的做法。因为 ISSN 是一种国际性的索取号。采用这一编目规则,对从事图书馆的工作者有所参考,可能为统一外文期刊的著录格式实现文献自动化联机检索和资源共享作出贡献。(韩丽)

3284

古籍基础知识问答 / 倪波, 程德章著. -- 北京:书目文献出版社, 1984. -- 89 页;19cm. -- 7201.61(国家图书馆)

本书是《图书馆业务基础知识问答》丛书的第六分册。编者从古籍整理工作中归纳了 42 个问题,如什么是古籍、我国古籍究竟有多少、什么叫古籍善本书、什么是帛书、卷轴装书籍的形式是怎样的、怎样鉴定活字本、古籍书名有哪些含义、如何识别古籍著者的姓名、如何确定古籍著者的所属年代、古籍分册时用什么作为顺序号、整理古籍最常用的工具书有哪些、古籍版本作伪有哪些表现等。作者以自己丰富的实践经验,用问答的形式做了简明扼要的回答。(张玲)

3285

辞书概要 / 陈炳迢著. -- 福州:福建人民出版社, 1985. -- 280 页;19cm. -- 7173.637(国家图书馆)

本书共 4 章。第一章辞书与辞书学,介绍了什么是辞书、辞书的功用、辞书的准则、辞书学的对象和任务、辞书学同其他学科的关系;第二章辞书的类型,介绍了语文词典和专科词典、语文词典的类型、专科词典和百科全书、单语词典和双语(多语)词典、特种释义方法词典、不同使用对象的辞书、特种用途辞书、不同排检法辞书、不同规模的辞书;第三章我国辞书发展概述——古代辞书,介绍了辞书的起源、渊源于《尔雅》的义书系统、渊源于《说文解字》的字书系统、渊源于《声类》的韵书系统、渊源于《皇览》的类书系统、古代特种词语词典、古代的对照词典;第四章我国辞书发展简述——现代辞书,介绍了辛亥革命到新中国成立的辞书概况、新中国成立后的辞书事业发展概况、新中国成立后语文辞书编纂法的进步。(张玲)

3286

国外产品样本情报工作浅说 / 贾书桂编. -- 北京:科学技术文献出版社,1985. -- 58 页;19cm. -- 科技情报业务丛书. --17176.442(国家图书馆)

本书是《科技情报业务丛书》中的一册,本丛书计划按照科技情报工作的主要环节,例如从科技情报资料的收集、加工、传递到分析研究等各个专题,分别编写小册子,内容要求有理论、有实践,深入浅出,通俗易懂。每个小册子大约 4—5 万字。本书介绍了国外产品样本概论、来源、特点、情报价值、种类、管理、服务范围、服务方式、服务效果、工作研究及展望。本书适合各类科技情报服务机构、科技情报收藏单位、厂矿企业的产品研制、设计部门的情报工作人员阅读。(韩丽)

3287

外文科技期刊工作浅说 / 汤生洪编. -- 北京:书目文献出版社, 1985. -- 98 页;19cm. -- 7201.71(国家图书馆)

外文科技期刊对一个国家发展科学技术来说至关重要,为了方便科技工作者查阅,避免出现重复劳动,外文科技期刊需要一个系统和统一的切合实际的科学方法去管理。本书的目的就是讨论科技期刊的管理工作。本书初稿于 1979 年完成,并由上海复旦大学图书馆副馆长焦宗德进行了修改。全书共分 6 章,主要内容包括:外文期刊的基本知识,外文期刊的著录工作,外文期刊的目录组织,外文期刊的排架号编制法,外文期刊的装订和整理,外文期刊的采购和补缺等。(韩丽)

3288

专利申请查找利用简明手册 / 张智敏编著. -- 天津:宇航出版社, 1985. -- 89 页;19cm. -- 17244.0031(国家图书馆)

本手册介绍了专利的申请、查找及利用。通过各种实例使读者在较短的时间内掌握专利的查找及使用方法。本手册名为《专利申请查找利用简明手册》,意即力求从实用出发,用尽可能短的篇幅,使一般对科技文献不太熟悉的科研人员、大学生及广大发明创造爱好者,用一天左右的时间阅读完本手册,再到图书馆或专利局文献馆实地练习几次,就可掌握查找、利用专利的基本知识。本手册简要叙述了以下几个问题:(1)什么是专利;(2)申请专利的方法、步骤;(3)专利申请文件的内容及编写格式;(4)专利申请人的权利和义务;(5)专利文献的查找方法和检索工具;(6)专利文献的利用等。本手册可供各种专业的科研人员、技术人员、大专学生及广大发明爱好者使用。(韩丽)

3289

报刊资料基础知识问答 / 卢子博,倪波主编;程锦修执笔. --北京:书目文献出版社, 1986. -- 136 页;19cm. -- 图书馆业务基础知识问答. -- 7201.72(国家图书馆)

本书是卢子博和倪波等同志主编的《图书馆业务基础知识问答》一套丛书的第七分册,由程锦修同志执笔。编者从报刊资料工作有关方面归纳了 50 个问题,针对这些问题,采用问答形式向读者简要介绍了报刊资料的基础知识。这些基础知识,有些是编者实践经验的体会,有些是报刊资料工作者集体研究成果的结晶。书后附录有期刊中常用缩写词、国家和地区代号对照表等。(韩丽)

3290

古籍整理研究论文集 / 西南师范大学汉语言文献研究所编. -- 重庆:西南师范大学出版社, 1986. -- 213 页;19cm. --

9405.3(北京师范大学图书馆)

本论文集共收录有关古籍整理研究方面的论文15篇,其中开篇《论〈释词〉声转之例》一篇是赵少咸先生的遗著,其余各篇都是西南师范大学汉语言文献研究所的同志结合整理研究古籍撰写的有关古代汉语、古典文学、古代历史三方面的专书专题论文,如《关于〈说文〉说解水名的体例问题》《先秦汉语常用助动词的语法功能考察》《古文词语训释刍议》等。本书可供大专院校文科师生、研究生、中学教师及古籍整理研究的科研人员参考使用。(韩丽)

3291

期刊管理 / 于鸣镝,朱育培编著. -- 沈阳:辽宁人民出版社, 1986. -- 255页; 19cm. -- 图书情报业务丛书. -- 7090.423(超星数字图书馆)

本书是《图书情报业务丛书》中的一册,以图书情报工作者和从事科研、生产、教学人员为主要对象,也兼顾有关专业的大学生及自学读者的需要。

全书共分8章,主要内容包括:期刊概说,期刊的收集,期刊的验收与登记,期刊的分类,期刊的编目,期刊的典藏,期刊的利用和期刊工作现代化等。书后附录有我国检索刊物学科分布一览表,中华人民共和国国家标准《连续出版物著录规则》和《检索期刊条目著录规则》,中国省、市、自治区代码汉字简称及汉语拼音,国家和地区代号对照表等。(韩丽)

3292

化学文献的使用 /(英)博特尔(R. T. Bottle)编;冯宗菽等译. -- 北京:化学工业出版社, 1987. -- 440页;20cm. -- 15063.3830(国家图书馆)

本书原文编者是以R. T. Bottle为主,以英国利物浦工艺大学十多年的授课讲义编写而成。经过教学的不断实践,几经修订,日臻完美。1979年出版的第三版,是英国Butterworths &Co. (Publishers) Ltd. 的《研究与开发的情报来源》(Information Sources for Research and Development)丛书之一,译者将本丛书的另一本《工程文献的使用》(Use of Engineering Literature)中的第二十章《化学工程》(Chemical Engineering)作为本书的第十九章合并译成本书,使内容更为丰富与齐备,由于本书由有关专家分别撰写,因此,"本书是许多作者的产物,许多章节的风格和形式有所不同",这点读者在阅览时也会发现。本书在内容上不仅一般地介绍各种情报来源,如期刊、专利、科技报告、手册、大全、丛书等,还将化学方面的各主要领域诸如无机化学、核化学、有机化学、高分子科学、化学史等,设专章加以叙述。此外,对图书馆的利用、文摘及其检索机构、理化数据图表、苏联文献的译文出版情况,甚至连取得情报的方法,都作了较详尽的说明,而且在每章之后,都附有参考文献,供读者进一步查阅。(韩丽)

3293

中国藏书票选 / 梁栋选编. -- 合肥:安徽美术出版社, 1987. -- 90页;19cm. -- 7-5398-0019-4(国家图书馆)

本书收集了数百枚藏书票,是数十位版画家创作的一部分。这些作品内容丰富,形式多样,风格迥异,艺术家用各种题材与多样艺术技巧以及不同的制版材料,发挥其智慧,驰骋于方寸画幅之中,或古朴典雅,或五彩缤纷,莫不精湛隽永,汇集成册出版,以供艺术爱好者及收藏家们赏玩。(韩丽)

3294

出版物资源共享国内学术讨论会论文集 / 北京图书馆业务处编. -- 北京:书目文献出版社,1988. -- 184页; 26cm. -- 7-5013-0430-0(北京理工大学图书馆)

本书是1986年北京UAP国内学术讨论会的论文集,全书共收论文41篇。主要内容包括对联合国教科文组织(UNESCO)资助推广的UAP规划的认识,出版物资源共享,图书馆际间的协作协调,各种书目的编辑及读者服务工作等方面。其收录的论文包括邵文杰的《UAP及我国的现状》、张树华和李广建的《论图书馆资源共享》、黄俊贵的《中国国家书目计划及其进展》、陈源蒸的《论建立我国综合书目信息系统》等。本书可供图书馆及情报工作人员参考阅读。(韩丽)

3295

古籍知识手册 / 高振铎主编; 马振亚等撰写. -- 济南:山东教育出版社, 1988. -- 1495页;21cm. -- 7-5328-0211-6(国家图书馆)

本手册内容分为古籍知识(有古籍概说、古籍的历史与书籍制度、古籍版本、古籍目录、古籍校勘、古籍辨伪、古籍辑佚、古籍标点、古籍新注、古书的文体、常用工具书等11项)、古代汉语知识(有文字、词汇、音韵、语法、修辞、训诂等6项)、文化知识(有天文历法、地理政区都城、家庭宗法制度、姓氏名号、称谓、礼俗、冠服制度、学校选举与科举、谥号与谥法、避讳知识、度量衡知识等十一项),共3大类28项,都是为服务于整理研究古籍而选择的。内容上起先秦,下至辛亥革命,基本不收民国以来有关古籍的一般知识。本书既有基本一致的体例,又有因知识而异的不同特点,从实际需要出发进行编写。书后辅以索引,便于读者翻检。(韩丽)

3296

吴龙涛选集 / 吉林省图书馆学会,四川省图书馆学会,成都东方图书馆学研究所合编. -- 成都:成都东方图书馆学研究所(内部出版),1988. -- 103页:图,肖像;20cm. -- 图书馆学论丛个人自选集(国家图书馆)

本书是为庆祝中华人民共和国成立四十周年,由吉林省图书馆学会、四川省图书馆学会和成都东方图书馆学研究所联合编辑出版的图书馆学论丛个人自选集丛书中的一册。吴龙涛先生当年工作于上海图书馆,长期从事连续出版物管理工作。本书收录了他在那一时期所撰写的论文13篇,分别是"谈谈我馆外文期刊的采访工作"、"谈谈外文期刊的登记"、"外文期刊补缺的一个重要来源——介绍USBE"、"外文期刊著录标准化初探"、"漫谈外文期刊的卷、期、年、月或其他标示项的著录"、"外文期刊著录的标目"、"从节省书库空间,谈外文期刊的排架"、"外文期刊开架陈列的探讨"、"节约外汇,加强服务——建议成立外文期刊中心"、"漫谈期刊的管理体制"、"用于书目控制的代码系统"、"ISSN与外文期刊的改名与索取号"、"国际标准连续出版的编号——ISSN简介"。(张玲)

3297

图书馆业务自学大全(6):科技文献检索 / 赵世良编著. -- 长春:吉林省图书馆学会(内部出版),1988. --123 页;19cm. --吉林省图书馆学会丛书(国家图书馆)

本书是吉林省图书馆学会组织编写的图书馆业务自学大全丛书中的一册。全书共6章。第一章简要介绍了科技文献检索的任务、渊源、现状与发展;第二章从实质、体例、结构、形式、类型、功能、质量等角度分析了科技文献检索工具;第三章国内科技文献检索工具,简要介绍了汉文科技书、汉文科技期刊、汉文科技资料的检索工具,外文科技书、外文科技期刊、外文科技资料检索工具,专题科技文献检索工具和科技文献检索工具指南;第四章国外科技文献检索工具,包括美国《化学文摘》《生物学文摘》《工程索引》,英国《科学文摘》等;第五章科技文献检索方法,包括科技文献检索的原理、直接检索、检索途径、检索工具的选择和利用、专题文献检索、特定文献检索、事物性文献检索等内容;第六章科技文献检索服务,包括科技文献检索服务的任务、原则、组织,文献检索室、参考咨询室,专题文献志、定题服务、检索知识的口头宣传和文字宣传等内容。(张玲)

3298

图书馆缩微资料工作 /(英)S. J. 蒂格著;张金棣译. -- 北京:书目文献出版社,1989. -- 177 页;19cm. --7-5013-0617-6(国家图书馆)

本书全面介绍了缩微资料的历史、类型、作用和工作方法。书中特别注重缩微工作在书目、文摘、索引和数据服务等方面应用的介绍。这是一部缩微资料工作的实用指南。全书共分10章,主要内容包括:导言,缩微资料在图书馆中的地位,缩微资料的类型,缩微资料阅览室,缩微资料在文摘、索引和情报数据服务方面的利用,计算机输出缩微资料目录,缩微资料的复制,缩微资料出版业务,其他类型的缩微资料,结论。(韩丽)

3299

古籍注释改革研究文集 / 靳极苍编. -- 太原:山西人民出版社,1989. -- 168 页;19cm. -- 7-203-01089-9(国家图书馆)

"全国古籍注释改革研讨会"于1987年秋季在太原召开,本次学术会议从古籍注释改革的角度出发,富有独创性。本文集从提交大会的论文中遴选了16篇,由靳极苍教授审定,编辑成集,内容包括靳极苍的"再谈古书注释要为当前读者服务",于靖嘉的"古籍注释改革刍议",陈北郊的"略论古书注释之忌"等。(韩丽)

3300

图书馆期刊管理 / 李建中编著. -- 南宁:广西教育出版社,1989. -- 100 页;19cm. -- 全国图书馆学中专系列教材. -- 7-5435-0588-6(国家图书馆)

本书是全国图书馆学中专系列教材中的一册。全书共分为6章,主要内容包括:绪论,介绍了期刊的定义和作用、产生和发展及其类型;期刊的收集,包括期刊的预订、交换与征集,期刊的验收与登记,期刊的补缺等;期刊的分类与编目,包括期刊目录组织等;期刊的保管,包括期刊的装订、排架和保护等;期刊的宣传与流通,包括期刊的借阅和复制等;期刊的参考咨询,包括期刊论文索引的编制、期刊文摘的编制等。(韩丽)

3301

科技期刊综论 / 王崇德, 刘春茂编著. -- 哈尔滨:情报科学杂志社(内部出版),1989. -- 288 页; 19cm(天津师范大学图书馆)

本书是根据作者多年教学的讲稿改编而成的,全书共分八章,主要内容包括:期刊的概况,科技期刊的生产,科技期刊的科学选择,科技期刊的馆藏策略,科技期刊的阅读,科技期刊的经济学,科技期刊的目录和科技期刊的管理,期刊的远景等。全书重点围绕科技期刊进行了全方位的论述。本书对现职图书情报人员知识更新,提高业务水平会有一定的帮助,也可作为高校本科、专科的教材与参考阅读图书。(韩丽)

3302

期刊管理与利用 / 杨秀君,孙继亮编著. -- 北京:学苑出版社, 1989. -- 278 页;19cm(国家图书馆)

本书在总结多年工作经验和汇集近年研究成果的基础上编写而成,既可作为业务学习用书,又可作为期刊课和期刊培训班教材。该书一大特色是突出了期刊利用,作者认为期刊管理只是一种手段,而利用才是目的。故于通常的借阅和情报服务两章之外,又增设期刊专题文献检索一章,以增强利用内容。全书共分11章,主要包括:期刊概论,期刊简史,期刊采访,期刊验收与登记,期刊分类,期刊编目,期刊典藏,期刊借阅服务,期刊情报服务,期刊专题文献检索服务,期刊工作的统计等内容。(韩丽)

3303

报刊与报刊工作 / 张怀涛, 崔永斌, 柯平编写. -- 郑州:河南省高校图书情报工作委员会(内部出版), 1989. -- 466 页; 18cm

本书内容吸收了近几年有关报刊与报刊工作研究的新成果,论述内容涉及到了报刊的基本知识和图书馆报刊工作的各个方面。全书共分3个部分,第一部分是关于报刊文献的基本知识,主要阐述报刊本身的知识,第二部分是关于报刊文献的收藏整理,主要阐述图书馆报刊工作中"藏"的问题,第三部分是关于报刊文献的开发利用,主要阐述图书馆报刊工作对外"用"的问题。可使人获得报刊工作的系统知识。本书体现了理论与实践相结合的研究方法,既注意论述报刊工作的基本原理,又着重讲解报刊工作各个环节的方式方法,便于实际工作者阅读与借鉴。(韩丽)

3304

报刊管理与利用 / 白晓文, 粟慧编著. -- 杭州:杭州大学出版社, 1990. -- 282 页;20cm. -- 7-81035-010-2(国家图书馆)

本书论述了报刊的收集、验收、登记、著录、目录组织、服务利用、检索等,主要着重于实际应用方面。全书的内容分为两大部分:第一部分是常规报刊工作,包括收集、登记、编目、服务、管理等内容;第二部分侧重于如何更好地发挥报刊的情报作用,从而更好地利用报刊。它涉及到期刊文献的老化与核心期刊、期刊索引和文摘的编制，介绍了几种主要的报刊检索工具，此外还谈到了有关报刊工作的标准化与现代化的问题。本书是在几年授课的基础上，经过进一步充实整理后编写而成的。它可以作为高等学校图书馆学、情报学或有关文献管理专业的教学用书；对于报刊工作者改进实际工作也有参考作用，还可以成为他们更新知识、提高业务能力的学习用书。（韩丽）

3305

报刊管理教学指导书 / 程锦修编. -- 北京：书目文献出版社，1990. -- 55 页；18cm. -- 中央广播电视大学图书馆学专业用书. -- 7 - 5013 - 0800 - 4（国家图书馆）

期刊工作是图书馆业务工作重要的组成部分。本书是在中央广播电视大学图书馆学专业开设的课程基础上编写的，目的在于帮助学生掌握报刊管理的基本原理、基本知识和基本技能，正确认识期刊的基本概念、特点与作用，掌握期刊工作的组织管理方法，期刊收集工作的原则、方法与途径，期刊的分类与著录方法，电子计算机在期刊工作中的应用，以及期刊工作的标准化与缩微化等有关内容。全书共分八章，主要包括：期刊概述，期刊工作的组织管理，期刊的收集，期刊的分类，期刊的著录，期刊资源的开发与利用，期刊工作现代化，报纸的管理与利用等。（韩丽）

3306

国外科技期刊刊名缩略语辞典：西文部分 / 黄家秀主编. --北京：科学技术文献出版社，1990. -- 248 页；26cm. -- 7 - 5023 - 1289 - 7（国家图书馆）

本辞典可解决从期刊刊名缩写到查找期刊刊名全称的问题。全书共收集西文科技期刊刊名15000余条。每条按刊名缩写、刊名全称、中译名、原版刊号（包括分类号、国家代号和顺序号）的顺序编排。本辞典是一部供图书馆、资料室、情报机构和科研单位的检索工作者及科研人员使用的工具书，也可供在校大学生和研究生在文献检索课实习时使用。（韩丽）

3307

期刊管理与检索工具书 / 孙继亮等编著. -- 长春：长春出版社，1990. -- 416 页；19cm. -- 7 - 80573 - 403 - 8（中国科学院国家科学图书馆）

本书是在 1984 年出版的《报刊论文资料检索工具书选介与使用》的基础上，修改补充而成的，其侧重点是评介期刊检索工具书，指引检索和利用文献资料。本书收录期刊检索工具书近千种，分为解放前和解放后两大部分，并在每题之下根据实际使用情况再进行必要的划分，或按类排列，或按书名笔顺排列。重要工具书详细介绍，排在前面；一般工具书简略介绍排在后面，个别工具书只列目介绍。另外，本书也适当收录了我国港台以及日本等出版的部分工具书。全书共分六章，主要包括：期刊源流及期刊目录索引文摘产生与发展，期刊文献资料检索工具书选介，期刊文献检索的途径与方法，期刊及期刊文献检索，国外期刊文献检索，查阅与积累资料等。（韩丽）

3308

连续出版物工作 / 吴龙涛，叶奋生编著. -- 上海：上海科学技术文献出版社，1990. -- 326 页；26cm. -- 7 - 80513 - 755 - 2（国家图书馆）

本书是作者 38 年工作经验的积累。这部书既系统地阐述了连续出版物的各个方面，同时也融汇了作者长期的工作经验。全书分两大部分：工作实践与编目规则，并有实例详解，每章之后附有复习提纲。第 1 部分包括：采访、编目、装订、读者服务与书库管理、宣传与利用等共 8 章。第 2 部分为连续出版物编目规则 370 余条。因此可以说是一部内容丰富、论述清晰、例释详实的好书。它可供各类型图书馆、情报所连续出版物工作者使用，也可作为大学图书情报专业的实用教材。本书重点是将中外文连续出版物的管理融为一体，体现两者在管理上的一致性；强调实用性和管理工作的规范化，介绍以编目为核心、采购作龙头的“一条龙”管理体制及其必要的规章制度；叙述在工作中可能遇到的各种问题及其处理方法，以达到理论联系实际；书目著录标准化是自动化管理与文献资源共享的关键，因此在编目规则中，着重介绍书目著录的标准化，较详细地阐述各条规则的应用。（韩丽）

3309

报刊管理 / 赵燕群编著. -- 北京：书目文献出版社，1990. --217 页；18cm. -- 中央广播电视大学图书馆学专业用书. -- 7 - 5013 - 0799 - 7（国家图书馆）

本书主要围绕报刊管理展开论述，全书共分 8 章，主要内容包括：期刊概述，介绍了期刊的定义、特点、作用、产生与发展及类型；期刊工作的组织管理，介绍了影响图书馆期刊工作的诸因素、期刊工作的内容与过程、组织与管理；期刊的收集，介绍了期刊收集工作的原则、要求、方法和途径等；期刊的分类，介绍了期刊分类工作的内容与特点、期刊分类表、分类方法；期刊的著录，包括期刊著录的意义、著录规则和著录方法；期刊资源的开发与利用，介绍了期刊利用率的研究、期刊目录的编制及索引和文摘的编制；期刊工作现代化，包括电子计算机的应用、国际标准连续出版物编号及其数据系统、期刊工作的标准化与缩微化；报纸的管理与利用等。（韩丽）

3310

简明古籍整理辞典 / 诸伟奇等编著. -- 哈尔滨：黑龙江人民出版社，1990. -- 429 页，20 页：图版，图，摹真；20cm. -- 7 - 207 - 01343 - 4（国家图书馆）

本辞典选收古籍版本、目录、校勘及与古籍整理关系密切的文字、音韵、训诂、文学、历史、哲学、人名（在世人物一律未收）、地名、书（篇）名等方面词目 4968 条，供古文献整理、研究、教学工作者和广大文史爱好者使用。词目按首字笔画数编排。书末附有“词目音序索引”及“古籍点校通例”、“历代避讳举例”等，供参考和检索。（韩丽）

3311

期刊管理研究 / 江乃武主编；全国高等学校图书馆期刊工作研究会组织编写. -- 长沙：湖南科学技术出版社，1991. -- 275 页；26cm. -- 7 - 5357 - 0896 - X（国家图书馆）

1989年5月,全国高校图书馆期刊工作研究会在南京大学图书馆成立,同时召开了首届学术研讨会。本书就是在该研讨会征集论文中选出来的有代表性的文章。全书共分4大类。第一部分是总论,包括期刊学的研究,期刊半衰期的研究,核心期刊的研究,期刊管理文献分布等;第二部分是期刊管理,包括期刊分类研究,期刊资料的目标管理,期刊资源共享及馆际协作,期刊老化与剔除的研究,计算机管理和期刊工作人员的培训等;第三部分是藏刊建设,包括期刊收藏的发展战略,期刊收藏增长率为"零"的趋势研究,期刊收藏结构的探讨,期刊采访工作的研究及对报刊涨价的对策,中文报刊发行中存在问题的分析等;第四部分是期刊的开发利用,包括提高期刊的情报利用率的研究,期刊利用效益的分析,期刊提供能力的测验与评价,多方位开发利用期刊资源等。(韩丽)

3312

连续出版物工作 / 谈金铠执笔. -- 北京:书目文献出版社, 1991. -- 211页;19cm. -- 图书馆学情报学知识. -- 7-5013-0841-1(国家图书馆)

本书是《图书馆学情报学知识》丛书的第七分册,比较全面、系统地介绍了连续出版物工作的基本知识和基本工作方法。内容涉及连续出版物的收集、登记、分类、著录、目录组织、典藏、利用和宣传报道等各个方面,并对连续出版物工作的现代化作了初步探讨。本书对从事图书情报工作的同志学习专业知识、掌握工作技能很有参考价值,也可作为图书馆学、情报学中专教材或教学参考书。(韩丽)

3313

标准文献工作的理论与实践 / 王平编著. -- 北京:宇航出版社, 1991. -- 307页;21cm. -- 7-80034-427-4(国家图书馆)

根据我国标准文献工作的实践和发展的需要,本书运用科技文献工作的理论和方法,系统地论述了标准文献的收集、著录、标引、编目、检索和流通服务等主要概念与工作内容,提出了标准文献工作的要求、程序和方法,介绍了国内外标准文献工作的现代化知识和发展趋势,是国内全面论述标准文献工作的专著。(韩丽)

3314

期刊资料管理及利用 / 王一煦主编. -- 长春:吉林大学出版社 , 1991. -- 241页;26cm. -- 7-5601-0804-0(国家图书馆)

本书内容除期刊外还专设一章"资料工作"。在图书馆或情报机构内部,所称"资料"通常都作狭义理解,与书刊并列,泛指各类"特种文献"和国内一些以零散片断为特点的专供交换、赠阅的非正式出版物。在特种文献中,除一部分会议文献外,大都不属于连续出版物,与期刊本非同类。但由于国家颁布的《普通高等学校医药本科专业目录》是将期刊与资料并列为医学图书情报专业的一门重要课程,同时鉴于在其他图书情报学专业课程中对特种文献及零散的非正式出版物也未作集中和比较系统的讲授,也还考虑到在图书馆中确有将资料划归期刊部门合并管理的实际情况,故而作此安排,并将此书定名为《期刊资料管理及利用》。全书共分10章,主要包括:期刊概况,期刊类型,期刊收集,期刊验收与登记,期刊分类与编目,期刊典藏,期刊利用,报纸工作,资料工作,期刊资料工作现代化。(韩丽)

3315

图书馆地方文献工作 / 韩朴编著. -- 北京:文津出版社, 1992. -- 202页;19cm. -- 图书馆岗位培训教材. --7-80554-155-8(国家图书馆)

本书的主要内容包括:地方文献概述;地方文献采访;地方文献的分编与典藏;特种地方文献的处理;地方文献的开发与利用;我国公共图书馆地方文献工作现状及发展中存在的问题。(张玲)

3316

连续出版物管理指南 / 江乃武主编. -- 长春:吉林人民出版社, 1992. -- 38,726页;21cm. -- 7-206-01616-2(北京师范大学图书馆)

本书是为连续出版物管理工作者编写的一本工具性书籍,选收了连续出版物及有关的词目计1600余条。全书将所选词目分为历史、理论、工作、研究、报刊概览五大类。每大类下又根据实际情况分成若干细类。对所收词目,先根据其内容归入各大类或细类。同类词目按其词目名称的汉语拼音音序排列。第五部分报刊概览中简介的重要报刊是参考有关评价及鉴定结果而选介的。书后附录有:邮发报纸、期刊目录,非邮发期刊目录,《科学引文索引》1988年500种核心期刊表,社会科学类核心期刊,当代中文检索刊物一览表等。(韩丽)

3317

全国高等学校图书馆期刊工作研究会第三届学术研讨会论文集 / 江乃武主编;于鸣镝等副主编. -- 大连:大连海运学院出版社, 1992. -- 267页;26cm. -- 7-5632-0503-9(国家图书馆)

本集收录了全国高等学校图书馆期刊工作研究会第三届学术会议上发表的论文。本次会议的主题是"期刊的开发与利用",共收到全国27个省275个院校的文稿435篇,本论文集收录了其中的74篇,在论文集后面附录有未入选的其他文稿的题录。74篇论文按主题分为6个部分:重视开发利用研究、努力提高期刊利用率,加强基础理论研究、指导开发利用工作实践,探讨藏刊利用规律、促进开发利用研究,开展高层次期刊情报服务、推动期刊工作情报化,坚持用户研究、提高服务水平,其他方面研究。(韩丽)

3318

期刊工作理论与实践 / 刘吉庆编著. -- 西安:西北工业大学出版社, 1992. -- 163页;20cm(西安交通大学图书馆)

本书共分13章,对期刊学的基础理论和期刊管理工作实践进行了较系统的论述,同国内目前已出版的期刊工作专著相比较,本书贯彻了少而精的原则,力求在内容结构上做到布局合理,文字叙述简练,增强可读性和适用性,尤其对期刊学基础理论,主题标引、标准化著录和国家期刊文献中心的建立等专列四章详述,是其重要特色。全书内容丰富、全面,论述清晰,图例详实,是期刊工作者难得的一部重要工具书或参考书,为培训期刊人员提供了一部较好的教材,还可作为图书情报系专业的教学用书。(韩丽)

3319

期刊学概论 / 倪延年著. -- 南京:南京师范大学出版社, 1992. -- 259 页;32cm(四川大学图书馆)

本书是作者将其对期刊学研究所得以及同行研究成果加以总结编著出版的,全书以开拓的视野,包纳了期刊学的方方面面,构成由理论篇、工作篇、服务篇、发展篇和附录篇等五大部分组成的内容体系。编排上立意新颖,章节清晰,层次分明。该书内容超出了"图书馆期刊管理与利用"的范围,将触角伸向期刊编辑界、期刊出版界及其他有关学科,形成了"大期刊学"的概念。全书共分 14 章,理论篇包括 5 章:我国期刊学研究的起源和发展,期刊学理论的基本问题,期刊论,期刊工作论,期刊事业论;工作篇包括 4 章:期刊生产传播的原理和技能,期刊采访验收记到的原理和技能,期刊整序工作的原理和技能,期刊装订典藏的原理和技能;服务篇包括 4 章:期刊传递服务的原理和技能,期刊情报服务的原理和技能,期刊检索服务的原理和技能,期刊导读服务的原理和技能;趋势篇包括 1 章:期刊学理论与实践的发展趋势。(韩丽)

3320

微缩技术学(上、下册) / 吴相镛著. -- 台北:淑馨出版社, 1992. -- 2 册;21cm. -- 957 - 531 - 244 - 9(国家图书馆)

作者投入微缩技术钻研十余载,乃将十余年搜集的资料与工作心得一并整理,完成了此部较完整的微缩技术专著。本书一套分上下册,共分 12 章及附录 2 篇。第一章绪论,第二、三章微缩制作及应用硬体介绍,第四章微缩片贮存维护及相关硬体,第五、六章详细介绍微缩片的规格要求及品质标准,第七、八章讨论摄制合格微缩母片及复制微缩片的实用技术,第九章微缩片法律效力的获得与保障,第十章讨论微缩片的检验及抽样法,第十一章电脑与微缩片的关联及未来发展,第十二章建立微缩系统时的设计分析。附录一为配合拍摄微缩片的绘画技术,供工程界改进绘图技术参考;附录二是非选择复习问题约七百则,可供自修读者自我测验之用。(崔彤)

3321

报刊管理与利用 / 张厚生,吉士云主编. -- 南京:东南大学出版社, 1992. -- 374 页;20cm. -- 7 - 81023 - 596 - 6(国家图书馆)

为使广大读者增强利用报刊情报资源的意识,掌握管理和检索利用报刊文献的技能与方法,本书编者根据近十余年来国内外报刊的出版、发行、管理、使用的实际状况,结合教学和业务工作实践,编写了《报刊管理与利用》一书。全书共分 11 个部分,主要内容包括:报刊管理和利用的一般理论与方法,报刊工作,关于核心报刊,报刊的收集,报刊的验收与登记,报刊的分类与编目,报刊的组织管理,报刊文献情报检索,报刊利用,报刊工作统计,报刊工作现代化。(韩丽)

3322

缩微摄影技术概论 / 梁永新主编. -- 北京:书目文献出版社,1993. -- 391 页;32 开. -- 7 - 5013 - 0933 - 7(国家图书馆)

为图书馆学、情报学、档案学教材,共 11 章,包括:缩微摄影光学基础;缩微摄影用感光材料;缩微摄影设备的结构与性能;缩微品的形式与制作设备;缩微摄影原件的整理与编辑;缩微品的摄制;缩微品的拷贝与显示;缩微品的检索和储存;缩微品质量的控制与测定;计算机图像传送与缩微摄影技术;缩微设备的调试与维修。(金丽萍)

3323

连续出版物管理研究进展:1949—1990 / 江乃武等著. -- 上海:上海世界图书出版公司, 1993. -- 346 页;20cm. -- 7 - 5062 - 2707 - X(国家图书馆)

本书系统总结了连续出版物管理工作的经验、现状、优势与差距,并探讨了今后的研究路向。鉴于我国连续出版物研究的不足和研究的重要性,编者发起撰写《连续出版物管理研究进展:1949—1990》,以求用述评的方式,系统地总结经验,全面描绘现状,明确优势和差距,探讨今后的研究路向,以推动研究的进一步开展。撰写者都认真编写,参考了大量文献,融进了本人简介,条分缕析,高瞻远瞩,熔几十年文献于一炉,综众多人见解为一体,行文自成风格,论述各有特色。(韩丽)

3324

图书馆期刊工作研究:全国高等学校图书馆第四次期刊工作研讨会论文集 / 江乃武主编. -- 北京:中国统计出版社, 1993. -- 2 册(673 页);20cm. -- 7 - 5037 - 1344 - 5(国家图书馆)

全国高等学校图书馆第四次期刊工作研讨会于 1993 年 5 月 25 日至 31 日在江西南昌和井冈山召开。会前收到 26 个省(市、区)各类型高校以及部分非高校单位的征文 352 篇,经过认真评审,从中选出 135 篇作为与会论文。这本论文集收录了 125 篇。这次学术研讨会原定为一次综合性的多主题会议,意在促进各个方面的研究同步发展。结果是有关协调协作的论文占的比例较大,其他论文涉及面颇广,几乎覆盖了期刊工作整个领域。本论文集正文分期刊工作总论、采访协调协作、期刊收集、整理与典藏等 6 个专题对图书馆工作进行了研讨。(韩丽)

3325

期刊学探识 / 李上文, 左正洪主编. -- 北京:中国建材工业出版社, 1993. -- 404 页;20cm. -- 7 - 80090 - 257 - 9(国家图书馆)

本书是一本以研究期刊和期刊工作为主的论文专集,是广大期刊界同仁劳动和智慧的结晶。其内容涉及期刊的基本理论、期刊管理、期刊建设、期刊采集、期刊编目、期刊服务、文献工作及期刊的开发利用等。对期刊界普遍关心的一些理论与实践方面的问题,进行了一些有益的探讨。(韩丽)

3326

古籍整理散论 / 来新夏著. -- 北京:书目文献出版社, 1994. -- 197 页;19cm. -- 7 - 5013 - 1082 - 3(国家图书馆)

本书收录了来新夏先生编写的关于古籍整理方面的论文8篇,分别论及了有关古籍整理的分类、目录、版本、句读、工具、校勘、考据、传注等问题。(韩丽)

3327

专利文献 / 赖洪主编,吴泉州等撰. -- 北京:专利文献出版社,1994. -- 370页;20cm. -- 7-80011-134-2(国家图书馆)

本书是中国专利局编写的《中国专利教程》的八大分册之一,介绍了国内外专利文献的历史、现状及未来,重点介绍了专利文献的内容、特点、检索与应用。本书共分8章,主要包括:概论,专利说明书,专利公报与专利索引,专利文献的分类,检索专利文献的系统,专利信息检索,专利文献工作和我国专利文献馆藏,中国专利文献等。(韩丽)

3328

连续出版物管理史料选 / 刘瑞兴主编. -- 北京:中国统计出版社,1994. -- 410页;20cm. -- 7-5037-1704-1(北京大学图书馆)

本书共收入1892—1947年发表的文献100篇及六万余字的论文摘录。两部分分别按年代排序。若同种报刊一年内有几篇文献,则按月(期)、页码由小向大排序。为保持资料完整,原文一律照录。个别文献,编者删去了部分与史料无关的文字。所选文献按原载报刊录印,少数论文选录自解放后出版的史料类图书,均在文后注明出处与时间。原则上采用文献的原标题,编者另拟的加注说明。书中基本上保留原文中的图表,但无史料价值的未收入。(韩丽)

3329

高校信息文献开发与利用 / 刘寿富,刘高权主编. --武汉:武汉出版社,1994. -- 481页;18cm. -- 7-5430-1276-6(武汉大学图书馆)

本书是集结全国高等院校100多位图书资料专业技术人员的文章而成的,从全国高校信息资料第六次理论研讨会征集的136篇论文中筛选编辑出版的,这些文章的共同特点是以有限的篇幅,书写出身历体察的事,涉及信息文献工作的方方面面,其中有论说信息文献重要性的,有介绍信息文献工作改革经验的,有展望信息文献工作前景的,有陈述信息文献工作的现状及谋划促进发展对策的。全书共分为7部分,围绕信息文献的开发与利用这个主题,对信息文献学理论与方法、信息文献的社会化与市场经济、信息文献的检索与咨询、信息文献的有偿服务与优质服务、信息文献与资料室的改革和建设等作了深入的探讨。(韩丽)

3330

古籍数字化研究论文集 / 内蒙古大学图书馆编. -- 呼和浩特:内蒙古大学出版社,1994. -- 642页:肖像;20cm. -- 7-81015-454-0(国家图书馆)

本书是关于古籍数字化的研究论文集,新加坡华裔学者林大芽先生在数字应用与古籍研究有着较深的研究,他在内蒙古大学等院校设立"中国古籍数字化研究"奖励基金,在他的鼓励下,内蒙古大学先后有二十余名学者与年青教师参与了古籍数字化多项课题的研究。本书选收了林大芽先生本人论文20篇,内蒙古大学优秀获奖论文10篇。全书分为上下两编,上编即为林大芽先生本人的论文,如"数字新义"、"论诗经数字化"、"论水浒数字化"等;下编则是其他的一些获奖论文,如"古籍数字化研究方法刍议"、"文学的数字研究札记"、"古代蒙古族的天文历法与数字"等。(韩丽)

3331

图书馆期刊工作规范化研究 / 倪延年编著. -- 南京:南京出版社,1994. -- 445页:图;21cm. -- 7-80614-020-4(国家图书馆)

全书共分8章,主要内容包括:期刊工作与期刊工作规范化,期刊工作规范化研究的历史进程回顾,图书馆期刊工作规范化的基本问题,图书馆期刊工作名词术语的规范化,图书馆期刊工作常用名词术语例释,图书馆期刊工作过程的规范化与图书馆期刊工作操作规范(建议稿),图书馆期刊工作研究规范化等。书后附录有相关的连续出版物著录规则、文献主题标引规则、检索期刊编辑总则、检索期刊著录规则和文后参考文献著录规则。(韩丽)

3332

台湾大学图书馆期刊管理之组织型态研究 / 欧阳芬. -- 台北:汉美图书公司,1994. -- 168页;21cm. -- 图书馆学与资讯科学论文丛刊. 第五辑. -- 957-9005-60-5(国家图书馆)

本书探讨了期刊管理之基本特性与不同的组织形态,调查台湾大学图书馆期刊管理组织现况,分析影响台湾大学图书馆期刊管理组织形态之因素,了解期刊馆员对期刊管理作业及所应采取组织形态之看法。全书为5章。第一章绪论:研究目的、研究范围与限制、研究方法;第二章文献分析:期刊对大学图书馆的重要性、期刊集中于分散管理组织优缺点比较;第三章研究设计与实施:研究设计与研究工具、研究对象、资料处理;第四章调查结果分析与讨论:台湾大学图书馆期刊管理组织形态之因素分析、台湾大学图书馆期刊馆员之基本特质分析;第五章结论与建议。(赵红)

3333

照片、唱片、磁带、镭射片使用与保管 / 王文海,刘家真编著. -- 武汉:武汉大学出版社,1994. -- 370页;20cm. -- 7-307-01823-3(国家图书馆)

当今时代是声像信息的时代,每个部门、每个家庭都使用和收藏有各类照片、录音带、录像带、唱片、镭射片及现代收藏设备等。数量众多的声像硬件与软件,其规格、型号、制式繁杂,正确的使用与维护的确不是一件轻而易举的事情。

本书针对许多读者迫切希望了解和掌握照片、录音带录像带、唱片、镭射片及现代音响和收录设备的使用与保养知识的现实需求,分5个部分,以366个问题的形式对上述知识详加阐述,每个问题都独立地叙述一项与声像硬件或软件使用与保养相关的知识和技能。本书简洁通俗,系统性、针对性、实用性强,不仅仅适用于广大家庭,对图书馆、档案馆、电教馆、博物馆等声像信息收藏机构的专业人员也有参考作用。(韩丽)

3334

期刊编目之研究 / 吴惠中. -- 台北:汉美图书公司, 1994. --186 页;21cm. -- 图书馆学与资讯科学论文丛刊第五辑. -- 957-9005-61-3(国家图书馆)

该论文以文献分析法探讨期刊定义的适用范围,期刊编目的意义、理由与各种编目标准的演变,期刊编目特有的问题,并佐以美国国会图书馆对标准的应用与解释和"中国编目规则"的相关条文,以寻求解决问题的方向。(赵红)

3335

市场经济与期刊文献开发:全国高等学校图书馆第五次期刊工作学术研讨会论文集 / 江乃武主编. -- 武汉:武汉大学出版社, 1995. -- 432 页;26cm. -- 7-307-02043-2(国家图书馆)

本书是全国高等学校图书馆第五次期刊工作学术研讨会的论文集,这次年会共收到征文 426 篇,而本文集从中选取了 124 篇论文收录进来,分 10 个主题,主要包括:期刊文献与期刊科学研究,期刊工作综论与期刊工作管理,期刊文献馆藏资源建设,核心期刊研究,期刊文献的分类、编目与主题标引,市场经济条件下高校图书馆期刊工作发展战略,高校图书馆期刊工作为市场经济服务方法,期刊文献信息服务,期刊工作现代化等。(韩丽)

3336

连续出版物管理教程 / 江乃武主编; 于鸣镝等编. --北京:全国高等学校图书馆期刊工作研究会(内部出版), 1995. --416 页;19cm(北京大学图书馆)

全书共分 11 章,主要内容包括:连续出版物的发展简史,连续出版物的属性,连续出版物的出版,连续出版物的管理基础,连续出版物的收集,连续出版物的验收与登记,连续出版物的分类与主题标引,连续出版物编目,连续出版物的典藏,连续出版物的开发与服务,现代技术在连续出版物管理中的应用等。(韩丽)

3337

新闻资料学概论 / 李雄藩等主编. -- 银川:宁夏人民教育出版社, 1995. -- 292 页:图;19cm. -- 7-80596-144-1(北京师范大学图书馆)

本书及其附录《中国新闻资料分类法》是中华社会科学基金课题"新闻资料基础研究"的最终成果,本书着重理论上的剖析,揭示了新闻资料工作的基本规律,提出了新闻资料的理论框架。全书共分为 10 章,主要介绍了新闻资料、新闻资料学的基本知识,新闻资料工作的基本原则,新闻资料的搜集、分类、整理、加工,音像新闻资料,国际新闻资料工作的特点,新闻资料的科学管理及新闻资料工作的现代化等内容。书后附录"中国新闻资料分类法",该分类法由国内新闻资料分类表、国际新闻资料分类表和音像新闻资料分类表三部分组成。(韩丽)

3338

期刊引文分析 / 刘瑞兴等主编. -- 北京:中国统计出版社, 1995. -- 140 页;26cm. -- 7-5037-2041-7(国家图书馆)

该书主要内容是期刊引文分析的基本概念,理论基础,引文数量的分布规律和网状关系分析,引文分析的重要工具,引文分析在图书情报服务部门期刊管理中的应用以及我国期刊引文分析研究成果的分析等。系统地总结了我国在期刊引文分析方面的主要研究成果。注重理论与实践相结合,设专章阐述了引文分析的理论基础。又设专章研究了期刊引文分析的应用,且各章节均有大量实例。在内容论述上深入浅出,以贴近期刊工作者,特别是期刊管理工作者,有较强的可读性。(韩丽)

3339

CD-ROM 专利文献 / 吴泉洲主编;丁建业等撰稿. -- 北京:专利文献出版社, 1995. -- 112 页;26cm. --7-80011-171-7(国家图书馆)

本书是为了便于人们了解、使用 CD-ROM 专利文献,中国专利局文献部特别组织编写的。该书简明介绍了 CD-ROM 光盘的一般原理,CD-ROM 光盘工作站及使用,CD-ROM 光盘在专利文献出版中的应用,以及中国专利局收集的各国 CD-ROM 专利文献及其一般使用与检索方法。该书是从事专利工作的人们了解、学习和熟悉 CD-ROM 专利文献的入门性教材。全书共分 13 章,主要包括:CD-ROM 基本知识,CD-ROM 工作站基础和使用入门,CD-ROM 专利文献概述,ESPACE/ACCESS 光盘系统介绍,ESPACE 系列专利说明书光盘系统,ESPACE/BULLETIN 光盘系统,COSMOS 光盘系统,USAPat 光盘系统,CNPAT 光盘系统,CPS 光盘系统,JMSCD2 光盘系统概述,JOPAL 光盘系统等。(韩丽)

3340

核心期刊概论 / 叶继元著. -- 南京:南京大学出版社, 1995. -- 404 页;图;20cm. -- 1994 年度南京大学首届教材和专著出版资助项目. -- 7-305-02811-8(国家图书馆)

本书的研究是沿着"立足当代,统摄古今;立足中国,面向世界"这一思路展开的。本书的特点有:层次分明,结构完整;资料新颖、丰富,而且对资料进行了考订、分析和评价。本书首次系统地论述了核心期刊所涉及的基本问题,并提出了较为完整的理论构架,而且在论证中展示了较为完整的见解,具有相当的理论深度。全书共分 9 章,主要包括:绪论,核心期刊与文献计量学,核心期刊与论文投稿,核心期刊的评选,国内外"学术榜"与核心期刊,核心期刊与期刊收集,核心期刊与最优化管理,核心期刊与信息的最佳利用,核心期刊与资源共享等内容。(韩丽)

3341

英汉俄汉文献工作常用缩略语词典 / 闭天冼编译. --北京:书目文献出版社,1996. -- 188 页;19cm. -- 7-5013-1264-8(国家图书馆)

本词典共收词 3100 余条,包括书刊和视听资料著录常用的著作方式、版本、出版地、出版家、月份、页数、卷数、插图等项目的缩略语,以及西、俄文刊名缩略语,所收缩略语以英、俄语为主,也有少量德、法语等文种。(韩丽)

3342

期刊管理与利用研究 / 黄晓鹂主编. -- 北京:中国科学技

术出版社,1996. -- 465 页. -- 7 - 5046 - 2188 - 9(广州大学图书馆)

本书是一本论文集。内容涉及期刊的计量学研究、期刊管理工作研究、期刊开发与利用研究、期刊信息服务工作研究、市场经济条件下的期刊工作、期刊资源共享研究、期刊管理现代化研究以及期刊工作其他方面的研究,反映了我国从计划经济向市场经济转轨时期各类型图书馆和情报研究机构期刊管理与开发利用的概貌,揭示了在新形势下图书情报服务部门期刊管理与信息服务面临的挑战、机遇与对策,指出了目前期刊工作发展的总趋势,探讨了新形势对期刊管理与信息服务人员的新要求,提出了许多新观点、新经验、新技术。本书适合各类型图书情报部门工作人员及高等学校图书情报学系的师生阅读。(韩丽)

3343

电子出版物及其制作 / 谢新洲, 曾蕾著. -- 北京:东方出版社, 1996. -- 173 页:图;26cm. -- 7 - 5060 - 0765 - 7(国家图书馆)

本书具有普及性和开创性的特点,回答了诸如电子出版物、电子计算机网络、电子图书馆、电子书店等基本概念和基本理论问题,还对电子图书、电子杂志、电子报纸、软件读物等电子出版物的类型分别进行介绍和论述。本书具有实践性和可操作性,全书较为详细地讲述了电子出版物的制作技术,从其制作特点、环境、人员队伍到制作过程,包括主题确定、可行性分析、脚本设计、素材收集、制作编辑、系统集成、产品测试、批量生产,直到商品化包装、用户手册的撰写等,其中重点讲述了多媒体技术,分别介绍了文字、图像、影像、动画、音频与 MIDI 的数据准备和处理。本书还详细讲述了电子出版物的存贮技术和文体标记语言。该书具有学术性和探索性,注意吸收国内外最新研究成果,并对我国电子出版物的现状及其发展进行了概述和剖析,对进一步发展我国电子出版业有积极的参考借鉴价值。(韩丽)

3344

影像媒体的自然衰变与保存 / 许建合著;彭先高摄. -- 北京:中国石化出版社, 1996. -- 75 页: 22 页图版,图;26cm. -- 7 - 80043 - 652 - 7(国家图书馆)

本书是影像保存领域一本难得的好书,书中搜集了大量的变质影像的样本,中肯地指出了造成各种变质的条件,作了正确的理论分析,并列举了许多修复技术。全书选用了 130 余幅照片和近 40 张图表列举了照相影像媒体(包括各种传统的卤化银感光材料、录音录像带、计算机磁带余磁盘、光盘等)在使用、保存中受到严重损坏的事例,从信息载体材料制造、影像加工处理、保存环境和保存条件等多方面,论述和分析了影响影像档案长期保存的因素,并根据国内外的研究成果,结合我国的实际情况,提出和推荐了照相影像档案的保存条件与方法。(韩丽)

3345

非书资料管理——图书馆多媒体资料的管理与经营 / 朱则刚著. -- 台北:台湾学生书局,1996. -- 193 页;21cm. -- 图书馆学小丛书. -- 957 - 15 - 0787 - 3(国家图书馆)

非书资料含各种多样化的资料形式,比如电影与录影资料、录音资料、静画资料、缩影资料、立体资料、地图资料、多媒体组件等。20 世纪以来,非书资料渐渐成为与图书并重的图书馆的重要馆藏,使得图书馆的典藏走入多媒体时代。本书对多样化的非书资料形式作了全面的介绍,讨论了图书馆应该如何典藏、管理与流通非书资料,并进一步探讨了图书馆应该如何规划与设计视听服务。本书共分 14 章,前 7 章分类概括介绍了各种非书资料的种类、规格与特性,后 7 章则讨论非书资料的分类编目、馆藏发展、采访、典藏、流通等管理事项,以及图书馆规划视听服务需要注意的相关议题。(崔彤)

3346

缩微摄影技术等级标准培训教材 /《缩微摄影技术等级标准培训教材》编委会编著; 刘培平、张占江主编. -- 北京:北京图书馆出版社,1997. -- 451 页;32 开. -- 7 - 5013 - 1366 - 0(国家图书馆)

本书为中华人民共和国文化部缩微摄影技术等级标准培训教材。包括专业理论知识和操作技能两部分,共十章:(1)概论;(2)缩微品及缩微品形态;(3)缩微胶片;(4)缩微摄影机;(5)缩微拍摄;(6)银盐缩微胶片的冲洗加工;(7)缩微品的拷贝;(8)缩微品质量检验;(9)缩微品的利用;(10)缩微品的保管。每章后附有思考题。(金丽萍)

3347

科技期刊工作研究 / 黄晓鹂,刘瑞兴著. -- 北京:中国科学技术出版社, 1997. -- 274 页;21cm. -- 7 - 5046 - 2360 - 1(国家图书馆)

本书是作者多年来科技期刊工作研究成果的总结、拓宽与深化。大部分内容是文献计量学研究成果,即以馆藏中外文各类科技期刊和与科技期刊有关的工具书为研究对象,通过大量的统计数据集合,揭示科技期刊工作研究的潜在规律,可避免随感性的或印象性的议论带来的一些弊端。全书重视创新性,特别在科技期刊学科与刊种数发展、科技期刊情报速发性、科技期刊论文作者合作研究、科技期刊文种分布、科技期刊审稿人、科技期刊引用关系、科技核心期刊引文源、科技期刊广告以及检索类期刊等研究方面都提出了一些新理论、新见解、新方法。由于著者都是科技期刊管理工作者,研究成果力求源于实践,高于实践,指导实践。(韩丽)

3348

期刊工作现代化:全国高校图书馆第六次期刊工作学术研讨会论文集 / 江乃武, 于鸣镝主编. -- 北京:海洋出版社, 1997. -- 401 页:图;26cm. -- 7 - 5027 - 4283 - 2(国家图书馆)

全国高校图书馆第六次期刊工作学术研讨会 1997 年在河南召开,中心主题是期刊工作现代化。连续出版物管理是图书馆学的一个组成部分,连续出版物管理的现代化,总体上说来将体现为与社会环境相应的工作优化和研究的深化。全书共收录论文 106 篇,按主题分为 8 个部分:期刊工作现代化总论,高校图书馆期刊工作现代化,期刊工作的现代化管理,期刊收藏与开发的现代化,现代技术与期刊工作现代化,电子期刊利用,期刊工作自动化与计算机应用,期刊文献

数据库建设等。(韩丽)

3349

信息加工研究 / 倪晓建主编. -- 北京:书目文献出版社, 1998. -- 249 页;18cm. -- 7 - 5013 - 1541 - 8(北京邮电大学图书馆)

信息加工是信息利用的基础,也是信息成为资源的重要条件。全书用6章的内容介绍了信息加工的体系。根据信息加工的特点,本书将信息加工分为6个层次。外部信息加工是描述性的,给用户提供的是信息线索;整体信息加工要深入信息内部,对有用的信息予以揭示标引,使读者利用信息有据可查;精粹信息的加工是通过比较鉴别的方法,选介价值高的整体或局部信息,给用户直接提供信息的精华,满足用户对实质性信息的要求;深度信息加工是研究型和评价性的,解决信息的优劣和相关信息的有效组合问题,给用户以启迪和决策依据;相关信息的加工是信息的外延和扩展,使有关信息根据一定关系进行链接,给用户检索和直接利用的方便。(张玲)

3350

两岸古籍整理学术研讨会论文集 / 全国高等学校古籍整理研究工作委员会秘书处编; 曹亦冰主编. -- 南京:江苏古籍出版社, 1998. -- 694 页;21cm. -- 7 - 80643 - 042 - 3(北大图书馆)

本论文集所收的文章,即1996年4月在台北召开的"两岸古籍整理学术研讨会"上所发表的论文,这次会议是一次在文化上寻根求源的学术会议,是一次弘扬祖国优秀文化、促进祖国统一的学者盛会。收录了包括"中国大陆高校古籍整理与研究的现状与展望","台湾地区四十年来古籍整理的发展与成就","十年来山东省古籍整理工作的回顾与前瞻","清华大学古籍整理研究工作概况与特色之我见","上海图书馆古籍文献的收藏与开发"等多篇论文。(韩丽)

3351

新中国民族古籍工作 / 李冬生主编;国家民族事务委员会, 全国少数民族古籍整理研究室编. -- 北京:民族出版社, 1999. -- 449 页: 4 页图版,彩图, 摹真;21cm. -- 7 - 105 - 03574 - 9(国家图书馆)

中国是一个由56个民族组成的统一的多民族国家,是世界上文明发达最早的国家之一。中国的民族古籍早已成为中华民族奉献给世界的优秀文化遗产的重要组成部分。本书大致由三部分组成。第一部分是党和政府、国家民委等有关部门关于民族古籍工作的方针和政策,其中"中共中央关于整理我国古籍的批示"列为篇首,此件发于1981年,是在改革开放的形势下中央对于古籍整理工作的战略性决策。第二部分是全国各省、市、自治区民族古籍整理工作的成就,主要包括各地古籍办在组织、联络、指导和协调本地区工作的实绩以及各地区民族古籍整理出版的成就等。第三部分则是1994年以来民族古籍工作的大事活动纪要。(韩丽)

3352

期刊工作与二十一世纪:全国高校图书馆第七次期刊工作学术研讨会论文集 / 全国高等学校图书情报工作委员会期刊专业委员会主编;叶继元等编著. -- 北京:物价出版社, 1999. -- 392 页:图;26cm. -- 7 - 80070 - 441 - 6(北京师范大学图书馆)

本书是1999年召开的第七届期刊工作学术研讨会的论文集。本次会议的主题为"期刊工作与21世纪",本次会议共收到232篇征文,经过评选,104篇论文及39篇在某些方面有特点的文摘入选本论文集。本论文集按照主题共分为8部分,包括期刊工作总论、期刊工作管理、期刊管理研究理论、期刊的分类编目、期刊工作现代化、期刊的收藏与开发利用、电子期刊利用和期刊馆员的继续教育。这些是众多作者论述的主要问题,实际也是目前研究中的热点和难点问题。(韩丽)

3353

期刊工作理论与实践 / 佘广和编著. -- 上海:上海科学技术文献出版社, 1999. -- 282 页;19cm. -- 7 - 5439 - 1473 - 5(国家图书馆)

本书内容丰富,论述基本涉及了期刊工作的各个方面,注重期刊工作理论研究的同时,对期刊工作的各个环节都用了相当的篇幅予以介绍。全书共分20章,主要包括期刊概论,中外报刊发展简史,期刊采访工作,期刊选择的标准与评价,核心期刊研究综述,期刊文献资源共建共享,期刊验收与登记,期刊分类,我国期刊分类工作研究的进展,期刊编目,期刊编目问题的研究,期刊典藏,期刊排架方法与选择,期刊剔除工作,期刊利用工作,期刊文献检索,期刊交流中的法律制约,期刊工作现代化,期刊工作研究的回顾与展望等。本书可作为高等学校图书情报专业的教学参考用书,也适合从事图书馆期刊管理的同志参考阅读。(韩丽)

3354

期刊资源的利用 / 吴碧娟. -- 台北:台湾图书馆,1999. -- 64 页:照片;21cm. -- 图书馆与资讯素养丛书 9. -- 957 - 678 - 274 - 0(国家图书馆)

该书为普及图书馆知识与素养系列丛书之一,着重介绍期刊的使用。内容分期刊资源巡礼、如何查询期刊资讯、取得期刊资源的途径。书前有台湾图书馆馆长庄芳荣的序。(赵红)

3355

简明期刊学词典 / 于鸣镝, 张怀涛主编. -- 北京:中国物价出版社, 1999. -- 546 页:图;21cm. -- 7 - 80070 - 435 - 1(国家图书馆)

本词典的编纂是对期刊工作及其科学研究的总结,是期刊研究成果的合成,是以期刊为媒介的人、事、物的类聚。它为所有关心期刊的读者,不论是期刊的作者、编辑者、出版者,还是发行者、流通者以及图书情报界从事期刊工作的管理者、研究者、服务者等提供关于期刊方方面面的知识,因此是一本不可多得的好工具。本词典共分四部分:第一部分为词语选择,第二部分为专著选录,第三部分为著者选介,第四部分为文献选编。本词典共收录期刊、期刊工作、期刊事业领域里的名词术语、专著、著者等方面的词条共2000余条,以及重要文件20余篇。(韩丽)

3356

视听资源的利用 / 朱则刚. -- 台北:台湾图书馆,1999. -- 64 页:照片;21cm. -- 图书馆与资讯素养丛书. 7. -- 957 - 678 - 272 - 4(国家图书馆)

该书为普及图书馆知识与素养系列丛书之一,着重介绍视听资源的使用,内容包括视听资源的特色、怎样选择好的视听资源、新科技与视听资源。书前有台湾图书馆馆长庄芳荣的序。(赵红)

3357

图书馆地方文献工作 / 金沛霖主编. -- 北京:北京图书馆出版社, 2000. -- 150 页;20cm. -- 图书馆岗位培训教材. -- 7 - 5013 - 1701 - 1(国家图书馆)

本书共分 6 章,主要内容包括:地方文献概述,主要介绍地方文献的概念、范围、类型和图书馆的地方文献工作;地方文献采访,介绍了地方文献的采访原则和采访工作的方法;地方文献的分编与典藏,介绍了地方文献的标引、编目与典藏;特种地方文献的处理,介绍了地方报刊、地方文献照片资料、地方金石拓片等特种地方文献;地方文献的开发与利用,主要介绍了地方文献的借阅工作、目录索引工作和参考咨询工作;我国公共图书馆地方文献工作现状及发展中存在的问题,并提出了解决方法。(韩丽)

3358

中国藏书票史话 / 李允经著. -- 长沙:湖南美术出版社, 2000. -- 310 页: 64 页图版,部分彩图;21cm. -- 7 - 5356 - 1403 - 5(国家图书馆)

本书是一本我国书票作家作品的评论和介绍,主要内容包括漫话藏书票、藏书票的源流、藏书票的零星试作、藏书票的传入和早期倡导、早期藏书票作家作品简介等。记述了历年来特别是 80 至 90 年代我国书票作家在中国新兴版画运动导师鲁迅精神的感召下,胸怀祖国,放眼世界,坚持"二为方向",贯彻"双百方针",借鉴中外艺术遗产,大胆创造,促使我国藏书票艺术在中华大地扎根,使具有中国特色的藏书票艺术,成为世界书票界健康发展的新鲜血液。其中文字约为 20 万字,书票插图约 400 幅上下。(韩丽)

3359

浙江图书馆馆藏珍品图录 / 林祖藻主编. -- 杭州:西泠印社, 2000. -- 210 页;29cm. -- 7 - 80517 - 488 - 1(国家图书馆)

浙江图书馆创建于百年前的清光绪二十六年(1900 年),当时的藏书有《钦定二十四史》《御批通鉴辑览》《皇朝开国方略》以及介绍西方科学文化等图书 9000 余册。清宣统三年(1911 年)钦定文澜阁《四库全书》正式拨归浙江图书馆。此后,经几代人的不断努力采访、征集,汇成了现在超 400 万册的馆藏,其古籍珍品尤具特色。在浙江图书馆的馆藏珍品中,主要包括历代写本、刻本、稿本、抄本、外国刻本、批校题跋本、木刻版片、清末民初珍贵报刊以及碑帖、字画、著名学者信札等,其数量质量都蜚声海外。本书按照写卷遗珠、稿抄荟萃、校跋奉璧和馆藏拾贝五部分进行编排,彩色精印,具有较高的参考价值和收藏价值。(韩丽)

3360

历史文献的开发与利用论文选集 / 上海图书馆历史文献中心编. -- 上海:上海书店出版社, 2000. -- 264 页;20cm. -- 7 - 80622 - 564 - 1(北京大学图书馆)

本书是关于历史文献开发与利用的论文选集,主要收录了 32 篇论文,包括"近年来中国图书馆对古籍的开发与利用"、"历史文献开发研究利用与图书馆古籍整理工作"、"关于图书馆开展古籍整理研究工作的思考"、"用现代化手段整理开发保存古籍文献"、"古籍开发与利用的标准化与规范化"、"试论历史图片的文献价值及其整理开发"、"论数据编目中的旧期刊改名现象"、"少数民族历史文献开发利用的思考"、"古文献修复的多样性"、"近代文献的使用、修复和保护"等。(韩丽)

3361

书目丛刊 / 陶湘编;窦水勇校点. -- 沈阳:辽宁教育出版社, 2000. -- 2 册(501 页):图;19cm. -- 7 - 5382 - 5691 - 1(国家图书馆)

本书包括陶湘编辑的《书目丛刊》和五种记载书籍收藏和刻印的资料,也涉及清内府旧藏的一些书画品的流散踪迹。这些书都有很高的资料价值,无论是考古证史,还是收藏鉴赏都有必要参考这些资料。原来各自刊行,有的收在丛书之中,没有单行本,有的原版印数很少,后来没有重印,久已难觅。现经过校理,汇印成册,以飨读者。书后附有汲古阁校刻书目,武英殿聚珍版程式、闽刻武英殿聚珍板书目录及价单,故宫所藏殿本书目,故宫已佚书籍书画目录四种(本书有部分影印)。(韩丽)

3362

期刊工作研究进展: 1989—1999 / 王恺荣,何荣利主编. -- 北京:气象出版社, 2000. -- 7 - 5029 - 3015 - 9(国家图书馆)

本书分两大部分,上篇为期刊工作研究进展,共 11 章,包括期刊学研究概况、高校图书馆期刊管理机构的设置与变革、核心期刊研究的现状与展望、期刊文献计量学研究、市场经济条件的期刊工作、期刊工作现代化、网络环境下电子期刊与用户吸收、期刊工作研究著作及其进展等;下篇为期刊工作研究成果,共 16 章,包括期刊总论、期刊评价、期刊收集、期刊分类与编目、期刊典藏、期刊管理与利用、期刊检索、文献计量学、市场经济条件下的期刊工作、知识经济时代的期刊工作、期刊现代化管理、电子期刊、期刊编辑等。(韩丽)

3363

图书馆古籍整理工作 / 王世伟主编. -- 北京:北京图书馆出版社, 2000. -- 209 页;21cm. -- 图书馆岗位培训教材. -- 7 - 5013 - 1696 - 1(中国科学院国家科学图书馆)

图书馆古籍整理工作是一个学术性强、知识面广的专业工作。它要求从事此项工作的馆员具备各方面的知识,以便更好地为读者提供服务,成为古籍文献的知识导航员。该书分 7 章,即古籍整理工作概述、古籍的载体与形制、古籍的采编工作、古籍的收藏保护与流通阅览工作、古籍整理工作的现代化、古籍的开发与利用、古籍整理工作的相关知识等。全书内容既注重理论的总结 更注意实际的操作,尤其注重工作的流程与规范，并体现最新的进展。该书每章节都随文开列不少工具书、参考书，作为教材，它便于培训、自学、实际操作的特色非常鲜明，既让读者从宏观上了解图书馆古籍整理工作的意义和作用，又使读者了解了古籍整理及相关服务的要点、信息。(张玲)

3364

1999年中国科技论文统计与分析：年度研究报告 / 中国科学技术信息研究所编. -- 北京：中国科学技术信息研究所(内部出版)，2000. -- 208页：图；26cm. -- 国家科学技术部发展计划司委托项目。(清华大学图书馆)

本书分为13章，主要包括：1999年我国科技论文数在世界上所处的位置，学科分布的统计分析，地区分布，我国科技论文的机构分布，SCI收录的我国科技论文在1999年的被引证情况统计和分析，1999年我国各类科学基金与资助产生科技论文情况分析，1999年我国科技论文合著情况统计与分析，1999年SCI收录论文数较多的作者情况简析，我国被SCI收录论文的国别和语种分析，我国科技期刊国内、国际影响的简要分析，中国科技期刊论文被引情况分析等。(韩丽)

3365

中国民族文献管理学 / 包和平编著. -- 赤峰：内蒙古科学技术出版社，2001. -- 297页；21cm. -- 7-5380-0890-X(南京大学图书馆)

本书详细介绍了民族文献的特点和类型、民族文献工作的内容和作用、民族文献的源流与发展、民族文献的组织管理概述、民族古籍的管理等内容，还介绍了民族音像文献和电子文献的管理以及民族档案的科学管理和开发利用等内容。(韩丽)

3366

期刊工作文摘(1989—2000) / 黄晓鹂，廖志江，叶素萍主编. -- 北京：北京图书馆出版社，2001. -- 1082页；29cm. -- 7-5013-1823-9(国家图书馆)

本书是一部大型的文摘类检索工具书，收录了704种期刊、22种专著、27种文集、11种报纸上的论文11823篇，内容涉及期刊工作的各个方面。正文以文摘为主、题录为辅，按分类排列。书后附有作者索引、关键词索引、引用期刊一览表及其他来源一览表。(胡秋玲)

3367

连续出版物工作 / 赵燕群主编. -- 北京：北京图书馆出版社，2001. -- 326页：图；20cm. -- 图书馆岗位培训教材. -- 7-5013-1736-4(国家图书馆)

本书共分7章，主要内容包括连续出版物的基本知识，连续出版物工作的内容、流程、组织与管理，连续出版物的收集，连续出版物的分类与主题标引，连续出版物的著录，非印刷型连续出版物管理，连续出版物的开发与利用等。本书对连续出版物工作每一环节的内容、要求、工作方法均作详细介绍。同时根据当前图书馆工作自动化、网络化的发展趋势，介绍了计算机在连续出版物工作中的应用，以及数据库建设的基本知识。书后附录有Internet上中文报纸和期刊网址汇编，常用连续出版物光碟数据库介绍等。(韩丽)

3368

中文善本古籍保存保护国际研讨会论文集 / 中国国家图书馆编. -- 北京：北京图书馆出版社，2002. -- 312页：图；20cm. -- 国家图书馆善本特藏学术文库. --7-5013-1936-7(武汉大学图书馆)

本书是于2001年10月17日至19日在北京召开的由中国国家图书馆主办的“中文善本古籍保存保护国际研讨会”的论文集。来自国内外的40余家图书馆和研究单位的76位代表参加了该会议，并有12位专家列席了会议。会议收到论文41篇，涉及中文善本古籍保存保护的现状，古籍修复的人员素质和人才培养，古籍保存保护技术，古籍保存保护的发展趋势，以及古籍的开发和数字化问题等内容。这些论文，既有实际工作经验的总结，也有理论性的探讨与研究。可供古籍修复工作者及其他行业的工作者了解古籍保存修复工作的发展状况参考。(韩丽)

3369

中国古籍整理体式研究 / 冯浩菲著. -- 北京：高等教育出版社，2003. -- 345页：图，摹真；23cm. -- 7-04-012277-4(国家图书馆)

本书是教育部研究生工作办公室推荐的古文献学专业研究生教学用书。书中首次将中国历代所出现的众多原无系统的各式各样的古籍整理著作体式归纳为编辑类、校释类、目录类、类书类四大类。每大类为一编。各大类之下，根据实际情况，又层层划分出若干二级、三级、四级乃至五级、六级小类目。每一级类目都代表一类特定的古籍整理体式。这样，就形成了一个比较全面、系统、科学的古籍整理体式体系。对每一类体式，都从有关方面作了必要的论证和介绍，创立了成套的相应的专门术语和用语。通过学习，有助于读者了解和掌握各类古籍整理体式的发展演变、撰写特点和分类情况等，有助于培养古典文献学方面的专门人才，促进我国古籍整理工作的不断发展。本书为中国古典文献学及中国古代文学、中国历史文献学等专业研究生教学用书，也可作为一般文史工作者的参考书。(韩丽)

3370

台湾图书馆学会2003年度电子期刊出版与管理研习班研习手册 / 政治大学图书资讯与档案学研究所编辑. -- 台北：台湾图书馆学会，2003. -- 269页；26cm. -- 957-30255-7-4(国家图书馆)

2003年8月4—8日，台湾图书馆学会、政治大学图书资讯与档案学研究所、政治大学图书馆联合主办的“电子期刊出版与管理研习班”在政治大学公共行政及企业管理教育中心举办，本书为该研习班的研习手册。本书共分6部分，：(1)授课讲师名单；(2)研习班课程表；(3)工作人员资料；(4)课程讲义；(5)招生简章；(6)专题论著选目。本研习班课程主要有：(1)从纸本期刊到电子期刊；(2)电子期刊与学术传播；(3)电子期刊的出版与行销；(4)科技与医学电子期刊的现状与未来发展；(5)馆藏期刊电子化探讨；(6)电子期刊成本与经济模式；(7)电子期刊的采购与馆藏发展；(8)电子期刊的组织与整理；(9)电子期刊与读者服务；(10)数位

资源与电子期刊使用评鉴。(崔彤)

3371

我国期刊管理工作研究 / 黄晓鹂主编. -- 北京:北京图书馆出版社, 2003. -- 254 页;21cm. -- 7-5013-2178-7(国家图书馆)

本书是河北省人文社科研究项目的最终成果,该项目对我国期刊管理工作的历史、现状与发展趋势进行了全面的研究。该书的研究范围极其广泛,从20世纪初期刊管理工作的最初成果,到目前的电子期刊均为其研究的范围。该书重点研究了在新的传统图书馆向电子图书馆转变过程中期刊工作如何发展才能适应这种转化。该书对我国期刊管理工作进行了深入研究,揭示了该研究领域的基本路向、基本理论与实践经验,为印刷型期刊与电子期刊共存条件下的期刊动态管理提供了理论与实践依据。该书的出版有助于提高期刊管理的科学性,必将促进我国期刊工作的不断发展。(韩丽)

3372

建立西文核心期刊清单暨纸本及电子期刊馆藏合作发展计画研究成果报告 / 石美玉计画主持. -- 台北: 台湾图书馆,2003. -- 250 页;30cm; 光盘 1 片. -- 957-678-393-3(国家图书馆)

本研究目标:(1)探讨分析台湾岛内外建立核心期刊的论述及方法,馆藏发展合作模式及其问题与成果;(2)搜集汇整重要西文期刊,透过专家评鉴程序,建立各学科领域的西文核心期刊清单;(3)将西文核心期刊依其重要程度,分为基础型、延伸型及完整型3个层级,提供岛内大学及研究图书馆馆藏核心期刊之重要参考;(4)研拟西文期刊馆藏发展合作模式,协调合作图书馆合作机制及权责;(5)调查岛内大学、研究机构图书馆等各学术研究推动中心纸本及电子期刊订购明细。本书共分8章。第一章绪论,第二章文献探讨,第三章核心期刊评选模式决策,第四章核心期刊初选过程及结果,第五章核心期刊复选过程及结果,第六章图书馆合作模式、机制与权责,第七章研究调查,第八章研究成果与建议。书后附参考书目和附录。(崔彤)

3373

鸡尾酒时代的记录者:《现代》杂志 / 张永胜著. -- 上海: 上海人民出版社, 2003. -- 161 页: 图, 肖像, 摹真;21cm. -- 7-208-04207-1(北京大学图书馆)

本书从不同方面介绍了《现代》杂志的特点,包括:从施蛰存的编辑理念看《现代》杂志的特点,解析《现代》杂志中的诗,评析《现代》杂志中的外国小说译介,穆时英与《现代》杂志,从《现代》杂志看苏汶(杜衡)的文艺观,《现代》的作者群,《现代》杂志的书刊广告,《现代》主编施蛰存小说的艺术特征等。(韩丽)

3374

"中国传统文化与21世纪"国际学术研讨会论文集 / 中华书局编辑部编. -- 北京:中华书局出版社, 2003. -- 288 页;26cm. -- 7-101-03840-9(中国科学院国家科学图书馆)

2002年,中华书局已经走过来九十年的风雨历程。6月,中华书局隆重举办了一系列庆祝书局成立九十周年的纪念活动。6月6日至6与8日,中华书局在香山饭店邀请曾经给予中华书局出版事业关心和支持的作者,百余位专家学者参加主题为"中国传统文化与21世纪"国际学术研讨会,与会代表就"中华书局与古籍整理、学术研究"、"中国传统文化研究"、"中国传统文化的现代化"、"中外文化交流"等议题进行交流讨论。整个研讨会收到近六十份论文稿。经过仔细的甄选和征求作者意见,最后选择近四十份论文编辑出版为本论文集。(张玲)

3375

中文连续出版物采访工作手册 / 富平主编. -- 北京:北京图书馆出版社, 2004. -- 105 页: 图;26cm. --《图书馆文献采访工作手册》系列丛书. -- 7-5013-2429-8(国家图书馆)

本书对中文连续出版物的定义、种类、发展沿革及出版发行情况进行了详细介绍,并对采访工作作了详尽的论述,对从事这方面工作的读者极具参考价值,也可供高校图书馆学专业师生作为教学参考书使用。全书共分12章,主要包括:连续出版物的定义、特点、种类、功能与作用,中文连续出版物发展简史,中文连续出版物的出版与发行概况,中文连续出版物采访工作原则,中文连续出版物采访工作的要求,中文连续出版物的采选方式,中文连续出版物采访工作的前期准备,中文连续出版物采访工作的操作,中文连续出版物采访工作自动化,中文连续出版物采访工作的规章制度,中文连续出版物采访工作的组织与管理,中文连续出版物采访工作评估等。(韩丽)

3376

多媒体电子书开发详解 / 李瑞芳, 肖登涛编著. -- 北京:科学出版社, 2004. -- 307 页:图;26cm;光盘 1 片. -- 7-03-012987-3(国家图书馆)

本书以一个较大型的多媒体电子书系统为实例,使用Macromedia公司的工具Authorware为主要开发平台,向读者详细介绍了一个较大型多媒体系统的设计和开发过程。本书内容共分为七章,第1章至第4章详细介绍多媒体系统设计开发的理论、多媒体系统开发的前期准备工作和分析设计工作。第5章到第6章通过实例系统的程序流程线设计,介绍整个多媒体系统的具体实现。第7章介绍程序的调试和发布。本书的最大特色在于实际动手能力的培养和项目开发经验的积累,只要按照本书中介绍完成每章的实例,就可以掌握多媒体系统开发的具体过程、分析方法以及Authorware的使用方法和技巧。(韩丽)

3377

非书资料采访工作手册 / 刘兹恒主编. -- 北京:北京图书馆出版社, 2004. -- 221 页:图;26cm. --《图书馆文献采访工作手册》系列丛书. -- 7-5013-2415-8(国家图书馆)

本书是《图书馆文献采访工作手册》系列丛书中的一册,重点介绍了非书资料的特点、类型和采访途径。该书并不仅仅局限于非书资料的采访,它对于将非书资料与原有印刷型馆藏的结合问题作了探讨,从而对于避免盲目采购,充分发挥非书资料的作用起到了指导作用。全书共分9章,主要内容包括：非书资料概述、缩微资料、视听资料、非网络电子资源、网络信息资源、非书资料的书目控制、非书资料采访的原则、非书资料的选择、非书资料的采访等。（韩丽）

3378

政府出版品加值利用措施之研究 / 邱炯友计画主持. -- 台北：台湾“行政院”研究发展考核委员会，2004. -- 16，202页；30cm. -- 书名页：RDEC - LIB - 090 - 014（委托研究报告），封面：RDEC - RES - 090 - 014（委托研究报告）（国家图书馆）

本研究目的有三：①本研究中收集文献搜集整理分析后，提供政府、出版界与学术界了解政府出版品于资讯公开政策下的加值行为和效益，提升对政府资讯品质的掌握，并为后续研究者提供参考；②本研究对有兴趣开发政府资讯的民间团体或个人提供解决方案与架构参佐，在商业性质面上，更有助于机会的公平与合宜；③本研究对于政府出版资讯开放加值流通政策的探讨分析，以及对各国政府出版品的加值利用措施的效用评估等，可进一步作加值市场的潜能分析和探讨，并可为未来政府出版品利用的情况作展望。本书共分6章。第一章绪论，第二章政府出版品加值利用与流通之法制与实践，第三章外国政府出版品之著作权规范，第四章资讯产业观点的政府出版品暨资讯加值利用，第五章国内政府出版品加值利用之相关发展，第六章结论与建议。书后含附录和参考书目。（崔彤）

3379

书香故宫：中国宫廷善本 / 向斯 著. -- 台北：实学社出版股份有限公司，2004. -- 63，369 页：照片，图版；21cm. -- 历史新天地；E0027. -- 957 - 2072 - 75 - 7（国家图书馆）

1925 年，北京故宫博物院成立，设立故宫图书馆，全面接收清宫藏书，包括历代宫廷收藏的善本古籍，内府写本，内府刻本、抄本等，共约 50 万余册。本书带读者浏览故宫收藏千百年的珍本古籍——善本，介绍这些善本书缮写、印制、装帧、保存的全过程，以及鉴赏、辨伪的功夫。全书分序篇和7章。序篇国学文化之遗存——宫廷藏书，第一章宫廷善本的标准，第二章收存珍籍的皇家书室，第三章历朝善本的征集和收藏，第四章宫廷善本的流失与收藏，第五章内府珍本图书，第六章皇宫秘藏孤本，第七章宫廷善本的鉴赏。本书向读者呈现了难得一见的书影、用印，以及不对外开放的寿安宫、文渊阁、文华殿、英华殿照片。书中所附的 120 余幅彩图，许多是首次公开的珍品。（崔彤）

3380

电子资源与图书馆馆藏发展 / 詹丽萍著. -- 台北：麦田出版，2005. -- 322 页；21cm. -- 含索引. -- 986 - 7252 - 87 - X（国家图书馆）

本书旨在探讨图书馆馆藏发展的新典范。电子资源具有许多有别于传统馆藏的特性，造成图书馆馆藏发展与管理上的挑战，举凡发展选择标准，建立适当的采购程序，确定编目及保存维护方式，进行可及性、可用性及使用评鉴，建立融合电子资源的馆藏发展政策，通过合作机制发展电子馆藏等议题，皆需要深入探讨与研究。本书共分 10 章，第一章绪论；第二章至第九章分别探讨了 8 个问题：电子资源对图书馆馆藏发展的影响，学术传播的变迁对图书馆馆藏发展的影响，电子资源的选择原则，电子资源的采购方式，电子馆藏的管理议题，电子馆藏的评估，图书馆的电子馆藏发展政策，电子资源的合作馆藏发展；第 10 章结论。书后含参考书目和索引。（崔彤）

3381

文明的守望：古籍保护的历史与探索 / 国家图书馆编；詹福瑞主编. -- 北京：北京图书馆出版社，2006. -- 217 页：彩图，肖像，摹真；29cm. -- 7 - 5013 - 3139 - 1（北京师范大学图书馆）

中国是世界文明古国之一，有着悠久的历史和灿烂的文化。中国是善于运用典籍记述自己历史的国度，典籍宏富，浩如烟海。古籍不仅是记载知识的书籍，更是一种文物，由于其载体的特殊性质，注定更易被侵害。古籍上记载的各种书厄，触目惊心。兵火丧乱，霉烂蠹蚀，豪夺计赚，种种恶劫，致使古籍传至今日，百不一存。为介绍中华古籍的文化与知识，唤起全民的古籍保护意识，本书充分展示了中华民族古代典籍的丰富多彩，欣赏到古代典籍的写绘、雕刻、印刷、装帧之美。通过一书一册、一纸一图，让读者体会到从古到今的人们保护古籍、减少各种伤害、延长古籍寿命的心智。读者在这部书里还可以了解到珍贵古籍特藏品保护修复的过程。（韩丽）

3382

核心期刊与期刊评价 / 钱荣贵著. -- 北京：中国传媒大学出版社，2006. -- 277 页：图；21cm. -- 7 - 81085 - 695 - 2（北京师范大学图书馆）

本书对当前学界、刊界普遍关注的“核心期刊”问题作了深入系统的研究，力求廓清“核心期刊”衍生的重重迷雾，冲出藩篱，走出误区。全书分“解读”、“批判”、“重构”三编。“解读编”（第 1—3 章）全程追述国外“核心期刊”的理论源流及在我国 30 年来的传播轨迹。“批判编”（第 4—7 章）重在针砭“核心期刊”引发的诸多负面效应，探求问题症结，提出破解思路。“重构编”（第 8—12 章）着力构建我国两类学术期刊综合评价指标体系。（韩丽）

3383

e 印本文库（e - print archive）建设与应用：开放存取运动典型策略研究 / 乔冬梅著. -- 北京：北京图书馆出版社，2006. -- 316 页：图；21cm. -- 信息管理科学博士文库. -- 7 - 5013 - 3171 - 5（北京大学图书馆）

本书对 e 印本文库进行了全面系统的研究，大量采用案例分析的方法和实例研究的方法，作者在大量查阅、阅读相关外文研究成果的基础上，对主要 e 印本文库和相关网站进行了调查追踪，并从开放存取的角度，分析了 e 印本文库在当前科学交流变革中所起的作用，提出了 e 印本文库的建设策略。（韩丽）

3384

现代图书馆期刊管理与服务 / 佟延伟，蔡莉静主编. -- 北京：海洋出版社，2006. -- 167 页：图；26cm. -- 现代图书馆馆

员职业技术培训丛书. -- 7 - 5027 - 6662 - 6(北京师范大学图书馆)

"现代图书馆馆员职业技术培训丛书"是编者根据长期工作中经常遇到的各种实际问题和困惑,以及切身体会,并查阅了大量的有关参考文献的基础上总结出的经验之谈。丛书基本涵盖了现代图书馆工作的主要领域,以满足各类图书馆工作者继续教育和广大读者参考的需要。本书为丛书之一,系统介绍了现代图书馆期刊管理与服务的基本知识,内容包括:期刊的产生与发展、期刊的采访与分类标引、期刊编目、期刊的引文分析等。(韩丽)

3385

图书馆电子期刊资源管理 / 袁琳主编. -- 成都:四川科学技术出版社,2006. -- 112 页:图;26cm. -- 国家社会科学基金和国家自然科学基金资助项目. -- 7 - 5364 - 6047 - 3(四川大学图书馆)

本书全面介绍了电子期刊的定义、特点、发展趋势和对图书馆信息资源管理与服务的影响。通过对典型案例的分析,论述了国内外电子期刊的订购现状和管理模式。从图书馆电子期刊管理、电子期刊订购与收藏、电子期刊管理数据库建设、电子期刊资源使用统计等方面提出了相应的管理策略。(韩丽)

3386

北京志 · 100 · 新闻出版广播电视卷 · 期刊志 / 张明义,王立行,段柄仁主编;北京市地方志编纂委员会编;颜吉鹤本卷主编. -- 北京:北京出版社,2006. -- 791 页: 32 页图版,图(部分彩图),摹真;27cm. -- 7 - 200 - 06583 - 8(国家图书馆)

本书收录了 1872 年至 1993 年间北京地区各个历史时期出版的期刊。具体内容包括:社科期刊综述、自然科学期刊综述、期刊管理等。本书适合新闻出版广播电视行业相关工作人员阅读参考使用。(韩丽)

3387

电子期刊管理:体系、方法与实践 / 赵乃瑄编著. --大连:大连理工大学出版社,2006. -- 289 页:图;21cm. -- 7 - 5611 - 3414 - 2(国家图书馆)

本书系统地论述了有关图书馆电子期刊的管理体系、管理方法以及管理实践等相关问题,主要包括如下内容:绪论,主要介绍了电子期刊管理面临的问题和研究现状;电子期刊管理体系的基本构架,主要研究了管理体系的构成环节和构架模型;电子期刊的采集方案,研究了采集政策、方式和价格模式;电子期刊的资源组织,研究了编目、资源整合和持久保存;电子期刊的用户服务模式,研究了三种主流的服务模式和用户教育问题;电子期刊的评价,主要研究了评价的典型案例和评价指标体系;电子期刊管理体系的实现,从组织结构和系统两个方面进行了研究;应用案例,对江苏高校图书馆电子期刊建设实践进行了研究。本书可作为高等院校信息管理类各相关专业的教师、学生的教材或教学参考书,亦可供各类型图书馆工作人员以及信息管理部门人员参考。(韩丽)

3388

中国古籍编撰史 / 曹之著. -- 武汉:武汉大学出版社,2006. -- 555 页,1 页图版:肖像;23cm. -- 教育部研究生工作办公室推荐研究生教学用书. -- 7 - 307 - 04980 - 5(国家图书馆)

本书分两编。上编以时为序,纵向研究,历述各代图书编撰历史;下编以专题为序,横向研究,详陈图书编撰的若干焦点话题。(张玲)

3389

古籍修复技术规范与质量要求(中华人民共和国文化行业标准 WH/T 23 - 2006) / 中华人民共和国文化部发布. -- 北京:北京图书馆出版社,2007. -- 9 页;21cm. -- 本标准于 2006 年 8 月 5 日发布, 2006 年 10 月 1 日实施. 本标准主要起草单位:北京图书馆;主要起草人:杜伟生, 张平. -- 7201. 167(北京师范大学图书馆)

本标准的主要技术内容是:(1)范围;(2)术语和定义;(3)古籍修复;(4)古籍装订;(5)修复档案;(6)修复工作单;(7)工作环境;(8)修复材料;(9)修复常用机械;(10)质量标准;(11)质量等级;(12)常见各式装帧书籍修复质量标准;(13)检验以及修复。本标准附录 A 为规范性附录,附录 B 为资料性附录。(张玲)

3390

古籍特藏破损定级标准(中华人民共和国文化行业标准 WH/T 22 - 2006) / 中华人民共和国文化部发布. -- 北京:北京图书馆出版社,2007. -- 3 页;21cm. --本标准于 2006 年 8 月 5 日发布,2006 年 10 月 1 日实施. 本标准主要起草单位:北京图书馆;主要起草人:张平, 杜伟生. -- 7201. 166(国家图书馆)

本标准对破损古籍进行分类并合理定级,为制定修复保护计划提供了准确数据。(张玲)

3391

古籍定级标准(中华人民共和国文化行业标准 WH/T 20 - 2006) / 中华人民共和国文化部发布. -- 北京:北京图书馆出版社,2007. -- 5 页;21cm. -- 本标准于 2006 年 8 月 5 日发布, 2006 年 10 月 1 日实施. 本标准主要起草单位:北京图书馆;主要起草人:李国庆, 李致忠. -- 7201. 163(北京师范大学图书馆)

参照中华人民共和国文化部 2001 年第 19 号令发布的《文物藏品定级标准》和《一级文物定级标准举例》记述善本古籍藏品定级的有关精神,参照编纂《中国古籍善本书目》时提出的鉴别善本书籍的"三性原则",以及该目列举的收录善本古籍的"九项条件"(两者简称"三性九条"),同时考虑全国现存善本和普本古籍的实际情况,制定本标准。本标准的定级对象:汉文古籍。全国现存其他特种古代文献,如甲骨、简策、帛书、敦煌遗书、金石拓片、舆图、书札、鱼鳞册、契约、文化、少数民族语文图书,以及域外翻刻、抄写的中国古籍,如和刻本、高丽本等,不在本定级范围之内。(张玲)

3392

文津学志. 第二辑 / 国家图书馆善本特藏部编. -- 北京:

北京图书馆出版社,2007. -- 273 页;26cm. -- 978 - 7 - 5013 - 3518 - 3(天津工程师范学院图书馆)

本书是国家图书馆善本特藏部编的论文集,共收入论文 19 篇、专题目录 3 篇,分为版本与书目、文史专论、敦煌文献、宗教文献、保护与修复、治学与研究、专题目录 7 个专题,具有较高的学术价值和文献价值,对于历史文献的研究与整理很有参考价值。(韩丽)

3393

21 世纪地方文献工作发展研究论文选 / 湖南图书馆, 中国图书馆学会地方文献研究专业委员会编. -- 长沙:湖南出版社,2007. -- 386 页:图;24cm. -- 978 - 7 - 5438 - 4899 - 3(中山大学图书馆)

本书收录了地方文献专家、学者、地方文献工作者有关地方文献工作发展的最新研究成果,以全新的角度和视野,对 21 世纪地方文献资源建设、地方文献的开发和利用、地方文献的收集、整理与典藏、地方文献数字化建设等问题进行了有益的探讨,集录了公共图书馆、学校图书馆及各类型图书馆地方文献工作的经验和工作模式。全书按地方文献工作的性质分 5 个专题,具有较强的资料性、实用性、指导性。本书可用于图书馆收藏,也可供从事地方文献、文史、教学研究工作的相关人员使用。(张玲)

3394

生物医学期刊管理与利用 / 刘树春, 尚武主编. -- 西安:世界图书出版西安公司,2007. -- 319 页:图;26cm. -- 978 - 7 - 5062 - 3601 - 0(武汉大学图书馆)

本书分为生物医学期刊管理和电子网络期刊利用上下两篇,上篇主要论述生物医学期刊管理,包括期刊的一般知识、期刊的出版现状与发展趋势等;下篇主要论述电子网络期刊的获取与利用,包括网络版生物医学期刊的特点与检索方法、中外文生物医学期刊全文数据库的特点与检索方法等。(韩丽)

3395

文献影像技术国家标准汇编: 基础 · 质量 · 设备卷 / 全国文献影像技术标准化技术委员会, 中国标准出版社编. -- 北京:中国标准出版社,2007. -- 290 页:图;30cm. -- 978 - 7 - 5066 - 4579 - 9(天津科技大学图书馆)

本汇编收集了截至 2007 年 6 月发布的文献影像领域的现行国家标准共 30 项。其中基础标准 11 项,质量标准 15 项,设备标准 4 项。目的是推进技术标准的贯彻实施,满足文献影像技术行业对标准的需求。本分册为基础 · 质量 · 设备卷,收集的国家标准年号统一用四位数字表示。鉴于标准化工作总是在不断地修订旧的标准,制定新的标准,因此,敬请读者在使用中注意查询标准的有效性。本汇编的内容经全国文献影像技术标准化技术委员会确认。(韩丽)

3396

中国期刊高被引指数(2007 年版) / 中国科学技术信息研究所, 万方数据股份有限公司编. -- 北京:科学技术文献出版社,2007. -- 268 页;26cm. -- 978 - 7 - 5023 - 5564 - 7(中国民航大学图书馆)

“中国期刊高被引指数”是一种专门用于期刊引用分析研究的基本评价工具。从中可以清楚地了解期刊论文被引用的概率,以及论文、作者、机构和基金对期刊被引频次的贡献率,了解某学科领域的高被引期刊、高被引图书、高被引出版社、高被引作者群体和高被引学术机构,反映重要科研人员、重点研究机构(大学)、地区(城市)和学术期刊在某一学科领域的发展和影响,并分析各个领域学术研究的进展、影响和趋势。本书为其第 2007 年版,具体包括了 2006 年基础科学类期刊高被引指数、2006 年教科文艺类期刊高被引指数等方面的内容。(韩丽)

3397

中国期刊高被引指数(2006 年版) / 中国科学技术信息研究所, 万方数据股份有限公司编. -- 北京:科学技术文献出版社,2007. -- 226 页:图;26cm. -- 978 - 7 - 5023 - 5564 - 7(北京理工大学图书馆)

本书的出版是《中国期刊引证报告(扩展版)》的深化和补充。《中国期刊高被引指数》将以期刊、作者、机构、学科为主线,全方位、完整地提供我国期刊被引用的具体指数,揭示学科热点论文主题和有影响力的人才,为国家科学绩效管理评估和择优支持期刊评定提供科学管理依据,成为国家科技监测、评价工作的支撑体系,因此是一项非常重要的科学评价基础工程建设。(韩丽)

3398

中华人民共和国文化行业标准 · 古籍普查规范 / 中华人民共和国文化部发布. -- 北京:北京图书馆出版社,2007. -- 4 页;30 × 21cm. -- 本标准于 2006 年 8 月 5 日发布, 2006 年 10 月 1 日实施。本标准主要起草单位:北京图书馆;主要起草人:苏品红. -- 7201. 165(北京师范大学图书馆)

本规范规定了古籍的普查范围、规范性引用文件、古籍普查工作要求和古籍普查人员条件等内容。(张玲)

3399

中华人民共和国文化行业标准 · 古籍修复技术规范与质量要求 / 中华人民共和国文化部发布;杜伟生,张平起草. -- 北京:北京图书馆出版社,2007. -- 9 页;30 × 21cm. -- 本标准于 2006 年 8 月 5 日发布, 2006 年 10 月 1 日实施。. -- 7201. 167(北京师范大学图书馆)

本书是为了规范即将在全国图书馆开展的大规模古籍修复工作而制定的一个推荐性标准,内容涉及到古籍修复工作等。本标准规定了古籍修复术语及其定义、技术规范及质量要求。本标准的主要技术内容是:(1)范围;(2)术语和定义;(3)古籍修复;(4)古籍装订;(5)修复档案;(6)修复工作单;(7)工作环境;(8)修复材料;(9)修复常用机械;(10)质量标准;(11)质量等级;(12)常见各式装帧书籍修复质量标准;(13)检验以及修复。书后附录 A 为规范性附录,附录 B 为资料性附录。(韩丽)

3400

21 世纪杂志人生存手册 /(英)珍妮 · 麦凯(Jenny McKay)著;傅玉辉译. -- 北京:清华大学出版社,2008. -- 340 页;23cm. -- 传媒业者书系, 书名原文: The Magazines

Handbook. --978 - 7 - 302 - 17920 - 7(国家图书馆)

本书是一本内容全面、资料丰富、兼具实用性和学术性的小型百科全书式的工具书。它对杂志编辑和记者的各项工作进行了清晰的介绍,其内容涵盖了当今杂志业所涉及的从产业结构、业务流程到从业技巧等多方面的业务信息,有助于读者深入理解杂志工作的各个环节和总体情况。(张玲)

3401

现代连续出版物管理与利用 / 邱君玉,门兆捷主编. -- 呼和浩特:内蒙古人民出版社,2008. -- 207 页;26cm. -- 图书馆文献信息业务工作实用丛书. -- 978 - 7 - 204 - 09648 - 0(国家图书馆)

本书重点论述了连续出版物的发展和现状、连续出版物的收集、连续出版物的分类标引、连续出版物的主题标引、连续出版物的著录及连续出版物的组织管理。(张玲)

3402

学术期刊核心竞争力 / 魏瑞斌著. -- 太原:北岳文艺出版社,2008. -- 197 页;24cm. -- 安徽财经大学著作出版基金资助. -- 978 - 7 - 5378 - 3093 - 5(国家图书馆)

本书通过大量案例和部分实证对学术期刊的发展现状及竞争态势进行了分析,探讨了学术期刊竞争力评价的理论基础、学术期刊核心竞争力评价指标并构建了学术期刊核心竞争力评价模型。(张玲)

3403

中国哲学社会科学学术期刊布局研究 / 叶继元主撰. -- 北京:社会科学文献出版社,2008. -- 811 页:图;26cm. -- 学术期刊研究评价论丛. -- 978 - 7 - 5097 - 0050 - 1(国家图书馆)

本书第一部分采用定性与定量相结合的研究方法,探讨了当代中国哲学社会科学学术期刊的概念分类;第二部分与第三部分是本项研究的副产品,具有丰富的资料价值。(张玲)

3404

2008 年版中国期刊引证报告:扩刊版(3 版) / 曾建勋主编;中国科学技术信息研究所,万方数据股份有限公司编. -- 北京:科学技术文献出版社,2008. -- 453 页;26cm. -- 封面英文题名:Chinese Journal Citation Reports. -- 978 - 7 - 5023 - 5450 - 3(国家图书馆)

本书内容包括:编制说明、使用说明、期刊学科分类表、名词解释、2007 年中国期刊被引指标按类刊名字顺索引、2007 年中国期刊来源指标按类刊名字顺索引、中国期刊名称类目索引。(韩丽)

3405

2008 年版中国期刊高被引指数(3 版) / 曾建勋主编;中国科学技术信息研究所,万方数据股份有限公司编. -- 北京:科学技术文献出版社,2008. -- 305 页;26cm. -- 国家科技支撑计划项目现有文献数据的规范、整理、加工及科技监测、评价基础数据库建设成果. -- 978 - 7 - 5023 - 5564 - 7(国家图书馆)

本书统计 2002 至 2006 年期刊论文在 2007 年被引用的各项指数,包括:期刊高被引指数、学科高被引作者、学科高被引机构、学科高被引出版社、学科高被引图书、学科高被引西文期刊、高被引作者前 100 名排行榜、高被引图书前 100 名排行榜、高被引机构前 100 名排行榜、高被引出版社前 100 名排行榜。(韩丽)

3406

图书馆期刊管理与服务 / 蔡莉静,陈晓毅主编. -- 北京:海洋出版社,2009. -- 165 页;26cm. -- 图书馆馆员业务学习与岗位培训教程. -- 978 - 7 - 5027 - 7152 - 2(国家图书馆)

全书共分 6 章。内容包括:期刊概述、期刊的产生与发展、期刊的采访与分类索引、期刊编目、期刊的引文分析、中文期刊数据库。(赵红)

3407

中国学术期刊评价研究报告:RCCSE 权威、核心期刊排行榜与指南 / 邱均平等编著. -- 北京:科学出版社:龙门书局,2009. -- 583 页:图;29cm. -- 978 - 7 - 03 - 024128 - 3(国家图书馆)

本书分为 4 个部分:一是中国学术期刊评价的意义、理念和做法,二是中国学术期刊排行榜与结果分析,三是 1324 种权威期刊与核心期刊的基本信息与投稿指南,四是附录。(赵红)

3408

张琪玉索引学文集 / 张琪玉著. -- 北京:国家图书馆出版社,2009. -- 264 页:16 开. -- 978 - 7 - 5013 - 4052 - 1(国家图书馆)

本文集收录了作者结合中国索引学会的活动和从事《中国索引》的编辑工作所写的部分文章共 83 篇,内容涉及索引学理论,中国索引事业历史、现状和发展趋势,索引事业组织,索引工作者职业,索引学会活动,索引功用、结构和设计,索引计算机化和标准化,索引分类,各类型索引的特点和编制方法要点,索引标引,索引数据库、各种重要索引和数据库的评论以及各种索引有关问题的讨论等。(金丽萍)

3409

冀淑英古籍善本十五讲 / 冀淑英著;李文洁插图. --北京:国家图书馆出版社,2009. -- 241 页:照片,图;24cm. -- 978 - 7 - 5013 - 4063 - 7(国家图书馆)

本书是关于研究"中国古籍善本"的专著,包括:北京图书馆善本藏书的基本情况、论明藏书与清刻本的入善问题、快雪堂分馆与杨守敬藏书、刘少山等藏书家的捐赠、馆藏翁氏图书等内容。(赵红)

3410

国际外观设计分类表(中英文对照版) / 世界知识产权组织编;国家知识产权局专利局译. -- 北京:知识产权出版社,2009. -- 300 页;29cm. -- 978 - 7 - 80247 - 720 - 9(国家图书馆)

本书为第 9 版《洛迦诺分类表》的中英文对照版,收录了 2007 年 10 月之前的所有修订内容。(王旭东)

3411

国际外观设计分类表(中文版) / 世界知识产权组织编;国家知识产权局专利局译. -- 北京:知识产权出版社,

2009. --264 页;29cm. -- 据原书第 9 版译出. -- 978 – 7 – 80247 – 719 – 3(国家图书馆)

本书主要收录了关于应用《洛迦诺分类表》使用说明、产品大类表、产品小类表概述、产品小类表等内容。(王旭东)

3412

中国学术期刊综合引证报告 2008 版(总第 7 卷) / 万锦堃,薛芳渝主编;清华大学图书馆,中国学术期刊(光盘版)电子杂志社,中国科学文献计量评价研究中心编. -- 北京:科学出版社,2009. -- 630 页:彩照;26cm. -- 978 – 7 – 03 – 023410 – 0(国家图书馆)

本书共收录自然科学、社会科学、工程技术、艺术与人文科学等各个学科的期刊 6631 种,按照“以人类生活为中心”的期刊分类体系和“同类相聚、同级相比”的原则,编为五大专辑 260 个类目,并按总被引频次及影响因子分类排序列表,体现了不同学科期刊群体的合理聚类和公平评价。(王旭东)

3413

2009 年版中国期刊高被引指数 / 曾建勋主编;中国科学技术信息研究所,万方数据股份有限公司编. --北京:科学技术文献出版社,2009. -- 275 页;26cm. --978 – 7 – 5023 – 5564 – 7(国家图书馆)

本书统计了 2003 至 2007 年期刊论文在 2008 年被引用的各项指数,包括:期刊高被引指数、学科高被引作者、学科高被引机构、学科高被引出版社、学科高被引图书、学科高被引西文期刊等。(王旭东)

文献学

3414

古书源流(一、二卷) / 李继煌. -- 上海:商务印书馆,1926. -- 2 册(758 页);32 开(国家图书馆)

本书主要介绍了古书的源流,专门指点怎样去找古书读。分总述、经部源流、子部源流、史部源流四部分。前有编者自序。附录《新解老》《读论语》两篇。(胡月平)

3415

续校雠通义 / 刘咸炘. -- 成都:尚友书塾《推十书》经理处,1928、1930. -- 木刻本,2 册,线装. -- 属丛书《推十书》(国家图书馆)

本书著者为近代学术史上知名学者,张尔田、陈寅恪、蒙文通等对其学术成就推崇备至。此书系校雠目录之学,其中对历代官私目录部类的演变源流及目录学家的分类主张有详尽的辨析,观点自成一家。(石剑)

3416

校雠述林 / 刘咸炘. -- 成都:尚友书塾刻印,1930. --线装,1 册. -- 属丛书《推十书》零种(国家图书馆)

全书分经传定论、子书原论、文集衍论、汉书艺文志略说四部分。辨析经传之体,考定子集分合之故,以及文集一类的特殊性等,并参证章学诚《文史通义》之观点,对了解刘氏的校雠学理论十分重要。(石剑)

3417

关于图书学之一部 / 王献堂. -- 济南:山东省立图书馆,1930. -- 2 册

未见书。见录于李钟履《图书馆学书籍联合目录》。(胡月平)

3418

校雠新义(十卷) / 杜定友. -- 上海:中华书局,1930. -- 2 册(国家图书馆)

全书分类例、四库、经部、史部、子部、集部、编次、书目、藏书、校雠 10 卷。前有自叙。(胡月平)

3419

中国文献学概要 / 郑鹤声,郑鹤春. -- 上海:商务印书馆,1930、1933、1935、1937. -- 240 页:表;32 开(国家图书馆)

本书分导言、结集、审订、讲集、翻译、编纂、刻印共 7 章。书前有例言及作者自序。国难后 2、3 版为国学小丛书,王云五主编。(胡月平)

3420

中国版本略说 / 中国科学社. -- 该馆编印,1931. -- 线装,1 册. -- 中国科学社铅印本(国家图书馆)

本书是为民国二十年(1931)举办的中国科学社中国书版展览会所作的纪念刊,简略介绍了自甲骨写刻开始,中国古代版刻之发端、演变,倡导从科学方面着眼,以雕刻印刷的成就来策励今人善加利用古人的优秀成果。(石剑)

3421

校雠学 / 胡朴安,胡道静. -- 上海:商务印书馆,1931. -- 84 页:表;32 开. -- 万有文库第 1 集 8 种王云五主编(国家图书馆)

全书分上、中、下 3 卷,上卷校雠学叙论(2 篇),中卷校雠学史(7 篇),下卷校雠方法(6 篇)。有胡朴安的序。(胡月平)

3422

版本通义 / 钱基博. -- 上海:商务印书馆,1931. -- 90 页;32 开. -- 万有文库第 1 集 32 种;百科小丛书(国家图书馆)

全书分原始、历史、读本、余记 4 部分,考证、研究中国古代图书版本。前有作者自序。(胡月平)

3423

中国书史 / 陈彬龢 查猛济. -- 上海 商务印书馆,1931. -- 195 页:表;24 开(国家图书馆)

全书共 20 章,叙述了商周、秦汉隋唐五代、宋代、元代、明代、清代刻书、藏书的历史及特点。(胡月平)

3424

版本通义 / 钱基博. -- 上海:商务印书馆,1933. -- 百科小丛书/王云五主编.

未见书。见录于《民国时期总书目 · 文化教育分册》(胡月平)

3425

水经注板本考 / 郑德坤. -- 北平: 燕京大学燕京学报社, 1934. -- 30 页 16 开(国家图书馆)

本书为《燕京学报》第 15 期抽印本。分 7 节,介绍唐以前以及宋、金、元、明、清以后的水经注。有序及跋。(袁皓)

3426

宋元刊本刻工名表初稿 /(日)长泽规矩也著; 邓衍林译. --编者刊,1934. -- 43 页: 表; 16 开(国家图书馆)

本书分宋刊本刻工名表初稿、元刊刻工名表初稿两部分,原稿分别载于《书志学》第 2 卷第 2 期、第 4 期。出版年月据译者序写作时间。(胡月平)

3427

校勘学方法论(序陈垣先生的元典章校补释例) / 胡适. -- 编者刊,1934. -- 14 页: 表; 16 开(国家图书馆)

本书讲述了作者本人的校勘经验体会,中国校勘学的发展源流,以及陈垣先生校元典章工作的成就。《国立北京大学国学季刊》第 4 卷第 3 号抽印本,出版年月据写作时间。(袁皓)

3428

校雠学 / 胡朴安,胡道静. -- 上海: 商务印书馆,1934. -- 84 页: 表; 32 开. -- 百科小丛书/王云五主编(国家图书馆)

全书分上、中、下 3 卷,上卷为校雠学叙论(2 篇),中卷为校雠学史(7 篇),下卷为校雠方法(6 篇)。前有胡朴安的序。(胡月平)

3429

图书之体系 / 吴鸿志. -- 武昌: 文华图书馆学专科学校, 1934. -- 54 页; 32 开. -- 文华图书馆学专科学校小丛书(国家图书馆)

全书分导论、书名、著者、版本、出版项、图卷项、题辞与献言、序跋、目次、书目与附录、索引及结论,共 12 章,向图书馆员尤其是编目人员介绍书籍方面的术语与知识。据 Margaret Mann 的 Introduction to Cataloging and the Classification of Books 第 2 章摘译,并补充大量材料编写而成。书前有著者序,末附参考书目。(胡月平)

3430

中国书史 / 陈彬龢,查猛济. -- 上海: 商务印书馆, 1935. --250 页: 表; 32 开. -- 国学小丛书/王云五主编(国家图书馆)

全书共 20 章,叙述了商周、秦汉隋唐五代、宋代、元代、明代、清代刻书、藏书的历史及特点。(胡月平)

3431

校雠学史 / 蒋元卿. -- 上海: 商务印书馆,1935. -- 312 页: 表; 32 开. -- 国学小丛书/王云五主编(国家图书馆)

全书共 6 章,论述校雠学的定义及重要性,介绍了校雠学的发轫时期、建立时期、衰落时期、复兴时期、鼎盛时期的情况。书前有自序。(胡月平)

3432

书评研究 / 萧乾. -- 上海: 商务印书馆,1935. -- 177 页: 图表; 32 开. -- 百科小丛书/王云五主编(国家图书馆)

全书共 7 章,介绍书评家、阅读的艺术、批评的基准、批评的艺术、书评写作、书评与读书界的关系。附录《创作界的瞻顾》《小说》《欣赏的距离》《文字的绘画》。(胡月平)

3433

古今典籍聚散考 / 陈登原. -- 上海: 商务印书馆,1936. -- 544 页: 表; 32 开(国家图书馆)

本书内分政治卷、兵燹卷、藏弃卷、人事卷,加上叙引及刍言共 6 卷。书前有凡例。(胡月平)

3434

海东金石苑原本考辨 / 潘承弼. -- 编者刊,1937. -- 6 页: 图; 16 开(上海图书馆)

卷首有各版本书影图。内容为考释《海东金石苑》一书的版本。共 5 节,简介原本状况及鲍氏刻本、张氏刻本、刘氏刻本的特点。第 5 节附录《高丽碑全文稿》(叶志诜)、《艺风堂藏书记》(缪氏)、《胡琨海东撷古志目》(闽侯林氏)等,有简介。(金晓明)

3435

图书学大辞典(上、下册) / 卢震京. -- 长沙: 商务印书馆,1940. -- 2 册, 70,1358,51 页: 图表; 32 开(国家图书馆)

本书介绍图书馆沿革史料、历代藏书史料、中国书籍制度法令等。前有王文山、李小缘、沈祖荣、洪有丰、秦汾、陈长伟、蒋复璁、腾固、刘国钧等人的序及编辑大意。附录中文重要图书馆学书目、历代藏书家室名索引等 24 种。(胡月平)

3436

书书书 / 周越然. -- 上海: 中华日报社,1944. -- 211 页: 图; 32 开. -- 中华副刊丛书 2(国家图书馆)

本书收作者读书志 40 篇,有作者自序。(胡月平)

3437

校雠学 / 向宗鲁. -- 重庆: 商务印书馆,1944. -- 120 页; 36 开(国家图书馆)

全书共 12 篇,分正名、原始、宗郑、评杜、明颜、申陆、议孔、择本(上、中、下)、取材、杂述,根据向宗鲁遗稿整理而成。有王利器的序。(胡月平)

3438

版本与书籍 / 周越然. -- 上海: 知行出版社,1945. --140 页; 32 开. -- 文学丛书. 3/杨桦主编(上海图书馆)

书前有作者自序。内收《古书的研究》《书能治病》《〈红楼梦〉的版本和传说》《古滑稽文汇》《四游记》《〈西厢记〉研究》《谈〈上林春〉》等 26 篇文章。(金晓明)

3439

校雠目录学纂要 / 蒋伯潜. -- 上海: 正中书局,1946. -- 204 页: 表; 32 开. -- 国学汇纂丛书 4(国家图书馆)

论述了校雠目录学的意义、书籍略史的前期后期,全书分上、下两编。上编介绍了校书编目学的历史,下编介绍了校雠目录学的内容,书末附论《目录与学术史》。(胡月平)

3440

水经注版本展览目录(北京大学五十周年纪念) / 胡适. -- 北京大学编,1948. -- 30 页; 28 开(上海图书馆)

胡适题写书名。所展版本共9类,40种。(金晓明)

3441

书评 / 燕京大学. -- 北平：编者刊,1948. -- 22页；16开(上海图书馆)

全书共收录关于《广东丛书第一集》《汉语语法论》《敦煌石室画象题识》等6种著作的书评。此书为《燕京学报》第34期抽印本。(金晓明)

3442

郑樵校雠略研究 / 钱亚新. -- 上海 商务印书馆,1948. -- 10,118页：表；32开. -- 国立社会教育学院丛书(国家图书馆)

全书分引论、儒学、焚书、求书、官守、类例、编目、辩难、影响、评议10章。前有汪长柄序及徐家麟序。(胡月平)

3443

清真词版本考辨 / 吴则虞. -- 编者刊,1949(前). -- 15页：表；16开(国家图书馆)

本书考证清真词刻本的源流得失。附录清真词版本源流表、清真集考异。(袁皓)

3444

图书与图书馆论丛 / 王重民撰. -- 上海：世界出版社,1949. -- 95页(国家图书馆)

本书收录了王重民先生所写的论文11篇,它们是"论中央图书馆善本书目因略谈我国的善本书"、"述美国国立档案馆"、"美国电影图书馆"、"记亚洲文会博物院的开创"、"美国的图书馆"、"敦煌的古书"、"英伦所藏敦煌经卷访问记"、"记巴黎国家图书馆所藏太平天国文献"、"记普鲁士国立图书馆所藏太平天国文献"、"记剑桥大学图书馆所藏太平天国文献"和"访罗马记"。前六篇是作者从美国回来后的一点感想,后五篇是作者研究敦煌古书时的副产品。(张玲)

3445

可爱的中国书(第2版) / 刘国钧撰. -- 北京:北京建业书局出版,1952. -- 81页;19cm. -- 爱国主义小丛书(北京师范大学图书馆)

第一章书也有历史,作者讲述了文字的起源:语言与活动的书、经绳、图画与象形文字、书写用的材料、书的复制方法等内容;第二章甲骨的书、青铜的书和石头的书;第三章简策和初期卷子,作者介绍了竹笺木板的书(包括竹木的书、简、策、版、牍等),丝织品的书(包括帛书、卷子等);第四章纸的发明和卷轴制度;第五章印刷术的发明及印刷与文化的关系;第六章雕版印刷的书——册叶制度;第七章活字印刷术的发明和发展;第八章现代的纸、现代的印刷和现代的书。(张玲)

3446

黑白 /(苏)伊林;祝贺译. -- 北京：中国青年出版社,1955. --103页:图;19cm. -- 伊林选集第一册第三分册,1980年、1996年重印(国家图书馆)

本书讲的是人类怎样创造书本的故事。它告诉我们,古时候人类怎样想出了用结绳和贝壳等来记事和通信,再逐渐地创造了图画文字、象形文字、楔形文字,进而发展到拼音文字。同时还告诉我们,人类最初是怎样利用现成的石头、兽骨等来当作纸的,后来又怎样一步一步地造出了纸草纸、羊皮纸和真正的纸。此外,书中还谈到,最早的书都是用手抄本,后来由于印刷术的发明,才出现了今天的印刷书籍。在这中间,作者还指出一点,在技术发展的过程中,新事物总是要遭到落后势力的阻挠,但是最后,必然是新生的取得胜利。(张玲)

3447

古书真伪及其年代 / 梁启超演讲;周传儒,姚名达,吴其昌笔记. -- 北京:中华书局,1955. -- 156页;19cm. -- 26553(北京师范大学图书馆)

第一卷总论,作者首先从史绩、思想和文学角度论述了辨伪及考证年代的必要;接着论述了伪书的种类、作伪的来历及作伪的动机;之后简要介绍了辨伪的发达;接着作者详细论述了辨别伪书及考证年代的方法,包括从传授统绪上辨别、从内容文意上辨别、从抄袭旧文处辨别及从思想上辨别等几种方法;最后从保存古书、保存古代神话、保存古代制度、保存古代思想等几个方面论述了对伪书的分别评价;第二卷分论,作者在本卷中详细论述了易、尚书、诗、三礼、春秋及其三传、论语、孝经、尔雅、孟子等古书的真伪情况。(张玲)

3448

书的故事 / 林华编著. -- 上海:上海人民出版社,1956. -- 24页:图;17cm. -- 学文化补充读物. -- T11074. 53(国家图书馆)

本书是20世纪50年代由上海人民出版社出版的"学文化补充读物"丛书中的一册。本丛书的出版主要是希望当时的扫盲教师、民校教师和小学教师帮助能阅读这套书的读者,从这套书中挑选出适当的读物给这些读者阅读。本书主要讲述了"书的故事"。全书包括"在乌龟壳和兽壳上的刻字"、"青铜器的书"、"石头的书"、"竹书和木书"、"用绸子做的书"、"纸的发明和纸卷书"、"印刷术的发明和线装书"等7部分内容。(张玲)

3449

中国书史讲稿:初稿 / 刘国钧编. -- 北京:北京大学图书馆学系((内部出版),1956. -- 95页;26cm. -- 1956年级用(油印本)(北京大学图书馆)

全书共7章。第一章图书的社会意义;第二章从文字发生到公元一世纪末的中国书,介绍了文字的发生和图书的起源,初期的中国书,私人著作的发生、发展和帛书的出现,秦及前汉时代的中国书;第三章从公元二世纪到八世纪的中国书,介绍了纸的发明、初期的纸书、石经及插拓方法的出现、写本书的极盛时期;第四章从公元八世纪到十三世纪的中国书,详细介绍了印刷术的发明、初期的雕版印刷事业及印刷的书、活字印刷术的发明、两宋时代的图书和出版事业;第五章从公元十三世纪后期到十九世纪初期的中国书,详细介绍了元代、明代及清代前期的图书和出版事业及我国印刷术向国境外的传播;第六章从公元十九世纪中期到"五四"运动前夕的中国书;第七章从五四运动到中华人民共和国成立期间的中国书。(张玲)

3450

校雠通义 / 章学诚著;刘公纯标点. -- 北京:古籍出版社,1956. -- 94页;21cm. -- 17.016.17(北京师范大学图书馆)

本书是我国封建社会后期杰出的史学家章学诚在目录学方面的重要著作。作者在书中着重谈了8个问题:互著,别裁,辨嫌名,采辑补缀,书掌于官,广储副本,所有更定、必载原文,著录残逸、以补阙漏。这些内容涉及到目录学、校勘学中的许多方面。尤其是"互著""别裁"是章学诚对我国目录学的又一贡献。《校雠通义》的内容,对我国近百年来的目录学方法和理论一直影响很大。章学诚继刘向、郑樵之后,在对中国古代的目录学理论进行全面的总结和深入研究的基础上,对目录学在学术研究中的地位、作用,目录书的编制体例等问题,提出了许多新的见解,为古典目录学的理论建设做出了卓越贡献。(张玲)

3451

劫中得书记 / 郑振铎著. -- 上海:上海古典文学出版社,1956. -- 204页;19cm. -- 10080.48(国家图书馆)

抗战时期,郑振铎先生为保存民族文献,曾竭尽全力收购古籍善本,尤重小说、戏曲和有精美版画的稀见书籍。他每得一佳本,随作题记,叙述得书经过和对该书的评论。《劫中得书记》收录题记89则,包括离骚图、童痴二弄山歌、古今女范、妇范论、水浒传注略、汪氏列女传、清平山堂话本二种、朱订西厢记、宣和谱、新镌汇选辨真昆山点校乐府名词、古今奏雅、眉山秀、韩晋公芙蓉影传奇、吴门志孝传清忠谱、蓝桥玉杵记、文通、螺冠子咏物诗、唐宋诸贤、绝妙词选、诗经类考等。《劫中得书记》是郑振铎先生在"孤岛"时期,蛰居沪上,为使祖国大批珍贵文献和古籍典章免遭流失异域的厄运,竭尽全力进行抢救的真实记录,也是他以独特的方式报效祖国的真实写照。(张玲)

3452

古籍版本浅说 / 陈国庆编著. -- 沈阳:辽宁人民出版社,1957. -- 96页:图及表;19cm. -- 书末附古籍版本浅说索引. --17090.9(国家图书馆)

本书简单介绍了古籍版本的相关知识,全书共5章。第一章总论,包括我国印书的创始、冯道刻书的经过、书本和版本名词的固定、古今记载版本的书目等内容;第二章从版本涵义的扩大和版本名称的区分两个方面论述了版本的名称;第三章版本的款识,包含书的行格和版框的高广、边栏和版口、字体、特殊标志等内容;第四章书籍装订的演进,作者分别论述了图书装订的开始、简书的装订、缣书的装订和纸书的装订等内容;第五章为书籍的装饰和书外的附属品,作者详细论述了简策的制法、卷轴上的装饰、册叶上的装饰、卷轴书外的附属品、册叶书外的附属品等内容。全书还包含咸通九年金刚经、颜体字宋版荀子等书籍的插图。(张玲)

3453

著砚楼书跋 / 潘景郑著. -- 上海:古典文学出版社,1957. --340页;19cm. -- 10080.117(国家图书馆)

本书收录了"惠松崖手校郑氏周易"、"李氏易传校本"、"先师太炎先生手校书古文训"、"残元本诗传通释"、"惠氏古文春秋左传稿本"、"春秋左传读"、"日本抄本万象名义"、"说文古本考"、"明刻碑雅"、"钞本字体疏源"、"说文段注集解稿本"、"校本五代史记"、"重修洪武本元史"、"宋刊元修本国语残本"、"钞本有明野史"、"钞本甲乙碑史"、"明本晏子春秋"、"东吴名贤记"等书跋403篇,是古籍版本、目录学、校勘学的参考读物。其间有许多题跋对各书的传世版本作了总结性的论述。(张玲)

3454

中国图书史 / 皮高品. -- 武汉:武汉大学出版社,1957. -- 106页;26cm(北京师范大学图书馆)

本书是20世纪50年代武汉大学的讲义。全书用八章内容论述了中国图书史。第一章绪论,图书的社会意义;第二章中国图书产生前文字的发生和发展;第三章中国图书的产生和发展;第四章从公元前二世纪到八世纪初年的中国书;第五章从公元八世纪到十八世纪末的中国书;第六章从公元十九世纪到五四革命运动前夕的中国书;第七章从五四运动到解放前夕的中国书;第八章解放后的出版政策。(张玲)

3455

澹生堂藏书约 / 祁承㸁著. -- 上海:上海古典文学出版社,1957. -- 50页;19cm. -- 10080.154(国家图书馆)

本书是中国现存最早的一部图书保管规则。全书著录图书9000余种,20余万卷。藏书中当代史料甚富,内中祁氏抄校各书,多世人所未见,尤为可贵。《澹生堂藏书约》为祁氏子孙规定了保藏管理图籍的方法,并勉以继续收书、读书。约文简明,至今仍有可借鉴之处。书后附以藏书训略四则:读书、藏书、购书、鉴书,期望子孙继承其读书、藏书之志。此书传世有明刻本,书中有万历四十一年至四十四年(1613~1616)郭子章、周汝登、李维桢、杨鹤、钱允治等人序,附刻"庚申〔万历四十八年(1620)〕整书小记"、"庚申整书略例"四则,书当刻于万历末年。抄本流传甚多,清乾、嘉间鲍氏刻入《知不足斋丛书》,后缪荃孙刻入《藕香零拾》,又有《笔记小说大观》石印本。1957年上海古典文学出版社以此书与孙从添《藏书纪要》合为一册,排印流通。(张玲)

3456

版本通义 / 钱基博著. -- 北京:古籍出版社,1957. --103页;19cm. -- 17.016.46(国家图书馆)

此书系《世纪文库大型丛书》中大学经典部分中的一种,为著名学者钱基博(古文学家兼教育家,字子泉,别号潜庐)撰写的我国现代第一部版本学专著。全书分叙目、原始、历史、读本、余记五部分。该书的看点有二:一是"会通古今"的"义例",二是"重在校勘"的"义理"。(张玲)

3457

书林清话 附书林余话 / 叶德辉著. -- 北京:古籍出版社,1957. -- 306,49页;18cm. -- 17.016.45(北京大学图书馆)

本书对读者提供了关于古代雕版书籍的各项专门知识,著者根据丰富的资料,用笔记体裁说明了关于古代雕版书籍的各项专门知识,包括书籍和版片的各种名称,历代刻书的规格、材料,以及工料价值的比较,印刷、装订、鉴别、保存等方法,并叙述了古代活版印刷、彩色套印的创始和传播,各时代特出的刻本、刻书、卖书、藏书的许多掌故。本书分两部分,书林清话十卷,在清朝末年刻成,后来经过三次修改;书林余话二卷,原是未完成的稿本,是他死后由他侄子启鉴印行的。现在合印在一起,并校改了一些原著的错误。(张玲)

3458

卷盦书跋 / 叶景葵著;顾廷龙编. -- 上海:古典文学出版社,1957. -- 189 页:肖像;19cm. -- 10080.91(北京师范大学图书馆)

叶景葵,字揆初,号卷庵,光绪进士。早年从事实业,主持浙江兴业银行。年逾五十,始致力于收集古籍善本。他精于版本鉴别,每得异本,必手自校勘考订。本书收录其古籍善本题跋200余则,包括周易本义辨证、师二宗齐读易札记、古文尚书、尚书古文疏证、古文尚书撰异、吕氏家塾读诗记、韩诗外传、夏小正笺疏、振绮堂本吹豳录、春秋左传杜注、春秋纬史集传、吴窓齐篆文论语真迹、尔雅正义、尔雅郭注义疏、恒言广证、说文解字理董、说文解字段注、说文解字汇纂条例、谐声谱、集韵、羣经音辨、传经表补正、后汉书疏证、三国志、晋书斠注、王俨齐明史稿真迹第十四册、明通鉴、鲍氏战国策注、南迁录、北梦琐言、劫灰录、南疆逸史、历代统系、吴江陆干夫先生墓表、新化邹征君传、赵君闳行略、稷山段氏二妙合谱、明唐荆川先生年谱、闽中书画录、经济特科同征录、复堂日记、栩缘日记、宝迂阁日记、华阳国志、水经广注、邦畿水利集说、中吴纪闻、蒙古诸部述略、徐霞客游记等。(张玲)

3459

涉园序跋集録 / 张元济著;顾廷龙编. -- 北京:古典文学出版社,1957. -- 280 页. -- 10080.109(国家图书馆)

本书收录了由张元济先生所撰写的序跋160余篇,包括"周易郑康成注"、"汉上易传"、"春秋传"、"中庸记"、"尔雅疏"、"班马字类"、"春秋正义"、"礼记正义"、"洛阳伽兰记"、"大清一统志"、"故唐律疏义"、"翁文公日记"、"元朝秘史"、"宋史"、"三国志"、"新五代史记"、"吉云居书画録"、"李丞相诗集"、"南华真经"、"清波杂志"、"文始真经"、"通玄真经"、"唐人诗选"、"明诗选"、"居易堂集"等。(张玲)

3460

汲古阁书跋 /(明)毛晋著;潘景郑校订. -- 上海:上海古典文学出版社,1958. -- 139 页;19cm. -- 10080.201(国家图书馆)

明、清之际,杰出的藏书家和出版家毛晋创办的私人图书馆和出版机构——汲古阁,不但藏书丰富,而且校刻了许多精本,刊行全国,闻名于世。本书收录了毛晋为汲古阁藏书所撰写的书跋200余篇,包括"京氏易传"、"苏氏易传"、"子夏诗序"、"子贡诗传"、"诗外传"、"南堂书"、"苏子瞻外记"、"法书要录"、"群芳谱"、"晦庵题跋"、"魏公题跋"、"西京杂记"、"六一题跋"、"石门题跋"、"西山题跋"、"姑溪题跋"、"霞外诗集"、"南村诗集"、"云林诗集"等。(张玲)

3461

绛云楼题跋 /(清)钱谦益撰;潘景郑辑校. -- 北京:中华书局,1958. -- 195 页;19cm. -- 10018.70(北京师范大学图书馆)

江苏常熟绛云楼是明末清初江南最大的藏书楼,名闻遐迩。楼的主人是当时著名的学者兼诗人钱谦益。后来绛云楼失火,现今已荡然无存。本书是钱谦益曾为绛云楼藏书所写的题跋,包括"季氏春秋私考"、"前后汉书一"、"左传随笔一"、"春秋繁露一"、"易笺"、"列女传"、"修史小引"、"文房四谱"、"中书科书卷"、"东坡志林"、"营造法式"、"吴越春秋"、"本草"、"黄正义扇"、"宋版法华经"、"苏眉山书金刚经"等230余篇。(张玲)

3462

重辑渔洋书跋 /(清)王士桢撰. -- 北京:中华书局,1958. --104 页;19cm. -- 10018.95(中国科学院国家科学图书馆)

渔洋书跋,旧有1876年仁和葛元煦啸园丛书刊本,亦称渔洋书籍跋尾,分上下卷,凡115篇。此次重辑,仅从带经堂全集中渔洋文、蚕尾文、蚕尾续文钞出,都230篇,恰比葛刻本增加一倍,依四部排比,便于阅读。带经堂全集刻于1710年,距今已250年,传本不多。渔洋以诗负盛名,故后来翻刻者皆一再刻诗,不及其文。然其文条达舒畅,题跋之作,尤直抒胸臆,耐人寻味。(张玲)

3463

史记书录 / 贺次君著. -- 北京:商务印书馆,1958. --234 页;20cm. -- 7-310-00861-8(北京师范大学图书馆)

《史记》一书记录了我国从黄帝到汉武帝大约三千年的历史,是我国第一部伟大的史书。史记流传一千多年来,抄本、刻本虽然很多,遗留下来的却很少。本书著录的六十多本,或是仅存的孤本,或是我国已经失传,而大部分是北京图书馆收藏的。其中六朝、唐朝,明、清学者们未曾见过,置于蜀刻、绍兴、杭州、淮南、建安、桐川、中统、安福诸本,目录学家虽有记载,但不确实。对于这种情况,作者从各本的内容上分析研究,以弄清他们的本来面目和源流。(张玲)

3464

古籍版本知识 / 北京古书店编. -- 北京:北京中国书店,1961. -- 244 页;26cm(中国科学院国家科学图书馆)

本书是北京古书店内部业务学习的一本讲义。收售古书,对保护古籍和为批判地继承祖国文化遗产提供资料都具有重要的意义。北京古书店的从业人员,在长期的实际工作中,积累了一些知识、经验。为了继承这些有用的知识和经验,做好古籍收售工作,更好地为社会主义事业服务,特编印了本讲义。全书包含"常用名词术语浅释"、"中国版刻图书源流"、"关于活字版"、"古书用纸"、"怎样鉴定版本"、"历代藏书家举要"、"古书装订修补知识"、"同书异名考"等内容。(张玲)

3465

中国版刻图录 / 北京图书馆编. -- 北京:文物出版社,1961. -- 8 册;27cm. -- 线装. -- 7-5010-0001-8(国家图书馆)

本书是一部系统反映中国雕版印刷成就的大型书影图谱。该书选辑中国雕版印刷术发明以后历代雕版印刷的书籍中有代表性的作品的样页,按刻版时代和刻版地区编排,展示了各个时代刻版印刷技术的发展,从中可看到同一时代不同地区刻印的书在字体风格上的差异以及同一地区不同时代版刻风格的延续性。该书在刻版书籍之后,还增加了活字印本与版画部分,各成系统。对所选之书,每种都撰有说明,内容为该书版刻特点、版本鉴定的依据、雕版源流、补版先后等。该书由文物出版社以珂罗版影印出版,1960年初印,选书500种,有图版662幅,用宣纸印刷300部。1961年增订再版,选书550种,有图版724幅,用道林纸印制500部。(张玲)

3466

中国古代书籍史话 / 刘国钧著. -- 北京:中华书局,1962. --144页,6页图版:图,摹真;19cm. -- 11018.402(国家图书馆)

本书不是一本系统的书史著作,而只是对我国封建社会时期书史上某些重大事件的概述。但是为了说明这些发展的背景,也概括地谈了一下书籍产生的过程和奴隶社会时期书籍的情况。本书共分十篇。第一篇是概论性质,说明书籍产生和发展的大略情况;第二篇是关于奴隶社会的书籍;第三篇以后,分别是战国秦汉的简策、帛书和纸的发展、魏晋至隋朝的纸写本、石刻的书籍、印刷术的发明和发展、宋元明清的刻书事业、印本书籍的制度和风格、印本时期的写本,这些基本是以问题为中心,择要叙述封建社会在书史发展上的重大事件和情况。(张玲)

3467

书话 / 唐弢著. -- 北京:北京出版社,1962. -- 117页:图21cm. -- 其他题名: 晦庵. -- 10071.607(国家图书馆)

唐弢(1913—1992),浙江镇海人。现代散文学家、文史研究家。20世纪30年代起从事创作,以散文、杂文为主。40年代创办《周报》,主编过《文汇报》副刊《笔会》。出版杂文集、散文集、评论集二十余种。40年代以来,以"晦庵"为笔名撰写"书话",用序跋式散文形式,钩稽现代文学、文化、出版工作的大量史料。本书收晦庵所作《守常全集》、科学小说、闲话《呐喊》、半农杂文、《童心》、"怎样研究"丛书、《世界文化》第二期、翻版书、《子夜》翻印版、且说《春蚕》、再谈翻版书、"有人翻印,功德无量"、革命的感情、郑振铎与《新社会》《人道》、"取缔新思想"、关于禁书、关于禁书之二、关于禁书之三、书刊的伪装、"奉令停刊"、别开生面的斗争、若有其事的声明、在国外出版的书、《饶了她》、读余书杂、诗海一勺、译书过眼录、书城八记等,大都继承了中国传统藏书家题跋一类的文体,大都是含有专业知识的随笔或杂记。(张玲)

3468

香草续校书 /(清)于鬯著;张华民点校. -- 北京:中华书局,1963(2册),562页;20cm. -- 2018.74(国家图书馆)

于鬯,字醴尊,号香草,清江苏南汇人,生于咸丰四年(1854年),卒于宣统二年(1910年)。登光绪丁酉(1897年)拔萃科,未仕。会师事张文虎和钟文蒸。王先谦是他补廪膳生时座师。与俞樾等有往还。著有香草校书60卷、香草续校书22卷、战国策注33卷(另序录1卷、年表1卷)、周易续异3卷、尚书读异6卷、仪礼读异2卷等20多种。于氏的女婿张以诚在抗日战争时期保存了于氏的手稿,并抄校了副本。1954年,张以诚等把于氏著作的全部稿本和抄本分别捐献给江苏省人民政府和上海市人民政府。香草校收的是校勘经部的著作。续校收的是校勘子、史部的著作,包括老子至水经注、淮南子十五家。其中列杨,主要从列子辑录有关杨朱的言论,末尾三条辑自庄子、说苑和淮南子,全篇没有著者案语,体例和其他各篇不同。(张玲)

3469

司马迁所见书考 / 金德建著. -- 上海:上海人民出版社,1963. -- 432页;19cm. -- 11074.338(北京师范大学图书馆)

本书把西汉时期司马迁的《史记》所依据的典籍和他对于这些典籍所作的评论加以申述阐发,即对司马迁著作《史记》时所凭借的各种典籍加以探讨。由此在辨章学术、考镜源流上,可在刘向、刘歆、班固三大家之外,另增司马迁这一大家,为目录学另辟了一片新境地,使我们对于古籍的异同得失能有所比较、具见本末。《史记》中常常提到某家的某书有若干篇或有若干章,将这些资料汇集起来,性质上如同班固的《汉书·艺文志》,这些内容作者在本书的某些部分也加以探讨,用以当作著录西汉时代图籍的史家的目录,从而具体而微地体现官私目录、书志解题的所长。(张玲)

3470

中国书的故事 / 刘国钧著. -- 北京:中国青年出版社,1963. -- 110页:图表;19cm. -- 1955年初版,书末附中国书籍制度发展简表. -- 11009.21(国家图书馆)

本书是全面介绍我国图书起源与发展的著作。全书共分8章。第一章文字和图书的起源;第二章介绍了甲骨的书、青铜器的书和石头的书;第三章为竹木的书、简策,作者详细介绍了简策制度和简策时期的著作;第四章帛书和初期的纸书——卷轴;第五、六章作者分别介绍了雕版印刷术和活字印刷术的发明与发展;第七章从印刷术发明后的著作、版本知识的初步和册叶制度三方面论述了印刷术发明后的书籍;第八章为近代和现代的书籍,作者详细论述了机械化印刷术的采用、近代的著作和出版事业、现代的著作和出版事业、近代和现代的书籍制度等内容。最后作者还在附录中给出了中国书籍制度发展简表。(张玲)

3471

广校雠略 / 张舜徽著. -- 北京:中华书局,1963. -- 212页;21cm. -- 17018.55(国家图书馆)

本书共有5卷19论100篇文章。卷一包括校雠学名义及封域论两篇、著述体例论10篇、著述标题论8篇;卷二包括作者姓字标题论5篇、补题作者姓字论4篇、援引古书标题论8篇;卷3包括序书体例5篇、注书流别论2篇、书籍传布论2篇、书籍散亡论2篇、簿录体例论4篇、部类分合论7篇;卷4包含书籍必须校勘论2篇、校书非易事论4篇、校书方法论6篇、清代校勘家得失论3篇、鉴定伪书论3篇、搜辑佚书论5篇;卷5包含汉唐宋清学术论18篇。作者还在附录中给出汉书艺文志释例、毛诗故训传释例、世说新语注释例等内容。(张玲)

3472

五十万卷楼群书跋文(一) / 莫伯骥. -- 台北县:文海出版社,1967. -- 660 页;20cm. -- 国学集要二编; 17(国家图书馆)

"国学集要二编"主编马小梅。原著者,中国近代著名藏书家莫伯骥。该书是抗战胜利后作者收理群书而作之改进整理本。内页有胡适提签,第一序言为叶恭绰序,第二序为容肇祖序,第三是著者序。本册是《五十万卷楼群书跋文》第一册。收经部和史部跋文若干。分为:经部一、经部二、经部三。内容涉及周易、毛诗、礼记、春秋、尔雅、说文解字等。其后为史部一、史部二。(赵红)

3473

五十万卷楼群书跋文(二) / 莫伯骥. -- 台北县:文海出版社,1967. -- 661—1316 页;20cm. -- 国学集要二编; 17(国家图书馆)

本书是《五十万卷楼群书跋文》的第二册,从 601 页到 1316 页。内容紧接第一册,史部三:武林书事、东国通鉴、职官分纪等。集部分:集部一、集部二、集部三、集部四、集部五、集部六、集部七。收史部、集部跋文若干。内容有楚辞章句、曹子建集、嵇康集、岳王集、文苑英华、文萃、雍熙乐府等。(赵红)

3474

正杨:四卷 /(明)陈耀文. -- 台北:台湾学生书局,1971. -- 256 页;20cm. -- 杂著秘笈丛刊. 4(国家图书馆)

杂著秘笈丛刊,屈万里主编。该册为明隆庆三年(1569)刊本。刘兆祐作"叙录",该书所陈皆为订正杨慎说部之误,故名正杨。按著者列举杨慎之误分为四类。第一类,直击杨氏之误而订正之;第二类,揭示杨氏伪造之古书;第三类,著者不满杨氏所说,又不足订正;第四类,杨氏之说不误,著者为其作进一步注释。书中 150 条目中,除订误外,另有补充、存疑。(赵红)

3475

中国古籍研究丛刊 / 明伦出版社. -- 台北:明伦出版社,1971. -- 1 册;21cm. -- 包括《中国史学要籍介绍》《中国古籍校读指导》《中国古书版本研究》(国家图书馆)

该丛刊辑古籍研究书 3 部。①《中国史学要籍介绍》共 10 章。第一章历史书籍的范围,第二章研究中国古代史的基本书籍,第三章百科全书式的通史,第四章仿效史记写作形式编成的断代史,第五章专详治乱兴衰的政治史,第六章专详文物典章制度的制度史,第七章以地域为记载中心的方志,第八章和研究历史有密切关系的沿革地理与地图,第九章史评书籍的代表作品,第十章研究中国历史的重要书籍简目。②《中国古籍校读指导》共 4 编。第一编通论——校读古代史籍的基本条件;第二编分论上——关于校书;第三编分论下——关于读书;第四编附论——辨伪和辑佚。③《中国古书版本研究》主要介绍版本和善本知识,附图版目录。(赵红)

3476

古今伪书考补证 / 姚际恒原注;黄云眉补证. -- 台北:文海出版社有限公司,1972. -- 348 页;19cm(国家图书馆)

本书为金陵大学中国文化研究所丛刊之一,系就姚际恒古今伪书考加以补证,编次仍依原书,先录清人及近人辨伪之文,不足则以四库提要继之,又不足始以己意补之,其有与姚说参差者,别表附后,以便省览,实集诸家考证古今伪书之大成。兹依民国二十年原刊本影印。(赵红)

3477

古书版本常谈 / 毛春翔. -- 香港:中华书局香港分局,1973. -- 109 页;19cm. -- 962 – 231 – 523 – 2(国家图书馆)

该书简要介绍中国古书版本的知识。包括什么叫作"版本"、什么叫作"善本"、我们为什么要研究版本、中国雕版印书始于何时、并分别讲述了有关唐、五代刻本、宋刻本、辽金刻本、元刻本、明刻本、清代精刊本等。书内插图版多幅,有图版目录。(赵红)

3478

中国图书史资料集 / 刘家壁. -- 香港:龙门书店,1974. -- 803 页;23cm(国家图书馆)

本书共收入中国图书史论文 63 篇,包括胡厚宣、郭沫若、商承祚、陈垣、胡适、钱存训等大家的专业论述。内容从"文字起源"、"甲骨文"、"金文"、"石鼓文"、"帛书"到雕版印刷出现以后的历史典籍如《永乐大典》《古今图书集成》《四库全书》等都有论述。每篇论文后均有附注。书后有英文目录,书中有图片若干。编者自序概述了中国历史文献发展的脉络。(赵红)

3479

越缦堂读书记(上) /(清)李慈铭著. -- 台北:世界书局,1975. -- 再版;3 册;19cm. -- 中国学术名著. 第三辑. 中国目录学名著. 第二集. 2(国家图书馆)

该书为杨家骆主编的"中国学术名著"第三辑之"中国目录学名著"第二辑的第 2 册。就清代李慈铭越缦堂日记辑录。书前有著者简介。本册含哲学思想类一卷、政治社会经济类一卷、历史类五卷。(赵红)

3480

越缦堂读书记(中) /(清)李慈铭著. -- 台北:世界书局,1975. -- 再版; 3 册;19cm. -- 中国学术名著. 第三辑. 中国目录学名著. 第二集. 3(国家图书馆)

该书为杨家骆主编的"中国学术名著"第三辑之"中国目录学名著"第二辑的第 3 册。就清代李慈铭越缦堂日记辑录。书前有著者简介。本册含地理类一卷、科学技术类一卷、军事类一卷、语言文字类二卷、文学类上卷一至三。

3481

越缦堂读书记(下) /(清)李慈铭. -- 台北:世界书局,1975. -- 1 册;19cm. -- 中国学术名著. 第三辑. 中国目录学名著. 第二集. 4(国家图书馆)

该书为杨家骆主编的"中国学术名著"第三辑之"中国目录学名著"第二辑的第 4 册。就清代李慈铭越缦堂日记辑录。书前有著者简介。本册含文学类卷四至九分为词曲、小说、杂记、诗话、日记、尺牍。艺术类二卷分为金石、书画。宗教类一卷。综合参考类五卷分为类书、图表索引、目录题跋、综合性丛书、综合性笔记。劄记一卷。(赵红)

3482

中国古代书史 / 钱存训. -- 香港:香港中文大学出版社,1975. -- 187 页;20cm. -- 又名:书于竹帛(国家图书馆)

该书根据周宁森博士的中文译稿“书于竹帛”(Written on Bamboo and Silk,1962 年芝加哥大学出版社出版)增订而成。书前的著者“自序”简述成书经过,“前言”概述中国古代载籍的价值及演变。第一章绪论,第二章甲骨文,第三章金文和陶文,第四章玉石刻辞,第五章竹简和木牍,第六章帛书,第七章纸卷,第八章书写工具,第九章结论。书中图表目次:(1)甲骨文构造原则;(2)殷周鸟书;(3)史前陶器上类似文字的符号;(4)汉石经底本和字数;(5)河北房山石刻佛经。书后有“劳干后序”,及图版 28 幅。(赵红)

3483

版本学 / 陈国庆,刘国均. -- 台北:西南书局公司,1978. -- 165 页;21cm. -- 学术丛书. 57(国家图书馆)

该书对中国古代书史上的一些重大事件作了概要叙述。上篇分 10 章:第一章中国书籍的起源和发展,第二章上古的书籍,第三章战国秦汉的简策,第四章帛书和纸的发明,第五章魏晋至隋唐的纸写本,第六章石刻的书籍,第七章印刷术的发明和发展,第八章宋元明清的刻书事业,第九章印本书的制度和风俗,第十章印本时期的写本。下篇分 5 章:第一章总论,第二章版本的名称,第三章版本的款识,第四章书籍装订的演进,第五章书籍的装饰和书外的附属品。书中有插图若干并有目次。书后附版本学索引。(赵红)

3484

士礼居黄氏学 / 封思毅. -- 台北:台湾“商务印书馆”,1978. -- 175 页;17cm. -- 岫庐文库;049(国家图书馆)

岫庐文库由王寿南、陈水逢主编。编者弁言简述其编辑原则,该文库每册书 5—15 万字,以出版新著为主,古籍旧书不纳。该册包括:引言、第一章士礼居士黄氏目录学,第二章士礼居士黄氏版本学,第三章士礼居士黄氏校勘学,第四章士礼居士黄氏学行之影响,第五章士礼居士黄氏学行之批评、结语。附本书参考引用群集简写一览、士礼居士藏书“冲虚至德真经”书影。(赵红)

3485

古籍版本鉴定丛谈 / 魏隐儒编. -- 太原:山西省图书馆(内部出版),1978. -- 116 页;19cm(中国科学院国家科学图书馆)

本书共分 10 章,从古籍版本史略、分类、术语、印刷和鉴定方法等诸方面,对古籍版本鉴定作了详细论述;对版本学、目录学等相关内容及版本鉴定中应该注意的问题做了简要的介绍。另在附编中编辑整理了研究古籍版本、目录学应具有的知识。本书内容丰富,通俗易懂。作者积三十年之经验,从实际工作出发,全面、系统地进行阐述,范围广、实用性强,适合于古籍版本鉴定人员、图书馆工作人员、大专院校文科师生以及广大古籍爱好者阅读。(张玲)

3486

中国书籍史话 / 叶松发. -- 高雄:白庄出版社,1978. -- 181 页:照片;20cm. -- 白庄学术. 1(国家图书馆)

该书共 6 章。第一章绵延不断的知识,第二章上古的书籍,第三章书籍材料的演变与发展,第四章中国书籍装订的演变,第五章书籍的毁灭与保存,第六章书籍的组成。书后有图版 30 幅,包括青铜器铭文、汉瓦当、秦石刻、居延汉简、唐代叶子、隋代卷轴、金刚般若婆罗密经等。有版图目次及重要参考书目。(赵红)

3487

古代文献基础知识(初稿) / 赵振铎编. -- 成都:四川省中心图书馆委员会(内部出版),1978. -- 111 页;19cm(国家图书馆)

本书共 8 章。第一章古籍部类,简要介绍了古籍的分类、七略和四部及经史子集四部;第二章书籍制度;第三章古书体例;第四章古书注释;第五章版本概述;第六章文字校雠;第七章伪书鉴别,包含伪书出现的原理、鉴别伪书的一般方法;第八章古书的传播、辑佚。(张玲)

3488

伪书考五种 清代禁书知见录 /(唐)孔颖达. -- 台北:世界书局,1979. -- 1 册;19cm. -- 中国学术名著. 第二辑. 中国目录学名著. 第一集. 第五册(国家图书馆)

该书为杨家骆主编的“中国学术名著”第二辑之“中国目录学名著”中的一册。“伪书考五种(八卷)”:唐人辨伪集证一卷,(唐)孔颖达等撰;朱熹辨伪书语一卷,(宋)朱熹撰;诸子辩一卷,(明)宋濂撰;四部正伪三卷(明)胡应麟撰;古今伪书考一卷,(清)姚际恒撰;宋胡姚三家所论列古书对照表一卷,姚名达撰。“清代禁书知见录”(孙耀卿撰)。包括“清代禁书知见录”和“清代禁书知见录外编”各一卷,均有检字表。(赵红)

3489

中文工具书使用法参考材料 / 北京大学图书馆学系. -- 北京:北京大学图书馆学系(内部出版),1979. --263 页;19cm(北京师范大学图书馆)

本书是在 20 世纪 70 年代末为图书馆学系函授生学习“中文工具书使用法”课程而编辑的。书中收录了“中国辞书史话”、“谈字典、词典的使用”、“《说文解字》的价值和功用”、“《辞源》出版说明”、“影印明本《册府元龟》序”、“专详文物典章的制度史”、“《四库全书总目》出版说明”、“影印《永乐大典》序”、“《古今图书集成》的情况、特点及其作用”、“《五四时期期刊介绍》出版说明”等文章 20 余篇。这些参考资料,着重于讲述工具书与使用工具书时所必备的知识,都是针对学员学习中的难点或实际需要而选定的。(张玲)

3490

福建版本资料汇编 / 方光品著. -- 福州:福建师范大学出版社,1979. -- 126 页;26cm(国家图书馆)

福建刻书种类众多,且多著名刻书家,他们所刻印的书籍有着自己的独特风格和特征,在我国雕版史上占有重要的地位。福建刻书可以说是我国古代雕版印书的一个侧影。关于福建刻书,《福建通志》中有《福建版本志》和一些零星杂著,但都不是很系统,所列的版本又不多。本书的编者翻阅一些前人藏书家的目录、题跋、藏书志和现今几个图书馆的目录,将福建所刻书籍摘抄八百多种版本,汇集成编。本书分两个部分:第一是根据时代、地方及刻书者为纲,列出其所刻各书;第二则分类列出书名、作者、版本及其存佚情况等,以便检寻。书后还附有一些重要的福建版本书影。(张玲)

3491

书籍知识 / 高峰编写. -- 陕西:陕西省图书馆印(内部出版),1979. -- 95 页;19cm(国家图书馆)

本书是 1979 年陕西省图书馆为陕西省印刷技工学校图书发行专业编写的一本讲稿,它只是供学生学习图书发行业务的讲义。本书共 10 章。第一章简要介绍了书籍和人类社会的密切关系,第二章概述中古历史,第三章详细论述了汉字的发生和演变,第四章介绍了甲骨文、青铜器等最原始的书,第五章用书籍制度的简策和文书制度的版牍两节内容介绍了简策制度的书籍,第六章石刻书和纸的发明,第七章卷轴制度的书籍,第八章详细论述了宋、元、明、清各时代册叶制度书籍的发展,第九章为近、现代图书出版事业介绍,第十章书籍的名词术语简释。(张玲)

3492

涉园序跋集录 / 张元济. -- 台北:台湾"商务印书馆",1979. -- 280 页;22cm(国家图书馆)

本书由清末学者张元济著,顾廷龙编。涉园是张元济先生在浙江海盐的书斋。著者家学渊源,自宋至清末,家族科第迭出。他广泛搜集中外图书,以善本书为多。本书辑中国古代各朝代书籍序跋共 248 篇。书后有王云五先生跋,文中介绍了著作者丰富的经历以及对中国出版事业的巨大贡献。(赵红)

3493

藏书纪事诗等五种 /(清)顾广圻. -- 台北:世界书局,1980. -- 1 册;19cm. -- 中国学术名著. 第二辑. 中国目录学名著. 第一集. 第六册(国家图书馆)

本书为中国目录学名著系列丛书,杨家骆主编。《藏书纪事诗等五种》依次为:(1)《百宋一廛赋》影印本,元和顾广圻撰,吴县黄丕烈注。(2)《藏书纪事诗》七卷,叶昌炽撰。(3)《武林藏书录》清丁申撰。(4)《吴兴藏书录》清郑元庆撰、范锴辑。(5)《百宋楼藏书源流考》日本岛田翰撰。(赵红)

3494

中国书史参考文选 / 北京大学图书馆学系目录学教研室. --北京:北京大学图书馆学系(内部出版),1980(北京大学图书馆)

本书系北京大学图书馆学系目录学教研室为配合"中国书史"课程学习,在 1980 年编辑出版的辅助读物。书中重点选收了有关我国图书起源、书籍制度、历代图书出版发展的论著、文章或资料。根据材料的篇幅和内容有的全文收录,有的只作节录。资料的编排以时代为序,在时代之内,再依专题区分。以古代、近代资料为主。有关建国后的图书出版事业发展的材料入选较少。书中古代部分的内容分为早期的中国书、纸与写本书、印刷术和印本书、我国古代书籍装帧制度的演变 4 个部分;近现代部分包含我国的早期报刊、现代印刷术的传入与利用、党领导下革命书刊的出版与发展三部分内容。(张玲)

3495

常用几种国外科技文献检索工具书的使用方法 / 第三机械工业部第六二八研究所. -- 第三机械工业部(内部出版),1980. -- 外检班教材(北京大学图书馆)

全书内容涉及科技情报检索概述、美国工程索引及其使用方法介绍、NASA 报告及其文献的检索方法、CRA&I 及其检索方法、美国 SAG 概况及其文献的检索方法、几种美国标准资料及其检索方法、关于会议和会议文献的检索、美国专利文献及其检索方法、日本专利文献及其检索方法、美国专利文献及其检索方法。(张玲)

3496

古今伪书考补证 / 黄云眉著. -- 济南:齐鲁书社,1980. -- 333 页;19cm. -- 17206.1(北京大学图书馆)

本书作者于 1977 年逝世,本次重印是按照山东人民出版社 1964 年版重排的。全书分经类、史类、子类,对各类所属的相关书籍真伪进行补证。其中经类包括对《易传》《麻衣正易心法》《古三坟书》《孝经》《孔子家语》《周礼》等书籍真伪的补正;史类包括对《竹书纪年》《穆天子传》《汉武故事》《十六国春秋》《致深录》等书籍真伪的补正;子类包括对《子华子》《司马法》《文中子》《公孙龙子》《商子》等书籍真伪的补正,还分"有真书杂以伪者"、"有本非伪书而后人妄托其人之名者"、"有两人共此一书名今传者不知为何人作者"等类分类整理。书后附原著补证异同表。(张玲)

3497

古书同名异称举要 / 张雪庵著. -- 济南:山东人民出版社,1980. -- 272 页;19cm. -- 17099.34(国家图书馆)

古代书籍同名者众多,古书同名是由于古时书籍流传范围小,交流少的缘故。本书中所涉及的先秦至清末的书籍多达五千六百余种。最少的一个书名有两本书重名,多的达四五本。有同时代相重的,也有几个朝代出的书,不同作者,不同内容,而书名相同的。《古书同名异称举要》一书的出版,对考核古籍源流,辨证伪误极有价值。全书分为 3 个部分。"同名部分"主要收录书名完全相同但不是一种书的情况,如:本事诗(诗文评:1. 唐孟棨撰;2. 清徐釚撰);"异称部分",指同书异名的情况,如:安陆集(宋张先撰)(张子野词、子野词);"附录部分",对书名与语词、书名与人名作简要分辨,对书名中的生僻字、词注音。此书选取的都是比较重要或常见的书籍,对旧钞、手稿和绝版罕见的书,一般是不著录的。(张玲)

3498

古代文献知识 / 赵振铎著. -- 成都:四川人民出版社,1980. -- 223 页;19cm. -- 汉语基础知识丛书. -- 9118.7(国家图书馆)

全书分 8 章内容介绍了古代文献知识。第一章作者用分类和目录、七略与四部、经部、史部、子部、集部六节内容详细介绍了古籍的部类;第二章为书籍制度,包括我国最早的书籍甲骨、我国正式的书籍简策、向卷轴过渡的书籍帛书、卷轴、最古的版本书石经、版本和线装书六节内容;第三章作者详细介绍了古书的体例,包括作者、书名、序录、目录、篇第;第四章中作者详细介绍了古书的注释,包括注释的名称、术语和类别以及如何正确地使用古籍注释;第五章为版本概述,包括版本类别、写本、宋版书、元明清的刻本、活字本、套色版和丛书等内容;第六章为文字校雠,分古籍错落举例、选择善本、校正错落的其他方法、校书应注意的问题等内容;第七章中作者用伪书出现的原因、鉴别伪书的方法、辩伪余论三节的内容论述了伪书鉴别;第八章包括古籍的传播、辑佚简史、辑佚的方法及几个应注意的问题等古籍的搜辑阙佚。(张玲)

3499

中国书的历史 / 庄威著. -- 上海:上海人民出版社,1980. --106 页:插图;19cm. -- 11074.418(国家图书馆)

本书以 20 篇文章的形式讲述了中国书的历史,分别为从开卷有益谈起、结绳与刻木、产生了文字、最早出现的甲骨的书、青铜的书、玉片和石片的书、竹木的书、丝织品的书、书籍材料上的一个大革命、写本书的黄金时代、发明了雕版印刷术、刻书事业的发展、又发明了活字印刷术、彩色套印的书、从卷轴到册叶、两部最大最著名的抄本书、近现代书籍、图书是怎样分类的等。(张玲)

3500

类书的沿革 / 戴克瑜, 唐建华主编. -- 成都:四川省图书馆学会(内部出版),1981. -- 116 页;19cm. -- 四川省图书馆学报丛书(中国科学院国家科学图书馆)

类书是我国古代工具书的一种主要类型,是中国式的百科全书,也是研究和校勘我国古典文献不可缺少的重要工具书。本书介绍了类书的概念及特点,类书的起源和《皇览》的产生,齐梁时期的类书,唐、五代时期的类书,宋、元时期的类书,明朝时期的类书,清朝时期的类书,以及在此研究基础上而形成的结论。书后附有现存类书书目。(张玲)

3501

一氓题跋 / 李一氓著. -- 北京:三联书店,1981. -- 325 页:照片;21cm. -- 7002.22(国家图书馆)

本书收录了李一氓先生所写的序、题跋、后记等 90 余篇,包括英国工党的假社会主义译后记、花间集校后记及补记、江山如此多娇摄影集序、阿英文集序、陈老莲水浒叶子跋、淮阴地区抗日战争回忆录序、西湖十景后记、胡考人像素描序、邓拓书法选序、避暑山庄图序、齐燕铭印谱序、邹建东摄影集序、宋本杜工部草堂诗笺、明正德本放翁律诗钞、明万历本唐诗四种、明刊明诗十二将、明刊白岳游稿、清初刊本翠楼记、清康熙本广志绎、清咸丰官票宝钞、英文本杜甫传、介绍丁聪的鲁迅小说插图等。(张玲)

3502

陕西人民出版社成立三十周年纪念集 / 陕西人民出版社编. -- 西安:陕西人民出版社,1981. -- 93 页:图, 摹真;19cm(北京大学图书馆)

为了纪念陕西人民出版社成立三十周年,陕西人民出版社出版了本纪念文集,文集中收录了曹靖华、刘文西、李振声、武伯纶、史念海等人的题词,王光清、林季周、孙华等人的诗文,还收录了“评《政治经济学(社会主义)》”、“读三本研究古都西安的专著”、“介绍《中共党史人物传》第一卷”、“春城飞花又逢春”等图书评论,另包括“努力向青少年进行爱国主义教育——《美丽的青海湖》的写作体会”、“写作《万里黄河》的几点体会”、“我进行癌瘤中医放置研究的情况”等几篇写作体会。(张玲)

3503

“国立中央图书馆”善本题跋真迹 / “中央图书馆”特藏. -- 台北:“中央图书馆”,1982. -- 4 册;26cm(国家图书馆)

该书是“中央图书馆”馆藏善本图书中的题跋文字影印汇编,全编共收图书 1063 部,以题跋真迹为限,传抄他人题跋者不录,但同一书本中兼有真迹与传抄者则一并收入。按经、史、子、集四部分类。全编分 4 册。第一册:经部易类至史部外国史类。第二册:史部地理类至子部杂家类。第三册:子部类书类至集部别集类。第四册:集部别集类(明)至丛书部,附题跋者索引。(赵红)

3504

中国图书知识 / 何卜吉编著. -- 南宁:广西人民出版社,1982. -- 150 页;19cm. -- 图书馆专业进修教材. --7113.444(北京师范大学图书馆)

本书是图书馆专业进修教材中的一册。全书共 10 章。第一章文字的产生和我国早期图书的出现,第二章公元前 770 年—221 年春秋战国时期的图书,第三章公元前 221 年—公元 280 年西汉三国时期的图书,第四章公元 265 年—589 年两晋南北朝时期的图书,第五章公元 580 年—979 年隋唐五代时期的图书,第六章公元 960 年—1368 年宋元时期的图书,第七章公元 1366 年—1840 年明代和清代前期的图书,第八章公元 1840 年—1919 年从鸦片战争到五四运动前的图书,第九章公元 1919 年—1949 年从五四运动到新中国成立前的图书,第十章公元 1949 年以来新中国的图书。(张玲)

3505

中国书史简编 / 刘国钧著;郑如斯订补. -- 北京:书目文献出版社,1982. -- 164 页;21cm. -- 7202.29(国家图书馆)

本书分 8 章内容简要介绍了中国图书史,包括图书的社会意义、从文字发生到公元一世纪末的中国书、从公元二世纪到八世纪的中国书、从公元九世纪到十三世纪末叶的中国书(自唐朝后期到宋末)、从十三世纪末叶到十九世纪中叶的中国书(自元至鸦片战争)、从公元十九世纪中叶到五四运动前夕的中国书、从五四运动到中华人民共和国成立期间的中国书、中华人民共和国的图书和出版事业。(张玲)

3506

中国图书文史论集 / 马泰来. -- 台北:正中书局,1982. -- 379 页;26cm(国家图书馆)

本书收录 33 篇论文,辑为上下两编。上编多关于图书目录的探讨,下编则为文史考据之研究。附录钱氏生平及著述目录。内容有:从雕版印刷到活字印刷发展中的几个问题、宋代四川印刷的特色、南宋杭州印刷浅谈、清代盛世之皇室印刷事业、武英殿四库全书总目出版问题、台湾地区汉学

研究近况、芝加哥大学所藏商代甲骨、由王国维书信集试探其生平及学业等。(赵红)

3507

中国文献学 / 张舜徽著. -- 郑州:中州书画社,1982. -- 388 页;21cm. -- 17219. 1(国家图书馆)

本书是我国文献学领域的奠基性著作,分 12 编,60 章。除论述文献学的范围、任务和古代文献的流传及类别外,对版本、目录、校勘等有关整理文献的基本知识论述尤为详明。前人整理文献的具体工作和丰硕成果,历代校雠学家整理文献的辉煌业绩,书中都作了总结性的介绍。最后两编,对今后整理文献的工作指出了努力途径,提出了具体设想,如甄录古代遗文、改造二十四史、整理地方志书、融贯诸子百家等。(张玲)

3508

科学文摘等十二种检索工具简介及其分类表 / 大连工学院图书馆(内部出版),1983. -- 237 页(国家图书馆)

本书是大连工学院图书馆根据本馆开展参考咨询和定题服务工作的需要,以馆藏的主要西文检索工具书为基础,将这些检索工具的简介连同其英汉对照主题表或分类表编辑而成的辅助工具,分册陆续出版。本书为第二辑,收录了《英国科学文摘》《金属文摘、金属文摘索引、合金索引和合金摘要》《最新激光文摘杂志》《计算机文摘》《计算评论》《美国政府报告索引》《美国政府报告通报和索引》《电子学和通讯文摘》《电子学和通讯文摘杂志》《宇宙航行科技报告》《国际宇航文摘》等十余种工具书。(张玲)

3509

古书今读法 / 胡怀琛. -- 台北市:文镜文化事业公司,1983. -- 92,35 页;17cm. -- 文镜文库; 4(国家图书馆)

全书分 10 章。内容包括何谓古书、何以要读古书、古书与今日社会发生关系的、古书如何读法、三个字的口号、明学术源流、材料与工具、读了若干部古书所得到的概念等。书前有例言,书后有注释及书名、人名索引。(赵红)

3510

中国书史简说 / 四川图书馆学会主编. -- 成都:四川省中心图书馆委员会(内部出版),1983. -- 127 页;19cm(中国科学院国家科学图书馆)

全书共分 7 章。第一章甲骨文,介绍了文字的产生,甲骨文的发展和研究,甲骨文的形式和契刻,殷商时期的字汇和书体,卜辞的内容和排列,甲骨文中的记事文;第二章金文和陶文,介绍了金文的性质、特征和用途,货币文字、印章、封泥,陶器、砖瓦款识;第三章玉石刻辞,包括石鼓文及碑、摩崖、墓志,石井,释道经典刻石,拓刷的起源和技术;第四章竹简木牍,包括书籍材料的演化,简策书籍,木牍书籍,简牍的单位及编装形式;第五章帛书,介绍了丝织文化的起源,帛书的年代和发展,帛卷的材料及形式,帛书的特殊用途;第六章纸卷和印刷术,阐述了纸的发明,敦煌纸卷,卷轴制度和册叶制度;第七章印刷术对书籍的影响,介绍了印刷术的发明,印本书籍的风格,近代印刷术的传入、近代书籍的发展及现代科学技术对书籍的影响等内容。(张玲)

3511

张元济傅增湘论书尺牍 / 张元济, 傅增湘著. -- 北京:商务印书馆,1983. -- 392 页;21cm. -- 10017. 14(北京师范大学图书馆)

张元济先生自 1915 年初直至 1959 年逝世,为商务印书馆主持编校影印《百衲本二十四史》《四部丛刊》《续古逸丛书》《孤本元明杂剧》等大部丛书以及《太平御览》《册府元龟》等类书。为这些书籍按集寻访版本、校勘比对,和当时国内的藏书家、版本校勘家有很多书信往来,探究源流、辨别版本得失。由于这些书信很难搜集,但和傅增湘先生的往来信件还比较完整,从 1912 年他们开始讨论古籍直到傅先生逝世前一年,大部分都在。本书在 1981 年商务印书馆编印的《张元济书札》所收录的张先生给傅先生书信的基础上,从上海图书馆获得部分张先生捐赠的傅氏原信和自留底稿,合并整理后得到 622 封信件,并将全部信件以发信时间排列,按年编码。书中遇有原件不署收发信人姓名或将收发信人姓名写在信尾者,在信码后用方括号加注。对收信人批语进行照录,并用鱼尾号括出。(张玲)

3512

校勘学史略 / 赵仲邑编. -- 长沙:岳麓书社,1983. --162 页;21cm. -- 17285. 1(国家图书馆)

训诂和校勘在我国都源远流长。我们学训诂学和校勘学,既要从横的方面来学,又要从纵的方面即从史的方面来学;既要总结时贤训诂和校勘的经验,又要总结前贤的经验。所以编者所编训诂学的教材,基本上是从史的发展来看的,故本书定名为《校勘学史略》。全书共 6 章,绪论中介绍了校勘和校勘学、校勘的必要性及对象;随后的章节分别介绍了校勘事业建立、衰落、复兴、全盛时期的重要作品及校勘家等内容,并在最后一章讨论了从史的发展看校勘的目的、条件和方法问题。(张玲)

3513

明代版刻综录 / 杜信孚纂辑. -- 扬州:江苏广陵古籍刻印社,1983. -- 8 册. -- 17100(古).07(国家图书馆)

明代刻书之风盛行,供职于南京图书馆的杜信孚先生在其所著《明代版刻综录》中,共收明刻近万种,朱明三百七十余年所有刊本存世者,包括官刻、坊刻、家刻,均按刻书家著录。该书共 1 函 8 册 8 卷,在第七卷后还附有勘误表一张。(王旭东)

3514

图书学大辞典 / 卢震京著. -- 台北:台湾"商务印书馆",1984. -- 1 册:图;20cm. -- 3 版. -- 含索引(南区工具书阅览室)

本书节述了各种图书学说,并提示图书馆所用的术语,摘叙中外图书制度之概要,以供图书馆及学者参考。书内有民国时期上海中国国际图书馆、上海市立图书馆、山东大学图书馆、山西公立图书馆、木刻板、文渊阁、文渊阁书目、天文堂藏书楼、中法大学图书馆等词条。书前有彩图"金碧本十三世纪圣经图说","北平图书馆藏蝴蝶装(文苑英华)照片",王文山、李小缘、沈祖荣等序。书后有附录图书学西文

略字表、中西文编目条例、历代藏书家室名索引等。(赵红)

3515

书籍装祯艺术简史 / 丘陵编著. -- 哈尔滨:黑龙江人民出版社,1984. -- 115 页;19cm(北京大学图书馆)

本书从原始的书籍形式一直叙述到解放前夕,是我国装帧史研究领域第一本较系统的文献资料。全书共 4 章。第一章论述书籍的产生与书籍美术;第二章介绍了中国书籍的装帧艺术及其发展,包括六朝至隋唐时期的卷轴装、旋风装与经折装、五代至宋时期的蝴蝶装、元明清时期的包背装及线装、近代的平装及精装、古代的插图及绣像等内容;第三章介绍了"五四"运动后至抗日战争前的装帧艺术,包括新文化与装帧艺术、鲁迅与装帧艺术、装帧艺术百花争妍等内容;第四章抗日战争后至解放前的装帧艺术。作者还在附录中给出书籍版本分类与名称百解。(张玲)

3516

古籍版本鉴定丛谈 / 魏隐儒, 王金雨编著. -- 北京:印刷工业出版社,1984. -- 196 页;20cm. -- 7266.02(北京师范大学图书馆)

本书共 8 个部分。第一部分介绍了古籍版本的各种类型;第二部分详细阐述了鉴定古籍版本的基本知识,包括一页书上的名词、装订的名词、文内符号的名词等内容;第三部分鉴别版本的几种方法,作者详细介绍了根据版记、封面和序跋来识别,根据题跋识语名家藏章来识别,根据书名虚衔来识别,根据避讳字来识别等八种方法;第四部分鉴别活字印本;第五部分介绍了如何鉴定钞本;第六部分为鉴定版本的程序和应该注意的问题;第七部分为古书用纸;第八部分简要介绍了工具书。(张玲)

3517

古籍版本鉴定丛谈 / 新文丰出版公司编辑部. -- 台北:新文丰出版公司,1984. -- 132 页;19cm. -- 学萃探原.6(国家图书馆)

全书分 8 部分。第一部分古籍版本的各种类型。第二部分鉴定古籍版本的基本常识,包括一页书上的名词、装订的名词、文内符号的名词、鉴别版本作为参考的名称、常识术语、区分官私雕版的名词、以刻印颜色区分的名词等。第三部分鉴别版本的几种方法,包括根据版记封面和序跋来识别、根据刻工姓名来识别、根据各家著录来识别、根据刻板特点来识别等。第四部分鉴别活字印本。第五部分怎样鉴定校抄本。第六部分鉴定版本程序和应注意的问题。第七部分古书用纸。第八部分工具书简介。(赵红)

3518

古籍整理论文集 / 中国历史文献研究会著. -- 兰州:甘肃人民出版社,1984. -- 316 页;19cm. -- 17096. 58(国家图书馆)

1982 年 7 月,中国历史文献研究会召开第三届年会,会议论文由中国历史文献研究会编写,甘肃人民出版社出版。全书收录"略谈古籍整理"、"古籍整理之我见"、"甲骨文字研究与古籍整理工作"、"读句读"、"怎样标点古书"、"阅读古籍应注意的一个问题"、"勘正新点校本二十四史顿号误用两则"、"今本《公孙龙子》考辨述评"、"《鬼谷子》研究"、"谈《史记》和《汉书》"、"新发现的一份西汉地下历史文献"、"两唐书本纪繁简论"、"《续资治通鉴长编》校勘释例"等论文 20 余篇。(张玲)

3519

古书校读法 / 胡樸安著. -- 南京:江苏古籍出版社,1985. --144 页;19cm. -- 17354.006(国家图书馆)

胡樸安(1878—1946 年),字韫玉,安徽人,近代著名学者。早年曾参加南社,辛亥革命期间在上海办报,后专门从事国学研究,著述颇丰。本书作于 1925 年,作者认为校读古书是整理国学的第一步,此书"详采清儒校读之成法,择要记之",并阐述了作者自己的看法,论述透彻,条理详明,对今天我们阅读和整理古籍有一定的参考价值。全书分绪论、论校书法、论读书法三部分。作者首先在绪论中说明了古书的范围、清儒校读古书的概况及校读古书的基础知识;在论校书法中,包含真伪辨别、版本源流、目录论次等内容;在论读书法中,详细介绍了文字通假、训诂异同等内容。(张玲)

3520

中国古代书籍史 / 李致忠著. -- 北京:文物出版社,1985. --197 页;19cm. -- 文物考古知识. -- 11068.1362(北京师范大学图书馆)

本书共 5 章,第一章绪论,作者介绍了本书的命名缘由,以及本书的撰写方式及侧重点,即就书籍的形成条件、制作材料、制作方法、装帧技艺、管理方式等问题作了详细的阐释;第二章文字的起源与书籍的产生,作者详细论述了文字的起源与形成、我国初期书籍的产生、正规书籍的产生等问题;第三章书籍的生产,主要包括书籍的生产材料、书籍的制作方法、历代书籍的生产概况;第四章中国古代书籍的装帧艺术,主要论述了中国古代书籍的版面装饰、插图版画及装帧形制的演变;第五章为中国古代对书籍生产和流通的管理。(张玲)

3521

化学文献指南 / 刘铸晋, 陆仁荣编. -- 上海:上海翻译出版公司,1985. -- 122 页;19cm. -- 根据 1973 年以来在上海有机化学研究所内部试用的资料《有机化学文献指南》改写而成. -- 13311.15(国家图书馆)

本书是根据 1973 年以来在上海有机化学研究所内部试用的资料《有机化学文献指南》改写而成,作者在书中补充了大量新型的分支较细的化学期刊和各种类型的工具书。全书共 8 章。第一章简要介绍了化学文献的分类;第二章介绍了期刊、专利和科技报告等化学领域的原始文献;第三章介绍了美国化学文摘、德国化学总览、苏联化学文摘、日本化学总览、英国文摘等化学领域的文摘;第四章文献索引;第五章介绍总结性文献;第六章详细介绍了化学实验技术参考书、有机合成设计、合成法操作手续等参考书;第七章为有机化学命名法;第八章介绍了如何检索文献和一些应该注意的问题。(张玲)

3522

访书见闻录 / 路工著. -- 上海:上海古籍出版社,1985. --

531 页;20cm. -- 17186.42(北京师范大学图书馆)

作者从 1951 年开始访书工作,在访书过程中撰写了本书。本书收集了从 1954 年到 1982 年期间作者在各地访书中陆续写下的部分文章,其中大多数在《人民日报》《光明日报》《文汇报》和其他刊物上发表过。这些文章记录了作者所见到的、新发现的古代书籍,介绍了一些国内外罕见的珍本书的内容,并对一批历史人物和优秀著作作了评价。为保存原始资料,以供读者研究,本书还附录了《王魁》等话本三种、魏良辅《南词引正》、吕天成《曲品》等原著。(张玲)

3523

群书序跋举要 / 彭铎编著. -- 济南:山东教育出版社,1985. -- 229 页;19cm. -- 17275.9(国家图书馆)

读书先读序,著述者撰写一部书将所作图书的宗旨、目的和动机写于序中。本书共收录郑玄"诗谱序"、孔安国"尚书序"、杜预"春秋左氏传序"、戴震"古经解钩沉序"、阮元"刻山海经笺疏序"、王念孙"墨子杂志叙"、萧统"文选序"、蒲松龄"聊斋志异自序"、陆德明"经典释文序"、李清照"金石录后序"、黄侃"联绵字典序"、许慎"说文解字序"、孙诒让"名原序"、王国维"殷虚书契考释序"、郭璞"尔雅序"、李汉"昌黎先生集序"、杜牧"李贺集序"、叶梦弼"杜工部草堂诗笺跋"、萧统"陶渊明集序"等古书的序五十多篇。(张玲)

3524

版本通义 / 钱基博. -- 台北:台湾"商务印书馆",1985. -- 107 页;18cm. -- 人人文库.801(国家图书馆)

人人文库为主编王云五先生。卷首"人人文库序"说明该丛书编辑目的为普及知识。著者钱基博(1887—1957)是著述颇多的学者、古文学家、教育家。该书主要内容讲述版本之起源、版本的历史、介绍古籍版本。(赵红)

3525

古书通例 / 余嘉锡撰. -- 上海:上海古籍出版社,1985. -- 130 页;19cm. -- 17186.48(国家图书馆)

余嘉锡(1884—1955),湖南常德人,我国著名史学家、古籍考订家和目录学家。本书就汉魏以上的古书举出一般通例,详加诠释,以帮助学者阅读古书。全书分案著录、明体例、论编次、辨附益 4 章 11 节。书中对古书的真伪、古书的命名和编定、诸子书中造作故事的缘由、古书分别内外篇的性质,以及古书中的附录等都援引例证,分别解说。本书语言精练,立论严谨,例证广博贴切,虽篇章不多,而探微索隐,足以解疑释惑。读者据此举一反三,所知自多。(张玲)

3526

文献学论著辑要 / 张舜徽选编. -- 西安:陕西人民出版社,1985. -- 511 页;20cm. -- 11094.92(北京师范大学图书馆)

作者选录有关文献学的专著、论文、笔记、书札,共 71 篇,编为《文献学论著辑要》一书。书中包含刘向编写的战国策书录、管子书录、列子书录、邓析子书录、孙卿书书录、韩非子书录,刘歆编写的山海经书录,张尔田编写的刘向校雠学纂微序、班固编写的汉书艺文志总叙、阮孝绪编写的七录序等内容的简介。后又按照上述内容收录列子书录 8 卷、晏子书录 8 篇、管子 86 篇、战国策 33 篇等内容。(张玲)

3527

社会科学文献检索与利用:怎样查社会科学图书资料 / 刘裕昆编著. -- 沈阳:辽宁教育出版社,1985. -- 490 页;19cm. -- 731.157(北京师范大学图书馆)

本书贯彻少而精和学以致用的原则,着重选择常用的工具书加以介绍,并注意介绍其主要作用和检索方法,对于现在已经过时的工具书则不予介绍。全书共 17 章,分别是社会科学文献和文献分类法、社会科学文献检索工具、社会科学文献检索工具的编排方法、查马列著作和毛泽东著作、查古今书籍、查报刊资料、查文字、查词语、查成语典故及诗词文句、查我国古代典章制度、查历史大事和当代时事资料、查人名、查地名、查图像资料、查年月日、怎样利用类书。17 章内容大致分三部分,一社会科学文献的概念和我国古代文献简介,二社会科学文献检索工具和检索方法,三社会科学文献检索及应用举例。(张玲)

3528

中国著名藏书家传略 / 郑伟章,李万健著. -- 北京:书目文献出版社,1986. -- 286 页;32 开. -- 7-5013-0940-x(国家图书馆)

选取了 57 位藏书事迹卓著者,撰述他们的生平事迹,政治和学术活动,藏书事迹、藏书思想、藏书特点、藏书目录和题跋,以及藏书流传情况。(金丽萍)

3529

订讹类编 /(清)杭世骏著. -- 上海:上海书店,1986. -- 572 页;19cm(国家图书馆)

《订讹类编》六卷,续编两卷。作者杭世骏(1695—1772),字大宗,号堇浦,浙江仁和(今杭州)人,为清代著名学者,史书称其"博闻强记,为同辈推服"。全书分义讹、事讹、字讹、句讹、人讹、天文讹、地理讹、岁时讹、世代讹、鬼神讹、礼制讹、称名讹、服食讹、动物讹、植物讹、杂物讹十七类,取古人行事和古书批谬处凡八百余条,讹者正之,谬者纠之。本书内容丰富,论据详实,既有学术性,又有知识性,对考订史事名物谬误有一定的参考价值。(张玲)

3530

校勘学概论 / 戴南海著. -- 西安:陕西人民出版社,1986. --252 页;19cm. -- 17094.37(国家图书馆)

校勘学是研究校勘和与校勘有关的问题的一门科学。它既研究狭义的校勘,也研究广义的校勒。广义的校勘涉及到目录学、图书馆学、版本学等。本书所谈的校勘学是以狭义为主,如古书为什么要校勘、校勘的对象、校勘的历史、校勘的目的和要求、校勘的条件和方法等,但也牵连到辨伪和辑佚。因为辨伪、辑佚和校勘三者必须互相联系,不可分割,才能发挥它们恢复古书本来面目的作用。求古本之真,少不了这三项工作,所以要结合在一起谈。本书共分绪论,校勘的方式和内容,校勘的依据和条件,校勘的方法、态度和应注意的问题,校记,体裁和序跋,辑佚,辨伪 7 章内容。(张玲)

3531

桂版书评选 / 广西人民出版社,漓江出版社编. -- 南宁:广西人民出版社:漓江出版社;1986. -- 649 页;19cm(国家图

书馆)

党的十一届三中全会以来,广西壮族自治区的出版工作有了迅速的发展,每年出书由原来的一百多种增加到四百多种,数年之间出版各类图书的数量近两千种,图书质量也有显著的提高,有些获得全国或中南五省(区)的优秀图书奖,有些获国内外好评。本书就是从散见于各报刊有关广西壮族自治区图书评选的文章中选择了191篇编辑而成的。书中按图书出版的出版社分类整理各出版社所出图书的书评,以集中反映社会各界对图书馆的评价,帮助读者理解图书的内容,引导读者选读好书,并为书评作者提供参考资料、为出版工作积累书评资料。(张玲)

3532

怀任斋文集 / 蒋礼鸿著. -- 上海:上海古籍出版社,1986. --346页;19cm. -- 17186.61(国家图书馆)

本书是作者整理自己的故友、语言学家任铭善教授遗著并编辑出版的一本文集,是作者有关辨析词义、考校古籍和辞书编纂3个方面论文的结集,从这本论文集中,我们不仅可以看到作者在训释词义方面所作出的突出成绩,而且可以从其《校勘说略》《误校七例》及其对《淮南子》等古书的校记中学到不少校勘本领。作者一向重视古籍校勘,对乾隆以来诸多前贤的校释所作勘正或补充,确有依据,十分中肯,而其对于反复寻绎上下文以至全书和其他有关载籍的语言语例,更能给从事这一工作的人以启示,所以本书也是一本示人读通古书、研治学问门径的论文集。(张玲)

3533

古籍丛考 / 金德建. -- 香港:中华书局香港分局,1986. --166页;19cm. -- 中华文史精刊. -- 962-231-712-X(国家图书馆)

本书共收集著者论文21篇,是其历年所写关于古籍源流方面考证的文章,如"论语名称起源于孔安国考"、"司马兵法的真伪与作者"、"孔子十三篇作于孙膑考"、"司马迁所见周官即今王制考"、"汉文帝使博士诸生作王制考"、"王制尺度田亩之解释"、"白虎通义与王充论衡之关系"。(赵红)

3534

图书馆古籍整理 / 廖延唐,曹之编著. -- 武昌:《湖北高校图书馆》杂志社(内部出版),1986. -- 337页;19cm. -- 图书馆学自学丛书(中国科学院国家科学图书馆)

本书是湖北省高等教育自学考试指导委员会办公室规定的湖北省高等教育自学考试图书馆学专业主要参考书,武汉大学图书情报学院图书馆学系函授教育的正式教材。本书共分6章,主要介绍了古籍著录、古籍版本和古籍分类三部分内容。古籍著录部分重点阐述古籍著录的有关知识以及各馆著录事项的著录要求,古籍版本部分着重介绍我国雕版印刷的历史、版本类别以及鉴定版本的方法,古籍分类重点介绍古籍分类的历史、四部分类法以及使用新法类分古籍的有关问题。(张玲)

3535

明代考据学研究 / 林庆彰. -- 台北:台湾学生书局,1986. --620页;21cm. -- 文献学丛刊(国家图书馆)

本书原是著者的博士论文,经修订后再版。全书共11章。第一章绪论,说明考据与考据学的关系和明代以前考据学概况。第二章明代考据学总论,论说明中叶前的学术环境、明代考据学风的兴起、明代考据学的内容。第三章至第十章分别讲论杨慎、梅鷟、陈文耀、胡应麟、焦竑、陈第、周婴、方以智八位考据家,介绍他们的生平、治学方向、对考据学的贡献。第十一章结论。书后附重要参考书目。(赵红)

3536

水浒书录 / 马蹄疾编. -- 上海:上海古籍出版社,1986. --681页,33页图版;摹真;19cm. -- 10186.658(国家图书馆)

本书分上编、下编和外编。上编著录《水浒传》的各种版本,包括文简事繁本、文简事简本、繁简综合本、摇斩断刻本及其他文种翻译本;下编著录《水浒传》的研究专著、专集和报刊散论,包括"水浒传注略"、"水浒原心赞"、"水浒传考证"、"水浒传改错"、"罗贯中与马致远"等内容;外编著录有关水浒故事的各种文艺作品,分为续书·仿书、小说·故事、戏曲·电影·话剧、评话·曲唱、绘画·工艺品等类。书中所收集的资料,除版本部分吸收了近年国内外研究成果外,其他资料均截至1966年5月。(张玲)

3537

中国图书史纲 / 皮高品著. -- 长春:吉林图书馆协会(内部出版),1986. -- 234页;19cm(国家图书馆)

本书是研究我国图书产生和发展历史的著作,全书共8章。作者首先在绪论中简述了图书的意义。第一章图书产生前文字的发生与发展,包含中国文字的先驱、创造、仓颉造字和仓颉统一文字说;第二章作者介绍了公元前至公元二世纪的中国图书的产生和发展;第三章为公元二世纪至六世纪纸的发明到雕版印刷发明时期的图书;第四章介绍了公元六世纪到第十九世纪前期,雕版印刷发明到铅印输入时期图书的发展情况;第五章作者介绍了1840至1919年旧民主主义革命时期图书的发展情况;第六章为1919至1949新民主主义革命时期的图书;第七章作者介绍了1949至1952年间,解放后国民经济恢复时期的图书发展情况;第八章为1953至1957年,第一个五年计划时期的图书发展情况。(张玲)

3538

图书版本学要略 / 屈万里,昌彼得. -- 台北:文化大学出版部,1986. -- 1册(175,47页);21cm(国家图书馆)

第一序昌彼得作,原序屈万里作。本书由潘美月增订。共分四卷。卷一前篇,叙述中国古代图书的名称,历代图书形制的演变,印章及摹搨对雕版印刷发明的影响。卷二源流篇,介绍中印刷术的发明,历代刻书状况等。卷三鉴别篇,叙述六种鉴别法,即:版式、字体、行款、刻工、纸张墨色、避讳字。卷四余篇,略举考订善本图籍的参考书、版本术语、年表等。卷末附图版47幅。(赵红)

3539

晦庵序跋 / 唐弢著. -- 长沙:湖南人民出版社,1986. --181页;19cm. -- 10109.2037(国家图书馆)

本书收录了作者唐弢自一九三九年起写的四十二篇序跋,包括"《文章修养》序"、"北社版《短长书》序言"、"黄裳作《旧戏新谈》跋”、“《向鲁迅学习》序”、“《唐弢杂文选》序言”、“《太平天国革命文物图录补编》序言”、“《书话》序”、“《创作漫谈》序言”、“《海山论集》序”、“《鲁迅——文化新军的旗手》跋”、“《晦庵书话》序”、“《中国现代文学史简编》编写后记”、“《林真说书》序”、“《成名册上》序”、“《劳歌行》序”等。（张玲）

3540

双行精舍书跋辑存 / 王献唐著. -- 济南：齐鲁书社，1986. --222 页；26cm. -- 11206.100（国家图书馆）

《双行精舍书跋辑存》分正、续二编，是作者为山东省图书馆馆藏的古籍文献和文物拓本所作的说明。正编收录序跋 258 种 400 余则，续编收录 149 种 300 余则。本书是王献唐先生遗著《双行精舍书跋辑存》的续编，本编所收序跋文字，主要辑自山东省图书馆的馆藏。王献唐先生曾在 1928—1937 年间担任该馆馆长，这些题跋主要即写成于这一时期。全书按照经、史、子、集四部组织。通过对这些书跋的阅读，可以了解各书的版本原委、校跋与收藏经过，还可以辩章学术、考镜源流，对研究目录版本、金石文字以及齐鲁学术发展史，都具有一定的参考价值。（张玲）

3541

检斋读书提要：吴检斋遗书 / 吴承仕著. -- 北京：北京师范大学出版社，1986. -- 140 页；19cm. -- 11243. 17（国家图书馆）

吴承仕（1884—1939），字检斋，清末举人，曾参加举贡会考，获殿试一等第一名，被点为大理院主事。受业于章太炎门下，研究文字、音韵、训诂学及经学。与黄侃、钱玄同并称章门三大弟子；与黄侃有“北吴南黄”两大经学大师之称，是近代著名的经学家、古文字学家、教育家。为纪念他诞辰一百周年，特编订本书，书中收录了他所撰写的文章六十余篇。（张玲）

3542

献给年轻朋友的书 / 余心言著. -- 北京：中国展望出版社，1986. -- 200 页；19cm. -- 7271.169（国家图书馆）

本书是《理想·道德·情操丛书》中的一册。全书收录了包括“把整个民族的力量集中起来——《理想教育萃编》序”、“谁是八十年代的英雄——《最有说服力的是模范行动》序”、“怎样看轶事——《名人轶事六百篇》代序”、“在民主讨论中实现思想的飞跃——《一场动人心弦的大讨论》代序”、“《人生探索》后记”等 59 篇文章，它们都是从不同角度写出的书评作品，评介别人的、自己的著作。引导青年读好书，是书评的重要任务之一，本书收集的书评作品联系青年的思想实际，撞击青年的灵魂，启发了青年人的读书兴趣。（张玲）

3543

中国文学文献学 / 张君炎著. -- 南昌：江西人民出版社，1986. -- 582 页；20cm. -- 10110.484（北京师范大学图书馆）

全书共 14 章。本书先对中国文学文献的版本、目录、校勘、注释等各个方面的情况，进行系统介绍和分析，具有专科文献学概论性质。之后分别对诗歌、散文、小说、戏曲、古典文学批评等各类文学比较重要的文献作出说明，具有简明的要籍解题性质。在最后一章，作者还介绍了文学文献的检索方法和文学工具书。全书内容充实，条例分明，既有一定的理论概括，又有丰富的基本知识介绍，对于学习中国古代文学文献学的读者来说，是一本很好的入门书和工具书。（张玲）

3544

古籍辨伪学 / 郑良树. -- 台北：台湾学生书局，1986. -- 308 页；21cm. -- 文献学丛刊（国家图书馆）

本书主要研究古籍的作者、成书年代、附益等课题。著者自序中简要介绍了该学科的研究目的，学术进展。全书共 9 章。第一章成立及其研究范围，附论“伪书产生的原因”；第二章意义及其学术地位，附论“辨伪的发生”；第三章源流（上）；第四章源流（下），附论“唐人的辨伪学”；第五章方法；第六章方法的检讨，附论“辨伪的态度”；第七章示例；第八章新趋势；第九章专著简介。附录：有真伪问题古籍一览表。（赵红）

3545

文献交流引论 / 周文骏著. -- 北京：书目文献出版社，1986. -- 156 页；19cm. -- 7201.96（北京师范大学图书馆）

文献交流学是一本研究文献交流全过程的科学，它具有明显的综合性质。作为交流过程主体的文献，文献交流的产生、发展、功能、内容、渠道、方法、效果，以及组织交流的相关机构等都是这门科学的具体研究对象，也是本书论述的主要内容。本书的研究成果丰富了图书馆学，档案学、目录学、情报学、传播学的内容，解释并指导了出版发行、图书馆、档案、情报和书目等工作。（张玲）

3546

校雠通义通解 /（清）章学诚著；王重民通解. -- 上海：上海古籍出版社，1987. -- 207 页；20cm. -- 2009 年再版. -- 17186.103（国家图书馆）

章学诚的《校雠通义》是我国古典目录学专著中最重要的一部，它对于我国近百年来的目录学方法、理论一直发生着很大的影响。王重民先生为这部目录学古典专著作通解的目的就是向为图书目录工作者和学习古典目录学的人提供一部通解式的读本，极力用现在的语言，解说章学诚在《校雠通义》中所讨论的目录学方法和理论。《校雠通义》原稿共四卷，后来遗失了第四卷，就成为现存的《内篇》三卷。《内篇》三卷共十八章一百二十八条。以每章每条中所阐释的目录学方法、理论为重点，王重民先生逐章逐条作了解释。本书中还另附附录一卷，含两部分。附录一是《章学诚目录论文选》，只选择了他有关目录学方法论文五篇；附录二是《章学诚大事年表》，《年表》专辑有关章学诚学术研究和目录工作活动的资料。（张玲）

3547

中国古代的编年体史书 / 陈秉才，高德著. -- 北京：人民出版社，1987. -- 172 页：图表；19cm. -- 附：中国古代编年体史书简表. -- 11001. 861（国家图书馆）

本书是按照体裁系统介绍中国古代编年体史书的一本

著作。体裁最能反映中国史籍系列化的特点,抓住一种体裁,就能顺藤摸瓜,掌握一系列的史籍,收到提纲挈领、纲举目张的效果。编年体是按照年月日顺序记载历史的编纂方式,是古代史籍之源。本书详细阐述了编年体的萌芽、战国春秋与编年体的诞生、突破性的改进、成熟与缓慢发展、黄金时代的代表作《资治通鉴》、"《通鉴》学"的兴起与编年体的流变、实录的产生及存亡。作者还在附录中列出中国古代编年体史书简表、"《通鉴》学"著作简介。(张玲)

3548

民族古籍研究 / 贾春光等编. -- 北京:民族出版社,1987. --210 页;20cm. -- 11049.24(国家图书馆)

本书是一本民族古籍研究领域的论文集,全书收录了"谈民族古籍整理及民族关系问题"、"对当前民族古籍工作的几点意见"、"论少数民族古籍整理出版工作"、"关于整理古籍的问题"、"关于古籍的整理和阅读"、"民族文字古籍概述"、"民族文字古籍整理管见"、"藏文文献及其保存、整理问题"、"西藏史料题记"、"浅谈云南古籍的整理"、"中国民族古文字文献简述"、"再谈民族古籍及其整理"、"傣文文献及其科学整理"、"蒙古族古籍概述"等论文20余篇。(张玲)

3549

版刻质疑 / 瞿冕良编. -- 济南:齐鲁书社,1987. -- 140 页;20cm. -- 11206.134(国家图书馆)

本书作者自1978年从事馆藏善本书编目工作,在长期从事此工作的过程中,作者向行家学习、向书本学习,涉猎前人、今人的成果,计书目、题跋、论著等约三百种,其间遇到有疑问的地方,作者便记下来,从而汇集成本书。本书是作者在实际工作中总结的有关版本考证的内容。全书分许序、版本、刻工、年代、行款、歧异、勘误等内容。(张玲)

3550

文献计量学引论 / 罗式胜编著. -- 北京:书目文献出版社,1987. -- 429 页;19cm. -- 7201.146(国家图书馆)

本书从定量角度分析研究文献规律,评价和预测文献服务结果。内容包括:关于文献计量学的概念,文献诸基本规律及有关定律,以及文献引证统计和引证分析等基础理论的论述;关于运用计量学解决核心期刊测定、科研动态分析、人材状况分析、建立检索系统和加强文献管理等问题的方法的阐述。(张玲)

3551

鲁版图书序跋集 / 山东省出版总社业务处编. -- 济南;山东人民出版社,1987. -- 734 页,16 页图版,彩图;21cm. -- 7-209-00036-4(北京大学图书馆)

山东省出版总社下设山东人民出版社、山东文艺出版社、山东教育出版社、山东科学技术出版社、明天出版社、齐鲁书社、山东美术出版社、山东友谊出版书社等8个专业出版社和山东画报社。这些出版社在20世纪80年代出版图书6000多册,这些图书在历年全国、全省和区域性图书评奖活动中,获得鲁版图书400余种。为了介绍、评价、推广鲁版图书,这些鲁版图书在出版时大多聘请全国知名学者和专家为一些鲁版书撰写序、跋,并成为鲁版书的一个重要构成部分。本书即为这些序跋的汇编。全书按专业出版社分类编排,每社开首插一彩色书影;序、跋以类划分,每类的排列顺序视图书情况而定。(张玲)

3552

中国古籍版本概要 / 施廷镛著. -- 天津:天津古籍出版社,1987. -- 142 页;20cm. -- 17830.5(国家图书馆)

本书是我国著名图书馆学家施廷镛先生的遗著。施廷镛根据日常工作中编目所见,用心记录,最终编写了本书。本书共4章。第一章版本及写本的起源及其发展;第二章雕版印书的起源及其发展,详细论述了雕版印书起始的年代(包括汉代说、六朝说、隋朝说、唐朝说)及五代、两宋、辽等历代刻本;第三章介绍了版画、套版印本、百衲本、巾箱本、活字本等各种版本;第四章古籍版本的鉴别,详细论述了为什么要鉴别古籍版本以及怎样鉴别古籍版本的真伪优劣。(张玲)

3553

简明中国古籍辞典 / 吴枫主编. -- 长春:吉林文史出版社,1987. -- 1124 页;19cm. -- 17437.8(北京师范大学图书馆)

本书由东北师范大学古籍整理研究所在1985年编纂而成,目的在于简要介绍现存中国古代主要典籍。全书收词4900余条,所收词目,上起先秦,下至辛亥革命(1911)。凡流传至今有籍可征的古代主要典籍,均在选收之列。内容包括文学、史学、哲学、宗教、政治、法律、经济、地理、民族、文化艺术、教育、体育、医学、农学、科学技术、语言文字以及工具书等,其中侧重文史及综合参考类古籍。书中每一辞目力求对作者、时代、著书缘起、成书时间、主要内容、文献特征、价值、影响及版本等逐项揭示。本书还特别注意标明各书初刻或善本,尤其是新版本,力求便于读者检索。全书还附有"书目分类索引"、"著者索引"。(张玲)

3554

隋唐历史文献集释 / 吴枫著. -- 郑州:中州古籍出版社,1987. -- 349 页;19cm. -- 7-5348-0081-1(北京工业大学图书馆)

本书是吴枫先生继《中国古典文献学》之后的又一部颇见功力的历史文献学方面的著作。本书在卷帙浩繁的隋唐史籍中选择约二百种历史文献,按照纪传史书、编年史书、典制文献、地理文献、政法文献、农杂文献、佛教文献、笔记小说、综合类文献等章节题解诠释,从该类典籍的发展以及题释之书的撰修过程、发凡起例、资料来源、编纂方法、版本流传、相关著述及其价值进行了明晰的叙述。其中多所考辨订正,每每提出独到之见。正文之后附有现存唐人著述简目,更兼难得。本书既是一部史料翔实、征引广博的专著,又是一本考镜源流、辨章学术的治学入门工具书,可供具有中等以上文化程度的大中专院校文科师生以及其他文史工作者、爱好者阅读,还可以作为教材或供图书馆和资料室作为工具性图书备存。(张玲)

3555

书趣 / 奚椿年编著. -- 南宁:广西人民出版社,1987. -- 187 页;19cm. -- 7-219-00013-8(北京师范大学图书馆)

本书作者是人民出版社资深编辑、藏书家。《书趣》是一本谈书的专门之书,分为书史篇、著书篇、藏书篇、读书篇四部分。书中所收录文章既独立成篇,又相映成趣,记述了与书有关的诸多史实与逸闻掌故,讲述了我国图书的发展史。诸如最早的做书材料为竹简木板、汉高祖刘邦用儒冠溺尿以侮辱斯文、读书人为求名利而做伪书、藏书家视宋版如黄金、张冠李戴的书、从出错考题看古书的校刻、古书受避讳恶习的牵连、古人抄书、古人护书杂忆、古时"书殉笔葬"的风气、惊人的记忆力、"尽信书,则不如无书"、生活是"无字书"、"望文生义"、曲解、穿凿、无自知之明的读书人、倒读词、令人捧腹的不懂装懂、"吹毛求疵"、"写在腹中的书:腹稿"、"小人物"写书被人挖苦、未面世而遭烈火焚身的书稿、写书与稿费、"文抄公"古来就有等等。此外,遴选多幅与书有关的插图酌配行文之间。(张玲)

3556

中国典籍之最 / 徐状华编著. -- 兰州:甘肃教育出版社,1987. -- 300 页;19cm. -- 7-5423-0019-9(国家图书馆)

本书介绍历史典籍近 200 种,内容包括:书名、卷次、篇目、作者生平、成书时间、基本内容、有关著作评论、不同版本、流传情况、史料价值及其对后世的影响。本书是一部兼具知识性、资料性、学术性的历史典籍读物。全书大体按现代图书分类编排,再以成书的时代先后为序,内容包括哲学、宗教、政治、法律、军事、文化、教育、语言、文字、音韵、文学、艺术、历史、地理、地图、人物传记、考古、数学、天文、气象、生物、医药、卫生、农业科学、园艺、索引、类书、百科全书、丛书等三十多个门类。对每种书籍的内容介绍包括有书名、卷次、篇目、作者生平、成书时间、基本内容、有关著作评论、不同版本、流传情况、史料价值及其对后世的影响。由于书籍内容不同和各有特点,又囿于作者所掌握的材料,上述几方面各有侧重。(张玲)

3557

中国书史教学参考文选 / 郑如斯,肖东发编. -- 北京:书目文献出版社,1987. -- 284 页;19cm. -- 中央广播电视大学图书馆专业用书. -- 7201.158(国家图书馆)

本书是为配合中央广播电视大学图书馆学专业学习中国书史课程而编选的材料。书中选入了有关中国文字起源、甲骨金石刻辞、简帛、纸卷及印刷术发明后的图书出版事业发展情况的著述或资料,共 22 篇,包括"文字的性质和汉字的特点"、"西周甲骨的几点研究"、"敦煌文物被盗记"、"三十年来考古发现与书史研究"、"介绍有关书史研究的新发现与新特点"等。本书大体上是按照中国书史课程的内容体系为序编排的。所选文章,除个别的做了节选外,大部分按照原文全文排印。(张玲)

3558

中国书史教学指导书 / 郑如斯,肖东发编. -- 北京:书目文献出版社,1987. -- 49 页;19cm. -- 中央广播电视大学图书馆专业用书. -- 7201.157(国家图书馆)

本书为中央广播电视大学图书馆专业用书,全书包括绪论、图书事业的萌芽和奠基时期、图书事业的初兴和发展时期、图书事业的壮大和兴盛时期(上、下)、图书事业的应时和改革时期、图书事业的转变和内部斗争时期、图书事业的繁荣与创新时期等 8 章内容。每一章中,作者都说明了该章的内容要点、教学要求、阅读范围、复习思考题等内容。(张玲)

3559

中国书史 / 郑如斯,肖东发编著. -- 北京:书目文献出版社,1987. -- 312 页;19cm. -- 7-5013-0829-2(国家图书馆)

本书共 8 章内容,详细介绍了中国书史。第一章绪论,详细论述了图书的社会意义、中国书史的学科体系和分期问题;第二章分六节的内容论述了公元前二十一世纪到公元二世纪图书事业的萌芽和奠基时期;第三章论述了公元二世纪到公元九世纪的图书事业的初兴和发展时期;第四、五章分别论述了公元九世纪到公元十世纪、公元十一世纪到公元十九世纪中叶的图书事业的壮大和兴盛时期;第六章从近代社会变化对图书事业的影响、现代印刷术的传入、近代的翻译书及其影响、近代图书事业的发展 4 个方面详细论述了 1940 年到 1919 年的图书事业的应时和改革时期;第七章从五四运动到第一次国内革命战争、十年内战到新中国成立期间的图书事业两个方面详细论述了 1919 年到 1949 年的图书事业的转变和斗争时期;第八章分建国后前三十年的图书事业、八十年代图书事业的新成就、新技术革命和图书的未来 3 个小节论述了 1949 年至今的图书事业的繁荣和创新时期。(张玲)

3560

上海版书评选 / 中共上海市委宣传部,上海市新闻出版局选编. -- 上海:上海人民出版社,1987. -- 629 页;20cm. -- 17074.34(国家图书馆)

本书是 1979—1986 年间上海版图书的书评选。收集在本选集中的书评,是上海各出版社从自己积累的本版书书评资料中筛选出来,再经过陆路、夏家麟等集中编选而成。书中包括"综合地研究马克思主义发展史的新探索——评《马克思恩格斯思想史》"、"研究王国维的新成果——《王国维学术研究论集》第一辑"、"说《说园》"、"谈谈《人论》这本书"、"《诗经》研究的新收获"、"简论《红与黑》"、"浅谈《谢利》和谢利"、"启蒙文学的好教材——读《古代诗歌选》"、"欢迎好'奶妈'——赞上海古籍出版社的两套小丛书"等书评百余篇。(张玲)

3561

书林清话 /(清)叶德辉. -- 台北:世界书局,1988. --1 册;19cm. -- 中国学术名著. 第三辑:中国目录学名著. 第二集. 第一册(国家图书馆)

本书为中国目录学名著丛书。全书分 10 卷。内容有"古今藏书家纪版本"、"宋建安余氏刻书"、"明人不知刻书"、"元时刻书之工价"、"明安国之世家"、"女子钞书"、"藏书偏好宋元刻之癖"等。(赵红)

3562

书的故事 /(苏)Н. П. 斯米尔诺夫-索科尔斯基著;恺尘,尚劭译. -- 太原:书海出版社,1988. -- 495 页:图;21cm. --7-80550-006-1(国家图书馆)

《书的故事》是苏联著名的人民演员、作者及藏书家斯米尔诺夫-索科尔斯基于1959年初版的一本外国书话,本书为该书第五版的中译本。本书通过讲述各种各样书的故事,展示了俄国文坛以至政治、社会的广阔背景,这里介绍的古旧书刊和珍稀孤本,他们的作者命运,不同寻常的题词,没有书名的图书,历史上被遗忘的作家的传记等,它们会给读者带来更多的知识和启示,也会培养读者对于书籍的爱好与感情。(张玲)

3563

书籍·知识·文化 / 封苇著. -- 太原:书海出版社,1988. --176页;19cm. -- 7-80550-021-5(国家图书馆)

本书包含"书:良师益友"、"书籍小史"、"有用的书和无用的书"、"必读书和必备书"、"好书和坏书"、"读书求知"、"读书致用"、"欣赏·分析·思考"、"一目十行和过目不忘"、"书目漫谈"、"关于名著评选"、"书籍——文化遗产的主要负荷者"、"外国文化遗产:古代和中世纪"、"关于中国古籍"、"旧小说的读法"、"从文艺复兴到世界大战"、"现代·现代化·现代主义"、"诗词歌赋"、"读书:为了未来"等内容。本书的主题是提倡读书、谈论了书籍对人类生活的重要性,书与知识、文化的关系等。(张玲)

3564

图书馆业务自学大全(7):文史工具书概说 / 符孝佐编著. -- 长春:吉林省图书馆学会(内部出版),1988. -- 123页;19cm. -- 吉林省图书馆学会丛书(国家图书馆)

本书是吉林省图书馆学会组织编写的图书馆业务自学大全丛书中的一册。全书共8章。第一章引言,论述了工具书的性质、作用、源流、结构、编排和使用等六节内容;第二章字书,论述了字书的性质和作用,并介绍了《说文解字》《说文》派字书、分韵编排的字书、专门字书、常用字字书;第三章词书,论述了词书的性质和作用,并介绍了《尔雅》《尔雅》派词书、大型综合性词书、语文词书、虚词词书、成语词典、方言及俗语词书、专门词书;第四章类书,论述了类书的性质、源流、体例、作用,并介绍了综合类书、专门类书;第五章政书,包括政书的性质和作用,通史性政书、断代性政书;第六章书目,论述了书目的性质和作用,并介绍了综合性书目、专门书目和报刊目录;第七章索引,论述了索引的性质和作用,介绍了图书索引和报刊索引;第八章年表,论述了年表的性质和作用,并介绍了纪年年表、史事年表、生卒年表。(张玲)

3565

中国书籍编纂史稿 / 韩仲民著. -- 北京:中国书籍出版社,1988. -- 344页;20cm. -- 7-5068-0002-0(国家图书馆)

了解古籍的编纂历史,无疑可以更加细致地了解中国灿烂的文化源流,借鉴古籍的编纂过程,可以从中汲取宝贵的经验,从而"古为今用",繁荣社会主义的出版事业,《中国书籍编纂史稿》就是为了这个目的而应时编著出版的。它把书籍的形式和内容、考古发掘的实物和文献资料中的有关记载相结合,系统地阐述了书籍从产生到发展的整个过程。作者根据考古出土的文物资料追溯最早的文字记载——甲骨卜辞来探索书籍的起源,并按照书籍形成的差别将全书分简册篇、写本篇和刊本篇,然后按照朝代顺序叙述各个时期的重要典籍和名著的主要编纂者和成书经过,有的还涉及版本和校勘的情况,同时也介绍了各种学术流派、思想观点。(张玲)

3566

书林琐记 / 雷梦水著. -- 北京:人民日报出版社,1988. -- 179页;19cm. -- 7-80002-022-3(国家图书馆)

本书收录了雷梦水先生撰写的与古籍整理相关的文章60余篇,包括"傅增湘先生轶事"、"涉园藏书聚散考略"、"古籍的东流"、"为了保存古籍"、"古籍的回归"、"琉璃厂书肆见闻"、"也谈八千袋"、"海源阁珍本的散失"、"朱自清先生买书记"、"古书业与近代几位藏书家"、"一部善本的复归"、"书籍编目之难"、"再谈古籍编目之难"、"研究清史的参考书"、"记古书业验货"、"记古书业检货"、"室名小考"、"我和古书"、"记明活字本《毛诗》"等。(张玲)

3567

印刷发明前的中国书和文字记录 / 钱存训著;郑如斯增订. -- 北京:印刷工业出版社,1988. -- 180页:图;20cm. -- 7-80000-008-7(北京师范大学图书馆)

本书原名《书于竹帛》(Written on Bamboo and Silk),是综合讨论印刷发明前中国书籍制度和铭文发展之作,使西方学者在研究世界图书发展史时,对中国文化在此方面的贡献增加了了解。本书英文本于1957年底完成,1962年由美国芝加哥大学出版社出版,列为《芝加哥大学图书馆学研究丛书》之一;香港中文大学出版社于1975年出版了其中文版;1984年间,作者回国访问时,在北京大学图书馆学系郑如斯教授的帮助下,将20世纪70年代以来新发现的考古资料补入正文和附注,编成本书。本书首先论述了中国古代载籍的价值及其演进的社会背景和学术因素,然后分别探讨了甲骨、金文、陶器、石刻、竹简、木牍和纸卷的起源、内容、性质、记载方法、制作形式和编排制度。从社会生产力和学术思想背景上分析他们的发展、演变及前后的承传关系。书中还专门介绍了毛笔、墨、砚、书刀等中国特有的书写工具,论述了他们的渊源、应用、制造和发展。(张玲)

3568

校勘学 / 钱玄著. -- 江苏:江苏古籍出版社,1988. --175页;20cm. -- 南京师范大学古文献整理研究所专刊之四. -- 7-80519-088-7(国家图书馆)

校勘学不是一门理论学科,实是一门综合性的应用学科。所以本书尽量结合20世纪80年代整理古籍的实际,引用一些古今学者校勘的实例,以及前人的宝贵经验之谈,着重说明校勘的各种对象,以及各种校勘方法的运用。全书共6章。第一章绪言,论述了误字、衍文、脱文、倒置、多重误例等问题;第二章介绍篇章校勘包括解说误为正文、另加篇名例子,解说与正文未加标明例,正文夹解说例,篇章次序倒置例。分章分篇错误例等内容;第三章分句读校勘、标点校勘两节介绍了句读及标点校勘;第四章从同书别本校补、用本书及相类之书校补两个方面论述了补阙;第五章校勘方法,包括对校法、本校法、他校法、理校法、综合校勘法、校勘处理的方式等问题;第六章论述了校勘学简史并列出相应时期校勘学的重要著作。(张玲)

3569

中国历史文献学 / 王余光著. -- 武昌:武汉大学出版社,1988. -- 448 页;20cm. -- 高等学校文科教材. -- 7-307-00315-5(北京大学图书馆)

本书是国内出版的第一本《中国历史文献学》,作者在书中对中国历史文献学的基本理论提出了自己的看法:分别介绍编年体史书、典制体史书、纪传体史书、档案、方志、少数民族历史文献以及甲骨文献、金文资料、简牍与帛书、敦煌遗书和吐鲁番文书的史料价值,并从历史的角度讨论中国历史文献的兴盛发展同社会、文化、学术的关系;系统地阐述中国历史文献整理的一般理论与方法,对中国历史文献整理的发展阶段、主要成就进行了探讨和总结。书后附有中国历史文献各种检索工具书 780 种。本书是受国家教育委员会委托撰写的高等学校图书馆专业教材,也可供历史、古典文献、档案、发行等专业的师生参考。(张玲)

3570

校勘述略 / 王云海,裴汝诚著. -- 开封:河南大学出版社,1988. -- 180 页;20cm. -- 7-81018-109-2(北京师范大学图书馆)

本书共 11 章。第一章古书的传播,作者简要论述了古代书籍的流传和古籍流传中的问题;第二章古籍在流传中发生的抄刻问题举例,包括误减笔画例、误增笔画例、误字例等;第三章校勘学的产生,详细论述了关于先秦校书的判断、西汉时期校勘成就与校勘学的形成;第四至六章分别论述了东汉至南北朝、隋至明代及清代校雠学的发展;第七章校勘古籍的基本知识和技能,主要包括认识文字、辨明句读、掌握避讳等;第八章校勘应注意的问题,包括广泛搜集不同版本、慎重使用旧注和类书等;第九章详细论述了校勘的方法;第十章古籍的真伪;第十一章搜辑阙佚,详细论述了辑佚的产生和发展、方法和应注意的问题。(张玲)

3571

校雠广义 / 程千帆,徐有富撰. -- 济南:齐鲁书社,1988—1998. -- 4 册;21cm. -- 国家古籍整理出版规划小组、国家教委高校古籍整理委员会资助项目. -- 7-5333-0184-6;7-5333-0402-0;7-5333-0000-9;7-5333-0598-1(北京师范大学图书馆)

本书为《中国传统文化研究丛书》第一辑。全书共 4 册。第一册版本篇,详细论述了版本学的名称与功用,文献载体,纸书的装式,雕印本的品类、鉴定,非雕印本的区分与鉴定,对版本的记录和研究等内容;第二册校勘篇,详细论述了校勘学的定义和功用,书面材料错误的类型,校勘的资料,从事校勘所应具备的知识,校勘的方法,校勘成果的处理形式等内容;第三册目录篇,详细介绍了目录与目录学,目录的结构及其功用,目录的著录事项,目录的分类沿革,综合目录,科学目录,特种目录,目录的编制等问题;第四册典藏篇,详细介绍了典藏学的建立与典藏的功用,典藏单位,图书收集、保管、流通等内容。(张玲)

3572

古籍整理与研究(第四期) / 《古籍整理与研究》编辑部编. -- 北京:中华书局,1989. -- 284 页;26cm. -- 书名页题:全国高等院校古籍整理研究工作委员会主办. -- 7-101-00366-4(国家图书馆)

本书是发表全国各高校及其他古籍整理研究工作者科研成果的学术性刊物,自第四期起改由中华书局出版。主要刊载目录、版本、校勘、注释、辨伪、辑佚、作者与书籍考证等单篇成果;古籍整理史研究;与古籍整理相关的中国文化史研究;古籍整理研究成果的介绍和评论;国外汉学及汉籍整理情况研究;古籍整理人才培养、队伍建设的研究;有关教材编写工作讨论和优秀教材的选登与评介;学术动态与出版消息等方面的论文。(张玲)

3573

中国图书之最 / 常仲哲编著. -- 北京:中国旅游出版社,1989. -- 230 页;21cm. -- 7-5032-0171-1(北京师范大学图书馆)

本书选有古今堪称"之最"的图书 500 部,按历史朝代分类编撰,内容包括图书的体裁、版本、装帧、书籍内容、印刷工艺,并简明介绍其特点、作者与收藏等情况。所选图书包括最早的史书、最早的神话集和地理名著、最早的神话历史小说、最早的诗歌总序、最早的哲学著作。最早的国别史、最早的教育专著、最早的长篇抒情诗、最早的字书、最早的封建典法、最早的地址地理著作、第一篇人才学专论、最早的鸟类学名著、最早记载圆周率的著作、最早以志为名的地方志、最早的传奇小说、最早的竹子专著、最早计算岁差的历法、最早有关车船的著述、第一部法典、第一部中国漫画史著作、第一部高等学校文化概论教材、第一部微型小说等。(张玲)

3574

版本学概论 / 戴南海著. -- 成都:巴蜀书社,1989. --542 页:书影;21cm. -- 7-80523-181-8(北京师范大学图书馆)

一种书有了许多不同的本子,就会出现彼此间在文字、印刷、装帧等方面的差别,也会有各种版本的源流、相互关系等复杂现象。为了研究和鉴别这些差别并从许多复杂现象中寻求共同规律,便渐渐形成版本学。版本学的研究对象包括一切形式在内的各种古籍图书,如碑本、写本、刊本、印本、稿本、批校本、题跋本、活字本等等。在本书中,作者用 12 章的内容详细论述了版本学的相关问题,包括版本与版本学、古籍版本学发展简史、版本学与图书馆学、目录学、校勘学、历史学的关系,我国书籍的产生和雕版印刷术发明前的古籍图书,中国雕版印刷术的起源,古籍雕版印刷发展史略,中国书籍装订史略,版本名词术语简释,版本鉴别方法,佛藏、道藏版本的雕刻与鉴别,活字印本,印刷术发明后的抄写本书、批校本、历代版刻的优劣,如何保存古籍版本等。(张玲)

3575

藏园群书题记 / 傅增湘撰. -- 上海:上海古籍出版社,1989. -- 1105, 58 页,8 页图版:摹真;21cm. -- 7-5325-0207-4(北京师范大学图书馆)

傅增湘先生研究目录、校勘、版本学近五十年。傅增湘先生挂冠以后,定居北平,所居山石花木之地,取东坡"万人如海一身藏",颜之曰"藏园"。傅增湘先生藏书二十万卷,其中经过用善本手自校勘的约一万六千卷,每校勘一书,都在卷尾写小记,说明此书的学术源流、版刻源流和校勘所得。较重要的则拓为长篇的跋记。本书即为先生对所藏图书所写的题记,收录了1938年至1944年间所撰写的216篇题跋和初集、续集中失收的内容。本书所收数百篇题记,四部九流,无所不含。第一卷经部,含31篇;第二卷史部一,含32篇;第三卷史部二,含33篇;第四卷史部三,含28篇;第五卷史部四,含18篇;第六至十卷为子部,十一至二十卷为集部。(张玲)

3576

古籍整理研究(八种) / 李国祥主编. -- 武汉:武汉工业大学出版社, 1989. -- 678页;20cm. -- 7-5629-0198-8(国家图书馆)

为了向学习文献学的人提供参考教材,编者特将古今学者们总结的古籍整理理论分门别类地加以编撰,印刷成小册子,然后将这些小册子合成一帙,成为理论较为完备的小丛书。其中内容含有"辑佚学稿"、"出土文献概述"、"校勘学纲要"、"中国历史文献索引"、"古文今译纵横谈"、"古书标点释例"、"中国传统目录学导论"、"古籍注释的理论与实际"。(张玲)

3577

中国古代图书 / 鲁海, 鲁军著. -- 济南:山东教育出版社, 1989. -- 123页:图, 摹真;19cm. -- 7-5328-0679-0(国家图书馆)

本书是《中国文化史知识丛书》中的一册。全书包括"开卷话书"、"图书的萌芽"、"从刻石到石经"、"从'韦编三绝'话简牍"、"帛书的出现和卷轴制度的形成"、"造纸术的发明和初期的纸书"、"稀世珍品——敦煌卷子"、"古籍装帧的发展——从简牍到线装"、"图书的特殊类型——拓片"、"印刷术的发明"、"宋代以后的雕版印刷图书"、"印本时期的写本书"、"册叶制度的版式和结构"、"活字印刷种种"、"彩色图书与套印技术"、"丰富多彩的版画艺术"、"清代的公私雕板图书"、"西方机器印刷术的传入"、"翻译书小史"、"报刊的产生与发展"等内容。(张玲)

3578

古典文献学 / 罗孟祯编著. -- 重庆:重庆出版社,1989. -- 501页;19cm. -- 7-5366-0879-9(国家图书馆)

本书分"谈书"、"目录学"、"版本学"、"校勘学"四编详细介绍了古典文献学的内容。整理古籍必须具有目录学、版本学、校勘学的基础知识,这三者既有区别,又有联系,是古典文献学的主体。谈这三门学问,都是以典籍为对象,因此有了本书的第一编"谈书"。在此编中,作者详细论述了早期的书、简册、帛书、纸本书等内容。后续分三编详细论述了目录学、版本学、校勘学的基础知识。(张玲)

3579

古典文献研究:1988 / 南京大学古典文献研究所编. -- 南京:南京大学出版社,1989. -- 358,27页;20cm. -- 7-305-00362-X(国家图书馆)

本书是南京大学古典文献研究所的研究成果之一,书中收录了"墨守碎金"、"诗坛旁记"、"屈赋篇章疑信诸问题答席启駉先生"、"朱熹《诗集传》"、"戴叔伦年表"、"关于《天演论》的版本问题"、"'六书'皆'造字之本'说"、"《庄子》内篇笺记"、"《汉书》王、杨注订正"、"《史通》笺记拾遗"、"《词诠》校记"、"罗根泽先生著作年表"、"文道探渊(中国古代对于文、道及其关系的看法)"、"《温飞卿诗集》何焯批语"、"巴黎国家图书馆藏《新刊京本全像插增田虎王庆忠义水浒传》残本"、"眉匠词"等论文。(张玲)

3580

书评散论 / 王建辉著. -- 哈尔滨:黑龙江教育出版社, 1989. -- 282页;20cm. -- 7-5316-0664-X(国家图书馆)

本书是一本论文集,收录了王建辉撰写的有关书评的文章多篇,包括"书评是一门学问"、"书评是一种社会活动"、"实事求是:书评的最高准绳"、"书评应当是高于原作的再创造"、"书评是一种运动着的审美"、"书评的职能"、"书评方法论"、"书评的勇气"、"个性化的书评"、"呼唤书评艺术性"、"读书·评书·读书规律"、"书评要注意针对性"、"写出一个大写的人"、"专业书评"、"宏观书评"、"评古典作品"、"微型书评与书刊广告"、"大力开展史学书评"、"当前史学书评的弱点"、"中日友好的历史之谈——推荐《中日关系简史》"等。(张玲)

3581

书评面面观 / 萧乾等著;李辉编. -- 北京:人民日报出版社,1989. -- 332页;20cm. -- 7-80002-150-5(国家图书馆)

本书是萧乾先生自己对书评倡导工作的一个"未完成的梦"。李辉将萧乾先生所做的书评倡导工作分为3个部分进行整理编成此书。第一部分是萧乾先生在大学期间精心编织的理论《书评研究》,此书1935年商务印书馆出版后未曾再版,这次在本书中收录,编者请萧乾先生重新修订,在词句上略有修改,以符合当今读者的阅读习惯。第二部分是一些作家、书评家、读者所作的谈书评的文章,这也是萧乾先生竭力倡导的书评工作之一。在此部分中有诸多名家的议论,从总体上而言丰富了书评理论的探讨。第三部分书评选萃,是萧乾先生组织专门的书评队伍四处组稿,发表的大量高质量的书评。这一部分内容为现代研究留下了极为珍贵的资料,读者可以将它作为范文品赏,也可以视为史料而寻觅出当年文坛的痕迹。(张玲)

3582

图书学基础 / 谢俊贵编著. -- 长沙:湖南大学出版社, 1989. -- 355页;19cm. -- 7-314-00356-4(国家图书馆)

本书共10章内容。第一章图书馆学的研究对象与任务,作者介绍了图书馆学的研究对象、内容、体系结构、学科性质、相关学科、图书馆学研究的任务和图书馆学的研究方法;第二章图书的性质与职能,作者介绍了图书的定义、性质、职能;第三章图书的内容特征,报刊图书内容的实质、图书内容的表述、图书内容的结构与组织;第四章图书物质材料的演进,作者详细论述了图书物质材料的概念、我国及外国早期的书写材料等问题;第五章图书形制的发展,包括图书形态与书籍制度、我国图书发展的几个阶段、简策图书、写本图书等的形制等内容;第六章图书的类型,包括图书类型划分的意义和标准、古籍及其版本类型;第七章图书的编辑,包括图书编辑工作的起源、意义、职责及基本内容等;第八章图书的出版,作者详细论述了我国图书出版事业的起源、社会主义出版事业、图书出版的一般业务及经营业务等内容;第九章图书制作方法简史;第十章现代书刊印刷概述。(张玲)

3583

古籍版本学概论 / 严佐之著. -- 上海:华北师范大学出版社,1989. -- 204 页;20cm. -- 7-5617-0227-2(国家图书馆)

本书共5章。第一章介绍了版本的意义、结构、名称、类别、著录;第二章简要介绍了宋代刻本,辽、金、元代刻本、明代及清代刻本;第三章介绍了抄本、批校本、稿本、活字印本;第四章介绍了版本鉴定及其意义,以及雕版印本和非雕版印本的鉴定方法,版本的辨伪等问题;第五章论述了版本源流及其考订、版本优劣及其比较等内容。(张玲)

3584

敦煌地理文书汇辑校注 / 郑炳林校注. -- 兰州:甘肃教育出版社,1989. -- 364 页;20cm. -- 7-5423-0128-4(国家图书馆)

自从莫高窟藏经洞被打开之后,无数珍贵的经卷或流落西洋,或散佚国内,给查阅和研究造成很大困难。敦煌地理文书。本书地理文书主要是从法国巴黎伯希和所劫经卷、英国伦敦斯坦因所劫经卷以及中国国家图书馆所藏经卷中录出的,也收集了零散发表的一些卷子,共辑录了41卷。从内容上看,分为6个部分:第一,沙洲、伊州、西州地区残地志,共9个卷号;第二,敦煌地理杂文书,共11个卷号;第三,全国性地志,共四卷;第四,往西域行记,共7个卷子;第五,往五台山行记,共6个卷号;第六,姓氏地理遗书,共5个卷号。本书不仅对研究敦煌地区、河西地区的历史地理有重要的价值,对研究中国史、西域史、中西交通史以及佛教史都极有意义。一些文书可与史书相映证,或纠史书之误。对文书中一些错误的校正,给研究者提供了方便。本书注释立足于历史地理,兼及其他方面,多方引证,比较详尽。(张玲)

3585

书评研究 . -- 西安:陕西人民出版社,1989(国家图书馆)

未见书。(张玲)

3586

古籍整理与研究(第五期) /《古籍整理与研究》编辑部编. -- 北京:中华书局,1990. -- 295 页;26cm. -- 书名页题:全国高等院校古籍整理研究工作委员会主办. -- 7-101-00645-0(国家图书馆)

未见书。(王旭东)

3587

北京图书馆文献资源调查(油印本) / 北京图书馆软科学研究课题组. -- 北京:北京图书馆(内部出版),1990. -- 2 册;26cm. -- 北京图书馆软科学研究课题(北京大学图书馆)

北京图书馆在建馆八十年时,馆藏文献资源总量已增加到三百万种、一千五百多万册。1989 年 6 月至 1990 年 10 月,北京图书馆将馆藏文献资源普查工作列为北京图书馆的重点科研项目,对全馆各种文献的种册进行了全面核对,核实了历年馆藏的统计数字,经过反复测算得出了各种类型文献的学科分类数据;抽查了部分文献的复本和缺藏情况,并根据普查数据撰写了“北京图书馆文献资源调查综合分析报告”,十二篇“研究级学科馆藏情况调查情况分析报告”和“馆藏外文原版期刊质量评估报告”。课题组将上述科研成果编辑成“北京图书馆文献资源调查”一书,并分为上、下两册出版。(张玲)

3588

海源阁研究资料 / 曹景英, 马明琴主编. -- 济南:山东友谊书社,1990. -- 317 页:照片;20cm. -- 7-80551-103-9(北京师范大学图书馆)

本书是我国第一部研究海源阁兴衰历史及其藏书聚散情况的重要成果。本书以翔实、浩瀚的资料,揭示了海源阁藏书的聚散和兴衰史况,较详细的记载了海源阁主人杨以增,同鸦片战争时期的民族英雄林则徐“投分最密”的有关资料。在本书附录“杨氏文存”中,即附有林则徐同杨以增往来书信手札十七件。这些手札的内容,有论学问,有论政治,也有论家庭琐事的。从这些手札中,不仅可以看出林则徐晚年的政治生涯和精神面貌,也可以看出杨氏和林氏之间道义之交的深厚和彼此政治见解的一致。(张玲)

3589

校雠学 / 胡朴安,胡道静. -- 台北:台湾“商务印书馆”,1990. -- 84 页;19cm. -- 957-05-0167-7(国家图书馆)

该书为校雠学专著。上卷:校雠学绪论,主要讲述该学科的定义与类别。中卷:校雠学史,讲述周、两汉、魏晋南北朝、隋唐五代、两宋、元、明、清各朝各代的校雠学。下卷:校雠方法。逸书搜辑、真伪辨别、底本互堪、群籍钩稽、篇第审定、目录伦次。(赵红)

3590

简明图书学词典 / 黄方正编. -- 北京:知识出版社,1990. --307 页;19cm. -- 7-5015-0389-3(北京师范大学图书馆)

本书是我国一部具有普及性质的图书学专业词典。本词典以图书(印刷型)为主要对象,收录了图书的定义、历史、分类、印纸、开本、版式、版本、印刷、装帧、装订、出版、发行等方面的专业词汇。根据现代文献载体的发展,酌收了非印刷型文献词汇,以备查阅。为了方面使用,本词典在选择词目时,力求做到内容广泛、释义明确,简明扼要、通俗易懂、详略得当。编者还在书后附有图书(文献)类型表、我国常见的图书开本尺寸表、基本开本的幅面尺寸、辅助开本的幅面尺寸、各种开本的一般适用范围表、出版常用纸一览表、出版物用纸举例表、日本工业标准纸尺寸表、文献类型与文献载体代码表、期刊刊期代码表、宋至清历代讳字简表、数字代码表等内容。本书可供广大图书情报资料、文书档案以及出版、印刷工作者查阅参考。(张玲)

3591

书香集 / 姜德明编. -- 北京:中外文化出版公司,1990. -- 385 页;20cm. -- 名家谈生活艺术丛书. -- 7-5080-1075-2

(北京师范大学图书馆)

本书不是一本谈读书经验的书,也不是介绍学习方法和读书心得的书,而是就个人与书的结缘,或讲点有关书的故事,或表达个人与书的命运及喜怒哀乐。其内容涉及与藏书、卖书、买书、借书、送书、失书、毁书、写书、译书、编书、印书、偷书等。本书的作者也不限于散文作家,还有翻译家、出版家、农业科学家、古物鉴定家、民俗学家以及终身从事贩书生意的古旧书店的店员。(张玲)

3592

历代刻书考述 / 李致忠著. -- 成都:巴蜀书社,1990. -- 408 页;20cm. -- 7-80523-251-2(国家图书馆)

本书共9章。第一章唐代刻书考略,论述了唐代刻书兴起的时代背景、概况及关于唐代刻书的几点分析;第二章五代刻书考略,包含五代始刻儒家经典、五代雕印文集和类书、五代雕印佛道书、五代雕印文学史学书籍和法律判牍等内容;第三章宋代刻书述略,论述了这一时期刻书发展的时代背景、刻书机构、刻书概况、特征、禁例等内容;第四章辽、西夏、金刻书考略;第五章元代刻书述略,包括这一时期刻书的时代背景、刻书机构、管理机关及刻书概况、特点、禁例等内容;第六章明代刻书,包括这一时期刻书事业发展的社会背景、刻书机构、概况和基本特点;第七章清代刻书,作者详细论述了清代刻书的时代背景、满族入关之前的刻书以及这一时期的内府刻书、地方官刻书、私家刻书、坊肆刻书等内容;第八章历代活字印书考述,包括泥活字印书、木活字印书和金属活字印书等内容;第九章套版印书考略,包括套版印书技术产生的历史原因、套版印刷的演进过程。(张玲)

3593

古书版本学概论 / 李致忠著. -- 北京:书目文献出版社,1990. -- 272 页, 32 页图版:图(部分彩图), 摹真;20cm. -- 7-5013-0810-1(北京师范大学图书馆)

本书论述了古书版本学的起源、发展,以及鉴定古书版本的方法和基本知识。全书共7章。第一章导论,简要介绍了古书版本学的起源与演变及善本简论;第二章版本鉴定的经验和知识;第三章介绍了造纸术的发展和古书用纸的演变;第四章详细介绍了印刷术的发明与发展;第五章论述了历代刻书的特点;第六章论述了古书的装帧;第七章详细论述了古书版本的鉴定问题;第八章介绍了古书的版本造伪与鉴别问题;第九章简单阐述了校勘在古书版本学中的地位;第十章详细介绍了古籍版本著录和编目。(张玲)

3594

图书文献学研究论集 / 林庆彰. -- 台北:文津出版社,1990. -- 485 页;22cm. -- 文史哲大系. 19. -- 957-9400-19-9(国家图书馆)

本论文集共收40篇作者论文。全书分五类:一类是读书指导,辑录指导年轻人利用图书馆、工具书、做卡片等类的文章,如"读国学及其入门书"、"什么是摘要"等。二是伪书考辨,除评价郑良树的《续伪书通考》一文外,其余6篇大都是讨论当代伪书的文章,如"当代伪书问题"、"一本伪书——谈朱自清的《语文通论》"。三是工具书评价,讨论辞典的有6篇,与书目、索引有关的也有6篇,如"中文辞典的源流与发展"、"现有中小型辞典之讨论"、"谈谈《辞汇》的错误等"。四是史料整理,有关当代文学史料整理的有4篇,如"谈同书异名"、"略谈翻印古书"、"作家与文学史料整理"等。五是图书典藏,内容包括"知识的水库"、"文化中心的相关工作"等。(赵红)

3595

中国近代书籍装帧 / 罗小华编著. -- 北京:人民美术出版社,1990. -- 200 页:书影;19cm. -- 7-102-00760-4(国家图书馆)

本书是一本资料集,收集了20世纪20年代初至40年代末的中国书装艺术。全书主要版面刊载了约五百余幅具有一定代表性的书籍期刊(主要是文艺社科类)的装帧图录,包含大量的影印的书(刊)封面,如鲁迅著或译的《呐喊》《彷徨》《死魂灵》,徐志摩的《猛虎集》,臧克家的《生命的零度》以及《文学》《现代》《东方》《小说月报》《甲寅》,书中还重点介绍了许多装帧艺术家,包括陶元庆、丰子恺、司徒乔、钱君匋、孙福熙、曹辛之等人。(张玲)

3596

中医文献学 / 马继兴著. -- 上海:上海科学技术出版社,1990. -- 560 页;26cm. -- 7-5323-0197-4(国家图书馆)

本书共分4篇。第一篇中医文献范畴论,作者主要阐述了中医文献在历代图书分类上的地位问题、医学类的医学书目、已佚的古代医书、中医文献的类别、非医书中的医学资料等内容;第二篇中医文献源流论,作者详细介绍了最古的中医文献、《黄帝内经》著作系统、《伤寒杂病论》系统、儿科学著作、眼目口齿咽喉科学著作、本草学著作、针灸学著作、出土古医书等内容;第三篇中医文献结构论中,包括中医文献版本总论、中医文献版本沿革、中医文献编写体例概况、中医文献体例典型例证等内容;第四编中医文献方法论中作者详细论述了古医书的训诂、校勘,古医学文献资料的收集、整理和利用的问题。(张玲)

3597

文献学概论 / 倪波主编. -- 南京:江苏教育出版社,1990. --405 页;20cm. -- 高等学校文科教材. -- 7-5343-1098-9(北京师范大学图书馆)

本书是国家教委1985—1990年高等学校文科教材编选补充计划中的一种,全书共11章。本书用较多的篇幅从定义、社会功能、框架结构、文献信息、文献载体、文献族系、文献类型等多种角度,对文献的内容、形式和特征作了全面的论述和深入的剖析;另一方面本书对文献工作的描述和理论也作了深入的探讨,包括文献的生产、文献的交流、文献流的规律、文献工作标准化和文献工作现代化等基本问题。本书既可作为编辑出版、图书发行、图书馆学、情报学等专业基础课教材,也可作为档案学、图书印刷等专业主要教学参考书。(张玲)

3598

中国古代的禁书 / 平夫,黎之编著. -- 北京:中国青年出版社,1990. -- 112 页;19cm. -- 7-5006-0693-1(北京师范

大学图书馆)

本书分两篇。上篇“中国古代的禁书史与禁书学”,具有史述和引论性质,下篇“中国古代的禁书一瞥”为禁书的实例,作者参考《中国通俗小说书目》《中国小说史料》《明末清初小说述录》《中国古代通俗小说阅读提示》《中外禁书》等书目列举了近40部中国古代的禁书,包括《西厢记》《三国志演义》《水浒传》《金瓶梅》《牡丹亭》《玉娇丽》《隋炀帝艳史》《禅真后史》《今古奇观》《女仙外史》《鸳鸯影》《十美图》《红楼梦》《大义觉迷录》《隔帘花影》《隋唐演义》等。(张玲)

3599

古籍重要目录书析论 / 田凤台. -- 台北:黎明文化事业公司,1990. -- 235 页;21cm. -- 957 – 16 – 0065 – 2(国家图书馆)

本书共分8章,内容包括《汉书艺文志》考疑、《隋书经籍志》析例、郑樵《目录学》析评、马端临《经籍考》析论、朱彝尊与《经义考》《四库总目提要》析论、《校雠通义》之商榷、《书目答问》之绍评等。书前有作者自序,书后附有简录例证于后,例繁不备举。(赵红)

3600

书的知识手册 / 汪少林, 杭丹编著. -- 南昌:百花洲文艺出版社, 1990. -- 323 页;19cm. -- 7 – 80579 – 013 – 2(国家图书馆)

本书是一本有关书籍知识的手册,全书共收词目 2700 余条,分为正文和附录两个部分。其中,正文部分含有 12 个部类,分别是名称、结构、文字·字体、材料、复制、版本、单位、出版、印刷、发行、读书、藏书;附录部分含有两个部类,分别是名言、对联。各部类中的词目一般按其首字笔画数由少到多顺序排列,“名言”部分按照每条言论首字,“对联”部分按照上联首字笔画数由少到多排列。(张玲)

3601

文献计量学教程 / 王崇德编著. -- 天津:南开大学出版社,1990. -- 333 页:图;20cm. -- 图书馆学情报系列教程. -- 7 – 310 – 00192 – 3(北京师范大学图书馆)

文献计量学是当今科学定量化趋势中发展起来的新学科。全书从文献作者分布、文献分散、词频分布、文献增长、文献老化以及引文分析等方面,论述其数学和统计学规律,给以必要的数学预备知识,又紧密围绕文献学、情报学的科学计量予以阐述,举例论证。全书共 10 章。第一章绪论,作者介绍了文献计量学的产生与发展、研究对象和特点及研究方法;第二章文献计量学的测量,作者介绍了定性测量和定量测量、测量的级别、测量的有效性和可靠性、测量的误差等内容;第三章,作者介绍了文献计量学必备的统计学知识;第四至八章分别详细论述了文献作者分布规律、文献分散规律、词频分布规律、文献增长规律、文献老化规律;第九章为引文分析;第十章文献计量学各定律之间的相关性。本书可做情报学、档案学、图书馆学和科学社会学等系科的教材,也可供科学学、未来学、情报学、决策科学工作者参考。(张玲)

3602

书评研究 / 萧乾. -- 台北:台湾“商务印书馆”,1990. -- 177 页;19cm. -- 957 – 05 – 0171 – 5(国家图书馆)

作者是中国著名作家、翻译家,该书第一版发行于 1935 年。本书共7 章。第一章序论,第二章书评家,第三章阅读的艺术,第四章批评的基准,第五章批评的艺术,第六章书评写作,第七章书评与读书界。附录有四:创作界的瞻顾、小说、欣赏的距离、文字的绘画。(赵红)

3603

中国历史藏书论著读本 / 徐雁,王燕均主编. -- 成都:四川大学出版社,1990. -- 751 页;20cm. -- 7 – 5614 – 0246 – 5(国家图书馆)

中国藏书史,是中国文化史的重要组成部分。中国历史藏书在其漫长的发展过程中形成了事业发达又呈地域性盛衰、传统久长又呈时代性消长的显著特点,而且曾经是中国传统社会中积累、承传、创造和传播社会文化产品的重要系统,对中国历史文化作出过独特而又辉煌的贡献。本书从古今学者的藏书史论著中,撷取了富有学术性和资料价值的文献汇编成册。全书分上、下两卷,上卷包括中国历史藏书常识录、宋麟台的故事、南宋馆阁录、元代秘书监志;下卷包括明清藏书楼秘约、浙西藏书录两种、吴中藏书录两种。在本书的每种(部)图书之首,分别有“导读文章”一篇,指示了有关的历史背景、主题思想和价值所在,甚便读者步入中国访书史的学术门径;每种之末,均有“参谈文献”,汇辑有相关的题跋和文章,以便由此导入原者去作更高深的研究。(张玲)

3604

古文献论丛 / 张勋燎著. -- 成都:巴蜀书社,1990. --486 页;19cm. -- 7 – 80523 – 149 – 4(国家图书馆)

本书是一本论文集,全书收入论文 14 篇,读书札记十余则。大部分专门研究古代文献,两篇谈古代文字的,也和古文献的校勘整理有关。除了3 篇论文之外,都是过去不曾刊出过的。在3 篇过去发表过的文章这次也做了修订。这些作品,以讨论的文献内容性质而言,涉及考古学、民族学、政治史、经济史、科技史、体育史、沿革地理、文献目录等许多不同的方面;以研究的方式而言,则包括校勘、标点、辨伪、辑佚、评述和成书情况的考订等。(张玲)

3605

中国书籍之最 / 张召奎编著. -- 合肥:安徽少年儿童出版社,1991. -- 284 页;19cm. -- 7 – 5397 – 0693 – 7(国家图书馆)

本书融知识性、科学性和趣味性为一体,别具特色。为便于青少年阅读,在编辑体例上作了科学分类。全书分三大类 11 个部分,共 256 个条目。每个条目限制在三百字左右,在“之最”上下工夫。选目严格其科学范围:最早(现存最早或第一部)、最大、最完备、最杰出。其中,最早约占全部条目的 90%。第一大类是人文科学书籍,包括历史地理、政治法律、文学艺术和文化教育;第二大类是自然科学书籍,包括天文历数、医药卫生、工程技术和农林园艺;第三大类是工具书籍,包括辞书字书、类书政书和目录索引。(张玲)

3606

古籍整理与研究(第六期) /《古籍整理与研究》编辑部编. -- 北京:中华书局, 1991. -- 306 页;26cm. -- 书名页题:全国高等院校古籍整理研究工作委员会主办. -- 7 – 101 –

00718 – X(国家图书馆)

未见书。(王旭东)

3607

书的知识 / 贲炜著. -- 长沙:湖南文艺出版社, 1991. -- 315 页:书影;20cm. -- 7 – 5404 – 0677 – 1(国家图书馆)

我国书的历史源远流长,典籍浩如烟海。本书试图沿着人类历史的长河,追踪图书运行的轨迹,叙起源,记演变,话兴衰,大幅度跨越时空,勾勒总体轮廓。同时,围绕书卷本身,剖析结构,讲述编校,介绍印刷,阐明工艺,揭示规律。此外,关于类别的划分,典籍的使用,版权的法制等,也尽量突出重点,力求简明适用。作者还在附录中给出"中华人民共和国著作权法"。(张玲)

3608

古籍版本概要 / 陈宏天著. -- 沈阳:辽宁教育出版社, 1991. -- 130 页,1 页图版:肖像;19cm. -- 7 – 5382 – 1402 – X(国家图书馆)

这是一本概述古籍版本学基本知识的专著。全书共包含绪论、版本学的形成与发展、雕版印刷、版本的鉴定、宋刻本及其主要特征、金元刻本及其主要特征、明代刻本及其主要特征、清代刻本的形成及其主要特征、活字本及其鉴别、抄本及其鉴别、稿本及其鉴别等 11 章内容。本书由浅入深、循序渐进地介绍了古籍版本学的内容、形成和发展以及版本鉴定等知识,并重点阐述了宋、金、元、明、清历代刻本的特征以及活字本、抄本、稿本的区分与鉴别等,对从事古文献研究与利用的专业人员有一定的参考价值,同时也可供高等学校古汉语、古典文学、历史等专业学生作为教材使用。(张玲)

3609

书的魅力:第三届全国书市综观 / 陈致远, 臧令仪主编. --上海:学林出版社, 1991. -- 424 页;19cm. -- 7 – 80510 – 616 – 9(国家图书馆)

全国第三届书市于 1990 年在上海举办,历时两个星期。书市结束后,编者主编了本书,书中汇集了全国报刊对书市的报道和评论,包括"书市面面观"、"全面反映各地图书出版繁荣景象——全国书市将在沪举行"、"智慧的天街——第三届全国书市开幕首日见闻"等文章。全书约有十万余字,比较全面、系列、完整地展示了书市的盛况和社会各界的反映。本书也提供了主办单位领导、有关职能部门同志的文章,以反映并总结书市的得与失。同时还约请了社会学、传播学、文化学等领域的学者从这些学科的视角剖析本届书市的背景和影响。(张玲)

3610

中国经济文献学 / 单淑卿, 张春玲主编. -- 青岛:青岛海洋大学出版社,1991. -- 357 页; 20cm. -- 7 – 81026 – 135 – 5(国家图书馆)

中国经济文献学是以中国古代、近代和现代经济文献为研究对象,以目录学原理为基础,并运用版本、注释、校勘、辨伪等知识,研究经济文献学的基本理论,探究经济文献产生、发展规律及检索原理与方法的科学。本书继承了历代文献学的宝贵遗产,荟萃了近年来文献学研究之精华编著而成。该书揭示报导了经济文献的内容、源流、特点、类别,评价了主要的经济文献,研究文献的出版类型,介绍有关经济文献的版本、目录资料,探讨经济文献检索原理和基本途径,提供检索中国经济文献的工具和方法,使其具有知识性和查检性,便于读者查找和利用。(张玲)

3611

校仇新义 / 杜定友著. -- 上海:上海书店,1991. -- 66 页; 19cm. -- 本书据中华书局 1930 年版影印. -- 7 – 80569 – 458 – 3(中山大学图书馆)

《校雠通义》是我国近代目录学思想的先驱者、清代著名学者章学诚阐述目录学方法、理论的重要论著。他指出:图书目录必须同学术流派、图书类别的发展变化相适应,并能品评学术思想的得失,由此提出"辨章学术,考镜源流"的著名原则。本书具有目录学的系统思想,书中提出的"互著"、"别裁"等体例,是对古典目录学的极大突破,具有近代科学研究的思想,至今影响着目录学的发展。本书同时对于图书分类著录的辅助法——互著与别裁,也作了精辟的解释。(张玲)

3612

校勘学 / 管锡华著. -- 合肥:安徽教育出版社,1991. -- 512 页;20cm. -- 7 – 5336 – 0695 – 7(国家图书馆)

中国历代虽有较丰富的校勘实践,但是缺少系统的理论总结,没有形成一门独立的校勘学,本书力图在历代校勘实践及其经验的基础上建立一门独立系统的校勘学,并在前两章对校勘的基本理论问题予以详细论述。校勘学是一种实践性很强的工作,新建立起的校勘学必须能够对校勘实践有较大的指导作用。本书除详细论述校勘的方法和应注意的问题等之外,还在后九章详细交代了校勘的整个工作步骤,及目录、版本等知识如何在校勘中进行应用,并在附录中列有形近易讹字、通假字简表、历朝帝王名讳及其代字兼讳字简表。(张玲)

3613

校仇学 / 胡朴安,胡适静著. -- 上海:上海书店,1991. -- 84 页;19cm. -- 据商务印书馆 1931 年版影印;《民国丛书》选印. -- 7 – 80569 – 457 – 5(国家图书馆)

本书分上、中、下三卷。上卷为校雠学叙论,作者简要介绍了校雠学的定义、校雠学的类别;中卷校雠学史,作者详细介绍了周代的校雠学、两汉的校雠学、魏晋南北朝时期的校雠学、隋唐五代的校雠学、两宋的校雠学、元明的校雠学和清代的校雠学;第三卷校雠方法,包括逸书蒐辑、真伪辨别、底本互勘等内容。全书虽然浅显、简单,但仍可以作为初学者了解校雠学概貌的工具书。(张玲)

3614

季羡林序跋选 / 季羡林著. -- 成都:四川人民出版社, 1991. -- 321 页;20cm. -- 7 – 220 – 01232 – 2(国家图书馆)

本书选录了季羡林所写的序跋 80 余篇,包括"《胭脂井小品》序、跋"、"《中阴文化关系史论丛》序"、"《印度古代语言论集》前言"、"《舞台》中译本序"、"《季羡林选集》跋"、"《朗润集》自序"、"《中国文化年鉴》序"、"《敦煌文书学》

序"、"《生殖崇拜文化论》序言"、"《汉文南亚史料学》序"、"《东方文化史话》序"、"《中外关系史译丛》前言"、"《印度古代史》中译本序言"、"《中国比较文学年鉴》前言"、"《燕南集》自序"、"《大学比较文学教程》序言"、"《歌德与中国》序"等。(张玲)

3615

校雠学史 / 蒋元卿著. -- 上海:上海书店,1991. -- 312 页;19cm. -- 7-80569-456-7(国家图书馆)

本书用 6 章内容详细介绍了校雠学史。第一章绪论,作者详细论述了校雠学的定义及其重要性、校雠学史的定义及发展的 5 个时期;第二章校雠学的发轫时期,主要介绍了校雠的起源及孔门的校雠;第三章校雠学的建立时期,包括设官校书之始、史家校书之始、五经刊石之始、文字的整理和四家的校雠等内容;第四章详细论述了校雠学的衰落时期;第五章校雠学的复兴时期,作者详细论述了贞观五经正义、开成石经、雕版与活印、宋之校刻等内容;第六章,校雠学的鼎盛时期,介绍了目录学和版本学的独立、《四库全书》的校理、本时期重要的校勘学家等内容。(张玲)

3616

墨磨人 / 柯灵著. -- 北京:三联书店,1991. -- 257 页;19cm. -- 7-108-00378-3(国家图书馆)

本书是《读书文丛》中的一册,书中收录了作者柯灵所写的 35 篇文章,包括"舞台因缘六十年——《李健吾剧作选》序"、"钱钟书创作浅谈"、"遥寄张爱玲"、"新电影开山者——《夏衍电影剧作集》序"、"回首灯火阑珊处——《中国现代文学序跋丛书—散文集》引言"、"巴金和我们在一起"、"龙年谈龙"、"致文学青年——为《文学报》作"、"倒流——纪念七七抗战五十年"、"《随想录》的随想"、"精神文明放谈——关于孩子和老人"、"《台湾散文选》序"、"为心灵开渠引流"、"早熟的悲欢"、"画里春秋看古城——浙江美术出版社《绍兴》画册序"等。(张玲)

3617

古籍整理与传统文化 / 李修生主编. -- 沈阳:辽宁大学出版社,1991. -- 315 页;20cm. -- 7-5610-1154-7(国家图书馆)

本书共 7 章。第一章古籍整理与古籍整理学科的建设,包括古籍和现存古籍概况、古籍整理和古籍整理的方式、古籍整理学科的建设;第二章古籍整理与传统文化,包括对传统文化的基本认识、古籍是传统文化的载体、古籍整理是弘扬传统文化的基础工作、古籍整理必须具备传统文化的基础知识;第三章中国古代的古籍整理与传统文化的发展,详细论述了我国第一个整理古籍的学者孔子及汉代、宋元明时期及清代的文化发展和古籍整理工作;第四章近代古籍整理和中西文化的撞击,详细论述了王国维、鲁迅、王重民、张元济等人对中国古籍整理的贡献;第五章现在中国的古籍整理和文化变革;第六章世界中国学的发展和中国古籍整理;第七章为古籍整理和现阶段文化建设。(张玲)

3618

注释学纲要 / 汪耀楠著. -- 北京:语文出版社,1991. -- 349 页;20cm. -- 7-80006-231-7(国家图书馆)

本书分注释学概说、注释的种类、注释的基础工作(之一)——版本的选择、注释的基础工作(之二)——文字校勘、句读、释词语、明通假、古汉语词义注释中的若干问题、今译、章句——段落划分和结构分析、古代注释史 10 章内容。全书虽然是分章分节,但和一般的章节体大不相同,多数章都可以独自成篇。像"古代注释史"章,作者将眼光从经学史中扩展开来,对子、史、集部文籍注释和各个历史时期的文籍注释特点作了精到的阐发,可作为专论看待。(张玲)

3619

文献信息学教程 / 王冰等主编. -- 大连:大连海运学院出版社,1991. -- 380 页;19cm. -- 7-5632-0273-0(北京师范大学图书馆)

本书共 15 章。第一章社会科学文献概述;第二章社科文献存贮机构,作者详细介绍了图书馆系统、社科情报系统、档案馆系统和博物馆系统;第三章社科文献检索基础,主要介绍了社科文献检索工具和检索方法;第四章社科工具书常识,作者论述了工具书的特点和功用、我国工具书的源流及各种类型工具书;第五章社科工具书的排检方法,包括字序排检、分类排检、主题时地法;第六章马列主义经典文献的检索,主要介绍了经典文献原文的检索和参考资料的检索;第七章图书文献的检索,包括古籍、近现代图书、专科图书等;第八章报刊文献的检索;第九章法规制度及其他文献的检索,如古代典章制度、近现代法规条约、解放后法规条约、统计资料、图像资料等的检索;第十章字、词、文句及成语典故的检索;第十一章人物、事件、地名和时间的检索;第十二章计算机检索;第十三章为社会科学研究方法;第十四章社科文献"人—储"系统;第十五章为学术论文的写作。(张玲)

3620

书评例话 / 吴道弘著. -- 北京:中国书籍出版社,1991. -- 285 页;19cm. -- 7-5068-0036-5(国家图书馆)

本书收录了作者吴道弘在 20 世纪 80 年代所撰写的一部分成果、群书分为 3 个部分。第一部分"论述",收录"图书宣传评论与编辑工作"、"图书评论的理论与写作"两篇小论文,作者从编辑出版工作的角度来说明书评的意义和价值,并且阐述书评的理论、原则和写作方法等;第二部分"例话·续话",其中"书评例话"中作者阐述了编辑与书评、体裁与形式、复述与引文、标题与署名等问题。"书评续话"部分介绍了书评与现代文化、书评的要素、广告文字、书评插图等内容;第三部分"评介",包含"我国翻译出版界辛勤努力三十年——介绍《马克思恩格斯全集》五十卷中文版"、"重印朱自清的《经典常谈》"、"简评几种书评集"等文章。(张玲)

3621

图书学 / 吴平编著. -- 哈尔滨:黑龙江教育出版社,1991. --212 页;20cm. -- 7-5316-1188-0(国家图书馆)

本书共 7 章。第一章图书学的对象与内容,详细论述了图书馆学的研究对象、研究内容、学科性质和相关学科;第二章图书的特点;第三章图书的著作类型,包括著述、编撰、翻译和注释等内容;第四章图书载体材料,包括图书载体材料的分类、人造纤维材料——纸张的规格和种类、新型图书载体材料等内容;第五章图书馆的版本与结构,包括古书版本分类、现代图书版本、图书的结构、《中国标准书号》简介等内容;第六章图书的设计,包含图书设计的基本原则、开本、插图、封面与扉页等内容;第七章图书的装订,详细介绍了装订的发展、装订的形式和书籍的护装。(张玲)

3622

高校古籍整理十年 / 杨忠主编;全国高校古籍整理研究工作委员会秘书处编. -- 南昌:江西高校出版社,1991. -- 515页;20cm. -- 7-81033-116-7(北京师范大学图书馆)

本书是对我国1981年至1991年间,高校古籍整理研究工作的回顾。收录于本书的资料,记载着这十年来高校古籍整理研究的历程、成绩与经验。全书共5部分,第一部分"会议与讲话",真实地反映了高校古籍整理研究与人才培养工作的各种活动及有关科研项目的进展情况,是高校从事古籍整理研究的工作人员高度事业心的忠实记录;第二部分"机构"是古委会直接联系的24个教学科研单位概况,包括北京大学古文献研究所等单位;第三部分"重点规划项目"给出了全国高校古委会古籍整理研究重点规划项目表;第四部分"古籍整理研究成果",是1981—1991年全国高等院校古籍整理研究成果汇录;第五部分为全国高校古籍整理研究工作十年工作总结。(张玲)

3623

文献学辞典 / 赵国璋, 潘树广主编. -- 南昌:江西教育出版社,1991. -- 1054页;20cm. -- 江苏省教委科研项目. -- 7-5392-0840-6(兰州大学图书馆)

本辞典是南京师范大学古文献整理所向江苏省教委申请立项的科研项目。本辞典收词范围包括文献学基础理论、文献载体、文献整理、文献聚散与流通、重要文献、文献阅读与文献学家等方面。计有正词条4400余条,附目1600余条。正条分别编有按笔画序次的"词目表"和依类相从的"词目分类目录",以利于读者进行专指检索或族性检索。另有"附目笔画索引",便于读者检索包孕在正条中的知识单元。书中还给出中国文献学大事记年表。(张玲)

3624

全国科技图书总览 / 中国出版工作者协会科技出版委员会编. -- 北京:科学出版社,1991. -- 1576页;27cm. -- 7-03-002667-5(国家图书馆)

本书是依据全国182家科技类和综合类出版社报送的资料编纂而成。它全面系统地反映了我国出版的科技类图书的全貌。本卷收录了1990年出版的初版、改版和重印书共计14989种,其中初版图书9254种,改版图书191种,重印书5544种。本书的正文按出版社社号顺序进行排列,各社图书的排列基本上是依据各自报送的次序。

3625

书评的学问 / 中国图书评论学会编. -- 沈阳:辽宁人民出版社,1991. -- 431页;20cm. -- 7-205-01935-4(国家图书馆)

全国首届书评研讨会于1990年在云南昆明召开,书评界的朋友对书评理论的诸多问题进行了多方面的研讨。为了巩固、宣传和发扬此次会议的成果,中国图书评论学会秘书处将诸多论文进行比较、选择、整理,择其要者汇编成本书出版。书中收录的论文有"中国古代书评及其特点"、"中国近代书评源流初探"、"报纸与书评"、"走出中国书评的误区"、"美术读物评论工作的现状与职责"、"浅谈大学出版社书评工作"、"书评学理论框架的若干思考"、"关于当代书评学的宏观构想"、"书评三论"、"书评的社会性及其现代意识"、"试谈图书评论工作的党性问题"、"要重视书评的导向作用"、"试论书评对出版工作的导向作用和监督职能"、"职工业余书评队伍的作用、优势和特色"、"漫画编辑写书评"、"浅论编辑与图书宣传"等60余篇。(张玲)

3626

文献语言材料的鉴别与应用 / 朱承平著. -- 南昌:江西高校出版社,1991. -- 302页;20cm. -- 7-81033-106-X(国家图书馆)

本书是将文献语言考释中所应用的语言材料和运用这些材料的校勘、训诂方法总结整理而成的。内容涉及文献语言材料的分类、搜集的方法和语料的鉴别。如各语料产生的原因、形式上的特点和变化、与今本文句的关系、版本渊源的区分等;以及语料的具体应用方法,语料错误的表现、原因、甄别辨识的方法及错误语料的利用问题。本书在总结考据学校勘和训诂方法的基础上,全面介绍了版本异文、引用异文、两书异文等十种文献语言材料的分类、搜集、辨识、甄误以及具体运用技巧等。(张玲)

3627

古籍整理与研究(第七期) /《古籍整理与研究》编辑部编. -- 北京:中华书局, 1992. -- 282页;26cm. -- 书名页题:全国高等院校古籍整理研究工作委员会主办. -- 7-101-00891-7(国家图书馆)

本期共收入论文28篇。其中包括陈新的《金圣叹与水浒传》、李解民的《刘氏书录研究》、李致忠的《西夏刻书述略》等。(王旭东)

3628

中国古籍版本学 / 曹之著. -- 武汉:武汉大学出版社,1992. -- 554页:图;20cm. -- 高等学校文科教材. --7-307-01262-6(国家图书馆)

本书是国家教委统编文科教材之一。其特点是体系新、内容新、信息量大。本书分概论、源流、签定3篇,初步建立了中国古籍版本学的完整体系,全面论述了中国古籍版本学的基本理论。其中,古籍版本学史、写本源流、雕版起源、考订一书版本源流等内容尤富新意。本书可供高等学校文科各专业作为教材使用,也是古籍整理、出版发行、图书馆学等专业人员以及文史爱好者的必读书。(张玲)

3629

中国文献学新探 / 洪湛侯. -- 台北:台湾学生书局,1992. --238页;21cm. -- 文献学丛刊.3. -- 957-15-0395-9(国家图书馆)

全书分十部分,内容包括:古典文献学的重要课题——兼论建立文献学的完整体系,古代记录文献的材料,辨伪简论，辑佚简论，类书溯源，类书的文献价值，论四库全书辑录《大典本》的功过得失——兼论建立《大典学》与整理《大典》影印本，《永乐大典》嘉隆副本考略，古籍的考辩，《百部丛书集成》评。（赵红）

3630

清代版刻一隅 / 黄裳编. -- 济南：齐鲁书社，1992. --428 页；20cm. -- 7 - 5333 - 0228 - 1（国家图书馆）

本书以清朝顺治、康熙、雍正、乾隆、嘉庆、道光、咸丰、同治、光绪、宣统各时期的重要著作为例，采用图文的方式对清代雕版工艺进行了系统研究。书中所收著作包括清顺治年间的咏怀古迹、七歌、萧尺木绘画楚辞、兼山集、选刻钓台集、梅道人遗墨、拙政园诗余、征音诗集、吴越诗选、印存玄览、倚声初集、符山堂诗、靖康盗鉴录、峤雅、怀古堂诗选、游黄山记；康熙年间的秦淮杂诗、阮亭甲辰诗、入吴集、阮亭诗余略、载书图诗、百愚禅师蔓堂集、丙寅北行日谱、读画录、字触、明月诗简、雨泉宠合刻、东江集钞、炳烛斋稿、今词苑；雍正年间的吕晚村先生文集、绝妙好词、续茶经等；乾隆年间的琢春词、茶山老人遗集、菊谱等；嘉庆年间的第一香笔记等内容。（张玲）

3631

文献信息学 / 黄宗忠主编. -- 北京：科学技术文献出版社，1992. -- 356 页；19cm. -- 7 - 5023 - 1604 - 3（国家图书馆）

文献信息学是在图书馆学、情报学、档案学基础上发展起来的一门新兴学科，是图书馆学、情报学、档案学、图书发行管理学等的上位类学科。本书是国家教育委员会高等学校哲学社会科学“七五”规划的重点科研课题。全书分 4 编，共 17 章，比较系统地论述了文献信息学与文献信息理论，文献信息的演变与现状，文献信息工作，文献信息系统的组织管理，文献信息学人才的培养。（张玲）

3632

中国书名趣谈 / 李煜昆编著. -- 成都：西南交通大学出版社，1992. -- 381 页；19cm. -- 7 - 81022 - 278 - 3（国家图书馆）

本书对一百八十多本书书名进行了知识性、趣味性介绍。全书大体上按照时间的先后顺序列目，以五四文学革命运动开始为界限，分成上、下两编。上为“古”，下为“今”（截至 1949 年解放）。其中上篇包括“众说纷纭的《易经》”、“说《论语》”、“鬼气森森的《鬼谷子》”、“颇为滑稽的《搜神记》”、“名称三变《世说新语》”、“费解的《华阳国志》”等；下编包括“无案可稽的《三叶集》”、“鲁迅最美的书名——《朝花夕拾》”、“话说《繁星》与《春水》”、“烧掉自己创造光明的《红烛》”、“没有配成对的《南腔北调集》”、“一举两得的《岁寒图》”等。（张玲）

3633

古典文献研究：1989—1990 / 南京大学古典文献研究所编. -- 南京：南京大学出版社，1992. -- 533 页：19cm. -- 7 - 305 - 01431 - 1（北京大学图书馆）

未见书。（王旭东）

3634

古代小说版本漫话 / 欧阳健著. -- 沈阳：辽宁教育出版社，1992. -- 151 页；19cm. -- 7 - 5382 - 1671 - 5（复旦大学图书馆）

本书介绍了版本和版本学、古代小说版本的特点、研究古代小说版本的意义和方法。作者利用《水浒传》的简本与繁本、《红楼梦》的“脂本”与“程本”、《孽海花》的“金本”与“曾本”、《平妖传》的原本与补本等案例详细介绍了古代小说的版本问题。最后，作者阐述了古代小说版本考证并不神秘的问题。（张玲）

3635

中国古籍知识启蒙 / 彭邦炯著. -- 北京：知识出版社，1992. -- 180 页；20cm. -- 7 - 5015 - 0634 - 5（国家图书馆）

本书共 3 篇。第一篇早期古籍——不是纸的古典籍，作者介绍了早期书籍、甲骨文、金石之书、简牍和帛书，并在本篇附录中给出了“早期古籍有关书目”；第二篇古代的类事之书——集众书精华的书，详细介绍了类事之书的来源、类书家族兴衰史、类书的体例和功用、类书历史上之最、历代重要类书展，在本篇的附录中作者给出了“古代类书主要目录”；第三篇中国古代的丛书——众书合一的新书，介绍了什么是丛书、丛书的发展历程、丛书的类和价值等内容，本篇的附录含有“《中国丛书综录》以前的主要丛书目录简表”和“清末以前主要丛书目录”。本书向读者介绍书的由来、书的形成、发展及在中华民族文化发展中的作用。（张玲）

3636

中国书籍、纸墨及印刷史论文集 / 钱存训. -- 香港：中文大学出版社，1992. -- 326 页；21cm. -- 962 - 201 - 425 - 9（国家图书馆）

前言潘铭燊作，他曾师从于钱存训先生，参与本书的校订、编排。自序中著者对该文集出版中的支持者提名致谢。文集选录了著者 1990 年之前 30 年中所发表的有关中国书籍、造纸、制墨和印刷史等专题论文 16 篇，分为 4 章，依次为：古代典籍制度，造纸与制墨，雕版与活字，纸盒印刷术的影响。附录一：题跋、书评、序言，有文 5 篇，即英国剑桥藏本《橘录》题记、张秀民著《中国印刷史》序言、齐可德《十竹斋书画谱》复制本评介、马考文编《朝鲜古活字版书影集》评介、麦克吕尔《中国手工造纸》评介。附录二：钱著《纸和印刷》叙评，有文 5 篇，即李约瑟博士序言、作者自叙、喜读钱存训博士英文本《纸和印刷》、李约瑟系列的首本华裔学者著作《纸和印刷》、评《中国科学技术史：纸和印刷》。附录三：书目。书中有插图并附目录。（赵红）

3637

书的基本知识 300 题 / 王鼎吉编著. -- 北京：人民体育出版社，1992. -- 240 页；19cm. -- 7 - 5009 - 0826 - 1（国家图书馆）

本书包括书的历史知识、书的版本知识、书的其他知识三大部分共 300 题。涉及什么是甲骨书、甲骨文字是怎么样发现的、什么是青铜器、什么是石鼓文、什么是蜀经石、什么是石刻经板、什么是版牍、什么是线装书、什么是善本、什么是图书、什么是古籍、什么是敦煌遗书、什么是经史子集、我国目前实行的图书分类法有哪些、什么是丛书、什么是礼记、什么是套色印刷、什么是现代的书、《古今图书集成》的印刷情况如何、我国现存古代最早的政书是哪一部、什么是书目、什么是全集、什么是选集、什么是文集、选集有哪些不同的形式等内容。作者还在附录中列出名人谈图书的格言、警句。(张玲)

3638

卷轴心事：中国书籍装祯艺术 / 吴汉英. -- 台北：书泉出版社，1992. -- 162 页：图；21cm. -- 艺术现场. 2. -- 957 - 648 - 053 - 1(国家图书馆)

全书分 9 部分介绍中国书籍装帧艺术。内容有：书籍与书籍艺术；书籍源流及上古的文字记载；书籍的产生及其形式；纸书的产生及卷轴制的形成；雕版印刷术的发明及册页形式的出现；活字印刷术的发明及册页形式的产生；线装书——中国古籍装帧的最高形式；中国古籍中的插图和版画；近代印刷机械的传入及近代书籍的产生。(赵红)

3639

汉籍在日本的流布研究 / 严绍璗著. -- 南京：江苏古籍出版社，1992. -- 340 页；20cm. -- 中国古文献研究丛书 / 金开诚主编. -- 7 - 80519 - 376 - 2(国家图书馆)

《古文献研究丛书》是国家教委高校古籍整理研究工作委员会的重点科研项目之一，旨在反映我国当代部分学者研究我国重要古籍所取得的新成就。本书是这部丛书中的一册，分上下两编。上编"汉籍流布概论编"，共 5 章，总论汉籍作为中国文化的主要媒体自古以来传入日本的轨迹与形式，日本保藏汉籍的方式与特征等。力图从整体上梳理汉籍向日本流布的方方面面，把它作为一种完整的文化景观，展现于读者面前，并揭示这种现象的本质。本编第五章是专门描述在第二次世界大战中日本军国主义对中国典籍文物的劫夺的史实，有很多触目惊心的数字。下编"汉籍流布特藏编"，也分 5 章，是在对流传于日本的汉籍作总体考察的基础上，对日本汉籍重要搜储机构以及对流布于日本的具体汉籍，择其有价值者，进行属于微观形态的研讨。著者力图通过这些具体标本，使读者就流布于日本的汉籍形态及其价值，获得较具整体性的印象。(张玲)

3640

中国书籍简史 / 严文郁. -- 台北：台湾"商务印书馆"，1992. -- 302 页；21cm. -- 新人人文库. 13. -- 957 - 05 - 0602 - 4(国家图书馆)

昌彼得先生为该书作序。著者是中国图书馆界的前辈，曾经讲授中国书史课程。书前有自序、古代图书照片若干幅。全书分 9 章论述中国书籍的发展演变。第一章书籍的起源与发展，第二章上古的文字记录，第三章早期的书，第四章纸的发明与传播，第五章印刷术的发明，第六章唐代以后的印刷事业，第七章活字印刷与套印，第八章西方印刷术的输入，第九章书籍的装帧与版本名称。书后附：参考书目、中国有关书籍印刷大事年表、乔衍琯作"中国书籍简史读后记"。书中版图插页配版图目录。(赵红)

3641

两朝御览图书 / 朱家溍主编. -- 北京：紫禁城出版社，1992. -- 221 页；26cm. -- 7 - 80047 - 141 - 1(北京师范大学图书馆)

本书介绍了故宫博物院所收藏的明清两朝的图书。书中第一卷介绍了明清宫中藏书源流及故宫现存珍本图书。第二卷为明清内府写本，包括明内府写本、清内府写本、清臣工进呈本、清御笔写经及臣工写经等内容；第三卷明清内府刻本，介绍了明、清两朝的内府刻本、清内府活字本、清内府套印本，明清内府刻本插图；第四卷清内府翻译图书，包括满文图书、满汉对照及五体文图书；第五卷明清内府书籍的装帧；第六卷故宫图书馆六十八年，内含故宫藏书重要处所示意图。另外，作者还在附录中给出正图及插图索引。(张玲)

3642

文献信息学引论 / 朱建亮著. -- 北京：书目文献出版社，1992. -- 305 页；19cm. -- 7 - 5013 - 0910 - 8(国家图书馆)

本书是作者对图书馆学、情报学、档案学、文献学及其他相关学科中共有的本质内容加以提取与概括，并集他人的研究成果而成。作者在"文献信息"和"文献信息学"这两个基本概念的基础上，展开了《文献信息学引论》的整个体系，分别从学科的对象、内容、学科地位、研究方法等问题及有关文献、文献信息的具体内容进行阐述和探讨。全书共分 10 章，包括绪论、文献信息的本质与价值、文献信息的结构、文献信息的载体和类型、文献信息的增长与量度、文献信息的生产、文献信息的流通、文献信息的控制、文献信息的摄取以及文献信息的研究与利用。周文骏先生为本书作序，书后有后记和参考文献。(胡秋玲)

3643

以正史为中心的宋元版本研究 /(日)尾崎康著；陈捷译. --北京：北京大学出版社，1993. -- 115 页；20cm. -- 7 - 301 - 02288 - 3(国家图书馆)

本书作者以正史丛刻本为重点，对宋元版的发展作了一次鸟瞰。在唐代以前的古写本成为凤毛麟角的今天，宋元版已经是正史以至全部古籍中最古、最好的本子。但是，由于宋元版也有优劣之分，所以，有必要加以版本学上的鉴定和周密的校勘，才可能整理出正确的本子。正是基于以上考虑，作者编写了本书，讨论了一些基本的问题。全书共 3 章。第一章北宋版研究，作者论述了北宋楚辞开版，根据刊记确定的北宋本、根据高丽国藏印确定的北宋本、根据特殊缺笔确定的北宋本等现存北宋本；第二章南宋版研究，包含南宋初期覆北宋本、南宋前期刊官刻本、南宋坊刻本等内容；第三章元版研究。(张玲)

3644

中国典籍与文化论丛. 第一辑 /《中国典籍与文化》编辑部编. -- 北京：中华书局，1993. -- 497 页；20cm. -- 7 - 101 - 01182 - 9(北京大学图书馆)

《中国典籍与文化论丛》是国家教委全国高校古籍整理研究工作委员会编辑的三种出版物之一，它是一个以提高为目的的学术论文集，以期反映中国大陆及海外有关中国传统文化研究的最新成果。本书从 1993 年起计划每年出版一至二辑。本辑为第一辑，其中的文章有对中国古代典章制度的考释、历史人物生平的考证、古代点击版本源流的考辨，也有对古代作家作品的述评和文化现象的理论探讨，还有对古文字的考释研究等。文章或提出新观点，或挖掘新材料，均有自己的见解和根据，各有其自身的学术价值。（张玲）

3645

文献计量学基础 / 丁学东编著. -- 北京：北京大学出版社，1993. -- 373 页；20cm. -- 7 - 301 - 02151 - 8（国家图书馆）

文献计量学是信息科学领域中的一个重要分支学科，本书分绪论、科技文献数量增长的规律、科技文献老化规律、专业文献在期刊中的分布规律——布拉德福文献分散规律、“科学生产率的频次分析”——洛卡定律、自然语言中的词频 - 等级分布——布什词频定律、引文分析、文献计量学理论模型简介等 8 章内容。（张玲）

3646

“国立中央图书馆”善本序跋集录. 史部. 一. 纪传、编年、纪事本末、杂史 / “中央图书馆”编. -- 台北：“中央图书馆”，1993. -- 439 页；24cm. -- 957 - 678 - 095 - 0（套）（国家图书馆）

本集录依据“中央图书馆”善本书目，收藏所藏古籍之序跋。各篇序跋经断句标点，排印成册，分经史子集四部依序出版。序跋名目繁多，题称不一，凡有关一书之书旨大要、著者生平、板刻源流……均予收录。至于有关该书进表、圣喻、四库提要、凡例、藏书家题记等皆不收；非关本书全部内容之序跋不收；家谱、方志等各序跋不收；统谱各分支序跋不收；正史之自叙、叙传已刊行标校本不收。

史部第一册包含序、凡例、纪传类、编年类、纪事本末类、杂史类。本集录史部收录善本古籍凡 1197 部，序跋凡 2701 篇，分装四册。本集录各部后附序跋者索引及书名索引，注明册数、页码，以便检索。（赵红）

3647

“国立中央图书馆”善本序跋集录. 史部. 二. 传记、谱表 / “中央图书馆”编. -- 台北：“中央图书馆”，1993. -- 568 页；24cm. -- 957 - 678 - 095 - 0（套）（国家图书馆）

本集录依据“中央图书馆”善本书目，收藏所藏古籍之序跋。各篇序跋经断句标点，排印成册，分经史子集四部依序出版。序跋名目繁多，题称不一，凡有关一书之书旨大要、著者生平、板刻源流……均予收录。至于有关该书进表、圣喻、四库提要、凡例、藏书家题记等皆不收；非关本书全部内容之序跋不收；家谱、方志等各序跋不收；统谱各分支序跋不收；正史之自叙、叙传已刊行标校本不收。

史部第二册包含序、凡例、传记、谱表。本集录史部收录善本古籍凡 1197 部，序跋凡 2701 篇，分装四册。各部后附序跋者索引及书名索引，注明册数、页码，以便检索。（赵红）

3648

“国立中央图书馆”善本序跋集录. 史部. 三. 史钞、外国史、时令、地理、舆图 / “中央图书馆”编. -- 台北：“中央图书馆”，1993. -- 573 页；24cm. -- 957 - 678 - 095 - 0（套）（国家图书馆）

本集录依据“中央图书馆”善本书目，收藏所藏古籍之序跋。各篇序跋经断句标点，排印成册，分经史子集四部依序出版。序跋名目繁多，题称不一，凡有关一书之书旨大要、著者生平、板刻源流均予收录。至于有关该书进表、圣喻、四库提要、凡例、藏书家题记等皆不收；非关本书全部内容之序跋不收；家谱、方志等各序跋不收；统谱各分支序跋不收；正史之自叙、叙传已刊行标校本不收。

史部第三册包含序、凡例、史钞、外国史、时令、地理、舆图。本集录史部收录善本古籍凡 1197 部，序跋凡 2701 篇，分装四册。本集录各部后附序跋者索引及书名索引，注明册数、页码，以便检索。（赵红）

3649

“国立中央图书馆”善本序跋集录. 史部. 四. 政书、书目、金石、史评、汇编 / “中央图书馆”编. -- 台北：“中央图书馆”，1993. -- 539 页；24cm. -- 957 - 678 - 095 - 0（套）（国家图书馆）

本集录依据“中央图书馆”善本书目，收藏所藏古籍之序跋。各篇序跋经断句标点，排印成册，分经史子集四部依序出版。序跋名目繁多，题称不一，凡有关一书之书旨大要、著者生平、板刻源流……均予收录。至于有关该书进表、圣喻、四库提要、凡例、藏书家题记等皆不收；非关本书全部内容之序跋不收；家谱、方志等各序跋不收；统谱各分支序跋不收；正史之自叙、叙传已刊行标校本不收。

史部第三册包含序、凡例、政书、书目、金石、史评、汇编。本集录史部收录善本古籍凡 1197 部，序跋凡 2701 篇，分装四册。本集录各部后附序跋者索引及书名索引，注明册数、页码，以便检索。（赵红）

3650

“国立中央图书馆”善本序跋集录，子部. 一. 儒家、兵家、法家、农家、医家 / “中央图书馆”编. -- 台北：“中央图书馆”，1993. -- 635 页；24cm. -- 957 - 678 - 122 - 1（套）（国家图书馆）

本集录依据“中央图书馆”善本书目，收藏所藏古籍之序跋。各篇序跋经断句标点，排印成册，分经史子集四部依序出版。序跋名目繁多，题称不一，凡有关一书之书旨大要、著者生平、板刻源流……均予收录。至于有关该书进表、圣喻、四库提要、凡例、藏书家题记等皆不收；非关本书全部内容之序跋不收；家谱、方志等各序跋不收；统谱各分支序跋不收；正史之自叙、叙传已刊行标校本不收。

子部第一册包含序、凡例、儒家、兵家、法家、农家、医家。本集录子部收录善本古籍凡 1438 部，序跋凡 3977 篇，分装四册。本集录各部后附序跋者索引及书名索引，注明册数、页码，以便检索。（赵红）

3651

“国立中央图书馆”善本序跋集录. 子部. 二. 历算、术数、艺术、谱录、杂家 / “中央图书馆”编. -- 台北：“中央图书馆”，1993. -- 758 页；24cm. -- 957 - 678 - 122 - 1（套）（国家图书馆）

本集录依据“中央图书馆”善本书目，收藏所藏古籍之序跋。各篇序跋经断句标点，排印成册，分经史子集四部依序出版。序跋名目繁多，题称不一，凡有关一书之书旨大要、著者生平、板刻源流……均予收录。至于有关该书进表、圣喻、四库提要、凡例、藏书家题记等皆不收;非关本书全部内容之序跋不收;家谱、方志等各序跋不收;统谱各分支序跋不收;正史之自叙、叙传已刊行标校本不收。

子部第二册包含序、凡例、历算、术数、艺术、谱录、杂家。本集录子部收录善本古籍凡1438部,序跋凡3977篇,分装四册。本集录各部后附序跋者索引及书名索引,注明册数、页码,以便检索。(赵红)

3652

"国立中央图书馆"善本序跋集录.子部.三.类书、小说家、释家(上) / "中央图书馆"编. -- 台北:"中央图书馆",1993. -- 662页;24cm. -- 957-678-122-1(套)(国家图书馆)

本集录依据"中央图书馆"善本书目,收藏所藏古籍之序跋。各篇序跋经断句标点,排印成册,分经史子集四部依序出版。序跋名目繁多,题称不一,凡有关一书之书旨大要、著者生平、板刻源流……均予收录。至于有关该书进表、圣喻、四库提要、凡例、藏书家题记等皆不收;非关本书全部内容之序跋不收;家谱、方志等各序跋不收;统谱各分支序跋不收;正史之自叙、叙传已刊行标校本不收。

子部第三册包含序、凡例、类书、小说家、释家(上)。本集录子部收录善本古籍凡1438部,序跋凡3977篇,分装四册。本集录各部后附序跋者索引及书名索引,注明册数、页码,以便检索。(赵红)

3653

"国立中央图书馆"善本序跋集录.子部.四.释家(下)、道家、汇编 / "中央图书馆"编. -- 台北:"中央图书馆",1993. -- 624页;24cm. -- 957-678-122-1(套)(国家图书馆)

本集录依据"中央图书馆"善本书目,收藏所藏古籍之序跋。各篇序跋经断句标点,排印成册,分经史子集四部依序出版。序跋名目繁多,题称不一,凡有关一书之书旨大要、著者生平、板刻源流……均予收录。至于有关该书进表、圣喻、四库提要、凡例、藏书家题记等皆不收;非关本书全部内容之序跋不收;家谱、方志等各序跋不收;统谱各分支序跋不收;正史之自叙、叙传已刊行标校本不收。

子部第三册包含序、凡例、类书、小说家、释家(下)、道家、汇编。本集录子部收录善本古籍凡1438部,序跋凡3977篇,分装四册。本集录各部后附序跋者索引及书名索引,注明册数、页码,以便检索。(赵红)

3654

彝族古籍文献概要 / 黄建明著. -- 昆明:云南民族出版社,1993. -- 188页:图;19cm. -- 有彝文并列题名. -- 7-5367-0815-8(国家图书馆)

全书分导言、彝族古籍文献的材料种类、彝族古籍文献的制作方式、彝族古籍文献的款式与书面形式、彝族古籍文献的装帧、彝族古籍文献中的符号、彝族古籍文献中的语文特点、彝族古籍文献分类、彝族古籍文献的收藏与传播九部分,作者对彝族文献基本情况进行了科学分析,并提出了独具特色的框架,作者不但搜集了大量有价值的材料,其中包括民间传说、史籍记载、社会调查资料等,而且还提出了一些有价值的学术见解。如彝族古籍文献的起源、上下年限定界问题,彝族古籍文献分类问题,对文献语言特点的认识等。本书的出版反映了我国彝族古籍文献整理、研究的新进展,标志着这一研究已从单纯的文献整理、翻译转向综合分析研究,从具体现象的分析到高一层的理论建设。(张玲)

3655

国学知识指要 / 李国祥,杨昶主编. -- 南宁:广西人民出版社,1993. -- 666页;表;21cm. -- 7-219-02408-8(国家图书馆)

国学,是我国固有的传统学术,其涵盖的范畴极广,遍及我国古代开拓并阐发的各个学科,古人研治的诸多学术门类均在其中。国学各学术门类的许多理论,都是从古代文献整理研究的实践中不断积累、抽象出来的。当今所从事的古籍整理研究工作,既是在以条理化了的国学理论指导下进行的,同时也在积累新的经验。本书是"全国高校社会科学研究八五规划项目"的研究成果,书中涵盖了项目组以《历史文献学》为题目进行课题研究时的诸多研究成果,包括"辨伪学讲义"、"中国古代编纂机构概述"、"中国古代官制纲要"、"音韵概说"、"古代字典与辞典"、"中国学术批评史论略"、"中国文献学史要略"、"中国古籍的印刷和近代出版业"。(张玲)

3656

装订源流和补遗 / 上海新四军历史研究会印刷印钞分会编. -- 北京:中国书籍出版社,1993. -- 483页:图;20cm. -- 7-5068-0196-5(国家图书馆)

本书是《中国印刷史料选辑》》丛书之四,选辑了装订方面和前三辑中未曾选入而又颇有价值的史料性文章49篇,阐述了中国古代书籍装订形式演变的概貌。在雕版印刷、活字印刷、套版印刷、历代刻书和近代印刷诸方面,对前三集予以补充和充实。本书(包括前三集)资料齐全,内容丰富,集印刷源流、装订演变、历代刻书于一身,具有较大的史料价值。本书作为近百年来关于印刷历史研究概貌、汇集印刷历史研究成果之文集,将对当代印刷历史之研究和为后世提供较全面的印刷史料具有积极的社会意义。(张玲)

3657

古籍异文研究 / 王彦坤著. -- 广州:广东高等教育出版社,1993. -- 135页;19cm. -- 7-5361-1202-5(国家图书馆)

古籍中的异文,是传统校雠学检录的对象,也是校勘、对比的结果。有校、有比,才能发现文章中的"异"。它作为古书中自然存在的现象,有待于人们的查究、发现归纳并搜集后成文、成书。从异文对于古籍本身的探究来说,人们可以通过它来辩明字句正误、古书真伪、推断书籍和文章的撰写年代,考求立论依据或鉴别版本的优劣。本书研究了古籍异文存在的场所、规模、产生原因和表现形式,异文在语文学科诸多方面的应用和应用中存在的问题等。(张玲)

3658

中国文献史 / 王余光著. -- 武汉:武汉大学出版社,1993. --284页;20cm. -- 高等学校文科教材. -- 7-307-01480-7(北京大学图书馆)

全书分两编。第一编绪论,共5章。第一章文献综论,介绍了文献、文献的属性、构成、编作、流传与收藏、类型等内容;第二章中国文献,介绍了中国文献的物质形态、中国文献的分类与知识内容的演变、中国各种民族文献、中国历代著作的统计;第三章中国文献学与文献史;第四章中国文献发展过程中的文献整理;第五章古今学者论中国文献。第二编着重介绍先秦文献,包括汉字的发明与汉文献的起源,商代文献,周代甲骨文献与铭文材料,盟书、简牍与帛书,典籍,文献的编纂、整理与收藏。作者还在书后给出先秦文献大事记。(张玲)

3659

中国图书 / 肖东发著. -- 北京:新华出版社, 1993. --160页;20cm. -- 7-5011-1578-8(国家图书馆)

本书为《神州文化集成丛书》中的一册。作者首先在绪论中介绍了图书的概念及构成要素、图书对文化的作用及中国图书的特点,接着用十章的内容介绍了中国图书的发展演变过程。第一章介绍了汉字的产生、图书的起源、掌书吏官,第二章从陶器款识、甲骨卜辞、青铜铭文、玉石刻辞、竹木简牍、丝织帛书、造纸发明等方面介绍了图书载体形式,第三章介绍了简牍、卷轴及册页三种装帧方式,第四章介绍了经典注疏、典制政书、图经方志、谱牒家乘等内容,第五章辨章学术 部次条别,第六章屡遭厄运 有聚有散,第七章发明印刷,第八章介绍政府、私人及书坊三大刻书系统,第九章版本辨伪 辑佚校勘,第十章介绍了永乐大典及四库全书。(张玲)

3660

书评学 / 徐柏容著. -- 哈尔滨:黑龙江教育出版社, 1993. --337页;20cm. -- 7-5316-2133-9(北京师范大学图书馆)

书评是对书籍的评论。全书用18章内容详细讨论了书评学。第一章绪论,包括概说,书评与评论、图书介绍,书评与广告及其他;第二章书评与书评学,论述了书评的特征、本质与书评学;第三章书评的社会意义;第四章书评的功能,包括认识、学术、教育等功能;第五、六章分别从内容和形式论述了书评的类型;第七章书评的规定性;第八章书评的标准,包括政治、道德伦理,学术和科学,艺术和编辑出版等标准;第九章书评与作者、读者、编辑等的外部关系,第十章书评工作的主体。后八章依次论述了读书与选书,接受·赏析·批评,立意与谋篇,书评的表现方法,书评的开头和结尾,书评的标题、气度与风格,综合书评等问题。(张玲)

3661

版本学 / 姚伯岳著. -- 北京:北京大学出版社,1993. -- 270页:图;20cm. -- 北京社会科学理论著作出版基金资助. --7-301-02283-2(北京师范大学图书馆)

科学的版本学应该准确解释版本和版本学的实质,并建立起自己系统严密的学科体系。出于这个宗旨,作者撰写了本书。本书共分9章,第一章从版本释义、版本学的研究对象和范围、版本学的研究内容、版本学的研究目的和任务、版本学及其相关学科的关系详细介绍版本与版本学;第二章详细介绍了版本学史;第三章从版本的背景情况、文字内容、外观形式等方面阐述了版本分析的内容;第四章介绍了版本类型;第五章从善本评价标准、版本评价的一般标准、历代版本评价3个方面介绍了版本评价问题;第六章介绍了版本鉴定;第七、八、九章分别论述版本源流、对勘及版本目录的问题。(张玲)

3662

田说古籍 / 逸明,春元编. -- 北京:国际文化出版公司, 1993. -- 179页:照片;17cm. -- 7-80049-426-8(国家图书馆)

《文玩收藏生活丛书》采用访谈形式,如实记录了版本收藏家田涛、瓷器收藏家马未都、木器收藏家张德祥、字画收藏家刘文杰等的收藏生活与观点。本书是本丛书中的一册,记录了版本收藏家田涛的收藏生活和观点,分为一般常识、经验与学术、版刻史杂谈、家世与身世、与市场有关的几个问题等5部分。全书还在附录部分收录田涛先生所作"江南采书记"、"北地寻书录"、"明清两朝皇帝帝号及讳字表"等内容。(张玲)

3663

宋代文献学散论 / 张富祥著. -- 青岛:青岛海洋大学出版社,1993. -- 436页;20cm. -- 7-81026-487-7(国家图书馆)

本书着眼于断代的探索,主要对象是宋人的文献工作,所收十几篇文字,有的是专人专述,有的是某方面的专论或鸟瞰,还有的是专书的探讨考证。这些文章包括"北宋文献学家宋敏求"、"苏颂对宋代文献事业的贡献"、"朱熹文献学综论"、"《通志·艺文略》的分类学价值"、"《通志·校雠略》的理论阐述"、"宋代校勘学的发展"、"宋代考证学的发展"、"金石学起源和成立问题的商讨"、"《宣和博古图》编纂考"、"王应麟与《困学纪闻》"、"关于辑佚的起源问题"、"韦述及其《集贤注记》"、"程俱和《麟台故事》"、"南宋馆阁制度述略"、"陈骙年表"、"中国历史文献研究的回顾与瞻望"等。(张玲)

3664

中国古籍书名考释辞典 / 张林川等编著. -- 郑州:河南人民出版社,1993. -- 23,422页;20cm. -- 7-215-02119-X(国家图书馆)

书名是一本书籍的符号。古籍整理的任务很艰巨,解释书名也并非一件容易的事情。古代目录学家虽然做了许多工作,但在20世纪90年代初期还未出现一部以解释书名为专门内容的著作。本书是一部系统考释、训解书籍名称的学术专著,也是一部比较有特色的工具书。本辞典收古籍书名1500余条,上起春秋,下止于清。所收书名,皆以《四库简明目录》编排顺序为序,"四库"之外书名皆按照类别根据时代顺序插入。全书编排方式仿照《四库全书简明目录》,分经、史、子、集四部,各部又分细目。书名解释分4个部分:撰者生平、书籍内容、优劣得失、书名释义,并按照这个顺序先后行文。全书通俗易懂,书后还附有"著者音序索引"和"篇名笔画索引",以方便读者查找。(张玲)

3665

周林传统文化论集 / 周林著. -- 北京:中国书籍出版社,

1993. -- 176 页,10 页图版:彩照,摹真;20cm. --7 - 5068 - 0177 - 9(国家图书馆)

本文集收集了周林先生从 1982 年在教育部主管高校古籍整理研究工作后,有关古籍整理、敦煌吐鲁番学会和全国高校图书馆工作委员会的一些讲话、报告,也有些是报刊上发表过的文章,包括关于古代文化遗产的普及问题、《高校古籍整理十年》序、中华民族文化与新文化问题、在全国高等学校图书馆工作会议上的总结讲话等。本文集提供了一条研究 80 年代新的历史条件下,恢复和发展古籍整理研究事业的线索。在这本小册子中,充分反映了在贯彻执行 1981 年中央指示后高等院校古籍研究委员会对弘扬民族优秀传统文化作出的重要贡献。(张玲)

3666

中国文献学 / 周彦文主编;林振兴. -- 台北:五南图书出版公司,1993. -- 467 页;21cm. -- 957 - 11 - 0664 - X(国家图书馆)

该书由台湾淡江大学教授主编,由其门下的研究生若干人执笔。卷首编者自序简述编书目的、成书过程。主要内容是按照历史年代分别叙述中国文献概况。依次为:周秦文献概述,两汉文献概述,魏晋南北朝文献概述,唐代文献概述,宋代文献概述,元代文献概述,明代文献概述,清代文献概述。附录大陆当前“文献学”著作的类型及其得失。(赵红)

3667

安平秋古籍整理工作论集 / 安平秋著. -- 北京:中国书籍出版社,1994. -- 212 页:肖像;20cm. -- 7 - 5068 - 0414 - X(北京大学图书馆)

为了反映 1983 至 1994 年十余年期间我国古籍整理与研究工作的发展历程,特出版本书。书中收录了 1983 至 1994 年 11 年间全国高校古籍整理研究工作委员会秘书长安平秋在全国高等院校古籍整理研究工作委员会秘书处工作中所发表的有关古籍整理与研究工作的报告、讲话及文章的选编。其数量大约占安平秋在这 11 年期间所发表的有关报告、讲话和文章的三分之一。全书主要分 4 部分:第一部分高校古籍整理研究工作现状与展望,包括 10 篇讲话稿;第二部分在有关场合的讲演,共 7 篇;第三部分有关文章,包括《古代武侠小说与中国社会》序、我看《书品》等 7 篇文章;第四部分省思札记 14 则。(张玲)

3668

辉煌十年:全国高校古籍整理研究成就 / 曹亦冰主编;全国高等院校古籍整理工作委员会秘书处编. -- 上海:上海古籍出版社,1994. -- 178 页:彩照;28cm. --7 - 5325 - 1875 - 2(北京师范大学图书馆)

1983 年至 1993 年,是全国高校古籍整理研究工作委员会艰苦创业,取得丰硕成果的 10 年。这 10 年全国高校的古籍整理工作,是中华人民共和国建国之后自 1949 年至 1982 年 33 年期间全国古籍整理工作的继续,这 10 年的研究,凝聚了全国 92 家古籍整理研究所(室)、四家古典文献专业的负责人等 40 名委员的心血。本书所收录的各单位文字介绍、图片、资料及书目,均为 1993 年 12 月“全国高校古籍整理研究十年成就展”的介绍文字、图片及资料,其图书成果皆拍成图片录用。(张玲)

3669

书香心怡:中国藏书文化 / 曹正文著. -- 上海:上海古籍出版社,1994. -- 201 页:图;19cm. -- 中国古代生活文化丛书. -- 7 - 5325 - 1798 - 5(国家图书馆)

全书分:访书之趣、藏书之乐、玩书之境、读书之法四部分。(张玲)

3670

中国古籍版本学 / 曹之. -- 台北:洪叶文化事业公司,1994. -- 632 页;21cm. -- 国学精粹丛书. 9. -- 957 - 8677 - 52 - 9(国家图书馆)

卷首为著者自序。该书分三篇论述中国古籍版本。第一篇中国古籍版本学概论,包括:古籍版本与古籍版本学、古籍的结构与古籍版本的类别、古籍版本学史略。第二篇中国古籍版本源流,包括写本源流、雕版印刷的起源、唐五代刻书、宋代刻书、辽金元刻书、明代刻书、清代刻书、太平天国刻书及其他、插图本、拓本及其他。第三篇中国古籍版本鉴定,包括根据内容鉴定版本、根据形式鉴定版本、写本与活字本的鉴定、古籍版本作伪,利用有关图书鉴定版本、考订一书的版本源流。(赵红)

3671

21 世纪的文献信息学 / 陈识金等主编;全国 18 所高校图书馆馆长集体编著. -- 南京:东南大学出版社, 1994. -- 336 页;20cm. -- 7 - 81023 - 846 - 9(国家图书馆)

本书包括文献信息学的产生与内涵、文献信息部门的地位与机制、文献信息部门的发展与制约、文献信息部门的改革与建设、文献信息意识的国内环境等五编。全书从 21 世纪文献信息学的基础理论与内涵、地位与作用、发展与制约、选购与存储、缩微与联网、独有与共享、宝库与财富、源泉与喷泉、服务手段与服务方式的重大变革、一体化的目标与渐进的实现过程、存在价值与社会价值以及全体国民文献信息意识的强化与该领域人才培训的道路、国际著录标准化建设和世界发达国家文献信息的比较与展望等诸多问题,多层次、立体化、多方位地进行探索和研究,从而不仅为目前处于困境的图书馆、信息情报、档案等管理与作业提供了许多崭新的思维方式,讨论、探索了这些部门机构为市场经济服务的宽广道路,而且为 21 世纪文献信息的建设与发展,更好地为经济主战场和物质文明、精神文明建设服务,描绘出美好的蓝图与前景。(张玲)

3672

中国图书论集 / 程焕文编. -- 北京:商务印书馆,1994. -- 561 页:图;21cm. -- 7 - 100 - 01201 - 5(北京师范大学图书馆)

本书是一本有关我国图书研究的论文集,书中分绪论、简帛文化、写本文化、印本文化、近代图书文化、现代图书文化、中国图书的数量与装帧艺术 7 个部分,分门别类地收录了 30 余篇文章,包括说“书”、中国书史研究纵览、介绍有关书史研究的新发现与新观点、简牍检署考、六十年来我国发现竹木简概述、敦煌千佛洞文物发现的经过、敦煌文物被盗记、敦煌遗书概述、《永乐大典》的编纂及其价值、中国版刻的发展过程、宋代刻书述略、南宋刻书地域考、元明两代的木活字、清代印刷史小纪、近世译书对中国现代化的影响、墨海书馆时期——世俗书刊的开始、新出版和新出版业第一人——王韬、三十五年来中国之印刷术、晚清的官书局、中国报纸进化之概观、马恩著作在中国传播的历史概述、列宁著作在中国的出版和传播、毛泽东同志著作的出版与传播、党在早期设立的出版发行机构、四十年出版事业回顾、我国印刷技术发展的三十五年,新华书店简史、中国古籍的数量、中国书籍装订术的发展。(张玲)

3673

浩博典籍 / 冯天瑜,王才忠著. -- 北京:北京语言学院出版社,1994. -- 170 页:图;20cm. -- 7-5619-0402-9(国家图书馆)

本书评介了中国图书的古典形态。全书共 8 章。第一章从原始文字到典册书籍,作者论述了汉字的迁演及其特性、载籍材料的流变、浩如烟海的古籍;第二章中华文化元典;第三章伦理文化的正宗代表——儒家经典,分汇集儒家经典及其诠解的"经部"、《论语》《孟子》;第四章载录着五千年文明进程的史籍,包含汇集历史学著作的"史部"、《史记》《资治通鉴》《文献通考》等内容;第五章诸子百家书,作者详细介绍了子部、《老子》《孙子》《荀子》《韩非子》等内容;第六章灿烂辉煌的古代科技典籍,包含《九章算术》《齐民要术》《本草纲目》《天工开物》等内容;第七章异彩纷呈的文艺著作,作者详细介绍了《楚辞》《聊斋志异》;第七章类书和丛书的纂修,作者详细介绍了明清类书、丛书的编修,所体现的文化意义。(张玲)

3674

"国立中央图书馆"善本序跋集录. 集部. 一. 楚辞、别集(汉~宋) / "中央图书馆"编. -- 台北:"中央图书馆",1994. -- 673 页;25cm. -- 957-678-138-8(套)(国家图书馆)

本集录依据"中央图书馆"善本书目收藏所藏古籍之序跋。各篇序跋经断句标点,排印成册,分经史子集四部依序出版。序跋名目繁多,题称不一,凡有关一书之书旨大要、著者生平、板刻源流……均予收录。至于有关该书进表、圣喻、四库提要、凡例、藏书家题记等皆不收;非关本书全部内容之序跋不收;家谱、方志等各序跋不收;统谱各分支序跋不收;正史之自叙、叙传已刊行标校本不收。

集部第一册包含序、凡例、楚辞类、别集类。集部收录善本古籍凡 2359 部,序跋凡 6361 篇,分装七册。本集录各部后附序跋者索引及书名索引,注明册数、页码,以便检索。(赵红)

3675

"国立中央图书馆"善本序跋集录. 集部. 二. 别集(金~明) / "中央图书馆"编. -- 台北:"中央图书馆",1994. -- 598 页;25cm. -- 957-678-138-8(套)(国家图书馆)

本集录依据"中央图书馆"善本书目,收藏所藏古籍之序跋。各篇序跋经断句标点,排印成册,分经史子集四部依序出版。序跋名目繁多,题称不一,凡有关一书之书旨大要、著者生平、板刻源流……均予收录。至于有关该书进表、圣喻、四库提要、凡例、藏书家题记等皆不收;非关本书全部内容之序跋不收;家谱、方志等各序跋不收;统谱各分支序跋不收;正史之自叙、叙传已刊行标校本不收。

集部第二册包含序、凡例、别集(金~明)类。集部收录善本古籍凡 2359 部,序跋凡 6361 篇,分装七册。本集录各部后附序跋者索引及书名索引,注明册数、页码,以便检索。(赵红)

3676

"国立中央图书馆"善本序跋集录. 集部. 三. 别集(明) / "中央图书馆"编. -- 台北:"中央图书馆",1994. -- 578 页;25cm. -- 957-678-138-8(套)(国家图书馆)

本集录依据"中央图书馆"善本书目收藏所藏古籍之序跋。各篇序跋经断句标点,排印成册,分经史子集四部依序出版。序跋名目繁多,题称不一,凡有关一书之书旨大要、著者生平、板刻源流……均予收录。至于有关该书进表、圣喻、四库提要、凡例、藏书家题记等皆不收;非关本书全部内容之序跋不收;家谱、方志等各序跋不收;统谱各分支序跋不收;正史之自叙、叙传已刊行标校本不收。

集部第三册包含序、凡例、别集(明)类。集部收录善本古籍凡 2359 部,序跋凡 6361 篇,分装七册。本集录各部后附序跋者索引及书名索引,注明册数、页码,以便检索。(赵红)

3677

"国立中央图书馆"善本序跋集录. 集部. 四. 别集(明) / "中央图书馆"编. -- 台北:"中央图书馆",1994. -- 594 页;25cm. -- 957-678-138-8(套)(国家图书馆)

本集录依据"中央图书馆"善本书目收藏所藏古籍之序跋。各篇序跋经断句标点,排印成册,分经史子集四部依序出版。序跋名目繁多,题称不一,凡有关一书之书旨大要、著者生平、板刻源流……均予收录。至于有关该书进表、圣喻、四库提要、凡例、藏书家题记等皆不收;非关本书全部内容之序跋不收;家谱、方志等各序跋不收;统谱各分支序跋不收;正史之自叙、叙传已刊行标校本不收。

集部第四册包含序、凡例、别集(明)类。集部收录善本古籍凡 2359 部,序跋凡 6361 篇,分装七册。本集录各部后附序跋者索引及书名索引,注明册数、页码,以便检索。(赵红)

3678

"国立中央图书馆"善本序跋集录. 集部. 五. 别集(明~清、民国暨朝鲜、安南、日本) / "中央图书馆"编. -- 台北:"中央图书馆",1994. -- 589 页;25cm. -- 957-678-138-8(套)(国家图书馆)

本集录依据"中央图书馆"善本书目收藏所藏古籍之序跋。各篇序跋经断句标点,排印成册,分经史子集四部依序出版。序跋名目繁多,题称不一,凡有关一书之书旨大要、著者生平、板刻源流……均予收录。至于有关该书进表、圣喻、四库提要、凡例、藏书家题记等皆不收;非关本书全部内容之序跋不收;家谱、方志等各序跋不收;统谱各分支序跋不收;正史之自叙、叙传已刊行标校本不收。

集部第五册包含序、凡例、别集(明～清、民国暨朝鲜、安南、日本)类。集部收录善本古籍凡2359部,序跋凡6361篇,分装七册。本集录各部后附序跋者索引及书名索引,注明册数、页码,以便检索。(赵红)

3679

“国立中央图书馆”善本序跋集录. 集部. 六. 总集(上) / “中央图书馆”编. -- 台北:“中央图书馆”,1994. -- 642页;25cm. -- 957-678-138-8(套)

本集录依据“中央图书馆”善本书目收藏所藏古籍之序跋。各篇序跋经断句标点,排印成册,分经史子集四部依序出版。序跋名目繁多,题称不一,凡有关一书之书旨大要、著者生平、板刻源流……均予收录。至于有关该书进表、圣喻、四库提要、凡例、藏书家题记等皆不收;非关本书全部内容之序跋不收;家谱、方志等各序跋不收;统谱各分支序跋不收;正史之自叙、叙传已刊行标校本不收。

集部第六册包含序、凡例、总集(上)。集部收录善本古籍凡2359部,序跋凡6361篇,分装七册。本集录各部后附序跋者索引及书名索引,注明册数、页码、以便检索。(赵红)

3680

“国立中央图书馆”善本序跋集录. 集部. 七. 总集(下)、函牍、杂诗文、诗文评、词曲 / “中央图书馆”编. -- 台北:“中央图书馆”,1994. -- 614页;25cm. -- 957-678-138-8(套)(国家图书馆)

本集录依据“中央图书馆”善本书目收藏所藏古籍之序跋。各篇序跋经断句标点,排印成册,分经史子集四部依序出版。序跋名目繁多,题称不一,凡有关一书之书旨大要、著者生平、板刻源流……均予收录。至于有关该书进表、圣喻、四库提要、凡例、藏书家题记等皆不收;非关本书全部内容之序跋不收;家谱、方志等各序跋不收;统谱各分支序跋不收;正史之自叙、叙传已刊行标校本不收。

集部第七册包含序、凡例、总集(下)、函牍、杂诗文、诗文评、词曲。集部收录善本古籍凡2359部,序跋凡6361篇,分装七册。本集录各部后附序跋者索引及书名索引,注明册数、页码,以便检索。(赵红)

3681

文献计量学导论 / 何光国. -- 台北:三民书局,1994. -- 322页;21cm. -- 图书馆资讯学丛书. -- 957-14-2043-3(国家图书馆)

本书从文献成长、分布、引用、老化的安排等角度阐述文献计量学有关问题。全书共分6大章。第一章论述文献计量学重要法则,第二章讨论文献的成长,第三章研究文献分布,第四章为引用文献分析,第五章集中讨论文献老化问题。书前有编者的话、他序、自序。书后附图次、表次。(赵红)

3682

中国文献学新编 / 洪湛侯著. -- 杭州:杭州大学出版社,1994. -- 462页;20cm. -- 7-81035-684-4(国家图书馆)

本书分形体、方法、历史、理论四编。形体编论述了记录文献的载体、文献的体例、文献的体式等内容,方法编论述了目录、版本、校勘、辨伪、辑佚、编撰等内容,历史编从先秦起源期、汉莫基期、魏晋至隋变迁期、唐五代发展期、宋辽金兴盛期、元明中衰期、清恢复鼎盛期、近当代总结发展期论述了中国文献学的发展,理论编论述了中国文献学理论形成的过程、中国文献学理论的若干特点、中国文献学家的经验总结和理论建树、文献学理论整理等问题。(张玲)

3683

书文化大观 / 李广宇编著. -- 北京:中央广播电视出版社,1994. -- 27, 656页:图;20cm. -- 7-5043-2353-5(国家图书馆)

本书是一本视野开阔、富有历史感的作品。全书分书海一勺、书的结构、书文化之最、奇书拾趣、历代出版机构、历代藏书、版本术语浅说、目录分类名词简释、书界术语溯源、古书谈屑、古书续谈、书名面面观、伪书纵横、说错道讹、古代藏书家、近代藏书家、藏书楼、斋名集趣、书店揽胜、图书馆种种、书林佳话、书坛公案、书癖、借书、买书、抄书、守书与散书、书厄、书展与读书周、读书方法、藏书印、藏书票、咏书诗、书摘楹联、出版标记、图书馆标志、书迷话书等40余个栏目全面介绍了书籍文化。(张玲)

3684

中国古代书籍史话 / 李致忠. -- 台北:台湾“商务印书馆”,1994. -- 159页:插图;19cm. -- 中国文化史知识丛书. 59. -- 957-05-0885-X(国家图书馆)

主要内容:书籍与书籍史,文字的起源与书籍的产生,正规书籍的产生与历代书籍的创作,书籍的生产材料与生产方法,中国古代书籍的装帧艺术,中国古代的插图版画。书内有插图若干。卷首是由《中国文化史知识丛书》编委会撰写的“编者献辞”。(赵红)

3685

宋版书叙录 / 李致忠著. -- 北京:书目文献出版社,1994. --365页;20cm. -- 7-5013-1134-X(国家图书馆)

宋版书传至清代已成稀世之珍,无论是鉴赏家、藏书家还是学问家,都对此格外垂青。宋版书在学津讨源、版本探始、书史坐标、书品风格等方面都具有较高的文物价值和学术价值。本书通过对宋龚昱所著《昆山杂咏》三卷、宋开禧三年昆山县斋刻本,宋李逸民辑《忘忧清乐集》,宋丁度等撰《集韵》十卷、宋绍兴十七年《古三坟书》三卷等宋版书及流传的介绍,力争将这些宋版书的本来状况反映给学林士子,为他们各自的专业研究提供一些可资借鉴的材料。(张玲)

3686

历史文献与民族文化研究 / 刘乃和, 周少川, 王明泽等编. -- 北京:高等教育出版社,1994. -- 358页:图;21cm. -- 7-04-004933-3(国家图书馆)

本书是1992年内蒙古呼和浩特市、伊金霍洛旗召开的历史文献与民族文化国际学术研讨会的论文集。(张玲)

3687

文献计量学概论 / 罗式胜主编. -- 广州:中山大学出版社,1994. -- 398页; 20cm. -- 7-306-00819-6(国家图书馆)

本书共分16章,较全面、系统地介绍了文献统计分析的基本程序以及关于文献量变规律、文献分散规律、文献老化规律、文献引证规律、著者规律、词频规律、文献外部特征规律、文献流通规律和用户规律的统计分析方法和步骤,并介绍了学科核心期刊的各种测定方法。为了教学方便,该书每章后面列有一定的思考题。(张玲)

3688

书评概论 / 孟昭晋编著. -- 南京:南京大学出版社,1994. --385页;20cm. -- 高等学校文科教材. -- 7-305-02377-9(北京师范大学图书馆)

本书是高等学校文科统编教材。全书结构完整,既是一本论述书评理论的专著,也是一本理想的教材。全书包括序论、书评家等7章内容,另包括"中外书评作品选读"等两个附录和"参考征引书目"。同时为了方便读者查检,作者还编了一个"人名/主题索引"。全书每一章之首都用不同字体和字号写明了篇章提要,使得重点与一般、标题与论述一目了然。(张玲)

3689

古典文献研究:1991—1992 / 南京大学古典文献研究所编. -- 南京:南京大学出版社, 1994. -- 357页;20cm. -- 7-305-01431-1(国家图书馆)

本书收入《李雁晴君小传》《唐代笔记小说的校雠题》《诗字古义考》等14篇文章。(王旭东)

3690

文献社会学 / 卿家康著. -- 武汉:武汉大学出版社,1994. --350页;20cm. -- 7-307-01839-X(国家图书馆)

全书分9章。第一章作者详细介绍了作为一门学科的文献社会学,并在第一节开宗明义地提出了"应当建立文献社会学";第二章详细讨论文献的社会实质与价值、功能;第三章为文献的社会源流,包括文献的起源、积累、发展;第四章详细论述了文献的社会生产,包括什么是社会生产、文献生产的社会过程、社会条件;第五章作者论述了文献的社会传播,包括文献传播的含义、意义和要素,文献传播的社会结构、社会过程;第六章为文献的社会消费,包括文献消费的概念与社会意义、文献消费的三要素、文献消费的特点、社会机制、社会整体特征等内容;第七章作者从文献人口与社会文献群体、文献社区、社会文献组织等方面介绍了社会文献组织;第八章为文献的社会效果,包括文献社会效果的定义、构成与分类,影响文献消费效果的因素等内容;第九章作者从文献的社会控制内容、本质、模式与操作、非正式及正式的文献社会控制等方面论述了文献的社会控制等问题。(张玲)

3691

文献情报计量理论和方法 / 孙建军编著. -- 南京:南京大学出版社,1994. -- 282页;20cm. -- 7-305-02501-1(国家图书馆)

文献情报计量学是当今科学定量化趋势中发展起来的新学科。本书力求用深入浅出的方法系统地论述文献情报计量理论和方法。全书有绪论、文献情报计量学的数学知识、文献情报随时间演变规律的分析与预测、文献集中与分散理论、文献作者分布理论、词频分布理论、引文分析研究、文献计量学的理论基础、文献情报计量方法9章。书中内容大致可以分成三大部分。第一部分介绍了文献情报计量的发展历史、特点及其数学基础;第二部分研究了文献规律,包括文献情报随时间演变规律、文献集中与分散规律、文献作者分布规律、词频分布规律;第三部分论述了文献情报计量规律的理论基础及计量方法。(张玲)

3692

中国古文献学史 / 孙钦善著. -- 北京:中华书局,1994. -- 2册(1268页);20cm. -- 7-101-00942-5(国家图书馆)

全书分7章论述了先秦、秦汉、魏晋南北朝、隋唐五代、宋辽金、元明、清及近代的古文献学史,以重要的古文献学家及其著作为纲,以古文献学的成果、方法和理论为目,微观分析与客观考察相结合,力求做到经纬分明,史论兼备。全书论及重要专题30余个,有代表性的古文献学家上百人。本书可作为古典文献专业的基础教材,也可作为古代文学、史学、哲学、图书馆学、博物馆学等学科的基础教材或必读参考书。(张玲)

3693

书评学概论 / 徐召勋主编;徐召勋等著. -- 武汉:武汉大学出版社,1994. -- 283页;20cm. -- 高等学校文科教材. -- 7-307-01865-9(北京师范大学图书馆)

本书是受国家教育委员会委托撰写的高等学校文科统编教材,可供高等学校的出版发行、编辑、新闻、图书馆学、中文等专业和广大出版、发行、编辑和新闻工作者使用。全书共6章。第一章书评和书评学;第二章我国书评的产生和发展,作者按照时间顺序,详细介绍了先秦两汉时期、魏晋南北朝时期、隋唐宋元时期、明清及近代的书评学;第三章书评工作,包括书评会议、书评组织、书评阵地、书评教育等内容;第四章书评写作,包括书评的写作程序、怎样挑选图书、书评的标题、语言、正文、修改等内容;第五章详细介绍了社会科学类图书、哲学政治类图书、文学作品类图书、少儿读物类图书和科学技术类等各类图书评论;第六章外国书评研究。(张玲)

3694

现代文献论纲要 / 张欣毅著. -- 北京:书目文献出版社,1994. -- 232页:图;19cm. -- 7-5013-1145-5(北京师范大学图书馆)

本书是一部试图以现代的、科学的观点与方法来专门讨论有关广义的文献基本问题的学术性著作。本书共分8章,内容有文献综论、文献信息论、文献主题论、文献形式论、文献结构论、文献流论、文献过程论、文献经济论。书中对文献的研究与讨论是多重研究视角的"一体化",即以现代的科学研究方法和认识水平对古今中外各种类型的广义文献作本体范畴意义上的综合研究,包括文献本体的研究、对文献这种特殊的物质及其运动做唯物辨证式的考察的基础上确定的理论与方法规范、文献的物质存在及其运动过程在本质上是其自然性与社会性既相互对立又辨证统一的完整图景。(张玲)

3695

中南地区大学出版社优秀图书书评选 / 中南地区大学出版社协会组编. -- 武汉:华中师范大学出版社, 1994. -- 371页;20cm. -- 7-5622-1128-0(国家图书馆)

本书正文分五编,收录书评97篇。第一编"政治·哲学·历史"篇,包括"《中华人民共和国史》评介"、"掌握科学方法,开拓毛泽东思想研究的新领域——《毛泽东哲学思想大纲》评介"、"评《中国文化概论》"等;第二编"文学·艺术·语言"篇,包括"简评《唐代文学史略》"、"读《中国解放区文学史》"、"简评《中西戏剧比较教程》"等;第三编"经济·法律·社会"篇,包括"《对策论与经济均衡》评介"、"产业经济理论的新探索——《产业经济:结构与职能》评介"等;第四编基础科学理论篇,包括"《地球重力场模型理论》简介"、"《非金属矿产地质学》评介"等;第五编生产工程技术篇,包括"建筑工程管理研究的新成果——读《建筑工程质量控制与事故分析》"等。附编收录关于书评撰写方面的论文两篇,"撰写图书评论:编辑的一项基本功"、"书评形态论"。(张玲)

3696

澹生堂藏书约 /(明)祁承㸁著. -- 扬州:江苏广陵古籍刻印社,1995. -- 391~398页;26cm. -- 笔记小说大观. 第六册(国家图书馆)

全书著录图书9000余种,20余万卷。藏书中当代史料甚富,内中祁氏抄校各书,多世人所未见,尤为可贵。《澹生堂藏书约》为祁氏子孙规定了保藏管理图籍的方法,并勉以继续收书、读书。约文简明,至今仍有可借鉴之处。(张玲)

3697

中国图书与图书馆 /(日)松见弘道著;黄宗忠,姜振儒,杨志清译. -- 北京:书目文献出版社,1995. --213页;20cm. --本书原名:图书馆与汉籍——图书、图书馆的研究. -- 7-5013-1221-4(国家图书馆)

本书是日本东海女子短期大学教授、图书馆馆长松见弘道的代表作。他致力于研究中国图书、图书馆,著述颇丰。全书7章,包括"汉字文化的黎明"、"上古时期的图书"、"中国图书的材料及其状况"、"中国图书的书写用具——文房四宝"、"各时期的中国国书与图书馆"、"中国图书与图书馆的发展过程"、"美国图书馆与中国图书"等。全书系统论述了中国图书、图书馆的产生与发展,叙述了各个历史时期中国图书与图书馆发生的一些重大事件和主要变革,以及它的社会背景;阐述了各个时期的主要图书馆,并系统列举了各个时期的具有代表性的图书以及这些图书的流传情况;介绍了活跃于各个历史时期的不同学科的一些主要著作者的生平事迹以及他们的代表作,并分析了这些著作在中国和中国以外所产生的影响。本书可作为高等学校图书馆学、图书发行学、档案学、情报学专业教学参考用书,也可供广大图书情报工作者及文史工作者阅读参考。(张玲)

3698

中国典籍与文化论丛. 第二辑 /《中国典籍与文化》编辑部编. -- 北京:中华书局,1995. -- 425页;20cm. -- 7-101-01384-8(北京大学图书馆)

《中国典籍与文化论丛》是国家教委全国高校古籍整理研究工作委员会编辑的三种出版物之一,它是一个以提高为目的的学术论文集,以期反映中国大陆及海外有关中国传统文化研究的最新成果。本书从1993年起计划每年出版一至二辑。本辑为第二辑,包含有"刘著《上述学史》读记"、"敦煌写本《山赠歌》缀合与斯592蝴蝶装册的还原"、"苏轼苏辙唱和诗浅析"、"郑玄经学思想特色刍议"、"晚中唐的六朝风——兼论'齐梁体'"、"唐代笔记小说的内涵与特点"、"《西洋记》里金碧峰的本来面目"、"唐代妇女财产问题初探"、"论古代礼教与妇女地位"等文章 。(张玲)

3699

中国典籍与文化论丛. 第三辑 /《中国典籍与文化》编辑部编. -- 北京:中华书局,1995. -- 413页;20cm. -- 7-101-01493-3(北京大学图书馆)

《中国典籍与文化论丛》是国家教委全国高校古籍整理研究工作委员会编辑的三种出版物之一,它是一个以提高为目的的学术论文集,以期反映中国大陆及海外有关中国传统文化研究的最新成果。本书从1993年起计划每年出版一至二辑。本辑为第三辑,包含有"论孔子思想及其影响"、"论《春秋》异文"、"论班固与王充'疾虚妄'精神的共通性"、"欧阳修《诗本义》与宋代《诗经》研究"、"《四书章句集注》成书考略"、"重论施彦端是否施耐庵"、"关于《二郎搜山图》"、"南唐隐逸诗人陈陶考"、"司马相如生平及作品系年考"等文章 。(张玲)

3700

古典文献研究论丛 / 北京大学中文系古典文献专业,古文献研究所编著. -- 北京:北京大学出版社,1995. -- 344页;20cm. -- 7-301-02766-4(国家图书馆)

本论丛主要是北京大学中文系古典文献专业、古文献研究所的青年教师和研究生近几年来的部分研究成果,大多是参加《全宋诗》编纂工作中的收获,也有教学、研究及攻读学位的心得。主要包括由宋人别集浅论《四库全书》、四库提要中的失误、《诗经》流传日本考、屈原《九歌》解题、张咏年谱、欧阳修西京郊游几事迹考、宋诗丛札等。这些论文中包含年谱编撰、版本整理、事迹考辩、名著解题,从札小考等。它们共同的持点是,搜集资料,考核辨析,论证具体,力求翔实。(张玲)

3701

中国古今书籍纵横 / 操时杰,刘慧华编著. -- 北京:中国物资出版社,1995. -- 319页:图;19cm. -- 7-5047-0939-5(国家图书馆)

本书是一部介绍中国书籍历史、现状及未来趋势和有关知识的综合性读物,内容包括文字的起源,古书的雏形、简策书籍、绣帛书籍、纸写书籍、雕版印刷书籍、活字印刷书籍、石版印刷书籍、铅印书籍、胶印书籍、影印书籍、缩微复制品、激光照排书籍、音像出版物、电子出版物等,较系统地阐述中国书籍的发展过程,以及与书籍有关的历史性知识,如造纸术、印刷术的发明等。本书内容翔实,文字简洁,叙述清楚,可供印刷出版专业师生,编辑出版和图书发行、管理工作人员及

对中国古今书籍有兴趣的读者参考。(张玲)

3702

卖文买书:郁达夫和书 / 陈子善,王自立编. -- 北京:三联书店,1995. -- 387 页:照片;19cm. -- 7-108-00562-X(北京师范大学图书馆)

作为"中国现代第一流的诗人和作家",郁达夫酷爱读书、藏书。郁达夫的一生,与书结下了不解之缘。他著书之真诚,读书之广博,藏书之丰富,评书之直率,在今日现代作家中都首屈一指。本书把郁达夫关于中外图书的各类文章结集在一起。全书分为四辑,第一辑是郁达夫为自己的著译所作的序跋,第二辑是郁达夫为他人的著译所作的序跋,第三辑是郁达夫披阅古今中外各类书刊后所写的评论、介绍文章,第四辑是郁达夫综合各类图书写出的专论或札记,以及泛论买书、读书、藏书和图书馆作用等方面的文章。郁达夫关于图书的著述,除个别篇章外,都已收在本书中,各辑都分类按发表时间先后编排,其中部分文章是最近才发掘出来的,为第一次结集。为了便于读者阅读,编者还对郁达夫作序和评介的中国现代书刊的版本加了一些必要的注释。本书在附录中还收集了《郁达夫日记中关于图书记载摘编》,以全面展示郁达夫读书的兴味和偏好。(张玲)

3703

中国图书文化导论 / 程焕文著. -- 广州:中山大学出版社,1995. -- 414,13 页:图;20cm. -- 本著荣获广东省高等教育厅人文社会科学著作出版基金一等资助. -- 7-306-01046-8(北京师范大学图书馆)

本书荣获广东省高等教育厅人文社会科学著作出版基金一等资助。全书共 11 章。第一章图书和图书文化,介绍了文化、图书、图书文化;第二章图书的文化意义,论述了图书是人类文化的物质载体和具象、图书是人类社会与文化进步的阶梯、图书是维系社会发展和进行社会变革的工具、图书是人类社会的高级消费品;第三章中国图书的文化特征,这些特征包括中国封建社会的特征,中国图书在形制变迁、内容变化、社会心理和行为等方面的文化特征;第四章中国图书文化的历史分期,作者介绍了中国图书文化历史断限的标准和中国图书文化的历史分期;第五章中国图书文化研究概况;第六至十一章分别介绍了前图书文化、简帛、卷轴、雕版、近代图书、现代图书文化等内容。(张玲)

3704

古文献研究.第二辑(敦煌资料) / 杭州大学古籍研究所编. -- 杭州:杭州古籍出版社,1995. -- 420 页:彩照;20cm. -- 7-80518-251-5(国家图书馆)

本书收录了杭州大学古籍研究所同仁在 1995 年以前所发表的有关《三礼》研究、辞学、敦煌学、中古语言文学及典章制度文献整理与研究等领域的论文,这些成果所达到的学术水平,及其在弘扬中华民族优秀传统文化方面所作的努力程度,值得借鉴。全书收录论文包括"祖冲之《大明历》改易古历算释疏证"、"汉魏六朝语词札记"、"俗字探源——《汉语大字典》一、二卷校读札记"、"从手写到刊版——中国图书制作史略(一)"、"浙江敦煌学研究"、"沈约诗文系年"、"古籍新注给我们的启示"、"《文心雕龙》校释今译著作述录"、"姜亮夫先生谈治学"、"读《太平经合校》"、"从《山海经》看中国古代人文地理学的萌芽"、"楚辞所见母权制向父权制转变诸现象考"、"从《国风》看周代社会的婚恋习俗"、"姜亮夫先生谈治学"等。(张玲)

3705

古籍整理释例 / 胡渐逵著. -- 长沙:岳麓书社,1995. -- 329 页;32 开. -- 7-80520-499-3(国家图书馆)

胡渐逵,湖南益阳人,1936 年生,1959 年毕业于湖南师范学院中文系,时任岳麓书社副编审、船山学社理事,湖南省作家协会会员,湖南古典文学研究会会员。曾点校、注译古籍四十多本,发表学术论文 50 余篇,诗词、散文、杂文 60 余篇,多次获国家及省颁发的各种奖励。作者多年从事古籍整理校勘工作。本书是他总结多年来校读古籍经验的总结。分列校勘、标点、符号、注释、今译等事例,剖析详明,可备古籍整理者参考。(张玲)

3706

中华书文化史话 / 黄镇伟著. -- 福州:福建教育出版社,1995. -- 186 页;19cm. -- 当代中学生丛书. 第六辑. -- 7-5334-1391-1(国家图书馆)

未见书。(张玲)

3707

古代刻书与古籍版本 / 卢贤中著. -- 合肥:安徽大学出版社,1995. -- 236 页;20cm. -- 7-81052-009-1(国家图书馆)

本书论述了我国雕版印刷术、活字印刷术的起源和发展;唐五代、宋代、金朝、元代、明代、清代及民国等各个时代版刻的类别和特点,重要古籍的编纂、刊刻及流传;我国雕版印刷术向境外的传播;古籍的版式、结构和类别;鉴定古籍版本、辨别古籍真伪的基本知识。本书体系新、内容新、信息量大,是古籍整理、出版发行、图书馆专业人员以及文史工作者的必读书。(张玲)

3708

古典文献研究:1993—1994 / 南京大学古典文献研究所编. -- 南京:南京大学出版社,1995. -- 318 页;20cm. -- 7-305-02900-9(国家图书馆)

本书为 95'魏晋南北朝文学国际学术研讨会南京大学赴会学者提交论文专辑。(王旭东)

3709

中国文字与典籍:揭开文明的篇章 / 王余光著. -- 武汉:湖北人民出版社,1995. -- 154 页;19cm. -- 青少年文史库. -- 7-216-01672-6(北京师范大学图书馆)

本书共 9 章。第一章从结绳记事、刻木记事、图画符号记事、仓颉造字、考古学证据等几方面介绍了汉字的发明;第二章介绍了典籍的文字,载体,书写、印刷与装帧,编辑、流传与收藏及历代著作的统计;第三章以甲骨文献、青铜铭文、石刻文献、简牍书籍、帛书等介绍了汉籍的早期形式;第四章介绍了蒙文、藏文、彝文、傣文与纳西文、女真文与满文、阿拉伯字母文字等民族文字与典籍;第五章介绍了《书》《易》《诗》《春秋》三传、《论语》《孟子》《孝经》《尔雅》等经部典籍;第

六、七、八章分别介绍了史部典籍、子部典籍、集部典籍;第九章给出了一些推荐书目和影响书目。(张玲)

3710

古文献研究丛稿 / 吴金华著. -- 南京:江苏教育出版社,1995. -- 441 页;20cm. -- 7-5343-2510-2(国家图书馆)

本书是作者近 20 年来研究中国古文献的一部著作。本集共收四组文稿,近十四万字。第一组 7 篇,是对汉语语法史资料的发掘与探讨。第二组 8 篇,属于汉语词汇史方面的论文。第三组 9 篇,属于《三国志》整理研究的系列。第四组 9 篇,是研读古籍之作,内容涉及古文的校勘、标点、注释、今译、评析及文化史研究等。大致说来,前两组皆专题讨论的性质,后两组是专书研究的杂稿。本书创见迭出,言必有据,对古籍整理及汉语史、词汇史研究均有很大帮助。(张玲)

3711

版本学研究论文选集 / 中国图书馆学会学术委员会古籍版本研究组. -- 北京:书目文献出版社,1995. --399 页;20cm. -- 7-5013-1215-X(国家图书馆)

本书是一本版本学研究的论文集,全书选录了"中国版刻发展过程"、"中国古代书籍制度史话"、"中国古代书籍的发展"、"中国雕版印刷术与活字印刷术的比较研究"、"中国最早的金属活字"、"套版印刷法起源于徽州说"、"中国古代的民间刻书业"、"浅谈坊刻本在中国文化史上的地位"、"书院刻书漫话"、"中国对日本雕版印刷的影响"、"略论我国古代书册的形式美"、"版本学与图书馆"、"论版本"、"《版本通论》选录"、"古书版本学的起源与演变"、"古籍版本与版本学"、"版本学有广狭二义论"、"古籍版本学的功用"、"抄本及其价值鉴定"、"刻工与版本初探"、"明清时代版本目录学概述"、"建国以来版本学研究综述"等四十余篇论文。(张玲)

3712

中国少数民族文献学研究 / 包和平编著. -- 北京:中国华侨出版社,1996. -- 310 页;21cm. -- 978-7-5013-3978-5(内蒙古大学图书馆)

全书共三章。第一章少数民族文献研究,介绍了少数民族文献学的研究对象和学科体系,古代少数民族文字文献概况,古代汉文少数民族文献概况,少数民族文献的特点、少数民族文献工作特点、少数民族文献的性质和价值、少数民族文献的整序、少数民族文献资源的科学布局、少数民族文献资源建设概况、少数民族文献资源的意义及对策、21 世纪少数民族文献开发利用趋势等内容;第二章少数民族文献目录研究,介绍了少数民族文献目录学的研究现状及发展趋势、研究对象和任务,少数民族文字文献目录的产生与发展,汉文少数民族文献目录的产生与发展,古代民族宗教文献及其书目控制,国外出版的中国少数民族文献目录概况;第三章少数民族古籍管理研究,介绍了少数民族古籍的收藏与研究现状,少数民族古籍的科学管理和开发利用,少数民族古籍整理中的翻译问题,少数民族古籍保护及其策略,少数民族古籍书目控制的走向和任务,少数民族古籍书目数据库建设,少数民族古籍检索的原理和方法,少数民族古籍资源数字化建设,少数民族古籍计算机检索网络建设。(张玲)

3713

北京大学图书馆藏稿本丛书. 诗文、杂著 / 陈秉才,张玉范编著. -- 天津:天津古籍出版社,1996. -- 12 册;26cm. -- 7-80504-542-9(北京大学图书馆)

本书收录北京大学图书馆藏之诗文稿和杂稿,时间上起明朝,下迄民国。(张玲)

3714

中国图书史 / 陈力. -- 台北:文津出版社,1996. -- 363 页:照片;22cm. -- 中国文化史丛书; 41. -- 957-668-366-1(国家图书馆)

本书分绪言、上编、下编三部分。上编雕版印刷术发明前的图书事业,包括萌芽时期的图书馆事业、发展时期的图书馆事业、纸的发明和纸写本图书。下编雕版印刷术的发明和图书馆事业的兴盛,包括隋唐五代图书事业的发展、宋辽金夏的图书事业、元代的图书事业、明代的图书事业、清代的图书事业、西学东渐与清代的图书事业。书中有古籍图书照片若干。(赵红)

3715

走过世纪末——范炯文集 / 范炯. -- 台北县:云龙出版社,1996. -- 466 页;21cm. -- 云龙丛刊; 31. -- 957-9663-00-9(国家图书馆)

卷首是作者小传、丛刊编者王刚所作"流浪的朋友——代序"。该书是著作者读书、观影、思考的记录。上编第一读者手记,包括临卷之思 23 篇,开卷之思 10 篇,掩卷之思 18 篇。下编通俗思考散步,包括哲人之思 18 篇,学人之思 14 篇,艺人之思 15 篇,友人之思 12 篇,男人之思 9 篇。(赵红)

3716

中国古籍研究 / 国家古籍整理出版规划小组主办;傅璇琮,许逸民主编. -- 上海:上海古籍出版社,1996. -- 26cm. -- 7-5325-2091-9(国家图书馆)

本书侧重发表实证性较强的考证性论文,因此,本书所说的古籍研究也不限于古籍版本、作者、校雠、笺证、辑佚、辨伪等学术范畴。除传统文史哲外,举凡天文地理、科技艺术、军事体育、文物考证、农业医学、民俗文化等属于古代文化的方方面面,只要是从实证的角度进行较有深度的研究,都为本书所刊载。本书主要收集了"《唐人小说》批注"、"《文心雕龙校注拾遗》补正"、"《李白集》稀见版本考略"、"清代热河木兰围场研究"、"吐蕃时期藏译汉籍名著及其故事"、"春秋研究讲义案语"等 17 篇文章。(张玲)

3717

中国图书和图书馆史教学大纲 / 国家教委高教司编. -- 北京:高等教育出版社,1996. -- 72 页;19cm. -- 7-04-005649-6(国家图书馆)

本大纲是为配合《中国图书和图书馆史》课程而编写的,其目的是为了系统地了解图书编制、整理与出版的发展,认识我国文化遗产的积累和利用过程。同时,也是为了总结和说明图书馆产生、发展和演变的轨迹,认识我国图书馆对社会、文化和学术发展的贡献。内容包括古代图书与藏书的初创时期、古代图书与藏书的形成时期、古代图书与藏书的发展时期、古代图书与藏书的中兴时期、古代图书与藏书的全盛时期、近代书刊与图书馆的变革时期、近代书刊与图书馆的发展时期。(于静)

3718

文献学 / 洪湛侯. -- 台北:艺文印书馆,1996. -- 554 页;22cm. -- 957-520-054-3(国家图书馆)

文献学又称"国学"、"校雠学",文献整理涉及目录、版本、校堪。本书分四编论述文献学的源流、发展及整理。第一,形体编,包括记录文献的载体、文献的体裁、文献的体例、文献的体式。第二,方法编,包括目录、版本、校勘、辨伪、辑佚,编纂。第三,历史编,包括先秦(起源期)、汉(奠定期)、魏晋至隋(变迁期)、唐五代(发展期)、宋辽金(兴盛期)、元明(中衰期)、清(恢复、鼎盛期)、近现代(总结、发展期)。第四,理论编,包括中国文献学理论的形成、中国文献学理论的若干特点、文献学家的经验总结和理论建树、文献学理论整理刍议。书后附录"宋代版权样章"。(赵红)

3719

版本古籍鉴赏与收藏 / 黄燕生, 林岩编著. -- 长春:吉林科学技术出版社,1996. -- 236 页:图;19cm. --7-5384-1551-3(国家图书馆)

本书是《古籍鉴赏收藏丛书》中的一册,全书共4部分。第一部分版刻源流,介绍了印刷术的发明与版本学的诞生、版本释名、历代刻书的特点;第二部分珍本鉴赏;第三部分鉴定与辨伪,分别介绍了如何鉴定刻本、活字本、抄本、稿本及有关版本鉴定的工具书、作伪与辨伪;第四部分古籍的收藏、利用与保护,包含收藏史话、书价变迁、利用与保护三节内容。(张玲)

3720

中国古代序跋文选集:经部 / 李淼主编. -- 广东:汕头大学出版社,1996. -- 16, 938 页;27cm. -- 7-81036-175-9(北京大学图书馆)

《中国古代序跋文选集》为中国古代序跋文精华的荟萃,共分5册,按经、史、子、集、其他分类。本书为《中国古代序跋文选集》第一册,即《中国古代序跋文选集·经部》。所选序跋文以《四库全书》为基础,并酌选其他丛书的部分文章。正文按《四库全书》经部分类分为易、书、诗等十类。为了便于读者阅读,同时把《四库全书》总编撰纪昀所写概述提要也一并收录。(张玲)

3721

古文献丛论 / 李学勤著. -- 上海:上海远东出版社,1996. --348 页;21cm. -- 学术集林丛书. 8. -- 7-80613-103-5(国家图书馆)

本书辑录了作者在20世纪90年代前半期撰写的论文30余篇,包括"关于《周易》的几个问题"、"帛书《周易》与《易经》的作者"、"孔子与《周易》"、"帛书《周易》的几点研究"、"帛书《要》篇与其学术史意义"、"先秦名人的几个问题"、"《世俘》篇研究"、"《商誓》篇研究"、"《说文》前叙称经说"、"黄帝与河图洛书"、"帛书《道原》研究"、"汉漫话"等。这些论文涵盖了有关关于《周易》、道家、《逸周书》、纬学等内容。(张玲)

3722

中国古代书籍史话 / 李致忠著. -- 北京:商务印书馆,1996. -- 177 页,8 页图版:图(部分彩图);19cm. --中国文化史知识丛书. -- 7-100-02130-8(国家图书馆)

本书是《中国文化史知识丛书》中的一册。全书共六章。第一章书籍与书籍史,作者简要介绍了什么是书籍及书籍史的主要内容;第二章文字的起源与书籍的产生,包括语言、传说与记事,文字的起源与生成,初期书籍的产生等内容;第三章正规书籍的产生与历代书籍的创作;第四章书籍的生产材料与生产方法;第五章中国古代书籍的装帧艺术,作者详细介绍了中国古代书籍的版面设计、插图版画及装帧形式;第六章中国古代的图书保护,包括材料整治、阅藏保管和维修保护。(张玲)

3723

稿本华鄂堂读书小识 / 全国公共图书馆古籍文献编委会编. -- 北京:中华全国图书馆文献缩微复制中心(内部出版), 1996. -- 479 页:摹真;26cm. -- 影印本、中国公共图书馆古籍文献珍本汇刊(国家图书馆)

《华鄂堂读书小识》,湖南藏书家叶启发著。《稿本华鄂堂读书小识》,为叶氏拾经楼红格纸抄本,叶启发之子所抄。分上、下两册,共收书一百零八种。本书是一部专门论述古籍目录、版本的读书题记,列入《中国公共图书馆古籍文献珍本汇刊》之一出版。作者就家藏宋元明刻抄本、名人批本校本书籍,详细介绍了各书版本异同、流传经过,汇集以往诸家题记,并自加考订评说等个人意见,"关于各书之板刻年月、文字异同及其得失,逐一论列收藏者印记及批校、名人事迹,旁征博引详加评述。"(张玲)

3724

书城挹翠录 / 沈津著. -- 上海:上海社会科学院出版社,1996. -- 10,12,403 页,4 页图版:照片;20cm. -- 7-80618-182-2(国家图书馆)

本书作者为美国哈佛燕京图书馆善本书室主任。书中共收书志300篇,约三十万言。其中所选之书,主要为上海图书馆、香港中文大学以及美国的一些主要大学的藏书。这种以"书志"的形式问世的图书出版得很少,国内各大图书馆迄今尚无一本馆藏书志出版。就此意义上说,本书的出版对我国图书馆界及其相关学科的研究将会产生较大的影响。本书取材的对象是以难得的、罕见的为主,且重抄稿本,尤重未刻本,不甚着眼于宋元旧本。所以在这三百种书中,稿抄本几近三分之一。本书每篇书志都写得较详细,既有全貌,也有主题揭示,不仅记录书名、作者、规格、出版年代等基本资料,还作了比较研究,包括书的存藏、流传状况等。(张玲)

3725

文献信息学导论 / 谭祥金编著. -- 广州:中山大学出版社,1996. -- 437 页;20cm. -- 7-306-01181-2(国家图书馆)

第一章文献信息资源,介绍了信息、知识、文献的定义、类型、特性、功能;第二章文献信息机构,介绍了档案馆、图书馆、情报机构的产生、定义、职能及类型;第三章文献信息工作,包括文献收集、整理、贮存、传播,文献信息工作自动化和文献信息工作的矛盾运动;第四章文献信息事业,包括文献信息活动与社会、图书馆事业、情报事业、档案事业、文献信息事业网络、文献信息事业管理等内容;第五章档案学,介绍了外国档案学的产生与发展、中国档案学的产生与发展、档案学的学科性质与相关学科、档案学教育;第六章图书馆学,介绍了中外图书馆学的产生与发展、图书馆学的研究对象与体系结构、图书馆学的学科性质和相关学科及图书馆学教育;第七章情报学,介绍了情报学的产生与发展、情报学的研究对象与体系结构、情报学的学科性质和相关学科及情报学教育;第八章文献信息学,介绍了文献信息学的提出、研究对象和体系结构、学科性质和相关学科。(张玲)

3726

我的书评观与书评 / 伍杰著. -- 北京:华夏出版社,1996. --243 页,1 页图版:肖像;20cm. -- 7 - 5080 - 0928 - 2(国家图书馆)

本书作者曾任中共中央宣传部出版局处长、副局长、局长,中国出版工作者协会副主席,中国书评学会会长,中国作家协会会员,中宣部研究员。本书收录了作者所作的书评以及有关书评的个人看法及研究的相关文章多篇,包括"天涯何处无芳草"、"有趣的《中国禁书大观》"、"独辟蹊径的传记"、"爱拼才会赢"、"托起明天的太阳"、"新松恨不高千尺"、"原泥土味儿更浓"、"爱的结晶"、"本刊的个性"、"《中国图书评论》喜欢什么样的稿子"、"雕刻的艺术"、"关心书评学的拓荒工作"、"燃烧的心灵"、"书评种种"、"在繁荣中发展"、"写出好书评"、"书评漫议"等。(张玲)

3727

后读书杂志 / 徐复著. -- 上海:上海古籍出版社,1996. -- 299 页;20cm. -- 7 - 5325 - 1933 - 3(国家图书馆)

本书收录了自 1932 年至 1992 年 60 年间作者从校勘、训诂等方面所校释的古籍二十四种,包括《战国策》《史记》《汉书》《后汉书》《宋书》《南史》《史通》《老子》《晏子春秋》《荀子》《新语》《新书》《论衡》《世说新语》《颜氏家训》《楚辞》《陶渊明集》《文选》《文心雕龙》《诗品》《韩昌黎诗集》《孙可之文集》等。作者还在附录中给出"《汉书·苏武传》'蹈其背以出血'解"、"《老子》'五将以为教父'志疑"、"《离骚》'命灵氛围余占之'一节正伪"等内容。(张玲)

3728

井然有序:余光中序文集 / 余光中. -- 台北:九歌出版社,1996. -- 500 页;21cm. -- 九歌文库. 450. -- 957 - 560 - 457 - 1(国家图书馆)

本书作者是台湾当代著名作家,其序文兼情趣与理趣。书中收录其序言 35 篇,分为:诗集序、文集序、小说序、翻译序、画集序、选集序、词典序。书前有题为"为人作序——写在《井然有序》之前"的作者自序,书后有附录"受序者著作出版概况"。(赵红)

3729

中国当代图书馆界名人成功之路 / 俞君立,黄葵,罗武建主编. -- 武汉:武汉大学出版社,1996. -- 312 页;20cm. -- 7 - 307 - 02229 - X(国家图书馆)

本书收入中国当代部分著名图书馆学家、图书馆事业家撰写的 32 篇文章。这些文章以典型、生动的事例与深刻的见解,从不同侧面体现了他们在研究与工作领域中坚持科学的世界观与思想方法,以及勤奋、求实、不畏艰辛、勇于开拓、创新的思想境界与科学精神,展现了他们从事科学研究、教学和实际工作的思维方式、研究方法与工作艺术,反映了他们在事业上获得成就的内在因素、外在因素、方法与途径。(张玲)

3730

郑振铎书话 / 郑振铎著;郑尔康选编. -- 北京:北京出版社,1996. -- 346 页,2 页图版:图;20cm. -- 7 - 200 - 03058 - 9(国家图书馆)

本书是郑振铎生前撰写的有关谈书的散文、随笔、序跋、书评等作品集,是 20 世纪 90 年代出版的《现代书话丛书》中的一册。全书分四辑。第一辑读书随笔,收录了郑振铎阅读步韵诗、孔雀东南飞、碧鸡漫志、李后主词、唐诗、李清照、警世恒言、马致远杂记等作品时写下的读书随笔;第二辑关于古版小说,收录了郑振铎先生的水浒传的续书、全相平话三国志、谈金瓶梅词语、关于警世恒言等文章;第三辑书林杂记,收录了郑振铎先生的向翻印"古书"者提议、标点古书于提倡旧文学、失书记、漫步书林等文章;第四辑序跋,收录了郑振铎先生所写中国短篇小说集序、晚清文选序、影宋本楚辞集注跋、论中国短篇白话小说序等;第五辑西谛题跋,收录了郑振铎先生所写秦词正讹、百家词、中国绘画史、唐三僧诗等文章;第六辑劫中得书记,收录题记 89 则,包括离骚图、童痴二弄山歌、古今女范、妇范论、水浒传注略、汪氏列女传、清平山堂话本二种等。(张玲)

3731

中华典籍与传统文化 / 周少川著. -- 桂林:广西师范大学出版社,1996. -- 294 页;21cm. -- 国学丛书. -- 978 - 7 - 5013 - 3746 - 0(北京师范大学图书馆)

本书是在书史学、文献学的基础上,从文化学的视角来展开典籍研究的,是对典籍与文化双向考察的尝试。全书分上、下两编。上编:古代典籍与学术传统,紧密结合古代学术文化传统的特点和社会历史背景,论述中华典籍的起源及各类典籍的不断繁富,展示文化珍品。下编:古代典籍的收藏与研究,深入探讨中华典籍在流传过程中,惜书保藏、传承流布的历史及其丰富的文化内涵,总结目录校勘的宝贵经验和学术意义。(张玲)

3732

书的故事 /(俄)伊林(М. Ильин)著;胡愈之译. -- 沈阳:辽宁教育出版社,1997. -- 166 页:图;19cm. -- 附:话说图书. --7 - 5382 - 4761 - 0(北京师范大学图书馆)

本书是新世纪万有文库中的一册。本书由伊林著,胡愈之翻译。全书分上下两篇。上篇介绍了活的书——关于活图书馆的故事、备忘录、东西说话、画图的文字——一个失踪的探险队的故事、迷的文字、文字搬家等内容;下篇包括永久的书、带的书、蜡的书、皮的书、胜利的书、书的命运等内容。

书后还附有话说图书的内容，介绍了创纪录的畅销书、影印版和海盗版、书商是怎么样的人、修复师的劳动、书架的气候、插图画家的心愿、封皮夹里的秘密等内容。（张玲）

3733

中国典籍与文化论丛．第四辑 /《中国典籍与文化》编辑部编．-- 北京：中华书局，1997．-- 441 页；20cm．-- 7 - 101 - 01630 - 8（北京大学图书馆）

《中国典籍与文化论丛》是国家教委全国高校古籍整理研究工作委员会编辑的 3 种出版物之一，它是一个以提高为目的的学术论文集，以期反映中国及海外有关中国传统文化研究的最新成果。本书从 1993 年起计划每年出版一至二辑。本辑为第四辑，包含“陶渊明年谱汇考”、“寒山诗的宋代知音——兼论寒山诗在宋代的流布和影响”、“论明代传奇剧本体制的规范化”、“兴化李氏与清初‘昭阳诗群’”、“关于《金楼子》研究的几个问题”、“八仙考补”、“论《左传》为《春秋》之传”、“《左传》所见诸侯婚姻及政治关系考略”、“对府兵制所以败坏的再认识”、“唐方镇僚佐职掌考释”、“服虔《汉书音训》钩沉”、“古籍整理工作中诗篇主名的困惑”、“论诗歌注解中的似是而非现象”、“敦煌写本《秦妇吟》汇校”、“明嘉靖本篆文《阳春白雪》考”、“‘儒宗诸书’与佛教史籍——兼论《四库全书》子部释家类的选录标准”、“阮元《仪礼注疏校勘记》补正”、“明清《会典》性质论考”、“雅俗考”等论文。（张玲）

3734

增订蟫庵群书题识 / 昌彼得．-- 台北：台湾“商务印书馆”，1997．-- 371 页；21cm．-- 957 - 05 - 1413 - 2（国家图书馆）

卷首为著者自序，简要介绍目录学发展脉络。该书共收集叙录题跋 58 篇。如元版《论语集解》跋、跋宋十二行本《五代史记》、旧抄本《类说》题识、《永乐大典》述略、元刻朱墨本《金刚经》《横云山人集》叙录、《桐江集》叙录等。书中插页有宋元书影 20 幅。（赵红）

3735

古籍超文件全文资料库模式之探讨 / 陈昭珍．-- 台北：汉美图书公司，1997．-- 1 册；21cm．-- 图书馆学与资讯科学论文丛刊．第七辑．-- 957 - 9005 - 86 - 9（国家图书馆）

卷首：主编者弁言，丛书主编胡述兆、卢荷生作。本书共 6 章。第一章绪论，第二章文献分析暨基本概念，第三章系统分析，第四章系统设计，第五章实验与测试，第六章结论与未来研究建议。书后附录“詹瑛《文心雕龙》版本叙录”、“詹瑛引用书目简称”、“《文心雕龙》版本相关书志”、“三种《文心雕龙》版本之目次”。（赵红）

3736

中国古籍整理体式研究 / 冯浩菲著．-- 北京：北京图书馆出版社，1997．-- 415 页，4 页图版：摹真；21cm．-- 7 - 5013 - 1343 - 1（北京师范大学图书馆）

所谓古籍整理体式，是指古籍整理著作的体裁和方式。本书系统介绍了我国在古籍整理体式研究方面所取得的初步成果和心得。书中将中国古籍整理体式分为编辑类、校释类、目录类、类书类四大类，每大类为一编，共四编。各大类之下都层层演分出若干二级、三级乃至四级、五级、六级的小类目，每一级类目都代表一类特定的古籍整理体式。这样就形成了全面系统的古籍整理体式体系。每个大类目（编）、二级类目（篇）、三级类目（节）之前分别冠以总序、中序、小序，简要说明各级类目古籍整理体式的发展演变、撰写特点及分类情况等。每类体式，分别情况，确定统一的介绍范围和事项。各类古籍整理体式后，一般还要采取不同方式，根据历代使用该体式时所产生的教训，简述编撰中应该注意的问题，作为借鉴。（张玲）

3737

作壁上观：葛兆光书话 / 葛兆光著．-- 杭州：浙江人民出版社，1997．-- 308 页；20cm．-- 7 - 213 - 01525 - 7（北京大学图书馆）

本书分风雨如晦、新书评说、旧书签识、吃茶与饮酒、序跋琐缀、口头禅话、佛祖西来、说唐新绎、东洋景儿等几部分，集录了作者葛兆光在 1997 年前所写，诸如“尘封在阁楼中的往事”、“夹在书中的旧事心情”、“清理书架”、“古代中国还有多少奥秘——读李学勤《简帛佚辑与学术史》”、“十八世纪的学术与思想——评艾尔曼《从理学到朴学》”、“富于现代意味的宗教史研究”、“从《觉后禅》说起”、“《旧唐书》和《新唐书》”等短文。（张玲）

3738

文献生产的社会化及其管理 / 贺修铭著．-- 长沙：湖南教育出版社，1997．-- 298 页；20cm．-- 7 - 5355 - 2454 - 0（国家图书馆）

作者力求运用辨证逻辑、系统分析、比较分析、历史分析等方法全面系统地论述文献生产的社会化及其管理，并且将文献与信息、知识的联系，文献与社会，文献与时代，文献与经济，文献与文化，文献政策，文献控制与文献价值，文献产品以及文献市场等问题均纳入到文献生产社会化及其管理这一主题之下进行研究，以便于对文献生产的发展规律进行总结，虽以理论阐述为主，但又不偏废实践应用，以指导现代文献生产活动为目的。（张玲）

3739

中国文献学要籍解题 / 洪湛侯著．-- 杭州：杭州大学出版社，1997．-- 355 页；20cm．-- 7 - 81035 - 965 - 7（北京大学图书馆）

本书是作者在十余年教授“文献要籍解题”课程所编写的讲稿的基础上编辑而成，为配合《中国文献学新编》而作。《新编》一书是概论性质，列有体、法、史、论四编。而本书是书籍解题性质。在使用上，可以与《新编》一书配合使用。全书分上下两编。上编为文献基础知识要籍，作者给出了目录学著作、版本学著作、辨伪学著作、辑佚学著作等；下编为文献各类体裁要籍，介绍了文书档案、类书、总集、丛书、表谱图录、方志。（张玲）

3740

中国年谱辞典 / 黄秀文主编．-- 上海：百家出版社，1997．--981 页；19cm．-- 7 - 80576 - 669 - X（精装）（国家图

书馆)

本书收录了自先秦至1993年的人物年谱4115种,涉及历代人物2431人。书中收录了属年谱体例的年表、年略、岁略、岁时纪、随年录、编年、纪年行述、学谱、诗谱、图谱、校书谱、著述系年等。辞目以时代为序编排,分谱主小传与年谱介绍两部分。书前有序和凡例,书后附录谱主索引和谱名索引及后记。(胡秋玲)

3741

清代版本图录 / 黄永年,贾二强撰集. -- 杭州:浙江人民出版社,1997. -- 1函(5册);28cm. -- 线装. -- 7-213-01497-8(北京师范大学图书馆)

这本图录继承了潘景郑、顾廷龙先生编集的《明代版本图录初编》的特点,不单只注重于善本、孤本的书影,而且力求全面,尽量注意到代表性,也收录了常见通行的甚至是坊刻的并不精彩的版本,基本上达到了反映清代版本的全貌的目的。本图录的文字说明也有可观之处,每幅图不过寥寥数十百字,却往往包含丰富的信息,从版本源流到流通情况,多有涉及。全书五卷,一共选印了清本三百五十种,大多取其一幅书影,间或两幅,集中了清代各个时期各种样式的版本的代表。本书全套共五册,卷一收前三代古籍图录书影84种,187页;卷二收乾隆时期古籍书影67种,147页;卷三收嘉庆时期古籍书影57种,119页;卷四收道光、咸丰时期古籍书影86种,134页;卷五收同治、光绪、宣统时期古籍书影92种。附录中还包括清代版本述略和综合索引。(张玲)

3742

中华书文化史话 / 黄镇伟著. -- 福州:福建教育出版社,1997. -- 201页:插图;19cm. -- 当代中学生丛书:精品集. 博览篇. -- 7-5334-2271-6(国家图书馆)

本书旨在反映中国古代书文化的基本情况,书中勾勒古代书籍发展历史,介绍古代的藏书制度,推荐古人卓有成效的读书方法,展示古人的藏书情趣和读书风采,对列入中国古代四大发明的造纸和印刷术作有详细描述。书籍是人类的精神文化产品,每个人的成长都离不开书籍的滋养。阅读全书,读者会有经历了一次中国书文化传统的洗礼和熏陶的强烈感受,从而激扬起自己爱书读书的热情。(张玲)

3743

中国藏书史话 / 焦树安著. -- 北京:商务印书馆,1997. -- 186页,8页图版:图;19cm. -- 7-100-02226-6(北京师范大学图书馆)

全书共9章。第一章中国古代藏书概论;第二章中国古代藏书起源,介绍了中国最早的图书形式——简牍与帛书、国家藏书机构——藏室的出现和私人藏书的出现;第三章秦代的藏书和焚书;第四章汉代藏书制度的确立,包括两汉的藏书及其机构的建立,两汉的征书与献书、中国的第一个国家书目、石渠阁会议与《熹平石经》;第五章魏晋南北朝藏书旋聚旋失,包含纸的发明与纸书的出现,魏晋南北朝的藏书、图书的分类与编目,汲冢书的发现与整理、各类书目的出现;第六章"隋唐盛世 藏书大增",介绍了从卷轴式写本到雕版印本册装、隋唐五代的藏书、图书的分类与编目等内容;第七章,宋元官私藏书发展空前;第八章"明清一统 藏书规模恢弘";第九章近代图书馆的出现。(张玲)

3744

交织的边缘:政治和性别 / 康正果. -- 香港:海啸出版事业公司,1997. -- 269页;21cm. -- 沧海丛刊. -- 962-957-026-2(国家图书馆)

该书是作者历年在报刊上发表文章的合集。所收录文章多数是以读书为中心而展开的评论。政治视角和性别视角是书的两条主线。卷首自序主要叙述了作者的经历与其观点的产生。本书分辑一、辑二两个部分,辑一中的文章有:"土原上的蚁民——兼谈杨争光小说的土味"、"我和《齐瓦格医生》"、"在主流之外戏写人生——论杨绛的小说及其他"、"与沈昌文先生谈《读书》"等篇。辑二中的文章有:"徐培兰变形记——读《黄尘》三部曲"、"边缘文人的才女情结及其所传达的诗意——《西青散记》初探"、"残酷的美"、"有关卖淫现象的话语变迁"等篇。(赵红)

3745

台湾地区图书馆学与资讯科学期刊论文引用文献错误之研究 / 李碧凤. -- 台北:文华图书馆管理资讯公司,1997. -- 206页:表;21cm. -- 图书馆学与资讯科学论文丛书. 3. -- 957-8708-32-7(国家图书馆)

该书共5章,每章后均有附注。第一章绪论,第二章文献探讨,第三章研究涉及与实施,第四章研究结果与分析,第五章结论与建议。书后附参考书目及附录。(赵红)

3746

古书版本鉴定 / 李致忠著. -- 北京:文物出版社,1997. -- 184页:图;26cm. -- 7-5010-0913-9(北京师范大学图书馆)

这是一本关于古书版本鉴定的书,鉴定编则是本书的主题,也是古书版本鉴定的落脚点。作者认为,鉴定是个过程,是调动鉴定者各方面知识,从各方面下手,综合各方面依据,最后做出判断的过程。因此,在谈鉴定之前,应该对书及书的版本等紧密相关的问题做个基本的交代。全书分上、中、下三编。上编史证编,作者论述了书籍、书籍形态和书史的主要内容,中国书籍的产生、初兴与发展,书籍的生产材料与生产方法,书籍的装帧艺术等内容;中编版本编,包含版本之称,版本学之称,版本学功用,善本之称,版本类型与版本称谓,版本造伪与辨伪等内容;下编鉴定编,作者论述了一般刻本书、活字印本书、抄写本书的鉴定。(张玲)

3747

应用校勘学 / 林艾园著. -- 上海:华东师范大学出版社,1997. -- 326页;21cm. -- 7-5617-1613-3(国家图书馆)

本书不涉及校勘学的历史渊源,一般常见的古书中的例证,亦不多援引,根据笔者教学及整理古籍并参加校点二十四史中一些史书暨李焘续资治通鉴长编等的实践,长编为主,介绍一些校勘基本知识,以为从事这个工作的参考。本书共6章。第一章古书讹误情况,包括形似而误、音同而误、两字合为一字而误、一字分为两字而误、涉上而误、涉下而误、羼入而误、倒文而误、重字而误、脱文而误;第二章如何发现问题,作者详细说明了校版本、谨识字、知文义、谙故实、审制度、察义例、辨讳名等发现问题的方法;第三章作者详细论述了对校法、本校法、他校法、理校法等校勘方法;第四、五、六章分别论述了校勘记、校勘注意事项、错误标点释例。(张玲)

3748

认识古籍版刻与藏书家 / 刘兆祐著. -- 台北:台湾书店,1997. -- 332 页;21cm. -- 957 - 567 - 132 - 5(国家图书馆)

本书以深入浅出的方式,论述与古籍有关的基本知识,并介绍历代著名藏书家的藏书特色及其逸闻轶事。全书分上下两篇。上篇为"认识古籍版刻",内容包括"蝴蝶装、包背装和线装","抄书的趣闻","古代的盗版者、古书的袖珍本、古籍的版权页"等 22 篇。下篇为"认识藏书家",内容包括刻书积善的鲍廷博、今存最古藏书楼"天一阁"及其创始人范钦、有功寺院藏书的阮元、以文化报国的张元济、首创"祭书"典礼的黄丕烈等 24 位藏书家。(赵红)

3749

冰茧庵序跋辑存 / 缪钺. -- 台北:文津出版社,1997. -- 159 页;22cm. -- 957 - 668 - 404 - 8(国家图书馆)

卷首是作者后代缪元朗所写《冰茧庵序跋辑存》(增补本)出版说明。该书出版于 1989 年,巴蜀出版社出版,(增补本)补充序文 10 篇。书中有作者照片和作者手迹若干幅、"缪钺先生简要年谱"、作者自序。全书共收集作者序跋 30 多篇。如:《君山遗稿》序、《杜牧传》后记、《战国策考辩》序、《岁寒记》题辞、《玉虹鉴真帖》残本跋等。(赵红)

3750

国学导引 / 余树声著. -- 西安:三秦出版社,1997. --326 页;21cm. -- 7 - 80546 - 986 - 5(北京大学图书馆)

本书仅仅是国学近十万种古籍研究的入口。本书不是一份国学书目清单,也不是一册国学提要。著者是在对中国古代文献纵向发展脉络与横向学科实证性研究的基础上,对制约中国古代文献存在模式的深刻根源进行了探索和揭示,对制约中国古代文献存在模式的文化根源进行了历史的理性的反思。全书共 3 编 12 章。第一编坯檗期中国古代文献,用三章内容论述了中国古代坯檗期诸形式、中国古代文献坯檗期认知模式、中国古代文献载体形式的历史演变问题;第二编发展期中国古代文献,论述了中国的丛书、类书、方志、佛教经典、道教经典;第三编中国古代文献科学,论述了古代目录学的三种构成、古代目录学的多元分类体制、古代校雠学、古代版本学等问题。(张玲)

3751

中国文献学综说 / 王燕玉著. -- 贵阳:贵州人民出版社,1997. -- 299 页;20cm. -- 7 - 221 - 04281 - 0(北京师范大学图书馆)

全书按传统文献学体例对目录、版本、校雠三方面的源流演变,以及主要人物和重要著述进行全面叙述,还从历史发展的角度,对文字、音韵、训诂等方面的知识作了较详细的阐明。全书共 6 章。第一章论述文献和文献学的定义与范围界限;第二章和第三章分别为文献记录的形质和文献主体的书籍,具体分述文献所包含内容;后三章分说文献学的基础科学、提高科学和工作分类,由浅及深。(张玲)

3752

文人作伪 / 王元军著. -- 北京:华文出版社,1997. --231 页;21cm. -- 7 - 5075 - 0560 - X(北京大学图书馆)

作伪造假,几乎任何时代,任何阶层都曾有过,其涉及面之宽也就可想而知,但是如果把作伪与文人相联系,最好的阐释角度莫过于字画和古书这两个与文人生活有密切联系的层面。全书也就是由此分成上、下两篇来介绍文人作伪。上篇字画篇,介绍了书画盛事与作伪的泛滥、作伪世相录、无所不用的造假方法、甘为他人作嫁衣——代笔、功过是非说真伪、防伪与治伪;下篇伪书篇,介绍了古书的真与伪、古书作伪的动机、伪书的产生、特殊的造伪、伪书的辨别与功过等内容。(张玲)

3753

古籍版本鉴赏 / 魏隐儒著. -- 北京:北京燕山出版社,1997. -- 148 页:图;20cm. -- 7 - 5402 - 0388 - 9(北京师范大学图书馆)

本书系统全面地介绍古籍版本的鉴别技巧和欣赏方法,全书共三部分。第一部分作者介绍了什么是版本学,第二部分为鉴赏古籍版本的意义,第三部分为中国古籍雕印发生发展概况。在第三部分中,作者依次介绍了印刷史前的书,印刷术的发明和唐、五代刻书,宋代刻书的兴盛,辽、金、西夏、蒙古时期的刻书、元代刻书,明代刻书事业的发展和变化,清代的刻书等内容。作者还在附录中给出活字版本鉴赏、古籍版本常用术语及作伪街市、古籍装订修补知识等内容。(张玲)

3754

中国书评精选评析 / 吴道弘,徐柏容,伍杰主编. -- 济南:山东教育出版社,1997. -- 776 页;21cm. -- 7 - 5328 - 2446 - 2(国家图书馆)

本书是几十年书评的缩影,全书选辑五四运动以来散见于书籍报刊中的书评文章 130 篇结集而成。其中,建国前的 39 篇,建国至 1978 年 36 篇,1979 年至 1995 年 55 篇。编排上以作品发表先后为序,选两篇以上者以第一篇发表的时间为排序依据。全书分 3 个部分:一是书评文章,这是全书的主体,文章选自公开发表的各种书报刊上;二是评析,对书评文章讲出本书作者的看法,三五百字,力求简洁、生动、活泼;三是作者简介,帮助读者了解书评作者其人。这样编的目的,是想使广大读者了解过去书评的状况,可以作为研究书评史的基础;还可为从事书评事业的同行提供些借鉴。文章中反映的社会历史、学术观点,甚至一些用语、译名及标点符号、数码的用法等带有历史的印记,为保持原貌,书中基本上未作改动。(张玲)

3755

福建古代刻书 / 谢水顺, 李珽著. -- 福州:福建人民出版社,1997. -- 528 页, 24 页图版:图, 摹真;20cm. -- 7 - 211 - 02416 - X(国家图书馆)

福建刻书始于五代,兴盛于两宋。南北宋福建刻书业空前繁荣,数量之多,规模之大,流通之广都是前所未有的,在中国文化史和刻书史上是令人瞩目的历史现象。本书是福建文化丛书之一。作者在介绍宋代福建刻书地域分布前,先概略地勾勒一下两宋福建经济、文化的发展,并以丰富的史料介绍了福建古代刻书。以时间为序,介绍了从宋代到清代福建刻书的特点、代表门派、发展过程等。本书讲解细致,观点新颖,具有极高的史学价值和艺术价值。全书分绪论、宋代福建刻书业的兴盛、元代福建刻书、明代福建刻书、清代福建刻书、西方印刷术传入与福建刻书业结束等几部分内容。(张玲)

3756

矩园余墨 / 叶恭绰著. -- 沈阳:辽宁教育出版社,1997. -- 213 页;19cm. -- 7-5382-4840-4(北京师范大学图书馆)

本书是《新世纪万有文库》中的一册。本书由叶恭绰撰写。叶恭绰是近代政治史上一位极有影响的人物,在文学艺术领域亦为一位知名之士。他历官清廷、北洋、国民政府等。叶恭绰以善书知名,对书、诗词、词学都很有研究,编著刊刻词学书籍多种。本书是叶恭绰在晚年撰写的,记掌故逸闻、书画序跋及自作画题识、书画绝句,大都作于抗日战争前后。(张玲)

3757

民族古文献概览 / 张公瑾主编;中央民族大学少数民族语言文学学院古籍教研室编. -- 北京:民族出版社,1997. -- 629 页;20cm. -- 7-105-02907-2(北京师范大学图书馆)

民族古籍整理研究工作在我国原有悠久的传统,但大规模地开展这项工作,却是 1984 年国务院办公厅下发国办发[1984]30 号文件之后的事。此后十余年,这方面成果累累,令世人瞩目。为了展示各民族丰富的古籍文献宝藏,使广大读者对少数民族的古籍文献情况有一个比较全面地了解,也为了各民族院校古籍专业的学生有一本适用的教材,中央民族大学民族文学系民族古籍文献教研室于 1995 年 6 月开始约请对各民族古籍文献素有研究的专家集体编撰本书。本书为中央民族大学少数民族语言文学学院组织的系列教材之一。全书共 9 章,分别详细介绍了藏缅语族、壮侗语族、苗族、突厥语族、蒙古文、满—通古斯语族、回族、古代其他民族的文献情况,并在最后一章论述了民族文字文献在中华文化中的地位。(张玲)

3758

中国人民大学学术著作评论集:1978~1996 / 中国人民大学图书馆文献情报研究室编. -- 北京:中国人民大学出版社,1997. -- 13,622 页;20cm. -- 7-300-02411-4(国家图书馆)

本书收录了中国人民大学 1978 至 1996 年间在国内 168 种报刊上发表的中国人民大学 330 部著作的评论文章,共 460 篇。其中正文部分收录 181 篇,未收录到正文的均编入索引。全书正文部分按照马克思主义,列宁主义,毛泽东思想,哲学,社会科学、政治,经济,法律,文化、教育、科学,语言文字学,文学,历史,综合参考等类目组织。本书的编辑旨在通过社会各界对中国人民大学教学科研成果学术价值的阐释与评价,展示中国人民大学学术水平,弘扬优秀学术成果,并指导读者对中国人民大学优秀学术著作的阅读和欣赏。(张玲)

3759

文献传播学 / 周庆山著. -- 北京:书目文献出版社,1997. --287 页;20cm. -- 现代信息管理丛书. -- 7-5013-1330-X(国家图书馆)

本书内容涉及文献传播的产生与发展、基本功能、原理、传播类型、传播结构模式、传播政策、传播产业化和国际传播等内容。作者着重于对文献传播的人文研究,综合应用了图书馆学、情报学、传播学、阐释学、社会学和文化学等学科的研究方法,从而深化并开拓了文献传播的研究内容,加强了研究的理论性和应用价值。全书内容丰富,论述深刻。特别是引入"文本阐释"并加以深化研究,将其视为一种文献传播活动的重要部分,具有重要的理论意义。作者对文献传播的社会传播渠道的分类,对传统文献观与人文文献观的比较,以及文献传播的文本结构模式等的探讨,也都达到了较高的学术水平。(张玲)

3760

古籍版本 / 朱学波著. -- 济南:山东科学技术出版社,1997. -- 138 页,图,摹真;19cm. -- 7-5331-1930-4(大连海事大学图书馆)

本书是《中国收藏小百科》系列丛书中的一册。全书共六章,分别介绍了古籍版本的概念、古籍版本的收藏简史、古籍版本的类型、历代古籍版本的特征和代表作、古籍版本的鉴别与收藏、古籍版本常见的作伪方法。编者还在附录中给出今年海内外古籍善本拍卖行情。(张玲)

3761

中国少数民族古籍论 / 李晋有等主编. -- 成都:巴蜀书社,1997—2004. -- 5 册;21cm. -- 国家民委重点文化项目. -- 7-80523-818-9|b 第 1 辑; 7-80523-846-4|b 第 2 辑; 7-80523-974-6|b 第 3 辑; 7-80659-218-0 第 4 辑(国家图书馆)

本书是国家民委重点文化项目资助出版的系列丛书,共 5 册。全书将少数民族文化研究的成果以论文集的形式编辑出版,自 1997 年出版第一辑,后在 1998 年、1999 年、2001 年、2004 年分别出版了后四辑,以反映中国少数民族古籍整理、研究的概况。我国少数民族古籍的收集、整理和研究工作起步较晚,理论研究稍显薄弱,本丛书的出版对这种情况起到了有效的补充。全篇以通论、专论、作品评介为主要内容,所收论文虽风格各异,持论有别,却每见新意,洗人耳目。(张玲)

3762

中国古籍辑佚学论稿 / 曹书杰著. -- 长春:东北师范大学出版社,1998. -- 443 页;20cm. -- 东北师范大学图书出版基金项目. -- 7-5602-2227-7(国家图书馆)

本书总结了历代学人辑佚古书的宝贵经验和行之有效的方法技巧,同时对辑佚古书历史源流、繁衍发展以及理论技艺问题提出了很多的真知灼见。书中纵述历代辑佚古书的发展变化,所收资料十分丰富,内容详备,有助于读者了解辑佚的历史发展全过程。历史各个时期辑佚古书的成果和特征,补充了当代文化研究的不足。本书共11章,第一章绪论中介绍了佚文献、辑佚、辑佚学、辑佚工作的任务等内容;后10章分别为历代文献的聚散存佚、辑佚的起源问题、宋元时期的辑佚、清代辑佚的繁兴(上、下)、现当代辑佚的成绩、辑佚学研究的进程、辑佚方法绪论、佚文献的搜辑、佚文献的考究。(张玲)

3763

陈原书话 / 陈原选编. -- 北京:北京出版社,1998. --394页:肖像,摹真;20cm. -- 7-200-03272-7(国家图书馆)

本书是《现代书话丛书》中的一册。全书分上、中、下三编。上编包括失书记、得书记、焚书记、偷书记、"图十文"书记、掌上书记、腹中书记、不读书记、书中的话、商务印书馆创业百年随想等文章;中编包括陈原先生所写读巴金《家书》《人间词话·人间词》新版、楚图南的诗词选集、"默默观史变 萧萧壮士心"、情诗、《短裤党》、高尚的美丽的"天鹅"、《凤凰》的宽宏大量、《回忆与怀念》《庐山会议实录》、英雄形象的"纯洁性"、《陈寅恪的最后二十年》、独立与自由、书无全书 人无全人、山水 人物 思想、音乐沙皇、从茵梦湖到莫愁湖、《杨绛散文》等文章;下篇主要是陈原先生为部分图书所作的序,包括《苏联名歌集》前记、《地主之家》中译本初版序、《科学与日常生活》译者序、《平民世纪的开拓者》后记、《世界民主运动史纲》译者序、《我的音乐生活》中译本初版前记等。(张玲)

3764

中国伪书综考 / 邓瑞全,王冠英主编. -- 合肥:黄山书社,1998. -- 47,1024页;21cm. -- 7-80535-556-8(国家图书馆)

本书是对自古以来历代有伪作疑问的图书进行分析考辨,并注明该书的存佚及现存版本状况,收录书籍达1200种,实际为读者提供了一部较为完备的伪书目录。书中将前人研究伪书的成果汇集整理,各种基本资料和不同观点一目了然,为研究者进一步探讨提供了方便。本书除了考辨伪书的作伪过程及疑伪内容,还十分注意分析伪书产生的政治、文化背景,社会、学术风尚,以及该书的学术价值等。本书既可以作为随手翻检的工具书使用,也可以作为学术专著阅读。(张玲)

3765

书舶庸谭 / 董康著;傅杰校点. -- 沈阳:辽宁教育出版社,1998. -- 135页;19cm. -- 新世纪万有文库·近世文化书系. --7-5382-4842-0(国家图书馆)

访书东瀛在20世纪初曾成为中国学界的一种风尚,是中国现代学术创建过程中文献积累的一个重要步骤。董康称得上是其中的开风气之先者。本书记载了作者在日本访学期间所寓目的一些小说、戏曲等通俗文学的情况,其中有不少作品在当时还不为国内学人所熟知,如《绿窗新语》《全相平话》《清平山堂》、三言、二拍、《鼓掌绝尘》等,对一些特别稀见的通俗文学作品,他还抄下目录、序跋。本书使国内学人对日本所藏中国通俗文学典籍的丰富性和珍贵性有了十分形象而具体的认识,为更进一步的访书和研究提供了重要线索。(张玲)

3766

胡风书话 / 胡风著;姜德明主编;张晓风选编. -- 北京:北京出版社,1998. -- 390页:肖像,图;20cm. -- 7-200-03270-0(国家图书馆)

本书是《现代书话丛书》中的一册,全书共分4辑。第一辑主要是作者对一些作家作品的评论及感想,其中占相当数量的是对鲁迅作品的介绍及自己的读书心得。包括狱中书简三则、读鲁迅作品三十一则、《北京人》速写——为了介绍《北京人》的演出、从《田园交响乐》看纪德、读俄罗斯作家作品十八则等文章;第二辑则是作者为其他作者所作的序、跋、小引和后记等,如《生死场》后记、《平原》后记等,介绍所及有小说、诗歌、剧本,甚至还有木刻;第三辑是作者为自己作品写的序、跋、小引、题记、说明和后记等,如《文艺笔谈》序、《文学与生活》小引、《野花与箭》题记、《密云期风习小纪》序、《密云期风习小纪》重庆版新序、《民族战争与文艺性格》重排后记等。作者向读者介绍了各个作品产生的具体情况,并作了说明;第四辑中,由于读者现在已很难见到当年的《七月》和《希望》,而这些短文中的大部分又从未编入集子,作者将它们全部抄录选编入第四辑,将其风貌介绍给读者。(张玲)

3767

吉林大学古籍整理研究所建所十五周年纪念文集 / 吉林大学古籍整理研究所编. -- 长春:吉林大学出版社,1998. -- 682页:图;20cm. -- 7-5601-2183-7(北京大学图书馆)

本书是吉林大学古籍整理研究所建所十五周年纪念文集,全书收录了"论《周易》的实质及其产生的时代与原因"、"读孟札记五则"、"古文字辨析三组"、"楚文字考释三则"、"读古文字杂记五则"、"漫谈先秦时期的标点符号"、"古文字形体分化过程中的几个问题"、"试论秦汉时期养马业的经营管理"、"汉代皇帝宗庙祭祀乐舞制度考述"、"关于汉代司隶校尉设置的几个问题"、"福建古代海上交通与陶瓷贸易考略"、"魏晋南北朝史书在历史文献学上的成就述评"等论文。(张玲)

3768

肩朴集 / 李致忠著. -- 北京:北京图书馆出版社,1998. -- 547页;20cm. -- 7-5013-1488-8(国家图书馆)

本书作者李致忠毕业于北京大学中文系古典文学专业,后供职于北京图书馆,长期从事古籍考订编目工作。在工作中潜心版本目录学、古代书史、古籍整理和图书馆学等领域的研究,先后撰写出版专著7种,校点辑佚古籍9种,发表论文160余篇。本书便是这些论文的选集。内容涉及印刷术发明的探讨、版本考定、出版家考实、北京历史上的刻书、书史问题考辨、域外访书、图书馆管理、馆员职业道德、图书馆类型职能论述等多方面。(张玲)

3769

中外图书交流史 / 彭斐章主编. -- 长沙:湖南教育出版社,1998. -- 346页;20cm. -- 百科史苑. 中外文化交流史丛书. -- 7-5355-2456-7(国家图书馆)

图书是记录人类社会知识的重要物质载体,它永远是人类社会文献交流体系中最重要的不可或缺的工具之一。我国图书进行国际交流的历史悠久,本书用7章内容详细介绍了中外图书交流的历史。第一章作者简要介绍了汉魏两晋南北朝时期中外图书交流;第二章从佛典翻译与其他书籍的传入、中国图书流向外国两个方面详细论述了隋唐时期中外图书交流活动;第三章作者用汉文《大藏经》及其东传、域外汉籍及阿拉伯图书传入中国、中国图书流向高丽及日本三节的内容详细论述了宋元时期中外图书交流活动;第四章为明代中外图书交流活动,介绍了西方图书的传入与翻译及中国图书流向国外的内容;第五、六章作者详细介绍了清前期、晚清时期的中外图书交流活动;最后一章作者从外国图书的收藏、翻译与查禁,中国图书的外传与翻译,中国图书的流失与寻访3个方面详细论述了中华民国时期中外图书交流活动。(张玲)

3770

图书学新论 / 吴平著. -- 太原:山西经济出版社,1998. -- 261页;20cm. -- 7-80636-208-8(国家图书馆)

本书是武汉大学编撰的《出版发行管理丛书》中的一册,本书共分9部分。第一部分详细论述了图书学的研究对象与内容,包括古代治书之学及传统体系,过去有关图书学的研究,图书学的研究对象、研究内容、学科性质、相关学科,图书学与图书馆学、目录学、文献学与图书史之间的关系问题;第二部分论述了图书的特点;第三、四部分简单介绍了图书的著作类型,包括著述、编撰、翻译、注释等内容;第五部分介绍了图书载体材料的分类及天然实物材料、人造纤维材料、光电磁化材料、纸张的规格及分类、特种纸的分类等内容;第六部分介绍了古书版本和现代图书的版本问题;第七部分详细介绍了图书的结构;最后两部分介绍了图书的设计和装订。(张玲)

3771

书林清话 / 叶德辉撰;刘发,王申,王之江校点. --沈阳:辽宁教育出版社,1998. -- 320页; 19cm. -- 7-5382-4766-1(北京师范大学图书馆)

本书附书林余话,是根据原古籍出版社1957年版影印而成。本书对读者提供了关于古代雕版书籍的各项专门知识,著者根据丰富的资料,用笔记体裁说明了关于古代雕版书籍的各项专门知识,包括书籍和版片的各种名称,历代刻书的规格、材料,以及工料价值的比较,印刷、装订、鉴别、保存等方法,并叙述了古代活版印刷、彩色套印的创始和传播,各时代特殊的著名刻本、刻书、卖书、藏书的许多掌故。本书分两部分,书林清话十卷,在清朝末年刻成,后来经过三次修改;书林余话二卷,原是未完成的稿本,是叶德辉死后由其侄子启鉴印行的。现在合印在一起,并校改了一些原著的错误。(张玲)

3772

中国伪书大观 / 俞兆鹏主编. -- 南昌:江西教育出版社,1998. -- 508页:摹真;20cm. -- 7-5392-2799-0(北京师范大学图书馆)

中国历代伪书不仅数量大,且种类纷繁,作伪动机不一,给人们研究和了解中国古代历史和文化造成了极大不利。为了尽可能完整地追复古书的本来面目,有助于历代信史的建立,为正确利用伪书的价值,作者在宋濂《诸子辨》、胡应麟《四部正讹》、姚际恒《古今伪书考》、崔述《考信录》、梁启超《古书真伪及其年代》、顾颉刚《古史辨》(1-7册)等历代重要辨伪著作的基础上,博采各家议论,并尽可能地多汇集今人研究成果,编辑了本书,希望能够给研究古书的人提供便利。(张玲)

3773

中医古籍文献学 / 张灿玾编著. -- 北京:人民卫生出版社,1998. -- 679页;26cm. -- 7-117-02865-3(国家图书馆)

中医古籍文献学乃是一般文献学的一个分支,作为一种专业文献学,就专业学科门类而言,乃是中医学的基础学科。本书内容是以中医古代文献为主体,在基本理论与基本知识等方面尽可能注意与古代文史哲文献研究方面已有总结之带有普遍意义的问题相结合。全书共有绪论、中医文献的源流与流别、中医古籍的书名与篇名、中医古籍书体结构、中医文献的文体、中医文献的文字、中医文献的标记符号、中医文献的载体、中医文献的著录、中医古籍校勘与注释、中医文献的聚散与辑佚、中医古籍辨伪等13章内容。本书旨在结合一般文献学的基本理论和基本内容,历史而客观地反映中医古籍的基本情况和面貌,系统而科学地总结中医古籍整理研究的基本方法和内容。(张玲)

3774

伪书通考 / 张心澂编著. -- 上海:上海书店出版社,1998. --1142页;19cm. -- 据商务印书馆1939年版影印. -- 7-80622-342-8(国家图书馆)

《伪书通考》是张心澂编撰的集古今考辨伪书之大成的带有工具性色彩的辨伪学著作。作者在阅读《古史辨》之后感到辨伪对于研究学术和考察各时代思想和情况的重要性,此后又阅读了姚际恒的《古今伪书考》、宋濂的《诸子辨》和胡应麟的《四部正讹》,于是将这三部书拼合起来,以书名为纲,对于某一部书辨伪之说,集合在一起,以便于自己阅读。后来作者又从其他著作中获得辨伪资料,也随时加入,逐渐发展,所集渐多,编成此书。全书分《总论》《经部》《子部》《集部》《道藏部》《佛藏部》7个部分,总体来看,全书所体现的学术思想,主要表现在两方面:一是梳理列代学者考辨之说,以明古籍辨伪源流;二是突破前贤之论,总结辨伪规律。《伪书通考》对每一部在历史上被考辨的古书,都按照时代的顺序清理罗列历代学者的考辨之说,说明了古籍辨伪的源流,使读者能清晰地了解历代学者对该书的考辨情况,从古至今的贯通性考察,使之俨然成为一部辨伪学史。(张玲)

3775

实用文献学 / 张玉勤,赵玉钟著. -- 太原:山西古籍出版社,1998. -- 286页;20cm. -- 7-80598-212-0(国家图书馆)

文献学是关于整理古籍和学习、运用历史文献资料从事教学工作、研究工作和其他工作的学问。文献学产生发展于历代的古籍整理,又应用于历代的古籍整理。为了使文献学能够广泛地为教学工作、科学研究和其他学习、运用历史文献资料的工作服务,作者根据十几年的文献学教学实践,编写了本书。全书共11章,在体例上,按照学习版本、目录、辨伪、校勘、考证、辑佚、注释、编纂等分支学科的自然顺序编排,循序渐进,递为基础,避免了知识的重复和倒叙。内容上也突出简明实用,除简要介绍各分支学科的概况和旁征博引阐明其原理和方法外,还通过对一些范例的分析加深读者对原理的理解和对方法的掌握。(张玲)

3776

校史随笔 / 张元济撰;张树年等导读. -- 上海:上海古籍出版社,1998. -- 148页;20cm. -- 7-5325-2510-4(国家图书馆)

本书是张元济先生的一部古籍校勘学专著。"史"即《二十四史》。本书记录了他20世纪20、30年代主持校勘、辑印《百衲本二十四史》时取得的部分研究成果。原书出版于1938年。书中收录了张元济先生在对《史记》《汉书》《后汉书》《三国志》《晋书》《宋书》《南齐书》《梁书》《陈书》《魏书》《北齐书》《周书》《隋书》《南史》《北史》《旧唐书》《唐书》《旧五代史》《五代史记》《宋史》《辽史》《金史》《元史》《明史》等二十四史校勘过程中的随笔随想,从书中内容我们可以得知,张元济先生对不同版本了如指掌。书中还收入了大量校勘实例,并采纳最新的考古成就补足和订正了史实。(张玲)

3777

西谛书跋 / 郑振铎著;吴晓铃整理. -- 北京:文物出版社,1998. -- 2册(647页),78页图版:肖像,摹真;20cm. -- 7-5010-1100-1(国家图书馆)

西谛,是现代著名文学家、藏书家郑振铎先生的笔名。本书收录郑先生的题跋640多则,大部分系作者手书和手稿,内容丰富,资料来源可靠,真实反映作者题跋时的思想感情和时代背景,较集中地体现了作者在版本目录学研究方面的见解和成就。此书草创于20世纪60年代初,经吴晓铃先生重新增订润饰,完稿于1979年。全书共7卷,卷一为经部易类、诗类,卷二为史部、纪传类,卷三分为子部、总类、兵家类、法家类,卷四含集部、楚辞类,卷五诗馀散曲、诗馀类,卷六小说讲唱文学、小说类,卷七杂剧传奇、戏曲类。(张玲)

3778

明代版刻图释 / 周心慧主编. -- 北京:学苑出版社,1998. --4册:图;27cm. -- 7-80060-501-9(国家图书馆)

本书为研究、查找、鉴定明代版本的图录性工具书,共辑录明代版刻本书影近两千幅,涉及版本1400余种。本图录按照版本梓行时间分装为四册。第一册明洪武至隆庆刊本,第二册明万历刊本,第三册明泰昌至崇祯(包括南明)刊本,第四册明刊版画。本图录采录范围仅限明代刻本,稿本、钞本未予录入。白话小说、戏曲等通俗文学作品,仅采录版画,文字书影未予收录;文言小说则酌予选录。佛道图籍除具有代表性的刻本外,亦仅在版画中予以反映。(张玲)

3779

中国古代版刻版画史论集 / 周心慧著. -- 北京:学苑出版社,1998. -- 324页;20cm. -- 7-80060-406-3(国家图书馆)

本书作者长期从事古籍整理工作,对古代版刻、版画史有深入的研究,主持编纂了《中国古代佛教版画集》《明代版刻图释》《古本戏曲版画图录》等填补空白的版画史工具书。本论集收录了作者对中国古籍的辑录、印制、版本、流通情况的研究以及对中国古版画史有关专题的探讨和论证的论文,包括"《永乐大典》考略"、"《四库全书》影印质疑"、"中国古代图书之命运"、"中国古小说版画史略"、"中国古代戏曲版画考略"、"谈中国古代戏曲版画插图艺术"、"中国古代佛教版画史综论"、"陈老莲和他的木刻画"、"中国古代地图珍本——《广舆图》"、"影印《闺范图说》序"、"影印《北堂书钞》序"、"明代版刻述略"、"被掠夺的珍宝——列强掠夺中国文物纪实"等,这些论文文笔清新,不仅对版刻、版画史研究者有较高学术价值,而且对初涉此道的学子,也很有教益。(张玲)

3780

明季史料题跋 / 朱希祖著. -- 沈阳:辽宁教育出版社,1998. -- 125页;19cm. -- 7-5382-5296-7(北京师范大学图书馆)

本书收朱希祖先生关于明季史料及其他书籍题跋82篇,包括:跋旧抄本明熹宗实录、再跋明熹宗实录、旧抄本天启四年邸抄跋、跋酌中志略、跋旧抄本幸存录、再跋幸存录、跋续幸存录、旧抄本恸余杂记跋、抄本复社婚氏传略跋、刘刻复社姓氏跋、书刘刻贵池本留都防乱公揭姓氏后、旧抄本细阳御寇记残本跋、校补蕲黄四十八砦纪事跋、旧抄本守麇纪略跋、旧抄本崇祯长编残本跋、抄本甲乙事案跋、旧抄本南渡剩策跋、南渡录跋(一)、南渡录跋(二)、弘光实录抄跋、马阁老洗冤录跋、稿本鲁之春秋跋、明余姚孙氏世乘跋、校抄本思文大纪跋、抄本孤臣述跋、抄校本存信编跋、抄本两粤新书跋、旧抄本天南纪事跋、再跋求野录、劫灰录跋、附有关万斯同明史稿笔记等,这些题跋大部分曾发表在《北大图书部月刊》《图书月刊》《文史杂志》等杂志上,一小部分是从作者未刊稿和日记中摘出,由后人辑录整理成书,中华书局于1961年出版。本书根据1961年版再版而成。(张玲)

3781

经籍会通:外四种 /(明)胡应麟等撰;王岚,陈晓兰点校. --北京:燕山出版社,1999. -- 224页;20cm. -- 7-5402-1191-1(北京师范大学图书馆)

中国古代对图书的收集、保藏历来有传统,一方面是国家专门的藏书机构代代相传,不断扩大规模;另一方面是民间好书者层出不穷,从搜集、校阅、编目和保管等各个环节,逐渐积累经验。本书是《书目书话丛书》中的一册,收录了胡应麟、孙从添、周永年、郑元庆、丁申等人所撰写的从有关古代书籍的源流、类例、遗轶、见闻等方面的内容,阐述了他们对古籍聚散存亡、古代目录书分类的演变发展、古逸书的钩沉辨伪、书册制度的演变以及明代各地刻书优劣比较等的认识,已经开始将有关古籍版本学的一些理论加以系统化。本书旁征博引,不乏真知灼见,对于古籍目录及版本学的探讨,至今仍具有启发和借鉴作用。(张玲)

3782

中国古籍编撰史 / 曹之著. -- 武汉:武汉大学出版社,1999. -- 636 页:肖像;21cm. -- 武汉大学学术丛书. -- 7-307-02723-228(北京师范大学图书馆)

古籍编撰史是图书编撰学的重要组成部分。它大约包括古籍编撰学理论的发展历史、古籍编撰者、古代图书编撰的内容及形式等内容。本书就是根据这个思路而撰写的。全书分上下两编,上编依历史时序,纵向地梳理了从先秦两汉到清朝的图书编撰活动及特点;下编依古籍部类、著作、方法论等专题,横向地论述了中国古籍编撰的几大侧面,从而系统、清晰地展现和阐明了中国古籍编撰的内容和精髓,古籍编撰学理论的发展历史,古籍编撰者,古代图书编撰的内容,古代图书编撰的形成等。书中资料翔实、观点科学、独到。(张玲)

3783

新编文献学 / 陈界,张玉刚主编. -- 北京:军事医学科学出版社,1999. -- 317 页;26cm. -- 7-80121-094-8(国家图书馆)

本书是在吸收他人优秀成果的基础上,总结我们对军事医学科学院情报学硕士生 13 年文献学教学的经验与教训而写成的。本书含绪论、文献信息源——图书、文献信息源——期刊、文献信息源——特种资料、文献信息源——现代载体文献、文献的采集、文献分类、文献的主题标引、文献的著录、文献的检索系统、文献的管理、文献的传递、文献的开发与利用、文献资源共享 14 章。全书站在高起点上,对文献、文献学的产生、发展,文献的搜集、加工整理、管理、传递、开发利用、现代化及资源共享,文献的种类等均从理论与实践的结合上进行了充分的阐述和全面的介绍。全收内容新颖,层次清楚,文字洗炼,注重理论与实践结合。(张玲)

3784

中国古代文献浅谈 / 崔文印著. -- 成都:四川人民出版社,1999. -- 156 页;19cm. -- 7-220-04796-7(国家图书馆)

本书共 8 章。第一章文献与我国古代文献概说,作者介绍了文献的古今含义、古今文献的分类与我国古代文献的基本特点;第二章甲骨文献,作者详细介绍了现存我国最早的古代文献殷墟甲骨,并介绍了甲骨的收藏与著录;第三章青铜文献,包括金文的基本特点、价值及青铜文献的收藏与著录;第四章石刻文献,介绍了我国现存最早的石刻文献、石刻儒家经典、碑碣与墓志铭、其他石刻文献及石刻文献的收辑与著录;第五章竹帛文献,包括简牍的长短与功用、编连及其对后世的影响,简册文献的流传特点、简牍文献的校理等内容;第六章卷轴文献,介绍了卷轴文献的基本形制、流行方式的改变与著述的繁荣、附说敦煌文献的发现及其内容;第七章雕版文献,介绍了雕版印刷的起始与最早监本九经的刻成、活字印刷的发明与应用等内容;第八章古代文献的整理。(张玲)

3785

读好书的不同方法 / 傅佩荣. -- 台北:财团法人洪建全教育文化基金会,1999. -- 241 页;21cm. -- 人文丛书;107. -- 957-8877-99-4(国家图书馆)

书前有著者自序。本书包括两部分,卷一"风檐书读"是围绕读书方法的省思,如:读书的四个步骤;现代人读书观等。卷二"从横书海"主要是推荐好书给读者,主要包括励志、心理、文学、宗教、中国哲学、西方哲学几大类。(赵红)

3786

古籍考辨丛刊. 第一集 / 顾颉刚编辑. -- 北京:中华书局,1999. -- 842 页;21cm(北京师范大学图书馆)

本丛刊是收集我国前代学者考辨古书古史的材料真伪、时代先后的重要论著,本书系统编辑,分集刊行。第一集收通论 4 种,经学 3 种,子学 3 种,共 10 种。其中,通论 4 种所涉及的"唐人辨伪集语"、"朱熹辨伪书语"、"四部正伪"、"古今伪书考"代表了唐、宋、明、清四代一千多年中的古籍考辨运动是如何萌芽又如何成长的;经学 3 种,诗疑是宋人作,左氏春秋考证是清人作,书序辨是把宋、清人的著作混和编辑的;书中所收集的子学 3 种,分别是论语辨、子略和诸子辨。为了便于研究参考,经校勘标点后,上述内容合订成一册出版。(张玲)

3787

中国古籍版刻辞典 / 瞿冕良编著. -- 济南:齐鲁书社,1999. -- 122,664 页:肖像,摹真;27cm. -- 7-5333-0415-2(国家图书馆)

本书是瞿冕良先生的代表著作。《中国古籍版刻辞典》所收,包括版刻名词、刻字工人、刻书家、抄书家和版本方面的著述等,词目两万多条,其中版刻名词六百余条,包括各种版本名称(地区、时代、出版机构等)、印纸、款式、装帧以及一些习见的书业用语;刻书家和抄书家八千余条,刻工一万余条,古籍版本方面的著述三百余条,共计一百五十六万言。对于其中的每个条目,瞿冕良先生都作了缜密的分析。本辞典除了给读者提供全面而系统的中国古籍版刻知识外,可以作为辨别古籍版本的重要的参考书,也是一部了解古籍版刻和传播史的重要书籍。通过此《辞典》,读者还可以考证古代某时期的文化氛围等内容。(张玲)

3788

光耀中华的古代典籍 / 李峰主编;曹艺等编写. -- 海南:南方出版社,1999. -- 382 页;21cm. -- 7-80609-755-4(郑州大学图书馆)

全书分上下两编,上编中国古代各类典籍概述,作者介绍了中国古代的字书、辞书、韵书。石书、类书、丛书、史书、经书、农书、兵书、医书、方志及数学著作;下编中国古代各类典籍采珍,包含《论语》《孟子》《墨子》《老子》《庄子》和《孙子兵法》等百家经典,《史记》《汉书》《三国志》《后汉书》《史通》《通典》《通鉴纪事本末》《文史通义》等史学著作,《禹贡》《水经注》《大唐西域记》《元和郡县图志》《徐霞客游记》《读史方舆纪要》等地理要籍,《齐民要术》《茶经》《农政全书》等农学要典,《九章算术》《考工记》《天工开物》等科技鸿篇,《黄帝内经》《神农本草经》等医药名著,《诗经》《楚辞》《三国演义》《西游记》等文学精华,《说文解字》《古今图书集成》《四库全书》等治学宝典。(张玲)

3789

中国民族文献导读 / 李晓菲等编著. -- 沈阳:辽宁民族出版社,1999. -- 578 页;20cm. -- 7-80644-240-5(国家图书馆)

该书把中国民族文献学作为文献学的一个分支学科加以系统研究,在文献学共性基础上,着重探讨民族文献本身所具有的独特性和民族文献工作的基本属性。全书共分三编。第一、二编为民族文献工作概论和民族文献概述与检索。在这两编里探讨了民族文献的基础问题和各民族文献的历史与现状,指出民族文献收集、整理的方法以及查找民族文献的途径。第三编是在此基础上列出目前国内民族研究机构以及民族文献收藏单位。作者将文献学的基础理论同民族文献学的原理紧密结合,追求民族文献历史探索的深度,又追求现实眼界的广度,坚持学术研究的科学性,刻意求新,将在民族文献学科研究的高度上,反映民族文献事业的特点、规律以及民族文献工作实践的具体要求,从丰富的民族文献工作的实践经验上升到理论高度加以科学论述,从而在实践中起到指导作用。(张玲)

3790

宋元书刻牌记图录 / 林申清编著. -- 北京:北京图书馆出版社,1999. -- 138 页;28cm. -- 7-5013-1482-9(北京师范大学图书馆)

牌记又称墨围、碑牌、墨记、书牌子、木记、木牌等。本书取宋元书刻牌记 65 家 92 种 104 幅汇为一编。其中,宋刻本 38 家 51 种 56 幅,元刻本 27 家 41 种 48 幅。内又细分为官刻、家刻与坊刻。本书分上、下两编,上编宋刻本,收录官刻计 10 家 11 种 11 幅、家刻 15 家 18 种 22 幅、坊刻计 13 家 22 种 23 幅;下编元刻本,收录官刻计 5 家 7 种 8 幅、、家刻计 6 家 6 种 7 幅、坊刻计 16 家 28 种 33 幅。(张玲)

3791

中西文献交流史 / 潘玉田, 陈永刚著. -- 北京:北京图书馆出版社,1999. -- 16, 283 页:图, 肖像, 摹真;20cm. -- 宁夏社会科学"九五"规划课题. -- 7-5013-1638-4(国家图书馆)

中西文献交流活动是一种双项性的交流活动,它既包括中国文献在西方国家的传播交流,也包括西方国家的文献在中国的传播交流。中西文献交流史研究主要是研究历史上中西之间的文献交流活动情况。本书是宁夏社会科学"九五"规划课题,是一部反映和研究中西方文献交流活动的历史的书籍。全书共分 10 章内容,依次详细论述了汉代至元代中西文献交流活动的形成、明代初中期中西文献交流、明末清初中西文献的双向交流、清中期中国与西方的文献交流、三百年来西学文献在中国的传播交流、鸦片战争时期西方文献在中国的交流、洋务运动时期的西书翻译、维新时期西方哲学社会科学文献在中国的传播、20 世纪初期的西学输入大潮、"五四"以前国内文献对马克思主义的传播等问题。(张玲)

3792

北京大学古文献研究所集刊(一) / 孙钦善等编辑. -- 北京:燕山出版社,1999. -- 420 页;20cm. -- 7-5402-1053-2(国家图书馆)

本册收录了"中国出土简帛古籍在文献学上的重要意义"、"《论语》的成书流传和整理"、"从占卜方法的数字化看阴阳五行说的起源"、"从《左传》筮例看《周易》义理化倾向"、"谈睡虎地秦简《日书》'占盗疾等'札记三则"、"二苏治学探微"、"黄庭坚诗文集之编刻流传"、"论宋代公案小说及侠义公案小说"、"北宋鄗簿传注、疑古惑经学术思潮的形成和演变"、"道济及《钱塘湖隐济颠禅师语录》有关问题考辨"、"杨甲生平及其著作考辨"、"《孟子》三家注论略"、"王若虚的《史记辨惑》"、"朱彝尊晚年手牍考录"等 20 篇研究古文献学的文章。(张玲)

3793

书评理论研究 / 吴平著. -- 呼和浩特:远方出版社,1999. --281 页;21cm. -- 7-80595-440-2(武汉大学图书馆)

全书共 6 章。第一章书评总论,介绍了书评及其特征、书评的性质、任务及书评研究的意义;第二章书评与时代,作者介绍了古代评论文字中的时代精神、现代报刊与书评、书评主体的时代意识、当代书评的时代特征;第三章书评与社会,作者将书评定义为一种社会活动,并阐述了书评的社会功能、社会环境与书评、书评活动中的社会关系等问题;第四章书评与文化,作者阐述了书评的文化特征、书评文化的出版文化、书评文化的意义、书评中的文化批评和文化意识;第五章书评与科学,阐述了书评的科学体系、书评的科学精神、书评发展的科学机制;第六章余论,包含书评信息容量分析及开发、大学生与书评的等内容。(张玲)

3794

文献研究. 第一辑 / 萧泰芳,董国炎主编. -- 北京:北京图书馆出版社,1999. -- 22,352 页;20cm. -- 7-5013-1589-2(国家图书馆)

本论文集收录了山西大学中文系、历史系、图书信息系、校图书馆的专家学者三十五人有关古籍整理和文献研究方面的论文,包括董国炎的"试论校雠学与小学的关系"、马玉山的"文献学对象方法献疑"、白平"汉《公莫舞》歌词试断"、张儒"《战国策》勘误"、吕晓庄"《类篇》体例释文略论"、赵瑞民"《无极图》考辨"、周君平"明抄本洪熙《祥异绘图集注》"、田同旭"论元曲曲文标点的规范与统一"、王醒"《中国的西北角》的历史价值及版数考证"等。(张玲)

3795

中国辨伪学史 / 杨绪敏著. -- 天津:天津人民出版社,1999. -- 323 页;21cm. -- 7-201-03267-4(国家图书馆)

考辨古书、古史、古说的真伪,是从事国学研究的首要任务和第一步工作。中国对于伪书、伪史、伪说的考辨,有着悠久的历史。该书将中国辨伪学分为 4 个时期:(一)疑古思想的萌芽及辨伪学初起时期(先秦汉魏南北朝);(二)辨伪学的发展时期(唐宋);(三)辨伪学的成熟时期(明清近代);(四)辨伪学的再发展时期(现当代)。作者全面系统地叙述了从战国到现当代在考辨伪书、伪史、伪说等方面所取得的成就,深入细致地分析总结了历代辨伪学家的辨伪思想和辨伪方法,并作了客观、公允的评价。全书资料丰富,论证充分,新见叠出,精义纷呈,是一部不可多得的辨伪学专著,具有很高的学术价值。(张玲)

3796

书林清话 书林余话 / 叶德辉著. -- 长沙:岳麓书社,1999. --299 页;20cm. -- 7 - 80520 - 967 - 7(国家图书馆)

本书是是我国第一部有系统的书史,用笔记体裁说明了关于古代雕版书籍的各项专门知识。本书独辟蹊径,以我国历代的公私家目录为主要史料来源,以中国书史为主要研究对象,积五十年之心血,为古典目录的利用和研究闯出了一条新路。全书共十卷,第一卷详细介绍了书籍和版片的各种名称,其余九卷以时间为序,介绍了历代刻书的规格、材料,以及工料价值的比较,印刷、装订、鉴别、保存等方法,并叙述了古代活版印刷、彩色套印的创始和传播,各时代特殊的刻本、刻书、卖书、藏书的许多掌故。(张玲)

3797

书林清话:外二种 / 叶德辉撰;紫石点校. -- 北京:燕山出版社,1999. -- 10, 343 页;20cm. -- 7 - 5402 - 1195 - 4(国家图书馆)

叶氏是清代著名的藏书家,其藏书尤重明清以来的精刻、精校、初印及钞校之本,清人别集较全。本书共 10 卷,为读者提供了关于古代雕版书籍的各项专门知识,著者根据丰富的资料,用笔记体裁说明了关于古代雕板书籍的各项专门知识,包括书籍和版片的各种名称,历代刻书的规格、材料,以及工料价值的比较,印刷、装订、鉴别、保存等方法,并叙述了古代活版印刷、彩色套印的创始和传播,各时代特殊的刻本、刻书、卖书、藏书的许多掌故。全书第一次系统地论述了我国古代雕版书籍的各项专门知识,比勘考辨,追根溯源,至今仍是学人的案头必备之书。此点校本,精选底本,字少鱼鲁,是近年较好的一个整理本。(张玲)

3798

宋人别集叙录 / 祝尚书著. -- 北京:中华书局,1999. -- 2 册(1545 页);21cm. -- 四川大学"汉语史与中国古典文献学""211"建设项目. -- 7 - 101 - 02419 - X(国家图书馆)

本书是宋人别集(诗集、诗词集、文集、诗文集、诗文词集)的书目、版本研究专著,逐集介绍作者、编刻源流、传世及收藏情况等,文献记载与珍本善本考察并重,清理并撰写出每部别集的版本源流。本书共 30 卷,收录《徐公文集》《宋文安公宫词》《咸平集》《乖崖先生文集》《河东先生集》《小畜集》《小畜外集》《南阳集》《寇忠愍公诗集》《钜鹿东观集》《逍遥集》《金园集天竺别集》《御制玉京集》《林和靖先生诗集》《武夷新集》《河南穆公集》《百般文壮集》《范文正公集》《元献遗文》《孙明复先生小集》《石学士诗集》《宋元宪集》《文恭集》《宋景文集》《包孝肃公奏议》《武溪集》《河南先生文集》《宛陵先生文集》《文潞公文集》《徂徕集》《欧阳文忠公集》《镡津文集》《乐全先生文集》《苏学士文集》《安阳集》《赵消献公文集》《直讲李先生文集》《嘉祐集》《东莱标注老泉先生文集》《洛阳九老祖龙学文集》《伊川挚坏集》《莆阳居士蔡公文集》《陶邑州小集》等大量内容,是研究宋代文学史、目录版本学及从事古籍整理工作不可或缺的工具书。(张玲)

3799

常熟翁氏藏书图录 / 中国嘉德国际拍卖有限公司编;拓晓堂执笔. -- 上海:上海科学技术文献出版社,2000. -- 1 册:肖像,摹真;28cm. -- 7 - 5439 - 1174 - 4(北京大学图书馆)

本书为中英文本:本书收录了常熟翁氏六代 160 年来世藏的善本古籍精粹,包括《邵子观物篇》六卷、《长短经》九卷、《丁卯集》二卷等 80 种。(于静)

3800

西夏书籍业 /(俄)捷连提耶夫 - 卡坦斯基著;王克孝,景永时译. -- 银川:宁夏人民出版社,2000. -- 203 页:图;20cm. --7 - 227 - 02085 - 1(国家图书馆)

捷连提耶夫 - 卡坦斯基所著的《西夏书籍业》是 20 世纪西夏学和中国书籍发展史的名著之一。本书是其中译本。全书共分 7 章,分别是西夏书籍的制作技术、黑城所出注明年月的西夏书籍和写本、西夏书籍的装帧艺术、写本书、印本数、11—13 世纪的西夏文献——黑城遗书、书籍和人,书后还附有图版 13 幅。本书以柯兹洛夫藏品为唯一参考资料,论述涉及书籍的制作技术、装帧艺术、书籍形式及内容等。本书内容包括了西夏所能具有的印刷术的方方面面。作者对西夏的纸张、颜料、胶水、装订形式也首次作了详尽的描述。中译本对 99% 以上的专业术语给出了正确的译文,对原始资料的校核也十分严密。(张玲)

3801

中国典籍与文化论丛. 第六辑 /《中国典籍与文化》编辑部编. -- 北京:中华书局,2000. -- 432 页;23cm. -- 7 - 101 - 02500 - 5(北京大学图书馆)

《中国典籍与文化论丛》是国家教委全国高校古籍整理研究工作委员会编辑的 3 种出版物之一,它是一个以提高为目的的学术论文集,以期反映中国大陆及海外有关中国传统文化研究的最新成果。本书从 1993 年起计划每年出版一至二辑。本辑为第六辑,包含"唐代科举与文学的个案研究——贞元八年'龙虎榜'"、"论黄庭坚的'情性说'"、"郭祥正——元祐诗坛的落伍者"、"从集注《楚辞》看朱熹晚年的屈子情怀"、"《全宋词》补辑"、"元杂剧《岳阳楼》校读散记"、"《天宝遗事诸宫调》辑佚及连缀"、"清代前期福建区域文学总集及诗话的编纂"、"南宋朱中奉刊《史记集解》本考"、"朱国祯的'自述行略'"、"郭店楚简儒家逸书的排列调整刍议"、"身体认识:文化传统与医家——以《黄帝内经素问》为中心论古代思想"、"支遁与玄学——兼论释道安时代佛教般若学之玄学化"、"《世说新语》中的士族婚姻观念"、"论中国早期音乐理论的发展:律制之兴起"、"《淮南子》补笺"、"尹湾简牍《东海郡下辖长吏名籍》所载地名考异"、"六朝义疏的产生问题考略"、"中华书局本《语石》标点匡谬释例"等论文。(张玲)

3802

中国典籍与文化论丛. 第五辑 /《中国典籍与文化》编辑部编. -- 北京:中华书局,2000. -- 426 页;20cm. -- 7 - 101 -

01939 - 0(北京大学图书馆)

《中国典籍与文化论丛》是国家教委全国高校古籍整理研究工作委员会编辑的三种出版物之一,它是一个以提高为目的的学术论文集,以期反映中国大陆及海外有关中国传统文化研究的最新成果。本书从1993年起计划每年出版一至二辑。本辑为第五辑,包含有"《尚书》的版本源流与校勘"、"《大戴礼记》佚篇考辨"、"关于现存几种五臣注(文选)"、"李白屡遭挫折与备受赞誉之两面观"、"苏轼兄弟异同论"、"从新变代雄论宋诗之价值与地位"、"晏殊诗与西昆体"、"我们应该如何整理古籍——由读宋杨万里《诚斋集》稿想到的"、"作为剧作家的李笠翁"、"宋代官语汇释"、"《全唐诗》所收明人伪造唐集简论"、"王绩首次出仕与退隐事补说"等论文。(张玲)

3803

宋元版刻图释 / 陈坚,马文大撰辑. -- 北京:学苑出版社,2000. -- 4册:图,摹真;29cm. -- 本书2008年再版. -- 7 - 80060 - 400 - 4(北京大学图书馆)

全书共4册。一、二册为宋代版刻图释,三、四册为元代版刻图释。全书辑入宋代版本书影660余种,辽、西夏、金版本书影55种,元代版本书影370余种,另辑录宋元版画99种,130幅。每种版本附释文、著录版式、考镜源流,是迄今为止较为全面反映宋元版刻风貌的一部重要工具书。(张玲)

3804

中国古籍稿钞校本图录 / 陈先行编著. -- 上海:上海书店出版社,世纪出版集团,2000. -- 3册(930,54页):摹真;26cm. -- 全国古籍整理出版规划领导小组资助出版. -- 7 - 80622 - 737 - 7 1320(3册)(国家图书馆)

从古籍版本鉴定的角度来说,稿、钞、校本的鉴定难度比印刻本更大,因为它们不像印刻本那样有比较多的规律可循,而且稿、钞、校本还具有更多的个性特点。《中国古籍稿钞校本图录》全书共收录了从魏晋至清末具有代表性的古籍稿、钞、校本凡300余种,每种收入的图书均附有一至数帧专门摄制的彩色图版,并撰有详细的书志提要。为了便于使用者查检,还编有分类、书名、作者、字号等4个索引。全书按稿、钞、校本分装3册,印刷精美,外加古朴典雅的函套,是各大图书馆和图书收藏爱好者的必备工具书。第一册收录了《孔子家语十卷》《安希范游记一卷》《王文成传一卷》《卜居集一卷》《蒙史一卷》等109种稿本古籍内容提要;第二册收录了《解脱道论》《三国志六十五卷》《平蜀记一卷》《明史本纪十卷》《老子道德经四卷》等153种钞本古籍内容提要;第三册收录了《史记一百三十卷》《王常宗集四卷》《书法钩玄四卷》《三国志六十五卷》《毛诗注疏二十卷》等113种校本古籍内容提要。(张玲)

3805

古虔文集 / 陈新雄. -- 台北:文史哲出版社,2000. --380页:肖像,照片;21cm. -- 文学丛刊. 109. --957 - 549 - 295 - 1(国家图书馆)

陈新雄老先生系台湾师范大学文学博士、台湾师范大学国文系教授、台湾文化大学中文系主任、美国Georgetown University中日文系客座教授、香港浸会大学中文系首席讲师、香港中文大学访问学人、台湾音韵学会理事长、台湾训诂学会理事长、台湾文字学会理事长、台湾经学会理事长。精通音韵学、文字学、训诂学、东坡诗、东坡词、诗经等,著述有《音略证补》《古音研究》《伯元吟草》《伯元倚声》等多种。(赵红)

3806

循序渐进 / 东瑞. -- 香港:获益出版事业有限公司,2000. --462页:图;19cm. -- 获益文丛. -- 962 - 449 - 369 - 3(国家图书馆)

东瑞,原名黄东涛。1969年毕业于泉州华侨大学中国语言文学系。曾任《读者良友》执行编辑,是获益出版事业有限公司创办人及总编辑。业余从事写作,著作颇丰,作品涵盖长篇、中篇、短篇小说,儿童文学,散文,游记,随笔、小品,评论集等,截至2000年10月,已近百种。作者在长达20余年的编辑工作和文学创作中,经常受邀为作家朋友们的作品写序。受序者不乏博士、资深文坛前辈、老师、平辈文友、文坛新秀。作者认真其事,将每部书稿读完,始敢动笔。本书选收了作者为他人作品写的70余篇序文,分别按小说集序、散文集序、诗集序、儿童·少年文学序、其他文序等五部分编排,其中大部分写成了文学评论。评介详尽,剖析透彻,态度中肯。好序是一本书的入门,有助于读者渐入书中佳境。本书既有助于读者了解有关书的内容和读法,也使读者了解评论、序言的写作特点。书末附有"受序著作出版一览"、"东瑞简介和著作目录"两篇附录。(崔彤)

3807

文选版本研究 / 傅刚著. -- 北京:北京大学出版社,2000. --410页,10页图版:摹真;21cm. -- 7 - 301 - 04618 - 9(北京师范大学图书馆)

《文选》是我国现存最早的文学总集,它选录的作品上起秦汉、下逮南朝的梁代。这个时期的一些优秀作品,多数都保存于此书之中。此书问世以后,就在文人中产生了很大影响。本书分为上、中、下三篇,上篇历代《文选》版本著录汇考,作者考证了史志著录的《文选》版本、官修目录中的《文选》版本、家藏目录中的《文选》版本、《文选》版本在明清的存藏和流传;中篇《文选》版本叙录,作者对国内外现存较早的《文选》版本,包括各写本、抄本、刻本,一一作了叙录,对这些本子作了仔细的校勘和考订,并对这些版本的重要意义作了详细的说明;下篇《文选》版本考论,作者详考了《文选》李善注的各版本,通过详尽的校勘和查证,指出尤刻本与北宋监本不是同一版本;但又经过详细的考证,证明尤刻本亦非从六家注中分出,而是以李善本为底本,又参据了五臣、六臣等版本而成。对《文选》版本的研究,将对以后的全面整理《文选》,乃至整理汉魏六朝的文献,提供十分可靠的基础。(张玲)

3808

经典与现代生活 / 龚鹏程著. -- 台北:联合文学出版社有限公司,2000. -- 244页;21cm. -- 联合文丛; 208. -- 957 - 522 - 305 - 5(国家图书馆)

作者应汉声广播电台之邀,在"快乐的读书人"节目中进行了系列讲座,这些讲话内容经整理成为此书。本书分三部分,辑一经典与现代,讲述了阅读经典的重要性,阐述了一种从容的阅读态度及阅读方法;辑二经典杂谈,从思想、生活、人生哲学、文学、宗教和艺术等方面,选择具有代表性的书籍略申经典之意义;辑三经典与文化,阐述了台湾的教育,探讨了教育的基本性质、因果得失及文化中国化等,同时,介绍了台湾年轻一代古典文学研究的情况和台湾宗教典籍的整理情况。(崔彤)

3809

中医古籍版本学 / 吉文辉,王大姝主编. -- 上海:上海科学技术出版社,2000. -- 196 页,8 页图版:图(部分彩图),摹真;21cm. -- 7-5323-5382-6(国家图书馆)

本书在参考古籍版本学和中医文献学的基础上,结合中医古籍版本研究的最新成果和编者长期从事古籍管理工作的实践经验编撰而成。全书系统地论述了中医古籍版本学的功能和作用、中医古籍版本的类型、中医古籍善本的划分、中医古籍版本鉴定的各种方法和途径,简要地介绍了中医古籍版本源流,并推介了 14 本重要中医典籍版本系统,如《黄帝内经》《黄帝内经太素》《难经》《神农本草经》《针灸甲乙经》《本草纲目》等。作者还在附录中给出国内现存宋元明初(至正德)中医古籍珍本一览表、馆名代号表等内容。(张玲)

3810

注释学刍议:七十多年治学教学在方法和理论上的总结 / 靳极苍著. -- 太原:山西人民出版社,2000. -- 269 页;20cm. --7-203-04068-2(国家图书馆)

本书分序言、本论、辅论和例证四部分,理论与实践相结合,主要介绍了注释的目的、注释的原则以及注释的方法三方面的内容。作者在导读部分介绍:①注释的目的是为讨教服务;②注释的原则是从作品找理解的根据;③注释的方法。注释的方法又可细分具体方法为:三体会即体会作者、作品与形象;三解释即任何词语典故都可有基本解释,使用到各处的解释,构成形象后的特殊解释;四分析,即分析出作品的时、地、人、事,以突出主题。(张玲)

3811

来新夏书话 / 来新夏著. -- 台北:台湾学生书局,2000. -- 370 页:照片;21cm. -- 文献学丛刊. -- 957-15-1027-0(国家图书馆)

作者 1946 年毕业于北平辅仁大学历史学系。历任南开大学历史学教授、图书馆馆长、出版社社长兼总编辑、图书馆学情报学系主任等职,学术著作有《近三百年人物年谱知见录》《古典目录学》《林则徐年谱新编》《北洋军阀史》《中国古代图书事业史》及《中国地方志》等 30 余种。作者不仅著作丰富,短小精悍的文章也颇多,本书则是作者在自己的"书话"类文章中选出 86 篇文章结集而成。作者认为"凡是与书有关联,不论是述说书的本身,还是写由书引发出去的论辩,都可以属于'书话'圈圈之内"。本书内容分为六部分:卷一藏书,卷二读书,卷三论书,卷四书序,卷五书评,卷六书与人。作者通过这些"书话"类文章谈论了中国藏书文化,探讨了读书的心得与感悟,展示了作者的学术成果、学术见解和学术思想。(崔彤)

3812

弢翁藏书年谱 / 李国庆编著;周景良校定. -- 合肥:黄山书社,2000. -- 18,356 页:照片;20cm. -- 安徽古籍丛书. -- 7-80630-548-3(国家图书馆)

本书为《安徽古籍丛书》附辑之一,主要收录弢翁(周叔弢先生)访书、藏书、鉴别、校书、刻书及捐书等方面内容,兼及其所购藏的历代文物等内容。包括:自庄严堪藏书综述、序、凡例、藏书年谱(1912—1984)、书影资料、藏书印鉴及知见录。书后附有参考资料,书名、人名索引及后记。(胡秋玲)

3813

古老的记忆:云南民族古籍 / 李国文等编著. -- 昆明:云南教育出版社,2000. -- 164 页:图;21cm. -- 7-5415-1855-7(国家图书馆)

本书是《云南民族文化知识丛书》之一,全面系统地研究了云南民族古籍。该书图文并茂,资料翔实,分析详尽,观点新颖。内容由专家用简洁精练、准确生动的文字写成,充分体现了知识性、系统性、通俗性和可读性,是专题了解云南民族文化知识必备的参考书。本书从"民族文字古籍"、"民族口承古籍"、"汉文民族古籍"三方面,向人们展示了云南民族古籍的概貌。其中"民族文字古籍"部分包括博大精深的彝文古籍,神圣领域与世俗领域并行的傣文古籍,神奇瑰丽的纳西族东巴文古籍,纵深横广的藏文古籍,蔚为大观的回族古籍,壮族、瑶族、白旅的方块字古籍等内容;"民族口承古籍"部分包括原始的哲学认识,对万事万物的认知,天伦与德行规范,人与自然关系中的信仰观念,习俗古制的解脱,社群认同的古根等内容;"汉文民族古籍"部分包括秦汉时期的汉文民族古籍,魏晋至隋时期的汉文民族古籍,唐宋时期的汉文民族古籍,元明清时期的汉文民族古籍等内容。(张玲)

3814

山西古籍印刷出版史志 / 李晋林,畅引婷著. -- 北京:中央编译出版社,2000. -- 497 页,8 页图版:摹真;21cm. -- 编辑出版研究丛书. -- 7-80109-407-7(国家图书馆)

本书的编撰,系作者暇余日手录诸历代史志、方志、公私藏书和版本目录、著述和知见目录、读书题跋以及其他史乘、文集、笔记、志状碑铭、近人著作等,凡有关晋省古籍印刷出版故实,掇拾补苴,锱积寸累。本书首先对山西古籍印刷出版业唐宋起步和发展阶段、金元鼎盛阶段、明清至民国持续发展阶段分章进行考证论述,然后介绍了有刻版印刷以来山西历代古籍版本及其他版本种类,旨在对山西古籍印刷出版历史与版本作全面、系统之综合概述。希望能为研究古籍版本学、印刷出版史、地方史志及文史行业的同仁提供些许检索的便利。(张玲)

3815

中国古代图书流通史 / 李瑞良著. -- 上海:上海人民出版社,2000. -- 435 页:肖像;20cm. -- 7-208-03103-7(国家图书馆)

本书所说的图书流通是一个广泛概念,既是指图书市场上的商品性交易,也包括图书以各种方式进行的非商业性的传递交流。全书以图书流通为中心,从两头来探究流程:一头是图书的生产情况,即流通的源头;另一头是图书流通的效果(如官私藏书的情况等),从去向追寻源流。作者将中国图书流通史放在中国文化史的总体中来考察,把它看作文化史的一个组成部分,重点介绍了从周秦时期直到唐宋元明清时期整个古代图书生产和流通的情况。全书共6章,分别论述了周秦时期、两汉时期、三国两晋南北朝时期、隋唐五代、宋元时期、明清时期的图书生产和流通情况。(张玲)

3816

古代版印通论 / 李致忠著. -- 北京:紫禁城出版社,2000. --400页:图,摹真;27cm. -- 中国考古文物通论丛书. -- 7-80047-300-7(国家图书馆)

本书以时代为序,系统论述了中国印刷术的发明:发展与进步,对古代雕版刷印和活字版刷印的起源、工序、技法和版印图画及装帧、版式的时代特点作了全面介绍,并考证了历代图籍流传的社会背景、印刷机构、管理办法。征引翔实,论证严谨,无论是史实考辨还是工艺技术分析,都具有重要学术价值。书后附有参考文献目录和索引。(张玲)

3817

文献学导论 / 倪波,张志强主编. -- 贵阳:贵州科技出版社,2000. -- 307页;20cm. -- 7-80662-079-6(国家图书馆)

本书对文献学的知识进行了全面的介绍。涉及文献的生产、文献结构与文献载体、文献类型、文献整理工作、文献利用、文献交流及其规律、文献工作标准化与现代化等多方面的知识。(张玲)

3818

文献学纲要 / 潘树广,黄镇伟,涂小马著. -- 桂林:广西师范大学出版社,2000. -- 285页:图;21cm. -- 7-5633-3061-5(北京师范大学图书馆)

文献是记录知识与信息的载体,文献学的核心内容,是研究知识与信息的科学组织和有效利用。本书分8章,论述文献学的基本理论,文献的外在形态与内容分类,文献的整理、揭示、检索、鉴别、整理、典藏与传播,以及计算机在文献生产与检索中的应用。全书以大文献学的思路立论,将古典文献学与现代文献学融汇贯通,帮助读者以开阔的视野审视古今文献的源流演变,切实提高查阅文献、获取知识的能力。当人类正面临知识经济的挑战时,文献学从来没有像今天这样受到高度重视。因为,全球经济的增长方式,比以往任何一个时期都更加依赖于知识的获得和创造性的利用,而文献学的根本任务,正是促进知识的获取手段和利用方式的科学化与高效化。(张玲)

3819

敦煌吐鲁番本文选 / 饶宗颐编. -- 北京:中华书局,2000. --112页;27cm. -- 7-101-02471-8(北京师范大学图书馆)

本书内容包括:叙录《敦煌吐鲁番本文选》,附录《文选音》《班孟坚幽通赋并注》《王仲宣登楼赋》,以及中国历史博物馆藏吐鲁番本昭明太子文选序、张平子西京赋(法藏P.2528)、左太冲吴都赋(俄藏L.1502)、扬子云羽猎赋、长杨赋(德藏吐鲁番本)、江文通恨赋(英藏S.9504)、成公子安啸赋(英藏S.3663)、束广微补亡诗六首、谢灵运述祖德诗二首五言(俄藏L.1452)等世界各地收藏《昭明文选》古写本的图版。(张玲)

3820

江苏古籍序跋与书评 / 苏古编选. -- 南京:江苏古籍出版社,2000. -- 748页, 8页图版:图,摹真;21cm. -- 7-80643-403-8(国家图书馆)

本书收录了"坚持地方特色 弘扬中华文化"、"《中国国家图书馆藏敦煌遗书》序"、"敦煌学史上一项重要的基础工程——《中国国家图书馆藏敦煌遗书》介绍"、"《宋平江城坊考》序"、"《清嘉录》前言"、"《百城烟水》前言"、"《太湖备考》前言"、"《吴歌·吴歌小史》前言"、"《过云楼书画记·续记》弁言"、"《至顺镇江志》弁言"、"写河山大传 绘人文长卷——专家学者谈《江苏地方文献丛书》"、"三吴旧事增新知"、"地方文化建设的一项重大工程"、"自成一格 独树一帜"、"开湖泊志之先河的《太湖备考》"、"睹乔木而思故家 考文献而爱旧邦——专家学者谈《江苏地方文献丛书》"、"戏曲史料的探微见大"、"地方文献整理的硕果"、"古为今用 造福桑梓——《江苏地方文献丛书》编纂琐记"、"《经义述闻》弁言"、"《读书杂志》弁言"、"当代古籍整理的精品"、"关于《嘉定钱大昕全集》的一点感想"、"大型古籍整理出版工作的成功范例"等百余篇文章。(张玲)

3821

王欣夫说文献学 / 王欣夫撰. -- 上海:上海古籍出版社,2000. -- 315页;21cm. -- 名家说——"上古"学术萃编. -- 7-5325-2830-8(国家图书馆)

本书共4章。第一章绪言,论述了文献学的含义、文献学的3个内容、文献学的三位一体;第二章目录,作者用十节的内容详细介绍了目录的起源、重要性、目录的分类、目录的体例、史家目录、官家目录、私家目录等问题;第三章版本,也包含十节内容,详细论述了版本的起源、发展、重要性、版本前的文献材料、未有版本前的写本、两宋刻本概述、鉴别版本的方法等内容;第四章校雠,详细介绍了校雠的起源、重要性以及各时代的校雠学等内容。(张玲)

3822

中国古典文献学 / 熊笃,许廷桂编著. -- 重庆:重庆出版社,2000. -- 328页;21cm. -- 7-5366-5072-8(国家图书馆)

本书是一部关于我国古典文献学的专著。全书包含绪论及6章内容。作者开篇在绪论中阐明了文献和文献学的概念、古籍文献存亡概况和本书编著体例说明;第一章文献载体的形态,作者论述了文献载体的种类、文献的记录方式、古籍的装帧体式;第二章作者按照理论著作、史书编著、典制政书、地理方志、图录表谱、档案文书、总集别集、丛书、类书这一类别论述了古籍编纂的体类;第三章古籍文献目录学,包括目录的性质、功用、分类、演变、目录体制和书目种类、目录和目录学的书目等内容;第四章古籍文献版本学,包含版本学的内容和功用、古籍版本的历史演变和识别鉴别等内容;第五章古籍文献校勘学,包含校勘的功用及原则、依据和方法、古籍中的错讹常例、校改方式及校记原则;第六章作者用注释学概说、古籍的标点、词语的注释、文言的今译四节的内容论述了古籍文献注释学。(张玲)

3823

朱熹著作版本源流考 / 徐德明著. -- 北京:中国文联出版社,2000. -- 198 页;21cm. -- 7-5059-3458-9(国家图书馆)

朱熹撰写的著作有 26 种,编校汇辑、单篇刻行的著作有 19 种,文字总数约有两千五百万字。其著作大多是生前即有刻本。随着他理学思想的不断成熟,他对自己的著作不断地进行了大量的修订,从而出现了不同的版本。本书全面考证了朱熹个人的专著和编校汇辑著作的版本及其源流,在摸清各书现存版本情况、考订著述真伪、评定各本优劣、理顺版本源流等方面作了有益的探索。全书共两部分,第一部分按照经、史、子、集四类介绍了《朱熹全书》所收书目。第二部分是《朱熹全书》未收书目。通过阅读本书,读者可以大致看出朱熹理学思想的产生、演变及其对后世的影响。(张玲)

3824

变革有成文化传:中国书史 / 袁立泽著. -- 台北:万卷楼图书有限公司,2000. -- 205 页:照片;19cm. -- 中华文化宝库. 文化艺术类. 181. -- 957-739-306-3(国家图书馆)

书籍对人类来说可谓居功至伟,在自古至今所创造出的无数文明成果中,书籍的分量独占鳌头。中国以其数千年悠久文化的长期积淀,生产出浩如烟海的大量典籍。据粗略统计,中国古籍大约有十五万种之多。本书即是一部简单明了的书籍史。书中共收录了 17 篇文章,从传说开始讲述了甲骨、青铜器、玉版、碑碣、竹简、丝帛和纸张的产生及演变,介绍了写本书、印本书、雕版印刷和活字印刷及随之产生的一些具有代表性的重要书籍,还介绍了写书的工具、书籍的装订、书籍的版式与版本等常识,使读者通过中国书史了解了中国古代文明进步的历程。(崔彤)

3825

我生命中的书 /(美)亨利·米勒著;陈苍多. -- 台北县:新雨出版社,2001. -- 445 页;21cm. -- 名作典藏. 006. -- 957-733-558-6(国家图书馆港台图书阅览室)

该书原名 The Books in My Life,陈苍多译。在译者序中简要介绍了原著者的自由大胆的个性及代表作品。著者自序中,作者详述了个人对读书的观点和态度。对于逝去的伟大作家,亨利说"他们活着,并且对我讲话",他在书中的议论涉及"早期的阅读"、"金.吉诺 Jean Giono"、"给皮尔.雷斯登的信"、"厕所中的阅读"等。该书附录"影响我最深的一百本书"和"我仍然想读的书"。(赵红)

3826

校勘训诂论丛 / 白兆麟著. -- 合肥:安徽大学出版社,2001. -- 136 页;20cm. -- 7-81052-432-1(国家图书馆)

本文集收入"关于校勘的性质与对象"、"校勘是释义的前提"、"再论校勘的方法"、"论校勘史之科学分期"、"古文注释琐议"、"《方言》双音词探析"、"校勘是释义的前提——评《〈盐铁论〉简注》"、"再论校勘的方法"、"讹字选编"、"论校勘史之科学分期"、"《〈盐铁论〉简注》释义商榷"、"研习《读〈盐铁论〉札记》——为徐复先生九十华诞而作"、"古文注释琐议"、""之"辨释"以"析"焉""、"《方言》双音词探析"、"孙诒让论'转注'——重读《名原·转注揭橥》"、"在徐复教授九十寿辰学术讨论暨中国训诂学会年会上的总结"、"实事求是乃学术之第一要义——评《中国训诂学》"等文章。(张玲)

3827

贵州少数民族古籍研究(一) / 陈乐基主编;贵州省民族宗教事务委员会民族古籍整理办公室编. -- 贵阳:贵州民族出版社,2001. -- 306 页;21cm. -- 7-5412-0962-7(国家图书馆)

贵州是一个多民族的省份,世居的少数民族有 17 个。在长期的历史发展进程中,各个少数民族创造了光辉灿烂的文化,积累了丰富的古籍文献。为了反映贵州省十多年来少数民族古籍整理、研究的概况,集中展示相关的研究成果,贵州省民族事务委员会民族古籍整理办公室编辑出版了本书。书中收录"对贵州民族古籍工作的思考"、"关于贵州民族古籍搜集整理中的几个问题"、"理性与民族古籍翻译"、"浅谈民族古籍在西部大开发中的地位和作用"、"苗族古籍遗迹与苗族婚俗文化探微"、"试论中国鼓楼文化的存在与价值"、"水族歌谣的内容与功能价值"、"试论瑶族歌堂与传统文化"、"浅谈布依族民间文学的社会功能"、"论民族医药古籍整理的出版与开发"、"苗族巫辞解析"、"试谈彝文古籍的时间下限"等论文 36 篇。(张玲)

3828

古籍整理浅谈 / 程毅中著. -- 北京:燕山出版社,2001. -- 223 页;20cm. -- 7-5402-1293-4(国家图书馆)

本书包括有关古籍整理的文章 26 篇,包括"古籍整理浅谈"、"鲁迅论古籍整理"、"古代校勘学的得失与当代古籍整理"、"古代小说校雠释例"、"从"骥老伏枥"谈古书的异文"、"古代文学研究与文学古籍整理"、"略谈古典文学注本的引证"、"'借书一痴'与古籍整理的课题"、"漫谈古书的标点"、"克服轻敌思想","努力减少标点错误"、"古籍整理中异体字的处理问题"、"略谈李善注《文选》的尤刻本"、"《太平广记》的几种版本"、"王安石文集的版本"、"《剑南诗稿》的宋刻本"、"读《旧五代史》札记"、"评《元刊全相平话五种校注》"、"读《全唐五代小说》札记"、"喜看《明清传奇选刊》陆续出书"、"《全宋诗》求疵八例"、"《说郛考》评介"、"喜迎文学古籍整理出版的新高潮——建国以来文学古籍整理出版工作的回顾与展望"、"古籍新生四十年"、"一丝不苟 精益求精 学习——张元济先生古籍整理工作的指导思想"等。(张玲)

3829

文献学概要 / 杜泽逊撰. -- 北京:中华书局,2001. --517 页;20cm. -- 7-101-03070-X(国家图书馆)

本书共 14 章。第一章文献与文献学,包括文献释义、文献学研究的范围、为什么要学习文献学三节;第二章文献的载体,详细论述了甲骨、金、竹木、帛等文献载体;第三章文献形成与流布;第四章文献的收藏与散佚,包括历代官府藏书及其散佚、历代私家藏书之兴替两部分内容;第五章文献的版本,首先对“版本”一词进行释义,接着论述了写本、刻本、套印本、活字本等版本类型,介绍了什么是善本和如何进行版本鉴定;第六章文献的校勘;第七章文献目录;第八章文献的辑佚与辨伪;第九章类书与丛书;第十章地方志与家谱;第十一章总集与别集;第十二、十三章论述了出土文献;第十四章介绍了敦煌文献。(张玲)

3830

古籍整理概论 / 黄永年著. -- 上海:上海书店出版社,2001. -- 179 页,1 页图版:图;20cm. -- 7 - 80622 - 464 - 5(北京师范大学图书馆)

本书是关于古籍整理方面一部非常实用的教材类读物。作者黄永年根据自己多年从事古籍整理的经验以及古籍整理自身在方法、工序、相关知识上的特点,将全书分为 8 章阐述:底本、影印、校勘、辑佚、标点、注译、索引及其他,涵盖了古籍整理的各个方面。全书在注重实践的基础上,也有一些理论上的总结,系统性强,重点突出,详略得当。文笔娴雅流畅,通俗易懂,尤适合于文献学专业的青年朋友们入门之用,对于与古籍整理有关的学科研究人员也有很好的辅导作用。(张玲)

3831

北京大学中国古文献研究中心集刊. 第二辑 / 教育部人文社会科学重点研究基地,北京大学中国古文献研究中心编. -- 北京:燕山出版社,2001. -- 418 页;21cm. -- 7 - 5402 - 1290 - X(国家图书馆)

本书收录古文献研究的文章 20 篇,包括《中国古典学重建中应该注意的问题》《浅论典故的注释》《赵师秀诗集及其佚诗考》等。(王旭东)

3832

文献经济学:文献、书目控制与经济学 / 柯平主编. --北京:中国书籍出版社,2001. -- 382 页;20cm. --国家哲学社会科学九五规划重点项目研究成果. -- 7 - 5068 - 0888 - 9(国家图书馆)

本书是国家哲学社会科学九五规划重点项目《书目控制的经济学与我国书目控制经济效益研究》的最终研究成果,全书包括导言及 12 个章节。在导言中,作者首先论述了知识经济的特征、知识经济对文献和文献加工工作的影响、文献经济学的建立、文献经济学的对象与内容。随后,在 12 个章节中分别论述了文献学的体系、文献及其价值、文献的生产、文献的供给、文献商品与定价、文献市场及其管理、文献电子化、机读数据库评价、理论的书目控制、各类型文献的书目控制、书目控制的经济效益、网络环境下的文献与书目控制等内容。作者还在附录中给出关于国家哲学社会科学“九五”规划重点项目《书目控制的经济学与我国书目控制经济效益研究》的研究成果简介和期刊文献管理信息系统 JMIS1.0 计算机软件的设计与鉴定等内容。(张玲)

3833

古籍校释·今注·今译评介论集 / 李振兴. -- 台北:人间出版社,2001. -- 227 页;21cm. -- 957 - 8660 - 65 - 0(国家图书馆)

作者毕业于台湾师范大学国文系,著有《现代文学评论》。古籍是传统文化的宝藏,为让莘莘学子能够接近古籍,数十年来,海峡两岸学者不约而同在古籍校释、今注今译等方面著书立说,他们付出许多心血,也获得可观成果,同时,这些成果也给作者许多启发,使作者将 29 篇读后心得及学术研究论文稍加整理后辑为本书。本书着重介绍了屈万里、王梦鸥、鲁实先、王叔岷等人及内地学者在古籍校释、今注今译方面的理论学说和研究成果,作者希望本书能为读者克服阅读古籍的难关,有助于读者涉猎古籍或精读古文。(崔彤)

3834

古籍版本知识 500 问 / 李致忠著. -- 北京:北京图书馆出版社,2001. -- 11, 397 页;21cm. -- 7 - 5013 - 1722 - 4(国家图书馆)

本书作者李致忠先生是海内外知名的版本学家、目录学家和书史研究专家。本书从书史、版本学、谥法、字号、避讳、历法、刻书机构、刻书情况、鉴定方法、古书版本类型等多方面,融汇贯通,深入浅出地回答了近 500 个问题,主要介绍了什么是中国古籍、什么是初期古籍、什么是甲骨文、什么是活字泥版印刷、中国古代书籍的装帧艺术包括哪些内容、中国古书有哪些装帧形式等古籍版本知识。全书以问答形式组构,条理清楚,涉及面宽泛,凡引证处均考究严谨,读来好似一位专家学者在向好学的学子常人娓娓讲述古籍版本知识,不浅不俗,不深不涩,雅俗共赏。读后于版本学知识的获得、掌握与运用受益匪浅。(张玲)

3835

书海珠尘:漫话老版本书刊 / 宋庆森著. -- 北京:新华出版社,2001. -- 234 页:图, 摹真;21cm. -- 7 - 5011 - 5137 - 7(国家图书馆)

本书中主要谈的是 1911 年至 1949 年出版的旧平装书,书中引用了大量的资料,主要包括“值得鉴藏的老版本书刊”、“手稿的魅力”、“初版本小识”、“签名本和题赠本钩沉”、“毛边皮和油印本”、“从禁书到伪装书”、“鲁迅著作版本小考”、“红色经典版本”、“革命历史文献摭拾”、“老期刊话旧”、“闲话小人书”、“一鳞半爪说书局”、“书籍装帧 百年观花”、“方寸之间 别有洞天——谈谈藏书印和藏书票”、“现代书话述略”、“漫话书目和图录”、“华夏何处觅旧书”等 17 篇关于讲述老版本书刊的文章。(张玲)

3836

中国古文献学史简编 / 孙钦善著. -- 北京:高等教育出版社,2001. -- 682 页;23cm. -- 研究生教学用书. --7 - 04 - 009935 - 7(国家图书馆)

本书是教育部研究生工作办公室推荐的研究生教学用书。全书分七章论述了先秦、两汉、魏晋南北朝、隋唐五代、宋辽金、元、明、清及近代的古文献学的概况和有代表性的古文献学家,作者以重要的古文献学家及其著作为纲,以古文献学的成果、方法和理论为目,微观分析与客观考察相结合,力求做到经纬分明,史论兼备。全书论及重要专题 30 余个,有代表性的古文献学家上百人。全书占有资料丰富,立论公允,难易合度,可作为古典文献专业的基础教材,也可作为古代文学、史学、哲学、图书馆学、博物馆学等学科的基础教材或必读参考书。(张玲)

3837

简帛思想文献论集 / 王博著. -- 台北:台湾古籍出版有限公司,2001. -- 337 页;26cm. -- 出土思想文物与文献研究丛书. 5/丁原植主编. -- 957 - 0414 - 62 - 6(国家图书馆)

从马王堆到银雀山,从双古堆到郭店、汉代到战国时期的帛书竹简,让学者们看到了大量的第一手的古代文献,这些中国古代文献的形成,历经最初的创作、流传过程中的各种变异,以及不同意义上的整理,得出不同结论。本书收入作者 18 篇论文,如"郭店竹简〈缁衣〉研究"、"荆门郭店竹简与先秦儒家经学"、"关于〈唐虞之道〉的几个问题"、"从帛书〈缪和〉篇到〈淮南子·缪称〉篇——关于缪生易学的一种推测"等,主要内容即在从文献和思想史的角度,对那些可以和现存文献相对照的竹简帛书作研究,探讨先秦儒家的史料并提出看法,供读者加深对古代文本的认识。(崔彤)

3838

思想的背景:王建辉书评文录 / 王建辉著. -- 石家庄:河北教育出版社,2001. -- 498 页;23cm. -- 7 - 5434 - 4324 - 4(国家图书馆)

本书共计 40 余万字,综合了王建辉所著《书评散论》和《人在书旅》等早期书册中的文章,并囊括了散见于报刊的新作品约百余篇。本书将书评理论文字和作品分开来,大致分为上下两编。上编的"书评散论",分为"正编"(重印了黑龙江教育社版《书评散论》一书中的理论文章,这是作者连贯而写的一组书评学术札记)和"补编"(陆续写成的各种书评学术文章)两个部分;下编的"书评辑存",分为"内编"(狭义的书评作品)和"外编"(编书札记)两个部分。本书囊括了王建辉先生长达 15 年的书评作品和书评理论思考成果。(张玲)

3839

古文献整理与古汉语研究 / 吴金华著. -- 南京:江苏古籍出版社,2001. -- 301 页;21cm. -- 7 - 80643 - 657 - x(北京师范大学图书馆)

吴金华,复旦大学中国古典文献学学科建设负责人、汉语言文字学科汉语史研究方向学术带头人、中国语言文学博士后流动站专家组成员,浙江大学兼职教授。他还兼任教育部全国高等院校古籍整理研究工作委员会委员,中国语言学会理事,中国训诂学会学术指导委员会委员等职,主要从事汉语言文字学、中国古典文献学的研究,侧重于"中古汉语"的词汇研究,所关注的学术研究领域是训诂学与校勘学。本书收录了吴金华教授所撰写的论文"《汉语大词典》中有关文献考察的若干问题"、"《汉语大词典》商补"、"《汉语大词典》商订八题"、"略论汪维懋《汉语重言词词典》"、"'所到之处'句式源流考"、"《后汉纪》校笺"、"《后汉纪》校读琐记"、"《后汉纪》校议"、"《后汉书》标点献疑"、"《晋书》点校献疑"、"《晋书》辨疑"、"《宋书》校点本偶记"、"《宋书》点校本志疑"、"《建康实录》校议"、"《三国志》四字格成语散记"、"《三国志》语词笺释"、"《三国志辞典》商兑"等 20 篇。(张玲)

3840

庐山典籍史 / 徐效钢著. -- 南昌:江西高校出版社,2001. --384 页,16 页图版:图,摹真;21cm. -- 7 - 81075 - 190 - 5(国家图书馆)

本书是一部地方文献史。庐山典籍的产生、发展和变化,反映着庐山文化发展的面貌,是庐山文化发展的标志之一。作者广泛收集了自晋至民国时期 190 余种庐山著作,进行了认真的科学整理。全书共分 7 章,第一章庐山典籍的发展及诗文基础,将庐山典籍置于整个社会文化历史背景下,从社会发展、文化积累和学术变迁等角度加以揭示,按照庐山文化发展的基本脉络,以历史为序,结合庐山典籍发展的实际,将庐山典籍划分为 5 个时期;第二至七章则采取分专题直述的方式来揭示庐山典籍的内容。(张玲)

3841

王国维文献学研究 / 姚淦铭著. -- 南京:江苏古籍出版社,2001. -- 315 页:图;21cm. -- 7 - 80643 - 656 - 1(国家图书馆)

本书分为上、下两编共 10 章。上编包括文献学的时代特征与境界、王国维在文献学上的开拓与贡献、王国维文献学深蓄的大本大原、王国维文献学方法论、王国维文献学的教学品味等 5 章内容;下编包含古典文献与古文字学、《尚书》文献研究、古典文献中的古文说研究、古典文献与训诂研究、古典文献与音韵学等内容。全书不仅从宏观上阐论王国维的文献学,对王国维的学术时代特征及其境界进行论述,还选择个案详细分析,并把两者结合多侧面、多层次地论述。(张玲)

3842

余嘉锡说文献学 / 余嘉锡撰. -- 上海:上海古籍出版社,2001. -- 267 页:图;21cm. -- 名家说——"上古"学术萃编. --7 - 5325 - 2854 - 5(国家图书馆)

本书作者余嘉锡先生(1883—1955)字季豫,湖南常德人,当代著名目录学家、古文献学家,著作等身。生前任北平辅仁大学国文系教授、系主任、文学院院长。本书收入余嘉锡先生《古书通例》《目录学发微》两部著作,前者为古籍体例学之作,后者为古籍目录学之作,因为二者性质相近,均系研读整理古籍之必备参考书,所以放在一起予以出版。其中《目录学发微》是近代目录学书籍中创作较早而又极有系统,颇有创见的一本书。文章对目录书籍发展的源流,各书体制的得失利弊都有详细的论述。《古书通例》专就汉魏以上的古书举出一般通例,并详加诠释,用以帮助学者阅读古书。(张玲)

3843

书藏·书奇·书话 / 泽熙编写. -- 成都:四川人民出版社,2001. -- 296 页;21cm. -- 7 - 220 - 05648 - 6(国家图书馆)

本书分为:"书藏"、"书奇"、"书市"、"书话"四部分。第一部分书藏,包括莎纸与羊皮上的记忆、陨落的图书馆、中古修道院的抄本、复兴的时代、梵蒂冈书藏逸事、阿拉伯古典的财宝、总统立传图书馆、哭泣的图书馆、图书馆数字化的旋流等内容；第二部分书奇，包含杂谈：《老子》在西方、西方瞳孔里的《论语》、一部史诗一段传奇、石碑与抄本揭示的玛雅、免费的百科全书、剽窃与被剽窃的书、一本书揭示的内幕、刽子手的《回忆录》、电子星火可望燎原书海等内容；第三部分书市，介绍了绅士与商人之间的拍卖行、科学沉浮中的手稿与珍本、达·芬奇的科学手稿、拍卖中的爱因斯坦手稿、炙手可热的作曲家手稿、视为珍奇的文学手稿、藏书家的时代、收藏希伯来古本、拍卖的情书等内容；第四部分书话，包括英语文学世纪大排座、美利坚的禁书、写过百部书的人们、书癖大盗、迎接数字时代等内容。作者还在附录中给出 20 世纪最佳英语小说 100 部排名。（张玲）

3844

中国书评史初探 / 赵晓梅著. -- 北京：中国工人出版社，2001. -- 235 页；21cm. -- 7－5008－2531－5（国家图书馆）

本书试图通过对中国不同时期书评传媒、作者以及特点等的研究，探索书评在各个时期的发展规律。主要通过导论、中国书评的起源、中国近代书评的产生、中国现代书评事业的繁荣、中国当代书评事业的建设、中国当代书评事业的滑坡、中国书评事业的腾飞 7 章的研究，使读者对中国书评发展的历史有所了解。本书只是一种探索性的研究，力求在整理、研究我国书评发展的进程中，以史为鉴，探索书评发展史中共有的规律性的东西。（张玲）

3845

中国文献学概要 / 郑鹤声，郑鹤春撰；郑一奇导读. --上海：上海古籍出版社，2001. -- 177 页：20cm. --蓬莱阁丛书. --7－5325－2831－6（国家图书馆）

《中国文献学概要》由郑鹤声（1901—1989）、郑鹤春（1892—1957）合著，写于 1928 年，1930 年由商务印书馆出版。本书是一部中国文献学的开山之作，总括了古典文献学的研究对象、范围、内容，初步奠定了研究体系，是在中西文化冲撞之下对中国文献学的世界价值、地位重新审视的创新之作，对古典文献学的研究对象、研究目的、研究方法、历史作用作了系统总结。由于写在国难之秋，在中西文化交汇、斗争的背景下，对中国古典文献的价值和文献学研究的意义和此后的走向，都作了很深刻的思考。全书包括导言、结集、审订、讲习、翻译、编纂和刻印等 7 章内容。对中国自古以来的文献学研究方法，如第三章审订，通过“孔子删订”、“刘氏校理”、“乾隆审校”讲述了中国古代文献典校整理的概况，以及校勘学的源流。第五章翻译是本书尤其有特色的一章。第六章编纂，通过《永乐大典》《古今图书集成》《四库全书》《四部丛刊》的编纂介绍，总结了我国古典文献编纂学的主要成就和得失。第七章刻印，主要是涉及到版本学，刻印源流等知识。（张玲）

3846

诸子著作年代考 / 郑良树著. -- 北京：北京图书馆出版社，2001. -- 276 页；21cm. -- 7－5013－1804－2（国家图书馆）

古籍真伪问题是古代文献学中一个相当重要的课题。竹简帛书的大量出土使得这门学问由“真伪”的单向考订，变成一门“真伪”双轨同时进行的学问。作者认为应将这门学问正名为“古籍时代学”。作者就《老子》《晏子春秋》《孙子兵法》《列子》等先秦诸子著作采取以篇甚至以段为单位考订与观察，重估某些子书的真伪问题，希望将古籍年代研究引向一个比较客观的新境地。全书包括“《金人铭》与《老子》”、“论《晏子春秋》的编写及成书过程”、“孙子军事思想的继承和创新”、“论兵家的起源及其学术领域的开拓”、“论《列子·汤问》的成篇时代”、“论《列子·说符》的流传”、“《列子》成书时代研究管窥”、“《列子》真伪考述评”、“论《公孙龙子·迹府》的成书时代”、“近代学者《尉缭子》争论述评”、“《韩非子》研究的回顾”、“疑古与复古——论古籍辨入团的方向”、“论《孔丛子·诘墨》的写作背影及成书时代”等 15 篇文章。（张玲）

3847

中国历史博物馆藏法书大观 / 中国历史博物馆编；史树青主编. -- 上海：上海教育出版社，2001. -- 15 册：图（部分彩图），摹真；37cm. -- 7－5320－4811－X（北京大学图书馆）

本书经过多年精心策划、编撰而成。全书共 15 卷。第一卷甲骨文、金文，第二卷金文，第三卷陶文、砖文、瓦文，第四卷玺印、篆刻，第五、六卷为碑刻拓本，第七、八、九卷为法帖，第十卷墓志拓本，第十一卷晋唐文书及晋唐写经，第十二卷战国秦汉唐宋元墨迹，第十三、十四卷分别为明、清两代的法书，第十五卷明清扇面及书札。这些内容从商代的甲骨文、金文起至清朝的墨迹，基本上再现了中国书法艺术发展的整个过程。中国书法艺术的整体面貌和内涵非常丰富，一家博物馆的藏品只能展示其中内容的一部分。中国历史博物馆的任务是收集、保存、研究中国历史发展基本过程中的各种文物，并对这些文物加以说明、解释、进行展示。由于这些藏品的年代跨度大、种类极为丰富，因此这部《藏法大观》也能充分反映出中国书法艺术发展的基本脉络和变化。此外，还有很多内容除了具有书法艺术价值外还具有重要的历史价值和文化价值。（张玲）

3848

张舜徽学术文化随笔 / 周国林编. -- 北京：中国青年出版社，2001. -- 390 页；20cm. -- 二十世纪中国学术文化随笔大系. 第三辑. -- 7－5006－4352－7（国家图书馆）

本书是二十世纪中国学术文化随笔大系中的一册，收录了我国著名历史学家，文献学家张舜徽先生的学术文化随笔数十篇，按其内容分成经传篇、诸子篇、史籍篇、文集篇、文献篇、述论篇等八部分。前四章以经史子集分类，所选文章与宋元以来的笔记形式颇为相近；后几章讲述了文献学基本知识，以及治学方法与经历，展示了张先生的学识和人文情怀。书中所收文章较好地保持了原作的风格，从不同的方面展示了张舜徽先生对中国文化的体验、理解、反思，具有较高的学术价值及历史文献价值。（张玲）

3849

言言斋古籍丛谈 / 周越然著；周炳辉辑；周退密校. --沈阳：辽宁教育出版社，2001. -- 263 页：图，摹真；19cm. -- 国家“九五”重点图书出版规划项目. -- 7－5382－5931－7（国

家图书馆)

我国著名藏书家、作家、编译家周越然先生的庋藏中,英文珍本秘籍并重,可称近现代藏书家中得风气之先的人物。周先生的藏书室名"言言斋"。本书将周越然先生1933—1938年间,在上海《晶报》所撰写书话专栏汇集成集。其中说书掌故,探取本源流,叙购书趣闻,辩古籍真伪,半文半白,亦庄亦谐,引人入胜。这些文字从未结集。此次将其中关于中国古籍版本研究的共百余篇编成集,包括"《琵琶记》之版本"、"廉明公案"、"君休急性"、"正气可贵"、"学古入官议事以制"、"黄山谜"、"空空幻"、"《西厢记》之版本"、"避暑纳新凉"、"红剧"、"既忠孝又风雅"、"大梦"、"闲居最佳"等。(张玲)

3850

文献信息管理技术 / 蔡永忠编著. -- 北京:中国书籍出版社,2001. -- 352页;19cm. -- 7-5068-0473-5(国家图书馆)

本书为图书馆业务培训而编写。全书共分8章,主要阐述了文献的知识、类型、搜集、补充与登记,文献的分类、编目,连续出版物的管理,卡片目录的组织,计算机编目,图书在版编目及其数据应用等有关文献信息管理知识与技术。在文献分类方面主要以《中图法》第四版进行分类,文献编目方面以1996年10月《中国文献编目规则》为主要依据。书后附有主要参考文献。(胡秋玲)

3851

满满的书页:书的历史 /(法)Bruno Blasselle著;余中先译. -- 上海:上海书店出版社,2002. -- 170页:图(部分彩图),肖像,摹真;18cm. -- 7-80622-990-6(国家图书馆)

本书原著为法兰西国家书馆印刷书籍部主任、托尔比亚馆文学艺术部主任Bruno Blasselle,他曾和雅克-琳娜·梅雷-桑松合作,撰写了"发现之旅"系列中的《法兰西国家图书馆》。作者在书中写到:有一天,书写选择了新的载体——羊皮纸、纸,它们取代了石头、粘土或纸莎草,而等文字写在折叠起来的纸张上之后,就成了书。从羽毛笔到铅字,从抄书人的辛勤工作到谷登堡的新方法,期间的飞跃只是技术性的:无论是字体的描画,还是彩色装饰字母的保留使用,最初的书籍努力模仿着手抄本的华丽。书一开始局限于对经文的复制,后来受大学发展的推动,参与了社会的上升阶级的征服,渐渐催生新的文学体裁。文艺复兴时的人文主义和宗教改革也把它们的命运与书籍紧密相结合。随着时代的发展,书成了政治武器、科学或哲学著作、年历、词典、小说、插图杰作。全书分手抄的书、印刷走向胜利、被控制的出版业、国王书等五章,从书的载体、技术、内容等不同方面阐述了书的发展历史。(张玲)

3852

希古右文:琳瑯手记 / 台湾图书馆特藏组编辑. -- 台北:台湾图书馆,2002. -- 1册:图;21cm. -- 957-678-167-1(国家图书馆)

本书分5部分。在古籍版本款识部分,以影印件和画图的形式简单介绍了行款、天头、地脚、边栏、版心、鱼尾、耳子等古籍版本款式的基本知识;在版本类型部分,对刻本、原刻本、覆刻本、写刻本、初印本、朱印本、递修本、百衲本、巾箱本等18种版本类型进行了简单的名词解释;在古籍装订形式部分,以画图配说明的形式简单介绍了卷轴装、经折装、蝴蝶装、包背装、线装等5种古籍装订形式;在历代版本特色部分,以影印形式简单介绍了宋刊本、金刊本、元刊本、明刊本、清刊本的版本特色;在藏书章部分,收有19枚藏书章的章印;书末附历代避讳字简表。本书影印件、画图简单、小巧、细致,文字少、纸张留白大,插图精美,用纸考究。(崔彤)

3853

中国典籍与文化论丛. 第七辑 /《中国典籍与文化》编辑部编. -- 北京:北京大学出版社,2002. -- 418页;20cm. -- 7-301-05889-6(北京大学图书馆)

《中国典籍与文化论丛》是国家教委全国高校古籍整理研究工作委员会编辑的3种出版物之一,它是一个以提高为目的的学术论文集,以期反映中国及海外有关中国传统文化研究的最新成果。本书从1993年起计划每年出版一至二辑。本辑为第七辑,包含"孔子研究讲义按语"、"关于古籍整理工作的规范化问题"、"《旧唐书·经籍志》考校举隅"、"《张燕公集》的阁本与殿本"、"新罗文人崔致远《桂苑笔耕集》版本源流考述"、"《分门纂类唐宋时贤千家诗选》的两种早期版本"、"试谈海内外汉籍善本的缀合研究——以李贽评本《忠义水浒传》为中心"、"关于杨守敬与日本刻工木村嘉平交往的考察"、"论杜光庭青词作品之文学价值"、"论苏轼对儒佛道三家思想的吸收与融合"等论文。(张玲)

3854

北京大学中国古文献研究中心集刊. 第三辑 / 北京大学中国古文献研究中心编. -- 北京:北京大学出版社,2002. -- 468页;20cm. -- 7-301-05888-8(国家图书馆)

本书收录了古文献学研究的论文20余篇,包括"荀子之道"、"读日本国宫内厅书陵部藏宋元版汉籍之概况"、"胡适的治学方法论述评"等。(王旭东)

3855

海峡两岸古典文献学学术研讨会论文集 / 北京大学中国教育部人文社科重点研究基地,北京大学中国古文献研究中心等编. -- 上海:上海古籍出版社,2002. -- 634页:摹真;21cm. -- 7-5325-3354-9(国家图书馆)

北京大学中国古文献研究中心、淡江大学中国文学系、复旦大学中国古代文学研究中心于2002年6月在上海联合举办了以类书和丛书研讨为中心的"海峡两岸古典文学学术研讨会"。本书即为此次研讨会的论文集。书中收录了"从类书、丛书的体例看其编纂的难易"、"关于隋唐四大类书"、"唐、宋类书与《楚辞章句》校理"、"从出土文献看唐宋类书在校勘学上的价值——以古代兵书校勘为中心"、"近年来台湾博、硕士生研究丛书之成果"、"从《全唐诗》的编纂看《四库全书》的文献价值"、"明清之际丛书与商业机制的对应关系"、"唐宋图书编纂形态的转变与丛书生成之关系"、"谈近现代笔记小说丛书之编辑印行"、"谈丛书的出版"等30余篇论文。(张玲)

3856

元代文学文献学 / 查洪德,李军著. -- 北京:中国社会科学出版社,2002. -- 331 页;21cm. -- 郑州大学省级重点学科古代文学学科点经费资助. -- 7-5004-3673-4(国家图书馆)

本书获郑州大学省级重点学科古代文学学科点经费资助。本书打破了学术界过多关注元曲文献的局限,将元代文学文献的介绍扩大到了元代文学各体。作者按年代辑录,并对所辑录之文献予以简约介绍,是目前国内辑录元代文学文献最全的专著。全书共 11 章,分别是元代文学与元代文学文献学、元代诗文文献、元代词曲文献、元代戏曲文献、元代小说笔记文献、元代诗学词曲学文献、元代文学研究相关文献、20 世纪元代文学史著提要、20 世纪元代文学研究著作提要、20 世纪元代文学史料的考订与钩稽、元代文学书目与工具书。本书展示了一个元代文学的新格局,并介绍了元末至今的数百年中,人们对元代文学的认识和评价的变化。(张玲)

3857

元本 / 陈红彦著. -- 南京:江苏古籍出版社,2002. --192 页:图, 摹真;23cm. -- 7-80643-785-1(国家图书馆)

本书是《中国版本文化丛书》中的一册。本套丛书分宋书、元本、明本、清刻本、少数民族古籍版本、坊刻本、家刻本、活字本、插图本、新文学版本等多种专册来撰写,力求反映出我国版本研究的最新风貌和水平。本书结合大量插图与书影图像,对元刻本进行介绍,阐述了元代刻本的时代背景、刻书机构及刻书情况等,并介绍了元刻本中的精品。全书分上、下两编。上编承上启下的元代刻书业,作者介绍了元代刻书的社会背景、中央的刻书机构及其刻书情况、地方刻书机构及其刻书、书院刻书、私宅坊肆刻书分布概况、元代刻书的特点、元代的宗教印刷、元代印刷术的发展、元代刻书的牌记、元代对刻书的严格管理、元代的东西文化交流等内容;下编元刻菁华选编,作者介绍了孔元措蒙古壬富刻本《孔氏祖庭广记》、晦明轩刻《重修政和经史证类备用本草》、平阳刻本《玄都宝藏》、宋辽金三史的刊刻与元代官刻图书、九路儒学刻十史、元刻本《梦溪笔谈》等元刻本中的精品。(张玲)

3858

中国古代文献源研究 / 端木黎明著. -- 成都:四川大学出版社,2002. -- 186 页;21cm. -- 7-5614-2413-2(国家图书馆)

全书共 7 章。第一章"文"、"献"的意义、关系与"文献"的内涵,第二章"文献源"的定义与探求"文献源"的价值,第三章记录上古文献的材料与书籍,第四章甲骨、金石、简牍、缣帛所载上古文献产生的时代,第五章介绍了《周易》《尚书》《诗经》《周礼》《左传》五经产生的时代,第六章介绍《周易》《尚书》《诗经》《周礼》《左传》五经的内容,第七章介绍《周易》《尚书》《诗经》《周礼》《左传》五经的表述方法。(张玲)

3859

一流书、一流人、一流社会:二十一位知识领袖的阅读箴言 / 高希均,王力行主编. -- 台北:天下远见出版股份有限公司,2002. -- 231 页;21cm. -- 社会人文. 175. -- 986-417-011-2(国家图书馆)

编者认为,"一流书"就是指好书,须具有下述一个或数个特色:传播现代知识,有创意并激发创意,故事感人且具启发性,有实用价值,提倡人与自然的和谐共存,记录人类的杰出成就,探索人类的心灵世界,提倡人间的长情与大爱。"一流人"在做事上,专注、出色、有原则;做人上,敦厚、谦和、有诚信;态度上,不争、不贪、不献媚;品德上,有格、有节、有分寸;见解上,有创意、有包容、有执着。人生学习的起点是读一流书,人生历练的过程是做一流人,人生奉献的高峰是构建一流社会。本书收录了 21 位台湾知识界人士的文章,内容皆环绕在"读书与读书人"、"读书人与社会"的关系上,反映出他们对读书人、对当前社会的深切期许。(崔彤)

3860

顾廷龙文集 / 顾廷龙著. -- 上海:上海科学技术文献出版社,2002. -- 12,797 页:照片;21cm. -- 7-5439-2003-4 68(国家图书馆)

本书是《芸香阁丛书》中的一册。顾廷龙(1904—1998),字起潜,号匋誃。先后担任哈佛燕京图书馆驻北平采访处主任,上海私立合众图书馆总干事、上海历史文献图书馆馆长、上海图书馆馆长等职。著有《明代版本图录初编》等书,主编《中国丛书综录》《中国古籍善本书目》《续修四库全书》等。古籍版本目录学是古籍整理的一项基础性学问,顾先生的文集是这方面不可多得的长期宝贵经验的积累、概括和总结。本书收录了顾先生所撰写的古籍版本目录学方面的文章 300 余篇。(张玲)

3861

古籍点校疑误汇录 / 国务院古籍整理出版规划小组编. -- 北京:中华书局,2002. -- 8 册;21cm. -- 7-101-03612-0(北京师范大学图书馆)

1981 年 7 月,中共中央发出了《关于整理我国古籍的指示》,随后恢复古籍整理出版规划小组。规划小组在不断出版古籍整理成果的同时,也注重古籍整理的质量问题,并把自 1983 年至 1990 年,逐年在文史哲期刊上和大专院校学报上发表的有关古籍整理(包括标点、校勘、注释、今译)的批评性文章,汇编成本书。收录本书的文章,大致按照综合、文学(诗文、小说、戏曲、文学评论)、历史和工具书排序;文章中的内容,除个别注释予以删除,个别错字改正外,概仍其旧。(张玲)

3862

图书功能论别集 / 侯德勋著. -- 昆明:云南科技出版社,2002. -- 260 页:图;21cm. -- 7-5416-1640-0(国家图书馆)

本书从广义图书概念出发,揭示了图书的奥秘和本质。图书的奥秘是文明素的运动;图书的本质是用密码、文字等符号把自然界和人类社会中,广泛存在的文明素,通过人体思维活动加工后,记录、复制于载体上,聚集着潜在能量巨大的人类文明的智慧。全书分上下两篇。上篇图书功能论,介绍了什么是图书。图书的意义、图书的显性及隐性功能、人类文明的基粒——文明素、图书的价值、图书价值的产生和生产、图书功能的发挥、图书世界的建设等内容。这部分内容的论述,读者可从广义角度认识图书,从微观到宏观,从局部到整体,力求突破性地、全面地认识图书;另一方面,把图书作为自然存在的物质运动形式与人体神经活动相结合的现象来研究,以便深刻认识图书。下篇出版工作探讨,选入了20多年来,特别是改革开放后,有关出版和编辑工作的探求和讨论的论文,从一个侧面反映出第一线编辑人员走过的历程及工作方向。(张玲)

3863

图书文献学论集 / 胡楚生著. -- 台北:台湾学生书局,2002. -- 203页;21cm. -- 文献学丛刊. -- 957-15-1128-5(国家图书馆)

作者1961年于东吴大学中文系毕业后,随即考进台湾师范大学的国文研究所,在研究所中,曾修读了蒋慰堂的版本学,也跟从杨家骆撰写考证刘熙《释名》的论文。1966年作者应聘前往新加坡南洋大学任教,期间,屈翼鹏在南洋大学担任客座教授讲授目录之学,作者随班旁听,受益良多。1970年左右,作者开始撰写有关目录学的研究论文,后出版了《中国目录学研究》一书。由于撰写目录学的论文,作者接触到的文献资料较广,因此,多年来陆续撰写了一些有关目录学和图书文献学方面的文章,如"从目录学进入中华学术殿堂"、"《汉书·艺文志》与《隋书·经籍志》比勘举例"、"四十年来台湾地区子部古籍校释整理之成果及其检讨"等。本书选了这类文章共17篇结集成册。作者希望这些文章能对青年朋友的读书究学起到一些引领的作用。(崔彤)

3864

少数民族古籍版本 / 黄润华, 史金波著. -- 南京:江苏古籍出版社,2002. -- 169页:图(部分彩图), 摹真;23cm. -- 7-80643-788-6(国家图书馆)

中国是一个多民族国家,自古以来,各民族分别形成了各自的民族文化,同时也丰富、发展了共同的中华民族文化。不少民族在不同的历史时期创制并使用了本民族文字,形成了丰富多彩的各种少数民族文字文献,出版了大量的图书,这对促进民族文化的发展、推动各民族之间的文化交流、丰富中华民族的文化起到了非常重要的作用。本书是《中国版本文化丛书》中的一册,全书结合多幅插图与书影图像,对佉卢字、焉耆—龟兹文、于阗文、粟特文,佉卢字古籍、焉耆—龟兹文古籍、于阗文古籍、粟特文古籍,突厥文、回鹘文,察合台文古籍、突厥文古籍、回鹘文古籍、察合台文古籍,契丹文、女真文,契丹文古籍、女真文古籍、回鹘式蒙古文古籍、满文古籍、西夏文古籍、藏文古籍、纳西东巴文和哥巴文古籍、彝文古籍、方块壮字古籍、傣文古籍,贝叶经、白文、水书和尔苏沙巴文古籍,水书古籍,尔苏沙巴文古籍等中国少数民族古籍版本进行介绍,并对其丰富了中华民族的文化的作用进行阐述。(张玲)

3865

清刻本 / 黄裳著. -- 南京:江苏古籍出版社,2002. --207页:摹真;23cm. -- 7-80643-787-8(国家图书馆)

本书是《中国版本文化丛书》中的一册。本套丛书分宋书、元本、明本、清刻本、少数民族古籍版本、坊刻本、家刻本、活字本、插图本、新文学版本等多种专册来撰写,力求反映出我国版本研究的最新风貌和水平。全书分上、下两编。上编版刻光荣的结末,作者从清代版刻丛谈、清刻之美进行了详细论述;下编清刻经眼举隅,作者介绍了《梅道人遗墨》《七歌》《峤雅》《兼山集》《吴越诗选》《倚声初集》《张缙彦集三种》《竹笑轩吟草》《三籁集》《香严斋词》《读书堂诗集》《大山诗集》《经鉏堂杂著》《木厓集》《江冷阁诗集》《屈翁山诗集》《翁山文钞》《曝书亭集》《鸡肋集》《巳畦集》《清啸集》《钱牧斋先生尺牍》《默庵遗稿》《十六家词》《名家词钞》《秋林琴雅》《香胆词选》《劝影堂词》《林下词选》《瑶华集》《草堂嗣响》《今词苑》等。(张玲)

3866

坊刻本 / 黄镇伟著. -- 南京:江苏古籍出版社,2002. --184页:图, 摹真;23cm. -- 7-80643-794-0(国家图书馆)

本书是《中国版本文化丛书》中的一册。本套丛书分宋书、元本、明本、清刻本、少数民族古籍版本、坊刻本、家刻本、活字本、插图本、新文学版本等多种专册来撰写,力求反映出我国版本研究的最新风貌和水平。坊刻本指唐至清历代各地书坊刻印的书本。本书共分上、中、下三篇。上篇历史文化视野中的坊刻本,介绍了古代书坊本源流、琳琅满目的南宋坊刻本、由盛转衰的明清坊刻本、坊刻本的历史风貌,以及坊刻本的文化影响等内容;中篇坊本菁华谱,作者列出了宋本《周礼》、宋本《纂图互注礼记》、宋本《春秋公羊经传解诂》、宋本《钜宋广韵》、宋本《汉书》《后汉书》、元本《新刊王氏脉经》、宋本《梅花喜神谱》、宋本《记纂渊海》、宋本《唐女郎鱼玄机诗集》、宋本《增刊校正王状元集注分类东坡先生诗》、宋本《类编增广黄先生大全文集》、元本《静修先生文集》、元本《伯生诗续编》等内容;第三篇为书坊春秋录。全书介绍了中国坊刻本的总体情况。(张玲)

3867

稿本 / 江庆柏等著. -- 南京:江苏古籍出版社,2002. --186页:摹真;23cm. -- 7-80643-791-6(北京师范大学图书馆)

本书是《中国版本文化丛书》中的一册。本套丛书分宋书、元本、明本、清刻本、少数民族古籍版本、坊刻本、家刻本、活字本、插图本、新文学版本等多种专册来撰写,力求反映出我国版本研究的最新风貌和水平。本书结合大量图片与书影,对中国古籍的版本学进行介绍,论述了稿本的类型、形式,稿本的鉴定等,并对稿本中的精品进行介绍。全书分上、下两编。上编稿本概说,作者论述了稿本的类型、稿本的形式、历朝稿本存世概况、稿本与抄本、稿本与印本、稿本与修改、稿本的鉴定、稿本中的浮签、稿本的编辑功能、稿本与书法艺术、稿本的影印出版等内容;下编稿本掇英,包含填海之精卫,归隐一顽石——《王船山先生南岳诗文事略》稿本、博采群书话农事——苏毓辉《便农占镜》稿本、皓首为穷经——许伯政《春秋深》稿本、白云自怡悦——刘敦元《悦云山房初存集》稿本、清吟只作绣余事,流传却看百年时——归懋仪《绣余近草》稿本、长真与天真——席佩兰、孙原湘夫妇稿本等内容。(张玲)

3868

新文学版本 / 姜德明著. -- 南京:江苏古籍出版社,

2002. --193 页:图，摹真;23cm. -- 7 - 80643 - 789 - 4(国家图书馆)

本书是《中国版本文化丛书》中的一册。本套丛书分宋书、元本、明本、清刻本、少数民族古籍版本、坊刻本、家刻本、活字本、插图本、新文学版本等多种专册来撰写，力求反映出我国版本研究的最新风貌和水平。全书分上、下两篇。上编为诱人的新文学版本，包括"逐渐消遁的雕版线装书"、"新文学版本的诞生"、"最先关注新文学版本的藏书家"、"初版本的可贵及其他"、"新文学版本校勘工作的必要性"、"白纸黑字有时也不足为据"、"书籍装帧的艺术魅力"、"土纸书的特殊价值"、"新文学版本中的善本书"等文章；下编书叶小集，收录"《冬夜》种种"、"《西还》前后"、"俞平伯两姊的诗集"、"《恐怖之夜》"、"盲诗人的《枯叶杂记》"、"钟敬文的散文"、"《白叶杂记》和《天竹》"、"黎锦明的《尘影》"、"陈望道与《大江月刊》"、"《诗与散文》与《当代诗文》"、"荪荃的诗集"、"张恨水的《弯弓集》"、"闲话张恨水"、"梁得所与《猎影记》"、"阿英与《中国新文坛秘录》"、"袁牧之和《戏》"、"郑伯奇和《新小说》"、"写在《边城》的书边上"等内容。(张玲)

3869

佛经版本 / 李际宁著. -- 南京:江苏古籍出版社,2002. -- 182 页:图，摹真;23cm. -- 7 - 80643 - 790 - 8(国家图书馆)

本书是中国版本文化丛书中的一册。本套丛书分宋书、元本、明本、清刻本、少数民族古籍版本、坊刻本、家刻本、活字本、插图本、新文学版本等多种专册来撰写，力求反映出我国版本研究的最新风貌和水平。本书收录大量图片与书影，配以解说，讲述了中国佛教典籍的版本流传情况以及各个时期的版本特色。全书分上、下两编。上编中国佛典，从总体上阐述了中国佛典版本的起源及其演进历史。首先从中国佛典的传入、翻译和著述入手，介绍了中国佛典的产生及其最初流传情况；接着分别介绍了写本时代和早期刻印本时代中国佛典版本的概况；最后介绍了中国佛教典籍的各个装帧形态，包括卷轴装、梵夹装、经折装、粘叶装、缝缋装、旋风装和方册装。下编历代大藏经，阐述了"大藏经"的概念及其组成三要素，明确了"什么叫大藏经"，逐一介绍了各个地域各个时期中国藏经的发现、刊雕、版本特色及其流传等情况，并附以相关文献资料及图版加以说明。(张玲)

3870

中国少数民族文献探研 / 李杰著. -- 北京:民族出版社,2002. -- 22, 308 页:图;20cm. -- 7 - 105 - 05085 - 3(国家图书馆)

本书用 5 章内容从史书、文书、金石铭刻、宗教典籍、文学五个方面对我国少数民族的文献进行了研究。第一章史书部分，介绍了"蒙古秘史"、"西藏王统记"、"西南彝志"、"台湾外记"、"东番记"、"成吉思汗法典"、"突厥语大辞典"、"福乐智慧"等内容；第二章文书，包括"永敦和好合同"、"颁给(西藏)楚布寺诏令"、"颁给乌思藏都指挥使挫失吉诰命"；第三章金石铭刻，介绍了"唐藩会盟碑"、"南诏德化碑"、"溪州铜柱"、"元帝狮印"、"白兰王印"；第四章宗教典籍，介绍了彝族的指路经和狩猎祭祀经、侗族的阴师言语、纳西族的东巴经；第五章文学，介绍了藏族的格萨尔王传、蒙族的江格尔、阿尔克孜的玛纳斯、白族的孔雀胆等内容。(张玲)

3871

中国古典文献学概要 / 刘青松著. -- 长沙:湖南大学出版社,2002. -- 230 页:图，摹真;21cm. -- 7 - 81053 - 540 - 4(国家图书馆)

本书将中国古典文献学的研究内容概括为两大方面：一是文献本身，包括文献的载体、体裁、体例以及体式；二是围绕文献开展的各项工作，如文献编目、版本的签别、古籍校勘和古书辑佚与辨伪等。全书分 9 章内容对上述问题进行了系统的论述，行文简要，图文并藏，既有抽象的理论阐释，又有具体形象的实物图片，可增强读者的感性认识。本书适合于图书编辑人员、图书管理人员、高等学校文科师生以及广大古籍爱好者阅读。(张玲)

3872

趣味奇书大观 / 刘荣，王梅编著. -- 武汉:武汉大学出版社,2002. -- 20, 287 页;21cm. -- 7 - 307 - 03271 - 6(国家图书馆)

该书是一本关于"书"的无穷无尽的"故事"，作者从书的起源入手，发掘出许许多多关于"书"的奇闻轶事。有奇大奇重的巨型书，有极小极轻的微型书，能吃的能穿的，能闻的能唱的，真是林林总总无奇不有。书中还有许多创造了各种各样"世界之最"、"中国之最"或"××之最"的各类出版物和作家的奇特故事和传闻。总之，关于书的各种秘闻、趣闻在书中比比皆是，不愧为"奇书大观"。本书包括奇书异本万花筒、撰余轶闻说书场、书橱珍馐吉尼斯、图书知识谐趣园 4 个部分，介绍了世界上有关书的轶闻趣事。(张玲)

3873

二余斋丛稿 / 刘尚恒著. -- 香港:天马图书有限公司,2002. -- 398 页;21cm. -- 962 - 450 - 953 - 0(国家图书馆)

本书收录的 40 篇文章，内容涉及古籍文献学、版本目录学、藏学文化、方志学、文史杂考诸方面，是作者从 1979 年 8 月至 2002 年 8 月所写的文章中遴选出来的，当时除其中一篇尚属待刊稿外，其余均刊于大陆或台湾各专业杂志或论文集中。(崔彤)

3874

古书版本常谈 / 毛春翔著. -- 上海:上海古籍出版社,2002. -- 182 页:图，摹真;23cm. -- 7 - 5325 - 3168 - 6(北京师范大学图书馆)

本书为学习古籍版本知识的入门书。该书全面系统地介绍了古书版刻的起源和发展，历代版刻的概况和特点、善本的界定、巾箱本、活字本、书帕本、套印本的特点等版本知识。同时对抄本、稿本、校本等特殊版本也作了介绍。最后，对如何鉴别古书版本也作了指导。本书曾多次重版。此次修订出版，又增加了"清刻本述略"、"常用版本术语"、"版本书目"、"版本避讳举要"等内容，并配有大量插图，原有插图质量较差者也全部得到替换，使图片更为清晰精美。本书对爱好古籍收藏的人有极大的实用价值，对一般文史爱好者也

有扩大知识面的作用。(张玲)

3875

古典文献研究(总第五辑) / 南京大学古典文献研究所编. --南京:江苏古籍出版社,2002. -- 340 页;20cm. -- 7 - 80643 - 316 - 3(国家图书馆)

本书所收文章总计 20 篇,分别是关于近现代学术史研究、史部文献研究、有关中国古代文学研究、传统诗文评专题研究的论文。(王旭东)

3876

著砚楼读书记 / 潘景郑著. -- 沈阳:辽宁教育出版社,2002. -- 32, 641 页;21cm. -- 7 - 5382 - 6379 - 9(国家图书馆)

该书收录了"惠松崖手校郑氏周易"、"李氏易传校本"、"先师太炎先生手校书古文训"、"残元本诗传通释"、"包世荣手校毛诗故训传"、"明芙蓉泉书屋本韩诗外传"、"残元本礼记集说"、"校本大戴礼"、"残宋本春秋经左氏传句解"、"惠氏古文春秋左传稿本"、"叶缘督校沈小宛先生春秋左传补注地名补注钞本"、"春秋左传读"、"钱竹汀先生手校旧钞本郑氏遗书"、"叶鞠裳先生临各家校通志堂本经典释文"、"拜经楼钞本四种"、"管庆棋手写江艮庭先生论语竢质"、"广论语骈枝稿本"、"孟子正义稿本"、"元刊巾箱本尔雅单注"、"校元刊巾箱本尔雅单注"、"明景泰本尔雅单注"、"宗子岱先生尔雅注残稿"、"释名疏证校本"、"明刻埤雅"、"埤仓集本附广仓稿本"、"录本惠校说文解字"、"吴宪斋先生手校说文"、"说文解字音韵表稿本"、"姚秋农说文摘录稿本"、"说文答问疏证校异"、"咫进斋钞本程柬冶说文引经考"等 500 余篇书评。(张玲)

3877

潘天祯文集 / 潘天祯著. -- 上海:上海科学技术文献出版社,2002. -- 333 页:照片;20cm. -- 7 - 5439 - 1959 - 1(国家图书馆)

本书是《芸香阁丛书》中的一册。芸香阁是中国古代官府藏书之所的别称,古人常把芸香和书籍放在一起杀蠹鱼,《芸香阁丛书》含有图书馆和古籍整理等意义。本丛书由顾延龙、赵万里、潘天祯、冀淑英等四人文集组成,作者均为当代古籍版本目录学界的宗师和泰斗。本书作者潘天祯(1919—2004),建国后先后担任南京图书馆阅览部主任、书目参考部主任、古籍部主任、副馆长、研究馆员等职。本书收录了潘天祯生前所著"胡正言家世考"、"明清之际南京的彩色套印版画集"、"汲古阁主人毛晋诸子生卒年试考"、"北宋崇文院的建院目的和藏书利用"、"《对读〈中国印刷史〉札记的商榷》之商榷"、"明代无锡会通馆印书是锡活字本"、"再谈明代无锡会通馆印书是锡活字本"、"三谈明代无锡会通馆印书是锡活字本"、"《秘本书目》收录书的归属问题"、"毛扆第五次校改《说文》说的考察"、"汲古阁本《说文解字》的刊印源流"、"汲古阁主人毛晋诸子生卒年试考"等 20 余篇文章。(张玲)

3878

中国书文化 / 屈义华,荀昌荣主编. -- 长沙:湖南大学出版社,2002. -- 436 页;21cm. -- 7 - 81053 - 543 - 9(国家图书馆)

本书从文化的角度对中国几千年来的书现象进行了深入研究。在编制体例和写作内容上,本书将图书形式、图书内容、图书收藏、图书利用、古代图书、近代图书、现代图书统一于书文化的视角下研究。全书分上、中、下三篇。上篇包括古代非纸质图书、古代纸质图书、古籍的装帧艺术及其印刷技术时期的纸质印本书、现代新型出版物等内容;下篇包括古代藏书、近代图书收藏、现代图书收藏三章内容。上、下两篇的内容融汇了丰富翔实的资料,有较强的学术性和知识性;中篇关于图书内容的介绍,有选择性地列举了从古至今重要的文献典籍,包括经史、子、集四部书,类、政、丛书等,富有趣味性。(张玲)

3879

古籍整理出版十讲 / 全国古籍整理出版规划领导小组办公室. -- 长沙:岳麓出版社,2002. -- 314 页:肖像;21cm. -- 7 - 80665 - 214 - 0(国家图书馆)

本书由全国古籍整理出版规划领导小组办公室组织编纂,古籍办邀请我国古籍研究领域的专家杨牧之、李国章、李致忠、倪其心、程毅中、熊国祯、曾贻芬、孙钦善等人撰写了对当前中国出版业改革的思考与探索、当前古籍整理出版工作的十项任务、古籍整理出版工作概述、古籍版本的识别与底本的选择、关于目录学与古籍整理、古文献与古文献学、古籍的标点与校勘、古籍的注释与今译、古籍影印出版的规范问题、古籍的选题策略和普及读物的做法、古籍编辑的基本素养等古籍整理过程中必备的知识和素养等内容。(张玲)

3880

学术文献论 / 佘广和主编. -- 西安:西安出版社,2002. -- 336 页;21 cm. -- 7 - 80594 - 806 - 2(北京师范大学图书馆)

本书结合图书情报工作实际,介绍了各种类型学术文献的特点、典藏与利用。第一章绪论,简述了文献的概念和性质、汉字的产生、古代图书的形成与发展;第二章中国古代文献,作者详细论述了中国古代文学文献,经学、史学和诸子百家文献,其他古代文献,类书与丛书等内容;第三章古代文献的整理,论述了古代文献的散失、辑佚、辨伪、古籍制度与版本等问题;第四章为现代文献,包括现代文献的类型、书刊类型划分标准、现代文献的整体特点;第五章文献目录学的形成与发展,包括目录与目录学,中国古典目录的特点及类型,书目、索引、文摘等内容;第六章论述了学术文献的典藏机构——图书馆;第七章为图书馆的文献资源建设,包括藏书概述、藏书结构与评价、藏书目录、藏书补充等章节;第八章为学术文献检索;第九章计算机检索技术;第十章参考工具书的使用。(张玲)

3881

古文献的形制和装修技法 / 童芷珍著. -- 上海:上海科学技术文献出版社,2002. -- 108 页, 4 页图版:图(部分彩图);21cm. -- 7 - 5439 - 1987 - 7(国家图书馆)

本书包括古文献修复的相关知识、古文献修复及装裱的各种技法、书籍的形制和装修方法、碑帖的形制和装修方法等内容。采用图文相辅的方法,简明扼要地介绍了以书籍为主的常用古文献修复的方法、原理和操作过程。本书力求突

出古文献形制和装修的操作性和实用性，重点讲述了有关的技术和操作事项。（张玲）

3882

知识的灯塔——图书馆、书人、书业与书 / 王岫. -- 台北：天卫文化图书公司，2002. -- 239 页：插图；23cm. -- 小鲁理论丛书. LT-05. -- 957-490-061-4（国家图书馆）

该书为有关图书馆、阅读、出版的通俗性文集。内收“图书馆猫”、“二十世纪百位杰出图书馆员”、“不可思议的图书馆建筑工程”、“美国年度图书馆奖”、“阅读的无障碍措施——大字版图书”、“世界文学史禁书大公开”、“美国图书馆员眼中的世纪好书”、“英国参考工具书出版社——欧罗巴出版公司”等80篇文章。书前有作者自序。（赵红）

3883

中国书源流：插图珍藏本 / 奚椿年著. -- 南京：江苏古籍出版社，2002. -- 245 页：图，摹真，肖像；23cm. -- 7-80643-783-5（国家图书馆）

本书是《中国版本文化丛书》中的一册，本书结合多幅插图与书影图像，对中国图书史进行介绍，阐述了从中国文字的创造到书的产生，文字的载体及书的源头，中国第一批的著作者、私人著作是如何出现的、竹木做的书、战国时的帛书、书籍最初的计量定名、孔子与经书、子书、“焚书坑儒”、“书同文”、司马迁及其伟大的《史记》、挟书律的废止和《七略》的产生、汉代经书的本子和今古文两派之争、汉代的“传注”、纬书、《熹平石经》《论衡》、汉简的发现、汉代的帛书、纸的发明、书的大批生产和毁损、“汲冢书”及其整理、“敦煌遗书”、雕版印刷术的发明、“经、史、子、集”分类法的确立、唐初的四大类书、唐代的义疏、雕版印刷术的初用、具有开创性的五代政府刻书、宋初官修的四部类书、进入全盛时期的宋代刻书事业、丛书、宋版书等内容。（张玲）

3884

中国少数民族古籍集成（汉文版） / 徐丽华主编. -- 成都：四川民族出版社，2002. -- 100 册；26cm. -- 国家民委“十五”重点文化项目. -- 7-5409-2692-9（国家图书馆）

本书是国家民委“十五”重点文化项目，新中国成立以来最大的少数民族古籍（汉文版）整理项目，也是中国第一套系统整理出版的少数民族古籍丛书。由国家有关部门领导人、有关专家学者担任特邀顾问。该项目悉心准备近10年，由国家民委全国少数民族古籍整理研究室协调领导，四川新华出版公司策划、组织编纂，四川民族出版社出版，四川新华书店集团发行。全编共收书2000余种，9000余册，5万余卷，影印分类编辑为十六开精装一百册。内容涉及中国少数民族的文化、历史、政治、经济、军事、地理、民俗、文学艺术等各个方面，是研究中国少数民族文化必不可少的大型资料丛书。该丛书以收录单册少数民族古籍为主，大型丛书中已收录的少数民族古籍和近期出版过的少数民族古籍基本不予收录。收书下限原则上截止于1949年，其中有不少是明清以来的写本、稿本、抄本和民间刻本，有些甚至是读者很难看到的孤本或库本，极为珍贵。编委会精心策划，将全书分为总类、晋至元民族王朝、汉以后北方各民族、汉以后东北各民族、汉以后西北各民族、汉以后中东南各民族、汉以后西南各民族等七大类，各大类下又分综述、分述等，既照顾到中国少数民族的历史分布状况，又充分重视了古籍文献的特点，方便读者使用。（张玲）

3885

活字本 / 徐忆农著. -- 南京：江苏古籍出版社，2002. -- 198 页：摹真；23cm. -- 7-80643-795-9（国家图书馆）

本书是《中国版本文化丛书》中的一册。本套丛书分宋书、元本、明本、清刻本、少数民族古籍版本、坊刻本、家刻本、活字本、插图本、新文学版本等多种专册来撰写，力求反映出我国版本研究的最新风貌和水平。本书结合多幅插图和书影，对中国活字本书籍进行介绍，阐述了文献记载的活字印刷术，以及活字与活字印本的传世之作。全书分上、下两编。上编包括文献记载的活字印刷术、宋元——活字印刷术的发明与传播时代、北宋沈括《梦溪笔谈》与毕昇“活版”、南宋周必大“胶泥铜版”、明朝至清朝前期——活字印刷术的发展时代、明华燧会通馆“活字铜版”、清金简《武英殿聚珍版程式》、清萃文书屋《红楼梦引言》、清朝后期至民国——东西方活字印刷术的交替时代、清李瑶泥活字等；下编包括活字与活字印本传世之作、北宋印本《佛说观无量寿佛经》、西夏文活字印本佛教书籍、元回鹘文木活字、明弘治华燧会通馆铜活字印本《宋诸臣奏议》、明弘治华理铜活字印本《渭南文集》等内容。（张玲）

3886

文献学研究 / 徐有富，徐昕著. -- 南京：江苏古籍出版社，2002. -- 367 页；21cm. -- 7-80643-704-5（国家图书馆）

本书是作者在教学与写书之余发表的有关文献学研究的论文集。本书大致分两部分，一部分介绍文献学基础知识，另一部分为文献学专题研究论文。文献学基础部分包括以文献学为基础和走进文献学两个栏目，以文献学为基础栏目中包含“程千帆先生谈治学”、“程千帆与《校雠广义》”、“程门求学记”、“谈谈写读书笔记”等论文；走进文献学栏目中包括了作者就古籍目录、古籍版本、古籍校勘、古书的辨伪、古书的辑佚、方志等问题的观点。文献学专题研究论文部分作者又划分了文献出版、文献编目、文献收集、文献评价等方面的论文30余篇。（张玲）

3887

插图本：插图珍藏本 / 薛冰著. -- 南京：江苏古籍出版社，2002. -- 204 页：图，摹真；23cm. -- 7-80643-796-7（国家图书馆）

本书是《中国版本文化丛书》中的一册。本套丛书分宋书、元本、明本、清刻本、少数民族古籍版本、坊刻本、家刻本、活字本、插图本、新文学版本等多种专册来撰写，力求反映出我国版本研究的最新风貌和水平。本书结合大量图片与书影图像介绍中国古代插图版本的书籍，阐述版画的产生和早期版刻插图、新式印刷时期的书籍插图等，并介绍了典型书籍。全书分上、下两编。上编小史，包含从帛书到纸书、版画的产生和早期版刻插图、兼容并蓄的金陵派、登峰造极的新安派、旁枝选出的杭州派、版刻插图的衰落、中西版刻插图技艺发展的比较、新式印刷时期的书籍插图等内容;下编掇英,介绍了《新定三礼图》《天竺灵签》《御制秘藏诠山水图》《重修政和经史证类备用本草》《全相平话五种》《饮膳正要》《武经总要前集》《太音大全集》《圣迹图》《新刊大字魁本全相参增奇妙注释西厢记》等古籍中的经典插图。(张玲)

3888

彝族古文献与传统医药开发国际学术研讨会论文集 / 彝族古文献与传统医药开发国际学术研讨会组委会编. -- 昆明:云南民族出版社,2002. -- 632 页,4 页图版:图(部分彩图);21cm. -- 7-5367-2395-4(北京师范大学图书馆)

彝族是中华民族大家庭中具有悠久历史和灿烂文化的一员。在漫长的历史岁月中,彝族人民用自己的文字传承着独具特色的文化。彝文古籍文献浩如烟海,彝文医药文献就是其中一朵璀璨的奇葩。本书是一本探讨彝族古文献与传统医药开发的论文集,包含彝族医药理论研究,彝族医药理论探源,彝族医药理论概述,彝族医学基础理论阐述,彝族医药古籍文献综述,现代彝族医药文献研究综述,彝医古籍《医病好药书》及其特点,古彝文医药典籍论述,彝文古籍中记载的彝族医药,中国彝族医药的源流,彝族医药学源流综述,楚雄州彝族医药研究情况综述,古代彝医动物药史略,彝医的临床用药及治疗特点,彝族方药的开发与现代化,彝族医药研发及其产业化,中国民族药的发展历程、开发现状等内容。(张玲)

3889

宋本 / 张丽娟,程有庆著. -- 南京:江苏古籍出版社,2002. --165 页:摹真;23cm. -- 7-80643-784-3(国家图书馆)

本书是《中国版本文化丛书》中的一册,分上、下两编。上编宋本概览,论述了宋代印刷事业的繁荣发展,宋代雕版印刷技术的发展及其背景,宋代活字印刷术的发明及传播,宋代的几个刻书中心地区,宋代的官府刻书与民间刻书,宋代民间的刻书,宋本的版刻特征,宋刻本的行款版式、字体刀法与纸墨装帧,宋本中的刊记、刻工与避讳,宋刻本中的重修本与递修本,宋代四部书刻管窥,宋代儒家经典的刊刻,宋本的作伪,从藏书印看宋本的流传等内容;下篇宋本撷珍,选取了一些具有代表性的宋版书做具体的介绍。包括宋刻本《后村居士集》考证,杨以增与四经四史之斋所藏“四经四史”,宋乾道刻重修本《春秋传》,宋刻《三苏先生文粹》,宋刻《中兴以来绝妙词选》,宋刻《乐府诗集》。本书结合大量插图与书影图像,对古代典籍中的宋刻本进行介绍,阐述了宋代印刷事业的繁荣、版刻特征等,并介绍了典型珍本。全书既有概览之特点,又有掇英之例说,并附图 89 幅,图文并茂。(张玲)

3890

文献学研究的回顾与展望:第二届中国文献学学术研讨会论文集 / 周彦文主编. -- 台北:台湾学生书局,2002. -- 740 页;21cm. -- 文献学丛刊. -- 957-15-1123-4(国家图书馆)

2001 年 3 月 31 日至 4 月 1 日,山东大学古籍研究所和台湾淡江大学中文系联合主办的“海峡两岸第二届中国文献学学术研讨会”在山东大学逸夫馆隆重举行,100 多人出席了会议。本书收录了参加研讨会的 41 名专家学者的 41 篇论文,内容涉及中国文献学各方面。大陆的论文作者分别来自山东大学、山东省图书馆、山东泰安师范专科学校图书馆、烟台师范学院、上海图书馆、复旦大学图书馆、南京大学、浙江大学人文学院、武汉大学图书情报学院、华中师范大学、陕西师范大学、中国社会科学院、中央文史研究馆等,台湾的论文作者分别来自淡江大学、铭传大学和东吴大学。论文研讨的内容拓宽了史料范围,揭示了前沿课题,展现了研究成果,探索了研究方法,促进了中国文献学学科的发展。(崔彤)

3891

家刻本 / 王桂平著. -- 南京:江苏古籍出版社,2002. -- 200 页:摹真;23cm. -- 7-80643-797-5(北京师范大学图书馆)

本书是《中国版本文化丛书》中的一册。本套丛书分宋书、元本、明本、清刻本、少数民族古籍版本、坊刻本、家刻本、活字本、插图本、新文学版本等多种专册来撰写,力求反映出我国版本研究的最新风貌和水平。本书结合大量的插图与书影,对中国古典典籍中的家刻本进行介绍,阐述其起源、目的、特点及地位等,并对典型版本进行了介绍。全书分上、下两编。上编包含家刻引言、家刻本的起源、家刻的中心、家刻的目的、家刻本的特点及地位、家刻的贡献、家刻先驱在五代、进一步发展的元刻本、突飞猛进的明刻本、辉煌灿烂的清刻本等内容;下篇对还宿愿刻书惠学子——家刻先驱毋昭裔、自写自刻文集第一人——和凝、“无上神品”——廖莹中刻书、董棻编刻《严陵集》、陆游刻书、朱熹刻书、黄汝嘉刻书、陆子遹刻书、黄善夫与《史记》、蔡梦弼刻书、岳珂刻书、岳浚刻《九经》、沈伯玉刻《松雪斋文集》、其他元刻、陆元大与《花间集》、用篆字刻书许宗鲁等进行了介绍。(张玲)

3892

现代文学版本学 / 王宗芳,孙伟红著. -- 珠海:珠海出版社,2002. -- 189 页;20cm. -- 火鸟文丛. -- 7-80607-872-X(国家图书馆)

许多优秀的现代文学作品是“一书多版”,而对作家及作品的评价会因版本的不同而有异。因此,现代文学著作版本的研究是必要的。此书主要是为现代文学爱好者和研究者而著。全书首先略述了版本和版本学的概念、基本知识、源流及古今版本学的发展。然后,以部分文学著作为实证,用版本学方法来论证版本学在现代文学中的作用,旨在提供现代文学阅读、研究中应掌握的版本学知识和方法。全书分为 7 章,包括版本学源流、现代文学著作与版本、文学版本工作与版本学、文学作品版本考、版本与作品内容、文学著作的外部特征及文学作品版本学与研究工具等。书前有序和前言。书后有后记。(胡秋玲)

3893

影印珍本古籍文献举要 / 姜亚沙编. -- 北京:北京图书馆出版社,2002. -- 267 页:4 页图版,摹真;21cm. -- 7-5013-1859-X(国家图书馆)

本书介绍了全国图书馆文献缩微复制中心整理、影印的古籍文献七十余种,以成书时间为序,分别介绍每种书的书名、略名、异名、卷数、撰者生平、成书年代及版本源流和内容,并配部分书影。作者长期从事古籍影印工作,积累了一些资料,此次选编的七十余种古籍中,有颇具版本和文献价值的名人手稿,重要抄校本,珍稀刻本和经整理汇编的典籍等。书中从已影印出版的上百种古籍中,精选出《纪录汇编》《宪章录》《南北史合注》等具有代表性的73种加以介绍。(韩丽)

3894

《琵琶记》版本流变研究 /(韩国)金英淑著. -- 北京:中华书局,2003. -- 252页;20cm. -- 7-101-03908-1(国家图书馆)

元末高则诚创作的《琵琶记》被尊为"南曲之首"、"传奇之祖",为中国戏曲史上伟大的杰作之一。但是,高氏的《琵琶记》原作并没有流传下来,几百年来人们所观赏的已经是经过无数文人及民间演艺人之手修改重编的不同版本。因此,对现存的《琵琶记》版本的整理和了解,具有十分重要的意义。韩国学者金英淑的《〈琵琶记〉版本流变研究》正是一本有关这一问题的全面、系统的专题论著。本书把目前见到的所有《琵琶记》版本包括在研究范围之内,并将之分成古本和通行本两个系统,分析了《琵琶记》不同版本之间的差异,为《琵琶记》的各个版本系统建立谱系关系,从而勾勒出《琵琶记》版本在明清时期的演变过程,探讨了《琵琶记》的版本流变与明清戏曲演变之间的联系。对《琵琶记》版本流变的探讨,从一个特定的角度说也是《琵琶记》接受过程的历史重建。(张玲)

3895

宋版书考录 /(清)黄丕烈,王国维等撰. -- 北京:北京图书馆出版社,2003. -- 708,14页;26cm. -- 7-5013-2097-7(国家图书馆)

宋版书以"开本铺陈,行格疏朗,字体端庄、刀法剔透,印纸晶洁,墨色清纯"等特色颇为后代所珍视。本书共收录有关宋版书的题录(跋)、通考等专门著作7种,其中黄丕烈所撰"百宋一廛书录"详细记载了宋版书的版刻、形制、刊时、刊地、卷数、行格、存佚、纸墨、字体及传承流布、后人校勘情况等,是宋版书研究的不刊之作;陈鳣所撰"经籍跋文"虽然仅19篇,但也能考辨诸书内容的异同增删、刊印的优劣得失;瞿中溶所撰"古泉山馆题跋"对明清两代翻刻宋本书的历史进行了综合考察;岛田翰所撰"古文旧书考"中的第二卷"宋椠本考",研究了宋版书的精华,为后人所称道。本书还包括袁克文所撰"寒云手写所藏宋本提要二十九种"、王国维所撰"五代两宋监本考"和曹元忠所辑"笺经室所见宋元书题跋"。(张玲)

3896

汉籍善本考 /(日)岛田翰撰. -- 北京:北京图书馆出版社,2003. -- 740页;摹真;27cm. -- 7-5013-2074-8(国家图书馆)

本书为考察中国传统典籍经、史、子、集各部丛书的源流、钞印刊刻及传布流播状况的版本目录之作,对日藏汉籍之旧抄本、旧刊本、元明清及韩刊本均有精细考证、校核。全书分四卷,分别考证旧抄本、宋椠本、旧刊本、元明清及韩刊本。如旧抄本考包括小引、旧钞本考序、书册装潢考、周易正义十四卷、礼记子本疏义卷第五十九、春秋经传集解三十卷、论语集解十卷、论语义十卷、臣轨二卷等内容;宋椠本包括宋椠本考宋词本考序、雕版渊源考、尚书正义二十卷、毛诗正义三十三卷、吕氏家塾讲诗记三十二卷、春秋经传集解二卷、春秋经传集解三十卷等内容。卷末附周弘足《古今书刻》卷上。本书是研究日藏汉籍及传统典籍的必备工具书。(张玲)

3897

文选诸本之研究 /(日)斯波六郎著;黄锦鋐,陈淑女译. -- 台北:法严出版社,2003. -- 388页;21cm. -- 法严国学丛书. -- 957-97529-7-4(国家图书馆)

斯波六郎博士以研究《昭明文选》为终生事业,本书是他的研究成果之一。他收集现存各地的《文选》版本,经长时期的校勘,把历代版本的特点细加考察,判别其各自系统的渊源,并评论其优劣。本书研究所及涵盖李善单注本和六臣注本两大系统的历代刻本,以及唐钞残本、敦煌写本等30多种。黄锦鋐教授早年赴日本研究,得见斯波先生的著作,深为其治学精神所感动,返台后与陈淑女教授合作翻译本书,以向国人介绍。(崔彤)

3898

资讯计量学与文献特性 / 蔡明月著. -- 台北:"国立编译馆",2003. -- 16,504页;21cm. -- 957-01-3490-9(国家图书馆)

本书共12章。第一章书目计量学、科学计量学与资讯计量学,第二章学术传播与书目计量学,第三章文献成长现象,第四章文献老化及其研究,第五章布莱德福定律,第六章洛卡定律与作者生产力,第七章齐夫定律,第八章引用文献分析与引用动机研究,第九章书目对与共被引,第十章引用文献内容分析,第十一章科学引用文献索引、期刊引用报告及期刊评估准则,第十二章资讯计量学与网路计量学。上述12章内容大致可分四大部分:资讯计量学的综合论述、文献的成长与老化、书目计量学三大定律及引用文献分析。除了理论的阐述之外,各章几乎都包含了作者历年来所从事的相关的实证研究。(崔彤)

3899

陈平原序跋 / 陈平原著. -- 南京:东南大学出版社,2003. --142页,1页图版:图(部分彩图),肖像;18cm. -- 7-81089-153-7(国家图书馆)

本书收录了北京大学陈平原教授所写的杂谈书话——《书里书外》代序、《书里书外》后记、读书人语——《大书小书》代序、《大书小书》后记、《在东西方文化碰撞中》自序、《中国小说叙事模式的转变》自序、《学者的人间情怀》自序、《书生意气》小引、《书生意气》后记、《阅读日本》后记、《漫卷诗书——陈平原书话》自序、《游心与游目》小引 、漫说"漫说文化"——陈平原等《漫说文化》代序 、十年一觉——陈平原等《漫说文化》前言、《老北大的故事》小引 、《北大精神及其他》后记、《掬水集》序、《茱萸集》小引 、《中国小说叙事模式的转变》韩文译本序、《二十世纪中国小说史》第一卷卷后语、我与武侠小说——《千古文人侠客梦》代序、《千古文人侠客梦》后记、《小说史:理论与实践》小引、《小说史:理论与实践》后记、《陈平原小说史论集》题记、四十而惑——《陈平原自选集》代自序、《中国现代学术之建立》后记、《文学史的形成与建构》小引、《中国大学十讲》自序等文章。(张玲)

3900

打开金匮石室之门:古籍善本 / 陈先行著. -- 上海:上海文艺出版社,2003. -- 283 页:图(部分彩图),摹真; 22cm. -- 7 - 5321 - 2500 - 9(国家图书馆)

本书为《走进珍宝世界丛书》之一。全书为读者打开了探访古书宝库的大门,作者集 30 余年善本研究的丰富经验和研究心得,精选最具经典性,代表各个历史时期、各个门类的国宝级善本 100 种,以个案解析的方式,通过鞭辟入里、丝丝入扣的解剖分析,回答了人们在收藏实践中所渴望知晓的一些东西,如古书的价值如何确定,真伪如何鉴别,艺术美感如何欣赏把握等。同时,书中荟萃了 270 余幅珍贵罕见、细腻直观的原书原拍照片,以及大量有趣闻轶事,图文相得益彰,叙述引人入胜,装帧版面典雅有致,是收藏爱好者、文献研究者的首选书籍。(张玲)

3901

陈子善序跋 / 陈子善著. -- 南京:东南大学出版社,2003. --140 页,1 页图版:图(部分彩图),肖像;18cm. -- 书人文丛 · 序跋小系. -- 7 - 81089 - 153 - 7(国家图书馆)

本书是作者这些年来为自己著作和为他人编订集子所作序跋的选集,包括《遗落的明珠》跋、《中国现代文学侧影》自序、《捞针集——陈子善书话》自序、《文人事》跋、《生命的记忆》跋、《海上书声》序、《郁达夫忆鲁迅》编后记、《卖文买书——郁达夫和书》编后缀言、《回忆郁达夫》编辑说明、《知堂杂诗钞》编后记、《如梦记》编后琐语、《梁实秋文学回忆录》编后琐语、《雅舍小说和诗》编后记、《雅舍小品补遗》编后记、《台静农散文选》编后记、《我与老舍与酒》编后记、写在《上海的狐步舞》前面、《摩登上海》序、图典本《流言》编后记、写在《张看》前面、《作别张爱玲》编后记、《林以亮佚文集》编后记、《西游散墨》编选说明、《剑河倒影》编后记、《董桥书房美文》编后记、《没有童谣的年代》编后小语、《无眠在世纪末》编后琐记等文章。通过阅读本书,可大致窥见作者的研究经过及其心路历程,也多少表示了"个人的私意我见",并附有作者各个时期的照片数十幅。(张玲)

3902

中国科技典籍研究;第二届中国科技典籍国际会议论文集 / 戴吾三,维快主编. -- 郑州:大象出版社,2003. -- 156 页:图,摹真;26cm. -- 7 - 5347 - 3056 - 2(国家图书馆)

本书是在第二届中国科技典籍国际会议(ISACBRST)上所提交的论文的总集。本书收录的相关论文有:"关于《算经十书》的校勘"、"《四元玉鉴》版本研究"、"对《铜陵算法》之研究"、"《新仪象法要》版本研究"、"《考工记》的篇章结构分析"、"《考工记》里的角度体系"、"《铜壶漏箭制度》研究"、"中国炼丹术从外丹到内丹的转移"、"《王帧农书》中的'曾氏农书'试探"、"《大冶赋》浸铜章句诠释与述评"、"从《大冶赋》看宋代矿冶铸钱管理体制"、"从唐代诗歌辞赋看唐代花卉栽培成就"、"《管子》的生命科学假说'水土说'"、"《列子》三则寓言体现的古代技术观念用《周书》记录推定武王成王在位年代"、"《石氏星官薄赞》研究"、"《奇器图说》和《欧洲天文学》中的欧洲农业机械"、"明末清初西方地圆说在中国的传播与反响"等。(张玲)

3903

书林揽胜:台湾与美国存藏中国典籍文献概况——吴文津先生讲座演讲录 / 淡江大学中国文学系主编. --台北:台湾学生书局,2003. -- 150 页;21cm. -- 文献学丛刊. -- 957 - 15 - 1177 - 3(国家图书馆)

吴文津教授莅临淡江大学出席文献学学术研讨会并做专题报告,研讨会由该校中文系和觉生图书馆联合举办。研讨会不仅邀请吴文津教授,还邀请了吴哲夫、卢锦堂、吴政上 3 位专家学者作学术报告,4 位学者共作了六场专题报告。本书将六场学术报告形成的 6 篇专题论文结集成册并命名为《书林揽胜:台湾与美国存藏中国典籍文献概况——吴文津讲座讲演录》,其中吴文津三篇:《美国东亚图书馆搜藏中国典籍之缘起与现况》《哈佛燕京图书馆简史及其中国典籍收藏概况》《当代中国研究在美国的资料问题》;吴哲夫一篇:《故宫博物院所藏典籍文献》;卢锦堂一篇:《历劫不磨话国家图书馆珍藏古籍文献》;吴政上一篇:《傅斯年图书馆所藏典籍文献》。(崔彤)

3904

文选版本论稿 / 范志新著. -- 南昌:江西人民出版社,2003. -- 272 页,8 页图版:摹真;21cm. -- 苏州大学 211 工程基金资助项目. -- 7 - 210 - 02811 - 0(国家图书馆)

本书深入浅出地对文选版本论稿进行了研究。全书分上、下两篇。上篇"版刻篇",包括广都裴氏原刊本及重刻本、赣州本与明州本、赣州本与宋建本、李善注《文选》尤刻本传承考辨、茶陵本、汲古阁毛本散论、《文选补遗》跋、《文选》伪本漫谈、《文选》版本之最等内容;下篇"写本篇",包括俄藏敦煌写本、敦煌写本《运命论》与《辨亡论》的抄写及其他、构建文选学基础工程的遗憾——略评《敦煌吐鲁番本文选》、关于《文选集注》编纂流传若干问题的思考等内容。文前附北宋国子监本李善注文选、宋广都裴宅六家文选等影印图 14 幅。(张玲)

3905

日本禁书百影 / 顾静编著. -- 上海:上海书店出版社,2003. -- 89 页:彩图, 摹真;24cm. -- 7 - 80678 - 060 - 2(国家图书馆)

如何既保证公民的言论自由、出版自由,又有效地遏制影响社会治安的不良出版物,是现代社会必须解决的问题。这本《日本禁书百影》无论是对专家学者还是普通读者都能提供一些研究和思考的资料。本书模仿《书衣百影》的做法,对日本近现代出版史上的禁书进行介绍,对《讽歌新闻》《五人歼苦魔物语》《开卷一笑 · 巫山梦》《顿知协会杂志》《文艺俱乐部》《二人画工》《狂云集》《一休和尚全集》《大日本里面史》《淫神祠邪神》《新生》《全译金瓶梅》《露西亚大革命史》《艺术市场》等 88 部书籍的国别、版本、作者、主要内容进行阐述。这些书或因情色描写被禁,或因政治原因被禁,大多是迄今已经绝迹的珍贵版本。每一个书影后配有短小优美的说明文字,使读者在了解日本禁书的历史之余,还能欣赏具有东瀛风格的书衣之美,颇具版本价值和装帧艺术特色。(张玲)

3906

汉语古籍校勘学 / 管锡华著. -- 成都:巴蜀书社,2003. -- 644 页;21cm. -- 7 - 80659 - 475 - 2(国家图书馆)

本书是《四川师范大学文学院学术丛书》,分上、下两篇。上篇从通论的角度论述汉语古籍校勘的历史、古书讹误的一般情况、校勘的先导工作、校勘的方法、古书讹误的一般情况、校勘的方法、校勘应注意的几个问题、校勘记的写法、校勘前体例的拟订和校勘后说明的撰写、在校勘底稿上的工作、目录知识在校勘中的运用、版本知识在校勘中的运用等问题;下篇专论,对《全唐诗》《全宋词》《三余札记》的校勘进行阐述,兼谈了乾隆四库与文献学思想、七十年代末以来内地校勘学研究、网络古籍资源及其检索与利用、网络古籍目录资源及其检索与利用等问题。(张玲)

3907

台湾学术研究能量之总体表现(1995—2001) / 荷兰莱登大学科学技术研究中心,台湾"行政院"科学委员会科学技术资料中心著. -- 台北:台湾"行政院"科学委员会科学技术资料中心,2003. -- 185 页;30cm. -- STIC - RPR - 092 - 02. -- 957 - 619 - 084 - 3(国家图书馆)

本研究目的是以文献计量分析方法,探讨台湾学术研究的能量表现,了解台湾研究能量的分布与发展趋势,以国际标准化量化指标的分析,了解台湾各研究领域的发展优弱,并分析台湾产业发展相关基础研究的表现。在研究过程中为求严谨,特别与在国际上具公信力的研究单位协同合作;在结果的诠释上为求与台湾学术发展现况呼应,更以学门咨询会的方式,对每一数据详加审视,以避免过分强调其量化结果,而忽略了研究活动的质化观点。从所呈现的数字中,从事此研究者发现许多有趣之处,但在未结合其他资料、数据,以及经过专家学者充分讨论之前,本书仅呈现客观的量化成果供其他研究者参考。本研究主要分两部分:(一)绪论,包括研究缘起、研究流程、研究内容和研究方法;(二)研究成果,包括论文产出"量"的探讨,论文产出"质"的分析和综合探讨。书末附结语、参考文献和附表。(崔彤)

3908

格致书话 / 胡维革著. -- 长春:吉林人民出版社,2003. -- 333 页, 1 页图版:图, 摹真;23cm. -- 7 - 206 - 04198 - 1(北京师范大学图书馆)

本书分书序篇、书评篇和书谭篇三部分,共计 40 篇文章,包括"四库中的四库 精华中的精华——《四库全书荟要》序"、"以深入浅出之笔 绘文化万象之图——《中国传统文化荟要》序"、"斯人多非议 此书更难评——《曾文正公全集》重版序"、"选传世之文 做传世之书——从'文选'说到《中华传世文选》"、"南戏悠扬婉转 评注优雅畅达——从'南戏'说到《六十种曲评注》"、"一代宗师 一部巨作——梁启超与《饮冰室合集》漫说"、"以图证史 以史为鉴——《以史为鉴——日本制造伪满洲国图证》简介"等。(张玲)

3909

古文献学四讲 / 黄永年著. -- 厦门:鹭江出版社,2003. -- 329 页, 2 页图版:图, 摹真;21cm. -- 7 - 80671 - 064 - 7(国家图书馆)

本书是鹭江出版社《名师讲义丛书》中的一种。顾名思义,都是用以教授过学生的讲义,涉及目录学、版本学、碑刻学与文史工具书四方面。"目录学"部分,选书比《书目答问》更精,分类更切合现代学术需要,叙述更注重学术发展的系统性,因此在很大范围内完全可以取代《书目答问》,作为研治古代文史的最基本入门书目。"版本学"部分是版本学最好的入门读物,包括版本鉴别与版本史、"版本目录"这两大部分内容。前者讲版刻特点及其变迁,后者讲某一种古籍曾有过哪些版本以及这些版本之间的相互关系。"碑刻学"部分设"绪论"、"分类"、"拓本"、"史料"、"书法"5 个专题进行讲述。文史工具书简介部分介绍了查找古代文字的《说文解字义证》、查找古代俗语的使用情况的《通俗编》和《恒言录》等。本书书后附收了他撰写的 3 篇文章:《述〈注坡词〉》和《读唐刘濬墓志》,分别为研究版本和碑刻的实例;《我和唐史以及齐周隋史》则是其治学经历的简要叙述。(张玲)

3910

吉林大学古籍研究所建所二十周年纪念文集 / 吉林大学古籍研究所编. -- 长春:吉林文史出版社,2003. -- 464 页;21cm. -- 7 - 80626 - 970 - 3(吉林大学图书馆)

本书是吉林大学古籍研究所建所二十周年纪念文集,书中收录了"桥形布三品献疑"、"吴王光剑铭与中古古代的武德"、"《上海博物馆藏战国楚竹书(一)·孔子论诗》三诂"、"《上海博物馆藏战国楚竹书(二)》释读一则"、"古文献新证研究一例——《缁衣》首章"、"从直接氏族形式走向间接氏族形式——合葬与单人葬及二次葬问题分析"、"西汉宗室管理问题述略"、"汉代国有粮仓建置考略"、"两汉皇帝即位礼仪研究"、"试论诸葛亮八阵图及其特点"、"北魏末年的大都督"、"汉代太学生考述"、"浅说集句"、"再论书法研究与学科建设"、"古代书画文献的目录学源流及特点"、"期刊创刊号及其识别与收藏"等 40 余篇论文。(张玲)

3911

姜德明序跋 / 姜德明著. -- 南京:东南大学出版社,2003. -- 141 页, 1 页图版:图, 肖像, 摹真;18cm. --书人文丛 · 序跋小系. -- 7 - 81089 - 153 - 7(国家图书馆)

本书包括"《南亚风情》后记"、"《书叶集》后记"、"我们不应该感到寂寞——《书叶集》再版后记"、"《书边草》后记"、"《清泉集》后记"、"《雨声集》后记"、"《书梦录》后记"、"《绿窗集》后记"、"《寻找樱花》后记"、"《书味集》后记"、"《活的鲁迅》后记"、"《相思一片》后记"、"《燕城杂记》跋"、"《余时书话》小引"、"我的藏书——《梦书怀人录》代序"、"《书摊梦寻》小引"、"《流水集》小引"、"《文林枝叶》自序"、"《姜德明书话》选编后记"、"《与巴金闲谈》后记"、"《不寂寞集》后记"、"《书坊归来》小引"、"《文苑漫拾》后记"、"《闲人闲文》自序"、"《守望冷摊》小引"、"《猎书偶记》前记"、

"《人海杂记》后记"、"偶然的发现——《见闻杂记》编后记"、"《十年一梦》编后记"、"《能不忆江南》编者前言"、"《中国散文精品·现代卷》序"、"《北京乎》编者的话"、"《书香集》序"、"古董摊前凑热闹——《古董因缘》序"、"《现代书话丛书》总序"、"中国现代书籍装帧——《书衣百影》序"、"《书衣百影续编》小引"、"追寻现代插图艺术——《插图拾翠》前言"等文章。(张玲)

3912

古籍整理讲义 / 来新夏著. -- 厦门:鹭江出版社, 2003. -- 356 页, 2 页图版;彩图, 摹真;21cm. -- 7-80671-225-9(国家图书馆)

中国拥有大量的古籍,它们负载着清代以前几千年历史和文化积累,保存着无数可供征考的文献资料,是中国历史和文化的重要信息源。某些有经验、有造诣的学者可能已在长期实践中摸索出自己的一套整理古籍的基本技能,但对初学者则往往会有一段茫然无所措手足的摸索过程。了解一些前人曾使用过的基本技能知识对缩短摸索过程是有利的。前人整理古籍的基本技能是多方面的,这里只择要论其数端。分类、目录、版本、句读、工具书、校勘、考证、传注等都是整理古籍的基本技能。它们虽不能置于学术极致的地位上,但应熟练掌握,善于运用。该书包括了 15 篇讲义,即论分类、论目录、论版本、论句读、论工具、论校勘、论考据、论传注、论"十三经"、论"二十四史"、论诸子百家、论总集与别集、论类书与丛书、论地方志、论佛藏与道藏等。(韩丽)

3913

中国上古图书源流 / 刘国进著. -- 北京:新华出版社, 2003. -- 493 页;21cm. -- 7-5011-5454-6(国家图书馆)

本书着重探索了我国古代图书事业的源流,定位于东汉造纸术发明前的我国图书事业,对图书起源问题进行了深入探讨,涉及甲骨文献、玉石文书、青铜文献、简牍书,并寻根问源,对文字的产生也作了一些相关研究。同时将上古图书事业置于社会历史大背景中,探讨了政治、经济、文化、技术各个方面的兴衰变迁给图书事业造成的影响,涉及载体演变、编辑人事、图书整理、文治书禁等,也对上古重要图书作了介绍评析。本书引用文献资料详实充分,并大量采用考古实物进行佐证,将思想性、知识性、学术性结合起来,有较高的参考价值。(张玲)

3914

亚欧小型开放经济体学术能量之比较研究 / 刘建君,蔡旻桦,罗于陵作. -- 台北:台湾"行政院"科学委员会科学技术资料中心,2003. -- 40 页:图表; 30cm. --STIC-RPR-092-09(中英文对照). -- 957-619-094-0(国家图书馆)

本研究旨在借由对学术文献出版与引用的分析,评估欧亚小型开放经济体的科学研究能量,研究对象包含欧洲小型已开发国家如丹麦、芬兰、爱尔兰、荷兰、挪威、瑞典,以及新加坡、南韩、台湾等亚洲新兴工业化国家和地区。研究方法即使用文献计量分析,评估 1995 年至 2001 年间,各国家或地区研究活动的产出与其影响力。研究内容为分析 43 个科学领域学术论文产出量与文献被引用影响力,利用文献产出相关指标进行量化分析,并使用文献引用相关指标进行质化分析。本研究还讨论各国家或地区文献计量分析结果的异同之处,以及欧洲已开发国家与亚洲新兴工业化国家或地区学术发展模式的对比。本研究共分 4 部分:(1)研究概述;(2)研究方法,包括资料来源、分类系统,文献计量指标;(3)结果分析,包括科学论文产出分析和科学影响力分析;(4)结论与研究应用。书末附参考文献和附录。该书英文书名为:Bibliometric Analysis of Scientific Intensity:a Comparative Study of Small and Open Economies。(崔彤)

3915

古籍整理学 / 刘琳,吴洪泽著. -- 成都:四川大学出版社, 2003. -- 368 页:图;21cm. -- 7-5614-2631-3(北京师范大学图书馆)

刘琳先生是四川大学的一位资深古籍整理学者,长期以来,主要从事古籍整理工作和魏晋南北朝文化研究,尤其在古籍整理方面堪称成就卓著,有《华阳国志校注》面世,是国家古籍整理大型项目《全宋文》两主编之一,参加了《中华大典·文化典·辽宋金元典》《三苏全书》的编撰以及《宋会要辑稿》的整理工作等,有丰富的古籍整理经历和经验以及深厚的文化素养。刘先生的《古籍整理学》得以成书事实上也正是这些经验积累的必然结果和长期心血的结晶。本书对古籍整理学的理论进行了精要的阐述,全书包括古籍整理学的理论、古籍整理学的相关学科、古籍校勘、古籍标点、古籍注释、古籍今译、古籍辑佚、古籍抄纂、古籍整理手段的现代化等九部分内容。本书第一次提出了"古籍整理学"这一概念,明确地划分了古文献学内部的学科体系,详论了古籍整理的各种方式,并专辟《古籍整理手段之现代化》一章。本书既可供古文献学研究者参考,也可作为大学古文献学专业的教材。(张玲)

3916

徽州刻书与藏书 / 刘尚恒著. -- 扬州:广陵书社,2003. -- 376 页;21cm. -- 7-80694-026-X(国家图书馆)

本书以徽州特定的地理生态环境和社会人文环境为背景,从宋代徽州刻书的起源谈起,阐述了其刻书、藏书的形成、发展及其特点。本书是从书目做起。首先挑选代表性的点点书目,一一摘出有关徽州人著述和徽州刻本,做成卡片,然后利用馆藏尽可能多地去察看原书,津图未入藏的,尽可能地利用他馆馆藏,再查题跋记和带提要的解题书目,从而使自己获得较多的单个徽州刻本的感性认识,在此基础上,再综合、归纳、系统化、拟出章节,草成书稿。这虽然是个笨方法,但也只有这样才能获得较坚实的写作基础。本书在写作过程中,力求做到史论结合,以书目和藏书史实考订为基础,然后,再论述其带有普遍性、规律性的一些问题,既避免史料堆砌,也避免立论无据的空泛。(张玲)

3917

中国序跋鉴赏辞典 / 楼沪光,孙琇主编. -- 石家庄:河北教育出版社,2003. -- 1560 页:图; 21cm. -- 7-5434-4962-5(国家图书馆)

本辞典收录了横跨全国、纵览几千年、涉及各个门类的序跋选集，是中国文化发展的一个缩影，同时又是浩瀚书海的一个索引。本辞典的时间跨度从先秦开始，一直选到2000年止，以历史先后次序编排。古代编从先秦到1918年，相当于我国古代、近代历史时期；现代编从1919年五四运动始，到1949年新中国建立，相当于新民主主义革命时期；当代编从1950年到2000年，相当于社会主义革命和建设时期。其次按作者的生活年代、序跋写作或发表的年代，分列在各个时期之中，有的作家横跨两个历史时期的，则分列在两个时期内。同一历史时期、同一作者的序跋，按序跋的写作和发表年月先后安排在一组之内，作家的安排次序以第一篇序跋写作或发表时间为序。本辞典既有文学、艺术方面的，也有历史、哲学、经济、教育等社会科学方面的，还有农业、地理、医学、园林等自然科学领域的，每类之下还包括一些小类，如书法、美术、音乐、服饰等的序跋也有收录。本书还在附录中收录我国序跋集的书目汇编和有关序跋写作论文的目录索引。（张玲）

3918

古典文献研究（总第六辑） / 南京大学古典文献研究所编. -- 南京：江苏古籍出版社，2003. -- 439页；20cm. -- 7－80643－903－X（国家图书馆）

本书为卞孝萱先生八十寿辰纪念专号。所收文章总计31篇，分别是关于经籍及经学研究，针对古代典籍的研究、史部文献研究、有关中国古代文学研究等。（王旭东）

3919

盋山书影 / 南京国学图书馆编. -- 北京：北京图书馆出版社，2003. -- 622页：摹真；27cm. -- 影印本. -- 7－5013－2102－7（国家图书馆）

《珍稀古籍书影丛刊》之二，收书影125种。盋山图书馆所藏善本出钱唐丁氏“八千卷楼”，以丰富而精善的珍秘宋、元刊本著称。民国十七年（1928），盋山图书馆精心择取馆藏善本书页汇编成《盋山书影》，石印出版。全书以四部分类排列，分两辑。第一辑为宋本，收书影34种；第二辑元本，收书影91种。每种书择取一至五页不等，均附有馆长柳诒徵撰写的识语，详尽介绍原书的编纂、版刻、流传及页数、版式、行款等。（张玲）

3920

古籍编辑工作漫谈 / 全国古籍整理出版规划领导小组办公室编. -- 济南：齐鲁书社，2003. -- 228页：图，肖像；21cm. --7－5333－1196－5（国家图书馆）

为了进一步贯彻落实中共中央《关于整理我国古籍的指示》，本着培养古籍整理出版人才的目的，全国古籍整理出版规划领导小组办公室于2001年10月和2002年10月连续举办两届全国古籍社编辑培训班，聘请全国各地古籍整理出版方面的专家授课。第一期培训班结束后，全国古籍整理出版规划领导小组办公室将十位专家的讲稿加以收集和整理，编成《古籍整理出版十讲》一书；第二期培训班结束后，又将九位专家的讲稿加以整理和修订，编成此书。本书收录文章有：“谈谈古籍影印的市场定位及相关问题”、“中国古代通俗小说的整理和出版”、“做好普及读物的出版——以文学典籍为中心”、“出土文献（以简帛书为主）的编辑”、“古籍的市场营销”、“古代史书的整理与审读”，“古籍和电子文化”、“略谈近代文献的整理和编辑工作”、“‘古籍整理图书’应该如何区分类别”等。（张玲）

3921

功在千秋的事业：新中国古籍整理出版成就 / 全国古籍整理出版规划领导小组办公室编. -- 北京：中华书局，2003. -- 111页：图（部分彩图），肖像，摹真；29cm. -- 7－101－04079－9（国家图书馆）

新中国的古籍整理出版事业走过了50多年曲折而又辉煌的历程，取得了前所未有的辉煌成就，2003年9月15日在国家图书馆举办的“新中国古籍整理出版成就展”，就是为了展示成绩，总结经验，面向未来再创辉煌。为了配合此次展览，编辑了本书，以便让更多的同志了解古籍整理出版事业。本书是一本纪年画册，全书以图文结合的方式回顾了新中国古籍整理出版成就。全书包含“亲切的关怀”、“辉煌的历程”、“丰硕的成果”三部分，还包含杨牧之先生所写的“新中国古籍整理出版工作回顾与展望”一文。（张玲）

3922

施蛰存序跋 / 施蛰存著. -- 南京：东南大学出版社，2003. --136页，1页图版：图（部分彩图），肖像，摹真；18cm. -- 7－81089－153－7（国家图书馆）

本书是施蛰存先生自己历年的自著序跋及为他人写的序跋的汇编集。施先生七十余年发表了许多优秀的作品，从序跋集中展示了作品的文品和思想心迹。本书包括《现代》创刊宣言、重印全份《现代》引言、《中学生文艺月刊》创刊的话、《文艺风景》创刊之告白、《文饭小品》发行人言、《现代诗风》创刊号卷首语——《文饭小品》废刊及其他、《活时代》发刊辞、《词学》第一辑编辑后记、《江干集》卷首语、《娟子姑娘》序、《上元灯》自序、《将军底头》自序、《梅雨之夕》自跋、《善女人行品》序、《小珍集》编后记、《灯下集》序、《待旦录》序、《中国现代作家选集·施蛰存》序、《文艺百话》序引、英译本《梅雨之夕》序言、《沙上的脚迹》序引、《西游补》题记、《晚明二十家小品》序、《金瓶梅词话》跋、《北山楼诗》自序、《燕子龛诗》引言、北山楼增辑《燕子龛诗》跋、《唐诗百话》序引、《词学名词释义》引言、《花间新集》总序、《词籍序跋萃编》序引、《宋元词话》序引等。（张玲）

3923

古籍整理教程 / 时永乐著. -- 保定：河北大学出版社，2003. -- 350页：图，摹真；21cm. -- 7－81028－384－7（国家图书馆）

本书共7章。第一章古籍概说，简要介绍了古籍与古籍整理、古书的体例、我国历史上古籍的散亡、古籍整理的意义等问题；第二章古籍版本，详细论述了版本与善本、古籍版本的类型、鉴定及鉴定应注意的问题；第三章校勘，详细论述了校对、校勘和校雠，古籍校勘的必要性、方法，校书的条件和态度，校记的写法等问题；第四章古书的标点，包括古书的句读，标点古书的要求和态度，标点符号在古书中的用法，古书断句、标点致误的原因等内容；第五章古籍的注释，包括古籍旧注的类型、常用的术语,古籍注释的内容,古籍新注的体式,古籍注释的方法及存在的问题等内容;第六章辨伪与辑佚;第七章古籍整理的其他工作,包括撰写序跋、编辑附录、编制索引等内容。(张玲)

3924

舒芜序跋 / 舒芜著. -- 南京:东南大学出版社,2003. -- 141 页,1 页图版:图(部分彩图),肖像,摹真;18cm. -- 书人文丛·序跋小系. -- 7-81089-153-7(北京师范大学图书馆)

本书是舒芜先生自己将有关自著及编辑他人作品时写的序跋汇编成集。从中可见作者读书的兴趣和写作道路上的履痕,以及对散文、书话的认识。全书包括《挂剑集》题记、《说梦录》自序、《挂剑新集》自序、《空白》题记、《书与现实》题记、《从秋水蒹葭到春蚕蜡炬》题记、《毋忘草》题记、《周作人概观》题记、《周作人的是非功过》前记、《舒芜小品》题记、《舒芜文学评论选》自序、《串味读书》后记、《舒芜杂文自选集》自序、《未免有情》题记、《周作人的是非功过》增订本前记、《舒芜口述自传》前记、谈《舒芜集》《李白诗选》前言、《康有为诗文选》前言、《中国近代文论选》前言、《论文偶记》《初月楼古文绪论》《春觉斋论文》校点后记、《饮冰室诗话》校点后记、《中国中古文学史》《论文杂记》校点后记等。(张玲)

3925

闽蜀浙粤刻书丛考 / 王国维等撰. -- 北京:北京图书馆出版社,2003. -- 418 页:摹真;26cm. -- 7-5013-2089-6(国家图书馆)

本书共收录清末民国时期著名学者撰写的有关福建、四川、浙江、广东等地宋元以来刻书史的专门著作 4 种,计有王国维编撰《两浙古刊本考》、黄慈博编撰《广东宋元明经籍刊本记略》、佚名编辑《福建版本志》及佚名编撰的抄本《宋本考:蜀刻纪略》。全面记载和考察了我国古代地方主要刻书重地——闽蜀浙粤刻书源流、规模、发展历史,归纳总结了各地刻本的刊刻墨印特点及传承流布情况等,是研究我国地方刻书史及文化史的必要参考文献,也是鉴定和收藏古籍版本的重要依据。其中佚名编辑《福建版本志》(八卷)是文化大师、著名藏书家郑振铎所藏。(张玲)

3926

王稼句序跋 / 王稼句著. -- 南京:东南大学出版社,2003. --141 页,1 页图版:图(部分彩图),肖像,摹真;18cm. -- 书人文丛·序跋小系. -- 7-81089-153-7(北京师范大学图书馆)

本书是王稼句先生将自己有关自著及编辑他人作品时写的序跋汇编成集。从中可见作者读书的兴趣和写作道路上的履痕,以及对散文、书话的认识。全书包括《笔桨集》题记、《笔桨集》后记、《枕书集》题记、《枕书集》后记、《补读集》自序、《补读集》后记、《砚尘集》题记、《砚尘集》后记之一、《砚尘集》后记之二、《谈书小笺》题记、《谈书小笺》后记、"煎药"漫说——《煎药小品》代序、《煎药小品》后记、《栎下居书话》自序、《栎下居书话》后记、《苏州山水》小引、《苏州山水》后记、《苏州旧梦》引言、《苏州旧梦》后记、《秋水夜读》自序、《秋水夜读》后记、《江南名镇》后记、《紫兰忆语》编后记、《吴门柳》编后琐语、《典藏插图本浮生六记》编后记、《姑苏斜阳》前记、《无锡纪行》编后记、《昆明梦忆》前记、《桂林风烟》前记、《中国现代名家读画美文》编后记、《古保圣寺》前记、《古保圣寺》后记、《三百六十行图集》前记、《三百六十行图集》后记等内容。(张玲)

3927

宋人文集编刻流传丛考 / 王岚著. -- 南京:江苏古籍出版社,2003. -- 324 页:图;21cm. -- 7-80643-802-5(国家图书馆)

本书是《中国典籍与文化研究丛书》中的一册,是作者整理《全宋诗》过程中花十数年心血寸积铢累的结晶。全书对宋代作家徐铉、柳开、林逋、穆修、范仲淹、尹洙、梅尧臣、石介、欧阳修、苏舜钦、李觏、苏洵、文同、司马光、王安石、三沈(遘、括、辽)、三孔(文仲、武仲、平仲)、苏辙、黄庭坚、秦观、陈师道、晁补之、唐庚、苏过、周紫芝、戴复古等 28 家宋人文集(涉及 32 人)版本进行深入细致的研究,集中查考各家文集在历代的编刻流传情况,是近年来版本学研究方面鲜见而突出的科研成果。(张玲)

3928

中日"书籍之路"研究 / 王勇等著. -- 北京:北京图书馆出版社,2003. -- 308 页;21cm. -- 7-5013-2161-2(国家图书馆)

中日两国的文化交流,不仅历史悠久,而且形式独特。从历史看,可以上溯到秦汉之交,至少已有两千余年;就形式而言,人员往来受大海阻碍,书籍成为接受文化的主要载体。近年,浙江大学日本文化研究所的王勇教授提出"书籍之路"概念,意欲突破"丝绸之路"的传统思路,构建东亚文化交流的新模式。本书就是迄今为止上述研究的一个总结。本书为研究文集,分序论、汉籍东传、佚书回归、书籍环流 4 个部分。"序论"为王勇教授所写"丝绸之路"与"书籍之路"——试论东亚文化交流的独特模式一文;"汉籍东传"部分收录汉籍东渐的传说与史实、日中"书籍之路"与《玉烛宝典》《古今图书集成》及其东传日本等文章;"佚书回归"包括佚存日本的唐人诗集《杂抄》考释、吴越国海外求书缘起考、《五行大义》的东传与西归、清代赴日考察官绅日本访书活动初探等论文;"书籍环流"部分包括近代日人中国访书记,"和刻本"与"华刻本",利玛窦世界地图在日本,中国现代新儒学与日本等论文。(张玲)

3929

批校本 / 韦力著. -- 南京:江苏古籍出版社,2003. --225 页:摹真;23cm. -- 7-80643-792-4(国家图书馆)

本书是《中国版本文化丛书》中的一册。本套丛书分宋书、元本、明本、清刻本、少数民族古籍版本、坊刻本、家刻本、活字本、插图本、新文学版本等多种专册来撰写,力求反映出我国版本研究的最新风貌和水平。全书分上、下两编。上编批校本总论,论述了批校本概念及其起源、校书的重要性、校本的方法、乾嘉学派对校雠学的贡献、批校本的种类、批校本的价值、如何鉴定批校本、批校本之作伪及其方式等内容;下编著名批校家及其批校本,诸如钱谦益、毛晋、祁彪佳、傅山、朱彝尊、陆陇其、何焯、惠栋、沈大成、王鸣盛、纪昀、鲍廷博、钱大昕、彭元瑞、翁方纲、吴骞、桂馥、张燮等人。(张玲)

3930

中国宫廷善本 / 向斯著. -- 北京:文物出版社,2003. -- 318 页:图(部分彩图),摹真;26cm. -- 7-5010-1440-X(国家图书馆)

宫廷善本,是一直秘藏于中国历朝皇宫的珍贵古书,主要包括:皇帝御笔写经、臣工抄写经书、宫廷特藏、内府精写本、精刻本,抄本——历朝珍稀的手写本、稿本、底本等海内外孤本。这些书的书写材料独特,版本精良,装帧、装饰极其考究,具有鲜明的皇宫特色,在书史、版本史、中国文化史上都占有重要地位。本书对皇帝御笔写经,宫廷特藏,历朝珍稀的手写本、稿本、底本等海内外孤本这些宫廷善本,介绍其历史与现状及重要的历史文化价值。(张玲)

3931

中国藏书文化研究 / 徐良雄主编. -- 宁波:宁波出版社,2003. -- 546 页;21cm. -- 7-80602-700-9(华东师范大学图书馆)

本书是一本论文集,收录了"藏书家文化心态的共识与分野"、"学术文化风尚与典藏传藏"、"试论书院藏书与学术流变的互动关系"、"藏书文化与诸种文化的关系"、"清代浙江地区学术研究昌盛与私家藏书兴旺之关系"、"浙江古代的藏书对学术人才成长的影响"、"清代浙东学派与藏书文化"、"中国古代官府藏书机构演变与发展概述"、"论古代私人藏书楼的私有性质"、"中国藏书文化研究的回顾与现状分析"、"家法族规与家族藏书"、"有趣的当代藏书家文化现象"、"金天雨及其天放楼藏书"等55篇论文。(张玲)

3932

徐雁序跋 / 徐雁著. -- 南京:东南大学出版社,2003. -- 140 页,1 页图版:图(部分彩图),肖像;18cm. -- 书人文丛·序跋小系. -- 7-81089-153-7(国家图书馆)

本书内容包括讲书归来衣袖香(代序)、《秋禾书话》序跋、《雁斋书灯录》前后语、《书房文影》前后语、《开卷余怀》序、《华夏书香丛书》总序、《读书台笔丛》总序 、《六朝松随笔文库》策划记、《中国读书大辞典》前后语、《名人读书录》序言、《到书海看潮》前后语 、《中华读书之旅》代序、《南京的书香》跋、《沧桑书城》后记、《徐雁论文选》后记、《中国文化的历史命运》编后记、《清代藏书楼发展史》译者序、《续补藏书纪事诗传》前言、《中国历史藏书论著读本》编后记等。(张玲)

3933

澳门特色文献资源研究 / 杨开荆著. -- 北京:北京大学出版社,2003. -- 10,294 页:图;21cm. -- 7-301-06519-1(国家图书馆)

本书以澳门特色文献资源为主要研究对象,探讨澳门文献资源与社会发展的相互关系,并就澳门的实际情况结合网络环境提出了未来的发展策略。全书共分为上下两大部分。上部为澳门特色文献资源研究,涉及澳门政治制度的演变、宗教文化活动、经贸发展、澳门报业历史沿革及文献资源在社会发展进程中的价值。下部对澳门文献资源发展策略进行研究,探讨了澳门文献健康发展基本策略,包括澳门文献资源规则的现状和问题、澳门图书馆网络信息资源的管理与发展策略、澳门文献资源整体建设与规划、澳门文献学衍生。书后附有参考文献、附录及后记。(胡秋玲)

3934

日本访书志　日本访书志补 / 杨守敬撰;张雷校点. --沈阳:辽宁教育出版社,2003. -- 16,265,50 页;19cm. -- 新世纪万有文库. -- 7-5382-6500-7(国家图书馆)

本书属新世纪万有文库系列,光绪十年(1884)初次出版,为当时学者所肯定,叹为精绝,具有极高的文献学价值和历史学价值。本书为目录版本方面的著作,是对我国唐宋元间书籍的有效补充,是研究学者的必备之书。清末赴日考察官绅的日本访书活动,是特殊历史背景下形成的极具特色的文化活动。它不仅参与人数众多,而且在书肆中古书旧籍日渐稀少的情况下,仍求得大量珍贵典籍,同时还新旧并举,向国内输送了大批的新学著作。这对中国文化典籍的回归,对促进中国的近代化事业均作出了重要的贡献。本书即是其成果之一,为作者根据日本《经籍访古志》的目录收集,并根据各书编写提要,记载各书购书原委、版本源流,并考订文字,附录序跋,是一部颇为精绝的文献学著作。其中多为我国唐宋、宋元时期散逸的书籍。本书共16卷、237篇。以邻苏园刻本为底本,开篇附有作者的自序,述其书志缘起以及目录,在原书基础上,增加了作者的题跋逸文46篇,为《日本访书志补》,使得本书结构更为完善。(张玲)

3935

书影 / 姚志敏等主编. -- 上海:上海远东出版社,2003. -- 2 册(312 页);20cm. -- 中国新文学作品系列. -- 7-80661-844-9(国家图书馆)

近年来,中国的现代文学作品越来越受到学术界与版本收藏界的重视和喜爱。尤其是在1911—1949年期间创作出版的,被学术界定为"中国新文学时期"的作品,由于大多数作品当时的发行量一般都在一、两千之间,加之数十载的洗刷、沉埋,它们的身影,如今可以说是难得一观。本书作者便做成了这样一部由300余种实物照片和资料文字相结合,名为《书影》的书。本书是关于中国五四以来新文学作品的封面集,提供了图片、书籍名称、作者、版本、作品收录情况等内容。全书分上、下两册。在本书中,编辑者力求在题材内容与封面设计上收罗尽可能多的种类和样式,希望能以"图为主、文为辅"的形式对"新文学"作品作一个扼要的全程式的表述。(张玲)

3936

中国古典文献学 / 张三夕主编. -- 武汉:华中师范大学出版社,2003. -- 430 页;21cm. -- 全日制高等学校课程教材. -- 7-5622-2650-4(国家图书馆)

古典文献学是一门讲如何对古典文献进行整理与研究的学问。本书讲述了古典文献的载体与类型,古典文献的目录,古典文献的版本,古典文献的校勘,古典文献的辨伪,古典文献的辑佚,古典文献的注译等内容。本书是全日制高等学校课程教材,作者编写本教材时在内容的取舍和安排上尽量做到简单明了,也力图强调这门学科的时间性,在书中加入了大量的实际例证、思考题和练习题,在增加读者对古典文献整理与研究感性认识的同时,提高大家对古典文献的认知能力以及对各种问题的处理能力。同时,考虑到电子信息技术的日新月异对古典文献的整理与研究已经或者正在发生的一些重大变化,本教材还专门设置章节介绍电子文献的检索,并介绍《四库全书全文检索系统》等电子文献全文检索系统,体现出教材的时代性。(张玲)

3937

古典文献论丛 / 赵逵夫著. -- 北京:中华书局,2003. -- 36,457 页;21cm. -- 7-101-03723-2(国家图书馆)

本论丛收录了近20年来赵先生古典文献的论文32篇,包括"《孙膑兵法》校补","我国最早的歌舞剧《公莫舞》演出脚本研究","读苏雪林《唐诗概论》"等。其中最引学界关注的是关于宋前戏剧,关于敦煌文学文献和有关出土简帛的系列论文。其中《我国最早的歌舞剧〈公莫舞〉演出脚本研究》对西汉时期的歌舞剧《公莫舞》的情节、角色、唱词、表演情况进行了系统研究,在前人研究的基础上,论定全篇是代言体的三场歌舞剧脚本。《唐代的一个俳优戏脚本》则对敦煌石室发现的《茶酒论》进行了考述,论定它是曾经付诸演出实践的俳优戏脚本。(张玲)

3938

明本 / 赵前著. -- 南京:江苏古籍出版社,2003. -- 170 页:图,摹真;23cm. -- 7-80643-786-X(国家图书馆)

本书是《中国版本文化丛书》中的一册。本套丛书分宋书、元本、明本、清刻本、少数民族古籍版本、坊刻本、家刻本、活字本、插图本、新文学版本等多种专册来撰写,力求反映出我国版本研究的最新风貌和水平。本书结合大量插图与书影图像,对明刻本进行介绍,阐述了明代刻本的时代背景、刻书机构及刻书情况等,并介绍了明刻本中的精品。全书分上、下两编。上编明本春秋,论述了明本发展的社会背景及主要原因,明朝政府的刻书机构及其刻书情况,明代藩府刻书概说,明代私人刻书简述,明代坊肆刻书概况,明代的版画,明代的套版印刷技术,明代刻书的版式特点,明代刻本鉴定要点,明代的抄本、彩绘本,明代书籍的装帧形式等内容;下编明本撷英,包含内府刻本《元史》,状元书法家吴宽手书的《山海经》,《史记》的"嘉靖三刻",明代最大的一部雕版画册《赐号太和先生相赞》,项笃寿嘉靖刻本《今言》,明内府抄本《永乐大典》,张鼎思刻本《本草纲目》,毛氏汲古阁的刻书与藏书等内容。(张玲)

3939

钟叔河序跋 / 钟叔河著. -- 南京:东南大学出版社,2003. --141 页,1 页图版:图(部分彩图),肖像,摹真;18cm. -- 书人文丛·序跋小系. -- 7-81089-153-7(国家图书馆)

本书是钟叔河先生自己自著及编辑他人作品时写的序跋的汇集。从中可见作者读书的兴趣和写作道路上的履痕,以及对散文、书话的认识。本书包括《走向世界丛书》总序、《过去的学校》编者序、《走向世界》后记、《传统蒙学丛书》序、《知堂书话》序、《千秋鉴借吾妻镜》自序、《凤凰丛书》总序、《曾国藩教子书》序、《知堂序跋》序、《亦报随笔》序、《知堂集外文》序、《走向世界》台北版自序、《周易的智慧》序、《中国本身拥有力量》自序、《曾国藩与弟书》序、《知堂谈吃》序、《儿童杂事诗图笺释》的前言和后记、《周易大辞典》序、《唐诗百家全集》编者前言、《唐宋词百家全集》编者前言、《人人袖珍文库》缘起、《沐浴书香》序、《书前书后》小序自释、《老子哲学考察》序、《周作人美文选》序、《钟叔河散文》自序、《无心小筑初集》代序、《诗经研究史》代序、《从东方到西方》新版后记、《林屋山民送米图卷子》的前言和后记、《念楼学短》自序、《偶然集》小引等。(张玲)

3940

期刊版本研究 / 聂家昱,高波编著. -- 北京:中国科学技术出版社,2003. -- 179 页;20cm. -- 7-5046-3681-9(国家图书馆)

本书作者从版本学角度对中国近现代期刊版本进行了探讨性研究,内容涉及版本学、期刊学、新闻史、文学史、美学和古旧书刊收藏等多个学科领域。书中结合大量实例,探讨了研究范围和内容,论述了期刊版本研究的必要性,论证了期刊版本在我国发展变化的历史进程,列举了期刊版本的各种类型。全书共分7章,前六章论述了有关期刊版本研究的诸方面,包括概述、历史沿革、版本类型、版本评价、版本鉴赏及版本源流。第七章选择了一些相关名词术语。书前有序一、序二和前言。每章后有参考文献。书后附编著者已发表的相关论文题录。(胡秋玲)

3941

文献资源利用通论 / 彭香萍编著. -- 长沙:湖南大学出版社,2003. -- 208 页:彩图;18cm. -- 7-81053-474-2(国家图书馆)

本书是大学生了解图书馆、利用图书馆的知识读物。书中介绍了高校图书馆的性质、职能、馆藏文献的组织与目录等图书馆学基础知识,分述了读者利用图书馆馆藏文献、各项服务的方法及获取网上资源的途径,讲述了积累文献信息资料的方法,详细地介绍了撰写毕业论文和毕业设计说明书的步骤和方法。书前有序。书后有参考文献和后记。(胡秋玲)

3942

张元济古籍书目序跋汇编 / 张人凤编. -- 北京:商务印书馆,2003. -- 3 册(1273 页);21cm. -- 7-100-03404-3(国家图书馆)

本书是继《张元济书札》及其增订本、《张元济日记》《张元济傅增湘论书尺牍》和《张元济诗文》之后又一部张元济先生的著作集,分上、中、下三册。本书收录了除《百衲本二十四史校勘记》《四部丛刊校勘记》以外所有张元济古籍的研究论著,包括《郘亭知见传本书目》批注、校史随笔、宝礼堂宋本书录、涵芬楼烬余书录、与俞恒农同年笔谈等内容,这些内容涉及古籍书目、校勘学专著、序跋、古籍影印技术规范及其他相关领域,集中展现了他的学术成就。书中还在附录中附有海盐张氏涉园藏书目、序跋、国立北平图书馆刊行珍本经籍招股章程、商务印书馆向常熟瞿氏铁琴铜剑楼租印善本书合同、商务印书馆租赁《孤本元明杂居》版权契约、北平故宫博物院影印天禄琳琅善本书籍招股章程、刊印《槜李文系》征集遗文启等大量有价值的历史资料。(张玲)

3943

心鉴:曾国藩导读古典名著 /(清)曾国藩原著. -- 台北:驿站文化事业有限公司,2004. -- 243 页;21cm. --典藏小站. 22. -- 986 - 7448 - 12 - X(国家图书馆)

曾国藩(1811—1872),字伯涵,号涤生,湖南湘乡人。道光十八年(1838)中进士,入翰林院。累迁内阁学士,礼部侍郎,署兵、工、刑、吏部侍郎。晚清重臣,湘军创立者和统帅。曾国藩从幼年起即精心研读《道德经》《南华经》,他还熟读《史记》《论语》等历史名著,并作出精心且独到的评论。本书共 13 章,是曾国藩分别对《道德经》《史记》《论语》《左传》《易经》《孟子》《大学》《中庸》《资治通鉴》《三国志》《诗经》《贞观政要》和《礼记》等 13 部历史名著的评论。每章分两部分,第一部分是编者对该历史名著的简介,第二部分是编者归纳、概述曾国藩对该历史名著的观点、感悟、评论和评价等。(崔彤)

3944

书·装帧 /(日)南伸坊(Minami Shinbo)著;孙玉珍译. -- 台北:高谈文化事业有限公司,2004. -- 280 页:图;21cm. -- Trace; 09. -- 986 - 7542 - 64 - 9(国家图书馆)

作者是日本的插图家、散文作家和装帧大师,从事装帧艺术工作已有二十多年。作者时常以一种近乎游戏的方式创作,擅长设计趣味装帧,作品常会散发出一种轻松、古朴、简洁的味道。本书收录了作者 56 篇文章,作者通过这些文章畅谈装帧设计的甘苦,举凡构思、技法、知识,以及工作心得都涵纳其中,而他与出版社编辑、作者的趣味互动记录更为精彩。本书还收录了 119 幅彩色装帧设计作品,可供出版人和装帧设计师参考。(崔彤)

3945

北京大学中国古文献研究中心集刊. 第四辑 / 北京大学中国古文献研究中心编. -- 北京:北京大学出版社,2004. -- 516 页:照片;20cm. -- 7 - 301 - 06776 - 3(国家图书馆)

本书包括"阴法鲁先生简历"、"想念阴少曾(法鲁)先生"、"我的深情悼念"等文章。其他论文有:"新出土先秦文献与古史传说"、"试说郭店楚简《性自命出》关于赉、武、韶、夏之乐一段文字中的几个字词"等。(王旭东)

3946

中国文献学资料通检 / 蔡贵华等编. -- 北京:中国文史出版社,2004. -- 18, 1201 页, 8 页图版:图, 肖像, 摹真; 21cm. -- 7 - 5034 - 1586 - X(北京师范大学图书馆)

本书旨在提供古典文献学范围内人、事、物有关资料的检索。属"人"方面的有:文献编纂家、校勘学家、目录学家、版本学家、藏书家、文献世家、钞书家及与上述任务有关的版刻家;属"事"方面的有:文献征集、文献整理、文献收藏、文献流通、文献聚散、藏书掌故、藏书家轶事等;属"物"方面的有:室名、书名、文献收藏管理机构、与文献有关的职官名、文献载体、重要版本术语、藏书印等。(张玲)

3947

古籍典故 / 陈鸿彝, 汪玉川著. -- 西安:太白文艺出版社, 2004. -- 370 页:图, 肖像, 摹真;18cm. -- 7 - 80680 - 211 - 8(国家图书馆)

这套《老古董丛书》旨在通过深入浅出的文字,把古董收藏知识及赝品鉴别方法告诉读者,通过生动形象的叙述,把有关古玩、书画古籍、文物的历史知识和典故告诉读者,让他们在初步了解各类古董的基础上,掌握一定的鉴别真伪、欣赏品评的能力,成为一个内行的收藏爱好者。本书为《老古董丛书》之一种,以散文的手法介绍历代经典古籍的创作、收藏、流传情况,重点讲述了有关古籍的相关史实、历史知识与典故。全书具有很强的学术性与知识性,颇能启人心智。(张玲)

3948

校勘学释例 / 陈垣著. -- 北京:中华书局,2004. -- 160 页; 19cm. -- 国学入门丛书. -- 7 - 101 - 03674 - 0(北京师范大学图书馆)

校勘之学起因于文件传写中的错误率太高,文件越古,传写的次数越多,错误的机会也越多。校勘学的任务就是改正这些传写中出现的错误,恢复一个文件的本来面目,或使它和原本差别量微。本书是《国学入门丛书》中的一册,原名《元典章校勘释例》,是国学大师陈垣在校勘《元典章》基础上,分条陈列旧刻致误的类例,全书分多卷,包含行款误例、有目无书有书无目例、条目讹为子目例、非目录误为目录例、误连上文例、错简例、阙文例、字体残阙径行删去例、空字误连及不应空字例、抬头遗迹改革未尽例、表格误例、通常字句误例、形近而误例、声近而误例、因同字而脱字例、因重写而衍字例、因误字而衍字例、重文误为二字例、一字误为二字例、妄改三例、妄添三例、妄删三例、元代用字误例,元代用语误倒,元代名物误例、不谙元时简笔字而误例、以为简笔回改而误例等内容,本书总结概括了校勘学中一些带有普遍性的现象与校勘方法,是校勘学上一部带有总结性的重要著作。(张玲)

3949

中国禁书简史 / 陈正宏, 谈蓓芳著. -- 上海:学林出版社, 2004. -- 275 页:图, 肖像, 摹真; 21cm. -- 7 - 80668 - 607 - X(北京师范大学图书馆)

该书共三大部分:第一部分是《中国禁书简史》,第二部分是《中国禁书解题》,第三部分则是吴格先生负责的《中国历代禁书目录》。(于静)

3950

中国古典文献论丛 / 党怀兴, 赵望秦, 张新科主编. --北京:中国社会科学出版社,2004. -- 583 页;21cm. -- 7 - 5004 - 4940 - 2(国家图书馆)

本书是对中国古典文献进行的整理与研究,所收录的论文都是从陕西师范大学中国古典文献学专业的科学梯队成员已经公开发表的学术论文中选出来的。本书汇集了“《六书故》所引唐本《说文解字》考”,“《周易》的语言特色”,“战国秦封宗邑瓦书铭文新释”,“战国东方五国文字的构形系统”,“从考古与古文字的角度看汉语辅音韵尾对韵腹的稳定作用”,“从元曲异文看清声母入声字的归类”,“《红楼梦》注释的评议与商榷”,“古代文学文献整理与研究”,“韩文阐释献疑”,“《三国志注》所引杂传述略”,“孔子删诗说考辨及新证”,“新发现的《史记正义》佚文考”,“唐文学家张楚金考”,“宋之问与骆宾王联句质疑”,“王维诗口语疑难词疑议”等论文46篇,涉及汉语言文字学文献整理与研究、古代文学文献整理与研究、古典文献理论与实践研究,以及古典文献辞书编纂与研究等领域。(张玲)

3951

徽州古刻书:刀走龙蛇文脉长 / 方维保,汪应泽著. --沈阳:辽宁人民出版社,2004. -- 195 页:图, 肖像, 摹真;23cm. --7-205-05667-5(国家图书馆)

本书包括“数世净业,承受天命”、“两宋的刀光火色与徽刻的勃兴”、“明代万历年间:徽刻光芒万丈的时代”、“四大家族:数百年徽刻辉煌的象征”、“版画:线条和色彩摹画的童话世界”、“多色套印:无酒人亦醉的十竹斋”、“鲍廷博:倾尽家私藏刻书”、“藏书:世代雅好与书墨宗教”、“徽墨:黑色介质彰显人文情怀”、“篆刻:细微之处藏乾坤”、“内容包罗万象的徽刻版”、“活字印刷术:另一个世界”、“清代文字狱:徽刻的挽歌”、“最后的辉煌与式微的命运”等14章内容。(张玲)

3952

台湾图画书发展史:出版观点的解析 / 洪文琼著. --台北:传文文化事业有限公司,2004. -- 185 页:图;23cm. --957-764-051-6(国家图书馆)

作者在本书中完全从出版的观点,着重对作为出版品的图画书和有关图画书出版品的相关事件作分析、论述,不涉及作家的风格评论,也不触及作品的内容分析。全书共分8章。第一章探讨了本书研究的动机、目的,相关的文献检视,主要名词界说,研究方法和研究素材来源等;第二章从市场环境和政府政策两方面讲述了影响台湾图画书发展的大环境因素;第三、四、五章分别从出版者、出版行销和编写画技术及研究等3个层面论述了台湾图画书总体发展动向,第六章对近六十年的台湾图画书发展加以分期,并按所分的3个时期做纵的历史分期论述;第七章提出了影响台湾图画书整体发展的5个关键事件;第八章对台湾图画书近六十年的发展进行总结,并对未来发展提出建议。书末有附录7篇及参考书目。(崔彤)

3953

中国古代典籍十讲 / 胡道静著. -- 上海:复旦大学出版社,2004. -- 454 页;21cm. -- 7-309-03959-9(国家图书馆)

本书分为中国古代典籍略说、目录学与中国古代典籍、类书的源流和作用、类书典籍解读(上、下)、古农书概述、徐光启农学著述及《农政全书》、古代科技典籍撷英、沈括和《梦溪笔谈》、道藏与中国古代典籍。书中所收各讲文章,均为作者毕生研究中国古代典籍的精萃之论。其中有关中国古代典籍的概述,从系统调查海内外公私所藏古籍入手,全面详尽地展示出中国古代典籍流存的历史和现状,具有重大学术意义。而对古代类书典籍、农学典籍、科技典籍和道教典籍的专题论述,更具独创的非凡功力和真知灼见。尤其是关于徐光启及其《农政全书》、沈括的《梦溪笔谈》等方面的研究,其所达到的水准和高度,以及由此产生的学术影响和价值,迄今尚无企及超越者。(张玲)

3954

八秩述译 / 黄文范著. -- 台北:文史哲出版社,2004. -- 14,430 页:图;21cm. -- 文学丛刊. 164. -- 957-549-547-0(国家图书馆)

本书由作者将自己翻译、著述的书所作的序有选择地摘出并汇集而成。本书分6部分,在翻译理论类序中,收有作者所著3册翻译理论书籍的3篇序;在文学类译序、传记类译序、历史类译序、励志类译序中收有作者所译59部(册)书时写的59篇序;在著作类序中,收有作者5册散文、论著的5篇序。书末附作者的翻译书目。(崔彤)

3955

典籍符号与权力话语 / 黄亚平著. -- 北京:中国社会科学出版社,2004. -- 348 页:图 21cm. -- 7-5004-4612-8(国家图书馆)

本书是《符号学新视野丛书》中的一册。全书从符号学的视角介绍了中国典籍文化的发生发展历程,认为典籍不仅仅是工具,同时具有自我指涉功能,即典籍是一种独立自主的意义系统。它作为一种权力话语反过来对文化和历史施加重大影响。作者把中国文化的基本内核界定为多层级的“二元互补”结构,把文化史上针对这种深层结构不断进行的文化阐释定义为“原解释”。在典籍文化中,神话的结构规则及其针对这个深化规则的阐释方式共同规定着这个文化的根本意识形态的走向和它的基本功能。典籍中的“根本意识形态”包含3个层面,即“典籍的结构形态”层面、“典籍的表达形态”层面和“典籍的应用形态”层面。如果从符号学的角度可思考问题,这3个层面的基本功能主要呈现为符号的遮蔽和投射功能、符号的本位和认证功能、符号的教化功能,并且投射于社会的各个主要方面。(张玲)

3956

冀淑英文集 / 冀淑英著. -- 北京:北京图书馆出版社; 上海:上海科学技术文献出版社,2004. -- 435 页, 4 页图版:彩图, 肖像, 摹真;21cm. -- 芸香阁丛书. -- 7-5013-2461-1(国家图书馆)

本书是《芸香阁丛书》中的一册,收录了冀淑英的论著70余篇,分为上下两编。上编主要为书籍史、版本学方面的论文及对老一辈学人的追忆等文章。下编主要是对善本书个案的介绍、影印善本的序言和未发表过的讲稿。书中反映了她务实的学风和在版本目录学方面的真知灼见及学术水平。(张玲)

3957

中国现代长篇小说名著版本校评 / 金宏宇著. -- 北京:人

民文学出版社,2004. -- 331 页, 1 页图版:肖像;21cm. -- 7 - 02 - 004398 - 4(国家图书馆)

本书为人民文学出版社的《猫头鹰学术文丛》之一。全书通过对具有代表性的八部中国现代长篇小说名著——《倪焕之》《家》《子夜》《骆驼祥子》《围城》《太阳照在桑干河上》《青春之歌》《创业史》的重要版本的对校和阐释,梳理总结了这些名著版本变迁的内容、脉络及特点、规律等内容,并试图整合版本批评与文本批评。本书不仅填补了中国现代文学、现代小说研究中的一项空白,也为中国现代文学史、小说史的研究、写作提供了新的向度。(张玲)

3958

中国典籍史 / 李致忠,周少川,张木早著. -- 上海:上海人民出版社,2004. -- 475 页:图, 摹真;21cm. -- 7 - 208 - 05310 - 3(国家图书馆)

本书是一部阐述中国典籍产生、初兴、迭兴历史的专著。全书共分 8 章,第一、二章阐述典籍的概念及产生的时代,第三章叙述学术传统和学术演变对典籍创作与发展的关系,第四、五章描述历代典籍载体的嬗变,第六至第八章记述典籍藏度、整理、编目、劫难、流散。全书以中国典籍产生、发展、兴旺的历程为经,以典籍与各个历史时期的政治、经济、文化、学术等方面相互关系为纬,系统而又全面地勾勒了中国典籍的发展轨迹,是一部从体例、剪裁到文字都颇具特色的学术著作。(张玲)

3959

先秦伪书辨正 / 刘建国著. -- 西安:陕西人民出版社,2004. -- 387 页:图;26cm. -- 7 - 224 - 05725 - 8(国家图书馆)

本书站在反疑古的角度,阐明先秦 49 部所谓伪书实为可以信据的真书,作者采取考据的方法再次辨析前人考证出的所谓伪书,恢复其本来面目。全书分上、中、下三篇。上篇虞夏商周伪书辨正,包括《周易》《今文尚书》《古文尚书》《诗经》《鬻子》《六韬》《周礼》《仪礼》《汲冢周书》《穆天子传》伪书辨正;中篇春秋伪忆上辨,包括《管子》《司马法》《邓析子》《尔雅》《孙子》《晏子春秋》《山海经》《老子》《文子》《关尹子》《论语》《春秋左氏传》《国语》《孝经》《曾子》《大学》《子思子》《中庸》《伍子胥》伪书辨正;下篇战国伪书辨正,包括《墨子》《列子》《子华子》《吴子》《商君书》《尸子》《於陵子》《慎子》《战国策》《尹文子》《孟子》《尉缭子》《鬼谷子》《楚辞》《公孙龙子》《鹖冠子》《庄子》《吕氏春秋》《荀子》《韩非子》伪书辨正。(张玲)

3960

韩愈集宋元传本研究 / 刘真伦著. -- 北京:中国社会科学出版社,2004. -- 670 页, 16 页图版:肖像, 摹真;21cm. -- 7 - 5004 - 3777 - 3(北京师范大学图书馆)

本书以韩愈作品在宋代的流传文本为研究对象进行考察,揭示韩学在宋代传播与接受的状况,进而展现宋代韩学以至宋学本身的兴起、发展与演变的历史过程。(于静)

3961

中国图书学 / 卢贤中著. -- 合肥:安徽大学出版社,2004. --327 页;21cm. -- 安徽大学"211 工程"资助出版教材. -- 7 - 81052 - 869 - 6(国家图书馆)

作为一本完美的图书,只有完好的形式和充实的内容相结合,才能称之为美。图书对人类的主要作用在于它的内容,但它的内容必须凭借一定的物质形式才能体现出来,图书的内容与形式都反映出一定社会时期的生活状况和意识形态,社会生活的实践决定了图书的内容与形式,同时它们又成为促进社会进步与发展的有利因素,而社会的发展又产生出新的内容和新的形式的图书。二者是相互依存、互相促进的辨证关系。本书在阐述有关图书的基本理论的基础上,多角度地揭示图书形成与发展的一般规律,力求建立图书学学科体系。全书共 8 章,分别是图书的性质、图书的载体材料、图书的形制、图书的版本、图书的编辑、图书的整体设计、图书的印刷、图书的发行。(张玲)

3962

简明古籍整理与版本学 / 骆伟著. -- 澳门:澳门图书馆暨资讯管理协会,2004. -- 117 页:图;23cm. -- 99937 - 31 - 05 - 6(国家图书馆)

本书共分 8 章。第一章绪论,讲述了古籍的称谓与定义、类型的演变与发展、版式与外形结构、装帧形式及用纸和庋藏;第二章古籍整理内容,讲述了古籍编目及其前提条件,古籍的辨伪、校勘、考证、辑佚、注释、编辑和利用现代新技术整理古籍;第三章古籍著录,讲述了古籍著录项目、著录内容要点、古籍分类和目录组织;第四章古籍版本学,讲述了版本与版本学、古籍版本类型与特征;第五章古籍版本的鉴定方法,讲述了版本鉴定的工作程序、基本方法及鉴定应注意的问题等;第六章古籍的典藏和阅览,讲述了古籍的典藏、保护和修复;第七章古籍的现代化与数字化,简单介绍了古籍的静电复印、缩微复制和资料库存储形式等;第八章古籍的一般历史知识,简单介绍了古籍的一些基本常识。(崔彤)

3963

古典文献研究(总第七辑) / 南京大学古典文献研究所编. -- 南京:江苏古籍出版社,2004. -- 380 页;20cm. -- 7 - 80643 - 839 - 4(国家图书馆)

本书收录 29 篇古文献学研究学术文章,内容包括程千帆先生早年诗作,涉及学术方法、研究规范、传统目录学与经学的研究等。(王旭东)

3964

校勘学大纲 / 倪其心著. -- 北京:北京大学出版社,2004. --357 页;21cm. -- 北京大学文献学教材系列. -- 7 - 301 - 06918 - 9(北京师范大学图书馆)

本书为北京大学文献学系列教材。本书在知识内容结构上,除了说明研究对象以及交代辑佚、辨伪和校勘学的关系外,主要由三部分构成:校勘和校勘学的历史,校勘学的基本理论以及校勘实践的方法和技能。意图通过这三部分的讲授,大体完整地介绍校勘学的历史、理论、实践的基本知识和技能。作者系统总结、归纳了古今校勘学成果,结合自己的校勘实践,重点讨论了古籍校勘的原则、校勘的方法步骤和考证的科学依据、致误的原因与归纳校勘通例、出校的原则和校记的要求,并介绍了辑佚、辨伪与校勘的关系。(张玲)

3965

书于竹帛:中国古代的文字记录 / 钱存训著. -- 上海:上海书店出版社,2004. -- 212 页, 30 页图版:图, 摹真; 21cm. --7 -80622 -577 -3(国家图书馆)

作者依据大量的传世文献和考古文物资料,用自己的语言向读者娓娓讲述中国古代文字及其载体和书写工具的演变史。本书记叙了中国古代文字记录的价值、社会背景和学术因素,各个时代主要文献载体的类别,论述汉字的特殊功能及其延续性和主要特色等。甲骨文字汇、文字书写的传统顺序等论断,都给予一种新鲜的观念。而不断增补的新的考古资料,又使此书在学术上一直处于研究前沿。因此,本书可作为普通读者了解中国古代书籍史的参考书,也可作为一般学者修习图书目录和书籍史的参考书。同时书中包含的中国古代文化传播和继承的信息,亦为研究中国文化史、科技史、考古学等学科提供治学资料。(张玲)

3966

五十年来的图书文献学研究:1950～2000 / 邱炯友 周彦文主编. -- 台北:台湾学生书局有限公司,2004. --12,342 页;21cm. -- 台湾学生书局四十周年纪念丛书. -- 957 -15 -1213 -3(国家图书馆)

本书共分两编。第一编图书资讯学门,收有5篇文章:"台湾地区图书资讯学门研究探析"、"台湾资讯检索研究之回顾"、"台湾地区'图书馆服务'研究文献之发展趋势"、"探思读者与参考服务的发展"、"台湾图书馆建筑的发展与省思"。该编的5篇文章分析了台湾图书馆在资讯传播与服务中的地位、作用,并对学科内容与其所涉及的问题,作了较全面的理论论述及回顾。第二编文献学学门,收有6篇文章:"台湾公藏善本古籍的搜集与运用"、"五十年来中文参考书的编辑出版与发展方向"、"五十年来版本学的研究与著作"、"五十年来目录学的发展与著作"、"五十年来台湾"四库学"之研究"、"台湾地区中国古籍文献资料数位化的过程与未来的发展方向"。本编以6篇论文为代表,每一篇论文皆以该领域近50年的发展为着眼点,并对该领域的学术研究进行了系统的论述和总结。(崔彤)

3967

古籍整理出版漫谈 / 全国古籍整理出版规划领导小组办公室编. -- 上海:上海古籍出版社,2004. -- 168 页:肖像; 20cm. -- 7 -5325 -3804 -4(国家图书馆)

本书汇集了第三期全国古籍社编辑培训班10位专家的讲义稿共10篇,包括"新中国古籍整理出版工作的回顾与展望"、"普及读物图书的宣传推广"、"古籍整理与汉学研究"等,10位专家的授课内容主要从出版理论和古籍整理实际状况相结合的角度出发,既对目前我国古籍整理出版发行面临的形势和任务发表了指导性意见,又对古籍图书的结构调整、市场扩容及宣传推广提出了有益的对策。(张玲)

3968

中国古典文献学教程 / 陶敏主编. -- 长沙;湖南教育出版社,2004. -- 167 页:图;26cm. -- 21 世纪高等学校基础性核心课程教材. -- 7 -5355 -4116 -X(北京大学图书馆)

本书为21世纪高等学校基础性核心课程教材。作者首先在导论中介绍文献、古典文献学、学习古典文献学的目的和意义等内容,接着用9章内容介绍了古代文献的类型、古籍的版本、古籍的校勘、古籍的目录、古籍的辨伪、古籍的标点和注释、古代文献的编纂、文献考据、古代文献的检索等内容。全书内容丰富、叙述翔实。(张玲)

3969

历史文献论丛 / 王世伟主编;陈先行 等撰稿. -- 上海:上海社会科学院出版社,2004. -- 485 页;20cm. -- 7 -80681 -526 -0(北京师范大学图书馆)

本书收录了论顾廷龙先生对中国现代图书馆事业的贡献,顾廷龙先生与上海图书馆,顾廷龙先生的读书治学生涯,顾老晚年的三次上海之行,顾廷龙先生逝世前后追忆,《顾廷龙先生纪念文集》前言,《芸香阁丛书》前言,顾廷龙先生著述目录,上海市私立合众图书馆创始考略,潘景郑先生之读书与校书生涯,版本目录学家潘景郑先生藏书聚书考略,历代书目中谱牒文献的记载及其演变,中国古代和近代的尺牍文献,中文古籍著录中的繁体字、简体字与异体字问题,《中国古籍稿抄校本图录》前言,古籍版本据以考镜的新成果——评《宋元书刻牌记图录》,传世孤本南宋明州刻本《集韵》初探,影印《重雕足本鉴诫录》序,上海图书馆馆藏宋拓《淳化阁帖》卷九版本谈,谈《苏黄尺牍》,论明清藏书家藏书楼在保存历史文献方面所做出的重大贡献,传抄自《永乐大典》的清抄校本《尚书全解·多方》及附录考略,汲古阁刻陆游《南唐书》版本考,明清抄校本3种考述,清代丛书述略,康熙朝刻书等论文。(张玲)

3970

清代内府刻书图录 / 翁连溪编著. -- 北京:北京出版社,2004. -- 253, 145 页:图(部分彩图);30cm. -- 7 -200 -05065 -2(国家图书馆)

清代内府刻书的规模之大,数量之多,当推中国历代内府刻书之最。前贤著录,多有遗漏。而各地争相翻雕,不胜其繁,尤使鱼目混珠,真伪难辨。有鉴于此,翁连溪先生依托故宫旧藏,又广采诸馆珍稀藏本,积数年之功,撰成《清代内府刻书图录》一书。是书由三部分组成:①图录部分,共收录清代内府刻书书影三百余幅,极便读者按图索骥或照图比对,可使原本翻本,真伪立辨。它填补了以往有关清代内府刻书书目有目无图的空白。②总论部分,对清代内府刻书的特点与成就作了全面的评介。需要特别指出的是作者利用大内档案等珍贵资料,对清代内府刻书的有关问题作了认真的考证与探索,取得了具有开创性的研究成果。③总目部分,共收录清代内府刻书近七百余种,是目前收录最为详备的清代内府刻书目录。本书不是一部简单意义上的书目,它是一部集大成式的,具有创新意义的版本目录学和清代内府刻书史研究领域的力作,是版本目录学和古代印刷史研究学者、图书馆古籍编目人员、广大文史爱好者和古籍收藏爱好者的必备之书。(张玲)

3971

江浙访书记 / 谢国桢著. -- 上海:上海书店出版社,

2004. --250 页;21cm. -- 7 - 80678 - 012 - 2(国家图书馆)

本书作者是我国著名的明清史和目录学专家,一生爱书成癖,曾利用外出或会议空隙,至江、浙及成都各地图书馆浏览一些流传很少但很有学术价值的著作,并逐一作了读书笔记。笔记内容涉及作者介绍、版本情况。本书主要考察了南京图书馆、扬州图书馆、常熟图书馆、上海图书馆、苏州图书馆、苏州博物馆、浙江省图书馆、四川省图书馆、宁波天一阁文物保存所等机构的藏书情况,作者写明了这些机构所藏善本书的版本、卷数、书籍的来源,刻工和刻书的地点,以及流传的多少等情况。从中可学到作者做学问的态度和方法,同时获取不少的信息。对于文史研究者、爱好者来说,有着很可贵的学术意义。(张玲)

3972

明清笔记谈丛 / 谢国桢著. -- 上海:上海书店出版社,2004. -- 267 页, 1 页图版:图;21cm. -- 7 - 80678 - 005 - X(国家图书馆)

明清两代是我国封建社会的后期,阶级斗争、民族矛盾和统治阶级内部的矛盾交织着,社会情况日益复杂,因此,当时有心人士写下的野史笔记种类尤为繁多,数量也很巨大。本书作者从明清笔记谈丛、明清史料研究、明代边防乘十种跋、丛书刊刻源流考、三省矿防考跋、彭茗斋著述考、平景孙事辑、张南垣父子事辑、明清笔记稗乘所见录等几个方面对明清时代的野史笔记进行了梳理。本书除具备明清史料学的研究参考价值以外,更是一部内容丰富、文笔优美的文史小品。(张玲)

3973

蓝村读书录 / 谢灼华著. -- 石家庄:河北教育出版社,2004. -- 251 页:图;24cm. -- 7 - 5434 - 5654 - 0(国家图书馆)

《书林清话文库》涵盖读书、淘书、著书、评书、藏书和卖书等儒雅话题,是读书人能各取所需的系列书,而且可读性很强,颇得学界青睐。本书为其中一册。本书作者谢灼华是武汉大学教授、图书馆学专家。全书研究和探讨图书和藏书,从书话谈到书的命运、又从藏书楼延伸至近代图书馆,内容既随意又连贯。书中介绍许多有关读书著作的人和事、古籍典章、藏书制度、藏书楼兴衰和古今文人书的收藏等轶事,实属一幅历史文化长卷。内容分成写在卷首的话、书话絮语、典籍经纬、前辈礼赞、书城谈片五部分。(张玲)

3974

题跋 10 讲 / 徐建融著. -- 上海:上海书画出版社,2004. -- 108 页:彩图;20cm. -- 7 - 80672 - 691 - 8(国家图书馆)

题跋,又称题款,是书画创作和鉴赏的一个专用名词。在一般情况下,题款专门用于创作,而题跋则专门用于鉴赏。本书是《中国书法经典名家讲座丛书》中的一册,全书分 10 讲,分别讲述了"正名释义——什么叫题跋"、"文为画极——题款的生发演变"、"诗画一律——题款的文字内容"、"经营位置——题款的构图意义"、"书画同源——题款的书法风格"、"云烟过眼——题跋的历史变迁"等内容。作者在本书中对题跋书法的历史发展以及内容形式提出了独特的见解。(张玲)

3975

81 本影响全球的商业必读书:美国《商业周刊》书评集锦 / 严卫京主编. -- 北京:中国商务出版社,2004. -- 454 页:图;20cm. -- 7 - 80181 - 183 - 6(国家图书馆)

作为全球最大的商业杂志之一,美国《商业周刊》在国际新闻媒体的书评领域中举足轻重。该刊每月的商业畅销书排行榜和年度的十佳商业图书排行榜,受到全球出版商和图书经销商的关注。该刊的书评专栏每周推荐一本新书,更成为全球读者获取书讯、解读精彩的窗口。本书收录了《商业周刊》刊载的部分世界商业经营领域书籍的书评,全书包括"点击泡沫"、"错在何处"、"盐"、"中国融入全球经济"、"恰好出现的间谍"、"我的国家控告我"、"公众智囊"、"代理人"、"烟草"、"中国与 WTO"、"网络欺诈"、"黄种人"、"三强鼎立规则"、"索罗斯"、"领航的掌上公司"等文章。(张玲)

3976

古典文献及其利用 / 杨琳著. -- 北京:北京大学出版社,2004. -- 248 页:图;21cm. -- 7 - 301 - 07684 - 3(国家图书馆)

高等院校的文史类专业一般要开设"古典文献学"课程。这门课程以讲述目录学、版本学和校勘学的基础知识为核心,阐述目录学、版本学和校勘学的基本概念、历史沿革和有关文献等,注重理论知识的概括性和系统性,使学生对古典文献的各方面有一个整体的把握。本教材介绍了文献的检索方法,类书及其利用,政书及其利用,丛书及其利用,出土文献及其利用,古代图像资料及其利用,古籍书目及其利用等内容。本教材则侧重于古典文献本身的介绍,目的在于引导学生利用文献,培养学生实际应用文献的能力,使他们知道哪些文献可以解决什么样的问题,什么样的问题可以找哪些文献来解决,从而使文献学的理论知识与具体实践相结合,加深对理论知识的理解。(张玲)

3977

中国图书版本学 / 姚伯岳著. -- 北京:北京大学出版社,2004. -- 386 页, 4 页图版:图, 摹真;21cm. -- 北京大学文献学教材系列. -- 7 - 301 - 08240 - 1(国家图书馆)

中国图书历史悠久,版本鉴定考证经验丰富,而理论性探讨不足。本书是北京大学文献教材系列,全面讨论了我国图书版本学。全书共 10 章,在叙述版本与版本学、版本学史之外,主要通过版本源流、版本分析、版本评价、版本鉴别等章,力求揭示版本后版本学的实质,建立学科体系。对于旧日版本学不曾涉及的近代、现代产生的新的版本现象,也有比较充分的论述。本书为 1993 年版的修订版。(张玲)

3978

清代文献学简论 / 叶树声,许有才著. -- 合肥:安徽大学出版社,2004. -- 254 页;21cm. -- 淮北煤炭师范学院学术出版基金资助. -- 7 - 81052 - 795 - 9(国家图书馆)

为了使读者对清儒整理文献时所做的具体工作有比较深入的了解,本书对清儒所做的这些工作及其对所属学科理论发展的促进按其不同类型分章进行较为全面的介绍。全书共 8 章。第一章总论,对清儒整理图书进行了概述;第二章校勘学,包含论清儒校书,王念孙父子校书特点概说,刻书谈,论孙诒让校书,一条引文断句说等内容;第三章辑佚学,包含论清儒辑佚、山东清估辑佚概说、马国翰窃章宗源辑佚成果辩等内容;第四章辨伪学,包含论清儒辨伪、梁启超对辨伪学的贡献、论姚际恒辨伪等;第五章目录学,论述了清儒编目、清代目录数量、论章学诚对目录学的贡献、论维新派对目录学的贡献、黄虞稷及其著《千顷堂书目》《读书敏求记》及其著者钱曾等内容;第六章分类学,包含论清儒分类、《西学书目表》对分类的突破及其影响等内容;第七章编辑学;第八章翻译学,包含论清儒译书、近代中日两国译进西书比较研究等内容。(张玲)

3979

中国文献学 / 张舜徽著. -- 武汉:华中师范大学出版社,2004. -- 296 页;21cm. -- 7 - 5622 - 2836 - 1(北京师范大学图书馆)

本书是已故国学大师张舜徽先生在上个世纪 80 年代初推出的一部著作。全书分 12 编 60 章。除论述文献学的范围、任务和古代文献的流传及类别外,对版本、目录、校勘等有关整理文献的基本知识,论述尤为详明。前人整理文献的具体工作和丰硕成果,历代校雠学家整理文献的辉煌业绩,书中都作了总结性的介绍。作者还在最后两编,对今后整理文献的工作指出了努力途径,提出了具体设想。本书是一部国学研究的经典性著作,也是中国文献学这门学科成立的标志性著作。这部书作为教材,在很多大专院校被广泛采用。在文献学研究上,本书的出版起到了标志性的作用,它标志着中国文献学的最后确立,其文献学理论、文献本体、文献整理方法及文献学史 4 个方面的构成,对今后文献学的发展起到了规范性的作用。(张玲)

3980

广校雠略:汉书艺文志通释 / 张舜徽著. -- 武汉:华中师范大学出版社,2004. -- 428 页;21cm. -- 7 - 5622 - 2853 - 1(国家图书馆)

本书为《张舜徽集》丛书之一,是张舜徽 30 岁以前治学的小结,也是张先生的第一部学术著作,虽仅 10 万余言,却是他一生学术探索的一个坚实的基点。该书是推广宋代人郑樵《校雠略》理论与方法的一部文献学著作,旨在探究校雠学古义,阐述学术渊源流别。本书分 5 卷,100 篇,包括"校雠学名义及封域论二篇"、"作者姓字标题论五篇"、"序书体例论五篇"、"补题作者姓"、"《论语》《孟子》之名皆后人补题目"等,主要讨论了校雠学及相关名称、古代书籍的流传问题、校雠学的各种方法及汉唐宋清校雠学领域的学术成就。(张玲)

3981

中国古代史籍校读法 / 张舜徽著. -- 昆明:云南人民出版社, 2004. -- 274 页;21cm. -- 二十世纪学术要籍重刊. -- 7 - 222 - 04217 - 2(国家图书馆)

张舜徽(1911—1992)现代著名的历史文献学家,著作有中国文献学、广校雠略、汉书艺文志通释、说文解字约注、郑学丛著、史学三书评议、清儒学记、清人文集别录等二十余种。本书是作者根据他多年研究古代史籍时所写的笔记,去粗取精、条理化、系统化后编述而成的。全书共分 4 章:一论校读古代史籍的基本条件,二论校书,三论读书,四论辨伪与辑佚。凡是校读古书容易遇见的问题、应该注意的方面,都在本书中作了一一的阐述,是同类著作中最为周到切用又最深入浅出的一部。(张玲)

3982

简帛文献学通论 / 张显成著. -- 北京:中华书局,2004. -- 491 页:地图,图版;21cm. -- 7 - 101 - 03953 - 7(国家图书馆)

本书是第一部"简帛文献学",全面、系统地研究了简帛文献学各方面的问题。全书共 7 章。首先从理论上论述了出土文献的文献真实性优于传世文献,阐述了简帛及简帛文献学名义,接着系统地介绍了简帛出土历史,并着重介绍了已刊布的简帛重点材料,然后依次研究了简帛制度、简帛类别,重点论述了简帛研究价值,最后对简帛整理研究的状况予以介绍和展望。本书注意努力体现简帛最新研究成果,全面研究简牍和帛书,紧紧把握整个简帛文献所涉社会科学和自然科学各学科的研究动态来进行论述。努力使理论性和实用性并重,在注重抽绎归纳简帛内在规律的同时,特别注重深入浅出以具有较强的可读性和实用性。(张玲)

3983

宋人总集叙录 / 祝尚书著. -- 北京:中华书局,2004. -- 651, 31 页;21cm. -- 全国古籍整理出版规划领导小组资助出版;全国高等院校古籍整理研究工作委员会项目;四川大学"十五"211 工程"中外文学与俗文化"项目. -- 7 - 101 - 04119 - 1(国家图书馆)

本书是全国古籍整理出版规划领导小组资助出版的全国高等院校古籍整理研究工作委员会项目及四川大学"十五"、211 工程"中外文学与俗文化"项目,是作者继《宋人别集叙录》后的又一力作。全书共 10 卷,作者在对大量资料进行认真整理和深入研究的基础上,广泛汲取前人研究成果,著录并考述现存宋人总集的版本及源流,评述重要传本的优劣得失,且将主要传本的序跋附于其后。附录"散佚宋人总集考"和"宋人总集馆藏目录",为考察部分亡佚总集提供了文献线索,也为读者查找图书提供了方便,是一部很有价值的优秀学术著作。(张玲)

3984

印刷书的诞生 /(法)费夫贺(Febvre Lucien). -- 台北:猫头鹰出版社,2005. -- 512 页;21cm. -- 猫头鹰书房. 25. -- 986 - 7415 - 72 - 8(国家图书馆)

原著为法文,书名:L'Apparition du livre。英文书名 The Coming of the Book,由李鸿志译。著者费夫贺(1878—1956)是年鉴学派大师,马尔坦(Henri-Jean Martin)是印刷史学者。卷首是:推荐序《印刷书的诞生》;秦曼仪序"复数阅读实践的开始";原著前言由马尔坦 1957 撰写;费夫贺著者序;序"手抄本"由法国国家图书馆手抄本部专业馆员托马撰写。序言简述了西方书籍的印刷、纸张的演进、从手抄到印刷的发展。本书共 8 章。第一章前奏:纸张传入欧洲;第二章技术问题与解决之道;第三章书的样貌;第四章书籍商品;第五章图书馆的小世界;第六章书籍地理学;第七章书籍生意经;

第八章印刷书:变革的推手。书后附注释、索引。(赵红)

3985

书籍的历史 /(法)弗雷德里克·巴比耶著;刘阳等译. -- 桂林:广西师范大学出版社,2005. -- 410 页:图,地图;23cm. -- 法国外交部赞助出版. -- 7-5633-5005-5(国家图书馆)

本书系法国著名学者费雷德里克·巴比耶的重要著作。本书追溯了人类书籍的起源,介绍了以法国为重点的世界各地书籍的产生,上起上古文字产生、下到电子媒体普及的当代等各个时期书籍不断发展的过程,并预示了当代图书业的最新发展趋势。全书以大量第一手资料揭示了书籍对人类文明进程的推动作用,通过书的内容和形式的发展变化,展示了人类文明进步的历史。在当今网络时代,书籍的外在形态与肩负的功能都面临重大变化,此时对书写与书籍的历史分析就具有了十分特殊的意义。(张玲)

3986

澹生堂藏书约:外八种 /(明)祁承㸁等撰. -- 上海:上海古籍出版社,2005. -- 1 册;21cm. -- 中国历代书目题跋丛书. -- 7-5325-4117-7(国家图书馆)

本册收入澹生堂藏书约、藏书纪要、藏书绝句、流通古书约、藏书十约、武林藏书录、吴兴藏书录等九种著作。(张玲)

3987

中国典籍与文化论丛. 第八辑 /《中国典籍与文化》编. -- 北京:北京大学出版社,2005. -- 334 页;26cm. -- 7-301-07598-7(北京大学图书馆)

《中国典籍与文化论丛》是国家教委全国高校古籍整理研究工作委员会编辑的 3 种出版物之一,它是一个以提高为目的的学术论文集,以期反映中国及海外有关中国传统文化研究的最新成果。本书从 1993 年起计划每年出版一至二辑。本辑为第八辑,包含"关于定州汉墓竹简《论语》的几个问题——《论语》的文献学探讨"、"《春秋集解》为吕祖谦撰考——《四库全书总目》辨正札记"、"徐奋鹏及其《诗经》与《西厢记》研究"、"明《永乐南藏》研究"、"李郃年谱稿"、"《历代人物年里碑传综表》订误补缺三十则"、"文学与科技的融织——论科技赋的创作背景与文化内涵"、"《文选》与《乐府诗集》的编纂"、"寒山、拾得佚诗考释"、"韩愈《昌黎先生集》编次考"、"和刻本稀见中国元代僧人诗集叙录"、"《明诗评选》与《列朝诗集》关系考论"、"《王阳明全集》未刊佚文汇编考释"、"阮元与王引之书九通考释"、"古代典籍记载的面食词语考探"、"《清代学术概论》考论"、"清集作者疑年考录"、"裘锡圭先生与简帛研究"等论文。(张玲)

3988

章学诚研究论丛:第四届中国文献学学术研讨会论文集 / 陈仕华主编 林惠珍编辑. -- 台北:台湾学生书局有限公司,2005. -- 655 页;21cm. -- 文献学丛刊. --957-15-1247-8(国家图书馆)

2003 年 11 月 28—29 日,第四届文献学学术研讨会在台湾淡江大学召开,本书是这次研讨会的论文集。该学术研讨会 1998 年自淡江大学发起到本届已是第四届。每次研讨会召开时,都设一项讨论主题,以使会议在确立方向下更能言之有物。本届会议的召开,适逢清代名儒章学诚逝世两百周年,为纪念这位治学有成的文献学大家,遂以他的学术成就为研究的主要方向。本书共收有研究他的论文 27 篇。书后附"会议议程"和"主持人、发表人、特约讨论人名录"。(崔彤)

3989

古籍印本鉴定概说 / 陈正宏,梁颖编. -- 上海:上海辞书出版社,2005. -- 247 页:摹真,彩图,肖像;24cm. -- 7-5326-1761-0(北京师范大学图书馆)

本书共四编和两个附录。第一编通行印本的鉴定,详细介绍了宋元刻本、明刻本、清刻本的鉴定与辨伪;第二编特殊和印本的鉴定,包含活字本的源流与鉴定,汉文佛经的版本鉴定,域外汉籍及其印本鉴定,朝鲜本、和刻本、越南本的特征与鉴别方法四部分内容;第三编印本鉴定专题,包括刊语、牌记与古籍印本鉴定,书版的断修补拼与古籍印本鉴定,剜版现象与古籍印本鉴定等内容;第四编印本鉴定的辅助工具,详细论述了古籍书影、古籍印本鉴定常用书目提要、古籍版本学专著等辅助工具。全书较全面地包容了古籍印本的各种基础知识和鉴定技能。书中各篇注重深入浅出,极便初学。全书强调实用方法的传授,为此还配有大量直接拍自原书的彩色书影,这些书影与文章完全契合,图文对读,可以使学生更好地提高鉴别古书的实际能力。(张玲)

3990

旧书业的郁闷 / 胡应麟等著. -- 石家庄:河北教育出版社,2005. -- 284 页;24cm. -- 7-5434-5790-3(国家图书馆)

本书是《书林清话文库》丛书中的一册,本书收入了胡应麟等四五十位作者的文章,分为三部分。第一步分为"劫中的书与人",包括"晚明旧书业"、"清代典籍梗概"、"一·二八中国典籍大劫难"、"哀焚书"、"读书人的厄运与书的厄运"、"旧籍当前之厄运"、"旧书之灾"、"'书肆的灾难'三题"、"从晋西南新收复区采集图书归来"等文章;第二部分"劫后的书与人",包括"在'废纸'中检选古旧书刊"、"上海古旧书业'社会主义改造'历程"、"古旧图书不应再任令损毁"、"'厚今薄古'与古旧书业"、"'文革'对私家藏书的冲击"、"焚书和借书"、"十年'书荒'纪事"、"'书的故事'两题"、"我的藏书之厄运与幸运"、"'文革'书香"、"走过'文革'的苏州古旧书店"、"中国书店古旧书业的拨乱反正"、"中国书店古旧书业的自救图新"等文章;第三部分"旧书业的郁闷",包括"君闻新书出,开卷旧书读"等文章。全书共收录 58 篇有关文章,旨在勾勒晚明以来中国旧书行业的坎坷史实,尤其是 20 世纪以来历尽劫难以后艰难步入当代的窘境。(张玲)

3991

北京大学中国古文献研究中心集刊. 第五辑 / 教育部人文社会科学重点研究基地,北京大学中国古文献研究中心编. --北京:北京燕山出版社,2005. -- 410 页;21cm. -- 7-301-05888-8;7-301-06776-3;7-301-08903-1(国家图书馆)

本书收录了《全宋诗》杂考、日本抄本《百花诗集》小考、晓莹生平诗集初探、宋人徐安国诗歌事迹考、《武经七书》与宋代武学、清代版本学的成就、中国当代版本文化现象透视、说《诗经》中的“不”字、《通鉴》胡注正误一则、班昭行年考、韩国刊《论语》注释书概况、《汉学师承记》版本考述、顾炎武与宋元以来的经学、杨复及其丰华堂藏书、日本宫内厅书陵部藏宋元版汉籍举要、《居家必用事类全集》及相关问题研究、二十世纪对《史记》版本研究的发展脉络等。(张玲)

3992

中国现代长篇小说名著版本校评(修订本) / 金宏宇著. -- 台北:秀威资讯科技股份有限公司,2005. -- 272 页;21cm. -- 大陆学者丛书系列. 6. -- 986-7263-36-7(国家图书馆)

中国现代长篇小说名著的版本变迁具有版本学、创作学、艺术学、语言学、修辞学、传播学、观念史学等的丰富内涵。本书在广泛考察中国现代长篇小说版本问题的基础上,对《倪焕之》《家》《子夜》《骆驼祥子》《围城》《桑乾河上》《创业史》等七部名著的重要版本,进行了对校和阐释,梳理和总结这些名著版本变迁的内容、源流、特点和规律,并试图整合版本研究和文本批评。这不仅填补了中国现代文学研究的一项空白,也为中国现代文学史、小说史的写作提供了新的向度。本书对具体作品的版本研究由校、评两部分组成。校,实际是对校记,直接展示该作重要版本的对校情况,但只展示了主要的修改内容;评,是综合的评论和阐释,所把握的也只是该作版(文)本变迁的总的倾向。本书已被大陆的武汉大学、南开大学、中山大学、华东师范大学等列为研究生新文学史料课参考书目。(崔彤)

3993

书香三千年 / 罗树宝著. -- 长沙:湖南文艺出版社,2005. -- 199 页:图(部分彩图),摹真;24cm. -- 7-5404-3412-0(国家图书馆)

该书介绍了从最早的书籍形式甲骨书起,直到 19 世纪西洋机械化铅印术的传入为止这一期间内图书的各种形态,全面展示了中国书籍三千年的辉煌历史。全书分为史卷及赏卷两卷,史卷介绍了图书之源、纸以前的书、纸的发明和纸写本书、印刷术的发明、历代刻印本书、活字印刷术与活字版印本书、历代图书补述;赏卷介绍了装帧之美、书的劫难、发现与收藏、图书赏鉴等内容。(张玲)

3994

中国古典文献学 / 牟玉亭著. -- 北京:社会科学文献出版社,2005. -- 294 页;21cm. -- 深圳大学学术著作出版基金资助. -- 7-80190-724-8(国家图书馆)

本书对我国古典文献的源流、特点、处理原则、应用范畴等理论问题作了清晰阐释,又对古典文献的类别、体式、目录、版本、校勘、辨伪、辑佚等应当厘清的基本问题和操作方法,作了尽可能详明而又通俗的介绍。本书的特点既立足于传统,又指向现代,并且把研究和教学和谐结合,是一部吸收了现代研究成果,并具有一定实用价值的著述。(张玲)

3995

文献学纲要(第 2 版) / 潘树广,黄镇伟,涂小马著. --桂林:广西师范大学出版社,2005. -- 342 页:图,摹真;21cm. -- 7-5633-3061-5(清华大学出版社)

文献是记录知识与信息的载体,文献学的核心内容,是研究知识与信息的科学组织和有效利用。本书分 8 章,论述文献学的基本理论,文献的外在形态与内容分类,文献的整理、揭示、检索、鉴别、整理、典藏与传播,以及计算机在文献生产与检索中的应用。全书以大文献学的思路立论,将古典文献学与现代文献学融会贯通,帮助读者以开阔的视野审视古今文献的源流演变,切实提高查阅文献、获取知识的能力。当人类正面临知识经济的挑战时,文献学从来没有像今天这样受到高度重视。因为,全球经济的增长方式,比以往任何一个时期都更加依赖于知识的获得和创造性的利用,而文献学的根本任务,正是促进知识的获取手段和利用方式的科学化与高效化。(于静)

3996

简帛文献概述 / 骈宇骞著. -- 台北:万卷楼图书股份有限公司,2005. -- 502 页;26cm. -- 出土文献译注研析丛书. 21. --957-739-509-0(国家图书馆)

二十世纪在中国大陆出土了大量的简帛文献,学者们从不同的角度进行过多方面的研究。由于这些文献受到历史条件的局限,与今日我们看到的传世文献在形式和内容等方面都有着很大的不同,如何认识这些出土简帛文献?本书在前人研究的基础上,充分利用出土实物,从简帛的起源、形制、缮写与削改、题记、文字、分类等方面进行了综合性的考述。尤其是在简帛文献内容的分类上,作者花了大量精力,对二十世纪出土的主要书籍和文书,从文献学角度作了较详细的探索。本书共分 7 章。第一章简牍帛书的起源,第二章二十世纪主要出土简帛资料,第三章简牍帛书的形制,第四章简帛的缮写与削改,第五章简帛的题记,第六章简帛的文字,第七章简帛的内容与分类(上),第八章简帛的内容与分类(下)。(崔彤)

3997

清宫藏书 / 齐秀梅,杨玉良等著. -- 北京:紫禁城出版社,2005. -- 548 页,6 页图版:彩图,摹真;21cm. -- 7-80047-476-3(国家图书馆)

故宫是清皇室书库的所在地,又是清皇室整理古籍、编纂图书的所在地,也是清中央出版发行机构的所在地。虽说清宫藏书伴随着紫禁城的历史沧桑饱经坎坷,但至今,故宫图书馆仍为全国收藏清代“殿本书”和清内府抄本书最多的地方。清宫藏书因在封建时代秘不示人,故许多珍稀善本为世人所未见,特别是故宫特藏文献部分,如舆图、御笔及臣工写经、升平署剧本、陈设档、书版、样式雷建筑图样等,更是鲜为人知。本书主要是将清宫存藏重要图书的类别、内容、整理编纂经过、特点、价值、流传过程等作一详细的介绍,具有重要意义。在宣传故宫藏书,展示故宫藏书的同时,也能为中国出版史和清代藏书文化、宫廷文化的研究起到推动作用。读者阅读本书后,可对清宫藏书,尤其是故宫藏书有一概略的认识。本书填补了清史、清宫藏书史研究的空白,可以说是送给图书史、宫廷文化史研究者进入宫藏图书领域的一把钥匙。(张玲)

3998

文献计量与内容分析:2004信息化与信息资源管理研讨会论文选集 / 邱均平主编. -- 长春:吉林科学技术出版社,2005. -- 263页:图;27cm. -- 7-5384-1656-0(北京理工大学图书馆)

本书为2004年11月17日—19日在武汉大学召开的"第三届信息化与信息资源管理学术研讨会"论文集。(张玲)

3999

古籍珍稀版本知见录 / 施廷镛编著. -- 北京:北京图书馆出版社,2005. -- 330页,6页图版:图,肖像,摹真;21cm. -- 7-5013-2466-2(国家图书馆)

本书是图书馆专家施廷镛先生的一部遗著。全书内容主要分三部分。一是古籍珍稀版本知见,凡所经见者,均著明版本、著者等;二是对甲骨文、金石文、简牍文的简介;三是古籍版本鉴别常识。本书内容涉及版本知见、雕版印刷史、金石碑铭、甲骨简册、版本鉴定、工具书介绍等。(张玲)

4000

消逝的风景:新文学版本录 / 唐文一,沐定胜著. -- 济南:山东画报出版社,2005. -- 342页:图(部分彩图),摹真;23cm. -- 7-80713-151-9(国家图书馆)

本书收录了"不懂外文的翻译大家林纾《巴黎茶花女遗事》"、"普希金名著《上尉的女儿》的第一部中文译本"、"鲁迅早年的两本译著《月界旅行》和《地底旅行》"、"晚清谴责小说家李伯元的第一部小说《海天鸿雪记》"、"一部不忠实原作的译著《悲惨世界》"、"中国第一部关注美国华人的专著《美国华工禁约记》"、"周作人的《孤儿记》"、"开言情小说之先河的《恨海》"、"兄弟俩第一次合作的《新泪珠缘》"、"鸳鸯蝴蝶派"与徐枕亚的《玉梨魂》"、"《少年维特之烦恼》的社会影响"、"诗人汪静之的诗集《蕙的风》"、"蜚声文坛的《玉君》"、"五味杂陈的吴语幽默小说《何典》"、"钟敬文和《客音情歌集》"、"乡土作家王鲁彦和他的第一本小说集《柚子》"、"徐志摩与《落叶》"等一百多部新文学著作,讲述了与其写作出版有关的历史背景、人物、事件,并且采取了图文合一的方式,力求再现图书的原本风貌,以让读者更直接地感受到新文学发展史的沧桑,也为现代文学研究者提供更直观的客体。(张玲)

4001

由英法中日俄的文献分析研究敦煌文献题记编年 / 王三庆. -- 台北:台湾"行政院"科学委员会,2005. -- 241页:29cm. -- 灰色文献(国家图书馆)

将敦煌文献目录按国别及分类整理,分为英国收藏文献、法国收藏文献、中国收藏文献、日本国收藏文献、俄罗斯收藏文献、综合目录、文献分类目录、文献解题目录、目录评述、洞窟壁画目录等。书前是"93年度国科会专题研究期末报告(初稿)"。附件依次为敦煌文献题记编年(五代宋初篇)、敦煌文献五代宋初抄经题记分类统计表、圣彼得堡国际敦煌吐鲁番学术会议报告(王庆三)、俄罗斯圣彼得堡东方院藏品出版及编目上的几点商榷、从文学标准化到文学程式化的发展探索。(赵红)

4002

文献学讲义 / 王欣夫撰. -- 上海:上海古籍出版社,2005. --277页;23cm. -- 7-5325-3908-3(国家图书馆)

本书是王欣夫先生生前的授课讲义,从目录、版本、校雠3个方面综合地对文献学的流变概况作了论述,浓缩了作者毕生收集、整理古籍文献的心得与体会。尤其是这部写于近半个世纪以前的著述,在当时就独具慧眼地注意到新出土的各种资料、日本等海外所存的中国文献在文献学研究中的作用,以及现代学者在校雠学方面的成果。(张玲)

4003

中国古典文献学 / 吴枫著. -- 济南:齐鲁书社,2005. -- 261页;21cm. -- 7-5333-1474-3(国家图书馆)

本书是1981年吴枫先生所著《中国古典文献学》再版本。书中内容包括:古典文献导论,古典文献的源流与分类,古典文献的类别与体式,四部书的构成及其演变,类书、丛书与辑佚书,文献目录与解题,古典文献的收藏与阅读等。本书是我国较早的、自成体系、自有特点的古典文献学专著。(张玲)

4004

书趣 / 奚椿年著;刘心明图文编纂. -- 济南:山东画报出版社,2005. -- 192页:图,肖像,摹真;23cm. --7-80713-064-4(北京师范大学图书馆)

本书根据1987年版再版而成。《书趣》是一本谈书的专门之书,分为书史篇、著书篇、藏书篇、读书篇四部分。书中所收录文章既独立成篇,又相映成趣,记述了与书有关的诸多史实与逸闻掌故,讲述了我国图书的发展史。诸如最早的做书材料为竹简木板、汉高祖刘邦用儒冠溺尿以侮辱斯文、读书人为求名利而做伪书、藏书家视宋版如黄金、张冠李戴的书、从出错考题看古书的校刻、由一个地主上当说到古书的断句、古书受避讳恶习的牵连、古人抄书、古人护书杂忆、古时有"书殉笔葬"的风气、惊人的记忆力、"尽信书,则不如无书"、生活是"无字书"、"望文生义"、曲解、穿凿、无自知之明的读书人、倒读词、令人捧腹的不懂装懂、"吹毛求疵"、写在腹中的书:腹稿、写书与"一字……"之类的美谈、不改书与改书、"小人物"写书被人挖苦、未面世而遭烈火焚身的书稿、写书与稿费、"文抄公"古来就有等。此外,遴选多幅与书有关的插图酌配行文之间,以明示读者。(张玲)

4005

插图本中国图书史 / 肖东发,杨虎著. -- 桂林:广西师范大学出版社,2005. -- 317页:书影,图,照片;23cm. -- 7-5633-5423-9(国家图书馆)

本书对中国古代图书文化进行了深入的考察,讲述了中国书籍产生与发展的具体历史过程,并讨论书籍与中国文化的发展、形成与转化的关系和影响,许多独到的细节足以补充人们对于传统与历史的认识和理解,是一部不可多得的知识性读物。全书共分十部分,分别论述了书籍的起源、载体、印制技术等,讨论了中国古代图书的突出成就,总结了中国古人制作和保存书籍的经验,对治书之学也加以概括介绍。

全书厘清了书籍发展的脉络,使读者对中国书文化有了全貌性的认识,可谓一部简单的中国古代文化史。(张玲)

4006

中国旧书业百年 / 徐雁著. -- 北京:科学出版社,2005. -- 853 页, 2 页图版:彩图, 摹真;24cm. -- 7 - 03 - 014082 - 6(国家图书馆)

本书是我国第一部系统探讨近现代中国古旧书业发展历史和经营业态的原创型学术著作。全书分为 9 个单元。著作者以中国古旧书业史为背景,依次叙述了百余年来燕京旧书业和江南旧书业的风貌,掠影了北京、南京、扬州、苏州、杭州、上海等历史文化名城的旧书业风情和旧书市场,披露了近现代以来因内忧外患所造成的七大“书厄”,回顾了叶景葵、郑振铎、阿英等有识之士在社会动荡岁月,保护和抢救中华典籍文献的义事壮举,反思了“公私合营”对我国古旧书业经营传统的影响,剖析了当代古旧书行业的症结,探讨了挽救、保护和复兴中国旧书业的可能之策。(张玲)

4007

域外汉籍研究集刊. 第一辑 / 张伯伟编. -- 北京:中华书局,2005. -- 452 页;23cm. -- 南京大学学术出版基金支持出版. -- 7 - 101 - 04607 - X(天津师范大学图书馆)

《域外汉籍研究集刊》为年刊,以学术研究为主,收入域外汉籍中有关语言、文学、历史、宗教、思想研究之学术论文及书评。第一辑包括“朝鲜—韩国汉籍研究”、“崔致远《桂苑笔耕集》的文献价值”、“《高丽史·乐志》‘唐乐’的文化性格及其唐代渊源”、“《十抄诗》及其注本的文献价值”、“《十抄诗》丛劄”、“朝鲜安平太君李瑢及‘菲懈堂潇湘八景诗卷’析论”、“《纂注分类杜诗》研究”、“华西先生说《孟子》‘浩然章’羲平议”、“柳重教《诗讲义发问》质颖朱熹《诗》说问题研究”、“日本汉籍研究”、“空海在唐作诗考”、“伏见吕旧藏《杂秒》卷十四述考”、“非诗话——一位经学家的诗学立场”、“《大东世语》与日本《世说》仿作”、“越南汉籍研究”、“越南古籍刊刻述论”、“《皇越诗选》所载越南与朝鲜使臣酬唱诗”、“汉籍交流研究”、“《续高僧传》管见——以与圣寺本为中心”、“宋人撰述流传丽、鲜两朝考”、“《耕织图》的历程——从宋濂《题织图卷后》谈起”、“论董越《朝鲜赋》——兼谈古代外交与辞赋的关系”、“稀见资料介绍”等。这些论文主要涉及朝鲜、韩国、日本、越南等汉籍研究领域,具有较高的学术与资料价值。(张玲)

4008

中国文献学 / 张大可,俞樟华著. -- 福州:福建人民出版社,2005. -- 310 页:图;23cm. -- 7 - 211 - 05049 - 7(国家图书馆)

本书共 11 章。第一章绪论,介绍了文献与历史文献新界说、传统的文献整理与古文献学、20 世纪的文献学;第二章文献载体,包括印刷术通行前的古文献及其载体、雕版印刷文献、活字印刷和现代技术载体文献等内容;第三章 20 世纪新发展的古文献及古今档案与考古文献;第四章典籍类别文献;第五至七章分别论述了目录学,版本学、校勘学,考据学、辨伪学、辑佚学;第八章古籍整理;第九章古籍的注疏与今注今译;第十章文献的收藏与检索;第十一章中国文献学的理论构建。作者还在附录中给出有特色的古籍专业出版社、高等院校古典文献专业与研究机构等内容。(张玲)

4009

书之五叶 / 张泽贤著. -- 上海:上海远东出版社,2005. -- 345 页:图, 摹真;21cm. -- 7 - 80706 - 003 - 4(国家图书馆)

本书作者用分类法,从众多民国版本中擒出 5 个明显的“元素”,笔者把它们称之为“五叶”:封面设计、书籍插图、出版标记、书籍广告、版权之页。每“叶”之下,作者以相关的短文加以阐述,如封面设计中收录“鲁迅先生自作的封面”、“闻一多为徐志摩的著作设计封面”、“丰子恺堪称首创的漫画封面”、“陶元庆的封面设计见功力”、“司徒乔设计封面好画人物”、“钱君匋擅长图案封面设计”、“不要忘记叶灵凤”等;书籍插图中收录“鲁迅与书籍插图之缘”、“丰子恺是书籍插图的先行者”、“丁聪的插图珍品”、“郑振铎的《插图本中国文学史》”、“中紫作《丰收》的插图”、“端木蕻良为萧红著作插图”、“夫妻为《龙山梦痕》作插图”、“兄弟插图家”、“《志摩日记》中的木刻插图”等;版权之页收录“民国版本价格浅见”等。(张玲)

4010

文献学大辞典(增订本) / 赵国璋,潘树广,丁晓昌等编. -- 扬州:广陵书社,2005. -- 64, 1150 页;22cm. --7 - 80694 - 009 - X(北京师范大学图书馆)

本词典是在 1991 年版的增订本。本书 1991 年江西教育出版社出版的《文献学辞典》的基础上,对词目作了一些增补,在文献学一般、文献载体、文献整理、文献聚散与流通、重要文献、人物方面增设了部分词目,并续编了《中国文献学大事记》。本词典的收词范围包括文献学基础理论、文献载体、文献整理、文献聚散与流通、重要文献、文献阅读与文献学家方面。计有正条词目 4400 余条,附目 1600 余条。正条分别编有按笔画序次的《词目表》和依类相从的《词目分类目录》,以便于读者进行专指检索或族性检索。(张玲)

4011

中国古代文献学 / 赵荣蔚编著. -- 北京:中国文史出版社,2005. -- 305 页:图;21cm. -- 7 - 5034 - 1679 - 3(国家图书馆)

本书作者赵荣蔚教授主要从事唐代文学与中国古代文献学研究,其中对晚唐五代士风与诗风、中国古代文学文献研究用力尤勤。作者在本书中以中国古代文献为研究对象,以目录学原理为基础,运用版本、刻印、校勘、注释、编纂等知识和检索的理论和方法,研究组织和检索中国古代文献工作的规律和方法。全书论述了古代文献的形式、古代文献的类型、古代文献目录学、古代文献版本学、古代文献校勘学、古代文献注释学等。书后还附有两个附录。附录一收录了班固的《汉书·艺文志总叙》、长孙无忌《隋书·经籍志总叙》、纪昀《四库全书总目提要叙》;附录二收录了赵荣蔚教授所写的唐《诗人主客图》散论、《唐音审体》的体例特色、《古今图书集成》对我国传统学术文化的整合。(张玲)

4012

中国古典文献学研究 / 赵晓岚主编. -- 长沙:湖南师范大学出版社,2005. -- 434 页;23cm. -- 7-81081-516-4(国家图书馆)

本书是一本侧重从文献学的角度而编选的论文集。全书大体分为三部分。第一部分为佛经与敦煌文献研究,包含"《长阿含经》校读记"、"汉译佛经中表一文的语气词'那'"、"《敦煌变文集》校注笺识"、"《敦煌变文集》校注拾零"、"敦煌变文与汉语常用词演变研究"、"从汉文佛典俗字看《汉语大辞典》的缺陷"等14篇论文;第二部分古典文学文献研究,包含"《诗经》农事考略"、"论宋词小序"、"《尚书·洪范》写作年代考"等14篇论文;第三部分古籍整理与研究,选录"论辞赋和辞赋研究的范围"、"论八股文献之说不能成立"、"《古今注》小考"、"对版本目录学中几个问题的思考"等14篇论文。编者还在附录中给出湖南师范大学中国古典文献学学科介绍、学科点2000年以来主要学术著作、学科点2000年以来主要学术论文、学科点成员介绍等内容。(张玲)

4013

明人著作与生平发微 / 朱鸿林著. -- 桂林:广西师范大学出版社,2005. -- 285 页;21cm. -- 7-5633-5710-6(国家图书馆)

本书作者朱鸿林教授于美国普林斯顿大学期间,遍读校内葛斯德东方图书馆珍藏之日本内阁文库本明人文集,考订其编纂情状、刊行原委、文字异同、作者生平志业等事,实沉潜积厚、探幽掘微之作。全书内容包括"钱谦益《国初群雄事略》撰作经过与成书年代推考"、"《熙朝名臣实录》即《续藏书》考"、"试论《熙朝名臣实录》冒袭《续藏书》缘由"、"明人张翀《鹤楼集》介绍"、"《明史·张翀传》初正"、"记宋楙澄《九籥集》"、"《永乐大典》纂修人考补"、"《明儒学案·白沙学案》的文本问题"、"郑经的诗集和诗歌"、"读张诩《白沙先生行状》"、"明儒陈白沙对林光的出处问题之意见"、"文集的史料意义问题举说:并论明儒陈白沙文集的文本差异问题"等13篇文章,对于研究明代社会及文化情状有很大的帮助作用。(张玲)

4014

日本藏汉籍珍本追踪纪实:严绍璗海外访书志 / 严绍璗著. -- 上海:上海古籍出版社, 2005. -- 507 页, 6 页图版:摹真;21cm. -- 7-5325-3984-9(国家图书馆)

本书作者自1980年以来,三十余次登上日本列岛,查访了八十余处收储汉籍的藏书处,包括皇宫内厅书陵部、国立和公立的图书馆、大学图书馆和各类文库等。对所经眼的汉籍珍本,一一作了著录,考辨其文本流传情况,许多不为外人所知的收藏藉此彰显,具有重要的文献学价值。本书不仅在古典文献学领域有重大贡献,更为中日比较文化研究开辟了条新的径路,对这一领域的研究具有很大推动作用。作者在考察日本藏汉籍珍本的同时,进而关注他们被收藏的不同过程、动机以及收藏单位的情况与沿革,从而由一个角度反映了日本文化的特征、理念及其演变。(韩丽)

4015

书写的故事 / 布鲁克菲尔. -- 台北:猫头鹰出版社, 2006. --64 页:彩图;28cm. -- 目击者百科.32(国家图书馆)

该书是英国 A Dorling Kindersley Book 出版的原名为 Eyewitness Series: Writing 的中译本,布鲁克菲尔(Karen Brookfield)著,谢仪霏译。图文并茂,介绍人类书写、文字、印刷及书籍的历史。内容有:最早的符号、埃及文字、中世纪诗篇集、亚洲的书、伊斯兰世界的书、早期印刷书、打字机等。书后词条为中英文对照,索引按中文笔画检索。(赵红)

4016

丰草堂题跋书法 / 丛文俊著. -- 沈阳:辽海出版社, 2006. --138 页, 4 页图版:摹真;29cm. -- 7-80711-497-5(首都师范大学图书馆)

本书分"拓本题跋"、"自书题跋"、"论书题跋"三部分收录了作者的题跋书法作品。(于静)

4017

以古通今——书的历史 / 台湾图书馆特藏组编辑. --台北:台湾图书馆, 2006. -- 87 页:图;21cm. -- History of books. --957-678-448-4(国家图书馆)

本书是台湾图书馆为增进民众对图书的认识,特举办"以古通今——书的历史"展览,以现代化的展览设计,呈现图书的质与美,并针对本展览内容以图文并茂的方式编印成书。其内容分为书的起源、书的材质、书的印制、书的装帧、书的版式及书的未来六部分,另附有图书发展大事年表,让民众在欣赏图书,认识图书之余,达到推广图书文化的目的。(赵红)

4018

大观宋版图书特展 / 林柏亭主编;王福寿等文字撰述. -- 台北:"故宫博物院", 2006. -- 247 页:图;30cm. -- Grand View: Special Exhibition of Sung Dynasty Rare Books. -- 957-562-505-6(国家图书馆)

"大观"是一个结合北宋书画、汝窑以及宋版图书的大型展览,其中技艺与智慧兼备的宋版图书,将以既古典又现代的风貌,展现古人为传播知识所用的苦心。故除了展览装置的古今对比外,另出版精美图录以飨大众,期使世人在欣赏宋版书之余,还能更深刻地认识到宋代版刻图书在文化及艺术史上的意义。台湾"故宫博物院"收藏宋版书二百余部,这次特展只选二十八种展出,比例上好像很少,但其特殊性最不容忽视,因为多属存世孤本,或为图书发展史上具有重大意义的书籍,分别以四个子题代表宋代各阶层对新兴工艺的热衷,而这也是本图录的编辑架构。让一部书一篇详尽的解说,来娓娓道出书籍从写作、编纂,到雕印、出版、传存后世的来龙去脉,希望记者能从中领受到前人经营的苦心与蕴含的智慧。本次书展共分四部分:稽古右文:官府刻书包括尔雅 三卷三册、汉书 存十七卷八册;诗礼传家:士人印本包括昌黎先生集四十卷外集十卷附一卷六册、通鉴纪事本末 四十二卷九十七册;洛阳纸贵:书坊牟利包括东坡先生和陶渊明诗 四卷一册、春秋公羊经传解诂 十二卷六册;广结善缘:集赀印经包括妙法莲华经 七卷七册、金刚般若波罗密经 二卷二册。

书前有台湾“故宫博物院”院长林曼丽写的序。(赵红)

4019

古典文献研究(总第九辑) / 南京大学古典文献研究所编. -- 南京:凤凰出版社, 2006. -- 362 页;21cm. --7-80729-039-0(国家图书馆)

本书共收入论文31篇,涉及文献考证、书目研究、古代学风学制、古代文学等六个专题。(王旭东)

4020

古典文献研究(总第八辑) / 南京大学古典文献研究所编. -- 南京:凤凰出版社, 2006. -- 472 页;20cm. --7-80643-983-8(国家图书馆)

本书共收入论文35篇,内容涉及辑佚之学,传统目录学,史籍、书画、笔记、集部等多类文献,文学文献等各个方面。(王旭东)

4021

二编总目——清代图书馆事业发展史 / 宋建成. -- 台北县:花木兰文化出版社,2006. -- 1 册,26cm. -- 古典文献研究辑刊·二编; 1(国家图书馆)

该书是图书馆研究专辑之第一册(共20册)。何广棪作序。总目分:历代出版研究专辑;专题书目研究专辑;辑佚学研究专辑;传注学研究专辑;经学文献研究专辑;史学文献研究专辑;诸子学文献研究专辑;文字学文献研究专辑;佛教文献研究专辑;道教文献研究专辑;出土文献研究专辑共12类20册。本册含总目;《二编》凡20册各书作者简介、提要、目录;宋建成著《清代图书馆事业发展史》。本书共5章:第一章绪论,第二章保守时期的清代图书馆事业,第三章启发时代的清代图书馆事业,第四章清代私人图书馆事业,第五章结论。后为参考书目。书中有图表。(赵红)

4022

中国古文献学 / 孙钦善著. -- 北京:北京大学出版社, 2006. -- 423 页:图;23cm. -- 普通高等教育“十五”国家级规划教材. -- 7-301-06627-9(北京师范大学图书馆)

全书共11章。第一章绪论,介绍了中国古文献综述、古文献学的内涵与意义;第二章目录,介绍了目录名称的由来、演变和目录的体制,中国古文献目录的特点和优良传统,目录的功用,古文献群书目录的种类,古文献目录的传承源流和准确利用;第三章版本,介绍了版本与版本学,纸书的装帧形式、纸书版本的类别,版本的鉴定,版本源流系统的考证;第四章校勘,介绍了校勘与校勘学,古文献错乱的情况和原因,校勘的基本方法和方式,校勘的历史成果和经验,校勘应注意的几个问题;第五章辨伪,介绍了辨伪学的内涵、意义及伪书产生的复杂原因和情况,辨伪的基本方法,辨伪的历史成果和经验,现当代辨伪概述,辨伪应注意的几个问题;第六章辑佚,介绍了辑佚与辑佚学,古书散佚的情况、原因和辑佚的意义,辑佚的基本方法、历史概述及应注意的几个问题;第七至九章伟古文献的语文解读,分别介绍了文字、音韵和训诂;第十章古文献的内容考实;第十一章古文献的义理辨析。(张玲)

4023

王子霖古籍版本学文集 / 王雨,王书燕编. -- 上海:上海古籍出版社,2006. -- 3 册(201, 215, 209 页), 40 页图版:图(部分彩图), 摹真;25cm. -- 7-5325-4183-5(北京师范大学图书馆)

本书是王子霖古籍版本学的文集,共计三册。第一册《古籍版本学》为王子霖先生从事书业宝贵经验之谈,总结了前人所有鉴定经验,曾以之为中国书店《业务学习讲义》,远非大学版本目录、校勘学教授细眼所能写出;第二册《古籍善本经眼录》四卷为《古籍版本学》之续编,记先生经眼诸善本,详述内容及流传经过,尤对书中收藏印记一一注明,为学术研究了很大便利;第三册《日记、信札及其他》中多存学术论著、见闻笔记诸篇,许多内容简介独到,为有关书史研究者所资取。(张玲)

4024

插图本中国图书史 / 萧东发,杨虎著. -- 高雄:凤仪知识产业股份有限公司,2006. -- 342 页:图;21cm. -- 文化事业系列; 2. -- 986-821-021-6(国家图书馆)

本书对中国古代图书文化进行了深入的考察,全书共有10个部分,分别论述了书籍的起源、载体、印刷技术等,讨论了中国古代图书的突出成就,总结了中国古人制作和保存书籍的经验,对治书之学也加以概括的介绍,进而理清了书籍发展的脉络,使读者对中国图书文化有了全貌性的认识,可谓一部简明的中国古代文化史。(赵红)

4025

域外汉籍研究集刊. 第二辑 / 张伯伟编. -- 北京:中华书局,2006. -- 550 页;23cm. -- 本书出版受国家“985 工程”、“汉语言文学与民族认同”哲学社会科学创新基地支持. -- 7-101-05057-3(天津师范大学图书馆)

《域外汉籍研究集刊》为年刊,以学术研究为主,收入域外汉籍中有关语言、文学、历史、领域等之学术论文。第二辑主要涉及朝鲜—韩国、日本、越南等汉籍研究领域,新增“稀见资料介绍”(影印日藏《括地志》残卷并跋)、“文献汇编”栏目。本辑论文学术质量高,份量也更厚重,如,孙猛撰《〈日本国见在书目录〉(经部、史部、集部)失考书考》文和张伯伟撰《清代诗话东传略论稿》文。针对成寻的《参天台五台山记》,本辑有曹家齐撰《略谈〈参天台五台山记〉的史料价值》和蔡毅撰《从日本汉籍看〈全宋诗〉补遗》两文。此外,兴膳宏撰《日本汉诗史上的空海》一文,以诗体作为研究的重心,考察从奈良朝至空海同时代的平安朝前期的诗作状况,明确了空海在汉文学史上的贡献,堪称佳作。(张玲)

4026

书文化的传承 / 来新夏著. -- 太原:山西古籍出版社, 2006. -- 149 页, 1 页图版:彩图, 摹真;24cm. -- 7-80598-730-0(北京师范大学图书馆)

本书是一本书文化的传承,主要介绍了口传与记事、纸和纸书、典藏与整理等内容。(于静)

4027

书林清话:附书林馀话 /(清)叶德辉著. -- 扬州:广陵书

社,2007. -- 236 页:图, 地图, 肖像;25cm. -- 978 -7 -80694 -235 -2(清华大学图书馆)

《书林清话》十卷、《书林馀话》二卷,是清末学者叶德辉在版本目录学方面的代表之作。《书林清话》十卷,原于清末刻成,后经三次修订,以1920年长沙观古堂第三次修订本为最佳。《书林清话》一书为读者提供了关于古代雕版书籍的各项专门知识。著者根据丰富的资料,用笔记体裁说明书籍和版片的各种名称,历代刻书规格、材料以及工料价值的比较,印刷、装订、鉴别、保存等方法,并叙述了古代活字印刷、彩色套印的创始和传播,各时代的著名刻本,刻书、钞书、卖书、藏书的许多掌故。《书林馀话》二卷,原是未完成的稿本,由叶德辉的侄子叶启崟在他死后铅印出版。此书主要是对《书林清话》中事关历代刻书掌故、琐记及相关内容未尽载者,凡采宋、元、明、清诸家说部、笔记等书,汇辑成篇。(张玲)

4028

顾千里集 /(清)顾广圻著,王欣夫辑. -- 北京:中华书局,2007. --36,432 页;21cm. --978 -7 -101 -05900 -7(北京师范大学图书馆)

顾千里(1766—1835年)名广圻,以字行,号涧薲,别号思适居士,人称"万卷书生",江苏元和人。师事尚书学专家江声。顾千里对于经、史、小学、天文、算术、舆地、九流百家、诗、文、词、曲,无所不通。他的著作,经编者详加校勘,重为序次,改编为二十四卷,易名《顾千里集》。本书的内容,主要是序、跋部分,也是菁华部分,可以看到他学问的全面。(张玲)

4029

思适斋书跋 /(清)顾广圻著,黄明标点. -- 上海:上海古籍出版社,2007. -- 236 页;21cm. -- 978 -7 -5325 -4389 -2(北京师范大学图书馆)

顾广圻对校勘书籍的看法是,要做到"唯无自欺,亦无书欺。存其真面,以传来兹",张"凡天下书,皆当以不校校之"。顾广圻自号"思适居士"亦以"思适斋"来命名自己的文集,即由此引申而来。顾广圻与黄丕烈有着长时期的深厚友情《思适斋集》中许多书序;书跋都是他以黄丕烈的名义撰写的。两大目录学家的学术成就交相辉映。黄丕烈士礼居藏书题跋,由近代潘祖荫、缪荃孙等搜辑成书。顾广圻所著,除《思适斋集》十八卷外,1935年,版本目录翠家王大隆又辑《思适斋书跋》四卷、《思适斋集补遗》二卷问世。本书收入《思适斋书跋》《思适斋序跋》《思适斋序跋补遗》三种,总名曰《思适斋书跋》。《思适斋书跋》,王大隆辑;《思适斋序跋》《思适斋序跋补遗》分别选自《思适斋集》《清顾瑞清辑》《思适斋集补遗》《王大隆辑》的序跋部分。需要说明的是《思适斋集》中题跋大部分已收入王氏辑《思适斋书跋》,故《思适斋序跋》只选其未收部分,以免重复。(张玲)

4030

拜经楼藏书题跋记 /(清)吴寿旸著;郭立暄标点. --上海:上海古籍出版社,2007. -- 213 页;21cm. -- 978 -7 -5325 -4384 -7(天津科技大学图书馆)

吴寿暘乃浙江海宁人。其父吴骞,生平酷爱典籍,搜集珍本逾万,筑拜经楼以藏之,贮书甲于一方。吴骞逝后,寿暘承父遗志,辑成此编。本书著录拜经楼藏书精品,汇集其父吴骞及众多名人学士的鉴赏题识,包括杭世骏、卢文弨、钱大昕、朱型家、陈鳣、鲍廷博、黄丕烈等当时最优秀的版本、校勘学者的研究成果。此次整理标点以道光二十七年蒋氏宜年堂刻本为底本,订正少数误字,并补充吴骞《愚谷文存》及其续篇等内容,以小注形式附于文后,以资参考。(张玲)

4031

《中书备对》辑佚校注 /(宋) 毕仲衍撰;马玉臣辑校. -- 开封:河南大学出版社,2007. -- 312 页:图;24cm. -- 978 -7 -81091 -613 -4(北京大学图书馆)

《中书备对》,是北宋毕仲衍(1040—1082年)于宋神宗元丰元年(1078年)闰正月十三日(戊子)至三年八月十日(庚子)奉命而修的一部"典故类"历史文献。它"凡为一百二十五门,附五十八行,分为六卷。内事目多仍分上中下,共为十卷",主要记录了宋神宗熙丰时期政治、经济、法律、军事和教育等典制,"集内外事物纲目","以其(知)官吏流品、户口、钱谷之数,以知礼法文物、军兵名额之数,以知刑罚赦宥之事、夫役之数,小大精粗,无乎不备"。史称:"天下之事,尽在其中。及奏篇,先帝(按,指宋神宗)叹息称善。而今士大夫家争相传录,以为不可无之书也。"宋神宗还"诏中书、门下各录一本纳执政,仍分令诸房揭帖"。足见,《中书备对》在当时影响之大。(张玲)

4032

北京大学中国古文献研究中心集刊. 第六辑 / 北京大学中国古文献研究中心编. -- 北京:北京大学出版社,2007. -- 400 页;26cm. -- 教育部人文社会科学重点研究基地. -- 978 -7 -301 -12023 -1(北京大学图书馆)

本书主要为北京大学中文系古文献专业师生对古代典籍整理、校勘、版本、目录之学以及文学、史学和哲学的研究论文集,是教育部重点研究基地的刊物。本期主要文章有"美国公藏宋元版汉籍概述"、"美国国会图书馆敦煌高昌写经、宋金元本典藏、渊源、版本和数位化"、"日本宫内厅书陵部藏宋黄善夫刻《王注苏诗》之特殊价值"、"写字台文库与佐伯文库——马廉与泽田一斋"、"日本所藏中国戏曲源流考"、"韩国收藏汉籍中的文学文献"、"晋及南朝目录体例考"、"陈振孙《直斋书录解题》义例新探"、"乐语、经说和诗论——《诗经》学三种形态及其相互关系"、"董逌《广川诗故》辑考"、"《论语》子游问孝章发微"、"近代日本文学视野中的《论语》——以下村湖人《论语物语》为中心"、"礼制的隐含与《论语》的诠释"、"《孝经》开元始注与天宝重注比较研究"、"整理《史记会注考证附校补》札记"、"《汉书》引文的方式与特点——兼说《全汉文》采录《汉书》的难误"、"宋施宿家世行迹生卒年补证——兼《余姚施氏宗谱》遗存施宿墓志信疑考"、"明代方志与中国古代文学研究"、"魏晋散佚子书与魏晋文学"、"《出三藏记集》和《佛所行赞》"、"出土文物资料与古代文学研究"等。(张玲)

4033

中国近代期刊装帧艺术概览 / 边靖编著. -- 北京:北京图书馆出版社,2007. -- 329 页:图, 摹真;28cm. --书刊装帧艺

术爱好者,一般读者. -- 978 - 7 - 5013 - 3530 - 5(天津工程师范学院图书馆)

本书是第一部对中国近代期刊装帧艺术史进行展示与论述的图书。全书共收近代期刊 130 多种,时间自清末至 1949 年。本书收集的不仅是各个时期的主流文化期刊,也包含了一些支流文化杂志,有政治文艺、时事,也有生活、艺术、科技等。在装桢样式的择取上,尽量选择创刊号以及特殊节点上的作品,以体现时代的装桢风格。在材料的选取上,则忽略了在当代杂志装桢中显著无特色的书脊及封底,着重封面、插图、广告以及发刊辞。这样便于读者从自己的认识积累中去体味当时的气息。通过对本书的学习,读者可较全面地窥见近代期刊装帧艺术与期内容之间密不可分的关系,以及整个期刊装帧艺术发展的轨迹。(张玲)

4034

杜诗版本及作品研究 / 蔡锦芳著. -- 上海:上海大学出版社,2007. -- 264 页;23cm. -- 978 - 7 - 81118 - 165 - 4(北京大学图书馆)

本书分上、下两编。上编是关于杜甫诗歌版本及注家方面的研究,澄清了杜诗版本流传过程中的诸多疑问。如郭知达的《新刊校订集注杜诗》,中华书局的影印本与原宋本之间有多大的出入?神秘的杜修可、杜定功、杜立之等人是何许人也?《钱注杜诗》的底本是不是他所自称的吴若本?朱鹤龄辑注杜诗的成就究竟如何?杨伦的《杜诗镜铨》是否存在着以蒋金式的批朱本为底本但又不欲明告读者的嫌疑?等等。这些问题,在书中都给出了明确的答案。下编是关于杜甫诗歌作品的专题研究,如"诗史"特征的呈现、好友群像的描述、杜甫喜乐诗的梳理、杜甫戏题诗的分析等,读者将从不同的侧面对杜甫及其作品获得更深入的体察。(张玲)

4035

古籍整理概论 / 曹林娣编著. -- 北京:北京大学出版社,2007. -- 285 页:摹真;23cm. -- 978 - 7 - 301 - 06898 - 4(北京师范大学图书馆)

古籍在一定程度上代表着一个时代曾经到达的智慧高度,它延绵了数千年生生不息的华夏文化,保持着我们民族自豪感和归属感,是中华民族共同文化心理的见证。古籍整理是连接历史与现实的桥梁,是"存亡继绝"的工作,它不仅向人们展示历史、更重要的是要保留历史,让人们在纷繁芜杂的现实中仍能把握住民族发展的脉络,挖掘中华民族传统文化的精华,参与世界文化交流。本书用 14 章的内容论述了古代文献典籍的形式内容和整理古籍的各个环节。第一章古籍整理的意义;第二、三章先儒古籍整理得失论;第四章目录版本与古籍整理;第五章版本的选择与鉴别;第六章出土资料在古籍整理中的运用;第七章古籍的标点;第八章古籍的校勘;第九章古籍的注释;第十章总集、别集的编纂;第十一章辑佚;第十二章古籍的辨伪;第十三章古籍内容的考证;第十四章序跋、附录。(张玲)

4036

中国古籍版本学(第 2 版) / 曹之著. -- 武汉:武汉大学出版社,2007. -- 550 页, 8 页图版:图(部分彩图),摹真;24cm. -- 978 - 7 - 307 - 05740 - 1(北京大学图书馆)

本书是国家教委统编文科教材之一。其特点是体系新、内容新、信息量大。本书分概论、源流、鉴定三篇,该书初步建立了中国古籍版本学的完整体系,全面论述了中国古籍版本的基本理论。其中,古籍版本学史、写本源流、雕版起源、考订一书版本源流等内容尤富新意。本书可供大学中文系作为教材使用,也是古籍整理、出版发行、图书馆学等专业人员以及文史爱好者的必读书。(张玲)

4037

读书滋味长:2003—2005《博览群书》精选 / 常大麟,陈品高,李焱选. -- 桂林:广西师范大学出版社,2007. -- 334 页;23cm. -- 978 - 7 - 5633 - 6639 - 2(北京大学图书馆)

本书分 5 辑,即读书、观察、历史、思想、学术,汇集了 46 篇名家读书的所思所得,内容深刻,涉及当下热点问题的思考,文笔生动,读来琅琅上口、轻松愉悦。读书辑收录"埃舍尔说了什么"、"抱猫者说"、"不可靠的证据——谈所谓《红楼梦》的湘土湘音"、"陈琼芝和《鲁迅全集》"、"读赵复三译《欧洲思想史》琐记"、"在铁轨附近"、"亲师向学以敬以乐"、"回归常识中的分歧"、"追思德里达"等文章;观察辑收录"LSAT:科举在美国的翻版"、"从胡风反对其外孙报考文科想起"、"江湖侠骨恐无多"、"民歌、民俗与民法"、"想读一部贬官流放史"、"一条自觉的狗"、"从公共仪式到公共艺术"等;历史辑收录"最后的梦"、"不走运的马谡"、"怀念燕卜荪先生"、"课堂上不讲的一段历史"、"雷海宗的时代"、"藏书家文化心态的共识与分野"、"梁启超与吴其昌";思想辑收录"从圣徒到先知——读《奥威尔传》"、"滇西北文明:正被揭示的和将被毁灭的——从《车轴》开始的答问"、"纳粹如何引导德国走向疯狂"、"圣经 · 现代化与传统文化"等文章;学术辑包括"'秋菊的困惑':一个巧妙的修辞"、"《文化多样性公约》与中国的国家立场"、"共同'法律现象'下的'深层共性'——评《中西法文化的暗合与差异》"等文章。(张玲)

4038

文献学与小学论考 / 邓声国著. -- 济南:齐鲁书社,2007. --430 页;21cm. -- 978 - 7 - 5333 - 1836 - 9(北京大学图书馆)

本书收集了文献学与小学研究领域的论文。文献学就是关于文献整理和文献研究的理论与方法的学问;"小学",一般认为它包括文字、音韵、训诂等分支,本书所收论文主要以训诂学类论文为主,而未收入有关文字学、音韵学类论文。全书分为四编:理论探讨编、文献整理编、词句训诂编、辞书编及其他。收录论文包括"关于中国古典文献学学科内容设置问题之我见——20 世纪诸家古典文献学著述比较研究之一"、"传统经学研究与古典文献学学科理论建设的思考"、"21 世纪易经文献学研究展望"、"21 世纪中国古典民俗文献学研究展望"、"关于汉语言文献学研究的几点设想"、"关于'中国训诂学'学科名称定义界说之我见——兼与白兆麟先生商榷"、"'联绵词'的界定与反思"、"《毛诗笺》申明《传》义说略"、"《周礼注》引《诗》探析"、"郑玄所见《仪礼》古今异文考——兼谈《仪礼》异文的价值”、“张尔岐《仪礼郑注句读》训释方法举隅”、“两部郑玄《仪礼》学的发微之作——《仪礼管见》与《仪礼学》对比浅析”、“《汉语大字典》释义指瑕”、“《汉语大字典》引用《仪礼》材料及相关释义的处理问题”、“《汉语大词典》释义补苴”、“‘若是其A’类句式叙议”、“《“大方之家”正义》商榷”、“也谈‘朱门酒肉臭’的‘臭’”等。(张玲)

4039

叶雨书衣:自选集 / 范用著. -- 北京:生活·读书·新知三联书店,2007. -- 220页:彩图,摹真;23cm. -- 978-7-108-02550-0(北京师范大学图书馆)

20世纪80年代,三联书店大量出版人文社科类图书,在全国造成深远影响,这些书的装帧大多出于范用先生之手。他那富有书卷气、简洁朴素、高雅大方、巧妙多变的设计风格同样造成深远影响,至今不衰。本书选入的七十余种图书装帧设计作品,可说是范用先生的代表作。为了全面展示这些作品的内涵,除封面设计外,还选择了一些扉页、目录页、正文版式乃至书中广告的设计,并对每一本书的内容及相关设计背景做了介绍。(张玲)

4040

文献学专题史略 / 高尚榘主编. -- 济南:齐鲁书社,2007. --442页;21cm. -- 978-7-5333-1941-0(北京大学图书馆)

中华民族历史悠久,其记载悠久历史的典籍也产生了数千年。从甲骨、金石、简帛到纸质文献,典籍浩瀚。要想研究中国方方面面的历史,只有依靠文献;要想在前人研究的基础上有所突破,有所前进,也只有依靠文献。因此,须了解文献产生、发展及其存佚的情况,认真地研究文献学的历史。本书通过对目录学史略、版本学史略、校勘学史略、辨伪学史略、辑佚学史略、注释学史略、丛书史略、类书史略、典籍收藏史略、典籍遭厄史略这10个专题的综述,使广大的治学者对文献学史的一些基本方面有个系统的、清晰的认识,并从中吸取治学方法、经验和教训,总结前人,开创未来。(张玲)

4041

汉语言文字文献学 / 高尚榘著. -- 北京:社会科学文献出版社,2007. -- 384页:图;24cm. -- 978-7-80230-921-0(北京大学图书馆)

本书分为“文献编”、“检索编”、“知识编”三大部分。“文献编”展示古今浩瀚的汉语言文献,让读者较全面系统地了解本学科各个方面(文字、音韵、训诂、语法、修辞、方言等)的文献成就;“检索编”指示各类语言文献的检索途径,让读者在了解文献的基础上,掌握其各类文献的检索方法;“知识编”介绍与语言文献密切相关的文献学知识,如目录、版本、校勘、注释、古籍阅读、工具书使用等,读者只有掌握了这些知识,才能进行有效的文献利用与研究。(张玲)

4042

清代版刻牌记图录 / 国家图书馆古籍馆编. -- 北京:学苑出版社,2007. -- 14册;26cm. -- 本文献为影印本. -- 978-7-5077-2801-9(武汉大学图书馆)

牌记又称“书牌”、“木记”等,是我国古代刻书中带有题识文字的围框。牌记具有重要的价值,主要体现在版本鉴定、艺术欣赏以及提供研究数据等方面。因此,牌记是版本学、出版史等研究领域的重要研究内容之一。不过,学界对宋元牌记的研究比较关注,而对明清牌记的研究稍显薄弱。为此,国家图书馆古籍馆结合馆藏特色,编辑出版《清代版刻牌记图录》一书,以为清代牌记的研究提供丰富的原始资料。本书共14册,收录古籍2000余种,每一种书选择其中一至二幅牌记图像,一幅卷端或总目图像,共计有4000幅左右的图像。每一幅牌记图像都是原大影印,经过精心挑选,具有代表性和较高价值。全书按照牌记的时间顺序编排,后附书名索引和出版者索引。本书的出版使清代的牌记情况得到比较全面的反映,使清代的刻书特点、整体概况也得到比较全面的反映,从而为研究清代书籍出版史、鉴定版本等提供大量准确可靠的资料。(张玲)

4043

中国典籍与文化. 第3辑 / 国家图书馆善本特藏部,《中国典籍与文化》编辑部编. -- 北京:北京图书馆出版社,2007. -- 142页:肖像;25cm. -- 978-7-5013-3618-0(首都师范大学图书馆)

本书由国家图书馆善本特藏部《中国典籍与文化》编辑部主编,是讲座“中国典籍与文化”讲稿的结集。书中收集了包括启功、韩昇、万明、杨镰在内的9位专家学者的论著,其具体内容包括“沈约四声及其与印度文化的关系”、“西方人对中国开封犹太人的调查始末”、“郑和下西洋”、“探索失落的西部文明”、“日本正仓院与中国出土文物”、“东来的和尚——日本遣唐使时期来华的僧侣与中日文化交流”、怎样读《红楼梦》”、“论乾隆”、“汉字文化圈漫谈”、“敦煌占卜文书与唐五代占卜”、“北京地区的基督教史迹”、“南传佛教与傣文贝叶经”、“《文献》与文献研究”、“长江三峡地区古人类考古与长江的形成”等。(张玲)

4044

著述与宗族:清人文集编刻方式的社会学考察 / 何明星著. -- 北京:中华书局,2007. -- 199页:图;23cm. --978-7-101-05883-3(北京师范大学图书馆)

本书借助张舜徽先生对600部清人文集研究的成果,通过对清人文集的编刻方式的统计分析,及与宗族的象征——族谱的编刊活动的比较,从社会学的视角探讨清人图书文化活动在宗族传承、科举教育和学术研究中发挥的轴心作用,揭示传统著述、编刊与宗族是一种相互适应的文化生态关系,1860年之后的印刷技术变革打破了这种生态关系,对著述、出版以及社会各层面的影响迄今尚存,探索现行制度与传统文化积累之间的转换与对接,对当代图书出版事业有很大帮助。(张玲)

4045

宋代文献研究 / 黄权才著. -- 南宁:广西民族出版社,2007. -- 412页; 21cm. -- 978-7-5363-5313-8(北京师范大学图书馆)

本书共5个专题。第一专题《全宋诗》钩沉,介绍了《诗渊》《宋诗纪事》及其他文献中的宋诗钩沉;第二专题宋诗及诗人研究,包含“《全宋诗》考证”、“论《全宋诗》应收录神仙鬼怪诗”、“黄庭坚八桂行历史记录拾补”、“状元才子张孝祥在广西的文化遗产概述”、“徐意一是徐清叟还是徐荣叟的字号辩证”;第三专题《全宋文》订补及宋文整理,包含《全宋文》补订、宋代广西金石文录;第四专题宋桂帅诗及八桂宋词整理;第五专题《粤西金石略》研究,介绍了《粤西金石略》中的宋代八桂英才文化活动记录、唐宋广西佛教文化记录、宋代广西仙道文化记录。(张玲)

4046

黄永年古籍序跋述论集 / 黄永年著. -- 北京:中华书局,2007. -- 583 页, 4 页图版:肖像, 摹真;21cm. -- 978 - 7 - 101 - 05732 - 4(北京师范大学图书馆)

黄永年先生是一位历史学家和古籍版本目录学家,生前著述颇丰。本书是黄先生辞世后,其弟子辛德勇、贾二强、黄寿成等广搜其研究论述古籍的各类文章,精心编辑而成。书中收有 112 篇文章,其中有 31 篇未曾公开发表过,主要是一些古籍的题记识语等。全书内容分为“自藏典籍识语”、“经眼典籍题记”、“校印典籍说明”、“版本目录研究”、“书人书事杂记”五部分。黄先生不仅知识渊博,见地超拔,且文笔简约流畅,风格率直不阿,读其书,识其人,受其学,享其文,是一件非常愉悦的事情。(张玲)

4047

徐元太《喻林》研究 / 江育豪著. -- 台北:花木兰文化出版社,2007. -- 158 页:图;26cm. -- 古典文献研究辑刊. 五编. 3. -- 978 - 986 - 6831 - 48 - 5(国家图书馆)

本书旨在探讨明代末叶大臣徐元太及其所编纂之《喻林》。《喻林》性质上是一部中国传统的工具书——类书,内容上则专收典籍中运用譬喻修辞之句。本书除绪论及余论外,共分四章,各章之旨,提举如下:绪论首先对“研究动机”、“研究价值”与“前人研究成果”加以分析、陈述。第一章叙述徐元太生平、家室、交游、事迹以及著述。徐元太为人耿介,任官清廉,在四川为官期间,军功甚伟。其著述不论文学、史学,俱展现重视实用价值之特性。第二章《喻林》成书之经过与版本论述对《喻林》成书的原因进行探讨,次则对各个版本及现代重要影印本加以介绍,考订各个版本成书之先后顺序,并比较各个版本间之异同。第三章着重分析体例,对体例的源流、书中所采用的体例以及特殊形式均予以详细介绍。第四章从《喻林》分类编排、体例结构、其所采用之书籍目录以及书中所征引的文献四方面,论其异于一般类书以及卓越之处。论《喻林》一书,不能只侧重其优点,余论即是对《喻林》所存在的缺失进行检讨,并总结本文的成果,兼述未来研究。书后有附录:《喻林》目录、《喻林》引用书目、徐元太作品辑佚。(张玲)

4048

域外汉籍丛考 / 金程宇著. -- 北京:中华书局,2007. -- 342 页, 7 页图版:摹真;21cm. -- 978 - 7 - 101 - 05666 - 2(北京大学图书馆)

本书为作者近年有关域外汉籍的论文结集。作者以东亚汉文文献为背景,对一批保存在日本、韩国以及中国的域外汉籍文献进行了细致地考察。作者秉持实证性之原则,于所涉文献颇能溯其源流,有所发现。书中所收日本藏书印索引稿,首次将藏书印与书目、访书日记、拍卖图录等文献贯通起来,引书近两百种,颇具价值。本书涉及域外汉籍的文本研究、传播研究等多方面课题,其解决问题的思路和方法,对中国古籍乃至东亚汉籍的整理与研究,均有一定的启发意义。(张玲)

4049

弢翁藏书题跋 / 李国庆编著. -- 北京:紫禁城出版社,2007. -- 2 册(242, 384 页), 2 页图版:图, 摹真;30cm. -- 978 - 7 - 80047 - 625 - 9(北京师范大学图书馆)

周叔弢(1891—1984)是著名的藏书大家,他用一生精力和大部分的财力去搜求宋、元、明抄、校等善本书籍,其收藏受到海内外的重视。现在他所收集的善本都已无偿捐给国家,入藏国家图书馆,这是近代几大藏书家中唯一没有分散的收藏。入藏当时的北京图书馆时,著名史学家谢国桢教授称:“于是金匮石室之藏,琳琅满目,焕然生辉,实为镇库之宝,北京图书馆所藏善本之奠基石也。”周叔弢在其中的一些书的题跋中,或写艰辛搜书的经过,或辨版本之源流,或记重装濒毁书籍的经过,或记校勘的结果,对研究及考据中国近现代文化史有重要价值。(张玲)

4050

古书版本鉴定(2 版, 修订本) / 李致忠著. -- 北京:北京图书馆出版社,2007. -- 188 页:图, 摹真;26cm. -- 978 - 7 - 5013 - 3503 - 9(北京大学图书馆)

本书由史证编、版本编和鉴定编三部分组成。史证编介绍书籍、书籍形态和书史的主要内容,中国书籍的产生、初兴与发展,书籍的生产材料与生产方法,书籍的装帧艺术;版本编介绍版本,版本学,版本学功用,善本,版本类型与版本称谓,版本造伪与辨伪;鉴定编详细论述了一般刻本书的鉴定、活字印本书的鉴定和抄写本书的鉴定 。本书可作为古籍普查的培训教材。(张玲)

4051

郡邑丛书之研究 / 林照君著. -- 台北县:花木兰文化出版社,2007. -- 265 页:地图;26cm. -- 古典文献研究辑刊 · 五编. 2. -- 978 - 986 - 6831 - 47 - 8(精装)(国家图书馆)

中国历代书籍散佚颇多,许多古籍是藉由丛书而流传下来的,是以丛书具有重大的文献价值,值得探讨与研究。丛书的种类繁多,本文以郡邑类丛书为研究主题,综合历来的整理和研究的成果,归纳出 86 部郡邑丛书,除了对台湾可见的 55 部丛书逐部地介绍其实质内容与编刊情形外,并探讨郡邑类丛书的定义、兴起的原因、特色与价值,以期对此类丛书有所了解。全书分 4 章。第一章郡邑丛书的定义和内容;第二章台湾可见浙江、江苏郡邑丛书简介;第三章台湾可见其他省分郡邑丛书简介;第四章郡邑丛书的特色与价值。书后有附录:丛书目录表、江浙两省地图、台湾未见郡邑丛书子目。(赵红)

4052

越南汉喃古籍的文献学研究 / 刘玉珺著. -- 北京:中华书局,2007. -- 500页;21cm. -- 域外汉籍研究丛书;南京大学域外汉籍研究所专刊;本书出版受国家"985工程""汉语言文学与民族认同"哲学社会科学创新基地支持. -- 978-7-101-05751-5(北京师范大学图书馆)

本书在中越文化比较研究的广阔视野下,首次从传播流布、抄写刊印、记录分类、文献特色等方面对汉文典籍的分支——越南汉喃古籍——进行全面深入地研究,填补了中越文化交流史和域外文献学方面的空白。全书以流畅的文笔、前瞻的资料、周详的论证,考察了中越书籍交流的途径、规模,以及影响其发展的文化因素,揭示了越南古籍的刊刻系统、版刻特色、刊印重心;总结了越南古籍目录的编撰特点和分类特点;分析了越南汉籍产生的基本途径,以及越南本土书面典籍——喃文书籍产生的根本原因;阐发了越南汉文学作为雅言、作为中越两国文化交流纽带的意义。同时,从口头传播的角度,将越南民间抄本与敦煌写本进行了比较文献学研究,依据民间文本的种种特性,提出了建立不同于传统文献学的理论体系和学术方法的新学科——"俗文本文献学"的设想。(张玲)

4053

认识古籍版刻与藏书家 / 刘兆祐著. -- 台北:台湾学生书局有限公司,2007. -- 332页:图;21cm. -- 978-957-15-1354-6(国家图书馆)

本书以深入浅出的方式,论述与古籍有关的基本知识,并介绍历代著名藏书家的藏书特色及其逸闻轶事。全书分上下两篇。上篇为"认识古籍版刻",内容包括"蝴蝶装"、"包背装"和"线装","抄书"的趣闻,古代的盗版者、古书的袖珍本、古籍的版权页等22篇。下篇为"认识藏书家",内容包括刻书积善的鲍廷博、今存最古藏书楼"天一阁"及其创始人范钦、有功寺院藏书的阮元、以文化报国的张元济、首创"祭书"典礼的黄丕烈等24位藏书家。书前有再版说明、刘真序、自序。(赵红)

4054

文献学 / 刘兆祐著. -- 台北:三民书局股份有限公司,2007. -- 457页;23cm. -- 978-957-14-4487-1(国家图书馆)

本书旨在讨论文献的内涵及其相关问题,以提供中文系学生及文化界关心文献者参考。本书作者在各著名大学研究所讲授"文献学"长达40年,本书即就其讲稿增订而。全书分导论、图书文献、非图书文献、文献的整理、重要的文献学家等5章。内容有:从事文史研究工作,文献之充足与否常是决定研究成果品质的重要因素;如何掌握文献;如何考辨文献;如何精确征引文献;如何以非图书文献印证图书文献;如何整理文献。(赵红)

4055

说·书:从兽骨到纸张的文字行旅 / 罗树宝著. -- 台北:商周出版,2007. -- 188页:图;23cm. -- 映像纪实系列. 8. -- 978-986-124-836-3(国家图书馆)

本书分史卷与赏卷,247幅附图,全彩精印,图随文排,图文并茂地将中国图书发展脉络呈现于读者眼前。史卷分两部7单元,包括书是如何诞生的、在纸张发明以前、纸的时代、印刷术的诞生、历代刻印本大观、活字印刷术的兴起、历代重量级畅销书。赏卷首先介绍了中国图书装帧之美,逐一说明了卷轴装、旋风装、经折装、梵夹装、蝴蝶装、包背装、线装;解释了古书的专有名词,如版心、边框、栏线、中缝、鱼尾、开本等;介绍了宋明以来印刷字体以及书中插图的变化:插图由单色演变为彩色,正是中国印刷术不断进步的过程。(赵红)

4056

古典文献研究(总第十辑) / 南京大学古典文献研究所编. -- 南京:凤凰出版社, 2007. -- 502页; 21cm. -- 978-7-80729-109-1

本书收入专题学术论文32篇,分中古文献研究、文学与文学文献研究、学术史研究、古典文献学研究、文献辑存、海外汉学研究文献、学术丛札等栏目。(王旭东)

4057

东亚文献研究资源论集 / 潘美月,郑吉雄主编. -- 台北:台湾学生书局有限公司,2007. -- 428页;21cm. --978-957-15-1382-9(国家图书馆)

本书所收录的论文,为台湾大学东亚文明研究中心(2002—2005)资助举办的研究计划及学术活动的研究成果。主要包括上中下三部分。上篇"东亚文献系列讲座"收录6篇论文:"从东亚文献的保存谈中国大陆汉籍的收藏"、"整理与利用"、"韩国汉文著作总目之编纂与研究——以集部典籍为范围的探讨"、"《四库总目》《续目》未收清人经籍的经学史意义探微——以美国哈佛大学哈佛燕京图书馆藏本为例"等。中篇"日本韩国东亚文献资源与研究",收录"日本近代以来出版的汉籍丛书"、"关于日本最古的印刷品《百万塔陀罗尼》西传中国的记录"、"传播与回流——'和刻本'汉籍的渊源与价值"等4篇论文。下篇"韩国存藏的中国古籍"收录"韩国存藏中国古籍调查初稿"、"韩国'国宝'中的五种韩国刊本中国古籍——兼论韩国所藏中国古籍的特色与文献价值"2篇论文。书前有主编潘美月、郑吉雄的导言。(赵红)

4058

版本通义 / 钱基博著;严佐之导读. -- 上海:上海古籍出版社,2007. -- 84页;23cm. -- 978-7-5325-4798-2(北京师范大学图书馆)

此书系《世纪文库大型丛书》中大学经典部分中的一种,为著名学者钱基博(古文学家兼教育家,字子泉,别号潜庐)撰写的我国现代第一部版本学专著。该书的看点有二:一是"会通古今"的"义例",二是"重在校勘"的"义理"。(张玲)

4059

敦煌写本类书《励忠节钞》研究 / 屈直敏著. -- 北京:民族出版社,2007. -- 489页:图;21cm. -- 敦煌学研究文库. -- 978-7-105-08447-0(北京师范大学图书馆)

本书以敦煌写本类书《励忠节钞》为中心,持之与《帝范》《臣轨》《珠玉抄》《新集文词九经抄》等通俗教育读本相比较,探讨唐代知识体系的构成、社会秩序和道德秩序的建构及其在维护政治统治秩序方面的作用。全书分上下两篇。上篇研究篇,论述研究现状、写卷叙录与整理、写卷引书研究、《励忠节钞》的性质、内容及成书背景与年代、从《励忠节钞》看唐代的知识、道德与政治秩序、从《励忠节钞》看归义军政权道德秩序的重建等内容。研究表明,唐王朝通过文化知识和道德伦理教育,使得唐代广大庶民阶层不仅具有较为丰富的文化知识,而且具有较高的道德水准,从而确立了唐代社会的文化知识基础和道德伦理规范,反过来,这又为建立政治秩序与典籍秩序统一的新国家起到了关键的纽带作用;下篇录文校笺篇,包括《励忠节钞》卷第一并序、《励忠节钞》卷第二、《励忠节钞》卷第三。(张玲)

4060

中国典籍与文化论丛. 第九辑 / 全国高等院校古籍整理研究工作委员会《中国典籍与文化》编辑部编. --北京:北京大学出版社,2007. -- 371 页;26cm. --978 – 7 – 301 – 12024 – 8(北京大学图书馆)

《中国典籍与文化论丛》是国家教委全国高校古籍整理研究工作委员会编辑的 3 种出版物之一,它是一个以提高为目的的学术论文集,以期反映中国大陆及海外有关中国传统文化研究的最新成果。本书从 1993 年起计划每年出版一至二辑。本辑为第九辑,包含"经学史的研究方法"、"《北齐书》批校"、"晏殊《类要》所见未收入《全唐文》及其续补诸书之唐人篇章考"、"《朝野类要》编撰者趟升考"、"《草堂诗余》三论"、"日本人宋僧南浦绍明与宋僧诗集《一帆风》"、"元散曲对陶渊明的接受"、"肃慎辛氏箧存稀见明人别集题录"、"一部伪中之伪的明代私家书目——董其昌《玄赏斋书目》辨伪"、"清语汉解直证"、"清初无锡、徽州之书院及其会讲——兼论清初朱子之学与阳明心学的起落"、"阮元研经室遗文再续辑"、"清内府遗存书版考"、"中国古代石刻著录要籍解题"、"石刻刻工之题署及其身份之判定"、"岛田翰《访余录》"等论文。(张玲)

4061

灰皮书,黄皮书 / 沈展云著. -- 广州:花城出版社,2007. -- 441 页:图,肖像;21cm. -- 978 – 7 – 5360 – 4998 – 7(北京大学图书馆)

20 世纪 50 年代至 80 年代,我国出版了一大批外国政治、历史、哲学、文学著作,一律以灰色、黄色、蓝色、白色、绿色等单一色调作书衣,时人称为"灰皮书"、"黄皮书"等。"皮书"的出版,在世界出版史上堪称奇特的景观。本书以"苏维埃政权的早期斗争"、"托洛茨基'不断革命'论的虚幻"、"赫鲁晓夫的'新纲领'"、"斯大林女儿流亡记"、"吉拉斯笔下的斯大林"、"社会批评的角色"、"另外一种声音"、"'老大哥'和'卫星国'"、"铁托时代的政治风云"、"马尔库塞与波普尔论战记"、"用什么代替恐惧?"、"同意的革命"、"罗易的革命往事"等20 余种"皮书"为对象,既对"皮书"本身进行介绍,亦着眼于其背后的细节和沉淀,主要介绍了近现代苏联社会的变迁与历史,并有关于欧美著名思想家和社会活动家生平与著述的介绍若干篇。(张玲)

4062

类书渊源与体例形成之研究 / 孙永忠著. -- 台北县:花木兰文化出版社,2007. -- 236 页:图;26cm. -- 古典文献研究辑刊 · 四编. 3. -- 978 – 986 – 7128 – 96 – 6(国家图书馆)

本文经由历代书目对类书归部命名综合整理着手,引领出以往学界对类书义界不清的现象。其次,本文进一步尝试界定类书定义。全书分 9 章。第一章导论;第二章历代书目中类书的归部检讨;第三章类书义界;第四章类书渊源各家说法探讨;第五章类书创始于曹魏的因素探析;第六章魏晋南北朝类书的体例;第七章类书发展所需基本条件探讨——以宋代为例;第八章隋唐以降类书体例的发展状况分析;第九章结论。书后有附录:类书专题研究论著目录(1911—2005)、古籍类书图版。(赵红)

4063

晦庵书话 / 唐弢著. -- 北京:生活 · 读书 · 新知三联书店,2007. -- 511 页:图;20cm. -- 978 – 7 – 108 – 02640 – 8(北京师范大学图书馆)

唐弢(1913—1992),浙江镇海人。现代散文学家、文史研究家。20 世纪 30 年代起从事创作,以散文、杂文为主。40 年代创办《周报》,主编过《文汇报》副刊《笔会》。出版杂文集、散文集、评论集二十余种。40 年代以来,以"晦庵"为笔名撰写"书话",用序跋式散文形式,钩稽现代文学、文化、出版工作的大量史料。《晦庵书话》继承了中国传统藏书家题跋一类的文体,中国古书加写的题跋一般不长,大都是含有专业知识的随笔或杂记。书话的散文因素需要包括一点事实,一点掌故,一点观点,一点抒情的气息,它给人以知识,也给人以艺术的享受。(张玲)

4064

尘几录:陶渊明与手抄本文化研究 / 田晓菲著. -- 北京:中华书局,2007. -- 341 页;23cm. -- 978 – 7 – 101 – 05421 – 7(北京师范大学图书馆)

在中国的中古时代,文本主要以抄写的形式流传,在抄写过程中,既会产生无心的失误,也常常发生抄写者/编者对抄写的文本进行有意改动的现象,从而影响读者对于作者意向的认知。《尘几录》一书旨在向我们展示,读者不仅体验作者,而且,更通过重新塑造文本以使文本符合自己的解读来"生产"或"创造"作者。《尘几录》以东晋时代的诗人陶渊明作为切入点,检视了文本传播的机制与历史。本书不仅研究陶渊明这一文化偶像的产生过程,而且也探索偶像背后的另一个陶渊明,追寻镶嵌在历史语境中的陶渊明所留下的飘忽不定、若隐若现的痕迹。通过详细比较诗人的四种早期传记,《尘几录》向我们展示这些传记在很大程度上来源于陶渊明诗文所塑造的自我形象。《尘几录》以欧洲手抄本文化研究作为参照系,展现了中国中古时期文本的流动性,以及中国手抄本时代的文本如何因为后代的需要而被重新建构和变形。(张玲)

4065

中国古代文献学 / 万刚主编. -- 北京:北京大学出版社,2007. -- 159 页;23cm. -- 978 – 7 – 301 – 12 983 – 8(北京师

范大学图书馆）

中国古代文献学是近七八年来高等院校文科类学生所开设的一门专业课，本教材共分绪论、文献积聚与散失、我国古籍制度、古籍的分类、古籍的版本、古书的校勘、古典文献的收藏与阅读、主要诗文集版本举要等8章内容，基本涵盖了中国古代文献学方面的知识要点，又注意基础知识的介绍。同时，又尽量突出其指导性、实用性和可读性。因此，本教材既可作为高等院校文科类学生的专业课教材，也可作为喜好古代文献学者的自学参考书。（张玲）

4066

校雠学（补订本）校雠别录 / 王叔岷著. -- 北京：中华书局，2007. -- 648页，1页图版：摹真；25cm. --978-7-101-05524-5（北京师范大学图书馆）

此书为"王叔岷著作集"之一种，将王叔岷的《校雠学（补订本）》与《校雠别录》两书合为一册。《校雠别录》为王叔岷在数十年进行庄子、史记等古籍的校证过程中，清理出的有关校雠的八篇心得之作的合集。该书广为中外学者引用。此补订本，是在此基础上，将可以修订的问题及条例进行补充，例证太多的则进行删减，因此，更为严谨与充实。全书共7章。第一章释名，解释了什么是校雠与校雠学；第二章探原，介绍了校雠之法与校雠之始；第三章示要，通过增、删、改、乙之失真，古文、籀文、篆文、隶书、草书、俗书、楷书之相乱，六朝、隋、唐写本之不同，宋、元、明、清刻本之各殊四节内容介绍古籍流传之矢；第四章申难，包括不认不漏之难、资料不备之难、资料太多之难、无资料可逢之难、资料是否可信之难；第五章方法，介绍了选择底本，广求辅本，参核本书注、疏，检验古注、类书，佐证关系书，熟悉文例，通达训诂等方法；第六章态度；第七章通例。（张玲）

4067

1927—1949年禁书（刊）史料汇编（全四册） / 王煦华，朱一冰合辑. -- 北京：北京图书馆出版社，2007. -- 4册，8页图版：图，摹真；21cm. -- 978-7-5013-3362-2（北京师范大学图书馆）

本书汇集1927—1949年间国民党查禁革命书刊及共产党反禁书斗争存留下来的历史资料。作者竭力搜罗，基本网罗殆尽这一时期禁书与反禁书相关史料，既是研究民国文网史的重要材料，也是研究近代革命史的重要参考工具。本书为编者王煦华和朱一冰在20世纪50年代所辑集的1927年至1949年的禁书（刊）史料汇编。这些资料主要来自编者的工作单位——上海市私立合众图书馆当时所收集的原国民党党、政、军、警、教等机构流散出来的不公开发行的内部书刊和工作报告，此外还有商务印书馆的档案和唐弢同志1935年以来所收藏的禁书材料。（张玲）

4068

古籍善本 / 韦力著. -- 福州：福建美术出版社，2007. -- 138页：图（部分彩图），摹真；23cm. -- 978-7-5393-1790-8（北京师范大学图书馆）

本书作者是我国民间古籍收藏第一人。在韦力的藏书体系中，有8000余部、7万余册古籍善本。其中宋元及以前刊本、写本50余件、200余册，宋元递修和宋元明递修本近20部、300余册，明刊本1200余部、1万余册，名家批校本及抄校稿本800余部，活字本500余部，碑帖1700余种等，按传统的经、史、子、集再结合年代、版本不同分类收藏。本书主要阐述了古书的分期及简史，藏书起源及历代王朝对藏书之重视，古代私家藏书概况，古今善本观的异同，如何鉴别版本，收藏古籍的工具书等内容。（张玲）

4069

古文献整理与古汉语研究续集 / 吴金华著. -- 南京：凤凰出版社，2007. -- 339页；21cm. -- 978-7-80729-164-0（北京大学图书馆）

本集收录了作者已经发表的论文24篇，主要包括"训诂学家的乐趣——徐复先生二三事"、"跨世纪的徐先生"、"略说古汉语复音词中的典故词"、"《中古史书词汇论稿》序"、"《方言》最新最好的校释本——读《扬雄方言校释汇证》"、"《章太炎〈新方言〉研究》序"、"《三国志》双音节雅言词散论"、"《三国志》称谓略说"、"《〈三国志〉成语研究》跋"、"《〈三国志〉异文研究》序"、"《中日〈三国志〉今译与中古汉语词汇研究》举要"、"《宋书》校点本札迻"、"《〈宋书〉复音词研究》序"、"《世说新语考释》后记"、"《世说新语方位词研究》序"、"《建康实录》十二题"、"《〈建康实录〉校点札记》评议"、"《〈建康实录〉研究》序"、"日藏弘仁本《文馆词林》整理研究刍议"、"古写本《文馆词林》文字问题三议"、"《文馆词林校证》八议"、"略谈日本古写本《群书治要》的文献学价值"、"《嘉定钱大昕全集》出版的现代意义"、"问题不止于'鹊之疆疆'"等。（张玲）

4070

书香小品 / 奚椿年著. -- 北京：北京图书馆出版社，2007. --279页；23cm. -- 978-7-5013-3429-2（北京师范大学图书馆）

本书作者是人民出版社资深编辑、藏书家，治书史，娴于典故。一生手不释卷，颇有呆气，也曾火烧裤子而不觉。本书是他在《书趣》《中国书源流》之后的又一新作，和《书趣》一样，都是由一篇篇短文构成，富有知识性、趣味性和故事性，文笔通俗流畅。全书分书史留踪、书的收藏、书的著述、书的阅读、书人书事及书遭厄运六个部分。收录的短文包括"早期书的产生与宗教活动结伴而行"、"传说中的几部书"、"木简和版牍"、"一个好游历的皇帝刻的石头书"、"古时石头与书的关系"、"古代曾用过哪几种原料书写?"、"经书的传注和义疏"、"荒诞的纬书"、"为何同一种书有多种异名?"、"令人眼花缭乱的雕版印刷的名称"、"古时的侵权与盗版"、"一个道士发现的稀世之宝——敦煌遗书"、"连皇帝也看上眼的私人藏书"、"古代藏书家的四种心理"、"带有血缘关系的藏书家"、"花十几年、几十年时间与人见面的书"、"著书人的勇气和毅力"等。（张玲）

4071

学林寄语：序言集 / 夏书章著. -- 广州：中山大学出版社，2007. -- 514页，6页图版：彩图；23cm. -- 978-7-306-02956-0（北京师范大学图书馆）

夏书章,1919 年 1 月生于江苏高邮。早年在原国立中央(今南京)大学本科毕业后赴美国哈佛大学读研。曾任中山大学副校长、哈佛大学客座教授、联合国文官制度改革国际研讨会顾问等。本书收集了夏书章自 1984 年至今其本人著(编)作品的序言近 30 篇,还包含他应邀作序及题词贺勉。本书所集"序言",不限于一般对有关著作所写的序言,而且包括前言、导言、引言、题解、后记、评语等,以及贺勉题词之类见诸文字又直接同书刊有联系的学术活动。但未收入单独发表的书评、建议和专题讨论。所有担任顾问、主编、总主编和题写书名等的书刊、学术团体,若无具体的书面意见,也概不列入。(张玲)

4072

农业古籍版本丛谈 / 肖克之著. -- 北京:中国农业出版社,2007. -- 338 页, 16 页图版:摹真;20cm. -- 978 - 7 - 109 - 12280 - 2(北京大学图书馆)

本书吸纳了学界前辈和同道的一些学术观点和古籍版本鉴别考证的方法。共收文稿 50 篇,包括"《夏小正》的版本"、"《齐民要术》版本源流"、"《茶经》的版本"、"耒耜与《耒耜经》"、"《四时纂要》的版本"、"《北户录》的版本"、"《陈旉农书》的版本"、"《菊谱》的版本"、"《农桑辑要》的版本"、"《农桑衣食撮要》的版本"、"《王祯农书》明清版本之比较"、"《永乐大典》及版本"、"《种树书》的著录问题"、"《便民图纂》的版本"、"《天工开物》的版本"、"《农政全书》的版本"、"《花镜》的版本"、"《耕织图》的版本"、"《鹌鹑论》考"、"从一部古籍版本错著谈起"、"《古今图书集成》及版本"、"《四库全书》及版本"、"《金薯传习录》的版本"、"《豳风广义》的版本"、"《三农记》的版本"、"《御题棉花图》的版本"、"《授时通考》的版本"、"《玉屏蚕书》考"、"《马首农言》与祁儁藻"、"《通天晓》考"、"《棉书》的版本"、"《惠民记略》考"、"《海错百一录》与郭柏苍"、"《稼穑为宝》考"、"《燕子春秋》与郝懿行"、"《治农秘术》考"、"《农务全书》及版本"、"《农学丛书》与《农学丛刻》"、"《畜产丛书》考"、"治蝗古籍版本说"、"蚕桑古籍版本说"、"农业古籍辑佚与孤本"、"《中国农业古籍目录》补"、"近代农业外译论著辑录"、"新中国农业古籍整理概说"。(张玲)

4073

中国古籍版刻图志 / 熊小明编著. -- 武汉:湖北人民出版社,2007. -- 186 页:图, 摹真;23cm. -- 7 - 216 - 04903 - 9(北京师范大学图书馆)

本书介绍了版刻起源及早期应用、"汲冢书"与简策制度、蔡伦造纸与纸卷的形成、雕版印刷术的发明、监本九经与唐五代刻书、宋代版刻、国子监与中央官刻、地方各级官刻、公使库刻书、宋代浙江刻书、廖莹中与韩柳集、陈起与临安坊肆刻书、宋代福建刻书、黄善夫与《史记》三家注、余氏万卷堂与建阳坊肆刻书、宋代四川刻书、朱熹与宋代书院刻书、佛教中兴与汉文《大藏经》的雕印、宋代版刻特点、宋代的版画、《契丹藏》与辽代版刻、金代版刻与《赵城金藏》、元代的学校和书院刻书、元代版刻特点、明代版刻、南北两监与史籍刊刻、明代藩府刻书、明代的书帕本、毛晋父子与汲古阁刻书、明内府与佛道藏的刊刻、明代版刻特点、彩色套印技术的发明运用、明代的版画、清代版刻、清代内府刻书、清末官书局刻书、清代丛书之刻、席氏扫叶山房刻书等内容。(张玲)

4074

孤绝花:绝版书评肆拾捌 / 杨典著. -- 北京:中国工人出版社,2007. -- 310 页:图;19cm. -- 978 - 7 - 5008 - 3803 - 6(北京大学图书馆)

本书是一部文化散文随笔集,作者花了近一年的时间才完成。这里选的只是其中关于读旧书的那些随笔,有插图,300 多页,十万余字。作者谦云:其中东拉西扯的感想、颠倒乱谈的宣泄与零落飞花的引证,有时略显迂腐,偶尔指点永恒。书中内容包括:清狂与境界,线装鲁迅手抄影印本《嵇康集》(1956 年版);哭之笑之,(明)朱耷线装本《八大山人诗钞》(1986 年版);楚狂,(近代)姜亮夫注《屈原赋校注》(1958 年版);怀古与麻醉,(唐)温庭筠线装康熙年刻版《温飞卿诗集笺注》(清末);圣代无隐者,(唐)元结殷璠等十种《唐人选唐诗》(1978 年版);"走马",(唐)杜甫清人杨伦笺注《杜诗镜诠》(1980 年版)等内容。(张玲)

4075

中国辨伪学史:历史大视野 / 杨绪敏著. -- 天津:天津人民出版社,2007. -- 344 页;21cm. -- 978 - 7 - 201 - 03267 - 2(北京大学图书馆)

本书是一部全面论述中国古代文献学发展历史的论著。全书按照年代共分 4 章。第一章疑古思想的萌芽及辨伪学初起时期——先秦汉魏南北朝,包括古史传说与先秦典籍整理、研究之概况,疑古思想的萌芽及对伪说、伪书产生原因的初探,秦始皇焚书及其影响,司马迁作《史记》对秦史料的考辨及处理,两汉的造伪及辨伪,王充的"疾妄求实"思想及对伪说、伪书之考辨和魏晋南北朝的造伪与辨伪等内容;第二章辨伪学的发展时期——唐宋,包括唐宋古书、古史辨伪之概观,刘知几疑古惑经思想及对伪史、伪说、伪书的考辨,啖助、赵匡对"春秋三传"的怀疑及考辨,柳宗元与诸子及其他典籍的考辨,欧阳修对儒家经传的考辨等内容;第三章辨伪学的成熟时期——明清近代,包括明清近代古书、古史辨伪之概观,宋濂与《诸子辨》,梅鷟与《尚书考异》,胡应麟对伪书的考辨及伪学理论的总结,姚际恒考辨古书的成就及影响,康有为与《新学伪经考》,梁启超对古书的考辨及伪学理论的总结等内容;第四章辨伪学的再发展时期——现当代,包括现当代辨伪古书、古史之概观,胡适对中国古代哲学史料的清理及对古史辨派的影响,钱玄同对古书的考辨及对古史辨派的影响,顾颉刚与古史辨运动,郭沫若与古史的考辨,集伪书考辨之大成——张心澂的《伪书通考》,竹简帛书的出土对古书辨伪的作用及影响等内容。(张玲)

4076

标题用语词典 / 尹世超编. -- 北京:商务印书馆,2007. -- 458 页;21cm. -- 978 - 7 - 100 - 04927 - 6(北京大学图书馆)

本书是一部收录汉语标题用语的语文词典。所谓标题用语,是指只用于标题或用于标题时有特定意义与用法的词语。对于标题用语的用法,人们已有所注意。如《现代汉语词典》在对某些词条的解释中，就注上“多用做书名或文章的题目”、“多用于标题”一类字眼。也有少数文章涉及这个问题，但是，除了笔者的专著《标题语法》及相关论文在全面系统研究汉语标题语言的过程中对这一问题有所论述之外，国内外尚无此项研究的专门著作。《现代汉语词典》第5版增收了部分标题用语，说明标题用语日渐丰富，也说明人们对标题用语更加重视。但和标题语言的发展变化及社会需求相比，标题用语的研究仍然滞后，有必要与时俱进，对汉语标题用语进行更加全面、系统、深入的研究。（张玲）

4077

中国古典文献学（第2版）／张三夕主编. -- 武汉：华中师范大学出版社，2007. -- 352页；23cm. -- 普通高等教育“十一五”国家级规划教材. -- 978-7-5622-2650-5（北京师范大学图书馆）

本书是一部旨在推动高校大学生加强中国古典文献学基础知识教育的教材用书。该书循序渐进，继释清“文献”一词的来历、含义和“文献学”这门学科的功用后，对古典文献的载体、类型、目录、版本、校勘、辨伪、辑佚、标点、注释、检索以及出土文献的整理均分章详尽论述。教材体例得当，内容明了，同时突出实践性与时代性，适合教学，受到师生的广泛欢迎，多次重印。据教育部《关于公布2008年度普通高等教育精品教材书目的通知》（教高司函［2008］194号），教育部高教司对已出版的普通高等教育“十一五”规划教材进行了评审。经有关出版社申报、专家评审，确定了这本教材为2008年度高等教育精品教材之一。（张玲）

4078

校勘学概论／张涌泉，傅杰著. -- 南京：江苏教育出版社，2007. -- 185页；23cm. -- 全国高校古籍整理工作委员会规划重点项目. -- 978-7-5343-8106-5（清华大学图书馆）

全书共9章。第一章绪论，介绍校勘的含义、校勘与校雠、校勘与校对、校勘与校勘学；第二章从校勘与读书、校勘与古籍整理、校勘与辞书编纂三个方面介绍了校勘的作用；第三章校勘的内容，包括考异同、定是非、厘篇章；第四章从讹文、脱文、衍文、错乱四个方面介绍了古书讹误的类型；第五章从熟版本、知目录、识文字、明训诂、辨声韵、通语法、懂修辞、晓达古书义例、具备一定的史学知识等方面介绍了校勘的条件；第六章介绍对校法、他校法、本校法、理校法等校勘的方法；第七章校勘记和序跋，简要介绍了校勘记源流、校勘记的类别与校勘记的写法、序跋和凡例等内容；第八章从校勘的目的是求真而不是求善求美，校勘要勇于改字但决不可轻改、不迷信旧本、不迷信成说等方面探讨了校勘中应注意的几个问题；第九章简要介绍了古代校勘的源流。（张玲）

4079

古文献与传统文化／张玉春主编. -- 北京：华文出版社，2007. -- 420页：图；21cm. -- 本书原名为《历史文献与传统文化》，从第12集起改为此名. -- 978-7-5075-2171-9（国家图书馆）

本书内容涉及中国古代各时期的历史文献与传统文化的关系。（张玲）

4080

现代文学书影新编／张泽贤著. -- 上海：上海远东出版社，2007. -- 236页：摹真；24cm. -- 978-7-80706-488-6（北京师范大学图书馆）

本书收录著作版本书影252幅，一部分选自《民国书影过眼录》和《民国书影过眼录续集》，另一部分选自尚未发表与刊登的著作版本，其色彩与原版本也较为接近，但仍保持着一定的“旧感”。全书采用每页一图一文，以图为主，占有较大篇幅，文字基本上掌握在300字左右，主要交代著作版本的作者、编者、出版发行者、所藏书的版次，有的还加上了印数和价格，同时交代与版本有关的其他信息。这是一本图文并茂地反映1921—1949年现代文学发展的通俗读本，珍贵的书影及简洁明了的介绍，可以使文学及收藏爱好者大开眼界，曲径通幽。（张玲）

4081

中国古代的学校、书院及其刻书研究／赵连稳，朱耀廷著. -- 北京：光明日报出版社，2007. -- 234页；23cm. -- 本书由北京联合大学学术专著出版基金资助；北京市属市管高校人才强教行动计划项目. -- 978-7-80206-483-6（北京大学图书馆）

中国的学校萌芽于原始社会末期，历史悠久，书院的历史也有一千多年。本书用原始社会学校的萌芽，夏商周时期的学校，春秋战国时期的私学，齐国的稷下学宫和法家的教育主张，秦汉时期的学校，魏晋南北朝时期的学校，隋唐时期学校及书院的萌芽，五代与两宋时期的学校、书院及其刻书活动，辽金元时期的学校、书院及其刻书活动，明朝时期的学校、书院及其刻书活动，清朝前期的学校、书院及其刻书活动，鸦片战争后学校和书院的改革十二章的内容对我国古代学校、书院的演变作了论述。在学校和书院的教学管理、教学内容、教学改革等一些重大问题上进行了独特的研究，尤其是对我国古代学校和书院的刻书活动的研究更是难能可贵。鉴往知来，通过本书，我们也许可以从中吸取某些有用的东西，以推进教育改革。（张玲）

4082

古文献研究集刊. 第一辑／赵生群，方向东主编. -- 南京：凤凰出版社，2007. -- 328页；21cm. -- 978-7-80643-939-5（北京大学图书馆）

本书是关于研究古文献的集刊，本辑中收录了“读《文选》续札”、“出土文献通读字研究（二则）”、“敦煌俗字种类考辨”、“楚简文字中的‘橐’字”、“《蔡中郎集》校议”、“《潜夫论》词语考释中的同义并列复词问题”、“《敦煌遗书总目索引新编》匡补”、“《敦煌赋校注·天地阴阳交欢大乐赋》校释拾遗”、“《文选》标点举误”、“《左传》疑义新证（昭公篇）”、“《大戴礼记》历代校释辨误”、“《礼记》和子思”、“今古视野下的汉代四家诗——以毛诗之归属为中心”、“刘敞疑经初探”、“《公羊传》与《春秋繁露》殊异考”、“金圣叹早期扶乩降神活动考论”、“关于清代人物年岁考订的若干问题”、“读《汉书》札记”、“试论《史记》校勘的原则”、“《百衲本二十四史校勘记·史记·十二本纪校勘记》订补述例”、

"'孙子十三篇'成书年代及作者辨证"、"试对简本《文子》和今本《文子》成书年代问题的疏证"等文章。(张玲)

4083

校勘杂志 / 郑慧生著. -- 开封:河南大学出版社,2007. -- 459页;21cm. -- 附司马法校注. -- 978-7-81091-617-2(北京大学图书馆)

本书收录了作者有关古籍校勘方面的十余篇论文,包括"校勘述略"、"'数校法':《校法四例》之外一例"、"当今书刊中古文误读误释举例"、"'七'、'十'互讹之疑团——再说上古典籍读法之谜"、"《酉阳杂俎》点校质疑"、"'约法三章'句读分歧的由来"、"也谈秦汉颛顼历十月、七月之误"、"校勘零拾数则"、"中华书局校点本《宋书·天文志》正误"、"中华书局校点本《晋书·天文志》正误"、"我国古代的重文书写符号"、"《甲骨文编》(1956年)正误"、"读书与猜谜"、"秦筑阿房宫以象天文说"等。这些论文或是大而言之谈校勘的原则与方法,或是具体地针对某种现象谈校勘的特定方法与意义。此书对校勘古籍及其方法具有指导性意义。(张玲)

4084

典籍文化研究 / 中国历史文献研究会,大连图书馆编. -- 沈阳:万卷出版社,2007. -- 855页;21cm. -- 978-7-80759-048-4(北京师范大学图书馆)

2005年10月,中国历史文献研究会第26届年会在大连举行,来自国内外百余名专家学者围绕文献学的理论研究、历史文献的学科建设、古籍文献的整理研究等课题展开研讨。本书即为此次会议的论文集,书中收录了"三首甲午诗歌本事考证及其他"、"探讨唐朝对营州(辽宁)的统治"、"满族家谱五种"、"古文献整理大师杨树达先生"、"述魏晋南北朝时期文献学的成就"、"文献新解"、"历史文献学思想研究论纲"、"关于讲授'中国历史文选'课的一点想法"、"唐代男女初婚年龄的历史变迁"、"孟学的演进及其时代特色"、"两汉乐赋中所见音乐理念"等论文。(张玲)

4085

孙从添《藏书记要》研究 / 张家荣著. -- 台北:花木兰文化出版社,2008. -- 219页;26cm. -- 古典文献研究辑刊·六编;2. -- 978-986-6657-00-9(国家图书馆)

本书共分为8章,首章"导论",首先对于研究缘起、前人研究成果与研究方法作一必要的说明与检讨。次章则为"孙从添的传略与著述",旨在探讨孙氏家世生平交游、学术著述的情况。第三章为"《藏书记要》撰述的时代背景",专就《藏书记要》成书的时代、学术环境去讨论,重点在于该书之所以产生的学术文化背景上。第四章为"《藏书记要》问世前后有关理论传承的重要著作",对于该书藏书理论承先启后的问题作一整体性的梳理。而第五章、第六章与第七章分别为"《藏书记要》藏书建设思想与方法(上):有关'搜集'方面"、"《藏书记要》藏书建设思想与方法(中):有关'整理'方面"、"《藏书记要》藏书建设思想与方法(下):有关'维护'方面",则是深入探讨《藏书记要》中关于藏书理论精髓的8则之内容特点,与其各别对古今图书收藏单位的影响与贡献。第八章为"结论",即是就该书在中国图书文献学史上的贡献作一整体性的总结与阐述。书后有附录:《藏书记要》"鉴别则"所列举明代刻书者简介、《藏书记要》"钞录则"所列举明清各家钞本简介。(赵红)

4086

书店的灯光 /(美)刘易斯·布兹比(Lewis Buzbee)著;陈体仁译. -- 上海:上海三联书店,2008. -- 223页:图;21cm. -- 978-7-5426-2890-9(国家图书馆)

本书是作者关于书店的回忆,也涉及到书与书店的历史。在这本书里,作者描绘了书店的氛围,回忆起自己阅读的启蒙,细数他所喜欢的位于世界各地的书店,还有许多跟书有关的动人故事。(韩丽)

4087

卡萨诺瓦是个书痴:关于写作、销售和阅读的真知与奇谈 /(美)约翰·马克思韦尔·汉密尔顿(John Maxwell Hamilton)著;王艺译. -- 北京:三联书店,2008. -- 385页:图;23cm. -- 978-7-108-02748-1(国家图书馆)

本书揭示了图书的丰富历史,从修道士手抄文本到"泰坦尼克号"的广告,并且给出了一个包括写作、市场、促销、评论、代笔以及收藏在内的图书业的概况。(韩丽)

4088

宋元旧本书经眼录;郘亭书画经眼录 /(清)莫友芝著;张剑点校. -- 北京:中华书局,2008. -- 449页;21cm. -- 书目题跋丛书. -- 978-7-101-05972-4(国家图书馆)

这套书目题跋卷书以收集晚清以来重要、实用而又稀见的,尤其是不曾刊行的书目题跋为主,同时兼收晚清以前重要题跋书的整理本或名家增订本、批注本,以提要式书目和题跋著为主。(张玲)

4089

黑白:书的故事 /(苏)伊林著;董纯才译. -- 杭州:浙江文艺出版社,2008. -- 132页:图;20cm. -- 伊林经典科普小丛书. -- 978-7-5339-2589-5(国家图书馆)

本书讲述的是书的故事。讲述了从人类结绳记事到今天的文字,从最初利用石头、兽骨到如今真正的纸,从最早的手抄本到今天的印刷书籍,文字如何演变、纸张如何发展等。(韩丽)

4090

澳门文献整理研究暨数字化论集. 上册 / 澳门近代文学学会,澳门文献信息学会编辑. -- 澳门:澳门近代文学学会,2008. -- 335页:图;24cm. -- 莲峰系列. 16. -- 978-99937-27-11-8(国家图书馆)

该册收录"澳门文献整理研究暨数字化"方面的论文近30篇。论文有:澳门中西文献档案史料的整理、研究与翻译;澳门史研究文献整理之体会;《四库全书》在澳门;信息科技浪潮下澳门学术图书馆的变迁;中文澳门文献的蕴藏量初探——以澳门大学图书馆为例等。书前有"澳门文献整理研究暨数字化学术研讨会"开幕辞及闭幕辞,与会人员合影。(赵红)

4091

北京大学中国古文献研究中心集刊. 第七辑. 中国古文献

学与文学国际学术研讨会论文集 / 北京大学中国古文献研究中心编. -- 北京:北京大学出版社,2008. -- 764 页:彩照;25cm. -- 教育部人文社会科学重点研究基地. -- 978 - 7 - 301 - 13667 - 6(国家图书馆)

本书收录了关于创立"国际汉籍文献学"的思考;美国公藏宋元版汉籍概述;美国国会图书馆敦煌高昌写经、宋金元本典藏、渊源、版本和数位化等 50 篇论文。(张玲)

4092

中国书史:插图本 / 陈彬龢,查猛济撰. -- 上海:上海古籍出版社,2008. -- 156 页;26cm. -- 978 - 7 - 5325 - 4717 - 3(国家图书馆)

本书是对历代版刻的特征及藏书家的情况的介绍。具体包括文字的创造、宋代刻书的发达、元代藏书的优点、明代的私刻和坊刻等。(张玲)

4093

魏晋南北朝图书业与文学 / 陈传万著. -- 合肥:合肥工业大学出版社,2008. -- 214 页;23cm. -- 文化与传播研究丛书. --978 - 7 - 81093 - 793 - 1(国家图书馆)

本书内容包括:魏晋南北朝图书编纂与文学自觉、魏晋南北朝图书搜藏与文学兴盛、魏晋南北朝图书传播与文学发展等。(张玲)

4094

中国古典文学与文献学研究. 第四辑 / 陈飞,徐正英主编. -- 北京:学苑出版社,2008. -- 707 页;21cm. --学苑文丛. --978 - 7 - 5077 - 2988 - 7(国家图书馆)

本书收录了"孔子对《葛覃》等十三篇作品的研究"、"《世说新语 · 文学》文学观管窥"、"杨慎评点《草堂诗馀》中的词学思想"等文章。(张玲)

4095

书声梦影录 / 陈寒川著. -- 上海:上海远东出版社,2008. --320 页:书影;21cm. . -- 远东收藏系列. -- 978 - 7 - 80706 - 652 - 1(国家图书馆)

本书是作者将大半生读过的书,收集起来。包括《烈士传》《时代名歌》《瞿秋白文集》等。(张玲)

4096

古籍收藏与鉴赏 / 陈鸿彝著. -- 西安:陕西人民出版社,2008. -- 177 页:图;27cm. . -- 收藏家丛书. -- 978 - 7 - 224 - 08377 - 4(国家图书馆)

本书包括从金石到简书、汉魏竹帛与晋唐写本、中国古籍的版本构成、古籍版本的识别与欣赏、古籍收藏与市场前景等内容。(张玲)

4097

文献学与文献服务 / 陈力著. -- 北京:国家图书馆出版社,2008. -- 242 页;23cm. -- 当代中国图书馆学研究文库;国家"十一五"重点图书出版规划项目;北京人天书店资助. -- 978 - 7 - 5013 - 3747 - 7(国家图书馆)

本书收录了作者关于文献学与图书馆文献资源服务的论文 24 篇。文献学方面,主要包括古籍版本研究、古籍辨伪学等方面的文章;图书馆文献资源服务方面,作者对资源数字化问题、数字化资源建设中电子资源与印刷资源的平衡问题、数字时代图书馆服务的开放性与合作性等都提出了自己的见解和思路。(张玲)

4098

陈原序跋文录 / 陈原著;于淑敏编. -- 北京:商务印书馆,2008. -- 541 页:照片;23cm. -- 7 - 100 - 05285 - 8(国家图书馆)

本书收录了作者从 1937 年至 2005 年的序跋作品,内容涉及语言学、地理学、世界语、国际政治、文学和音乐的创作及翻译等方面,反映了作者 60 余年著译生涯的整体概貌。(张玲)

4099

明代书坊之研究 / 陈昭珍著. -- 台北县:花木兰文化出版社,2008. -- 122 页;26cm. -- 978 - 986 - 6657 - 52 - 8(精装)(国家图书馆)

本文研究之目的,主要在阐述明代书坊刻书之特色,统计书坊总数、刻书总数,及探讨有关书坊之种种问题。本文主要采历史研究法,收集各种文献,加以统计分析。统计得明代书坊可考者共计 405 家,刻书 1132 种。首先按照其地区加以分述,再就书板之转移、书籍之盗印与书坊印书之谬加以探讨,并论及明代书价与书籍之流通等问题。本书共分 7 章。第一章绪论,包括研究目的与范围、书坊刻书之沿革。第二章明代书坊之地理分布;第三章书板之转移;第四章书籍之盗印与书坊刻书之伪谬;第五章明代书价与书籍之流通;第六章明代书坊刻书一览表;第七章结论。书后有附录:引用目录简称一览表。(赵红)

4100

裘开明年谱 / 程焕文编. -- 桂林:广西师范大学出版社,2008. -- 1012 页:图, 肖像;27cm. -- 哈佛燕京图书馆学术丛刊;第九种. -- 978 - 7 - 5633 - 7766 - 4(国家图书馆)

裘开明先生既是 20 世纪欧美东亚图书馆事业的伟大先驱者,又是学贯中西的图书馆学术大师。本书收录选择基本上集中于裘开明和 1966 年以前的哈佛燕京图书馆的史料。(张玲)

4101

古典文献研究. 第十一辑. 周勋初先生八十寿辰纪念专号 / 程章灿主编;南京大学古典文献研究所编. -- 南京:凤凰出版社,2008. -- 614 页;21cm. -- 国家"985 工程""汉语言文学与民族认同"哲学社会科学创新基地项目资金资助. -- 978 - 7 - 80643 - 952 - 4(国家图书馆)

本辑共收论文 51 篇,涉及中古文献与社会文化研究、文学与文献研究、古典文献学研究、文献辑存、海外汉学研究、学术丛札、书评等专题。(韩丽)

4102

基于 ESI 的科学影响力分析 / 党亚茹等著. -- 北京:科学技术文献出版社,2008. -- 355 页:图;29cm. -- 并列题名: Analysis of Scientific Impact Based on ESI. -- 978 - 7 - 5023 - 6019 - 1(国家图书馆)

本书采用科学计量学、文献计量学方法, 在对世界著名学术信息出版机构 Thomson 科技信息集团推出的衡量科学研究绩效、跟踪科学发展趋势的基本分析评价工具 ESI 详细剖析的基础上，深度分析 ESI 的论文数、高被引数、热点论文数等数据，多角度、多侧面、深层次地对学科、国家 / 地区等进行创新力、影响力、竞争力的定量分析和国际比较。(张玲)

4103

中国传统文献学概论 / 董恩林主编. -- 武汉:华中师范大学出版社,2008. -- 407 页;23cm. -- 华大博雅高校教材历史学系列教材. -- 978 -7 -5622 -3704 -4(国家图书馆)

本书分为 5 编,内容包括文献的形体认知、文献的内容实证、文献的文理注译、文献的检索典藏、文献的二次编纂等。(韩丽)

4104

古典文献学基础 / 董洪利主编. -- 北京:北京大学出版社,2008. -- 391 页;23cm. -- 普通高校中文学科基础教材. -- 978 -7 -301 -12980 -7(国家图书馆)

本书内容包括古籍版本学、古籍目录学、校勘学、训诂学以及辑佚与辨伪等。(韩丽)

4105

文献学概要(第 2 版 修订本) / 杜泽逊撰. -- 北京:中华书局,2008. -- 413 页;23cm. -- 普通高等教育"十一五" 国家规划教材. -- 978 -7 -101 -03070 -9(国家图书馆)

本书主要内容包括文献与文献学、文献的载体、文献形成与流布、文献的收藏与散佚、文献的版本、文献的校勘、文献目录等。(张玲)

4106

现代图书馆地方文献工作理论与实践 / 冯晴君著. -- 北京:中央文献出版社,2008. -- 271 页;21cm. --978 -7 -5073 -2629 -1(国家图书馆)

本书内容包括概述、地方文献信息资源保障系统、地方文献信息资源建设、地方文献信息组织等共 7 章。(韩丽)

4107

学林清话 / 傅璇琮著. -- 郑州:大象出版社,2008. -- 290 页;26cm. -- 大象学术书坊. -- 978 -7 -5347 -5102 -8(国家图书馆)

本书收录了傅璇琮先生 20 余年来为学者友人所作的序文 70 余篇。(张玲)

4108

古籍善本 / 顾音海，陈宁著. -- 上海:上海文艺出版社,2008. -- 132 页:图(部分彩图)，摹真;25cm. -- 收藏起步丛书. -- 978 -7 -80740 -327 -2(国家图书馆)

本书内容包括书和文献的来历、古籍与旧书的区分、善本的界定、古书的编书与刻书、雕版的木味与刀味、古书插图与图谱欣赏等。(张玲)

4109

南宋临安典籍文化 / 顾志兴著. -- 杭州:杭州出版社,2008. -- 40,283 页;24cm. -- 浙江文化研究工程成果文库:南宋史研究丛书；国家"十一五"重点图书出版规划项目；杭州市社会科学院重大课题. -- 978 -7 -80758 -069 -0(国家图书馆)

本书内容包括:南宋著述文化发展的历史背景、南宋官府著述、南宋临安府籍文人著述、南宋游宦及寓居临安文人著述分期举要、南宋以前杭州刻书事业在全国的地位、南宋临安官府刻书、南宋临安私刻、坊刻书、官府藏书、私人藏书等。(张玲)

4110

中国古典文献学的理论与方法 / 郭英德，于雪棠编著. -- 北京:北京师范大学出版社,2008. -- 464 页;23cm. -- 21 世纪高等学校研究生教材 文学专业系列教材. -- 978 -7 -303 -09153 -9(国家图书馆)

本书由古典文献形态学、古籍版本学、古籍校勘学、古籍目录学、古籍注释学、古籍考证学、古籍编纂学和古籍检索学等内容构成,对各个学术板块的内容进行了科学的整合,使全书具有较为严整的逻辑体系和独特的理论色彩。本书在每一节后还设计了一些"思考与练习"的题目,可供学生进行学术实践时参考、选择。(张玲)

4111

中国和欧洲:印刷术与书籍史 / 韩琦,(意)米盖拉(Michela Bussotti)编. -- 北京:商务印书馆,2008. -- 323 页:图;23cm. -- 法国远东学院、中国科学院国际合作局资助. -- 978 -7 -100 -05626 -7(国家图书馆)

本书收录《佛道教印像符咒对雕版印刷术起源的影响》《宋明时期的图书贸易与书商的利益追求》《文化转移和书籍的历史》《晚清西方印刷术在中国的早期传播——以石印术的传入为例》等研究文章。(张玲)

4112

遨游书海话书名 / 韩振铁编著. -- 南昌:江西高校出版社,2008. -- 268 页;21cm. -- 978 -7 -81132 -481 -5(国家图书馆)

本书分上下两篇。上篇是横向说书名,26 个小标题各成篇章,分别说明选取书名的多种角度,书名艺术的内涵和"好"、"坏"书名辨析等内容;下篇是纵向说书名,以 5 个小标题概述,主要从文化史的角度考察书名。(张玲)

4113

永新文献考 / 何振作著. -- 南昌:江西人民出版社,2008. -- 199 页;21cm. -- 978 -7 -210 -04019 -4(国家图书馆)

本书系统全面整理永新历代文献遗产,著录、考订永新的历代学人著述。本书以 1990 年底永新县境域为地限,凡籍贯在此范围内之作者,成书在 1949 年 9 月底以前之著作,予以著录。(韩丽)

4114

文献价值论:现代文献学的价值论解读 / 贺巷超著. -- 北京:光明日报出版社,2008. -- 266 页;21cm. --探索文库. -- 978 -7 -80206 -627 -4(国家图书馆)

本书把文献价值定义为文献对读者需求的满足,进而研究文献价值在图书馆实现的过程和规律。(韩丽)

4115

九华集:安徽师范大学中国古代文学学科论文集 / 胡传志

主编. -- 上海:上海古籍出版社,2008. -- 625 页;20cm. -- 978 -7 -5325 -4916 -0(国家图书馆)

本书收入 37 篇文章,包括"关于《招魂》研究的几个问题"、"'巫医'非为贱业考辨——《论语》'人而无恒,不可以作巫医'的文化阐释"等。(张玲)

4116

惊鸿集 / 黄裳著. -- 上海:东方出版中心,2008. -- 145 页:摹真;26cm. -- 978 -7 -80186 -901 -2(国家图书馆)

本书可以说是《劫余古艳》的外编,两者区别所在是,这本小册子只是书去跋存而已。全书共收录了 48 篇题跋,具体包括《梅村家藏稿》《黄荛圃跋抄本〈郑桐庵笔记〉》《崇祯刻〈西园记〉》《道光刻黄丕烈〈荛言〉等》等。(张玲)

4117

劫余古艳:来燕榭书跋手迹辑存 / 黄裳著. -- 郑州:大象出版社,2008. -- 2 册(306 页):摹真;25cm. -- 大象名家珍藏. -- 978 -7 -5347 -4970 -4(北京师范大学图书馆)

本书是散文名家、版本学专家黄裳先生自 20 世纪 50 年代以来陆续题在自己收藏的珍贵古籍线装本上的文字,记载他搜罗得书的经过、版本考证以及书作者的生平掌故等文字。包括:旧刻本《潜天论》、范大澈抄宋本《离骚草木疏》、天一阁拾种、《河岳英灵集》《杨升庵诗》《绿雪亭杂言》等。(张玲)

4118

季羡林序跋集 / 季羡林著;王树英编. -- 北京:新世界出版社,2008. -- 12, 823 页;24cm. -- 978 -7 -80228 -576 -7(国家图书馆)

本书收集汇编了季羡林先生几十年来所写的全部序言,内容丰富,涉及广泛。(张玲)

4119

旧书随笔集 / 柯卫东著. -- 桂林:广西师范大学出版社,2008. -- 263 页:图,肖像,摹真;19cm. -- 煮雨文丛. -- 978 -7 -5633 -7630 -8(国家图书馆)

本书分为旧籍漫录、名人的古物、昔日的景色三部分,主要收录了:《孽海花》《二十年目睹之怪现状》《文明小史》《三十三年落花梦》《英汉三昧集》《合浦珠传奇》《续风尘奇侠传》等文章。(张玲)

4120

注释学与诗文注释研究 / 李红霞著. -- 北京:中国大地出版社,2008. -- 231 页;21cm. -- 国家社科基金项目"清人之唐诗注释研究". -- 978 -7 -80246 -039 -3(国家图书馆)

本书内容包括:注释与注释学,典籍注释的原理,中国古代诗文注释史,诗文注释的几个基本问题等。(韩丽)

4121

简明中国古代书籍史(修订本) / 李致忠著. -- 北京:北京图书馆出版社,2008. -- 186 页;21cm. -- 978 -7 -5013 -3659 -3(国家图书馆)

本书内容包括:书籍与书籍史,文字的起源与书籍的产生,正规书籍的产生与历代书籍的创作,书籍的生产材料与生产方法等。(韩丽)

4122

应用校勘学(2 版) / 林艾园著. -- 上海:华东师范大学出版社,2008. -- 259 页;23cm. -- 国学基础丛书. --978 -7 -5617 -1613 -7(国家图书馆)

本书包括:古书讹误情况、如何发现问题、校勘方法、校勘记、校勘注意事项、错误标点释例。(张玲)

4123

邵晋涵之文献学探究 / 林良如著. -- 台北县:花木兰文化出版社,2008. -- 150 页;26cm. -- 古典文献研究辑刊 · 六编;26. -- 978 -986 -6657 -24 -5(精装)(国家图书馆)

邵晋涵是乾嘉时期著名的文献学家,本文以文献学为研究范畴,探讨邵晋涵在文献学之成就与贡献。本书共分 10 章。第一章绪论,先述本文之研究动机,接着定义文献学之范围,将邵晋涵之一生学术活动分类,归于文献学各学科之下,然后将目前学术界对邵晋涵之研究概况作一检讨与回顾;第二章邵晋涵之生平;第三章乾嘉学术与浙东学术对邵晋涵之影响;第四章邵晋涵之传注学;第五章邵晋涵之辑佚学;第六章邵晋涵之目录学;第七章邵晋涵之金石学;第八章邵晋涵之编纂学;第九章邵晋涵在文献学上之贡献;第十章结论,总结全文之研究成果。(赵红)

4124

宋刊刘禹锡文集版本研究 / 刘卫林著. -- 台北县:花木兰文化出版社,2008. -- 183 页;26cm. -- 古典文献研究辑刊 · 六编; 4. -- 978 -986 -6657 -02 -3(精装)

本书先后论述现藏台湾"故宫博物院"、北京图书馆及日本天理图书馆三种宋刊刘禹锡文集之版本问题。首章为刘禹锡文集叙录。考述自中唐以后各本之辑集传承,及宋明以来文集的散失等;第二章为北京图书馆所藏宋刊残本《刘梦得文集》版本考;第三章为日本天理图书馆所藏宋刊本《刘梦得文集》版本考;第四章为台湾"故宫博物院"所藏宋刊本《刘宾客文集》版本考略。第二、三、四章分别自公私著录、图经所载、刻工年代等先后考诸同一版式的 18 种宋刊唐人文集、九行本宋刊南北朝七史,并参照明清以来抄刻诸本,考见北京图书馆所藏宋刊残本《刘梦得文集》,并非著录诸家所称之北宋蜀刊或南宋蜀刻,而实为南宋孝宗至光宗年间之杭州刻本。第五章为宋刊刘禹锡文集版本异同考。自书名因革、编次差异与文字分歧,先后考论三种宋刊本于版本上之异同。第六章为宋刊刘禹锡文集各本比较及其版本学上价值,主要比较三种版本之优劣。(赵红)

4125

古籍碑帖的鉴藏与市场 / 陆三强,陈根远著. -- 济南:山东美术出版社,2008. -- 134 页:图;26cm. -- 鉴宝 · 收藏文库. 艺术玩家. -- 978 -7 -5330 -2347 -8(国家图书馆)

本书内容包括:古籍版本的基本知识、古籍版本特点及鉴别、古籍版本的收藏与拍卖、碑帖的基本知识等。(张玲)

4126

中国古典文献学纲要 / 罗江文著. -- 成都:巴蜀书社,2008. -- 294 页;21cm. -- 云南大学古典文献丛书. --978 -7 -80752 -284 -3(国家图书馆)

本书内容包括:中国古典文献概况、古典文献目录学、古典文献版本学、古典文献校勘学等。(韩丽)

4127

地方文献学概论 / 骆伟著. -- 澳门:澳门文献信息学会,2008. -- 266 页;24cm. -- 978 -99937 -968 -1 -7(国家图书馆)

本书共分 12 章。第一章绪论,包括文献的意义、文献学、地方文献学的缘起;第二章地方文献研究综述;第三章地方文献学的基础理论;第四章地方文献;第五章我国地方文献的发展历程;第六章地方文献的类型;第七章地方文献的搜集、整理和典藏;第八章地方文献信息资源;第九章地方文献信息资源的开发利用;第十章现代技术在地方文献工作中的应用;第十一章地方文献信息资源共建共享;第十二章地方文献工作的管理。书前有谢灼华先生写的序言。书后有附录地方文献的搜集整理与使用、《中国图书馆分类法》有关地方文献类目及其举例、1979—2004 年地方文献专题论文目录。(赵红)

4128

山东省回族古籍辑录 / 马银平主编. -- 银川:宁夏人民出版社,2008. -- 296 页:彩照;23cm. -- 978 -7 -227 -03694 -4(国家图书馆)

本书把山东 1100 多个回族人口较集中的村庄、居委会,424 个清真寺的一手资料汇集起来,包括提要条目、古籍研究、编纂体会、领导讲话及相关文件四个部分。(张玲)

4129

学术序跋集 / 施惟达主编. -- 昆明:云南大学出版社,2008. -- 326 页;24cm. -- 978 -7 -81112 -596 -2(国家图书馆)

本书收录了《〈语言文化论〉后记》《〈赵仲牧文集〉前言》《〈云南民族住屋文化〉后记》等文章。(张玲)

4130

中国历代民族古文字文献探幽 / 史金波,黄润华著. -- 北京:中华书局,2008. -- 392 页:图,书影;24cm. -- 北京市民族古籍整理出版规划小组办公室重点科研项目. -- 978 -7 -101 -06102 -4(国家图书馆)

本书分为 6 章,内容包括:隋唐以前民族文字文献的滥觞、隋唐时期民族文字文献的序幕、宋辽夏金时期民族文字文献的发展、元代民族文字文献的繁荣、明代民族文字文献的延续、清代民族文字文献的创新和发展。(韩丽)

4131

文献辨伪学研究 / 司马朝军著. -- 武汉:武汉大学出版社,2008. -- 390 页;24cm. -- 数字时代图书馆学情报学研究论丛;“十一五”国家重点图书. -- 978 -7 -307 -06393 -8(国家图书馆)

本书介绍了传统文献辨伪学的理论、方法、实绩,同时本书也是拷问传统文献辨伪学在态度、方法及结论等方面作的有益的尝试。(韩丽)

4132

中国古文献学文选 / 孙钦善编著. -- 南京:江苏教育出版社,2008. -- 303 页;23cm. -- 古文献学基础知识丛书;普通高等教育“十一五”国家级规划教材;全国高校古籍整理研究工作委员会规划重点项目. -- 978 -7 -5343 -8566 -7(国家图书馆)

本书入选的文章与古文献学的各个分支学科有关,都以文字可靠的版本为据,具体注明出处及所用版本,篇章完整,具体内容包括人物、史实、名物、典制、天文、地理等等。(韩丽)

4133

中国古文献学史简编 / 孙钦善著. -- 北京:北京大学出版社,2008. -- 632 页;23cm. -- 博雅大学堂. 文学;研究生教学用书. -- 978 -7 -301 -13019 -3(国家图书馆)

本书分先秦、两汉、魏晋南北朝、隋唐、宋辽金、元明、清及近代 7 章,每章分专题介绍了本章所涉及朝代古文献学的概况,其余各节论述该时期有代表性的古文献学家。(韩丽)

4134

唐宋文学文献研究丛稿 / 汤华泉编. -- 合肥:安徽大学出版社,2008. -- 444 页;21cm. -- 安徽大学文学研究丛书. -- 978 -7 -81110 -382 -3(国家图书馆)

本书收录了 30 余篇作者关于唐宋文学研究的作品,内容涉及李白专题研究、《全唐诗》的整理、唐人集子、唐代作家生平事迹考证等。(张玲)

4135

清代江南藏书家刻书研究 / 王桂平著. -- 南京:凤凰出版社,2008. -- 341 页;21cm. -- 978 -7 -80729 -212 -8(国家图书馆)

本书把江南藏书家之藏书与刻书二者结合起来,重新审视作为清代封建社会重要的文化活动之一的刻书的基本情况,清代江南藏书家刻书特点,与时代政治、经济、文化等的关系,以及藏书家刻书的深刻影响及刻书的巨大贡献。(韩丽)

4136

古代文献学的文化阐释 / 王国强著. -- 北京:国家图书馆出版社,2008. -- 275 页;23cm. -- 当代中国图书馆学研究文库;国家“十一五”重点图书出版规划项目;北京人天书店资助. -- 978 -7 -5013 -3745 -3(国家图书馆)

本文集收录的论文主要包括古代目录学、历史藏书学和汉代文献学方法。论文从文化的角度对古代文献学的文化意蕴进行了细致地揭示和阐释。(韩丽)

4137

古文献学新论 / 王宏理著. -- 广州:中山大学出版社,2008. -- 388 页;26cm. -- 978 -7 -306 -03134 -1(国家图书馆)

本书共分为 9 章,包括关于“文献”的讨论、关于“文献学”之讨论、学科建设的逆向思考、文献发展的历史状况、鉴定学等内容。(韩丽)

4138

北宋书学文献考论 / 王宏生著. -- 上海:上海三联书店,2008. -- 398 页;21cm. -- 旗山新文丛. -- 978 -7 -5426 -2673 -8(国家图书馆)

本书对北宋的一些名家书学文献研究进行了简单的考证。内容包括欧阳修书学文献考论、朱长文书学文献考论、苏轼《东坡题跋》考论、黄庭坚《山谷题跋》考论、米芾书学文

献考论、黄伯思书学文献考论、《宣和书谱》考论等。(韩丽)

4139

王梦奎序跋 / 王梦奎编著. -- 北京:中央编译出版社,2008. -- 290 页, 1 页图版:肖像;23cm. -- 978 -7 -80211 -820 -1(国家图书馆)

《王梦奎序跋》是作者 1979 年以来所写的序跋。为阅读方便,编为 4 辑:第一辑,是为自己著作所写的序跋,包括 20 世纪 60 年代参与翻译而 80 年代才得以出版的一部经济学著作的译后记。第二辑,是为自己主编的和编辑的书,以及主持的研究项目出版所写的序跋。第三辑,是为别人著作所写的序跋。第四辑是文史杂类。(张玲)

4140

历史文献研究 / 王世伟著. -- 北京:国家图书馆出版社,2008. -- 272 页;23cm. -- 当代中国图书馆学研究文库;国家“十一五”重点图书出版规划项目;北京人天书店资助. -- 978 -7 -5013 -3749 -1(国家图书馆)

本书收录了作者自 1982 年至 2006 年间古典文献学方面的学术论文 20 多篇,内容涉及古籍目录、古籍版本、古籍校勘、古籍整理等。(韩丽)

4141

文献学与文献学家 / 王余光著. -- 北京:国家图书馆出版社,2008. -- 215 页;23cm. -- 当代中国图书馆学研究文库. 第二辑. -- 978 -7 -5013 -3746 -0(国家图书馆)

本书选收作者 1984 年以来发表的论文近 20 篇,内容涉及文献学与目录学方面,详细总结了近百年来中国文献学的发端、发展及所取得的成绩,论证了现代文献学的建立、内容与学科体系,对一些重要文献学家、文献学史及史志书目等专题作了较为深入的研究。(张玲)

4142

中国书史(古代) / 王志国,李会林,车锦华主编. -- 呼和浩特:内蒙古人民出版社,2008. -- 336 页:图;26cm. -- 图书馆文献信息业务工作实用丛书. -- 978 -7 -204 -09648 -0(国家图书馆)

本书在介绍文字的起源的基础上,分六个阶段论述了中国古代书籍产生、演变、发展的历史进程。(韩丽)

4143

漫步旧书林:1877—1949 / 翁长松著. -- 上海:上海远东出版社,2008. -- 483 页:书影,照片;21cm. -- 远东收藏系列. -- 978 -7 -80706 -641 -5(国家图书馆)

本书收录年代已久远的晚清版、民国版旧书,分为三辑:第一辑“史学、国学”,第二辑“小说、戏剧”,第三辑“散文、诗歌”。(韩丽)

4144

书籍的历史 / 吴简易著. -- 太原:希望出版社,2008. -- 191 页:图;23cm. . -- 彩色人文历史. -- 978 -7 -5379 -3977 -5(国家图书馆)

本书上起上古文字产生,下达电子媒体普及的当代,追溯了人类书籍的起源,介绍了世界各地书籍的产生和不断发展的过程,并预示了当代图书业的最新发展趋势。(韩丽)

4145

图书学 / 吴平,胡程立编著. -- 长沙:湖南大学出版社,2008. -- 302 页;21cm. -- 普通高等教育“十一五”国家级规划教材编辑出版学专业核心课程教材. -- 978 -7 -81113 -296 -0(国家图书馆)

本书内容包括:图书学的研究对象与内容、图书的特点、图书的著作类型、图书的载体材料、图书的版本、图书的结构、图书的设计、图书的装订。(韩丽)

4146

江浙访书记(2 版) / 谢国桢著. -- 北京:三联书店,2008. --11,239 页;21cm. -- 978 -7 -108 -03011 -5(国家图书馆)

本书记录了作者在江苏、浙江、四川等地图书馆寻访到的古籍善本。所涉书籍范围广泛,文史经哲、天文地理、风俗人情、医理科技,无所不有。(韩丽)

4147

典藏艺术与数位化工程 / 谢颙丞著. -- 台北县:台湾艺术大学,2008. -- 123 页:图;30cm. -- 978 -986 -01 -4992 -0(国家图书馆)

本书内容涵盖了执行数位化前的工作项目(如:标单规范、事前注意事项等)、各类数位化方式(如:物件拍摄、扫描等),以及数位化完成后之打样与检验,完整而有系统的介绍数位典藏制作流程。书前有作者自序。(赵红)

4148

读书与藏书之间. 二集 / 辛德勇著. -- 北京:中华书局,2008. -- 302 页:照片,书影;21cm. -- 978 -7 -101 -06277 -9(国家图书馆)

本书收录了作者两年间撰写的与典籍收藏、鉴赏以及研究相关的文章。分“怀念与景仰”、“访书肆与赶书市”、“收藏与鉴赏”、“文献学与版刻史”四部分内容。(张玲)

4149

古文源流考 / 徐刚著. -- 北京:北京大学出版社,2008. -- 289 页:图;23cm. -- 北京市社会科学理论著作出版基金资助. -- 978 -7 -301 -13509 -9(国家图书馆)

本书从总体上论述了汉代、六朝、隋唐以至宋代古文流传的基本情况;考察了各古文经书在历史上的流传情况;勾划出历史上诸多已经亡佚的古文字书以及相关的人与事;考察在历史上起过重大作用的古文学的历史,揭示学术史发展的一些规律或特点。(韩丽)

4150

古籍版本学概论(第 2 版) / 严佐之著. -- 上海:华东师范大学出版社,2008. -- 215 页;23cm. -- 国学基础丛书. -- 978 -7 -5617 -0227 -7(国家图书馆)

本书包括:版本的认识、版本的历史、版本的鉴定、版本的考订。(张玲)

4151

古籍整理与出版专家论古籍整理与出版 / 杨牧之主编. -- 南京:凤凰出版社,2008. -- 768 页;24cm. -- 978 -7 -80729 -170 -1(国家图书馆)

本书收入136篇文章,是从近50年刊物中刊载的几千篇文章中挑选出来的。内容包括:古籍整理与出版的重大意义;古籍整理与出版的情况与问题;古籍整理与出版业务探讨与建议;古籍整理与出版的人才培养。(韩丽)

4152

中国古代书籍装帧 / 杨永德,杨宁著. -- 北京:人民美术出版社,2008. -- 16,415页:图;24cm. -- 普通高等教育"十一五"国家级规划教材;中国高等院校公共艺术课系列教材. -- 978-7-102-04308-1(国家图书馆)

本书介绍了书籍装帧的初期形态、书籍装帧的正规形态、书籍装帧的册页形态、古代书籍装帧与文化、古代书籍装帧与审美文化、古籍的插图版画、版本简述等内容。(韩丽)

4153

书林清话 / 叶德辉著;李庆西标校. -- 上海:复旦大学出版社,2008. -- 315页:图;23cm. -- 978-7-309-06181-9(国家图书馆)

本书以中华书局影印本为底本,简体字排印,对书中所有简缩书名,标以书名号,对容易引起疑惑的年号及其他问题,标校者略作注释。(韩丽)

4154

书林清话:插图本 / 叶德辉撰. -- 上海:上海古籍出版社,2008. -- 269页;25cm. -- 古籍版本基本知识丛书. -- 978-7-5325-4744-9(国家图书馆)

本书用笔记体裁说明书籍和版片的各种名称,历代刻书规格、材料以及工料价值的比较,印刷、装订、鉴别、保存等方法,并叙述了古代活字印刷、彩色套印的创始和传播,各时代的著名刻本,刻书、钞书、卖书、藏书的许多掌故。(韩丽)

4155

版本命名概论 / 叶守法著. -- 北京:高等教育出版社,2008. -- 241页;21cm. -- 978-7-04-021311-X(清华大学图书馆)

未见书。(张玲)

4156

书海蠡踪 / 俞冰著. -- 北京:学苑出版社,2008. -- 448页;23cm. -- 978-7-5077-3130-9(国家图书馆)

本书分谈唱片、谈诗文、谈戏曲、谈古籍和杂著五部分。内容包括:百代钻针唱片存目及考释;百代钻针唱片知见目;京剧老唱片版本研究初探;"程永龙"与中国早期唱片;七言诗探源;云南关索戏的由来等。(韩丽)

4157

文献信息学概论 / 张健著. -- 成都:西南交通大学出版社,2008. -- 234页;21cm. -- 978-7-5643-0158-3(国家图书馆)

本书分上下两篇。上篇对文献信息学的产生及特点、基本理论、研究对象与内容、研究任务与方法、社会功能等基本理论进行了阐述;下篇对文献信息的类型、作用与评价、文献信息资源管理、文献信息服务系统、文献信息服务质量评价等问题进行了论述。(韩丽)

4158

怎样写好文献综述:案例及评述 / 张黎著. -- 北京:科学出版社,2008. -- 209页;24cm. -- 978-7-03-020823-1(国家图书馆)

本书通过对近20篇文献综述案例的分析,指出了在文献综述过程中经常出现的问题,如对文献的简单罗列、不恰当的综述线索、逻辑混乱和不严密,以及没有基于文献提出研究问题和假设等。(张玲)

4159

简帛文献论集 / 张显成著. -- 成都:巴蜀书社,2008. -- 672页;21cm. -- 西南大学文献学研究丛书. -- 978-7-80752-067-2(国家图书馆)

本书分为3篇,收录了有关简帛研究的文章32篇,包括简帛文献文本研究、简帛文献理论研究、简帛文献其他研究。(韩丽)

4160

民国书影过眼录. 第三集 / 张泽贤著. -- 上海:上海远东出版社,2008. -- 611页:图,肖像,摹真;20cm. -- 远东收藏系列. -- 978-7-80706-586-9(国家图书馆)

本书分为4部分:作家专著、合集·翻译·论丛、艺术和杂著。(张玲)

4161

中国现代文学诗歌版本闻见录:1920—1949 / 张泽贤著. --上海:上海远东出版社,2008. -- 625页:图;21cm. -- 978-7-80706-847-1(国家图书馆)

本书收录了从1920年到1949年这段时期的诗歌版本近200种,基本上囊括了这一时间段的所有重要诗歌版本。(韩丽)

4162

中国现代文学翻译版本闻见录:1905—1933 / 张泽贤著. --上海:上海远东出版社,2008. -- 13,615页,8页图版:图(部分彩图),肖像;20cm. -- 远东收藏系列. -- 978-7-80706-721-4(国家图书馆)

本书收有从1905—1933年间翻译版本216种,书中文字以版本为依托,记录诸如封面、扉页、版式、版权、尺寸、品相以及序跋文等情况。(张玲)

4163

聚书脞谈录 / 赵国忠著. -- 桂林:广西师范大学出版社,2008. -- 302页:图,肖像,摹真;19cm. -- 煮雨文丛. -- 978-7-5633-7633-9(国家图书馆)

本书收录的文字大体归为两类:一是有关现代文学的读书札记,一是记述了访书时的所见所感。(张玲)

4164

明代版刻图典 / 赵前编著. -- 北京:文物出版社,2008. -- 570页;23cm. -- 全国古籍整理出版规划领导小组资助出版. --978-7-5010-2187-1(国家图书馆)

本书从内府、官刻、藩府刻、私刻、坊刻、活字印本、版画套印等7个方面全面遴选明刻明印精品,按7个板块分开,每个板块中的每幅图版依时间先后部居。(韩丽)

4165

古文献研究集刊．第二辑 / 赵生群，方向东主编．-- 南京：凤凰出版社，2008． -- 391 页；21cm． -- 978 – 7 – 80729 – 197 – 8（国家图书馆）

本书是关于研究古文献的集刊。本辑中收录文章 23 篇，包括：《礼经十论》《郑玄辞典序》《〈左传〉疑义新证（昭公续篇）》等。（韩丽）

4166

东亚传世汉籍文献译解方法初探 / 郑吉雄，张宝三编．-- 上海：华东师范大学出版社，2008． -- 11，241 页；24cm． -- 儒学与东亚文明研究丛书；由台湾大学人文社会高等研究院东亚经典与文化研究计划授权出版． -- 978 – 7 – 5617 – 5926 – 4（国家图书馆）

本书内容包括：文献批注的形态与性质、文献诠解的思维与方法、文献译注的语言制约。（张玲）

4167

书林丛考（增补本） / 郑伟章著．-- 长沙：岳麓书社，2008． -- 678 页；21cm． -- 978 – 7 – 80665 – 964 – 9（国家图书馆）

本书共分"古文献及文献家丛考"和"《四库全书总目》著录献书人丛考"2 个部分，具体包括唐代的书籍及其装帧、方功惠碧琳琅馆藏书刻书考、叶菊裳先生年谱、庶吉士戴震家藏本、刑部员外郎顾葵家藏本、少詹事陆费墀家藏本等。（张玲）

4168

古籍定级参考图例：试用本 / 中国国家古籍保护中心编．--北京：中国国家古籍保护中心（内部出版），2008． -- 390，63 页：摹真；29cm（武汉大学图书馆）

该书对国家图书馆馆藏古籍作了定级，分为一级古籍甲等、乙等、丙等，二级古籍甲等、乙等、丙等，三级古籍甲等、乙等、丙等，可以作为古籍定级的一种标准。（胡秋玲）

4169

海王邨古籍书目题跋丛刊 / 中国书店出版社编．-- 北京：中国书店，2008． -- 8 册；28cm． -- 978 – 7 – 80663 – 433 – 2（国家图书馆）

本书收入清朝、民国时期著名藏书家的 30 余种古籍书目题跋，并新编索引，方便读者使用，为中国古籍的版本学、目录学提供研究资料。（张玲）

4170

古董速查手册：古籍善本 / 周世荣，高至喜，邹敏讷主编；古董速查手册编委会编；邹加勉，熊剑琴册编著．-- 长沙：湖南美术出版社，2008． -- 254 页：彩图；21cm． -- 978 – 7 – 5356 – 2890 – 9（国家图书馆）

本书收录了明之前善本、明善本、清善本、民国及以后善本。（韩丽）

4171

彝文古籍整理与研究 / 朱崇先著．-- 北京：民族出版社，2008． -- 499 页；21cm． -- 978 – 7 – 105 – 09 576 – 6（国家图书馆）

本书内容包括：古彝文及其典籍文献研究综论、彝文古籍的地区类型、彝文古籍征集与收藏情况述要、彝族历史典籍与文学作品及文论的整理研究、彝文医药典籍与天文历法论著的整理研究等。（韩丽）

4172

古籍研究．2008 卷上（总第 53 期） / 朱万曙主编．-- 合肥：安徽大学出版社，2008． -- 250 页；26cm． --安徽大学古籍整理研究所等主办． -- 978 – 7 – 81110 – 391 – 5（国家图书馆）

本刊主要反映古籍研究、整理、出版各方面的新成果、新动态。本期包括"《虞集论稿》序"、"读《竞建人之》札记两则"等 15 篇文章。（王旭东）

4173

宋代刻书产业与文学 / 朱迎平著．-- 上海：上海古籍出版社，2008． -- 319 页：摹真；21cm． -- 中国传统文学与经济生活研究丛书．第一辑． -- 978 – 7 – 5325 – 4909 – 2（国家图书馆）

本书在对宋刻书产业进行全面考察的基础上，进而深入探讨它与宋代文学发展的关系，将文学放在印刷史、社会史的背景上来看，拓宽了文学研究的视野。刻书的大规模发展使得诗词文集及各类总集数量明显增多，著名文人都非常注意自己文集的编辑，甚至有机会在生前刊刻自己的作品，这使得名家的文集变得齐整可观，也使后人能够更清楚地掌握一家集子的源流演变。（张玲）

4174

古籍整理研究丛稿 / 诸伟奇著．-- 合肥：黄山书社，2008． --342 页：书影；21cm． -- 978 – 7 – 80707 – 753 – 4（国家图书馆）

本书收有《小窗幽记》导读、《田间诗集》整理说明、《庄子补正》校点说明、《刘铭传文集》补遗等文章。（韩丽）

4175

中国西部地区地方文献资源论稿 / 张利主编．-- 呼和浩特：内蒙古大学出版社，2008． -- 421 页，12 页图版：彩图；26cm． -- 国家社会科学基金（02BTQ010）研究成果；内蒙古大学出版基金资助出版． -- 978 – 7 – 81115 – 381 – 1（国家图书馆）

本书展示了我国西部 12 个省（自治区、直辖市）图书、档案、文物、方志等系统地方文献资源较为完整的面貌，而且对地方文献资源建设的许多理论和实践问题进行了比较系统的探索和研究。（张玲）

4176

《近思录》版本与传播研究 / 程水龙著．-- 上海：上海古籍出版社，2008． -- 12，349 页，4 页图版：摹真；23cm． -- 文史哲研究丛刊． -- 978 – 7 – 5325 – 4943 – 6（国家图书馆）

本书通过实际调查《近思录》各种重刻本、注释本、续编本的版本传抄和流存情况，对其繁多复杂的版本及其源流作全面梳理、翔实考订，探究与《近思录》传刻相关联的时代、地域、传播者、阅读者特点，发掘潜藏其后的学术影响和文化意义。（张玲）

4177

泉州古代著述 / 陈笃彬，苏黎明著．-- 济南：齐鲁书社，2008． -- 472 页：图，摹真；21cm． -- 桐江学术丛书；本书受

"泉州师范学院桐江学术丛书出版基金"资助出版. -- 978-7-5333-1957-1(国家图书馆)

本书介绍了自唐朝至清代有关泉州的著述及著述的特点与启示。(张玲)

4178

中国武艺图籍考 / 唐豪著. -- 太原:山西科学技术出版社,2008. -- 204页;25cm. -- 唐豪文丛. 第三辑. 武学丛书. --978-7-5377-2976-5(国家图书馆)

本书分诸艺,角力、手搏、擒拿,射、弹、弩、枪、棍,戈、戟、刀、剑、斧、干盾、狼筅、仪节、选举等二十类。是20世纪武术史和民族体育史的划时代的著作,也是武术目录学和文献学的奠基之作。(张玲)

4179

书籍的社会史:中华帝国晚期的书籍与士人文化 /(美)周绍明(Joseph P. McDermott)著;何朝晖译. -- 北京:北京大学出版社,2009. -- 280页:图;23cm. -- 978-7-301-16163-0

本书展现了从宋代到清中叶中国书籍的生产、发行、阅读、流传,重在探究书籍与士人文化之间的关系。书中对印本与手抄本的兴替、中国古代藏书文化与"知识共同体",以及中西书史比较的论述尤为精彩。(赵红)

4180

图书学通论 / 王迎胜著. -- 哈尔滨:黑龙江人民出版社,2009. -- 230页;24cm. -- 21世纪编辑出版学系列. -- 978-7-207-08089-9

本书是第一部系统研究图书学基础理论的著作,阐述了中国古代图书和现代图书的整理加工方法、生产过程及传播方式,揭示了图书和图书事业的存在本质及其发展的逻辑规律和历史规律。(赵红)

4181

厦门古籍序跋汇编 / 厦门市图书馆编;陈峰编纂. -- 厦门:厦门大学出版社,2009. -- 16,466页;21cm. -- 978-7-5615-3306-2

本书收集唐以迄清代末年厦门地方人士之著述,与关涉厦门地区社会经济、历史文化诸层面之典籍。分别划归经、史、子、集四大部类。收辑之文献序跋,体例概由题名、作者、书目提要、序跋正文、注释等部分构成。(赵红)

4182

古文献与传统文化 / 张玉春主编. -- 北京:华文出版社,2009. -- 355页;21cm. -- 978-7-5075-2739-1

本书共收录25篇文章。主要内容有"虎座飞鸟性质用途论"、《庄子》与中国古典"形神"艺术论在魏晋时代的确立、南化本《史记·赵世家》疏证、"明代书坊与神魔小说流派"、"陈维崧诗文中的戏曲史料"、"南宋县级税赋的管理制度"、"明太祖与安南"等文章。(赵红)

4183

札迻 /(清)孙诒让著;雪克,陈野点校. -- 北京:中华书局,2009. -- 481页;21cm. -- 孙诒让全集/许嘉璐主编. 国家古籍整理出版专项经费资助. -- 978-7-101-06854-2

本书是孙诒让的校勘、训诂名著,校书78种,校文1300余条,以子部为多,遍及四部,而以经、史、子、集为序。书前有许嘉璐、俞曲圆及作者写的序。(赵红)

4184

书林清话 /(清)叶德辉著;耿素丽点校. -- 北京:国家图书馆出版社,2009. -- 242页;23cm. -- 978-7-5013-3762-0

本书用笔记体裁说明书籍和版片的各种名称,历代刻书规格、材料以及工料价值的比较,印刷、装订、鉴别、保存等方法,并叙述了古代活字印刷、彩色套印的创始和传播,各时代的著名刻本,刻书、钞书、卖书、藏书的许多掌故。(赵红)

4185

梁启超文献学思想论稿 / 安尊华著. -- 北京:线装书局,2009. -- 218页;21cm. -- 978-7-5120-0048-3(国家图书馆)

本书以政治背景和文化背景为视角,综合运用各种历史研究方法,深入考察和梳理了梁启超文献学思想,探寻其理论构架和内在理路。(王旭东)

4186

北京大学中国古文献研究中心集刊. 第八辑 / 北京大学中国古文献研究中心编. -- 北京:北京大学出版社,2009. -- 323页;25cm. -- 978-7-301-15333-8(国家图书馆)

本书收录了《论古代小说文献中的儒家文化》《宋蜀刻经书版本研究》《南宋四明科举略考》《目录学中"互著"与"别裁"源流考》《齐地八神祠略考》等文章。(王旭东)

4187

元代文化研究. 第二辑. 中国传统文化与元代文献国际学术研讨会会议论文集 / 北京师范大学古籍与传统文化研究院编. -- 北京:中华书局,2009. -- 916页;26cm. -- 978-7-101-06600-5(国家图书馆)

本书分文献研究、人物研究、文学研究、历史研究及其他、译文五部分,收录了《元代文学大势说略》《20世纪哲学转向与中国国学的问题》《郝经易学与诗学》等文章。(赵红)

4188

浦东古旧书经眼录 / 柴志光主编;上海市浦东新区地方志办公室编撰. -- 上海:上海远东出版社,2009. --382页:书影;26cm. -- 978-7-80706-919-5(国家图书馆)

本书收录1949年10月以前历代印行且可见的"古旧书",择其要者一一介绍。全书共分五部分:明代刻本、清代刻本、民国线装本、民国平装本、历代稿本抄本等。书前有陈高宏写的序。书后有附录:《艺文志》著录历代浦东人著作目录、著作版本索引、作者索引。(赵红)

4189

明清稿抄校本鉴定 / 陈先行,石菲著. -- 上海:上海古籍出版社,2009. -- 294页:书影;29cm. -- 978-7-5325-5349-5(国家图书馆)

本书共分4部分,包括稿本、抄本、批校本、明末清代校勘家之印章墨迹。(王旭东)

4190

清末民国古籍书目题跋七种 / 程仁桃选编. -- 北京:国家

图书馆出版社,2009. -- 8 册;29cm. -- 978 - 7 - 5013 - 3779 - 8(国家图书馆)

廉石居藏书记/(清)孙星衍撰; 持静斋藏书纪要/(清)莫友芝撰; 墨海庋书目补提要/(清)周郇撰; 适园藏书志/(清)张钧衡; 艺风藏书记/(清)缪荃孙编; 郎园读书志/叶德辉撰; 群碧楼善本书录(附寒瘦山房鬻存善本书目)/邓邦述撰; 文禄堂访书记/王文进撰。(赵红)

4191

古籍常识丛谈 / 崔文印著. -- 北京:中华书局,2009. -- 223 页;23cm. -- 978 - 7 - 101 - 06366 - 0(国家图书馆)

本书涉及古籍版刻,经、史以及历代藏书、禁书诸内容,共收文章 81 篇。主要内容包括古籍的流传、古籍版本的三大系统、古籍的用纸、古籍的刻工、古籍刻本的字体、古籍的行格和古籍的套色、古籍的注释等。(赵红)

4192

文献论理与考实 / 董恩林著. -- 长沙:岳麓书社,2009. -- 327 页;21cm. -- 978 - 7 - 80761 - 135 - 6(国家图书馆)

本书是有关历史文献学理论与实证的论文集,内容分为三部分,分别为论理篇、考实篇和评述篇。文章有论传统文献学的内涵、范围和体系诸问题、《史记 · 天官书》与传统儒教、《旧五代史》考辨、张舜徽与清代扬州学派研究、朱子学与上饶历史文化国际学术研讨会综述等 24 篇。(赵红)

4193

文献学理论研究导论 / 冯浩菲撰. -- 济南:山东大学出版社,2009. -- 169 页;21cm. -- 978 - 7 - 5607 - 4010 - 2(国家图书馆)

本书内容包括:引言;文献学的特征和功用;文献学分类;文献载体及其研究与介绍;文献类型及其研究与介绍;文献体式及其研究与介绍等。(王旭东)

4194

宋集传播考论 / 巩本栋著. -- 北京:中华书局,2009. -- 272 页;24cm. -- "985 工程"二期"汉语言文学与民族认同"哲学社会科学创新基地项目资助成果;"211 工程"三期"中国语言文学与民族文化复兴"项目资助成果;教育部人文社科研究项目成果;南京大学古典文献研究所专刊. -- 978 - 7 - 101 - 06577 - 0(国家图书馆)

本书收录了《宋人别集的编纂、刊刻与流传》《明人整理宋人别集的成绩》《清人整理宋人别集的贡献》《朝鲜时代的宋人诗文选本》等七篇文章,主要论述了宋人文集在不同时代的流传、整理及在高丽、朝鲜时代的流播情况。(赵红)

4195

尽善尽美:殿本精华 / 故宫博物院编. -- 北京:紫禁城出版社,2009. -- 111 页:图;29cm. -- 978 - 7 - 80047 - 866 - 6(国家图书馆)

武英殿修书处是清代皇室刻印图书的机构,所刻之书简称"殿本"。故宫博物院是全国收藏殿本图书最多的地方。本书系统地阐述了武英殿修书处的产生及发展过程、殿本书版本特点、印刷技术及装帧艺术、故宫图书馆存藏状况。(赵红)

4196

黄遵宪题批日人汉籍 / 郭真义,郑海麟编著. -- 北京:中华书局,2009. -- 43,290 页;21cm. -- 978 - 7 - 101 - 06803 - 0(国家图书馆)

本书内容包括:黄遵宪题批《日本八大家文读本》、黄遵宪题批《湖山楼诗稿》、黄遵宪题批《日本名家经史论存》、黄遵宪题批《补春天传奇》、黄遵宪题批《养浩堂诗集》、黄遵宪题批《近世伟人传》、黄遵宪题批《藏名山房集》、黄遵宪题批《北游诗草》、黄遵宪题批《雪堂诗钞》、黄遵宪题批《苍海遗稿》等。(赵红)

4197

古籍版本学 / 黄永年著. -- 南京:江苏教育出版社,2009. --269 页:图;23cm. -- 普通高等教育"十一五"国家级规划教材. -- 978 - 7 - 5343 - 6639 - 0(国家图书馆)

本书分为三部分。第一部分绪论,叙述了其研究对象、版本和善本、研究角度和用途;第二部分是版本史和版本鉴别,内容包括:研究方法、参考书、雕版印刷的出现等;第三部分是版本目录。(赵红)

4198

书前书后:来新夏书话续编 / 来新夏著. -- 太原:三晋出版社,2009. -- 225 页:图;19cm. -- 978 - 7 - 5457 - 0107 - 4(国家图书馆)

本书分为藏书与读书、为自己的书写序、书评三部分,收录有《漫画古籍的保护与研究》《议论文化游记》《红楼何止半亩地》等文章。(王旭东)

4199

历代书籍装帧艺术 / 李明君著. -- 北京:文物出版社,2009. -- 275 页:图;30cm. -- 978 - 7 - 5010 - 2720 - 0(国家图书馆)

全书共分七章。内容包括:简帛书籍与先秦的非书籍文献载体、简册书籍的装帧艺术、缣帛书籍的装帧艺术、卷轴书籍的装帧艺术、册页书籍的装帧艺术、现代书籍装帧的崛起、传统书籍装帧教学的实践与思考。书前有余秉楠教授写的序言。(赵红)

4200

1917—1927 中国新文学大系导言集 / 刘运峰编. -- 天津:天津人民出版社,2009. -- 354 页;23cm. -- 978 - 7 - 201 - 06114 - 6(国家图书馆)

本书收录了中国新文学运动最初十年(1917—1927)的主要文学作品及相关资料。本书主要文章有胡适的《建设理论集》导言、郑振铎《文学论争集》导言、茅盾《小说一集》导言、鲁迅《小说二集》导言、郑伯奇《小说三集》导言、周作人《散文一集》导言、郁达夫《散文二集》导言、朱自清《诗集》导言、洪深《戏剧集》导言、陈英《史料 · 索引》序例。书前有赵家璧写的前言及蔡元培写的序。书后有附录:周作人、胡适、陈子展的文学革命运动,赵家璧的话说《中国新文学大系》和鲁迅怎样编选《小说二集》。(赵红)

4201

纸润墨香话古籍 / 孟宪钧,陈品高著. -- 北京:学苑出版社,2009. -- 319 页:图;24cm. -- 978 - 7 - 5077 - 3317 - 4(国家图书馆)

本书共分 11 章。内容包括:古籍概说、宋元刻本、明代刻本、清代刻本、民国刻本、活字印本、稿抄校本、古籍辨伪、市场价格、藏书漫谈、书林掌故。书后有附录:术语举要、民国以来藏书家刻书举隅、版本摭拾。(赵红)

4202

古典文献研究(总第十二辑) / 南京大学古典文献研究所编. -- 南京:凤凰出版社, 2009. -- 606 页; 21cm. -- 978 - 7 - 80729 - 516 - 7(国家图书馆)

本书收入专题学术论文 42 篇,分为文献与社会文化研究、文学与文献学研究、古典文献学研究、文献考证、文献辑存、学术丛札等栏目。(王旭东)

4203

钱基博讲古籍版本 / 钱基博著. -- 南京:凤凰出版社, 2009. -- 173 页;24cm. -- 近代学术名家大讲堂/葛剑雄主编. --978 - 7 - 80729 - 366 - 8(国家图书馆)

本书包括"版本通义"、"古籍举要"两部分,举要了孝经四条、论语十条、孟子十三条、尚书九条、诗四条、周礼七条、仪礼五条、礼记三条、春秋上十条、春秋下二十条、小学五条等名著古籍。(赵红)

4204

全国地方文献工作研究文选 / 石丽珍主编;吉林省图书馆,中国图书馆学会地方文献研究专业委员会编. -- 长春:吉林人民出版社,2009. -- 458 页:图;25cm. -- 978 - 7 - 206 - 06171 - 4(国家图书馆)

本书选编了 2008 年全国地方文献工作学术研讨会获奖的 65 篇征文,分为地方文献理论研究与实践工作、地方文献区域研究与数据库开发、地方文献的收集与整理、地方文献的开发与利用、专题地方文献研究五部分。(赵红)

4205

西方校勘学论著选 / 苏杰编译. -- 上海:上海人民出版社,2009. -- 15,390 页:图,肖像;21cm. -- 上海市浦江人才计划资助. -- 978 - 7 - 208 - 08419 - 3(国家图书馆)

本书阐述了西方校勘学理论、原则、方法及发展历史。共收入了 7 篇文章和论著,包括《用思考校勘》《校勘学》《文法学家的技艺:校勘学引论》《现代校勘学批判》等。(赵红)

4206

第二届地方文献国际学术研讨会论文集 / 苏品红,王珊主编;国家图书馆古籍馆编. -- 北京:国家图书馆出版社,2009. --480 页;29cm. -- 978 - 7 - 5013 - 4219 - 8(国家图书馆)

本文集共收录论文 66 篇,分 3 个部分:地方文献研究、方志谱牒专题研究、地方文献工作研究。(赵红)

4207

书的历史:古今书里书外的故事 / 王鼎吉著. -- 北京:中国时代经济出版社,2009. -- 24,628 页:照片;25cm. -- 978 - 7 - 80221 - 696 - 9(国家图书馆)

本书介绍了我国历史上一些重要著作的编纂过程以及这些书籍所遭遇到的各种不同命运的故事;也讲述了这些书籍的作者自身的悲欢离合及其人生坎坷;既讲述了我国历史上纸张和印刷术发明的故事,也讲述了发明者的人生和命运。(赵红)

4208

古文献文学丛稿 / 王华宝著. -- 北京:中华书局,2009. -- 226 页;23cm. -- 978 - 7 - 101 - 06269 - 4(国家图书馆)

本书重点探讨《史记》《汉书》《后汉书》《三国志》《晋书》《水经注》等史学文献和《全汉赋》《文选》《搜神记》等文学文献在整理校勘、词语考释、标点使用等方面存在的一些问题,对古文献整理研究中涉及的校勘方法、原则等均有论述,并附阐释章太炎、黄侃、徐复先生等学术大师的治学特色和学术成就的文章两篇。(赵红)

4209

书籍之路与文化交流 / 王勇主编. -- 上海:上海辞书出版社,2009. -- 597 页;21cm. -- 978 - 7 - 5326 - 2816 - 2(国家图书馆)

本书分 5 编。内容包括:基调演讲、古代中日书籍交流、近代中日书籍交流、东亚书籍交流、图书版本研究。(王旭东)

4210

古籍春秋:中国古籍善本鉴赏与收藏 / 翁连溪,袁理著. -- 北京:新世界出版社,2009. -- 158 页:图;25cm. -- 978 - 7 - 5104 - 0446 - 7(国家图书馆)

本书以 1977—2008 年中国古籍拍卖市场上最具代表性的古籍善本作为个案,进行了分析、讲解。(王旭东)

4211

中国古典学. 第二卷. 杨向奎先生百年诞辰纪念文集 / 吴锐编. -- 长春:吉林大学出版社,2009. -- 20,603 页;26cm. -- 978 - 7 - 5601 - 5037 - 6(国家图书馆)

本书分主体论文、中国古典的解释、杨向奎先生与唐山文化三部分,收录了《吊诡怡生:比较哲学试释》《中西文化的共处:互动互强》《何休三阙及其流传考》等文章。(赵红)

4212

版本杂谈 / 薛冰著. -- 济南:山东画报出版社,2009. -- 306 页;图;23cm. -- 978 - 7 - 80713 - 755 - 9(国家图书馆)

本书尝试以版本学的基本概念为经,以图书实证为纬,编织近现代中国出版的宏观图景。力图从实例出发,说清近代现代时期大致产生了哪些版本形态,各有什么特征,与此前此后的同类版本有什么联系与差异,在鉴赏、评判时应掌握什么标准,注意哪些问题。(赵红)

4213

中国文献学 / 张舜徽撰. -- 上海:上海古籍出版社,2009. --22,293 页;23cm. -- 978 - 7 - 5325 - 5145 - 3(国家图书馆)

本书论述了文献学的范围、任务,古代文献的流传、类别等重要问题,对版本、校勘、目录等有关整理文献的基本知识,也给以详细的说明,对于前人整理文献的具体工作和丰硕成果,历代校雠学家整理文献的辉煌业绩,都作了总结性的介绍。(赵红)

4214

张元济全集. 第8卷. 古籍研究著作 / 张元济著. -- 北京:商务印书馆,2009. -- 523页:图;24cm. -- 978-7-100-06593-1(国家图书馆)

古籍目录、版本、校勘之学,是张元济先生的学术专长。本书为第八卷,编入书目两部:《宝礼堂宋本书录》和《涵芬楼烬余书录》。(王旭东)

4215

民国书信版本经眼录 / 张泽贤著. -- 上海:上海远东出版社,2009. -- 356页:图,照片;24cm. -- 远东收藏系列. -- 978-7-80706-990-4(国家图书馆)

本书主要以书信、书简、家书、情书、书札·手札·函件、书牍·尺牍·文牍等几部分分类介绍,所收版本达100多种,基本涵盖了民国时期书信版本的全部,具体内容包括《三叶集》《沫若书信集》《西桥小孩创造记》《学生书信指导》《历代名媛书简》等。(赵红)

4216

出版与文化政治:晚清的"卫生"书籍研究 / 张仲民著. -- 上海:上海书店出版社,2009. -- 410页;23cm. -- 978-7-5458-0011-1(国家图书馆)

本书从书籍史和阅读史的角度切入,研究晚清生理卫生特别是生殖医学书籍的出版与传播,进而探讨人们生理卫生观念、生殖观念乃至性观念的变化。(王旭东)

4217

古文献研究集刊. 第三辑 / 赵生群,方向东主编. -- 南京:凤凰出版社,2009. -- 361页;21cm. -- 978-7-80729-555-6(国家图书馆)

本书是关于研究古文献的集刊。本辑中收录文章18篇,包括:《朴斋笔谈》《〈左传〉疑义新探》《阮刻本〈仪礼注疏〉勘误》《试论汉代日书残简的整理与利用》《清高宗与四库私人进呈书题咏》《清初戏曲家叶奕苞生平新考》等。(赵红)

4218

中国书写与印刷文化遗产和图书馆工作:2006年国际图联(IFLA)杭州会前会论文集 / 浙江图书馆编. --杭州:浙江古籍出版社,2009. -- 498页:图;21cm. --国际图联善本手稿专业委员会、浙江省文化厅主办. -- 978-7-80715-364-1(国家图书馆)

中国浙江省文化厅和国际图联善本手稿委员会主办了2006年国际图联善本手稿委员会杭州会前会,本文集可以见证这次会前会的主题,内容涉及了中国悠久的书写历史、印刷文化遗产和图书馆工作等方面,也包括了印书板片的保存和保护工作所面临的挑战等。书前有国际图联(IFLA)主席Alex Byrne(艾乐格斯·波恩)写的序言。书后有附录:2006年国际图联(IFLA)杭州会前会论文预印本目录。(赵红)

4219

"中研院"历史语言研究所集刊论文类编:文献考订编 / 中华书局编辑部编. -- 北京:中华书局,2009. -- 10,6043页;26cm. -- 978-7-101-06258-8(国家图书馆)

本书所收论文,取自《"中研院"历史语言研究所集刊》1928年第1本第1期至2000年第71本第4期。论文涉及的研究领域,分为6编:语言文字编、历史编、考古编、文献考订编、思想与文化编、民族与社会编。本卷为文献考订编。(赵红)

4220

文献·文献学·文献学家 / 周国林著. -- 长沙:岳麓书社,2009. -- 352页;21cm. -- 978-7-80761-210-0(国家图书馆)

本书收录了"历史文献学理论研究中的几个问题"、"二十世纪中国古文献学检论"、"关于古籍今译的几点思考"、"李一氓先生的古籍整理思想"等文章。(赵红)

4221

古籍研究. 2008卷下(总第54期) / 朱万曙主编. -- 合肥:安徽大学出版社,2009. -- 258页;26cm. --安徽大学古籍整理研究所等主办. -- 978-7-81110-607-7(国家图书馆)

本刊主要反映古籍研究、整理、出版各方面的新成果、新动态。本期收录了"论道教类书《无上秘要》的价值"、"齐召南《汉书考证》综论"、"清初《近思录》传播的学术思考"等文章。(王旭东)

目录学

4222

汉字索引制 / 林玉堂. -- 著者自刊,1918. -- 线装,1册. -- 铅印本(国家图书馆)

此书由蔡元培作序,对于该汉字索引创制的基本规律及意义,正如蔡先生在序中所言,是"以西文字母之例应用于华文之点画",如果推广应用于字典辞书以及图书名姓之记录,则可以节省人们查检汉字的时间。林玉堂即林语堂。(石剑)

4223

图书目录学 / 杜定友. -- 上海:商务印书馆,1926、1929. --101页:图;32开. -- 上海图书馆协会丛书(国家图书馆)

本书分总论、中国图书目录、编目规则、目录用法4章。总论介绍了目录的定义、目录与图书馆中各部门的关系、目录卡及编目方法。中国图书目录着重介绍了四库书目。编目规则介绍了著者卡编目法、书名卡编目法。书前有上海图书馆协会丛书总序。(胡月平)

4224

中国史部目录学 / 郑鹤声. -- 上海:商务印书馆,1928,1930,1933. -- 239页:表;23cm(国家图书馆)

书前冠自序、叙例。分十章:第一章介绍我国史书渊源;二、三章介绍史部位置、源流;四、五、六章介绍史目流别;七章介绍刘知几以下诸家的史部分类;八、九章介绍史料与史体、分类法;十章结论。(胡月平)

4225

索引和索引法(书籍、杂志和报纸) / 钱亚新. -- 上海：商务印书馆,1930、1935. -- 100 页：图表；32 开. --文华图书馆科丛书(国家图书馆)

本书分引言、索引和索引法的定义和范围、索引的功用、索引的种类——以形式分、索引的种类——以内容分、索引法——术语和工具、索引法——预备、索引法——起草、索引法——整理、索引法——排版和校对、索引法——重排、结论12章。书前有杜定友序及作者自序。书后附参考书目和索引。(胡月平)

4226

目录学概论 / 刘纪泽. -- 上海：中华书局,1931、1934. -- 114 页：表；25 开(国家图书馆)

全书共6章,分别介绍了目录学的起源、定义、体例、派别、功用及其在史学上的位置。书前有作者自序。书后附录《治目录学之重要书目》《古今书目分部异同表》。(胡月平)

4227

引得说(引得特刊之四) / 洪业. -- 北平燕京大学图书馆引得编纂处,1932. -- 69 页：图表；16 开(国家图书馆)

本书分何谓引得、中国字庋擷、引得编纂法 3 篇介绍了索引法。(胡月平)

4228

汉字形位排检法 / 杜定友. -- 上海：中华书局,1932. -- 125 页(上海图书馆)

全书分5章。附录3种。(金晓明)

4229

目录学 / 姚名达. -- 上海：商务印书馆,1933. -- 244 页；32 开. -- 万有文库第1集1种;国学小丛书(国家图书馆)

全书分原理篇、历史篇、方法篇3卷。原理篇论述了目录学的定义、目的及功用,目录的种类,目录学与各种科学的关系,目录学与图书馆,目录的派别与目录学的派别。历史篇介绍了目录学的起源、从七略到四部、佛经目录、道藏目录、几个特出的目录学家、西学输入与中西合流、目录学的趋势及目录年表。方法篇论述了分类与编目、分类的方法、编目的规则、编目的方法、如何标题、检字法的问题。书前有自序。末附目录学的参考书。(胡月平)

4230

书志学 / 马导源. -- 上海：商务印书馆,1934. -- 119 页；32 开. -- 百科小丛书/王云五主编(国家图书馆)

全书分书志学的概念、综观的书志学、分观的书志学3编。第1编论述书志学的意义、对象范围分类、与其他学科的关系和历史;第2编介绍图书的意义、成立、传来等;第3编介绍目录的意义、个别书目、集成目录等。书前有童志旋的序及作者自序。(胡月平)

4231

目录学 / 刘咸炘. -- 双流：刘氏自刊“推十书”之一,1934

未见书。见录于李钟履《图书馆学书籍联合目录》。(胡月平)

4232

目录学概论 /(英)福开森(J. Ferguson)著,耿靖民译. -- 武昌文华图书馆学专科学校,1934. -- 32 页；32 开. -- 武昌文华图书馆学专科学校小丛书(国家图书馆)

本书原名:Some Aspects of Bibliography。作者1899年在爱丁堡目录学会卸去会长职时的演讲词,后来加以整理,印成了单行本。分20节,介绍目录学的定义、意义,目录学的产生、门类及效用等。(胡月平)

4233

目录学 / 姚名达. -- 上海：商务印书馆,1934. -- 244 页：图表；32 开. -- 国学小丛书/王云五主编(国家图书馆)

本书分原理篇、历史篇、方法篇3卷。原理篇论述了目录学的定义、目的及功用,目录的种类,目录学与各种科学的关系,目录学与图书馆,目录的派别与目录学的派别。历史篇介绍了目录学的起源、从七略到四部、佛经目录、道藏目录、几个特出的目录学家、西学输入与中西合流、目录学的趋势及目录年表;方法篇论述了分类与编目、分类的方法、编目的规则、编目的方法、如何标题、检字法的问题。书前有自序。末附目录学的参考书。(胡月平)

4234

目录学研究 / 汪辟疆(汪国垣). -- 上海：商务印书馆,1934. -- 187 页：表；32 开(国家图书馆)

本书收作者在中央大学讲习所的论著6篇:《目录与目录学》《唐以前之目录》《论唐宋元明四朝之目录》(附四朝目录存佚统表)《七略四部之开合异同》《丛书之源流类别及其编索引法》《汉魏六朝目录考略》。书前有著者序。(胡月平)

4235

中国目录学史 / 姚名达. -- 长沙：商务印书馆,1938. -- 17,429 页：表；32 开：精装. -- 中国文化史丛书. 第2辑(国家图书馆)

本书正文部分分叙论篇、溯源篇、分类篇、体质篇、校雠篇、史志篇、宗教目录篇、专科目录篇、特种目录篇、结论篇10篇。书前有作者自序。(胡月平)

4236

目录学丛考 / 程会昌. -- 上海：中华书局,1939. -- 100 页：表；32 开(辽宁省图书馆)

本书收录《别录七略汉志源流异同考》《杂家名实辨证》《汉志诗赋略首三种分类遗异考》《汉志杂赋义例说臆》《杜诗伪书考》《清孙冯冀四库全书辑永乐大典本书目钞本跋》6篇。首萧印堂的序。编者自云:“右六篇,甲丁丑戌之间作,今勒成一卷,题曰:‘目录学丛考’,以寿家君五十初度”。(卓连营)

4237

中国目录学年表 / 姚名达. -- 上海：商务印书馆,1940. -- 211 页：表；36 开. -- 国学小丛书/王云五主编(国家图书馆)

本书广罗中国古来目录学界大事,依年代顺叙。年表始于公元前213年(秦始皇帝三十四年),止于1936年底(民国二十五年)。(胡月平)

4238

中国报纸新闻索引法 / 张景明. -- 北京: 燕京大学新闻学会,1941

未见书。见录于李钟履《图书馆学书籍联合目录》。(胡月平)

4239

首笔号码索引法 / 吴甲原. -- 重庆: 香草书屋,1944. -- 60 页: 图; 50 开(国家图书馆)

本书介绍一种检辞方法。取单字的首笔,以 1、2、3、4、5、6 对应点、横、直、撇、弯、曲,建立针对辞语的索引。又名《第一笔检辞法》。有张阆声、汪辟疆、孙伏园的序。(袁皓)

4240

新目录学论丛 / 黎锦熙. -- 编者刊,1948. -- 48 页: 图表; 16 开(国家图书馆)

本书内容包括论中国目录学之演进及新目录学之要义、读书指导举例等 5 篇。末附《中国文字之太极图辩证式的历史进展》《语文部知见应用书目答问》。为 1948 年 1 月《国立湖南大学文院集刊》第 1 期抽印单行本。(胡月平)

4241

目录学(上、下册) / 商务印书馆函授学校图书馆学科. -- 编者刊,1949(前). -- 2 册(61 页); 32 开(上海图书馆)

全书共两册,分别介绍目录学的定义、目的、功用、种类等。与《图书馆行政》《图书选择法》《图书分类法》《图书编目法》《图书运用法》等书合订。(金晓明)

4242

书志学 /(日)小见山寿海著,李尚友译. -- 中华图书馆学会,1949(前). -- 104 页; 16 开(国家图书馆)

本书内容包括书志学之概念、综观的书志学、分观的书志学,共 3 编。(胡月平)

4243

目录学研究 / 汪国垣著. -- 上海: 商务印书馆,1955. -- 187 页. -- 06871(北京交通大学图书馆)

本书内容包括:目录与目录学、唐以前之目录、论唐宋元明四朝之目录(附四朝目录存佚统表)、七略四部之开合异同、丛书之源流类别及其编索引法、汉魏六朝目录考略。(于静)

4244

中国史部目录学 / 郑鹤声编. -- 上海: 商务印书馆,1956. --265 页;19cm. -- 17017.4(国家图书馆)

本书分为绪论、总论、本论、方法论、结论五部分。总论部分介绍了目录学的功用,列举了今传目录书、版本研究、校勘家法等内容;本论部分介绍了史部分类,正史,史记,史部与经部、子部、集部的关系;方法论部分介绍了史料的鉴别与史料的综合;结论部分论述了目录学与版本学、校勘学、考证学的关系,读书治学应充分发挥目录学的作用等内容。(于静)

4245

普通目录学 / 王重民, 朱天俊编写. -- 北京:北京大学图书馆系(内部出版),1957. -- 216 页:图;26cm(国家图书馆)

本书内容包括:第一部分,导言,介绍了目录学的对象与任务、著录图书的方法和目录的种类;第二部分,我国目录学的发展,介绍了第一时期(远古至公元前第一世纪)、第二时期(公元第一至第七世纪)、第三时期(从第七世纪到一八四零年)、第四时期(从公元一八四零至一九四九年)、第五时期(1949 后)各个时期我国目录学的演变与发展。(于静)

4246

中国目录学史 / 姚名达著. -- 北京:商务印书馆,1957. -- 425 页;19cm. -- 本书于 1984、1998、2005 年再版. -- 17017.8(首都师范大学图书馆)

本书是一部叙述中国目录学发展的内容的专著。全书内容分为 10 个专题,分别从叙论、溯源、分类、体制、校雠、史志、宗教、专科、特种和结论等方面展示中国古代目录学的内容。这种独特的布局,可使读者详细了解中国旧目录学的内部结构。书中在目录学理论方面提出一些创见,例如提倡“主题目录”,主张精撰解题,主张插架目录和寻书目录分开等等,这些理论至今仍受到国内目录学家的重视与高度评价。其搜罗之博,体例之善,考订之精,堪称国内目录学界的代表之作。(于静)

4247

目录学概论 / 刘纪泽. -- 台北:台湾中华书局,1958. -- 1 册:表;19cm(国家图书馆)

该书共 6 章。第一章目录学之起源;第二章目录学之定义;第三章目录学之体例;第四章目录学之派别;第五章目录学之功用;第六章目录学在史学之地位。著者在自序中简述了目录学之文化渊源。附录:(1)治目录学之重要书目;(2)古今书目分部异同表。(赵红)

4248

图书馆学中文书籍内容主题索引 / 李钟履编. -- 北京:四川省图书馆(内部出版),1961. -- 595 页;19cm(华东师范大学图书馆)

本书主要包含主题表、收书编号表、收书分类简表、主题索引四部分内容,其中以“主题索引”部分为主。主题索引的编制是以解放后、1960 年以前出版的本专业中文书籍中篇章节段所讲的内容为取材对象,各给以相应的主题,以便就类查询。主题的采用,一般以本专业事物名称为主,必要时,辅以其他字样。主题的排列基本上是以汉字笔画多少为序。(张玲)

4249

地理文献学浅论 / 徐近之著. -- 北京:商务印书馆,1962. --78 页;19cm. -- 12017.147(辽宁大学图书馆)

本书分两部分共 7 节。第一至六节为地理文献简介部分,用评语、按语、导语和书名连缀成文,简介苏联和主要资本主义国家地理学的轮廓,自然地理学各部门特别是地形学的基本文献,以及区域地志和其他文献。第七节为第二部分,列举 18 世纪以来国外地理学基本文献目录 440 种。(于静)

4250

目录学发微 / 余嘉锡著. -- 北京:中华书局,1963. --154 页;表;21cm. -- 17018.52(首都师范大学图书馆)

本书内容包括:目录学之意义及其功用、目录释名、目录书之体制一、目录书之体制二、目录书之体制三、目录书之体制四、目录学源流考上、目录学源流考中、目录学源流考下、目录类例之沿革。(于静)

4251

目录学 / 大陆杂志社编辑委员会. -- 台北:大陆杂志社,1968. -- 493 页;21cm. -- 大陆杂志语文丛书. 第一辑(国家图书馆)

该丛书所收论文完全以曾经发表于该刊第 1 卷第 1 期至第 24 卷第 12 期为限。依据分章分类分编编为"通论·经学"、"目录学"、"语言文字学"、"文学(上)"、"文学(下)"共 5 册。本册收集有关目录学论文 80 余篇。包括:台湾藏书鸟瞰;史记集解索隐正义补正;老子札记;荀子校释;鬼谷子考;中国古代农书;文心雕龙版本考;永乐大典述略等等。(赵红)

4252

晁公武及其郡斋读书志 / 刘兆祐. -- 嘉新:嘉新水泥公司文化基金会,1969. -- 190 页;21cm. -- 嘉新水泥公司文化基金丛书(国家图书馆)

该书共 6 章。第一章晁公武之生平;第二章郡斋读书志之版本;第三章郡斋读书志之体例;第四章关于郡斋读书志辨伪书部分之讨论;第五章郡斋读书志所著录今世已佚之书;第六章郡斋读书志之优点与缺点。书前有著者序,书后附录一:附注;附录二:引用及参考书目,及"嘉新水泥公司文化基金会奖助出版研究论文一览表"。(赵红)

4253

目录学考订 / 大陆杂志社编辑委员会. -- 台北:大陆杂志社,1970. -- 520 页;21cm. -- 大陆杂志语文丛书. 第二辑(国家图书馆)

本册收集目录学考订论文 73 篇。包括:近代出土竹木简;同治年间的金陵书局;如本辽史学论著目录;荀子通考;孔子三朝记考;谈龙录述要;瓜沙印录;明代的活字印书;"劝世良言"与太平天国革命之关系;忠王亲笔供辞考误等篇。(赵红)

4254

马克思恩格斯全集篇名字顺索引 / 上海师范大学图书馆编辑. -- 上海:上海师范大学图书馆(内部出版),1973. -- 211 页;19cm(北京师范大学图书馆)

本索引分为两大部分,第一部分为"马史思恩格斯全集著作篇名字顺索引"(含全集附录,分成马克思著作、恩格斯著作、马克思和恩格斯合著以及全集的附录)。以篇名第一个汉字笔画顺序排列,于篇名后标注本文在全集中的卷数和起止页码。第二部分为"马克思恩格斯全集书信篇名索引",含书信附录(分为马克思给恩格斯的信、恩格斯给马克思的信、马克思和恩格斯给其他人的信、给政党团体的信、给报刊的信和书信附录),马克思和恩格斯二人间的书信部分按时间顺序排,其余则按收信人姓名的汉字笔画顺序排列。条目标注内容同第一部分,附有"人名译名对照表",列举与马克思和恩格斯通信者的姓名原文、译文及本书页码。(于静)

4255

列宁与图书馆文献目录 / 张琪玉编. -- 吉林:吉林市图书馆(内部出版),1973. -- 82 页, 1 页图版: 图;19cm(北京大学图书馆)

本目录所收录的文献资料,主要包括列宁怎样利用图书馆、列宁的图书馆事业思想、列宁怎样利用图书目录、列宁的目录学思想等方面,共 451 篇。全书按文献资料的性质划分为四个部分:(1)列宁的著作,包括论文、演说、书信、意见及其他文件,共 237 篇。这些文献按写作或发表日期的编年顺序排列;(2)列宁签署的有关图书馆事业的法令和决议,共 16 件,按签署日期的顺序排列;(3)同时代人对列宁的回忆,共 72 篇。按作者与列宁关系的亲密程度或其回忆录的重要性略为编排次序;这一部分还附有列宁的一般性传记资料 7 篇和纪念性的绘画、照片 28 幅;(4)其他与本目录主题有关的著作,共 91 篇,按照作者姓名的汉语拼音顺序排列。(张玲)

4256

常用文史工具书简目 / 涂宗涛编著. -- 西安:陕西人民出版社,1977. -- 105 页;19cm(中山大学图书馆)

本书所收只限于文史常用且常见工具书一百多种。这些工具书的编撰者,除辛亥革命以前的标明朝代外,其他一律仅著姓名。对各书的卷数及册数也从略。本书着重介绍不同工具书的主要用途,给读者提供用书的线索。由于本书是在"文化大革命"期间编写的,因此在措词上不无影响之处。(于静)

4257

国外科技文献资料的检索 / 中国科学技术情报研究所编辑. -- 北京:科学技术文献出版社,1977. -- 450 页;20cm. -- 17176.56(国家图书馆)

本书共 6 章,包括概论,检索工具的概念与种类,检索工具的编制,检索方法,科技文献资料类型及其一般检索方法,机械检索。另外,书末附有国外几种主要检索工具书介绍和附录(包括国外主要科技情报机构介绍、咨询问答、国外文摘中常用缩写和符号),可供查找国外文献资料时参考。(于静)

4258

国外科技文献单卷检索工具书简介. 二 / 中国科学技术情报研究所编. -- 北京:科学技术文献出版社,1978. -- 108 页;26cm. -- 17176.141(北京大学图书馆)

本书是了解和掌握国外科技文献单卷检索工具的主要工具书,它报导了中国科技情报研究所收藏的国外单卷式检索工具书 2498 册。《简介》扼要介绍每种检索工具书的收录范围、专业内容和使用方法,部分只是题录而无简介。正文按《中国图书馆图书分类法》分类编排。卷前有"介绍与使用说明"和"类目"。卷末附有"号码索引"。(于静)

4259

索引编制法论丛 / 天一出版社编辑部. -- 台北:天一出版社,1979. -- 328 页;21cm(国家图书馆)

本论丛收录索引法论著 33 篇。略分几类:(1)索引总论:阐述索引的意义、功用和类别等。(2)索引史:综述中国索引发展简史。(3)排检法:说明索引编纂法与排检法之间的关系，简述中文排检法。(4)索引法：分述书籍、期刊、报纸等资料的索引方法。(5)自动化资讯检索与索引法：介绍应用计算机编制索引的方法与概念。(6)摘要法：简介编制摘要的方法。(7)索引标准与规格。(8)索引法书目。书末附17种代表性索引。(赵红)

4260

目录学：教学参考材料 / 北京大学图书馆学系编. -- 北京：北京大学图书馆学系(内部出版)，1980. --492页；19cm(北京大学图书馆)

本书是为本科生与函授生学习“目录学”课程而编制的，内容包括：目录与目录学、目录学、目录学之意义及其功用、目录学词条(1977年版《美国百科全书》、1977年版《英国百科全书》、1970年版《苏联大百科全书》)、目录学对象浅探、目录学的研究对象问题商榷、关于目录学的研究对象问题、现代文献工作基本概念、谈“计量书目学”等。(于静)

4261

《中国历史书籍目录学》参考资料选 / 陈秉才，王锦贵著. --北京：北京大学出版社，1980. -- 361页；19cm(北京理工大学图书馆)

本书以“辨章学术，考镜源流”为宗旨，选编了古代、近代、现代史籍、史学方面的论文和资料，其中包括史籍体裁源流、史籍分类、史籍评论、史学家介绍、史学史、史学成就概述等内容。(于静)

4262

国外科技文献单卷检索工具书简介：续编 / 中国科学技术情报研究所编. -- 北京：科学技术文献出版社，1980. -- 124页；26cm(大连理工大学图书馆)

本书内容主要以中国科学技术情报研究所订购和收藏的世界各国用英、俄、德、法、日等五种文字出版的国外期刊式文摘和题录为主，也报道一些交换来的零星品种。总共收录了407种。(于静)

4263

馆藏中文科技期刊目录 / 福建省图书馆编. -- 福州：福建省图书馆(内部出版)，1981. -- 51页(北京大学图书馆)

本目录收入馆藏1949—1980年公开出版和内部编印的中文科技期刊。著录项目包括：刊名(刊期)，分类索刊号，编者或出版者，创、终刊年月，附注项(本刊的沿革变化等情况)，馆藏卷期等。(于静)

4264

古典目录学浅说 / 来新夏著. -- 北京：中华书局，1981. -- 240页；19cm. -- 11018.982(北京大学图书馆)

本书共4章。第一章概说，讨论目录和目录学的严格定义，探讨目录和目录学的发生与发展，介绍各种不同类型的书目。本章还详细讨论了古典目录学的体制，以及我国古典目录“辨章学术，考镜源流”的特点。第二章从目录学史的角度，勾勒了我国从两汉到清代目录学的发展概貌，揭示了我国图书分类从六分法到经、史、子、集四分法的形成，并评介了历史上具有代表性的书目。第三章介绍了与古典目录学相关的学科，主要介绍了图书分类学、版本学和校勘学。最后一章展望了古典目录学的研究趋势。(于静)

4265

社会科学情报工作参考资料 / 中国社会科学院情报研究所等编. -- 北京：中国人民大学书报资料社(内部出版)，1981. -- 178页；25cm(中山大学图书馆)

本书是从事社会科学情报工作的参考文集，书中首先介绍了情报的概念、社会科学情报的特点等基本内容，进而介绍了社会科学情报工作的方法、建议、知识结构，介绍了情报科学的产生和发展、理论情报学与应用情报学、国外情报科学与情报服务的一些状况等。(于静)

4266

目录学概论 / 武汉大学、北京大学《目录学概论》编写组编著. -- 北京：中华书局，1982. -- 275页；20cm. -- K17018.115(国家图书馆)

本书分上、下编共12章。上编阐述目录学基本原理、中国目录学发展史、国内外目录学研究现状和书目方法。下编为各类型书目分论，介绍了国家书目、联合目录、专题书目、推荐书目、个人著述目录、地方文献目录、书刊索引等重要目录类型的特点、作用、发展概况和编制方法。该书概述中华人民共和国建国30多年目录学研究的成果，对目录学理论和方法问题进行了探讨，主张从目录工作的本质特点来认识目录学的研究对象，认为揭示和报道文献与人们对文献的特定需要之间的矛盾，是目录学领域的基本矛盾，亦即目录学的研究对象。在书目方法方面，该书提出了揭示文献的原则。书中强调要使目录学更加科学化、系统化，必须改善目录学研究方法，提出将数学、统计学、系统论、控制论等方法应用于目录学研究，加强书目控制论、计量目录学、比较目录学等新分支学科的建设。该书在编写体例上注意古今、中外结合，联系目录工作实际，深入浅出。(于静)

4267

中国古代目录学简编 / 罗孟祯著. -- 重庆：重庆出版社，1983. -- 236页；19cm. -- 17114.13(国家图书馆)

本书论述范围为辛亥革命前的古籍及辛亥以后有关古籍的论著。本书主要是约取当代史学家、目录学家陈垣、姚名达、余嘉锡、王重民、张舜徽诸先生以及其他一些学者的成说，为课堂讲授的讲义。本书的主要内容包括：绪论，介绍目录与目录学的基本概念与功用；中国目录学的发展，从书的起源与先秦典籍、简牍与帛书谈起，介绍了汉代古籍整理，刘向、刘歆父子的校书事业，六朝的佛典目录特色，隋唐的目录著作，宋代的私家藏书目录，以及明清时期的重要目录典籍；目录学与校勘学。本书不求面面俱到，而以较多的篇幅，重点论述中国古代几部重要的目录学著作。各节的份量，也不求平衡。其中重点论述的目录学著作有：现存最早的一部综合性群书目录——《汉书·艺文志》、四部分类法的确立——《隋书·经籍志》《唐书》的《经籍》《艺文志》《宋史·艺文志》、马端临《文献通考·经籍考》《明史·艺文志》《四库全书总目提要》等。(于静)

4268

目录学研究资料汇辑 / 武汉大学图书馆学系编. -- 武汉：

武汉大学图书馆学系(内部出版),1983. -- 4册(内蒙古大学图书馆)

本书共分4册。第一分册是《目录学基础理论》,分为两部分,“列宁与目录学”收录了列宁的两篇目录学著作和一篇列宁签署的法令,“目录学原理”,所收资料较多,分成六节;第二分册是《中国目录学史》,所收资料基本上按时代顺序编排,各时代的目录学资料,根据其特点分为若干部分;第三分册是《书目编制法》;第四分册是《外国目录学》。(于静)

4269

学点目录学 / 徐召勋著. -- 合肥:安徽教育出版社,1983. --202页;19cm. -- 1985年再版,书名改为《目录学》. -- 7276.65(国家图书馆)

本书是著者在教学工作中的成果总结。本书主要内容包括:要学点目录学;目录学的研究对象范围和定义:列举各种不同意见,加以分析研究评论,并提出自己的论点;目录的种类及其分类标准:既说明了目录是目录学研究的对象之一,又阐述了目录是目录工作中的主要产品;怎样利用目录:对各种目录,特别是综合性和专题性目录的使用;著录、篇卷、注释、解题、文摘、书评、类例、互著与别裁、小序:书中用了较多的篇幅讨论了我国目录体制上的优良传统,分别介绍关于图书的标目、关于揭示内容问题以及关于辨章学术、考镜源流的问题;中国目录学的世界地位。本书是一本比较通俗而又带有学术性的目录学著作。其特点不像一般教科书,章节详细,面面俱到;也不像专门巨著,重点突出,议论深邃;而是一本思想锐利,能展开批评;取材新颖,能杨长弃短;文字流畅,能深入浅出的目录学著作。(于静)

4270

全国目录学专题学术讨论会论文摘要 / 中国图书馆学会目录学研究组编. -- 沈阳:中国图书馆学会目录学研究组(内部出版),1983. -- 125页;19cm(首都师范大学图书馆)

本书汇集了47篇全国目录学专题学术讨论会论文摘要,如《科学发展的整体化趋势与我国当代目录学研究》《中国目录学是致用之学》《从宏观和微观的角度看书目工作研究的发展趋势》《建立我国导读书目体系的设想与建议》《六十年中国现代文学文献目录工作述评》等。(于静)

4271

索引的概念与方法 /(美)博科(H. Borko), 贝尼埃(C. L. Bernier)著;王知津, 王津生译. -- 北京:书目文献出版社,1984. -- 309页;19cm. -- 7201.57(北京大学图书馆)

本书系统地阐述索引的理论与实践,包括索引的概念、结构与编制法、类型以及计算机应用技术,索引评价和职业化等方面的内容。(于静)

4272

中国历史书籍目录学 / 陈秉才, 王锦贵著. -- 北京:书目文献出版社,1984. -- 263页;19cm. -- 7201.53(国家图书馆)

本书原系北京大学图书馆学系专科目录学教材之一。本书是以目录学原理为指导,以中国历史书籍发展源流和历史书籍的类型为研究对象的一门专科目录学。它是研究中国历史书籍产生和发展规律的一门科学。它通过揭示历史书籍及其目录的演变过程,力求“辨章学术,考镜源流”,阐明中国历史书籍的编纂形式、内容及价值,以便为史学爱好者提供学习门径,为历史科学研究提供基本的书目资料。书中重点讲述了中国史籍发展史、中国史部目录的产生及发展过程、史部类目源流、史籍分类思想及目前趋向,并结合史籍体裁源流的论述,介绍了一些古今重要史籍。书的最后还简要介绍了历史书目参考工作。(于静)

4273

中国目录学史稿 / 吕绍虞著. -- 合肥:安徽教育出版社,1984. -- 231页;21cm. -- 17276.1(国家图书馆)

本书的主要内容包括:《别录》《七略》《汉书·艺文志》的诞生,从公元三世纪到七世纪我国目录学的发展(自魏至隋末),从公元七世纪到十四世纪末叶我国目录学的发展(自唐至元末),从公元十四世纪末叶到十九世纪中叶我国目录学的发展(自明至鸦片战争),我国近代目录学的发展(自鸦片战争至中华人民共和国成立前夕)。(于静)

4274

古籍索引概论 / 潘树广编著. -- 北京:书目文献出版社,1984. -- 253页;19cm. -- 7201.62(国家图书馆)

本书内容包括:索引与古籍索引、古籍索引的历史与现状、古籍索引的类别和功用、古籍索引的查检、古籍索引的编纂;附录,古籍索引要目。本书试图对我国古籍索引的形成和发展作一简要回顾,对它的基本结构、类别、功用、使用方法进行具体介绍,并就古籍索引的编纂问题略陈管见。书后有《古籍索引要目》,分类著录明清以来国内外编辑出版的古籍索引550余种。为了便于读者检索,最后附有辅助索引,编录本书提到的重要书名、概念、术语和“附录”收录的所有古籍索引。(于静)

4275

科技文献学 / 王秀成编著. -- 长春:吉林工业大学(内部出版),1984. -- 333页;25cm(内蒙古大学图书馆)

本书本着少而精的原则,极力避免内容上过于庞杂和细琐,着重介绍和讨论了科技文献学的基本理论和基本方法,即科技文献学的概念,文献的特性、功能、结构,文献的有序化方法,文献加工处理流程及保管与利用等。通过本教材,力求使读者对科技文献学的基本理论和基本方法有一个较全面的了解和掌握,为今后从事科技文献学研究和科技文献工作打下一个扎实的基础。(于静)

4276

中国目录学史论丛 / 王重民著. -- 北京:中华书局,1984. --342页;21cm. -- 11018.1265(北京师范大学图书馆)

本书经过选编,收入了1962年王重民先生为中文系古典文献专业学生讲授中国目录学史课程所写的讲义。书稿只写到宋末元初。为其完整,使读者能全面看到王重民先生对于中国古代目录学史的见解与研究成果,笔者搜集了先生历年来所发表的目录学史论文,选择了6篇,列于后面。这些论文是:《〈永乐大典〉的编纂及其价值》《〈千顷堂书目〉考》《〈明史艺文志〉与补史艺文志的兴起》《论〈四库全书总目〉》《章学诚的目录学》以及《清代两个大辑佚书家评传》。

笔者又根据书稿内容，定此书名。书中所收的著作，有已发表的，也有未发表的，经过校订，某些地方作了删略，一些字句作了必要的改动。（于静）

4277

目录学与工具书 / 蒋礼鸿著. -- 杭州：浙江古籍出版社，1985. -- 78 页；19cm. -- 青年文史丛书. -- 17347.1（国家图书馆）

本书结构清晰，分为三个部分：序说、目录学、工具书。著者在序说中通过介绍研究汉语、古代文学、宋明理学的学者在研究过程中所遇到的关于文字、典故等疑难问题，引出本书所说目录学与工具书的作用：一是为研究汉语、文学以及研究宋明理学等做学问的人获得资料；二是解决疑难，包括扫除文字障碍及探索文学作品中的用典及出处等。本文在目录学部分重点论述了目录学的定义、目录学牵涉到学术流派问题、目录学的两种用处，又列举了《七略》与《四部》两部古代有代表性的目录著作，详细说明了七略和四部所代表的我国传统分类法的两大体系，最后说明了应用目录时应该注意的一些问题。本文在工具书部分则分别介绍目录、表谱、地方志、丛书与类书、字书、韵书、词书、注疏、笺注、索引等不同工具书在实际中的应用。（于静）

4278

目录学论文选 / 李万健，赖茂生编. -- 北京：书目文献出版社，1985. -- 454 页；19cm. -- 7201.64（国家图书馆）

本书旨在总结目录学理论研究情况，推动学术研究，向广大目录学研究者和从事图书馆工作、情报工作的同志提供研究和学习资料。本书选收范围是建国以来报刊上公开发表的目录学研究文章，选收重点放在目录学基本理论研究和目录学史研究方面。其中，目录学史的研究主要也是研究目录学的基本理论，是为发展今天的目录学去研究总结前人研究成果的。所以，本书所选的主要是研究目录学基本理论方面的文章。书目工作方法的研究文章，则基本不予选收。本书对于研究目录学基本理论的文章，原则是诸说并收，以便为读者提供各家观点和较全面的研究情况，以了解目前学科理论发展的概貌。对于目录学史的研究，主要是对历史上的目录学家及其目录学思想和著作的分析研究，以便向读者介绍我国目录学史上的重要成就，以了解目录学理论发展的历史情况，因此，对于分析研究历史上同人、同著作的不同观点的文章，则择其分析研究较深入、全面者，不兼收不同观点的文章。（于静）

4279

怎样编写科技文摘 / 王熹编著. -- 北京：科学技术文献出版社，1985. -- 75 页；19cm. -- 17176.42（国家图书馆）

本书共分十章，内容包括：文摘的定义、文摘的发展过程、文摘的类型、文摘的构成、文摘的功能和用途、文摘的编写步骤、文献内容的组面分析、不同学科（领域）和不同类型文献的文摘特点、文摘完整性和准确性的评价、文摘的语言，并举出各种文摘的体例。本书文字通俗易懂，适合于情报工作员，尤其是文摘员参阅，可作为大、专院校情报专业、图书馆专业师生和各级文献、情报、图书馆单位的工作人员的培训教材。（于静）

4280

中国目录学 / 昌彼得，潘美月. -- 台北：文史哲出版社，1986. -- 252 页；21cm. -- 图书文献丛刊（国家图书馆）

该书原为大学图书馆学系讲义，经著者若干年的修订完善成书。书前著者序介绍成书经过。上篇叙论篇共 7 章。第一章目录释名；第二章目录学的意义；第三章目录学的功用；第四章目录学的渊源；第五章目录学的体制；第六章论类例；第七章互著与别裁。下篇源流篇共 9 章。第一章七略时期的目录——两汉；第二章四部时期的目录——魏晋；第三章七略四部互竞时期的目录——南北朝隋；第四章四部统一时期的目录——唐五代；第五章部类试图改革时期的目录（一）——宋代；第六章部类试图改革时期的目录（二）——元明；第七章四部法由盛趋衰时期的目录——清代；第八章西洋分类法输入后的目录；第九章综论。（赵红）

4281

图书馆目录 / 李纪有，余惠芳著. -- 北京：书目文献出版社，1986. -- 302 页；19cm. -- 中央广播电视大学图书馆专业用书. -- 7201.99（国家图书馆）

本书为中央广播电视大学图书馆学专业教学教材，内容讲述图书馆文献编目的原理与方法。本书主要内容包括：图书馆目录的一般原理，包括图书馆目录的职能、作用、性质、种类及目录体系；图书馆目录的发展，回顾了我国古代、近现代、解放后的图书馆目录及发展趋势，介绍了国外图书馆目录工作的发展；文献著录法，详细介绍文献著录的意义、内容，著录项目、标识符号、格式、详简级次、文字、类型标识符及著录根据；文献著录标准化，介绍标准化的意义、原则、现状与进展；基本著录法，介绍各著录项目的著录规则；款目种类和标目法、参照法；分析著录法和综合著录法；传统著录法概述；丛书和多卷书著录法；连续出版物著录法；特种类型出版物著录法；目录组织法；编目工作组织管理。（于静）

4282

目录学学习指导书 / 彭斐章，乔好勤，陈传夫编. -- 武汉：武汉大学出版社，1986. -- 76 页；20cm. -- 中央广播电视大学图书馆学专业用书. -- 7279.61（国家图书馆）

本书是中央广播电视大学图书馆学《目录学》专业课程的配套辅助用书。本书的编写目的是帮助学生了解目录学的基本面貌、体系结构和发展趋势；弄清目录学的各种概念、理论基础、学科性质、研究对象、研究方法、产生和发展的规律等理论问题；掌握书目揭示文献的原理和方法、各类型书目的特点及书目、索引、文摘的一般编制程序，书目工作中的现代化技术、书目情报服务和书目工作组织管理的原则和方法；培养学生具有初步的书目、索引、文摘编制，书目情报服务，书目工作组织管理的能力，并为进一步学习专科目录学、开展目录学研究打好基础。本书是对《目录学》的这些内容的概括，书中就《目录学》各章节内容提出教学要求、内容要点、课后思考题并做出课时安排，有助于学生更好地学习掌握《目录学》课程的知识要点。（于静）

4283

目录学 / 彭斐章，乔好勤，陈传夫编著. -- 武汉:武汉大学出版社,1986. -- 269 页;20cm. -- 中央广播电视大学图书馆学专业用书. -- 7279.53(北京大学图书馆)

本书论述了目录学的基本概念,目录学的理论基础与指导原则,目录学的产生和发展,书目的本质和社会作用,文献揭示与报导的基本方法、编排与组织,书目的类型与编纂法,索引与文摘编制法,书目情报服务以及现代化技术在书目工作中的应用,最后介绍了书目工作的组织与管理等内容。(于静)

4284

目录学资料汇编 / 彭斐章等编. -- 武汉:武汉大学出版社,1986. -- 551 页;21cm. -- 高等学校文科教学参考书. -- 7-307-00036-9(国家图书馆)

本书是关于目录学理论、历史与方法的资料选辑,是1985—1990 年高等学校文科教材选编规划的教学参考书,可供高等学校图书馆学专业和古典文献整理工作者使用、参考。本书的主要内容包括:列宁与目录学、目录学的对象和内容、目录学与其他学科的关系、专科目录学、目录的种类、汉代目录学、魏晋南北朝目录学、唐宋目录学、元明目录学、清代目录学、近代目录学、书目工作方法与工作组织、书目方法论、书目索引编制。本书在选辑中注意到,一方面为给使用者提供比较全面的知识,适当地选入了一些概括性较强的文章;另一方面,也注意给使用者提供比较系统的知识,在资料的编排上注意上下的联系,内容的互相补充;同时,在标目的揭示上独立、完整。(于静)

4285

中国文学目录学 / 谢灼华编著. -- 北京:书目文献出版社,1986. -- 409 页;20cm. -- 10201.65(国家图书馆)

本书系高等学校图书馆学系专业教材。全书共分 11 章,主要内容包括:文学目录与文学目录学、古代文学书籍的出版、古代书目对文学书籍的记载、文学总目和文学论文索引、诗文总集和作家诗集目录、文艺理论与文学评论目录、诗歌目录、小说目录、戏曲目录、民间文学目录、文学目录之编制。本书系统论述了中国文学目录的产生、发展和价值,详细分析了文学目录的编制原理、方法和特点,重点介绍了我国古典文学书籍的出版和流传情况。书中著录古典文学的书目索引 861 种,有选择地评价了 227 种。书末附有征引参考书目举要和书名索引。本书内容丰富,论据充分,写得深入浅出,颇有特色。可供图书馆学专业师生、文学爱好者,以及从事古典文学研究、古典文献整理的同志参考。(于静)

4286

目录学普通教程 /(苏)科尔舒诺夫主编;彭斐章等译. -- 武昌:武汉大学出版社,1987. -- 424 页;20cm. --高等学校文科教学参考书. -- 7-307-00033-4(国家图书馆)

本书是经苏联文化部学校和科研机构管理司认可并推荐作为文化学院、师范学院和综合大学图书馆学系通用教科书。本书的主编是国立莫斯科文化学院目录学教研室主任、教育学博士、教授科尔舒诺夫。本书获得俄罗斯苏维埃联邦社会主义共和国文化部主办的 1982 年图书馆学、目录学现实问题优秀科学著作第六届竞赛一等奖。全书共分四编:书目的理论基础;苏联书目的历史;当代苏联书目的组织和综合性书目;图书馆书目工作的组织与方法。各编共计 13 章。这一严密的结构,较好地反映了苏联目录学科学实践的发展。本书可供高等院校图书馆学系或专业师生教学之用,同时兼顾广大图书馆工作者业务进修的需要。(于静)

4287

科技档案管理学 /《中初级专业技术干部晋级考试指导丛书》编委会编. -- 哈尔滨:黑龙江人民出版社,1987. -- 230 页;19cm. -- 7093.1031(国家图书馆)

本书内容包括:科学技术档案,介绍科技档案定义及其演变过程、科技档案与文书档案的区分、与科技资料的区分、科技档案的种类及作用;科技档案工作,介绍新中国科技档案工作发展概况、科技档案工作及其内容、性质、基本原则及工作组织;科技文件材料,介绍科技文件材料概念、基本类型、形成过程、编号及更改;科技档案的收集工作,介绍科技档案收集工作的意义和作用以及专业档案馆和科技档案室的收集工作;科技档案的整理工作,介绍科技档案整理工作的意义、分类及要求等;科技档案的鉴定工作;科技档案的保管和统计工作;科技档案的利用工作;科技资料工作。每章后附复习思考题及答案要点。(于静)

4288

宋代书目考 / 乔衍琯. -- 台北:文史哲出版社,1987. -- 199 页;21cm. -- 文史哲学集成(国家图书馆)

全书共 4 章。第一章官录,分别介绍"崇文总目"、"求阙书目三种"、"中兴馆阁书目、续书目"。第二章史志,包括"宋史艺文志"、"通志艺文略"、"文献通考经籍考"、"玉海艺文部"、"汉艺文志考证"、"新唐书艺文志"等。第三章学科书目,包括"刊正九经三传沿革例"、"史略"、"子略"、"宗教书目"等。第四章私藏书目,包括"邯郸书目"、"郡斋读书志、附志"、"遂初堂书目"、"直斋书录题解"。著者在绪言中简述了宋代书目文献发展的概况。书后是"结论"和"主要参考书目"。(赵红)

4289

实用中医文献学 / 秦玉龙编著. -- 天津:南开大学出版社,1987. -- 320 页;20cm. -- 7-310-00027-7(国家图书馆)

本书是为初学中医者提供一些文献检索的基本知识技能的教材,主要介绍了中医文献学以及相关的情报学概貌,介绍了中医文献学的概念、学习的必要性、与情报学的关系,及中医情报工作的回顾与展望;中医文献的类型,通过实例详细介绍了图书、期刊、会议文献等类型;中医文献的寻找和选择,介绍了利用目录和二次文献查找文献的方法,以及请教专家、利用书评和参考新书介绍的中医文献选择方法;中医文献的阅读,介绍阅读方法和记忆方法;中医文献资料积累,介绍笔记、综述的写法以及文献卡片的使用;中医文献的评价,介绍了可靠性、先进性、适用性的判断原则。本书深入浅出,资料翔实,古今兼容。特别是将与文献学密切相关的情报学也详加评介,使内容更加充实,更具实用价值,是一本有效地应用和开发中医文献资源的工具书和入门书，便于从事临床、教学、科研工作者学习查找、选择、阅读、积累和评价中医文献的方法。（于静）

4290

文献学讲义 / 王欣夫. -- 台北：文史哲出版社，1987. -- 489 页；21cm（国家图书馆）

作者 1957 年至 1960 年任复旦大学中文系教授，期间讲授文献学课程。该书对目录、版本、校雠三个方面的源流、演变以及主要代表人物和重要著作从历史角度作了较为全面的叙述。书中采集、征引材料非常丰富。徐鹏撰写前言。全书共四章：第一章绪言；第二章目录；第三章版本；第四章校雠。书后为著者所写后记。（赵红）

4291

专利文献基本知识问答 / 中国专利局专利文献服务中心文献馆编. -- 北京：专利文献出版社，1987. -- 177 页；19cm. --17242.204（北京大学图书馆）

本书以问答的形式介绍专利文献的各种知识与使用方法，详细列举了国际专利分类法部分、美国专利文献、英国专利文献、日本专利文献、联邦德国专利文献、苏联专利文献、法国专利文献、瑞士专利文献、国际专利文献、欧洲专利文献、英国德温特出版公司以及中国专利文献的有关问题，一问一答将专利知识介绍给读者。（于静）

4292

目录学纲要 / 曹慕樊著. -- 重庆：西南师范大学出版社，1988. -- 240 页；19cm. -- 7－5621－0118－3（国家图书馆）

本书为著者教学过程中经验、教训的总结，共六章。其中，绪论介绍了目录与目录学的基本概念，目录学与校雠学、文献学的关系，目录学研究对象和范围，书目的种类和中外目录学的界说比较；中国目录学史，重点介绍了中国古代有代表性的目录学著作，有《七略》《别录》《汉书·艺文志》《魏中经》《晋中经》《七志》《七录》《隋书·经籍志》，以及唐宋时期中国的目录学概况，并略说了私家书目，最后对《四库全书总目》的组织系统、分类评价及其《提要》的考订方面作了论述。（于静）

4293

图书馆业务自学大全（8）：图书馆目录（中西文） / 赫彦生；黄万新；孙闺凡编著. -- 长春：吉林省图书馆学会（内部出版），1988. -- 123 页；19cm. -- 吉林省图书馆学会丛书（国家图书馆）

本书是吉林省图书馆学会组织编写的图书馆业务自学大全丛书中的一册。内容包括图书馆目录的一般原理，中文图书著录和目录组织方法，西文图书著录和目录组织方法。全书共 11 章。第一章介绍了图书馆目录的意义、种类和编制原则；第二章图书著录的一般原理，包括图书著录的事项和基本格式、款目的种类；第三章图书基本著录规则，作者分别论述了书名项、著者项、出版项、稽核项、附注项、提要项、图书馆业务注记等方面的著录规则；第四章图书辅助著录规则，包括分类、著者、主题款目的编制、附加著录规则、分析著录规则、综合著录规则、参照法、辅助著录法使用注意事项；第五章特种类型出版物著录规则；第六章图书馆目录组织，分别介绍了分类目录、书名目录、著者目录、主题目录、专题目录的意义和编制方法；第七章西文图书编目学发展概况和英美编目规则的演进；第八章西文图书结构与分析；第九、十章分别论述了西文普通图书基本著录规则和辅助著录规则；第十一章西文字顺目录组织方法。（张玲）

4294

中医常用工具书手册 / 李经纬，胡乃长，金立编著. -- 上海：上海科学技术出版社，1988. -- 213 页；19cm. -- 7－5323－0125－7（国家图书馆）

本书一方面在于向读者介绍各种类型的中医工具书，以便读者了解某一学术问题需要查找哪一种中医工具书，起到中医工具书指南的作用；另一方面，是向读者介绍一些工具书学的基础知识，以便他们在今后的学习和研究中更有效地利用工具书。基于上述目的，本书第一章首先从工具书学的角度，介绍了中医工具书的用途、类型、编排检索方式以及如何选择使用等一般性理论问题，其次分五章介绍中医药字典、词典、手册、书目文摘索引、年鉴、百科全书及资料性医书，表谱图录等各种类型的中医工具书 195 种（另外有列表简介者 130 种）。本书的编排按工具书的类型，逐本介绍其主要内容，并编制“中医药相关专题索引”，分 26 个专题列出了应查找的中医工具书书名，便于读者学习并灵活运用各种检索方法。（于静）

4295

索引编制工作手册 / 日本索引家协会编；赖茂生等译. -- 北京：北京大学出版社，1988. -- 289 页；20cm. --7－301－00300－5（国家图书馆）

本书内容包括：第一部分索引编制工作的基本程序，介绍了索引的结构和功能、索引的编制规划和编制程序、标目的选定和排列、计算机在索引编制中的应用；第二部分索引编制工作的实践，介绍了图书索引、百科全书索引、社会科学文献索引法、自然科学文献索引法、新闻领域的文献索引法、地图索引。本书的特点是，在介绍索引工作基本原理的基础上，全面介绍了图书、百科全书、社会科学文献、科技文献、新闻消息以及地图等领域的索引编制工作；各种索引的编制技术介绍比较详细具体，实用性较强；还介绍了计算机等新技术在索引工作中的应用情况。另外，书后的附录也编得有特色，如参考文献部分，不限于罗列著作，而是既有介绍又有评述，对开阔读者的视野很有益处。（于静）

4296

中国目录学史 / 姚名达. -- 台北：台湾商务印书馆，1988. --428 页；19cm. -- 中国文化史丛书（国家图书馆）

该丛书主编：王云五、付纬平。本册书前有著者自序，其观点是：中国古代目录主要特色是重分类，轻编目，有题解无引得。共分为 10 篇，即绪论篇，溯源篇，分类篇，体质篇，校仇篇，史志篇，宗教目录篇，专科目录篇，特种目录篇，结论篇。书中有图表插页。（赵红）

4297

中国古典文学文献检索与利用 / 袁学良编著. -- 成都：四

川大学出版社,1988. -- 545 页;19cm. -- 7 - 5614 - 0127 - 2(北京师范大学图书馆)

本书对于从先秦至五四时期的古典文学文献的发展及其检索与利用方面的微观实践问题，既有综合叙述，又有主要作家和代表作品的研究介绍；而且还就专门文体、综合文学资料、汉语字词、相关图书文献资料等有关方面的检索和利用，进行分别论述。(于静)

4298

中国科学院文献情报中心工作人员著译目录(1950—1987年) / 中国科学院文献情报中心. -- 北京:中国科学院文献情报中心(内部出版),1988. -- 113 页;26cm(国家图书馆)

为了迎接中国科学院对文献情报中心的学术评议,展示文献情报中心工作人员历年来在文献情报和其他科学研究领域的著译活动成果,将 1950—1987 年间在中国科学院文献情报中心工作过的同志所著和翻译的文章汇集成目录。目录正编共收 2022 个条目,以人名的姓氏笔画为序,后附有分类索引和年代索引。本目录所收条目截止到 1987 年 11 月 30 日,1983 年前的文献主要根据《中国科学院图书情报工作三十五年》一书选取。所收文章篇幅均在千字以上,多著译者和书名文章,每一著译者都予以反映,不是以个人署名以及编辑、校对、校译、整理的著译文章和起草标准文献均不予收录。(张玲)

4299

自然科学书目学 /(苏)M. П. 加斯特费尔等编著;焦玉英,李保安译. -- 北京:科学技术文献出版社,1989. -- 245 页;19cm. -- 7 - 5023 - 0941 - 1(南开大学图书馆)

本书分为理论、方法与经验三大部分，即自然科学书目的基本特征和发展阶段，自然科学书目情报的编制，自然科学书目情报的利用。(于静)

4300

自然科学文献目录学 /(苏)加斯特费尔,(苏)贝斯特洛娃著;孙华东译. -- 北京:书目文献出版社,1989. --221 页;19cm. -- 7 - 5013 - 0572 - 2(国家图书馆)

本书共分 3 篇 10 章,主要介绍:自然科学文献目录学的基本特征和发展阶段;自然科学题录情报的编制;自然科学题录情报的利用。全书系统探讨了自然科学文献目录与自然科学各个学科以及与专业文献特点之间的关系。从这个角度出发,阐明了理论与方法问题、目录的分析与综合过程、为读者服务的特点等。为了避免与其他图书学课程重复,本书论述的编目对象仅限于自然科学文献及文件。书中还全面总结了苏联各有关图书馆和情报机构在组织自然科学文献目录工作方面的经验和方法。本书是为自然科学领域内专业图书馆和综合图书馆、技术图书馆以及中心图书馆不同图书馆系统的专业人员提供关于自然科学文献书目工作的组织和方法问题的方法。内容系统、充实,具有参考价值。(于静)

4301

文摘学 / 方玲，王国荣著. -- 上海:上海社会科学院出版社,1989. -- 144 页;19cm. -- 7 - 80515 - 207 - 1(国家图书馆)

本书共由 11 个章节组成,其主要内容包括:文摘学的创立,阐述了什么是文摘,创立文摘学的依据,文摘学的对象、内容与方法及相关学科,文摘起源与发展趋势;文摘的功能作用;“首次文摘”的倡导与实践,论述了“首次文摘”的提出及其优点、前景与实践;文摘的信息量与价值量,探讨了文摘信息量及其度量、文摘与文献信息量趋于等价的“度”、文摘价值量及价值尺度;文摘工程——完美压缩的控制过程,从输入、存贮、处理、输出、控制方面进行阐述;文摘结构系统;文摘工作者的知识结构;文摘心理——一个未曾探索过的内心世界;文摘体系及其规范化,探讨了文摘体系的外在结构、内在逻辑、文献组面分析与文摘编写步骤、文摘语言手段与技术手段;文摘与知识产权。(于静)

4302

文化史名著举要 / 徐鹏，李庆编著. -- 上海:上海教育出版社,1989. -- 323 页;19cm. -- 7 - 5320 - 0820 - 7(天津师范大学图书馆)

本书所录从先秦到鸦片战争我国古代文化的重要典籍,内容包括作者简介、内容提要、研究流派、重要篇目以及有关掌故等。(于静)

4303

中医文献学 / 薛凤奎主编. -- 长沙:湖南科学技术出版社,1989. -- 196 页;26cm. -- 7 - 5357 - 0469 - 7(北京大学图书馆)

本书全面介绍中医文献学的知识系统、范畴、体系。分上下两篇。上篇主要论述中医文献学基础,内容包括中医文献学的源流、体式、分类、目录、版本、校勘、辑佚和辨伪;下篇为中医文献的研究内容和方法,如中医文献的读句、训释、语译等。并介绍了中医古文知识在中医文献研究中的运用以及中医文献研究的课题与论文写作。每一章后附有复习题、参考文献书目。(于静)

4304

中国目录学年表 / 姚名达著. -- 上海:上海书店,1989. -- 1 册;19cm. -- 7 - 80569 - 179 - 7(国家图书馆)

本书分为 3 卷。第一卷原理篇,介绍目录学的定义、目录学的目的及功用、目录的种类、目录学与各种科学的关系、目录学与图书馆、目录的派别与目录学的派别;第二卷历史篇,介绍目录学的起源、从七略到四部、佛经目录、道藏目录、几个特出的目录学家、西学输入与中西合流、目录学的趋势、目录年表;第三卷方法篇,介绍分类与编目、分类的方法、编目的规则、编目的方法、如何标题、检字法的进步;附录:目录学的参考书。(于静)

4305

中国历史文献学 / 张家璠，黄宝权主编. -- 桂林:广西师范大学出版社，1989. -- 362 页. -- 7 - 5633 - 0206 - 9(国家图书馆)

中国历史文献学是中国文献学的一门分支学科,本书对这一分支学科做了全面、深入的介绍和论述。全书共 10 章。作者首先在绪论中论述了历史与历史文献、历史文献学研究的对象和任务;后续的十章内容分别是:第一章历史文献的产生和聚散；第二章历史文献的表现形式与类别；第三、四、五章论述了历史文献的目录、版本、校勘；第六章详细论述了历史文献的考证、辨伪与辑佚；第七章为历史文献的标点、注释与今释；第八章历史文献的典藏与阅读；第九章历史文献的检索；第十章历史文献学研究的回顾与展望。（张玲）

4306

中国版本目录学书籍解题 ／（日）长泽规矩也编著，梅宪华、郭宝林译. -- 北京：北京图书馆出版社，1990. --27 页；32 开. -- 7 - 5013 - 0794 - 6（国家图书馆）

本书系著者在中国古版本目录学的研究中所撰写的代表性著作之一，对500余部中国版本目录学书籍作了介绍与评价。内容涉及撰述原委、内容特点、著录方法、版本优劣、学术价值及撰者生平，并就某些学术问题介绍了各家之说，提出了作者自己的观点，订正了一些书目中的讹误。（金丽萍）

4307

社会科学文献学 ／ 郭星寿编著. -- 武汉：武汉大学出版社，1990. -- 487 页；20cm. -- 高等学校文科教材. -- 7 - 307 - 00883 - 1（国家图书馆）

本书是20世纪80年代国家教委审定的高等学校文科教材。全书分上、下两编。上编为《社会科学文献学通论》，主要是关于社会科学文献与情报工作的理论、方法与技能等方面的内容，以阐述从事社会科学情报工作和资料工作，以及社科文献的开发与利用应具备的知识和能力为重点；下编为《社会科学文献情报源》，主要是关于马克思主义文献和社会学、政治学、法学、经济学及管理学等学科的文献与情报源流，重要学派、流派及其代表人物与著作，以及专科文献检索等方面的内容，以阐述从事社科文献检索和情报咨询工作应具备的专业知识基础为重点。（张玲）

4308

校雠目录学纂要 ／ 蒋伯潜著. -- 北京：北京大学出版社，1990. -- 181 页；20cm. -- 7 - 301 - 00265 - 3（国家图书馆）

本书从历史发展的角度，着眼于校勘学、目录学的密切联系，介绍了校雠学和目录学的历史、内容、方法，材料丰富，叙述简明，对一些重要问题常常博采众说而加以裁定。全文包括三篇绪论，及上下编与附论。其中绪论论述了校雠目录学的意义及书籍略史的前期和后期。上编：校雠目录学的历史，包括汉代至明清时期的官书校录与私家校录，以及史志目录、专门目录、宗教目录和其他特殊目录的发展历史情况。下编：校雠目录学的内容，包括征求书本、校正文字、撰述叙录、伪书的鉴别、辑佚搜文、分类编目。附论：目录与学术史。书后附蒋伯潜传略。（于静）

4309

针灸文献概论 ／ 李复峰编著. -- 哈尔滨：黑龙江科学技术出版社，1990. -- 217 页；19cm. -- 7 - 5388 - 1371 - 3（北京大学图书馆）

本书包括：针灸文献的来源及种类、针灸文献工具、针灸文献的阅读和积累、针灸文献资料的查找、针灸文献的整理等6章。（于静）

4310

中国史学名著题解 ／ 张舜徽主编. -- 北京：中国青年出版社，1990. -- 477 页；19cm. -- 7 - 5006 - 0734 - 2（天津农学院图书馆）

本书主要介绍了219篇历史名著。（于静）

4311

目录学辞典 ／ 张治江，王辉主编. -- 北京：机械工业出版社，1990. -- 223 页；19cm. -- 7 - 111 - 02488 - 5（天津外国语学院图书馆）

本辞典收录与目录学有关的专业术语、著作、人物、组织、事件、目录、文摘、索引等词目。（于静）

4312

世界地学工具书指南 ／ 中国科学院兰州文献情报中心编. --兰州：兰州大学出版社，1990. -- 703 页；26cm. -- 7 - 311 - 00184 - 6（北京师范大学图书馆）

本书搜集中、英、德、法、俄、日6种文字的国内各文献情报机构收藏的有关地球科学各分支学科的参考工具书与检索工具书共4000余种，并作了简要的内容介绍。所涉及的学科包括测绘学、地球物理学、水文学、海洋科学、大气科学、地质学、古生物学、土壤学、地理学及部分环境科学和技术科学等。收录的工具书类型有：词（辞）典、名词、术语、手册、指南、百科全书、年鉴、图谱、图集、人名录、机构名录等参考工具书和专题书目、索引、文献等检索工具书。收录时限为：中文工具书收20世纪50年代以后的，外文工具书收20世纪60年代以后的。工具书的书名款目包括顺序号、书名项、著作项、出版项和页码，最后注有收藏单位代号。非公开出版的工具书也加以说明。为了便于查考，书末附有中、日、西、俄文种分别排列的书名索引，还收录了国外有关常用缩写词1100余条和一些常用表。（于静）

4313

文科文献检索 ／ 朱建亮编. -- 武汉：华中理工大学出版社，1990. -- 302 页：表；20cm. -- 7 - 5609 - 0524 - 2（北京大学图书馆）

本书介绍了文科文献检索课题，检索途径、方法、策略；介绍了查科学进展，查图书报刊的出版和流传，查图书报刊的篇目和图书内容，查古书佚文，查专题资料和诗词文句，查典章制度和历史事件等方面的检索工具及其使用方法。（于静）

4314

文摘的概念与方法 ／（美）哈罗德·博科，查尔斯. L. 贝尼埃合著；赖茂生，王知津合译. -- 北京：书目文献出版社，1991. -- 321 页；19cm. -- 7 - 5013 - 0847 - 0（国家图书馆）

本书全面系统地阐述了文摘工作的理论与实践，内容包括文摘的特点与类型、发展历史、评价指标、编写规则与标准、内容与格式、编辑出版、文摘服务以及自动化和职业化等方面。书后附术语表、书刊名称对照表、机构名称对照表、主题索引。本书内容比较丰富，文字浅显易懂，具有较高的实用价值，既可作为高等院校图书馆学情报学专业教材或参考书，又可作为图书馆工作者和情报工作者的业务指导书，还可作为书刊编辑人员的工作手册。（于静）

4315

科技文献学 / 胡昌平，邱均平编著. -- 武汉:武汉大学出版社，1991. -- 668 页;20cm. -- 7 - 307 - 01032 - 1(国家图书馆)

科技文献学是在情报学、文献学、目录学与图书馆学的基础上产生的一门重要学科，其研究和进展不仅关系到这些学科的理论发展，而且为当代科技情报工作与图书馆工作的开展提供必要的依据和方法。与此同时，它的研究成果还广泛应用于科学学研究及科学技术管理实践。本书是武汉大学出版社正式出版的高等学校选编教材。全书分为三大编：第一编(1—4 章)为总论，第二编(5—10 章)为基础学科文献，第三编(11—12 章)为工程技术文献。全书以科技文献及其体系为对象，从科学的分支学科和专业的纵向角度出发，系统地论述了科技文献情报资源的产生、分布、结构和基本规律，分析了科技文献的揭示、加工、控制、交流和利用的内在机理;讨论了科技专业领域和分支的文献情报源以及二、三次文献的组织等基本问题，是一本系统性、实用性较强的专业教材及参考书。(张玲)

4316

古典目录学 / 来新夏著. -- 北京: 中华书局，1991. -- 327 页;20cm. -- 7 - 101 - 00720 - 1(北京师范大学图书馆)

本书是国家教委“七五”教材规划用书，全书共 7 章，除第一章绪论、第七章结束语外，中间的五章系按历史发展顺序，有重点地论述了历代著名的古典目录和有成就的古典目录学家，使读者能对古典目录学获得比较完整而系统的认识。全书引用原始资料较多，论必有据。对时贤论著中的不同论点除撷取附入外，并多断以己见，以开启读者思路。书前以《我与〈书目答问〉》一文代序，向读者自陈致力于古典目录学的途径，或可备读者参酌。书后附参考书目提要，收录近、当代学者的主要论著，特别介绍了台湾学者的专著多种。另附《汉志》《七录》及《隋志》代表性的三序作为阅读文献，以节省读者搜求之劳。(于静)

4317

图书馆目录 / 李纪有，韩秀琴编著. -- 北京:中国企业文化研究院(内部出版)，1991. -- 205 页;19cm(国家图书馆)

本书内容包括图书馆目录的一般原理、文献著录标准化及其著录方法、普通图书著录法、著录标目法、参照法、分析著录法和综合著录法、丛书和多卷书著录法、连续出版物著录法、特种类型文献著录特点、图书馆目录组织、西文图书编目。(于静)

4318

焦竑及其国史经籍志 / 李文琪. -- 台北:汉美图书公司，1991. -- 198 页;21cm. -- 图书馆学与资讯科学论文丛刊. 第二辑. 8. -- 957 - 9005 - 25 - 7(国家图书馆)

全文近 9 万字，首冠绪言，以明撰述之旨，下分 7 章。第一章为焦竑生平及其学术思想;第二章为焦竑著述考;第三章论国史经籍志成书的背景依据与传本;第四、五章分论国史经籍志的体例及分类;第六章总结全文，并对国史经籍志的得失与影响作一评价。(赵红)

4319

目录学发微 / 余嘉锡著. -- 成都:巴蜀书社，1991. -- 153 页，1 页折图:肖像;21cm. -- 7 - 80523 - 340 - 3(内蒙古大学图书馆)

本书是近代目录学书籍中创作较早而又极有系统、颇有创见的一本书。其中对目录学书籍发展的源流、各书体制的得失利弊都有详细的论述。(于静)

4320

科学引文索引与科学前沿预测 /(苏)И. В. Маршакова 著;赵云龙等译. -- 北京:兵器工业出版社，1992. -- 319 页:图;19cm. -- 7 - 80038 - 666 - X(北京师范大学图书馆)

本书精辟地论述了《科学引文索引》的基本思想、主要内容、检索功能及方法，举例阐明了利用科学引文索引进行文献定量研究，获得关于出版物和学者群体知识的理论和方法，尤其详尽地论述了利用引文数据库绘制被誉为划时代成就的科学图，跟踪科学发展，预测各学科的科研前沿，为科学管理者提供决策依据，为科学研究者指示主攻方向。书中还引用了E. 加菲尔德博士提供的从未公开发表过的许多资料。全书共分三章:科学引文索引系统，研究美国情报研究所出版的主要检索刊物、机读数据及其联机检索;科学文献计量研究方向，分析科学文献计量研究，提到情报流量化的两种方法;科学图的绘制，讨论了根据引用网系分析而绘制科学图的问题，详细地叙述了共引方法;美国科学情报研究所出版的科学图和图册，研究了 1983—1984 年的科学图，介绍了科学图册及其 1990 年以前的展望，指出在世界科学前进道路上各国科学贡献对比分析的可能性。(于静)

4321

图书发行目录学 /(苏)奥西波夫(Осипов，В. О.)著;乔好勤等译. -- 武汉:武汉大学出版社，1992. -- 366 页;19cm. -- 据莫斯科图书出版社 1984 年第二版补充修订本译出. -- 7 - 307 - 01450 - 5(国家图书馆)

本书内容包括:出版发行目录及其在图书发行和目录体系中的地位、革命前俄罗斯的出版发行目录、苏维埃出版发行目录发展的基础阶段、社会主义发展时期的出版发行目录学、图书发行分类法、出版物著录和出版发行目录资料提要、各种图书出版发行目录参考资料、图书发行目录服务、东欧国家图书出版发行目录学。(于静)

4322

中医文献检索与利用 / 范家永，吉文辉主编. -- 南京:南京大学出版社，1992. -- 197 页;26 cm. -- 7 - 307 - 00117 - 9(天津理工大学图书馆)

本书是中医文献检索第一部全国统编教材，全书贯彻理论与实际相结合的原则，在系统介绍文献检索基本理论和一般规律的基础上，重点结合中医药教学、科研和临床的需要，分别介绍了各类中医文献的检索途径和检索方法。介绍了 300 多种中医文献检索常用的检索工具和参考工具书。本书编写内容基本遵照全国中医院校在 1986 年 7 月沈阳会议上拟定的教学大纲，并聘请图书情报界和中医研究部门有代表性的多名专家审定，具有较强的实用性。本教科书可供中医

院校本科各专业使用，也可供中医专业人员学习和参考。（于静）

4323

古代小说书目漫话 / 王海明，彭卫国著. -- 沈阳：辽宁教育出版社，1992. -- 78 页；19cm. -- 7 - 5382 - 1671 - 5（复旦大学图书馆）

本书介绍有关古代小说书目方面的基本知识，诸如小说书目研究史，小说书目的编制、分类以及它在古代小说研究中的地位、作用和学术与史料价值等。该书收入“小说评介丛书”。（于静）

4324

中国古今书名释义辞典 / 赵传仁等主编. -- 济南：山东友谊书社，1992. -- 628 页；20cm. -- 7 - 80551 - 390 - 2（北京师范大学图书馆）

本辞典是专门解释古今难解书名的工具书，所收辞目，上自先秦，下迄 1966 年“文革”之前，包括文、史、哲、宗教、理、工、医、农书籍 3200 余种。对于同书异名的书名，分别立目释义，以常用名为主条，并作全面介绍；以不常用名为参见条，只解书名的含义。作者的姓名前标出朝代的名称。对于书籍的内容，只作概括说明，不作详细地介绍，但是标示书籍的类别——哲学、经济、军事、历史、地理、科技、诗文、小说、戏曲、音乐、美术、书目等；释文的重点是说明书名的含义。为了便于读者查阅，每种书下，还标注一二种版本，首先是解放后出版的注释本、点校本，其次是《四部丛刊》《四部备要》《丛书集成》《四库全书》本，再次是其他版本。（张玲）

4325

目录学的功能 /（英）斯托克斯（R. Stokes）著；刘圣梅等译. -- 南京：南京大学出版社，1993. -- 205 页；20cm. -- 7 - 305 - 01552 - 0（吉林大学图书馆）

本书内容包括目录的定义、列举性书目、分析目录学或评论目录学、描述性书目、资料的编排方法、版本目录学以及历史目录学等。本书是国内第一部系统介绍西方目录学的译作。在西方目录学论著奇缺的情况下，它既可以作为学习西方目录学的教科书，也可以作为目录学、版本学、书史、印刷史、图书馆学等学科的教学参考书。（于静）

4326

中国法制古籍目录学 / 高潮，刘斌著. -- 北京：北京古籍出版社，1993. -- 340 页；20cm. -- 7 - 5300 - 0089 - 6（北京师范大学图书馆）

阐述了一般目录学和法制古籍目录学理论及历史沿革，按中国历史断代，分法律思想、典制、狱政等部类，评介从商周到清末有关法制的古籍 1500 多种。（于静）

4327

应用索引学 / 黄恩祝著. -- 上海：上海书店出版社，1993. --291 页；20cm. -- 7 - 80569 - 771 - X（国家图书馆）

本书的整体思路是：根据作者的教学经验，先引出索引结构的基本模式、各种代表性的索引类型，以及各类文献索引的编纂样例，然后再引导人们去认别历史和理论；其次，以索引的基本结构为整本论著的基础，在随后的类型、编纂实践、历史和理论中逐步深化它的内容。本书编写的目的是：比较详细地回顾国内外的索引史；比较集中地介绍索引的类型；介绍某些代表性文献的索引编纂方法；尝试建立某些索引理论。本书的最大特点在于能从中国索引工作方法的历史开始研究索引学；按马克思主义实践的观点从方法入手建立“方法—历史—理论”的学科体系；并把中外索引学的理论和方法有机地结合起来全面阐述了这门学科。（于静）

4328

文摘学概论 / 桑良至著. -- 北京：中国书籍出版社，1993. --332 页；20cm. -- 7 - 5068 - 0133 - 7（北京师范大学图书馆）

本书内容包括：绪论，概述文摘的概念、演变史、功能及文摘学；文摘体系，介绍不同类型文摘形成的文摘体系、学术文摘形成的体系、组建文摘体系；报道性文摘，介绍文摘的篇幅、结构、艺术及编写实例；文摘的语言特征，介绍名词、动词、实词、虚词的使用及文摘评议的一般原则；文摘要素说，介绍文摘要素规范标准、确定文摘要素的条件；指示性文摘编写方法；作者文摘；编辑与文摘；集萃文摘；停息文摘；公文文摘；书摘，介绍了中国古代的书摘及书摘编写规则；文摘的索引，介绍了分类、主题索引及文摘索引体系；文摘自动化，介绍了 SCISOR 系统、ADAM 系统、系统评议研究理论一例、系统语言理论的应用；文摘诸问题，探讨文摘评价标准和文摘知识教育及其他。本书在强调实用的同时，也强调了可读性。书中从实用的目的出发，对很多没有标准的文摘，如集萃文摘、书摘等作了大胆的探讨，对于标准规定的太偏狭的界域作了拓宽。（于静）

4329

古籍书名辞典 / 王杏根等主编. -- 上海：学林出版社，1993. -- 469 页；19cm. -- 7 - 80510 - 684 - 3（国家图书馆）

本书共收词 3739 条。所收词目，上起先秦，下迄近代，内容包括哲、经、文、史、宗教以及理、工、农、医等各类古籍。本书释文以解释书名含义为主。每条依次是书名、异名、类别、著（编）者所处朝代、著（编）者姓名、书名含义。全书书名排列以朝代先后为序，共分 8 段：（一）先秦、两汉；（二）三国、两晋、南北朝、隋；（三）唐、五代；（四）宋；（五）辽、金、元；（六）明；（七）清；（八）近代。我国古籍，有著者生前自订成书者，有后世他人纂辑遗著成书者，在本书中一律以著者所处朝代归段。（张玲）

4330

医学工具书概论 / 易新翰编著. -- 长沙：湖南出版社，1993. -- 474 页；20cm. -- 7 - 5438 - 0653 - 3（国家图书馆）

本书理论与实践并重，既从理论上系统地介绍了工具书学的基本知识，又从实践出发，概括地介绍了各类型医学工具书的主要品种及其使用方法。医学工具书是专科工具书的一种，本书首先在开头一章，系统地阐述了工具书的一般原理，又在后面分章介绍各类型医学工具书的时候，辟“概述”一节，先介绍各类型工具书的基本知识。本书只选介基本的和常用的医学工具书作介绍，主要介绍 1985 年以后出版的新品种，并且选介供广大医药卫生工作人员共同使用的综合性医学工具书,对于工具书语种的选择则以汉语和英语医学工具书为主,其他的只选少量有代表性和质量较高的作介绍。本书采取重点选介和列目简介相结合的方法介绍各类型医学工具书,每个类型重点选介几本较重要的工具书作详细文字介绍,并列目简介了一批常用工具书,书后编有本书介绍的医学工具书的"中文书名索引"、"西文书名索引"。(于静)

4331

应用目录学简明教程 / 朱天俊主编. -- 北京:光明日报出版社,1993. -- 249 页;19cm. -- 7-80091-441-0(国家图书馆)

本书摒弃目录学空谈和历史的赘述,强调目录学实用方法,特别是增加计算机在书目工作中的应用,使目录学贴近了现实。作者认为:作为社会科学的目录学,从它是致用之学这一基本观点出发,目录学的内容包括四个方面,即文献的来源与积累,文献的认识与鉴别,文献的揭示与记录,文献的检索与利用;而"应用目录学"亦称实用目录学,阐述目录学在学术研究与文献情报工作中的应用,着重讲述揭示与记录文献的方法。本书研究总结了古今整理编纂文献的经验,并就提要、文摘、索引、书目、综述、书评编写的方法以及计算机在整理编纂文献工作中的运用,作了系统的论述与介绍,体现了目录学方法在目录学教学中的核心地位。(于静)

4332

索引的昨天、今天和明天 / 蔡尚思,卿三祥著. -- 上海:中国索引学会(内部出版),1994. -- 204 页;20cm(国家图书馆)

本书为中国索引学会会员所撰写的论文集,内容包括:索引应当革新、索引学探微、索引与世界、论索引与目录、章学诚的索引理论、洪煨莲先生与引得编纂处、燕京引得丛刊——从历史到现在、钱亚新先生索引思想初探、我国古代索引探源、中国古籍索引工作的回顾与前瞻、五十年来我国对索引的研究、关于索引学研究和索引工作开展的设想与建议、索引的历史发展与未来趋向、繁荣我国索引事业的目标与对策、索引现状的思考和索引未来的希望、认真总结我国索引工作的现状 促进索引工作的发展、浅谈我国报纸索引之发展趋势、对高校系级资料室如何发挥索引作用的探讨、中国索引事业大事记。(于静)

4333

论索引和索引法 / 陈誉,沈燚,黄萍莉著. -- 上海:中国索引学会(内部出版),1994. -- 147 页;20cm(国家图书馆)

本书内容包括:索引的功能、章学诚的索引工作理论与方法浅议、关键词索引与主题索引比较研究、索经与百科全书、工具书功能索引——关于编制"工具书之工具书"的设想、编写"工具书指南"的思考与实践、论专科书目的意义和作用——兼谈《图书馆学情报学档案学论著目录》的编纂、年鉴索引的编制、翻译图书书后综合索引概述、国外检索工具中的著者索引、开发索引旧籍资源 增强索引使用价值、古籍问题索引刍议、论类书索引及其编制法、古籍引书索引的功用和编纂、对《中华大典》索引编纂的一些设想、编纂古籍索引必须兼顾订正等。(于静)

4334

中国历史文献目录学 / 王锦贵主编. -- 北京:北京大学出版社,1994. -- 317 页;20cm. -- 北京市社会科学理论著作出版基金资助. -- 7-301-02625-0(国家图书馆)

本书包括:概要编、旧体编、新体编及检索编四编。概要编阐述历史文献及历史文献目录学的有关理论;旧体编介绍编年体、纪传体、纪事本末体、政书体、其他常用体、文献注释各类历史文献,剖析典型范例并介绍历史目录学家郑樵与章学诚;新体编介绍新型古代史文献、新型近代史文献、现代史文献,剖析典型范例,旨在加强感性理解;检索编,属于方法论,包括:史部类目、历史文献书目类型和中国历史文献信息源。编写过程不仅参考了古今学者论著,也吸收了以往教学、科研中的一些成果。(于静)

4335

近三百年古籍目录举要 / 严佐之著. -- 上海:华东师范大学出版社,1994. -- 225 页;20cm. -- 2008 年再版. -- 7-5617-1177-8(国家图书馆)

本书取目录之目录的传统形式,基本按藏撰者传略、书目编例特点和学术价值的传统格局。(于静)

4336

当代目录学 / 郑建明编著. -- 南京:南京大学出版社,1994. -- 330 页;20cm. -- 文献情报学书系. -- 7-305-02421-X(国家图书馆)

本书是著者在南京大学信息管理系从事教学与研究的成果,本书将 1949 年以来的目录学称之为当代目录学,紧紧抓住"当代"这一主线,适应当代科学发展的整体化趋势,将当代目录学置于广阔的时代背景进行论述,以显其鲜明的时代特征。本书主要是以信息社会为背景,从当代目录学基础理论问题、书目信息方法论、当代社会化书目信息事业结构等方面入手,系统阐述了当代目录学的理论基础、当代目录学的基本理论、书目信息方法论及学科方法、书目信息理论、书目信息产品的类型划分、当代目录学发展史、学科方法以及书目信息实践等内容。本书除对书目信息产品、综述、书评等作专门论述外,还突出了引文信息的开发与利用、中国社会化书目信息事业结构、书目信息事业产业化、书目信息服务标准化、书目信息行为特点等内容,试图构建起当代目录学的理论体系,体现了教学内容的新颖性。本书是对当代书目信息实践活动进行研究的初步尝试的结晶。(于静)

4337

中国目录学 / 胡楚生著. -- 台北:文史哲出版社,1995. -- 216 页;21cm. -- 957-547-971-8(国家图书馆)

本书共分 10 章。第一章绪论,包括目录学的定义、体制及功用;第二章校雠;第三章史志;第四章官薄;第五章私录;第六章原理;第七章流别;第八章十进;第九章专科;第十章特种。书前有作者自叙,书后附录中国历代目录要籍解题。(赵红)

4338

实用教育文献学 / 钱振新编. -- 上海:上海教育出版社,1995. -- 266 页;20cm. -- 7-5320-3629-4(厦门大学图书馆)

本书内容包括：教育文献概述、教育文献载体类型、教育文献检索工具书、关于教育文献的其他检索工具、教育文献参考工具书与工具书指南、教育文献检索。本书将文献学与教育学结合在一起，介绍了教育文献的历史起源及现时代教育文献分布的特点，既有综论，又有选择、有重点地介绍了大量的具体文献。其中介绍的检索工具书可以告诉你怎样去开拓文献的宝库，而参考工具书又是一切从事教育理论研究及实际工作的人经常需要的工具性文献。在实际中，你可能会有一个一个的难题需要靠咨询来解决，掌握了这些文献就可以使这些问题中的多数迎刃而解。（于静）

4339

中国目录学理论 / 周彦文. -- 台北：台湾学生书局，1995. --165 页；22cm. -- 文献学丛刊. -- 957 - 15 - 0704 - 0（国家图书馆）

全书共 10 章，书前有著者序。第一章绪论；第二章因书以设类的分类法；第三章四分法定义及分类准则；第四章纵向辖属与横向联系；第五章部类的质变现象；第六章依附与因循依附；第七章标题法观念的出现；第八章历代书目在内容上的变异；第九章目录学在先天上的限制；第十章结论。书中所涉及疑难问题均在相应页面有尾注。（赵红）

4340

目录学教学大纲 / 国家教委高教司编. -- 北京：高等教育出版社，1996. -- 88 页；19cm. -- 7 - 04 - 005520 - 1（国家图书馆）

本大纲内容包括：目录学的内容与学科性质、目录学的产生与发展、文献揭示、书目类型、目录编纂、文摘编纂、综述编纂、书目情报服务、书目工作管理。本大纲是为配合目录学课程的教学，让学生掌握目录学的基本理论，了解国内外目录学发展的历史与现状，掌握揭示与报道文献信息，编制各种类型的书目、索引、文摘、综述等书目文献的基本技能，培养学生的书目情报意识，锻炼学生从事书目情报服务和书目工作的组织和管理的能力。（于静）

4341

书目情报系统理论研究 / 柯平著. -- 北京：书目文献出版社，1996. -- 285 页：图；20cm. -- 7 - 5013 - 1288 - 5（国家图书馆）

本书是著者在博士论文基础上完成的，以大量书目情报系统建设经验为依据，以知识传递和利用来满足社会文献信息需求为目的，以系统与环境的联系为基础，对书目情报系统运行和发展的一般规律进行了研究。这对开拓目录学研究的新领域，丰富目录学的内容体系和发展目录学应用理论，具有重要的意义。本书是一部书目情报系统方面体系比较完备、论述比较系统、观点比较新颖的理论专著。具有如下特色：对书目情报系统的基本理论进行了深层次的阐述，拓展了书目情报系统研究的理论层面；从系统环境的分析出发提出了关于书目情报系统运行机制的理论；理论联系实际是本书的又一特色，作者以大量书目情报系统建设经验为依据，论证了书目情报系统适应社会发展的必然性，提出了书目情报系统与事实情报系统统一的思想。最后，作者对整个书目情报系统从社会变化的角度进行发展研究，总结了书目情报系统的现状，对未来书目情报系统的发展趋势作出预测。（于静）

4342

目录学研究文献汇编 / 彭斐章等编. -- 武汉：武汉大学出版社，1996. -- 744 页；20cm. -- 高等学校文科教学参考书. -- 7 - 307 - 02184 - 6（国家图书馆）

本书是关于目录学理论、历史与方法的资料选辑。本书的结构与体例安排如下。第一部分：研究综述，包括目录学理论研究进展、中国目录学史研究进展、书目工作的成绩与发展；第二部分：研究资料，包括列宁与目录学、目录学的对象和内容、目录学与其他学科的关系、专科目录学、目录的种类、汉代目录学、魏晋南北朝目录学、唐宋目录学、元明目录学、清代目录学、近代目录学、书目工作方法与工作组织、书目方法论、书目索引编制；第三部分：论著提要；第四部分：学位论文文摘；第五部分：研究论文索引。本书在选辑中注意到，一方面为给使用者提供比较全面的知识，适当地选入了一些概括性较强的文章；另一方面，也注意给使用者提供比较系统的知识，在资料的编排上注意上下的联系，内容的互相补充；同时，在标目的揭示上独立、完整。（于静）

4343

中医文献学纲要 / 张如青等编著. -- 上海：上海中医药大学出版社，1996. -- 409 页：图；20cm. -- 7 - 81010 - 345 - 8（国家图书馆）

本书内容包括：导论，扼要论述中医文献学的一些基本概念，如学科性质、研究对象、教学目的与要求，以及中医文献整理研究的现状。第二至第五章，结合古医籍的实际情况介绍古典文献整理学的基础知识，包括中医文献的载体，中医文献的分类、体例与命名，目录学知识，版本学知识。第六至第十章，着重介绍整理、研究中医文献的基本方法与要求，包括中医文献的校勘、注释、标点（含辨识符号标识）、辑佚、提要与索引等。（于静）

4344

古籍目录学 / 周少川著. -- 郑州：中州古籍出版社，1996. -- 243 页；20cm. -- 7 - 5348 - 1432 - 4（国家图书馆）

本书是著者在教学讲义基础上经过删改增补而成，是一部专论古籍的专科目录学。它是普通目录学的一个分支，是在古典目录学研究的基础上，为配合古籍整理研究工作而撰写的。书中包括基础理论、基本知识和应用方法三部分内容。此书特点很多，主要是比以前类似的著作，提出了作者的新见解，增加了新内容。首先，作者注意了理论与实践结合，注意在古籍整理和研究中的应用性，凡是为古籍而作的书目索引，不论是古代的还是近现代的书目、索引，都包括在本书研究范围之内。其次，本书对本学科作了理论的阐述和体系的建立。再者，本书在分析评价古代重要书目时，能深入论证，或者考辨前人之说，或者补充自己见解，又能在论述各代目录学史时，分析其书目产生的时代背景。此外，本书首次按书目的外部形式和组织特征，提出目录体裁的新观点；并对古籍目录学的发展，提出不少中肯的设想和建议。

(于静)

4345

古籍目录与中国古代学术研究 / 高路明著. -- 南京:江苏古籍出版社,1997. -- 306 页;20cm. -- 中国古文献研究丛书. --7 - 80519 - 904 - 3(国家图书馆)

本书共分 7 章,主要内容包括:古籍目录分类的沿革与中国古代学术的演变;汉代的目录编制及其学术成就;魏晋南北朝至隋唐时期的目录编制及其学术成就;宋代的目录编制及其学术成就;明代的藏书与编目以及《明史·艺文志》的纂修;《四库全书》与《四库全书总目》;古籍目录与中国古代学术。全书从文献学的角度,对中古文学的历史与研究现状进行了全面的阐述。作者考述源流,纵论古今,从中古文学发展的历史长河中,搜集证据,提出见解。全书分上、中、下编,对中古文学概况、诗文小说加以论述,脉络清晰,论述有据。(于静)

4346

古典目录学研究 / 来新夏, 徐建华主编. -- 天津:天津古籍出版社,1997. -- 296 页;21cm. -- 7 - 80504 - 558 - 5(北京师范大学图书馆)

本书内容包括 4 篇:第一篇中国古典目录学简说,第二篇目录学家与普通目录的研究,第三篇专科目录研究,第四篇特种目录研究。(于静)

4347

中国民族文献检索 / 李晓菲编著. -- 赤峰:内蒙古科学技术出版社,1997. -- 192 页;20cm. -- 7 - 5380 - 0569 - 2(国家图书馆)

本书第一至第四章介绍了民族文献的定义、概念、范围,以及常用的工具书等。第五至第十六章在学科门类下按文献的概述、检索、研究文献检索等次序编排。通过阅读本书,可以了解民族文献的检索方法、民族文献检索工具书类型、民族文献检索的范围以及各学科门类民族文献的大致情况。本书内容全面,有论有叙,首先是基本情况的概述,接着说明检索的原理、方法和步骤,并介绍常见的各类图书和工具书,然后对各个知识门类文献检索作了明晰而扼要的说明,为读者打开这些知识宝藏修筑了一条通道和捷径。(于静)

4348

书目控制与书目学 / 刘国华编著. -- 北京:中国物价出版社,1997. -- 416 页:图; 21cm. -- 7 - 80070 - 537 - 4(国家图书馆)

本书是我国目前对书目控制实践、理论有关问题进行较系统的研究的第一部学术专著。全书从宏观上考察了古今中外文献工作领域中书目控制实践的产生、发展、现状及基本规律等。书中提出了许多迫切、现实的问题,并试图从理论与实践的结合上予以回答。本书分上中下 3 篇共 9 章,其中,书目的产生和发展,介绍了农业文明和工业文明时期书的产生与发展,及书目产生、发展的原因及规律;书目的基本概念;书目控制(BC);国际书目控制(UBC)、国际专题书目控制(USBC)与国家书目控制(NBC)、国家专题书目控制(NSBC);书目控制标准化、自动化和网络化;中国国家书目控制、国家专题书目控制(NSBC)(上、下);书目学;书目学在我国的产生和发展。(于静)

4349

中古文学文献学 / 刘跃进著. -- 南京:江苏古籍出版社,1997. -- 421 页;20cm. -- 7 - 80519 - 905 - 1(国家图书馆)

本书是国家教委高校古籍整理研究工作委员会的重点科研项目《古文献研究丛书》中的一册。全书分上、中、下三编,上编总集编撰与综合研究,包括《文选》与《玉台新咏》、唐宋以来所编中古文学总集、有关中古文学研究其他资料、中古文学的综合研究;中编中古诗文研究文献,详细论述了魏晋诗文、南朝诗文、北朝诗文、乐府诗、中古其他诗歌研究文献;下编中古小说文论研究文献,详细论述了中古小说、中古文论、《文心雕龙》等的研究文献。(张玲)

4350

文献计量学引论 / 王崇德编著. -- 桂林:广西师范大学出版社, 1997. -- 475 页:图;20cm. -- 大学教材系列. -- 7 - 5633 - 2396 - 1(国家图书馆)

本书共 10 章。第一章总论,包括文献计量学的产生与发展、文献计量学的开发动力、文献计量学的研究对象与特点、文献计量学的研究方法;第二章基本概率分布,介绍了随机变量的概率分布、常用的概率分布、概率分布的参数估计、其他概率技术等;第三章必要的统计学知识,包括取样方法、数据整理、位置量数等内容;第四、五、六、七、八章分别介绍了文献作者分布规律、文献分散规律、词频分布规律、文献增长规律、文献老化规律等内容;第九章为引文分析;第十章论述了各定律之间的相关性。(张玲)

4351

杨守敬集 / 谢承仁主编. -- 武汉:湖北人民出版社:湖北教育出版社, 1997. -- 1151 页;26cm. -- 7 - 216 - 02048 - 0(北京大学图书馆)

日本访书志;日本访书志补;日本访书志续补;藏书绝句;学书迩言;激素飞清阁评碑记;激素飞清阁评帖记;三续寰宇访碑录;王癸金石跋;邻苏老人题跋(于静)

4352

文献目录学 / 柯平编著. -- 开封:河南大学出版社,1998. -- 378 页:图;21cm. -- 7 - 81041 - 486 - 0(国家图书馆)

本书是“1996 年国家教委高教司印发《目录学教学大纲》之后出版的第一本教科书,也是 20 世纪最后一本目录学教科书。本书内容包括:书目情报理论、文献信息揭示的基本原理、文献导读与书评、提要、综述与述评、文摘理论与技术、索引理论与技术、书目控制、文献数据库、书目情报系统、书目情报需求与服务、专科文献目录学、文献目录学研究与发展,共 12 章。文献目录学包括古典文献目录学与现代文献目录学,本书是对后者的普通文献目录学与专科文献目录学的基础理论、文献信息揭示、书目、索引、文摘的理论与技术,书目情报系统与服务,书目控制论及专科文献目录学理论的综述。该书最引人注目之处,是其建立在‘书目情报’理论和‘书目情报系统’理论之上的极大的整合与包容,是文献目录学研究范围的最大扩展。由著录到书评、综述、述评多

方面地被‘纳人’其中”。(于静)

4353

中国古代目录学史 / 倪士毅著. -- 杭州:杭州大学出版社,1998. -- 260 页, 1 页折表;21cm. -- 7 - 81035 - 482 - 5(国家图书馆)

本书内容包括:导言,概述目录学的意义、性质、任务和研究内容;中国目录学的起源;两汉时期的目录学、魏晋南北朝时期的目录学、隋唐五代时期的目录学、两宋时期的目录学、元朝时期的目录学、明朝时期的目录学、清朝鸦片战争以前的目录学,介绍各时期目录学发展、研究情况;古代特种目录和专科目录。附录包括:中国古代书目分类表、宋元明清私家藏书目录表。(于静)

4354

目录学教程 / 杨沛超, 纪晓萍, 张治江. -- 北京:书苑出版社,1998(国家图书馆)

本书为普通目录学著作,本书将目录学的定义表述为“关于目录活动及其基本规律的系统理论知识”,以目录活动为主要线索,探讨目录活动的一系列理论问题。具体说来,本书内容分为理论、历史和方法三部分,理论部分描述目录学的研究对象、研究内容、体系结构和研究状况及发展趋势,并探讨目录的本质、功能和类型;历史部分介绍目录活动的起源和发展;方法部分包括文献揭示的方法、目录编制的程序和索引、文摘编制法以及现代科学技术在编目工作中的应用。本书还论及了目录使用系统的有关问题。(于静)

4355

中国目录学思想史 / 余庆蓉, 王晋卿著. -- 长沙:湖南教育出版社,1998. -- 282 页;20cm. -- 7 - 5355 - 2629 - 2(国家图书馆)

本书共 8 章,主要内容包括:早期目录学思想的萌芽,主要介绍孔子的文献工作及其在文献整理中的目录学思想;汉代目录学思想的奠定,主要介绍了刘向、刘歆和班固的目录工作与目录思想;魏晋南北朝目录学思想的演进,代表人物是王俭、阮孝绪;隋唐目录学思想的发展,代表著作是《隋书·经籍志》《群书四部录》与《开元释教录》;宋代目录学理论思想的形成,代表人物是欧阳修、郑樵与马端临;明清目录学思想的总结,代表是《四库全书总目》与章学诚的《校雠通义》;近代目录学思想的变革;当代目录学思想的新思潮,代表人物是彭斐章、谢灼华、王重民、朱天俊。本书是我国第一部全面系统研究和阐释中国目录学思想发展史的著作,内容从孔子直至现代,时间跨度达 2000 多年,介绍评价了其间有代表性的目录学家及其著作,气度宏大。(于静)

4356

SCI、EI 简介及入选期刊分析 / 丛玲, 马一太主编. -- 天津:天津大学出版社,1999. -- 253 页;20cm. --7 - 5618 - 1163 - 2(武汉大学图书馆)

本书着重从三方面对 SCE、EI 进行介绍:首先将 1995—1997 年间 SCE、EI 入选期刊情况做了统计,并精选出与我校专业有关的近年来收录相对稳定的 1515 种期刊,提供给广大师生作为投稿参照;第二,根据中国科技信息所 1987—1996 年的统计,对两大系统选用期刊状况及收录我国期刊情况、录取原则进行了简要分析,帮助大家提高投稿的入选率;第三,SCI、EI 不仅作为评价学术论文水平的依据,更重要的是汇集了世界各学科中的高质量信息,这些信息为我们了解国际科技发展动向、开阔视野、帮助解决科研难题起到了非常重要作用。为充分挖掘利用 SCI、EI 资源,本书详细介绍了它们的检索方法,希望能成为科学研究的助手和科技创新的启迪剂。考虑到研究人员在索取原文时,常会遇到这样或那样的问题,为此本书专门设章“会议文献获取方法”,帮助科技人员解除困惑。(于静)

4357

中国林业文献计量研究:50 年回顾与展望 / 李吉跃, 孙保平, 赵世华主编. -- 北京:北京图书馆出版社,1999. -- 244 页:肖像, 图;26cm. -- 7 - 5013 - 1646 - 5(国家图书馆)

本书是对建国 50 年来的林学文献及科研成果从文献计量学的角度进行分析研究。主要内容包括:中国林学 50 年、展望 21 世纪的中国林学、林学专业学科、水土保持·园林绿化、森林工业·林业经济、林业图书馆·林业图书情报工作。本书依据、分析的林学文献包括 366 种林业专业期刊和 501 种林业相关期刊发表的121038篇论文、3491 种图书和 5095 项林业科技成果。采用的是定量与定性有机结合的文献计量方法。研究表明林学文献的数量、质量及其动态变化可以从一个侧面反映出林学研究的重点、热点、发现动态和演化轨迹。(于静)

4358

社会科学评价的文献计量理论与方法 / 娄策群著. -- 武汉:华中师范大学出版社, 1999. -- 209 页;20cm. -- 7 - 5622 - 1599 - 5(北京师范大学图书馆)

社会科学评价的文献计量研究有着广泛的内容,既有理论与原理方面的问题,又有方法与应用方面的问题。该书论述了社会科学评价的基本理论与社会科学评价的文献计量原理,提出了建立社会科学评价文献计量体系与模型的方法以及社会科学研究成果、学术期刊、研究人员、学术机构与学科评价的文献计量指标与模型。本书采用从理论到方法、从一般到具体的结构形式,条理清楚,层次分明。前三章是理论分析与定性探讨,首先界定社会科学评价的概念与范围,并论述社会科学评价的作用、原则及社会科学评价系统的结构与运行机制,接着从总体上探讨文献的科学评价功能,再从微观上分析社会科学文献计量标识的评价性能。第四章集中讨论了社会科学评价的文献计量指标设计与建模的原理、原则与一般方法,起着承上启下的作用,既是前三章理论的应用,又对后三章起指导作用。第五、六、七章运用前四章的理论与方法,提出社会科学不同方面评价的具体的文献计量指标体系、模型与方法。(张玲)

4359

中国历史文献学 / 谢玉杰, 王继光主编. -- 北京:民族出版社, 1999. -- 436 页;21cm. -- 7 - 105 - 03600 - 1(国家图书馆)

本书包括导论和 10 章内容。作者首先在导论中论述了历史文献学的范围、任务、地位与相关学科;第一章载体类别文献,分别论述了印刷术通行前的文献形式、雕版印刷文献、活字印刷文献、现代技术载体文献;第二章典籍类别文献,包括四部典籍,类书、丛书,佛藏、道藏,少数民族文字历史文献,古籍的现存概况;第三、四章详细论述了历史文献类别;第五章为古今原始资料文献,包括起居注与实录、诏令奏议、古文书等;第六章整理历史文献的目录、斑纹、校勘等基础知识;第七章历史文献的实证,包括考据、辨伪、辑佚;第八章历史文献的注释,详细论述了断句、音韵、训诂和注疏;第九章当代的古籍整理;第十章中国历史文献学的发展与成就。(张玲)

4360

法律文献学 / 张伯元著. -- 杭州:浙江人民出版社,1999. --350 页;21cm. -- 上海发展汽车工业教育基金会资助. -- 7 - 213 - 01234 - 7(国家图书馆)

本书是针对法律文献课程出版的第一部专著,填补了我国在法律文献整理和研究领域的空白,具有重要的学术价值。本书的主要内容包括:法律文献的类目,法律文献概况,法典编纂体例的发展、嬗变及其影响,法律文献的整理和研究。本书在内容上,非常注重实践,用较大的篇幅列举了不少典型释例,以点带面,举一反三,为读者作了示范,在如何将文献学原理与文献整理研究实践相结合方面作了缜密而深入的探索。尤其是此书所涉之律目问题、法典的注释问题、法律文献学家的介绍等等,大多为前人所未及,富有创意,从而大大拓展了法律文献研究工作者的视野,予读者以耳目一新之感。此外,本书在附录中提供了历代法典、法规一览表和流散在世界各地的中国古籍。本书是为整理研究法律文献提供的一把入门钥匙,结构清晰,内容丰富。(于静)

4361

当代中国社会科学报刊文献分析:1978—1995 / 范并思著. -- 上海:华东师范大学出版社, 2000. -- 241 页;21cm. -- 国家社会科学基金"九五"规划项目; 华东师范大学跨世纪学术著作出版基金资助. -- 7 - 5617 - 2174 - 9(国家图书馆)

本书是一部系统剖析改革开放以来中国社会科学发展与变革进程的专著,也是一部很有特色的科学计量学著作。1978—1995 年的中国社会科学是以一种世界现代社会科学史上罕见的速度高速增长,也是中国社会科学内部各一级学科全面高速发展的 18 年。全书包括导言、中国社会科学的理论繁荣、变革时期的社会科学交流、期刊编辑规范化研究、经济学文献统计与分析、教育学文献统计与分析、政治学文献统计与分析、文学研究文献统计与分析、历史学文献统计与分析、法学文献统计与分析、哲学文献统计与分析、社会学文献统计与分析、图书馆学情报学档案学文献统计与分析、统计信息源及统计方法说明 14 章内容。作者独辟蹊径,运用科学计量分析的方法揭示和诠释了 1978—1995 年 18 年间中国社会科学在现代国际社会科学发展和中国社会变革中所处的历史方位和发展轨迹。(张玲)

4362

中国目录学 / 刘兆祐. -- 台北:五南图书出版公司,2000. -- 444 页;23cm. -- 大专用书. -- 957 - 11 - 1583 - 5(国家图书馆)

本书旨在论述中国目录学的原理,探讨了历代重要目录文献的体制、内容与价值。全书兼顾理论与实用,对文史学者具有重要的参考价值。书前有著者自序。本书共六章。第一章绪论;第二章目录之分类;第三章历代目录举要;第四章与目录学有关之基础知识;第五章目录学之实践与目录学之运用;第 6 章:结论——中国目录学之展望。(赵红)

4363

农业信息工程技术 / 梅方权主编. -- 郑州:河南科学技术出版社,2000. -- 297 页:图;20cm. -- 7 - 5349 - 2380 - 8(北京大学图书馆)

本书内容包括农业信息技术的发展现状、农业文献信息资源建设工程、农业数据库技术、图书馆自动化技术、农业信息网络技术应用与发展、农业生产系统的计算机管理技术、农业经营和市场信息管理技术、农业研究信息系统、农业管理信息系统、Internet 信息获取技术、从农业现代化到农业信息化的过渡。(于静)

4364

中国文学批评文献学 / 孙立著. -- 广州:广东人民出版社, 2000. -- 485 页;20cm. -- 7 - 218 - 03488 - 8(国家图书馆)

本书共 7 章,分别为先秦文学批评文献、汉代文学批评文献、魏晋南北朝文学批评文献、隋唐五代文学批评文献、宋金元文学批评文献、明代文学批评文献、清代文学批评文献。本书选目大致于上古至魏晋六朝文献从宽,内容叙述也较详;隋唐以后因资料渐丰,故叙录从严;现藏日本国汉刻及和刻中国文学批评文献也尽量收录;日本国现存之和刻中国古代诗文评文献集中附录于卷尾。全书以诗文评文献为主,兼及戏曲与小说批评文献。体例大致以时代为序,由上古至晚清,断代分章叙录;又每章各撰概说一节,叙各代文献分布与现状。概说以下,分单篇文献、诗话文话、词话曲话、选本评点、笔记杂著及书信序跋等文献形式。本书对重要文献作了简要题解,叙其卷数、作者、版本、著录、体例及主要内容,对几部特别重要又影响深远的更辟专节予以叙论。一般文献则列书目,记其作者、常见版本,以方便读者查找利用。书中选择题解的文献,一般以目前最完善或较常见的版本为依据。(张玲)

4365

目录学研究 / 汪辟疆著. -- 上海:华东师范大学出版社,2000. -- 259 页;20cm. -- 二十世纪国学丛书. -- 7 - 5617 - 2157 - 9(国家图书馆)

本书共由 6 篇论文构成:(1)目录与目录学;(2)唐以前之目录;(3)论唐宋元明四朝之目录(附汉唐以来目录存佚统表书);(4)七略四部之开合异同;(5)严书之源流类另及其编索引法;(6)汉魏六朝目录考略。书中并没有企图构建一个完备的目录学体系,而只探讨了目录学中的几个重要的、关键的问题。后附录三篇。(于静)

4366

明代目录学研究 / 王国强著. -- 郑州:中州古籍出版社,2000. -- 317 页;21cm. -- 学人文库. -- 7 - 5348 - 1953 - 9(国家图书馆)

本书系统研究了明代的藏书事业、目录学发展史、书目编撰事业、书目类例、书目著录、书目中的文献记录、目录学理论等问题。(于静)

4367

中国历史文献学史述要 / 曾贻芬, 崔文印著. -- 北京:商务印书馆, 2000. -- 575 页;21cm. -- 7 - 100 - 02930 - 9(国家图书馆)

本书是作者自 1987 年以来在《史学史研究》杂志上陆续连载了十多年系列文章的集结,由白寿彝先生撰写《题记》。本稿分层次介绍了中国历史文献学的形成、发展及其突出成就。从孔子整理"六经"讲起,直到清代第一大书,是称"中国百科全书"的《古今图书集成》。其论点鲜明,见解独到,史料宏富,功力扎实,文字更简练流畅,是一部不可多得的学术专著,可以填补中国历史文献学史的空白,对后学者将给予很大的帮助和指导。本书包含"中国历史文献学的萌芽"、"两汉时期历史文献学的初步形成"、"魏晋南北朝时期历史文献学的成长"、"魏晋南北朝时期的类书"、"宋代的类书及其他资料汇编","宋代的金石学"、"朱熹的注释和辨伪"、"唐人注释书名著三种"、"明代丛书的繁荣"、"说《古今图书集成》及其编著"、"《永乐大殿》概说"等论文 32 篇。(张玲)

4368

中医文献学辞典 / 赵法新, 胡永信, 雷新强主编. -- 北京:中医古籍出版社,2000. -- 458 页;21cm. --7 - 80013 - 885 - 2(国家图书馆)

本书是阅读、研究、整理中医古籍文献的工具书。书中收集有关中医文献学、目录学、校雠学、版本学等各专业的名词、术语、典籍、人物、医事制度等词目为主,旁及其他有关词目,兼收并蓄,共 6000 余条。释文简明扼要,通俗易懂,不臆测,不武断,有根据。内容丰富,检索方便。就目前来说,填补了中医文献学工具书的空白。可供中医药专业人员、大专院校师生和从事中医文献研究及广大临床医生参考使用。(于静)

4369

程千帆全集. 第三卷. 校雠广义: 目录编 / 程千帆, 徐有富撰. -- 石家庄:河北教育出版社,2001. -- 277 页;21cm. -- 7 - 5434 - 3979 - 4(北京大学图书馆)

本卷介绍了目录与目录学,目录的结构及其功用,目录的著录事项,目录的分类沿革,综合目录,学科目录,目录的编制等内容。(于静)

4370

论西藏政教合一制度 / 东嘎・洛桑赤列著;陈庆英译. -- 北京:中国藏学出版社,2001. -- 180 页;21cm. --7 - 80057 - 512 - 8(北京大学图书馆)

本书用辩证唯物论和历史唯物论的观点,分析西藏各个历史发展时期的经济制度和政治、宗教情况,并对藏文文献目录学的内容与作用进行论述。(于静)

4371

中国文学目录学通论 / 何新文著. -- 南京:江苏教育出版社,2001. -- 331 页:图;21cm. -- 7 - 5343 - 4319 - 4(国家图书馆)

本书由目录与目录学的关系引出文学目录学的意义与作用,进而介绍了中国古代目录学的兴起与发展、古代目录书的类别、古代目录的基本结构与分类沿革,以及中国古典目录学的文化特色。重点研究了古代文学文献的类型与文学目录的形成及特点,详细介绍了从两汉魏晋南北朝的文学目录《诗赋略》《汉书・艺文志》和《文集录》,到隋唐宋时期的文学目录《隋书・经籍志》《唐书志》《邵斋读书志》《直斋书录解题》与《通志・艺文略》,再到元明清时期的文学目录《录鬼簿》及《四库总目》的影响与发展情况。又从古代文学文献综合目录(包括综合性古代文学要籍目录、古代文学总集目录、古代文学别集目录与古代丛书目录),以及古代文献分体目录(包括诗歌、词曲、散文、骈文、赋、小说、戏曲、文学理论、民间文学)的角度探讨中国文学目录学的发展。最后,提出了目录学相关学科的概说——文学版本学与文学校勘学的理论,并提供了古代文学文献的检索与工具书。(于静)

4372

中国历史文献学 / 曾贻芬, 崔文印著. -- 北京:学苑出版社, 2001. -- 243 页;21cm. -- 7 - 80060 - 028 - 9(国家图书馆)

中国历史文献学是一门既古老而又年轻的学科。为满足一般读者阅读及高等学校历史系开设这门课程的需要,作者编写了本书。全书分上、中、下三编共 20 章。上编包含绪论、历史文献学与中国传统文化、时代与历史文献学、历史科学与历史文献学等内容;中编,作者以先秦两汉、魏晋南北朝隋唐、两宋元明、清、近现代这条时间线为序,组织各个时期的重要历史文献学家及其著作,论述了中国历史文献学在成立、成长、繁荣、鼎盛和变革等时期的发展状况,并在本篇的最后一章论述了中国历史文献学的现状与前景;下编中,作者详细介绍了目录学、版本学、校勘学、辑佚学、传注学、编纂学、藏书史、历史文献学等相关学科和相关文献。本书的编写注重表述中国历史文献学这一学科的基本知识、基本资料,反映和吸收了当前学术界的最新成就,并强调实用性,即在介绍某些基础知识的同时,也要使读者了解文献整理工作的基本步骤和方法,以方便读者日后可能进行的有关业务实践。(张玲)

4373

北京师范大学图书馆馆藏中文珍稀期刊题录 / 北京师范大学图书馆报刊部. -- 北京:北京图书馆出版社,2002. -- 344 页,4 页图版:图; 21cm. --7 - 5013 - 1937 - 5(北京师范大学图书馆)

珍稀期刊是指 1949 年之前的珍稀难见的刊物。本书以 1980 年 7 月编辑的《北京师范大学图书馆馆藏中文珍稀期刊目录》为基础,增加了辛亥革命和五四时期的部分期刊编辑而成,由北京师范大学图书馆在百年校庆之际编纂出版。本目录收录期刊的创刊时间范围是 1876 年 2 月至 1949 年 9

月,也就是晚清至中华人民共和国成立之前,收录的期刊包括:各个时期影响较大的刊物,如辛亥革命前后和五四时期反映各种思潮的政论性刊物;20世纪20年代至40年代的文学刊物;解放区出版的刊物;中国共产党各级组织及其领导下的刊物。此书的编写是以刊物本身作为主要的依据并参考了有关的资料,除对刊物的编辑出版、发行等项目进行著录外,也对刊物的内容作了比较详细的介绍,其依据也是刊物本身。(张玲)

4374

三目类序释评 / 李致忠释评. -- 北京:北京图书馆出版社,2002. -- 533页;20cm. -- 7-5013-1923-5(国家图书馆)

本书是研究中国古典目录学的一部专著。作者选取中国古典目录著作中有典范意义的《汉书·艺文志》《隋书·经籍志》《四库全书总目》三部中国古典目录学书作为研究对象。将三目总序、部序、类序分别对应展开,将每篇序文进行规范标点,对文句进行笺注和掌故探源,并尽可能做些通释。每类之后加以按语,品评优劣长短。(于静)

4375

朵云轩2002秋季艺术品拍卖会.古籍版本暨瓷器古玩专场 / 上海朵云轩艺术品拍卖公司. -- 上海:编者(内部出版),2002. -- 1册:图(部分彩图),摹真;29cm. -- 古籍版本暨瓷器古玩专场(北京大学图书馆)

本书为上海朵云轩艺术品拍卖公司为朵云轩2002秋季艺术品拍卖会——古籍版本暨瓷器古玩专场编制的拍卖手册。书中详细介绍本次拍卖品的信息及部分古籍、瓷器古玩物品的摹真彩图,并详细描述了卖家的主要条款、竞买须知等业务规定、还给出了朵云轩2002秋季古籍版本暨瓷器古玩拍卖会委托竞投代理协议等内容。(张玲)

4376

北京大学图书馆同人学术成果目录 / 姚伯岳主编;北京大学图书馆编. -- 北京:北京大学图书馆(内部出版),2002. -- 398页,4页图版:彩图,摹真;20cm(北京大学图书馆)

从1992年北京大学图书馆九十年馆庆开始,北京大学图书馆每隔一年便举办一次全馆范围的"五四"科学讨论会。至2002年,正好十年。"五四"科学讨论会举办了五年,出了7本论文集。2002年百年校庆之际,北京大学图书馆为百年来北大图书馆同仁的学术论著编了一本目录,以反映北京大学图书馆同仁近百年来的学术研究轨迹。本目录收录论文和图书的范围,以正式发表和出版为准。全书按年编排,文在前,书在后,总计收录成果逾1500条。《分类索引》基本是按《中图法》的类名次序排列,但做了适当的调整;《作者索引》收了282人。(张玲)

4377

中国目录学史 / 姚名达撰;严佐之导读. -- 上海:上海古籍出版社,2002. -- 25,348页,1页图版:图;21cm. -- 7-5325-3149-X(北京师范大学图书馆)

本书全面系统地对中国目录学发展历史进行研究,以"篇"为主题,每篇之下各有若干小节,共有叙论、溯源、分类、史志、宗教目录等篇。(于静)

4378

音乐文献学与音乐文献检索 / 郭小林,胡扬吉编著. -- 成都:四川文艺出版社,2002. -- 291页;20cm. -- 7-5411-2106-1(国家图书馆)

本书为音乐文献检索与利用课程的教材。全书分为两部分,6个章节。内容包括:音乐文献概述、音乐文献工作、音乐文献学、音乐文献检索概要、音乐文献检索的基本范畴以及常用音乐工具书及其利用。书中重点论述了音乐文献的历史、构成和类型,音乐文献的主要内容以及音乐文献学的基本理论,音乐文献的检索特点和检索方法。书前有前言,书后附有音乐网站和主要参考文献。(胡秋玲)

4379

文科文献检索(第三版) / 朱建亮,毛润政编著. -- 武汉:华中科技大学出版社,2002. -- 395页;21cm. -- 7-5609-2820-X(国家图书馆)

本书是高等学校"文科文献检索与利用"课程的教材。全书4部分共13章,介绍了文科检索课题、检索途径与检索工具;讲述了检索当代科学进展和学术动态、图书报刊的出版和流传、图书报刊的篇目和图书内容、古书佚文、古今专题汇编资料和诗词文句、经济信息的检索工具及其使用方法。同时,还介绍了检索典章制度、历史事件和在阅读文献的过程中怎样查解疑难字词、人名、地名、专业名词术语以及换算年月日的方法;并专章讲述了检索策略及其优化及实题分析与查解。书后有主要参考文献,并附录有《两千年中西历对照表》举例、《中西回史日历》举例、《二十史朔闰表》举例、文献信息检索课题与工具书匹配定类基本模式参考表、Internet网上中外重要搜索工具和重要常用网站以及中文社会科学数据库简明目录。(胡秋玲)

4380

中药文献学 / 丁安伟主编. -- 北京:科学出版社,2003. -- 386页:图;26cm. -- 21世纪高等医药院校教材. -- 7-03-011784-0(国家图书馆)

本书讲述了中药文献学基础知识、古代中药文献、现代中药文献、外文中药文献、中药文献的计算机检索以及中药文献的应用等7章内容。(于静)

4381

古典目录学浅说(新1版) / 来新夏著. -- 北京:中华书局,2003. -- 278页;18cm. -- 7-101-03675-9(国家图书馆)

本书内容包括:目录学概说,介绍了目录与目录学、古典目录书的类别、古典目录书的体制与目录学的作用;古典目录学著作和目录学家,论述了两汉官修目录与史志目录的创始、魏晋南北朝古典目录的"四分"与"七分"、隋唐五代官修目录与史志目录的发展至五代目录工作的衰落,评述了目录学历史发展中的重要目录学著作和著名目录学家;古典目录学的相关学科,对古典目录学的相关学科如分类学、版本学、校勘学等相关学科作了较详尽而具体的论述;第四章古典目录学的研究趋势,提出了古典目录学领域研究的前瞻设想。本书文笔流畅、深入浅出,是作者多年来讲授目录学的纲要,可作研习古典目录学和了解国学的入门读物。(于静)

4382

法律文献学导论 / 李振宇著. -- 北京:中国检察出版社,2003. -- 220页;21cm. -- 7-80185-101-3(国家图书馆)

本书主要内容包括:绪言,介绍法律文献学及与其他学科的关系和研究法律文献学的意义;基本问题,介绍法律文献的类型、特征及法律文献学体系;法律文献目录,介绍古代、现代、专门法律目录及其应用与数据库检索;法律文献阐释,介绍古代与现代法律解释;法律文献编辑,介绍法律文献编辑顺序、方法与实践;法律文献翻译,介绍法律文献古文、外文翻译方法;法律文献考证,介绍法律文献考证与实践;法律文献规范化,介绍立法、司法文献规范;法律文献传播,介绍法律文献传播方式、方法与途径;法律文献收藏,介绍法律文献收集、更新、保护与装订;法律文献变迁,介绍法律文献的变迁过程、古代先驱与现代学人;法律文献学发展与展望,介绍法律文献学的发展历程、理论准备与未来展望。总体上看,本书以法律文献的实践为基础,从理论和实践两方面进行了探讨,在理论上体现了作者对法律文献学的整体认识。(于静)

4383

湿地文献学引论 / 梁树柏著. -- 北京:中国农业科学技术出版社,2003. -- 190页;21cm. -- 中国科学院图书馆湿地文献课题成果; 河北师范大学学术著作出版基金资助. -- 7-80167-530-4(国家图书馆)

本书内容包括:湿地文献及其作用,介绍文献概念的扩展、湿地文献的作用与类型;湿地文献学基础,论述文献学的定义与归类新探、传统文献学发展中的问题、建立湿地文献学的必要性、湿地文献学语言基础技能及其主要内容;湿地文献传播,探讨地球演变中的湿地、人类进展中的湿地、先秦文献中的沼泽、小范围内的流传、翻译出版、分布流传的民间化、湿地文献简约体系;湿地综论文献论,论述湿地重点信息文献、论湿地定义与分类、湿地综论文献论;湿地分析文献论,介绍湿地水文文献论、湿地基底文献论、湿地植被文献论、湿地计划文献论、湿地管理文献论;湿地文献简约体系等。(于静)

4384

族谱文献学 / 廖庆六. -- 台北:南天书局有限公司,2003. -- 358页:图;22cm. -- 957-638-614-4(国家图书馆)

共有11章。第一章绪论;第二章历代谱牒述略;第三章族谱文献之搜集;第四章族谱文献之整理;第五章族谱文献之研究(一) 人物;第六章族谱文献之研究(二) 结构;第七章族谱文献之利用(一) 史料价值;第八章族谱文献之利用(二) 艺文价值;第九章族谱文献之资讯化;第十章族谱文献之数位化;第十一章余论。书前有著者自序。书后有参考书目、索引。(赵红)

4385

目录学(修订版) / 彭斐章, 乔好勤, 陈传夫编著. -- 武汉:武汉大学出版社,2003. -- 325页;21cm. --高等学校图书馆学核心课教材. -- 7-307-03707-6(国家图书馆)

本书是在原《目录学》(1986年)的基础上修订而成,本修订版紧跟时代节拍,致力于探讨现代化进程中目录学这门学科面临的新变化。本书吸纳了国内近年来有关的新观点、新方法,删去了不适应现实发展需求的有关章节,增加了诸如"网络环境下书目情报服务的发展趋势"等相关内容,使得本书更适合21世纪目录学学科的发展趋势,更适应时代的需要。而且综述单列一章,目录学方法占有较大篇幅。该书的前言中指出:目录学是一门智慧之学,目录学是一门具有鲜明时代特征的科学,目录学是一门实践性很强的科学。本书系统地讲述了目录学概论、目录学的产生与发展、书目的本质与社会作用、书目的类型、书目编撰法,及书目工作组织管理等。本书既有理论深度,又有实用性,是高校本专业师生及社会从业人员的必备教材。(于静)

4386

饶宗颐二十世纪学术文集. 第十五册. 十卷. 目录学 / 饶宗颐. -- 台北:新文丰出版股份有限公司,2003. -- 667页;23cm. -- 957-17-1988-9(国家图书馆)

饶宗颐是著名国学大师、藏书家,在历史学、考古学、文学、目录学等领域都有建树。卷首第一序言为词学大师赵尊岳作、第二序言为日本京都大学教授吉川幸次郎作。本册书分为两部分。第一部分:词集考,依次为别集类、总集类、外编、词评类、词乐词韵类、后记。第二部分:香港冯平山图书馆善本目录,依次为宋元刻本、明刊本、钞本。(赵红)

4387

教育文献信息研究 / 熊武金著. -- 成都:电子科技大学出版社,2003. -- 297页:肖像;20cm. -- 7-81094-107-0(四川大学图书馆工学图书馆)

本书是研究如何有效开发和利用教育文献信息。它的基本内容是: 弄清教育文献的类型和特点, 探讨教育文献的检索、选择、阅读、积累及评价的方法。它的基本任务是:普及教育文献知识,开发教育文献信息, 指出读书门径,传授学习方法。(于静)

4388

中国历史文献学 / 杨燕起, 高国抗主编. -- 北京:北京图书馆出版社,2003. -- 459页;21cm. -- 7-5013-2173-6(北京师范大学图书馆)

全书结构安排周密合理,共分为三编,每编各有一个侧重点。上编为概论,从历史文献学的定义讲起,直至历史科学与历史文献学的关系等诸多理论问题,均一一扼要阐发。中编为历史文献学的发展史,从先秦两汉到20世纪,时间跨度非常大,作者抓住重要人物、重要典籍和重大事项,将基本线索梳理得清清楚楚。下编为历史文献学的基本方法或基本知识,系统介绍目录、版本、校勘、辨伪、辑佚、传注等若干方面的原理和内容。本书条理明晰,既有纵线条的描述,又有横切面的揭示,在全面介绍和表述历史文献学基本知识、基本材料,反映学术界最新成就的同时,更注重指导读者了解和掌握文献整理工作的基本方法和步骤。(张玲)

4389

图书馆目录发展研究 / 张慧铢. -- 台北:文华图书馆管理资讯股份有限公司,2003. -- 13,426页;23cm. -- 957-8708

-62-9(国家图书馆)

该书共6章。第一章绪论;第二章19世纪目录目的与功能之探讨;第三章20世纪目录目的与功能之探讨;第四章书目原则与书目关系之探讨;第五章线上公用目录之发展;第六章结论与建议。书前有王振鹄序、吴明德序和著者自序。书后附:名词解释、参考书目的中文部分与英文部分、索引。书中的图表分列出图表目次。(赵红)

4390

法律文献导读 / 李振宇编著. -- 北京:群众出版社,2004. --407页;21cm. -- 7-5014-3087-X(北京理工大学图书馆)

本书是一部关于中国法律文献应用的著作,以法律文献的实践为起点,比较全面地介绍了我国上下四千年的法律资料,并重点介绍了新时期以来的法律资料,以解决读者在实际学习、工作中遇到的困难,扩大读者的法律知识面。(于静)

4391

剖析书目情报理论:对书目情报理论的理性批判 / 刘国华著. -- 武汉:湖北人民出版社,2004. -- 338页;21cm. -- 湖北经济学院出版基金资助出版. -- 7-216-04156-9(北京大学图书馆)

本书对近10年来目录学基础理论研究中提出的一系列基本问题,如目录学定义、对象、层次,"大目录学学术走向"等问题,提出了较系列的讨论意见,并对今天出现的书目情报理论作了一次比较系统地评介和阐述。(于静)

4392

书目与书评 / 孟昭晋著. -- 石家庄:河北教育出版社,2004. -- 243页:图;24cm. -- 书林清话文库. -- 7-5434-5656-7(国家图书馆)

本书包括书人与书目、评书与读书两部分,收录了"曹丕与图书"、"晁公武的《郡斋读书志》"、"曾国藩的导读书目"、"康有为的书目实践"、"延安和陕甘宁边区的图书馆"、"王重民学述"、"关于王重民研究致王世伟函"、"书目的本质和目录学对象"、"高等学校图书馆与导读书目"、"建立我国导读书目体系的构想"、"我国推荐书目和标准目录的发展"、"标准目录概说"、"中国书评史研究刍议"、"中国近代书评源流概述"、"瞿秋白对文学名著的依恋"、"茅盾的文学名著选目与导读书目"等文章。(于静)

4393

目录学教程 / 彭斐章主编. -- 北京:高等教育出版社,2004. -- 288页:图;23cm. -- 面向21世纪课程教材(图书馆学类). -- 7-04-015344-0(国家图书馆)

本书阐述了目录学的基础理论,中国目录学发展史,书目、索引、文摘与综述的编制原理,书目情报服务,书目工作组织与管理,国外目录学理论等内容。本书除对目录学基础理论和中西方目录学的产生与发展有全面的论述外,从新的视角介绍了文献揭示与组织、书目文献编纂、书目控制、书目情报需求与服务、书目工作组织与管理,增加了书目文献资源利用的内容。它吸收了近二十年的目录学研究成果和相关学科的知识,将书目情报作为目录学的学科基点,指出"今天,信息资源管理的环境发生了很大变化。目录学发展成一门科学地揭示与有效地报导文献信息、以解决巨量的文献与人们对其特定需要之间的矛盾的学科,在科学研究、读书治学、信息资源管理、出版发行等领域具有广阔的应用前景。目录学学科的核心是书目情报的运动规律",进一步阐明了目录学的"智慧之学"观和"致用之学"观,将对目录学教学与研究产生积极的影响。(于静)

4394

目录学发微:含《古书通例》 / 余嘉锡著. -- 北京:中国人民大学出版社,2004. -- 277页;23cm. -- 7-300-05921-X(国家图书馆)

本书共分四卷,其中卷一"目录学概览",包括目录学之意义及其功用与目录释名;卷二"目录学体制",包括篇目、叙录、小序、版本序跋;卷三"目录学源流考",包括周至三国、晋至隋、唐至清;卷四"目录类例",包括目录类例沿革、古今书目部异同表。目录学对于学者治学有重要的辅导作用,余嘉锡先生认为目录学的根本意义在于"辨章学术,考镜源流"。在此思想指导下,这本书对目录学的发展源流、各种体制的利弊得失、历代书目的类例沿革都作了详尽的探讨,被杨树达先生誉为"透辟精审"之作。《目录学发微》与《古书通例》互相呼应,最好合读,故将《古书通例》(含四卷,包括卷一、明体例、论编次与辩附增)附于后,以资参阅。《古书通例》亦是余嘉锡先生重要的学术著作,周祖谟先生认为此书虽篇章不多,"而探微索隐,足以解疑释惑。读者据此举一反三,所知自多"。(于静)

4395

历史文献学散论 / 余敏辉著. -- 合肥:安徽大学出版社,2004. -- 244页;21cm. -- 7-81052-841-6(北京师范大学图书馆)

该论文集阐述了当代著名史学家白寿彝先生对中国历史文献学科建设所作的贡献,还有探讨中国历史文献学各分支学科,如校勘学、目录学、辨伪学等一些理论文章。(于静)

4396

张涤华目录校勘学论稿 / 张涤华著. -- 台北县:学海出版社(股)公司,2004. -- 262页:照片;21cm. -- 957-614-205-9(国家图书馆)

张涤华(1909—1992),安徽凤台人。1937年毕业于武汉大学中文系,主要致力于目录学、语言学研究,兼及中国古典文学,是著名的语言学家、教育家。本书收集作者目录校勘学论稿,以及与此相关的辞书编撰方面的文稿共10篇。其中《〈别录〉考索》原计划为研究汉刘向《别录》的专著,书未完稿,先生仙逝,本书收入的是原计划专著中的三篇文章;在《〈全唐诗〉失误举例》中,作者指出《全唐诗》各类失误160余条,逐条加以考证,是校勘学方面的一篇力作;在《论〈康熙字典〉》中,作者对《康熙字典》作了全面、系统的考察和论述,从历史的观点对其作了公正、合理的评价。在《读新版〈辞海〉偶识》等篇中,作者阐述并探讨了词典编撰的理论。(崔彤)

4397

中国古代史籍举要 / 张舜徽著. -- 昆明:云南人民出版社,2004. -- 218 页;21cm. -- 二十世纪学术要籍重刊. -- 7-222-04216-4(国家图书馆)

本书是著名历史文献学家,原中国历史文献研究会会长张舜徽教授早期名著《中国历史要籍介绍》的增订本。该书是建国后第一本史籍举要的著作。全书分门别类对多种史籍做了提要钩玄的点评,同时指点了读史门径和研究方法,介绍了我国历史的重要史籍和学习方法,多有作者独到的真知灼见。全书共 14 章,包括:历史书籍的范围、研究中国古代史的基本书籍、百科全书的通史、仿效史记写作形式编成的断代史、断代编年体的实录、专祥治乱兴衰的政事史、专祥文物典章的制度史、传记体的学术史、以地域为记载中心的方志、和研究历史有密切关系的沿革地理与地图、史评书籍的代表作品、史辨书籍的代表作品、史论书籍的代表作品、史考书籍的代表作品,附录提供了研究中国历史的常用书、参考书和工具书简目。(于静)

4398

殊方异药:出土文书与西域医学 / 陈明著. -- 北京:北京大学出版社,2005. -- 391 页;26cm. -- 7-301-07953-2(北京大学图书馆)

本书讨论了西域多语种医学文书之间的内在关系;考察了这些胡语医学文书中的宗教因素;从医学交流史的角度,讨论了这些胡语医学文化与中医学的关系。(于静)

4399

清代"五服"文献概论 / 邓声国著. -- 北京:北京大学出版社,2005. -- 282 页;21cm. -- 江西科技师范学院著作出版基金资助. -- 7-301-08606-7(国家图书馆)

本书立足于传统文献学的角度,对清代"五服"文献进行了系统深入的研究。书中所关注的主要是清人在研究《丧服》篇经文及其"五服"制度时的价值取向、诠释观、方法论、义例观、整篇视野及研究成就多方面的话题。为帮助读者了解清代前、中、后三个阶段"五服"研究的全貌,本书前三章分设"概述"一节,力求对各阶段"五服"著述情况、治学特征及文献学体系诸方面发展状况加以介绍,有时亦酌加评论不同阶段治学得失,使读者对清代"五服"文献学发展史的线索有清晰把握。(于静)

4400

中国语言文字学史料学 / 高小方编著. -- 南京:南京大学出版社,2005. -- 369 页, 1 页图版:肖像;23cm. -- 7-305-04461-X(北京师范大学图书馆)

"中国语言学史料学 "是将目录学和中国语言学史有机地结合起来的一门学科, 其主要内容是: 以马克思主义的辩证唯物主义和历史唯物主义为指导,系统地介绍中国语言学这一学科领域各部门重要史料的来源、价值和利用。(于静)

4401

法律文献学 / 李振宇著. -- 北京:中国检察出版社,2005. -- 703 页;21cm. -- 边缘法学论丛. -- 7-80185-328-8(国家图书馆)

本书分为立论、实践论、方法论和史论四编,立论部分包括:法律文献学说、学科建设论;实践论部分包括:法律文书文献、法律史志文献、法律档案文献、法律资料汇编、法论工具书、法律理论文献、法律实践文献、边缘法学文献、特别区域法律文献、国际法律文献、变革法律文献;方法论部分包括:法律文献目录、法律文献阐释、法律文献编辑、法律文献翻译、法律文献特征、法律文献刊布、法律文献规范化、法律文献传播、法律文献收藏;史论部分包括:法律文献史实、法律文献学演进。本书是边缘法学论丛的其中之一,全书全面介绍了我国上下四千年的法律资料,建立法律文献学的学术框架,重点讨论了法律与文献学的关系,研究它们的理论形成和在法律实践中的应用前景,集探索性与学科建构于一体,是开拓法律学科范围的一种新尝试,具有重要的学术价值。(于静)

4402

历史文献学丛稿 / 刘进宝, 施和金主编. -- 长春:吉林人民出版社,2005. -- 473 页;21cm. -- 7-206-04623-1(北京大学图书馆)

本书收录《〈宋史 · 地理志〉补校考》《〈明史地理志〉补校考》《论唐代文史的微观综合研究》《〈周书校补〉商榷》《敦煌文书词语琐记》《敦煌文书词语考释》等 29 篇论文。(于静)

4403

二十世纪戏曲文献学述略 / 苗怀明著. -- 北京:中华书局,2005. -- 370 页;21cm. -- 南京大学戏剧影视研究丛书. -- 7-101-04632-0(北京师范大学图书馆)

本书共 6 章。第一、二章介绍二十世纪戏曲文献学的创建与演进,包括公私戏曲文献的收藏和著录、海外戏曲文献的寻访与著录、戏曲文献的整理与刊布、戏曲文献的重大损失、当代戏改与戏曲文献的搜集整理、建国后戏曲文献学的新进展、建国后戏曲文献的整理与刊布;第三章二十世纪港台海外戏曲文献研究述略,介绍了港台地区戏曲文献的搜集、整理与研究,海外地区戏曲文献的收藏、整理与刊印;第四章二十世纪新发现重要戏曲文献述略,介绍了《元刊杂剧三十种》《永乐大典戏文三种》、车王府曲本等的发现、整理与研究;第五章二十世纪戏曲曲文辑佚述略,包含南戏戏文、元代杂剧辑佚述略及二十世纪戏曲曲文辑佚的得失;第六章二十世纪戏曲目录学述略,论述了二十世纪戏曲目录学发展概况、二十世纪戏曲目录学若干重要问题综述、二十世纪戏曲目录学的得失等问题。作者还在附录中给出 1990—2004 年中国古典戏曲研究论著简目、1950—2003 年港台地区中国古典戏曲研究。(张玲)

4404

中医医史文献学科基本术语 / 南京中医药大学《中医医史文献学科基本术语》研究组编. -- 上海:上海中医药大学出版社,2005. -- 30, 221 页;21cm. -- 7-81010-897-2(北京大学图书馆)

本书是根据中医医史文献学科的内涵外延, 结合编者学术积淀, 研究内容、研究成果、研究方向, 参考国家标准

《情报与文献工作词汇基本术语》、国际标准《文献工作术语》等制定的学科基本术语，内容包括文献学、文学学、音韵学、目录学等。(于静)

4405

中国古代小说书目研究 / 潘建国著. -- 上海:上海古籍出版社,2005. -- 505 页;21cm. -- 7-5325-4158-4(北京大学图书馆)

本书分10章,主要介绍了历代公私目录与古代文言小说的著录及其观念;古代文言小说专科目录的萌芽、创建与完善;古代通俗小说著录概述;古代通俗小说书目的特殊存在方式;古代通俗小说专科目录的完善等内容。(于静)

4406

古代小说书目简论 / 潘建国著. -- 太原:山西人民出版社,2005. -- 128 页;20cm. -- 古代小说文献简论丛书. -- 7-203-05266-4(国家图书馆)

本书内容分为两篇,上篇为古代文言小说书目简论;下篇为古代通俗小说书目简论。其中上篇论述了"'小说'、'稗官'、'小说家':《汉书·艺文志》发微"、从隋唐宋三朝史志艺文志看小说观念与小说作品的离合、唐传奇文体渊源的目录学考察、明代说部汇刻与文言小说专科目录雏形的出现、《四库全书总目》"子部小说家"的著录体系与历史影响、文言小说专科目录的建立及其若干思考;下篇论述了古代通俗小说著录概述、古代通俗小说的常见著录形态及其时代文化背景、古代通俗小说书目的特殊存在方式、古代通俗小说专科目录的创建、古代通俗小说专科目录的发展与完善、古代通俗小说目录学地位的全面确立、古代通俗小说书目与小说研究史的演进。(于静)

4407

燕赵历史文献研究 / 秦进才著. -- 北京:中华书局,2005. --472 页, 12 页图版:图(部分彩图), 摹真;21cm. -- 7-101-05072-7(北京师范大学图书馆)

本书对燕赵古代历史文献、燕赵近代历史文献、燕赵地方史志文献进行了研究和论述。(于静)

4408

中外法律文献研究. 第一卷 / 渠涛主编;林青等本卷主编. -- 北京:北京大学出版社,2005. -- 428 页;23cm. -- 7-301-09506-6(天津师范大学图书馆)

本书设有特稿、中外法律文献、中外法学图书馆、中外法律制度、中外法律文化、学术资料六个专栏。(于静)

4409

目录版本校勘学论集 / 王绍曾著. -- 上海:上海古籍出版社,2005. -- 1068 页, 12 页图版:图, 摹真;21cm. -- 山东大学文史哲研究院专刊. 1. -- 7-5325-3712-9(北京师范大学图书馆)

本书收录的论文包括:《〈山东省图书馆馆藏海源阁书目〉序》《〈清史稿艺文志〉拾遗》《〈册府元龟〉浅谈》《二十四史版本沿革考》《胡适〈校勘学方法论〉的再评价》《梁任公〈列子〉批校》等。(张玲)

4410

黄丕烈及其《百宋一廛赋注》研究 / 赵飞鹏著. -- 台北县:花木兰文化工作坊,2005. -- 193 页;26cm. -- 古典文献研究辑刊·初编; 9. -- 986-81154-6-9(精装)(国家图书馆)

本书为作者博士论文。黄丕烈(1763—1825)号称"有清藏书家第一",其"士礼居"所藏宋本书,量多质精,为世所公认。本书采用新方法,对黄氏之藏书史事与学术成就作深入探讨。所谓新方法即通过对黄氏重要之目录学著作——《百宋一廛赋注》作详尽之笺证,或补充其未备,或引申其未祥;并以此为基础,进一步阐述黄氏在图书文献学方面之见解与贡献。全书分7章。第一章绪论;第二章与《赋注》相关之目录学问题;第三章与《赋注》相关之版本学问题;第四章与《赋注》相关之校勘学问题;第五章《百宋一廛赋注》笺证(上);第六章《百宋一廛赋注》笺证(下);第七章结论。(赵红)

4411

中医文献研究与应用 / 赵国平, 陈仁寿主编. -- 上海:上海科学技术出版社,2005. -- 264 页;26cm. -- 7-5323-7985-X(复旦大学图书馆)

本书是一本普及与提高相结合的中医文献学教材,全书分概论篇、基础篇、著作篇、应用篇四个部分。(于静)

4412

清代《仪礼》文献研究 / 邓声国著. -- 上海:上海古籍出版社,2006. -- 530 页;21cm. -- 7-5325-4259-9(天津师范大学图书馆)

本书主要分为两部分。第一部分重点剖析了清代《仪礼》研究籍以兴起的历史文化背景、清代《仪礼》研究三个阶段的划分和论述等;第二部分则剖析了清代"五服 " 文献的研究,清代《仪礼》文献之训诂体式、训诂方法、校勘的专章讨论等。(于静)

4413

艺术文献学论纲 / 董占军著. -- 北京:清华大学出版社,2006. -- 249 页, 16 页图版:图(部分彩图), 摹真;21cm. -- 7-302-12426-4(北京师范大学图书馆)

本书内容包括关于艺术文献学相关问题的思考;艺术文献学研究的对象范围;艺术文献学的研究目的与方法;艺术文献的分类;艺术文献与艺术原理研究;艺术文献在艺术研究中的作用。(于静)

4414

中国音乐文献学 / 方宝璋, 郑俊晖著. -- 福州:福建教育出版社,2006. -- 538 页;21cm. -- 7-5334-4341-1(北京师范大学图书馆)

本书是《中国传统音乐学丛书》中的一册。全书共15章。作者首先在绪论中概述音乐文献,介绍音乐文献学及研究对象、音乐文献学的学科定位、中国音乐文献学的历史回顾、音乐文献学的功用及学习方法。接着用14章的内容分别介绍了音乐文献的目录、音乐文献的版本和校勘、二十六史乐志、律志和艺文志中的音乐文献、会要会典中的音乐文献、《十通》中的音乐文献、类书中的音乐文献、古代音乐著作、古代著述中的音乐篇章、近现代音乐著作、乐谱类文献、

报刊类音乐文献、佛教道教音乐文献、使用与音乐学相关的工具书、机读型音乐文献等内容。(张玲)

4415

养生经 / 管曙光，马明，阎德亮编译. -- 武汉:湖北人民出版社,2006. -- 320 页;20cm. -- 7 - 216 - 01972 - 5(北京理工大学图书馆)

本书分为调心养生、顺时养生、饮食养生、起居养生、房室养生、文娱养生六部分,所选内容上自先秦,下迄明清,为各个历史时期养生学的精华。(于静)

4416

川大史学. 历史文献学卷 / 彭裕商，舒大刚主编. -- 成都:四川大学出版社,2006. -- 721 页:摹真;21cm. -- 7 - 5614 - 3495 - 2(北京大学图书馆)

全七卷包括:中国古代史卷;中国近现代史卷;世界史卷;考古学卷;历史文献学卷;专门史 1—3 卷;历史地理学卷。(于静)

4417

中医古籍考据例要 / 王育林撰. -- 北京:学苑出版社,2006. -- 220 页;21cm. -- 7 - 5077 - 2660 - 6(北京大学图书馆)

本书梳理和讲述了阅读中医古籍时所必备的知识,在中医古籍考据的名目下,汇合有关中医古籍的各种知识。包括中医古籍本文之学、中医古籍傳注之学、中医古籍考据举例三部分。(于静)

4418

碑帖书画与诗歌文献研究 / 丁政著. -- 天津:天津人民美术出版社,2007. -- 214 页:图;23cm. -- 978 - 7 - 5305 - 3475 - 5(北京师范大学图书馆)

本书研究的主要对象是碑帖书画资料中的单篇诗歌文献,主要内容将限于这些资料中所存之诗歌文献的作者、真伪、系年、本事之考证以及在校勘、辑佚等方面的研究。(于静)

4419

《汉书 · 艺文志》研究源流考 / 傳荣贤著. -- 合肥:黄山书社,2007. -- 497 页;21cm. -- 978 - 7 - 80707 - 519 - 6(清华大学图书馆)

本书对二千年来的《汉书 · 艺文志》研究史作全面疏理,书中既对前人成果萧兰并撷、博参广考,又平亭是非、议论得失,既有事实概括又有价值判断。(于静)

4420

章氏四当斋藏书目 / 顾廷龙编. -- 北京:北京图书馆出版社,2007. -- 736 页:肖像，摹真;21cm. -- 978 - 7 - 5013 - 3467 - 4(北京大学图书馆)

本书是顾廷龙编纂的清末民国著名学人章钰的藏书目录,分上中下三卷,按经史子集四部编排,收录了章氏的校证题跋。“四当斋”是章氏的书斋名。章氏精于版本校勘,家富藏书,1934 年其后人将所藏书二万余册捐赠给燕京大学图书馆,顾氏为之编纂此目,分别部类,并收录章氏所撰校勘记,间或加以按语。书后编有书名索引,方便了后人的使用。此目对于了解清末民国时期的藏书状况和版本目录学都有参考价值。本书据燕京大学图书馆 1938 年铅印本影印,对于探讨版本目录以及藏书等颇有参考价值。(张玲)

4421

焦竑及其《国史经籍志》 / 李文琪. -- 台北县:花木兰文化出版社,2007. -- 85,121 页;26cm. -- 古典文献研究辑刊 · 五编. 1. -- 978 - 986 - 6831 - 46 - 1(国家图书馆)

该辑刊主编:潘美月、杜洁祥。辑刊共有 30 册,16 个研究主题。本册书是辑刊的第一册。书的前半部分列出辑刊总目,并有五编各册书作者的简介、书的提要及目录。后半部是焦竑及其《国史经籍志》。焦竑为明代学者,其著作在清代遭遇贬低,这一研究使焦竑的学术成就得以彰显。本书分为自序、绪言;第一章焦竑生平及其学术思想;第二章焦竑著述考;第三章《国史经籍志》成书背景与傳本;第四章《国史经籍志》之体例;第五章《国史经籍志》之分类;第六章《国史经籍志》之评价。书后附:重要参考书目;索引;《国史经籍志》书影目次。(赵红)

4422

信息计量学 / 邱均平主编. -- 武汉:武汉大学出版社,2007. -- 615 页;21cm. -- 978 - 7 - 307 - 05305 - 2(国家图书馆)

全书共 14 章,内容包括信息计量学的基本问题,文献信息的增长规律、老化规律和引证规律,布拉德福定律,齐普夫定律,洛特卡定律以及诸定律的共同理论基础,文献信息统计分析法,数学模型分析法等。(于静)

4423

《礼记》成书考 / 王锷著. -- 北京:中华书局,2007. -- 18, 349 页; 23cm. -- 全国高校古籍整理研究工作委员会直接资助项目. -- 978 - 710 - 1055 - 08 - 5(北京师范大学图书馆)

本书从文献学的角度,考察了《礼记》46 篇各篇的成篇年代和全书的编纂者、编纂时间。作者首先在绪论中介绍《礼记》的内容和分类、《礼记》研究的意义、《礼记》研究的成绩、《礼记》研究中存在的问题、《礼记》的真伪及其与秦汉学者的关系,以及本文研究的范围与方法思考。随后用四章的内容详细介绍了春秋末期至战国前期的文献、战国中期的文献、战国中晚期和晚期的文献及《礼记》的成书及其在东汉的流传。作者广泛吸收古今《礼记》研究成果,包括近年的考古发掘成果,对前人正确结论进行补充论证,利用新的材料推进研究结论,表现出了学术的创新。(张玲)

4424

民国农业文献数字化整理及信息组织 / 王雅戈著. -- 北京:中国三峡出版社,2007. -- 198 页:图;21cm. -- 国家科技部社会公益研究专项(2005DIB6J028)资助项目. -- 978 - 7 - 80223 - 303 - 4(武汉大学图书馆)

本书主要探讨将信息组织的技术、方法应用于民国农业文献数字化整理和信息组织的体系之中,构建一个基于当代最新网络信息技术的研究信息平台之上的民国农业文献系列数据库。(于静)

4425

胡应麟及其图书目录学研究 / 谢莺兴著. -- 台北县:花木兰文化出版社,2007. -- 255 页;26cm. -- 古典文献研究辑刊 ·

五编; 13. -- 978 - 986 - 6831 - 58 - 4(精装)(国家图书馆)

本论文就胡氏生平家世、著作、藏书以及他在图书目录学上的理论、在图书目录学史上的成就,分5章讨论。第一章胡应麟的家世、年谱及其交游;第二章胡应麟的著述考;第三章胡应麟的图书徵集、藏书来源及藏书分类附藏书楼;第四章胡应麟的图书目录学;第五章胡应麟在图书目录学史上的成就。书后有附录:胡应麟友朋人名表、胡应麟友朋基本资料来源汇编。(赵红)

4426

市政道路工程资料管理 / 许文云, 雷茜主编. -- 北京:化学工业出版社,2007. -- 250页;图;26cm. -- 978 - 7 - 122 - 00160 - 3(哈尔滨工业大学图书馆)

本书主要包括基建文件、监理资料、施工资料、施工资料编制与组卷、施工档案编制与组卷、竣工图、工程档案验收与移交。(于静)

4427

市政工程资料管理 / 周朝鸾, 郭伟霞主编. -- 北京:化学工业出版社,2007. -- 274页:图;26cm. -- 978 - 7 - 122 - 00161 - 0(北京师范大学图书馆)

本书介绍了市政工程项目建设从施工准备到竣工验收的建设单位、勘察设计单位、施工单位、监理单位及城建档案馆对工程资料的收集、整理、组卷归档的管理职责及管理模式。(于静)

4428

从文献目录学到数字目录学 / 柯平著. -- 北京:国家图书馆出版社,2008. -- 279页;23cm. -- 当代中国图书馆学研究文库; 国家"十一五"重点图书出版规划项目; 北京人天书店资助. -- 978 - 7 - 5013 - 3744 - 6(国家图书馆)

本书收入作者20世纪80年代以来公开发表的20余篇目录学论文,主要包括两方面的内容:一是关于目录学的理论研究;二是关于从文献目录学到数字目录学的发展,涉及专科文献目录学、比较目录学、书目控制等。(韩丽)

4429

当代新编专科目录述评 / 林庆彰主编;袁明嵘编辑. -- 台北:台湾学生书局有限公司,2008. -- 341页;21cm. -- 978 - 957 - 15 - 1407 - 9(精装)(国家图书馆)

本书共收有书评论文24篇,13篇是"文史哲工具书研究"的期末报告,另有11篇是从报刊搜集的新编专科目录的书评。包括丁原基教授2篇、吴福助教授1篇、周迅先生1篇、徐建华先生1篇、憨斋先生1篇、林庆彰4篇、何淑苹小组1篇。这24篇书评包罗相当广,涵盖经学、哲学、历史、考古、语言文字、文学等学科。各学科的学者想要了解各种专科目录的优劣,都可以从各篇论文得到相关的讯息。书前有编者序。(赵红)

4430

刘咸炘论目录学 / 刘咸炘著. -- 上海:上海科学技术文献出版社,2008. -- 223页;21cm. -- 大家论学/段渝主编. -- 978 - 7 - 5439 - 3408 - 5(国家图书馆)

本书共14篇,分为两编,对《目录学》、节选《校雠述林》《内景楼检书记》等进行了论述。(韩丽)

4431

目录学与文献利用 / 倪晓建著. -- 北京:国家图书馆出版社,2008. -- 239页;23cm. -- 当代中国图书馆学研究文库. 第二辑. -- 978 - 7 - 5013 - 3750 - 7(国家图书馆)

本书收录了作者二十余年来有代表性的论文,有古典目录学的研究,也有文献信息加工方法创新的探索。(张玲)

4432

中外法律文献研究. 第二卷 / 渠涛主编;赵九燕卷主编. -- 北京:北京大学出版社,2008. -- 556页;23cm. -- 中国社会科学院法学研究所图书馆主办. -- 978 - 7 - 301 - 13211 - 1(国家图书馆)

本书包括特稿、法学研究综述、中外法学图书馆、学术资料及其他6个栏目。收录《行政强制法研究综述》《审判中的法律文献检索》《我国政法类档案文献资源简述》等文章。(韩丽)

4433

戏曲文献学 / 孙崇涛著. -- 太原:山西教育出版社,2008. --403页:图;23cm. -- 978 - 7 - 5440 - 3262 - 9(国家图书馆)

本书为国家"九五"规划课题结项成果。全书约50万字。书稿分"戏曲目录学"、"戏曲版本学"、"戏曲校勘学"和"戏曲编纂学"4编共17章。(韩丽)

4434

中国目录学:理论、传统与发展 / 王新才著. -- 北京:国家图书馆出版社,2008. -- 220页;23cm. -- 当代中国图书馆学研究文库; 国家"十一五"重点图书出版规划项目; 北京人天书店资助. -- 978 - 7 - 5013 - 3743 - 9(国家图书馆)

本书收录了作者目录学方面的论文20余篇,内容主要涉及目录学基本理论、中国目录学的发展历程以及目录学传统等方面。(韩丽)

4435

饶宗颐二十世纪学术文集. 卷十. 目录学 / 饶宗颐著. -- 北京:中国人民大学出版社,2009. -- 467页:彩照;23cm. -- "十一五"国家重点图书出版规划项目; 北京市社会科学理论著作出版基金重点资助项目. -- 978 - 7 - 300 - 10904 - 6

本卷主要包括词集考,以及香港大学冯平山图书馆善本目录两大部分内容。(赵红)

4436

目录学与学术史 / 徐有富著. -- 北京:中华书局,2009. -- 10,407页;24cm. -- "985工程"二期"汉语言文学与民族认同"哲学社会科学创新基地项目资助成果; "211工程"三期"中国语言文字与民族文化复兴"项目资助成果; 全国高等院校古籍整理研究工作委员会直接资助项目成果. -- 978 - 7 - 101 - 06579 - 4(国家图书馆)

本书包括《汉书·艺文志》《七录》《隋书·经籍志》《元史艺文志》等经、史、子、集四部分内容。(赵红)

4437

余嘉锡讲目录学 / 余嘉锡著. -- 南京:凤凰出版社,

2009. --198 页;24cm. -- 近代学术名家大讲堂/葛剑雄主编. -- 978-7-80729-357-6(国家图书馆)

本书对目录学的发展源流、各种体制的利弊得失、历代书目的类例沿革都作了详尽的探讨,被杨树达先生誉为"透辟精审"之作。全书共分两部分。第一部分目录学发微,包括目录学之意义及其功用、目录释名、目录书之体制、目录学源流考、目录类例之沿革等十讲。第二部分古书通例,包括绪论、案著录、明体例、论编次、辨附益等。(赵红)

4438

中国少数民族文献学研究 / 包和平编著. -- 北京:国家图书馆出版社,2009. -- 310 页;21cm. -- 978-7-5013-3978-5(国家图书馆)

本书共分三章。第一章少数民族文献研究;第二章少数民族文献目录研究;第三章少数民族古籍管理研究。书前有文章《应加强少数民族文献学研究》代为序言。(赵红)

4439

中药文献学 / 丁安伟主编. -- 北京:科学出版社,2009. -- 314 页;28cm. -- 2 版. -- 978-7-03-021564-2(国家图书馆)

本书共分 7 章,内容包括中药文献学基础知识、古代中药文献、现代中药文献、外文中药文献、中药文献的计算机检索等。(王旭东)

4440

碑刻文献学通论 / 毛远明著. -- 北京:中华书局,2009. -- 675 页;21cm. -- 978-7-101-06524-4(国家图书馆)

本书分为 7 章,内容包括:碑刻的形制及其分类、碑刻文献的内容、碑刻文献的保存、碑刻文献的著录和辑集、碑刻文献的研究成果、碑刻文献研究的展望。(王旭东)

4441

二十世纪中国小说文献学述略 / 苗怀明著. -- 北京:中华书局,2009. -- 373 页;24cm. -- 978-7-101-06619-7(国家图书馆)

本书内容包括:二十世纪上半期的中国小说文献研究、建国后三十年间的中国小说文献研究、二十世纪八十年代的中国小说文献研究等。(王旭东)

4442

数字时代目录学的理论变革与发展研究 / 彭斐章等著. -- 武汉:武汉大学出版社,2009. -- 385 页;24cm. -- "十一五"国家重点图书; 国家社会科学基金项目(05BTQ010)成果. -- 978-7-307-07275-6(国家图书馆)

本书主要包括目录学变革的实践基础、目录学变革的理论基础、中国目录学传统与目录学发展的大众化趋势、目录学研究学科基点与方法、目录学理论国际交流与借鉴等 10 章内容。(赵红)

4443

魏晋南北朝目录学研究 / 唐明元著. -- 成都:巴蜀书社,2009. -- 256 页;21cm. -- 978-7-80752-424-3(国家图书馆)

本书对魏晋南北朝目录学进行了系统的梳理和严谨的表述,内容包括:魏晋南北朝目录学概述、魏晋时期的目录学、南北朝时期的校书和官修目录、南朝时期的私撰目录、魏晋南北朝时期的文学目录、魏晋南北朝时期的宗教目录等。(赵红)

4444

信息计量学及其医学应用 / 王伟主编. -- 北京:人民卫生出版社,2009. -- 322 页;26cm. -- 978-7-117-11114-0(国家图书馆)

本书内容包括:信息计量学的理论基础、科学信息的增长规律、科学信息的老化规律、科学信息的集中与分散规律、科学信息的著者分布规律等。(王旭东)

4445

目录学发微:古书通例 / 余嘉锡著. -- 北京:中华书局,2009. -- 296 页;21cm. -- 余嘉锡著作集. -- 978-7-101-05646-4(国家图书馆)

本书探讨了目录学的发展源流、各种体制的利弊得失、历代书目的类例沿革等内容。全书共分两部分。第一部分目录学发微,包括目录学之意义及其功用、目录释名、目录书之体制、目录学源流考、目录类例之沿革等十章。第二部分古书通例,包括绪论、案著录、明体例、论编次、辨附益等。(赵红)

4446

目录学发微 / 余嘉锡著. -- 长春:时代文艺出版社,2009. --198 页;24cm. -- 978-7-5387-2560-5(国家图书馆)

本书作者广泛利用中国历代学者在目录学方面的论著,对目录学的意义、功用和源流,对目录的体例和类例的沿革,都作了精辟论述。全书共分两部分:第一部分目录学发微,包括四卷:目录学概览、目录书体制、目录学源流考、目录类例;第二部分古书通例,包括四卷:案著录、明体例、论编次、辨附益。(赵红)

4447

网络信息计量学理论与实证研究 / 张洋著. -- 北京:科学出版社,2009. -- 177 页;24cm. -- 教育部人文社会科学研究项目成果. -- 978-7-03-025516-7(国家图书馆)

本书构建了网络信息计量学的学科体系,研究了网络信息计量学的研究方法和应用问题,探讨了网络环境下布拉德福定律的适用性与新特点和网络指标在大学评价中的有效性问题。(赵红)

各类型图书馆

4448

儿童图书馆之研究 /(日)今泽慈海,竹贯宜人著,陈逸译述. -- 上海:商务印书馆,1924. -- 108 页:图表;32 开(国家图书馆)

本书分前、后两编。前编分公共图书馆与儿童、儿童阅览室、室内之备品、儿童讲演、讲演之时间、朗读与朗读会、小学校图书馆与家庭文库7章;后编分儿童所用图书之要素、儿童图书馆之图书选择、最良之图书、图书之搜集、分类之方法、目录作成、图书之保存、图书馆教课、儿童图书馆经营者9章。(胡月平)

4449

阅书室概论 / 高尔松,高尔柏. -- 上海:新文化书社,1925. --76页:图表;50开. -- 新文化小丛书.1(国家图书馆)

本书分引言、阅书的重要、经费和书籍之来源、书籍之采购、图书登记、阅书室管理、分类、编目、借书、日报和杂志的处理、布置、书架、新书介绍部、书籍检查14节。目录前书名题:中等学校阅书室概论。(胡月平)

4450

学校图书馆学 / 杜定友. -- 上海:商务印书馆,1928,1930,1933. -- 173页:图表;24开(国家图书馆)

共13章,介绍了学校图书馆的理论与实践。分别是图书馆与教育、学校图书馆通论、图书馆学、儿童文学通论、图书选择法、图书馆的经营、购订与登记、分类法、编目法、藏书法、出纳法、参考法、阅览指导法。前有例言。国难后1版本为32开。(胡月平)

4451

可爱的小图书馆 / 张九如,周翥青. -- 上海:中华书局,1928,1933. -- 158页:图表;32开. -- 苏皖浙省师范附小联合会儿童课余服务丛书第3种(国家图书馆)

内分2卷,分儿童图书馆总论、为什么要办儿童图书馆、儿童图书馆怎样经营、儿童图书馆怎样管理、儿童图书怎样分类、怎样编目、怎样指导7篇。书前有武进、蒋维乔的序,编者的《编辑儿童课余服务丛书旨趣》。(胡月平)

4452

小学图书馆实施法 / 蒋镜寰. -- 江苏省立苏州图书馆,1929. -- 28页:图表;16开(国家图书馆)

目录前书名为“小学图书馆实施法纲要”。全书共20章,主要介绍了小学图书馆的重要性、略史、目的、性质、组织、经费、建设、分类、编目、阅览、规程等。(袁皓)

4453

民众图书馆设施法 / 俞家齐. -- 南京:中央大学区立通俗教育馆推广部,1929. -- 70页:图表;24开. -- 民众教育设施丛刊.1(国家图书馆)

全书共19节,分别介绍了该馆图书部的组织、职务、建筑、设备、选购、登录、分类、编目、排列、出纳、指导、整理、卫生、巡回书库、统计、规程、函牍、标语等情况。前有刘季洪的引言及作者弁言。此书又名:中央大学区立通俗教育馆图书部实施概况。(胡月平)

4454

儿童图书馆 / 美国图书馆协会原著,王京生译. -- 译者自刊,上海商务印书馆代售,1929. -- 152页

未见书。见录于李钟履《图书馆学书籍联合目录》。(胡月平)

4455

民众图书馆设施法 / 吴培元. -- 宜兴县立图书馆,1930. -- 90页:图表;24开(国家图书馆)

本书共6章,介绍了什么是民众图书馆,为什么要办民众图书馆,民众图书馆怎样经营、管理、指导以及儿童图书部及巡回书库怎样办理。书前有作者自序及例言。(胡月平)

4456

图书馆为什么要劝人读书(第2册) / 陈独醒. -- 杭州:私立浙江流通图书馆宣传部,1931. -- 32页:图像;32开. -- 流通图书馆教育小丛书.2

本书论述了图书馆为什么要劝人读书、怎样劝人读书,介绍了浙江流通图书馆劝人读书的10种方法。(胡月平)

4457

怎样叫做流通图书馆(第1册) / 陈独醒. -- 杭州:私立浙江流通图书馆宣传部,1931. -- 30页:图;32开. -- 流通图书馆教育小丛书.1(浙江图书馆)

本书为流通图书馆教育小丛书之一。分别论述流通图书馆与民众需求、民众教育、学校教育、家庭教育以及出版事业的关系,介绍了浙江流通图书馆所办的事业。卷首有蔡元培为浙江流通图书馆的题字。书名应为“怎么叫做流通图书馆”。其“发刊小言”列卷首。(王效良)

4458

乡村图书馆经营法之研究 / 李钟履. -- 武昌:文华图书科季刊社,1931. -- 58页:图;16开(国家图书馆)

本书共3章,内容包括先决事项、组织设备管理与行政、乡村图书馆事业推进法。前有著者序及导言。原载于《文华图书科季刊》第3卷第2期。(胡月平)

4459

怎样办理流通图书馆(第4册) / 陈独醒. -- 杭州:私立浙江流通图书馆宣传部,1932. -- 98页:图表;32开. -- 流通图书馆教育小丛书.4(国家图书馆)

本书介绍了图书的搜集、收受、阅览,到馆借书的办法、通信借书的办法、陈列图书的做法、巡回图书的办法、车送图书的办法等。书前有作者自序。书后附录借书章程、陈列图书章程、巡回借书章程、车送图书章程、代理人章程。(胡月平)

4460

图书为什么要流通(第3册) / 陈独醒. -- 杭州:私立浙江流通图书馆宣传部,1932. -- 48页:图表;32开. -- 流通图书馆教育小丛书.3(浙江图书馆)

本书为流通图书馆教育小丛书之三。首有蔡元培作序。本书详述图书流通的意义、方法,国内的流通图书馆事业,日本在南满的流通图书馆等内容,着重介绍了浙江流通图书馆的事业开展。(王效良)

4461

民众图书馆设施法 / 赵为容. -- 济南:山东省立民众教育馆出版部,1932. -- 140页:图表;32开(国家图书馆)

本书共4章,内容包括民众图书馆的理论、民众图书馆的经营、民众图书馆的管理及民众图书馆的活动。附录《儿童图书馆概论》等两种。有后记。(胡月平)

4462

中学图书及科学设备研究 / 孙文昌. -- 上海:民智书局,1933. -- 242 页:图表;22cm(国家图书馆)

书前冠:庄序。分图书设备研究及科学设备研究 2 编。上编介绍 74 所中学图书设备的现状、中学图书馆的标准、几种中学生阅读的书目及调查等;下编介绍全国 8 省 68 校自然科设备调查结果,美国 1931 年 35 个州的调查结果等。(胡月平)

4463

儿童图书馆 / 徐能庸. -- 上海:商务印书馆,1933. --40 页:图;32 开. -- 小学生文库,第 1 集,图书馆学类(国家图书馆)

本书共 6 章,以对话形式介绍了图书馆的功用,儿童图书馆的阅览室、选书与登记、编目与方法、借书手续等情况。(袁皓)

4464

图书馆表格与用品 / 杜定友. -- 上海:商务印刷所图书馆部,1933,1934,1935. -- 127 页:图表;32 开(国家图书馆)

介绍图书馆各种表格、用品,及其使用方法。书前有编者引言、索引。末附《中学图书馆民众图书馆简易管理法》、商务印刷所图书馆部出品目录。(胡月平)

4465

活的民众图书馆设施法 / 胡耐秋. -- 南宁:广西省立民众教育馆研究部,1934. -- 275 页:图表;50 开. -- 辅导小丛书. 第 10 种(上海图书馆)

本书为辅导小丛书之一种,共 11 章,分别介绍民众图书馆的沿革、经营、组织、图书馆管理与流通等。首胡耐秋序。(金晓明)

4466

儿童图书馆 / 陆静山. -- 上海:儿童书局总店,1934,1935. --140 页:图表;32 开. -- 乡村教育丛书 1(国家图书馆)

分儿童图书馆的经营、儿童图书的管理、儿童阅读指导 3 编。儿童图书馆的经营论述了儿童图书馆的意义、发起、组织、经费、场所、设备、布置、职员、规程、图书设备。儿童图书的管理论述了儿童图书的选择、购订、登记、盖章、分类、分段、编目、陈列、出纳、整理。儿童阅读指导介绍了儿童阅读方法、指导儿童阅读方法、考查儿童阅读方法、儿童阅读指导的问题。书前有编者致辞。(胡月平)

4467

图书馆标准用品图说(青年印刷所图书馆用品部特刊) / 青年印刷所图书馆用品部. -- 上海:编者刊,1935. -- 79 页:图表;16 开(上海图书馆)

本书重点介绍图书馆用品的要点与使用方法等有关事项。(金晓明)

4468

民众图书馆学 / 徐旭. -- 上海:世界书局,1935. -- 272 页:图表;25 开(国家图书馆)

本书共 10 章,论述了民众图书馆教育、各国民众图书馆概况、我国民众图书馆运动、创立民众图书馆的步骤、民众图书馆的设备簿表与章则、民众图书馆的来源、民众图书馆的分类编目法、民众图书馆图书管理法、民众阅读指导法、民众图书馆的推广事业。书前有庄泽宣序、余庆堂序,及作者自序,附录图书馆法规 7 种。(胡月平)

4469

民众图书馆实际问题 / 徐旭. -- 上海:中华书局,1935. -- 156 页:图表;25 开(国家图书馆)

本书内容包括民众图书馆释义、民众图书馆的功用及其问题、民众读物问题、图书开架式问题、图书陈列法问题、读书指导问题、图书分类编目问题、乡村中心民众图书馆问题、识字运动工作问题、学校图书馆公开问题。有庄泽宣的序及作者自序。附录:三年来无锡江阴巷之实验民众图书馆。(胡月平)

4470

图书馆建筑与设备 / 赵福来. -- 武昌:文华图书馆学专科学校,1935. -- 178 页:图表;32 开. -- 文华图书馆学专科学校丛书(国家图书馆)

本书共 4 篇 35 章,介绍了图书馆建筑方法、图书馆各部的分配、图书馆设备、图书馆用品。前有沈祖荣的序、自序及凡例。附录图书馆建筑与设备参考书目。(胡月平)

4471

大学图书馆建筑 /(美)吉罗德(J. T. Gerould)著,吕绍虞译. -- 北平:中华图书馆协会,1936. -- 86 页:表;20 开(国家图书馆)

本书内容包括图书馆及其建筑在教育上的价值,图书馆建筑的位置,图书馆建筑的计划,阅览室、研究室、个人研究室、自由室,出纳台、目录室、衣帽室、厕所,书库、陈列室、地图和档案,办公室、购订室、编目室,建筑材料地板、光热、通气、避声、费用八部分。有译者序、著者序及刻拍尔(H. P. Keppel)的序言。原著作者为美国普林斯顿大学图书馆馆长,吕绍虞翻译。(胡月平)

4472

儿童图书馆经营与实际 / 李文裿. -- 北平:中华图书馆协会,1936. -- 29 页:图;16 开(国家图书馆)

本书为《图书馆学季刊》第 10 卷第 2 期抽印本。共 8 节,介绍了公立儿童图书馆与小学校儿童图书馆、阅览室中设备诸问题、借阅书籍一般方法等。(袁皓)

4473

大学图书馆使用法 / 桂质柏. -- 国立四川大学图书馆,1936. -- 12 页:32 开;环筒页装(上海图书馆)

本书简略介绍大学图书馆的目录、百科全书、字典、辞典、年鉴、期刊索引等,共 6 节。(金晓明)

4474

小学图书馆概论 / 卢震京. -- 上海:商务印书馆,1936. -- 227 页:图表;32 开(国家图书馆)

本书共 13 章,论述了小学教育与小学图书馆、小学图书馆的性质、如何组织一个小学图书馆、小学图书馆应有的馆舍和设备、儿童读物的研究、儿童读物的选择、图书的征求购订和登录、图书怎样分类、编目、图书出纳的方法、图书典藏法、怎样指导儿童阅览以及小学图书馆的推广事务。书前有

刘国钧、李小缘等人的序及例言。附录幼童文库二百册目录、小学生文库五百册目录。(胡月平)

4475

民众阅报处 / 蒋建白编著. -- 上海:商务印书馆,1937. -- 55 页;19cm. --“社会教育小丛书”(国家图书馆)

本书分 5 章,讲述怎样办民众阅报处、民众阅报牌、民众茶园、教育标语牌。(胡月平)

4476

中国流通图书馆 / 震旦大学图书馆. -- 上海:震旦大学图书馆编印,1938

未见书。见录于李钟履《图书馆学书籍联合目录》。(胡月平)

4477

(国立)北京大学图书馆暨各学院图书分馆概况 / 北京大学图书馆. -- 编者刊,1940. -- 64 页:图表;20 开(国家图书馆)

本书分沿革、建筑、组织、经费、现状、藏书、规章、统计表、职员录、各学院图书分馆简况 10 节。(胡月平)

4478

大学图书馆行政 /(美)蓝登(Randall),戈德利(Goodrich)著;徐亮译述. -- 长沙:商务印书馆,1941. --183 页:表;36 开(上海图书馆)

本书介绍学院的目的与图书馆的职能、经费预算与簿记、图书馆员与职能、学校图书馆经费、记录等,共 10 章。首著者序、译者序及绪言。(金晓明)

4479

普通图书馆设备举要 / 教育部社会教育司. -- 重庆:商务印书馆,1945. -- 41 页;36 开. -- 社会教育辅导丛书,图书教育类/教育部社会教育司主编(国家图书馆)

本书分 9 章,介绍了普通图书馆的建筑、馆舍的分配、光线与空气、家具、图书选择、工作用品、预算举要。有编辑凡例。末附本编参考书。(胡月平)

4480

(国立)北京大学五十周年纪念——法政经济纪录室概况、社会主义及苏联文献展览说明、法律图书室藏书概况 / 国立北京大学. -- 国立北京大学出版部,1948. -- 6 页;32 开(国家图书馆)

本书介绍了法政经济纪录室概况、社会主义及苏联文献展览说明、法律图书室藏书概况。(胡月平)

4481

图书(小学设备) / 邵鹤鸣,朱文叔. -- 上海:中华书局,1948. -- 96 页:图表;32 开. --“中华文库小学教师用书”第 1 集(国家图书馆)

本书内容包括导言、图书馆的设备、图书的选择、图书的登记分类与编目、怎样指导儿童课外阅读、儿童图书馆组织规程与典藏借书办法、尾声 7 部分。(胡月平)

4482

有关儿童图书馆问题之杂志论文目录 / 丁浚. -- 编者刊,1949(前). -- 10 页;16 开(国家图书馆)

选编各种杂志中有关儿童图书馆问题的论文目录。分总论、组织与管理、建筑与设备、儿童读书指导等 7 部分。原载于《图书馆学季刊》第 10 卷第 1 期。(胡月平)

4483

办理农村图书馆的经验 / 刘子亚辑. -- 北京:来薰阁书店(内部出版),1951. -- 50 页;19cm(国家图书馆)

本书内容包括:农村图书馆的作用、关于普遍建立工厂农村图书室开展读者运动的建议、建立农村图书室的经验、建立农村图书馆的几个问题、东北农村图书室典型介绍、建立农村图书室的几点意见、对建立农村图书室的几点意见、怎样开展农村图书室、农村小型图书室工作介绍、介绍让长村文化室、在大徐家村成立了图书室、蓬莱县图书馆调查、雁北专区农村图书馆的情况。(于静)

4484

最低图书馆技术 / 区立、市立、村立和儿童图书馆/苏俄部长会议文教机关事业委员会图书馆管理局编;苏大悔译. -- 北京:北京图书馆(内部出版),1952. -- 97 页;26cm

未见书。

4485

苏联大众图书馆工作 /(苏)捷尼西叶夫, B. H. 著;舒翼译. -- 北京:中华书局,1953. -- 366 页(首都师范大学图书馆)

本书是苏联初级图书馆员的简要入门书。内容包括最先进的图书馆学领域的各种基本知识。特别对于大众图书馆的方针任务及其服务读者、宣传图书馆和指导读书等工作的原理和方法,论证阐述更为明晰。全书贯穿着马克思列宁主义的观点和方法,适于图书馆工作者的学习参考之用。(于静)

4486

工会图书馆管理办法(初稿) / 中华全国总工会宣传部编. -- 北京:中华全国总工会宣传部(内部出版),1954. -- 35 页:图;18cm

未见书。

4487

农村图书馆的儿童读者工作 /(苏)卡斯宾娜(E. Каспина)著;何纪华译. -- 北京:时代出版社,1954. -- 38 页;18cm

未见书。

4488

农村图书馆农业书籍的宣传 /(苏)麦契尔金(H. A. Метелкин)著;庄上峰译. -- 北京:中华书局,1954. --40 页;18cm

未见书。

4489

图书馆表格用品说明 / 杜定友审订. -- 上海:商务印刷所图书馆用品部,1954. -- 53 页;19cm(国家图书馆)

本书内容包括:怎样创办图书馆、图书馆基本工作简介、苏联大众图书馆工作、苏联的图书馆事业、图书怎样分类、图书馆与文化学习、中文图书标题法、资料管理法、农村图书馆农村书籍的宣传、管理农村图书馆的经验、图书馆与读者、怎

样做好工会图书馆工作、怎么样办图书馆、怎样办好人民文化馆、在成长中的人民文化馆、怎样做好人民文化馆工作等。(于静)

4490

流动书库/(苏)鲍戈莫洛娃等著;金初高译. -- 北京:时代出版社,1955. -- 77页;19cm(首都师范大学图书馆)

本书以《苏联的流动图书馆和流动书库》代序,主体内容包括流动书库工作组织、群众工作、对待积极分子的工作,最后介绍了巴库斯大林文化宫的图书馆工作。(于静)

4491

苏联工会图书馆工作教材/苏大悔译. -- 北京:工人出版社,1955. -- 24页(北京理工大学图书馆)

本书内容包括:图书馆在对劳动者进行共产主义教育中的作用、工会图书馆及其基本任务和工作内容、借书处个别对待读者的工作、图书馆的群众工作、流动图书馆的读者工作、图书馆的参考书目工作、藏书和目录的组织、图书馆工作的主要指标、对图书馆的领导。(于静)

4492

农村图书馆的房屋设备/苏联国立列宁图书馆图书馆学科学方法研究室编;杜定友译. -- 北京:中华书局,1955. -- 35页;32开(国家图书馆)

本书是苏联国立列宁图书馆图书馆学科学方法研究室编的,对于农村图书馆房屋的设计,家俱用品的样式构造,均有简要的叙述,并附有图表,切合实用。书内所述的基本家俱是标准的规格,各类型的图书馆都可以分别采用,并不以农村图书馆为限。对于图书馆房屋的设计和布置图式,则一般小型图书馆、中小学校图书馆、工会图书馆、机关图书馆等,都可参考。(于静)

4493

大力改进工会图书馆工作/工人出版社辑. -- 北京:工人出版社,1956. -- 72页;19cm(内蒙古大学图书馆)

本书收录了《中华全国总工会关于工会图书馆工作的规定》《中华全国总工会关于清理工会图书馆藏书的决定》《工会图书馆订阅报纸杂志参考标准》《大力整顿和加强工会图书馆工作》《改进工会图书馆工作》《工会图书馆怎样宣传国家的第一个五年计划》《工会图书馆要培养职工读书的兴趣》等有关工会图书馆管理的规定、社论及文章。(于静)

4494

工会图书馆工作讲话/牟仁隆等编著. -- 北京:工人出版社,1956. -- 54页:插图. -- 7007.2(国家图书馆)

这是一本帮助工会图书馆工作人员学习图书馆业务的书,它解说了工会图书馆工作的方针、任务和内容,讲解了工会图书馆应如何指导读者阅读、吸引读者来馆、进行图书宣传工作、开展群众工作等,并且介绍了若干技术,如怎样采购图书、进行图书分类、进行图书整理、办理借书还书手续等。附有图表近30幅。(于静)

4495

怎样办好工会图书馆/武汉市图书馆辑. -- 汉口:湖北人民出版社,1956. -- 104页:图;19cm. -- 7106.15(内蒙古大学图书馆)

本书主要内容有两部分:第一部分是"关于工会图书馆的任务",选录了1955年中华全国总工会第一次工会图书馆工作会议的有关文件、"工人日报"社论和全国总工会宣传部长张修竹同志关于改进工会图书馆工作的讲话。第二部分是"关于工会图书馆的工作",按照图书馆的采购、整理、流通、群众工作和统计工作这些主要项目,分别选录了有关文件和《图书馆工作》1955年第5期所载"工会图书馆工作讲话"的大部分;另外,"怎样采购图书"和"加强对通俗读物的宣传工作"两篇,是举办图书馆工作人员业余训练班及业务讲座的讲稿,采购图书和宣传通俗读物是当前一般工会图书馆急待改进的工作,因此作了重点阐述;关于借书处对待读者、指导阅读的工作和工会图书馆的统计工作,选录了"苏联工会图书馆工作教材"中的几个小节。(于静)

4496

北京图书馆/李希泌,王树伟著. -- 北京:北京出版社,1957. -- 18页,8页图版:图,摹真;21cm. -- 7071.61(北京大学图书馆)

北京图书馆是我国历史悠久、规模最大的文化宝库,是世界著名的公共图书馆之一。这本书叙述了它的全面情况,并说明它的性质在解放后已发生了根本变化,它不再只是藏书楼,而是广大劳动人民的"社会大学"和提供科学研究资料的重要基地。(于静)

4497

藏书十约/叶德辉. -- 上海:古籍文学出版社,1957. -- 54页;19cm(北京大学图书馆)

该书设有购置、鉴别、装潢、陈列、钞补、传录、校勘、题跋、收藏、印记10个专题,全面介绍了书籍的积累、保藏和整理的经验。与《澹生堂书约》《藏书纪要》同为中国藏书史上著名藏书技术专著,是了解和研究明清两代私家藏书的重要资料。(于静)

4498

高等学校图书馆规章制度选辑/中华人民共和国高等教育部编辑. -- 北京:高等教育出版社,1957. -- 180页;19cm. --17010.6(天津商业大学图书馆)

本书按图书馆的业务流程,即采访、登录、分类、编目、阅览、典藏、参考咨询、期刊管理进行分类,列举不同高校图书馆制定的各流程工作规则。(于静)

4499

藏书纪事诗(七卷)/(清)叶昌炽著. -- 上海:上海古典文学出版社,1958. -- 414页. -- 10080.200(国家图书馆)

藏书纪事诗共7卷,书中所记载的大都是我国藏书家的故事,时代起于北宋讫于清末,共1100余人。资料的来源,据叶氏在前记中所说,无不广事采录,中间也有加上叶氏自己的考订的。每段故事中的人物,有占一人的,有占数人的,而各冠以叶氏自作的七绝一首。题材方面,除藏书部分外,还包括刻书、校书、收书、抄书、读书等,其中有一部分更是我国版本、目录、校勘、印刷方面的史料,所以这部书不仅可视为藏书家之"诗史",也可说是书林之掌故,同时也可看到我

国文化传统之深远。(于静)

4500

一个村图书馆员的经验谈 /(苏)鲍尔金娜(М. И. Болдина)著;金初高译. -- 北京:中华书局,1958. -- 45 页;20cm. -- 图书馆学翻译丛书之一. -- 7018.19(国家图书馆)

本书讲述苏联米海依洛沃村图书馆的优秀工作经验。这个村图书馆积极而巧妙地宣传了农业书籍,它帮助着规模巨大、经营多种生产的列宁集体农庄获得了生产上的成就。对我国从事农村图书室工作的同志们说来,本书具有重大的现实意义。(于静)

4501

小学学生图书馆 /(苏)布得娜雅著;苏大悔译. -- 上海:新知识出版社,1958. -- 60 页:图;19cm. -- 本书根据俄罗斯苏维埃社会主义共和国教育部教育出版社 1953 年俄文第四次增订版译出. -- 7076.277(首都师范大学图书馆)

本书专门介绍了小学生图书馆的任务、图书馆补充、图书馆经费、房舍设备、图书整理工作、图书登记、排列、图书馆的检查、工作时间表、读者登记、图书馆借出登记、图书的保护、阅读指导、指导阅读的群众性工作的形式、指导阅读杂志报纸的工作、图书直观推荐的几种形式、在指导阅读方面对家长进行的工作、读者积极分子等。(于静)

4502

人民公社的图书馆工作 / 言海存,周天任编写. -- 长沙:湖南人民出版社,1959. -- 28 页:图表;19cm

未见书。

4503

农村人民公社怎样办图书馆 / 殷增简编写;河南人民出版社编辑. -- 郑州:河南人民出版社,1959. -- 19 页:图表;18cm. -- T7105.297

未见书。

4504

科学技术图书馆如何工作 / 北京图书馆编. -- 北京:商务印书馆,1959. -- 107 页:表;19cm. -- 7017.6(首都师范大学图书馆)

本书收录的文章包括:《图书馆员的政治学习是他们工作胜利的决定性条件》《马克思恩格斯论读者兴趣》《关于读者兴趣的研究》《科学技术图书馆怎样为生产服务》《几种宣传技术书籍的好方法》《技术图书馆读者服务工作的组织》《技术图书馆的藏书补充工作》《技术图书馆藏书的组织》。(于静)

4505

机关图书馆工作 / 程长源编. -- 北京:商务印书馆,1959. --311 页:图表;20cm. -- 17017.80(首都师范大学图书馆)

本书对机关图书馆的采访、编目、借阅、管理工作的各方面进行了详细介绍,主要包括:机关图书馆的工作组织,介绍机关图书馆的组织形式、工作实质、工作方法、目的和要求、馆员的修养以及行政事务工作;机关图书馆的采购工作,介绍了机关图书馆采购工作的范围、原则、藏书补充计划、经费作用、书目的整理和利用、选购方法以及订购之外的来源;机关图书馆登记工作,介绍登记的意义、制度、验收、盖章及特例;分类工作,介绍分类的意义、要求、分类法、分类符号、复分排列表及分类中的具体问题;编目工作,介绍编目的意义、目录种类、分类目录、著录及内容;书库工作,介绍藏书保护、设备、排架、整理等;阅览工作,介绍阅览室的组织、借阅办法制订等工作;参考工作,介绍工作的任务、意义、范围等;报刊工作,介绍报刊工作的意义,报刊来源、订购,杂志的装订、整理、排架等;资料工作,介绍资料的排列、分类、装订、索引的工作内容。(于静)

4506

广东图书馆事业十年:公共图书馆部分 / 广东省中心图书馆委员会编. -- 广州:广东省中心图书馆委员会(内部出版),1959. -- 64 页(国家图书馆)

本书主要内容包括:解放前的广东省图书馆事业;十年来广东省公共图书馆建设概况;十年来广东省公共图书馆贯彻执行方针任务的情况,介绍了为工农兵服务、为政治服务、为生产服务及为科学研究服务;十年来广东省公共图书馆各项工作经验,阐述了读者工作、图书工作、地方文献工作及业务辅导工作;十年来广东省公共图书馆事业的主要成就;十年来广东省公共图书馆事业的基本经验。(于静)

4507

怎样办农村图书馆 / 马少亭著. -- 西安:陕西人民出版社,1959. -- 18 页:表;19cm. -- T7094.137

未见书。

4508

中小型图书馆工作方法 / 沈阳市图书馆编. -- 沈阳:辽宁人民出版社,1959. -- 96 页:表;19cm. -- 7090.436

未见书。

4509

中国科学院图书馆工作手册. 第二种:图书补充工作、期刊工作 / 中国科学院图书馆编印. -- 北京:中国科学院图书馆(内部出版),1959. -- 26 页;26cm(国家图书馆)

建国十年来,中国科学院的图书馆事业,在党的领导和关怀下,获得了蓬勃的发展,特别是大跃进以后,新成立的分院、研究机构图书馆很多,迫切需要一些图书管理的办法,为了协助这些新成立的图书馆的工作同志能迅速地掌握业务,开展工作,我们组织了我馆各部组的同志将他们在实际工作中积累起来的一些工作方法介绍出来,汇编成"中国科学院图书馆工作手册",供各分院、所馆工作同志参考。本书即是针对图书补充与期刊工作而编写的。(于静)

4510

中国科学院图书馆工作手册. 第三种:俄文图书著录法 / 中国科学院图书馆编印. -- 北京:中国科学院图书馆(内部出版),1959. -- 109 页;26cm(国家图书馆)

本书内容介绍了俄文图书各个著录事项的内容及规则、俄文多卷书与丛书著录、俄文附加著录与辅助卡片、分析著录、政府及机关团体出版物著录。(于静)

4511

中国科学院图书馆工作手册. 第四种:西文图书著录法 / 中国科学院图书馆编印. -- 北京:中国科学院图书馆(内部出版),1959. -- 127 页;26cm(国家图书馆)

本书是针对西文图书著录方法而编写的。(于静)

4512

中国科学院图书馆工作手册. 第五种:目录组织规则 / 中国科学院图书馆编印. -- 北京:中国科学院图书馆(内部出版),1959. -- 64 页;26cm(国家图书馆)

本书内容包括:中国科学院图书馆读者分类目录组织规则(初稿)、中国科学院图书馆中文图书目录组织规则(初稿)、中国科学院图书馆俄文图书字顺目录组织规则(初稿)、中国科学院图书馆西文图书字顺目录组织规则(初稿)、中国科学院图书馆日文图书字顺目录组织规则(初稿)、中国科学院图书馆关于索书号码附加符号的规定。(于静)

4513

怎样办好人民公社图书馆 / 林凤五编著. -- 济南:山东人民出版社,1960. -- 39 页:表;19cm. -- 7099.429(国家图书馆)

本书对人民公社图书馆各项的介绍,只是各地图书馆的一些初步经验和作者的点滴心得。着重讲述了农村公社图书馆中几个主要问题,即:为什么要建立人民公社图书馆、怎样建立人民公社图书馆、公社图书馆怎样整理图书、图书馆的借阅工作、大搞群众性的读书活动。(于静)

4514

北京图书馆家具设备图录 / 北京图书馆办公室编. --北京:北京图书馆,1965. -- 50 页:图;19cm(首都师范大学图书馆)

本书收录了图书馆常用家具设备的图样、说明等内容,如各种目录柜、阅览桌、书架、打字桌、木板椅、陈列柜、书车、杂志架等。(于静)

4515

全国各地区中心图书馆委员会成员馆概况 / 全国第一中心图书馆委员会编. -- 1965. -- 180 页;19cm(四川大学图书馆)

为了解全国各中心图书馆委员会成员馆的基本情况,进一步加强彼此间的联系与协作,特汇编了本书。全国各中心图书馆委员会所属成员馆,截至 1964 年底统计,共 104 个,本书所列数字,均系各馆 1963 年统计材料。除全国第一、二中心图书馆委员会外,其他各会均以各会所在地区的行政区划顺序排列。各会所属各成员馆的排列,大致按公共图书馆、高等学校图书馆、科学院系统图书馆和专业图书馆的顺序。(于静)

4516

积极办好图书馆:上海、杭州、抚顺、天津等地部分图书馆斗、批、改情况介绍 / 天津市人民图书馆革委会编. -- 天津:天津市人民图书馆革委会(内部出版),1971. -- 44 页;26cm

未见书。

4517

台湾地区图书馆简介 / 台湾"中央图书馆". -- 台北:台湾"中央图书馆",1975. -- 221 页;21cm(国家图书馆)

该书详细介绍了台湾地区的各级各类图书馆 195 所,中小学图书馆未列入。每一图书馆分列名称、地址、电话、沿革、组织、建筑设备、经费、藏书、分类编目、阅览参考、推广及发展计划等项目。分为三大部分介绍。(赵红)

4518

怎样办好农村图书室 / 北京大学图书馆学系工农兵学员编写. -- 北京:农村读物出版社,1975. -- 40 页:插图;19cm. --7168.4(北京大学图书馆)

本书用提出问题并针对问题进行回答的方式介绍如何办好农村图书室。主要提出四个问题:(1)为什么要办农村图书室。(2)怎样建立农村图书室。(3)怎样开展图书活动。(4)怎样做好图书管理工作,包括图书的采购、登记、分类、排列、编制目录、报刊和连环画的管理以及建立必要的规章制度等。(于静)

4519

怎样办好农村图书室 / 南京图书馆编. -- 南京:江苏人民出版社,1975. -- 59 页;19cm. -- 7100.012(北京大学图书馆)

本书包括以下文章:《怎样办好农村图书室》《积极办好公社集镇图书室》《充分发挥革命图书的战斗作用》《办好农村图书馆,为三大革命运动服务》《运用多种形式开展群众性的读书活动》《我们的好图书员》。(于静)

4520

县(市)图书馆工作 / 武汉大学图书馆学系 73 级工农兵学员编. -- 武汉:武汉大学图书馆学系(内部出版),1976. -- 137 页;19cm(武汉大学图书馆)

本书介绍了县(市)图书馆的基本任务、县(市)图书馆的采编工作、县(市)图书馆的宣传流通工作、县(市)图书馆的辅导工作以及县(市)图书馆的建设等内容。(于静)

4521

大连工学院图书馆管理工作探索 / 李涵勤编. -- 大连:大连工学院出版社,1979. -- 203 页(天津师范大学图书馆)

本书内容包括:纪念文章、领导工作、科学管理、藏书建设、服务工作、教育职能、情报职能、队伍建设、图书馆现代化与图书馆改革。(于静)

4522

县图书馆工作讲话 / 辽宁省图书馆. -- 沈阳:辽宁省图书馆(内部出版),1979. -- 220 页;19cm(北京大学图书馆)

本书内容包括:县、区图书馆的性质和任务,图书采购工作,图书分类工作,图书编目工作,阅览室和借书处工作,图书宣传工作,参考咨询工作,图书保管工作,少年儿童工作,业务辅导工作,农村图书流通工作,古书基本知识。(于静)

4523

基层图书馆工作方法 / 丁宏宣, 葛家瑾编著. -- 北京:书目文献出版社,1980. -- 51 页;19cm. -- 7201.15(北京大学图书馆)

本书介绍了图书馆的性质和任务、图书采购的原则与方式、图书验收和登记方法。进一步介绍什么是图书分类和图书分类法,怎样进行图书分类工作以及同类书的排列问题。

讲解了图书目录的作用和意义、目录的种类、目录的组织方法和图书的著录条例,并说明了编制、使用目录时应注意的几个问题。此外,还论述了图书的加工工作、图书排架和保管、报刊和科技情报资料的预订和管理、读者工作和图书馆的基本设备等知识。(于静)

4524

中小型图书馆(室)技术 / 吉林省图书馆. -- 长春:吉林省图书馆(内部出版),1980. -- 131 页(北京师范大学图书馆)

中小型图书馆(室)是指县(市)图书馆(或文化馆图书室)、中小学图书馆(室)、厂矿企业图书馆(室)、农村社队图书室、党政机关图书馆(室)。这类图书馆在全国图书馆中,占有极大的比重,它们是各地、各单位的藏书中心,在组成我国社会主义图书馆网的工作中,起着重要的作用。本书根据中小型图书馆的一般工作内容、藏书规模、人员编制以及经费等实际情况编写而成,全书共八章,介绍了藏书补充,藏书登记与注销,图书分类,图书编目,期刊、报纸的分编与管理,读者工作,书库管理与典藏工作,登记与统计工作等内容。(张玲)

4525

图书馆建筑的计划与设计 /(英)G. 汤普逊著;于得胜,顾敬曾等译;吕樾校订. -- 北京:书目文献出版社,1981. -- 449页:16 开. -- 15201.2(国家图书馆)

本书是根据英国图书馆学会主席 G. 汤普逊(Godifrey Thompson)的《图书馆建筑的计划与设计》(Planning and Design of Library Buildings)第二版(英国伦敦建筑出版社,1977 年)翻译的。共 20 章:(1)各种图书馆;(2)准备工作;(3)初步设计纲要;(4)初步设计纲要(续);(5)可行性研究;(6)补充设计纲要;(7)基本方案设计;(8)布置和基本尺寸:家具与设备;(9)布置和基本尺寸:密集式书架;(10)阅览区;(11)其他各区;(12)家具和设备;(13)地面;(14)交通与传送;(15)采光和照明;(16)安全与防护;(17)物理条件;(18)围护构件和装修;(19)技术设计;(20)改建。书后附录:(1)已出版的标准;(2)公制英制换算表。(金丽萍)

4526

国外儿童图书馆工作 / 文化部图书馆事业管理局科教处选编. -- 北京:书目文献出版社,1981. -- 92 页;19cm. -- 7201.21(国家图书馆)

本书内容涉及儿童图书馆的作用、任务、组织、图书补充与加工、图书流通、阅读辅导、干部培训、馆舍和设备等方面的问题。本书共由 5 个篇节和附表组成。第一篇谈谈怎样办好儿童图书馆,论述了儿童图书馆的日常业务工作、收藏图书、编目和分类、外借登记、出借方法、图书资料的外形加工、开展多种多样的服务活动、儿童图书馆的人员培训等方面的内容;第二篇丹麦的儿童图书馆,阐述了公共图书馆的儿童部、学校图书馆、青少年图书馆内容;第三篇日本的儿童图书馆,论述了儿童图书馆的使命、发展历程、馆员的职责与专业性等内容;第四篇苏联儿童图书馆,阐述了图书馆简况、儿童图书服务网组织总则、工作的原则、内容、形式和方法等方面的内容;第五篇苏联为儿童和青少年服务的图书馆,涵盖了儿童图书馆、省立儿童图书馆与加盟共和国国立儿童图书馆、青少年图书馆和青少年部、组织为儿童和青少年服务的图书馆网、吸引儿童和青少年利用图书馆等方面的内容。(于静)

4527

医学图书馆管理:生物医学情报中心及网络医学图书馆管理训练班讲义 / 黄仲凯著. -- 北京:中国医学科学院医学情报研究所(内部出版),1982. -- 160 页;25cm(北京大学图书馆)

本书共 8 章:(1)行政管理和组织,介绍了医学图书馆的任务、特性和组织,馆长的职责和管理才能,医学图书馆的行政管理与工作管理;(2)收藏的发展,介绍了医学图书馆的任务和目标,收藏发展的政策,收藏的分类、组织、评价和选书工具,收藏发展的公式和计算法等;(3)技术服务,介绍医学图书馆的采购、编目、分类、期刊管理以及技术服务的协调和统计;(4)读者服务,介绍了读者服务的范围和政策,情报服务、馆际互借、出纳和复印服务,读者服务的统计;(5)图书馆建筑,介绍了医学图书馆的设计、面积计算法、施工、更新和扩充等;(6)教育研究和专业活动;(7)图书馆的自动化;(8)馆际协作和网络等。(于静)

4528

高等学校图书馆工作参考资料 / 全国高等学校图书馆工作委员会编(内部出版),1982. -- 208 页;26cm(国家图书馆)

本书是从相关刊物上发表的有关文章中选编而成,收录的论文有"试论高校图书馆在为学校的教学和科研服务中的地位和作用"、"论大学图书馆工作中的几种关系"、"当前办好高校图书馆的几点浅见"、"高等学校图书馆应为建设社会主义精神文明做出贡献"、"试论现代图书馆管理"、"图书资料工作的系统研究"等。(于静)

4529

科技图书馆与科技文献 / 中南矿冶学院图书馆编译. -- 长沙:湖南高等学校中心图书馆委员会(内部出版),1982. -- 318 页;26cm. -- 图书情报咨询工作参考资料(国家图书馆)

该书选译自美国 Marcel Dekker 图书公司出版的《图书馆与情报科学百科全书》中的 9 个条目。全书分 9 个部分论述了科技图书馆的作用、功能、类型和模式,讨论了利用者、情报来源、馆藏发展与服务,及人员、管理和科技图书馆面临的问题;介绍了各类科技文献及特点、结构,系统阐述了各类文献的书目控制等。书前有前言,书后有目录。(胡秋玲)

4530

高等学校图书馆研究资料汇编 / 北京大学图书馆学系编. --北京:北京大学(内部出版),1983(国家图书馆)

全书共分 12 个问题,包括:高等学校图书馆的性质、任务和作用,我国高等学校图书馆事业及其整体化建设,高等学校图书馆的教育职能,高等学校图书馆的情报职能,藏书建设工作,流通阅览工作,教学参考书工作,资料工作,组织管理工作,干部培养工作,图书馆建筑与设备现代化,国外大学图书馆事业介绍。每个问题前有一个简短的序言,说明该问题的含义、基本观点和主要内容。本资料以摘录为主,所选材料主要是我国近两三年公开发表的文章，此外也选择了一些国外的文章。为了体现“百家争鸣”的精神，对于不同观点的文章，尽量收录在一起。（于静）

4531

吉林省高等学校图书馆学术讨论会文集 / 吉林省高等学校图书馆工作委员会编辑. -- 长春：编者（内部出版），1983. --215 页；21cm（国家图书馆）

本书为吉林省高等学校图书馆工作委员会编撰出版，收录了“高等学校图书馆怎样抵制和清除精神污染”、“高校图书馆的领导班子问题”、“高校图书馆工作在高校图书馆中的地位”、“高校图书馆统计指标的设置”、“情报反馈中开展情报分析活动”、“核心期刊确定的最佳方法”、“图书馆出纳业务的几项统计分析”、“浅谈如何提高我馆藏书建设的质量”、“关于高校图书馆应用电子计算机的若干问题”、“关于提高图书馆目录效果问题”、“主题标引实例及其他、“对近期医学文献引文的调查”等 27 篇论文。（张玲）

4532

中小型科技图书馆工作 / 刘延章编著. -- 北京：书目文献出版社，1983. -- 140 页；19cm. -- 7201.43（国家图书馆）

本书内容包括：科技文献类型及其收集原则与方法、图书分类法与科技文献分类、科技文献著录与馆藏目录组织、科技文献流通与报导、中外文检索工具简介与科技文献检索方法和中小科技图书馆的管理工作。本书是从中小型科技图书馆的特点和工作实际出发，探讨其工作规律与工作方法的。内容包括科技文献的收集、分编、流通、检索服务，以及中小科技图书馆的管理等。本书在探讨图书馆工作的时候，着重针对中小科技图书馆的特点，探讨其工作方法；在论述中小科技图书馆工作方法的时候，又主要论述手工操作的方式方法。作者针对实际工作，结合自身体会，写得通俗、实用，具有一定的特色。本书可供中小科技图书馆工作者、中小科技情报所（室）工作者和图书情报专业师生学习和参考。（于静）

4533

中学图书馆工作参考资料选 / 上海教育学院图书馆编. -- 上海：编者（内部出版），1983. -- 141 页；19cm（国家图书馆）

本书收录了有关中学图书馆工作的一些文件与报告，如：《国务院办公厅转发文化部等单位关于全国少年儿童图书馆工作座谈会的情况报告的通知》《关于全国少年儿童图书馆工作座谈会的情况报告》《上海市教育局关于整顿加强中小学图书馆工作的意见》《试论新时期中等学校图书馆的方针和任务》等。（于静）

4534

上海图书馆建馆三十周年纪念论文集：1952—1982 / 上海图书馆编印. -- 上海：上海图书馆（内部出版），1983. -- 375 页：图；26cm（国家图书馆）

上海图书馆建立于 1952 年 7 月，它与上海市历史文献图书馆、上海市科学技术图书馆、上海市报刊图书馆统一机构，1960 年上海少年儿童图书馆也并入。30 年来上海图书馆事业有了很大发展，现有藏书 800 万册，每天服务的读者达 4000 余人次。为纪念上海图书馆建馆 30 周年，为便于学术交流，将先后收到来稿共 39 篇编印成书，供读者参阅。（于静）

4535

高等学校图书馆工作概论 / 四川省图书馆学会编. --成都：四川省图书馆学会（内部出版），1983. -- 236 页（国家图书馆）

本书内容包括：高等学校图书馆的地位、性质和职能；高等学校图书馆在教学和科研中的作用；高等学校图书馆的相关学科和基础理论问题；高等学校图书馆的读者心理；高等学校图书馆的情报服务工作；高等学校图书馆科学管理；高等学校图书馆的现代化。（于静）

4536

全国高等学校图书馆工作经验交流会文集：1984 / 全国高等学校图书馆工作委员会秘书处编辑出版. -- 北京：全国高等学校图书馆工作委员会秘书处（内部出版），1984. -- 373 页；21cm（国家图书馆）

本书为会议文集，分三部分：工作报告、大会发言、书面经验交流材料选刊。其中选刊部分包括：图书馆管理及改革，藏书建设与目录工作，参考咨询与情报服务，文献检索教育，流通阅览工作，图书馆现代化，专业队伍建设，系资料室工作，省、市、自治区秘书处工作介绍。（于静）

4537

工会图书馆基础知识 / 上海市工人文化宫编. -- 北京：工人出版社，1984. -- 189 页；19cm. -- 7007.116（国家图书馆）

本书为上海市工人文化宫在多年的工作实践和办图书馆管理员学习班的基础上编写的。内容包括：工会图书馆的性质和任务，工会图书馆的采购、分类、图书著录与目录组织工作，藏书组织和保管工作，工会图书馆的图书流通、宣传辅导，工会图书馆的科学管理等。本书对从事工会图书馆工作，特别是新参加图书馆工作的同志，将会有较大的帮助。（于静）

4538

中国科学院图书情报工作三十五年：1949—1983 / 《中国科学院图书情报工作三十五年》编委会编. -- 北京：中国科学院图书馆（内部出版），1985. -- 2 册：照片；26cm（华中师范大学图书馆）

本书分为上册和下册两大部分。上册首先叙述中国科学院图书情报工作三十五年来的基本情况、基本成绩和基本经验。其次分别介绍各单位图书情报机构的工作概况。再次是中国科学院图书情报工作大事记。最后是照片和各种统计。下册包括中国科学院图书情报机构出版物简介和中国科学院图书情报人员主要论著目录。前者主要收入以集体名义编辑的图书馆学、情报学、文献学，以及其他学科的学术出版物和情报性刊物。后者主要收入中国科学院图书情报人员的主要论著、译著和编著。（于静）

4539

珍帚斋文集. 卷二：图书与图书馆 / 蒋复璁著. -- 台北：台湾“商务印书馆”，1985. -- 2 册（974 页）；21cm（国家图书

馆)

全书分上下两册。上册收录作者35篇文章,主要有“论语集目”、“孟子集目”、“四书集目”、“易经集目”、“中国目录的起源”、“中国图书版刻的起源问题”、“台湾藏书的鸟瞰”、“运归国立北平图书馆存美善本概述”、“两浙藏书家印章考”、“古籍搜集整理我见”、“中国历书展览”等。下册收录作者69篇文章。主要有“英国图书馆”、“美国国会图书馆印象记”、“图书馆在今日台湾的重要性”、“中美合作下的中国近代图书馆事业”、“学术图书馆的意义及任务”、“公共图书馆与旅行事业”、“儿童图书馆的重要性”、“我与中国的图书馆事业”、“纪念图书馆的意义及种类”、“国立图书馆的起源与使命”、“中国图书分类问题之商榷”、“影印文渊阁四库全书序”等。(赵红)

4540

台湾省各乡镇县辖市立图书馆概况 / 台湾省立台中图书馆编. -- 台中县:台湾省立台中图书馆,1985. --208页;26cm(国家图书馆)

本书介绍了台湾省各乡镇县的图书馆事业发展情况。全书分五部分:(1)前言;(2)台湾省各乡镇县辖市图书馆事业发展概况;(3)台湾省各乡镇县辖市立图书馆现况;(4)综合检讨与建议;(5)总结。书前有台湾省教育厅厅长林清江写的序,书后附有台湾省已创建之103所乡镇市立图书馆概况资料、台湾省各乡镇县辖市立图书馆组织规程等附录。(赵红)

4541

图书馆向您敞开大门:怎样利用图书馆 / 西南师范学院图书馆编. -- 重庆:西南师范学院(内部出版),1985. -- 50页;19cm(武汉大学图书馆)

本书是对西南师范学院图书馆全面的介绍,内容包括:图书馆简介——本馆的过去现在未来、图书馆各层楼平面图、图书分类法、中外文图书目录的编制和使用方法、怎样借阅图书资料、阅览服务、参考咨询与文献检索、教材工作、复印服务、科技文献服务部。(于静)

4542

公共图书馆系统及其服务 /(美)坎贝尔(H. C. Campell)著;黄健元,张保明译. -- 北京:科学技术文献出版社,1986. --178页;19cm. -- 17176.458(国家图书馆)

本书是根据联合国教科文组织综合情报计划司组织的一系列调查的结果而编写的手册。内容包括:公共图书馆系统在国家发展中的作用、服务计划的制订、立法与标准、组织与经费、读者服务的组织、技术服务、发展馆藏和资源共享、人员需求、性能的评价。总结了公共图书馆发展过程中的主要问题,收集了全世界许多国家公共图书馆发展过程中的经验教训以及不少发展中国家公共图书馆系统的实例。对于我国规划和发展公共图书馆方面的工作具有较大的参考价值。本手册系统地阐述了公共图书馆服务的重要组成部分,读者可从中了解到公共图书馆工作的概貌。但本手册并不是对所有公共图书馆工作的罗列,有些具体的问题,如立法和标准、人员配备和培训、对特别用户的服务以及技术性服务等,都是其他专著所谈及的问题。本手册引例丰富,数据准确可靠,各章后附有大量参考文献。它可供图书馆工作人员和大专院校图书情报专业师生参考。(于静)

4543

图书馆建筑 / 鲍家声主编;姚宇澄著. -- 北京:书目文献出版社,1986. -- 503页:图;26cm. -- 15201.5(国家图书馆)

本书是编著者在调查总结国内图书馆建设实践的基础上,根据建设现代化图书馆的要求,借鉴国外的经验而编写成的。书中从图书馆建筑设计和使用的角度,系统地阐述了图书馆过去和现在发展的情况;论述了图书馆建筑规划和设计的要求、原则、方法和将来的趋势;并提供了大量的图表和建设实例。全书包括两个部分。第一部分为图书馆建筑设计的基本理论和方法,共有10章。它们的内容是:图书馆建筑的发展和演变;图书馆馆址的选择和规划;图书馆的使用功能与平面、空间布局的关系;图书馆中阅览室、书库、借书厅(出纳台与目录室)和采购、编目等各部门业务用户的使用要求与设计;现代化图书馆设备及对建筑设计的影响以及图书馆建筑艺术等章节。第二部分为图书馆建筑设计实例,其中有国内和国外的实例图录。它们是从大量资料中选择的,收集有60余个各种类型、不同规模的图书馆建筑设计图和照片,并撰写有文字简介。(于静)

4544

图书馆现代技术 / 刘荣等编. -- 武汉:武汉大学出版社,1986. -- 410页;20cm. -- 中央广播电视大学图书馆学专业用书. -- 7279.56(国家图书馆)

图书馆现代技术是一门综合学科,它建立在图书馆学、计算机科学和其他应用学科的基础之上,同时还涉及物理学、化学、生物学、情报学、语言学及通讯科学等多种学科领域的知识。本书主要以计算机在图书馆各个方面的具体应用为重点,对图书馆自动化系统的设计原理、机读目录、编目子系统、索引子系统、连续出版物子系统、流通子系统及情报检索系统的设计方法,视听技术,文献缩微复制技术以及图书保护技术的基本原理作了论述,比较全面地介绍了图书馆现代技术的基本内容。(张玲)

4545

农村图书室工作 / 卢子博,吴正芳编著. -- 北京:书目文献出版社,1986. -- 150页;19cm. -- 7201.77(国家图书馆)

本书编写的目的是向农村广大图书室工作者普及有关图书室工作的业务知识,以促进农村图书室事业的更大发展。全书共分12章,内容大致分为三个方面:第一方面,着重探讨农村图书室事业的建设与发展;第二方面,着重介绍有关办好农村图书室所需要的业务知识;第三方面着重谈谈县区图书馆如何对农村图书室辅导的问题。具体内容包括:农村图书的重要作用;农村图书室的发展规律;农村办图书室的形式;农村建设图书室的重点;农村图书室的经费来源;农村图书室图书管理员问题;农村图书室的组织领导与管理制度;农村图书室的设施、设备及用品;图书管理的业务知识;读者工作;农村图书室协作网;县图书馆对农村图书室的辅导。(于静)

4546

学校图书馆工作 / 王启福等编. -- 长沙:湖南教育出版社,1986. -- 216 页;19cm. -- 7284.628(国家图书馆)

本书内容包括:学校图书馆的性质和任务、学校图书馆藏书建设(意义、作用、原则、调查研究、补充、书刊登录、组织与管理)、图书分类工作(意义、作用、分类法、原则和方法)、图书编目工作(基本著录,辅助著录,丛书、多卷书、期刊的著录,目录组织与目录体系)、读者服务工作(意义、作用、读者心理和阅读规律、流通、宣传辅导和阅读辅导,参考咨询文献检索、人员修养)、期刊工作(定义、特征、作用与地位、类型、收集、著录、装订)、图书馆科学管理(意义、原则、特点、内容、组织)、学校图书馆工作展望(作用、现状和发展趋势、研究对策与挑战)。本书侧重普及中小学图书馆基础业务知识,同时,也对高校图书馆工作作了一般概述。深入浅出地从学校图书馆的性质和任务谈起,比较详尽地谈了藏书建设、分类、编目、读者工作、期刊工作以及科学管理等问题,并对图书馆工作的发展前景作了预测。(于静)

4547

浙江藏书家藏书楼 / 顾志兴著. -- 杭州:浙江人民出版社,1987. -- 328 页:照片;20cm. -- 浙江文化丛书 /魏桥力主编. -- 7-213-00105-1(国家图书馆)

本书内容包括:引言、宋代以前浙江藏书一瞥、两宋浙江藏书事业的兴起(兴起的原因、两宋浙江的藏书家藏书楼)、元代浙江藏书事业的缓慢发展(简单的原因、元代浙江藏书家的藏书楼)、明代浙江藏书事业的繁荣(概况、明代浙江藏书事业繁荣的原因、嘉靖以前浙江藏书家藏书楼、万历至晚明时期的浙江藏书家藏书楼)、清代浙江藏书事业鼎盛(鼎盛的原因、清代浙江藏书概略、清代浙江藏书特色、清初浙江藏书家藏书楼、清中叶浙江藏书家藏书楼、近代浙江藏书家藏书楼)、浙江藏书家对中国文化的贡献。本书以时代为主线,对浙江的藏书事业作一初步的探索,介绍了自宋朝以来浙江的藏书家和藏书楼的发展沿革,以期引起人们对浙江文化史上藏书这一文化现象作进一步的研究,从而对促进文化、推动精神文明建设发挥其应有的作用。(于静)

4548

中学图书馆工作 / 卢子博等著. -- 北京:书目文献出版社,1987. -- 177 页;19cm. -- 7201.148(国家图书馆)

本书是一本结合中学图书馆的实际情况,较全面系统地论述中学图书馆工作内容及方法的专书。全书共分十章,包括中学图书馆的性质、任务与作用,藏书建设,图书分类,图书编目,藏书组织与管理,读者工作,阅读指导,报刊资料工作,中学图书馆工作者,中学图书馆网。本书力求从中学图书馆的实际出发,写出中学图书馆的特点。这是一本图书馆工作的"入门"书,通俗易懂,目的在于普及图书馆专业知识,教会图书馆工作方法,不但对从事中学图书馆工作的同志有直接辅导作用,而且对其他中小型图书馆的工作人员也有参考价值。(于静)

4549

高校图书情报事业发展战略研讨会文集 / 全国高等学校图书馆工作委员会秘书处编. -- 大连:大连工学院出版社,1987. -- 440 页;20cm. -- 7-5611-0023-X(国家图书馆)

本书是 1986 年 12 月 9 日至 14 日,全国高等学校图书馆工作委员公秘书处在山东泰安召开的"高校图书情报事业发展战略研讨会"的交流论文,共收录 58 篇。不同层次、不同范围、不同主题的发展战略的研究,是当时随着国内社会主义物质文明和精神文明的发展,适应管理和决策民主化科学化的需要而兴起的,成为当时的热门。有组织地进行图书情报事业发展战略的研究,在当时也是刚刚开始。本书即是在上述背景下第一次全国性的关于高校图书情报事业发展战略问题的研讨会成果,具有特别现实的意义——会议的部分成果已直接或间接地被吸收到为制订全国高校图书情报事业发展规划而起草的文件中。本书收录的论文内容涉及广泛,包括图书情报事业的发展战略、各类型图书馆管理体制、图书馆计算机化发展、图书馆队伍建设、人才发展、图书馆协作、图书馆改革、图书馆服务模式等等,概括了当时我国图书情报事业发展所关注的问题。(于静)

4550

续补藏书纪事诗 / 王謇著;李希泌点注. -- 北京:书目文献出版社,1987. -- 81 页;19cm. -- 10201.104(国家图书馆)

本书是王佩诤先生晚年的著作之一,内容包括:藏书家姓名、续补藏书纪事诗、王佩诤先生事略和藏书家姓名笔画索引。我国图书馆事业的发展,具有悠久的历史。私人藏书是这一专门史的一个重要组成部分。藏书家起到了保存我国珍贵古籍的作用。有很多藏书家,一生勤勤恳恳,省吃节用,购书藏书,其生动事例,不胜枚举。这说明我国今天保存这样大量的珍贵古籍,藏书家之功是不可泯磨的。因此,叶昌炽、伦明和佩诤先生三人用诗纪事的体裁,所写有关藏书家的著作,都是研究和编写中国图书馆事业发展史不可缺少的参考资料。《续补藏书纪事诗》所记藏书家,列入目录的共有 126 人,其中有沈维钧者,有目无文。附见于他人目者,有庞莱臣等 7 人。实际上,总共有 132 人。由于佩诤先生长期住在苏沪,故书中所记详于江浙,而其他省区的藏书家,则有疏略,此有待于来者之补苴。(于静)

4551

重庆市图书馆建馆四十周年纪念文集 / 重庆市图书馆编. --重庆:重庆市图书馆(内部出版),1987. -- 143 页:地图,照片;26cm(北京理工大学图书馆)

本书共分四编。第一编为题词,有中央及地方各有关领导及图书馆界专家教授的题词。他们关心重庆图书馆的建设和发展,在百忙中赐予墨宝,题词志庆,内容丰富,赞勉有加。第二编为照片,有馆舍设备概貌,也有业务活动和接待外宾参观留影,以及善本书影等。给读者形象地提供了全面情况,以便更好地检查和督促我们的工作。第三编为论述,这是"文集"篇幅较大的部分。既有领导同志概括地评价了图书馆过去的工作,着重对今后努力的方向和发展前景作了轮廓的描绘,提出了一些具体设想;也有一些老同志和年青同志在业务活动上的回忆及对今后工作的展望和要求,都具有一定的参考价值。最后则为读者的祝贺、感谢和希望,共

十篇。第四编则为书目索引、职工著述目录、馆长名录、职工名录,以及统计表等。(于静)

4552

国外大学图书馆概述 / 朱祖培,单礼丰,叶千军编. -- 上海:上海科学技术文献出版社,1987. -- 199 页;19cm. -- 7 - 80513 - 001 - 9(国家图书馆)

本书的主要内容包括:国外大学图书馆发展概况、国外大学图书馆的立法与标准、国外大学图书馆体制结构和馆员队伍建设、国外大学图书馆的馆舍与馆藏、国外大学图书馆的服务、国外大学图书馆的现代化、国外大学图书馆事业的发展趋势,并附有日本《大学图书馆标准》及其说明和美国《大学图书馆标准》。本书的特点是:主题明确、重点突出,内容比较丰富;通过编者的整理加工,把许多散见的资料系统组织起来,便于阅读;篇幅也比较适中,用不多时间阅读,即可对国外大学图书馆的历史、现状和发展趋势,以及立法、标准、体制、机构、人员、藏书、服务、建筑、现代化和网络建设等各个主要方面,获得一个比较全面、系统、扼要的了解。本书主要选择了苏联、美国、日本、西欧及亚、非、拉等发展中国家的大学图书馆为例,选辑的资料基本反映了国外大学图书馆事业的现实情况,具有开阔思路的作用和借鉴参考的价值。(于静)

4553

中小学图书馆业务知识问答 /《中小学图书馆业务知识问答》编写组编. -- 科学普及出版社,1988. -- 420 页(国家图书馆)

本书共分 10 个部分,220 个问题,用问答形式全面论述了中小学图书馆的性质、任务和作用,并从藏书建设、分类、编目,藏书组织和管理、读者工作、新闻记者指导等方面,系统地阐述了中小学图书馆的工作内容和方法。(于静)

4554

图书馆规划之研究 / 卢秀菊. -- 台北:台湾学生书局,1988. -- 298 页;21cm(国家图书馆)

全书分 6 章。第一章绪论,探讨研究的目的、图书馆规划的程序。第二章公共图书馆规划,探讨公共图书馆标准、评估手册在美国公共图书馆的应用、评估手册对图书馆界的影响与推广作用。第三章学术图书馆规划,探讨学术图书馆发展计划与小型学术图书馆规划计划。第四章专门图书馆与资讯中心规划,探讨规划环境、规划的重要考虑事项、规划方面的新发展、案例:美国专门图书馆协会长期发展计划。第五章策略规划在图书馆应用的可行性,探讨策略规划的实施与评估。第六章结论。书前有作者序;书后有参考书目、附录及索引。(赵红)

4555

党校图书情报工作概论 / 毛昨非主编. -- 北京:学苑出版社,1988. -- 302 页;19cm. -- 7 - 80060 - 365 - 2(国家图书馆)

本书是按图书馆学、情报学理论的基本原理,系统地阐述了关于党校系统图书馆工作的一系列具体知识,包括:党校图书馆的性质和任务、藏书建设、图书分类、图书编目、报刊资料工作、读者工作、文献检索、情报调研、科学管理、电子计算机在图书馆的应用和图书馆的现代化等。上述内容反映了普通图书馆学的基本观点,不脱离图书馆学体系,又完全符合党校图书馆、乃至整个成人教育系统图书馆实际工作的需要,从而使本书建立在与图书馆学、情报学有紧密联系、有层次区别的科学基础之上,使本书成为整个图书馆学大系统中的一个子系统。本书是理论图书馆学在党校图书馆这种独特类型图书馆领域的应用与具体化,它紧密地结合图书馆学的一般原理、基础知识和技术方法,同时又使这种原理、知识和方法在党校及成人教育机构图书馆中更加具有适应性和针对性。本书是为适应党校系统图书馆情报资料工作人员业务进修、岗位成才而撰写的,因而具有鲜明的实践性和专业性。(于静)

4556

家庭图书角 / 姚鸿恩著. -- 上海:学林出版社,1988. -- 160 页:图;19cm. -- 7 - 80510 - 077 - 2(武汉大学图书馆)

本书对人们应当如何选择图书和利用图书等方面问题,进行了阐述。(于静)

4557

专门图书馆管理 / 张树三. -- 台北:晓园出版社,1988. -- 225 页;21cm(国家图书馆)

全书共 8 章。第一章序论;第二章专门图书馆之分类;第三章专门图书馆与其他类型图书馆之关系;第四章专门图书馆的行政工作;第五章专门图书馆的技术工作;第六章专门图书馆的服务工作;第七章专门图书馆法规及标准介绍;第八章结论——问题与建议。书前有蒋慰堂、王振鹄、蓝乾章三位先生为其所写的三篇序言及著者自序。书后附参考书目及附录。附录一:中华民国专门图书馆现状调查统计分析;附录二:美国专门图书馆标准;附录三:专门图书馆目录;附录四:经建会图书馆自动化资料。书内有照片 6 幅。(赵红)

4558

中小学图书馆指南 / 张廷儒编著. -- 西安:未来出版社,1988. -- 207 页;19cm. -- 7 - 5417 - 0060 - 6(国家图书馆)

本书专门论述了中小学图书馆的正规化建设与管理。全书从中小学图书馆的职能、任务,以及图书的选购、登记、分类、编目、管理、宣传、流通等方面予以专章论述。此外还对课外阅读指导、报刊管理、参考咨询以及中小学图书管理人员的基本素质都进行了详细论述。本书是中小学图书馆进行正规化建设与管理的向导参谋,是广大中小学图书管理人员的良师益友。(于静)

4559

公共图书馆的经营管理 / 郑吉男. -- 台北:文史哲出版社,1988. -- 377 页;21cm. -- 图书与资讯集成(国家图书馆)

该书主要内容包括:从行政学的观点谈图书馆的发展方向;论图书馆行政发展趋势:兼谈当前我国图书馆行政工作重点;公共图书馆的现状与发展策略;谈图书馆的公共关系;谈图书馆推广服务;公共图书馆的参考服务;台北市立图书馆推广工作简化成果报告;台北市立图书馆自我评鉴之研究;建立各分馆藏书特色之研究等。卷首为王振鹄序,题为

"公共图书馆的经营管理",之后为"自序"。附录21篇,主要包括:台北市图书馆阅览的规章制度和数年来台北图书馆举办的各种读书推广活动的案例。(赵红)

4560

藏书纪事诗/(清)叶昌炽著;王欣夫补正;徐鹏辑. --上海:上海古籍出版社,1989. -- 751 页;20cm. --7-5325-0210-4(天津师范大学图书馆)

本书大都为记述我国藏书家的故事,起于五代,讫于清末,共1100余人。(于静)

4561

大学图书馆使用指南/陈泽延等主编. -- 武汉:武汉工业大学出版社,1989. -- 262 页;19cm. -- 7-5629-0196-1(天津理工大学图书馆)

本书阐述了大学图书馆在教学与科研中的重要作用,并按类别介绍了各个学科的概况及其主要文献。(于静)

4562

军队图书馆管理学/林平忠编著. -- 上海:上海科学技术文献出版社,1989. -- 416 页;19cm. -- 7-80513-384-0(国家图书馆)

本书依据管理科学的基本理论、原则和方法,结合军队图书馆的管理实践,力求从理论与实际的结合上,阐明军队图书馆管理的理论、技术与方法。它既有图书馆管理学的一般性原则,又突出了军队图书馆管理的特殊性;既有对军队图书馆管理的理论探讨,也有对军队图书馆管理实际应用的原则和方法的研究。本书还将新兴科学"系统论"、"控制论"、"信息论"引进军队图书馆管理的研究中,它将军队图书馆作为一个系统,进行了科学的剖析,将系统的观点贯穿全书的各个章节的阐述中。这就使军队图书馆管理学的研究充实了新思想、新内容。总之,本书的探索对于运用管理科学的理论,总结军队图书馆管理工作经验,吸收国内外图书馆管理学的最新成就,创立一门新型的军队图书馆管理学是有益的尝试。本书的出版不仅填补了军队图书馆管理研究的空白,也丰富了我国一般图书馆管理研究的内容。(于静)

4563

怎样办好中小学图书馆/任德明,任西慰著. -- 北京:人民教育出版社,1989. -- 272 页;19cm. -- 7-107-10406-3(国家图书馆)

本书较全面系统地介绍了中小学图书馆的基本知识和管理办法,回答了"中小学图书馆是干什么的","在学校教育中起什么作用","它对教师和学生有什么用处","图书馆工作人员怎样才能办好"和"学校负责人怎样领导好中小学图书馆"等一系列的问题。本书中有国家教委等领导的讲话和文件,是中小学图书馆工作人员工作上的重要指导书,是中小学教师对学生进行图书馆知识教育的教学参考资料,也是中小学生学会怎样利用图书馆的课外读物,并对师范学校及其他中小型图书馆工作人员也有参考价值。(于静)

4564

乡镇图书馆的理论与实务/沈宝环. -- 台中县:台湾省政府教育厅,1989. -- 310 页;21cm(国家图书馆)

该书由10位学生和1位教师撰写,共9章。第一章建立书香社会——从乡镇图书馆谈起;第二章乡镇图书馆行政的艺术与技术;第三章图书馆里的书从哪里来?——图书的征集;第四章分门别类,井然有序——图书的编目与分类;第五章看我!听我!奇妙的非书世界;第六章图书馆与读者的第一线接触——阅览服务;第七章上通天文,下知地理——参考服务与参考资料;第八章传书香,播新知——推广服务;第九章如何成为优秀的乡镇图书馆员。附录:(1)台湾省加强文化建设重要措施;(2)台湾省加强文化建设第二期重要措施;(3)台湾省各县建立乡镇图书馆设计要点;(4)台湾省各乡镇县辖市立图书馆组织规程。书后附参考书目、索引。书前有编者序言和图例目次。(赵红)

4565

图书馆现代技术/王益明,金中仁编著. -- 南宁:广西教育出版社,1989. -- 262 页;19cm. -- 全国图书馆学中专系列教材. -- 7-5435-0534-7(国家图书馆)

本书为全国图书馆学中专系列教材,包括5章内容:电子计算机基础、计算机在图书情报工作中的应用、声像技术、缩微复制技术、静电复印技术。全书具有新颖性、适用性、系统性及科学性的特点。(于静)

4566

大学图书馆之经营理念/杨美华. -- 台北:台湾学生书局,1989. -- 322 页;21cm. -- 图书馆学与资讯科学丛书. -- 957-15-0007-0(国家图书馆)

该书主要探讨大学图书馆的规划、管理、评鉴、馆际合作、图书馆网络等主题,并分析了台湾的大学图书馆的现状。共10章。第一章大学图书馆的规划;第二章馆藏管理;第三章合作馆藏发展;第四章图书馆评鉴;第五章馆际合作;第六章图书馆网络;第七章大学图书馆的培育;第八章图书馆员的继续教育;第九章我国大学图书馆的发展与现况;第十章结论。书后参考书目有中文书目和英文书目。索引分中文索引和英文索引。附录"大学及独立学员图书馆标准"。书前有王振鹄序、著者自序。(赵红)

4567

资讯时代的儿童图书馆/郑雪玫. -- 台北:台湾学生书局,1989. -- 223 页;21cm. -- 图书馆学与资讯科学丛书(国家图书馆)

该书主要介绍儿童图书馆的评鉴、经营管理、服务及台湾儿童图书馆现状,特别论述了当代儿童的观念及家庭结构的改变、新科技带来的冲击。全书共5章,分为:自序;第一章引论——大环境;第二章儿童图书馆的时代任务;第三章儿童图书馆的经营与管理;第四章儿童图书馆的服务;第五章国内儿童图书馆的概况与前瞻。书后附中、英文参考书目。附录1.有关评鉴的参考资料;附录2.参考专文。(赵红)

4568

图书馆建筑与设备/单行主编. -- 沈阳:东北工学院出版社,1990. -- 380 页:图;26cm. -- 高等学校教材. -- 7-81006-247-6(国家图书馆)

本书是为图书情报学专业的本科生(或研究生)而编写的有关图书馆建筑与设备等方面的教材。全书共分11章。内容包括:图书馆建筑的发展、图书馆类型及其建筑功能、图书馆建设规划、图书馆建筑基础知识、图书馆建馆程序、图书馆总体设计、图书馆各部分设计、图书馆技术工艺设计、图书馆家具设备、图书馆技术设备、图书馆标示系统。除此,本书还选取了国内外不同类型、不同层次的图书馆的建筑图例。全书内容比较丰富翔实,不仅是图书情报学专业本科生(或研究生)的教材,还可作为建筑工程学专业教学参考书,也可供各类型各层次图书馆、情报机构的专业人员、管理人员以及建筑设计部门的设计人员参考使用。(张玲)

4569

内蒙古自治区高等学校图书馆第四次工作会议文集 / 内蒙古高校图工委，高校图书馆管理研究会合编. -- 呼和浩特:(内部出版),1990. -- 103页;21cm(内蒙古大学图书馆)

本书内容包括会议文件、会议发言选登和附录三部分。会议文件收录了《内蒙古自治区教育厅副厅长经大平同志在自治区高等学校图书馆第四次工作会议上的讲话》《华北四省高校图书情报工作委员会代表在大会上的发言》等14篇;会议发言收录了《坚持改革,抓管理有人才完善办馆方针;开拓前进,搞联合求实效强化两个职能——内蒙古医学院图书馆》等8篇;附录5篇。(于静)

4570

大学图书馆内部空间配置之研究 / 谢宝暖. -- 台北:汉美图书公司,1990. -- 258页;21cm. -- 图书馆学与资讯科学论文丛刊. 第一辑. 7. -- 957-9005-12-5(国家图书馆)

本书首先分析大学图书馆的采访、编目、阅览、参考、期刊和行政6项业务的功能与运作,借以明了各部门之间的关系,从而建立大学图书馆的读者动线及图书资料动线,提供国内大学图书馆进行动线规划时的参考。其次规划大学图书馆内部空间配置,就阅览空间、典藏空间及馆员工作空间介绍空间需求的相关标准,并讨论自动化科技、人体工学及无障碍环境设计对空间规划的影响。为了深入了解大学图书馆内部配置的实况,除介绍3所国外大学图书馆的配置实例外,特选择国内近10年完成启用的7所大学图书馆前往参观访问,就内部空间配置原则加以评析,绘制平面配置图,并试拟一地下1层地上5层的大学图书馆内部配置型态,以利国内大学图书馆进行内部空间规划时的参考。最后就研究经验,提出若干建议供图书馆参考。书前有主编者弁言、图表目次;书后有参考书目、附录及索引。(赵红)

4571

台湾科技性专门图书馆与其母机构关系之研究 / 许令华. --台北:汉美图书公司,1990. -- 270页;21cm. -- 图书馆学与资讯科学论文丛刊. 第一辑. 3. --957-9005-08-7(国家图书馆)

全书分5章。从探讨国内外相关理论与专题研究开始,继而研究国内科技性专门图书馆对其母机构提供之服务项目,及其母机构对图书馆在政策、人事、经费、空间设备之支持程度,两者之配合程度,图书馆行政健全与否之因素,面临的挑战与困难等相关问题。同时,进一步分析不同类型图书馆与母机构在以上项目中是否有显著差异。书前有主编者弁言、表目次等。书后有3个附录及索引。(赵红)

4572

工商图书馆：商情资讯之搜集、利用与管理 / 张淳淳. -- 台北:汉美图书公司,1990. -- 237页;21cm. -- 图书馆学与资讯科学基本丛书; 2. -- 957-9005-04-4(国家图书馆)

该书共分15章。第一章绪论;第二章图书资料;第三章杂志;第四章报纸;第五章名录;第六章企业资料;第七章统计资料;第八章法规;第九章贸易资料;第十章专利、商标与标准资料;第十一章商情资料库;第十二章搜集商情之管道;第十三章工业图书馆之管理;第十四章图书馆员与图书馆教育;第十五章结语。章节之前有:主编者弁言、蓝序、卢序、自序。附录:论企业界之资料单位。书后有中文索引和英文索引。(赵红)

4573

图书馆建筑趋势 / 张鼎钟. -- 台北:三民书店,1990. -- 318页;21cm. -- 图书学译丛. -- 957-14-0070-X(国家图书馆)

该书编译了关于图书馆建筑之趋势的论文13篇。包括:公共图书馆建筑之趋势、学术图书馆建筑设备之趋势、专门图书馆建筑之趋势、机械系统与图书馆、图书馆建筑中环境设计的趋势、图书馆工作人员所用家具之趋势、图书馆现有空间的再利用、明日的图书馆建筑等。书后附录:参考书目选介;图书馆建筑常用名词选介;图书馆建筑设备标准;人名索引。该书兼备阅览性和参考性,共选介参考书目694种。(赵红)

4574

少年儿童图书馆学概论 / 郑莉莉等著. -- 长沙:湖南少年儿童出版社, 1990. -- 198页;20cm. -- 7-5358-0551-5(国家图书馆)

本书内容包括:少年儿童图书馆学、我国少儿图书馆事业发展概况、少儿图书馆与儿童教育、少儿图书馆读者调查研究、少儿图书馆藏书建设、少儿图书馆图书分类、少儿图书馆目录、少儿图书馆读者工作、少儿图书馆业务辅导、少儿图书馆组织管理、少儿图书馆员与儿童服务员。(于静)

4575

大学图书馆使用指南 / 朱允尧，杨克虎主编. -- 兰州:兰州大学出版社, 1990. -- 220页,19cm. -- 7-311-00320-2(国家图书馆)

本书内容包括:图书馆,介绍图书馆历史概况及大学图书馆的特征;图书馆藏书类型及目录,介绍图书馆的藏书、分类与目录及其使用;主要工具书及其应用,详细介绍了字典、词典、类书、政书、百科全书、年鉴手册、书目索引、文摘、表谱、地图、总集汇编和非书资料的作用与使用方法;图书馆的服务内容,介绍了大学图书馆的外借服务、阅览服务、图书宣传、读者教育、复制服务、咨询服务、检索服务、定题服务和编译服务;如何借阅图书和报刊,帮助大学生了解如何办理借书证、怎样借书和阅览、怎样办理馆际借书,以及怎样取得图书馆员的帮助;文献资料的积累,教会读者掌握科学阅读的方法、积累资料的方法;怎样检索文献资料,介绍文献检索的方法、途径和步骤,介绍检索工具的主要类型和如何索取原始文献,介绍电子计算机文献的检索方法。本书是读者利用大学图书馆很好的入门工具。(于静)

4576

中小学图书馆藏书建设 / 储若端编著. -- 北京:海洋出版社,1991. -- 163 页;19cm. -- 7-5027-1297-6(天津师范大学图书馆)

本书是中小学图书馆馆员业务培训教材的一种。它结合中小学图书馆的实际情况,从实践的角度出发,较详细地介绍了中小学图书馆藏书建设的工作内容。具体包括:藏书建设概说、藏书发展规划、藏书的补充、藏书的验收与登记、藏书的组织、藏书的保管与清点等。(于静)

4577

高校图书馆管理 / 单行主编;单行,于鸣镝,初景利编著. --开封:河南大学出版社,1991. -- 350 页;20cm. -- 7-81018-697-3(国家图书馆)

本书内容包括管理的目的、任务与办馆目标、管理的原则和方式方法、管理人员、馆长、人员及行为管理、业务工作管理、统计与分析、财务管理、建筑管理、设备管理、社会环境协调、评估等部分。本书首先提出目前图书馆需要解决的一些问题:图书馆有限的经费与资源收藏、整理利用的矛盾;学科文献方面的专业人员逐渐取代图书看管人的角色,图书馆员急待培训和提高的问题;图书馆现代化技术的应用与人工管理方法的矛盾。这些问题使得图书馆的组织机构、管理手段、图书供需情况日趋势复杂,这要求图书馆领导者去探索如何更有效地调动全体人员的积极性,发挥各个岗位的要素构成一个有效的整体,完成任务。因此,本书从微观和宏观两个角度研究了高校图书馆的内部结构和外部环境,提出了加强管理的措施,发挥高校图书馆的育人作用,提高图书馆队伍素质,提高管理人员的管理水平和业务工作能力,以解决这些问题。(于静)

4578

儿童图书馆学 / 孟绂,沈岩编著. -- 天津:天津人民出版社,1991. -- 238 页;19cm. -- 儿童图书馆学系列教材. -- 7-201-00804-8(国家图书馆)

本书论述了我国儿童图书馆的发展概况、内容、工作对象、工作系统、服务对象及科学管理等。(于静)

4579

祁承㸁及澹生堂藏书研究 / 严倚帆. -- 台北:汉美图书公司,1991. -- 403 页;21cm. -- 图书馆学与资讯科学论文丛刊. 第二辑.5. -- 957-9005-22-2(国家图书馆)

本书以祁氏本身著述为主,并参考清代以来论及祁氏及澹生堂的各种文献,研究祁氏的生平传略及藏书情形。另有澹生堂藏书目的分类及编目,则以比较分析法,将历代书目与澹生堂藏书目作一比较,以明了祁氏在分类及编目上的优劣得失及传承影响。书前有序;书后有图表目次、书影目次。(赵红)

4580

观海堂藏书研究 / 赵飞鹏. -- 台北:汉美图书公司,1991. --212 页;21cm;影印本. -- 图书馆学与资讯科学论文丛刊. 第二辑.7. -- 957-9005-24-9(国家图书馆)

全书分 6 章。第一章:绪论。论述私人藏书与学术文化、清代私人藏书风气极盛的原因、日本古代藏书概况。第二章:杨守敬的生平及藏书始末。论述家世生平、著述与刻书、东瀛访书的经过。第三章:杨氏观海堂藏书的现况。论述故宫博物院藏本、中央图书馆藏本、北京图书馆藏本。第四章:观海堂藏书的特色。论述中土久佚的书、中国古代医书、日本古抄本、朝鲜古刊本。第五章:杨氏藏书题记的分析。论述辑成专书——日本访书志、目录与版本、校勘与辑佚、对四库全书总目提要的补正。第六章:结论。论述观海堂藏书的贡献与影响、私人藏书的功过及未来。书前有杨惺吾先生像、杨惺吾先生遗墨。书后有参考文献及附录。(赵红)

4581

成都科技大学图书馆读者手册 / 蔡书午. -- 成都:成都科技大学出版社,1992(国家图书馆)

本手册包括:馆史简介、馆藏、馆内各书库、阅览室布局、机构设置与人员、服务项目、图书馆现代化、图书馆规章制度。(于静)

4582

图书情报档案专用设备手册 / 陈树年主编. -- 北京:中国科学技术出版社,1992. -- 585 页:图;20cm. --图书馆和情报机构工具书系列. -- 7-5046-0597-2(国家图书馆)

本书分两部分:正文条目,包括专用家具、声像、缩微、复制、电脑等;有关的附图和数据。(于静)

4583

图书馆工作引论 / 金沛霖主编;于鸿儒,于歆编著. -- 北京:文津出版社,1992. -- 158 页;19cm. -- 图书馆岗位培训系列教材. 第三卷,基础理论与技术方法卷. -- 7-80554-156-6(国家图书馆)

本书阐述了图书馆的历史发展及其一般性质、社会职能和各种类型的图书馆工作等。(于静)

4584

基层图书馆工作方法 / 靳中华等编著. -- 北京:海洋出版社,1992. -- 375 页;20cm. -- 7-5027-2778-7(北京师范大学图书馆)

本书是笔者在讲稿的基础上加工整理而成的。本书根据基层图书馆的特点和任务,重点介绍基层图书馆的工作内容和具体工作方法,并按照图书馆标准化、规格化的要求,将图书馆工作流程中每步骤的操作技术都作了详细讲解和图示。全书共分 7 章,内容包括:图书馆总论、藏书建设、图书分类、图书编目、报刊工作、读者服务工作和科学管理等。书后附中国图书馆图书分类法(第三版)简表。(于静)

4585

怎样科学地利用图书馆 / 李延海,张跃华主编. -- 哈尔滨:哈尔滨船舶工程学院出版社,1992. -- 332 页;19cm. --

7－81007－230－7(国家图书馆)

本书内容包括大学图书馆的性质、任务、机构设置、馆舍布局、藏书内容和分布、服务内容和方式以及怎样使用图书馆目录,怎样检索文献资料等。(于静)

4586

台湾乡镇图书馆空间配置 / 林金枝著. -- 台北:台湾学生书局,1992. -- 11,229 页:图;21cm. -- 957－15－0396－7(国家图书馆)

本书试图探讨目前乡镇图书馆内部空间配置之现况与问题,分析图书馆业务运作及其空间关系与需求,并规划乡镇图书馆内部空间配置形态,以提供台湾乡镇图书馆规划内部空间时之参考。本书共分为5章。第一章绪论,包括研究目的、乡镇图书馆相关法规标准、乡镇图书馆建筑相关研究;第二章乡镇图书馆主要业务机能概述;第三章乡镇图书馆内部空间需求与规划;第四章我国台湾地区乡镇图书馆内部空间配置分析与讨论;第五章结论与建议。书前有沈宝环教授的序及作者自序。书后有特殊用途空间需求、空间需求估算表(Space Needs Worksheet)、书架长度与模矩面积换算法等7条附录。(赵红)

4587

特区图书馆研究 / 徐定国编著. -- 南宁:广西民族出版社,1992. -- 151;26cm. -- 7－5363－2020－5(武汉大学图书馆)

本书分为特区图书馆模式、超常规发展特区图书馆、特区图书馆业务与管理、图书馆自动化研究、经验交流、其他与综述几个部分,详细介绍特区图书馆发展情况。(于静)

4588

企业科技图书馆工作指南 / 张洪顺, 邓舜扬编著. --上海:上海科学技术文献出版社,1992. -- 315 页;19cm. -- 7－80513－917－2(北京师范大学图书馆)

本书阐述了企业科技图书馆的性质、职能与地位, 科技文献资源概述,文献的搜集、验收和登记、分类、编目、组织与管理等。(于静)

4589

高校图书馆技术与方法 / 赵云龙, 关敏主编;崔信等编著. -- 北京:兵器工业出版社,1992. -- 421 页;19cm. -- 7－80038－557－4(国家图书馆)

本书论述了文献采访、文献分类、文献编目、文献典藏、文献外借服务、文献阅览室工作、文献情报服务等方面的技术与方法,并介绍了图书馆学的研究方法。本书站在理论联系实际的基础上,从高校图书馆业务工作流程的实际出发,来解剖图书馆工作的各个环节,着重地、详尽地叙述了图书馆各项具体业务(即每道工序)的技术与方法。虽是以图书馆技术操作、工作方法为中心,对图书馆具体工作环节加以解释、说明和描述,但又不是对某一个孤立的图书馆的技术操作、工作方法进行简单的自然主义的解释、说明和描述,而是站在现代化的高度来审视当前高校图书馆的内外环境,摆脱了一馆一事的局限,将整个高校图书馆置于整个社会系统中予以全面的考察,然后进行科学的概括。这是著者工作经验的升华,是学术智慧的闪光。本书是一部通俗而实用的理论专著。(于静)

4590

文明的沃土 / 庄守经, 赵学文编. -- 北京:北京大学出版社,1992. -- 382 页;20cm. -- 7－301－01933－5(国家图书馆)

本书是为纪念北京大学图书馆建馆90周年而编写的论文集。收录20世纪二三十年代起在北大工作、学习过的不同时代学者冯至、蔡尚思、马识途、任继愈、侯仁之、袁行霈,如:《良师益友》《北大图书馆救助了我》《怀念北大图书馆》《我的两个最高学府》《我与北大图书馆的关系》《我在北大图书馆的感受》《松公府旧北大图书馆杂忆》等100多篇文章,从不同角度讲述了利用图书馆治学的经验体会。(于静)

4591

中学资料室工作 / 北京教育行政学院图书馆编著. --北京:海洋出版社,1993. -- 131 页;19cm. -- 中小学图书馆(室)必备书目;中小学图书馆员业务培训教材. -- 7－5027－1298－4(国家图书馆)

本书总共8章,对中学资料室性质、任务、地位、作用,资料的采集、分编、加工、管理、服务,资料室的管理、资料人员的素质与培训,以及资料室网络建设等方面作了比较全面系统的论述,旨在为中学资料室人员提供做好本职工作的基础专业知识与一般操作方法。本书力求从中学教育实际出发,反映中学资料室工作的特点与要求,简明实用,适于普及。使之既可成为培训中学资料室人员的教材,又可成为中学资料室人员在职自学进修、提高业务水平的参考书。(于静)

4592

中小学图书馆工作指南 / 任德明著. -- 北京:科学普及出版社,1993. -- 356 页;19cm. -- 7－110－02727－9(北京师范大学)

本书系统地介绍了中小学图书馆工作的基本知识和管理办法,结合教育和教学事迹回答了中小学图书馆的性质、任务、职能和在学校中的地位及作用。回答了中小学图书馆工作人员如何做好中小学图书馆工作。学校负责人如何领导和管理好中小学图书馆等一系列问题。本书由10个章节和附录组成:第一章图书与图书馆概述;第二章中小学图书馆的性质、任务与职能;第三章中小学图书馆藏书工作;第四章中小学图书馆图书分类工作;第五章中小学图书馆目录工作;第六章中小学图书馆的声像资料工作;第七章中小学图书馆的读者工作;第八章中文工具书的使用方法;第九章怎样辅导中小学生利用图书馆;第十章中小学图书馆的管理工作。(于静)

4593

儿童图书馆学研究 / 许竹松主编. -- 延吉:延边人民出版社,1993. -- 264 页;19cm. -- 7－80508－973－6(延边大学图书馆)

本书收入论文近40篇, 包括《浅谈少儿读书活动的几个环节》《儿童图书馆图书分类法管见》等。(于静)

4594

中小学图书馆工作概论 / 张树华, 董焱编著. -- 北京:海

洋出版社,1993. -- 218 页;19cm. -- 7 - 5027 - 1294 - 1(延边大学图书馆)

本书较全面地论述了中小学图书馆的基本理论、基本业务知识和业务工作方法。是中小学图书馆工作人员进行业务学习的一本入门性教材。具体内容包括:中小学图书馆的产生发展和现状、中小学图书馆的性质作用和任务、中小学图书馆的藏书建设工作、中小学图书馆的图书分类和目录工作、中小学图书馆的读者工作、中小学图书馆的教师资料室工作、中小学图书馆的科学管理等。(于静)

4595

图书馆建筑与图书情报技术论文选 / 中国图书馆学会主编;首都图书馆编;金沛霖,杨善政,贾璐执笔. -- 北京:书目文献出版社,1993. -- 327 页:图;20cm. -- 中国图书馆情报学论文选丛:1949—1989; 9. -- 7 - 5013 - 1018 - 1(国家图书馆)

本书为中国图书馆情报学论文选丛第九集,收入论文30余篇,包括《图书馆建筑的现代化趋势》《现代图书馆建筑模式的探讨》《现代高效能图书馆建筑设计问题探讨》《图书馆建筑具备使用灵活性的六个条件》《湖南大学新建图书馆建筑设计简介及问题探讨》《缩微技术在图书馆中的应用及其建筑设计要求》等。书中收录的论文涉及图书馆建筑的经验、规范及问题,代表了当时图书馆建筑理论的先进水平,对于今天图书馆建筑也具有很好的参考价值。(于静)

4596

医学图书馆利用教程 / 杜广照,王槐深,杨克虎主编. -- 兰州:兰州大学出版社,1994. -- 275 页;19cm. --7 - 311 - 00771 - 2(兰州大学图书馆)

本书主要介绍了大学图书馆的历史、概况、藏书特点、目录组织、使用方法、医学文献检索和资料的积累方法等。(于静)

4597

图书馆管理 / 卢荷生. -- 台北:汉美图书公司,1994. -- 211 页;21cm. -- 图书馆学与资讯科学基本丛书; 7. -- 957 - 9005 - 56 - 7(国家图书馆)

本书共分7章,包括管理科学浅介、计划的拟订、组织的建立、人事的管理、沟通与协调、领导与激励、管制与考核等。书前有作者自序,书后有附录和索引。(赵红)

4598

中国学校图书馆(室)工作实用全书 / 田晓娜主编. -- 北京:国际文化出版公司,1994. -- 20,925 页;26cm. -- 中国学校工作全书系列. -- 7 - 80105 - 061 - 4(国家图书馆)

本书论述学校图书馆工作各个环节的操作过程,有图书馆采访、藏书、编目、分类等工作,还涉及学校图书馆的评估、开展多种服务等内容。(于静)

4599

香港与内地大学图书馆比较研究 / 赵希琢著. --广州:广东高等教育出版社,1994. -- 154 页;20cm. --7 - 5361 - 1733 - 7(国家图书馆)

本书是作者经过长期调查研究和实地考察,选择香港与内地大学图书馆作为比较对象,采取泛指内地、细述广东的方法,实际上是粤港两地大学图书馆的比较研究。比较的内容主要包括:研究的目的、方法、对象和内容;粤港高等教育的发展和大学图书馆概况;大学图书馆在大学中的定位、图书馆馆长;大学图书馆的机构设置和工作人员;大学图书馆的文献信息资源建设和特色馆藏的形成;大学图书馆的读者服务与读者教育;大学图书馆的技术服务;大学图书馆的硬件的现代化建设;大学图书馆的公共关系和社会服务。作者认为,内地大学图书馆的改革与现代化建设需要借鉴香港地区大学图书馆发展的经验;而内地大学图书馆的一些特色服务和活动,也可能对香港地区大学图书馆有所启迪。两地大学图书馆的发展和运营都植根于各自的基础上,受两地社会、经济、政治和各自所属大学的具体条件所制约,可以互相取长补短、相互学习。(于静)

4600

台湾视障图书馆研究 / 郭丽玲著. -- 台北:师大书苑公司,1995. -- 167 页;21cm. -- 957 - 8969 - 67 - 8(国家图书馆)

全书分4章。第一章绪论,第二章文献探讨,第三章研究设计与实施,第四章调查结果与分析。书前有作者自序;书后附录"台湾视障图书馆个案调查访问卷"、"台湾视障图书馆个案调查访问资料"。

4601

文献工作论说 / 李丰华等主编. -- 长春:吉林大学出版社,1995. -- 398 页;19cm. -- 7 - 5601 - 1809 - 7(国家图书馆)

本书是图书馆工作的一本论文集,全书包括图书馆改革与发展、图书馆管理、图书馆基础工作研究、情报工作探索、读者服务工作研究、文献开发与资源共享、专业图书馆建设、馆员素质与用户教育8个专题,包含"对高校图书馆改革的几点思考"、"图书馆与经济发展"、"试论市场经济与图书馆"、"试论公共图书馆的经济效益和社会效益"、"当前师专馆面临的困境与出路"、"实现立法是当前图书馆走出困境必由之路"、"市场经济中图书情报界的适应度"、"谈谈乡镇图书馆的生存与发展"、"对图书馆引进竞争机制的探讨"、"谈图书馆如何为市场经济服务"、"图书馆为农村经济建设服务初探"、"浅谈图书馆在经济建设中的地位和作用"、"高校外文期刊管理之我见"、"浅谈图书馆目标管理"、"县级公共图书馆业务档案管理中存在问题及对策"、"谈图书馆内外公共关系"、"开架书库架标设计之探讨"、"图书馆的科学管理与深层次服务"、"怎样当好馆长"等论文百余篇。(张玲)

4602

怎样利用图书馆 / 路怀明,马国芝主编. -- 海口:南海出版公司,1995. -- 267 页;21cm. -- 7 - 80570 - 117 - 2(武汉大学图书馆)

本书介绍了图书馆的性质与职能,馆藏科技文献概述,图书馆目录的含义、种类及使用方法,学校图书馆的机构和规章制度,学校图书馆的读者服务工作,工具书的定义、排检法及类型,工具书的利用,文献的阅读与积累,文献检索的定义、意义、方法、途径和程序,计算机文献检索的方式、服务类型等,如何撰写学术论文。本书在取材上吸取了同类教材中的优点,以及近年来的最新研究成果,坚持科学性、实用性和针对性的原则,文字力求精练、通俗。注重了基础知识的论述,重点介绍了图书馆藏文献的特点、各类工具书的使用方法、文献资料的检索、情报资料的收集和学术论文的撰写等内容。(于静)

4603

中等学校图书馆理论与实践 / 任德明主编. -- 北京:警官教育出版社,1995. -- 767 页:图表;26cm. -- 7-81027-531-3(国家图书馆)

本书反映了我国中等学校图书馆发展概况,工作经验和对理论等方面的探讨,内容包括:国家教委领导人论中等学校图书馆工作;我国中等学校图书馆发展概述;中等学校图书馆理论的研究和探讨,论述中等学校图书馆的性质与任务、职能、地位作用、建设和发展;中等学校图书馆的藏书建设,介绍藏书建设、藏书的采访、藏书的利用、藏书的管理;中等学校图书馆图书分类,介绍图书分类及图书分类工作、分类法的使用和研究;中等学校图书馆的目录工作;中等学校图书馆的读者服务工作,内容有读者服务工作概论、读者研究、阅读与阅读指导、读者教育、书刊流通工作;中等学校图书馆的管理工作,论述科学管理及改革综述、提高专业人员的素质、目标管理及效益评估、自动化管理、加强领导与馆际合作;中等学校图书馆的法规文献,列举了国家对中等学校图书馆的有关规定、部分省市对所属中等学校图书馆的有关法规文献。(于静)

4604

乡镇图书馆建设的实践与理论 / 唐士志. -- 南京:南京出版社, 1995. -- 247 页:图;21cm. -- 有中国特色社会主义文化理论建设丛书. -- 7-80614-152-9(国家图书馆)

本书内容包括:乡镇图书馆的建立与发展、乡镇图书馆是农村文化事业的重要阵地、办好乡镇图书馆的基本经验、乡镇图书馆的图书管理与读者服务工作、乡镇图书馆的网络建设与管理体制、乡镇图书馆的科学管理与理论建设、乡镇图书馆在实践发展中的经验体会。(于静)

4605

大学生实用文献信息检索 / 王浩等编. -- 西安:西北工业大学出版社,1995. -- 10,185 页;19cm. -- 7-5612-0801-4(国家图书馆)

本书是为大专院校学生正确、有效地利用图书馆文献(或资料),熟悉各类文献特点及功用,提高文献检索技能,并能综合利用而编写的。全书通过简明扼要的问答形式,对印刷型文献、机读文献、电子出版特等文献的搜集、加工、传递、检索和利用作了较全面的介绍,对培养学生的信息意识和获取各种文献信息的技能有指导意义。本书内容丰富,通俗易懂,简明实用,适用于大专院校本、专科学生以及研究生和广大读者。(于静)

4606

台湾大型资讯电子从业人员资讯需求之研究 / 徐一绮. -- 台北:汉美图书公司,1995. -- 156 页;21cm. --图书馆学与资讯科学论文丛刊第六辑; 3(国家图书馆)

卷首是丛书主编胡述兆的"主编者弁言"。依次为"谢辞"、"摘要"。该书旨在调查台湾地区电子信息从业人员及产品的状况,分析大型电子信息业从业人员的资讯需求,探讨大型电子信息业从业人员寻求资讯的途径及其使用公司图书馆状况的分析。全书共5章。第一章绪论,第二章相关文献分析,第三章研究设计与实施,第四章研究结果之分析与讨论,第五章结论与建议。附录"资讯电子从业人员资讯需求调查问卷"、"受访厂商名单"、"索引"。(赵红)

4607

党校图书馆管理学 / 中南党校图书馆协作编写组编著. -- 北京:中共中央党校出版社,1995. -- 321 页;20cm. -- 7-5035-1272-5(国家图书馆)

本书试图从党校图书馆管理学的角度,一方面对党校图书馆工作进行系统总结,另一方面对党校图书馆的管理进行深层次的探讨,以求把管理工作搞好,促进党校图书馆事业的进一步发展,更好地适应新形势下党校教育工作的需要。本书既注重了科学性又强调了适用性和可操作性。(于静)

4608

怎样利用大学图书馆 / 卓崇培主编. -- 天津:天津教育出版社,1995. -- 255 页;19cm. -- 7-5309-2416-8(天津理工大学图书馆)

本书介绍了传统型大学图书馆社会职能及其演变,传统型大学图书馆的性质、任务、组织机构、各部门职责、读者服务工作;介绍了现代化大学图书馆的特点、多种载体在读者服务工作中的应用、大学图书馆的自动化建设、情报教育与信息服务等;馆藏文献的分类与排架,介绍了图书与期刊的分类与排架标准与特点等;读者目录体系及查检方法,介绍了中文图书、西文图书、中文连续出版物、西文期刊的目录组织及其检索,介绍了机读目录及文献著录的标准化;科技文献及其检索,介绍了科技文献的检索,国内外科技文献检索工具的概况及计算机文献检索;最后,介绍了图书馆自动技术及其应用以及非印刷型资料在图书馆的应用。(于静)

4609

信息时代与大学图书馆:北京高校情报资料研究会科技分会第三次学术讨论会论文集 / 丁有骏主编. -- 北京:中国农业大学出版社,1996. -- 252 页;19cm. -- 7-81002-815-4(北京大学图书馆)

本书为北京高校情报资料研究会科技分会第三次学术讨论会论文集,分为图书馆改革与发展、信息技术与信息服务、情报工作与研究、文献资源建设与共享、论文摘要选登5个选题。收录了《勇敢地迎接时代的挑战》《图书资料工作的挑战和发展机遇》《市场经济下高校图书馆职能的发挥》《清华大学图书馆电子信息服务》《信息时代高校图书馆情报研究工作模式新探》《图书馆文献资源共享与信息服务》《利用中国机读目录处理丛书、连续出版物和多卷册图书的方法》等46篇论文。(于静)

4610

图书馆与市场经济 /《图书馆与市场经济》编委会编. -- 昆明:云南大学出版社,1996. -- 482 页;20cm. --7-81025-

682 - 3(国家图书馆)

本论文集是1993年《图书馆与市场经济》学术研讨会的论文汇总,收录了54篇文章、9篇文章节选及46篇文章摘要。同时,在附录中收录了本次讨论会收到的所有文章的题名、作者及作者所在单位,以供图书馆界同仁们参考。(于静)

4611

高校图书信息资料工作新探 / 艾众主编;北京高校情报资料工作研究会编. -- 北京:书目文献出版社,1996. -- 286页:图;19cm. -- 7 - 5013 - 1289 - 3(国家图书馆)

在北京高校情报资料工作研究会第三次学术研讨会召开的基础上编纂了本书。本书在此次学术研讨会所收的68篇论文中选用了36篇,收录论文主要有"谈实现图书馆自动化管理的条件"、"高校图书馆现代化管理的措施"、"三大农业数据库文献资源的分析与研究"、"高校系(所)图书资料室管理体制改革"、"馆藏学位论文引文分析与读者工作"、"变化环境中的图书馆员继续教育"、"市场经济与图书馆工作之发展初探"、"市场经济与信息产业化"等。(张玲)

4612

现代高校图书馆发展研讨会论文集 / 本书编写组编. -- 上海:上海科学技术文献出版社,1996. -- 499页;26cm. -- 献给第62届国际图书馆协会联合会大会. -- 7 - 5439 - 0942 - 1(国家图书馆)

本书为上海大学与中国国际图书贸易总公司上海分公司联合举办的96全国现代高校图书馆发展学术研讨会论文集。会议就高校图书馆界所共同关心的问题进行研讨,使高校图书馆适应新形势发展的需要。论文集就有关高校图书馆的现状及发展战略,改革思路与发展模式,自动化建设,信息开发与服务等数十个问题进行了讨论。论文集将论文分为4部分:发展研究、技术应用、资源建设、信息服务,收集了如《现代信息技术与高校图书馆发展趋势》《现代信息技术与高校图书馆自动化》《开发高校图书馆人才资源》《浅议高校图书馆的信息开发》等来自全国50余所高校90余篇论文。(于静)

4613

高等学校图书馆评估实践与研究 / 陈誉,许宝元主编;许宝元等撰稿. -- 上海:华东师范大学出版社,1996. -- 303页:图;20cm. -- 7 - 5617 - 1648 - 6(国家图书馆)

本书内容包括:高校图书馆评估总论,介绍了高校图书馆在高等教育中的地位和作用、高校图书馆评估的特点、高校图书馆评估的基本理论和方法;高校图书馆评估实践,论述了高校图书馆评估的准备工作、高校图书馆自我评估阶段、高校图书馆评估专家组实地考察、高校图书馆评估的后续工作;高校图书馆评估工作分析和研究,阐述了评估结果的综合分析、从评估结果看高校图书馆存在的问题和改进的途径、高校图书馆评估工作中值得探讨的几个问题。(于静)

4614

台北县市大学院校图书馆资源运用相对效率衡量:资料包络分析模型之应用 / 陈泽义著. -- 台北:财团法人"中华经济研究院",1996. -- 98页;26cm. -- 资料包络分析模型之应用. -- 957 - 9676 - 06 - 2(国家图书馆)

本研究运用资料包络分析模式,对于台北县市23所大学院校图书馆,进行资源运用的相对效率衡量。为完成此一目的,书中建立资料包络分析模式,以衡量总效率、纯技术效率、规模效率与成本效益性。经实证结果显示:11所图书馆为相对有效率者,其中台湾大学、政治大学、师范大学、中兴大学、海洋大学、工技学院、阳明大学、台北师范学院、辅仁大学属于研究功能相对较高的图书馆;铭传管理学院与实践设计学院图书馆则属于研究功能相对较低的图书馆,其中又分别以海洋大学与铭传管理学院图书馆的效率强度最高,意味上述两单位超越非有效率衡量单位的程度最为明显。此外,在其他非有效率的分析对象中,发现造成相对效率低落的原因,分别为技术上的非效率以及规模大小因素二者。书中更透过投影分析,比较各大学图书馆的各项投入产出资源的可改善空间、资源使用效率与资源运用目标达成率,发展大学图书馆的购书经费与图书流通数量项目,具有相当大的可改善空间,宜列为资源管理上的重点项目。本书分5章。第一章前言,包括研究动机、目的、方法等;第二章文献回顾与检讨;第三章设定实证模型;第四章实证研究结果;第五章结论与建议。书前有中英文摘要。(赵红)

4615

湖南省中小学图书馆(室)工作指南 / 湖南省教委图工委办公室编. -- 武汉:武汉出版社,1996. -- 237页;19cm. -- 7 - 5430 - 1601 - X(华中科技大学图书馆)

本书系统论述了中小学图书馆工作概述、藏书工作、图书分类工作、目录工作、读者工作、期刊工作、图书馆科学管理等内容。本书在调查研究的基础上,将国家教委、省教委关于中小学图书馆建设的方针政策和图书馆业务知识融为一体,构成一个较为完整的体系,有较强指导性。将图书馆学的基本知识和中小学图书馆实际工作结合起来,重在解决实际问题,有较强的实践性。在图书的采集、分类、编目、读者工作、期刊工作以及科学管理等问题上,明确了中小学图书馆业务工作的具体标准、规则和要求,有较强的操作性。全书深入浅出,通俗易懂,避免了一些没有实际意义的名词术语,有较强的可读性。(于静)

4616

市场经济与图书馆建设:全国党校图书馆论文集(1993) / 全国党校文献情报学会编. -- 北京:中共中央党校出版社,1996. -- 514页; 20cm. -- 7 - 5035 - 1440 - X(中国科学院国家科学图书馆)

本书是1993年全国"市场经济与图书馆建设"馆长研讨班的论文集。书中收录了刑贲思、刘德有、于光远在全国"市场经济与图书馆建设"馆长研讨班开幕式上的讲话。还收录了"图书资料中心改革之我见"、"适应改革:社会主义市场经济条件下的图书馆"、"改革开放与党校文献情报事业发展的辩证关系"、"市场经济体制下的图书馆取向——谈图书馆由服务型转向经营型转变"、"文献资源的发展趋势——由面向供给到面向需求"、"浅析党校图书馆面临的问题及其发展对策"、"地方党校图书馆改革之管见"、"当前党校文献情报工作面临的问题和对策”、“队伍建设是图书馆现代化多功能建设根本”、“浅论信息是经济发展的重要资源”、“情报意识研究述评兼论情报意识的培养”、“大众传播系统中的图书馆”、“中国在外留学人员利用国外图书馆的障碍及克服途径”等论文。(张玲)

4617

台湾地区公共图书馆经营管理现况调查研究. 二 / 廖又生. -- 台北:“中央图书馆”台湾分馆,1997. --175 页:彩图(16 页);21cm(国家图书馆)

本书主要是对台湾地区公共图书馆经营管理现况的调查研究。全书共分 4 章,分为研究的动机和目的、文献分析、调查结果与统计分析、结论与建议。书前有“中央图书馆”台湾分馆林文睿先生的序以及阳明大学图书馆廖又生博士的序。书后有“公共图书馆营运管理要点”、“社会教育工作纲要”、“台湾地区公私立公共图书馆辅导办法”等 5 条附录。(赵红)

4618

台湾大学院校图书馆参考服务应用网际网路之研究 / 涂晓晴著. -- 台北:汉美图书公司,1997. -- 179 页;21cm. -- 图书馆学与资讯科学论文丛刊; 7. -- 957 – 9005 – 89 – 3(国家图书馆)

全书分为 5 章。第一章绪论,概述了该论文的研究目的、研究范围与限制、研究方法与步骤等。第二章文献分析,内容包括网际网路的功能与图书馆参考服务、网际网路参考资源、图书馆参考服务使用网际网路的调查研究等。第三章研究设计与实施,概述了所研究的问题、研究对象、实施过程、资料分析。第四章调查结果分析与讨论。第五章结论与建议,提出论文的结论与进一步建议。书前有主编者胡述兆、卢荷生弁言。书后有附录一“调查单位一览表”、附录二“台湾大学校院图书馆参考服务应用网际网路之调查问卷”。(赵红)

4619

中小学图书馆工作入门 / 王若兰等编著. -- 北京:海洋出版社,1997. -- 10,362 页;19cm. -- 国家教委列入中小学图书馆(室)必备书目. -- 7 – 5027 – 4276 – X(国家图书馆)

本书按问答的体例编写,全书共 9 部分,208 个问题。9 个部分内容是:中小学图书馆概说;藏书建设;图书分类;编目工作;读者工作;课外阅读指导;学生阅览室工作;教师资料室工作;中文工具书知识。(于静)

4620

怎样利用大学图书馆 / 于湖滨, 董新华, 川中编著. -- 杭州:浙江大学出版社,1997. -- 337 页:图;20cm. -- 7 – 308 – 01904 – 7(北京师范大学图书馆)

本书首先介绍了书刊资料的类型、特征、用途及书刊资料本身的新情况;介绍了图书馆的管理方法、组织体制、图书分类法和主题法,目录组织,书刊排架方法等;介绍如何利用检索性书刊来查找文献资料;教会读者利用参考工具书来解决学习和科研工作中碰到的问题;还向读者介绍了图书馆现代化的发展趋势,让读者学会利用计算机在光盘数据库内、在校园网上、地区网上进行查检,获取需要的文献信息。本书还专门用一个章节介绍了治学方法和撰写论文的步骤,这对年轻的大学生无疑是十分有益的。(于静)

4621

书海问津:高校图书馆使用指南 / 曹廷华, 肖春艳主编. --重庆:西南师范大学出版社,1998. -- 237 页;20cm. -- 7 – 5621 – 2036 – 6(国家图书馆)

本书是专为高校新生编写的介绍图书馆知识和使用方法的图书。全书分 9 章介绍了高校图书馆的有关知识和使用方法,包括高校图书馆概说、高校图书馆馆藏文献的组织与编排、文献检索基本知识、工具书总论、检索性工具书及其应用、参考性工具书及其应用、科技文献检索工具举要、计算机检索及图书馆资料的利用与学术论文的写作。书前有序,书后有参考文献和后记。(胡秋玲)

4622

走向 21 世纪的图书馆 / 丁有骏主编. -- 北京:北京图书馆出版社,1998. -- 318 页:图;19cm. -- 7 – 5013 – 1510 – 8(北京大学图书馆)

本书是以“走向 21 世纪的高校图书馆”为主题,探讨 21 世纪大学图书馆所面临的挑战与对策的论文集。全书分为两部分,一是专家论坛,收录论题为文献资源共享、馆藏建设、竞争情报、专业论文写作、信息高速公路及图书馆人员素质等方面的论文 8 篇;二是作者论坛,收录论题为自动化与数据库建设、读者需求与文献检索、市场经济与图书馆、借阅流通与读者服务、人员素质及国内外图书馆比较等方面的论文 42 篇。论文的作者怀着对图书馆事业的满腔热情,既探讨了图书馆事业的发展前景,又为图书馆改革提出了积极的意见和建议。(于静)

4623

医学图书馆与情报源利用指南 / 姜振儒, 尹玉华主编. -- 北京:北京图书馆出版社,1998. -- 10, 236 页;19cm. -- 7 – 5013 – 1489 – 6(国家图书馆)

本书是笔者将历年来的讲稿进行系统的总结,合理的编排,在扼要介绍图书馆发生、发展与自动化过程的基础上,分层次介绍了图书馆的利用方法,充实了图书馆自动化的特征,数字化图书馆的概念、特点及功能,医学文献数据库,医学文献计算机检索,Internet 网上医学信息资源的利用,主要的医学情报源,医学文献阅读、积累、整理方法及医学论文写作等内容,旨在指导读者,特别大学新生尽快学会利用图书馆,了解现代化图书馆特点、技术,适应大学学习,掌握学习方法,并为文献检索的学习打下良好的基础。本书不但适合医学教学、科研、医务工作者使用,对图书馆工作者,尤其是对青年图书馆工作者也有较大的参考价值。(于静)

4624

现代图书情报工作 / 李秉严主编. -- 成都:四川科学技术出版社,1998. -- 477 页;19cm. -- 7 – 5364 – 4088 – X(四川大学图书馆)

本书精选了国内图书情报工作方面的研究论文 102 篇,内容涉及文献资源建设、读者工作、现代化信息技术,以及文献信息工作的改革与管理诸方面，展现了我国图书情报工作者近期的研究成果。所选文章理论联系实际，探讨的都是当前我国文献信息工作共同关注的问题，可供广大文献信息工作者研究参考，以期加强学术交流，推动我国图书情报工作的研究与发展。(于静)

4625

图书馆管理现代化(下) / 李世婧主编. -- 成都:西南交通大学出版社,1998. -- 191 页;26cm. -- 全国铁路高校图书情报丛书. -- 7-81057-067-6(国家图书馆)

本论文集主要讨论了图书馆管理现代化问题，其分为图书情报工作现代化、现代化管理、图书馆事业、文献工作研究、队伍建设、情报教育、探索与争鸣 7 个栏目，共收 56 篇研究论文，广泛、深入地探讨了与高等院校图书情报工作现代化及图书馆管理现代化有关的理论和实践问题，也介绍了《杜威十进分类法》21 版，美国德克萨斯大学奥斯汀分校图书馆、美国大学图书馆标准等国外的有关情况。(于静)

4626

图书馆利用与名著导读 / 李玉安，张洪元编著. -- 武汉:武汉水利电力大学出版社,1998. -- 307 页;19cm. -- 7-81063-012-1(国家图书馆)

本书根据大学和教师利用图书馆的实际，配合学校的文化素质教育编写而成。全书分为上下两篇，上篇阐述了图书馆简史、图书馆的概况、利用图书馆的基本方法和检索手段，详细地介绍了怎样利用计算机终端检索图书馆的书目数据库以及图书分类和目录、工具书、因特网及阅览服务、工具书和文献检索的有关知识。下篇结合人文素质教育推荐 100 种中外名著。每种名著都是经过有关专家认真、反复精选出的，是中外文化精华的结晶，它们代表着世界文化的精髓，代表了以往的科学文化的最高成就。以此建立的文化知识结构体系，只要能够“存乎于心”，“运之于行”，并能够以此为纲，旁及其余，无疑，会使你达到一个崭新的思想与思维境界。(于静)

4627

美图文集 / 全国高等美术院校图书馆协作会主编. --南京:江苏美术出版社,1998. -- 541 页;20cm. --7-5344-0808-3(国家图书馆)

本书内容分为:美图管理、美术纵横和文集别裁 3 个部分，各部分汇集了不同艺术院校作者的论文。(于静)

4628

网络时代的农业文献资源建设:迎接 21 世纪农业图书馆建设的新曙光 / 沈佐锐，张权主编. -- 北京:中国农业大学出版社,1998. -- 303 页:图;26cm. -- 7-81066-015-2(国家图书馆)

该书是中国农学会农业图书馆分会两个专业委员会组织的学术会议论文集，收录论文 74 篇。全书分为 4 大部分，内容涉及农业文献信息资源建设的各领域，主要包括农业文献信息资源建设的主要成就和经验，农业图书馆文献信息资源建设面临的严峻挑战，面向 21 世纪的农业图书馆文献信息工作的发展方向与对策，联机采购和编目并提供良好的数据库资源，充分利用网络优势，加快实现资源共享，网络化建设和文献资源库建设的标准化和一体化问题，在农业信息化的大环境中农业图书馆的自动化建设以及深化农业图书馆管理体制的改革，不断提高图书馆文献信息服务水平等。书前有内容提要、序言。(胡秋玲)

4629

图书收藏及鉴赏 / 石洪运，陈琦编著. -- 武汉:湖北人民出版社,1998. -- 535 页:图，摹真;20cm. -- 7-216-02422-2(北京大学图书馆)

本书是一本关于图书收藏的指南性读物，采取了图书、收藏、鉴赏的基本框架，旨在比较全面系统地向读者介绍与藏书相关的知识。具体内容包括:图书篇，介绍了印本图书以前的中国典籍、我国古代图书的主体——线装书、继往开来的平装书、属于图书范畴的其他类型出版物、图书的主要制作方式与结构、图书的用纸与装订形式的演变;收藏篇，介绍了私家藏书、明代以来的著名藏书家、私家藏书风气的几次转移、藏书搜集的途径、藏书搜集中应注意的问题、选购入藏图书的重点、图书收藏的热点、藏书的保护;鉴赏篇，介绍了图书鉴赏的三个要素、历代刻本图书欣赏、历代图书的版权标记、近现代书籍的装帧艺术、图书的批校与题跋、藏书印、藏书票以及版本鉴定知识等。(于静)

4630

特色图书馆论 / 汤阳岩主编. -- 北京:北京图书馆出版社,1998. -- 172 页;21cm. -- 7-5013-1538-8(国家图书馆)

本书的主要内容包括:理论思考，社会转型期图书馆的新走向;探索实践，北京公共图书馆特色服务纪实、上海公共图书馆特色服务纪实、湖北省特色图书馆工程纪实;回顾与展望，中国图书馆的特色化趋势。本书从理论上回答了特色图书馆在中国改革开放新形势下产生和发展的必然性，阐明了特色图书馆所做的工作具有时代特征，更具有主动性和针对性，更加体现知识力量的直接作用，论述展现了特色图书馆的特别魅力和发展前景。(于静)

4631

开启知识殿堂的金钥匙:中小学生怎样科学利用图书馆 / 王建文著. -- 深圳:海天出版社,1998. -- 231 页;19cm. -- 7-80615-844-8(首都师范大学图书馆)

本书介绍了图书馆的性质、作用以及有关图书馆的基本常识;重点讲述了利用图书馆的基本知识，如图书馆的基本类型，文献资料的主要类型和范围，图书馆的主要服务项目，图书分类的基本方法，馆藏图书的整理和排架，图书馆目录的作用、类型及编排方法等;详细介绍了怎么样利用图书馆，如怎样借阅图书报刊、怎样利用各类工具书、怎样取得图书馆工作人员的帮助、怎样使用图书馆目录、怎样做一位合格的读者;最后，论述了读书的学问，如基本的阅读方法、怎样做好读书笔记、怎样保持阅读卫生、怎样选择所要阅读的图书资料。书中还附有中外著名图书馆掠影。(于静)

4632

藏书四记 / 王余光主编. -- 武汉:湖北辞书出版社,1998. --418 页;20cm. -- 古籍今读精华. 第二辑. --7-5403

-0269-0(国家图书馆)

本书是宋至明清时期历代文人关于藏书的文章的选编,分为4辑:“宋代藏书记”,选录了苏轼、叶梦得、李清照、晁公武、王明清、陆游、魏了翁等人有关藏书的散文或札记;“金元藏书记”,本部分所选各篇文章,从各个侧面反映了金元时期藏书的特点;“明代藏书记”,重点叙述了祁承㸁有关藏书内容,明代私人藏书不仅端正了明代社会风气,还开了清代私家藏书之风气;“清代藏书记”,所选共22篇文章,偏重于私家藏书。每辑均有导读,介绍当时的历史背景与经济、政治、社会发展情况。书末附徐雁编撰的《中国历史藏书常识录》。(于静)

4633

大邑县图书馆志 / 卫复华编纂. -- 大邑(四川):大邑县图书馆(内部出版),1998. -- 121页;26cm(四川大学图书馆)

本志是根据四川省图书馆馆长会议对编写《四川省图书馆志》的要求,依据民国《大邑县志》及笔者在图书馆工作的亲身经历而撰。本志分为沿革、地址、馆舍、藏书、人员、经费、艺文、大事记8卷约6万余字。(于静)

4634

中小学图书馆工作导论 / 张树华,董焱,蔡金钟编著. -- 北京:北京图书馆出版社,1998. -- 208页;19cm. -- 中小学图书馆员业务学习指南. -- 7-5013-1462-4(国家图书馆)

本书较全面地论述了中小学图书馆的理论、历史发展和现状,中小学图书馆的各种组成要素,中小学图书馆各项业务工作的内容和方法,以及中小学图书馆现代化等问题。本书不仅是中小学图书馆工作人员掌握业务知识的一本较全面的教材,而且对广大的中小学教师和学生来讲,也是了解图书馆知识、掌握图书馆利用方法的重要读物。(于静)

4635

大学图书馆概论 / 卓崇培,许家梁主编. -- 天津:天津科学技术出版社,1998. -- 264页;20cm. -- 7-5308-2530-5(国家图书馆)

本书内容包括:传统型大学图书馆,介绍了大学图书馆的发展概况、特点及职能、工作程序和组织机构、读者服务工作;现代化大学图书馆,介绍现代化图书馆的特点、多媒体在读者服务工作中的应用、自动化建设、情报教育与信息服务;馆藏文献的分类与排架,介绍文献分类及主要分类法介绍、文献排架及排架方法;读者目录体系及其查检方法,介绍中外文图书的目录组织及其查检方法、中文图书主题标引的基本知识、中文图书电子计算机查检方法、非书资料目录的款目形式及其说明等;科技文献及其检索,介绍科技文献的种类及查阅的重要性,介绍一般科技文献、专利、标准文献及其检索;图书馆自动化技术及其应用;电子出版物在图书馆的应用等。(于静)

4636

21世纪大学图书馆的新使命:庆祝北京大学建校一百周年国际学术研讨会论文集 / 北京大学图书馆编. --北京:北京大学出版社,1999. -- 691页;26cm. --7-301-03859-3(北京大学图书馆)

本书为北京大学建校一百周年国际学术研讨会论文集,由6个版块组成,包括:Misson and purpose of academic libaries in the 21th century; Library management and organizational structure of the digital library; Management of electronic information; Libraries and distance learning; Professional development and continuing education 等。文集收录了《高等院校图书馆事业建设中的几个问题》《面向21世纪信息时代大学图书馆的功能》《从可持续发展的角度探讨大学图书馆改革与发展》《21世纪我国大学图书馆员转型的思考》等具有代表性的论文。(于静)

4637

书海荡舟 / 陈峰著. -- 北京:作家出版社,1999. -- 151页;21cm. -- 7-5063-1724-9(厦门大学图书馆)

本书是著者多年来在少儿图书馆工作的实践中所积累的经验和论述,选出近20篇结集出版。内容分为:序言、事业建设、文献分类、读者工作与科学管理几部分。收录的论文有:《中国儿童图书馆学研究二十年回顾与展望》《从文献统计看儿童图书馆学研究队伍的现状》《中图法(儿童馆、中小学馆版)研究综述(1991—1995年)》等。(于静)

4638

教育信息的处理与传播 / 陈益君等编著. -- 北京:知识出版社,1999. -- 185页;20cm. -- 素质教育与教师素养文丛. -- 7-5015-2123-9(国家图书馆)

本书内容包括:教育信息概述、教育信息的搜集(包括搜集的原则、采访人员的构成及素质要求、教育信息搜集的内容与范围、书刊搜集的途径与方法)、文献分类加工(包括分类的基本理论、分类法及体系结构、分类工作与方法、分类规则、自动分类标引的发展)、文献编目加工(包括编目的基本原理、普通图书著录法、目录组织、编目工作的自动化与网络化)、信息素质教育、教育信息的传播与利用。作者在着重探讨了中小学图书馆工作的信息搜集、分类加工、编目等基本素质的同时,也围绕中小学教师、学生和馆员之间的有关问题,专门讲述了中小学素质教育的有关内容。本书是涵盖教育信息搜集、加工、传播与利用的学术性、知识性、实用性并重的读物。(于静)

4639

跨世纪的公共图书馆 / 干树海主编. -- 上海:上海科学技术文献出版社,1999. -- 272页;20cm. -- 7-5439-1470-0(国家图书馆)

“跨世纪的公共图书馆”,这是1998年上海市公共图书馆馆长培训班上研讨的主题,本书就是这期培训班的一个学习成果。本书分为上下两篇,上篇收录了《知识经济的“信息动力”的理论思考》《建设现代化公共图书馆的思考》《现代化建设与图书馆》等文章,下篇收录了上海市有关图书馆管理的一些办法、意见、通知等文件。(于静)

4640

图书馆的利用:中学篇 / 郭丽玲. -- 台北:台湾图书馆,1999. -- 64页:照片;21cm. -- 图书馆与资讯素养丛书.2. -- 957-678-267-8(国家图书馆)

该书为普及图书馆知识与素养系列丛书之一。本册面向中学生普及图书馆知识,包括"学习需要图书馆吗"、"图书馆的类别"、"到哪去找资料和资讯"、"参考书的查阅"等28篇文章。书前有庄芳荣的序。(赵红)

4641

高校图书信息工作与改革 / 黄家发,徐汉燕主编. --北京:中国文史出版社,1999. -- 348 页;20cm. --7-5034-1043-4(国家图书馆)

本论文集收录了全国20余所图书馆的同仁的理论探讨与经验总结的文章,希望有更多的图书情报工作者加入这一行列,共同研究推进图书信息工作的改革与发展,为建设有中国特色的图书馆事业贡献力量。(于静)

4642

乡镇图书馆建设的实践与理论 / 季根章主编. -- 银川:宁夏人民出版社,1999. -- 232 页;20cm. -- 有中国特色社会主义文化理论建设丛书. 第一辑. -- 7-227-01974-8(国家图书馆)

本书在我国乡镇图书馆事业发展理论研究中作了初步探讨,同时也可以作为广大乡镇图书馆工作者所必备的日常工作指导书。本书从"乡镇图书馆的建立与发展"这一论题开始,系统论述了乡镇图书馆是农村文化事业的重要阵地,总结了办好乡镇图书馆的基本经验,对乡镇图书馆的管理、网络建设和理论建设提出了富有新意的见解。本书还对乡镇图书馆的基础业务工作和读者服务工作的各个工作环节作了全面的概述,对乡镇图书馆开展业务工作和组织业务学习,都有积极的指导作用。(于静)

4643

图书馆的利用:大专院校篇 / 赖鼎铭. -- 台北:台湾图书馆,1999. -- 64 页:照片;21cm. -- 图书馆与资讯素养丛书;4. -- 957-678-269-4(国家图书馆)

该书为普及图书馆知识与素养系列丛书之一。本册面向大专院校学生,从大学图书馆的服务目标、图书馆的资源取得与组织、如何使用图书馆汇集资料、图书馆利用的叮咛等方面介绍图书馆利用知识。书前有庄芳荣的序。书后有附录。(赵红)

4644

铁路高校图书情报工作研究 / 李世婧主编. -- 成都:西南交通大学出版社,1999. -- 172 页;26cm. -- 全国铁路高校图书情报丛书. -- 7-81057-328-4(国家图书馆)

本书汇集了全国11个省、市、自治区的图书馆学研究者和工作者的投稿53篇,编排基本上是按照内容的性质进行划分的,分为图书馆与图书馆事业、图书情报工作现代化、信息服务与资源共享、文献工作研究、读者服务、素质教育与继续教育、交流与探索等7个栏目,分别进行了专题研讨。论文内容涉及诸多高校图书馆所关注的大学图书馆如何面向21世纪的有关理论问题和实践问题,例如:21世纪大学图书馆的使命、地位、管理模式和机构重组;网络环境下大学图书馆的信息服务和文献资源建设;网络上电子资源的获取和利用;新世纪大学图书馆及馆员的角色与定位等。这些讨论对铁路高校图书馆在21世纪即将来临之际,能够更好地抓住历史性机遇,以迎接图书馆所面临的时代性挑战。(于静)

4645

温州市图书馆建馆八十周年纪念文集 / 潘旭龙主编. --温州:温州市图书馆(内部出版),1999. -- 69 页:照片;29cm.(复旦大学图书馆)

本书是温州市图书馆馆庆80周年的纪念文集。文集记录了温州市图书馆创建于1919年,经历了五四与新中国的洗礼。目前,无论从馆舍规模、藏书数量、质量方面,抑或服务工能、自动化程度以及社会效益方面,均有了新发展,为图书馆的现代化打下了良好的基础。文集再现了温州市图书馆建立、成长、发展的历史与当今的发展。(于静)

4646

藏书家. 第1辑 / 齐鲁书社编. -- 济南:齐鲁书社,1999. -- 167 页:照片;20cm. -- 7-5333-0720-8(国家图书馆)

《藏书家》丛刊由齐鲁书社1999年4月创办,32开本,顾廷龙题签。2005年2月出版第10辑后停刊。2005年9月,齐鲁书社出版了两卷珍藏版精装合订本。2006年11月由北京藏书家韦力先生出赞资助,《藏书家》复刊,第11辑复刊号改为16开本,出版第16辑后停刊,《藏书家》丛刊总共出版了16辑。(王旭东)

4647

国际图书馆建筑大观图集 / 吴建中主编. -- 上海:上海科学技术文献出版社,1999. -- 249 页:图;30cm. --7-5439-1485-9(天津大学图书馆)

本书将20世纪80年代以来世界各地具有特色的新馆建筑汇集成册,使人们通过本书可以看到世纪之交世界图书馆事业的辉煌成果,更可以欣赏反映各种民族特色和建筑风格的优秀建筑。(张玲)

4648

图书馆的利用:高中高职篇 / 吴美美,杨晓雯. -- 台北:台湾图书馆,1999. -- 64 页:照片;21cm. -- 图书馆与资讯素养丛书. 3. -- 957-678-268-6(国家图书馆)

该书为普及图书馆知识与素养系列丛书之一。本册面向高中及职业高中生,从探究的心、深度阅读、知识的产生与传播的过程、青少年的资讯需求、寻求资讯的方法、善用你的图书馆、圆满的结局7个方面谈论图书馆。书前有庄芳荣的序。(赵红)

4649

21世纪的大学图书馆论文集 / 云南省高等学校图书情报工作委员会编. -- 昆明:云南科技出版社,1999. -- 495 页;26cm. -- 7-5416-1305-3(中国人民大学图书馆)

本论文集内容分为队伍建设和环境育人、目标管理和深化改革、教辅人员的素质培养、大学生情报意识培养和实践环节、重视科学知识信息及其效用、理论教育和科学方法论研究几个部分。(于静)

4650

公共图书馆的利用:生活资讯的好帮手 / 曾淑贤. --台北:台湾图书馆,1999. -- 64 页:照片;21cm. --图书馆与资讯

素养丛书；5. -- 957 - 678 - 270 - 8(国家图书馆)

该书为普及图书馆知识与素养系列丛书之一。本册面向公众,从阅览服务、参考资源与参考服务、视听服务、资讯网络服务、推广活动等方面介绍图书馆的资源及告诉公众怎样利用图书馆。书前有庄芳荣的序。书后有附录。(赵红)

4651

图书馆的利用：小学篇 / 曾雪娥. -- 台北：台湾图书馆,1999. -- 64 页：照片；21cm. -- 图书馆与资讯素养丛书；1. -- 957 - 678 - 266 - X(国家图书馆)

该书为普及图书馆知识与素养系列丛书之一。本册面向小学生普及图书馆知识,从"知识宝库大发现"、"图书分类小故事"、"博学多闻参考书"、"图书资讯好帮手"等方面介绍图书馆工作。书前有庄芳荣的序,书后有附录。(赵红)

4652

大学生利用图书馆指南 / 赵百岁著. -- 太原：山西教育出版社,1999. -- 158 页；20cm. -- 7 - 5440 - 1704 - 4(国家图书馆)

该书是为大学生编写的利用图书馆的入门指导书。全书共分 7 章,在介绍了高校图书馆的发展历史、概况、各种服务内容、借阅方法之后,重点讲授了有关查询文献资料前应掌握的基本知识、具体的检索方法及可利用的主要工具书,讲述了高校图书馆自动化的发展概况及服务手段和内容。书前有代序,书后附有主要参考文献。(胡秋玲)

4653

大学图书馆使用指南 / 郑章飞主编. -- 武汉：华中理工大学出版社,1999. -- 149 页；20cm. -- 7 - 5609 - 2023 - 3(中山大学图书馆)

本书共 3 篇。第一篇：认识篇,介绍图书与图书馆、图书馆的藏书及其管理、图书馆目录、图书馆的服务内容、图书馆的自动化网络化与数字化、中国高等教育文献保障系统。第二篇：利用篇,介绍怎么样取得读者资格、怎样借阅书刊、怎样检索文献、怎样掌握和使用中文工具书、怎样通过校园网使用图书馆资源、怎样利用 Internet 获取信息。第三篇：实践篇,内容有书到用时方恨少、教授成长之路与大学图书馆利用、如何利用图书馆进行科学研究、东风借好力送我上青天——我是如何利用图书馆的。(于静)

4654

藏书与文化：古代私家藏书文化研究 / 周少川著. --北京：北京师范大学出版社,1999. -- 378 页,1 页折图；21cm. -- 7 - 303 - 05018 - 3(北京师范大学图书馆)

本书内容包括：绪论,概述私家藏书与私家藏书文化、古代私家藏书文化在中国文化史上的地位、从文化视角研究私家藏书的意义；古代私家藏书发展源流,介绍源远流长的藏书文化、宋元私家藏书的勃兴、明代私家藏书的发展、清代私家藏书的鼎盛；古代私家藏书与社会历史环境,探讨政治经济条件的推动与制约、学术文化演变的巨大影响、北风南移及私家藏书中心的形成；古代私家藏书的基本模式,论述了著述、校勘、博采、贩贾等收藏类型,私家藏书的收书、鉴别、保藏与管理；古代私家藏书的文化意蕴,介绍了藏书楼、藏书章、藏书习俗、私家藏书的文化心态及私家藏书的社会影响；古代私家藏书的文化成就,主要是存藏刊布——传递文化遗产、部次条列——展示缥缃瑰宝、考镜校勘——嘉惠后世学人。(于静)

4655

21 世纪公共图书馆馆长论坛 / 程小澜主编. -- 北京：中央文献出版社,2000. -- 505 页；21cm. -- 7 - 5073 - 0929 - 0(浙江大学图书馆)

本书是文化部社会文化图书馆司和浙江省文化厅主办"21 世纪公共图书馆馆长论坛 "的论文集，涉及公共图书馆改革与管理工作的方方面面，尤其以图书馆的网络化、数字化问题为焦点，文集还收录了美、日、加拿大等国专家学者的论文 6 篇。(于静)

4656

新世纪・新理念：公共图书馆发展实务研讨会论文集 / 林勤敏,施慧如总编辑. -- 台北：台湾"行政院"文化建设委员会,2000. -- 1 册：图表,肖像；30cm. -- 公共图书馆发展实务研讨会论文集. -- 957 - 02 - 7722 - X(国家图书馆)

针对公共图书馆之发展、图书馆对地震及其他灾害之预防与复原、数位化图书馆之建立,以及读者服务品质之提升,举办本次"新世纪・新理念——公共图书馆发展实务研讨会",研讨主题包括：公共图书馆与社会发展、公共图书馆与资讯科技、公共图书馆的再生工程、公共图书馆的馆际合作等 4 项议题,共有两场专题演讲,发表论文 24 篇,包括 21 世纪公立图书馆的趋势及展望、公共图书馆读者服务与社区服务、网路时代的中文线上目录问题探讨、公共图书馆与数位图书馆/博物馆的发展、从法制面向论公共图书馆组织趋势与因应之道、事在人为：公共图书馆人与事再造实务的探讨、网际网路及数位资源的组织、公共图书馆资源共享的理想与实践等。书前文化建设委员会主任林澄枝写的序。该书并列题名 Proceedings of 21st Century Public Libraries：Vision and Reality。(赵红)

4657

乡镇图书馆工作 / 卢子博主编. -- 北京：北京图书馆出版社,2000. -- 198 页：图；21cm. -- 图书馆岗位培训教材. -- 7 - 5013 - 1702 - X(国家图书馆)

本书根据当前我国乡镇图书馆的发展现状,吸取国内外有关乡镇图书馆的研究成果,系统论述了乡镇图书馆工作的基本理论和基本知识,对乡镇图书馆工作所需要的技能也作了较为详细的介绍。具体章节包括：概述、乡镇图书馆事业建设、乡镇图书馆藏书建设、乡镇图书馆的图书分类、乡镇图书馆的图书编目工作、乡镇图书馆的读者服务工作和乡镇图书馆工作现代化。(于静)

4658

书目情报需求与服务组织 / 彭斐章主编. -- 武汉：武汉大学出版社,2000. -- 342 页；21cm. -- 普通高等教育"九五"国家级重点教材. -- 7 - 307 - 03030 - 6(国家图书馆)

本书在辩证唯物主义与历史唯物主义指导下,以书目情报理论为基点,以读者书目情报需求为导向,借鉴国外有关书目情报理论与方法,坚持教材的科学性、先进性、系统性、应用性原则,力求对书目情报需求与服务问题进行全面、系统、深入的论述。本书涉及的主要内容包括:书目情报概念基础,语义分析、结构分析、研究内容;书目情报需求结构,社会动力、意识分析、需求行为、类型特点、结构要素;书目情报资源配置,生产、传播、利用、保障;书目情报文献揭示原理,文献揭示、方法、编排与组织;书目情报文献编纂原理,书目、索引、文摘、综述;书目情报服务的组织与策略;书目情报系统控制,概念、结构、功能、控制与开发;书目情报产业研究,产业概念、结构、政策、道路;书目情报服务评价,评价的原理、方法、指标;书目情报服务管理等内容。(于静)

4659

藏书家.第2辑 / 齐鲁书社编. -- 济南:齐鲁书社,2000. -- 164页:图;20cm. -- 7-5333-0872-7(国家图书馆)

本书包括友情题辞、藏书忆往、书林一叶、雪泥鸿爪、书海披沙、版本谈故、书市漫步、学人新语、藏家写真、新著快读等栏目。(王旭东)

4660

中小学图书馆实用小百科 / 任宝祯主编. -- 深圳:海天出版社,2000. -- 775页;19cm. -- 7-80654-337-6(国家图书馆)

本书包括业务篇、知识篇、导读篇、附录篇,内容概述了图书馆学概论、图书分类编目、报刊管理、读者工作等。(于静)

4661

中小学图书馆建设与管理 / 王景明主编. -- 北京:北京师范大学出版社,2000. -- 431页:图;20cm. -- 7-303-05415-4(华东师范大学图书馆)

本书以图书馆学、信息管理学的基本理论为指导,参考国内外中小学图书馆建设与管理的成功经验,对中小学图书馆进行了全面介绍与定位,同时对图书馆如何开展读者服务工作,读者如何利用图书馆,以及图书馆在学校教育教学及整体发展中的影响和作用也作了相应论述。(于静)

4662

少年儿童图书馆(室)工作 / 熊钟琪主编. -- 北京:北京图书馆出版社,2000. -- 218页:图;21cm. -- 图书馆岗位培训教材. -- 7-5013-1710-0(首都师范大学图书馆)

本书综合了党的十一届三中全会以后改革开放20多年我国少儿图书馆(室)工作的理论与实践,博采了各位图书馆专家的论著精华,力求突出少儿图书馆(室)工作特色,讲求实用性。全书内容包括:少年儿童图书馆(室)概述,少年儿童图书馆(室)读书活动,少年儿童图书馆(室)采编工作、流通工作,少年儿童图书馆(室)业务辅导与研究工作、少年儿童图书馆(室)科学管理、21世纪的少年儿童图书馆事业展望。(于静)

4663

图书馆转型的思考:云南大学图书馆学术论文集 / 杨勇主编. -- 昆明:云南大学出版社,2000. -- 402页;20cm. -- 7-81068-217-2(国家图书馆)

本书收论文50余篇。其中包括:《试析现代图书馆对传统图书馆的继承和发展》《图书馆转型的内驱力刍议》等。(张玲)

4664

明清江南私人刻书史略 / 叶树声,余敏辉著. -- 合肥:安徽大学出版社,2000. -- 225页;20cm. -- 淮北煤炭师范学院学术出版基金资助. -- 7-81052-330-9(国家图书馆)

本书论述了明清江南私人刻书兴起的背景、概况、主要特点和主要贡献等问题。全书分7章介绍了社会政治、经济、科学、文化、教育及前朝刻书的影响和优越的私刻条件,明代的雕版印刷、活字印书、手工抄书和明、清时期的雕版印刷、活字印书、手工抄书及石印和铅印概况,从内容、形式、版本方面研究明清江南私人刻书的特点,从保存文献、传播文化、积累刻印经验、校书经验等方面阐述明清江南私人刻书的主要贡献:促进了本地区版画艺术、藏书事业、文教、科技事业的发展。附录有《论清儒辑佚》《论清儒辨伪》《段顾之争与校勘原则》。(胡秋玲)

4665

高校图书馆文献利用通论 / 杜密科,陈有富主编. --北京:兵器工业出版社,2001. -- 275页:图;21cm. --7-80172-038-5(国家图书馆)

本书内容包括图书馆对大学生学习及成才的影响、图书馆的性质与任务、高校图书馆服务机构及服务工作、图书馆目录的利用方法、期刊资源的利用、参考工具书及利用、文献检索的基本知识(包括定义、类型、原理、语言、工具、程序与方法)、常用数据库的使用(万方、清华学术期刊、重庆维普、EI)、网上搜索与网上资源、图书馆的规章制度及读者行为规范、信息资料的积累与研究(包括积累的原则、作用、方法、整理与分类、分析研究)、调研报告及毕业论文的写作。介绍了现代高校图书馆的运作规律和知识及信息资源的利用方法,阐述了利用图书馆、利用计算机网络获取文献信息资源的途径和方法。目的是提供一个图书馆学习资源利用的平台,把现代高校图书馆的运作规律和知识及信息资源的利用方法介绍给高校学生,帮助他们解决在利用图书馆学习资源中遇到的问题。(于静)

4666

中国私家藏书史 / 范凤书. -- 郑州:大象出版社,2001. -- 736页:图;21cm. -- 7-5347-2532-1(国家图书馆)

本书介绍了私家藏书的起源、演变等基本概念,并按历史发展时期顺序介绍了我国主要藏书家的事迹。著者笔下的社会背景是:在夏商,学在王官,统治阶级掌握着典籍的制作、使用和管理,与私家平民无缘。到春秋战国时期,私家藏书开始出现,历经汉魏六朝隋唐五代,已有一定的发展。自宋代起,私家藏书与宫廷官府国家藏书,书院、寺观的集体藏书,形成鼎足而三的局面。而私家藏书是国家藏书的重要来源;它又有数量多,分散全国各地,有遇社会战乱动荡时不易全部毁散的优越性;它还比较广泛接近读用者,比国家单一集中的藏书发挥着更大的作用。各时代私家藏书的发展,与藏书家有着密不可分的联系。本书以大量翔实的史料,介绍了从私家藏书起源起至中华人民共和国时期的重要藏书家

事迹,是一部重要的学术著作。书后附有藏书家姓名索引。(于静)

4667

新世纪文献信息工作研究 / 河南省高校图书情报工作委员会编辑. -- 西安:西安出版社,2001. -- 10, 421 页;26cm. --7-80594-750-3(国家图书馆)

本书分为全国高校图书馆第八次期刊工作学术研讨会论文、文献信息工作理论研究、图书馆事业、图书馆管理、图书馆队伍建设、信息资源建设与开发、图书馆服务、用户教育、连续出版物管理、信息工作、网络建设等部分。(张玲)

4668

大学生和图书馆 / 刘天英, 王晶主编. -- 哈尔滨:哈尔滨工程大学出版社,2001. -- 315 页;20cm. -- 7-81073-198-X(国家图书馆)

本书内容包括以下方面:大学图书馆概述,介绍大学图书馆的性质与任务、大学图书馆的职能及大学生与图书馆;大学图书馆读者服务工作体系,介绍了流通服务、阅览服务与特色服务;文献信息资源概述,介绍了文献的概念及其功能、文献信息源和哈尔滨工程大学图书馆电子文献信息资源;图书馆藏书与图书馆目录,介绍图书馆藏书,图书馆藏书的分类与排架,图书馆目录的意义、作用及种类,图书馆目录组织规则及检索方法,计算机书目检索查询系统使用方法;期刊及其利用,介绍期刊的分类与利用;科技情报检索方法和工具书,介绍文献类型、检索途径和步骤;图书馆自动化、数字化和网络化,介绍图书馆自动化、数字图书馆和网络检索;利用图书馆常识,指大学生如何利图书馆并了解图书馆规章制度;读书方法,介绍 8 种利于学习的读书方法;如何撰写学术论文,介绍学术论文写作素材与方法;未来图书馆的发展与展望。(于静)

4669

藏书家. 第 4 辑 / 齐鲁书社编. -- 济南:齐鲁书社,2001. -- 158 页:图;20cm. -- 7-5333-0986-3(国家图书馆)

本书包括藏界论坛、书林一叶、书海披沙、雪泥鸿爪、版本谈故、书海浪花等栏目。(王旭东)

4670

藏书家. 第 3 辑 / 齐鲁书社编. -- 济南:齐鲁书社,2001. -- 173 页:图;20cm. -- 7-5333-0938-3(国家图书馆)

本书包括藏书箴言、藏书忆往、书林一叶、雪泥鸿爪、书海披沙、版本谈故、书市漫步、学人新语等栏目。(王旭东)

4671

21 世纪公共图书馆之探索 / 王元仲著. -- 台北县:王元仲,2001. -- 390 页:图;22cm. -- 三槐堂丛书. -- 957-974-856-X(软精装)(国家图书馆)

本书系作者近年来日常工作所遇到的问题,收集资料,分析研究,做成书面记录,多数曾于图书资讯学专业刊物发表。全书分为 5 部分,计有论文 27 篇、出国报告 2 篇、报道 8 篇、书评 2 篇及教案 2 篇,总计收录文献 41 篇。书前有政治大学图书资讯学研究所教授薛理桂、台中市市长张温鹰写的序及作者自序。(赵红)

4672

书林漫步:图书馆工作笔谈 / 王志华著. -- 香港:华夏文化出版有限公司,2001. -- 229 页;21cm. -- 962-5529-34-9(国家图书馆)

本书重点介绍近年来中国图书馆事业的发展、变化,并对高等院校图书馆的职能、服务转型、管理和改革作了深入的研究。书前有王运堂序。(于静)

4673

大学图书馆指南 / 于湖滨等编著. -- 杭州:浙江大学出版社,2001. -- 193 页:图;26cm. -- 7-308-02815-1(北京大学图书馆)

本书面向大学生,围绕"如何利用图书馆"这个主题,分"传统图书馆基本知识"和"现代图书馆概述"上、下两篇,对学生了解传统图书馆的基本知识和现代图书馆的概貌进行了指导。(于静)

4674

藏书故事 / 余章瑞编著. -- 北京:北京出版社,2001. -- 12, 384 页;20cm. -- 7-200-04213-7(北京大学图书馆)

本书摘录了古人藏书的诗文, 记录了古代藏书家爱书求书抄书读书的故事。先介绍藏书家的生平、主要经历或事迹, 然后叙述他的藏书故事。(于静)

4675

历代名人与天一阁 / 虞浩旭著. -- 宁波:宁波出版社,2001. -- 201 页,3 页图版:图, 肖像, 摹真;21cm. --7-80602-477-8(北京大学图书馆)

本书主要介绍了黄宗羲、全祖望、赵万里、王世贞、徐乾学等历代名人对中国古代藏书楼——天一阁所作出的贡献。(于静)

4676

现代图书馆建筑设计 / 鲍家声编著. -- 北京:中国建筑工业出版社,2002. -- 391 页:图;29cm. -- 7-112-04816-8(国家图书馆)

本书为建筑设计指导丛书之一,是论述现代图书馆设计的专著。全书内容包括图书馆选址及场地设计,图书馆建筑功能构成及空间组织,阅览、藏书、出纳、检索空间设计,业务及行政办公用房设计,公共活动及辅助空间设计,图书馆建筑造型,图书馆的现代化设备等内容,并精选了 56 个具有代表性的国内外图书馆设计实例。书前有丛书出版者的话及编著者所作前言,书后附有参考文献。(胡秋玲)

4677

高校图书馆与校园文化 / 曹廷华主编. -- 北京:人民教育出版社,2002. -- 175 页;21cm. -- 师范大学图书馆教育丛书. --7-107-15770-1(国家图书馆)

本书内容包括:绪论,论述了图书馆与校园文化的研究范围、基本内容及研究意义;高校图书馆的性质与校园文化,探讨了校园文化的性质和作用、图书馆的性质和功能、图书馆在校园文化中的地位和作用、校园文化活动对图书馆的意义;高校图书馆的文献资源与校园文化,论述了高校图书馆文献资源的构成、文献资源与校园文化的基本类型、高校图书馆的文献资源与其他校园文化现象及与校园文化的规格、品位和发展;高校图书馆的环境氛围与校园文化,阐述高校图书馆自身的校园文化建设、高校图书馆环境氛围的创造与要求、高校图书馆如何成为学生的“第二课堂”、高校图书馆的环境氛围对校园文化的影响;高校图书馆的条件设施与校园文化活动的主体;高校图书馆的服务与校园文化,探讨了图书馆的学术性文化服务、图书馆人员的文化素养与服务质量对校园文化的影响。最后,对高校图书馆与校园文化活动的组织领导进行了探讨。(于静)

4678

大学及研究图书馆馆藏合作发展策略:西文期刊 / 陈昭珍,梁恒正计画主持. -- 台北:台湾图书馆,2002. --262 页;26cm;光盘 1 片. -- 图书馆事业发展三年计画 91 - D - 020(子计画). -- 957 - 678 - 357 - 7(国家图书馆)

该书主要研究内容包括:探讨岛内外图书馆合作发展馆藏的现况与趋势;探讨西文期刊出版社、电子资料库及电子期刊代理商有关期刊的出版、典藏、行销及经济模式;了解岛内图书馆期刊采购预算及其订购模式;分析岛内西文期刊馆藏强弱;分析西文期刊合作发展馆藏所需的核心期刊初稿;调查图书馆合作发展西文期刊馆藏的意愿。本书共分 6 章。第一章绪论,第二章国内外图书馆合作馆藏发展沿革与现况,第三章学术期刊使用模式及出版与订购成本分析,第四章研究调查,第五章研究结果与建议。书后附参考书目和 14 篇附录。(崔彤)

4679

电子图书阅读器通用规范 / 程世平,王东,平健,康凯等起草. -- 北京:中国标准出版社,2002. -- 10 页:图;30cm. -- 155066 · 1 - 19088(武汉大学图书馆)

本标准由中华人民共和国信息产业部提出,由全国信息技术标准化技术委员会归口,规定了电子图书阅读器的范围、规范性引用文件、定义、功能要求、技术要求、试验方法、检验规则及标志、包装、运输和贮存等。(于静)

4680

现代家庭藏书文化 / 黄显功,张伟主编;计宏伟,宾锋,钱惠民编著. -- 上海:上海科学技术文献出版社,2002. -- 236 页,4 页图版:图(部分彩图),摹真;21cm. -- 7 - 5439 - 2001 - 8(国家图书馆)

本书主要内容包括:书与藏书,介绍图书的演变、图书馆出版的轨迹、中国藏书的历史与文化、当代私人藏书热;家庭藏书的组织与利用,介绍现代家庭藏书的现状及其统计与分析、现代家庭藏书的功能、家庭藏书的收集方法、家庭藏书的组织、家庭读书方法;藏书文化,介绍书斋、藏书印、藏书票;藏书投资面面观,介绍进入多元化领域的藏书活动、收藏对象、投资热点——走近民国书刊、珍视你的身边物——当代书刊的收藏;家庭书房环境艺术,介绍家庭书房、书房规划、e 时代书房、藏书与家庭装饰、书房柜橱及家具 5 章。本书简略地介绍了图书的基础知识与历史,对家庭藏书的组织与利用提出了基本的方法与原则,可供读者参考。对于丰富多彩的藏书文化,本书从几个侧面作了描述,同时结合当前的书业动态,介绍了藏书投资的知识,最后根据现代家庭居室的特点,对藏书环境的设计提供了一些参考实例。(于静)

4681

高校图书馆与素质教育 / 康方武主编. -- 北京:人民教育出版社,2002. -- 227 页;21cm. -- 师范大学图书馆教育丛书. --7 - 107 - 15867 - 8(国家图书馆)

本书介绍了素质与素质教育的概念,论述了高等学校、高等师范院校素质教育的基本内容,高校图书馆在素质教育中的职能定位,高校图书馆开展素质教育的途径与方法等。(于静)

4682

高校图书馆改革与发展 / 闵红云主编. -- 昆明:云南大学出版社,2002. -- 306 页;21cm. -- 7 - 81068 - 430 - 2(中山大学图书馆)

本书包括综论篇、管理改革篇、业务创新篇、队伍建设篇和现代化研究篇,收录文章约 50 篇,其中包括“论图书馆管理战略”等。(于静)

4683

藏书家. 第 6 辑 / 齐鲁书社编. -- 济南:齐鲁书社,2002. -- 173 页:图;20cm. -- 7 - 5333 - 1106 - X(国家图书馆)

本书包括“藏书讲座”、“书林一叶”、“雪泥鸿爪”、“版本谈故”、“书海披沙”、“读书偶得”、“藏书闲话”等 8 个栏目,收录了诸多对藏书进行研究的文章。(王旭东)

4684

藏书家. 第 5 辑 / 齐鲁书社编. -- 济南:齐鲁书社,2002. -- 188 页:照片;20cm. -- 7 - 5333 - 1037 - 3(国家图书馆)

本书包括“藏书忆往”、“书林一叶”、“雪泥鸿爪”、“版本谈故”、“书海披沙”、“书市漫步”等 11 个栏目。(王旭东)

4685

现代化图书馆队伍建设方略 / 王琼林,邓儒伯主编. -- 北京:人民教育出版社,2002. -- 270 页:图;21cm. -- 师范大学图书馆教育丛书. -- 7 - 107 - 15378 - 1(国家图书馆)

本书旨在探讨在社会信息浪潮的冲击下,高校图书馆的队伍建设问题,介绍了高校图书馆队伍的现状,并对其未来发展进行了探讨。(于静)

4686

图书馆事业发展三年计画:2002 年度成果报告 / 吴英美主编. -- 台北:台湾图书馆,2002. -- 151 页:图,照片;26cm. -- 图书馆事业发展计画 91 - 13. -- 957 - 678 - 360 - 7(国家图书馆)

2002 年度执行计划订为 17 个子计划(由 32 个子计划、74 个细项整并),其执行成果简述如下:第一子计划加强国家典藏文献;第二子计划合作发展图书馆馆藏;第三子计划采集地方文献资源;第四子计划采购旧籍文献集重制品;第五子计划强化馆际资源共享服务;第六子计划加强各类型图书馆自动化及网络资源共享;第七子计划建立华文书目资讯网;第八子计划建立 Taiwan Iinfo 政府资讯系统;第九子计划建立台湾记忆(Taiwan Memory)系统;第十子计划博硕士论文数位化;第十一子计划中文期刊报纸数位化;第十二子计划建立儿童知识银行;第十三子计划图书馆利用与资讯素质教育;第十四子计划倡导社会阅读风气;第十五子计划制定图书馆专业规范;第十六子计划图书馆专业教育的规划;第十七子计划加强图书馆业务辅导。

4687

网络环境下高校图书馆的建设与服务 / 徐克谦主编. -- 北京:人民教育出版社,2002. -- 216 页;21cm. --师范大学图书馆教育丛书. -- 7 - 107 - 15413 - 3(国家图书馆)

本书共有7章,包括:网络环境与高校图书馆工作的新课题(绪论)、高校图书馆服务模式的历史回顾、信息技术革命与图书情报工作的变革、网络环境下高校图书馆的资源保障系统建设、信息资源数字化与数字图书馆、网络环境下高校图书馆服务新特征(服务对象的社会化、服务内容的多样化、服务手段的现代化、服务方式的多元化)、网络环境下的服务者与服务对象、网络环境下图书馆人力资源的开发与管理。(于静)

4688

新千年的大学图书馆:功能、发展趋势与国际合作国际学术研讨会论文集 / 杨勇,(美) 李海鹏主编. --昆明:云南大学出版社,2002. -- 409 页,2 页图版:肖像;26cm. -- 7 - 81068 - 431 - 0(国家图书馆)

本书分大学图书馆的功能与发展趋势、大学图书馆的管理及图书馆员、现代信息技术与数字图书馆建设、网络环境下图书馆的服务及用户教育等专题,收录了若干篇相关的文章。(于静)

4689

浙江图书馆新馆建设资料选编 / 应长兴, 林祖藻主编. -- 杭州:浙江大学出版社,2002. -- 327 页,16 页图版:图(部分彩图), 肖像, 摹真;27cm. -- 7 - 308 - 02912 - 3(武汉大学图书馆)

本书分领导指示、立项选址、设计施工、经费投资、设备家具、获奖情况等 11 个部分,系统介绍了浙江图书馆新馆建设的全过程。(于静)

4690

专业图书馆建设 / 中国石油化工信息学会图书馆专业委员会编. -- 北京:中国石化出版社,2002. -- 304 页:图;26cm. -- 7 - 80164 - 279 - 1(国家图书馆)

本书收编了数十篇文章,反映了近年来图书馆工作者在专业图书馆的基本建设与管理、信息服务与资源共享、自动化与网络化的建设和应用、新形势下如何发展等方面实际工作的经验和思考。本书的特点是:首先,对专业图书馆的认识范围非常广,包括各部委、各行业单位、专业性的大中专院校、科研设计院所,各大中型企业等,由于从事经营活动、工作性质的不同,其所属的图书馆都属于专业图书馆。其次,内容按四大类编排的基础上涉及专业图书馆建设的方方面面,展现了我国专业图书馆在建设管理、资源服务、技术应用等各方面的状况,也体现了我国专业图书馆学术水平的发展。(于静)

4691

中国古旧书报刊收藏交流指南 / 种福元主编. -- 上海:上海古籍出版社,2002. -- 784 页,6 页图版:图(部分彩图);22cm. -- 7 - 5325 - 3226 - 7(国家图书馆)

本书介绍了我国古旧书收藏交流业历史、古籍鉴定方法、古旧书市场行情、古旧书爱好者抢救珍稀古籍书刊资料实例、中外古旧书业介绍以及全国各地古旧书店、旧书市场及部分文史书店名录等。(于静)

4692

国际图联/联合国教科文组织公共图书馆服务发展指南 / (英)菲利普・吉尔(Philip Gill) 主持的工作小组代表公共图书馆专业委员会编写;林祖藻译. -- 上海:上海科学技术文献出版社,2002. -- 126 页;21cm. --国际国联出版物第 97 辑. -- 7 - 5439 - 1955 - 9(国家图书馆)

这是一本适用于任何一个公共图书馆服务发展实际工作指南和标准的刊物。它于2001 年8 月在第67 届国际图联波士顿大会上正式出版发行。它是 1986 年国际图联出版的《公共图书馆指南》一书的重新修改版,是浙江图书馆林祖藻先生将其译成中文,也是亚太地区第一本非英语语种的《指南》。新编写的《国际图联/联合国教科文组织:公共图书馆服务发展指南》,全书分 6 个部分:公共图书馆的作用与目标;法律与经费制度;适应用户的需求;馆藏建设;人力资源;公共图书馆的的管理与宣传。书中还附有国际国联/联合国教科文组织关于公共图书馆宣言等 4 篇附录。该书中的各个部分除了具体详细的阐述外,还对国际上许多国家在不同方面的实施事例作了说明,更便于同行理解、参考。

4693

2003 海峡两岸图书馆建筑设计论文集 / 戴利华主编. -- 北京:北京图书馆出版社,2003. -- 392 页:16 开. -- 7 - 5013 - 2195 - 7(国家图书馆)

本书收海峡两岸图书馆和建筑学界提交的论文 50 篇,内容涉及图书馆建筑的变革与发展,图书馆建筑设计的新理念,信息环境、服务观念和功能的变化对图书馆建筑的影响,数字图书馆的发展与图书馆建筑的关系,图书馆建筑的文化特色和环境艺术,新设备、新材料、新技术、新工艺的应用与图书馆的人文特征,图书馆建筑标准、设计规范等。(金丽萍)

4694

藏书考:图书馆的诞生与沿革 /(美)莱诺・卡森(Lionel Casson)著;张曌菲译. -- 台北:新新闻文化事业公司,2003. --219 页:插图;21cm. -- 957 - 2026 - 57 - 7

原书名:Librariws in the Ancient World。卷首是原著者撰写的前言,其后是古代希腊、罗马地图。全书共 9 章。第一章"起始:远古近东地区";第二章"起始:希腊";第三章"亚历山大图书馆";第四章"图书馆起源";第五章"起始:罗马";第六章"罗马帝国图书馆:罗马城内";第七章"罗马帝国图书馆:罗马城外";第八章"由书卷到手抄本";第九章"迈向中世纪"。书后是插图说明。(赵红)

4695

公共图书馆服务纲领：国际图书馆协会联盟/联合国教科文组织发展指南 /(英)菲利普·吉尔主持的工作小组编写；毛庆祯译. -- 台北:台湾图书馆学会,2003. -- 13,117 页;21cm. -- 国际图书馆协会联盟出版品第 97 号. -- 957 - 30255 - 9 - 0(国家图书馆)

本书收集全球各地公共图书馆服务的范例,描述公共图书馆在面对挑战时,能够以有创意的方式解决问题,这些例子只是一小部分,还有更多同等的例子没有被收录。通过全球各地的例子,描绘出适合当地需要的各种公共图书馆服务。全书共分 6 部分。第一部分,公共图书馆的角色及任务;第二部分,法源及预算;第三部分,满足使用者需要;第四部分,馆藏发展;第五部分,人力资源;第六部分,公共图书馆管理与行销。书前有序言、服务读者宪章、影响公共图书馆服务的因素与业务指标及导论。书后有附录:国际图书馆协会联盟/联合国教科文组织公共图书馆宣言、芬兰图书馆法、1998 年英格兰白金汉郡图书馆服务读者宪章、图书馆建筑标准——加拿大安大略和西班牙巴塞隆那。该书并列题名 The Public Library Service。(赵红)

4696

西北工业大学图书馆馆史:1938—2002 / 苟文选主编. -- 西安:西北工业大学出版社,2003. -- 510 页,16 页图版:图(部分彩图),肖像,摹真;21cm. -- 7 - 5612 - 1693 - 9(北京师范大学图书馆)

本书由两部分组成。第一部分为正文,正文从馆舍、文献资源、分类编目、读者服务、参考咨询与情报服务、自动化与数字化、学术研究、馆际协作与资源共享以及职工队伍建设等方面,记述了西北工业大学图书馆 65 年的发展历程;第二部分"大事记"。附录中列出了部分简介、统计表等。本书内容丰富、资料翔实,可以管窥我国现代高校图书馆发展之一斑。(于静)

4697

中国图书馆建筑研究跨世纪文集 / 广东省立中山图书馆编;李明华, 李昭醇, 赵雷主编. -- 北京:北京图书馆出版社,2003. -- 555 页:图;27cm. -- 7 - 5013 - 2189 - 2(北京大学图书馆)

本书收录的相关理论性文章涉及图书馆建筑的哲学、图书馆及其建筑的构成和发展、创造有中国特色的现代化图书馆建筑、图书馆的建筑美学等领域。(于静)

4698

学校图书馆指南 / 国际图联/联合国教科文组织;孙利平, 郑步芸译. -- 北京:北京图书馆出版社,2003. -- 44 页;21cm. -- 国际图联出版物第 77 辑. -- 7 - 5013 - 2143 - 4(国家图书馆)

本《指南》是对国际图联/联合国教科文组织《学校图书馆指南》的译本,其主旨是为全世界各国建立和发展其各自的学校图书馆提供指导和帮助。内容包括:使用与方针、资源、职员、项目与活动、图书馆与学习推广,最后附国际图联/联合国教科文组织学校图书馆宣言:学校图书馆在教学中为全民服务。(于静)

4699

台湾图书馆七十年大事图辑 / 台湾图书馆七十年大事图辑编辑委员会编辑. -- 台北:台湾图书馆,2003. -- 119 页;26cm. -- 957 - 678 - 373 - 9(国家图书馆)

为庆祝台湾图书馆创立七十周年,缅怀先人走过的足迹,特编制本大事图辑。依本馆走过的历史足迹先后顺序,并结合时代演变的特征面貌,将本馆沿革史分为 6 个时期:1933—1937 年筹备创馆、1938—1945 年抗战西迁、1946—1948 年胜利还都、1949—1985 年迁台复馆、1986—1995 年新馆营运、1996—2002 年易名出发。所收大事及图片资料,以本馆与当代社会脉动有关联之事端,以及本馆历来重要政策言论、重要出版品、业务沿革和人事更替等事项为主。(赵红)

4700

数字时代的图书馆 / 胡银仿主编;中国图书馆学会社区乡镇图书馆专业委员会, 湖北省图书馆学会, 湖北省图书馆编. -- 武汉:湖北科学技术出版社,2003. --2 册(575, 572 页);26cm. -- 7 - 5352 - 3103 - 9(国家图书馆)

本书分上、下两卷。上卷为中国图书馆学会第三届中国社区乡镇图书馆发展战略研讨会论文集,共收入论文 185 篇。内容涉及社区乡镇图书馆的社会地位与作用、实践与经验、用户与服务研究、数字化建设、管理人才的培养、社区乡镇图书馆与"共享工程"及与其他图书馆之间的关系等方面。入选论文从不同的角度阐述了中国社区乡镇图书馆发展的现状,具有一定的参考价值。下卷是湖北省图书馆学会 2003 年学术年会论文集,共收入论文 190 篇。内容涉及数字时代图书馆员的角色定位、数字时代图书馆专业队伍建设、馆长的素质与领导艺术、数字时代的个性化服务、知识挖掘与知识服务、图书馆特色服务等方面。这些论文从不同角度阐释了数字时代图书馆人力资源开发与服务创新。(张玲)

4701

百舸争流:华北、东北、西北地区少年儿童图书馆第八届学术暨工作研讨会论文集 / 李春红主编. -- 北京:北京图书馆出版社,2003. -- 456 页;21cm. -- 7 - 5013 - 2176 - 0(中山大学图书馆)

本书包括: 少年儿童图书馆的科学组织与管理,少年儿童图书馆事业建设与发展,少年儿童图书馆信息资源的建设与共享,少年儿童图书馆基层服务网点建设,少年儿童图书馆读者,少年儿童的信息素质培养,少年儿童图书馆的自动化、网络化建设等部分内容。(于静)

4702

e 时代的修养:大学生信息素质教育基础读本 / 马晓声主编. -- 天津:天津人民出版社,2003. -- 220 页:图;20cm. -- 7 - 201 - 04369 - 2(天津师范大学图书馆)

本书力图将图书馆学与计算机技术结合起来探讨全新的图书馆的理念,阐述了大学生与图书馆、图书与图书馆文化、网络信息资源的开发与利用等。(于静)

4703

藏书家.第7辑 / 齐鲁书社编. -- 济南:齐鲁书社,2003. -- 165页:照片,书影;20cm. -- 7-5333-1180-9(天津商业大学图书馆)

本书包括藏书忆往、书林一叶、版本谈故、藏书讲座、域外书情等栏目,文章有:我珍藏的一本小书,残书小记,清刻本的鉴赏与收藏,中国近代四大藏书家之盛衰,东京淘书记等。(于静)

4704

藏书家.第8辑 / 齐鲁书社编. -- 济南:齐鲁书社,2003. -- 166页:照片,书影;20cm. -- 7-5333-1254-6(国家图书馆)

本书包括藏书忆往、书林一叶、版本谈故、雪泥鸿爪、书市漫步等栏目,文章有"寒窗青灯五十年"、"来燕榭书跋"、"续补《藏书纪事诗》"、"戈宝权先生与书"等。(王旭东)

4705

国际图书馆建筑大观图集(第二版) / 吴建中主编. -- 上海:上海科学技术文献出版社,2003. -- 14,217页:图;30cm. --978-7-5439-2115-3(北京大学医学部图书馆)

本书汇集了39个国家100家世界知名的图书馆建筑。本书根据国际图联图书馆建筑委员会确定的原则,对1999年版图集进行了充实和调整,并新增了44家新馆。精美的建筑图片和详尽的文字资料,全面展示了近20年来国际图书馆事业的辉煌成就以及建筑与文化的完美结合。本书由吴建中主编,20多位世界各国图书馆和建筑设计专家参加本书的编撰工作。国际图联新任主席拉塞罗卡为本书撰写了序言。(张玲)

4706

廿一世纪公共图书馆新论 / 吴建中著;胡欧兰编. --台北:文华图书馆管理资讯股份有限公司,2003. -- 242页:照片;21cm. -- 并列题名中的21后有"st"右上角标. -- 957-8708-61-0(国家图书馆)

全书分8章。分"工作重心:从书本位向人本位转移"、"业务重心:从第二线向第一线转移"、"服务重心:从一般服务向咨询服务转移"、"收藏:向各种文明记录及其载体延伸"、"业务:向馆外延伸"、"服务:向社区及家庭延伸"、"图书馆是终身教育和文化娱乐中心"、"图书馆是讯息传播与交流中心"。书后附录了国外有关图书馆事业发展的指导性文件:联合国教科文组织《公共图书馆宣言》、英国《图书馆宣言》、美国图书馆宣言12条、日本《公共图书馆的任务和目标》、日本公共图书馆管理的12条建议。(赵红)

4707

中小学图书馆建设探索 / 吴伟民. -- 上海:上海辞书出版社,2003. -- 230页;20cm. -- 7-5326-1282-1230(国家图书馆)

本书分为3部分。阐述了学校图书馆的定位、作用、功能、目标与发展理念,论述了中小学图书馆建设的进展、文献信息现代化、资源配置与管理创新等,介绍了信息服务、管理创新与开展读书活动等实践和经验等内容。(于静)

4708

前进中的辽宁省高校图书馆 / 杨晓军主编. -- 北京:高等教育出版社,2003. -- 264页,40页图版:图;27cm. -- 7-04-009498-3(大连理工大学图书馆)

本书全面记录了辽宁省高校图书馆20年改革发展的足迹。书中将全省高校图书馆按综合性大学、理工农科院校、医学药科院校、师范院校、财经贸易院校、语言院校、体育与艺术院校、电视大学、高职院校、其他院校进行划分,分别介绍。(于静)

4709

辽宁省高校图书馆数据统计集成 / 张汝文主编. -- 北京:高等教育出版社,2003. -- 312页;27cm. -- 7-04-009498-3(大连理工大学图书馆)

本书汇集了辽宁省高校图书馆历年的业务工作统计数据,如《历史的回顾——辽宁省高校图书馆20周年发展综述》《1980—2002年辽宁省高等学校图书馆建筑面积统计表》《1980—2002年辽宁省高等学校图书馆职工人数统计表》等。书中依据的是20多年中,国家教育部要求全国高等学校图书馆呈报的历年统计数据。(于静)

4710

继承 创新 发展:清华大学图书馆建馆90周年纪念文集:1912—2002 / 吴开华主编. -- 北京:清华大学出版社,2003. --425页,4页图版:图;23cm. -- 7-302-07136-5(清华大学图书馆)

本书是清华大学图书馆建馆90周年纪念文集。书中收录的62篇学术论文和回忆性文章,均为近几年该馆工作人员发表。这些文章全面、真实地反映了该馆近年的建设、发展状况和学术研究水平。论文主题包括图书馆建设与发展、信息服务、资源建设、知识组织、信息素养教育、图书馆现代技术与服务及其他相关研究如知识产权研究、科技史研究、古籍修复等内容。书前有彩色插图:1921年图书馆全体职员合影、图书馆一、二、三期建筑及外国友人参观场景,书后附有参考文献。(胡秋玲)

4711

21世纪国会图书馆数字战略 /(美) 国会图书馆信息技术战略委员会等著;蒋伟明,苑克俪译. --北京:北京图书馆出版社,2004. -- 22,302页:图;21cm. -- 7-5013-2148-5(国家图书馆)

这是美国国会图书馆信息技术战略委员会,计算机和远程通信委员会,物理、数字和应用程序委员会,全国研究理事会等机构组成的国会图书馆战略评估委员会在1999年对国会图书馆的主要部门和工作进行了深入细致的考察和评估后形成的报告。本书从全面完整地收集和保存本国文化遗产和人类知识资源的高度探讨数字战略,集中阐述了数字馆藏的建立、信息技术基础设施等。全书内容涉及图书馆的主要工作与前沿问题,尤其对数字化建设与管理问题提出了重要的建议,并在此基础上对国会图书馆未来的数字化战略作了详尽描述。(张玲)

4712

书乡漫录 / 曹培根著. -- 石家庄:河北教育出版社, 2004. --273 页:图, 肖像;24cm. -- 书林清话文库. -- 7 - 5434 - 5653 - 2(国家图书馆)

本书对明嘉靖后崛起的常熟派或称虞山派在中国藏书史上产生的深远影响、主要藏书家和藏书楼进行探讨。常熟是明清以来中国私家藏书中心,被誉为中国藏书之乡。本书所载主要文章便是笔者研究常熟藏书文化的初步研究成果,具体内容包括虞山书人、虞山盈邑、琴川书事及学人书品 4 部分内容。(于静)

4713

知识管理与图书馆 / 丁有骏, 刘勇主编. -- 北京:北京图书馆出版社,2004. -- 277 页:图;26cm. -- 北京高校第七届图书情报资料学术年会. -- 7 - 5013 - 2454 - 9(国家图书馆)

本书是北京高校情报资料研究会和北京林业大学图书馆联合主办的北京高校第七届图书情报资料学术年会论文集。本次年会共收到论文 94 篇,经专家和理事评审收入本文集 65 篇,另有 11 篇特邀专家论文参加本次会议。文集共分前言、序、专家论坛和作者论坛 4 个部分,其中作者论坛分 9 个栏目:图书馆管理,图书馆员,数字化图书馆,自动化、网络化、数字化,文献信息资源建设与任务,资源共建共享,参考咨询,文献检索课,读者工作。(张玲)

4714

美图文集. 第二集 / 高等美术院校图书馆专业委员会主编. -- 天津:天津人民美术出版社,2004. -- 658 页:图; 20cm. --7 - 5305 - 2606 - 5(中国人民大学图书馆)

本书所辑论文在研究的选题上贴近了今天图书馆建设的现实需求,从管理的实际出发,思考新的教学环境和文化环境下图书馆建设的重点方面,还涉及采编业务、典藏文献、新书评介、艺术和文化理论、艺术史研究等课题。(于静)

4715

逛书架 / 逛书架编辑小组. -- 台北:边城出版,2004. -- 203 页:图,照片;26cm. -- 957 - 29915 - 1 - 5(国家图书馆)

"逛书架"系列由陈建铭主编。本书图文并茂,讲述了读书人与书籍的趣闻趣事。包括"杨泽——藏书的文化特权","阮庆乐——私密的灵魂通道","孙逸仙图书馆——沉静的一页","张大春——说书人的书架导游","洪祯国——百科全书式阅读","谢碧鹤——五官的乡宴"等 21 篇文章。(赵红)

4716

图书馆知识管理与服务策略推动委员会 2004 年度会议成果报告 / 台湾大学图书馆编著. -- 台北:台湾图书馆, 2004. --68,45 页;26cm;光盘 1 片. -- 图书馆事业发展计画 93 - 16. -- 957 - 678 - 418 - 2(国家图书馆)

本报告就台湾图书馆之各项议题,经过一系列的讨论与研究予以通盘检讨,并配合社会需要、前瞻未来发展之方向,研拟可行措施,以供决策单位采行实施,为图书馆合作之目标共同努力。(赵红)

4717

基层图书馆建设与探索 / 黄钢水著. -- 北京:光明日报出版社,2004. -- 230 页, 8 页图版:肖像, 彩图;21cm. -- 7 - 80145 - 218 - 6(厦门大学图书馆)

本书作者从基层图书馆的基础设施、人才资源、科学管理、文献信息、业务开展、自动化建设、读者服务以及事业发展等方面展现了基层图书馆工作者为基层文化建设无怨无悔、不懈追求的心路历程。(于静)

4718

高校图书馆应用教程 / 李辉, 李孝忠, 程传功主编. -- 济南:山东大学出版社,2004. -- 165 页:图;20cm. -- 7 - 5607 - 2783 - 2(国家图书馆)

本书编写兼顾传统图书馆和现代图书馆两个方面,力图使读者通过阅读本书了解图书馆的文献信息存储模式及运作规律,掌握利用图书馆、利用计算机网络获取文献信息的途径和方法。教材系统地介绍了高校图书馆的发展、资源建设和为读者服务方式,阐述了现代高校图书馆的运作规律、资源整理过程、图书馆的利用方法以及信息获取方式。为适应现代信息社会发展的需要,本书专列一章介绍了网络环境下图书馆的服务及发展趋势。全书共分 6 章,依次为图书馆、图书馆资源、馆藏文献的组织与目录、高校图书馆的服务内容、图书馆的利用、网络环境下图书馆的服务及发展趋势。本书既可作为普通高校大学生,尤其是一年级新生"图书馆使用入门"等选修课程的使用教材,也可作为一般读者了解和应用图书馆的参考书。(于静)

4719

信息时代大学图书馆读者服务工作理论与实践 / 刘广明等编著. -- 北京:北京图书馆出版社,2004. -- 238 页; 21cm. --7 - 5013 - 2472 - 7(国家图书馆)

本书时代性强,对当代图书馆读者服务工作理论与实践的发展脉络进行了梳理和概括,介绍了许多新颖而深刻的思想观点。全书分理论篇、实践篇、附录 3 部分,共 7 章,包括:图书馆读者服务工作理论与实践的发展变化、图书馆读者理论研究、网络环境下以用户为中心的服务方法体系研究、以用户为中心的信息服务体系的组织管理理论研究、以用户为中心的数字参考服务研究、国内外主要数据库检索指南、网上专题信息服务。内容既注重对当前图书馆读者服务工作新理论、新方法的介绍,又注重立足本馆实际来介绍相关数据库和网络信息资源的使用,是一部集理论研究与实际利用于一体的著作,对于推动大学图书馆工作、提高大学生信息素养会起到一定作用。(于静)

4720

藏书家. 第 9 辑 / 齐鲁书社编. -- 济南:齐鲁书社,2004. -- 170 页:照片,书影;20cm. -- 7 - 5333 - 1378 - X(国家图书馆)

本书是关于藏书的文集,涉及版本、藏书的理论文章有《雍正刊本〈笠泽丛书〉之谜》《藏书家身后盖印》等。(王旭东)

4721

中小型图书馆实用小百科 / 任宝祯主编. -- 深圳:海天出版社,2004. -- 781 页:图;20cm. -- 7-80697-162-9(华南师范大学图书馆)

全书分为理论篇、操作篇、知识篇、导读篇以及附录篇 5 部分,阐述了图书馆学的基础理论和图书馆管理的有关知识等内容。(于静)

4722

网络环境下的高校图书馆理论与实务 / 史智忠主编. -- 西安:陕西人民出版社,2004. -- 329 页;21cm. --7-224-06856-X(西安交通大学图书馆)

本论文集内容分成 4 方面,一是文献资源建设方面;二是读者服务;三是图书馆管理;四是馆员素质教育及图书馆的育人功能。(于静)

4723

读书淘书藏书记 / 王晓建著. -- 北京:知识出版社,2004. --276 页:图;21cm. -- 7-5015-4211-2(北京大学图书馆)

本书是作者关于书的文字,全书收录读书况味、书房情调、淘书甘苦、书人书事、书海留韵、著书编书 6 类 110 多篇文章,抒发了作者对书的感情。(于静)

4724

古书收藏 / 韦力著. -- 沈阳:辽宁画报出版社,2004. -- 127 页:彩图,摹真;21cm. -- 7-80601-597-3(北京师范大学图书馆)

本书概略地叙述了古书收藏的各种知识,书中结合了作者成功的收藏经验,对广大"古书迷"是一本很好的指导入门书。(于静)

4725

图书馆发展十大热门话题:策略思考 / 吴建中. -- 台北:文华图书馆管理资讯股份有限公司,2004. -- 284 页;23cm. --957-8708-70-X(国家图书馆)

该书是上海图书馆馆长吴建中博士主编的探讨图书馆发展问题的一部论著。本书主要以当前图书馆发展中的 10 个话题作为引论,配合 17 篇选文作为深化论述的参考,另附相关资料及案例作为旁证。本书讨论的主题包括:图书馆的生存价值、图书馆范式演变、WTO 与图书馆、无偿与有偿、虚拟参考服务、数位图书馆与资源描述、图书馆联盟、图书馆员专业性、图书馆法与知识产权、国际图联的改革及未来走向等 10 项。书前有王振鹄序、吴建中再版序。书后有原编后记及索引。(赵红)

4726

旧书收藏 / 谢其章著. -- 沈阳:辽宁画报出版社,2004. -- 127 页:彩图,摹真;21cm. -- 7-80601-598-1(北京师范大学图书馆)

本书围绕着旧书收藏而叙述,介绍了旧书的概念、藏书票、丛书、全集、文集和选集、毛边书、参考书、绣像与插图、线装书等。在叙述上述知识中融合了作者的经验、体会和心得,还有对书的痴爱之情,令人深受感染。(于静)

4727

中华人民共和国国家标准. 手动密集书架技术条件 / 杨宇华,杨天润,孔令敏起草. -- 北京:中国标准出版社,2004. --6 页:图;30cm. -- 155066·1-20625(北京师范大学图书馆)

本标准于 2003 年 11 月 27 日发布,2004 年 5 月 1 日实施。(于静)

4728

民国书影过眼录 / 张泽贤著. -- 上海:上海远东出版社,2004. -- 300 页;21cm. -- 7-80661-880-5(国家图书馆)

本书针对作者所收藏的民国旧版本书籍,结合封面图片,介绍作者名号、购书过程、读后感等,全书分为作家专著,合集·翻译·论丛,艺术,杂著等。全书包括隔膜、叶圣陶文集、踪迹、空山灵雨、雪的除夕、资平自选集、雨天的书、苦雨斋序跋文、谈龙集、苦竹杂记、风雨谈、药堂杂文、书房一角、苦口甘口、立春以前、故乡、无妻之累、坟、故事新编、夜记、野祭、色情文化、水沫集、平淡的事、窗下随笔、海上闲话、情书二束、市声草、达夫自选集、马克思传、剪影集等。(张玲)

4729

中华人民共和国国家标准. 电动密集书架技术条件 / 周忠义,杨天润,吴德怀起草. -- 北京:中国标准出版社,2004. --6 页:图;30cm. -- 155066·1-20626(北京师范大学图书馆)

本标准于 2003 年 11 月 27 日发布,2004 年 5 月 1 日实施。(于静)

4730

图书馆的故事:人与书,千百年来不曾平静的历史 /(美)马修·巴托斯(Matthew Battles)著;尤传莉译. -- 台北:远流出版事业股份有限公司,2005. -- 307 页:图;21cm. -- 绿蠹鱼. -- 957-32-5567-7(国家图书馆)

卷首王岫的导读——书和图书馆的故事。全书共 7 章。第一章阅读图书馆;第二章焚烧亚历山卓;第三章智慧之星;第四章书之战役;第五章人人有书读;第六章知识著火;第七章流连忘返于书库。(赵红)

4731

当代高校图书馆信息化建设导论 / 董颖著. -- 哈尔滨:黑龙江人民出版社,2005. -- 244 页:图;21cm. --7-207-06504-3(北京大学图书馆)

本书全面阐述图书馆信息管理的基础知识和基本理论,包括:第一章信息技术概况,第二章高校图书危害性的发展趋势,第三章当代高校图书馆信息服务,第四章当代高校图书馆的信息资源,第五章当代高校图书馆信息资源的共建共享,第六章当代高校图书馆信息化的技术平台构建,第七章当代高校图书馆的读者用户和服务人员研究,第八章当代高校图书馆信息建设工作中的版权问题。(于静)

4732

逛书架 / 逛书架编辑小组编;陈建铭主编. -- 台北:边城出版,2005. --176,40 页:图,照片;26cm. -- 986-81379-9-3(国家图书馆)

本书主要介绍一些名人、作家的私人书房，兼谈与读书、买书相关的事情。从封面页起是“往右逛逛”部分，内容有“付博——日系推理图书馆”，“韩良露——波西米亚人的书房”，“刘康毅——武林秘笈高楼藏”；“颜冠群——忍者的房间”等篇。自封底起是“往左逛逛”部分，是本书编辑对香港6位文化人的采访，内容有“翁维铨——我为影狂”，“蔡珠儿——食与读之间”，“曹伟民——书架与日常”，“深雪——飘忽灵魂的居所”，“麦成辉——阅读的禅意”，“蔡澜——享乐的艺术”。（赵红）

4733

海峡两岸儿童及中小学图书馆学术研讨会论文集／台中图书馆编. -- 台中县：台中图书馆，2005. -- 20，197页；21cm；1光盘. -- 公共图书馆素养丛书. 2. --986 - 00 - 4109 - 1（国家图书馆）

本调查研究主要是希望了解台中图书馆读者的基本特性，探讨其阅读兴趣、阅读需求、阅读方式与阅读行为，以及他们对台中图书馆各项软硬体服务设施的需要及建议事项，作为台中图书馆充实馆藏、改进服务设施及开展各类型阅读活动之参考。全书分5章。第一章绪论，介绍了研究背景、目的及问题；第二章文献探讨；第三章研究设计与实施；第四章调查结果分析；第五章结论与建议。书前有台中图书馆薛茂松馆长写的序文、本书的中英文摘要，书后有期中审查意见改善表、期末审查意见改善表、台中图书馆读者阅读需求及阅读型态调查问卷儿童版等18条附录。（赵红）

4734

第六届海峡两岸儿童及中小学图书馆学术研讨会论文集／“中央图书馆”台湾分馆编；李玉瑾总编辑. -- 台北县：“中央图书馆”台湾分馆，2005. --385页：图；26cm. -- 海峡两岸儿童及中小学图书馆学术研讨会论文集 第六届. -- 986 - 00 - 2887 - 7（精装）（国家图书馆）

本书共分两部分，收录海峡两岸儿童及中小学图书馆学术论文26篇。第一部分台湾论文篇，主要有结合e图书馆的数位学习对小学教育之影响兼论其规划策略（王美玉）、NTL亲子资料中心的过去与未来（李少萍、廖又生）、试论儿童发展、上网癖瘾与图书馆经营（李玉瑾）等12篇。第二部分大陆论文篇，主要有“结读”活动与阅读网路（王秀银），网路时代：让少儿阅读活动更精采（李玮），论儿童与青少年网路资源的质量及检索利用（金文玉、崔玉兰）等14篇。书前有廖又生写的序言。书后附有大陆学者简体字论文。（赵红）

4735

历久弥新：新馆营运周年特刊／“中央图书馆”台湾分馆编；李玉瑾总编辑. -- 台北县：“中央图书馆”台湾分馆，2005. -- 286页：图；26cm. -- 986 - 00 - 3694 - 2（国家图书馆）

本书是“国立中央图书馆”台湾分馆新馆运营一周年而发行的特刊，主要介绍了新馆一年来的业绩。共收论文20篇，包括廖氏图书馆经营整体性策略模式实作分析、回首来时路——从台湾总督府图书馆到“国立中央图书馆”、我在新旧馆任职的心路历程、“国立中央图书馆”台湾分馆对视障者服务的推展方向、“国立中央图书馆”台湾分馆书库搬迁始末、“国立中央图书馆”台湾分馆委外经营管理案之执行经验与建议等。书前有廖又生馆长写的序言“窥古鉴今”，书后附有营运周年大事纪、营运周年工作纪要、营运周年业务统计等附录。（赵红）

4736

公共图书馆行销经营／赖甫昌等编辑. -- 台中县：台中图书馆，2005. -- 284页：图；21cm；1光盘. -- 公共图书馆人才培训教材第3辑. -- 986 - 00 - 3166 - 5（国家图书馆国家图书馆）

本书是公共图书馆人才培训教材第3辑，共收录20篇文章。全书包括4部分。第一部分图书馆行销篇，文章有图书馆行销：图书馆学的一个新的领域（廖又生）、公共图书馆的创意行销、经营策略与阅读推广（曾淑贤）等；第二部分图书馆公共关系篇，文章有公共图书馆之公共关系与形象（林志凤）、图书馆的公共关系及形象（翁一珍）等；第三部分图书馆与媒体篇，文章有新闻稿写作（何旭初）、如何撰写新闻稿（张家琪）等；第四部分阅读活动推广篇，文章有绕著地球跑：世界各国的阅读运动（杨美华）、图书馆阅读活动的规划与带领（卢彦芬）等。书前有台中图书馆薛茂松馆长写的序文，书后有公共图书馆行销管理人才培训企划书、图书馆经营参考书目、图书馆行销及策略参考书目等附录。（赵红）

4737

城市图书馆集群化管理研究与实践／李东来等编著. -- 北京：北京图书馆出版社，2005. -- 274页：图；24cm. -- 7 - 5013 - 2820 - X（北京师范大学图书馆）

本书在充分利用现有技术成果、工作资料、实践经验的基础上，论述了我国城市图书馆事业发展历程，以及城市图书馆现状及其发展历程，并且通过案例，探讨了网络环境下城市图书馆集群化发展趋势。（于静）

4738

辽宁省高校图书情报科学研究成果目录总汇／李小非，杨晓军主编. -- 北京：高等教育出版社，2005. --593页：图；25cm. -- 7 - 04 - 009498 - 5（大连理工大学图书馆）

本书汇集了辽宁省各高校馆20年来的科研成果，汇集部分不同层次高校图书馆人结合工作实践，对图书馆发展中的一些问题认真研究探讨，在不同时期取得的研究成果。（于静）

4739

联合型社区图书馆功能及发展模式研究／梁丽等著. -- 北京：知识产权出版社，2005. -- 267页：图；21cm. -- 7 - 80198 - 474 - 9（北京大学图书馆）

本书从理论和实践两方面分析了在我国建立联合型社区图书馆的必要性，通过对比总结国内外各种图书馆联盟建设的经验与规律，在客观分析调查数据的基础上，探讨与研究了联合型社区图书馆的功能、服务模式、组织机构及运行机制。（于静）

4740

古今图书收藏指南 / 蔺德生、赵平著. -- 天津:天津古籍出版社,2005. -- 357 页,8 页图版:图(部分彩图),摹真;21cm. -- 7-80696-129-1(国家图书馆)

本书以知书—藏书—用书为主线,分为史略篇、常识篇、利器篇、购求篇、赏鉴篇、保护篇、雅趣篇、致用篇,系统地介绍了与藏书有关的知识。内容包括:书籍的起源和发展、书籍的收藏和研究;古籍版本的概念、版本类型与版本称谓举要、版本术语、图书用纸、图书的装订;藏书要懂书的源流、善本书的标准、识书的门径;图书收藏的原则、什么样的书值得收藏、图书购求的途径;版本评价、鉴定版本的一般方法、各种版本的鉴定、利用有关图书鉴定版本、古书辩识、现代图书版本的鉴定;藏书聚散之故、藏书的登录与排架、书籍的包皮方法、图书贮藏中的保护、图书的修补技术;藏印书、藏书标、藏书票、书斋;几种不同的藏书观、藏书用途新时尚等。书后附近年来部分图书拍卖价格一览。(于静)

4741

藏书家. 第 10 辑 / 齐鲁书社编. -- 济南:齐鲁书社,2005. --174 页:照片;21cm. -- 7-5333-1473-5(国家图书馆)

本书包括藏书闲话、书林一叶、版本谈故、书海披沙、雪泥鸿爪等栏目,文章有《被人遗忘的刊物》《记近年新得的清刻本》《铁琴铜剑楼记访》等。(王旭东)

4742

小学图书馆规划与设计 / 苏国荣著. -- 台北:台湾学生书局有限公司,2005. -- 16,209 页:图;21cm 光盘 1 片. -- 新图书馆学丛书. -- 957-15-1239-7(国家图书馆)

全书共分 6 章。第一章绪论,说明小学图书馆设计规划之重要及相关文献之探讨。第二章馆舍规划,就规划委员会及规划原理加以叙述,并将馆舍位置选择与室内空间配置等详加说明。第三章家具与设备之规划,举凡阅览桌椅、书架期刊架、电脑卡座视听器材之配置、影印及饮水设施、景观及指标等之规划设计分别加以叙述。第四章馆藏规划,针对馆藏资源之选择、典藏与评鉴予以阐述。第五章人力资源的规划,专论小学图书馆的组织、人员,对于志工之培育与图书馆社团亦有充分之讨论。第六章结论,就目前小学更新校园之际,对于图书馆之建筑规划提出若干建议,俾教育行政机构施政之参考。书前有花莲师范学院校长林焕祥及作者写的序。书后有附录:(1)中文索引;(2)外文索引;(3)小学图书馆设立及营运基准。(赵红)

4743

社区图书馆工作 / 王丽主编. -- 厦门:厦门大学出版社,2005. -- 424 页:图;21cm. -- 7-5615-2451-X(武汉大学图书馆)

本书共分 7 个部分,导论部分探讨了社区图书馆的基本原理,其余 6 个部分涉及社区图书馆的具体工作,包括文献资源建设、分类标引、编目、读者工作、自动化与网络化建设等。(于静)

4744

图书馆与大学生知识创新 / 吴东敏, 高新陵编著. --南京:河海大学出版社,2005. -- 266 页:图;21cm. --7-5630-1531-0(浙江大学图书馆)

本教材阐明了利用图书馆的重要性, 论述了图书馆的定义、性质与任务, 文献的类型、收藏、分类和目录组织, 重点介绍了图书馆各种文献的检索、查询和利用方法, 旨在为大学生熟悉和利用图书馆提供必要和有益的帮助。(于静)

4745

科学图书馆发展研究 / 叶建忠编. -- 北京:科学出版社,2005. -- 317 页:图;24cm. -- 7-03-015498-3(北京师范大学图书馆)

本书就门户与导航建设、科技信息资源共建共享机制、图书馆的决策支持服务、图书馆市场化及其经济分析、图书馆业务、图书馆管理与读者服务工作当前发展、图书馆国际合作等问题进行了探讨。(于静)

4746

儿童图书馆经营管理与读者服务 / 曾淑贤. -- 台北:文华图书馆管理资讯股份有限公司,2005. -- 14,539 页:图;23cm. -- 957-8708-73-4(国家图书馆)

卷首有郑雪梅序、著者自序。本书共 12 章,包括:儿童图书馆事业的发展概况、儿童图书馆的行政体制、儿童图书馆的建筑规划与设计、儿童发展与儿童读物的选择、儿童图书馆馆藏发展与选书工具、儿童图书馆的读者服务、儿童图书馆的资讯利用教育、阅读推广活动与设计、社会资源运用等。书后有中文索引、英文索引、附录。书中有照片若干并附图表目次。(赵红)

4747

中小学教学支援导航站:学校图书馆媒体中心 / 周倩如著. -- 台北:文华图书馆管理资讯股份有限公司,2005. -- 191 页;23cm. -- 957-8708-80-7(国家图书馆)

本书内容实为作者硕士论文,书中提及美国中小学的图书馆媒体课程与图书馆网页诸多,为阅读时对照之便,在内文中增加相关网页图示。近年来,以学校图书馆为主,探讨支援教学以及融入教学之研究尚不多见,而本书透过文献分析,对美国学校图书馆媒体中心之发展、相关标准、支援教学服务、图书馆媒体课程、图书馆媒体技能融入课程以及图书馆媒体专家的伙伴关系等议题,分章详加论述。全书共分 8 章。第一章绪论;第二章学校图书馆媒体中心之发展沿革;第三章学校图书馆媒体中心相关标准;第四章学校图书馆媒体中心支援教学之服务;第五章学校之图书馆媒体课程;第六章学校之图书馆媒体技能融入课程;第七章美国学校图书馆媒体专家之伙伴关系;第八章结论。书前有台北市立图书馆馆长曾淑贤写的序及作者自序。(赵红)

4748

学校图书馆管理与服务创新 / 朱宝利主编. -- 北京:北京出版社,2005. -- 234 页;20cm. -- 7-200-03528-9(天津职业大学图书馆)

本书所收文章分 4 个部分: 图书馆建设与管理、读者教

育与培养、教育教学改革与图书馆服务、图书馆现代化数字化。(于静)

4749

华北高校图协二十年:第十九届学术年会论文(文章)选集 / 河北省高等学校图书情报工作委员会编;张林主编. -- 北京:机械工业出版社,2005. -- 458 页:图;30cm. -- 7 - 111 - 04280 - 8(北京师范大学)

本书为华北高校图协第十九界学术年会论文集,所收论文按地区编排,内容覆盖面广,例如:华北地区高校图协成立十年来的回顾、大事记、高职院校图书馆的困境与出路、大学图书馆特色资源数字化建设、高校图书馆工作人员继续教育初探、略论北京高校网络图书馆虚拟参考咨询系统的资源建设等。(于静)

4750

国家创新体系中专业图书馆的服务与发展 / 中国图书馆学会专业图书馆分会编. -- 北京:北京图书馆出版社,2006. --350 页:16 开. -- 7 - 5013 - 3141 - 3(国家图书馆)

这是中国图书馆学会专业图书馆分会组织的会议论文精选。主要探讨当前各类专业图书馆服务与发展的问题,内容涉及总论、文献资源建设、文献服务、人才培养与专业教育 4 个专题。(金丽萍)

4751

台湾图书馆体质转变的十年:易名十周年纪录:1996—2006 / 台湾图书馆编著. -- 台北:台湾图书馆,2006. -- 79 页:图,照片;27cm. -- 957 - 678 - 439 - 5(国家图书馆)

本书记录了 10 年来台湾图书馆的发展,共分 9 章。第一章馆藏建构的多元突破;第二章读者服务的优质创新;第三章数位服务的精进成就;第四章专业规范的研订推广;第五章图书馆事业的研究辅导;第六章阅读风气的全面倡导;第七章提供图书馆界的专业服务;第八章出版产业的相辅相成;第九章国际合作与学术交流。书前有台湾图书馆馆长庄芳荣写的序。(赵红)

4752

高校图书馆评估与管理 / 柴晓娟, 代根兴主编. -- 北京:北京图书馆出版社,2006. -- 277 页:图;21cm. --7 - 5013 - 3131 - 6(北京师范大学图书馆)

本论文集收集了评估学术年会的部分论文, 其内容涉及评估准备、评估指标的解读、评估与读者服务、评估与文献资源采购、文献数据库评价等, 对高校图书馆的评估工作有一定的借鉴。(于静)

4753

数字时代的图书馆建筑与设备 / 常林主编. -- 北京:北京图书馆出版社,,2006. -- 285 页:图;26cm. -- 7 - 5013 - 3130 - 8(北京师范大学图书馆)

本书的主要内容包括3 部分, 第一部分包括数字化时代的图书馆、图书馆变革趋势与建筑发展等内容; 第二部分主要包括图书馆的规划与设计管理, 内容包括规划立项与可行性研究、图书馆建筑的规划等方面的内容; 第三部分主要是设施与设备方面的内容, 包括楼宇管理自动化系统、业务管理与服务数字化系统等。(于静)

4754

藏书家. 第 11 辑:复刊号 / 宫晓卫主编. -- 济南:齐鲁书社,2006. -- 195 页:图;23cm. -- 7 - 5333 - 1739 - 4(国家图书馆)

本书包括书林一叶、雪泥鸿爪、版本谈故、版本论坛、书林寻踪、书海披沙、读书随记、版本讲座、书市漫步等栏目。(王旭东)

4755

公共图书馆空间及营运改善计画成效评估及读者满意度调查研究 / 台中图书馆编. -- 台中县:台中图书馆,2006. -- 20,251 页;21cm;1 光盘. -- 公共图书馆素养丛书; 3. -- 978 - 986 - 00 - 8496 - 2(国家图书馆)

全书分 5 章。第一章绪论,论述调查缘起、调查目的和研究架构;第二章文献探讨,论述公共图书馆的角色与发展、图书馆服务品质与提升营运关联性、顾客满意度衡量与 IPA 模式;第三章研究设计与方法,论述调查方法、调查范围与对象、抽样设计、调查项目与内容、资料处理与统计分析;第四章调查结果与分析,论述了对台湾 301 个图书馆的普查结果、64 个馆的深度访谈、读者满意度调查;第五章调查结论与建议,提出了调查结论和调查建议。书前有调查问卷表目次;书后有 7 个附录:前侧问卷结果与信度分析、正式问卷、期中审查会议记录、64 馆深度访谈内容、读者满意度交叉分析表。(赵红)

4756

台湾图书馆为民服务白皮书 / “中央图书馆”台湾分馆编. -- 台北:“中央图书馆”台湾分馆,2006. -- 197 页:图,地图;21cm. -- 986 - 00 - 5828 - 8(国家图书馆)

本书共分 14 章,前 13 章关于公共图书馆发展的文章,主要包括公共图书馆在教育体系中的角色(马祖瑞)、现代公共图书馆的动机与挑战(吴奕祥)、我国公共图书馆的发展现况(李分明、庄耀辉)、本馆的历史沿革(李玉瑾)、本馆的组织与编制(苏俊豪)等。14 章为附录,附有交通位置图、园区平面图、各楼层平面图、各单位开放时间暨服务资讯。书前有谬又生馆长写的序言。(赵红)

4757

中小学图书馆管理基础教程 / 黄少虹, 李萍等著. --北京:人民出版社,2006. -- 347 页:图;21cm. -- 7 - 01 - 005618 - 8(华东师范大学图书馆)

本书包括中小学图书馆概论、中小学图书馆馆藏文献建设、中小学图书馆信息检索与利用、中小学图书馆服务、中小学图书馆管理等内容。(于静)

4758

城市图书馆新馆建设 / 李东来, 刘锦山主编. -- 北京:北京图书馆出版社,2006. -- 337 页:图;24cm. -- 7 - 5013 - 3182 - 0(北京师范大学图书馆)

近年来图书馆新馆建设工程在全国各地蓬勃兴起。本书以东莞图书馆新馆建设为案例, 详细探讨和介绍了新馆建设各阶段的工作, 最后还选取首都图书馆等 9 个典型城市

图书馆新馆,分别介绍了各新馆建设概况、得失及楼层分布。(于静)

4759

城市图书馆建设文集 / 李东来主编. -- 广州:广东经济出版社,2006. -- 266 页:图;24cm. -- 7 - 80728 - 346 - 7(北京师范大学图书馆)

本书是有关城市图书馆建设的文章汇编。全书共分为5个部分:事业发展与业务研究;东莞图书馆组织文化建设;书评选登;馆员心声;友人、读者与东莞图书馆。(于静)

4760

华北高校图协第二十届学术年会论文集 / 李广生主编. -- 天津:南开大学出版社,2006. -- 603 页:图;29cm. -- 7 - 310 - 02597 - 0(北京师范大学图书馆)

本书收录《学习型组织与学习型图书馆的构建》《高校图书馆的科学人本管理》《论数字化图书馆学的综合素质》《图书馆知识管理实施对策研究》等论文。(于静)

4761

大学图书馆实时解答实用指南 / 李黎等编著. -- 成都:西南交通大学出版社,2006. -- 241 页:图;26cm. -- 7 - 81104 - 344 - 0(北京大学图书馆)

本书主要内容包括"参考咨询知识库兼虚拟咨询台的制作方法和应用技巧"、"信息检索原理"、"信息检索技术"、"常见检索系统与使用问题解答"等。(于静)

4762

现代化进程中的城市图书馆建设:第十八届全国十五城市公共图书馆工作研讨会论文集 / 刘洪辉主编. --广州:中山大学出版社,2006. -- 367 页:图;23cm. --7 - 306 - 02729 - 8(北京师范大学图书馆)

本书分为图书馆与和谐社会、图书馆功能定位、服务体系建构等8个方面,收入了《社区图书馆是和谐的元素》《建设代表现代化大都市形象的图书馆》等文章。(于静)

4763

澎湖县公共图书馆导览手册 / 王国裕总编辑. -- 澎湖县:澎湖县文化局,2006. -- 111 页:彩图,地图;26cm. -- 澎湖县文化之旅丛书; 32. -- 978 - 986 - 00 - 7543 - 4(国家图书馆)

该书图文并茂地介绍了澎湖县全县公共图书馆各馆服务功能及概况。书内有澎湖县文化局图书馆、澎南图书分馆、白沙乡乡立图书馆、西峪乡乡立图书馆、望安乡乡立图书馆、七美乡乡立图书馆。(赵红)

4764

世界经典图书馆建筑 / 吴建中主编. -- 上海:上海科学技术文献出版社,2006. -- 10, 183 页:彩图;36cm. -- 7 - 5439 - 3005 - 6(国家图书馆)

本书是一部介绍世界图书馆建筑的书籍,内容包括:国家教师图书馆,安特卫普市图书馆,智利国家图书馆,布拉格市立图书馆,丹麦皇家图书馆等。(张玲)

4765

文化·生活·学习:10 个乡镇图书馆转型生活学习中心的真实故事 / 小树等著;张国权,余佩玲主编. --台北:台湾"行政院"文化建设委员会,2006. -- 209 页;20 × 21cm. -- 10 个乡镇图书馆转型生活学习中心的真实故事. -- 986 - 00 - 5310 - 3(国家图书馆)

本书主要介绍了10个乡镇图书馆的经营管理,介绍了乡镇图书馆的自身发展。全书共分4章。第一章启动三角模式的新生活;第二章图书馆转型的无限生机;第三章图书馆进化论;第四章展望。(赵红)

4766

搜书记 / 谢其章著. -- 济南:山东画报出版社,2006. -- 240 页:图, 摹真;23cm. -- 7 - 80713 - 296 - 5(天津农学院图书馆)

本书收录了作者自1986年至2004年间与买书有关的日记560篇。(于静)

4767

内蒙古大学图书馆学术论文集 / 阿拉坦仓, 张利主编. -- 呼和浩特:内蒙古大学出版社,2007. -- 15, 431 页,4 页图版:图, 肖像;30cm. -- 978 - 7 - 81115 - 142 - 8(浙江大学图书馆)

本书是内大图书馆近几年的学术科研成果汇编,内容包括高校文献资源的整合,读者服务工作,书目参考工作,文献机读建设和藏书建设。(于静)

4768

图书馆的寻路与标示 / 陈格理. -- 台北:文华图书馆管理资讯股份有限公司,2007. -- 255 页:图;23cm. --978 - 957 - 8708 - 85 - 3(国家图书馆)

著者序中表述此书是写给图书馆员的,应该科学设计路径与标示以方便读者。全书共8章,依次为:寻路与资讯;寻路因素;寻路设计;标示系统;标示系统设计;案例解析与建议;相关事项(涉及色彩照明等方面);结论。附录有三:(1)馆舍主要空间的标示模拟;(2)参考性检查表;(3)组构式标示板与灯具的范例。其后是参考文献。书中有照片若干,使表述效果更直观。(赵红)

4769

明代的苏州藏书:藏书家的藏书活动与藏书生活 / 陈冠至著. -- 台北县:花木兰文化出版社,2007. -- 251 页;26cm. --古典文献研究辑刊·四编; 4. -- 978 - 986 - 7128 - 97 - 3(国家图书馆)

中国古代的私人藏书风气到了明朝突然大放异彩,且是以苏州为中心而向外扩展的。直到清代,苏州藏书之风仍然屹立不衰,不但承袭明代吴地藏书家的特殊藏书嗜好与藏书理论,甚至促成了中国版本目录学等藏书相关专门学问的成熟与壮大。值得注意的是,明代苏州藏书事业的发达除仰赖地缘、政治、经济与社会等因素以外,藏书家的集团性质与他们的生活文化,也都是促成本地私人藏书事业发达以及文人生活文化形成的主要原因。所以,藏书家对明代"吴中文苑"的生活文化,正可说是扮演着相当重要的主导角色。本文的研究重点与主旨,除着眼于明代苏州地区藏书家之间集团性的分析与界定外,并透过探究出他们日常生活的类型与特色,期盼可以了解明代吴地藏书事业之所以能够振衰起弊、承先启后的一些人文因素。全书共分6章。第一章绪论;第二章苏州的藏书家;第三章藏书家的集团性分析;第四章苏州私人藏书生活窥探;第五章苏州私人藏书对生活与文化的影响;第六章结论。书后有附录:明代苏州藏书家知见表、明代苏州府邻近图。(赵红)

4770

图书情报学论集续编 / 陈自仁主编. -- 兰州:甘肃人民出版社,2007. -- 225页:图;24cm. -- 978 - 7 - 226 - 03621 - 1(武汉大学图书馆)

本书分析了高校图书馆员利用图书情报发展状况,包括论现代中国图书馆发展的初创阶段、浅谈电子报纸的发展前景、试论高校图书馆员科研能力的培养等内容。(于静)

4771

私家藏书风景 / 范凤书著. -- 石家庄:河北教育出版社,2007. -- 272页,2页图版:图,摹真;24cm. --978 - 7 - 5434 - 6300 - 4(北京大学图书馆)

本书共分3部分,第一部分为中国藏书史专著提要。第二部分为范君近年游踪所至访查私家藏书楼之日记,收《江浙私家藏书楼探访日记》《入蜀出渝日记》《闽赣湘访游日记》等数文,详细记述在各地所访见之私家藏书楼。第三部分为范君历年对藏书史所涉及之问题进行专门性论述之专篇论文23篇。(于静)

4772

藏书家. 第12辑 / 宫晓卫主编. -- 济南:齐鲁书社,2007. --195页:照片,图;23cm. -- 978 - 7 - 5333 - 1818 - 5(国家图书馆)

本书分故人追怀、书林一叶、雪泥鸿爪、版本谈故、书海披沙、版本讲座、域外书情、读书随记8个栏目。(王旭东)

4773

公共图书馆挑战与学习 / 台中图书馆编. -- 台中:台中图书馆,2007. -- 377页:图;21cm. -- 公共图书馆人才培训教材第6辑. -- 986 - 01 - 1934 - 1(国家图书馆)

全书分数位资源篇、图书馆创新服务篇、营运绩效篇、阅读推广篇。分别收录了黄明居的"资讯科技在图书馆行销之应用"、姜义台的"善用电子资源,行销图书馆服务"、王美玉的"CRM与图书馆读者服务"、杨美华的"乡镇图书馆服务价值的评鉴"、李家同的"大量阅读的重要性"等20余篇论文。(赵红)

4774

数字化时代的高校图书馆建设 / 何琍芳. -- 昆明:云南大学出版社,2007. -- 133页; 24cm. -- 978 - 7 - 81112 - 393 - 7(北京师范大学图书馆)

本书收集整理了作者近10年来以"数字化时代高校图书馆建设"为主题的学术论文,其中既有理论的探讨,也有多年来作者工作中的经验和总结,并提出了许多建议和意见。(于静)

4775

公共图书馆事业与利用 / 黄国正著. -- 台北:秀威资讯科技股份有限公司,2007. -- 20,292页:图;21cm. -- 978 - 986 - 6732 - 19 - 5(国家图书馆)

本书共分两卷。卷一公共图书馆事业,主要包括台湾地区民众资讯需求之比较、从教改问题谈公共图书馆与中小学的合作交流、公共图书馆专业馆员任用制度之比较、图书馆事业中男性馆员的探讨、图书馆公共艺术设置之探讨等8篇文章。卷二图书资讯利用,主要包括台湾文献资讯网之现况与发展、文献传递服务的好帮手:谈"远距图书服务系统"、馆际互借之服务等10篇文章。书前有苏德祥、林志风的序,作者自序及导读。(赵红)

4776

传承 服务 创新:华东师范大学图书馆学术文存 / 黄秀文主编. -- 北京:北京图书馆出版社,2007. -- 422页,4页图版:图(部分彩图);21cm. -- 978 - 7 - 5013 - 3492 - 6(武汉大学图书馆)

本书收录的55篇文章,从不同的视角,结合作者各自的业务工作和实践经验,在不同的领域进行了深入的研讨。本书按内容侧重共分5部分,即:信息服务与信息技术、图书馆管理与服务、典籍研究、其他学科研究、课题研究。内容涵盖面广,既有理论探讨,又有实践总结,还有课题研究报告;既有图书馆学情报学的研究,也有其他学科的研究。本书在一定程度上反映了华东师大图书馆近年的资源建设、服务手段和学术研究的成果。(于静)

4777

中小学图书馆管理与服务 / 江苏省教育装备与勤工俭学管理中心编著. -- 北京:北京图书馆出版社,2007. -- 390页,4页图版:图,摹真;26cm. -- 中小学图书馆工作人员培训教材. -- 978 - 7 - 5013 - 3189 - 5(华东师范大学图书馆)

本书针对中小学图书馆工作实践,详细论述了中小学图书馆性质与任务、文献信息资源建设、文献分类、文献编目、报刊声像与电子资源管理、中小学图书馆的现代化建设、读者服务及图书馆管理实务等。本书重在解决图书馆工作中的实际问题,在编辑体例上有着鲜明的特色,每章开头均列出本章的重点内容,对学习者进行导读指引;文中插入大量的"案例"、"样关链接"、"实证举例",帮助学习者解决平时工作中出现的悬疑问题;每章以"本章小结"的形式结束,便于学习者对中小学图书馆理论与工作方法的理解和掌握;章末附有"学习与思考"和"推荐阅读书目",便于学习者巩固所学知识,拓宽专业视野;书后的"附录"不仅利于图书馆工作人员掌握政策,也是中小学教育行政部门指导图书馆建设的规范。(于静)

4778

草堂书影:名家签名本集粹 / 金峰编著. -- 上海:上海人民出版社,2007. -- 193页:图(部分彩图),摹真; 21cm. -- 978 - 7 - 208 - 06786 - 8(北京师范大学图书馆)

"书为媒",在访书的过程中,金峰与不少老一辈文化人成了忘年交,在老人们的鼓励、支持下,金峰编成了这本小小的书影集。除了留下名家签名的墨迹、名家肖像、小传之外,金峰还用朴实的文字记下了与文化老人的交往趣闻,使本书有了"文坛外传"的味道。(于静)

4779

城市图书馆建设的实践与思考 / 李东来主编. -- 北京:北京图书馆出版社,2007. -- 378 页:图; 23cm. --978 - 7 - 5013 - 3496 - 4(北京师范大学图书馆)

这是一部以城市图书馆为主题的论文集,分为事业发展、业务建设、读者服务和活动案例 4 个部分,主要内容偏重实践和业务,但也对城市图书馆的内涵等一些基本问题,以及如何更好地开展图书馆服务进行了思考。展望未来,任重道远。城市图书馆是一个充满希望的新天地,编者希望从理论和实践相结合的角度为现实中蓬勃发展的城市图书馆事业提供映射和参照,并将继续推进城市图书馆理论与实践的发展和创新,在探索中不断总结,不断提升。愿我国城市图书馆事业迎着历史发展的机遇实现新的跨越。编者相信,理论与实践的紧密结合,将使城市图书馆事业充满魅力和富有成效。(于静)

4780

公共图书馆建设与服务:广州市图书馆专业人才高级研修班论文集 / 刘洪辉, 叶敏主编. -- 广州:中山大学出版社,2007. -- 11, 401 页,2 页图版:图(部分彩照); 24cm. -- 978 - 7 - 306 - 03008 - 5(北京师范大学图书馆)

本书收录了中山大学广州市图书馆专业人才高级研修班第一期和第二期学员撰写的 66 篇学术论文,内容涉及在和谐社会建设中的公共图书馆理念、城市公共图书馆建设、公共图书馆资源建设、公共图书馆资源共享、城市公共图书馆服务,尤其是大众阅读服务、社区公共图书馆服务、弱势群体公共图书馆服务等各个方面。(于静)

4781

农家书屋管理员 / 全国农家书屋工程协调小组办公室编. --北京:中国书籍出版社,2007. -- 111 页;21cm. -- 2009 年再版. -- 978 - 7 - 5068 - 1664 - 9(国家图书馆)

本书内容包括:农家书屋管理员、管理员必备的出版物常识、农家书屋的图书管理、农家书屋的基本服务、农家书屋的延伸服务、如何获得出版物信息、优秀农家书屋介绍。(王旭东)

4782

高校图书馆文化论 / 王黎编著. -- 成都:西南交通大学出版社,2007. -- 332 页;21cm. -- 978 - 7 - 81104 - 731 - 8(北京大学图书馆)

本书以高校图书馆与学院文化的关系、高校图书馆物质文化、制度文化、精神文化为立足点联系图书馆辅助历程,全面论述图书馆及高校图书馆文化的起源、发展现状与未来趋势。(于静)

4783

现代城市图书馆公共服务论丛 / 王世伟主编. -- 上海:上海社会科学院出版社,2007. -- 299 页:图; 21cm. -- 本书由上海图书馆上海科技情报研究所学术带头人基金资助. -- 978 - 7 - 80745 - 106 - 8(北京师范大学图书馆)

这是本论文集,主要收录了在现代城市图书馆公共服务这个大范围领域有所创新的文章,包括"当代全球图书馆事业面临的难题与挑战"、"国际大都市图书馆评价指标体系研究的阶段性成果"、"关于国际大都市图书馆评价指标体系研究的若干问题"、"国际大都市图书馆的共同特征述略"、"关于特大型城市图书馆顶层设计的思考"、"上海市中心图书馆一卡通的创始与发展论略"、"城乡图书馆信息服务的创新之举——上海东方社区信息苑的探索与实践"、"非馆藏资源的剪报采集和开发"、"基于 FRBR/ICP 的书目服务改善"、"上海图书馆特定读者群阅读倾向问题初探"、"图书馆忠诚服务模式的构建"、"分布式联合虚拟参考咨询案例研究——上海图书馆网上联合知识导航站的实践"、"公共图书馆参考咨询工作者信息素养的培养——网上联合知识导航站问答实例分析"、"开架阅览室图书剔旧工作刍议——以上海图书馆中文社会科学图书阅览室为例"等。可供广大图书馆工作研究人员参考阅读。(于静)

4784

公共图书馆发展战略思考 / 吴建中主编. -- 北京:北京图书馆出版社,2007. -- 300 页; 23cm. -- 国家"十一五"重点图书出版规划项目. -- 978 - 7 - 5013 - 3447 - 6(北京师范大学图书馆)

本文集选录作者从 20 世纪 80 年代以来正式发表的各类文章 27 篇,内容主要涉及图情事业和出国考察两大部分。论文包括"论现代图书馆的服务功能"、"图书馆社会化发展趋势"、"21 世纪图书馆展望——对话录"、"浅谈 21 世纪图书馆发展趋势"、"网络环境下的图书馆自动化建设"、"21 世纪图书馆员的使命"、"东亚地区公共图书馆事业发展的现状与趋势"、"图书馆的建筑美学"、"WTO'千年回合谈判'对公共服务业可能产生的影响"、"资源共享优势互补——上海市文献资源共建共享协作网"、"图书馆员需要互联网更需要图书馆员——在中文元数据应用国际研讨会上的总结发言"、"消除数字鸿沟提高信息素养——以上海社区图书馆为例"、"多元文化与城市发展——以上海图书馆为例"、"战略思考:图书馆发展十大热门话题"、"图书馆 vs 机构库——图书馆战略发展的再思考"、"开放存取环境下的信息共享空间"、"美国图书馆事业印象记"、"哈马舍尔德图书馆的信息管理和服务"、"北美图书馆访问记"、"东瀛印象"、"记'智能化图书馆建筑'国际研讨会"、"扩大交流走向世界——出席第 65 届国际图联曼谷大会有感"、"切磋交流国际合作——美国图书馆访问记"、"认识图联参与图联——出席国际图联第 67 届大会有感"、"发展知识经济消除知识鸿沟——出席汉城第 2 届世界知识论坛有感"、"加强对外交流扩大国际影响——出席国际图联第 70 届布宜诺斯艾利斯年会有感"等。(于静)

4785

最新高校图书馆评估指标标准与管理规范指导手册 / 谢鹏城. -- 北京:高等教育出版社,2007. -- 2 册(977 页):图; 27cm. -- 7 - 845 - 78645 - 5(北京师范大学图书馆)

网络环境下数字图书馆时代现行高校图书馆评估指标体系已明显落后于时代发展的要求。本书提出了重构高校图书馆评估指标体系的必要性及全新的评估指标体系应具有体现现代化指标的导向性和应重点把握导航图书馆发展的原则。为了配合当前高校本科教学水平评估工作中的高校图书馆评估中所面临的各种问题与对策,本书还结合《综合大学本科教学工作合格评价指标体系》中有关图书馆的评估指标,对高校图书馆评价指标体系中的现代化评估指标进行了列举并对相关项目提出了改进的方法。全书共分高校图书馆概论、现代高校图书馆管理、高校数字化图书馆发展进程、高校图书馆的人文关怀、信息时代大学图书馆读者服务工作、高校图书馆发展与创新、高校图书馆评估指标标准与管理规范7篇内容,是高校图书馆评估不可缺少的参考资料。(于静)

4786

公共图书馆业务工作的思考 / 徐晓军主编. -- 北京:北京图书馆出版社,2007. -- 245页:图; 24cm. -- 978-7-5013-3509-1(北京师范大学图书馆)

本书涉及的范围既有编目标引、参考咨询、资源配置、文献采访、工具书利用、缩微等图书馆基本业务的研究,集中体现了强烈的求新意识,体现了做好细节服务的思考,又有对读者书评、社区讲座等创新性延伸服务的深层次探索,提出了不少有益的观点和建议。(于静)

4787

医学图书馆理论与实践 / 湛佑祥主编. -- 北京:人民军医出版社,2007. -- 803页;28cm. -- 978-7-5091-0867-3(吉林大学图书馆)

本书融合了传统医学图书馆和现代化医学图书馆的基础,对医学图书馆的理论与实践着重从医学图书馆的基本理论、文献信息资源的搜集、文献信息资源整序、文献信息资源管理、文献信息服务、文献信息检索、医学图书馆数字化建设、医学图书馆文献信息资源共建共享等方面进行论述。(于静)

4788

大学图书馆馆长研究 / 张峰著. -- 合肥:合肥工业大学出版社,2007. -- 218页; 23cm. -- 978-7-81093-575-3(北京师范大学图书馆)

本书以以往的研究成果为基础,对大学图书馆馆长的作用、馆长的素质要求、馆长的权力性影响力、馆长的选用状况、馆长的办馆实践等进行了较为系统的研究。本书共7章。第一章主要探讨了大学图书馆馆长产生和发展的原因,并依据《普通高等学校图书馆规程(修订)》分析了大学图书馆馆长的地位、职责和权力及其在大学图书馆改革与发展中的作用;第二章应用角色理论,结合图书馆自身发展的规律和特点,论证了大学图书馆馆长的复合角色,依据馆长的复合角色要求,提出馆长应当具备的素质结构;第三章通过对大学图书馆馆长办馆活动的系统分析,指出办馆活动的构成要素及其在办馆活动中的作用,明确提出馆长的办馆理念是取得良好办馆效果的先决条件,同时对馆长的办馆理念及其作用进行了分析;第四章分析了大学图书馆馆长的权力性影响力和非权力性影响力在办馆过程中的作用和意义,认为大学图书馆馆长的人格魅力是凝聚人心的精神动力,指出大学图书馆馆长在领导和管理过程中如何运用两种影响力取得良好的办馆效果;第五章论述了大学图书馆馆长的领导艺术及其主要内容以及如何提高领导活动的艺术性,认为馆长的领导艺术是馆长把领导和管理思想及理念转化为办馆效果的桥梁;第六章分别在部分研究资料的基础上对北京大学图书馆、中山大学图书馆、南开大学图书馆、北京邮电大学图书馆的几位馆长的办馆实践进行了实证分析,试图寻找大学图书馆馆长对图书馆改革与发展的影响;第七章在分析大学图书馆馆长选拔任用现状的基础上,提出完善校(院)长领导下的馆长负责制,建立优秀大学图书馆馆长选用机制的初步设想,并通过制度环境建设促进大学图书馆馆长的成长与发展。(于静)

4789

图书馆古籍特藏书库基本要求(中华人民共和国文化行业标准 WH/T 24-2006) / 中华人民共和国文化部发布. -- 北京:北京图书馆出版社,2007. -- 5页;30×21cm. -- 本标准于2006年8月5日发布,2006年10月1日实施。本标准主要起草单位:北京图书馆;主要起草人:周崇润. -- 7201. 164(北京师范大学图书馆)

本标准规定了图书馆古籍特藏书库的温湿度要求、空气净化要求、光照和防紫外线要求,以及书库的建筑、消防、安防等与文献保护与安装相关的基本条件。(张玲)

4790

高校图书馆现代化建设之探索 / 朱强编著. -- 北京:北京图书馆出版社,2007. -- 208页:图; 23cm. -- 国家"十一五"重点图书出版规划项目北京人天书店资助出版. -- 978-7-5013-3446-9(北京师范大学图书馆)

本文集为作者在长期从事高校图书馆管理工作实践中,就事业现代化建设进行学习和思考所取得的一些心得体会,反映了作者在图书馆事业整体化建设、资源共建共享及其实现途径等方面的观点和认识,客观上对高校图书馆现代化发展起到了积极的作用。全书分高校图书馆事业建设和数字图书馆研究两部分,收录了"交流探索提高创新——全国高校图书馆履行教育职能经验交流会"、"对高校图书馆现状的一次调查"、"努力探索现代化大学图书馆之路——改革开放以来北大图书馆工作回顾"、"关于高等学校文献信息服务系统建设的几个问题"、"加快整体化建设步伐,迈向21世纪"、"我国亟应共建文献资源网络化体系"、"英国高等学校的信息资源共享"、"中国高等教育文献保障系统建设项目简介"、"北京大学图书馆新馆设计思想及实现"、"面向21世纪文献信息资源共享的有益实践——中国高等教育文献保障体系(CALIS)建设进展"、"新世纪的大学图书馆:变革创新,应对挑战"、"中国高等教育文献保障系统(CALIS)的现状与发展"、"深圳大学城图书馆建设思路"、"高校图书馆文献资源集中采购工作谈"、"展示成果,交流经验,促进高校图书馆的计算机应用工作——高校图书馆计算机应用经验交流会暨成果展示会综述"、"亚太地区竞相发展信息技术"、"积极应用新的信息技术,发展图书馆数字化服务"、"谈谈数字图书馆实现的条件"、"学术交流体系的变化及其对图书

馆发展的影响”、“CALIS的现状和发展及关于中关村数字图书馆群的设想”等文章。(于静)

4791

藏书的乐趣 /(德)乌尔夫.D.冯.卢修斯(Wulf D. von Lucius)著;陈瑛译. -- 北京:三联书店,2008. --235,14页:图;23cm. -- 新书话. -- 978-7-108-02908-9(国家图书馆)

本书全面叙述及回答了收藏图书中可能遇到的种种问题。作者不仅介绍了他多年的藏书经验,同时引领你寻访世界各地的旧书店、史上最著名的藏书室及图书馆建筑,教你如何与同道切磋,如何与书商交往。(韩丽)

4792

农家书屋管理员实用指南 / 蔡莉静,顾玉青,佟延伟主编. --北京:海洋出版社,2008. -- 205页;21cm;1光盘. -- 978-7-5027-6761-7(国家图书馆)

本书介绍了农家书屋管理员必备常识、农家书屋业务工作、农家书屋的图书分类、农家书屋的图书编目、农家书屋管理系统等内容。(韩丽)

4793

高雄市电影图书馆的典藏文物委托研究计划. Ⅲ / 陈龄慧,林启寿计划主持. -- 高雄:高雄市政府,2008. --223—452页;30cm. -- 台湾数位内容计划研究(国家图书馆)

本书为灰色文献。本研究案旨在透过对高雄市电影图书馆4556件电影文物(包括本事、唱片、电影宣传物、海报、照片、器材实物、书刊7大类别),进行馆藏文物归纳与特色分析,并提出可供馆方未来收藏方向与文物展出之规划建议。在研究背景与现况中,首先分析7大类别文物件数占总馆藏件数比例,以提供文物典藏现况之整体概念;而后阐述本案所采用的研究方法、研究过程与研究困难所在。在研究分析中,分别对各项文物内容特色、分布年代与分布国别三层面说明7大类别文物特色;其后提出本案文物的年代集中于1950—1979年之间、文物国别集中于美国与中国台湾、香港地区,以及可呈现中国台湾、香港类型电影之脉络3大主要研究发现。在建议事项中,对于馆藏方式提供收藏方式的短期建议:长期建议则从馆藏方向规划、数位典藏规划、展示主题规划等3个方向提出具体规划。附录6位口述访谈者的文字记录及馆藏文物的个别文物档案。(赵红)

4794

大学图书馆知识导航体系的构建与管理 / 迟玉华编著. -- 北京:科学出版社,2008. -- 209页;24cm. -- 978-7-03-021773-8(国家图书馆)

本书从全新视角深刻透视了大学图书馆知识管理与知识服务,对大学图书馆的改革与发展趋势进行了全面系统的论述,并对这些要素的相互关联进行了理论分析。(张玲)

4795

高校图书馆与隐性文化 / 崔红娟,周理盛,刘振西编著. -- 北京:化学工业出版社,2008. -- 266页;21cm. -- 978-7-122-00937-1(国家图书馆)

全书分3篇20章。内容包括:高校隐性文化的内涵、高校隐性文化建设的意义、高校图书馆的性质与隐性文化等。(韩丽)

4796

服务成长论:高校图书馆服务理论与实践探讨 / 邓彦著. --哈尔滨:哈尔滨工程大学出版社,2008. -- 216页;21cm. -- 978-7-81133-085-4(国家图书馆)

本书分别从服务观念、服务目的、服务创新、读者参与、馆员成长等方面对“服务成长论”学说进行了系统的论述。(张玲)

4797

书林望道 / 东南大学图书馆编. -- 南京:东南大学出版社,2008. -- 311页:照片;26cm. -- 978-7-5641-1029-1(国家图书馆)

本书汇编了东南大学图书馆馆员近10年发表的主要学术论文,展现了东南大学图书馆在一个多世纪中的发展轨迹,探讨了大学图书馆学理论和图书馆工作实践。(张玲)

4798

大学图书馆服务创新与理念创新 / 高凡,赵颖梅编著. -- 成都:西南交通大学出版社,2008. -- 240页:图;26cm. -- 西南交通大学图书情报丛书. -- 978-7-5643-0006-7(国家图书馆)

本书讨论了大学图书馆面临的发展与创新问题,分为读者服务、信息服务、信息素质教育、文献资源建设、数字图书馆建设及图书馆事业6个栏目,探讨了图书馆的服务价值、服务理念、信息服务模式、科技查新、文献传递、参考咨询、信息检索课教学、文献资源采集、数字图书馆技术等有关理论和实践问题。(张玲)

4799

藏书家. 第13辑 / 宫晓卫主编. -- 济南:齐鲁书社,2008. --200页:照片,图;23cm. -- 978-7-5333-1915-1(国家图书馆)

本书设有“藏书闲话”、“书林一叶”、“雪泥鸿爪”、“版本谈故”、“书海披沙”、“版本讲座”、“读书随记”7个栏目。(韩丽)

4800

藏书家. 第14辑 / 宫晓卫主编. -- 济南:齐鲁书社,2008. --199页:照片,图;23cm. -- 978-7-5333-2025-6(国家图书馆)

本书设有“治学忆网”、“书林一叶”、“雪泥鸿爪”、“版本谈故”、“书海披沙”、“版本讲座”、“海外书情”等8个栏目。(韩丽)

4801

小学图书馆工作教程 / 黄天助等编著. -- 厦门:鹭江出版社,2008. -- 394页;21cm. -- 978-7-80671-994-7(国家图书馆)

本书是一本面向小学教育行政管理人员和小学图书馆工作者的专业性图书,内容包括:小学图书馆的性质、任务、发展历史,小学图书馆的文献资源建设、文献的分类编目等。(张玲)

4802

城市图书馆探索 / 黄文镝著. -- 广州:广东人民出版社,2008. -- 258 页:图;24cm. -- 城市图书馆书系. --978 -7 -218 -05856 -6(中国人民大学图书馆)

全书从事业发展、业务建设、读者服务、重点案例 4 个部分,集中探讨了城市图书馆建设方方面面的问题,是城市图书馆建设、发展的问题研究、经验探索、工作总结和对策思考,供我们总结反省与提高。(张玲)

4803

高校图书馆全面质量管理体系下的人力资源管理 /李春著. -- 北京:北京大学出版社,2008. -- 257 页;23cm. -- 978 -7 -301 -13451 -1(国家图书馆)

本书介绍了高校图书馆全面质量管理和人力资源管理现状,论述了高校图书馆人力资源管理与全面质量管理的关系。(韩丽)

4804

高校图书馆建设与发展:成都理工大学图书馆 50 年(1956—2006) / 李勇,叶艳鸣,吴宗敏编著. -- 成都:四川科学技术出版社,2008. -- 181 页:图;29cm. --978 -7 -5364 -6531 -2(国家图书馆)

全书从图书馆的概况、组织与管理、馆舍建筑与改造、文献资源建设、数字信息资源建设、读者服务、参考咨询与情报服务、自动化与网络化建设、教学建设、队伍建设与人才培养、科学研究与学术成果、科学管理与改革创新、工作质量评价与管理等多方面,全面回顾了 50 年来成都理工大学图书馆建设与发展的光辉历程,翔实记述了图书馆建设与发展中所发生的重大的历史事件,系统地总结了图书馆所取得的建设成绩、历史经验、建设特色和发展趋势。(张玲)

4805

高校图书馆"藏、借、阅、咨"一体化管理模式探索与实践 / 李勇,叶艳鸣编著. -- 成都:四川科学技术出版社,2008. -- 159 页:图;29cm. -- 978 -7 -5364 -6435 -3(国家图书馆)

本论文集较为系统地从各个领域反映了成都理工大学图书馆在"藏、借、阅、咨 " 一体化开放服务管理模式改革实践中的探索与体会。论文集共分为图书馆建设与评估、图书馆管理与改革、信息资源建设与管理、读者服务工作、信息咨询服务和数字图书馆建设等 6 个部分。(张玲)

4806

吴骞及其拜经楼藏书研究 / 六编总目编辑部编;阙晓云著. -- 台北:花木兰文化出版社,2008. -- 93,158 页;26cm. -- 古典文献研究辑刊. 六编. 1. -- 978 -986 -6831 -99 -7(国家图书馆)

本论文共分为 8 章,首章"绪论",首先对于研究动机、研究目的与方法,前人研究成果之检讨作必要说明。次章则为"吴骞之家世与生平",旨在考论吴氏家世与吴骞生平的情况。第三章"吴骞之著述与《拜经楼丛书》之辑刊",先就吴骞之著述作分类,再对其著作之自序或其内容作探讨;并专就现存所辑刊的《拜经楼丛书》作说明。第四章为"吴骞之交游",说明吴骞与浙江、江苏藏书家及学者之交游状况。第五章为"吴骞之拜经楼藏书之现况",以吴骞与拜经楼藏书印作为检索条件,整理出约 109 部现存吴氏藏书流向。第七章为"吴骞藏书题跋之分析",专就《愚谷文存》与《拜经楼藏书题跋记》中吴骞所撰之藏书题跋,依目录学、版本学、校勘学角度,一究吴骞所撰藏书题跋之义例。第八章为"结论",即就吴骞的学术成就与贡献,作整体性的总结与阐述。(赵红)

4807

高校图书馆文化建设与创新 / 马莎著. -- 成都:西南交通大学出版社,2008. -- 191 页:图;21cm. -- 978 -7 -5643 -0047 -0(国家图书馆)

本书主要内容包括:高校图书馆文化建设与创新概述、高校图书馆的精神文化建设、高校图书馆的制度文化建设、高校图书馆信息文化建设、高校图书馆建设的艺术文化、创新与文化创新等。(张玲)

4808

书香伴行,继往开来 / 倪宁主编. -- 北京:中国人民大学出版社,2008. -- 496 页:彩照(20 页);24cm. --978 -7 -300 -04447 -7(国家图书馆)

本书分 7 部分。内容有:难忘的 30 年、工作感怀、信息资源建设、传统读者服务、现代信息服务、系统技术服务、管理与发展。(韩丽)

4809

百年毛边书刊鉴藏录 / 沈文冲编著. -- 上海:上海远东出版社,2008. -- 341 页:图;24cm. -- 远东收藏系列. -- 978 -7 -80706 -811 -2(国家图书馆)

本书辑入的 270 多种毛边书,绝大部分是从笔者十几年来收藏的毛边书中遴选出来的。(韩丽)

4810

中小学图书馆管理 / 施建国主编. -- 杭州:浙江文艺出版社,2008. -- 254 页;21cm. -- 978 -7 -5339 -2508 -6(国家图书馆)

本书共分 9 章,主要阐述中小学图书馆工作的基本理论、中小学图书馆各项业务工作的内容和方法、中小学图书馆的现代化建设等问题。(韩丽)

4811

公共图书馆经营管理与服务趋势国际研讨会论文集 / 台北市立图书馆主编. -- 台北:台北市立图书馆,2008. -- 31,262 页:照片;30cm(国家图书馆)

本书是公共图书馆经营管理与服务趋势国际研讨会论文集,包括:专题演讲(一)——"从服务趋势探讨图书馆的组织结构"(珍 · 桑德斯会长)。议题"公共图书馆经营管理"收录"横滨市立图书馆新中程规划:创新策略主张"(小川惠一馆长)、"公共图书馆经营管理:透过研究对实务改善的实践"(马克 · 温斯顿副教授)等的 8 篇文章,议题"公共图书馆服务趋势"收录"学习成为伙伴:建立公共图书馆的高效率专队"(芭芭拉. B. 摩恩教授)、"公共图书馆肩负提供政府资讯的任务"(李. S. 伊斯塔布鲁克教授)、"公共图书馆青少年读者服务的新方向"等 4 篇文章。专题演讲(二)为"管理变革:都会图书馆的工作与创新"(里笑 · 赛特伦会长)。

书前有会议简介、讲者简介,书后有活动剪影。(赵红)

4812

藏书·记事·忆人 / 熊光楷著. -- 北京:新华出版社,2008. -- 15, 350 页,2 页图版:图, 肖像, 摹真;23cm. -- 978 - 7 - 5011 - 8218 - 3(国家图书馆)

本书主要内容包括:共和国元帅的风采、照亮黑夜的璀璨群星、奏响战争与和平的乐章、将军情深深几许、纵横捭阖天地间、鉴悬日月、辞富山海等。(张玲)

4813

天一阁文丛. 第6辑 / 虞浩旭主编;天一阁博物馆编. -- 宁波:宁波出版社,2008. -- 275 页;26cm. -- 英文共同题名:Tianyi pavilion series. -- 978 - 7 - 80743 - 304 - 0(国家图书馆)

本书设有访谈、探索、论说、人物、考证、交流、纪行、逸事、忆往等栏目,收录有关藏书文化形成与演化规律、藏书文化的现状、藏书楼的保护和管理、古籍整理与修复、藏书文化研究的理论与方法等内容的学术论文与研究成果。(韩丽)

4814

四川省高校文献信息资源保障体系建设与实践 / 赵锦棻等编著. -- 成都:四川大学出版社,2008. -- 374 页:图;21cm. --978 - 7 - 5614 - 4178 - 7(国家图书馆)

本书由理论篇和实践篇两大篇,共8章组成。其中包括文献信息资源共享理论、四川省高等教育文献信息资源保障体系建设思想与实践以及四川省高等教育文献信息资源保障体系的运行机制与效益评价等内容。(张玲)

4815

研究会与图书馆事业和谐发展 / 赵世华,丁立平主编. -- 北京:中国书籍出版社,2008. -- 290 页;24cm. --978 - 7 - 5068 - 1736 - 3(国家图书馆)

本书汇集了北京高校图书情报研究会科学技术专业委员会和北京科学技术情报协会高等院校科技情报职业委员会全体成员的学术思想与学术成果。(韩丽)

4816

高校图书馆信息技术应用实务 / 周爱民编著. -- 南京:东南大学出版社,2008. -- 308 页:图;24cm. -- 978 - 7 - 5641 - 1493 - 0(国家图书馆)

本书介绍了现代图书馆信息化建设应该考虑的多个方面,内容包括:计算机系统、网络系统、存储系统、一卡通系统等。(韩丽)

4817

城镇乡村基层图书馆建设启示录 / 朱川连著. -- 北京:中国档案出版社,2008. -- 183 页;21cm. -- 978 - 7 - 80166 - 992 - 6(国家图书馆)

本书包括基层图书馆建设经验和基层图书馆管理员管理知识两部分。收入有"谈乡镇图书馆的可持续发展"、"谈县级公共图书馆的生存与发展"、"农家书屋建设的调查分析报告"等文章。(韩丽)

4818

教育文献信息资源建设. 2008年 / 佐斌主编. -- 武汉:华中师范大学出版社,2008. -- 276 页;21cm. -- 978 - 7 - 5622 - 3868 - 3(国家图书馆)

本书内容包括结合学校特色推进数字文献资源建设与服务创新、信息检索通识课程考试方案重组思路与实践效果、浅谈 FRBR 书目记录功能需求、图书馆与读者等。(韩丽)

4819

公共图书馆规划与建设标准解析 / 李国新等编制. --北京:国家图书馆出版社,2009. -- 142 页;32 开. -- 978 - 7 - 5013 - 2817 - 8(国家图书馆)

本书是对《公共图书馆建设用地指标》与《公共图书馆建设标准》有关规定的缘由、背景、依据、方法较为详细的阐释,对标准有关指标实际应用的示范性诠释。主要解决公共图书馆的网点规划问题以及公共图书馆建筑规模和投资水平问题。(金丽萍)

4820

地方高校图书馆核心竞争力研究 / 程娟著. -- 北京:中国水利水电出版社,2009. -- 279 页;21cm. -- 978 - 7 - 5084 - 6259 - 2(国家图书馆)

本书对地方高校核心竞争力理论体系、市场定位、构成因素、培育路径、评价管理等方面作了系统研究。全书包括引论部分共7章。引论部分阐明了地方高校图书馆核心竞争力研究产生的背景及研究的意义。第一章构建了图书馆核心竞争力的理论体系,并对不同类型图书馆核心竞争力进行了比较分析。第二章为地方高校图书馆核心竞争力的概述。第三章具体分析了地方高校图书馆核心竞争力构成因子的研究内容。第四章分析了地方高校图书馆核心竞争力的培育过程。第五章分析了地方高校图书馆核心竞争力的管理。第六章为地方高校图书馆核心竞争力实证研究。(赵红)

4821

藏书家. 第16辑 / 宫晓卫主编. -- 济南:齐鲁书社,2009. --197 页:照片,图;23cm. -- 978 - 7 - 5333 - 2210 - 6(国家图书馆)

本书设有"治学忆往"、"书林一叶"、"雪泥鸿爪"、"读书掇英"、"版本谈故"、"版本讲座"6个栏目。主要文章有"我与《文献家通考》"、"来燕榭藏书簿记"、"词集散记"、"一件藏文经卷的背后"等29篇。(赵红)

4822

藏书家. 第15辑 / 宫晓卫主编. -- 济南:齐鲁书社,2009. --199 页:图;23cm. -- 978 - 7 - 5333 - 2130 - 7(国家图书馆)

本书设有"治学忆往"、"书林一叶"、"雪泥鸿爪"、"书界人物"、"版本谈故"、"版本讲座"、"海外书情"7个栏目。主要文章有:我与《四库存目标注》、来燕榭藏书簿记、名杰"拜经"说吴骞、鲁迅署名核谈、元刊孤本传佳话、抄本的鉴赏和收藏——古书版本知识、藏书之美——参观美国图书馆四记等28篇文章。(赵红)

4823

天津民国的那些书报刊 / 侯福志著. -- 上海:上海远东出版社,2009. -- 250 页:图;21cm. -- 978 - 7 - 5476 - 0056 - 6(国家图书馆)

本书是作者 20 多年来从事收藏和文史研究成果的一个集中展现。全部书稿包括报海觅踪、书刊旧影及津沽旧话 3 个部分,共计 66 篇文章,另配发图片 150 余幅(均为笔者藏品)。(赵红)

4824

新建本科院校图书馆建设探索 / 孔稳舒著. -- 昆明:云南科技出版社,2009. -- 234 页;21cm. -- 978 - 7 - 5416 - 3338 - 6(国家图书馆)

本书就如何开发利用图书馆资源,充分发挥图书馆在新建本科院校教育教学中的教育职能和情报职能,提出了诸多具有前瞻性和可操作性的方法和措施。全书共分 5 章。第一章新建本科院校图书馆的职能及作用;第二章新建本科院校图书馆馆长素质及管理策略;第三章新建本科院校图书馆为教学科研服务的实践探索;第四章新建本科院校图书馆与地方文献建设;第五章新建本科院校图书馆开展社会化服务的思考。书前有贺圣达先生写的序。(赵红)

4825

公共图书馆服务研究 / 束漫著. -- 北京:国家图书馆出版社,2009. -- 212 页;21cm. -- 本书由华南师范大学经济与管理学院资助出版. -- 978 - 7 - 5013 - 1728 - 8(国家图书馆)

本书作者运用了很多案例,通过对个案的描述及对其中个性因素和共性规律的研究,勾勒出了整个公共图书馆服务发展的规律。全书共分 10 章。第一章引言,介绍了国内外图书馆的服务情况;第二章城市发展与公共图书馆;第三章公共图书馆服务的实现;第四章公共图书馆服务网络研究;第五章公共图书馆服务的原则;第六章城市公共图书馆的用户研究;第七章城市发展中的公共图书馆服务创新;第八章持续、开放、人性化地发展城市公共图书馆;第九章我国若干城市公共图书馆的性格特点;第十章结论。作者对公共图书馆服务提出了一系列建议。书前有徐引篪写的序。(赵红)

4826

高职院校图书馆管理研究 / 唐晓应著. -- 北京:中国书籍出版社,2009. -- 209 页;21cm. -- 978 - 7 - 5068 - 1882 - 7(国家图书馆)

本书分为 5 篇,内容包括:现代高校图书馆服务职能研究——以高等职业院校为例、高职院校图书馆的建设和利用研究、提高高职院校图书馆藏书利用率研究等。(王旭东)

4827

高校图书馆信息服务体系研究 / 王娟著. -- 大连:大连海事大学出版社,2009. -- 218 页;21cm. -- 978 - 7 - 5632 - 2294 - 0(国家图书馆)

本书提出了高校图书馆信息服务体系的框架由信息资源和信息服务构成,其中包含了许多要素——文献、用户、馆员及服务等。本书探讨了如何协调、整合各要素之间的关系,使之形成一个有机体,推动服务向更高层次迈进,从而促进图书馆的可持续发展。(赵红)

4828

国际大都市图书馆指标体系研究 / 王世伟主编. -- 上海:上海科学技术文献出版社,2009. -- 507 页;25cm. -- 978 - 7 - 5439 - 3411 - 5(国家图书馆)

本书内容包括:新创建的"国际大都市图书馆指标体系",该体系的资源条件服务效能、服务成果和影响贡献等 4 大类共 45 项指标;采用该指标体系进行详细案例分析的全球 5 个图书馆,即纽约公共图书馆、法国国家图书馆、新加坡国家图书馆、中国香港公共图书馆和中国上海图书馆,提供了这些图书馆的各类详细资料;相关的研究论文,提供了国际大都市图书馆研究的一些最新成果。(王旭东)

4829

农家书屋管理指南 / 吴新颖,吴岱霞编著. -- 长沙:湖南人民出版社,2009. -- 141 页:照片,图;23cm. --978 - 7 - 5438 - 5764 - 3(国家图书馆)

本书内容包括:农家书屋概论、农家书屋的图书管理、农家书屋的期刊管理、农家书屋的报纸管理、如何利用音像制品、电子出版物与网上资源、农家书屋的服务。(王旭东)

4830

服务社会:大学图书馆的时代使命 / 张白影等著. --北京:首都经济贸易大学出版社,2009. -- 296 页;21cm. -- 教育部 2008 年度人文社会科学研究专项任务《综合性大学图书馆为地方政府信息服务的理论与实践研究》和广州市教育科学规划课题《地方高校图书馆信息服务社会化的理论与实践》系列成果之一,广州大学社科处出版资助. -- 978 - 7 - 5638 - 1725 - 2(国家图书馆)

本书介绍了大学图书馆的发展史、我国大学图书馆类型、大学图书馆时代使命、大学图书馆服务发展阶段、大学图书馆信息服务社会化活动等内容。(赵红)

4831

国外公共图书馆建设标准与规范概览 / 张广钦主编. -- 北京:国家图书馆出版社,2009. -- 247 页;21cm. -- 中国科学技术协会全国学会改革创新资助项目,中国图书馆学会资助项目. -- 978 - 7 - 5013 - 4047 - 7(国家图书馆)

本书内容包括:美国公共图书馆建设标准与规范概观、英国公共图书馆建设标准与规范概观、澳大利亚公共图书馆建设标准与规范概观、日本公共图书馆建设标准与规范概观。(赵红)

4832

信息时代大学图书馆利用教程 / 赵洁,刘凤侠主编. -- 沈阳:辽宁大学出版社,2009. -- 267 页;21cm. --高等学校信息素质教育实践用书. -- 978 - 7 - 5610 - 5889 - 3(国家图书馆)

本书共分 12 章:信息时代的大学生和大学图书馆,大学图书馆的机构设置与建筑结构,大学图书馆管理,信息资源建设,信息检索基础知识,大学图书馆信息服务,大学图书馆技术服务,大学图书馆自动化,网络化、数字化,大学图书馆信息安全,Internet 与搜索引擎,信息时代信息资源利用,大

学图书馆的未来发展。书后有附录:中国图书馆分类法简表;普通高等学校图书馆规程(修订)。(赵红)

4833

中小学图书馆管理与实务 / 赵景侠,张淑启,姜宏编著. -- 北京:中国农业出版社,2009. -- 266 页;21cm. -- 978 - 7 - 109 - 13993 - 0(国家图书馆)

本书内容包括藏书建设、图书分类、图书编目、读者工作、参考咨询工作、图书馆内务管理等。(王旭东)

4834

书香致远育未来:蓬勃发展的邢台中小学图书馆 / 祝卫国主编. -- 天津:天津科学技术出版社,2009. -- 95 页;24cm. -- 978 - 7 - 5308 - 4965 - 1(国家图书馆)

本书分为 5 篇,内容包括发挥图书馆职能,促进素质教育发展;中小学图书馆的建设与管理;现代中小学图书馆的发展前景;发展中的邢台农村中小学图书馆;浅谈中小学图书馆管理经验。(赵红)

4835

近代中国教会大学图书馆研究 / 孟雪梅著. -- 北京:国家图书馆出版社,2009. -- 282 页;16 开. -- 978 - 7 - 5013 - 4046 - 0(国家图书馆)

本书梳理了教会大学图书馆的形成条件、主要特点等,剖析了教会大学国书馆的藏书结构、馆藏特色,评述了教会大学图书馆的对外服务、内部管理、组织机构、规章制度等,阐明了教会大学图书馆的社会存在价值和文化交流意义,以及在图书馆事业发展过程中的历史作用。全书研究时间范围从 19 世纪末到 20 世纪 50 年代初,其内容丰富了中国教会大学史、近代图书馆事业史等的研究成果。(金丽萍)

世界各国图书馆事业

4836

山东省图书馆章程 / 山东省图书馆. -- 济南: 该馆编印,1909

未见书。见录于李钟履《图书馆学书籍联合目录》。(胡月平)

4837

梁祠图书馆章程 / 梁鼎芬. -- 编者刊,1911

未见书。见录于李钟履《图书馆学书籍联合目录》。(胡月平)

4838

河南图书馆暂行规则 / 河南图书馆. -- 开封: 该馆编印,1914

未见书。见录于李钟履《图书馆学书籍联合目录》。(胡月平)

4839

浙江公立图书馆年报 / 浙江公立图书馆. -- 杭州: 编者刊,1915. -- 188 页: 表; 24 开(国家图书馆)

内容包括暂定保存类书目、暂定观览类书目、阅书统计表并报告书、公牍四部分。附勘误表。(胡月平)

4840

云南图书馆阅书报规则 / 云南图书馆. -- 昆明: 该馆编印,1915

未见书。见录于李钟履《图书馆学书籍联合目录》。(胡月平)

4841

浙江公立图书馆年报(民国五年) / 浙江公立图书馆. -- 杭州: 编者刊,1917. -- 124 页 16 开

未见书。见录于《民国时期总书目. 文化教育分册》。(胡月平)

4842

常熟县图书馆报告册 / 常熟县图书馆. -- 常熟: 该馆编印,1918

未见书。见录于李钟履《图书馆学书籍联合目录》。(胡月平)

4843

北京高等师范学校图书馆细则 / 该馆编印. -- 编者刊,1918. -- 油印本

未见书。见录于李钟履《图书馆学书籍联合目录》。(胡月平)

4844

中华全国图书馆调查表 / 沈祖荣. -- 编者刊,1918. --5 页

作者设计表样发给各省馆长填写。共收到回覆三十三处,接原表排印,包括省别、图书馆类别、藏书卷数、每季阅览人数、书籍能否借出、馆长姓名、图书目录如何编定、图书装订应否改良、阅读证券是否取资、每年经费若干 10 项内容。(胡月平)

4845

中国各省图书馆概况一览 / 国立北京法政专门学校. -- 编者刊,1921. -- 16 页: 图; 横 8 开(上海图书馆)

民国十年六月调查。有各省图书馆概括、名称一览表,历年图书书目比较图、经费比较图、藏书比较图,阅览人数比较图,东西文图书比较图。附教育部图书馆规程,世界大国图书馆一览表。(金晓明)

4846

国立暨南大学洪年图书馆概况 / 国立暨南大学洪年图书馆. -- 上海: 编者刊,1921

未见书。见录于李钟履《图书馆学书籍联合目录》。(胡月平)

4847

云南图书馆第一阅书报分处简章 / 云南图书馆. -- 昆明: 该馆编印,1921

未见书。见录于李钟履《图书馆学书籍联合目录》。(胡月平)

4848

广东全省教育委员会图书馆管理员养成所报告——第 1 期 /该所编印. -- 广州：该所编印,1922. --99 页

未见书。见录于李钟履《图书馆学书籍联合目录》。(胡月平)

4849

云南图书博物馆一览 / 云南图书博物馆. -- 编者刊,1923. --98 页：图表；16 开(国家图书馆)

分序例、图画、规章、表、纪事、公牍、附录 7 部分介绍了云南图书博物馆的情况。出版年月据序写作时间。封面题有“癸亥秋日”字样。(胡月平)

4850

(国立)东南大学图书馆规程 / 国立东南大学图书馆. -- 编者刊,1924. -- 26 页：图；16 开

未见书。见录于《民国时期总书目·文化教育分册》。(胡月平)

4851

孟芳图书馆落成纪念册 / 郭秉文. -- 南京：东南大学,1924. -- 32 页：表；16 开(浙江图书馆)

孟芳图书馆系东南大学图书馆。韩国钧题书名,齐燮元手书序。内容有郭秉文《孟芳图书馆记》和各部介绍,并有捐书者名录。书内附多幅照片。(王效良)

4852

无锡县天上市立公园图书馆第一、二至八周年报告 / 该馆编印. -- 无锡县天上市立公园图书馆,1924. -- 62 页：图表；22cm(国家图书馆)

介绍了该馆的经费收支、图书统计、阅览人数职业、历任职员、图书馆办事细则等情况。前有例言。(胡月平)

4853

松坡图书馆捐启 / 松坡图书馆. -- 编者刊,1925. -- 24 页：像；16 开(国家图书馆)

该馆为纪念蔡松坡而立,馆址最初在上海,后搬至北海快雪堂及西城石虎胡同。内容包括报告、简章、规则、规约等。附梁启超的《松坡图书馆募捐启》。(袁皓)

4854

隆阜戴氏私立东原图书馆规程 / 隆阜戴氏私立东原图书馆. -- 该馆编印,1925. -- 油印本

未见书。见录于李钟履《图书馆学书籍联合目录》。(胡月平)

4855

(国立)北京师范大学附属小学校儿童图书馆的概况 / 国立北京师范大学附属小学校儿童图书馆. -- 北京：编者刊,1925. -- 78 页：图表；32 开(国家图书馆)

内容有该校儿童图书馆的创办经过、儿童图书馆的办法、儿童图书目录、儿童图书馆函件、儿童读物兴趣调查表、星期日儿童阅览统计表等。有弁言。(胡月平)

4856

湖南省教育会图书馆请分润庚款陈述书 / 湖南省教育会图书馆. -- 编者刊,1925. -- 70 页：表；16 开(上海图书馆)

本书内容为陈述该馆设备、经济情况,请求分润庚子赔款。(金晓明)

4857

北京民国大学图书馆概要 / 北京民国大学图书馆. -- 编者刊,1925. -- 8 页：像；32 开(国家图书馆)

共 5 节,内容包括该馆阅览室规则、事务分配规定及图书委员会简章等。(袁皓)

4858

天津图书馆协会及各教育机关欢迎鲍士伟博士(中华民国十四年六月四日至七日) /天津图书馆协会. --编者刊,1925. -- 10 页；24 开(国家图书馆)

本书收录《欢迎鲍士伟博士词》《鲍士伟博士略历》《图书馆之利益》等 5 篇文章。(袁皓)

4859

戴氏私立东原图书馆一周年纪念册 / 戴英. -- 戴氏私立东原图书馆,1925. -- 27 页；16 开(上海图书馆)

该馆为纪念戴震(1723—1777)诞生 200 年而命名。本书介绍了该馆缘起、规程、工作报告等。(金晓明)

4860

山西公立图书馆简章 / 该馆编. -- 晋新书社出版,1925. -- 线装,1 册. -- 山西公立图书馆铅印本(国家图书馆)

书里对该馆的定名、宗旨、组织、经费、馆员的员数及职务、阅书室规则、阅书处及阅报处之管理细则都做了全面介绍。(石剑)

4861

民众图书馆特刊 / 民众图书馆. -- 上海：编者刊,1926. -- 22 页：图；32 开(国家图书馆)

内容有:创办宣言、图书馆与民众、图书馆的需要、民众教育的重要、我望民众舍游戏场而往图书馆、本馆最近进行的两大计划、上海民众图书馆协作社章程、征求加入协作社、本馆阅览章程、通信贷书章程、征求书报启事、捐赠本馆书报芳名录、征求寄存图书章程、职员与社员名录。(胡月平)

4862

集美图书馆概况 / 集美图书馆. -- 福建:编者刊,1926. -- 42 页：像,表；25 开(国家图书馆)

分 8 节简介该馆情况,包括该馆史略、建筑、设备、藏书、图书分类、卡片检查等。附录征求图书公函。目录前书名“福建私立集美学校图书馆概况”。(胡月平)

4863

景堂图书馆概况 / 景堂图书馆. -- 广东新会：编者刊,1926. -- 41 页：图表；24 开(国家图书馆)

简介该馆情况,包括创办经过、组织、经费、藏书总数、图书分类、片目检查、各种规程等。(胡月平)

4864

张堰图书馆协赞会年报(中华民国十四、十五年度草册 第一分册) / 张堰图书馆. -- 江苏金山：编者刊,1926. -- 102 页：表；18 开(上海图书馆)

本书系江苏金山县张堰图书馆年报。分记录、规程、公牍、图书目录等部分。(金晓明)

4865

东方图书馆概况 / 东方图书馆. -- 上海：商务印书馆，1926. -- 28 页：像,表；24 开(上海图书馆)

封面注有：民国十五年三月。简要介绍了该馆缘起、组织、建筑、经费、规章、藏书、图书分类等情况。有王云五的序。该馆为商务印书馆所设。(金晓明)

4866

上海民立中学图书馆概况 / 陈天鸿. -- 上海民立中学图书馆,1926. -- 15 页：像；25 开. -- 上海民立中学图书馆丛书

未见书。见录于《民国时期总书目 · 文化教育分册》。(胡月平)

4867

北京图书馆第一年度报告(十五年三月至十六年六月) / 北京图书馆. -- 编者刊,1927. -- 54 页；24 开(国家图书馆)

介绍了沿革及组织、新建筑之进行、赠书、采购、外国官书的收存、分类及编目、目录事业、阅览事务等情况,附录本年图书增加统计、北京图书馆征选建筑图案条例、北京图书馆征选建筑图案建筑顾问报告、赠书致谢 4 种。(胡月平)

4868

南京特别市市立第一通俗图书馆规程 /该馆编印. --油印本,1927

未见书。见录于李钟履《图书馆学书籍联合目录》。(胡月平)

4869

国立第一中山大学图书馆十六年度年报 / 国立第一中山大学图书馆. -- 广州,该馆编印,1927. -- 98 页

未见书。见录于李钟履《图书馆学书籍联合目录》。(胡月平)

4870

北京图书馆第二年度报告(十六年七月至十七年六月) / 北京图书馆. -- 编者刊,1928. -- 78 页：图表；24 开(国家图书馆)

分总叙、新建筑之进行、赠书述要、采购、外国官书的收存、分类及编目、目录事业、出版物、阅览室、附录 10 章。(胡月平)

4871

无锡县立图书馆历年概况 / 无锡县立图书馆. -- 编者刊，1928. -- 94 页；16 开(国家图书馆)

介绍该馆历年情况。附录：乡贤图书续目、历史保存部目次等 3 种。(胡月平)

4872

江苏大学国学图书馆章程 / 江苏大学国学图书馆. -- 编者刊,1928. -- 26 页；24 开(国家图书馆)

介绍了该馆保管、编辑、阅览、传钞、访购、印行、参观等规程。(胡月平)

4873

上海通信图书馆章程及宣言 / 上海通信图书馆. -- 编者刊,1928. -- 7 页；32 开(国家图书馆)

内容包括创设宣言、共进会章程、贷书章程。该馆以通信方式借还图书。(袁皓)

4874

浙江公立图书馆年报 / 浙江公立图书馆. -- 杭州：编者刊,1928. -- 180 页；16 开

未见书。见录于《民国时期总书目 · 文化教育分册》。(胡月平)

4875

中央大学国学图书馆第一年刊 / 中央大学国学图书馆. -- 南京：编者刊,1928. -- 274 页：图,表；16 开(国家图书馆)

内分图像、发刊词、专著、题跋、表格、簿录及记事、案牍七部分。书前有“中央大学国学图书馆征求海内世族谱牒启事”。(胡月平)

4876

中央大学国学图书馆小史 / 国立中央大学图书馆. -- 南京：该馆编印,1928. -- 线装,1 册：像、图及照片. -- 铅印本(国家图书馆)

书中详细介绍了该馆创立的缘起、沿革和图书规则等。馆藏书籍主要为浙江丁丙多年珍藏之书,并附有该馆的平面图,对于了解近代中央图书馆的设立和藏书源流有重要的参考价值。(石剑)

4877

中央大学区立苏州图书馆一览 / 苏州图书馆. -- 苏州：编者刊,1928. -- 32 页：图表, 24 开(上海图书馆)

共 11 节,简要介绍该馆馆史、组织、规程、藏书、编目、经济及进行计划等。(金晓明)

4878

中华图书馆协会第一次年会报告 / 中华图书馆协会执行委员会. -- 北平：中华图书馆协会事务所,1929. -- 254 页：像,表；16 开(国家图书馆)

包括会议宣言、会务会议记录、分组会议纪要、议决案汇录、筹备及经过报告等。有编辑例言。(胡月平)

4879

全国图书馆调查表 / 中华图书馆协会. -- 编者刊,1929. -- 30 页；16 开(上海图书馆)

民国十八年十二月第三次订正。(金晓明)

4880

(国立)北平图书馆概况 / 国立北平图书馆. -- 编者刊，1929. -- 24 页；图,表；24 开(浙江图书馆)

为该馆沿革、组织、建筑、经费、藏书、目录、出版、阅览等方面的简介。后附历任馆长、主任一览表等 2 种。(王效良)

4881

中大图书馆指南 / 梁格,钱亚新,陈普炎. -- 广州：国立中山大学图书馆,1929. -- 78 页：图；50 开. -- 国立中山大学图书馆丛书 第 4 种(上海图书馆)

内容包括该馆建筑、目录、分类、出纳等情况。有李泰初的导言。末附该馆出版品一览等 3 种。(金晓明)

4882

辽宁省立图书馆之使命与实施 / 卞鸿儒. -- 沈阳：辽宁省

立图书馆,1929. -- 58 页：表；24 开. -- 辽宁省立图书馆丛刊 第 1 种(国家图书馆)

正文分本馆之使命、本馆之实施两部分。有编者导言。附录馆务会议规程、职员服务通则、职员服务细则、来馆参观规则。(胡月平)

4883

江西省立图书馆一览 / 江西省立图书馆. -- 南昌：该馆编印,1929

未见书。见录于李钟履《图书馆学书籍联合目录》。(胡月平)

4884

(国立)北平图书馆职员录 /(国立)北平图书馆. -- 编者刊,1929. -- 18 页；36 开；经折装(国家图书馆)

该馆职员情况。(胡月平)

4885

江西省立图书馆馆务汇刊 / 江西省立图书馆. -- 编者刊,1929. -- 286 页：图,表；16 开(国家图书馆)

内容包括绪言、沿革、组织、工作概况、建筑工程、规程、报告及附录,前有图表 22 种。有序言。(胡月平)

4886

中国现代图书馆概况(广州图书馆协会专刊之一) / 金敏甫. -- 广州图书馆协会,1929. -- 110 页：表；32 开(国家图书馆)

分引言、图书馆事业概论、图书馆之趋势、图书馆法规、图书馆行政机关、图书馆会议团体及共议案、图书馆之经费、藏书、建筑、学术史,管理方法之改进、图书馆学教育、图书馆界之专门人才、中外图书馆界之联络、图书馆事业之发展、各种图书馆概况、会后改进之意见 17 节,叙述了中国图书馆事业的状况。封面题:广州图书馆协会专刊之一。书前冠:凡例、中国现代图书馆概况。书末附:中国图书馆学书目、中国图书馆调查表。(胡月平)

4887

参观大连图书馆报告 / 卞鸿儒. -- 辽宁省立图书馆,1929. --20 页：表；24 开. -- 辽宁省立图书馆丛刊 第 2 种

未见书。见录于《民国时期总书目・文化教育分册》。(胡月平)

4888

国学图书馆第二年刊 / 国学图书馆. -- 南京：编者刊,1929. -- 357 页：像；16 开(辽宁省图书馆)

分为专著、题跋、表格、记事等部分。收录《说文句读校记》(柳诒征)、《馆藏历代名人年谱集目》(汪訚)、《松轩书录》(赵鸿谦)、《清档琐记》(张逢辰)等 7 篇。卷首有 8 幅馆藏书画摄影。(卓连营)

4889

(国立)暨南大学洪年图书馆概况 / 国立暨南大学洪年图书馆. -- 上海：编者刊,1929. -- 10 页：图表；25 开(上海图书馆)

简要介绍该馆述略、组织条例、办事细则、各类图书借阅次数比较图表等相关情况。(金晓明)

4890

金陵大学图书馆概况 / 金陵大学图书馆. -- 南京：编者刊,1929,1931. -- 22 页；24 开. -- 金陵大学图书馆丛刊 第 4 种(国家图书馆)

介绍了该馆沿革及组织、建筑及设备、藏书、购书、分类、编目、修补及装订、流通、农业图书研究部、中学分馆、本馆之特点、刊物、发展计划及本馆职员。正文前有李小缘的序。书名原文：A Brief Accounnt of the University of Nanking Library。(胡月平)

4891

辽宁省立图书馆馆刊(第一卷) / 辽宁省立图书馆. -- 编者刊,1930. -- 143 页；16 开；环筒页装(国家图书馆)

包括专著、书目、记载、调查、图表等。收卞鸿儒著《馆藏东北地志录》,冉琴舫著《南怀仁魅靼旅行记述要》,赵庆珍著《革命文库目录》,孙树身著《辽宁省县立图书馆一览》等。附该馆略史。(胡月平)

4892

(国立)北平图书馆馆务报告(民国十八年七月至十九年六月) / 国立北平图书馆. -- 编者刊,1930. -- 88 页：图表：24 开(国家图书馆)

分沿革及组织、新建筑之进行、重要赠书及交换、采购、专藏之寄存、编目及分类、索引之编制、编纂及出版、目录及咨询、阅览、本馆与国际学术界之合作、附录 12 章。(胡月平)

4893

(国立)北平图书馆职员录 /(国立)北平图书馆. -- 编者刊,1930. -- 18 页；36 开；经折装

未见书。见录于《民国时期总书目・文化教育分册》。(胡月平)

4894

北平市特别市市立第一普通图书馆周年纪念刊 / 北平特别市市立第一普通图书馆. -- 编者刊,1930. -- 174 页：图像及表：16 开(国家图书馆)

正文包括该馆沿革、概况、规则、命令、呈文、公函、公告、统计、简章、情况 10 部分,前有插图、罗静轩的弁言。附录《本馆受赠图书志谢》、本馆一年来馆务会议记录、本馆一年来图书会议记录、民众意见书及复函。(胡月平)

4895

图书消费合作运动 / 广州图书消费合作社. -- 编者刊,1930. -- 20 页：表；32 开(国家图书馆)

论述了图书消费合作要义及利益,介绍了广州图书消费合作社组织经过,收录了简章、第一次招股章程、第二期招股计划等。(袁皓)

4896

南京市立民众图书馆概况 /南京市立民众图书馆. --该馆编印,1930

未见书。见录于李钟履《图书馆学书籍联合目录》。(胡月平)

4897

苏州图书馆报告 / 苏州图书馆. -- 该馆编印,1930

未见书。见录于李钟履《图书馆学书籍联合目录》。(胡月平)

4898

铜山县公共图书馆筹备经过报告 / 铜山县公共图书馆. -- 该馆编印,1930

未见书。见录于李钟履《图书馆学书籍联合目录》。(胡月平)

4899

东西京诸家观书记 / 傅增湘. -- 国闻周报社,1930. --20 页; 16 开(国家图书馆)

简介一些日本藏书。包括前田侯爵尊经阁、东洋文库、东福寺藏书,以及内藤博士、狩野博士、内野氏等人的藏书。出版年月据《藏园东游别录序》写作时间。(胡月平)

4900

哈佛大学图书馆汉和文库分类大纲及索引 / 裘开明. -- 美国哈佛大学图书馆,1930

未见书。见录于李钟履《图书馆学书籍联合目录》。(胡月平)

4901

安徽省立图书馆 / 安徽省立图书馆. -- 安徽安庆: 编者刊,1930. -- 34 页: 图表; 32 开(上海图书馆)

共 14 节,内容包括该馆原始、沿革、组织、设置、图书、费用、各股工作程序及各项规则等。卷首有陈东原的"小引"。末附 3 种图表。(金晓明)

4902

湖北省立图书馆概况 / 湖北省立图书馆. -- 编者刊,1930. --42 页: 图,表;16 开(国家图书馆)

内容包括插图、叙言、概述、法规、图表、杂载七部分。(胡月平)

4903

广州市市立中山图书馆特刊 / 广州市市立中山图书馆. -- 编者刊,1930. -- 226 页:图像;16 开(国家图书馆)

内容包括导言、目的、组织、建筑图说、委员名单、议事录、公牍、奠基礼演说、奠基礼布告、奠基礼祝词、论述、募捐章程等,卷首有题字、照片、林云陔的序。(胡月平)

4904

福建建瓯县公立图书馆十周年纪念刊 / 建瓯县公立图书馆. -- 编者刊,1930. -- 219 页: 图,表; 16 开(国家图书馆)

内容包括目录、发刊词、序言、祝词、插图、沿革、纪念会纪事、论坛、规章、表册、公牍、捐资人姓名数目表、收支报告及杂录。(胡月平)

4905

江苏省立苏州图书馆概要 / 江苏省立苏州图书馆. -- 编者刊,1930. -- 34 页: 图,表; 32 开(国家图书馆)

内容包括摄影、沿革、馆舍、组织、经费、藏书、采购、编目、编纂、阅览、印行、计画、图表。出版年月为蒋镜寰序写作时间。(胡月平)

4906

续书楼藏书记 / 伦明. -- 编者刊,1930. -- 5 页 16 开

未见书。见录于《民国时期总书目 · 文化教育分册》。(胡月平)

4907

北平故宫博物院图书馆概况 / 北平故宫博物院图书馆. -- 编者刊,1930. -- 5 页; 24 开; 经折装(国家图书馆)

共 5 节,主要内容包括该馆组织、馆址、藏书、目录、出版的情况。(袁皓)

4908

上海县公共图书馆十八年度馆务报告 / 上海县公共图书馆. -- 该馆编印,1930

未见书。见录于李钟履《图书馆学书籍联合目录》。(胡月平)

4909

广州特别市立第三小学校儿童图书馆六周年纪念特刊 / 吴谨心. -- 广州特别市立第三小学校儿童图书馆,1930. -- 44 页: 图像,表; 25 开(国家图书馆)

内容有:馆务近况、六周年纪念文章、研究图书馆学应备的书籍目录、六周年纪念文字。卷首有职员像、编者小言。附录广州市图书馆调查、广州市杂志出版调查。(胡月平)

4910

聊城杨氏海源阁藏书之过去现在 / 王献唐. -- 济南: 山东省立图书馆,1930. -- 40 页; 32 开. -- 山东省立图书馆丛刊第 1 种(辽宁省图书馆)

全书共分 11 节,介绍海源阁藏书的缘起、数量、藏所、迁变及损失情况,即导言所云:"海源阁藏书之来源、杨氏三世传略、杨氏购书时期及襄助者、杨氏藏书所在、藏书数量、海源阁藏书之损失及其现状、此次清查情形、现在善本书目、杨氏所刻书籍及藏书印记、赘论"。(卓连营)

4911

江苏省立苏州图书馆馆刊(第二号) / 陈子彝. -- 江苏省立苏州图书馆,1930. -- 383 页: 表; 16 开(国家图书馆)

包括专著、论文、书目、记载、图表等。收蒋镜寰著《吴中藏书先哲考略》,沈勤庐著《唐杨惠之塑像考》,黄颂尧著《四库未收书版本考》,陈子彝著《日本图书馆事业一瞥》等。(胡月平)

4912

国学图书馆第三年刊 / 国学图书馆. -- 南京: 编者刊,1930. -- 401 页: 像,表; 16 开(国家图书馆)

内分插图、专著、题跋、表格、附录、簿录及纪事、附记、案牍八部分。书前有"国学图书馆征求海内世族谱牒启事",目录前书名题:江苏省立国学图书馆第三年刊。(胡月平)

4913

图书馆概况(国立中央大学一览)(第十种) / 国立中央大学图书馆. -- 南京: 国立中央大学教务处出版组,1930. -- 54 页; 16 开(上海图书馆)

分 10 节,介绍该馆沿革、组织、图书、设备、经费、各科概况、规程等情况。有职员名表。(金晓明)

4914

人文类辑社民国十八年报告 / 人文类辑社. -- 上海: 编者刊,1930. -- 8 页; 32 开(上海图书馆)

介绍其主要工作:收采各种图书杂志报纸,分类庋藏;将辛亥革命以来报纸所载有价值资料剪贴成片分别类目;将重要杂志依照所订类目制成索引等。人文类辑社即人文社。(金晓明)

4915

(国立)暨南大学洪年图书馆概况 / 国立暨南大学洪年图书馆总务股. -- 上海: 编者刊,1930. -- 27 页; 25 开(浙江图书馆)

全书 12 章,有照片实录、述略、组织条例、办事细则、借阅规则、教职员借书规则、图书分类表、图书类名索引、中文书籍卡目排列、表卡、统计比较和职员一览等内容。其封面全称为:十八年度国立暨南大学洪年图书馆概况。(王效良)

4916

万县公立图书馆概要 / 万县公立图书馆. -- 四川 编者刊,1930. -- 502 页: 图像,表; 24 开(国家图书馆)

内容包括图表、演说、记、规章、公牍、书目,前有总理遗像遗嘱、题字、各种插图、序。(胡月平)

4917

全国图书馆调查表(第四次订正) / 中华图书馆协会. -- 北平: 编者刊,1931. -- 42 页; 16 开(上海图书馆)

第四次订正新增百余馆。(金晓明)

4918

松坡图书馆概况 / 松坡图书馆. -- 北平: 该馆编印,1931

未见书。见录于李钟履《图书馆学书籍联合目录》。(胡月平)

4919

吉林省立图书馆概况 / 吉林省立图书馆. -- 编者刊,1931. --32 页: 图像,表; 24 开(上海图书馆)

介绍吉林省立图书馆之经费、组织、规程、设备、阅览等基本情况。首刘元功"简端语"。(金晓明)

4920

河北省立第一图书馆概况 / 河北省立第一图书馆. --编者刊,1931. -- 30 页: 图表; 24 开(浙江图书馆)

张厚璋题书名。首有严侗叙作序。无目录。包含沿革、概况、计划、章程、书目格式等方面的介绍以及读者统计、借阅类别比较和经费分配之表格。(王效良)

4921

(国立)北平图书馆新馆落成典礼 / 国立北平图书馆. -- 编者刊,1931. -- 2 页; 25 开(国家图书馆)

收录委员会报告(蔡孑民)、教育部代表致词(蒋梦麟)、北平市市长致词(胡若愚)、摄影、参观等内容。(袁皓)

4922

国立北平图书馆概况 / 国立北平图书馆. -- 该馆编印,1931

未见书。见录于李钟履《图书馆学书籍联合目录》。(胡月平)

4923

全国图书馆一览 / 浙江省立图书馆. -- 杭州: 编者刊,1931. -- 122 页; 32 开(浙江图书馆)

无目录,介绍 1931 年前后全国各图书馆的名录及地址。内页书名称:中国图书馆一览。(王效良)

4924

中国国际图书馆概要 / 中国国际图书馆. -- 中国书版展览会编印,1931. -- 线装,1 册. -- 中国科学社铅印本(国家图书馆)

书中介绍了国际图书馆的宗旨等,除提供普通阅览服务以外,还有特殊的任务,与国际联盟图书馆合作,以及每年七月在国联文化合作会开会时,举行中国国际合作图书展览会一次。对于研究中国近代图书馆发展史有很重要的资料价值。(石剑)

4925

无锡县图书馆概况 / 无锡县图书馆. -- 编者刊,1931. -- 34 页: 图像,表; 24 开(上海图书馆)

介绍无锡县图书馆的缘起及历年概况,以及组织、经济、设备、管理、推广、规程等相关事项。(金晓明)

4926

杨氏海源阁藏书概略与劫后之保存 / 刘阶平. -- 编者刊,1931. -- 13 页: 像; 16 开(上海图书馆)

卷端题名"杨氏海源阁藏书概略与劫后之保存"。主要内容为介绍山东聊城清代杨氏三代藏书,历次时局变乱遭劫和劫后之保存等情况。(金晓明)

4927

北平故宫博物院图书馆概况 / 北平故宫博物院图书馆. -- 编者刊,1931. -- 18 页: 图像,表; 24 开(辽宁省图书馆)

简要介绍了该馆情况,末附该馆印行书籍提要。(卓连营)

4928

福建省立图书馆概况 / 福建省立图书馆. -- 福州: 编者刊,1931. -- 68 页: 图像,表; 36 开(浙江图书馆)

共分 11 章,系照片、导言、沿革、组织、藏书、分类、编目、阅览、经费、规则和附录等部分。(王效良)

4929

广东全省公私立图书馆通讯录 / 温仲良. -- 广州: 广东省教育会秘书处,1931. -- 54 页

未见书。见录于李钟履《图书馆学书籍联合目录》。(胡月平)

4930

建筑浙江图书馆报告书 / 浙江图书馆. -- 杭州: 编者刊,1931. -- 54 页: 图,表; 24 开(国家图书馆)

内容包括该馆经费来源及支配、馆址拨定及整理、建筑监察负责机关、工程设计及施工、职员聘请等。卷首有刘大白《浙江图书馆落成记》。(胡月平)

4931

浙江省立图书馆概况 / 浙江省立图书馆. -- 杭州: 编者刊,1931. -- 179 页: 图,表; 24 开(国家图书馆)

内容包括该馆照片、沿革、组织、经费、图书、阅览、出版、

推广、计划、章则、附录11部分。附录印行所概况、印行所书目。(胡月平)

4932

二年来之宜兴县立公共图书馆 / 宜兴县立公共图书馆. -- 江苏宜兴: 编者刊,1931. -- 106页: 图表; 32开(浙江图书馆)

内容分卷首语(吴培元)、报告、章则、公牍4部分。附录收《宜兴民众半月刊编辑计划》等3个文件。前有馆况照片。(王效良)

4933

江苏省立国学图书馆概况 / 江苏省立国学图书馆. -- 南京: 编者刊,1931. -- 62页: 图,表; 32开(浙江图书馆)

内容有插图、沿革、建筑与设备、组织、经费、藏书统计、目录编纂、阅览传抄统计、印行统计、进行计划、章程和职员一览表等12部分。附录为印行书籍价目表。(王效良)

4934

国学图书馆第四年刊 / 国学图书馆. -- 南京: 编者刊,1931. -- 840页: 图,表; 16开(辽宁省图书馆)

本书专著部分收录族谱研究举例、明史稿校录、江苏书院志初稿、江苏社会志初稿、松轩书录、馆藏清代禁书述略、江苏书徵初稿、蟫林辑传、馆藏历代名人年谱集目续补等。(卓连营)

4935

(国立)暨南大学洪年图书馆概况 / 国立暨南大学洪年图书馆. -- 上海: 编者刊,1931. -- 42页: 图表; 16开(国家图书馆)

介绍了该馆的组织、阅览规则、图书分类表、图书馆类名索引、各种卡片、各项统计表、职员表等内容。封面书名题: 二十年度国立暨南大学洪年图书馆概况。(胡月平)

4936

人文社之种种工作(民国十九年度报告) / 人文社. -- 上海: 编者刊,1931. -- 11页, 32开(上海图书馆)

介绍该社的主要工作:选辑各报所载有价值的史料,出版《人文月刊》。(金晓明)

4937

民众图书馆规程及簿表 / 姜和. -- 无锡: 江苏省立教育学院实验民众图书馆,1931. -- 76页. -- "民众图书馆丛书"第3种

未见书。见录于李钟履《图书馆学书籍联合目录》。(胡月平)

4938

英国国立图书馆藏书源流考 / 李小缘. -- 北平: 中华图书馆协会,1932. -- 40页: 像,表; 16开(国家图书馆)

介绍该馆发端、规模、其他收藏等情况。此书为《图书馆学季刊》第6卷第3期单行本。封面残。(胡月平)

4939

上海市立图书馆概况 / 上海市立图书馆. -- 编者刊,1932. -- 194页: 像,表; 24开(国家图书馆)

分插图、引言、馆务概述、规则、统计、附录6部分介绍了该馆的情况。(胡月平)

4940

陕西省立第一图书馆概况 / 陕西省立第一图书馆. -- 编者刊,1932. -- 14页: 表; 32开(国家图书馆)

分沿革、组织、设置、图书、经费及各股工作概况6节。(胡月平)

4941

(国立)北平图书馆馆务报告(民国十九年七月至二十一年六月) / 国立北平图书馆. -- 编者刊,1932. -- 76,98页: 像,表; 24开(国家图书馆)

分引言、新馆建筑之落成、落成典礼之盛况、专藏之寄存、采购、编目及索引、编纂及出版、阅览及咨询、附录九章。(胡月平)

4942

北平故宫博物院文献馆一览 / 该馆编印. -- 编者刊,1932. --56页: 图(国家图书馆)

介绍了该馆的沿革、档案整理、物品陈列、编辑出版、职员表。(胡月平)

4943

(国立)北平图书馆职员录 /(国立)北平图书馆. -- 编者刊,1932. -- 42页; 32开; 环筒页装(国家图书馆)

介绍了职员的职务、姓名、字、籍贯、住址、电话。(胡月平)

4944

隆昌县公立图书馆概况 / 隆昌县公立图书馆. -- 该馆编印,1932

未见书。见录于李钟履《图书馆学书籍联合目录》。(胡月平)

4945

交通大学图书馆编目规则(1932年9月订) / 交通大学图书馆. -- 上海: 该馆编印,1932. -- 22页

未见书。见录于李钟履《图书馆学书籍联合目录》。(胡月平)

4946

浙江省第一学区图书馆协会概况 / 浙江省第一学区图书馆协会. -- 编者刊,1932. -- 13页: 表; 24开(国家图书馆)

共6节,介绍了该协会组织经过、章则内容、集会情形、议题摘要、现任职员等情况。附录第一学区尚未加入图书馆协会之图书馆表。(胡月平)

4947

江苏省立苏州图书馆概要 / 江苏省立苏州图书馆. -- 编者刊,1932. -- 66页: 图,表; 32开(国家图书馆)

介绍了该馆沿革、馆舍、组织、经费、藏书、采讲、编目、编纂、阅览、印行、计画、规程等。(胡月平)

4948

七年以来之人文社 / 黄炎培. -- 编者刊,1932. -- 14页; 32开(上海图书馆)

简述人文月刊社的历史。该社是甲子社的一部分。(金晓明)

4949

浙江省立图书馆大学路总馆开幕纪念册 / 浙江省立图书

馆. -- 杭州：编者刊,1932. -- 44 页：像,表；24 开(国家图书馆)

分 7 部分,内容包括卷端语、插图、总馆纪略、汤蛰仙先生小传、浙江省各县市图书馆事业之一瞥等。(袁皓)

4950

浙江省立图书馆一览 / 浙江省立图书馆. -- 杭州：编者刊,1932. -- 11 页：像；44 开；经折装(国家图书馆)

共 16 节,简要介绍了该馆的沿革、组织、图书、经费、设备、文澜阁四库全书、出版事业等情况。(袁皓)

4951

吴县图书馆第六次报告 / 吴县图书馆. -- 江苏：编者刊,1932. -- 46 页：图,表；32 开(浙江图书馆)

主要内容为各部门实照,概况组织、书刊新增和捐赠介绍及借阅统计,阅览室图书配置,经费支配实况,事业计划,职员通讯录,附设理科实验室实验办法等。(王效良)

4952

江苏省立苏州图书馆馆刊(第三号) / 陈子彝. -- 江苏省立苏州图书馆,1932. -- 475 页：图像；16 开(国家图书馆)

包括专著、论文、讲演、书目、记载等。收陈定祥著《黄陶楼先生年谱》,陈子彝著《中国纪元通检》,蒋镜寰著《杜氏著者号码编制法补正》,叶德辉著《书目答问斠补》等。(胡月平)

4953

九江中学志昂图书馆成立特刊 / 九江中学志昂图书馆. -- 九江中学编印,1932. -- 32 页

未见书。见录于李钟履《图书馆学书籍联合目录》。(胡月平)

4954

国学图书馆第五年刊 / 国学图书馆. -- 南京：编者刊,1932. -- 812 页：图像,表；16 开(国家图书馆)

分插图、专著、目录、档案、题跋、表格、簿录及纪事、案牍八部分。书前有"国学图书馆征求海内世族谱牒启事"。版权页、书脊及目录前等处书名题：江苏省立国学图书馆第五年刊。(胡月平)

4955

(国立)中央大学图书馆概况 / 桂质柏. -- 南京：国立中央大学图书馆,1932. -- 4 页；48 开(浙江图书馆)

绪言后有沿革、组织、图书、分类、目录、普通规则等内容。(王效良)

4956

圣约翰大学罗氏图书馆概况 / 黄维廉. -- 上海：圣约翰大学罗氏图书馆,1932. -- 34 页：像,表；24 开(国家图书馆)

介绍该馆沿革、建筑及设备、组织及经费、购书、分类、编目、典藏、流通、装订、分馆、发展计划等情况。附录历年增添书数比较表、历年借出书数比较表、借阅规程、民国十九年来各界赠书一览。(胡月平)

4957

北平图书馆建筑委员会报告 / 北平图书馆建筑委员会. -- 北平：中华教育文化基金董事会,1933. -- 24 页；32 开(上海图书馆)

建筑该馆的工作报告,中、英文两种文字。内容包括查核中华教育文化基金董事会经营北平图书馆建筑基金证明书、中华教育文化基金经营生物调查所建筑基金账目证明书、建委会委员名单。(金晓明)

4958

中华图书馆协会第二次年会报告 / 中华图书馆协会执行委员会. -- 北平：中华图书馆协会事务所,1933. -- 114 页：像,表；16 开(国家图书馆)

会议资料,版权页题名：中华图书馆协会第二次年会报告。(胡月平)

4959

中华图书馆协会概况 / 中华图书馆协会执行委员会. -- 北平：中华图书馆协会事务所,1933. -- 102 页：表；32 开(国家图书馆)

介绍了中华图书馆协会的沿革、组织、事业。附录中华图书馆协会职员表、中华图书馆协会会员录。(胡月平)

4960

山东省立图书馆概况 / 山东省立图书馆. -- 编者刊,1933. -- 44 页：图像,表；24 开(国家图书馆)

分沿革、布置、组织、典藏、经费、目录、阅览、编印、余记 9 节介绍该馆情况。封面有"馆藏汉瓦范之一"。(胡月平)

4961

(国立)北平图书馆馆务报告(民国二十一年七月至二十二年六月) / 国立北平图书馆. -- 编者刊,1933. -- 34,122 页：图像,表；24 开(国家图书馆)

分引言、重要赠书、寄存图书、采购、编目及索引、编纂及出版、阅览及咨询、交换馆员、附录 9 章。(胡月平)

4962

(国立)北平图书馆专门阅览室规则(民国二十二年四月一日改订) / 国立北平图书馆阅览组. -- 编者刊,1933. -- 7 页：表；36 开(上海图书馆)

共 10 条。附申请书、保证书样式。(金晓明)

4963

中华图书馆协会第二次年会指南 / 中华图书馆协会. -- 编者刊,1933. -- 24 页：图像,表；36 开(浙江图书馆)

介绍到会须知事项,相关列车时刻表及乘车优待办法,年会组织和日程等。(王效良)

4964

浙江第二学区各图书馆概况专号 / 浙江第二学区各图书馆. -- 嘉兴：浙江第二学区图书馆协会编印,1933. -- 28 页. --"浙江第二学区图书馆协会会刊"第 3 期

未见书。见录于李钟履《图书馆学书籍联合目录》。(胡月平)

4965

国立中央大学图书馆西文图书编目规则 / 桂质柏. --南京：该馆,1933

未见书。见录于李钟履《图书馆学书籍联合目录》。(胡月平)

4966

国民政府文官处图书馆概况 / 国民政府文官处图书馆. -- 南京: 该馆编印,1933

未见书。见录于李钟履《图书馆学书籍联合目录》。(胡月平)

4967

中法大学图书馆概况 / 中法大学图书馆. -- 北平: 编者刊,1933. -- 10,42 页: 图像,表; 16 开(国家图书馆)

分为摄影、概况、进行事项、管理细则、本馆职员录 5 部分。(胡月平)

4968

燕京大学图书馆概况 / 燕京大学图书馆. -- 北平: 编者刊,1933. -- 29 页: 图像,表; 24 开(国家图书馆)

正文分沿革、建筑及设备、组织、藏书、经费、购书、分类、编目、目录、装订、结论 11 节。书前有叙言、插图。(胡月平)

4969

北平协和医学院图书馆馆况实录 / 李钟履. -- 北平: 中华图书馆协会,1933. -- 66 页: 图表; 16 开(国家图书馆)

内容有该馆缘起、沿革、组织、行政、经费、藏书范围、购书方法、分类、编目、参考书籍、杂志管理法等。出版年月为"缘起"写作时间。(胡月平)

4970

杭县县立流通图书馆概况 / 杭县县立流通图书馆. --编者刊,1933. -- 66 页: 图表; 32 开(国家图书馆)

介绍该馆情况,包括沿革、组织系统、经费预算、图书设备、业务进行计划、历年工作述要、章则汇录等。杭县即今余杭县。(胡月平)

4971

天津南开大学木斋图书馆概况 / 天津南开大学木斋图书馆. -- 编者刊,1933. -- 31 页: 像,表; 24 开. --天津南开大学木斋图书馆丛刊 第 1 种(上海图书馆)

共分 16 节,介绍木斋图书馆的沿革、组织、藏书、阅览,以及借书规则等。(金晓明)

4972

湖南大学图书馆落成、科学馆奠基特刊 / 湖南大学. -- 编者刊,1933. -- 54 页: 图像,表; 16 开(浙江图书馆)

胡庶华题书名并写引言。全书内容记述建筑设计图,引言,建筑略史,工程说明,图书馆概况和受捐、借阅等规程。附有照片及图纸。(王效良)

4973

(国立)清华大学图书馆一览(馆刊第三种) / 国立清华大学图书馆. -- 编者刊,1933. -- 64 页: 图像,表; 25 开(浙江图书馆)

内容分 7 章叙述,分别为沿革及建设、组织、图书及管理、出纳、书库、杂项和附则(规章)。前有叙言。(王效良)

4974

景堂图书馆指南 / 景堂图书馆. -- 广东新会: 编者刊,1933. -- 10,114 页: 图像,表; 36 开(国家图书馆)

介绍了景堂图书馆的设置、分类、目录、阅览等情况。书前冠:序言。书末附:本馆出版物一览、本馆编纂中之出版物、本馆各种规程。(胡月平)

4975

浙江省立图书馆一览 / 浙江省立图书馆. -- 杭州: 编者刊,1933. -- 10 页: 像,表; 24 开: 经折装(上海图书馆)

分 14 节,包括沿革、馆址、组织、设备、图书、文澜阁四库全书、阅览简则、借阅统计、征集统计、推广事业、职员等。(金晓明)

4976

浙江省立图书馆三十周年纪念册 / 浙江省立图书馆. -- 杭州: 编者刊,1933. -- 48 页: 图像,表; 横 16 开(浙江图书馆)

陈布雷作序。内容分小史、大事年表、历任馆长简表、本馆图说(含 27 幅照片)和二年来设施记略共 5 部分。(王效良)

4977

浙江全省图书馆概览 / 浙江省立图书馆. -- 杭州: 编者刊,1933. -- 109 页: 图表; 32 开(浙江图书馆)

卷首有陈训慈弁言。内容按省、市、县、区的行政划分和私立、学校、机关等社会划分分列浙江全省各图书馆概况。书后附图书馆协会介绍和图书馆概况调查表格式。(王效良)

4978

浙江省立图书馆概况与报告 / 浙江省立图书馆. -- 杭州: 编者刊,1933. -- 56 页: 图像,表; 24 开(国家图书馆)

主要包括浙江图书馆的回顾与展望,该馆发售局版及续收的木印书书目等情况。(袁皓)

4979

浙江省立图书馆小史 / 陈训慈. -- 杭州: 浙江省立图书馆,1933. -- 20 页: 表; 24 开(国家图书馆)

为《浙江省立图书馆馆刊》单行本。共 8 节,主要介绍了该馆藏书的渊源、演进、扩充、建制等情况。附录《浙江藏书楼碑记》等 4 种。(袁皓)

4980

吴县图书馆第七次报告 / 吴县图书馆. -- 江苏: 编者刊,1933. -- 57 页: 图像; 24 开(国家图书馆)

主要内容包括该馆的沿革、大事记、组织、规程、经费、图书采购、编目、工作报告、阅览、各项统计等。(袁皓)

4981

国学图书馆第六年刊 / 国学图书馆. -- 南京: 编者刊,1933. -- 790 页: 像,表; 16 开(上海图书馆)

包括专著、校勘、案牍等 7 部分。收录《江苏艺文志稿》(金),《建康实录校记》(郦成铨)等 6 篇。版权页、书脊及目录前等处书名"江苏省立国学图书馆第六年刊"。(金晓明)

4982

(国立)中央大学图书馆概况 / 桂质柏. -- 南京: 国立中央大学图书馆,1933. -- 11 页: 图; 25 开(国家图书馆)

介绍了该馆的沿革、组织、图书、分类、目录、普通规则。中、英两种文字。(胡月平)

4983

东方图书馆纪略 / 东方图书馆复兴委员会. -- 上海: 编者

刊,1933. -- 22 页: 像,表; 24 开(国家图书馆)

分摄影、成立概况、被毁情形、筹备复兴、附录5节,介绍了东方图书馆的情况。(胡月平)

4984

(国立)暨南大学洪年图书馆概要 / 国立暨南大学洪年图书馆. -- 上海: 编者刊,1933. -- 46 页: 图像,表; 32 开(国家图书馆)

介绍了该馆沿革、组织、阅览规则、图书分类表、图书馆类名索引、各种卡片、各项统计表、职员表等内容。(胡月平)

4985

世界佛教居士林佛学图书馆成立报告册 / 世界佛教居士林佛学图书馆. -- 上海: 编者刊,1933. -- 26 页: 像; 横 25 开(上海图书馆)

该报告册记述该馆各项章程、职员表、图书分类表、图书编导表、图书种类、收支报告等。后附:林锦华居士捐资纪念碑、乐助绣字经盖报告等。(金晓明)

4986

儿童图书馆概况 / 刘梦兰. -- 香山慈幼院小学部,1933. -- 44 页: 图像,表; 32 开. -- 香山慈幼院小学丛书 1 孙钰主编(国家图书馆)

内容有该馆平面图、插图、馆舍及设备、组织、藏书、经费、购书、管理、分类、编目、图书的整理与保护、指导、统计表、职员一览表。有孙钰的序及作者序。(胡月平)

4987

(国立)北平图书馆借书暂行规则(民国二十一年八月一日改订) / 国立北平图书馆阅览组. -- 编者刊,1933、1934. -- 5 页; 32 开(上海图书馆)

为便利学者研究参考起见特定借书规则,共21条。(金晓明)

4988

辅仁大学图书馆阅览指南 / 辅仁大学图书馆. -- 北平,该馆编印,1934

未见书。见录于李钟履《图书馆学书籍联合目录》。(胡月平)

4989

(国立)北平图书馆馆务报告(民国二十二年七月至二十三年六月) / 国立北平图书馆. -- 编者刊,1934. -- 142 页: 表; 24 开(国家图书馆)

分引言、采访、编目及索引、编纂及出版、阅览及咨询、馆务纪要、附录7章。(胡月平)

4990

(国立)北平图书馆舆图部概况 / 国立北平图书馆. -- 编者刊,1934. -- 64 页: 图像; 20 开(国家图书馆)

共8节,内容包括该部沿革、庋藏、访购、插架、分类、编目等。附录舆图阅览室阅览简则等2种。(胡月平)

4991

上海市市立图书馆民国廿三年度概况 / 上海市市立图书馆. -- 编者刊,1934. -- 79 页: 图像,表; 24 开(国家图书馆)

介绍了该馆的规则、馆务、图书分类、流通组织与管理、统计等情况。前有插图、题字、引言。(胡月平)

4992

(国立)北平图书馆概况 / 国立北平图书馆. -- 编者刊,1934. -- 34 页: 像,表; 24 开(国家图书馆)

介绍了该馆的沿革、组织、建筑、藏书、目录及索引、编纂及出版、阅览等情况。附录历年重要职员一览表。(胡月平)

4993

河北省立第一图书馆概况 / 河北省立第一图书馆. --编者刊,1934. -- 12 页: 图像,表; 横 16 开(上海图书馆)

介绍河北省立第一图书馆的沿革、组织、经费、规章、书籍、编目及分类、各项统计图表等。(金晓明)

4994

(国立)北平图书馆工程参考室暂行规则 / 国立北平图书馆阅览组. -- 编者刊,1934. -- 2 页; 36 开(国家图书馆)

介绍该室借阅时间和借阅条例。(袁皓)

4995

河北省立第一通俗图书馆概况 / 河北省立第一通俗图书馆. -- 编者刊,1934. -- 17 页: 表; 25 开(国家图书馆)

介绍了该馆的沿革、统计、章程等情况。(袁皓)

4996

(国立)中央图书馆筹备之经过及现在进行概况 / 中央图书馆. -- 南京: 编者刊,1934. -- 8 页; 16 开(国家图书馆)

分筹备经过及其组织、现在进行概况两部分。现在进行概况介绍了征集图书、采购、交换、登记、分类及编目等情况。(胡月平)

4997

中国国际图书馆图册 / 中国国际图书馆. -- 上海: 世界书局,1934. -- 50 页: 像; 横 16 开(国家图书馆)

介绍该馆一般情况的图册,该馆设于日内瓦。有编者引言。末附"上海图书学校"等两种。中、法两种文字。(胡月平)

4998

世界民众图书馆概况 /(美)鲍士伟(A. E. Bostwick)编,徐家麟译. -- 武昌文华图书馆学专科学校,1934. -- 230 页: 表; 18 开. -- 文华图书馆学专科学校丛书(国家图书馆)

介绍了47个国家和地区民众图书馆的情形。由徐家麟、喻友信、章新民、吕绍虞、徐家璧、严文郁、邢云林、耿靖民、钱亚新、戴镏龄、吴立邦、李钟履、李继先、毛坤分别翻译。书前有沈祖荣的世界民众图书馆序及原编者序。书后附原出版者(美国图书馆协会)序言。书名原文:Popular Libraries of the World。(胡月平)

4999

西洋图书馆史略 /(英)萨费基(E. A. Savage)著,毛坤译. --武昌文华图书馆学专科学校,1934. -- 108 页; 16 开. -- 武昌文华图书馆学专科学校小丛书(上海图书馆)

介绍西洋图书馆事业的自古及今的发展历程。原名: The Story of Libraries and Book – Collecting。首译者序。(金晓明)

5000

私立江苏流通图书馆开馆纪念册 / 私立江苏流通图书馆. --编者刊,1934. -- 42 页; 32 开(国家图书馆)

卷首介绍了该馆的使命及各项事业。收陈涛的《本馆创办的动机和经过》《普及教育与流通图书馆的关系》,陈独醒的《流通图书馆和民众教育关系》,编者的《代民众请求三事》4 篇,后附该馆图书分类编目纲要、图书目录、借书章程等内容。(胡月平)

5001

(国立)北平故宫博物院图书馆民国廿三年度工作报告 / 国立北平故宫博物院图书馆. -- 编者刊,1934. --12 页; 32 开: 环筒页装(上海图书馆)

介绍北平故宫博物院图书馆的书籍整理、编辑、流传及分馆等事项。(金晓明)

5002

中央陆军军官学校图书馆概况 / 中央陆军军官学校. --编者刊,1934. -- 20 页: 像; 48 开(上海图书馆)

内容包括该馆创办及其发展、组织与设备、图书管理、各项统计等。(金晓明)

5003

无锡县图书馆概况 / 无锡县图书馆. -- 编者刊,1934. --34 页: 图像,表; 20 开(浙江图书馆)

前有高阳序,馆舍全景,碑记。正文记述沿革、组织、经济、设备、管理、推广、世界图书分类法和管理规程等内容。附录为《本馆五年之概况暨今后之改进》(王效良)

5004

南京市立图书馆概况 / 南京市立图书馆. -- 编者刊,1934. --50 页: 图像,表; 20 开(浙江图书馆)

文字介绍分沿革、组织、经费、设备、图书、分类、编目、阅览等部分。附刊各种章则、附设事业、赠书人名录及职员一览等。(王效良)

5005

上海市图书馆、博物馆奠基纪念 / 上海市图书馆、博物馆、体育场筹备委员会. -- 编者刊,1934. -- 22 页: 图; 横 16 开(国家图书馆)

介绍了两馆的工程概况。(袁皓)

5006

湖南南轩图书馆十周年纪念刊 / 南轩图书馆. -- 长沙: 编者刊,1934. -- 74 页: 图像,表; 32 开(国家图书馆)

正文分绪言、沿革、组织、设备、规章、论著、文艺、图表、附载 9 部分。前有《南轩先生传略》、9 幅插图。(胡月平)

5007

乌山图书馆最近一年来工作概况 / 乌山图书馆. -- 福州: 编者刊,1934. -- 6 页; 16 开(国家图书馆)

主要内容为该馆一年来在改进置籍、整理赠书、添购新书、续编目录等方面的情况。(袁皓)

5008

五年来之培正中学图书馆 / 培正中学图书馆编辑部. --广州: 培正中学图书馆,1934. -- 20 页: 表; 25 开

未见书。见录于《民国时期总书目 · 文化教育分册》。(胡月平)

5009

广州市立中山图书馆 / 广州市立中山图书馆. -- 广州市市政府,1934. -- 32 页: 图像,表; 25 开. -- 广州市政建设丛刊 第 8 种(国家图书馆)

内容有该馆概况、规章纪要、统计图表、碑记、转载等情况。目录前书名题:广州市立中山图书馆概况。前有图片 8 幅。(胡月平)

5010

浙江省立图书馆概况 / 浙江省立图书馆. -- 杭州: 编者刊,1934. -- 24 页; 20 开(国家图书馆)

内容包括浙江省立图书馆和该馆所属印行所概况。(胡月平)

5011

浙江省立图书馆民国二十三年度工作报告 / 浙江省立图书馆. -- 杭州: 编者刊,1934. -- 34 页: 表; 24 开(上海图书馆)

依据二十三年进行计划报告,分七节。(金晓明)

5012

浙江省立图书馆简况 / 浙江省立图书馆. -- 杭州: 编者刊,1934. -- 5 页; 44 开: 经折装(国家图书馆)

分 12 节,简介浙江省立图书馆的沿革、组织、经费、藏书、阅览时间、流通事业、辅导事业、编纂出版事业等情况。(袁皓)

5013

浙江全省图书馆概览(民国二十二年度) / 浙江全省图书馆辅导组. -- 杭州: 浙江省立图书馆售书处,1934. -- 27 页: 图像,表; 16 开(国家图书馆)

有弁言、本省各图书馆照片、统计图表、浙江省立图书馆概览、浙江全省图书馆概览、现代浙江藏书家简表、浙江图书馆协会简表等内容。据弁言介绍,此书于 1933 年初版,再版本略有变更。(胡月平)

5014

吴县图书馆第八次报告 / 吴县图书馆. -- 江苏: 编者刊,1934. -- 65 页: 图像; 32 开

未见书。见录于《民国时期总书目 · 文化教育分册》。(胡月平)

5015

国学图书馆第七年刊 / 国学图书馆. -- 南京: 编者刊,1934. -- 936 页: 图像,表; 16 开(国家图书馆)

包括专著、校勘、目录、簿录及纪事、案牍等 8 部分。收范耕研著《墨辩疏证通论》,金天翮著《张伯瑜先生传》等 6 篇。版权页、书脊及目录前等处书名题“江苏省立国学图书馆第七年刊”。(胡月平)

5016

行政院图书馆概况 / 行政院图书馆. -- 南京: 编者刊,1934. -- 10 页: 像,表; 16 开(国家图书馆)

主要介绍了该馆沿革、组织、经费、图书等级、藏书、分类、编目等情况。前有题字及图片。(胡月平)

5017

(国立)中央大学图书馆概况 / 桂质柏. -- 南京: 国立中央大学图书馆,1934. -- 10 页: 图像; 25 开(上海图书馆)

中、英两种文字介绍中央大学图书馆概况。(金晓明)

5018

(国立)中央大学图书馆中文图书编目规则 / 桂质柏. -- 南京 国立中央大学图书馆,1934. -- 33 页: 图; 16 开(国家图书馆)

介绍该馆编目方法。(袁皓)

5019

修葺天一阁纪念册 / 重修天一阁委员会. -- 宁波: 编者刊,1934. -- 5 页: 像; 横 32 开(浙江图书馆)

以 5 幅照片记录 1934 年 6 月 1 日鄞县文化教育界人士在天一阁修葺前"检书入匮",转移保管之情景。(王效良)

5020

天一阁今昔观(纪念册 第二种) / 重修天一阁委员会. -- 宁波: 编者刊,1934. -- 9 页: 像; 32 开(浙江图书馆)

以 9 幅照片展现天一阁修葺前后的状貌。(王效良)

5021

(国立)同济大学图书馆概况 / 国立同济大学图书馆. -- 上海: 编者刊,1934. -- 58 页: 像,表; 16 开(国家图书馆)

共 5 节,简介该馆成立经过、组织、图书等情况。(胡月平)

5022

中华民国海关图书馆简章 / 海关图书馆. -- 上海: 编者刊,1934. -- 8 页; 28 开(上海图书馆)

该简章分中、英两种文字。(金晓明)

5023

申报流通图书馆一周纪念册 / 申报流通图书馆. -- 上海: 编者刊,1934. -- 48 页: 图像,表; 36 开(上海图书馆)

首史量才序。内容包括该馆使命,并统计、计划、读书指导及章程等。(金晓明)

5024

中国科学社第十九次年会图书馆报告 / 中国科学社. -- 上海: 编者刊,1934. -- 8 页: 表; 32 开(国家图书馆)

简要介绍该馆书籍、杂志、日报等情况。正文前书名"中国科学社图书报告(廿二年八月至廿三年七月)"。(袁皓)

5025

大学图书馆经营之实际(大夏大学图书馆组织与管理) / 马宗荣. -- 上海: 大夏大学图书馆,1934. -- 113 页: 图表; 32 开(国家图书馆)

分大夏图书馆之组织、大学图书馆委员会、大夏大学图书馆之管理、大学图书馆之运用、附录 5 编。有编者序。(胡月平)

5026

大夏大学图书馆指南 / 马宗荣. -- 上海: 大夏大学图书馆,1934. -- 60 页; 64 开(上海图书馆)

为本校师生利用图书馆所编,共分 16 节。附有平面图。(金晓明)

5027

上海各图书馆概览 / 陈祖怡. -- 上海: 中国国际图书馆,1934. -- 152 页; 18 开(国家图书馆)

介绍了上海 81 个公、私立图书馆的简要情况。书前有编者序、引言及凡例。(胡月平)

5028

河北省立女子师范学院图书馆指南 / 钱亚新. -- 天津: 河北省立女子师范学院,1934. -- 88 页: 图表; 32 开(国家图书馆)

内容包括该馆设备、分类、目录、阅览等。附录该馆各项规则等 3 种。(胡月平)

5029

安徽省立图书馆图书分类法 / 安徽省立图书馆. -- 安庆: 该馆编印,1935. -- 74 页; 26cm

未见书。见录于李钟履《图书馆学书籍联合目录》。(胡月平)

5030

中华图书馆协会会员录 / 中华图书馆协会执行委员会. -- 北平: 中华图书馆协会事务所,1935. -- 76 页: 表; 32 开(国家图书馆)

介绍了中华图书馆协会执行委员会、监察委员会、事务所、专门委员会名单,及名誉会员、机关会员、个人会员名单。(胡月平)

5031

全国图书馆及民众教育馆调查表 / 中华图书馆协会. -- 编者刊,1935. -- 60 页: 表; 16 开(国家图书馆)

1934 年 12 月前调查,第五次订正。按地方排列,同地方再略按性质分别。以前各版曾在中华图书馆协会会报登载。前有例言。末附全国图书馆统计表。(胡月平)

5032

(国立)北平图书馆馆务报告(民国二十三年七月至二十四年六月) / 国立北平图书馆. -- 编者刊,1935. -- 138 页: 表; 24 开(国家图书馆)

分引言、重要赠书及交换、采访、编目及索引、编纂及出版、阅览及参考、馆务纪要、附录 8 章。(胡月平)

5033

(国立)北平图书馆职员录 /(国立)北平图书馆. -- 编者刊,1935. -- 22 页: 表; 32 开(国家图书馆)

介绍了国立北平图书馆委员会、购书委员会、馆长及各部门职员名录。(胡月平)

5034

新加坡的赖佛尔博物馆及图书馆 / 向达. -- 编者刊,1935. --13 页: 图像; 16 开(国家图书馆)

介绍两馆的馆舍布置、馆藏布局和特色馆藏。此书为《图书馆学季刊》第 9 卷第 3 期、第 4 期抽印本。(袁皓)

5035

私立西安知行流通图书馆工作报告特刊 / 私立西安知行流通图书馆. -- 编者刊,1935. -- 3 页: 表; 10 开(国家图书馆)

主要包括该馆创办旨趣、筹备情形及创办半年来的工作

经过等内容。(袁皓)

5036

国立北平大学工学院图书馆概况 / 国立北平大学工学院图书馆. -- 该馆编印,1935

未见书。见录于李钟履《图书馆学书籍联合目录》。(胡月平)

5037

绥远省立图书馆简况 / 绥远省立图书馆. -- 该馆编印,1935

未见书。见录于李钟履《图书馆学书籍联合目录》。(胡月平)

5038

中国全国省立图书馆现状鸟瞰 / 陈训慈. -- 杭州: 浙江省立图书馆,1935. -- 32 页; 32 开(上海图书馆)

介绍全国省立图书馆发展历程、图书统计、藏书与经费以及进展情况等。(金晓明)

5039

全国图书馆调查录 / 许晚成. -- 上海: 龙文书店,1935. -- 363 页,40 页; 32 开(浙江图书馆)

卷首有黄警顽、宋景祁、陈天鸿的序和作者对调查目的、经过的说明。全书从馆名、馆址、公私属性、开办年月、馆藏总量和特色、采用之分类法、读者数量、馆长职员姓名及通讯方式等方面详尽介绍了全国各图书馆的现状,共收 2520 所图书馆的调查记录。书后刊《我的火话》《图书馆应用表簿与卡片之样式》《分类法问题》《图书馆讲话》《附图书馆各项章程举例》等 5 篇附文。(王效良)

5040

世界各国国立图书馆概况 / A. Esdalle 编著,严文郁等译. --武昌: 文华图书馆学专科学校,1935. -- 343 页. -- "文华图书馆学专科学校季刊"抽印本

未见书。见录于李钟履《图书馆学书籍联合目录》。(胡月平)

5041

(国立)北平师大学附属第一小学儿童图书馆概况(第一期) / 国立北平师大学附属第一小学儿童图书馆. -- 北平: 编者刊,1935. -- 20 页: 像,表; 32 开(上海图书馆)

共 9 节,主要内容为该馆的藏书、分类、编目、目录、出纳、统计、指导、规则等。有孙廷觉的引言。(金晓明)

5042

(国立)北京大学图书馆概况 / 国立北京大学图书馆. -- 编者刊,1935. -- 26 页: 图像,表; 24 开(国家图书馆)

介绍北京大学图书馆的沿革、组织、建筑、购藏、目录、阅览、书库及研究室的情况。(胡月平)

5043

(国立)北平大学工学院建筑新图书馆设计草案暨本年度工作报告 / 国立北平大学工学院. -- 编者刊,1935. -- 9 页; 16 开

未见书。见录于《民国时期总书目. 文化教育分册》。(胡月平)

5044

北平市市立第一普通图书馆借书暂行章程 / 该馆编印. -- 编者刊,1935

未见书。见录于李钟履《图书馆学书籍联合目录》(胡月平)

5045

(国立)杭州艺术专科学校图书馆一览 / 国立杭州艺术专科学校图书馆出版课. -- 编者刊,1935. -- 122 页: 图表; 24 开(浙江图书馆)

共 6 章,内容包括沿革、艺术部分分类法、章则、半年统计、新旧书目录。(王效良)

5046

东莞博物图书馆特刊 / 东莞博物图书馆. -- 广东东莞: 编者刊,1935. -- 17,51 页: 图像,表; 16 开(国家图书馆)

内有题词、各种图表、发刊词、该馆筹备经过、图书部开幕情形、阅览规则、奖励捐助办法、筹备委员会进支数目等。前有总理遗像、总理遗嘱。(胡月平)

5047

(国立)中山大学图书馆概览 / 国立中山大学图书馆. -- 广州: 编者刊,1935. -- 184 页: 图表; 16 开(浙江图书馆)

高廷梓题书名。内容分 3 类,系概况,规程和各部的图表工具。后附职员一览表。(王效良)

5048

浙江省立图书馆章则一览 / 浙江省立图书馆. -- 杭州: 编者刊,1935. -- 42 页; 24 开(国家图书馆)

收录该馆暂行章则、该馆办事总则等 29 种。(袁皓)

5049

浙江省立图书馆藏书版记 / 毛春翔. -- 杭州: 浙江省立图书馆,1935. -- 20 页: 表; 24 开(国家图书馆)

介绍浙江省立图书馆藏书的版本数目、来源、种别品质等情况,约 200 种。(胡月平)

5050

浙江全省图书馆概览(增订三版) / 浙江全省图书馆辅导组. -- 杭州: 浙江省立图书馆售书处,1935. -- 48 页: 表; 16 开(国家图书馆)

有增订三版序、统计图表、浙江省立图书馆概览、浙江全省图书馆概览、现代浙江藏书家简表、浙江图书馆协会简表等内容。附录杭州书坊调查简表。(胡月平)

5051

吴县图书馆第九次报告 / 吴县图书馆. -- 江苏: 编者刊,1935. -- 68 页: 像; 32 开

未见书。见录于《民国时期总书目 · 文化教育分册》。(胡月平)

5052

江苏省立国学图书馆概况 / 江苏省立国学图书馆. --南京: 编者刊,1935. -- 72 页: 图像,表; 32 开(国家图书馆)

介绍了该馆沿革、建筑与设备、组织、经费、藏书统计、目录编纂、阅览统计、传钞统计、印行统计、进行计划、章程、现任职员等情况。前有插图、国学要语。附录《本馆印行书籍

价目表》。(胡月平)

5053

(国立)中央大学图书馆阅览规则 / 国立中央大学图书馆. -- 南京：编者刊,1935. -- 6 页；32 开(上海图书馆)

共 4 章 24 条,分总则、阅览、流通、附录。(金晓明)

5054

国学图书馆第八年刊 / 国学图书馆. -- 南京：编者刊,1935. -- 1019 页：像,表；16 开(辽宁省图书馆)

内有摄影、专著、校勘、目录、题跋、表格、簿录及纪事、案牍等八部分,专著部分收《学问家与图书馆》《江苏艺文志稿续》《里乘续》《大错和尚集拾遗》《本馆二十四年四月展览会纪事》等 9 篇。书脊及目录前等处书名题:江苏省立国学图书馆第八年刊。(卓连营)

5055

(国立)中央大学图书馆分类大全 / 桂质柏. -- 南京：国立中央大学图书馆,1935. -- 表；16 开(浙江图书馆)

首有桂质柏自序。文字共 3 编,分别为《国立中央大学中日文图书分类法》《中文著者号码表》《西文著者号码表》。后两编有桂质柏单独之序言。(王效良)

5056

申报流通图书馆第二年工作报告(纪念史量才先生) / 申报流通图书馆. -- 上海：编者刊,1935. -- 40,286 页：图像,表；32 开(国家图书馆)

内容有各种统计图、该馆的工作进展、计划及各种规章等。卷首有史量才的照片和他写在该馆一周年纪念册上的序,张蕴河、马荫良序,李公朴的《纪念创办人史量才先生》一文。附录业余补习学校和妇女补习学校、追悼史先生的特辑、各报对于史案的记载。卷末有编后记。(胡月平)

5057

(国立)同济大学图书馆工作概况(一)(民国二十三年三月一日至二十四年七月三十一日) / 国立同济大学图书馆. -- 上海：编者刊,1935. -- 129 页：图表；16 开(浙江图书馆)

内容有 19 个月中的工作回顾、编目述要、图书分类统计、借阅统计、中西文杂志目录、组织和职员名录以及会议记录等部分。(王效良)

5058

一甲记 / 黄炎培. -- 上海：甲子社人文类辑部,1935. -- 18 页：表；32 开(国家图书馆)

介绍甲子社创办经过及动机,甲子社所设人文类辑部(后定名为鸿英图书馆)的宗旨、发起人、筹款人及该部组织、图书、报纸、索引、出版等情况。附录鸿英教育基金董事会董事姓名表、鸿英图书馆筹备处现任职员姓名表。(胡月平)

5059

德国捐赠东方图书馆书籍展览纪要 / 东方图书馆复兴委员会. -- 上海：东方图书馆复兴委员会编印,1935

未见书。见录于李钟履《图书馆学书籍联合目录》。(胡月平)

5060

上海图书馆史 / 胡道静. -- 上海：上海市通志馆,1935. -- 129 页：表；16 开(浙江图书馆)

为上海通志馆期刊抽印本。全书分 5 章,分别为事业发展历史,各馆生命历程,各馆技术行政,上海图书馆协会以及老上海的公藏与私藏的介绍。书后有补遗。(王效良)

5061

(国立)北平图书馆排印卡片目录说明及使用法 / 国立北平图书馆. -- 编者刊,1936. -- 10 页：图；横 48 开(上海图书馆)

初版分 3 节,介绍卡片目录的性质及使用方法、卡片订购办法。再版本又增加卡片之范围及种类等内容,14 页。(金晓明)

5062

(国立)北平图书馆中文目录检字表 /(国立)北平图书馆中文编目组. -- 编者刊,1936. -- 67 页；16 开(国家图书馆)

北平图书馆中文目录检字表,按笔画排列。书前有凡例。(胡月平)

5063

北平市第一普通图书馆二十四年度馆务报告 / 北平市第一普通图书馆. -- 编者刊,1936. -- 27 页：表；24 开(国家图书馆)

分书籍的征购与寄存、图书目录、阅览、编纂及出版、推广事业、辅导事业、儿童年中各项活动、事务纪要 8 节,介绍该馆 1935 年 7 月至 1936 年 6 月工作。有引言。附录北平市第一普通图书馆巡回图书实施办法等 3 种。目录前及书口书名题:北平市第一普通图书馆馆务报告。(胡月平)

5064

北平市立第一普通图书馆 / 北平市立第一普通图书馆. -- 编者刊,1936. -- 24 页：图像,表；25 开(国家图书馆)

分沿革、组织、藏书、目录、阅览、编纂及出版、推广事业、附设事业 8 节。附录本馆规则、本馆现任职员表。(胡月平)

5065

山西大同县公立图书馆纪念刊 / 山西大同县公立图书馆筹备委员会. -- 编者刊,1936. -- 124 页：像及表；16 开(国家图书馆)

介绍了本馆成立、将来的计划等情况及各项报告。前有《大同县公立图书馆筹备委员会启事》、总理遗像遗嘱、中华民国教育宗旨、题词题字、照片等。(胡月平)

5066

(国立)北平图书馆馆务报告(民国二十四年七月至二十五年六月) / 国立北平图书馆. -- 编者刊,1936. -- 24 页：表；20 开(国家图书馆)

介绍了该馆赠书、采购、编目及索引、编纂及出版、阅览及参考、馆务纪要等情况。前有引言,末附本年度图书增加统计、本年度会计报告、本馆职员一览。(胡月平)

5067

(国立)北平图书馆职员录 /(国立)北平图书馆. -- 编者刊,1936. -- 21 页；25 开(国家图书馆)

介绍了职员的职务、姓名、字、籍贯、住址、电话。(胡月平)

5068

全国公私立图书馆一览表 / 教育部社会教育司. -- 编者

刊,1936. -- 274 页:图表;16 开(国家图书馆)

内容包括编辑例言、提要、全国公私立图书馆分布图、统计表、全国公私立图书馆一览。(胡月平)

5069

天津市立图书馆概况 / 天津市立图书馆. -- 编者刊,1936. --48 页:图像,表;25 开(国家图书馆)

内容包括该馆沿革、馆舍及设备、组织、藏书、分类、编目、装订、阅览等情况。有编者卷前语及图片 23 幅、统计 2 种。(胡月平)

5070

中华图书馆协会、中国博物馆协会联合年会指南 / 中华图书馆协会、中国博物馆协会联合年会. -- 编者刊,1936. -- 28 页:像,表;36 开(国家图书馆)

中华图书馆协会第三次年会、中国博物馆协会第一次年会于 1936 年 7 月在青岛山东大学联合举行。此书收录了到会须知、各路行车时刻表、联合年会职员、本日记事等。有《中华图书馆协会、中国博物馆协会联合年会启》。(胡月平)

5071

世界图书馆史话 / 吕绍虞译. -- 编者刊,1936. -- 54 页;16 开(上海图书馆)

简要介绍世界各国图书馆的发展历史。(金晓明)

5072

上海市图书馆成立纪念册 / 上海市图书馆. -- 编者刊,1936. -- 52 页:图像,表;16 开(浙江图书馆)

卷首吴铁城作序,有蔡元培、王云五题字。中有馆立面图和各层平面图。后为正文,包含建馆三年略史、临时董事会成员、职员姓名表、赠书人题名录、赠送期刊一览表、图书状况表以及各项规则等。附有相关会议记录 6 种。书中多插有领导、建筑外观及室内布局的照片。(王效良)

5073

青岛市立民众教育馆图书室概况 / 青岛市立民众教育馆. --编者刊,1936. -- 35 页:图表;25 开(国家图书馆)

共 12 节,主要介绍了该馆沿革、组织、设备、分类、编目等情况。(袁皓)

5074

国立北平故宫博物院文献馆整理档案规程 / 国立北平故宫博物院文献馆. -- 该馆编印,1936

未见书。见录于李钟履《图书馆学书籍联合目录》。(胡月平)

5075

国立北平图书馆普通图书分类表 / 国立北平图书馆. -- 该馆编印,1936. -- 53 页

未见书。见录于李钟履《图书馆学书籍联合目录》。(胡月平)

5076

私立大厦大学图书馆概况 /私立大厦大学图书馆. --该馆编印,1936

未见书。见录于李钟履《图书馆学书籍联合目录》。(胡月平)

5077

绥远省立图书馆阅览指南 / 绥远省立图书馆. -- 该馆编印,1936

未见书。见录于李钟履《图书馆学书籍联合目录》。(胡月平)

5078

厦门大学图书馆中文书分类纲目 / 厦门大学图书馆. -- 该馆编印,1936. -- 8 页

未见书。见录于李钟履《图书馆学书籍联合目录》。(胡月平)

5079

中国之省立图书馆述概 / 陈训慈. -- 杭州:浙江省立图书馆,1936. -- 12 页:照像,表;18 开(浙江图书馆)

书名全称应为:全国省立图书馆现状之鸟瞰。六章内容,分别阐述发展小史、统计数据、藏书与经费、组织与职员、自版书籍、最近进展。(王效良)

5080

松坡图书馆概况 / 松坡图书馆. -- 和记印书馆印刷,1936. --50 页:表;20 开(国家图书馆)

介绍了该馆的成立、组织沿革、图书分类、经费、出版品等情况,末附蔡公传、松坡图书馆记、本馆职员表、本馆简章及蔡公祠规约、本馆阅览规则。(胡月平)

5081

(国立)中央图书馆筹备处概况 / 中央图书馆筹备处. -- 南京:编者刊,1936. -- 8 页:表;16 开(国家图书馆)

介绍了中央图书馆筹备处的工作。摘录自《行政院工作报告》,出版年月据序写作时间。(胡月平)

5082

江苏省立国学图书馆 24 年度各部概况 / 江苏省立国学图书馆. -- 南京,该馆编印,1936

未见书。见录于李钟履《图书馆学书籍联合目录》。(胡月平)

5083

安徽省立图书馆概况 / 安徽省立图书馆. -- 安庆:编者刊,1936. -- 44 页:像,表;横 16 开(浙江图书馆)

全书分原始,成立,沿革,组织,设置,经费,藏书,图书选购、分类、编目,卡片序列,儿童读物,杂志报章,小册管理,馆藏方志、文物,借阅统计,自版图书,附属机关以及今后展望等部分。首有杨廉序,吴天桢导言,另插图 17 幅。(王效良)

5084

故宫博物院图书馆概况 / 北平故宫博物院图书馆. --北平:编者刊,1936. -- 30 页:像,表;24 开(国家图书馆)

介绍该馆的沿革、馆址、藏书、编目、初版、阅览的情况。附录《本馆阅览章程》《本馆现任职员一览》《本馆初版书籍目录》。末附《太庙图书分馆概况》。目录前书名题:国立北平故宫博物院图书馆概况。(胡月平)

5085

燕京大学图书馆使用法 / 燕京大学图书馆. -- 北平:编者刊,1936. -- 25 页;32 开(上海图书馆)

介绍燕京大学图书馆借还图书手续及目录使用法等相关事项。(金晓明)

5086

中国之图书馆事业(民国二十五年申报年鉴教育文化篇) / 陈训慈. -- 北平: 中华图书馆协会,1936. -- 23 页: 表; 16 开(国家图书馆)

为《图书馆学季刊》第 10 卷第 4 期单行本。主要介绍了中国图书馆事业的历史、发展情况,有全国各类图书馆的统计。由上海申报年鉴社与浙江省立图书馆合作调查。(胡月平)

5087

图书馆事业合理化之刍见 / 毛宗荫. -- 编者刊,1936. -- 14 页; 16 开(国家图书馆)

该书为《图书馆学》季刊第 10 卷第 3 期抽印本。出版年月为写作时间。(胡月平)

5088

中国图书馆事业十年来之进步 / 李小缘. -- 编者刊,1936. --36 页; 32 开(国家图书馆)

介绍了 10 年来中国图书馆事业的进步,内容包括人才、图书馆学专门书籍、建筑、设备等各个方面。附录《第三次年会感言》。(胡月平)

5089

北平民社图书馆概况 / 北平民社图书馆. -- 编者刊,1936. --13 页; 32 开(国家图书馆)

介绍了该馆沿革、组织、设备、编目、阅览规则等情况,附北平民社概况。(胡月平)

5090

济南私立齐鲁大学图书馆概况 / 济南私立齐鲁大学图书馆. -- 编者刊,1936. -- 10 页: 像,表; 25 开(上海图书馆)

分 8 节,介绍该馆沿革、建筑与设备、组织、购书、编目、藏书总数、阅览、医学院分馆等。(金晓明)

5091

江西省立图书馆概况 / 江西省立图书馆. -- 编者刊,1936. --56 页: 图表; 24 开(上海图书馆)

共分 12 节,介绍江西省立图书馆的沿革、馆宇、组织、经费、分类、编目及推广事业等基本情况。(金晓明)

5092

湖南省立中山图书馆概况 / 湖南省立中山图书馆. --编者刊,1936. -- 22 页: 像,表; 25 开(上海图书馆)

共分 9 节,简要介绍湖南省立中山图书馆的沿革、组织与设备、分类与编目、各项规则等基本情况。(金晓明)

5093

江苏省立苏州图书馆概要 / 江苏省立苏州图书馆. -- 编者刊,1936. -- 42 页: 像,表; 24 开(上海图书馆)

介绍江苏省立苏州图书馆的基本情况。(金晓明)

5094

中央航空学校图书馆概况 / 中央航空学校图书馆. --编者刊,1936. -- 4 页; 28 开(上海图书馆)

内容包括该馆的沿革、组织、经费、规则、图书管理等情况。(金晓明)

5095

(国立)山东大学图书馆概况 / 国立山东大学图书馆. -- 编者刊,1936. -- 20 页: 图像,表; 25 开(上海图书馆)

内容包括该馆沿革、组织、经费、编目、藏书等情况。(金晓明)

5096

(国立)四川大学图书馆概况(民国二十五年度) / 桂质柏. -- 成都: 国立四川大学图书馆,1936. -- 18 页: 图; 32 开; 环筒页装(上海图书馆)

主要内容为该馆的组织、藏书统计、分类、目录、普通规则、暂行办事细则等。末附英文节要。(金晓明)

5097

福建省立图书馆概况 / 福建省立图书馆. -- 福州: 编者刊,1936. -- 36 页: 表; 16 开(上海图书馆)

分 11 章,介绍该馆沿革、组织、藏书、分类、编目、经费、规则等。(金晓明)

5098

岭南大学图书馆一览 / 岭南大学图书馆. -- 广州: 编者刊,1936. -- 69 页: 图像,表; 24 开(国家图书馆)

分沿革、组织、建筑及设备、藏书、分馆及课外阅览室、图书管理、参考书举要、编纂及出版、附录 9 章,介绍了该馆情况。(胡月平)

5099

浙江省立图书馆概况 / 浙江省立图书馆. -- 杭州: 编者刊,1936. -- 22 页: 像,表; 25 开(国家图书馆)

简介该馆情况。附录该馆奖励捐赠图书版片及文献物品办法等两种。(胡月平)

5100

浙江省立图书馆阅览指南 / 浙江省立图书馆. -- 杭州: 编者刊,1936. -- 8 页: 32 开(国家图书馆)

介绍了馆址及开放时间、阅览简则、普通借书简则、市内递送借书简则、检查书目方法。附录该馆十进分类法大纲。(胡月平)

5101

浙江省立图书馆民国二十五年度进行计划 / 浙江省立图书馆. -- 杭州: 编者刊,1936. -- 20 页; 24 开(上海图书馆)

计划根据工作性质分为七节。(金晓明)

5102

浙江省立图书馆概况 / 浙江省立图书馆. -- 杭州: 编者刊,1936. -- 21 页: 像,表; 25 开(上海图书馆)

介绍浙江省立图书馆基本情况。附录传钞馆藏善本方法等 3 种。(金晓明)

5103

浙江省立图书馆民国二十五年度工作报告 / 浙江省立图书馆. -- 杭州: 编者刊,1936. -- 25 页; 24 开(上海图书馆)

依据二十五年度进行计划报告,共七节。(金晓明)

5104

国学图书馆第九年刊 / 国学图书馆. -- 南京: 编者刊,

1936. -- 812 页：像，表；16 开(辽宁省图书馆)

内有撰著、遗书、目录、题跋、表格、簿录及纪事、案牍等八部分。撰著收《本馆图书总目序》《本馆图书总目叙例》《苏民分任省县政教费均计表》《里乘续》《夏小正之检讨》《娄东周氏艺文志略上》《历代名人生卒年表补》等 10 篇。书脊及目录前等处书名题：江苏省立国学图书馆第九年刊。(卓连营)

5105

震旦大学图书馆中西文图书分类简表 / 震旦大学图书馆. --上海：编者刊，1936. -- 8 页：表；24 开

未见书。见录于《民国时期总书目 · 文化教育分册》。(胡月平)

5106

大夏大学图书馆概况 / 大夏大学图书馆. -- 上海：编者刊，1936. -- 10 页：像；24 开(上海图书馆)

分 8 节，介绍该馆沿革、、组织、购藏、分类目录、阅览、出版刊物、职员名录等。(金晓明)

5107

中国科学社第二十一届年会明复图书馆报告(民国二十四年度) / 中国科学社明复图书馆. -- 上海：编者刊，1936. -- 34 页；32 开(国家图书馆)

主要内容包括该馆委员会的组织、职员、经费、学术合作、阅览人数、交换复本、编目等情况。(袁皓)

5108

江苏省立苏州图书馆年刊 / 年刊编纂委员会. -- 苏州：江苏省立苏州图书馆，1936. -- 246 页：像；16 开(国家图书馆)

该馆年刊目录。分通论、专著、遗著、概况、梅展特辑等部分。目录前书名题：江苏省立苏州图书馆年刊目录。(胡月平)

5109

绥远省立图书馆概况 / 绥远省立图书馆. -- 绥远省立图书馆，1936. -- 20 页：图表；22cm(国家图书馆)

分沿革、馆舍、组织、经费、藏书、编目、阅览、编行 8 部分介绍了该馆情况。附录馆务报告。(胡月平)

5110

今日之河北省立女子师范学院图书馆 / 钱亚新. -- 天津：河北省立女子师范学院图书馆，1936. -- 23 页：像，表；25 开(上海图书馆)

分 5 节，以问答方式介绍该馆设备、分类、目录、阅览等。附录各项规程、33 年工作概括、典藏记录等。(金晓明)

5111

厦门大学图书馆廿五年度秋季行政历 / 曾郭棠. -- 厦门：厦门大学，1936. -- 18 页；24 开

未见书。见录于《民国时期总书目 · 文化教育分册》。(胡月平)

5112

厦门大学图书馆廿五年度行政方针及实施计划 / 曾郭棠. --厦门：厦门大学图书馆，1936. -- 8 页；25 开(上海图书馆)

收录该馆该年度行政方针及实施计划。《厦门大学校刊》抽印本。出版年月据写作时间。(金晓明)

5113

儿童阅读指导(纪念儿童年) / 广东新会城仁寿路景堂图书馆. -- 新会：编者刊，1936. -- 26 页：图像；32 开(国家图书馆)

以儿童的语言生动地向小朋友介绍儿童阅览室的情况，讲述图书馆阅览的手续、方法、阅读姿式，以及怎样做笔记等。封面、书名、版权页题名：景堂图书馆儿童阅读指导。(胡月平)

5114

浙江全省图书馆概览(第四回) / 浙江全省图书馆辅导组. -- 浙江省图书馆协会，1936. -- 52 页：表；16 开(国家图书馆)

按公立图书馆、私立图书馆、机关图书馆、民众教育图书馆、学校图书馆的分类介绍了浙江全省图书馆概况，及一年来浙江省立图书馆概况。有陈训慈的《第四回浙江全省图书馆概览序》。附录现代浙江藏书家简表、浙江全省图书馆协会简况、杭州书坊调查简表等。(胡月平)

5115

江苏省立镇江图书馆简况 / 江苏省立镇江图书馆. --镇江：编者刊，1936. -- 12 页：像；24 开(国家图书馆)

分沿革、馆址、组织、经费、设备、编目、阅览、寄存图书 8 节介绍了该馆情况，附录《江苏省立镇江图书馆研究室简章》。(胡月平)

5116

(国立)北平图书馆馆务报告(民国二十五年七月至二十六年六月) / 国立北平图书馆. -- 编者刊，1937. -- 36 页；24 开(国家图书馆)

分引言、赠书、采购、编目及索引、编纂及出版、阅览及参考、馆务纪要、附录 8 章。(胡月平)

5117

(国立)北平图书馆职员录 /(国立)北平图书馆. -- 编者刊，1937. -- 22 页；24 开(国家图书馆)

介绍了职员的职务、姓名、字、籍贯、住址、电话。(胡月平)

5118

北平市立第一普通图书馆儿童节纪念册 / 北平市立第一普通图书馆. -- 编者刊，1937. -- 52 页：像；32 开(国家图书馆)

内容包括前言、图画、儿童读书会 3 部分。主要介绍了儿童读书会的旨趣、组织、阅览、测验、谈话、播音、专刊、统计、集会。(胡月平)

5119

北京市市立第一普通图书馆阅览指导 / 该馆编印. --编者刊，1937

未见书。见录于李钟履《图书馆学书籍联合目录》。(胡月平)

5120

(国立)中央图书馆建筑委员会征选建筑图案章程 / 中央

图书馆建筑委员会. -- 编者刊,1937. -- 18 页; 16 开(上海图书馆)

共 4 章 29 条。附录参考室及书库布置法。(金晓明)

5121

私立广州中山大学图书馆一览 /私立广州中山大学. -- 该馆编印,1937

未见书。见录于李钟履《图书馆学书籍联合目录》。(胡月平)

5122

震旦大学图书馆概况 / 震旦大学图书馆. -- 上海: 编者刊,1937. -- 11 页: 表; 24 开(国家图书馆)

分 7 节,介绍该馆沿革、组织、藏书、分类、编书、流通、典藏等情况。(胡月平)

5123

工程参考图书馆概况 / 工程参考图书馆. -- 北平: 编者刊,1937. -- 25 页; 24 开(国家图书馆)

共 5 章,介绍了该馆成立经过、藏书范围、分类与编目、阅览与参考、该馆的使命。附录该馆现藏期刊一览(英文)。该馆为国立北平图书馆的一个专门阅览室,原名工程参考室。(胡月平)

5124

两年来之师大一小儿童图书馆 / 王柏年. -- 北平: 中华图书馆协会,1937. -- 39 页: 图表; 16 开(国家图书馆)

为纪念该馆成立两周年而作。内容有该馆史略、设备与布置、购置与搜集、藏书等,共 13 章。(胡月平)

5125

云南省立昆华图书馆概况 / 云南省立昆华图书馆. -- 编者刊,1937. -- 32 页: 像,表; 24 开(国家图书馆)

内容包括弁言、摄影、沿革、馆舍、组织、藏书、书目、阅览、经费、印售、章程及职员表,附设辑刻云南丛书处概略。出版年月据弁言写作时间。(胡月平)

5126

交通大学北平铁道管理学院图书馆概况 / 交通大学北平铁道管理学院图书馆. -- 编者刊,1937. -- 26 页: 像; 18 开(国家图书馆)

内容包括该馆沿革、建筑、设备、组织、购藏、分类、编目、出纳等。出版年月为顾宝珽序写作时间。(胡月平)

5127

广州大学图书馆一览 / 广州大学图书馆. -- 编者刊,1937. --14 页: 像; 24 开(上海图书馆)

共 8 节,主要内容为该馆的沿革与组织、建筑与设备、藏书、分类与目录及出版物的情况等。(金晓明)

5128

北京近代科学图书馆概况 / 北京近代科学图书馆. --编者刊,1937. -- 49 页: 表; 24 开(国家图书馆)

共 2 章,分别介绍了该馆成立始末及藏书情况。此书为《北平近代科学图书馆馆刊》第 1 号单行本。(袁皓)

5129

(国立)中央大学图书馆概况 / 国立中央大学图书馆. -- 南京: 编者刊,1937. -- 51 页: 图像,表; 24 开(国家图书馆)

介绍了该馆的沿革、馆舍、组织、图书、分类、编目、阅览及阅览规则。封底英文题名: The National Central University Library general information。(胡月平)

5130

重修天一阁委员会征信集 / 重修天一阁委员会. -- 宁波: 编者刊,1937. -- 48 页: 表; 16 开(国家图书馆)

收录 1933 年 10 月至 1937 年 3 月重修天一阁委员会经募人姓名捐册号次表、经收捐款一览、声明、经费收支总计,共四部分。有编者弁言。(胡月平)

5131

震旦大学图书馆概况 / 震旦大学图书馆. -- 上海: 编者刊,1937. -- 16,11 页: 像,表; 28 开(国家图书馆)

介绍了该馆的沿革、建筑与设备、组织、经费、藏书与征集、分类与编目、流通与参考推广等情况。前后插图,附录本馆职员姓名录、本馆出版品简目、本馆阅览室陈列期刊一览。(胡月平)

5132

上海日本近代科学图书馆概要 / 上海日本近代科学图书馆. -- 上海: 编者刊,1937. -- 10 页; 32 开(上海图书馆)

以中、日两种文字记述该馆的基本情况。该馆于 1937 年 3 月 30 日开馆,为日人所办。(金晓明)

5133

川东联立师范学校典燮图书馆概况 / 川东联立师范学校典燮图书馆总务股. -- 重庆: 编者刊,1937. -- 16 页: 像; 32 开(上海图书馆)

分 11 节,介绍该馆沿革、组织、经费、藏书、设备、选购、管理、流通、规章等。(金晓明)

5134

北京市立第一普通图书馆概况 / 北京市立第一普通图书馆. -- 编者刊,1938. -- 20 页: 表; 32 开(国家图书馆)

沦陷区出版物。介绍了该馆沿革、组织、藏书、目录、阅览、编纂及出版、推广事业、辅导事业等情况。(胡月平)

5135

江苏省立苏州图书馆馆务报告 / 该馆编印. -- 编者刊,1938

未见书。见录于李钟履《图书馆学书籍联合目录》。(胡月平)

5136

(国立)北平图书馆馆务报告(民国二十六年七月至二十七年六月) / 国立北平图书馆. -- 编者刊,1938. -- 37 页; 24 开(上海图书馆)

内分引言、北平之部、南方之部,北平之部介绍了赠书与采访、编目及索引、编纂及出版、阅览及参考等情况,南方之部介绍了与长沙临时大学之合作、学术事业之继续。附馆职工一览表等。(金晓明)

5137

中国流通图书馆章则 / 中国流通图书馆. -- 上海: 编者刊,1938. -- 13 页; 32 开(上海图书馆)

全书共分9章,分别介绍该馆借书、阅览室、研究室、读者辅导、捐赠图书、寄存图书,并有各图书馆互阅互借等规则。(金晓明)

5138

国立同济大学图书馆中西文字典式目录使用法 / 国立同济大学图书馆. -- 上海:该馆编印,1938. -- 32页; 20cm(国家图书馆)

简介该馆目录使用。(胡月平)

5139

最近之上海图书馆 / 吕绍虞. -- 上海:中国图书馆服务社,1938. -- 58页; 32开. -- 上海图书馆协会丛书(浙江图书馆)

系上海图书馆协会丛书之一。首有吕绍虞自序。全书系作者已发表文章之汇集,于上海三大专门图书馆——通俗图书馆、大学图书馆、流通图书馆等的近况多有介绍,于图书馆事业多有建议。附录收《经济恐慌下之图书馆》等6篇文章。(王效良)

5140

江苏省立苏州图书馆规程 / 陈子彝. -- 该馆,1939

未见书。见录于李钟履《图书馆学书籍联合目录》。(胡月平)

5141

(国立)北京师范学院图书馆阅览须知 / 北京师范学院图书馆. -- 编者刊,1939. -- 44页: 表; 50开(国家图书馆)

沦陷区出版物。分目录、借阅手续、还书手续、阅览规则4节。有编者序。(胡月平)

5142

(国立)北京大学图书馆职员录 / 北京大学图书馆. -- 编者刊,1939. -- 5页: 表; 24开: 环筒页装(国家图书馆)

包括馆长室、编目股、典藏股、采录股和事务股。(袁皓)

5143

(国立)北京师范学院图书馆概况 / 北京师范学院图书馆. -- 编者刊,1939. -- 24页: 像; 24开(国家图书馆)

共11节,简要介绍了该馆的沿革、建筑、组织、事务、分配、经费、藏书、分类、编目、各种规则等。(袁皓)

5144

战时图书馆 / 许振东. -- 丽水: 浙江省教育厅,1939. -- 76页: 表; 32开. -- 战时民众教育丛书3 姜存松主编(浙江图书馆)

系战时民众教育丛书之三。详述战时图书馆的馆员、经费、工作,战时读物的运用流通、陈列书目、宣传方式和阵中图书部的筹设、战时文献保存等问题。前刊张彭年的丛书发刊旨趣。(王效良)

5145

和顺图书馆十周年纪念刊 / 和顺图书馆编辑委员会. -- 云南: 和顺图书馆及缅甸经理处,1939. -- 20,151页: 图像,表; 16开(国家图书馆)

该纪念刊包括题词、祝词(诗赋)、插画、该馆著论、文艺栏、馆务报告、附载等部分。收录艾思奇著《一封家信》,黄子腾著《我对于图书馆的感想》,罗莫仁著《要怎样完成图书馆的使命》,逸梅著《图书馆工作人员应有的认识和努力》等40余篇。(胡月平)

5146

全国公私立图书馆一览表(十九年度) / 教育部社会教育司. -- 编者刊,193?. -- 180页: 图表; 16开(国家图书馆)

按地区介绍各类型图书馆,包括名称、性质、地址等。卷首有全国图书馆分布图、凡例。(胡月平)

5147

丰润县立图书馆概况 / 丰润县立图书馆. -- 河北: 编者刊,1940. -- 64页: 图表; 24开(国家图书馆)

沦陷区出版物。内容包括该馆成立经过、宗旨、施教区域、经费、事业等,附各种规章和统计图表。有沈树尧的引言。(胡月平)

5148

松坡图书馆概况 / 松坡图书馆. -- 编者刊,1940. -- 26页: 表; 20开(国家图书馆)

沦陷区出版物。分6部分,介绍了该馆成立、组织沿革、图书及分类、经费、出版品等情况,附录蔡公略传、松坡图书馆记、本馆职员表、本馆简章及蔡公祠规约、本馆阅览规则。(胡月平)

5149

四川省立图书馆概况 / 四川省立图书馆筹备处. -- 成都: 编者刊,1940. -- 6页: 图; 36开: 环筒页装(上海图书馆)

分5节,介绍筹备处前期与创始经过、馆舍与设备、组织与职员、采访与编目、阅览与咨询。附馆址指示图和馆舍平面图。(金晓明)

5150

广东省立图书馆图书分类大纲 / 广东省立图书馆. --该馆编印,1940. -- 40页

未见书。见录于李钟履《图书馆学书籍联合目录》。(胡月平)

5151

福建省立图书馆工作近况 / 福建省立图书馆. -- 福州,该馆编印,1941. -- 福建省图书馆“学林”抽印本

未见书。见录于李钟履《图书馆学书籍联合目录》。(胡月平)

5152

国立中山大学图书馆分馆手册 / 国立中山大学图书馆. -- 该馆编印,1941. -- 油印本

未见书。见录于李钟履《图书馆学书籍联合目录》。(胡月平)

5153

国立广西大学图书馆一览 / 国立广西大学图书馆. -- 桂林: 该馆编印,1941

未见书。见录于李钟履《图书馆学书籍联合目录》。(胡月平)

5154

中国图书馆大事记 / 吕绍虞. -- 杭州: 浙江省立图书馆,

1941. -- 17 页; 16 开. -- 浙江省立图书馆丛刊 1(上海图书馆)

内容为 1908 年至 1941 年中国图书馆大事记。出版年月为作者写序时间。(金晓明)

5155

浙江省图书馆事业概论 / 吕绍虞. -- 杭州: 浙江省立图书馆,1941. -- 32 页

未见书。见录于李钟履《图书馆学书籍联合目录》。(胡月平)

5156

河南省立图书馆概况 / 河南省立图书馆. -- 编者刊,1941. --44 页: 图像,表; 16 开(国家图书馆)

内容包括该馆沿革、现行组织、经费、建筑、设备、藏书及其整理办法、法规 7 部分,前有插图。(胡月平)

5157

陂中纪念刊 / 高陂中学校董会干事会. -- 编者刊,1941. -- 43 页: 图像,表; 16 开(国家图书馆)

收录了若干篇介绍该校情况和庆祝科学图书馆落成的文章。封底书名"高陂中学科学图书馆落成纪念特刊"。(袁皓)

5158

奉天省图书馆联合研究会年报(第 1 辑) / 奉天省民生厅社会科、奉天省图书馆联合研究会合编. -- 编者刊,1941. -- 228 页: 图像,表; 24 开(辽宁省图书馆)

沦陷区出版物。内容分为两大部分:第一部分是研究会年度工作状况,如内规、役员名簿、委员会记事等。第二部分是 1939 年度所属各图书馆状况,如四平市立图书馆、开原图书馆、铁岭市立图书馆、大石桥图书馆、营口市立图书馆等。(卓连营)

5159

广东省立图书馆工作报告 / 广东省立图书馆. -- 该馆编印,1941. -- 油印本

未见书。见录于李钟履《图书馆学书籍联合目录》。(胡月平)

5160

广东省立图书馆一览 / 广东省立图书馆. -- 该馆编印,油印本,1941. -- 38 页

未见书。见录于李钟履《图书馆学书籍联合目录》。(胡月平)

5161

(国立)北京图书馆概况 /(国立)北京图书馆. -- 编者刊,1942. -- 30 页: 图像,表; 24 开(国家图书馆)

沦陷区出版物。简介该馆各项情况。(胡月平)

5162

国立北平图书馆概况 / 国立北平图书馆. -- 该馆编印,1942

未见书。见录于李钟履《图书馆学书籍联合目录》。(胡月平)

5163

国立中山大学图书馆工作报告(1941 年度) / 杜定友. -- 该馆油印,1942. -- 23 页

未见书。见录于李钟履《图书馆学书籍联合目录》。(胡月平)

5164

江西私立天翼图书馆概况 / 江西私立天翼图书馆. --编者刊,1942. -- 36 页: 图像,表; 25 开(国家图书馆)

分 9 节,介绍了该馆沿革、组织、经费、藏书、编目、阅览、参考、推广事业等情况。附录该馆组织章程、图书借阅办法、捐资捐书纪念办法、全国专家名人登记办法大纲、剪报计划、第一次董事会会议记录、董事名录。(胡月平)

5165

私立北泉图书馆缘起 / 私立北泉图书馆. -- 编者刊,1942. --8 页; 32 开(国家图书馆)

简介该馆缘起、馆章及编辑研究事业等情况。(袁皓)

5166

广东省立图书馆工作报告 / 广东省立图书馆. -- 该馆编印,1942. -- 油印本

未见书。见录于李钟履《图书馆学书籍联合目录》。(胡月平)

5167

行政院文物保管委员会图书专门委员会图书馆概况 /(伪)行政院文物保管委员会图书专门委员会. -- 南京: 编者刊,1942. -- 12 页: 图像,表; 24 开(国家图书馆)

日伪出版物。介绍了该馆沿革、组织、藏书、业务情况。附录职员一览表。(胡月平)

5168

奉天省立图书馆概览 / 奉天省立图书馆. -- 该馆编印,1943

未见书。见录于李钟履《图书馆学书籍联合目录》。(胡月平)

5169

国立中山大学图书馆工作报告(1942 年度) / 杜定友. -- 该馆油印,1943. -- 13 页

未见书。见录于李钟履《图书馆学书籍联合目录》。(胡月平)

5170

广东省图书教育人员训练班报告书 / 杜定友. -- 广州: 该班油印,1943

未见书。见录于李钟履《图书馆学书籍联合目录》。(胡月平)

5171

广东省立图书馆工作报告 / 广东省立图书馆. -- 该馆编印,1943. -- 油印本

未见书。见录于李钟履《图书馆学书籍联合目录》。(胡月平)

5172

北平市图书馆协会会员录 / 北平市图书馆协会. -- 编者刊,1946. -- 30 页;32 开; 环筒页装(国家图书馆)

分为机关会员及个人会员。出版年据该协会成立时间

推算。(袁皓)

5173

广东省立图书馆工作报告 / 广东省立图书馆. -- 该馆编印,1946. -- 油印本

未见书。见录于李钟履《图书馆学书籍联合目录》。(胡月平)

5174

(国立)中央图书馆中文图书编目规则 / 中央图书馆. -- 上海: 商务印书馆,1946. -- 137 页: 图表; 36 开(辽宁省图书馆)

全书分甲、乙编。甲编为中文图书编目规则,分 8 章及附录(目片举例);乙编包括善本图书编目规则、期刊编目规则、地图编目规则、拓片编目规则 4 部分计 26 章。有蒋复璁的序及凡例。凡例云:"本馆职司国家之典藏,负图书馆辅导之责,固特编订中文图书编目规则一种,分甲乙两种编……始于民国廿四年,稿凡数易,编订粗就"。(卓连营)

5175

上海市立图书馆指南 / 上海市立图书馆. -- 编者刊,1947. --12 页: 图; 32 开(上海图书馆)

介绍上海市立图书馆的沿革、组织、藏书分类大纲、目录使用法、规则等相关事项。(金晓明)

5176

松坡图书馆募捐启 / 松坡图书馆. -- 编者刊,1947. --6 页; 16 开(上海图书馆)

正文前书名"北海松坡图书馆缘起及事略"。附缘起及事略。(金晓明)

5177

国立中山大学图书馆学讲义 / 杜定友. -- 该馆编印,1947. --油印本

未见书。见录于李钟履《图书馆学书籍联合目录》。(胡月平)

5178

私立沈阳佛教民众图书馆一览 / 私立沈阳佛教民众图书馆. -- 该馆编印,1947. -- 22 页

未见书。见录于李钟履《图书馆学书籍联合目录》。(胡月平)

5179

广东省图书馆协会图书馆学进修班讲义 / 杜定友. --广州: 该协会油印,1947

未见书。见录于李钟履《图书馆学书籍联合目录》。(胡月平)

5180

江苏省立苏州图书馆概况 / 江苏省立苏州图书馆. --编者刊,1947. -- 16 页: 图像; 32 开(国家图书馆)

内容有该馆沿革、抗战期间移藏经过、复馆情形、馆务纪要、进行计划、征书启事等。附录"完书记"等 4 种。(胡月平)

5181

广东省立图书馆工作报告 / 广东省立图书馆. -- 该馆编印,1947. -- 油印本

未见书。见录于李钟履《图书馆学书籍联合目录》。(胡月平)

5182

广东国民大学图书馆图书分类法(简表) / 蔡先聆. -- 广州,该馆油印,1947. -- 78 页

未见书。见录于李钟履《图书馆学书籍联合目录》。(胡月平)

5183

(国立)中央图书馆概况 / 中央图书馆. -- 南京: 编者刊,1947. -- 8 页: 图像,表; 16 开(上海图书馆)

共分 11 节,简要介绍国立中央图书馆的沿革、组织、经费、工作、藏书、出版、研究事业与成绩等。(金晓明)

5184

东方经济图书馆开幕纪念册 / 东方经济图书馆. -- 上海: 编者刊,1947. -- 8 页: 图像; 32 开(上海图书馆)

该纪念册记述该馆缘起、组织、章则、董事名录等事项。(金晓明)

5185

中华图书馆基本教育图书教具展览目录 / 舒新城. --上海: 中华书局,1947

未见书。见录于李钟履《图书馆学书籍联合目录》。(胡月平)

5186

上海市立图书馆馆刊(第三号) / 上海市立图书馆. -- 编者刊,1948. -- 19 页; 16 开

未见书。见录于《民国时期总书目 · 文化教育分册》。(胡月平)

5187

福建省立图书馆章则汇编 / 福建省立图书馆. -- 福州: 该馆编印,1948

未见书。见录于李钟履《图书馆学书籍联合目录》。(胡月平)

5188

复原后的福建省立图书馆 / 福建省立图书馆. -- 福州: 该馆编印,1948

未见书。见录于李钟履《图书馆学书籍联合目录》。(胡月平)

5189

南洋中学图书馆概况 / 陈子彝. -- 该馆,1948

未见书。见录于李钟履《图书馆学书籍联合目录》。(胡月平)

5190

国立中山大学图书馆图书出纳程序 / 杜定友. -- 该馆编印,1948. -- 油印本

未见书。见录于李钟履《图书馆学书籍联合目录》。(胡月平)

5191

江苏省立镇江图书馆概况 / 江苏省立镇江图书馆. --该馆编印,1948. -- 18 页

未见书。见录于李钟履《图书馆学书籍联合目录》。(胡月平)

5192

国立中山大学图书馆工作报告(1947年度)/杜定友. -- 该馆油印,1948. -- 13页

未见书。见录于李钟履《图书馆学书籍联合目录》。(胡月平)

5193

国立西安图书馆征集组工作概况/国立西安图书馆筹备委员会. -- 国立西安图书馆筹备委员会编印,1948. -- 油印本. -- 6页

未见书。见录于李钟履《图书馆学书籍联合目录》。(胡月平)

5194

浙江省立图书馆中日文图书分类表/浙江省立图书馆. -- 杭州:该馆编印,1948. -- 油印本,34页. --"辅导丛刊"第五种

未见书。见录于李钟履《图书馆学书籍联合目录》。(胡月平)

5195

中大图书馆编管手册/中山大学图书馆编印. -- 编者刊,1948. -- 油印本, 19页

未见书。见录于李钟履《图书馆学书籍联合目录》。(胡月平)

5196

(国立)兰州大学图书馆概况/国立兰州大学图书馆. -- 编者刊,1948. -- 49页:图表; 24开(国家图书馆)

正文分为简史、设备、组织、藏书、登录、分类、编目、目录、阅览、章则、现用卡片图表、今后工作计划,共12节。书前有何日章的国立兰州大学图书馆概况、顾颉刚的序。末有本馆收藏书志举要、本馆现藏重要外文杂志一览。(胡月平)

5197

私立江苏流通图书馆复馆一周年纪念册/私立江苏流通图书馆. -- 编者刊,1948. -- 30页; 32开(浙江图书馆)

无目录。收《私立江苏流通图书馆的过去现在和将来》等3篇文章。后附董事名录,图书总目录。(王效良)

5198

北平市立图书馆学讲习班同学录/北平市立图书馆. -- 编者刊,1948. -- 34页:图像,表; 18开(国家图书馆)

分为教师和学员。有王秀高、朱励安序。封面书名"图书馆学讲习班同学录(第一班)"。(袁皓)

5199

广东省立图书馆工作报告/广东省立图书馆. -- 该馆编印,1948. -- 油印本

未见书。见录于李钟履《图书馆学书籍联合目录》。(胡月平)

5200

十年来之贵州省立图书馆/贵州省立图书馆. -- 贵阳:该馆编印,1948

未见书。见录于李钟履《图书馆学书籍联合目录》。(胡月平)

5201

中国教会图书馆组织与管理/陈晋贤. -- 上海:广学会,1948. -- 306页; 25开(上海图书馆)

全书共7章,内容主要为教会图书馆的需要、服务的机构及组织法等。其中三分之二篇幅为附录:中国教会图书馆选目应用须知(包括应备的参考书目)、补充目录、杂志一览表。书前有序及自序。(金晓明)

5202

世界图书馆小史/(英)悌德(H. R. Tedser)、托马(E. C. Thomas)著;王国维译. -- 北平:中华图书馆协会,1949(前). -- 88页; 16开(国家图书馆)

为《图书馆学季刊》第9卷第3期、第4期及第10卷第2期抽印本,译自《大英百科全书》第9版图书馆条目。介绍了上古及近世的世界图书馆的历史。(袁皓)

5203

中华图书馆协会第二次年会图书馆教育组报告暨意见书/中华图书馆协会第二次年会图书馆教育组. -- 编者刊,1949(前). -- 28页; 24开(国家图书馆)

内容包括:我国图书馆现今所处环境、我国图书馆界现有困难与问题、现今我国图书馆教育之一般紊乱不景情形、现今我国图书馆教育诸问题、所见于我图书馆事业发展之趋势及图书馆学教育供应之需要者、所愿图书馆界内外人士赞助于图书馆学教育事业者,附关于改进我国图书馆学专门教育问卷。(胡月平)

5204

(国立)北平图书馆阅览指南/(国立)北平图书馆. --编者刊,1949(前). -- 5页; 32开(上海图书馆)

包括宗旨、地址、藏书概括、阅览时间、阅览规则、专门阅览室规则、借阅规则摘要。(金晓明)

5205

京师图书馆暂行办事规章/京师图书馆. -- 编者刊,1949(前). -- 14页; 24开, 环筒页装(国家图书馆)

分4章24条,介绍京师图书馆的职员、事务、经费等情况。(袁皓)

5206

松坡图书馆简章/松坡图书馆. -- 编者刊,1949(前). -- 10页:表; 16开(国家图书馆)

内容包括《中华民国十二年三月十七日上大总统呈文》《中华民国十一年十月十六日财政部来公函》,以及松坡图书馆简章、蔡公祠规约等。(袁皓)

5207

日本图书馆的沿革概略/北平近代科学图书馆. -- 编者刊,1949(前). -- 7页:表; 24开(国家图书馆)

内容包括日本帝国图书馆、神宫文库、东洋文库等图书馆的概况。此书为《北平近代科学图书馆馆刊》第1号单行本。(袁皓)

5208
(国立)北平图书馆各项章程 / 国立北平图书馆. -- 编者刊,1949(前). -- 32 页; 24 开(辽宁省图书馆)
收录了委员会组织大纲、普通阅览室暂行规则、善本阅览室暂行规则、借书暂行规则、收受寄存图书暂行规则等各项章程 10 种。(卓连营)

5209
广东省图书馆协会组织章程(附会员名单) / 广东省图书馆协会. -- 该协会编印,1949(前). -- 油印本
未见书。见录于李钟履《图书馆学书籍联合目录》。(胡月平)

5210
欢迎阅览 / 中国国际图书馆杂志阅览室. -- 上海: 编者刊,1949(前). -- 20 页: 图像; 36 开(国家图书馆)
内容包括中国国际图书馆杂志阅览室阅览规则、中文及其他东方文字(如日文等)杂志目录、西文杂志目录、中西日文报纸一览等。有各阅览室照片及馆址图。有弁言。(胡月平)

5211
中国流通图书馆开幕特刊 / 中国流通图书馆. -- 上海: 编者刊,1949(前). -- 51 页: 表; 32 开(国家图书馆)
内容包括:照像,题字,董事,赞助人,读书顾问、购书顾问、医药顾问、法律顾问,读书辅导科目、本馆组织系统、本馆职员一览,成立缘起及筹备经过,论著,及各种章程。书名原题:中国流通圕开幕特刊,马叙伦题。(胡月平)

5212
中国国际图书馆杂志阅览室 / 中国国际图书馆杂志阅览室. -- 上海: 编者刊,1949(前). -- 26 页: 图像; 32 开(上海图书馆)
包括该馆馆藏中外文期刊报纸目录、阅览规则、馆址介绍及馆内外照片等。(金晓明)

5213
日内瓦中国国际图书馆 / 中国国际图书馆. -- 摄者刊,1949(前). -- 26 页: 图像; 32 开(上海图书馆)
内收 26 幅日内瓦摄影照片。(胡月平)

5214
山西铭贤学校图书馆概况 / 李钟履. -- 北平: 中华图书馆协会,1949(前). -- 14 页: 图像; 16 开(国家图书馆)
简要介绍了该馆沿革、建筑、组织、经费、设备、藏书、分类、编目、参考等情况。此书为《图书馆学季刊》第 10 卷第 3 期抽印本。该校校址在北京。(袁皓)

5215
修订云南图书馆博物馆章程 / 云南图书馆博物馆. -- 编者刊,1949(前). -- 15 页: 18 开; 环筒页装
未见书。见录于《民国时期总书目 · 文化教育分册》。(胡月平)

5216
广州市市立中山图书馆开幕纪念 / 广州市市立中山图书馆. -- 编者刊,1949(前). -- 8 页: 图像; 32 开
未见书。见录于《民国时期总书目 · 文化教育分册》。(胡月平)

5217
广东省立图书馆办事细则 / 广东省立图书馆. -- 该馆编印,1949(前)
未见书。见录于李钟履《图书馆学书籍联合目录》。(胡月平)

5218
广东省立图书馆组织规程 / 广东省立图书馆. -- 该馆编印,1949(前)
未见书。见录于李钟履《图书馆学书籍联合目录》。(胡月平)

5219
上海市市立图书馆成立纪念册 / -- 该馆编印,1949(前). --图像(上海图书馆)
蔡元培、王云五等题词。内容包括建筑图案、各部分实景布局照片、上海市立图书馆略史、临时董事会名录、职员姓名表、赠书人题名录、各团体赠书刊名录等。(金晓明)

5220
(国立)中山大学图书馆概览 / 国立中山大学图书馆. -- 广州: 编者刊,1949(前). -- 118 页: 图表; 18 开(国家图书馆)
分概况、规程、各部图表三部分介绍该馆情况。末附该馆职员一览表。(胡月平)

5221
江苏省立苏州图书馆阅览指南 / 江苏省立苏州图书馆. -- 苏州: 江苏省立苏州图书馆,1949(前)(国家图书馆)
采用问答形式介绍了该馆情况。(胡月平)

5222
(国立)中央图书馆暂行中文图书编目规则 / 中央图书馆. -- 南京: 编者刊,1949(前). -- 36 页; 16 开(国家图书馆)
此规则与"国立中央图书馆暂行期刊编目条例"、"地图之编目与排列"、"中国方志编目条例草案"、"四部分类号码表"等合订一册。(胡月平)

5223
江苏省立国学图书馆编目分类纲要 / 江苏省立国学图书馆. -- 南京: 编者刊,1949(前). -- 52 页; 24 开(国家图书馆)
分经部、史部、子部、集部、志部、图部、丛部,介绍江苏省立国学图书馆的编目分类。(胡月平)

5224
廿年来之清华图书馆 / 洪有丰. -- 北平: 清华图书馆,1949(前). -- 14 页; 16 开(浙江图书馆)
内容分馆舍、设备、组织、图书、管理和出版物等 6 部分。(王效良)

5225
震旦大学图书馆阅览指南 / 震旦大学图书馆. -- 上海: 编者刊,1949(前). -- 34 页: 表; 36 开
未见书。见录于《民国时期总书目 · 文化教育分册》。(胡月平)

5226

(国立)武汉大学图书馆概况 / 国立武汉大学图书馆. -- 武昌: 编者刊,1949(前). -- 32 页: 图表; 16 开(国家图书馆)

内容有该馆沿革、组织、建筑、经费、庋藏、订购、分类及编目、杂志、阅览、装订、各项规则、职员一览表。有插图 10 幅。(胡月平)

5227

文华书院藏书室 / 华棣. -- 武昌: 编者刊,1949(前). -- 4 页: 图; 25 开(国家图书馆)

收录了在武昌筹建文华书院(包括演讲室、博物院、阅览室、藏书室)的启事及演讲词。(袁皓)

5228

苏联图书馆事业概观 /(俄)华西里青科撰;舒翼翚译. -- 北平: 新华书店,1949. -- 124 页;32 开(国家图书馆)

本书内容包括:苏联图书馆事业发展简史,介绍了伟大十月社会主义革命前的俄国图书馆事业、伟大十月社会主义革命后苏联图书馆事业的发展及伟大卫国战争时期的苏联图书馆事业;苏联图书馆事业的组织(图书馆的种类、关于图书馆网的材料),阐述了各加盟共和国部长会议直属文教机关事务委员会的图书馆网、各职工会的图书馆网、各加盟共和国教育部的图书馆网、高等教育部的图书馆网、其他各部的图书馆网、苏联科学院的图书馆网;苏联图书馆的图书补充;图书馆干部的培养与图书馆学校,探讨了图书馆技术学校和图书馆专科学校;图书馆学与目录学领域内的科学工作。(于静)

5229

国立中山大学图书馆工作报告(1948 年度) / 杜定友. -- 该馆油印,1949. -- 24 页

未见书。见录于李钟履《图书馆学书籍联合目录》。(胡月平)

5230

英国图书馆 /(英)麦考温(L. R. McColvin),累维(J. Revie)著; 蒋复璁译述. -- 上海: 商务印书馆,1949. -- 51 页: 像; 25 开. -- 英国文化丛书; 英国文化委员会编

未见书。见录于《民国时期总书目 · 文化教育分册》。(胡月平)

5231

工会图书馆的群众工作 /(苏)伏耳柯娃(M. Волкова)等撰;林秀译. -- 上海:时代出版社,1950. -- 104 页;18cm(国家图书馆)

本书内容包括:对读者工作的几点意见、我们怎样帮助教师进修、和工厂一同新生 3 个部分。(于静)

5232

辽西省立图书馆发展概况 / 辽西省立图书馆编. -- 锦州: 辽西省立图书馆(内部出版),1951. -- 1 册;26cm

未见书。

5233

山东省立图书馆概况 / 山东省立图书馆编. -- 济南:山东省立图书馆(内部出版),1951. -- 79 页;18cm

未见书。

5234

苏联的图书馆事业 / 舒翼翚编译. -- 上海:中华书局,1952. -- 170 页;32 开(西安交通大学图书馆)

本书共分 7 章,内容包括苏联图书馆事业的历史、现况、组织、领导干部培养,图书补充和科学研究工作诸方面。书中对于苏联革命前后图书馆事业各个时期的重要史料,以及当今苏联各种系统、各种类型的图书馆工作情况和工作方法,均有生动具体的叙述。可作为我国图书馆工作者和教育工作者之参考。(于静)

5235

苏联图书馆条例 / 中央人民政府文化部社会文化事业管理局编译. -- 北京:中央人民政府文化部社会文化事业管理局(内部出版),1953. -- 64 页;32 开. -- 社会文化工作参考资料

未见书。

5236

怎样做好工会图书馆工作 /(苏) 沃尔科娃(M. Волкова)等原撰;庄途编译. -- 北京:工人出版社,1953. -- 47 页;19cm(西安交通大学图书馆)

本书分为两大部分:我们为读者服务的工作经验,介绍了流动图书馆的服务、指导员的工作、流动图书馆的社会工作者、服务处对流动图书馆社会工作者的工作、引导读者有系统地读书、流动图书馆服务上的固定阅览室、读者中的积极分子;我们是这样做图书馆工作的,介绍了重建图书馆、开始工作了、在阅览室里展览图片、帮助读者选书借书、使书籍和读者接近。(于静)

5237

苏联的区内图书馆工作 / 中央人民政府文化部社会文化事业管理局编印. -- 北京: 中央人民政府文化部社会文化事业管理局(内部出版),1953. -- 76 页; 19cm(国家图书馆)

本书是中央人民政府文化部社会文化事业管理局编印的社会文化工作参考资料。全书根据苏联国家文教书籍出版局 1950 年版本译出,根据 1952 年第三次修正版校订。全书分十部分。第一部分农村中图书馆事业的组织,介绍了共和国图书馆及州(边区)图书馆、区图书馆、村图书馆、农村俱乐部及农村阅览室、流动图书馆、借阅站(图书馆分馆)、汽车图书馆、集体农庄图书馆、建立新图书馆的条件和规则等内容;第二部分图书馆工作的领导机关;第三部分图书馆干部;第四部分图书馆藏书的补充;第五部分宣传书籍和辅导阅读,包括图书馆文化教育工作的任务和内容、辅导阅读、图书馆图书目录、广泛宣传书籍的基本形式;第六部分图书馆技术,介绍了书籍财产登记、藏书的检查、保藏图书的条件、出借书籍的登记;第七部分流动图书馆的组织与技术;第八部分图书馆馆际互借及函借办法;第九部分区内图书馆工作的统计与报告;第十部分图书馆工作的检查。(于静)

5238

苏联科学院图书馆概况 /(苏) 列为节夫,沙弗拉诺夫斯基著;关成和,郭庆芳译. -- 上海:大路出版社,1954. -- 59

页;18cm(武汉大学图书馆)

本书详细地叙述了苏联科学院图书馆的历史和现今的机构以及丰富的藏书暨各种各样的借阅办法,其介绍的读者服务包括读者登记、读者的索书票、阅览室、馆外借阅、馆际借阅、目录、参考工作、图书展览、学术旅行、照像复本等。本书虽然篇幅有限,但是苏联对科学的重视和对于社会主义及共产主义建设所起的重大作用在书中有一系列的扼要介绍。(于静)

5239

苏联农村的流动图书馆 /(苏)德洛兹多娃著;李哲民等译;中央人民政府文化部编. -- 北京:中央人民政府文化部(内部出版),1954. -- 45 页;26cm

未见书。

5240

区图书馆工作计划 /(苏)梅捷庚(Н. М. Метелкин)著;张琪玉译. -- 北京:中央人民政府文化部社会文化事业管理局(内部出版),1954. -- 43 页;18cm(国家图书馆)

本书共分 4 部分:第一部分包括计划——有成绩的图书馆工作的首要条件、编制图书馆工作年度计划的准备、图书馆工作年度计划的编制;第二部分是加里宁州斯皮罗夫区图书馆调查;第三部分为加里宁州斯皮罗夫区图书馆 1952 年工作计划;第四部分为加里宁州斯皮罗夫区图书馆儿童部 1952 年工作计划。(于静)

5241

苏联的儿童图书馆工作(节译) / 中央人民政府文化部文化事业管理局编译. -- 北京:中央人民政府文化部文化事业管理局(内部出版),1954. -- 58 页;26cm

未见书。

5242

图书馆·苏联国立列宁图书馆·苏联科学院图书馆 /(苏)华西里青科(В. Е. Васильценко)等著;苏大悔译. -- 北京:人民出版社,1955. -- 37 页;19cm(国家图书馆)

本书选译自前苏联国家科学出版局出版的《苏联大百科全书》第二版第五卷。(王旭东)

5243

苏联农村图书馆工作 / 刘子亚编译. -- 北京:通俗读物出版社,1955. -- 43 页;20cm(国家图书馆)

本书是根据苏联的农村图书馆工作的通讯及经验介绍选译编纂起来的。内容分门别类地介绍了苏联建立农村图书馆和农村流动图书馆的经验,如怎样选购图书,怎样推荐好书,怎样组织社会力量来共同搞好图书工作,怎样结合农业生产来供应图书,怎样召开读书会议、座谈会、朗读会以及怎样为农村读者解答问题等。书后并附有苏联的"农村图书馆条例"及"流动图书馆条例"。本书适宜作为我国农村图书馆工作者研究业务的参考书。(于静)

5244

苏联图书馆事业组织原理 /(苏)О. С. 丘巴梁著;舒翼翚译. -- 北京:中华书局,1957. -- 44 页. -- 7018. 7(北京理工大学图书馆)

本书简单介绍了苏联图书馆事业的一般情况,其中着重说明下列几个问题:(1)苏联图书馆事业的国家性质;(2)居民的参加图书馆事业;(3)图书馆的普及性;(4)图书馆类型和种类的多样性;(5)有计划的建立图书馆网;(6)国家帮助图书馆的几种措施;(7)国家对图书馆事业的领导。(于静)

5245

高等学校图书馆工作会议专刊 / 中华人民共和国高等教育部编. -- 北京:高等教育出版社,1957. -- 159 页;20cm. -- 17010. 7(国家图书馆)

高等教育部在 1956 年 12 月 5—14 日召开的全国性高等学校图书馆工作会议是高等学校图书馆工作的进军大会,标志着高等学校图书馆工作走向新阶段的里程碑。本书即是这次会议中的报告和代表们的经验交流发言,编印供图书馆工作者进行学习和参考。本书分为四部分:第一部分为负责同志报告和苏联图书馆学专家的专题报告;第二部分为代表们在会议中的发言,介绍了许多很宝贵的经验;第三部分为有关高等学校图书馆的四个规程草案;第四部分为各报刊的社论和几篇有关这次会议的文章。(于静)

5246

苏联初期图书馆事业史:1917—1920 年的苏俄图书馆事业 /(苏)华西里青科(В. Е. Васильценко)著;舒翼翚译. -- 北京:中华书局,1958. -- 101 页;20cm. -- 7018. 12(首都师范大学图书馆)

本书介绍了苏联初期的图书馆事业发展。主要内容有:伟大十月社会主义革命后苏俄国民教育与文化教育工作的改革——列宁论国民教育和图书馆事业;苏维埃报纸和杂志的出版——图书出版事业的发展;苏俄图书馆事业领导机关的建立及其活动的开端;1918—1919 年图书馆事业的发展——人民群众在图书馆事业中革命创造的主动精神——教育人民委员部及其地方机关在领导图书馆方面的活动;俄共第八次代表大会论党在教育方面的任务并论农村中的政治宣传和文化教育工作;全俄社会教育第一次代表大会——图书馆事业问题在代表大会上;红军中的图书馆工作;宣传所和宣传列——它们在居民中推广图书的作用。(于静)

5247

参观苏联和民主德国图书馆事业报告 / 左恭等著. --北京:中华书局,1958. -- 119 页;20cm. -- 7018.20(国家图书馆)

1957 年 5 月中央文化部派遣了一个图书馆代表团去苏联和民主德国作友好访问和业务观摩。代表团参观访问历时共四月。本书所载就是这次访问后所作的报告。报告中对苏联和民主德国两国图书馆事业的巨大成就和丰富经验都有详尽而亲切的记述,介绍了苏联和民主德国图书馆事业概况,图书补充工作,分类,编目与典藏工作,为读者服务工作,科学方法工作及图书馆干部教育工作,这对于我国正在大跃进中的图书馆工作者来说,是吸取先进经验和改善工作方法的学习参考资料。(于静)

5248

苏联图书馆事业四十年:论文集 /(苏)阿伯里柯沙娃主编;刘光熹等译. -- 北京:商务印书馆,1959. -- 378 页:表;

21cm. -- 17107.72(首都师范大学图书馆)

本书详尽地阐述了苏联图书馆建设的基本问题,全面地总结了各个系统、各种类型图书馆的丰富经验。全书包括13个专题,从各方面说明40年间(1917—1957年)苏联图书馆事业的发展过程,及其各个阶段中的基本情况和主要成绩。内容精湛,材料新颖,可作为我国图书馆工作者和图书馆学者学习苏联图书馆建设原理及工作方法的主要参考书。(于静)

5249

大跃进中北京地区的图书馆 / 北京大学图书馆学系56、57级编写. -- 北京:北京出版社,1959. -- 52页. -- 7071.190(首都师范大学图书馆)

本书是作者在1958年8月间对北京地区各类型图书馆大跃进以来的先进事迹的调查,共调查了解120个图书馆,完成调查报告59篇,其中编入本书的共有14篇。(于静)

5250

图书专业词汇:英法西德日俄与汉语对照 /《图书专业词汇》编辑组编辑. --《图书专业词汇》编辑组(内部出版),1976. -- 438页;19cm(国家图书馆)

本书以1964年原中国外文书店的《书业词汇》为基础,进一步收集、整理、苫盖、补充而成。全书按语种分为英文、法文、西班牙文、德文、日文、俄文六部分。(张玲)

5251

中文工具书简介:征求意见稿 / 北京大学. -- 北京:北京大学(内部出版),1978. -- 311页;19cm. -- 征求意见稿. --(北京师范大学图书馆)

全书共收各种类型的工具书500余种,其中有280多种作了重点介绍,并按照工具书的功用与特点,将它们分成六大类型,即字典、词典;年鉴、手册;类书、政书;书目、索引;历表、年表;地图、图谱。大类里又按问题分成若干小类。小类里选收的工具书以所属类型为主,但又不完全拘泥于这一类型,有些内容相同而类型不同的工具书,也斟酌编在一起;有的书严格说来不算是工具书,但对查找一定向题较为重要,也选录若干种。至于有关工具书版本的著录、顺序的编排、介绍的详略、附录的选编等,作者也力求从教学的实际出发,不完全从形式上考虑。(张玲)

5252

中国图书馆事业三十年纪事:1949—1979 / 山西省图书馆编. -- 太原:山西省图书馆(内部出版),1979. --179页;26cm(东南大学图书馆)

本书收录内容大体上包括:中央有关图书馆事业的政策法令和条例规定;省、市机关有关图书馆工作的决定办法和文件通知;党政领导人的报告讲话;图书馆专家、工作者的著述、建议;图书馆举办的较大的展览、学术座谈、干部培训、阅读辅导和书目索引的编印;图书馆的规章制度、经验交流、情报统计以及社会各界对图书馆事业的支援等。(于静)

5253

中国图书馆事业三十年大事记:1949—1979 / 张树华,吴慰慈编. -- 北京:北京大学出版社,1979. -- 110页(北京理工大学图书馆)

本书共收录了建国以来我国图书馆界的大事约700余条。收录的范围有:(1)党和国家有关图书馆的指示、法令、条例等;(2)省市图书馆及其他类型图书馆的建立;(3)全国性和省级以上图书馆的重要会议及主要的协作活动;(4)重要的图书馆学、目录学书籍的出版以及重要的图书馆学术活动;(5)有关图书馆干部培养与图书馆界重要的外事活动等。本书的编排体例采取按年月的顺序排列,无法核对月份的材料,排在当年的末尾。(于静)

5254

浙东三祁藏书和学术研究 / 钱亚新,江苏省图书馆学会. --杭州:江苏省图书馆学会(内部出版),1980. -- 88页;20cm(天津师范大学图书馆)

本书是对浙东祁郕、彪佳、理孙祖孙三代的研究,内容分为三章。为了简介祁氏三代的生平事迹达到论世知人的目的,每章各冠以《传略》一篇。《澹生堂》《八求楼》《奕庆藏书》三篇,是叙述祁氏三代藏书的概况,其中既有继承性,又有独创性;《我国图书馆学的先驱者》《我国出类拔萃的剧评家》《我国优秀的目录学家》三篇,是说明祁氏三代对我国文化学术上的成就和贡献。此书可供我国图书馆工作人员和文史工作者作为参考之用。(于静)

5255

全国高等学校图书馆工作会议文集 / 全国高等学校图书馆工作委员会秘书处编. -- 北京:该秘书处编印(内部出版),1981. -- 358页,1页图版:图;20cm. --7-5611-0045-0(国家图书馆)

本书为1981年教育部在京召开的全国高等学校图书馆工作会议论文集,共分六部分,包括:会议文件;致词、贺信、专题报告;大会经验交流发言;书面经验交流;全国部分图书馆学系(专业)情况简介;报刊发表的评论、报导,最后为附录。(于静)

5256

广东省主要图书馆简介 / 广东省中心图书馆委员会办公室编. -- 广州:广东省中心图书馆委员会(内部出版),1982. --158页:表;19cm.(国家图书馆)

本书是《图书馆文献集刊》第一集。内容主要介绍广东全省公共、高校和科研三大系统48个主要图书馆和情报单位的情况,其中公共系统的21个、高校系统的18个、科研系统的9个,涵盖了各个图书馆历史沿革、馆舍、藏书、机构人员、读者服务、基础业务等方面的内容。(于静)

5257

图书馆 / 黎肇汉译. -- 广州:广东省中心图书馆委员会(内部出版),1982. -- 257页;19cm(国家图书馆)

本书是《图书馆文献集刊》第二集,由广州外国语学院图书馆部分同志翻译1978年《美国百科全书》"图书馆"词条而成,共约17万字,分为绪论、图书馆史、世界图书馆体系、美国和加拿大的图书馆事业、图书馆的职能与图书馆工作人员、当前的问题与趋向、图书馆协会名表7个部分26个专题,阐述世界图书馆事业的发展史、图书馆的性质与职能和世界各地图书馆体系的特点,着重介绍工业发达国家各类型

图书馆的立法、行政管理、资源的开发与组织、最新技术的应用、专业人员的培训以及政府和社会对图书馆的重视与支持。(于静)

5258

中国古代藏书与近代图书馆史料:春秋至五四前后 / 李希泌,张椒华编. -- 北京:中华书局,1982. -- 546 页,2 页图版:图;21cm. -- 7-101-01526-3(国家图书馆)

本书共收资料 225 篇(附件未计算在内),分别编入各章节内。内容共分 5 章:第一章为古代官私藏书;第二章为藏书楼的出现及其向近代图书馆的过渡;第三章为近代图书馆的产生;第四章为近代图书馆的发展;第五章为关于图书馆史的研究。每章下分为若干节。所有史料,按其内容分别编排在各章节之内。各章节内的史料,大体按写成年代先后排列,但属同一地区或同一单位的,均集中在一起,然后再按年代排列。为了便于读者检索,附有"古代藏书楼与近代图书馆索引"。(于静)

5259

全国公共图书馆概况 / 文化部图书馆事业管理局科教处,北京图书馆图书馆学研究部编. -- 北京:图书馆服务社(内部出版),1982. -- 452 页;19cm(国家图书馆)

本书共分为四个部分:(1)北京图书馆及各省、直辖市、自治区图书馆的概况介绍,并附有馆舍照片;(2)全国市级以上公共图书馆基本情况;(3)全国区县图书馆的简要情况表;(以上各馆均按全国行政区划顺序排列)(4)附录(包括根据全国区县以上公共图书馆的基本情况汇编的各项统计资料及馆名索引等)。(于静)

5260

古代藏书史话 / 许碚生著. -- 北京:中华书局,1982. -- 48 页:插图;19cm. -- 中国历史小丛书. -- 11018.1114(国家图书馆)

本书内容包括:古代藏书的起源、秦代"焚书令"前后、汉代皇家藏书制度的建立、魏晋南北朝时期藏书的旋聚旋失、隋唐一统 图书大增、宋代官私藏书的发展、明代藏书的激增、清代藏书 规模空前。(于静)

5261

出国参观考察报告:编号(81)019 美国图书与情报工作 / 中国科学技术情报研究所编辑. -- 北京:科学技术文献出版社,1982. -- 85 页; 25cm. -- 17176.329(北京理工大学图书馆)

本书为中国科学技术情报研究所工作人员参观访问国际著名图书情报单位后的考察报告,全书对美国图书情报工作现状有了较全面的介绍,并重点介绍了美国政府领导的科技情报中心、图书馆系统、学会和私营的专业情报加工单位、研究机构大学等的基层情报单位、情报中间商五类情报机构。具体介绍的机构包括:国家技术情报服务中心、国防技术情报中心、能源部技术情报中心、宇航局科技情报所、化学文摘社、生物科学情报服务社、工程索引公司、史密索尼亚科学情报交换中心、科学情报研究所、国会图书馆、国家医学图书馆、农业部技术情报系统、纽约公共图书馆、商业部图书馆、国家标准局、专利与商标局、环境保护局、美中贸易全国委员会、教育资源情报中心、俄亥俄州立大学图书馆、乔治梅森大学图书馆、巴特尔纪念研究所、洛克希德导弹与宇航公司 DIALOG 情报检索服务处、俄亥俄大学图书馆中心、美国的情报分析中心。(于静)

5262

第 47 届国际图书馆协会联合会大会论文译文集 / 中国科学院图书馆. -- 北京:中国科学院图书馆出版组(内部出版),1982. -- 520 页;26cm(北京师范大学图书馆)

本书是第 47 届 IFLA 大会提交的 140 篇论文的译文集,收录了如《日本图书馆研究状况》《图书馆在国家专业组织中的作用》《图书馆和情报中心的发展—利比亚的现状和未来》等文章。这些论文取材广泛、内容比较丰富,包括国家图书馆、大学图书馆、公共图书馆,以及儿童、艺术和残疾人图书馆等各类型图书馆的藏书建设、读者服务、干部培养、事业组织和新技术应用等工作的理论和实践。这些论文基本上反映了目前世界各国图书馆事业的发展水平和学术活动的状况。本书根据我国读者习惯,对所收论文按以下专题排列:理论研究、作用和地位、概况、藏书建设、分类编目、读者服务、新技术应用、干部培训、管理工作、学会工作,共十部分。(于静)

5263

北京地区图书情报机构指南 / 北京科技情报学会编. -- 北京:北京科技情报学会(内部出版),1983. -- 6, 234 页;19cm(国家图书馆)

本书介绍了北京地区的主要公共图书馆、高校图书馆、专业图书馆、部委及市属科技情报机构共 143 个。书中着重介绍了这些单位的馆藏文献的范围、特点,出版物及对外服务项目,并附有文献、咨询、计算机、声像、外借、文献复制、委托及培训、测试、设计、加工等对外服务项目索引。(于静)

5264

美国及世界其他地区图书馆事业 / 华东师范大学图书馆学系编译. -- 北京:书目文献出版社,1983. -- 225 页;19cm. -- 17201.29(国家图书馆)

本书编译自 1977 年版《美国大百科全书》中的"图书馆"条目,全书较系统地介绍了美国和世界其他地区图书馆事业的发展历史、现状和趋势,以及其成就和存在的问题,可作为图书馆学专业师生和广大图书馆工作者了解国外图书馆事业情况和学习图书馆学基础、比较图书馆学、图书馆事业史的参考资料。全书具体章节包括:导言、图书馆历史、世界图书馆系统、美国和加拿大的图书馆、图书馆的作用与人事、当代的争论和趋向。(于静)

5265

回忆亚东图书馆 / 汪原放著. -- 上海:学林出版社,1983. --245 页:照片;19cm. -- 7259.005(国家图书馆)

亚东图书馆是一家少见的独资经营的书店,"五四"后,它对传播新文化、新思想作出了贡献,在我国近代新兴出版业中的地位很重要。作者的回忆比较全面,比较完整,每件事的来龙去脉都讲得清清楚楚,基本上真实可信。由于亚东与陈独秀、胡适、章士钊等知名人士有很深的关系,到处引用日记、札记、书信、文件,提供了大量第一手的材料。本书内容包括:皖南三青年、芜湖“洋书店”与《安徽俗话报》、到上海办书店、《甲寅》杂志迁沪、《青年》杂志创办、“五四”前后、“亚东版”古典小说、几种“文存”的出版、编辑所正式成立后的头几年、大革命高潮中、盗版禁书及其它、狱中来信一束、江河日下。本书对于研究近代革命史和出版史者具有很重要的参考价值。(于静)

5266

湖北省图书馆建馆八十周年 / 湖北省图书馆编. -- 武汉:湖北省图书馆(内部出版),1984. -- 1 册;26cm(武汉大学图书馆)

本书是湖北省图书馆建馆 80 周年纪念册,分为 6 个部分:(1)题词,收集了老一辈无产阶级革命家,革命老前辈,学术界、美术界人士的题词和绘画;(2)馆史;(3)服务效果篇;(4)论文篇;(5)图书馆工作人员姓名录;(6)附录。(于静)

5267

中国高等学校图书馆简介 / 教育部全国高等学校图书馆工作委员会秘书处编. -- 长春:东北师范大学出版社,1984. --317 页:照片;26cm. -- 7334.3(国家图书馆)

本书是反映中国普通高等学校图书馆情况的资料工具书,收录了教育部 1983 年年底以前批准的 700 余所普通高等学校(不含广播电视大学、短期职业大学、成人高等学校各类学校)的图书馆概貌材料。书中各项资料均系编写组根据各校图书馆所提供的原始材料编辑而成,材料截止时间为 1984 年 5 月。本书文字介绍部分包括各馆馆名、馆址、电话号码、建馆时间、发展简史、机构设置、职工人数、馆长姓名、建筑与设备、藏书数量与特点、服务对象、服务设施、服务方式、目录体系以及论文、译著和科研活动等项。本文有大量表格,如《中国高等学校图书馆基本情况一览表》《全国高等学校图书馆类型及工作人员统计表》《全国高等学校图书馆藏书统计表》等,表格数据翔实,可与文字介绍互为补充。本书正文按政区、学校性质排列,正文后附索引,便于检索。(于静)

5268

甘肃图书馆事业三十五年纪事(1949—1984) / 靖钦恕编. --兰州:兰州大学图书馆学系(内部出版),1984. -- 99 页:表; 19cm(北京师范大学图书馆)

为庆祝建国 35 周年,汇总甘肃省图书馆界的工作成绩和发展概况,以便交流参考,并为图书馆学专业教学和科学研究提供资料线索,兰州大学图书馆学系在 1984 年编辑了本书。本书收录了党和国家有关图书馆的指示、法令、条例,全国性和省级图书馆会议和协作工作,并侧重甘肃省县市以上图书馆和其他类型图书馆的建立、图书馆学术活动、书目、索引的编辑出版、藏书建设统计、新服务项目、专业干部培训情况等。本书还在附录中给出甘肃省公共图书馆建立年代统计表、甘肃省各类型图书馆建立年代统计表、甘肃省各类型图书馆(室)统计表。(于静)

5269

日本儿童图书馆、中小学图书馆 / 王小歧,刘铁锚编译. -- 天津:儿童图书馆编辑部(内部出版),1984. -- 161 页;19cm(国家图书馆)

该书分章介绍了日本儿童图书馆、中小学图书馆的地位、作用和类型,儿童阅读心理、儿童读物,图书馆藏书建设和借阅业务、馆际协作,讨论了日本儿童图书馆的馆员及儿童图书馆的问题。书前有前言,书后有附录和后记。附录一,日本儿童图书馆年表;附录二,十进分类法小学初中(儿童用);附录三,参考书目。(胡秋玲)

5270

列宁论图书馆事业 / 文化部图书馆事业管理局. -- 北京:书目文献出版社,1984. -- 216 页; 20cm. -- 1201.1(国家图书馆)

为了迎接建国 35 周年及第二次全国图书馆工作会议的召开,为纪念列宁同志逝世 60 周年,书目文献出版社特编辑了本书。本书是根据苏联 1977 年出版的《列宁与图书馆事业》一书编辑而成的。到 1984 年为止,本书是我国介绍列宁关于图书馆事业思想的比较完整的一本文集,它汇集了列宁关于图书馆的论文、演说、书信、便函、电报以及签署的文件共 194 篇。全书共分 7 个部分:列宁论图书馆(十月革命前);列宁论图书馆事业(十月革命后);图书馆与经济建设;图书馆事业的集中管理;列宁与目录学;列宁对图书馆与书目的作用;列宁签署的关于图书馆事业的文件。同一部分的文章按照写作日期(或发表日期)的顺序排列。书末还附有本书作者的年代索引,书中译文采自《列宁全集》(中共中央马克思恩格斯列宁斯大林著作编译局译,人民出版社,1955—1968)。(于静)

5271

中国图书史与中国图书馆史 / 谢灼华主编. -- 武昌:湖北高等学校图书馆工作委员会秘书处(内部出版),1984. -- 434 页;19cm. -- 图书馆学自学丛书(国家图书馆)

本书以时代为序论述中国图书的发展历史与图书馆的发展历史,内容主要包括:典籍的产生和保藏(商—春秋),简帛书的盛行和古代藏书(战国—东汉),写本书与古代藏书的发展(魏晋—隋唐),印刷术的发明及其影响,古代官府刻书与藏书的兴盛(宋—清前期),古代的民间刻书与私人藏书(宋—清前期),书院的刻书与藏书(宋—清前期),近代书刊的出现与近代图书馆的兴起(1840—1918),五四运动后的图书和图书馆事业(1919—1927),国民党统治时期的图书和图书馆事业(1927—1949),中国共产党领导下的苏区解放区的图书和图书馆事业(1927—1949)。为方便自学,每章内容前均附有学习目的,学习要点,每章内容后均有思考题、参考文献。本书脉络清晰,史料翔实,适合高等院校图书馆学与情报学作为教材使用。(于静)

5272

世界图书馆博览 /(日)德作康元著;学鼎等译. -- 福州:福建科学技术出版社,1985. -- 246 页;19cm. -- 17211.62(国家图书馆)

本书介绍了世界著名的40个国家和地区图书馆的馆藏、特色、服务等内容。主要有以下馆:剑桥大学图书馆、都柏林图书馆、瑞典皇家图书馆、皇家奥斯陆大学图书馆、丹麦皇家图书馆、荷兰莱登大学图书馆、比利时皇家图书馆、巴黎国立图书馆、法国国立文件馆、格廷根大学图书馆、卡塞尔市立兼州立图书馆、拜恩州立图书馆、奥地利国立图书馆、维也纳大学图书馆、瑞士图书馆、米兰市立图书馆、梵蒂冈图书馆、西班牙国立图书馆、科英布拉大学图书馆、列宁图书馆、谢切德林图书馆、华沙图书馆、斯特拉霍活图书馆、匈牙利科学院图书馆、罗马尼亚科学院图书馆、概纳迪恩图书馆、美国国会图书馆和国家档案馆、亨廷顿图书馆、皮尔庞特·摩根图书馆、霍尔查·莎士比亚图书馆、加拿大国立图书馆、墨西哥图书馆、巴西国立图书馆、澳大利亚图书馆、伊斯坦布尔国立文件馆、印度图书馆、蒙古国立图书馆、北京图书馆等。(于静)

5273

日本图书馆研究文集 / 东北师范大学图书馆学系编. -- 长春:东北师范大学出版社,1985. -- 242页;19cm. -- 全国高等学校图书馆工作委员会图书情报工作参考资料选刊:4. -- 7334.15(国家图书馆)

本书是全国高等学校图书馆工作委员会在20世纪80年代策划并组织编辑出版的图书情报工作参考资料丛刊之四。书中收录了“关于日本图书馆事业振兴方案的提出和振兴法的制定——介绍这两份资料的产生、讨论和进展情况”、“图书馆事业振兴方案的提案报告”、“图书馆事业基本法纲要(草案)”、“日本大学图书馆发展概况”、“战后日本大学图书馆发展的研究”、“行政改革给日本大学图书馆带来的难题”、“从统计数字中看日本大学图书馆概况”、“日本大学图书馆大事年表”、“日本高等学校学术情报系统的形成与发展”、“从学术情报系统的建立预测日本大学图书馆的未来”、“日本大学图书馆建立自动化系统问题综述”等27篇论文。(于静)

5274

图书馆规划、建筑、设施:美国图书馆建筑介绍 / 林祖藻编译. -- 杭州:浙江图书馆(内部出版),1985. -- 99页;19cm(首都师范大学图书馆)

本书通过借鉴美国图书馆在规划、建筑、设施等方面的先进经验对我国图书馆的服务对象、服务目标、服务设施以及对文献的保护等方面进行了较具体的、系统的阐述。本书包括:图书馆馆舍建筑最初规划技术,论述了如何提早做最初规划、最初规划的技术问题、对本馆的调查与了解、开辟渠道的办法等方面的内容;图书馆馆舍建筑的规划队伍,阐述了图书馆馆员与筹建管理组、建筑师、顾问之间的关系;美国图书馆建筑综述,涵盖了美国图书馆建筑设计宗旨、成人分馆服务部、少儿图书馆服务部等方面的内容;图书馆的作用与其空间设计关系;图书馆规划的指导准则清单,包括图书馆的环境、图书馆工作的分析与项目规划、规划队伍等方面的内容;美国中学、中专图书馆的建筑与设施;图书馆的资料存档与其设备;缩微阅读器的挑选与使用。(于静)

5275

中国省市图书馆概况:1919—1949 / 杨宝华,韩德昌编. -- 北京:书目文献出版社,1985. -- 408页;19cm. -- 7201.66(国家图书馆)

本书收编了从“五四”运动到新中国成立之前国内49所图书馆的历史资料,其中绝大部分是省市公共图书馆的资料。所收各图书馆资料均按目前行政区划予以集中排列。为保证资料的连续性和完整性,对1919年以前已经成立的某些图书馆的资料,也酌情予以收录。内容包括各图书馆的建馆经过及其历史情况,各馆机构设置及规章制度情况,以及各馆藏书情况,藏书管理情况和借阅工作情况,等等。这一时期尽管社会动荡,但各图书馆仍然在不同程度上为我们保存了丰富的文化遗产,在图书的整理、保管、流通,以及规章制度等方面留下了参考借鉴的经验。书中所收资料来源广泛,材料丰富翔实。本书对研究我国图书馆事业史和文化史有重要参考价值,对今天图书馆事业的发展也有不少可供借鉴的经验。本书可供图书馆情报专业师生、图书馆学研究部门和广大图书情报工作者、新闻记者参考,也可作为文化史研究者的参考资料。(于静)

5276

列宁图书馆活动编年 / 周文骏著. -- 太原:山西省图书馆学会(内部出版),1986. -- 72页;19cm(国家图书馆)

1984年4月12日是列宁诞生114周年,为了表示对无产阶级革命导师的纪念,周文骏编辑了本书。图书馆是列宁学习、研究、创作的场所和工具。列宁是世界上许多著名图书馆的忠实读者,也是许多图书馆学不朽论著的天才作者。十月革命后,他领导和组织了苏联图书馆事业,并利用图书馆进行宣传、教育和决策。列宁的图书馆活动,紧密地和无产阶级革命事业联系在一起,成为他战斗一生中的重要组成部分。本书以逐年记事的方式介绍列宁和图书馆的密切关系。材料主要根据《列宁全集》中文版和《列宁文稿》中文版等,各种回忆录中有关材料没有收入。(张玲)

5277

美国国会图书馆展望 /(美)科尔(Y. Y. Kerr)编;姜炳炘等译. -- 北京:书目文献出版社,1987. -- 410页;19cm. -- 7201.149(国家图书馆)

本书是根据美国鲍克公司1978年出版的The Library of Congress in Perspective一书译成的。全书包括四部分内容:国会图书馆(1800—1975);1976年美国国会图书馆馆长特别工作组关于“目标、组织和规范”的报告;三个补充文件;两个小组委员会的报告和八个馆外顾问小组的报告。书中概述了国会图书馆创建以来170余年的历史进程及其发展前景;对于该馆的立法和国家职能,历任馆长的贡献,以及各项业务工作的改革作了较全面的审查和评价。此外,有重点地论述了国会图书馆的参考服务和地区文献资料研究情况。此书内容丰富,史料翔实,对于了解和研究美国国会图书馆,以至美国全国图书馆事业的发展概况,颇有参考价值。(于静)

5278

中国古代图书事业史概要 / 来新夏著. -- 天津:天津古籍

出版社，1987. -- 71 页：肖像，摹真；19cm. -- 7-80504-022-2（国家图书馆）

本书主要内容包括：图书与图书事业；图书馆事业的创始阶段——周、秦；图书馆事业的兴起阶段——两汉、魏晋、南北朝；图书馆事业的发展阶段——隋、唐、五代；图书馆事业的兴盛阶段——宋、辽、夏、金、元；图书事业的全盛阶段——明清。本书按上述中国古代图书事业的发展阶段划分，详细介绍了各个时期中国图书馆事业的发展概况，研究各个时期图书形态的发展，图书的聚散、典藏及其相应措施，图书的整理与编目，图书的流通与纂集四个方面。笔者把书史、目录学史、图书馆史这三方面的研究综合为图书事业史，既可避免重复，使体系完整，又可改进教学。此外，著者对中国古代图书事业史有关文献的研究，主要包括正史、政书、诗文集、笔记杂著、时人论述等。（于静）

5279

美国大学图书馆使用指南 / 钱秋荪. -- 香港：三联书店香港分店，1987. -- 121 页：照片；18cm. -- 留美学生必读. -- 962-04-0591-9（国家图书馆）

著者详细介绍了美国大学图书馆的任务与组织，各项馆藏与服务及众多先进的现代设备。全书共 6 章。第一章大学图书馆的人物与组织；第二章图书馆目录；第三章基本参考工具简介；第四章期刊与索引；第五章读者服务；第六章图书馆的类别；第七章新观念与新趋向。附录：图书馆常用词汇英汉对照表。书前序由中国科学院图书馆副馆长阎立中撰写，英文序由美国中美图书馆员学会主席 Marjorie H. Li 撰写。目录为中英文对照。书中有照片多幅。（赵红）

5280

中国图书和图书馆史 / 谢灼华主编. -- 武汉：武汉大学出版社，1987. -- 345 页；20cm. -- 高等学校文科教材. -- 7-307-00090-3（国家图书馆）

本书通过总结图书和图书馆发展相互促进相互推动的历史经验，探讨我国各个历史时期图书的编制、整理、出版和图书馆对图书的收集、整理与利用，阐明它们在社会政治、经济、文化诸因素影响中的发展特点，从而说明文化发展对人类社会发展的影响。其研究的内容范围如下：(1)图书馆的形式。图书的材料、形制的变化，各个历史时期书籍的形式，影响图书材料、形制变化的社会经济方式和生产力水平。(2)图书的流传。图书发展过程中的不同生产、流通渠道，各种重要著作的社会影响，以及不同生产和流通方式的社会状况、文化发展条件。(3)图书的收藏。历史上各藏书类型，建立藏书的步骤方法、管理藏书的机构，近代图书馆的发展和工作特点。联系政治、文化发展，了解不同条件下的图书馆形态及其社会功能。(4)图书馆的利用。各种历史人物对图书的重视和利用图书的方式，藏书聚散的社会原因，图书对政治、经济、文化、科学领域的直接影响。（于静）

5281

图书和图书馆史 /（日）小野泰博著；阚法箴，陈秉才译. -- 北京：北京大学出版社，1988. -- 233 页；19cm. -- 7-301-00540-7（国家图书馆）

本书是翻译本，旨在向文化界、特别是图书馆界的同志提供一些参考资料。主要内容包括：贯穿于西欧图书馆史中的观念、原始人类的记录、古代图书馆、中世纪的文化和图书馆、文艺复兴和宗教改革时代的图书文化事业、启蒙时代和图书馆、近代图书馆的萌芽、现代图书馆和图书馆员的形象。本书不仅从文字的产生和发展起，记述了图书、集成文库及图书馆的演变过程，并揭示了图书记录人类征服自然、促进社会进步的历史。对于图书馆的发展，本书又围绕集成文库如何形成近代图书馆的雏形，开架制变革如何兴起，近代图书馆管理体制如何发展、完善等重大问题进行了深入的介绍和论述，所有这些，对我们今天图书馆的建设不无裨益。与此同时，本书还对历代图书馆工作人员热爱本职工作的业迹给予翔实的描述和热情的赞扬，特别是对美国伟大的科学家、政治家富兰克林对图书馆事业的贡献给予了高度评价，以表明图书馆工作是一项崇高而伟大的事业。（于静）

5282

北京各类型图书馆手册 /《北京各类型图书馆志》课题组编. -- 北京：北京燕山出版社，1988. -- 355 页；19cm. -- 7-5402-0102-9（国家图书馆）

本书收录了北京各类型图书馆 513 所，其中包括：北京市各级公共图书馆 24 所；北京高等院校图书馆 78 所；中国科学院北京地区各图书情报机构 43 所；中国社会科学院各研究所图书馆 15 所；国家机关及其所属研究机构的图书馆 175 所；北京市属机关、科研机构、党校、干校部分图书馆 62 所；北京市部分工会图书馆和工厂科技图书馆 65 所；北京市部分中学图书馆 51 所。本书较全面地介绍了北京各类型图书馆的规模、数量；北京图书资源的布局和各馆藏书的特点；各图书馆对外服务的项目和图书宣传辅导活动的方式；图书馆干部队伍的状况以及图书馆物质条件（包括馆舍、经费）的现状等。（于静）

5283

中国图书馆事业纪事：1949—1986 /《当代中国的图书馆事业》编辑部编. -- 北京：书目文献出版社，1988. -- 218 页；26cm. -- 7-5013-0448-3（国家图书馆）

本书是建国 37 年来（1949—1986）中国图书馆事业发展历程的记录。内容包括中央、各部门和地方政府有关图书馆事业的方针、政策、法令、法规、条例以及其他指导性文件颁布情况；党政领导人报告、讲话的主要内容；各类型图书馆的建立和沿革；图书馆组织（包括学会、协会、中心图书馆委员会等）的创立、沿革和活动；图书馆的会议和活动；图书馆界知名人物的活动；重要图书馆学书刊及书目索引的编印情况；图书馆学研究、教育、干部培养；中外图书馆界交流与合作活动等，可供图书馆事业主管部门、图书馆教学与研究人员及广大图书馆工作者参考。（于静）

5284

广西图书馆论文集：1979—1988 / 广西图书馆编. --南宁：广西图书馆（内部出版），1988. -- 273 页；19cm（华中师范大学图书馆）

本书按图书宣传和流通，图书分类、主题和编目，期刊、

地方文献、古籍整理,目录学,少儿图书馆,图书馆现代化几个部分收录相关主题论文几十篇。(于静)

5285

努力建设有中国特色的少年儿童图书馆:少儿图书馆工作研究论文选编 / 湖南省少年儿童图书馆编(内部出版),1988(国家图书馆)

本书是20世纪80年代末期湖南少年儿童图书馆事业发展和建设的经验交流与理论研究成果的检阅。全书分论文全文和论文节选两部分。论文全文部分包含"关于发展我国儿童图书馆事业的几个战略性问题"、"少儿图书馆藏书建设浅议"、"鲁迅与少年儿童阅读辅导"、"儿童图书馆图书分类法管见"、"论当前儿童图书馆面临的主要问题——兼论儿童图书馆队伍的群体结构"、"试论儿童图书馆的社会效益"、"发展农村少图事业的战略设想"、"阅读辅导的重要组成部分——图书馆利用指导"等23篇论文;论文节选部分收录论文24篇。(于静)

5286

美国文献情报资源建设——协调合作藏书发展 / 孟广均校订. -- 北京:中国科学院文献情报中心(内部出版),1988(国家图书馆)

为了全面开发利用文献信息资源,尽可能节约有限的经费,实行合理布局和资源共享,国内几大文献情报系统都在进行文献信息资源的调研。本书是中国科学院文献情报中心为配合全国图书情报界这项重要工作而译出的,原书为刊于美国《资源共享和情报网络》期刊1985年第2卷第3—4期的"协调合作藏书发展"会议专辑。书中包含"合作藏书发展:概观"、"图书馆资源共享——伊利诺斯州的经验"、"全国藏书发展协作计划:研究图书馆组织——北美藏书目录项目的努力"、"北美藏书目录项目(NCIP):印第安纳州1984年第二阶段结果"、"伊利诺斯州系统一级的协调合作藏书发展模式"、"研究图书馆间的合作藏书发展——科罗拉多州的经验"、"一个系统内的协作采购工作:加利福尼亚大学的分担采购计划"、"纽约州协调藏书发展的经验——提供资金刺激"、"汉普夏馆际中心34年来的发展——局内人的看法"、"阿拉斯加合作藏书发展计划"、"大西洋西北地区藏书评价项目"、"关于全州性计划、程序和系统的典型标准"等文章。(于静)

5287

发展中的中国图书馆事业:1985全国图书馆工作会议交流材料选编 / 文化部图书馆事业管理局编. -- 北京:书目文献出版社,1988. -- 215页;26cm. -- 7-5013-0436-X(国家图书馆)

本书汇集了公共图书馆、高等院校图书馆、中国科学院图书馆系统的交流会议材料58篇。交流材料包括各系统为社会主义物质文明和精神文明建设服务的经验,以及在改革、开放、搞活方面进行的尝试。本书的编撰可以使更多的图书馆工作者了解全国图书馆事业的情况,并在工作中有所借鉴和参考。本书的编辑体例为:(1)选入文章按内容分为六个部分,有图书馆为社会主义物质文明和精神文明服务、图书馆工作改革探索、协作协调工作、在职干部培训工作、高等院校图书馆工作和少年儿童图书馆工作,各部分的文章按行政区划顺序排列。(2)对选入的文章略有删节,文字稍作加工,未作大的改动。(于静)

5288

西方图书馆史 / 杨威理著. -- 北京:商务印书馆,1988. -- 512页:图;20cm. -- 7-100-00375-X(国家图书馆)

本书的内容充实,共有12章。作者从古代两河流域的泥版文书开始,一直写到图书馆的现代化,前后包括五千多年。通过作者提供的丰富史料,使得我们了解到世界书籍制度的历史变迁,造纸和印刷术的推广应用,各个历史时期不同类型图书馆的产生、特点和发展,服务对象的扩展和服务方式的改变,图书馆网络的建立与文献资源的共享,图书馆学教育的兴起与图书馆学研究的开展,文献工作的标准化等等图书馆事业史的重要方面。本书还努力分析了政治、经济、文化、教育、科学、技术、宗教等与图书馆事业发展的联系和对它产生的重大影响,以及图书馆事业对整个社会进步所起的积极作用。本书虽然论述西方图书馆的历史,但对于当前我国的图书馆事业建设与图书馆学研究,仍有借鉴作用。本书材料翔实,并有多处注释,书后附有详尽的参考书目,具有很高的科学价值,是图书馆学专业学生的必读参考书。(于静)

5289

中国近现代图书馆事业大事记 / 邹华享,施金炎编. -- 长沙:湖南人民出版社,1988. -- 144页;19cm. --7-217-00522-1(国家图书馆)

本书是按编年体记述中国近现代图书馆事业重要史事的资料工具书,所搜资料上溯1840年,下迄1987年12月。作者在广泛占有资料的基础上,本着"求实、存真"的原则,通过大量史实,客观地、准确地反映了我国近现代图书馆事业发展的历史进程,展现出我国近现代图书馆发展的历史画面,从而有助于人们学习、了解和研究我国近现代图书馆发展的历史。本书在内容和编写体例上还有以下几个方面的特点:(1)资料宏丰翔实;(2)历史跨度大,本书以时为序,历史跨度近120年,较为清晰地向人们提供了研究我国近现代图书馆发展的基本历史线索;(3)编排精当易查,按编年体记述我国近现代图书馆的重要史事,以史事年月日顺序编排,正文后附有条目"分类索引"和"机构(团体)、人物名称索引";(4)注重学术价值,以唯物史观对大量的历史资料作了筛选、鉴别与考证。(于静)

5290

西方图书馆史 /(美)哈里斯(M. H. Harris)著;吴晞,靳萍译. -- 北京:书目文献出版社,1989. -- 138页;19cm. -- 7-5013-0673-7(国家图书馆)

本书主要介绍了西方图书馆从上古到中世纪发展的历史,以及图书馆在文明发展史上的作用。内容包括:古代的图书馆:图书馆的起源、巴比伦和亚述的图书馆、埃及的图书馆、希腊图书馆、罗马图书馆;中世纪的图书馆:拜占庭和穆斯林的图书馆、修道院和大教堂图书馆、大学的兴起、文艺复兴、

印刷术的发明及1500年之前欧洲图书馆的发展。(于静)

5291

现代图书馆管理 /(美)沃伦. B. 希克斯,(美)阿尔玛. M. 蒂林著;李新乐,汪少敏译. -- 北京:书目文献出版社,1989. --299页;图;20cm. -- 7-5013-0650-8(国家图书馆)

本书作者以系统论思想为指导,全面探讨了目标管理方法在现代化图书馆中的应用。全书分为:基础理论,介绍了现代图书馆的宗旨和目标;结构,介绍现代图书馆的组织定义、结构、原则与分权制。介绍现代图书馆的管理,提出目标管理理论及其组织原则、方法、计划、设计、监督、控制、修正等。介绍人事管理计划,论述人事管理的原则、计划发展、机构设置与管理、控制等;管理原则与方法,将图书馆中目标管理的一些原则和技术,在图书馆人事管理、预算管理、资源选择的管理、资源加工处理的管理及其流通和参考的管理等各个章节中,采用了许多图表、实例,来说明如何在现代图书馆各项工作中贯彻目标管理,以达到调动工作人员的积极性、提高工作效率、满足现代社会需要的目的。本书后附目标管理工作说明书,为读者提供借鉴。(于静)

5292

湖北地区文献资源分布概况(又名档案馆、图书馆单位名录) / 胡银仿编著. -- 湖北:中南财经大学出版社,1989. -- 359页;19cm(北京大学图书馆)

本书共收录湖北地区90个公共图书馆,137个科研图书馆,44个大学图书馆,68个档案馆的资源情况,从一个侧面反映了湖北地区文献资源情况。本书的各种数据一般截至1987年底,少数数据到1988年6月。本书特点是:(1)它是历史的记录。它记录了所载各馆从成立到今的第一手资料,具有“断代史料”的价值。(2)本书除了记录各馆的地址和历史沿革外,着重介绍了馆藏文献范围和特点、对外服务项、出版物等。如果您需要了解某馆特点和某项具体业务,开卷即可获得。如本书又具有“联络图”的作用。(3)方便企业家和科学工作者与文献单位联系,为文献资源转化为生产力提供方便。(于静)

5293

美国图书馆事业与管理 / 黎难秋编著. -- 合肥:安徽省图书馆学会,安徽省中心图书馆委员会(内部出版),1989. -- 432页;19cm(上海交通大学图书馆)

本书分为三个部分。首编介绍美国图书馆事业的概况、图书馆事业的有关法律与规范、图书馆协会与有关专业协会,先后讲述美国的各类图书馆,对美国的图书馆专业教育、专业出版物,以及图书馆学研究作了叙述。第二编讲述美国大型图书馆的各项工作,重点在它们的特色,涉及内容有:馆藏发展与管理,资料采访,资料的组织与管理,读者服务工作,工作自动化。最后一编是美国的图书馆管理,讲述了管理的原理、管理的职能、管理中的横向协调、定量统计、管理信息系统的开发,以及管理的经验性指南等。(于静)

5294

陕西省图书馆馆史:1909—1988 / 陕西省图书馆《馆史》组编著. -- 西安:陕西人民教育出版社,1989. --325页;32开. --7-5419-1090-2(国家图书馆)

本书是陕西省图书馆建馆80年来第一部馆史。它对陕西省图书馆从建馆以及以后的工作作了较为系统的总结和较恰当的评述,是了解、认识、研究陕西省图书馆的一部较有价值的著作。全书共6章。第一章建制与管理;第二章馆舍变迁及建设发展;第三章机构设置与人员编制;第四章为80年来藏书建设综述,介绍了解放前40年的藏书概况、解放以来藏书的建设与发展、藏书组织分编的变更与健全;第五章读者工作的今昔,编者从书刊流通及辅导阅读活动、别开生面的读者联谊活动两方面进行了阐述;第六章为对本省图书馆事业的发展作出卓越贡献的研究辅导工作。编者还在附录中给出陕西省图书馆纪事(1909年—1987年)。(于静)

5295

上海市公共图书馆概况 / 上海图书馆业务辅导部编. -- 上海:上海图书馆业务辅导部(内部出版),1989. -- 275页,10页图版:彩图;20cm(南京大学图书馆)

本书介绍了上海市公共图书馆的藏书、服务等概况。书后附:爱国侨胞、香港同胞捐建图书馆概况,《图书馆杂志》增刊等。(于静)

5296

西北地区高等学校图书馆的历史与现状 / 西北五省(区)高等学校图书馆工作委员会协作组编. -- 西安:西北工业大学出版社,1989. -- 291页;32开. -- 7-5612-0090-0(国家图书馆)

本书包括“西北地区高等学校图书馆大事记(1949—1985)”和“西北地区高等学校基本情况调查”两部分。本书不仅记载了西北地区高等学校图书馆事业发展所经历的道路,还记录和分析了在20世纪80年代所达到的水平。其中西北地区高等学校图书馆大事记,以反映西北地区全日制普通高等学校图书馆的活动为主,兼收部分成人高校及部队院校图书馆的活动,起止时间为1949年10月1日至1985年12月31日。收录的内容包括建馆时间及历史沿革、图书馆领导体制及内部机构的变化、馆级领导干部的任免、藏书数量和质量的重大变化、新馆馆舍的时间和面积、现代化大型设备的使用等。其资料来源主要是靠实际调查所得。大事记的编写由五个省(区)的高等学校图书馆工作委员会组织所在的省区的图书馆通过查阅各馆档案资料,访问离退休的老同志,并参考各种文献资料先整理出本馆的大事记资料,然后交由各省区高校图工委审核和复选,最后由五个省区高校图工委共同组成的大事记编委进行复审和统编。(于静)

5297

仙居图书馆志 / 仙居县图书馆编写小组. --(内部出版),1989. -- 85页,6页图版:图,肖像;26cm(中山大学图书馆)

本书设县图书馆(县文化馆图书室)机构沿革、藏书建设、读者工作、网络建设和业务培训等4章15节。前冠概述、大事记,后殿附录,组成整体,以文为主,辅以附表和照片。本志取事上限,除私人藏书楼从清代嘉庆年间开始、“民国时期仙居县公立图书馆”从民国十六年开始外,其余都从1949年7月仙居解放开始,下限到1988年6月底止。本志因县图书馆的历史仅10余年,而县文化馆图书室的历史有28年,所以机构沿革将图书室阶段也包括进去。本志概述,以余为主;大事记,以编年体为主;其余各章节,只记事物,不作评述。全志论述了仙居图书馆事业从创立到发展经历的不寻常路程。(于静)

5298

中国图书馆事业十年:1978—1987 / 张白影,荀昌荣,沈继武主编. -- 长沙:湖南大学出版社,1989. -- 13页,966页,8页图版:图,摹真;21cm. -- 7-314-00426-9(国家图书馆)

本书由中国图书馆学会和全国高等学校图书情报工作委员会组织编写,全面总结了新时期十年我国图书馆事业建设的成就和经验;充分反映了十一届三中全会后,我国图书馆事业发展的重大事件,图书馆界的重要活动,图书馆学各个领域的研究成果,各类型图书馆的发展概况及图书馆学情报学教育的基本情况,向人们展现了十年来我国图书馆事业发展的宏伟画面。全书共分为12部分,包括:文件规章、图书馆事业发展概况、图书情报学研究综述、组织机构、重要会议及学术活动、专业刊物、国际交流、图书馆学情报学教育、图书馆建筑、图书馆现代技术、专业著作目录、十年纪事。(于静)

5299

西欧图书情报事业 / 郑挺编译. -- 北京:北京大学出版社,1989. -- 351页:表;21cm. -- 7-301-00543-1(国家图书馆)

为了系统了解外国图书情报事业的发展情况,学习和借鉴其经验,全国高等学校图书馆工作委员会委托武汉大学、华东师范大学、东北师范大学、北京大学等学校的图书馆学系编译了一套介绍外国图书馆事业的著作,本书为其中之一。全书分为7个部分。第一部分西欧图书馆事业概述;第二部分英国图书情报事业,介绍了英国的国家、高校、公共及专业图书馆,图书馆学教育,图书馆的现代化;第三部分联邦德国图书情报事业,介绍了德国国家、高校、公共及专业图书馆与文献工作系统、图书馆学教育、图书馆的网络化与现代化;第四部分法国图书馆事业,介绍了法国图书馆事业的历史与现状、国家图书馆、大学图书馆、公共图书馆;第五部分北欧五国图书情报事业,包括国家图书馆和大学图书馆、公共图书馆、专业图书馆、图书馆学教育、现代化和网络化;第六部分其他主要西欧国家图书情报事业,包括意大利、西班牙、比利时、荷兰、希腊等国的图书情报事业;第七部分西欧图书馆立法综述。(于静)

5300

中国少数民族图书馆概况 / 中国民族图书馆编. -- 北京:民族出版社,1989. -- 285页;20cm. -- 7-105-00741-9(国家图书馆)

本书是介绍我国各少数民族地区及各种类型少数民族图书馆的资料性工具书,共收入426个馆,对研究我国少数民族图书馆事业的历史、现状和对未来的发展规划均有参考价值。书后附中国少数民族图书馆概况一览表和全国设图书馆学专业高校一览表。(于静)

5301

世界图书馆事业比较研究 /(美)克尔齐斯(K. Rrzys),(美)利顿(G. Litton)著;周俊译. -- 北京:书目文献出版社,1990. -- 270页;19cm. -- 7-5013-0798-9(首都师范大学图书馆)

本书分为基本原理和理论、研究内容、结论三部分,内容包括:图书馆事业的世界研究、研究方法论、本研究基础的研究方法论、世界图书馆事业的历史基础、世界范围内图书馆专业的前景、对图书馆专业变化的思考、超图书馆事业、图书馆专业的未来。全书介绍了图书馆事业世界研究的概念,并把这一概念运用于图书馆事业的国际研究和比较研究之中。书中探讨了图书馆事业世界研究的理论,并在介绍这一领域的同时追溯其发展过程;探讨了总的研究方法论并对本书的具体研究构思作了解释;对世界各地理区域的图书馆事业进行了比较研究,包括对其发展的历史和理论性概念的说明,以及在全世界范围内对这一专业的变化进行比较;最后介绍了“超图书馆事业”和“全球图书馆事业”。(于静)

5302

全国图书情报系统名录大全 /《全国图书情报系统名录大全》编辑组编. -- 北京:经济管理出版社,1990. -- 472页;26cm. -- 7-80025-305-8(四川大学图书馆)

本名录收入全国图书情报机构一万个左右,按公共图书馆,情报所,学校、科研机构,机关团体,厂矿、企业,医院,出版、发行七类排列。(于静)

5303

美国图书馆学会与英国图书馆学会对图书馆事业发展之比较研究 / 陈敏珍. -- 台北:汉美图书公司,1990. -- 326页;21cm. -- 图书馆学与资讯科学论文丛刊. 第一辑. 9. -- 957-9005-14-1(国家图书馆)

本书研究美国图书馆学会、英国图书馆学会成立的缘起、宗旨、发展沿革、组织结构、会员、经费等概况。研究美国图书馆学会与英国图书馆学会在图书馆立法、专业教育、专业资格、国际活动、馆员待遇及出版活动的主要发展与贡献。比较两学会在组织(包括组织结构、会员、经费)及专业活动(包括图书馆立法、专业教育、专业资格、国际活动、馆员待遇、出版活动)的特色,并就其相同点与相异点进行解释分析。根据本研究比较分析所得,归纳出全国性图书馆学会在推动专业发展方面适当的途径,以作为中国图书馆学会的参考。书前有主编者弁言、摘要等。(赵红)

5304

江苏高等学校图书馆年鉴 / 陈乃林主编. -- 南京:南京大学出版社,1990. -- 392页;20cm. -- 7-3050-0664-5(四川大学图书馆工学分馆)

为了全面反映江苏省高校图书馆的历史和现状,检阅江苏省高校图书馆队伍风貌、工作水平、科研成果,特编写本年鉴。目的就在于实事求是地总结和肯定江苏省高校图书馆的成就,探索高校图书馆工作的特点和规律,充分发挥图书馆的教育职能和情报职能,促进高校图书馆事业和工作的进一步发展，更好地为教学、科研服务，为培养社会主义现代化建设所需要的合格专门人才服务。本年鉴是一部融综合性、专业性、资料性、地方性为一体的地方专业图书馆工作的工具书。本书以江苏高校图书情报事业整体为研究对象，全面分析与综合研究了40年、特别是近十几年的事实，运用状态描述、归纳分析、综合概括、理论思考等方法，从整体结构上展示江苏高等学校图书馆事业发展、办馆水平上的特色及其发展趋势。（于静）

5305

从类书到百科全书 / 姜椿芳著. -- 北京：中国书籍出版社，1990. -- 149 页，3 页图版：肖像；20cm. -- 7 - 5068 - 0042 - X（国家图书馆）

本书是我国现代百科全书事业奠基人、中国大百科全书出版社前编辑姜椿芳的文选集。书中选入了作者关于编辑出版中国大百科全书的最初的建议，深入浅出地介绍了我国古代类书及其编纂传统，并以平易的文字和生动的讲话，介绍了现代百科全书的性质、意义、功用和编纂方法。本书对《中国大百科全书》的总体设计、规划、特点和十年编辑实践中的各种问题讨论甚详，有益于读者了解百科全书的基本知识，可供辞书、百科全书编辑工作者和图书馆人员研究参考。（张玲）

5306

中国古代图书事业史 / 来新夏等著. -- 上海：上海人民出版社，1990. -- 380 页；20cm. -- 7 - 208 - 00745 - 4（中国科学院国家科学图书馆）

本书是《中国图书事业史》的古代部分。本书的编撰目的是力求自称体系而减去繁复。编撰者尽可能搜集有关史料，并在此基础上考辨研究，论述成文。全书共五章，以时间为序，介绍了古代图书事业的创始阶段——周秦时期、兴起阶段——两汉魏晋南北朝时期、发展阶段——隋唐五代时期、兴盛阶段——宋元时期、全盛阶段——明清时期等各时期的图书事业发展情况。每一时期的基本内容是以图书为中心而涉及与图书有关的各种事业，包括搜求、典藏、管理、整理和编纂等。它既非学术发展史，也非历代著述史。各篇章节大体求其一致，但因时代情况各殊，所以章节安排和论述方式也间有出入。本书未包含鸦片战争后的近代部分。（张玲）

5307

美英两国国家图书体制与功能之比较研究 / 李叔玲. -- 台北：汉美图书公司，1990. -- 222 页；21cm. -- 图书馆学与资讯科学论文丛刊. 第一辑. 10. -- 957 - 9005 - 05 - 2（国家图书馆）

该丛刊主编：胡述兆、李德竹。该论文就美英两国图书馆的实质地位和功能方面进行比较研究。书前有主编者弁言和摘要。共8章。第一章绪论；第二章文献探讨；第三章美国国会图书馆；第四章美国国立医学图书馆；第五章美国国立农业图书馆；第六章大英图书馆；第七章美英两国国家图书馆体制与功能之比较；第八章结论与建议。书后附：参考书目、索引。并列出书中附表目次。（赵红）

5308

国外图书情报学新说 / 曲则生. -- 上海：同济大学出版社，1990. -- 278 页；19cm. -- 7 - 5608 - 0736 - 4（国家图书馆）

未见书（张玲）。

5309

世界图书馆事业资料汇编 / 文化部图书馆事业管理局科教处编. -- 北京：书目文献出版社，1990. -- 348 页；26cm. -- 7 - 5013 - 0692 - 3（国家图书馆）

收入本汇编的资料共有近50篇，内容涉及：图书馆国际组织，介绍联合国教科文组织、国际图书馆协会联合会、国际文献联合会、国际档案理事会、国际情报处理联合会的概况；图书馆宣言、图书馆法、条例，介绍联合国教科文组织公共图书馆宣言、美国图书馆权利法案及日本、丹麦、南澳大利亚州图书馆、苏联国各类型图书馆等宣言；图书馆标准，介绍国外公共图书馆标准，国际标准图书、连续出版物编号，日本、苏联的图书馆工作标准；国立图书馆，介绍日本、澳大利来、苏联、保加利亚、不列颠、法国、丹麦、美国的国立图书馆情况；国际交换、互借，介绍交换、互借的公约、原则及经济方面的问题；图书馆学、情报学教育，介绍澳大利亚、苏联、英国、美国的图书馆和情报学教育的制度和情况。书末附有《世界图书馆统计》和《世界图书馆大事年表》。（于静）

5310

广东高校图书馆十年：1979—1989 / 杨位平. -- 香港：香港汉荣书局，1990. -- 308 页；25cm. -- 962 - 18 - 0017 - X（国家图书馆）

该书分上、中、下三篇。上篇“文件选辑”，包括全国文件和本省文件若干；中篇“专题综述”论述情报职能、文献资源、现代技术、馆舍建筑、馆际协作等；下篇“各馆概况”分为：综合性大学、理工科院校、农业院校、医科院校、师范院校、民族院校、职业大学等。附录：(1)广东省高校图书馆十年获奖项目；(2)广东省高校图书、情报、资料人员图书馆学情报学研究成果目录；(3)广东省高校从事图书馆资料工作三十年专业人员名录；(4)广东省高校图工委历届常务委员会成员名录；(5)广东省高校图书馆事业十年大事记；(6)广东省高校图书馆一览表。书前有彩色照片多幅、前言。书后有编后语。（赵红）

5311

外国图书馆史简编 / 杨子竞编著. -- 天津：南开大学出版社，1990. -- 268 页；20cm. -- 图书馆学情报学系列教程. -- 7 - 310 - 00364 - 0（国家图书馆）

本书对外国图书馆的起源、发展过程及现状作了讲述，包括古代泥版书、纸草书时期的图书馆，中世纪写本书和印本书时期的图书馆，近代机器印本时期的图书馆和现代多种知识载体并存时期的图书馆。在编写中，着重介绍各个时期的图书馆的概况，兼及于一些图书事业的知识；注意吸收国内外图书馆学及图书馆史研究的新成果；力求突出本书的特色。首先，本书时间跨度大。本书上起古代，下迄20世纪80年代。略古详今，对近现代部分给予较多的篇幅。其次，本书涉及地区广泛。不仅限于西方，对亚洲、非洲、拉丁美洲的各个国家也都尽量涉及。再次,本书注意从不同时期的经济、政治、文化背景对图书和图书馆事业进行分析,有助于读者对问题的理解和深入的探讨。最后,本书内容简要。对史实作扼要的介绍,对概貌的描述注意点面结合的关系,文字力求简明。(于静)

5312

全国图书情报协调工作资料汇编 / 部际图书情报工作协调委员会文献资源专业组编. -- 北京:中国地质矿产信息研究院技术服务社(内部出版),1991. -- 212 页;26cm(四川大学图书馆工学分馆)

本书收集内容:建国以来,党和政府部门发布的与图书情报工作有关的文献等。(于静)

5313

范氏天一阁研究 / 蔡佩玲. -- 台北:汉美图书公司,1991. --263 页;21cm. -- 图书馆学与资讯科学论文丛刊. 第二辑. 3. -- 957 – 9005 – 20 – 6(国家图书馆)

全书分 5 章,对范钦的家世传略、天一阁阁藏流衍、阁藏内容、天一阁历来旧目以及天一阁的建筑与管理各方面,加以探讨。书前有绪论,书后有参考书目、索引、图影目、图影。(赵红)

5314

图书情报工作改革与探索 / 高洪赓主编. -- 北京:北京工业大学出版社,1991. -- 321 页;19cm. -- 7 – 5639 – 0193 – 0(国家图书馆)

本书汇集了青岛建筑工程学院、青岛海洋大学、青岛医学院、青岛化工学院和山东纺织工学院等院校图书情报工作者的部分学术论文。内容包括:图书馆事业建设、图书馆改革、图书馆工作、业务建设、情报服务、文献检索、图书馆教育职能、图书馆情报职能和图书馆建筑等方面的研究成果。(于静)

5315

从四库全书探究明清间输入之西学 / 计文德. -- 台北:汉美图书公司,1991. -- 592 页;21cm. -- 图书馆学与资讯科学论文丛刊. 第二辑. 10. -- 957 – 9005 – 27 – 3(国家图书馆)

本书所收论文就《四库全书》所收录的西书情况及对西学的态度,提出整理。希望能从四库馆臣对西学方面的看法,与当年西学对台湾学术的影响,作一番探讨。全文计分九章 22 节,要点如下:第一章绪论。阐明研究动机、范围,并及资料与探讨方法。第二章明清间西学输入的背景与媒介。分节叙说明清间学术与科技的转变,以及传教士来华与布教的情形。第三章《四库全书》对西书的收录。分《四库全书》收录西书的缘起、四库采进书目中的西书,以及《四库全书》著录西书的标准等三节。第四章《四库全书》著录的西书。分经、史、子三部类加以探讨。第五章《四库全书》存目中著录的西书。亦分经、史、子三部类加以探讨。第六章《四库全书》对西学输入的反应。试就四库馆臣及提要对西学方面的态度,分必然的过程及耶教的扩充二节探讨。第七章西学输入与台湾学术的关系。以今日之十进分类法,探讨西学在哲学与宗教类、科学类、史地类、语文与美术类、总类等方面与台湾学术的关系。第八章结论。(赵红)

5316

钱谦益藏书研究 / 简秀绢. -- 台北:汉美图书公司,1991. --375 页;21cm. -- 图书馆学与资讯科学论文丛刊. 第二辑. 6. -- 957 – 9005 – 23 – 0(国家图书馆)

全书分 7 章。从中国藏书家及中国目录学史的角度,以谦益自撰诗文集、尺牍、藏书目录等著述为主,旁及清人文集、历代书目、清代以来的赏鉴书志、有关图书文献或目录版本学等各种论著,论述钱谦益的家世、传略、交游、著述、藏书的源流与散佚,所藏的征访、整理和典藏利用情形,并及绛云楼书目的成书、版本考证、类目与体例分析,与其题跋见解,以见其对于图书文献史与目录版本学上的贡献与影响。书前有序,书后有钱谦益生平事迹、参考书目、图表目次、图影目次。(赵红)

5317

中国古代藏书史话 / 焦树安. -- 北京:商务印书馆,1991. --121 页,4 页图版:图,摹真;18cm. -- 7 – 100 – 01321 – 6(天津师范大学图书馆)

本书是《中国文化史知识丛书》的组成部分,该丛书设计了历史、考古、地理、思想、文化、教育、科技、典章制度、军事、经济、文艺、体育、生活习俗等方面的 110 个专题,多角度、多层次、多系统地反映中国文化的主流与特点。本书内容包括:中国古代藏书概论、中国古代藏书起源、秦代的藏书与焚书、汉代藏书制度的确立、魏晋南北朝藏书旋聚旋失、隋唐盛世藏书大增、宋元官私藏书发展空前、明清统一藏书规模恢弘、近代图书馆的出现。(于静)

5318

铁琴铜剑楼藏书研究 / 蓝文钦. -- 台北:汉美图书公司,1991. -- 313 页;21cm. -- 图书馆学与资讯科学论文丛刊. 第二辑. 1. -- 957 – 9005 – 18 – 4(国家图书馆)

清代末叶,私人藏书以瞿、杨、陆、丁号称四大家。南瞿北杨尤为其中巨擘。而瞿氏铁琴铜剑楼除收藏宏富精善外,于图书的整理、保存、流通利用等,皆有值得称道之处。本论文的目的,即在考述阐扬瞿氏的事迹及其藏书原委。

本论文采历史研究法,就方志、文集、笔记、日记、专著、论文集、公私薄录及期刊文献等,汇集相关资料,凡有可征者,都尽量网罗考订。于瞿氏藏书的社会背景,瞿氏的家世与传略,瞿氏的藏书源流,藏书的征集、整理和利用,铁琴铜剑楼藏书目录的编印始末、解题的分析、后人的利用等,依所获的有限资料,试为探讨。冀能了解瞿氏藏书在台湾图书事业史上的意义与贡献。(赵红)

5319

清丁丙及其善本书室藏书志研究 / 沈新民. -- 台北:汉美图书公司,1991. -- 220 页;21cm;影印本. -- 图书馆学与资讯科学论文丛刊. 第二辑. 9. -- 957 – 9005 – 26 – 5(国家图书馆)

本书所采用资料,包括专著、诗文集、方志、公私目录书志、论文集、期刊论文等相关文献,以历史研究法,归纳并分析丁丙氏的家世传略生平及重要事迹,其著述与刻书、藏书源流、征访、整理和利用,以及藏书内容与特色。最后,探讨善本书室藏书志的编刊体例及题解分析。书前有藏书家丁丙先生像、丁丙先生手札真迹、嘉惠堂(丁丙藏书楼名)等。书后有结论、参考书目。(赵红)

5320

清初藏书家钱曾研究 / 汤绚. -- 台北:汉美图书公司,1991. -- 322 页;21cm. -- 图书馆学与资讯科学论文丛刊. 第二辑.4. -- 957-9005-21-4(国家图书馆)

全书分 7 章。采用历史研究法,汇集钱曾本身资料及其他相关文献,将钱曾的家世、生平、著述、交游,藏书的聚散、征集、整理、利用,藏书目录的成书、流传、版本、分类体制,以及后世的评价等,加以分析陈述,以期肯定钱曾在台湾藏书史与目录学史上的贡献与影响。书前有序;书后有参考书目、钱曾藏书目录书影。(赵红)

5321

中国图书馆发展史 / 王酉梅著. -- 长春:吉林教育出版社,1991. -- 361 页;19cm. -- 7-5383-1491-1(国家图书馆)

本书主要内容包括:中国图书馆的起源、中国的早期图书馆、中国古代图书馆事业的兴盛、中国古代图书馆事业从鼎盛趋于停滞、中国近代图书馆的兴起与事业发展及抗日战争时期和解放战争时期的中国图书馆事业。全书探索了中国图书馆发生发展的进程与社会政治、经济、文化的相互关系,着重研究了中国历代图书馆文献的利用对文化学术发展的影响,并尝试进行中西对比研究,找出其发展的异同。本书试图解答以下问题:中国古代有没有图书馆? 中国古代图书馆是否得到了有效利用? 中国古代图书馆对什么人开放? 中国古代图书馆的文献是不是当时学术文化成就的主要情报源? 在利用中国古代文献创造古代文化的史实中,哪些是可以发掘继承的遗产? 中国近代图书馆产生的原因及其与古代图书馆有何关系? 为什么抗战前夕成为中国近代图书馆发展的高峰时期? 解放区图书馆事业有什么革命的优良传统等等。(于静)

5322

中国图书馆史话 / 行仁编著. -- 武汉:武汉出版社,1991. --182 页;19cm. -- 7-5430-0569-7(国家图书馆)

本书内容包括:中国历代图书馆综述、当代中国五大图书馆、中国主要图书馆概览。本书主要特点可归纳为通俗性和知识性,即从史的角度,分析中国图书馆发展的全过程,着重给读者一种比较明晰的历史发展线索;编著者虽然写史,却注意讲明某种历史现象的背景,叙述一种文化形态的图书收集、整理、利用的状态,同时,花较大篇幅介绍现代图书馆,让读者了解现代中国图书馆的性质、作用和社会地位,对于读书、治学,这种知识是很有必要的。(于静)

5323

西南地区民族院校图书情报协调中心:1989 年学术年会论文集 / 杨启孝主编. -- 贵阳:西南地区民族院校图书情报协调中心,贵州民族学院图书馆(内部出版),1991. -- 226 页;19cm(内蒙古大学图书馆)

1989 年 10 月,西南地区民族院校图书情报协调中心"民族文献研讨会 1989 年年会"在贵阳召开,大会共收到论文、资料、著作、录相带等 35 种,计 200 万字。会上对民族文献理论进行了深入、广泛的探讨,对民族文献的收集、开发、整理、利用的经验进行了充分的交流。为及时地反映和总结这次大会的成果,特将会议论文编辑成册。本集共收录有关图书情报论文 43 篇,23 万字。除此会议论文外,还收录了 1990 年 4 月大理全国少数民族地区图书馆研讨会上"协调中心"各成员馆及西北民族学院图书馆等单位提交的论文。内容涉及图书馆的性质、地位、职能、管理,以及民族文献资源的建设、开发、利用、协调、协作、情报教育等方面,具有民族院校图书馆的鲜明特色。(于静)

5324

晚清藏书家缪荃孙研究 / 张碧惠. -- 台北:汉美图书公司,1991. -- 290 页;21cm. -- 图书馆学与资讯科学论文丛刊. 第二辑.2. -- 957-9005-19-2(国家图书馆)

全书分 5 章,对缪荃孙的生平事迹与藏书生涯有系统地逐一探索与澄清,并为中国藏书家传记资料方面,作一些补充工作。本书根据缪荃孙的家世、生平、交游、著述、刻书、藏书及藏书记的编刊内容,与图书馆事迹等,肯定其于中国近代图书事业及图书馆事业的贡献。书前有序、缪荃孙小像、缪荃孙手迹、缪荃孙藏书印记;书后附录缪荃孙所刻四种丛书图影、缪荃孙藏书图影等。(赵红)

5325

图书情报事业发展战略论文选 / 中国图书馆学会主编;白国应等编. -- 北京:书目文献出版社,1991. -- 364 页;20cm. -- 中国图书馆学情报学论文选丛:1949—1989:10. -- 7-5013-0839-X(国家图书馆)

本书为《中国图书馆学情报学论文选丛(1949—1989)》的第十集,共收录论文 40 篇,内容涉及我国图书馆情报事业的成就、现状与未来,国外图书情报事业的比较,图书馆改革的战略研究等。例如:《我国图书馆情报事业发展战略研究的回顾》《我国图书情报事业整体优化发展战略的初步思考》《图书馆发展战略研究基本方法论》等。(于静)

5326

中国少数民族图书馆研究 / 包和平,李晓秋主编. -- 长春:吉林省图书馆学会(内部出版),1992. -- 369 页:图;19cm(国家图书馆)

本书收录了不同民族、不同年龄、不同专业、不同地区的 26 位民族图书馆学专家和学者的 47 篇论文。全书分为民族图书馆学理论、民族图书馆事业建设、民族图书馆工作、民族文献四个部分,不仅内容丰富、资料翔实,而且涉及面很广。全书从不同角度,以不同形式,多侧面、全方位地反映出我国当代民族图书馆学发展中已经涉及到的领域。既有理论问题,又有实际问题;既有宏观问题,又有微观问题;既有民族图书馆学本身的问题,又有民族图书馆学与其他学科的关系问题;既有对民族图书馆事业现状的阐述,又有对民族图书馆事业未来的探求;既有少数民族文字文献的业务技术和藏书建设的具体问题以及民族古籍的挖掘和利用经验介绍,又

有对民族图书馆工作的计量化和标准化问题的科学展望。(于静)

5327

北京图书馆馆史资料汇编:1909—1949 / 北京图书馆业务研究委员会编. -- 北京:书目文献出版社, 1992. -- 2 册(1390 页);20cm. -- 7 - 5013 - 1419 - 5(国家图书馆)

本书收集了自 1909 年筹建京师图书馆至 1949 年中华人民共和国成立 40 年期间北京图书馆馆史有关资料。(于静)

5328

美国高校图书馆事业 / 华东师范大学图书馆学情报学系高校图书馆管理研究室编. -- 上海:华东师范大学出版社, 1992. -- 246 页;20cm. -- 7 - 5617 - 0732 - 0(国家图书馆)

本书是论述、介绍美国高校图书馆比较系统全面的译著,从本书的内容来看,它既是论著,又是带有资料性的工具书,可以满足多方面的要求。在图书馆方面,它既有宏观的描述,又有一些大学图书馆的介绍;在图书馆教育方面,它既有图情教育的综述,又有一些图书馆学研究生院的介绍。图书馆人才培养是图书馆管理的一个重要方面,对于我们如何办图情教育,以及有志于出国深造的图情系学生,本书都提供了有价值的资料。本书对于图书馆的介绍十分全面,它包括美国图书馆概况和图书馆教育方面的内容,包括藏书、读者服务、经费管理、建筑设备、计算机网络等方面,令人很容易获得一个美国学院与大学图书馆的整体概念。(于静)

5329

中国图书馆史 / 李朝先,段克强编著. -- 贵阳:贵州教育出版社,1992. -- 347 页;19cm. -- 7 - 80583 - 213 - 7(国家图书馆)

本书以大量的历史材料,用编史书的方法,在将整个历史按发展划分成九章以后,即于第六章内仿“本纪”做法立“图书馆发展概况”以为纲领,按历史发展时期先后,从我国图书馆的产生、发展到全国解放时的图书馆事业概况,作者紧密联系每个时期的社会历史条件论述图书馆事业的情况与形成规律,每章后的史论性的“小结”对我们了解历史中的一些规律性问题极有帮助。作者不仅阐述了我国图书馆的产生与发展的史实,而且以历史唯物主义的观点论述了形成史实的诸多社会因素,即经济、政治、文化、教育、科学等。启发我们对图书馆事业的过去,不仅看到图书馆的史实,要更深一层了解到史实背后的社会各种因素,对我们总结过去、开创未来帮助极大。(于静)

5330

北京图书馆新馆建设资料选编 / 李家荣等编. -- 北京:书目文献出版社,1992. -- 630 页:图表;26cm. -- 7 - 5013 - 0945 - 0(国家图书馆)

本书全面、系统地介绍了北京图书馆新馆的建设情况,总结建馆的经验教训等内容。本书所辑资料包括有关建设北京图书馆新馆的指示、题词、批示;各级主管机关的有关文件、报告;设计方案、任务书、会议纪要、报刊文章和内部工作动态等多种类型的文献,并收录一小部分有关新馆的图像资料。本书所辑资料的时间断限,起于 1973 年,止于 1989 年。本书所辑资料依据内容的不同,划分为 12 大部分,并对每一部分的内容作了概括介绍。本书所辑资料一般是全文收录,部分作了删节。(于静)

5331

北京大学孑民图书室记实 / 李庆聪,吴晞编. -- 北京:北京大学出版社,1992. -- 245 页:图;20cm. -- 7 - 301 - 01917 - 3(国家图书馆)

孑民图书室是 1947 年在中共地下党领导下建立的进步图书机构。本书汇集了当事人的回忆和历史文献两大部分,是编者献给北京大学图书馆建馆 90 周年及孑民图书室成立 45 周年的一份礼物。本书主要由四部分组成:(1)北京大学孑民图书室概述,系统介绍了孑民图书馆的历史背景、创办经过、发展道路、主要事迹和社会影响;(2)回忆孑民图书馆,共收有 19 篇文章,主要由当年亲历其事的孑民图书室的工作人员撰写而成;(3)孑民图书室研究,收入研究论文两篇,代表了近年来孑民图书室研究的主要成果;(4)孑民图书室文献汇编,收入了当年孑民图书室的会议记录、工作总结、刊物、传单、文告和有关的报刊报道,绝大多数是从未公开发表过的馆藏文献。本书不仅仅是对孑民图书室和北京大学图书馆的纪念,而且对研究解放战争时期的中共党史、中国学生运动史、北平地区革命史和中国现代图书馆史有所裨益。(于静)

5332

北京大学图书馆九十年记略 / 吴晞编著. -- 北京:北京大学出版社,1992. -- 208 页:图;20cm. -- 7 - 301 - 01911 - 4(国家图书馆)

本书是为纪念北京大学图书馆建馆 90 周年而编写的,记述了北京大学图书馆的建立、变化和发展,特别是最近十多年,在管理、服务方面积累了丰富的经验。全书章节包括:初创阶段的北京大学图书馆、走向成熟和完善的北京大学图书馆、动荡中发展的北京大学图书馆、走上社会主义道路的北京大学图书馆、新时期的北京大学图书馆。(于静)

5333

北京大学图书馆馆藏文献调查评估报告集 / 庄守经主编. --北京:北京大学图书馆(内部出版),1992. -- 517 页;26cm(北京大学图书馆)

本书共分为 5 个部分。第一编文科文献,包括文科文献调查评估报告综述和马列主义、哲学、政治、经济、法律、图书馆学情报学、语言文学、历史学、俄文文献、日文文献、社科西文工具书、年鉴报告,共计 13 篇;第二编理科文献,包括理科文献综合分析报告和数学、物理、化学、生物、无线电、天文学、地球物理学、气象学、地质科学分报告,共计 10 篇;第三编古籍特藏,包括古籍的价值和来源、中文善本、马氏专藏、李氏专藏、家谱、方志、古典小说戏曲、宝卷特藏分报告,共计 7 篇;第四编其他特藏,包括西文善本、旧报刊、视听缩微资料、非正式出版物、北大文库等分报告,共计 5 篇。(于静)

5334

面对挑战——上海市特级、一级区、县图书馆大扫描 /《图

书馆杂志》编辑部编. -- 上海:《图书馆杂志》编辑部(内部出版),1993(国家图书馆)

上海市文化局为贯彻中央文化部《关于对全国县以上图书馆实行评估、定级工作的通知》精神,进一步加强区、县公共图书馆的管理,促进公共图书馆工作纳入科学化、规范化、制度化的轨道,使之全面、健康的发展,从 1993 年 1 月份开始,组织力量对全市各区、县公共图书馆进行了考评定级工作,历时 10 个月,从 27 所区、县公共图书馆中,评出上海市区、县公共图书馆特级馆 8 所,一级馆 9 所,二级馆 9 所,三级馆 1 所。这本集子,就是记录了上海区、县公共图书馆首次考评定级的全过程,并约请了被评为特级馆、一级馆的单位领导撰写文章,让他们谈谈在计划经济向市场经济转轨的过程中,如何面对挑战。(于静)

5335

广东高校图书馆评估实践 / 广东高等学校图书情报委员会编. -- 广州:广东高等教育出版社,1993. -- 188 页;20cm. --7 - 5361 - 1041 - 3(国家图书馆)

本书分四部分:(1)省高教局为这次评估发出的主要文件;(2)评估各阶段实践的专论;(3)评估效果抽样调查的综述;(4)评估典型案例。(于静)

5336

四川省图书馆事业志 / 郝春阳主编; 四川省图书馆事业志编纂委员会编. -- 成都:四川大学出版社,1993. -- 300 页:照片;20cm. -- 7 - 5614 - 1007 - 7(精装)(国家图书馆)

本书记述了 19 世纪末 20 世纪初至 1990 年四川图书馆事业的兴起和发展。全书分为四部分,介绍了近代图书馆的发展,包括晚清、民国时期和中华人民共和国成立后的各类图书馆机构的状况;重点反映了 1949 年以后图书馆的沿革、服务职能的转变,1978 年后图书馆的发展、图书馆协作组织及其活动;概述了图书馆学教育、图书馆学研究状况,包括民国时期和中华人民共和国成立后两个历史时期的图书馆学教育、教育机构、学术团体、学术活动、学术成果和国际交流。书中收有图书馆机构图片、序言、前言和凡例,书后附有四川省图书馆界高级专业技术职务名录和索引。任继愈先生为本书署签书名。(胡秋玲)

5337

中国图书馆事业史 / 刘少泉编著. -- 成都:四川大学出版社,1993. -- 314 页;19cm. -- 7 - 5614 - 0966 - 4(四川大学图书馆)

本书内容包括:中国古代图书馆的起源、春秋战国时期的图书馆事业、秦汉时期的图书馆事业、三国两晋南北朝时期的图书馆事业、汉代至南北朝时期佛道经黄的皮藏、隋唐时期的图书馆事业、宋代的图书馆事业、辽金元时期的图书馆事业、明代的图书馆事业、清代前期的图书馆事业以及近代的图书馆事业,全面展示了中国图书馆事业的历史。(于静)

5338

天一阁丛谈 / 骆兆平著. -- 北京:中华书局,1993. -- 137 页:照片;20cm. -- 7 - 101 - 00993 - X(国家图书馆)

本书内容包括:天一阁史话、天一阁史事琐考、天一阁藏书的管理、天一阁藏书目录、天一阁刻书考、天一阁藏书传抄遗闻、天一阁藏乾隆欣赏书画记、天一阁散书访归记、天一阁藏明代地方志述略、天一阁藏明代科举录述略、天一阁藏家谱概述、天一阁藏碑贴概述,附录天一阁旧题楹联诗歌选注。(于静)

5339

首都图书馆捌拾年:1913—1993 / 首都图书馆编. -- 北京:首都图书馆(内部出版),1993. -- 38 页;29cm(北京师范大学图书馆)

本书内容分为:题词、领导视察、首图简介、创建时期、馆址馆貌、业务机构、馆藏善本、编辑出版、资料汇编、交流・活动、勉励・瞻望、人员名录等部分。(于静)

5340

当代湖南高等学校图书馆事业 / 张白影主编. -- 长沙:湖南科学技术出版社,1993. -- 700 页:图片;20cm. -- 7 - 5357 - 1468 - 4(天津工业大学图书馆)

本书全面总结了新中国成立以来湖南高校图书馆事业建设的成就和经验,反映了湖南高校图书馆事业发展的重大事件和重要活动。(于静)

5341

北京各类型图书馆志 / 张树华主编. -- 北京:燕山出版社,1993. -- 813 页;20cm. -- 7 - 5402 - 0614 - 4(国家图书馆)

本书分为三部分:第一编为第一部分,介绍了北京地区图书馆的产生、发展及各类型图书馆的现状,这一部分是全书之"纲"。第二编至第八编为第二部分,按系统分别介绍了北京地区公共图书馆、高等院校图书馆、中国科学院系统图书情报机构、中国社会科学院系统图书馆、国家机关及其所属科研机构的图书馆、工会图书馆、中学图书馆等七种类型图书馆。在介绍每种类型图书馆时,先一篇"略",概述该类型图书馆的现状。然后介绍几个具有典型意义的图书馆(即在该类型图书馆中规模较大,能够起中心作用,或在某一方面具有代表性的图书馆)。最后附有一个能够较全面地反映该类型图书馆基本情况的统计表。这部分是全书之"经"。第九编至第十二编为第三部分,从横向分析了北京各类型图书馆的藏书结构、读者服务、图书馆新建筑以及图书馆自动化的现状,并用大量图表反映出北京地区图书馆事业的进展情况及新的面貌。这部分是全书之"纬"。(于静)

5342

名人与图书馆 /陈锡岳,林基鸿. -- 天津:天津人民出版社,1993(国家图书馆)

未见书。(张玲)

5343

刘承干与嘉业堂 / 李性忠著. -- 北京:文物出版社,1994. --75 页,4 页图版:图,摹真;19cm. -- 7 - 5010 - 0793 - 4(北京大学图书馆)

本书内容包括:刘承干的家世;嘉业藏书楼的建筑与园林;嘉业堂藏书的特色;刻书家刘承干;嘉业堂刻印图书目录;鲁迅购买收藏的嘉业堂刊印书;胡适与刘氏刊《章氏遗书》;罗振玉与刘承干;王国维与刘承干;叶昌炽与刘承干;刘

承干交游述略;刘承干与浙江图书馆;今日嘉业堂。(于静)

5344

中国藏书起源史 / 刘渝生. -- 南昌:江西人民出版社,1994. -- 225 页, 12 页图版:图(部分彩图),摹真;20cm. -- 7-210-01402-0(北京师范大学图书馆)

本书主要内容包括五篇:前言、我国藏书的酝酿和萌芽、我国最早的官府藏书、诸子藏书及《七略》渊源辨析。各篇资料丰富、颇多创见,与异说论辩又能独出机杼,是具有新意之作。本书主要观点包括:中国因藏书体系的完整,而使图书保存文化的功能处于一种相对稳定局面,而使中华文化之传递源远流长。本书研究藏书的特点是,不以介绍历代藏书史、藏书家史、藏书掌故、纂书家辞典为主,即不以唐宋、明清的藏书历史为主,而重在追溯远古藏书渊源,具有重要的考古历史价值。(于静)

5345

北京图书馆与俄美等国家图书馆 / 邵文杰等编著. -- 北京:书目文献出版社,1994. -- 244 页:图;19cm. -- 7-5013-1161-7(国家图书馆)

本书是作者在访问国外图书馆后的有关报告及文章汇集成册,旨在为关心北京图书馆以及我国与世界图书馆事业进展的同志提供参考,积极吸取、借鉴国外现代化图书馆为社会服务的有益经验。全书内容包括:北京图书馆 1992、北京图书馆与中国图书馆事业的发展、北京图书馆与国家图书馆、前苏联与俄罗斯联邦的国家图书馆、美利坚合众国的国家图书馆、法兰西共和国的国家图书馆、德意志联邦共和国的国家图书馆。(于静)

5346

浙江省图书馆志 / 浙江省图书馆志编纂委员会. -- 北京:中国书籍出版社,1994. -- 511 页, 10 页图版:彩图;26cm. -- 浙江省志丛书. -- 7-5068-0416-6(国家图书馆)

记述了浙江省图书馆事业有史料记载以来至 1990 年的历史与现状。(于静)

5347

中国高等学校图书馆 / 邹时炎主编. -- 杭州:浙江大学出版社,1994. -- 677 页, 14 页图版:图;29cm. -- 7-308-01362-6(北京师范大学图书馆)

本书介绍和宣传了全国各省普通高校图书馆,图文并茂,印制精美。(于静)

5348

当代中国的图书馆事业 / 杜克主编. -- 北京:当代中国出版社,1995. -- 13, 842 页, 44 页图版:图,肖像,摹真;21cm. -- 当代中国丛书. -- 7-80092-327-4(国家图书馆)

本书内容包括:新中国图书馆事业的发展历程、新中国图书馆事业建设、新中国图书馆业务建设、新中国图书馆的读者服务工作、新中国图书馆学教育与研究,共 5 篇。附录提供了:(1)当代中国图书馆事业大事年表;(2) 彩色插图目录;(3) 索引;(4)英文目录。主要叙述了 1949 年中华人民共和国建立到 1989 年 40 年间,中国图书馆事业的发展、成就和从中得到的一些经验和教训。中国图书馆事业,包括公共、学校、科学技术、工会、部队等系统,40 年来,经历了曲折的发展道路,并且受到了"文化大革命"的严重破坏。编者们在现存资料和统计数字很不完整的情况下,仍然提供了大量的史料、数字统计、事例、图片等史实资料,丰富了全书的内容,具有一定的历史参考价值。(于静)

5349

云南图书馆概览 / 胡立耘主编. -- 昆明:云南大学出版社,1995. -- 300 页:彩图;20cm. -- 7-81025-495-2(国家图书馆)

本书是反映云南图书馆情况的资料工具书,旨在为云南图书馆史研究和图书馆学研究提供依据;促使相同性质的图书馆互相比较、开展业务交流;发挥各馆文献资源优势,促进资源共享;引起社会各界对图书馆事业的重视,吸引各方对图书馆的支持与帮助。全书收录了云南省 157 家图书馆(室)的概貌材料,正文内容包括:馆名、馆址、建筑面积、使用面积、藏书量、年进书量、员工人数、馆内组织体系、办馆历史、发展规划等。(于静)

5350

首都图书馆馆史 / 金沛霖主编. -- 北京:北京市文化局:首都图书馆(内部出版),1995. -- 345 页;21cm(北京大学图书馆)

本书通过介绍首都图书馆的事业概况、党的组织、藏书建设、读者工作、书目咨询、业务研究与辅导工作、北京地方文献工作、图书馆专业教育等内容,整理出首都图书馆馆史,不仅可以了解首都图书馆自身的发展历程,也可以从一个侧面反映各个相关时代的政治、经济、文化及历史人物的历史面目,是一本有意义的书。(于静)

5351

中国图书馆和情报机构名录大全 / 辛希孟等主编. --沈阳:东北大学出版社,1995. -- 1 册;27cm. -- 7-81006-938-1(北京师范大学图书馆)

为了展示中国图书馆和情报事业的全貌,加强国内外图书情报同行之间的学术交流和业务合作,为了便于社会各界人士和广大读者、用户了解各类型图书馆和情报机构的具体情况,为了给出版社和书刊发行部门及文献情报设备用品生产厂家提供各种经营信息,为了迎接第 62 届国际图书馆协会联合会大会,特编辑本大全。本书共收录全国公共系统,学校系统,党校系统,中央国家机关和科学研究系统,医院系统,工会,厂矿企业系统,台湾省的图书馆、资料室和情报机构共15697家。全书的特点是"收录全,资料新"。(于静)

5352

亚历山大图书馆的兴衰 /(埃及) 穆斯塔法·阿巴迪著;臧惠娟译. -- 北京:中国对外翻译出版公司,1996. -- 204 页, 1 页图版:图;19cm. -- 7-5001-0409-X(北京师范大学图书馆)

本书内容包括:背景,介绍探索家亚历山大、亚历山大城——新时代的都市;历史,论述博学园与图书馆、学术研究;结局,介绍图书馆与博学园的命运、后记——从亚历山大到巴格达。本书凭借着大量的研究和原始资料,为我们记叙了亚历山大图书馆的历史，细节准确，内容充实。此外，还将图书馆的创建置于广泛的历史背景之下，记叙了亚历山大大帝的征服，地中海地区有关的扩张活动，在尼罗河三角洲法罗斯岛对岸建立亚历山大城，以及该城在托勒密王朝统治下作为古代世界一个学术和商业大都会的发展情况。最后，探讨了关于亚历山大图书馆疑问最多的领域，即它的最终命运。本书具有重要史料价值。（于静）

5353

中国图书馆发展战略研讨会论文集 / 杜克主编. -- 北京：书目文献出版社，1996. -- 339 页；20cm. -- 7－5013－1276－1（国家图书馆）

本论文集的目的是研究和制定图书馆事业发展战略，是对图书馆事业发展进行全局性、根本性、长远性的谋划，是在最高层次上进行的综合研究，在最高层次上作出的决策，是图书馆事业在一个历史阶段或一定历史时期的最高纲领。文集共收录了 32 篇关于图书馆事业发展战略的探讨文章，对公共图书馆事业发展若干问题的分析研究，并提出公共图书馆发展模式的构想；对高校图书馆发展战略的研究探索；对中国企业图书馆现状与发展的研究；对信息基础设施和信息高速公路的建设与发展构想；对图书馆信息网络化发展战略的设想；包括对文献资源建设与共享的战略思考等。文集的论文围绕中国图书馆事业发展的各方面展开论述，共同探讨中国图书馆事业的发展道路与战略。文集的思想与理论代表着中国图书馆事业的发展现状，为中国图书馆事业成就的总结，并为中国图书馆事业的发展作出更高层次的展望。（于静）

5354

广东省公共图书馆集锦 / 广东省文化厅编. -- 广州：广州出版社，1996. -- 127 页；29cm. -- 7－80592－456－2（国家图书馆）

本画册是为国际图联于 1996 年 8 月在北京举行第 62 届大会而出版的，作为改革开放以来广东省公共图书馆事业发展状况的缩影，献给国际图联大会。栏目包括：继往开来 再创辉煌、政通人和 事业发展、馆容新貌 千姿百态、现代技术 日新月异、服务形式 丰富多彩、基层网点 星罗棋布、开发信息 探索新路、书海育苗 面向未来、学术研究 生机勃勃、丹心一片 造福社会、辛勤耕耘 硕果累累、广东省公共图书馆示意图、广东省公共图书馆名录。（于静）

5355

呼伦贝尔盟图书馆建馆四十周年纪念文集：1956—1996 / 呼盟图书馆馆庆纪念文集编委会编. -- 海拉尔：呼伦贝尔盟图书馆（内部出版），1996. -- 258 页，8 页图版：图，肖像，摹真；19cm（北京大学图书馆）

本书是呼伦贝尔盟图书馆为 40 年馆庆而编印的。按书中所收文图，可以分成以下几个部分：（1）“题词、照片”部分，收录了上三级新老领导留下的墨宝和能反映该馆经历、形象的照片，其中八月一日新任盟委书记胡其图同志的题词“发展图书馆事业，为呼盟试验区建设服务”，我们要深刻领会，并结合自己的工作实践认真贯彻执行；（2）“业绩”部分，收入《馆史概述》和几篇总结性的、或者能从某一个侧面反映我馆成就的文章；（3）“论文”部分，则收入我馆同仁过去和现在撰写的 28 篇论文。（4）“大事记、名录”部分，可依照年代的顺序一览我馆已走过的足迹和馆内人才聚集的现状。（5）“文艺”部分，收入我馆两位老同志所写的有关图书馆的文艺作品。（于静）

5356

天津日本图书馆馆史资料汇编 / 李国庆主编. -- 天津：天津社会科学院出版社，1996. -- 2 册（511 页）：表；26cm. -- 7－80563－593－5（北京大学图书馆）

本丛编分为三个子目：第一辑：《天津图书馆馆藏旧版书书目》，是一部著录天津图书馆现存 1945 年以前日本出版的日文书目录，呈现了现存原“天津日本图书馆”的旧版日文书全貌，为中日图书馆界同仁及研究中日关系问题的专家学者提供书目资料；第二辑：《天津图书馆馆藏日本刻汉籍书目》，汇集了天津图书馆所藏全部“和刻本”古籍，记下了中日文化交流史中的一段佳话；第三辑：《天津日本图书馆馆史资料汇编》，较完整地披露了原“天津日本图书馆”的有关史料。（于静）

5357

发展中的黑龙江图书馆事业 / 刘经宇主编. -- 哈尔滨：黑龙江人民出版社，1996. -- 10，17，430 页；20cm. -- 7－207－03478－4（国家图书馆）

本书分综合与专题两部分。综合部分全面反映了各地区各系统图书馆事业发展的状况及其规律，包括黑龙江省公共图书馆事业发展与展望、发展中的哈尔滨图书馆事业、鸡西地区图书馆事业发展综述、松花江地区图书馆事业的创建、前进中的黑龙江省科研图书馆事业、中等专业学校图书馆事业的发展与展望等 20 篇论文；专题部分则反映的是图书馆事业的几个侧面，包括图书馆学会在改革中创建、成长与发展，高等学校图书馆为教学科研服务工作回顾，黑龙江大学信息管理系的创建与发展，高校情报用户教育现状及其展望，计算机在图书馆的应用——图书馆自动化的回顾与思考，公共图书馆地方文献工作的回顾与展望，实行集资办馆，开辟图书馆事业发展新路等 13 篇论文。（于静）

5358

全国十五城市图书馆工作研讨会论文集：1987—1995 / 全国十五城市图书馆工作研讨会组委会编. -- 成都：四川科学技术出版社，1996. -- 434 页；26cm. -- 7－5364－3242－9（四川大学图书馆工学分馆）

本文集的编辑出版目的主要是向第 62 届国际图联大会献礼。本文集所收录的论文是十五城市图书馆的同志们紧密结合工作实际，对图书馆管理、信息服务、文献资源建设、图书馆效益、图书馆事业的发展战略、现代技术在图书馆的应用等问题进行了大量研究，取得了丰硕的成果。他们所探讨的大都来源于实践中的现实课题，其内容比较务实，不是搞纯理论、抽象研究；有些论文观点明确，有事实，有数据，分析有一定的深度；有些论文将理论研究与工作经验融为一体。总之，本文集是一部富有创意，充分反映十五城市图书

馆工作业绩的书籍,读者既可通览全书,一领总貌,也可就某一问题单篇阅读,重点把握其中的经验和方法。(于静)

5359

深圳图书馆十年之路 / 沈迪飞主编. -- 天津:天津科学技术出版社,1996. -- 545 页:图;21cm. -- 7 - 5308 - 2240 - 3(中国科学院国家科学图书馆)

为了庆祝深圳图书馆馆庆十周年,总结建馆以来各项业务工作实践的经验和教训,也为了给长期从事图书馆基层工作的馆员一个抒发情怀、畅所欲言的机会,深圳图书馆馆领导面向全馆征集稿件,编写了本文集。文集中收录 88 篇应征文稿,从内容上看,既有理论性与实践性俱备的长篇,又有个人工作手记和从业感怀式的短章;从体裁上看,有学术论文,有工作总结,还有散文和诗词。虽然内容繁杂、体裁多样,但所有文章都有一个明确的主题,即深圳图书馆创业之路。全书分改革发展、基础业务、普通服务、技术支撑、参考服务、办公系统、馆庆抒怀等七个部分,并附有"深圳图书馆业务工作十年获奖情况"、"深圳图书馆新馆(包括筹建)历任馆长"、"深圳图书馆机构、人员一览表"、"深圳图书馆十年统计一览"、"深圳图书馆十年大事纪要"、"深圳图书馆之歌"六个附录。(张玲)

5360

天津市图书馆志 / 天津市图书馆志编修委员会编著. -- 天津:天津人民出版社,1996. -- 11,13,501 页:彩照;26cm. --天津市地方志系列丛书. -- 7 - 201 - 02839 - 1(国家图书馆)

该书是天津市地方志系列丛书之一,为独立的专业志书,也是《天津通志·文化艺术志》中的图书馆篇的长编。收录范围包括天津市各类型图书馆,其中 78 所图书馆以志文列入,其他以表反映。各图书馆的志文,包括历史沿革、馆舍、机构人员、馆藏、目录设置、读者工作、业务辅导、现代化设备和技术开发应用等。本志体裁采用述(概述)、志、传、记(大事记)、图(包括照片)、表、录几种形式,以志为主。94 岁的顾廷龙先生为该书题写了书名,书前有照片、序(中英文)、凡例、目录(中英文)、概述,书后有附录"一、天津市图书情报界专业著述、文献整理出版选目","二、文献辑录",以及供稿和提供资料人员、编后记。(胡秋玲)

5361

黄石市图书馆建馆四十周年纪念册. 1956—1996 / 万群华主编. -- 黄石市:黄石市图书出版印刷发行服务部(内部出版),1996. -- 306 页;20cm(武汉大学图书馆)

本书详细记载了黄石市图书馆四十年艰难的创业历程。在建馆四十年来的历史岁月中,黄石市图书馆不负传播文明使者的重大使命,为黄石两个文明建设作出了积极的贡献。全书内容包括:黄石图书馆四十年、黄石图书馆大事记、先进事迹材料选、服务成果 100 例、获奖论文选、专著论文目录,附录中收录藏书情况、流通情况以及经费情况等各种统计表。(于静)

5362

华北高校图协十年 / 文集编辑组,《津图学刊》编辑部. -- 天津:天津古籍出版社,1996. -- 421 页;20cm. -- 7 - 80504 - 519 - 4(国家图书馆)

本论文集按地区收录了《市场经济体制下的小型普通高校图书馆期刊工作改革的思考》《九五期间我国高校图书馆自动化发展的对策》《试论新形势下高校图书馆的职能及期刊工作》等文章。(于静)

5363

蓬勃发展的中国图书馆事业 / 吴慰慈等编著. -- 北京:书目文献出版社,1996. -- 120 页;26cm. -- 7 - 5013 - 1275 - 3(国家图书馆)

本书为中英文本,旨在系统地介绍中国图书馆事业的发展状况,内容包括:各类型图书馆稳步发展、办馆条件得到明显改善、加强基础业务建设、开展图书馆评估和文献资源调查、开拓新的服务领域、现代技术在图书馆的应用、管理体制的完善、逐步形成不同的教育层次、图书馆学研究有了新进展、国际交往与学术交流增多。编者认为:中国的图书馆事业从封建社会的藏书楼开始,保存下许多珍贵的文化典籍和书目遗产,而且在藏书购求、版本鉴别、收藏保管、分类体系、编写书目提要等方面,都给后世产生了深远的影响。历经半封建半殖民地社会封建藏书楼的分化,再到中国近代图书馆的产生,直至新中国成立后,中国图书馆事业进入了一个新的发展时期,取得巨大的成就。本书即主要介绍新中国图书馆事业的发展,给读者一个清晰的线索。(于静)

5364

从藏书楼到图书馆 / 吴晞著. -- 北京:书目文献出版社,1996. -- 160 页;19cm. -- 7 - 5013 - 1309 - 1(国家图书馆)

本书是一部论述我国近代图书馆的专业著作,其主要内容包括:中国图书馆产生、中国图书馆的渊源、早期的藏书开放思想、西方传教士与中国图书馆、新式图书馆思想的形成、冲破藏书楼的藏书楼——早期图书馆的出现、新型的官学藏书——京师大学堂藏书楼、近代公共图书馆的先河——古越藏书楼及各省图书馆及京师图书馆的建立。本书后附有:上海格致书院藏书楼书目序、上海格致书院藏书楼藏书规和观书约以及上海图书馆史(节录)等 26 种有关藏书楼的各种文献及文件。本书的写作特点是讲述我国近代图书馆的产生和发展,但它不是一部全面的近代图书馆史,而是主要着眼于我国近代图书馆从无到有、从萌芽到成熟的过程,以及在这个过程中起过关键作用的人和事。因此,书中没有论及的一些机构、人物和事件,并非由于作者疏漏或认为不值一提,而是因本书侧重于理清近代图书馆发展的"线",而不是全面描写近代图书馆事业的"面"。(于静)

5365

西安交通大学图书馆百年史略(初稿):1896—1996 / 西安交通大学图书馆编. -- 西安:西安交通大学(内部出版),1996. -- 104 页;大 20cm(西安交通大学图书馆)

本书内容包括:第一章"从藏书楼到图书馆(1897—1918)";第二章"逐步发展,不断完善(1918—1937)";第三章"历尽劫波根基在(1937—1949)";第四章"上海解放至'文化革命'时期(1949—1976)",介绍了院系调整前后的交大图书馆,交大西迁中的图书馆工作,迁校初期的图书馆建设,被称为“亚洲一流”的图书馆大楼,调整、动荡年代的交大图书馆;第五章“拨乱反正,迅速发展的新时期(1976—1990)”;第六章“开展信息服务,图书馆进入现代化行列(1991—1995)”,介绍了新馆大楼落成与布局的重新调整、图书馆现代化工程的实施与信息服务的开展、钱学林图书馆命名、争创世界一流水平。(于静)

5366

中国图书馆和情报机构要览 / 辛希孟主编. -- 沈阳:东北大学出版社,1996. -- 754 页;26cm. -- 献给第 62 届国际图书馆协会联合会大会,中国科技信息事业创建四十周年. -- 7 - 81054 - 092 - 0(国家图书馆)

本“要览”在《中国图书馆和情报机构名录大全》的基础上,收录省、市、自治区(或专区)以及部分有代表性的县区级公共图书馆 321 家,高等学校、中等学校和党校图书馆 856 家,中央国家机关和各部委所属机构图书馆、信息中心或情报所 878 家,科学院社会科学院及综合情报机构 431 家,共计 2486 家。本书所收录各图书馆和情报机构基本按类型和先中央后地区的原则顺序排列;为便于检索,每馆(所、室)给一固定代码。本书所选录各图书馆和情报机构的信息要素,包括:单位名称、建馆时间、通讯地址、邮政编码、电话号码、负责人、概况(包括所藏文献数量、馆所建筑面积和主要技术设备、人员及其智力结构、馆藏特色和主要服务方式。);本书后所附单位汉语名称索引按汉语音序排列,英语名称按英语字母顺序排列。(于静)

5367

南京的书香 / 徐雁, 谭华军著. -- 南京:南京出版社, 1996. -- 215 页:图;21cm. -- 7 - 80614 - 324 - 6(清华大学图书馆)

未见书。(于静)

5368

天一阁论丛 / 虞浩旭主编. -- 宁波:宁波出版社,1996. -- 397 页:表;21cm. -- 纪念天一阁建阁 430 周年. -- 7 - 80602 - 126 - 4(国家图书馆)

本书共收录论文 41 篇,文章以内容相近者分类排列,并在目录上作了隔行处理。本着“学术问题,各抒己见,百家争鸣”的原则,文章选题新颖,内容丰富,资料翔实,反映了当今对天一阁及中国藏书文化研究的最新成果,体现了目前研究工作所达到的水平和发展动向,其中不乏有较高的史料、学术价值的论作。(于静)

5369

上海图书馆事业志 / 朱庆祚主编. -- 上海:上海社会科学院出版社,1996. -- 543 页, 16 页图版:彩图;27cm. -- 上海市专志系列丛刊. -- 7 - 80618 - 281 - 0(北京师范大学图书馆)

本书是为记述上海地区近现代图书馆事业的历史和现状的专志;记述时间,起自清道光二十三年(1843 年)上海开埠之后,下限至 1990 年年底。在涉及古代藏书起源时,根据现有文字记载,个别地方其记述时间上溯至宋元之际。其他各篇根据脱稿时情况,对个别事件下限有所延伸。本志以现行图书馆事业管理体制所形成的系统和类型,结合图书馆的历史情况,遵循“横排门烊,纵写史实”的体例和“详今略古”的要求,安排相应的篇章节目进行记述。对早期(清末和民国)建立的图书馆,除公立的公共图书馆记述至停办或至上海解放时为止外,对其他各类图书馆,凡新中国建立后仍用原来馆名,或改换馆名继续开放和发展的馆,均列入新中国建立后各类图书馆的有关篇章记述。本志中涉及历史年号和数字,均按照上海市地方志办公室方志编辑部制定的“行文细则”办理。(于静)

5370

面向 21 世纪的大学图书馆 / 《津图学刊》编辑部编. -- 天津:南开大学出版社,1997. -- 575 页:图;20cm. -- 7 - 310 - 01023 - X(北京大学图书馆)

本书是华北地区高等学校图书馆协作委员会第十届年会论文集,主题为“面向 21 世纪的大学图书馆”,突出学术性、导向性和实效性。本论文集在四个方面取得共识:信息作为一种战略资源在经济发展和社会生活中的重要作用日益突出;积极投入信息化的进程;充分发挥高校图书馆的两个职能的作用等。论文集按省市收录论文,如,高校图书馆的文献资源配置问题与对策、信息产业的发展和图书馆应采取的对策等。(于静)

5371

中国图书馆年鉴. 1996 / 《中国图书馆年鉴》编委会编. -- 北京:北京图书馆出版社,1997. -- 14,661 页:彩图;26cm. -- 7 - 5013 - 1431 - 4(国家图书馆)

《中国图书馆年鉴》是反映中国图书馆事业年度发展状况的大型资料工具书。首卷出版于 1996 年,反映 1990 年至 1995 年间的情况。自 1999 年出版第 2 卷开始到目前,编辑出版周期为隔年一卷,包括 1999 年卷、2001 年卷、2003 年卷以及 2005 年卷。各卷反映其前两年间的情况,如 2005 年卷反映 2003 年至 2004 年间中国图书馆事业的发展状况,其正文采用分类编辑法。各卷其本由特辑、专文、图书馆工作、学术研究活动、法律法规与规范性文件、专业教育、专业文献、统计资料、参考资料及书后所附综合索引等部分构成。本书是“中国年鉴资源数据库”的入库年鉴。(于静)

5372

德中图书馆事业 / 杭州大学中德翻译和信息中心著. -- 杭州:杭州大学出版社,1997. -- 270 页;26cm. --7 - 81035 - 766 - 2(国家图书馆)

本书为中文、德文对照本,内容包括:德国图书馆的类型,介绍了德国的公共图书馆和学术性图书馆两大类型;德国的图书馆工作人员及图书馆学教育,介绍了德国图书馆对图书馆工作人员的要求、馆员的工作、德国图书馆学教育体系、巴伐利亚州的图书馆学教育概览、德国的图书馆教育机构和德国图书馆学的教育特点;德国主要的图书馆组织和机构,介绍了德国图书馆研究院、公共图书馆采购中心、德意志研究协会、其他相关机构和德国的图书馆馆员协会和图书馆联合会等组织;德国图书馆的网络化与现代化,介绍了德国

1993年的图书馆计划、德国图书馆间的合作和德国图书馆的现代化技术;中国图书馆事业概况,介绍中国图书馆的体系、业务建设及图书馆界的一些主要机构、中国的图书情报学教育和中国图书馆的现代化技术等。本书通过分别介绍德国与中国图书馆事业的发展情况进行比较,互为借鉴。(于静)

5373

走向21世纪的农业科技信息:中国农业科学院科技文献信息中心40年 / 梅方权主编. -- 北京:中国农业科技出版社,1997. -- 388页;26cm. -- 中国农业科学院科技文献信息中心. -- 7-80119-517-5(国家图书馆)

本书是为了推动我国农业科技信息和文献事业的发展,将科技文献信息中心各部门的工作回顾与前景展望、重要科技成果、改革经验以及科技论文(主要是未发表的)等,编辑成书,作为40周年和第七次全国农业科技信息与文献工作会议的献礼。本书在征文的基础上,经科技文献信息中心学术委员会审稿精选后,共收录文章72篇,内容涉及了中国农业科学院科技文献信息中心工作的各个方面。本书采取大体归类编排的方式,分为工作研究和学术论文两大部分。其中工作研究部分包括业务建设和精神文明建设两方面的工作与成果;学术论文涵盖面较广,重点是信息网络与数据库建设、图书馆自动化、计算机应用、农业发展战略研究和科技情报动态研究、信息资源开发利用与服务、信息报道、信息管理、国际合作、"郑码"和《农业叙词表》等信息技术方面的主要成果,以及农业信息事业"两个面向"的改革探讨。(于静)

5374

中国农业科技信息事业跨世纪的选择:第七次全国农业科技信息与文献工作会议文集 / 梅方权主编. -- 北京:中国农业科技出版社,1997. -- 403页;26cm. -- 7-80119-518-3(国家图书馆)

本书为"农业科技信息网络和图书馆自动化建设"会议的论文集。论文集回顾了1993年以来的工作,在总结经验的基础上,研讨和制定全国农业科技信息与文献工作的跨世纪战略规划和具体行动计划。本书收录论文按经验交流、学术论文(分为:计算机与信息网络、图书馆自动化、数据库建设、文献资源开发与文献分析、文献信息服务、改革探索、情报研究、其他)编排。(于静)

5375

澳门图书馆与博物馆 / 倪波,吴国材著. -- 澳门:吴国材出版社,1997. -- 94页:照片;21cm. -- 972-97458-0-3(国家图书馆)

本书扼要地介绍澳门的图书馆及博物馆,并且对澳门四大类型图书馆及各类型博物馆作出评论和建议。本书内容分7章。首先说明写作本书的目的、所用方法与论述的范围。其次,对于19所公共图书馆、11所高等学校图书馆、24所中等学校图书馆、20所专门图书馆,以及9座博物馆,著者分别就其历史、现况予以阐述,并以实施访问、观察等方法搜集资料,加以评论。最后,作者对澳门图书馆及博物馆作一综合性评述和建议。书后附录:澳门图书馆事业大事记、澳门图书馆暨资讯管理协会章程等。(赵红)

5376

跨世纪的图书情报之窗:第62届国际图联大会论文选译 / 上海市图书馆学会编. -- 上海:上海市图书馆学会(内部出版),1997. -- 321页:图;21cm(复旦大学图书馆)

本书编译的论文有关于图书馆信息网络的建设,有数字图书馆现状的研究,有新技术对图书馆影响的分析,有新形势下对读者和用户的教育,有非书资料的编目和分类方面国际合作的探索,有图书馆资助来源的寻求等等,既有宏观方面的问题,也有微观方面的问题。(于静)

5377

新馆开馆纪念集 / 上海图书馆,上海科学技术情报研究所. -- 上海:上海图书馆,上海科学技术情报研究所(内部出版),1997. -- 205页,2页图版:图(部分彩图),摹真;26cm(复旦大学图书馆)

本书是纪念上海图书馆新馆开馆而出版的纪念集,该集记录了上海图书馆新馆建设起动到奠基的历程,介绍了新馆的特点,图文并茂,介绍了新馆的构成、功能、定位、使命等。上海图书馆新馆的目标定向是:"国内先进、世界一流";其主要内涵是:基本形成重视图书文献资源的优化配置、具有世界先进水平、可持续发展的中心图书馆格局,基本形成文化积淀和教育功能、信息集散的枢纽功能、信息加工的增值功能、信息营销的市场功能的多功能定位,基本形成以信息资源网络化为主体的上海信息港枢纽之一。(于静)

5378

中国图书馆事业:1988—1995 / 荀昌荣,张白影,刘元奎主编. -- 成都:四川科学技术出版社,1997. -- 921页:表,彩照;21cm. -- 7-5364-3519-3(国家图书馆)

本书是《中国图书馆事业十年》的续编,内容包括:图书馆事业发展概况、图书馆学研究综述、图书馆学信息学教育、图书馆为经济建设和社会发展服务、图书馆建筑与现代技术、海外人士捐赠活动、重要会议与学术活动、国际交流、台港地区图书馆事业、图书馆学情报学著作目录、中国图书馆事业八年纪事。全书集中反映了1988—1995年间我国图书馆事业建设的重大事件,图书馆界的重要活动,图书馆学研究的主要成果,图书馆为改革开放和经济建设服务的典型事例,各类型图书馆的发展概况及图书馆事业适应社会主义市场经济体制而得到发展的经验。这对全面总结我国图书馆事业建设的成就和经验,帮助人们认清我国图书馆事业的发展态势与规律,推动我国图书馆业务工作、组织管理、专业教育和学术研究的进一步发展,促进我国图书馆事业在21世纪再创辉煌,无疑具有重要的意义。(于静)

5379

中国历代国家藏书机构及名家藏书叙传选 / 袁咏秋,曾季光主编. -- 北京:北京大学出版社,1997. -461页;20cm. --7-301-03050-9(国家图书馆)

本书是《中国历代图书著录文选》的补充和延伸,目的在为配合中国传统文化教育活动,向高校师生提供一份中国历代文史文献古籍推荐目录提要。全书共4编。第一编中国历代国家藏书机构,包含历代国家藏书机构、近代图书馆运动及国家图书馆早期规模、近代学者与图书馆三部分;第二编中国古经籍与教化,包含中国古代的文字记录及其研究、汉唐宋校勘群经诸史诸子书及其影响、古经籍流传与书院三部分;第三编中华文化古籍之源流故事,包含古籍文化之宛委流绪、私家收藏之聚散与流传、古代书籍之厄与儒藏说;第四编历代名家藏读叙传选,包含游思竹素篇、博稽著述篇、雅尚图书篇三部分。主编者在萃取我国古代藏书治书的学术精华的基础上,进而从中国文化古籍的形制成书、校勘流传,及历代修书置院与当时的社会、文化背景诸因素中,综观比较我国古代典籍的诸多体例、内容特点及其作为中华文化传统的主题作用。(于静)

5380

铁琴铜剑楼研究文献集 / 仲伟行,吴雍安,曾康编著. -- 上海:上海古籍出版社,1997. -- 10,321 页:图; 20cm. -- 7-5325-2181-8(国家图书馆)

自清代乾隆末建立的常熟古里瞿氏铁琴铜剑楼,已近二百年历史,其藏书五世传承,为中国学术文化作出贡献。本书综合研究了瞿氏世系、藏书源流、瞿氏著述、诸家题咏、后人研究评述等。全书分为9章。从反映其藏书活动特定内容的藏书楼开始,探究其过去和现状,讲述了铁琴铜剑楼藏书的特点,藏书的由来、保护、流布示意图,瞿氏的学术贡献可归纳为藏而不秘,供人饱览;精钞善本,广为流传;刻印流布,嘉惠士林;经纲纪群籍,辨章学术;著书立说,繁荣学苑。书中还记载了铁琴铜剑楼文物收藏及其捐献情况,辑录了国内研究评述文章题录25篇及国外有关研究资料的原文、瞿氏世家相关文献实录、现存瞿氏与两朝帝师及藏书家等人之间的交往书信日记、瞿氏藏书世家的《瞿氏四世检书图》及《铁琴铜剑楼题咏》。书前有照片。书后有附录。(胡秋玲)

5381

上海图书馆新馆工程筹建资料汇编 / 何大镛编. -- 上海:上海科学技术文献出版社,1998. -- 484 页, 6 页图版:图(部分彩图), 摹真;20cm. -- 7-5439-1255-4(南京大学图书馆)

为了系统地介绍上海图书馆新馆的筹建全过程和总结经验、教训,特编本书。本资料汇编共分土建、资金、设备、家具、经验总结、大事记6大部分,力求对在筹建过程中所发生的重大事件都能有所反映。由于工程从立项到建成时间较长,因而在初期的一些文件中的指标和设想同实际发生的有一定的差异。(于静)

5382

潍坊市公共图书馆史略 / 贾金兰, 栗祥忠主编. -- 北京:中国文史出版社,1998. -- 494 页:图;20cm. -- 7-5034-0940-1(国家图书馆)

本书力求用翔实可靠的资料,以记叙文体,记述潍坊市图书馆和各县市区图书馆的发展历史与现状。编写体例上采取史志结合、横剖纵述的写法。在时限上,从单位建立起到1997年底止。本书共11篇:分别从历史沿革、组织建设、队伍建设、藏书建设、读者工作、宣传与辅导、行政管理、职称评定、图书馆学会等方面介绍各图书馆的现状。(于静)

5383

陕甘宁边区的图书馆事业 / 赖伯年主编. -- 西安:西安出版社,1998. -- 353 页, 8 页图版:图, 肖像, 摹真;21cm. -- 7-80594-516-0(北京师范大学图书馆)

本书主要介绍了陕甘宁边区的图书馆事业概况、公共图书馆、机关图书馆、干部学校图书馆、中等学校图书馆、其他系统图书馆、基层图书馆、图书出版事业、图书馆协作与交流活动、特点与经验、历史贡献与深远影响、与中国其他地区图书馆之比较等内容。书中所用史料,或查自建国前的报刊和原始档案资料,或从当年亲身经历的当事者处采访而得,资料翔实丰富,可靠性强,许多原始资料都是首次发掘面世的,具有"抢救资料"的意义。作者们不只是停留于对史料的简单整理,而是在此基础上力图运用马克思主义的观点和图书馆学的理论,进行科学的概括和总结,从理论高度阐述了陕甘宁边区图书馆事业的性质、特点、基本经验、历史影响及对新形势下发展图书馆事业的有益启示。这方面的研究,在我国图书馆界基本上尚属空白,本书进行了较为系统的深入研究与探索,具有一定的开拓性意义。(于静)

5384

沈阳市图书馆建馆九十周年:1908—1998 纪念文集 / 罗也平主编. -- 沈阳:沈阳市图书馆(内部出版),1998. -- 159 页:图;27cm(国家图书馆)

为了向沈阳市图书馆建馆九十周年献礼,作为馆庆系列活动之一,沈阳市图书馆特编辑出版了本文集。本书是对沈阳市图书馆九十年漫长发展历程的浓缩和记录,再现了一代又一代图书馆人奋斗的足迹,从而使全馆工作人员特别是青年同志了解、继承和发扬图书馆的优良传统。本书正文共分为改革与成果、回顾与展望、新老馆员话沈图、图书馆同人的情怀、读者抒怀、资料、图书馆大事记七个部分,另有馆藏善本书题录、馆藏解放前沈阳地发史料目录两个附录。(于静)

5385

四川省高等学校图书情报工作委员会第三次工作会议文集 / 四川省高等学校图书情报工作委员会秘书处编;袁学良编辑. -- 成都:四川省高等学校图书情报工作委员会(内部出版),1998. -- 140 页;20cm(四川大学图书馆)

四川省教委于1998年6月9日至10日在四川联合大学召开了四川省高校图书情报工作委员会第三次工作会议。四川省53所高校图书馆和四川联大信息管理系的负责同志出席了会议。会议全面回顾和总结了本届图情工委在省教委和全国高校图情工委领导下六年来的工作,调整了四川省高校图书情报工作委员会的组成,表彰了四川省普通高校图书馆先进集体和先进工作者,研讨了世纪之交高校图书馆面临的问题与对策。会议收到交流材料共34份,反映了1994年评估以来各馆工作上的突出进展与经验。会上,正式成立了四川省图书馆学会高等学校系统委员会。本文集即是这次会议文件和交流材料的汇编。(于静)

5386

图书情报事业的未来:2010 年发展预测 / 徐引篪主编. -- 合肥:中国科学技术大学出版社,1998. -- 265 页:肖像;

20cm. -- 7 - 312 - 01037 - 7(国家图书馆)

本书真实地记录了中国22位图书情报专家对于2010年图书情报事业的展望与预测。来自研究、教学、政府和实务部门的这22位专家在本书中展开了对话,精辟地探讨了2010年的图书馆学情报学、图书情报服务新类型、图书情报用户、图书情报自动化、事业发展经费、专业教育和继续教育、图书情报业领导者应具备的能力、图书情报资源共享、图书情报的社会重要性、图书情报机构和事业的变革、关于商业竞争、关于资格,以及未来的图书馆等十分广泛的议题。他们以孜孜不倦的求索精神,对图书情报业的未来作了详尽描绘,使我们在较短的时间里通过本书就可以约略把握未来图书情报行业发展的脉搏。专家们的不同见解,也将启发我们作进一步的研究和探索。(于静)

5387

无悔的和平图书馆人 / 张国有主编. -- 天津: 天津市和平区图书馆(内部出版),1998(国家图书馆)

本书是天津市和平区图书馆建馆四十周年(1958—1998)纪念文集。全书收录了"励精图治 再创佳绩——祝贺和平区图书馆建馆四十周年"、"四十年辛勤耕耘 无悔的和平图书馆人——写在和平区图书馆四十年华诞"、"和平区图书馆志"、"抓'三优'促发展 为两个文明建设作贡献——参加全国文化系统表彰大会本馆先进事迹材料"、"以改革为动力 全心全意为读者服务 把图书馆办成读者之家——参加天津市第五次公共图书馆工作会议本馆工作经验交流材料"及18篇"馆庆抒怀——我与和平图书馆"文章。书中还选登了近30篇和平区图书馆工作人员获奖及发表论文。(于静)

5388

大连地区图书馆事业50年 /《大连地区图书馆事业50年》编委会. -- 大连:大连出版社,1999. -- 304页,7页图版:彩图;26cm. -- 7 - 80612 - 670 - 8(国家图书馆)

为了纪念中华人民共和国成立50周年和大连建市100周年,《大连地区图书馆事业50年》编委会编纂了本书,以真实地记录建国以来大连地区图书馆事业的发展历程。本书共序、前言、专题综述、图书馆概况、大连地区图书馆大事记、高级职称人员及现任馆长简介、1979—1999年图书馆工作人员图书馆学著述目录、附录八大部分,汇总了12所公共图书馆、19所高校图书馆以及科研、卫生系统等33个图书情报机构的事业建设、业务工作、科学管理、机构设置、建筑设备、学术研究及其成果、专业教育与在职培训等基本情况。从中可以窥见大连地区图书馆事业的发展历程及开展学术研究活动及其成果的一般概说。(于静)

5389

中国古代藏书楼研究 / 黄建国, 高跃新主编. -- 北京:中华书局,1999. -- 445页;20cm. -- 7 - 101 - 02154 - 9(国家图书馆)

本书内容包括:浙江藏书家之精神(代序)、中国藏书文化漫论、略论中国藏书文化、清代私家藏书的种类、中国古代藏家与古籍版本学、私人藏书家的刻书活动及其贡献、中国古代佛教寺院藏书若干问题研究、清宫昭仁殿"天禄琳琅"特藏聚散始末、浙江的刻书与藏书、江南三阁文澜独存、清代杭州灵隐书藏及经藏考略、杨氏丰华堂藏书考略、湖州藏书的聚散及其史鉴意义、论嘉业堂藏书楼的特点、嘉业堂藏书楼主的一生及其亲属、宁波藏书文化的地域特征、抱经楼和水北阁的变迁、五桂楼考述、孙诒让与玉海楼藏书、论徐家汇藏书楼台创建及其变迁、南京图书馆与历代藏书楼、宋代大藏书家叶梦得的藏书活动及其对图书事业的贡献等。(于静)

5390

四川高校图书馆100年 / 李秉严主编. -- 成都:四川科学技术出版社,1999. -- 352页;20cm. -- 7 - 5364 - 4223 - 8(四川大学图书馆)

本书以翔实的资料记述了四川省(包括直辖前的重庆市)高校图书馆百年来的历程,反映了四川省高校图书馆在馆舍、藏书、人员、设备、经费、管理体制、文献建设、读者服务、协作协调、学术研究、对外交流等方面的变化。(于静)

5391

中国近代藏书文化 / 李雪梅著. -- 北京:现代出版社,1999. -- 377页;21cm. -- 7 - 80028 - 445 - X(北京师范大学图书馆)

我国藏书事业历史悠久,源远流长。即以秦汉以来而言,皇室、官府、书院、寺院、私人等藏书先后出现,构成古代藏书的多样系统。1840年鸦片战争以后,随着中国社会的变迁,藏书事业也发生了变化。近代藏书,从性质、使用到地域分布等许多方面都与古代藏书有明显不同。本书作者首先在绪论中概述中国近代藏书文化,并介绍中国近代藏书文化研究成果与现状。第一章介绍近代藏书文化产生背景,包括近代社会变迁对藏书的影响、古代藏书及其在近代的衰落、中国人对近代西方公共藏书的认识、西方人在中国创办的藏书楼和图书馆;第二章近代藏书文化的形成与发展,文化形成的诱因涉及维新派的藏书主张与实践、开明官吏的藏书主张与实践、开明士绅与近代公共藏书楼、国粹思潮与近代图书馆,藏书文化的发展论及新图书馆运动,近代公共藏书、中西藏书之差异与检讨,近代图书馆学研究与图书馆组织;第三章近代藏书的构成,包括近代私人藏书及其地域分布、近代公共藏书及其特点、近代图书馆藏书及其来源、近代藏书分类与编目等内容;第四章近代藏书风尚,介绍了善本书收藏、嗜宋之风及其分析、近代的刻书与藏书、近代书肆风尚与藏书;第五章近代书厄及典籍外流,介绍了皇家藏书之厄、私家藏书之厄、公共藏书之厄及中国典籍的东流与西布;第六章近代藏书与社会文化。作者还在结语中论述了近代藏书发展趋势。(张玲)

5392

世界著名图书馆 / 刘蔷. -- 长春:吉林教育出版社,1999. --223页,2页图版:彩图;21cm. -- 7 - 5383 - 3249 - 9(武汉大学图书馆)

本书按照图书馆界的习惯分法,将图书馆划分为国家图书馆、公共图书馆、高校图书馆和科学与专业图书馆四种类型,选取了欧洲、美洲、亚洲、非洲、澳洲的不同类型的著名图书室36所,包括:法国、英国、德国、美国、意大利等著名的公共图书馆,也有世界知名的如哈佛大学图书馆、牛津大学图书馆\剑桥大学图书馆等。主要介绍它们从成立发展到今天的历史沿革、图书馆的建筑、珍贵的馆藏、馆藏特色,开放服务的程度,以及有关的历史人物,尽量兼顾学术性和可读性。介绍这些图书馆的同时,实际还涉及图书馆学作为一门独立学科发展、演变的历史等。本书是了解世界图书馆的窗口,有很强的教育意义。(于静)

5393

跨世纪的思考——中国图书馆事业高层论坛 / 卢子博主编. -- 北京:北京图书馆出版社,1999. -- 545 页;21cm. -- 7 - 5013 - 1675 - 9(北京大学图书馆)

本书为"改革开放 20 年中国图书馆事业高层论坛"文集。该论坛是 1999 年 4 月由文化部、中国图书馆学会、江苏省图书馆学会、常熟市文化局联合主办。书中共收录 39 篇论文,分别就改革、事业发展、基础理论、图书馆管理、中国图书馆学教育、文献资源建设、情报检索语言、文献信息服务、地方文献工作、图书馆现代化、图书馆建筑、少儿图书馆事业、图书馆学期刊、海峡两岸图书馆合作交流等方面的热点和难点进行了探讨,总结了基本经验和教训。书前附有文化部原副部长、中国图书馆学会理事长徐文伯的讲话。(胡秋玲)

5394

南开大学图书馆建馆八十周年纪念集 / 南开大学图书馆编. -- 天津:南开大学出版社,1999. -- 633 页,8 页图版:图,摹真;26cm. -- 7 - 310 - 01273 - 9(国家图书馆)

本纪念集共分为四编。第一编为"南开大学图书馆综览",概述了图书馆的馆舍概况、功能和布局,机构与部门,文献资源与目录体系,手段和装备的现代化建设,读者服务,队伍建设与科学化管理;第二编为"八十年沧桑",勾勒图书馆自 1919 年建馆至 1999 年的发展历程,以及为南开图书馆作出突出贡献的学者、名流生平事迹;第三编为"我与南开图书馆",多为受惠于南开图书馆的专家、教授及老馆员,以自己的见闻和经历,写下的心灵感受;第四编为"学术论文",收录本馆业务人员及信息资源管理系教师的研究论文。(于静)

5395

1999 理论学术年刊 / 王鹤鸣, 马远良主编. -- 上海:图书馆杂志编辑部(内部出版),1999. -- 318 页:图;21cm(上海交通大学图书馆)

本书搜集了 20 余篇国内图书馆学、情报学方面的论文汇集成册,以展示社会主义图书馆事业五十年的发展变化。如:《中国公共图书馆建筑的发展》《新中国的民族图书馆事业》《我国科技情报系统"图书情报一体化"的回顾与展望》等。(于静)

5396

中外图书馆事业比较研究 / 王立贵著. -- 济南:齐鲁书社,1999. -- 479 页;20cm. -- 7 - 5333 - 0835 - 2(国家图书馆)

本书由中外古代图书馆事业比较研究、中外近代图书馆事业比较研究、中外现代图书馆事业比较研究三部分组成。全书以中国图书馆事业的发展为主线,外国图书馆事业的发展为副线。每一编均分为中国图书馆事业、外国图书馆事业和中外图书馆事业的比较。(于静)

5397

中国图书馆年鉴. 1999 / 肖东发主编. -- 北京:北京图书馆出版社,1999. -- 691 页:彩图;26cm. -- 7 - 5013 - 1678 - 3(天津工业大学图书馆)

本年鉴主要内容包括:特载,刊载了国家领导人为有关图书馆的题词、题名等;专文,收录了部分图书馆界学者的文章;图书馆事业,收录了各省、市、自治区图书馆事业的情况;图书馆工作与研究,从概况、文献资源建设、文献组织、目录学、古籍整理、读者服务、中国图书馆学会及系统图书馆学会等方面介绍图书馆工作与研究方面的进展情况;图书馆学教育,总结了相关高校图书馆学教育开展的情况;国际交流,重点介绍了 IFLA 大会的情况;此外,本年鉴还收录了海峡两岸学术交流、人物、专业文献、统计资料、大事记、名录、附录、索引等内容。(于静)

5398

厦门图书馆馆史:1919 年—1998 年 / 杨玉中主编;厦门图书馆编. -- 厦门:厦门图书馆(内部出版),1999. -- 152 页:彩照;20cm(北京师范大学图书馆)

本书内容包括:厦门图书馆的建置与沿革以及馆舍变化、人员编制与机构设置、经费、藏书建设与发展、读者服务工作的开展情况、业务辅导研究工作与学术交流、鼓浪屿中山分馆、厦门图书馆纪事等。(于静)

5399

中国图书馆事业二十年:1979—1999 / 中国图书馆学会编译出版委员会, 北京图书馆出版社主编. -- 北京:北京图书馆出版社,1999. -- 2 册(1901 页):图;27cm. -- 7 - 5013 - 1680 - 5(国家图书馆)

本书收论文 326 篇,内容涉及图书馆基础理论、图书馆改革与发展、图书馆管理、文献资源建设、文献整理、数据库建设、图书馆自动化与网络、文献信息服务、专业教育、地方文献工作等。为了全面反映我国图书馆事业发展的轨迹,特将图书馆界历年大事,编辑、整理成册,作为附录,以便日后继续深入研究某一问题时查考。(于静)

5400

图书情报工作回顾与展望 / 尚越建, 张晶主编. -- 北京:改革出版社,1999. -- 405 页; 26cm. -- 7 - 80143 - 099 - 9(国家图书馆)

本书内容包括图书情报工作回顾与展望、图书馆学理论、图书情报工作现代化、图书馆管理、藏书建设、分类编目工作、期刊工作与研究、读者服务工作、继续教育与馆员修养、文献检索与教学、读者教育与其他等。这些论文反映了世纪之交,各类型图书馆和情报工作部门的变革,揭示了在新形势下图书情报工作所面临的挑战、机遇和对策,探讨了新形势下图书情报工作的重点及发展趋势,以及图书情报工作人员为迎接新世纪的到来的继续教育问题,提出了许多新观点、新经验和新技术。本书适用于各类型图书情报部门工作人员及高等学校图书情报学系的师生阅读。(于静)

5401

图书馆年鉴. 2000 / 台湾图书馆编辑. -- 台北:台湾图书馆,2000. -- 606 页:照片;26cm. -- 957-678-307-0(国家图书馆)

本次年鉴收录范围自 1998 年 7 月至 1999 年 12 月。本年鉴共分特载、专文、专载、论述篇、资料篇等五部分,约 60 万字。专文特邀王振鹄教授撰写《二十世纪台湾图书馆事业发展回顾与展望》,专载则有《图书馆事业发展白皮书发表与期待》《文化中心(局)的设立与改制》《台湾省县市公共图书馆资讯及网路建设》《师范学院合并改制与现况》《全国技专校院之改制及图书馆重要记事》《台湾典藏数位化计划》《迈向终身学习社会》《电子资源组织与 Metadata 的发展》《推行国际标准录音录影资料代码》等 9 篇;论述篇共计 12 篇,首为综述,次为各类型图书馆的发展,再次分述图书资讯学教育、图书馆自动化与资讯网路、馆际合作、图书馆界学术合作与交流及图书资讯学研究;资料篇则有图书馆事业大事记、图书馆相关法规暨标准、图书资讯学图书目录及图书资讯学期刊论文索引,书末附本书索引。本年鉴索引款目收录内文之书名、著者、标题(人、事、物、专名)。索引兼采相关索引方式编制,首为索引检字表,次为中文索引,再次为西文索引。书前有台湾图书馆馆长庄芳荣写的序。(赵红)

5402

浙江图书馆志 /《浙江图书馆志》编纂委员会. -- 北京:中华书局,2000. -- 337 页, 45 页图版:图(部分彩图), 地图, 摹真;27cm. -- 本志上限起于 1900 年,下限止于 1999 年. -- 7-101-02703-2(北京大学图书馆)

本志专以记述浙江图书馆的历史和现状。编排按内容分章,章隶若干节,节下按需设目。本志记载时限,起 1900 年,迄 1999 年。个别事项适当前溯或后延。本志人物传略按"生不立传"原则,记载的均为已故人物。本志纪年使用公元纪年,清代夹注年号纪年。本志记载的各种称谓均按当时名称,必要时夹注今名。本志所用数字,除辑存的文献照原样及习惯论述的以外,一律用阿拉伯字。本志字体,除个别必要使用繁体字外,一律使用国务院公布的《汉字简化方案》中规定的简化字。(于静)

5403

河南图书情报事业跨世纪发展战略研究 / 崔慕岳主编. -- 郑州:大众出版社,2000. -- 280 页,3 页图版:图;26 cm. -- 7-5347-2415-5(国家图书馆)

本书分别研究了河南的公共图书馆事业、高校图书馆事业、科研图书馆事业以及科技情报事业的现状及发展战略。(于静)

5404

近代江苏藏书研究 / 江庆柏著. -- 合肥:安徽文艺出版社,2000. -- 403 页;21cm. -- "211"工程:中国传统文学与现代文化项目资助. -- 7-5396-1974-0(国家图书馆)

本书主要内容包括:近代江苏藏书概说;近代南京地区藏书;近代镇江地区藏书;近代常州地区藏书;近代无锡地区藏书等。(于静)

5405

湖南省公共图书馆事业五十年 / 金则恭主编. -- 长沙:湖南人民出版社,2000. -- 155 页, 14 页图版:图(部分彩图), 摹真;29cm. -- 7-5438-2288-1(中南大学图书馆)

本书介绍了 1949—1999 年来湖南省各级公共图书馆的发展历程,特别是在 1978 年党的十一届三中全会以来的 20 年里,全省公共图书馆不论建设规模、办馆条件、服务水平等方面,都发生了前所未有的变化,整个公共图书馆事业进入了快速、稳妥、持续发展的轨道。(王旭东)

5406

中国近代图书事业史 / 来新夏等著. -- 上海:上海人民出版社,2000. -- 416 页:图;21cm. -- 7-208-03610-1(北京大学图书馆)

本书是《中国古代图书事业史》之续篇, 阐述 1840—1949 年间我国图书事业发展历史。(于静)

5407

日本图书馆法律体系研究 / 李国新著. -- 北京:北京图书馆出版社,2000. -- 354 页, 11; 21cm. -- 7-5013-1051-3(北京师范大学图书馆)

日本是 21 世纪世界上图书馆事业较为发达的国家之一,也是图书馆法制建设较为完善的国家之一。通过对日本图书馆法制环境全面系统的研究,结合中国图书馆事业发展的现状,对我国具有启发和借鉴意义。本书共六章。第一章日本图书馆法律体系概观,介绍了日本图书馆法律体系的基本架构和主要特点;第二、三章日本的《图书馆法》,介绍了日本《图书馆法》的演进源流、立法依据、规范对象、基本内容与主要问题,日本《图书馆事业基本法》、图书馆员的专业职务资格——"司书"及"候补司书"等内容;第四章日本的《学校图书馆法》、大学图书馆标准与《国立国会图书馆法》;第五章日本的图书馆相关法规;第六章日本的"图书馆自由"。作者还在附录中给出日本与图书馆相关的主要法律法规目录。(于静)

5408

世界与中国图书馆事业发展趋势 / 谢灼华主编. -- 武汉:武汉大学出版社,2000. -- 238 页;20cm. -- 国家教委人文社会科学研究"九五"博士点重点项目. -- 7-307-02976-6(国家图书馆)

本书分为总报告、世界发展篇(现状分析专题)、世界发展篇(发展趋势专题)、中国发展篇(地区发展专题)、中国发展篇(自动化专题)五部分,主要从两个方面展开讨论:一是世界图书馆发展趋势,有助于认识图书馆在知识经济时代的地位和作用,并帮助我们确定图书馆发展的思路;二是中国图书馆发展策略。近二十年来,中国在世界发展格局中是不可忽视的,中国图书馆事业的成功之处和教训,是世界图书馆事业的共同财富。但是,我们更要注意中国图书馆在世界图书馆发展中的水平比较,找出我们的差距。因此,本书从总结和认识图书馆的现状入手,瞄准世界先进图书馆的水平,对未来图书馆的发展趋势进行了高起点的理论研究,提出了知识经济时代我国图书馆加速自动化、网络化建设的发展之路。本书有助于我们认识图书馆在知识经济时代的地位和作用,并围绕着如何改进与提高图书馆事业的问题提出建议,具有指导实践的现实意义。(于静)

5409

二十一世纪党校图书馆信息化现代化建设研究 / 中共上海市委党校图书馆,上海市干部教育信息中心,全国党校文献情报学会上海分会编. -- 上海:百家出版社,2000. -- 263页;20cm. -- 7-80656-202-8(复旦大学图书馆)

本书收入有《党校图书馆21世纪初发展目标定位的思索》《数字化图书馆的发展和建设》《论书目数据库在文献资源共享中的地位、原则和方法》《略论文献数据库主题词的标引模式及其标引方法》等40余篇论文。(于静)

5410

21世纪图书馆:发展与变革 / 中国图书馆学会编. -- 北京:北京图书馆出版社,2000. -- 371页;26cm. -- 7-5013-1716-X(北京大学图书馆)

本书为"中国图书馆2000年学术年会"论文集,共收录67篇优秀论文,分为以下版块:21世纪图书馆发展模式与功能、实现文献信息资源共建共享的策略方法与途径、网络环境下信息资源管理开发与利用、新世纪图书馆管理与改革、加强继续教育工作 全面提高馆员素质、民族地区图书馆建设与发展。本论文集具有以下特点:(1)选题新颖,学术水平较高或者实用价值较大。有些论文具有相当的前瞻性和学术参考价值;有些论文则结合实际工作提出了解决问题的独特方法,具有实用指导价值。(2)覆盖面广,代表性强。不仅论文内容涉及图书馆学的诸多领域,论文作者也具有较广泛的代表性。(于静)

5411

台闽地区图书馆暨资料单位名录. 2001 / 台湾图书馆辅导组编. -- 台北:台湾图书馆,2001. -- 156页;26cm. -- 版权页题名:2001年台闽地区图书馆暨资料单位名录. -- 957-678-328-3(国家图书馆)

本名录主要依据台湾图书馆于1999年所建置之图书馆名录资料库之资料,并参照教育主管部门于2001年出版的《各级学校名录》及台湾图书馆于本(2001)年所进行之私立公共图书馆与专门图书馆调查资料,予以更新汇编而成。本名录按图书馆性质分为台湾图书馆、公共图书馆、大专校院图书馆、高级中学与职业学校图书馆、中学图书馆、小学图书馆、专门图书馆七类,各类下之细目详见"目次"。本名录收录之图书馆暨资料单位共计5023所(含分馆与民众阅读室),包括:台湾图书馆1所、公共图书馆618所、大专校院图书馆174所、高级中学与职业学校图书馆489所、中学图书馆709所、小学图书馆2600所、专门图书馆432所。所收录之图书馆暨资料单位,著录内容为图书馆名称、邮递区号、地址与电话。著录之排序,依次按图书馆类型、台闽地区别、图书馆地址邮递区号顺序排列;各图书馆若有分馆,则以其总馆为首,其余分馆按图书馆名称笔画排序,以便查检。台闽地区别之顺序,依次为台北市、高雄市、省辖市、县、金门县、连江县。书前有台湾图书馆馆长庄芳荣写的序。书后有附录:台闽地区图书馆数量统计表(2000年)、台闽地区图书馆基本资料统计表(2000年)。(赵红)

5412

中国高等师范图书馆发展史略:讨论稿 / 董乃强,吴英梅,杨健编著. -- 北京:北京师范大学出版社,2001. -- 1册:图;29cm(北京师范大学图书馆)

本书是一部回顾一个世纪以来我国高等师范图书馆发展历程的史书,力图在这部书里全面地反映我国高等师范图书馆百年来在馆舍、人员、设备、经费、管理体制、藏书建设、读者服务、学术研究、对外交流等各方面的变化,尽可能详尽地追叙几代高等师范图书馆人默默无闻的服务工作和他们为开创、推进高等师范图书馆事业的筚路蓝缕之功。具体内容包括:绪论、高等师范图书馆的初创(1989—1911)、高等师范图书馆群的形成(1912—1921)、高等师范图书馆群的中落(1922—1937)、高等师范图书馆群的复兴(1938—1949)、高等师范图书馆的发展(1949—1965)、"文化大革命"中的高等师范图书馆(1966—1976)、高等师范图书馆发展的新阶段(1977—2000)、高等师范图书馆的教学科研活动(1977—2000)、高等师范图书馆现代化的进程(1977—2000)、21世纪的高等师范图书馆。(于静)

5413

武荣学海:南安市图书馆建馆二十周年纪念 / 福建省南安市图书馆编. -- 南安:福建省南安市图书馆(内部出版),2001. -- 104页:彩图,肖像,摹真;29cm(厦门大学图书馆)

本书是为纪念南安市图书馆馆庆二十周年文集。内容包括:领导题词、学者墨宝、亲切关怀、参观指导、友好往来 隆情盛意、文化丰碑、新的起点、财政拨款 年丰岁稔、设备添置 日臻完善、人才资源 致力开发、学术交流 提高水平、文献资源 藏用并举、网络建设、读者至上 服务第一、评估定级 促进发展、知识工程 有效实施、报刊撷英、诗咏南图、春华秋实二十年等。文集展示成就、总结经验、寄望未来。(于静)

5414

中国藏书通史 / 傅璇琮,谢灼华主编. -- 宁波:宁波出版社,2001. -- 2册(1384页),62页图版:图(部分彩图),肖像,摹真;21cm. -- 7-80602-286-4(国家图书馆)

本书分上下两册,共8篇,详细介绍了中国古代不同社会背景下的从先秦至明清再到新中国各时期的藏书发展情况。其中,我国藏书起源于先秦时期,官府藏书起于周代诸侯国,至春秋战国时期私家藏书兴起。秦汉时期,秦代官府藏书得到发展,私家藏书遇"焚书";两汉时官府藏书与私家藏书均得到发展,私家藏书较为兴盛。魏晋南北朝时期官府藏书注重整理与编目,并开始有了官府藏书的利用与流通。值得一提的是,这一时期,寺观藏书兴盛。隋唐五代时期除了官府藏书与私家藏书的发展外,书院藏书开始兴起。此外,本书还详细介绍了宋辽金元时期官府藏书与私家藏书的演变与发展,至明代私家藏书的复兴以及清时期官府藏书的全盛。最后,本书介绍了20世纪中国藏书的发展,包括西方藏书理念的引进和新中国建立后中国藏书的发展。本书史料翔实,将中国藏书发展的历史清晰地展示在读者面前,具

有很高的学术价值。(于静)

5415

不尽书缘:忆清华大学图书馆 / 侯竹筠,韦庆缘主编. -- 北京:清华大学出版社,2001. -- 278 页,2 页图版:部分彩图,肖像,摹真;21cm. -- 7 - 302 - 043 21 - 3(国家图书馆)

清华大学图书馆从 1912 年初建至今已有近 90 年的历史。从北京的清华园到昆明的西南联大,她在中国现代教育史上的地位举足轻重。本书汇集了杨绛、曹禺、季羡林、彭桓武、于光远、陈岱孙、文洁若、许渊冲、宗璞、资中筠、曾昭奋、徐葆耕等人的精彩文章,深情回忆他们与清华图书馆多年结下的不尽书缘。本书共收进回忆文章 58 篇,分为建筑风采、馆员风范、不尽书缘、爱馆情结、难忘一页五个版块,根据文集要求对部分文章进行了编辑和删改。(于静)

5416

图书馆工作回顾与展望 / 黄国勤主编. -- 南昌:江西科学技术出版社,2001. -- 389 页;21cm. -- 7 - 5390 - 2023 - 7(东北林业大学图书馆)

本书介绍了江西农业大学图书馆管理等方面的工作经验。(于静)

5417

云南图书馆历史现状研究 / 李先绪,宋绮主编. -- 北京:长征出版社,2001. -- 12,486 页;21cm. -- 7 - 80015 - 624 - 9(华东师范大学图书馆)

本书介绍了云南省的公共图书馆(145 所)、高等院校图书馆(35 所)、重点中学图书馆(24 所)、党校图书馆(18 所)、科研机构图书馆(40 所)等的历史概况。(于静)

5418

中国藏书楼 / 任继愈主编. -- 沈阳:辽宁人民出版社,2001. -- 3 册(2225 页),8 页图版:部分彩图,摹真;22cm. -- 7 - 205 - 04475 - 8(北京大学图书馆)

本书专以中国藏书楼为论说对象。采用史、论、表等体例形式,全景式地展现历代藏书楼全貌。同时,对重要藏书楼施以浓墨,展现其在中国藏书史,乃至于文化史、学术史上的特殊贡献和历史地位。在述与论的关系上,加大论之力度与篇幅,不仅有一览众山式的俯察概论,更有多视角、多侧面的细微剖析,以使读者对藏书家与藏书事业了解得更深入、透彻,更具立体感。全书分为上、中、下三编,共三册。上编为藏书论。首先按官府、私家、寺观、书院四大系统概论藏书楼的产生,藏书活动的兴衰,各藏书系统的特点及其历史贡献。然后从不同角度,剖析藏书的来源、私家藏书观、藏书与借书、刻书、目录学等重要问题,探讨藏书活动与民族文化形成与发展之间的规律。中编是藏书楼发展史,按朝代分期,概说各时期不同历史背景下的藏书活动以及藏书的流传存佚情况,直至近现代藏书楼向图书馆嬗变过程。下编为"中国藏书大事年表"并附各类索引,提供给读者具实用性的检索途径。(于静)

5419

苏州藏书史 / 苏州图书馆《苏州藏书史》课题组. -- 南京:江苏古籍出版社,2001. -- 500 页;21cm. -- 7 - 80643 - 517 - 4(南京大学图书馆)

本书收录苏州学校藏书、苏州寺观藏书、苏州私家藏书三章,每章之下设概述和名录两节,书后附条目索引。(于静)

5420

时代的链接:深圳图书馆十五年 / 吴晞主编. -- 北京:北京图书馆出版社,2001. -- 681 页,7 页图版:图(部分彩图);21cm. -- 7 - 5013 - 1870 - 0(国家图书馆)

本书是深圳图书馆建馆十五周年出的文集,共收文 98 篇,并按"昨天 今天 明天"、数字图书馆、采编业务、特藏文献建设、信息开发与服务、读者工作、人力资源管理、后勤保障与现代化管理八个主题进行编排。(于静)

5421

中国图书馆年鉴. 2001 / 肖东发主编. -- 北京:北京图书馆出版社,2001. -- 639 页:图;26cm. -- 7 - 5013 - 1828 - X(天津师范大学图书馆)

本年鉴收录 1999—2000 年我国图书馆事业发展的新情况、新资料,分特载、专文、图书馆事业、图书馆工作与研究、图书馆学教育等栏目。(于静)

5422

图书馆年鉴. 2001 / 台湾图书馆编辑. -- 台北:台湾图书馆,2002. -- 16,804 页:照片;26cm. -- 957 - 678 - 335 - 6(国家图书馆)

本年鉴主要辑录发生自 2000 年 1—12 月间之重要相关事实(件)。本年鉴共分特载、专文、专载、附录等四部分,约 70 余万字,特载、专文、附录大致沿用 2000 年版年鉴的体例,专题部分则新增条目式陈述。特载为"第三次全省图书馆会议"上曾志朗和陈郁秀致词文,以及会议决议事项。专文特邀王振鹄教授撰写《图书馆法与图书馆事业之发展》,廖又生教授撰写《从比较法学的观点析论我国图书馆法之特色》,彭慰主任撰述《图书馆法立法经过及内容简介》。专题则共分 13 个主题,首为图书馆事业综述(庄芳荣、王锡璋),次依序为台湾图书馆、公共图书馆(林文睿)、大学图书馆(吴明德)等。各主题之下,酌分若干子题。附录则有图书资讯学图书目录(吴英美、林串良、陈依君)、图书资讯学期刊论文索引(宋美珍、吴雅慧)及图书馆法规(彭慰)等,书末附本书索引(严鼎忠、唐申蓉)。年鉴索引款目收录内文之书名、著者、标题(人、事、物、专名)。索引兼采相关索引方式编制,首为索引检字表,次为中文索引,再次为西文索引,最后则为本年鉴著者及篇名索引。书前有台湾图书馆馆长庄芳荣写的序。(赵红)

5423

北京师范大学图书馆百年馆庆纪念册 / 北京师范大学图书馆编. -- 北京:北京师范大学出版社,2002. --111 页,28 页图版:彩图,肖像,摹真;21cm(北京师范大学图书馆)

本书是北京师范大学图书馆百年校庆暨百年馆庆之际编印出版的纪念册,其用意在于向全校师生和各届校友展示北京师范大学图书馆的现状、宣传本馆的读者服务项目及回顾该馆的历史,以使该馆在全校师生和各届校友的监督与激励下加快前进的步伐,为学校教学科研的不断发展提供充分

而可靠的文献信息保证及更优质的服务。全书分为题词、纪念图片、本馆概况、馆史记略与编后几部分。(于静)

5424

百年情结:《我与北师大图书馆》征文文集 / 北京师范大学图书馆编. -- 北京:北京师范大学出版社,2002. -- 306 页;26cm. -- 7-303-01857-3(国家图书馆)

本书为北京师范大学为庆祝百年校庆而发起的征文活动的论文集。集内收录了国内外德高望重的学界泰斗、学科骨干、学界名流、在校学子、离校多年的校友的百余篇北师大图书馆感文,如:“百年北京师范大学图书馆”、“北京师大图书馆与教育研究”、“知识的宝库　学术的殿堂——我心中的北师大图书馆”等文章。内容包括:对北师大图书馆历史的回忆、对北师大图书馆工作的批评、对北师大图书馆建设提出的积极的建议,更多的是对北师大图书馆每一个点滴进步的热情鼓励。这些充分表达了师生和校友对北师大图书馆的关爱之情。此外,在文集中,我们可以清楚地看到专家、学者们学习、成长、治学的足迹。(于静)

5425

北京大学图书馆:1902—2002 / 戴龙基主编. -- 北京:北京大学图书馆(内部出版),2002. -- 68 页:图(部分彩图),肖像,摹真;28cm(北京大学图书馆)

本书从以下几方面介绍北京大学图书馆的发展历程:藏书——百年搜求　蔚为大观,人物——独立潮头　沧桑巨变,馆舍——不断发展　几经变迁,管理——独具一格　学习西方,服务——简单到完善　被动到主动,建设——专业化　高层次,开发——繁荣业务　发扬传统。(于静)

5426

中国高等师范图书馆史 / 董乃强主编. -- 北京:人民教育出版社,2002. -- 261 页;20cm. -- 7-107-15575-X(北京师范大学图书馆)

本书是《师范大学图书馆教育丛书》的一本分册。书中回顾了我国高等师范图书馆百年来在馆舍、人员、设备、经费、管理体制、藏书建设、读者服务、学术研究、对外交流等各方面的发展变化,以及几代高等师范图书馆人默默无闻的服务工作和他们为开创、推进高等师范图书馆事业的筚路蓝缕之功。全书分为十章,包括高等师范图书馆的开创、形成、初步发展、曲折发展、图书馆的新生、“文化大革命”对高等师范图书馆的破坏、高等师范图书馆发展的新阶段及未来的高等师范及其图书馆。书的扉页上书有“谨以本书献给北京师范大学建校 100 周年暨中国高等师范教育事业开创 100 周年”。书前有王梓坤先生为《师范大学图书馆教育丛书》所作的总序,书后附有主要参考文献和后记。(胡秋玲)

5427

轨迹:《佛图通讯》的六年 / 佛山市图书馆编. -- 佛山:佛山市图书馆(内部出版),2002. -- 503 页,13 页图版:彩图,肖像;21cm(中山大学图书馆)

本书是将《佛图通讯》创刊以来的大部分内容汇集而成,编为 5 个栏目,并另行收录了读者和馆员专为此次新馆十周年而作的征文,补充了创刊前从新馆开放的 1993 年到 1995 年的全馆总结,试图让“轨迹”更清晰。“回顾展望”接续了佛山市图书馆的过去和未来;“握别昨天”是轨迹中的重彩,耐得住枯燥才能有所斩获;“一得之见”用好奇和质疑堆成;“放飞心灵”既有疯狂的回旋,又有千回百转情真韵浓的灵秀;“吉光片语”是“民族器乐曲”中的锣鼓钹起伏跌宕。(于静)

5428

从古越藏书楼到绍兴图书馆:纪念古越藏书楼创建百年论文集 / 龚天力主编;本书编审委员会编. -- 杭州:浙江人民出版社,2002. -- 318 页:照片;21cm. -- 绍兴图书馆百年馆庆丛书. -- 7-213-02484-1(国家图书馆)

本书为绍兴图书馆百年馆庆丛书之一。书中记述了绍兴图书馆从古越藏书楼发展至今的百年历史,展现了绍兴图书馆这座全国百家“读者喜爱的图书馆”之一的风貌。全书分 6 篇讲述了绍兴图书馆的历史,从 20 世纪初古越藏书楼诞生到新中国成立后特别是改革开放以来绍兴县鲁迅图书馆的发展,讲述了绍兴图书馆的建设情况,包括藏书发展、来源、管理及保护。重写了日军侵华占领绍兴时期和“文化大革命”动乱中藏书遭受损害的情况,重点介绍了新馆开放后,以现代服务理念,发挥图书馆情报信息职能和社会教育职能作用。书前有序一、序二、前言、概述及照片。(胡秋玲)

5429

21 世纪图书馆的发展与变革 / 龚永年主编. -- 福州:海峡文艺出版社,2002. -- 451 页;21cm. -- 7-80640-688-3(华南师范大学图书馆)

本书探讨了社会知识信息中心之一的图书馆当前的状况与今后的发展方向。全书分上下篇,上篇介绍图书馆的现状,探讨明日图书馆的发展;下篇介绍各系统图书馆的建设与功能。(于静)

5430

点燃知识的火炬:广西乡镇图书馆建设与发展的探索 / 广西知识工程办公室. -- 南宁:广西人民出版社,2002. -- 241 页;19cm. -- 7-219-04493-3(国家图书馆)

本书既有对乡镇图书馆建设中诸多理论与实践问题的研讨,又有对整个广西乡镇图书馆发展的概述和乡镇图书馆的各项数据的统计,还有乡镇图书馆服务效果的典型事例。(于静)

5431

宁波图书馆志:1991—2000 / 宁波图书馆志编纂委员会编. -- 宁波:宁波出版社,2002. -- 353 页,6 页图版:彩图,摹真;21cm. -- 7-80602-703-3(国家图书馆)

本志上下年限为 1991 年至 2000 年,反映了宁波市各类型、各系统图书馆全貌,真实地记述了全市图书馆事业及其发展变革状况。(于静)

5432

青图风华:江泽民总书记题写馆名十年暨新馆开馆五周年纪念 / 戚芹主编. -- 西宁:青海省图书馆(内部出版),2002. --189 页,12 页图版:彩图,摹真;20cm(清华大学图书馆)

本书忠实记载关于青海省图书馆过去、现在和未来的回顾、思考与展望,其意义在于激励年轻的青图人认清形势,明确使命,抓住机遇,思变求新,苦干争先,奋发有为,强化素质,增强本领,把青海省图书馆建设成为青海所有社会文化组织中紧扣时代发展的现代化文明网络。文集正文共分为贺信与贺电、思路与规划、情缘与随感、回顾与展望、名录与资料5个部分,全书约十万余字。(于静)

5433

国际图联(IFLA)与中国图书馆事业 / 丘东江等编著. -- 北京:华艺出版社,2002. -- 2册(478页, 241页):图;20cm. -- 二十一世纪图书馆学丛书. -- 7-80142-376-3(国家图书馆)

本书介绍了国际图联(IFLA)的情况,作者指出:国际图联的发展促进了中国图书馆事业的发展,中国图书馆事业的发展为世界图书馆事业作出了应有的贡献。(于静)

5434

我与上海图书馆 / 上海图书馆编. -- 上海:上海科学技术文献出版社,2002. -- 319页;21cm. -- 7-5439-1986-9(国家图书馆)

本书收《热土托起辉煌的书乡》《到图书馆去》《难忘的五件事》《活力的源泉》《一个中学生的想法》等70多篇文章。(于静)

5435

战略思考:图书馆发展十大热门话题 / 吴建中. -- 上海:上海科学技术文献出版社, 2002. -- 274页;19cm. -- 7-5439-1939-7(国家图书馆)

本书以"入世"为背景,以世界的眼光来反思中国图书馆事业改革开放20年的发展历程,探索中国图书馆事业如何加快与国际先进图书馆潮流的接轨。内容包括以下十大热门话题:图书馆的生存价值;图书馆范式演变;WTO与图书馆;无偿与有偿;虚拟参考服务;数字图书馆与资源描述;图书馆联盟;图书馆员的专业性;图书馆法与知识产权;国际图联的改革及未来走向。选入书中的附加文献按照所述内容可分为:前瞻—借鉴—比较—探索—回顾。(于静)

5436

OCLC:全球在线计算机图书馆中心 / 吴建中, 吴建明主编;王仁芳, 冯洁音, 纪陆恩编著. -- 北京:华艺出版社, 2002. -- 294页:图;20cm. -- 二十一世纪图书馆学丛书. -- 7-80142-372-0(北京师范大学图书馆)

本书首先向我们介绍了OCLC的起源、创建、使命和基本任务、管理、组织以及OCLC的地区服务机构;在OCLC的编目服务部分,详细介绍了WorldCat提供的服务及其优越性,及OCLC编目和资源共享服务支持的检索与编辑方式,重点介绍了OCLC指南与编目规则、OCLC书目记录格式分析、OCLC光盘数据库与网络编目以及在线联合编目。关于OCLC的元数据服务,从DC元数据发展简史、DC元素与修饰词、CORC系统简介讲到DC元数据与MARC的关系;OCLC的信息数据访问、参考咨询服务、资源共享和保存服务;最后,探索了OCLC的未来战略。本书通过对OCLC的起源、发展、技术、服务、运作方式、系统、编目、合作等全面的介绍,旨在向我们展示OCLC先进的专业技术和服务手段。了解和研究OCLC,不仅对发展我国图书馆的现代化和网络化建设,而且对促进我国图书馆早日与国际接轨,具有重要的参考价值和借鉴作用。(于静)

5437

台北市立图书馆五十年史述 / 于玟主编;台北市立图书馆编. -- 台北:台北市立图书馆, 2002. -- 382页;23cm. -- 957-01-1884-9(国家图书馆)

全书分9章。第一章从筚路蓝缕到国际品质认证——回顾本馆行政组织与管理制度的脉络与变革;第二章悠游书海与知识的利器——揭开馆藏发展与技术服务工作的历史扉页;第三章形塑亲切与便民的阅读窗口——步入阅览服务的发展轨迹;第四章推展参考服务的重镇——搜寻e世纪咨询服务的演进历程;第五章由点而面,致力扮演社区资讯中心——积极开展服务据点的任务与使命;第六章兼及教育与行销的互动策略;第七章善用社会资源,注入活水动力——共谱志愿服务的优美乐章;第八章声光影音,娱乐与学习的最佳园地;第九章迈入资讯时代的里程牌——回溯本馆自动化的步履。序言有马英九的"站在巨人的肩上——对台北市图五十周年馆庆的祝贺与期许"、王振鹄的"祝贺台北市立图书馆五十周年馆庆"。书后附录"台北市立图书馆相关规定及作业说明"22篇,及台北市立图书馆大事记(1952年至2002年)。(赵红)

5438

中国图书馆事业:1996—2000 / 张白影, 荀昌荣, 曹晓莉主编. -- 长沙:湖南科学技术出版社,2002. -- 1014页:肖像;22cm. -- 7-5357-3469-3(国家图书馆)

本书分"文献纪实"、"文件、规章"、"中国公共图书馆事业发展概况"、"图书馆建筑"、"图书馆现代技术"等10个部分,系统反映了1996—2000年我国图书馆事业发展概况。(于静)

5439

全国图书馆特色服务研讨会论文集 / 张晓光主编. --北京:学苑出版社,2002. -- 508页;21cm. -- 7-80060-671-6(国家图书馆)

图书馆特色服务是在图书馆工作实践中探索、产生的具有创新意义的服务方式。2001年10月15日至19日,全国图书馆特色服务与实践研讨会在首都图书馆新馆召开。此次会议共征集到学术论文333篇。本论文集收录了从这些论文中遴选出的58篇文章,这些论文从图书馆特色服务理论与方法论、图书馆特色服务的类型和发展模式、特色文献建设、特色文献数据库与网络环境下的图书馆特色服务等各个方面,探索了图书馆特色服务的新模式、新思路、新理念、新技术,为完善图书馆特色服务的理论与方法提出了很多见解。(张玲)

5440

民族图书馆学研究:第七次全国民族地区图书馆学术研讨会论文集 / 中国民族图书馆编. -- 沈阳:辽宁民族出版社, 2002. -- 568页:彩照;20cm. -- 民族图书馆学论丛. -- 7-

80644 - 673 - 7(国家图书馆)

本书收录了"第七次全国民族地区图书馆学术研讨会"的论文84篇,内容涉及图书馆和图书馆学的各个领域。这些论文围绕"21世纪民族地区图书馆可持续发展"这一主题,分别从理论研究、民族地区图书馆与西部大开发、改革与发展、资源建设、队伍建设、现代化探索、工作研究等方面展开论述。既有对具体工作的方式方法的探讨,又有对发展战略的宏观思考;既有对新技术的应用思考,又有对应用新技术、拓展服务空间的创新意识。反映了近些年来我国民族地区图书馆在基础理论、各项业务工作、服务手段现代化、事业组织和管理等方面所取得的进步、改革开放的广度和深度。辛希孟先生以"求是创新 自强自信 扬长补短 共同前进"为本书代序,书中收有第七次全国民族地区图书馆学术研讨会讲话,开幕词、工作报告、大会总结及会议照片。(胡秋玲)

5441

中国人民大学图书馆大事记:1937.8—2002.6 / 中国人民大学图书馆编. -- 北京:中国人民大学图书馆(内部出版),2002. -- 142页;26cm(北京师范大学图书馆)

2000年是中国人民大学的前身——陕北公学诞生63周年,是中国人民大学命名组建50周年。为记录人大图书馆几十年艰苦奋斗的历程,特编写本书。本书内容包括:中国人民大学图书馆隶属关系、历任负责人,中国人民大学图书馆大事记,附录中介绍中国人民大学分校图书馆。(于静)

5442

中国图书馆大全 / 中国图书馆学会主编. -- 北京:中国标准出版社,2002. -- 3册(2360页),4页图版:图(部分彩图),肖像;27cm. -- 7 - 5066 - 2719 - 1(国家图书馆)

本书收录了一万多个图书馆的信息,其中包括图书馆建筑、技术、设备、各种载体的文献等硬件资源,也包括图书馆历史沿革、人员结构、服务理念和职业追求等软件资源。(于静)

5443

21世纪中国沿海地区乡镇图书馆发展战略研究 / 江苏省图书馆学会编. -- 北京:中国文史出版社,2002. -- 323页;20cm. -- 7 - 5034 - 1234 - 8(国家图书馆)

本书为2001年10月在无锡市召开的"21世纪中国沿海地区乡镇图书馆发展战略研讨会"的会议文集。书中收录了该次会议的纪要、开幕词、文化部社会文化图书馆司副司长周小璞同志的讲话及会议论文44篇。论文内容涉及新世纪乡镇图书馆定位与发展的思考,新世纪乡镇图书馆建设中面临的主要问题及对策,新世纪乡镇图书馆的发展模式及新的格局,论乡镇图书馆的作用与发展,加强街、镇图书馆(室)管理,提高服务水平以及探索城镇图书馆网络新体系,从不同侧面探讨了乡镇图书馆的建设问题、乡镇图书馆建设的规律,沿海地区乡镇图书馆建设的经验以及21世纪中国沿海地区乡镇图书馆发展的战略。(胡秋玲)

5444

开放的藏书楼 开放的图书馆:纪念古越藏书楼创建百年论文集 / 李万健主编;本书编审委员会编. -- 杭州:浙江人民出版社,2002. -- 10,444页;21cm. -- 绍兴图书馆百年馆庆丛书. -- 7 - 213 - 02484 - 1(国家图书馆)

本书为绍兴图书馆百年馆庆丛书之一,书中回顾和总结了古越藏书楼对文献典籍保护、藏书文化养成和管理方法创新的不朽功绩,并展现了当代图书馆对文献信息传播等方面的重要贡献。

5445

图书馆年鉴. 2002 / 台湾图书馆编辑. -- 台北:台湾图书馆,2003. -- 15,652页:照片;26cm. -- 957 - 678 - 365 - 8(国家图书馆)

本卷为2002年版,收录2001年1月1日至12月31日期间台闽地区图书馆事业有关之事件、活动、会议及资料;为顾及内容的完整性和叙述的连贯性,部分文稿之资料年代,得向前追溯或往后展延之。本年鉴设有"特载、专文、专题、资料"4个编辑单元,卷末附索引。兹将各单元及索引之要旨性质,分述如下。当年某一单元须特别叙述者,则提出说明之;当年未备有某一单元者,则阙如之。专题系年鉴内容之主体部分,本年度"专题"单元下设"图书馆事业综述、台湾图书馆、公共图书馆、大学图书馆、技专院校图书馆、中小学图书馆、专门图书馆与资讯中心、台湾地区图书资讯学教育、图书馆自动化与资讯网路系统、图书馆际合作、图书馆界学术会议与交流、图书资讯学研究"等栏目。索引:编有中文索引1种,内含部分外文条目,主要依中文笔画编排,唯外文条目则排在中文一画之前。为方便检阅,索引前并编有"中文检定字表"。书前有台湾图书馆馆长庄芳荣写的序。(赵红)

5446

广东图书馆学会40年 / 程焕文主编. -- 广州:中山大学出版社,2003. -- 825页:肖像;21cm. -- 7 - 306 - 02188 - 5(北京大学图书馆)

本书共15章,内容主要包括广东图书馆学会40年回顾,广东图书馆学会历届理事长和秘书长简介,历届理事会概况、获奖情况、学会会刊,以及会员名录和学会纪事等。(于静)

5447

贵州省文史研究馆志 / 贵州省文史研究馆编. -- 贵阳:贵州人民出版社,2003. -- 421页,44页图版:图(部分彩图),肖像;27cm. -- 7 - 221 - 06177 - 7(北京大学图书馆)

本书为贵州省文史研究馆50年馆志,上限1953年,下限2001年,记述了文史馆的机构、人事、行政、党组织、馆员传略及业务活动。全面反映了贵州省文史馆的工作状况。(于静)

5448

北京图书馆藏家谱丛刊·民族卷(全100册) / 郭又陵等主编;北京图书馆出版社编. -- 北京:北京图书馆出版社,2003. -- 100册;26cm. -- 全国古籍整理出版规划领导小组资助出版. -- 7 - 5013 - 1784 - 4(国家图书馆)

本卷以国图馆藏为基础,更兼收了部分兄弟馆的馆藏,首次对汉族以外的其他民族的家谱、族谱文献进行大规模、成系统的搜集整理,共收入蒙、满、回、达斡尔、朝鲜、锡伯、彝、纳西等民族家谱一百五十余部,涉及姓氏近百个。与汗牛充栋的汉族文献相比,其他民族文献尤其是民族家谱文献非常稀见,因此,这部专题家谱具有极高的文献价值,是研究民族起源、民族迁徙、民族战争、民族融合以及各民族社会历史文化的珍贵资料。(于静)

5449

近代著名图书馆馆刊荟萃 / 国家图书馆编. -- 北京:北京图书馆出版社,2003. -- 全 20 册:图, 肖像, 摹真;27cm. -- 影印本. -- 7 – 5013 – 2404 – 2(国家图书馆)

本书汇辑民国时期著名公立和大学图书馆创办的刊物,计 13 种,包括《国立中央图书馆馆刊》《图书馆月刊》《燕京大学图书馆报》《江苏省立苏州图书馆馆刊》《中法汉学研究所图书馆馆刊》《山东省立图书馆季刊》《浙江公立图书馆年报》《广东省立图书馆书目》《上海通信图书馆月报》《国立中山大学图书馆周刊》《广州大学图书馆季刊》《江西省立图书馆馆刊》《厦门大学图书馆报》。内容涉及近代图书馆发展史、图书流通史及校勘、训诂、音韵等文献学范畴,具有重要的资料参考价值。(王旭东)

5450

趣谈中国藏书楼 / 黄玉淑, 于铁丘编著. -- 天津:百花文艺出版社,2003. -- 285 页:图, 肖像, 摹真;20cm. -- 趣谈中国传统文化丛书. -- 7 – 5306 – 3659 – 6(北京师范大学图书馆)

本书介绍了中国藏书楼概况,以历史为脉络梳理与阐述了自汉至近代藏书楼的种类与官私藏书,藏书楼的功能和藏书家的贡献等。(于静)

5451

济南图书馆志 / 济南图书馆志编纂委员会. -- 济南:济南出版社,2003. -- 343 页, 16 页图版:图(部分彩图), 肖像, 摹真;21cm. -- 7 – 80629 – 888 – 6(中山大学图书馆)

本志上下年限为 1953 年至 2002 年,记述了济南市图书馆机构、馆舍、设备、藏书、现代技术和管理等,真实地展现了济南图书馆事业的历史与现状。(于静)

5452

山西省图书馆史料汇编 / 山西省图书馆编. -- 太原:山西人民出版社,2003. -- 474 页:图, 摹真;21cm. -- 7 – 203 – 04809 – 8(北京师范大学图书馆)

本书系统介绍山西省图书馆史料学内容, 以时间为序进行编排, 上自清宣统元年, 下迄 1965 年“文化大革命”为止, 是史料性很强的馆藏资料。(于静)

5453

传承历史 再铸辉煌:首都图书馆建馆九十周年纪念文集 / 首都图书馆编. -- 北京:学苑出版社,2003. -- 474 页;21cm. --7 – 80060 – 159 – 5(北京师范大学图书馆)

本书是首都图书馆建馆 90 周年纪念文集,收录了《我和首都图书馆》《我与首图的不解之缘》《雪泥鸿爪忆首图》《借书的记忆》《一堂难忘的讲座》等图书馆人撰写的文章。(于静)

5454

二十一世纪初期澳门图书馆事业发展规划之研究 / 王国强著. -- 澳门:澳门图书馆暨资讯管理协会,2003. -- 241 页;23cm. -- 澳门基金会赞助出版. -- 99937 – 31 – 02 – 1(国家图书馆)

全书从 21 世纪初期澳门图书馆规划的基础理论、澳门图书馆组织及管理制度的情况分析、21 世纪初期澳门图书馆公共关系与行销之策略规划、21 世纪初期澳门图书馆资讯媒体建设之策略规划、21 世纪初期澳门图书馆书目控制规划之策略、21 世纪初期澳门图书馆阅览与典藏服务之策略规划、21 世纪初期澳门图书馆资讯咨询与资讯素质教育之策略规划等角度论述澳门图书馆事业发展的规划。书前有作者简介;书后有附录。(赵红)

5455

网络环境与图书馆建设 / 王开元主编. -- 乌鲁木齐:新疆大学出版社,2003. -- 230 页, 1 页图版:摹真;21cm. -- 7 – 5631 – 1744 – X(国家图书馆)

本书分数字图书馆、图书馆自动化、图书馆文献资源建设,收录的 45 篇论文针对当今图书馆界存在的问题、解决的办法、发展方向、应对策略等进行深入研究,并发表见解。(于静)

5456

21 世纪图书馆新论 / 吴建中著. -- 上海:上海科学技术文献出版社,2003. -- 223 页:图;21cm. -- 7 – 5439 – 2064 – 6(北京师范大学图书馆)

本书包括:“工作重心: 从书本位向人本位转移”,“业务重心: 从第二线向第一线转移”,“服务重心: 从一般服务向咨询服务转移”等内容。(于静)

5457

陕西高校图书馆年鉴:1989—2000 / 张西亚 等编写. -- 西安:西安交通大学出版社,2003. -- 355 页, 6 页图版:彩图;24cm. -- 7 – 5605 – 1749 – 8(武汉大学图书馆)

本书记述了陕西高校图书馆 1989—2000 年建设和发展的历程。内容包括事业概况、图书馆简介、图书馆现代化建设综述、图书情报专业教育综述等。(于静)

5458

军队院校数字图书馆建设研究 /陈云昌主编: 中国人民解放军总参谋部军训组编. -- 北京:解放军出版社,2003. -- 455 页;20cm. -- 55065 · 2196(国家图书馆)

本书是军队数字图书馆建设的理论与实践的专著。全书共分 14 章。在研究国内外数字图书馆建设和现代信息技术的基础上,提出了军队院校数字化信息资源体系建设的总体规划、功能和结构模型、技术应用系统、规范标准、布局结构。同时,对数字化信息资源体系建设等有关问题进行了全面分析,并列举了若干成功的案例,论证了军队院校数字图书馆建设中的理论和实践问题。书前有内容简介和序言,书后附有主要参考文献和后记。(胡秋玲)

5459

图书馆年鉴. 2003 / 台湾图书馆. -- 台北:台湾图书馆,

2004. -- 16,730 页:照片;26cm. -- 957 - 678 - 405 - 0(国家图书馆)

本册资料年代是 2002 年 1 月至 12 月。重点为专题部分,即:图书馆事业综述;台湾图书馆;大学图书馆;技专院校图书馆;中小学图书馆;专门图书馆与资讯中心;医学图书馆;数位图书馆;图书资讯学教育;图书资讯学研究;图书馆界学术会议与交流。卷首庄芳荣序,其中简要说明该年鉴自 1981 年创始至本册出版的情况。其后是:编辑体例,编辑结构分为:特载、专文、专题、资料。卷后附录:(1)图书馆资讯学系所名录;(2)医学图书馆名录。索引:(1)索引检字表;(2)正文索引;(3)篇名索引;(4)著者索引。内有照片若干幅。(赵红)

5460

中国图书馆百年纪事:1840—2000 / 陈源蒸, 张树华, 毕世栋编. -- 北京:北京图书馆出版社,2004. -- 410 页;26cm. --7 - 5013 - 2440 - 9(国家图书馆)

本书按编年体记述自清末有图书馆以来,中国近现代图书馆事业的重要史事和历史沿革,以反映中国百年来图书馆事业的发展,记事上溯至 1840 年,下至 2000 年。(于静)

5461

山东著名藏书家 / 杜泽逊, 程远芬著. -- 济南:山东文艺出版社,2004. -- 178 页:肖像, 摹真;21cm. -- 7 - 5329 - 2364 - 9(中国人民大学图书馆)

本书选择了山东历史上 16 位著名的藏书家,包括王粲、任昉、赵明诚、李清照、李开先等。(于静)

5462

文澜阁与四库全书 / 顾志兴著. -- 杭州:杭州出版社,2004. -- 188 页, 12 页图版:图(部分彩图), 肖像, 摹真;21cm. -- 7 - 80633 - 730 - X(国家图书馆)

本书内容包括:建阁文澜,库书入藏;稽古右文,编修四库;四库成书,浙人功巨;欣逢盛世,珍护库书等。(于静)

5463

海宁图书馆百年纪念 / 海宁图书馆编. -- 杭州:西泠印社出版社,2004. -- 113 页, 8 页图版:图(部分彩图), 肖像, 摹真;26cm. -- 7 - 80517 - 716 - 3(复旦大学图书馆)

本书包括百年历程、文献捐赠、服务成果、特色馆藏 4 个部分,全面系统地介绍了浙江省海宁市图书馆。(于静)

5464

图书馆区域合作与资源共享 / 胡越主编. -- 北京:北京图书馆出版社,2004. -- 315 页:图;26cm. -- 7 - 5013 - 2601 - 0(国家图书馆)

本书收录了中外作者论文近 50 篇,从不同的角度探讨了关于图书馆的区域合作与共享及数字资源建设与网上信息服务等方面的观点,本书根据论文侧重点的不同分为 9 个部分。第一部分:图书馆的区域合作与共享;第二部分:数字化图书馆的管理与组织;第三部分:网络环境下的文献资源建设;第四部分:网络环境下的信息服务;第五部分:图书馆和远程教育;第六部分:图书馆员的职业发展和继续教育;第七部分:知识管理与著作权保护;第八部分:系统与网络建设;第九部分:信息素质教育与管理。(于静)

5465

湖北省图书馆百年馆庆系列丛书 / 湖北省图书馆编. -- 北京:北京图书馆出版社,2004. -- 4 册, 59 页图版:图(部分彩图), 肖像, 摹真;29cm. -- 7 - 5013 - 1030 - 0(武汉大学图书馆)

湖北省图书馆百年纪事;湖北省图书馆藏古籍善本图录;百年树人:湖北省图书馆同仁文集;精神家园:我与湖北省图书馆。(于静)

5466

湖南图书馆百年纪念文集 / 湖南图书馆编著. -- 北京:北京图书馆出版社,2004. -- 230 页, 40 页图版:彩图, 肖像, 摹真;28cm. -- 7 - 5013 - 2619 - 3(北京大学图书馆)

本书收录了《地方文献工作若干问题的再认识》《湖南图书馆自动化建设工作回顾》《图书馆使命与我馆读者活动的思考》《湖南图书馆古旧文献收藏及整理》等文章。(于静)

5467

中国图书馆年鉴. 2003 / 李国新主编;中国图书馆学会编. -- 北京:科学技术文献出版社,2004. -- 10,716 页:彩照;26cm. -- 7 - 5023 - 4581 - 7(天津师范大学图书馆)

本年鉴全面反映 2001 年至 2002 年间中国图书馆事业的发展状况, 介绍各地图书馆工作、学术研究与活动、专业教育等情况。(于静)

5468

藏与用:山西省图书馆的收藏与利用 / 山西省图书馆编. --太原:山西人民出版社,2004. -- 223 页:图;21cm. -- 7 - 203 - 05135 - 8(北京师范大学图书馆)

本书主要内容包括:图书的采购与加工、计算机自动化与网络化、基础藏书与分布、目录与分类、文献情报检索、服务等。(于静)

5469

首都师范大学图书馆五十年纪念文集:1954—2004 / 首都师范大学图书馆编. -- 北京:首都师范大学图书馆(内部出版),2004. -- 310 页, 22 页图版:彩图, 摹真;21cm(中山大学图书馆)

本书是首都师范大学图书馆 50 年纪念文集,文集记录了首都师范大学图书馆发展概述、50 年纪事(1954—2004)、回忆和寄语、历史资料选编。其中收录了各种题词、访谈录、馆员文章、诗歌等 19 篇,历史资料选收了历任馆领导一览表、图书馆同人录、科研成果表以及规章制度一览表等。(于静)

5470

苏州图书馆编年纪事:1914—2004 / 苏州图书馆馆史编委会编. -- 苏州:苏州大学出版社,2004. -- 293 页, 4 页图版:图;21cm. -- 7 - 81090 - 298 - 9(中国人民大学图书馆)

本书记述了苏州图书馆 1914 年至 2004 年 90 年以来的场馆建设、主要大事、重大活动等,并介绍了主要领导人、编辑出版工作等。(于静)

5471

办馆理念的创新与实践:辽宁省图书馆新馆开馆十年记 /

王荣国等编著. -- 北京:北京图书馆出版社,2004. -- 347 页;21cm. -- 7-5013-2605-3(武汉大学图书馆)

本书论述了省级图书馆办馆方向、探索具有中国特色的分馆制、公共图书馆的功能扩展的重要方向等诸多方面的问题,对省级图书馆办馆理念的创新与实践进行了专题研究。(于静)

5472

闪光的足迹:辽宁省图书馆新馆开馆十年记 / 王荣国主编. -- 北京:北京图书馆出版社,2004. -- 275 页:彩图,肖像,摹真;29cm. -- 7-5013-2606-1(中山大学图书馆)

本书以事实为依据,以时间为主线,客观真实地记录了辽图新馆十年间在读者服务、业务建设、队伍建设、科学管理和学术研究等领域所取得的辉煌业绩。通过大事记、统计列表、历史照片等大量的档案资料,全方位、多角度地再现了辽宁省图书馆的发展轨迹。(于静)

5473

山东省图书馆志 / 王运堂主编. -- 北京:中华书局,2004. --386 页,46 页图版:彩图,肖像,摹真;27cm. -- 7-101-04508-1(北京大学图书馆)

本志记述山东省图书馆的历史与现状,记载时限为 1909 年至 2002 年,记述了山东省图书馆机构、馆舍、设备、藏书、现代技术和管理等。(于静)

5474

书楼寻踪 / 韦力著. -- 石家庄:河北教育出版社,2004. -- 263 页:图;24cm. -- 书林清话文库. -- 7-5434-5655-9(国家图书馆)

本书介绍了浙江、常熟、扬州、镇江、苏州、宁波、南京、湖南、广东、山东等地著名的藏书楼,如曝书亭潜采堂、采衣堂、文宗阁等。书中以日记的形式记述各地藏书楼的历史沿革、藏书发展等历史。(于静)

5475

中国历代藏书史 / 徐凌志主编. -- 南昌:江西人民出版社,2004. -- 487 页;21cm. -- 7-210-02994-X(国家图书馆)

本书共由 8 章组成,内容包括:绪论;先秦两汉魏晋南北朝藏书,论述了先秦时期文字图书的起源,夏商周王室、诸侯、最早的私人藏书,秦汉藏书概述,秦汉官府、私人、早期寺观藏书,魏晋南北朝藏书概述,魏晋南北朝官府、私家、寺观藏书;隋唐五代藏书,阐述了藏书事业发展与繁荣的原因,隋唐五代官府、私家、寺观藏书;宋辽金时期藏书,涵盖了宋代馆阁、私家、佛寺道宫藏书等内容;元代藏书,论述了官府、私家、书院、寺观藏书等内容;明代藏书,阐述了明代藏书的社会背景与藏书特色,明代官府、私家、书院、寺观藏书等内容;清代藏书,涵盖了清代藏书概略,清代官府、私家、书院、寺观藏书等内容;民国时期藏书,论述了藏书观的变革与藏书模式的创新、民国时期藏书的特点与规模、中国共产党领导下的藏书事业等方面的内容。(于静)

5476

中国著名藏书楼海源阁 / 杨朝亮著. -- 济南:山东文艺出版社,2004. -- 128 页:图,肖像;21cm. -- 齐鲁历史文化丛书. -- 7-5329-2366-5(国家图书馆)

本书介绍了中国著名藏书楼海源阁,书中对藏书楼情况作了概述,然后重点记述了著名的藏书家和藏书楼。(于静)

5477

拓展社会的公共信息空间:21 世纪中国公共图书馆可持续发展模式 / 于良芝,李晓新,王德恒著. -- 北京:科学出版社,2004. -- 202 页:图;21cm. -- 国家哲学社会科学基金项目成果. -- 7-03-013352-8(国家图书馆)

本书以信息政治经济学理论和图书馆管理中的政治学理论为视角,采用文献调研、访谈调研、问卷调研、前景讨论会等多种研究方法,目的是寻求能够支持我国公共图书馆持续健康发展的管理体制模式、服务功能模式和经济模式。(于静)

5478

嘉业藏书楼 / 浙江图书馆编. -- 杭州:浙江人民美术出版社,2004. -- 101 页:图;26cm. -- 7-5340-1877-3(浙江大学图书馆)

本书介绍了中国近代的藏书名楼——嘉业楼,书中的匾额对联、古香古色的书箱书橱都记录了嘉业楼的辉煌历史。(于静)

5479

民族图书馆学研究:第八次全国民族地区图书馆学术研讨会暨第一次会议召开 20 周年纪念文集. 二 / 中国民族图书馆编. -- 沈阳:辽宁民族出版社,2004. -- 505 页,8 页图版:图,肖像;21cm. -- 7-80644-885-3(中山大学图书馆)

本书包括"工作研究"、"古籍整理与开发利用"、"事业改革与发展"、"信息技术与数字化"以及"资源建设与共享"5 个部分,选入了 80 篇论文。(于静)

5480

中国图书馆事业百年 / 中国图书馆学会编. -- 北京:北京图书馆出版社,2004. -- 429 页:图;26cm. -- 7-5013-2443-3(国家图书馆)

本书共收集 82 篇优秀论文,包括图书馆人文精神反思——并为图书馆员声辩、20 世纪中国图书馆建筑之演变、图书馆网络信息伦理问题探讨、数字图书馆建设中的著作权合理使用、论数字图书馆联盟等。(于静)

5481

图书馆品牌建设 / 中国图书馆学会专业图书馆分会编. -- 北京:北京图书馆出版社,2004. -- 384 页:图;26cm. -- 7-5013-2618-5(国家图书馆)

本书收有《论图书馆的品牌发展战略》《图书馆在建设学习型社会中的地位》《21 世纪图书馆文献信息的组织和管理》《提高人员素质是搞好图书馆科学管理的根本措施》等百余篇论文。(张玲)

5482

图书馆年鉴. 2005 / 台湾图书馆编. -- 台北:台湾图书馆,2005. -- 15,583 页:彩照;26cm. -- 957-678-434-4(精装)(国家图书馆)

本卷为 2005 年版,收录 2004 年 1 月 1 日至 12 月 31 日

期间台闽地区图书馆事业有关之事件、活动、会议及资料；为顾及内容的完整性和叙述的连贯性，部分文稿之资料年代，得向前追溯或往后展延之。本年鉴设有"特载、专文、专题、附录"4个编辑单元，卷末附索引。当年某一单元须特别叙述者，则提出说明之；当年未备有某一单元者，则阙如之。兹将各单元及索引之要旨性质，分述如下。专题系年鉴内容之主体部分，本年度"专题"单元下设"图书馆事业综述、台湾图书馆、公共图书馆、大专校院图书馆、中小学图书馆、专门图书馆、图书馆自动化与数位化、图书资讯学教育、图书馆活动图辑"等栏目。附录：收录"大专校院图书馆名录"既"宗教图书馆名录"。索引：编有主题索引、图书馆索引、图书馆人物索引、国内外学术会议索引以及编著者索引等5种。书前有台湾图书馆馆长庄芳荣写的序。（赵红）

5483

民族图书馆事业研究 / 钢山著. -- 北京：民族出版社，2005. -- 241页：肖像；21cm. -- 本书是蒙古语书. -- 7-105-06843-4（山东大学图书馆）

本书为以蒙古文撰写的第一部图书馆学方面的研究成果，具有填补空白的意义。（于静）

5484

近代著名图书馆馆刊荟萃续编 / 国家图书馆编. -- 北京：北京图书馆出版社，2005. -- 全20册：图；26cm. -- 影印本. --7-5013-2739-4（国家图书馆）

本书收录民国时期编印发行的著名公立与大学图书馆馆刊10种，包括《北京图书馆月刊》（《北平北海图书馆月刊》《国立北平图书馆馆刊》）、《河北省立女子师范学院图书馆月报》《江苏省立苏州图书馆年刊》《浙江图书馆报》《河南图书馆馆刊》《大夏图书馆馆报》《国立奉天图书馆季刊》《厦门图书馆声》《图书馆》（陕西）、《广东国民大学图书馆馆刊》。其内容既有各类馆藏善本书影、古器物图录、民国老照片，也有大量名家的学术论著，各馆图书目录，甚至专刊如永乐大典、西夏研究、圆明园、四库全书专刊等等，对于研究近代图书馆学史、文化史、学术史以及其他社会科学具有重要的资料参考价值。（王旭东）

5485

新时期高校图书馆建设与发展 / 李林主编. -- 北京：首都经济贸易大学出版社，2005. -- 259页；20cm. -- 7-5638-1234-2（复旦大学图书馆）

本书内容分为图书馆管理研究、信息资源建设与管理、图书馆读者服务、图书馆数字化与现代化建设、文献信息检索课教学、馆员继续教育等7个部分，汇集文章40多篇。（于静）

5486

台湾图书馆经营史略 / 廖又生著. -- 台北县：台湾图书馆台北分馆，2005. -- 233页；21cm. -- 台湾图书馆经营丛书. -- 986-00-3860-0（国家图书馆）

本书将遍及台湾的图书馆事业的过去、现在及未来的一切问题做阐述。全书共有17篇文章，讲述了17位馆长对于公共图书馆的管理，整体而言，从上古史、中古史、近代史方向，叙说本馆从公元1915年迄20世纪尾端的变动，窥测本土图书馆事业发展之梗概。文章有《台湾公共图书馆的开山鼻祖：隈本繁吉先生》《日人治台时期目录学巨擘：太田为三郎馆长》《热爱台湾文教事业的若槻道隆馆长》《烽火中以牛车疏散图书的山中樵馆长》《台湾图书馆事业的欧文：吴克刚教授》《从台湾图书馆事业观点论蒋復璁与沈宝环》《时势造英雄与英雄造时势兼备的王省吾馆长》《识人识己识进退的韩宝鉴馆长》《台北分馆新生南路时期之始：胡安彝与章以鼎任职年代》等。书前有台湾图书馆经营管理丛书序、台湾图书馆经营史略自序。附录：历任馆长任期表、"国立中央图书馆"台湾分馆大事记、馆长人名索引等。（赵红）

5487

天一阁藏书史志 / 骆兆平编纂. -- 上海：上海古籍出版社，2005. -- 16，421页；21cm. -- 宁波市社会科学学术著作出版资金资助出版. -- 7-5325-3979-2（国家图书馆）

天一阁是中国现存历史最久的藏书楼，全国重点文物保护单位。本书记述了天一阁藏书楼和藏书活动的历史，全书分为书楼志、藏书志、碑帖志、书画志、人物志、艺文志，共六卷。本书的编撰，遵循"述而略作"原则，所记之事，自明嘉靖四十年（1561）范钦归里后着手建造天一阁藏书楼起，至公元2000年12月，前后440年。本志文体为史实记录语体，文言白话相间，以白话为主。引用史料时，实录原文，并注明出处。史料记载不一时，选用一说，其他诸说加注并存。本志字体除必须用繁体字的以外，一律使用规范简化汉字。中国纪年用汉字，公元纪年用阿拉伯数字，但辑录之文献，仍照原文不改。（于静）

5488

四川省图书馆学会第六次会员代表大会会议专辑 / 四川省图书馆学会会员代表大会（第6次，2005：成都市，四川省）. -- 成都：四川省图书馆学会（内部出版），2005. -- 92页，2页图版：肖像；26cm（四川大学图书馆）

本书是四川省图书馆学会第六次会员代表大会暨学术研讨会会议专辑，收录了会议报道，即研讨会会议纪要；会议文件，包括各种讲话、工作报告、章程说明、各种优秀论文评选及评选结果的报告。专辑后附各种贺信及各种奖项光荣榜。（于静）

5489

中国图书和图书馆史（修订本） / 谢灼华主编. -- 武昌：武汉大学出版社，2005. -- 10，454页；21cm. -- 7-307-04791-8（北京师范大学图书馆）

本书共分7编，内容包括：典籍和藏书的起源、简帛书时期的图书和藏书（春秋—两汉）、写本书时期的图书和藏书（三国两晋—隋唐）、印本书兴起时期的图书和藏书（宋—元）、印本书发展时期的图书和藏书（明—清前期）、机械印刷兴起时期的书刊和图书馆（1840—1911）、机械印刷发展时期的书刊与图书馆（1912—1949）。（于静）

5490

文津论丛：国家图书馆第八次科学讨论会获奖论文选集 / 詹福瑞主编. -- 北京：北京图书馆出版社，2005. -- 281页；

图;26cm. -- 7 - 5013 - 2819 - 6(北京师范大学图书馆)

本论文集收录的是国家图书馆第八次科学讨论会的获奖论文。(于静)

5491

沧桑天一阁:天一阁故事摄影画册 / 张悦鸣编著. -- 北京:中国摄影出版社,2005. -- 199 页:彩图,肖像,摹真;29×29cm. -- 7 - 80007 - 850 - 7(国家图书馆)

该书是一本摄影画册。作者力图通过多角度、多侧面、多种气候下对天一阁的摄影描述,讲述几百年间天一阁背后的故事。书前有天一阁的建造者范钦的中英文简介和画像(明)、郭沫若等名家的题词和前言(中英文),书后有中英文的后记、参考书目及网站。(胡秋玲)

5492

天一阁集 /(明)范钦著;袁慧整理. -- 宁波:宁波出版社,2006. -- 35,395 页:图;23cm. -- 7 - 80743 - 029 - X(国家图书馆)

本书入选范钦从政 28 年来、归里后、晚年及至临终前各阶段所作的各种体裁的诗歌、乐府、碑记、序跋、尺牍、祭文、墓志、启、议、说等作品近 1500 篇(首)。(于静)

5493

浙江藏书史 / 顾志兴著. -- 杭州:杭州出版社,2006. -- 2 册(927 页, 29 页图版):图(部分彩图),肖像,摹真;21cm. --7 - 80633 - 734 - 2(北京大学图书馆)

本书介绍了唐末五代以前浙江藏书事业概况、两宋浙江藏书事业的兴起、元代浙江藏书事业的缓慢发展、明代浙江藏书事业的繁荣、清代浙江藏书事业的鼎盛等内容。(于静)

5494

近代著名图书馆馆刊荟萃三编 / 国家图书馆编. -- 北京:北京图书馆出版社, 2006. -- 全 22 册;26cm. -- 影印本. -- 7 - 5013 - 3127 - 8(国家图书馆)

本书收录民国时期编印发行的 8 种著名图书馆馆刊等,分别是《中央大学国学图书馆年刊》《浙江省立图书馆月刊》《北平图书馆协会会刊》《辽宁省立图书馆馆刊》《和顺图书馆十周年纪念刊》《北平近代科学图书馆馆刊》《北平师范大学图书馆图书目录》《中央军校图书馆报》,另收有大量当时各相关图书馆所藏善本资料和名家题跋及档案资料等。这些重要文章和资料对于研究中国学术史、文献学、目录学、图书馆学等颇有裨益。(王旭东)

5495

国家可持续发展的图书情报事业战略 / 胡昌平等著. -- 北京:北京图书馆出版社,2006. -- 411 页:图;21cm. -- 7 - 5013 - 3012 - 3(北京师范大学图书馆)

本书研究了图书情报事业与信息产业的协调发展,以及基于组织创新的事业持续发展和战略的系统化实施等内容。(于静)

5496

图书馆这一行 / 凯恩(Laura Townsend Kane)著;风仪知识产业股份有限公司编译组译. -- 高雄:风仪知识产业股份有限公司,2006. -- 196 页:照片,肖像;21cm. -- Straight from the stacks:a firsthand guide to careers in library and information science. -- 978 - 986 - 821 - 020 - 2(国家图书馆)

本书包含了各种领域的图书馆工作:公立图书馆、学校图书馆、学术图书馆、非传统图书馆、医学/法律专门图书馆、图书馆高层主管。作者凯恩(Kane)完备地描绘出图书馆这一行的工作图景,所有对于图书这一行的问题及疑惑都可以在本书获得解答。书前有作者自序。(赵红)

5497

中国乡村社区图书馆的现状及发展模式研究 / 廖腾芳著. --长沙:湖南大学出版社,2006. -- 257 页;21cm. -- 7 - 81113 - 116 - 1(北京大学图书馆)

本书重点阐述了乡村社区图书馆的现状及发展模式,提出了一些建议性意见,还涉及了乡村社区图书馆规划与设计,对图书馆的发展有一定的创新和开拓意义。(于静)

5498

福建图书馆事业志 / 刘德城, 刘煦赞纂;福建省文史研究馆编. -- 北京:方志出版社,2006. -- 266 页, 16 页图版:图(部分彩图),摹真;26cm. -- 7 - 80192 - 847 - 4(国家图书馆)

本书分为三大部分,一是图书典藏与图书馆,二是从文献整序、图书馆自动化、图书馆服务、图书馆教育、图书馆学研究和管理等核心领域,记述福建省图书馆事业的成长过程和历史成就。(于静)

5499

专门图书馆研究 / 彭俊玲著. -- 北京:中国书籍出版社,2006. -- 346 页:图;21cm. -- 7 - 5068 - 1455 - 2(北京大学图书馆)

本书主要介绍了专门图书馆的基本理论、专门图书馆的历史沿革和现状、我国专门图书馆事业管理体制的改革与创新等。(于静)

5500

清代图书馆事业发展史 / 宋建成著. -- 台北县:花木兰文化出版社,2006. -- 156 页;26cm. -- 986 - 7128 - 21 - 4(国家图书馆)

本文只叙述清代图书馆事业发展情形,至于有关图书馆本身之作业,如分类编目等皆未加以阐述。全文计分 5 章 18 节如下:第一章,绪论,分作三节。略述本文撰作之原因。第二章,保守时期的清代图书馆事业,分作五节。叙述光绪甲午战争之前之官方图书馆事业。一则接收明人所藏,一则本身亦从事于大量搜编图书,并建七阁等处庋置之。第三章,启发时期的清代图书馆事业,分作三节。叙述光绪甲午战争之后官方图书馆事业。此时民众教育之重要性渐为国人所重,经过一段时间之酝酿,遂公布图书馆法规,于各省建置图书馆;并论及韦棣华女士之来华与贡献。第四章,清代私人图书馆事业,分作五节。叙述私人藏书事业,并述及教会及书院藏书。第五章,结论,分作二节。提出清代图书馆事业为清学之原动力及为近代图书馆事业之胚基,以为本文之结束。(赵红)

5501

第三届天一阁中国藏书文化节资料汇编 / 天一阁博物馆编. -- 宁波:天一阁博物馆,2006(内部出版). --176 页, 22 页图版:图(部分彩图), 摹真;29cm(北京师范大学图书馆)

本书包括活动综览、新闻报道、走近天一阁、刊物四部分,详细汇总了第三届天一阁中国藏书文化节举办的各项活动的材料、过程等。(于静)

5502

澳门图书馆事业发展史 / 王国强著. -- 澳门:澳门图书馆暨资讯管理协会,2006. -- 305 页:图;26cm. -- 99937 – 31 – 09 – 9(国家图书馆)

本书共分为 8 章。第一章前言;第二章 16 世纪至 19 世纪澳门的图书馆事业;第三章 20 世纪初期至 70 年代末澳门的图书馆事业;第四章 20 世纪 80 年代澳门的图书馆事业;第五章 20 世纪 90 年代澳门的图书馆事业;第六章回归后至 2005 年间澳门的图书馆事业;第七章澳门图书馆事业的外部环境分析;第八章结语。书前有图片目次、附表目录。书后有附录澳门图书馆学相关出版品书影、澳门图书馆界宣传资料。(赵红)

5503

网络环境下图书馆信息资源的整合开发 / 王红玲, 张齐增, 孙孝诗主编. -- 北京:北京图书馆出版社,2006. -- 205 页:图;21cm. -- 7 – 5013 – 3360 – 2(北京师范大学图书馆)

本书分为 8 章,内容包括网络环境下图书馆信息资源优化整合与开发利用的重大现实和长远战略意义,建国以来我国图书馆信息资源建设的历史和现状,国外图书馆信息资源优化整合与开发利用的现状、模式和经验,网络环境下我国图书馆用户的信息需求等。(于静)

5504

世界著名城市图书馆述略 / 王世伟主编. -- 上海:上海科学技术文献出版社,2006. -- 335 页:图;23cm. -- 7 – 5439 – 2897 – 3(北京大学图书馆)

本书介绍了这些图书馆及所在城市发展的历史、特色馆藏、管理与服务特色以及未来发展愿景, 并对城市发展与图书馆的互动作了一些分析。(于静)

5505

智者之香:宁波藏书家藏书楼 / 虞浩旭著. -- 宁波:宁波出版社,2006. -- 153 页:图, 肖像, 摹真;23cm. -- 7 – 80602 – 967 – 2(南京大学图书馆)

本书介绍了宋代藏书的崛起、元代藏书的低落、明代藏书的复振、清代藏书的鼎盛、民国藏书的发达和宁波藏书的精神。(于静)

5506

明清宫廷藏书研究 / 张升著. -- 北京:商务印书馆,2006. --303 页, 2 页图版:图;21cm. -- 7 – 100 – 04913 – X(北京师范大学图书馆)

本书分上下两编,分别论述了明清两朝宫廷藏书情况。每编各 5 章,主要围绕藏书的收集、编目、处所、使用和流散 5 个方面进行详尽的分析。(于静)

5507

走进日治台湾时代:总督府图书馆 / 张围东. -- 台北:台湾古籍出版有限公司,2006. -- 281 页:图;23cm. -- 台湾书房系列; 8U08. -- 986 – 7332 – 47 – 4(国家图书馆)

该书主要介绍日本占领台湾时期(1895—1945)之总督府图书馆,共分 6 章。依次为:导论;总督府图书馆的创始沿革;总督府图书馆的发展过程;总督府图书馆的管理与服务;日治时期台湾社会教育与总督府图书馆;结论。附录:(1)台湾总督府图书馆规则;(2)台湾总督府图书馆细则;(3)台湾图书馆协会规则;(4)台湾爱书会会刊;(5)日治时期台湾总督府图书馆大事年表。附:参考书目。书前有表次及图次。(赵红)

5508

中国图书馆年鉴. 2005 / 中国图书馆学会编. -- 北京:现代出版社,2006. -- 11, 837 页, 4 页图版:图;27cm. -- 7 – 80028 – 845 – 5(天津师范大学图书馆)

本卷采用分类编辑法, 由特辑、专文、图书馆工作、学术研究与活动、法律法规与规范性文件、专业教育、专业文献、统计资料、参考资料 9 大部分构成, 主要反映 2003 年至 2004 年间中国图书馆事业的发展状况。(于静)

5509

县级图书馆生存发展启示录 / 中国图书馆学会编. -- 北京:北京图书馆出版社,2006. -- 415 页;26cm. -- 7 – 5013 – 3006 – 9(北京师范大学图书馆)

本书围绕"县级图书馆生存现状与发展前景 "、"县级图书馆的文献资源建设 "、"县级图书馆的服务对象与服务模式 "、"县级图书馆的自动化、数字化和网络化建设 " 等方面, 收录论文 100 多篇。(于静)

5510

润物细无声:社区乡镇图书馆与和谐社会:第五届中国社区乡镇图书馆发展研讨会论文选 / 中国图书馆学会社区乡镇图书馆专业委员会, 湖北省图书馆学会编;万群华, 胡银仿主编. -- 武汉:武汉出版社,2006. -- 875 页;26cm. -- 7 – 5430 – 3475 – 1(武汉大学图书馆)

本书收入论文 284 篇, 内容涉及社区乡镇图书馆在和谐社会中的作用, 社区乡镇图书馆服务与创新, 社区乡镇图书馆员的职业道德修养, 社区乡镇图书馆员的业务能力培养与提高及文献资源建设与文献资源共享等。(于静)

5511

论学习型社会与学习型图书馆 / 朱红编著. -- 成都:西南交通大学出版社,2006. -- 224 页, 1 页图版:摹真;21cm. -- 7 – 81104 – 047 – 6(北京师范大学图书馆)

本书包括四部分内容:时代呼唤学习型社会、学习型组织是学习型社会的核心、学习型组织需要学习型人才、学习型图书馆是培养学习型人才的重要教育阵地。(于静)

5512

图书馆之恋 /(法) 让 · 马里 · 古勒莫著;孙圣英译. -- 上海:华东师范大学出版社,2007. -- 284 页;22cm. -- 据本书原文 2006 年版译出. -- 978 – 7 – 5617 – 5444 – 3(北京师范大

学图书馆)

一座图书馆能让人想到什么?自然是书、图书馆的建筑,以及人(包括读者和图书馆的工作人员)。而三个元素的中心,就是书。本书的一切就从这三个元素的关系生发开来,是作者古勒莫的随笔集结。全书包括里程碑,起源的神话与现实,新的亚历山大图书馆,关于我的发现的回忆,黎塞留路的回忆,黑色年代重建的记忆,被焚烧、删节或扭曲的书,校园,图书馆之梦等十个部分。书中的内容记录了作者从识字阅读伊始,与图书馆之间剪不断理还乱的迷离情绪。那种书生意气,对书籍之痴迷、爱恋,是任何爱书之人都能痛切感受的。(于静)

5513

图书馆这一行 /(美)劳拉·凯恩著;凤仪知识产业股份有限公司编译组译. -- 北京:北京图书馆出版社,2007. -- 215页:图,肖像;21cm. -- 由台湾凤仪知识产业股份有限公司授权出版. -- 978-7-5013-3517-6(北京师范大学图书馆)

这是一部生动有趣的图书馆就业指南。本书以访谈的形式生动地描述了当前美国图书馆业界的工作面貌。全书分6章:公共图书馆这一行,中小学图书馆这一行,大学图书馆这一行,公司内部及自由职业图书馆员,医学和法律图书馆这一行,图书馆馆长。在每一章,作者首先介绍这一行的整体情况,然后选择几个代表人物作访谈,在每章最后,作者列出这一行主要有哪些工作职位,并具体介绍每个职位的工作内容及要求。特别推荐:本书可作为图书馆新员工培训用书。(于静)

5514

图书馆年鉴. 2007 / 台湾图书馆编辑;宋建成总编辑. -- 台北:台湾图书馆,2007. -- 316页:彩照;26cm. -- 978-957-678-468-2(国家图书馆)

本卷为2007年版,收录2006年1月1日至12月31日期间台闽地区图书馆事业有关之事件、活动、会议及资料;为顾及内容的完整性和叙述的连贯性,部分文稿之资料年代,得向前追溯或往后展延之。内容包括:概述、台湾图书馆、公共图书馆、大专校院图书馆、中小学图书馆、专门图书馆、“中央研究院”人文各所图书馆与资讯服务、图书馆自动化与数位化、图书资讯学教育、图书资讯学研究、图书馆界学术会议与交流、图书馆团体、图书馆活动图辑、图书馆统计、图书馆事业大事记、图书馆法规等篇。其中,除概述、“中央研究院”人文各所图书馆与资讯服务、图书资讯学教育、图书资讯学研究为论述体裁外,其余篇目则以“条目”为主。卷末编有全书索引,分中文索引、西文索引及编著者索引三种,以供助检书中内容。书前有台湾图书馆馆长黄宽重写的序。(赵红)

5515

中国图书馆发展概览 / 北京昌平区图书馆承编. -- 北京:北京燕山出版社,2007. -- 2册(513页, 505页):彩图,肖像,摹真;29cm. -- 978-7-5402-0876-9(北京大学图书馆)

本书分上下两册,共入编了我国1000多家在全国具有代表性和影响力的图书馆的详细信息资料。通过此书的编辑,不仅对全国的图书馆发展现状做了一次可贵的调查研究,同时也实现了许多图书馆人多年的心愿。通过它,我们不仅可以了解到我国图书馆事业的发展历史,更能了解到当前我国图书馆发展状况。此书很好地总结了图书馆的发展成果,又给人们提供了一相互了解、相互学习的平台。(于静)

5516

高校发展与图书馆服务创新 / 陈华,王靖主编. -- 武汉:武汉出版社,2007. -- 288页;21cm. -- 江汉大学学术著作出版资助项目. -- 978-7-5430-3691-8(武汉大学图书馆)

本书内容包括:高校发展促进图书馆建设、高校图书馆服务创新理论、高校图书馆服务创新的内容与实施等。(于静)

5517

徐乾学及其藏书刻书 / 陈惠美著. -- 台北县:花木兰文化出版社,2007. -- 256页;26cm. -- 古典文献研究辑刊. 五编. 4. -- 978-986-6831-49-2(精装)(国家图书馆)

本论文以徐氏本身的资料——文集、藏书目录为主,旁及方志、笔记、同时人著作、友朋书信、清代与民国各家藏书志与期刊论文为辅。在做法上是:罗列具体证据,配合图表,加以归纳、分析,提出结论。如现有资料不足,则呈现推论的过程。本书分6章,首先介绍徐乾学的家世,编撰徐氏事迹系年汇编,以明其藏书背景与其生平事迹。其次,考述徐氏之著作与交游。藉以得见徐氏之刻书、藏书,与徐氏之擅长经、史和交游间的切磋有密切关系。再次,理出徐乾学藏书的源流、对藏书的整理利用与散佚概况,并分析《传是楼书目》《传是楼宋元版书目》的分类体例,考述、比较知见版本,且厘清因传钞所产生的错误,为二书目作一定位。最后,从“刻书以存书”、“校书以存书”两方面,探究《通志堂经解》的得失,并从刊刻丛书的角度,呈现其对清代辑刻丛书的影响。通过深入的讨论,给予徐乾学之藏书刻书的成就较为公允的评价。(赵红)

5518

流动的风景:图书馆之旅 / 程亚男著. -- 北京:北京图书馆出版社,2007. -- 265页:图;23cm. -- 7-5013-3353-X(北京师范大学图书馆)

本书是一本专门谈论图书馆文化的书。作为一位深圳的图书馆人,程亚男是有福的,她几乎访遍了世界上那些最有意思的图书馆,它们坐落在美国、英国、法国、德国、意大利、俄罗斯、澳大利亚、埃及,甚至包括印度。作者的游记式散文作品集,记录了作者参观游览世界各地知名图书馆,包括美国国会图书馆、大英图书馆、法国国家图书馆以及富有特色的城乡公共图书馆的所见、所闻、所思、所感。(于静)

5519

21世纪美国大学图书馆运作的理论与实践 / 金旭东主编. -- 北京:北京图书馆出版社,2007. -- xvi, 406页:图;23cm. -- 中美图书馆实务培训教材. -- 978-7-5013-3478-0(北京师范大学图书馆)

本书由美国华人图书馆员协会组织撰写,作者大多在美国大学图书馆各岗位工作多年,他们在书中对美国大学图书馆运作的各个方面作了全面而系统的介绍,主要内容涉及:美国大学图书馆的管理、参考咨询、学科馆员、资料采购、图书馆信息技术系统、社会服务等，语言通俗，操作性强，包括许多先进的理念和做法，对我国包括大学图书馆在内的整个图书馆界都有参考价值。（于静）

5520

普遍·均等:中国公共图书馆的百年追求 / 李晓新著. -- 天津:南开大学出版社,2007. -- 223 页:图, 肖像;21cm. -- 中国图书馆学会“公共图书馆服务网络构建研究”. -- 978-7-310-02822-1(北京师范大学图书馆)

本书讲述了中国公共图书馆的百年发展历程。内容包括:引言,辛亥革命前:开始萌芽的历史,辛亥革命至抗日战争时期:历史在前进,1949 年以后:与历史擦肩而过等。（于静）

5521

四川省公共图书馆现状分析与发展战略 / 李忠昊, 王嘉陵. -- 北京:北京图书馆出版社,2007. -- 175 页; 21cm. -- 四川省哲学社会科学“十五”规划 2005 研究课题. -- 978-7-5013-3600-5(北京师范大学图书馆)

全书内容包括:对过去一个世纪四川省公共图书馆产生、发展的历史回顾;从地方经济环境、公共图书馆管理体制、图书馆业务建设和图书馆服务、图书馆自动化和数字化发展等方面,对四川省公共图书馆现状的深入分析;四川省公共图书馆面临社会转型和技术转型双重的挑战和机遇,即公共图书馆在构建公共文化服务体系中的作用,政府的重视和投入,图书馆立法,图书馆在人事体制、创新机制、业务工作、培训和学术研究等各方面的锐意革新的思路。（于静）

5522

知识产权与图书馆员 / 刘可静著. -- 北京:海洋出版社,2007. -- 286 页:图;21cm. -- 978-7-5027-6797-6(北京师范大学图书馆)

本书是“21 世纪图书馆学丛书”第二辑中的一册。本书针对图书馆面对的知识产权问题,融著作权法律知识、案例分析、实际运用和理论讨论为一体,较为系统地分析了在图书馆领域,图书馆员如何尊重、保护和限制著作权以及著作权与图书馆员的关系问题;探讨了著作权集体管理、数字权利管理(DRM 技术)和知识产权合同管理三大知识产权管理方式;并介绍了国际有关知识产权协议的主要内容及其对图书馆的影响以及对策。（于静）

5523

邮票与图书馆 / 南京图书馆编著. -- 南京:江苏人民出版社,2007. -- 93 页:彩图, 摹真;29cm. -- 978-7-214-04707-6(南京大学图书馆)

本书以内蒙古自治区成立 60 周年集邮展览银奖邮集《图书馆》为蓝本,精选世界各国与图书馆文化相关的邮票 300 余枚,其他邮品数十枚,根据图书馆的起源与发展、现代图书馆、图书馆事业、世界各国图书馆四个部分的结构框架,按照邮票反映内容的主题和时间编辑,图文并茂地解说了文字的产生、早期图书形式、书写工具和书法艺术、造纸与印刷术、古代思想家与著述、古代图书馆、现代图书馆的收藏对象、文献管理、读者服务、图书馆立法、国际图联、读书活动、图书馆与人物、各种类型图书馆等知识信息。该书 16 开本 93 页 160 千字,分精装、平装两种形式装帧,由江苏省文化厅副厅长、南京图书馆党委书记马宁担任主编,南京图书馆副馆长许建业、《新世纪图书馆》总编彭飞、内蒙古自治区集邮爱好者康国文担任执行主编,《新世纪图书馆》编辑部负责编辑工作,康国文为照排提供了自己多年来收藏的图书馆专题邮票。（于静）

5524

重庆图书馆馆史:1947—2007 / 邵康庆主编. -- 北京:北京图书馆出版社,2007. -- 249 页, 28 页图版:彩图, 摹真; 30cm. -- 978-7-5013-3481-0(北京大学图书馆)

本书是重庆图书馆 60 年馆庆的纪念文集,内容包括:重庆图书馆馆史,介绍其创始阶段——建国前的重庆图书馆、新中国初期的重庆图书馆(1949—1965)、“文革”时期的重庆图书馆(1966—1976)、稳步发展的重庆图书馆(1977—1997)、直辖 10 年的重庆图书馆(1997—2007);专题一,介绍抗战文献及联合国资料的来源与特点;专题二,介绍前进阶段中的古籍工作;“我与重庆图书馆”征文,汇集了馆内各工作人员的论述;附录,附重庆图书馆有关史料。（于静）

5525

徽州藏书文化 / 薛贞芳著. -- 合肥:安徽大学出版社,2007. -- 338 页, 4 页图版:图(部分彩图), 摹真;21cm. -- 978-7-81110-294-9(北京师范大学图书馆)

徽州藏书文化的内容十分丰富,本书的作者首先对中国藏书文化研究进行回顾与现状描述,并概述了徽州藏书文化的研究情况,接着用四章的内容分别介绍了徽州藏书文化形成的背景、徽州私家藏书的历程、徽州公藏之构成、徽州藏书文化解读等问题。本书的研究思路是试图从藏书史和文化史的双重视角去进行分析与探讨。在第三章“徽州公藏之构成”的内容中单列了一节“徽州宗族藏书”,突出徽州藏书文化的主要特色之一。第四章“徽州藏书文化解读”则比较系统地阐释了徽州藏书绚丽多彩的文化内涵,这是本书的重要特点。在全书的篇章结构上,为了使全书的内容更加充实,前面选用了数幅精美而珍贵的文物图片;为了方便徽学研究者,书后附录《徽学研究论著目录》(1932—2005),可据此按图索骥,或至安徽大学图书馆查阅该汇编。（于静）

5526

澳门图书馆的系统研究 / 杨开荆, 赵新力著. -- 广州:广东人民出版社,2007. -- 491 页:图;23cm. -- 本丛书由澳门基金会及澳门特别行政区政府文化局策划并资助; 本研究的“发展规划”项目获澳门科学技术发展基金资助. -- 978-7-218-05494-0(北京大学图书馆)

澳门图书馆事业的发展不仅仅是一座新公共图书馆的建置,而是整个澳门地区图书馆的系统规划;而它的发展目标亦不仅仅是图书馆界的目标,而是澳门社会长远发展的重要战略目标。本书首先对于澳门图书馆事业发展渊源和国内外图书馆事业成功经验作了背景研究,其次就澳门图书馆事业作了实证研究和对澳门图书馆事业战略目标作了环境分析,然后提出了澳门图书馆事业发展规划,最后就澳门图书馆事业的可持续发展提出了看法和建议。该书的第三和

第四部分是重点。在“发展规划”部分中,作者提出澳门图书馆网络系统模式的新思维,研究全澳文献资讯资源网络总库的构建、探索和思考“澳门记忆工程”的建设;在“可持续发展”部分中,作者探索如何建立澳门图书馆长效发展的保障体系,就制订《澳门图书馆法》和如何规范澳门图书馆员专业伦理进行研究。(于静)

5527

米兰昂布罗修图书馆与中西文化交流 /(意)傅马利(Pier Francesco Fumagalli)著. -- 杭州:浙江大学出版社,2008. -- 159 页:图;21cm. -- 教育部哲学社会科学创新基地浙江大学基督教和跨文化研究中心项目成果. -- 978 -7 -308 -06201 -5(国家图书馆)

本书所收文章大多为作者近年在华讲学和参加学术会议的论文,内容涉及中意文化交流、意大利文艺复兴、昂布罗修图书馆有关东方文化的文献收藏,以及作者对历史上东西方文化交流和不同宗教之见对话的思考。(韩丽)

5528

澳门文献与澳门图书馆事业 / 澳门图书馆暨资讯管理协会编;李星儒主编. -- 澳门:澳门图书馆暨资讯管理协会,2008. -- 228 页;23cm. -- 978 -99937 -31 -13 -9(国家图书馆)

本书是澳门图书馆暨资讯管理协会学刊第 9 期。本书收录了多位专家针对澳门文献与澳门图书馆文献的专业意见。主要有《浅谈澳门地方文献资料库建设》(邓华超)、《澳门文献的特征与资料源》(王国强)、《澳门地区图书馆文献资源共建共享研究》(郑淑清)、《澳门政府文献的收藏与利用》(郑佩仪)、《回归后澳门中文出版业概况》(郑开发)、《澳门人文及社会科学社团中文学术出版品的研究》(王国强)等 14 篇文章。书前有主编李星儒写的前言。(赵红)

5529

瞿氏铁琴铜剑楼研究 / 曹培根著. -- 苏州:苏州大学出版社,2008. -- 323 页:图,肖像,摹真;21cm. -- 978 -7 -81137 -136 -9(国家图书馆)

本书共 15 章,论述瞿氏铁琴铜剑楼在中国藏书史上的地位,铁琴铜剑楼藏书形成的背景,瞿氏五代楼主藏书事迹与读书成果,铁琴铜剑楼藏书目录、藏书精品、文物收藏、交往人物,铁琴铜剑楼建筑与现状,铁琴铜剑楼研究与大事纪要。(张玲)

5530

中国高等学校图书馆大全 / 高等学校图书情报工作指导委员会主编. -- 北京:印刷工业出版社,2008. -- 2 册(28,1787 页):图;29cm. -- 978 -7 -80000 -754 -5(国家图书馆)

本书汇编了全国各类高校图书馆的最新情况,介绍了近 2000 所高校图书馆的基本情况,包括普通高校、独立学院、成人高校、军事院校图书馆,还精选了图书馆改革方面的近百篇优秀论文。(张玲)

5531

浙江省高等学校图书馆指南 / 高跃新主编;浙江省高等学校图书情报工作委员会编. -- 杭州:浙江大学出版社,2008. --250 页:照片;27cm. -- 978 -7 -308 -06466 -8(国家图书馆)

本书是一部系统反映浙江省高校图书馆事业基本情况的资料性、专业性工具书。(张玲)

5532

甘肃图书馆事业发展与创新研究 / 郭向东,董隽主编;甘肃省图书馆学会编著. -- 兰州:甘肃民族出版社,2008. -- 244 页;21cm. -- 978 -7 -5421 -1429 -7(国家图书馆)

本书分:图书馆管理、资源建设与共享、地方文献、新农村建设与图书馆、图书馆员、图书馆的现代化服务、学术交流七部分内容。(张玲)

5533

它山之石可以攻玉:2007 年度浙江省公共图书馆馆长高级研修班论文集 / 贾晓东主编. -- 杭州:浙江古籍出版社,2008. -- 191 页:彩照;21cm. -- 978 -7 -80715 -427 -3(国家图书馆)

本书收集了来自浙江省各地各级公共图书馆馆长所写的 35 篇论文,探索了公共图书馆如何更好地履行职责,拓展事业,改善服务,提升效益,满足社会和公众多样化的文化需求。(韩丽)

5534

苏南基层图书馆的创新与发展:对昆山、张家港的调研报告 / 蒋颖,顾红,彭绪庶著. -- 北京:中国大地出版社,2008. --208 页:图;21cm. -- 中国社会科学院国情调研项目. -- 978 -7 -80246 -131 -4(国家图书馆)

本书包括江苏省基层公共图书馆发展概况、昆山市和张家港市的公共图书馆建设、昆山市和张家港市图书馆的读者服务工作、解读基层公共图书馆的“苏南现象”等。(韩丽)

5535

农村(社区)图书室服务与管理 / 冷秀云,孙孝诗主编. -- 青岛:中国海洋大学出版社,2008. -- 268 页;23cm. -- 978 -7 -81125 -168 -5(国家图书馆)

本书共 8 章,涉及基层图书室的基础业务、日常管理和共享工程建设等。注重从实际出发,从图书室的基础工作做起,并多用事例以阐述各项业务工作。(韩丽)

5536

引领学习　激扬智慧:绍兴县图书馆解读 / 李鸿翔主编. --杭州:西泠印社出版社,2008. -- 140 页:照片,图;25cm. -- 978 -7 -80735 -434 -5(国家图书馆)

本书全面介绍了绍兴图书馆,包括沿革概述篇、文献资源篇、读者服务篇、网络信息篇、流动图书篇、文化共享篇、交流合作篇等。(韩丽)

5537

河南大学图书馆史 / 李景文主编. -- 开封:河南大学出版社,2008. -- 432 页:照片;23cm. -- 978 -7 -81091 -871 -8(国家图书馆)

本书介绍了新中国成立前的河南大学图书馆、河南大学图书馆的新生、调整时期的河南大学图书馆、改革开放时期

的河南大学图书馆、河南大学图书馆人等内容。(韩丽)

5538

图书馆发展研究 / 李群著. -- 昆明:云南民族出版社,2008. -- 222 页;21cm. -- 典藏大理. -- 978 - 7 - 5367 - 4082 - 2(国家图书馆)

本书收录了云南省图书情报方面的相关文章,包括《知识经济与图书馆改革》《浅议文检课教学质量评估》《云南少数民族声像信息资源整合与利用》等。(韩丽)

5539

潍坊市图书馆志 / 栗祥忠主编;《潍坊市图书馆志》编委会编. -- 北京:文物出版社,2008. -- 355 页:照片;26cm. -- 978 - 7 - 5010 - 2646 - 3(国家图书馆)

本书共分 13 章,从历史沿革、馆舍变迁、队伍建设到文献收藏、读者服务、教育培训等方面,记录了潍坊市图书馆建馆至今的发展历程。(韩丽)

5540

香海传薪录:香港学海书楼纪实 / 林亚杰主编;广东省政协文化和文史资料委员会编. -- 北京:中国文史出版社,2008. -- 392 页:照片,图;25cm. -- 978 - 7 - 5034 - 2163 - 1(国家图书馆)

本书介绍了学海书楼的历史沿革、书楼在推动香港华文教育中的历史作用、书楼的藏书与坚持举办长达 80 余年的国学讲座等。(韩丽)

5541

中外图书馆发展史概论 / 马炎编著. -- 北京:兵器工业出版社,2008. -- 195 页;21cm. -- 978 - 7 - 80248 - 251 - 7(国家图书馆)

本书对中外图书馆的起源、发展过程及现状作了讲述,并力求探索中外图书馆发生、发展的进程与社会政治、经济、文化的相互关系,为图书馆事业的建设而服务。(张玲)

5542

覆盖全社会的公共图书馆服务体系:模式、技术支撑与方案 / 邱冠华,于良芝,许晓霞著. -- 北京:北京图书馆出版社,2008. -- 262 页:图;26cm. -- 中国图书馆学会资助研究项目. -- 978 - 7 - 5013 - 3610 - 4(国家图书馆)

本书对公共图书馆服务体系作了全面的探讨与研究,具体内容包括基本概念、回顾与借鉴、主要模式、主要案例分析、面向总分馆/通借通还网络的技术支撑设计等。(张玲)

5543

辽宁省图书馆六十年 / 王荣国主编. -- 沈阳:沈阳出版社,2008. -- 825 页:照片,肖像;29cm. -- 辽宁省图书馆 60 周年馆庆纪念丛书. -- 978 - 7 - 5441 - 3679 - 2(国家图书馆)

本书分为领导关怀篇、藏书建设篇、读者服务篇、辅导学会篇、后勤福利篇、机构人事篇、党团工会篇、交流往来篇、荣誉奖励篇,全面介绍了辽宁省图书馆的各方面情况。(韩丽)

5544

农家书屋工程"十一五"时期建设规划 / 新闻出版总署农家书屋工程建设领导小组办公室编. -- 北京:中国书籍出版社,2008. -- 166 页;26cm. -- 农家书屋. -- 978 - 7 - 5068 - 1651 - 9(国家图书馆)

农家书屋工程是农村文化建设的基础性工程,是主要由政府投入建设的公益性文化事业。本书具体表述了农家书屋工程"十一五"规划总表。(张玲)

5545

农家书屋工程实施计划. 2007 / 新闻出版总署农家书屋工程建设领导小组办公室编. -- 北京:中国书籍出版社,2008. -- 631 页;26cm. -- 农家书屋. -- 978 - 7 - 5068 - 1650 - 2(国家图书馆)

农家书屋工程是农村文化建设的基础性工程,是主要由政府投入建设的公益性文化事业。本书具体表述了农家书屋工程 2007 年的实施计划。(张玲)

5546

大学图书馆电子资源绩效评价研究 / 徐革著. -- 成都:西南交通大学出版社,2008. -- 278 页:图;21cm. -- 西南交通大学出版基金资助. -- 978 - 7 - 81104 - 949 - 7(国家图书馆)

本书共分六章,主要内容包括:电子资源绩效评价综述、电子资源管理、大学图书馆电子资源绩效评价的理论研究、构建电子资源绩效评价指标体系等。(张玲)

5547

民族图书馆学研究. 四:第十次全国民族地区图书馆学术研讨会论文集:少数民族古籍整理、研究、保护和开发专题 / 杨长虹主编;中国民族图书馆编. -- 沈阳:辽宁民族出版社,2008. -- 453 页;26cm. -- 民族图书馆学论丛. -- 978 - 7 - 80722 - 692 - 5(国家图书馆)

本书内容包括古籍文献研究,古籍整理、研究、保护与开发,古籍数字化与数据库建设,古籍人才培养,民族及民族地方文献研究等。(韩丽)

5548

嘉业堂志 / 应长兴,李性忠主编. -- 北京:北京图书馆出版社,2008. -- 335 页:地图,照片;29cm. -- 978 - 7 - 5013 - 3775 - 0(国家图书馆)

本书共分 7 章,内容包括:综述、藏书、刻书、嘉业藏书楼的建设和园林与设备、文献辑存等。(韩丽)

5549

福建藏书楼 / 尤小平著. -- 福州:海峡文艺出版社,2008. -- 310 页;21cm. -- 978 - 7 - 80719 - 260 - 2(国家图书馆)

本书介绍了福建藏书概述、宋代的私家藏书、明代的私家藏书、清代的私家藏书、从藏书楼走向图书馆。(韩丽)

5550

十年:南山图书馆 / 余子牛主编;深圳南山图书馆编. -- 长沙:岳麓书社,2008. -- 2 册(242 页;169 页):照片;26cm. --978 - 7 - 80665 - 994 - 6(国家图书馆)

本书分为"理论与实践"、"随笔与感怀"、"媒体聚焦"以及"附录"四部分,共收入文章近 50 篇。(韩丽)

5551

新时期西北地区图书馆事业创新与发展 / 张欣毅主编. -- 银川:宁夏人民教育出版社,2008. -- 335 页;24cm. -- 西北五省(区)图书馆第九次科学讨论会论文集. -- 978 - 7 -

80764 - 059 - 2(国家图书馆)

本书收录的文章就图书馆理论与西部发展实践中的热点问题进行深入探讨,具体内容包括"中文电子期刊著录原则探讨"、"少年儿童阅读现状调查"等。(韩丽)

5552

中国图书馆事业发展报告:2007 / 中国图书馆学会,国家图书馆编. -- 北京:北京图书馆出版社,2008. -- 252 页;21cm. -- 978 - 7 - 5013 - 3638 - 8(国家图书馆)

本报告反映 2006 年中国图书馆事业发展基本情况。分综合报告、分报告两部分。包括:概述、发展状况、问题与展望,以及国家图书馆、公共图书馆、高校图书馆、专业图书馆、其他系统图书馆、图书馆学教育、图书馆学研究等。(张玲)

5553

首席执行官和乡村图书馆 / 朱闪,贾云峰主编. -- 北京:华艺出版社,2008. -- 191 页:彩照;26cm. -- 978 - 7 - 80142 - 991 - 9(国家图书馆)

本书内容共分三章,记录了作者在宁夏和内蒙建立图书馆的故事。(韩丽)

5554

故宫图书及内务档案史料(影印本) / 煮雨山房编. -- 扬州:广陵书社,2008. -- 5 册;29cm. -- 978 - 7 - 80694 - 338 - 0(国家图书馆)

本书收民国时期故宫图书及内务档案史料共 19 种,其中图书类七种。包括《天禄琳琅四库荟要排架图》《国立北平图书馆故宫博物院图书馆满文书籍联合目录·北平故宫博物院图书馆南牵书籍清册》等。(张玲)

5555

西部县级公共图书馆发展战略研究 / 祝丽君著. -- 成都:电子科技大学出版社,2008. -- 116 页;21cm. -- 978 - 7 - 81114 - 910 - 4(国家图书馆)

本书通过对西部县级公共图书馆办馆条件及读者借阅状况的广泛调研,着重反映了西部县级公共图书馆当前建设与发展中存在的困难、问题与矛盾。(韩丽)

5556

中国图书馆年鉴. 2006 / 李国新主编;中国图书馆学会编. -- 北京:现代出版社,2008. -- 11,764 页:照片,图;28cm. --英文共同题名:China library yearbook. --978 - 7 - 80188 - 982 - 9(国家图书馆)

《中国图书馆年鉴 2006》是反映中国图书馆事业年度发展状况的大型资料工具书。正文采用分类编辑法。全文由纪事、专文、图书馆工作、学术研究与活动、法律法规与规范性文件、专业教育、专业文献、统计资料、参考资料九大部分构成。书后附有综合索引,主要反映 2005 年中国图书馆事业的发展状况。(张玲)

5557

中国图书事业史 / 来新夏等著. -- 上海:上海人民出版社,2009. -- 498 页:图;21cm. -- 978 - 7 - 208 - 08170 - 3(国家图书馆)

本书描述了周秦至近代的我国图书事业发展的历史。全书不仅仅限于图书的编纂、典藏,还包括图书的刊印、流通、目录学研究,以及近代图书事业的兴起和发展。(赵红)

5558

探索:图书馆里的思想 / 孙启存编著. -- 哈尔滨:哈尔滨出版社,2009. -- 259 页:照片;24cm. -- 978 - 7 - 80753 - 558 - 4(国家图书馆)

本书收集了一些关于古今中外图书馆的史料,包括大英图书馆、中国国家图书馆、法国图书馆、美国总统图书馆等。全书共分三编:第一编,传承——文化苦旅中的绿洲;第二编,闪耀——智慧顶峰上的明珠;第三编,守望——人类精神的希望彩虹。书前有作者写的序言。(赵红)

5559

江南藏书史话 / 王绍仁. -- 上海:上海古籍出版社,2009. -- 740 页;21cm. -- 978 - 7 - 5325 - 5120 - 0(国家图书馆)

本书内容包括:皕宋楼藏书去国原委、皕宋楼版本与目录研究、皕宋楼与陆心源生平研究、中日书籍交流研究、江南藏书研究、湖州藏书研究等。(赵红)

5560

中国官府藏书 / 肖东发主编;何东红,朱赛虹编著. -- 贵阳:贵州人民出版社,2009. -- 245 页:图;25cm. -- 藏书·中国. -- 978 - 7 - 221 - 08410 - 1(国家图书馆)

本书内容包括发轫之初的商周官府藏书、成型定制的秦汉官府藏书、承前启后的魏晋南北朝官府藏书、飞速发展的隋唐五代官府藏书、灿烂夺目的宋辽金夏元官府藏书、近代政府藏书等 8 章。(赵红)

5561

中国私家藏书(上). 先秦至明代 / 肖东发主编;刘大军,喻爽爽编著. -- 贵阳:贵州人民出版社,2009. -- 300 页:图;25cm. -- 藏书·中国. -- 978 - 7 - 221 - 08411 - 8(国家图书馆)

本书共分 6 章。第一章先秦秦汉私家藏书;第二章魏晋南北朝私家藏书;第三章隋唐五代私家藏书;第四章宋代私家藏书;第五章元代私家藏书;第六章明代私家藏书。书前有编者肖东发写的序。(赵红)

5562

中国私家藏书(下). 清前期及近现代 / 肖东发主编;李云编著. -- 贵阳:贵州人民出版社,2009. -- 354 页:图;25cm. -- 藏书·中国. -- 978 - 7 - 221 - 08411 - 8(国家图书馆)

本书内容包括江苏的私家藏书、浙江的私家藏书、福建的私家藏书、四川的私家藏书、南方其他省的私家藏书、山东的私家藏书、京津地区的私家藏书、北方其他地区的私家藏书等。(赵红)

5563

中国宗教藏书 / 肖东发主编;徐建华,陈林编著. -- 贵阳:贵州人民出版社,2009. -- 214 页:照片;25cm. -- 藏书·中国. -- 978 - 7 - 221 - 08413 - 2(国家图书馆)

本书介绍了中国宗教藏书情况,包括佛教藏书的起源、手写大藏时期的佛教藏书、雕版大藏时期的佛教藏书、道教藏书的起源、明末清初基督教藏书之肇发等章节。(赵红)

5564

中国书院藏书 / 肖东发主编;赵连稳编著. -- 贵阳:贵州人民出版社,2009. -- 203 页:图;26cm. -- 藏书 · 中国. -- 978 -7 -221 -08412 -5(国家图书馆)

本书介绍了中国书院,以及藏书情况,包括兰山书院、贵山书院、五华书院、莲池书院、大梁书院、嵩阳书院、广雅书院等。(赵红)

5565

中国图书馆年鉴. 2007 / 詹福瑞主编;中国图书馆学会,国家图书馆编. -- 北京:国家图书馆出版社,2009. -- 18,910 页:照片,图;28cm. -- 978 -7 -5013 -3988 -4(国家图书馆)

《中国图书馆年鉴》自 2007 年卷起,由中国图书馆学会、国家图书馆联合主办,编纂工作由国家图书馆研究院《中国图书馆年鉴》编辑部主持。《中国图书馆年鉴》2007 年卷反映 2006 年中国图书馆事业的发展状况。《中国图书馆年鉴》2007 年卷正文采用分类编辑法。全文由纪事、专文、图书馆工作、学术研究与活动、法律法规与规范性文件、专业文献、统计资料等几大部分构成。书后附有综合索引。(卓连营)

5566

中国图书馆年鉴. 2008 / 詹福瑞主编;中国图书馆学会,国家图书馆编. -- 北京:国家图书馆出版社,2009. -- 12,682 页: 照片,图;28cm. -- 978 -7 -5013 -4004 -0(国家图书馆)

《中国图书馆年鉴》自 2007 年卷起,由中国图书馆学会、国家图书馆联合主办,编纂工作由国家图书馆研究院《中国图书馆年鉴》编辑部主持。《中国图书馆年鉴》2008 年卷反映 2007 年中国图书馆事业的发展状况。《中国图书馆年鉴》2008 年卷正文采用分类编辑法。全文由纪事、专文、图书馆工作、学术研究与活动、法律法规与规范性文件、专业文献、统计资料等几大部分构成。书后附有综合索引。(卓连营)

5567

中国图书馆年鉴. 2009 / 詹福瑞主编;中国图书馆学会,国家图书馆编. -- 北京:国家图书馆出版社,2009. -- 11,808 页:图,照片;28cm. -- 978 -7 -5013 -4227 -3(国家图书馆)

《中国图书馆年鉴》自 2007 年卷起,由中国图书馆学会、国家图书馆联合主办,编纂工作由国家图书馆研究院《中国图书馆年鉴》编辑部主持。《中国图书馆年鉴》2009 年卷反映 2008 年中国图书馆事业的发展状况。《中国图书馆年鉴》2009 年卷正文采用分类编辑法。全文由特载、纪事、专文、图书馆工作、学术研究与活动、法律法规与规范性文件、专业文献、统计资料等几大部分构成。书后附有综合索引。(卓连营)

5568

海源阁 / 张连增主编. -- 济南:山东友谊出版社,2009. -- 53 页:图,肖像;29cm. -- 978 -7 -80737 -481 -7(国家图书馆)

本书内容包括:海源书话;图情论坛;名家话苑;湖畔诗韵;书林清风;丹青墨宝;古韵遗风。(赵红)

5569

中国图书馆事业发展报告. 2008 / 中国图书馆学会,国家图书馆编. -- 北京:国家图书馆出版社,2009. -- 185 页:21cm. -- 978 -7 -5013 -4005 -7(国家图书馆)

本报告反映 2007 年度中国图书馆事业发展基本情况。(赵红)

5570

琴剑流芳:铁琴铜剑楼纪念馆 / 仲伟行编著. -- 上海:上海文化出版社,2009. -- 124 页:照片;21cm. -- 馆藏常熟第二辑/庞欢主编. -- 978 -7 -80740 -394 -4(国家图书馆)

铁琴铜剑楼是中国著名的私家藏书楼,建于清乾隆年间,后由国家收管。本书内容包括:百年收藏、百年呵护、文物捐献、研究评述、藏书文化。(赵红)

情报学情报工作综论

5571

工厂科技情报工作 / 武汉大学图书馆学系 73 届工农兵学员编. -- 武汉:武汉大学图书馆学系(内部出版),1976. -- 52 页;19cm(国家图书馆)

本书内容包括:工厂科技情报工作的性质与任务;工厂科技情报资料工作,介绍了科技情报资料的类型、收集、整理、期刊管理、目录、索引、文摘刊物的管理;工厂科技情报资料的检索;工厂科技情报资料的服务工作;工厂科技情报的分析研究与传播;工厂科技情报网的建立及对情报人员的要求和培养。(于静)

5572

农村科技情报工作 / 武汉大学图书馆学系七四工农兵学员编. -- 武汉:武汉大学图书馆学系(内部出版),1976. -- 38 页(武汉大学图书馆)

本书内容包括:搞好农业科技情报工作是农业学大寨、普及大寨县的需要;以四级农科网为基础建立农业科技情报网;广泛开展科技情报活动,为实现农业现代化而斗争;加强调查研究,讲求情报服务工作的实效;注意情报资料的搜集和管理,充分发挥情报资料的作用。(于静)

5573

科技情报工作文选 / 西安铁路局科研所编. -- 西安:西安铁路局科研所(内部出版),1976. -- 76 页;26cm(国家图书馆)

本书收录的文章有:《全国科学技术情报工作会纪要》《关于健全和发展全国科学技术情报网的几点意见》《关于加强科学技术情报资料工作的几点意见》《全国科学技术情报工作会议报告》《全国技术革新和科技情报工作会议简报》《关于健全和发展铁路科技情报网的几点意见》《认真学习无产阶级专政理论 积极开展情报活动》《我们是怎样实行专群结合搞情报的》《加强领导 大力开展群众性科技情报工作为三大革命斗争服务》《我是怎样做科技情报工作的》《坚持政治挂帅 做好技术情报工作》《结合生产 依靠广大群众开展情报活动》。(于静)

5574

科技情报工作人员的培养问题述译 /(苏)吉里亚列夫斯基(P. C. Гиляревский)著;王熹,陈仲实译. -- 北京:科学技术文献出版社,1978. -- 94 页;19cm. -- 17176. 154(北京大学图书馆)

本专题述评,介绍了美国、英国、西德、法国、荷兰、瑞典、意大利、印度、日本等培养情报工作人员的概况以及联合国教科文组织、工业发展组织和国际文献联合会等国际机构在这方面的活动。内容包括培养情报工作人员的历史、组织、方式和方法,教学计划和教学大纲,所用教材,对培养情报人员的要求以及情报工作人员培养工作的发展前景。作为附录,述评列举了一些资本主义国家培养情报工作人员用的教学大纲。文末附有情报学教学重要参考文献目录。(于静)

5575

科技情报业务讲座资料 / 北京市科学技术情报研究所编. --西安:陕西省科学技术情报研究所(内部出版),1979. --142 页;19cm(国家图书馆)

本书内容包括:现代科学技术与情报工作、科技情报检索的理论与实践、国外科技情报工作现代化概况、国外专利概况及其利用、科技情报的调研工作、再谈科技情报的调研工作。(于静)

5576

科技情报工作业务学习资料选编 / 甘肃省科技情报研究所,甘肃省科技情报学会编. -- 兰州:甘肃省科技情报研究所;甘肃省科技情报学会(内部出版),1979. -- 357 页;26cm(国家图书馆)

本书内容包括:第一部分,收录有关科学技术情报工作的各种会议报告、工作方案等;第二部分,介绍科技情报工作与情报学的基本知识、我国科技情报工作的方针任务、我国科技情报事业的建设、国外科技情报工作发展概况、科技情报工作的现代化;第三部分,介绍资料的搜集、资料的整理、资料的保管与资料的利用原则、方法等。(于静)

5577

科技情报文献工作常识 / 沈家模,许培基编著. -- 上海:上海科技教育出版社,1979. -- 82 页;26cm. -- 17192. 10(国家图书馆)

本书内容包括:科技文献及情报资料的类型、级别,科技文献情报资料的收集原则、方法和几种主要目录工具,科技文献情报资料的分类,图书、期刊和资料的管理及管理的技术标准,科技文献情报资料的检索工具及排检方法,工厂科技情报资料室的服务工作。全书着重研究科技情报资料工作,主要是收集、整理、分析研究、利用、交流等几个工作环节:(1)根据生产、科研的计划,针对生产关键围绕"双革"、"四新"项目,如何有计划地收集科技情报资料。(2)加强科技情报资料的组织管理、提高工作水平,做到科技情报资料的管理科学化、便于利用。(3)如何利用各种科技检索工具为领导及技术部门制订生产计划、进行生产技术决策时,提供国内外水平动向的战略情报,同时面向广大工人、技术人员开展服务工作。(4)怎样加强与本行业、本地区各科研单位及兄弟单位之间的协作,开展科技情报资料的交流活动。(于静)

5578

农业科技文献工作 / 阎鸿志编著. -- 郑州:河南人民出版社,1979. -- 140 页;19cm. -- 16105. 55(国家图书馆)

本书内容包括:科技文献的概念及其级别、农业科技文献的来源、农业科技文献的查找、农业科技文献的选择、农业科技文献的阅读、农业科技文献的翻译、农业科技文献资料的积累和应用、科学思维及其运用、科技情报网及其现代化。(于静)

5579

情报学 / 樊民等编. -- 北京:一机部农机部部属院校情报网(内部出版),1980. -- 235 页; 26cm(国家图书馆)

本书内容包括:情报学的对象和性质、情报传递、情报源、情报搜集、情报整理、情报检索、情报报导和服务、情报研究和技术预测、技术经济情报分析和专利情报、情报技术现代化概述、电子计算机情报检索原理、缩微、复制和翻摄技术的原理及应用、情报体系、情报人员的培养。本书是一本情报学基础教材,其主要读者对象是一机、农机系统的情报工作人员和高等院校的学生,其目的是使他们对情报学的对象、性质、内容,情报学和情报工作的关系,情报工作的方针、任务、作用和各环节的工作原则与方法获得较全面的认识,使他们对如何开展情报工作和如何利用情报获得基本的知识。(于静)

5580

文献与情报工作国际标准汇编 / 国际标准化组织(ISO)著;中国科学技术情报研究所全国文献工作标准化技术委员会译. -- 北京:科学技术文献出版社,1980. -- 361 页;25cm. --17176. 250(国家图书馆)

本书内容包括:出版物格式、文献题录、文摘的编排与著录、文字音译、文献代号与国名代号,主题词表编制,磁带格式,文献复制与缩微化,图书与情报单位的名录与统计等 8 类。可供国内图书、情报、档案与出版等部门的工作人员及科研、设计、生产与教学部门有关人员参考。本书将 1979 年《ISO 国际标准目录》中列出的属于 TC46 与 TC171 的全部国际标准及 1979 年公布的有关国际标准 38 个列入选题范围,而后全文照译,介别地方适当加了一点译注。(于静)

5581

农业情报研究与预测 / 薛紫华编著. -- 北京:农业出版社,1980. -- 196 页;19cm. -- 7 - 109 - 01664 - 1(国家图书馆)

本书介绍了农业情报科学的一般理论、农业情报研究的任务、农业情报研究的方法、农业情报预测技术、市场情报调查、农业情报研究成果与评价、科技咨询与情报服务等。(于静)

5582

情报系统和情报服务 / 中国科学技术情报研究所编辑. -- 北京:科学技术文献出版社,1980. -- 68 页;19cm. -- 17176. 253(国家图书馆)

本书内容包括:情报系统和情报服务的技术现状,介绍当前情报系统和情报服务的功能及趋势、情报系统和情报服务的描述、情报传递链中主要工作的描述;新技术对情报行业和情报专业组织的影响,介绍情报工作者与专业协会;国际情报资源与管理,介绍国际情报传递合作的重要性和特点、国际合作的各种形式;新技术对情报工业的影响,介绍联机情报系统对未来生活的影响、联机情报系统的发展及其根本特点、新技术对图书馆工作的影响;联机检索系统对科技情报用户的影响,介绍用户的不同类型联机检索系统普遍增长的原因、数据库使用者的培训、联机文献服务的市场;文献资料数据库,介绍一般特性、数据库的具体特点以及数据库的内容。(于静)

5583

你知道文献技术吗?/(法)雅克·肖米埃著;李大年,周树森译. -- 北京:科学技术文献出版社,1982. -- 89 页;19cm. -- 17176.327(国家图书馆)

本书为法国文献技术专家雅克·肖米埃所著。内容丰富,深入浅出。全书共分 6 章,介绍了文献工作的历史、文献工作系统、文献工作手段(情报的贮存、复印技术、情报检索)、文献语言(层次结构语言、组配结构语言、人造语言)、文献工作自动化(管理、查找、定题、软件)、文献网络(合作网络、检索系统)等内容。(于静)

5584

情报系统和服务机构手册/(美)艾瑟顿著;刘昭东等译. --北京:科学技术文献出版社,1982. -- 230 页. -- 17176.328(国家图书馆)

本《手册》扼要地介绍了情报系统各方面的最新知识。内容包括各种类型的情报服务机构的基本概念、国家和国际情报政策和计划、情报系统和机构的管理、有关情报标准、情报技术和工作程序、文献情报的搜集和处理、专业情报机构、情报设备和情报工作的领域:教育计划和培训、专业协会和指南以及一些有价值的参考文献。此书是科技情报工作者和图书馆工作者的工作手册,又是培训科技情报专业人员和大专院校情报专业教学的重要参考书。(于静)

5585

社会科学与情报/(苏)维诺格拉多夫著;王奇译. -- 北京:中国人民大学出版社,1982. -- 198 页. -- 3011.161(国家图书馆)

本书是苏联全面论述社会科学情报工作理论与实践的专著,内容包括:社会科学的发展与情报保障的一般问题、社会科学领域情报服务的组织、苏联科学院社会科学情报研究所的科学情报活动概况、苏联科学院社会科学情报研究所的情报出版物系统、社会科学情报和高等学校、社会科学整体自动化情报系统、国外社会主义国家社会科学情报的组织、社会科学情报领域的国际关系。作者根据对苏联国内外人文科学情报活动所作的综合理论分析,论证了苏联社会科学领域统一科学情报系统的基本思想,提出了科学情报活动的方法论标准和基本组织原则。本书对于研究苏联社会科学情报工作的现状有一定的参考价值。(于静)

5586

科技情报工作基本知识/北京科技情报学会编辑. -- 北京:北京科技情报学会(内部出版),1982. -- 393 页(国家图书馆)

本书全面地讲解科技情报与科技情报工作的基本知识,有选择地介绍了当前国内外情报理论与方法研究中的一些有代表性的学术观点,并就情报的基本概念,文献与情报的关系,情报研究的地位及其成果评价,情报工作的组织管理以及我国科技情报工作现代化等问题提出了看法和意见。本书的作者们来自不同类型的专业情报机构和图书馆,并有较长时间的工作实践,因而在本书的内容中尚包括着对于情报工作实际经验的概括和若干实例的列举。以科技情报工作知识的系统讲解为主,兼顾不同学术观点的探讨和情报工作经验的总结与介绍是本书的一个重要特点。作为情报工作基本知识课本,书中有关情报学方面的一些概念和术语,尽量采用通用的说法予以描述。(于静)

5587

科技情报工作讲座/沈家模编著. -- 南京:江苏科学技术出版社,1982. -- 242 页;19cm. -- 13196.112(国家图书馆)

本书是著者在多年的各种培训班和讲座的讲稿基础上加工整理而成的,内容包括:科技情报工作的历史概况、科技情报工作产生的必要性及其意义、科技情报工作的基本内容、科技情报的来源、科技情报的搜集工作、科技情报的管理工作、科技文献的检索工作、检索工具及其使用、专利和专利文献及其检索、《汉语主题词表》简介、科技情报的文献服务工作、科技情报的研究工作、科技情报的报道工作、科技情报的编辑出版工作、工厂企业的情报工作、各国科技情报工作现状、科技情报工作的现代化、科技情报工作人员的基本功。(于静)

5588

科技情报工作文集/中国科学技术情报研究所重庆分所编辑. -- 重庆:科学技术文献出版社重庆分社,1982. -- 415 页;19cm. -- 17176.290(国家图书馆)

本文集收集了一批国内外有关科技情报工作的文章,按国外论文选编、国外论文文摘、统计数字、名词解释、计量单位、中外对照主题词表进行组织,从各种不同的角度介绍了有关科技情报工作的动向、理论、方法和经验。这些文章中有些论点不一定很成熟,介绍出来仅供读者参考。此外,为了便于科技情报工作者和科技工作者直接利用国外检索工具查找各国的科技文献,书中组织编译了美国《工程索引》和苏联《拖拉机和农业机具文摘》的中外对照主题词表。(于静)

5589

文献与情报工作词典/周智佑编译. -- 北京:科学技术文献出版社,1982. -- 415 页;19cm. -- 17176.318(国家图书馆)

本词典是根据联合国教科文组织 1976 年出版的"Terminology of Documentation"编译的,共收词 1200 条,连同义词共约 1600 条,范围包括情报与文献工作基本问题,文献,情报与文献工作活动、系统、机构与专业等。正文按中文词条分类排列,其下列出相应的英、法、德、日、俄与西班牙的对应词,该词条的定义、注释与参见。书后附有七种文字的字顺索引。本词典选词精当,定义严谨,参见详尽,全书融为整体。可供情报、图书、资料、档案、出版及学术部门的有关人员参考。(于静)

5590

现代情报技术/上海科学技术情报研究所编. -- 上海:上海科学技术情报研究所(内部出版),1983. -- 228 页;19cm

(西安交通大学图书馆)

本书内容包括:情报科学的形成,介绍了关于情报的基础知识、科学技术情报工作与现代情报技术;电子计算机在情报工作中的应用,介绍了应用电子计算机实现情报处理自动化的原理、电子计算机情报检索系统、题录索引的自动编制、汉字信息处理技术、计算机在语言翻译中的应用——机器翻译;现代通信技术,介绍了电话通信、电缆传输、微波传输、卫星通信系统、光通信技术;照相缩微与高密度信息存贮技术,介绍了照相综合存贮技术、全息缩微存贮技术、逐点式激光存贮器——光盘;复印技术,介绍了化学复印法、热敏复印法、电子复印法和其他方法;情报科学的未来,内容有:给计算机装上眼睛、给计算机装上耳朵、使资料的前处理工作全盘自动化、原始情报的精炼自动化、为人类配备第二个大脑、具有思维能力的计算机情报检索系统的出现。(于静)

5591

英汉情报文献工作词汇 / 上海市科技情报学会秘书处编. --上海:上海市科技情报学会秘书处(内部出版),1983. -- 207,16 页;19cm(北京大学图书馆)

随着情报事业的蓬勃发展,使情报科学的内容日臻丰富。各类论著不断涌现,在了解和研究国外情报科学的理论方法、吸取有关情报文献工作经验的过程中,广大情报工作者都希望能有一本较理想的情报文献工作专业词汇,作为学习、研究和工作的工具书。自 1981 年下半年以来,我们组织了部分会员,先后查阅了 20 多种中外书刊文献,从中翻译、选辑了与情报文献工作有关的各类词汇共11000余条,编成本书。本书收录了一定数量的有关计算机检索和机器翻译工作,缩微复制技术、声像资料、现代通信手段和电子技术的运用方面的词汇,对相关学科中有关预测、规划、管理、咨询、通信等方面的一些基础词汇,也作了适量收录。此外,对于标准、专利、档案等方面的一些常用词汇,也都收录;而对传统图书馆学中有关装帧、版本校勘、书刊订购等方面的词汇,仅作少量收录。(于静)

5592

科技情报工作的几个问题 / 杨沛霆著. -- 哈尔滨:情报科学杂志社(内部出版),1983. -- 523 页:图;20cm(首都师范大学图书馆)

本书是著者 20 多年在公开或内部刊物上发表过的文章与研究成果汇总。读者可以通过本书从一个侧面了解到我国情报工作的一些问题,这些文章也反映了情报业务人员的思想演变过程,以及一些业务工作争鸣情况。我国科技情报工作是 1956 年建立的,1958 年有了很大发展,从上而下形成较为完整的科技情报体制。到 20 世纪 60 年代,我国科技情报工作的业务建设进入一个新阶段。此时,通过各情报部门的协作配合与共同的努力建立健全了我国报道刊物体系,并为计算机在情报工作中的应用作了一些必要技术储备,在情报调研工作与情报服务方面也有了一个良好开端,创造了丰富经验。本书部分地反映了这一情况,读者对此有所了解,或许在研究讨论今天的业务工作问题时有一些帮助。(于静)

5593

社会科学情报工作导论 / 赵惠丰编. -- 北京:中国人民大学档案系(内部出版),1983. -- 132 页;20cm(天津工程师范学院图书馆)

本书内容包括:情报与社会科学情报、社会科学情报工作概述、情报学、国外科学和技术情报工作的基本概况、我国科学和技术情报工作概况、情报队伍的建设共六章。(于静)

5594

教育情报学术报告文集 / 中央教育科学研究所教育情报研究室编. -- 北京:中央教育科学研究所情报研究室(内部出版),1983. -- 174 页:图;20cm(北京大学图书馆)

本文集收录了有关教育情报的文章如下:《教育规划与教育情报工作》《坚持用马克思主义指导教育情报工作》《关于教育情报工作的几个问题》《谈谈教育情报工作》《情报工作和科研管理》《社会科学情报工作的若干问题》《问题与思考》《历史研究与资料工作》《做好教育情报工作应注意的问题》。(于静)

5595

科技情报工作概论(试用本) / 科技情报工作编写组. -- 北京:科学技术文献出版社,1984. -- 593 页;20cm. -- 17176. 414(国家图书馆)

本书介绍了科技情报的基本属性、概念、意义、传递方法与模式、情报学与图书馆学、信息科学、科学学、管理学、运筹学、人才学的关系、情报干部培训;情报源和文献搜集;文献整理与管理工作;情报检索与咨询服务工作;情报调研工作;科技情报的报道,刊物的编辑和出版;几种其他的情报服务工作;科技情报工作的现代化、标准化;情报需求与用户研究;我国的科技情报工作;美、苏、日科技情报工作等方面的理论与实践。(于静)

5596

科技情报基础知识问答 / 卢子博,倪波主编. -- 北京:书目文献出版社,1984. -- 94 页;19cm. --《图书馆业务基础知识问答》丛书第五分册. -- 7201. 58(国家图书馆)

本书从科技情报工作中,总结归纳出 41 个问题。这些问题涉及到科技情报工作的理论、来源和方法。编者针对这些问题用问答形式给予简明扼要的回答。(于静)

5597

科技情报知识问答 / 中国科学技术情报研究所编. -- 北京:科学技术文献出版社,1984. -- 149 页;19cm. -- 17176. 411(国家图书馆)

本书是以问答的方式,回答了有关科技情报知识方面的一些问题,其中包括各种类型的文献,如专利、标准、样本、缩微胶片等及其分类方法、查找途径、如何使用等。还介绍了复制、计算机等技术在科技情报中的应用。这是一种科技情报知识的普及读物,可供各部门中的科技情报人员、科技管理干部、大中学生等广大读者阅读。(于静)

5598

电子情报工作手册 /《电子情报工作手册》编写组编. -- 西安:西北电讯工程学院出版社,1985. -- 758 页:图表;26cm. -- 17322. 1(内蒙古大学图书馆)

本书内容包括:情报与科技情报工作;国内外科技情报工作概况;科技文献与咨询;科技情报检索;计算机情报检索;科技情报文献与研究;科技情报报导与编辑出版;各国电子工业概况;科技情报工作手段与常用技术设备;科技情报工作的有关条例和法规;并附有电子技术各专业的核心期刊简介、常用参考资料及大量具体数据和图表。(于静)

5599

情报·预测·决策 / 傅予行主编. -- 北京:机械工业出版社,1985. -- 291页;19cm. -- 17033. 5929(国家图书馆)

本书内容包括:导论,介绍情报与情报传递、情报供求矛盾、学点情报知识;情报搜集,介绍情报搜集的原则、情报源及搜集方法;情报检索,论述情报检索的原理、方法,各类科技文献的检索工具,检索工具实例,电子计算机情报检索;情报整理,论述个人情报整理的目的和特点、方法及建立个人情报系统;情报研究与预测,介绍情报研究与预测的基本概念、选题和方法;决策原理与方法,论述决策的基本概念,情报、预测与决策的相互关系,决策的程序与要求,可行性研究,决策的定量方法,修正决策的方法,利用情报进行决策的条件。全书力图从广大情报用户的需要出发,把情报学知识的介绍与情报工作的技能,以及情报分析、情报利用的方法结合起来,使得本书的实用性更加突出。书中有关情报利用的知识对专业情报工作者来说,也是颇有参考意义的。(于静)

5600

情报与文献工作词汇 / 国家标准局. -- 北京:中国标准出版社,1985(国家图书馆)

本标准规定了情报与文献工作中关于传统文献的基本概念,如关于出版物、资料、一次文献、二次文献的定义等。本标准适用于情报、图书、资料、档案与出版部门。(于静)

5601

情报职业 / F. 斯皮凡克著. -- 哈尔滨:情报科学杂志社(内部出版),1985. -- 332页; 20cm(国家图书馆)

本书由美国知识工业出版公司出版、美国七位著名情报专家撰写。本书对当前世界范围内的新技术革命浪潮下,情报行业中的情报分析师、情报管理师、情报企业家等人员的工作,作了明确的阐述;对于情报、图书、档案人员的教育和职业培训,情报人员的素质锻炼、职称和待遇,也做了详尽的回答。书中阐述的有关情报企业家及其创建的生产和出售的情报产品、进行情报服务并发展为数十至上百万美元的企业情况,对于我国情报工作改革、提高经济效益和发展信息产业开发,使人耳目一新。(于静)

5602

社会科学情报工作概论教学参考资料 / 赵汉桂编. -- 北京:档案出版社,1985. -- 674页;19cm. -- 7283.029(国家图书馆)

本书收集范围主要是1983年以前的资料,共收入论文等48篇,按《概论》章次编排,内容包括:绪论,情报与社会科学情报,情报交流,社会科学情报工作概述,社会科学文献情报源,情报资料的描述与内容揭示,情报资料的分析与组织整理,情报研究,情报服务,文献检索,情报用户需求研究,我国社会科学情报事业组织管理问题研究。其中,科学发展与情报保障方面论文6篇;情报与社会科学情报方面论文8篇;情报交流方面论文2篇;社会科学情报工作概述方面论文4篇;社会科学文献情报源方面论文4篇;情报资料的描述与内容揭示方面论文3篇;情报资料的分析与组织整理方面论文2篇;情报研究方面论文3篇;情报服务方面论文5篇;文献检索方面论文4篇;情报用户需求研究方面论文4篇;我国社会科学情报事业组织管理问题研究方面论文1篇以及苏联社会科学领域情报服务的组织和苏联情报者培训的形式和方法2篇论文。(于静)

5603

社会科学情报工作概论 / 赵惠丰等编著. -- 北京:档案出版社,1985. -- 361页;19cm. -- 7283.082(国家图书馆)

本书内容包括:绪论——科学发展与情报保障,论述现代科学发展的主要特点、情报问题、克服情报问题的主要途径;情报与社会科学情报,介绍情报、社会科学情报、情报利用价值、情报学;情报交流,阐述情报交流原理、意义、形式、传递类型、交流的障碍;社会科学情报工作概述,探讨情报工作、社会科学情报工作的性质、地位作用、工作的要求;社会科学文献情报源,介绍文献及其功能、文献的种类、现状和发展趋势;情报资料的描述与内容揭示,介绍了著录、提要和文献;情报资料的分析与组织整理,介绍了分类法、主题法、目录、书目、索引的编制;情报研究,介绍情报研究的性质、情报研究产品、情报研究过程;情报服务,论述情报服务的性质、作用、文献服务、文献报道和参考咨询;文献检索,介绍文献检索的工具、途径、方法与电子计算机检索;情报用户需求研究,探讨情报用户类型、影响需求的因素、研究方法与评价;我国社会科学情报事业组织管理问题研究。(于静)

5604

社会科学情报工作概论教学大纲 / 赵惠丰等编著. --北京:档案出版社,1985. -- 63页;19cm. -- 7283.027(首都师范大学图书馆)

本书内容包括:绪论——科学发展与情报保障,情报与社会科学情报,情报交流,社会科学情报工作概述,社会科学文献情报源,情报资料的描述与内容揭示,情报资料的分析与组织整理,情报研究,情报服务,文献检索,情报用户需求研究以及我国社会科学情报事业组织管理问题研究。(于静)

5605

基层科技情报工作的组织管理 / 张筱周著. -- 北京:北京科技情报学会(内部出版),1985. -- 150页;19cm(天津医科大学图书馆)

本书内容包括:对科技情报工作组织管理的认识、科技情报工作的方针和任务、科技情报工作的体系机构和管理、科技情报工作的计划管理、科技情报队伍的管理、科技情报工作的经济管理、科技情报成果的奖励与管理、科技情报工作的规章制度、科技情报工作管理队伍的建设。(于静)

5606

情报工作的组织方法 /(苏)伊万诺夫著;王靖元,张幼莲译. -- 北京:书目文献出版社,1986. -- 234页:图表;19cm. -- 7201.75(国家图书馆)

本书内容包括:情报过程和情报需求、情报源——文献、科学技术情报流及其规律性、情报咨询馆藏、情报提供、国家科技情报系统、未来情报系统中的科技情报用户。全书对情报学的有关基础理论及方法进行了较深入的论述。特别是在情报服务工作中如何发挥传统图书馆的作用,如何应用现代的情报组织与手段进行多种科技情报服务,以及对各级情报机构与不同性质情报用户的地位与作用等都作了详尽的说明。本教材供培训工程技术、工程经济和人文科学等专业的大专学生使用,相关的学科有"复印学"、"科技情报"、"文献学与国家机关管理工作的组织"、"目录学和图书馆学"等。(于静)

5607

科技文献管理 / 周六炎主编. -- 武汉:武汉大学出版社,1986. -- 413 页;19cm. -- 7279.45(国家图书馆)

本书是高等学校科技情报专业的基础课教材之一。书中系统地阐述了科技文献的科学管理的基本理论与方法,其中包括科技文献的搜集;科技文献分类、主题标引的基本原理与方法;各种类型的科技文献(图书、期刊、专利、科技报告、标准、会议文献、产品样本和技术档案、缩微文献)的特点和管理方法;对用户的研究和文献服务的方式等。本书也可供作各级情报机构、专业图书馆提高和培养管理人员业务技能的参考书,以及供广大的文献管理人员自学使用。(于静)

5608

科学研究中的情报系统 /(波兰)鲍梅卡尔斯基(A. Pomykalski)著;田义兴,潘镜海译. -- 北京:科学技术文献出版社, 1986. -- 181 页;19cm. -- 17176.453(国家图书馆)

本书论述了科学研究中的情报组织问题、情报的功能以及研究情报过程方法,对科学研究工作所需的情报系统活动的现状进行了分析,并探讨了改善情报系统与科学研究之间关系的方向。其主要内容包括:科学研究,阐述了科学研究的概念和范围、目标和方向、为执行研究提供条件的因素、目标与因素关系的模型、科学研究组织及国际科学合作;情报过程的特征,探讨了情报的发展、种类、系统、概念、范围及其障碍;科学研究需要的情报组织,介绍了波兰、苏联、美国、英国和法国的情报组织及国家情报系统和国外情报系统的联系;情报在科研工作中的作用;情报用户,论述了情报需要、情报需要的分类、确定情报需要的方法、情报用户的种类及调研情报用户需要的方法;情报系统的结构,涵盖了情报流通渠道、情报流通的时间、情报的方式和形式及情报源。(于静)

5609

80 年代的术语情报学 / 国际术语情报中心(Infoterm)编;周智佑等译. -- 北京:科学技术文献出版社,1986. -- 462 页;19cm. -- 17176. 447(北京大学图书馆)

本书是以奥地利学派观点为主编写的一本论文集,内容充实新颖,便于了解 20 世纪 80 年代国际术语情报的研究动向,对于我国术语标准化、电子计算机辅助词书编辑特别有帮助。内容包括:第一部分,国际术语情报中心的十周年;第二部分,为纪念十周年而撰写的文章(术语学的理论基础、术语学的教学与培训、标准化、术语机构、术语的形成、计算机辅助术语学、主题词表的术语学问题、术语和专用语、发展中的术语学)。(于静)

5610

科技情报的机械化和自动化 / 日本科学技术厅编;高崇谦,赵仲儒译. -- 北京:科学技术文献出版社,1986. -- 252 页;19cm. -- 17176.455(国家图书馆)

本书是《科技情报工作现状和展望丛书》的一本,是日本科学技术厅为向广大群众科技人员普及情报基本知识,委托日本文献工作协会组织科技情报界知名人士编写的。为了帮助人们全面了解促进科学技术情报流通的技术革新的动向,本书以通俗易懂的语言就情报的存贮技术、依赖人脑智能的标引作业的自动化技术、联机情报检索技术、分散在各种情报中心的数据库综合利用技术以及日本独自开发的汉字处理技术,投影作情报资料的自动化,新型资料发行形式,新型流通方式等现状以及动向、存在问题、未来展望等进行述评。书中提供许多具体数据,文后附有 80 个专业名词解释,15 个日本重要情报机构概况以及有关标准资料。本书可作为科技人员情报知识的普及读物,也可作为情报人员从事情报技术开发和应用的参考资料。(于静)

5611

情报科学与情报实践:国外科技情报新动向. 1 / 郑登理等著. -- 北京:科学技术文献出版社,1986. -- 182 页; 19cm. -- 7 - 5023 - 0537 - 8(2)(国家图书馆)

本书共收集有关情报科学与情报实践方面的八篇文章,介绍了目前国际上在这方面的新动向、新技术。具体内容有:情报理论、电子出版业、结构系统分析及计算机辅助系统设计、数据库技术、标引技术、情报教育以及日本和瑞典中小型企业情报工作的两个实例。这八篇文章的作者大多数是从欧美各大学进修回来的,他们不但有一定的理论水平,而且还有长期从事情报工作的实践经验。他们把在国外学到的新知识、新概念和新技术,结合他们的实际体会,融会贯通地表达出来。虽然每篇文章各叙述一个题目,但始终贯穿着国外科技情报新动向、新技术这一主题。通过对每个题目的透视,可以洞察到当代世界范围内这一课题的发展趋势,这将给读者在这一领域的工作以新启示。(于静)

5612

情报用户研究 / 胡昌平编. -- 武汉:湖北科学技术出版社,1987. -- 313 页;19cm. -- 7 - 5352 - 0100 - 8(国家图书馆)

本书分为 9 章,系统地阐述了情报用户研究的基本理论和方法,研究了用户情报需求的心理及行为规律,讨论了科研、生产、经济及其他工作的情报保证,分析了情报社会现象及我国各类人员利用情报的状况,介绍了组织信息情报工作和合理发掘情报资源的基本策略与措施。本书具有内容丰富、体系完整、实用性强的特点,既可供实际工作者参考,也可作为高等院校情报学专业、图书馆学专业、图书发行专业的教材和其他相关专业的教学参考书。(于静)

5613

情报学与情报工作 / 姜铁城主编. -- 呼和浩特:内蒙古人民出版社,1987. -- 272 页;19cm. -- 7 - 204 - 00027 - 7(国家

图书馆）

本书内容包括：情报与情报学，简要介绍情报的分类、属性、规律、情报学研究的内容和任务、学科性质及其相关学科；科技情报工作概述，概述科技情报工作的发展简史、产生与发展因素、意义和作用、性质和主要任务、内容和要求；科技文献的组织整理与检索，论述科技文献的类型、搜集、分类组织法、主题组织法及科技文献的检索；科技情报的编辑与报道，论述科技情报编辑与报道的意义和作用、科技文献的编辑工作、科技情报刊物的编辑工作、科技情报的报道工作；情报调研，介绍情报调研的基本任务、选题依据和程序、基本程序，战略情报研究，情报调研的方法及成果的评价；情报用户及其需求，分析各类用户情报需求的因素、类型及需求行为的规律、需求的调研方法及评价；情报管理，论述情报管理的职能和内容、情报业务机构的管理、科技情报工作的定量管理与经济管理、科技情报机构综合评价指标体系。（于静）

5614

化学情报 / 日本科学技术厅编；张翠兰译. -- 北京：科学技术文献出版社，1987. -- 346 页：图表；19cm. -- 15176.765（国家图书馆）

本书是关系各学科领域的一门科学，是重点研究物质的学问，因此人们很早就把化学作为情报系统的一个典型领域进行研究。化学情报内容包括文献情报、数值情报、化学结构的标记和处理，以及情报的收集、处理、流通过程的技术问题和实现计算机化等一系列问题。本书对其动向、问题和展望予以评论和介绍，并在化学情报各种问题中，提出人们最关心的热门议题，以帮助读者，特别是从事教学、科研、生产和情报工作人员，了解、掌握并利用国际上化学情报科研成果。本书可供从事教学、科研、生产和情报工作人员阅读参考。（于静）

5615

情报活动的科学组织 /（苏）卡赞采娃（K. B. Казанцева）著；高昶等译. -- 北京：科学技术文献出版社，1987. -- 137 页；19cm. -- 7－5023－0071－6（国家图书馆）

本书分为分析情报服务领域的理论基础、科技发展的情报保证、科学情报活动的组织、科学情报活动的密集化 4 个部分。书中把科学情报活动作为一个特殊的流通范畴加以揭示，借以保持科学研究和技术开发产品的生产、交换、分配和利用过程的统一和相互联系。情报在科学技术发展和社会进程管理中的作用的增长，提出对科学情报活动进行经济分析的必要性；因为加速科技活动成果在国民经济中的推广应用，已成为提高全社会生产效益的决定因素。（于静）

5616

应用情报统计引论 / 霍叔牛等编. -- 北京：科学技术文献出版社，1988. -- 104 页；19cm. -- 7－5023－0612－9（国家图书馆）

本书内容包括：情报统计的范围、目的和特点，统计分析基础，情报统计的基本内容，情报统计的实施，应用实例，几个重要的情报统计规律。情报统计问题必须广泛采用社会科学和自然科学的各种研究方法，包括观察和调查统计方法以及在这些方法所取得的基本事实和大量统计数据的基础上，通过分析与综合，从而进一步总结出情报工作的规律性。有效的情报统计工作使我们能正确认识情报工作的能力和潜力，因而也有助于情报计划、协调、管理以至决策等工作的进一步提高。本书的目的就是为从事科技情报统计工作的同志提供有关的概念和方法以及需要注意的具体问题，这对于从宏观上认识国家情报工作的基础结构和功能是有帮助的。（于静）

5617

给 21 世纪人的护照：情报学常识 77 题 /（日）日比野省三著；孙志毅，窦筠译. -- 北京：北京科学技术出版社，1988. -- 257 页；19cm. -- 7－5304－0011－8（国家图书馆）

本书是介绍新技术革命常识的通俗读物。它以情报学的基本内容为主题，分 77 个题目系统而简明地讲解了情报（信息）概念，及其发生、传递、处理加工和管理等方面的基础知识。还介绍了一些信息论、系统论、传播学、计算机技术、现代思维方法等方面的知识。所涉范围甚广，内容颇为丰富，而且文笔清新流畅，语言幽默活泼，配以大量漫画图表，知识性、趣味性均很强。（于静）

5618

为领导服务的情报系统 /（苏）O. A. 库兹涅佐夫等著；陈光莉，羽舟译. -- 北京：科学技术文献出版社，1988. -- 103 页：图；19cm. -- 7－5023－0510－6（国家图书馆）

本书内容包括：情报在领导工作中的作用；组建为领导服务的情报系统的原则；情报需求和情报要求的研究；提供情报的形式与方法；苏联保障领导人情报需求的经验；国外保障领导人情报需求的系统；科学情报工作效率的提高。本书着重阐明情报在领导工作中的作用，以及情报需求的各种方式和方法，分析了苏联保障领导人情报需求的服务系统，并对其他国家这类系统进行述评，同时还探讨通过快速阅读的训练和磁带录音机的利用，提高科技情报活动的效益问题。本书可供科技情报人员、图书馆工作者，以及各厂矿企业、公司领导人等参阅。（于静）

5619

建筑情报源 /（英）布拉德菲尔德（V. J. Bradfield）等著；全国建筑院校情报网译. -- 重庆：科学技术文献出版社重庆分社，1988. -- 518 页；19cm. -- 7－5023－0232－8（国家图书馆）

本书是专业建筑师和建筑工业其他人员需要的情报源和适用的检索技术指南。全书首先介绍了需要情报的原因、提供情报的方法及情报种类，系统介绍了情报检索技术、计算机化的情报检索、情报的利用与传递、情报源及情报编排，详述了期刊、商业文献、技术情报、标准、政府出版物、法规、统计资料、地图、制图和幻灯片的相关知识，以及这些情报源在建筑设计过程中的应用，最后简介了建筑保护、建筑物、人物及地点的背景资料的情况。（于静）

5620

情报控制论基础 / 胡昌平著. -- 北京：书目文献出版社，1988. -- 329 页；19cm. -- 7－5013－0459－9（国家图书馆）

本书系统地阐述了情报控制论的基本理论和方法，揭示了情报、情报流、情报过程及情报系统的控制规律,介绍了控制论方法在情报工作中的应用。主要内容有:情报控制方法论;情报基本测度与控制参数;情报控制;情报过程控制;情报系统控制;用户情报活动的控制与规划;控制论方法在情报研究中的应用;社会的信息化及其情报控制等。本书内容新颖,结构严谨,在叙述上,作者立足于运用控制论的基本原理来分析情报、情报流、情报过程和情报系统,从中引出一般规律,并注意探讨情报产生、传递、加工、存贮、揭示等各种控制方法,寻求解决情报控制问题的最佳途径。总之,作者力求将重点放在加强情报理论和方法的建设上,从解决实际问题入手,系统地阐述学科的理论基础及情报的客体控制、情报过程控制、情报系统控制、读者情报需求控制等问题。本书可作为大专院校图书情报专业教材或教学参考书,也可供从事图书情报理论研究和实际工作的同志参考。(于静)

5621

标准情报工作概论 / 扈明光编著. -- 北京:科学技术文献出版社,1988. -- 205 页;19cm. -- 7 - 5023 - 0760 - 5(国家图书馆)

本书内容包括:标准文献和文献工作,标准情报工作的组织管理等。(于静)

5622

社会科学情报学 / 梁邻德主编. -- 南京:南京大学出版社,1988. -- 528 页;19cm. -- 7 - 305 - 00268 - 2(国家图书馆)

本书力图以马克思列宁主义基本原理为指导,概括总结国内外社会科学情报研究的成果和社会科学情报活动的实践经验,做到学术性与实用性相结合,具有中国特色。全书除"绪论"和"附录"外,共分 3 编,13 章。第一编"理论编",从人类社会和社会科学发展的宏观角度,阐述社会科学情报学产生的必然性,它的研究对象、内容、相关学科和研究方法以及社会科学情报的特性与价值、社会科学情报交流的机制和障碍等基本理论问题;第二编"实践编",分别介绍社会科学情报工作、社会科学情报用户、社会科学情报源以及社会科学情报加工、检索和服务的基本理论、方法与技术问题;第三编"事业编",介绍并阐述国内外社会科学情报事业建设和现代化社会科学情报系统设计的有关理论与实际问题。(于静)

5623

工业企业情报管理 / 刘力钢等编著. -- 长春:吉林人民出版社,1988. -- 267 页;19cm. -- 7 - 206 - 00124 - 6(国家图书馆)

本书对工业企业情报管理的基本概念、内容、方法作了较系统的阐述,具体介绍了工业企业情报的搜集、加工、处理、检索、咨询服务,情报系统的建立,现代方法应用,调研,人员培训等内容。全书 12 章,包括情报概述、情报管理、情报系统、情报的搜集、情报调研工作、情报检索、情报的交流、情报咨询服务、情报管理的定量分析、情报管理的现代化、情报管理的机构设置、情报管理工作的队伍建设。本书可作为各级经济管理部门、经济类院校、情报工作人员、企业领导和管理人员的培训教材和自学参考书。(于静)

5624

体育情报工作理论与实践 / 马铁总编. -- 北京:人民体育出版社,1988. -- 489 页;19cm. -- 7 - 5009 - 0133 - X(国家图书馆)

本书的课题主要研究了体育情报工作的各个环节,论述了体育情报工作的理论与方法,全书共 12 章(于静)

5625

科学技术情报手册 / 日本科学技术情报中心编;高崇谦译. -- 北京:科学技术文献出版社,1988. -- 872 页;19cm. -- 7 - 5023 - 0056 - 2(国家图书馆)

本书是日本科技情报中心 1982 年编辑出版的《科学技术情报手册》修订版。本书内容包括:情报概论、情报活动、情报管理、情报系统、情报资料 5 章。与 1977 年初版相比,在内容和章节上有很大不同,主要增加了情报系统和情报管理两部分内容,并在学术上提出了一些新的观点和见解。本书全面系统地介绍了科技情报业务的基本知识,提供了大量与科技情报工作有密切关系的参考资料,可供情报图书部门、科研生产部门的领导干部、情报人员、图书管理人员和科技人员参考。(于静)

5626

王崇德论文选 / 王崇德著;张德芳主编. -- 成都:成都东方图书馆学研究所(内部出版),1988. -- 124 页;20cm(天津理工大学图书馆)

本书收集王崇德先生近年来文献计量学方面的主要论文,尤以引文分析为主。如:《定量地研究科技文献情报流》《文献计量与预测情报》《我国科技期刊文献的引文分析》《化学基础研究论文的引文统计与评价》等。本书还收录了作者与他人合译的 Brookes 的系列文章——《情报学基础》,本书作者等人的译文是上乘之译,因此本书具有一定的学术性、资料性和实用性。(于静)

5627

咨询基础教程 / 王新华等编著. -- 上海:上海科学技术文献出版社,1988. -- 316 页;19cm. -- 7 - 80513 - 280 - 1(北京师范大学图书馆)

我国现代咨询始于 20 世纪 80 年代。经过几年的迅猛发展,逐步形成一个新兴的知识产业,建立起一支咨询产业的专业队伍。本书是对我国咨询产业的实践与经验的总结,是第一本关于咨询工作理论方法的教材。全书共 12 章,全面系统、深入浅出地讲解了咨询的基本概念、分类和方法。讲解方法是:按咨询内容的类型(宏观、工程、技术、经济、管理等),针对咨询人员在咨询过程中经常遇到的信息收集、积累、处理、咨询程序,人员素质以及咨询中的法律等问题,结合实际工作实例分别进行论述。本书可供我国从事社会经济、科技、管理的科技咨询工作者、各级领导部门的管理人员和有志从事这一专业的人员参考。(于静)

5628

情报系统管理 / 严怡民编著. -- 北京:科学技术文献出版社,1988. -- 270 页;19cm. -- 7 - 5023 - 0516 - 5(国家图书馆)

本书系统讲解有关情报系统管理的一些基本理论、技术和方法。内容包括:导论;情报系统与决策;情报系统技术;情报系统管理技术与方法;开发情报系统的要求和步骤;情报系统资源的开发、利用与管理;国家情报系统的建设与管理;未来的情报系统等8个部分。本书注重宏观讲解,侧重基础,并注意内容的知识性与实用性,力求扩大学员知识面,通过学习能对情报系统及其管理有一个较全面的基本认识,为日后的深入学习、研究奠定基础。本书的读者对象主要是图书、情报、档案专业学生以及专门从事情报、图书文献、档案和经济信息工作的广大在职干部。(于静)

5629

情报科学与情报实践:国外科技情报新动向.2 / 曾光华等译. -- 北京:科学技术文献出版社,1988. -- 270页;19cm. -- 7-5023-0537-8(国家图书馆)

本书共收集有关情报科学与情报实践方面的12篇文章,介绍了目前在这方面的新技术、新动向。内容包括:科学或科技情报工作4篇,情报技术2篇,情报机构1篇,情报方法2篇,情报教育1篇,情报检索报交流1篇和情报新介质1篇。这12篇文章选自美、苏、日、德、英、法等国的情报杂志的最新材料,如《情报技术的主要趋势》《微电子技术革命对图书馆和信息工作的影响》《科技情报工作集约化的发展途径》《视频数据系统》等文章是目前在世界范围内,尤其在科技情报界较受大家关心的中心议题。本书12篇文章虽然各叙述一个题目,但始终贯穿着国外科技情报新技术、新动向这一主题。通过对每个题目的透视,可以洞察到当代世界范围内这一课题的发展趋势,它将给我们在这一领域内的工作以新的启示。(于静)

5630

情报文献的管理与检索 / 张国华编著. -- 北京:科学技术文献出版社,1988. -- 246页;19cm. -- 7-5023-0752-4(国家图书馆)

本书是《企业标准化与实用情报》函授系列教材之一。全书共分三部分。第一章介绍情报与情报源的基本知识;第二章概述标准文献以外的各类科技文献的特征、分类与用途;第三至第六章系统介绍标准文献及其管理、分类与检索方法。这是一本具有知识性与实用性的图书,可作为科技情报工作者的业务培训教材,也可供大专院校图书情报专业学生、有关专业人员、管理人员和广大情报用户阅读参考。(于静)

5631

情报工作和情报科学发展战略:2000年的中国研究 / 中国科学技术情报学会编. -- 北京:科学技术文献出版社,1988. -- 370页;19cm. -- 7-5023-0515-7(国家图书馆)

本书是中国科学技术情报学会组织科技情报界有关专家在开展中国科技情报事业2000年研究的基础上编辑的。书中系统介绍了情报科学、情报系统建设、情报现代化、文献管理、情报检索、情报研究、机器翻译、缩微摄影技术、情报教育、情报用户研究等领域国内外的现状,并在此基础上对我国2000年的发展进行了预测。本书是我国情报管理人员确定情报工作和研究的方向,制订情报事业发展规划的重要参考书。它对广大科技情报工作者了解国内外科技情报工作和情报科学现状与发展趋势具有实用价值。(于静)

5632

情报系统的兼容性 /(美)F. W. 兰开斯特,(美)L. C. 史密斯著;姚维范译. -- 北京:科学技术文献出版社,1989. -- 289页:图;19cm. -- 7-5023-0866-0(国家图书馆)

本书内容包括:前言;系统与标准;文献目录记录;检索语言;软件;硬件;数值数据库;管理工作的兼容问题;实例研究;结论。(于静)

5633

技术引进与情报 / 高依海等编著. -- 北京:科学技术文献出版社,1989. -- 101页;19cm. -- 7-5023-0732-X(国家图书馆)

本书是中国科技情报学会普及委员会组织编写的丛书之一。介绍了技术引进的基本知识,美、日、苏等国技术引进工作的经验,我国技术引进的情报与目标和着重通过我国技术引进过程中的典型事例,论述科技情报与技术引进的密切关系,阐明了科技情报工作在建立项目、前期论证、选择外商、谈判签约、验收投产和消化吸收中所起到的重要作用。全书分为四个部分,技术引进的基本问题、技术引进与经济发展、技术设备引进与科技情报和情报在引进消化创新中的作用。(于静)

5634

国外及港台信息系统与信息服务机构汇编 / 国家信息中心信息科学与应用研究所编. -- 济南:山东人民出版社,1989. -- 703页;19cm. -- 7-209-00300-2(天津师范大学图书馆)

未见书。(于静)

5635

实用情报学 / 靖继鹏编著. -- 北京:海洋出版社,1989. -- 356页;20cm. -- 7-5027-0667-4(国家图书馆)

本书系统地阐述了情报科学、科技情报工作、市场情报、广告情报等,论述了情报政策、情报教育与人员培训、情报工作现代化、信息产业与信息社会等内容。(于静)

5636

企业经营管理与情报 / 罗式胜编著. -- 北京:科学技术文献出版社,1989. -- 137页;19cm. -- 7-5023-0837-7(国家图书馆)

本书列举了大量有关开展企业情报工作取得经济效益的经验并通过故事和实例阐述了企业经营管理与情报的关系,深入浅出地为企业管理人员提供一系列有计划地开展企业情报工作的方法和步骤。本书是普及性读物,凡具有初中以上文化程度的读者都能看懂。可供从事企业工作的有关人员阅读。(于静)

5637

情报工作概论 / 倪波,黄俊贵主编. -- 北京:书目文献出版社,1989. -- 159页;20cm. -- 7-5013-0463-7(国家图书馆)

本书为《图书馆学情报学知识》丛书的第二分册。作者深入浅出地介绍了情报学基础理论及情报工作的主要方面。内容包括:情报与情报交流,情报工作的产生、发展、地位与作用,情报源与情报搜集,情报的管理,情报服务,情报研究,情报用户研究与教育,情报工作的组织管理,情报工作的标准化及现代化等。本书对从事图书情报工作的同志学习专业知识、掌握工作技能,具有一定的参考价值,也可作为图书馆学、情报学、中专教材或教学参考书。(于静)

5638

情报心理学概论 / 沈家模著. -- 武昌:华中理工大学出版社,1989. -- 308 页:图;20cm. -- 7 - 5609 - 0403 - 3(首都师范大学图书馆)

本书是作者潜心于情报心理学探索的成果。作者长期从事情报实践和情报学研究工作,发表了许多有影响的论文和专著。作者用简明的文笔对情报心理学的机理和模式,对情报人员(个人、群体、领导)和情报用户的心理特点、演变规律与情报心理学的实际应用,进行了系统全面的论述和具有开创性的探讨。情报工作者,情报学、心理学研究者以及广大读者,都可从中得到启发和教益。(于静)

5639

国际专利分类表概况 / 世界知识产权组织编;中国专利局分类文献中心译. -- 北京:专利文献出版社,1989. -- 31 页;30cm. -- 7 - 5023 - 0527 - 0(天津理工大学图书馆)

本书介绍了国际专利分类表的结构、1971 年的 IPC 协定、出版物、国际专利分类法的基本原则、国际专利分类法在各国专利文献分类中的使用、国际专利分类法在专利文献检索中的应用。(于静)

5640

科技情报工作手册 / 张季馨,沈美新主编. -- 北京:中国国际广播出版社,1989. -- 1042 页;19cm. -- 7 - 80035 - 349 - 4(国家图书馆)

本书内容包括:情报科学理论、方法;科技情报资料的收集和整理;检索工作与检索工具;科技情报检索自动化;科技情报研究;科技情报资料的编辑、出版;专利情报;标准情报;工厂企业情报工作;科技情报学会工作。(于静)

5641

情报工作组织管理学 / 张永嘉,魏铁进编著. -- 北京:航空工业出版社,1989. -- 211 页;26cm. -- 7 - 80046 - 174 - 2(国家图书馆)

本书内容包括:管理和科技情报管理,介绍科技情报管理的基本概念、意义、主要内容和主要原则;情报工作系统的信息流及其控制,介绍物流的存在、信息流的形成与控制、信息流控制的基本结构与观点;科技情报工作政策,介绍国外科技情报立法、我国科技情报政策与要点、科技情报事业的地位和作用、工作的基本方针和任务、发展规划;基层情报工作的特点和主要任务,介绍基层情报工作的特点和工作领域、主要任务;科技情报工作的体系与结构;认知科学与情报工作,介绍二者的关系及认知科学在情报工作中的应用;行为科学与情报工作管理,介绍行为科学的理论问题及其与情报工作管理的关系;目标管理与情报管理系统,介绍目标管理的基本概念,情报管理系统中的目标管理;科技情报队伍的管理,介绍情报工作队伍建设、人员的培养教育和管理方法;此外,还介绍了科技情报工作的经济管理、计划管理、成果管理、科技情报工作的规章制度和队伍建设等。(于静)

5642

情报人员素质及其评价 / 姚继民等编著. -- 北京:科学技术文献出版社,1989. -- 128 页;19cm. -- 7 - 5023 - 0889 - X(国家图书馆)

本书介绍了科技情报和科技情报人员在社会经济发展中的作用。以及情报人员的基本素质(品德素质、心理素质、业务素质和绩效素质)及其评价(定性和定量分析方法)。(于静)

5643

情报科学导论 / 华勋基主编. -- 广州:中山大学出版社,1990. -- 455 页;19cm. -- 7 - 306 - 00292 - 6(国家图书馆)

与我国同类教材比较,本书有其明显特色:首先,全书论述范围宽广,集科技、社会科学与经济的情报信息为一体,既作共性概括,又有各个领域个性的阐述,以较多的篇幅论述了社会科学与经济领域的情报活动与工作规律,不仅丰富了情报学的教学内容,而且有助于使情报科学形成一个完整的体系。其次,本书较全面地描绘了我国情报工作的历史现状与经验,概述了我国情报科学研究与教育的成果,从而使本书更能反映我国的国情,并有助于进行中外成果的比较研究和国际交流。第三,本书的章节安排有序,逻辑性较强,对某些论题作了由浅入深的有步骤的论述,既有绪论性的提示在前,又有深入展开的探讨于后,多种角度和多个层次的阐述互相关联,便于学习者接受,从而符合循序渐进的教学要求。第四,本书既吸收了情报学发展各个阶段的前人成果,又不乏作者自己的创见,文字比较简明,对于情报特性与过程的必要数学描述,能辅以文字说明与事例解释。(于静)

5644

图书情报学新学科概要 / 黄建明编著. -- 广州:广东高等教育出版社,1990. -- 181 页;19cm. -- 7 - 5361 - 0514 - 2(国家图书馆)

本书分“正篇”、“附篇一”和“附篇二”。“正篇”汇集图书情报领域较为成熟、有代表性的新兴学科,加以科学分类,逐一介绍各学科的产生背景(或发展过程)、研究对象、主要内容、学科性质、研究方法和研究现状,并附录主要参考资料。“附篇一”按照“正篇”体例介绍出版学领域新学科。“附篇二”是其他新学科名录。全书反映了图书情报科学与出版学的发展概貌、学科体系及其内在联系,预示了其发展的趋势。本书可作为图书、情报科研人员与教学人员的参考书,也可作为图书馆学、情报学、出版专业学生及有关爱好者的自学用书。(于静)

5645

日汉图书情报学常用词汇 / 金凤吉,王进忠主编. -- 北京:书目文献出版社,1990. -- 424 页;19cm. --7 - 5013 - 0693 - 1(国家图书馆)

本书是为日文图书情报工作提供参考的工具书,全书共收词汇14700余条，除收录图书情报的搜集、整理、调研、报道、咨询、提供服务方面的词汇外，还适当收录了与图书情报工作有密切关系的计算机技术、缩微复制技术、声像技术及出版、印刷、发行等方面的词汇。对于词条的选择与取舍，系以是否常用为原则。对每条词义均作了反复审核，对于国内较生疏的词汇，在核准词义的情况下，尽量予以收入，并加了简要的注释。本书综合性较强，专业适应面较宽。（于静）

5646

情报与文献工作辞典 / 李魁彩编. -- 北京：中国城市经济社会出版社，1990. -- 555 页；19cm. -- 7 - 5074 - 0367 - X（北京大学图书馆）

本辞典共收集情报与文献工作相关的概念、常用术语共6300余条。（于静）

5647

科技文献管理与服务 / 邱祖斌，张炳芬主编. -- 北京：航空工业出版社，1990. -- 156 页；26cm. -- 7 - 80046 - 257 - 9（国家图书馆）

本书内容包括：总论，介绍科技文献的概念、作用、特点、形式和类型；科技文献管理工作，介绍馆藏科技文献的组织、管理、布局、排架、清点、剔除、保护，特殊出版物的管理，设备的配备；科技期刊管理工作，介绍科技期刊的特点、类型、管理、阅览室工作；科技文献读者服务工作，介绍读者调查研究及其需求分析、读者组织工作、科技文献流通服务、宣传辅导服务、咨询服务、定题服务；科技文献管理自动化，介绍科技文献管理自动化的功能、计算机在科技文献管理中的应用、实现自动化管理应具备的条件；规章制度和统计工作等。本书不仅对传统的科技文献管理和服务工作进行了较全面的介绍，也对文献流通管理的自动化作了简要的阐述。本书适用于中小型科技文献部门的中级和初级科技文献管理人员，可作为进修教材或教学参考书。（于静）

5648

情报商品与情报市场 / 吴宏亮，关相南编著. -- 昆明：云南科技出版社，1990. -- 303 页；19cm. -- 7 - 5416 - 0286 - 8（国家图书馆）

本书在系统总结现有研究成果的基础上，综合应用政治经济学、商品学、市场学、管理学和数学等多学科理论对情报商品与情报市场进行深入探讨，内容涉及情报商品、情报商品生产、情报产业结构及其形成、情报成果向商品的转化、情报市场结构、情报商品的价格形成机制以及情报市场管理等主要方面，是一本理论性和实用性兼备的专著。本书可供理、工、农、医各科的科技人员、企业家和情报所、情报机构、图书馆的实际工作者以及高等院校图书情报系的师生阅读，也可供市场管理干部参考。（于静）

5649

英汉情报图书档案词汇 / 周剑波等编. -- 北京：科学出版社，1990. -- 535 页；19cm. -- 7 - 03 - 002017 - 0（国家图书馆）

本词典共收术语30000余条，旨在提供一部尽可能标准、完整的参考工具书，其中包括近几年出现的新词。侧重收集与现代化情报技术有关的术语，兼顾收集传统情报图书档案方面的词汇；考虑到情报工作涉及的领域较多，因此也收录了一部分通信、计算机、出版印刷等领域的常用术语。供情报界、图书出版界和档案工作者等使用。（于静）

5650

社会科学情报工作导论 / 陈誉主编. -- 上海：华东师范大学出版社，1991. -- 314 页；21cm. -- 7 - 5617 - 0639 - 1（国家图书馆）

本书内容包括：社会科学基本原理及特征，介绍社会科学的性质、对象、职能、特征、研究特点、研究方法，社会科学文献与社会科学家对文献的利用，社会科学研究的发展；社会科学情报与情报交流，介绍情报的基本定义与属性、社会科学情报的特点、社会科学情报交流等基本知识；社会科学情报源，论述情报源的一般概念、情报源的结构系统及文献情报源类型、情报源变化与发展趋势；社会科学情报工作与情报工作流程，论述社会科学情报工作的性质、地位、作用、特点、任务、服务对象、主要内容、工作流程；社会科学情报的搜集、整理与存贮；社会科学情报的分析研究与生产；社会科学情报服务；社会科学情报用户；社会科学情报事业概况；社会科学情报工作的变革和发展等。（于静）

5651

产品样本情报入门 / 许俊浩编著. -- 北京：科学技术文献出版社，1991. -- 127 页；19cm. -- 7 - 5023 - 1525 - X（国家图书馆）

本书内容包括：产品样本的类型，产品样本的特点，产品样本的搜集，产品样本的管理，产品样本的查阅，产品样本的利用，我国产品样本情报工作创建、动乱、发展阶段简介。全书对产品样本情报工作的全过程，特别是对搜集、管理、查阅和利用等环节以及国内外的研究现状都作了较全面系统的总结介绍；对开发利用产品样本情报工作的规律也作了有益的探讨。本书内容新颖，观点明确，理论联系实际，取材翔实，论述深入浅出，实用性强，不仅对实际工作有重要指导意义，而且也是目前国内不可多得的专业参考资料，可供有关专业人员自学，也可作为院校图书、情报、档案专业师生的教学参考资料。（于静）

5652

中国科学技术情报学会学术会议论文选：1989—1990 / 中国科学技术情报学会编. -- 北京：科学技术文献出版社，1991. -- 327 页；19cm. -- 7 - 5023 - 1533 - 0（国家图书馆）

本书收录了1989—1990年中国科技情报学会召开的7次学术会议的论文，内容涉及情报理论方法、情报研究、情报源开发利用、情报政策与管理、情报教育、编译报道、计算机检索等方面。这些论文，有的总结了科技情报工作的经验，有的对今后情报工作的改革和发展提出了新见解、新观点，有的论述了新技术在科技情报工作中的应用，在一定程度上，反映了科技情报工作和情报学的发展水平，具有一定的学术价值，是科技情报工作者了解和研究情报学以及科技情报工作的重要参考书。本论文选共收录论文84篇，其中全文32篇，摘要52条。此外，为了对收到的学术会议论文有全面的了解，本书还收录了1989—1990年学会各次会议论

文题录(因情报研究学术研讨会已出版专刊,本书未收录该会论文)。(于静)

5653

中国科学院文献资源指南 / 孟广均主编;中国科学院文献资源合理布局课题组编. -- 北京:编者刊(内部出版),1991. --114 页;26cm(国家图书馆)

本书是供广大科学技术人员、图书情报人员和有关领导人员了解中国科学院文献资源建设情况参考、利用。本书包括 9 个部分,第一部分中国科学院 143 个文献情报机构的概况。对每一机构的名称、地址、文献收藏量、收藏特色、数据库、出版物和服务项目等都作了简要介绍。统计数字基本上以 1988 年 12 月 31 日各文献情报机构填报的文献资源调查统计表为准。第二部分收录了中国科学院自然科学基础学科文献的文种和学科结构表,列出了各学科收藏最多的文献机构收藏数量的升序排列表,以便读者查出各学科文献资源富集的机构,予以充分利用。并列出了中国科学院文献情报机构藏书的学科专业优势,研究生(博士、硕士)专业,开放研究实验室等一览表,反映了各学科文献的收藏情况。此外,本书还收录了中国科学院自建和引进数据库、全院文献购置费、全院科学技术期刊等一览表。(于静)

5654

中国科学院文献资源合理布局 / 中国科学院文献资源合理布局研究课题组. -- 北京:中国科学院出版图书情报委员会(内部出版),1991. -- 370 页;26cm(四川大学图书馆工学分馆)

本书是 1988 年 9 月中国科学院设立的院级课题组,立项全面开展全院文献资源的调查与合理布局研究的成果。要求查清中国科学院的文献资源状况,包括数量、质量、结构、分布、保障程度等,并在此基础上提出《中国科学院文献资源合理布局方案》。全书内容包括:前言、调查研究的内容和方法、中国科学院文献资源概况、中国科学院收藏各类型文献分析、中国科学院收藏各基础学科文献分析、全院文献资源建设的成就、全院文献资源建设中的主要问题、解决这些问题的基本对策。(于静)

5655

科技情报管理学 / 刘善金主编. -- 北京:机械工业出版社,1991. -- 565 页;19cm. -- 7 - 111 - 02698 - 5(国家图书馆)

本书共分 13 章,全面系统地阐述了科技情报管理工作的地位和作用,企业科技情报组织机构的设置,科技情报工作的工作程序和管理制度;企业科技情报工作的计划、经费、设备管理;业务工作的检查指导,咨询服务管理,情报效果的调查和统计分析,情报成果的组织评价,工作总结和工作考核;情报成果档案管理和人事管理。本书理论联系实际,内容丰富新颖,全面系统,突出了企业的特点,深入浅出,通俗易懂。除可用作科技情报管理人员的岗位培训教材外,也适用于情报、图书业务工作者自学,也适用于其他管理工作者学习参考。(于静)

5656

科技文献管理(修订本) / 周六炎编著. -- 武汉:武汉大学出版社,1992. -- 425 页;20cm. -- 7 - 307 - 00523 - 9(国家图书馆)

本书阐述了科技文献科学管理的基本理论与方法。其中包括:科技文献的搜集及各类型文献的特点、管理方法等。(于静)

5657

中华人民共和国国家标准 GB 13143 - 91:情报与文献工作词汇. 传统文献 / 国家技术监督局发布. -- 北京:中国标准出版社,1992. -- 12 页;24cm(北京师范大学图书馆)

本标准规定了情报与文献工作中关于传统文献的基本概念。本标准适用于情报、图书、资料、档案与出版部门。(于静)

5658

工业企业技术情报工作 / 王立诚编著. -- 南京:东南大学出版社,1992. -- 230 页;19cm. -- 7 - 81023 - 567 - 2(国家图书馆)

本书介绍了企业技术情报来源,搜集方法,技术情报工作的方法,以及在新产品开发、生产技术改造、涉外经济活动中如何利用技术情报,情报技术现代化的应用等。(于静)

5659

基层情报信息工作入门 / 赵东风主编. -- 郑州:中原农民出版社,1992. -- 372 页;19cm. -- 7 - 80538 - 452 - 5(国家图书馆)

本书对传统的科技情报工作的基本理论、工作方法、模式等进行了论述,对基层情报工作的信息特点、类别、内容,信息的收集等进行了分析。(于静)

5660

北京地区高校情报资料工作研究会科技分会第二届学术年会论文集 / 北京地区高校情报资料工作研究会科技分会,首都师范大学图书馆,首都师大情报资料工作研究会. -- 北京:首都师范大学图书馆(内部出版),1994. -- 114 页;26cm(首都师范大学图书馆)

本次学术年会的宗旨,是围绕着"高校信息资源的开发与利用",进一步推动北京高校图书与情报资料工作为教学科研服务,为培养高质量大学毕业生服务而召开的学术研讨会。共收到北京地区理、工、农、林、师范等高校从事图书、情报资料工作的 40 多位同行撰写的学术论文近 30 篇,如《从我馆开展参考咨询服务的实践谈高校小型馆的参考咨询服务工作》《专利文献在科技查新中作用的研究与探讨》《关于期刊开发利用的认识和实现途径的探讨》等。这些论文阐述了在新形势下,图书情报资料工作为教学科研服务的宝贵经验,充分显示了首都高校广大图书情报资料工作者,为发挥首都高校文献资源优势,为不断提高图书情报资料工作的教育和情报职能所做的不懈努力和无私奉献精神。(于静)

5661

情报接受论 / 毕强著. -- 长春:东北师范大学出版社,1994. -- 303 页:图;21cm. -- 7 - 5602 - 1441 - X(北京大学图书馆)

本书通过对涉及情报接受问题的各个层次和方面的因

素，诸如现实的、文化的、心理的、选择的、语言的、传播的等因素进行综合性的动态观照，生动具体地揭示了情报接受的发生过程与本质，情报接受的主体性，情报与接受者相互作用的机理，情报接受的差异性与同一性，情报接受的基本规律，情报接受的原则及其导向作用，情报接受的方法与艺术，情报接受的定性与定量控制，情报生产与情报接受，情报传播与情报接受，情报接受的多重效应与积累效应等基本问题。（于静）

5662

情报理论与实践研究 / 湖北省科技情报学会编著. -- 武汉：湖北科学技术出版社，1994. -- 259 页；20cm. -- 7 - 5352 - 1626 - 9（国家图书馆）

本书较全面介绍了近十年我国情报理论界的研究成果与实践发展动态，包括情报学基础理论、情报系统建设与文献资源开发、计算机情报检索网络技术、情报分析研究、情报用户与查新咨询、情报信息产业发展等。各类专题大都以综述、评论形式阐述，广引博采，内容丰富，不失为一本富集性的、具有较高学术研究水平与参考适用价值的好书。（于静）

5663

新时期高校信息工作探索 / 禹柯夫主编. -- 成都：西南交通大学出版社，1994. -- 324 页；19cm. -- 7 - 81022 - 751 - 3（国家图书馆）

本书收《科技情报改革的纵横观》《谈高校科技信息市场》《试论成人高校情报教育》等 50 篇论文。（于静）

5664

中国科学技术情报学会学术会议论文选：1991—1992 / 中国科学技术情报学会编. -- 北京：科学技术文献出版社，1994. -- 312 页；19cm. -- 7 - 5023 - 2058 - X（国家图书馆）

本书选编了中国科学技术情报学会 1991—1992 年召开的主要学术会议论文之精华，共收录论文 28 篇，摘要 53 篇，内容涉及情报理论方法、情报研究、情报源开发利用、情报政策与管理、情报教育、编译报道、计算机情报管理等方面。书后还收录了 1991—1992 年学会各届会议的论文题录。本书集百家之言，既有有关专家、学者对目前情报科学和信息工作发展水平、存在问题的研究分析，又有对今后改革、发展的建议。是一本供图书情报工作者及相关领域研究人员和领导干部阅读的好参考书。（于静）

5665

企业竞争情报研究 / 陈翔宇，朗诵真，甘利人编著. -- 北京：兵器工业出版社，1995. -- 282 页；19cm. --7 - 80038 - 873 - 5（东南大学图书馆）

竞争情报是关于竞争对手、竞争环境和竞争策略的信息研究，是市场竞争激化和社会信息化高度发展的产物。竞争情报的导入，对于推进中国的竞争情报事业，加速我国信息化进程，具有重要战略意义。本书详述了国外竞争情报的发展概况；竞争情报的基本本概念、内容及手段；企业运行中竞争环境情报的特性与内容；情报的正当竞争与不正当竞争；竞争情报资源开发与利用的方法、途径；企业形象设计及其增强竞争力的策略与途径；企业竞争实力评估指标体系和评估的步骤和方法；企业竞争情报系统的建立及其运行机制研究；信息基础设施建设及竞争情报快速反应系统的建立；我国竞争性信息市场的培育与完善等。本书内容丰富，资料翔实，观点新颖，适合有关人员阅读。（于静）

5666

中国科技信息事业创建四十周年文集 / 国家科委科技信息司编. -- 北京：科技文献出版社，1996. -- 301 页（国家图书馆）

本书各位作者在回顾、纪念我国科技信息事业创建 40 年走过的光辉历程的同时，根据自己的实践、经验和观点，探讨了今后一个时期我国信息事业的发展方向、政策和发展战略。其内容涉及科技信息体制改革，信息资源合理布局、共享和开发利用，国家科技信息网络建设，信息研究、信息咨询业发展和信息市场培育，国际合作和交流，人才培养等方面。（于静）

5667

科技文献管理 / 安邦建等编著. -- 兰州：兰州大学出版社，1996. -- 460 页；20cm. -- 7 - 311 - 01152 - 3（北京师范大学图书馆）

全书共分 6 编 18 章，篇章结构是按照科技文献工作体系组织的。第一编科技文献及其收集，概述了科技文献的概念、结构、类型、发展特征与社会功能，以及科技文献的收集方法等；第二编科技文献的分类标引，主要介绍了《中图法》《资料法》的体系结构和使用方法，以及科技文献的分类标引规则；第三编科技文献的主题标引，主要介绍了《汉语主题词表》的体系结构、使用方法，以及科技文献的主题标引工作；第四编科技文献编目，概述了科技文献编目的发展趋势，介绍了《国际标准书目著录》《英美编目条例》以及我国颁布的《文献著录总则》，并按标准化著录要求详述了各类型科技文献的著录方法与科技文献检索的组织等；第五编科技文献的组织与服务，介绍了馆藏科技文献的布局、排架、清点、剔除、保护，以及用户对科技文献的需求与图书情报机构的各种服务方式等；第六编科技文献管理自动化，概述了科技文献管理自动化的内容特点，并简略介绍了科技文献管理自动化的采访、编目、连续出版物、机编索引与流通等子系统。（于静）

5668

情报理论与方法论文题录和文摘精选 / 蔡富有主编. -- 北京：社会科学文献出版社，1996. -- 516 页；21cm. -- 7 - 80050 - 672 - X（国家图书馆）

本书精选国内情报学和情报工作刊物（截止于 1991 年底）上发表的论文（包括翻译的论文），制作题录 3073 条，文摘 114 篇。入选论文作者计 1857 人，入选论文的刊物计 47 种。本书按我们研制的分类体系编排。论文题录按分类排列，论文文摘按篇名音序排列。为了便于检索，特编制了论文篇名音序索引、作者姓名音序索引、刊名音序索引。这三种索引之后便是精选的 114 篇文摘。本书最后附有选汇的国内出版的有关情报学、情报工作的专著、高校教材、工具书（包括辞书、手册等）共 70 种。本书的特色：一是注重题录和文摘精选制作的科学性和系统性；二是注重分类的科学性与

体系性。(于静)

5669

市场竞争和竞争情报 / 缪其浩主编;北京科技情报学会等编. -- 北京:军事医学科学出版社,1996. -- 366 页;20cm. -- 7-80121-000-X(北京师范大学图书馆)

本书结构分为导论篇、方法篇、案例篇与附录篇。其中,导论篇介绍了竞争和竞争力、竞争战略、情报和竞争情报、商业秘密、工业间谍和不正当竞争情报活动、国内外竞争情报发展动向;方法篇介绍了竞争情报来源和收集、企业竞争情报系统的建立和运作、信息技术在竞争情报中的应用、竞争情报中的专利情报分析、定标比超、竞争对手财务信息的收集和分析;案例篇例举了日本、美国等企业在商业活动中对竞争情报的应用情况。(于静)

5670

科学技术信息系统标准与使用指南 / 全国文献工作标准化技术委员会编. -- 北京:中国标准出版社,1996. -- 5 册;21cm. -- 7-5066-1237-2(北京大学图书馆)

第一卷综述,沈玉兰主编;第二卷术语标准,沈玉兰主编;第三卷信息分类与编码标准,白阳主编;第四卷数据交换标准,赵艳华主编;第五卷情报文献工作标准,朱南主编(于静)

5671

刑事犯罪情报教程 / 程小白等主编. -- 北京:警官教育出版社,1997. -- 246 页;20cm. -- 7-81027-828-2(国家图书馆)

本书内容包括:绪论、刑事犯罪情报的搜集、刑事犯罪情报的整理、刑事犯罪情报的储存、刑事犯罪情报检索、刑事犯罪情报的传递、刑事犯罪情报资料的应用;刑事犯罪情报研究;刑事犯罪情报资料工作的标准化、刑事犯罪情报工作的组织管理。本书在认真总结犯罪情报工作实践经验的基础,充分汲取了刑事犯罪情报理论研究的成果,全书具有系统性、科学性和实用性,它不仅是公安院校学生学习、掌握刑事犯罪情报基本知识与技能的教科书,也是广大公安干警提高犯罪情报搜集、运用能力的一本不可多得的重要业务书籍。(于静)

5672

信息资源学 / 符福峘主编. -- 北京:海洋出版社,1997. -- 415 页;26cm. -- 7-5027-4149-6(北京师范大学图书馆)

信息资源学是信息学的一门重要分支学科,属于应用信息学范畴。本书所论述的信息资源是一个整体概念,包括信息生产者、信息、信息技术及其设施四个方面,重点论述信息的产生、分布与运动规律,以及信息的开发利用与相应的技术措施等。本书从理论和实践的结合上阐述信息资源学的原理、原则与规律性,使人们对信息资源学有一个系统、全面的了解和认识,内容包括信息资源学的形成与发展、信息资源学的学科体系结构、信息资源的社会功能、信息资源的类型与结构、信息资源的价值与开发效益、信息资源布局的原则与模式、信息资源共享与配置体系、信息资源的开发利用、信息资源法规与发展政策、信息资源管理系统和信息资源学方法论 11 个部分。本书是一本专业性著作,适用于广大信息工作者,图书文献、档案资料人员及有关高等院校师生阅读。(于静)

5673

科学研究与开发中的信息保障 / 彭斐章主编. -- 武汉:武汉大学出版社,1998. -- 415 页:图表;21cm. -- 国家自然科学基金项目. -- 7-307-02561-2(国家图书馆)

本书分为 10 大部分,主要内容有:社会信息化中的科学研究与开发,科学研究与开发中的信息活动分析,科学研究与开发信息保障的组织及其社会规范,科学研究与开发项目实施中的信息保障,科学研究与开发知识产权活动及其信息保障,科技成果转移中的信息保障,科学研究与开发信息保障中的信息资源开发利用,科学研究与开发信息保障网络建设及利用,科学研究与开发信息保障评价,科学研究与开发信息保障的社会监督。(张玲)

5674

上海市科学技术情报事业上海科学技术情报研究所 40 周年文集 1958—1998 / 上海科学技术情报研究所,上海市科学技术情报学会编. -- 上海:上海科学技术文献出版社,1998. --295 页;29cm. -- 7-5439-1326-7(国家图书馆)

本文集共收录纪念文章和学术论文等 79 篇,分为纪念篇、论文篇两个模块,其中论文篇按回顾与展望、知识经济与竞争情报、信息资源与信息利用、专业情报工作、信息技术、信息市场与信息服务进行编排与组织。(于静)

5675

信息素养论 / 王吉庆编著. -- 上海:上海教育出版社,1999. -- 306 页:图;20cm. -- 当代教师进修丛书. -- 7-5320-6395-X(北京工业大学图书馆)

本书共 8 章。论述了现代社会的人类需要信息素养、信息素养的目标与内容、信息素养的特点与培养途径、有关信息素养的讨论、信息学科课程与信息素养的培养、计算机辅助教学与信息素养的培养、计算机管理教学与信息素养的培养、实施信息素养培育的条件等内容。(张玲)

5676

情报研究引论 / 周军编著. -- 北京:蓝天出版社,1999. -- 397 页;20cm. -- 7-80081-851-9(国家图书馆)

本书分为三篇,系统阐述了情报研究的概念、发展历史、性质、作用、类型和人才队伍建设等重要理论问题;介绍了从选题、制定计划、搜集和积累素材、分析综合、编写研究报告到成果评价等情报研究活动的各个具体环节;深入探讨了思维方法、专家调查法、文献研究法、回归分析法、时间序列分析法、投入产出分析法和层次分析法等情报研究活动的主要技术方法。本书结构较严谨,全书分基本理论篇、基本程序篇和主要方法篇 3 个模块来安排章节和行文秩序。本书实用性较强,全书把情报研究的主要方法作为重点,用了 7 章的篇幅深入透彻地剖析各种方法的原理、特点、程序、公式、局限性,以及使用该方法须注意的事项,一些重要的定量性研究方法还配有应用实例分析。这种集学术性和可操作性为一体的风格,比较便于读者掌握和加深理解知识内容,并应用于实际工作中。本书可供高等院校信息管理专业选作教材或教学参考用书。(于静)

5677

科技信息工作手册 / 《科技信息工作手册》编写组编著；张昌龄主编. -- 北京：航空工业出版社，2000. -- 501 页；26cm. -- 7-80134-738-2(国家图书馆)

本书以科技信息业务工作流程为主线，突出实用性、先进性、前瞻性和指导性。本书采用矩阵谋篇方式，横向分文献信息资源、情报研究与信息咨询、编辑与出版、计算机和网络技术应用、科技翻译五个专业；纵向分知识、实践、管理、展望共四篇，以及附录，辑录了部分常用法规资料。本书是集纳了我国科技信息(情报)工作实践经验和理论成果的案头工具书，也是科技信息人员的入门教材，可供科技信息工作教学和理论研究参考用。(于静)

5678

教育信息理论 / 孙绍荣著. -- 上海：上海教育出版社，2000. -- 325 页：图；21cm. -- 7-5320-7155-3(北京大学图书馆)

本书从研究信息、控制系统、意识、无意识的内涵及其在人的发展中的作用入手，深入探讨了教育活动的基本原理。全书共 9 章，分别为教育信息理论概述，信息理论研究，意识、无意识与人的三要素理论，信息观的教育理论问题，教育信息的接收模型，教育信息接收模型与传统教育理论和经验，教育内容——意识与无意识的采集与度量，教育内容信息形式优化，教育控制信息。全书在教育现象的基本问题上进行深入的研究，以揭示教育活动的规律。在内容上力求达到深刻而不难懂、抽象而不空洞、系统而不烦琐、实用而不浅薄。(张玲)

5679

情报制胜：如何搜集、分析和利用企业竞争情报 / 曾忠禄著. -- 北京：企业管理出版社，2000. -- 302 页；20cm. -- 7-80147-306-X(北京师范大学图书馆)

本书讨论的主要内容如下：信息流动的规律、如何选择监测对象、如何制定竞争情报规划；如何以合理、合法的方式获得所需信息，如何通过分析把信息变成可据之采取行动的情报；如何预期竞争对手的行动、如何建立有效的竞争情报系统。(于静)

5680

现代信息服务产业与市场 / 周智佑著. -- 北京：北京图书馆出版社，2001. -- 322 页：32 开. -- 7-5013-1800-X(国家图书馆)

本书介绍了现代信息服务产业的基本概念、信息服务产业与市场的基本理论、世界各国的信息服务产业与市场、数据库与联机服务产业、信息咨询产业与市场、信息服务产业的发展前景等。(金丽萍)

5681

竞争情报与企业竞争力 / 郎诵真等编著. -- 北京：华夏出版社，2001. -- 18,318 页；20cm. -- 7-5080-2429-X(国家图书馆)

本书系统地论述了竞争情报的基本问题、企业竞争力的评价方法和竞争情报系统的建设构架，并展望了竞争情报的未来发展。(于静)

5682

竞争情报原理 / 秦珂等主编. -- 北京：气象出版社，2001. --391 页；20cm. -- 7-5029-3107-4(国家图书馆)

本书论述了竞争情报的概念、性质、地位、作用、类型、内容、搜集、加工、分析、研究、服务和竞争对手分析、竞争情报系统、竞争情报战略等各个方面。(于静)

5683

中国索引学十周年：1991—2001 / 中国索引学会编. -- 上海：华东师范大学(内部出版)，2001. -- 86 页：彩图，摹真；29cm(国家图书馆)

本书是对学会创建初期、成长、发展过程的记录，内容包括：中国索引学会简介、章程、理事会、专业委员会成员名单、文章选刊、大事纪要、会员名录。(于静)

5684

企业竞争情报系统 / 包昌火等编著. -- 北京：华夏出版社，2002. -- 311 页；21cm. -- 7-5080-2639-X(国家图书馆)

本书论述了竞争情报重要内容之一的竞争情报系统的基本问题，包括竞争情报系统的结构与功能、竞争情报系统的设计与运行、竞争情报系统的未来发展，并结合国内外的具体实践对典型案例进行剖析。(于静)

5685

竞争情报解决方案：企业竞争情报系统和竞争情报技能 / 胡星光等编著. -- 北京：兵器工业出版社，2002. -- 10,380 页；20cm. -- 7-80172-087-3(国家图书馆)

本书在总结国内外竞争情报系统建设的基础上提出了企业竞争情报系统的基本架构、主要模式、基本功能、运行机制和未来发展几个方面。(于静)

5686

信息教育展望 / 祝智庭主编. -- 上海：华东师范大学出版社，2002. -- 386 页：图；24cm. -- 学科教育展望丛书；21 世纪教师教育用书. -- 7-5617-2843-3(北京师范大学图书馆)

本书是学科教育展望丛书中的一册，是国家教育部普通高等学校人文社会科学重点研究基地华东师范大学课程与教学研究所的一个研究项目。全书共 10 章。介绍了信息教育的概念与内涵、信息教育的目的与意义、信息教育的内容、信息教育的参照标准、信息教育的途径、信息教育的方法、信息教育中的教师、发达国家的信息教育、发展中国家的信息教育及我国的信息教育。全书将信息教育置于一个更大的框架中，既有从国内到国际的扫视，又有从学校教育到社会教育的考察。(张玲)

5687

现代信息经纪学 / 涂红湘，戴庚先主编. -- 长沙：湖南大学出版社，2003. -- 14,401 页：图；21cm. -- 7-81053-689-3(国家图书馆)

本书从实战出发，将信息经纪业的有关理论知识与国内外信息经纪人长期实践的新身体验融合在一起，并且及时捕捉网上的最新信息资源，介绍了信息经纪人需要具备的素质和相关知识，目的是要让读者从宏观的环境中了解信息经纪业的概况;从微观的环境时促进企业重视况争情况,并在企业内部设立信息主管(CIO)一职。如美国的IBM公司、日本的三菱公司等非常重视设立信息主管。本书主要研究社会需求潜力和就业空间,以就业前的培训、证书组合、培养复合型人才为基础,把信息学的基本原理、信息检索、网络数据库、上网搜索和开发客户、项目管理、现代营销等知识有机地结合,并以教材的形式配有案例和思考题。(于静)

5688

竞争情报:中国企业生存的第四要素 / 沈丽容著. -- 北京:北京图书馆出版社,2003. -- 300页;20cm. -- 7-5013-2091-8(国家图书馆)

本书以推动我国企业竞争情报发展进程为出发点,在对比国内外竞争情报发展状况及竞争情报发展环境的基础上,结合我国实际情况,提出以政府为"推进器",以企业为核心等的发展战略。(于静)

5689

企业竞争情报系统建设管理与商业秘密保护实务全书 / 徐亚群主编. -- 合肥:安徽文化音像出版社,2003. -- 3册(1454页):图;27cm;光盘1片. -- 7-88413-230-3(武汉大学图书馆)

本书以国家政策、法律法规为依据,详细阐述了企业竞争情报发展趋势,介绍了竞争情报系统的建设、竞争情势的调查分析与预测等。(于静)

5690

新千年情报:数字时代理解与实施竞争情报 /(美)杰里.P.米勒(Jerry Miller),企业情报智囊团成员著;刘敏等译. -- 北京:科学技术文献出版社,2004. -- 12,270页:照片;20cm. --7-5023-4842-5(国家图书馆)

全书共分13章,涵盖了竞争情报领域的全部关键内容。揭示了什么是竞争情报,为什么必须实施竞争情报,以及如何在数字时代管理竞争情报等。(于静)

5691

竞争情报与战略管理 / 陈峰,梁战平著. -- 北京:科学技术文献出版社,2004. -- 26,265页;20cm. -- 7-5023-4822-0(国家图书馆)

本书构建了竞争情报基础理论体系,对组成竞争情报价值链的每一个环节进行了创新性诠释,阐述了竞争情报对战略管理过程以及企业投资决策、收购兼并、建立战略联盟等重大战略决策的保障支持作用等内容。(于静)

5692

农村科技信息共享技术与实践 / 陈良玉主编. -- 北京:中国农业科学技术出版社,2004. -- 269页:图;21cm. -- 7-80167-691-2(国家图书馆)

本书以实际应用为出发点,从技术和实践两个层面深入研究和分析农村科技信息标准化建设、软件支撑平台建设、共享机制建设、共享标准建设以及服务体系建设等重大问题。(于静)

5693

竞争情报:挖掘企业的知识资源 / 刘树民等编著. -- 南京:东南大学出版社,2004. -- 287页;21cm. --7-81089-022-0(国家图书馆)

本书系统地介绍了竞争情报的概念、内容、特点、流程、趋势及搜集情报的原则、方法、手段、评估,及情报工作涉及的法律与道德问题等。(于静)

5694

最新图书馆信息采编与图书情报实用技术大全 / 沈文柱主编. -- 乌鲁木齐:新疆人民出版社,2004. -- 3册(12,1729页);26cm. -- 7-228-08671-6(国家图书馆)

本书结合现代信息技术的特点,依据国家最新颁布的法规与规范,介绍了图书馆实用技术及情报工作实用技术,信息编目、文献分类的标准、情报检索及情报索引等。(于静)

5695

情报制胜:企业竞争情报 / 王煜全,祖齐希编著. -- 北京:科学出版社,2004. -- 197页;24cm; 光盘2片. --7-03-011917-7(国家图书馆)

本书辅助以大量案例,将国外的竞争情报理论与国内实践结合,就如何使公司更有效、更系统地确定情报需要、收集与分析信息并发挥效用等进行全面论述。(于静)

5696

企业竞争情报管理:战胜竞争对手的秘密武器 / 曾忠禄著. -- 广州:暨南大学出版社,2004. -- 306页:折图;23cm. -- 7-81079-462-0(国家图书馆)

本书主要讨论的内容有:世界竞争情报的发展现状与趋势;竞争情报对企业的作用;制定情报收集计划的方法;以合理合法的方式获得信息的方法;分析信息、把信息变成可据之采取行动的情报的方法;写竞争情报报告的方法;竞争情报系统的组建与管理方法。(于静)

5697

竞争情报完全指南 /(美)柯克.W.M.泰森(Kirk W.M. Tyson)著;王玉等译. -- 北京:中国人民大学出版社,2005. -- 320页;23cm. -- 7-300-06141-9(国家图书馆)

本书共14章,主要内容包括:设计CI流程、评估CI需求、设计执行计划、组织CI团队、收集内部/外部信息、保护企业秘密等。(于静)

5698

企业竞争情报作战室 /(美)斯蒂芬.M. 沙克尔(Steven M. Sharker),(美)马克.P. 吉姆比克依(Mark P. Gembicki)著;王知津等译. -- 北京:人民邮电出版社,2005. -- 214页;23cm. -- 7-115-13058-2(国家图书馆)

本书比较全面地阐述了如何通过利用竞争情报,系统地、合乎伦理地搜集有关客户、对手、人员、技术以及整个商业环境的情报,并采取反竞争情报措施,保护公司自己的关键措施。全书分三大部分,共十章,内容包括企业竞争情报、企业情报组织、信息战、会议室与作战室、企业竞争情报过程、环境扫描、四分卫技术、网络信息搜集、可视化情报技术、作战室设计等。(于静)

5699

商业竞争对手的情报搜集、分析、评估 /(英)克里斯·韦斯特(Chris West)著;北京世纪英闻翻译公司译. -- 北京:中国商务出版社,2005. -- 244 页;21cm. --7 - 80181 - 292 - 1(国家图书馆)

本书通过在行业市场调研和后来从事情报工作的职业生涯中所获得的经验,来关注竞争情报的收集和分析技术。(于静)

5700

图书情报工作研究 / 黄丽红等主编. -- 长春:吉林大学出版社,2005. -- 519 页;21cm. -- 7 - 5601 - 3080 - 1(复旦大学图书馆)

本书汇集了 9 个专题的研究论文,包括:事业建设,图书馆管理,数字化、网络化,信息资源建设,信息服务,馆员培训,读者工作,素质教育与编目。(于静)

5701

竞争情报实务指南:知己知彼的商战方略 / 骆建彬,严鸢飞主编. -- 海口:南海出版公司,2005. -- 238 页;23cm. -- 7 - 5442 - 2989 - 0(国家图书馆)

本书主要介绍了如何审视竞争环境、洞察市场变化、跟踪技术发展、掌握同行动态、密切协同企业内部工作、采取有效的整体竞争策略等有关竞争情报工作的重要内容。(于静)

5702

竞争情报 / 王知津主编. -- 北京:科学技术文献出版社,2005. -- 462 页:图;23cm. -- 情报学研究生教材. -- 7 - 5023 - 4863 - 8(国家图书馆)

本书为情报学研究生系列教材之一,本书全面阐述了竞争情报的相关内容,包括:企业竞争、竞争情报、竞争情报系统、竞争情报搜集与整理、竞争情报分析方法、竞争情报处理技术、竞争环境情报研究、竞争对手情报研究、竞争战略情报研究、专利竞争情报分析、竞争情报产品与服务、竞争情报法律规范与职业道德、反竞争情报等 13 个部分。适合广大情报学、图书馆学专业的学生和专业人士使用。(于静)

5703

得情报者得天下:企业竞争情报管理 / 稻香主编. -- 青岛:青岛出版社,2006. -- 245 页;24cm. -- 7 - 5436 - 3683 - 2(国家图书馆)

本书系统地介绍关于企业竞争情报管理的基本原理和理念,通过鲜活的事例剖析竞争情报的含义、竞争情报体系的建立与完善以及反竞争情报管理的一些方法。(于静)

5704

情报研究与创新 / 郭吉安,李学静编著. -- 北京:科学出版社,2006. -- viii,400 页:图;24cm. -- 7 - 03 - 016837 - 2(北京大学图书馆)

本书主要介绍有关情报研究与创新的理论、方法和实例。共分三篇:第一篇为情报信息篇;第二篇为情报研究篇;第三篇为知识创新篇。(于静)

5705

企业竞争情报概论 / 李国秋,吕斌编著. -- 上海:华东师范大学出版社,2006. -- 418 页;21cm. -- 7 - 5617 - 4701 - 2(国家图书馆)

本教材对企业竞争情报的概念、理论、方法等进行了详细的介绍和分析。全书共分 7 章,对企业竞争情报涉及的环境监视、市场预警、技术跟踪、对手分析、策略制定、竞争情报系统建设和商业秘密保护等问题进行了全面的介绍。(于静)

5706

商务活动与反竞争情报 / 邵波著. -- 南京:南京出版社,2006. -- 215 页;21cm. -- 7 - 80718 - 171 - 0(国家图书馆)

本书全面、系统地讨论了商务活动中的反竞争情报及信息安全技术在反竞争情报活动中的应用。分析了反竞争情报策略,提出了对竞争对手及自身的评价措施,并根据反竞争情报活动的特点,提出了建立反竞争情报系统的思路和方法。(于静)

5707

竞争情报导论 / 杨勇编著. -- 北京:中国市场出版社,2006. -- 283 页;21cm. -- 7 - 5092 - 0074 - 1(国家图书馆)

本书对国内外竞争情报活动和研究的概况作了系统的梳理,对现代企业与竞争情报的关系、竞争情报市场、竞争情报活动与反竞争情报等问题进行了论述,并从应用的角度对竞争情报系统建设、情报技术、竞争情报分析等问题进行了分析。(于静)

5708

图书情报学中的数学模型 / 高磊,陈东彦编著. -- 哈尔滨:哈尔滨地图出版社,2007. -- 153 页;20cm. -- 7 - 80717 - 181 - 2(国家图书馆)

本书分为 7 个章节,即绪论、初等数学模型、线性代数模型、微分方程模型、概率统计模型、文献计量学模型、其他数学模型。(于静)

5709

国家竞争情报研究 / 卢青,樊松林著. -- 南昌:江西人民出版社,2007. -- 258 页;21cm. -- 978 - 7 - 210 - 03718 - 7(国家图书馆)

本书探讨了国家竞争情报的立论基础、基本研究方法,论述了国家竞争态势、国家经济发展、国家科技创新、国际综合国力比较、国际竞争力战略、国家战略管理等方面内容。(于静)

5710

专利情报分析与利用 / 骆云中,陈蔚杰,徐晓琳编著. -- 上海:华东理工大学出版社,2007. -- 384 页:图;21cm. -- 978 - 7 - 5628 - 2052 - 9(北京大学图书馆)

本书在介绍专利基础知识和专利情报收集方法的基础上,重点对专利情报分析和专利战略制定的理论和方法进行了系统而深入的论述。全书包括专利基础知识、专利情报与专利情报分析、专利战略与专利情报分析等内容。(于静)

5711

企业竞争情报入门 / 唐永林,陈荣主编. -- 北京:科学出版社,2007. -- 163 页;24cm. -- 978 - 7 - 03 - 018710 - 9(国家图书馆)

本书共 10 章,包括运筹帷幄的决战之本、活跃在市场经济舞台的竞争情报、竞争情报的信息源、各显神通的竞争情

报分析方法等内容。(于静)

5712

竞争情报方法 / 王延飞编著. -- 北京:北京大学出版社,2007. -- 223 页;26cm. -- 978 -7 -301 -10 192 -6(北京师范大学图书馆)

本书从企业决策实践出发,阐述了竞争情报在决策信息流程中的作用与表现,介绍了现代企业竞争情报工作中所涉及的各种常用方法,强调方法论在竞争情报研究中的核心地位。(于静)

5713

商业情报密码:看穿混乱、失真、谣言和烟幕 /(美)伦纳德 M. 富尔德(Leonard M. Fuld)著;陈勇强,陈飓译. -- 北京:机械工业出版社,2008. -- 23,184 页;24cm. -- Crown Business 通过 ANA 授权出版. -- 978 -7 -111 -21937 -8(国家图书馆)

本书探讨了商业情报的框架和方法,内容包括:在风险和回报的博弈中靠情报洞察力制胜、用战争游戏预见三种行动、从未来潜在的竞争者那里获得情报、将情报融入日常生活中等。(张玲)

5714

竞争情报实务 / 刘敏榕著. -- 福州:福建科学技术出版社,2008. -- 340 页;21cm. -- 978 -7 -5335 -3247 -5(国家图书馆)

本书较为系统地介绍了企业竞争情报的概念、企业竞争情报的规划、企业竞争情报的系统、企业竞争情报的搜索、企业竞争情报的分析、企业竞争情报的服务等内容。(张玲)

5715

竞争情报的理论与实践 / 沈固朝等编著. -- 北京:科学出版社,2008. -- xi,708 页:图;24cm. -- 978 -7 -03 -020058 -7(国家图书馆)

本书系统地介绍了竞争情报的研究内容、工作方式和相关的应用理论,包括竞争的涵义、特点、功能、活动现状和发展趋势;竞争情报的业务规划;各种竞争性信息的搜集;信息源在文献、网络、人际关系中的分布以及第二代网络及其工具在信息搜集中的作用等内容。(张玲)

5716

战略情报研究与技术预见 / 孙成权等编著. -- 上海:上海科学技术文献出版社,2008. -- 144 页;25cm. -- 情报工作研究丛书; 上海科学技术情报研究所建所 50 周年纪念. -- 978 -7 -5439 -3668 -3(国家图书馆)

本书系统介绍了战略情报研究与战略研究、对策学、未来学、预测学等软科学,特别是技术预见的关系及其功能作用。(张玲)

5717

教育信息化资源开发与利用 / 孙凡士,田小勇等编著. -- 北京:科学出版社,2008. -- 266 页;24cm. -- 教育信息化研究丛书;河南省高等教育信息化工程项目——"教育信息化系统研究工程"资助河南师范大学学术著作出版基金资助项目. -- 978 -7 -03 -021209 -2(国家图书馆)

本书共分 7 章。前 3 章介绍了教育信息化资源的基本概念、国际比较研究和标准化;第 4 章和第 5 章介绍了教育信息化资源的开发过程及各类资源具体的开发方法;第 6 章介绍了教育信息化资源配置;最后一章介绍了教育信息化资源的利用。(张玲)

5718

国家竞争情报:是什么 为什么 如何做 / 陶翔主编. -- 上海:上海科学技术文献出版社,2008. -- 246 页;25cm. -- 情报工作研究丛书; 上海科学技术情报研究所建所 50 周年纪念. --978 -7 -5439 -3667 -6(国家图书馆)

本书以国家竞争情报为研究对象,采用规范研究与实证研究相结合的方法,通过对国内外相关理论的研究及相关事件的总结,构筑一套全新的国家竞争情报理论框架体系。(张玲)

5719

情报资料工作基础 / 肖成滨著. -- 北京:中国物资出版社,2008. -- 221 页;21cm. -- 978 -7 -5047 -2887 -6(国家图书馆)

本书结合著者的实践工作体会,针对资料工作的特点,系统地介绍资料工作的理论和方法,并研究如何更有效地开发利用重要的情报资源——资料。(张玲)

5720

竞争对手情报的采集与分析 / 许明金编著. -- 海口:海南出版社,2008. -- 285 页;25cm. -- 封面英文题名:Collection and Analysis of Competitor Intelligence. -- 978 -7 -5443 -2500 -4(国家图书馆)

本书内容包括:竞争情报概论、竞争对手概论、竞争对手的辨识与确认、竞争对手情报搜集、竞争情报人员培养等共 8 章。(张玲)

5721

竞争情报分析 / 张翠英著. -- 北京:科学出版社,2008. -- 10,281 页;24cm. -- 978 -7 -03 -020066 -2(国家图书馆)

本书阐明了竞争情报的基本原理、方法与技术等。内容涉及竞争情报基础知识、竞争情报方法、竞争情报技术、竞争情报系统、竞争情报法律与道德、反竞争情报,以及竞争情报教育等几个方面。(张玲)

5722

竞争之道 情报先行:《竞争情报》论文集(2004—2007) / 张左之主编. -- 上海:上海科学技术文献出版社,2008. -- 406 页;25cm. -- 情报工作研究丛书; 上海科学技术情报研究所建所 50 周年纪念. -- 978 -7 -5439 -3670 -6(国家图书馆)

本书选取了 2004—2007 年间在《竞争情报》杂志上发表的主要文章,从"理论探讨"、"情报实践"、"实用技能"、"海外及台湾经验"、"专家访谈"和"产业与技术情报"等角度反映中国竞争情报在理论和实践方面的最新成果。(张玲)

5723

战略竞争情报 / 周海炜,施国良,顾永立编著. -- 北京:科学出版社,2008. -- 242 页;24cm. -- 战略管理论丛. -- 978 -

7-03-023684-5(国家图书馆)

本书共九章，包括战略竞争与竞争战略、战略性竞争情报系统、竞争情报战略与规则、竞争情报收集的方法与技术等内容。(张玲)

5724

实用情报文献工作基础(上、下册) /(德)克劳斯·赖齐本(K. Laisipen)等著;丰新枚等译. -- 北京:科学技术文献出版社,1983、1986. -- 2册(251页,623页);21cm. -- 17176.362(上),17176.456(下)(国家图书馆)

本书是一部有关情报文献工作的专著，在德语国家中已被列为专业教科书。该书广泛和系统地介绍了情报文献工作的历史和现状、情报文献工作的组织管理及情报文献工作的方法和技术。原书共分4章，包括一般基础、组织基础、理论基础与方法基础，中译本分上、下两册出版。下册为原书第四部分方法基础，具体内容包括:文献处理的过程及其划分、文献员的图书管理基础知识、文献员的档案事业基本知识、情报活动、文献有关单元的搜集、评价的原则和过程、文献有关单元的外表特征描述的辅助工具、内容揭示、分类法、组配标引、内容提要、索引、常规存储介质和常规存储的计算机支持系统、情报和文献工作中的机器方法、复制技术。(于静)

5725

文献与情报工作国际标准汇编:续集 / 国际标准化组织(ISO)著;中国科学技术情报研究所，全国情报文献工作标准化技术委员会译. -- 北京:科学技术文献出版社,1983—1992. -- 2册(61,498页);26cm. -- 7-5023-1769-4(2)(国家图书馆)

本书根据国际标准化组织(ISO)1983年以后公布的情报与文献工作正式国际标准31份分类汇编而成。本书(续编(二))内容包括国内收藏的TC46新编的全部ISO标准，如出版物格式，文献题录、摘要的编排与著录，文字转写，文献代号与国名代号，主题词表编制与标引，书目信息交换字符，术语，文献复制与缩微化，数据库等九类。本书可供国内图书、情报、档案、出版等部门工作人员使用，并供科研、设计、生产与教学部门有关人员制定标准、改进产品设计时参考。(于静)

5726

科技情报研究论文摘要 / 梁景海编. -- 北京:北京科学技术出版社, 1989—1992. -- 3卷;26cm. -- 7-5304-0479-2(国家图书馆)

本书收集了近几年科技情报研究的成果，以科学技术、经济、社会各系统和相互关系为研究对象，以实现决策科学化为目标，以信息资料为基础，以系统分析方法为手段，进行了总结。全书分为三个板块:科技发展与经济建设、城市建设与管理体制、科技政策与管理。(于静)

情报学综论

5727

关于日本科学技术情报工作的介绍和分析以及若干理论问题的探讨 / 杨沛霆编. -- 北京:中国科学技术情报研究所(内部出版),1962. -- 52页;26cm(华中科技大学图书馆)

本书内容包括:日本科学技术情报工作的历史背景，介绍自发阶段、酝酿阶段以及第一计划阶段的情况;日本科学技术情报机构和情报刊物，介绍政府科学技术情报工作、企业科学技术情报工作、二次技术情报刊物概况;日本科学技术情报中心的一般情况，介绍其组织机构、人员配备、投资情况和设备情况;日本科学技术情报中心的业务活动，介绍其业务工作流程、资料搜集工作、资料整理和报导工作、资料的积累和检索工作、咨询、调查、提供资料服务工作、国内外组织、联络和学术会议活动;日本科学技术情报工作十年计划要点，介绍其总指标、情报业务、组织机构规划、情报工作人员的培养;关于科学技术情报工作的几个理论问题的探讨，介绍情报与情报工作的基本含义、情报工作的产生及其重要意义、情报工作的主要关键——速度和经济有效、情报工作的中心环节——文摘工作等。(于静)

5728

科学技术情报工作讲义 / 中国科学技术情报研究所编. -- 北京:中国科学技术情报研究所(内部出版),1963. -- 184页;26cm(国家图书馆)

本书内容包括:第一章科学技术情报的来源，介绍期刊、技术报告、会议文献、专利说明书、政府出版物、标准、学位论文;第二章国际十进分类法;第三章科技情报报导工作;第四章编辑出版工作;第五章科技文献的检索;第六章科学技术情报的检索机械化与自动化;第七章机器翻译与俄汉机器翻译;第八章文献复制法;第九章文献组织工作中的几个问题。(于静)

5729

情报学浅说 /(美)贝克(J. Becker)著;刘昭东译. -- 北京:科学出版社,1979. -- 75页;19cm. -- 13031.1019(国家图书馆)

本书以浅显的语言介绍了现代情报学的内容和任务。全书共分7部分，其内容主要包括:什么是情报，说明了情报书写的历史、图书和图书馆及情报的利用;储存和检索情报，介绍了情报爆炸和情报学;将情报输入计算机，阐述了穿孔卡片和纸带、计算机的语言、磁带和磁盘及字符识别器;从计算机获取情报，介绍了怎样编写程序及如何同计算机建立电化联系;介绍了情报交流的几种使用方法;查找缩微胶卷上的情报，探讨了缩微照相复制的历史、胶卷的种类、全息技术、缩微胶卷的形式、阅读和复制及计算机和缩微胶卷;最后介绍了未来情报学的发展。(于静)

5730

科技情报工作现代化 / 练亚纯编写. -- 北京:科学技术文献出版社,1979. -- 33页;19cm. -- 17176.200(首都师范大学图书馆)

本书介绍了科技情报工作计算机化,包括编目出版、情报检索、科学管理与机器翻译;介绍了科技情报存储缩微化;介绍了科技情报传递网络化,包括计算机网络的概念、情报检索网络系统的5个组成部分、国际上几家著名的情报检索网络系统(Lockheed的DIALOG系统、SDC的ORBIT系统、NLM的MEDLINE系统、ESA的RECON系统、BRS的STAIRS系统)。附录包括:国际上5大联机检索系统简表、国际上主要联机检索系统的数据库、美国国立医学图书馆联机数据库。(于静)

5731

科技情报分析研究:试用教材 / 武汉大学图书馆学系编. --武汉:武汉大学图书馆学系(内部出版),1979. -- 122页;26cm(北京大学图书馆)

本书内容包括:总论,介绍了科技情报分析研究的概念、作用、原则、目的;科技情报分析研究的内容,介绍了科学技术内容、科学技术管理、科学技术政策、科学技术数据;科技情报分析研究的步骤,介绍了确定课题、搜集素材、整理素材的过程;科技情报分析研究的方法,介绍了科技情报价值的判断、科技情报内容的研究、科技情报数据的分析等方法;科技情报研究资料的编写,介绍了资料的类型和特征、编写的要求和方法、素材的累积和保管等。(于静)

5732

情报管理入门讲座 / 草间基等著;侯汉清, 肖自力译. -- 北京:情报科学杂志社,1980. -- 277页;19cm(北京大学图书馆)

本书是日本科学技术情报中心和国会图书馆等单位一些富有实际工作经验的科学情报和图书馆工作者为初学者写的一部通俗材料。全书共汇编了18讲,对情报管理的基本概念和管理的基本过程,作了比较系统而又深入浅出的介绍。日本情报管理的现代化比欧美国家起步晚,本书内容正反映了他们从手工操作向自动化管理过渡的一些情况,全书以介绍手工操作的方法技术为主,也涉及了一些新的方法技术和趋向。可供我国图书、档案和科学情报部门的工作人员在进行业务学习时作为参考材料。(于静)

5733

科技情报工作概论 / 高崇谦编译. -- 北京:科学技术文献出版社,1980. -- 144页;25cm. -- 17176.167(国家图书馆)

本书介绍了科技情报工作的基本概念和内容,着重阐述了情报工作检索与情报检索系统,以电子计算机情报检索为主要内容的现代化科技情报工作概况,如情报的整理方法、情报检索的一般原理、电子计算在图书馆和情报部门各个工作环节的应用,市售磁带二次文献的利用,以及缩微化的一般问题等,多数场合列有素材和实例。本书主要供图书馆和科技情报部门的工作人员参阅,对在计算机部门工作的同志,也可了解到计算机在情报工作中应用的情况。(于静)

5734

《美国化学文摘》查阅法 / 彭海卿编. -- 北京:化学工业出版社,1980. -- 194页;19cm. -- 15063.3119(首都师范大学图书馆)

本书主要介绍《美国化学文摘》(CA)的编制和查阅方法,重点介绍了CA各种索引的编制和查阅方法。本书讲解简明,理论联系实践,可供化学化工专业的科技人员和大专院校有关专业的师生参考。(于静)

5735

科学交流与情报学 / (苏)米哈依洛夫著;徐新民等译. -- 北京:科学技术文献出版社,1980. -- 458页;21cm. -- 17176.177(国家图书馆)

本书是我国翻译出版的第一部全面、系统地阐述科学交流与情报学的著作。作者在为科学提供情报保证方面涉及到范围广泛的问题。书中研究了导致科学中产生情报危机的现代科学技术革命的现象;分析了科学交流的种种过程、科学情报的结构及其一般性质;确定了科学文献在科学发展中的作用和科学情报活动在科学活动中的地位;阐述了情报学同其他科学学科的相互关系,详细分析了建立整体化情报系统的方法。本书还对未来几十年中科学情报系统的发展作了预测。本书的章节大体上符合统一的计划,内容上包括:每一种现象或过程的定义及其类型(种类)、一般性质和基本规律、量和质的特征,这一现象或过程在科学上的作用、地位及其评价。(于静)

5736

科技情报工作概论 / 武汉大学图书馆学系编. -- 长沙:湖南省交通厅科技情报站(内部出版),1980. -- 105页;19cm(国家图书馆)

该书是科技情报专业的讲义,主要介绍科技情报工作的一些基本知识及国内外科技情报工作的发展概况。全书共分五章,内容包括科技情报工作与情报学、我国科技情报工作的方针任务、我国科技情报事业的建设、国外科技情报工作概况以及科技情报工作的现代化。书前有前言和目录。(胡秋玲)

5737

科技情报业务知识讲义 / 中国科学技术情报研究所重庆分所业务处编. -- 重庆:中国科学技术情报研究所重庆分所业务处(内部出版),1980. -- 168页(国家图书馆)

本书分为五部分:科技情报工作概论、科技情报资料的分类编目、科技情报资料检索、专利情报以及科技情报的分析研究。(于静)

5738

科技情报理论与实践讲座丛书 /(苏)舍马金等著;王奇等译. -- 哈尔滨:情报科学杂志社(内部出版),1981. -- 3册;19cm(国家图书馆)

本丛书共3册,上册为关于科技情报和科技宣传的一般论述,包括科学技术情报和管理、科学技术宣传的理论、实践和手段;中册包括:二次文献与情报出版物、建立参考情报库的原则和方法、参考情报库的利用和宣传方式、专利文献参考情报服务的组织、苏联专利情报系统的组织、技术规范文献情报咨询服务的组织,以手工方式的传统情报工作为主;下册则以机械检索系统为中心,包括:文献情报流的分析和情报用户需求的研究、情报检索系统与情报检索语言、实际运行的科技情报系统的功能要素和参数、穿孔卡片的工作管理及其在情报系统中的应用等。(于静)

5739

情报学概论 / 北京大学图书馆学情报学教研室编辑. -- 北京:北京大学出版社,1981. -- 418 页(北京理工大学图书馆)

本书是为函授班学习"情报学概论"课程而编辑的,收入公开发表的论文 43 篇,未公开发表的译文 2 篇,共计 45 篇,大体按《情报学概论》(讲课提纲)的内容排列。收录论文有:《谈谈情报工作的几个基本概念》《关于情报概念的剖析与探讨》《科技情报工作和社会科学的关系》《情报与知识二概念的关系》等。(于静)

5740

图书馆业务自学大全(10):情报学导论(11):计算机化情报检索基础 / 周文骏, 沈迪飞编著. -- 长春:吉林省图书馆学会(内部出版),1981. -- 124 页;19cm(国家图书馆)

本书共 4 章,内容包括:情报学术语,介绍文献工作、情报学、情报学术语体系;情报、科学情报和情报工作,论述三者的关系;科学交流,介绍科学交流的系统、科学交流的图书馆过程、科学交流系统的特点;情报学,论述情报学的定义、情报学的对象和内容、情报学的相关学科。(于静)

5741

汉俄英情报学词典 /(苏)日丹诺娃等编著;王熹等译. -- 北京:科学技术文献出版社,1982. -- 503 页;20cm. -- 17176.325(国家图书馆)

本词典包括情报理论、方法和实践方面的术语 3035 条。其中基本术语 2640 条,每条术语给以汉文定义或解释和俄、英对应译名,内容主要包括情报学、图书馆学、目录学、符号学、逻辑学、计算技术、程序设计、信息传递、编辑、出版、印刷、复制技术、缩微技术、翻译、科学研究等方面。书后附有汉、俄、英词条索引和俄英常用简称 1193 条。汉文词条索引按汉语拼音字顺排列;俄文词条索引按俄文形容词倒排后的名词字顺排列;英文词条按正常字顺排列。每个词条后面附有该词的分类编号,通过它可以找到有关该词的定义或汉、俄、英译名。本书可供情报、图书、复制等有关科技研究人员、编辑翻译人员、情报图书工作者和大专院校师生等作为工具书和参考书使用。(于静)

5742

情报研究 / 李又华编. -- 北京:中国科学院图书馆出版组(内部出版),1982. -- 75 页;25cm(国家图书馆)

本书为《中国科学院图书情报工作教材》之一,内容包括:情报研究的意义和作用;情报研究的产生和发展;情报研究工作的任务、特点和内容;情报研究方法;情报研究成果的主要形式和编写程序。书后附:《自动化技术进展》(摘要)、《国内外高温电阻应变片的发展概况》(摘要)、《国外激光和电子束热处理概况及其对比》(摘要)。本书适合图书情报业务人员业务基础知识的教育和培训使用。(于静)

5743

科技情报实用手册 / 情报科学杂志社编辑. -- 北京:情报科学杂志社(内部出版),1982. -- 380 页;26cm(国家图书馆)

本书分为理论、方法、资料 3 篇,内容包括:总论、科技情报工作的基本知识、情报需求;情报来源、科技情报机构、科研与教学人员如何查用文献、技术与管理人员如何查用文献、情报工作现代化;附与科技情报工作有关的若干统计数据、稿件标点符号用法注意事项、外文译音表、常用符号表、单位换算表等。本书的目的是要给我国广大科技、教学与管理人员、图书与情报人员提供一本情报与文献的知识性工具书,主要便于他们查找和利用科技情报。(于静)

5744

情报管理进修教材 / 张保明等译. -- 哈尔滨:情报科学杂志社(内部出版),1982. -- 218 页;25cm(北京大学图书馆)

本书是 1981 年由日本科技情报中心内部出版的《情报管理进修教材》,是我国赴日留学生带回的。经征求部分省市科技情报部门和工厂企业等基层单位同志的意见,认为其中绝大部分内容对我国是适用的;书中讲授的基本知识和方法,深入浅出,有系统性,具有较高的实用价值。具体内容包括:情报管理概论、情报的产生与交流、文献的收集、文献的整理和保管、文献情报调查、主要的二次文献、分类、关键词与主题词表、文摘与一次文献、机械检索、复制获得一次文献、复制系统、缩微系统、卡片系统、专利文献、标准制度和资料、企业内部管理系统等。(于静)

5745

科技情报调研论文集 / 中国科技情报学会情报研究所专业组编. -- 北京:科学技术文献出版社,1982. -- 124 页;25cm. -- 17176.319(国家图书馆)

本书是 1980 年 12 月中国科技情报学会和中国图书馆学会在杭州联合召开的"全国科技情报调研学术讨论会"的会议征集论文。本论文集以各种形式收录了这些论文,其中全文发表的 24 篇,摘要发表的 16 篇,题录 64 篇。这些论文从一个侧面反应了目前我国科技情报调研的现状,从不同角度介绍了情报调研的理论、方法、经验、认识和问题。这些论文的发表和交流,将有利于今后我国情报调研学术活动的开展,并为从事情报调研工作的同志提供了有益的参考材料。(于静)

5746

中国科学技术情报学会学术会议论文选 / 中国科学技术情报学会编. -- 北京:科学技术文献出版社,1982. -- 664 页;19cm. -- 7-5023-0953-5(国家图书馆)

本书是中国科学技术情报学会在 1983—1984 两年中举办的各种学术会议的论文汇编,全书共收集 70 篇论文和部分领导讲话,其中包括情报研究、情报理论方法、情报工作实践、情报手段现代化(计算机翻译与检索)、情报刊物编译报道、情报人才开发和利用、情报的经济管理以及情报工作在新技术革命中的对策和在经济体制改革中所面临的任务。这是一本普及、提高兼容的综合性学术图书,可供各级、各部

门在职情报工作者、图书管理干部以及大专院校师生等广大科技工作者阅读。(于静)

5747

情报慧眼:情报力的研究 /(日)渡部升一等著. -- 哈尔滨:情报科学杂志社(内部出版),1983. -- 170 页(国家图书馆)

本书系根据日本1981年编辑出版的《情报力的研究》一书翻译而成。全书分为4部分:情报力是什么,情报型人的技术,国际谍报战的内幕,商业情报战的内幕。作者用生动有趣的实例,介绍了国际情报战的内幕和商业舞台上情报战的实况,对"情报能力"的本质进行了研究,对"情报型人"独特的情报技术进行了深入的剖析,说明了培养情报鉴别能力与具有情报型人素质的重要性。(于静)

5748

世界科学情报系统情报处理标准资料指南 /(匈)埃里克·瓦吉达著;姜树森等译. -- 北京:科学技术文献出版社,1983. -- 237 页;26cm. -- 17176.363(国家图书馆)

本《指南》选自联合国教科文组织世界科学情报系统目录数据交换工作组编写的《情报处理标准指南》一书中第二部分《标准资料指南》。它是本书内容的实质性部分。本书详细介绍了情报处理的各个步骤中所需要的国际标准和各国标准。同时,也推荐了有关参考文献和其他规范性资料。它重点对某些标准内容做了必要的说明和注释。本《指南》属于世界科学情报系统几本参考手册中的一个,是指示情报处理标准情报源的参考书。情报用户在制订计划,设计情报处理程序,考虑情报工作标准化的具体方案时,查阅本《指南》便可找到所需标准资料。对于广大文献工作者,对于大学图书馆学和情报学专业师生,更有参考价值。(于静)

5749

科技情报工作概论 / 四川省图书馆学会主编. -- 成都:四川省中心图书馆委员会(内部出版),1983. -- 印刷型(国家图书馆)

本书内容包括:科技情报工作的渊源和情报学的产生、科技情报源、科技情报工作的几个环节、二次文献的加工、我国科技文献检索工具体系、国外科技情报工作发展概况、我国科技情报工作的基本方针和基本任务、科技情报工作的现代化、科技情报工作的体制与情报队伍建设。(于静)

5750

情报学概论 / 严怡民主编. -- 武汉:武汉大学出版社,1983. -- 327 页;19cm. -- 13279.11(国家图书馆)

情报学涉及的内容很广泛,有理论方面的,也有应用技术方面的。本书只是着重从理论方面介绍和讨论了情报学中广泛研究的一些主要问题,即:科学情报的概念与属性;科学情报工作的产生与发展;现代科学发展的特点与情报学;情报交流;情报的组织原理与方法;文献情报流的规律性;情报用户及其情报需求;情报系统;情报工作的现代化以及国家情报事业的组织管理等。对于情报工作中的具体技术方法问题未作详细介绍。本书是高等学校情报学专业的基础理论课教材,是教育部主持制订的《高等学校文科教材编选规划》中的一种。本书除作为高等学校情报学专业本科生必修课教材外,还可供图书馆学专业、档案学专业、图书发行专业学生和广大情报、图书、档案工作者学习参考。(于静)

5751

情报管理 /(日)中岛正夫,和田弘名著;张庚西译. -- 沈阳:辽宁省图书馆学会(内部出版),1984. -- 156 页(北京理工大学图书馆)

本书内容包括:情报、情报管理、情报检索、文摘杂志与索引杂志、索引文档、检索系统分论(卡片方式)、机械检索(1)选卡机方式、机械检索(2)计算机、情报检索中存在的问题、缩微化和情报处理、情报传递和流通的必要条件、情报中心的形成。(于静)

5752

实用情报学 / 樊民,傅予行主编. -- 北京:知识出版社,1984. -- 2册(247 页,285 页);19cm. -- 13214.66(东北农业大学图书馆)

本书介绍了情报学的对象和性质、情报传递、情报源、情报搜集、情报整理、情报检索、情报报导和服务、情报研究的一般过程与方法等。这些问题对企业来说至关重要,企业对新技术、新产品的创新能力与吸收能力在相当大的程度上取决于情报利用。因此实用情报学的知识也是企业管理人员为实现企业现代化所必备的知识。(于静)

5753

科技情报研究的任务和方法 / 傅秉一. -- 北京:北京科技情报学会(内部出版),1984. -- 159 页(国家图书馆)

本书从科技情报研究工作的实际体验出发,较为全面地阐述了科技情报研究的任务、过程、方法、成果、人员、用户、管理等各有关方面,系统地介绍了有关情报与情报研究的基本知识与实践经验,并对情报与情报研究领域中的某些概念提出了一系列的看法。具体内容包括:总论、科技情报研究的任务、科技情报的搜集、科技情报研究的过程、科技情报研究的方法、科技情报研究成果、科技情报研究人员、科技情报研究的管理、科技情报研究中的若干关系问题、科技情报研究的发展趋势。(于静)

5754

情报科学导论 / 靖继鹏,张群舟编. -- 长春:吉林工业大学情报工程系(内部出版),1984. -- 293 页(北京理工大学图书馆)

本书分为情报理论、情报研究、情报系统、情报技术、情报评价、情报教育、情报化社会、情报动向几个部分,各部分是从《情报学报》《情报科学》《情报学刊》《国外情报科学》等国内公开刊物中收入了45篇论文和译文,作为《情报科学导论》课的学习参考资料,以期达到开阔视野,了解学科发展动向之参考目的。(于静)

5755

情报学概论 / 靖继鹏主编. -- 长春:吉林工业大学科技情报研究室(内部出版),1984. -- 187 页(国家图书馆)

本书内容包括:情报科学论述,探讨了情报科学的研究内容与分类;科技情报工作,论述了科技情报工作的产生与发展、方针与任务、基本内容及作用与基本要求;科技文献工作，概述了科技文献的搜集、加工整理、保管及服务；专利知识，介绍了专利制度的发展、我国专利制度的建立、专利文献及其检索；情报检索，探讨了文献检索工具和语言、文献检索方法、步骤和途径等内容；介绍了科技情报分析与预测的方法；概述了情报成果的评价及评选与奖励；论述了情报研究成果类型与论文写作特点、方法与步骤以及表达方法；介绍了情报教育与人员培训及科技情报工作现代化概述。（于静）

5756

情报理论基础 /（日）小泽一雅著；王秀芝，靖继鹏译. -- 长春：吉林工业大学情报工程系（内部出版），1985. -- 198 页（国家图书馆）

本书以香农通信理论为依据，在运用概率、统计、积分变换方法与熵概念的基础上，对情报的发生与传递给予了定量的解释与处理，并详细阐述了关于情报量、情报源、信道、符号化及连续信号等重要理论。著者在阐述过程中注意对概念的直观理解，数学运用也恰到好处，为便于掌握还配有较多的例题。具体内容包括：绪论、情报量、情报的产生和传递、符号化、连续信号。（于静）

5757

新的技术革命与图书情报工作 / 白国应等编. -- 北京：光明日报出版社，1985. -- 236 页；19cm. -- 7263.16（国家图书馆）

本书汇集了有关新的技术革命与图书情报工作方面的文章共 24 篇。全书内容共分 3 部分：一是新技术革命与图书情报工作的关系；二是新技术革命的挑战与图书情报界面临的任务；三是新技术革命对图书情报工作各方面的影响。该书对我们了解和研究我国图书情报界开展新技术革命的情报和对我们制订当前正在开展的体制改革规划都有一定参考价值。（于静）

5758

高等院校情报工作研讨会论文集 / 兵器工业部高等院校情报网情报工作研讨会编. -- 南京：华东工学院情报研究室（内部出版），1985. -- 162 页（北京理工大学图书馆）

本论文集收录的论文内容涉及高校科技情报管理体制；高校科技情报研究的任务；高校科技情报改革以及科技情报工作手段现代化等方面。收录的论文有：《高校科技情报管理体制浅议》《采用系统方法综合分析与确定科技情报管理体制，改进和加强科技情报工作》《高校情报室在改革中面临的新形势和任务》《对高校科技情报的一点看法》等。（于静）

5759

科技情报工作手册 / 李魁彩编. -- 北京：北京出版社，1985. -- 520 页；19cm. -- 7071. 1037（国家图书馆）

本书内容包括：科技文献管理，介绍科技文献管理工作的基本内容，科技文献的基本知识，科技文献的收集、整理、分类、标引、编目，科技文献服务工作及科技情报的报导与交流；科技文献的检索，介绍科技文献的检索工具，检索途径、方法、步骤，特种文献的检索，常用的科技文献检索工具，计算机检索；科技情报研究工作，介绍科技情报研究工作的重要作用、特点、内容、方法、成果编写及素材积累；科技文献的缩微、复印和翻拍；科技情报的编辑出版，介绍出版过程、文稿的书写、审校与编辑出版、纸张的使用、出版印刷常用术语；科技情报工作管理，论述管理的基本内容、机构设置、规章制度、成果评价等。（于静）

5760

情报成果与评价 / 刘凤琴，矫淑琴编. -- 长春：吉林工业大学情报工程系（内部出版），1985. -- 138 页（北京理工大学图书馆）

本书收录了国内外有关情报成果与评价的相关文章，如《试论情报价值》《情报价值论初探》《科技情报工作经济效益的综合评价》《如何评价科技情报工作的经济效益》《目前在评价情报成果问题上的几种观点》《关于科技情报成果评价问题的探讨》《情报调研成果和服务效果评选初议》等。（于静）

5761

情报心理学 / 沈家模著. -- 北京：能源出版社，1985. -- 172 页；19cm. -- 17277. 8（国家图书馆）

情报心理学是情报学的一个分支，是探索情报过程心理状态的特点和心理演变规律的新兴学科。它也研究情报工作者与情报使用者之间的关系在心理上的反应和情报工作者群体的心理过程及其影响。本书即是围绕着这一主题进行探讨，具体内容包括：情报心理学——打开情报心理的钥匙；情报过程的感觉和知觉；情报工作的兴趣和动机；情报传递的注意和记忆；情报交流中的思维活动；情报过程中的想象与创造；情报人员情感和意志的自我培养；情报人员应有的特殊心理品质；加强道德修养 重视智力开发；情报服务的心理分析。本书叙述文笔生动，通俗易懂，可供情报工作者、心理工作者、信息人员以及中学文化程度以上有兴趣的青年学生阅读。（于静）

5762

企业情报收集与利用 / 孙振宇主编；刘汉鼎，韩桂莲编. --合肥：安徽科学技术出版社，1985. -- 262 页：图；19cm. -- 17200. 48（武汉大学图书馆）

本书从我国工厂企业情报工作的实际需要出发，阐述了企业情报工作的基本概念、内容与方法。其中包括情报的收集；情报系统的一般原理和工厂企业情报系统的建立；企业情报调研的方法和步骤；企业各管理机构的情报需求；市场情报的作用及其分析、预测的方法；专利知识以及专利许可与技术引进；情报技术手段的各种技术原理、设备和操作方法。在阐述以上内容的同时，介绍我国一些工厂企业开展情报工作的经验和方法，以资借鉴和参考。（于静）

5763

科技情报分析与预测 / 玄兆国等编. -- 长春：吉林工业大学情报工程系（内部出版），1985. -- 211 页（北京理工大学图书馆）

本书介绍了科技情报分析与预测的概念、分类、作用、特点以及在科学决策中的地位；论述了怎样开展科技情报分析与预测工作，包括科技情报研究人员应具备的素质、进行科技情报分析与预测工作的程序、选择研究课题、制定研究计划、联合研究活动的组织、研究素材的搜集、正确选择研究方法以及情报分析与预测结果的误差分析;重点论述了技术预测的基本方法,如交叉影响矩阵法、类推法、趋势外推法、形态分析法;德尔菲法,介绍了德尔菲法的由来、特点、用途及应用过程;时间系列分析预测,对其原理进行探讨,倾向变动分析预测法、称动平均和指数平滑法;此外还介绍了回归分析法、投入产出分析预测法;最后介绍了情报研究论文的写作。(于静)

5764

情报用户研究 / 周婉贤,吴迪编. -- 长春:吉林工业大学情报工程系(内部出版),1985. -- 119 页(北京理工大学图书馆)

情报用户研究,目前在我国尚是一个不成熟的领域,是一个薄弱环节,无论是理论研究,还是调查方法,都是处于前期阶段。为了加强这方面的研究和使图书情报部门更好地为用户服务。从《情报学报》《情报学刊》《情报科学》《国外情报科学》《图书与情报》《科技情报》等杂志上选取了 25 篇有关文章,汇集成《情报用户研究》专辑,主要有情报用户研究方法的理论,情报用户的类型及需求特点,情报用户的培训,情报用户需求的实际调查等内容。(于静)

5765

企业情报信息工作手册 / 车世家主编. -- 长沙:湖南大学出版社,1986. -- 589 页;20cm. -- 17412.5(国家图书馆)

本书比较全面系统地介绍了企业情报信息工作的内容、科学管理方法、市场情报信息的开发与利用、如何查找所需情报信息、情报机构指南、联机情报检索与数据库简介,同时还介绍了情报信息与企业经济工作有关的知识,如情报信息与经济合同、情报信息与投标招标、情报信息与对外贸易、情报信息与技术引进。本书适用于企业的情报人员、管理人员、技术人员以及经济研究人员等,也可作为大专院校、中等专业学校文、理科学生的选修教材。(于静)

5766

编辑工作与资料工作 / 储品良著. -- 太原:山西人民出版社,1986. -- 145 页;19cm. -- 17088.58(国家图书馆)

本书是作者从事编辑与资料工作中的理论、方法及经验的总结,内容包括:谈谈出版社的图书资料工作、编辑工作与资料工作、出版社的情报资料工作、如何提高图书资料的利用率、资料室管理问题举要、资料工作对话、常用工具书简目、插图参考资料简目;附录包括:古籍小识、有关期刊的词汇(英汉对照)、联邦德国图书用略语、法国图书用略语、影抄、影刻、影印、关于"年鉴"术语、非印刷资料、可擦式图书印次码、联邦德国出版人名录丛书、文献为什么要分"次"、外国主要书目简介、俄苏百科全书小史、社会科学的时代。(于静)

5767

怎样搞科技情报调研 / 傅秉一编. -- 北京:科学技术文献出版社,1986. -- 90 页;19cm. -- 17176.498(国家图书馆)

本书是针对我国科技情报人员怎么样学习搞科技情报调研而撰写的,内容包括:情报调研的一些基本概念,科技情报调研的准备,怎样搜集科技情报,科技情报研究的过程,科技情报研究的方法,怎样写调研报告,对情报调研人员的要求。(于静)

5768

八十年代的术语情报学 / 国际术语情报中心编;周智佑等译. -- 北京:科学技术文献出版社,1986. -- 462 页;19cm. -- 17176.447(武汉大学图书馆)

本书分为两部分:第一部分,国际术语情报中心的十周年报告;第二部分,为纪念十周年而撰写的文章,主要分为术语学的理论基础、术语学的教学与培训、标准化、术语机构、术语的形成、计算机辅助术语学、主题词表的术语学问题、术语和专用语、发展中的术语学几个部分。(于静)

5769

科技情报学 / 郑守瑾主编. -- 北京:中国铁道出版社,1986. -- 357 页:图;20cm. -- 2043.1005(国家图书馆)

本书是根据原教育部关于在高等学校开设"文献检索与利用"课的指示精神,为高等学校理工医各科编写的通用教材。内容包括:科技情报工作、文献检索、国内外主要文献检索工具书、电子计算机检索和学位论文与科技文献撰写方法。本书除供作高等学校理工医各科的教材外,还可供从事科技情报工作的同志学习使用。(于静)

5770

情报与文献科学技术概论 /(法)甘沙,(法)梅努著;焦俊武等译. -- 北京:科学技术文献出版社,1987. --368 页;20cm. -- 7-5023-0035-X(国家图书馆)

本书分别介绍了情报、文献工作的主要内容,包括文献类型、书目和参考著作、选择和收集、目录著录、内容描述、文献语言、分类、编写文摘、目录或文档、装置和设备等文献加工流程的各个环节、情报检索、情报存贮与检索系统的评价、情报传播服务、情报规划和系统、情报用户、情报单位的类型和网络、情报标准化、情报政策以及情报研究等。每章后均附有思考题。本书具有以下特点:首先,本书不仅对自动化国际情报系统培训人员有帮助,也力求说明情报技术总的状况。对于尚在探讨的领域,为了使叙述尽可能协调一致,结构紧凑,还加入了笔者的个人观点;其次,单元结构特点。本书有一章绪论,对情报活动作了一般性介绍;以及一系列专门章节,阐述了情报系统各方面的情况。每一章或几章的组合可以在情报培训时单独使用。(于静)

5771

科技开发中的情报保障 /(苏)兹维任斯基(C. M. Звежинский)著;靖继鹏,迟忍译. -- 北京:电子工业出版社,1987. --205 页;19cm. -- 17290.485(国家图书馆)

本书内容包括:情报保障的形成阶段,分为出版、报道、服务和保障;情报需求和情报提问的表现,介绍情报需求的本质、确定及情报提问的定义;情报资源的收藏,介绍情报收藏的补充与情报检索的工具;情报文摘的编制,介绍文摘的职能效用、编制方法和文摘的构成;定题情报提供,介绍情报报导的编址、定题情报提供组织、为领导人提供定题情报保障;回溯情报检索,论述情报检索是解决科技课题的手段、情报检索系统的分类及情报检索的成效;情报的综合,介绍综合的原则、综合文献的类型及综述的编写;上行情报流的组成,介绍情报流的性质、上行情报流的管理、文献编辑加工的

效率。(于静)

5772

趣味情报学 / 日本能率协会编;谭实译. -- 北京:科学技术文献出版社,1987. -- 141 页;19cm. -- 7 - 5023 - 0036 - 8(国家图书馆)

本书内容包括:序曲、情报的行为举止、对牛弹琴、情报的波动力学、情报的流动方式、漫无边际的情报考证学、四项一次方程式、情报功效论、情报价值工程学、越渍越出味、将感性情报化、阐明情报的尝试、歌舞伎与莎士比亚、交流的四要素、与自己对话、编码化的双胞胎、大众情报、情报化三现象、组织关系、情报三角形、迅速发展的媒介化现象、游戏化社会的情报狂想曲、贵重的情报源、情报的人文科学。全书拟以"情报究竟是什么"为题,试图揭示出情报的本质。何谓情报?情报化会带来怎样的后果?应该怎样利用情报?使读者从中得到各种有益的启示。(于静)

5773

科技情报学概论 / 桑健编. -- 沈阳:辽宁人民出版社,1987. -- 395 页;19cm. -- 7 - 205 - 00114 - 5(国家图书馆)

本书内容包括:情报及其基本概念,介绍情报的定义、属性、作用、载体形式、分类、利用价值等;情报学及其基本概念,论述情报学的定义、理论体系、研究对象与内容、相关学科;科技情报工作及其有关概念,论述科技情报工作的定义、特点、内容;我国科技情报工作事业,论述我国科技情报工作的形成、发展、四条基本经验、当前的重点任务和主要措施、成就、当前急待解决的问题;国外主要国家科技情报工作概况和特点,介绍美国、苏联、日本、英国、法国、联邦德国的科技情报工作情况;情报源与情报文献的载体,论述当代科技文献的特点、出版形式、文献类型等;科技情报资料工作,论述科技情报资料的搜集、登录、分类、主题、卡片著录、主题目录编制及保管;情报用户与用户情报需求保障,论述情报用户的类型及情报需求的特点、调研方法及服务;情报检索;科技情报研究;科技情报的编辑报导工作;情报系统与系统管理。(于静)

5774

科技情报心理学 / 王秀成编. -- 北京:科学技术文献出版社,1987. -- 81 页;19cm. -- 17176.509(国家图书馆)

本书内容包括:情报心理学的产生及定义、情报心理学的研究对象及内容、情报心理学的研究方法、情报心理过程、情报用户类型及情报需求心理分析、情报需求与情报环境、用户吸收与利用情报的心理过程及规律、情报职业者的心理品质及其形成。适合各级情报研究人员、管理人员、大专院校情报专业师生阅读。(于静)

5775

情报学基础教学参考资料 / 严怡民等编. -- 武汉:武汉大学出版社,1987. -- 344 页;19cm. -- 7 - 307 - 00029 - 6(国家图书馆)

本书内容包括:情报概念与情报功能、情报学的内容与范围、情报工作、情报服务与情报交流、文献情报流、规律及其利用、情报研究与情报用户、情报系统与情报政策。本书是为中央广播电视大学图书馆学专业开设的情报学基础课程编写的教学参考资料。内容编排与教科书《情报学基础》并不对应,而侧重情报学基础理论、情报工作与情报服务、情报研究与情报用户、情报系统与情报政策等方面。有关情报组织整序、情报检索、情报现代化技术等方面的内容在相应课程的资料汇集中已经收入。(于静)

5776

情报学基础学习指导书 / 严怡民等编著. -- 武汉:武汉大学出版社,1987. -- 79 页. -- 7 - 307 - 00030 - X(国家图书馆)

本书为《情报学基础》的学习指导配套书,内容包括:导言、情报与情报学、情报交流与传递、情报源与情报获取、文献情报流的规律、情报的组织与控制、情报检索、情报报导与情报服务、情报的分析与研究、情报用户与情报需求、情报系统的组织与建设、现代技术在情报工作中的应用、情报政策与科学管理。每一章节分为教学要求、内容要点与思考题 3 部分。本书的目的是:使学员系统地了解情报学、情报工作的全貌,明确情报学的基本概念、基础理论,情报学的产生和发展、研究对象、相关学科等基本问题;熟悉和掌握各种情报源及情报获取方法,情报交流传递的各种方式及特点,文献情报流的规律,情报组织控制的理论基础及方法,情报检索的途径、效率评价,情报研究的内容程序及方法,情报系统的整体概念及国家情报系统,情报政策的基本内容。培养学员具有初步的情报检索服务能力、情报报导服务能力、应用现代技术能力及情报分析研究能力。(于静)

5777

情报学基础 / 严怡民, 马费成, 马大川编著. -- 武汉:武汉大学出版社,1987. -- 346 页;20cm. -- 中央广播电视大学图书馆学专业用书. -- 7 - 307 - 00154 - 3(北京师范大学图书馆)

本书由 12 个章节组成,内容包括:情报与情报学,论述了情报的概念、情报工作的产生与发展、情报学的形成等方面的内容;情报交流与传递,阐述了情报交流方式及特点、情报的生产与流通等内容;情报源与情报获取,涵盖了情报源的种类及分布、文献情报源及其功能等内容;文献情报流的规律,论述了文献分散规律、洛特卡与齐夫定律等内容;情报的组织与控制,涵盖了情报有序组织的理论基础等内容;情报检索,阐述了情报检索与检索系统等内容;情报报导与情报服务,论述了情报出版物的主要类型及其特点、情报刊物的编辑出版工作等内容;情报的分析与研究,涵盖了情报分析研究的内容、程序、方法;情报用户与情报需求,探讨了情报用户及其需求研究的目的和内容、情报用户分类等内容;情报系统的组织与建设;现代技术在情报工作中的应用;情报政策与科学管理。(于静)

5778

中国科学技术情报学会学术会议论文选:1985 / 中国科学技术情报学会编. -- 北京:科学技术文献出版社,1987. -- 598 页;19cm(国家图书馆)

本论文选是一本综合性、学术性很强的连续出版物,是中国科学技术情报学会 1985 年全年学术活动的记载,它包括9次学术会议的精华,内容包括建立期刊文献支持库、情报的经济管理、主题标引、2000年苏美国防科技、缩微与报影、咨询、样品样本、高校文献检索利用课、首届青年情报理论与学会第三届学术年会等各种会议上宣读的论文。本论文选可供各行业情报研究人员、情报图书馆界管理人员以及大专院校师生参考。(于静)

5779

情报学基础 / 邹志仁主编. -- 南京:南京大学出版社,1987. -- 428页;20cm. -- 高等学校文科教材. -- 7-305-00026-4(国家图书馆)

本书内容包括:绪论、文献情报源、情报交流、文献计量学、文献情报的整序、情报报导和服务、情报分析研究、情报系统和系统方法、情报工作现代化概述、情报学的比较研究。书中充分考虑了档案学专业的课程设置、学生的知识结构和今后工作的需要,力图将理论和应用并重、科技情报与社会科学情报相结合的原则,注意结合档案学和档案工作的特点,并努力引入系统工程、比较研究等新兴学科内容和方法,着眼于使学生掌握基本理论、基本技能、基本方法。本书除作为高等学校档案学专业本科生的必修课教材外,也可作为图书馆学专业、情报学专业学生的主要参考书,也可供其他专业学生和广大档案、图书、情报工作者学习参考。(于静)

5780

科技情报源 /(美)沙布拉曼亚姆(Subramanyam,K.)著;王季敏,高衡宝译. -- 北京:科学技术文献出版社,1988. -- 563页;20cm. -- 7-5023-0691-9(国家图书馆)

本书侧重介绍科学技术交流的现行做法、历史情况以及各种形式的科学技术文献的特征和目录管理情况。本书还对用电子计算机进行科学技术情报目录管理和传播的最新发展和今后的发展趋势进行了探讨。本书还按粗主题类目列出了约1500种情报源,其中包括三次情报源(文献指南、目录的目录),二次情报源(书目和目录、文摘和索引刊物、数据库、各类参考书)和一次情报源(包括译丛在内的各种期刊)。所列举的情报源几乎都是美国或外国出版的英文资料。其中,有关自然科学、工程技术等方面的全部主要学科的情报源都已列出,但不包括卫生科学和社会科学。对于所列举的情报源均未作评价。本书的主要特点是将目录与注释两种方法结合起来,同时介绍了科学技术交流的教学模式。对技术情报进行综合探讨的重点是:了解科学家和工程师对情报的需求和查找情报的方式;科学技术文献和其他情报源结构与特征综述。(于静)

5781

科技情报基础 /(苏)A. A. 科柳科娃,(苏)B. Г. 提拉著;王孟官等译. -- 上海:上海科学技术文献出版社,1988. -- 209页;19cm. -- 7-80513-076-0(北京师范大学图书馆)

本书是苏联著名情报学家A. A. 科柳科娃等撰写的教学参考书。本书内容包括:绪论,科技情报在加速科技进步中的作用,科技情报源,国家科技情报系统,科学、技术、生产和管理活动情报保障的组织,科学技术成果的相互交流、宣传和利用,科学技术情报自动化系统。书中较全面、通俗地阐述了科技情报工作的定义,它在加速社会科技进步中的作用,各种科技情报源的类型和功能,苏联科技情报体系的形成、组织及其同国际情报体系的联系,科技情报工作自动化的现状和方向等问题。在论述自己观点的同时,作者还介绍了苏联和其他国家一些著名情报理论专家的学术思想,不同流派的见解。(于静)

5782

信息环境的演变 /(英)麦克格雷著;丰成君,邵元溥译. -- 北京:书目文献出版社,1988. -- 180页;19cm. -- 7-5013-0460-2(西安交通大学图书馆)

本书内容包括:知识与信息、信息存贮与传播媒介、信息在社会中的控制与交流、知识与信息的社会组织、信息与社会变革等。作者从社会、政治、经济及技术等方面对信息的历史演变作了论述,是一本内容充实,条缕清晰,有独到见解的书,评价了各种信息形式的起源与深化,评价各种信息交流技术与信息记录技术对社会的作用,评价新技术开发的可能性及新技术所面临的限制,同时评价社会对信息交流技术的适应方式等。(于静)

5783

情报数学 / 国防科工委情报所八室编. -- 北京:科学技术文献出版社,1988. -- 505页;19cm. -- 7-5023-0698-6(国家图书馆)

情报科学技术所涉及的数学的面很广泛:有概念和理论方面,也有应用和算法方面。本书力图在保持数学固有的系统性的基础上兼顾这两个方面。立足于当前情报科学技术对数学的需要,也考虑到将来可能的发展和影响,除了介绍基础性的理论概念如集合、矩阵、微积分、方程以外,还着重讨论了概率与统计、图论和组合算法、最优化技术和模糊数学等几个在情报科学技术中应用面较广的方面,以使这本书覆盖从情报收集、整理、加工、检索到情报的定性定量分析的整个领域,具有较浓的情报色彩。考虑到读者对象和应用面,本书着眼于广的视野而不注重于深入的数学理论;着眼于实际的算法、应用而不注重于理论证明。因而,本书尽可能多地介绍数学在情报科学技术中的实用方法和应用实例,略去了相当一部分的定理证明。为致力于定量化研究的读者提供了各种实用算法而避开了算法的推导和收敛性证明。(于静)

5784

情报调研与决策 / 韩东才编著. -- 北京:新时代出版社,1988. -- 248页;20cm. -- 7-5042-0033-6(国家图书馆)

本书内容包括:情报和文献、科技情报调研的基本概念、科技情报调研的分析方法、科技情报调研的步骤、新产品开发的情报调研、国内外市场的情报调研、行业的情报调研、新技术开发的情报调研、工艺过程的情报调研、引进技术的情报调研。全书介绍了科技情报调研的概念、任务、方法、步骤等,同时对产品开发、国内外市场,工艺过程、新技术开发、引进技术等方面,如何进行情报调研,如何向领导和科技人员提供谋策性的意见,进行了较详细的阐述。本书可供厂矿企业、科研机构、情报部门、大专院校等单位的各级领导、广大

科技工作者、从事情报工作的人员参考。(于静)

5785

社会科学情报理论与方法初探 / 河南省社会科学院情报研究所编. -- 开封:河南大学出版社,1988. -- 334 页:图;21cm. -- 7-81018-121-1(山东大学图书馆)

本书是一本论文集。全书共收集 38 篇论文,力图从理论与实践的结合上,阐述运用中国需要的社会科学情报理论与方法,书中的文章,按其论述重点,大体可分为 9 个单元:(1)关于社会科学情报工作的一般规律;(2)社会科学情报作用、地位和特点;(3)社会科学情报与科学技术情报、新闻报道、资料工作的区别与关系;(4)社会科学情报的交流与传递;(5)关于社会科学情报产品及其评估;(6)社会科学情报的管理体系及其发展战略;(7)社会科学情报队伍的建设;(8)地质情报所的工作问题;(9)国外社会科学情报事业发展概况。各文章都是从社会科学情报区别于科技情报的特殊性着手,去进行理论探索的。(于静)

5786

情报工作概论 / 黄立军编著. -- 南宁:广西教育出版社,1988. -- 188 页;19cm. -- 7-5435-0416-2(国家图书馆)

本书介绍了情报工作的基本概念,对情报工作的历史、地位、任务、基本内容与要求进行概述,介绍了情报传递的概念、模式与类型,情报搜集的工作原则、方法、途径与组织,情报整理中对文献的登录、著录、标引与组织,情报管理的方法,情报检索的原理、工具与方法,情报报导和服务,情报研究的目的、作用、类型与步骤,情报工作现代化的内容与前景,我国情报工作的发展概况、管理体制与进展,情报学的对象、内容、性质等内容。(于静)

5787

企业情报学 / 王昌亚等编著. -- 武汉:湖北科学技术出版社,1988. -- 379 页;20cm. -- 7-5352-0120-2(国家图书馆)

本书内容包括:企业与情报、企业情报源、企业情报的搜集、企业情报交流、企业情报资料的管理、企业情报的检索、市场调查与市场预测、企业决策与咨询情报利用、专利与专利情报、新产品开发与情报利用、现代情报技术、企业情报系统的组织。本书内容新颖、实用,适合高校学生、科技人员等作为参考书。(于静)

5788

图书情报学方法论 / 王崇德编著. -- 北京:科学技术文献出版社,1988. -- 314 页;19cm. -- 7-5023-0068-6(国家图书馆)

本书介绍了文献计量学方法、引文分析方法、社会调查法、控制论方法、系统方法等,并结合我国图书情报工作的实际,探讨了各种方法的运用对象、范围与途径。阐述清晰,翔实具体,深入浅出,实用性强。本书对情报学各种科学研究方法的介绍与评价是客观的,作者在介绍各种科学研究方法时,首先肯定了它们在图书情报学研究中的地位、作用、应用范围及其效果;同时也指出了它们的局限性、不足之处及某些方法的不准确性。本书可作为高校图书情报专业教材;同时对于广大科技情报人员及情报学研究人员也有助益。(于静)

5789

基础情报学 / 王万宗,严文娟编著. -- 北京:科学技术文献出版社,1988. -- 258 页;19cm. -- 7-5023-0702-8(国家图书馆)

本书内容包括:情报与情报学、用户研究、信息的交流与获取、情报活动中传递对象的选择、信息整序与分析研究、国家情报事业及其管理、情报事业机构及其管理、情报服务、情报工作与成果效益的评价。(于静)

5790

情报学概论 / 王万宗编著. -- 北京:北京大学出版社,1988. -- 294 页;19cm. -- 7-301-00147-9(国家图书馆)

本书介绍了情报学的对象、学科性质、目的任务、内容范围、研究方法,介绍了情报工作的发生发展;论述了用户研究中用户的情报需求、情报行为及用户需求研究方法;情报活动的传递对象包括消息、资料、知识;信息的传递,介绍了信息的表述、载录技术与传递媒介、传递的理论与方法;社会信息流通状态分析,分析了文献数量增长与查找整序的困难、文献老化加快、专业文章分散、交流障碍增多等现象;情报活动中传递对象的选择,重点论述文献选择和信息选择;信息的整序与情报流的形成,介绍整序活动及其发展、文献流的整序、分析研究与信息整序;情报系统;情报系统的组织管理,介绍情报政策、国家情报系统的管理、情报事业机构的管理、情报干部的培养和管理;情报服务,论述各种类型的情报服务和情报服务的组织;情报工作的评价,介绍服务工作的评价和成果效益的评价。(于静)

5791

科技文献及其处理技术 / 王秀成编著. -- 北京:书目文献出版社,1988. -- 354 页;19cm. -- 7-5013-0438-6(国家图书馆)

本书原系吉林工业大学情报工程专业教材之一。主要内容有:阐述科技文献的产生、类型、社会作用及其发展趋势;详细地分析各类科技文献的特点和情报价值;在突出情报部门管理特点的基础上,介绍科技文献的搜集、分类、主题标引、著录和索引、文摘编制等方面的技术方法,本书根据少而精的原则,极力避免内容上过于庞杂和细琐,着重介绍了有关科技文献的基本知识及图书情报部门对科技文献进行处理的基本技术方法,力求使读者对科技文献及其处理技术有一个较全面系统的了解和掌握,为从事科技文献工作打下一个扎实的基础。本书是图书情报专业师生和广大实际工作者,尤其是科技情报工作者进行专业学习的好教材,也可供广大科技工作者参考。(于静)

5792

情报分析与预测 / 玄兆国等编著. -- 北京:科学技术文献出版社,1988. -- 241 页;19cm. -- 7-5023-0669-2(北京师范大学图书馆)

本书的主要内容是:对已知信息运动规律的分析和研究;根据已知的信息运动规律预测未知和未来的信息状态。应用的方法主要是情报研究和预测学的基本方法。科技情报人员应在实践中学习和掌握这门学科的理论和方法。具体章节内容包括:绪论;怎样开展情报分析与预测;情报分析基本方法;特尔菲法;回归分析法;时间系列分析预测;投入产出分析预测法;情报研究论文的写作;附录:累加法公式集、F 分布表。本书对科技情报调研人员及大专院校情报专业的师生是一本有用的参考书。(于静)

5793

情报学 / 杨起全, 李延成编著. -- 北京:科学技术文献出版社,1988. -- 206 页;19cm. -- 7-5023-0580-7(北京师范大学图书馆)

本书系统地介绍了情报学的基本内容、情报学研究的不同流派、情报工作以及情报学与其他学科相互渗透而产生的一些综合性问题。本书共分 6 个部分:人与情报,探讨了我们为什么需要信息、情报交流是人类的基本活动、人类将如何解决情报问题等内容;情报学概况,阐述了情报学的发展历程、美国人心目中的情报学、情报学研究的分类、情报学研究中的"5W"等内容;情报学一般理论,论述了情报交流的基本条件、情报交流是一种通讯过程等内容;情报工作,涵盖了情报工作的产生与发展、情报搜集等内容;现代情报技术,阐述了情报技术现代化、感光缩微技术等内容;情报学其他问题。(于静)

5794

苏联科技情报工作教程 / 翟云等译. -- 北京:科学技术文献出版社,1988. -- 681 页;20cm. -- 7-5023-0571-8(国家图书馆)

本书内容包括:科学技术情报对科学技术发展的影响;科学情报活动、情报学与科学情报的文献源;一次科技情报源;科技情报工作中评论一次文献的方法指南;情报的分析和综合加工——二次文献;作为技术情报源的专利文献;主题标题表——通用情报语言;分类法与科技情报;情报检索和文献检索系统;事实型数据检索;自动化情报检索系统的硬设备;工业情报出版物的编辑和印刷;快速复印情报资料的现代方式和技术;联合国工业发展组织及其情报活动;科学、技术和工业情报领域中的国际组织及其活动;发展中国家工业服务的科技情报组织;对工业管理人员和专家的情报支持;经互会成员国科学技术及工业生产的情报保证服务系统;促进工业发展情报网络;苏联的国家科技情报系统的发展和工作基本原则;部门科技情报系统;工业产品情报系统;经互会成员国的国际科技情报系统;工业发展与环境生态情报系统。(于静)

5795

图书情报学定量方法 /(印)拉维昌德拉·劳编著;王崇德, 黄魂译. -- 北京:兵器工业出版社,1989. -- 375 页;19cm. -- 7-80038-048-3(国家图书馆)

本书分统计学方法和文献计量学方法两大部分,重点介绍了统计学基础、概率论、概率分布、相关分析、取样方法、假设检验、非参数检验、方差分析和文献情报流的基本规律以及它们的应用。本书内容翔实,文字通顺,虚实并举,实用性强。本书的目的是,阐述统计学方法在图书情报科学中的应用,因此其讨论均以应用研究为基础。(于静)

5796

情报研究 / 蒋沁, 王昌亚编著. -- 武汉:武汉大学出版社,1989. -- 330 页;20cm. -- 7-307-00319-8(北京师范大学图书馆)

本书主要系统地阐述了有关情报研究的一些基本理论、技术和方法。内容主要包括:绪论,探讨了情报研究的概念、理论、特性、作用、原则,国内外情报研究的发展概况,情报研究人员的素质;情报研究的内容,论述了科学技术情报、技术经济情报、市场情报;情报研究的步骤,涵盖了准备阶段、初步研究阶段、情报研究阶段、情报研究成果的形成阶段与成果评价阶段;情报研究的方法,运用了比较、分析、综合、推理、创造性思维、预测、评估与论证等方法;情报研究成果,阐述了情报研究成果的类型、形成和评价。(于静)

5797

咨询概论 / 金良浚编著. -- 杭州:浙江教育出版社,1989. --242 页;20cm. -- 现代管理丛书. -- 7-5338-0496-1(北京师范大学图书馆)

本书内容包括:概述,阐述了咨询的基本概念、咨询业的性质、咨询工作的类型、现代咨询的功能及咨询在决策体制中的地位;国外咨询业的概况,介绍了国外咨询业的发展、欧美国家的咨询业、亚洲国家及地区的咨询业和国外咨询经验的借鉴;我国咨询业的发展,探讨了我国咨询业发展的历史、管理、科技、金融咨询及我国咨询业的体制改革;咨询人员,介绍了咨询专家的素质、咨询者与决策者的区别、咨询者的职业道德及咨询机构的人才结构;咨询方法与管理,论述了咨询工作的程序、决策咨询的方法、企业诊断技法、技术改造及建设条件评估法、咨询收费的计算及分配和科技咨询服务合同的签订;咨询机构的形式与特点,探讨了决策研究机构与政策研究机构、情报研究机构、咨询服务公司、专家顾问委员会及咨询研究机构的特点。(于静)

5798

科技情报学概论 / 张永嘉, 谭培编著. -- 北京:航空工业出版社,1989. -- 186 页;26cm. -- 7-80046-124-6(国家图书馆)

本书为航空工业部教材委员会高校规划教材之一,是本科生情报专业必修课教材。本书系统地介绍了科技情报学的基础理论和知识。全书共分 14 章,即:科学发展中的情报危机、情报与科学情报、情报交流、科技情报工作、情报学、情报源与情报搜集、文献的整理、情报报导和服务、情报研究、情报检索、情报用户及其需求、情报系统和情报政策、情报工作现代化、国内外科技情报工作。本书内容丰富,论述简明,重点突出,注意理论与实际的紧密结合。本书除作为高等学校情报专业本科生教材外,也适于档案、图书等相关专业的大学生和在职干部学习、参考。(于静)

5799

技术情报服务指南 /(菲)克莱门特Ⅱ(W. A. Clemente)编著;张保明译. -- 北京:科学技术文献出版社,1990. -- 224 页;19cm. -- 7-5023-1210-2(国家图书馆)

本书是亚太地区技术转让中心(APCTT)多年来从事技

术情报服务项目的经验总结。它详尽地介绍了技术情报服务的概念与意义,技术情报服务各工作步骤(收集、加工、编辑、传递、咨询服务)的组织方法,以及建立一个技术情报服务机构应开展的各项准备工作。本书内容通俗易懂,切合实际,是一本指导具体工作的参考手册。它对于科技情报工作面向经济主战场的战略转移具有一定的指导意义。本书可供从事技术转让、技术咨询、技术支撑等工作的专业人员,各类情报机构的管理人员,企业情报人员,以及广大用户和大专院校有关专业的师生阅读、使用和参考。(于静)

5800

科学情报工作经济学 /(苏)凯德罗夫斯卡娅(Л. Г. Кедровская)等著;陈克,关家麟译. -- 北京:科学技术文献出版社,1990. -- 120 页;19cm. -- 7 - 5023 - 1303 - 6(北京大学图书馆)

本书论述了科学情报工作经济学的基本原理,探讨了完善情报机构经营机制的任务和方向;介绍了情报劳动的性质,情报工作计划,劳动定额,各级情报机构的财政拨款和经济核算,各种情报劳务的价格构成等。(于静)

5801

科技文献学概论 /(英)格罗根(D. Grogan)著;彭炑源,徐克敏译. -- 北京:化学工业出版社,1990. -- 705 页;19cm. --7 - 5025 - 0505 - 9(国家图书馆)

本书是科技文献学领域一部有影响的高级教材,在国外享有盛誉。作者以翔实的原始资料和丰富的教学经验为基础,对于科技文献的重要情报源,如期刊、会议录、学位论文、研究报告、专利文献、标准、译文、进展综述、贸易文献、参考工具书(如词典、百科、大全、手册)以及文摘索引工具都做了全面、系统的论述。此外,书中对于各种现代化载体的情报源,如缩微摄制品、声像制品、机读资料以及欧美各国主要的计算机科技数据库,也作了详尽的介绍。本书可以作为高等院校图书馆学系和情报学系的重要参考教材,并可供图书馆和情报机构的专业人员,以及从事图书、期刊的出版和发行工作的人员参考。本书对于广大的科技工作者,在丰富文献知识、培养文献意识和提高查阅文献的能力方面都将有所裨益。(于静)

5802

情报科学的理论与实践 /(英)维克利(B. C. Vickery),(英)维克利(A. Vickery)编著;中国科学技术情报研究所硕士研究生班译. -- 北京:科学技术文献出版社,1990. -- 457 页;20cm. -- 7 - 5023 - 1223 - 4(国家图书馆)

本书内容包括:情报学的产生和范围、研究情报的社会方法、情报传递的广泛范围、民众和情报、情报检索、语义学与检索、媒介与接口、情报系统、系统评价、社会中的情报、附录。本书试图对情报传递过程提出科学理解并进行讨论,这是指导本书题材选择和形成本书表达方式的中心思想;在探索科学理解情报传递过程时,大大超越了"情报学"作为一门学科通常所受到的限制;书中包括大量的理论研究和讨论,也探索了情报过程实验研究和情报提供的实际环境两方面的有关理论;本书不是一本情报实践或情报管理手册,但仍包括该领域实际工作者可使用的知识;本书也不是一本情报系统设计和开发技术便览,但书中所提出的数据和原理对系统工程师是有价值的;本书不是一本情报学研究方法手册,无论是实验技术还是数学分析方法,书中都没有详细论述,本书的参考文献可为欲知这方面详细内容的读者提供指导。(于静)

5803

情报研究方法论 / 包昌火主编. -- 北京:科学技术文献出版社,1990. -- 759 页;26cm. -- 7 - 5023 - 1266 - 8(国家图书馆)

本书共分 6 大部分。第一篇为绪论,以信息、情报、情报研究、情报研究学和情报研究方法论的思路,阐述了有关情报研究和情报研究方法论的基本问题。第二篇为基本程序,鉴于方法论建设应做到过程与方法相结合的考虑,把情报研究分为课题、选择情报、搜集、信息整序、科学抽象、成果表达、成果评价 6 大程序,分别介绍这些程序的特点和内容。第三篇为主要方法,着重从科学抽象这一程序展开,介绍了情报研究机构常用的思维方法,如专家调查法、文献计量学方法、层次分析法等 12 种方法。这些方法既相互独立,又有不同程度的交叉和包含。第四篇为计算机技术,包括数据库技术和辅助研究两章。第五篇为数学基础,包括集合论与模糊集合论、线性代数、概率统计、图论等 4 章。这两大部分是构成运用程序与方法的技术手段和数学工具。第六篇为情报研究实例选编,以便读者更好地理解和掌握上述方法。本书定性与定量结合,理论与实际结合,普及与提高结合,具有系统性、学术性和实用性的特点。(于静)

5804

情报研究(修订版) / 李又华编著. -- 北京:中国科学院文献情报中心(内部出版),1990. -- 195 页;20cm(国家图书馆)

本书内容包括:总论,概述情报与情报研究的概念,情报研究的产生和发展、地位和作用;情报研究工作的任务、特点和内容;情报研究过程,包括选定情报研究课题,制定研究计划,搜集、积累、鉴别和分析资料;情报研究的方法,包括归纳综合法、类比分析法、相关分析法、系统分析法、特尔斐法、情报数据分析;情报咨询研究,介绍情报咨询的基本概念、文献情报咨询的完整体系、咨询业的兴起与迅速发展、咨询业在社会分工中的地位和作用;情报研究与信息资源开发,介绍信息资源的基本概念、情报能力和信息资源垄断、信息资源的开发利用和信息化社会、情报研究对推广科研成果的作用;情报研究成果及其评价,论述情报研究成果的类型、特点,情报研究报告的编写、成果的评价及成果的商品化;发展前景和人才培养。(于静)

5805

企业家情报网络与机制 / 钱婕主编. -- 南京:江苏科学技术出版社,1990. -- 332 页;20cm. -- 7 - 5345 - 0961 - 0(北京大学图书馆)

本书是由海内外著名经济学家、情报学家以及著名企业家提供的企业情报、不同产业情报和他们常用的成功的手段和新方法,拯救企业于危难之中的经验总结以及有关企业预测、经营管理、建立企业情报机制(情报信息中心)的专题论文。论文包括:迈向广义信息论、情报新技术与生产力、企业的战略策略、经营情报信息集锦、企业情报的收集与分析、非洲的发展与情报的应用等。(于静)

5806

编译报道 / 王昌亚编著. -- 北京:科学技术文献出版社,1990. -- 313 页;19cm. -- 7 - 5023 - 1253 - 6(国家图书馆)

本书是情报学的专业基础课教材之一,是作者在多年教学与科研的基础上完成的。全书分为 3 部分共 10 章。第一部分,导论、科技情报编译报道的工作内容与要求、科技情报刊物,侧重阐述了编译报道的基本理论和方法,探讨了编译报道的理论体系的发展。第二部分,情报刊物的选题与组稿、文摘刊物、文摘的编写、索引及其编制、写作与审稿,着重阐述各类情报刊物的特点和编译内容的要求。第三部分,编辑加工、技术编辑工作,主要介绍了文字与技术编辑的方法与技巧。(于静)

5807

情报学原理与方法 / 张建申著. -- 西安:西北大学出版社,1990. -- 294 页; 20cm. -- 7 - 5604 - 0198 - 8(国家图书馆)

本书从情报的基本概念开始,介绍了情报的收集、存储、交流、传播和利用的方法;结合情报检索技术,简要阐述了情报预测的原理、类型与基本方法,把情报学的基本理论、情报检索与预测方法及其在管理和决策活动中的应用有机地联系起来。全书共分 9 章,内容包括 3 部分:第一部分(1 - 3 章)为情报学基本理论,主要介绍情报、情报活动、情报系统、情报危机,阐述情报学产生和发展趋势,以及情报学的理论基础等;第二部分(4 - 7 章)为情报学的方法和技术,主要介绍情报收集、存储、处理、交流、传递、检索和利用的基本方法和技术;第三部分(8 - 9 章)为情报预测,主要介绍情报预测的概念、步骤及情报预测的方法,较系统地介绍了现代情报预测的定性、定量、定时和概率要素,论述了情报与情报预测和科学决策的关系。(于静)

5808

情报研究与预测 / 邹志仁编著. -- 南京:南京大学出版社,1990. -- 358 页;19cm. -- 7 - 305 - 00536 - 3(国家图书馆)

本书内容包括:绪论、情报研究的类型和内容、情报研究的程序、逻辑方法、特尔菲法、回归分析法、时间系列分析预测、情报研究成果及其评价、情报研究工作的概况与发展。本书全面、系统地介绍了情报研究与预测工作的基本理论、原理和方法。它贯彻理论与应用并重的原则,在阐明基本理论、原理的同时,着重于研究方法的阐述和介绍,注意了定性研究方法与定量研究方法的并重和结合,并突破了传统的科技情报的范畴,涉及了更为广阔的领域。本书供高等学校图书情报专业作教材之用,也可供广大情报工作者培训、自学用。(于静)

5809

管理情报学引论 / 樊松林著. -- 上海:上海科学技术文献出版社,1991. -- 317 页;19cm. -- 7 - 80513 - 744 - 7(国家图书馆)

本书内容主要包括:管理情报概说,阐述了情报与管理情报的概念、管理情报的作用、管理情报思想的萌芽、管理情报的应用目标、管理情报的构成、管理情报的运动形态、管理情报的研究方法、管理情报的评价及建立和健全管理情报系统;介绍了情报与行政管理、经济管理、企业管理、商业管理、科技管理、教育管理、人才管理、咨询管理、管理秘书、管理著述之间的关系、作用及特点。可供广大管理人员、管理科学研究者以及各类管理院校和情报专业师生参考使用。(于静)

5810

国防科技情报源及获取技术 / 霍忠文, 王宗孝编著. -- 北京:科学技术文献出版社,1991. -- 361 页;19cm. -- 7 - 5023 - 1495 - 4(国家图书馆)

本书以情报学的一些基本观点为主导,以 30 多年来资料搜集工作的经验为依据,从建立某些新的概念和观念入手,具体阐述搜集工作发展简史,资料的本质、功能及评价,情报源与资料源,用户情报需求,资料传递通道,资料获取方法与技术,搜集学初议等方面的内容。本书主要目的之一是供情报事业中从事国防科技资料搜集工作的人员参考,同时对从事国防科技工作和国防科技情报研究工作的人员在查找资料方面起到“指点方向”的作用。此外,本书以大量篇幅涉及的是科技资料搜集的共同问题,而不只是国防科技资料搜集的问题。本书的着眼点在于和同行们交流思想和看法,促进同行们的议论和讨论,向建立搜集学的理论概念体系,向揭示对指导搜集工作有实际意义的定理、准则的目标迈进一步,使得搜集学早日在情报学中确立应有的学科地位。(于静)

5811

文献情报管理软件的开发与应用 / 李德河, 觉发宽著. -- 北京:中国科学技术出版社,1991. -- 145 页;19cm. -- 7 - 5046 - 0685 - 5(国家图书馆)

本书着眼于文献情报工作的全面自动化,对通用软件在自动化中的地位与作用、通用软件开发前期工程的重要性、软件本体开发的重要技术原则和重要软件技术进行了仔细讨论;给出了一个实际文献情报工作管理软件作为实例,为更好地理解内容提供参考;结合软件的开发与应用,讨论了自动化的具体实施。本书具有以下 4 个特点:针对性强,可以作为学生的教学参考书,也可以作为文献情报人员的指导书;理论联系实际,前几章对软件工程的前期准备和设计思想加以探讨,介绍一个实际软件的具体开发和具体设计,又讨论了自动化的具体实施,既有利于解决软件开发中的理论问题,又有利于解决软件应用中的方法问题;内容新颖,搜集了国内外有关的最新理论和方法;语言简练,实例较多,明白易懂,具有可操作性。(于静)

5812

企业情报理论与实践 / 娄策群, 程鹏编著. -- 北京:经济日报出版社,1991. -- 324 页:图;20cm. -- 7 - 80036 - 621 - 9(北京师范大学图书馆)

本书在回顾企业情报理论与实践发展过程与现状的基础上,全面地阐述了企业情报基本理论,企业情报需求的机制和规律,企业情报源的性质、类型及其特点,企业情报搜

集、整理、研究、服务、检索、利用、传播和企业情报工作管理等方面的原理、原则、方式和方法。(于静)

5813

情报经济学 / 马费成, 王槐著. -- 武汉:武汉大学出版社, 1991. -- 431 页;20cm. -- 7 - 307 - 00468 - 2(国家图书馆)

本书内容包括:情报经济学的对象、内容、任务与信息经济学的关系;信息产业和信息经济的结构、特征、发展战略等。(于静)

5814

情报研究概论 / 秦铁辉编著. -- 北京:北京大学出版社, 1991. -- 315 页;20cm. -- 7 - 301 - 01450 - 3(国家图书馆)

本书对情报研究的全过程进行了系统的归纳和科学的总结,对情报研究中的一些理论问题进行了探讨。全书共设情报研究的类型、课题、素材、方法、成果、人才等9章。本书是作者在深刻认识情报研究工作的重要性、迫切性和复杂性的基础上写就的。书中介绍了情报研究工作各个主要环节的理论和方法,探讨了情报研究成果的评价以及情报研究人才培养等重大理论问题。全书内容丰富,有较强的系统性,并且对情报研究的某些问题作了新的探索。它不仅是作者总结多年教学和科研经验而成的教材,而且也是作者吸收和借鉴国内外主要科研成果并加以深化的一本专著。本书对于情报学研究工作者,情报学教学工作者和情报工作人员的科研、教学和自学均有帮助。(于静)

5815

全国文献资源调查与布局研究成果汇编: 国家"七五"期间重点研究课题 / 全国文献资源调查与布局研究课题组, 中国人民大学图书馆编. -- 北京:中国人民大学出版社, 1991. --402 页:图;26cm. -- 7 - 300 - 01431 - 3(国家图书馆)

全国文献资源调查与布局研究课题 1987 年正式立项, 1990 年底基本结束。1991 年 4 月通过成果鉴定。此后,为了集中系统地反映本次调研所取得的多方面成果,课题组与中国人民大学图书馆共同编辑了本书。本书内容分为 6 部分:(1)文件、材料、评论;(2)全国文献资源调查与布局研究报告;(3)部分地区(系统)、单位文献资源调查研究报告选载;(4)全国文献资源调查与布局研究中间成果选编;(5)全国文献资源调查主要数据资料选编;(6)部分地区(系统)、单位文献资源调查研究报告题录。书中涉及的统计数据截止时间为 1987 年 12 月。(张玲)

5816

情报系统分析设计 / 辛歌亦编著. -- 北京:科学技术文献出版社,1991. -- 250 页;19cm. -- 7 - 5023 - 1350 - 8(国家图书馆)

本书分为情报系统的发展和建设、系统理论基础和数据库系统、情报系统的分析和设计 3 部分,具体包括:绪论;情报系统的发展,论述情报系统的发展背景、历史,联机情报系统,情报系统的效益分析;情报系统的建设,论述情报系统建设的全过程、情报系统建设和系统工程;系统理论基础,阐述系统理论的产生,系统论、控制论和信息论及同情报系统的关系;数据库系统;情报系统分析;情报系统设计。本课程是一门实践性很强的课程,除了作部分理论叙述外,采用实例教学法是本书的一大特点。(于静)

5817

药学情报学 / 许淙正编著. -- 北京:中国医药科技出版社, 1991. -- 265 页;26cm. -- 7 - 5067 - 0367 - X(国家图书馆)

本书在大量收集国内外有关药学情报活动及其资料的基础上编写,主要章节包括:概论、药学情报的收集、药学情报的整理、索引与索引法、文摘与文摘法、情报的编辑报导工作、情报调研工作、药物的命名及其检索、药事管理情报、新药开发情报、药品情报、药物副作用情报、毒性情报、药品说明书、药典、药品集、工具书介绍、检索性刊物、非书非刊资料、专利文献及其查索。内容涉及情报学的基本知识、内容和方法;药学情报工作的范围、发展状况及其意义;开展药学情报活动需要的各种信息资料。本书可作医药院校进行情报教育的教材或教学参考用书,也可供广大药学工作者开展药学情报工作及进行药学研究工作时参考,并供有关图书情报工作人员使用。(于静)

5818

科技情报学 / 赵裕琮主编. -- 北京:机械工业出版社, 1991. -- 577 页; 18cm. -- 7 - 111 - 02507 - 5(国家图书馆)

本书内容包括:科技情报学概述、科技情报工作、科技情报源、科技情报系统、科技情报的存贮与检索、科技情报的交流与传递、科技情报的报导与服务、企业情报需求、科技情报信息资源的开发与利用、科技情报研究、科技情报工作现代化。(于静)

5819

情报计量学引论 /(比)L. 埃格希,(比) R. 鲁索著;田苍林, 葛赵青译. -- 北京:科学技术文献出版社,1992. -- 402 页;20cm. -- 7 - 5023 - 1770 - 8(国家图书馆)

本书分为4编,第I编介绍了统计方法,首先从描述统计学和概率的基础知识入手,接着是有关推理统计学(假设检验)的重要章节,包括回归、相关和非参数统计学等。介绍了抽样理论,包括重叠问题。最后介绍了多元统计的几类技巧:多元回归与相关、主分量分析、多维定标和聚类技术。第II编研究运筹学和图书馆管理,给出了线性规划(包括运输和分配问题)的应用,接着介绍了排队论的基础知识,重点放在图书流通的影响方法。第III编是引文分析,包括引用者的动机、引文网络、书目耦合以及同引分析、《期刊引文报告》(JCR)及其引文的计量和老化。此外还研究了一些科学政策的应用问题。最后,在第IV编中研究了情报计量学模型以及这些模型之间的相互关系,这一理论的核心是源和项之间的对偶逼近,从而引出"情报生产过程"的定义,本编还给出了几种传统情报计量定律以及拟合方法的解释和应用。(于静)

5820

企业宏观情报管理 /(德)P. 布洛曼著;刘达, 曾晓东译. --北京:科学技术文献出版社,1992. -- 244 页;19cm. -- 7 - 5023 - 1776 - 7(国家图书馆)

本书内容包括:情报处理的战略意义、确定成功的情报管理的目标、战略情报管理中起决定作用的成功因素、对改善战略成功因素的有针对性的帮助、未来情报处理和情报管理的前景。本书作者布洛曼博士先后在IBM公司的系统咨询部门、销售部门以及"松树"企业咨询公司工作,具有丰富的情报咨询实践经验。他根据自己多年来在企业、情报处理和情报管理方面的咨询实践,运用国外80年代最新情报管理知识,总结企业情报活动的各种模式,论述了如何通过情报管理,建立起保证企业长远发展目标的、成功的情报系统。本书采用了多幅图表,使一些理论性的论述明了易懂。由于本书从情报和企业结合的角度论述了情报管理,所以本书对我国情报界、企业界和相应的管理机构都有参考价值。(于静)

5821

情报组织与利用 /(美)达格伯特·索尔格尔著;谢新洲等译. -- 北京:书目文献出版社,1992. -- 467页:图;19cm. -- 7-5013-0939-6(国家图书馆)

本书分为5部分,第一部分讲述了情报的性质和结构,并对情报系统的所有性质进行了展开论述。第二部分根据可能实现的目标为情报存贮与检索系统的设计与利用提供了基础,并对第三至五部分中的设计方法的优缺点进行了讨论。第三部分论及了数据的逻辑表达式及数据存取结构,还论述了情报存贮与检索系统中必要的规则与约定。第四部分集中讨论了主题检索(许多原理具有更广泛的应用范围),讲述了索引语言的性质——词汇控制,基本功能及概念结构。第五部分讨论了标引和检索方法及系统分析与设计。全书绘出了情报系统的分析、设计及实现的理论基础和前景,尤其是情报系统的情报存贮与检索(ISAR)这一组成部分,并对手工系统和机械系统都进行了论述。通过描述两个交叉领域的观点,即数据库管理和图书馆中知识的组织与利用,并将这些观点加以综合,得出普遍性原理。这些原理适用于新系统的设计,尤其适用于现存系统的分析,以便进一步开发其潜力并进行改进。(于静)

5822

经济建设与情报 / 蔡仲英编著. -- 北京:科学技术文献出版社, 1992. -- 120页;19cm. -- 7-5023-1697-3(国家图书馆)

本书主要论述经济建设中情报的地位与作用,从理论上、方法上通俗易懂地、理论联系实际地介绍和探讨经济建设与情报的关系、经济建设中情报的地位和作用、经济建设能不能离开情报、情报怎样为经济建设服务、为了更好地为经济建设服务情报要进行哪些改革等问题。书中列举了不少实例说明经济建设离不开情报和情报为经济建设服务,并为广大城乡,特别是农村、山区、乡镇企业提供了大量情报信息,是一本实用的书。本书适合中小企业、乡镇企业、个体生产者和经营者,以及情报工作者阅读。(于静)

5823

教育科学情报综览 / 全国教育情报交流网中心站编. -- 贵阳:贵州教育出版社,1992. -- 446页;20cm. -- 7-80583-324-9(国家图书馆)

本书系统介绍了全国教育科学研究的概况、教育科学各个主要学科研究的进展以及各级各类教育现状的基本情况。书中关于教育的研究学科范围广泛,包括:教育科学、教育情报学、教育心理学、教育经济学、教育社会学、教育统计学、教育理论、比较教育学、民族教育、教育史、教育基本法规和教育法学、教育发展战略、人才预测与教育规划、德育科学化、美育、幼儿教育、家庭教育、高等教育、职业技术教育、劳动技术教育、基础教育、学校教育、学校体育、特殊教育、师范教育、研究生教育、留学生教育、成人教育、华侨教育、社会教育、燎原计划、教育评价。从一个侧面反映了我国改革开放以来教育改革和教育科学研究所取得的成绩,并在一定程度上提示了一些教育学科的发展趋势。(于静)

5824

情报·预测·金牌:体育情报知识 / 王国勋等编著. -- 北京:人民体育出版社,1992. -- 90页;19cm. -- 7-5009-0785-0(天津体育学院图书馆)

本书就体育情报信息的产生、传播、搜集、加工、储存、检索、利用等基本知识进行了系统的简介。(于静)

5825

情报学研究导论 / 严怡民编著. -- 北京:科学技术文献出版社,1992. -- 426页;19cm. -- 7-5023-1741-4(国家图书馆)

本书内容包括:情报学研究发展概述;情报学基本问题研究,介绍情报的概念、社会功能、研究对象、范围、性质、理论体系和哲学基础;情报资源研究,论述情报源的类型、分布、评价,文献情报源的定量研究,情报源的管理与利用;情报的组织与交流,介绍情报组织理论、组织方法,情报检索理论,情报交流过程;社会情报需求研究,介绍社会情报需求研究的意义与内容、用户需求类型分析、用户情报需求行为规律研究、情报用户研究方法;情报系统理论研究,介绍情报系统的理论基础、管理研究、系统分析、设计与评价;情报技术应用研究,简介情报技术、情报检索系统发展、我国的计算机情报检索;情报经济理论研究,论述情报经济理论的产生与发展、情报商品化与情报市场、情报活动的经济管理与评价、情报产业的理论与实践;情报学方法论研究;情报政策比较研究,比较我国与国外情报政策研究进展;情报教育与智力开发研究,评述国外情报教育并提出我国情报教育的若干问题。(于静)

5826

社会科学情报理论与方法 / 易克信, 赵国琦主编. -- 北京:社会科学文献出版社,1992. -- 565页;20cm. -- 国家社会科学基金资助项目. -- 7-80050-258-9(北京师范大学图书馆)

本书共分11章,阐述了社会科学情报在内容、表述、分布、运动、利用等方面的特点和社会科学情报工作本质特性、流程结构、整体效应、优化机制、情报源、情报用户等问题。具体内容包括:情报学与社会科学情报事业,论述情报学与社会科学情报事业的关系、社会科学情报理论研究概述、关于创建社会科学情报学的问题、社会科学情报理论研究的基本方面;社会科学情报,阐述了社会科学情报在信息总结构中的位置、社会科学情报及其成分、社会科学情报的特点;社会科学信息的交流,论述信息交流的原理,信息交流方式的基本形态、传递模式与类型;社会科学情报工作,介绍社会科学情报工作的基本原理、特点地位、工作任务、内容等;社会科学情报源,重点介绍了社会科学文献情报源的主要类型、发展特征等;社会科学文献的信息加工;社会科学情报出版物;社会科学情报需求与社会科学情报服务;社会科学信息检索语言及其发展;社会科学情报工作者和社会科学情报教育;国家社会科学信息系统的建设。(于静)

5827

企业情报学 / 张宏宇主编. -- 北京:东方出版社,1992. -- 213 页;19cm. -- 7 - 5060 - 0264 - 7(国家图书馆)

本书内容包括:绪言,介绍了企业情报工作的产生与发展、学习和研究企业情报理论与方法的意义;企业情报工作的地位和作用,论述了情报与企业活力、企业管理者与情报、企业情报工作的内容与特点;企业情报需求,探讨了企业情报需求特点、影响企业情报需求的因素、我国大型企业的情报需求、我国中小型企业的情报需求;企业情报收集,介绍了企业情报源、企业情报收集的目标、原则、方法与途径;企业情报调研,介绍企业情报调研的内容、企业情报调研的工作程序与方法、企业情报调研成果的评价;企业情报的加工与交流,说明企业情报加工的意义及情报产品形式,企业情报加工的原则与方法,企业情报交流的原理及特点,交流的渠道、方式与障碍;企业科技情报、专利情报及市场情报的收集利用;企业情报资料管理;现代企业情报系统建设,探讨现代企业情报系统的组织原则和发展趋势及现代企业情报队伍建设。(于静)

5828

情报学理论流派研究纲要 / 张新华著. -- 上海:上海社会科学院出版社,1992. -- 229 页;19cm. -- 7 - 80515 - 707 - 3(国家图书馆)

本书介绍了情报学的特点、流派划分标准及各流派的特征、代表人物等,包括:古典信息理论派、社会传播派、智能过程派、属性结构派、决策功能派、系统理论派。(于静)

5829

情报社会学 / 赵保佑等编著. -- 北京:东方出版社,1992. --252 页;19cm. -- 7 - 5060 - 0263 - 9(国家图书馆)

本书内容包括:总论,介绍了情报社会学的研究对象、学科性质、研究方法及研究意义;社会的情报需求,论述了人类社会的情报信息交流基本属性、人类的情报需求、情报用户需求研究;情报对社会的依赖,阐述了情报是人类社会实践的产物、情报活动受社会实践的制约、情报系统是社会巨系统中的子系统的论点;情报效果与社会发展,探讨了情报效果及其特征、情报对社会发展的影响、发展中国家对情报的依靠等知识;情报政策与社会进步,说明了研究和制定情报政策的意义、制定情报政策的基本原则和方法步骤、情报商品化中的情报政策等内容;社会情报信息化与未来社会展望,内容有现代情报信息技术的发展及其对社会的影响、情报信息产业的发展与趋势、情报信息化社会展望。(于静)

5830

情报研究定量方法 / 邹志仁等编著. -- 南京:南京大学出版社,1992. -- 407 页;20cm. -- 7 - 305 - 01543 - 1(国家图书馆)

本书内容包括:绪论、文献计量方法、回归分析法、时间序列分析预测、平衡联系预测法、残差辨识预测法、决策树法、层次分析法、最优化方法、模糊数学方法。全书全面、系统地阐述了情报研究定量方法的基本理论、原理和方法。它贯彻理论与应用并重的原则,在阐明基本理论、原理的同时,着重于一系列定量方法的阐述和应用,并对一些主要的定量方法编制了计算机应用程序。本书可供高等学校图书情报专业、计量经济专业、管理专业作教材之用,也适用于广大情报工作者、经济管理工作者的业务培训和参考。(于静)

5831

情报学 /(苏)K. B. 塔拉卡诺夫主编;何士彬译. -- 北京:书目文献出版社,1993. -- 318 页:图;19cm. -- 7 - 5013 - 1044 - 0(国家图书馆)

全书两篇共 11 章,系统地介绍了情报与情报过程(情报学的基本概念、情报源、情报过程、情报检索、情报加工自动化、情报检索自动化、电子教育情报处理算法化)和情报服务与情报学(情报服务、情报服务自动化、自动化情报系统和图馆系统、情报服务自动化系统的效果)两大专题。作者将情报学作为一门研究情报过程和社会交流的科学来论述,系统地阐述了情报学的基本概念及理论基础,详细地介绍了情报过程的总和:情报的搜集、整理、积累、存贮、传递、检索、输出和为用户提供等,广泛地分析了个别情报过程和整个情报服务自动化系统效果的评价方法,提出了计量情报服务系统功能效率的一系列指标,同时分析了影响这些过程指标的各种因素以及情报服务经济效益。本书在论述情报学的概念、规律活动的同时,注意与图书馆书目活动的逻辑联系,尤其是用了大量的篇幅来介绍现代化技术手段在图书情报过程中的应用问题,这些都是本书的显著特点。(于静)

5832

实用情报方法引论 / 郭卫真等编著. -- 沈阳:东北大学出版社,1993. -- 280 页;19cm. -- 7 - 81006 - 567 - X(国家图书馆)

本书重点阐述了技术经济情报方法、技术开发和产品开发情报方法、企业经营活动情报方法、市场情报方法等企业在生产经营中经常用到的一些情报方法。(于静)

5833

信息服务与用户研究 / 胡昌平著. -- 武汉:武汉大学出版社,1993. -- 453 页;20cm. -- 7 - 307 - 01572 - 2(国家图书馆)

本书内容包括:导论;用户研究的基本方法;用户信息需求分析;用户的信息交流与信息获取;用户利用信息的研究;用户社会交往与互助中的信息活动;组织的管理信息活动;用户信息心理研究;信息服务的组织;用户的信息保证;用户管理与信息保证工作的组织;用户的信息培训、社会信息形态与信息服务工作的社会基础;社会信息化与信息服务产业发展。本书立足于现代社会的信息服务,系统地阐述了信息服务与用户研究的基本理论和方法,在研究社会信息现象的基础上,论述信息服务的社会机制以及用户的信息需求、信息利用和信息心理—行为规律,在系统讨论基本理论的前提下,阐述各类用户的信息利用特征和信息服务与信息保证工作的组织。为了适应社会信息化中的信息工作,本书对社会信息化作了多方面分析,提出了现代信息服务产业的发展策略。(于静)

5834

科技情报分析研究 / 刘全根编著. -- 兰州:甘肃科学技术出版社,1993. -- 257 页;20cm. -- 7 - 5424 - 0462 - 8(国家图书馆)

本书内容包括:总论,介绍科技情报分析研究的含义、历史发展,科技情报分析研究在科技发展中的地位和作用,科技情报分析研究的发展趋势;科技情报分析研究的内容,论述科技发展战略情报分析研究、科学技术专题情报分析研究、技术经济情报分析研究、科学技术管理情报分析研究;科技情报分析研究课题的确定及情报资料的收集、整理和鉴别;科技情报分析研究的方法,包括归纳综合法、类比分析法、相关分析法、系统分析法、层次分析法、特尔斐法、情报数据分析;科技情报分析研究成果的编写和评价;科技情报分析研究人员的基本素质和培养。(于静)

5835

科技情报工作概论 / 杨沛霆等执笔;《科技情报工作概论》编写组编. -- 北京:科学技术文献出版社,1993. -- 593 页;20cm. -- 7 - 5023 - 2033 - 4(国家图书馆)

本书广泛和系统地介绍了国内科技情报工作的历史和现状、方针、任务、作用及各个环节的工作原则、理论和方法;在有选择地引进国外某些情报学术理论时,力求结合我国实际;同时,也阐述了我国情报工作的实践经验。因此,这本书具有一定的理论性和实践性,既可供科技情报、图书部门作为培训在职干部的教材使用,也可供大专院校作为教学参考。(于静)

5836

医药科技情报新篇 / 余传隆著. -- 北京:中国医药科技出版社,1993. -- 892 页:彩照;20cm. -- 7 - 5067 - 0684 - 9(国家图书馆)

本书收入文章 1047 篇,分为 3 个部分。第一部分,科技情报基础篇,是根据有关情报图书资料选编而成,共有 8 篇文章,系统介绍情报的基本要,领科技情报工作的性质、内容和要求,科技文献工作,科技情报研究、调研、咨询服务、报导和编辑工作。第二部分,医药科技情报篇,是作者从事科研、情报工作所写的论文和文章,共 88 篇,按写作和发表的时间顺序编入,时间从 1960 年起,到 1992 年止。涉及医药情报、抗生素、激素与毒素、氨基酸、生物技术、中药、技术革命、预测、科普知识、出国考察、刊物、图书出版、综合和其他等 14 个方面的内容。在 88 篇文章中,医药情报 25 篇,其次是综合和抗生素。第三部分,译文,有 8 篇,均为抗生素俄文译著。(于静)

5837

社科信息第一家:中国人民大学书报资料中心成立 35 周年纪念文集 / 中国人民大学书报资料中心史料征集和中心史编纂小组编印. -- 北京:中国人民大学书报资料中心史料征集和中心史编纂小组(内部出版),1993. -- 326 页, 16 页图版:图(部分彩图), 肖像, 摹真;21cm(北京大学图书馆)

本书是书报资料中心成立 35 周年纪念文集,内容包括:题词、照片、简史、大事记及附录。其中题词部分,恳请社会科学界领导、图书馆界领导、著名学者、书报资料事业的倡导人、创始人和校领导题写;照片部分,主要反映书报资料事业的主要倡导者、创办者、支持者、协作者的影像;简史、大事记及其附录部分所列史料,是主要依据校档案室所存档案和现有实物,部分依据有关人员的回忆和几次有关会议上征集到的意见整理而成的;回忆录部分各篇的次序先按人物和部门排列,同一部门的各篇再按文内叙述的起始时间的先后为序。(于静)

5838

情报研究学基础 / 冯恩椿, 谢仁兴编著. -- 北京:科学技术文献出版社,1994. -- 352 页;26cm. -- 7 - 5023 - 2219 - 1(国家图书馆)

本书的论述框架建立在深厚的理论基础之上(哲学基础、数学基础和方法论基础),吸收了国内外最新研究成果,结合我国情报科学的理论与实践,系统地加以综合、概括和升华,提出了决策情报、预测情报、市场情报研究的理论与方法。在阐述情报研究特征与研究原则时,作者抓住基本的、关键的特征和原则,作了系统的论述。运用系统论、信息论、控制论等基本科学方法论来探讨情报科学的研究规律是本书的重要特征。其次,作者借鉴许多新兴学科的理论与方法,创造性地应用于情报研究学,充实和丰富了情报科学的理论基础。作者论述了情报研究学的概念、属性、原理和规律,形成了较为完整的理论与方法体系。再次,本书不仅有定性分析,而且有大量的定量分析,提出了"方法论"的数学推导和模型技术,使定性分析、半定量分析和定量分析相结合,从而具备了理论的科学性和方法的可靠性。总之,本书内容丰富、观点新颖、论述严谨,具有重要的指导意义和应用价值。(于静)

5839

科技文献的处理与利用 / 龚忠武编著. -- 北京:科学技术文献出版社,1994. -- 265 页:图;26cm. -- 7 - 5023 - 2122 - 5(国家图书馆)

本书是笔者从事科技情报工程专业本科生"科技文献学"课程的教学过程中编写的。全书以说理结合实例的方式进行叙述,阐明了科技革命与科技文献的关系,科技文献的特点及其社会功能;介绍了十大科技情报源的特点及其使用价值;对文献搜集的原则、途径、方法和工具书等作了叙述;科技文献分类标引与主题标引,是本书的重点。介绍了检索语言,分析了主题概念,详细论述了标引技术;文献著录主要介绍了国家有关文献著录的标准;关注科技文献的利用,对情报咨询、定题服务、用户培训和情报工作现代化进行探讨和总结。本书以通俗易懂的文字和生动有趣的实例帮助读者掌握科技情报源、科技文献搜集、科技文献处理与利用的全过程。本书使用范围较广,既可作图书情报专业大专学校和高等院校教材,又可作为广大图书情报人员和科技人员不可缺少的备用参考书。(于静)

5840

文献信息服务 / 娄策群主编. -- 武汉:华中师范大学出版社,1994. -- 277 页;19cm. -- 7 - 5622 - 1110 - 8(华中师范大学图书馆)

未见书。(于静)

5841

情报学引论 / 王崇德编著. -- 天津:天津大学出版社,1994. -- 355 页;20cm. -- 7 - 5618 - 0641 - 8(国家图书馆)

本书首先探讨了情报与情报科学基本概念与特征,同其他学科的相关关系;情报的产生与情报源,介绍了科学实验中的情报、社会存在与变异表现为情报、情报产生的特征与产品评价、情报源的分类、文献情报源的现代走向;用户及情报需求,分析了情报用户与情报需求;情报交流,介绍了情报交流的概况、情报传递模式、情报交流的障碍与控制;情报的搜集与整理;情报的加工,介绍题录的编制、文摘的编制、综述的撰写、研究报告的编撰、情报的报导;情报检索,介绍情报检索概况、情报检索系统、情报检索技术的发展;信息技术,论述信息存贮技术、输入输出技术、处理技术、通信技术;信息产业,介绍信息产业结构与特点、中国信息产业的发展;情报科学原理,介绍相似原理、耗散结构原理、马太效应、最小努力原则、随机过程原理等。(于静)

5842

情报学概论(修订版) / 严怡民主编. -- 武汉:武汉大学出版社,1994. -- 319 页;20cm. -- 7 - 307 - 01845 - 4(北京大学图书馆)

本书共分为 9 章,各章内容如下:(1)就情报与情报学的某些基本概念进行讨论,包括情报与人类社会、情报的本质、情报工作、情报学以及情报学与相关学科的联系等;(2)讨论情报交流方式及特点、情报的生产与流通、情报传递模式和情报交流的障碍等问题;(3)讨论情报源的种类、特点、分布和获取方法;(4)介绍科学文献的集中与分散规律,各种词汇、术语在科学文献中的分布规律;(5)分别介绍了情报的分类组织法、主题组织法、引用组织法和文摘组织法等具体方法;从一般控制理论的产生和发展,来考察情报控制崭露头角的几个问题;(6)介绍情报用户及其需求研究的目的、内容、范围、方法和各类用户情报需求的特点,分析各种影响用户情报需求的因素以及用户获取情报的规律等方面的内容;(7)介绍情报系统的构成、功能、参数及设计等方面的问题;最后,讨论情报工作的科学管理、情报政策与法规建设、情报教育与人才培养、情报服务的经济管理与评价等四个方面的问题。(于静)

5843

丝绸之路研究文献书目索引 / 岳峰, 周玲华编. -- 乌鲁木齐:新疆人民出版社,1994. -- 716 页,12 页:地图;26cm. -- 7 - 228 - 03301 - 9(北京师范大学图书馆)

本书约 120 万字,汇集了前人的研究成果,为当今研究"丝路学"的学者及爱好者提供了一部编纂体例科学、学科内容系统的参考工具书。这部工具书所收录的文献资料,从时间上可上溯到汉朝,从地域上是横跨陕、甘、新三省。著录的文献均具有学术性、资料性、系统性。从体例编排上力求科学性;从读者使用上力求方便、简明、宜检索。本书是目前收录资料比较全面、系统,编纂体例合理规范,内容详实的一部研究丝绸之路的不可多得的工具书。(于静)

5844

信息分析与预测 / 高洁, 江三宝, 司梦荣等编著. -- 济南:山东教育出版社,1995. -- 148 页; 20cm. --信息产业知识丛书. -- 7 - 5328 - 2128 - 5(北京交通大学图书馆)

全书共 8 章。第一章概论,介绍了信息与信息分析,信息与预测及其特点与作用;第二章分析与预测的准备工作,包括课题的选定、信息收集与整理、人员组织与实际调查;第三章分析与预测的方法,介绍了信息分析法、信息综合法、数学方法和信息预测法;第四章分析与预测结果的整理与利用,包括分析与预测结果的一般形式、分析与预测结果的整理、分析研究成果的传递与利用;第五章技术信息的分析和综合,介绍了技术开发中的信息分析和综合、技术引进与信息分析预测;第六章商贸信息的分析与研究,介绍了商贸信息的特性、商贸信息的分析方法;第七章非文献信息的分析与研究,包括非文献信息的价值与特征及其分析与研究;第八章广告信息的分析与研究。(张玲)

5845

索引文摘的编制理论与方法 / 沈国强编著. -- 天津:南开大学图书馆(内部出版),1995. -- 154 页;26cm(北京大学图书馆)

本书是为配合大学文献检索与利用课程的开设与讲授,为了在信息资源管理系讲授索引文摘使用法课程,为了向大学本科生、研究生、图书、文献、资料人员,提供有关索引文献编制与利用的基础知识而编写的。本教材是在多年工作实践、理论研究与教学活动基础上编写而成。其中部分章节内容已在刊物上公开发表。全书分 3 个部分:第一部分,索引的编制理论与方法;第二部分,文摘的编制理论与方法;第三部分,附录、思考题与参考文献。(于静)

5846

中国科技信息业改革研究 / 王万宗著. -- 北京:书目文献出版社,1995. -- 230 页;21cm. -- 7 - 5013 - 1217 - 6(国家图书馆)

本书内容包括:情报学理论研究中的一些问题与学科前途,情报概念十年讨论与前途,信息系统与耗散结构问题,情报活动中的选择,情报服务与信息产品的价值、价格,我国科技信息事业的回顾与当前问题,中国科技信息管理体制的改革,科技信息工作观念的转变,主战场转移与服务方向的扩展,科技信息网与横向联合,信息产业化问题。本书的目的是介绍与探索我国科技信息业发展进程、当前情况、改革的历史原因、改革的目标与内容、存在的问题与前景等,使学生早些接触工作实践和理论探索中的问题。了解了过去,认识了今天,就能比较正确地预测未来,研究事业的发展。(于静)

5847

信息管理概论 / 王万宗,岳剑波等编著. -- 北京:北京图书馆出版社,1996. -- 260 页;32 开. -- 7-5013-1292-3(国家图书馆)

本书论述了信息管理在信息业中的位置和社会任务,着重论述了信息资源管理、信息流通管理及信息事业管理等。共9章:(1)信息与信息管理;(2).信息技术;(3)社会信息传播业;(4)信息传递与社会信息流;(5)信息资源管理;(6)信息服务;(7)信息服务业与信息市场;(8)信息商品及其价值价格;(9)信息管理业的管理。书前有《导言——人类的基本需求与活动》。(金丽萍)

5848

信息分析与预测 / 鞠英杰,李作文主编. -- 哈尔滨:哈尔滨工程大学出版社,1996. -- 315 页:图表;21cm. -- 7-81007-735-X(大连理工大学图书馆)

未见书。(张玲)

5849

信息服务及其利用 / 沈媛芬, 林万莲主编. -- 武汉:华中师范大学出版社,1996. -- 332 页;20cm. -- 7-5622-1554-5(国家图书馆)

本书是在我国实行社会主义市场经济体制后所编写的一部实用型著作。全书立足于市场经济中的企业工作,系统地阐述了各类信息服务业务,介绍了企业经营管理与生产活动中的信息服务利用途径与方法,讨论了现代化网络服务的利用以及企业(特别是小型企业、乡镇企业)信息服务工作的组织。(于静)

5850

实用科技情报学简明教程 / 武士华, 汤家骥主编. -- 北京:军事医学科学出版社,1996. -- 239 页:图;26cm. -- 7-80121-052-2(国家图书馆)

本书内容包括:绪论、科技情报工作的主要内容、科技情报研究工作、科技情报工作发展的新趋势。本书的突出特点是实用、简明和新颖,既阐述了情报学的基础理论,又介绍了科技情报工作的成熟经验,对情报学发展的新形势也进行了深入的探讨。本书着重论述了体现 Intelligence 功能的情报研究工作。这是我国科技情报机构有别于欧美的一大特色,也是科技情报工作先导、桥梁和咨询作用的主要体现。这种把我国情报学研究建立在 Information 和 Intelligence 两大基石上的做法摆脱了我国一般情报学专著忽视 Intelligence 功能、没有把情报研究工作放在重要地位的重大弊端。这是本书的重要特点。因此,本书对研究生、本科生教学,对情报人员、情报理论工作者都有一定参考意义。(于静)

5851

现代情报学理论 / 严怡民等著. -- 武汉:武汉大学出版社,1996. -- 305 页;20cm. -- 武汉大学学术丛书. -- 7-307-02173-0(北京师范大学图书馆)

本书共由10个章节组成,内容包括:情报学理论研究进展,探讨了关于情报学的认识、基础理论研究等内容;情报学的理论基础,阐述了情报学理论基础的涵义与分析框架等内容;情报学方法论,论述了方法论与学科建设、情报学方法论的理论研究等内容;用户情报行为研究,涵盖了用户情报行为的决策观、时间结构、空间结构等内容;信息交流与"栈"理论,论述了"大情报"、"小情报"与信息交流、信息交流的基本概念等内容;情报信息交流中的对数变换,探讨了对数透视变换与情报对数律、时间对数变换等内容;信息产业的结构与发展策略,阐述了信息产业的概念与基本构成、信息产业的运行机制与发展模式等内容;社会经济信息化,涵盖了社会经济信息化的意义与特征、外向型经济与信息化等内容;信息系统基础理论研究,探讨了信息系统的基本概念与范畴、兼容性等内容;情报政策与法规,论述了情报政策的制订、国外情报政策的比较研究等内容。(于静)

5852

敝屣集 / 杨教著. -- 上海:学林出版社,1996. -- 504 页:图;21cm. -- 7-80616-238-0(国家图书馆)

本书是湖北省社会科学院学术丛书之一,也是国内社会科学情报界第一本个人学术论文选集。全书分为3部分:实践篇,论述我国社会科学情报工作的实际问题,包括从宏观体制到微观管理等;辩论篇,讲述的是我国社会科学情报工作发展前沿地带出现的有争议的热门话题;探索篇,研究了社会科学情报理论建设的几个基本理论问题。本书作者有长期从事社会科学情报实践的丰富经验,因而所撰论文均非架空的理论设计和对已知情报知识的转述,而是根据中国实际探索情报理论建设的产物。所选论文在国内社会科学情报界曾产生广泛的影响,反映了我国社会科学情报工作发展的艰苦历程,是一本可供高校图书情报专业师生、图书情报工作者和图书情报理论研究者参考的读物。(于静)

5853

企业竞争与信息利用 / 秦铁辉,王彤等编著. -- 北京:北京图书馆出版社,1997. -- 396 页;32 开. -- 7-5013-1367-9(国家图书馆)

本书围绕企业的经营、运作而展开,共9章:(1)企业概述;(2)企业信息工作;(3)企业经营决策;(4)市场营销;(5)产品定价;(6)新产品开发;(7)技术引进;(8)企业信息工作的组织与管理;(9)计算机化企业信息管理。1—2章为第一部分,主要介绍企业经营组织、市场环境、企业竞争、企业信息需求特点、企业信息源、企业信息收集和竞争情报获取等的一般理论和方法。3—7章为第二部分,分章讨论了企业运作中5个主要环节中的问题,还围绕企业运作介绍了信息收集、利用的一般途径和方法。8—9章为第三部分,集中探讨了企业信息机构的组织建设和计算机的利用问题。(金丽萍)

5854

竞争情报应用论 / 樊松林, 路文如, 卢青编著. -- 北京:地震出版社,1998. -- 171 页:图;21cm. -- 7-5028-1552-X(国家图书馆)

本书从实用性、可操作性出发,阐述了竞争情报的应用要素、应用条件和应用技能等三大问题,内容包括:竞争情报应用导论,介绍竞争情报的特点、竞争情报的内容、竞争情报的应用;竞争情报的收集处理技能,介绍企业竞争的信息要素、竞争情报的收集要求、收集技术、筛选处理方法,并提供收集处理实例;竞争环境的信息分析技能,阐述要素环境信息分析、经营环境因素分析、行业动向分析、消费者行为分析、企业形象分析方法,并提供市场竞争环境分析实例;市场营销的信息分析技能,介绍产品市场能力分析、新产品开发能力分析、销售能力分析、市场竞争预测分析方法,并提供市场营销分析实例;经营战略的信息分析技能,介绍战略咨询的信息要求、战略输入阶段的信息分析、战略综合阶段的信息分析、战略决策阶段的信息分析方法,并提供经营战略因素分析实例;营销策略的信息分析技能,介绍市场调查和预测、市场定位策略的信息要求、市场营销策略的信息支持方法。(于静)

5855

情报研究与预测的方法 / 何浩, 王学东. -- 武汉:华中师范大学出版社,1998. -- 397 页:图;20cm. -- 7 - 5622 - 1741 - 6(国家图书馆)

本书在阐述情报研究与预测的基本要领、原理、内容、实施过程以及该项工作在决策活动中的作用和地位的基础上,系统详细地介绍了情报研究与预测中常用的方法和数学模型,主要包括传统的逻辑学定性分析法、数学定量分析法、文献计量分析法和灰色模型法,最后对情报研究与预测成果评价的指标体系和评价方法也作了探讨。(于静)

5856

海关情报 / 刘元编著. -- 济南:山东人民出版社,1998. -- 340 页:彩照;20cm. -- 7 - 209 - 02285 - 6(华东师范大学图书馆)

本书首先介绍了情报与海关情报的关系,介绍了海关情报工作的特点、内容以及现状,介绍了海关情报工作的组织与管理,论述了海关公开情报工作与秘密情报工作的意义、获取原则与方法,探讨了发展情报关系的心理突破过程与方法,最后介绍情报评估与研究以及海关反情报工作等。(于静)

5857

情报学概论 / 周晓英主编. -- 北京:中国人民大学出版社,1998. -- 404 页;20cm. -- 7 - 300 - 02685 - 0(国家图书馆)

本书内容包括:情报学基础理论,介绍信息及其相关理论、情报学基础理论、情报学方法论;信息需求与服务,论述信息用户与信息需求、信息服务;信息的源与流,概述信息源、信息交流;信息的管理与提取,介绍信息组织管理、信息检索、信息技术。书后附情报学概论自学考试大纲及题型举例。(于静)

5858

普通情报学理论研究 / 靳娟娟著. -- 北京:警官教育出版社,1999. -- 358 页;20cm. -- 7 - 81062 - 115 - 7(国家图书馆)

本书从各专业领域情报活动皆具共性的角度,提出了“情报共性观”,并在“情报共性观”的基础上,提出了建立与发展“普通情报学”的观点。普通情报学主要研究各专业领域情报活动最共性的、最基本的构成、性质、原理、过程、规律、方法与环境。各专业领域情报活动虽然有其自身的特殊性,但都对情报的性质与构成、情报活动的过程与规律进行了研究,只不过是各自的情报活动方法与情报活动内容的侧重点不同,因此,本书着重研究各专业情报活动最共性的理论问题——普通情报学理论问题。普通情报学理论研究包括情报学理论研究新进展、情报学理论基础、情报心理过程理论研究、情报行为过程理论研究、情报内容分析与评价方法研究、典型专业领域情报活动研究(文献情报活动研究、竞争情报活动研究、军事情报活动研究、间谍情报活动研究)、公共信息基础设施研究、信息产业研究、信息环境理论研究等研究内容。(于静)

5859

文摘工作概论 / 王国庄,赵世华编著. -- 北京:海洋出版社,1999. -- 260 页; 20cm. -- 7 - 5027 - 4254 - 9(武汉大学出版社)

本书集文献理论、文摘编写方法与技巧、文摘报刊评价、文摘事业管理、文摘学研究于一体。全书共分 5 章,包括文摘概述、文摘编写、中国文摘期刊、国外文摘期刊及当代中国的文摘工作。书前有序,书后附《当代中国的文摘期刊(1953—1997)》和《文摘工作纪年(1665—1998)》。该书具有较强的实用性,可作为撰写文摘的大学师生、科研人员、编辑出版人员和专职文摘人员的参考书。(胡秋玲)

5860

我国科技电子信息资源的开发和利用研究 / 中国科技信息研究所等编著. -- 北京:北京图书馆出版社,1999. -- 346 页:图;26cm. -- 7 - 5013 - 1621 - X(国家图书馆)

本书是课题成果。该课题以调查数据为基础,以国际信息资源开发利用的大环境为背景,研究我国科技电子信息资源开发利用的现状、存在的主要问题,分析阻碍我国科技电子信息资源开发利用的主要原因,阐述在市场经济和网络环境下,我国科技电子信息资源开发利用的战略方针,提出我国科技电子信息资源开发利用的对策和建议,目的是为我国科技电子信息资源开发利用的战略决策、规划、宏观管理提供决策依据,促进我国科技电子信息资源开发利用的有效发展。本书即是本课题的研究成果,分为 10 个部分,包括:课题总报告;报告一,电子信息资源开发与利用的战略意义;报告二,国外开发利用电子信息资源的战略与现状分析;报告三,我国电子信息资源开发与利用的环境分析;报告四,对我国科技电子信息资源开发的评价;报告五,对我国科技电子信息资源利用的评价;报告六,对我国科技电子信息资源开发利用的实例调查;附录,科技电子信息资源开发、利用情况调查表及用户问卷调查表等。(于静)

5861

竞争情报研究论 / 樊松林, 张怀涛, 卢青主编. -- 西安:西安出版社,2000. -- 351 页:图;21cm. -- 7 - 80594 - 698 - 1(东南大学图书馆)

本书内容包括:竞争情报研究的问世与发展,介绍了古代竞争情报思想的萌芽、现代竞争情报研究的进展;竞争情报研究的条件与方法,介绍了竞争情报研究的知识要求和技术方法;竞争环境情报研究,介绍了竞争环境情报的内容构成、一般环境信息分析、战略环境信息分析、经营环境信息分析、竞争环境的知识产权信息监测;竞争对手情报研究,介绍了竞争对手情报的研究对象、竞争对手的竞争态势分析、竞争对手的竞争实力分析、竞争对手的财务状况分析、境外竞争对手的信息分析;竞争市场情报研究,介绍了竞争市场情报的研究范围、竞争市场情报的调研处理、竞争市场情报的分析研究、竞争市场情报系统的构建开发;竞争营销情报研究,介绍了竞争营销策划的运行分析、战略性竞争营销的信息分析、战术性竞争营销的信息分析;竞争力情报研究,介绍了竞争力指标体系、企业竞争力评估、国家竞争力评估;竞争战略情报研究,介绍了竞争战略谋划的情报需求研究、竞争战略决策的情报分析方法、竞争策略策划的情报决策技术、竞争战略研究的情报应用分析;竞争情报系统研究,介绍了竞争情报结构体系研究、竞争情报运作体系研究、竞争情报服务体系研究。(于静)

5862

中国社会科学研究计量指标:论文、引文与期刊引用统计 / 南京大学中国社会科学研究评价中心. -- 南京:南京大学出版社,2000. -- 299 页;26cm. -- 7 - 305 - 02271 - 3(国家图书馆)

本书内容是由 CSSCI 系统自动生成的。它比较全面、系统地发布了我国社会科学诸多领域的定量指标数据,是对我国社会科学研究和学术期刊进行评价、管理的重要依据。全书分为以下部分:中文社会科学引文索引统计概览,作者的论文生产和影响,书、刊和论文的影响,各类机构的论文生产和影响,各学科发文数在各省(市、自治区)各类机构中的分布,中国社会科学期刊影响因子(2002),来源期刊当年被引指数排序(2002)。(于静)

5863

信息服务与用户 / 胡昌平, 乔欢著. -- 武汉:武汉大学出版社,2001. -- 543 页:图;21cm. -- 面向 21 世纪课程教材;高等学校信息管理类专业核心课教材. -- 7 - 307 - 03088 - 8(北京师范大学图书馆)

全书分为 15 章,在论述信息服务业的社会发展机制的基础上,系统地阐述了现代信息服务及其组织机制,分析了用户信息需求、社会交往与信息交流以及用户信息获取、利用中的信息心理、行为规律,研究了信息服务的现代化发展以及现代信息条件下信息服务的基本业务、组织和管理方式,构造了知识经济与信息网络化时代信息服务的社会化管理理论体系。本书立足于我国的信息服务实践和信息服务业的国际化发展现实,在理论研究的同时强调其实践应用。(于静)

5864

企业竞争性情报 / 糜仲春著. -- 重庆:重庆出版社,2001. --250 页:图;20cm. -- 7 - 5366 - 5204 - 6(北京大学图书馆)

本书共分 5 章,主要讲述了竞争情报概述、竞争情报的搜集、竞争情报的分析、竞争情报的预测和竞争情报系统等内容。(于静)

5865

走向知识服务:21 世纪中国学术信息服务的挑战与发展 / 张晓林主编. -- 成都:四川大学出版社,2001. -- 386 页:图;21cm. -- 7 - 5614 - 2243 - 1(北京师范大学图书馆)

本书包括信息服务的重新思考与定义、面向知识服务的信息组织、设计有效的知识服务功能结构、开发支持知识服务的组织管理机制、建立市场经济的知识服务运营模式等 8 章。(于静)

5866

因特网教育资源利用 / 祝智庭主编. -- 北京:高等教育出版社,2001. -- 151 页:图;23cm. -- 7 - 04 - 008671 - 9(国家图书馆)

本书重点介绍了因特网教育资源的利用方法,具体内容包括:第一章介绍因特网教育资源的概念、类型和分布,以及初步运用浏览器获取信息资源的方法;第二章介绍因特网信息资源检索的策略与技巧,并通过实例示范如何利用多种检索工具快速获取各类资源;第三章着重讲解如何利用因特网信息资源为教育教学目的服务,包括基于资源的学习、基于资源的教学开发以及基于资源的教育研究方法。第四章专门讨论如何合理地利用因特网教育资源的问题,在介绍有关国内外知识产权和电子知识产权法的基础上,着重探讨教育用户如何合理引用网上教育资源的方法。最后,在本书附录部分提供了一个因特网教育资源分类索引,其中包含数百个对教育信息用户来说具有参考价值的国内外网站地址和网站内容简介。(于静)

5867

信息管理概论(1 版) / 柯平,高洁主编. -- 北京:科学出版社,2002. -- 16,367 页;24cm. -- 21 世纪信息管理丛书. -- 7 - 03 - 010818 - 3(国家图书馆)

本书全面深入地阐明了信息管理的基本原理、基本理论、基本方法,内容涉及社会信息化、信息资源、现代信息技术、信息采集、信息组织、信息分析、信息系统管理、信息文化、信息政策与法律、信息产业与市场等。(张收棉)

5868

广义洛特卡定律:估计、推论及其在管理中的应用 / 张贤澳著. -- 厦门:厦门大学出版社,2002. -- 150 页;21cm. -- 7 - 5615 - 1886 - 2(北京大学图书馆)

全书共分五部分,包括洛特卡定律的由来与发展,广义洛特卡定律参数的估计、广义洛特卡分布的参数检验、广义洛特卡定律参数的性质和广义洛特卡定律的推论等内容。(于静)

5869

21 世纪情报学教育发展战略研讨会论文集(2000 年郑州) / 中国科学技术情报学会, 中国国防科技信息学会, 郑州航空工业管理学院. -- 北京:科学技术文献出版社,2002. -- 358 页:图;21cm. -- 7 - 5023 - 4106 - 4(国家图书馆)

本书汇集国内科技情报界的专家、学者共 36 篇文章,从情报学教育宏观层次的学科定位、中外情报学教育比较、学科建设发展战略等诸多方面,阐述情报学教育如何应对新形势下的机遇和挑战。包括教育观念、学科定位、培养目标和规格、教学内容、课程设置、教材建设、在职培训、远程教育和专业教育信息化等。对我国情报学教育的发展将产生积极的影响。(于静)

5870

信息计量学研究 / 王宏鑫著. -- 北京:中国民族摄影艺术出版社,2002. -- 242 页;21cm. -- 图书馆学散论. -- 7 - 80069 - 468 - 2(国家图书馆)

该书从信息计量学的基础与结构两方面入手,深入研究了信息计量学的学科结构。论述了信息计量学的他律性、自律性基础,具体归纳和描述了信息计量学的内容结构和形式结构,给出了信息计量学有序化学科体系结构。着重对灰色系统理论方法、分形理论方法的引入与应用研究,以及信息规律的公理化体系建构。对信息基本循环过程的信息计量研究,涉及社会信息系统的体制、机制、活动与观念的研究。适宜高等院校信息管理与图书情报专业师生及研究者、图书情报机构人员、信息资源与人力资源开发管理人员及科技政策和科技管理人员、网络管理与研究人员等参考。(胡秋玲)

5871

数字资源管理与利用研究 / 陈益君,丁梅娟编著. -- 北京:科学出版社,2003. -- 318 页;19cm. -- 7 - 03 - 011907 - X(南开大学图书馆)

本书围绕数字资源管理的理论、动态和技术,对数字资源的类型与特点、评价与组织、检索与利用、共享与传递、存取与维护、标准与规范等问题进行了系统研究;探讨了电子期刊的管理与利用、虚拟咨询的发展与动态、信息控制与版权保护;概括了数字图书馆建设的标准、发展方向和存在的问题,形成了比较系统的数字资源管理理论。全书共分 10 章,包括 Internet 与数字资源概述、网络信息的评价与组织、网络信息资源的检索与利用、网络竞争情报的获取与利用、电子期刊的管理与利用、资源共享与文献传递服务、数字参考咨询服务、数字资源的保存与维护、网络信息控制与知识产权保护及数字图书馆—数字资源管理的理想模式等。书前有序和前言。每章后有参考文献。(胡秋玲)

5872

引文索引法的理论及应用 /(美) 尤金·加菲尔德著;侯汉清,陆宝树,马张华译. -- 北京:北京图书馆出版社,2004. --249 页;图;26cm. -- 7 - 5013 - 2438 - 7(国家图书馆)

本书内容包括:引文索引法的概念、引文索引法的历史、引文索引的设计与生产、引文索引法在专利文献中的应用、作为检索工具的引文索引、引文分析作为科学管理的工具、引文分析作为科学史的研究方法、引文分析用于科学结构的图示、科学期刊的引文分析、有关科学家的引文分析、引文索引法的未来。附录:尤金·加菲尔德传略、新一代引文索引与学术信息资源整合体系——ISI Web fo Knowledge。(于静)

5873

情报心理学 / 程鹏,高丹,李刚. -- 武汉:湖北人民出版社,2004. -- 350 页;图;23cm. -- 7 - 216 - 03912 - 2(国家图书馆)

本书基于情报心理活动的基础理论,以信息市场中情报交流的主体为基本视角,以情报交流过程中的心理反应为主线,深入探讨了情报心理学所涉及的基本理论问题、应用环节、应用障碍和保健等内容。全书分为 14 章,第一章到第五章系统介绍了情报心理学的基本问题——研究对象、研究方法、研究过程、个性心理和情报意识;第六章到第十一章具体介绍了情报心理过程发展的几个环节——情报需求、情报注意、情报态度、情报兴趣、情报环境和情报认同;第十二章到第十四章为情报心理应用障碍和保健,总结了情报心理应用过程中出现的问题,克服障碍的策略和艺术及情报主体的心理保健。本书对情报心理学基本观点和理论进行了详细的解说,注重理论联系实际,力图反映此领域的最新研究成果,体现情报心理学学科的科学性、系统性和稳定性。本书内容丰富、资料翔实,既是情报研究人员的参考资料,也可作为高校学生和研修培训人员的教材。(于静)

5874

现代情报研究导论 / 李勇等著. -- 武汉:湖北人民出版社,2004. -- 333 页:图;23cm. -- 现代情报系统研究丛书. -- 7 - 216 - 03906 - 8(国家图书馆)

本书立足于反映情报研究的新内涵、新特征和新发展,从理论、程式、方法和热点 4 个方面,共分 17 章系统阐述了开展现代情报研究工作的基本要求,在前人研究成果的基础上对战略研究、竞争情报研究、信息咨询等现代情报研究的热点问题进行了探索性的归纳总结。具体包括:现代情报研究概述、现代情报研究的理论关联、研究课题的选择与方案设计、情报搜集、情报整理与评价、情报研究产品的生产与应用、逻辑方法、集体访问法、文献计量法、层次分析法、回归分析法、时间序列分析法、模糊数学方法、战略研究、竞争情报研究、信息咨询、预测研究。(于静)

5875

中国学术期刊三年计量指标均值分类统计报告:2002—2004 / 清华大学图书馆,中国学术期刊(光盘版)电子杂志社,中国科学文献计量评价研究中心编. -- 北京:中国科学文献计量评价研究中心(内部出版),2004. -- 61 页;30cm(天津工程师范学院图书馆)

本书主要介绍了中国学术期刊三年计量指标均值统计报告、医学期刊三年计量指标均值分类统计报告等内容。(于静)

5876

现代情报技术与应用 / 杨立新,夏立新,胥道强. -- 武汉:湖北人民出版社,2004. -- 405 页:图;23cm. -- 7 -.216 - 03907 - 6(国家图书馆)

本书系统讲述了情报在采集、处理、传播与交流活动中所涉及的各类相关技术,具体包括:现代情报技术的基本知识,文本、图像、音频、视频等多种媒体信息的处理技术,信息组织的相关标准,信息压缩与存储技术,数据库技术,计算机信息检索技术,数字图书馆技术以及现代情报系统建设中的安全技术等。本书是现代情报技术及其应用方面的著作,知识介绍较为全面详实,适合作为高等院校信息管理专业、图书馆学专业、情报学专业教育的教材,也可作为成人教育、函授教育的教材,还可作为各种与信息资源组织有关的机构或部门,包括各类文献机构、网络公司以及信息资源管理部门的工作人员学习和参考之用。(于静)

5877

中国学术期刊网络计量测试报告 / 张振海等主编. -- 北京:中国科学文献计量评价研究中心(内部出版),2004. -- 289 页;30cm(天津工程师范学院图书馆)

本书主要介绍了中国社会科学类期刊网络计量报告、中国农业科学类期刊网络计量测试报告等内容。(于静)

5878

信息服务与用户研究 / 胡昌平, 柯平, 王翠萍主编. -- 北京:科学技术文献出版社,2005. -- 12, 405 页:图;23cm. -- 7-5023-5107-8(北京师范大学)

本书立足于信息化和网络化环境,分析了现代信息服务的发展趋势,针对信息服务与用户研究基本理论和实践问题,集中研究了信息服务的社会发展与管理机制,通过用户信息需求、信息交流、信息利用以及信息心理和行为的分析,构建了面向用户的基于网络化、数字化的服务体系,讨论了信息推送、个性化服务、服务集成、知识服务和信息保障等服务业务的推进和传统服务的发展,提出了社会化信息服务组织模式的优化和实现全面管理的对策。(于静)

5879

传播与保密:情报新闻导论 / 赵振祥, 李明合著. -- 北京:中华书局,2005. -- 207 页;21cm. -- 7-101-04754-8(北京大学图书馆)

本书从新闻传播学和情报学两方面,对具有情报性质的新闻的传播与保密问题进行了集中探讨,并提出了"情报新闻"这个概念。(于静)

5880

知识型信息服务学术研讨会论文集 / 知识型信息服务学术研讨会. -- 西安:西安电子科技大学出版社,2005. -- 316 页:图;26cm. -- 7-5606-1380-2(武汉大学图书馆)

本论文集分为以下几部分:第一部分,知识型信息服务和数字资源管理;第二部分,数据挖掘、知识发现、知识仓库与元数据;第三部分,先进知识技术与智能信息处理;第四部分,信息管理与网格技术。(于静)

5881

当代情报学 / 符福峘等编著. -- 北京:中央文献出版社,2006. -- 508 页:图;27cm. -- 7-5073-1627-0(北京邮电大学图书馆)

本书站在现代科学技术战略的高度,全面总结国内外情报学发展的历史经验,论述情报学发展的特点与趋势,探讨情报流运动的基本规律,提出构筑完整科学的情报学理论体系大厦的策略原则。(于静)

5882

数字时代情报学理论与实践:从信息服务走向知识服务 / 贺德方等编著. -- 北京:科学技术文献出版社,2006. -- 20, 724 页, 4 页图版:图, 摹真;27cm. --7-5023-5445-X(北京理工大学图书馆)

本书从理论到实践全面介绍了信息化社会信息服务走向知识服务的特征、规律及其基本内容,信息与知识服务的情报学理论基础与学科建设,信息资源采集与评估,信息组织与构建,数据库建设,情报检索与知识发现,情报研究与咨询服务,竞争情报与知识管理等。(于静)

5883

竞争情报 / 胡晖, 邢峰主编. -- 北京:海洋出版社,2006. --176 页:图;26cm. -- 7-5027-6657-X(北京师范大学图书馆)

本书共分 8 章,内容包括:竞争情报概述、竞争情报搜集、竞争情报整理、竞争情报分析、竞争情报研究报告、构建企业竞争情报系统、反竞争情报、竞争情报应用实例等。(于静)

5884

网络环境下的竞争情报 / 黄晓斌编著. -- 北京:经济管理出版社,2006. -- 324 页:图;21cm. -- 7-80207-631-5(北京大学图书馆)

本书较为系统地分析了网络环境下竞争情报的新特点、竞争情报的功能与作用,论述了基于网络的竞争情报收集的主要方式、竞争情报研究的基本内容和主要的分析方法,探讨了网络环境下竞争情报系统的构建与运行、竞争情报专业人员的素质与教育培养等问题,并具体介绍了竞争情报在现代企业管理中的应用。(于静)

5885

竞争情报理论与实践研究 / 贾晓斌著. -- 西安:西安交通大学出版社,2006. -- 217 页;23cm. -- 7-5605-2211-4(国家图书馆)

本书内容包括:竞争情报概念、竞争情报的产生与发展、竞争情报的基本类型与特点、竞争情报研究内容、竞争情报工作等。(于静)

5886

信息服务质量概论 / 王浩主编. -- 西安:陕西人民出版社,2006. -- 419 页:图;21cm. -- 7-224-07216-8(西安交通大学图书馆)

本书主要研究信息服务的质量问题。从信息服务和信息服务质量的定义开始,深入探讨了它的本质、内容、判断标准,它在现代经济社会中的价值与作用,如何提高信息服务质量等等。(于静)

5887

实时情报学导论 / 吴力群著. -- 北京:群言出版社,2006. -- 372 页;21cm. -- 7-80080-595-6(厦门大学图书馆)

本书运用科学方法研究国内外实时情报工作的经验模式,提出了实时情报学的基本概念和主导规律,研究了实时情报的各种社会功能及其作用机理,探索了突发事件的类型及其信息释放特点,概括了实时情报的搜集、传递、处理、分析、传播、运用等全过程的特征。(于静)

5888

情报学基础教程 / 叶鹰, 潘有能, 潘卫编著. -- 北京:科学出版社,2006. -- 299 页:图;24cm. -- 7-03-018043-7

(北京师范大学图书馆)

本书的内容覆盖情报学理论与方法、情报管理与服务各相关领域,简明扼要地阐述了情报源、情报管理、情报检索、情报分析、情报技术等情报学核心分支的基本知识和新近发展。(于静)

5889

知识技术及其应用 / 曾民族主编. -- 北京:科学技术文献出版社,2006. -- 558 页:图;23cm. -- 7-5023-5134-5(北京大学图书馆)

本书是关于知识技术及其应用的专业著作, 内容包括知识组织系统、知识网站的设计、知识管理和服务、情报分析方法和技术、竞争情报系统、信息检索可视化等 18 章。(于静)

5890

图书内容索引编制法:写作和编辑参考手册 / 张琪玉编著. -- 北京:化学工业出版社,2006. -- 195 页;19cm. -- 7-5025-8888-4(北京师范大学图书馆)

本书专门阐述图书内容索引编制法, 比较详细地讲解了该类索引的结构、编制过程和一般编制方法、标引方法、质量要求、索引设计和编制计划的制订, 以及 30 多种专门索引的编制法要点和图示, 还讨论了标引深度和检字法问题。书末附本书内容索引作为实例。(于静)

5891

竞争情报创新与发展 / 张永超主编. -- 北京:北京航空航天大学出版社,2006. -- 346 页:图;26cm. -- 7-81077-798-X(北京师范大学图书馆)

本书收录了 119 篇论文,分为 7 个板块:专稿、理论与方法、企业应用、网络技术、资源管理、信息服务、创新方略。(于静)

5892

国防科技信息工作理论与实践 / 中国人民解放军总装备部军事训练教材编辑工作委员会. -- 北京:国防工业出版社,2006. -- 343 页:图;21cm. -- 7-118-03724-9(北京理工大学图书馆)

本书阐述国防科技信息工作概论、国防科技情报源及其获取技术、国防科技信息序化、国防科技信息流通与传递等。(于静)

5893

《科学引文索引》与《工程索引》收录期刊投稿指南 /朱贵玲, 杨祖国, 王洪礼编. -- 天津:天津科学技术出版社,2006. --255 页;26cm. -- 7-5308-3918-7(北京大学图书馆)

本书分为 3 大部分。第一、二章是关于 SCI、Ei 的最新介绍;第三、四章是论文撰写 3 方面的有关知识;第五章是 SCIE、EI 收录的国内源期刊及 SCIE 收录的工程类源期刊简介。(于静)

5894

信息管理概论(2 版) / 柯平,高洁主编. -- 北京:科学出版社,2007. -- 14,501 页;24cm + 1 光盘. -- 普通高等教育"十一五"国家级规划教材. -- 978-7-03-018951-6(国家图书馆)

本书内容包括信息管理基本原理、理论和方法,涉及信息技术、信息资源、信息经济、信息文化等各个方面,具体分基础、技术、应用、理论四篇,共 17 章。(张收棉)

5895

信息管理学研究方法导论 / 乔好勤著. -- 北京:北京图书馆出版社,2007. -- 352 页;32 开. -- 978-7-5013-3528-2(国家图书馆)

本书全面系统阐述了各种研究方法,并结合实际评价国内外图书馆学、情报学研究方法的重要著作,对于完善信息管理学建设,提升学术研究水平,为组合构建信息管理学族群,分门别类、条分缕析地梳理各学科关系,提供了研究工具。(金丽萍)

5896

情报学研究进展 / 查先进编著. -- 武汉:武汉大学出版社,2007. -- 547 页:图, 肖像; 24cm. -- 978-7-307-05458-5(北京师范大学图书馆)

本书包括 12 篇综合性文章,内容涉及情报学的基础理论、方法、技术、应用等主要领域,反映了情报学的最新动态。(于静)

5897

竞争情报理论与方法 / 董素音,蔡莉静. -- 北京:海洋出版社,2007. -- 195 页:图; 26cm. -- 978-7-5027-6820-1(北京师范大学图书馆)

本书坚持系统性和实用性原则,根据实际需求对教学内容进行了精心筛选和组织。本书全面介绍了竞争情报的理论与方法,并配备了大量案例进行分析。全书共分 8 章,内容包括竞争情报概论,竞争情报研究内容,情报规划、搜集、加工、分析、传播及商业秘密保护等。(于静)

5898

国内安全情报信息 / 杜心全主编. -- 北京:群众出版社,2007. -- 143 页;22cm. -- 978-7-5014-4092-4(浙江大学图书馆)

本书共分 9 章, 包括情报学基本原理、国内安全情报信息概述、国内安全情报信息的收集和传递、情报信息的核查等内容。(于静)

5899

信息计量学导论 / 郭强, 刘俊友主编. -- 合肥:合肥工业大学出版社,2007. -- 196 页:图;24cm. -- 978-7-81093-656-9(北京大学图书馆)

全书共由 3 部分组成。第一部分介绍了信息计量的基本概念、相关问题和技术准备;第二部分介绍了信息计量的图书情报学技术、系统分析技术、决策分析技术和模拟分析技术;第三部分为附录,主要介绍信息的基本知识和信息分析软件的使用。(于静)

5900

公安情报分析原理 / 李广仓著. -- 北京:中国人民公安大学出版社,2007. -- 300 页:图;21cm. -- 978-7-81109-708-5(厦门大学图书馆)

本书共分8章,阐述了公安情报分析主体、公安情报分析客体、公安情报分析方法、公安战术情报分析等内容。(于静)

5901

煤炭科技信息工作概论 / 李丕仕编著. -- 徐州:中国矿业大学出版社,2007. -- 413页:图;24cm. -- 978-7-81107-767-4(浙江大学图书馆)

本书主要内容包括:煤炭科技文献资源和网络信息资源、煤炭信息资源建设,网络信息检索方法和常用煤炭网络信息资源的检索方法与技巧、煤炭高校信息服务,企业竞争情报与煤炭企业情报调研等。(于静)

5902

水科学和渔业文摘实用指南 / 罗续业主编. -- 北京:海洋出版社,2007. -- 216页:图;26cm. -- 978-7-5027-6758-7(浙江大学图书馆)

本书是ASFIS数据库著录标引人员必备的工具书,该书全面介绍ASFIS的组织形式和运行机制、ASFA收录文献的主题范畴、文献著录与数据输入、文献标引与文摘编写方法、ASFA专用数据输入软件的安装与维护,以及ASFIS相关文件和ASFA数据库常用工具。(于静)

5903

信息服务与用户 / 胡昌平主编. -- 武汉:武汉大学出版社,2008. -- 512页:图;24cm. -- 面向21世纪课程教材;高等学校信息管理学专业核心课教材;普通高等教育"十一五"国家级规划教材;本书系武汉大学出版社出版的该教材的第三版. -- 978-7-307-06079-1(国家图书馆)

本书立足于数字化、网络化信息环境,系统地阐述了信息服务与用户研究理论与应用。在分析用户信息需求、信息交流、获取与利用以及信息心理、行为规律的基础上,构建了以社会需求为导向、以网络和信息技术发展为依托、以信息资源深层开发为基础的面向用户的信息服务组织体系,突出了信息保障、个性化服务、知识服务与信息集成服务的业务拓展问题。(张玲)

5904

图书资讯利用 / 胡英麟编著. -- 台北县:新文京开发出版股份有限公司,2008. -- 338页:图;23cm;1光盘. -- 978-986-150-835-1(国家图书馆)

全书共分12章。第一章资讯搜寻的观念与流程,介绍了若干资讯搜寻的基本观念和原则,继而说明和简介各类型图书馆的功能;从第三章"各种资料类型及参考工具资源的使用"到第七章"工商资讯资源简介"的内容,主要为使用图书馆及其不同资料类型的方法及技巧;接着透过"资讯素养"的探讨以整合图书资讯利用的系统概念。另外,以"论文写作"承接及落实资讯运用的产出功能。最后,通过知识管理及终身学习的探讨,了解图书馆发展的趋势和特性。书前有作者自序,书后有笔者推荐资讯指南型网站一览表、笔者推荐有关阅读写作及图书资讯利用之书籍、笔者推荐开放资源型网路影音网站等4条附录。(赵红)

5905

信息分析与预测 / 江三宝,毛振鹏主编;薛芹等编著. -- 北京:清华大学出版社:北京交通大学出版社,2008. -- 224页:图;26cm. -- 现代信息管理与信息系统核心系列教材. -- 978-7-81123-284-4(国家图书馆)

本书内容包括:信息分析与预测概述,准备工作和基本步骤,常用逻辑方法,专家调查法,时间序列分析法,回归分析预测法,平衡结构分析法,计算机辅助分析方法,文献计量学方法,常用经济信息分析,信息分析与预测报告,信息分析与预测专题研究等。(张玲)

5906

IRM-KM范式与情报学发展研究 / 马费成,宋恩梅,张勤编著. -- 武汉:武汉大学出版社,2008. -- 400页;24cm. -- 武汉大学学术丛书;国家社会科学基金项目. -- 978-7-307-05853-8(国家图书馆)

本书是国家社会科学基金项目"IRM及KM范式下的情报学发展模式研究"(项目编号:03BTQ012)的最终成果,主要是从IRM和KM的角度研究情报学与IRM和KM之间的关系。本书以库恩的范式和科学共同体理论为基础,考察了IRM共同体的形成,分析了国内外KM研究结构及其范式,结合IRM、KM对情报学发展的影响,提出了情报空间模型,讨论了情报空间中的基本原理,并以实证方式研究了IRM、KM范式下的情报学基本定律。(张玲)

5907

探索者言:缪其浩情报著作自选集 / 缪其浩著. -- 上海:上海科学技术文献出版社,2008. -- 423页:图;25cm. -- 978-7-5439-3666-9(国家图书馆)

本书收集了作者自1981年至今围绕科技情报和竞争情报在国内外发表的论文、杂感、演讲以及接受采访时的讲话。(张玲)

5908

文献计量内容分析法 / 邱均平,王曰芬等著. -- 北京:北京图书馆出版社,2008. -- 405页;23cm. -- 教育部人文社会科学重点研究基地重大项目成果丛书·新闻传播学图书馆学情报学档案学类. -- 978-7-5013-3547-3(国家图书馆)

本书对文献计量分析法与内容分析法进行了综合研究,内容包括理论基础研究、软件工具研究、比较研究、综合研究、技术实现研究等。(张玲)

5909

农业科技信息收集与分析 / 苏国贤编著. -- 北京:中国社会出版社,2008. -- 218页:图;21cm. -- 农村经济发展与经营管理丛书. -- 978-7-5087-2118-7

本书以如何取得农村科技信息为中心,介绍了农业科技信息基本知识、科技信息的来源、农村科技信息收集方法、农村科技信息资料整理等内容。(张玲)

情报过程自动化的方法和设备

5910

电子计算机在情报工作中的应用 / 曾民族，高崇谦编译. --北京：科学技术文献出版社，1980. -- 290 页；21cm. -- 15176.458（国家图书馆）

本书基本上出自日本《情报管理》期刊 1973 年连载的“计算机和它的应用”讲座，同时收集了日本科学技术情报中心电子计算机系统概况等有关文章。全书包括：电子计算机的一般知识、电子计算机在情报管理中的应用、情报系统设计概论、资料档设计实例、市售资料档应用设计实例、程序设计概论、情报检索程序、电子计算机的操作、输入输出的管理、日语文献的电子计算机处理、日本科技情报中心文献检索磁带的特征及其使用方法、日本科技情报中心文献检索磁带用的计算机程序、日本科技情报中心电子计算机系统概况、日本科技情报中心联机情报检索系统、日本科技情报中心汉字联机情报检索系统。书中内容既有电子计算机在情报工作中应用的一般知识，又有情报系统设计的原理和实例，可供情报部门和图书馆界从事电子计算机设计和应用人员参考。（于静）

5911

缩微复制 / W. 萨法迪著；吴则田译. -- 北京：书目文献出版社，1982. -- 198 页；19cm. -- 7201.32（国家图书馆）

本书是为图书馆实习馆员和图书馆学院的学生编写的，他们需要对缩微复制在图书馆工作中的各种基本应用有一个系统的了解。第一章缩微复制品和图书馆：导言，对缩微复制在图书馆中的应用作了历史性回顾。后面各章就具体的用途向读者作了详细的论述，包括：缩微复制品的类型及其应用、原始文献缩微胶卷、计算机输出缩微（COM）、缩微出版、缩微复制品的使用、缩微复制品的书目控制、缩微复制品的保存和检索系统、缩微复制与图书馆的未来。必要时，从已发表的文献中找出范例以佐证本书的论述，从而使读者能详细地研究和应用。全书提到了专用缩微复制设备，并附有插图。挑选了一些专门的型号对它们的重要特点、功能作了说明，但不一定含赞同的意思。虽然所述的设备全是美国制造的，但其中有许多可以在加拿大、英国和其他使用英语课本的国家买到。（于静）

5912

缩微技术 /（美）基什（J. L. Kish）著；蒋泽廉主编译. -- 北京：测绘出版社，1984. -- 209 页；19cm. -- 17039（国家图书馆）

本书通俗地介绍了缩微技术的一般知识，包括缩微的过程、设备、产品、应用、好处和局限性，并通过几个应用实例介绍了应用缩微技术带来的经济效益。对于管理人员，书中回答了以下几个问题：本部门或本单位是否可以使用缩微技术，现有的缩微系统和硬件会不会被“未来的办公室”所废弃，使用什么水平的人员来安装和维护缩微系统。对于缩微技术人员，本书回答了以下问题：原文件缩微和计算机输出缩微胶片在本部门有些什么应用；在确定下来的应用中，对缩微系统的费用能否进行精确的估算；采用什么检索技术将缩微图像简易快速地检索出来；应不应考虑购买旧的硬件来减少投资；选择什么样的缩微系统和硬件才是最经济而实用的，在安装、使用和维护中应该注意哪些问题，缩微技术目前有哪些应用，如何快速而准确地检索缩微图像资料等。本书可供资料、档案等部门有关的管理人员和专业技术人员参考。（于静）

5913

复制技术：复制和翻印文献的方法和设备 /（苏）伊万诺夫著；刘少华等译. -- 北京：科学出版社，1985. --356 页；19cm. --15031.639（国家图书馆）

本书叙述了复制文献的各种方法和技术设备及其实际应用。提供了有效地使用各种复制设备的建议。全书分为 7 章：重氮复印法；照相复制法；缩微胶片摄制；电法复制；热法复制；电子法复制；从经济观点来观察复制设备的运用问题。前 6 章主要介绍复制的方法和设备，其次序如下：复制方法的特点及其改型、采用的材料、使用的技术设备、工艺特点和发展远景等。第 7 章综述复制技术的经济观点。最后，本书概述运用复制方法和复制技术的技术问题、经济管理问题、心理学问题和法律问题等。在专门的附录中列出下列资料：复制材料的种类和最广泛采用的复制设备的名称，以及设备的制造者和购买设备的条件。本书适用于相应专业的广大领导工作者、工程技术人员和大学生。它可供操作复制设备的专业人员和自动控制系统的研制人员作为手册和教学参考书来使用。（于静）

5914

缩微复制技术 / 刘凤志等编译. -- 北京：书目文献出版社，1985. -- 319 页；19cm. -- 7201.68（国家图书馆）

本书主要根据日本缩微摄影协会（JMA）编写的《缩微摄影基础讲座》编译而成。考虑我国实际情况和需要，在编译过程中对某些章节作了删节，同时又补充些适于我国需要的内容。全书主要内容包括：缩微胶片的发展历史和地位；缩微品的形式、种类及特点；缩微摄影设备；感光材料；缩微品的制作方法；缩微品的管理；与缩微摄影有关的新技术；缩微摄影系统的发展趋势等 8 个部分。书末附录有：缩微摄影及其清晰度、摄影用侧视图及其使用方法以及有关名次术语。（于静）

5915

缩微照相实用手册 /（美）基西（J. L. Kish）著；薛正文译. --北京：科学技术文献出版社，1986. -- 240 页；19cm. -- 15176.752（国家图书馆）

本文内容包括：缩微照相介绍、缩微品、缩微照相硬件、缩微胶片工艺、缩微照相索引技术、源文件缩微照相系统的分析与设计、源文件缩微照相的应用、计算机输出缩微技术、计算机输出缩微胶片的应用、缩微照相和“未来的办公室”、

缩微照相管理计划。本书能使读者了解缩微照相的过程、优越性、局限性及其费用等问题。(于静)

5916

计算机书目文献管理数据库 / 安树兰,陆玉英,孙蓓欣编著. -- 北京:清华大学出版社,1988. -- 367 页;26cm. -- 7-302-00245-2(北京大学图书馆)

本书以系统设计人员为主要对象,使他们能在硬件、软件知识的基础上,结合专业知识,组织、设计一个所需要的数据库。书中首先在预篇中介绍了计算机的硬件配置、系统软件、用户文件类型、系统设计的过程以及文献管理工作的内容。正文中详细介绍了数据库的设计过程,包括:用户需求的调查与分析、概念模型的建立、系统的设计与实现、压缩技术、机读目录数据库的分析与研究等。(于静)

5917

情报数据库系统 / 周宁编著. -- 武汉:武汉大学出版社,1988. -- 429 页. -- 7-307-00139-X(北京师范大学图书馆)

本书系统地论述了情报数据库系统的基本概念、基本理论和基本方法。主要内容包括:数据库系统引论,阐述了信息时代与数据库、信息模型、数据模型、数据库系统体系结构内容;关系数据库系统,论述了关系与关系模型、关系代数等内容;IMS 系统,探讨了 IMS 数据模型、逻辑数据库、存贮结构等内容;DBTG 系统,涵盖了 DBTG 数据模型、模式与子模式等内容;情报数据库的设计,论述了情报数据库的设计条件与过程、数据字典等内容;文献数据库,阐述了文献数据库的产生与发展、加工与存贮、标准化等内容;非文献型数据库,涵盖了数值数据库、事实数据库等内容;数据压缩,探讨了数据压缩的意义、逻辑压缩与物理压缩等内容;情报数据库系统的现状与发展趋势;数据的物理组织,论述了数据存贮结构、文件组织等内容。(于静)

5918

复印员读本 / 邸林著. -- 贵阳:贵州人民出版社,1989. -- 207 页;32 开. -- 7-221-00850-7(国家图书馆)

本书是专为操作和维修人员使用静电复印机而编写的教材,以帮助他们全面地掌握静电复印机基本原理和实用技术。全书内容包括:概述、静电复印机的结构与功能、使用方法与复印工艺、复印机的选购、安装和保养、复印机的调整、维修技术、国内常见的静电复印机。(于静)

5919

档案缩微摄影工作指南 / 刘振杰主编;总参谋部办公厅档案处编. -- 北京:蓝天出版社,1989. -- 253 页;20cm. -- 7-80081-029-1(西安交通大学图书馆)

本书包括缩微摄影基础知识、缩微设备、缩微前的准备工作、档案缩微的制作等内容。(于静)

5920

复印技术 300 题 / 张晓敏,杨清汉编著. -- 上海:上海交通大学出版社,1989. -- 173 页. -- 7-313-00266-1(国家图书馆)

本书共分 4 章:第一章,复印技术基础知识,以静电复印为主,介绍了复印技术的发展史及与复印技术有关的其他知识;第二章,复印机原理及结构,以静电复印机为主,介绍了复印技术的基础知识;第三章,用户指南,介绍了国内目前市场上常见的各种类型复印机的主要特点,并指导读者选购自己满意的复印机产品及附件,介绍了常见复印机的使用方法及注意事项;第四章,复印机故障与维修,针对实际工作中所遇到的各种常见故障进行了详细的分析,并提供了处理方法。(于静)

5921

缩微摄影复制技术 / 刘凤志等编写. -- 北京:中国人民大学出版社,1991. -- 524 页;20cm. -- 7-300-00963-8(国家图书馆)

本书共分 12 章,分别介绍了缩微摄影复制技术的产生与发展、缩微品、缩微设备、缩微胶片、缩微胶片的冲洗、票件的拍摄、缩微品的拷贝与还原、缩微品的质量检查、缩微品的检索、缩微品的贮存与管理、缩微品的法律地位以及新技术的应用等内容。(于静)

5922

智能情报系统 / 张玉峰编著. -- 武汉:武汉大学出版社,1991. -- 347 页;20cm. -- 7-307-00630-8(国家图书馆)

本书内容包括:人工智能和智能情报系统的基本概念,知识表示,知识推理方法,知识获取和机器学习等。(于静)

5923

档案与文献复制技术 / 王阜有等编. -- 北京:航空工业出版社,1993. -- 197 页;26cm. -- 7-80046-555-1(国家图书馆)

本书共由 4 篇组成。第一篇是静电复印技术,第二篇是缩微摄影技术,第三篇是磁记录技术,第四篇是光盘技术。尽管在图书、情报和档案工作中,文献复制技术远远不止上述范围,但本书的内容已经包括了从传统时代到当今社会各个发展时期的有代表性的记录存储技术。单独的论述各种技术的书籍,已经出版许多,但综合其共性,并将理论问题与实际应用结合在一起的论著并不多见,这是本书的特点之一。本书对大多数技术的研制过程以及专利发明者,给予了较多的叙述。在实用性方面,本书则多采用表格、流程图的形式,生动地把有关操作步骤、特征特点描绘了出来。(于静)

5924

索引工作自动化 / 陈光祚,侯汉清,何静著. -- 上海:中国索引学会(内部出版),1994. -- 171 页;20cm. --(北京师范大学图书馆)

本书内容包括:电子出版物与索引编制自动化、文献分类法索引及其计算机辅助编制、图书内容索引的计算机编制、计算机辅助标引及索引编制、自动标引的主要方法、人—机结合的题内关键词索引、循环嵌入主题索引的研究、类书索引和自动化、计算机辅助整理宋代古籍的研究、钱亚新先生对汉字排检法的贡献、检字法·字序·索引、一表查遍天下字、汉字检字法研究的最新突破——“唯物中文检索法”述评、“唯物中文检索法”与“部首检字法”比较研究、中文辞书类索引新法——“笔画号码法”简介、文献资料的汉字索引与双向码、国外图书馆学与情报科学数据库综述、全国索引成果展览展出索引软件和数据库介绍。(于静)

5925

情报数据库系统(第2版) / 周宁编著. -- 武汉:武汉大学社,1994. -- 453页;20cm. -- 7-307-01797-0(北京邮电大学图书馆)

本书属于国家教育委员会组织制定的《一九八五年至一九九零年高等学校文科教材编选计划》的一种,供高等学校情报学专业和图书馆学专业使用,也可供有关专业选用。本教材系统地论述了情报数据库系统的基本概念、基本理论和基本方法。主要内容有:数据库系统引论和流行的数据库系统,情报库的设计、建立、维护和利用,数据压缩以及情报数据库系统的发展趋势等。另外,在附录中还介绍了数据的物理组织以供读者参考。本书也可供各类情报机构、图书馆、资料室、档案馆及有关单位的工作人员学习参考。(于静)

5926

新英汉文献音像复制与存储技术词典 /《新英汉文献音像复制与存储技术词典》编委会编. -- 北京:航空工业出版社,1995. -- 535页;19cm. -- 7-80046-925-5(北京师范大学图书馆)

本书收集了有关计算机技术、缩微摄影技术、静电复制技术、录音录像技术、通信技术、光盘技术等英文单词和专业词汇3万余条。(于静)

5927

计算机信息存储与检索 / 高星编著. -- 北京:中国科学技术大学,1995. -- 349页;20cm. -- 7-312-00680-9(国家图书馆)

本书系统地概述了存储技术,论述了计算机科学在信息存储与检索中的应用、机读数据库的类型、文档结构及检索技术、联机检索系统的概况,详细介绍了几种典型的国际联机检索系统以及模拟软件,涉及了最新存储技术光盘的应用,简要介绍了机检系统的开发过程和评价标准,提供了5个检索实例,附录提供了我国现有的部分数据库目录、DIALOG系统文档专业主题词分类索引、DIALOG系统常用检索指令和DIALOG系统数据库目录。全书共分10章,内容新颖、理实交融、适用面广、各章均附有思考题,便于普及。本书可作为高等学校信息管理专业、科技信息专业、计算机专业、图书馆学专业、档案学专业、专利学专业、工商管理专业、市场营销专业及其他与信息相关专业的教材或教学参考书,也可作为科技人员、工商管理人员、决策科学人员以及图书管理人员等信息工作者学习检索知识和技能的自学参考书。(于静)

5928

现代信息缩微存贮技术 / 冯振荣编著. -- 天津:天津社会科学院出版社,1997. -- 243页;20cm. -- 7-80563-633-8(国家图书馆)

本书是著者根据在"景象技术"连续发表的"缩微摄影技术讲座",参与天津市国家安全局等单位缩微实验室建设的实践经验及参阅了有关资料编写成的。全书共分10章,第一章绪论,第二章缩微复制品的形式,第三章缩微摄影机,第四章缩微摄影感光材料,第五章缩微复制品的制作,第六章缩微影像的形成过程,第七章缩微品的拷贝和还原,第八章缩微品质量的检查,第九章缩微品的检索,第十章缩微品的保存与管理,第十一章缩微存贮技术的发展及应用,第十二章光盘存贮技术。本书内容具体,实用性强,适用于从事缩微、光盘存储技术工作人员阅读和参考,可供情报、图书、档案、图像、信息处理有关专业师生参考。(于静)

5929

中国公共图书馆缩微技术指要 / 张伟云, 刘士华. --贵阳:贵州民族出版社,1997. -- 382页;20cm. --7-5412-0698-9(国家图书馆)

本书重点论述公共图书馆文献缩微工作所需掌握的理论知识和实用技术。内容包括公共图书馆文献缩微工作的概要;善本、期刊、报纸的拍摄;冲洗、质检、拷贝工作流程;缩微品的利用;缩微技术与新技术的结合等。本书实用性较强,可作为从事图书馆缩微工作的参考指导书和大专院校图书情报学专业的参考书。(于静)

5930

汉语PRECIS的理论与实践 / 黄水清,侯汉清,武立斌著. --成都:成都科技大学出版社,1998. -- 293页;19cm. -- 7-5616-3715-2(北京大学图书馆)

本书介绍了由英国不列颠图书馆奥斯汀博士主持设计的一种新型字顺主题索引系统——PRECIS (PREseved Context Index System),中译名为保留上下文索引系统。运用PRECIS,可以用一些简单、明晰的代码标记文献主题,并由计算机自动生成字顺主题索引。本书内容由3个部分(11章)组成。第一部分为PRECIS的历史、语言学理论基础和英语PRECIS的标引规则;第二部分为汉语PRECIS的职能号和标引技术;第三部分为汉语PRECIS在计算机上的实现过程。本书可作为图书情报专业理论工作者研究用书,也可作为高等院校情报检索语言课程的参考书,或作为图书情报单位主题标引员的标引手册。书后有附录一"文献题名与汉语PRECIS词串",附录二"汉语PRECIS书本式索引",附录三"汉语PRECIS职能号表"。(胡秋玲)

5931

文献信息数据库建库技术 / 戴维民等著. -- 北京:北京图书馆出版社,2001. -- 352页:图;21cm. -- 7-5013-1777-1(北京师范大学图书馆)

本书共分9章,内容包括:绪论部分,介绍数据库的基本概念、数据库的类型、建设意义、数据库建库模式、数据库技术和数据库产业的发展等基本知识;文献数据库建库的一般技术,介绍数据库的设计与系统分析、数据准备、录入、数据库的应用软件开发、数据库技术规范的编写;详细介绍了书目数据库、文摘数据库、全文数据库、数值数据库、事实数据库和多媒体数据库的建库技术;数据库质量控制和评价,论述了数据库质量的要素、影响数据库质量的因素、数据库建设的标准化控制、数据库建设的质量控制、数据库的评价;数据库服务方式和检索方法。本书的特点是将多种数据库建库技术融为一书,全面地论述数据库建库方法及过程。(于静)

5932

新编文献复制技术 / 王阜有，景卫东主编. -- 北京:中国档案出版社,2003. -- 298 页:图;23cm. -- 7 - 80166 - 267 - 9(国家图书馆)

本书内容包括:重氮复印技术,介绍重氮复印技术的发展、分类、特点,重氮型晒图法的原理、设备和工艺过程以及还原法;静电复印技术,介绍静电复印的基本原理、光敏材料,卡尔逊法静电复印,NP 法静电复印,数字式静电复印机,彩色静电复印原理,静电复印机,静电复印机的功能,静电复印品的疵病分析,静电复印机的使用与维护;缩微摄影复制技术,介绍缩微摄影技术的发展、特点和应用,缩微品的形式,缩微摄影感光材料,缩微摄影机,原件的拍摄,银盐缩微胶片的冲洗加工,缩微胶片的质量检查,缩微胶片的检索,缩微胶片的拷贝与还原,缩微品的法律地位;光盘存储技术,介绍光盘存储技术的发展、特点和技术的应用,光盘的种类,光盘存储系统以及光盘技术和缩微技术在文献工作中的应用。(于静)

5933

科学信息交流研究:载体整合与过程重构 / 方卿，徐丽芳著. -- 武汉:武汉大学出版社,2005. -- 432 页,1 页图版:图,肖像;21cm. -- 7 - 307 - 04486 - 2(北京大学图书馆)

本书内容主要包括:科学信息交流载体总论、基于网络环境的科学信息交流载体整合、基于网络载体的科学信息交流过程重构。(于静)

5934

文影泥鸿:四川文献影像缩微事业 20 年 / 四川省中心图书馆委员会，四川省缩微技术协会编印. -- 成都:编者(内部出版),2005. -- 144 页:图;30cm. --(四川大学图书馆)

本书主要内容包括序言：四川缩微摄影事业纪略，四川省缩微技术协会重要管理学术成果一览，四川省缩微技术协会重要对外交流活动一览。时间起自 20 世纪 70 年代中期，止于 2005 年，对四川缩微摄影事业的发展历程和协会工作作了粗略的总结。(于静)

5935

科技信息工作自动化概论 / 徐学文主编. -- 北京:国防工业出版社,2008. -- 17,410 页:图;21cm. -- 总装部队军事训练“十五”统编教材科研试验系列. -- 978 - 7 - 118 - 05480 - 4(国家图书馆)

内容包括信息收集、加工和服务中的基础技术及其应用开发,重点介绍信息处理的原理、算法、系统实现的基本概貌以及主要技术进展。(张玲)

5936

文献影像技术的发展与应用 / 赵中新主编;中国文献影像技术协会学术委员会编. -- 北京:中国档案出版社,2008. -- 302 页;23cm. -- 978 - 7 - 80166 - 948 - 3(国家图书馆)

本论文集分为 3 个部分,一为文献影像事业管理,二为文献影像技术,三为文献影像技术相关理论和发展平台,共收论文 44 篇。(张玲)

世界各国情报事业

5937

日本专业机构标准化概况 / 中国科学技术情报研究所编辑. -- 北京:科学技术文献出版社,1977. -- 178 页;19cm. -- 17176.127(北京大学图书馆)

目前,在日本影响最大、为数最多的技术标准,是作为国家标准的日本工业标准 JIS。截至 1975 年 12 月,共颁布了 7678 个 JIS 标准。对日本国内经济和对外贸易的发展,起到了重要作用。此外,至 1976 年 1 月,日本有 157 个专业机构,制定了 2982 个团体标准。日本团体标准的特点是反映新技术、新产品较其他国为快,技术规定也较详细,有一定参考价值。本书是将日本标准化刊物上的报导文章翻译、汇编、出版,以介绍哪些团体,通过什么形式和方法来编制、修订这些标准。这对我国开展标准化工作,了解国外动向有一定帮助。(于静)

5938

国外科技情报工作 / 周智佑等译. -- 北京:科学技术文献出版社,1978. -- 册 1,2,3;26cm. -- 17176. 57(1),17176. 272(2),17176. 450(3)(国家图书馆)

为便于读者检索 1983 年前的有关文献资料,笔者在 1978 年出版的《国外科技情报工作文摘 1966—1976》基础上,续编了本文摘,内容包括情报与信息科学、工作、政策与法律、来源与搜集、加工处理、检索、技术与设施、系统、分析与调研、流通、编印与发行、服务与利用、教育与培训、数据库等,共收录国外有关科技报告、会议录、书刊的文摘 2195 篇(内有少量题录),可供科研、生产、设计、教学与管理部门的有关人员,特别是科技情报、图书资料、档案与出版人员参考。(于静)

5939

建立国家科技情报机构体系的趋势 / 刘东升著. -- 北京:科学技术文献出版社,1979. -- 27 页;19cm. -- 17176.218(国家图书馆)

本书论述了科技情报工作的作用和面临的问题,介绍了国家科技情报机构体制的建立,列举了苏联、法国、瑞典的国家科技情报机构的概况,探讨了外国科技情报机构体系的特点,为我国科技情报机构体制的建立提出了对策与经验。(于静)

5940

现代科技情报工作及其服务形式 / 王熹编著. -- 北京:科学技术文献出版社,1979. -- 40 页;19cm. -- 17176.219(北京大学图书馆)

本书分为 3 部分,包括:科技情报工作是科学交流系统的一个组成部分、科技情报工作与科技文献不可分割、发展

着的几种情报服务形式。(于静)

5941

苏联情报工作者的培训和进修概述 /(苏)戈里科娃(В. И. Горькова)等编;王奇译. -- 北京:中国社会科学出版社,1980. -- 117页;19cm. -- 7190.005(北京大学图书馆)

本书分析已形成的苏联情报工作者培训系统,揭示各教学单位教学过程的组织特点,总结教授科技情报理论和实践方面的科目和专题的先进经验,总结教学形式和方法。全书阐述了以下问题:苏联情报工作者和情报使用者培训和进修系统的形成和发展;国内与科学技术情报有关专业的高等学校和进修系统所采用的基本教学形式和方法;培训情报使用者的某些问题。附录部分载有某些教学环节的教学计划和大纲、教材及参考文献的目录等资料。本书对情报机构、图书馆、档案馆的干部培训工作,以及有关教学单位的教学工作有一定的参考价值。(于静)

5942

国内科技情报资料管理与交流 / 关家麟编. -- 北京:科学技术文献出版社,1980. -- 89页;19cm. -- 17176.277(国家图书馆)

本书内容包括:国内科技情报资料的类型、特点和作用;国内科技情报资料的收集与整理;国内科技情报资料的报导与检索;国内情报资料工作现代化问题;国内科技情报资料的保管与清理;国内科技情报资料的交流与利用。(于静)

5943

西德的情报文献工作:西德联邦政府促进情报和文献工作发展计划 / 刘昭东,倪桂馨译. -- 北京:科学技术文献出版社,1980. -- 124页;19cm. -- 17176.306(国家图书馆)

本书是西德联邦政府促进情报和文献工作计划,它包括导言、结构形式、1974—1977年的行动计划和国际合作4个部分。可较全面地了解西德情报和文献工作的内容、体制、组织机构和制订计划的方法等方面的情况。情报和文献工作在各项事业的发展中,起着重要的作用。本书对发展我国的情报和文献工作,可做参考。可作为科学各领域的领导管理机构、各类型的图书馆、情报资料室及其有关人员和有关院校师生的参考。(于静)

5944

情报技术现状及其应用 / 中国科学技术情报研究所编. -- 北京:科技文献出版社,1980. -- 98页; 21cm. --自动化情报和联机系统培训班教材之一. -- 17176.297(国家图书馆)

本培训教材阐述了加强知识利用的方法,介绍了情报技术的历史、现状和发展趋势,考察了情报技术在各种类型情报系统中的应用,尤其着重从国家的角度探讨了新技术对科技情报工作各个环节已经产生和正在产生的影响,并且介绍了情报科学的教育和人员培训的有关问题。另外还针对发展中国家的特点,对利用国际情报资源和建立全国范围的联机情报检索系统的方法步骤以及可以采取的途径,提出了自己的看法和建议。本教材对我国与科技情报有关的各级领导、电子计算机情报检索系统的设计和使用人员、图书馆和情报部门的广大干部以及高等院校图书馆学系或情报专业的师生,均有一定的参考价值。(于静)

5945

日本科学技术情报手册 / 中国科学技术情报研究所编. -- 北京:科学技术文献出版社,1980. -- 249页;25cm. -- 17176.169(国家图书馆)

本书全面地汇总了有关科技情报的业务知识,介绍了日本及世界的许多情报机构。重点是放在情报提供服务和情报机构上,而不是放在情报管理的理论上。作为正文内容的补充,卷末还附有与科技情报工作密切相关的参考资料(年表,有关法规,标准,主要二次资料目录)及索引。本书可供情报图书部门、科研生产部门的领导干部、情报人员、图书管理人员和科技人员参考使用。(于静)

5946

科技工作的情报保证 /(苏)哥德加美(Г. И. Гольдгамер)著;刘达等译. -- 北京:科学技术文献出版社,1981. -- 390页;21cm. -- 17176.304(国家图书馆)

本书内容包括:苏联国家科技情报系统和国际合作、情报活动的组织及其管理、文献的产生和文献流的管理、科学技术成就宣传的组织、文献馆藏的建立与利用、专家的情报保证、科技成就利用的组织。全书阐述了苏联国家科技情报系统的结构,科研、研制工作各阶段同科技情报过程的相互关系,满足科技人员情报需求的各种形式,情报源(文献)的编写与情报流的管理,情报分析与综合的形式与方法,文献馆藏的组织与利用,科技成果的宣传与推广,情报工作的定额与管理。本书供各级科技情报机构和图书馆工作人员,以及国民经济各部门从事科研、研制和管理工作的科技人员阅读,也可供高校图书、情报专业师生教学参考。(于静)

5947

联合国情报系统指南:第一卷 / 情报系统组织间委员会编. -- 北京:科学技术文献出版社,1981. -- 560页;25cm. -- 17176.289(国家图书馆)

本指南分为两卷:第一卷,介绍联合国系统的35个组织机构和它们的300多个情报系统和情报服务机构的详细情报。第二卷,按国家介绍联合国系统组织机构、联合国情报中心、输入中心和在第一卷内介绍的情报系统的中心点和收藏图书馆的地址。这些收藏图书馆藏有联合国系统的出版物。指南所收入的组织机构,其职能或计划与收集、传播、分析情报,或者创办国际上感兴趣的记录和出版物有关。行政管理性质的组织机构未列入本书。指南中的情报系统向一般公众或者专门公众提供情报服务,这些情报系统分为以下几类:图书馆、目录系统、咨询中心、情报交换中心、情报分析中心。本书包括了对国际统计服务机构的全面介绍,联合国系统组织机构编写的统计丛刊的目录(包括一个现行国际统计出版物目录),有关国际统计标准、概念、定义和建议的材料,以及由国际组织管理的机器阅读统计数据库的目录。(于静)

5948

文献工作国家标准汇编 / 全国文献工作标准化技术委员会编. -- 北京:中国标准出版社,1983. -- 215页:图表;

26cm. --15169. 3 - 341(国家图书馆)

为了使文献工作标准得到进一步贯彻和执行,以利于信息交换和实现资源共享,特将文献工作有关的国家标准汇编手册,分集陆续出版,以供各级图书、情报、档案、管理系统的同志们使用,也可供高等院校有关师生参考。本汇编除编有本技术委员会组织制定的12项国家标准外,还收集了其他几项标准和资料,如《采用国际标准管理办法》等,以供参考。(于静)

5949

科技情报效果400例 / 中国科技情报学会科技情报效果编辑组编. -- 北京:科学技术文献出版社,1984. -- 345页;21cm. -- 17176.385(国家图书馆)

本书搜集了国务院各部委、各省市自治区及基层情报单位的部分情报服务效果,编辑成册。分为:农、林、牧、副、渔业类,食品、服装、轻工、日用杂品、电子工业类,水利、水电类,化纤、纺织、针织、印染类,建筑工程、建筑材料类、煤炭工业类、铁路、交通运输类,冶金工业、机械工业类,石油、化学化工类,技术革新、发展新产品、市场情报类,计算机检索类,节约能源类,计划生育、医疗、药品类,环境保护、综合利用类。(于静)

5950

对建筑工程师谈技术情报 /(苏)Л. И. 纳巴勒果夫著;孙光成等译. -- 重庆:科学技术文献出版社重庆分社,1985. -- 157页;19cm. -- 17176.639(国家图书馆)

本书主要内容包括:苏联科技情报系统,阐述了全国性科技情报系统、专业科技情报系统、跨专业科技情报系统、建筑科技情报系统、建筑工业中建筑单位与企业的技术情报部门及技术情报和宣传的社会形式;计划、调拨、统计,概述了中央专业科技情报机构,建筑单位和建筑工业企业的情报工作计划,情报工作的经费、物质奖励及统计形式;情报咨询工作的组织;建筑工业中的科技情报流;情报咨询馆藏和技术图书馆;情报工作的机械化与自动化;向中央科技情报机构报送有关先进生产经验的情报资料及建筑业中先进生产经验的宣传。(于静)

5951

情报政策与管理 / 徐英编. -- 长春:吉林工业大学情报工程系(内部出版),1985. -- 117页. --(北京理工大学图书馆)

本专集,是专为情报工程系本科生、函授生及在职培训人员学习而编辑的教学参考资料。从国内公开出版的情报科学刊物《情报学报》《情报学刊》《情报科学》《国外情报科学》以及《学术年会论文集》中收录了情报政策、国外情报政策和情报管理方面的论文、译文24篇。情报科学是一个年轻的、发展中的学科,而情报事业的发展需要政策的保证,政策又是情报管理科学化的前提。本专集的论文分别从理论和实践的角度论述了这些问题。(于静)

5952

情报保证与科学研究 /(苏)兹韦任斯基著;夏功英,杨丰译. -- 北京:科学技术文献出版社,1986. -- 184页;19cm. -- 17176.499(国家图书馆)

本书内容包括:情报保证的形成阶段,分为出版、报道、服务和保证阶段;情报需要与情报提问,介绍情报需要的性质与确定、情报提问的确定;情报馆藏的积累;文摘编写工作,论述文摘的功能、编写方法、文摘的构成;定题情报提供,介绍报道地址、定题情报提供的组织、对领导人员的专题情报保证;加溯性情报检索用情报检索手段,论述解决科学技术课题、情报检索系统的分类、情报检索的效率;情报综合,介绍综合的原则、综合文献的类型、综述的编写;上行情报流的形成,介绍情报流的特性、上行情报流的管理、文献编辑加工的效率。本书的研究对象是企业、科学研究、设计和研制机构的基层科技情报单位的情报活动,以及科技研制工作的情报保证系统。(于静)

5953

中国国家科技情报政策专家会议文集 / 国家科委科技情报局编. -- 北京:科学技术文献出版社,1986. --1册(105,222)页:图;26cm. -- 17176.518(国家图书馆)

本书为国家科技情报政策专家会议文集,内容包括:国家科技情报政策专家会议总结报告和建议;国家科委副主任吴明瑜在开幕式上的讲话;联合国教科文组织代表维克多·蒙特维洛夫在开幕式上的致词;国家科委科技情报局局长兼中国科技情报研究所所长汪廷炯致开幕词;会议议题与日程;中国国家科技情报政策要点及其说明(讨论文件A、B);外国专家顾问和观察员提交会议的论文,包括技术情报服务综述、澳大利亚科学技术情报系统的特点和存在的问题、英国科学技术情报服务、印度科学技术情报计划——第七个五年计划的展望、印度尼西亚科学技术情报活动的回顾、日本国家科学技术情报活动计划、建立马来西亚的科技情报网络、巴基斯坦的科学技术情报、菲律宾科技情报发展政策。书后附会议时间表与会议参加人员名单。(于静)

5954

农林水产科技情报 / 日本科学技术厅编;高庆生译. -- 北京:科学技术文献出版社,1986. -- 406页;19cm. -- 16176.158(国家图书馆)

本书全面介绍了日本农林水产科技情报与图书馆活动的发展,农学研究的特点及其需要的情报、国际和日本的情报加工及服务系统。专题论述了文献情报、进行中的农学研究情报、统计情报、数值情报、实务情报、农学的二次资料与数据库、农学情报系统和网络、农学情报在普及农业技术中的应用及农业情报人员的培养教育。内容翔实,材料丰富,有实用价值。不仅是各级农业情报管理人员、专业人员业务学习的参考书,而且是农业科技工作者查找、利用情报资料和交流研究技术成果的向导。(于静)

5955

国际专利文献中心介绍 / 中国专利局文献服务中心编译. --北京:专利文献出版社,1986. -- 95页;19cm. -- 17242.92(国家图书馆)

本书主要内容包括:国际专利文献中心(INPADOC)概况;INPADOC数据库,阐述了专利文献著录数据的标准化及其记录和INPADOC数据库的内容;INPADOC的专利文献服务种类,概述了计算机输出缩微平片服务、磁带服务、专利文献单项服务、专利文献副本服务及联机服务;INPADOC 的主要服务,介绍了专利分类服务、专利申请人服务、专利发明人服务、同族专利服务/ INPADOC 号码目录表、号码数据库服务、专利注册服务、INPADOC 专利公报服务。(于静)

5956

北京科学技术情报信息资源 / 李毅主编. -- 北京:机械工业出版社,1988. -- 446 页. -- 7 - 111 - 01075 - 2(国家图书馆)

本书介绍了在京各部、委、院、局、总公司及其所属院、所的科学技术情报信息机构,国防系统在京科学技术情报信息机构,中国科学院系统在京单位的科学技术情报信息机构,北京高等学校科学技术图书、情报机构,北京市科学技术情报信息机构共 362 个。着重介绍了这些单位的馆藏范围、主要文献资料数量、人员结构、数据库、信息处理设备、出版物、对外服务项目等主要内容,也介绍了它们的地址、电话、成立时间、业务范围、职工总数、机构设置等基本情况,对一些主要的科学技术情报信息机构作了详尽的说明。此外,还介绍了北京设有国际联机情报检索数传终端的服务机构,北京科学技术情报信息机构自建数据库和引进文献磁带的情况,北京的专利服务机构,在京的全国科学技术情报网负责单位等。附录中编入国际联机情报检索系统常用缩略语词汇、世界主要国际联机情报检索系统可检索字段符号含义以及世界主要联机情报检索系统的主要文档等和我国历次科学技术情报工作会议。(于静)

5957

情报效益 630 例汇编 / 徐连科编. -- 西安:西安电子科技大学情报资料室(内部出版),1989. -- 151 页;19cm. --(武汉大学图书馆)

本书为为能集中说明几个问题,并且减少重复,选取 630 例供读者参考。同时从技术出发,便于从事实际技术开发者的需要,例中尽量保留技术内容,并将这些案例粗略地分为技术类情报案例、技术经济类情报案例、经济类情报案例、市场经济类情报案例和其他类情报案例五大类,也可起到工具书的作用。(于静)

5958

外国教材中心工作研究 / 来新夏主编;国家教育委员会条件装备司编. -- 天津:南开大学出版社,1990. --209 页;20cm. -- 7 - 310 - 00353 - 5(国家图书馆)

本书是为纪念国家教委创建国外教材中心十周年而编辑出版的论文集,包含《新的进展 新的突破——纪念外国教材中心建立十周年》《发挥优势 各具特色 分工协作 共享成果——回顾十年藏书建设谈加强协作网工作》《"中心"建设几个基本问题》《谈外国教材中心的教育职能》《如何发挥外国教材中心的情报职能》《试谈外国教材中心的地位和作用》《外国图书分类的捷径》《西文图书"排架号"的规范化问题》《非书资料的著录》《节俭与利用外国教材,推进我国教学改革和教材建设》《探索教学规律 提高外国教材研究水平》《一个实用的外教中心采购系统》等论文。书中反映了我国 13 个国外教材中心创建十年来所取得的成绩,并对办好外国教材中心作了探讨。(张玲)

5959

科学技术情报机构便览. 上海卷 / 汪道涵主编. -- 北京:科学技术文献出版社,1990. -- 96 页;20cm. -- 7 - 5023 - 0882 - 2(内蒙古大学图书馆)

本书除介绍上海市科学技术情报机构的创建、发展以及 30 年来所取得的成就外,还刊录了上海市各级科技情报机构的名称、地址、电话、组织结构和业务情况,以及服务内容。(于静)

5960

科学技术情报机构便览. 东北卷 /《科学技术情报机构便览》编辑委员会编. -- 北京:科学技术文献出版社,1991. -- 1 册;20cm. -- 7 - 5023 - 1426 - 1(内蒙古大学图书馆)

本书简要介绍黑龙江、吉林、辽宁三省的科学技术情报机构的创建、发展以及 30 多年来所取得的成就;书中刊录了这 3 个省的各级科技情报机构的名称、地址,并对其中的主要情报机构作了重点介绍。(于静)

5961

国家科学技术情报发展政策 / 国家科学技术委员会编. -- 北京:科学技术文献出版社,1991. -- 138 页;26cm. -- 7 - 5023 - 1550 - 0(北京师范大学图书馆)

本书内容包括完善和发展国家科技情报系统、加强文献支持系统建设、健全情报检索体系、积极采用现代信息技术、加强情报研究、增强经营观念、扩大国际情报交流与合作、积极开展情报理论研究、加强情报队伍建设、加强科技情报管理等 12 个方面的内容。(于静)

5962

科学技术情报机构便览. 河南、湖北、湖南卷 / 汪道涵主编;《科学技术情报机构便览》编辑委员会编. --北京:科学技术文献出版社,1991. -- 1 册;20cm. -- 7 - 5023 - 1478 - 4(北京大学图书馆)

本书分别介绍了河南、湖北与湖南各类型科学技术情报机构的情况,包括系统和行业科技情报机构、综合性科技情报机构、科研(院校)单位科技情报机构、厂矿企业科技情报机构、基层科技情报机构、中央有关驻豫单位科技情报机构等。详细介绍了各机构的成立日期、现任领导、地址、联系方式、主管部门、主编刊物、情况简介、有偿服务内容等。(于静)

5963

北京信息优势和利用指南 / 包昌火主编. -- 北京:北京科学技术出版社,1992. -- 295 页:图;19cm. -- 7 - 5304 - 1166 - 7(国家图书馆)

本书分为研究报告和机构两部分,其中,机构部分分为综合性情报机构和专业性情报机构两类,介绍了北京地区 55 个独立信息机构的概况、资源、优势和服务内容,阐述了北京地区的信息优势和开发措施。本书第一次全面而详细地展示了北京地区一个巨大的科技宝藏,一个庞大的科技支撑体系。很为众所认同的首都科技优势的重要组成部分——北京的情报优势主要体现在:专家齐全的情报机构,内容丰富的情报资源,实力雄厚的情报队伍,现代化的情报手段,国际化的信息网络和多样化的服务功能,从而成为实现情报工作"广、快、精、准"要求的可靠保证和科技进步与经济发展的重要支柱。本书可供首都和全国的科技界、工业界、信息界的管理部门、科研院所、厂矿企业、经营团体等社会用户获取和利用科技和经济信息之用。(于静)

5964

科技情报研究论文集 / 北京市科学技术情报研究所编. -- 北京:北京科学技术出版社,1992. -- 册;26cm. -- 7-5304-1168-3(3)(国家图书馆)

本书汇集了1990—1991年部分科技情报研究成果,包括科技发展与经济建设方面论文15篇、科技政策与科技体制改革方面论文9篇以及附件—北京市科学技术情报研究所1991—1992年获奖项目。它们以科学技术、经济、社会各系统和相互关系为研究对象,以信息资料为基础,以系统分析方法为手段,进行了总结性的、评价性的、预测性的综合研究,为实现决策科学化提供依据。本书可供各级领导制定规划和决策时参考,也有助于科研人员确定科研方向及课题选择。(于静)

5965

中华人民共和国国家标准 GB/T 13191—91:情报和文献工作机构统计标准 / 国家技术监督局发布. -- 北京:中国标准出版社,1992. -- 24页;30×24cm. --(北京师范大学图书馆)

本标准规定了各种情报和文献工作机构的统计项目、统计数量及统计单位。本标准适用于我国各级各类情报所、图书馆、档案馆及有关机构。(于静)

5966

情报研究十年记实录 / 梁战平主编. -- 北京:科学技术文献出版社,1992. -- 215页;26cm. -- 7-5023-1718-X(国家图书馆)

本书是为了总结中国科学技术研究所三十年的情报信息工作的经验并为更好地为我国科技情报工作服务,将1980年以来出版的情报研究报告和编译资料以及各种定期刊物整理汇编成册。有的资料做了文摘,有的资料列有题录,可以提供给国内有关单位参考。具体内容包括:情报研究部工作简介,介绍情报研究部的任务、目标、主要的研究领域、主要的研究活动、情报分析研究工作程序、人员及研究经费情况;收录的情报研究课题和编译资料,提供了情报研究课题和编写资料总目录及文摘;收录的定期出版物,包括《科技参考资料》《国外科技动态》《快报》《国际科技交流》等,介绍了这些出版物的概况并提供了一些目录;情报分析与研究工作论述,论述了关于情报分析与工作的方法与看法。(于静)

5967

科学技术情报机构便览. 福建、江苏、山东卷 / 汪道涵主编;《科学技术情报机构便览》编辑委员会编. --北京:科学技术文献出版社,1992. -- 1册;20cm. -- 7-5023-1681-7(武汉大学图书馆)

本书介绍福建、江苏、山东三省的科学技术情报机构的创建、发展以及30多年来所取得的成就,并刊录了这3个省的各级科技情报机构的名称、地址等。(于静)

5968

科学技术情报机构便览. 内蒙古、山西卷 / 汪道涵主编;《科学技术情报机构便览》编辑委员会编. -- 北京:科学技术文献出版社,1992. -- 1册;20cm. -- 7-5023-1680-9(武汉大学图书馆)

本书介绍了内蒙古、山西的科学技术情报机构的创建、发展以及三十多年来所取得的成就,并刊录了各级科技情报机构的名称、地址。(于静)

5969

中国咨询机构名录 / 国家科委科技信息司,中国科技信息研究所编. -- 北京:编者(内部出版),1993. --237页;26cm(北京大学图书馆)

为了进一步推进我国咨询和信息服务业的发展,"第一届中国93'国际咨询信息服务研讨大会暨展览会"于1993年4月在北京召开。这是我国在这一领域第一次举办的大型国际交流活动。大会的主要目的是交流中外咨询和信息业务,研究市场,促进合作。为便于中外咨询和信息服务机构的相互了解,国际咨询大会筹备处本着用户至上,优质服务的精神,特编辑出版本手册。本手册两年更新一次,以便使其成为一个权威的名录。名录中,详细介绍了各咨询机构的地址、联系方式、负责人、专业类别、机构规模、创建年份、机构简介、机构设置、业务范围以及主要业绩等方方面面的情况。(于静)

5970

我国信息服务业的现状与发展研究 / 国家科委科技信息司编著. -- 北京:编者(内部出版),1993. -- 126页;26cm(北京大学图书馆)

本书是国家科委信息司1991年软课题研究项目成果报告,报告对于现状分析和发展建议是针对整个信息服务业的,20世纪90年代发展的目标和任务仅限科技信息服务业。报告分为3个部分:总报告,概述我国信息服务业的现状、问题和差距,并分析了制约信息服务发展的主要因素,提出了20世纪90年代科技信息服务业发展的目标和任务以及加快发展我国信息服务业的政策和措施;分报告,对我国信息服务业的分类、范围、产值、机构和存在的问题进行初步分析,特别是对信息系统建设的核心——数据库作了较详细的调查分析,并提出了振兴我国数据产业的若干建议;背景材料。本报告只是我国信息服务业现状与发展研究的阶段成果。(于静)

5971

国家信息政策 / 卢泰宏著. -- 北京:科学技术文献出版社,1993. -- 209页:图;20cm. -- 国家自然基金资助项目. -- 7-5023-1916-6(国家图书馆)

本书从信息政策的角度阐述信息管理,论述了信息政策的理论和信息政策的实践,试图推动研究和解决我国信息业发展面临的一些主要政策问题,包括国家信息政策的重要性和作用;全国研究与开发产品以及对各类国家信息资源的国家管理;在国家现时科技、经济和情神文明发展水平的制约下，作为公民权利和义务如何开发和利用国家的信息资源；信息应用过程中的国内和国际流通，特别是在电子技术带来的信息化社会，信息的集散、加工、传播和服务的管理和技术政策；关于信息产品作为商品、信息市场和信息经济的国家政策，以及全国信息系统和机构的任务、结构和运行机制的变革；基于国家和民族利益考虑的国内信息交流公益化、对外交流国际化，以及两者都面临的信息保护政策；信息经济的不同所有制；有关信息事业和产业自身发展的具体业务政策等。（于静）

5972

科学技术情报机构便览. 广东卷 / 《科学技术情报机构便览》编辑委员会编. -- 北京：科学技术文献出版社，1994. -- 139 页；20cm. -- 7 - 5023 - 2226 - 4（北京大学图书馆）

本书除介绍广东省科学技术情报机构的创建、发展以及30年来所取得的成就外，还刊录了广东省各级科技情报机构的名称、地址、电话、组织结构和业务情况，以及服务内容。（于静）

5973

各国科技信息工作要览 / 陈昭楠等编写. -- 北京：科学技术文献出版社，1994. -- 212 页；20cm. -- 7 - 5023 - 2054 - 7（国家图书馆）

本书是一本有关主要国家科技信息工作近况的参考工具书。主要介绍中国（包括台湾省）、美国、英国、法国、德国、日本、俄罗斯、加拿大、瑞典、瑞士、波兰、印度、韩国、菲律宾、泰国、印度尼西亚、马来西亚等国家的科技信息工作概况和现状。具体内容包括基本国情，科技信息工作发展过程，科技信息系统，科技情报工作管理体制、系统及机构，人员与经费，国家科技情报政策与法规，国际情报交流与合作，情报工作的现状与特点及所存在的问题等。（于静）

5974

中外情报信息源大全 / 弘恢国际咨讯服务网络，《中外情报信息源大全》编委会编. -- 北京：中国建材工业出版社，1994. -- 289 页；26cm. -- 7 - 80090 - 151 - 3（国家图书馆）

本书搜集收录了近年来国内外较有影响的各类数据库、信息网、情报资料中心、咨询服务机构、热线电话、物资供求、商务报价系统以及信息传播媒介等1000多家。分为科技情报信息源、经济情报信息源、综合管理情报信息源、其他信息源及信息类书刊资料四大类，基本上涵盖了国民经济各门类、各行业的信息需求，收录资料截止于1994年6月。内容权威、系统、全面，是国内第一本专门介绍情报信息源的实用工具书。本书可供情报信息服务机构作为采集、发布信息的权威指南，同时可供有关政府机构及工商各界人士参考使用。（于静）

5975

世界市场的技术情报战 / 孔祥智，林勇，胡铁成编著. -- 北京：中国大百科全书出版社，1995. -- 143 页：图；19cm. -- 7 - 5000 - 5482 - 3（国家图书馆）

本书共由6个部分组成，主要内容包括：情报、技术情报和技术情报战，论述了技术情报的概念，并在此基础上论证了世界市场上技术情报战兴起的原因和概况；美国对技术情报战的参与，阐述了历史沿革与体制、技术情报机构与系统、技术情报的服务工作、技术情报工作现代化等内容；欧共体对技术情报战的参与，探讨了欧共体技术情报工作概述，法国、英国、德国的技术情报工作；日本对技术情报战的参与，涵盖了政策与体制、日本的主要情报机构、民间企业的技术情报等内容；俄罗斯对技术情报战的参与，论述了技术情报工作的发展过程、技术情报体制与机构、政策与法规等内容；最后，探讨了世界市场上技术情报战的发展趋势。（于静）

5976

Internet 地球科学资源导引 / 国家地震局地震数据信息中心编. -- 北京：地震出版社，1996. -- 203 页；26cm. -- 7 - 5028 - 1357 - 8（北京师范大学图书馆）

本书首先介绍了 Internet 发展简史及主要功能，教会读者怎样成为 Internet 用户以及 Internet 常用应用软件和使用规则。介绍了世界数据中心（WDC）系统的基本情况，国际上的其他主要地球科学数据中心。介绍了 Internet 网上的地震数据以及 Internet 上的地球科学文献及应用软件。介绍了 Internet 在中国的使用情况以及国家地震局地震数据信息中心计算机网络的情况。最后对全书所述 Internet 资源进行索引。（于静）

5977

中国咨询研究机构大全 / 孙尚清主编. -- 北京：中国经济出版社，1996. -- 16，402 页；26cm. -- 7 - 5017 - 3833 - 5（国家图书馆）

本书内容包括三大部分，一是咨询和咨询产业的理论部分，包括咨询的一般理论，国外咨询业发展状况介绍，中国咨询业发展的现状、问题和对策建议（本部分主要根据调查报告改写而成）等；二是本次调查得到的咨询机构名录；三是附录部分，包括全国政策咨询研究机构名录和中国主要决策咨询及信息机构所属图书资料馆（室）调查情况介绍。（于静）

5978

中国的信息化 / 吴舜龄编著. -- 北京：中国水利水电出版社，1997. -- 144 页；20cm. -- 7 - 80124 - 539 - 3（国家图书馆）

本书共分9章，内容包括：中国信息化的基本含义、中国信息化的重大意义、中国信息化的全球背景、中国信息化的国内条件、中国信息化的发展历程、中国信息化的发展概貌、中国信息化的基础产业、中国信息化的发展战略、中国信息化的辉煌前景。（于静）

5979

内蒙古自治区科技情报事业三十周年 / 姜铁城主编. -- 呼和浩特：内蒙古人民出版社，1998. -- 325 页，2 页图版：摹真；19cm. -- 7 - 204 - 00465 - 5（国家图书馆）

本书记载了内蒙古自治区科技情报事业30年的发展历程，既肯定了其科技情报工作30年来取得的成绩，也反映了存在的问题和经验教训，是该区第一部比较全面的情报史书。内容包括：全区科技情报事业的发展概况、前进中的自治区科技情报研究所、自治区各专业系统的科技情报工作、盟市科技情报工作、三十年科技情报工作小结。（于静）

5980

面向21世纪的中国情报研究与竞争情报 / 刘诗章. -- 北京:航空工业出版社,1999. -- 348页;20cm. --7-80134-224-0(读秀知识库)

本书收录论文50余篇,反映了我国科技情报工作向智能服务业转型中,情报研究、竞争情报活动和信息咨询业的发展现状和前景,展示了我国在这一领域的最新成果。(于静)

5981

我国科技信息事业的改革与创新 / 中国科学技术信息研究所,中国科学技术情报. -- 北京:中国石化出版社,2001. --497页;26cm. -- 7-80164-136-1(国家图书馆)

本书选编的105篇论文从不同角度论述了我国科技信息事业创建45周年以来情报学及科技信息工作的现状、研究成果及发展趋势。(于静)

5982

创新发展中的东营生产力促进事业 / 巩洪波,朱明芝,程合庆主编. -- 北京:科学普及出版社,2004. --153页,6页图版:图;26cm. -- 7-110-05961-8(中南财经政法大学图书馆)

本书反映了东营生产力促进中心改革、创新、发展的历程。内容分为机构设置及沿革,服务平台的打造和建设,开拓创新的战略举措,制度和服务环境建设、人才队伍建设以及县区生产力促进工作六章。(于静)

5983

情报的记忆:纪念上海科学技术情报研究所创立50周年 / 上海科学技术情报研究所编. -- 上海:上海科学技术文献出版社,2008. -- 210页;26cm. -- 978-7-5439-3684-3(国家图书馆)

本书共7章,内容包括:光辉历程、文献服务保障能力建设纪实、科技情报服务企业创新纪实、决策咨询服务纪实、技术保障和引领情报服务纪实等。(张玲)

5984

俄罗斯信息政策和信息法律研究 / 肖秋惠著. -- 武汉:武汉大学出版社,2008. -- 318页;24cm. -- 数字时代图书馆学情报学青年论丛. -- 978-7-307-06395-2(国家图书馆)

本书共6章,内容包括:俄罗斯国家信息政策研究、俄罗斯在专门对象领域的信息政策研究、俄罗斯信息法律基本问题研究、俄罗斯在主要信息领域的立法及法律研究、中俄信息政策和信息法律的比较研究等。(张玲)

管理信息系统

5985

管理信息系统 / 中国工业科技管理大连培训中心编. -- 北京:企业管理出版社,1981. -- 158页:图;19cm. -- 大连培训中心教材之六. -- 4207.023(北京师范大学图书馆)

全书包括概论、信息与据侧系统、信息技术、系统分析与设计四讲内容。(张玲)

5986

管理信息系统入门 /(美) R. G. 穆尔狄克, J. E. 罗斯著;吴世经等译. -- 北京:中国社会科学出版社,1982. -- 366页:图;19cm. -- 本书由吴世经与程明鉴等合译. -- 4190.083(北京师范大学图书馆)

本书共8章,论述了管理信息系统的意义和作用,管理、信息和系统方法,管理、信息和系统方法,职能业务的信息系统,经理对管理信息系统硬件应有的了解,建立管理信息系统的计划工作,管理信息系统设计:制定总体设计,管理信息系统设计:详细系统设计,新管理信息系统的执行和评价等内容。(张玲)

5987

管理信息系统手册 / B. L. 杰吉, R. 格里茨编;中国人民大学外国经济管理研究所译. -- 北京:中国人民大学出版社,1982. -- 17,686页:图;20cm. -- 据慕尼黑 Verlag Franz Vahlen GmbH 1975年德文版译. --4011.428(北京大学图书馆)

本书收集了美国学者的一系列文章,每篇文章都专门研究了决策与信息科学的某一侧面,并综合各个学科的知识,对管理信息系统的研究与进展状况提供一个全貌,使人们了解决策与信息科学的基本概念和技术,了解信息系统的可能范围和界限及电子计算的应用。(张玲)

5988

管理信息系统:计算机在管理中的应用 / 徐开明,蒋新儿编. -- 南京:江苏科学技术出版社,1985. -- 205页:图;26cm. --13196.186(武汉大学图书馆)

本书从基本概念、基本知识、基本技能出发,重点介绍系统分析、系统设计、系统实施及维护等管理信息系统的详细研制过程。全书共分9章。第一、二两章主要介绍与管理信息系统有关的基本概念和基本知识,第三章数据处理入门是管理信息系统的基础,第四章至第八章是研制管理信息系统的几个主要阶段,第九章以微型机科技管理信息系统的实例概括全书内容,给读者以完整印象。(张玲)

5989

管理信息系统导论 / 黄梯云主编. -- 北京:机械工业出版社,1986. -- 169页;26cm. -- 高等学校试用教材管理信息系统课程教材. -- 15033.6149(上海交通大学图书馆)

本书主要内容包括管理信息系统概论、管理信息系统的技术基础、数据组织、数据处理的技术和方式、数据库技术、管理信息系统的技术分析、管理信息系统的系统设计、管理信息系统的系统实施及管理信息系统实例——物流管理信息子系统。(张玲)

5990

管理信息系统 / 龙连文,吴力文编. -- 北京:经济科学出版社,1987. -- 359页:图;19cm. -- 现代企业管理培训教材. --4312.203(武汉大学图书馆)

全书共分8章,介绍了管理信息系统的概念与结构;从应用的角度讨论了计算机系统和数据处理技术的基本概念，着重介绍了作为管理信息系统重要技术基础的计算机网络、汉字数据处理、数据库技术的基本知识，以及管理信息系统中常用的管理模型与工具软件；以较大篇幅讨论了管理信息系统的开发过程，以及管理信息系统开发和日常运行的组织管理方式；最后，讨论了我国管理信息系统的发展现状、对社会的影响及其发展趋势等问题。（张玲）

5991

管理信息系统的分析与设计 / 殷树勋编著. -- 北京：清华大学出版社，1988. -- 477 页；19cm. -- 计算机管理丛书. -- 7－302－00189－8（华南理工大学图书馆）

本书为“计算机管理丛书”中的一本，着重介绍电子计算机在管理领域的应用及正在迅速发展的以电子计算机为核心的管理信息系统。全书共分为管理信息系统概述、信息系统开发的过程与方法、系统分析、系统总体设计、系统详细设计及案例分折等六章。还附有结构化数据流程图及 SOP 法介绍两个附录。适用于计算机应用专业和管理信息及信息工程专业的大专院校师生以及工程技术人员，也可供管理干部及职业中学师生阅读。（张玲）

5992

管理信息系统：计算机在管理中的应用 / 翁瑞琪等编. -- 天津：天津大学出版社，1988. -- 205 页. -- 7－5618－0065－7（北京师范大学图书馆）

本书从计算机基础和程序设计初步出发，对事务处理系统和管理信息系统的基本概念、原理及系统的分析与设计作了简明扼要的讲述。最后通过几个案例加深对基本概念和原理的理解。（张玲）

5993

管理信息系统 / 薛华成，汪授泓编著. -- 北京：清华大学出版社，1988. -- 7－302－00174－X（国家图书馆）

本书主要讲述管理信息系统的开发过程、总体规划及管理信息系统的分析、设计方法，还介绍了管理信息系统的监理和审计工作，对管理信息系统的发展趋势及其社会影响也做了有益的探讨。（张玲）

5994

管理信息系统（MIS）开发与标准化技术 / 周荣春著. -- 北京：宇航出版社出版社，1988. -- 238 页：图；19cm. -- 7－80034－119－4（北京大学图书馆）

本书系统地介绍了管理信息系统（MIS）的基本概念、研制方法及开发技术，内容来源于实践，又在实践中发展和完善，是作者多年来从事 MIS 开发工作的经验总结。书中给出的四图三表一报告的开发方法，针对性强，使用方便，是一本很有价值的工具书。全书共分五章：第 1 章介绍 MIS 的有关概念；第 2 章介绍 MIS 的研制；第 3 章介绍 MIS 的开发；第 4 章介绍 MIS 开发实例；第 5 章介绍 MIS 开发工程的管理。五章内容前后融会贯通，构成一套完整、实用的 MIS 开发技术。本书可作为开发各类计算机管理信息系统的培训教材相向等学校有关专业的教学参考书。也可供从事 MIS 研制、开发、应用等人员及各行业的管理人员阅读参考。（张玲）

5995

管理信息系统概论 / 顾乃学，冯师道. -- 西安：西安电子科技大学出版社，1989. -- 177 页：图；26cm. -- 高等专科学校教材. -- 7－5606－0067－0（中山大学图书馆）

本教材是高等院校工科电子类大专计算机专业统编教材之一，是根据原电子工业部电子类专业教材“七五”选题计划编制的，由全国大专计算机教材编审委员会软件评命组评选命定，并推荐出版。本教材前四章介绍管理信息系统的基本概念、管理信息系统的技术基础、汉字信息处理技术、办公自动化技术，后四章介绍管理信息系统的总体规划和组织管理、管理信息系统的系统分析、系统设计和系统实施。（张玲）

5996

管理信息系统 / 王汝涌主编. -- 北京：中国财政经济出版社，1989. -- 198 页. -- 高等财经院校试用教材. -- 7－5005－0561－2（北京理工大学图书馆）

本书主要阐述信息系统的基本概念以及信息系统的总开发过程和管理。通过对本书的学习，学生可以了解管理信息系统的基本原理、结构、发展过程和主要的趋势，并掌握信息系统的总开发过程，了解信息系统本身的组织和管理。（张玲）

5997

管理信息系统 / 王燮臣，邬文华编著. -- 杭州：浙江大学出版社，1989. -- 244 页：图；26cm. -- 7－308－00234－9（北京师范大学图书馆）

本书共分 12 章，内容包括：信息与管理信息系统的基本概念，管理信息系统的技术基础；编码技术；数据组织、数据库与数据处理技术，开发管理信息系统的原理、过程与方法（特别强调结构化系统分析与设计）。本书涉及的内容较广并有一定的深度，可作为管理工程专业、计算机应用专业、管理信息系统专业、财经类管理与经济专业的教材，也可作为管理信息系统开发人员与管理干部的参考书。（张玲）

5998

管理信息系统：概念基础、结构与研制（新版本） /（美）戴维斯（G. B. Davis），（美）奥尔森（M. H. Olson）著；陈培久等译. -- 哈尔滨：哈尔滨工业大学出版社，1989. -- 508 页；26cm. -- 7－5603－0120－7（北京理工大学图书馆）

本书译自美国明尼苏达大学企业管理学院教授 G. B. 戴维斯所著《管理信息系统》。本书比较系统地介绍了与管理信息系统有关的理论与概念，介绍了各种信息处理与决策模型，以及评价信息的数学方法。阐述了管理信息系统的结构并探讨了有关的主要子系统。讨论了管理信息系统的组织、管理、研制和评价等问题，以及它对社会的影响和未来发展趋势。对于了解该学科的理论与实践，具有一定的参考价值。本书是管理信息课程的参考教材，可供大专院校有关专业学生、研究生和教师使用。对从事企业现代化管理的工程技术人员和企业管理人员了解、研制管理信息系统，也具有参考价值。（张玲）

5999

管理信息系统原理与实践 / 李晔等著. -- 北京:电子工业出版社,1990. -- 315 页;26cm. -- 315 页;26cm(北京航空航天大学图书馆)

本书较全面地介绍了管理信息系统的概念、组织和结构;管理信息系统的硬软件环境和通信技术——汉字处理技术、数据库技术、系统集成技术、系统分析和设计;管理信息系统的实施和管理;管理信息系统商品化;管理信息系统的案例分析等。(张玲)

6000

管理信息系统教程 / 王亚芬,程秋木编写. -- 西安:西安电子科技大学出版社,1990. -- 267 页;26cm. -- 高等学校教材. -- 7-5606-0104-9(上海交通大学图书馆)

本书系统地阐述了现代管理信息系统的基础理论、技术和方法。从系统分析、系统设计和计算机技术的综合应用整体出发,以管理信息系统和决策支持系统为主线,全面地、深入地讨论了它们的结构、功能、特征、开发技术与策略、实施与运行等,合理地处理了管理信息系统与决策支持系统的理论和实际问题及它们之间的关系。书中附有结合内容的实际例子,便于自学和理论联系实际。每章都有思考题和练习题。本书是关于现代管理信息系统的理论和实际应用的一本学术性专著,可作为计算机管理信息系统的教材,可供管理类专业、计算机应用和计算机软件专业的本科生、研究生作为教材使用,也可以供企业管理人员和信息技术工作人员作研究和进修参考书。(张玲)

6001

管理信息系统实用指南 / 俞金康, 关亚骥编著. -- 北京:机械工业出版社,1990. -- 138 页;26cm. -- 7-111-00671-2(北京大学图书馆)

本书介绍了管理信息系统有关的系统分析、系统设计及实施的方法、步骤及注意事项。书中还列举了实例加以说明,并对与管理信息系统密切有关的决策支持系统作了概述。本书可供从事管理信息系统的工程技术人员研制开发使用,也可供企业现代化管理的领导、管理干部和工作人员自学和参考。本书亦可供大专院校经济信息、管理系统工程等专业作数学参考书使用。(张玲)

6002

管理信息系统 / 陈景艳主编. -- 北京:中国铁道出版社,1991. -- 240 页;26cm. -- 高等学校试用教材. -- 7-113-01072-5(北京大学图书馆)

本书阐述了管理信息系统的基本概念、基本理论、开发过程及开发技术等内容。全书共分 10 章,内容包括:管理信息系统概述,系统技术基础,常用的数学模型,系统的开发过程,系统的结构化分析,系统设计,系统的实施、维护与评价,系统规划方法——BSP 法,原型化方法,管理信息系统开发实例。附录中列出了工业企业管理信息系统中的统计报表系统用的数据库结构、数据库内容及程序清单,这些程序具有一定的代表性,利用这些程序可以很方便地移到其他的管理信息系统使用,也可以很容易地开发出其他的工业统计报表系统或管理信息系统。本书为高等学校管理信息系统、经济信息、信息工程、财经、管理工程等专业本科教材,也可供软件开发实际工作者学习参考。(张玲)

6003

管理信息系统导论 / 薛华成主编. -- 上海:复旦大学出版社,1991. -- 480 页;20cm. -- 7-309-00603-8(北京师范大学图书馆)

本书共 5 篇 18 章, 主要包括基本概念, 信息系统的技术基础、结构、开发与管理, 管理信息系统的发展趋势等。(张玲)

6004

管理信息系统分析与设计 / 毕庶伟主编. -- 北京:机械工业出版社,1992. -- 228 页;26cm. -- 高等学校试用教材. -- 7-111-03289-6(北京理工大学图书馆)

本书共分 4 篇 12 章。第一篇管理信息系统的基本认识,包括信息与管理信息系统、系统开发的策略和方法;第二篇系统分析,包括系统规划与初步调查、可行性研究与成本效益分析;策三篇系统设计、详细设计;第四篇系统实施,包括系统实施工作的内容、运行管理和系统评价。(张玲)

6005

管理信息系统 / 冯师道编著. -- 北京:科学出版社,1992. --213 页;26cm. -- 电子计算机应用系列教材. -- 7-03-001349-2(北京师范大学图书馆)

本书介绍管理信息系统研制的全过程, 并通过实例介绍了运用系统工程原理和软件工程方法研制管理信息系统的方法。(张玲)

6006

管理信息系统开发指南 / 中国东方航空公司电脑中心《管理信息系统开发指南》编写组编著. -- 上海:上海科学普及出版社,1992. -- 290 页;26cm. -- 7-5427-0450-8(北京师范大学图书馆)

本书是一部综合性软件开发工具书。本书按照软件工程的原理,对大、中型的计算机应用项目设计、开发的规范化程序、开发技术以及软件生命周期内的管理做了系统阐述,介绍了软件开发的系统分析、系统建模(包括概念模型与逻辑模型的建立)、系统的逻辑设计与物理设计、程序开发、软件测试以及程序维护等技术。书中还介绍了程序开发的若干实例。本书融软件开发规范、技术、组织管理于一体,可操作性强,易为读者理解与接受。本书对管理信息系统或其他类型软件的开发均具有重要的指导意义,可作为软件设计人员的技术参考用书,也可作为大专院校有关专业师生的教学参考。(张玲)

6007

管理信息系统的分析与设计 / 王守茂主编. -- 天津:天津科技翻译出版公司,1993. -- 332 页;26cm. -- 7-5433-0573-9(北京大学图书馆)

本书介绍了管理信息系统的基本理论, 相关实用技术基础, 开发系统的策略、方法和工具,并给出典型的开发实

例。(张玲)

6008

管理信息系统 / 薛华成主编. -- 北京:清华大学出版社,1993. -- 230 页;26cm. -- 普通高等教育管理工程类规划教材. -- 7 - 302 - 01157 - 5(北京师范大学图书馆)

讲述管理信息系统的概念、结构、总体规划、系统分析和设计、系统实现和评价以及管理信息系统的新发展。(张玲)

6009

管理信息系统实用技术·制造工业生产管理信息系统(MRPⅡ) / 张毅编著. -- 北京:科学出版社,1993. -- 105 页;26cm. -- 电子计算机应用系列教材. --7 - 03 - 001637 - 8(北京大学图书馆)

本书阐述 MRP 及 MRPⅡ的基本概念、工作原理、逻辑结构及计算方法, 介绍 MRPⅡ计算机通用软件的物理结构及应用方法, 并对 MRPⅡ软件功能进行分析。(张玲)

6010

情报学进展 / 张力治主编. -- 北京:国防工业出版社;航空工业出版社,1994. -- 8 卷,260 至 370 页不等;20cm. -- 7 - 80134541 - X 等(国家图书馆)

《情报学进展》是一本介绍情报学和信息技术应用领域研究进展的年度评论,反映最近一个时期该领域研究所取得的成果。设有理论方法、信息检索、信息技术应用、专题等栏目。从 1994 年开始,已经出版了 8 卷。可供图书情报研究人员、图书情报领域工作人员、信息管理及图书情报专业师生参考。(卓连营)

6011

管理信息系统 / 李明星,黄梯云主编. -- 哈尔滨:哈尔滨工业大学出版社,1994. -- 277 页:图;19cm. -- 7 - 5603 - 0803 - 1(北京师范大学图书馆)

本书包括:电子计算机进行信息处理的基本原理, 运用系统工程理论设计管理信息系统的步骤方法, 管理信息系统的最新发展三部分内容。(张玲)

6012

管理信息系统学习指导书 / 邱家武主编. -- 北京:中国统计出版社,1994. -- 60 页:图;19cm. -- 7 - 5037 - 1781 - 5(北京师范大学图书馆)

本指导书包括两大部分,第一部分是"管理信息系统教学大纲",第二部分是"管理信息系统的基本内容和要求",每一章都配备了适量的练习题。(张玲)

6013

管理信息系统 / 黄梯云主编. -- 北京:电子工业出版社,1995. -- 239 页:图;26cm. -- 全国高等教育自学考试教材. -- 7 - 5053 - 3074 - 8(北京大学图书馆)

本书对管理中应用电子计算机的基本原理和方法作了系统的阐述,具体介绍了数据组织、数据处理、数据库原理、FoxBASE 和管理信息系统分析、设计和实施的理论和方法,并通过实例介绍运用系统工程原理研制管理信息系统的经验。本书为普通高等教育规划教材。(张玲)

6014

管理信息系统分析与设计 / 邝孔武编. -- 西安:西安电子科技大学出版社,1995. -- 204 页:图;26cm. -- 高等学校工科电子类教材. -- 7 - 5606 - 0375 - 0(北京师范大学图书馆)

本书分 3 篇共 11 章。第一篇介绍管理信息系统的基本概念,包括现代企业组织对信息系统的要求,信息系统的结构。第二篇重点介绍信息系统的开发技术,包括系统规划、结构化系统分析与设计、系统实施和维护。第三篇讲述了信息系统的发展,简要介绍了 DSS、面向对象方法及第四代技术,并对结构化方法提出了一种改进方法。本书可作为管理信息系统、计算机应用、企业管理工程等专业的教材,也可供从事信息系统专业的技术人员和管理人员阅读。(张玲)

6015

管理信息系统 / 朴顺玉,陈禹编著. -- 北京:中国人民大学出版社,1995. -- 319 页:图;21cm. -- 中国人民大学、麦吉尔大学联合出版管理学丛书. -- 7 - 300 - 01972 - 2(北京师范大学图书馆)

本书是工商管理硕士(MBA)的系列教材之一,主要阐述了管理信息系统的基本知识,主要内容有信息处理技术、组织中的信息系统、信息系统的改善等,具有由浅入深、循序渐进、注重基础、兼顾广而新的特点。学生通过学习掌握计算机管理信息资源方面的基础知识,结合所学的管理学、组织学、经济学、系统工程、统计学等方面的知识,为有效地利用信息系统,并参与信息系统的开发、担负信息系统的管理、维护及组织领导工作打下基础。本书也适合从事实际工作的管理人员用来了解信息管理和处理的基本原理和技术,掌握信息系统的开发方法,便于正确地运用信息系统,科学地组织、管理和领导信息系统的开发、运行、维护,充分发挥信息系统的潜在作用,提高经营管理水平和决策的科学性。(张玲)

6016

管理信息系统及实践 / 周煦主编. -- 上海:上海交通大学出版社,1995. -- 209 页:图;26cm. -- 7 - 313 - 01396 - 5(北京大学图书馆)

书中介绍开发一个高效管理信息系统的具体步骤和新技术应用等。(张玲)

6017

管理信息系统的建立与实施 / 任凤清著. -- 北京:警官教育出版社,1996. -- 260 页:图;26cm. -- 7 - 81027 - 759 - 6(北京师范大学图书馆)

本书综合引用国内外最新信息理论、系统理论、系统工程、运筹学理论、计算机技术、管理科学、现代化的管理体制与模型,系统地叙述了管理信息系统的基本含义及发展,建立管理信息系统的基本情况调查方法,现代化企业的管理体系分析,建立管理信息系统的可行性分析和现行信息系统的分析,管理信息系统的设计、管理信息系统的计算机系统选型、系统接口、系统安全保密及系统标准化、管理信息系统的实施准备与实施计划,以及管理信息系统实施后的系统评价。(张玲)

6018

管理信息系统(MIS)的开发方法及实例 / 王庆育,宁奎喜编著. -- 北京:电子工业出版社,1996. -- 293 页:图;19cm. -- 7 - 505 - 33460 - 3(清华大学图书馆)

作者根据自己多年来从事管理信息系统(M1S)开发工作的实践,编著本书以期向读者介绍适合中国国情的 MIS 开发方法。本书分 7 章,第 1 章概论简要介绍我国 MI3 开发情况及面临的问题;第 2 章介绍传统的"生命周期法"存在的问题,以及"快速原型"的原理和优点;第 3、4、5、6 章分别介绍 MIS 系统的定义与分析、子系统划分、数据库设计、系统的实现;第 7 章结合实际系统对上述内容进行说明。(张玲)

6019

管理信息系统工程 / 王治宇编著. -- 北京:科学技术文献出版社, 1996. -- 234 页:图表;26cm. -- 7 - 5023 - 2616 - 2(北京师范大学图书馆)

本书系统地讨论了管理信息系统的理论基础:开发条件、基本方法、相关技术、开发过程及管理信息系统开发和运行中的管理,并联系实际讨论了程序设计的概念、原则方法、步骤以及程序设计、程序调试、程序优化的实用技术。本书共 15 章:第 1 章为建立管理信息系统的理论基础;第 2 章为开发管理信息系统的过程;第 3 章为系统规划;第 4—6 章为系统分析;第 7—10 章为系统设计;第 11、12 章为系统实现;第 13 章为系统的评价与转换;第 14 章为系统的开发与运行的管理;第 15 章为系统开发的其他方法。本书可作为高等院校的经济信息、管理信息系统、财经、管理等专业的教材,也可作为从事管理信息系统开发的工程技术人员的自学用书。(张玲)

6020

应用信息管理技术 / 冷伏海,张学福主编. -- 哈尔滨:黑龙江人民出版社,1997. -- 437 页;20cm. -- 7 - 207 - 03581 - 0(国家图书馆)

本书系统介绍了应用信息管理技术。全书共分 5 篇 17 章。第一篇办公自动化,从办公自动化概述、办公自动化系统模型及其层次结构、办公自动化系统的建设三方面展开。第二篇多媒体技术,从多媒体技术概述、多媒体技术的基础、多媒体技术的应用三方面讲述。第三篇 Internet 技术,介绍了 Internet 概述、Internet 网络协议与连接、Internet 服务资源和 Internet 信息查询工具。第四篇电子数据交换(EDI),讲述了 EDI 的基本概念和知识、EDI 技术、标准化与通信及其应用。第五篇介绍了银行计算机应用系统、财务管理计算机应用系统和电子出版物及其相关技术等。(胡秋玲)

6021

管理信息系统 / 安忠,吴洪波主编. -- 北京:中国铁道出版社, 1997. -- 250 页:图;26cm. -- 7 - 113 - 02738 - 5(北京师范大学图书馆)

本书是第五届北方管理学科教学协会确定的统编教材,由本学科富有教学和科研经验的教师编写,其主要内容包括:管理信息系统的技术基础、数据处理的基本方法、管理信息系统开发的理论基础、系统分析、系统实施、系统设计、系统运行管理与评价、典型企业管理信息系统的开发实例、管理信息系统的发展趋势。(张玲)

6022

管理信息系统 / 黄梯云主编. -- 北京:经济科学出版社, 1997. -- 207 页:图;26cm. -- 附管理信息系统自学考试大纲. --7 - 5058 - 1128 - 2(北京师范大学图书馆)

本书对管理信息系统的基本原理和方法作了系统的阐述,具体介绍了信息与数据处理、信息与计划控制、信息与决策及管理信息系统分析、设计和实施的理论和方法,并通过一个库存管理信息系统的开发实例介绍研制过程。本书是为计算机信息管理专业编写的自学考试教材,也可供高等学校管理类专业、计算机应用专业和企事业计算机应用软件人员作为参考书。(张玲)

6023

咨询理论与方法 / 杨子竞, 钟守真主编. -- 北京:北京图书馆出版社,1998. -- 306 页;20cm. -- 7 - 5013 - 1530 - 2(国家图书馆)

本书内容包括:咨询决策、咨询科技与咨询工程、咨询经济以及咨询工作的程序与方法、信息源、咨询人才的培养等。(张玲)

6024

管理信息系统设计与实施 / 黎连业,李淑春编著. -- 北京:清华大学出版社,1998. -- 196 页:图;26 cm. -- 7 - 302 - 03173 - 8(清华大学图书馆)

全书从 MIS 系统的基础知识入手,讲述从立项、系统分析、可行性分析、系统设计、程序设计、系统测试、系统试运行和维护到系统的验收和鉴定,讨论了 MIS 当前的发展、开发平台的选型、数据库的选型和开发方法等设计、开发与实施过程。(张玲)

6025

管理信息系统的理论与应用 / 李东著. -- 北京:北京大学出版社,1998. -- 301 页:图;20cm. -- 普通高等教育"九五"教育部重点教材. -- 7 - 301 - 03825 - 9(北京大学图书馆)

本书从管理信息系统的基础概念、常用的系统模式、开发方法和管理信息系统的社会环境等几个方面,对这一学科领域的重点内容进行介绍。(张玲)

6026

管理信息系统案例 / 廖信博(E. F. Peter Newson), 彭雷迈(Michael Parent)编. -- 北京:机械工业出版社,1998. --229 页:图, 肖像; 26cm. -- 本书英文版由 Ivey Management Services 授权机械工业出版社在中国大陆境内独家出版. -- 7 - 111 - 06623 - 5(北京大学图书馆)

对管理信息系统(MIS)的研究可以大致分为两个主要领域:基础研究和专题研究。基础研究面临的问题是如何在组织内部对信息资源进行管理,其目标是向经理人员提出建议、规则与解决框架,以便他们能够成功解决这些问题;另一方面,专题研究领域关注技术的飞速发展,致力于使经理人员掌握特定的新信息技术及由此可能为公司带来的潜在利益与缺陷。对管理信息系统(MIS)进行全面研究均应包括上述两个方面。本案例集试图收录涉及这两个领域的各种案例,一些案例涉及其中一个领域,而大部分案例则同时触及两个领域。由此,可将它们分为既有区别又相互联系的三部分:第一部分:以信息为基础的企业变革;第二部分:企业变革的技术问题;第三部分:国家信息技术基础结构。这些案例的主要资料均来源于加拿大西安大略大学的毅伟管理学院。毅伟管理学院是全世界第二大的教学案例制作者,并且是当今亚洲案例的最大制作者。(张玲)

6027

管理信息系统 / 徐绪松编著. -- 武汉:武汉大学出版社,1998. -- 397 页;20cm. -- 武汉大学研究生系列教材;武汉大学 MBA 系列教材. -- 7 - 307 - 02514 - 0(北京大学图书馆)

全书共分 5 编 20 章。第一编,概述(1—4 章),介绍了信息系统、管理信息系统的基本概念,管理信息系统的实例——MRP Ⅱ的原理和方法;第二编,信息系统的技术基础(5—8 章),介绍了 MIS 的硬件系统、软件系统、文件系统及数据库技术;第三编,信息系统的结构(9—12 章),介绍了市场信息系统、生产信息系统、财务信息系统和决策层的信息系统;第四编,信息系统的决策算法(13—17 章),介绍了线性规划和数学规划、动态规划、图、分枝限界、模拟等算法;第五编,信息系统分析与设计(18—20 章),介绍了信息系统分析与设计的初步概念、系统分析和系统设计方法。(张玲)

6028

管理信息系统 / 仲秋雁, 刘友德主编. -- 大连:大连理工大学出版社,1998. -- 418 页;20cm. -- 工商管理硕士(MBA)系列教材. -- 7 - 5611 - 1435 - 4(北京邮电大学图书馆)

本书包括信息系统的挑战,信息系统的战略作用,信息系统和组织,信息、管理和决策制定,计算机系统,计算机网络,管理数据资源,电子商务,用信息系统对组织进行重新设计,系统开发方法,软件生产的方法与工具,系统的成功与失败,信息系统对管理和组织的支持,信息系统的内部控制等内容。(张玲)

6029

管理信息系统——理论・应用 / 党建武, 陈晓金编著. -- 兰州:兰州大学出版社,1999. -- 216 页;26cm. -- 高等教育教材用书. -- 7 - 311 - 01463 - 8(国家图书馆)

本书主要讲述管理信息系统的概念、结构、总体规划、系统的分析与设计、系统的实现和评价以及管理信息系统的应用。全书从管理的角度、信息的角度以及系统的角度对管理信息系统进行了分析,对如何开发管理信息系统作了详细的论述。全书共分 10 章,包括管理信息系统概述、管理信息系统的技术基础、管理信息系统的数学基础、数据库技术、管理信息系统的战略规划、管理信息系统分析、系统设计、系统实施与评价、计算机化管理信息系统应用案例及 Intranet——企业管理信息系统的发展趋势。(胡秋玲)

6030

管理信息系统原理及解决方案 / 李宇红等编著. -- 北京:电子工业出版,1999. -- 180 页;26cm. -- 7 - 5053 - 5307 - 1(北京邮电大学图书馆)

本书全面介绍了管理信息系统(简称 MIS)的开发原理及方法,阐述了当代最先进的电子商务、电子数据交换以及 Intranet/Internet 技术的发展状况。本书鲜明的特点是:重点介绍了采用当今最先进技术(群件技术、电子邮件等)的解决方案和开发工具。详细论述了金融财务 MIS 方案、校园网 MIS 方案、新闻出版 MIS 方案,以及 Lotus Notes 行政办公开发平台等开发工具。本书采用真实案例,具有较强的实用性。本书可以为企事业行政办公管理领导提供参考方案,还可以作为管理信息系统人员、大专院校学生(如信息专业、管理专业以及经济类专业学生)的教材用书或参考用书。(张玲)

6031

管理信息系统学习与开发实践指南 / 王小铭编著. -- 广州:华南理工大学出版社,1999. -- 90 页:图;26cm. -- 7 - 5623 - 1390 - 3(北京邮电大学图书馆)

本书内容包括管理信息系统的概念和结构、建立管理信息系统的基础、管理信息系统开发方法学、管理信息系统开发过程各阶段的任务与技术、管理信息系统开发环境与工具以及管理信息系统的进展等。(张玲)

6032

管理信息系统课程考试仿真试题精解 / 王月霞编著. -- 大连:大连理工大学出版社,1999. -- 160 页;26cm. -- 全国高等教育自学考试计算机信息管理专业复习考试指导. -- 7 - 5611 - 1666 - 7(大连理工大学图书馆)

管理信息系统是一门新的综合性、边缘性的学科,它引用了管理科学与工程、计算机科学、经济理论、统计学、运筹学等学科的概念和方法。为了做好考前准备,考生不仅要深刻理解、很好地掌握学科理论、概念和方法,而且要学会又活运用基本概念、基本理论和方法,解决实际问题,掌握解答问题的技能。为此,本书在分析历年考试试卷的基础上,以黄梯云主编,经济科学出版社 1997 年出版的教材《管理信息系统》为依据,按照管理信息系统自学考试大纲的要求,拟定十套仿真试卷,并对仿真试卷中的试题一一作了分析与解答。仿真试卷中包括单项选择题、填空题、名词解释、问答题和应用题等五种类型的试题。每套仿真试卷都分为两个部分,第一部分是一套完整的仿真试题,供考生进行自我则试使用。第二部分是试题分折与解答,包括仿真试题,以及每道题的相关知识、试题分析、解题注意事项、参考答案与得分点,供考生针对具体问题学习有关知识,学会分析试题与解答问题的技巧与方法,提高应试能力。(张玲)

6033

管理信息系统 / 魏军,王威,郭冰冰编著. -- 北京:国防工业出版社,1999. -- 173 页:图;26cm. -- 7 - 118 - 01956 - 9(北京大学图书馆)

本书保留了管理信息系统一些广泛使用的、成熟的技术和方法外,还根据近几年系统开发的实践和国内外大量的有关文献,补充了 MIS 计算机应用系统集成、面向对象的分析和设计方法等许多新的内容,并在 MIS 系统集成技术等有关内容上给予适当重视。(张玲)

6034

管理信息系统(MIS)开发与应用 / 伍俊良编著. --北京:科学出版社,1999. -- 204页;26cm. -- 7-03-007007(北京大学图书馆)

本书系统地介绍了管理信息系统在国内外的发展状况、应用领域以及管理信息系统的内涵和结构特点,介绍了系统分析与设计的一般方法、系统安全技术、封面制作技术与多媒体开发技术,最后还给出了一个通用安装程序的制作方法。本书引入新的系统设计思想,全面介绍了开发工具Delphi,并给出了一个反映管理信息系统开发过程的完整案例,对管理信息系统的开发向无编程化迈进具有一定的参考价值。本书既适合作管理类、工程类、机械类以及应用数学类大学生和研究生的教材,又是管理信息系统开发与使用人员的参考书。(张玲)

6035

管理信息系统 / 严建援主编. -- 太原:山西经济出版社,1999. -- 408页:图;21cm. -- 7-80636-373-4(北京师范大学图书馆)

本书作为南开大学MBA教材,在内容组织上与以往的教材侧重于信息系统技术介绍、与现实管理脱节的编写方法不同,而是针对读者大都富有管理实践经验的背景,把信息系统的技术、管理、组织三方面因素紧密结合为一体加以描述,以便读者能够进一步加深对信息系统知识的全面理解。(张玲)

6036

管理信息系统应用与开发 / 陈广宇等编著. -- 北京:中国人民公安大学出版社,2000. -- 222页:图;26cm. -- 7-81059-479-6(北京师范大学图书馆)

本书介绍了信息系统应用与开发的基本原理和方法。全书共分为上下两篇,上篇为信息系统应用篇,介绍了信息系统的基本概念,信息系统对科学管理支持的方法,信息系统建设和管理的基本概念和方法,信息系统新发展等;下篇为信息系统开发篇,介绍了信息系统常用的两种开发与方法——结构化生命周期法和面向对象方法,并辅之适当的案例分析等内容。本书适合信息管理与信息系统专业、计算机应用专业、管理类专业等的高等院校的学生阅读使用。(张玲)

6037

管理信息系统 / 郭东强编著. -- 厦门:厦门大学出版社,2000. -- 372页;20cm. -- 7-5615-1640-1(北京师范大学图书馆)

本书包括:管理信息系统基础、管理信息系统的开发、管理信息系统的分析、管理信息系统的设计、管理信息系统的实现、管理信息系统的评价与维护等内容。(张玲)

6038

管理信息系统(第2版) / 黄梯云主编. -- 北京:经济科学出版社,2000. -- 195页;26cm;光盘1片. -- 全国高等教育自学考试指定教材/计算机信息管理专业(专科)全国高等教育自学考试指导委员会组编. -- 7-5058-2065-6(北京师范大学图书馆)

本书对管理信息系统的基本原理和方法作了系统的阐述。具体介绍了信息系统概论、数据组织与数据处理、管理信息系统概论、管理信息系统分析设计与实施的理论和方法,并通过库存开发实例,介绍了管理信息系统的研制过程。(张玲)

6039

管理信息系统 / 黄梯云主编(第2版 修订版). -- 北京:高等教育出版社,2000. -- 317页:图;23cm;光盘1片. -- 面向21世纪课程教材;高等学校工商管理类核心课程教材;普通高等教育"九五"国家教委重点教材. -- 7-04-008357-4(北京师范大学图书馆)

本书包括:信息系统和管理、管理信息系统概论、管理信息系统的技术基础、管理信息系统的战略规划和开发方法、管理信息系统的系统分析、管理信息系统的系统设计等内容。(张玲)

6040

管理信息系统 / 易荣华主编. -- 北京:高等教育出版社,2001. -- 218页:图;26cm. -- 教育部高职高专规划教材. -- 7-04-009323-5(北京师范大学图书馆)

本书主要介绍了信息与信息管理的基本概念、系统开发总体规划、系统分析、系统实施与评价等内容。(张玲)

6041

管理信息系统 / 董安邦主编. -- 西安:陕西人民出版社,2001. -- 311页:图;23cm. -- 高校21世纪经济学类管理学类课程系列教材. -- 7-224-05888-2(北京师范大学图书馆)

本书包括:信息系统、信息系统开发简介、生命周期法、原型法、面向对象的系统开发方法、决策支持系统、管理信息系统的网络模式等内容。(张玲)

6042

管理信息系统辅导与练习(2001年版) / 黄梯云主编. -- 北京:经济科学出版社,2001. -- 113页:图;26cm. -- 计算机及应用专业. -- 7-5058-2482-1(北京师范大学图书馆)

本书是全国高等教育自学考试计算机信息管理专业(专科)学员学习的《管理信息系统》的复习资料,包括各章重点、难点、测试题、复习及应试和综合自测题及参考答案。(张玲)

6043

管理信息系统设计与实施 / 李红主编. -- 沈阳:东北大学出版社,2001. -- 340页:图;20cm. -- 7-81054-594-9(北京师范大学图书馆)

本书系统论述了结构化开发方法、面向对象开发方法、管理信息系统安全与防护、网络环境下管理信息系统的开发方法等内容。(张玲)

6044

管理信息系统 / 毛奕等编著. -- 北京:航空工业出版社,2001. -- 149页:图;26cm. -- 7-80134-912-1(北京师范大学图书馆)

本书介绍了管理信息系统的概念、功能和特点,阐述了

结构化系统分析与设计的概念、原理和方法，以及对管理信息系统进行开发设计的整个过程。(张玲)

6045

管理信息系统与企业管理信息化 / 邵燕华，王云峰，丁铭华编著. -- 苏州:苏州大学出版社,2001. -- 258 页:图;26cm. --苏州大学"211 工程 " 学科建设经费资助出版. -- 7 - 81037 - 768 - X(北京师范大学图书馆)

本书分为三部分:第一部分为企业管理现代化的技术基础，介绍管理信息系统、计算机网络等有关概念；第二部分介绍系统生命周期法与原型法的原理与方法；第三部分介绍企业信息化的管理模式与经营管理创新,决策支持系统与专家系统在企业管理中的运用。(张玲)

6046

管理信息系统 / 张国锋主编. -- 北京:机械工业出版社,2001. -- 270 页:图;26cm. -- 7 - 111 - 08684 - 8(北京师范大学图书馆)

本书主要内容包括:基本概念、组织中的信息系统、企业的运行、国民经济信息化、信息系统工程、业务流程重组、信息系统与环境、企业信息化、数据处理技术、数据资源管理技术、计算机网络等。(张玲)

6047

管理信息系统理论与实务 / 朱顺泉，姜灵敏编著. -- 北京:人民邮电出版社,2001. -- 324 页:图;26cm. -- 高等学校计算机教材. -- 7 - 115 - 09195 - 1(北京师范大学图书馆)

本书主要介绍开发管理信息系统的理论、方法与实例。全书共分理论篇、实例篇和实践篇三篇。(张玲)

6048

现代咨询与决策 / 马海群等编著. -- 哈尔滨:黑龙江人民出版社,2002. -- 420 页:图;21cm. -- 7 - 207 - 05355 - X(中央财经大学图书馆)

本书有创建性地分析与探讨了咨询管理、网络咨询等新兴领域,并且在概述咨询与决策相互关系的基础上,有重点地介绍了决策科学与理论、决策技术与方法。(张玲)

6049

管理信息系统 / 滕佳东主编. -- 大连:东北财经大学出版社,2002. -- 213 页:图;23cm. -- 21 世纪高职高专财经类专业核心课程教材. -- 7 - 81084 - 071 - 1(北京师范大学图书馆)

本书的目的是使学员学习管理信息系统的基本概念和原理，初步掌握管理信息系统分析、设计、实施和评价的方法，懂得人的因素、社会因素在发展管理信息系统中的重要作用。(张玲)

6050

管理信息系统开发方法与工具 / 常新功，张来成，尹耀兰编著. -- 北京:国防工业出版社,2002. -- 322 页:图;26cm. -- 7 - 118 - 02885 - 1(北京师范大学图书馆)

全书共分两篇:上篇全面系统地介绍了 MIS 的基本概念、传统开发方法和面向对象的开发方法；下篇分别介绍了目前最常用的 MIS 开发工具——Visual FoxPro 和 Visual Basic，把 MIS 面向对象的开发方法实例化。(张玲)

6051

管理信息系统教程 / 高学东，武森，喻斌等编著. -- 北京:经济管理出版社,2002. -- 248 页:图;21cm. -- 英文并列题名取自封面，其中 imformation 疑是 information 之误. -- 7 - 80162 - 359 - 2(北京师范大学图书馆)

本书内容包括:管理信息系统概述、管理信息系统的计算机网络技术基础、企业计算模式、管理信息系统的系统规则、管理信息系统的系统分析等.(张玲)

6052

管理信息系统导论 / 黄梯云，李一军主编. -- 北京:机械工业出版社,2002. -- 274 页:图;26cm. -- 普通高等教育规划教材. -- 7 - 111 - 04423 - 1(北京师范大学图书馆)

本书对管理中应用计算机和通信网络的基本原理和方法作了系统的阐述，具体介绍了管理信息系统的概念、数据组织和处理、数据库技术、计算机网络、ASP 方法和 B / S 模式、决策支持系统、MRPII 和 ERP 等开发方法等。(张玲)

6053

管理信息系统分析与设计 / 尚家尧编著. -- 广州:广东人民出版社,2002. -- 239 页:图;26cm. -- 信息管理与信息系统丛书. -- 7 - 218 - 03935 - 9(北京师范大学图书馆)

本书从培养信息系统开发人才的实际需要出发，论述了管理信息系统开发的有关问题，全书可分三大部分，第一部分阐述了有关管理信息系统及其开发的基本知识及基本原理；第二部分介绍了系统开发的各种方法——结构化生命周期法、原型法、面向对象的分析设计方法，对信息系统的开发全过程——系统规划、可行性研究、系统分析设计、系统评价进行详细的论述。第三部分几个典型的系统诸如决策支持系统 DSS、专家系统以及近几年迅速发展的物料需求计划系统 MRP、制造资源计划系统 MRPⅡ、企业资源规划系统 ERP 进行了介绍，特别是对电子商务系统的功能、安全及实际等问题进行了较详细的阐述。(张玲)

6054

管理信息系统 / 武俊达主编. -- 重庆:重庆大学出版社,2002. -- 262 页:图;23cm. -- 21 世纪高职高专经济管理系列教材. -- 7 - 5624 - 2568 - X(北京师范大学图书馆)

本书共分九章对管理信息系统的概念、组成和开发方法，管理信息系统对组织和管理的影响作了系统而详尽的阐述。(张玲)

6055

管理信息系统概论 / 张宽海主编. -- 北京:高等教育出版社,2002. -- 189 页:图;23cm. -- 高等学校教材. -- 7 - 04 - 010741 - 4(北京师范大学图书馆)

本书介绍了管理信息系统概述，管理信息系统的技术基础，管理信息系统开发、分析与设计，管理信息系统的实施、评价、运行和管理，以及系统开发案例分析等。(张玲)

6056

管理信息系统精要:网络企业中的组织和技术 /(美) 肯尼思. C. 兰登，简. P. 兰登著;葛新权等译. -- 北京:经济科学出版社,2002. -- Ⅺ, 757 页:图;26cm. -- 管理科学译丛，据原文第4版译出;2002中文简体字版由经济科学出版社和Pearson education North Asia Limited合作出版. -- 7-5058-2966-1(北京师范大学图书馆)

本书包括:组织、管理和网络革命;信息技术基础设施;创建信息系统:现代的方法;管理和组织支持系统等内容。(张玲)

6057

管理信息系统设计教程 / 徐世河主编. -- 北京:电子工业出版社,2003. -- 225页:图;26cm. -- 21世纪高职、高专计算机类教材系列. -- 7-5053-8743-X(北京师范大学图书馆)

本书从管理和计算机的角度,阐述了当今管理信息系统的基本概念、基本原理及最新的系统开发方法,结合实例介绍了系统调查、系统分析、系统设计、系统实现、系统测试、运行维护等阶段的工作方法、工作原则和应该建立的文档资料等。本书力求理论与实际相结合,具有较强的可操作性。(张玲)

6058

管理信息系统 / 安忠,佟志臣主编. -- 北京:中国铁道出版社;经济科学出版社,2003. -- 306页:图;23cm;光盘1片. --普通高校经济及管理学科规划教材. -- 7-113-05118-9(北京师范大学图书馆)

本书介绍了管理信息系统的有关概念,以及管理信息系统开发的技术基础、项目管理和风险分析与管理的基本理念和方法,重点介绍了管理信息系统开发的规划、分析、设计、转换和运行管理与评价的全过程,剖析了管理信息系统开发的典型案例。(张玲)

6059

管理信息系统 / 韩润春主编. -- 石家庄:河北人民出版社,2003. -- 351页:图;23cm. -- 7-202-03430-1(北京师范大学图书馆)

本书在介绍管理信息系统的有关概念、结构、功能和系统开发方法的基础上,阐述了管理信息系统规划、分析、设计、实施和评价的原理等内容。(张玲)

6060

管理信息系统分析与设计 / 邝孔武,邝志云编著. --西安:西安电子科技大学出版社,2003. -- 272页:图;26cm. -- 21世纪高等学校电子信息系列教材. --7-5606-0375-0(北京师范大学图书馆)

本书分3篇共11章。第一篇介绍管理、信息、系统的基本概念和基本理论,包括系统论的基础知识,现代企业组织对信息系统的要求,管理信息系统的功能与结构。第二篇介绍信息系统的开发与管理,简要回顾信息系统建设的经验教训,重点讨论结构化分析与设计的技术、方法,以及开发项目的进程管理、质量管理、成本管理。第三篇介绍管理信息系统的发展,包括DSS、BPR的概念,开发系统的面向对象方法、原形法、软系统方法、一体化方法。(张玲)

6061

管理信息系统原理 / 李劲东,姜遇姬,吕辉. -- 西安:西安电子科技大学出版社. -- 西安:西安电子科技大学出版社,2003. -- 400页:图;23cm. -- 21世纪高等学校信息类系列教材. -- 7-5606-1205-9(北京师范大学图书馆)

全书共12章。本书从信息、系统、组织等基本概念出发,介绍了管理信息系统的基本概念和分类,重点讨论了计算机软硬件系统、通信、网络等技术的发展,面向管理,面向实现技术;分析了数据资源管理的理论与方法,管理信息系统的规划、开发、管理和控制,尤其对结构化、面向对象开发方法作了较深入的探讨;分析了管理信息系统的成功案例。(张玲)

6062

管理信息系统 / 陆红等编著. -- 北京:中国财政经济出版社,2003. -- 264页:图;21cm;光盘1片. -- 工商管理多媒体简明教程. -- 7-5005-6361-2(北京师范大学图书馆)

本书全面介绍了管理信息系统的开发原理和方法,重点介绍了采用先进技术的解决方案和开发工具。此书为系列光盘教材配书。(张玲)

6063

管理信息系统自考应试指导 / 芮缅云,熊立主编. --上海:上海交通大学出版社,2003. -- 247页;20cm. -- 全国高等教育自学考试应试指导丛书计算机信息管理专业(专科). -- 7-313-03273-0(北京师范大学图书馆)

本书是针对全国高等教育自学考试指定教材《管理信息系统》而编写的,书中知识点紧扣考试大纲,典型题解丰富、详尽,测试题经过精心设计,应试导向准确、针对性强。(张玲)

6064

管理信息系统 / 苏选良编著. -- 北京:电子工业出版社,2003. -- 390页:图;26cm;光盘1片. -- 7-89496-088-8(北京师范大学图书馆)

本书全面系统地阐述Internet / Intranet环境,采用面向对象技术开发MIS的全过程。(张玲)

6065

管理信息系统 / 滕佳东主编. -- 大连:东北财经大学出版社,2003. -- 296页:图;26cm. -- 高等院校经济与管理类专业公共基础课标准教材. -- 7-81084-211-0(北京师范大学图书馆)

本书的目的是要让学员通过学习管理信息系统的基本概念的基本知识,建立系统的概念,从信息系统的角度来审视、考虑。(张玲)

6066

管理信息系统 / 姚家奕,吕希艳,张润彤编著. -- 北京:首都经济贸易大学出版社,2003. -- 421页:图;23cm. -- 21世纪高等院校经济与管理核心课经典系列教材. -- 7-5638-1076-5(北京师范大学图书馆)

本书分为3个部分,共14章:第一部分是信息系统的基本架构与模式;第二部分是信息技术与开发工具;第三部分是信息系统硬件、开发平台和工具、数据库和网络知识等。(张玲)

6067

管理信息系统:电子商务视角 / 袁红清,韩明华编著. -- 上海:立信会计出版社,2003. -- 11,438 页:图;21cm. -- 7 - 5429 - 1162 - 7(北京师范大学图书馆)

本书包括:管理信息系统的发展与挑战,组织与运作管理,信息、信息系统与系统集成,信息系统的技术基础等。(张玲)

6068

《管理信息系统》实验指导书 / 张金城主编. -- 北京:北京大学出版社,2003. -- 156 页;23cm. -- 21 世纪南京审计学院教材. -- 7 - 301 - 06063 - 7(北京师范大学图书馆)

本书是《管理信息系统》一书的配套实验指导书。(张玲)

6069

Visual FoxPro 管理信息系统开发案例 / 武新华等编著. --西安:西安电子科技大学出版社,2004. -- 6,333 页:图;26cm. -- 管理信息系统开发案例系列丛书. -- 7 - 5606 - 1406 - X(北京师范大学图书馆)

本书是一本关于数据库的书籍,主要内容包括:开发一个良好的管理信息系统,学生管理信息系统等。(张玲)

6070

管理信息系统学习指导与习题解答 / 彭澎编著. -- 北京:机械工业出版社,2004. -- 182 页:图;26cm. -- 21 世纪高等院校计算机教材系列. -- 7 - 111 - 13701 - 9(北京师范大学图书馆)

本书是《管理信息系统》的配套教材。(张玲)

6071

管理信息系统 / 陈戈止,王道清主编. -- 成都:西南财经大学出版社,2004. -- 212 页:图;21cm. -- 21 世纪高等院校系列教材. -- 7 - 81088 - 176 - 0(北京师范大学图书馆)

本书主要向读者介绍了一些在管理信息系统开发中广泛使用的、比较成熟的方法和技术,并且根据近年来国内外的大量有关文献及编著者们实际的开发经验,介绍了相关的案例和实际可行的系统。(张玲)

6072

管理信息系统:理论与实践 / 陈恭和主编. -- 北京:高等教育出版社,2004. -- 215 页:图;24cm. -- 高等学校文科计算机课程系列教材. -- 7 - 04 - 013924 - 3(北京师范大学图书馆)

本书从信息、系统和管理的基本概念和理论出发,比较全面地介绍管理信息系统的基本概念、结构、功能和发展情况,同时介绍了与管理信息系统相关的现代信息技术。(张玲)

6073

管理信息系统 / 李友根主编. -- 北京:人民交通出版社,2004. -- 276 页:图;26cm. -- 面向 21 世纪交通版高等学校试用教材. -- 7 - 114 - 04944 - 7(北京师范大学图书馆)

全书以市场经济体系为基本框架,围绕着管理信息系统在网络经济新时代下的再创造展开探讨,以信息系统管理为主线分管理信息系统、管理信息技术、管理信息系统的开发、管理信息系统的维护、国外典型的 MIS 等九章内容详细阐述了信息系统为业务战略服务的强大功能。(张玲)

6074

管理信息系统 / 李禹生主编. -- 北京:中国水利水电出版社,2004. -- 238 页:图;26cm. -- 21 世纪高等院校计算机系列教材. -- 7 - 5084 - 2299 - 6(北京师范大学图书馆)

本书全面系统地介绍了管理信息系统的基本概念、理论,应用形式,技术基础和开发方法,并结合高校学生学籍管理实例,详细阐述了管理信息系统开发的全过程。(张玲)

6075

知识管理学 / 柯平主编. -- 北京:科学出版社,2007. -- 19,502 页;24cm. -- 现代信息管理与信息系统丛书. -- 978 - 7 - 03 - 019098 - 7(国家图书馆)

本书分知识管理理论、企业知识管理和社会知识管理 3 篇共 16 章;系统阐述了知识管理的基本理论和基本原理,深入揭示了知识管理学的基本思想和基本框架。(张收棉)

6076

知识组织理论与方法 / 王知津,李培,李颖等著 . -- 北京:知识产权出版社,2009. -- 363 页;21cm. -- 教育部人文社会科学研究"十五"规划项目. -- 978 - 7 - 80247 - 477 - 2(国家图书馆)

本书全面、系统、深入地探讨网络环境下知识组织的规律和特点,知识组织的学科基础、基本原理、方法与技术,知识组织工具的结构、构建、维护及应用;网络环境下知识组织的新概念、新理论和新工具,以及知识组织的法律和经济环境等问题。(张收棉)

信息法与知识产权

6077

图书馆重要法规 / 教育部社会教育司. -- 编者刊,1939. -- 24 页;36 开(国家图书馆)

收录了修正图书馆规程、图书馆工作大纲、图书馆辅导各地社会教育机关图书教育办法大纲。(袁皓)

6078

图书馆重要法令 / 教育部社会教育司. -- 编者刊,1942. -- 32 页;32 开(湖北省图书馆)

有 6 项图书馆法令,分别是修正图书馆规程、图书馆工作大纲、图书馆辅导各地社会教育机关图书教育办法大纲、普及全国图书教育暂行办法、各级学校及各机关团体附设图书馆室供应民众阅览办法、县市立图书馆设置巡回文库办法。(杨靖)

6079

信息法学 / 张守文,周庆山著. -- 北京:法律出版社,1995. -- 354 页;21cm. -- 7 - 5036 - 1737 - 3(北京师范大学图书馆)

全书共4编12章。第一编信息与社会信息化,介绍了信息的一般原理、信息化社会的基本问题;第二编信息法学导论,包含信息法学概述、信息法的地位与体系;第三编现行法律对信息权利的保护,包括公民信息自由权的法律保护、消费者获取信息权的法律保护、知识产权及相关信息权利的法律保护、企业商业信息权的法律保护、国家秘密信息权的法律保护、几种特殊信息权利的法律保护;第四编信息政策与信息立法的完善,介绍了信息政策与信息立法、信息产业与信息市场的法律规则、信息权利的国际法律保护。(张玲)

6080

知识产权与信息管理 / 马海群等著. -- 哈尔滨:黑龙江人民出版社,1997. -- 403 页;20cm. -- 7-207-03679-5(北京师范大学图书馆)

本书在客观阐述与分析知识产权法律知识及我国知识产权立法现状的基础上,将知识产权保护问题与信息管理问题有机地结合在一起,创造性地探讨了作为智力成果表现形式的信息技术与信息产品的知识产权保护问题,提出并论证了"知识产权信息"这一概念及其内含、功能、特点,有重点地介绍了专利信息源、专利信息组织整理、专利信息检索和商标信息开发及管理等内容。本书注重理论与实践相结合、知识介绍与专题研究相统一,内容全面丰富而又独具特色。(张玲)

6081

信息法学 / 马海群等. -- 北京:科学出版社,2002. --332 页;24cm. -- 21 世纪信息管理丛书. -- 7-03-010800-0(国家图书馆)

本书阐述了信息化社会的信息法制环境建设,提出了信息法学建设框架。在研究信息法学建设、信息立法的社会环境、国内外信息法制建设的基础上,探讨了信息自由的法律保护与制约、信息交流的法律保护、信息保密与控制、信息资源的立法保护、跨境数据流的法律监督、信息犯罪的法律控制、信息网络的法律问题及电子商务立法等问题。(胡秋玲)

6082

信息数字化与法律:数字图书馆建设中的法律问题 / 徐文伯, 饶戈平主编;国家863计划中国数字图书馆发展战略组编. -- 北京:法律出版社,2002. -- 413 页;21cm;光盘1片. -- 7-5036-3717-X(北京大学图书馆)

本书主要对数字图书馆的特点和网络空间发生的法律问题作了综合研究和理论探讨。同时,对在数字图书馆建设中涉及到计算机软件和数据库的保护问题、隐私权问题、法律纠纷的解决、合同的签订、著作权等问题也进行了阐述,并通过对与数字图书馆相关的法律问题进行大量的国内外资料检索后,将收集到的相关国际公约、国内外法律、政策、合同范本及案例作为参考,做成资料目录,附在本书正文之后。(张玲)

6083

信息法教程 / 周庆山著. -- 北京:科学出版社,2002. -- 7-03-010783-7(国家图书馆)

本书概述了人类在信息的采集、加工、存储、传播和利用等活动中发生的各种社会关系的信息法律规范的基本问题,全面阐述了信息法律关系的几个主要方面,即公民信息自由权法律保护、知识与信息法律保护、电子商务的法律制度等。(张玲)

6084

网络时代的知识产权信息管理 / 马海群著. -- 北京:科学出版社,2003. -- 245 页:图;24cm. -- 黑龙江大学博士文库. --7-03-011596-1(国家图书馆)

作者通过分析社会经济和法制等环境的变革与信息需求对知识产权信息管理产生的影响以及对网络环境中知识产权信息管理技术的系统研究,从理论上论证了知识产权信息的概念内涵与功能特性,探讨了其管理体制。(张玲)

6085

信息法 / 周庆山主编. -- 北京:中国人民大学出版社,2003. -- 419 页;24cm. -- 21 世纪法学系列教材. --7-300-04858-7(国家图书馆)

本书以信息法理论体系为主线,阐述了公民信息权利与义务,政府信息法律制度,大众信息传播法,知识产权法,公共信息管理立法等内容。(张玲)

6086

欧洲联盟信息政策研究 / 郑海燕编著. -- 北京:北京图书馆出版社,2004. -- 244 页;16 开. -- 7-5013-2607-X(国家图书馆)

本书是中国社科院基础研究课题。重点阐述20多年来欧洲联盟信息政策发展的基本情况,以及一些关键性信息政策的主要内容和发展动向,并注意适当说明这些政策的发展背景及相互关系。具体包括:信息社会发展、电信改革、信息资源开发与利用、电子商务、信息安全、知识产权保护、研究与发展和教育与培训。书后附有"欧盟信息政策大事记"和"专用名词(英汉、汉英)",便于进一步查询和研究。(金丽萍)

6087

台湾信息政策研究 / 梁俊兰著. -- 北京:北京图书馆出版社,2006. -- 240 页;32 开. -- 7-5013-3005-0(国家图书馆)

本书为中国社会科学院青年科研基金研究项目。作者将台湾150项与信息政策相关的政策法规进行了梳理归纳,勾勒出台湾信息政策的发展脉络和宏观框架。主要内容包括:台湾信息政策影响因素研究、台湾个人信息保护政策、台湾商业信息政策、台湾行政机关信息政策、台湾信息教育政策、台湾信息产业政策、台湾信息服务政策、台湾信息技术政策、台湾科学工业园区政策、台湾知识产权政策、信息网络政策等。书后有"台湾信息政策法规目录"等附录。(金丽萍)

6088

网络信息政策研究 / 燕金武著. -- 北京:北京图书馆出版社,2006. -- 332 页;32 开. -- 7-5013-3421-8(国家图书馆)

本书论述了网络接入政策、网络信息内容管理政策、网络个人隐私政策、网络信息安全政策、网络信息资源建设政策、电子商务发展政策、数字知识产权保护政策等有关网络

信息政策方面的问题。在充分调研国内外网络信息政策的基础上,作者对我国应采取的网络信息政策提出了自己的看法。(金丽萍)

6089

网络隐私权保护研究 / 张秀兰著. -- 北京:北京图书馆出版社,2006. -- 296 页;32 开. -- 7 - 5013 - 2767 - X(国家图书馆)

本书介绍了隐私权与网络隐私权的概念,通过考察以美国、欧盟为代表的两种网络隐私权保护模式,结合我国实际,对我国网络隐私权保护策略提出了自己的看法。书中附有案例讲解,作者还对100多家网站的隐私权保护政策进行了调查,对未成年人网络隐私保护、个人信用征信体系中的隐私权问题等专题进行了探讨。(金丽萍)

6090

信息资源知识产权制度研究 / 陈传夫著. -- 长沙:湖南大学出版社,2008. -- 450 页:图;26cm. --"十一五"国家重点图书出版规划项目,教育部人文社会科学重点研究基地重大项目. -- 978 - 7 - 81113 - 527 - 5(国家图书馆)

本书着重探讨了信息资源知识产权制度安排的一般原则、规则、目标等理论,信息资源知识产权保护的效果、效率、社会成本,权利主体、客体、内容、行使、侵权与救济,尤其是信息发布、链接、包装、传输、共享等问题。(张玲)

信息经济学

6091

信息经济学导论 / 林德金著. -- 长沙:湖南人民出版社,1988. -- 308 页;19cm. -- 7 - 217 - 00506 - X(北京师范大学图书馆)

本书主要讨论信息在经济中的地位与作用;信息的价值与使用价值;信息的商品化、社会化;信息成本分析,信息活动的规律;信息的生成、存贮与处理;信息的控制;宏观与微观(企业)信息经济以及信息对经济的贡献等。(张玲)

6092

信息经济学 /(美) 阿罗著;何宝玉等译. -- 北京:北京经济学院出版社, 1989. -- 328 页. -- 诺贝尔经济学奖获奖者著作丛书. -- 7 - 5638 - 0084 - 0(北京师范大学图书馆)

本书包括序列化决策问题的贝叶斯解和最小最大解,凸集的容许点,统计和经济政策,决策理论和运筹学,决策论和t检验显著水平的选择,保险、风险和资源配置,希腊经济计划的统计需求,信息价值和信息要求,较高教育水平的过滤作用,信息和经济行为,有限的信息和经济分析,论组织的议事日程,垂立一体化和信息交流,风险分配和信息:最新理论进展,产权原理和不完备信息下的需求显示,大团队中的资源配置,论用二元型问题划分样本来取代收集观测值等内容。(张玲)

6093

信息经济学 / 葛伟民著. -- 上海:上海人民出版社,1989. --304 页;20cm. -- 7 - 208 - 00451 - X(北京师范大学图书馆)

本书共8章,介绍了信息概念和信息经济学对象、信息价值理论、信息产品价值的实现条件、信息产品的流通、信息产品价格及信息业工资、信息业的经济效果、信息经济规模和结构、社会经济的现代化和信息业的现代化等内容。(张玲)

6094

信息经济学 / 刘希印等编著. -- 大连:大连理工大学出版社,1990. -- 239 页;19cm. -- 7 - 5611 - 0335 - 2(北京师范大学图书馆)

全书共13章,包括绪论、信息经济源系统、信息经济流系统、信息经济汇系统、信息与经济、信息产业、信息经济生产、信息经济流通、信息经济资源、信息技术与现代化建设、自然环境信息、社会环境信息、生态环境信息系统与经济等内容。(张玲)

6095

信息经济学 /(美)塞缪尔·阿尔伯特沃尔伯特,乔伊斯·弗里德曼·沃尔伯特著;李秉平译. -- 长春:吉林大学出版社,1992. -- 198 页;20cm. -- 7 - 5601 - 1053 - 3(北京师范大学图书馆)

本书共5编。第一编信息与经济学,包括信息的应用、基本经济学、教育与识字、一级信息收集者、信息是一个生产要素、不同信息发展阶段的各国等内容;第二编创建数据库,包括词库经济学、信息生产经济学、数据处理经济学、美国的数据库及世界其他地方的联机服务;第三编销售数据库,包括市场开发、顾客、卖主与零售商的需要;第四编通讯系统,介绍了打印、广播、电影与录像等新旧系统;第五编评价信息系统,介绍了测定信息价值的内容。(张玲)

6096

信息经济学 / 张守一主编. -- 沈阳:辽宁人民出版社,1992. -- 507 页;19cm. -- 经济学新学科系列著作. --7 - 205 - 01948 - 6(北京师范大学图书馆)

全书共4部分18章。第一部分信息经济学的基本问题,介绍了信息经济学的研究对象、内容、方法和意义,信息产业理论,信息经济与国民经济的关系,信息的价值与价格,信息的费用与效用分析等内容;第二部分信息产品的生产与再生产,介绍了信息技术、信息劳动力、信息产品的生产、分配、交换、使用和消费;第三部分信息投入产出表和模型的编著与应用,介绍了信息投入产出表及其编制方法、信息产业投入产出分析、信息投入产出模型及其应用;第四部分信息经济管理、核算、战略和政策。(张玲)

6097

信息经济学 / 陈景艳主编. -- 北京:中国铁道出版社,1995. -- 7,234 页:图;20cm. -- 高等学校教学参考书. -- 7 - 113 - 01963 - 3(北京师范大学图书馆)

本书阐述了信息经济学的基本概念、基本理论以及信息经济分析的基本方法等内容。全书分4篇共计13章,内容包括:信息经济学的基本问题;信息经济运行、信息产业、信息经济规律和结构;信息投入产出模型以及信息投入产出分析;信息经济管理与信息控制的基本概念和方法等。每篇文后均配有思考题,在附录中还列出了1987年中国信息投入产出表。本书可供高等院校信息经济、信息工程、经济信息、经济管理、知识工程等专业师生和科研人员学习参考。(张玲)

6098

国际商务信息学 / 樊松林等编著. -- 上海:上海科学技术文献出版社,1995. -- 311页;19cm. -- 7-5439-0632-5(北京大学图书馆)

本书共10章,介绍了国际商务信息导论、国际商务信息获取技术、国际商务信息查询技术、国际商务信息整序技术、国际商务信息统计分析技术、国际商务环境信息考察技术、国际商务信息预测技术、国际商务信息运用技术、国际商务能力信息评估技术、国际商务决策信息咨询服务等内容。(张玲)

6099

信息经济学 / 罗贵权编著. -- 北京:中国广播电视出版社,1996. -- 318页;20cm. -- 7-5043-2946-0(北京师范大学图书馆)

全书共12章,介绍了信息与信息经济学、信息资源与信息商品、信息市场、信息产业、信息服务业、信息处理的经济效益、信息的经济管理、加强信息法制化建设、信息与广告、信息与竞争、信息技术与信息社会、信息产业与农村经济等内容。(张玲)

6100

信息经济学 / 马费成,王槐,查先进著. -- 武汉:武汉大学出版社,1997. -- 565页,1页图版:图,肖像;21cm. -- 武汉大学学术丛书. -- 7-307-02501-9(北京师范大学图书馆)

全书共5篇20章。综论篇,包括信息经济学述评、信息的经济功能、社会经济信息化三章;产业篇介绍了信息产业的结构与测算、信息产业的投入与产出分析、信息产业的系统动力学模型;市场篇介绍了信息商品、信息供求分析、信息市场、信息营销;效益篇介绍了信息经济效益的内容与评价方法、信息系统经济效益的评价、信息产品经济效益评价、提高信息经济效益的选择方向和策略。管理篇介绍了信息资源管理、信息投资、信息工作经济管理、有偿信息服务、信息经济政策及中国信息产业发展战略。(张玲)

6101

企业活动与信息 / 刘艳波,杨文霞主编. -- 哈尔滨:东北林业大学出版社,1997. -- 303页;19cm. -- 7-81008-824-6(东北林业大学图书馆)

此书可作为企业管理人员及大中专院校企业营销课程的参考书。全书共分为9章,从企业活动的内容出发,吸收了市场学、信息学、情报学、管理学、心理学、法学等学科的基本原理,研究企业活动中的信息内容和运用规律,阐述信息在企业管理中的应用。主要内容包括:企业活动与信息的关系、企业信息的利用与管理、企业信息工作的内容、信息在企业活动中的实际运用、企业活动与法律信息、企业文化信息内涵、企业活动与信息浪费、企业信息人员的素质培养、企业信息工作的意义等。(胡秋玲)

6102

信息经济学教程 / 陈禹主编. -- 北京:清华大学出版社,1998. -- 11,246页:图;26cm. -- 全国高等院校信息管理专业系列教材. -- 7-302-02801-X(北京师范大学图书馆)

本书比较全面地介绍了信息经济学的主要内容,包括微观信息经济学、宏观信息经济学和信息系统经济学。微观信息经济学,也称理论信息经济学。它是从信息分布的不对称出发对于经济学的基本问题的重新思考。其要旨在于对现实经济生活的深入认识与理解。宏观信息经济学则以信息产业为研究对象,从整个国民经济的大系统角度,探讨信息经济发展的测度、道路、方向及策略等问题。信息系统经济学则以各级各类信息系统的建设与管理为背景,研究其中的成本、效益、费用以及产品、价格等经济问题。(张玲)

6103

信息经济学 / 黄淳,何伟著. -- 北京:经济科学出版社,1998. -- 347页;20cm. -- 当代西方经济理论的新发展及其与我国经济体制改革的关系,国家资助哲学社会科学国家重点研究课题. -- 7-5058-1304-8(北京师范大学图书馆)

本书是国家哲学社会科学重点研究课题“当代西方经济理论的新发展及其与我国经济体制改革的关系”的第二册研究成果,全书在引论中介绍了信息经济学与西方经济学理论、信息经济学的思想和方法及信息经济学与中国。接着作者用3编的内容介绍了决策理论与价格制度、对策论与非价格制度、系统科学与经济规律。(张玲)

6104

信息经济学通论 / 娄策群,桂学文主编. -- 北京:档案出版,1998. -- 333页;20cm. -- 7-80019-742-5(北京师范大学图书馆)

第一篇绪论,介绍了信息经济学的实践基础、信息经济学的基本理论问题、信息经济学的产生和发展;第二篇信息资源论,介绍了信息资源的涵义与结构、信息资源的经济功能、信息资源的配置、信息产品及其开发;第三篇信息商品论,介绍了信息产品的商品化、信息商品的使用价值与价值、信息商品的成本及价格;第四篇信息市场论,介绍了信息市场体系与功能、信息市场运行机制、信息市场营销、信息市场管理;第五篇信息产业论,介绍了信息产业的概念与地位、信息产业结构、信息产业集团、信息产业政策法规。(张玲)

6105

信息经济学原理 / 谢康著. -- 长沙:中南工业大学出版社,1998. -- 394页:图;21cm. -- 信息化建设丛书,国家自然科学基金资助项目. -- 7-81061-082-1(北京师范大学图书馆)

第一章走入现实的信息经济学,介绍了不确定性与经济学、信息经济学的基本问题、对策论与信息、生活中的信息经济学;第二章委托代理理论,介绍了委托代理原理、激励机制、第二投标法与最优税、政策中的激励机制;第三章信息供给:一次性信息市场,介绍了不利选择、道德风险、一次信息市场特征、信息市场营销;第四章信息供给:二次信息市场,包括市场信号、广告与竞争、信誉、网络与知识产权等内容;第五章信息需求,包括搜寻、信息市场选择、信息市场需求等内容;第六章不完全竞争,介绍了信息产业与政府管制、规模经济与信息产业化、垄断竞争与产业信息化、不完全竞争与信息经济;第七章信息资源与经济增长,介绍了信息资源与信息化、信息资本与投资、信息经济与经济增长;第八章国际信息经济,介绍了国际信息经济规模与发展、国际信息贸易、信息贸易政策等内容。(张玲)

6106

信息经济学:信息工作者的成本—收益分析指南 /(美)布鲁斯·金格马著;马费成,袁红译. -- 太原:山西经济出版社,1999. -- 201 页:图;20cm. -- 7 - 80636 - 400 - 5(北京师范大学图书馆)

本书利用经济学中的供给、需求、成本、效益等基本概念和工具分析信息产品和信息服务的特征,研究信息市场运行中的各种问题,定量测度信息服务的成本和效益,对信息管理和信息服务具有重要的指导作用。本书内容丰富,深入浅出,理论与实践有机结合,可用作高等学校信息管理专业、情报学专业、图书馆学专业及其他相关专业的本科生和研究生的教材,也适于广大信息工作者、信息政策制定者和图书馆管理人员阅读。(张玲)

6107

信息经济学浅说 / 王则柯,何洁编著. -- 北京:中国经济出版社,1999. -- 278 页;20cm. -- 走近现代经济学. -- 7 - 5017 - 4336 - 3(北京师范大学图书馆)

本书深入浅出地普及信息经济学的概念、方法等,使读者对信息经济学若干最重要、最基本的内容有一个初步而准确的认识。(张玲)

6108

信息经济学 / 韩建新编著. -- 北京:北京图书馆出版社,2000. -- 266 页;20cm. -- 7 - 5013 - 1746 - 1(国家图书馆)

本书对信息经济学概况、微观信息经济学以及信息系统、信息经济、信息产业、经济信息化等作了介绍。全书共分为 10 章,分别阐述了信息经济学的基本问题,包括信息经济学的研究对象、内容、学科体系等基本理论问题,介绍了微观信息经济学的内容,如不确定性、风险与市场信息,委托人—代理人的问题,信息资源的类型与特征及配置,市场信息等。对信息成本和收益作了分析,探讨了信息经济、信息产业、信息化与经济发展及世界经济信息化。(胡秋玲)

6109

市场信息的搜集与利用 / 沈固朝,刘树民编著. -- 南京:南京大学出版社,2000. -- 234 页:图;26cm. -- 南京大学教材出版资助金项目. -- 7 - 305 - 03353 - 7(国家图书馆)

本书内容包括:市场信息源、各类市场信息源及其检索、市场信息的计算机检索方法、社会信息服务业的利用、市场信息的实地调研、市场竞争情报的搜集。(张玲)

6110

信息经济学 / 陶长琪主编. -- 北京:经济科学出版社,2001. -- 407 页:图;21cm. -- 财政部"十五" 规划教材. -- 7 - 5058 - 2552 - 6(北京师范大学图书馆)

本书是财政部"十五"规划教材、全国高等院校财经类专业教材。全书分信息的不对称性、信息资源、信息市场、信息系统、信息产业五部分,讲述了信息经济学的研究对象、信息经济学的研究内容等。(张玲)

6111

企业战略信息管理 / 霍国庆编著. -- 北京:科学出版社,2001. -- 457 页:图;21cm. -- 国家自然科学基金资助项目. -- 7 - 03 - 009544 - 8(国家图书馆)

本书是国家自然科学基金资助项目。主要研究战略信息管理基本理论、信息技术管理战略、信息资源管理战略、电子商务管理战略、信息主管(CIO)等内容。(张玲)

6112

信息经济学 / 王晓刚,王则柯著. -- 武汉:湖北人民出版社,2002. -- 233 页:图;21cm. -- 西方现代经济学丛书. -- 7 - 216 - 03461 - 9(北京师范大学图书馆)

本书共 6 章,讲述了信息不对称与信息经济学、逆向选择和道德风险、劳动市场中的信息经济学、委托—代理理论以及拍卖与招标等内容。(张玲)

6113

信息经济学 / 乌家培,谢康,王明明编著. -- 北京:高等教育出版社,2002. -- 250 页:图;23cm. -- 面向 21 世纪课程教材;高等学校信息管理与信息系统专业系列教材. -- 7 - 04 - 010624 - 8(北京师范大学图书馆)

本书共分 3 篇 10 章。第一篇信息的经济研究包括信息商品、信息系统、信息搜寻与选择等三章,第二篇信息经济的研究包括信息产业及其发展、信息市场与信息贸易、信息经济及其测度、国民经济信息化理论与实践等四章,第三篇信息与经济间关系研究包括信息非对称及其在经济关系中的作用、信息在资源配置中的作用、信息技术在经济发展中的作用等三章。(张玲)

6114

信息经济学 / 陈瑞华编著. -- 天津:南开大学出版社,2003. -- 400 页:图;21cm. -- 21 世纪高等院校经济学专业系列教材. -- 7 - 310 - 01929 - 6(北京师范大学图书馆)

本书是 21 世纪高等院校经济学专业系列教材。全书以系统的经济学和数学为基础,力求用比较简单的经济学和数学语言,言简意赅地阐述信息经济学基本概念、原理、分析方法和经典模型。(张玲)

6115

知识共享机制研究 / 罗志勇著. -- 北京:北京图书馆出版社,2003. -- 191 页:图;21cm. -- 7 - 5013 - 2098 - 5(北京师范大学图书馆)

本书论述了知识共享机制的基本问题,知识共享机制的矛盾分析,知识共享机制的组织基础,知识共享机制的建构等几方面内容。(于静)

6116

中小企业的信息管理与咨询服务 / 冷伏海著. -- 北京:北京图书馆出版社,2003. -- 292 页;20cm. -- 信息管理科学博士文库. -- 7-5013-2099-3(国家图书馆)

本书论述了当前中小企业信息与咨询需求分析,支撑中小企业的信息管理与咨询服务问题研究,以及国外支撑中小企业的信息网络建设研究等。(于静)

6117

竞争对手分析 / 包昌火等编著. -- 北京:华夏出版社,2003. -- 631 页:图;21cm. -- 竞争情报丛书. -- 7-5080-3031-1(北京师范大学图书馆)

本书采取点面结合的办法,从纵横两个视角论述了竞争对手分析的重要意义、理论基础、基本程序、主要方法和综合案例,重点论述了竞争对手跟踪、竞争态势分析、定标比超分析、价值链分析、核心竞争力分析、关键成功因素分析、战略与绩效分析、业务组合分析(波士顿产业矩阵)、情景分析等几种常用的竞争分析方法以及人际网络和合作竞争两种与竞争对手分析密切相关的新理念,提供了迄今为止国内外关于竞争对手分析最全面和最系统的论述,与《情报研究方法论》一起,构成了情报研究和竞争分析的理论和实践基础,成为情报研究(Intelligence Analysis)领域的姐妹篇。本书在借鉴中国情报研究程序和美国情报循环的基础上,阐述了竞争对手分析程序或竞争对手分析链,从信息组织和分析两方面论述了一套跟踪竞争对手的现行战略、企业实力、自我假设、未来目标和反应模式为内容的竞争对手跟踪模式和预警系统,为丰富多彩的竞争对手分析方法建构了具有方法论意义的竞争对手分析论纲,形成了以三角分析法和三雄分析法为模型的竞争对手分析方法的知识体系,推荐了实用的竞争情报分析软件,从而可为竞争对手分析技术的研究和应用提供思路和框架。(张玲)

6118

信息经济学 / 靖继鹏编著. -- 北京:清华大学出版社,2004. -- 383 页:图;23cm. -- 面向 21 世纪课程教材,信息管理与信息系统专业教材系列. -- 7-302-08771-7(北京师范大学图书馆)

本书介绍了信息经济的基本理论、信息经济的发展史、信息商品的价值与价格、信息市场、信息服务与中介、信息资源的经济分析、信息资源配置与优化等方面的问题。(张玲)

6119

信息经济学引论:激励与合约 / Inés · Macho-Stadler, J. David Pérez-Castrillo;管毅平译. -- 上海:上海财经大学出版社,2004. -- 227 页:图;23cm. -- 新世纪高校经济学教材译丛. -- 7-81098-051-3(北京师范大学图书馆)

本书以信息经济学的一般理论和模型,一致性地贯通了经济学的几个分领域。全书结构严谨,阐发流畅,各章之间有机联系,循序渐进,论述信息经济学的基本模型,概述跨期合约的发展,引论三种典型的由信息不对称引致的机会主义行为问题及其理论:道德风险、逆向选择和信号传递;从对称信息的基准模型出发,继而引入不对称信息假设,遵从经济学的理性假设,步步深入地分析和推导有关模型,联系实际经济行为得出直观知识和结论。本书除导论外,每章都配有习题,习题中的难点与各章的理论要件相呼应,意在强化学生对于知识点的掌握。在后三章,本书都有相关的应用和深入的前沿主题的安排。全书最后还附有增加的习题、习题解答、术语对照和数学附录。从这一点来说,本书堪称信息经济学教材的上选。(张玲)

6120

企业信息资源集成管理战略理论与案例 / 霍国庆等著. -- 北京:清华大学出版社,2004. -- xi, 235 页:图;23cm. -- 21 世纪管理信息化前沿. -- 7-302-09740-2(国家图书馆)

本书作为国家自然科学基金资助项目的研究成果,通过对大量案例的实地考察和深度剖析,系统、全方位地探讨和揭示了企业信息资源管理的深层规律。(张玲)

6121

信息经济学与信息管理 / 乌家培著. -- 北京:方志出版社,2004. -- 190 页:图;21cm. -- 7-80192-145-3(北京师范大学图书馆)

全书分三部分:第一部分为信息经济学,系统论述了信息经济学的历史、内容和作用,信息商品及其供求机制等内容。第二部分为信息管理,重点介绍了信息化中的经济和管理问题。第三部分为电子政务。(张玲)

6122

信息经济学讲义 / 董保民著. -- 北京:中国人民大学出版社,2005. -- 15, 266 页:图;23cm. -- 7-300-06369-1(北京师范大学图书馆)

本书是一部高等学校信息经济学的教材,内容包括:风险的度量、期望效用理论与非期望效用理论、不确定性下的决策等。(张玲)

6123

信息经济分析 / 马费成,靖继鹏主编. -- 北京:科学技术文献出版社,2005. -- 418 页;23cm. -- 7-5023-4973-1(北京师范大学图书馆)

本书是情报学研究生教材,主要内容包括信息经济学的一般理论,不确定分析,信息商品及其供求分析,信息市场分析,信息资源经济分析,信息资源配置,信息产业分析等方面。(张玲)

6124

信息经济学教程 / 陈颖编著. -- 保定:河北大学出版社,2006. -- 262 页:图;26cm. -- 7-81097-125-5(北京师范大学图书馆)

本书把信息经济学的内容建立在信息理论和经济理论相结合的基础上,用 9 章内容介绍了信息经济学,内容包括:信息经济学简介、信息和信息资源、信息商品、信息市场、市场活动的信息分析、信息资源和企业信息化、信息产业和经济发展等。全书涵盖了信息经济学的微观、中观、宏观各个层次,突出了市场活动的信息分析法以及信息经济的测度与评价的方法。(张玲)

6125

信息经济学 / 桂学文，娄策群主编. -- 北京:科学出版社，2006. -- 334 页:图;24cm. -- 信息管理与信息系统专业规划教材. -- 7 - 03 - 017383 - X(北京师范大学图书馆)

本书是在信息管理与信息系统专业、电子商务专业本科"信息经济学"讲义与网络课程脚本的基础上撰写而成的。在谋篇上分为三部分:第一部分讲解信息经济学的基本理论,包括信息经济学的学科性质、研究对象、研究内容、研究状况、信息经济学的实践基础、理论基础、不完全信息与非对称信息理论等内容;第二部分讲解信息经济活动,按照从小到大、信息经济活动的递进序列,分别阐述了信息资源、信息产品、信息商品、信息市场、信息产业等内容;第三部分是信息经济活动的效果反映与评价,内容为国民经济信息化。本书可作为高等院校信息管理与信息系统专业、电子商务专业的教材,也可供相关专业师生参考。(张玲)

6126

信息经济学 / 赖茂生，王芳编著. -- 北京:北京大学出版社，2006. -- 263 页:图;26cm. -- 普通高等教育"十五"国家级规划教材. -- 7 - 301 - 10502 - 9(北京师范大学图书馆)

本书共有 12 章，划分为几个连贯的模块，既绪论部分、理论基础部分,对信息商品和信息资源的微观分析,对信息资源和信息产业的宏观分析,信息化的经济分析,信息系统、电子商务和网络经济分析。(张玲)

6127

信息经济学平话 / 王则柯著. -- 北京:北京大学出版社，2006. -- 361 页:图;23cm. -- 7 - 301 - 10247 - X(北京师范大学图书馆)

本书从所罗门王断案、齐宣王不是滥竽充数的受害者、发达国家航空公司漂亮的价格歧视、家居装修的苦恼等人们熟悉的例子说起,向读者介绍了信息经济学的许多精彩内容。(张玲)

6128

知识管理概论 / 储节旺等编著. -- 北京:清华大学出版社:北京交通大学出版社,2006. -- 313 页:图;23cm. -- 高等学校经济与工商管理系列教材. -- 7 - 81082 - 636 - 0(北京师范大学图书馆)

本书从微观到宏观、从理论到实践系统地介绍了知识管理的基本内容,结构合理,内容新颖,通俗易懂。全书共分 15 章,分别是:知识管理的时代背景和意义,知识管理的理论渊源,知识管理基础,知识管理的体系与战略,知识管理流程,知识管理主体,知识管理的组织结构,知识管理技术、工具和产品,知识管理系统建设,知识管理实施程序与策略,知识管理实施环境建设,个人知识管理,企业知识管理,政府知识管理,国家知识管理。本书适合管理科学与工程、经济学、工商企业管理、公共管理、信息管理与信息系统、图书情报等专业作为本科生或研究生教材使用,也可作为企事业单位领导和员工学习、培训资料及相关研究人员和其他有志于知识管理人员的学习参考。(张玲)

6129

信息经济学 / 查先进主编. -- 北京:清华大学出版社:北京交通大学出版社，2007. -- 254 页:图;26cm. -- 现代信息管理与信息系统核心系列教材. -- 978 - 7 - 81123 - 132 - 8(北京师范大学图书馆)

本书介绍了信息经济学的基本理论，不完全信息与非对称信息，信息资源配置与共享，信息商品和信息市场，信息产业和信息经济，信息系统与信息技术的经济分析，信息经济政策等内容。(张玲)

6130

信息经济学(第 2 版) / 靖继鹏，张向先，李北伟编著. -- 北京:科学出版社,2007. -- 12，465 页:图;24cm;光盘 1 片. --普通高等教育"十一五 "国家级规划教材. -- 978 - 7 - 900224 - 50 - 7(北京师范大学图书馆)

本书密切结合当前我国信息经济学的理论和实践,吸收了近年来的教学与科研成果,系统介绍了信息经济学的基本理论和业务知识,具体包括 4 个部分,共 15 章。第一部分阐述信息经济学的基本理论问题,包括信息和信息经济的含义与特征,信息经济学的发展历史、研究现状、研究内容、学科体系、相关学科,以及信息经济学的基本原理;第二部分主要介绍博弈论和非对称信息经济学理论,包括信息与非合作博弈理论、信息和不确定理论、信息与委托—代理关系;第三部分主要探讨信息活动的经济问题,包括信息商品的供需及消费、信息商品的价值与价格、信息商品市场、信息资源配置与评价、信息技术与经济增长、信息系统的经济评价、信息产业、信息经济测度理论与方法、信息化与经济发展等;第四部分主要是展望信息经济学未来发展的几个新领域,包括知识经济学、网络经济学、电子商务经济学、信息生态学等内容。本书体系新颖,内容全面;具有科学性和前沿性;实用性强,并附有案例分析。本书为教育部确定的普通高等教育"十一五"国家级规划教材,附有课件光盘,可作为高等院校管理类、经济类、商务类、信息类等专业本科生和研究生的教学用书,也可作为从事信息经济和信息管理等方面工作的广大管理人员和技术人员的参考用书。(张玲)

6131

信息经济学 / 骆正山主编. -- 北京:机械工业出版社,2007. -- 286 页:图;24cm. -- 普通高等教育信息管理类专业规划教材. -- 978 - 7 - 111 - 21213 - 3(北京师范大学图书馆)

本书是普通高等教育信息管理类专业规划教材。全书共 11 章。介绍了信息经济学的发展历史和研究体系、信息商品、信息系统、信息搜寻与选择、信息市场、信息资源、信息产业、信息经济及其测度、信息的经济效益等内容。(张玲)

6132

信息经济学(第 2 版) / 乌家培，谢康，肖静华编著. -- 北京:高等教育出版社,2007. -- 441 页:图,肖像;23cm. -- 面向 21 世纪课程教材,高等学校信息管理与信息系统专业系列教材。本书初版于 2002 年. --978 - 7 - 04 - 020565 - 7(北京师范大学图书馆)

全书共分 8 章，重点对信息经济学中发展较为成熟的委

托代理、逆向选择与道德风险、信号发送与信息甄别、搜寻与信息系统选择等内容给予了系统的分析和讨论。(张玲)

6133

企业知识管理战略 / 霍国庆等著. -- 北京:中国人民大学出版社,2007. -- 291 页:图;23cm. -- 教育部面向 21 世纪信息管理与信息系统系列教材. -- 978 - 7 - 300 - 08334 - 6(国家图书馆)

本书探讨了企业的知识转移战略、知识创新战略、知识经营战略及其实施条件、业务模式、实施风险和防范策略,分析了知识型企业的业务模式、组织模式和领导模式,并提出了工业企业的知识转型战略以及知识型企业的生存战略与发展战略。(张玲)

6134

知识管理概论 / 张润彤,蓝天,朱晓敏编著. -- 北京:首都经济贸易大学出版社,2007. -- 328 页;24cm. --7 - 5638 - 0946 - 5(中国民航大学图书馆)

本书依据知识管理主体的 3 个层次分为 4 个部分:知识管理的基本理论,微观层次的知识管理,中观层次的知识管理;宏观层次的知识管理,本书试图创建并介绍一种全新的管理学理论,尽量用一种平实的学术性语言,系统、全面、深入浅出地阐述关于知识管理的基本思想、理论和方法等,使读者在阅读此书后对知识管理有一个清晰完整的了解。此外,作为管理学研究的重要方法,丰富的案例介绍及分析也是本书的特点之一。(张玲)

信息理论与技术

6135

信息技术与信息服务国际研讨会论文集 / 辛希孟,孟广均主编. -- 北京:中国社会科学出版社,1994. --2 册(456;页):图;26cm. -- 7 - 5004 - 1594 - X(国家图书馆)

信息技术与信息服务国际研讨会于 1994 年 10 月 20 日至 24 日在上海举办。本书即为此次会议的论文集。本论文集分别以中文卷、英文卷出版。中文卷包括 90 篇中文论文和 40 篇英文论文的中文摘要;英文卷包括 40 篇英文论文和 90 篇中文论文的英文摘要。本论文集 A 集由辛希孟主编,B 集由孟广均主编。(张玲)

6136

信息管理学研究方法 / 张晓林著. -- 成都:四川大学出版社,1995. -- 427 页:图;19cm. -- 7 - 5614 - 1204 - 5(国家图书馆)

本书包括 :信息管理学研究与科学研究方法、科学研究的基本结构、社会调查研究方法、观察研究方法、个案研究方法、历史研究方法、评估研究方法等内容。(张玲)

6137

信息管理导论 / 党跃武编著. -- 成都:四川大学出版社,1995. -- 334 页:图;21cm. -- 7 - 5614 - 1237 - 1(北京师范大学图书馆)

本书作者长期从事图书馆学、情报学的教学和研究工作,在收集、占有、分析和综合国内外大量文献的基础上,对信息管理学的基础理论与实践进行了深入的研究和探索,终成此书。它全面、科学地论述了信息管理学的基本理论和方法,反映了当今信息管理学最新研究的进展,可以说是对信息、信息管理的全面认识和升华。(张玲)

6138

信息传播原理 / 倪波主编. -- 北京:书目文献出版社,1996. -- 15, 415 页:图;21cm. -- 7 - 5013 - 1251 - 6(北京师范大学图书馆)

信息传播是开发利用信息资源的关键环节。作者紧紧抓住信息传播这一中心环节,从信息的生产、加工、传播系统模式、原理到应用技术的开发利用以及信息产业的发展等方面作了全面系统的论述。全书 34 万字,共 11 章。内容包括:信息生产、信息传播的内在机制、信息传播系统、信息传播模式、现代信息传播技术、信息通信基础、密码通讯原理、信息传播变量研究、信息价值的增值、信息传播的经济行为以及信息产业等。(张玲)

6139

信息资源管理导论 / 沈英,郭志明,霍国庆等著. --北京:科学出版社,1998. -- 455 页:图;21cm. -- 中国科学院科学出版基金资助出版. -- 7 - 03 - 006493 - 3(北京师范大学图书馆)

本书立足于网络环境,突出资源特色,从学科集成和综合的角度系统而全面地论述了信息资源管理(IRM)的概念及发展、信息资源管理的学科体系、信息资源管理的理论与技术基础、信息资源的过程管理、信息资源的网络管理、信息资源的宏观政策管理以及信息经济与信息社会等内容,对于我国信息资源管理教育以及我国的国民经济信息化进程均有重要的指导价值。本书是信息管理类专业、图书情报档案类专业、大众传播及编辑出版专业广大师生教学必备的教材或参考书,同时也是相关领域(如图书馆、情报部门、信息中心)管理人员必备的理论工具书。(张玲)

6140

信息管理基础教程 / 杨文祥主编. -- 北京:北京师范大学出版社,1999. -- 385 页:图;21cm. -- 信息管理与信息教育丛书,河北省教委"九五"教科规划重点项目. -- 7 - 303 - 05412 - X(国家图书馆)

本书阐述了关于信息与信息管理的基本知识、基本理论与基本方法,介绍了信息管理技术、信息存储技术、信息检索技术和管理信息系统,明确了中小学的信息管理工作思路和操作方式。(张玲)

6141

现代信息机构管理 / 党跃武著. -- 成都:四川大学出版社,2000. -- 338 页;21cm. -- 四川大学重点教材资助项目. --

7-5614-1995-3(北京大学图书馆)

全书分上、中、下三编。上编为基础篇,介绍了管理和信息管理的基本问题;中编职能篇,包含现代信息机构计划管理、组织管理、信贷信息机构指挥职能、现代信息机构管理协调和管理控制等内容;下编对象篇,论述了现代信息机构信息资源管理、用户管理、人力资源管理、设备管理、知识管理等内容。(张玲)

6142

市场信息资源与市场信息行为 / 冷伏海主编. -- 北京:北京图书馆出版社,2000. -- 270 页;21cm. -- 7-5013-1145-5(北京师范大学图书馆)

国家社会科学基金"九五"规划资助项目。本书围绕市场信息资源和市场信息行为这两个核心问题,较系统地论述了市场信息资源与信息产业的关系、市场信息资源流动模式及其特征、市场信息用户需求及其接受的特征、市场信息数据库系统及其网络等问题。(于静)

6143

信息资源管理概论 / 钟守真, 李培主编. -- 天津:南开大学出版社,2000. -- 435 页:图;20cm. -- 普通高等教育"九五"国家教委重点教材. -- 7-310-01395-6(国家图书馆)

本书介绍信息资源管理的形成与发展、信息资源管理的基本思想与特征、信息资源管理的实施对象 — 社会组织、首席信息经理制度、信息资源管理的内容等内容。(张玲)

6144

信息管理导论 / 谭祥金, 党跃武著. -- 北京:高等教育出版社,2000. -- 266 页:图;23cm. -- 面向 21 世纪课程教材. -- 7-04-008915-7(清华大学图书馆)

本书是面向 21 世纪课程教材、普通高等教育"九五"国家教委重点教材。书中介绍了社会信息化、信息社会化和知识经济条件下信息管理、信息资源管理和信息系统管理的基本概念、原理和技术方法。(张玲)

6145

信息分析与预测 / 查先进著. -- 武汉:武汉大学出版社,2000. -- 面向 21 世纪课程教材. -- 7-307-02960-X(北京大学图书馆)

本书是面向 21 世纪课程教材、高等学校信息管理类专业核心课教材。本书系统地论述了信息分析与预测的基本概念、原理、理论、方法等内容,包括绪论以及信息分析与预测的程序、方法和专题研究 3 个部分。绪论概述了信息分析与预测的基本概念、功能、作用、特点和历史进展;程序部分介绍了信息分析与预测的基本程序,包括课题选择和计划,信息搜集,信息整理、评价和分析,信息分析与预测产品的制作、评价和利用。方法部分介绍了几种典型的定性、定量和半定量办法。专题研究部分以科学技术信息、技术经济信息、市场信息、竞争情报和社会科学信息的分析与预测为代表,对信息分析与预测的内容以及某些专用程序和方法进行了深入研究。(张玲)

6146

信息化:跨世纪的挑战 / 缪其浩著. -- 上海:上海科学技术文献出版社,2000. -- 38 页;19cm. -- 上海图书馆讲座中心丛书. -- 7-5439-1575-8(国家图书馆)

本书讲述了信息化的特征,信息化对社会经济文化和国家安全的各种影响,以及信息化带来的新现象和新问题。(张玲)

6147

基于素质教育和能力培养的信息管理教育:四川大学信息管理教育改革与实践 / 张晓林, 党跃武主编. --成都:四川大学出版社,2001. -- 200 页:图;21cm. --四川省高等教育面向 21 世纪教学内容和课程体系改革计划. -- 7-5614-2118-4(国家图书馆)

本书包括信息管理课程体系与经济信息管理课程建设研究和信息管理与经济信息管理教学法研究两个部分。(张玲)

6148

信息加工 / 倪晓建主编. -- 武汉:武汉大学出版社,2001. --349 页:图;20cm. -- 面向 21 世纪课程教材,高等学校信息管理类专业核心课教材. -- 7-307-03177-9(北京大学图书馆)

本书包括描述性信息的加工、浓缩性信息的揭示、鉴选性信息的提取、研究性信息的撰写、相关信息的组织等内容。(张玲)

6149

元数据研究与应用 / 张晓林主编. -- 北京:北京图书馆出版社,2002. -- 288 页:图;21cm. -- 7-5013-1900-6(清华大学图书馆)

本书介绍元数据研究的进展,描述元数据体系、元数据开发应用生命周期、基础数字信息组织技术、元数据互操作等。(张玲)

6150

信息资源管理导论 / 孟广均,霍国庆,罗曼等著. -- 北京:科学出版社,2003. -- xii, 353 页:图;24cm. -- 中国科学院科学出版基金资助出版. -- 7-03-011505-8(北京师范大学图书馆)

本书旨在对信息资源管理进行全面、系统、深入的论述,在前人研究的基础上对信息资源管理研究领域的一些疑点和难点进行集体攻关。本书涉及的主要内容包括:准确地界定信息资源,确立信息资源管理的逻辑起点;追溯并全方位地分析信息资源管理的概念演变、功能与结构变化和发展阶段;建立信息资源管理学科体系,寻求实现信息资源管理类学科的整合;论述信息资源管理的理论基础和技术基础;探讨信息资源的一般管理过程;研究网络环境中的信息系统、信息技术、资源共享和管理模式问题;研究国家信息产业政策与法规的制定、信息市场的建立与管理和国家信息管理体制的形成与运转;研究信息经济和信息社会理论等问题。可以看出,本书以信息资源管理的本体研究为主,兼顾其外部环境研究。(张玲)

6151

数据挖掘理论与技术 / 苏新宁等著. -- 北京:科学技术文

献出版社,2003. -- 当代情报学信息管理前沿丛书. -- 7 - 5023 - 4273 - 7(北京师范大学图书馆)

本书是教育部博士点基金资助项目(项目号:01JB870003)的研究成果,是一部探讨数据挖掘理论与技术的著作,着重讨论了数据挖掘技术在信息处理方面的应用。全书共分7章,详细叙述了数据挖掘的起源及基本概念,数据挖掘的功能过程和方法,基于文本的挖掘技术,内容为web挖掘技术与方法,复杂类型的挖掘技术及数据挖掘在不同领域的应用案例等。可作为广大情报学研究人员和企事业单位专业人员进行数据挖掘研究的参考用书。(张玲)

6152

信息方法概论 / 蔡筱英, 金新政, 陈氢编著. -- 北京:科学出版社,2004. -- 333页:图;26cm. -- 7 - 03 - 013068 - 5(北京师范大学图书馆)

信息科学是一门正在形成和发展中的学科,其研究对象是构成人类社会发展的三种基本资源(物质(材料)、能量(能源)和信息)的信息。信息科学具有其特殊的研究方法,即以信息方法为核心而构成的信息科学方法论体系。本教材是为了适应信息时代的需要,为培养实务型的信息分析和应用人员,在吸收国内外先进的信息分析理论与方法的基础上编写而成。本书在系统论述信息学各种方法的基本定义、原理、特征、功能和作用的基础上,对其进行了深入的研究,并列举一些应用实例,以此说明这些方法在信息学研究中的重要性和实用性。(张玲)

6153

信息管理导论(第2版) / 党跃武, 谭祥金主编. -- 北京:高等教育出版社,2006. -- 418页:图;23cm. -- 面向21世纪课程教材,高等学校信息管理与信息系统专业系列教材. -- 7 - 04 - 017820 - 6(北京大学图书馆)

本书是面向21世纪课程教材及高等学校信息管理与信息系统专业系列教材。全书分"基础篇"、"原理篇"、"应用篇"三部分。内容有:信息与信息资源、信息社会、信息交流、信息组织、信息管理、信息资源人文管理等。(张玲)

6154

信息分析与预测 / 王素荣, 韩计隆编著. -- 北京:国防工业出版社,2007. -- 156页:图;26cm. -- 978 - 7 - 118 - 05319 - 7(北京师范大学图书馆)

全书共有15章,主要内容为定性分析方法和定量分析方法。概述篇共有2章,分别为信息与信息分析、信息分析的专题应用;基础篇共有2章,分别为预测与科学管理、科学预测与信息分析;定性分析篇共有5章,分别为比较法、市场调查预测法、德尔菲预测法——专家评估法、主观概率法、交叉影响法;定量分析篇共有6章,分别为参数估计与假设检验、回归分析法、时间序列分析法、主成分分析和因子分析法、聚类分析法、投入产出分析法。本书适用于信息管理及管理信息系统专业、工商管理专业和其他管理专业,以及经济类专业,适用于本科生学习信息分析与预测方法。(张玲)

信息资源及其管理

6155

信息世界的挑战:21世纪的信息技术 / 赖茂生,陈建龙编著. -- 北京:科学技术文献出版社,1995. -- 200页:插图;19cm. -- 21世纪科普教育丛书. 第一辑. 6 . -- 7 - 5023 - 2510 - 7(国家图书馆)

本书以信息世界为视野,深入浅出地介绍人类未来信息活动中搜集、处理、存储、传递、分析和使用信息等各环节的高新技术和方法,并描述了未来世界的信息人。(张收棉)

6156

信息组织 / 马张华编著. -- 北京:清华大学出版社,2001. --315页:图;23cm. -- 面向21世纪课程教材. -- 7 - 302 - 04650 - 6(北京师范大学图书馆)

本书为信息管理专业系列教材之一,系统讲述了信息组织的基本理论方法,包括:信息组织基本知识、信息组织原理、信息描述的理论和方法、分类法理论和国内外典型分类表评介、分类标引与分类检索工具的建立、主题法理论和国内外典型主题词表评介、主题标引与主题检索工具的建立以及自然语言检索与标引等。本书可作为高等院校信息管理专业、图书馆学、情报学专业教学的教材,或成人教育、函授教育的教材,也可供各种与信息资源组织有关的机构或部门,包括各类型文献机构、网络公司以及企业信息资源管理部门的工作人员学习参考之用。(张玲)

6157

信息资源管理人才培养研究 / 彭斐章主编. -- 武汉:武汉大学出版社,2002. -- 353页:图;21cm. -- 国家社会科学基金重点研究项目. -- 7 - 307 - 03591 - X(国家图书馆)

本书全面系统地分析研究IRM的基本内容、实质和发展趋势,设计出了完善的IRM人才学科知识基础与专业能力结构,构建了创新型的人才培养模式与培养方案。全书共分六方面进行了论述。(张玲)

6158

网络信息资源的组织:从信息组织到知识组织 / 刘嘉著. --北京:北京图书馆出版社,2002. -- 336页:图;21cm. -- 有书目(第324 - 336页). -- 7 - 5013 - 1894 - 8(北京师范大学图书馆)

本书力求全面反映人类在网络信息组织方面所进行的各种努力。全书共分8章。第一章信息组织概论,综述人类组织信息的基本方略;第二章网络信息资源的组织,作者论述了网络信息资源的概念、类型及特殊性,并阐述了网络信息资源组织的模式并加以评价;第三章网络信息资源检索系统和工具,在介绍和评价Archie和Gopher的基础上,重点探讨万维网的检索系统和检索工具;第四、五章分别介绍了网络信息资源的分类和主题体系、网络信息资源编目;第六章元数据概述,通过论述,作者提出元数据是组织网络信息资源最重要的基础,并阐释了元数据的基本概念、类型、特征、作用和应用等;第七章都柏林核心元数据集,介绍了都柏林核心的发展历程、元素和限定词、特色和设计原则及应用等;第八章网络环境下图书馆的作用,在阐明网络环境对图书馆的影响后,列举图书馆在网络环境下所能发挥的重要作用。(张玲)

6159

网络信息资源开发与利用 / 毕强,杨文祥主编. -- 北京:科学出版社,2002. -- 285 页;24cm. -- 21 世纪信息管理丛书. -- 7 - 03 - 010832 - 9(国家图书馆)

本书以网络信息资源开发与利用的实际进程为研究对象,从信息资源数字化与网络化相结合的角度,对网络信息资源的概念、网络信息资源的分布与评价、网络信息资源的组织、网络信息资源的发布、网络信息资源的检索、网络信息资源服务进行了系统讨论。(张收棉)

6160

信息组织概论 / 冷伏海主编. -- 北京:科学出版社,2003. --336 页:图;24cm. -- 21 世纪信息管理丛书. -- 7 - 03 - 011524 - 4(北京师范大学图书馆)

本书从理论上阐明了信息组织的发展轨迹、基本原则、基本方法和类型,展示了数字信息环境下信息组织的变化、发展趋势和新的信息资源组织方式,探讨了新的信息组织环境下的技术标准、信息组织的分类法等。(于静)

6161

超文本信息组织技术 / 毕强等著. -- 北京:科学技术文献出版社,2004. -- 430 页:图;21cm. -- 当代情报学信息管理前沿丛书. -- 7 - 5023 - 4628 - 7(北京理工大学图书馆)

本书是国家社科基金资助项目(项目号:01BTQ013)的研究成果。本书力图全面深入探讨超文本信息组织技术研究的进展,系统地描述超文本信息组织体系、超文本信息系统建模、超文本信息环境用户认知信息活动的浏览、检索与导航机制和过程,并对本体超文本、自适应超文本、空间超文本、超文本标准、XML 对超文本的影响等方面进行了比较全面的介绍。作者希望本书能够对基于超文本信息环境的信息管理与开发利用的研究、应用和教学有比较全面深入的理论探索和实践指导意义,可供广大情报学研究人员和企事业单位从事信息管理、知识管理专业人员及其专业院校师生阅读参考。(张玲)

6162

信息组织 / 戴维民主编. -- 北京:高等教育出版社,2004. --413 页:图;23cm. -- 面向 21 世纪课程教材,2009 年再版. -- 7 - 04 - 015340 - 8(北京师范大学图书馆)

本书根据现代信息资源的特点以及信息检索的要求,对信息组织的方法进行了系统全面的描述,内容包括:现代信息组织的背景和要求、信息组织的基本原理、信息组织分类法、信息组织主题法、信息组织集成法、信息内容分析与标引、信息组织中的自然语言应用、网络信息组织、数字图书馆信息组织、信息组织的历史发展与未来趋向。(张玲)

6163

信息组织 / 周宁主编. -- 武汉:武汉大学出版社,2004. -- 468 页, 1 页图版:图;21cm. -- 高等学校信息管理类专业核心课教材. -- 7 - 307 - 04374 - 2(北京师范大学图书馆)

本书是高等学校信息管理专业核心课程的教材之一。它系统地阐述了信息资源描述与组织的理论方法和实现技术;重点讨论了网络环境下数字资源的组织;专门讨论了网络环境下的多媒体信息组织,广泛采用 XML 技术,对数字图书馆、电子商务、电子政务中的信息组织进行了专题讨论,并对信息组织的高级形式——知识组织进行了探讨。(张玲)

6164

信息资源管理导论 / 朱红, 王素荣主编. -- 北京:国防工业出版社,2006. -- VII, 248 页:图;26cm. -- 7 - 118 - 04587 - X(北京师范大学图书馆)

本书讲述了信息资源管理的方法,特别描述了信息资源管理研究的前沿。本书在概念上,将信息资源管理与信息管理视为表述不同的同一概念;在内容上,以信息资源管理理论篇、方法篇、前沿篇为主线,分别论述信息资源管理涉及的理论、方法与研究前沿。在注重铺垫基础理论与研究方法的同时,帮助学生掌握学科研究前沿。本书内容分为 12 章, 分别为信息资源管理概述,信息服务,信息用户,信息技术,信息系统,信息组织,信息检索,信息分析方法,信息经济学,文献计量学,竞争情报,信息法。本书适用于信息管理与信息系统专业本科生学习信息资源管理课程。(张玲)

6165

台湾研究网路资源选介 / 台湾图书馆参考组编辑. --台北:台湾图书馆,2006. -- 278 页:图;21cm;1 光盘. -- 978 - 957 - 678 - 450 - 7(国家图书馆)

本书选录与台湾相关的各学门研究网站及可供检索的资料库,以人文及社会为选介重点,共收录约 258 个网站及资料库。主要内容共分为八类,包括总类、宗教、自然生态与环境、社会政治经济、历史地理人物、地方文化、语言文学、艺术,书末附编网站名称索引。书前有台湾图书馆馆长庄芳荣写的序。(赵红)

6166

台湾乡土网路资源选介 / 钟雪珍执行编辑. -- 台北:台湾图书馆,2006. -- 231 页:图;21cm. -- 957 - 678 - 438 - 7(国家图书馆)

本书主要内容为:(1)网站简介:以台湾地区 25 县市之乡土网路资源为主体,介绍网站及乡土特色;(2)县市概况:乃台湾地区 25 县市之基本资讯简介,包含人口数、邻数、行政区、户数、村里数、土地面积、位置、气候、气温、特产、名胜、民俗节庆、风景区、更新资料日期等;(3)县市简图:台湾地区 25 县市之地图,包含乡镇示意图及其位居全国地图中的位置图。书中择要介绍各地实际地理位置、历史的人文环境、地理的自然环境、乡土产业、文教民俗活动等。书前有台湾图书馆馆长庄芳荣写的序。(赵红)

6167

信息组织 /(美) Arlene G. Taylor 著;张素芳,李书宁,李金波译. --北京:机械工业出版社,2006. -- 286 页:图;26cm. --据原书第 2 版译出;本书中文简体字版由美国 Greenwood Publishing Group 授权机械工业出版社独家出版. --7 -111 -18971 -X(国家图书馆)

作为美国图书馆协会获奖教材,本书是理论、实践与技术相结合的一个典范。它系统阐述了隐藏在各种环境下的信息组织实践背后的力量、原则、标准和工具,既包括分类、主题、编目、排架的原理与方法等内容,也加入了新的信息组织方法,如信息构建、知识管理、学科主题门户、语义网、信息组织系统和网络资源分类学的概念等。本书重点讨论了元数据的相关知识,它和编目的关系以及各种类型的元数据,几种新的元数据管理工具、对元数据的深度描述、检索点和规范控制、新的元数据方案等,力求全面、准确地把信息资源组织的理论和操作知识系统化地描述出来,使广大读者能对信息资源组织与管理的历史和现状、内容与对象、理论与实践有一个全面的了解和认识。本书每章后都有大量的推荐读物,列举了最新的有关研究成果,书后附有术语表,是很好的教、学、研用书。

本书作为翻译版,可以与原版结合用作信息组织课程的双语教材,也可以单独作为高等院校信息管理类专业的教科书和教学参考书,也可供各种与信息资源组织有关的机构或部门中从事信息化工作的人员参考。(张玲)

6168

信息资源管理教程 / 赖茂生主编 . -- 北京:清华大学出版社,2006. -- 12,374 页;26cm. -- 高等院校信息管理与信息系统专业系列教材. -- 7 -302 -13607 -6(国家图书馆)

本书内容包括 3 大部分,共 12 章。第一部分是信息资源管理概述和基本理论;第二部分阐述政府、企业、公益性机构和网络环境下信息资源管理的原理和方法;第三部分分析如何利用政策法律、技术方法和经济这三大手段来实现和加强信息资源管理。(张收棉)

6169

信息资源管理 / 马费成,赖茂生主编 . -- 北京:高等教育出版社,2006. -- 323 页;23cm. -- 普通高等学校管理科学与工程类学科专业主干课程教材 . -- 7 -04 -018458 -3(国家图书馆)

本书主要内容包括信息资源管理的历史沿革、国内外研究现状及发展、信息资源管理的目标与任务、信息资源的内容管理与系统管理、企业与政府信息资源管理、信息政策与法规、信息资源优化配置、知识管理等。(张收棉)

6170

信息资源公共获取与知识产权保护 / 陈传夫著. -- 北京:北京图书馆出版社,2007. -- 257 页;21cm. -- 当代中国图书馆学研究文库第一辑,国家“十一五 ”重点图书出版规划项目. -- 978 -7 -5013 -3442 -1(国家图书馆)

本文集收录了作者 1999 年以来关于信息资源公共获取与知识产权问题研究的论文 30 余篇。这些论文围绕知识产权的垄断性与信息公共性的矛盾,系统研究了信息公共获取所代表的利益问题、知识产权保护问题,体现了信息资源公共获取与知识产权保护的平衡的思想。(张玲)

6171

信息资源价值论:信息文明的价值思考 / 杨文祥著. -- 北京:科学出版社,2007. -- 18,500 页;24cm. -- 978 -7 -03 -018854 -0(国家图书馆)

本书通过对信息资源与人的本质、人的价值及价值实践之间的内在联系,通过对人类的信息资源价值实践与信息文明建设之间的内在联系的深入探讨,系统阐述了信息资源与人、人类社会、人类文明和人类社会未来发展之间的价值关系,由此构建了一个具有鲜明理论特色的信息资源价值论理论体系。(张玲)

6172

信息资源管理的理论与实践 / 程焕文,潘燕桃主编. -- 广州:中山大学出版社,2008. -- 300 页:图;25cm. -- 978 -7 -306 -03033 -7(国家图书馆)

本书分为信息资源管理研究进展、信息资源管理的发展趋势、信息资源管理的实践、信息资源管理的其他问题四编,内容包括中国图书馆信息学研究之文献计量研究、因特网学术研究与教育资源研究、文献信息资源的综合开发策略等。(张玲)

6173

信息组织概论(2 版) / 冷伏海,徐跃权,冯璐主编. --北京:科学出版社,2008. -- 11,361 页;24cm;1 光盘. -- 21 世纪信息管理丛书. -- 978 -7 -03 -021531 -4(国家图书馆)

本书从理论上阐明了信息组织的发展轨迹、基本原则、基本方法和类型,展示了数字信息环境下信息组织的变化、发展趋势和新的信息资源组织方式,探讨了新的信息组织环境下的技术标准、信息组织的分类法等。(韩丽)

6174

信息资源管理导论(第 3 版) / 孟广均等著. -- 北京:科学出版社,2008. -- 421 页:图;24cm. -- 现代信息管理与信息系统丛书. -- 978 -7 -03 -020508 -7(国家图书馆)

本书系统而全面地论述了信息资源管理(IRM)的概念与发展、信息资源管理的学科体系、信息资源管理的理论与技术基础、信息资源的过程管理、信息资源的网络管理、信息资源的宏观政策管理以及社会信息化与信息化社会等内容。(张玲)

6175

政府信息资源管理研究 / 陈能华著. -- 长沙:湖南人民出版社,, 2008. -- 357 页:图;23cm. -- 公共管理论丛. -- 978 -7 -5438 -5185 -6(国家图书馆)

本书共 10 章,内容包括:政府信息资源、政府信息资源管理、政府信息资源管理过程分析、政府网站建设与管理、电子政务、政府信息资源再利用、政府信息资源规划等。(张玲)

6176

信息资源管理政策与法规 / 马海群,周丽霞,肖秋惠等编著 . -- 北京:科学出版社,2009. -- 16,327 页;24cm. -- 现代信息

资源管理丛书．-- 978－7－03－022597－9(国家图书馆)

本书从广义信息资源角度构建信息资源管理的政策法规体系，既涉及信息资源管理政策法规的概况及过程，又分别从信息资源本身的管理、信息技术管理、信息产业管理、信息资源共享与利用管理等层面构建信息资源管理的政策法规体系，并对信息政策法规的学科建设及研究前沿领域进行了探讨。(张收棉)

信息传播

6177

信息媒体及其采集 / 刘兹恒编著. -- 北京：北京大学出版社，1998. -- 290 页；20cm. -- 7－301－03811－9(北京大学图书馆)

本书立足于信息服务机构的信息资源建设，从分析信息、信息媒体和信息资源的概念、功能出发，探讨了纸质信息媒体、非纸质信息媒体、电子及网络等各类信息资源的类型、特点和作用，介绍了信息媒体的生产、发行过程及其管理、控制机制，并根据我国信息服务机构的实际，全面论述了信息媒体采集的原则、方法和程序，还对信息媒体自动化采访系统的建立及网络信息资源的采集进行了阐述。本书不仅可以作为高等院校信息管理及相关专业的教材，也可供信息服务机构的信息采访人员在业务进修时参考。(张玲)

6178

传播学概论 / 周庆山著. -- 北京：北京大学出版社，2004. --380 页；23cm. -- 21 世纪新闻与传播学系列教材. -- 7－301－07691－6(国家图书馆)

本书概述了人类传播的概念、特征、类型等基本原理和历史发展，分析了人类传播的要素和过程的结构与模式，重点阐述了大众传播的基本问题、传播媒介、传播者等方面的基本理论问题。(张玲)

6179

网络信息传播的自律机制研究 / 张久珍著. -- 北京：北京图书馆出版社，2005. -- 372 页：图；20cm. -- 信息管理科学博士文库. -- 7－5013－2736－X(国家图书馆)

本书共 8 章，包括：绪论、网络信息传播自律机制提出的背景、网络信息传播自律机制理论分析、网络信息传播自律机制的体系结构等。(张玲)

6180

媒体测评方法与应用研究 / 陈喆，杜渐，缪其浩著. -- 上海：上海科学技术文献出版社，2006. -- 276 页：图；21cm. -- 7－5439－2840－X(国家图书馆)

本书通过国内外相关理论和方法的研究，根据媒体信息环境、信息技术发展的新成果，构建媒体测评的方法体系和测评系统，这些内容都已经得到实际的检验，获得服务对象的好评。(张玲)

6181

信息媒体及其采集(第二版) / 刘兹恒编著. -- 北京：北京大学出版社，2008. -- 274 页. -- 978－7－301－14154－0(北京师范大学图书馆)

本书立足于信息服务机构的信息资源建设，从分析信息、信息媒体和信息资源的概念、功能出发，系统讨论了纸质信息媒体、非纸质信息媒体、电子及网络等各类信息资源的类型、特点和作用，揭示了信息媒体的生产、发行过程及其管理、控制机制，并根据我国信息服务机构的实际，全面论述了信息媒体采集的计划、原则，深入分析了信息媒体选择和采集的方法，详细介绍了信息媒体采集自动化系统的实现，还对信息资源的评价和信息资源保障体系的建设进行了深入的探讨。本书不仅可以作为高等院校图书馆学、档案学和信息资源管理等相关专业的教材，也可供信息服务机构的信息采访人员在业务进修时参考。(张玲)

图书目录、文摘、索引

6182

中国藏书家考略 / 杨立诚，金步瀛编. -- 杭州：浙江省立图书馆四库目略发行处，1929. -- 20，302 页；26cm(浙江图书馆)

全书列有 741 位自秦汉始至清季的藏书家业绩。凡例告知以姓名笔画排序，并列有人名索引。(王效良)

6183

中国图书馆名人录 / 宋景祁编辑. -- 上海：上海图书馆协会，1930. -- 有像(上海图书馆)

蔡元培题写书名。又名中国图书馆界名人录。内容包括序文、团体照片、各人照片。附有名人通讯录。(金晓明)

6184

中学图书馆最低限度书目 / 赵传家编. -- 上海：华东基督教教育会，1932. -- 177 页；19cm(浙江图书馆)

首有杜定友、王云五、范祥善的序言。内容分总类、社会科学、哲学、文学、艺术、自然科学、应用技术、语言、历史、地理 10 类。附录收杜定友演讲稿《最低限度之中学图书馆》及其所辑的《对日问题研究书目》。另附所列书目的图书价格、部数一览表。(王效良)

6185

图书年鉴. 上册：中国图书馆事业志 / 杨家骆. -- 南京：中国图书大辞典编辑馆，1933. --“杨家骆著中国图书大辞典”第 28 种

未见书。见录于李钟履《图书馆学书籍联合目录》。(胡月平)

6186

室名索引 / 陈乃乾辑，陶毓英编. -- 上海，国光书局，1933、

1934、1936、1940. -- 308 页. --“共读林丛书”之一(国家图书馆)

未见书。见录于李钟履《图书馆学书籍联合目录》。(胡月平)

6187

世界图书馆展览会目录 / 中国国际图书馆. -- 上海:中国国际图书馆编印,1934. -- 43 页(上海图书馆)

为展览会征集的展览物品目录,包括欧美 16 国及部分国内图书馆提供的照片、图书、表格、建筑图案等。(金晓明)

6188

普通图书馆图书选目 / 杜定友编. -- 上海:中华书局,1935. -- 34,340,160 页;32 开(国家图书馆)

选收 1934 年 7 月以前国内出版物 500 种,作为向县立、民众、通俗、中学各图书馆选购图书时的推荐书目,依“杜氏图书分类法”排列,附书名索引、全国出版家指南。(胡月平)

6189

中文参考书举要 / 邓衍林. -- 北平:国立北平图书馆,1936. -- 143 页;16 开(国家图书馆)

列举书目、类书、字典、期刊、年鉴及自然科学、应用科学、社会科学等各科主要参考书。书前有编者序、凡例。末附书名索引、著者索引。(胡月平)

6190

现代中国作家笔名录 / 袁湧进. -- 北平:中华图书馆协会,1936. -- 144 页;19cm. --“中华图书馆协会丛书”第 11 种(国家图书馆)

书前冠袁序等,书末附索引。(胡月平)

6191

杜氏丛著书目 / 钱存训. -- 编者刊,1936. -- 140 页;19cm (国家图书馆)

书末附:杜氏丛著书目索引。(胡月平)

6192

中国古今作家真名笔名笔名真名便检 / 陈天鸿. -- 上海图书馆用品社,1936

未见书。见录于李钟履《图书馆学书籍联合目录》。(胡月平)

6193

藏书纪事诗引得(引得第二十八号) / 蔡金重. -- 北平:燕京大学哈佛燕京学社引得编纂处,1937. -- 119 页;16 开(辽宁省图书馆)

此书为(清)叶昌炽著《藏书纪事诗》及伦明《辛亥以来藏书纪事诗》的索引首编者序及叙例。叙例云:“本引得所录为叶昌炽之《藏书纪事诗》、伦明《辛亥以来藏书纪事诗》,前者简称为‘藏书诗’,后者称为‘辛藏书诗’。《藏书纪事诗》有江刻灵鹣阁丛书本及叶氏自刊本,本引得以叶氏自刊本之卷页数为主,而下括灵鹣阁本页数。《辛亥以来藏书纪事诗》刊于《正风》杂志,未有单行本,故仅标《正风》之卷期数。”(卓连营)

6194

古今人物别名索引 / 陈德芸. -- 广州:国立广东岭南大学图书馆,1937. -- 61,630 页;26cm(辽宁省图书馆)

首自序、凡例,后有编后话及订误。自序云:“不揣梼昧,因取古今人之别号、原名、字号、谥法、爵里称谓、斋舍自署、帝王庙号,逐一列表,得七万零贰佰条,费时三年余,都六十万言”。(卓连营)

6195

图书馆学书目解题 / 刘子亚. -- 山东省第二民众教育辅导区办事处,1937. -- 10,68 页;32 开. -- 辅导丛书第 2 种(国家图书馆)

介绍了 109 种图书馆学书籍,包括书名、作者、发行所、出版时间、页数、定价及内容提要。有杨翼心的《辅导丛书编辑旨趣》及作者自序。(胡月平)

6196

中国流通图书馆(第一辑补充目录) / 中国流通图书馆. -- 上海:编者刊,1938. -- 62 页;32 开(上海图书馆)

特选未经编审千种出版新书及通俗小说,供读者临时检索用。(金晓明)

6197

中国流通图书馆图书目录. 第一辑 / 中国流通图书馆编审部编. -- 上海:中国流通图书馆,1938. -- 212 页;19cm(国家图书馆)

版权页题名:图书目录第一辑。分总类、哲学、宗教、社会科学、自然科学、实业、美术、文学、史地等类。(胡月平)

6198

中国帝号标题一览 / 胡正支. -- 北京:燕京大学引得校印所,1939

未见书。见录于李钟履《图书馆学书籍联合目录》。(胡月平)

6199

上海各图书馆藏报调查录 / 上海新闻图书馆编. -- 上海:新闻图书馆(内部出版),1951. -- 252 页;18cm

未见书。

6200

山东省图书馆现藏俄文图书馆学书籍目录 / 山东省图书馆编. -- 济南:山东省图书馆(内部出版),1956. -- 22 页;26cm(国家图书馆)

该书为山东省图书馆 1956 年馆藏俄文图书馆学书籍目录。全书分为图书馆学、图书馆管理、图书馆种类及概况、图书馆阅览、书志、目录学、图书目录及图书学八个部分。(胡秋玲)

6201

全国图书馆书目汇编 / 冯秉文编. -- 北京:中华书局,1958. -- 144 页;20cm. -- 7018.17

未见书。

6202

台湾文献资料目录 / 台湾省立台北图书馆编. -- 台北:台湾省文献委员会,1958. -- 172 页;26cm. -- Catalogue of book relating to Taiwan(国家图书馆)

本目录所收台湾文献资料,以省立台北图书馆现藏该项书刊为限。本目录系依照日据时期,台湾总督府图书馆所编图书目录中有关台湾部分重编而成。本目录分为中文、日文、西文三部分,除中文部分依据笔画次序编成,末附有关台湾参考图书书目外,其他均依据原分类号码之次序编排,以便检索。本目录未收省立台北图书馆于光复后所编之图书。(赵红)

6203

台湾省立台北图书馆善本书目 / 台湾省立台北图书馆编. --台北:台湾省立台北图书馆,1968. -- 47 页;21cm(国家图书馆)

本书目共分五卷,卷一经部,包括易类、诗类、礼类、春秋类、孝经类、四书类、小学类;卷二史部,包括纪传类、纪事本末类、杂史类、传记类、地理类、政书类;卷三子部,包括儒家类、兵家类、术数类、杂家类、类书类、释家类;卷四集部,包括总集类、别集类、函牍类、诗文评类、词曲类;卷五丛部,包括汇编类。(赵红)

6204

台湾博士硕士论文目录 / "中央图书馆"主编. -- 台北:"中华丛书编审委员会",1970. -- 272 页;20cm(国家图书馆)

本目著录 1949 年至 1968 年间台湾博士、硕士论文,及军方外派深造人员所撰学位论文(1969 年编辑时续收到该年部分资料故亦予著录)。本目编排,首依学位,次为学科,同学科者,则按撰者姓名笔画多少及起笔之点、横、直、撇、捺顺序(篇末撰者索引之排列方法同此)。本目除著录各论文之撰者姓名、论文名称、学位、学校及研究院所、毕业时间及指导教授外,凡已发表或出版之论文则增列其发表及出版处所。(赵红)

6205

钵山书影 / 江苏省国学图书馆编. -- 台北:广文书局,1970. -- 3 册;25cm. -- 书目四编. 69(国家图书馆)

本套书籍由清代学者、藏书家丁立中编,钱塘丁仁作书目四编总序。丁氏藏书清末归江南图书馆,后编目印书以保存传承。本套书分上、中、下三册。总计宋元刻本 126 种。宋本经部 8 种,史部 9 种,子部 8 种,集部 11 种,共计 36 种。元本经部 19 种,史部 21 种,子部 24 种,集部 26 种,共计 90 种。目次顺序为:书名、版本、行格、板匡、书影页数(题跋不计)、题跋人姓名、书影页码。书前"盋山书影读后记"乔洐琯 1969 年作。(赵红)

6206

铁琴铜剑楼宋金元本书影 附识语 / 铁琴铜剑楼编. -- 台北:广文书局,1970. -- 4 册;25cm. -- 书目四编;70(国家图书馆)

本套书籍由清代学者、藏书家丁立中编,钱塘丁仁作书目四编总序。其后是乔洐琯作"铁琴铜剑楼宋金元本书影读后记"。该套书共 4 册,集书影 269 种。宋本经部 40 钟,史部 30 种,子部 38 种,集部 52 种,共计 160 种。金本经部 1 种,子部 1 种,集部 2 种,共 4 种。元本经部 38 种,史部 21 种,子部 26 种,集部 30 种,共计 115 种。目录项依次为:书名、版本、行格、板匡、所摄制之书影页数、影存题跋人名、原书页次、书影见于识语卷数页。(赵红)

6207

美国国会图书馆藏中国善本书目 / 王重民辑录. -- 台北:文海出版社,1972. -- 1306 页;20cm(国家图书馆)

该书为美国国会图书馆藏中国善本书目录。全书分经部、史部、子部、集部、补遗、著者索引、书名索引。(赵红)

6208

台湾出版图书目录:1972 年度 / 台湾"中央图书馆"编目组编辑. -- 台北:"中央图书馆"编目组,1973. -- 334 页;26cm(国家图书馆)

本目录所收图书以 1962 年度依"出版法规"送缴到馆的新版中文图书为主,赠送或购买到馆的新版中文图书亦一并收录,外文图书收为附录。小册子、乐谱、图片、神怪小说等暂不辑入。收录图书目录卡片采"中央图书馆印刷目录卡片"版式与普通卡片混合排印,依书码排列。"央馆卡"的著录项目,依序为书名项、著者项、出版项、稽核项、附注项、追寻项、书名及著者罗马拼音、书码、定价、央馆卡号、本馆名称。

目录分三部分:分类表、正文、索引。书后编有书名索引,按书名笔画多寡及笔顺排列。(赵红)

6209

台湾索引编辑研讨会参考资料 / 台湾"中央图书馆". -- 台北:"中央图书馆",1977. -- 196 页;20cm(国家图书馆)

该书收编 1947 年 5 月至 1967 年 1 月在台湾新编的期刊及报纸索引。检索方法分别按年月顺序排列,按分类排列,按刊名笔画顺序排列。并有"重要索引资料统计",按出版地划分的期刊索引分为:中国台湾(数量最多)、中国香港、新加坡、日本、美国。(赵红)

6210

台湾书目编辑研讨会参考资料 / 黄渊泉编辑. -- 台北:"中央图书馆",1977. -- 158 页;20cm(国家图书馆)

本书分为三部分:(1)三十年来台湾书目编印年表;(2)三十年来台湾书目编印分类目录;(3)书影。其中书影含:"中央图书馆"新书目录、台湾出版图书目录、台湾出版图书目录汇编、台湾图书总目录、台湾大学教职员著作目录、台湾公藏善本书目书名索引、台湾图书联合目录等。(赵红)

6211

台湾期刊论文索引汇编(1977 年) / "中央图书馆"编;吴碧娟主编. -- 台北:"中央图书馆",1978. -- 889 页;26cm(国家图书馆)

本索引收编 1977 年 1 月至 12 月台湾出版之中西文期刊共 560 种,论文20836篇。系将"台湾期刊论文索引"第 8 卷第 3 期至第 9 卷第 2 期之资料,全部重新按类汇集整理,并加以补充而成。本索引以论文为主,凡文艺作品、通讯消息、会计报告、人事动态、定期统计资料、产品介绍、随笔漫谈等均未予以录入。本索引分:凡例、分类总表、分类详表、索引正文、收编期刊一览表、作者索引。(赵红)

6212

书目类编 92 · 中国目录学年表 / 严灵峰编辑. -- 台北:成

文出版社,1978. -- 1 册;21cm. -- 书目类编 92(国家图书馆)

《书目类编 92》由严灵峰主辑,含影印书四本。(1)《中国目录学年表》(姚明达编著),根据 1940 年排印本影印。广泛收集中国自古以来目录学界大事,从公元前 213 年至 1936 年依年代顺序编排。凡与目录编纂有关的校书、藏书、求书、典书官制之沿革、藏书馆阁之兴废都择要编入。附"中国目录学年表索引"。(2)《目录学丛考》(程会昌著),据 1931 年排印本影印。(3)《书林扬觯》(清方东树),据苏州文学山房排印本影印。(4)《经籍举要》(清龙起瑞),据光绪十九年中江讲院刊本影印。书后为"尊经阁募捐藏书章程"。(赵红)

6213

书目类编 80 · 劫中得书记续记 / 严灵峰编辑. -- 台北:成文出版社,1978. -- 1 册;21cm. -- 据 1956 年排印本影印(国家图书馆)

郑振铎撰《劫中得书记续记》根据 1956 年排印本影印。卷首著者自作"新序"简述成书之经过。《刦中得书记》内有序及"海内奇观"、"南柯梦"、"碎金词谱"等 89 篇文,《刦中得书记续记》内有序及"帝景景物略"、"太平三书"、"瑞世良英"等 60 篇。附录:跋脈望馆钞校本古今杂剧;清代文集目录序;清代文集目录跋。该册书另有严灵峰撰《无求备斋序跋》,根据 1973 年排印本影印,包括"老子章句新编序"、"墨子简编序"、"论语章句新编序"等 101 篇。书后附"严灵峰著述年表"。正文中"刦"和"劫"二字均采自原著。(赵红)

6214

台湾出版图书目录:1978 年度 / 台湾"中央图书馆"编. -- 台北:台湾"中央图书馆",1979. -- 433 页;26cm(国家图书馆)

本目录著录图书以台湾出版的中文图书于 1978 年度依"出版法规"送缴"中央图书馆"者为主,港澳等地的中文出版品亦一并收录,在台湾出版的外文图书亦予收录,编于中文图书之后,中文旧籍(1949 年以前出版)亦附录于后。本目录的编排,以本馆目录卡片形式排印,依目次所载书码排列,外文图书依字母顺序排列。著录项目依次为书名项、著者项、出版项、稽核项、附注项、书码、定价。目录分三部分:分类表、正文、索引。索引部分包括书名索引和著者索引。(赵红)

6215

"国立中央图书馆"馆藏台湾政府出版品目录 / 台湾"中央图书馆"主编. -- 台北:"国立编译馆中华丛书编审委员会",1979. -- 672,141 页;26cm(国家图书馆)

本目录著录官书之范围包括本馆典藏之台湾各级政府、学校及公营事业机构所编印之各种形式之出版品。其时间自 1949 年起,迄于 1976 年 12 月。本目录兼收政府编印之中英文专著及连续性刊物。专书著录其书名、撰者、出版时地、印行者以及页数、版式等。连续性刊物则著录其刊名、刊期、创刊年月、发行地点、编印机构、馆藏等。本目录分甲、乙两编,甲编收录各级民意机构之书刊资料,乙编收录各级政府机构之书刊资料。甲、乙两编各列主要机构之名称作为标题,其下分列次级机构及所属或相关机构之资料。资料之排列,首依各机构之组织体系,同机构者先连续性刊物、次专著、后西文刊物,再依刊名笔画顺序排列。(赵红)

6216

台湾期刊论文索引汇编(1978 年度) / "中央图书馆"编;吴碧娟主编. -- 台北:"中央图书馆",1979. -- 990 页;26cm(国家图书馆)

本索引收编 1978 年 1 月至 12 月台湾出版之中西文期刊共 603 种,论文22724篇,系将"台湾期刊论文索引"第 9 卷第 3 期至第 10 卷第 2 期之资料,全部重新按类汇集整理,并加以补充而成。本索引以论文为主,凡文艺作品、通讯消息、会计报告、人事动态、定期统计资料、产品介绍、随笔漫谈等均未予以录入。本索引分凡例、分类总表、分类详表、索引正文、收编期刊一览表、作者索引。(赵红)

6217

俄文音译日文、拉丁文音译俄文科技期刊与连续出版物名称对照手册 / 北京图书馆科技参考组编. -- 北京:书目文献出版社,1980. -- 264 页;16 开. -- 7201.2(国家图书馆)

本书收集日、俄文科技期刊与连续出版物 5800 种,分编为"俄文音译日文科技期刊与连续出版物"与"拉丁文音译俄文科技期刊与连续出版物(正、续两编)"两部分。凡附有英文译名的也一并录上,按照俄文、拉丁文字母顺序排列,供图书情报工作人员在进行外国科技文献检索时使用。(金丽萍)

6218

西文参考工具书联合目录 / 北京图书馆联合目录编辑组编. -- 北京:书目文献出版社,1980. -- 261 页;16 开. -- 17201.2(国家图书馆)

本书按《中国图书馆图书分类法》(第一版)类目编排,收录了我国 146 个图书馆入藏的英、德、法、波、捷、罗、匈、意、西班牙等国文字的参考工具书 2171 种。所收各书的著录项目包括:顺序号、著者、书名、版次、出版地、出版年、页数或册数、馆代号、汉译书名。书前有类目表、参加馆代号表,书后附书名索引。(金丽萍)

6219

台湾出版图书目录汇编. 四辑 / 黄渊泉编辑. -- 台北:"中央图书馆",1980. -- 2039—2942 页(3 册);26cm(国家图书馆)

本汇编四辑著录之图书以 1975 年至 1979 年依"出版法规"送缴本馆图书为主,港澳等地之中文出版品亦一并收入,在台湾出版之外文图书亦予收录,编于中文图书之后。中文旧籍(1949 年以前出版者)则附录于后。著录项依次为书名项、著者项、出版项、稽核项、附注项、书号、定价。本册为书名索引和著者索引。(赵红)

6220

如何查找科技文献资料 / 西南师范学院科技情报室. -- 北京:科学技术文献出版社, 1980. -- 164 页;20cm(国家图书馆)

本书内容包括:科技文献检索的意义和作用、科技文献的类型及其特点、检索工具的职能与种类、文献检索的步骤方法与途径、我国的检索刊物体系及科技文摘的使用,详细介绍了国外几种主要检索工具如美国《化学文摘》《生物学文摘》、英国《科学文摘》、苏联《文摘杂志》、日本《科学技术文献速报》的使用方法,介绍了科技报告、会议文献、专利文

献、标准资料的检索方法。(于静)

6221

香港中山图书馆中文参考书目录 / 香港中山图书馆编辑. -- 香港:香港中山图书馆,1980. -- 227 页;27cm(国家图书馆)

本书收录香港中山图书馆所藏中文参考用书,以 1979 年 10 月底以前收藏者为限,共收录 1637 种。本目录各书之著录,依序为书名项、著者项、出版项、稽核项、附注项、书码、索引号码。本目录依目片所载书码排列,书名及著者索引按笔画及笔顺排列。(赵红)

6222

当代学术论著展览目录 / 台湾"教育部学术审议委员会",台湾"中央图书馆"编. -- 台北:编者,1981. -- 289 页;20cm(国家图书馆)

展览的主要内容为:当代人文、社会及自然科学具学术价值或理论性之论著,共三千余种,包括历年学术奖金得奖著作、博硕士论文及各学术机构研究人员学术论著。展出资料全部编成目录。各书著录款目,包括书名、著者、出版年、出版地、出版者、页数等,期刊论文及书籍抽印本则注明篇名、著者、刊名(书名)、卷期、发表年月、页次等。(赵红)

6223

台湾出版图书目录. 1980 年度 / "中央图书馆"编辑. -- 台北:"中央图书馆",1981. -- 456 页;26cm(国家图书馆)

本目录每月编印一期,每年编印年汇编本,每五年并编五年汇编本,均附题名及著者索引。本目录于 1960 年 9 月创刊,名为《新书简报》,继改名为《"国立中央图书馆"到馆书目》,再改称《"国立中央图书馆"新书目录》,自 1970 年元月起改用现名,继续发行。

收录范围每期以依出版法规送缴到馆之新版中文书刊为主,海外出版品,经由赠送、交换或购买到馆之中文资料亦一并收录;台湾地区出版之外文资料,亦收录于后。目录卡片著录项依次为顺序号、题名及著者叙述项、版本项、出版项、稽核项、集丛项、附注项、标准号码及获得方式项、追寻项、书码及电脑系统识别号。

目录有四部分:凡例、分类表、正文及索引。正文部分包括总类、哲学类、宗教类、自然科学类、应用科学类、社会科学类、史地类:中国史地、史地类:世界史地、语文类、美术类等。索引包括题名索引和著者索引。(赵红)

6224

台湾文献图书简介 / 刘宁颜主编. -- 台中:台湾省文献委员会,1981. -- 294 页;26cm(国家图书馆)

本书所收图书,以 1980 年 6 月底台湾省文献委员会所收藏之有关台湾文献书籍为限。分类编排分为总类、史地、法制、社会经济、宗教、教育、文学语言、艺术、自然科学、工程等各大类,下再酌分若干细目。本简介于各书,首录其书名,次列其著作者、发行者、图书分类号码等。(赵红)

6225

台湾省文献委员会图书目录 / 台湾省文献委员会整理组编辑. -- 台中:台湾省文献委员会,1981. -- 455 页;26cm. -- 增订本(国家图书馆)

本目录分为甲、乙两篇。甲篇收录有关台湾省图书,乙篇收录一般图书。本目录所采用的分类法,甲篇系采用台湾省立台北图书馆(现在的"国立中央图书馆台湾分馆")所行有关台湾图书的分类法(据 1958 年省立台北图书馆编,台湾文献资料目录),乙篇系采用赖永祥编"中国图书分类法"。本目录不包括"台湾总督府公文类纂"、"台湾省各机关逾期档案"、"台湾省石碑拓本"、"台湾省历史文物美术照片"、"台湾省名胜古迹照片"等类目录。本目录除中文、日文外,并有英文、法文、拉西文,附于各部分之后。(赵红)

6226

拉丁文音译日文科技期刊与连续出版物名称对照手册 / 北京图书馆科技参考组编. -- 北京:书目文献出版社,1982. --404 页;16 开. -- 7201.2(国家图书馆)

本书收录日文科技期刊与连续出版物 1.1 万余种,全部按日文期刊与连续出版物的拉丁字母音译刊名字顺排列。凡是原日文刊名附有英文译名的一并录上。(金丽萍)

6227

高雄市立图书馆新书目录:1982 年度 / 高雄市立图书馆. --高雄:高雄市立图书馆,1982. -- 271 页;26cm(国家图书馆)

本书是高雄市立图书馆及所属鼓山、旗津、左营、楠梓等分馆自 1981 年 7 月至 1982 年 6 月已经编目入藏的联合目录。本目录甲篇是中文图书,乙篇是西文图书。目录编排依照书码、书名、著者、出版者、出版年、册数、藏所排列。(赵红)

6228

台湾公藏普通本线装书目书名索引 / "中央图书馆"特藏组. -- 台北:"中央图书馆",1982. -- 22,1213 页;21cm(国家图书馆)

该工具书根据 8 种书目编辑而成。词条编写依次为:书名、卷数、作者、版本、馆藏。检索根据书名索引检字表。(赵红)

6229

台湾出版图书目录: 1983 年度:5 月—12 月号 / 台湾"中央图书馆"编. -- 台北:"中央图书馆",1983. -- 8 册;27cm(国家图书馆)

本目录收录范围,每期以依"出版法规"送缴到馆之新版中文图书为主(包括图书、期刊及政府出版品等),港澳等地出版、赠送或购买到馆之新刊中文图书亦一并收录,旧籍及外文图书收录于后。小册子、乐谱、图片、神怪小说等暂不辑入。目片之著录项目依序为顺序号、书名项、著者项、出版项、稽核项、附注项、定价。收录图书依目片所载书码排列;书名索引按笔画及笔顺排列。本目录自 1979 年 4 月号起增加台湾分馆新编图书目录。台湾分馆新编图书目录部分以条列式著录书码、书名、著者、出版年、出版者、面数、高广等项,而依书码排列。(赵红)

6230

台湾出版图书目录:1982 年度 / "中央图书馆"编目组. -- 台北:"中央图书馆",1983. -- 655 页;26cm(国家图书馆)

该目录以台湾地区出版送缴"国立中央图书馆"的中文图书为主,也有港澳等地出版的中文图书。分类目次:总类、哲学类、宗教类、自然科学类、应用科学类、社会科学类、史地类、语文类、美术类、外文图书。附录1:旧籍;附录2:书名索引(按照笔画检索)。目录编排依次为:书名、著者、出版、稽核、附注、书码、定价。(赵红)

6231

图书馆学论文索引:1949.10—1980.12 / 南京图书馆编. --北京:书目文献出版社,1983. -- 126页;19cm. -- 17201.30(北京师范大学图书馆)

本《索引》是南京图书馆在1959年出版的《图书馆学论文索引》第二辑的基础上加以补充修改汇编而成。它收录了1949年10月至1980年12月期间国内出版发行的图书馆专业期刊、论文资料集和部分报纸中有关图书馆学、图书学、目录学、版本学、情报学等方面的论文篇目共计8770条。本《索引》收录篇目比较齐全,对有的条目从篇名不能明显看出论文具体内容的,作了内容简介,书后附有著者姓名笔画索引,是一部便于图书情报工作者及有关系科的教师在学习、工作、科研和教学中查考有关论文资料的工具书。(张玲)

6232

图书馆学论文索引:1981—1982 / 南京图书馆编. --南京:江苏省图书馆学会(内部出版),1983. -- 318页;21cm. -- 图书馆学小丛书(北京师范大学图书馆)

本《索引》选收了1981、1982两年出版的图书馆学、情报学、档案学、出版工作的专业期刊上的文章,和南京图书馆以前编辑的《图书馆学论文索引》(1949年10月—1980年12月)(由书目文献出版社出版)相衔接。本《索引》所收文章除从学术性、资料性着眼,向专业研究工作者提供学习参考外,鉴于我国图书馆、情报工作人员队伍的现有水平,对于所刊载的工作总结、经验交流、业务知识传授性质的文章,只要对当前的实际工作有参考价值的,也予选收。兼顾了提高和普及两个方面,以便较好地满足读者的需要。(张玲)

6233

日本主要参考工具书指南(自然科学) / 纪昭民,张玉麟,辛希孟,沈禹康,李光的编译. -- 北京:书目文献出版社,1984. -- 321页;32开. -- 17201.31(国家图书馆)

本书根据日本图书馆协会日本参考图书编辑委员会1980年编辑出版的《日本的参考书——解说总览》一书的自然科学部分选编,包括辞典、手册、图谱、年表等,共1055种,按照《中国图书馆图书分类法》自然科学的类别分类排列,同类书按书名的汉字笔画排列。每种参考工具书包括中文译名、原文书名、编者、出版者、出版年、页数、内容简介等项目。(金丽萍)

6234

台湾出版图书目录:1984年度:1月—11月号 / 台湾"中央图书馆"编. -- 台北:"中央图书馆",1984. -- 11册;27cm(国家图书馆)

本目录收录范围,每期以依出版法规送缴到馆的新版中文图书为主,港澳地区出版、赠送或购买到馆的新刊中文图书亦一并收录,旧籍及外文图书收录于后。小册子、乐谱、图片、神怪小说等暂不辑入。目片的著录项目依次为顺序号、书名项、著者项、出版项、稽核项、定价、书码及电脑系统识别号。本目录分三部分:分类表、正文、索引。索引部分包括书名索引和著者索引。(赵红)

6235

图书馆学情报学档案学论著目录:1949—1980 / 董秀芬主编. -- 上海:上海人民出版社,1984. -- 393页;25cm. -- 11074.572(北京师范大学图书馆)

本目录收录1949—1980年间国内(除台湾省外)出版的有关图书馆学、情报学、档案学等方面的报刊资料、论文集及专著。全书共收目录一万一千余条,其中图书馆学七千余条,情报学三千余条,档案学一千余条。选自一百余种专业及有关学科期刊,近百种论文集,及大专院校学报、全国和部分省、市、自治区报刊有关论文资料。全书分图书馆学、情报学、档案学三部分。各部分均按报刊资料、论文集、专著分别编排。书后附主要报刊收录一览表和论文集收录一览表。本目录按内容主题分类编排,同一类目中先列总论、专题,次列经验体会及国外情况介绍。成套教材或专题性讲座资料先汇总著录,然后按内容编入各类。同一主题资料以发表时间先后为序排列。凡一文的再论、补遗、质疑等均集中编排,一文在两处以上发表的,于篇名后以时间为序连续著录出处。著译者姓名均按原文署名著录。(张玲)

6236

普林斯顿大学葛思德东方图书馆中文善本书志 / 屈万里. --台北:联经出版事业公司,1984. -- 584页;20cm. -- 屈万里先生全集.13(国家图书馆)

该书为普林斯顿大学葛思德东方图书馆收藏的中国善本书志,依照《四库全书》体例分类。卷一经部,又细分为:易类、书类、礼类、春秋类等。卷二史部,又分为:纪传类、编年类、杂史类等。卷三子部又分:儒家类、兵家类、法家类医家类等。卷四集部又分楚辞类、别集类、总集类等。书后有附录、编者"跋""后记",并有英文的前言和葛斯德图书馆(The Gest Oriental Library)介绍。

6237

古籍善本书目解题 / 王继祥等编纂. -- 长春:东北师范大学图书馆(内部出版),1984. -- 493页;20cm(东北师范大学图书馆)

本目录是在1200种全国古籍善本书的基础上进行重新整理加工而成的。本目录除按《全国古籍善本书总目》的著录条例和分类表进行分类和著录外,又增加了各书的内容提要和作者简介,以供读者参考,并在各条的末尾处附上本馆的索书号,以利读者检索。(于静)

6238

科学技术情报参考书目 /(美)刘钦智编;范铮译. --北京:书目文献出版社,1985. -- 848页;32开. -- 17201.93(国家图书馆)

本书是天津大学图书馆的范铮同志根据美籍华裔图书馆学专家刘钦智博士编写的 Scientific and Technical Information Sources 一书译出的。全书分为23个类目,共计3761条,分上、下册出版。上册内容为:评论性资料;选书工具;文献指南;书目;百科全书;字典;手册;表、历书、数据集、统计资料便览、参考资料、实验室便览、工作便览、使用便览;指南和野外指南;图集和地图等。下册内容为:名录、年鉴、传记资料;历史;重要丛书和其他进展评论;论丛和专著;文摘、索引和最新资料通告;期刊;技术报告和政府文献;会议论文集、译丛、学位论文、进展中的研究、预印本和重印本;专利和标准;商业文献;非印刷资料;专业学会及其出版物;数据库。(金丽萍)

6239

四库全书简明目录指南 / 陈有方. -- 台湾:"商务印书馆",1985. -- 2 册;19cm. -- 中英文(国家图书馆)

文渊阁原钞本四库全书简明目录 1983 年由台湾"商务印书馆"出版。本书根据 83 年中文版编译为中英文版,共 5 章。第一章列举说明各章编译要点,第二章列举各书作者姓名、书名及页码,第三章著者索引,第四章书名索引,第五章主题索引。(赵红)

6240

台湾出版图书目录汇编. 五辑(1980—1983) / "中央图书馆"编目组编辑. -- 台北:"中央图书馆",1985. -- 1368 页(3 册);26cm(国家图书馆)

本汇编五辑收录范围,以 1980 年至 1983 年依出版法规送缴到馆之新版中文书刊为主,台湾以外地区出版品,经由赠送、交换或购买到馆之中文资料亦一并收录。目录著录项目依次为顺序号、题名及著者叙述项、版本项、出版项、稽核项、集丛项、附注项、标准号码及获得方式项、追寻项、书码及电脑系统识别号。

全书分编例、分类表、正文、索引四部分。正文部分包括"上册、中册、下册"。(赵红)

6241

铁琴铜剑楼藏书题跋集录 / 瞿良士辑. -- 上海:上海古籍出版社, 1985. -- 365 页;19cm. -- 17186.46(国家图书馆)

常熟瞿氏的铁琴铜剑楼是清晚期中国四大藏书楼之一,所藏善本极多。本书是瞿氏后人瞿良士辑录家藏 380 余种善本内名人学者、藏书家留下的题跋手迹,涉及古书版本、流传情况、内容评介、校勘考订以及书林掌故等。全书按经、史、子、集分为四卷,其中经部包括周易十卷、周易注疏十三卷、、禹贡山川地理图二卷、蔡氏傅辑录纂注六卷、丛桂毛诗集解二十一卷、诗经疑问七卷附编一卷、周礼句解十二卷、周礼补亡六卷、仪礼要义五十卷、礼记释文四卷、春秋经传集解三十卷、春秋公羊经传解诂十二卷、春秋谷梁疏七卷、春秋经解十五卷、经典释文一卷、九经三传沿革例一卷、九经疑难四卷等;史部包括汉书一百二十卷宋刻本、南史八十卷元刊本、旧唐书二百卷明刊本、晏字春秋八卷影抄元本等;子部包括孔子家语十卷校宋本、荀子二十卷校宋本、管子二十四卷宋刊本、韩非子二十卷校宋本、汉天师世家一卷旧钞本等;集部包括离骚集传一卷宋刊本、楚辞八卷附辨证二卷后语六卷元刊本等。(张玲)

6242

"国立中央图书馆"善本书目初稿 / 屈万里. -- 台北:联经出版事业公司,1985. -- 337 页;20cm. -- 屈万里先生全集. 第三辑. 16(国家图书馆)

本书分 5 卷,卷一经部、卷二史部、卷三子部、卷四集部、卷五丛书。该书为台湾"中央图书馆"第一部善本书目。书后附:善本图书编目规则。附录 1"习用语释要";附录 2"宋至清帝王纪元及避讳字简表";附录 3"岁阴岁阳表"。校读记由刘兆祐、林庆彰撰写。(赵红)

6243

台湾省立台中图书馆中文图书目录. 第一辑 / 台湾省立台中图书馆编辑. -- 台中县:台湾省立台中图书馆出版交换组,1985. -- 1 册;26cm(国家图书馆)

该目录所编列之图书,系自 1972 年 4 月至 1973 年 12 月之新购图书,整理分篇汇编而成。本目录采用"中国图书分类法"分类,"'国立中央图书馆'中文图书编目规则"编目,王云五先生之"四角号码法"编著作者号码。本目录之次序,分为普通图书、参考图书(附线装书)、台湾资料三大部分,别附中文期刊于后,各类图书均不再标明冠号。本目录所编列之图书,均注明书码、书名、著作者、出版年、出版地、出版者及册数,并于备注栏内注明复本数。书前有台湾省立台中图书馆馆长宋新民写的前言。(赵红)

6244

台湾省立台中图书馆中文图书目录. 第二辑 / 台湾省立台中图书馆编辑. -- 台中县:台湾省立台中图书馆出版交换组,1985. -- 402,110 页;26cm(国家图书馆)

本目录所编列之图书系台湾省立台中图书馆暨黎明分馆,自 1975 年 7 月至 1977 年 12 月止新购之各类中文图书。本目录采用"中国图书分类法"分类,"'国立中央图书馆'中文图书编目规则"编目,王云五先生之"四角号码法"编著作者号码。本目录分篇编列之次序,依次为本馆之普通图书、参考图书、线装书、台湾资料及分馆之普通图书等七大部分,各类图书均不再标明冠号。本目录所编列之图书,均注明书码、书名、著作者、出版年、出版地、出版者及册数,并于备注栏内注明复本数。书前有台湾省立台中图书馆馆长马广亨写的前言。(赵红)

6245

台湾省立台中图书馆中文图书目录. 第三辑 / 台湾省立台中图书馆编辑. -- 台中县:台湾省立台中图书馆出版交换组,1985. -- 509,147 页;26cm(国家图书馆)

本目录将台湾省立台中图书馆暨黎明分馆 1978 年 1 月起至 1980 年 12 月底,新购及各界人士赠送之中文图书整理汇编而成。本目录分类系采用赖永祥先生之"中国图书分类法",著者号码采用王云五先生之"四角号码法"。本目录分篇编列依序为本馆之普通图书、参考图书、线装书及分馆之普通图书、参考图书五大部分,各类图书均不再标明冠号。本目录所编列之图书,均注明书码、书名、著(译)者、出版年、出版地、出版者版次等项目。书前有台湾省立台中图书馆馆长马广亨写的前言。(赵红)

6246

台湾省立台中图书馆中文图书目录. 第四辑 / 台湾省立

台中图书馆编辑. -- 台中县:台湾省立台中图书馆出版交换组,1985. -- 433,138 页;26cm(国家图书馆)

本目录收录台湾省立台中图书馆暨黎明分馆,自 1981 年 1 月至 1983 年 12 月底止,新购及各界人士赠送之中文图书,共13870种。本目录分为五大篇章。篇章之下再依赖永祥先生编订之"中国图书分类法"及王云五先生之"四角号码法"著者号为先后序列标准。款目排列依序为:编号、书码、书名、译著者、出版年、出版地、出版者。书前有台湾省立台中图书馆馆长马广亨写的前言。(赵红)

6247

台湾出版图书目录:1985 年度 / 台湾"中央图书馆"编. -- 台北:"中央图书馆"编,1986. -- 1339 页;27cm(国家图书馆)

本目录著录图书以台湾出版的中文图书于 1985 年度依出版法规送缴"国立中央图书馆"者为主,港澳等地区的中文出版品亦一并收录,在台湾出版的外文图书亦予收录,编于中文图书之后,中文旧籍(1949 年以前出版)亦附录于后。本目录自 1984 年起采用电照编排,以卡片形式著录,依目片所载书码排列,外文图书依字母顺序排列。目片的著录项目依次为书名项、著者项、出版项、稽核项、附注项、追寻项、书码、定价,电脑系统识别号。目录分三部分:分类表、正文、索引。索引部分包括书名索引和著者索引。(赵红)

6248

科技参考工具书综览 / 北京图书馆科技参考组编. --北京:书目文献出版社,1987. -- 608 页;16 开. --7 – 5013 – 0334 – 7(国家图书馆)

在 1980—1981 年印发的《国外科技参考工具书》油印本基础上编写而成。收录范围包括自然科学与技术的各个专业,是一本科技参考工具书的检索指南。共收录国内外出版的各种科技参考工具书 5785 种。按文种分编为中文篇与外文篇。中文篇着重介绍 1975—1981 年国内外(包括港、台)出版的中文科技参考工具书 1648 种,每种图书都作了内容简介。外文篇主要介绍 1976—1981 年国外出版的英、日、俄、德、法等文种的科技参考工具书 4137 种,并选择其中的 599 种作了内容简介,其余 3538 种只作了著录,依西文(英、德、法)、日文、俄文顺序排列。所收录的图书统一编排顺序号,按书的类型分为 12 大类。书后附刘克俊关于科技参考工具书的介绍性短文 3 篇,还有按学科分类编排的主题索引。(金丽萍)

6249

台湾出版图书目录:1987 年:10 月—12 月 / 台湾"中央图书馆"编. -- 台北:"中央图书馆",1987. -- 3 册;26cm(国家图书馆)

目片之著录项目依序为顺序号、书名项、著者项、出版项、稽核项、附注项、定价、追寻项、书号及电脑系统识别号。本书分类为:总类、哲学类、宗教类、自然科学类、应用科学类、社会科学类、史地类:中国史地、史地类:世界史地、语文类、美术类、外文图书等。本目录后有书名索引和著者索引。(赵红)

6250

台湾出版图书目录:1987 年度:7 月—9 月号 / 台湾"中央图书馆"编. -- 台北:"中央图书馆",1987. -- 3 册;27cm(国家图书馆)

目片之著录项目依序为顺序号、书名项、著者项、出版项、稽核项、附注项、定价、追寻项、书号及电脑系统识别号。本书分类为:总类、哲学类、宗教类、自然科学类、应用科学类、社会科学类、史地类:中国史地、史地类:世界史地、语文类、美术类、外文图书等。本目录后有书名索引和著者索引。(赵红)

6251

台湾出版图书目录:1987 年度:4 月号 / 台湾"中央图书馆"编. -- 台北:"中央图书馆",1987. -- 1 册(149 页);27cm(国家图书馆)

目片之著录项目依序为顺序号、书名项、著者项、出版项、稽核项、附注项、定价、追寻项、书号及电脑系统识别号。本书分类为:总类、哲学类、宗教类、自然科学类、应用科学类、社会科学类、史地类:中国史地、史地类:世界史地、语文类、美术类等。本目录后有书名索引和著者索引。(赵红)

6252

中文参考图书目录 / "中央图书馆"台湾分馆参考服务组编. -- 台北:"中央图书馆"台湾分馆参考服务组,1987. -- 366 页;26cm(国家图书馆)

该书收录"中央图书馆"台湾分馆 1949—1987 年所藏中文参考书。编排顺序为:序言、凡例、总类、哲学类、宗教类、自然科学类、应用科学类、社会科学类、史地类、语文类、美术类、书名索引。(赵红)

6253

香港中文大学图书馆善本书目 / 李直方编. -- 香港:香港中文大学图书馆系统,1987. -- 102 页;21cm. --大学图书馆书志丛刊. 8(国家图书馆)

本书辑录香港中文大学图书馆,新亚、崇基、联合三分馆及中国文化研究所参考图书室所藏之善本书,合计 763 种、12407册,另副本 1182 册,即共有善本13589册。所有著录从目录卡片提取而成,作者附以生卒年代,生卒年代不详者以朝代表示;书名之后附以卷数,只有一卷者不录卷数。书前有自序、校记。(赵红)

6254

建国以来全国图书馆学情报学书刊简目:1949—1986 / 《当代中国的图书馆事业》编辑部,中国图书馆学会编辑出版委员会合编. -- 北京:书目文献出版社,1988. -- 153 页:图;26cm. -- 7 – 5013 – 0451 – 3(北京师范大学图书馆)

本书是《当代中国的图书馆事业》编辑部所编资料集之一种。全书分为图书目录、期刊目录、书目索引选目三部分,附有书名、题名、著者、编者、出版年度等索引和统计图,可供了解图书馆学、情报学出版情况和学习研究图书馆学、情报学参考使用。(张玲)

6255

图书馆学情报学论文索引:1981—1986 / 河南大学图书馆

编. -- 郑州:河南高校图书情报工作编辑部(内部出版),1988. -- 464 页;26cm. -- 河南省高校图书馆目录索引丛编(广州大学图书馆)

本索引收录了1981—1986年国内出版的专业期刊上的论文资料篇目15442条,分为图书馆学(12118条)、情报学(3324条)两部分。全书按内容主题分类编排,著录篇名、著译者、出处、时间、卷期、页数。书后附《期刊收录一览表》。(张玲)

6256

台湾文献书目解题. 第一种. 方志类(二) / 吴文星,高志彬. -- 台北:"中央图书馆"台湾分馆,1988. --372 页;22cm(国家图书馆)

该套文献书目解题总编纂:曹永和、王世庆。卷首朱大松序。其后是"'国立中央图书馆'台湾分馆特藏台湾文献书目解题编纂凡例"。方志解题(二)共有县、厅志19篇。康熙年间1篇、道光年间3篇、同治年间1篇、光绪年间2篇、日据时期3篇、民国时期9篇。文献内容涉及各县、厅的建置、历史、地理沿革、气候、物产、人口、语言、宗教、礼俗、民政、财政、人物、大事记等各个方面。(赵红)

6257

台湾文献书目解题. 第一种. 方志类(四) / 吴文星,高志彬. -- 台北:"中央图书馆"台湾分馆,1988. --368 页;22cm(国家图书馆)

方志解题(四)共有市、县、厅志文献24篇。其中台北4篇、基隆3篇、台中2篇、台南2篇、高雄3篇,以及新竹县、云林县、安平县等地诸篇。时间上自清光绪年间、下至民国时期。文献内容涉及各市、厅的建置、历史、地理沿革、气候、物产、人口、语言、宗教、礼俗、民政、财政、人物等各个方面。(赵红)

6258

台湾出版图书目录: 1988 年度 / 台湾"中央图书馆". -- 台北:"中央图书馆",1988—1989. -- 12 册;27cm(国家图书馆)

目片之著录项目依序为顺序号、书名项、著者项、出版项、稽核项、附注项、定价、追寻项、书号及电脑系统识别号。本书分类为:总类、哲学类、宗教类、自然科学类、应用科学类、社会科学类、史地类:中国史地、史地类:世界史地、语文类、美术类等。本目录后有书名索引和著者索引。(赵红)

6259

图书馆学情报学档案学论著目录:1981—1985 / 董秀芬主编. -- 上海:上海人民出版社,1989. -- 536 页;26cm. -- 7-208-00275-4(北京师范大学图书馆)

本《目录》是一部检索我国图书馆学、情报学与档案学文献以及提供这些学科信息与情报的工具书。本目录为《图书馆学情报学档案学论著目录(1949—1980)》一书的续编,收录1981—1985年间国内(除台湾省外)出版的有关图书馆学、情报学、档案学等方面的报刊资料、论文集及专著。全书共收论文资料目录16000余条,其中图书馆学11000余条,情报学3000余条,档案学2000余条,选自226种专业及相关学科期刊,219种论文集,及大专院校学报、全国和部分省、市、自治区报刊有关论文资料。全书共收书目1200余条。通过本书,人们不仅可以检系需要的又献,而且可以从中获得学科建设与发展的动向情报。(张玲)

6260

台湾出版图书目录汇编. 六辑(1984—1988) / "中央图书馆"编目组编辑. -- 台北:"中央图书馆",1989. -- 1105-2778 页;26cm. -- 957-678-026-8(国家图书馆)

目录著录项目依次为顺序号、题名及著者叙述项、版本项、出版项、稽核项、集丛项、附注项、标准号码及获得方式项、追寻项、书码及电脑系统识别号。

全书分编例、分类表、正文、索引四部分。正文部分包括"第一册,总类、哲学类、宗教类;第二册,自然科学类、应用科学类;第三册,社会科学类、史地类、中国史地;第四册,史地类:世界史地、语文类、美术类"。索引包括题名和著者索引。(赵红)

6261

馆藏琉球资料目录 / "中央图书馆"台湾分馆参考服务组编. -- 台北:"中央图书馆"台湾分馆,1989. -- 183 页;27cm(国家图书馆)

本书收录"中央图书馆"台湾分馆馆藏有关琉球之中、日、西文论著,期刊、报纸论文,及某些图书中部分述及之篇章。全书共分日文部分和中、西文部分。书前有"中央图书馆"台湾分馆馆长孙德彪的序以及著书凡例、收录期刊一览表。(赵红)

6262

台湾文献书目解题. 第一种. 方志类(五) / 吴文星,高志彬. -- 台北:"中央图书馆"台湾分馆,1989. --348 页;22cm. -- 957-9067-02-3(国家图书馆)

《台湾文献书目题解》总编辑曹永和、王世庆。台湾分馆以台湾文献收藏为特色。卷首孙德彪序。其后是"'国立中央图书馆'台湾分馆特藏台湾文献书目解题编纂凡例";台湾方志总目(中)——乡土志。收录文献32篇,包括清光绪年间、日据时期、民国时期的市、镇、乡、庄志。内容涉及各地历史地理沿革、气候、水文、资源、人口、交通、工业、农业、渔业、林业等。(赵红)

6263

台湾文献书目解题. 第一种. 方志类(六) / 高志彬,林丽华. -- 台北:"中央图书馆"台湾分馆,1990. --400 页;22cm. --957-9067-05-8(国家图书馆)

该套书目解题总编纂:曹永和、王世庆。卷首孙德彪序,说明该套书籍的文献的价值及成书经过。其后是"'国立中央图书馆'台湾分馆特藏台湾文献书目解题编纂凡例"。书目部分力求全备;解题部分选择较具参考价值的文献。"台湾方志解题(六)"所辑乡镇志文献共39篇,其中日治时期4篇,其余为民国时期。乡志编纂体例分为:土地篇、人口篇、政事篇、经济篇、教育篇。部分乡志附图表。(赵红)

6264

普林斯顿大学葛思德东方图书馆中文旧籍书目 / 葛思德

东方图书馆. -- 台北:台湾“商务印书馆”,1990. --914 页;24cm. -- 957 - 05 - 0176 - 6(国家图书馆)

该书为普林斯顿大学葛思德东方图书馆收藏的中文旧籍书目。该书目录按经、史、子、集分类。经部下分易类、书类、诗类等,史部下分正史类、编年类、纪事本末类等,子部下分儒家类、兵家类、法家类等,集部下分为汇编类、别集类、总集类等。书前有英文序。

6265

台湾文献资料联合目录初稿 / 台湾“中央图书馆”台湾分馆推广辅导组编辑. -- 台北:“中央图书馆”台湾分馆,1991. --851 页;27cm. -- 957 - 9067 - 31 - 7(国家图书馆)

全书分两大部分:一为书名索引,计分上、下册;一为著者索引,单一册。本目录索引收录台湾地区有关台湾文献资料典藏单位所提供各馆现藏台湾文献资料目录,计有 36 所,涵盖中、日、西文有关台湾文献,凡古文书、古契、先贤遗著、士绅之文集、诗集、日记、账簿、族谱、家乘、祭祀公业资料、寺庙教堂资料、产业组合档案、口碑、口述史料、学术著作、政府单位出版品及博硕士论文等,其收藏范畴由各馆自行根据现藏而认定值得推介著录者为准。本目录计分书名索引上下两册及著者索引一册,其原始收录总笔数为50366笔,合并后共有33445笔。中日文混合逐字排列,如遇相同笔画、笔顺则以中文为先,西文编列于后。本目录书名索引部分之著录项目依序为:书名、编撰者、出版年、出版地与出版者,面(册)数,及馆藏单位简称。本目录之著者索引部分,其著录方式依著者姓名笔画顺序排列(包括机关或团体作者),如遇相同笔画或字首相同者,则按前述第三项排序办法处理。著者名下列著书目,依出版年排列并注明年代于其书目后。收录范围以本目录之书名索引所收录者为准。书前有“中央图书馆”台湾分馆馆长孙德彪写的序。(赵红)

6266

第三届台湾政府出版品展览目录 / 台湾“行政院”研究发展考核委员会编. -- 台北:“行政院”研究发展考核委员会,1991. -- 394 页;25cm. -- 957 - 00 - 0244 - 1(国家图书馆)

本目录系以参加本次“政府出版品展览”之 304 家政府机关及单位 1986 年 1 月至 1991 年 6 月之出版品为主,共计有图书 5147 册,连续性出版品 619 种,视听资料 206 件。本目录编排依资料类型分为图书、连续性出版品、视听资料三部分,并按资料内容分为总类、哲学宗教类、自然科学类、应用科学类、社会科学类、史地类、语言文学类、艺术休闲类 8 大类,另增儿童读物类。本目录后附有题名索引及机关索引。书前有“中央图书馆”馆长杨崇森写的序言。(赵红)

6267

台湾文献书目解题. 第四种. 传记类(一) / 高志彬. --台北:“中央图书馆”台湾分馆,1991. -- 324 页;22cm. -- 957 - 9067 - 33 - 3(国家图书馆)

本册收杜聪明、吴新荣、林文察、连震东、蒋渭水、韩石泉、罗福星等 16 人略传、照片及相关文献。(赵红)

6268

台湾文献书目解题. 第四种. 传记类(二) / 高志彬. -- 台北:“中央图书馆”台湾分馆,1991. -- 278 页:图;22cm. -- 957 - 9067 - 35 - X(国家图书馆)

该套文献解题总编纂:王世庆,传记类主编:高志彬。卷首孙德彪序。其后是“‘国立中央图书馆’台湾分馆特藏台湾文献书目解题编纂凡例”,该馆以台湾文献收藏为特色。本册收录石旸睢、丘逢甲、丘念台、余清芳、李建兴、吴火狮、沈光文、林才添、庄松林、钟理和、骆香林、颜云年等 21 人略传、照片及相关文献。(赵红)

6269

台湾出版图书目录. 1990 年度 / “中央图书馆”编目组编辑. -- 台北:“中央图书馆”,1991. -- 2442 页(2 册);26cm. -- 957 - 678 - 053 - 5(国家图书馆)

本目录有四部分:凡例、分类表、正文及索引。正文部分包括总类、哲学类、宗教类、自然科学类、应用科学类、社会科学类、史地类:中国史地、史地类:世界史地、语文类、美术类等。索引包括题名索引和著者索引。(赵红)

6270

台湾公藏韩国古书籍联合书目 / 朴现圭. -- 台北:文史哲出版社,1991. -- 370 页;21cm. -- 957 - 547 - 029 - X(国家图书馆)

本书目收录台湾公藏善本、普通本线装中国古书籍、韩国古书籍。书目包括:“国立故宫博物院”善本旧籍总目、国立北平图书馆善本书目、“国立中央图书馆”善本书目、“国立中央图书馆”普通本线装书目、台湾省立台北图书馆普通本线装书目等 13 种。(赵红)

6271

图书馆学情报学档案学出版发行学论文索引:1949—1985 / 武汉大学图书情报学院编. -- 北京:科学技术文献出版社,1991. -- 1076 页;26cm. -- 7 - 5023 - 1517 - 9(国家图书馆)

本索引所收录的论文系 1945 年至 1958 年国内公开和内部出版的有关图书馆学、情报学、档案学、出版发行学等方面的期刊和科学探讨会的论文资料共 150 余种,计20500余条。(张玲)

6272

中国人民大学图书馆古籍善本书目 / 中国人民大学图书馆古籍整理研究所编者编. -- 北京:中国人民大学出版社,1991. -- 371 页;26cm. -- 7 - 300 - 00914(国家图书馆)

该书目是参照《中国古籍善本书总目》规定的收录范围,结合本馆馆藏实际编纂而成。全书收馆藏善本书 2400 余种,2800 余部。其中经部 230 种,250 余部;史部 560 种,640 部;子部 500 余种,560 余部;集部 1100 种,1300 余部;丛书部 28 种,32 部。以时代分:宋元刻本 11 部,明刻善本 1100 余部,清刻善本 1500 余部;明清稿本、抄本和名人学者题跋批校本 160 余种。书前有前言、凡例、目录,书后附有书名索引和著者索引。(胡秋玲)

6273

台湾文献书目解题. 第四种. 传记类(四) / 程大学. -- 台北:“中央图书馆”台湾分馆,1992. -- 253 - 574 页;22cm. -- 957 - 9067 - 53 - 8(国家图书馆)

本册主要内容为民间社团名录,如学术团体、同乡会名录、其他社团。附录:日本全国性人名录。(赵红)

6274

台湾文献书目解题. 第四种. 传记类(三) / 程大学. -- 台北:“中央图书馆”台湾分馆,1992. -- 251 页;22cm. -- 957 - 9067 - 51 - 1(国家图书馆)

本册主要分两部分:政府机关职员录;官方机构或团体职员录。

6275

台湾出版图书目录. 1991 年度 / “中央图书馆”编目组编辑. -- 台北:“中央图书馆”,1992. -- 1841 页(2 册);26cm. -- 957 - 678 - 082 - 9(国家图书馆)

本目录有四部分:凡例、分类表、正文及索引。正文部分包括总类、哲学类、宗教类、自然科学类、应用科学类、社会科学类、史地类:中国史地、史地类:世界史地、语文类、美术类等。索引包括题名索引和著者索引。(赵红)

6276

台湾出版图书目录. 1992 年度 / “中央图书馆”编目组编辑. -- 台北:“中央图书馆”,1992. --2125 页(2 册);27cm. -- 957 - 678 - 118 - 3(国家图书馆)

本目录有四部分:凡例、分类表、正文及索引。正文部分包括总类、哲学类、宗教类、自然科学类、应用科学类、社会科学类、史地类:中国史地、史地类:世界史地、语文类、美术类等。索引包括题名索引和著者索引。(赵红)

6277

台湾文献书目解题. 第三种. 族谱类(一) / 黄文新. -- 台北:“中央图书馆”台湾分馆,1992. -- 346 页;22cm. -- 957 - 9067 - 47 - 3(国家图书馆)

本卷共有 43 篇黄氏族谱题解,除其中 3 种采自台湾分馆馆藏,其余 40 种均采自民间私藏家谱。黄氏族谱解题(一)以各族派源流迁移为主,修谱经过、内容大要、祖祠、祭祀公业为副,后略述各谱特色及资料价值。(赵红)

6278

外国语言研究论文索引:1949—1989 / 路式成,魏杰主编. --上海:上海外语教育出版社,1992. -- 780 页;19cm. -- 7 - 81009 - 691 - 5(国家图书馆)

该书收录外国语言研究论文篇目约两万条,包括自 1949 年 10 月 1 日到 1989 年 12 月 31 日期间国内 500 余种学术期刊、论文集和报纸上发表的英、俄、日、德、法、西班牙语 6 个语种的论文篇目。书中采用的分类体系主要根据《中国图书资料分类法》第 3 版“H 语言 · 文字”类、《中国大百科全书》“语言、文字卷”,并参考了部分最新的语言学专著而拟就。该书备有软盘,可按篇目、时间、类别、作者、报刊名等途径检索。书前有许国璋教授所作的序,前言和凡例,书后有附录:本《索引》引用主要报刊一览表。(胡秋玲)

6279

台湾文献书目解题. 第二种. 地图类(一) / 施天福. --台湾:“中央图书馆”台湾分馆,1992. -- 250 页;22cm. -- 957 - 9067 - 40 - 6(国家图书馆)

本册“清代台湾全图解题”夏黎明撰。清台湾全图指中文注记,台湾全岛为范围,本册内容包括一般自然与人文景观,为 1684—1895 年间所绘地图。每图均有版本说明、绘制方式、内容分析、价值评述、引用文献、地名索引。(赵红)

6280

台湾文献书目解题. 第一种. 方志类(七) / 吴文星,高志彬. -- 台北:“中央图书馆”台湾分馆,1992. --402 页;22cm. --957 - 9067 - 50 - 3(国家图书馆)

本册所辑日据时期街巷、村庄状况文献 63 篇。编纂体例分为:土地、人口、宗教、教育、产业、金融、交通、卫生、历史地理沿革及地图等。(赵红)

6281

台湾文献书目解题. 第六种. 公报类(一) / 张炎宪,许雪姬. -- 台湾:“中央图书馆”台湾分馆,1992. --366 页;22cm. --957 - 9067 - 46 - 5(国家图书馆)

本册主要内容包括:台湾总督府报、台湾总督府官报的概说和解题;日据时期台湾各县厅州市报概说;命令公布方式与公报发行规程;公报刊载事项及含义;县、厅、州、市各报发行收藏一览表;台北、宜兰、基隆、新竹等地公报解题。每一解题内容依次为:刊行起止日期、地方建置沿革、编刊经过、事项及内容、资料价值、报刊书影。(赵红)

6282

台湾文献书目解题. 第六种. 公报类(二) / 许雪姬,张炎宪. -- 台北:“中央图书馆”台湾分馆,1992. --356 页;21cm. --957 - 9067 - 56 - 2(国家图书馆)

本册公报解题仅列入公藏,私藏及海外孤本未列入。所收录的公报题解 27 种,包括:台中县报解题、彰化厅报解题、南投厅报解题、台中市报解题、高雄州报解题、澎湖厅应报解题、花莲港厅报解题等。每一解题内容依次为:刊行起止日期、地方建置沿革、编刊经过、事项及内容、资料价值、报刊书影。书前有孙德彪序和编纂凡例。(赵红)

6283

北京大学图书馆馆藏科技工具书简介 / 庄守经主编. -- 北京:北京大学图书馆(内部出版),1992. -- 3 册;26cm(北京大学图书馆)

本《简介》较系统、全面地揭示北大图书馆收藏的近四千余种中外科技工具书和检索刊。本《简介》共分三个分册:第一分册,馆藏科技文献检索刊简介,介绍馆藏 404 种科技检索刊;第二分册,馆藏科技工具书简介(中文部分),介绍馆藏 1380 种科技工具书;第三分册,馆藏科技工具书简介(西文部分),介绍二千多种外文科技工具书。全《简介》共约七十万字。(于静)

6284

中文核心期刊要目总览 / 庄守经主编. -- 北京:北京大学出版社,1992. -- 715 页;26cm. -- 7 - 301 - 02014 - 7(北京大

学图书馆)

本书主体部分是128个学科的核心期刊表,该表根据一次文献分布情况编辑,即根据刊物的载文量、文摘量及引文分布,最后进行综合筛选,从万余种公开发行的现刊(截至1991年)中选出2000余种为核心期刊,是中国第一次大规模使用文献计量方法对中文期刊进行统计分析所得的结果。核心期刊表按《中国图书馆图书分类法》类目序列分为五编。第一编哲学、人文科学和社会科学(A—K);第二编自然科学(基础部分)(N—Q);第三编医药、卫生(R);第四编农业科学(S);第五编工业技术(T—X)。核心期刊简介部分包含所列期刊的内容、宗旨、栏目、英文刊名、主办者及地址、出版者及地址、刊期、国际刊号、国内刊号及相关事项变动情况。最后是截至1991年底的全部现刊刊名索引并附分类代号。(张玲)

6285

图书馆学情报学论文索引:1981—1989 / 南京图书馆编. --北京:书目文献出版社,1993. -- 863页;26cm. -- 7-5013-0906-X(国家图书馆)

本书收录了有关图书馆学、文献学、版本学、目录学、情报学等方面的论文资料篇目共30100余条。(张玲)

6286

台湾文献书目解题. 第一种. 方志类(一) / 吴文星,高志彬. -- 台湾:“中央图书馆”台湾分馆,1993. --274页;22cm. --957-9067-63-5(国家图书馆)

本册内容包括:大清一统志台湾府;(康熙)福建通志台湾府;(雍正)福建通志台湾府;(乾隆)福建通志台湾府;(道光)重纂福建通志台湾府;(光绪)通志台湾府;(民国)台湾省通志稿;(民国)台湾省通志;(康熙)台湾府志;(康熙)台湾府志;(康熙)重修台湾府志;(乾隆)重修福建台湾府志;(乾隆)重修台湾府志;(乾隆)续修台湾府志。(赵红)

6287

全国中文期刊标准著录手册 / 于鸣镝主编. -- 大连:大连海运学院出版社,1993. -- 758页;26cm. -- 7-5632-0552-7(中国人民大学图书馆)

本手册收录中文期刊6700种,按照国家标准《GB3792.3—85连续出版物著录规则》著录。(张玲)

6288

澳门图书目录. 第五册. 第一卷:专题论文 / 澳门中央图书馆. -- 澳门:澳门文化司署,1994. -- 265页;26cm. -- 中葡文版(国家图书馆)

本书为中葡文目录,由澳门文化司署翻译部翻译。主要是西文参考书目,有著者索引、书名索引、标题索引,有少部分中文参考书。该书收编了1800—1988年出版的有关澳门的专述及期刊目录摘要。序言由“中央图书馆”馆长欧卓志作。(赵红)

6289

台湾文献书目解题. 第二种. 地图类(二) / 施天福. --台湾:“中央图书馆”台湾分馆,1994. -- 232页;22cm. -- 957-9067-75-9(国家图书馆)

本册包括凤山、彰化、嘉义、云林、安平、台南等20图的解题。每图均有绘制方式、内容分析、价值评述、引用文献、地名索引。(赵红)

6290

台湾文献书目解题. 第二种. 地图类(三) / 施天福. --台湾:“中央图书馆”台湾分馆,1994. -- 224页;22cm. -- 957-9067-78-3(国家图书馆)

本册包括淡水、苗栗、基隆、澎湖等21图解题。每图均有绘制方式、内容分析、价值评述、引用文献、地名索引。(赵红)

6291

馆藏资料微缩目录 / “中央图书馆”台湾分馆编. --台北:编者,1995. -- 1册;27cm(国家图书馆)

本目录所收录之资料为馆藏日文台湾资料、线装书、普通图书资料,计有1616卷。本目录之编排方式:日文台湾资料依原“台湾总督府图书馆和汉图书分类”,线装书及普通图书资料依原“中国图书分类法”排列。本目录附有书名索引。书前有“国立中央图书馆”台湾分馆馆长林文睿写的序。(赵红)

6292

台湾出版图书目录. 1995年度 / “中央图书馆”编目组编辑. --台北:台湾“中央图书馆”,1996. -- 3780页(3册);26cm. --957-678-210-4(国家图书馆)

本目录收录台湾地区依出版法规送缴到馆编目建档完成之书目资料,以中文书刊及视听资料为主;台湾地区之中文出版品,凡经订购、交换、赠送等途径到馆者,一并收录;台湾地区出版之外图书,收编于末。

本辑为1985年度版,收录书目资料凡21159笔,分装三册,编辑内容分为两单元,其中上、中两册为书目资料正文,下册为题名及著者索引。(赵红)

6293

台湾出版图书目录. 1994年度 / “中央图书馆”编目组编辑. --台北:台湾图书馆,1996. -- 4019页(3册);26cm. -- 957-678-221-X(套)(国家图书馆)

本目录收录台湾地区依出版法规送缴到馆编目建档完成之书目资料,以中文书刊及视听资料为主;台湾地区之中文出版品,凡经订购、交换、赠送等途径到馆者,一并收录;台湾地区出版之外文图书,收编于末。

本辑为民国1994年度版,收录书目资料凡20624笔,分装三册,编辑内容分为两单元,其中上、中两册为书目资料正文,下册为题名及著者索引。(赵红)

6294

台湾文献书目解题. 第五种. 语言类 / 洪惟仁. -- 台北:“中央图书馆”台湾分馆,1996. -- 491页:图;21cm. -- 957-9067-01-5(国家图书馆)

本册语言类文献题解包括:闽南语词书总目、泉州方言韵书二种、漳州方言韵书三种、麦都思《福建方言字典》、杜嘉德《厦英大辞典》、巴克礼《厦英大辞典补编》、日据时期台语词典十九种、王育德《台湾语常用语汇》及七篇语言学论文、

台湾十五音四种。书前有林文睿序及编纂凡例。(赵红)

6295

中文核心期刊要目总览(第2版) / 林被甸,张其苏主编. --北京:北京大学出版社,1996. -- 783页;26cm. -- 7-301-03139-4(国家图书馆)

本书是由北京大学图书馆和北京高校图书馆期刊研究会共同研究和编辑出版的。是1992年出版的《中文核心期刊要目总览》的第二版。本版在第一版的基础上从评论指标和综合评价方法等方面加以改进和发展,最终在10331种期刊中选出1578种为核心期刊,分属131个学科,覆盖文、理、医、农、工各大类。本书分正文及附录两大部分。正文部分按学科顺序排列131个核心期刊表。每一核心期刊表之前,均有该表的研制报告,说明该表的研制方法;按刊名汉语拼音顺序排列的核心期刊简单著录及内容简介;附录部分包括各学科专业期刊一览表、中国出版的外文学术性期刊一览表(港、澳、台所出外文刊暂未收入)、检索性工具期刊一览表及刊名索引。(张玲)

6296

外国语言研究论文索引:1990—1994 / 路式成,魏杰主编. --上海:上海外语教育出版社,1996. -- 485页;20cm. -- 7-81046-121-4(国家图书馆)

该书为《外国语言研究论文索引》(1949—1989)的续编。包括自1990年1月至1994年12月期间国内560余种报刊和学术论文集发表的英、俄、日、德、法、西班牙语六个语种的一万两千余论文篇目。书中采用的分类体系主要根据《中国图书资料分类法》第3版"H语言·文字"类、《中国大百科全书》"语言、文字卷",并参考了部分最新的语言学专著而拟就。该书备有软盘,可按篇目、时间、类别、作者、报刊名等途径检索。书前有许国璋教授所作的序,前言和凡例,书后有附录:本《索引1990—1994》引用报刊一览表。(胡秋玲)

6297

江西古今书目 / 张德意,李洪著. -- 南昌:江西人民出版社,1996. -- 1275页:表格;21cm.. -- 江西出版史志丛书. -- 7-210-01618-X(精装)(国家图书馆)

该书为江西出版史志丛书之一。书中收录了上起汉朝,下迄1990年底的23990种书目。古代部分含江西籍作者及非江西籍作者在江西省所编著的著作及存目;近现代部分是在江西出版的图书书目。古代书目按经史子集四部分类法编排,每一部再按朝代先后排序。近现代书目按《中国图书馆分类法》编排。书前有《江西出版史志丛书》前言和编纂说明,书后附有江西历代地名对照简表和编后记。(胡秋玲)

6298

国外人文社会科学核心期刊总览. 1997年版 / 戴龙基主编. -- 北京:北京大学出版社,1997. -- 11,445页;26cm. -- 7-301-03140-8(北京大学图书馆)

本书按照学科来排列核心期刊表及核心期刊简介,共计11个一级学科、15个核心期刊表。这11个学科是:1哲学;2政治学;3经济学;4法学;5历史学(包括历史及考古学);6社会学;7教育学;8人文地理学;9文学艺术;10文化(包括图书馆学情报学、传播学、体育、档案);11语言学。以上11个一级学科分为11编,按上述次序排列。每编内容有核心期刊研究报告、核心期刊排序总表、核心期刊二级学科分类表、核心期刊简介。(张玲)

6299

台湾文献书目解题. 第一种. 方志类(八) / 施志汶,林丽华. -- 台北:"中央图书馆"台湾分馆,1997. --220页;21cm. --957-02-0743-4(国家图书馆)

本册包括七星郡、淡水郡、海山郡、文山郡、基隆郡、宜兰郡、苏澳郡、桃园郡、竹南郡、凤山郡等各郡要览。每一要览均有历史沿革、所辖地区、地图、经济、文化等项。书前有林文睿序及编纂凡例。(赵红)

6300

台湾文献书目解题. 第一种. 方志类(九) / 施志汶,林丽华. -- 台北:"中央图书馆"台湾分馆,1997. --275页;21cm. --957-02-0745-0(国家图书馆)

本册分四部分。(一)为日据时期州厅概况,包括台北州、新竹州、台中厅管内、台南厅管内、高雄州、台东厅、花莲港等州厅的概况及要览。每一要览均有历史沿革、人口、经济、文化、宗教等项。(二)日据时期市概况,包括台北市、新竹市、嘉义市、台南市、高雄市、屏东市要览。(三)杂志,采自相关各类文献。(四)补遗,如大安乡志、后里乡志、北港镇志等。书前有林文睿序及编纂凡例。

6301

明代刊工姓名索引 / 李国庆编纂. -- 上海:上海古籍出版社,1998. -- 617页;20cm. -- 7-5325-2427-2(国家图书馆)

本书收录明代雕版印本中所载姓名的刻工,包括写工、绘图者、印刷工及装背工,并兼录明版影印本、明活字印本及明刻清代补版印本中所载的明代刻工,合计5700余人。本书编写体例仿王肇文编《古籍宋元刊工姓名索引》。全书内容分四部分:明代刊工姓名索引、引用明本书名及题名录、索引(引用明本书名索引、综合别项索引和索引字头汉字笔画检字)及附录(徽州歙邑仇村黄氏世系表)。书前有序、编纂说明及资料来源,书后有后记。(胡秋玲)

6302

台湾文献书目解题. 第一种. 方志类(三) / 吴文星,高志彬. -- 台北:"中央图书馆"台湾分馆,1998. --372页;21cm(国家图书馆)

本册共有县、厅志21篇。其中康熙年间2篇、乾隆年间3篇、嘉庆1篇、道光1篇、光绪3篇、日据时期5篇、民国时期6篇。文献内容涉及各县、厅的建置、历史、地理沿革、气候、物产、人口、语言、宗教、礼俗、民政、财政、人物、大事记等各个方面。(赵红)

6303

北京大学图书馆藏善本书录(中英文本) / 张玉范,沈乃文编著. -- 北京:北京大学出版社,1998. -- 175页;29cm. -- 乐天发展有限公司"佛教文化信息中心"赞助出版. -- 7-301-03758-9(国家图书馆)

本书录所收是从130种馆藏精品中选出,大部分是李氏

藏书。(张玲)

6304

如何利用中文参考资源:工具书、资料库及网路资源 / 吴玉爱. -- 台北:文华图书馆管理资讯公司,1999. -- 315 页;21cm. --“清华大学”图书馆丛书;1. --957 - 8708 - 31 - 9(国家图书馆)

本书共 17 章,依书目、索引、四库全书、百科、类书、政书、传记及地理参考资源、字辞典、年鉴、年表、历谱、名录、统计资料、法规、标准与专利、留学与就业资讯、WWW 全球资讯网、STICNET 国科会科学技术网路及台湾学术网路资料库等不同主题,介绍常用中文工具书、主要资料库和网路资源。卷首是台湾清华大学图书馆馆长林则孟的序和著者自序。书后附:参考书目、附录、索引。(赵红)

6305

香港中文大学图书馆古籍善本书录 / 香港中文大学图书馆系统编. -- 香港:中文大学出版社,1999. -- 404 页:插图;27cm. -- 含索引. -- 962 - 201 - 913 - 7(精装)(国家图书馆)

本书共收录本校大学图书馆及联合书院、新亚书院、崇基学院三分馆所藏古籍善本 848 种14018册(包括副本 69 种 1196 册)。收录标准基本以清乾隆六十年(1795 年)为下限。稿本、抄本、批校本及罕见史料等视其价值酌定。日本、朝鲜刊行的古籍善本一并录入。依中国古籍传统分类法,即“经”、“史”、“子”、“集”、“丛”五部编排,具体类目参照《中国古籍善本书目》。《书目》按中国古籍传统规则著录,首载每种古籍的书名、著者、版本、册数,次录版匡、行款、版式、刻工、内封、牌记、卷端、序跋及后人批校、题跋、藏印等。(赵红)

6306

中国地方志论文索引:1981—1995 / 中国地方志论文索引编辑组编. -- 北京:国家图书馆地方志和家谱文献中心(内部出版),1999. -- 548 页;26cm(北京师范大学图书馆)

该索引收录了 1981 年至 1995 年期间在国内省、直辖市一级地方志刊物有关方志的论文篇目。按照所辑地方志刊物名称的音序分类排列。每篇文章作为一个条目,依次列出篇名、著者、出处(期刊名称、出版年代、及期号)。书的扉页上标有谨以此书献给北京市社会科学院史志研究中心成立一周年。书前有说明。(张玲)

6307

中国明代历史文献书目 / 张培华编著. -- 上海:学林出版社,1999. -- 22,635 页;20cm. -- 7 - 80616 - 796 - X(国家图书馆)

本书收录了明代明人刊刻抄印编撰的历史文献书目 22605种。收录范围涉及明人对人类社会发展过程的认识和总结,对现实社会发展、自然经济发展的认识和反映,明人收集整理的记载过去事迹的书目,包括政治、经济、文化、军事及科举、言论、经世以及史学、哲学、宗教、自然科学和文艺等人类社会发展史的研究和记录。全书分 41 大类,子目 1225 条。根据书目内容整理分类,按照图说、宪法律令、诰诏敕谕、训刑鉴、礼仪、官制、政治、典章制度、帝王史、军事、经济、奏议、策疏、纪、传、志、录、谱牒、宗法家政、科举、言论、经世、事迹、史学等排列。每一类又细分子目,如经济类中,有经济政略、经济录、名臣经济录、农书、荒政、救录、救录活民、会计、水利、盐法、科技等子目。书前有总目、前言、中国明代历史文献书目编纂体例和目录,书后有书目引文检索。(胡秋玲)

6308

台湾图书馆善本书志初稿. 丛书部 / “中央图书馆”著. -- 台北:“中央图书馆”,2000. -- 290 页;27cm. -- 含书名索引、编著者人名索引. -- 957 - 678 - 291 - 0(国家图书馆)

本书系“中央图书馆”所藏的善本丛书题解目录,收录善本共 186 部,部内每种书志撰写之顺序,依照《“国立中央图书馆”善本书目》先后排列,间有一二改动。书志撰写内容包括:书名、卷数、册数、版本、书号、编著者生平简历、版匡尺寸、版式行款及各家书目著录情形等。某书若含有子目,且子目之版本与原书相同者,其书志合并记载;若子目之版本与原书不同者,则分别记载。且书志各部之后附有书名索引及编著者人名索引,著名页码,以便检索。编著者人名索引在页码后如标有阿拉伯数字,则表示该编著者在本页内重复出现的次数。且在书志正文之前收录善本书影 14 幅,各附说明,以见馆藏善本丛书之特色。(赵红)

6309

国外人文社会科学核心期刊总览. 2000 年版 / 戴龙基等主编. -- 北京:北京大学出版社,2000. -- 463 页;26cm. -- 7 - 301 - 04757 - 6(北京大学图书馆)

本书分为哲学、政治学、经济学、法学、历史学、社会学、教育学、人文地理学、文学艺术、文学艺术、文化、语言学十一编。(张玲)

6310

台湾研究总书目:2000 / 南天书局有限公司编. -- 台北:南天书局,2000. -- 174 页;21cm(国家图书馆)

本书目收录台湾研究相关书籍(绝版书除外),分类编排分为:总类、哲学类、宗教类、自然科学、应用科学、社会科学、史地类、语文类、美术类、南天出版 · 重印日文 · 台湾研究经典著作等各大类,下再酌分若干细目。(赵红)

6311

中文核心期刊要目总览(第 3 版) / 戴龙基,蔡蓉华主编. --北京:北京大学出版社,2000. -- 737 页:图;26cm. -- 7 - 301 - 04597 - 2(国家图书馆)

本书为《中文核心期刊要目总览》第三版,收录核心期刊 1572 种,比第二版减少 23 种,与第二版相同者 1301 种,新入选 271 种。本版在研究方法上作了改进:扩大了综合性期刊,减少了二级学科的类别,充分利用了电子检索工具,使核心期刊的公布更趋合理。书中共载 75 个学科的核心期刊表,并按《中国图书馆图书分类法》第四版类目系列分为七编。分别为:(1)哲学、社会学、政治、法律;(2)经济;(3)文化、教育;(4)自然科学;(5)医药、卫生;(6)农业科学;(7)工业技术。本书分正文及附录两大部分,正文包括按学科顺序排列的 75 个核心期刊表和按刊名汉语拼音顺序排列的核心期刊简单著录及内容简介。每一个期刊表之前,均有该表的研制报告,说明该表的研制方法。附录包括:(1)专业期刊

一览表;(2)检索性期刊一览表;(3)国内版外文期刊一览表;(4)核心期刊刊名索引;(5)刊名索引。(胡秋玲)

6312

SCI收录期刊信息大全 / 赵基明主编. -- 北京:中央文献出版社,2000. -- 758页;26cm. -- 7-5073-0849-9(国家图书馆)

SCI所收录的期刊,一般都是国际上相关学科中的权威期刊,得到了国际学术界、图书情报界、出版界、科技管理部门的广泛认同。本书汇编了1999年12月份于ISI网站下载的3600余种SCI来源出版物,均为连续出版物,其中的3300余种期刊有最新的准确的投稿联系信息,包括刊物的刊名、刊物的内容简介、出版地、电话、传真、E-mail、地址等信息。正文之后有英文主题索引及7个附录:SCI历年收录期刊情况简表、SCI1983—1999年收录我国科技期刊一览表、ISI1999年各数据库收录我国科技期刊一览表、SCI1999年开始新收录的期刊一览表、JCR最新影响因子一览表、美国科学信息研究所及其信息产品介绍以及有关国家(或地区)国际长途电话代码。(胡秋玲)

6313

台湾出版参考工具书. 2000年年度书目 / "中央图书馆"参考组编辑;王锡璋主编. -- 台北:"中央图书馆"图书馆,2001. -- 123页:图;26cm. -- 957-678-327-5(国家图书馆)

本书主要部分由"选介"及"书目"构成,次要部分则由"书名索引"及"类型索引"构成。选介部分收录96种由专家学者及参考馆员所评出的较具代表性的参考书,并附有简短摘要及对封面书影;书目部分收录697笔。内容包括:书目、索引、字典、辞典、百科全书、年鉴、年表、大事记、万年历、名录、各种目录、手册、传记参考资料、地理参考资料、图鉴、图谱、统计、法规。本书的结构分四部分:选介;书目;分类号索引;书目索引。选介收录305种具有代表性参考书,附有简短摘要及封面书影。书目为本书主体,收录2793种。书前有序言、凡例。(赵红)

6314

全唐文篇目分类索引 / 冯秉文主编. -- 北京:中华书局,2001. -- 1034页;26cm. -- 7-101-01584-0(国家图书馆)

本索引依据中华书局1984年版《全唐文》影印本编制,收录、揭示了《全唐文》《唐文拾遗》和《唐文续拾》三部书的全部篇目,且按文献内容分类编排,将《全唐文》《唐文拾遗》《唐文续拾》三部书的二万多篇文献分为人物传记、史事典制和艺文杂撰三大部分,十八大类,大类之下,再分若干级类。在类目标题上,既考虑了反映唐与五代的名物制度,又注意适应现今科学分类的概念。在制定类目表时,糅合了《清代文集篇目分类索引》和《元人文集篇目分类索引》等书的新旧分类法,并采用了增设分类互见和分析别出的方法。在编目著录上,基本依照《全唐文》原文著录。顾廷龙先生为本书题写书名,李希泌先生为本书作序。(胡秋玲)

6315

外国语言研究论文索引:1995—1999 / 路式成主编. -- 上海:上海外语教育出版社,2001. -- 875页;20cm. -- 7-81046-918-5(精装)(国家图书馆)

该书为《外国语言研究论文索引》(1949—1989)、(1990—1994)的续编。收录自1995年1月至1999年12月期间国内900余种报刊和学术论文集发表的英、俄、日、德、法、西班牙语六个语种的约两万条论文篇目。书中采用的分类体系主要根据《中国图书资料分类法》第3版"H语言·文字"类、《中国大百科全书》"语言、文字卷",并参考了部分最新的语言学专著而拟就。该书备有软盘,可按篇目、时间、类别、作者、刊物名等途径检索。书前有前言和凡例,书后有附录:本《索引1995—1999》引用报刊一览表。(胡秋玲)

6316

台湾出版参考工具书. 2001年年度书目 / "中央图书馆"参考组编辑;王锡璋主编. -- 台北:"中央图书馆",2002. -- 160页:图;26cm. -- 957-678-348-8(国家图书馆)

本书由以下5章构成:选介、书目、补遗、分类号索引、书名索引。选介部分收录102种由专家学者及参考馆员所评选出的较具代表性参考书,并附有简短摘要及封面书影。书目部分为本书之主体,收录936种书目。补遗部分收录漏列于《台湾出版参考工具书书目:2000年年度书目》之外的54种书目。(赵红)

6317

图书馆学情报学论文索引:1990—1994 / 卢子博主编;南京图书馆编. -- 北京:北京图书馆出版社,2002. -- 35,706页;26cm. -- 7-5013-1865-4(国家图书馆)

该索引收录了自1990年1月至1994年12月的图书馆学情报学论文篇目共26088条。所收论文选自115种专业及相近专业期刊和十余种论文集及相关书籍,以省级以上刊物发表的论文为主,省级图书馆、省级以上图书馆学会和高等院校图书馆出版的图书情报学论文集兼收之。该书分类详表的制定参考了《中国图书馆分类法》,所收文献条目一般按内容归类排序。书前有序、编辑说明、收录期刊、论文集一览表和分类详表。(张玲)

6318

中国法律期刊文献索引. 2001 / 邹育理主编. -- 北京:法律出版社,2002. -- 449页;21cm. -- 7-5036-3756-0(国家图书馆)

《中国法律期刊文献索引》为按年代连续出版的检索工具书,收录当年发表在国内各种期刊中的法律专业论文信息。本书收录了2001年国内期刊180种,法律类期刊67种,其他社科类期刊123种,共计收录篇目7943条。并列题Index to Legal Periodicals of China. 2001。书前有前言、凡例和总目录,索引部分包括分类索引、主题词索引、著者索引、外国法论文索引。附录包括三个部分,附录Ⅰ"收录期刊一览表",附录Ⅱ"重要二次文献期刊法学论文索引",附录Ⅲ"重要二次文献期刊索引工具"。(胡秋玲)

6319

烟台公共图书馆馆藏古籍书目 / 吕志正主编. -- 济南:齐鲁书社,2002. -- 1105页:照片;20cm. -- 7-5333-1051-9

(国家图书馆)

本书共收入烟台市8个公共图书馆的馆藏古籍4511种,77397册(含有少量影印古籍),一般以辛亥革命(1911年)为下限,此后影印的古籍适当予以收录。书中的分类基本上依照《四库全书总目》,按类编排。丛书按经、史、子、集、丛五部分类。善本书单独排列。各类古籍以汉语拼音书名字顺顺序排列。著录格式依照《古籍著录规则》及《中国文献编目规则》。书前有照片、凡例,书后附有音序著者索引和音序书名索引。(胡秋玲)

6320

山西大学图书馆线装书目录 / 山西大学图书馆编. --太原:山西古籍出版社,2002. -- 420页;26cm. --7-80598-485-9(国家图书馆)

本书是“山西大学百年校庆学术丛书”之一,书中收录了山西大学图书馆收藏的各类线装书籍。书目采用传统的经、史、子、集四部分类,另设丛书,共五部。每部下再分子目。每书著录有书名、卷数、著者、版本、册数和索书号。同一书的不同版本及注释本在顺序号后加小数点和阿拉伯数字;同一作者的不同著作在顺序号后加英语字母。书前后总序、前言和说明,书后附有书名索引和著者索引。(胡秋玲)

6321

台湾出版参考工具书书目. 2002年 / “中央图书馆”参考组编辑. -- 台北:“中央图书馆”,2003. -- 150页:图;26cm. -- 957-678-387-9(国家图书馆)

本书由以下五章构成:选介、书目、补遗、分类号索引、书名索引。选介部分收录107种由专家学者及参考馆员所评选出的较具代表性参考书,并附有简短摘要及封面书影。书目为本书之主体,收录967种书目。补遗部分收录漏列于《台湾出版参考工具书书目:2000年年度书目》《台湾出版参考工具书书目:2001年年度书目》之外的55种书目。分类号索引依分类号排列,补遗之分类号索引另附于后。书名索引依书名笔画排列,补遗之书名索引另附于后。(赵红)

6322

台湾图书馆馆刊总目及索引 / 台湾图书馆馆刊编辑委员会编. -- 台北:台湾图书馆,2003. -- 957-678-372-0(国家图书馆)

本书以1967年7月至2002年12月“国立中央图书馆馆刊”及“台湾图书馆馆刊”所刊载之篇目为范围,所收栏目以“论述、书评、善本书志、图书馆概况、报导”等为主,至于“新书提要、学林消息、国内外图书馆消息、馆讯”等栏目则不收录。本书内容分为4部分:卷期目录、分类目录、篇名索引及著者索引。别外,为了方便读者检阅,书前冠有“编例、分类表及国家图书馆馆刊出版概况一览表”等资料。书前有台湾图书馆馆长庄芳荣写的序。(赵红)

6323

澳门图书出版目录(中英葡对照). 2000年 / 澳门中央图书馆编辑. -- 澳门:澳门特别行政区政府文化局,2003. -- 157页:照片;29cm;光盘1张. -- 99937-0-042-8(国家图书馆)

本目录收录自2000年1月1日至12月31日在澳门特别行政区出版,并依“法定收藏”法令送缴到澳门中央图书馆收藏的所有书目。收录2000年本地74出版者出版的199种出版物(不包括期刊),涵盖范围包括图书、小册子和明信片集。正文书目分两部分,第一部分收录已被配予澳门特别行政区组号“99937”的所有书目,书目按ISBN的出版者号顺排,出版者号相同者,再按书名号顺排。第二部分收录沿用葡萄牙国家组号“972”及无申请ISBN的所有书目,该部分书目按照题名比划顺排。每一笔书目以卡片编目格式展示,凡中文、中葡对照、中英对照及中葡应对照的出版物依《中国编目规则》2000年修订二版编目,外文出版物则依《英美编目规则》1998年修订二版编目,每书目都有相关语种的内容提要及封面书影,方便使用者对照参考。本目录的索引部分,分为题名、著者及出版者索引,每项索引按梁津南编著的《最新目录里排列法语检字表》(四版)内的基本原则排序。(赵红)

6324

澳门图书出版目录(中英葡对照). 2001年 / 澳门中央图书馆编辑. -- 澳门:澳门特别行政区政府文化局,2003. -- 237页:照片;29cm;光盘1张. -- 99937-0-043-6(国家图书馆)

本目录收录自2001年1月1日至12月31日在澳门特别行政区出版,并依“法定收藏”法令送缴到澳门中央图书馆收藏的所有书目。收录2001年本地106个出版者出版的336种出版物(不包括期刊),涵盖范围包括图书、小册子和明信片集。正文书目分两部分,第一部分收录已被配予澳门特别行政区组号“99937”的所有书目,书目按ISBN的出版者号顺排,出版者号相同者,再按书名号顺排。第二部分收录沿用葡萄牙国家组号“972”及无申请ISBN的所有书目,该部分书目按照题名比划顺排。每一笔书目以卡片编目格式展示,凡中文、中葡对照、中英对照及中葡应对照的出版物依《中国编目规则》2000年修订二版编目,外文出版物则依《英美编目规则》1998年修订二版编目,每书目都有相关语种的内容提要及封面书影,方便使用者对照参考。本目录的索引部分,分为题名、著者及出版者索引,每项索引按梁津南编著的《最新目录里排列法语检字表》(四版)内的基本原则排序。(赵红)

6325

台湾出版参考工具书书目. 2000年至2002年 / 李莉茜,王锡璋. -- 台北:“中央图书馆”,2003. -- 440页;26cm;光盘1片. --957-678-383-6(国家图书馆)

本书收录自2000年至2002年在台湾出版的参考工具书2793种,工具书共14类。包括:书目、索引、字典、辞典、百科全书、年鉴、年表、大事记、万年历、名录、各种目录、手册、传记参考资料、地理参考资料、图鉴、图谱、统计、法规。本书的结构分四部分:选介;书目;分类号索引;书目索引。选介收录305种具有代表性参考书,附有简短摘要及封面书影。书前有序言、凡例。(赵红)

6326

中国地方志论文索引(1996—2002) / 王超湘主编. --北

京:北京市社会科学院史志研究中心(内部出版),2003. --573 页;26cm(国家图书馆)

该索引是北京市社会科学院地方志论文资料数据库第三部分,收录了 1996 年至 2002 年期间在国内省、直辖市一级地方志刊物有关方志的论文篇目约25000篇。按照所辑地方志刊物名称的音序分类排列。每篇文章作为一个条目,依次列出篇名、著者、出处(期刊名称、出版年代、及期号)。书的扉页上标有谨以此书献给北京市社会科学院史志研究中心成立一周年。书前有说明。(胡秋玲)

6327

刘靖之文库 / 香港中央图书馆特藏文献系列编辑委员会编辑. -- 香港:香港公共图书馆,2003. -- 218 页;30cm. -- 香港中央图书馆特藏文献系列(国家图书馆)

刘靖之文库主要是刘靖之教授个人收藏多年的珍贵书刊、文献。内容主要包括八部分:个人著作,著作手稿,书刊杂志,研究文献,报章剪报,学术论文,音乐曲谱,影音藏品。本书收录各方面的资料目录。目录分十二部分:"刘靖之文库 "皮藏书刊,刘靖之教授著作,论文参考资料·音乐,论文参考资料·其他学科,文献参考资料,报章剪报,学术会议论文辑录,新音乐史研讨会,音乐会议录音誊本,研究参考资料,影音藏品,乐谱。书前有香港中央图书馆总馆长脱新范写的前言。(赵红)

6328

刘以鬯文库 / 香港中央图书馆特藏文献系列编辑委员会编辑. -- 香港:香港公共图书馆,2003. -- 136 页;30cm. -- 香港中央图书馆特藏文献系列(国家图书馆)

刘以鬯先生为知名香港文学作家,把多年的藏书赠送给了香港中央图书馆,大部分书刊的内容极为专门,除大部为香港文学著作外,不少书刊是海外华文文学作品。香港公共图书馆将刘先生所捐赠的书刊建立一个特藏,为方便读者使用,编此目录。本书目是根据刘先生第一次所捐的书刊种类而辑成,随着刘先生陆续增书,本文库的藏书量会不断增加。本书目包括藏书目录和期刊目录两部分。书前有香港中央图书馆总馆长脱新范写的前言。(赵红)

6329

中国法律期刊文献索引. 2002 / 邹育理主编. -- 北京:法律出版社,2003. -- 802 页;21cm. -- 7-5036-4237-8(国家图书馆)

《中国法律期刊文献索引》为按年代连续出版的检索工具书,收录当年发表在国内各种期刊中的法律专业论文信息。本书收录了 2002 年国内 666 种出版物,其中 527 种国内期刊(ISSN,CN),139 种法律论文连续出版物(ISBN),选录篇目 15864 条。并列题 Index to Legal Periodicals of China. 2002。书前有编制说明、总目录,索引部分包括分类索引、主题词索引、著者索引、外国法论文索引。附录包括三个部分,附录Ⅰ"收录期刊一览表",附录Ⅱ"2002 年国内四大社科文摘转载论文索引及期刊统计一览表",附录Ⅲ"重要二次文献期刊索引工具一览表"。(胡秋玲)

6330

台湾出版参考工具书书目. 2003 年 / "中央图书馆"参考组编辑;王佩瑛主编. -- 台北:"中央图书馆",2004. --151 页:图;26cm. -- 957-678-411-5(国家图书馆)

本书由以下 5 章构成:选介、书目、补遗、分类号索引、书名索引。选介部分收录 123 种由专家学者及参考馆员所评选出的较具代表性参考书,并附有简短摘要及封面书影。书目为本书之主体,收录 944 种书目。补遗部分收录漏列于《台湾出版参考工具书》2000 年到 2002 年之外的 53 种书目。分类号索引依分类号排列,补遗之分类号索引另附于后。书名索引依书名笔画排列,补遗之书名索引另附于后。(赵红)

6331

古籍善本 / 陈先行著. -- 台北:猫头鹰出版社,2004. --271 页:图;21cm. -- 艺术图鉴;9. -- 986-7415-10-8(国家图书馆)

本书收录 100 个珍贵的经典个案,运用 270 张展开图,实际呈现"善本"特性。有图为证之外,还有收藏于鉴赏的关键知识,包括价值判定、真伪分辨、美感赏析等,更有生动的书林轶事,引领读者一探泛黄古籍的深邃世界。收录国宝级古籍善本 100 种,包括目前发现最早的唐代《金刚经》刻本。是一本全面透视中国古籍善本的图文整合工具书。

全书内容共分两部分,上篇:印本挹秀,含 63 篇文章;下篇:写本揽翠,含 39 篇文章。本书通过 102 篇文章,270 多张古籍刻本与写本的精彩图片,辅以鲜为人知的书林轶事,为读者娓娓道来古籍善本收藏与鉴赏的关键知识,包括价格如何确定、版本真伪如何判别、美感如何欣赏等,带领读者一探泛黄古籍里的深邃世界。书末附有古籍版本概说、常见纸张与装帧形式、版面术语、明清名家稿抄本特征表及专有名词索引,皆为判定古籍版本的重要准则,为现代读者与古籍善本之间搭起便捷的沟通桥梁。本书的特点在于不作学院式的系统理论阐述,而是选择若干有代表性的善本作个案讲评,文章中配上插图,附带一些常识或掌故,使人们读起来较为轻松,如同实物讲解,容易得到启发。(崔彤)

6332

中文核心期刊要目总览(第 4 版) / 戴龙基,蔡蓉华主编. --北京:北京大学出版社,2004. -- 782 页;26cm. -- 7-301-07387-9(国家图书馆)

本书为第四版。这一版改进了核心期刊的评价方法,使之更加合理,力求准确揭示中文期刊的实际情况,选作评价指标统计源的数据库达 51 种,统计文献达 943 余万字,涉及期刊 1.2 万种,学科增加到 75 种,确定了核心期刊 1800 种。(张玲)

6333

国外科学技术核心期刊总览:2004 年版 / 戴龙基,蔡蓉华主编. -- 北京:北京大学出版社,2004. -- 1003 页;27cm. --7-301-07385-2(北京大学图书馆)

本书收录的核心期刊涉及数学、物理学、力学、化学、天文学、大气科学、地质学、海洋学、医药卫生、农业科学、工业技术、电学、纺织学、水利工程等学科。(张玲)

6334

国外人文社会科学核心期刊总览:2004 年版 / 戴龙基,蔡蓉华主编. -- 北京:北京大学出版社,2004. -- 487 页;27cm. --7 - 301 - 07386 - 0(北京大学图书馆)

本书讲的是国外人文社会科学核心期刊评价研究,核心期刊表分为哲学、宗教、管理学、法律、军事等十五类。(张玲)

6335

香港中文大学图书馆中国古籍目录 / 香港中文大学图书馆系统编. -- 香港:中文大学出版社,2004. -- 37,756 页:图;26cm. -- A Bibliography of Chinese Semi Rare Books in the CUHK Libraries. -- 962 - 996 - 189 - X(国家图书馆)

收录本校大学图书馆、崇基学院牟路思怡图书馆、新亚书院钱穆图书馆、联合书院胡忠多媒体图书馆、李炳医学图书馆、建筑学图书馆、中国文化研究所图书室、中医中药研究所等收藏的中国普通古籍 4070 种。收录范围为清嘉庆元年至宣统三年(1796—1911)间刊行的中国古籍图书,其间日本、朝鲜刊行的中国古籍亦一并录入。该目录按中国古籍传统规则著录,记载每种古籍的书名、著者、版本、册数,部分需要作补充说明的古籍,或摘引牌记、序跋,或参考他人论述,或阐述编者见解,列入附注项。书前附书影数幅,或史料有价值,或版刻有特色,或流传较稀罕,略作介绍,以便读者鉴赏。书后附书名索引及著者索引。(赵红)

6336

中小型公共图书馆参考工具书选目 / 台湾图书馆学会基本图书选目编辑小组编;王梅玲主编. -- 台北:"中央图书馆",2004. -- 10,148 页:图;21cm. -- 957 - 678 - 414 - X(国家图书馆)

本书收录 2000 年至 2003 年台湾地区出版的参考工具书,计 347 种,其中包括 208 种参考工具书之选介资讯。本书共计收录 10 类参考工具书:书目/索引、字辞典、百科全书、年鉴/年表/大事记、名录、手册/指南、传记资料、地理参考资料、图鉴/图录、统计/法规。本书包括:选介、附录、索引 3 部分。选介收录 208 种由专家学者、各级公共图书馆、文化局代表,就 347 种选目中选出较具代表性参考工具书,并附有出版书目、简短摘要及封面书影。附录部分收录评选委员名单、编辑委员名单与 347 种推荐书目。(赵红)

6337

高中职图书馆参考工具书选目 / "中央图书馆"参考组编辑. --台北:"中央图书馆",2005. -- 12,153 页:图;21cm. -- 957 - 678 - 432 - 8(国家图书馆)

本书收录从 1995 年至 2005 年台湾地区出版,适合高中职图书馆读者需求的中文参考工具书。本书共计收录以下 12 种类型参考工具书:书目、字典/辞典、百科全书、年鉴、年表/大事记、名录、手册、传记参考资料、地理参考资料、图鉴、统计、法规则。本书由以下 4 部分构成:选介、评选书目、书名索引、分类号索引。选介部分收录 200 种由专家学者及参考馆员所评选出较具代表性的通才书,并附有简短摘要及彩色封面书影。评选书目部分为提供选介之依据,计收 357 种书目资料。书名索引部分系评选书目依书名笔画排列。分类号索引系评选书目依分类号排列。书前有台湾国家图书馆庄芳荣馆长写的序,书后有附录:《高中职图书馆参考工具书选目》审查委员名单。(赵红)

6338

澳门大学图书馆古籍特藏图录 / 澳门大学图书馆编;郑骏捷主编. -- 澳门:澳门大学,2006. -- 131 页:图;30cm. -- 英文题名:An Illustrated Catalogue of Some Special Rare Books in University of Macau Library. -- 99937 - 26 - 68 - 0(国家图书馆)

本书分为历代名著、乡邦文献和宗教译述三部分,共收录 100 种古籍的书影,其中历代名著以著者的时代为序,乡邦文献和宗教译述则以内容略作分类。书前有澳门大学图书馆馆长潘华栋写的序及澳门大学图书馆古籍特藏室邓骏捷写的前言。(赵红)

6339

台湾出版参考工具书书目. 2006 年 / "中央图书馆"参考组编辑. -- 台北:"中央图书馆",2007. -- 133 页:图;26cm. -- 978 - 957 - 678 - 461 - 3(国家图书馆)

本书有以下 5 章构成:选介、书目、补遗、分类号索引、书名索引。选介部分收录 90 种由专家学者及参考馆员所评选出的较具代表性参考书,并附有简短摘要及封面书影。书目部分为本书之主体,收录 889 种书目。补遗部分收录漏列于《台湾出版参考工具书书目》2000 年至 2005 年之外的 53 种书目。分类号索引依分类号排列,补遗之分类号索引别附于后。书名索引依书名笔画排列,补遗之书名索引别附于后。(赵红)

6340

秦贤次先生赠书目录 / "中央研究院中国文哲研究所"图书馆. -- 台北:"中央研究院中国文哲研究所",2008. -- 2 册;26cm. -- "中国文哲研究所"图书文献专刊. 11. -- 978 - 986 - 01 - 4766 - 7(国家图书馆)

本书分上下两册。上册第一序由文哲所所长钟彩钧作,其中谈及 1990—1994 年期间文哲所图书馆陆续收到文学与史料学家秦贤次捐赠十余次,共计12000册,包括图书 7003 种、近 8000 册,期刊 414 种、近 4000 册。图书馆员历经三年完成本目录。第二序是秦贤次先生序,其中讲述其购书、藏书之经过。其后是编序、凡例,收录期刊刊名首字检字表。目录正文分三部分:参考工具书、普通图书、期刊。

下册是《秦贤次先生赠书目录》的索引及附录卷。索引:(1)书刊名索引首字检字表;(2)书刊名索引;(3)编著译者索引首字检字表;(4)编著译者索引;(5)标题索引首字检字表;(6)标题索引。附录:(1)本目录收录参考工具书及普通图书十大类统计表;(2)本目录收录参考工具书及普通图书之语文类统计表;(3)本目录收录文学作品之民国时期及同期外国作家生卒年一览表;(4)中国时代表;(5)西洋时代表;(6)日本时代表;(7)韩国时代表;(8)书影,清末民国时期特选书影目录。(赵红)

6341

中文核心期刊要目总览(第5版) / 朱强，戴龙基，蔡蓉华主编. -- 北京:北京大学出版社,2008. -- 914页;26cm. -- 978-7-301-14867-9(国家图书馆)

本版调整学科类目为73个,收录核心期刊1983种,修改了评价指标体系,采用9个评价指标,并继续采用定量和定性相结合的评价方法。(张玲)

6342

藏园订补郘亭知见传本书目 /(清)莫友芝撰;傅增湘订补;傅熹年整理. -- 北京:中华书局,2009. -- 4册(1630,302)页;21cm. -- 978-7-101-06070-6(国家图书馆)

本书是傅增湘先生以莫友芝《藏园订补郘亭知见传本书目》为底本,补入自己数十年观书记录和自藏善本,并增补《四库全书简明目录》成书之后新出的主要著作。(赵红)

6343

宋元旧本书经眼录:持静斋藏书记要 /(清)莫友芝撰;邱丽玟,李淑燕点校. -- 上海:上海古籍出版社,2009. -- 309,52页;21cm. -- 978-7-5325-5277-1(国家图书馆)

《宋元旧本书经眼录》是作者于同治四年至八年间,客游上海等地所见之宋、金、元、明本及旧抄本、稿本的随笔记录。(赵红)

6344

天津图书馆古籍善本图录·鉴赏图录 / 陆行素主编;天津图书馆编. -- 天津:天津古籍出版社,2009. -- 426页;29cm. --国家古籍整理出版"十一五"重点规划项目 国家古籍整理出版专项经费资助. -- 978-7-80696-608-2(国家图书馆)

本书收录以殿版和唐人写经为主,兼录明清泥金写本等具有鉴赏价值的天津图书馆馆藏一、二级古籍善本。分前后两部分;前半部分为著录释文,后半部分为书影图录。均按照经史子集四部分类顺序编排。(赵红)

6345

中国少数民族古籍总目提要·羌族卷 / 张公瑾,龙彦卷主编;国家民族事务委员会全国少数民族古籍整理研究室编. --北京:中国大百科全书出版社,2009. --23,20,264页:彩图;29cm. -- 978-7-5000-8128-9(国家图书馆)

本书收录羌族的古籍条目1592条。内容包括宗教、政治、经济、文学、艺术等诸多方面,真实记录了羌族的历史发展进程和文化发展轨迹。(赵红)

6346

持静斋藏书纪要 /(清)莫友芝撰;李淑燕点校. -- 上海:上海古籍出版社,2009. -- 145—309页;21cm. --978-7-5325-5277-1(国家图书馆)

《持静斋藏书纪要》是清代丁日昌持静斋藏书的目录。全书共两卷,收宋刊本(金刊附)13种,元刊本18种、明刊本290种、收钞本稿本450种,共计771种。(赵红)

6347

古籍善本 / 陈先行著. -- 台北:猫头鹰出版社,2009. --271页:图;21cm. -- 沈浸古典文物的丰饶,撷取艺术余韵的宝藏. -- 978-986-6651-41-0(国家图书馆)

本书收录100个珍贵的经典个案,运用270张展开图,实际呈现"善本"特性。有图为证之外,还有收藏于鉴赏的关键知识,包括价值判定、真伪分辨、美感赏析等,更有生动的书林轶事,引领读者一探泛黄古籍的深邃世界。收录国宝级古籍善本100种,包括目前发现最早的唐代《金刚经》刻本。是一本全面透视中国古籍善本的图文整合工具书。

全书内容共分两部分,上篇:印本挹秀,含63篇文章;下篇:写本揽翠,含39篇文章。本书通过102篇文章,270多张古籍刻本与写本的精彩图片,辅以鲜为人知的书林轶事,为读者娓娓道来古籍善本收藏与鉴赏的关键知识,包括价格如何确定、版本真伪如何判别、美感如何欣赏等,带领读者一探泛黄古籍里的深邃世界。书末附有古籍版本概说、常见纸张与装帧形式、版面术语、明清名家稿抄本特征表及专有名词索引,皆为判定古籍版本的重要准则,为现代读者与古籍善本之间搭起便捷的沟通桥梁。本书的特点在于不作学院式的系统理论阐述,而是选择若干有代表性的善本作个案讲评,文章中配上插图,附带一些常识或掌故,使人们读起来较为轻松,如同实物讲解,容易得到启发。(赵红)

6348

藏园群书经眼录 / 傅增湘撰. -- 北京:中华书局,2009. -- 212,135页;21cm. -- 978-7-101-06601-2(国家图书馆)

《藏园群书经眼录1—4(套装全4册)(繁体版)》是我国的一部善本古籍目录。共收录各种善本约4500种,按经史子集顺序编排。登录书目除标明书名卷数、作者外,还载有成书年代、版本款式、序跋题识、刻书牌记、收藏印章以及对《藏园群书经眼录1—4(套装全4册)(繁体版)》作者的鉴定意见和评论。第一册包括全书十九卷的目录及经部的前两卷;第二册包括卷三至卷六,史部一至四部分;第三册包括卷七至卷十一,子部一至五部分;第四册包括卷十二至卷十九,集部一至八部分。(赵红)

6349

天津社会科学院图书馆珍贵馆藏图书目录·港台卷 / 郭登浩,刘志强主编. -- 天津:天津社会科学院出版社,2009. -- 414页;24cm. -- 978-7-80688-417-1(国家图书馆)

以1949年以后香港、台湾出版的图书为主,还有一些内地翻印的港台书籍以及少量澳门出版的图书。本馆收藏的港台图书大部分是20世纪七八十年代出版的,总目约为15000条。(赵红)

6350

天津社会科学院图书馆珍贵馆藏图书目录·民国卷 / 郭登浩,刘志强主编. -- 天津:天津社会科学院出版社,2009. -- 508页;24cm. -- 978-7-80688-418-8(国家图书馆)

本书主要收录了我国1911—1949年出版的书籍。书目以19111—1949年间我国出版的中文图书为主,还有一些同时期信函、拓片、地图等文献以及少量清末出版的非古典装祯的图书,总目约为14000条。(赵红)

6351

国家图书馆出版社三十年图书总目:1979—2009 / 国家图

书馆出版社编. -- 北京:国家图书馆出版社,2009. -- 768 页:彩图;29cm. -- 978 -7 -5013 -4208 -2(国家图书馆)

本书收录国家图书馆出版社 1979—2009 年(截至 2009 年9 月底)正式出版的图书 3800 余种,所收图书分为图书馆学情报学、古籍影印(含民国文献)、人文社会科学及其他四大类。书后有附录:历年获奖图书目录、书名索引、著者索引。(赵红)

6352

青岛市图书馆古籍书目 / 冷秀云主编. -- 北京:国家图书馆出版社,2009. -- 573 页:图;26cm. -- 978 -7 -5013 -4061 -3(国家图书馆)

本书目共收录青岛市图书馆古籍 5000 多种,以明清文献为主,按经、史、子、从五部分类。(赵红)

6353

云南省图书馆馆藏善本书录 / 李友仁主编. -- 昆明:云南人民出版社,2009. -- 418 页;26cm. -- 978 -7 -222 -06206 -1(国家图书馆)

本书共收 1324 个条目,以传统的经、史、子、集、丛五大部类及下属门类类分序列,揭示了云南省图书馆馆藏善本的基本概貌。(赵红)

6354

河南省回族古籍总目提要 / 李尊杰主编;河南省民族事务委员会编纂. -- 郑州:中州古籍出版社,2009. --146 页:图;29cm. -- 978 -7 -5348 -3110 -2(国家图书馆)

本书收录回族古籍书籍类 122 册、铭刻类 230 通、文书档案类 10 条、讲唱类 6 条。(赵红)

6355

河南省图书馆古籍善本书目 / 刘中朝主编. -- 长春:吉林文史出版社,2009. -- 499 页;24cm. -- 978 -7 -80528 -144 -5(国家图书馆)

本书是河南省图书馆建馆以来的第一本古籍善本书目,是对河南省图书馆现有馆藏古籍善本的一次梳理,收录范围以馆藏中清乾隆六十年(含乾隆六十年)以前写印的古籍(包括刻本、稿本、抄本、批校题跋本、绘本、活字本、套印本、钤印本)为主,乾隆以后至 1911 年以前流传稀少、版刻价值高或资料价值较强的刻本、稿本、抄本也适当予以收录。全书按着经部、史部、子部、集部、丛部的序顺编排。书前有河南省图书馆馆长王爱功写的序。(赵红)

6356

天津图书馆古籍善本图录·定级图录 / 陆行素主编;天津图书馆编. -- 天津:天津古籍出版社,2009. -- 628 页;29cm. -- 国家古籍整理出版"十一五"重点规划项目;国家古籍整理出版专项经费资助. -- 978 -7 -80696 -608 -2(国家图书馆)

本书收录天津图书馆馆藏一、二级古籍善本 528 种。分前后两部分;前半部分为著录释文,后半部分为书影图录。均按照经史子集四部分类顺序编排。(赵红)

6357

河南省市县图书馆古籍善本联合目录 / 王爱功,李古寅主编. -- 长春:吉林文史出版社,2009. -- 341 页;24cm. -- 978 -7 -80528 -144 -5(国家图书馆)

本书收录了河南省市县图书馆所藏古籍善本,依《中国古籍善本书目》分类表,按经、史、子、集、丛五部列类排比。(赵红)

6358

加拿大多伦多大学东亚图书馆藏中文古籍善本提要 / 余梁戴光,乔晓勤主编;多伦多大学郑裕彤东亚图书馆编;乔晓勤,赵清治撰稿. -- 桂林:广西师范大学出版社,2009. -- 12,668 页:图;26cm. -- 978 -7 -5633 -8483 -9(国家图书馆)

本书收录多伦多大学郑裕彤东亚图书馆所藏宋、元、明至清乾隆六十年(1795)的所有中文古籍善本(包括满汉文本),以及民国元年(1912)以前所有钞本、稿本,共计 626 种。(赵红)

6359

北京大学图书馆藏西文汉学珍本提要 / 张红扬主编. -- 桂林:广西师范大学出版社,2009. -- 456 页:图;26cm. -- 978 -7 -5633 -8396 -2(国家图书馆)

本书从北大图书馆两万余种图籍中选录了大多出版于 1850 年以前的 300 余种珍本善本,重揭其面影,并写出详细的提要。(赵红)

6360

山东省珍贵古籍名录. 第一批 / 赵炳武主编;山东省图书馆,山东省古籍保护中心编. -- 济南:齐鲁书社,2009. -- 181 页;29cm. -- 978 -7 -5333 -2209 -0(国家图书馆)

本书收录先秦两汉时期、魏晋南北朝隋唐五代时期、宋辽夏金元时期、明代、清代古籍图书目录。(赵红)

6361

周叔弢古书经眼录 / 周叔弢著. -- 北京:北京图书馆出版社,2009. -- 2 册(762 页);26cm. -- 978 -7 -5013 -3801 -6(国家图书馆)

本书收录周叔弢先生手稿 5 种:《古书经眼录》4 册,著录作者经眼的善本书 400 余种;《宋刻工姓名录》2 册,辑录所见宋代刻工姓名;《壬午鬻书记》,记录 1942 年作者卖给陈一甫先生的 100 多种明版书;《自庄严堪书目》,是作者收藏善本书的目录(不是所藏全部);《历年收书目录》,记 1936—1948 年所收书。这些都是作者亲笔记录的亲眼所见古籍,著录书的作者、行款、历藏、刻工、序跋等,蕴藏了大量的历史和学术信息,对于古籍收藏及版本目录学研究具有重要价值。(赵红)

书 名 索 引

A

B

C

E

F

G

H

J

K

L

M

N

O

P

Q

R

S

T

Y

Z

著者索引

A

B

C

D

E

F

G

H

K

L

M

N

T

W

X

Y

Z